D1731272

Dr.-Ing. Richard Ernst

POCKET DICTIONARY OF ENGINEERING AND TECHNOLOGY

German-English

Compiled by Udo Amm

2010

OSCAR BRANDSTETTER VERLAG · WIESBADEN

Dr.-Ing. Richard Ernst

TASCHENWÖRTERBUCH DER INDUSTRIELLEN TECHNIK

Deutsch-Englisch

Erarbeitet von Udo Amm

2010

OSCAR BRANDSTETTER VERLAG · WIESBADEN

Die Deutsche Bibliothek - CIP-Einheitsaufnahme

Ein Titeldatensatz für diese Publikation ist bei
Der Deutschen Bibliothek erhältlich

1. Auflage 2010

Copyright © 2010 by
OSCAR BRANDSTETTER VERLAG GMBH & CO. KG, WIESBADEN

Datentechnische Verarbeitung: Acolada GmbH, Nürnberg
Bildnachweis: © photlook-Fotolia.com
Umschlaggestaltung: Wilfried Büttner
Druck: Druckwerkstätte H. Kunze GmbH und Partner KG, Mainz-Hechtsheim
Buchbinderische Verarbeitung: Leipziger Großbuchbinderei Treuleben & Bischof
GmbH

ISBN 978-3-87097-232-5

Printed in Germany

Preface

The *Dictionary of Engineering and Technology* can look back on a tradition of more than 60 years. In 1948 the first edition of the German-English volume appeared, three years later its English-German counterpart. The French, Spanish and Portuguese volumes soon followed. The quality of these dictionaries, their well-considered selection and clear presentation of entries was quickly appreciated and they all gained leading positions in their respective markets. Regular updates have consolidated their reputation as well as their market shares and made the *Ernst* a standard reference work.

The Ernst series of dictionaries now comprises 12 volumes (German-English, English-German, German-French, French-German, German-Spanish, Spanish-German, German-Portuguese, Portuguese-German, French-English, English-French, Spanish-English, English-Spanish). For years now they have also been published in electronic form as CD-ROMs, via Internet and as E-Books.

Every new edition has entailed an increase in the number of entries, in the German-English volume from 50,000 in 1948 to 220,000 in the sixth edition 2004. But less is sometimes more. Apart from the price, sheer size is not always of benefit to dictionary users, for example if they want to look words up at a trade fair, when visiting a customer, or on their travels, situations when the electronic versions cannot be used conveniently either.

From the extensive stock of words of the comprehensive dictionary a selection has thus been made for those users who, for whatever reason, prefer a concise dictionary format. With 46,000 entries the dictionary presents the core technical vocabulary. The main emphasis has been – particularly in Germany – on the most important areas of engineering and technology such as mechanical engineering, electrical engineering, electronics, process engineering, computing, and telecommunications. The key vocabulary of disciplines such as aviation engineering, nuclear engineering, materials handling, civil and traffic engineering, photography, environmental, glass and plastics engineering has also been included as have the central terms of natural sciences and mathematics.

Another focus has been on the technology we encounter in our everyday lives. The present dictionary is also intended to aid users in communicating about household appliances, bicycles, audio and office systems.

Particular attention has been paid to terms such as *Technik, Schraube, Aufzug, darstellen* or *abbauen* that are used in all technical fields. At least parts of their meanings often belong to common, non-technical language, are thus not well defined and present more difficulties in translation than terms such as *Salpetersäure* or *Schälversuch*, whose definitions have been laid down in scientific works or national and international standards.

It was therefore considered important not to present the users with mere word equations, but, whenever necessary, to provide further information. Particularly with polysemous words such as *Abbau, Schaltung, sichern* or *schalten,* an attempt has been made to facilitate the selection of the correct translation by the indication of subject areas and by supplying definitions, contextual examples, and pragmatic notes. A mere listing of potential equivalents without any differentiation as to the contexts in which they are appropriate is bound to overtax the users and engage them in some less than amusing guesswork.

Again I am indebted to Mr Hans Anschütz of Acolada GmbH, on whose competent and active support in all aspects of data processing I could always rely.

Both publisher and author trust that this compact dictionary will prove to be of great practical use, and look forward to receiving the users' views and comments.

Udo Amm   October 2009

Vorwort

Das *Wörterbuch der industriellen Technik* hat eine über 60jährige Tradition. 1948 erschien die erste Auflage des Bandes Deutsch-Englisch, drei Jahre später der Gegenband. Es folgten die Bände mit Französisch, Spanisch und Portugiesisch. Sie alle überzeugten durch ihre Qualität in Auswahl und Darstellung der Termini und konnten binnen kurzem eine führende Stellung in ihrem jeweiligen Sprachbereich erobern. Regelmäßige Neuauflagen festigten diese Position und machten den „Ernst" zum Standardwerk.

Die Wörterbuchreihe umfasst nunmehr 12 Bände (D-E, E-D, D-F, F-D, D-S, S-D, D-Port, Port-D, E-F, F-E, S-E, E-S), die selbstverständlich seit langen Jahren auch in elektronischer Form auf CD-ROM, über das Internet und als E-Book publiziert werden.

Mit jeder Auflage wuchs der Wortbestand an, im Band D-E von 50.000 Einträgen 1948 auf 220.000 in der 6. Auflage 2004. Doch weniger ist manchmal mehr. Denn vom höheren Preis abgesehen, ist Größe nicht immer von Vorteil, etwa wenn ein Wörterbuch auf Messen und beim Kunden eingesetzt oder auf Reisen mitgenommen werden soll, Situationen, in denen auch die elektronischen Versionen nicht bequem zu verwenden sind.

Aus dem umfangreichen Gesamtbestand des Wörterbuchs wurde deshalb eine Auswahl getroffen für alle die Benutzer, die aus unterschiedlichen Gründen ein kompaktes Wörterbuchformat bevorzugen. 46.000 Stichwörter bieten das Wesentliche aus dem uferlosen Meer des technischen Wortschatzes. Im Mittelpunkt stehen die – gerade auch in Deutschland – zentralen Technikbereiche wie Maschinenbau, Elektrotechnik, Elektronik, Verfahrenstechnik, Daten- und Telekommunikationstechnik/IT. Aber auch aus Bereichen wie Luftfahrt- und Kerntechnik, Bau- und Verkehrswesen, Fördertechnik, Fotografie, Glas-, Kunststoff- und Umwelttechnik wird ebenso das Wichtigste geboten wie aus den naturwissenschaftlichen und mathematischen Grundlagen.

Ein weiterer thematischer Schwerpunkt ist die Technik des Alltags. Das vorliegende Wörterbuch soll dem Benutzer auch bei der Verständigung über Gegenstände aus Bereichen wie der Hausgeräte-, Fahrrad-, Audio- oder Bürotechnik von Nutzen sein.

Besonderes Augenmerk gilt in diesem Wörterbuch dem allgemeintechnischen Wortschatz, Wörtern wie „Technik", „Schraube", „Aufzug", „darstellen" oder „abbauen", die in der gesamten Technik verwendet werden und keinem engeren Fachgebiet zugewiesen werden können. Zumindest in Teilen ihrer Bedeutung gehören sie oft zum allgemeinen Wortschatz, sind dementsprechend nicht exakt definiert und bereiten dadurch bei der Übersetzung größere Probleme als die in wissenschaftlichen oder auch Normenwerken festgelegten Begriffe wie „Salpetersäure" oder „Schälversuch".

Großer Wert wird deshalb darauf gelegt, dem Benutzer keine reinen Wortgleichungen, sondern, wo immer es nötig ist, präzisierende und weiterführende Informationen zu bieten. Insbesondere bei mehrdeutigen Stichwörtern wie „Abbau", „Schaltung", „schalten" und „sichern" wurde versucht, durch Sachgebietsangaben, mehr oder weniger umfangreiche Definitionen sowie Kontextbeispiele und pragmatische Hinweise die Wahl der richtigen Übersetzung zu ermöglichen. Denn eine reine Auflistung möglicher Übersetzungen ohne jegliche Differenzierung, wann welches Äquivalent zu wählen ist, muss die Benutzer überfordern und zwingt sie zu einem wenig heiteren Ratespiel.

Besonderer Dank gilt auch für dieses Werk Herrn Hans Anschütz (Acolada GmbH), auf dessen kompetente und schnelle Unterstützung in allen datentechnischen Belangen ich stets zählen konnte.

Verlag und Autor hoffen, damit ein praxisnahes Nachschlagewerk geschaffen zu haben, und würden sich über Rückmeldungen der Benutzer freuen.

Udo Amm   Oktober 2009

Liste der verwendeten Abkürzungen
Abbreviations used in this dictionary

adj	Adjektiv	adjective
adv	Adverb	adverb
coll	umgangssprachlich	colloquial
d.h.	das heißt	that is
eg	z.B., zum Beispiel	for example
f	Femininum	feminine noun
GB	britisches Englisch	British usage
i.e.	d.h., das heißt	that is
m	Maskulinum	masculine noun
n	Deutsch: Neutrum	German: neuter noun
	Englisch: Substantiv	English: noun
pl	Plural	plural
s.	siehe	see
sg	Singular (zur Angabe, dass ein mit Plural-s gebildetes Wort wie „physics" trotzdem ein Verb im Singular hat)	singular verb
US	amerikanisches Englisch	American usage
v	Verb	verb
vi	intransitives Verb	intransitive verb
vr	reflexives Verb	reflexive verb
vt	transitives Verb	transitive verb
~	großer Anfangsbuchstabe	capital letter

Sachgebietsschlüssel
Subject field labels

Akust	Akustik	acoustics
Anstr	Anstrichtechnik	painting technology
Ant	Antennen	antennas/aerials
Astr	Astronomie	astronomy
Audio	Audioanlagen	audio systems
Aufb	Aufbereitung	mineral processing
Bahn	Eisenbahn	railway/railroad
Bau	Bauwesen	civil engineering
Bergb	Bergbau	mining
Bioch	Biochemie	biochemistry
Biol	Biologie	biology
Bot	Botanik	botany
Büro	Bürowesen und -technik	office equipment
Chem	Chemie	chemistry
ChT	chemische Technik	chemical engineering
Doku	Dokumentation	documentation
Dreh	Dreherei	turning
Druck	Druck- und Verlagswesen	printing and publishing
DV	Datenverarbeitung	computers
Elek	Elektrotechnik	electrical engineering
Eltro	Elektronik	electronics
Ener	Energietechnik	power engineering
Explos	Sprengstoffe	explosives
Fahrrad	Fahrräder	bicycles
Färb	Farbmittel, Färberei	colorants, dyeing
Fert	Fertigungstechnik	manufacturing
Film	Film, Filmtechnik	cinematography
Förd	Fördertechnik	materials handling
Foto	Fotografie	photography
Funk	Funk	radio
Geogr	Geografie	geography
Geol	Geologie	geology
Geom	Geometrie	geometry
Geoph	Geophysik	geophysics
Gieß	Gießerei	foundry
Glas	Glasindustrie	glass industry
HG	Hausgeräte	household appliances
Holz	Holz. u. Forstwirtschaft	wood working, forestry
Hütt	Hüttentechnik, Metallurgie	metallurgy
HVAC	Heizungs-, Lüftungs-, Klimatechnik	heating, ventilation, air conditioning
Hydr	Hydraulik	hydraulics
IE	Industrial Engineering, Wirtschaftsingenieurwesen	Industrial Engineering
Instr	Instrumente	instruments
Kabel	Kabeltechnik	cables
Kart	Kartografie	cartography
Keram	Keramik	ceramics
Kfz	Kraftfahrzeuge	motor vehicles
KI	Künstliche Intelligenz	artificial intelligence
Krist	Kristalle	crystals
Landw	Landwirtschaft	agriculture
Laser	Lasertechnik	laser
Licht	Lichttechnik	lighting engineering
Logik	Logik	logic
Luft	Luftfahrt	aeronautical engineering
Magn	Magnetismus	magnetism
Masch	Maschinenbau allgemein	machines, engineering in general

Mater	Werkstoffkunde	materials
Math	Mathematik	mathematics
Mech	Mechanik	mechanics
Med	Medizin	medicine
Mess	Messtechnik	metrology
Meteo	Meteorologie	meteorology
Mikros	Mikroskopie	microscopy
Mil	Militärwesen	military technology
Min	Mineralien	minerals
Mot	Motoren	engines, motors
MT	Medizintechnik	medical engineering
Nahr	Nahrungsmittelindustrie	food industry
Nav	Navigation	navigation
NC	numerische Steuerung	numerical control
Norm	Normung	standardization
Nukl	Kernphysik u. -technik	nuclear physics and engineering
Ökol	Ökologie	ecology
Öl	Erdöl	oil industry
Opt	Optik	optics
OT	Oberflächentechnik	surface finishing
Pap	Papier	paper
Pat	Patente	patents
Pharm	Pharmazie	pharmaceutics
Phys	Physik	physics
Physiol	Physiologie	physiology
Plast	Kunststoffe	plastics
PM	Pulvermetallurgie	powder metallurgy
QM	Qualitätsmanagement	quality management
Radar	Radar	radar
Radio	Radio	radio
Radiol	Radiologie	radiology
Raumf	Raumfahrttechnik	astronautical engineering
Regel	Regel- u. Steuerungstechnik	control engineering
Rohr	Rohre, Rohrleitungen	pipelines
Sanitär	Sanitärtechnik	sanitary pipework and fittings
Schiff	Schiffe	ships
Schm	Schmieden	forging
Schw	Schweißen	welding
Spinn	Spinnerei	spinning
Stat	Statistik	statistics
Straß	Straßen, Straßenbau	roads, road construction
Techn	Technik allgemein	engineering in general
Tele	Telekommunikation	telecommunications
Tex	Textilwesen	textile industry
Tisch	Tischlerei	joinery
Trans	Gütertransport	cargo transport
TV	Fernsehen	television
Uhr	Uhren	watches and clocks
Umw	Umwelttechnik	environmental engineering
Vak	Vakuumtechnik	vacuum technology
Verf	Verfahrenstechnik	process engineering
Verk	Verkehrswesen	traffic
Verm	Vermessungstechnik	surveying
Verp	Verpackungstechnik	packaging
Video	Videotechnik	video technology
Walz	Walzwerke	rolling mills
Wasserb	Wasserbau	hydraulic engineering
Wirtsch	Wirtschaft	economics
Wz	Werkzeuge	tools
Wzm	Werkzeugmaschinen	machine tools
Zeichn	Zeichnungen	drawings
Zimm	Zimmerei	carpentry

A

@ (in E-Mail-Adressen: gesprochen wie engl. "at"), Klammeraffe *m* (DV, Tele) / @

a, Ar (1 a = 100 m²) / a, are

a (= Jahr) / a, A (= year)

a, Atto... (Vorsilbe bei Einheiten: 10⁻¹⁸) / atto...

α,α'-**Azobisisobuttersäuredinitril** (Chem) / 2,2'azobisisobutyronitrile

α,α'-**Azodiisobutyronitril** (Chem) / 2,2'azobisisobutyronitrile

α,α-**Dichlortoluol** *n*, Benzalchlorid *n* (C_6H_5-CHCl$_2$) / benzal chloride, benzylidene chloride, dichloromethylbenzene

a,t-Diagramm *n* (Phys) / acceleration-time graph, acceleration-time plot

A (= Jahr) / a, A (= year)

A, Ampere *n* (Elek) / amp, A, ampere, a

A, Adenin *n* (Biochem) / adenine, 6-aminopurine

Å n, (1Å = 10⁻¹⁰ m), Ångström / Angstrom unit, ÅU, AU, angstrom, Å, A

AA *f*, Mignonzelle *f*, AA-Zelle *f* (IEC R6) (Elek) / AA battery

AAA, Microzelle *f*, AAA-Zelle *f* (IEC R03) (Elek) / AAA battery, micro || $\stackrel{\circ}{\sim}$-**Zelle** *f* (IEC R03), Microzelle *f* (Elek) / AAA battery, micro

α-**Aminoglutarsäure** *f*, Glutaminsäure *f* (Biochem) / glutamic acid, glutaminic acid

α-**Aminopropionsäure**, Alanin *n* (Chem) / alanine, Ala, A

AAR, Antigen-Antikörper-Reaktion *f* (Biochem) / antigen-antibody reaction

AAS *f* (Chem, Mess) / atomic absorption spectroscopy, AAS

AA-Zelle *f* (IEC R6), Mignonzelle *f* (Elek) / AA battery

ab, abwärts / down *adv*, downward, downwards

AB *m*, Anrufbeantworter *m* (Tele) / answering machine, telephone answering device, TAD || $\stackrel{\circ}{\sim}$, Aussetzbetrieb *m* (einfacher: Betriebsart S3; mit Anlaufvorgang: S4; mit elektrischer Bremsung: S5) (Elek) / intermittent periodic duty (duty type S3; with starting: duty type S4; with electric braking: duty type S5), intermittent duty

Abakus *m*, Rechenbrett *n* (Math) / abacus (pl. abaci, abacuses)

abändern, umändern (Kleidungsstück) (Tex) / alter || ~, revidieren, überarbeiten (z.B. Buch, Dokumentation) / revise

Abänderung *f*, Änderung *f* / alteration, modification || $\stackrel{\circ}{\sim}$, Überarbeitung *f* (eines Dokuments) / revision || $\stackrel{\circ}{\sim}$, Änderung *f* (eines Kleidungsstück) (Tex) / alteration

abarbeiten (DV) / service (interrupt, routine) || ~ (einen Befehl, Rechenoperationen, Daten) (DV) / process (an instruction, task, data etc.)

abätzen (Chem) / etch off, remove by caustics or etching || ~ (lebendes Gewebe), kauterisieren (Med) / cauterize, remove by cauterization

Abb., Abbildung *f* (zur Veranschaulichung der Textdarstellung in Fachbüchern etc.) (Doku, Druck) / figure, fig.

Abbau *m* (z.B. einer Maschine), Zerlegung *f* / disassembly, dismantling, taking apart, dismounting || $\stackrel{\circ}{\sim}$ (z.B. der Gleise), Entfernung

f / removal || $\stackrel{\circ}{\sim}$ (z.B. von Spannungen, Gehältern, Personal), Verringerung *f* / reduction (e.g. of tensions, salaries, staff) || $\stackrel{\circ}{\sim}$ (z.B. von Arbeitsplätzen, Atomwaffen) / reduction in the number of (e.g. jobs, nuclear weapons) || $\stackrel{\circ}{\sim}$ (z.B. von Stärke) (Biol, Chem) / decomposition, breakdown, degradation || $\stackrel{\circ}{\sim}$ (von Bodenschätzen) (Bergb) / mining *n*, winning || $\stackrel{\circ}{\sim}$, Grubenbau *m* (in dem das nutzbare Mineral gewonnen wird), Abbauort *n* (Bergb) / stope *n* || $\stackrel{\circ}{\sim}$ (einer Verbindung), Verbindungsabbau *m* (Tele) / clearing, cleardown, call cleardown, call clearing, call disestablishment, call release || $\stackrel{\circ}{\sim}$ **durch Bakterien** (Biochem) / bacterial decomposition || $\stackrel{\circ}{\sim}$ **im Tiefbau**, Untertagebau *m* (Bergb) / deep mining, underground mining

abbaubar (Chem) / decomposable, decompoundable || ~ (Kunststoffe) / degradable (plastics) || ~ (biologisch) (Chem, Umw) / biodegradable

abbauen, zerlegen (in seine Einzelteile), demontieren / dismantle, disassemble, take apart, take down || ~, abmontieren / remove, demount, take down, dismount, take off, detach || ~, abbrechen *vt* (z.B. ein Gerüst, Zelt) / take down || ~, reduzieren, verringern / relieve *vt* (pressure, tension, stress), release || ~ (z.B. Spannungen), senken, herabsetzen, verringern / reduce (e.g. tensions) || ~ (Personal, Arbeitsplätze) / reduce, cut (staff, jobs) || ~, zerlegen (Chem) / break down *vt*, decompose *vt*, degrade *vt*, decompound || ~ (z.B. Erze, Kohle), fördern (Bergb) / mine *vt* (e.g. ores, coal), work, get || ~ (Steine, Sand im Tagebau) (Bergb) / quarry || ~ (z.B. Flöze), ausbeuten (Bergb) / exploit (coal seam etc) || ~, trennen, auslösen (Verbindung) (DV, Tele) / clear *v* (a connection), clear down || ~ *vr* (sich), zersetzen *vr* (sich), zerfallen (in seine Bestandteile) / decompose *vi*, disintegrate *vi* || **biologisch** ~ (Chem, Umw) / biodegrade

Abbau • mittel *n* (Gummi) (Plast) / peptizer || $\stackrel{\circ}{\sim}$**ort** *n*, Grubenbau *m* (in dem das nutzbare Mineral gewonnen wird) (Bergb) / stope *n* || $\stackrel{\circ}{\sim}$**reaktion** *f* (Chem) / decomposition reaction, degradative reaction || $\stackrel{\circ}{\sim}$**verfahren** *n* (Bergb) / mining method, mining system

abbeizen, beizen (Hütt) / pickle *vt* (to remove oxide or mill scale from the surface of a metal by immersion usually in an acidic or alkaline solution)

Abbeiz • fluid *n* (neutrales Abbeizmittel), Farbenabbeizmittel *n* (Anstr) / paint remover, paint stripper, remover, stripper || $\stackrel{\circ}{\sim}$**mittel** *n*, Farbenabbeizmittel *n* (Anstr) / paint remover, paint stripper, remover, stripper || $\stackrel{\circ}{\sim}$**mittel**, Beize (zur Oberflächenbehandlung von Metall) *f* (Hütt) / pickle

Abbe • -Prisma (Opt) / Abbe prism || $\stackrel{\circ}{\sim}$-**Refraktometer** *n* (Mess, Opt) / Abbe refractometer

Abbesch • e Komparatorprinzip (Mess) / Abbe principle || $\stackrel{\circ}{\sim}$**er Kondensor** (Opt) / Abbe condenser || $\stackrel{\circ}{\sim}$**e Sinusbedingung** (Opt) / Abbe's sine condition, sine condition || $\stackrel{\circ}{\sim}$**e Theorie** (Opt) / Abbe's theory

AB-Betrieb *m* (Eltro) / class AB operation

abbiegen *vt*, umbiegen / bend over o. back o. down || ~ *vi* (z.B. von einer Hauptstraße, nach links, rechts) (Kfz) / turn (left, right), turn off (e.g. a main road) || $\stackrel{\circ}{\sim}$ *n*, Abkanten *n* (Fert) / bending, edge bending

Abbild n, Abbildung f (Foto, Opt) / image n
abbilden, wiedergeben, darstellen / represent, depict ‖ ~ (einen Gegenstand auf einem lichtempfindlichen Medium)(Foto) / produce an image (of an object on a sensitized surface) ‖ ~ (Opt) / form an image ‖ ~ (die Menge A auf B) (Math) / map (set A onto B) ‖ **die Maschine ist auf S. 104 abgebildet** / there is a picture of the machine on p. 104 ‖ $\approx$ n, Abbildung f (Opt) / image formation, imaging
abbildend (z.B. Eigenschaften) (Opt) / image-forming (e.g. properties)
Abbildung f, Abbilden n (Opt) / image formation, imaging ‖ $\approx$, Abbild n (Foto, Opt) / image n ‖ $\approx$, Darstellung f, Wiedergabe f / representation, reproduction ‖ $\approx$ (zur Veranschaulichung der Textdarstellung in Fachbüchern etc.) (Doku, Druck) / figure, fig. ‖ $\approx$ (eines Elements der Menge A auf ein Element der Menge B) (Math) / mapping, transformation, correspondence, map ‖ $\approx$ **durch reziproke Radien,** Inversion f (am Kreis) (Math) / inversion
Abbildungs•fehler m (z.B. Asymmetriefehler, Astigmatismus, Bildfeldwölbung) (Opt) / aberration, optical aberration ‖ $\approx$**geometrie** f (Math) / mapping geometry ‖ $\approx$**gleichung** f, Linsengleichung f (Opt) / thin lens formula ‖ **newtonsche** $\approx$**gleichung** (Opt) / Newton's lens formula ‖ $\approx$**legende** f (Doku) / legend ‖ $\approx$**maßstab** (linearer)(Verhältnis zwischen Größe des Objekts u. der Abbildung) (Foto, Opt) / magnification, lateral magnification ‖ $\approx$**optik** f (Opt) / focus[s]ing optics ‖ $\approx$**qualität** f (Foto) / imaging quality
Abbindebeschleuniger m (Betonzusatzmittel) (Bau) / accelerating admixture (for concrete), accelerator
abbinden vt, losbinden / unfasten, untie ‖ ~ vi ((Bindemittel in) Zement, Mörtel, Gips, Dichtungsmassen) / set ((binder in) cement, mortar, plaster, sealant), harden vi ‖ ~ (Klebstoff) / cure vi ‖ ~ (Druckfarben) (Druck) / set ‖ $\approx$ n (von Zement, Beton etc., bestehend aus den Phasen Erstarren und Erhärten) (Bau) / setting, set, hardening ‖ $\approx$ (von Klebstoffen), Aushärten n / curing, setting
Abbindezeit f (von Klebstoffen), Abbindungsdauer f / curing time, setting time
abblasen, wegblasen / blow off vt ‖ ~ (Luft, Gas, Dampf), ablassen / release, discharge, let off, blow off vt ‖ ~ (mit Sandstrahl) / sandblast vt
Abblaseventil n, Umluftventil n (eines Abgasturboladers - ermöglicht bei geschlossener Drosselklappe ein Umpumpen der vorverdichteten Luft von der Verdichter-zur Ansaugseite des Verdichters) (Mot) / exhaust wastegate, wastegate, waste gate valve
abblenden vt (z.B. Lampe) / shade, screen ‖ ~ (Scheinwerfer) (Kfz) / dim (the headlights) (US), dip (the headlights) (GB) ‖ ~ vi, (Foto, Opt) / stop down ‖ ~, ausblenden (allmählich) (Film, TV) / fade out ‖ ~ (Kfz) dim the headlights (US), dip the headlights (GB)
Abblend•knopf m (Foto) / depth-of-field preview button ‖ $\approx$**licht** n (Kfz) / dimmed headlights (US), low-beam headlights pl, dimmers pl (low-beam headlights), low beam(s) (US), dipped beam(s) (GB), dipped headlights (GB) ‖ $\approx$**schalter** m (Kfz) / dimmer switch (US), dip switch (GB) ‖ $\approx$**scheinwerfer** m (Kfz) / low

beam headlight ‖ $\approx$**taste** f (Foto) / depth-of-field preview button
Abbrand m, Verbrennung f (von Festtreibstoffen) (Raumf) / combustion ‖ $\approx$, Burn up m (Nukl) / burn-up ‖ $\approx$ (beim Schmelzen von Metallen) (Hütt) / melting loss ‖ $\approx$ (von Elektroden, elektrischen Kontakten) (Eltro) / electrode consumption, electrode erosion, burning away of electrodes ‖ $\approx$**verhalten** n (Nukl) / burnup characteristics ‖ $\approx$**volumenverhältnis** n (bei Elektroden) / wear ratio (ratio of work material removed to tool material removed)
abbrechen vt (z.B. die Spitze) / break off vt (e.g. the point) ‖ ~ (Gebäude etc.), einreißen vt (Bau) / demolish, pull down, tear down ‖ ~ (z.B. ein Gerüst, Zelt) / take down ‖ ~, vorzeitig beenden / break off vt, abort vt ‖ ~, vorzeitig beenden (DV) / abort vt (a program, command, operation), terminate (abnormally or prematurely) ‖ ~ (Verbindung, Verbindungsaufbau) (Tele) / abandon (a call, call setup) ‖ ~ vi (z.B. Spitze) / break off vi (e.g. tip) ‖ ~, aufhören, beendet werden / break off vi ‖ ~, vorzeitig aufhören / abort vi ‖ $\approx$ (Beschriftung auf einer Schaltfläche zum Abbruch z.B. des Druckmenüs, ohne zu drucken) (DV) / Cancel
abbrechender Dezimalbruch (Math) / terminating decimal
Abbrechfehler m (Math) / truncation error
abbremsen vt / brake vt ‖ ~ vt vi (im Ggs. zu beschleunigen) / decelerate vt vi ‖ ~ vi / brake, put on the brake[s], reduce the speed, slow down ‖ $\approx$ n / braking
Abbremsung f, Abbremsen n / braking ‖ $\approx$ (Ggs. Beschleunigung) (Phys) / deceleration ‖ $\approx$ (Verhältnis zwischen Bremsverzögerung und Fallbeschleunigung oder zwischen Bremskraft und Fahrzeuggewichtskraft) (Kfz) / braking ratio
Abbrennbrücke f (beim Abbrennstumpf-schweißen) (Schw) / joint (between workpieces in flash welding)
abbrennen vt, verbrennen / burn vt [down], reduce to ashes ‖ ~ (Zusätze), ausbrennen vt (PM) / burn off (lubricants, binders) ‖ $\approx$ n (beim Abbrennstumpfschweißen) (Schw) / flashing
Abbrenn•stumpfschweißen n / flash butt welding, flash welding (normally used for butt joints), FW ‖ $\approx$**zeit** f (Schw) / flashing time
Abbruch m (eines Gebäudes etc.), Abriss m (Bau) / demolition, pulling down, tearing down ‖ $\approx$ (eines Gerüsts, Zelts) / taking down ‖ $\approx$, Beendigung f / abortion, stopping, breaking off, discontinuance ‖ $\approx$ (Chem) / termination (of a reaction) ‖ $\approx$, vorzeitige Beendigung (DV, Tele) / abnormal termination, forced termination, abortion (of program execution, data transmission etc.) ‖ $\approx$ (ohne vorherige Sicherung) (DV) / abandonment ‖ $\approx$**bedingung** f (allg, DV, Raumf) / abort condition ‖ $\approx$**fehler** m (Math) / truncation error ‖ $\approx$**kriterium** n (Math) / truncation criterion ‖ $\approx$**reaktion** f (beendet die Kettenreaktion) (Chem) / termination reaction, chain-termination reaction
ABC••Kampfmittel n pl (atomar, biologisch, chemisch) (Mil) / NBC weapons pl (nuclear, biological, chemical) ‖ $\approx$**Waffen** f pl (atomar, biologisch, chemisch) (Mil) / NBC weapons pl (nuclear, biological, chemical)

Abdampf *m* / dead steam, exhaust steam, waste steam
abdampfen (z.B. Lösung) / evaporate
Abdampfturbine *f* / exhaust steam turbine
Abdeckblech *n* / cover plate
abdecken, aufdecken / uncover ‖ ~, herunternehmen / take down, take off ‖ ~, abräumen, abtragen (Abraum, Deckschicht) (Bergb) / remove (the overburden), strip ‖ ~ (Dach) / take off (roof) ‖ ~ (Haus) / take off the roof, unroof, untile ‖ ~, bedecken, verdecken, zudecken, überdecken / cover *vt* ‖ ~ [gegen], schützen [vor] / cover, screen (from dust, light, etc) ‖ ~ (als Sicherungsmaßnahme bei z.B. Verletzungsgefahr) / guard ‖ ~ (Objektiv) (Foto) / cap *vt* (lens) ‖ ~ (Stellen, die von der nachfolgenden Bearbeitung ausgenommen werden sollen), maskieren (Anstr, Fert) / mask *vt* ‖ ~ (OT) / stop off (to avoid electrodeposition in certain areas) ‖ ~ (mit deckender Farbe bei der Retusche) (Foto) / opaque *vt* ‖ ~ (Sendegebiet, Funkbereich, Frequenzbereich) (Radio, Tele, TV) / cover
Abdeck•farbe *f* (Foto) / opaque *n* ‖ ~**haube** *f* / hood, cover ‖ ~**leiste** *f* (Bau) / cover strip ‖ ~**platte** *f* (allg, Bau) / cover plate ‖ ~**platte**, Blende *f*, Abdeckung *f* / escutcheon (e.g. around light switch), escutcheon plate, faceplate ‖ ~**schicht** *f*, Schutzschicht *f* / protective coating, protective layer
Abdeckung *f* / cover ‖ ~, Abdeckplatte *f*, Blende *f* / escutcheon (e.g. around light switch), escutcheon plate, faceplate ‖ ~ (zum Schutz gegen direkte Berührung) (Elek) / barrier ‖ ~ (von Stellen, die von der nachfolgenden Bearbeitung ausgenommen werden sollen) / masking ‖ ~ (eines Sendegebiets, Funkbereichs) (Radio, Tele, TV) / coverage
abdichten (Bau) / caulk *vt* (joints and gaps), close up ‖ ~ *n*, Abdichtung *f* (Bau, Techn) / sealing ‖ ~ (von Fugen) (Bau) / caulking *n* (of joints and gaps)
Abdichtung *f*, Dichtung *f* / seal ‖ ~, Abdichten *n* (Bau, Techn) / sealing
abdocken (einen Laptop von der Basisstation) (DV) / undock
abdrehen *vt* (eine Leitung, Gas, Wasser), absperren / cut off, disconnect, turn off ‖ ~ *n* (erstmaliges Herstellen der Wirkfläche von Schleifkörpern), Profilieren *n* (Wzm) / profiling, shaping
abdriften (Luft, Schiff) / drift off
abdrucken (Druck, DV) / print *vt* (e.g. book, text)
abdrücken, durch Druck trennen / force off, squeeze off, separate (by force) ‖ ~ *n*, Innendruckversuch *m* (mit Wasser, Luft oder Gas bei Rohren, Kesseln und Behältern) / burst test, internal pressure test
Abdrück•schraube *f* / forcing screw ‖ ~**versuch** *m*, Innendruckversuch *m* (mit Wasser, Luft oder Gas bei Rohren, Kesseln und Behältern) / burst test, internal pressure test
Abeggsche Regel, Abegg-Valenzregel *f* (Chem) / Abegg's rule (of eight)(sum of the maximum positive and negative valencies of an element is eight)
Abelsch•e Gruppe (Math) / Abelian group, commutative group ‖ ~**er Satz** (Math) / Abel's theorem ‖ ~**er Unmöglichkeitssatz** (Math) / Abel's impossibility theorem, Abel-Ruffini theorem ‖ ~**e Verknüpfung** (Math) / commutative operation, Abelian operation
Abendrot *n* (Geoph) / afterglow

Aberration *f*, Abbildungsfehler *m* (z.B. Asymmetriefehler, Astigmatismus, Bildfeldwölbung) (Opt) / aberration, optical aberration
aberregen (Elek) / de-energize
A-Betrieb *m* (Eltro) / class A operation
abfackeln (ChT) / flare (excess gas), burn off
abfahren *vt* (z.B. Reifen), abnutzen / wear out ‖ ~, abschalten (Anlage, Reaktor etc.) / shut down, decommission (e.g. plant, reactor)
Abfahrt *f*, Autobahnausfahrt *f* (Straß) / slip road (GB), exit, off-slip, off-ramp, exit ramp (US)
Abfall *m* (allg, Umw) / waste ‖ ~, Abfallstoff *m* / waste material ‖ ~, Müll *m*, Abfälle *m pl* (Umw) / rubbish (mostly dry material such as glass, paper, cloth), garbage (mostly decomposable food waste), refuse *n* (municipal solid waste, including garbage and rubbish) ‖ ~, Schmutz *m*, Kehricht *m* / dirt, sweepings *pl* ‖ ~, Schlachtabfälle *m pl* / offal ‖ ~ (der auf der Straße oder in der Landschaft herumliegt) / litter ‖ ~ (Differenza aus Gewicht des Rohstoffs und daraus hergestellten Produkts - z.B. Pressgrate, Angüsse), Fertigungsabfall *m* (Fert) / scrap ‖ ~, Verschnitt *m* (Fert) / scrap ‖ ~, Abfallbutzen *m* (unter dem Schneidstempel befindlicher abgetrennter Werkstoffanteil beim Lochen) (Fert) / slug (scrap piece cut out in punching) ‖ ~ (bei Mineralienaufbereitung), Rückstand *m* (Bergb, ChT) / tailings *pl*, tails *pl* ‖ ~, Rückgang *m*, Verringerung *f*, Abnahme *f*, Reduzierung *f* / decrease *n* [in], reduction, drop [in] (in prices, quality, amount, temperature), diminishing, diminution ‖ ~ (der Spannung), Abnahme *f* der Spannung (Elek) / drop (of voltage), fall of potential, potential drop, voltage drop ‖ ~ (eines Relais), Abfallen *n* (Elek) / drop-out, release, opening (of a relay) ‖ ~**aufbereitung** *f* (Umw) / waste treatment ‖ ~**aufkommen** *n* (Umw) / volume of waste produced ‖ ~**behälter** *m* (Nukl, Umw) / waste container ‖ ~**behandlung** *f* (Umw) / waste treatment ‖ **thermische ~behandlung** (Umw) / waste incineration. waste combustion ‖ ~**beseitigung** *f*, Abfallentsorgung *f*, /Müllentsorgung *f* (Umw) / waste disposal, disposal (of waste), refuse disposal ‖ ~**brenngas** *n* (Ener, Öl, Umw) / refinery waste gas ‖ ~**brennstoff** *m* (Ener, Umw) / waste derived fuel, waste fuel ‖ ~**butzen** *m* (unter dem Schneidstempel befindlicher abgetrennter Werkstoffanteil beim Lochen) (Fert) / slug (scrap piece cut out in punching)
abfallen, geringer werden / decrease, drop (e.g. speed, level, voltage) ‖ ~ (in der Geschwindigkeit), langsamer werden / decelerate *vi*, reduce the speed, slow down ‖ ~ (Elek) / be released (relay), open ‖ ~ *n*, Abfall *m* (eines Relais) (Elek) / drop-out, release, opening (of a relay)
abfallend, geneigt / inclined, sloping *adj*, declivous, declivitous
Abfall•entsorgung *f* (Umw) / waste disposal, disposal (of waste), refuse disposal ‖ ~**flanke** *f*, Rückflanke *f* (eines Impulses) (Eltro) / trailing edge (of a pulse), falling edge, back edge ‖ ~**gesetz** *n* (Umw) / waste law ‖ ~**produkt** *n*, Nebenprodukt *n* (der Forschung in nicht zugehörigen Fachgebieten), Spinoff *m* / spin-off ‖ ~**recht** *n* (Umw) / waste laws ‖ ~**rohr** *n*, Fallrohr *n* (Bau) / downspout (US), downpipe (GB), conductor (US), rainwater

pipe, leader (US), drainspout, downcomer (GB) ‖ ⁓**stoff** *m* / waste material ‖ ⁓**strom** *m* (Relais) (Elek) / drop current, release current, drop-out current (relay) ‖ ⁓**technik** *f* (Umw) / waste engineering ‖ ⁓**verbrennung** *f* (Umw) / waste incineration, waste combustion ‖ ⁓**verbrennungsanlage** *f* / incinerator (plant for large-scale refuse combustion), incinerator plant, incineration plant, waste incineration facility, waste incinerator, refuse incinerator, waste incineration plant ‖ ⁓**vermeidung** *f* (Umw) / waste avoidance, avoiding waste ‖ ⁓**verwertung** *f*, Recycling *n* (Umw) / recycling *n*, waste recycling, materials salvage ‖ **energetische** ⁓**verwertung** (Umw) / use of waste as energy source ‖ ⁓**verzögerung** *f* (Relais), Abfallverzögerungszeit *f* (Elek) / release delay, delay on de-energization, delay on release, delay on break ‖ ⁓**wirtschaft** *f* (Umw) / waste management ‖ ⁓**zeit** *f* (Zeit, in der ein Impuls von 90 % auf 10 % seiner Amplitude abfällt) (Elek, Eltro) / decay time, pulse decay time, fall time, pulse fall time ‖ ⁓**zeit** (bei Schalttransistoren) (Eltro) / fall time ‖ ⁓**zeit** (eines Relais), Rückfallzeit *f* (Eltro) / release time (of relay), drop-out time ‖ ⁓**zerkleinerer** *m* (Umw) / waste disintegrator, waste grinder

abfangen (Schläge, Stöße, Aufprall) / absorb, cushion *vt* ‖ ~ / intercept *v* (e.g. enemy aircraft) ‖ ~ (schleuderndes Fahrzeug) (Kfz) / bring under control ‖ ~ (Flugzeug vor dem Aufsetzen) (Luft) / flatten out, level off ‖ ~, abstützen (Bau) / prop *vt* [up], support, stay *vt* [up], underpin, shore up *vt* ‖ ~ **und ausschweben** (vor dem Aufsetzen) (Luft) / flare [out]

abfasen, abschrägen (Kanten) (Zimm) / chamfer *vt*

Abfasung *f*, Fase *f*, abgeschrägte Kante, abgefaste Kante / chamfer *n*

abfedern, abfangen (Schläge, Stöße, Aufprall) / absorb, cushion *vt*

Abfederung *f*, federnde Aufhängung / spring mounting, spring suspension

abfertigen (Passagiere) (Bahn, Luft, Schiff) / handle ‖ ~, kontrollieren / clear (for dispatch, departure)

Abfertigung *f* (Luft) / handling, processing (of planes, passengers, freight)

Abfertigungs • breich *m*, Check-in-Bereich *m* (Luft) / check-in area ‖ ⁓**gebäude** *n*, Terminal *m n* (Luft) / terminal, terminal building ‖ ⁓**schalter** *m* (am Flughafen), Check-in-Schalter *m* (Luft) / check-in counter, check-in desk ‖ ⁓**vorfeld** *n* (Luft) / apron, terminal apron, ramp, parking ramp

Abflächung *f*, Fase *f*, abgeschrägte Kante, abgefaste Kante / chamfer *n*

abfliegen *vi* (Flugzeug) (Luft) / depart ‖ ~, abheben *vi* (Flugzeug) (Luft) / take off *vi*

abfließen, wegfließen / drain *vi* [away], run away, flow off, flow away, run off *vi* ‖ ~ *n*, Abfluss *m* / discharge, running away, draining away, flowing away, flowing off, running off

abfluchten, abvisieren (Bau, Verm) / align *vt*, arrange in a straight line, line up, sight out

Abflug *m* (Luft) / departure ‖ ~, Abheben *n* (Luft) / start, take-off ‖ ⁓**gate** *n* (Luft) / boarding gate, departure gate ‖ ⁓**gepäck** *n* (Luft) / departing baggage, outbound baggage ‖ ⁓**hafen** *m*, Abgangsflughafen *m* (Luft) / departure airport, airport of departure ‖

⁓**halle** *f* (im Flughafengebäude) (Luft) / departure lounge, departure area, departure hall ‖ ⁓**kontrolle** *f* (Luft) / departure control ‖ ⁓**lotse** *m* (Luft) / departure controller ‖ ⁓**schalter** *m*, Check-in-Schalter *m* (am Flughafen) (Luft) / check-in counter, check-in desk ‖ ⁓**sektor** *m* (Luft) / take-off climb area ‖ ⁓**slot** *m* (Luft) / departure slot

Abfluss *m*, Abfließen *n* / discharge, running away, draining away, flowing away, flowing off, running off ‖ ~ (z.B. eines Waschbeckens), Ausguss *m* / drain *n* ‖ ~, Abflussrohr *n* (Sanitär) / waste pipe, drainpipe ‖ ⁓**rinne** *f* (Bau) / gutter ‖ ⁓**rohr** *n*, Abfluss *m* (Sanitär) / waste pipe, drainpipe ‖ ⁓**rohr**, Auslaufrohr *n*, Ausgussrohr *n*, Auslassrohr *n* / discharge pipe, drain pipe, outflow pipe, outlet pipe ‖ ⁓**rohr** (für Kessel- o. Druckwasser) / flow pipe ‖ ⁓**spirale** *f*, Rohrreinigungsspirale *f* (Sanitär) / plumber's snake, toilet jack, auger

Abfolge *f* (von Operationen, Ereignissen) / sequence

Abformmassen *f pl* (Gieß, Keram) / casting material, casting medium

Abfrage *f*, Anfrage *f* (an ein System) (DV) / inquiry, information request, INQ ‖ ~, Abfragen *n* (Tele) / interrogation ‖ ~ (in einer Datenbank) (DV) / query ‖ ~ (eingegangener Nachrichten auf dem Anrufbeantworter) (Tele) / check, checking ‖ ~ (von Hardwarekomponenten, um z.B. deren Sendebereitschaft festzustellen) (DV, Tele) / polling

abfragen (eingegangene Nachrichten auf dem Anrufbeantworter) / check (messages on answering machine) ‖ ~ (Datenbank) (DV) / query (database), interrogate ‖ ~, abtasten (analoge Signale periodisch) (Eltro) / sample ‖ ~ (Daten) (DV) / retrieve (data, information), extract (information from database) ‖ ~ (z.B Leitungen, Systemkomponenten, angeschlossenes Terminal) (DV, Tele) / interrogate ‖ ~ *n*, Abfrage *f* (Tele) / interrogation ‖ ~, Polling *n*, zyklisches Abfragen (ob eine Station senden will), Sendeaufruf *m* (DV, Tele) / polling (in a network) ‖ ~, Abruf *m*, Retrieval *n* (DV) / retrieval (of data, information)

abfühlen (elektrisch, magnetisch, optisch, mechanisch), abtasten (DV, Eltro) / read, sense ‖ ~ *n* (elektrisch, magnetisch, optisch, mechanisch), Abtasten *n* (DV, Eltro) / sensing, reading

Abfuhr *f*, Abtransport *m* / carrying off, removal ‖ ~ (z.B. von Wärme als Verlust), Abgabe *f* / dissipation (of heat)

abführen, ableiten (Phys) / carry away, remove (e.g. heat from a workpart), conduct away, carry off ‖ ~ (z.B. Energie, Wärme an Umgebung), abgeben (Phys) / dissipate (e.g. heat, energy), give off

Abführmittel *n pl* (Pharm) / laxatives *pl*

Abführung *f* (z.B. von Energie, Wärme an Umgebung), Ableitung *f* / dissipation

Abgabe *f* (z.B. von Schadstoffen, Energie, Quecksilber), Freisetzung *f* / release ‖ ~ (z.B. von Wärme), Emission *f* (Phys) / emission ‖ ~, Abfuhr *f* (z.B. von Wärme als Verlust) / dissipation (of heat) ‖ ~ (von Leistung) / output ‖ ~, abgegebene Menge / output

Abgang *m*, Leckage *f*, Verlust *m* durch Auslecken (o. Auslaufen) / leakage

Abgangs•flughafen *m*, Abflughafen *m* (Luft) / departure airport, airport of departure || **≈klemme** *f*, Ausgangsklemme *f* (Elek) / output terminal

Abgas *n*, Verbrennungsgas *n* / waste gas, combustion gas || ≈ (Mot, Turbine, Umw) / exhaust, exhaust fumes, exhaust gas || ≈ (von Kesseln o. Feuerungen), Rauchgas *n* / flue gas (gaseous combustion products from a furnace) || ≈ (aus Raffinerien, Reaktoren, Verbrennungsanlagen etc.), Prozessabgas *n* (ChT, Nukl, Umw) / waste gas, off-gas || **≈analyse** *f* / exhaust gas analysis || **≈anlage** *f*, Auspuffanlage *f* (Kfz) / exhaust system || **≈anlage** (Mot, Turbine) / exhaust, exhaust system || **≈behandlung** *f* (Mot) / exhaust treatment, exhaust gas treatment, emissions aftertreatment, exhaust aftertreatment || **≈emission** *f* (Kfz, Umw) / exhaust emission || **≈entgiftung** (Umw) / emissions control, control of gaseous pollutant emissions || **≈entgiftung** *f* (Kfz) / emissions control, emission control, exhaust emission control || **≈gegendruck** *m* (Kfz) / exhaust back pressure || **≈gesetze** *n pl* (Umw) / emission regulation, clean air regulation || **≈grenzwert** *m* (Kfz, Umw) / emission standard, exhaust emission standard || **≈katalysator** *m* (Kfz) / catalytic converter, converter || **≈leitung** *f* (Mot) / exhaust pipe || **≈nachbehandlung** *f* (Mot) / exhaust treatment, exhaust gas treatment, emissions aftertreatment, exhaust aftertreatment || **≈norm** *f* (Kfz, Umw) / emission standard, exhaust emission standard || **≈regelung** *f* (Kfz) / emissions control, emission control, exhaust emission control || **≈reinigung** (Umw) / emissions control, control of gaseous pollutant emissions || **≈reinigung** *f* (Kfz) / emissions control, emission control, exhaust emission control || **katalytische ≈reinigung** (Kfz, Umw) / catalytic emissions control || **≈rohr** *n* (Kfz) / exhaust pipe || **≈rückführung** *f* (Mot) / exhaust gas recirculation, EGR || **≈schalldämpfer** *m*, Auspufftopf *m* (Kfz) / muffler (US), exhaust muffler, silencer (GB) || **≈sonderuntersuchung** *f* (früher), Abgasuntersuchung *f* (Kfz) / exhaust emission check, exhaust test, emission inspection || **≈staudruck** *m* (Kfz) / exhaust back pressure || **≈thermometer** *n*, Thermometer *n* zum Messen der Temperatur im Abgasrohr der Heizung (Mess) / pocket thermometer (for checking duct temperature) || **≈turbine** *f* (Kfz, Mot) / exhaust gas turbine || **≈turboaufladung** *f*, Turboaufladung *f* (mit Abgas) (Kfz) / exhaust gas turbocharging, turbocharging, exhaust turbocharging || **≈turbolader** *m* (Mot) / turbocharger, exhaust turbocharger, turbo || **≈untersuchung** *f* (Kfz) / exhaust emission check, exhaust test, emission inspection || **≈-Wärmetauscher** (Kfz, Verf) / exhaust heat exchanger || **≈-Wärmeübertrager** (Kfz, Verf) / exhaust heat exchanger

abgeben (z.B. Schadstoffe an die Umwelt) / discharge (e.g. pollutants to the environment) || ≈ (Elektronen), freisetzen (Nukl) / free, release, liberate || ~, abstrahlen, ausstrahlen / give off *vt*, emit || ≈ (z.B. Energie, Leistung, Wärme, Drehmoment), liefern / deliver || ~ (z.B. Wärme von einem Gas höherer Temperatur an eines niedrigerer Temperatur in einem Wärmeaustauscher) / give up || ~, abführen (z.B. Energie, Wärme an

Umgebung) (Phys) / dissipate (e.g. heat, energy), give off || ~, ausstoßen (Gas etc.) / give off, emit, release (e.g. smoke, vapour)

abgebremste Neutronen (Nukl) / decelerated neutrons

abgefahren, abgenutzt (Reifen) / bald (tire), worn down, worn

abgefast, abgeschrägt / chamfered || **~e Kante**, Fase *f*, abgeschrägte Kante / chamfer *n*, chamfered edge

abgegeben•e Arbeit (Phys) / work output || **~e Leistung**, Ausgangsleistung *f* (Elek, Masch) / power output, output, output power || **~e Leistung**, Leistung *f* in Watt (Elek) / wattage

abgehängt (z.B. Decke, Elektroinstallationskanal) / suspended

abgehen, abzweigen *vi* / branch off *vi*, fork [off] || ~, in See stechen (Schiff) / put to sea, depart, sail *vi*, leave the port || ≈ *n*, Abweichung *f* (z.B. von der Nenngröße, von der Norm) / departure (e.g. from nominal size, a standard)

abgehend (Elek, Tele) / outgoing || ~ (z.B. Flug, Sendung) (Wirtsch) / outgoing, outbound (flight, shipment)

abgekürztes Wort, Abkürzung *f* / abbreviation

abgelehnt (Norm) / deprecated

abgeleitet, zweitrangig, untergeordnet / secondary *adj* || **~e Dimensionen** (Phys) / derived dimensions || **~e Einheit** (Chem, Phys) / derived unit || **~e Funktion**, Ableitung *f* (einer Funktion) (Math) / derivative, differential quotient, differential coefficient (GB) || **~e Größe** (Phys) / derived quantity

abgelesener Wert, angezeigter Wert (Mess) / reading, indication (shown by an instrument), value indicated

abgelöschter Kalk, Calciumhydroxid *n* (Bau) / calcium hydrate, hydrated lime, calcium hydroxide, slaked lime, lime hydrate

abgelöste Strömung (Phys) / separated flow

abgenutzt, verschlissen / worn, worn out || ~ (Reifen), abgefahren / bald (tire), worn down, worn

abgereichert (Brennstoff, Uran) (Nukl) / spent (fuel, uranium), depleted (uranium) || **~es Material** (Nukl) / depleted material

abgeriebenes Material, Abrieb *m* / abraded material, abraded particles, rubbed-off particles *pl*

abgerissene Strömung (Phys) / separated flow

abgerundet, rund / round *adj*, rounded || **~es Pulver** (PM) / nodular powder

abgeschaltet, ausgeschaltet (Elek) / off, switched off, out

abgeschirmt, entstört (Elek, Eltro) / screened, shielded || **~er Lagerraum** (Nukl) / cave

abgeschlossen (Wohnung) (Bau) / self-contained || **~es Intervall** (Math) / closed interval || **~e Menge** (Math) / closed set || **~e Schale** (Phys) / closed shell || **~es System** (Phys) / closed system

abgeschnitten (Elek) / chopped (e.g. lightning impulse, voltage impulse)

abgeschrägt / beveled (US), bevelled (GB) || **~e Kante** / bevel *n*, bevelled edge || **~e Kante**, Fase *f*, abgefaste Kante / chamfer *n*

abgesetzt, entfernt, Fern... (DV, Tele) / remote || ~, abgestuft / stepped || ~ (Schraubenkopf) / undercut *adj* || **~e Feststoffe** (beim Sedimentieren), Schlamm *m* (Aufb, ChT) / pulp || **~e periphere Einheit** (Tele) / remote switching unit, RSU || **~e Welle** / shouldered shaft, stepped shaft

abgesondert, separat, eigenständig / separate *adj*

abgestanden (z.B. Luft) / stale, stagnant

abgestimmt, zueinander passend / matching ‖ **~es Relais**, Resonanzrelais *n* / tuned relay

abgestuft, gestaffelt (nach Schwierigkeitsgrad, Größe etc.) / graduated ‖ **~**, abgesetzt / stepped

abgestumpft, stumpf / blunt *adj*, dull, obtuse ‖ **~er Kegel** (Math) / truncated cone

abgestützt [von, durch] / supported [by]

abgeteilt, separat, eigenständig / separate *adj*

abgewinkelt / angled, angular, forming a knee o. angle

abgießen (Flüssigkeit, Stahl, Schlacke) / pour off ‖ **~**, durch Gießen herstellen (Gieß, Glas) / cast, found

Abgleich *m*, Anpassung *f*, Synchronisation *f* (Eltro) / alignment (e.g. bit-rate, channel, frame, frequency, phase alignment) ‖ **~**, Abgleichen *n*, Trimmen *n* (Einstellen der Parameter von Bauelementen, Geräten etc. auf einen gewünschten Wert) (Elek, Eltro) / trimming, alignment, adjustment (of the circuits of an electronic system for predetermined response) ‖ **~**, Brückenabgleich *m* (einer Messbrücke) (Elek, Mess) / balancing the bridge, bridge balancing ‖ **~** (Zustand bei Messbrücke) (Eltro, Mess) / balance (in bridge) ‖ **~**, Datenabgleich *m* (DV) / match (of data sequences against each other), matching ‖ **~ durch Laser** (Eltro) / laser trimming ‖ **~bedingung** *f* (beim Brückenabgleich) (Elek, Mess) / condition for balance, balance condition ‖ **~besteck** *n* (i.W. nichtmagnetische, gut isolierte Schraubenzieher u. Steckschlüssel) (Eltro) / alignment tool set

abgleichen, trimmen (Eltro) / adjust (the circuits of an electronic system for predetermined response), align *vt* ‖ **~** (Messbrücke) (Eltro, Mess) / balance *vt* (a bridge) ‖ **~**, auf gleiche Höhe bringen, bündig machen / level, adjust to the same level, make even, make level, level out *vt*, make flush, flush ‖ **~** *n*, Abgleich *m*, Trimmen *n* (Einstellen der Parameter von Bauelementen, Geräten etc. auf einen gewünschten Wert) (Elek, Eltro) / trimming, alignment, adjustment (of the circuits of an electronic system for predetermined response) ‖ **~**, Brückenabgleich *m* (einer Messbrücke) (Elek, Mess) / balancing the bridge, bridge balancing ‖ **~** (eines Messgeräts, Bauelements mit einem Normal), Justieren *n* (Mess) / calibration (of a measuring instument against a standard)

Abgleich • indikator *m*, Nullinstrument *n* (mit dem Nullpunkt in der Skalenmitte zum Nachweis der Stromlosigkeit in einem Stromzweig) (Elek, Mess) / null indicator, bridge detector, null detector, null-point detector ‖ **~kondensator** *m* (Eltro) / trimmer capacitor ‖ **~widerstand** *m* (Eltro) / trimmer resistor, trimmer potentiometer, trim pot

Abgleiten *n*, Gleitvorgang *m* (an benachbarten Gitterebenen) (Krist) / slip *n* (within crystals - leading to plastic deformation), glide

abgraten, entgraten (Werkstücke, die spanend bearbeitet wurden) (Fert) / deburr, burr *vt* ‖ **~** (Gesenkschmiedestück, Gussstück, Spritzgussteil), entgraten (Gieß, Plast, Schm) / remove the flash, trim off the flash (of a forging, casting, injection-moulded part) ‖ **~** *n* (von Gesenkschmiedestücken, Gussstücken),

Entgraten *n* (Gieß, Schm) / trimming ‖ **~**, Entgraten *n* (von Werkstücken, die spanend bearbeitet wurden) (Fert) / deburring (US), burring, burr removal

Abgratpresse *f* (Schm) / trimming press

abgreifen (mit dem Zirkel), abzirkeln, abmessen / caliper *v*, calliper *v*, measure with compasses, measure with calipers ‖ **~**, anzapfen (Elek, Eltro) / tap ‖ **~** (z.B. Spannung, Signal) (Elek, Eltro) / pick off, sense ‖ **~** *n*, Abgriff *m* (z.B. von Spannung, Signal) (Elek, Eltro) / picking off, sensing

Abgriff *m*, Anzapfung *f* (Elek, Eltro) / tapping, tap ‖ **~** (z.B. von Spannung, Signal), Abgreifen *n* (Elek, Eltro) / picking off, sensing

Abguss *m* (Gieß, Keram) / casting ‖ **~massen** *f pl*, Abformmassen *f pl* (Gieß, Keram) / casting material, casting medium

Abhaltung *f* einer **Videokonferenz** (Tele) / videoconferencing, video teleconferencing

Abhang *m*, Böschung *f* / bank *n*, slope

abhängen [von], abhängig sein [von] / depend [on, upon] ‖ **~** [von](z.B. Verformung von aufgebrachter Last), maßgeblich bestimmt werden [von, durch] / vary [with] (e.g. resolution varies with the size of the monitor; cancer risk varies with smoking habits)

abhängig [von] (allg, Math) / dependant [on, upon], dependent [on, upon] ‖ **~** [von], unterworfen, gebunden [an] / subject *adj* [to] ‖ **~e Maschine**, Tochtermaschine *f* / slave, slave machine (under control of another machine) ‖ **~ sein** [von], abhängen [von] / depend [on, upon] ‖ **~ sein** [von], maßgeblich bestimmt werden [von, durch], abhängen [von](z.B. Verformung von aufgebrachter Last) / vary [with] (e.g. resolution varies with the size of the monitor; cancer risk varies with smoking habits) ‖ **~e Variable** (DV) / dependent variable

Abhängigkeit *f* (allg, Math) / dependance, dependency, dependence [on], dependancy ‖ **~** [von](z.B. der Verformung von der aufgebrachter Last) / variation (e.g. of deformation with applied load) ‖ **~** (von einer Substanz) (Med, Pharm) / dependence, dependency (on/upon a substance)

abhaspeln, abwickeln / spool off or out *vt*, uncoil, wind off, unreel, unwind

Abhebegeschwindigkeit *f* (Luft) / take-off speed

abheben *vi* (Flugzeug) (Luft) / take off *vi* ‖ **~** (Rakete), starten (Raumf) / blast off *vi*, lift off ‖ **~** *vt*, abnehmen *vt* / lift off *vt*, take off ‖ **~** *n*, Abflug *m* (Luft) / start, take-off

Abhilfe *f*, Abhilfsmaßnahme *f* / remedy, remedial measures *pl*, corrective action

Abhitze *f* / waste heat ‖ **~kessel** *m* (Ener) / heat recovery boiler, HRB, heat recovery steam generator, waste heat recovery steam generator, WHRSG, waste heat boiler, waste heat recovery boiler, WHRB ‖ **~verwertung** *f* / waste heat economy, waste heat recovery, waste heat utilization

Abhöreinrichtung, Wanze *f*, verstecktes Mikrofon (Akust, Eltro) / bug (coll. - electronic eavesdropping device)

abhören (Telefon, Telefonleitung), anzapfen (Tele) / tap (telephone wire or telephone), wiretap ‖ **~** (Mobiltelefon) (Tele) / eavesdrop on (a mobile phone) ‖ **~** (ein Gespräch), mithören (Tele) / eavesdrop on, listen in to (a call, conversation)

Abhör•gerät *n*, Wanze *f*, verstecktes Mikrofon (Akust, Eltro) / bug (coll. - electronic eavesdropping device) ‖ **~sicher** (Telefon) (Tele) / immune from eavesdropping, secure against eavesdropping ‖ **~sicherheit** *f* (Tele) / immunity from eavesdropping, security against eavesdropping

Abietinsäure *f* (Chem) / abietic acid, sylvic acid

abiogen / abiotic, abiotical

abiotisch / abiotic, abiotical ‖ **~e Faktoren** (Umw) / abiotic environment

abisolieren (Leitungsader) (Elek) / strip (wire), bare *vt*, skin

Abisolierzange *f* (Elek, Wz) / wire stripper (hand tool), stripper

abkanten, abschrägen (Kanten) (Tischl, Zimm) / bevel *vt* ‖ **~**, abfasen, abschrägen (Kanten) (Zimm) / chamfer *vt* ‖ **~** (Fert) / bend the edge (of a sheet-metal part)[over, upward, down] ‖ **~** *n*, Abbiegen *n* (Fert) / bending, edge bending

Abkant•maschine *f* (früher), Schwenkbiege-maschine (DIN) (Wzm) / swivel bending machine, bending press, folding machine, folding press, edging machine, edging press ‖ **~presse** *f* (Fert) / brake, press brake ‖ **~winkel** *m* (Fert) / angle of bend

abkippen *vt*, abgießen (Flüssigkeit, Stahl, Schlacke) / pour off ‖ **~** (z.B. Müll, Schutt, Sand auf eine Deponie, Halde etc.), abladen / dump *vt*, tip (GB) ‖ **~** *vi* (Luft) / nosedive

abklappbar, herunterklappbar / folding down

Abkling•becken *n* (DIN), Lagerbecken *n* (im Reaktorgebäude) (Nukl) / cooling pool, fuel cooling installation (ANSI, IEC), fuel cooling pond, water storage pool (for spent fuel), storage pool ‖ **~dauer** *f*, Abklingzeit *f* (in der die Größe A auf einen bestimmten Bruchteil ihres Anfangswertes abfällt: bei exponentiellem Abklingen gleich dem Kehrwert der Abklingkonstante) (Phys) / decay time

abklingen (Schwingungen) (Phys) / decrease (in amplitude)(oscillations), decay, die away, fade away, subside ‖ **~** (z.B. Signalamplitude, Radioaktivität) (Eltro, Phys, Tele) / decay *vi*, decrease ‖ **~** *n* (von Schwingungen) (Phys) / decay (e.g. of oscillations) ‖ **~**, Aktivitätsverminderung *f* (Nukl) / decay (of radioactivity)

Abkling•faktor *m*, Abklingkonstante *f* (Koeffizient, der das zeitabhängige Abklingen der gedämpften freien Schwingung bestimmt - Kehrwert der Abklingzeit, ausgedrückt in reziproken Sekunden 1/s) (Phys) / damping factor (in expressing the rate of decay of oscillations in a damped oscillatory system: natural logarithm of the ratio of two successive amplitude maxima divided by the time interval between them), damping coefficient, damping constant, decay factor, decay constant, decay coefficient ‖ **~koeffizient** *m*, Abkling-konstante *f* (Koeffizient, der das zeitabhängige Abklingen der gedämpften freien Schwingung bestimmt - Kehrwert der Abklingzeit, ausgedrückt in reziproken Sekunden 1/s) (Phys) / damping factor (in expressing the rate of decay of oscillations in a damped oscillatory system: natural logarithm of the ratio of two successive amplitude maxima divided by the time interval between them), damping coefficient, damping constant, decay constant, decay coefficient ‖ **~konstante** *f* (Koeffizient, der das

zeitabhängige Abklingen der gedämpften freien Schwingung bestimmt - Kehrwert der Abklingzeit, ausgedrückt in reziproken Sekunden 1/s) (Phys) / damping factor (in expressing the rate of decay of oscillations in a damped oscillatory system: natural logarithm of the ratio of two successive amplitude maxima divided by the time interval between them), damping coefficient, damping constant, decay factor, decay constant, decay coefficient ‖ **~konstante**, Dämpfungs-konstante *f* (bei räumlicher Dämpfung) (Phys) / attenuation coefficient, extinction coefficient ‖ **~konstante**, Zerfallskonstante (Übergangs-wahrscheinlichkeit, mit der im Mittel ein Atom pro Zeitintervall zerfällt) (Nukl) / decay constant, disintegration constant ‖ **~lager** *n*, Abklingbecken *n* (DIN) (im Reaktorgebäude) (Nukl) / cooling pool, fuel cooling installation (ANSI, IEC), fuel cooling pond, water storage pool (for spent fuel), storage pool ‖ **~zeit** *f* (in der die Größe A auf einen bestimmten Bruchteil ihres Anfangswertes abfällt: bei exponentiellem Abklingen gleich dem Kehrwert der Abklingkonstante) (Phys) / decay time ‖ **~zeit**, Abfallzeit *f* (Zeit, in der ein Impuls von 90 % auf 10 % seiner Amplitude abfällt) (Elek, Eltro) / decay time, pulse decay time, fall time, pulse fall time ‖ **~zeit** (Nukl) / cooling down period, decay time

abklopfen, durch Klopfen entfernen / knock off, tap off

Abkohlung *f* (Hütt) / partial decarburization

Abkommen *n*, Vereinbarung / agreement

Abkömmling *m*, Derivat *n* (Chem) / derivative *n*

abkoppeln (Raumf) / undock ‖ **~** (Elek) / disconnect ‖ **~** (z.B. zwei Anlagenteile voneinander) / disconnect, separate

Abkopplung *f* (Elek) / disconnection ‖ **~** (z.B. zweier Anlagenteile voneinander) / disconnection, separation

abkühlen *vt*/ cool, cool down ‖ **~** *vr* (sich) / cool *vi* [down] ‖ **~** (im Kühlofen), entspannen (durch Kühlen) (Glas) / anneal ‖ **~** *n* (Mater, Phys, Techn) / cooling *n* ‖ **~** (rasch), Abschrecken *n* (Glas beim thermischen Vorspannen, Stahl beim Härten) (Glas, Hütt) / quenching ‖ **~**, Abklingen *n*, Aktivitätsverminderung *f* (Nukl) / decay (of radioactivity)

Abkühl•geschwindigkeit *f* (Mater) / cooling rate, rate of cooling ‖ **~kurve** *f* (Mater, Hütt) / cooling curve, cooling trajectory

Abkühlung *f* (Mater, Phys, Techn) / cooling *n* ‖ **~**, Temperaturabnahme *f* / temperature drop

Abkühlungs•geschwindigkeit *f* (Mater) / cooling rate, rate of cooling ‖ **~geschwindigkeit** (beim Abschrecken) (Hütt) / quench rate, rate of quenching ‖ **kritische ~geschwindigkeit** / critical cooling rate ‖ **newtonsches ~gesetz** (Phys) / Newton's law of cooling ‖ **~konstante** *f* (im Newtonschen Abkühlungsgesetz) (Phys) / heat transfer coefficient ‖ **~kurve** *f* (Mater, Hütt) / cooling curve, cooling trajectory ‖ **~mittel**, Abschreckmittel *n* (Hütt) / quenchant, quenching medium

Abkühlverlauf *m* (z.B. in der Wärmebehandlung von Stahl) (allg, Hütt) / cooling process

Abkürzung *f*, abgekürztes Wort / abbreviation

Abkürzungsverfahren *n* (in der Werkstoffprüfung) (Mater) / accelerated test

abladen, entladen *vt*, ausladen / unload, discharge *vt* (cargo o. vehicle) ‖ **~**, abkippen *vt*

(z.B. Müll, Schutt, Sand auf eine Depomie, Halde etc.) / dump *vt*, tip (GB)
Ablage *f*, Archivierung *f* (Büro, DV) / archiving, filing
ablagern *vi*, reifen, durch Altern besser werden / age *vi*, mature *vi* ‖ ~ *vt vi* (Holz), austrocknen (durch Lagern) / season *vt vi* ‖ ~ *vt*, reifen lassen, altern lassen / age *vt*, mature *vt* ‖ ~ *vr* (sich), absetzen (sich) / be deposited, settle, deposit ‖ ~ (sich), sich akkumulieren / accumulate, build up *vi* (e.g. salt deposits)
Ablagerung *f* (z.B. von geologischen Schichten, von Kohlenstaub in der Lunge), Ablagern *n* (allg, Geol) / deposition ‖ ~, Ansammlung *f* / accumulation, build-up (e.g. of salt deposits) ‖ ~ (Absinken und Sichabsetzen von Schwebeteilchen in einer Flüssigkeit oder in einem Gas unter dem Einfluss der Schwerkraft oder durch Zentrifugieren), Sedimentation *f* (Chem) / sedimentation ‖ ~ (Absetzen von Lockermassen wie Schutt, Geröll, Kies, Sand, Schlamm, Staub, Lava, Asche, organ. Stoffe), Sedimentation *f* (Geol) / sedimentation, deposition ‖ ~, Sediment *n* (abgelagertes Lockergestein) (Geol) / sediment ‖ ~, Bodensatz *m* (in einer Flüssigkeit aufgrund von Sedimentation) (allg, Chem) / sediment *n*, deposit *n* ‖ ~ (von Holz), Austrocknung *f* (durch Lagern) / seasoning
ablängen (in Teile bestimmter Länge zerteilen) / cut into lengths o. sections ‖ ~, zuschneiden (auf richtige Länge) / cut to length
Ablass *m*, Ablassen *n* / discharge, draining, drainage ‖ ~ (Vorrichtung) / drain, outlet
ablassen, hinablassen, herunterlassen / lower, let down ‖ ~ (Flüssigkeit, Behälterinhalt), ablaufen lassen / discharge, drain *vt*, let out, let off ‖ ~, abblasen (Luft, Gas, Dampf) / release, discharge, let off, blow off *vt* ‖ ~, entleeren, leerlaufen lassen (von einer Flüssigkeit) / drain *vt* (e.g. container, crankcase)
Ablass•schraube *f* (Kfz, Masch) / drain plug ‖ ~**ventil** *n*, Ablaufventil *n* (Sanitär) / drain valve, waste outlet
Ablations•kühlung *f* (Raumf) / ablation cooling, ablative cooling ‖ ~**werkstoff** *m* (Luft, Mater, Raumf) / ablative material, ablator, ablating material
Ablation *f* (Abtragen von Material und Überführen in den gasförmigen Zustand) (Phys) / ablation
ablativer Werkstoff *m* (Luft, Mater, Raumf) / ablative material, ablator, ablating material
Ablauf *m*, Ausfließen *n* / discharge, efflux, effluence, outflow, flowing out ‖ ~, Ausflussmenge *f* / discharge, outflow ‖ ~ (Vorrichtung), Abfluss *m*, Ausflussöffnung *f* / outlet, drain ‖ ~, Nachlauf *m* (bei der Destillation) (ChT) / tails *pl*, tailings *pl* ‖ ~, Verlauf *m* / course ‖ ~, Abfolge *f* (von Operationen, Ereignissen) / sequence ‖ ~ (eines Prozesses, Verfahrens) / operations *pl*, process ‖ ~, Zeitplan *m*, Ablaufplan *m* / schedule (e.g. of a project) ‖ ~ (eines Programms) (DV) / execution (of a program), program run ‖ ~ (Vertrag, Patent, Passwort, Frist) / expiration (e.g. of a contract), expiry
Ablauf•abschnitt *m* (IE) / element (in a sequence of operations), step, operation ‖ ~**bereit** (Programm) (DV) / executable, loadable ‖ ~**diagramm** *n* / flow chart, flow diagram, flow sheet ‖ ~**diagramm** (Vorgänge

oder Zustände der Teile eines Systems werden in einer Richtung und die Prozessschritte oder Zeit im rechten Winkel dazu aufgezeichnet - DIN EN 61082-1) (Doku, Elek) / sequence chart
ablaufen, abfließen, wegfließen / drain *vi* [away], run away, flow off, flow away, run off *vi* ‖ ~ (zur Seite - z.B. Riemen, Seil von der Rolle) / run off, stray *vi* ‖ ~, stattfinden / take place ‖ ~ (Programm) (DV) / be executed, run, execute *vi* ‖ ~ (Zeit) / elapse ‖ ~ (z.B. Frist), zu Ende gehen / expire *vi* ‖ ~ (z.B. Patent, Vertrag), erlöschen, ungültig werden (Pat) / expire ‖ ~ lassen, ablassen (Flüssigkeit, Behälterinhalt) / discharge, drain *vt*, let out, let off ‖ ~ **lassen** (DV) / run, execute (a program) ‖ ~ *n* (von Patenten), Erlöschen *n* / expiration (of patents)
ablauf•fähig, ablaufbereit (Programm) (DV) / executable, loadable ‖ ~**kette** *f*, sequentielle Schaltung (Elek, Regel) / sequential circuit ‖ ~**organisation** *f*, Arbeitsablaufplanung *f* (IE) / process planning ‖ ~**plan** *m*, Zeitplan *m* / schedule (e.g. of a project) ‖ ~**plan**, Ablaufdiagramm *n* / flow chart, flow diagram, flow sheet ‖ ~**plan**, Programmablaufplan *m* (DV) / flow chart (in programming), program flowchart ‖ ~**planung** *f* / operations scheduling, sequence scheduling ‖ ~**prinzipien** *n pl* (der räumlichen Anordnung und Verbindung von Arbeitsplätzen) (IE) / principles of plant layout ‖ ~**rohr** *n* Auslassrohr *n* / discharge pipe, drain pipe, outflow pipe, outlet pipe ‖ ~**schaubild** *n*, Ablaufdiagramm *n* / flow chart, flow diagram, flow sheet ‖ ~**schritt** *m* (bei einer Ablaufsteuerung) (Regel) / step ‖ ~**sprache** *f* (zur Programmierung einer SPS-Steuerung) (DV, Regel) / sequential function chart, SFC ‖ ~**steuerung**, sequentielle Steuerung *f* (Regel) / sequential control, sequence control ‖ ~**steuerung** *f* (Regel) / sequencer, sequence controller ‖ ~**ventil** *n*, Ablassventil *n* (Sanitär) / drain valve, waste outlet ‖ ~**verfolgung** (eines Programms), Tracing *n* (in einem Debugger) (DV) / trace, tracing ‖ ~**zeit** *f* (eines Programm usw.), Laufzeit *f* (DV) / runtime
Ablauge *f* (nach ihrer Nutzung in industriellen oder gewerblichen Betrieben anfallende, meist stark mit Wasser verdünnte Lauge) (Pap, Techn) / waste liquor ‖ ~**mittel** *n* (alkalisches Abbeizmittel), Farbenabbeizmittel *n* (Anstr) / paint remover, paint stripper, remover, stripper
ablegen *vi*, in See stechen (Schiff) / put to sea, depart, sail *vi*, leave the port ‖ ~ *vt*, hinlegen, niederlegen / deposit *vt*, set down, lay down, put down ‖ ~, archivieren (Büro, DV) / archive *vt*, file ‖ ~ (DV) / drop (an object in a GUI) ‖ ~ *n*, Archivierung *f* (Büro, DV) / archiving, filing
ablehnen, verwerfen (allg) / reject *vt*
Ablehnungsbereich *m* (in der Testtheorie) (QM, Stat) / rejection region
ableiten, abführen (Phys) / carry away, remove (e.g. heat from a workpart), conduct away, carry off ‖ ~, abgeben (z.B. Schadstoffe an die Umwelt) / discharge (e.g. pollutants to the environment) ‖ ~, deduzieren, folgern (Logik) / deduce ‖ ~, herleiten (Math) / derive ‖ ~, differenzieren (Math) / differentiate ‖ ~ *n*, Differenzieren *n* (Math) / derivation, differentiation

Ableiter *m*, Überspannungsableiter *m* (Elek) / overvoltage protective device, surge arrester, overvoltage arrester, arrester, surge protector, surge suppressor, surge diverter

Ableitstrom *m* (Elek) / leakage current

Ableitung *f*, Abführung *f* (z.B. von Energie, Wärme am Umgebung) / dissipation ‖ ~ (Elek) / lightning conductor (conductor designed to carry the current of a lightning discharge from a lightning rod to the ground), down conductor, downlead ‖ ~, Herleitung *f* (Math) / derivation (e.g. of a formula) ‖ ~ (einer Funktion) (Math) / derivative, differential quotient, differential coefficient (GB) ‖ ~, Differenzieren *n* (Math) / derivation, differentiation

Ableitungs•anlage *f* (leitet in Blitzschutzanlagen den Blitzstrom von den Fangeinrichtungen zur Erdungsanlage) (Elek) / lightning conductors (conductors designed to carry the current of a lightning discharge from a lightning rod to the ground), down conductors, downleads ‖ ~**formel** *f* **von Leibniz** (Math) / Leibniz rule for differentiation ‖ ~**regeln** *f pl*, Differentiationsregeln *f pl* (Math) / differentiation rules, rules of differentiation

Ablenk•astigmatismus *m* (Eltro, Opt) / deflection astigmatism ‖ ~**blech** *n*, Prallblech *n* / baffle, deflector ‖ ~**einheit** *f*, Ablenksystem *n*, Ablenkspulenjoch *n* (in Kathodenstrahlröhren) (Eltro, TV) / deflection yoke (in a CRT), deflecting yoke, deflector, yoke, deflection system

ablenken, umlenken (in eine andere Richtung, z.B. Lichtstrahl) / deflect *vt*, divert ‖ ~ (Eltro, Opt) / deflect *vt*

Ablenk•fehler *m* (bei Kathodenstrahlröhren) (Eltro) / deflection distortion ‖ ~**generator** *m* (zur Erzeugung der Ablenkspannungen für Elektronenstrahlröhren) (Eltro) / sweep circuit, time-base generator, sweep generator ‖ ~**joch** *n*, Ablenksystem *n*, Ablenkspulenjoch *n* (in Kathodenstrahlröhren) (Eltro, TV) / deflection yoke (in a CRT), deflecting yoke, deflector, yoke, deflection system ‖ ~**koeffizient** *m* (in Kathodenstrahlröhren - Kehrwert der Ablenkempfindlichkeit) (Eltro) / deflection factor, deflection coefficient ‖ ~**kraft** *f* (Phys) / deflecting force ‖ ~**platte** *f*, Ablenkblech *n*, Prallblech *n* / baffle, deflector ‖ ~**prisma** *n* (Opt) / deviation prism, deflecting prism ‖ ~**spannung** *f* (in Kathodenstrahlröhren) (Eltro) / deflection voltage, sweep voltage ‖ ~**spule** *f* (Eltro) / deflection coil (in a CRT), deflecting coil, deflector, deflector coil, scanning coil ‖ ~**spulenjoch** *n* (in Kathodenstrahlröhren), Ablenksystem *n* (Eltro, TV) / deflection yoke (in a CRT), deflecting yoke, deflector, yoke, deflection system ‖ ~**system** *n*, Ablenkspulenjoch *n* (in Kathodenstrahlröhren) (Eltro, TV) / deflection yoke (in a CRT), deflecting yoke, deflector, yoke, deflection system

Ablenkung *f* (z.B. eines Körpers, Teilchenstrahls, einer Strömung) (Phys) / deflection ‖ ~ (in Kathodenstrahlröhren), Zeitablenkung *f* (Eltro) / sweep (one complete traverse of the screen), deflection, time base (in an electron-beam device)

Ablenkungsfaktor *m*, Ablenkkoeffizient *m* (in Kathodenstrahlröhren - Kehrwert der Ablenkempfindlichkeit) (Eltro) / deflection factor, deflection coefficient

Ablenkvorrichtung *f* (für Verunreinigungen), Divertor *m* (Nukl) / divertor

Ablesefehler *m* (an Instrumenten) / reading error, misreading

ablesen (Instrument, Thermometer etc.) / read ‖ ~ (z.B. Temperatur, Werte von einer Skala) / read off (e.g. read temperature off a scale) ‖ ~ *n* (Instr) / reading *n*

Ablesung *f* (Instr) / reading *n*

Ableuchtlampe *f*, Handlampe *f* (Kontrolleuchte) / inspection lamp

ablichten, fotokopieren / photocopy *v* ‖ ~, fotografieren *v* (Foto) / photograph *v*, take a picture/pictures

abliefern, liefern, zustellen / deliver *vt* (goods)

Ablieferung *f*, Lieferung *f*, Zustellung *f* / delivery

ablösbar, abnehmbar, abtrennbar / removable, demountable, dismountable, detachable

Ablöse•arbeit *f* (die zur Lösung eines Elektrons aus seinem Bindungszustand in einem Atom, Molekül oder Kristallgitter erforderliche Energie) (Phys) / separative work ‖ ~**linie** *f*, Grenzschichtablösungspunkt *m* (Phys) / burble point

ablösen *vt*, entfernen / detach, remove, take down, take off ‖ ~, ersetzen / supersede (e.g. a new technology supersedes an old one; to supersede an old technology with a new one) ‖ ~, verdrängen, ersetzen / supplant *vt* (e.g. competitors offer free software suites in an attempt to supplant the market leader) ‖ ~ (Besatzung), auswechseln (Luft, Schiff) / relieve

Ablösestelle *f*, Grenzschichtablösungspunkt *m* (Phys) / burble point

Abluft *f* / exhaust air, outgoing air ‖ ~**absaugung** *f* (Umw) / exhaust air extraction ‖ ~**drosselung** *f* (in pneumatischen Steuerungen) (Regel) / exhaust flow control, metering of exhaust air ‖ ~**kanal** *m* / exhaust air duct ‖ ~**leitung** *f* / exhaust air duct ‖ ~**reinigung** *f* (Umw) / waste air purification, waste air treatment ‖ ~**trockner** *m* (Wäschetrockner) (HG) / vented dryer, venting dryer, vented tumble dryer ‖ ~**ventil** *n* / exhaust valve

abmachen, ablösen, entfernen / detach, remove, take down, take off ‖ ~, vereinbaren (e.g. Termin, Treffen) / arrange

Abmachung *f*, Vereinbarung *f* / agreement

Abmagnetisierung *f*, Entmagnetisierung *f* (z.B. Neutralisieren von Magnetisierungseinflüssen bei Werkzeugen, Bildröhren, Schiffen; Löschen von magnetischen Speichermedien) (Phys) / degaussing

abmanteln (Leitungshülle, Kabelmantel) (Elek) / strip (the jacket from plastic or fabric covered cables)

Abmaß *n*, Abmessung *f* / measurement (measured dimension), dimension *n* (linear or angular size of a component) ‖ ~ (Differenz zwischen einem Istmaß und Nennmaß) (Zeichn) / deviation, variation in size ‖ ~**e**, Abmessungen *f pl*, Größe *f* / dimensions *pl*, size ‖ oberes ~ (algebraische Differenz zwischen dem Höchstmaß und dem Nennmaß) / upper deviation (algebraic difference between the maximum limit of size and the corresponding basic size) ‖ unteres ~ (algebraische Differenz zwischen dem Mindestmaß und dem zugehörigen Nennmaß) / lower deviation

abmelden *vr* (sich), ausloggen (DV, Tele) / log off, log out, sign off

abmessbar / measurable

abmessen, vermessen / measure, gauge *vt*, gage *vt* (US) ‖ ~, abgreifen (mit dem Zirkel), abzirkeln / caliper *v*, calliper *v*, measure with compasses, measure with calipers

Abmessung *f*, Maß *n* / measurement (measured dimension), dimension *n* (linear or angular size of a component) ‖ ~**en** *f pl*, Größe *f* / dimensions *pl*, size ‖ ~**en haben,** messen *vi* / measure *vi*, have a specified measurement

abmontieren, abbauen / remove, demount, take down, dismount, take off, detach

Abnahme *f*, Entfernung *f* / removal ‖ ~, Rückgang *m*, Verringerung *f*, Reduzierung *f* / decrease *n* [in], reduction, drop [in] (in prices, quality, amount, temperature), diminishing, diminution ‖ ~ (z.B. einer Lieferung) / acceptance ‖ ~ (z.B. eines Projekts nach Qualitätsaudit) / approval ‖ ~, Abnahmeprüfung *f* (QM) / acceptance inspection, acceptance test ‖ ~ **der Spannung,** Abfall *m* (der Spannung) (Elek) / drop (of voltage), fall of potential, potential drop, voltage drop ‖ ~**bereit** / ready for acceptance inspection ‖ ~**bericht** *m*, Abnahmeprüfprotokoll *n* (QM) / acceptance certificate ‖ ~**bestimmung** *f*, Abnahmevorschrift *f* / acceptance specification ‖ ~**protokoll** *n*, Abnahmebericht *m*, Abnahmeprüfprotokoll *n* (QM) / acceptance certificate ‖ ~**prüfung** *f* (QM) / acceptance inspection, acceptance test ‖ ~**prüfzeugnis** *n* / inspection certificate ‖ ~**versuch** *m*, Abnahmeprüfung *f* (QM) / acceptance inspection, acceptance test ‖ ~**vorschrift** *f*, Abnahmebestimmung *f* / acceptance specification

abnehmbar, abtrennbar, ablösbar / removable, demountable, dismountable, detachable

abnehmen *vi*, nachlassen *vi*, sich verringern / decrease *vi*, drop, diminish, subside ‖ ~ *vt*, herunternehmen / remove, take off ‖ ~, abheben *vt* / lift off *vt*, take off ‖ ~, abmontieren, abbauen / remove, demount, take down, dismount, take off, detach ‖ ~, abgreifen (mit dem Zirkel), abzirkeln, abmessen / caliper *v*, calliper *v*, measure with compasses, measure with calipers ‖ ~, annehmen, entgegennehmen / accept, take over, receive

Abnehmer *m*, Kunde *m* / customer, client ‖ ~, Verbraucher *m*, Konsument *m* (Wirtsch) / consumer ‖ ~, Käufer *m* / purchaser, buyer ‖ ~ (zur Abnahme fertiger Produkte) / quality inspector ‖ ~**leitung** *f* (im Koppelnetz einer Vermittlungsanlage), Ausgang *m*, Ausgangsleitung *f* (Tele) / outgoing line (in a switching matrix in a switching centre)

Abney-Gesetz *n* (Phys) / Abney effect

abnormal / anomalous, abnormal

Abnormalität *f*, Anomalie *f* / anomaly

abnutzen, verschleißen *vt*, abnützen / wear out, wear down ‖ ~, abreiben, abscheuern / abrade, wear off, wear down

Abnutzung *f*, Verschleiß *m* / wear ‖ ~ (durch Reibung), Abrasionsverschleiß *m* (Gleitverschleiß durch mechanische Einwirkung harter (Werkstoff)bestandteile) / abrasion, attrition, abrasive wear, frictional wear

abnutzungs • beständig, verschleißfest / wear-resistant, resistant to wear, wear resisting ‖ ~**fest,** verschleißfest / wear-resistant, resistant to wear, wear resisting ‖ ~**fest,**

abriebfest / abrasionproof, abrasion-resistant, resistant to abrasion ‖ ~**widerstand** *m*, Verschleißfestigkeit *f* / wear resistance, resistance to wear

A-Bombe *f*, Atombombe *f* (Mil) / atomic bomb, A-bomb, atom bomb, fission bomb, nuclear bomb

Abortivum *n* (pl. Abortiva), Abtreibungsmittel *n* (Pharm) / abortifacient

abpacken, verpacken (Verp) / pack, package *vt*

abpendeln (Leuchten von der Decke) (Licht) / suspend (luminaires from the ceiling)

abperlen *vi* / drip off, trickle off

abprallen [von etw.], zurückprallen / bounce *vi* [off sth], rebound *vi* [against, from, off]

Abpressversuch *m* / pressure test

abpumpen (z.B. Wasser), auspumpen / pump off o. out *v* ‖ ~ (Behälter), leer pumpen, auspumpen / pump dry

Abrasion *f* (Verschleißmechanismus, der durch harte Partikel zwischen den Reibpartnern o. durch härteren Gegenkörper entsteht) / abrasion ‖ ~, Abrasionsverschleiß *m* (Gleitverschleiß durch mechanische Einwirkung harter (Werkstoff)bestandteile) / abrasion, attrition, abrasive wear, frictional wear

Abrasionsverschleiß *m* (Gleitverschleiß durch mechanische Einwirkung harter (Werkstoff)bestandteile) / abrasion, attrition, abrasive wear, frictional wear

abrasiv, abschleifend / abrasive *adj* ‖ ~**er Verschleiß,** Abrasionsverschleiß *m* (Gleitverschleiß durch mechanische Einwirkung harter (Werkstoff)bestandteile) / abrasion, attrition, abrasive wear, frictional wear

Abrasive-Water Jet-Machining *n*, Wasserabrasivstrahlen *n* (Trennstrahlen unter Zumischung von Strahlmitteln) (Fert) / abrasive water jet cutting, AWJC

Abrasiv • schneiden *n*, Wasserabrasivstrahlen *n* (Trennstrahlen unter Zumischung von Strahlmitteln) (Fert) / abrasive water jet cutting, AWJC ‖ ~**-Wasserstrahlschneiden** *n*, Wasserabrasivstrahlen *n* (Trennstrahlen unter Zumischung von Strahlmitteln) (Fert) / abrasive water jet cutting, AWJC

abräumen, abdecken, abtragen (Abraum, Deckschicht) (Bergb) / remove (the overburden), strip

Abraumsalze *n pl*, Kalisalze *n pl* (Bergb, Landw) / potassium salts, abraum salts, waste salts

Abrechnung *f* (z.B. eines Auftrags), Fakturierung *f* / billing, invoicing

abreiben, abscheuern, abnutzen / abrade, wear off, wear down

abreibend, abschleifend, abrasiv / abrasive *adj*

abreichern (z.B. Schadstoffe im Körper) / reduce [the amount of] ‖ ~ (Nukl) / deplete

Abreicherung *f* (Nukl) / depletion

Abreißdiode *f*, Speicherschaltdiode *f* (Eltro) / step-recovery diode, SRD, snap-off diode, memory varactor, charge-storage diode

abreißen *vt*, abbrechen *vt* (Gebäude etc.) (Bau) / demolish, pull down, tear down

Abreißkalender *m* (Büro) / tear-off calendar

abrichten (Schleifscheiben), schärfen (Wzm) / dress (grinding wheels) ‖ ~ (Schleifscheiben), profilieren (und schärfen) (Wzm) / true (grinding wheels) ‖ ~ *n* (von Schleifscheiben), Schärfen *n* (Wzm) / dressing, wheel dressing ‖ ~ (von Schleifscheiben), Abziehen *n*,

Profilieren n (und Schärfen) (Wzm) / trueing (of grinding wheels)

Abricht•mittel n (für Schleifkörper) (Wzm) / trueing tool ‖ ⁓**rolle** f (für Schleifscheiben) (Wzm) / dressing roll ‖ ⁓**schleifmaschine** f (Wzm) / disk grinder

Abrieb m, Abrasionsverschleiß m (Gleitverschleiß durch mechanische Einwirkung harter (Werkstoff)bestandteile) / abrasion, attrition, abrasive wear, frictional wear ‖ ⁓, abgeriebenes Material / abraded material, abraded particles, rubbed-off particles pl ‖ ⁓**beständigkeit** f / abrasion resistance, resistance to abrasion ‖ ⁓**empfindlich**, verschleißanfällig (bei Reibung) / abrasion-sensitive ‖ ⁓**fest** / abrasionproof, abrasion-resistant, resistant to abrasion ‖ ⁓**festigkeit** f, Verschleißbeständigkeit f / abrasion resistance, resistance to abrasion ‖ ⁓**indikator** m, TWI-Marke f (an der sich die Verschleißgrenze eines Reifens erkennen lässt) (Kfz) / tread wear indicator, TWI ‖ ⁓**verschleiß** m, Abrasionsverschleiß m (Gleitverschleiß durch mechanische Einwirkung harter (Werkstoff)bestandteile) / abrasion, attrition, abrasive wear, frictional wear ‖ ⁓**widerstand**, Abriebfestigkeit f, Verschleißbeständigkeit f / abrasion resistance, resistance to abrasion

Abriss m, Abbruch m (eines Gebäudes etc.) (Bau) / demolition, pulling down, clearance (removal of buildings), tearing down ‖ ⁓, Zusammenfassung f / synopsis (pl.: -opses), summary, outline ‖ ⁓ **und Neuaufbau**, Sanierung f (als städtebauliche Maßnahme) (Bau) / redevelopment

Abrollbahn m (Luft) / exit taxiway, turn-off taxiway

abrollen vt, abwickeln, abhaspeln / spool off or out vt, uncoil, wind off, unreel, unwind

Abroller (für Klebeband) / tape dispenser

Abrollweg m (Luft) / exit taxiway, turn-off taxiway

Abruf m (aus Speicher) (DV) / fetch n ‖ ⁓, Retrieval n, Abfragen n (DV) / retrieval (of data, information)

abrufen (Daten) (DV) / retrieve (data, information), extract (information from database) ‖ ⁓ (aus einem Speicher), holen (DV) / call in v, fetch (data) from a storage ‖ ⁓ (Nachrichten auf dem Anrufbeantworter) / obtain (messages on answering machine) ‖ ⁓ n, Anforderung f (DV, Tele) / request n (e.g. for information)

abrunden (z.B. Kante), rund machen / round v [off or out] ‖ ⁓, runden (nach unten) (Math) / round down ‖ ⁓ (nach oben), aufrunden (Math) / round up ‖ ⁓ (z.B. Produktangebot) / complete (range of products)

abrupt, plötzlich, unvermittelt / abrupt, sudden, unexpected

ABS n, Antiblockiersystem n (Kfz) / ABS, antilock brakes, antilock braking system ‖ ⁓ n pl, ABS-Polymerisate o. Polymere n, Acrylnitril-Butadien-Styrol-Copolymere n pl (Plast) / ABS, ABS resins pl ‖ ⁓ n, Alkylbenzolsulfonat n (Chem) / alkylbenzene sulfonate ‖ ⁓ (Acrylnitril-Butadien-Styrol) (Chem) / acrylonitrile butadiene styrene, ABS

absacken vi, sinken, untergehen (Schiff) / sink, go under, founder ‖ ⁓ vt, einsacken / bag vt, sack vt, pack into sacks o. bags

absägen / saw off

Absalzeinrichtung f / desalination device (designed primarily to remove salt from water and produce desalted water)

absanden, abschleifen (mit Schleifpapier) (Holz) / sand, sandpaper vt, smooth (o. polish with sandpaper)

Absättigung f (der Kernkräfte) (Nukl) / saturation ‖ ⁓ (in Molekülen) (Chem) / saturation

Absatz m, Verkauf m (Wirtsch) / sales pl ‖ ⁓, Paragraph m (Druck) / paragraph, par. ‖ ⁓, Sedimentation f, Ablagerung f (Absetzen von Lockermassen wie Schutt, Geröll, Kies, Sand, Schlamm, Staub, Lava, Asche, organ. Stoffe) (Geol) / sedimentation, deposition ‖ ⁓, Ansatz m (stufenförmig) / shoulder ‖ ⁓, Stufe f / relief, shoulder, step ‖ ⁓, Treppenabsatz m, Treppenpodest n (Bau) / landing, platform (in a flight of stairs) ‖ ⁓ **machen** (in einem Werkstück), absetzen (Dreh) / shoulder v, step ‖ ⁓**einzug**, Einrückung f (Druck) / indent, paragraph indent, indention ‖ ⁓**formatierung** f (Druck, DV) / paragraph formatting ‖ ⁓**muffe** f, Reduziermuffe f (bei Rohren) (Rohr) / reducing sleeve ‖ ⁓**weise**, intermittierend, diskontinuierlich / at intervals, discontinuous, intermittent ‖ ⁓**welle** f / shouldered shaft, stepped shaft

Absaugbohrung f (in Modellhälften beim Vakuumformen) (Gieß) / vent hole

absaugen, einsaugen, aufsaugen / aspirate, vacuum off, suck, suck up, suck in, suck away, suck off, suck out ‖ ⁓ (Abluft aus einem Raum) (Umw) / extract (exhaust air) ‖ ⁓ (z.B. Teppich) / hoover (GB), vacuum ‖ ⁓, heben (mit dem Heber), hebern, aushebern / draw out with a siphon v, siphon vt

Absaug•haube f / extraction hood ‖ ⁓**pumpe** f, Saugpumpe f / suction pump ‖ ⁓**thermometer** f (Mess) / suction thermometer

abschaben, abschürfen / abrade

Abschaltautomatik f (Elek) / automatic cut-off

abschalten (z.B. Licht, Gerät, Strom) (Elek) / turn off, switch off ‖ ⁓ (Anlage, Reaktor etc.) / shut down, decommission (e.g. plant, reactor) ‖ ⁓, herunterfahren (DV) / shut down, shut off (a computer) ‖ ⁓, deaktivieren (DV) / deactivate ‖ ⁓ (vorübergehend) (DV, Elek, Tele) / disable (a device) ‖ ⁓, von der Stromquelle trennen (Elek) / disconnect ‖ ⁓ (Stromversorgung) (Elek) / disconnect (the power supply) ‖ ⁓ n, Abschaltung f (einer Anlage, eines Reaktors) / shutdown ‖ ⁓ (Elek) / turning-off, switching-off

Abschalt•leistung f, Ausschaltvermögen n (eines Schaltgeräts, einer Schutzeinrichtung), Ausschaltleistung f (Elek) / breaking capacity (of a circuit breaker), rupturing capacity, interrupting capacity ‖ ⁓**reaktivität** f (Nukl) / shutdown reactivity ‖ ⁓**relais** n, Trennrelais n (Elek) / cutoff relay ‖ ⁓**spannung** f (Elek) / turn-off voltage ‖ ⁓**stab** m (Nukl) / scram rod, safety rod, shutdown rod ‖ ⁓**strom** m (Elek, Eltro) / turn-off current ‖ ⁓**strom**, Fehlerstrom m (Elek) / trip current (of an RCD or circuit breaker), tripping current, trigger current ‖ ⁓**thyristor** m, GTO-Thyristor m (Eltro) / gate-turn-off silicon controlled rectifier, gate turn-off thyristor, GTO thyristor, turn-off thyristor, GTO (= Gate Turn Off)

Abschaltung f, Abschalten n (Elek) / turning-off, switching-off ‖ ⁓, Trennung von der Stromquelle f (Elek) / disconnection ‖ ⁓ (einer

Anlage, eines Reaktors), Abschalten *n* / shutdown

Abschalt • verzögerung *f* (Eltro) / switch-off delay ‖ ~**zeit** *f* (Elek) / trip time (e.g. of an RCD) ‖ ~**zeit** (bei Halbleiterbauelementen) (Eltro) / disable time

Abschattung *f* (Funk) / mountain effect ‖ ~ (eines Solarmoduls) (Elek) / shading, shadowing ‖ ~, Vignettierung *f* (Fehler) (Foto, Opt) / vignetting

abschätzen, ermitteln, einschätzen / assess (damage)

Abschätzung *f*, Beurteilung *f*, Bewertung *f* / assessment

abscheiden, trennen / separate ‖ ~, ausfällen, präzipitieren (Chem) / precipitate *vt* ‖ ~, extrahieren (allg, ChT) / extract ‖ ~ (galvanisch - Uberzugsmetall auf Grundwerkstoff) (OT) / electroplate (the plating metal onto the base metal), plate, deposit *vt* ‖ ~ *n*, Ausfällung *f*, Präzipitation *f* (Chem) / precipitation ‖ ~ (von Schichten) **aus der Gasphase**, Beschichten *n* aus dem gasförmigen Zustand / vapour deposition (CVD or PVD) ‖ ~ **aus Gasen** (ChT) / particle-gas separation, separation of particles from a gas ‖ ~ **von Feststoffen aus Flüssigkeiten** (Verf) / liquid-solid separation, solid-liquid separation

Abscheider *m* (allg, Aufb, ChT, Umw, Vak) / separator

Abscheidung, galvanische ~, Galvanisieren *n* / electrodeposition, electrolytic deposition

Abscheidungspotential *n*, Zersetzungsspannung *f* (OT) / decomposition voltage

Abscher • beanspruchung *f* (Mech) / shearing stress, shear stress ‖ ~**beanspruchung**, Scherbeanspruchung *f* (als Vorgang) (Mater) / shear loading ‖ ~**bolzen** *m*, Abscherstift *m* / shear pin, shear bolt

abscheren / shear off, shear *vt* ‖ ~ *n* (Fert, Mater) / shear, shearing ‖ **Beanspruchung auf** ~ (Mech) / shearing stress, shear stress ‖ **Beanspruchung auf** ~, Scherbeanspruchung *f* (als Vorgang) (Mater) / shear loading

Abscher • festigkeit *f*, Scherfestigkeit *f* (Mater) / shear strength ‖ ~**hauptgleichung** *f* (Math, Mech) / shear equation ‖ ~**kraft** *f* / shear force ‖ ~**spannung** *f*, Scherspannung *f* (Mech) / shear stress, shearing stress ‖ ~**stift** *m*, Abscherbolzen *m* / shear pin, shear bolt

Abscherung *f*, Abscheren *n* (Fert, Mater) / shear, shearing

abscheuern, scheuern *vt*, blankputzen / scour *vt* ‖ ~, abreiben, abnutzen / abrade, wear off, wear down

abschießen, starten *vt* (Rakete, Satelliten) (Raumf) / launch (a rocket, satellite)

abschirmen [gegen], schützen [vor] / shield *vt* (e.g. electric arc from surrounding air) ‖ ~ (Elek, Nukl, Phys) / screen, shield

Abschirm • faktor *m* (Eltro) / screen factor ‖ ~**konstante** *f* (Chem, Phys) / screening constant

Abschirmung *f* (gegen störende Signale, Strahlungen, Felder) (Elek, Nukl, Phys) / screening, shielding ‖ ~ (Elek) / shield (around an electric device, e.g. a shielded cable, or circuit to reduce the effects of electric and magnetic fields)

Abschirmzahl *f* (Nukl) / screening constant

abschlämmen (Dampfkessel) / blow down *vt*

abschleifen (z.B. Rost), wegschleifen / grind off ‖ ~ (mit Schleifpapier) (Holz) / sand, sandpaper *vt*, smooth (o. polish with sandpaper) ‖ ~,

abreiben, abscheuern, abnutzen / abrade, wear off, wear down

abschleifend, abrasiv / abrasive *adj*

Abschlepp • fahrzeug *n* (Kfz) / breakdown truck, tow car, recovery vehicle (used to tow wrecked, disabled, or stalled automobiles), tow truck, wrecker (US) ‖ ~**wagen** *m* (Kfz) / breakdown truck, tow car, recovery vehicle (used to tow wrecked, disabled, or stalled automobiles), tow truck, wrecker (US)

abschleudern, zentrifugieren / centrifuge *v*, centrifugalize

abschließen, zuschließen / lock *vt* ‖ ~ (z.B. Untersuchung, Messungen), beenden, zum Abschluss bringen / complete, finish ‖ ~ (Sitzung, Geschäft, Vertrag) / conclude ‖ ~ (Versicherung) / take out ‖ ~ (Konto) / settle ‖ **hermetisch** ~ / seal off

Abschluss *f* (z.B. von Untersuchung, Messungen), Beendigung *f* / completion ‖ ~ *m*, Abbruch *m*, Beendigung *f* / abortion, stopping, breaking-off, discontinuance ‖ ~ (von Sitzung, Geschäft, Vertrag) / conclusion ‖ **den** ~ (z.B. in Chemie) **machen** / qualify (e.g. in chemistry) ‖ **hermetischer** ~ / sealing, sealing off ‖ ~**impedanz** *f* (Elek, Eltro) / terminating impedance ‖ ~**klappe** *f* / closing gate, shut-off gate ‖ ~**platte** *f* / cover plate, end plate ‖ ~**ventil** *n*, Absperrventil *n* / shut-off valve, stop valve, S.V. ‖ ~**widerstand** *m* (in einer Gerätekette oder einem Busnetzwerk) (Elek, Eltro) / termination (in a transmission line etc), terminator

Abschmelz • leistung *f* (in kg/h) (Schw) / deposition rate ‖ ~**sicherung** *f*, Schmelzdrahtsicherung *f* (Elek) / wire fuse

abschmieren *vt* (mit Schmierfett, z.B. Achsen), fetten / grease *vt*

abschmirgeln / emery *v*, rub down with emery

abschneiden, abtrennen / cut off *vt* ‖ ~ (überstehende Teile) (DV) / trim [off] ‖ ~ (Math) / truncate (numbers by simply dropping a digit or digits, e.g. truncate both 1.4142 and 1.4987 to 1.4, whereas they would be rounded to 1.4 and 1.5, respectively) ‖ ~ *n* (vollständiges Trennen eines Halbfertigteils o. Fertigteils vom Rohteil o. Halbfertigteil längs einer offenen Schnittlinie) (Fert) / cutoff *n* ‖ ~, Beschneidung *f*, Trimmen *n* (DV) / trimming, clipping, scissoring (in graphics) ‖ ~ (DV, Math) / truncation (of numbers, ie simply dropping a digit or digits, e.g. truncation of both 1.4142 and 1.4987 to 1.4, whereas they would be rounded to 1.4 and 1.5, respectively)

Abschnitt *m* / section ‖ ~ (auf einer Geraden), Strecke *f* (Math) / section (of a line), line segment, segment (of a line) ‖ ~, Strecke *f*, Stück *n* / stretch (e.g. of a road or river) ‖ ~, Teil *m* (eines Buches etc.) (Druck) / section, division, part ‖ ~, Paragraph *m* (Druck) / paragraph, par. ‖ ~ (eines Kreises oder einer Kugel), Segment *n* (Math) / segment *n* ‖ ~ (eines Programms), Segment *n* (DV) / segment ‖ ~, Stufe *f*, Stadium *n*, Phase *f* / stage *n*

Abschnittsreparatur (Kfz) / partial panel replacement, section repair

abschrägen (Kanten) (Tischl, Zimm) / bevel *vt*, cant *vt* [off] ‖ ~ (Kanten), abfasen (Zimm) / chamfer *vt*

Abschrägung *f*, abgeschrägte Kante / bevel *n*, bevelled edge

Abschrankung *f* (Schutzeinrichtung), Absperrung *f* / barrier

abschrauben / unscrew (e.g. a lid), screw off ‖ ~, losschrauben / unscrew, unbolt
Abschreckaustenit m, Restaustenit m (Hütt) / retained austenite
abschrecken (Glas beim thermischen Vorspannen, Stahl zur Härtung) (Hütt) / quench ‖ ~̊ n (Glas beim thermischen Vorspannen, Stahl beim Härten), Abkühlen n (rasch) (Glas, Hütt) / quenching
Abschreck•härten n (Hütt) / quench hardening ‖ ~̊maximum n (Hütt) / temperature at which heat removal is the fastest ‖ ~̊mittel n (Hütt) / quenchant, quenching medium ‖ ~̊platte f (zur raschen Abkühlung großer Materialanhäufungen in Gießformen), Kühleinsatz m (in der Kokille zur Steuerung der Erstarrung) (Gieß) / chill n, chill plate ‖ ~̊schale m, Abschreckplatte f (zur raschen Abkühlung großer Materialanhäufungen in Gießformen), Kühleinsatz m (in der Kokille zur Steuerung der Erstarrung) (Gieß) / chill n, chill plate ‖ ~̊schicht f, Abschreckplatte f (zur raschen Abkühlung großer Materialanhäufungen in Gießformen), Kühleinsatz m (in der Kokille zur Steuerung der Erstarrung) (Gieß) / chill n, chill plate ‖ ~̊wirkung f (eines Abschreckmittels) (Hütt) / quench rate, rate of quenching
abschürfen, abschaben / abrade
Abschuss (einer Rakete), Start m (Raumf) / launch, blast-off (of a rocket or spacecraft), launching
abschüssig, geneigt / inclined, sloping adj, declivous, declivitous
abschwächen, verringern / reduce vt ‖ ~, dämpfen (Eltro, Phys, Tele) / attenuate (e.g. a signal, electric current, oscillations, vibrations), damp ‖ ~, dämpfen (Schall) (Akust) / muffle, deaden, absorb, mute ‖ ~ (z.B. Stoß, Aufprall), dämpfen / cushion vt (e.g. blow, impact), soften ‖ ~, dämpfen / dilute (colours), dim, diminish ‖ ~ (Wirkung) / lessen ‖ ~ vr (z.B. Preisanstieg) / ease off ‖ ~ (z.B. Absatz, Produktion) / fall off
Abschwächung f, Verringerung f, Reduzierung f / reduction, decrease ‖ ~̊, Schwächung f (allg, Opt) / weakening ‖ ~̊ (der Konjunktur), Wirtschaftsabschwung m / economic downturn, economic downswing
Abschwung m, Wirtschaftsabschwung m / economic downturn, economic downswing
Abscisin n, Abscisinsäure f (Biochem) / abscisic acid ‖ ~̊säure f (Biochem) / abscisic acid
Absender m (einer Nachricht) (Tele) / originator, sender ‖ ~̊-Empfänger-Differenz f (Nukl) / shipper-receiver difference, SRD
absenken, hinablassen, herunterlassen / lower, let down ‖ ~ (Grundwasser) / lower (groundwater)
absetzbar (ChT, Umw) / settleable
absetzen, abstellen, hinstellen / put down ‖ ~ vt (Randstreifen eines Blechs um etwa eine Blechdicke herausbiegen) (Fert) / joddle, joggle vt ‖ ~, Absatz machen (in einem Werkstück) (Dreh) / shoulder v, step ‖ ~ (sich), ablagern vr (sich) / be deposited, settle, deposit ‖ ~̊ n (Herausbiegen des Randstreifens eines Blechs um etwa eine Blechdicke) (Fert) / joddling, joggling ‖ ~̊ f, Sedimentation f, Ablagerung f (Absetzen von Lockermassen wie Schutt, Geröll, Kies, Sand, Schlamm, Staub, Lava, Asche, organ. Stoffe) (Geol) / sedimentation, deposition

Absetzzange f (Wz) / joddler, joddling tool, joggler
ABS-Harze n pl (Plast) / ABS, ABS resins pl
absichern, schützen / protect ‖ ~ (Elek) / fuse, protect by fuse
Absicherung f (mit Sicherung) (Elek) / fuse protection
absicken, walzsicken (Vertiefungen o. Erhebungen im Mantel von Hohlkörpern mit umlaufenden Rollen eindrücken) (Fert) / bead vt
absinken (z.B. Temperatur, Pegel), geringer werden / decrease, drop (e.g. speed, level, voltage) ‖ ~ (Boden, Haus, Straße), senken vr (sich), setzen vr (sich) (Bau) / subside, sink
Absinthol n, Thujon n (Chem) / thujone
absitzen lassen, abscheiden, ausfällen, präzipitieren (Chem) / precipitate vt ‖ Trennung durch ~̊, Ausfällung f, Präzipitation f (Chem) / precipitation
Absolues pl (alkohollöslichen Bestandteile der Blütenöle mit hohem Gehalt an Geruchskomponenten) / absolutes pl
absolut•e Adresse (tatsächliche, physikalische Adresse) (DV) / absolute address, machine address, real address, actual address, specific address ‖ ~e **Adressierung** (DV) / absolute addressing ‖ ~e **Arbeit**, äußere Arbeit (Phys) / external work ‖ ~e **Atommasse** (Phys) / absolute atomic mass ‖ ~er **Betrag**, Absolutbetrag m (einer reellen Zahl) (Math) / absolute value (magnitude of a quantity irrespective of sign), magnitude ‖ ~er **Betrag**, Absolutbetrag m (einer komplexen Zahl) (Math) / absolute value, magnitude, modulus ‖ ~er **Betrag**, Absolutbetrag m (eine Vektors) (Math) / absolute value, magnitude ‖ ~e **Bewegung** (Phys) / absolute motion ‖ ~es **Bezugssystem** (Phys) / absolute reference frame ‖ ~er **Code**, Maschinencode m (DV) / absolute code, machine code, specific code, computer code ‖ ~e **Dichte**, Reindichte f / particle density ‖ ~e **Dielektrizitätskonstante des Vakuums**, ε₀ (Elek, Phys) / permittivity of a vacuum or free space (ε_0), electric constant ‖ ~er **Druck** (Phys) / absolute pressure ‖ ~es **Extremum** (Math) / absolute extremum, global extremum ‖ ~er **Fehler** (Math) / absolute error ‖ ~e **Gaskonstante**, universelle Gaskonstante (Phys) / gas constant, molar gas constant, ideal gas constant, universal gas constant ‖ ~e **Geometrie** (Math) / absolute geometry ‖ ~es **Glied** (in einer Gleichung oder in einem Polynom) (Math) / constant term ‖ ~e **Häufigkeit** (QM, Stat) / absolute frequency ‖ ~e **Höhe**, Höhe über Normal-Null o. über NN (Verm) / absolute altitude, height [above sea level] ‖ ~er **Horizont** (Relativitätstheorie) (Phys) / absolute horizon ‖ ~ **konvergent** (Math) / absolutely convergent ‖ ~e **Konvergenz** (Math) / absolute convergence ‖ ~es **Maßsystem** (Phys) / absolute system of units ‖ ~es **Maximum** (Math) / absolute maximum, global maximum ‖ ~es **Minimum** (Math) / absolute minimum, global minimum ‖ ~e **Molekularmasse** (Chem) / absolute molecular mass ‖ ~e **Molekülmasse** (Chem) / absolute molecular mass ‖ ~er **Nullpunkt** (der thermodynamischen Temperaturskala = -273,15 °C, 0 K) (Phys) / absolute zero ‖ ~er **Pegel** (logarithmisches Verhältnis der Signalleistung an einem Messpunkt zur Bezugsleistung 1 mW) (Eltro, Tele) / power

absolut 14

level, absolute power level (ratio between measured power and the reference power of 1 mW) ‖ **~e Permeabilität des leeren Raums** f, Permeabilität f des Vakuums (Phys) / permeability of free space, magnetic constant ‖ **~er Raum** (Phys) / absolute space ‖ **~e Temperatur** (gemessen in K) (Phys) / thermodynamic temperature, absolute temperature ‖ **~e Temperaturskala** (in K) / absolute temperature scale, Kelvin scale of temperature, thermodynamic scale of temperature (expressed in kelvins), thermodynamic temperature scale ‖ **~e Variation** (Math) / total variation, absolute variation ‖ **~er Wert** (Math) / absolute value ‖ **~er Zufall** (Phys, Stat) / absolute randomness, complete randomness

Absolut•bemaßung f (NC) / absolute dimensioning ‖ **~beschleunigung** f (Mech) / absolute acceleration ‖ **~betrag** m (einer reellen Zahl) (Math) / absolute value (magnitude of a quantity irrespective of sign), magnitude ‖ **~betrag** (eineVektors) (Math) / absolute value, magnitude ‖ **~betrag** (einer komplexen Zahl) (Math) / absolute value, magnitude, modulus ‖ **~druck** m, absoluter Druck (Phys) / absolute pressure ‖ **~geschwindigkeit** f, Geschwindigkeit f über Grund (Luft) / ground speed ‖ **~geschwindigkeit** (im Ggs. zur Relativgeschwindigkeit) (Masch, Phys) / absolute velocity ‖ **~glied** n (in einer Variablengleichung) (Math) / constant term ‖ **~gravimeter** n (Geoph, Verm) / absolute gravimeter

Absolutierung f (vollständige Entwässerung von Flüssigkeiten) (Chem) / dehydration

Absolut•messung f / absolute measurement, zero-based measuring ‖ **~wert** m (Math) / absolute value

Absonderung f, Isolierung f, Isolation / isolation

Absorbat n (Chem, Phys) / absorbate

Absorbend m (Chem, Phys) / absorbate

Absorbens n (Chem, Phys) / absorbent n

Absorber m, Absorptionsapparat m (ChT, Techn) / absorber ‖ **~** (z.B. Kadmium), Absorbermaterial n (Nukl) / absorber, absorber material ‖ **~-Kühlschrank** m (HVAC) / absorption-type refrigerator ‖ **~material** n, Absorber m (z.B. Kadmium) (Nukl) / absorber, absorber material ‖ **~platte** f (in der Solartechnik) (Ener) / absorber plate ‖ **~stab** m (Nukl) / absorbing rod ‖ **~wärmepumpe** f / absorption heat pump

absorbieren (Chem, Phys) / absorb (e.g. sound, neutrons, radiation, light, energy, hydrogen) ‖ **~**, dämpfen (Phys) / absorb (shocks, vibration) ‖ **~**, aufsaugen, aufnehmen / absorb (a liquid, moisture)

absorbierend / absorbent adj, absorptive, absorbing adj

absorbierte Dosis, Energiedosis f (Quotient aus der auf das Volumenelement eines Materials übertragenen Energie an ionisierender Strahlung und der in ihm enthaltenen Masse in Gray (1Gy= 1J/kg)) (Phys, Radiol) / absorbed dose, dosage, dose

Absorbierung f, Absorption (Chem, Phys) / absorption

Absorptiometrie f (Chem) / absorptiometric analysis, absorptiometry

Absorption (Chem, Phys) / absorption

Absorptions•..., absorbierend / absorbent adj, absorptive, absorbing adj ‖ **~apparat** m, Absorber m (ChT, Techn) / absorber ‖ **~bande** f (Phys) / absorption band ‖ **~fähigkeit** f / absorption capacity, absorptive power, absorbtive capacity, absorbency ‖ **~filter** m (Foto, Phys, Techn) / absorption filter ‖ **~gesetz** n, bouguer-lambertsches Absorptionsgesetz (Phys) / Bouguer's law of absorption, Lambert's law of absorption ‖ **~grad** m (Verhältnis der absorbierten Strahlungsleistung zur auffallenden Strahlungsleistung) (Phys) / absorptivity (ratio of the radiation absorbed by a surface to the total radiation incident on the surface), absorptance ‖ **~grad**, Schallabsorptionsgrad m (Akust) / acoustic absorption coefficient, acoustic absorptivity ‖ **~hygrometer** n (Meteo, Techn) / absorption hygrometer, chemical hygrometer ‖ **~kälteanlage** (HVAC) / absorption [type] refrigerating system ‖ **~kältemaschine** (HVAC) / absorber machine, absorption refrigeration machine ‖ **~kante** f (Phys) / absorption edge ‖ **~koeffizient** m, Absorptionsgrad m (Verhältnis der absorbierten Strahlungsleistung zur auffallenden Strahlungsleistung) (Phys) / absorptivity (ratio of the radiation absorbed by a surface to the total radiation incident on the surface), absorptance ‖ **~koeffizient** (im Henryschen Absorptionsgesetz), Löslichkeitskoeffizient m (Phys) / solubility coefficient ‖ **~koeffizient** (Stoffgröße im bouguer-lambertschen Absorptionsgesetz) (Phys) / absorption coefficient, linear absorption coefficient, coefficient of absorption ‖ **~kolonne** f (ChT) / absorption column, absorption tower ‖ **~konstante** f, Absorptionskoeffizient m (Stoffgröße im bouguer-lambertschen Absorptionsgesetz) (Phys) / absorption coefficient, linear absorption coefficient, coefficient of absorption ‖ **~Kühlgerät** f (HVAC) / absorption-type refrigerator ‖ **~leistungsmesser** m / absorption power meter ‖ **~linie** f (Phys) / absorption line ‖ **~mittel** n (Chem, Phys) / absorbent n ‖ **~photometer** n (Mess, Opt) / absorption photometer ‖ **~photometrie** f (Mess, Opt) / absorption photometry ‖ **~querschnitt** m (Nukl) / absorption cross section ‖ **~röntgenspektralanalyse** f (Phys) / X-ray spectral analysis ‖ **~schalldämpfer** (Kfz) / absorption-type muffler ‖ **~spektralanalyse** f (Chem, Phys) / absorption spectral analysis ‖ **~spektroskopie** f (Phys) / absorption spectroscopy ‖ **~spektrum** n (Phys) / absorption spectrum ‖ **~turm** m (ChT) / absorption column, absorption tower ‖ **~verfahren** n (zur Kühlung) / absorptive refrigeration ‖ **~vermögen** n, Absorptionsfähigkeit f / absorption capacity, absorptive power, absorbtive capacity, absorbency ‖ **~vermögen**, Absorptionsgrad m (Verhältnis der absorbierten Strahlungsleistung zur auffallenden Strahlungsleistung) (Phys) / absorptivity (ratio of the radiation absorbed by a surface to the total radiation incident on the surface), absorptance ‖ **~wärme** f (Phys) / absorption heat ‖ **~wärmepumpe** f / absorption heat pump ‖ ≈**wasserkühlsatz** m (HVAC) / absorption water chiller

absorptiv, absorbierend / absorbent adj, absorptive, absorbing adj ‖ ≈ n (Chem, Phys) / absorbate

abspanen, spanabhebend bearbeiten (Fert) / machine vt ‖ ≈ n, Spanen n (DIN 8589 - mit geometrisch bestimmten und unbestimmten Schneiden), spanende Bearbeitung (Fert) / machining, machining process[es], machining operation[s], material removal (conventional machining)

Abspanndraht m, Spanndraht m / bracing wire, guy wire, stay wire

abspannen (z.B. Mast mit Halteseilen) (Bau, Techn) / guy v, stay (by cable, rope) ‖ ~, lockern (z.B. Seil) / slacken vt

Abspann•kabel n, Abspannseil n, Verankerungsseil n / guy, guy cable, guy rope, stay rope, stay line ‖ ≈**seil** n, Verankerungsseil n / guy, guy cable, guy rope, stay rope, stay line ‖ ≈**transformator** m (Elek) / step-down transformer, reducing transformer, buck transformer (US)

Abspantechnik f, Zerspantechnik f (Fert) / machining operations pl

abspeichern, speichern (z.B. ein Textverarbeitungsdokument nach der Bearbeitung oder den Zwischenstand eines Spiels - in MS Word z.B. mit der Menüoption "Datei-Speichern (unter)") (DV) / save (e.g. the current word processor document or the current state of a game - e.g. MS Word menu option "File - Save (as)")

Absperrarmatur f (Vorrichtung zum Sperren u. Regeln des Durchflusses in Rohrleitungen; Sammelbezeichnung für Ventil, Schieber, Klappe, Hahn) (ChT, Rohr) / valve (any device for halting or controlling the flow of a liquid or gas through a passage, pipe, etc.)

absperren (z.B. Zugang, Straße, Gebiet) / close off ‖ ~ (z.B. eine Rohrleitung) / shut off vt ‖ ~, zuschließen / lock vt ‖ ~ (eine Leitung, Gas, Wasser), absperren / cut off, disconnect, turn off, shut off

Absperr•hahn m (Rohr, Sanitär) / stop-cock, stop valve ‖ ≈**hahn**, Kugelhahn m (mit kugelförmigem Absperrkörper) (Rohr) / ball valve ‖ ≈**hahn**, Kükenhahn m (mit kegelstumpfförmigem Absperrkörper) (Rohr) / plug valve (with conical plug), plug cock, cock n ‖ ≈**hahn**, Kolbenhahn m (mit zylinderförmigem Absperrkörper) (Rohr) / plug valve (with cylindrical plug), plug cock, cock n ‖ ≈**klappe** f (plattenförmiges Absperrorgan, das um eine in der Klappenebene liegende Achse drehbar ist) (ChT, Rohr) / butterfly valve ‖ ≈**organ** n, Armatur f (Vorrichtung zum Sperren u. Regeln des Durchflusses in Rohrleitungen; Sammelbezeichnung für Ventil, Schieber, Klappe, Hahn) (ChT, Rohr) / valve (any device for halting or controlling the flow of a liquid or gas through a passage, pipe, etc.) ‖ ≈**schieber** m, Schieber m (Absperrorgan für Rohrleitungen, bei dem eine Platte oder ein Keil geradlinig und parallel zum im Rohr fest eingebauten Sitz bewegt wird und so den Durchfluss reguliert) (ChT, Rohr) / gate valve

Absperrung m, Sperre f, Schranke f, Barriere f (allg) / barrier

Absperrventil n / shut-off valve, stop valve, S.V.

abspielen (z.B. CD, Tonband) / play vt (tape, film etc) ‖ ≈ n (einer Ton- oder Videoaufnahme), Wiedergabe f (Audio, Video) / playback, replay n, reproduction

Abspiel•gerät n (Audio, Video) / player (for video discs, cassettes etc) ‖ ≈**taste** f (Audio, Video) / play button, playback button, play key

absplittern / chip vi, chip off

ABS-Polymerisate o. Polymere n, Acrylnitril-Butadien-Styrol-Copolymere n pl (Plast) / ABS, ABS resins pl

abspreizen, abstreben, ausstreben (allg, Bau) / brace vt, strut vt

abspritzen (z.B. Auto) / flush, spray down, hose down, wash down

abspulen, abwickeln, abhaspeln / spool off or out vt, uncoil, wind off, unreel, unwind

abspülen (Schmutz etc.), abwaschen, wegspülen / rinse off, wash off vt ‖ ~ (z.B. Teller), abwaschen / rinse vt, wash ‖ ≈ n, Abwaschen n / dishwashing

Abstand m (allg, Math, Verm) / distance ‖ ≈ (meist wiederholt u. regelmäßig) / interval (e.g. placed at regular/wide intervals) ‖ ≈ (z.B. zwischen zwei Bauteilen), Zwischenraum m, freier Raum (Masch) / clearance ‖ ≈ (z.B. zwischen Elektroden o. zwischen Lese/Schreibkopf u. Magnetband), Spalt m / gap, space ‖ ≈ (zwischen regelmäßig angeordneten Objekten, z.B. Textzeilen, Atomen im Kristallgitter, Gleissschwellen, Anschlussstiften), Zwischenraum / spacing (e.g. line spacing, crystal lattice spacing, sleeper spacing, pin spacing) ‖ ≈ (zwischen regelmäßig in einer Reihe o. Abfolge aufeinander folgenden gleichartigen Dingen, z.B. Nieten, Spuren auf einem Speichermedium, Kettengliedern, Bildpunkten eines Monitors), Zwischenraum m / distance, pitch (e.g. rivet pitch, track pitch, chain pitch, dot pitch) ‖ ≈, Zeitabstand m / interval (intervening period of time), time interval ‖ ≈ **der Hochspannungsmaste** (Elek) / span ‖ ≈ **zwischen Düse und Werkstück**, Düsenabstand m (z.B. beim Strahlspanen oder Plasmaschneiden) (Fert) / standoff distance ‖ ≈ **zwischen zwei Erfassungszeitpunkten**, Abtastperiodendauer (Eltro, Radar, Regel) / sampling interval, sampling period ‖ **in einem** ≈ **o. in Abständen von 3 m aufstellen o. anordnen** / space 3 m apart

Abstands•halter m (Bau, Masch) / spacer, distance piece, spacer block ‖ ≈**hülse** f / distance tube, spacer tube ‖ ≈**messung** f, Entfernungsmessung f (allg, Verm) / distance measurement, distance determination ‖ ≈**ring** m / spacer ring ‖ ≈**rohr** n / distance tube, spacer tube ‖ ≈**stück** n, Abstandshalter m (Bau, Masch) / spacer, distance piece, spacer block

Abstechdrehen n, Quer-Abstechen n (Dreh) / cutoff, parting

abstechen (Dreh) / cut off, part, part off ‖ ≈ n, Abstechdrehen n, Quer-Abstechen n (Dreh) / cutoff, parting ‖ ≈, Abstich m (Gieß, Hütt) / tap, tapping

absteifen (z.B. Baugrube, Container) / brace

absteigend•er Knoten (eines Himmelskörpers, Satelliten) (Astr, Raumf) / descending node ‖ ~**e Ordnung o. Reihenfolge** / descending order

abstellen, absetzen, hinstellen / put down ‖ ~, parken (Kfz) / park vt ‖ ~, abschalten (z.B.

Licht, Gerät, Strom) (Elek) / turn off, switch off

Abstell•platz *m*, Parkposition *f* (Luft) / aircraft stand, parking position ‖ **⁓ventil** *n*, Absperrventil *n* / shut-off valve, stop valve, S.V.

Abstich *m*, Abstechen *n* (Gieß, Hütt) / tap, tapping

Abstimmautomatik *f*, automatische Frequenzregelung (Eltro, Radio) / AFC, automatic frequency control

abstimmbarer Laser / tunable laser

abstimmen, harmonisieren (z.B. Steuersysteme, Funkfrequenzspektrum, Genehmigungsverfahren in der EU) / harmonize ‖ ⁓, koordinieren / coordinate *v* [with] ‖ ⁓ [mit, auf, aufeinander], anpassen *vt* / match *vt* (e.g. hardware to a particular application, a system to customer requirements), adjust [to] ‖ ⁓, zuschneiden [auf](spezielle Anforderungen), anpassen / tailor *vt* [to] ‖ ⁓ [auf], einstellen (z.B. Produktion auf bestimmte Anforderungen, Kundenkreise), ausrichten (z.B. Produktion auf Nachfrage) / gear [to] (e.g. output to specific demands or customers), adapt ‖ ⁓, einstellen (Eltro, Radio, Tele) / tune (a radio, circuit, resonator etc) ‖ ⁓ *n*, Abstimmung *f*, Einstellen *n* (Radio) / tuning, tuning-in

Abstimm•kondensator *m* (Elek) / tuning capacitor ‖ **⁓kreis** *m* / tuning circuit ‖ **⁓schärfe** *f*, Trennschärfe *f* (eines Empfängers) (Eltro, Radio) / selectivity, sharpness

Abstimmung *f* (aufeinander), Anpassung *f* (DV, Elek, Eltro, Tele) / matching (e.g. hardware to a particular application, a system to customer requirements) ‖ ⁓, Abstimmen *n*, Einstellen *n* (Radio) / tuning, tuning-in

abstoppen, anhalten *vt*, stoppen *vt* / stop *vt*

abstoßen (Phys) / repel (e.g. electric charges of the same sign repel one another; oil repels water)

abstoßend, repellent (e.g. water-repellent), repellant ‖ **⁓e Kraft** (Phys) / repulsive force, force of repulsion ‖ **⁓ wirken**, abstoßen / repel *vt*

Abstoßung *f* (Biol, Phys) / repulsion

Abstoßungskraft *f* (Phys) / repulsive force, force of repulsion

Abstrahlcharakteristik *f* (Phys) / radiation characteristic

abstrahlen *vt*, aussenden (Strahlen, Licht, Signale) (Phys) / emit *vt*, radiate (e.g. light, heat) ‖ ⁓, (Fert) / blast (with abrasives) ‖ ⁓ (mit Sandstrahlgebläse) / sandblast *vt* ‖ ⁓ *vi*, ausstrahlen *vi* / radiate *vi* (light, heat) ‖ ⁓ *n*, Strahlen *n* (Oberflächenbehandlung) (Techn) / abrasive blasting [process]

Abstrahlung *f* (Phys) / radiation

abstrakt•er Datentyp (DV) / abstract data type ‖ **⁓er Raum** (Phys) / abstract space ‖ **⁓er Raum** (in der Funktionalanalysis) (Math) / abstract space ‖ **⁓er Vektorraum** (Math) / abstract vector space

abstreben, ausstreben (allg, Bau) / brace *vt*, strut *vt*

Abstreck•drücken *n* (Fert) / flow-forming ‖ **⁓ring** *m* (beim Abstreckgleitziehen), Ziehring *m* (Wzm) / die

Abstreifen *n* (des Werkstücks o. Schnitteils vom Stanzwerkzeug) (Wzm) / stripping

Abstreifer *m* (zum Abkratzen) / scraper ‖ ⁓ (zum Abwischen) / wiper ‖ ⁓ (an

Werkzeugmaschinen zur Freihaltung der Führungsbahnen) (Wzm) / wiper ‖ ⁓ (am Stanzwerkzeug) (Fert) / stripper ‖ ⁓ (bei Gleitlagern) (Masch) / scraper ‖ ⁓, Stripper *m* (ChT) / column stripper, stripper, stripping column

Abstreif•kolonne *f*, Stripper *m* (ChT) / column stripper, stripper, stripping column ‖ **⁓reaktion** *f*, Strippingreaktion *f* (Nukl) / stripping reaction ‖ **⁓ring** *m*, Ölabstreifring *m* (Mot) / oil control ring, oil ring

Abstrich *m*, Abzug *m* (Hütt) / skimming, scum

abstufen (z.B. Preise), staffeln / grade

Absturz *m*, Flugzeugunglück *n* (Luft) / crash, plane crash ‖ ⁓, Programmabsturz *m* (DV) / crash (abnormal program termination), abend ‖ ⁓, Systemabsturz *m* (DV) / crash (rendering system inoperable), system crash, hang-up, system failure

abstürzen (Luft) / crash ‖ ⁓ (DV) / crash, abort *vi*

Abstützeinrichtung(en) *f(pl)* (eines Krans etc.) / outriggers

abstützen(Bau) / prop *vt* [up], support, stay *vt* [up], underpin ‖ ⁓ (eine Mauer, ein Haus mit schrägen Stützen gegen Einsturz) (Bau) / shore up

Abstützfuß *m*, Stützarm *m* (eines Autokrans, ausfahrbar) (Förd) / outrigger (of a mobile crane), outrigger stabilising jack

Abstützung *f*, Träger *m*, Halter *m*, Auflage *f* / rest, support

absuchen [nach], suchen in [nach], durchsuchen [nach] / scan *vt* (e.g. disk for data), search *vt* ‖ ⁓, überstreichen (mit Abtaststrahl, Radarstrahl), abtasten, bestreichen (Eltro, Radar) / scan (a region), traverse, sweep ‖ ⁓ *n* (Abprüfen von Ausgängen, ob sie für den Transfer von Nachrichten in Anspruch genommen werden können) (Tele) / hunting

Abszisse *f*, X-Koordinate *f* (Math) / abscissa (pl: abscissae, abscissas) ‖ ⁓, Abszissenachse *f*, x-Achse *f* (Math) / axis of abscissas, x-axis

Abszissenachse *f*, x-Achse *f* (Math) / axis of abscissas, x-axis

Abtasteinheit *f*, Scanner *m*, Abtasteinrichtung *f* (Eltro, Tele) / scanner (in fax machine)

abtasten (mit Sonde etc.), untersuchen, sondieren, erforschen / probe *vt* ‖ ⁓, abfühlen (elektrisch, magnetisch, optisch, mechanisch) (DV, Eltro) / read, sense ‖ ⁓ (Kopierfräsmaschine) (Fert) / follow (the pattern), trace (the shape) ‖ ⁓, überstreichen (mit Abtaststrahl, Radarstrahl), bestreichen, absuchen (Eltro, Radar) / scan (a region), traverse, sweep ‖ ⁓ (punkt- o. zeilenweise der Reihe nach, z.B. Strukturmuster, Strichcode, Bildschirmfläche, Informationsträger, Bilder zur Übertragung per Fax, Erde (zur Erderkundung)) (DV, Eltro, TV) / scan ‖ ⁓ (analoge Signale periodisch), abfragen (Eltro) / sample ‖ ⁓ *n*, Abfühlen *n* (elektrisch, magnetisch, optisch, mechanisch) (DV, Eltro) / sensing, reading ‖ ⁓, Bestreichen *n* (Radar) / scan *n* ‖ ⁓ (punktweises, der Reihe nach, z.B. von Strukturmustern, Strichcodes, Bildschirmfläche, Informationsträgern, Erde (zur Erderkundung)), Scannen *n* (Eltro, TV) / scan, scanning ‖ ⁓ (von Analogsignalen in bestimmten Zeitabständen), Sampling *n* (Eltro) / sampling (of analogous signals)

Abtaster *m* (Regel) / scanner ‖ ⁓ (Funktions- und Baueinheit für zeitlich gerasterte Abfrage eines Eingangssignals), Sampler *m* (DV, Regel)

/ sampler, sampling element, sampling controller

Abtast•frequenz f (Eltro) / sampling rate (frequency with which samples are taken), sampling frequency ‖ ≈**gerät** n / scanning device ‖ ≈**geschwindigkeit** f (Eltro, TV) / scanning rate, scanning speed ‖ ≈**intervall** n, Abstand m zwischen zwei Erfassungs-zeitpunkten (Eltro, Radar, Regel) / sampling interval, sampling period ‖ ≈**nadel** f (des Plattenspielers) (Audio) / needle, stylus, pick-up stylus ‖ ≈**periode** f, Abstand m zwischen zwei Erfassungszeitpunkten (Eltro, Radar, Regel) / sampling interval, sampling period ‖ ≈**periodendauer**, Abstand m zwischen zwei Erfassungszeitpunkten (Eltro, Radar, Regel) / sampling interval, sampling period ‖ ≈**rate** f, Abtastfrequenz f (Eltro) / sampling rate (frequency with which samples are taken), sampling frequency ‖ ≈**system** (Eltro, Opt) / scanning system ‖ ≈**theorem** n, Samplingtheorem n (Eltro, Tele) / sampling theorem, Shannon's sampling theorem

Abtastung f, Abtasten n (von Analogsignalen in bestimmten Zeitabständen), Sampling n (Eltro) / sampling (of analogous signals) ‖ **optische** ≈, Scannen n (DV, Eltro) / optical scanning

Abtastverfahren n (zur zeitdiskreten Erfassung einer Verkehrsgröße) (Mess, Tele) / sampling method

abtauen, auftauen vi / thaw vi ‖ ~ vt vi (Windschutzscheibe, Kühlschrank) / defrost

Abteil n (allg, Bahn) / compartment n, compt. ‖ ≈ (Schaltgerät) (Elek) / compartment

Abteilung f (einer Firma etc.) / department, dept. ‖ ≈, Abtrennen n / dividing off

Abteilungsleiter m / departmental head, head of department

Abteilwagen m (Bahn) / compartment coach, corridor coach (formed of compartments with access from a side corridor)

abtragen, abbrechen vt (Gebäude etc.), einreißen vt (Bau) / demolish, pull down, tear down ‖ ~ (Abraum, Deckschicht), abräumen (Bergb) / remove (the overburden), strip ‖ ~, abbrechen vt (z.B. ein Gerüst, Zelt) / take down ‖ ~ (elektrochemisch) (Fert) / deplate, remove (by anodic dissolution) ‖ ≈ n (DIN 8590 - Fertigen durch Abtrennen von Stoffteilchen von einem festen Körper auf nicht mechanischem Wege - thermisch, chemisch, elektrochemisch - NB: der englische Begriff umfasst auch mechanische Verfahren wie Ultraschallschwingläppen und Strahlspanen) (Fert) / nontraditional machining (processes which remove excess material by various techniques involving mechanical, thermal, electrical, or chemical energy, but do not use a sharp cutting tool in the conventional sense - NB: the German term does not cover mechanical NTM processes), NTM, nontraditional material removal process[es] ‖ ≈ **mit Laserstrahlen**, Laserbearbeitung f (Fert) / laser beam machining, LBM ‖ **chemisches** ≈ (Fert) / chemical machining, CHM, chemical milling ‖ **elektrochemisches** ≈ (Fert) / ECM, electrochemical machining ‖ **funkenerosives** ≈, Funkenerosion f, EDM (Fert) / electric discharge machining, electro-discharge machining, EDM, electro-erosion, spark machining, spark erosion, electric spark machining, electrical erosion

Abtrag•geschwindigkeit f (beim chemischen Ätzen - in mm/min.) (Fert) / penetration rate ‖ ≈**rate** f (bei der Bearbeitung von Metall) (Fert) / metal removal rate, MRR ‖ ≈**strahlen** n (Fert) / liquid honing (abrasives suspended in water are forced at high velocity with compressed air through special nozzles against the surfaces to be treated), vapour blasting, wet blasting

Abtransport m, Abfuhr f / carrying off, removal

Abtreibkolonne f, Stripper m (ChT) / column stripper, stripper, stripping column

Abtreibungsmittel n, Abortivum n (pl. Abortiva) (Pharm) / abortifacient

Abtrennarbeit f, Ablösearbeit f (die zur Lösung eines Elektrons aus seinem Bindungszustand in einem Atom, Molekül oder Kristallgitter erforderliche Energie) (Phys) / separative work

abtrennbar, abnehmbar, ablösbar / removable, demountable, dismountable, detachable

abtrennen, trennen (ein Gerät, eine Anlage von der Spannungsquelle) (Elek) / disconnect vt ‖ ~ (z.B. eine Rohrleitung innerhalb eines Netzes), isolieren / isolate ‖ ~, abschneiden / cut off vt ‖ ~, extrahieren (allg, ChT) / extract ‖ ≈ n, Trennung f, Abtrennung f / separation ‖ ≈, Trennen n (eines Gerätes, einer Anlage von der Spannungsquelle) (Elek) / disconnection (of a system)

Abtriebs•drehzahl f (auf der letzten Welle eines Getriebes) (Masch) / output speed, output rpm ‖ ≈**leistung** f (eines Antriebsmotors an der Abtriebswelle) / input power ‖ ≈**moment** n (an der Abtriebswelle) / output torque ‖ ≈**rad** n (Rädergetriebe) / driven wheel ‖ ≈**säule** f, Stripper m (ChT) / column stripper, stripper, stripping column ‖ ≈**scheibe** f (Riementrieb) / driven pulley ‖ ≈**welle** f, angetriebene Welle / driven shaft, output shaft

Abtrocknen n / drying

abtröpfeln / drip off, drop off

abtropfen / drip off, drop off

Abusus m (Pharm) / abuse

AB-Verstärker m (Eltro) / class AB amplifier

abvisieren, abfluchten (Bau, Verm) / align vt, arrange in a straight line, line up, sight out

abwägen / weigh (e.g. facts, proposals) ‖ ~ / balance vt (e.g. probabilities, demands)

Abwälz•fräsen n (Fert) / gear hobbing, hobbing ‖ ≈**fräser** m, Wälzfräser m (Wzm) / hob, hobbing cutter

Abwärme f / waste heat ‖ ≈**nutzung** f / waste heat economy, waste heat recovery, waste heat utilization

abwärts / down adv, downward, downwards ‖ ≈**kompatibilität** f (DV) / backward compatibility, downward compatibility ‖ ≈**trafo** m (Elek) / step-down transformer, reducing transformer, buck transformer (US) ‖ ≈**transformator** (Elek) / step-down transformer, reducing transformer, buck transformer (US)

abwaschen, abspülen (Schmutz etc.), wegspülen / rinse off, wash off vt ‖ ~, abspülen (z.B. Teller) / rinse vt, wash ‖ ≈ n, Abspülen n / dishwashing

Abwasser n (Umw) / wastewater, waste (liquid) ‖ ≈ (in der Kanalisation) (Umw) / sewage, sewerage ‖ ≈ ([vor]gereinigt, [vor]behandelt) (Umw) / effluent (treated wastewater discharged from a sewage treatment plant) ‖ **industrielle Abwässer** (Umw) / industrial waste

water, industrial sewage ‖ ~**anlagen** f pl
(Umw) / wastewater system, sewage
installation ‖ ~**behälter** m (Umw) / refuse tank
‖ ~**behandlung** f, Abwasserreinigung f (Umw)
/ sewage treatment, sewage purification,
wastewater treatment ‖ ~**biologie** f (Umw) /
waste water biology ‖ ~**faulraum** m,
Faulbehälter m (Sanitär, Umw) / digester, septic
tank ‖ ~**kanal** m / sewer n ‖ ~**kläranlage** f,
Wasseraufbereitungsanlage f (Sanitär, Umw) /
sewage disposal plant, wastewater treatment
plant, sewage plant, sewage treatment plant,
sewage works pl, sewerage treatment plant,
sewerage plant ‖ ~**klärung** f,
Abwasserreinigung f (Umw) / sewage
treatment, sewage purification, wastewater
treatment ‖ ~**klärwerk** n (Sanitär, Umw) /
sewage disposal plant, wastewater treatment
plant, sewage plant, sewage treatment plant,
sewage works pl, sewerage treatment plant,
sewerage plant ‖ ~**last** f (Umw) / pollutant
load, sewage load ‖ ~**leitung** (Umw) / drain,
sewer, drain pipe, sewage line, sewer line ‖
~**reinigung** f (Umw) / sewage treatment,
sewage purification, wastewater treatment ‖
~**reinigungsanlage** f, Abwasserkläranlage f
(Sanitär, Umw) / sewage disposal plant,
wastewater treatment plant, sewage plant,
sewage treatment plant, sewage works pl,
sewerage treatment plant, sewerage plant ‖
~**schlamm** m, Schlamm m (bei der
Abwasserbehandlung), Klärschlamm m
(Sanitär, Umw) / sewage sludge, sludge ‖
~**schönung** f (Umw) / effluent polishing ‖
~**technik** f (Umw) / wastewater engineering ‖
~**toxikologie** f (Umw) / sewage toxicology,
waste water toxicology
abwechselnd, wechselweise, alternierend /
alternating adj, alternate adj ‖ ~ **nach beiden
Seiten drehen** (z.B. Wäschetrommel einer
Waschmaschine) / rotate in alternating
directions ‖ ~ **setzen**, staffeln, versetzt
anordnen / stagger, arrange in alternations
abweichen [von ... um], nicht übereinstimmen
[mit] / deviate, vary [from ... by] ‖ ~ (z.B. neue
Meswerte von den vorangegangenen) / differ
[from] ‖ ~ (z.B. von der Nenngröße, von der
Norm) / depart [from] (e.g. from nominal size,
a standard)
Abweichung f (allg, Nav, Phys, Stat) / deviation ‖
~, Anomalie f, Abnormalität f / anomaly ‖ ~
(z.B. von der Nenngröße, von der Norm) /
departure (e.g. from nominal size, a standard)
‖ ~, Messabweichung f (Messwert minus
wahrer Wert der Messgröße), Messfehler m
(Mess) / error (of measurement) ‖ ~ (des
momentanen Werts der zu regelnden Größe
vom Sollwert), Regelabweichung f (Regel) /
deviation from desired value ‖ ~,
Regeldifferenz (Differenz zwischen Istwert
und Sollwert) (Regel) / deviation, error
(difference between the measured value of the
controlled variable and the desired value)
abweisen, abstoßen / repel vt
abweisend, abstoßend / repellant adj, repellent
adj
abwerfen (Gewinn etc.) / yield vt
abwickelbar (Fläche) (Math) / developable
(surface)
abwickeln, abhaspeln / spool off or out vt, uncoil,
wind off, unreel, unwind ‖ ~ (eine Fläche)
(Math) / develop vt (a surface) ‖ ~ (z.B.

Auftrag, Projekt) (Wirtsch) / process, handle,
deal with ‖ ~ (Firma) / wind up (a company)
Abwicklung f (einer Fläche) (Math) /
development (of a surface) ‖ ~ (z.B. eines
Auftrags, Projekts) (Wirtsch) / processing
Abwicklungskurve f, Evolvente f (Math) /
involute
abwiegen, auswiegen / weigh vt
Abwind m (abwärts gerichtete Luftströmung)
(Luft, Meteo) / downdraft, down current,
downward [moving air] current ‖ ~,
induzierter Abwind (von einer
aerodynamischen Auftriebsfläche nach unten
gelenkte Strömung) (Luft) / downwash
abwischen (Schmutz etc.), wegwischen / wipe
away or off
Abwrackprämie f, Umweltprämie f (Kfz) / CARS
rebate (paid under the Car Allowance Rebate
System, colloquially known as "Cash for
Clunkers"), rebate
Abwurf m (Förd) / discharge
abwürgen (Motor) (Kfz) / stall vt
Abyssal n, abyssische Region (Ozean) / abyssal
zone (portion of the ocean between 2000 and
6000 m depth)
abyssische Region, Abyssal n (Ozean) / abyssal
zone (portion of the ocean between 2000 and
6000 m depth)
abzählbare Menge (Math) / countable set,
enumerable set, denumerable set, numerable
set
abzeichnen vt (durch Zeichnen wiedergeben) /
draw ‖ ~, kopieren / copy ‖ ~ (Dokument) /
initial ‖ ~ vr (z.B. Entwicklung, Tendenz,
Absatzmöglichkeiten) / emerge, become
apparent, begin to show ‖ ~ (z.B. Gefahr,
Konjunkturabschwung) / loom
abziehen (z.B. Zündschlüssel), herausziehen,
wegziehen / pull off, remove, take out ‖ ~,
subtrahieren (Math) / subtract ‖ ~, wetzen,
schärfen / sharpen, whet ‖ ~ n, Abrichten n
(von Schleifscheiben), Schärfen n (Wzm) /
dressing, wheel dressing ‖ ~, Abrichten n (von
Schleifscheiben), Profilieren n (und Schärfen)
(Wzm) / trueing (of grinding wheels)
Abzieher m (für Naben usw.), Abziehvorrichtung
f / extractor, puller, pulling-off device
Abzieh•hülse f (für Schrauben) / withdrawal
sleeve (for bolts) ‖ ~**vorrichtung** f, Abzieher
m (für Naben usw.) / extractor, puller,
pulling-off device
abzirkeln, abgreifen (mit dem Zirkel), abmessen
/ caliper v, calliper v, measure with compasses,
measure with calipers
Abzug m, Abstrich m (Hütt) / skimming, scum ‖ ~
(für Rauch, Gas etc.), Auslass m / flue n, vent,
outlet ‖ ~, Kapelle f (Chem) / fume cupboard,
laboratory fume cupboard
Abzugs•förderer m (Förd) / discharge conveyor ‖
~**haube** f (Chem) / fume hood (of fume
cupboard) ‖ ~**kapelle** f (Chem) / fume hood (of
fume cupboard) ‖ ~**rohr** n (Chem) / discharge pipe,
outlet pipe ‖ ~**schieber** m, Ablassventil n,
Ablaufventil n (Sanitär) / drain valve, waste
outlet ‖ ~**schrank** m, Abzug m, Kapelle f
(Chem) / fume cupboard, laboratory fume
cupboard
Abzweig m (Elek) / branch ‖ ~ **90°** (T-förmiges
Rohrformstück), T-Stück n (Rohr) / tee, T,
straight tee ‖ ~**dose** f (Elek) / junction box, J
box
abzweigen vi / branch off vi, fork [off]

Abzweig•kabel n, Stichleitung f / branch cable, stub cable ‖ $\sim$**kasten** m (Elek) / junction box (square or rectangular) ‖ $\sim$**klemme** f (Elek) / branch terminal ‖ $\sim$**leitung** n (Rohr) / branch, lateral, spur ‖ $\sim$**leitung** f (einer Rohrleitung) / branch line ‖ $\sim$**leitung** (Elek) / branch line ‖ $\sim$**muffe** f (Elek, Kabel) / cable joint sleeve, cable jointing sleeve ‖ $\sim$**punkt** m (Kabel, Radio) / distribution point ‖ $\sim$**rohr** n, Zweigrohr n / branch pipe

Abzweigung f (einer Rohrleitung), Verzweigung f / fork (of a pipeline), junction ‖ $\sim$ (Elek) / junction

Abzweigverstärker m (Radio) / bridger repeater

Abzyme (Biochem) / abzyme

Ac, Actinium n (Chem) / actinium

AC (Ausschlusschromatographie), Gelchromatographie f (Chem) / gel chromatography, exclusion chromatography, gel permeation chromatography, gel-filtration chromatography, liquid exclusion chromatography, LEC ‖ $\sim$, Wechselstrom m (Elek) / ac, alternating current, AC, a.c., A.C. ‖ $\sim$, Akkumulator m, Akkumulatorregister n (DV) / AC, accumulator (register in a CPU), accumulator register

Acarizid n, milbentötendes Mittel (Chem, Landw) / acaricide, miticidal chemical, miticide

Access m, Zugriff m, Zugang m (DV, Tele) / access (e.g. to the Internet, a database)

Account m, Kunde m (als betriebswirtschaftliche Größe) (Wirtsch) / account ‖ $\sim$ (DV, Tele) / account (in a network), user account

ACE (Angiotensin Converting Enzyme), Angiotensin-Konversions-Enzym n (Biochem) / angiotensin-converting enzyme, ACE ‖ $\sim$ n, automatische Wähleinrichtung (DV, Tele) / ACE, automatic calling equipment

ACEA•-Leistungsklassen f (Kfz) / ACEA performance categories, ACEA performance levels ‖ $\sim$**-Spezifikationen** f (Öl) / ACEA specifications

ACE-Hemmer m pl, ACE-Inhibitoren m pl (Pharm) / ACE inhibitors

Acenaphthen n (Chem) / acenaphthene

Acesulfam (ein Süßstoff - E 950) (Nahr) / acesulfame potassium

Acetal n (Chem) / acetal ‖ $\sim$**-Copolymer** n (Plast) / acetal copolymer

Acetaldehyd m (Chem) / acetaldehyde, ethanal

Acetaldol n, Aldol n (Chem) / aldol, acetaldol

Acetalharz n (Plast) / acetal, POM, polyoxymethylene, polyacetal, acetal resin

Acet•amid n, Essigsäureamid n (Chem) / acetamide, ethanamide ‖ $\sim$**anhydrid** n, Essigsäureanhydrid n (Chem) / acetic anhydride

Acetat n (Salz oder Ester der Essigsäure) (Chem) / acetate, ethanoate ‖ $\sim$, Celluloseacetat n (Chem, Plast) / cellulose acetate, CA ‖ $\sim$**folie** f (Plast) / acetate film ‖ $\sim$**kunstseide** f (Chem, Tex) / acetate silk ‖ $\sim$**seide** f (Chem, Tex) / acetate silk

Acetin n (Chem) / acetin, acetine, glyceryl monoacetate, monacetin, monoacetin

Acetoin n (3-Hydroxy-2-butanon) (Chem) / acetoin (3-Hydroxybutanone), acetyl methyl carbinol

Aceton n (Chem) / acetone (CH_3COCH_3), 2-propanone, dimethyl ketone

Acetonitril n (Chem) / acetonitrile, methyl cyanide

Acetophenon n (Chem) / acetophenone, hypnone, acetylbenzene, phenyl methyl ketone ‖ $\sim$**harze** n pl (Chem) / acetophenone-formaldehyde resins

Acetoxylierung f (Chem) / acetoxylation

Acetyl•benzol n, Acetophenon n (Chem) / acetophenone, hypnone, acetylbenzene, phenyl methyl ketone ‖ $\sim$**celluloid** n (Chem) / acetyl celluloid ‖ $\sim$**cellulose** f, Celluloseacetat n (Chem, Plast) / cellulose acetate, CA ‖ $\sim$**chlorid** (Chem) / acetyl chloride, ethanoyl chloride ‖ $\sim$**cholin** n (Biochem, Physiol) / ACh ‖ $\sim$**cholin-Esterase** f / acetylcholinesterase ‖ $\sim$**-CoA** (Biochem) / acetyl-CoA ‖ $\sim$**-Coenzym A** n (Biochem) / acetyl-CoA

Acetylen (C_2H_2), Azetylen n (Chem) / ethyne, acetylene, ethine ‖ $\sim$ n, Alkin n (C_nH_{2n-2}) (Chem) / alkine, alkyne ‖ $\sim$**e** n pl (früher), Alkine n pl (Chem) / acetylene series pl, alkyne series, alkynes ‖ $\sim$**carbonsäure** f (Chem) / propiolic acid, propine o. propargylic acid ‖ $\sim$**entwickler** m (Schw) / acetylene generator o. producer ‖ $\sim$**erzeuger** m (Schw) / acetylene generator o. producer ‖ $\sim$**flasche** f, Acetylengasflasche f (Schw) / acetylene cylinder, acetylene storage cylinder ‖ $\sim$**gas** n / acetylene gas ‖ $\sim$**gasflasche** f (Schw) / acetylene cylinder, acetylene storage cylinder

Acetylenid n (Chem) / acetylide

Acetylen•-Sauerstoff-Flamme f (Schw) / oxyacetylene flame ‖ $\sim$**-Sauerstoff-Schweißen** n (Schw) / gas welding, oxyacetylene welding, OAW, oxyacetylene gas welding ‖ $\sim$**schweißen** n / acetylene welding ‖ $\sim$**tetrachlorid** n (Chem) / 1,1,2,2-tetrachloroethane, acetylene tetrachloride

Acetylid n (Chem) / acetylide

Acetylierung f, Acetylieren n (Chem) / acetylation, ethanoylation

achiral (Knoten) (Biochem) / achiral

α**-Chlortoluol** n, Benzylchlorid n (Chem) / benzyl chloride

Achromasie f (Opt) / achromatism, achromaticity

Achromat m (Opt) / achromat, achromatic lens

achromatisch, unbunt (Farblehre) (Opt) / achromatic

Achromatismus m, Achromasie f (Opt) / achromatism, achromaticity

Achs•abstand m (z.B. bei Zahnrädern, Wellen), Mittenabstand m / center distance (of axes) ‖ $\sim$**abstand** (Bahn, Kfz) / axle base, wheel center distance ‖ $\sim$**antrieb** m (Kfz) / axle drive, final drive

Achse (allg, Krist, Math, Phys) / axis (pl: axes) ‖ $\sim$ f (Radachse, Tragachse) (Masch) / axle ‖ $\sim$ **neutrale** $\sim$, neutrale Faser, Spannungs-Nulllinie f (Mech) / neutral axis (line of zero stress in a beam bent downward), neutral line

Achsen•... / axial ‖ $\sim$**abschnitt** m (Math) / intercept (of an axis) ‖ $\sim$**abschnittsform** f (der Geradengleichung) (Math) / intercept form (of a straight-line equation: $x/a + y/b = 1$) ‖ $\sim$**abstand** m (Bahn, Kfz) / axle base, wheel center distance ‖ $\sim$**kreuz** n, Koordinatenkreuz n (Math) / Cartesian coordinate system (for locating a point on a plane), rectangular Cartesian coordinate system, system of rectangular coordinates, system of coordinates ‖ $\sim$**symmetrie** f (Math) / reflection symmetry, line symmetry, mirror [image] symmetry, bilateral symmetry, axial symmetry ‖ $\sim$**system** n, Achsenkreuz n, Koordinatenkreuz n (Math)

/ Cartesian coordinate system (for locating a point on a plane), rectangular Cartesian coordinate system, system of rectangular coordinates, system of coordinates ‖ ⁓**winkel** m (bei Kegelrädern) / angle of axes, shaft angle

Achs•getriebe n (Kfz) / axle drive, final drive ‖ ⁓**höhe** f (Elek, Masch) / shaft height ‖ ⁓**kappe** f (Kfz) / axle cap ‖ ⁓**lager** n, Traglager n von Wellenzapfen, Zapfenlager n / journal bearing ‖ ⁓**last** f (Kfz, Masch) / axle load, axle weight

Achsschenkel m (Kfz) / steering knuckle, stub axle ‖ ⁓**bolzen** m, Lenkzapfen m (Kfz) / kingpin, pivot pin, swivel pin ‖ ⁓**buchse** f (Kfz) / king pin bushing ‖ ⁓**lenkung** f, Ackermann-Lenkung f (Kfz) / Ackermann steering, double-pivot steering

Achs•schubausgleich m (Masch) / axial thrust balancing ‖ ⁓**verlagerung**, Wellenversatz m (Masch) / shaft misalignment, misalignment of shafts ‖ ⁓**vermessung** f (Kfz) / measurement of alignment angles (on a vehicle), wheel alignment check ‖ ⁓**vermessung** (inkl. Achsjustierung) (Kfz) / measuring and adjusting wheel alignment, wheel alignment ‖ ~**versetztes Kegelradgetriebe**, Kegelschraubgetriebe / hypoid bevel gearing, hypoid gears, skew bevel gearing, hypoid bevel gears, hypoid gear pair ‖ ⁓**welle** f (zwischen Achsgetriebe und Antriebsrädern), Antriebswelle f (Kfz) / drive shaft, axle shaft ‖ ⁓**wellenkegelrad** n (Kfz) / differential side gear, side gear, sun pinion ‖ ⁓**wellenrad** n (Kfz) / differential side gear, side gear, sun pinion ‖ ⁓**zapfen** m / journal (of an axle) ‖ ⁓**zapfen** (Kfz) / stub axle, stud axle ‖ ⁓**zuordnung** f (NC) / axis allocation

Achteck n (Math) / octagon, octangle

Achter•charakteristik f (bei Antennen), zweiseitige Richtcharakteristik (Eltro, Radio) / bidirectional characterictic ‖ ⁓**charakteristik** (bei Schallwandlern) (Akust, Eltro) / figure-eight pattern ‖ ⁓**deck** n, Quarterdeck n (Schiff) / quarterdeck ‖ ⁓**mikrofon** n, zweiseitiges Mikrofon (Akust, Eltro) / bidirectional microphone, bilateral microphone ‖ ⁓**schale** f, Oktett n (Phys) / octet shell, shell of 8 electrons

Acht•flach n, Oktaeder n, Achtflächner m (Krist, Math) / octahedron ‖ ⁓**flächner** m, Oktaeder n (Krist, Math) / octahedron ‖ ⁓**kantkopf** m / octagonal head ‖ ⁓**kantmutter** f / octagon nut ‖ ⁓**kantschraube** f / octagon bolt ‖ ~**stellig** (Zahl) (Math) / eight-digit

Achtung ! (Sicherheitshinweis bei Gefahr von v.a. Sachschaden) (Doku) / Caution !

Acidimetrie f (Chem) / acidimetry

Acidität f (Chem) / acidity, degree of acidity

Acidolyse f (Chem) / acidolysis

acidophil / acidophil, acidophilous, acidophilic, acidophile

ACK n, ACK-Signal (zur Bestätigung des korrekten Empfangs) (Eltro, Tele) / positive acknowledgment, ACK, acknowledg[e]ment character (indicating that the data sent has been received correctly)

Acker m, Feld n (Landw) / field ‖ ⁓**bau** m (i.e.S. Anbau von Kulturpflanzen) (Landw) / production of crops, raising crops ‖ ⁓**bau** (i.w.S. einschließlich der Viehhaltung etc.), Landwirtschaft f (Landw) / agriculture, farming n, husbandry

Ackeret-Keller-Prozess m (Masch, Phys) / Ackeret-Keller cycle

Ackermann-Lenkung f, Achsschenkellenkung f (Kfz) / Ackermann steering, double-pivot steering

ACK-Signal (zur Bestätigung des korrekten Empfangs) (Eltro) (Tele) / positive acknowledgment, ACK, acknowledg[e]ment character (indicating that the data sent has been received correctly)

ACM, Acrylat-Kautschuk m (Plast) / acrylate rubber

Acme-Trapezgewinde n / acme screw thread (used on power screws in such devices as automobile jacks, presses, and lead screws on lathes), acme thread

ACN, Acrylnitril n (Chem) / acrylonitrile, vinylcyanide

Aconitase f (Biochem) / aconitase

ACP, Acyl-Carrier-Protein n (Biochem) / acyl-carrier protein, ACP

Acridin n (Chem) / acridine

Acrolein n (Chem) / acraldehyde, acrolein, acrylaldehyde, acrylic aldehyde

Acryl•... (Chem, Plast) / acrylic adj ‖ ⁓**aldehyd** m (Chem) / acraldehyde, acrolein, acrylaldehyde, acrylic aldehyde ‖ ⁓**amid** n (Chem) / acrylamide

Acrylat n (Chem) / acrylate ‖ ⁓**harze** n pl (Chem, Plast) / acrylate resins, acrylic resins, acrylics ‖ ⁓**-Kautschuk** m, ACM, Acryl-Kautschuk m (Plast) / acrylate rubber

Acryl•farbe f / acrylic n (for artists), acrylic paint ‖ ⁓**faser** f, Polyacrylnitrilfaser f / acrylic fiber ‖ ⁓**glas** n, Plexiglas® n (Plast) / acrylic glass (polymethylmethacrylate), Lucite® (of DuPont), Plexiglas®, Perspex® ‖ ⁓**harze** n pl (Chem, Plast) / acrylate resins, acrylic resins, acrylics ‖ ⁓**-Kautschuk** m (Plast) / acrylate rubber

Acrylnitril n (Chem) / acrylonitrile, vinylcyanide ‖ ⁓**-Butadien-Kautschuk** m (Plast) / nitrile rubber, nitrile-butadiene rubber, acrylonitrile rubber, acrylonitrile-butadiene rubber, NR, NBR, Buna-N ‖ ⁓**-Butadien-Styrol** n (Chem) / acrylonitrile butadiene styrene, ABS ‖ ⁓**-Butadien-Styrol-Copolymere** n pl (Plast) / ABS, ABS resins pl

Acrylsäure f (Chem) / acrylic acid ‖ ⁓**amid** n (Chem) / acrylamide ‖ ⁓**nitril** n, Acrylnitril n (Chem) / acrylonitrile, vinylcyanide

ACTH, adrenocorticotropes Hormon (Biochem) / ACTH, adrenocorticotropic hormone, adrenotropic hormone, corticotropin

Actin n (Biochem) / actin

Actinide pl, Actinoide pl (Chem) / actinides pl, actinide series, actinoid elements

Actinidengruppe f, Actinoide pl (Chem) / actinides pl, actinide series, actinoid elements

Actinium n (Chem) / actinium ‖ ⁓**-Emanation** f, Radonisotop n ²¹⁹Rn (Chem) / Ac Em, actinon, actinium emanation, radon-219

Actinoide pl (Chem) / actinides pl, actinide series, actinoid elements

Actinoidenkontraktion f (Chem) / actinoid contraction

Actinomycine pl (Pharm) / actinomycin

Actinon n, Actinium-Emanation f, Radonisotop n ²¹⁹Rn (Chem) / Ac Em, actinon, actinium emanation, radon-219

Actomyosin n (Biochem) / actomyosin

Acute-toxic-Class-Methode f (Pharm) / acute toxic class method

acyclische Verbindungen (Chem) / acyclic compounds
Acyl-Carrier-Protein n (Biochem) / acyl-carrier protein, ACP
Acylierung f (Chem) / acylation
Acyloin n (Kondens. Produkt von Estern) (Chem) / acyloin ‖ ⁓**kondensation** f (Chem) / acyloin condensatio
ADA (höhere Programmiersprache) (DV) / ADA (high-level programming language)
Adamantan n (Chem) / adamantane
Adamsit n (10-Chlor-5,10-dihydrophenarsazin), DM (Chem, Mil) / adamsite, DM, phenarsazine chloride, diphenylaminechlorarsine
Adaptation m, Anpassung f / adaptation
Adapter m, Verbindungsstück n (z.B. zwischen zwei unterschiedlich genormten Anschlüssen) / adapter, adaptor ‖ ⁓, Zwischenstecker m (Elek) / plug adapter, adapter, adapter plug ‖ ⁓, Vorsatz m (Foto, Opt) / adapter ‖ ⁓, Adapterkarte f (z.B. Grafikkarte), Steckkarte f (DV) / adapter (e.g. video or hard disk controller, sound board), card, expansion board, expansion card, slot card ‖ ⁓**kabel** n (Elek, Eltro) / adapter cable ‖ ⁓**karte** f (z.B. Grafikkarte), Steckkarte f (DV) / adapter (e.g. video or hard disk controller, sound board), card, expansion board, expansion card, slot card ‖ ⁓**kassette** f (auswechselbar, für unterschiedliches Filmmaterial) (Foto) / film back (interchangeable)
Adaptierung, Adaptation m, Anpassung f / adaptation
Adaption f, Adaptation m, Anpassung f / adaptation
Adaptionsvermögen n, Adaptionsfähigkeit f, Anpassungsfähigkeit f / adaptability
adaptiv, anpassungsfähig / adaptive, adaptable ‖ ⁓**er Flügel** (Luft) / mission adaptive wing ‖ ⁓**e Optik** f / adaptive optics ‖ ⁓**e Radiation** (Ökol) / adaptive radiation
Adaptronik f / adaptronics sg (engineering strategy that combines sensors, actuators, adaptive controls and functional materials in ways that give structures abilities they would otherwise lack - term is coined after the German term), smart structures and materials (this term is more widely used in English speaking countries)
adäquat (allg) / adequate
ADC m, Analog-Digital-Wandler m (Eltro) / A-D converter, ADC, digitizer, analog-to-digital converter, analog-digital converter ‖ ⁓, Azodicarbonamid n, Diazendicarbonsäure-diamid n (Chem, Plast) / azodicarbonamide
Adcock-Peiler m (Nav) / Adcock direction finder
AD-Converter m, Analog-Digital-Wandler m (Eltro) / A-D converter, ADC, digitizer, analog-to-digital converter, analog-digital converter
Addend m, Summand m (der addiert wird) (Math) / addend
addieren, zusammenrechnen (Math) / total vt, add vt [up], sum up, sum vt, tot [up] ‖ ⁓ n, Addition f (Math) / addition
Addierer m (DV) / adder
Addier•glied n (DIN) (DV) / adder ‖ ⁓**maschine** f (Büro) / adding machine
Addition f, Addieren n (Math) / addition ‖ ⁓, Additionsreaktion f (Chem) / addition, addition reaction
Additions•formel f (der Wahrscheinlichkeits-theorie) (Math) / addition theorem of

probability ‖ ⁓**maschine** f, Addiermaschine f (Büro) / adding machine ‖ ⁓**polymerisation** f, Polymerisation f (ohne Abspaltung von Nebenprodukten stufenlos verlaufende Polyreaktion) (Chem, Plast) / addition polymerization, chain polymerization ‖ ⁓**reaktion** f (Chem) / addition, addition reaction ‖ ⁓**satz** m, Additionsformel f (der Wahrscheinlichkeitstheorie) (Math) / addition theorem of probability ‖ ⁓**system** n (Wert der Zahlzeichen wird addiert) (Math) / addition system ‖ ⁓**theoreme** n pl (Math, Phys) / addition theorems ‖ ⁓**verbindungen** f pl (Chem) / addition compounds ‖ ⁓**verfahren** n (Opt) / additive colour mixing, additive process ‖ ⁓**verfahren** (zur Lösung eines linearen Gleichungssystems) (Math) / elimination method, addition method, elimination by addition method
additiv•e Farbmischung (Opt) / additive colour mixing, additive process ‖ ⁓**e Farbsynthese** (Opt) / additive colour mixing, additive process ‖ ⁓**e Wirkung** (Pharm) / additive effect ‖ ⁓**es Zahlensystem**, Additionssystem n (Wert der Zahlzeichen wird addiert) (Math) / addition system
Additiv n (allg, ChT) / additive n
Additivierung f **von Ölen** (Masch) / addition of additives
Addukt, n, Additionsverbindung f (Chem) / adduct, addition compound
Ade, Adenin n (Biochem) / adenine, 6-aminopurine
Adenin n (Biochem) / adenine, 6-aminopurine
Adenosin n (Biochem) / adenosine ‖ ⁓**diphosphat** n (Biochem) / adenosine diphosphate, ADP ‖ ⁓**-5'-monophosphat** n, Adenosin-5'-phosphorsäure f (Biochem) / adenosine monophosphate, AMP, adenylic acid ‖ ⁓**-5'-triphosphat** n (Biochem) / adenosine triphosphate, ATP ‖ ⁓**triphosphatasen** f (Biochem) / adenosine triphosphatase ‖ ⁓**-5'-triphosphorsäure** f (Biochem) / adenosine triphosphate, ATP
Adenylsäure, 5'-⁓ (Biochem) / adenosine monophosphate, AMP, adenylic acid
Ader f (Aufbauelement von Kabeln und Leitungen bestehend aus Leiter und Isolierhülle) (Elek) / wire, conductor (US), core (GB), insulated conductor (US), insulated wire ‖ ⁓**endhülse** f (Elek) / ferrule terminal ‖ ⁓**endhülsenzange** f (Elek, Wz) / ferrule pliers pl ‖ ⁓**leitung** f (einadrige Starkstromleitung für feste Verlegung) (Kabel) / single-conductor cable, single-core cable
Adernpaar n, Doppelader f (Kabel) / pair of wires
ADF n (engl. automatic direction finder), Radiokompass m, Funkkompass m (Nav) / ADF, automatic direction finder
Adhäsion f (Phys) / adherence, adhesion ‖ ⁓, Adhäsionskraft f / adherence, adhesive force, adhesiveness, adhesion
Adhäsions•bahn f (Bahn) / adhesion railway ‖ ⁓**bruch** m (Mater) / adhesive failure ‖ ⁓**druck** m (Phys) / adhesive pressure ‖ ⁓**kraft** f, Anhangskraft f / adherence, adhesive force, adhesiveness, adhesion ‖ ⁓**kräfte** f pl (Phys) / adhesive forces ‖ ⁓**promoter** (Mater) / adhesion promoter ‖ ⁓**verschleiß** m / adhesive wear
adhäsiver Verschleiß / adhesive wear
Adhäsivverschleiß / adhesive wear

ADI, bainitisches Gusseisen mit Kugelgraphit (Hütt) / ADI, austempered ductile iron

adiabat, adiabatisch (Meteo, Phys) / adiabatic

Adiabate f (Meteo, Phys) / adiabat ‖ ~-**Exponent** m (Phys) / adiabatic exponent, ratio of specific heat capacities

Adiabaten • exponent m (Phys) / adiabatic exponent, ratio of specific heat capacities ‖ ~**gleichung** f (Phys) / adiabatic equation ‖ ~**hypothese** f (Phys) / adiabatic hypothesis ‖ ~**satz** m (Phys) / adiabatic hypothesis

adiabatisch (Meteo, Phys) / adiabatic ‖ ~e **Abkühlung** (Phys) / adiabatic cooling ‖ ~e **Entmagnetisierung** (Phys) / adiabatic demagnetization ‖ ~e **Invariante** (Phys) / adiabatic invariant ‖ ~es **Kalorimeter** (Mess) / adiabatic calorimeter ‖ ~e **Kompression** (Phys) / adiabatic compression ‖ ~e **Kurve** (Meteo, Phys) / adiabat ‖ ~e **Verdichtung** (Phys) / adiabatic compression ‖ ~e **Wärmeabgabe**, adiabatische Abkühlung (Phys) / adiabatic cooling ‖ ~e **Zustandsänderung** (Phys) / adiabatic change

adiatherman, wärmeundurchlässig (Phys) / athermanous, impervious to radiant heat

Adipinsäure f (Chem) / adipic acid, hexanedioic acid ‖ ~**dinitril** n (Chem) / adiponitrile

Adiponitril n (Chem) / adiponitrile

ADI-Wert m, DTA-Wert m (duldbare tägliche Aufnahmemenge) (Chem, Landw) / acceptable daily intake, ADI

adjazent, benachbart (Ecken eines Graphen) (Math) / adjacent

adjungierte Unterdeterminante (Math) / cofactor, minor n, complementary minor

Adjunkte f (Math) / cofactor, minor n, complementary minor

Adjunktion f, Disjunktion f, inklusives Oder (DV, Eltro, Logik) / disjunction, or, inclusive or, OR operation, OR function, inclusive disjunction

Administrator m, Netzadministrator m (Tele) / administrator, network administrator, network manager, network operator

Admittanz f, Körperschalladmittanz f (Akust) / receptance f ~ (Kehrwert der Impedanz), Scheinleitwert m (Elek) / admittance

ADN, Adipinsäuredinitril n (Chem) / adiponitrile

ADP, Adenosindiphosphat n (Biochem) / adenosine diphosphate, ADP

Adrenalin n (Biochem, Pharm) / adrenaline, epinephrine

adrenocorticotropes Hormon, ACTH (Biochem) / ACTH, adrenocorticotropic hormone, adrenotropic hormone, corticotropin

Adrenolytikum n (Pharm) / sympatholytic

Adrenosteron n (Biochem) / adrenosterone

Adrenozeptorenblocker m (Pharm) / sympatholytic

Adressat m, Empfänger m (DV, Tele) / addressee

Adress • auflösung f (DV, Tele) / address resolution ‖ ~**berechnung** f (DV) / address computation ‖ ~**bus** m (DV) / address bus

Adresse f (allg, DV, Tele) / address

Adressen • format n (DV) / address format ‖ ~**marke** f (DV) / address marker ‖ ~**teil** m (DV) / address part, address section ‖ ~**umsetzung** f (DV) / address conversion ‖ ~**umwandlung** f (DV) / address conversion

Adressformat n (DV) / address format

adressieren, ansprechen (DV) / address vt (e.g. memory)

Adressierung f (DV, Tele) / addressing

Adressierungsbereich m (eines Nachrichtennetzes) (DV, Tele) / address domain, address space

Adress • kodierer m (DV) / address coder ‖ ~**modifikation** f (DV) / address modification ‖ ~**raum** m, Adressierungsbereich m (eines Nachrichtennetzes) (DV, Tele) / address domain, address space ‖ ~**teil** m (DV) / address part, address section ‖ ~**umsetzung** f (DV) / address conversion ‖ ~**wert** m (DV, NC) / address value ‖ ~**zähler** m (DV) / address counter

ADSL f (überwiegend im Privatkundenbereich eingesetzte Technologie zur Hochgeschwindigkeitsübertragung über die vorhandene Kupferkabel-Infrastruktur des öffentlichen Telefonnetzes, bei dem die Bandbreite beim Empfang (Downstream) deutlich höher ist als in Gegenrichtung) (Tele) / ADSL, Asymmetric Digital Subscriber Line (or Loop)

Adsorbat n (Chem, Phys) / adsorbate

Adsorbens n (pl. -entia o. -enzien) (Phys) / adsorbent n

Adsorber m (einer Adsorptionskältemaschine) / adsorber

adsorbieren (Phys) / adsorb

Adsorption f (Phys) / adsorption

Adsorptions • analyse f durch Chromatographie (Chem) / chromatographic adsorption ‖ ~**indikator** m (Chem) / adsorption indicator ‖ ~**isotherme** (Chem) / adsorption isotherm ‖ ~**kohle** f, Aktivkohle f (Chem) / activated carbon, activated charcoal ‖ ~**mittel** n (Phys) / adsorbent n ‖ ~**pumpe** f / adsorption pump ‖ ~**trockner** m / adsorption drier ‖ ~**verbindungen** f pl (Chem) / adsorption compounds ‖ ~**wärme** f (Chem, Phys) / heat of adsorption

Adsorptiv n (Chem, Phys) / adsorbate

ADU m, Analog-Digital-Umsetzer m (Eltro) / A-D converter, ADC, digitizer, analog-to-digital converter, analog-digital converter

A/D • -Umsetzer, Analog-Digital-Umsetzer m (Eltro) / A-D converter, ADC, digitizer, analog-to-digital converter, analog-digital converter ‖ ~-**Umsetzung** f, Analog-Digital-Wandlung f (Eltro) / A/D conversion, analog-digital conversion, analog-to-digital conversion

ADV, automatische Datenverarbeitung (DV) / ADP, automatic data processing

A/D-Wandler m, Analog-Digital-Wandler m (Eltro) / A-D converter, ADC, digitizer, analog-to-digital converter, analog-digital converter

α-**Einfang** m (Nukl) / alpha capture

α-**Eisen** n, Ferrit m (Gefüge des technisch reinen Eisens aus abgerundeten Körnern) (Hütt) / ferrite, alpha, alpha phase

α-**Eliminierung** f (Chem) / alpha elimination

aerobe Abbaureaktionen (Biochem, Umw) / aerobic digestion [processes]

Aerobiologie f / aerobiology

Aerodynamik f (Phys) / aerodynamics sg

aerodynamisch / aerodynamic, aerodynamical ‖ ~es **Anemometer** (ermittelt Windgeschwindigkeit durch Druckmessung) / pressure anemometer ‖ ~e **Aufheizung** (Luft, Raumf) / aerodynamic heating ‖ ~er **Auftrieb** (die auf einen von Luft umströmten Körper senkrecht zur Anströmrichtung nach oben wirkende Kraft) (Luft, Phys) / aerodynamic lift, lift ‖ ~e Bremse (Elek) / aerodynamic brake ‖ ~e Fläche (Trag- oder Steuerfläche) (Luft) / airfoil (US)(a body shaped so as to produce an aerodynamic reaction normal to its direction of motion - a wing, aileron, tailplane, rudder, elevator) ‖ ~es Luftfahrzeug, Luftfahrzeug n schwerer als Luft (Luft) / heavier-than-air aircraft, aerodyne ‖ ~er Mittelpunkt / aerodynamic center ‖ ~e Waage / aerodynamic balance ‖ ~er Widerstand, Luftwiderstand m (Kfz, Luft) / drag, aerodynamic drag ‖ ~er Wirkungsgrad, Leistungsbeiwert (einer Windenergieanlage: Verhältnis von entnommener Leistung zur im Wind enthaltenen Leistung) (Ener) / power coefficient

Aero•elastik f (Luft, Phys) / aeroelastics sg (study of aeroelastic phenomena) ‖ ~elastizität f (Luft, Phys) / aeroelastics sg (study of aeroelastic phenomena) ‖ ~elektrik f (vom Flugzeug aus betriebene Geoelektrik) (Geoph) / aeroelectric method ‖ ~gel n / aerogel ‖ ~geophysik f (Geoph) / aerogeophysics sg ‖ ~gravimetrie f (Geoph) / aerogravimetry ‖ ~klassierung f, Windsichten n (Klassierung eines Haufwerks mit Hilfe eines Luftstroms) (Aufb, ChT) / air classification, air separation, pneumatic classification ‖ ~magnetik f (Geoph) / aeromagnetic surveying ‖ ~mechanik f / aeromechanics sg ‖ ~photogrammetrie (Luft, Verm) / aerial photogrammetry

Aerosol n (Chem, Phys) / aerosol

Aero•sonde f (Geoph, Mess, Meteo) / radiosonde ‖ ~sphäre f (Zone, in der sich die Luftfahrt abspielt) (Luft) / aerosphere ‖ ~statik f (Phys) / aerostatics sg ‖ ~statischer Auftrieb (in einem ruhenden Gas) (Phys) / aerostatic lift ‖ ~statisches Lager, Gaslager n (Masch) / gas bearing n, gas-lubricated journal bearing ‖ ~thermoelastizität f (Luft, Phys) / aerothermoelasticity ‖ ~zyklon m (ChT) / aerocyclone

AES f, Auger-Elektronenspektroskopie f / Auger electron spectroscopy, AES

AFC f, alkalische Brennstoffzelle (Chem, Elek) / alkaline fuel cell, AFC ‖ ~, automatische Frequenzregelung (Eltro, Radio) / AFC, automatic frequency control

Affengriff m (DV) / Control-Alt-Delete, Ctrl-Alt-Del

affin•e Abbildung, Affintransformation (Math) / affine transformation, affinity ‖ ~e Funktion (Math) / affine function ‖ ~e Geometrie (Math) / affine geometry ‖ ~er Raum (Math) / affine space ‖ ~e Transformation, affine Abbildung (Math) / affine transformation, affinity

Affination f (Hütt) / affination (boiling with concentrated sulfuric acid to separate silver and gold)

Affingeometrie f (Math) / affine geometry

Affinität f (Umw) / affinity ‖ ~ (Chem) / affinity, chemical affinity ‖ ~, affine Abbildung, Affintransformation (Math) / affine transformation, affinity

Affinitätschromatographie f (Chem) / affinity chromatograph

Affintransformation, affine Abbildung (Math) / affine transformation, affinity

Aflatoxin n (Biochem, Nahr) / aflatoxin

AFM, Rasterkraftmikroskop n / atomic force microscope, AFM, scanning force microscope

afokal (Opt) / afocal ‖ ~es Brillenglas (Opt) / afocal lens, plano lens

AFP, Alpha-Fetoprotein m (Biochem) / alpha-fetoprotein, AFP

AFS, aktive Fahrwerk-Stabilisierung (Kfz) / electronically controlled hydropneumatic suspension (with nearly no body roll during cornering) ‖ ~ f, Atom-Fluoreszenz-spektroskopie f / atomic fluorescence spectroscopy

AF-SLR f, Kleinbild-Spiegelreflex-Kamera f mit automatischer Scharfeinstellung (Foto) / AF 35 mm single-lens reflex, AF 35 mm SLR, autofocus 35 mm single-lens reflex

After-Loading-Technik f (MT) / afterloading

Aft-Fan-Triebwerk n (Luft) / aft fan, aft-fan drive

α-**Furfurylaldehyd** m (Chem) / furfural, furfuraldehyde, 2-furaldehyde, furol, fural

Ag, Silber n (Chem) / silver n, Ag

Agar m n (Chem, Nahr) / agar, agar-agar, Chinese gelatin, Chinese isinglass, Japanese gelatin, Japanese isinglass

Agar-Agar m n (Chem, Nahr) / agar, agar-agar, Chinese gelatin, Chinese isinglass, Japanese gelatin, Japanese isinglass

Agaropektin n (Chem) / agaropectin

Agarose f (Chem) / agarose

AG-Beschleuniger m (Phys) / alternating-gradient accelerator

AGC (Automatic Gain Control), automatische Verstärkungsregelung (eines Verstärkers bei schwankender Empfangsfeldstärke) (Eltro, Radio) / automatic gain control, AGC

Agens n (pl. Agenzien), Wirkstoff m (Chem, Pharm) / agent

Agent Orange n (Bot, Mil, Umw) / Agent Orange

Agglomerat n (Aufb, Bergb, Geol, Hütt, Plast) / agglomerate n ‖ ~festigkeit f (Verf) / agglomerate strength

Agglomeration f, Aggregation m (Chem) / aggregate, agglomeration

Agglomerationstechnik f (Verf) / agglomeration technology

agglomerieren vi, zusammenbacken vi, zusammenballen vr (sich) / agglomerate vi ‖ ~ vt (tablettieren, brikettieren, pelletieren u.a.m.), stückigmachen (Hütt) / agglomerate vt (small particles to form larger particles, cakes or masses) ‖ ~ n (Tablettieren, Brikettieren, Kompaktieren, Pelletieren, Sintern, Granulieren u.a.m.) (Aufb, Bergb, Hütt) / agglomeration

Agglutination f (Biochem, Med) / agglutination

agglutinieren vi (Med) / agglutinate

Aggregat n (Maschinensatz aus mehreren zusammenwirkenden Einzelteilen) / set, aggregate, unit ‖ ~, Aggregation m (Chem) / aggregate, agglomeration ‖ ~ (mehrgliedriges Verknüpfungsgebilde) (Math) / aggregate

Aggregation m (Chem) / aggregate, agglomeration

Aggregatzustand m (Phys) / aggregation state, state of matter, state of aggregation ‖ im festen ~, fest (Phys) / solid adj

aggressiv (Chem) / aggressive

aglanduläre Hormone (Biochem) / tissue hormones

α-**Glucosidase** (Biochem) / alpha-glucosidase

Aglykon n (Chem) / aglycone, genin

Agone f, Nulllinie f (Geoph) / agonic line

AGR, Abgasrückführung f (Mot) / exhaust gas recirculation, EGR

Agrar • chemie f / agricultural chemistry ‖ ~**chemikalien** f pl (Landw) / agrochemicals pl ‖ ~**produkt(e)** n (pl), landwirtschaftliche(s) Produkt(e) (Landw) / produce, agricultural products

Agrikultur f, Ackerbau m (i.e.S. Anbau von Kulturpflanzen) (Landw) / production of crops, raising crops ‖ ~, Landwirtschaft f (Landw) / agriculture, farming n, husbandry ‖ ~**chemie** f / agricultural chemistry

Agro • chemie f / agricultural chemistry ‖ ~**chemikalien** f pl (Landw) / agrochemicals pl

AGR-Reaktor (Nukl) / advanced gas-cooled reactor (second generation of British gas-cooled reactors, using graphite as the neutron moderator and carbon dioxide as coolant), AGR

Agrumenöle n pl / citrus-fruit oil, citrus peel oil

ägyptische Schraube (Hydr) / Archimedean screw, Archimedes' screw, water snail, spiral pump

Ah, Amperestunde f (Elek) / ampere-hour

Aharonov-Bohm-Effekt m (Phys) / Aharonov-Bohm effect

Aheadset-Vorbau m (umfasst von außen den Gabelschaft und wird durch Schrauben geklemmt) (Fahrrad) / threadless stem

AHK m, Anhängekupplung f (für PKW) (Kfz) / hitch, towbar, trailer hitch, trailer coupling

Ahle f, Reibahle f (Wzm) / reamer

ähnlich (allg, Math) / similar ‖ ~**e Dreiecke** (Math) / similar triangles

Ähnlichkeit f (allg, Math, Phys) / similarity, similitude

Ähnlichkeits • abbildung f (Math) / similarity transformation ‖ ~**geometrie** f (Math) / similarity geometry ‖ ~**gesetz** n / law of similarity or of similitude, similarity law ‖ ~**sätze** m pl (Math) / theorems of similarity for triangles ‖ ~**theorie** f / similarity theory, similitude theory, theory of similarity ‖ ~**transformation** f (Math) / similarity transformation, homothetic transformation

α-Hydroxynitril n (Chem) / cyanalcohol, cyanhydrin, cyanohydrin

AI, künstliche Intelligenz (KI) / AI, artificial intelligence

Aiken-Code m (DV) / Aiken code

Air • bag m (eine Rückhalteinrichtung) (Kfz) / air bag ‖ ~**brake** f, Bremsklappe f (Luft) / air brake, brake flap ‖ ~**bus** m (Luft) / airbus

Airconditioning n, Klimaanlage f / air conditioning system, air conditioning, air conditioner, AC, a.c., A/C, A.C.

Airless-Spritzen n (Anstr) / airless spraying

Airlift m, Airlift-Verfahren n, Druckluftförderung f (Öl) / airlift n

Air-Lift m, Mammutpumpe f / airlift n

Airline f, Fluggesellschaft f (Luft) / airline, air carrier, carrier, airline company

Airysche Spannungsfunktion (Mech) / Airy stress function

Airy-Spiralen f pl / Airy spirals

Aitken-Kerne m pl (Phys) / Aitken nuclei

AJM n, Wasserabrasivstrahlen n (Trennstrahlen unter Zumischung von Strahlmitteln) (Fert) / abrasive water jet cutting, AWJC

Akarizid n, milbentötendes Mittel (Chem, Landw) / acaricide, miticidal chemical, miticide

α-Ketopropionsäure f, Brenztraubensäure f (Chem) / pyruvic acid

Akklimatisation f / acclimation, acclimatization

akklimatisieren vr vt [sich], anpassen vr vt [sich], eingewöhnen [sich] / acclimate v (to), acclimatise (GB), acclimatize (US)

Akklimatisierung f / acclimation, acclimatization

akkommodieren, anpassen vt vr (sich) (Opt, Physiol) / accommodate, adapt vt vi

Akkreditierung f (Norm) / accreditation

Akku m, Akkumulator m (Elek) / accumulator, rechargeable battery, storage cell, storage battery, secondary battery ‖ ~ (größer, z.B. für Akkusschrauber) (Elek) / battery pack ‖ ~..., kabellos (Elek) / cordless (e.g. drill) ‖ ~**bohrer** m (Wz) / cordless drill ‖ ~**bohrschrauber** m (Wz) / cordless drill/driver ‖ ~**-Ladegerät** n (Elek) / charger n, battery charger, charging set

Akkumulation f, Ansammlung f, Anhäufung f / accumulation

Akkumulator m, Akku m (Elek) / accumulator, rechargeable battery, storage cell, storage battery, secondary battery ‖ ~, Akkumulatorregister n (DV) / AC, accumulator (register in a CPU), accumulator register ‖ ~, Druckflüssigkeitsspeicher m, hydraulischer Akkumulator (Ener) / hydraulic accumulator, weight load (US)

Akkumulatoren • batterie f, Akkumulator m (Elek) / accumulator, rechargeable battery, storage cell, storage battery, secondary battery ‖ ~**lokomotive** f (Bahn, Bergb) / battery driven locomotive ‖ ~**säure** f, Batteriesäure f (Elek) / electrolyte, battery acid

Akkumulatorregister n, Akkumulator m (DV) / AC, accumulator (register in a CPU), accumulator register

akkumulieren vi, sich ansammeln, sich anhäufen, sich summieren / accumulate vi ‖ ~ vt, ansammeln vt, anhäufen / accumulate vt, pile up, heap up, amass

Akku • sauger m (HG) / hand-held vacuum cleaner (battery-operated) ‖ ~**schrauber** m (Wz) / cordless screwdriver ‖ ~**werkzeuge** n pl (Elek) / cordless tools

Akline f, erdmagnetischer Äquator (Geoph, Nav) / aclinic line, magnetic equator

A-Kohle f, Aktivkohle f, Adsorptionskohle f (Chem) / activated carbon, activated charcoal

Akrolein n (Chem) / acraldehyde, acrolein, acrylaldehyde, acrylic aldehyde

Akronym n / acronym

Akryl s. Acryl

Akten • deckel m, Aktenmappe f (Büro) / folder (for documents) ‖ ~**mappe** f, Aktendeckel m (Büro) / folder (for documents) ‖ ~**ordner** m / lever arch file ‖ ~**vernichter** m, Reißwolf m (Büro) / document shredder, shredder (for shredding documents, waste paper), paper shredder

Aktin n (Biochem) / actin

Aktinide pl, Actinoide pl (Chem) / actinides pl, actinide series, actinoid elements

Aktinium, Actinium n (Chem) / actinium

Aktions • prinzip n, dynamisches Grundgesetz (Phys) / law of resultant force (Newton's second law) ‖ ~**radius** m (hin und zurück), ganze Reichweite (Luft) / operating range, total range, range (out and home again) ‖ ~**turbine** f (Elek) / impulse turbine

aktiv, tätig / active ‖ ~, reaktionsfähig (Chem) / reactive ‖ ~**e Antenne** / active antenna o. aerial ‖ ~**es Bauelement** (Eltro) / active component, active device ‖ ~**es Display** (DV) / active display ‖ ~**er Erddruck** (Bau) / active earth pressure ‖ ~**e Fahrwerk-Stabilisierung**

(Kfz) / electronically controlled
hydropneumatic suspension (with nearly no
body roll during cornering) ‖ ~er
Korrosionsschutz / corrosion protection by
conditioning ‖ ~e **Neigetechnik** (Bahn) / active
tilting system ‖ ~e **Optik** / active optics ‖ ~es
RC-Filter (Eltro) / active RC filter, RC active
filter, RC active filter circuit ‖ ~e
Schalldämpfung (durch Antischall), ANC
(active noise control) (Akust) / ANC, active
noise control ‖ ~e **Sicherheit** (Kfz) / active
safety ‖ ~er **Strahler** (Antenne) / active
antenna o. aerial ‖ ~es **Zentrum** (Biochem) /
active center ‖ ~er **Zweipol** (Elek, Eltro) /
active two-terminal network
Aktivation m (Chem, Phys) / activation
Aktivator m, Aktivierungsmittel n (Chem) /
activator, activating agent ‖ ≗ (dotierendes
Element bei Leuchtstoffen), Luminogen n
(Chem) / activator ‖ ≗ (bei der Vulkanisation)
(Plast) / activator ‖ ≗, Beleber m (bei der
Flotation), Anreger m (Aufb, ChT) / activator
Aktivbox f (Audio) / powered speaker, active
speaker
aktivieren (allg, Chem, Phys) / activate ‖ ~,
starten vt (z.B. Programm, Virus) (DV) / start,
launch ‖ ≗ n (Chem, Phys) / activation
aktiviert / activated ‖ ~e **Essigsäure** (Biochem) /
acetyl-CoA ‖ ~er **Komplex**,
Übergangszustand m (Chem) / activated
complex
Aktivierung f (Chem, Phys) / activation
Aktivierungs•analyse f (Nukl) / activation
analysis, radioactivation analysis, radioactivity
analysis ‖ ≗detektor m (Nukl) / activation
detector ‖ ≗energie f (Chem, Phys) / activation
energy ‖ ≗impuls m, Hellsteuerimpuls m
(Radar, TV) / indicator gate (US), sensitizing
pulse (GB) ‖ ≗mittel n, Aktivator m (Chem) /
activator, activating agent
Aktivität f (allg, Chem, Phys) / activity ‖ ≗ (einer
radioaktiven Substanz), Radioaktivität f (Nukl)
/ activity (of a radioactive substance),
radioactivity
Aktivitäts•bestimmung f (Nukl) / activity assay,
assay n ‖ ≗erkennung f,
Aktivitätsüberwachung f (DV, Tele) / carrier
sense ‖ ≗überwachung f, Aktivitätserkennung
f (DV, Tele) / carrier sense ‖ ≗verminderung f,
Abklingen n (Nukl) / decay (of radioactivity)
Aktiv•kohle f (Chem) / activated carbon,
activated charcoal ‖ ≗kraft f (Wzm) / resultant
cutting force, resultant force ‖ ≗lautsprecher
m (Audio) / powered speaker, active speaker ‖
≗matrix-Bildschirm m, Display n mit aktiver
Matrix (DV) / active-matrix color display,
active matrix display, TFT display
Aktor m, Stellglied n (in einem Regelkreis)
(Regel) / actuator, final control element
Aktorik f (Regel) / actuator technology ‖ ≗
(Vorrichtung) (Regel) / actuator system
aktualisieren, überarbeiten / update (e.g. science
text book), bring up to date ‖ ~, updaten (DV)
/ update (e.g. file, database) ‖ ~ (Bildschirm,
Bild) (DV) / refresh (screen, image)
Aktualisierung f / update n
Aktuator m, Stellglied n (in einem Regelkreis)
(Regel) / actuator, final control element
aktuell (auf dem neuesten Stand) / up-to-date ‖
~ (z.B. Ereignisse, Projektstand), jetzig,
gegenwärtig / current ‖ ~ (z.B.
Fahrzeugmodell, Ausgabe einer Zeitschrift),
neuest / latest ‖ ~, laufend adj

(Verhandlungen, Projekte), augenblicklich /
current, ongoing ‖ ~ (DV) / active, current adj
(e.g. directory, file, drive) ‖ ~ (gegenwärtig
von Bedeutung o. Interesse: Fragen, Themen)
/ topical ‖ ~er **Parameter** (DV) / actual
parameter, argument n
Akumeter n, Audiometer n (Akust, Med) /
audiometer, sonometer
Akustik f, Schalllehre f (Phys) / acoustics sg
akustisch adj, Schall... / acoustic, acoustical adj ‖
~e **Brücke**, Schuster-Brücke f (Akust, Eltro) /
acoustic bridge ‖ ~er **Doppler-Effekt** (Phys) /
acoustical Doppler effect ‖ ~e **Feldimpedanz**,
Schallkennimpedanz (Akust) / acoustic
impedance, sound impedance ‖ ~es **Filter** /
acoustic filter ‖ ~e **Funkenkammer** (Phys) /
sonic spark chamber ‖ ~es **Hologramm** /
acoustic hologram ‖ ~e **Holographie** (Phys) /
acoustic holography ‖ ~e **Impedanz** (Akust) /
acoustic impedance ‖ ~e **Messtechnik** m /
acoustic measurement technology ‖ ~es
Mikroskop, Ultraschallmikroskop n / acoustic
microscope, ultrasonic microscope ‖ ~es
Oberflächenwellenbauelement, akustoelektrisches Oberflächenwellenbauelement
(Eltro) / SAW device, surface-acoustic-wave
device ‖ ~es **Reflexions-Rastermikroskop** /
scanning acoustic microscope, SAM ‖ ~e
Rückkopplung (Akust, Eltro) / acoustic
feedback, feedback, acoustic regeneration ‖
~e **Schallimpedanz** f, akustische Impedanz
(Akust) / acoustic impedance ‖ ~er
Scheinwiderstand, akustische Impedanz
(Akust) / acoustic impedance ‖ ~e
Wirkungsgrade m (Akust) / acoustic efficiency
**akusto•elektrisches Oberflächenwellen-
bauelement** (Eltro) / SAW device,
surface-acoustic-wave device ‖ ≗elektronik f
(Eltro) / acousto-electronics sg, pretersonics ‖
~elektronische **Bauelement** (Eltro) /
acoustic-wave device ‖ ≗optik f /
acoustooptics ‖ ~optisches **Bauelement** /
acousto-optic device ‖ ~optische **Effekte** /
acousto-optic effects ‖ ~optischer
Lichtablenker / acousto-optic deflector, AOD
‖ ≗wellenbauelement n (Eltro) / acoustic-wave
device
AKW n (Atomkraftwerk) (Ener, Nukl) / nuclear
power station, nuclear power plant, atomic
power plant, atomic power station
Akzelerator m, Teilchenbeschleuniger m (Nukl) /
accelerator, atom smasher, particle
accelerator
Akzentbeleuchtung f (Licht) / accent lighting
Akzentuierung f, Preemphasis f, Anhebung f
(hoher Frequenzen vor dem Modulator bei
der Frequenzmodulation durch einen
Hochpass zur Rauschunterdrückung) (Eltro) /
accentuation, preemphasis, predistortion,
preequalization
akzeptabel, annehmbar / acceptable
Akzeptanz f (eines Beschleunigers) (Nukl) /
acceptance ‖ ≗winkel m (der halbe
Öffnungswinkel des Strahlenkegels, bei dem
die Lichtstrahlen nach Eintritt in die Glasfaser
an der Grenzfläche zwischen Kern und Mantel
gerade noch total reflektiert und somit im
Glasfaserkern geführt werden) (Eltro, Opt) /
acceptance angle
Akzeptor m (Chem) / acceptor ‖ ≗, erkennender
Automat (DV) / acceptor, recognizer ‖ ≗ (in
Halbleitern) (Eltro, Phys) / acceptor, acceptor
impurity ‖ ≗dichte f (Eltro, Phys) / acceptor

density || ≃niveau n (Eltro, Phys) / acceptor level

Al, Aluminium / aluminium (GB), aluminum (US)

Ala, Alanin n (Chem) / alanine, Ala, A

Alan n, Aluminiumhydrid n (Chem) / aluminium hydride

Alanate n pl (Chem) / alanates pl

Alanin n (Chem) / alanine, Ala, A || ≃aminotransferase f, SGPT (Serum-Glutamat-Pyruvat-Transaminase) (Biochem) / alanine transaminase, ALT, serum glutamic pyruvic transaminase, SGPT, alanine aminotransferase

Alarm•anlage f / alarm, alarm system || ≃geber m, Signalgeber m (optischer und/oder akustischer, der über Betriebszustände von Anlage(teile)n informiert) / annunciator || ≃kreis m (Elek) / alarm circuit || ≃meldung f / alarm message || ≃stromkreis m (Elek) / alarm circuit || ≃system n / alarm, alarm system

Alaun m (Chem) / alum || ≃ n, Kaliumaluminiumalaun n $(KAl(SO_4)_2 \cdot 12H_2O)$ (Chem) / potassium alum, alum, potassium aluminum sulfate, potassium sulfate || **gebrannter** ≃ / burned alum, calcined alum

Albumin n (wasserlösliches Eiweiß) (Biochem) / albumen, albumin

Albuminat n (Biochem) / albuminate

Alcomat® m, Atemalkohol-Messgerät n / breathalyzer

Aldehyd m (Chem) / aldehyde || ≃gruppe f (Chem) / aldehyde group, formyl group, methanoyl group

Aldimine n pl (RCH=NH) (Chem) / aldimines pl

Aldohexose f (Chem) / aldohexose

Aldol n, Acetaldol n (Chem) / aldol, acetaldol || ≃addition f (Chem) / aldol condensation, aldol reaction

Aldolase f (Biochem) / aldolase

Aldolkondensation f (Chem) / aldol condensation, aldol reaction

Aldonsäure f (Biochem) / aldonic acid

Aldose f (Chem) / aldose

Aldosteron n (Biochem) / aldosterone

Aldrey n (AlMgSi-Legierung) (Mater) / Aldrey

Aldrin n (Insektizid) (Chem) / aldrin, Aldrin

Alembert, d'≃sche Kraft, Trägheitskraft f (Phys) / force of inertia, inertial force || **d'≃sches Prinzip** (Phys) / d'Alembert's principle

A-Lenkung, Achsschenkellenkung f, Ackermann-Lenkung f (Kfz) / Ackermann steering, double-pivot steering

Alexin n (Biochem) / alexin

Alfol®-Prozess m (ChT) / Alfol process

Alfvén•-Geschwindigkeit f (Phys) / Alfvén speed || ≃-Welle f (Phys) / Alfvén wave

Algebra f (Pl. Algebren) (Math) / algebra || ≃ **der Mengen** (Math) / set algebra

algebraisch (Math) / algebraic || ~ **abgeschlossen** (Math) / algebraically closed || ~e **Fläche** (Math) / algebraic surface || ~e **Form** (komplexer Zahlen) (Math) / algebraic form (of a complex number) || ~e **Funktion** (Math) / algebraic function || ~e **Geometrie** (Math) / algebraic geometry || ~e **Gleichung** (Math) / algebraic equation || ~ **irrational** (Funktion, Zahl) (Math) / algebraic irrational || ~es **Komplement** f (Math) / cofactor, minor n, complementary minor || ~e **Mannigfaltigkeit** (Math) / algebraic variety || ~e **Notation** (DV) / infix notation || ~e **Operation** (Math) /

algebraic operation || ~e **Struktur** (Math) / algebraic structure || ~e **Topologie** (Math) / algebraic topology || ~e **Zahl** (Math) / algebraic number || ~e **Zahlentheorie** (Math) / algebraic number theory

algebraisch-irrationale Zahl (Math) / algebraic irrational number

Algenbekämpfungsmittel n, Algizid n (Chem) / algicide

Alginatfaser f / alginate fibre

Algizid n, Algenbekämpfungsmittel n (Chem) / algicide

ALGOL n (DV) / ALGOL (abbreviation of ALGOrithmic Language)

algorithmisch / algorithmic || ~e **Sprache** (DV) / algorithmic language

Algorithmus m (DV, Math) / algorithm

Aliaseffekt m (Entstehen einer Aliasfrequenz durch zu niedrige Abtastfrequenz) (Eltro) / aliasing, foldover distortion

Aliasing n, Aliaseffekt m (Entstehen einer Aliasfrequenz durch zu niedrige Abtastfrequenz) (Eltro) / aliasing, foldover distortion

Aliasstörung f, Aliaseffekt m (Entstehen einer Aliasfrequenz durch zu niedrige Abtastfrequenz) (Eltro) / aliasing, foldover distortion

alicyclisch, aliphatisch-zyklisch (Chem) / aliphatic-cyclic, alicyclic

Aliphaten n pl, aliphatische Verbindungen (Chem) / aliphatic compounds pl

aliphatisch•e Aldehyde (Chem) / aliphatic aldehydes || ~e **Alkohole,** Alkanole n pl (Chem) / aliphatic alcohols || ~es **Amin** (Chem) / alkyl amine || ~e **Kohlenwasserstoffe** (Chem) / aliphatic hydrocarbon || ~e **Verbindungen,** Aliphaten n pl (Chem) / aliphatic compounds pl

aliphatisch-zyklisch (Chem) / aliphatic-cyclic, alicyclic

aliquant, mit Rest teilend (Math) / aliquant adj

Aliquote f (Chem, Math) / aliquot n, aliquot part

aliquoter Teil (Chem, Math) / aliquot n, aliquot part

alitieren, calorisieren (OT) / alitize vt, calorize

Alizarin n (Färb) / alizarin (obtained from the root of the common madder plant), alizarine

alizyklisch, aliphatisch-zyklisch (Chem) / aliphatic-cyclic, alicyclic

Alkali n (pl. Alkalien) (Chem) / alkali || ≃... (Chem) / alkaline, basic adj || ~**beständig** (Chem) / alkali-resistant, alkali-fast, alkali-proof || ≃**blau** n (Druck, Färb) / alkali blue || ≃**cellulose** f / alkali cellulose || ~**echt,** alkalibeständig (Chem) / alkali-resistant, alkali-fast, alkali-proof || ≃**gehalt** m, Alkalität f (Chem) / alkalinity, basicity || ~**haltig** / alkaline || ≃**karbonatschmelze** f (in Brennstoffzellen) (Chem, Elek) / molten alkali carbonate || ~**lauge** f (Chem) / lye || ≃**lignin** n / alkali lignin || ≃**-Mangan-Batterie** f (Chem, Elek) / alkaline battery || ≃**metalle** n pl (Chem) / alkali metals pl || ≃**metrie** f (Chem) / alkalimetry

Alkalinität f, Alkalität f (Chem) / alkalinity, basicity

alkalisch (Chem) / alkaline, basic adj || ~**er Akkumulator** (Sekundärzelle, wieder aufladbar) (Elek) / alkaline battery, alkaline storage battery || ~**e Batterie** / alkalischer Akkumulator (Sekundärzelle, wieder aufladbar) (Elek) / alkaline battery, alkaline

storage battery || **~e Beschaffenheit**, Alkalität
f (Chem) / alkalinity, basicity || **~e**
Brennstoffzelle (Chem, Elek) / alkaline fuel
cell, AFC || **~e Lösung**, Lauge (Chem) /
alkaline solution || **~e Lösung**, Lauge *f*
(wässrige Lösung starker Basen, v.a. von
Natrium- u. Kaliumhydroxid (Natron- bzw.
Kalilauge)) (Chem) / lye (strong alkaline
solution (as of sodium hydroxide or potassium
hydroxide)), caustic solution || **~e Reaktion**
(Chem) / alkaline reaction || **~er Sammler**,
alkalischer Akkumulator (Sekundärzelle,
wieder aufladbar) (Elek) / alkaline battery,
alkaline storage battery || **~e Zelle** (Elek) /
alkali cell, alkaline cell || **~e**
Zink-Mangandioxid-Zelle (Elek) / alkali cell,
alkaline cell

Alkali • schmelze *f* (Chem) / alkali melt ||
~-Silikat-Glas *n* / alkali silicate glass ||
~sulfatkorrosion *f* / corrosion caused by an
alkaline sulfate

Alkalität *f* (Chem) / alkalinity, basicity

Alkalizelle *f* (Elek) / alkali cell, alkaline cell

Alkaloid *n* (Biochem, Pharm) / alkaloid

Alkamin *n* (Chem) / alkanolamine

Alkan *n* (Summenformel: C_nH_{2n+2}) (Chem) /
alkane, paraffin, paraffinic hydrocarbon

Alkanale *n pl* (Chem) / alkanals *pl*, aliphatic
aldehydes

Alkannarot *n*, Alkannin *n* (Chem) / alkanna red,
anchusin, alkannin

Alkannin *n*, Alkannarot *n* (Chem) / alkanna red,
anchusin, alkannin

Alkanolamin *n*, Aminoalkohol *m* (Chem) /
alkanolamine

Alkanole *n pl* (Chem) / aliphatic alcohols

Alken *n* (früher: Alkylen), Olefin *n* (Chem) /
alkene, olefin

Alkin *n* (C_nH_{2n-2}) (Chem) / alkine, alkyne || **~e** *n pl*
(Chem) / acetylene series *pl*, alkyne series,
alkynes

Alkohol *m* (Chem) / alcohol || **~**, Ethanol *n*
(C_2H_5OH) (Chem) / alcohol, grain alcohol,
ethyl alcohol, ethanol, fermentation alcohol ||
~aräometer *n* / alcoholimeter, alcoholometer,
alcoholmeter

Alkoholat *n*, Alkoxid *n* (Chem) / alcoholate,
alkoxide

Alkohol • dehydrogenase *f* (Biochem) / alcohol
dehydrogenase || **~gärung** *f* (Chem, Nahr) /
alcoholic fermentation || **~gehalt** *m* (Chem,
Nahr) / alcoholic content, alcoholic strength

alkoholische Gärung (Chem, Nahr) / alcoholic
fermentation

Alkoholo • meter *n* / alcoholimeter,
alcoholometer, alcoholmeter || **~metrie** *f* /
alcoholometry

Alkoholtest *m* (Verk) / alcohol test

Alkoholyse *f* (Chem) / alcoholysis

Alkoxid *n*, Alkoholat *n* (Chem) / alcoholate,
alkoxide

Alkydharz *n* (Anstr, Chem, Plast) / alkyd, alkyd
resin || **~lack** *m* (Anstr) / alkyd resin varnish,
alkyd varnish

Alkylamin *n* (Chem) / alkyl amine

Alkylatbenzin *n* (Öl) / alkylated gasoline

Alkyläthersulfate *n pl* (Chem) / alkyl ether sulfate

Alkylation *f* (Chem) / alkylation

Alkyl • benzolsulfonat *n*, ABS *n* (Chem) /
alkylbenzene sulfonate || **~ethersulfate** *n pl*
(Chem) / alkyl ether sulfate

alkylieren (Chem) / alkylate *v*

Alkylierung *f* (Chem) / alkylation

Allantoin *n* (Biochem) / allantoin

Allee *f* (Straß) / tree-lined road || **~** (in Städten,
Parks, großen Anwesen) (Straß) / avenue

Allen, Propadien *n* (Chem) / allene, propadiene

Alles..., Universal..., Allzweck... / universal,
general-purpose, all-purpose

allgemein anerkannt, allgemeingültig / generally
accepted || **~ anwendbar**, allgemeingültig /
generally applicable, universally applicable,
universally valid, generally valid || **~e Form**
(für eine Gerade) (Math) / general form || **~e**
Gasgleichung (Phys) / ideal gas law, ideal gas
equation || **~e Gaskonstante** (Phys) / gas
constant, molar gas constant, ideal gas
constant, universal gas constant || **~e**
Geradengleichung *f* (Math) / general equation
(of a straight line), general form (of a
straight-line equation: ax + by + c = 0) || **~e**
Geschäftskosten o. Betriebs(un)kosten,
Gemeinkosten *pl* (Wirtsch) / overheads *pl*,
overhead costs *pl* || **~es Glied** (Math) / general
term || **~ gültige Gleichung** (Math) / identical
equation || **~es Integral** (Math) / general
integral || **~es Kräftesystem** (Phys) / general
system of forces || **~e Lösung** (Math) / general
integral || **~e Luftfahrt** (Luftf) / general aviation || **~e**
Relativitätstheorie (Phys) / general theory of
relativity, general relativity, relativity || **~e**
Topologie (Math) / set topology || **~e Unkosten**
pl, Gemeinkosten *pl* (Wirtsch) / overheads *pl*,
overhead costs *pl* || **~e Zustandsgleichung**
(Phys) / general equation of state

allgemeingültig, allgemein anerkannt / generally
accepted || **~**, allgemein anwendbar / generally
applicable, universally applicable, universally
valid, generally valid

Allgemeintoleranzen *f pl* / general tolerances

allmählich, stufenweise fortschreitend o.
erfolgend / gradual, in degrees || **~ sich**
verformen (unter gleich bleibender
Belastung), kriechen (Werkstoff) (Mater) /
creep

allo • morph (Chem, Krist) / allomorph, allotropic,
allomorphic || **~morphie** *f*, Polymorphie *f*
(Vorkommen einer chemischen Verbindung in
verschiedenen Kristallformen oder
-strukturen) (Chem, Krist) / polymorphism,
pleomorphism || **~morphie**, Allotropie *f*
(Vorkommen eines chemischen Elements in
verschiedenen Kristallformen oder
-strukturen) (Chem, Krist) / allotropy,
allotropism, allomorphism || **~patrisch** (Ökol)
/ allopatric || **~sterisches Enzym** (Biochem) /
allosteric enzyme || **~sterischer Hemmstoff**
(Biochem) / allosteric inhibitor || **~trop** (Chem,
Krist) / allomorph, allotropic, allomorphic ||
~tropie *f* (Vorkommen eines chemischen
Elements in verschiedenen Kristallformen
oder -strukturen) (Chem, Krist) / allotropy,
allotropism, allomorphism

Alloxan *n* (Chem) / alloxane

All • pass *m* (Eltro) / all-pass network, all-pass
filter || **~polig vom Netz trennen** (Elek) /
isolate all poles from the mains [supply] ||
~radantrieb *m* (Kfz) / all-wheel drive ||
~radantrieb, Vierradantrieb *m* (Kfz) /
fourwheel drive, 4WD, FWD ||
~richtungsfunkfeuer *n*, Drehfunkfeuer *n*
(Allrichtungsfunkfeuer mit umlaufendem
Richtstrahl) (Nav) / omnidirectional radio
beacon || **~round...** / allround || **~strom...**
(Elek, Radio) / AC/DC, all-mains, universal ||
~stromgerät *n* / all-mains appliance ||

≈**strommotor** *m*, Universalmotor *m* (Elek) / universal motor, AC/DC motor

All-Terrain-Kran *m* (geländegängig, schnell verfahrbar) (Förd) / all terrain crane, AT

Allyl•aldehyd (Chem) / acraldehyde, acrolein, acrylaldehyde, acrylic aldehyde ‖ ≈**isothiocyanat** *n* (Chem) / allyl isothiocyanate, allyl mustard oil ‖ ≈**senföl** *n* (Chem) / allyl isothiocyanate, allyl mustard oil

Allzweck..., Universal..., Alles... / universal, general-purpose, all-purpose

Alnico *n* (Legierung aus Eisen, Aluminium, Nickel, Kupfer und Cobalt zur Herstellung von Permanentmagneten), AlNiCo® (Hütt) / alnico, aluminum-nickel-cobalt alloy

Alpacca® *n*, Neusilber *n* (Kupfer-Nickel-Zink-Legierung) (Mater) / German silver, nickel silver (copper-nickel-zinc alloy), nickel brass

Alpaka® *n* (veraltet), Neusilber *n* (Kupfer-Nickel-Zink-Legierung) (Mater) / German silver, nickel silver (copper-nickel-zinc alloy), nickel brass

Alpha-Aminopropionsäure *f*, Alanin *n* (Chem) / alanine, Ala, A

Alphabet *n* (allg, DV) / alphabet *n*

alphabetisch / alphabetic, alphabetical ‖ ~**es Zeichen** (Druck, DV) / alphabetic character

Alphabetzeichen *n* (Druck, DV) / alphabetic character

Alpha•blocker *m pl* (Pharm) / alpha blockers ‖ ≈**einfang** *n* (Nukl) / alpha capture ‖ ≈**-Fetoprotein** *m* (Biochem) / alpha-fetoprotein, AFP

alphamerisch (DV) / alphameric, alphanumeric, alphanumerical, alphamerical

alphanumerisch (DV) / alphameric, alphanumeric, alphanumerical, alphamerical ‖ ~**e Tastatur** (DV) / alphanumeric keyboard

Alpha•rezeptorenblocker *m pl* (Pharm) / alpha blockers ‖ ≈**strahlen** *m pl* (Nukl) / alpha rays *pl* ‖ ≈**strahlenemission** *f* (Nukl) / alpha radiation, α-radiation, emission of alpha particles ‖ ≈**strahlenquelle** *f* (Nukl) / alpha source, alpha emitter ‖ ≈**strahler** *m* (Nukl) / alpha source, alpha emitter ‖ ≈**strahlung** *f* (Nukl) / alpha radiation, α-radiation, emission of alpha particles ‖ ≈**sympatholytika** *n pl* (Pharm) / alpha blockers ‖ ≈**teilchen** *n* (Nukl) / alpha particle, α-particle ‖ ≈**umwandlung** *f*, Alphazerfall *m* (radioaktive Zerfall instabiler Atomkerne unter Emission eines Alphateilchens) (Nukl) / alpha decay, alpha disintegration ‖ ≈**wellen** *f pl* (im EEG, 8-13 Hz) (Med, MT) / alpha waves ‖ ≈**zerfall** *m* (radioaktive Zerfall instabiler Atomkerne unter Emission eines Alphateilchens) (Nukl) / alpha decay, alpha disintegration

alt, veraltet / obsolete, outdated, outmoded, out-of-date ‖ ~ **werden**, reifen, ablagern *vi*, durch Altern besser werden / age *vi*, mature *vi*

Alt, Alt-Taste *f* (DV) / Alt key

Alt•autoentsorgung *f* (Kfz, Umw) / car disposal, scrap car disposal, vehicle disposal, junk car disposal, used car disposal ‖ ≈**eisen** *n*, Eisenschrott *m* / scrap iron

Alter *n* / age *n*

altern *vi*, reifen, ablagern, durch Altern besser werden / age *vi*, mature *vi* ‖ ~ **lassen**, reifen lassen / age *vt*, mature *vt* ‖ **nicht** ~**d**, alterungsbeständig / non-ageing ‖ ≈ *n*, Alterung *f* (unerwünschte Eigenschaftsänderung im Laufe der Zeit) (Mater) / ag[e]ing

alternativ, Ersatz..., Ausweich... (Techn) / alternate *adj*, alternative ‖ ~**er Landbau** / organic farming

Alternativ•energie *f* / renewable energy, alternative energy ‖ ≈**hypothese** *f*, Gegenhypothese *f* (Stat) / alternative hypothesis ‖ ≈**kraftstoff** *m* / alternative fuel, non-conventional fuel

alternierend, wechselnd, abwechselnd, wechselweise / alternating *adj*, alternate *adj* ‖ ~ (Math) / alternating *adj* ‖ ~**e Folge** (Math) / alternating sequence ‖ ~**e Quersumme** (Math) / alternating cross-sum ‖ ~**e Reihe** (Math) / alternating series

Altersbestimmung / age determination, dating

Alterung *f* (unerwünschte Eigenschaftsänderung im Laufe der Zeit) (Mater) / ag[e]ing ‖ ≈ **bei Umgebungstemperatur** (Hütt) / natural ageing, natural aging

alterungs•beständig / non-ageing ‖ ≈**beständigkeit** *f* / ag[e]ing stability, resistance to aging ‖ ≈**festigkeit** *f*, Alterungsbeständigkeit *f* / ag[e]ing stability, resistance to aging ‖ ≈**schleier** *m* (Foto) / ag[e]ing fog ‖ ≈**schutzadditive** *n pl* (in Schmierölen), Antioxidantien *n pl* / oxidation inhibitors

Altglas *n* (das wieder verwertet wird) / recycled glass ‖ ≈**container** *m* (Umw) / glass recycling bin, glass recycling container ‖ ≈**recycling** *n* (Umw) / glass recycling

Altgrad *m* (90. Teil des rechten Winkels) (Math) / degree (the 360th part of the circumference of a circle)

Alt-Gr-Taste *f* (DV) / AltGr key

Altimeter *n*, barometrischer Höhenmesser *m* / aneroid altimeter

Alt•metall *n*, Schrott *m* / scrap *n*, scrap metal ‖ ≈**öl** *n* / used oil, waste oil ‖ ≈**papier** *n* (zum Recyceln) / scrap paper ‖ ≈**papiercontainer** *m* (Umw) / paper recycling bin, paper recycling container

Alt-Taste *f*, Alt (DV) / Alt key

ALU, arithmetisch-logische Einheit (DV) / arithmetic-logic unit, ALU, arithmetic and logic unit, arithmetic unit

Alu *n*, Aluminium / aluminium (GB), aluminum (US) ‖ ≈**aufdampfen** / aluminize ‖ ≈**folie** *f*, Aluminiumfolie *f* / aluminium foil, aluminum foil (US), al-foil, alu-foil, Reynolds wrap ®(US), tin foil (misnomer)

Alumen ustum *n* / burned alum, calcined alum

alumetieren / alumetize, aluminium-coat by spraying

Alumilite-Verfahren *n* (in Amerika) (OT) / Alumilite process

Aluminat *n* (Chem) / aluminate *n*

aluminieren / aluminize

aluminisieren / aluminize

Aluminium / aluminium (GB), aluminum (US) ‖ ≈**blech** *n* / aluminium plate, aluminium sheet ‖ ≈**bronze** *f* (Legierung) (Mater, Hütt) / albronze, aluminium bronze ‖ ≈**bronze**, Aluminiumbronzepigment *n* (Pigment in Anstrichmitteln) (Anstr) / aluminium powder, aluminum pigment ‖ ≈**bronze**, Aluminiumfarbe *f* (Anstr) / aluminium paint ‖ ≈**bronzepigment** *n* (Pigment in Anstrichmitteln) (Anstr) / aluminium powder, aluminum pigment ‖ ≈**chlorid** *n* (Chem) / aluminium chloride, chloride of aluminium ‖ ≈**chlorid-Elektrolyse** *f* / aluminium chloride electrolysis ‖ ≈**-Elektrolytkondensator** *m* /

aluminium electrolytic capacitor ‖ ~email *n* /
aluminium enamel ‖ ~farbe *f* (Anstr) /
aluminium paint ‖ ~fluorid *n* (Chem) /
aluminium fluoride ‖ ~folie *f* / aluminium foil,
aluminum foil (US), al-foil, alu-foil, Reynolds
wrap ®(US), tin foil (misnomer) ‖ ~folie (sehr
dünn) / aluminium leaf ‖ ~guss *m* (Erzeugnis)
/ cast aluminium ‖ ~guss (Tätigkeit) /
aluminium casting ‖ ~-Gusslegierung *f* / cast
aluminum alloy ‖ ~hydrid *n* (Chem) /
aluminium hydride ‖ ~hydroxid *n* (Chem) /
aluminium hydroxide ‖ ~karosserie *f* (Kfz) /
aluminium body ‖ ~-Knetlegierung *f* /
wrought aluminum alloy ‖ ~legierung *f* /
aluminium alloy ‖ ~nitrat *n* (Chem, Leder) /
aluminum nitrate ‖ ~nitrid *n* (Keram, Mater) /
aluminum nitride ‖ ~orthohydroxid *n*,
Aluminiumtrihydroxid *n* (Chem) / alumina
trihydrate, aluminum hydrate, aluminum
hydroxide ‖ ~orthophosphat *n* / aluminum
orthophosphate ‖ ~oxid *n* (Al₂O₃), Tonerde *f*
(Bezeichnung in der Technik) / alumina,
aluminium oxide ‖ ~oxidhydrat *n* (Chem) /
hydrated alumina ‖ ~oxidkeramik *f* / alumina
ceramics ‖ ~palmitat *n* (Anstr, ChT) /
aluminum palmitate ‖ ~pigment *n*,
Aluminiumbronzepigment *n* (Pigment in
Anstrichmitteln) (Anstr) / aluminium powder,
aluminum pigment ‖ ~profil *n* / aluminium
profile, aluminum profile, profiled aluminium,
profiled aluminum ‖ ~pulver,
Aluminiumbronzepigment *n* (Pigment in
Anstrichmitteln) (Anstr) / aluminium powder,
aluminum pigment ‖ ~pulver *n* (Mater) /
aluminium powder ‖ ~silicat *n* (Chem, Min) /
aluminium silicate ‖ ~-Sinterwerkstoff *m*
(Mater) / sintered aluminium alloy, sintered
aluminium powder, sintered aluminium
powder alloy ‖ ~-Sonderguss *m* (Mater) /
aluminium iron ‖ ~stearat *n* (Anstr, ChT) /
aluminium stearate *n* (Al₂(SO₄)₃ ·
18H₂O) (Färb, Pap, Umw) / aluminium sulphate
‖ ~trihydroxid *n* (Chem) / alumina trihydrate,
aluminum hydrate, aluminum hydroxide ‖
~verbindungen *f pl* (Chem) / aluminium
compounds

Alumino • silicat *n* (Chem, Keram) /
alumino-silicate ‖ ~thermie *f* (ChT, Hütt) /
aluminothermics *pl*, aluminothermy, thermit
process ‖ ~thermisches Schweißen (Schw) /
aluminothermic welding, thermite welding,
TW

Alumo • borosilikatglas *n* / alumoborosilicate
glass ‖ ~-Silicatglas *n* / alumina-silicate glass ‖
~silikat *n* (Chem, Keram) / alumino-silicate

Alundum® *n* (reines kristallisiertes
Aluminiumoxid) / Alundum (pure crystallized
alumina)

Alvarez-Linearbeschleuniger *m* (Nukl) / Alvarez
linear accelerator

Am, Americium *n* (Chem) / americium, Am

AM, Amplitudenmodulation *f* (Radio, Tele) / AM,
amplitude modulation

Amalgam *n* (Legierung von Quecksilber mit
Metallen) / amalgam ‖ ~verfahren *n*
(Chloralkalielektrolyse) / mercury cell method
(chloralkali process)

Amateur • funk *m* (Funk) / amateur radio, ham
radio (HAM = Home AMateur) ‖
~funkdienst *m* (Funk) / amateur radio, ham
radio (HAM = Home AMateur) ‖
~funkverkehr *m* (Funk) / amateur radio, ham
radio (HAM = Home AMateur)

Amatol *n* (Explos) / amatol

Ambiguität *f*, Unbestimmtheit, Mehrdeutigkeit *f*
/ ambiguity

Ambiophonie *f* (Audio) / ambiophony

ambipolare Diffusion (Phys) / ambipolar
diffusion

Ambivalenz *f* (allg, Genetik) / ambivalence

Amboss *m* (der Messschraube) (Mess) / anvil (of
the micrometer) ‖ ~effekt *m* (Mater) / anvil
effect

Ambrettemoschus *m* / ambrette oil

Ambrettolid *n* (Chem) / ambrettolide

AM-Demodulator *m*, Amplitudendemodulator
m (Eltro) / AM demodulator

Ameisensäure *f* (Chem, Pharm) / formic acid,
methanoic acid ‖ ~amid *n* (Chem) /
formamide ‖ ~ethylester *m* (Chem) / ethyl
formate ‖ ~nitril *n*, Blausäure *f* (HCN)
(Chem) / hydrogen cyanide, hydrocyanic acid,
formonitrile, prussic acid (obsolete)

Americium *n* (Chem) / americium, Am

Americyl-Ionen *n pl* (Chem) / americyl ion

Amerikaner *m* (Werkstattsprache),
Einhandrohrzange *f* (Wz) / pipe wrench,
Stillson wrench

Amici-Prisma *n* (Opt) / Amici prism,
direct-vision prism, roof prism

Amid *n* (Chem) / amide ‖ ~bildung *f*,
Amidierung *f* (Chem) / amidation, amide
formation ‖ ~harz *n* (Plast) / aminoplast,
amino resin, amino plastic

Amidierung *f*, Amidbildung *f* (Chem) /
amidation, amide formation

Amidin *n* (Chem) / amidine

Amido • schwefelsäure *f* (Chem) / sulphamic acid
‖ ~sulfonsäure *f* (veraltet),
Amidoschwefelsäure *f* (Chem) / sulphamic acid

Amin *n* (Chem) / amine ‖ ~harz *n* (Plast) /
aminoplast, amino resin, amino plastic

Aminierung *f* (Chem) / amination

Amino • alkohol *m*, Alkanolamin *n* (Chem) /
alkanolamine ‖ ~ameisensäure *f*,
Carbaminsäure *f* (Chem) / carbamic acid ‖
~anisol *n*, Anisidin *n* (Chem) / anisidine ‖
~benzoesäure *f* (Chem) / aminobenzoic acid ‖
2-~benzoesäure, Anthranilsäure *f* (Chem) /
anthranilic acid ‖ ~benzol *n*, Anilin *n* (Chem) /
aminobenzene, aniline oil, aniline (C₆H₅NH₂),
phenylamine ‖ ~bernsteinsäure *f* (Chem) /
aminosuccinic acid, aspartic acid ‖
~bernsteinsäureamid *n*, Asparagin *n*
(Biochem) / asparagine ‖ ~carbonsäure *f*
(Biochem) / amino acid ‖ ~essigsäure *f*, Glycin
n (Chem) / aminoacetic acid, glycine, glycocoll
‖ ~glucose *f* (Chem) / glucosamine ‖
~harnstoff *m* (Chem) / semicarbazide ‖ ~harz
n (Plast) / aminoplast, amino resin, amino
plastic ‖ ~hydroxynaphthalinsulfonsäure *f*
(Chem) / aminonaphtholsulphonic acid ‖
~naphthaline *n pl* (Chem) / naphthylamines *pl*
‖ ~naphtholsulfonsäure *f* (Chem) /
aminonaphtholsulphonic acid ‖ ~nitrobenzol
n (Chem) / nitroaniline ‖ ~peptidase *f*
(Biochem) / aminopeptidase ‖ ~phenol *n*
(Chem) / aminophenol ‖ ~phenylmethylether
m, Anisidin *n* (Chem) / anisidine ‖ ~plast *m*
(Plast) / aminoplast, amino resin, amino plastic
‖ ~propansäure *f*, Alanin *n* (Chem) / alanine,
Ala, A ‖ α-~propionsäure, Alanin *n* (Chem) /
alanine, Ala, A ‖ ~säure *f* (Biochem) / amino
acid ‖ ~säuredatierung *f* / amino acid dating ‖
~säureuhr *f*, Aminosäuredatierung *f* / amino
acid dating ‖ ~toluol *n*, Toluidin *n* (Chem) /

toluidine ‖ $\stackrel{\sim}{=}$ **transferase** *f* (Biochem) / transaminase, aminotransferase

Aminoxid *n* (Chem) / amine oxide

Amino • xylol *n*, Xylidin *n* (Chem) / xylidine ‖ $\stackrel{\sim}{=}$ **zucker** *m* (Biochem) / amino sugar

Ammin (Chem) / ammine ‖ $\stackrel{\sim}{=}$ **salz** *n* (Chem) / ammine

Ammon • chlorid *n*, Salmiak *n* (Chem, Pharm) / ammonium chloride, sal ammoniac ‖ $\stackrel{\sim}{=}$ **-Gelit** *n* (Explos) / ammonia gelatin

Ammoniak (Chem) / ammonia

Ammoniakat *n* (Chem) / ammine

Ammoniak • molekül uhr *f*, Ammoniakuhr *f* (eine Atomuhr) (Phys) / ammonia clock ‖ $\stackrel{\sim}{=}$ **salpeter** *m*, Ammoniumnitrat *n* (Chem) / ammonium nitrate ‖ $\stackrel{\sim}{=}$ **sodaverfahren** *n*, Solvay-Verfahren *n* (zur Sodagewinnung) (Chem) / ammonia-soda process, Solvay process ‖ $\stackrel{\sim}{=}$ **uhr** *f* (eine Atomuhr) (Phys) / ammonia clock ‖ $\stackrel{\sim}{=}$ **verbrennung** *f* (zur Herstellung von Salpetersäure) (ChT) / Ostwald process (chemical process for producing nitric acid) ‖ $\stackrel{\sim}{=}$ **wäscher** *m* (ChT) / ammonia scrubber, ammonia washer

Ammonifikation *f* (Chem) / ammonifikation

Ammonit *n*, Ammon-Salpeter-Sprengstoff *m* [sprengölfreier] (Explos) / ammonite (an explosive)

Ammonium • bicarbonat *n* (Chem) / ammonium bicarbonate, ammonium hydrogen carbonate ‖ $\stackrel{\sim}{=}$ **carbamat** *n* (Chem) / ammonium carbamate ‖ $\stackrel{\sim}{=}$ **carbonat** *n* (Chem) / ammonium carbonate ‖ $\stackrel{\sim}{=}$ **chlorid** *n*, Salmiak *n* (Chem, Pharm) / ammonium chloride, sal ammoniac ‖ $\stackrel{\sim}{=}$ **cyanat** *n* (Chem) / ammonium cyanate (I) ‖ $\stackrel{\sim}{=}$ **eisen(II)-sulfat** *n* (Chem) / iron-ammonium sulphate ‖ $\stackrel{\sim}{=}$ **hydrogencarbonat** *n* (Chem) / ammonium bicarbonate, ammonium hydrogen carbonate ‖ $\stackrel{\sim}{=}$ **hydrogensulfid** *n* (Chem) / ammonium hydrogen sulphide ‖ $\stackrel{\sim}{=}$ **hydrosulfid** *n* (Chem) / ammonium hydrogen sulphide ‖ $\stackrel{\sim}{=}$ **hydroxid** *n* (Chem) / ammonium hydroxide ‖ $\stackrel{\sim}{=}$ **karbonat** *n* (Chem) / ammonium carbonate ‖ $\stackrel{\sim}{=}$ **molybdat** *n* (Chem) / ammonium molybdate ‖ $\stackrel{\sim}{=}$ **nitrat** *n* (Chem) / ammonium nitrate ‖ $\stackrel{\sim}{=}$ **nitratsprengstoff** *m* / ammonia dynamite, ammonium-nitrate-carbon explosive ‖ $\stackrel{\sim}{=}$ **orthophosphat** *n* (Chem) / ammonium phosphate ‖ $\stackrel{\sim}{=}$ **perchlorat** (Chem, Explos) / ammonium perchlorate, AP ‖ $\stackrel{\sim}{=}$ **peroxodisulfat** *n* (Chem) / ammonium peroxodisulphate ‖ $\stackrel{\sim}{=}$ **sulfat** *n* (Chem) / ammonium sulphate ‖ $\stackrel{\sim}{=}$ **sulfhydrat** *n* (Chem) / ammonium hydrogen sulphide ‖ $\stackrel{\sim}{=}$ **sulfid** *n* (Chem) / ammonium sulphide

Ammonnitrat *n*, Ammoniumnitrat *n* (Chem) / ammonium nitrate

Ammonolyse *f* (Chem) / ammonolysis

Ammon • oxidation *f* (ChT) / ammoxidation ‖ $\stackrel{\sim}{=}$ **phosphat** *n* (Chem) / ammonium phosphate ‖ $\stackrel{\sim}{=}$ **salpeter** *m*, Ammoniumnitrat *n* (Chem) / ammonium nitrate ‖ $\stackrel{\sim}{=}$ **salpetersprengstoff** *m* / ammonia dynamite, ammonium-nitrate-carbon explosive ‖ $\stackrel{\sim}{=}$ **sulfat** *n* (Chem) / ammonium sulphate ‖ $\stackrel{\sim}{=}$ **sulfid** *n*, Ammoniumsulfid *n* (Chem) / ammonium sulphide

Ammoxidation *f* (ChT) / ammoxidation

Amnio • skop *n* (MT) / ammonium compounds ‖ $\stackrel{\sim}{=}$ **skopie** *f* (MT) / amnioscopy

A-Mode-Verfahren *n* (Ultraschalldiagnostik) (MT) / A-mode, A-mode ultrasonography

amorph / amorphous ‖ $\sim$, nichtkristallin, nichtkristallisch (Krist, Phys) / amorphous, noncrystal, noncrystalline ‖ $\sim$ **es Metall** / amorphous metal, metallic glass ‖ $\sim$ **er Schwefel** / amorphous sulphur

Amortisation *f* (Anschaffungskosten werden aus den jährlichen Gewinnen der Investition refinanziert) (Wirtsch) / payback ‖ $\stackrel{\sim}{=}$ (langfristige Tilgung einer Schuld) / amortization

Amortisations • dauer *f* (Wirtsch) / payback period ‖ $\stackrel{\sim}{=}$ **rechnung** *f* (zur Beurteilung von Investitionsprojekten) (Wirtsch) / payback calculation ‖ $\stackrel{\sim}{=}$ **zeit** *f* (Wirtsch) / payback period

AMP, Adenosin-5'-phosphorsäure *f* (Biochem) / adenosine monophosphate, AMP, adenylic acid

Ampel *f*, Verkehrsampel *f* (Verk) / traffic light(s), traffic signal(s), stoplight, traffic control signal ‖ $\stackrel{\sim}{=}$ **anlage** *f*, Verkehrsampel *f* (Verk) / traffic light(s), traffic signal(s), stoplight, traffic control signal

Ampere *n* (Elek) / amp, A, ampere, a

Amperemeter *n* (Elek) / ammeter, amperemeter, electric current meter

Ampèresch • e Formel (Phys) / integral Biot-Savart law ‖ $\stackrel{\sim}{=}$ **es Gesetz** (Elek) / Ampère law ‖ $\stackrel{\sim}{=}$ **e Schwimmerregel** (Elek) / Ampère's rule, Amperian float law ‖ $\stackrel{\sim}{=}$ **es Verkettungsgesetz**, Durchflutungsgesetz *n* (Elek) / Ampère law

Ampere • sekunde *f*, Coulomb *n* (1 C = 1 As) (Elek) / C, coulomb ‖ $\stackrel{\sim}{=}$ **stunde** *f* (Elek) / ampere-hour ‖ $\stackrel{\sim}{=}$ **stundenzähler** *m* (Elek) / ampere-hour meter, a.h.m. ‖ $\stackrel{\sim}{=}$ **windungszahl** *f* (Produkt aus Stromstärke und Windungszahl einer Spule), Durchflutung *f* (Elek) / flux linkage, linkage ‖ $\stackrel{\sim}{=}$ **zahl** *f*, Stromstärke *f* (in Ampere) (Elek) / amperage

Amperometrie *f* (Chem) / amperometric titration, amperometry

amperometrische Titration (Chem) / amperometric titration, amperometry

Amphetamin *n* (Pharm) / amphetamine

Amphibienfahrzeug *n* (Mil) / amphibian *n*, amphibious tractor, amphibious vehicle, amtrac

amphi • cheiral, achiral (Knoten) (Biochem) / achiral ‖ $\sim$ **protisch** (Chem) / amphiprotic, amphoteric

Ampholyt *m* (Chem) / ampholyte, amphoteric electrolyte

ampholytisches Tensid (Chem) / ampholytic detergent, ampholytic tenside

Amphotensid *n* (Chem) / ampholytic detergent, ampholytic tenside

amphoter (Chem) / amphiprotic, amphoteric ‖ $\sim$ **er Elektrolyt** (Chem) / ampholyte, amphoteric electrolyte ‖ $\sim$ **es Oxid** (Chem) / amphoteric oxide, intermediate oxide ‖ $\sim$ **es Tensid** (Chem) / ampholytic detergent, ampholytic tenside

Amplidyne *f* (eine Verstärkermaschine) (Elek) / amplidyne

Amplitron *n* (Eltro) / amplitron

Amplitude *f* (Phys) / amplitude

Amplituden • begrenzer *m* (Eltro) / amplitude limiter, amplitude-limiting circuit, clipper, peak clipper, peak limiter, clipper circuit, limiter, limiter circuit, clipping circuit ‖ $\stackrel{\sim}{=}$ **demodulator** *m* (Eltro) / AM demodulator ‖ $\stackrel{\sim}{=}$ **diskriminator** *m* (Eltro) / amplitude discriminator, pulse-height discriminator ‖

$\simeq$**frequenzgang** *m* (Eltro, Phys) / amplitude response ‖ $\simeq$**gang** *m* (Eltro, Phys) / amplitude response ‖ $\simeq$**modulation** *f* (Radio, Tele) / AM, amplitude modulation ‖ $\simeq$**sieb** *n* (TV) / sync separator (circuit that separates synchronizing pulses from the video signal in a television receiver) ‖ $\simeq$**tastung** *f* (Tele) / amplitude shift keying, ASK ‖ $\simeq$**umtastung** *f* (Tele) / amplitude shift keying, ASK ‖ $\simeq$**verhältnis** *n*, Dämpfungsverhältnis *n* (Verhältnis zweier im Abstand einer Schwingungsdauer aufeinander folgender Amplitudenmaxima einer gedämpften Schwingung) (Phys) / damping factor (ratio of the amplitude of any one of a series of damped oscillations to that of the following one), decrement, numerical decrement ‖ $\simeq$**verzerrung** *f* (Elek) / amplitude distortion

Ampulle *f* (Med, Pharm) / ampoule, ampule, ampul

Ampullenglas *n* (Glas) / ampoule tubing

Amsterdamer Pegel *m*, NN (Verm) / Amsterdamsch Peil, A.P.

amtliches Kennzeichen (Kfz) / license number (US), registration number (GB)

Amts•berechtigung *f* (für jede Nebenstelle kann vorgegeben werden, mit wem sie wie kommunizieren kann, z. B. keine Auslands- o. Ferngespräche), Verkehrsberechtigung *f* (Tele) / class of service (for exchange line restriction) ‖ $\simeq$**leitung** *f*, Teilnehmeranschlussleitung *f* (Tele) / access line, subscriber line, local loop, local line (connecting subscriber terminal to local exchange), access loop, subscriber loop, local exchange loop, exchange line ‖ $\simeq$**zeichen** *n*, Wählton *m* (Aufforderung zur Ziffernwahl) (Tele) / dial tone (generated by the exchange or a PABX to indicate that it is ready to receive the dial pulses from the calling terminal), DT

Amygdalin *n* (Chem, Pharm) / amygdalin

Amylase (Chem) / amylase

Amylen *n* (Chem) / amylene, pentene

Amylopektin *n* (Chem) / amylopectin

Amylose *f* (Chem) / amylose

Amylum *n*, Stärke *f* (Chem, Nahr) / starch *n*, amylum

Anabasin *n* (Insektizid) (Chem) / anabasine

anabol (Biochem) / anabolic ‖ $\sim$**es Steroid**, Anabolikum *n* (Pl. -ika) (Pharm) / anabolic steroid

Anabolikum *n* (Pl. -ika) (Pharm) / anabolic steroid

Anabolismus *m*, Aufbaustoffwechsel *m* (Biochem) / anabolism, biosynthesis

anaerob•e Abbaureaktionen (Biochem, Umw) / anaerobic digestion [processes] ‖ $\sim$**er biologischer Abbau** (Umw) / anaerobic degradation

Anaglyphenverfahren *n* (zur Betrachtung von Bildern der Stereofotografie o. von Stereofilmen) (Film, Foto) / anaglyph system

analog (allg, DV, Eltro) / analog (US), analogue (GB) ‖ $\sim$**e Anzeige** (Mess) / analog display ‖ $\sim$**e Daten** (DV) / analog data ‖ $\sim$**es Filter** (Eltro) / analog filter ‖ $\sim$**es Messsystem** / analog measuring system ‖ $\sim$**er Pol** (Elek) / analogous pole (of a crystal) ‖ $\sim$**er Schaltkreis** (Elek, Eltro) / analog circuit ‖ $\sim$**e Schaltung** (Elek, Eltro) / analog circuit ‖ $\sim$**es Signal** (DV, Tele) / analog signal ‖ $\sim$**e Sollwertgruppe** (Regel) / analog setpoint group ‖ $\sim$**e Steuerung** (Regel) / analog control (open loop)

Analog•anteil *m* (eines Hybridsignals), Analogwert *m* / analog value ‖ $\simeq$**anzeige** *f* (Mess) / analog display ‖ $\simeq$**aufzeichnung** *f* (Instr, Mess) / analog recording, analog record ‖ $\simeq$**ausgabe** *f* / analog output ‖ $\simeq$**ausgang** *m* / analog output ‖ $\simeq$**computer** *m* (DV) / analog computer ‖ $\simeq$**daten** *pl* (DV) / analog data ‖ $\sim$**-digital wandeln**, digitalisieren, in digitale Signale umwandeln (DV, Eltro) / digitize, digitalize ‖ $\simeq$**-Digital-Umsetzer** *m* (Eltro) / A-D converter, ADC, digitizer, analog-to-digital converter ‖ $\simeq$**-Digital-Wandler** *m* (Eltro) / A-D converter, ADC, digitizer, analog-to-digital converter, analog-digital converter ‖ $\simeq$**-Digital-Wandlung** *f* (Eltro) / A/D conversion, analog-digital conversion, analog-to-digital conversion ‖ $\simeq$**eingabe** *f* / analog input ‖ $\simeq$**eingang** *m* / analog input ‖ $\simeq$**einrichtung** *f*, Analoggerät *n* (DV) / analog device ‖ $\simeq$**filter** *n* (Eltro) / analog filter ‖ $\simeq$**gerät** *n* (DV) / analog device

Analogie *f* / analogy ‖ $\simeq$**schluss** *m*, Analogieverfahren *n* / analogical inference, inference by analogy

Analog•kanal *m* (DV) / analog channel ‖ $\simeq$**multimeter** *m* (Mess) / analog multimeter ‖ $\simeq$**rechner** *m* (DV) / analog computer ‖ $\simeq$**schaltung** *f* (Elek, Eltro) / analog circuit ‖ $\simeq$**signal** *n* (DV, Tele) / analog signal ‖ $\simeq$**steuerung** *f* (Regel) / analog control (open loop) ‖ $\simeq$**übertragung** *f* (Tele) / analog transmission ‖ $\simeq$**uhr** *f* / analog watch ‖ $\simeq$**voltmeter** *n* (Mess) / analog voltmeter ‖ $\simeq$**wert** *m* / analog value ‖ **isobare** $\simeq$**zustände** (Nukl) / isobaric analogue states

Analysator *m* (Phys) / analyser (UK), analyzer n (US)

Analyse *f*, Untersuchung *f* (allg, Chem) / analysis (pl.: analyses) ‖ $\simeq$ (zur Bestimmung der qualitativen o. quantitativen Zusammensetzung z.B. eines Arzneimittels oder des Edelmetallgehalts einer Erzprobe), Untersuchung *f* (auf Zusammensetzung, Gewicht usw.) (Chem, Hütt, Pharm) / assay *n* ‖ $\simeq$ (Math) / analysis ‖ $\simeq$, Zerlegung *f*, Aufschlüsselung *f*, Aufgliederung *f* (allg, Stat) / analysis, breakdown (e.g. of figures, statistical data, of an operation into several distinct processes)

Analysen•..., analytisch / analytical, analytic ‖ $\simeq$**automat** *m* (Chem) / automatic analyzer ‖ $\simeq$**waage** *f* (Mess) / analytical balance

Analyse•sieb *n*, Prüfsieb *n* (Bau, QM) / sieve (for sieve analysis), test sieve ‖ $\simeq$**verfahren** *n* / analysis technique

analysieren, untersuchen / analyse (GB), analyze (US)

Analysis *f* (Math) / analysis

Analytik *f*, analytische Chemie (Chem) / analytical chemistry ‖ $\simeq$ (Logik) / analytics *sg*

analytisch / analytical, analytic ‖ $\sim$**e Chemie** (Chem) / analytical chemistry ‖ $\sim$**e Fortsetzung** (Math) / analytic continuation ‖ $\sim$**e Funktion** (Math) / analytic function, holomorphic function ‖ $\sim$**e Geometrie** (Math) / analytical geometry, coordinate geometry ‖ $\sim$**e Lösung** (Math) / analytical solution ‖ $\sim$**e Methode** (Math) / analytical solution ‖ $\sim$**e Statistik**, mathematische Statistik / mathematical statistics ‖ $\sim$**e Topologie** (Math) / set topology

Anamorphose *f* (Opt) / anamorphosis (pl.: -phoses)

Anamorphot *m* (Film) / anamorphic lens *n*
anamorphotische Abbildung, Anamorphose *f*
(Opt) / anamorphosis (pl.: -phoses)
Anamorphotlinse *f* (Film) / anamorphic lens *n*
Anaphorese *f* (Chem, Phys) / anaphoresis
Anastigmat *m* (Foto, Opt) / anastigmatic lens,
anastigmat
anastigmatisch (Opt) / anastigmatic
Anbackung *f* (z.B. an einer Oberfläche o. in
einem Rohr), Verkrustung *f* / caking
Anbau..., Zusatz..., Erweiterungs... (Techn) /
add-on *adj*
anbauen [an] (Bau) / add *vt*, build on *vt* ‖ ~,
anpflanzen (z.B. Getreide) (Landw) / cultivate,
grow *vt* ‖ ~ (z.B. ein Teil an eine Maschine) /
attach [to], mount [on], fit [to]
Anbau•geräte *n pl* (für Gabelstapler, Bagger
etc.) (Bau, Förd) / attachments (forklift truck,
excavator etc) ‖ ≈**motor** *m* / add-on motor ‖
≈**motor**, Flanschmotor *f* (Elek) / flange motor,
flanged motor, flange-mounted motor ‖
≈**schloss** *n* / rim lock ‖ ≈**teil** *m n* / add-on
component, attachment, add-on piece
anberaumen, terminieren / schedule *vt*, time *vt*
anbieten / offer *vt* ‖ ~, liefern / provide, supply
Anbieter *m* / supplier, vendor ‖ ≈ (auf eine
Ausschreibung o. Anfrage hin) / tenderer ‖ ≈
(von Dienstleistungen) (allg, Tele) / provider ‖
≈ (der Zugang zum Internet ermöglicht),
Internet-Provider *m* (Tele) / Internet service
provider, ISP
anbinden [an], festbinden / bind [to], tie [to] ‖ ~
[an], verbinden *vt* (z.B. ein Dorf mit dem
Verkehrsnetz) (Bau) / link (e.g. a village to the
transport network), connect [to, with]
anbrechen *vi*, anreißen *vi*, einreißen *vi* / begin to
break, begin tearing
anbringen [an] (befestigen) / fix [to], fasten [to]
Anbringung *f*, Montage *f*, Befestigung *f* /
mounting, fitting
Anbruch *m* / incipient crack o. fracture, starting
point of a fracture, superficial fissure
ANC (active noise control), aktive
Schalldämpfung (durch Antischall) (Akust) /
ANC, active noise control
Anchusin, Alkannin, Alkannarot *n* (Chem) /
alkanna red, anchusin, alkannin
ANC-Sprengstoff *m* (Ammoniumnitrat-
sprengstoff) / ammonia dynamite,
ammonium-nitrate-carbon explosive
AND, Konjunktion *f*, UND-Verknüpfung *f* (DV,
Eltro, Logik) / AND function, AND operation,
conjunction
andauern, fortdauern / continue
andauernd / continuing, continuous, persistent,
steady
ändern *vt*, verändern, umändern / change *vt* ‖ ~
(kleine Änderung(en) vornehmen, v.a. an
Äußerlichkeiten) / alter ‖ ~ (leicht),
modifizieren / modify, change (slightly) ‖ ~,
verbessern / improve ‖ ~ (entsprechend den
Erfordernissen) / adjust (e.g. the spacing of
rivets, speed of a machine, terms of a contract)
‖ ~, variieren / vary ‖ ~, abändern, umändern
(Kleidungsstück) (Tex) / alter ‖ ~,
aktualisieren, updaten (DV) / update (e.g. file,
database) ‖ ~, revidieren, überarbeiten (z.B.
Buch, Dokumentation) / revise
anders legen, an eine andere Stelle legen /
displace *vt*, dislocate
Anderson-Brücke *f* (Elek) / Anderson bridge
Änderung, Umänderung *f*, Veränderung *f* *f* /
change *n* ‖ ≈ *f*, Abänderung *f* / alteration,

modification ‖ ≈, Modifikation *f* /
modification ‖ ≈ (eines Kleidungsstück) (Tex)
/ alteration ‖ ≈ (eines Dokuments, um es
genauer zu fassen od. veränderten
Gegebenheiten anzupassen) / amendment
(e.g. to a bill, patent specificatio, standard) ‖
≈, Überarbeitung *f* (eines Dokuments) /
revision
AND•-Funktion, UND-Verknüpfung *f* (DV,
Eltro, Logik) / AND function, AND operation,
conjunction ‖ ≈**-Gate** *n* (DV, Eltro) / and
circuit, AND gate, AND element, logical
AND circuit
andocken (Luft) / dock *vi* ‖ ~ (einen Laptop an
eine Docking Station) (DV) / dock *vt* (a laptop
into a docking station) ‖ ≈ *n*, Docking *n*
(Aneinanderkoppeln zweier Raumfahrzeuge)
(Raumf) / docking, linkup, docking manoeuvre
Andockmanöver *n* (Luft) / docking manoeuvre
(GB)
andrehen, anziehen *vt* (Schrauben), festziehen /
tighten, fasten (screws), screw down ‖ ~,
anstellen (Licht, Wasser, Radio, Maschine
etc.) / turn on
Andrews-Diagramm *n* (Phys) / Andrews' curves
Android *m* / android
Andruck *m*, Anpressdruck *m*, Andruckkraft *f* /
contact pressure, pressure [acting against] ‖
≈**kraft** *f*, Anpressdruck *m* / contact pressure,
pressure [acting against] ‖ ≈**kraft** (der
Honleisten), Honsteinanpressdruck *m* (Fert) /
hone pressure
aneinander befestigen, verbinden *vt* (z.B.
Bauteile), zusammenfügen / join *vt* (e.g. two
components by bolting)
aneinander•fügen, verbinden *vt* (z.B. Bauteile),
zusammenfügen / join *vt* (e.g. two components
by bolting) ‖ ~**fügen**, zusammenbauen /
assemble, put together ‖ ~**grenzend**,
zusammenhängend *m pl* (z.B.
Speicherbereiche) / contiguous (e.g. memory
areas) ‖ ~**grenzende Flächen** / abutting
surfaces ‖ ~**haften** *n*, Adhäsion *f* (Phys) /
adherence, adhesion ‖ ~**hängen**, verketten,
verknüpfen / concatenate, link together,
interlink ‖ ~**hängend**, benachbart,
angrenzend [an] / adjacent, neighbo[u]ring,
adjoining, contiguous, conterminal,
conterminous [to] ‖ ≈**reiben** *n* / rubbing ‖
~**stoßend**, benachbart, angrenzend [an] /
adjacent, neighbo[u]ring, adjoining,
contiguous, conterminal, conterminous [to]
Anelastizität *f* / anelasticity
anellierter Ring, kondensierter Ring (Chem) /
condensed nucleus
Anemo•graph *m* (Mess, Meteo) / anemograph ‖
≈**meter** *n*, Windgeschwindigkeitsmesser *m*
(Mess) / air speed indicator o. meter, ASI (air
speed indicator), wind velocity indicator,
anemometer, wind gauge ‖ ≈**tachometer** *n*,
Windgeschwindigkeitsmesser *m* (Mess) / air
speed indicator o. meter, ASI (air speed
indicator), wind velocity indicator,
anemometer, wind gauge
Anergie *f* (für die praktische Nutzung verloren
gehender Teil der zugeführten Energie) (Phys)
/ anergy
anerkannte Regel der Technik (Norm) /
acknowledged rule of technology
Aneroid *n* / aneroid, aneroid barometer ‖
≈**barometer** *n* / aneroid, aneroid barometer
Anfahrdrehmoment *n* (Elek, Masch) / starting
torque

anfahren *vi*, anlaufen *vi* (Anlage, Maschine etc.) / start *vi*, start operating ‖ ~ *vi*, sich nähern (einem Punkt) / approach ‖ ~ (Anlage etc.), anlaufen lassen / start up, start ‖ ~ *n* (eines Reaktors, einer Anlage, Maschine), Start *m*, Anfahrvorgang *m* / start-up

Anfahr•moment *n*, Anfahrdrehmoment *n* (Elek, Masch) / starting torque ‖ ⁓**vorgang** *m*, Anfahren *n* (eines Reaktors, einer Anlage, Maschine), Start *m* / start-up ‖ ⁓**wirbel** *m* (Luft) / cast-off vortex

anfallen (Abfälle, Kosten), erzeugt werden / be generated

anfällig [für], neigend [zu] / susceptible [to], prone [to], liable [to] ‖ ~ [für](z.B. Störungen), empfindlich [gegen] / susceptible [to](e.g. interferences) ‖ ~, störanfällig / prone to trouble, trouble-prone, susceptible to failure or malfunction ‖ ~ (Rechner, System etc. für z.B. Virenangriffe) (DV) / vulnerable (e.g. to viral attacks)

Anfälligkeit *f* [für], Neigung [zu] (allg, Med) / proneness, susceptibility [to], tendency ‖ ⁓ [für], Neigung [zu] (allg, Med) / proneness, susceptibility [to], tendency ‖ ⁓, Störanfälligkeit *f* / susceptibility to failure, susceptibility to malfunction, susceptibility to trouble ‖ ⁓ [für], Empfindlichkeit / susceptibility [to]

Anfang *m*, Beginn *m* / start *n*, beginning ‖ ⁓ / beginning (e.g. of line, page, file)

anfangen, beginnen *vi* / begin, start ‖ ~, beginnen *vt* / start *vt*, begin

anfänglich, Anfangs... / initial, starting

Anfangs•..., beginnend / incipient ‖ ⁓..., anfänglich / initial, starting ‖ ⁓**beanspruchung** *f*, Anfangsbelastung *f* / initial load, initial stress ‖ ⁓**bedingung** *f* (Math) / initial condition ‖ ⁓**belastung** *f*, Anfangsbeanspruchung *f* / initial load, initial stress ‖ ⁓**energie** *f* (Phys) / initial energy ‖ ⁓**fehler** *m*, Eigenfehler *m*, anhaftender Fehler (DV) / inherent error, inherited error ‖ ⁓**feuchte** *f* / initial moisture contents *pl* ‖ ⁓**geschwindigkeit** *f* / initial speed, initial velocity ‖ ⁓**lage** *f* / initial position ‖ ⁓**punkt** *m*, Ausgangspunkt *m* / starting point ‖ ⁓**querschnitt** *m* (beim Zug- o. Druckversuch) (Mater) / original [cross-sectional] area ‖ ⁓**stadium** *n* / initial stage ‖ ⁓**stellung** *f*, Grundstellung *f*, Ausgangsstellung *f* / home position, initial position, starting position ‖ ⁓**verformung** *f* (Mater) / initial strain, initial deflection ‖ ⁓**wert** *m* / initial value ‖ ⁓**wert** (des Messbereiches) (Mess) / lower range value ‖ ⁓**wertproblem** *n* (Math) / Cauchy problem

anfasen, abfasen, abschrägen (Kanten) (Zimm) / chamfer *vt*

anfertigen, herstellen, produzieren / produce, manufacture, make *vt*, fabricate ‖ ~, erstellen / prepare (e.g. documentation, drawing) ‖ ~ (Sitzungsbericht) / take (the minutes of a meeting) ‖ **nach Maß o. Kundenwunsch o. individuell o. kundenspezifisch ~** / custom-build *vt*

Anfertigung *f*, Herstellung *f*, Produktion *f* / production, manufacture, fabrication

anfeuchten, befeuchten (Luft etc.), feucht machen / humidify

Anfeuchter *m* (für Luft) (HVAC) / humidifier

anflanschen / flange [to], flange-mount *v*

Anflug•befeuerung *f* (Luft) / ALS, approach lighting, approach lights ‖ ⁓**blitzer** *m* (Luft) /

approach flashlight ‖ ⁓**feuer** *n* (Luft) / ALS, approach lighting, approach lights ‖ ⁓**glasur** *f* (Keram) / vapour glaze ‖ ⁓**grundlinie** *f* (Luft) / extended centerline (of runway), flight base line, runway extended centreline ‖ ⁓**hilfsmittel** *n pl* (Luft) / approach aids ‖ ⁓**und Landehilfsmittel** *n pl* (Luft) / approach and landing aids ‖ ⁓**kontrolle** *f* (Luft) / approach control ‖ ⁓**kontrollradar** *n* (Luft) / ACR, approach control radar ‖ ⁓**kurs** *m*, Landekurs *m* (Luft) / approach course, approach track ‖ ⁓**leuchtfeuer** *n* (Luft) / approach light beacon ‖ ⁓**lotse** *m* (Luft) / approach controller ‖ ⁓**schneise**, Landeschneise *f*, Einflugschneise *f* (Luft) / approach course, approach lane, lane of approach ‖ ⁓**sektor** *m* (Luft) / approach area, approach sector ‖ ⁓**system** *n* (Luft) / approach system ‖ ⁓**verfahren** *n* (Luft) / approach procedure

anfordern / ask for, request ‖ ~ *n*, Anforderung *f*, Abrufen *n* (DV, Tele) / request *n* (e.g. for information)

Anforderung *f pl*, Voraussetzung *f*, Erfordernis *f* / requirement (e.g. requirements of a job) ‖ ⁓ *f*, Abrufen *n*, Anfordern *n* (DV, Tele) / request *n* (e.g. for information) ‖ ⁓, Belegungsversuch *m* (Versuch, z.B. Leitungen, Kanäle oder Prozessoren in Anspruch zu nehmen) (Tele) / request ‖ ⁓**en** *f pl* (z.B. an den Hersteller, das Produkt) / demands (e.g. on the producer, the product) ‖ ⁓**en**, Ansprüche *m pl* / requirements (e.g. of relevant specifications), demands *n* (e.g. of a customer) ‖ ⁓**en**, Lastenheft *n*, Anforderungsspezifikation *f* / requirements specification, specifications *pl*, specs *pl* (coll)

Anforderungs•liste *f* (Masch) / requirements list ‖ ⁓**profil** *n* / performance profile, performance requirements ‖ ⁓**spezifikation** *f*, Lastenheft *n* / requirements specification, specifications *pl*, specs *pl* (coll) ‖ ⁓**zeichen** *n*, Eingabeaufforderung *n*, Prompt *m* (DV) / prompt *n* (e.g. in DOS), system prompt, prompt character

Anformung *f* (eines Bauteils) (Mech) / forming

Anformungsgleichung *f* (Math, Mech) / forming equation

ANFO-Sprengstoff *m* / ammonia dynamite, ammonium-nitrate-carbon explosive

Anfrage *f* (Wirtsch) / enquiry, inquiry ‖ ⁓ (an ein System), Abfrage *m* (DV) / inquiry, information request, INQ ‖ **auf** ⁓ / on request

anfressen, angreifen *n*, korrodieren *vt* / corrode, eat away

anfügen, ansetzen [an] / attach [to], put on [to] ‖ ~, anhängen *vt* (DV, Tele) / attach (a document to an e-mail message) ‖ ~ (Text oder Daten an das Ende eines Textes oder einer Datei), anhängen *vt* (DV) / append

anführen (Einzelheiten, Argumente, Beispiele) / give

Angabe *f* / indication (e.g. of weight or width) ‖ ⁓, Anzeige *f* (von Messwerten) (Mess) / readout (of instrument) ‖ ⁓**n** *f pl*, Informationen (z.B. zu einem Produkt) / information (on a particular product) ‖ ⁓**n**, Details *n pl* / details *pl*

angebaut, befestigt [an], montiert / mounted [on], attached [to] ‖ ~ (Bau) / adjacent, adjoining

angeben, nennen / specify, give (e.g. prices, details), state ‖ ~, anzeigen *vt* / indicate (e.g.

time, temperature), show || ~, bestimmen / set (e.g. date, course), determine || ~ (z.B. die Leistung eines Druckers mit...) / rate (e.g. a printer at a speed of ...)

Angebot n / offer || ~, Kostenvoranschlag m (Wirtsch) / quotation, quote, bid, estimate n (statement of approximate charge for work) || ~ (auf eine Ausschreibung) / tender n, bid || ~ (i. Ggs. zur Nachfrage) / supply (as opp. to demand) || ~ (an Erzeugnissen), Auswahl f (Wirtsch) / range (of products) || ein ~ machen, ein Angebot unterbreiten (für eine Ware o. Dienstleistung bei einer Ausschreibung) / quote [for], tender [for]

Angebots•abgabe f / submission of tender || ~einholung f, Ausschreibung f (öffentlich) / call for tender, invitation to tender

angebracht, gelegen, positioniert / located [in, at, on]

angefertigt, auf Bestellung ~ / custom-made || **nach Kundenwunsch o. individuell** ~, kundenspezifisch / custom-designed, custom-made, custom

angeflanscht / flange-mounted, flanged-on, flanged, fastened by flange

angehen vt (Aufgabe, Problem) / tackle

Angel f (einer Tür, eines Fensters) (Bau) / hinge

angelassen (Stahl, Martensit) (Hütt) / tempered (steel, martensite)

Angelpunkt m, Drehpunkt m / pivot n, pivotal point

angemessen, geeignet, ausreichend / adequate || ~ (z.B. Preis, Frist) / reasonable

angemietete Leitung, festgeschaltete Leitung (Tele) / dedicated line, dedicated circuit, leased line, leased circuit, private line, fixed circuit, point-to-point circuit

angenähert, näherungsweise / approximate adj, rough || ~er Wert, Näherungswert m (Math, Phys) / approximate value, approximation

angeordnet (Körper, Ring, Struktur) (Math) / ordered

angepasst (an spezielle Aufgaben), aufgabenspezifisch / customized, custom-made, custom-built, custom-designed, tailor-made

angeregter Zustand, Anregungszustand m (Phys) / excited state

angereichert•er Brennstoff (Nukl) / enriched fuel || ~er Reaktor (Nukl) / enriched reactor, enriched-uranium[-fueled] reactor

angeschlossen, an ein Netz ~, vernetzt (DV, Tele) / networked

Angestellter m / employee

angestrahlt / illuminated

angetrieben (von), mit ...antrieb (z.B. mit Waserstoffantrieb) / powered (by)(e.g. hydrogen powered) || ~e Welle, Abtriebswelle f / driven shaft, output shaft || ~es Werkzeug (NC) / power tool

angewandt (z.B. Wissenschaft, Statik, Mathematik, Mechanik usw.) / applied || ~e Forschung / applied research

angezeigt•e Fluggeschwindigkeit / indicated airspeed, IAS || ~er Wert, Stand m (des Zeigers, Thermometers usw.) (Mess) / reading, indication (shown by an instrument), value indicated

Angießkanal m, Angussverteiler m (beim Spritzgießen) (Plast) / runner (injection moulding - leading from the sprue to the cavity)

Angiodynographie f, Farbduplexsonographie f (MT) / colour duplex imaging

Angiotensin n (Biochem) / angiotensin, hypertensin || ~-**Konversions-Enzym** n, ACE (Angiotensin Converting Enzyme) (Biochem) / angiotensin-converting enzyme, ACE

Angiotonin n, Angiotensin n (Biochem) / angiotensin, hypertensin

angleichen, ausgleichen (z.B. Druck, Temperatur, Kräfte) / equalize (e.g. pressure, temperature, forces)

angreifen vt (Materialien), schädigen / attack || ~, anfressen, korrodieren vt / corrode, eat away at

angreifend, aggressiv (Chem) / aggressive || ~, korrodierend / corrosive adj, corroding

angrenzend [an], benachbart / adjacent, neighbo[u]ring, adjoining, contiguous, conterminal, conterminous [to]

Angriff m (allg, Chem, Mil) / attack n || in ~ **nehmen**, beginnen vr / start vt, begin

Angriffs•linie f, Wirkungslinie (Mech) / application line, line of action || ~**punkt** m, Druckmittelpunkt m (Mech) / center of pressure, C.P. || ~**punkt** (einer Kraft) (Mech) / point of application (of a force)

Ångström, Å n (1Å = 10^{-10} m) / Angstrom unit, AU, AU, angstrom, Å, A

Anguss m (Keram) / engobe, slip || ~, Anschnitt m (am Gussstück) (Gieß) / gate || ~ (erstarrter Inhalt der Angießkanäle = Abfall) (Plast) / sprue and runner (in injection moulding) || ~**verteiler** m (beim Spritzgießen) (Plast) / runner (injection moulding - leading from the sprue to the cavity) || ~**ziehbuchse** f (zum Herausziehen des Angusses aus dem Angießkanal) (Plast) / sprue bushing

anhaften, haften [an] / adhere vi [to], stick [to]

anhaftender Fehler, Eigenfehler m (DV) / inherent error, inherited error

Anhall m (Akust) / rising of sound

anhalten vt, stoppen vt / stop vt || ~ (vorübergehend), unterbrechen / pause vt (e.g. data transmission) || ~ vi, stehen bleiben / stop vi, come to a standstill || ~ (vorübergehend) / pause vi || ~, fortdauern, andauern / continue || ~ n, Stopp m / stoppage, stop

anhaltend, andauernd / continuing, continuous, persistent, steady || ~ (z.B. Wirtschaftswachstum), fortgesetzt / sustained (e.g. economic growth)

Anhaltswerte m pl / approximate values pl, typical values

Anhang m (zu einem Dokument, Vertrag, Betriebsanleitung etc.) (allg, Doku) / annex n (to e.g. a manual), appendix || ~ (in einem Buch o. Aufsatz), Nachtrag m (Druck) / appendix, addendum, supplement || ~, Anlage f (einer E-Mail) (DV, Tele) / attachment (of an e-mail)

Anhängekupplung f (für PKW) (Kfz) / hitch, towbar, trailer hitch, trailer coupling

anhängen vt [an] / attach [to] || ~, anfügen (Text oder Daten an das Ende eines Textes oder einer Datei) (DV) / append || ~, anfügen (DV, Tele) / attach (a document to an e-mail message) || ~ vi, haften [an] / adhere vi [to]

Anhänger m, kleines [Hinweis]schildchen / label n, tag || ~**bremsanlage** (Kfz) / trailer braking system || ~**bremse** f (Kfz) / trailer brake || ~**bremsventil** n (Kfz) / trailer brake valve || ~**kupplung** f (für PKW) (Kfz) / hitch, towbar, trailer hitch, trailer coupling

Anhänge•vorrichtung f, Anhängekupplung f (für PKW) (Kfz) / hitch, towbar, trailer hitch, trailer coupling ‖ ≈**zettel** m, kleines [Hinweis]schildchen / label n, tag

Anhangskraft f, Adhäsionskraft f / adherence, adhesive force, adhesiveness, adhesion

anhäufen, ansammeln vt, akkumulieren / accumulate vt, pile up vt, heap up, amass

Anhäufung f, Akkumulation f, Ansammlung f / accumulation

anheben, hochheben (leicht) / lift [slightly], raise ‖ ~, steigern, erhöhen / increase ‖ ~, hervorheben (Frequenzen, Höhen, Tiefen) (Eltro) / boost, emphasize

Anhebung f, Zunahme f, Steigerung f, Erhöhung f / increase n ‖ ≈ (von Frequenzen, Höhen, Tiefen), Hervorhebung f, Anheben n (Eltro) / boosting, emphasis ‖ ≈ (hoher Frequenzen vor dem Modulator bei der Frequenzmodulation durch einen Hochpass zur Rauschunterdrückung), Akzentuierung f, Preemphasis f (Eltro) / accentuation, preemphasis, predistortion, preequalization

anheften (mit Büroklammern), heften [an] / clip, paperclip vt ‖ ~ (mit Heftstichen), zusammenheften (Tex) / baste, tack vt

anheizen / heat [up], warm vt [up]

anhören, mit ~ (heimlich), abhören (ein Gespräch), mithören (Tele) / eavesdrop on, listen in to (a call, conversation)

Anhydrid n (Chem) / anhydride

Anilid n (Chem) / anilide

Anilin n (Chem) / aminobenzene, aniline oil, aniline ($C_6H_5NH_2$), phenylamine ‖ ≈**druck** m (früher), Flexodruck m (Druck) / flexographic printing, flexo printing, flexography, aniline process (formerly), aniline printing (formerly) ‖ ≈**farbe** f (Teerfarbstoff), Anilinfarbstoff m / aniline dye ‖ ≈**gummidruck** m (früher), Flexodruck m (Druck) / flexographic printing, flexo printing, flexography, aniline process (formerly), aniline printing (formerly) ‖ ≈**harz** n (Plast) / aniline resin ‖ ≈**öl** n, technisches Anilin (Chem) / aniline oil ‖ ≈**punkt** m (ChT) / aniline point, an.pt.

Anion n (Chem) / anion ‖ ~**aktiv** / anionic, anionic-active

anionenaktiv / anionic, anionic-active

anionisch / anionic, anionic-active ‖ ~**e Tenside o. Detergentien** n pl / anionic detergents pl, anionic surfactants

Aniontenside n pl / anionic detergents pl, anionic surfactants

Aniseikonie f (Opt) / aniseikonia

Anisidin n (Chem) / anisidine

anisochron / anisochronous

anisotope Elemente, Reinelemente n pl (Chem) / pure element, anisotopic element

anisotrop (Phys) / aeolotropic, anisotropic

Anisotropie f (Phys) / aeolotropy, anisotropy, anisotropism, eolotropy

anisotropisch (Phys) / aeolotropic, anisotropic

Ankathete f (in einem rechtwinkligen Dreieck die einem Hypotenusenwinkel, z.B. α, anliegende Kathete) (Math) / side adjacent to α

Anker m (Bau, Schiff) / anchor n ‖ ≈, Maueranker m, Schlauder f (Bau) / tie bolt, wall anchor ‖ ≈ (zur Fugenbewehrung von Betondecken), Fugenanker m (Straß) / tie bar ‖ ≈ (bei elektrische Maschinen, Elektromagneten, Relais, Schütz) (Elek) / armature ‖ ≈ (bei Gleichstrommaschinen), Rotor m, Läufer m (Elek) / rotor, armature (in a DC motor or generator) ‖ ≈ (Teil der Hemmung) (Uhr) / pallet (part of the escapement) ‖ ≈**block** m, Verankerungsblock m (Brücke) (Bau) / anchorage block ‖ ≈**feld** n (Elek) / armature field ‖ ≈**gegenwirkung** f, Ankerrückwirkung f (Elek) / armature reaction ‖ ≈**gleichrichter** m (Elek) / armature rectifier ‖ ≈**klüse** f (Schiff) / hawse pipe, hawse, hawse hole (for an anchor cable), mooring pipe ‖ ≈**mutter** f / foundation nut ‖ ≈**platte** f (Bau) / anchor plate, anchor slab, tie plate, wall washer ‖ ≈**relais** n (Elek) / armature relay ‖ ≈**rückwirkung** f (Elek) / armature reaction ‖ ≈**rührer** m (ChT) / anchor agitator, anchor mixer ‖ ≈**schraube** f (zur Befestigung) / anchor bolt ‖ ≈**seil** n, Abspannseil n, Verankerungsseil n / guy, guy cable, guy rope, stay rope, stay line ‖ ≈**stab** m (Elek) / armature bar ‖ ≈**strom** m (eines Elektromotors) (Elek) / armature current ‖ ≈**wicklung** f (Wicklung auf dem Anker einer Maschine) (Elek) / armature winding ‖ ≈**widerstand** m, Wicklungswiderstand m (Elek) / armature resistance, winding resistance

anklammern, heften [an], anheften (mit Büroklammern) / clip, paperclip vt

ankleben vi, haften [an] / adhere vi [to], stick [to]

anklemmen (z.B. Batterie) (Elek) / connect (to terminal, outlet etc.)

anklickbar (DV) / clickable

anklicken (Befehl, Schaltfläche mit der Maus), klicken auf (DV) / click (a command, button)

Anklopfen n (Dienstmerkmal) (Tele) / call waiting (feature of phone system), CW

ankommen, einfahren vi (Bahn) / arrive, come in

Ankoppeln n, Docking n (Aneinanderkoppeln zweier Raumfahrzeuge) (Raumf) / docking, linkup, docking manoeuvre

Ankopplungsmanöver n, Docking n (Aneinanderkoppeln zweier Raumfahrzeuge) (Raumf) / docking, linkup, docking manoeuvre

ankörnen (Lochmitten und Risslinien leicht) / prick-punch ‖ ~ (kräftig zur Erleichterung des Anbohrens) / center-punch, mark with a center-punch

Ankreis m (Math) / excircle, escribed circle

Ankunfts•gate n (Luft) / arrival gate ‖ ≈**gepäck** n (Luft) / arriving baggage, inbound baggage ‖ ≈**halle** f (Luft) / arrival concourse, arrival hall

ankurbeln (Absatz, Produktion) / boost

Anlage f (z.B. einer Straße, militärischer Stützpunkte), Anlegen n (Bau) / building, construction ‖ ≈ (z.B. einer Fabrik, einer Werft, einer Stadt) / layout n ‖ ≈ (z.B. Kraftwerk) / plant ‖ ≈ (z.B. Militär-, Sport-, Verlade-, Hafen-, Produktions-, Kraft-, Förderanlage) / facility ‖ ≈ (z.B. Beleuchtungsanlage), Einrichtung / installation (e.g. lighting installation) ‖ ≈ (z.B. Heizungs-, Bewässerungsanlage) / plant (e.g. heating, irrigation plant) ‖ ≈**n** f pl, Geräte n pl, technische Ausstattung, apparative Anlagen f pl (Masch) / equipment, hardware, installation ‖ ≈ f, System n (DV, Elek) / system ‖ ≈, Stereoanlage f (Audio) / stereo, stereo system, stereo equipment ‖ ≈, Maschine f, Gerät n / machine (e.g. electronic banking machine) ‖ ≈, Beilage f / enclosure (with letter etc.) ‖ ≈ (einer E-Mail), Anhang m (DV, Tele) / attachment (of an e-mail) ‖ ≈**güter** n pl, Investitionsgüter n pl (Wirtsch) / capital goods pl

Anlagen•ausfall *m*, Ausfall *m* (DV) / breakdown *n*, hardware breakdown ‖ ~**bau** *m* / plant construction, plant manufacture ‖ ~**bau**, Anlagentechnik *f* / plant engineering ‖ ~**bauer** *m* / plant manufacturer ‖ ~**bediener** *m* (DV, Techn) / operator ‖ ~**betreiber** *m* / plant operator ‖ ~**erder** *m* (Elek) / system earth electrode, installation earth electrode ‖ ~**erdung** *f* (Elek) / system earthing ‖ ~**kennlinie** *f* (Masch) / system characteristic curve ‖ ~**konfiguration** *f* (DV) / system configuration, hardware configuration, equipment configuration ‖ ~**spezifisch** / specific to a particular plant ‖ ~**steuerung** *f* / plant control ‖ ~**technik** *f* / plant engineering

Anlagerung *f*, Additionsreaktion *f* (Chem) / addition, addition reaction

Anlagerungs•komplex *m* (Chem) / addition complex ‖ ~**reaktion** *f*, Additionsreaktion *f* (Chem) / addition, addition reaction ‖ ~**verbindung** *f* (Chem) / addition compound, additive compound

Anlageteil *n* / equipment, piece of equipment, system component

Anlass•ätzung *f* (Hütt) / temper etch ‖ ~**beständigkeit** *f* (von Stahl) (Hütt) / good tempering properties *pl*, retention of hardness

anlassen (Elek, Kfz, Mot) / start ‖ ~ (wiedererwärmen nach dem Abschrecken zum Abbau innerer Spannungen bei verminderter Sprödigkeit u. größerer Zähigkeit) (Hütt) / let down, temper (toughen metal by lessening brittleness and reducing internal stresses) ‖ ~ (farbig), anlaufen lassen (Glas) / flash ‖ ~, tempern (Plast) / anneal (US), temper (GB) ‖ ~ *n*, Starten *n* (allg. Mot) / starting ‖ ~, Tempern *n* (nach dem Formen erfolgende Wärmebehandlung) (Plast) / annealing (US), tempering (GB) ‖ ~ (Wiedererwärmen nach dem Abschrecken zum Abbau innerer Spannungen bei verminderter Sprödigkeit u. größerer Zähigkeit) (Hütt) / drawing, drawing the temper, letting down, tempering

Anlasser *m* (zum Anlassen elektrischer Maschinen), Motorstarter *m* (Elek) / starter, motor starter ‖ ~ (zum Starten von Verbrennungsmotoren), Starter *m* (Elek, Kfz) / starter motor, starter, starting motor

Anlass•farbe *f*, Anlauffarbe *f* (Hütt) / temper colour, tempering colour ‖ ~**schaubild** *n* (Hütt) / tempering curve ‖ ~**sprödigkeit** *f* (Hütt) / temper brittleness, temper embrittlement ‖ ~**steuerung** *f* (von Elektromotoren) (Elek) / soft-start control, start control ‖ ~**temperatur** *f* (Hütt) / tempering temperature ‖ ~**vergütung** *f* (Hütt) / hardening and tempering (between 500 °C and 600 °C) ‖ ~**widerstand** *m* (Elek) / starting resistance

Anlauf *m* (z.B. der Produktion), Anlaufen *n*, Start *m* / start ‖ ~ (einer Maschine), Anlaufen *n* / starting, start-up ‖ ~ (des Nocken), Nockenvorsprung *m* (Masch) / cam nose, cam hump, cam lobe, lobe (of the cam) ‖ ~**ätzen** *n* (Hütt) / temper etch ‖ ~**drehmoment** *n*, Anlaufmoment *n* (bei Antriebsmaschinen) (Mot) / breakaway torque, starting torque

anlaufen *vt* (Hafen), ansteuern (Schiff) / call *vi* [at] ‖ ~ *vi* (z.B. Produktion), beginnen / start ‖ ~ (Motor) (Elek) / start ‖ ~ (Anlage, Maschine etc.), anfahren *vi* / start *vi*, start operating ‖ ~ (Metall) / become tarnished, tarnish *vi* ‖ ~ (z.B. Fenster), beschlagen / fog

(e.g. glasses, window), steam up, mist up o. over, fog up *vi* ‖ ~ **lassen**, anfahren *vt* (Anlage etc.) / start up, start ‖ ~ **lassen**, anlassen (farbig) (Glas) / flash ‖ ~ *n*, Anlauf *m* (einer Maschine) / starting, start-up ‖ ~, Start *m*, Anlauf *m* (z.B. der Produktion) / start ‖ ~ (von Metall durch Korrosion) / tarnishing

Anlauf•farbe *f*, Anlassfarbe *f* (Hütt) / temper colour, tempering colour ‖ ~**farbglas** *n* (Glas) / flashed glass ‖ ~**fläche** *f*, Anschlagfläche *f* / stop face, stopping face ‖ ~**glas** *n* (Glas) / flashed glass ‖ ~**kondensator** *m* (beim Kondensatormotor) (Elek) / starter capacitor, starting capacitor, start capacitor ‖ ~**moment** *n* (bei Antriebsmaschinen) (Mot) / breakaway torque, starting torque ‖ ~**reibung** *f* (Masch) / starting friction ‖ ~**schaltung** *f* (Elek) / start-up circuit ‖ ~**scheibe** *f*, Gleitlagerscheibe *f* / thrust washer ‖ ~**schicht** *f* (Hütt) / tarnish ‖ ~**spannung** *n* (Elek) / start-up voltage ‖ ~**strom** *m*, Einschaltstrom *m* (der unmittelbar nach dem Einschalten eines elektrischen Verbrauchers fließt und ein Vielfaches des Nennstromes betragen kann) (Elek) / inrush current, input surge current ‖ ~**verzögerung** *f* (Bauelement) (Eltro) / switch-on delay ‖ ~**vorgang** *m*, Anlauf *m* (einer Maschine), Anlaufen *n* / starting, start-up ‖ ~**zeit** *f*, Schaltzeit *f* (Regel) / build-up time, rise time

Anlege•goniometer *n* (Krist) / contact goniometer ‖ ~**leiter** *f* / single section ladder

anlegen *vt* (Spannung, Feld, Kraft) (Elek) / apply ‖ ~, einlegen (Lot) (Schw) / preload, preplace ‖ ~, schaffen, einrichten / create, set up, establish ‖ ~, gestalten (z.B. Garten) / lay out ‖ ~ (Statistiken, Listen), zusammenstellen, erstellen / compile, draw up ‖ ~ (Datei, Verzeichnis, Adresse), einrichten (DV) / create (a file, directory, address) ‖ ~ *n*, Anlage *f* (z.B. einer Straße, militärischer Stützpunkte) (Bau) / building, construction ‖ ~ (einer Spannung, Kraft, eines Feldes) / application

Anlege•winkel *m* von 90° (Wz) / try-square (pair of straightedges fixed at right angles to each another, used for laying off right angles and testing whether work is square) ‖ ~**winkelmesser** *m*, Anlegegoniometer *n* (Krist) / contact goniometer

anleiten, auffordern (DV) / prompt *vt* (user, operator)

Anleitung *f* / instruction[s]

anliefern, zustellen / deliver *vt* (goods)

Anlieferung *f*, Zustellung *f* / delivery

anliegen *vi* (Spannung) (Elek) / be applied ‖ **dicht o. eng ~** / fit closely o. tightly

anliegend, benachbart, angrenzend [an] / adjacent, neighbo[u]ring, adjoining, contiguous, conterminal, conterminous [to]

Anliegerverkehr (Kfz) / access traffic

anmachen (Licht, Heizung etc.) / put on, turn on ‖ ~ (Mörtel) (Bau) / gauge, mix, prepare

anmalen, anstreichen / paint *v* ‖ ~ *n*, Anstreichen *n* / painting

anmelden *vr* (sich) / sign on ‖ ~ (sich), einloggen (sich) (DV, Tele) / log in, log on (to a computer system or network)

Anmeldung *f*, Einloggen *n* (DV, Tele) / login, logon

annähernd, näherungsweise / approximate *adj*, rough ‖ ~ **gleich** (Math) / approximately equal [to]

Annäherung *f*, Näherung *f*, Approximation *f* (Math) / approximation

Annäherungsschalter m (Eltro, Mess) / proximity switch, proximity sensor

Annahme f, Voraussetzung f / assumption ‖ ≈, Abnahme f (z.B. einer Lieferung) / acceptance ‖ ≈**prüfung** f, Abnahmeprüfung f (QM) / acceptance inspection, acceptance test ‖ ≈**verweigerung** f, Rückweisung f (QM) / rejection ‖ ≈**wahrscheinlichkeit** f (QM) / probability of acceptance ‖ ≈**zahl** f (QM) / acceptance number

annehmbar, akzeptabel / acceptable

annehmen, abnehmen vt, entgegennehmen / accept, take over, receive ‖ ~ (z.B. Angebot, Auftrag) / accept ‖ ~ (einen Anruf), entgegennehmen (Tele) / answer (a call), take ‖ ~ (Formen, Werte) / take on (shapes, values), assume

Annidation f (Umw) / annidation, occupation of a niche

Annihilation f, Paarzerstrahlung f (Nukl) / annihilation, pair annihilation

Annulene n pl (Chem) / annulenes pl

Anode f (Eltro) / anode, plate (US) ‖ **galvanische ≈**, Opferanode f (Korrosionsschutz) (OT) / galvanic anode, sacrificial anode, reactive anode

Anoden•basisschaltung f, Kathodenfolger m (Eltro) / cathode follower, CF ‖ ≈**basisverstärker** m, Kathodenfolger m (Eltro) / cathode follower, CF ‖ ≈**fall** m, Anodenspannungsabfall m (Eltro) / anode drop, anode fall ‖ ≈**schlamm** m (Fert) / anode sludge, anode slime ‖ ≈**schlamm** (beim elektrochemischen Abtragen) (Fert) / electrolyte sludge ‖ ≈**spannung** f (Eltro) / anode potential, anode voltage, plate voltage, plate potential ‖ ≈**spannungsabfall** m (Eltro) / anode drop, anode fall ‖ ≈**strahlen** m pl, Anodenstrahlung f (Phys) / anode rays pl ‖ ≈**strom** m (Eltro) / anode current, plate current (US)

anodisch•es Bonden (Fert) / anodic bonding ‖ ~**er Korrosionsschutz** / anodic protection ‖ ~**e Oxidation**, Anodisieren n (OT) / anodic oxidation, anodizing, electrolytic oxidation ‖ ~**e Oxidation**, Eloxalverfahren n, Anodisieren n (von Aluminium) (OT) / aluminum anodizing, anodizing (of aluminum) ‖ ~ **oxidieren**, anodisieren (Aluminium), eloxieren (OT) / anodize (aluminium) ‖ ~**es Polieren** (OT) / electropolishing, electrobrightening, electrolytic polishing, electrolytic brightening ‖ ~**er Schutz**, anodischer Korrosionsschutz / anodic protection

Anodisieren n, anodische Oxidation (OT) / anodic oxidation, anodizing, electrolytic oxidation ‖ ≈ (von Aluminium), Eloxalverfahren n (OT) / aluminum anodizing, anodizing (of aluminum)

Anol® n, Cyclohexanol n ($C_6H_{11}OH$) (Chem) / cyclohexanol, hexalin, hexahydrophenol, cyclohexyl alcohol

anomal / anomalous, abnormal

Anomalie f, Abnormalität f / anomaly ‖ ≈ **des Wassers** (Phys) / anomalous properties of water, anomaly of water

Anomer n (Chem) / anomer n

anordnen (an einer bestimmten Stelle, z.B. Schalter, Displays) / locate ‖ ~ (z.B. nach Sachgebieten, Größe, alphabetisch) / arrange (e.g. by subject matter, according to size, alphabetically), order vt ‖ ~ **in Abständen** / space [out] ‖ **in einem Abstand o. in Abständen von 3 m aufstellen o. ~** / space 3 m apart

Anordnung f (z.B. nach Sachgebieten, Größe, alphabetisch) / arrangement (e.g. by subject matter, according to size, alphabetically) ‖ ≈, Aufstellung f / arrangement, disposition ‖ ≈, Anlage f (z.B. einer Fabrik, einer Werft, einer Stadt) / layout n ‖ ≈ (an einer bestimmten Stelle, z.B. von Schaltern, Displays) / location ‖ ≈ (z.B. von Tasten auf der Tastatur) / layout ‖ ≈, Aufbau m (einer Anlage, eines Versuchs) / set-up, arrangement ‖ ≈, Struktur f / structure n ‖ ≈ (fluchtende, axiale), Ausrichtung f / alignment (e.g. of axes, shafts, wheels) ‖ ≈, Reihenfolge f (steigende, fallende, umgekehrte, alphabetische, chronologische) / order n (ascending, descending, reverse, alphabetical, chronological) ‖ ≈, Aufstellung f (in Reihe) / line-up ‖ ≈ (einer algebraischen Struktur) (Math) / ordering ‖ ≈, Anweisung f / instruction ‖ ≈, Weisung f / instruction ‖ ≈ **in gerader Linie** (neben-, hinter- o. untereinander), Fluchten n / alignment, arrangement in a straight line ‖ ≈ **in Reihe** / serial arrangement

anorganisches Benzol (Chem) / borazole

anorganisch-chemische Analytik (Chem, Mess) / inorganic chemical analysis

anormal / anomalous, abnormal

anpassen vt vr [sich][an](veränderte Umstände, neue Entwicklungen) / adjust vt vi [to] ‖ ~ (sich)(passend, geeignet machen o.z.B. für bestimmte Anforderungen) / adapt vt vi [to] ‖ ~ vt, abstimmen [mit, auf, aufeinander] / match vt (e.g. hardware to a particular application, a system to customer requirements), adjust [to] ‖ ~, zuschneiden [auf](spezielle Anforderungen), abstimmen / tailor vt [to] ‖ ~ [an], einstellen (z.B. Produktion auf bestimmte Anforderungen, Kundenkreise), ausrichten (z.B. Produktion auf Nachfrage) / gear [to] (e.g. output to specific demands or customers), adapt ‖ ~ (gemäß den Wünschen u. Anforderungen des Kunden o. Benutzers) [an] / customize (e.g. software) [to] ‖ ~, zusammenpassen vt (Teile, Flächen) / match vt, fit together vi ‖ ~ vr (sich)[an], einstellen vr (sich)[auf] / adapt [to] ‖ ~ vt vr (sich), akkommodieren (Opt, Physiol) / accommodate, adapt vt vi ‖ ~ vt vr [sich], akklimatisieren vr vi [sich], eingewöhnen [sich] / acclimate v (to), acclimatise (GB), acclimatize (US)

Anpassstück, Adapter m, Verbindungsstück n (z.B. zwischen zwei unterschiedlich genormten Anschlüssen) / adapter, adaptor

Anpassung f, Adaptation n / adaptation ‖ ≈, Akklimatisierung f / acclimation, acclimatization ‖ ≈, Abgleich m, Synchronisation f (Eltro) / alignment (e.g. bit-rate, channel, frame, frequency, phase alignment) ‖ ≈, Abstimmung f (aufeinander) (DV, Elek, Eltro, Tele) / matching (e.g. hardware to a particular application, a system to customer requirements) ‖ ≈ (Elek) / matching ‖ ≈ **an Kundenwünsche** / customization ‖ ≈ **des Zündzeitpunkts**, Zündzeitpunktverstellung f (in Richtung früh o. spät) (Kfz) / ignition timing

Anpassungs•..., zueinander passend / matching ‖ ≈**einrichtung** f, Adapter m, Verbindungsstück n (z.B. zwischen zwei unterschiedlich genormten Anschlüssen) / adapter, adaptor ‖ ~**fähig** / adaptive, adaptable ‖ ~**fähigkeit,** Adaptionsvermögen n / adaptability ‖ ~**fähigkeit** f, Flexibilität f / flexibility ‖ ~**glied** n (Elek) / matching network ‖ ~**konstruktion** f (Anpassung eines bekannten Systems an eine veränderte Aufgabenstellung) (Masch) / redesign ‖ ~**stück** n, Adapter m, Verbindungsstück n (z.B. zwischen zwei unterschiedlich genormten Anschlüssen) / adapter, adaptor ‖ ~**trafo** m, Anpassungstransformator m für Impedanzen / impedance corrector

anpflanzen (z.B. Getreide), anbauen (Landw) / cultivate, grow vt

Anplanen n, Ansenken n (zur Herstellung ebener Auflageflächen für Schraubenköpfe, Muttern, Unterlegscheiben usw.) (Fert) / spotfacing

Anplanung f, Ansenkung f (am Bohrungsrand als Auflagefläche für Schraubenköpfe, Dichtungen, Muttern, Unterlegscheiben usw.) (Fert) / spotface, spotfaced hole

anprallen, stoßen [gegen], anstoßen [an], anschlagen / strike, hit ‖ ~ m, prallen m [an, gegen] / crash [against, into]

Anpress•druck m, Andruckkraft f, Andruck m / contact pressure, pressure [acting against] ‖ ~**kraft** f (z.B. in Reibradgetrieben) (Masch) / contact pressure ‖ ~**vorrichtung** f (Masch) / clamping device

anrauen / roughen [up]

anregen (Elek, Phys) / excite (an atom, molecule, etc.)

Anreger m, Beleber m (bei der Flotation), Aktivator m (Aufb, ChT) / activator

Anregung f (eines Atoms, Atomkerns, Moleküls) (Phys) / excitation

Anregungs•energie f (Phys) / excitation energy ‖ ~**potential** n (Phys) / excitation potential, resonance potential ‖ ~**spannung** f (Phys) / excitation potential, resonance potential ‖ ~**zustand** m, angeregter Zustand (Phys) / excited state

anreiben (z.B. Farben, Wirkstoffe) / grind

anreichern vt (allg, Chem, Landw, Nukl) / enrich ‖ ~, aufbereiten (feste mineralische Rohstoffe, z.B. durch Zerkleinern, Rösten, Magnetscheidung, Flotation) (Aufb) / beneficiate, dress (ore), concentrate ‖ ~ vr vt, ansammeln vr vi (z.B. radioaktive Substanzen in Organismen) / accumulate vt vi ‖ **mit Sauerstoff** ~ / oxygenate (e.g. the blood), oxygenize

Anreicherung f (allg, Chem, Landw, Nukl) / enrichment ‖ ~, Aufbereitung f (fester mineralischer Rohstoffe, z.B. Zerkleinern, Rösten, Magnetscheidung, Flotation), Erzaufbereitung f (Aufb) / beneficiation, mineral processing, mineral dressing, ore dressing ‖ ~, Zerkleinerung f (Brechen u. Mahlen) (Aufb, ChT) / comminution (crushing or grinding) ‖ ~ (z.B. von Salzen im Boden), Ansammlung f / accumulation

Anreicherungs•-FET m (Eltro) / enhancement-mode transistor, enhancement-mode MOSFET, enhancement-type MOSFET ‖ ~**-IG-FET** m (Eltro) / enhancement-mode transistor, enhancement-mode MOSFET, enhancement-type MOSFET ‖ ~**randschicht** f (bei Halbleitern) (Eltro) / enhancement layer, enhancement zone ‖ ~**schicht** f (bei Halbleitern) (Eltro) / enhancement layer,

enhancement zone ‖ ~**typ** m (des Feldeffekttransistors) (Eltro) / enhancement-mode transistor, enhancement-mode MOSFET, enhancement-type MOSFET ‖ ~**verfahren** n (Nukl) / enrichment process ‖ ~**zone** f, Anreicherungsschicht f (bei Halbleitern) (Eltro) / enhancement layer, enhancement zone

anreißen vi, einreißen vi / begin to break, begin tearing ‖ ~ vt (zur Übertragung der Maße der Zeichnung auf das Werkstück) (Fert) / mark, mark off, scribe, mark out ‖ ~ n (zur Übertragung der Maße der Zeichnung auf das Werkstück) / marking out

Anreiz m, Impuls m, Ansporn m / stimulus, incentive

Anriss m / incipient crack o. fracture, starting point of a fracture, superficial fissure ‖ ~**linie** f (entlang der eine Säge geführt wird) (Wz) / guideline

Anruf m, Telefongespräch n (Tele) / telephone call, phone call, call n ‖ ~**beantworter** m (Tele) / answering machine, telephone answering device, TAD

anrufen (Tele) / call vt, ring [up], dial [up], phone vt

anrufender Teilnehmer, Anrufer m (Tele) / caller, calling party, calling subscriber

Anrufer m, anrufender Teilnehmer (Tele) / caller, calling party, calling subscriber

Anruf•sucher m (Tele) / finder, line finder (first selector in a Strowger system) ‖ ~**umleitung** f, Anrufweiterschaltung f (Tele) / call forwarding, call diversion ‖ ~**weiterschaltung** f (Tele) / call forwarding, call diversion ‖ ~**weiterschaltung bei Besetzt** (ISDN-Leistungsmerkmal) (Tele) / call forwarding on busy, CFB

anrühren, mischen / mix ‖ ~, berühren / touch, contact vt

Ansage f (auf Anrufbeantworter) (Tele) / announcement

ansammeln vr vt (z.B. radioaktive Substanzen in Organismen) / accumulate vt vi ‖ ~ vt, anhäufen, akkumulieren / accumulate vt, pile up vt, heap up, amass

Ansammlung f, Ablagerung f / accumulation, build-up (e.g. of salt deposits) ‖ ~, Akkumulation f, Anhäufung f / accumulation

Ansatz m, Anfang m / beginning(s) ‖ ~, Vorsprung m, Nase f / lug n, nose ‖ ~, Nase f (an einem bewegten Teil zur gleichmäßigen Bewegung o. Auslösung eines sich darin einhakenden o. davon ergriffenen anderen Teils), Mitnehmer m / catch, dog ‖ ~ (stufenförmig), Absatz m / shoulder ‖ ~, Entstehung f, Bildung f (z.B. von Rost, Kalkstein) / formation ‖ ~, Schicht f (die sich angesetzt hat) / coat, layer, coating ‖ ~, Kesselstein m / boiler scale, scale, incrustation, fur n ‖ ~, Mischung f (für einen Produktionsprozess) (ChT) / batch, stock, charge ‖ ~ (von Mischungen), Mischung f (nach Formel) (Chem) / formulation, preparation (according to a formula) ‖ ~, Menge f (von Komponenten für eine Reaktion) (Chem) / batch ‖ ~, Lösungsweg m / approach (e. g. to a problem) ‖ ~ (Formulierung des Lösungsweges) (Math) / formulation, statement ‖ ~**punkt** m, Ausgangspunkt m / starting point ‖ ~**rohrstück** n, Anschlussstutzen m / connecting piece, connection piece ‖

≗**schraube** *f*, Schraube *f* mit Bund / shoulder screw

Ansaugdruckfühler *m* (Mess) / suction pressure sensor

ansaugen *vt* (z.B. die Pumpe saugt Wasser an, der Motor saugt ein Gas-Luftgemisch an), saugen / draw ‖ ≗, einsaugen, aufsaugen / aspirate, vacuum off, suck, suck up, suck in, suck away, suck off, suck out ‖ ≗ *n*, Aufsaugen *n*, Einsaugen *n* / suction, suckage, aspiration ‖ ≗ (bei Verdichtern) (Masch) / suction

Ansaug•filter *n* / intake filter, suction filter ‖ ≗**hub** *m*, Ansaugtakt *m* (Mot) / intake stroke, induction stroke, inlet stroke ‖ ≗**krümmer** *m*, Sammelsaugrohr *n* (Mot) / intake manifold, inlet manifold, induction manifold ‖ ≗**leitung** *f*, Sammelsaugrohr *n*, Ansaugkrümmer *m* (Mot) / intake manifold, inlet manifold, induction manifold ‖ ≗**luft** *f* (Mot, Techn) / intake air ‖ ≗**öffnung** *f*, Einlassöffnung *f* / inlet, intake ‖ ≗**öffnung** *f* (einer Pumpe) / entrance port ‖ ≗**rohr** *n*, Sammelsaugrohr *n*, Ansaugkrümmer *m* (Mot) / intake manifold, inlet manifold, induction manifold ‖ ≗**seite** *f*, Einlassseite *f* (Mot) / induction side, inlet side ‖ ≗**seite**, Saugseite *f* (einer Pumpe) / suction side, inlet side, intake side (of a pump) ‖ ≗**stutzen** *m*, Sammelsaugrohr *n*, Ansaugkrümmer *m* (Mot) / intake manifold, inlet manifold, induction manifold ‖ ≗**stutzen** (einer Pumpe) / suction branch, suction nozzle ‖ ≗**takt** *m*, Ansaughub *m* (Mot) / intake stroke, induction stroke, inlet stroke ‖ ≗**ventil** *n* (einer Pumpe) / priming valve ‖ ≗**ventil**, Einlassventil *n* (Mot) / inlet valve, intake valve, induction valve

Ansa-Verbindung *f* (Chem) / ansa compound

Anschaffungskosten *pl* / capital cost, first cost, initial cost *pl*

anschalten *vt* (Licht, Radio, Maschine etc.), einschalten *vt* (Elek) / switch on *vt*, turn on ‖ ~, einschalten, in den Stromkreis schalten (Elek) / connect, join up in circuit ‖ ~ (sich) / switch on *vi*

anschichten, aufstapeln, aufschichten / stack *vt*, pile up

Anschlag *m*, Endanschlag *m*, Begrenzungsanschlag *m* (Masch) / stop, end stop, limit stop, mechanical stop ‖ ≗, Führung *f* / guide, fence ‖ ≗ (Gehrungssäge) (Wz) / fence (of mitre saw) ‖ ≗, Nase *f* (an einem bewegten Teil zur gleichmäßigen Bewegung o. Auslösung eines sich darin einhakenden o. davon ergriffenen anderen Teils), Mitnehmer *m* / catch, dog ‖ ≗ (auf der Tastatur, Schreibmaschine), Tastenanschlag *m* (Büro, Druck, DV) / key stroke, stroke (e.g. 50 strokes to a line/300 strokes a minute) ‖ ≗, Kostenvoranschlag *m* (Wirtsch) / quotation, quote, bid, estimate *n* (statement of approximate charge for work) ‖ ≗**drucker** *m* (DV) / impact printer

anschlagen, stoßen [gegen], anstoßen [an], anprallen / strike, hit ‖ ~ (Last), befestigen (Förd) / attach, fasten

Anschlag•fläche *f* / stop face, stopping face ‖ ~**freier Drucker** (DV) / non-impact printer ‖ ≗**garnitur** *f* (Förd) / lifting set ‖ ≗**kette** *f* (Förd) / chain sling ‖ ≗**kloben** *m* (auf Werkstücktisch das Gegenlager des Spannklobens) (Wzm) / stop dog ‖ ≗**mittel** *n* (zur Verbindung zwischen Last und Tragmittel, z.B. Anschlagseil, -kette, -gurt) (Förd) / sling, sling device ‖ ≗**seil** *n* / sling rope ‖ ≗**vorrichtung** *f*

(Förd) / lifting set ‖ ≗**winkel** *m*, Anlegewinkel *m* von 90° (Wz) / try-square (pair of straightedges fixed at right angles to each another, used for laying off right angles and testing whether work is square)

anschließen (mit Schloss), sichern, festmachen / secure with a lock, fasten with a lock, lock ‖ ~, verbinden (allg, Elek, Masch) / connect *vt* ‖ ~ [an], verbinden *vt* [mit] (DV, Elek, Eltro) / attach (e.g. a tape drive to a PC), interface *vt* (e.g. computers with spectrometers, microprocessors with input-output devices) ‖ ~ (in Steckdose), den Gerätestecker (eines Fernsehgeräts, Radios o.ä.) in die Steckdose stecken (Elek) / plug in *vt* (e.g. TV set, radio)

Anschliff *m*, Schlifffläche *f* (für Schliffbilder) (Hütt) / ground section (of a specimen), polished section, polished face

Anschluss *m*, Verbindung *f* (allg, DV, Elek, Tele) / connection, (GB a.:) connexion ‖ ≗ [nach] (Verk) / connection [with o. to] ‖ ≗, Anschlusszug *m* (Bahn) / connection, connecting train ‖ ≗, Anschlussstelle *f* (z.B. für Wasser, Gas, Strom) / supply point ‖ ≗, Autobahnanschlussstelle *m* (Straß) / junction (with access to highway or motorway) ‖ ≗ (Elek) / terminal (electric input or output point of a circuit or component) ‖ ≗, Anschlussklemme *f* (Elek) / terminal (clamping device for establishing electrical connection), connecting terminal, connection terminal ‖ ≗, Zuleitung *f* (Elek) / lead ‖ ≗ (Verbindung zwischen zwei oder mehr Leiterenden) (Elek) / junction ‖ ≗, Anschlussteil *n* (z.B. eines Kabelschuhs) (Elek) / termination ‖ ≗, Anschlussstift *m* (Elek, Eltro) / pin ‖ ≗, Telefonanschluss *m* (Tele) / line, telephone connection ‖ ≗, Anschlussdose *f* (für Telefon) (Tele) / socket, socket box, telephone socket, telephone socket box, junction box (for telephone) ‖ ≗, Port *m* (Ein-/Ausgabekanal des Computers oder einer anderen Hardware-Einheit, zum Anschluss z.B. von Drucker, Maus), Anschlussbuchse *f* (DV) / port ‖ ≗ **an das Stromnetz**, Stromanschluss *m* (Elek) / electric connection, power connection, service connection for electricity, electricity connection ‖ ≗ **ans Internet** (DV) / connection to the Internet, Internet connection, linkup to the Internet

Anschluss•bereich *m*, Versorgungsbereich *m* (Tele) / service area (geographic area served by a supplier) ‖ ≗**buchse** *f*, Port *m* (Ein-/Ausgabekanal des Computers oder einer anderen Hardware-Einheit, zum Anschluss z.B. von Drucker, Maus) (DV) / port ‖ ≗**dose** *f*, Abzweigdose *f* (Elek) / junction box, J box ‖ ≗**dose** (für Telefon) (Tele) / socket, socket box, telephone socket, telephone socket box, junction box (for telephone) ‖ ≗**draht** *m* (eines Bauteils), Zuleitungsdraht *m* (Elek, Eltro) / lead wire, lead (of a component) ‖ ≗**inhaber** *m*, Fernsprechteilnehmer *m* (Tele) / customer (of a telephone company), subscriber, telephone subscriber, party ‖ ≗**kabel** *n*, Hausanschlussleitung *f* (Elek) / service cable ‖ ≗**kabel**, Anschlussleitung *f* (eines elektrischen Gerätes), Netzanschlussleitung (Elek, Tele) / power cord, flex (GB), cord, appliance cord, power supply cord, electric cord, flexible cord, mains lead, mains cable ‖ ~**kabel**, Verbindungskabel *n* (Elek) / connecting cable, connection cable ‖ **biegsames** ~**kabel**, Verbindungsschnur *f*, Anschlussschnur *f* (Elek, Eltro) / connecting lead, connecting cord, flylead ‖ ~**kasten** *m*, Klemmenkasten *m* (Elek) / terminal box ‖ ~**kasten**, Hausanschlusskasten *m* (Elek) / service head (containing the main fuse or service cutout), sealed unit, cutout ‖ ~**klemme** *f* (Elek) / terminal (clamping device for establishing electrical connection), connecting terminal, connection terminal ‖ ~**kompatibilität** *f*, Pinkompatibilität (Eltro) / pin compatibility ‖ ~**leiste** *f*, Klemmenleiste *f* (Elek, Tele) / terminal strip, terminal block, connecting block ‖ ~**leistung** *f* (Elek) / connected load ‖ ~**leitung** *f*, Hausanschlussleitung *f* (Ener, Sanitär) / service pipe (linking a building to a water or gas main), supply line ‖ ~**leitung**, Hausanschlussleitung *f*, Hausanschlusskabel *n* (Elek) / service cable ‖ ~**leitung** (eines elektrischen Gerätes), Netzanschlussleitung (Elek, Tele) / power cord, flex (GB), cord, appliance cord, power supply cord, electric cord, flexible cord, mains lead, mains cable ‖ ~**leitung**, Teilnehmeranschlussleitung *f* (Tele) / access line, subscriber line, local loop, local line (connecting subscriber terminal to local exchange), access loop, subscriber loop, local exchange loop, exchange line ‖ ~**leitung**, Teilnehmeranschlussleitung *f* (physikalisch) (Tele) / drop wire, drop cable ‖ ~**maße** *n pl* / companion dimensions *pl*, fitting dimensions *pl*, mating dimensions *pl*, interrelated dimensions *pl* ‖ ~**nummer** *f*, Telefonnummer *f* (Tele) / telephone number, phone number, number, subscriber number ‖ ~**plan** *m*, Klemmenplan *m* (Doku, Elek, Eltro) / connection diagram, terminal connection diagram, terminal diagram ‖ ~**pol** *m* (Elek) / terminal (positive or negative, e.g. on battery) ‖ ~**raum** *m*, Hausanschlussraum *m* (Elek, Sanitär, Tele) / utility room (for service connections), electrical room (for electrical services) ‖ ~**rohr** *n*, Hausanschlussleitung *f* (Ener, Sanitär) / service pipe (linking a building to a water or gas main), supply line ‖ ~**schaltbild** *n*, Anschlussplan *m*, Klemmenplan *m* (Doku, Elek, Eltro) / connection diagram, terminal connection diagram, terminal diagram ‖ ~**schnur** *f*, Verbindungsschnur *f* (Elek, Eltro) / connecting lead, connecting cord, flylead ‖ ~**schnur** (verbindet das Endgerät mit der Anschlussdose) (Tele) / line cord ‖ ~**spannung** *f*, Versorgungsspannung *f* (Elek) / supply voltage ‖ ~**stelle** *f*, Autobahnanschlussstelle *m* (Straß) / junction (with access to highway or motorway) ‖ ~**stelle** (z.B. für Wasser, Gas, Strom) / supply point ‖ ~**stift** *m* (Elek, Eltro) / pin ‖ ~**stift**, Kontaktstift *m*, Steckerstift *m* (Elek) / pin (on a plug), plug pin, connector pin, prong (of male connector) ‖ ~**stück** *n*, Verbindungsstück *n* / connector ‖ ~**stück**, Rohr-Formstück *n*, Fitting *m* (Rohr) / pipe fitting (for connecting lengths of pipes), fitting ‖ ~**stück**, Ansatzrohrstück *n* / connecting piece, connection piece ‖ ~**stutzen** *m*, Ansatzrohrstück *n* / connecting piece, connection piece ‖ ~**teil** *n*, Verbindungsstück *n* / connector ‖ ~**teil**, Ansatzrohrstück *n* / connecting piece, connection piece ‖ ~**teil** *m* (z.B. eines Kabelschuhs) (Elek) / termination ‖

~**wert** *m*, Anschlussleistung *f* (Elek) / connected load ‖ ~**zug** *m* (Bahn) / connection, connecting train

Anschnallgurt *m*, Sicherheitsgurt *m* (Kfz, Luft) / seat belt, safety belt

Anschnitt *m*, Kerbe *f* / nick, notch ‖ ~ (am Gussstück), Anguss *m* (Gieß) / gate ‖ ~**steuerung** *f*, Phasenanschnittsteuerung *f* (Elek, Eltro) / phase-angle control, phase control

anschrägen, abschrägen (Kanten) (Zimm) / bevel ‖ ~, abfasen (Kanten) (Zimm) / chamfer *vt*

Anschrägung *f*, abgeschrägte Kante / bevel *n*, bevelled edge ‖ ~, abgefaste Kante / chamfer, chamfered edge

anschrauben / bolt on, screw on, fasten with screws ‖ ~, anziehen *vt* (Schrauben) / festziehen / tighten, fasten (screws), screw down

Anschubplatte *f* (für Endmaße) (Mess) / surface plate

Anschweißmutter *f*, Schweißmutter *f* / weld nut

anschwellen, aufquellen / swell *vi*

Anschwemm•filter *m n* (ChT) / precoat filter ‖ ~**filtration** *f* (ChT) / precoating ‖ ~**löten** *n* / wave soldering, flow soldering

ansehen (prüfend), betrachten / view *vt*

ansengen, versengen / scorch, singe

Ansenken *n* (zur Herstellung ebener Auflageflächen für Schraubenköpfe, Muttern, Unterlegscheiben usw.), Anplanen *n* (Fert) / spotfacing ‖ ~ (mit Kegelsenker zum Entgraten von Bohrungen) (Fert) / countersinking ‖ ~, Einsenken *n* (zylindrisch, meist zum Versenken von Schrauben- o. Nietköpfen) (Fert) / counterboring ‖ ~, Einsenken *n* (kegelförmig, meist zum Versenken von Schrauben- o. Nietköpfen) (Fert) / countersinking

Ansenkung *f* (am Bohrungsrand als Auflagefläche für Schraubenköpfe, Dichtungen etc.) / spotface, spotfaced hole

ansetzen *vt* [an], anfügen / attach [to], put on [to] ‖ ~ (Bad, Flotte, Lösung etc.) (Chem, Tex) / prepare ‖ ~ (z.B. Grünspan, Rost), bilden *vt* / build up *vt*, form ‖ ~ *vr* (z.B. Grünspan, Rost), bilden *vr* / build up *vi*, form ‖ ~ *n*, Entstehung *f*, Bildung *f* (z.B. von Rost, Kalkstein) / formation

Ansicht *f* (DV, Zeichnn) / view ‖ ~ (z.B. Westansicht) (Bau) / elevation (e.g. west elevation) ‖ ~ **von der Seite**, Seitenansicht *f* (Doku) / side view ‖ ~ **von hinten**, Rückansicht *f* (Doku) / rear view ‖ ~ **von oben**, Grundriss *m*, Draufsicht *f* (Bau, Doku) / top view, plan, horizontal projection ‖ ~ **von unten** (Doku) / bottom view

Anspitzer *m*, Bleistiftspitzer *m* (Büro) / pencil sharpener

anspleißen (Kabel, Seil, Glasfaser) / splice *vt*

Ansporn *m*, Anreiz *m* / stimulus, incentive

Ansprechempfindlichkeit *f* / responsiveness, responsivity, sensitivity

ansprechen [auf] (Elek, Masch) / respond (e.g. to change of pressure), react ‖ ~, adressieren (DV) / address *vt* (e.g. memory) ‖ ~, anziehen *vi* (Relais) (Elek) / operate, pick up *vi*, respond, pull in ‖ ~ *n*, Reaktion *f* / response, reaction

Ansprech•strom *m* (Elek) / response current ‖ ~**strom**, Anzugstrom *m* (Relais) (Elek) / pick-up current (relay), pull-in current ‖ ~**vermögen** *n* (eines Detektorsystems) (Nukl) / response ‖ ~**zeit** *f* (allg, Techn) / response time

Ansprengen n (von Endmaßen) (Mess) / wringing (of gauge blocks)

Anspruch m, Forderung f / claim ‖ ≃, Patentanspruch m (Pat) / claim n, patent claim ‖ **Ansprüche erheben** [auf], beanspruchen (als Recht) / claim vt ‖ **in ≃ nehmen**, beanspruchen (Platz) / take up, occupy (a lot of floor space) ‖ **in ≃ nehmen**, beanspruchen (Zeit) / take up (too much time), take (4 weeks)

Ansprüche m pl, Anforderungen f pl / requirements (e.g. of relevant specifications), demands n (e.g. of a customer)

Anspruchs•klasse f (QM) / grade (of a product - relating to the level in the market at which the product is aimed) ‖ **~los** (in der Wartung), wartungsfreundlich / easy to maintain, easy to service ‖ **~niveau** n (QM) / grade (of a product - relating to the level in the market at which the product is aimed) ‖ **~voll**, hoch (Niveau, Bedürfnisse) / exacting (standards, demands) ‖ **~voll** (hohe Anforderungen stellend) / demanding ‖ **~voll** (z.B. Produkte, Software), hochwertig (allg, Techn) / sophisticated

anstauchen (Längsausdehnung verkürzen bei gleichzeitiger Querschnittszunahme an nur einer Stelle) / upset ‖ **~** (Längsausdehnung verkürzen bei gleichzeitiger Querschnittszunahme nur am Ende des Werkstücks, z.B. zur Herstellung von Nagelköpfen) (Schm) / head, upset ‖ **≃** n (Verkürzung der Längsausdehnung bei gleichzeitiger Querschnittszunahme an nur einer Stelle) (Schm) / upsetting ‖ **≃**, Kopfanstauchen n (Verkürzung der Längsausdehnung bei gleichzeitiger Querschnittszunahme nur am Ende des Werkstücks, z.B. zur Herstellung von Nagelköpfen) (Schm) / heading, upsetting

anstauen, aufstauen (Wasserb) / dam [up], back up vt (e.g. a stream) ‖ **sich ~** (Wasser) (Wasserb) / build up vi, accumulate vi

anstechen, anzapfen / broach vt, tap (barrel, container)

anstecken, anzünden / ignite vt (e.g. petrol fumes), set fire to, set on fire

ansteigen (z.B. Spannung, Temperatur), zunehmen / increase vi, rise ‖ **≃** n, Zunahme f, Steigerung f, Erhöhung f / increase n

Anstellbewegung f (Wzm) / initial setting motion, tool approach motion

anstellen (Licht, Wasser, Radio, Maschine etc.) / turn on ‖ **~**, einstellen (Arbeitskräfte) / employ, engage, take on, hire vt ‖ **~**, durchführen (Prüfungen, Untersuchungen, Versuche) / conduct vt (tests, studies, research), carry out

ansteuern, anlaufen vt (Hafen) (Schiff) / call vi [at] ‖ **~** (ein Gatter, einen Schalter) (Eltro) / activate (a gate, switch) ‖ **~** (z.B. mehrere Motoren mit einem Schalter) (Elek) / control ‖ **~**, auswählen (DV) / select (e.g. subroutine) ‖ **≃** n, Ansteuerung f (zur Zündung bei einem einrastenden Ventilbauelement) (Eltro) / triggering

Ansteuerübertrager m (Elek, Eltro) / gate drive transformer

Ansteuerung f (zur Zündung bei einem einrastenden Ventilbauelement), Ansteuern n (Eltro) / triggering

Ansteuerungsverhältnis n (DV, NC) / selection ratio

Anstich m (eines Hochofen) (Hütt) / tapping (of a furnace)

Anstieg m, Zunahme f, Steigerung f, Erhöhung f / increase n ‖ **≃**, Steigung f (einer Kurve, Geraden) (Math) / slope, gradient ‖ **≃** (ansteigende Strecke), Steigung (allg) / slope

Anstiegs•antwort f (Eltro, Regel) / ramp response ‖ **≃flanke** f, Vorderflanke f (eines Impulses) (Eltro) / leading edge (of a pulse), rising edge, front edge ‖ **≃zeit** f (von Impulsen) (Elek, Eltro) / rise time ‖ **≃zeit** (bei einem Schalttransistor) (Eltro) / rise time ‖ **≃zeit** (eines Stroms) (Elek, Eltro) / build-up time

Anstoß m, Impuls m / impetus ‖ **den ≃ zu etwas geben**, einleiten, anstoßen, initiieren / initiate (e.g. discussions, developments), trigger, set off

anstoßen [an], stoßen [gegen], anschlagen, anprallen / strike, hit ‖ **~**, einleiten, initiieren / initiate (e.g. discussions, developments), trigger, set off

anstoßend, benachbart, angrenzend [an] / adjacent, neighbo[u]ring, adjoining, contiguous, conterminal, conterminous [to]

anstrahlen / illuminate, irradiate ‖ **~** (mit Flutlicht), beleuchten (Licht) / flood vt, floodlight vt ‖ **~** (mit Punktstrahler etc.), beleuchten / spotlight v, illuminate (with spotlight) ‖ **≃** n (durch Scheinwerfer, Flutlicht) / floodlighting ‖ **≃** (mit Punktstrahlern) / spotlighting

anstreichen / paint v ‖ **≃** n / painting

Anstreicherpinsel m, Malerpinsel m / paintbrush, painter's brush

Anstrengungsverhältnis n (Mech) / ratio of allowable bending stress to allowable torsional stress

Anstrich m, Anstreichen n / painting ‖ **≃**, Farbanstrich m / coat of paint, paintwork ‖ **≃**, Anstrichfarbe f / paint n ‖ **≃technik** f / painting technology

Anströmquerschnitt m (Phys) / cross section (facing the current), frontal area (of an object facing the current)

Anteil m (z.B. am Gewinn) / share (e.g. in the profits) ‖ **≃** (prozentual), prozentualer Anteil / percentage ‖ **≃**, Quote f (z.B. bei Quotenregelungen), Kontingent n / quota ‖ **≃** (z.B. eines Bestandteil in einem Stoffgemisch) / proportion

Antenne f (Radio, Tele) / aerial n (GB), antenna (pl: -nae, -nas) (US) ‖ **aktive ≃** / active antenna o. aerial

Antennen•anlage f (Antenne, Antennenleitungen, ggf. Antennenverstärker, Maste und Abspannungen) / antenna system ‖ **≃anlage**, Antennengruppe f / antenna array, array ‖ **≃anordnung** f, Antennengruppe f / antenna array, array ‖ **≃anschluss** m / antenna port, antenna terminal ‖ **≃buchse** (Radio, TV) / antenna socket (US), aerial socket (GB) ‖ **≃charakteristk** f, Richtcharakteristik f (von Antennen) / antenna pattern, directional diagram ‖ **≃diagramm** n, Richtcharakteristik f (von Antennen) / antenna pattern, directional diagram ‖ **≃dipol** m, Dipolantenne f / dipole antenna, dipole, doublet antenna, dipole aerial, doublet ‖ **≃effekt** m / antenna effect ‖ **≃gewinn** m (Radio, Tele) / gain, antenna gain, power gain, antenna power gain, aerial gain (GB) ‖ **≃glas** n (Glas, Kfz, Radio) / antenna glass ‖ **≃gruppe** f / antenna array, array ‖ **≃impedanz** m / antenna impedance ‖ **≃kabel** (Elek, Tele) / aerial cable (GB), antenna cable (US) ‖ **≃leitung** f (bei Sendeantennen),

Antennenspeiseleitung f / feeder (connecting a transmitter to an antenna), antenna feeder ‖ ≈schüssel f, Parabolantenne f (für den Fernsehempfang), Satellitenschüssel f (TV) / dish antenna, dish n, satellite dish, satellite antenna ‖ ≈speiseleitung f / feeder (connecting a transmitter to an antenna), antenna feeder ‖ ≈steckdose f (Radio, TV) / antenna outlet, antenna socket, aerial socket, aerial outlet ‖ ≈stecker m (Radio, TV) / antenna plug ‖ ≈system n / antenna system ‖ ≈system, Antennengruppe f / antenna array, array ‖ ≈verstärker (Radio, TV) / booster (between antenna and TV receiver to amplify weak signals), antenna booster, antenna amplifier ‖ ≈verteiler m, Antennenweiche f / antenna diplexer, antenna two-way splitter ‖ ≈weiche f / antenna diplexer, antenna two-way splitter ‖ ≈widerstand m, Antennenimpedanz m / antenna impedance ‖ ≈zuleitung f, Antennenspeiseleitung f / feeder (connecting a transmitter to an antenna), antenna feeder

Anthocyanidin n (Biochem) / anthocyanidin

Anthrachinon (Chem) / anthraquinone ‖ ≈farbstoffe m pl / anthraquinone dyes pl

Anthranilsäure f (Chem) / anthranilic acid

Anthrazen n, Anthracen n / anthracene ‖ ≈öl n / anthracene oil, green oil

anthropisches Prinzip / anthropic cosmological principle

anthropogen / anthropogenic

Anti•adrenergikum n (Pharm) / sympatholytic ‖ ≈aliasing-Filter n (DV) / antialiasing filter ‖ ≈allergikum n (Pharm) / anti-allergic agent ‖ ≈alternative f, NOR-Verknüpfung f, NICHT-ODER-Funktion f (DV, Eltro, Logik) / NOR-function, NOR operation ‖ ≈atom n (Phys) / antiatom ‖ ≈baryon n (Nukl) / antibaryon ‖ ≈beriberifaktor m, Thiamin n (Biochem) / thiamine ‖ ~bindend (Chem, Nukl) / antibonding ‖ ≈biotikum n (Pharm) / antibiotic n ‖ ≈blockiersystem n, ABS n (Kfz) / ABS, antilock brakes, antilock braking system ‖ ≈-Blooming Gate n (Foto) / anti-blooming gate ‖ ≈deuteron n (Nukl) / antideuteron

Anti-Dive m (Bremsnickausgleich) (Kfz) / antidive

Antidot n, Gegenmittel n (Pharm) / antidote, counterpoison

Antidröhn n, Antidröhnmasse f / antidrumming compound, anti-drum compound, antinoise compound ‖ ≈masse f / antidrumming compound, anti-drum compound, antinoise compound ‖ ≈maßnahmen / antidrumming treatment ‖ ≈mittel n / antidrumming compound, anti-drum compound, antinoise compound

Anti•elektron n (Nukl) / antielectron ‖ ≈ferroelektrikum n (Elek, Phys) / antiferroelectric material ‖ ~ferromagnetisch (Phys) / antiferromagnetic ‖ ≈ferromagnetismus m (Phys) / antiferromagnetism ‖ ≈-g-Anzug m (Luft, Raumf) / anti-g suit, PGA (pressure garment assembly), g-suit, pressure garment assembly ‖ ≈gen-Antikörper-Reaktion f (Biochem) / antigen-antibody reaction ‖ ≈histaminikum n (Pharm) / antihistamine ‖ ≈histaminkörper m (Pharm) / antihistamine ‖ ≈hyperon n (Nukl) / antihyperon ‖ ≈-Icing n, Vereisungsschutzmittel n (Kfz, Luft) / anticer ‖ ≈katalysator m, negativer Katalysator (Chem) / anticatalyst, negative catalyst ‖ ≈kathode f (Eltro) /

anticathode, target (in an X-ray tube) ‖ ≈kern m (Nukl) / antinucleus ‖ ≈klopfmittel n (Kfz, Mot) / antiknock additive o. agent

Antikoinzidenz•betrieb m (Nukl) / anticoincidence mode ‖ ≈schaltung f, Exklusiv-ODER-Glied n (DV, Eltro) / anticoincidence circuit, exclusive-OR element, exclusive-OR gate, exclusive-OR circuit, except gate, nonequivalence gate, EXOR gate, anticoincidence element ‖ ≈zähler m (Nukl) / anticoincidence counter

Anti•kollisionslicht n, Warnblinker m (Luft) / anticollision light ‖ ~kommutativ (Math) / anticommutative ‖ ≈kommutator m (Phys) / anticommutator ‖ ≈körper m pl (Biochem) / antibodies, immunoglobulins ‖ ≈lepton n (Nukl) / antilepton

antilog (Pol) (Elek) / antilogous

Anti•logarithmus m, Numerus m (Math) / antilogarithm, antilog ‖ ~magnetisch / non-magnetic, antimagnetic ‖ ≈-Markownikow-Addition f (Chem) / anti-Markownikoff addition ‖ ≈materie f (Phys) / antimatter ‖ ~metrisch, antisymmetrisch (Math, Phys) / antisymmetric

Antimon n, Sb (Chem) / antimony, Sb

Antimonat•(III) n (Chem) / antimonite ‖ ≈(V) n (Chem) / antimonate, antimoniate

Antimon•butter f (Chem) / antimony trichloride (SbCl₃), antimonous chloride, antimony(III) chloride, butter of antimony ‖ ≈(III)-chlorid (Chem) / antimony trichloride (SbCl₃), antimonous chloride, antimony(III) chloride, butter of antimony ‖ ≈(V)-chlorid n (Chem) / antimony(V) chloride, antimony pentachloride ‖ ≈deckweiß n, Antimonweiß n (Antimon(III)-oxid) / antimony white

Antimonit n, Antimonat(III) n (Chem) / antimonite

Antimon•karmin m pl / antimony cinnabar ‖ ≈legierung f / antimony alloy ‖ ≈(III)-oxid n (Chem) / antimony(III) oxide ‖ ≈(V)-oxid (Chem) / antimony(V) oxide, antimony pentoxide ‖ ≈oxidchlorid n (SbOCl) (Chem) / antimony chloride ‖ ≈pentachlorid n (Chem) / antimony(V) chloride, antimony pentachloride ‖ ≈pentasulfid n (Chem) / antimony pentasulfide, antimony persulfide, antimony red, golden antimony sulfide ‖ ≈pentoxid n (Chem) / antimony(V) oxide, antimony pentoxide ‖ ≈(III)-sulfid n (Chem) / antimony trisulfide ‖ ≈(V)-sulfid, Antimonpentasulfid n (Chem) / antimony pentasulfide, antimony persulfide, antimony red, golden antimony sulfide ‖ ≈trichlorid n (Chem) / antimony trichloride (SbCl₃), antimonous chloride, antimony(III) chloride, butter of antimony ‖ ≈trioxid n (Chem) / antimony(III) oxide ‖ ≈trisulfid n (Chem) / antimony trisulfide ‖ ≈verbindungen f pl (Chem) / antimony compounds ‖ ≈wasserstoff m (Chem) / stibine ‖ ≈weiß n (Antimon(III)-oxid) / antimony white

Antimonylkaliumtartrat n, Brechweinstein m (Chem, Färb, Med) / tartar emetic, antimony potassium tartrate, potassium antimonyl tartrate

Antimonzinnober m / antimony cinnabar

Anti•mykotikum n (Pharm) / antimycotic agent, antifungal agent ‖ ≈-Myon n, positives Myon (Nukl) / antimuon, positive muon ‖ ≈neutrino n (Nukl) / antineutrino ‖ ≈neutron n (Nukl) / antineutron ‖ ≈-Newton-Glas n (Glas) /

anti-Newton glass ‖ $\sim$**nukleon** n (Nukl) /
antinucleon ‖ $\sim$**oxidans** n (pl. -ntien),
Antioxidationsmittel n (Chem) / antioxidant,
oxidation inhibitor ‖ $\sim$**oxidantien** n pl,
Alterungsschutzadditive n pl (in Schmierölen)
/ oxidation inhibitors ‖ $\sim$**oxidationsmittel** n
(Chem) / antioxidant, oxidation inhibitor ‖
$\sim$**parallel** (Math, Phys) / antiparallel ‖
$\sim$**parallelschaltung** f (Eltro) / antiparallel
connection ‖ $\sim$**partikel** f (Nukl) / antiparticle ‖
$\sim$**perniziosafaktor** m, Cobalamin n (Biochem)
/ cyanocobalamin[e]
antippen / tap, touch (lightly)
Anti • proton n (Nukl) / antiproton, negative
proton ‖ $\sim$**quark** n (Nukl) / antiquark ‖
$\sim$**reflexbelag** m, Antireflexionsbeschichtung f
(Opt) / antireflection coating, antireflective
coating, blooming coat ‖ $\sim$**reflexiv** (Relation)
(Math) / antireflexive ‖ $\sim$**reflexschicht** f,
Antireflexionsbeschichtung f (Opt) /
antireflection coating, antireflective coating,
blooming coat ‖ $\sim$**rheumatikum** n (Pharm) /
antirheumatic ‖ $\sim$**schlupfregelung** f,
Antriebsschlupfregelung f (Kfz) / acceleration
spin control, ASC, antispin regulation, ASR,
automatic traction control, ATC, traction
control system, acceleration spin regulation ‖
$\sim$**serum** (Pharm) / antiserum ‖ $\sim$**soliton** n
(Phys) / antisoliton ‖ $\sim$**statik...**, antistatisch
(Elek) / antistatic ‖ $\sim$**statikum** n (Elek, Plast) /
antistat, antistatic agent ‖ $\sim$**statisch**,
Antistatik... (Elek) / antistatic ‖ $\sim$**statische
Ausrüstung** (Tex) / antistatic finish ‖
$\sim$**statisches Mittel** (Elek, Plast) / antistat,
antistatic agent ‖ $\sim$**-Stokes-Linien** f pl
(Spektrum) (Phys) / anti-Stokes lines pl ‖
$\sim$**symmetrisch** (Math, Phys) / antisymmetric ‖
$\sim$**symmetrische Relation** (Math) /
antisymmetric relation ‖ $\sim$**teilchen** n (Nukl) /
antiparticle ‖ $\sim$**valenz** f, exklusives ODER,
XOR (DV, Eltro, Logik) / anticoincidence,
exclusive OR function, Exclusive-OR
operation, XOR function, EITHER-OR,
EX.OR, non-equivalence, antivalence ‖
$\sim$**valenzglied** n, Exklusiv-ODER-Glied n (DV,
Eltro) / anticoincidence circuit, exclusive-OR
element, exclusive-OR gate, exclusive-OR
circuit, except gate, nonequivalence gate,
EXOR gate, anticoincidence element ‖
$\sim$**virenprogramm** n (DV) / antivirus software,
antivirus program, virus scanner, virus
checker, virus detection program ‖
$\sim$**virensoftware** f (DV) / antivirus software,
antivirus program, virus scanner, virus
checker, virus detection program ‖
$\sim$**wasserstoff** n (Nukl) / antihydrogen ‖
$\sim$**zyklone** f, Hochdruckgebiet n (Meteo) /
high-pressure area, anticyclone, high n, high
pressure region
Antoine • -Gleichung f (Mater, Phys) / Antoine
equation ‖ $\sim$**-Konstanten** f pl (Mater, Phys) /
Antoine constants
antreiben, vorwärts bewegen / propel (e.g. a
ship) ‖ $\sim$ / drive vt (belt, shaft, machine) ‖ $\sim$,
mit mechanischem, elektrischem usw. Antrieb
versehen / power vt ‖ $\sim$ n, Antrieb m / drive,
driving
Antrieb m, Antreiben n / drive, driving ‖ $\sim$,
Impuls m, Drang m (allg) / impulse ‖ $\sim$
(Kraftmaschine, die den mechanischen
Antrieb liefert, z.B. Elektromotor) / drive ‖ $\sim$,
Antriebseinheit f / drive assembly, drive unit ‖
$\sim$ (eines Schiffs) (Schiff) / propulsion ‖ $\sim$ m

(z.B. für Tore) / operator (e.g. for slide gate) ‖
$\sim$ (Teile einer Maschine oder Anlage zur
Umwandlung z.B. hydraulischer o.
pneumatischer Energie in Bewegungsenergie
od. eines Signals in eine entsprechende
Bewegung - z.B. Zylinder, Motoren),
Stellantrieb m, Antriebsglied n (Masch, Regel) /
actuating drive, actuator, servo, servo drive ‖
$\sim$ (z.B. Allrad-, Vorderradantrieb) (Kfz) /
drive (e.g. four-wheel drive, front-wheel drive)
‖ $\sim$ **der Motorsteuerung** (Mot) / timing drive ‖
$\sim$ **durch Nocken** / cam drive ‖ **mit
elektrischem** $\sim$, Elektro..., elektrisch
betrieben, elektrisch angetrieben / electrically
operated, electrically driven, electrically
powered
Antriebs • art f (allgemein, z.B. Handantrieb,
Elektromotor, hydraulischer Antrieb) / drive
type, type of drive ‖ $\sim$**art** (Hinter-, Vorder- o.
Allradantrieb) (Kfz) / drive layout ‖ $\sim$**batterie** f
(bei elektrisch angetriebenen Straßenfahr-
zeugen) (Förd, Verk) / battery, traction battery
‖ $\sim$**drehmoment** n / driving torque ‖
$\sim$**drehzahl** f / driving speed, input speed ‖
$\sim$**einheit** f / drive assembly, drive unit ‖
$\sim$**einheit**, Antriebsmodul n (Raumf) /
propulsion module ‖ $\sim$**element** n, Stellantrieb
m, Antriebsglied n, Antrieb m (Teile einer
Maschine oder Anlage zur Umwandlung z.B.
hydraulischer o. pneumatischer Energie in
Bewegungsenergie od. eines Signals in eine
entsprechende Bewegung - z.B. Zylinder,
Motoren) (Masch, Regel) / actuating drive,
actuator, servo, servo drive ‖ $\sim$**glied** n,
Stellantrieb m, Antrieb m (Teile einer
Maschine oder Anlage zur Umwandlung z.B.
hydraulischer o. pneumatischer Energie in
Bewegungsenergie od. eines Signals in eine
entsprechende Bewegung - z.B. Zylinder,
Motoren) (Masch, Regel) / actuating drive,
actuator, servo, servo drive ‖ $\sim$**kegelrad** n
(Kfz) / drive pinion gear ‖ $\sim$**konzept** n (Kfz,
Masch) / drive concept, drive design ‖ $\sim$**kraft** f,
Beweg[ungs]kraft f / motive force, motor n,
motive power, moving force o. power, driving
force ‖ $\sim$**leistung** f (an der Antriebswelle) /
output power ‖ $\sim$**maschine** f, Antriebsmotor
m / drive motor ‖ $\sim$**maschine**, Kraftmaschine f
(Wärme-, Wasserkraftmaschine,
Elektromotor) (Ener) / prime mover, engine ‖
$\sim$**modul** n, Antriebseinheit f (Raumf) /
propulsion module ‖ $\sim$**moment** n,
Antriebsdrehmoment n / driving torque ‖
$\sim$**motor** m / drive motor ‖ $\sim$**nocken** m /
actuating cam ‖ $\sim$**rad** n (Kfz) / driving wheel ‖
$\sim$**regelung** f / drive control ‖ $\sim$**scheibe** f (z.B.
bei Aufzug, Seilbahn, Dampfmaschine) / drive
wheel, drive sheave ‖ $\sim$**scheibe** (im
Riemengetriebe) / drive pulley, driving pulley,
drive sheave ‖ $\sim$**schlupf** m / drive slip ‖
$\sim$**schlupfregelung** f (Kfz) / acceleration spin
control, ASC, antispin regulation, ASR,
automatic traction control, ATC, traction
control system, acceleration spin regulation ‖
$\sim$**schraube** f, Schiffsschraube f (Schiff) /
propeller, marine screw propeller, screw ‖
$\sim$**seite** f (einer Maschine) / drive end, driving
end, driving side ‖ $\sim$**strang** m, Triebstrang m
(Kfz) / drivetrain (all components that transfer
power from the engine to the driving wheels of
the vehicle), power train ‖ $\sim$**system** n (Masch) /
drive system ‖ $\sim$**technik** f,
Antriebstechnologie (Masch) / drive

technology, motive power engineering, drive systems ‖ ~**technik** (Luft, Raumf, Schiff) / propulsion technology ‖ ~**technik**, Antriebssystem n (Masch) / drive system ‖ ~**trommel** f (eines Gurtförderers) (Förd) / drive pulley, head pulley, head roller ‖ ~**welle** f (allg, Masch) / drive shaft, driving shaft ‖ ~**welle** (i. Ggs. zur Abtriebswelle) / input shaft, primary shaft ‖ ~**welle**, Achswelle f (zwischen Achsgetriebe und Antriebsrädern), Seitenwelle f (Kfz) / drive shaft, axle shaft ‖ ~**welle**, Capstan m (bei Bandlaufwerken) (Audio, DV, Video) / capstan

Antwort f (allg, Tele) / response, reply n ‖ ~**zeit** f (DV, Tele) / response time

Anvulkanisationsdauer f (bestimmt mit dem Mooney-Viskosimeter) (Plast) / scorch time (as defined by Mooney viscometer)

anwachsen, sich ansammeln, sich anhäufen, sich summieren / accumulate vi ‖ ~ n, Zunahme f, Steigerung f, Erhöhung f / increase n

anwählen (Tele) / dial (e.g. a computer), dial up

anwärmen / heat [up], warm vt [up]

Anwärmzeit f (eines Geräts) (Elek, Mess) / warm-up time

Anweisung f, Anleitung f / instruction[s] ‖ ~, Anordnung f / instruction ‖ ~ (kleinste ausführbare Einheit in einer Programmiersprache; in maschinennahen Sprachen als Befehl (s.dort) bezeichnet) (DV) / statement

Anweisungs•kode m (DV) / computer instruction code, machine code, instruction code ‖ ~**liste** f (zur Programmierung von SPS) (DV, Regel) / instruction list, IL

anwendbar, verwendbar [als, für, zu] / applicable [to]

Anwendbarkeit f / applicability

anwenden, verwenden, benutzen, einsetzen / use vt, employ ‖ ~, ausüben (z.B. Druck, Kraft) / exert vt ‖ ~ (z.B Regeln, Methoden) / apply

Anwender m, Benutzer m (allg, DV) / user ‖ ~ (der ein Gerät bedient) / operator ‖ ~**ebene** f, Anwendungsschicht f, Schicht f 7 (im OSI-Schichtenmodell) (DV, Tele) / application layer, layer 7 ‖ ~**freundlich** / easy-to-use, user-friendly ‖ ~**orientiert** (DV) / user-oriented ‖ ~**programm** n, Anwendungsprogramm n (z.B. Textverarbeitungs- o. Datenbankprogramm) (DV) / application software, application, application program, software program ‖ ~**schaltkreis** m, ASIC (Chip, der für ein eng begrenztes Aufgabengebiet wie z.B. Waschmaschinensteuerung konzipiert ist, wobei Standardschaltkreise aufgabenspezifisch verbunden werden), anwendungsspezifischer Schaltkreis (Eltro) / application specific IC, semicustom IC, application-specific integrated circuit, ASIC ‖ ~**software** f, Anwendungsprogramm n (z.B. Textverarbeitungs- o. Datenbankprogramm) (DV) / application software, application, application program, software program ‖ ~**software** (vom Anwender selbst erstellt) (DV) / user software ‖ ~**spezifisch** / custom (e.g. software), user-specific

Anwendung f, Gebrauch m / application ‖ ~, Ausübung f (z.B. von Druck) / exercise n, exertion ‖ ~ (z.B von Regeln) / application ‖ ~, Anwendungsprogramm n (z.B. Textverarbeitungs- o. Datenbankprogramm) (DV) / application software, application, application program, software program

Anwendungs•beispiel n / example of application ‖ ~**bereich** m (z.B. eines Telekommunikationssystems) / field of application, application area ‖ ~**bereich** (einer Norm) / scope (of a standard) ‖ ~**fenster** n (DV) / application window ‖ ~**gebiet** n, Anwendungsbereich m (z.B. eines Telekommunikationssystems) / field of application, application area ‖ ~**programm** n (z.B. Textverarbeitungs- o. Datenbankprogramm) (DV) / application software, application, application program, software program ‖ ~**schicht** f, Schicht f 7 (im OSI-Schichtenmodell) (DV, Tele) / application layer, layer 7 ‖ ~**software** f, Anwendungsprogramm n (z.B. Textverarbeitungs- o. Datenbankprogramm) (DV) / application software, application, application program, software program ‖ ~**spezifisch** / custom-designed (for a specific application), application-specific ‖ ~**spezifische integrierte Schaltung**, ASIC (Chip, der für ein eng begrenztes Aufgabengebiet wie z.B. Waschmaschinensteuerung konzipiert ist, wobei Standardschaltkreise aufgabenspezifisch verbunden werden), anwendungsspezifischer Schaltkreis (Eltro) / application specific IC, semicustom IC, application-specific integrated circuit, ASIC

Anwurfmotor m (Elek) / starter motor, starting motor ‖ ~ **für Synchronmaschinen** (Elek) / pony motor

Anyon n (Nukl) / anyon

Anzahl f / number, quantity ‖ ~ **aufeinanderfolgender Dinge**, Reihe f / series ‖ ~ **der Freiheitsgrade** (Chem, Phys) / variance, number of degrees of freedom (of a system)

anzapfen (z. B. eine Wasser- o. Ölleitung) / tap ‖ ~ (einen Leiter widerrechtlich o. unrechtmäßig) (Elek) / tap v (the wire) ‖ ~, anstechen / broach vt, tap (barrel, container) ‖ ~, abhören (Telefon, Telefonleitung) (Tele) / tap (telephone wire or telephone), wiretap ‖ ~, abgreifen (Elek, Eltro) / tap ‖ ~ n, Anzapfung f, Abgriff m (Elek, Eltro) / tapping, tap

Anzapfturbine f, Entnahmeturbine f / bleeder type turbine, bleeding turbine, extraction turbine

Anzapfung f, Abgriff m (Elek, Eltro) / tapping, tap

Anzeichen n, Zeichen n / sign n ‖ ~, Hinweis m / indication, evidence

anzeichnen, markieren / mark with a sign, mark [out], sign vt

Anzeige f (z.B. der Betriebsbereitschaft eines Geräts) (Instr) / indication ‖ ~, Darstellung f (von Informationen auf einem Bildschirm o. Display) (DV, Eltro) / display (visual representation of the output of an electronic device, as on the screen of a CRT) ‖ ~, Ausgabe f (DV) / readout (of data) ‖ ~ (von Messwerten) (Mess) / readout (of instrument) ‖ ~, Stand m (des Zeigers, Thermometers usw.), angezeigter Wert (Mess) / reading, indication (shown by an instrument), value indicated

Anzeige•bereich m (Mess) / indicating range, instrument range, nominal range ‖ ~**einrichtung** f (Mess) / indicator, indicating device, indicating instrument ‖ ~**empfindlichkeit** f, Empfindlichkeit f (eines Messgeräts - Verhältnis der Anzeigen-änderung zu der sie verursachenden Änderung der Messgröße, z.B. 100:1) (Mess) /

sensitivity ‖ ~**fehler** *m* / indication error, error in indication ‖ ~**feld** *n*, Display *n* (z.B. eines Druckers, Telefons, CD-Spielers) (Audio, DV, Eltro) / display ‖ ~**gerät** *n* (Mess) / indicator, indicating device, indicating instrument ‖ ~**instrument** *n* (Mess) / indicator, indicating device, indicating instrument ‖ ~**lampe** *f*, Kontrolllampe *f* (Instr) / pilot lamp, indicator lamp, pilot light, indicator light, telltale lamp ‖ ~**leuchte** *f*, Kontrolllampe *f* (Instr) / pilot lamp, indicator lamp, pilot light, indicator light, telltale lamp

anzeigen *vt* (z.B. Änderungen, 20 °C), registrieren (Instr) / register *vt* ‖ ~, angeben / indicate (e.g. time, temperature), show ‖ ~ (z.B. 35 °C), stehen [auf] (Instr) / read ‖ ~ (auf Bildschirm, Display), darstellen (DV, Eltro) / display (e.g. data, colours) ‖ ~, einblenden *vt* (i. Ggs. zu ausblenden - z.B. Symbolleiste im Arbeitsplatz o. Statusleiste in einem Programm) (DV) / show

anzeigendes Messgerät, Anzeigeeinrichtung *f* (Mess) / indicator, indicating device, indicating instrument

Anzeiger *m*, Anzeigeeinrichtung *f* (Mess) / indicator, indicating device, indicating instrument

Anzeige • **spanne** *f* (eines Messinstruments, z.B. 90° bei einem Anzeigebereich von - 30° bis + 60°) (Mess) / span ‖ ~**vorrichtung** *f* (Mess) / indicator, indicating device, indicating instrument ‖ ~**wert** *m*, Stand *m* (des Zeigers, Thermometers usw.), angezeigter Wert (Mess) / reading, indication (shown by an instrument), value indicated

Anziehdrehmoment *n* (Drehmoment, mit dem eine Schraube angezogen werden muss), Schraubenanzugsmoment *n* / tightening moment, tightening torque

anziehen *vt* / attract (e. g . particles, relay armature) ‖ ~ (Schrauben), festziehen / tighten, fasten (screws), screw down ‖ ~ *vi* (Relais), ansprechen (Elek) / operate, pick up *vi*, respond, pull in

anziehend (Phys) / attractive

Anziehung *f* (allg, Phys) / attraction ‖ ~, Anziehungskraft *f* / attractive force, force of attraction, attraction, attraction force

Anziehungs • **kraft** *f* / attractive force, force of attraction, attraction, attraction force ‖ ~**vermögen** *n*, Anziehungskraft *f* / attractive force, force of attraction, attraction, attraction force

Anzug *m* (eines Keiles) / taper ‖ ~, Aushebeschräge *f*, Formschräge *f* (Gieß, Plast, Schm) / draft (of a die or mould), taper ‖ ~ (eines Relais) (Elek) / pick-up ‖ **Relais mit verzögertem** ~ (Elek) / on-delay relay, delay-on-make relay, operate-delay relay

Anzug • **gewinde** *n* (Wzm) / draw-in bolt thread ‖ ~**keil** *m*, Treibkeil *m* (DIN 6886), Keil *m* mit Anzug (Masch) / taper key

Anzugs • **drehmoment** *n* (bei Antriebsmaschinen) (Mot) / breakaway torque, starting torque ‖ ~**moment** *n* (bei Antriebsmaschinen) (Mot) / breakaway torque, starting torque ‖ ~**moment** (Drehmoment, mit dem eine Schraube angezogen werden muss), Schraubenanzugsmoment *n* / tightening moment, tightening torque ‖ ~**schraube** *f* (Wzm) / draw-in bolt

Anzug • **stange** *f*, Zugstange *f*, Spannstange *f* (Wzm) / drawbar ‖ ~**strom** *m* (Relais) (Elek) / pick-up current (relay), pull-in current

anzugs • **verzögertes Relais** (Elek) / on-delay relay, delay-on-make relay, operate-delay relay ‖ ~**verzögerung** *f* (Relais) (Elek) / delay on operate (of relay), delay on make, operate delay, delay on energization ‖ ~**verzögerung**, Anlaufverzögerung *f* (Bauelement) (Eltro) / switch-on delay

anzünden / ignite *vt* (e.g. petrol fumes), set fire to, set on fire

AO *n*, Atomorbital *n* (Chem, Phys) / atomic orbital

AOW-Bauelement *n*, akustoelektrisches Oberflächenwellenbauelement (Eltro) / SAW device, surface-acoustic-wave device

AP *n*, Ammoniumperchlorat (Chem, Explos) / ammonium perchlorate, AP ‖ ~, Anilinpunkt *m* (ChT) / aniline point, an.pt.

Apartment *n* (Bau) / apartment (US), flat (GB) ‖ ~**wohnung** *f* (Bau) / apartment (US), flat (GB)

APE, abgesetzte periphere Einheit (Tele) / remote switching unit, RSU

aperiodisch / aperiodic

Apertur *f* (Sinus des Winkels zwischen der Hauptachse eines opt. Systems u. einem Randstrahl) (Opt) / sine of half the angle subtended by the aperture at an object point ‖ ~, Blende *f* (Vorrichtung zur Einstellung der einfallenden Lichtmenge), Aperturblende *f* (Foto, Opt) / aperture (opening that limits the quantity of light that can enter an optical instrument), diaphragm, aperture diaphragm, stop, aperture stop, f-stop ‖ ~**blende** *f*, Blende *f* (Vorrichtung zur Einstellung der einfallenden Lichtmenge) (Foto, Opt) / aperture (opening that limits the quantity of light that can enter an optical instrument), diaphragm, aperture diaphragm, stop, aperture stop, f-stop ‖ ~**strahler** *m* (Antenne) / aperture antenna

Apfelsäure *f* (Chem) / malic acid, hydroxysuccinic acid

aphotische Zone (lichtlose Tiefsee) (Ozean) / aphotic zone

Apigenin *n* (Chem) / apigenin

API • **-Klasse** *f* (Öl) / API class ‖ ~**-Klassifikation** *f* (für Motor- u. Getriebeöle) / API classification, API Service Quality Classification

APL (DV) / APL (= A Programming Language)

Aplanat *m* (Opt) / aplanatic lens

aplanatisch (Opt) / aplanatic

Apochromat *m* (Opt) / apochromatic lens

Apodisation *f* (Opt) / apodization

Apoenzym *n* (Biochem) / apoenzyme

Apoferment *n* (früher), Apoenzym *n* (Biochem) / apoenzyme

Apogäum *n* (erdfernster Punkt einer Umlaufbahn) (Astr, Raumf) / apogee

apolare Bindung (Chem) / atomic bond, covalent bond, electron pair bond

apollonisch • **er Kreis** (Math) / circle of Apollonius, Apollonius' circle ‖ ~**es Problem** (Math) / Apollonius' problem

Apollonius, Kreis des ~ (Math) / circle of Apollonius, Apollonius' circle ‖ **Satz des** ~ / Apollonius' theorem

Apomorphin *n* (Pharm) / apomorphine

Apparat *m* / apparatus ‖ ~, Gerät *n* (z.B. Radio-, Fernsehapparat) (Radio, TV) / set ‖ ~, Telefon,

Fernsprecher *m* (Tele) / phone, telephone, telephone set

Apparatebau *m* (Masch) / apparatus construction ‖ ≈, chemischer Apparatebau (Chem, ChT) / manufacture of chemical equipment

apparative Anlagen *f pl*, technische Ausstattung (Masch) / equipment, hardware, installation

Apparatur *f* (Kombination mehrerer Apparate) / apparatus (e.g. fire-fighting appartus) ‖ ≈, technische Ausstattung, apparative Anlagen *f pl* (Masch) / equipment, hardware, installation

Appleton-Schicht *f*, F-Schicht *f* (Geoph) / F-layer, Appleton layer

Application-Server *m* (der Anwendungsprogramme bereitstellt) (DV) / application server

Applikation *f*, Anwendungsprogramm *n* (z.B. Textverarbeitungs- o. Datenbankprogramm) (DV) / application software, application, application program, software program

Applikationssoftware *f*, Anwendungsprogramm *n* (z.B. Textverarbeitungs- o. Datenbankprogramm) (DV) / application software, application, application program, software program

Appositionswachstum *n* (Krist) / apposition growth

Appretieren *n* (Zurichten des Textilgutes für den gewünschten Verwendungszweck, i.e.S alle nicht waschfesten Maßnahmen der Textilveredlung), Veredlung *f* (Tex) / finishing, textile finishing

Appretur *f*, Veredlung *f* (Tex) / finishing, textile finishing

Approximation *f*, Näherung *f* (Math) / approximation

Approximationstheorie *f* (Math) / theory of approximation

approximativ, näherungsweise / approximate *adj*, rough

approximieren, nähern (sich) (Math) / approximate *v*

aprotisch (Lösungsmittel) (Chem) / aprotic

APS *n* (Foto) / APS (Advanced Photo System) ‖ ≈-**Film** *m* (Foto) / APS film ‖ ≈-**Kamera** *f* (Foto) / APS camera

APT, APT-Sprache *f* (Programmiersprache für numerische Steuerung) (NC) / APT (automatically programmed o. positioned tools o. tooling)

APT-Kautschuk *m* (Äthylen-Propylen-Terpolymerisat) (ChT, Plast) / ethylene-propylene-diene rubber, EPDM (Ethylene-Propylene-Diene-polyMethylenes)

APT-Sprache *f* (Programmiersprache für numerische Steuerung) (NC) / APT (automatically programmed o. positioned tools o. tooling)

Aquakomplexe *m* (Chem) / aqua complex

Aquakultur *f* / aquaculture, aquiculture, fish farming, fish culture

Aquametrie (Chem) / aquametry

Aquaplaning *n* (Kfz) / aquaplaning, hydroplaning

α-**Quarz** *m* (Min) / alpha quartz, low quartz

Aquator *m*, erdmagnetischer Aquator (Geoph, Nav) / aclinic line, magnetic equator ‖ ≈-**ebene** *f* (allg, Astr, Mech) / equatorial plane

Äquidistante *f*, Fräsermittelpunktsbahn *f* (NC) / cutter centre-line ‖ ≈ *f* (Versatz zwischen Werkzeugmittelpunkt und Werkzeugkontur) (NC) / offset

äqui•molar (Chem) / equimolar, equimolecular ‖ ~**molekular** (Chem) / equimolar,

equimolecular ‖ ≈-**partitionsprinzip** *n*, Gleichverteilungsgesetz *n* der Energie (Chem) / theorem of the equipartition of energy, principle of the equipartition of energy ‖ ≈-**partitionstheorem** *n*, Gleichverteilungsgesetz *n* der Energie (Chem) / theorem of the equipartition of energy, principle of the equipartition of energy ‖ ≈-**potentialfläche** *f* (Phys) / equipotential surface ‖ ≈-**potentialkurve** *f* (Phys) / equipotential line

äquivalent [zu] (Chem, Math, Phys) / equivalent *adj* [to] ‖ ~, gleichmächtig (Mengen) (Math) / equivalent (sets), equipotent, equinumerous ‖ ~**e Absorptionsfläche** (Akust) / equivalent absorption area ‖ ~**e isotrope Strahlungsleistung** (Antenne) (Radio) / effective isotropically radiated power ‖ ~**e Leitschichtdicke**, Eindringtiefe *f* (Funkwellenausbreitung) (Radio) / penetration depth, skin depth ‖ ~**e Umformung** (Math) / equivalent transformation (of equations)

Äquivalent *n*, Gegenstück *n* / equivalent *n*, counterpart ‖ ≈ (Chem, DV, Math, Phys) / equivalent ‖ ≈-**dosis** *f* (Nukl, Radiol) / dose equivalent ‖ ≈-**dosisleistung** *f* (Nukl) / dose equivalent rate ‖ ≈-**dosisrate** *f* (Nukl) / dose equivalent rate ‖ ≈-**gewicht** *n* (Chem) / equivalent weight, combining weight ‖ ≈-**konzentration** *f* (Chem) / equivalent concentration ‖ ≈-**leitfähigkeit** *f* (eines Elektrolyten) (Chem, Phys) / equivalent conductance ‖ ≈-**masse** *f* (Chem) / equivalent weight, combining weight

Äquivalenz *f* (Chem, Math, Phys) / equivalence ‖ ≈-**beziehung** *f* (Math) / equivalence relation ‖ ≈-**glied** *n* (DV) / equivalence element, equivalent-to element ‖ ≈-**klasse** *f* (Math) / equivalence class ‖ ≈-**punkt** *m* (bei der Titration) (Chem) / equivalence point ‖ ≈-**relation** *f* (Math) / equivalence relation ‖ ≈-**Umformung** *f* (Math) / equivalent transformation (of equations) ‖ ≈-**verknüpfung** *f* (DV) / IF-AND-ONLY-IF operation, equivalence operation

Ar (1 a = 100 m²) / a, are ‖ ≈, Argon (Chem) / Ar, argon

Ar₁ (im Eisen-Kohlenstoff-Zustandsdiagramm) (Hütt) / A$_{c1}$

Ar₃ (im Eisen-Kohlenstoff-Zustandsdiagramm) (Hütt) / A$_{c3}$

Arabane *n pl* (Chem) / arabans *pl*

Arabinose *f* (Chem) / arabinose, pectin sugar, pectinose

arabische Ziffern (Math) / Arabic numerals, Arabic figures, ciphers

Arachinsäure *f* (Chem) / arachic acid, eicosanoic acid

Aramid *n* (aromatisches Polyamid) (Chem, Plast) / aramid ‖ ≈-**faser** *f* (Plast) / aramid fiber

Aräometer *n* (Dichtemesser für Flüssigkeiten) (Mess) / hydrometer ‖ ≈-**grade** *m pl* (Mess) / hydrometer degrees

Arbeit *f* (allg, Phys) / work ‖ ≈ (schwere körperliche) / labour ‖ ≈ (in GB), labor (US) ‖ ≈**en** *f pl* (z.B. Abbruch-, Beton-, Wartungsarbeiten) / work (e.g. demolition, concrete, maintenance work) ‖ ≈ *f*, Beschäftigung *f* / employment, work, job[s] ‖ ≈, Stelle *f*, Arbeitsplatz *m* / job *n* ‖ ≈, Aufgabe *f*, Auftrag *m* / task, job, assignment ‖ ≈ **geben**, beschäftigen (Arbeitnehmer) / employ (staff) ‖ **elektrische**

~ / electrical work ‖ **indizierte** ~ (Masch) / indicated work ‖ **mechanische** ~ / mechanical work ‖ **spezifische** ~ (Phys) / specific energy **arbeiten** (z.B. bei einem Fahrzeughersteller) / work *vi* (e.g. with a car manufacturer) ‖ ~ [an] / work [on] ‖ ~, funktionieren (Techn) / operate *vi*, work, function *vi*, run ‖ ~ (z.B. mit einer höheren Frequenz) / operate (e.g. with a higher frequency) ‖ ~ **auf Abstand** (AuS mit isolierenden Stangen bzw. mit entsprechenden Werkzeugen) (Elek) / hot-stick working (with insulating poles and tools such as hooks or socket wrenches mounted at the end of the pole enabling electricians to carry out the work without infringing minimum clearance distances from live equipment) ‖ ~ **auf Potenzial** (AuS-Fachkraft befindet sich auf dem Potenzial der unter Spannung stehenden Teile und berührt diese direkt) (Elek) / hot-hand working, bare-hand working, contact working ‖ ~ **mit Isolierhandschuhen** (AuS) (Elek) / hot glove working ‖ ~ **unter Spannung**, AuS (Elek) / live-line working **arbeitend**, Arbeits... / operating, working *adj* **Arbeiter** *m* (angelernt, ungelernt) / hand, laborer (US), labourer (GB) ‖ ~ *m pl*, Arbeitskräfte *f pl* / labour (body of workers), work force, manpower

Arbeit•geber *m* / employer ‖ ~**nehmer** *m* / employee ‖ ~**nehmer** *m pl*, Personal *n* / personnel, staff, work force, employees *pl* ‖ ~**nehmerin** *f* / employee ‖ ~**nehmervertreter** *m* (im Betrieb) / member of the works council **Arbeits•...** / operating, working *adj* ‖ ~**...**, Betriebs..., Funktions... / operational, op **Arbeitsablauf** *m* (im Einzelnen), Arbeitsgangfolge *f* (IE) / operating sequence, operational sequence, sequence of operations, operations sequence ‖ ~ (als Ganzes), Workflow *m* / work flow ‖ ~**planung** *f*, Ablauforganisation *f* (IE) / process planning **Arbeits•anweisung** *f* (IE) / work instruction ‖ ~**aufgabe** *f* / task, work task ‖ ~**aufwand** *m* / expenditure of work o. labour, labour (GB), effort ‖ ~**aufwändig** *f*, arbeitsintensiv / labour-intensive, labour-consuming, with a high labour content ‖ ~**ausführung** *f*, Qualität *f* der Bearbeitung / workmanship (quality) ‖ ~**bedingungen** *f pl* (der Belegschaft) (IE) / working conditions *pl* ‖ ~**bedingungen** *f pl*, Betriebsbedingungen *f pl* (einer Anlage) / operational conditions *pl*, operating conditions *pl*, service conditions *pl* ‖ ~**belastung** *f* / work load ‖ ~**bereich** *m* (eines Arbeitnehmers) / working space, work space ‖ ~**bereich**, Reichweite *f* (z.B. eines Krans) / range, reach, working range, working radius ‖ ~**bereich**, Betriebsbereich *m* (Elek, Masch) / operating range ‖ ~**bewegung** *f*, Schnittbewegung *f* (Wzm) / cutting motion o. movement ‖ ~**blatt** *n*, Tabellenblatt *n* (eines Tabellenkalkulationsprogramms) (DV) / worksheet (in spreadsheet programs), spreadsheet, sheet ‖ ~**brücke** *f*, Arbeitsbühne *f* / work platform ‖ ~**bühne** *f* / work platform ‖ ~**bühne**, Hubarbeitsbühne *f* / aerial work platform, AWP, elevated work platform, EWP, lift platform ‖ ~**bühne** (der Bohranlage) (Öl) / drill floor ‖ ~**charakteristik** *f*, Arbeitskennlinie *f* (eines aktiven elektrischen oder elektronischen Bauelements) (Eltro) / operating line ‖ ~**datei** *f* (DV) / workfile ‖ ~**diagramm** *n* (Kraft wird über

Weg/Drehwinkel aufgetragen) (Masch, Phys) / work diagram (force plotted against displacement) ‖ ~**diagramm**, p-V-Diagramm *n* (Mot, Phys) / pressure-volume diagram, P-V diagram ‖ ~**druck** *m* / operating pressure, working pressure, W.P., service pressure ‖ ~**ebene** *f* (Wzm) / working plane ‖ ~**eingriff** *m* (bei spanender Bearbeitung) (Wzm) / depth of cut ‖ ~**eingriff**, Zustellung *f* (der Schleifscheibe) (Fert) / depth of cut, infeed ‖ ~**einheit** *f* (IE, Phys) / unit of work ‖ ~**entgelt** *n*, Vergütung *f*, Bezahlung *f* / remuneration ‖ ~**fähigkeit** *f*, Arbeitsvermögen *n* (Energie) (Phys) / capacity for doing work ‖ **technische** ~**fähigkeit**, Exergie *f* (Phys) / exergy ‖ ~**festigkeit** *f*, Standzeit *f* (eines Schneidwerkzeugs) (Wzm) / edge life ‖ ~**fläche** *f*, Arbeitsplatte *f* / work surface, worktop ‖ ~**flüssigkeit** *f* (Hydr) / working fluid ‖ ~**folge** *f*, Arbeitsablauf *m* (im Einzelnen), Arbeitsgangfolge *f* (IE) / operating sequence, operational sequence, sequence of operations, operations sequence ‖ ~**gang** *m*, Arbeitsschritt *m*, Arbeitsoperation *f* / operation, processing step ‖ ~**gang**, Arbeitsspiel *n*, Arbeitszyklus *m* (Masch) / working cycle, cycle ‖ ~**gang in der Herstellung**, Produktionsablauf *m* / production sequence, course of manufacture ‖ ~**gangfolge** *f*, Arbeitsablauf *m* (im Einzelnen) (IE) / operating sequence, operational sequence, sequence of operations, operations sequence ‖ ~**geschwindigkeit** *f* / operating speed, speed of operation, working speed ‖ ~**geschwindigkeit** (der Schleifscheibe), Umfangsgeschwindigkeit *f* (Fert) / peripheral speed (of the grinding wheel), surface speed, wheel speed ‖ ~**gestaltung** *f* (IE) / method development, method study ‖ ~**hub** *m*, Arbeitstakt *m* (Mot) / power stroke, expansion stroke, firing stroke, working stroke ‖ ~**intensiv**, arbeitsaufwändig *f* / labour-intensive, labour-consuming, with a high labour content ‖ ~**kennlinie** *f* (eines aktiven elektrischen oder elektronischen Bauelements) (Eltro) / operating line ‖ ~**kondensator** *m* (Elek, Eltro) / working capacitor ‖ ~**kontakt** *m* (im Ruhezustand geöffnet, bei Betätigung geschlossen), Schließer *m* (Elek) / make contact *n*, normally open contact, NO contact ‖ ~**kosten** *pl* / labour costs *pl* ‖ ~**kräfte** *f pl* / labour (body of workers), work force, manpower ‖ ~**kräfteabbau** *m* / staff cutback[s], staff cut, reduction in staff or personnel ‖ ~**lampe** *f* (Wz) / worklamp ‖ ~**leistung** *f* (IE) / performance ‖ ~**leitung** *f* (Pneumatik) (Regel) / working line ‖ ~**los** / out of work ‖ ~**maschine** *f* (Ggs.: Kraftmaschine) / machine ‖ ~**medizin** *f* / industrial medicine, occupational medicine ‖ ~**methode** *f*, Arbeitsweise *f* / method of working, way of working, working method ‖ ~**modell** *n* (Gieß, Keram) / working mould ‖ ~**oberfläche** *f*, Desktop *m* (DV) / desktop (in a GUI) ‖ ~**operation** *f*, Arbeitsgang *m*, Arbeitsschritt *m* / operation, processing step ‖ ~**periode** *f*, Arbeitsspiel *n*, Arbeitszyklus *m* (Masch) / working cycle, cycle ‖ ~**plan** *m* / project plan, work plan, work schedule ‖ ~**planung** *f*, Fertigungsplanung *f* (IE) / production planning (in manufacturing) ‖ ~**platte** *f*, Arbeitsfläche *f*

/ work surface, worktop ‖ ~**plattform** f, Arbeitsbühne f / work platform

Arbeitsplatz m, Arbeitsstätte f / workplace, place of work, working place ‖ ~, Arbeitsbereich m (eines Arbeitnehmers) / working space, work space ‖ ~, Stelle f / job n ‖ ~, Arbeitsstation f (in der Fließfertigung) (Fert) / workstation (e.g. in a flexible manufacturing system) ‖ ~ (Windows-Ordner) (DV) / My Computer (Windows folder) ‖ ~**abbau** m / staff cutback[s], staff cut, reduction in staff or personnel ‖ ~**analyse** f (IE) / workplace analysis ‖ ~**anordnung** f / workplace layout o. design ‖ ~**beschreibung** f (IE) / job description ‖ ~**computer** m (DV) / workstation (high-performance PC for e.g. CAD applications) ‖ ~**gestaltung** f / workplace layout o. design ‖ ~**grenzwert** m (ersetzt seit 1. Januar 2005 die Maximale Arbeitsplatzkonzentration (MAK) und die Technische Richtkonzentration (TRK) - die bisherigen MAK-Werte und TRK-Werte können für die Beurteilung der Gefährdung am Arbeitsplatz weiterhin herangezogen werden, bis der AGW in die Technischen Regeln eingearbeitet ist) (Umw) / workplace exposure limit, WEL ‖ ~**konzentration** f (Umw) / workplace concentration ‖ **maximale** ~-**Konzentration**, Arbeitsplatzgrenzwert m (ersetzt seit 1. Januar 2005 die Maximale Arbeitsplatzkonzentration (MAK) und die Technische Richtkonzentration (TRK) - die bisherigen MAK-Werte und TRK-Werte können für die Beurteilung der Gefährdung am Arbeitsplatz weiterhin herangezogen werden, bis der AGW in die Technischen Regeln eingearbeitet ist) (Umw) / workplace exposure limit, WEL ‖ ~**rechner** m (DV) / workstation (high-performance PC for e.g. CAD applications) ‖ ~**sicherung** f, Sicherung f von Arbeitsplätzen / safeguarding of jobs

Arbeits•preis m (verbrauchsabhängiger Teil des Strompreises), Verbrauchspreis m (Elek) / consumption charge ‖ ~**prinzip** n / operating principle ‖ ~**punkt** m (Elek, Eltro) / operating point ‖ ~**punkteinstellung** f (Eltro) / operating point adjustment ‖ ~**punktstabilisierung** f (Eltro) / stabilization of the operating point ‖ ~**qualität** f, Qualität f der Bearbeitung / workmanship (quality) ‖ ~**raum** m (eines Roboters) / robot workspace (volume of space which the end-effector of the manipulator can reach), work volume, work envelope ‖ ~**raum** (in Kolbenmaschinen) (Masch) / working chamber ‖ ~**satz** m (Phys) / energy equation ‖ ~**scheibe** f, Läppscheibe f, Läppwerkzeug n (Fert) / lap, lap plate ‖ ~**scheinwerfer** m (Wz) / worklamp ‖ ~**schicht** f (IE) / shift, work shift ‖ ~**schritt** m, Arbeitsgang m / operation, processing step ‖ ~**schutz** m / occupational safety and health, occupational safety, health and safety at work (UK), industrial safety ‖ ~**schutzkleidung** f / protective clothing ‖ ~**sicherheit** f / occupational safety and health, occupational safety, health and safety at work (UK), industrial safety ‖ ~**sitzung** f (DV) / session, operating session ‖ ~**spalt** m, Wirkspalt m (beim elektrochemischen Abtragen) (Fert) / gap (between tool and workpiece) ‖ ~**spalt**, Funkenspalt m (beim funkenerosiven Abtragen) (Fert) / gap (between tool and workpiece) ‖ ~**spannung** f, Betriebsspannung f (Elek) / operating voltage,

working voltage, service voltage ‖ ~**spannung** (einer Batterie) (Elek) / on-load voltage (GB) ‖ ~**sparend** / labour-saving adj

Arbeitsspeicher m, RAM (Speicher mit wahlfreiem Zugriff, Direktzugriffsspeicher), Hauptspeicher (DV) / RAM, random access memory, memory, main memory ‖ ~**bedarf** m (DV) / main memory requirements, memory requirements (MR) ‖ ~**platz** m (DV) / main memory location ‖ ~**zelle** f, Arbeitsspeicherplatz m (DV) / main memory location

Arbeits•spiel n, Arbeitszyklus m (Masch) / working cycle, cycle ‖ ~**spiel** (z.B. eines 4-Takt-Motors) (Mot) / operating cycle, operational cycle ‖ ~**spielfrequenz** f (Masch) / frequency of the work cycle ‖ ~**spindel** f (Wzm) / spindle, main spindle, work spindle ‖ ~**station** f (in der Fließfertigung) (Fert) / workstation (e.g. in a flexible manufacturing system) ‖ ~**station** (DV) / workstation (high-performance PC for e.g. CAD applications) ‖ ~**stätte** f, Arbeitsplatz m / workplace, place of work, working place ‖ ~**stelle** f, Arbeitsplatz m / job ‖ ~**stelle** f, Fertigungsstation f (in einer Presse) (Fert) / station ‖ ~**steuerung** f, Fertigungssteuerung f (IE) / production control (in manufacturing) ‖ ~**strom** m (Elek) / operating current, working current ‖ ~**stromauslöser** m (Elek) / shunt release ‖ ~**stück** n, Werkstück n (Fert) / workpiece, work, workpart ‖ ~**studienwesen** n (IE) / methods engineering ‖ ~**studium** n (IE) / methods engineering ‖ ~**stunden** f pl (z.B. Abrechnung) / work hours pl, working hours ‖ ~**system** n (IE) / work system ‖ ~**takt**, Arbeitstempo m (IE) / pace, speed, rate of work, working speed ‖ ~**takt** m (wiederholter Abschnitt z. B. bei der Fließbandarbeit) (IE) / cycle ‖ ~**takt** (z. B. bei der Fließbandarbeit), Taktzeit f (IE) / cycle time ‖ ~**takt** (DV) / clock cycle (time between two ticks of a computer's system clock), cycle ‖ ~**takt**, Arbeitshub m (Mot) / power stroke, expansion stroke, firing stroke, working stroke ‖ ~**technik** f, Verfahren n / technique ‖ ~**teilung** f (IE) / division of labour ‖ ~**temperatur** f, Betriebstemperatur f / operating temperature, service temperature, working temperature ‖ ~**temperatur** (eines Lots) (Schw) / minimum working temperature ‖ ~**tempo** m (IE) / pace, speed, rate of work, working speed ‖ ~**tisch** m, Schreibtisch m / desk ‖ ~**trum** n, Lasttrum m (eines Riemens im Riementriebe) / driving side, tight side (of a belt) ‖ ~**unterweisung** f (IE) / instruction, training ‖ ~**verfahren** n, Arbeitsweise f / method of working, way of working, working method ‖ ~**verfahren** (eines Verbrennungsmotors: Zwei- o. Viertaktverfahren) (Mot) / engine cycle ‖ ~**verlauf** m, Arbeitsablauf m (als Ganzes), Workflow m / work flow ‖ ~**vermögen** n (Energie) (Phys) / capacity for doing work ‖ ~**vermögen** (Mot) / work capacity ‖ ~**vertrag** m / contract of employment ‖ ~**vorbereitung** f, Fertigungsorganisation f (Fertigungsplanung und Fertigungssteuerung) (IE) / production planning and control (in manufacturing) ‖ ~**vorgang** m, Gang m, Operation f (IE) / operation ‖ ~**walze** f (Walz) / work roll, working roll ‖ ~**weise** f / method of working, way of working, working method ‖ ~**weise**, Funktionsweise f / mode of operation ‖ ~**weise**

(einer Maschine) / mode of operation, working principle, operating principle ‖ ~widerstand *m*, Lastwiderstand *m* (Größe) (Elek) / load resistance ‖ ~zeichnung *f*, Ausführungszeichnung *f* / detailed drawing, workshop drawing ‖ ~zeit *f*, Arbeitsstunden *f pl* (z.B. bei Abrechnung) / work hours *pl*, working hours ‖ ~zeit (in der in einem Büro gearbeitet wird) / office hours ‖ ~zeitermittlung *f* (IE) / determination of time standards ‖ ~zerlegung *f* (IE) / subdivision of operation (into elemental operations) ‖ ~zyklus *m*, Arbeitsspiel *n* (Masch) / working cycle, cycle ‖ ~zyklus (festgelegter Ablauf von Einzelschritten), Bearbeitungszyklus *m* (NC) / canned cycle, fixed cycle

Arbiter *m*, Buszuteiler *m* (DV) / arbiter

arbiträr, beliebig, willkürlich / arbitrary

Arbutin *n* (Chem) / arbutin

arc, Bogenmaß *n* (Math) / circular measure by radians, radian measure ‖ ~ **cos**, Arkuskosinus *m* (Math) / arc cosine, arc cos, cos⁻¹, inverse cosine ‖ ~ **cot**, Arkuskotangens *m* (Math) / arc cotangent, arc cot, cot⁻¹, inverse cotangent ‖ ~ **sin**, Arkussinus *m* (Math) / arc sine, inverse sine, sin⁻¹ ‖ ~ **tan**, Arkustangens *m* (Math) / arc tangent, arc tan, tan⁻¹, inverse tangent

Arcatom-Schweißen *n* (Schw) / atomic hydrogen arc welding, atomic-hydrogen welding

archimedisch • es Axiom (Math) / Archimedes' axiom, Eudoxus' axiom ‖ ~e **Körper** (Math) / Archimedean solid ‖ ~es **Prinzip** (Phys) / Archimedes' principle, principle of Archimedes ‖ ~e **Schraube** (Hydr) / Archimedean screw, Archimedes' screw, water snail, spiral pump ‖ ~e **Spirale** (Math) / Archimedean spiral, spiral of Archimedes ‖ ~e **Wasserschraube** (Hydr) / Archimedean screw, Archimedes' screw, water snail, spiral pump

Architektur *f* (DV) / architecture (of a computer system)

Archivierung *f* (Büro, DV) / archiving, filing

Arcus *m*, Bogenmaß *n* (Math) / circular measure by radians, radian measure ‖ ~**funktion** *f* (Math) / antitrigonometric[al] function, inverse trigonometric[al] function

Areafunktion *f* (Math) / arc hyperbolic function, inverse hyperbolic function

Arene *n pl* (Chem) / arenes *pl*

Arg, Arginin *n* (eine Aminosäure) (Biochem) / arginine

Argand-Diagramm *f* (Math, Phys) / Argand diagram

Argentan *n* (veraltet), Neusilber *n* (Kupfer-Nickel-Zink-Legierung) (Mater) / German silver, nickel silver (copper-nickel-zinc alloy), nickel brass

Argentometrie *f* (Chem) / argentometry

Arginase *f* (Biochem) / arginase

Arginin *n* (eine Aminosäure) (Biochem) / arginine

Argon (Chem) / Ar, argon ‖ ~arc-Schweißverfahren *n*, Wolfram-Inertgas-Schweißen *n* (Schw) / gas tungsten arc welding, GTAW (gas tungsten arc welding), tungsten inert-gas welding, TIG welding (tungsten inert-gas welding), WIG welding

Argument *n* (allg, DV, Math) / argument ‖ ~, Vektorargument *n* (Math) / argument (an angle)

Arin *n* (Chem) / aryne

Aristolochiasäure *f* (Chem) / aristolochic acid

Arithmetik *f* (Math) / arithmetic *n* ‖ ~-**Logik-Einheit** *f*, ALU, arithmetisch-logische Einheit (DV) / arithmetic-logic unit, ALU, arithmetic and logic unit, arithmetic unit ‖ ~**prozessor** *m*, arithmetischer Coprozessor (DV) / floating-point processor, math coprocessor, floating-point unit, numeric coprocessor, FPU

arithmetisch • er Ausdruck (Math) / arithmetic expression ‖ ~**er Coprozessor** (DV) / floating-point processor, math coprocessor, floating-point unit, numeric coprocessor, FPU ‖ ~**e Folge** (Math) / arithmetic progression, arithmetic sequence ‖ ~**es Mittel** (Math) / average *n*, arithmetic mean ‖ ~**er Mittelwert** *m* (Math) / average *n*, arithmetic mean ‖ ~**er Mittenrauwert** (arithmetischer Mittelwert aller Abweichungen vom mittleren Profil), R*ₐ* / AA (arithmetical average), CLA (centerline average (height)), arithmetical mean deviation (of the roughness profile), arithmetical average, centerline average (height), average roughness ‖ ~**e Operation** (DV, Math) / arithmetic operation ‖ ~**e Reihe** (Math) / arithmetic series

arithmetisch-logische Einheit, ALU (DV) / arithmetic-logic unit, ALU (arithmetic-logic unit), arithmetic and logic unit, arithmetic unit

Arkus *m*, Bogenmaß *n* (Math) / circular measure by radians, radian measure ‖ ~**funktion** *f*, Arcusfunktion *f* (Math) / antitrigonometric[al] function, inverse trigonometric[al] function ‖ ~**kosinus** *m* (Math) / arc cosine, arc cos, cos⁻¹, inverse cosine ‖ ~**kotangens** *m* (Math) / arc cotangent, arc cot, cot⁻¹, inverse cotangent ‖ ~**sinus** *m* (Math) / arc sine, inverse sine, sin⁻¹ ‖ ~**tangens** *m* (Math) / arc tangent, arc tan, tan⁻¹, inverse tangent

arm [an] / low [in], poor [in]

Arm *m* (z.B. einer Maschine, eines Hebels) / arm *n* (e.g. of a machine, lever)

Armatur *f* (Vorrichtung zum Sperren u. Regeln des Durchflusses in Rohrleitungen; Sammelbezeichnung für Ventil, Schieber, Klappe, Hahn) (ChT, Rohr) / valve (any device for halting or controlling the flow of a liquid or gas through a passage, pipe, etc.)

Armaturenbrett *n* (Kfz) / dashboard, instrument panel, dash, fascia (GB)

Armco®-Eisen *n* (technisches Reineisen mit mindestens 99,8 % Eisen) / Armco iron

Ärmelumschlag (Tex) / cuff

armieren (Kabel) (Elek) / sheathe, armor *vt* (US), armour *vt* (GB) ‖ ~ (Beton) (Bau) / reinforce (concrete)

armiert (Beton) (Bau) / reinforced

Armierung, Bewehrung *f* (Beton) (Bau) / reinforcement ‖ ~ *f*, Bewehrung *f* (eines Kabels) (Elek) / armor *n* (US), armour *n* (GB), armoring (US), armouring (GB), sheath

Armierungsstahl *m*, Betonstahl *m* (Bau) / concrete reinforcement steel, reinforcement steel, reinforcing steel, rebars *pl*, rebar steel, concrete reinforcing steel

Arm • lehne *f* (Kfz) / arm rest ‖ ~**stütze** *f*, Armlehne *f* (Kfz) / arm rest

Arndt-Eistert-Reaktion *f* (Chem) / Arndt-Eistert reaction

Aroma *n*, Aromastoff *m* / flavo[u]r, flavo[u]ring, flavo[u]ring agent ‖ ~**stoff** *m* / flavo[u]r, flavo[u]ring, flavo[u]ring agent

Aromaten *pl* (Chem) / aromatic compounds *pl*, aromatics *pl*

aromatisch (allg, Chem) / aromatic *adj* ‖ **~es Amin**, Arylamin *n* (Chem) / aryl amine ‖ **~e Verbindungen** (Chem) / aromatic compounds *pl*, aromatics *pl*

Aronschaltung *f* (Elek, Mess) / Aron measuring circuit

Array *n* (Astr, Eltro, Geol, Radio, Tele) / array ‖ **~** (Folge gleichartiger Daten o. Variablen, die unter einem gemeinsamen Namen angesprochen wird), Variablenfeld *n* (DV) / array (in programming) ‖ **~-Antenne** *f* / array antenna ‖ **~prozessor** *m* (DV) / array processor

arretieren / lock [in place, in position]

Arretierung *f* (Vorgang) / locking ‖ **~**, Arretiervorrichtung *f*, Verrastung *f*, Feststellvorrichtung *f* / locking device, catch, stop, lock

Arretiervorrichtung *f*, Verrastung *f*, Feststellvorrichtung *f* / locking device, catch, stop, lock

Arrhenius-Gleichung *f* (Chem) / Arrhenius equation

Arsan *n*, Arsenwasserstoff *m* (AsH_3) (Chem) / arsine, arseniuretted hydrogen

Arsen *n* (Chem) / arsenic *n*, As

Arsenat• (III) *n* (Salz der arsenigen Säure - früher: Arsenit) (Chem) / arsenate(III), arsenite ‖ **~(V)** *n* (Salz der Arsensäure) (Chem) / arsenate(V)

Arsen•butter *f* (Chem) / arsenic(III) chloride, butter of arsenic, arsenic trichloride ‖ **~(III)-chlorid** *n* (Chem) / arsenic(III) chloride, butter of arsenic, arsenic trichloride

Arsenid *n* (Arsen-Metallverbindung) (Chem) / arsenide

arsenige Säure (Chem) / arsenious acid (hypothetical acid, H_3AsO_3 or $HAsO_2$)

Arsenik *n* (Chem) / arsenic, arsenic trioxide (As_2O_3), arsenic oxide, arsenious acid

Arsen•nickel *n* (NiAs) (Min) / arsenical nickel, niccolite, nickeline, copper nickel ‖ **~organische Verbindungen** (Chem) / organoarsenic compounds ‖ **~(III)-oxid** *n* (Chem) / arsenic, arsenic trioxide (As_2O_3), arsenic oxide, arsenious acid ‖ **~(V)-oxid** *n* (Chem) / arsenic oxide, arsenic pentoxide ‖ **~pentasulfid** *n* (Chem) / arsenic(V) sulphide, arsenic pentasulphide ‖ **~pentoxid** *n* (Chem) / arsenic oxide, arsenic pentoxide ‖ **~säure** *f* (H_3AsO_4), Arsen(V)-säure (Chem) / arsenic acid ‖ **~(III)-sulfid** *n* (Chem) / arsenic trisulfide ‖ **~(V)-sulfid** (Chem) / arsenic(V) sulphide, arsenic pentasulphide ‖ **~sulfide** *n pl* (Chem) / arsenic sulfides ‖ **~trichlorid** *n* (Chem) / arsenic(III) chloride, butter of arsenic, arsenic trichloride ‖ **~trioxid** *n* (Chem) / arsenic, arsenic trioxide (As₂O₃), arsenic oxide, arsenious acid ‖ **~trisulfid** *n* (Chem) / arsenic trisulfide ‖ **~wasserstoff** *m* (AsH_3) (Chem) / arsine, arseniuretted hydrogen

Arsin *n*, Arsenwasserstoff *m* (AsH_3) (Chem) / arsine, arseniuretted hydrogen ‖ **~e** *n pl* (Chem) / arsines

Arsoniumsalze *m pl* (Chem) / arsonium salts

Art *f*, Sorte / kind, sort, type ‖ **~**, Typ *m* / type *n* ‖ **~**, Art und Weise / way, manner, method ‖ **~**, Beschaffenheit *f*, Wesen *f* / nature, character, quality ‖ **~ der Bearbeitung**, Qualität *f* der Bearbeitung / workmanship (quality)

Arten•schutz *m* (Ökol) / protection of species ‖ **~teilung** *f* (Teilarbeit in der Reihenfertigung:

mehrere Arbeiter erledigen hintereinander je einen Arbeitsvorgang) (IE) / subdivision of work into separate tasks that can be assigned to individual workstations

Arterenol *n* (Biochem, Pharm) / norepinephrine, noradrenaline

artesischer Brunnen / Artesian well

Artikel *m* (Wirtsch) / item, article ‖ **~nummer** *f* (Wirtsch) / item number

Artteilung *f* (Teilarbeit in der Reihenfertigung: mehrere Arbeiter erledigen hintereinander je einen Arbeitsvorgang) (IE) / subdivision of work into separate tasks that can be assigned to individual workstations

Arylamin *n* (Chem) / aryl amine

Arzneimittel *n*, Medikament *n* (Pharm) / drug, medicine ‖ **~kunde** *f* (Pharm) / pharmacy (science), pharmaceutics *sg* ‖ **~resistenz** *f* (Pharm) / drug resistance

AS, Ablaufsprache *f* (zur Programmierung einer SPS-Steuerung) (DV, Regel) / sequential function chart, SFC

As (Ampere•sekunde), Coulomb *n* (1 C = 1 As) (Elek) / C, coulomb ‖ **~**, Arsen *n* (Chem) / arsenic *n*, As

Asbest *m* / asbestos ‖ **~beton** *m* (Bau) / asbestos cement, asbestos concrete ‖ **~faser** *f* / asbestos fiber ‖ **~frei** / asbestos-free ‖ **~zement** *m* (Bau) / asbestos cement, asbestos concrete

ASC, Antriebsschlupfregelung *f* (Kfz) / acceleration spin control, ASC, antispin regulation, ASR, automatic traction control, ATC, traction control system, acceleration spin regulation

A-Scan-Verfahren *n* (Ultraschalldiagnostik) (MT) / A-mode, A-mode ultrasonography

α-Schwefel, rhombischer Schwefel *m* (Chem) / rhombic sulphur

ASCII, ASCII-Code *m* (DV) / ASCII (= American Standard Code for Information Interchange), ASCII code

Ascorbinsäure *f* (Biochem) / ascorbic acid

ASD *n*, automatisches Sperrdifferential (Kfz) / automatic limited-slip differential

ASIC (Chip, der für ein eng begrenztes Aufgabengebiet wie z.B. Waschmaschinensteuerung konzipiert ist, wobei Standardschaltkreise aufgabenspezifisch verbunden werden), anwendungsspezifischer Schaltkreis (Eltro) / application specific IC, semicustom IC, application-specific integrated circuit, ASIC

A-Signal *n*, Austastsignal *n* (TV) / blanking signal

ASK, Amplitudenumtastung *f* (Tele) / amplitude shift keying, ASK

Askorbinsäure *f* (Biochem) / ascorbic acid

Asn *n*, Asparagin *n* (Biochem) / asparagine

Asp (Asparaginsäure) (Chem) / aminosuccinic acid, aspartic acid

Asparagin *n* (Biochem) / asparagine ‖ **~säure** *f* (Chem) / aminosuccinic acid, aspartic acid

Aspartam (ein Süßstoff - E 951) (Nahr) / aspartame

Asphalt *m* (Gemisch aus Bitumen o. bitumenhaltigen Bindemitteln u. Mineralstoffen sowie ggf. weiteren Zuschlägen und Zusätzen) (Bau, Geol) / asphalt ‖ **~beton** *m* (Mineralkornzusammensetzung in solchen Verhältnissen, dass eine feinere Korngruppe die Hohlräume der nächst gröberen im verdichteten Zustand optimal ausfüllt - daher günstige Verdichtbarkeit u. geringe

Hohlraumgehalt) (Bau) / asphalt concrete, asphaltic concrete || ~**binder** m,
Asphaltbinderschicht f (Walzasphaltschicht zwischen der Deck- und Tragschicht bei hoch belasteten Straßen mit der Aufgabe, die aus dem Verkehr auftretenden Schubkräfte verformungsfrei in die Tragschichten weiterzuleiten) (Bau) / asphalt binder course || ~**binderschicht** f (Walzasphaltschicht zwischen der Deck- und Tragschicht bei hoch belasteten Straßen mit der Aufgabe, die aus dem Verkehr auftretenden Schubkräfte verformungsfrei in die Tragschichten weiterzuleiten) (Bau) / asphalt binder course || ~**bitumen** n (Bau) / asphaltic bitumen
Asphaltene n pl (Chem) / asphaltenes pl
Asphaltite m pl (Min) / asphaltites pl
Asphalt•kitt m (Bau) / asphalt cement || ~**kompoundmasse** f, Asphaltmastix m (gießfähiger technischer Asphalt, der aus nur feinkörnigen Mineralstoffen im Füller- u. Sandbereich (0-2 mm) u. hohem Bitumengehalt besteht - leicht verteilbar, absolut dicht u. von nur geringer Festigkeit) (Bau) / asphalt mastic, bituminous mastic, mastic asphalt || ~**lack** f (Anstr, Bau) / asphalt paint, bituminous varnish, bitumen varnish, bituminous paint, bitumen paint, asphalt varnish || ~**mastix** m (gießfähiger technischer Asphalt, der aus nur feinkörnigen Mineralstoffen im Füller- u. Sandbereich (0-2 mm) u. hohem Bitumengehalt besteht - leicht verteilbar, absolut dicht u. von nur geringer Festigkeit) (Bau) / asphalt mastic, bituminous mastic, mastic asphalt
asphärisch (Opt) / aspheric, aspherical, non-spheric[al]
Aspirationspsychrometer n, Aspirationsfernthermometer n von Assmann / aspiration [tele]psychrometer
ASR (automatische Spracherkennung) (DV) / automatic speech recognition, ASR || ~, Flughafen-Rundsichtradar n (Luft) / airport surveillance radar, ASR || ~, Antriebsschlupfregelung f (Kfz) / acceleration spin control, ASC, antispin regulation, ASR, automatic traction control, ATC, traction control system, acceleration spin regulation
Assembler m (Programmiersprache zur komfortablen Erzeugung von Maschinensprache-Code), Assemblersprache f (DV) / assembler language, assembly language || ~ (Programm, das Assembler-Quellcode in Maschinensprache übersetzt) (DV) / assembler, assembly program, assembly routine || ~**programm** n, Assembler m (Programm, das Assembler-Quellcode in Maschinensprache übersetzt) (DV) / assembler, assembly program, assembly routine || ~**sprache** f, Assembler m (Programmiersprache zur komfortablen Erzeugung von Maschinensprache-Code) (DV) / assembler language, assembly language
Assemblieren n, Assembling n (DV) / assembling
Assemblierer m, Assembler m (Programm, das Assembler-Quellcode in Maschinensprache übersetzt) (DV) / assembler, assembly program, assembly routine || ~**sprache** f, Assembler m (Programmiersprache zur komfortablen Erzeugung von Maschinensprache-Code) (DV) / assembler language, assembly language

f (DV) / assembler language, assembly language
Assembler•programm n, Assembler m (Programm, das Assembler-Quellcode in Maschinensprache übersetzt) (DV) / assembler, assembly program, assembly routine || ~**sprache** f, Assembler m (Programmiersprache zur komfortablen Erzeugung von Maschinensprache-Code), Assemblersprache f (DV) / assembler language, assembly language
Assemblierung f, Assembling n (DV) / assembling
Assembling n (DV) / assembling
Assimilation f, Anabolismus m, Aufbaustoffwechsel m (Biochem) / anabolism, biosynthesis
Assoziat m (Chem) / associate
Assoziation f (Chem, Physiol) / association
Assoziationskolloid n (Chem) / association colloid
assoziativ / associative || ~**er Speicher** (DV) / associative memory, CAM, content-addressable memory, content-addressed memory, content-addressed storage, associative storage
Assoziativgesetz n (Math) / associative law
Assoziativität f (DV, Math) / associativity
Assoziativspeicher m (DV) / associative memory, CAM, content-addressable memory, content-addressed memory, content-addressed storage, associative storage
astabil (Eltro) / astable || ~**e Kippschaltung** (Eltro) / astable multivibrator, free running multivibrator || ~**e Kippstufe** (Eltro) / astable multivibrator, free running multivibrator
Astasierung f (Elek, Mess) / astatizing
Astat n, Astatin n (radioaktives Element, OZ = 85) (Chem, Nukl) / astatine, At
astatisch / astatic
Astaxanthin n (Chem) / astaxanthine
Astlochbohrmaschine f (Holz) / knot boring machine
α-**Strahlung** f (Nukl) / alpha radiation, α-radiation, emission of alpha particles
Astro•biologie f, Kosmobiologie f / exobiology, astrobiology, space biology || ~**chemie** f / astrochemistry || ~**dynamik** f (Raumf) / astrodynamics sg || ~**fotografie** f / astrophotography
Astroide, Sternkurve f (Math) / astroid, tetracuspid
Astro•naut m, Kosmonaut m (in der UdSSR/Russland verwendete Bezeichnung) (Raumf) / astronaut, spaceman, cosmonaut (Russian or Soviet astronaut) || ~**nautik** f, Raumfahrtforschung f (Raumf) / astronautics sg, cosmonautics sg || ~**nautische Geschwindigkeit** (Raumf) / cosmic velocity || ~**navigation** f (Navigation nach den Sternen) / astrogation, astronavigation, celestial navigation, celo-navigation
Astronomie f / astronomy
astronomisch / astronomical, astronomic || ~**es Fernrohr** / astronomical telescope, celestial telescope || ~**e Konstanten** / astronomical constants || ~**e Navigation**, Astronavigation f (Navigation nach den Sternen) / astrogation, astronavigation, celestial navigation, celo-navigation || ~**e Photometrie** / astrophotometry
Astro•photographie f / astrophotography || ~**photometrie** f / astrophotometry || ~**physik** f

/ astrophysics *sg* ‖ ⁓**spektroskopie** *f* /
astrospectroscopy
ASU *f* (früher), Abgasuntersuchung *f* (Kfz) /
exhaust emission check, exhaust test, emission
inspection
Asymmetrie *f* / asymmetry, dissymmetry,
nonsymmetry ‖ ⁓**fehler** *m* (Opt) / coma (pl:
comae)
asymmetrisch / asymmetric, asymmetrical,
nonsymmetrical, unsymmetrical,
unsymmetric, dissymmetric, dissymmetrical ‖
⁓**e Kryptografie**, Public-Key-Verschlüsselung
f (DV) / asymmetric encryption, public key
cryptography, public key encryption ‖ ⁓**e
Synthese** (Chem) / asymmetric synthesis ‖ ⁓**e
Verschlüsselung**, Public-Key-Verschlüsselung
f (DV) / asymmetric encryption, public key
cryptography, public key encryption
Asymptote *f* (Math) / asymptote
Asymptotenlinie *f* (Math) / asymptotic curve,
asymptotic line
asymptotisch (Math) / asymptotic, asymptotical ‖
⁓**e Freiheit** (Nukl) / asymptotic freedom
asynchron / asynchronous, nonsynchronous ‖
⁓**er Einankerumformer** (Elek) / binary
converter ‖ ⁓**e Steuerung**,
Asynchronsteuerung *f* (Regel) / asynchronous
control, nonclocked control ‖ ⁓**er
Transfermodus** *m*, ATM
(Netzwerktechnologie zur Übertragung von
Daten, Sprache und Video in Echtzeit)) (Tele)
/ asynchronous transfer mode, ATM
Asynchron•... / asynchronous, nonsynchronous ‖
⁓**generator** *m*, Induktionsgenerator *m* (Elek) /
asynchronous generator, induction generator
‖ ⁓**maschine** *f* (Elek) / asynchronous machine,
induction machine ‖ ⁓**motor** *m* (Elek) /
asynchronous motor, induction motor ‖
⁓**motor mit Kurzschlussläufer** (Elek) /
squirrel-cage motor, cage motor ‖
⁓**-Schleifringläufermotor** *m* (Elek) / sliping
induction motor, sliping motor ‖ ⁓**steuerung**
f (Regel) / asynchronous control, nonclocked
control ‖ ⁓**zähler** *m* (DV, Eltro) / asynchronous
counter, ripple counter
at, technische Atmosphäre (1at= 1kp/cm² =
98,0665 kPa= 0,980665 bar) (Phys) / technical
atmosphere (14,22 lbs/sq.in.) ‖ ⁓, Astat *n*,
Astatin *n* (radioaktives Element, OZ = 85)
(Chem, Nukl) / astatine, At
ataktisch (Chem, Plast) / atactic
α-**Teilchen** *n* (Nukl) / alpha particle, *α*-particle
A-Teilnehmer *m*, Anrufer *m*, anrufender
Teilnehmer (Tele) / caller, calling party, calling
subscriber
Atem•alkohol-Messgerät *n*, Alcomat® *m* /
breathalyzer ‖ ⁓**gift** *n* / respiratory poison ‖
⁓**maske** *f*, Sauerstoffmaske / oxygen mask ‖
⁓**schutz** *m*, Atemschutzgerät *n* / breathing
apparatus, respiratory protective device ‖
⁓**schutzgerät** *n* / breathing apparatus,
respiratory protective device ‖ ⁓**schutzmaske
mit zwei Filtern** *f* (Wz) / dual cartridge
respirator
ATF, Öl für automatisches Getriebe *n* (Kfz) /
ATF, automatic transmission fluid ‖ ⁓**-Öl**, Öl
für automatisches Getriebe *n* (Kfz) / ATF,
automatic transmission fluid
Äthan *n*, Ethan *n* (Chem) / dimethyl, ethane
Äthanal *m*, Acetaldehyd *m* (Chem) /
acetaldehyde, ethanal

Äthanol *n*, Ethanol *n* (C₂H₅OH) (Chem) /
alcohol, grain alcohol, ethyl alcohol, ethanol,
fermentation alcohol
Äthansäure *f*, Essigsäure *f* (Chem) / acetic acid,
ethanoic acid
Äthen *n*, Ethylen *n* / ethylene, ethene, olefiant
gas
Äther *m*, Ether *m* (Chem) / ether
ätherisches Öl / essential oil
atherman, wärmeundurchlässig (Phys) /
athermanous, impervious to radiant heat
Äthin *n*, Acetylen *n* (C₂H₂) (Chem) / ethyne,
acetylene, ethine
Äthyl•acetat, Ethylacetat *n* / ethyl acetate, acetic
ether ‖ ⁓**alkohol** *m*, Ethanol *n* (C₂H₅OH)
(Chem) / alcohol, grain alcohol, ethyl alcohol,
ethanol, fermentation alcohol ‖ ⁓**benzol** *n*
(Chem) / ethyl benzene ‖ ⁓**cellulose** *f*,
Ethylcellulose *f* (Chem) / ethyl cellulose
Äthylen *n* (früher), Ethylen *n* / ethylene, ethene,
olefiant gas ‖ ⁓**glykol** *n*, Äthylenglykol *n*
(Chem) / ethylene glycol, glycol ‖ ⁓**oxid** *n*,
Ethylenoxid / ethylene oxide
Äthylhexanol *n*, Ethylhexanol *n* (Chem) /
isooctanol
AT-Kran *m*, All-Terrain-Kran *m* (geländegängig,
schnell verfahrbar) (Förd) / all terrain crane,
AT
ATL *m*, Abgasturbolader *m* (Mot) / turbocharger,
exhaust turbocharger, turbo
atm (1 atm = 1 013 250 dyn/cm² = 101 325 Pa =
1,01325 bar = 760 Torr), Atmosphäre *f*
(veraltete Einheit des Drucks) (Mess, Phys) /
atm, atmosphere, standard atmosphere
ATM *m* (DV) / automated teller machine,
automatic-teller machine, ATM (automated
teller machine), bank machine, automated
teller ‖ ⁓ (Netzwerktechnologie zur
Übertragung von Daten, Sprache und Video
in Echtzeit)), asynchroner Transfermodus *m*
(Tele) / asynchronous transfer mode, ATM
Atmidometer *n*, Verdunstungsmesser *m* /
atmometer, evaporation meter, evaporimeter
(GB), evaporometer (US)
Atmometer *n*, Verdunstungsmesser *m* /
atmometer, evaporation meter, evaporimeter
(GB), evaporometer (US)
atmophile Elemente (Chem) / atmophile
elements
Atmosphäre *f* (Geoph) / atmosphere ‖ ⁓
(veraltete Einheit des Drucks), atm (1 atm = 1
013 250 dyn/cm² = 101 325 Pa = 1,01325 bar =
760 Torr) (Mess, Phys) / atm, atmosphere,
standard atmosphere
Atmosphären•druck *m* (Meteo) / barometric
pressure, air pressure, atmospheric pressure,
pressure of the air ‖ ⁓**seite** *m* (des Glasbandes
im Float-Verfahren) (Glas) / top side ‖
⁓**überdruck** *f* (veraltet), atü (Phys) /
atmosphere above atmospheric pressure
atmosphärisch•er Druck (Meteo) / barometric
pressure, air pressure, atmospheric pressure,
pressure of the air ‖ ⁓**e Elektrizität** (Elek,
Meteo) / atmospheric electricity ‖ ⁓**e
Feuchtigkeit**, Feuchtigkeitsgehalt *m* der Luft /
humidity (of the air), air humidity, air
moisture, atmospheric moisture, atmospheric
humidity ‖ ⁓**e Funkstörungen** (Radio, Tele,
TV) / atmospheric interference, atmospherics
pl, strays *pl* (US), spherics *pl* ‖ ⁓**e
Gegenstrahlung** / counterradiation ‖ ⁓**e
Grenzschicht** / atmospheric boundary layer,
ABL, planetary boundary layer, friction layer ‖

~e **Lichtbrechung** (Opt) / atmospheric refraction ‖ ~e **Optik** / atmospheric optics *sg*, meteorological optics *sg* ‖ ~es **Rauschen** (Radio, Tele, TV) / atmospheric interference, atmospherics *pl*, strays *pl* (US), spherics *pl* ‖ ~e **Refraktion** (Opt) / atmospheric refraction ‖ ~e **Störungen** (Radio, Tele, TV) / atmospheric interference, atmospherics *pl*, strays *pl* (US), spherics *pl* ‖ ~e **Strahlenbrechung** (Opt) / atmospheric refraction

Atmospherics *pl* (Radio, Tele, TV) / atmospheric interference, atmospherics *pl*, strays *pl* (US), spherics *pl*

ATM-Terminal *n* (DV) / automated teller machine, automatic-teller machine, ATM (automated teller machine), bank machine, automated teller

Atmungskette *f* / electron-transport chain, electron-transfer chain

ATM-Zelle *f* (Tele) / cell (in an ATM system)

Atom *n* (Chem, Phys) / atom ‖ ~..., atomar (Nukl) / atomic, nuclear ‖ ~**absorptionsspektrometrie** *f* (Chem, Mess) / atomic absorption spectroscopy, AAS ‖ ~**absorptionsspektroskopie** *f* (Chem, Mess) / atomic absorption spectroscopy, AAS ‖ ~**abstand** *m* (Nukl) / interatomic distance ‖ ~**anlage** *f* (Nukl) / nuclear facility, nuclear site, nuclear power facility ‖ ~**antrieb** *m* (Mil, Raumf) / nuclear propulsion ‖ **mit** ~**antrieb**, mit Nuklearantrieb (Nukl, Schiff) / nuclear-powered

atomar, Atom... (Nukl) / atomic, nuclear ‖ ~e **Fehlstellen** (Krist) / point defects ‖ ~e **Konstanten** (z.B. Elementarladung, Planck-Konstante) (Phys) / atomic constants ‖ ~e **Masseneinheit** (Nukl) / amu, atomic mass unit, unified atomic mass unit ‖ ~**er Photoeffekt** (Phys) / photoionization

Atom•batterie *f*, Isotopenbatterie *f* (Nukl, Raumf) / nuclear battery, atomic battery, radioisotopic generator, radio isotope battery ‖ ~**bau** *m* (Phys) / atomic structure ‖ ~**betrieben**, mit Nuklearantrieb (Nukl, Schiff) / nuclear-powered ‖ ~**bindung** *f* (Chem) / atomic bond, covalent bond, electron pair bond ‖ ~**bombe** *f* (Mil) / atomic bomb, A-bomb, atom bomb, fission bomb, nuclear bomb ‖ ~**durchmesser** *m* (Chem, Phys) / atomic diameter ‖ ~**emissionsspektroskopie** *f* (Mess) / atomic emission spectroscopy ‖ ~**energie** *f* (Nukl) / nuclear energy, atomic energy, nuclear power ‖ ~**energieantrieb** (Mil, Raumf) / nuclear propulsion ‖ ~**-Fluoreszenzspektroskopie** *f* / atomic fluorescence spectroscopy ‖ ~**formfaktor** *m* (Nukl) / atomic form factor ‖ ~**-Frequenznormal** *n* (Mess) / atomic reference oscillator ‖ ~**getrieben**, mit Nuklearantrieb (Nukl, Schiff) / nuclear-powered ‖ ~**gewicht** *n* (früher), relative Atommasse (Nukl) / relative atomic mass, atomic weight ‖ ~**gitter** *n* (Krist) / atomic lattice, atom lattice ‖ ~**halbmesser** *m* (Nukl) / atomic radius ‖ ~**hülle** *f* (Nukl) / atomic shell

Atomiseur *m* / atomizer

atomisieren, zerstäuben (Flüssigkeiten) / atomize (e.g. liquid), nebulize

atomistisch (Phys) / atomistic

Atomizität *f* (DV, Tele) / atomicity

Atom•kern *m* (Nukl) / nucleus (pl. nuclei), atomic nucleus ‖ ~**konstanten** *f pl* (z.B. Elementarladung, Planck-Konstante) (Phys) /

atomic constants ‖ ~**kraft** *f* (Nukl) / nuclear power, atomic power ‖ ~**kraftmikroskop** *n*, Rasterkraftmikroskop *n* / atomic force microscope, AFM, scanning force microscope ‖ ~**kraftwerk** *n* (Ener, Nukl) / nuclear power station, nuclear power plant, atomic power plant, atomic power station ‖ ~**laser** *m*, Atomstrahllaser *m* / atom laser ‖ ~**masse** *f*, relative Atommasse (Nukl) / relative atomic mass, atomic weight ‖ **absolute** ~**masse** (Phys) / absolute atomic mass ‖ ~**massenkonstante** *f* (Nukl) / atomic mass constant ‖ ~**meiler** *m*, Kernreaktor *m* (Nukl) / nuclear reactor, atomic reactor, atomic pile, reactor, pile, chain-reacting pile, chain reactor ‖ ~**modell** *n* (Nukl) / atomic model, model of the atom, atom model ‖ ~**müll** *m*, radioaktive Abfälle *m pl* (Nukl, Umw) / radioactive waste, nuclear waste ‖ ~**mülldeponie** *f* (Nukl) / storage site for nuclear waste, nuclear waste repository, burial site ‖ ~**müllendlager** *n*, Endlager *n* (für radioaktive Abfälle) (Nukl) / permanent disposal site, permanent storage site (for nuclear waste) ‖ ~**müll-Lager** *n* (Nukl) / storage site for nuclear waste, nuclear waste repository, burial site ‖ ~**multiplikator** *m* (in einer chemischen Formel) (Chem) / index ‖ ~**nummer** *f* (Phys) / atomic number, proton number, nuclear charge number ‖ ~**orbital** *n* (Chem, Phys) / atomic orbital ‖ ~**physik** *f* (Physik der Atomhülle und der in ihr ablaufenden Vorgänge) / atomic physics, nuclear physics ‖ ~**polarisation** *f* (Phys) / atomic polarization ‖ ~**radius** *m* (Nukl) / atomic radius ‖ ~**reaktor** *m*, Kernreaktor *m* (Nukl) / nuclear reactor, atomic reactor, atomic pile, reactor, pile, chain-reacting pile, chain reactor ‖ ~**refraktion** *f* (Chem) / atomic refraction ‖ ~**rumpf** *m* (Atomkern + Elektronenschale mit Ausnahme der Valenzschale) (Phys) / atomic core, core (of an atom), rumpf, kernel (of an atom) ‖ ~**spaltung** *f* (Nukl) / nuclear fission, fission, atomic fission ‖ ~**spektroskopie** *f* (Chem, Phys) / atomic spectroscopy ‖ ~**spektrum** *n* (Phys) / atomic spectrum, line spectrum ‖ ~**strahl** *m* (Phys) / atomic beam ‖ ~**strahllaser** *m* / atom laser ‖ ~**strahlresonanzmethode** *f* (Phys) / atomic beam magnetic resonance method ‖ ~**strom** (Elek) / nuclear-generated electricity, nuclear electricity ‖ ~**struktur** *f* (Phys) / atomic structure ‖ ~**technik** *f* (Nukl) / nuclear engineering, nuclear technology ‖ ~**theorie** *f* (Nukl) / atomic theory ‖ ~**uhr** *f* / atomic clock ‖ ~**volumen** *n* (Chem) / atomic volume ‖ ~**waffen** *f pl* (Mil) / atomic weapons *pl*, nuclear weapons *pl* ‖ ~**wärme** *f* (Chem) / atomic heat ‖ ~**zeit** *f* / atomic time, AT ‖ ~**zerfall** *m*, radioaktiver Zerfall / radioactive decay, radioactive disintegration

atoxisch, nicht toxisch / nontoxic, atoxic

ATP (Biochem) / adenosine triphosphate, ATP

ATPase *f* (Biochem) / adenosine triphosphatase, ATPase

Atramentverfahren *n* (OT) / atramentizing

Atropin *n* (Chem, Pharm) / atropine

Atropisomerie *f* (Chem) / atropisomerism

a,t-Schaubild *n* (Phys) / acceleration-time graph, acceleration-time plot

Attachment *n* (Anlagerung eines Elektrons an ein neutrales Molekül) (Chem) / electron attachment

Atto... (Vorsilbe bei Einheiten: 10^{-18}) / atto...

Attractants pl, Lockstoffe m pl (bei der Insektenbekämpfung) (Chem) / attractant

Attraktantien pl, Lockstoffe m pl (bei der Insektenbekämpfung) (Chem) / attractant

Attraktion f, Anziehung f (allg, Phys) / attraction

Attraktor m (Phys) / attractor

Attrappe f, Modell n, Nachbildung f (für Lehr-, Prüf-, Studienzwecke) / mockup

Attribut n, charakteristisches Merkmal, Unterscheidungsmerkmal n / characteristic n, characteristic feature || ≃ (DV) / attribute

ATV n (Arbeitsfahrzeug) (Kfz) / quad (GB, Australia, New Zealand), quad-bike, ATV (All-Terrain Vehicle)(US)

Ätz•..., ätzend, kaustisch (Chem) / caustic adj || ≃alkali n pl (Chem) / caustic alkali || ≃baryt m (Chem) / barium hydrate, baryta (Ba(OH)$_2$·8H$_2$O), caustic baryta, barium hydroxide || ≃druck m (Tex) / discharge printing, extract printing

AT-Zellulose f, Ethylcellulose f (Chem) / ethyl cellulose

ätzen / etch || ~, einätzen (z.B. gedruckte Schaltungen, Bildstellen in die Metalloberfläche) (Druck, Eltro) / etch [into] || ~ (Med) / cauterize || ≃ n / etching || ≃, Einätzen n (z.B. gedruckte Schaltungen, Bildstellen in die Metalloberfläche) (Druck, Eltro) / engraving, etching

ätzend (z.B. Säure) / corrosive || ~, kaustisch (Chem) / caustic adj || ~es Mittel, Atzmittel n, Atzmedium n (Chem, Druck, Fert) / etchant

Ätz•formteil n (Fert) / part made by chemical blanking || ≃kali n, Kaliumhydroxid (Chem) / potassium hydroxide, potassium hydrate, caustic potash || ≃kalilösung f, Kalilauge f (Chem) / caustic potash solution, potash lye || ≃kalk m, Branntkalk m (Bau) / burnt lime, lime, caustic lime, quicklime, unhydrated lime || ≃mittel n, Atzmedium n (Chem, Druck, Fert) / etchant || ≃mittel n (Med) / caustic || ≃natron n, Natriumhydroxid n (NaOH) (Chem) / sodium hydroxide (NaOH), caustic soda, soda || ≃natronlauge f (Chem) / caustic soda, soda lye, lye, aqueous caustic soda, sodium hydrate, sodium hydroxide solution, caustic soda lye || ≃tiefe f (beim chemischen Ätzen) (Fert) / depth of cut

Au, Gold n (Chem) / gold, Au

AU, Abgasuntersuchung f (Kfz) / exhaust emission check, exhaust test, emission inspection

Audio•buchse f (Audio, DV) / audio jack || ≃-CD f (Audio) / audio CD, CD, compact disk, audio compact disk || ≃frequenz f, Hörfrequenz f (etwa 30 bis 20000 Hz) (Akust, Audio) / audiofrequency (range of normally audible sound), a-f, a.f., AF || ≃gramm n, Audiometerkurve f (Akust, Med) / audiogram || ≃gramm, Audiometerkurve f (Akust, Med) / audiogram || ≃karte f, Soundkarte f (DV) / sound card, audio board, audio card, sound board || ≃meter n, Hörschwellenmessgerät n (Akust, Med) / audiometer, sonometer || ≃meterkurve f, Audiogramm n (Akust, Med) / audiogram || ≃meterkurve, Audiogramm n (Akust, Med) / audiogram || ≃metrie f (Akust, Med) / audiometry

Audion n, Audionschaltung f (Eltro) / audion || ≃schaltung f (Eltro) / audion

Audio•-Türsprechanlage f / audio intercom system || ≃vision f / audiovision

Audit n, Qualitätsaudit n (QM) / audit, quality audit || ≃auftraggeber m (QM) / audit client

Auditor m, Qualitätsauditor m (QM) / auditor, quality auditor

Auermetall n, Cereisen m (Hütt) / Auer metal, ferrocerium

Auf- und Niedergang m / reciprocating motion o. movement, reciprocation

aufarbeiten, wieder instand setzen, erneuern (Techn) / overhaul, recondition, refurbish || ≃ n, Wiederaufarbeitung f (von Brennstäben etc.) (Nukl, Umw) / regeneration (of fuel etc.), reprocessing

Aufarbeitung f, Wiederaufarbeitung f (von Brennstäben etc.) (Nukl, Umw) / regeneration (of fuel etc.), reprocessing

Aufbau m (Montage, Aufsetzen eines Bauteils auf ein anderes) / mounting || ≃ (einer Verbindung) (Tele) / call establishment, call setup, connection setup || ≃ (z.B. eines Netzwerkes, Systems) (DV) / setting up, set-up || ≃ (eines Computersystems), Konfiguration f (DV) / configuration || ≃ (allmähliche Bildung z.B. von Druck, magnetischen Feldern, Schwingungen o. Ablagerungen an Behälterwänden) / build-up n || ≃, Struktur f / structure n || ≃, Zusammensetzung f (z.B. eines Moleküls) (Chem) / composition || ≃, Textur f, Struktur f (allg, Hütt) / texture n || ≃, Konstruktion f, Bauform f / construction, design || ≃, Anlage f (z.B. einer Fabrik, einer Werft, einer Stadt) / layout n || ≃ (einer Anlage, eines Versuchs), Anordnung f / set-up, arrangement || ≃, Karosserie f, Fahrzeugaufbau m (Kfz) / bodywork, body, car body, vehicle body || ≃ (pl. -bauten) (Schiff) / superstructure

aufbauen vt / construct, build || ~, aufstellen / erect, rig vt [up](facilities, equipment) || ~ [auf] / build vt [on] || ~ (ein Bauteil auf ein anderes) / mount || ~ (z.B. Spannung, Druck) / build up vt, set up || ~ (elektrisches Feld) / create (an electric field) || ~ (z.B. Computer- o. Qualitätssicherungssystem, Datenbank, Netzwerk) / set up || ~, strukturieren / structure || ~ (Verbindung), herstellen (Tele) / set up (a connection, call), establish (a connection) || ~ vi [auf] / build vi [on] || ~ vr (z.B. Druck, Spannung, Wolken, magnetische Felder, Schwingungen o. Ablagerungen an Behälterwänden, bilden vr / build up vi || ~ (sich), zusammensetzen vr (sich)[aus] / be composed of, be made up of, consist of || **versuchsweise im Labor** ~ (während der Entwicklungsphase) (Eltro) / breadboard vt

Aufbau•granulation f, Pelletieren n (Aufb, ChT, Nukl, Plast) / pelletization, pelletizing || ≃netz n (graphisches Hilfsmittel beim Getriebeentwurf) (Masch) / modular network || ≃organisation f (eines Betriebs), Organisationsstruktur f / organizational structure || ≃schneide f (Wzm) / built-up edge || ≃stoffwechsel m, Anabolismus m (Biochem) / anabolism, biosynthesis

aufbereiten / process || ~ (Formsand) (Gieß) / condition || ~ (feste mineralische Rohstoffe, z.B. durch Zerkleinern, Rösten, Magnetscheidung, Flotation) (Aufb) / beneficiate, dress (ore), concentrate || ~ (Kesselwasser, Speisewasser) / condition || ~ (Anwässer), klären (Umw) / treat (sewage) || ~ (z.B. Statistiken), auswerten / evaluate, analyse ‖ ~ (Informationen, Daten) (DV) / process, edit (data)

Aufbereitung f / processing ‖ ~, Vorbereitung f / preparation, pre-processing ‖ ~ (von Trinkwasser) (Umw) / processing, treatment ‖ ~ (von Abwasser), Abwasserreinigung f (Umw) / sewage treatment, sewage purification, wastewater treatment ‖ ~, Wiederaufarbeitung f (von Brennstäben etc.) (Nukl, Umw) / regeneration (of fuel etc.), reprocessing ‖ ~ (fester mineralischer Rohstoffe, z.B. Zerkleinern, Rösten, Magnetscheidung, Flotation), Anreicherung f, Erzaufbereitung f (Aufb) / beneficiation, mineral processing, mineral dressing, ore dressing ‖ ~, Bearbeitung f (von Texten, von Daten für Druck etc.) (DV) / editing

Aufbereitungs•anlage f (allg) / processing plant ‖ ~**verfahren** n (Aufb) / processing route

aufbewahren, aufheben / keep, store ‖ ~, lagern vt / store, warehouse

Aufbewahrungsraum m, Lagerraum m / storage room

aufbieten, ausüben (z.B. Druck, Kraft), anwenden / exert vt

aufblasbar / inflatable adj

aufblasen (mit Luft (o. Gas) füllen / inflate, blow up vt

aufblinken, aufblitzen / flash vi

aufbohren (vorhandenens Loch), ausbohren / bore vt, counterbore vt, rebore vt, enlarge (a drilled hole)

Aufbohrer m (für vorgegossene o. vorgebohrte Löcher) (Wz) / core drill

aufbrauchen, verbrauchen / use up

aufbrechen, aufplatzen / burst open vi, split open ‖ ~ (z.B. Oberflächen, Straßenbelag) / rupture ‖ ~, eindrücken / break, open by force

aufbringen, auftragen / apply (e.g. paint to a wall), coat (e.g. zinc onto steel) ‖ ~ (galvanisch), abscheiden (galvanisch - Überzugsmetall auf Grundwerkstoff) (OT) / electroplate (the plating metal onto the base metal), plate, deposit vt ‖ **eine Schicht** ~ [auf], beschichten / coat vt

Aufdampfanlage f / evaporator (used in vacuum coating by thermal evaporation), evaporation machine

aufdampfen (Fert) / vaporize and let condense (a coating material on a substrate surface), deposit (a vaporized coating material onto a substrate) ‖ **Alu** ~ / aluminize ‖ ~ n **im Hochvakuum** (ein PVD-Verfahren) (Fert) / thermal vapour deposition, vacuum coating by thermal evaporation, vacuum evaporation, vacuum evaporation PVD

Aufdampftechnik f (Fert) / thermal vapour deposition, vacuum coating by thermal evaporation, vacuum evaporation, vacuum evaporation PVD

aufdecken, abdecken / uncover

Aufdornprobe f, Aufweitversuch m (an Rohren) (Mater) / drift expanding test (on pipes), expanding test, flaring test

aufdrehen (Gas, Wasser, Wasserhahn) / turn on ‖ ~, lösen (Schraube), lockern vt / loosen (screw)

aufeinander folgend / consecutive, successive ‖ ~ **legen**, aufstapeln, aufschichten / stack vt, pile up ‖ ~ **passen**, zusammenpassen vt (Teile, Flächen), anpassen / match vt, fit together vt ‖ ~ **schichten**, aufstapeln, aufschichten / stack vt, pile up

Aufenthalts•register n (lokale Datenbank in einer MSC mit allen Benutzern, die sich gegenwärtig in ihrem Bereich befinden), Besucherdatei f (Mobilfunk) (Tele) / visited location register, visitors' location register, VLR (visited location register) ‖ ~**wahrscheinlichkeit** f (Nukl) / probability distribution (of a particle)

auffahren, herstellen (einen Tunnel), bohren / drive (a tunnel)

Auffahrt f, Autobahnauffahrt f (Straß) / slip road (GB), access ramp, on ramp, on-slip, entrance ramp (US), entrance slip road

Auffahrtsrampe f (z.B. für Rollstuhl) (Bau) / access ramp

Auffangbecken n / catch basin, collecting tank, collection tank

auffangen, sammeln / catch vt, collect (e.g. gas, liquid) ‖ ~, zurückhalten / trap vt (e.g. dust particles in a metallic filter) ‖ ~, zurückgewinnen (zur Wiederverwendung) / recover vt ‖ ~, dämpfen, absorbieren / absorb (shocks, vibration)

Auffang•-Flipflop n, Latch n (Eltro) / latch n ‖ ~**gefäß** n (z.B.bei einem Wäschetrockner) / reservoir ‖ ~**schale** f / drip tray ‖ ~**speicher** m, Latch n (Eltro) / latch n ‖ ~**stange** f (der Blitzschutzanlage), Blitzableiter (Elek) / lightning conductor (UK), lightning rod (US) ‖ ~**wanne** f / catch basin, collecting tank, collection tank

auffedern, zurückspringen, rückfedern / snap back, fly back, spring back v

auffinden, lokalisieren, ausfindig machen (z.B. Fehler), orten / locate (e.g. a fault, data) ‖ ~ n, Entdeckung f (z.B. eines U-Bootes), Ortung f / detection

auffordern (DV) / prompt vt (user, operator)

Aufforderungs•betrieb m (DV, Tele) / normal response mode ‖ ~**zeichen** n, Eingabeaufforderung n, Prompt m (DV) / prompt n (e.g. in DOS), system prompt, prompt character

Aufforsten n, Aufforstung f (Holz) / forestation, afforestation

auffrischen (Altes, Verbrauchtes) / regenerate ‖ ~ (Ladungsverluste ausgleichen) (DV, Eltro) / refresh (contents of dynamic storage)

Auffrischrate f, Bildwiederholfrequenz f (DV, Eltro) / refresh rate, e rate, vertical refresh rate, vertical frequency, vertical scanning frequency, scan rate

auffüllen (z.B. Wasser, Benzin), nachfüllen, nachgießen / add vt, put in more (water, petrol) ‖ ~, nachfüllen (teilweise geleerten Behälter) / fill up [with] (e.g. water, petrol), top up [with] ‖ ~ (fehlende, verbrauchte Menge) / top up (e.g. oil, lubricant) ‖ ~, wieder füllen (geleerten Behälter) / refill ‖ ~, ergänzen (Lager, Vorrat) / replenish ‖ **wieder** ~ (z.B. Grube mit Aushub) (Bau) / backfill vt (an excavation), refill

Auffüllung f, Füller m (in einem Kabel) (Elek) / filler

Aufgabe f, Auftrag m / task, job, assignment ‖ ~ (zu deren Erfüllung eine Maschine entwickelt/gebaut wurde) / duty ‖ ~, Funktion f / function, task ‖ ~ f, Task f (DV) / task ‖ ~, Beschickung f (mit Material, z.B. eines Hochofens) / charging ‖ ~**gut** n, Beschickungsgut n / feedstock (e.g. for extruder), charging stock, process material

Aufgaben•bereich *m*, Verantwortungsbereich *m* / field of responsibility, area of responsibility ‖ ~**spezifisch**, angepasst (an spezielle Aufgaben) / customized, custom-made, custom-built, custom-designed, tailor-made ‖ ~**stellung** *f* / problem definition

Aufgabestelle *f* (Aufb, ChT) / feeding point, feed point

aufgalvanisieren, abscheiden (galvanisch - Überzugsmetall auf Grundwerkstoff) (OT) / electroplate (the plating metal onto the base metal), plate, deposit *vt*

Aufgang *m*, Treppenaufgang *m* (Bau) / stairs *pl*, steps *pl* (US) ‖ ~ (der Sonne, des Mondes, eines Gestirns) (Astr) / rise *n*, rising *n*

aufgeben (Anzeige, Bestellung) / place ‖ ~, zuführen / feed *vt* (e.g. material into a machine), charge, load ‖ ~, einstellen (z.B. Fertigung) / discontinue, stop, cease *vt* (production) ‖ ~ *n*, Beschickung *f* (mit Material, z.B. eines Hochofens) / charging

aufgebracht•e Belastung (Mech) / applied load ‖ ~**e Spannung** (Mech) / applied stress

aufgedrückte Spannung (Elek) / impressed voltage

aufgegebenes Gepäck (Luft) / checked baggage, registered baggage

aufgehen [lassen][in], verschmelzen *vt vi* (z.B. Firmen) / merge *vt vi*

aufgelegt (Hörer) (Tele) / on-hook (handset)

aufgelöst, Darstellung in ~en Einzelteilen, Explosionszeichnung *f* (Doku) / exploded view, exploded diagram

aufgenommen•e Leistung, Leistungsaufnahme *f* (Elek) / power input, input power ‖ ~**e Leistung**, Leistung *f* in Watt (Elek) / wattage

aufgerichtet, aufrecht / upright *adj*

aufgesetzt (auf ein anderes Bauteil) / top-mounted

aufgeweiteter Laserstrahl (Phys) / expanded laser beam

Aufglasurfarbe *f*, Emailfarbe *f* (Keram) / enamel colo[u]r

aufgliedern, unterteilen / divide *vt* [up]

Aufgliederung *f*, Zerlegung *f*, Analyse *f*, Aufschlüsselung *f* (allg, Stat) / analysis, breakdown (e.g. of figures, statistical data, of an operation into several distinct processes)

aufhalten, zurückhalten, festhalten / detain, keep ‖ ~, verzögern *vt*, verlangsamen / slow down, retard ‖ ~, arretieren / lock, stop *v*

aufhängen [an] / hang *vt* [from], suspend [from], hang up

Aufhängenase *f* (des Dachziegels) (Bau) / nib (of a tile), cog, stub

Aufhängung *f* (allg, Kfz, Masch) / suspension

Aufhärtbarkeit *f* (maximale Randhärte eines Werkstücks) (Hütt) / maximum achievable hardness, potential hardness increase

aufhaspeln, aufwickeln (auf einer Rolle, Spule, Trommel) / reel *vt*, spool *vt*, wind *vt* [up](on a spool or reel)

aufheben *vt* (vom Boden) / pick up ‖ ~, aufbewahren / keep, store ‖ ~ (Embargo, Sanktionen), beenden / lift ‖ ~ (Markierung) (DV) / cancel (selection) ‖ ~ (Vertrag), auflösen / annul, cancel

aufheizen / heat [up], warm *vt* [up]

aufhören, Schluss machen / cease *vi*, stop ‖ ~, abbrechen *vi*, beendet werden / break off *vi* ‖ ~ *n*, Abbruch *m*, Beendigung *f* / abortion, stopping, breaking-off, discontinuance

aufkeilen, verkeilen (bei Keilwellenverbindungen), mit Keilen befestigen o. sichern (Techn) / key *v* (e.g. a pulley to a shaft), fasten with a key, secure (with a key)

aufklappbar (an Scharnieren) / hinged ‖ ~ (Verdeck) (Kfz) / fold-back

aufklappen (z.B. Koffer, Buch, Messer) / open *vt*

Aufkleber *m* / label, adhesive label, paster, stick-on label, pressure sensitive adhesive label, sticker

aufkohlen (beim Einsatzhärten) (Hütt) / carburize ‖ ~, einsatzhärten (Hütt) / carburize, case-harden by carburizing (steel) ‖ ~ *n* (beim Einsatzhärten) (Hütt) / carbonization, carburization, carburizing, cementation ‖ ~, Einsatzhärten *n* (Hütt) / carburization, carburizing, surface hardening by carburizing, case hardening by carburizing ‖ ~ **im Kasten**, Pulveraufkohlen *n*, Aufkohlen *n* in festem Einsatzmittel (Hütt) / pack carburizing ‖ ~ **in festem Einsatzmittel**, Pulveraufkohlen *n* (Hütt) / pack carburizing ‖ ~ **in flüssigem Einsatzmittel** (Hütt) / liquid carburizing, salt carburizing

Aufkohlung *f*, Aufkohlen *n* (beim Einsatzhärten) (Hütt) / carbonization, carburization, carburizing, cementation ‖ ~ **im Salzbad** (Hütt) / liquid carburizing, salt carburizing

Aufkohlungs•gas *n* (Hütt) / carburizing gas ‖ ~**härten** *n*, Einsatzhärten *n* (Hütt) / carburization, carburizing, surface hardening by carburizing, case hardening by carburizing ‖ ~**mittel** *n* (Hütt) / carburizing agent, carburizing medium ‖ ~**temperatur** *f* (Hütt) / carburizing temperature ‖ ~**tiefe** *f* (Hütt) / carburization depth, carburizing depth, case depth (obtained by carburizing), case thickness

aufladbar (Akku) (Elek) / rechargeable (battery)

Auflade•druck *m* (Mot) / boost pressure, boost ‖ ~**gebläse** *n*, Lader *m* mit mechanischem Antrieb (für Verbrennungsmotoren) (Mot) / supercharger, blower, mechanical supercharger ‖ ~**gerät** *n*, Lader *m* mit mechanischem Antrieb (für Verbrennungsmotoren) (Mot) / supercharger, blower, mechanical supercharger ‖ ~**gerät**, Abgasturbolader *m* (Mot) / turbocharger, exhaust turbocharger, turbo

aufladen, laden, verladen / load (e.g. freight onto ships) ‖ ~, laden (z.B. Akku) (Elek, Phys) / charge ‖ ~ *n* (z.B. Akku) (Elek) / charging

Aufladung *f*, Vorverdichtung *f* (der Ansaugluft) (Mot) / forced induction, pressure charging, supercharging ‖ ~, elektrische Ladung (Elek) / electric charge, electrical charge ‖ ~, Aufladen *n* (z.B. Akku) (Elek) / charging ‖ **elektrostatische** ~ (Elek) / electrostatic charge, building-up of charge, static *n*

Auflage *f*, Ausgabe *f* (Druck) / edition (e.g. 7th edition) ‖ ~, Ausgabe *f* (eines Magazins, einer Zeitung) (Druck) / issue ‖ ~, Beschichtung *f*, Überzug *m* / coat *n*, coating *n* ‖ ~, Überzug *m* (aus Metall, galvanisch aufgebracht), galvanischer Überzug (durch Galvanisieren hergestellt) (OT) / deposit, electroplated coating, plating, electroplating ‖ ~ *f*, Träger *m*, Halter *m* / rest, support ‖ ~ *f*, Auflagestelle *f* / rest, support ‖ ~, Werkstückauflage *f* (bei spitzenlosen Rundschleifmaschinen) (Wzm) / rest blade ‖ ~**fläche** *f*, tragende Fläche *f* / area of bearing, bearing surface, area of support, bearing face, bearing area, supporting surface, support area ‖ ≃ **fläche**, Sitzfläche f (z.B. eines Lagers) / seat, seating

Auflager n (Fläche, auf der die Lasten von horizontal gelagerten Bauteilen (Balken, Träger, Platten, Decken) aufliegen) (Bau) / support, bearing ‖ ≃ (eines Konsolgerüsts an der Mauer) (Bau) / wall plate

Auflagereibmoment n, Reibungsmoment n in der Mutterauflage (einer Schraubenverbindung) / frictional moment in the bearing surface of the nut

Auflager•fläche f, tragende Fläche / area of bearing, bearing surface, area of support, bearing face, bearing area, supporting surface, support area ‖ ≃ **kraft** f (Mech) / supporting force, support reaction ‖ ≃ **reaktion** (Mech) / support reaction

Auflagestelle f, Auflage f / rest, support

Auflaufbremsanlage f (Kfz) / inertia braking system

Auflegen-Taste f (Tele) / end key, end call key

aufleuchten, sich erhellen / light up ‖ ~, aufblinken, aufblitzen / flash vi

Auflicht n, auftreffendes Licht (auf eine Oberfläche) (Opt) / impinging light, incident light ‖ ≃ **messverfahren** n, Triangulationsverfahren n (zur berührungslosen Abstands- u. Längenmessung) (Mess) / laser triangulation, triangulation ‖ ≃ **mikroskop** n (Opt) / reflected light microscope

aufliegen [auf] / lie on [top of], rest on ‖ ~ [auf], gestützt werden [von] / be supported [by]

Aufliegezeit f (eines Seils) / service life, usable lifetime

auflockern (Gewebe), trennen, zerfasern (Tex) / disaggregate (the fabric), loosen (the loops), open

auflösbar, löslich (Chem) / soluble, dissoluble

auflösen vr (sich), lösen vr (sich) (Chem) / dissolve vi (e.g. in acetone) ‖ ~ vt (allg, Chem) / dissolve vt (e.g. salt in water) ‖ ~, zerlegen (Chem) / break down vt, decompose vt, degrade vt, decompound ‖ ~ (z.B. Hardwarekonflikt, logische Adresse) (DV) / resolve ‖ ~, aufheben (Vertrag) / annul, cancel ‖ ≃ n, Auflösung f (in Flüssigkeit) (Chem) / dissolution

Auflösung f (in Flüssigkeit), Auflösen n (Chem) / dissolution ‖ ≃, Zerfall m / disintegration, decay n ‖ ≃ (Foto, Math, Opt, Radar, Regel) / resolution ‖ ≃ (eines Bildes) (Foto, Opt) / definition, sharpness ‖ ≃ f (DV) / resolution (of a scanner, printer, monitor) ‖ ≃ (eines Druckers) (DV) / printer resolution ‖ ≃ (eines Messinstruments), Auflösungsvermögen n (Mess) / resolution, discrimination ‖ **mit hoher** ≃, hochauflösend (Bildschirm, Grafik etc.) (DV, Opt) / high-resolution (display, graphics etc.)

Auflösungs•grenze f (Opt) / limit of resolution, resolution limit, resolving limit ‖ ≃ **vermögen** n (Foto, Opt, Radar) / resolution, resolving power ‖ ≃ **vermögen**, Auflösung f (eines Messinstruments) (Mess) / resolution, discrimination ‖ ≃ **zeit** f (Mess, Nukl) / resolving time

aufmachen, öffnen / open vt ‖ ~, öffnen / undo (a button, zipper, knot, package, gate)

Aufmaß n, Maß n, Abmessung f / measurement (measured dimension), dimension n (linear or angular size of a component) ‖ ≃ (für die Bearbeitung), Bearbeitungszugabe f (Fert) /

machining allowance, oversize (for machining)

aufmessen, abmessen, vermessen / measure, gauge vt, gage vt (US)

Aufnahme f, Einbau, Unterbringung f (z.B. von Komponenten in einem Gehäuse) / accommodation, housing ‖ ≃, Vermessung f (Verm) / survey n ‖ ≃, Aufzeichnung f (Akust, Mess, Radio, TV) / recording ‖ ≃, Fotografieren n (Foto) / photographing ‖ ≃, Fotografie f, Foto n (Foto) / photograph n, photo, photographic picture ‖ ≃, Drehen n, Filmen n (Film) / filming, shooting ‖ ≃, Absorption (Chem, Phys) / absorption ‖ ≃, Sitzfläche f (z.B. eines Lagers) / seat, seating ‖ ≃ (z.B. einer Tätigkeit, Produktion), Beginn m / start ‖ ≃ **von Wärme**, Wärmeabsorption f / heat absorption ‖ **eine** ≃ **machen**, fotografieren v (Foto) / photograph v, take a picture/pictures

aufnahme•fähig, absorbierend / absorbent adj, absorptive, absorbing adj ‖ ≃ **fähigkeit** f, Absorptionsfähigkeit f / absorption capacity, absorptive power, absorbtive capacity, absorbency ‖ ≃ **fähigkeit für Feuchtigkeit**, Hygroskopizität f (Mater) / hygroscopicity ‖ ≃ **filter** n (Foto) / filter, camera filter ‖ ≃ **gegenstand** m, Motiv n, Bildobjekt n (Foto) / scene, subject ‖ ≃ **gerät** n, Aufzeichnungsgerät n (Akust, TV, Video) / recorder ‖ ≃ **kopf** m (Akust, Audio) / record head, recording head ‖ ≃ **röhre** f, Fernsehaufnahmeröhre m (TV) / camera tube, pick-up tube ‖ ≃ **taste** f (Audio, Video) / record button, recording button ‖ ≃ **vermögen** n, Absorptionsfähigkeit f / absorption capacity, absorptive power, absorbtive capacity, absorbency ‖ ≃ **zeit** f, Aufzeichnungsdauer f / recording time

aufnehmen / accommodate vt (e.g. this slot will accommodate older adapters), accept ‖ ~, ausgelegt sein für, ermöglichen, zurechtkommen mit / accommodate vt (e.g. high loads or currents, variations in input) ‖ ~ (Lasten, Gewicht), tragen / carry ‖ ~ (z.B. Betrieb, Produktion) / start (operations, operating, production) ‖ ~ (in eine Liste etc.) / include (in a list) ‖ ~ (z.B. Änderungen in einen Text) / incorporate (e.g. revisions into a text) ‖ ~, fassen / hold, take ‖ ~, tragen (Last) / bear, support ‖ ~, dämpfen, absorbieren / absorb (shocks, vibration) ‖ ~ (Wärme) / absorb (heat) ‖ ~, absorbieren, aufsaugen / absorb (a liquid, moisture) ‖ ~ (Strom), verbrauchen (Elek) / consume ‖ ~ (z.B. Sauerstoff aus der Luft) (Chem) / take (e.g. oxygen from the air) ‖ ~, vermessen (Verm) / survey vt (a tract of land etc.) ‖ ~, fotografieren v (Foto) / photograph v, take a picture/pictures ‖ ~, drehen (einen Film) (Film, TV) / shoot (a film) ‖ ~, aufzeichnen (z.B. Musik, Bilder, Fluggeschwindigkeit) (Akust, Mess, Radio, TV) / record (on disk, film, tape) ‖ ~, erfassen (z.B. Signale, Messwerte) (Eltro, Instr, Mess) / pick up ‖ **den Betrieb** ~ / go into operation, start operations

Aufnehmer m (der die Messgröße erfasst u. meist die primäre Messgrößenwandlung - z.B. nichtelektrische, physikalische (z.B. Temperatur, Abstand, Druck) in elektrische Größe - durchführt) (Mess) / sensor, transducer (e.g. pressure transducer), sensing element ‖ ≃ **für Bewegungen o. Deformationen**, Stellungsgeber m (für

Veränderungen), Weggeber *m* (Eltro, Mess) / displacement pickup, displacement transducer

aufplatzen / burst open *vi*, split open

Aufprall *m*, Aufprallen *n* / impact *n* ‖ **elastischer ~**, Rückprall *m* (allg, Phys) / bounce *n*, rebound

Aufpralldämpfer *m* (Bau, Kfz, Techn) / impact absorber, impact attenuator

aufprallen, auftreffen [auf] / impinge (e.g. electrons on/against the work surface in electron beam welding, rays of light on the image plane) ‖ **~**, auftreffen [auf], aufschlagen [auf] / strike (e.g. the ground), hit, impact ‖ **~** [auf], kollidieren [mit] / collide *vi* [with] ‖ **~** *n*, Aufprall *m* / impact *n*

Aufprall•schutz *m* (Kfz) / impact protection, crash protection ‖ **~sensor** *m* / impact sensor

Aufpreis *m*, Zusatzkosten *fpl* / extra charge, additional cost, extra charge, surcharge

Aufputz... (Elek) / surface-mounted (wiring), surface-mounting (wiring)

aufquellen, anschwellen / swell *vi*

Aufrahmen *n* (einer Emulsion) / creaming, forming a cream

aufrauen, roughen [up]

aufrecht, aufgerichtet / upright *adj* ‖ **~**, stehend / standing, upright, vertical ‖ **~** (Bild) (Foto, Opt) / erect *adj* (image), upright

aufrechterhalten / maintain (temperature, speed, pressure, performance)

aufreiben, ausreiben, nachreiben (Fert) / ream *v* [out]

Aufreißer *m*, Straßenaufreißer *m* (Straß) / ripper

Aufreißring *m* (an Getränke- und Konservendosen) (Verp) / ring pull

Aufriss *m*, Vorderansicht *f* (Bau, Doku) / front view, front elevation

aufrollen, zusammenrollen, einrollen, aufwickeln / roll up ‖ **~**, aufwickeln (auf einer Rolle, Spule, Trommel), aufspulen / reel *vt*, spool *vt*, wind *vt* [up](on a spool or reel)

Aufruf *m* (z.B. eines Unterprogramms) (DV) / call, invocation, call-in

aufrufen (DV) / activate (a macro, routine) ‖ **~** (ein Unterprogramm) (DV) / call *vt* (a subroutine), call in, invoke

aufrunden (Math) / round up

aufrüstbar, erweiterungsfähig (System mit neuen Komponenten) (DV) / expandable

aufrüsten (DV) / upgrade (e.g. computer system with a more recent or more powerful version of a microprocessor) ‖ **~**, erweitern (z.B. System mit neuen Komponenten) (DV) / upgrade, expand *vt*

Aufsatz *m*, Vortrag *m* / paper, presentation ‖ **~backe** *f* (Wzm) / false jaw, top jaw

aufsaugen, einsaugen, ansaugen *vt* / aspirate, vacuum off, suck, suck up, suck in, suck away, suck off, suck out ‖ **~**, absorbieren, aufnehmen / absorb (a liquid, moisture) ‖ **~** *n*, Ansaugen *n*, Einsaugen *n* / suction, sucking, aspiration

aufsaugend, absorbierend / absorbent *adj*, absorptive, absorbing *adj*

Aufschalt•einheit *f* (Regel) / feedforward controller, load compensator ‖ **~glied** *n* (Regel) / feedforward controller, load compensator

Aufschaltung *f* **der Störgröße**, Regelung *f* mit Störgrößenaufschaltung (Regel) / feedforward control

Aufschaukeln *n* (von Schwingungen) / building-up

aufschichten, aufstapeln / stack *vt*, pile up

aufschieben, aufstecken, überstreifen / slip on *v* ‖ **~** (zeitlich) / defer, postpone, put off, delay (e.g. departure, payment)

Aufschlag *m*, Aufprall *m* / impact *n* ‖ **~**, Aufpreis *m*, Zusatzkosten *fpl* / extra charge, additional charge, extra cost, surcharge

aufschlagen [auf], auftreffen [auf], aufprallen / strike (e.g. the ground), hit, impact ‖ **~** *n*, Aufprall *m* / impact *n*

aufschlämmen (Aufb, ChT) / elutriate ‖ **~** *n*, Elutriation *f* (Aufb, ChT) / elutriation (process of separating the lighter particles of a powder from the heavier ones by means of an upward directed stream of fluid)

Aufschlämmung *f*, Suspension *f* (Chem) / suspension

aufschließen, aufsperren / unlock ‖ **~** (schwer lösliche Stoffe in lösliche Verbindungen überführen) (Aufb, Chem, Pap) / digest

Aufschlussbohrung *f*, Prospektionsbohrung *f* (Öl) / exploratory drilling, exploration drilling, prospective drilling, test drilling

Aufschmelz•riss *m* (Schw) / liquation cracking ‖ **~verfahren** *n* (OT) / hot-melt coating

aufschrauben, anschrauben / bolt on, screw on, fasten with screws ‖ **~** (Schraube, Deckel, Gefäß) / unscrew

aufschrumpfen (Masch) / shrink on

aufschweißen [auf] / weld on [to]

Aufschweißflansch *m* / weld-on flange

Aufschwimmen *n*, Aquaplaning *n* (Kfz) / aquaplaning, hydroplaning

Aufschwung *m*, Wirtschaftsaufschwung *m* (Wirtsch) / economic upswing, economic revival, economic recovery, upturn

aufsenken, aufbohren (Bohrloch) (Fert) / bore, counterbore, rebore, enlarge (a drilled hole) ‖ **~** *n* (Bohrloch) (Fert) / boring, counterboring, reboring, enlarging (a drilled hole)

aufsetzbar, aufsteckbar *adj* / attachable ‖ **~**, abnehmbar, aufsteckbar *adj* / detachable, removable, dismountable

aufsetzen *vt* / place on, put on ‖ **~** (Flugzeug) (Luft) / bring down, set down, land ‖ **~**, ausarbeiten, verfassen / draw up ‖ **~** *vi* (auf der Landebahn) (Luft) / touch down *vi* ‖ **~** *n* (Luft) / touch-down *n*

Aufsetz•gewicht *n* (Waage), Reiter *m* / rider ‖ **~punkt** *m* (Luft) / touch-down point ‖ **~schloss** *n* / rim lock ‖ **~zone** *f* (Luft) / TDZ, touch-down zone ‖ **~zonenbefeuerung** *f* (Luft) / touch-down zone lights *pl* ‖ **~zonenmarkierung** *f* (Luft) / touch-down zone marking

Aufsicht *f*, Beaufsichtigung *f* / supervision (e.g. of a task, project, activity, workers), supervising ‖ **~**, Grundriss *m*, Draufsicht *f* (Bau, Doku) / top view, plan, horizontal projection

aufsitzen *n* **des Schreib-/Lesekopfes**, Festplattencrash *m* (DV) / crash, head crash

aufspalten, spalten / split *vt*

Aufspaltung *f* (Spektrum) / splitting, line splitting ‖ **~**, Verzweigungspunkt *m* (im Programmablaufplan) (DV) / branch point, branching point

Aufspaltungsfaktor *m*, Landé-Faktor *m* (Phys) / Landé g-factor

Aufspannbuchse *f* / tension bush for external application

aufspannen (Werkstücke), einspannen (Wzm) / clamp, mount ‖ **~** (Werkstück in Futter) (Wzm) / chuck *vt*

Aufspann•platte f, Grundplatte f (auf der die Schneidplatte befestigt wird) (Wzm) / die bolster, bolster (of a die), bolster plate ‖ ≙tisch m (Wzm) / table, worktable ‖ ≙vorrichtung f, Werkstückspannvorrichtung f (Wzm) / workholding device, fixture, work fixture

aufspeichern vr vt, ansammeln vr vt (z.B. radioaktive Substanzen in Organismen) / accumulate vt vi ‖ ~, halten vt, binden vt (Wärme, Feuchtigkeit) / retain (heat, moisture)

Aufspeicherung f, Ansammlung f, Anreicherung f (z.B. von Salzen im Boden) / accumulation

aufsperren, aufschließen / unlock

aufspulen, aufwickeln (auf einer Rolle, Spule, Trommel) / reel vt, spool vt, wind vt [up](on a spool or reel)

aufspüren, nachweisen, entdecken / detect

aufstampfen (Formsand auf das Modell) (Gieß) / pack (moulding sand around pattern), ram up ‖ ≙ n (des Formsandes) (Gieß) / sand ramming

aufstapeln, aufschichten / stack vt, pile up

aufstauchen (Längsausdehnung verkürzen bei gleichzeitiger Querschnittszunahme an nur einer Stelle) / upset ‖ ~, anstauchen (Längsausdehnung verkürzen bei gleichzeitiger Querschnittszunahme nur am Ende des Werkstücks, z.B. zur Herstellung von Nagelköpfen) (Schm) / head, upset

aufstauen (Wasserb) / dam [up] ‖ ~ (Wasser in/zu einem Stausee) / impound (water in a reservoir)‖ **sich** ~ (Wasser) (Wasserb) / build up vi

Aufsteck•..., aufsteckbar adj / attachable ‖ ≙..., abnehmbar, aufsteckbar adj / detachable, removable, dismountable

aufsteckbar adj / attachable ‖ ~, abnehmbar / detachable, removable, dismountable

aufstecken, aufschieben, überstreifen / slip on v

Aufsteck•fräserdorn m (Wzm) / milling arbor for shell end mills, shell end mill arbor ‖ ≙getriebe n / slip-on gearing ‖ ≙halter m (für Reibahlen und Senker) (Wzm) / arbor

aufsteigend (Math) / ascending adj (series, sorting) ‖ ~**er Luftstrom**, Aufwind m (Luft, Meteo) / upcurrent, upwash, upward current ‖ ~**e Reihenfolge o. Ordnung** / ascending order

aufstellen (an einem bestimmten Standort, z.B. Windturbinen vor der Küste), errichten / site vt (e.g. wind turbines offshore), locate ‖ ~, montieren, installieren / install, mount ‖ ~ (Maschine) / install, set up ‖ ~ (Liste, Rechnung, Zeitplan) / draw up ‖ ~, ausarbeiten, erarbeiten (z.B. Plan, Theorie) / work out vt ‖ **in einem Abstand o. in Abständen von 3m** ~ **o. anordnen** / space 3m apart

Aufstellung f, Montage f, Installation f / installation, set-up ‖ ≙, Anordnung f / arrangement, disposition ‖ ≙ (in Reihe) / line-up ‖ ≙, Zusammenstellung f (z.B. von Informationen) / compilation ‖ ≙ **in Innenräumen** / indoor installation

Aufstellungsort m (einer Anlage etc.) / location, site n, place of installation

aufsticken, nitrierhärten (Hütt) / nitride vt, nitrogen case harden ‖ ≙ n, Nitrierhärten n (Hütt) / nitriding, nitriding process, nitrogen case hardening, nitride hardening

aufstreichen, verstreichen vt (z.B. Farbe, Fett) / spread (e.g. paint, grease) ‖ ~, auftragen (Farbe, Kleber) / apply, put on

aufsummieren, addieren (Math) / total vt, add vt [up], sum up, sum vt, tot [up]

auftanken vt, betanken (Kfz) / refuel vt, fuel, tank up ‖ ~ (Flugzeug) (Luft) / refuel v

auftauen vt / defrost (frozen food), thaw vt ‖ ~ vi, abtauen / thaw vi

aufteilen, einteilen (z.B. in 100 gleiche Teile) / divide (eg into 100 equal parts) ‖ ~ (Land), parzellieren / partition vt, break up, parcel [out] (estate) ‖ ~ (anteilig), zuteilen / apportion ‖ ~, unterteilen, aufgliedern / divide vt [up] ‖ ~ (in Segmente), segmentieren / segment vt ‖ ~ (z.B. größeren Raum in kleinere) / partition v ‖ ~, spalten, aufspalten / split vt

Aufteilung f (Speicher) (DV) / partitioning n (memory)

Auftrag m, Auftragen n (z.B. von Farbe, Klebstoff) / application ‖ ≙, Beschichtung f, Überzug m / coat n, coating n ‖ ≙ (z.B. über 2 Tanker), Bestellung f (Wirtsch) / order (e.g. for 2 tankers) ‖ ≙, Aufgabe f / task, job, assignment ‖ ≙ (DV) / job

auftragen (Farbe, Kleber), aufstreichen / apply, put on ‖ ~, aufbringen / apply (e.g. paint to a wall), coat (e.g. zinc onto steel) ‖ ~, aufzeichnen (in Abhängigkeit von - in einem Diagramm) / plot (e.g. radioactivity against time) ‖ **galvanisch** ~, abscheiden (galvanisch - Überzugsmetall auf Grundwerkstoff) (OT) / electroplate (the plating metal onto the base metal), plate, deposit vt ‖ ≙ n (z.B. von Farbe, Klebstoff) / application

Auftrag•geber m, Kunde m / customer, client ‖ ≙nehmer m / contractor ‖ ≙nehmer, Lieferant m / supplier

Auftrags•abrechnung f, Jobabrechnung f (DV) / job accounting ‖ ≙bearbeitung f (IE) / job processing ‖ ≙bearbeitung (Wirtsch) / order processing ‖ ≙bestand m (Wirtsch) / backlog of orders, level of orders, orders pl on hand, unfilled orders pl

Auftragschweißen n / resurface welding, surfacing (by welding) ‖ ≙ (bei dem an abgenützten Stellen Zusatzwerkstoff aufgetragen wird, der dem Grundstoff ähnlich ist) (Schw) / build-up welding, rebuilding ‖ ≙ (unter Verwendung von Zusatzwerkstoffen, die das Werkstück an den gepanzerten Stellen gegen Verschleiß und Korrosion beständiger machen), Panzerung f (Schw) / overlay, overlaying, overlay welding, overlay surfacing

Auftrags•eingang m (Wirtsch) / incoming orders, orders received ‖ ≙erteilung f (Wirtsch) / placement of order ‖ ≙erteilung (bei Ausschreibung), Zuschlag m, Zuschlagserteilung f / acceptance of tender, award of the contract ‖ ≙forschung f / contract research ‖ ≙löten n (Schw) / coat soldering ‖ ≙schweißen / resurface welding, surfacing (by welding) ‖ ≙steuerung f, Jobsteuerung f (DV) / job control ‖ ≙vergabe f, Auftragserteilung f (bei Ausschreibung), Zuschlag m, Zuschlagserteilung f / acceptance of tender, award of the contract ‖ ≙warteschlange f, Jobwarteschlange f (DV) / job queue ‖ ≙zeit f (IE) / time allowed for a job

Auftragung f, Auftragschweißen n (bei dem an abgenützten Stellen Zusatzwerkstoff aufgetragen wird, der dem Grundstoff ähnlich ist) (Schw) / build-up welding, rebuilding

Auftragwalze f (Glas) / application roller

auftreffen [auf], aufschlagen [auf], aufprallen / strike (e.g. the ground), hit, impact ‖ ~ [auf], aufprallen / impinge (e.g. electrons on/against the work surface in electron beam welding, rays of light on the image plane) ‖ ≃ *n*, Aufprall *m* / impact *n*

auftreffend, einfallend (Licht, Strahlung) / incident (light, rays), impinging ‖ ~**es Licht** (auf eine Oberfläche) (Opt) / impinging light, incident light

auftrennen (eine Naht) / undo (a seam)

auftreten / occur ‖ ~ (Fehler, Probleme) / arise, develop ‖ ≃ *n* (z.B. von Störungen), Vorkommen *n* / occurrence

Auftrieb, aerodynamischer ≃ (die auf einen von Luft umströmten Körper senkrecht zur Anströmrichtung nach oben wirkende Kraft) (Luft, Phys) / aerodynamic lift, lift ‖ **aerostatischer** ≃ (in einem ruhenden Gas) (Phys) / aerostatic lift ‖ **dynamischer** ≃ (hydrodynamisch in einer Flüssigkeit, aerodynamisch in einem Gas) (Phys) / dynamic lift ‖ **statischer** ≃ (in ruhender Flüssigkeit (hydrostatisch) o. ruhendem Gas (aerodynamisch) - gleich dem Gewicht der vom Körper verdrängten Flüssigkeits- o. Gasmenge) (Phys) / buoyancy

Auftriebs•beiwert *m* (Luft) / coefficient of lift, lift coefficient ‖ ≃**koeffizient** *m* (Luft) / coefficient of lift, lift coefficient ‖ ≃**kraft** *f* (aerodynamisch) (Luft, Phys) / lifting force ‖ ≃**kraft** (statisch) (Phys) / buoyancy force, buoyant force ‖ ≃**läufer** *m* (Windkraftanlage) (Elek) / lift device ‖ ≃**methoden** *f pl* (der Dichtemessung) (Mess) / buoyancy methods ‖ ≃**zahl** *f* (Luft) / coefficient of lift, lift coefficient

Auftritt *m* (einer Stufe, gemessen zwischen den Vorderkanten zweier aufeinander folgender Stufen), Auftrittsbreite *f* (Bau) / run, going (of a stair tread)

Auftrittsbreite *f* (einer Stufe, gemessen zwischen den Vorderkanten zweier aufeinander folgender Stufen) (Bau) / run, going (of a stair tread)

Aufwachsverfahren *n*, Van-Arkel-de-Boer-Verfahren *n* (zur Herstellung hochreiner Metalle) / epitaxial growth technique, van Arkel-de Boer process

Aufwand *m* (allgemein, an Arbeit, Kraft, Leistung) / effort ‖ ≃ (an Geld, Gütern) / expenditure ‖ ≃, Kosten *pl* / cost[s], outlay, expense

aufwändig s. aufwendig

aufwärmen, anwärmen / warm up *vt*, heat up

Aufwärmzeit *f*, Anwärmzeit *f* (eines Geräts) (Elek, Mess) / warm-up time

aufwärts, von unten hinauf / up *adv*, upward ‖ ~**kompatibel** (DV) / upward compatible

Aufwärts•..., spannungserhöhend (Elek) / step-up *adj*, booster ‖ ≃**kompatibilität** *f* (DV) / upward compatibility ‖ ≃**strecke** *f*, Uplink *m* (Tele) / uplink (link from the earth station up to the satellite or in data transmission from data station to headend or mainframe)

aufweisen, zeigen *vt* (z.B. Eigenschaft, Verhalten) / exhibit *v*, show ‖ ~ (ein Merkmal, eine Eigenschaft), als [Haupt]merkmal besitzen / feature *v*

aufweiten, erweitern, weiter machen / widen, enlarge *vt* ‖ ~, bördeln (Rohrenden) (Fert) / flare ‖ ~ (Laserstrahl) / expand *vt*

Aufweiteprobe *f* (an Rohren) (Mater) / drift expanding test (on pipes), expanding test, flaring test

Aufweit•optik *f* (zur Aufweitung von Laserstrahlen) (Opt) / diffusing lens, expansion lens ‖ ≃**versuch** *m* (an Rohren) (Mater) / drift expanding test (on pipes), expanding test, flaring test

aufwenden (Geld, Zeit, Energie) / expend (money, time, energy)

aufwendig, teuer / expensive, costly ‖ ~, komplex / complex ‖ ~, arbeitsintensiv, arbeitsaufwändig *f* / labour-intensive, labour-consuming, with a high labour content ‖ ~, zeitaufwendig / time-consuming

aufwickeln, aufrollen / roll up ‖ ~ (auf einer Rolle, Spule, Trommel), aufspulen / reel *vt*, spool *vt*, wind *vt* [up](on a spool or reel)

aufwiegen, ausgleichen, kompensieren / compensate, offset, make up [for]

Aufwind *m* (Luft, Meteo) / upcurrent, upwash, upward current ‖ **thermischer** ≃ (Luft, Meteo) / thermal *n*

aufwinden, aufwickeln (auf einer Rolle, Spule, Trommel), aufspulen / reel *vt*, spool *vt*, wind *vt* [up](on a spool or reel)

aufwirbeln *vt vi* / swirl up, whirl up ‖ ~ (Feststoffteilchen im Wirbelschichtverfahren), fluidisieren (ChT) / fluidize

aufzeichnen, zeichnen, skizzieren / draw, sketch ‖ ~ (in Abhängigkeit von - in einem Diagramm), auftragen / plot (e.g. radioactivity against time) ‖ ~ (z.B. Musik, Bilder, Fluggeschwindigkeit) (Akust, Mess, Radio, TV) / record (on disk, film, tape) ‖ ~ (Informationen, Daten, Signale), speichern (DV, Eltro) / record (data, information)

Aufzeichnung *f*, Protokoll *n*, Niederschrift *f* / record *n* ‖ ≃, Aufnahme *f* (Akust, Mess, Radio, TV) / recording ‖ ≃ (von Informationen, Daten, Signalen), Speicherung *f* / recording (of signals, information, data) ‖ ≃ (eines Messinstruments) / recording (made by recording instrument) ‖ ≃ (in einem Diagramm) / plotting

Aufzeichnungs•dauer *f*, Aufnahmezeit *f* / recording time ‖ ≃**dichte** *f*, Speicherdichte *f* (DV) / areal density, density, recording density ‖ ≃**gerät** *n*, Aufnahmegerät *n* (Akust, TV, Video) / recorder ‖ ≃**kopf** *m*, Aufnahmekopf *m* (Akust, Audio) / record head, recording head ‖ ≃**technik** *f*, Aufzeichnungsverfahren *n* (Audio, Video) / recording technique ‖ ≃**verfahren** *n*, Aufzeichnungstechnik *f* (Audio, Video) / recording technique

aufziehen *vt*, züchten (Tiere) (Landw) / raise, rear (animals)

Aufzug *m* (Förd) / elevator (US), lift (GB)

Aufzugsmaschine *f*, Traktionsmaschine *f* (Förd) / traction machine

Auf-Zu-Regelung *f*, Zweipunktregelung *f* (Regel) / on-off control (two positions: fully open and fully closed), on-off system

Augen..., optisch, visuell / visual

augenblicklich, laufend *adj* (Verhandlungen, Projekte) / current, ongoing ‖ ~, Sofort..., unmittelbar (o. ohne Zeitverlust) erfolgend / instant *adj*

Augenblicks•beschleunigung *f* / instantaneous acceleration ‖ ≃**geschwindigkeit** *f* / instantaneous velocity ‖ ≃**wert** *m* / instantaneous value

Augen•glas *n* (Opt) / ophthalmic lens ‖ **~reizstoff** *m* (z.B. Tränengas) / lachrymator (e.g. lachrymatory gas), lacrimator ‖ **~schraube** *f* / eyebolt

Auger•-Effekt *m* (Nukl) / Auger effect ‖ **~-Elektronenspektroskopie** *f* / Auger electron spectroscopy, AES ‖ **~-Spektroskopie** *f*, Auger-Elektronenspektroskopie *f* / Auger electron spectroscopy, AES

Aurat *n*, Salz *n* der Goldsäure (Chem) / aurate

Aureole *f*, Hof *m* (durch Beugung der Lichtstrahlen an Wassertröpfchen oder Eiskristallen entstehender weiß bis blassblau leuchtender Kranz um Sonne oder Mond) (Astr, Meteo, Opt) / aureola, aureole

aus, erloschen (Feuer, Vulkan) / out ‖ **~**, abgeschaltet, ausgeschaltet (Elek) / off, switched off, out

AuS, Arbeiten *n* unter Spannung (Elek) / live-line working

ausarbeiten, erarbeiten (z.B. Plan, Theorie) / work out *vt* ‖ **~**, verfassen / draw up ‖ **~** *n* (eines Entwurfs als Teil des Konstruktionsprozesses) / detail design

ausäthern (Chem) / extract with ether, shake out with ether

ausbalancieren, im Gleichgewicht halten / balance [out], keep in equilibrium, equilibrate ‖ **~**, ins Gleichgewicht bringen / balance *vt* [out], bring into equilibrium, equilibrate ‖ **~**, ein Gegengewicht bilden [zu] (einem anderen Gewicht) / balance *vt*, counterbalance *vt*, equipoise *vt*

Ausbau *m* / removal ‖ **~** (z.B. eines Netzwerkes, Kraftwerks) (DV, Techn) / expansion, extension ‖ **~** (von Straßen) (Bau) / extension, improvement ‖ **~** (z. B. des Straßen- o. Schienennetzes) (Bahn, Straß) / development ‖ **~**, Umbau *m* (Bau) / conversion (e.g. of an attic into an apartment) ‖ **~**, Umbau *m*, Erweiterung (Bau) / enlargement ‖ **~**, Erweiterung (Bau) / enlargement, extension

ausbaubar, herausnehmbar / removable ‖ **~**, erweiterungsfähig (System mit neuen Komponenten) (DV) / expandable

ausbauchen *vt* (beim Tiefziehen von Hohlkörpern) (Fert) / bulge *vt*

ausbauen, erweitern (z.B. System mit neuen Komponenten), aufrüsten (DV) / upgrade, expand *vt* ‖ **~** (Kapazität z.B. einer Anlage) / add capacity (to e.g. a plant) ‖ **~** (z.B. ein Schloss), entfernen / remove (e.g. a lock) ‖ **~**, umbauen (Bau) / convert (e.g. an attic into an apartment) ‖ **~** (Straßen) / improve (roads) ‖ **~** (z. B. Straßen- o. Schienennetz) / develop *vt* ‖ **~** (z.B. Netzwerk, Kraftwerk, Stromversorgung, Fertigungskapazität), erweitern / expand *vt*, extend

ausbau•fähig, erweiterungsfähig (System mit neuen Komponenten) (DV) / expandable ‖ **~geschwindigkeit** *f*, Bemessungsgeschwindigkeit *f* (Straß) / design speed ‖ **~stufe** *f* (Bau) / construction stage

ausbessern, reparieren / repair *vt* ‖ **~** (Fehler), verbessern, berichtigen, korrigieren / correct *vt* ‖ **~**, nachbessern / mend

Ausbesserungsarbeiten *f pl*, Reparaturarbeiten *f pl* / repair jobs, repair work

Ausbeulen *n* (von Blechteilen) (Kfz, Masch) / dent removal

Ausbeute *f* (Techn) / yield ‖ **~**, Bildungsgrad *m* (einer Reaktion) (Chem) / yield *n* ‖ **~**,

Fördermenge *f* (Bergb, Öl) / production, output, yield

ausbeuten, abbauen (z.B. Flöze) (Bergb) / exploit (coal seam etc.)

Ausbilder *m* / instructor

Ausbildung *f*, Berufsausbildung *f* / vocational training, vocational education, vocational education and training (VET), career and technical education (CTE) ‖ **~**, Lehre *f* / apprenticeship ‖ **~** (schulisch, akademisch) / education

Ausbildungslehrgang *m* / course, training course

ausblasen, auslöschen / blow out *vt*

ausblenden (allmählich), abblenden *vi* (Film, TV) / fade out ‖ **~** (z.B. ein Fenster o. eine Tabelle), nicht mehr anzeigen (DV) / hide

Ausblendsatz *m*, Satzunterdrückung *f* (DIN 66257E, Okt. 1981) (NC) / block delete, optional block skip

Ausblühen *n* (Mater, Plast) / blooming (migration of sulfur and other substances to the surface)

ausbohren, aufbohren (Bohrloch) / bore *vt*, counterbore *vt*, rebore *vt*, enlarge (a drilled hole) ‖ **~** *n* (Bohrloch) (Fert) / boring, counterboring, reboring, enlarging (a drilled hole)

Ausbohrmeißel *m*, Innendrehmeißel *m* (Wzm) / boring tool

ausbreiten *vt*, verteilen (nebeneinander, auf einer Fläche) / spread *vt* [out](e.g. papers on the table) ‖ **~** *vr* (z.B. Schallwellen, Lichtwellen) (Phys) / propagate *vi*

Ausbreitung *f* / spreading ‖ **~** *f* (z.B. von Funk- o. Schallwellen) (Phys) / propagation ‖ **~** (in alle Richtungen) / radiation

Ausbreitungs•faktor *m*, Hyaluronidase *f* (Biochem, Pharm) / hyaluronidase, hyaluronate lyase, spreading factor ‖ **~funktion** *f* (Phys) / propagator ‖ **~geschwindigkeit** *f* (z.B. einer Welle), Fortpflanzungsgeschwindigkeit *f* (Phys) / velocity of propagation, propagation velocity ‖ **~koeffizient** *m* (eine komplexe Größe, deren Realteil der Dämpfungskoeffizient und deren Imaginärteil der Phasenkoeffizient ist) (Elek, Eltro, Tele) / propagation constant (per unit length), propagation coefficient ‖ **~konstante** *f*, Ausbreitungskoeffizient *m* (eine komplexe Größe, deren Realteil der Dämpfungskoeffizient und deren Imaginärteil der Phasenkoeffizient ist) (Elek, Eltro, Tele) / propagation constant (per unit length), propagation coefficient ‖ **~rechnung** *f* (zur Kalkulation der Ausbreitung von Luftschadstoffen) (Umw) / atmospheric dispersion modeling ‖ **~vektor** *m* (Phys) / wave vector ‖ **~widerstand** (Elek) / spreading resistance ‖ **~widerstand** *m* (Elek) / earth resistance (of an earth electrode), resistance of the earth plate

ausbrennen *vt*, abbrennen *vt* (Zusätze) (PM) / burn off (lubricants, binders)

Ausbringen *n* (Schw) / electrode efficiency

Ausbringung *f*, Ausstoß *m*, Output *m* (Aufb, Bergb, Masch) / output, yield

Ausbruch *m* (Doku) / broken-out section

Ausdämpfer *m*, Stripper *m* (ChT) / column stripper, stripper, stripping column

ausdehnen *vt*, vergrößern, expandieren / expand *vt* ‖ **~**, auseinanderziehen, dehnen / stretch, extend ‖ **~**, verlängern (zeitlich) / extend (e.g. one's stay abroad, one's holidays, the validity of a passport, the life of batteries), prolong ‖ **~**

vr (sich)(größer werden) / expand ‖ ~ (sich)(sich erstrecken) / extend *vi*

Ausdehnung *f*, Vergrößerung *f* (des Volumens), Expansion *f* (Phys, Techn) / expansion ‖ ≏, Dilatation *f*, Volumenausdehnung *f* (Phys) / dilatation (increase in volume per unit volume of a homogeneous substance, caused by deformation or heat), dilation ‖ ≏, Maß *n*, Abmessung *f* / measurement (measured dimension), dimension *n* (linear or angular size of a component)

Ausdehnungs•arbeit *f* / work of expansion, work done on expansion ‖ ≏**geschwindigkeit** *f* / rate of expansion ‖ ≏**gleitlager** *n* (Masch) / expansion bearing ‖ ≏**hub** *m*, Arbeitstakt *m*, Arbeitshub *m* (Mot) / power stroke, expansion stroke, firing stroke, working stroke ‖ **thermischer** ≏**koeffizient**, kubischer Ausdehnungskoeffizient (Phys) / coefficient of thermal expansion, coefficient of expansion, expansion coefficient ‖ **linearer** ≏**koeffizient** (Phys) / coefficient of linear expansion, linear expansion coefficient, linear coefficient of thermal expansion, linear thermal expansion coefficient, linear expansivity ‖ ≏**kupplung** *f* (Techn) / expansion coupling ‖ ≏**thermometer** *n* / expansion thermometer

ausdrehen, innen[aus]drehen (Fert) / turn inside diameter ‖ ≏ *n*, Innendrehen *n* (Fert) / internal turning, boring

Ausdrehmeißel *m*, Innendrehmeißel *m* (Wzm) / boring tool

ausdringen, austreten *vi*, entweichen / escape *vi* (gas, liquid) ‖ ~, austreten *vi* (durch Leck), entweichen / leak [from]

Ausdruck *m* (arithmetischer, Boolescher, mathematischer etc.) (DV, Math) / expression (arithmetic, Boolean, mathematical etc.) ‖ ≏, Hardcopy *f* (DV) / hard copy, printout, output (of a printer), printer output

ausdrucken, einen Ausdruck machen [von] (DV) / print out, print

Ausdrücken *n*, Ausstoßen *n*, Auswerfen *n* / ejection

auseinander•bauen, zerlegen (in seine Einzelteile), abbauen, demontieren / dismantle, disassemble, take apart, take down ‖ ~ **gezogene Darstellung**, Explosionszeichnung *f* (Doku) / exploded view, exploded diagram ‖ ~**halten**, unterscheiden / distinguish ‖ ~**nehmen**, zerlegen (in seine Einzelteile) / dismantle, disassemble, take apart, take down ‖ ~**ziehen**, ausdehnen *vt*, dehnen / stretch, extend

ausethern (Chem) / extract with ether, shake out with ether

ausfahrbare Stütze, Stützarm *m* (eines Autokrans, ausfahrbar) (Förd) / outrigger (of a mobile crane), outrigger stabilising jack

ausfahren *vt*, ausliefern / deliver ‖ ~ (Auto) (Kfz) / drive flat out ‖ ~ (z.B. Antenne, Kran, Teleskop) (Techn) / extend ‖ ~ (das Fahrgestell), herunterlassen (Luft) / extend, lower (the landing gear), let down ‖ ~ *vi* (z.B. Antenne, Kran, Teleskop) / be extended, extend

Ausfahrt *f*, Autobahnausfahrt *f* (Straß) / slip road (GB), exit, off-slip, off-ramp, exit ramp (US)

Ausfall *m*, Anlagenausfall *m* (DV) / breakdown *n*, hardware breakdown ‖ ≏, Versagen *n* / failure, breakdown *n* ‖ ≏ (vorübergehend) / outage (e.g. of a telecommunications network, power) ‖ ≏ (einer Anlage - vorübergehend), Stillstand

m / outage (of machinery or equipment) ‖ ≏, Störung *f* (z.B. der Produktion, der Funktion eines Systems) / stoppage ‖ ≏ / loss (e.g. of a function, power) ‖ ≏, Betriebsunterbrechung *f*, Betriebsstörung *f* / interruption (of operation) ‖ **vollständiger** ≏ **der Stromversorgung**, Blackout *m*, Stromausfall *m* (Elek) / blackout, power blackout

Ausfall•abstand *m* / time between failures ‖ ≏**dauer** *f*, Nichtverfügbarkeitszeit *f* (einer Maschine, Anlage) / downtime

ausfallen (z.B. besser, schlechter) / turn out *vi* (e.g. better, worse) ‖ ~, versagen *vi* (Techn) / break down *vi*, fail

ausfällen, abscheiden, präzipitieren (Chem) / precipitate *vt* ‖ ≏ *n*, Ausfällung *f*, Präzipitation *f* (Chem) / precipitation

Ausfall•häufigkeit *f*, Ausfallquote *f* / failure rate, rate of failure, fault rate ‖ ≏**quote** *f* / failure rate, rate of failure, fault rate ‖ ≏**rate** *f*, Ausfallquote *f* / failure rate, rate of failure, fault rate ‖ ~**sicher** (Eltro) / fail-safe

Ausfällung *f*, Präzipitation *f* (Chem) / precipitation

ausfall•verhindernde Instandhaltung / preventive maintenance, PM ‖ ≏**wahrscheinlichkeit** *f* / failure probability, probability of failure ‖ ≏**zeit** *f* (während der eine Anlage etc. nicht betriebsbereit ist), Nichtverfügbarkeitszeit *f* (einer Maschine, Anlage) / downtime

ausfasern *vi*, ausfransen (Tex) / become frayed, ravel *vi* [out](at the edge or end), fray *vi*

ausfindig machen, nachweisen, entdecken / detect ‖ ~ **machen** (z.B. Fehler), lokalisieren, auffinden, orten / locate (e.g. a fault, data)

ausfließen, herausfließen [aus] / flow out [of] ‖ ~ (Flüssigkeit), lecken, auslaufen / leak *vi* (e.g. water from a pipe) ‖ ~, leck sein (Behälter), undicht sein / leak *vi*

ausflocken *vt vi* (Chem, ChT) / flocculate *vt vi* ‖ ≏ *n*, Ausflockung *f* (Chem, ChT) / flocculation

Ausflockung *f* (Chem, ChT) / flocculation

Ausfluss *m*, Herausfließen *n* / discharge, outflow, flowing out ‖ ≏, Auslaufen *n* / leaking, leakage ‖ ≏ (aus einem Behälter) (Phys) / exit flow (from a container), outflow ‖ ≏, Ausflussmenge *f* / discharge, outflow ‖ ≏, Ablass *m* (Vorrichtung), Ausflussöffnung *f* / outlet, drain ‖ ≏, Abfluss *m* (z.B. eines Waschbeckens), Ausguss *m* / drain *n* ‖ ≏**geschwindigkeit** *f* (eines Fluids aus einem Behälter) / outflow velocity ‖ ≏**koeffizient** *m*, Ausflusszahl *f* (Verhältnis von theoretischem zu effektivem Volumenstrom beim Ausfluss) (Phys) / coefficient of discharge, discharge coefficient ‖ ≏**menge** *f* / discharge, outflow ‖ ≏**öffnung** *f*, Ablass *m* (Vorrichtung) / outlet, drain ‖ ≏**rohr** *n*, Auslaufrohr *n* / discharge pipe, drain pipe, outflow pipe, outlet pipe ‖ ≏**ventil** *n* / discharge valve, outlet valve ‖ ≏**volumen** *n* (eines Fluids aus einem Behälter) / outflow volume ‖ ≏**zahl** *f* (Verhältnis von theoretischem zu effektivem Volumenstrom beim Ausfluss) (Phys) / coefficient of discharge, discharge coefficient ‖ ≏**zeit** *f* (eines Fluids aus einem Behälter) / outflow time ‖ ≏**ziffer**, Ausflusszahl *f* (Verhältnis von theoretischem zu effektivem Volumenstrom beim Ausfluss) (Phys) / coefficient of discharge, discharge coefficient

Ausforming *n*, Austenitformhärten *n* (thermomechanische Behandlung mit plastischer Austenitverformung unterhalb der A1-Temperatur in einer Einbuchtung des ZTU-Diagramms zwischen Perlit- und Bainitbereich und anschließende Umwandlung in Bainit oder Martensit) (Hütt) / ausforming

ausfransen, zerfransen (Tex) / become frayed, ravel *vi* [out](at the edge or end), fray *vi* ‖ ~ *n* (Tex) / fraying

Ausfrieren *n* (ChT, Nahr) / freeze separation, freezing-out

ausführbar, durchführbar, realisierbar / feasible, practicable, viable, workable ‖ ~, ablaufbereit (Programm) (DV) / executable, loadable

Ausführbarkeit *f*, Durchführbarkeit *f* / feasibility, viability

ausführen, technisch betreuen, umsetzen / engineer *vt* (e.g. industrial projects) ‖ ~ (Plan, Projekt), durchführen / implement, carry out, execute ‖ ~, durchführen (Berechnungen, Messungen) / perform (calculations, measurements) ‖ ~, durchführen / perform, carry out (a job, task, work), accomplish ‖ ~ (z.B. Auftrag, Bestellung) / execute *vt* ‖ ~ (DV) / execute (a command, function) ‖ ~ (DV) / run, execute (a program)

ausführlich (Informationen etc.) / detailed, full

Ausführung *f* (eines Auftrags, einer Bestellung) / execution ‖ ~ (eines Plans, Projekts), Durchführung *f* / implementation, execution, carrying out, performance ‖ ~, Qualität *f* / quality ‖ ~, Bauform *f*, Bauart *f* / type, design, model ‖ ~, Bauart / make (e.g. a tool of a heavier make), type ‖ ~ (in konstruktiver Hinsicht), Bauweise *f* / design ‖ ~, Qualität *f* der Bearbeitung / workmanship (quality) ‖ ~ (DV) / execution (of a program, task, etc.)

Ausführungs•qualität *f*, Qualität *f* der Bearbeitung / workmanship (quality) ‖ ~**zeichnung** *f*, Arbeitszeichnung *f* / detailed drawing, workshop drawing

ausfüllen (Ritzen, Fugen etc.) / fill [in] (e.g. cracks, joints) ‖ ~ (Formular) / fill in (GB), complete, fill out (US) (a form, questionnaire etc)

ausfüttern, auskleiden (Innenseite) / line *vt*

Ausfütterung *f*, Innenauskleidung *f* / lining

Ausgabe *f* (Druck) / edition (e.g. paperback edition) ‖ ~, Auflage *f* (Druck) / edition (e.g. 7th edition) ‖ ~ (eines Magazins, einer Zeitung), Auflage *f* (Druck) / issue ‖ ~, Output *m* (DV) / output ‖ ~, Anzeige *f* (DV) / readout (of data) ‖ ~ **auf Papier**, Ausdruck *m*, Hardcopy *f* (DV) / hard copy, printout, output (of a printer), printer output ‖ ~**n** *f pl* / expenditure (e.g. on education, R&D) ‖ ~**n** (geleistete Zahlungen) / expenses *pl*

Ausgabe•automat *m* (für Bargeld und andere Dienstleistungen) (DV) / automated teller machine, automatic-teller machine, ATM (automated teller machine), bank machine, automated teller ‖ ~**automat**, Geldautomat *m*, Bankautomat *m* (DV) / automatic-teller machine, automated teller machine, ATM, automated teller, cash dispenser, cash machine, money machine ‖ ~**-Baugruppe** *f* (einer SPS) (Regel) / output module (of a PLC) ‖ ~**baustein** *m* (DV) / output device, output

unit ‖ ~**einheit** *f* (DV) / output device, output unit ‖ ~**gerät** *n* (DV) / output device, output unit ‖ ~**geschwindigkeit** *f* (DV) / output rate ‖ ~**programm** *n* (DV) / output program ‖ ~**protokoll** *n* (DV) / output listing

Ausgang *m* (Bau) / exit *n*, way out ‖ ~ (Elek, Eltro) / output (of a circuit or device) ‖ ~ (Elek) / terminal (output point of electrical circuit or component) ‖ ~, Abnehmerleitung *f* (im Koppelnetz einer Vermittlungsanlage), Ausgangsleitung *f* (Tele) / outgoing line (in a switching matrix in a switching centre)

Ausgangs•..., Anfangs..., anfänglich / initial, starting ‖ ~..., Original..., original, ursprünglich / original *adj* ‖ ~... (DV, Eltro, TV) / output... ‖ ~**auffächerung** *f*, Fan-out *m* (Elek, Eltro) / fan-out *n* ‖ ~**form** *n* des Werkstücks (Fert) / starting work shape ‖ ~**größe** *f* (Regel) / output quantity, output ‖ ~**kapazität** *f* (Eltro) / output capacitance ‖ ~**klemme** *f*, Abgangsklemme *f* (Elek) / output terminal ‖ ~**kreis** *m*, Ausgangsstromkreis *m* (Elek, Eltro) / output circuit ‖ ~**lastfaktor** *m*, Fan-out *m* (DV, Eltro) / fan-out *n* ‖ ~**leistung** *f*, abgegebene Leistung (Elek, Masch) / power output, output, output power ‖ ~**leistung**, Sendeleistung *f* (Radio, Tele) / transmitting power ‖ ~**leitung** *f*, Abnehmerleitung *f* (im Koppelnetz einer Vermittlungsanlage), Ausgang *m* (Tele) / outgoing line (in a switching matrix in a switching centre) ‖ ~**material** *n* (Chem) / starting material ‖ ~**material**, Rohstoff *m* / raw material ‖ ~**material**, Rohmaterial *n*, Einsatzmaterial *n* (ChT, Fert) / feedstock ‖ ~**material** (für einen Verarbeitungsvorgang) (Fert) / starting material ‖ ~**produkt** *n*, Ausgangsmaterial *n* (Chem) / starting material ‖ ~**pulver** *n* (für die Sinterherstellung) (PM) / starting powder ‖ ~**punkt** *m* / starting point ‖ ~**punkt für Brüche** / incipient crack o. fracture, starting point of a fracture, superficial fissure ‖ ~**querschnitt** *m*, Anfangsquerschnitt *m* (beim Zug- o. Druckversuch) (Mater) / original [cross-sectional] area ‖ ~**signal** *n* (DV, Tele) / output signal ‖ ~**spannung** *f* (Elek, Eltro) / output voltage ‖ ~**sprache** *f* / source language (in interpretation and translation) ‖ ~**stelle** *f* (DV) / out-connector ‖ ~**stellung** *f*, Grundstellung *f* / home position, initial position, starting position ‖ ~**stellung**, Normalstellung *f* / normal position ‖ ~**stellung**, Grundstellung *f* (des Cursors, Zeigers) (DV, Instr) / home position ‖ ~**stoff** *m*, Ausgangsmaterial *n* (Chem) / starting material ‖ ~**stoff**, Ausgangsmaterial *n* (für einen Verarbeitungsvorgang) (Fert) / starting material ‖ ~**strom** *m* (Elek, Eltro) / output current ‖ ~**stromkreis** *m*, Ausgangskreis *m* (Elek, Eltro) / output circuit ‖ ~**variable** *f* (DV, Eltro) / output variable ‖ ~**verstärker** *m* (Akust, Elek, Eltro) / output amplifier ‖ ~**wert** *m* (i. Ggs. zum Eingangswert) / output value ‖ ~**wert** / initial value ‖ ~**wicklung** *f*, Sekundärwicklung *f* (eines Transformators) (Elek) / secondary, secondary winding

ausgeben (Geld) / spend ‖ ~ (eine Meldung) (DV) / issue (a message) ‖ ~ (DV) / output *vt* (e.g. data)

ausgebildet, gelernt (Arbeiter) / skilled ‖ ~ **werden** [zu, als], in der Ausbildung stehen, eine Ausbildung machen [als] / train *vi* (for a job, as a toolmaker)

ausgeglichen, ausgewogen / balanced, well-balanced ‖ ~, gleichmäßig, schwankungsfrei / even, regular

ausgehen, erlöschen, verlöschen / go out ‖ ~ (z.B. Vorrat) / run out ‖ ~, stehen bleiben (Mot) / stall *vi*, stop

ausgeklügelt, hoch entwickelt, raffiniert / sophisticated, cleverly devised, complex, ingenious

ausgelastet, voll ~ / operating at full capacity, running to capacity

ausgelegt sein für, zurechtkommen mit / accommodate *vt* (e.g. high loads or currents, variations in input)

ausgeprägt, eindeutig, deutlich / clear, distinct ‖ ~ (z.B. Extremum, Optimum) / pronounced (e.g. extremum, optimum) ‖ ~er Pol (Elek) / salient pole

ausgereift (Konstruktion) / mature *adj*, fully perfected, perfected

ausgerichtet, schlecht ~ / misaligned

ausgerüstet [mit], ausgestattet [mit] / equipped [with]

ausgeschaltet, aus, abgeschaltet (Elek) / off, switched off, out ‖ ~er Zustand, Ausschaltzustand *m* (Elek) / off state

ausgeschlagen, abgenutzt / worn out

ausgestattet [mit], ausgerüstet [mit] / equipped [with]

ausgewogen, ausgeglichen / balanced, well-balanced

ausgewuchtet, nicht ~, unausgewuchtet, unwuchtig (Rad) / unbalanced, out-of-balance (e.g. tire)

ausgießen (Lager) / line (bearings), metal

Ausgießverfahren *f* (für Lagerschalen) (Masch) / lining method

Ausgleich *m*, Kompensation *f* / compensation ‖ ~ (z.B. Nebensprechausgleich) (Eltro, Tele) / equalization ‖ ~ der Massenkräfte des Kurbeltriebs (Masch) / crankshaft balancing

Ausgleich•behälter *m* (in hydraulischen Bremsanlagen) (Kfz) / equalizing tank ‖ ~bunker *m*, Ausgleichsbehälter *m* (für Schüttgut, um regelmäßige Zuführung zu gewährleisten) (Aufb, ChT, Hütt) / surge hopper, surge bunker, surge bin

ausgleichen (z.B. Druck, Temperatur, Kräfte), angleichen / equalize (e.g. pressure, temperature, forces) ‖ ~ (z.B. Höhenunterschiede, Unebenheiten, Schwankungen) / even [out], level out *vt* ‖ ~, kompensieren / compensate, offset, make up [for] ‖ ~ (Mech) / compensate (e.g. forces), counterbalance ‖ ~, ausbalancieren, im Gleichgewicht halten / balance [out], keep in equilibrium, equilibrate ‖ ~, ins Gleichgewicht bringen, ausbalancieren / balance *vt* [out], bring into equilibrium, equilibrate

Ausgleich•gewicht *n*, Gegengewicht *n* / balance weight, counterbalance *n*, balancing weight, counterweight, counterbalance weight, counterbalancing weight, counterpoise ‖ ~kolben *m* (bei Turbinen), Druckausgleichskolben *m*, Entlastungskolben *m* / balance piston, dummy piston

Ausgleichs•behälter *m* (für Flüssigkeiten o. Gase, um regelmäßigen Fluss zu gewährleisten u. Druckschwankungen auszugleichen) / surge tank ‖ ~behälter *m* (für Schüttgut, um regelmäßige Zuführung zu gewährleisten) (Aufb, ChT, Hütt) / surge

hopper, surge bunker, surge bin ‖ ~behälter *m* (im geschlossenen Kühlsystem) (Kfz) / expansion tank, recovery tank ‖ ~bunker *m*, Ausgleichsbehälter *m* (für Schüttgut, um regelmäßige Zuführung zu gewährleisten) (Aufb, ChT, Hütt) / surge hopper, surge bunker, surge bin

Ausgleichscheibe *f*, Beilagscheibe *f* (Techn) / shim *n*

Ausgleichs•gehäuse *n*, Differentialgehäuse *n* (Kfz) / differential cage, differential case, differential casing ‖ ~gerade *f*, Regressionsgerade *f* (Stat) / line of regression, regression line ‖ ~getriebe *n*, Differentialgetriebe *n* (Kfz) / differential *n* ‖ ~gewicht *n*, Massenausgleich *m* (Luft) / mass balance, mass-balance weight ‖ ~gewicht, Gegengewicht *n* / balance weight, counterbalance *n*, balancing weight, counterweight, counterbalance weight, counterbalancing weight, counterpoise ‖ ~kegelrad *n* (Kfz) / differential pinion gear, pinion gear, planet pinion ‖ ~kupplung *f* / compensating coupling ‖ ~pendel *n* (Phys, Uhr) / compensation pendulum ‖ ~rechnung *f* (Stat) / adjustment calculus ‖ ~schwingung *f*, transiente Schwingung (Elek) / transient oscillation ‖ ~sperre *f*, Differentialsperre *f* (Kfz) / differential lock ‖ ~teilen (Wzm) / differential indexing ‖ ~vorgang *m* (Eltro, Tele) / transient *n*, transient phenomenon ‖ ~wellen *f pl* (deren Unwuchtkräfte den unausgeglichenen Massenkräften des Kurbeltriebs entgegengerichtet sind) (Kfz) / balancers, balancer shafts, balance shafts, harmonic balancers, counterbalancing shafts, silent shafts ‖ ~wert *m* zur Berechnung der gestreckten Länge eines Biegeteils (Fert) / bend allowance ‖ ~wicklung *f*, Kompensationswicklung *f* (Elek) / compensating winding ‖ ~wicklung, Stabilisierungswicklung *f* (Elek) / stabilizing winding

Ausgleichteilen *n* (Wzm) / differential indexing

Ausglühen *n*, Spannungsarmglühen *n* (Hütt) / stress relief annealing, stress relieving ‖ ~ (über A₃), Grobkornglühen *n* (Hütt) / full anneal, full annealing (heating into the austenite region, followed by slow cooling to yield large grains and coarse pearlite), full anneal treatment

Ausguss *m*, Abfluss *m* (z.B. eines Waschbeckens) / drain *n* ‖ ~, Tülle *f*, Schnabel *m* (z.B. einer Kanne, eines Krugs) / spout *n* (e.g. of a pitcher), beak, snout *n* ‖ ~reiniger *m*, Saugglocke *f* (für Rohrreinigung), Gummisauger *m* (Sanitär) / plunger, plumber's friend, plumber's helper ‖ ~rohr *n*, Auslaufrohr *n*, Auslassrohr *n* / discharge pipe, drain pipe, outflow pipe, outlet pipe

aushalten (z.B. Gewicht), tragen / bear *vt*, carry ‖ ~, standhalten / withstand (e.g. heat, noise, pressure), resist *vt*, sustain ‖ ~, vertragen (z.B. Temperaturen, Belastungen) / endure, bear

aushandeln (z.B. Konditionen zwischen Vertragspartner, Optionen zwischen Client u. Server) (allg, Tele) / negotiate

aushärtbare Legierung (Hütt) / alloy that can be precipitation hardened, heat-treatable alloy

aushärten [lassen] (Anstr, Plast) / cure *vt* ‖ ~ (Dichtstoffe), trocknen *vi* / cure ‖ ~, ausscheidungshärten (Hütt) / harden by precipitation hardening, precipitation-harden

‖ ~ [lassen], auslagern (als letzte Stufe des Ausscheidungshärteverfahrens) (Hütt) / age, age-harden ‖ ~ *n*, Abbinden *n* (von Klebstoffen) / curing, setting ‖ ~, Ausscheidungshärtung *f* (Hütt) / age hardening, precipitation hardening ‖ ~, Auslagern *n* (als letzte Stufe des Ausscheidungshärteverfahrens), Aushärtung *f* (Hütt) / ag[e]ing, precipitation treatment ‖ ~ **bei erhöhter Temperatur**, Warmauslagern *n* (Hütt) / artificial ag[e]ing ‖ ~ **bei Raumtemperatur**, Kaltauslagern *f* (Hütt) / natural ageing, natural aging

Aushärte•temperatur *f* (von Klebern) (Fert) / curing temperature ‖ ~**zeit** *f*, Abbindezeit *f* (von Klebstoffen), Abbindungsdauer *f* / curing time, setting time

Aushärtung *f* (allg, Hütt) / hardening ‖ ~, Curing *n* (ChT, Plast) / curing ‖ ~, Abbinden *n* (von Klebstoffen), Aushärten *n* / curing, setting ‖ ~, Aushärten *n*, Ausscheidungshärtung *f* (Hütt) / age hardening, precipitation hardening ‖ ~, Auslagern *n* (als letzte Stufe des Ausscheidungshärteverfahrens) (Hütt) / ag[e]ing, precipitation treatment ‖ ~, Kaltauslagern *f*, Aushärten *n* bei Raumtemperatur (Hütt) / natural ageing, natural aging ‖ ~, Warmauslagern *n*, Aushärten *n* bei erhöhter Temperatur (Hütt) / artificial ag[e]ing

Aushärtungszeit *f*, Abbindezeit *f* (von Klebstoffen), Abbindungsdauer *f* / curing time, setting time

aushauen, nibbeln, knabbern (Fert) / nibble *vt*

aushebern, heben (mit dem Heber), hebern, absaugen / draw out with a siphon *v*, siphon *vt*

Aushebeschräge *f*, Formschräge *f* (Gieß, Plast, Schm) / draft (of a die or mould), taper

auskippen, abkippen *vt* (z.B. Müll, Schutt, Sand auf eine Deponie, Halde etc.), abladen / dump *vt*, tip (GB)

auskitten, ausfüllen (Ritzen, Fugen etc.) / fill [in] (e.g. cracks, joints)

ausklappbar / folding, foldout ‖ ~ (an Scharnieren) / hinged

ausklappen / fold out, open out

auskleiden (Innenseite), ausfüttern / line *vt*

Auskleidung *f*, Innenauskleidung *f* / lining

ausklinken (Fert) / notch ‖ ~ *n* (an der äußeren Umgrenzung eines Werkstücks) (Fert) / notching ‖ ~ (an der inneren Umgrenzung eines Werkstücks) (Fert) / innernotching

ausknicken (schlanker Stab, z.B. Kolbenstange, Lochstempel) / buckle (under axial load), yield to buckling o. to axial compression

Auskohlung *f* (von Eisenwerkstoffen), vollständige Entkohlung (Hütt) / complete decarburization

auskommen [ohne], verzichten [auf] / dispense with, do without

Auskragung *f*, Vorkragung *f*, Überhang *m* (Bau) / overhang, projection

auskuppeln *vt*,(Kupplung) / disengage ‖ ~ *vi* (Kfz) / declutch, disengage the clutch

ausladen, entladen *vt*, abladen / unload, discharge *vt* (cargo o. vehicle) ‖ ~, entladen *vt*, löschen (Schiff) / unload (ship, cargo), discharge

Ausladung *f*, Vorkragung *f*, Überhang *m*, Auskragung *f* (Bau) / overhang, projection ‖ ~ (eines Krans) (Förd) / length of jib, outreach (of a crane), working radius o. range

auslagern (z.B. Produktionsbereiche), nach außen vergeben (an eine andere Firma), outsourcen (IE) / outsource ‖ ~ (Ggs. einlagern), aus dem Lager herausnehmen / take out of store ‖ ~ (als letzte Stufe des Ausscheidungshärteverfahrens), aushärten [lassen] (Hütt) / age, age-harden ‖ ~ (nicht benötigte Daten vom Arbeitsspeicher, der dann für andere Zwecke zur Verfügung steht, auf die Festplatte) (DV) / swap (data to hard disk) ‖ ~ *n* (als letzte Stufe des Ausscheidungshärteverfahrens), Aushärtung *f* (Hütt) / ag[e]ing, precipitation treatment ‖ ~, Kaltauslagern *f*, Aushärten *n* bei Raumtemperatur (Hütt) / natural ageing, natural aging

Auslagerungstemperatur *f* (beim Aushärten) (Hütt) / precipitation temperature, precipitation treatment temperature

Auslass *m*, Abzug *m* (für Rauch, Gas etc.) / flue *n*, vent, outlet ‖ ~, Abfluss *m*, Ausflussöffnung *f* / outlet, drain

auslassen, überspringen *vt*, übergehen *vt* / skip *vt*

Auslass•hub *m*, Ausstoßtakt *m*, Ausschubtakt *m* (Mot) / exhaust stroke, scavenging stroke ‖ ~**rohr** *n*, Auslaufrohr *n*, Ausgussrohr *n* / discharge pipe, drain pipe, outflow pipe, outlet pipe ‖ ~**steuerung** *f* (Mot) / exhaust timing ‖ ~**ventil** *n* / discharge valve, outlet valve ‖ ~**ventil** (Mot) / exhaust valve ‖ ~**verlust** *m* (bei Hubkolbenmaschinen) (Masch) / outlet loss

auslasten, stark beanspruchen / make full use of, use to capacity

Auslastung *f*, Auslastungsgrad *m* (z.B. einer Anlage) / degree of utilization, rate of utilization ‖ ~, volle Ausnutzung (einer Anlage etc.) / capacity utilization, full utilization

Auslastungsgrad *m* (z.B. einer Anlage) / degree of utilization, rate of utilization

Auslauf *m*, Auslaufen *n* (von Flüssigkeit) / discharge, running out ‖ ~, Auslaufen *n* (z.B. Anlage, Maschine, Motor nach dem Abschalten bis zum Stillstand) (Masch) / coastdown ‖ ~**becher** *m* (Anstr, Mess) / flow cup

auslaufen (Flüssigkeit aus einem Behälter) / run out (liquid out of a container) ‖ ~, lecken, ausfließen (Flüssigkeit) / leak *vi* (e.g. water from a pipe) ‖ ~, ausfließen, leck sein (Behälter), undicht sein / leak *vi* ‖ ~, überlaufen / spill *vi* [over], slop *vi* over ‖ ~ (Farbe) (Tex) / bleed *vi*, run *vi* (e.g. dyes in washing) ‖ ~, in See stechen (Schiff) / put to sea, depart, sail *vi*, leave the port ‖ ~ (z.B. Anlage, Maschine, Motor nach dem Abschalten), zum Stillstand kommen (Masch) / coast down, come to a stop ‖ ~, ausrollen (ohne Antrieb und ohne Bremseinwirkung) (Bahn, Kfz) / coast down ‖ ~ (Produktion, Produkt) / be discontinued, be phased out ‖ ~ (z.B. Vertrag) / expire ‖ ~ **lassen** (Produkt, Modellreihe), einstellen, schrittweise aus dem Programm o. vom Markt nehmen / phase out *vt* ‖ ~ *n* (z.B. Anlage, Maschine, Motor nach dem Abschalten bis zum Stillstand), Auslauf *m* (Masch) / coastdown ‖ ~ (von Flüssigkeit) / coast down, running out

Auslauf•geschwindigkeit *f* (des Walzgutes aus dem Walzspalt) (Walz) / exiting velocity (of work) ‖ ~**rohr** *n*, Ausgussrohr *n*, Auslassrohr *n* / discharge pipe, drain pipe, outflow pipe, outlet pipe ‖ ~**stein** *m* (bei der

Gussglasherstellung) (Glas) / weir || **≟versuch** *m* (z.B. zur Reibzahlbestimmung in Gleitlagern) / coastdown test, deceleration test || **≟viskosimeter** *n* (Phys) / capillary viscometer || **≟zeit** *f* (Viskosimetrie) (Mess) / efflux time

auslaugen (z.B. Gestein, Böden, Asche) / leach *vt* (soil, ash, etc.) || **≟n** (z.B. von Gestein, Böden, Asche) (Aufb, ChT) / leach, leaching

Ausleereinrichtungen *f pl* (Gieß) / knockout equipment

ausleeren, entleeren / empty *vt*

auslegen, verlegen / lay out (e.g. cables) || ~, konzipieren, konstruieren / design || ~ [für](z.B. eine bestimmte Leistung o. Belastung), bemessen [für] / design *vt* [for], rate [for] || ~ (Geräte etc. bzgl. Umfang, Größe) || ~ (Minen), legen (Mil) / lay || ~, auskleiden (Innenseite), ausfüttern / line *vt*

Ausleger *m* (Masch) / arm, extension arm || ≟, Auslegerarm *m* (der Schwenkbohr- o. Einständerhobelmaschine) / radial arm || ≟ (eines Krans) / boom, jib || ≟, Auslegerarm *m* (eines Hebezeugs), Auslegerbalken *m* (Förd) / beam, jib, cantilever arm || ≟ (eines Baggers) (Bau) / boom (of an excavator) || **≟arm** *m* (der Schwenkbohr- o. Einständerhobelmaschine) / radial arm || **≟arm** (eines Hebezeugs), Auslegerbalken *m* (Förd) / beam, jib, cantilever arm || **≟balken** *m*, Auslegerarm *m* (eines Hebezeugs) (Förd) / beam, jib, cantilever arm || **≟bohrmaschine** *f* (Wzm) / radial drilling machine, radial arm drilling machine, radial drill || **≟brücke** *f* (Bau) / cantilever bridge || **≟halteseil** *n* (Förd) / jib holding rope || **≟hubseil** *n* (Förd) / jib luffing rope || **≟kran** *m*, Kran *m* mit Ausleger (Förd) / jib crane (any crane with a jib)

Auslegeware *f* (Tex) / fitted carpet[ing] (GB), wall-to-wall carpeting

Auslegung *f* (z.B. einer Maschine für eine bestimmte Leistung o. Belastung), Bemessung *f* / design || ≟ (von Geräten etc. bzgl. Umfang, Größe) / dimensioning, sizing

Auslegungs•daten *pl*, Konstruktionsdaten *n pl*, Entwurfskennwerte *m pl* / design data || **≟druck** *m* / design pressure || **≟fehler** *m*, Konstruktionsfehler *m* (im Konzept) (Fert) / design error || **≟geschwindigkeit** *f*, Bemessungsgeschwindigkeit *f* (Straß) / design speed

Auslenkung *f* (Phys) / deflection (e.g. of a pendulum)

Auslesegeschwindigkeit *f* (aus dem Speicher) (DV) / reading rate

auslesen, auswählen, aussuchen / choose, select || ~ (aus dem Speicher) (DV) / read out (from internal storage)

ausleuchten, beleuchten, erhellen *vt* / illuminate *vt*, light || ≟ *n* (Foto) / illumination (complete and even distribution of light), lighting

Ausleuchtgebiet *n* (Tele) / footprint (of a communications satellite)

Ausleuchtung *f* (Foto) / illumination (complete and even distribution of light), lighting

Ausleuchtzone *f* (Tele) / footprint (of a communications satellite)

ausliefern (ein fertiges Produkt), versenden (an den Kunden) / ship (e.g. to the customer) || ~, liefern, zustellen / deliver *vt* (goods)

Auslieferung *f*, Versand *m* (z.B. an den Kunden) / shipment (e.g. to the customer), shipping || ≟, Lieferung *f*, Zustellung *f* / delivery

ausloggen, abmelden *vr* (sich) (DV, Tele) / log off, log out, sign off

auslöschen, löschen (Feuer) / extinguish, quench, put out

Auslöschung *f* (sich überlagernder Wellen gleicher Amplitude) (Phys) / destructive interference

Auslöseimpuls *m* (bei Kippschaltungen) (Eltro) / trigger (pulse used to initiate the action of a trigger circuit), trigger pulse

auslösen, einleiten / induce (e.g. a reaction, process), initiate || ~, durchbrennen lassen (die Sicherung) (Elek) / blow *vt* (the fuse), fuse (the fuse) || ~ / trigger [off], trip (e.g. a mechanism, device, alarm), set off || ~, einleiten, anstoßen, initiieren / initiate (e.g. discussions, developments), trigger, set off || ~, verursachen (z.B. Infektion) / cause || ~, triggern (Eltro) / trigger || ~ (Alarm) / activate || ~, starten *vt* (z.B. Programm, Virus) (DV) / start, launch || ~, betätigen (Abzugshahn) / pull (the trigger) || ~ (Verschluss) (Foto) / release (the shutter) || ~ (Verbindung), trennen, abbauen (DV, Tele) / clear *v* (a connection), clear down || ≟ *n*, Verbindungsabbau *m* (Tele) / clearing, cleardown, call cleardown, call clearing, call disestablishment, call release

Auslöser *m*, Auslösevorrichtung *f* (zum Auslösen eines Vorgangs) (Masch) / release, trip, tripping device || ≟ (z.B. Unterspannungs-, Arbeitsstromauslöser) (Elek) / release (e.g. undervoltage, shunt release) || ≟ (Foto) / release, shutter release

Auslöse•schalter *m*, Ein-/Ausschalter *m* (bei Bohrmaschinen, Bohrschraubern) (Wz) / trigger || **≟strom** *m* (Elek) / trip current (of a circuit breaker), tripping current || **≟vorrichtung** *f* (zum Auslösen eines Vorgangs) (Masch) / release, trip, tripping device || **≟zählrohr** *n*, Geigerzähler *m* (Nukl, Radiol) / Geiger counter, Geiger-Müller counter, G-M counter

Auslösung *f* (eines Vorgangs) / initiation || ≟, Betätigung *f* / actuation (e.g. of brakes, contacts, switches, relays, sensors) || ≟ (einer Verbindung), Verbindungsabbau *m* (Tele) / clearing, cleardown, call cleardown, call clearing, call disestablishment, call release

Auslüftung *f*, Belüftung *f* / ventilation, aeration

auslüften, belüften, entlüften / ventilate, aerate, air

ausmachen, entfallen auf, verantwortlich sein für / account [for](e.g. machinery accounts for 30% of the country's export revenues) || ~, darstellen, bedeuten / constitute (e.g. these expenses constitute 24 % of the total costs), represent || ~, vereinbaren / agree [on] || ~, ergeben (einen Betrag), sich belaufen [auf], betragen (Math) / amount *vi* [to]

Ausmahlung *f*, Feinmahlung *f*, Pulverisieren *n* / pulverization, comminution

ausmalen, anstreichen / paint *v*

Ausmaß *n* (z.B. eines Schadens), Umfang *m* / extent || ≟, Größenordnung *f* / scale || **≟e** *n pl*, Dimensionen *f pl* / dimensions *pl*

Ausmauerung *f*, feuerfeste Auskleidung (eines Ofens) (Hütt) / lining, refractory liner, refractory lining

ausmessbar / measurable

ausmessen, abmessen, vermessen / measure, gauge *vt*, gage *vt* (US) || ≟ *n* / measurement, measuring

Ausmessung f / measurement, measuring
ausmitteln, den Mittelwert bilden / average
ausmustern, ausrangieren (z.b. Schiff, Flugzeug, Satellit), nicht weiter verwenden / decommission, retire vt (e.g. ship, airplane, satellite), take out of service
Ausmusterung f, Stilllegung f, Außerbetriebsetzung f / decommissioning
Ausnahmebehandlungsprogramm n (DV) / exception handler
Ausnehmung f, Aussparung f, Vertiefung f / recess n
ausnutzen, vollen Gebrauch machen [von] / make full use of, take full advantage of
Ausnutzung f, Verwertung f, Nutzbarmachung / utilization
Ausnutzungs•faktor m (Elek) / demand factor ‖ ~**grad** m (Masch) / utilization coefficient, utilization factor ‖ ~**grad**, Auslastungsgrad m (z.B. einer Anlage) / degree of utilization, rate of utilization ‖ ~**grad** (Ausnutzung in Prozent) (Elek) / utilization factor
auspolstern (z.B. Kiste, Jacke) / pad
ausprobieren, versuchen / try out
Auspuff m, Auspuffanlage f (Kfz) / exhaust system ‖ ~, Auspuffrohr n (Kfz) / exhaust pipe ‖ f ~**anlage** f (Kfz) / exhaust system ‖ ~**endrohr** n (Kfz) / tail pipe (of the exhaust system) ‖ ~**gas** n, Abgas n (Kfz) / exhaust gas ‖ ~**hub** m, Ausstoßtakt m, Ausschubtakt m (Mot) / exhaust stroke, scavenging stroke ‖ ~**krümmer** m (Kfz) / exhaust manifold ‖ ~**rohr** n (Kfz) / exhaust pipe ‖ ~**schalldämpfer**, Abgasschalldämpfer m (Kfz) / muffler (US), exhaust muffler, silencer (GB) ‖ ~**topf** m, Abgasschalldämpfer m (Kfz) / muffler (US), exhaust muffler, silencer (GB)
auspumpen, abpumpen (Behälter), leer pumpen / pump dry ‖ ~, abpumpen (z.B. Wasser) / pump off o. out v
ausrangieren (z.B. Schiff, Flugzeug, Satellit), nicht weiter verwenden / decommission, retire vt (e.g. ship, airplane, satellite), take out of service ‖ ~, wegwerfen / discard v
ausrasten vi [aus] / disengage vi [from]
ausrechnen, berechnen, errechnen (Math) / compute vt, calculate (by mathematical processes, e.g. sums, values, velocities), figure [out], work out
Ausrechnung f / calculation, computation
Ausregelzeit f (Regel) / correction time, settling time
ausreiben, nachreiben (Fert) / ream v [out]
ausreichend, genügend / sufficient ‖ ~ (z. B. Oberflächengüte), zufriedenstellend / satisfactory (e.g. surface finish) ‖ ~, geeignet, angemessen / adequate
ausreifen lassen, altern lassen / age vt, mature vt
Ausreißer m (Mess, QM, Stat) / freak value, maverick (coll.), outlier
ausrichten vt [nach etw.] / align vt [with] (e.g. grooves with pins, shafts with pulleys) ‖ ~ (z.B. Antenne) / align, point, direct ‖ ~ (mittig), zentrieren / center vt (US), centre (GB) ‖ ~, in eine [gerade] Linie bringen (neben-, hinter- o. untereinander), in gerader Linie anordnen, fluchten / align vt (e.g. several rivets, figures in two columns, soldiers in two rows) ‖ ~ [auf], orientieren / orient, orientate [towards] ‖ ~ (z.B. Produktion auf Nachfrage), einstellen (z.B. Produktion auf bestimmte Anforderungen, Kundenkreise) / gear [to] (e.g. output to specific demands or

customers), adapt ‖ **auf gleiche Höhe** ~, auf gleiche Höhe bringen, bündig machen / level, adjust to the same level, make even, make level, level out vt, make flush, flush ‖ **horizontal** ~ / level vt ‖ **nach der Flucht** ~, abfluchten, abvisieren (Bau, Verm) / align vt, arrange in a straight line, line up, sight out ‖ ~ n, Anordnung in gerader Linie f (neben-, hinter- o. untereinander), Fluchten n / alignment, arrangement in a straight line
Ausrichtung f, Justierung f (DV, Eltro) / alignment (e.g. of a read/write head over disk tracks) ‖ ~, Anordnung f (fluchtende, axiale) / alignment (e.g. of axes, shafts, wheels) ‖ ~, Orientierung f (Chem, Krist, Verm) / orientation ‖ ~ (Bergb) / development
ausrollen (ohne Antrieb und ohne Bremseinwirkung), auslaufen (Bahn, Kfz) / coast down
ausrückbare Kupplung (Techn) / clutch n
ausrücken (z.B. Kupplung, Getriebe) / disengage
Ausrücker m (der Kupplung, bestehend aus Ausrücklager, Ausrückgabel, Führungshülse) (Kfz) / clutch release bearing unit, release bearing unit
Ausrücklager n, Kupplungsausrücklager n (Kfz) / clutch release bearing, release bearing, throwout bearing
Ausrückung f, hängender Einzug (der ersten Zeile eines Absatzes) (Druck, DV) / hanging indent, hanging indention, reverse indention
Ausrundung f, Hohlkehle f (z.B. im Schmiedegesenk) (Gieß, Schm) / fillet
ausrüsten [mit], ausstatten / equip [with], provide [with] ‖ ~, versehen [mit] (einer neuen, weiteren Komponente o. Merkmal) / fit [with] (e.g. a helicopter with searchlights), equip [with] ‖ ~ / fit out (e.g. a ship, an expedition) ‖ ~, veredeln (Pap, Tex) / finish ‖ **mit Rechnern** ~, computerisieren (DV) / computerize ‖ ~ n, Veredlung f (Tex) / finishing, textile finishing
Ausrüstung f, Anlagen f pl, Ausstattung f, Geräte n pl / equipment ‖ ~, Gerät n / gear, outfit, equipment ‖ ~ (i.e.S alle waschfesten Maßnahmen der Textilveredlung), Veredlung f (Tex) / finishing, textile finishing ‖ ~, Papierveredelung f (Pap) / finishing, paper finishing
Aussage f, Proposition f (DV, Logik) / proposition, statement ‖ ~**form** f (Math) / propositional form
Aussagen•form f (Math) / propositional form ‖ ~**kalkül** n (Logik) / propositional calculus ‖ ~**logik** f (Math) / propositional logic, sentential logic
Aussalzeffekt m (Chem) / salting-out effect
Aussalzen n (Chem, Nukl) / salting-out, graining out
ausschalten, abschalten (z.B. Licht, Gerät, Strom) (Elek) / turn off, switch off ‖ ~, deaktivieren, abschalten (DV) / deactivate ‖ ~ (vom Netz trennen), abschalten / cut off, disconnect ‖ ~ (z.B. Störfaktoren), beseitigen / eliminate ‖ ~ vr (sich) / switch off, turn off
Ausschalter m, Schalter m (Elek) / switch, on-off switch ‖ ~, Stromunterbrecher m (Elek) / circuit breaker, cut-out, cut-out switch ‖ ~ (in der Elektroinstallation, typ. als Lichtschalter) (Elek) / single-pole switch (single on-off switch, e.g. a light switch), one way switch (GB), two way switch (US)

Ausschalt•hebel m (Elek) / switch lever ‖ ²leistung f, Ausschaltvermögen n (eines Schaltgeräts, einer Schutzeinrichtung) (Elek) / breaking capacity (of a circuit breaker), rupturing capacity, interrupting capacity ‖ ²strom m, Unterbrechungsstrom m (Elek) / breaking current, cutoff current

Ausschaltung f, Beseitigung f, Eliminierung f / elimination ‖ ², Abschalten n (Elek) / turning-off, switching-off ‖ ² (ein Verbraucher wird von nur einer Stelle aus ein- o. ausgeschaltet) (Elek) / single-pole switch installation (US), one way circuit (GB)

Ausschalt•vermögen n (eines Schaltgeräts, einer Schutzeinrichtung), Ausschaltleistung f (Elek) / breaking capacity (of a circuit breaker), rupturing capacity, interrupting capacity ‖ ²verzögerung f (bei SPS) (NC, Regel) / turn-off delay, delay off ‖ ²verzögerung (Zeitgeberbaustein bei SPS) (NC, Regel) / off-delay timer ‖ ²verzögerungszeit f (bei Transistoren) (Eltro) / turn-off delay ‖ ²zustand m, ausgeschalteter Zustand (Elek) / off state

Ausschalung f, Verschalung f (der Baugrube) (Bau) / earthwork support, sheeting

ausscheiden, abtrennen / remove, separate

Ausscheidung f (Chem) / separation ‖ ², Ausfällung f, Präzipitation f (Chem) / precipitation ‖ ² (Umlagern von Teilchen in oder aus Mischkristallen, die eine mit der Temperatur sinkende Löslichkeit für Legierungselemente besitzen) (Hütt) / precipitation ‖ ²en f pl (feindisperse Teilchen als Ursache der Aushärtung und Alterung) (Hütt) / precipitates pl

Ausscheidungs•glühen n (Hütt) / precipitation annealing ‖ ²härten (Hütt) / harden by precipitation hardening, precipitation-harden ‖ ²härten n, Aushärten n, Ausscheidungshärtung f (Hütt) / age hardening, precipitation hardening ‖ ~härtende Stähle / PH alloys, precipitation hardening stainlesses, PH steels, PH stainless steels

ausscheuern, blankputzen / scour vt

Ausschieben n (bei Verdichtern) (Masch) / discharge

ausschiffen, an Land bringen (Schiff) / land vt (passengers or goods from a ship), disembark vt, unload

ausschlachten (z.B. Fahrzeug, Flugzeug) / cannibalize

Ausschlag m (des Zeigers) (Instr) / deflection (of a pointer) ‖ ², Ausschlagweite f (Instr) / amplitude

ausschlagen vt, auskleiden (Innenseite), ausfüttern / line vt ‖ ~ vi (z.B. Zeiger) / be deflected (pointer of instrument), deflect vi (pointer of instrument) ‖ ~ (z.B. Lager), sich abnutzen / wear down ‖ ² n, Ausschlag m (des Zeigers) (Instr) / deflection (of a pointer) ‖ ², Schwingen n (hin und her, z.B. eines Pendels) / swing n

ausschlag•gebend, entscheidend (z.B. Faktor, Argument) / deciding, decisive ‖ ²weite f, Ausschlag m (Instr) / amplitude

ausschlämmen, aufschlämmen (Aufb, ChT) / elutriate

ausschleudern, zentrifugieren / centrifuge v, centrifugalize ‖ ~ (Wäsche in der Waschmaschine) / spin dry

ausschließen [von] / exclude [from] ‖ ~ (Fehler, Möglichkeit) / exclude, rule out

Ausschließungsprinzip, Paulisches ² / Pauli's [exclusion] principle

Ausschluss, unter ² von Sauerstoff (Chem) / in the absence of oxygen ‖ ²chromatographie f, Gelchromatographie f (Chem) / gel chromatography, exclusion chromatography, gel permeation chromatography, gel-filtration chromatography, liquid exclusion chromatography, LEC

ausschmelzen (Wachsmodell) (Gieß) / melt off

ausschmieren, ausfüllen (Ritzen, Fugen etc.) / fill [in] (e.g. cracks, joints)

ausschneiden, ausstanzen (Fert) / blank (e.g. a round disk from a strip of sheet metal), stamp out ‖ ² n (Schneiden längs einer in sich geschlossenen Trennlinie, wobei der nach dem Schnitt verbliebene Blechstreifen Abfall ist und das Fertigteil durch den Schneidplattendurchbruch abgeführt wird) (Fert) / blanking

Ausschnitt m, Blechzuschnitt m (bei der Blechumformung) (Fert) / blank, sheet metal blank ‖ ², Kreisausschnitt m, Kreissektor m (Math) / sector n (of a circle) ‖ ²rand m (Abfall beim Ausschneiden) (Fert) / strip (of surrounding stock left as scrap after blanking)

Ausschnittswahl f, Bildeinstellung f (Foto) / framing

ausschöpfen, voll nutzen / exploit

Ausschöpfungstyp m, Verarmungs-Isolier-schicht-Feldeffekttransistor m (Eltro) / depletion mode transistor, depletion mode FET, depletion-mode field-effect transistor

ausschreiben (Auftrag) / invite tenders for (e.g. a municipal construction project)

Ausschreibung f (öffentlich) / call for tender, invitation to tender

Ausschreibungsangebot n / tender n, bid

Ausschubtakt m, Ausstoßtakt m (Mot) / exhaust stroke, scavenging stroke

Ausschuss m, Fertigungsausschuss m (Fehlprodukt, bei dem die Qualitätsforderung auch nachträglich durch Nacharbeit nicht erfüllt werden kann) (Fert, QM) / reject(s), scrap ‖ ², Komitee n, Kommission f / board, committee ‖ ²anteil m (Fert) / reject rate ‖ ²lehre f (Mess) / NO GO gauge ‖ ²quote f (Fert) / reject rate ‖ ²rate f (Fert) / reject rate ‖ ²seite f (der Grenzlehre allgemein) (Mess) / no-go limit, NO GO portion (of a limit gauge) ‖ ²seite (des Grenzlehrdorns) (Mess) / no-go plug ‖ ², Ausschusszapfen m (Mess) / no-go plug ‖ ²teil n, fehlerhaftes Teil (Fert, QM) / reject n ‖ ²zapfen m, Ausschussseite f (des Grenzlehrdorns) (Mess) / no-go plug

Ausschütteln n (z.B. mit Ether) (Chem) / shaking out

ausschütten, verschütten (Flüssigkeit) / spill vt, slop ‖ ~, abkippen vt (z.B. Müll, Schutt, Sand auf eine Deponie, Halde etc.), abladen / dump vt, tip (GB)

ausschweben (Flugzeug vor dem Aufsetzen) (Luft) / float

ausschwenkbar / swing-out adj

ausschwingen, abklingen (Schwingungen) (Phys) / decrease (in amplitude)(oscillations), decay, die away, fade away, subside ‖ ² n, Abklingen n (von Schwingungen) (Phys) / decay (e.g. of oscillations)

Aussehen n, äußere Erscheinung / appearance, look ‖ ², Oberflächenfinish n,

Oberflächenqualität f (z.B. eines Gussstücks oder bearbeiteten Werkstücks) (Fert) / surface finish, finish n

außen [befindlich o. liegend], Außen..., äußer[er] / external, exterior adj, outside adj, outer ‖ ~..., Outdoor..., im Freien / outdoor

Außen•beleuchtung f, Außenleuchten f pl (Licht) / outdoor lighting, exterior lighting ‖ ~**beleuchtung** (Luft) / exterior lights ‖ ~**border** m, Außenbordmotor m (Schiff) / outboard engine, outboard, outboard motor ‖ ~**bordmotor** m (Schiff) / outboard engine, outboard, outboard motor

aussenden (Strahlen, Licht, Signale), abstrahlen vt, ausstrahlen vt (Phys) / emit vt, radiate (e.g. light, heat)

Außen•dienst m, Kundendienst m (vor Ort beim Kunden) / field service, field servicing ‖ ~**drehen** n (Dreh) / external turning ‖ ~**drehmeißel** m (Wzm) / turning tool, cutting tool (for turning) ‖ ~**druck** m / external pressure

Aussendung f (von Funkwellen u. -signalen), Emission f (Radio, Tele) / emission

Außen•durchmesser m / external diameter, outside diameter, O.D., outer diameter ‖ ~**durchmesser** (von Gewinden) / major diameter, nominal thread diameter ‖ ~**elektron** n, Valenzelektron n (Phys) / outer electron, peripheral electron, outer-shell electron ‖ ~**fläche** f / exterior surface, outer surface, external surface ‖ ~**fläche**, Außenseite f, das Äußere / exterior, outside n, outer surface f ‖ ~**geräusch** n (Akust, Umw) / exterior noise ‖ ~**gewinde** n / external [screw] thread, male thread ‖ ~**gezahnt** (Masch) / externally toothed, external-tooth ‖ ~**greifer** m (der das Objekt an den Außenflächen hält) (Masch) / external gripper ‖ ~**haut** (allg, Techn) / skin (e.g. of an airplane) ‖ ~**haut** f, Beplankung f (Luft) / skin, outside skin ‖ ~**haut** (Schiff) / shell, skin ‖ ~**hydrant** m, Feuerlöschwasserständer m / fire hydrant, hydrant, pillar hydrant, street hydrant ‖ ~**kern** m (Gieß) / inset core ‖ ~**lage** f, Deckschicht f, oberste Schicht, Decklage f, oberste Lage / top layer ‖ ~**lastträger** m, Pylon m (Luft) / pylon ‖ ~**leiter**, stromführender Leiter (der in der Elektroinstallation den Strom aus dem Netz zum Schalter oder zur Steckdose führt - brauner, gelegentlich auch schwarzer o. blauer Kunststoffmantel, Kurzzeichen "L") (Elek) / live wire, live conductor, phase conductor ‖ ~**leiter** m (des Koaxialkabels) (Eltro) / outer conductor (of coaxial cable) ‖ ~**leiter** (im Dreiphasensystem) (Elek) / outer conductor, phase conductor, phase, outer wire, outside wire ‖ ~**leuchten** f pl, Außenbeleuchtung f (Licht) / outdoor lighting, exterior lighting ‖ ~**linie** f, Umriss m, Umrisslinie f / contour n, outline n ‖ ~**luft** f / outside air ‖ ~**maße** n pl, Gesamtabmessungen f pl / overall dimensions ‖ ~**mauer** f (Bau) / external wall, outside wall, outer wall ‖ ~**rad** n, außenverzahntes Rad, Außenzahnrad n (Masch) / external gear, externally toothed gear ‖ ~**räumen** n (Fert) / external broaching, surface broaching ‖ ~**räummaschine** f (Wzm) / external broaching machine, surface broaching machine ‖ ~**ring** m (eines Kugellagers) / outer race (ball bearing), outer ring ‖ ~**rückspiegel** m, Seitenspiegel m (Kfz) / exterior mirror, side mirror, side-view mirror, wing mirror, outside

mirror, outside rear view mirror ‖ ~**-Rundschleifen** n (Fert) / center-type grinding, external cylindrical grinding ‖ ~**rundschleifmaschine** f (Wzm) / external cylindrical grinding machine, external grinder ‖ ~**schale** f (eines Atoms) (Nukl) / outermost orbit, outermost shell, outer shell ‖ ~**seite** f, das Äußere / exterior, outside n, outer surface, superficies ‖ ~**spiegel** m, Seitenspiegel m (Kfz) / exterior mirror, side mirror, side-view mirror, wing mirror, outside mirror, outside rear view mirror ‖ ~**station** f, Raumstation f (Raumf) / space station ‖ ~**taster** m (Mess) / external callipers pl, outside callipers pl ‖ ~**- u. Innentaster** m (Mess) / external and internal callipers, German compass o. calipers pl ‖ ~**temperatur** f / outdoor temperature, outside temperature ‖ ~**träger** m, Außenlastträger m, Pylon m (Luft) / pylon ‖ ~**tür** f (Bau) / external door ‖ ~**verkleidung** f, Verschalung f (als Witterungsschutz), Fassadenverkleidung f (Bau) / cladding, siding (US), facing, external cladding ‖ ~**verzahnt** (Masch) / externally toothed, external-tooth ‖ ~**verzahntes Rad**, Außenzahnrad n, Außenrad n (Masch) / external gear, externally toothed gear ‖ ~**verzahnung** f (Masch) / external teeth pl ‖ ~**wand** f (Bau) / external wall, outside wall, outer wall ‖ ~**winkel** m (Math) / exterior angle, external angle ‖ ~**zahnrad** n, außenverzahntes Rad, Außenrad n (Masch) / external gear, externally toothed gear

außer Betrieb, stillstehend (Techn) / idle, out of operation ‖ ~ **Betrieb**, außer Gang / disengaged, out of action ‖ ~ **Betrieb**, defekt (außer Betrieb) / out of service, out of [working] order ‖ ~ **Betrieb sein**, stillliegen, stillstehen / be shut down, be out of operation ‖ ~ **Betrieb setzen** / put out of operation, take out of service ‖ ~ **Betrieb setzen**, abschalten (Anlage, Reaktor etc.) / shut down, decommission (e.g. plant, reactor) ‖ ~ **Dienst stellen** / put out of operation, take out of service ‖ ~ **Dienst stellen**, abschalten (Anlage, Reaktor etc.) / shut down, decommission (e.g. plant, reactor) ‖ ~ **Dienst stellen**, ausrangieren (z.B. Schiff, Flugzeug, Satellit), nicht weiter verwenden / decommission, retire vt (e.g. ship, airplane, satellite), take out of service ‖ ~ **Kraft setzen**, übergehen vt, umgehen (z.B. Automatik) / override (e.g. automatic control)

äußer•[er], Außen..., außen [befindlich o. liegend] / external, exterior adj, outside adj, outer ‖ ~**e Arbeit** (Phys) / external work ‖ ~**e Belastungskennlinie** (Elek) / external characteristic ‖ ~**es Elektron**, Außenelektron n, Valenzelektron n (Phys) / outer electron, peripheral electron, outer-shell electron ‖ ~**e Erscheinung**, Aussehen n / appearance, look ‖ ~**er Fotoeffekt** (Eltro) / external photoelectric effect, photoemissive effect ‖ ~**e Kraft** (Mech) / external force ‖ ~**er lichtelektrischer Effekt**, äußerer Fotoeffekt (Eltro) / external photoelectric effect, photoemissive effect ‖ ~**e Phase**, Dispersionsmittel n (Chem, Phys) / continuous phase (in a disperse system), dispersion medium, external phase ‖ ~**es Produkt**, Vektorprodukt n (Math) / cross product (of a vector), vector product ‖ ~**e Reibung** (Mech) / external friction ‖ ~**er Ring**, ringförmige Umgehungsstraße (Straß) / belt highway (US), ring road (GB), orbital road, beltway (US) ‖ **~e Teilung** (Geom) / external division (of a line segment) ‖ **~er Totpunkt**, oberer Totpunkt (Mot) / top dead center, TDC

außerhalb des Hauses, Außen..., Outdoor..., im Freien / outdoor

außer•irdisch / extraterrestrial *adj* ‖ **~mittedrehen** *n* (Fert) / eccentric turning ‖ **~mittig**, exzentrisch / off-center, eccentric *adj*, excentric (GB) ‖ **~mittigkeit** *f*, Exzentrizität / eccentricity ‖ **~ordentlicher Strahl** (Opt) / extraordinary ray ‖ **~trittfallen** *n*, Außertrittziehen *n* (Elek) / falling out of step, loss of synchronism, pulling out of synchronism, rising out of synchronism

Aussetz..., intermittierend, diskontinuierlich / at intervals, discontinuous, intermittent

Aussetzbetrieb *m* (einfacher: Betriebsart S3; mit Anlaufvorgang: S4; mit elektrischer Bremsung: S5) (Elek) / intermittent periodic duty (duty type S3; with starting: duty type S4; with electric braking: duty type S5), intermittent duty ‖ **~** (z.B. eines Ofens), chargenweiser Betrieb / batch operation, intermittent operation

aussetzen *vt* (einem Einfluss), unterwerfen / expose [to], subject [to] ‖ **~**, einstellen (zeitweilig) / suspend (e.g. bus service, nulear tests, publication of a magazine) ‖ **~** *vi* (z.B. Motor, Zündung), versagen / fail ‖ **~**, knallen, Fehlzündungen haben (Mot) / misfire *vi*

aussetzend, intermittierend, diskontinuierlich / at intervals, discontinuous, intermittent

Aussetzer *m*, Fehlzündung *f* (Mot) / misfire *n* ‖ **~** (kurzzeitiger Einbruch des Signalpegels auf Magnetband) (Audio, DV, Video) / drop-out

Aussetzfehler *m*, Aussetzer *m* (kurzzeitiger Einbruch des Signalpegels auf Magnetband) (Audio, DV, Video) / drop-out

aussieben / screen out, sift out

ausspannen (Werkstück) (Wzm) / unclamp

Aussparung *f*, Vertiefung *f* / recess *n* ‖ **~**, Durchbruch *m*, Durchbrechung *f* / opening

Aussperrung *f* (Arbeitskampfmaßnahme der Arbeitgeber) (IE) / lockout

ausspülen, abspülen (z.B. Teller), abwaschen / rinse *vt*, wash ‖ **~**, spülen / flush *vt* (e.g. toilet, pipe)

ausstanzen, ausschneiden (Fert) / blank (e.g. a round disk from a strip of sheet metal), stamp out ‖ **~** (Loch) / punch (out)

ausstatten, ausrüsten [mit] / equip [with], provide [with] ‖ **~**, versehen [mit](einer neuen,weiteren Komponente o. Merkmal), ausrüsten / fit [with](e.g. a helicopter with searchlights), equip [with] ‖ **~** (z. B. Labor, Werkstatt, Praxis), einrichten / equip, fit out, furnish

Ausstattung *f* (allg) / equipment

Ausstattungsmerkmal *n* (z.B. von Telefonen) / feature

aussteifen, abstreben, ausstreben (allg, Bau) / brace *vt*, strut *vt* ‖ **~**, verstärken / reinforce

Aussteifungselement *n*, Strebe *f* (diagonal) (Bau) / brace *n*, diagonal brace

Aus-Stellung *f*, Ruhestellung *f* / off-position, idle position, inoperative position

Aussteuerung *f*, Modulation *f* (Eltro, Tele) / modulation, mod

ausstoßen, heraustreiben / discharge, expel ‖ **~**, auswerfen / eject ‖ **~**, abblasen (Luft, Gas, Dampf), ablassen / release, discharge, let off, blow off *vt* ‖ **~** (Gas etc.), abgeben / give off, emit, release (e.g. smoke, vapour) ‖ **~**, emittieren (z.B. Schadstoffe in die Atmosphäre) (Umw) / emit (e.g. pollutants into the atmosphere), release ‖ **~** *n*, Ausdrücken *n*, Auswerfen *n*, Auswurf *m* / ejection

Ausstoßtakt *m*, Ausschubtakt *m* (Mot) / exhaust stroke, scavenging stroke

ausstrahlen *vt*, abstrahlen *vt*, aussenden (Strahlen, Licht, Signale) (Phys) / emit *vt*, radiate (e.g. light, heat) ‖ **~** (Sendung), senden *vt*, übertragen (Radio, TV) / broadcast *vt*, air (a program) ‖ **~**, übertragen (im Fernsehen) (TV) / broadcast on o. by television, televise, telecast *v* ‖ **~** (in eine bestimmte Richtung, z.B. Signale, Sendungen) (Radio, Tele, TV) / beam ‖ **~** *vi*, abstrahlen *vi* / radiate *vi* (light, heat)

Ausstrahlung *f*, Abstrahlung *f* (Phys) / radiation ‖ **~**, Abgabe *f* (z.B. von Wärme), Emission *f* (Phys) / emission ‖ **~** *f*, Sendung *f*, Übertragung *f* (Radio, TV) / transmission, broadcast *n* ‖ **~**, Sendung *f*, Übertragung *f* (Vorgang) (Radio, TV) / transmission, broadcasting

Ausstrahlungswinkel *f* (Winkel des Lichtbündels einer Leuchte oder Reflektorlampe) (Licht) / beam spread

ausstreben, abstreben (allg, Bau) / brace *vt*, strut *vt*

ausstreichen *vt*, ausfüllen (Ritzen, Fugen etc.) / fill [in] (e.g. cracks, joints) ‖ **~**, durchstreichen (Text) / cancel, delete, cross out

ausströmen *vi*, herausfließen / pour out, stream out ‖ **~**, austreten *vi*, entweichen / escape *vi* (gas, liquid) ‖ **~**, austreten *vi* (durch Leck), entweichen / leak [from] ‖ **~ lassen**, abblasen (Luft, Gas, Dampf), ablassen / release, discharge, let off, blow off *vt* ‖ **~** *n*, Ausfließen *n* / discharge, outflow, flowing out

Ausströmgeschwindigkeit *f*, Ausfluss-geschwindigkeit *f* (eines Fluids aus einem Behälter) / outflow velocity

aussuchen, auswählen / choose, select

austarieren, ausbalancieren, im Gleichgewicht halten / balance [out], keep in equilibrium, equilibrate ‖ **~**, ins Gleichgewicht bringen, ausbalancieren / balance *vt* [out], bring into equilibrium, equilibrate

austasten (Bild, Signal) (Eltro, TV) / blank *vt*, blank out ‖ **~** *n* (Eltro, TV) / blanking, blackout

Austast•lücke *f* (TV) / blanking interval, blanking period ‖ **~pegel** *m* (TV) / blanking level ‖ **~signal** *n* (TV) / blanking signal

Austastung *f* (des Signals, Bildes) (Eltro, TV) / blanking, blackout

Austastwert *m* (TV) / blanking level

Austausch (Chem, Phys) / exchange ‖ **~** *m* (DV, Tele) / exchange *n* (e.g. of data, information) ‖ **~**, Auswechselung *f*, Ersetzen *n* / replacement, substitution ‖ **~...**, Ersatz... / replacement...

austauschbar, auswechselbar / exchangeable ‖ **~**, auswechselbar, ersetzbar / replaceable, substitutable ‖ **~**, gegenseitig ersetzbar, gegeneinander auswechselbar / interchangeable

Austausch•boden *m*, Kolonnenboden *m* (ChT) / plate (GB), tray (US) ‖ **~effekt** *m* (Phys) / exchange effect

austauschen (z.B. Daten, Informationen; Luft in einer Klimaanlage) (allg, DV, Tele) / exchange (e.g. data, information; air in an air conditioning system) ‖ ~ [gegen], ersetzen [durch], auswechseln [gegen] / replace [by, with] ‖ ~ (gegeneinander, untereinander), auswechseln / interchange v ‖ ~ [gegen], ersetzen [durch], anstelle verwenden [von] / substitute [for, with](e.g. substitute new software for old software, substitute physical phone lines with a local TCP/IP network or the Internet) ‖ ~ (z.B. Adressen, Telefonnummern) / swap (e.g. addresses, phone numbers; vintage car enthusiasts swap spare parts)

Austausch•entartung f (Phys) / exchange degeneracy ‖ ⁓**kraft** f (Phys) / exchange force ‖ ⁓**-Lufterhitzer** m (Hütt, Masch) / regenerative air heater (in regenerative furnace) ‖ ⁓**-Luftvorwärmer** m (Hütt, Masch) / regenerative air heater (in regenerative furnace) ‖ ⁓**mischkristall** m, Substitutions-mischkristall m (Krist) / substitutional solid solution ‖ ⁓**operator** m (Phys) / exchange operator ‖ ⁓**reaktion** f (Chem, Nukl) / exchange reaction ‖ ⁓**säule** f, Fraktionierkolonne f, Rektifikationskolonne f, Fraktionierturm m, Fraktioniersäule f, Rektifikationssäule f (ChT) / rectifying column, fractionating column, fractionating tower, fractionator ‖ ⁓**säule**, Bodenkolonne f, Rektifikationssäule f mit Austauschböden (ChT) / tray column (US), plate column (GB) ‖ ⁓**wechselwirkung** f (Phys) / exchange interaction

Austenit m (Hütt) / austenite, gamma [phase] ‖ ⁓**bereich** m (Hütt) / austenite region (in the iron-carbon phase diagram), austenitic region (in the iron-carbon phase diagram) ‖ ⁓**bildung** f (Hütt) / austenitizing ‖ ⁓**formhärten** n (thermomechanische Behandlung mit plastischer Austenitverformung unterhalb der A1-Temperatur in einer Einbuchtung des ZTU-Diagramms zwischen Perlit- und Bainitbereich und anschließende Umwandlung in Bainit oder Martensit), Ausforming m (Hütt) / ausforming ‖ ⁓**gebiet**, Austenitbereich m (Hütt) / austenite region (in the iron-carbon phase diagram), austenitic region (in the iron-carbon phase diagram)

austenitisch•es Gusseisen (Hütt) / austenitic cast iron ‖ ~**er Manganstahl** / austenitic manganese steel ‖ ~**e Stähle** / austenitics, austenitic steels, austenitic stainless steels, austenitic stainlesses

austenitisch-ferritische Stähle, Duplexstähle m pl (Hütt) / duplex alloys, ferrite-austenite alloys, duplex steels, duplex stainlesses

austenitisieren (Hütt) / austenitize

Austenitisiertemperatur f (Hütt) / austenitizing temperature

Austenitisierung f (Hütt) / austenitizing

Austenitisierungstemperatur f (Hütt) / austenitizing temperature

Austenit•korngröße f (Hütt) / austenite grain size ‖ ⁓**stahl** m / austenitics, austenitic steels, austenitic stainless steels, austenitic stainlesses ‖ ⁓**zerfall** m (Hütt) / austenite decomposition

austesten, debuggen, Fehler suchen und beseitigen (in einem Programm) (DV) / debug (a program)

austragen (Aufb, ChT, Förd) / discharge, remove

austreiben, ausstoßen, heraustreiben / discharge, expel ‖ ⁓ n, Heraustreiben n / expulsion ‖ ⁓ (gelöster Gase aus Flüssigkeiten oder von festen Grenzflächen)(ChT) / stripping

Austreiber m (Wz) / ejector drift

Austreibung f, Austreiben n, Heraustreiben n / expulsion

austreten [aus](Flüssigkeit, Gas aus z.B. Behälter), leave vt (gas, liquid) ‖ ~ (Licht, Strahl) / emanate, emerge ‖ ~, entweichen / escape vi (gas, liquid) ‖ ~ (durch Leck), entweichen / leak [from]

Austritt m, Austrittsstelle f / outlet (of liquid, gas) ‖ ⁓ (durch ein Leck) / leakage

Austritts•arbeit f (Energie, die benötigt wird, um ein Elektron aus einem Kristall- bzw. Metallverband zu lösen) (Eltro) / work function ‖ ⁓**fläche** f (eines Kollimators) (Opt) / exit field (of a collimator) ‖ ⁓**geschwindigkeit** f (des Walzgutes aus dem Walzspalt) (Walz) / exiting velocity (of work) ‖ ⁓**kante** f, Hinterkante f (des Flügels, der Leitwerke) (Luft) / trailing edge ‖ ⁓**luke** f (Opt) / exit window ‖ ⁓**pupille** f (Opt) / exit pupil ‖ ⁓**spalt** m (bei Spektralapparaten) (Phys) / output slit

austrocknen, entfeuchten / desiccate vt vi, exsiccate, dry up, dry out ‖ ~ vt vi, dehydrieren (Physiol) / dehydrate ‖ ~ (durch Lagern), ablagern vt vi (Holz) / season vt vi ‖ ⁓ n, Trocknen n (gründlich) / desiccation, drying-up, exsiccation ‖ ⁓, Dehydrierung f (Med, Physiol) / dehydration (abnormal loss of water from the body, esp. from illness or physical exertion) ‖ ⁓, Ablagerung f (von Holz), Austrocknung f (durch Lagern) / seasoning

Austrocknung f, Trocknen n (gründlich) / desiccation, drying-up, exsiccation ‖ ⁓, Dehydrierung f (Med, Physiol) / dehydration (abnormal loss of water from the body, esp. from illness or physical exertion) ‖ ⁓ (durch Lagern), Ablagerung f (von Holz) / seasoning

ausüben (z.B. Beruf) / practise (GB), practice (US) ‖ ~ (z.B. Druck, Kraft), anwenden / exert vt ‖ ~ (z.B. Kontrolle) / exercise (e.g. control) ‖ ~ (Wirkung auf) / have (an effect on)

Ausübung f (z.B. von Druck), Anwendung f / exercise n, exertion

Auswahl f (allg, DV, Tele) / selection ‖ ⁓, Angebot n (an Erzeugnissen) (Wirtsch) / range (of products) ‖ ⁓, Auswahlmöglichkeit f (DV) / option (in a menu or dialog box) ‖ ⁓**axiom** n (Math) / axiom of choice ‖ ⁓**einheit** f (QM, Stat) / sampling unit

auswählen, ansteuern (DV) / select (e.g. subroutine) ‖ ~, aussuchen / choose, select ‖ ~, wählen (z.B. Menüoption) (DV) / select, choose (e.g. options etc. in a GUI; selecting = highlighting an option is often different from choosing it - to choose a highlighted option, press Enter) ‖ ~, markieren (DV) / select, highlight vt (e.g. a part of a document or an item from a list box - to choose a highlighted option and to start an action, press Enter)

Auswahl•liste f, Menü n (DV) / menu ‖ ⁓**möglichkeit** f (DV) / option (in a menu or dialog box) ‖ ⁓**regeln** f pl (Nukl) / selection rules ‖ ⁓**verfahren** n (Stat) / sampling

auswalzen (Walz) / roll out

auswandern (Nullpunkt), weglaufen / drift

auswaschen, abspülen (z.B. Teller), abwaschen / rinse vt, wash ‖ ~, aufschlämmen (Aufb, ChT) / elutriate ‖ ⁓ n, Aufschlämmen n, Elutriation f

(Aufb, ChT) / elutriation (process of separating the lighter particles of a powder from the heavier ones by means of an upward directed stream of fluid)

auswechselbar, austauschbar / exchangeable ‖ ~, ersetzbar / replaceable, substitutable ‖ ~, abnehmbar, abtrennbar / removable, demountable, dismountable, detachable ‖ **~er Einsatz**, Patrone *f* (allg) / cartridge ‖ **untereinander ~**, gegenseitig ersetzbar, gegeneinander auswechselbar / interchangeable

auswechseln [gegen], ersetzen [durch] / replace [by, with] ‖ ~, austauschen (gegeneinander, untereinander) / interchange *v* ‖ ~, erneuern / renew ‖ ~, ablösen (Besatzung) (Luft, Schiff) / relieve ‖ ~ *n*, Auswechselung *f*, Ersetzen *n* / replacement, substitution

Auswechselung *f*, Ersetzen *n* / replacement, substitution

Ausweich-, Ersatz..., alternativ (Techn) / alternate *adj*, alternative

ausweiten (Bohrloch) / enlarge (a drilled hole)

auswerfen, ausstoßen / eject ‖ ~ *n*, Ausstoßen *n*, Ausdrücken *n*, Auswurf *m* / ejection

Auswerfereinheit *f* (beim Druckgießen) (Gieß) / ejector device

auswerten, interpretieren / interpret (signal, source language statement, etc.) ‖ ~, bewerten / evaluate (e.g. results, observations) ‖ ~, analysieren / analyze ‖ ~, aufbereiten (z.B. Statistiken) / evaluate, analyse ‖ ~ (z.B. Qualitätsregelkarten) / interpret

Auswertung *f* / evaluation (e.g. of results, observations) ‖ ~, Analyse *f* / analysis of observations ‖ ~, Interpretation *f* / interpretation

auswiegen, abwiegen / weigh *vt*

auswirken *vr* [auf], Auswirkungen haben [auf] / affect, impact, influence

Auswirkung *f*, Wirkung *f* / effect *n* ‖ ~, Folge, Konsequenz *f* / consequence ‖ ~**(en)** (deutliche) / impact ‖ ~**en haben** [auf], auswirken *vr* [auf] / affect, impact, influence

auswuchten (Kfz, Masch) / balance *vt* (wheels, shafts) ‖ ~ *n* (von Reifen) (Kfz) / balancing, wheel balancing

Auswurf *m*, Ausstoßen *n*, Ausdrücken *n*, Auswerfen *n* / ejection ‖ ~**taste** *f* (Audio, Video) / eject button

auszählen / count

auszeichnen (durch Kursiv- o. Fettdruck), hervorheben (Druck) / display (words, captions etc) ‖ ~ *vr* (sich)(durch besondere Eigenschaften) / be characterized (by special features), feature

ausziehbar / extendable, extendible, extending, extractable, extensible ‖ ~, ineinanderschiebbar / telescopic *adj* (e.g. aerial), telescoping *adj*

ausziehen, herausziehen / draw out, pull out (e.g. nails), extract *vt*

Auszieh•leiter *f* / extension ladder ‖ ~**schirm** *m* (Luft) / pilot chute (that pulls a parachute out of its package)

Auszubildender *m* / trainee ‖ ~ (Deutschland) / apprentice, app.

Authentifikation *f*, Authentifizierung *f*, Überprüfung *f* der Berechtigung (von Benutzer, Gerät) (DV, Tele) / authentication (e.g. in a network)

authentifizieren, verifizieren, überprüfen (z.B. Zugangsberechtigung zu einem Netz), die

Berechtigung (von Gerät, Codekarte, Benutzer) überprüfen (Tele) / validate, authenticate (e.g. in a network), check

Authentisierung *f*, Authentifizierung *f*, Überprüfung *f* der Berechtigung (von Benutzer, Gerät) (DV, Tele) / authentication (e.g. in a network)

Auto *n* (Kfz) / car, automobile, motorcar

autoadaptiv, selbstanpassend (allg, DV, Regel) / self-adapting, auto-adapting, auto-adaptive

Autobahn *f* (Straß) / motorway (GB), autobahn (in Germany, Austria, Switzerland), turnpike (toll road), superhighway, freeway (US)(toll-free) ‖ ~**anschlussstelle** *m* (Straß) / junction (with access to highway or motorway) ‖ ~**auffahrt** *f* (Straß) / slip road (GB), access ramp, on ramp, on-slip, entrance ramp (US), entrance slip road ‖ ~**ausfahrt** *f* (Straß) / slip road (GB), exit, off-slip, off-ramp, exit ramp (US) ‖ ~**dreieck** (Straß) / interchange (of expressways where one terminates) ‖ ~**kleeblatt** *n* (Straß) / cloverleaf, cloverleaf interchange ‖ ~**kreuz** *n* (Straß) / interchange, expressway or motorway interchange

Auto•bauer *m* / car manufacturer, automaker, car maker, automotive manufacturer, automobile manufacturer, motor vehicle manufacturer ‖ ~**betonpumpe** *f* (Bau, Kfz) / lorry-mounted concrete pump (GB), truck-mounted concrete pump (US) ‖ ~**bus** *m* (Kfz) / bus *n*, motorbus ‖ ~**elektronik** *f* (Eltro, Kfz) / automotive elctronics ‖ ~**fabrikat** *n*, Automarke *f*, Fahrzeugfabrikat *n* / make (of car)

Autofokus *m*, automatische Fokussierung (Foto) / AF, autofocus *n* ‖ ~**kamera** *f* (Foto) / AF camera, autofocus camera ‖ ~**motor** *m* (Foto) / autofocus motor ‖ ~**sensor** *m* (Foto) / autofocus sensor ‖ ~**-SLR-Kamera** *f*, Kleinbild-Spiegelreflex-Kamera *f* mit automatischer Scharfeinstellung (Foto) / AF 35 mm single-lens reflex, AF 35 mm SLR, autofocus 35 mm single-lens reflex ‖ ~**-Umschalter** *m* (Foto) / focus mode selector

Autogas *n* (Flüssiggas, das als klopffester Kraftstoff für Ottomotoren verwendet wird) (Kfz) / autogas, LPG, LP gas, liquefied petroleum gas

autogen•es Brennfugen (Schw) / flame gouging, oxygen gouging, oxygen-fuel flame gouging, oxyfuel flame gouging ‖ ~**es Brennschneiden** (Schw) / flame cutting, oxy-cutting, oxyfuel cutting, OFC, oxygen cutting ‖ ~**er Schneidbrenner** (mit Acetylen als Brenngas) (Schw) / oxyacetylene torch, oxyacetylene blowpipe ‖ ~**es Schneiden** (Schw) / flame cutting, oxy-cutting, oxyfuel cutting, OFC, oxygen cutting ‖ ~**es Schweißen**, Autogenschweißen *n*, Gasschmelzschweißen *n* (Schw) / autogenous welding, oxyfuel gas welding, gas welding, OFW (oxyfuel welding), oxyfuel welding

Autogen•härten (Hütt) / flame-hardening ‖ ~**-Schneidbrenner** *m* (mit Acetylen als Brenngas) (Schw) / oxyacetylene torch, oxyacetylene blowpipe ‖ ~**-Schweißbrenner** *m* (mit Acetylen als Brenngas) (Schw) / oxyacetylene torch, oxyacetylene blowpipe ‖ ~**schweißen** *n*, Gasschmelzschweißen *n* (Schw) / autogenous welding, oxyfuel gas welding, gas welding, OFW (oxyfuel welding), oxyfuel welding ‖ ~**schweißen mit Azetylen-Sauerstoff-Flamme** (Schw) / gas welding, oxyacetylene welding, OAW, oxyacetylene gas welding ‖ ⁓**technik** f (Schw) / gas cutting processes

Autogiro m (Luft) / autogiro, gyroplane, autogyro, gyrocopter

Auto•hersteller m / car manufacturer, automaker, car maker, automotive manufacturer, automobile manufacturer, motor vehicle manufacturer ‖ ⁓**industrie** f / automobile industry, automotive industry, car industry, motor industry

Auto•ionisation f (Nukl) / autoionization ‖ ⁓**katalyse** f (Chem) / autocatalysis ‖ ⁓**klav** m (Chem, Färb, Nahr, Pap) / autoclave ‖ ⁓**kollimation** f (Opt) / autocollimation ‖ ⁓**kollimationsfernrohr** n (Mess) / autocollimator ‖ ⁓**kollimator** m (Mess) / autocollimator

Autökologie f / autecology

Autokorrelations•analyse f (Stat) / autocorrelation analysis ‖ ⁓**funktion** f (Stat) / autocorrelation function, ACF

Auto•kran m (Förd) / truck crane, truck mounted crane, lorry mounted crane (GB) ‖ ⁓**marke** f, Autofabrikat n, Fahrzeugfabrikat n / make (of car)

Automat m (Techn) / automaton (pl: automata or automatons) ‖ ⁓, automatische Maschine / automatic [machine] ‖ ⁓, Drehautomat m, Automatendrehmaschine f (Wzm) / autolathe, automatic lathe ‖ ⁓, Verkaufsautomat m, Warenautomat m / vending machine, vendor, vendometer (US) ‖ ⁓, Spielautomat m (for Glücksspiel) / gambling machine, slot machine (for gambling) ‖ ⁓, Geldautomat m, Bankautomat m (DV) / automatic-teller machine, automated teller machine, ATM, automated teller, cash dispenser, cash machine, money machine ‖ ⁓, Münzautomat m / slot machine

Automaten•drehmaschine f, Drehautomat m (Wzm) / autolathe, automatic lathe ‖ ⁓**legierung** f / free-machining alloy ‖ ⁓**stahl** m (Hütt) / free cutting steel, free-machining steel ‖ ⁓**theorie** f (DV) / automata theory

Automatik f (Techn) / automatic control system ‖ ⁓ (Vorgang) / automatic action, automatism ‖ ⁓ (ugs.), Automatikgetriebe n / automatic n, automatic gearbox, automatic transmission ‖ ⁓**getriebe** n / automatic n, automatic gearbox, automatic transmission ‖ ⁓**getriebeöl** n, Öl für automatisches Getriebe n (Kfz) / ATF, automatic transmission fluid ‖ ⁓**schalter** m (Elek) / automatic switch ‖ ⁓**wächter** m (Elek, Licht) / automatic switch (detects movement caused by people, animals or objects and initiates switching operations)

Automation / automation

Automations•grad m / degree of automation, level of automation ‖ ⁓**technik** f / automation technology

automatisch, Selbst... / automatic adj, self-acting ‖ ⁓, / unattended (e.g. operation) ‖ ⁓**e Belichtungssteuerung**, Belichtungsautomatik f (Foto) / AE, auto-exposure ‖ ⁓**e Bereichswahl** (Mess) / auto range function (in measuring instruments) ‖ ⁓**er Blockierverhinderer**, Antiblockiersystem n, ABS n (Kfz) / ABS, antilock brakes, antilock braking system ‖ ⁓**e Datenverarbeitung**, ADV (DV) / ADP, automatic data processing ‖ ⁓**e Flugzeugsteuerung**, Autopilot m (Luft) / automatic n, automatic pilot, autopilot,

gyro-pilot ‖ ⁓**e Fokussierung**, Autofokus m (Foto) / AF, autofocus n ‖ ⁓**e Frequenznachstimmung** f, automatische Frequenzregelung (Eltro, Radio) / AFC, automatic frequency control ‖ ⁓**e Frequenzregelung** (Eltro, Radio) / AFC, automatic frequency control ‖ ⁓**e Geschwindigkeitsregelung**, Tempomat m (Kfz) / cruise control ‖ ⁓**es Getriebe**, Automatikgetriebe n / automatic n, automatic gearbox, automatic transmission ‖ ⁓**e Gittervorspannung** (Eltro) / self-bias, automatic bias ‖ ⁓**e Kurssteuerung**, Autopilot m (Luft) / automatic n, automatic pilot, autopilot, gyro-pilot ‖ ⁓**e Maschine**, Automat m / automatic [machine] ‖ ⁓**e Regelung** (Regel) / automatic control (closed loop, with feedback) ‖ ⁓**er Rückruf bei Besetzt** (ISDN-Leistungsmerkmal) (Tele) / CCBS, completion of calls to busy subscriber ‖ ⁓**e Scharfabstimmung**, automatische Frequenzregelung (Eltro, Radio) / AFC, automatic frequency control ‖ ⁓**e Scharfeinstellung**, Autofokus m, automatische Fokussierung (Foto) / AF, autofocus n ‖ ⁓**es Schweißen**, Maschinenschweißung f / automatic welding ‖ ⁓**es Sperrdifferential** (Kfz) / automatic limited-slip differential ‖ ⁓**e Spracherkennung** (DV) / automatic speech recognition, ASR ‖ ⁓**e Verstärkungsregelung** (eines Verstärkers bei schwankender Empfangsfeldstärke), AGC (Automatic Gain Control), Schwundregelung f (Eltro, Radio) / automatic gain control, AGC ‖ ⁓**e Wähleinrichtung** (DV, Tele) / ACE, automatic calling equipment ‖ ⁓**er Werkzeugwechsel** (Wzm) / automatic tool changing

automatisieren / automate v

automatisiertes Getriebe, halbautomatisches Getriebe (Kfz) / semiautomatic transmission

Automatisierung f / automation

Automatisierungs•grad m / degree of automation, level of automation ‖ ⁓**technik** f / automation technology

Automatismus m / automatic action, automatism

Automobil n, Auto n (Kfz) / car, automobile, motorcar ‖ ⁓**bau** m / automobile manufacture, car manufacture ‖ ⁓**hersteller** m / car manufacturer, automaker, car maker, automotive manufacturer, automobile manufacturer, motor vehicle manufacturer ‖ ⁓**industrie** f / automobile industry, automotive industry, car industry, motor industry ‖ ⁓**kran** m (Förd) / truck crane, lorry mounted crane (GB) ‖ ⁓**-Mechatroniker** m (heutige Berufsbezeichnung in der Schweiz) s. Kfz-Mechaniker ‖ ⁓**technik** f, Kraftfahrzeugtechnik f / automotive engineering ‖ ⁓**zulieferer** / supplier of automobile components

automorph (Math) / automorphic

Automorphismus m (Math) / automorphism

Auto-Navigationssystem n, Kraftfahrzeug-Navigationssystem n (Kfz, Nav) / automotive navigation system, car navigation system

autonom / autonomous ‖ ⁓ / standalone, self-contained

Autonomie f (Regel) / autonomics

Autonomisierung f (Regel) / autonomization

Auto•pilot m (Luft) / automatic n, automatic pilot, autopilot, gyro-pilot ‖ ⁓**plane** f (Kfz) /

car cover ‖ ≈**radiogramm** n (Radiol) / autoradiogram, autoradiograph, radioautograph ‖ ≈**radiographie** f (Radiol) / autoradiography, radioautography ‖ ≈**regression** f (Stat) / autoregression ‖ ≈**reparaturwerkstatt** f / automotive repair shop, motorcar repair shop, garage, car repair shop

Autoreverse-Taste f (Audio) / autoreverse button

Auto•technik f, Kraftfahrzeugtechnik f / automotive engineering ‖ ≈**telefon** n (Tele) / car phone ‖ ~**therm** (Kohlevergasung) / autothermic ‖ ≈**transformator** m, Spartransformator m (Elek) / autotransformer ‖ ≈**transportwagen** m (Bahn) / autorack, auto carrier, car carrier ‖ ≈**tunnel** m (Straß) / vehicular tunnel ‖ ≈**typieraster** n, Halbtonraster n (Druck, Foto) / halftone screen ‖ ≈**unfall** m (Kfz) / crash, car accident ‖ ≈**waschanlage** f (Kfz) / car wash ‖ ≈**werkstatt** f / automotive repair shop, motorcar repair shop, garage, car repair shop

Autoxidation f (Chem) / autooxidation, autoxidation

Autozid-Methode f (Schädlingsbekämpfung) / autocidal control

Auxochrom n, auxochrome Gruppe (Chem) / auxochrome

Avalanche•-Diode f (Eltro) / avalanche diode ‖ ≈**durchbruch** m, Lawinendurchbruch m (eines Halbleiter-Übergangs) (Eltro) / avalanche breakdown ‖ ≈**effekt** m, Lawineneffekt m (Eltro) / avalanche effect ‖ ≈**fotodiode** f (Eltro) / avalanche photodiode

avanciertes Potential (Phys) / advanced potential

Aventurin•glas n / aventurine glass ‖ ≈**glasur** f / aventurine glaze

A-Verstärker m (Eltro) / class A amplifier

Avgas n (Flugkraftstoff für Ottomotoren), Flugbenzin n (Luft) / avgas, aviation gasoline (US), aviation petrol

Avidin n (Biochem) / avidin

Avionik f, Luftfahrtelektronik f (Luft) / avionics sg (science and technology of electronic devices in aviation, the devices themselves), aircraft electronics

Avogadro•-Konstante f (6.022045 · 10²³ mol⁻¹) (Chem, Phys) / Avogadro constant, Avogadro's number, N ‖ ≈**sches Gesetz**, Avogadrosche Regel (Chem, Phys) / Avogadro's law ‖ ≈**-Zahl** f, Avogadro-Konstante f (6.022045 · 10²³ mol⁻¹) (Chem, Phys) / Avogadro constant, Avogadro's number, N

AV-Receiver m (TV, Video) / AV receiver

AWACS-System n (luftgestütztes Frühwarnsystem der NATO) (Luft, Mil) / AWACS, airborne warning and control system

AW-Bauelement n (Eltro) / acoustic-wave device

AWE, automatische Wähleinrichtung (DV, Tele) / ACE, automatic calling equipment

α-Wellen f pl, Alphawellen f pl (im EEG, 8-13 Hz) (Med, MT) / alpha waves

AWL, Anweisungsliste f (zur Programmierung von SPS) (DV, Regel) / instruction list, IL

AWS n, Wasserabrasivstrahlen n (Trennstrahlen unter Zumischung von Strahlmitteln) (Fert) / abrasive water jet cutting, AWJC

AW-Zahl f, Amperewindungszahl f (Produkt aus Stromstärke und Windungszahl einer Spule), Durchflutung f (Elek) / flux linkage, linkage

Axerophthol n, Vitamin A₁, Retinol n (Biochem) / retinol, vitamin A₁

---

axial / axial ‖ ≈**es Flächenmoment** (zweiten Grades), axiales Flächenträgheitsmoment (für Biege- und Knickungsberechnungen) (Mech) / area moment of inertia, moment of inertia, second moment of area ‖ ≈**e Kreiselpumpe** / axial-flow pump ‖ ≈**es Laufrad** n, Axialrad n (einer Kreiselpumpe) / axial-flow impeller ‖ ~**e Pumpe**, axiale Kreiselpumpe / axial-flow pump ‖ ≈**er Spin** (Nukl) / axial spin ‖ ≈**er Vektor** (Math, Phys) / axial vector ‖ ≈**es Widerstandsmoment** (Mech) / section modulus in bending

Axial•... / axial ‖ ≈**belastung** f, Längsbelastung f / axial load ‖ ≈**bewegung** f / axial movement ‖ ≈**druck** m / axial thrust, end thrust, axial pressure ‖ ≈**drucklager** n, Axiallager n, Axialtraglager n (Masch) / axial bearing, thrust bearing, axial-thrust bearing ‖ ≈**faktor** m (eines Lagers) (Masch) / axial factor ‖ ≈**gebläse** n / axial blower, axial-flow blower ‖ ≈**gleitlager** n / plain thrust bearing, thrust bearing ‖ ≈**-Kippsegmentlager** n / tilting pad thrust bearing ‖ ≈**kolbengetriebe** n (ein hydrostatisches Getriebe) (Wzm) / axial piston pump and motor ‖ ≈**kolbenpumpe** f / axial piston pump ‖ ≈**kompressor** m / axial-flow compressor ‖ ≈**kraft**, Kraft f in Längsrichtung (Mech) / axial force, longitudinal force ‖ ≈**kraft** f, Schub m (Mech) / axial thrust, thrust ‖ ≈**lager** n, Axialdrucklager n, Axialtraglager n (Masch) / axial bearing, thrust bearing, axial-thrust bearing ‖ ≈**lager**, Axialgleitlager n / plain thrust bearing, thrust bearing ‖ ≈**lagerring** m / ring type thrust washer ‖ ≈**lagerscheibe** f / axial bearing washer ‖ ≈**last** f (auf einer Welle) / axial load ‖ ≈**luft** f, Axialspiel, Längsspiel n (einer Welle) / axial clearance, end play, axial end play ‖ ≈**-Nadelkranz** m (Lagerart) / axial needle roller and cage assembly ‖ ≈**-Nadellager** n / axial needle roller bearing ‖ ≈**-Pendelrollenlager** n / axial spherical roller bearing, thrust spherical roller bearing ‖ ≈**pumpe** f, axiale Kreiselpumpe / axial-flow pump ‖ ≈**rad** n (einer Kreiselpumpe) / axial-flow impeller ‖ ≈**-Radiallager** n (Masch) / thrust-journal bearing ‖ ≈**-Rillenkugellager** n / axial deep groove ball bearing ‖ ≈**schlitten** (Wzm) / axial slide ‖ ≈**-Schrägkugellager** n / axial angular contact ball bearing ‖ ≈**spiel**, Längsspiel n (einer Welle) / axial clearance, end play, axial end play ‖ ≈**traglager**, Axiallager n, Axialdrucklager n (Masch) / axial bearing, thrust bearing, axial-thrust bearing ‖ ≈**turbine** f / axial turbine, axial-flow turbine ‖ ≈**vektor** m (Math, Phys) / axial vector ‖ ≈**ventilator** m / axial fan ‖ ≈**verdichter** m / axial-flow compressor ‖ ≈**verlagerung** f (von zwei Achsen) / axial misalignment ‖ ≈**verschiebung** f / axial displacement ‖ ≈**walze** f, Kegelwalze f (zur Reduzierung der Ringhöhe beim Ringwalzen) (Walz) / edging roll ‖ ≈**zyklon** m (ChT, Umw) / axial cyclone ‖ ≈**-Zylinderrollenkranz** / axial cylindrical roller and cage assembly ‖ ≈**-Zylinderrollenlager** n / axial cylindrical roller bearing, thrust cylindrical roller bearing

Axiom n (Math, Phys) / axiom ‖ ≈ **der Messbarkeit** (Math) / Archimedes' axiom, Eudoxus' axiom ‖ ≈ **des Eudoxos** (Math) / Archimedes' axiom, Eudoxus' axiom ‖ **3. newtonsches** ≈, Wechselwirkungsgesetz, Reaktionsprinzip n (Phys) / Newton's law of reaction || **1. newtonsches** $\stackrel{\sim}{\cdot}$, Trägheitsgesetz n (Phys) / Newton's law of inertia, law of inertia

axiomatisch / axiomatic

Axiomatisierung f / axiomatization

Axonometrie f, axonometrische Projektion (Doku) / axonometric projection, axonometric representation

axonometrische Darstellung, axonometrische Projektion (Doku) / axonometric projection, axonometric representation

Axt f (schmalere Schneide, längerer Stiel und größeres Gewicht als Beil) (Wz) / axe, ax n

Azbel-Kaner-Resonanz f (Phys) / Azbel-Kaner resonance

Azelainsäure f (Chem) / azelaic acid

Azene n pl (Chem) / acenes pl

azeotrop•e Destillation (ChT) / azeotropic distillation || **~es Gemisch** (Chem) / azeotropic mixture, constant-boiling mixture

Azeotropdestillation (ChT) / azeotropic distillation

α**-Zerfall** m, Alphazerfall m (radioaktive Zerfall instabiler Atomkerne unter Emission eines Alphateilchens) (Nukl) / alpha decay, alpha disintegration

Azetat n, Acetat n (Salz oder Ester der Essigsäure) (Chem) / acetate, ethanoate || $\stackrel{\sim}{\cdot}$, Celluloseacetat n (Chem, Plast) / cellulose acetate, CA

Azeton n (Chem) / acetone (CH_3COCH_3), 2-propanone, dimethyl ketone

Azetylen s. Acetylen

Azid (Chem) / azide

Azidimetrie f, Acidimetrie f (Chem) / acidimetry

Azidität f (Chem) / acidity, degree of acidity

Azimut m n (Astr, Math, Nav, Verm) / azimuth

azimutal•e Abbildung, Azimutalabbildung f / azimuthal map projection || **~e Quantenzahl**, Nebenquantenzahl f (Phys) / azimuthal quantum number, orbital quantum number, angular momentum quantum number, orbital angular momentum quantum number, secondary quantum number

Azimutal•abbildung f, azimutale Abbildung / azimuthal map projection || $\stackrel{\sim}{\cdot}$**beschleunigung** f (Phys) / angular acceleration || $\stackrel{\sim}{\cdot}$**entwurf** m, azimutale Abbildung, Azimutalabbildung f / azimuthal map projection || $\stackrel{\sim}{\cdot}$**kartenentwurf** m, azimutale Abbildung, Azimutalabbildung f / azimuthal map projection || $\stackrel{\sim}{\cdot}$**projektion** f, azimutale Abbildung, Azimutalabbildung f / azimuthal map projection

Azimutstation f (Luft, Nav) / azimuth station

Azin-Farbstoffe m pl / azine dyes

Aziridin n (Chem) / aziridine

Azo•benzol n (Chem) / azobenzene || α,α'-$\stackrel{\sim}{\cdot}$**bisisobuttersäuredinitril** (Chem) / 2,2'azobisisobutyronitrile || $\stackrel{\sim}{\cdot}$**dicarbonamid** n, ADC, Diazendicarbonsäurediamid n (Chem, Plast) / azodicarbonamide || α,α'-$\stackrel{\sim}{\cdot}$**diisobutyronitril** (Chem) / 2,2'azobisisobutyronitrile || $\stackrel{\sim}{\cdot}$**farbstoff** m / azo dye || $\stackrel{\sim}{\cdot}$**gruppe** f (Chem) / azo group || $\stackrel{\sim}{\cdot}$**imid** n, Stickstoffwasserstoffsäure f (Chem) / azoimide, hydrazoic acid, hydronitric acid || $\stackrel{\sim}{\cdot}$**körper** m, Azoverbindung f / azo compound || $\stackrel{\sim}{\cdot}$**methan** n (Chem) / azomethane || $\stackrel{\sim}{\cdot}$**methine** n pl (Chem) / azomethines pl || $\stackrel{\sim}{\cdot}$**methinfarbstoff** m / azomethine pigment || $\stackrel{\sim}{\cdot}$**pigment** n (Anstr) / azopigment

Azotometer n (Chem) / azotometer, nitrometer

Azoverbindung f / azo compound

Azubi m (Auszubildender) / apprentice, app.

azyklisch•e Kohlenwasserstoffe (Chem) / aliphatic hydrocarbon || **~e Verbindungen** (Chem) / acyclic compounds

B

b, Barn *n* (Maßeinheit des Wirkungsquerschnittes) (1b = 10^{-28} m²) (Nukl) / b (1 b = 10^{-28} m²), barn

B, Bel *n* (Dämpfungsmaß) (Phys) / bel (unit of power ratio, equal to 10 decibels)

B, Bor *n* (Chem) / boron, B

B, Byte *n* (DV) / byte

Ba, Barium *n* (Chem) / barium, Ba

Babinet • -Kompensator *m* (Opt) / Babinet's compensator ‖ ⁓**sches Theorem** (Opt) / Babinet's principle

Baby *f*, Baby-Zelle *f* (IEC R14) (Elek) / C battery, C size battery ‖ ⁓**-Zelle** *f* (IEC R14) (Elek) / C battery, C size battery

Back *f* (Schiff) / forecastle, fo'c's'le

Backbone *n* (Tele) / backbone (in a WAN), backbone network ‖ ⁓**-Netz** *f* (Tele) / backbone (in a WAN), backbone network

Backbord, Backbordseite *f* (Luft, Schiff) / port, port-side (left-hand side, facing forward) ‖ ⁓ • **seite** *f* (Luft, Schiff) / port, port-side (left-hand side, facing forward)

Backe *f* (des Spannfutters), Spannbacke *f* (Dreh) / jaw ‖ ⁓ (einer Zange), Greifbacke *f* (Wz) / jaw ‖ ⁓ (des Backenbrechers) / jaw (of a crusher) ‖ ⁓, Bremsbacke *f* (Kfz) / brake shoe (of drum brake), shoe

Backen • brecher *m* (Aufb) / jaw crusher ‖ ⁓**bremse** *f* (Masch) / block brake, shoe brake

Backfire-Antenne *f* / backfire antenna

Back • ofen *m* (HG) / oven, baking oven ‖ ⁓**papier** *n* (Pap) / parchment, baking paper, baking parchment paper, baking parchment

Backspace-Taste, Rücktaste *f* (mit der das links vom Cursor stehende Zeichen gelöscht wird) (DV) / backspace *n*, backspace key

Backtracking *n* (Suchstrategie) (KI) / backtracking

Backup *n*, Datensicherung *f* (Erstellung einer Sicherungskopie) (DV) / backup, backup operation, data backup, backup procedure ‖ ⁓, Sicherungskopie *f* (DV) / backup, backup copy

Backwarddiode *f* (Eltro) / AU diode, unitunnel diode, backward diode

Bacteriocin *n* (Biochem) / bacteriocin

Bad *n*, Badezimmer *n* (Bau) / bath, bathroom ‖ ⁓, Schmelze *f* (flüssiges Roheisen) (Hütt) / molten [pig] iron ‖ ⁓, Schmelzbad *n* (z.B. Aluminiumbad), Metallschmelze *f*, Schmelze *f* (Hütt) / bath, molten bath (of e.g. aluminum), melting bath

Bade • wanne *f* (Sanitär) / bath, bathtub (US) ‖ ⁓**zimmer** *n* (Bau) / bath, bathroom ‖ ⁓**zimmerwaage** *f* (Mess) / bathroom scale

Bad • leuchten *f pl* (Licht) / bathroom luminaires ‖ ⁓**modell** *n* (für die Galvanoformung), Positivform *f* (OT) / pattern ‖ ⁓**nitrieren** *n* (Hütt) / bath nitriding, liquid nitriding, salt bath nitriding ‖ ⁓**seite** *m* (des Glasbandes im Float-Verfahren) (Glas) / bottom side

Baeyer • -Probe *f* (zum Nachweis ungesättigter organischer Verbindungen) (Chem) / Baeyer's test ‖ ⁓**sche Spannungstheorie** (Chem) / Baeyer's strain theory o. tension theory ‖ ⁓**-Villiger-Oxidation** *f* (Chem) / Baeyer-Villiger oxidation

Baffle *n*, Dampfsperre *f* (Vak) / baffle, vapour trap

Bagger *m* (Löffel-, Trockenbagger im Unterschied zu Flach- und Schwimmbagger) (Bau) / excavator (with an articulated arm, bucket and cab mounted on a pivot atop an undercarriage with tracks or wheels), digger ‖ ⁓ s.a. Nassbagger ‖ ⁓**boot** *n* (Bau) / dredge *n*, dredger ‖ ⁓**lader** *m* (Bau) / backhoe loader, backhoe, loader backhoe, JCB (GB), TLB (tractor loader backhoe)(US) ‖ ⁓**löffel** *m*, Löffel *m* (Bau) / bucket, shovel (US) ‖ ⁓**schiff** *n* (Bau) / dredge *n*, dredger

Bahn *f* / course, track (e.g. of a torpedo, comet, missile) ‖ ⁓, Trajektorie *f*, Flugbahn *f* (z.B. eines Geschosses) (Mech) / trajectory ‖ ⁓, Bewegungsbahn *f* (Phys) / motion path ‖ ⁓, Weg *m* (Mech) / path ‖ ⁓ (Astr) / orbit ‖ ⁓ (von Hammer, Amboss) (Wz) / face (of hammer, anvil) ‖ ⁓, Eisenbahn *f* (Bahn) / railroad (US), railway (GB) ‖ ⁓, Papierbahn *f* (Pap) / paper web, web ‖ ⁓ (Stoff, Tapete) / length ‖ ⁓**beschleunigung** *f* (Phys) / acceleration along the path ‖ ⁓**brechend** (z.B. Forschung) / groundbreaking (e.g. research), pioneering ‖ ⁓**drehimpuls** *m* (Nukl) / orbital angular momentum, path spin ‖ ⁓**drehimpulsquantenzahl** *f* (Phys) / azimuthal quantum number, orbital quantum number, angular momentum quantum number, orbital angular momentum quantum number, secondary quantum number ‖ ⁓**geschwindigkeit** *f* (Luft, Raumf) / path speed, path velocity ‖ ⁓**geschwindigkeit** (Masch, Phys) / path speed o. velocity, velocity along the path ‖ ⁓**hof** *m* (Bahn) / station, railway station (GB), railroad station (US), depot (US) ‖ ⁓**hofshalle** *f* (Bahn) / station concourse ‖ ⁓**korrektur** *f*, Fräserradiuskorrektur *f*, Fräser-Bahnkorrektur *f* (NC) / cutter offset (for profile milling), tooling offset (for profile milling) ‖ ⁓**kurve** *f*, Trajektorie *f*, Flugbahn *f* (z.B. eines Geschosses) (Mech) / trajectory ‖ ⁓**linie** *f* (Phys) / flow line ‖ ⁓**magnetismus** *m* (Nukl) / orbital magnetism ‖ ⁓**moment** *n* (Nukl) / orbital moment ‖ ⁓**motor** *m*, Fahrmotor *m* (Bahn, Elek) / traction motor ‖ ⁓**netz** *n*, Schienennetz *n*, Eisenbahnnetz *n* (Bahn) / railroad network o. system (US), railway network o. system (GB) ‖ ⁓**räumer** *m*, Schienenräumer *m* (Bahn) / pilot (US), cowcatcher ‖ ⁓**schwelle**, Querschwelle *f* (Bahn) / sleeper (GB), crosstie (US), tie (US), railroad tie

Bahnsteig *m*, Gleis *n* (Bahn) / platform, railway platform, track (US) ‖ ⁓**dach** *n* (Bahn) / platform shelter, platform roofing ‖ ⁓**überdachung** *f* (Bahn) / platform shelter, platform roofing

Bahn • steuerung *f* (Schlitten o. Werkzeugträger können gleichzeitig in zwei o. mehr Achsen verfahren werden) (NC) / continuous path contouring [system], contouring system (of motion control), continuous-path control, continuous path system (of motion control) ‖ ⁓**stromversorgung** *f* (Bahn, Elek) / railway power supply ‖ ⁓**theorie** *f* (Nukl) / orbit theory ‖ ⁓**übergang**, schienengleicher Bahnübergang

(Bahn und Straße auf gleichem Niveau) (Bahn, Straß) / grade crossing (US), level crossing (GB), railway grade crossing

Bainit m (Hütt) / bainite ‖ ⁓**härtung** f, isothermische Umwandung in der Bainitstufe, Bainitisieren n (Hütt) / austempering

bainitisches Gusseisen mit Kugelgraphit (Hütt) / ADI, austempered ductile iron

Bainitisieren n, isothermische Umwandung in der Bainitstufe, Bainithärtung f (Hütt) / austempering

Bajonett•fassung f, Bajonettsockel m (bei Glühlampen) (Elek, Licht) / bayonet base, bayonet cap, BC ‖ ⁓**scheibe** f (Wzm) / bayonet-type face plate ‖ ⁓**sockel** m (bei Glühlampen) (Elek, Licht) / bayonet base, bayonet cap, BC ‖ ⁓**verschluss** m (allg, Foto, Licht) / bayonet mount ‖ **Steckverbinder mit** ⁓**verschluss** (Eltro) / bayonet connector

Bake f, Leuchtfeuer n (Luft, Schiff) / beacon n (emitting light signals)

Bakelit n (Plast) / bakelite, Bakelite

Bakterie f / bacterium (pl. bacteria), germ (coll.)

bakterielle Erzlaugung (Aufb) / bacterial leaching, microbiological mining

Bakterien•fresser m / bacteriophage ‖ ⁓**gift** n / bacterial poison ‖ ⁓**kultur** f / bacterial o. bacteriological culture ‖ ⁓**kunde** f / bacteriology

Bakterio•logie f / bacteriology ‖ ⁓**phage** m / bacteriophage ‖ ⁓**toxin** n / bacterial poison

Bakteriozin n (Biochem) / bacteriocin

Bakterium n (pl. Bakterien) / bacterium (pl. bacteria), germ (coll.)

bakterizid adj / bactericidal ‖ ⁓ n / bactericide

BAL n (Pharm) / BAL (British-Anti-Lewisit)

Balance f, Gleichgewicht n / equilibrium, balance n ‖ ⁓ (Audio) / balance n ‖ ⁓**regler** m (Audio) / balance control

Baldriansäure f (Chem) / isovaleric acid

Balg m / bellows pl

Balken m (quer zu seiner Achse belastetes und auf Biegung beanspruchtes Bauteil) (Bau, Mech) / beam n ‖ ⁓, Träger m (Bau, Mech) / girder n ‖ ⁓, Strich m (Strichcode) / bar n (in bar code) ‖ ⁓ (der Balkenwaage) (Mess) / beam (of a balance) ‖ ⁓ (in einem Balkendiagramm) / bar n (in a bar chart) ‖ ⁓**brücke** f (Bau) / beam bridge, girder bridge ‖ ⁓**code** m, Strichcode m (DV) / bar code ‖ ⁓**diagramm** n (meist mit horizontalen, aber auch mit vertikalen Balken), Histogramm n (Stat) / bar chart, bar graph, histogram, column graph, column chart ‖ ⁓**eisen** n (Min) / kamacite ‖ ⁓**grafik** f, Histogramm n (Stat) / bar chart, bar graph, histogram, column graph, column chart ‖ ⁓**waage** f (Mess) / balance, beam balance, balance scale

Balkon m (Bau) / balcony

Ballaststoffe m pl (Nahr) / bulk, roughage, dietary fiber

Ballistik f (Phys) / ballistics sg

ballistisch•es Galvanometer (Elek, Mess) / ballistic galvanometer ‖ ⁓**e Kurve** (Phys) / ballistic curve ‖ ⁓**e Rakete** / ballistic rocket

Balloelektrizität f (Elek) / ballo-electricity

Ballon m (Luft) / balloon, aerostat ‖ ⁓**satellit** m (Raumf) / balloon satellite ‖ ⁓**sonde** f (Mess, Meteo) / balloon sonde, sounding balloon

Ballungs•gebiet n (mit zwei od. mehr Stadtkernen, z.B. Ruhrgebiet), Conurbation f / conurbation ‖ ⁓**gebiet**, Metropolregion f

(stark verdichtete Großstadtregion von hoher internationaler Bedeutung - umfasst anders als Agglomeration oder Konurbation auch große ländliche Gebiete, die mit den Oberzentren der Region durch wirtschaftliche Verflechtungen oder Pendlerströme in enger Verbindung stehen) / metropolitan area ‖ ⁓**raum** m, Ballungsgebiet n (mit zwei od. mehr Stadtkernen, z.B. Ruhrgebiet), Conurbation f / conurbation ‖ ⁓**raum**, Ballungsgebiet n, Metropolregion f (stark verdichtete Großstadtregion von hoher internationaler Bedeutung - umfasst anders als Agglomeration oder Konurbation auch große ländliche Gebiete, die mit den Oberzentren der Region durch wirtschaftliche Verflechtungen oder Pendlerströme in enger Verbindung stehen) / metropolitan area

Balmer•-Formel f (Phys) / Balmer formula ‖ ⁓**-Serie** f (Phys) / Balmer series

Balsam•kolophonium n (Chem) / gum rosin ‖ ⁓**-Terpentinöl** n / balsam turpentine

Balun, Symmetrierglied n (Elek) / balun, balance[-to]-unbalance transformer, bazooka

Banach•-Raum m (Math) / Banach space ‖ ⁓**scher Fixpunktsatz** (Math) / Banach fixed point theorem, contraction mapping theorem, contraction mapping principle

Bananenstecker m (Eltro) / banana plug

Banbury-Mischer m (ChT, Plast) / Banbury mixer

Bancomat m (Schweiz), Geldautomat m, Bankautomat m (DV) / automatic-teller machine, automated teller machine, ATM, automated teller, cash dispenser, cash machine, money machine

Band n (aus Gewebe, Leder, Metall) (allg) / band ‖ ⁓ (aus feinem Gewebe, z.B. Seide) (Tex) / ribbon n ‖ ⁓ (z.B. Maß-, Isolier-, Magnetband) / tape n ‖ ⁓, Magnetband n (Audio, DV, Video) / magnetic tape, tape ‖ ⁓, Klebeband n / adhesive tape ‖ ⁓, Farbband n (in Anschlagdruckern, Schreibmaschinen) (Büro, DV) / ribbon, inked ribbon, ink ribbon (for impact printers, typewriters) ‖ ⁓, Förderband n (eines Bandförderers), Fördergurt m (Förd) / conveyor belt, belt ‖ ⁓, Montagefließband n, Montagelinie f (Fert) / assembly line, production line, conveyor line ‖ ⁓ (der Bandsäge, Bandbremse) / band ‖ ⁓, Scharnier n (Bau) / hinge (of door etc.) ‖ ⁓, Frequenzband n (Radio, Tele) / band, frequency band, frequency range ‖ ⁓, Energieband n (Eltro, Phys) / band, energy band ‖ ⁓, Wellenband n (Eltro, Radio, TV) / band, waveband

Band m, Buchband m (Druck) / volume

Band•abstand m (Eltro, Phys) / energy gap, band gap, forbidden band ‖ ⁓**breite** f (Eltro, Tele) / bandwidth ‖ ⁓**breitenfilter** n (Eltro, Tele) / band-pass filter ‖ ⁓**bremse** f / band brake, strap brake, ribbon brake

Bändchenlautsprecher m (Audio) / ribbon speaker, ribbon loudspeaker

Bande f (Spektrum) (Phys) / band

Bandeisen n, Taenit m (Min) / taenite

Banden•kante f (Spektrum) (Phys) / band edge ‖ ⁓**spektrum** f (Phys) / band spectrum

Banderder m (Elek) / earthing strip, grounding strip

Bänder•modell n, Energiebändermodell n (Eltro, Phys) / band theory (of solids), energy-band theory (of solids) ‖ ~struktur f (Phys) / band structure

Band•filter n (Eltro, Tele) / band-pass filter ‖ ~förderer m, Gurtbandförderer m (Förd) / belt conveyor, band conveyor, conveyor ‖ ~führungsrolle (des Bandförderers) / guide pulley, guide roller, guiding pulley, guiding roller ‖ ~generator, Van-de-Graaff-Generator m (Elek) / Van de Graaff generator ‖ ~gerät n, Tonbandgerät n (Audio) / tape recorder, reel-to-reel tape recorder ‖ ~gießen n (Gießdicke 1 - 5 mm) (Gieß) / thin strip casting (of steel) ‖ ~kassette f, Magnetband-kassette f (DV) / tape cartridge, cartridge, magnetic tape cassette, magnetic tape cartridge, cassette ‖ ~kupplung f / band clutch ‖ ~länge f (Audio, Video) / tape length ‖ ~laufwerk n (DV) / tape drive ‖ ~lücke f, Bandabstand m (Eltro, Phys) / energy gap, band gap, forbidden band ‖ ~maß n (Mess) / tape measure, measuring tape ‖ ~pass m (Eltro, Tele) / band-pass filter ‖ ~passfilter n (Eltro, Tele) / band-pass filter ‖ ~säge f / band saw ‖ ~sägemaschine f / band saw ‖ ~schleifer m (Wz) / belt sander ‖ ~schlüssel m (Wz) / strap wrench ‖ ~speicher m (DV) / magnetic tape storage, tape storage ‖ ~sperre f (Eltro) / band-stop filter, band-rejection filter ‖ ~sperrfilter n, Bandsperre f (Eltro) / band-stop filter, band-rejection filter ‖ ~spule f, Magnetbandspule f (Audio, DV, Video) / reel, tape reel ‖ ~stahl m / steel strip ‖ ~strahlungspyrometer n (Mess) / narrowband pyrometer ‖ ~struktur f (Phys) / band structure ‖ ~transport m (DV) / tape transport ‖ ~trockner m (ChT) / conveyor dryer, belt dryer ‖ ~trum n, Trum n (eines Förderbandes oder Treibriemens) / side (of a belt) ‖ ~überlappung f (Energiebänder) (Phys) / energy band overlap ‖ ~waage f / belt weigher, continuous weigher, conveyor type weigher

Bank f (z.B. Speicherbank, Transformatoren-bank) (DV, Elek, Eltro) / bank ‖ ~automat m (an dem man diverse Transaktionen durchführen kann) (DV) / automated teller machine, automatic-teller machine, ATM (automated teller machine), bank machine, automated teller ‖ ~automat, Geldautomat m (DV) / automatic-teller machine, automated teller machine, ATM, automated teller, cash dispenser, cash machine, money machine

Bankett n, unbefestigter Seitenstreifen (Straß) / berm (US), shoulder, soft shoulder, margin, verge

Bánki-Turbine f, Durchströmturbine f (eine Kleinturbine) / direct flow turbine, cross-flow turbine

Bankomat m (Österreich), Geldautomat m, Bankautomat m (DV) / automatic-teller machine, automated teller machine, ATM, automated teller, cash dispenser, cash machine, money machine

Banner n (Werbebotschaft auf einer Website) (DV, Tele) / banner

Bar n, bar (1 b = 10^5 Pa = 10^5 N/m²) (Phys) / b, bar

Bär m, Hammerbär m (von Freifall- u. Oberdruckhämmern) (Schm) / ram (of gravity and power drop hammers) ‖ ~, Rammbär, Fallbär m (Bau) / beetle head, ram, monkey, tup

Barbiturat n (Pharm) / barbiturate

Barbitursäure f (Chem) / barbituric acid

Barcode m, Strichcode m (DV) / bar code ‖ ~-Scanner m, Barcode-Lesegerät n (DV) / barcode reader, bar-code scanner

Barge f, Leichter m, Schubleichter m (Schiff) / barge (pushed by push boat)

Barium n (Chem) / barium, Ba ‖ ~boratglas n / barium borate glass ‖ ~carbonat n (Chem) / barium carbonate ‖ ~chlorat n (Chem) / barium chlorate ‖ ~chlorid n (Chem) / barium chloride ‖ ~chromat n ($BaCrO_4$) (Chem) / barium chromate ‖ ~hydroxid n (Chem) / barium hydrate, baryta ($Ba(OH)_2 \cdot 8H_2O$), caustic baryta, barium hydroxide ‖ ~kronglas n / barium crown glass ‖ ~nitrat n ($Ba(NO_3)_2$) (Chem) / barium nitrate ‖ ~oxid n (BaO) (Chem) / barium monoxide, baryta (BaO), barium oxide, calcined baryta, barium protoxide ‖ ~peroxid n (BaO_2) (Chem) / barium peroxide, barium binoxide, barium dioxide, barium superoxide ‖ ~sulfat n ($BaSO_4$) (Chem) / barium sulphate ‖ ~sulfid n (BaS) (Chem) / barium sulphid ‖ ~titanat n ($BaTiO_3$) (Chem, Elek) / barium titanate

Barkhausen•-Effekt m (Phys) / Barkhausen effect ‖ ~-Kurz-Schwingung f (Phys) / Barkhausen-Kurz oscillation ‖ ~-Sprünge m pl (Phys) / Barkhausen jumps

Barlow•-Linse f (Opt) / Barlow lens ‖ ~-Rad n (Phys) / Barlow's wheel

Barn n (Maßeinheit des Wirkungsquerschnittes) (1 b = 10^{-28} m²) (Nukl) / b (1 b = 10^{-28} m²), barn

Barnett-Effekt m (Phys) / Barnett effect

Barokammer f, Druckkammer f / pressure chamber

Barometer n (Mess, Meteo) / barometer

barometrisch•er Höhenmesser m / aneroid altimeter ‖ ~e Höhenmessung / barometric hypsometry ‖ ~e Höhenmessung (zur Bestimmung der Höhendifferenz) (Verm) / barometric levelling ‖ ~es Minimum, Tiefdruckgebiet n (Meteo) / low-pressure area, cyclone (non-tropical), low-pressure region, low n, depression

barotrop (Phys) / barotropic

Barren m (Formstück aus NE-Metall) (Hütt) / ingot

Barrette f, Kurzbalken m (Anflugbefeuerung) (Luft) / barrette

Barretter m (stark temperaturabhängiger elektr. Widerstand) (Elek) / ballast resistor (US), barretter (GB) ‖ ~, Barretteranordnung f (Messinstrument für schwache HF-Ströme) (Elek, Mess) / barretter ‖ ~anordnung f (Messinstrument für schwache HF-Ströme) (Elek, Mess) / barretter

Barriere f, Sperre f, Absperrung m, Schranke f (allg) / barrier

Bartgrasöl n / citronella oil, citronel oil, citronella, Java citronella oil

Baryon n (Nukl) / baryon

Baryonen•ladung f (Nukl) / baryon number ‖ ~resonanzen f pl (Nukl) / baryon resonances ‖ ~zahl f (Nukl) / baryon number

Baryt•erde f, Bariumoxid n (BaO) (Chem) / barium monoxide, baryta (BaO), barium oxide, calcined baryta, barium protoxide ‖ ~hydrat n (Chem) / barium hydrate, baryta ($Ba(OH)_2 \cdot 8H_2O$), caustic baryta, barium hydroxide ‖ ~lauge f (wässrige Lösung von Bariumhydroxid) (Chem) / baryta water ‖ ~salpeter m ($Ba(NO_3)_2$) (Chem) / barium nitrate || $\simeq$**wasser** n (wässrige Lösung von Bariumhydroxid) (Chem) / baryta water || $\simeq$**weiß** n (Anstr) / baryta white, blanc-fixe, fixed white

baryzentrisches Bezugssystem (Phys) / center-of-mass system, CMS

Baryzentrum m, Systemschwerpunkt m (Astr, Math, Phys) / barycenter

Base f (Chem) / base

basen • bildend (Chem) / base forming || $\simeq$**bildner** m (Chem) / basifier || $\simeq$**bildung** f (Chem) / basification, conversion into a base || $\simeq$**paarung** f (Biochem) / base pairing || $\simeq$**sequenz** f (Biochem) / base sequence

BASIC n (Beginner's All-purpose Symbolic Instruction Code), Basic n (DV) / basic, BASIC

basieren [auf] / be based [on]

Basis f, Grundlage f / basis, foundation || $\simeq$ (einer Säule, eines Pfeilers) / base || $\simeq$, Stützpunkt m (Mil) / base || $\simeq$ (Krist) / base || $\simeq$, Basiszone f (zwischen den beiden p-n-Übergängen eines bipolaren Transistors), Basisraum m (Eltro) / base, base region || $\simeq$, Basiselektrode f (des Transistors) (Eltro) / base (of the transistor), base electrode || $\simeq$, Basisanschluss m (Transistor) (Eltro) / base terminal || $\simeq$ (Geom) / base || $\simeq$ (eines Zahlensystems, z.B. Basis 8 des Oktalsystems) (Math) / base (of a number system), radix || $\simeq$ (des Logarithmus) (Math) / base (of logarithm) || $\simeq$ (einer Potenz) (Math) / base, radix || $\simeq$ (des Vektorraumes) (Math) / basis || $\simeq$ (der Gleitpunktschreibweise) (DV) / radix (in floating-point arithmetic) || $\simeq$**adresse** f (DV) / base address, reference address || $\simeq$**anschluss** m, ISDN-Basisanschluss m (Tele) / Basic Rate ISDN, basic rate interface, BRI, basic rate access, BRA || $\simeq$**anschluss** (Transistor) (Eltro) / base terminal

basisch (Chem) / alkaline, basic adj || $\sim$**e Beschaffenheit**, Alkalität f (Chem) / alkalinity, basicity || $\sim$**es Bismutchlorid** (BiOCl) (Chem) / bismuth oxide chloride || $\sim$**es Bismutnitrat**, Bismutoxidnitrat m (Chem) / bismuth subnitrate || $\sim$**es Bleicarbonat** (Chem) / basic lead carbonate || $\sim$**e Farbstoffe** / basic dyes, cationic dyes || $\sim$**es Kupferacetat** (Chem) / green verdigris || $\sim$**es Kupfercarbonat** (Chem) / basic copper carbonate || $\sim$**e Reaktion** (Chem) / alkaline reaction || $\sim$**es Salz** (Chem) / basic salt

Basis • dimensionen f pl (z.B. im internationalen Einheitensystem SI) (Phys) / basic dimensions || $\simeq$**einheit** f (Mess) / basic unit, base unit (e.g. in the International System of Units SI) || $\simeq$**einheit der Länge** (Mess) / basic unit of length, basic linear measure || $\simeq$**elektrode** f (des Transistors) (Eltro) / base (of the transistor), base electrode || $\simeq$**element** n (einer Legierung) (Hütt) / base element || $\simeq$**-Emitter-Spannung** f (Eltro) / base-emitter voltage || $\simeq$**funkstation** f, Basisstationssender/ -empfänger m (Tele) / base transceiver station (part of the base station subsystem), BTS || $\simeq$**größe** f (Mess, Phys) / base quantity, basic quantity || $\simeq$**isolierung** f (Elek) / basic insulation || $\simeq$**kanal** m, B-Kanal m (Tele) / B channel, bearer channel (used for the transmission of user data within ISDN) || $\simeq$**metall** n, Grundmetall n (einer Legierung) (Hütt) / base metal, host metal || $\simeq$**raum** m, Basiszone f (zwischen den beiden p-n-Übergängen eines bipolaren Transistors)

(Eltro) / base, base region || $\simeq$**schaltung** f (eines bipolaren Transistors) (Eltro) / common base circuit || $\simeq$**station**, Feststation f (Tele) / base (of a cordless telephone), base station, base unit || $\simeq$**station**, Funkfeststation f (Tele) / base station (in mobile communications), BS || $\simeq$**stationssender/-empfänger** m (Tele) / base transceiver station (part of the base station subsystem), BTS || $\simeq$**strom** m (Eltro) / base current || $\simeq$**tunnel** m (Straß) / base tunnel || $\simeq$**vektor** m (Math) / basis vector, base vector || $\simeq$**winkel** m (eines gleichschenkligen Dreiecks) (Geom) / base angle || $\simeq$**wissen** n / basic knowledge || $\simeq$**zone** f (zwischen den beiden p-n-Übergängen eines bipolaren Transistors), Basisraum m (Eltro) / base, base region

Basizität f, Alkalität f (Chem) / alkalinity, basicity

Bass m, Basstöne m pl (Audio) / bass

BAS-Signal n (Bild-, Austast- und Synchronisiersignal), vollständiges Bildsignal (TV) / video signal, composite signal

Bass • -Lautsprecher m, Tieftöner m (Audio) / woofer || $\simeq$**regler** m, Tieftonregler m (Audio) / bass control || $\simeq$**töne** m pl, Bass m (Audio) / bass

Batch m, Stapel m (DV) / batch || $\simeq$**-Betrieb** m, Stapelbetrieb m (DV) / batch processing || $\simeq$**-Datei** f, Stapeldatei f (DV) / batch file || $\simeq$**process** m, diskontinuierlicher Betrieb (ChT, Nahr, Nukl) / batch processing || $\simeq$**processing** n, Batch-Betrieb m, Stapelbetrieb m (DV) / batch processing || $\simeq$**-Verarbeitung** f, Batch-Betrieb m, Stapelbetrieb m (DV) / batch processing

batho • chrom (Chem) / bathochromic || $\simeq$**chromie** f (Chem) / bathochromy (shift of the absorption band toward lower frequencies (longer wavelengths) with deepening of color from yellow to red to black)

bathyale Region, Bathyal n (Meeresbereich zw. 200 und 3000 m Tiefe) (Ozean) / bathyal zone

Bathyal n (Meeresbereich zw. 200 und 3000 m Tiefe) (Ozean) / bathyal zone

Batterie f (z.B. von Maschinen, Solarzellen), Gruppe f / set (e.g. of machines), battery (e.g. solar battery), group || $\simeq$ (Mil) / battery || $\simeq$ (Elek) / battery || $\simeq$ (nicht wieder aufladbar) (Elek) / primary cell, primary battery || $\simeq$ (wiederaufladbar), Akkumulator m (Elek) / accumulator, rechargeable battery, storage cell, storage battery, secondary battery || $\simeq$, Kraftfahrzeugbatterie f (Kfz) / battery, storage battery || $\simeq$ **mit gebundenem Elektrolyten** (völlig auslaufsicher, wartungsfrei) (Elek, Kfz) / recombination battery, recombinant electrolyte battery

Batterie • ..., batteriebetrieben (Elek) / battery powered, battery-operated || $\simeq$**betrieb** m (Elek) / battery operation, battery-powered operation || $\sim$**betrieben** (Elek) / battery powered, battery-operated || $\simeq$**gepuffert** (Elek) / battery-backed, battery-bufferd || $\sim$**gespeist**, batteriebetrieben (Elek) / battery powered, battery-operated || $\simeq$**ladegerät** n, Akku-Ladegerät n, Ladegerät n (Elek) / charger, battery charger, charging set || $\simeq$**säure** f, Akkumulatorensäure f (Elek) / electrolyte, battery acid || $\simeq$**speicher** m, Batteriespeicheranlage f (Elek) / battery bank

Batzen m pl, Faserzusammenballungen f (Pap) / knots pl

Bau *m*, Gebäude *n* (Bau) / building *n*, structure ‖
~ (von Bauwerken, Anlagen, Maschinen),
Bauen *n* (Bau, Masch) / construction, building ‖
~, Aufbau *m*, Struktur *f* / structure ‖ **im** ~ *f*
under construction, u/c ‖ ~..., konstruktiv,
baulich / structural ‖ ~**abschnitt** *m* / phase of
construction ‖ ~**akustik** *f* (Akust, Bau) /
architectural acoustics *pl* ‖ ~**arbeiten** *f pl* /
constructions work, building activities *pl* ‖
~**art** *f*, Baumuster *n*, Modell *n* / design, model,
type ‖ ~**art**, Bauform *f* / type, design, model ‖
~**art**, Ausführung *f* / make (e.g. a tool of a
heavier make), type ‖ ~**aufzug** *m* (Bau) / hoist,
construction hoist ‖ ~**biologie** *f* / building
biology ‖ ~**block** *m*, Häuserblock *m* (Bau) /
block *n*, city block, urban block

Baud *n*, Bd (1 Bd = 1 Schritt/s) (Tele) / baud (1
bit per second), bd ‖ ~**-Rate** *f*
(Schrittgeschwindigkeit bei der
Datenübertragung) (Tele) / baud rate

Bau • einheit, Baustein *m* (im Baukastensystem) /
module, unit, building block, constructional
unit, modular unit ‖ ~**element** *n*, Bauteil *n*
(Elek, Eltro) / component, component part

bauen (Bau, Masch) / build *vt* (canal, road, tunnel,
building, power plants, machines, ships),
construct ‖ ~ *n*, Bau *m* (von Bauwerken,
Anlagen, Maschinen) (Bau, Masch) /
construction, building

Bauernfeind-Prisma *n* (Opt) / Bauernfeind prism

Bau • fehler *m* **im Kristall**, Fehlordnung *f*,
Gitterdefekt *m*, Kristallbaufehler *m* (Krist) /
crystal defect, crystal imperfection, lattice
imperfection, lattice defect ‖ ~**form** *f*, Bauart *f*
/ type, design, model ‖ ~**form**, Aufbau *m*,
Konstruktion *f* / construction, design ‖
~**gelände** *n* (Bau) / construction site, building
site, site ‖ ~**gerüst** *n* (Bau) / scaffolding ‖
~**gewerbe** *n*, Bauwirtschaft *f* / building and
construction industry ‖ ~**gips** *m* (Bau) / plaster
of Paris (US: of paris), calcined gypsum ‖
~**größe** *f* / size (e.g. of a pump) ‖ ~**grund** *m*,
Untergrund *m* (Bau) / subsoil (supporting
ground underneath a building), foundation,
subgrade ‖ ~**grundverbesserung** *f* (Bau) /
ground improvement, soil improvement, soil
conditioning ‖ ~**gruppe** *f* (Eltro, Masch) /
assembly (group of parts or components that
are assembled and form one unit), unit ‖
~**gruppe** / subassembly (designed to be
incorporated with other units into a larger
manufactured product) ‖ ~**gruppe**, Modul *n*
(Pl: Module) / module ‖ ~**gruppenträger** *m*
(Eltro) / sub-rack, chassis ‖ ~**höhe** *f* (Bau,
Masch) / overall height ‖ ~**holz** *n* (Bau) /
structural timber ‖ ~**industrie** *f*, Bauwirtschaft
f / building and construction industry ‖
~**ingenieur** *m* / civil engineer ‖ ~**ingenieur**
(dem das Projektmanagement eines
Bauvorhabens obliegt und der alle Aktivitäten
während der Bauplanung und -ausführung
koordiniert und überwacht) (Bau) /
constructional engineer (construction
management specialist), project engineer,
construction engineer ‖ ~ **[wirtschafts]-
ingenieur** *m* **mit Spezialisierung auf
Kostenplanung**, beratender Ingenieur für
Bauwesen, der auf Kostenplanung
(Kostenermittlung, Kostenkontrolle und
Kostensteuerung) während der Planung und
Ausführung spezialisiert ist (Bau) / QS,
quantity surveyor (cost and financial specialist

of the construction industry whose main duties
are: estimating the cost of and assisting with
determining the feasibility of projects -
preparing documentation for competitive
tendering - tendering and negotiating for
contracts - managing and exercising financial
control over contracts to ensure cash-flow and
the profitability of projects - controlling and
managing sub-contractors, suppliers and the
like - concluding contracts upon completion of
projects) ‖ ~**jahr** *n* / year of manufacture ‖
~**jahr 2010** *n* (Kfz) / 2010 model

Baukasten • ..., modular, baukastenartig
[erweiterbar] / modular ‖ ~ • **artig
[erweiterbar]**, modular / modular ‖
~**bauweise** *f* (DV) / building block principle,
unitized construction principle, modular
design principle, modular principle, unit
principle, modularity ‖ ~**prinzip** *n* (DV) /
building block principle, unitized construction
principle, modular design principle, modular
principle, unit principle, modularity ‖
~**roboter** *m*, Roboter *m* in Modulbauweise /
modular robot ‖ ~**system** *n* / building block
system, unitized construction, unit
construction, modular construction, modular
design, modular system

Bau • keramik *f* (Bau) / structural clay products,
building ceramics ‖ ~**länge** *f*, Gesamtlänge *f*
(Techn) / overall length ‖ ~**leiter** *m*,
Baustellenleiter *m* / building site manager, site
manager, building site supervisor,
construction site manager, construction
superintendent ‖ ~**leitung** *f* (Bau) / site
management, construction management ‖
~**leitung**, Baustellenleiter *m* / building site
manager, site manager, building site
supervisor, construction site manager,
construction superintendent

baulich, konstruktiv / structural

Baulichkeit *f*, Gebäude *n* (Bau) / building *n*,
structure

Baum *m* (Bot, DV, Math, Techn) / tree *n*

Bau • marktt / home improvement store ‖
~**maschine** *f* (Bau) / construction machine,
piece of builders' plant, plant item ‖
~**maschinen** *f pl* (Bau) / construction
equipment, construction machinery and
equipment, builders' plant, contractors' plant

Baumdiagramm *n* / tree diagram

Baumé • -Grad *n* (Phys) / degree Baumé ‖
~**-Skala** *f* (Phys) / Baumé hydrometer scale

baum • förmiges Netzwerk (Tele) / tree network ‖
~**graph** *m*, Baumdiagramm *n* / tree diagram ‖
~**netz** *n*, baumförmiges Netzwerk (Tele) / tree
network ‖ ~**netzwerk** *n*, baumförmiges
Netzwerk (Tele) / tree network ‖
~**ringchronologie** *f* / dendrochronology ‖
~**topologie** *f* (DV, Tele) / tree topology

Baumuster *n*, Modell *n* / design, model, type

Baumwolle *f* (Tex) / cotton, Co

Bau • normen *f pl* (Bau) / standards applicable to
building ‖ ~**physik** *f* / building physics ‖ ~**plan**
m, Montageplan *m* (für den Zusammenbau
von Einzelteilen) / assembly plan ‖ ~**plan**
(Bau) / construction drawing ‖ ~**platz** *m* (Bau)
/ construction site, building site, site ‖ ~**reihe** *f*
/ series

Bauschgarne *n pl* (Tex) / bulked yarns, bulky
yarns

Bauschinger-Effekt (Mater) / Bauschinger effect

Bau•schreiner *m*, Bautischler *m* (Bau) / joiner (GB), finish carpenter (US) ‖ **²stahl** *m* (unlegiert) (Hütt) / carbon steel, plain carbon steel, structural steel ‖ **²stahl** / constructional steel ‖ **²statik** *f* (Bau) / structural design

Baustein *m*, Bauelement *n* (Eltro) / component ‖ **²** (im Baukastensystem) / module, unit, building block, constructional unit, modular unit

Baustelle *f* (Bau) / construction site, building site, site

Baustellen•kipper *m* (Bau, Kfz) / standard dump truck ‖ **²leiter** *m* / building site manager, site manager, building site supervisor, construction site manager, construction superintendent ‖ **²verteiler** *m* (Elek) / distribution panel (for construction site), site distribution panel ‖ **²verteilertafel** *f* (Elek) / distribution panel (for construction site), site distribution panel

Bau•stoff *m* (Bau) / building material ‖ **²stoffprüfung** *f* (Bau, Mater) / materials testing ‖ **²stoffwechsel** *m*, Anabolismus *m*, Aufbaustoffwechsel *m* (Biochem) / anabolism, biosynthesis ‖ **²stufe** *f*, Ausbaustufe *f* (Bau) / construction stage ‖ **²technik** *f* / construction engineering, structural engineering

Bauteil *n*, Bauelement *n* (Elek, Eltro) / component, component part ‖ **²gruppe** *f*, Baugruppe *f* (Eltro, Masch) / assembly (group of parts or components that are assembled and form one unit), unit

Bau•tischler *m*, Bauschreiner *m* (Bau) / joiner (GB), finish carpenter (US) ‖ **²unternehmen** *n* / construction company, building contractor, contractors *pl* ‖ **²unternehmer** *m* / building contractor, contractor ‖ **²weise** *f* / design, construction ‖ **²werk** *n*, Gebäude *n* (Bau) / building *n*, structure ‖ **²wesen** *n*, Ingenieurbau *m* / civil engineering ‖ **²wesen**, Bauwirtschaft *f* / building and construction industry ‖ **²wirtschaft** *f* / building and construction industry ‖ **im ²zustand** / under construction, u/c

Bayer-Verfahren *n* (zur Al-Herstellung), Bayerprozess *m* (ChT) / Bayer process

Bayes-Kriterium *n* (Entscheidungstheorie) (Stat) / Bayes criterion

Bayessch•e Formel (Stat) / Bayes' theorem ‖ **²es Kriterium** (Entscheidungstheorie) (Stat) / Bayes criterion ‖ **²e Regel** (Stat) / Bayes' theorem ‖ **²es Theorem** (Stat) / Bayes' theorem

Baysalz *n*, Meersalz *n* / sea salt

B2B (Business-to-Business, zwischen zwei Unternehmen) (Wirtsch) / B2B

BBAE, DSL-Splitter, Breitbandanschlusseinheit (Tele) / splitter, DSL splitter

BBD (= bucket brigade device), Eimerketten-Schaltung *f* (Eltro) / BBD, bucket-brigade device

B-Betrieb *m* (Eltro) / class B operation

BBK, Breitbandkommunikation *f* (Tele) / broadband communications

B2C (Business-to-Consumer, zwischen Unternehmen und Privatkunden) (Wirtsch) / B2C

BCD, binär codierte Dezimalzahl (DV, Math) / binary coded decimal, binary coded decimal digit ‖ **²-Code** *m*, Binär-Dezimal-Code *m*, Binärcode *m* für Dezimalziffern (DIN) (DV) / BCD code, BCD ‖ **²-Zahl** *f*, binär codierte

Dezimalzahl (DV, Math) / binary coded decimal, binary coded decimal digit ‖ **²-Zähler** *m* (DV) / BCD counter

BCS-Theorie *f* (der Supraleitung) (Phys) / BCS theory

Bd (1 Bd = 1 Schritt/s), Baud *n* (Tele) / baud (1 bit per second), bd

Be, Beryllium *n* (Chem) / beryllium, Be

BE, Erstarrungsbeschleuniger *m* (Betonzusatzmittel) (Bau) / accelerating admixture (for concrete), accelerator ‖ **²**, Broteinheit *f* (in der Ernährungswissenschaft) (Nahr) / bread unit

beachten, einhalten (Vorschriften etc.) / adhere [to] (e.g. to rules), follow, observe ‖ **~**, zur Kenntnis nehmen / note

Beachtung *f*, Einhaltung *f* (von Vorschriften etc.) / observance [of], adherence [to] (e.g. to rules)

Beamer *m*, Datenprojektor *m* (der die Bildschirmausgabe eines Computers auf z.B. eine Leinwand projiziert) (DV) / projector, data projector, LCD projector ‖ **~**, Videoprojektor *m* (TV) / video projector, wide-screen TV projector

beanspruchen (Platz) / take up, occupy (a lot of floor space) ‖ **~** (Zeit) / take up (too much time), take (4 weeks) ‖ **~** (schwer), strapazieren (allg, Mech) / stress, be a strain on, put a strain on ‖ **~**, belasten (z.B. auf Druck, Zug) / load (e.g. in compression, tension), stress *vt*, subject to stress ‖ **~**, belasten (verformend) (Mech) / strain ‖ **~** (als Recht) / claim *vt* ‖ **auf Biegung ~** (Mater, Mech) / subject to a bending stress ‖ **auf Druck ~** (Mater, Mech) / stress in compression, subject to compressive stress, load in compression, subject to compression loading ‖ **auf Verdrehung ~** (Mater, Mech) / subject to torsional stress, torque *vt* ‖ **auf Zug ~** (Mater, Mech) / load in tension, stress in tension, subject to tensile loading ‖ **stark ~**, belasten (z.B. Stromnetz) / strain

Beanspruchung *f*, Belastung *f* (Mech) / stress, strain ‖ **²** (Spannungszustand im Werkstoffgefüge eines Bauteils, der durch äußere Kräfte verursacht und dessen Höhe durch die Spannung gekennzeichnet ist) (Mater, Mech) / stress *n* ‖ **²** (Pat) / claim ‖ **² auf Abscheren** (Mech) / shearing stress, shear stress ‖ **² auf Abscheren**, Scherbeanspruchung *f* (als Vorgang) (Mater) / shear loading ‖ **² auf Biegung**, Biegebeanspruchung *f* (Mech) / bending stress, flexural stress ‖ **² auf Biegung**, Biegebeanspruchung *f* (als Vorgang), Biegebelastung *f* (Mech) / bending loading, flexural loading ‖ **²** *f* **auf Druck**, Druckbeanspruchung *f* (Mater) / compression stress, compressive stress ‖ **² auf Druck**, Druckbeanspruchung *f* (als Vorgang) (Mech) / compression loading, compressive loading ‖ **² auf Scheren** (Mech) / shearing stress, shear stress ‖ **² auf Scheren**, Scherbeanspruchung *f* (als Vorgang) (Mater) / shear loading ‖ **² auf Schub** (Mech) / shearing stress, shear stress ‖ **² auf Schub**, Scherbeanspruchung *f* (als Vorgang) (Mater) / shear loading ‖ **² auf Verdrehung o. Drehung o. Torsion**, Verdrehbeanspruchung *f*, Torsionsbeanspruchung *f* (Mech) / torsional stress ‖ **² auf Zug**, Zugbeanspruchung *f* (Mater) / tensile stress ‖ **² auf Zug**, Zugbeanspruchung *f* (Vorgang), Belastung *f* auf Zug (Mater, Mech) / tensile loading ‖ ≙ **im Schwellbereich** (Ober- u. Unterspannung haben unterschiedlichen Betrag, aber gleiches Vorzeichen) (Mech) / pulsating stress, fluctuating stress ‖ ≙ **im Wechselbereich** (Ober- u. Unterspannung haben verschiedenen Betrag u. entgegengesetztes Vorzeichen) (Mech) / repeated stress, reversed stress, alternating stress

Beanspruchungsart f (Mater) / form of stress
bearbeitbar, umformbar (durch Verfahren der Umformtechnik) (Fert) / workable (by deformation processes), formable ‖ ~ (durch spanende Verfahren), zerspanbar (Fert) / machinable

Bearbeitbarkeit f, Umformbarkeit f (durch Verfahren der Umformtechnik) (Fert) / formability, workability (by deformation processes) ‖ ≙ (durch spanende Verfahren), Zerspanbarkeit f (Fert) / machinability

bearbeiten, arbeiten [an] / work [on] ‖ ~ (z.B. Anfragen, Aufträge, Bestellungen) / process (e.g. inquiries, orders) ‖ ~ / work (e.g. metal, wood) ‖ ~, verarbeiten (in einem Verfahrensschritt) / process ‖ ~ (durch spanende oder abtragende Verfahren) (Fert) / machine vt ‖ ~ (Landw) / cultivate ‖ ~, editieren (DV) / edit (document, file, image etc) ‖ ~ (Film, TV) / adapt (e.g. a novel for movies) ‖ ≙ n, Bearbeitung f (von Texten, von Daten für Druck etc.) (DV) / editing

Bearbeitung (z.B. von Anfragen, Aufträgen, Bestellungen) / processing ‖ ≙ f / working (of wood, metal) ‖ ≙, Verarbeitung f (in einem Verfahrensschritt) / processing ‖ ≙ (spanhebend o. abtragend) (Fert) / machining [operation] ‖ ≙ (von Texten, von Daten für Druck etc.) (DV) / editing ‖ ≙ (Film, TV) / adaptation (e.g. of a novel for movies) ‖ **elektrochemische** ≙ (Fert) / ECM, electrochemical machining

Bearbeitungs•dauer f, Bearbeitungszeit f (für einen spanabhebenen Fertigungsvorgang) (Fert) / machining time ‖ ≙**station** f, Arbeitsstation f (in der Fließfertigung) (Fert) / workstation (e.g. in a flexible manufacturing system) ‖ ≙**stufe** f, -phase f / machining step ‖ ≙**verfahren** n (spanhebend o. abtragend) (Fert) / machining operation o. process ‖ ≙**vorschub** m, Bohrvorschub m (Fert) / drilling feed ‖ ≙**zeit** f (für einen spanabhebenen Fertigungsvorgang) (Fert) / machining time ‖ ≙**zentrum** n (Wzm) / machining center ‖ ≙**zugabe** f (Fert) / machining allowance, oversize (for machining) ‖ ≙**zyklus** m, Arbeitsspiel n, Arbeitszyklus m (Masch) / working cycle, cycle ‖ ≙**zyklus**, Arbeitszyklus m (festgelegter Ablauf von Einzelschritten) (NC) / canned cycle, fixed cycle

beaufsichtigen, überwachen / supervise (e.g. a task, project, activity, workers)

Beaufsichtigung f, Aufsicht f / supervision (e.g. of a task, project, activity, workers), supervising

beauftragen / commission (e.g. a company to supply software components)

Beauty (Nukl) / beauty, bottomness ‖ ≙**-Quark** n (Nukl) / beauty quark, bottom quark

bebauen, bestellen (Land), bewirtschaften (Landw) / cultivate (land, fields, etc.), dress, farm vt, till vt

BEC, Bose-Einstein-Kondensation f (Nukl) / Bose-Einstein condensation, BEC

Becher•elevator m (Förd) / bucket elevator, bucket conveyor ‖ ≙**förderer** m (Förd) / bucket elevator, bucket conveyor ‖ ≙**glas** n (Chem) / beaker ‖ ≙**turbine** f (Elek) / Pelton turbine ‖ ≙**werk** n (Förd) / bucket elevator, bucket conveyor

Beck•bogenlampe f (Elek, Licht) / Beck arc lamp ‖ ≙**-Effekt** m (Elek) / Beck effect

Becken n, Abklingbecken n (DIN), Lagerbecken n (im Reaktorgebäude) (Nukl) / cooling pool, fuel cooling installation (ANSI, IEC), fuel cooling pond, water storage pool (for spent fuel), storage pool ‖ ≙**gurt** m (Kfz) / lap belt

Becklampe f (Elek, Licht) / Beck arc lamp

Beckmann•sche Umlagerung (Chem) / Beckmann rearrangement ‖ ≙**-Thermometer** n / Beckmann thermometer

Becquerel n, Bq (Einheit für Aktivität der Strahlenquelle) (Nukl, Radiol) / becquerel, Bq ‖ ≙**-Effekt** m / Becquerel effect

bedampfen (ein Substrat mit einem Beschichtungsmaterial), mit Metalldampf überziehen (Fert, Vak) / coat (a substrate with a vaporized coating material) ‖ **mit Alu ~** / aluminize ‖ ≙ n (ein PVD-Verfahren) (Fert) / thermal vapour deposition, vacuum coating by thermal evaporation, vacuum evaporation, vacuum evaporation PVD

Bedampfungs•anlage f / evaporator (used in vacuum coating by thermal evaporation), evaporation machine ‖ ≙**technik** f (Fert) / thermal vapour deposition, vacuum coating by thermal evaporation, vacuum evaporation, vacuum evaporation PVD

Bedarf m [an] / need [for]
Bedarfs-Herzschrittmacher m (MT) / demand pacemaker

bedecken, abdecken, überdecken / cover vt ‖ ~, auskleiden (Innenseite), ausfüttern / line vt

Bedeckung f, Abdeckung f, Decke f / cover n

bedeuten / mean ‖ ~ / , stehen für / stand for ‖ ~, ausmachen, darstellen / constitute (e.g. these expenses constitute 24 % of the total costs), represent

Bedeutung f, Wichtigkeit / importance ‖ ≙ (z.B. eines Begriffs) / meaning ‖ ≙, Belang f [für] / relevance [to]

bedienen (Kunden) / serve, attend [to](customers) ‖ ~ (z.B. eine Maschine) / operate

Bediener m (einer Anlage, Maschine) (DV, Techn) / operator ‖ ~**freundlich** / easy to operate, user-friendly ‖ ≙**freundlichkeit** f, leichte Bedienbarkeit, Benutzerfreundlichkeit f / ease of operation o. use, user friendliness ‖ ≙**oberfläche** f / operator interface, user interface

Bedien•fehler m / operator error, operating error ‖ ≙**feld** n / panel (small, e.g. on front of printer), control panel ‖ ~**freundlich** / easy to operate, user-friendly ‖ ≙**freundlichkeit** f, leichte Bedienbarkeit, Benutzerfreundlichkeit f / ease of operation o. use, user friendliness ‖ ≙**gerät** n / operator device, control unit ‖ ≙**oberfläche** f / operator interface, user interface ‖ ≙**person** f (einer Anlage, Maschine) (DV, Techn) / operator ‖ ≙**pult** f, Bedienungspult n, Steuerpult n (Regel) / console (for operator), operator console, control console, control board, control panel, control desk

Bedienung f (z.B. einer Maschine) / operation ‖ ²⁻, Handhabung f (z.B. eines Geräts) / handling ‖ **ohne** ²⁻, unbeaufsichtigt (z. B. Betrieb einer Anlage), unbesetzt, ohne Bedienungspersonal / unattended, without attendants, without operator attention
Bedienungs • anleitung f / operating instructions pl ‖ ²⁻**anleitung** (Handbuch) / user manual, instruction manual, owners manual, operator['s] manual ‖ ²⁻**anweisung** f / operating instructions pl ‖ ²⁻**element** n / control, control element ‖ ²⁻**fehler** m / operator error, operating error ‖ ²⁻**feld** n (z.B. an Drucker, Mikrowellenherd) (DV, Elek, Eltro) / control panel ‖ **~freundlich** / easy to operate ‖ ²⁻**freundlichkeit** f / ease of operation ‖ ²⁻**gerät** n / operator device, control unit ‖ ²⁻**handbuch** n, Bedienungsanleitung f (Handbuch) / user manual, instruction manual, owners manual, operator['s] manual ‖ ²⁻**knopf** m / control button, attendance button, control knob ‖ ²⁻**komfort** m / convenience of operation, operating convenience ‖ ²⁻**konsole** f, Bedienungspult n, Steuerpult n (Elek, Masch, Regel) / console (for operator), operator console, control console, control board, control panel, control desk ‖ ²⁻**oberfläche** f / operator interface, user interface ‖ ²⁻**person** f (einer Anlage, Maschine) (DV, Techn) / operator ‖ ²⁻**personal** n / operating staff ‖ ²⁻**pult** n, Steuerpult n (Elek, Masch, Regel) / console (for operator), operator console, control console, control board, control panel, control desk ‖ ²⁻**rad** n, Handrad n / handwheel ‖ ²⁻**theorie** f (DV, Math) / queueing theory ‖ ²⁻**tür** f, Zugangsöffnung f / access door
bedingen, voraussetzen / presuppose ‖ **~**, verursachen / cause vt, entail
bedingt [durch](z.B. ein durch Maschinenschaden bedingter Produktionsausfall), verursacht [durch] / due [to](e.g. loss of production due to power failure) ‖ **~** (an Bedingungen geknüpft) (allg, DV) / conditional ‖ **~e Anweisung** (DV) / conditional statement ‖ **~er Erwartungswert** (Stat) / conditional expected value ‖ **~ konvergent** (Math) / conditionally convergent ‖ **~er Sprungbefehl** (DV) / conditional jump instruction ‖ **~e Wahrscheinlichkeit** (Stat) / conditional probability ‖ **nicht ~**, unbedingt (DV) / unconditional
Bedingung f (allg, DV) / condition ‖ ²⁻**en** f pl / conditions
Bedingungs • anweisung f (DV) / conditional statement ‖ ²⁻**gleichung** f (Math, Mech) / equation of condition
beeinflussen / influence ‖ **~**, Auswirkungen haben [auf], sich auswirken vr [auf] / affect
Beeinflussung f / influencing ‖ ²⁻, Einfluss m / influence ‖ ²⁻, Steuerung f / control (e.g. of a process) ‖ ²⁻ (ungewollt, störend) / interference ‖ ²⁻ **gegenseitige ~**, Wechselwirkung f (zwischen A und B) / interaction (of A with B)
beeinträchtigen / impair vt, affect adversely, have an adverse effect on ‖ **~** (z.B. Sicherheit), gefährden / impair ‖ **~** (z.B. Absatz, Leistung, Qualität, Wert), verringern / reduce ‖ **~**, stören (z.B. Sender, Rundfunkempfang) / interfere with (e.g. radio station, radio/TV reception)

beenden / end ‖ **~**, abschließen (z.B. Untersuchung, Messungen), zum Abschluss bringen / complete, finish ‖ **~** (vor dem eigentlichen Ende o. bei nicht vorgegebenem Ende) / terminate (e.g. test, contract) ‖ **~**, aufheben (Embargo, Sanktionen) / lift ‖ **~** (DV) / exit, quit (a program) ‖ **eine Arbeitssitzung ~**, abmelden vr (sich), ausloggen (DV, Tele) / log off, log out, sign off
Beenden-Taste f (Tele) / end key, end call key
beendet werden, abbrechen vi, aufhören / break off vi
Beendigung f, Abschluss f (z.B. von Untersuchung, Messungen) / completion ‖ ²⁻, Abbruch m / abortion, stopping, breaking-off, discontinuance
befähigt, tauglich, qualifiziert / qualified [for]
befallen vt, infizieren (Viren einen Computer) (DV) / infect (a computer, etc.) ‖ **~ adj**, infiziert (DV) / infected adj
befassen, sich ~ [mit] / deal [with]
Befehl m (vom Benutzer initiierte Anweisung an ein Anwendungsprogramm - wird entweder über die Tastatur eingegeben o. aus einem Menü ausgewählt) (DV) / command ‖ ²⁻ (in maschinenorientierten Sprachen), Maschinenbefehl m (DV) / instruction, machine instruction (smallest element of a machine code program)
Befehls • ausführung f / execution of instructions ‖ ²⁻**cache** m (DV) / instruction cache ‖ ²⁻**holzyklus** m (DV) / instruction fetch cycle ‖ ²⁻**register** n (DV) / instruction register ‖ ²⁻**satz** m (DV) / instruction set, set of instructions ‖ ²⁻**schaltfläche** f (DV) / button (in GUIs), command button (in a GUI), pushbutton (in a GUI), control button ‖ ²⁻**vorrat** m (DV) / instruction set, set of instructions ‖ ²⁻**zähler** m (DV) / instruction counter, program counter ‖ ²⁻**zeile** f (DV) / command line ‖ ²⁻**zyklus** m (DV) / instruction cycle
befestigen, anbringen [an] / attach vt [to], fix [to], fasten [to] ‖ **~**, sichern, festmachen / secure (e.g. with screws or bolts) ‖ **~**, montieren / fit vt (on, to, in, into)(e.g. the antenna to the receiver, the tires to the rims), mount ‖ **~**, anschlagen (Last) (Förd) / attach, fasten ‖ **~** (mit Büroklammern) / clip ‖ **~** (mit Stahl- o. Bauklammern) / cramp ‖ **~** (mit Stiften) / pin ‖ **~** (mit Leim, Klebstoff)[an] / stick, glue [to] ‖ **~** (z.B. Böschung, Ufer) / revet (e.g. an embankment ‖ **~** (Verkehrsflächen) (Bau) / pave vt
befestigt [an] / fixed [at, to] ‖ **~** [an], angebaut, montiert [on], attached [to]
Befestigung f, Befestigen n / attachment, fastening, fixing ‖ ²⁻, Sichern n, Festmachen n / securing (e.g. with screws or bolt) ‖ ²⁻, Montage f, Anbringung f / mounting, fitting ‖ ²⁻ (z.B. von Böschung, Ufer) (Bau) / revetment ‖ ²⁻ (von Verkehrsflächen) (Bau) / paving, pavement ‖ ²⁻, Befestigungsmittel n (Masch) / fastener, fastening device ‖ ²⁻s.a. befestigen
Befestigungs • element n (Masch) / fastener, fastening device ‖ ²⁻**gewinde** n / fastening thread ‖ ²⁻**mittel** n (Masch) / fastener, fastening device ‖ ²⁻**schraube** f (eher groß, mit Mutter, mit zylindrischem Schaft) / fixing bolt, mounting bolt ‖ ²⁻**schraube** (eher klein, ohne Mutter, mit konischem Schaft) / fixing screw, mounting screw

befeuchten / moisten ‖ ~, nass machen / wet *vt* ‖ ~ (Luft etc.), feucht machen / humidify

Befeuchter *m* / moistener ‖ ≈ (für Luft) / humidifier

befeuern (Kraftwerk) / fire, fuel

Befeuerung *f*, Flughafenbefeuerung *f* (Luft) / airport lighting

Befeuerungssystem *n* (eines Flughafens) (Luft) / lighting system

befolgen, einhalten (Vorschriften etc.), beachten / adhere [to](e.g. to rules), follow, observe

Befolgung *f*, Einhaltung *f* (von Vorschriften etc.), Beachtung *f* / observance [of], adherence [to](e.g. to rules)

befördern, transportieren / transport, convey, carry, move ‖ ~ (innerbetrieblich), transportieren (Verk) / handle ‖ ~, transportieren (Güter, Fracht mit LKW, Bahn, Flugzeug) / haul

Beförderung *f*, Transport *m* (Trans) / transport *n*, transportation ‖ ≈ (innerbetrieblich), Transport *m* (Förd) / handling ‖ ≈, Versendung *m* (von Gütern) / shipment, shipping, forwarding ‖ ≈ (von Gütern, Fracht mit LKW, Bahn, Flugzeug) (Trans) / haulage, hauling (of freight)

Beförderungsmittel *n*, Transportmittel *n* / means of conveyance

befreundete Zahlen *f pl* (Math) / amicable numbers *pl*

befriedigen, erfüllen, entsprechen (Anforderungen), decken (Nachfrage, Bedarf) / meet *vt* (e.g. requirements o. demands)

befüllen (z.B. einen Tank mit Benzin) / fill (e.g. a tank with petrol)

Befüllung *f* / filling

begasen (Schädlinge) / gas, fumigate ‖ ≈ *n* (von Schädlingen), Begasung *f* / gassing, fumigation

Begichtung *f* (des Hochofens), Beschickung *f* (Hütt) / charging (of the blast furnace)

Beginn *m*, Anfang *m* / start *n*, beginning

beginnen *vi*, anfangen / begin, start ‖ ~ *vt* / start *vt*, begin

beginnend, Anfangs... / incipient

begleitendes Dreibein (der Raumkurve) (Math, Phys) / moving trihedral

begrenzen, beschränken [auf] / restrict *vt*, limit [to] ‖ ~ (nach oben o. unten) / limit *vt* ‖ ~ (Datenobjekte durch Begrenzungszeichen) (DV) / delimit

begrenzend, Begrenzungs..., Grenz... / limiting

Begrenzer *m*, Amplitudenbegrenzer *m* (Eltro) / amplitude limiter, amplitude-limiting circuit, clipper, peak clipper, peak limiter, clipper circuit, limiter, limiter circuit, clipping circuit ‖ ≈**schaltung** *f* (Eltro) / clipper, clipping circuit, clipper circuit ‖ ≈**schaltung**, Amplitudenbegrenzer *m* (Eltro) / amplitude limiter, amplitude-limiting circuit, clipper, peak clipper, peak limiter, clipper circuit, limiter, limiter circuit, clipping circuit

begrenzt (z.B. Reichweite, Frequenzbereich), beschränkt / limited (e.g. range)

Begrenzungs•..., begrenzend, Grenz... / limiting ‖ ≈**anschlag** *m*, Endanschlag *m* (Masch) / stop, end stop, limit stop, mechanical stop ‖ ≈**leuchten** *f pl* (Kfz) / side marker lights, side lights ‖ ≈**verstärker** *m* / limiting amplifier

Begriff *m*, Benennung *f* (Linguistik) / term

Beguss *m* (Keram) / engobe, slip

behalten / keep ‖ ~, beibehalten (z.B. Werte, Eigenschaften) / retain

Behälter *m* / container ‖ ≈ (für Flüssigkeiten Gase), Tank *m* / tank ‖ ≈**gerät** *n* (Atemschutzgerät mit Druckluftflaschen), Pressluftatmer *m* / self contained breathing apparatus, SCBA, compressed air breathing apparatus, CABA, breathing apparatus, BA (breathing apparatus)

behandeln / treat *vt* ‖ ~, umgehen mit, handhaben / handle *vt* ‖ **mit Chlor** ~ (Chem) / chlorinate

Behandlung *f* / treatment ‖ ≈, Umgang *m*, Handhabung / handling

Beharrungs•gesetz *n*, Trägheitsgesetz *n* (Phys) / Newton's law of inertia, law of inertia ‖ ≈**vermögen** *n*, Trägheit *f* (Eigenschaft eines massebehafteten Körpers, in seinem Bewegungszustand zu verharren, solange keine äußere Kraft auf ihn einwirkt) (Phys) / inertia ‖ ≈**zustand** *m* (Regel) / steady state [condition]

beheben (Mangel, Missstand) / rectify ‖ ~ (Störungen, Fehlerursachen) / eliminate ‖ ~ (Fehler, Problem) / correct, eliminate, rectify

Beheizen *n* / heating (e.g.rooms) ‖ ≈, Feuerung *f* / firing (of boiler, furnace)

Beheizung *f* (von Gebäuden) / heating

behelfsmäßige Korrektur, Patch *m* (DV) / patch

Behensäure *f* (Chem) / behenic acid

beherrschen (Fahrzeug) / be in control of ‖ ~ (z.B. schwierige Situation) / cope with ‖ ~ / master (a subject, technique)

behindern / hinder, impede, hamper

Behm-Lot *n*, Echolot *n* (Mess, Nav, Schiff) / depth sounder, echo sounder, sounder, echo sounding apparatus, sonic depth finder, echo sounding instrument, Fathometer

beibehalten (z.B. Werte, Eigenschaften) / retain

beidseitige Kehlnaht, Doppelkehlnaht *f* (Schw) / double fillet weld

Beifahrerairbag *m* (Kfz) / passenger airbag, passenger side airbag

beifügen, zugeben, zusetzen / add *vt*, admix ‖ ~, beilegen / enclose (in the same envelope or package), attach

Beil *n*, Handbeil *n* / hatchet

Beilage *f*, Ausgleichsscheibe *f*, Beilagscheibe *f* (Techn) / shim *n* ‖ ≈, Anlage *f* / enclosure (with letter etc.)

Beilagscheibe *f*, Unterlegscheibe *f* / washer, flat washer ‖ ≈, Ausgleichscheibe *f* (Techn) / shim *n*

beilegen, beimessen (Bedeutung) / attach /(importance to) ‖ ~, beifügen / enclose (in the same envelope or package), attach ‖ ~, schlichten / settle, adjust (differences, conflicts)

Beilstein-Probe, Beilsteinsche Probe (Chem) / Beilstein test

beimengen, zugeben, zusetzen / add *vt*, admix

Beimengung *f*, Beimischung, Hinzumischen *n* / addition (by mixing), admixture ‖ ≈, Zusatzstoff *m* / addition (thing added), added substance, admixture

beimessen (Bedeutung), beilegen / attach /(importance to)

beimischen, zugeben, zusetzen / add *vt*, admix

Beimischung, Hinzumischen *n* / addition (by mixing), admixture ‖ ≈ *f*, Zusatzstoff *m*, Beimengung *f* / addition (thing added), added substance, admixture

beinhalten / include, comprise, contain

Beinschild n (Motorroller) (Kfz) / front fairing

Beispiel n [für] / example [of] || ²-**konfiguration** f (DV) / sample configuration

Beißzange f, Kneifzange (Wz) / pincers pl, carpenter's pincers pl, end-cutting pliers

beistellen, zur Verfügung stellen / provide, supply

Beitel m (Tischl) / wood chisel, woodworking chisel

Beitrag m [zu] / contribution [to] || ²-, Vortrag m / paper, presentation

Beiwert m (Math, Phys) / coefficient

Beizbrühe f (Gerb) / bate

Beize f (zur Oberflächenbehandlung von Metall) (Hütt) / pickle, pickle liquor, pickling liquor || ²-, Holzbeize n (Holz) / wood stain, stain || ²-, Beizmittel n (Beizmittel wie Alaun machen die Stofffaser beim Beizen aufnahmefähig für Farbstoffe) (Färb, Tex) / mordant || ²-, Beizbrühe f (Gerb) / bate || ²- (Nahr) / marinade || ²-, Beizmittel n (Landw) / seed dressing [agent] || ²-, Farbenabbeizmittel n (Anstr) / paint remover, paint stripper, remover, stripper

beizen (Oberflächen, um sie aufzurauen) (Fert) / etch (surfaces to increase roughness) || ~, abbeizen (Hütt) / pickle vt (to remove oxide or mill scale from the surface of a metal by immersion usually in an acidic or alkaline solution) || ~ (Holz) / stain || ~ (Saatgut)(Landw) / dress (seed) || ~ (Leder) / bate || ~ (Nahr) / marinade || ~ (Färb, Tex) / mordant, impregnate with a mordant

Beizenfarbstoff m (Färb) / mordant dye, lake, adjective dyestuff

Beiz•mittel n (Beizmittel wie Alaun machen die Stofffaser beim Beizen aufnahmefähig für Farbstoffe) (Färb, Tex) / mordant || ²-**mittel** (Landw) / seed dressing [agent] || ²-**sprödigkeit** f / pickle brittleness

bekämpfen (Feuer) / abate vt (noise, pollution etc.) || ~ / fight (e.g. a fire)

Bekämpfung f (Umw) / control, abatement (of noise, pollution etc.) || ²- **der Umweltverschmutzung**, (Umw) / environmental protection, pollution control, antipollution measures, pollution abatement, environment control

Bekleidungsindustrie f / garment industry, clothing industry, apparel industry

Bel n (Dämpfungsmaß) (Phys) / bel (unit of power ratio, equal to 10 decibels)

beladen (z.B. Schiff, Flugzeug, Auto)[mit] / load [with]

Belag m, Beschichtung f, Überzug m / coat n, coating n || ²- (von Bremse, Kupplung) / lining || ²-, Bodenbelag m (Bau) / flooring (permanent covering of a floor: wood flooring, ceramic tile, stone, terrazzo, etc.) || ²-, Bodenbelag m (Bau) / floor covering (usually detachable or loose and laid on top of the finished floor - e.g. carpet, area rugs, and resilient flooring such as linoleum or vinyl flooring), floor cover || ²-, Fahrbahnbelag m (befestigte Oberfläche einer Straße)(Straß) / pavement, road surface, topping

Belastbarkeit f, thermische Belastbarkeit (eines elektronischen Bauelements) (Eltro) / thermal load capacity || ²-, Strombelastbarkeit f (z.B. eines Kabels) (Elek) / ampacity, current-carrying capacity, current rating || ²- (der Bauteile o. eines Widerstandes) / rating

(of components or a resistor) || ²-, Tragfähigkeit (maximal zulässige Belastung eines Hebezeuges) (Förd) / safe working load (of a lifting device such as a crane), SWL || ²- f, Widerstandsfähigkeit f, Festigkeit f / toughness

belasten (allg, Elek, Mech) / load || ~ (mit Gewicht) / put weight on || ~ (z.B. auf Druck, Zug), beanspruchen / load (e.g. in compression, tension), stress vt, subject to stress || ~ (verformend), beanspruchen (Mech) / strain || ~ (Umwelt, Atmosphäre) (Umw) / pollute || ~ (z.B. Stromnetz) / strain

Belastung f, Last, Bürde f / burden || ²- (Mech) / load || ²- (Elek) / load || ²- (eines Bauteils durch äußere Kräfte), mechanische Beanspruchung (als Vorgang) / loading || ²-, Beanspruchung f (Mech) / stress, strain || ²- (z.B. einer Leitung) (Elek) / burden (on a line), load (on a line) || ²- (z.B. der Umwelt, Atmosphäre durch Schadstoffe), Verschmutzung (Umw) / pollution (e.g. of the environment, atmosphere by pollutants) || ²- **auf Zug**, Zugbeanspruchung f (Vorgang) (Mater, Mech) / tensile loading || ²- **von Wasser o. Gewässern mit Schadstoffen**, Wasserverschmutzung (Umw) / water pollution, water contamination

Belastungs•art f / nature of load || ²-**faktor**, Lastfaktor m (Elek) / load factor || ²-**kennlinie** f (Elek) / load characteristic || ²-**kollektiv** n (Mech) / average statistical load || ²-**kreis** m, Verbraucherstromkreis m, Lastkreis m (Elek) / load circuit || ²-**kurve** f (Elek) / load curve || ²-**spitze** f (Techn) / peak load || ²-**spitze** (Elek) / load peak || ²-**stoß** m / shock load, sudden increase of load || ²-**widerstand** m, Lastwiderstand m (Größe) (Elek) / load resistance || ²-**widerstand**, Lastwiderstand m (Bauteil) (Elek) / load resistor

beleben (Absatz, Konjunktur) / stimulate

Beleber m (bei der Flotation), Aktivator m, Anreger m (Aufb, ChT) / activator

Belebtschlammverfahren n (zur Abwasserreinigung) (Sanitär, Umw) / activated sludge process

Belebungsverfahren n (Sanitär, Umw) / activated sludge process

Beleg m (schriftlicher Nachweis z.B. einer Zahlung als Gegenstand der Datenverarbeitung) (DV) / document

belegen, beschichten / coat || ~, beweisen / prove || ~ (eine Leitung) (Tele) / seize (a line), tie up (a line) || ~ (einen Platz, Speicherplatz) / occupy (a seat, storage location)

Belegleser m (DV) / document reader

Belegschaft f, Personal n / personnel, staff, work force, employees pl

Belegschaftsangehöriger m (Lohn- o. Gehaltsempfänger) / employee

Belegungs•liste f (SPS) (Regel) / allocation list, assignment list || ²-**versuch** m (Versuch, z.B. Leitungen, Kanäle oder Prozessoren in Anspruch zu nehmen) (Tele) / request

Belegverarbeitung f (DV) / document processing

beleuchten, erhellen vt, ausleuchten / illuminate vt, light || ~, anstrahlen (mit Punktstrahler etc.) / spotlight v, illuminate (with spotlight) || ~, anstrahlen (mit Flutlicht) (Licht) / flood vt, floodlight vt || ²- n, Anstrahlen n (durch Scheinwerfer, Flutlicht) / floodlighting

beleuchtet / illuminated

Beleuchtung f (Licht) / illumination, lighting || ²-, Anstrahlen n (durch Scheinwerfer, Flutlicht) /

floodlighting ‖ ≗, Anstrahlen *n* (mit Punktstrahlern) / spotlighting ‖ ≗, lichttechnische Einrichtungen (amtlich), Beleuchtungsanlage *f* (Kfz) / lighting system ‖ ≗ **von Arbeitsstätten** (Licht) / workplace lighting

Beleuchtungs•anlage *f* / lighting system, lighting installation ‖ ≗**anlage**, lichttechnische Einrichtungen (amtlich) (Kfz) / lighting system ‖ ≗**körper** *m*, Leuchte *f* (Gerät, das der Beleuchtung dient und dazu eine Aufnahmevorrichtung für ein Leuchtmittel besitzt oder ein fest installiertes Leuchtmittel enthält) (Licht) / luminaire, fixture, lighting fixture, light fixture, light fitting ‖ ≗**messer** *m* (zur Messung der Beleuchtungsstärke) (Licht, Mess) / luxmeter, illuminometer ‖ ≗**niveau** *n* (Licht) / lighting level ‖ ≗**stärke** *f* (in Lux) (Phys) / illuminance, illumination ‖ ≗**stärkemesser** *m* (Licht, Mess) / luxmeter, illuminometer ‖ ≗**technik** *f* (Licht) / illuminating engineering, lighting engineering, illumination engineering ‖ ≗**wirkungsgrad** *m* (Licht) / coefficient of utilization

belichten (Druck, Foto) / expose, expose to light ‖ ≗ *n*, Belichtung *f* (Foto) / exposure

Belichtung *f*, Belichten *n* (Foto) / exposure ‖ ≗ (Produkt aus Beleuchtungsstärke u. Belichtungszeit - SI-Einheit Luxsekunde) (Opt) / exposure, light exposure ‖ ≗ (von Halbleitermaterial zur Erzeugung von Schaltungen) (Eltro) / exposure

Belichtungs•automatik *f*, automatische Belichtungssteuerung (Foto) / AE, auto-exposure ‖ ≗**automatik mit Blendenvorwahl**, Zeitautomatik *f* (Foto) / aperture priority, aperture priority AE (= automatic exposure) ‖ ≗**automatik mit Zeitvorwahl**, Blendenautomatik *f* (Foto) / shutter priority [mode], shutter priority AE (= automatic exposure), shutter speed priority ‖ ≗**dauer** *f*, Belichtungszeit *f* (Foto) / duration of the exposure, exposure time ‖ ≗**einstellung** *f* (Foto) / exposure setting, exposure time setting ‖ ≗**funktion** *f*, Belichtungsmodus *m* (Foto) / exposure mode ‖ ≗**korrektur** *f* (Foto) / exposure correction, exposure compensation ‖ ≗**messer** *m* (Foto) / exposure meter, light meter ‖ ≗**messung** *f* **durchs Objektiv**, TTL-Messung *f* (Belichtungsmessung durch das Objektiv: gemessen wird nur das Licht, das auch auf den Film kommt) (Foto) / through-the-lens exposure metering, through-the-lens exposure metering, TTL exposure metering, TTL metering ‖ ≗**modus** *m*, Belichtungsfunktion *f* (Foto) / exposure mode ‖ ≗**programm** *n* (Foto) / AE program, automatic exposure program ‖ ≗**steuerung** *f* (Foto) / exposure control ‖ ≗**wert** *m*, Lichtwert *m* (Foto) / exposure value, EV ‖ ≗**zeit** *f* (Foto) / duration of the exposure, exposure time

beliebig (z.B. "beliebige Taste drücken") / any (e.g. "press any key") ‖ ~, willkürlich / arbitrary ‖ ~ **groß**, unbegrenzt / unlimited

beliefern, versorgen / supply (e.g. community with electricity)

*β***-Eliminierung** *f* (Chem) / beta elimination

belüften, entlüften / ventilate, aerate, air ‖ ~ (beim Belebtschlammverfahren) / activate, aerate (sewage)

Belüftung *f*, Entlüftung *f* / ventilation, aeration ‖ ≗ (Umw) / activation (of sludge) ‖ ≗ (Kühlung mit Luft als Kühlmittel) (Techn) air cooling

Belüftungselement *n* / aeration cell

bemalen, anstreichen / paint *v*

bemaßen, Maße eintragen (Doku) / dimension

Bemaßung *f*, Maßeintragung *f* (Doku) / dimensioning

bemerken, feststellen (z.B. Veränderungen, Ablagerungen auf einer Oberfläche), beobachten / notice, observe ‖ ~, erkennen, sich klar werden [über] / realize, become aware

bemessen [für], auslegen [für](z.B. eine bestimmte Leistung o. Belastung) / design *vt* [for], rate [for] ‖ ~, dimensionieren [für](der Größe nach) / size [for]

Bemessung *f*, Auslegung *f* (z.B. einer Maschine für eine bestimmte Leistung o. Belastung) / design ‖ ≗, Dimensionierung *f* [für](der Größe nach) / sizing

Bemessungs•... *f* (Elek) / rated ‖ ≗**belastbarkeit** *f* (Elek) / rated ampacity ‖ ≗**geschwindigkeit** *f* (Straß) / design speed ‖ ≗**last** *f* (Elek) / rated load ‖ ≗**leistung** *f* (Elek) / rated power ‖ ≗**spannung** *f* (Elek) / rated voltage ‖ ≗**strom** *m* (Elek) / rated current ‖ ≗**wert** *m*, Nennwert *m* / rated value, nominal value, rating ‖ ≗**widerstand** *m* (Elek) / rated resistance

BE-Mittel *n*, Erstarrungsbeschleuniger *m* (Betonzusatzmittel) (Bau) / accelerating admixture (for concrete), accelerator

benachbart, angrenzend [an] / adjacent, neighbo[u]ring, adjoining, contiguous, conterminal, conterminous [to] ‖ ~, konsekutiv (Math) / consecutive ‖ ~ (Ecken eines Graphen), adjazent (Math) / adjacent

Bénard-Instabilität *f* (Phys) / convective instability

benchmarken, einen Vergleichstest durchführen mit (DV) / benchmark *vt*

Benedicks-Effekt *m* (Elek) / Benedicks effect

benennen, bezeichnen [mit](z.B. den Zeitverlauf mit dem Symbol t) / denote (e.g. the lapse of time by t)

Benennung *f*, Begriff *m* (Linguistik) / term

benetzbar / wettable ‖ ~ - s.a. hydrophil

benetzen / wet ‖ ≗ *n* (Chem, Phys) / wetting

Benetzung *f* (Chem, Phys) / wetting

Benetzungs•mittel *n* (Chem, Phys) / wetting agent ‖ ≗**spannung** *f* (Chem, Phys) / wetting tension

bengalisches Feuer / Bengal light

Bengough-Verfahren *n* (zur anodische Oxidation von Aluminium und seinen Legierungen) (OT) / Bengough-Stuart process, Bengough anodic process

Bensonkessel *m* / Benson boiler

Bentonhologramm *n* / Benton hologram, rainbow hologram, white-light transmission hologram

benutzen, verwenden, einsetzen / use *vt*, employ

Benutzer *m* (allg, DV) / user ‖ ~..., benutzerdefiniert (DV, Techn) / user-defined, custom (e.g. settings, forms) ‖ ≗**anfrage** *f* (DV) / user query ‖ ~**definiert**, Benutzer... (DV, Techn) / user-defined, custom (e.g. settings, forms) ‖ ~**freundlich** / easy-to-use, user-friendly ‖ ≗**freundlichkeit** *f*, leichte Bedienbarkeit / ease of operation o. use, user friendliness ‖ ≗**handbuch** *n*, Bedienungsanleitung *f* (Handbuch) / user manual, instruction manual, owners manual,

operator['s] manual ‖ ~**-ID** f,
Benutzer-Kennung f, Benutzer-Identifikation
f (DV, Tele) / user ID, user identification ‖
~**-Identifikation** f, Benutzer-ID f,
Benutzer-Kennung f (DV, Tele) / user ID, user
identification ‖ ~**-Kennung** f, Benutzer-ID f,
Benutzer-Identifikation f (DV, Tele) / user ID,
user identification ‖ ~**konto** n, Account m
(DV, Tele) / account (in a network), user
account ‖ ~**name** m (DV, Tele) / user name ‖
~**oberfläche** f (DV) / interface, user interface ‖
~**orientiert** (DV) / user-oriented ‖ ~**profil** n
(DV, Tele) / user profile ‖ ~**schnittstelle** f,
Benutzeroberfläche f (DV) / interface, user
interface
Benutzung f, Gebrauch m / use n, employment
Benutzungsdauer f (einer Anlage), Betriebszeit f
/ operating time, service period
Benzalchlorid n (C_6H_5-CHCl$_2$) (Chem) / benzal
chloride, benzylidene chloride,
dichloromethylbenzene
Benzaldehyd m, Bittermandelöl n (Chem) /
benzaldehyde, benzene carbaldehyde, oil of
bitter almonds
Benzanthron n (Chem, Färb) / benzanthrone ‖
~**-Küpenfarbstoffe** m pl (Färb) / benzanthrone
dyestuff
Benzen n, Benzol n (Chem) / benzene
Benzidin n (Chem) / benzidine ‖ ~**farbstoff** m /
benzidine dyestuff ‖ ~**probe** f (Chem) /
benzidine test ‖ ~**umlagerung** f (Chem) /
benzidine conversion o. transformation
Benzil n (Chem) / benzil, bibenzoyl ‖ ~**säure** f
(Chem) / benzilic acid
Benzimidazol n (Chem) / benzimidazole
Benz-in n, Dehydrobenzol n (Chem) / benzyne
Benzin n, Ottokraftstoff m (Kfz, Mot) / petrol,
gasoline (US), gas (US) ‖ ~ (für technische
Zwecke) (ChT) / naphtha ‖ ~**brennstoffzelle** f
(Chem, Elek) / gasoline fuel cell (US), petrol
fuel cell (GB) ‖ ~**einspritzung** f (Mot) /
gasoline (US) o. petrol (GB) o. fuel injection ‖
~**fest und ölfest** / fast to petrol (GB) o.
gasoline (US) and oil ‖ ~**motor** m, Ottomotor
m (DIN) / petrol engine (GB), gasoline engine
(US), Otto engine, spark ignition engine, SI
engine ‖ ~**synthese** f (ChT) / gasoline synthesis
‖ ~**uhr** f (coll), Kraftstoffvorratsanzeiger m
(DIN) (Kfz) / fuel gauge, fuel level gauge, gas
gage (US), gasoline gage (US), petrol gauge
(GB)
Benzo•at n (Chem) / benzoate ‖ ~**diazepin** n
(Chem, Pharm) / benzodiazepine
Benzoesäure f (Chem, Pharm) / benzene
carboxylic acid, phenylformic acid, benzoic
acid ‖ ~**benzylester** m (Chem) / benzyl
benzoate ‖ ~**ethylester** m (Chem) / ethyl
benzoate ‖ ~**methylester** m (Chem) / methyl
benzoate
Benzofuran n (Chem) / cumarone, coumarone,
benzofuran
benzoide Kohlenwasserstoffe (Chem) / arenes pl
Benzoin n (Chem) / benzoin ‖ ~**kondensation** f
(Chem) / benzoin condensation
Benzol n (Chem) / benzene ‖ ~**carbonsäure** f,
Benzoesäure f (Chem, Pharm) / benzene
carboxylic acid, phenylformic acid, benzoic
acid ‖ ~**-1,3-dicarbonsäure** f (Chem) /
isophthalic acid ‖ ~**-1,4-dicarbonsäure** f
(Chem) / terephthalic acid ‖ ~**ring** m (Chem) /
benzene ring ‖ ~**-1,2,4-tricarbonsäure** f
(Chem) / benzene-1,2,4-tricarboxylic acid

Benzo•phenon n (Chem) / benzophenone,
diphenylketone ‖ ~**pyren** n (Chem) /
benzopyrene ‖ **1,2-~pyren** (Chem) /
3,4-benzpyrene ‖ ~**pyridin** n, Isochinolin n
(Chem) / isoquinoline ‖ ~**[b]pyrrol** n, Indol n
(Chem) / 2,3-benzopyrrole, indole
Benzoyl•glycin n (Chem) / hippuric acid ‖
~**glykokoll** n (Chem) / hippuric acid ‖
~**peroxid** n (Chem) / benzoyl peroxide
Benzpyren n (Chem) / benzopyrene
Benzyl•alkohol m (Chem) / benzyl alcohol ‖
~**benzoat** n (Chem) / benzyl benzoate ‖
~**chlorid** n (Chem) / benzyl chloride
Benzylidenchlorid n, Benzalchlorid n
(C_6H_5-CHCl$_2$) (Chem) / benzal chloride,
benzylidene chloride, dichloromethylbenzene
beobachtbar, feststellbar (z.B. Veränderungen,
Bewegungen, Ablagerungen auf einer
Oberfläche) / observable
beobachten / observe vt ‖ ~, feststellen (z.B.
Veränderungen, Ablagerungen auf einer
Oberfläche), bemerken / notice, observe ‖ ~,
überwachen (über einen längeren Zeitraum,
ohne Eingriff) / monitor vt (e.g. temperature,
air quality, toxic substances in the
environment, condition of a machine)
Beobachtung f / observation ‖ ~, Überwachung f
(über einen längeren Zeitraum, ohne Eingriff)
/ monitoring (e.g. of temperature, air quality,
toxic substances in the environment, condition
of a machine)
Beobachtungssystem n, Überwachungsanlage
(z.B. um den fehlerfeien Betrieb einer
Maschine sicherzustellen o. um den
Verkehrsfluss zu überwachen),
Überwachungssystem n / monitoring
equipment, monitoring system
Beplankung f, Außenhaut f (Luft) / skin, outside
skin ‖ ~ (im Holzbau) (Bau) / wall sheathing,
sheathing
beraten / advise vt
beratend•er Ingenieur / consulting engineer ‖
~**er Ingenieur für Bauwesen, der auf
Kostenplanung** (Kostenermittlung,
Kostenkontrolle und Kostensteuerung)
**während der Planung und Ausführung
spezialisiert ist** (Bau) / QS, quantity surveyor
(cost and financial specialist of the
construction industry whose main duties are:
estimating the cost of and assisting with
determining the feasibility of projects -
preparing documentation for competitive
tendering - tendering and negotiating for
contracts - managing and exercising financial
control over contracts to ensure cash-flow and
the profitability of projects - controlling and
managing sub-contractors, suppliers and the
like - concluding contracts upon completion of
projects)
Berater m, Unternehmensberater m (Wirtsch) /
consultant, management consultant, business
consultant
Beratung f, Unternehmensberatung (Tätigkeit)
(Wirtsch) / consulting, consulting service[s] ‖
~, Beratungsunternehmen f (Wirtsch) /
consultancy firm, consultancy
Beratungs•ingenieur / consulting engineer ‖
~**unternehmen** f, Unternehmensberatung f
(Wirtsch) / consultancy firm, consultancy
Berberin n (Chem) / berberine, jamaicin,
xanthopicrite
berechenbar / calculable, computable

berechnen, errechnen, ausrechnen (Math) / compute *vt*, calculate (by mathematical processes, e.g. sums, values, velocities), figure [out], work out ‖ ~, in Rechnung stellen / charge *vt* (e.g. expenses to an account; the customer 1500 dollars for the spare parts) ‖ ~, in Rechnung stellen (Waren) / bill *vt* (e.g. the company billed the goods to the customer at 150 dollars), invoice *vt*

Berechnung *f* / calculation, computation ‖ ≈, Fakturierung *f*, Abrechnung *f* (z.B. einer Arbeit) / billing, invoicing

berechtigen, das Recht geben [auf etwas/etwas zu tun] / entitle [somebody to something/somebody to do something] ‖ ~, die Befugnis geben, authorisieren / authorize (e.g. authorize a user to access selected data)

Berechtigung *f*, Genehmigung *f* / authorization (e.g. for use of computing resources; to access selected data)

Bereich *m*, Gebiet *n*, Region *f*, Gegend *f* / area, region ‖ ≈ (z.B. Messbereich), Spanne *f* / range (e.g. measuring range) ‖ ≈, Arbeits- o. Wissens- o. Tätigkeitsgebiet *n*, Sachgebiet *n* / area, field, domain, sphere ‖ ≈, Aufgabenbereich *m*, Verantwortungsbereich *m* / area of responsibility, field of responsibility ‖ ≈ (eines Themas, den eine Vorlesung, ein Buch etc. darstellen will), Rahmen *m*, Gegenstand *m* / scope (e.g. the scope of this book is to guide students to successful experiments; it is beyond/not within the scope of this article to discuss this aspect) ‖ ≈ / bracket (e.g. temperatures in the 55° to 85° bracket) ‖ ≈ (z.B. Frequenz-, Wertebereich) / range

Bereichsvermittlungsstelle *f*, Knotenvermittlungsstelle *f* (die erste Fernnetzebene - im dreistufigen Fernwahlnetz der Ebene zw. Ortsvermittlungsstellen und Weitvermittlungsstellen, im vierstufigen Fernwahlnetz die Ebene zw. Ortsvermittlungsstelle u. Hauptvermittlungsstelle) (Tele) / class 4 office, GSC (Group Switching Centre)(GB), local tandem exchange, local tandem, toll centre (telephone exchange connecting a group of local exchanges to the trunk network), toll office, trunk exchange, primary trunk switching centre, primary center (US), primary trunk exchange (US), Group Switching Centre (GB)

bereit, fertig / ready ‖ ~ (Gerät, das zwar in Betrieb ist, aber gerade nicht verwendet wird) / idle

Bereitschaft *f*, Reserve *f* (DV) / stand-by ‖ **in** ≈, fertig, bereit / ready *adj*, in readiness ‖ **in** ≈, Ersatz..., Reserve... (z.B. -rechner, -generator, der bereits funktionsfähig bereitsteht für den Fall, dass der Erstrechner/-generator ausfällt), Bereitschafts... / standby... (e.g. computer, generator)

Bereitschafts•..., Ersatz..., Reserve... (z.B. -rechner, -generator, der bereits funktionsfähig bereitsteht für den Fall, dass der Erstrechner/-generator ausfällt) / standby... (e.g. computer, generator) ‖ ≈**rechner** *m* (DV) / standby computer, backup computer ‖ ≈**zeichen** *n*, Eingabeaufforderung *n*, Prompt *m* (DV) / prompt *n* (e.g. in DOS), system prompt, prompt character ‖ ≈**zeit** *f* (z.B. eines Mobiltelefons) / standby time ‖ ≈**zustand** *m* / ready state ‖ ≈**zustand** (eines

Geräts, das zwar in Betrieb ist, aber gerade nicht verwendet wird) / idle state

bereitstellen, zur Verfügung stellen / provide, make available

Bereitstellung *f* / supply (e.g. of personnel, materials, energy, data), provision

Bereitung *f*, Darstellung *f*, Zubereitung *f* (Chem) / preparation

Berek-Kompensator *m* (Opt) / Berek compensator

Bergamottöl *n* / bergamot oil

Bergbau *m* / mining

Berggold *n* (Bergb) / native gold

Bergius-Pier-Verfahren *n* (ChT) / Bergius process (hydrogenation of coal)

Berg•mehl *n*, Kieselgur (Mater, Min) / kieselguhr (porous and friable sedimentary rock that is composed of the siliceous shells of diatoms), diatomaceous earth, tripolite, fossil meal ‖ ≈**werk** *n* (Bergb) / mine *n*

Bericht *m* (allg) / report *n* ‖ ≈, Protokoll *n* / report

berichten *vt* / report *vt*

berichtigen, verbessern, korrigieren / correct *vt*

Berkelium *n* (OZ = 97) (Chem) / berkelium, Bk

Berliner Blau *n* (Anstr, Chem) / Prussian blue (ferric ferrocyanide), iron blue, Turnbull's blue

Berme *f*, Böschungsabsatz *m* (Bau) / bench, berm

Bernoulli•-Gleichung *f* (Phys) / Bernoulli's equation, Bernoulli's law, Bernoulli's theorem ‖ ≈**-Polynome** *n pl* (Math) / Bernoulli's polynomials

Bernoullisch•e Differenzialgleichung (Math) / Bernoulli equation ‖ ≈**e Druckgleichung** (Phys) / Bernoulli's equation, Bernoulli's law, Bernoulli's theorem ‖ ≈**es Theorem** (Stat) / Bernoulli theorem, law of large numbers ‖ ≈**e Ungleichung** (Math) / Bernoulli inequality

Bernoulli•-Verteilung *f* (Stat) / binomial distribution ‖ ≈**-Zahlen** *f pl* (Math) / Bernoulli's numbers

Bernsteinsäure *f* (Chem) / succinic acid ‖ ≈**imid** *n* (Chem) / succinimide

Berstdruck *m* (Mech) / burst pressure, bursting pressure

bersten, zerplatzen / burst *vi*

Berstversuch *m* (Mater) / bursting test

Berthelot•-Bombe *f* (Phys) / bomb calorimeter ‖ ≈**-Gleichung** *f* (Phys) / Berthelot equation

Berthollide (frühere Bezeichnung), nichtstöchiometrische Verbindungen (Chem) / non-stoichiometric compound

Bertrand•-Kurven *f pl* (Math) / Bertrand curves ‖ ≈**-Postulat** *n* (Math) / Bertrand's postulate

berücksichtigen, bedenken / take into account, take into consideration ‖ ~, Rechnung tragen (einer Sache, einem Umstand) / allow [for] ‖ ~, einkalkulieren / make allowance for (e.g.: My budget calculations make allowance for two paid employees)

Berufs•ausbildung *f* / vocational training, vocational education, vocational education and training (VET), career and technical education (CTE) ‖ ≈**bildung** *f*, Berufsausbildung *f* / vocational training, vocational education, vocational education and training (VET), career and technical education (CTE) ‖ ≈**erfahrung** *f* / professional experience, professional practice ‖ ≈**fachschule** *f* (gehört zum Sekundarbereich II und vermittelt berufliche Qualifikationen sowie Schulabschlüsse) / secondary vocational school || **⁓lernender** m (Schweiz) / apprentice, app. || **⁓schule** f (berufsbegleitende Pflichtschule für Auszubildende) / vocational school, career college, trade school || **⁓verkehr** m / commuter traffic, office-hour traffic

beruhen [auf], basieren [auf] / be based [on]

beruhigter Stahl, beruhigt vergossener Stahl (Hütt) / killed steel

berühren, anrühren / touch, contact vt

berührend, sich ~, benachbart, angrenzend [an] / adjacent, neighbo[u]ring, adjoining, contiguous, conterminal, conterminous [to]

Berührstelle f (der Pulverkörner), Kontaktpunkt m (PM) / contact area, contacting point

Berührung f (allg) / touch || **⁓**, Kontakt m (Elek) / contact

Berührungs•dichtung f (bei gegeneinander bewegten Teilen) / contact seal, positive contact seal, rubbing seal || **⁓elektrizität** f (Elek) / contact electricity || **⁓empfindlicher Monitor**, Touchscreen m, Sensor-Bildschirm m (DV) / touch screen, touch-sensitive display || **⁓fläche** f (allg) / area of contact, contacting surface, contact area, contact surface, surface of contact || **⁓flächen** f pl, Stoßflächen f pl (beim Fügen (Schweißen, Kleben, Schraubverbindungen etc.)) (Fert) / faying surfaces (in joining and assembly processes), abutting surfaces || **~frei**, berührungslos [arbeitend, wirkend] / non-contact (e.g. sensor) || **~freie Dichtung**, clearance seal, noncontact seal, controlled clearance noncontact seal, controlled clearance seal || **~freie Prüfung** (QM) / noncontact inspection || **⁓gift** n (Chem) / contact poison || **⁓korrosion** f, Kontaktkorrosion f / contact corrosion, dissimilar metal corrosion, galvanic corrosion || **~los** [arbeitend, wirkend] / non-contact (e.g. sensor) || **~lose Dichtung**, berührungsfreie Dichtung / clearance seal, noncontact seal, controlled clearance noncontact seal, controlled clearance seal || **⁓punkt** m (allg) / contact point, point of contact || **⁓schalter** (Elek) / touch switch || **⁓schutz** m (Elek) / protection against contact || **⁓spannung** f (Elek) / contact voltage, touch voltage || **⁓spannung** (an der Grenzfläche zweier sich berührender, chemisch verschiedener Substanzen), Kontaktspannung f (Elek) / contact voltage || **⁓spannung, gefährliche** [o. zu hohe] **⁓spannung** (Elek) / shock-hazard voltage || **⁓stelle** f (allg) / contact point, point of contact || **⁓thermometer** n (Mess, Phys) / contact thermometer || **⁓widerstand** m, Kontaktwiderstand m, Übergangswiderstand m (Elek) / contact resistance

Beryllat n (Chem) / beryllate

Beryllium n (Chem) / beryllium, Be || **⁓chlorid** n (Chem) / beryllium chloride || **⁓legierungen** f pl (mit bis zu 8% Beryllium) (Chem) / beryllium alloy || **⁓nitrat** n (Chem) / beryllium nitrate || **⁓oxid** n (Chem) / beryllium oxide, glucina

Besatzung f, Flugpersonal n (Luft) / crew, aircrew

beschädigen / damage vt (e.g. machine)

Beschädigung f, Defekt m, Schaden m / defect || **⁓** [von, an] / damage [to]

beschaffen, einkaufen (Wirtsch) / procure, purchase || **~** (z.B. Unterlagen), besorgen / obtain

Beschaffenheit f, Wesen f / nature, character, quality || **⁓**, augenblicklicher Zustand / condition

Beschaffung f / procurement

Beschaffungskosten pl / cost of acquisition

beschäftigen (Arbeitnehmer) / employ (staff)

Beschäftigte pl, Personal n / personnel, staff, work force, employees pl

Beschäftigung f, Tätigkeit f / occupation || **⁓**, Arbeit f / employment, work, job[s]

beschalten, verdrahten (Elek) / wire

Beschaltung f, Verdrahtung f (Elek) / wiring, electrical wiring

bescheinigen / certify || **~** (den Empfang) / acknowledge

Bescheinigung f, Zertifizierung f / certification || **⁓**, Zertifikat n / certificate

beschichten / coat vt || **galvanisch ~**, mit galvanischem Überzug versehen (OT) / electroplate, plate || **⁓** n, Beschichtung f (Fert) / coating || **⁓** **aus dem gasförmigen Zustand**, Abscheiden n (von Schichten) aus der Gasphase / vapour deposition (CVD or PVD) || **chemisches ⁓**, Reduktionsverfahren n, Metallabscheidung f ohne äußere Stromquelle (OT) / electroless plating || **galvanisches ⁓** (OT) / electroplating, electrochemical plating, plating

Beschichtung f, Überzug m / coat n, coating n || **⁓**, Beschichten n (Fert) / coating || **⁓**, Überzug m (aus Metall, galvanisch aufgebracht), galvanischer Überzug (durch Galvanisieren hergestellt) (OT) / deposit, electroplated coating, plating, electroplating

Beschichtungsstoff m / coating material, coating substance

beschicken vt (z.B. Hochofen) / charge || **~** n, Begichtung f (des Hochofens), Beschickung f (Hütt) / charging (of the blast furnace)

Beschickung f (mit Material, z.B. eines Hochofens) / charging

Beschickungs•gut n, Aufgabegut n / feedstock (e.g. for extruder), charging stock, process material || **⁓menge** f, Charge f / batch n, charge || **⁓roboter** m / materials handling robot || **⁓tür** f, Chargiertür f (des Ofens) (Gieß, Hütt) / charging door

Beschläge m pl, Türbeschläge m pl (Bau) / door hardware (all ironmongery of a door, including that needed for hanging, locking, closing, or weatherstripping it, as well as any decorative door furniture), door ironmongery || **⁓**, Türbeschläge m pl (Bau) / Türgriff o. Sicherheitstürschild / door furniture (decorative parts fixed to a door, e.g. door handle, key escutcheon, kick plate)

beschlagen, anlaufen vi (z.B. Fenster) / fog (e.g. glasses, window), steam up, mist up o. over, fog up vi

beschleunigen (allg, Kfz, Phys) / accelerate || **~** / speed up (e.g. a function, task, reaction)

Beschleuniger, Erstarrungsbeschleuniger m (Betonzusatzmittel) (Bau) / accelerating admixture (for concrete), accelerator || **⁓** m (z.B. Vulkanisationsbeschleuniger, Erstarrungsbeschleuniger) (Bau, Chem, Foto, Techn) / accelerator || **⁓**, Teilchenbeschleuniger m (Nukl) / accelerator, atom smasher, particle accelerator

beschleunigt / accelerated

Beschleunigung f (allg, Phys) / acceleration

Beschleunigungs•arbeit f (Phys) / acceleration work ‖ ≈**diagramm** n / acceleration graph ‖ ≈**kraft** f (Phys) / accelerating force, acceleration force ‖ ≈**messer** m (Mess) / accelerometer ‖ ≈**sensor** m (Mess) / acceleration sensor ‖ ≈**spur** f, Beschleunigungsstreifen n (Straß) / acceleration lane ‖ ≈**streifen** n, Beschleunigungsspur f (Straß) / acceleration lane

beschmutzt, verschmutzt, schmutzig / dirty adj, soiled, filthy

beschneiden (Bäume, Hecken etc.), stutzen / trim vt (e.g. hedges, trees) ‖ ≈ (Buchblock auf 3 Seiten) (Druck) / trim ‖ ≈ (Bild, Papier), trimmen / trim ‖ ≈ n (von Buchblocks auf 3 Seiten) (Druck) / trimming ‖ ≈ (vollständiges Trennen v. überstehenden Rändern, Beschneidezugaben u.ä. nach vorangegangener Umformung) (Fert) / trimming

Beschneidung f, Trimmen n (DV) / trimming, clipping, scissoring (in graphics)

Beschnitt m, Beschneidung f, Trimmen n (DV) / trimming, clipping, scissoring (in graphics)

beschränken [auf], begrenzen / restrict vt, limit [to] ‖ ≈ (auf einen best. Bereich, Ort), lokalisieren, eingrenzen / localize, limit [to] ‖ ≈, einschränken (z.B. Ausgaben, Handel) / restrain (e.g. expenditure, trade)

beschränkt (Menge) (Math) / bounded (set) ‖ ≈, begrenzt (z.B. Reichweite, Frequenzbereich) / limited (e.g. range) ‖ ≈**e Folge** (Math) / bounded sequence ‖ ≈**e Funktion** (Math) / bounded function ‖ ≈**e Haftung** / limited liability, L.L.

beschreiben / describe ‖ ≈ (DV) / record (e.g. a floppy disk)

beschreibend, deskriptiv (z.B. Statistik) / descriptive (e.g. statistics)

Beschreibung f / description

Beschreibungssprache f (DV) / description language

beschriften, mit einer Aufschrift versehen / label

beseitigen, entfernen / remove vt ‖ ≈, beheben (Fehler, Problem) / correct, eliminate, rectify ‖ ≈ (Nachteile, Schwierigkeiten, Probleme, Störung etc.) / eliminate ‖ ≈, entsorgen (Abfälle) (Umw) / dispose of

Beseitigung f, Entfernung f / removal ‖ ≈, Eliminierung f / elimination ‖ ≈ (von Nachteilen, Schwierigkeiten, Problemen, Störungen etc.) / elimination ‖ ≈ (von Abfällen), Abfallentsorgung f (Umw) / waste disposal, disposal (of waste), refuse disposal

besetzen / occupy

Besetzungs•inversion f (Phys) / population inversion ‖ ≈**umkehr** f (Phys) / population inversion ‖ ≈**zahl** f (Phys) / occupation number, population number

besichtigen (z.B. ein Kraftwerk) / be give a tour of (e.g. a power plant) ‖ ≈ (zur Prüfung) / inspect, visit

besitzen (Eigentum) / possess ‖ ≈ (z.B. Eigenschaften, Vorteile) / have, feature ‖ ≈ (ein Patent) / hold (a patent)

besondere, speziell / special

Besonderheit f, charakteristisches Merkmal n / characteristic n, characteristic feature

besonders / particularly ‖ ≈, extra (-hart, -dick, -schwer) / extra (hard, thick, long)

besorgen, beschaffen (z.B. Unterlagen) / obtain

Besprechung f, Sitzung f, Meeting n / meeting n

bespritzen, besprühen / spray (e.g. plants with insecticide) ‖ **mit Aluminium ≈**, alumetieren / alumetize, aluminium-coat by spraying

besprühen / spray (e.g. plants with insecticide)

Besselfunktion f (Math) / Bessel function

Besselsche Differenzialgleichung (Math) / Bessel's differential equation

Bessemer•birne f (Hütt) / Bessemer converter ‖ ≈**-Konverter** m, Bessemerbirne f (Hütt) / Bessemer converter

Bessemern n, Bessemerverfahren n (Hütt) / acid converter process, Bessemer process, Bessemer refining process

Bessemer•stahl m (Hütt) / Bessemer steel ‖ ≈**verfahren** n (Hütt) / acid converter process, Bessemer process, Bessemer refining process

besser [als], überlegen / superior [to], better [than]

best, optimal / optimal, optimum adj

Bestand m, Existenz f / existence ‖ ≈ (Fortbestehen) / continuance, continued existence ‖ ≈, Lagerbestand m / stock n, warehouse stock ‖ ≈ (z.B. an Atomwaffen) / inventory (of nuclear weapons) ‖ ≈ **haben gegen**, standhalten, aushalten / withstand (e.g. heat, pressure), resist vt, sustain

beständig, andauernd / continuing, continuous, persistent, steady ‖ ≈, fest, widerstandsfähig [gegen] / resistant [to], ...-proof ‖ ≈, gleichbleibend, einheitlich / consistent (e.g. performance; research of consistent quality)

Beständigkeit f, Dauerhaftigkeit f, Haltbarkeit f / durability, stability ‖ ≈, Festigkeit f [gegen] / resistance (to chemicals, heat, radiation etc.) ‖ ≈ **gegen Chemikalieneinwirkung**, chemische Beständigkeit / chemical resistance, resistance to chemical attack ‖ ≈ **gegen hohe Temperaturen** / heat resistance, resistance to heat, thermal endurance o. stability, high-temperature strength, high-temperature stability, heat stability

Bestandteil m, Komponente f / constituent ‖ ≈ (Masch) / component [part] ‖ ≈, Ingredienz (allg, Nahr, Pharm) / ingredient ‖ ≈, Komponente f (einer Stoffverbindung) (Chem) / component, constituent

bestätigen / confirm ‖ ≈ (offiziell, amtlich, durch Wirtschaftsprüfer etc.) / certify ‖ ≈ (z.B. den Empfang) (allg, Eltro, Regel, Tele) / acknowledge

Bestätigung[smeldung] f, Quittung f, positive Rückmeldung f (Tele) / acknowledge[e]ment, acknowledge message

Besteckschublade f, Besteckkorb m (des Geschirrspülers) (HG) / cutlery basket (GB), flatware rack (of a dishwasher)(US), flatware basket (US), cutlery rack (GB)

bestehen vi, existieren / exist, be in existence ‖ ≈ [aus] / consist [of], be composed [of] ‖ ≈ vt (Prüfung) / pass (a test)

bestehend, existierend, bereits vorhanden / existing ‖ ≈ [aus] / consisting [of], made up [of], composed [of]

bestellen / order ‖ ≈ (Land), bewirtschaften, bebauen (Landw) / cultivate (land, fields, etc.), dress, farm vt, till vt

Bestellung f (Wirtsch) / order ‖ ≈, Bebauung f (Landw) / cultivation ‖ **auf ≈ angefertigt** / custom-made

bestimmen, erkennen, ermitteln / identify (e.g. faulty parts) ‖ ≈ (z.B. Wert eines Signal,

Gewicht, Größe, Position), feststellen, ermitteln / determine, ascertain ‖ ~ (z.B. Termin, Preis), festlegen / determine ‖ ~, definieren / define ‖ ~, entscheiden / decide ‖ ~, vorsehen / provide [for, that](in contract etc.)

bestimmt, gewiss, nicht genau angegeben / certain ‖ ~, speziell, genau angegeben / particular, specific ‖ ~ (z.B. Anzahl, Form, um die es in einem bestimmten Zusammenhang gerade geht) / given (number, shape) ‖ ~ [für], vorgesehen / intended [for], destined [for] ‖ ~, eindeutig / definite ‖ ~ (Termin, Preis), festgesetzt / set, fixed ‖ ~es Integral (Math) / definite integral

Bestimmtheit f (Math, Phys) / definition

Bestimmung f, Vorschrift f, Auflage f / requirement ‖ ≃ (gesetzlich), Vorschrift f / regulation ‖ ≃, Nachweis m, Ermittlung f / identification (e.g. of noxious substances), determination ‖ ≃ **der Kornzusammensetzung**, Prüfen der Kornzusammensetzung n (Bau, ChT) / grading, particle size analysis

Bestimmungs•gleichung f (Math) / conditional equation ‖ ≃**grenze** f / limit of determination ‖ ≃**ort** m, Zielort m (Trans) / destination

Bestrahlen n (MT) / irradiation, exposure to rays

Bestrahlung f, Bestrahlen n (MT) / irradiation, exposure to rays ‖ ≃ (Phys) / radiant exposure (total energy of the radiation incident on a surface per unit area in J/m^2)

Bestrahlungsstärke f (Phys) / irradiance (amount of radiant flux impinging on a unit surface area - unit: W/m^2), radiant flux density

bestreichen, überstreichen mit (Abtaststrahl, Radarstrahl), abtasten, absuchen (Eltro, Radar) / scan (a region), traverse, sweep ‖ ≃ n, Abtasten n (Radar) / scan n

bestücken (z.B. Turbinenläufer mit Schaufeln, PCs mit Netzwerkkarten), austatten / equip, fit ‖ ~ (z.B. Leiterplatten mit SMDs) / assemble vt (e.g. surface mount components to PCBs), populate (e.g. PCB with surface mounted components) ‖ ~ (mit Werkzeugen) (Wzm) / tool, load ‖ ~ (mit Schneide o. Spitze) (Wzm) / tip ‖ ~ (mit Hartmetallschneide) (Wzm) / hardface vt

Bestückungs•automat m (Eltro, Fert) / SMT component placement system (SMT = surface-mount technology), SMT machine, pick-and-place machine ‖ ≃**roboter** m / pick-and-place robot

Bestzeitprogrammierung f (DV) / minimum access coding, minimum-access programming

besuchen / visit ‖ ~, teilnehmen an / attend (classes, seminars)

Besucher m (z.B. einer Ausstellung, Website) / visitor ‖ ≃ s. a. Teilnehmer ‖ ≃**datei** f (Mobilfunk), Aufenthaltsregister n (lokale Datenbank in einer MSC mit allen Benutzern, die sich gegenwärtig in ihrem Bereich befinden) (Tele) / visited location register, visitors' location register, VLR (visited location register) ‖ ≃**verzeichnis** n, Besucherdatei f (Mobilfunk), Aufenthaltsregister n (lokale Datenbank in einer MSC mit allen Benutzern, die sich gegenwärtig in ihrem Bereich befinden) (Tele) / visited location register, visitors' location register, VLR (visited location register)

Beta•adrenozeptorenblocker m pl (Pharm) / beta blocker ‖ ≃**blocker** m pl (Pharm) / beta blocker

betanken, auftanken vt (Flugzeug) (Luft) / refuel v ‖ ~, auftanken (Kfz) / refuel vt, fuel, tank up

Betankungs•fahrzeug n, Tankwagen m, Tankfahrzeug n (Luft) / bowser (airport)(GB), fuel truck (US) ‖ ≃**öffnung** m (Luft) / receptacle (in the receiver aircraft in aerial refuelling) (Luft) ‖ ≃**sonde** f (bei der Luftbetankung) (Luft) / probe ‖ ≃**system** n (Luft) / fuel handling system

Beta•-Oxidation f, β-Oxidation f (Chem) / beta oxidation ‖ ≃**rezeptorenblocker** m (Pharm) / beta blocker ‖ ≃**spektrometer** n / beta spectrometer ‖ ≃**spektrum** n / beta-ray spectrum ‖ ≃**strahler** m / beta emitter ‖ ≃**strahlung** f / beta particle radiation ‖ ≃**sympatholytika** n pl (Pharm) / beta blocker ‖ ≃**teilchen** n / beta particle

betätigen, bedienen (z.B. eine Maschine) / operate ‖ ~ / actuate (e.g. brakes, switches, relays, sensors) ‖ ~, drücken (auf) (eine Taste) / press [down], activate (a key, pushbutton) ‖ ~ (eine Maustaste), drücken / click (a mouse button) ‖ ~, umlegen (Hebel, Schalter) / throw (lever, switch), trip ‖ ~ (Abzugshahn), auslösen / pull (the trigger)

Betätigung f, Bedienung f (z.B. einer Maschine) / operation ‖ ≃ / actuation (e.g. of brakes, contacts, switches, relays, sensors) ‖ ≃ **durch Muskelkraft** (z.B. eines Ventils) / muscular control

Betätigungs•hebel / operating lever, control lever ‖ ≃**kraft** f / operating force ‖ ≃**nocken** m / actuating cam

Betatron n, Elektronenschleuder f (Nukl) / betatron, rheotron ‖ ≃**-Schwingungen** f pl (Nukl) / betatron oscillations pl

Beta•übergang m, Betazerfall m (Nukl) / beta decay, beta disintegration ‖ ≃**umwandlung** f, Betazerfall m (Nukl) / beta decay, beta disintegration ‖ ≃**wellen** f pl (im EEG, 14-30 Hz) (Med, MT) / beta waves ‖ ≃**zerfall** m (Nukl) / beta decay, beta disintegration

beteiligen, sich ~ [an], teilnehmen [an] / participate [in], take part [in] ‖ **sich** ~ [an], mitwirken [an, bei] / be involved [in]

Beteiligung f, Teilnahme f [an] / participation [in] ‖ ≃, Mitwirkung f [an] / involvement [in]

Bethe•-Bloch-Formel f (Nukl) / Bethe-Bloch formula ‖ ≃**-Weizsäcker-Formel** f, Bethe-Weizsäcker-Massenformel f (Nukl) / semi-empirical mass formula, SEMF, Weizsäcker's formula, Bethe-Weizsäcker formula ‖ ≃**-Weizsäcker-Zyklus** m (Astr, Nukl) / Bethe cycle, carbon-nitrogen cycle, carbon cycle

BET-Methode f (Phys) / BET method (widely used in surface science for the calculation of surface areas of solids by physical adsorption of gas molecules)

Beton m (pl: Betone) (Bau, Mater) / concrete ‖ ≃**bau** m, -gebäude n (Bau) / concrete building ‖ ≃**bau**, -konstruktion f / concrete construction ‖ ≃**bau** (nicht armiert) (Bau) / plain concrete structure

betonen, hervorheben / emphasize, stress

Beton•formstahl m (Bau) / deformed reinforcing bar ‖ ≃**mast** m / concrete pole ‖ ≃**mischer** m (Bau) / concrete mixer ‖ ≃**mischer**, Betonmischfahrzeug n (Bau, Kfz) / concrete transport truck, concrete truck, in-transit mixer ‖ ≃**mischfahrzeug** n (Bau, Kfz) / concrete transport truck, concrete truck, in-transit mixer ‖ ~**mischmaschine** f (Bau) / concrete mixer ‖ ~**nachbehandlung** f, Nachbehandlung f (von Beton) (Bau) / concrete curing, cure n, maturing, curing ‖ ~**pumpe** f (Bau) / concrete pump ‖ ~**säge** f (Bau) / concrete saw, consaw, road saw ‖ ~**schalung** f (Bau) / formwork, casing, shuttering ‖ ~**stahl** m (Bau) / concrete reinforcement steel, reinforcement steel, reinforcing steel, rebars pl, rebar steel, concrete reinforcing steel ‖ ~**zusatz** m (der die Eigenschaften von Frisch- o. Festbeton beeinflusst - Betonzusatzmittel o. Betonzusatzstoff) (Bau) / addition, concrete admixture, admixture, additive ‖ ~**zusatzmittel** n (flüssige o. pulverförmige Stoffe, die v.a. bestimmte Frischbetoneigenschaften beeinflussen - wegen der geringen Zugabemengen können sie bei der Stoffraumberechnung unberücksichtigt bleiben: Betonverflüssiger, Luftporenbildner, Dichtungsmittel, Erstarrungsverzögerer u -beschleuniger, Einpresshilfen, Stabilisierer) (Bau) / addition, concrete admixture, admixture, additive ‖ ~**zusatzstoff** n (mineralischer o. organischer Stoff, der bestimmte Betoneigenschaften verändert, o. Farbmittel - wird in größeren Mengen zugegeben u. muss bei der Stoffmengenberechnung berücksichtigt werden) (Bau) / addition, concrete admixture, admixture, additive

Betracht, außer ~ lassen / leave out of consideration o. account, disregard ‖ **in ~ kommen** (für einen best. Zweck) / be suitable (for a particular application) ‖ **in ~ ziehen** / take into consideration o. account, consider ‖ **nicht in ~ kommen** (für einen best. Zweck) / be unsuitable (for a particular application)

betrachten, ansehen (prüfend) / view vt ‖ ~ (z.B. Entwicklungen, Materialeigenschaften), eingehend untersuchen / consider ‖ ~ [als] (z.B. als Absatzmöglichkeit) / consider, regard [as]

beträchtlich / substantial, considerable

Betrachtung f, Überlegung f / consideration

Betrag m, Summe f / amount, sum ‖ ~, Absolutbetrag m (einer reellen Zahl) (Math) / absolute value (magnitude of a quantity irrespective of sign), magnitude ‖ ~, Absolutbetrag m (eine Vektors) (Math) / absolute value, magnitude ‖ ~, Absolutbetrag m (einer komplexen Zahl) (Math) / absolute value, magnitude, modulus

betragen, ergeben (einen Betrag), ausmachen, sich belaufen [auf] (Math) / amount vi [to]

betreffen / concern

betreiben / operate vt (e.g. a business, airline, power plant) ‖ ~ (z.B. Handel, Forschung) / conduct (e.g. trade, research)

Betreiber m, Betriebsgesellschaft f / operating company ‖ ~ (einer Anlage) / operator ‖ ~ (eines öffentlich zugänglichen Telekommunikationsnetzes), Netzbetreiber m (Tele) / common carrier (organization or company offering telecommunications services or communications facilities to the general public on a non-discriminatory basis), carrier ‖ ~ **eines Mobilfunknetzes** (Tele) / cellular provider

betreuen, verantwortlich sein für (z.B. eine Projekt), leiten / be in charge of ‖ ~, sich kümmern um / attend vi (to a customer)

Betreuung f (z.B. eines Projekts), Verantwortung f [für] / responsibility (for e.g. a project) ‖ ~ (von Geräten und Anlagen, von Mitarbeitern bei technischen Fragen) / [technical] support

Betrieb m (einer Anlage) / operation ‖ ~, Laufen n (Masch) / working, functioning, operation ‖ ~, Werk n, Fabrik f / works sg, factory, facility ‖ ~, Unternehmen n (Wirtsch) / business, company, firm, enterprise ‖ ~, Betriebsart f, Modus m / mode (e.g. automatic mode) ‖ ~ **mit nichtperiodischer Last und Drehzahländerung** (Betriebsart S9) (Elek) / duty with non-periodic load and speed variations (duty type S9) ‖ **außer ~**, defekt (außer Betrieb) / out of service, out of [working] order ‖ **außer ~ setzen** / put out of operation, take out of service ‖ **außer ~ setzen**, abschalten (Anlage, Reaktor etc.) / shut down, decommission ‖ **den ~ aufnehmen** / go into operation, start operations ‖ **in ~ gehen** / be put into operation o service ‖ **in ~ nehmen** / put into service o. operation, commission v (e.g. machine, spacecraft, power station) ‖ **in ~ sein** / operate, be in operation, work, run ‖ **in ~ sein** / be on stream (e.g. aluminium plant, refinery, gas field, pipeline) ‖ **in ~ sein** (Kraftwerk), Strom liefern (Elek) / be online ‖ **in ~ setzen** (Maschine), in Gang setzen / start up

betrieblich / operational ‖ ~**e Sozialleistungen** f pl (IE) / employee benefits, fringe benefits pl, benefits in kind

Betriebs•..., Arbeits..., Funktions... / operational, op ‖ ~**ablauf** m / sequence of operations, operating sequence ‖ ~**anlagen** f pl, Werk n, Fabrik f / works sg, factory, facility ‖ ~**anleitung** f / operating instructions pl ‖ ~**anweisung** f, Betriebsanleitung / operating instructions ‖ ~**art** f (DV, Elek, TV) / operating mode, mode of operation, operational mode ‖ ~**art** (elektrischer Maschinen: Dauer-, Kurzzeit-, Aussetzbetrieb etc.) (Elek) / duty type ‖ ~**ausstattung** f, Betriebsmittel n pl / resources pl, equipment ‖ ~**bedingungen** f pl (einer Anlage) / operational conditions pl, operating conditions pl, service conditions pl ‖ ~**bereich** m, Arbeitsbereich m (Elek, Masch) / operating range ‖ ~**bereit** / operational, ready for operation ‖ **nicht ~bereit**, funktionsunfähig / out of order, inoperative ‖ ~**bereit sein**, einsatzbereit sein, in Bereitschaft sein / be on standby ‖ ~**bereitschaft** f / readiness for service o. operation ‖ ~**dampf** m / process steam ‖ ~**daten** n pl / operational data pl, operating data ‖ ~**datenerfassung** f / collection of operational data, logging of operational data ‖ ~**dauer** f / operating time, time of operation ‖ ~**dauer** (z.B. einer Anlage), Betriebslebensdauer f / useful life, operating life, lifetime, service life, life, operational life, operational lifetime, serviceable life ‖ ~**drehzahl** f (Masch) / operating speed ‖ ~**druck** m / operating pressure, working pressure, W.P., service pressure ‖ ~**eigen** (IE) / in-house..., in-company ‖ ~**- und Versorgungseinheit** f (eines Raumfahrzeugs), Servicemodul n (Raumf) / service module ‖ ~**einrichtung** f, Betriebsmittel n pl / resources *pl*, equipment ‖ ≈**erde** *f* (Elek) / system earth (GB) o. ground (US) ‖ ≈**erdung** *f* (Elek) / operational earthing ‖ ≈**erfahrung** *f* / operating experience, practical experience ‖ ≈**ergebnisse** *n pl* / operating results *pl* ‖ ~**fähig** (Masch) / serviceable, operative, in working order ‖ **nicht ~fähig**, funktionsunfähig / out of order, inoperative ‖ ~**fertig** / ready for use ‖ ≈**frequenz** *f* (Elek) / operating frequency ‖ ≈**führung** *f* (Wirtsch) / operations management ‖ ≈**geräte** *n pl*, Betriebsmittel *n pl* / resources *pl*, equipment ‖ ≈**gesellschaft** *f*, Betreiber *m* / operating company ‖ ≈**gewicht** *n* (Luft, Masch) / operating weight ‖ ≈**handbuch** *n* / operations manual, operating manual ‖ ~**intern**, innerbetrieblich, firmenintern / intra-company (e.g. transfer, relationships, communications, network), in-house ‖ ~**intern**, innerbetrieblich, werksintern / in-plant, intra-plant ‖ ≈**kondensator** *m* (Elek) / run capacitor ‖ ≈**kosten** *pl* / operating expense, operating expenditure, operational expense, operational expenditure, operating costs ‖ ≈**lebensdauer** *f* / useful life, operating life, lifetime, service life, operational life, operational lifetime, serviceable life ‖ ≈**leiter** *m* / plant manager, factory manager, operations manager, works manager, plant superintendent ‖ ≈**mittel** *n pl* / resources *pl*, equipment ‖ **elektrisches** ≈**mittel** (Elek) / electrical equipment ‖ ≈**mittelplanung** *f* (DV, Masch) / resource scheduling ‖ ≈**mittelzuweisung** *f* (DV) / resource allocation ‖ ≈**programm** *n* (DV) / operating program ‖ ≈**punkt** *m* (Masch) / operating point, working point ‖ ≈**rat** *m* (Gremium) / works council ‖ ≈**ratsmitglied** *n* / member of the works council ‖ ≈**schließung** *f* / plant shutdown ‖ ~**sicher**, gefahrlos / safe ‖ ~**sicher**, zuverlässig / reliable, dependable ‖ ~**sicher**, ausfallsicher (Eltro) / fail-safe ‖ ≈**sicherheit** / operational safety ‖ ≈**sicherheit**, Zuverlässigkeit *f* / operational reliability, reliability of operation o. of service ‖ ≈**spannung** *f* (Elek) / operating voltage, working voltage, service voltage ‖ ≈**stätte** *f* / operational facility ‖ ≈**stockung** *f*, Betriebsunterbrechung *f*, Betriebsstörung *f* / interruption (of operation) ‖ ≈**störung** *f* / malfunction, operational malfunction, failure (of normal operation) ‖ ≈**störung**, Betriebsunterbrechung *f* / interruption (of operation) ‖ ≈**strom** *m* (Elek) / operating current, working current ‖ ≈**system** *n* (DV) / operating system, OS ‖ ≈**system DOS** (DV) / disk operating system, DOS ‖ ≈**temperatur** *f* / operating temperature, service temperature, working temperature ‖ ≈**temperatur** (Mater) / service temperature, operating temperature ‖ ≈**unterbrechung** *f*, Betriebsstörung *f* / interruption (of operation) ‖ ≈**verhalten** *n* / operating characteristics *pl*, operating performance, performance in service ‖ ≈**verhältnisse** *n pl*, Betriebsbedingungen *f pl* (einer Anlage) / operational conditions *pl*, operating conditions *pl*, service conditions *pl* ‖ ≈**wasser** *n* / service water ‖ ≈**wirkungsgrad** *m* (einer Leuchte (Licht) / luminaire efficiency (US), light output ratio (of a luminaire)) ‖ ≈**zeit** *f* (während der eine Anlage etc. funktionsfähig und betriebsbereit ist), verfügbare Betriebszeit / uptime, available time, operable time ‖ ≈**zeit**, Benutzungsdauer

f (einer Anlage) / operating time, service period ‖ ≈**zeit der Akkus** (Elek) / battery life ‖ ≈**zustand** *m* / operating condition, working condition

Bett *n* (allg, Chem) / bed *n* ‖ ≈, Bettung *f* (Bau) / bedding ‖ ≈ (einer Werkzeugmaschine) (Wzm) / bed (of a machine-tool) ‖ ≈, Flussbett *n* / bed, river bed

Bettendorf-Arsenprobe *f* (Chem) / Bettendorf's test

Bettfräsmaschine *f* (Wzm) / bed-type milling machine

Bettische Zahlen, Zusammenhangszahlen *f pl* (Math) / connectivity numbers, Betti numbers

Bettschlitten *m* (Unterteil des Werkzeug-schlittens der Drehmaschine, auf den Führungsbahnen des Bettes geführt, dient der Längsbewegung der Drehwerkzeuge), Längsschlitten *m* (Wzm) / saddle (component of the carriage)

Bettung *f*, Bett *n* (Bau) / bedding ‖ ≈ (bildet zusammen mit dem Gleis und der Planumschutzschicht den Oberbau), Schotterbett *n* (Bahn) / track ballast, ballast, roadbed, trackbed, gravel ballast

Beugung *f*, Diffraktion *f* (Phys) / diffraction

beugungs•begrenzt (Opt) / diffraction limited ‖ ≈**bild** *n* (Opt) / diffraction pattern ‖ ≈**dispersion** *f* (Opt) / diffraction dispersion ‖ ≈**gitter** *n*, optisches Gitter / diffraction grating (for producing optical spectra), grating, optical grating ‖ ≈**maxima** *n pl* (Opt) / diffraction maxima ‖ ≈**minima** *n pl* (Opt) / diffraction minima ‖ ≈**ordnung** *f* (Phys) / order of diffraction ‖ ≈**scheibchen** *n* (Opt) / diffraction disk ‖ ≈**spektrum** *n* (Opt) / diffraction spectrum ‖ ≈**welle** *f* (Phys) / diffracted wave ‖ ≈**winkel** *m* (bei Wellen) (Phys) / diffraction angle

Beule *f* (z.B. in Blech), Delle *f* / dent

beurteilen, einschätzen / assess (problem, situation, needs, quality, performance)

Beurteilung *f*, Bewertung *f* / assessment

Beutelfilter *m* (ChT) / bag filter

Bevölkerung *f* (Biol, Umw) / population

bewahren, beibehalten (z.B. Werte, Eigenschaften) / retain

bewährt / proven, tried and tested, well tried

bewältigen (Aufgabe, Problem, Informationsmenge) / cope with (a task, problem, volume of information)

Bewässerungskanal *m* (Wasserb) / irrigation channel o. canal

bewegen / move *vt* ‖ ~ (zeilenweise), gleiten lassen (Eltro) / scan *vt* (e.g. beam of electrons over specimen) ‖ **sich ~** / move ‖ **sich im Kreis o. auf einer Spirale ~** / gyrate *vi*

bewegende Kraft, Antriebskraft *f*, Beweg[ungs]kraft *f* / motive force, motor *n*, motive power, moving force o. power, driving force

Beweg[ungs]kraft *f*, Antriebskraft *f* / motive force, motor *n*, motive power, moving force o. power, driving force

beweglich, in seiner Position veränderbar / movable ‖ ~, ortsveränderlich, mobil / mobile ‖ ~, transportabel / portable ‖ ~, sich [von sich aus] bewegend / moving ‖ ~, lose / loose ‖ ~**e Backe** (von Schraubstock, Rollgabelschlüssel etc.) (Wz) / movable jaw ‖ ~**e Brücke** (Bau) / movable bridge ‖ ~**e Funkdienste** (Tele) / mobile radio service, MRS ‖ ~**er**

Messschenkel (des Messschiebers) (Mess) / movable jaw, sliding jaw ‖ **~er Messschnabel** (des Messschiebers)(Mess) / movable jaw, sliding jaw ‖ **~e Rolle**, lose Rolle (Masch) / movable pulley, moving pulley
Beweglichkeit f (Phys) / mobility
bewegtes Bild (Video) / moving image
Bewegtbild (Video) / moving image
Bewegung f (allg) / movement, motion ‖ **~** (Phys) / motion ‖ **in ~ versetzen** / set in motion
Bewegungs•ablauf m / sequence of motions ‖ **~änderung** f (Phys) / Change of motion ‖ **~bahn** f (Phys) / motion path ‖ **~diagramm** n (Phys) / motion graph ‖ **~energie**, kinetische Energie (Phys) / kinetic energy ‖ **~fläche** f (eines Flugplatzes) (Luft) / movement area ‖ **~fuge** f, Dehnungsfuge f (Bau, Techn) / movement joint, expansion joint, control gap ‖ **~gewinde** n (Masch) / power-transmission thread, translation thread ‖ **~gleichung** f (Phys) / equation of motion ‖ **~größe** f, Impuls m (Produkt aus der Masse eines Körpers und seiner Geschwindigkeit) (Mech) / momentum, linear momentum ‖ **~lehre** f, Kinematik f (Mech) / kinematics sing ‖ **~melder** m / motion detector ‖ **~messung** f (Mess) / motion measurement ‖ **~reibung** f (Mech) / kinetic friction, sliding friction ‖ **~schraube** f, Gewindespindel (zur Umsetzung von Drehbewegungen in Längsbewegungen) / lead screw (designed to translate radial motion into linear motion), power screw, translation screw ‖ **~sensor** m (Mess) / motion sensor ‖ **~sitz** m, Laufsitz m (Masch) / running fit ‖ **~unschärfe** f (DV, Foto) / motion blur ‖ **~zustand** m (Phys) / state of motion
bewehren, armieren (Kabel) (Elek) / sheathe, armor vt (US), armour vt (GB) ‖ **~**, armieren (Beton) (Bau) / reinforce (concrete)
bewehrt, armiert (Beton) (Bau) / reinforced ‖ **~er Beton** (Bau) / reinforced concrete, RC
Bewehrung f (Beton), Armierung (Bau) / reinforcement ‖ **~** (eines Kabels) (Elek) / armor n (US), armour n (GB), armoring (US), armouring (GB), sheath
Bewehrungsstahl m, Betonstahl m (Bau) / concrete reinforcement steel, reinforcement steel, reinforcing steel, rebars pl, rebar steel, concrete reinforcing steel
Beweis m (Tatsache, Argument etc., die/das für o. gegen die Wahrheit o. Richtigkeit z.B. einer Theorie o. Behauptung spricht) / evidence (fact(s) or argument(s) indicating whether a belief or proposition is true or valid - therefore scientific evidence can prove a theory wrong, by establishing facts that are inconsistent with the theory, but evidence cannot prove a theory correct because other evidence, yet to be discovered, may exist that is inconsistent with the theory) ‖ **~** (Tatsache, Argument etc., durch die/das die Wahrheit o. Richtigkeit einer Behauptung schlüssig nachgewiesen ist) / proof ‖ **~** (Math) / proof
beweisen, nachweisen, den Nachweis erbringen [für] / prove vt, establish the truth of ‖ **~**, zeigen vt / prove, show ‖ **~** (Math) / prove, demonstrate
Beweistheorie f (Math) / proof theory
bewerkstelligen / accomplish
bewerten / evaluate (e.g. hardware, performance) ‖ **~**, ermitteln, einschätzen / assess (damage) ‖ **~**, beurteilen, einschätzen /

assess (problem, situation, needs, quality, performance) ‖ **~**, auswerten / evaluate (e.g. results, observations) ‖ **~**, schätzen / evaluate (e.g. worth, property, a house at 167,000 dollars, the damage at 5,500 Euros), appraise ‖ **~**, einstufen (in einem Bewertungsschema) / rate vt (e.g. computers according to performance) ‖ **~** (durch Vergleichstest oder Vergleich mit vorgegebenen Kriterien) / benchmark (e.g. the performance of a device by running a number of standard tests and trials against it)
Bewertung f, Beurteilung f / assessment ‖ **~**, Auswertung f / evaluation (e.g. of results, observations)
Bewertungsfaktor m (zur Berechnung der Aquivalentdosis im Strahlenschutz) (Med, Phys) / quality factor
bewirken, verursachen / cause ‖ **~**, herbeiführen / bring about ‖ **~**, erreichen / achieve
bewirtschaften, bestellen (Land), bebauen (Landw) / cultivate (land, fields, etc.), dress, farm vt, till vt
bewusste Auswahl (von Stichproben) (Stat) / purposive sample
Bezahlung f, Vergütung f, Arbeitsentgelt n / remuneration
bezeichnen [mit] (z.B. den Zeitverlauf mit dem Symbol t) / denote (e.g. the lapse of time by t) ‖ **~** [als], nennen / call (e.g the unit of temperature is called the kelvin), term ‖ **~** (mit einer Bezeichnung o.Ä. versehen) / designate (e.g. the four parts were designated A,B,C, and D in the diagram) ‖ **~**, markieren (Masch) / mark
Bezeichner m (DV) / identifier
Bezeichnungsschema n (für Schleifkörper) (Fert) / marking system
bezetteln, etikettieren / label
beziehen, erhalten / get, obtain ‖ **~** (Gehalt, Rente) / receive, draw (a salary, pension) ‖ **sich ~** [auf] / refer [to]
Beziehung f, Verhältnis n / relation [with, between], relationship ‖ **~** [zwischen], Zusammenhang m [zwischen] / relationship [between] ‖ **~** (Math) / relation
Bézier-Kurve f (DV, Math) / Bézier curve
bezogene Formänderung f (absolute Formänderung im Verhältnis zur Ausgangsabmessung) (Mater) / engineering strain
Bezug m, Erwerb m / purchase ‖ **~**, Überzug m (für Polster, Kissen) / cover, covering ‖ **~** (allg, DV) / reference (e.g. in a spreadsheet program) ‖ **~ nehmen** [auf] / refer vi [to]
Bezugs•achse f / reference axis ‖ **~adresse** f (DV) / base address, reference address ‖ **~bemaßung** f (Bau, Masch) / datum dimensioning ‖ **~druck** m / reference pressure ‖ **~elektrode** f (Chem, Elek) / reference electrode ‖ **~fläche** f (Mess, Techn) / reference surface, reference plane ‖ **~fläche** (für Höhenangaben), Bezugshöhe f (Luft) / datum, datum level, rigging datum ‖ **~größe** f / reference quantity ‖ **~höhe** f, Bezugsfläche f (für Höhenangaben) (Luft) / datum, datum level, rigging datum ‖ **~kraftstoff** m (Kfz) / reference fuel ‖ **~normal** n (Mess) / reference standard ‖ **~pfeil** m (Elek) / reference arrow ‖ **~punkt** m / reference point ‖ **~punkt** (zwischen Maschine, Werkstück und Werkzeug) (Fert, NC, Zeich) / datum, datum

point ‖ ~**punkt** (Verm) / reference mark, reference object ‖ ~**punkt** (Punkt auf der Bezugsachse für die Lagebestimmung von optischen Systemen) (Opt) / datum point ‖ ~**punktverschiebung** f (NC) / zero offset, zero shift ‖ ~**sehweite** f (Opt) / normal viewing distance ‖ ~**spannung** f, Referenzspannung f (Elek) / reference voltage ‖ ~**system** n (Phys) / frame of reference, reference frame, reference system ‖ ~**temperatur** f / reference temperature ‖ ~**wert** m (allg) / reference value

BFO (Beat Frequency Oscillator) (Radio) / beat-frequency oscillator, BFO

B2G (Business-to-Government, zwischen Unternehmen und öffentlicher Hand) (Wirtsch) / B2G

Bh, Bohrium n (Chem) / bohrium

Bhabha-Streuung f (Phys) / Bhabha scattering

B-H-Kurve f, Magnetisierungskennlinie f, Magnetisierungskurve f (Elek, Magn) / magnetization curve, B/H curve

BHKW, Blockheizkraftwerk n (Ener, Umw) / small-scale CHP unit, CHP unit (small-scale), engine-based cogeneration system, cogeneration system, engine-based cogenerator, cogeneration unit

Bi, Bismut n (fachsprachlich, IUPAC) (Chem) / bismuth, Bi ‖ ~, Biot n (veraltete, nichtgesetzl. Einheit der elektrischen Stromstärke - 1Bi= 10 Ampere) (Elek) / biot

Biacetyl n (Chem, Nahr) / diacetyl, butane 2,3-dione

Bias m, Verzerrung f (Stat) / bias (systematic as opposed to a random distortion of a statistic)

Bibby-Kupplung f (Masch) / Bibby coupling

Bibenzoyl n, Benzil n (Chem) / benzil, bibenzoyl

Bibliothek f (allg, DV) / library

Bidet n (Sanitär) / bidet

bidirektional / bidirectional ‖ ~**er Thyristor**, Triac n (Eltro) / triac (triode A.C. switch), bidirectional triode thyristor

biegbar / flexible

Biege•beanspruchung f, Beanspruchung f auf Biegung (Mech) / bending stress, flexural stress ‖ ~**beanspruchung** (als Vorgang), Beanspruchung auf Biegung, Biegebelastung f (Mech) / bending loading, flexural loading ‖ einer ~**beanspruchung aussetzen** (Mater, Mech) / subject to a bending stress ‖ ~**belastung** f, Beanspruchung auf Biegung, Biegebeanspruchung f (als Vorgang) (Mech) / bending loading, flexural loading ‖ ~**bruch** m (Mater, Mech) / fracture due to bending ‖ ~**festigkeit** f (Mater) / bending strength, cross-rupture strength, flexural strength ‖ ~**fließgrenze** f (Mech) / elastic limit under bending stress ‖ ~**gesenk** n (Wzm) / bending die, die ‖ ~**gesenk in V-Form**, V-Gesenk n (Fert) / V-die ‖ ~**halbmesser** m (allg, Fert) / bend radius, radius of bend ‖ ~**kraft** f (Mech) / bending force, bending load ‖ ~**linie** f / elastic line ‖ ~**maschine** f (Wzm) / bending machine ‖ ~**moment** n (Mech) / bending moment

biegen vi (nach links, rechts), eine Kurve machen (Straß) / turn vi (left, right) ‖ ~ vt / bend vt ‖ ~, abkanten (Fert) / bend the edge (of a sheet-metal part) [over, upward, down] ‖ ~ vr (sich) / bend vi ‖ ~ n (allg) / bending ‖ ~, Biegeumformen n (DIN 8586) (Fert) / bending (metalworking operation) ‖ ~ **im U-förmigen Gesenk** (zur Herstellung eines scharfkantigen U-Profils) (Fert) / channel bending ‖ ~ **im**

U-Gesenk, Gesenkbiegen im U-Gesenk n, U-Biegen n (Fert) / U-bending ‖ ~ **im V-Gesenk**, Gesenkbiegen im V-Gesenk n, V-Biegen n (Fert) / V-bending

Biege•radius m (allg, Fert) / bend radius, radius of bend ‖ ~**spannung** f (Mech) / bending stress ‖ ~**steif** / rigid, inflexible ‖ ~**steifigkeit** f / flexural rigidity, stiffness under flexure ‖ ~**träger** m / girder subject to bending ‖ ~**umformen** n (DIN 8586) (Fert) / bending (metalworking operation) ‖ ~**umformverfahren** n (Fert) / bending operation ‖ ~**verfahren** n (Fert) / bending operation ‖ ~**verformung** f (Phys) / bending deformation, deflection, bending deflection, flexural deflection ‖ ~**versuch** m (Mater) / bending test, bend test, flexure test ‖ ~**werkzeug** n (Wzm) / bending tool ‖ ~**zone** n (eines Biegeteils) (Fert) / bend region ‖ ~**zugfestigkeit** f (Mater, Mech) / bending tensile strength

biegsam, flexibel / flexible ‖ ~**es Anschlusskabel**, Verbindungsschnur f, Anschlussschnur f (Elek, Eltro) / connecting lead, connecting cord, flylead ‖ ~**es Kabel** (Elek) / flexible cable ‖ ~**es Verbindungsstück** / flexible joint ‖ ~**e Welle** / flexible shaft

Biegsamkeit f, Flexibilität f / flexibility

Biegung f, Kurve f (Straß) / bend, curve ‖ ~, Biegeverformung f (Phys) / bending deformation, deflection, bending deflection, flexural deflection ‖ ~, Biegebeanspruchung f, Beanspruchung f auf Biegung (Mech) / bending stress, flexural stress ‖ **auf ~ beanspruchen** (Mater, Mech) / subject to a bending stress

Biegungslinie f, elastische Linie (Mech) / elastic curve

Bienaymé-Tschebyschow-Ungleichung f (Math) / Chebyshev inequality

Bienengift n (Chem, Pharm) / bee venom

Bierbrauerei f / brewery

Biergol n (Raketentreibstoff) (Raumf) / biergol

bifilare Wicklung (Elek) / bifilar winding

Bifilarwicklung f (Elek) / bifilar winding

Bifunktionalität f (Chem) / bifunctionality

bifunktionell•er Katalysator (Chem) / bifunctional catalyst ‖ ~**e Verbindungen** (Chem) / bifunctional compounds

Bifurkationstheorie f (Math) / bifurcation theory

Big Bang m, Urknall m (Astr) / big bang

BIGFET (Bipolar Insulated Gate Field Effect Transistor) (Eltro) / BIGFET

Bijektion f (Math) / bijection, bijective function

bijektiv (Math) / bijective ‖ ~**e Abbildung** (Math) / bijective mapping

Bikomponentenfasern f pl (Chem, Tex) / bicomponent fibres, conjugate fibres

bikonkav (Opt) / concavo-concave, biconcave, double-concave

Bikonstituentenfaser f, M/F-Typ m (der Bikomponentenfaser) (Tex) / matrix-fibril bicomponent fibre

Bild n (allg) / picture ‖ ~, Illustration f (Doku, Druck) / illustration ‖ ~, Abbildung f (zur Veranschaulichung der Textdarstellung in Fachbüchern etc.) (Doku, Druck) / figure, fig. ‖ ~, Abbild n, Abbildung f (Foto, Opt) / image n ‖ ~ (in der Bildverarbeitung) / image ‖ ~, Fotografie f, Foto n (Foto) / photograph n, photo, photographic picture ‖ ~, Einzelbild n (Film, Foto) / frame (one of the successive

pictures on a strip of film), single frame ‖ ≈,
Leitungsmuster *n*, Leiterbild *n* (Leiterplatte)
(Eltro) / pattern, conductive pattern (on
printed circuit board) ‖ ≈ (in einer Funktion)
(Math) / image ‖ ≈**ablenkung** *f* (TV) / vertical
sweep ‖ ≈**-ab-Taste** *f* (DV) / Page Down key ‖
≈**auflösung** *f*, Bildschärfe *f* (Foto, TV) /
definition (of the image), image definition,
picture definition, focus (clear and sharply
defined condition of image) ‖ ≈**aufnahme** *f*
(Foto) / image capture, image recording ‖
≈**aufnahmeröhre** *f*, Fernsehaufnahmeröhre *m*
(TV) / camera tube, pick-up tube ‖
≈**aufrichtungslinse** *f*, Umkehrlinse *f* (Opt) /
erecting lens ‖ ≈**-auf-Taste** *f* (DV) / Page Up
key ‖ ≈**aufzeichnung** *f* / image recording,
picture recording ‖ ≈**ausschnitt** *m* (Teil des
Motivs im Sucher) (Foto) / area of a scene,
subject area ‖ ≈**band** *n* (Foto) / filmstrip ‖
≈**bearbeitung** *f* (DV) / image editing ‖
≈**bereich** *m* (einer Funktion) (Math) / range
(of a function) ‖ ≈**betrachtung** *f* (Foto, Opt) /
image viewing ‖ ≈**-CD** *f*, Foto-CD *f* (DV, Foto) /
photo CD ‖ ≈**darstellung** *f* (Foto) / image
presentation ‖ ≈**daten** *pl* (DV, Techn) / image
data ‖ ≈**digitalisierung** *f* / image digitizing ‖
≈**ebene** *f* (Opt) / image plane ‖ ≈**eindruck** *m*
(Opt, TV) / image impression ‖ ≈**einstellung** *f*,
Ausschnittswahl *f* (Foto) / framing ‖ ≈**element**
n, Pixel *n* (DV, Foto, TV) / picture element,
pixel ‖ ≈**elementmatrix** *f*, Pixelmatrix *f* (DV,
TV) / pixel array, pixel matrix ‖
≈**empfangsschicht** *f* (Foto) / image-receiving
layer, receiving layer
bilden *vt*, schaffen, einrichten, anlegen *vt* / create,
set up, establish ‖ ≈, gestalten, formen / shape
‖ ≈, gestalten, formen, modellieren / mould *vt*
(GB), mold (US) ‖ ≈ (z.B. Grundlage,
Problem, Höhepunkt, Gefahr), darstellen /
constitute ‖ ≈, ansetzen *vt* (z.B. Grünspan,
Rost) / build up *vt*, form ‖ ≈ *vr* (sich), ansetzen
vr (z.B. Grünspan, Rost) / build up *vi*, form ‖ ≈
(sich), aufbauen *vr* (sich)(z.B. Druck,
Spannung, Wolken, magnetische Felder,
Schwingungen o. Ablagerungen an
Behälterwänden) / build up *vi*
Bilderkennung *f* (DV) / image recognition
Bilderleuchte *f* (Licht) / picture lights
Bild•fehler *m*, Abbildungsfehler *m* (z.B.
Asymmetriefehler, Astigmatismus,
Bildfeldwölbung) (Opt) / aberration, optical
aberration ‖ ≈**fehler**, Ablenkfehler *m* (bei
Kathodenstrahlröhren) (Eltro) / deflection
distortion ‖ ≈**fehler**, Bildstörungen *f pl* (TV) /
image distortion o. defect ‖ ≈**feld** *n* (Opt) /
picture field, image field ‖ ≈**feldebnung** *f*
(Opt) / field flattening ‖ ≈**feldkrümmung** *f*,
Bildfeldwölbung *f* (Opt) / curvature of field,
field curvature ‖ ≈**feldlinse** *f*, Kollektivlinse *f*,
Feldlinse *f* / field lens ‖ ≈**feldwinkel** *m* (Opt) /
image field angle ‖ ≈**feldwölbung** *f* (Opt) /
curvature of field, field curvature ‖
≈**fernsprecher** *m*, Bildtelefon *n*, Videotelefon
n (Tele) / videophone, video telephone, vision
phone, visual telephone ‖ ≈**fläche** *f* (Opt) /
picture area ‖ ≈**flimmern** *n*, Helligkeits-
flimmern *n* (TV) / luminance flicker ‖ ≈**folge** *f*
(Foto) / picture series, sequence of pictures ‖
≈**folgefrequenz** *f*, Bildwiederholfrequenz *f*
(Anzahl der Einzelbilder pro Sekunde, die auf
eine Kinoleinwand projiziert oder auf einen
Fernsehbildschirm oder Monitor durch dessen

Elektronenstrahl geschrieben werden),
Bildwiederholrate *f* (Film, TV) / frame
frequency (number of frames = complete
pictures per second), frame rate, picture
frequency ‖ ≈**frequenz** *f*, Bildwiederholfrequenz *f* (Anzahl der Einzelbilder pro
Sekunde, die auf eine Kinoleinwand projiziert
oder auf einen Fernsehbildschirm oder
Monitor durch dessen Elektronenstrahl
geschrieben werden), Bildwiederholrate *f*
(Film, TV) / frame frequency (number of
frames = complete pictures per second),
frame rate, picture frequency ‖ ≈**frequenz**,
Bildwiederholfrequenz *f*, Auffrischrate *f* (DV,
Eltro) / refresh rate, e rate, vertical refresh
rate, vertical frequency, vertical scanning
frequency, scan rate ‖ ≈**funk** *m*, drahtlose
Festbildübertragung (Tele) / radiophotography
(transmission of photographs by radio waves)
‖ ≈**gebende Verfahren** / imaging process ‖
≈**hauptebene** *f* (Opt) / rear principal plane ‖
≈**hauptpunkt** *m* (Opt) / rear principal point ‖
≈**helligkeit** (Foto) / brightness of images,
image brightness ‖ ≈**helligkeit** *f* (Leuchtdichte
eines Bildes in cd/m²) (Film, TV) / luminance,
brightness ‖ ≈**kompression** *f* (DV) / image
compression ‖ ≈**kraft** *f* (Elek) / image force ‖
≈**krümmung** *f* (Opt) / image curvature ‖
≈**laufleiste** *f*, Rollbalken *m* (DV) / scroll bar ‖
≈**leiter** *m* (Opt, Tele) / optical waveguide (used
for conveying images) ‖ ≈**manipulation** *f* (DV,
Foto, Video) / image manipulation ‖ ≈**menge** *f*
(der Bildpunkte, die durch eine Abbildung aus
den Originalpunkten einer Originalmenge
hervorgehen) (Math) / image set, range (of a
mapping) ‖ ≈**mustergenerator** *m* (TV) /
pattern generator ‖ ≈**objekt** *n*, Motiv *n* (Foto) /
scene, subject ‖ ≈**platte** *f* (TV) / video disk ‖
≈**plattenspieler** *m* (TV) / video disk player ‖
≈**punkt** *m* (Opt) / image point ‖ ≈**punkt**
(Math) / image point ‖ ≈**punkt**, Bildelement *n*,
Pixel *n* (DV, Foto, TV) / picture element, pixel ‖
≈**röhre** *f*, Fernsehbildröhre *f* (TV) / picture
tube, cathode ray tube, CRT, television picture
tube

bildsam, duktil, plastisch formbar (allgemein,
durch Zug o. Druck) (Mater) / ductile, plastic
Bildsamkeit *f*, Duktilität *f*, Verformbarkeit *f*
(Mater) / ductility (capacity of a material to
deform permanently in response to stress)
Bildschärfe *f*, Bildauflösung *f* (Foto, TV) /
definition (of the image), image definition,
picture definition, focus (clear and sharply
defined condition of image) ‖ ≈ (bei der
Aufnahme im Sucher) (Foto) / image
sharpness, sharpness of the image
Bildschirm *m*, Display *n* (DV, Radar) / display,
screen ‖ ≈ (die sichtbare Fläche, auf der das
Bild angezeigt wird) (DV, Eltro, Radar, TV) /
screen ‖ ≈ (das ganze Gerät), Monitor *m* (DV)
/ monitor, computer monitor, video display
unit, VDU, visual display terminal, VDT ‖
≈**...**, auf dem Bildschirm *attr* (DV, TV) /
on-screen *adj* ‖ ≈**auszug** *m* (Ausdruck o.
Datei) (DV) / screen dump ‖ ≈**gerät** *n*,
Monitor *m*, Bildschirm *m* (das ganze Gerät)
(DV) / monitor, computer monitor, video
display unit, VDU, visual display terminal,
VDT ‖ ≈**karte** *f* (DV) / display adapter, video
adapter, video card, display card, video display
adapter, video adapter board, graphics
adapter [board], video controller, video

display board, video board ǁ **~maske** f (DV) / screen mask ǁ **~oberfläche** f, Leuchtschirm m (der Elektronenstrahlröhre) (Eltro, TV) / faceplate (glass front of a cathode ray tube upon which the image is displayed), face ǁ **~schoner** m (DV) / screen saver ǁ **~terminal** n (DV) / display terminal ǁ **~text** m (interaktiver bildschirmgestützter Datenkommunikationsdienst, der älteste Online-Dienst der Deutschen Telekom, Vorläufer von T-Online - zum 5. 3. 2002 endgültig eingestellt - nicht zu verwechseln mit Videotext/Teletext), BTX m (Tele) / videotex

Bildschnittweite f (Opt) / back focus, back focal distance

bildseitig•er Brennpunkt (Opt) / second focal point ǁ **~e Hauptebene** (Opt) / rear principal plane ǁ **~er Hauptpunkt** (Opt) / rear principal point

Bild•sensor m (Eltro, Opt) / image sensor, imaging sensor ǁ **~signal** n, Fernsehbildsignal n (TV) / picture signal, video signal ǁ **~signal**, vollständiges Bildsignal, BAS-Signal n (Bild-, Austast- und Synchronisiersignal) (TV) / video signal, composite signal ǁ **~speicher** m (Foto, Opt) / image memory, image store ǁ **~speicherröhre** f (TV) / storage camera tube, storage-type camera tube ǁ **~speicherung** f (Foto, TV, Video) / image storage ǁ **~störungen** f pl (TV) / image distortion o. defect ǁ **~technik** f / imaging, imaging technology ǁ **~telefon** n, Videotelefon n (Tele) / videophone, video telephone, vision phone, visual telephone ǁ **~trommel** f (in Laserdruckern und Fotokopierern) (Büro, DV) / drum (in laser printers and photocopiers), imaging drum ǁ **~überschrift** f (Doku, Druck) / caption (for an illustration) ǁ **~übertragung** f (DV, Tele) / image transmission, image transfer ǁ **~umkehr** f (DV, Foto, Opt) / reversal of image ǁ **~umkehrprisma** n, Umkehrprisma n (Foto, Opt) / erecting prism, inverting prism, reversing prism

Bildung f (z.B. von Rost, Kalkstein), Entstehung f / formation ǁ **~**, Entstehung f, Erzeugung f / production (e.g. production of pollutants during combustion of carbon-containing fuels) ǁ **~** f (z.B. eines Teams), Zusammenstellung f / formation

Bildungs•energie f (Bildungswärme bei konstantem Volumen) (Chem) / energy of formation ǁ **~enthalpie** f (Bildungswärme bei konstantem Druck) (Chem) / enthalpy of formation ǁ **~grad** m (einer Reaktion), Ausbeute f (Chem) / yield n ǁ **~wärme** f (Chem) / heat of formation

Bild•unterschrift f (Doku, Druck) / caption (for an illustration) ǁ **~verarbeitung** f (DV) / image processing, imaging ǁ **~verarbeitung**, digitale Bildverarbeitung f (DV, Foto, Video) / digital image processing ǁ **~verbesserung** f, Bildverstärkung f (Foto) / image enhancement ǁ **~vergrößerung** f (Foto) / image magnification ǁ **~verschiebung**, vertikaler/horizontaler Bilddurchlauf, Scrollen n (Bewegen des Bildschirminhalts) (DV) / scrolling ǁ **~verstärkerröhre** f (Eltro) / image intensifier tube ǁ **~verstärkung** f, Bildverbesserung f (Foto) / image enhancement ǁ **~wand** f, Projektionswand m (Film, Foto) / projection screen ǁ **~wandler** m (Eltro, Opt) / image converter ǁ

~wandlerröhre f (Eltro, Opt) / image converter [tube] o. viewing tube ǁ **~wandlung** f / image conversion ǁ **~wechselfrequenz** f, Bildwiederholfrequenz f (Anzahl der Einzelbilder pro Sekunde, die auf eine Kinoleinwand projiziert oder auf einen Fernsehbildschirm oder Monitor durch dessen Elektronenstrahl geschrieben werden), Bildwiederholrate f (Film, TV) / frame frequency (number of frames = complete pictures per second), frame rate, picture frequency ǁ **~wechselzahl** f, Bildwiederholfrequenz f (Anzahl der Einzelbilder pro Sekunde, die auf eine Kinoleinwand projiziert oder auf einen Fernsehbildschirm oder Monitor durch dessen Elektronenstrahl geschrieben werden), Bildwiederholrate f (Film, TV) / frame frequency (number of frames = complete pictures per second), frame rate, picture frequency ǁ **~weite** f (Abstand hinter der Linse, an der das scharfe Bild erscheint) (Opt) / image distance ǁ **~werfer** m, Projektor m (Film, Foto) / optical projector, projector ǁ **~wiedergabe** f (Druck, Foto) / picture reproduction ǁ **~wiedergaberöhre** f, Bildröhre f (Eltro) / kine (US), kinescope (US) ǁ **~wiederholfrequenz** f, Auffrischrate f (DV, Eltro) / refresh rate, e rate, vertical refresh rate, vertical frequency, vertical scanning frequency, scan rate ǁ **~wiederholfrequenz** (Anzahl der Einzelbilder pro Sekunde, die auf eine Kinoleinwand projiziert oder auf einen Fernsehbildschirm oder Monitor durch dessen Elektronenstrahl geschrieben werden), Bildwiederholrate f (Film, TV) / frame frequency (number of frames = complete pictures per second), frame rate, picture frequency ǁ **~wiederholrate** f, Bildwiederholfrequenz f, Auffrischrate f (DV, Eltro) / refresh rate, e rate, vertical refresh rate, vertical frequency, vertical scanning frequency, scan rate ǁ **~wiederholrate**, Bildwiederholfrequenz f (Anzahl der Einzelbilder pro Sekunde, die auf eine Kinoleinwand projiziert oder auf einen Fernsehbildschirm oder Monitor durch dessen Elektronenstrahl geschrieben werden) (Film, TV) / frame frequency (number of frames = complete pictures per second), frame rate, picture frequency ǁ **~winkel** m (Opt) / angle of coverage, angle of view ǁ **~zeichen** n, Piktogramm n / pictograph, pictogram ǁ **~zerleger** m (TV) / picture analyzer

Bilinearform f (Math) / bilinear form

Billiarde f (10^{15}) / quadrillion

Billion f (10^{12}) / trillion

Bilux-Lampe f, Zweifadenlampe f (Kfz, Licht) / double filament lamp

Bimetall n (Mater) / bimetal ǁ **~**, Bimetallstreifen m / bimetallic strip ǁ **~relais** n (Elek) / bimetallic relay, bimetallic overload relay ǁ **~streifen** m / bimetallic strip ǁ **~thermometer** n (Mess) / bimetallic thermometer

bimolekular (Chem) / bimolecular

BIMOS-Technik f (bipolar metal-oxide semiconductor) (Eltro) / bimos

binär (z.B. Verbindungen, Kampfstoffe) (Chem) / binary adj (e.g. compounds, weapons) ǁ **~** (DV, Math) / binary adj ǁ **~e algebraische Operation** (Math) / binary operation ǁ **~er Baum** (DV) / binary tree ǁ **~ codierte**

Dezimaldarstellung (DV, Math) / binary coded decimal notation o. representation ‖ ~ **codierte Dezimalzahl** (DV, Math) / binary coded decimal, binary coded decimal digit ‖ ~**e Darstellung** (DV, Math) / binary notation ‖ ~**es Element** (DV) / binary cell, binary logic element ‖ ~**e Kampfstoffe** (Mil) / binary weapons ‖ ~**er Logarithmus** (zur Basis 2) (Math) / binary logarithm ‖ ~**e Relation** (Math) / binary relation ‖ ~**e Schaltvariable** (DV, Eltro, Math) / binary variable, digital variable, Boolean variable, logical variable, switching variable ‖ ~**es Signal** (DV, Tele) / binary signal ‖ ~**e Steuerung** (Regel) / binary contol ‖ ~**es System** (Chem, Hütt) / binary system ‖ ~**e Variable** f (DV, Eltro, Math) / binary variable, digital variable, Boolean variable, logical variable, switching variable ‖ ~**es Verschieben** (DV) / logic shift, logical shift, circular shift ‖ ~**e Zahl**, Binärzahl f (Math) / binary n, binary number ‖ ~**es Zahlensystem** (DV, Math) / binary number system, binary system, dyadic system ‖ ~**es Zeichen** (DV) / binary character

Binär•baum m (DV) / binary tree ‖ ≈**code** m (DV) / binary code ‖ ≈**code für Dezimalziffern** (DIN), BCD-Code m, Binär-Dezimal-Code m (DV) / BCD code, BCD ‖ ≈**darstellung** f (DV, Math) / binary notation ‖ ≈**daten** pl (DV) / binary coded data ‖ ≈**-Dezimal-Code** m, BCD-Code m, Binärcode m für Dezimalziffern (DIN) (DV) / BCD code, BCD ‖ ≈**element** n (DV) / binary cell, binary element ‖ ≈**folge** f (DV) / binary sequence ‖ ≈**logarithmus** m (zur Basis 2) (Math) / binary logarithm ‖ ≈**muster** n, Binärfolge f (DV) / binary sequence ‖ ≈**punkt** m (Math) / binary point ‖ ≈**schreibweise** f (DV, Math) / binary notation ‖ ≈**sensor** m (Elek) / binary sensor ‖ ≈**signal** n (DV, Tele) / binary signal ‖ ≈**system** n, binäres Zahlensystem (DV, Math) / binary number system, binary system, dyadic system ‖ **im ≈system ausgedrückt**, binär (DV, Math) / binary adj ‖ ≈**untersetzer** m (Eltro) / toggle flipflop ‖ ≈**verfahren** n (in geothermischen Kraftwerken) (Ener) / binary method (using heat from geothermal water to heat and vaporize a second liquid or "working fluid" in separate adjacent pipes through a heat transfer process) ‖ ≈**wert** m (DV) / binary value ‖ ≈**zahl** f (Math) / binary n, binary number ‖ ≈**zeichen** n (DV) / binary character ‖ ≈**ziffer** f (Math) / binary digit

Binde•festigkeit f (bei Klebeverbindungen das Verhältnis von Bruchlast zu Klebefläche) / adhesive strength ‖ ≈**glied** n (Techn) / link ‖ ≈**kraft** f, Kohäsionskraft f / cohesive force ‖ ≈**metall** n (in Sinterhartmetallen) (Mater, PM) / metallic binder

Bindemittel n (nicht flüchtiger Anteil eines Lacks ohne Pigmente und Füllstoffe) (Anstr) / binder ‖ ≈ (Bau) / binder (e.g. bitumen, cement, resin) ‖ ≈ (Chem, Pap, PM) / binder ‖ ≈ (Mater) / binder (in cemented carbides) ‖ ≈ (Magn) / binder (holding a recording medium on the surface of a disk) ‖ ≈ (zur Herstellung von Gießformen) (Gieß) / binder, bonding agent ‖ ≈ (bei Schleifscheiben) (Fert) / bonding material (grinding wheel), bond material

binden vt, zusammenbinden / tie [up] ‖ ~, anbinden [an], festbinden / bind [to], tie [to] ‖ ~ (Bücher) (Druck) / bind ‖ ~ (z.B. Schmutz,

Staub) / bind ‖ ~ (z.B. Suppen, Soßen) / bind ‖ ~, absorbieren (Chem) / absorb ‖ ~ (Wärme, Feuchtigkeit), halten vt / retain (heat, moisture) ‖ ~ (z.B. Programmelemente an ihre Speicherorte und Werte) (DV) / bind ‖ ~ vi (Zement) / set, bind

Binder m, Linker m (DV) / linkage editor, linker ‖ ≈, Bindemittel n (zur Herstellung von Gießformen) (Gieß) / binder, bonding agent ‖ ≈**schicht** f, Asphaltbinderschicht f (Walzasphaltschicht zwischen der Deck- und Tragschicht bei hoch belasteten Straßen mit der Aufgabe, die aus dem Verkehr auftretenden Schubkräfte verformungsfrei in die Tragschichten weiterzuleiten) (Bau) / asphalt binder course

Bindigkeit f (Chem) / covalency (GB), covalence (US)

Bindung f (Vorgang) (Chem) / bonding ‖ ≈, chemische Bindung (z.B. Atom- o. Ionenbindung) (Chem) / bond n, chemical bond, bonding ‖ ≈ (von Schleifscheiben), Bindungssystem n (Fert) / bond

Bindungs•abstand m (Chem) / bond length, bond distance ‖ ≈**art** f (Chem) / type of bond ‖ ≈**art** (bei Schleifkörpern) (Fert) / bond type ‖ ≈**bruch** m (an Schleifscheiben) (Fert) / bond fracture ‖ ≈**brücke** f (zwischen Schleifkörnern) (Fert) / bond post, post ‖ ≈**energie** f (Chem, Phys) / bond energy ‖ ≈**kraft** f (Chem) / linkage force ‖ ≈**länge** f (Chem) / bond length, bond distance ‖ ≈**mittel** n (bei Schleifscheiben) (Fert) / bonding material (grinding wheel), bond material ‖ ≈**system** n, Bindung f (von Schleifscheiben) (Fert) / bond ‖ ≈**wertigkeit** f (Chem) / covalency (GB), covalence (US) ‖ ≈**zeichnung** f, Patrone f (Weben) / point paper design, weave pattern

Binghamscher Körper (Phys) / Bingham body

Binistor m (bistabiles Kippglied) (Eltro) / binistor

Binnen•druck m (Phys) / internal pressure ‖ ≈**schifffahrtskanal** m / inland canals ‖ ≈**verkehr** m / local traffic ‖ ≈**verkehr**, Inlandsverkehr m (Tele, Verk) / domestic traffic

Binodalkurve f, Löslichkeitskurve f (Phys) / binodal curve

Binode f, Doppeldiode f (Eltro) / double diode, binode, twin diode, duo-diode

binokular (Opt) / binocular ‖ ~**es Instrument** (Opt) / binocular instrument

Binokular n (Opt) / binocular ‖ ≈**mikroskop** n (Mikros) / binocular microscope n ‖ ≈**tubus** m (Mikros) / binocular tube, binocular body

Binom n, zweigliedriger Term (Math) / binomial n

Binomial•koeffizient m (Math) / binomial coefficient ‖ ≈**reihe** f (Math) / bonomial series ‖ ≈**satz** m (Math) / binomial theorem ‖ ≈**verteilung** f (Stat) / binomial distribution

binomisch•e Formeln (Math) / binomial formulae ‖ ~**er Lehrsatz** (Math) / binomial theorem ‖ ~**e Reihe** (Math) / bonomial series ‖ ~**e Verteilung** (Stat) / binomial distribution

Binormale f (Krist, Math) / binormal

Bin-Picking n (gezieltes Greifen wahllos durcheinander liegender Objekte durch Roboter), "Griff in die Kiste" / bin picking

Bio•abfall m (Umw) / biowaste, biodegradable waste ‖ ≈**abfälle** m pl (Umw) / biowaste, biodegradable waste ‖ ≈**akustik** f (Zool) / bioacoustics sg ‖ ≈**alkohol** m (Chem) / bioalcohol ‖ ~**anorganische Chemie** /

bioinorganic chemistry ‖ ≏**astronautik** f / bi[o]astronautics sg ‖ ≏**brennstoff** m (Ener) / biofuel ‖ ≏**chemie** f / biochemistry ‖ ~**chemisch** / biochemical ‖ ~**chemisches Element** (Ener) / biochemical cell ‖ ~**chemischer Sauerstoffbedarf** (Umw) / biochemical oxygen demand, biological oxygen demand, BOD ‖ ≏**chip** n (DV, MT) / biochip

Biocid n (Chem, Landw) / biocide n

Bio•computer m (DV) / biocomputer ‖ ≏**diesel** m (Ener) / biodiesel ‖ ≏**dynamik** f (Biol, Phys) / biodynamics sg ‖ ≏**elektrochemie** f / bioelectrochemistry ‖ ≏**element** n, biochemisches Element (Ener) / biochemical cell ‖ ≏**elemente** n pl (am Aufbau von Lebewesen beteiligte chemische Elemente) (Biol, Chem) / bioelements ‖ ≏**energie** f / bioenergy

Bioengineering n, Biotechnik f (Wissenschaftsdisziplin im Grenzbereich zw. Biologie und technischer Physik, die die im Rahmen der Bionik gewonnenen Erkenntnisse technisch nutzbar macht, z.B. im Bauwesen, Flugzeug- und Schiffsbau) / bioengineering, biological engineering

Biogas n (Ener, Umw) / biogas

biogen, aus Leben entstanden / biogenic ‖ ~**e Rohstoffe**, Biomasserohstoffe m pl (ChT, Ener) / biomass feedstock[s]

Bio•geochemie f / biogeochemistry ‖ ≏**geographie** f / biogeography ‖ ≏**indikator** m (Ökol) / indicator species ‖ ≏**informatik** f / bioinformatics sg ‖ ≏**katalysator** m (Biochem) / biocatalyst ‖ ≏**keramik** f / bioceramics f ‖ ≏**konversion** f (Biochem, Ener) / bioconversion (conversion of organic materials into usable products or energy sources by biological processes or agents) ‖ ≏**kraftstoff** m (Mot) / biofuel ‖ ≏**kybernetik** f / biocybernetics sg

Bioleaching n (Aufb) / bacterial leaching, microbiological mining

Biologe m / biologist

Biologie f / biology

biologisch / biological ‖ ~ **abbaubar** (Chem, Umw) / biodegradable ‖ ~ **abbauen** (Chem, Umw) / biodegrade ‖ ~**e Abfälle** (Umw) / biowaste, biodegradable waste ‖ ~**e Elektroinstallation**, feldarme Elektroinstallation (Elek) / emf reducing wiring, emf free wiring ‖ ~**es Gleichgewicht** (Ökol) / ecological equilibrium ‖ ~**e Halbwert[s]zeit** / biological half-life ‖ ~**e Kampfmittel** n pl (Mil) / biological weapons pl ‖ ~**e Klärgrube**, Faulbehälter m (Sanitär, Umw) / digester, septic tank ‖ ~**er Landbau** / organic farming ‖ ~**e Laugung** (Aufb) / bacterial leaching, microbiological mining ‖ ~**e Schädlingsbekämpfung** (Landw) / biological pest control ‖ ~**e Verbundstoffe** (Mater) / biological compounds ‖ ~**e Waffen** (Mil) / biological weapons pl

Biolumineszenz f / bioluminescence

Biolyse f (Chem) / biolysis

biolytisch (Chem) / biolytic

Biom n (Ökol) / biome

Biomagnetismus m / biomagnetism

Biomasse f (Umw) / biomass ‖ ≏**brennstoff** m (Ener) / biomass fuel ‖ ≏**kraftwerk** n (Elek) / biomass power plant ‖ ≏**rohstoffe** m pl (ChT, Ener) / biomass feedstock[s] ‖ ≏**strom** m

(Elek) / biomass electricity, biomass power ‖ ≏**verstromung** f (Elek) / biomass conversion

Bio•materialien n pl (Mater, MT) / biomaterials ‖ ≏**mathematik** f / biomathematics sg ‖ ≏**mechanik** f / biomechanics sg

Biometrie f / biometrics sg (technology devoted to identification of individuals using biological traits, e.g. retinal or iris scanning, fingerprints, or face recognition) ‖ ≏, Biostatistik f (Biol, Stat) / biometrics sg, biometry (applications of statistics to the biological sciences, e.g. the design and analysis of biological experiments and surveys, the quantification of biological phenomena, the use of statistical principles in managing biological processes)

Biometrik f / biometrics sg (technology devoted to identification of individuals using biological traits, e.g. retinal or iris scanning, fingerprints, or face recognition) ‖ ≏, Biostatistik f, Biometrie f (Biol, Stat) / biometrics sg, biometry (applications of statistics to the biological sciences, e.g. the design and analysis of biological experiments and surveys, the quantification of biological phenomena, the use of statistical principles in managing biological processes)

biomimetisch / biomimetic ‖ ~**e Werkstoffe** / biomimetic materials

Bio•mineralisation f (Biol, Mater) / biomineralization ‖ ≏**müll** m (Umw) / biowaste, biodegradable waste

Bionik f / bionics sg

Bio•physik f / biophysics sg ‖ ≏**polymer** n (Chem) / biopolymer

Biopsie f (MT) / biopsy

Bioreaktor m (Biochem, ChT) / bioreactor, fermenter

BIOS n (in einem EPROM gespeicherte Systemprogramme zum Systemstart) (DV) / BIOS, basic input/output system

Bios I n, Myoinosit m (Chem) / bios

Bio•satellit m (Raumf) / biosatellite ‖ ≏**sensor** m (Biol, Eltro) / biosensor ‖ ≏**solarzelle** f (Ener) / biosolar cell ‖ ≏**sonde** f (Chem, Umw) / bioprobe ‖ ≏**sphäre** f / biosphere, ecosphere ‖ ≏**sphärenreservat** n (Umw) / biosphere reserve ‖ ≏**statistik** f, Biometrie f (Biol, Stat) / biometrics sg, biometry (applications of statistics to the biological sciences, e.g. the design and analysis of biological experiments and surveys, the quantification of biological phenomena, the use of statistical principles in managing biological processes)

Biot n (veraltete, nichtgesetzl. Einheit der elektrischen Stromstärke - 1Bi= 10 Ampere) (Elek) / biot

Bio•technik f (Wissenschaftsdisziplin im Grenzbereich zw. Biologie und technischer Physik, die die im Rahmen der Bionik gewonnenen Erkenntnisse technisch nutzbar macht, z.B. im Bauwesen, Flugzeug- und Schiffsbau), Bioengineering n / bioengineering, biological engineering ‖ ≏**technik**, Bioverfahrenstechnik f / biotechnology, bioengineering, biological engineering ‖ ~**technisch** / biotechnological, biotech ‖ ≏**technologie** f, Bioverfahrenstechnik f / biotechnology, bioengineering, biological engineering ‖ ≏**telemetrie** f / biotelemetry, ecotelemetry

Biotin n (Biochem) / biotin, vitamin H

biotisch / biotic

Biotop m n, Lebensraum m (Ökol) / biotope
Biot-Savart-Gesetz n (Phys) / Biot-Savart's law
Bio•verfahrenstechnik f / biotechnology, bioengineering, biological engineering ‖ ˍ**werkstoffe** m pl (Mater) / biomaterials ‖ ˍ**wissenschaften** f pl, Life Sciences pl / life sciences
Biozid n (Chem, Landw) / biocide n
Biozönose f (Ökol) / biocoenosis
biozönotisches Gleichgewicht (Ökol) / ecological equilibrium
Biphenyl n (Chem) / diphenyl, biphenyl
bipolar (Elek, Phys, Tele) / bipolar ‖ ~, mit zwei Polen (Elek) / double-pole..., bipolar, two-pole ‖ ~**er IC** (Eltro) / bipolar integrated circuit, bipolar IC ‖ ~**er Speicher** (DV) / bipolar memory ‖ ~**er Transistor** (Eltro) / bipolar transistor, bipolar junction transistor, BJT
Bipolar•platte f (in Brennstoffzellen) (Chem, Elek) / bipolar plate ‖ ˍ**technik** f (Eltro) / bipolar technology ‖ ˍ**transistor** m (Eltro) / bipolar transistor, bipolar junction transistor, BJT ‖ ˍ**transistor mit isolierter Gate-Elektrode**, IGBT (Eltro) / IGBT, insulated-gate bipolar transistor
Biprisma n (Opt) / biprism
biquadratisch (Math) / biquadratic
Biradiale f (Krist) / biradial
Biradikal n (Chem) / diradical
Birch-Reduktion f (Chem) / Birch reduction
Birne f (ugs.), Glühlampe f (Elek) / bulb, light bulb, incandescent light bulb, incandescent lamp
B-ISDN, Breitband-ISDN n (Tele) / B-ISDN, broadband ISDN
Bismut n (fachsprachlich, IUPAC) (Chem) / bismuth, Bi
Bismutan n (Chem) / /bismuth(III) hydride, bismuthine
Bismut•(III)-chlorid n (Chem) / bismuth(III) chloride, bismuth trichloride ‖ ˍ**legierung** f / bismuth alloy ‖ ˍ**(III)-nitrat** n (Chem) / bismuth(III) nitrate ‖ ˍ**(III)-oxid** n (Chem) / bismuth(III) oxide, bismuth trioxide ‖ ˍ**oxidchlorid** n (BiOCl) (Chem) / bismuth oxide chloride ‖ ˍ**oxidnitrat** n (Chem) / bismuth subnitrate ‖ ˍ**subnitrat** n (veraltet), Bismutoxidnitrat m (Chem) / bismuth subnitrate ‖ ˍ**trichlorid** n (Chem) / bismuth(III) chloride, bismuth trichloride ‖ ˍ**trinitrat** n (Chem) / bismuth(III) nitrate ‖ ˍ**trioxid** n (Chem) / bismuth(III) oxide, bismuth trioxide ‖ ˍ**wasserstoff** m (Chem) / /bismuth(III) hydride, bismuthine
Bismutylnitrat n (veraltet), Bismutoxidnitrat m (Chem) / bismuth subnitrate
Bisphenoid n (Krist) / bisphenoid
bistabil (Eltro) / bistable ‖ ~**e Kippschaltung** (DV, Eltro) / flip-flop, bistable multivibrator, bistable circuit ‖ ~**e Kippstufe** (DV, Eltro) / flip-flop, bistable multivibrator, bistable circuit ‖ ~**er Multivibrator** (DV, Eltro) / flip-flop, bistable multivibrator, bistable circuit ‖ ~**er Trigger** (DV, Eltro) / flip-flop, bistable multivibrator, bistable circuit
Bit n, Einsatz m (Wz) / bit (removable boring or drilling tool for use in a brace, drill) ‖ ~, Schrauberbit n, Schraubendrehereinsatz m (Wz) / screwdriver bit
Bit n (DV) / bit (= binary digit) ‖ ˍ**s** n pl **pro Sekunde** (Einheit der Datenübertragungsgeschwindigkeit, 1 bit/s =

1 Bd), bps (DV, Tele) / bits per second, bps ‖ ˍ**s pro Zoll** (Einheit der Speicherdichte auf einem Datenträger), bpi, BPI (DV) / bpi, bits per inch ‖ ˍ**fluss** m, Bitstrom m (DV) / bit stream ‖ ˍ**genauigkeit** f (DV) / bit precision (e.g. 8 bit precision) ‖ ˍ**geschwindigkeit** f, Übertragungsgeschwindigkeit f in Bit/s (Tele) / bit rate, bit speed ‖ ˍ**map** f (DV) / bit map ‖ ~**orientiert** (DV, Tele) / bit-oriented ‖ ˍ**rate** f, Übertragungsgeschwindigkeit f in Bit/s (Tele) / bit rate, bit speed ‖ ~**seriell** (DV, Tele) / bit serial ‖ ˍ**strom** m (DV) / bit stream ‖ ˍ**stuffing** n (DV, Tele) / bit stuffing
Bittermandelöl n, Benzaldehyd m (Chem) / benzaldehyde, benzene carbaldehyde, oil of bitter almonds
Bit-Übertragungsschicht f, Schicht 1 (im OSI-Schichtenmodell), physikalische Schicht (DV, Tele) / layer 1, physical layer
Bitumen n (Bau, ChT, Geol) / bitumen ‖ ˍ**anstrichstoff** m (Anstr, Bau) / asphalt paint, bituminous varnish, bitumen varnish, bituminous paint, bitumen paint, asphalt varnish ‖ ˍ**lack** m (Anstr, Bau) / asphalt paint, bituminous varnish, bitumen varnish, bituminous paint, bitumen paint, asphalt varnish
bituminöse Kohle, Fettkohle f (Steinkohle mit 19-28 % flüchtige Bestandteile, Wassergehalt 1-2 %), Gaskohle f (Steinkohle mit 28-35 % flüchtige Bestandteile, Wassergehalt 1-3 %) (Ener, Geol) / bituminous coal (intermediate between subbituminous coal and anthracite in degree of coalification - contains between 15 and 35 percent volatile matter and usually has a moisture content of less than 3 percent), hard coal (GB), soft coal (US)
bitweise seriell (DV, Tele) / bit serial
Biuret n (Chem) / biuret
bivalent (Betriebsform von Gasfahrzeugen, die neben dem Gastank weiterhin über den ursprünglichen Benzintank verfügen und somit beide Kraftstoffarten nutzen können) (Kfz) / bi-fuel
BJ-Verfahren n, Bubble-Jet-Verfahren n (DV) / bubble-jet printing
Bk, Berkelium n (OZ = 97) (Chem) / berkelium, Bk
B-Kanal m, Basiskanal m (Tele) / B channel, bearer channel (used for the transmission of user data within ISDN)
Blackbox f (Gerät o. Programm, dessen Funktion bekannt, dessen innere Struktur aber unbekannt ist) (allg, DV) / black box ‖ ˍ, Flugschreiber m (Luft) / flight recorder, black box (coll)
Blackout m, Stromausfall m (Elek) / blackout, power blackout
blank, glänzend / bright (e.g. metal) ‖ ~ (durch Bearbeitung) (Masch) / bright-finish[ed] ‖ ~, freiliegend, nackt (Elek) / bare, naked (e.g. conductor, wire) ‖ ~ **gewalzt** / bright rolled
Blank m, Leerzeichen n (DV) / space, blank
Blank (Anlassfarbe - bis 200 °C) (Hütt) / faint straw
Blank•ätzen n, Säurepolieren n (Glas) / acid polishing ‖ ˍ**draht** m / naked wire
Blanket n (Kernfusionsreaktor) (Nukl) / blanket
Blank•glühofen m (Hütt) / non-oxidizing annealing furnace, scaling furnace ‖ ~**putzen**, scheuern vt / scour vt

Blas•-Blasen n (Glas) / blow-and-blow method ‖ ~**-Blas-Verfahren** n (Glas) / blow-and-blow method

Bläschen n, Perle f / bubble, bead (bubble formed in or on a beverage)

Blase f (allg, Anstr, Med, Plast) / blister n ‖ ~, Luftblase f, Gasblase f (allg) / bubble n ‖ ~, Gashohlraum m (Gussfehler) (Gieß) / blowhole, gas cavity, gas pocket, gas hole ‖ ~, Destillierblase f (ChT) / boiler, reboiler, still pot, distillation boiler

blasen (allg, Hütt) / blow ‖ ~ n, Frischvorgang m, Frischen n (im Sauerstoffaufblasverfahren) (Hütt) / blowing (in the basic oxygen process)

Blasen•kammer f (Nukl) / bubble chamber ‖ ~**säule** f (Chem) / bubble column ‖ ~**speicher** m, Magnetblasenspeicher m (DV) / bubble memory, magnetic bubble device, magnetic bubble memory, bubble storage, MBD (magnetic bubble device) ‖ ~**strahlverfahren** n, Bubble-Jet-Verfahren n (DV) / bubble-jet printing

Bläser m (in einem Bläsertriebwerk), Fan-Laufrad n (Luft) / fan (in a fanjet) ‖ ~**triebwerk** n, Fan-Triebwerk n, Mantelstromtriebwerk n mit großem Nebenstromverhältnis (Luft) / fan jet, turbofan

Blas•form f (des Hochofens) (Hütt) / tuyer (US), tuyere, tuyère ‖ ~**formen** n (Plast) / blow moulding ‖ ~**konverter** m, Sauerstoff-Aufblas-Konverter m (Hütt) / basic oxygen furnace, BOF ‖ ~**kopf** m (der Blasmaschine) (Glas) / blow head ‖ ~**stahl** m (Hütt) / converter steel

Blatt n (Bot) / leaf ‖ ~ (Pap) / sheet ‖ ~ (Axt, Säge, Schaufel, Schere) / blade ‖ ~ (Tischl, Zimm) / scarf ‖ ~ (der Blattfeder) (Masch) / leaf ‖ ~ (in einem Baum ein Knoten ohne Nachfolger) (DV) / leaf, tree leaf (pl. leaves) ‖ ~ (der Luftschraube, des Ruders o. Riemens) / blade ‖ ~, Rotorblatt n (Ener) / rotor blade (of wind turbine), blade ‖ ~ **des Descartes** (Math) / folium of Descartes ‖ ~**abschwächung** f (Radio, Tele) / foliage attenuation

blättern (am Bildschirm) (DV) / scroll vi

Blatt•feder f / flat spring, leaf spring ‖ ~**feder** (geschichtet) / compound spring, laminated spring ‖ **unechtes** ~**gold** / Dutch metal (alloy of copper and zinc in the form of thin sheets, used as an imitation of gold leaf), Dutch foil, Dutch gold, Dutch leaf, imitation gold leaf ‖ ~**herbizid** n (Chem, Landw) / leaf herbicide ‖ ~**hinterkante** f (der Luftschraube) (Luft) / trailing edge (of propeller) ‖ ~**leser** m (DV) / page reader ‖ ~**metall** n / Dutch metal (alloy of copper and zinc in the form of thin sheets, used as an imitation of gold leaf), Dutch foil, Dutch gold, Dutch leaf, imitation gold leaf ‖ ~**spitze** f (eines Windturbinen- o. Rotorblattes) / blade tip

Blau•druck m (Färb) / [indigo] blue print[ing] ‖ ~**empfindlich** (Foto) / blue-sensitive ‖ ~**gas** n, Dicyan n (C_2N_2) (Chem) / cyanogen, dicyanogen ‖ ~**gel** n (Chem) / blue gel ‖ ~**grün**, cyan (Foto) / blue-green, cyan ‖ ~**pause** f (nach dem Eisensalz-Verfahren/Cyanotypie), Lichtpause f (weiße Linien auf blauem Grund) (Druck) / blueprint n, cyanotype ‖ ~**pause**, Diazokopie f (blaue Linien auf farblosem Grund) (Druck, Foto) / diazo print, whiteprint, diazotype ‖ ~**säure** f

(HCN) (Chem) / hydrogen cyanide, hydrocyanic acid, formonitrile, prussic acid (obsolete) ‖ ~**thermik** f (Luft, Meteo) / blue-sky thermal

Blech n (Hütt) / sheet metal ‖ ~, Stahlblech n (allgemein) (Hütt) / sheet steel ‖ ~ (konkretes Blechteil als Vorprodukt) (Hütt) / metal sheet ‖ ~ (konkretes Blechteil als Maschinenelement, z.B. Ablenkblech) / plate (e.g. deflection plate) ‖ ~, Weißblech n / tin plate ‖ ~ s. a. Feinstblech, Feinblech, Mittelblech, Grobblech, Platte ‖ ~**arbeit** f, Blechbearbeitung f (Fert) / pressworking, sheet metal working, sheet metal work ‖ ~**bearbeitung** f (Fert) / pressworking, sheet metal working, sheet metal work ‖ ~**dicke** f, Blechstärke f / sheet thickness ‖ ~**dicke**, Blechstärke f (mit der Blechlehre ermittelt) / sheet metal gauge, gauge number ‖ ~**dickenlehre** f (Mess) / sheet metal gauge ‖ ~**halter** m, Niederhalter m (beim Zugdruckumformen) (Wzm) / blank holder, pressure ring ‖ ~**lehre** f, Blechdickenlehre f (Mess) / sheet metal gauge ‖ ~**schere** f (Wzm) / sheet shears pl, plate shears pl ‖ ~**schere**, Handblechschere f / tin snips pl, snips pl ‖ ~**schere mit Hebelbewegung**, Handhebelschere / crocodile shears pl, cantilever action shears pl, lever shears pl ‖ ~**schneiden** n / sheet cutting ‖ ~**schraube** f / sheet metal screw, tapping screw, self-tapping screw ‖ ~**stärke** f, Blechdicke f / sheet thickness ‖ ~**stärke** (mit der Blechlehre ermittelt) / sheet metal gauge, gauge number ‖ ~**verarbeitung** f, Blechbearbeitung f (Fert) / pressworking, sheet metal working, sheet metal work ‖ **zuschnitt** (bei der Blechumformung) f (Fert) / blank, sheet metal blank

Blei n (Chem) / lead n, Pb ‖ ~**(IV)-acetat** (Chem) / lead(IV) acetate, lead tetraacetate ‖ ~**(II)-acetat** (Chem) / lead acetate, sugar of lead, lead (II) ethanoate ‖ ~**akkumulator** m (Chem, Elek) / lead-acid accumulator ‖ ~**alkyl** n (Chem) / lead alkyl [compound] ‖ ~**antimonat** n, Neapelgelb n (Keram) / lead antimonite, Naples yellow ‖ ~**azid** n (Explos) / lead azide ‖ ~**batterie** f (Elek) / lead accumulator, lead storage battery

bleibend, andauernd / continuing, continuous, persistent, steady ‖ ~**e Formänderung** (Mater) / plastic deformation ‖ ~**e Regelabweichung** / steady state error ‖ ~**e Verformung** (Mater) / plastic deformation

Blei(II)-carbonat n (Chem) / lead(II) carbonate

Bleiche f, Bleichen n (Techn, Tex) / bleaching

bleichen vt (Techn, Tex) / bleach vt ‖ ~ vi (Techn, Tex) / bleach vi, be bleached ‖ ~ n (Techn, Tex) / bleaching

Bleichkalk m, Chlorkalk m (Chem) / bleaching powder, chloride of lime, chlorinated lime, calcium oxychloride

Blei•(II)-chlorid n (PbCl2) (Chem) / lead(II) chloride, lead dichloride ‖ ~**(IV)-chlorid** n (PbCl4) (Chem) / lead(IV) chloride, lead tetrachloride ‖ ~**chromat** n (Chem) / lead chromate ‖ ~**chromatgelb** n, Chromgelb n (Mischkristalle aus Bleisulfat und Bleichromat als Farbpigment in unterschiedlicher Zusammensetzung durch unterschiedliche Verfahren der Herstellung) (Anstr) / chrome yellow, King's yellow (trade name), Cologne yellow (trade name), Leipzig yellow (trade name)

Bleichwasser n, Chlorwasser n (Chem) / chlorine water

Blei•diacetat, Blei(II)-acetat n (Chem) / lead acetate, sugar of lead, lead (II) ethanoate ‖ ²dichlorid n, Blei(II)-chlorid n (PbCl2) (Chem) / lead(II) chloride, lead dichloride ‖ ²dioxid n / lead dioxide, lead(IV) oxide, lead peroxide

bleifrei, unverbleit (Kraftstoff) / lead-free (fuel), non-leaded, unleaded ‖ ² **Super** n, Superbenzin bleifrei n (ROZ ab 95,0) (Kfz, Mot) / premium (GB - unleaded petrol, 95 octane), super (GB - unleaded petrol, 98 octane), premium unleaded gasoline (US), super unleaded, premium unleaded (AUS), unleaded premium (GB), premium unleaded petrol

Blei•glas n (Glas) / lead glass ‖ ²glasur f (Keram) / lead glazing, potter's lead, glost ‖ ²glätte f, Blei(II)-oxid f (PbO) (Chem) / lead monoxide, litharge, plumbous oxide, lead oxide, yellow lead oxide ‖ ~haltige Glasur (Keram) / lead glazing, potter's lead, glost ‖ ² **hammer** m (Wz) / leaden hammer ‖ ²hydroxid n (Chem) / lead hydroxide ‖ ²hydroxidcarbonat n (Chem) / basic lead carbonate ‖ ²iodid n (Chem) / lead iodide ‖ ²kammerkristalle m pl (ChT) / chamber crystals (NOHSO₄) ‖ ²legierung f / lead alloy ‖ ²letter f, Letter f (Druck) / cast character, type, foundry type character, character, letter n, printing letter, printing type ‖ ²lot n, Senklot n (Bau, Wz) / plumb bob, plummet ‖ ²mantel m (eines Kabels) (Kabel) / lead sheath ‖ ²mennige f (Chem) / red lead, minium ‖ ²monoxid, Blei(II)-oxid f (PbO) (Chem) / lead monoxide, litharge, plumbous oxide, lead oxide, yellow lead oxide ‖ ² **(II)-nitrat** n (Chem) / lead nitrate ‖ ² **(II)-oxid** f (PbO) (Chem) / lead monoxide, litharge, plumbous oxide, lead oxide, yellow lead oxide ‖ ² **(IV)-oxid** n / lead dioxide, lead(IV) oxide, lead peroxide ‖ ² **(II,IV)-Oxid** (Chem) / red lead, minium ‖ ²papier n (Chem) / lead paper ‖ ²stift m (Büro) / pencil, graphite pencil ‖ ²stiftspitzer m (Büro) / pencil sharpener ‖ ²styphnat n (Chem) / lead styphnate ‖ ² **(II)-sulfat** n (Chem) / lead sulphate ‖ ² **(II)-sulfid** (Chem) / lead sulphide ‖ ²tetraacetat n (Chem) / lead(IV) acetate, lead tetraacetate ‖ ²tetraethyl (Chem) / tetraethyl lead, TEL, lead tetraethyl ‖ ²verbindungen f pl (Chem) / lead compounds ‖ ²weiß n / white lead, ceruse ‖ ²zucker m, Blei(II)-acetat n (Chem) / lead acetate, sugar of lead, lead (II) ethanoate

Blende f (Vorrichtung zur Einstellung der einfallenden Lichtmenge) (Foto, Opt) / aperture (opening that limits the quantity of light that can enter an optical instrument), diaphragm, aperture diaphragm, stop, aperture stop, f-stop ‖ ², Blendenzahl f (Quotient aus Brennweite und Durchmesser der Eintrittsblende - Kehrwert des Öffnungsverhältnisses) (Foto, Opt) / f-number, speed, f-stop, stop number, f-stop number, focal ratio ‖ ² (Licht-, Sonnenschutz) / shade, screen ‖ ², Sonnenblende (Kfz) / sun visor, vizor, visor ‖ ² (zum Verdecken von Öffnungen o. bestimmter Teile) / cover ‖ ², Abdeckplatte f, Abdeckung f / escutcheon (e.g.

around light switch), escutcheon plate, faceplate ‖ ² (in Rohrleitungen u.ä. zur Veränderung der Strömungsgeschwindigkeit) / orifice plate

blenden vt / dazzle, blind

Blenden•automatik f, Belichtungsautomatik f mit Zeitvorwahl (Foto) / shutter priority [mode], shutter priority AE (= automatic exposure), shutter speed priority ‖ ²bild n (Opt) / aperture image ‖ ²nummer f, Blendenzahl f (Quotient aus Brennweite und Durchmesser der Eintrittsblende - Kehrwert des Öffnungsverhältnisses) (Foto, Opt) / f-number, speed, f-stop, stop number, f-stop number, focal ratio ‖ ²öffnung f (Foto, Opt) / aperture opening ‖ ²schieber m (Scheinwerfer) (Licht) / shutter ‖ ²steuerung f (Foto) / aperture control ‖ ²wert m, Blendenzahl f (Quotient aus Brennweite und Durchmesser der Eintrittsblende - Kehrwert des Öffnungsverhältnisses) (Foto, Opt) / f-number, speed, f-stop, stop number, f-stop number, focal ratio ‖ ²zahl f (Quotient aus Brennweite und Durchmesser der Eintrittsblende - Kehrwert des Öffnungsverhältnisses) (Foto, Opt) / f-number, speed, f-stop, stop number, f-stop number, focal ratio

Blender, Pürierstab (HG) / immersion blender, stick blender, wand blender, electric hand blender

Blend•rahmen (fest mit dem Mauerwerk verbunden), Fensterrahmen m (Bau) / window frame ‖ ²scheibe f, Blende f (in Rohrleitungen u.ä. zur Veränderung der Strömungsgeschwindigkeit) / orifice plate

Blendung f pl (die von Leuchten o. spiegelnden Oberflächen ausgeht) (Licht) / glare

blind werden, anlaufen vi (Metall) / become tarnished, tarnish vi

Blind•..., wattlos (Elek) / reactive ‖ ²faktor m (Verhältnis Blindleistung zu Scheinleistung) (Elek) / reactive factor ‖ ²flansch m / blank flange, blind flange ‖ ²komponente f (Elek) / reactive component ‖ ²leistung f (in Var, Einheitenzeichen var) (Elek) / reactive power, wattless power

Blindleistungs•generator m, Blindleistungsmaschine f (elektrische Maschine zur Abgabe o. Aufnahme von Blindleistung) (Elek) / phase modifier, phase advancer ‖ ²kompensation f (Elek) / power factor correction ‖ ²kompensationsanlage f (Elek) / power factor correction scheme ‖ **statischer** ²**kompensator** (Elek) / static var compensator, SVC ‖ ²**maschine** f (elektrische Maschine zur Abgabe o. Aufnahme von Blindleistung) (Elek) / phase modifier, phase advancer ‖ ²messgerät n, Varmeter n (Elek) / varmeter, varimeter, varometer

Blind•leitwert m (Elek) / susceptance ‖ ²loch (Masch) / blind hole, bottom hole, pocket hole ‖ ²niet m / blind rivet ‖ ²probe f (Chem) / blank experiment ‖ ²spannung f (Elek) / reactive voltage, reactive component of the voltage, wattless component of the voltage, idle component of the voltage, quadrature component of the voltage ‖ ²stecker (Elek) / dummy plug ‖ ²stopfen m / blind plug, dummy plug ‖ ²strom m (Elek) / reactive current, reactive component of the current, idle current, idle component of the current, wattless current, wattless component of the current, quadrature current, quadrature component of the current ‖ ≈**stromkompensation** f (Elek) / power factor correction ‖ ≈**stromkomponente** f (Elek) / reactive current, reactive component of the current, idle current, idle component of the current, wattless current, wattless component of the current, quadrature current, quadrature component of the current ‖ ≈**verbrauch** m (Elek) / reactive power consumption ‖ ≈**versuch** m / blind test ‖ ≈**wert** m (Chem, Phys) / blank value ‖ ≈**widerstand** m (Elek) / reactance ‖ **induktiver** ≈**widerstand**, Induktanz f (Elek) / inductive reactance ‖ **kapazitiver** ≈**widerstand** (Elek) / capacitive reactance

blinken (z.B. Cursor), intermittierend leuchten / flash, blink ‖ ~ (Metall) / gleam

Blinker m (ugs.), Fahrtrichtungsanzeiger m (Kfz) / indicator, directional indicator, directional signal, direction indicator, turn signal light (US), flasher (flashing direction indicator), turn signal, directional, blinker ‖ ≈**kontrollleuchte** f, Blinkerkontrolllampe f (Kfz) / turn signal indicator, direction indicator light, turn indicator

Blink•geber m (zum Betrieb der Blinkleuchten) (Elek, Kfz) / flasher, flasher unit ‖ ≈**komparator** m (Astr, Opt) / blink microscope ‖ ≈**kontrollleuchte** f, Blinkkontrolllampe, Blinkerkontrolllampe (Kfz) / turn signal indicator, direction indicator light, turn indicator ‖ ≈**leuchte** f, Blinklicht n (allg, Straß) / flashing light ‖ ≈**leuchte**, Fahrtrichtungsanzeiger m (Kfz) / indicator, directional indicator, directional signal, direction indicator, turn signal light (US), flasher (flashing direction indicator), turn signal, directional, blinker ‖ ≈**licht** n (allg, Straß) / flashing light ‖ ≈**licht**, Fahrtrichtungsanzeiger m, Blinkleuchte f (Kfz) / indicator, directional indicator, directional signal, direction indicator, turn signal light (US), flasher (flashing direction indicator), turn signal, directional, blinker

Blitz m (Meteo) / lightning, lightning flash ‖ ~ (allg, Foto) / flash (brief burst of bright light) ‖ ≈, Blitzlichtgerät n, Blitzröhre f (Foto) / electronic flashlamp, flashtube, flash, flash unit, flash gun, flashlight, flash lamp, photoflash lamp ‖ ≈**ableiter**, Auffangstange f (der Blitzschutzanlage) (Elek) / lightning conductor (UK), lightning rod (US) ‖ ≈**auslösung** f (Foto) / flash ignition, flash triggering ‖ ≈**automatik** f, Computerblitzgerät n (Foto) / auto flash, automatic flash unit ‖ ≈**belichtung** f (Foto) / flash exposure ‖ ≈**belichtungsmesser** m (Foto) / flash meter

blitzen, aufblinken, aufblitzen / flash vi

Blitz•gerät n, Blitzlichtgerät n (Foto) / electronic flashlamp, flashtube, flash, flash unit, flash gun, flashlight, flash lamp, photoflash lamp ‖ ≈**kondensator** m (Foto) / flash capacitor ‖ ≈**kontakt** m (Foto) / hot shoe, flash contact ‖ ≈**kugelverfahren** n (Elek) / rolling sphere method ‖ ≈**licht** n, Blitzlichtgerät n (Foto) / electronic flashlamp, flashtube, flash, flash unit, flash gun, flashlight, flash lamp, photoflash lamp ‖ ≈**lichtanschluss** m, Kontakt m für Blitzautomatik (Foto) / flash contact ‖ ≈**lichtgerät** n (Foto) / electronic

flashlamp, flashtube, flash, flash unit, flash gun, flashlight, flash lamp, photoflash lamp ‖ ≈**lichtkontakt** m, Kontakt m für Blitzautomatik (Foto) / flash contact ‖ ≈**lichtschuh** m (Foto) / hot shoe, flash contact ‖ ≈**röhre** f (Licht) / flash tube ‖ ≈**röhre**, Blitzlichtgerät n (Foto) / electronic flashlamp, flashtube, flash, flash unit, flash gun, flashlight, flash lamp, photoflash lamp ‖ ≈**schutz** m, Blitzschutzanlage f (Elek) / lightning protection system ‖ ≈**schutzanlage** f (Elek) / lightning protection system ‖ ≈**synchronisation** f (Foto) / flash sync, flash-synchronization

BLK (Elek) / power factor correction

Bloch•-Funktionen f pl (Phys) / Bloch functions ‖ ≈**sche Eigenfunktionen** (Phys) / Bloch functions ‖ ≈**-Wand** f (Magn) / Bloch wall, domain wall

Block m, Klotz m, großer Brocken (allg) / block n ‖ ≈, Rohblock m (fester Rohstahl, sofern er in anderen Querschnitten vorliegt als für Rohbrammen angegeben), Gussblock m (Gieß) / cast ingot (cross section square, rectangular with a width to thickness ratio of less than 2, intended for subsequent rolling or forging), ingot ‖ ≈, Pressblock m (beim Strangpressen) (Fert) / billet (for extrusion), work billet ‖ ≈, Blockstein m (Bau) / block, building block (higher than a brick) ‖ ≈, Schreibblock m / pad, writing pad ‖ ≈, Häuserblock m (Bau) / block n, city block, urban block ‖ ≈, Kraftwerksblock m (Elek) / unit, power station unit ‖ ≈, Rollenzug m / set of (fixed and movable) pulleys, tackle system, tackle assembly ‖ ≈, Blockstrecke f (Bahn) / block section ‖ ≈ (zusammenhängende Wort- o. Informationsgruppe) (DV, Tele) / block n ‖ ≈, Datenblock m (DV) / block n (of data), data block ‖ ≈**aufnehmer** m, Rezipient m (zur Aufnahme des Pressblocks beim Durchdrücken) (Wzm) / container (for extrusion), cylindrical chamber ‖ ≈**deckel** m (Batterie) (Elek) / cell cover ‖ ≈**diagramm** n (zur Darstellung von Signalabläufen u. Programmen) (DV) / block diagram ‖ ≈**fett** n / block grease ‖ ≈**form** f (beim Blockguss), Kokille f (Gieß) / ingot mo[u]ld ‖ ≈**gießen** n, Blockguss m, Standguss m (der flüssige Rohstahl wird in Gießformen (Kokillen) abgegossen; Ggs. Strangguss) (Gieß) / ingot casting ‖ ≈**guss** m, Standguss m (der flüssige Rohstahl wird in Gießformen (Kokillen) abgegossen; Ggs. Strangguss) (Gieß) / ingot casting ‖ ≈**heizkraftwerk** n (Enem, Umw) / small-scale CHP unit, CHP unit (small-scale), engine-based cogeneration system, cogeneration system, engine-based cogenerator, cogeneration unit ‖ ≈**heizung** f, Fernwärme f (als Anlage o. System), Fernheizung f / district heating

blockieren, versperren / block vt (e.g. road, exit) ‖ ~ (Durchfluss, Verkehr) / obstruct ‖ ~, verstopfen vt (Tele) / jam ‖ ~ vi, klemmen, sich verklemmen, sich festklemmen / jam vi, get jammed ‖ ~ (Räder, Bremsen) / lock

Blockier•regler m, Antiblockiersystem n, ABS n (Kfz) / ABS, antilock brakes, antilock braking system ‖ ≈**schutz** m (elektronischer Motorschutz) (Elek) / blocking protection ‖ ≈**schutz**, Antiblockiersystem n, ABS n (Kfz) / ABS, antilock brakes, antilock braking system

Blockierung f, Verstopfung f, Sperrung f / block n, obstruction II ~, Arretiervorrichtung f, Verrastung f, Feststellvorrichtung f / locking device, catch, stop, lock

Block•kasten m (Elek, Kfz) / container (of automotive battery), casing, case, shell II ~**polymerisation** f (Plast) / block polymerization, bulk polymerization II ~**satz** m (Doku, Druck) / full justification (alignment of text along both margins), justification, justified text, fully justified text, straight composition, justified composition II ~**schaltbild** n (Doku, Elek) / block diagram, functional block diagram II ~**schaltbild**, Signalflussplan m (Eltro, Regel) / signal flow diagram II ~**schaltplan** m (Doku, Elek) / block diagram, functional block diagram II ~**schema** n / block diagram II ~**seigerung** f (Gieß) / ingot segregation, segregation (at the macroscopic level), major segregation II ~**stein** m (Bau) / block, building block (higher than a brick) II ~**straße** f (Walz) / blooming train II ~**strecke** f (Bahn) / block section II ~**walzwerk** n / blooming mill, cogging mill

bloßlegen, abdecken, aufdecken / uncover

Blow-out-preventer m, Bohrlochabsperrvorrichtung f (Öl) / blow-out preventer, preventer, BOP

Blut•gift n / hemotoxin, haemotoxin, hematotoxin II ~**kohle** f / animal charcoal (obtained from blood)

BMA, Brandmeldeanlage f (Bau) / fire alarm system, fire detection system

B-Mesonen n pl (Nukl) / B mesons

B-Mode-Verfahren n (Ultraschalldiagnostik) (MT) / B-mode, B-mode ultrasonography

BMX-Rad n (Fahrrad) / BMX bike

BMZ f, Brandmeldezentrale f / fire alarm control panel, FACP

BN, Bornitrid n (Mater) / boron nitride

BNC-Stecker m (für Koaxialkabel) (DV, Eltro, Tele) / BNC connector

Boardingzeit f (Luft) / boarding time

Bobby m, Wickelkern m (Audio) / core (on which film or magnetic tape is wound)

Bock•kran m (Portalkran geringer Höhe und Portalspannweite) (Förd) / gantry crane (small, used in light duty applications such as small machine shops or automobile garages - usually stationary when loaded, and mobile when unloaded) II ~**lager** n, Stehlager n (Masch) / pedestal bearing, plummer block, pillow block

BOD, Durchbruchdiode f (Elek, Eltro) / BOD, break-over diode

Bode-Diagramm n (Regel, Tele) / Bode's diagram o. plot

Boden m, Erdreich n, Erdboden m / soil n II ~, Fußboden m (Bau) / floor II ~, unterster Teil, unteres Ende / bottom n II ~, Untergrund m (z.B. des Meeres, einer Deponie) / bottom II ~ (der Kolonne), Kolonnenboden m (ChT) / plate (GB), tray (US) II ~, Dachboden m (Bau) / attic, garret, loft II ~**abfertigung** f, Flugzeugabfertigung f (Luft) / ground handling II ~**ablauf** m (Bau, Sanitär) / floor drain II ~**aggregat** n (Luft) / GPU, ground power unit, ground power equipment II ~**austausch** m (Bau, Umw) / soil replacement II ~**bakteriologie** f / soil bacteriology II ~**belag** m (Bau) / floor covering (usually detachable or loose and laid on top of the finished floor - e.g. carpet, area rugs, and resilient flooring such as

linoleum or vinyl flooring), floor cover II ~**belag** (Bau) / flooring (permanent covering of a floor: wood flooring, ceramic tile, stone, terrazzo, etc.) II ~**blech** n (Masch) / bottom plate II ~**blech** (Kfz) / floor pan II ~**blech** (Motorroller), Trittbrett n (Kfz) / floor board II ~**dienst** m (Luft) / ground services II ~**düngung** f (Landw, Umw) / soil fertilization II ~**effektfahrzeug** n, Luftkissenfahrzeug (Schiff) / ACV (air cushion vehicle), ground-effect machine, ground effect vehicle, air cushion vehicle, GEM (ground-effect machine), hovercraft (GB) II ~**effektfluggerät** n, Luftkissenfahrzeug (Schiff) / ACV (air cushion vehicle), ground-effect machine, ground effect vehicle, air cushion vehicle, GEM (ground-effect machine), hovercraft (GB) II ~**Einbauleuchte** f (Licht) / recessed ground luminaire II ~**ersatz** m (Bau, Umw) / soil replacement II ~**fackel** f (zum Abfackeln) / grade flare II ~**fläche** f (die eine Maschine einnimmt, eines Zimmers) / floor space II ~**gesteuerter Anflug**, GCA n (Schlechtwetteranflugverfahren) (Luft) / GCA, talk-down, ground controlled approach II ~**gestützte Anflughilfe** (Luft) / ground-based approach system II ~**herbizid** n (Chem, Landw) / soil-acting herbicide II ~**hobel** m, Grader m (Straß) / grader, blade, road grader, motor grader II ~**kolonne** f, Rektifikationssäule f mit Austauschböden (ChT) / tray column (US), plate column (GB) II ~**probe** f (Bau, Landw, Umw) / soil sample II ~**satz** m (in einer Flüssigkeit aufgrund von Sedimentation) (allg, Chem) / sediment n, deposit n II ~**schätze** m pl (Bergb) / mineral resources pl, natural resources II ~**stabilisierung** f, Bodenverfestigung f (Bau) / soil solidification, soil stabilization II ~**station** f (in der Satellitenkommunikation) (Tele) / satellite earth station, downlink station, ground station, earth station II ~**staubsauger** m (HG) / canister vacuum cleaner, cylinder vacuum cleaner II ~**stein** m (eines Hochofens), Gestellboden m (Hütt) / bottom block, hearth block II ~**stromaggregat** n (Luft) / GPU, ground power unit, ground power equipment II ~**stromgerät** n (Luft) / GPU, ground power unit, ground power equipment II ~**veränderung** f (Umw) / soil change II ~**verbesserung** f (Bau) / ground improvement, soil improvement, soil conditioning II ~**verdichtung** f (Bau) / soil compaction, soil consolidation II ~**verfestigung** f, Bodenstabilisierung f (Bau) / soil solidification, soil stabilization II ~**verschmutzung** f (Landw, Umw) / soil pollution, land pollution II ~**welle** f (Eltro, Funk, Radio, Tele) / ground wave, ground ray II ~**widerstand** m (Elek) / ground resistance II ~**zeit** f (Luft) / turnaround time

Bogen m (allg, Math) / arc II ~, Lichtbogen m (Elek, Schw) / arc, electric arc II ~ (Pap) / sheet II ~, Druckbogen m (Druck) / sheet (large piece of printing paper) II ~**brücke** f / arched bridge, arch bridge, arched-span bridge II ~**differential** n (Math) / differential of arc, element of length II ~**druckmaschine** f (Druck)

/ sheet-fed press, sheet-fed printing press ‖ ~element *n* (Math) / differential of arc, element of length ‖ ~entladung *f* (Elek) / arc discharge ‖ ~kämpfer *m* (Brückenbau) (Bau) / arch springing, arch impost ‖ ~lampe *f* (Elek, Licht) / arc lamp ‖ ~länge *f* (eines Kreisbogens) (Math) / arc length ‖ ~licht *n* (Licht) / arc light ‖ ~maschine *f*, Bogendruckmaschine *f* (Druck) / sheet-fed press, sheet-fed printing press ‖ ~maß *n* (Math) / circular measure by radians, radian measure ‖ ~minute *f* (Math) / minute of arc, minute, arcmin, arcminute ‖ ~sekunde *f* (Math) / second of arc, arcsecond ‖ ~spektrum *n* (Phys) / arc spectrum ‖ ~widerlager *n*, Bogenkämpfer *m* (Brückenbau) (Bau) / arch springing, arch impost ‖ ~zahnkupplung *f* / curved tooth gear coupling

Bohle *f* (Dicke über 40 mm, Breite von mindestens doppelter Dicke) / board (normally less than 2 inches in thickness and between 2 to 12 inches in width)

Bohm • -Diffusion *f* (Phys) / Bohm diffusion ‖ ~-Pines-Theorie *f* (Phys) / Bohm-Pines theory

Bohr • anlage *f*, Bohrturm *m* (Öl) / derrick, oil derrick, rig derrick, drill rig derrick, drilling rig ‖ ~ausrüstung *f*, Bohrturm *m* (Öl) / derrick, oil derrick, rig derrick, drill rig derrick, drilling rig ‖ ~automat *m* (Wzm) / automatic drilling machine ‖ ~brunnen *m* / tube well, drilled o. bore well ‖ ~einheit *f* / drilling unit ‖ ~-Einsatz *m* (Wz) / drill bit (removable drilling or boring tool for use e.g. in a power drill), bit, drill

bohren (aus dem Vollen) / drill *v* ‖ ~, aufbohren (vorhandenes Loch) / bore ‖ ~ (Loch, Tunnel, Brunnen) / bore *vt* (a hole, tunnel, well) ‖ ~ *n* (aus dem Vollen) (Masch) / drilling ‖ ~ mit Elektronenstrahl (Fert) / electron-beam drilling

Bohrer *m* (Wz) / drill ‖ ~, Bohr-Einsatz *m* (Wz) / drill bit (removable drilling or boring tool for use e.g. in a power drill), bit, drill

Bohr • futter *n* (Spannfutter) (Wz) / drill chuck ‖ ~gerüst *n*, Bohrturm *m* (Öl) / derrick, oil derrick, rig derrick, drill rig derrick, drilling rig ‖ ~gestänge *n* (Rotarybohren) (Öl) / drill pipe (collective term) ‖ ~hammer *m* (mit mechanischem o. pneumatischem Schlagwerk, Schlagenergie unabhängig von der Andrückkraft) (Wz) / hammer drill, rotary hammer, rotary hammer drill ‖ ~insel *f* (Öl) / oil drilling rig (offshore), offshore drilling rig, offshore oil-drilling rig, offshore platform, oil rig

Bohrium *n* (Chem) / bohrium

Bohr • kern *m* (Bergb, Fert) / [drilling] core ‖ ~kopf *n* (Öl) / drill head ‖ ~krone *f* (zum Kernbohren) (Bergb, Öl) / core bit, core drill bit ‖ ~kurbel *f*, Bohrwinde *f* (Wz) / bit stock, bit brace, brace ‖ ~lehre *f*, Bohrschablone *f* (Wzm) / drill jig, drill template ‖ ~leistung *f* (bei Bohrmaschinen max. Durchmesser einer Bohrung) (Wz) / drill diameter, drilling diameter

Bohrloch *n* (Bergb) / bore, hole, borehole ‖ ~ (Bergb) / borehole ‖ ~ (Öl) / wellbore, borehole ‖ ~absperrvorrichtung *f*, Blow-out-preventer *m* (Öl) / blow-out preventer, preventer, BOP

Bohr • maschine *f*, elektrische Handbohrmaschine (Wz) / electric drill (standard portable type), power drill, drill ‖

~maschine (Wzm) / drilling machine, drill press ‖ ~meißel, Innendrehmeißel *m* (Wzm) / boring tool ‖ ~meißel (Bergb, Öl) / drill bit, bit ‖ ~pinole *f*, Bohrspindelpinole *f* (Wzm) / sleeve, spindle sleeve ‖ ~plattform *f* (Öl) / oil drilling rig (offshore), offshore drilling rig, offshore oil-drilling rig, offshore platform, oil rig

Bohrsch • es Atommodell *n* (Nukl) / Bohr theory ‖ ~e Atomtheorie (Nukl) / Bohr theory ‖ ~e Frequenzbedingung (Nukl) / Bohr frequency condition ‖ ~es Korrespondenzprinzip (Nukl) / Bohr correspondence principle ‖ ~es Magneton (Einheit des Magnetomentes) (Nukl) / Bohr magneton ‖ ~e Postulate (Nukl) / Bohr postulates ‖ ~e Quantenbedingung (Nukl) / Bohr's quantum condition ‖ ~er Radius (Nukl) / Bohr radius

Bohr • schablone *f* (Wzm) / drill jig, drill template ‖ ~schiff *n* (Öl) / drill ship

Bohr-Sommerfeldsches Atommodell (Nukl) / Bohr-Sommerfeld model

Bohr • spindel *f* (der Bohrmaschine) (Wzm) / drill spindle ‖ ~spindelpinole *f* (Wzm) / sleeve, spindle sleeve ‖ ~spindelschlitten *m* (Wzm) / drilling head slide ‖ ~stange *f* (auf Bohr- u. Drehmaschinen zum Ausbohren vorgegossener o. vorgebohrter Löcher) (Wzm) / boring bar ‖ ~strang *m* (Öl) / drill string ‖ ~turbine *f* (Bergb, Öl) / downhole motor ‖ ~turm *m* (Öl) / derrick, oil derrick, rig derrick, drill rig derrick, drilling rig

Bohrung *f*, Bohrloch *n* / bore, hole, borehole ‖ ~, Bohrungsdurchmesser *m*, Innendurchmesser *m* (eines Zylinders) / bore, bore diameter, ID, inner diameter ‖ ~ (Bergb) / bore *n* (hole) ‖ ~, Absaugbohrung *f* (in Modellhälften beim Vakuumformen) (Gieß) / vent hole

Bohrungs • durchmesser *m*, Innendurchmesser *m* (eines Zylinders) / bore, bore diameter, ID, inner diameter ‖ ~lehre *f* (Mess) / bore gauge

Bohr • verfahren *n* (Fert) / drilling operation ‖ ~vorschub *m*, Bearbeitungsvorschub *m* (Fert) / drilling feed ‖ ~werk *n* (Wzm) / boring machine o. mill ‖ ~werkzeuge *n pl* / drilling tools ‖ ~winde *f*, Bohrkurbel *f* (Wz) / bit stock, bit brace, brace ‖ ~zyklus *m* (Fert, NC) / drilling cycle

Boiler *m*, Warmwasserspeicher *m* (Sanitär) / tank-type water heater, storage water heater, boiler

Boje *f*, Seetonne *f* (Nav) / buoy *n*

Bolometer *n*, Barretteranordnung *f* (Messinstrument für schwache HF-Ströme) (Elek, Mess) / barretter ‖ ~ (Opt) / bolometer

bolometrisch / bolometric

Boltzmann • -Faktor (Phys) / Boltzmann factor ‖ ~-Gleichung *f* (Phys) / Boltzmann equation ‖ ~konstante *f* (Phys) / Boltzmann's constant k ‖ ~-Statistik *f* (Phys) / Maxwell-Boltzmann statistics ‖ ~sche Stoßgleichung (Phys) / Boltzmann equation ‖ ~-Theorem *f* (Phys) / Boltzmann H theorem ‖ ~-Verteilung *f* (Phys) / Boltzmann's distribution

Bolzen *m*, Türriegel *m* / bolt (lock), bar ‖ ~, Schraubenbolzen *m* mit Mutter / bolt ‖ ~gewinde *n*, Außengewinde *n* / external [screw] thread, male thread ‖ ~kette *f* / plate link chain, Gall's chain ‖ ~kopf *m* / bolt head ‖ ~kupplung *f* / pin coupling, bolt coupling ‖ ~schweißen *m*, Lichtbogenbolzenschweißen *n* (Schw) / stud welding, SW ‖ ~schweißen *n* mit

Hubzündung, Lichtbogenbolzenschweißen *n* mit Hubzündung (Schw) / arc stud welding, stud arc welding

Bombage *f* (bei Konservendosen) / swell

Bombe *f* (des Bombenkalorimeters) (Phys) / bomb *n*

Bombenkalorimeter *n* (Phys) / bomb calorimeter

Bond *m* (Phys) / bond

bonden (Halbleitertechnologie) (Eltro) / bond ‖ ⁀ *n* (Halbleitertechnologie) (Eltro) / bonding

bondern (OT) / bonderize ‖ ⁀ *n* (OT) / bonderizing

bondieren, bonden (Halbleitertechnologie) (Eltro) / bond

boolesch•e Algebra (Math) / Boolean algebra, logic algebra ‖ **~er Ausdruck** (DV, Math) / Boolean expression ‖ **~e Funktion** (DV, Eltro, Logik) / logic function, logical operation, Boolean function ‖ **~e Komplementierung**, Negation *f*, NICHT-Verknüpfung *f* (Logik) / NOT function, NOT operation, inverse operation ‖ **~e Variable** (DV, Eltro, Math) / binary variable, digital variable, Boolean variable, logical variable, switching variable ‖ **~er Verband** (Math) / Boolean algebra ‖ **~e Verknüpfungstafel**, Wahrheitstabelle *f* (DV, Logik) / truth table, Boolean operation table ‖ **~er Wert** (DV) / logical value

Booster *m*, Leistungsverstärker *m* (Akust, Elek, Eltro) / booster amplifier, power booster ‖ ⁀, Zusatztriebwerk *n* (für die Startphase) (Raumf) / booster ‖ **~maschine** *f*, Spannungsverstärker *m*, Zusatzmaschine *f* für Spannungserhöhung (Elek) / booster ‖ **~pumpe** *f*, Zusatzpumpe *f* (zur Unterstützung der Hauptpumpe) / booster pump

Boot-Diskette *f*, Systemdatenträger *m* (Diskette o. Festplatte) (DV) / system disk, boot disk, start-up disk

booten (DV) / boot *vt* [up] (a computer), bootstrap *vt* ‖ ⁀ *n* (DV) / boot *n*, bootstrap *n*, bootstrapping

Bootfehler *m* (DV) / boot failure

Bootstrap *m*, Booten *n* (DV) / boot *n*, bootstrap *n*, bootstrapping

Bootstrapping *n*, Booten *n* (DV) / boot *n*, bootstrap *n*, bootstrapping

Bootstrap•-Schaltung *f* (Eltro) / bootstrap circuit ‖ **~-Verfahren** *n* (Stat) / bootstrap process

BOP *f*, Blow-out-preventer *m*, Bohrlochabsperrvorrichtung *f* (Öl) / blow-out preventer, preventer, BOP

Bor *n* (Chem) / boron, B

Boran *n* (Chem) / borane, boroethane, boron hydride

Boranat *n* (Chem) / boranate

Borat *n* (Chem) / borate ‖ **~glas** *n* (Glas) / borate glass

Borax *m* (Chem) / borax, sodium borate, sodium pyroborate, sodium tetraborate ‖ ⁀ (Min) / borax ‖ **~glas** *n* (Chem) / borax glass ‖ **~perle** *f* (Chem) / borax bead

Borazin *n* (Chem) / borazole

Borazol *n* (Chem) / borazole

Borazon *n*, kubisch-kristallines Bornitrid (Mater) / borazon, cubic boron nitride, CBN

Borcarbid *n* (Chem) / boron carbide

Bord *m* (Luft, Schiff) / board ‖ **an** ⁀ (Luft, Schiff) / on board, aboard ‖ **an** ⁀ **gehen** (Schiff) / embark *vi*, go aboard, go on board ‖ **an** ⁀ **gehen**, einsteigen (Luft) / board *vi*, go aboard, go on board, enplane *vi*, embark *vi*

Bord *n*, Regalbrett *n* / shelf ‖ ⁀, Rand (klein und hochgestellt an einem wesentlich größeren Werkstück), Bördel *m* / flange, rim ‖ **~computer** *m* (Kfz, Luft, Raumf, Schiff) / on-board computer

Bördel *m*, Rand (klein und hochgestellt an einem wesentlich größeren Werkstück) / flange, rim

Bordelektronik *f*, Avionik *f*, Luftfahrtelektronik *f* (Luft) / avionics *sg* (science and technology of electronic devices in aviation, the devices themselves), aircraft electronics

bördeln (Rohrenden), aufweiten (Fert) / flare ‖ ~ (Rand eines zylindrischen Blechteils zu einem rechtwinklig zur Wandung liegenden Bund abbiegen), umbördeln (Fert) / flange ‖ ~ (Radläufe) (Kfz) / flare (wheel arches) ‖ ⁀ *n*, Stanzbördeln *n*, Gesenkbördeln (Fert) / cupping, flanging

Bord•instrument *n* (Luft) / on-board instruments ‖ **~karte** *f* (Luft) / boarding pass ‖ **~kontrolle** *f* (der Bordkarten) (Luft) / boarding control ‖ **~kran** *m* (Schiff) / deck crane, vessel crane ‖ **~küche** *f* (Luft) / galley ‖ **~netz** *n* (Kfz) / on-board power supply [system] ‖ **~rechner** *m*, Bordcomputer *m* (Kfz, Luft, Raumf, Schiff) / on-board computer ‖ **~restaurant** *n* (im Intercity), Speisewagen *m* (Bahn) / diner (US), restaurant car (GB), dining car (US) ‖ **~rinne** *f*, Rinnstein *m*, Gosse *f* (Straß) / gutter, street gutter ‖ **~stein** *m*, Randstein *m*, Rinnstein *m* (Straß) / curb (US), kerb (GB)

Bor•fluorid *n*, Bortrifluorid *n* (BF_3) / boron trifluoride, fluoride of boron ‖ **~hydrid** *n* / borane, boroethane, boron hydride

Borid *n* (Chem, Mater) / boride

Borieren *n* (Hütt, Mater) / boronizing

Borierung *f* (Hütt, Mater) / boronizing

Bor•karbid *n* (Chem) / boron carbide ‖ **~metall** *n*, Borid *n* (Chem, Mater) / boride

Bornan *n* (Chem) / bornane

Borneokampfer *m* / Borneo o. Malay o. bhimsaim camphor, borneol

Borneol *n* (Chem) / borneol, 2-camph[an]ol

Born-Haber-Kreisprozess *m* (Phys) / Born-Haber cycle

Bornitrid *n* (Mater) / boron nitride

Bornsche Näherung (Nukl) / Born approximation

Borosilicatglas *n* (Glas) / borosilicate glass

Borsäure *f* (Chem) / boracic acid, orthoboric acid, boric acid ‖ **~anhydrid** *n*, Bortrioxid *n* (B_2O_3) (Chem) / boric anhydride o. oxide

Borsilikatglas *n* / borosilicate glass

Borste *f* / bristle

Bor•stickstoff *m*, Bornitrid *n* (Mater) / boron nitride ‖ **~trichlorid** *n* (Chem) / boron trichloride ‖ **~trifluorid** *n* (BF_3) / boron trifluoride, fluoride of boron ‖ **~trioxid** *n* (B_2O_3) (Chem) / boric anhydride o. oxide ‖ **~verbindungen** *f pl* (Chem) / boron compounds ‖ **~wasserstoff** *m* (Chem) / borane, boroethane, boron hydride

Böschung *f*, Abhang *m* / bank *n*, slope ‖ ⁀ (schräg abfallende Seitenfläche z.B. eines Damms) (allg, Bau) / slope

Böschungs•absatz *m*, Berme *f* (Bau) / bench, berm ‖ **~linie** *f*, Helix *f* (Kurve, die sich mit konstanter Steigung um den Mantel eines Zylinders windet), Schraubenlinie *f* (eine Raumkurve) (Math, Techn) / helix (pl. helices, helixes) ‖ **~winkel** *m*, Schüttwinkel *m* (eines Schüttguts) / angle of repose

Bose-Einstein•-Kondensation f (Nukl) / Bose-Einstein condensation, BEC ‖ ~-**Statistik** f (Phys) / Bose-Einstein statistics pl ‖ ~-**Verteilung** f (Phys) / Bose-Einstein distribution

Boseflüssigkeit f (Phys) / Bose fluid

Boson n (Nukl) / boson

Boten•-RNA f, Messenger-RNA f (Biochem) / messenger RNA ‖ ~-**RNS** f, Messenger-RNA f (Biochem) / messenger RNA

Bottom (Nukl) / beauty, bottomness ‖ ~-**Mesonen** n pl (Nukl) / B mesons

Bottomness (Nukl) / beauty, bottomness

Bottomonium n (ein Elementarteilchen) (Nukl) / bottomonium

Bottom-Quark n (Nukl) / beauty quark, bottom quark

Bottom-up•-Methode f (DV) / bottom-up method ‖ ~-**Verfahren** n (DV) / bottom-up method

Boudouard-Gleichgewicht n (Chem) / Boudouard equilibrium

Bouguer-Anomalien f pl (Geoph) / Bouguer anomalies

bouguer-lambertsches Absorptionsgesetz (Phys) / Bouguer's law of absorption, Lambert's law of absorption

Boulevard m (Straß) / boulevard

Bourdon•feder f (Mess) / Bourdon tube ‖ ~**federmanometer** n, Rohrfedermanometer n (Mess, Phys) / Bourdon gauge, pressure gauge ‖ ~-**Röhre** f (Mess) / Bourdon tube

Bourdonsche Röhre (Mess) / Bourdon tube

Bouveault-Blanc-Reaktion f (zur Reduktion von Estern zu Alkoholen) (Chem) / Bouveault-Blanc reduction

Bowdenzug m / Bowden cable

Box f, Lautsprecherbox f (pl.: -boxen) (Audio) / loudspeaker, speaker, speaker system

Boxermotor m (Mot) / opposed cylinder engine, horizontally opposed engine, boxer engine, boxer, flat engine

β-**Oxidation** f, Beta-Oxidation f (Chem) / beta oxidation

Box-Top-Lizenz f, Shrinkwrap-Vertrag m (DV) / shrinkwrap agreement

Boyle-Gay-Lussac-Gesetz, erstes Gay-Lussac-Gesetz (das Volumen idealer Gase ist bei gleichbleibendem Druck und gleichbleibender Stoffmenge direkt proportional zur Temperatur) (Phys) / Gay-Lussac's first law, Charles' law

Boyle-Mariottesches Gesetz (Phys) / Boyle's law (the product of the volume of a gas times its pressure is constant at a fixed temperature), Mariotte's law

Boylesches Gesetz (Phys) / Boyle's law (the product of the volume of a gas times its pressure is constant at a fixed temperature), Mariotte's law

BP (Bandpass) (Eltro, Tele) / band-pass filter

bpi, Bits n pl pro Zoll (Einheit der Speicherdichte auf einem Datenträger) (DV) / bpi, bits per inch

BPI, Bits n pl pro Zoll (Einheit der Speicherdichte auf einem Datenträger) (DV) / bpi, bits per inch

bps, Bits n pl pro Sekunde (Einheit der Datenübertragungsgeschwindigkeit, 1 bit/s = 1 Bd) (DV, Tele) / bits per second, bps

Bq (Einheit für Aktivität der Strahlenquelle), Becquerel n (Nukl, Radiol) / becquerel, Bq

β-**Quarz** m (Min) / high-quartz

Br, Brom n (Chem) / bromine, Br

BR, Polybutadien n (Plast) / BR, butadiene rubber

Brachistochrone f (Math) / brachistochrone curve

Brachzeit f, Leerlaufzeit f, unproduktive Zeit (IE) / idle time, nonproductive time

Brackett-Serie f (Spektrum) (Phys) / Brackett series

Bradykinin n (Biochem) / bradykinin

Bragg•-Brentano-Methode f (Krist) / Bragg-Brentano method ‖ ~-**Gray-Beziehung** f (Nukl) / Bragg-Gray principle ‖ ~-**Kurve** f (Nukl) / Bragg curve ‖ ~-**Methode** f, Drehkristallmethode f (Phys) / rotating crystal method, Bragg's method ‖ ~-**Reflexion** f (Krist) / Bragg reflection ‖ ~**sche Gleichung** (Krist) / Bragg law ‖ ~**sche Reflexionsbedingung** (Krist) / Bragg law

Bramme f (fester Rohstahl mit rechteckigem Querschnitt - Breite beträgt mindestens das Zweifache der Dicke), Vorbramme f (Walz) / slab (semi-finished steel product that is hot-rolled down from an ingot or strand cast - wide and rectangular in shape - used in the manufacture of sheets, strip, plates and other flat-rolled steel products)

Brammen•anlage f, Brammenstranggießanlage f (Gieß) / continuous slab caster, slab caster ‖ ~**stranggießanlage** f, Brammenanlage f (Gieß) / continuous slab caster, slab caster ‖ ~**walzstraße** f (Walz) / slabbing mill train ‖ ~**walzwerk** n (Walz) / slabbing mill

Branch m (DV) / branch n, jump n, transfer (deprecated)

Branch-and-bound-Verfahren n (ein Entscheidungsbaumverfahren) / branch-and-bound method

Branche f (z.B. Auto-, Computer-, Stahlbranche) / industry (e.g. automobile, computer, steel industry)

Brand m / fire ‖ ~, Brennen n (Keram) / firing, baking ‖ **in** ~ **setzen,** anstecken, anzünden, entzünden / ignite vt (e.g. petrol fumes), set fire to, set on fire ‖ ~**fleck** m (beim Schleifen) (Fert) / burn n, burn mark, surface burn ‖ ~**fördernd** / oxidising ‖ ~**gefahr** f / fire hazard ‖ ~**giebel** m (Bau) / fire gable ‖ ~**klassen** f pl / fire classification ‖ ~**mauer** f, Brandwand f (durch alle Stockwerke gehend) (Bau) / fire wall, strong wall ‖ ~**meldeanlage** f (Bau) / fire alarm system, fire detection system ‖ ~**melder** / fire detector ‖ ~**meldezentrale** f / fire alarm control panel, FACP ‖ ~**meldung** f / fire alarm ‖ ~**rate** f, Feuerwiderstandsdauer f (eines Bauteils) / fire rating, fire grading, fire-resistance grading, fire-resistance rating ‖ ~**schutz** m / fire protection ‖ ~**schutztür** f / fire door ‖ ~**verhütung** f / fire prevention ‖ ~**wand** f (durch alle Stockwerke gehend) (Bau) / fire wall, strong wall

Branntkalk m (Bau) / burnt lime, lime, caustic lime, quicklime, unhydrated lime

Brasilein n (Färb) / brazilein

Brasilin n (Färb) / brazilin[e], brasilin, breziline

brauchbar, funktionsfähig / serviceable ‖ ~, nützlich / useful ‖ ~ (Plan, Verfahren, Methode, Strategie), realisierbar / viable, feasible, practical, workable ‖ ~, nutzbar, verwertbar, verwendbar [als, zu] / usable, useable, useful, practicable ‖ ~, geeignet / suitable

Brauchbarkeit f, Nützlichkeit f / usefulness ‖ ~, Tauglichkeit f, Eignung f / suitability, fitness ‖ ~, Verwendbarkeit f / usability ‖ ~ (eines Plans, Verfahrens, einer Methode, Strategie) / viability, feasibility

Brauchbarkeitsdauer f, Betriebslebensdauer f / useful life, operating life, lifetime, service life, life, operational life, operational lifetime, serviceable life

brauchen (einen bestimmten Zeitraum), dauern / take (e.g. 20 minutes to finish the job)

Brauchwasser n / service water

Brauerei f / brewery ‖ ~wesen n / brewing industry, brewing trade

Brau•gewerbe n / brewing industry, brewing trade ‖ ~haus n / brewery ‖ ~industrie f / brewing industry, brewing trade

Braunkohle f (Bergb, Geol) / brown coal (GB, Australia), lignite

Braunsche Röhre (frühe Version der Elektronenstrahlröhre) (Eltro) / Braun tube

Braun•schliff m (Pap) / brown mechanical pulp ‖ ~steinelement n, Kohle-Zink-Zelle f (eine Primärzelle) (Chem, Elek) / zinc-carbon dry cell or battery, carbon-zinc battery, Leclanché cell ‖ ~steinelement (Chem, Elek) s. a. Alkali-Mangan-Zelle

Brause f, Dusche (Sanitär) / shower

Brausenkopf m, Duschkopf m (Bau) / shower head

Brauwesen n / brewing industry, brewing trade

Bravais•-Gitter n (Krist) / Bravais lattice ‖ ~-Indizes m pl (Krist) / Bravais indices

Brecheisen n (Wz) / crowbar (tool), crow, bar n ‖ ~ (kurz) / jimmy, jemmy

brechen vt, zerbrechen / break ‖ ~, zerkleinern, durch den Brecher schicken / crush (ore, stone etc.) ‖ ~ (Kanten), abfasen, abschrägen (Kanten) (Zimm) / chamfer vt ‖ ~ (Licht) (Opt) / refract ‖ ~ vi, zerreißen vi (unter Zugspannung) (Mater) / fracture ‖ ~ n, Bruch m / breakage, break[ing], fracture

brechend•e Kante (des Prismas) (Opt) / refracting edge ‖ ~er Winkel, Prismenwinkel m (Opt) / refracting angle

Brecher m, Brechwerk n (Aufb, ChT) / crusher

Brech•gut n / material to be/being crushed ‖ ~gut (bereits gebrochenes Gut) / crushed material ‖ ~koks m / broken coke, coke nuts pl ‖ ~kraft f, Brechwert m (Einheit Dioptrie) (Opt) / refractive power, optical power, dioptric power, focusing power, convergence power(unit: dioptre) ‖ ~stange f (Wz) / crowbar (tool), crow, bar n ‖ ~stange (kurz) / jimmy, jemmy

Brechung f (von Wellen und Strahlen) (Phys) / refraction

Brechungs•exponent m, Brechzahl f (Opt) / index of refraction, refractive index ‖ ~gesetz n (Phys) / law of refraction ‖ ~index m, Brechzahl f (Opt) / index of refraction, refractive index ‖ ~koeffizient m, Brechzahl f (Opt) / index of refraction, refractive index ‖ ~quotient m, relative Brechzahl (Opt) / relative refractive index ‖ ~verhältnis n, relative Brechzahl (Opt) / relative refractive index ‖ ~winkel m (Phys) / angle of refraction, refraction angle ‖ ~zahl f, Brechzahl f (Opt) / index of refraction, refractive index

Brech•weinstein m, Kaliumantimon(III)oxid-tartrat n (Chem, Färb, Med) / tartar emetic, antimony potassium tartrate, potassium antimonyl tartrate ‖ ~werk n, Pochwerk n (Aufb) / stamp mill, stamping mill ‖ ~werk, Brecher m (Aufb, ChT) / crusher ‖ ~wert (Einheit Dioptrie) (Opt) / refractive power, optical power, dioptric power, focusing power, convergence power(unit: dioptre) ‖ ~wert m, Brechzahl f (Opt) / index of refraction, refractive index ‖ ~zahl f (Opt) / index of refraction, refractive index ‖ ~zahlmesser m, Refraktometer n (Opt) / refractometer

breit / wide ‖ ~es Produktangebot / broad range of products

Breitband n (Tele) / wide band, broadband ‖ ~anschlusseinheit, DSL-Splitter (Tele) / splitter, DSL splitter ‖ ~antenne f / wide band antenna, all-channel antenna ‖ ~-Antibiotikum n (Pharm) / broad-spectrum antibiotic ‖ ~dienst m (Tele) / broadband service, wideband service

breitbandig (Tele) / broad-band ‖ ~es diensteintegrierendes Digitalnetz, Breitband-ISDN n (Tele) / B-ISDN, broadband ISDN

Breitband•-ISDN n (Tele) / B-ISDN, broadband ISDN ‖ ~kabel n (Funk) / broadband cable ‖ ~kommunikation f (Tele) / broadband communications ‖ ~lautsprecher m (Audio) / full-range loudspeaker driver, wide range driver ‖ ~netzwerk n (Tele) / broadband network ‖ ~penicillin n (Pharm) / broad spectrum penicillin ‖ ~straße f (Walz) / broad strip train ‖ ~übermittlung f (Tele) / wide band transmission ‖ ~vermittlungsnetz n (Tele) / broadband switching network ‖ ~verteilnetz n (Tele) / broadband distribution network

Breite, Weite f / width, breadth ‖ ~ f über alles / overall width

Breiteneffekt m (Geoph) / latitude effect

Breit•keilriemen m / wide V-belt ‖ ~spektrum-Antibiotikum n (Pharm) / broad-spectrum antibiotic ‖ ~spurbahn f (Bahn) / broad gauge railway

Breitung f, Zunahme f der Breite (eines Werkstücks beim Walzen) (Walz) / spreading (increase in work width)

Breit-Wigner-Formel f (Nukl) / Breit-Wigner formula

Brems•anlage m (Kfz) / brake system, braking system ‖ ~backe f (Kfz) / brake shoe (of drum brake), shoe ‖ ~belag m (Scheibenbremse) (Kfz) / brake pad ‖ ~belag (Trommelbremse) (Kfz, Masch) / brake lining ‖ ~druckminderer m / proportioning valve, brake pressure regulator, brake pressure limiting valve ‖ ~druckmodulation f, Bremskraftregelung f (Kfz) / pressure modulation (antilock brake system) ‖ ~druckregler m, Bremsdruckminderer m / proportioning valve, brake pressure regulator, brake pressure limiting valve ‖ ~drucksensor m (Fahrdynamikregelung) (Kfz) / brake pressure sensor ‖ ~dynamometer n (Mess) / absorption dynamometer

Bremse f / brake n

bremsen, abbremsen vt / brake vt ‖ ~ vi, abbremsen vi / brake, put on the brake[s], reduce the speed, slow down

Brems•fading n, Nachlassen n der Bremswirkung infolge Erwärmung (Kfz) /

brake fade, fading, fade || ~**fallschirm** m (Luft, Raumf) / drag chute || ~**flüssigkeit** f / brake fluid || ~**flüssigkeitsbehälter** m / brake fluid reservoir || ~**gitter** n (Eltro) / sup, suppressor, suppressor grid || ~**hebel** m (Fahrrad, Kfz) / brake lever || ~**klappe** f (Luft) / air brake, brake flap || ~**klotz** m (Scheibenbremse) / brake pad (disk brake) || ~**kolben** m (Kfz) / brake piston || ~**kraftregelung** f (Kfz) / pressure modulation (antilock brake system) || ~**kraftregler** m / proportioning valve, brake pressure regulator, brake pressure limiting valve || ~**kraftverstärker** m (Kfz) / brake booster, power brake booster, power brake || ~**kreis** m (Elek, Kfz) / brake circuit || ~**leistung** f / braking power || ~**leitung** f (Kfz) / brake line || ~**leuchte** f (Kfz) / brake light, stop light || zusätzliche hochgesetzte ~**leuchte** (Kfz) / high-mount brake light, high-mounted stop light || ~**licht** n, Bremsleuchte f (Kfz) / brake light, stop light || ~**lüfter** m, Brems[lüft]motor m (Elek) / brake [lifting] motor, motor-driven brake operator || ~**lüft]motor** m, Bremslüfter m (Elek) / brake [lifting] motor, motor-driven brake operator || ~**moment** n (Kfz, Masch) / braking moment, braking torque, brake torque || ~**moment-Abstützung** f (Kfz) / antidive [system] || ~**motor** m (Elek) / brake motor || ~**nickabstützung** f (Kfz) / antidive [system] || ~**pedal** n (Kfz) / brake pedal || ~**probe** f, Bremsversuch m / brake test (US), braking test (GB) || ~**rakete** f (Luft, Raumf) / retroactive o. retro-rocket || ~**sattel** m, Sattel m (der Scheibenbremse), Bremszange f (Kfz) / calliper (of the disk brake), brake calliper || ~**scheibe** f (Kfz) / brake disk || ~**schirm** m (Luft, Raumf) / drag chute || ~**schlauch** m (Bahn, Kfz) / brake [air] hose || ~**schlupf** m (Kfz) / wheel slip (when braking), [skidding] wheel slip || ~**schlupfregler** m, Antiblockiersystem n, ABS n (Kfz) / ABS, antilock brakes, antilock braking system || ~**schütz** m (Elek) / braking contactor || ~**schwelle** f (die Autofahrer zur Geschwindigkeitsverringerung zwingen soll), liegender Polizist (Straß) / hump, speed hump (a means of speed control), road hump || ~**schwund** m, Bremsfading m, Nachlassen n der Bremswirkung infolge Erwärmung (Kfz) / brake fade, fading, fade || ~**strahlung** f (Nukl) / bremsstrahlung || ~**substanz** f, Moderator m (Medium zur Abbremsung von Neutronen bei der Kernspaltung) (Nukl) / moderator || ~**träger** m (Kfz) / support plate, backing plate, backplate || ~**trommel** f (Kfz) / brake drum || ~**versuch** m, Bremsprobe f / brake test (US), braking test (GB) || ~**verzögerung** f (Kfz) / braking deceleration || ~**weg** m (Kfz) / braking distance || ~**zange** f, Bremssattel m, Sattel m (der Scheibenbremse) (Kfz) / calliper (of the disk brake), brake calliper || ~**zug** m (Fahrrad) / brake cable || ~**zylinder** m (Kfz) / brake cylinder

brennbar / combustible adj || ~, entflammbar / flammable || ~ **Flüssigkeit** / flammable liquid || **nicht** ~, unbrennbar, unverbrennbar / incombustible, non-combustible

Brennbarkeit f / combustibility || ~, Entflammbarkeit f / inflammability

Brennebene f (Opt) / focal plane

Brennelement n (Nukl) / fuel element || ~**becken** n, Abklingbecken n (DIN), Lagerbecken n (im Reaktorgebäude) (Nukl) / cooling pool, fuel cooling installation (ANSI, IEC), fuel cooling pond, water storage pool (for spent fuel), storage pool || ~**behälter** m (Nukl) / spent nuclear fuel shipping cask, SNF shipping cask || ~**hülse** f, Umhüllung f (der Stäbe), Brennstoffhülle f (Nukl) / sheath, cladding, fuel cladding

brennen vi (allg) / burn vi (e.g. fire, light, furnace, house) || ~ (Med, Pharm) / burn vi (e.g. ointment) || ~ vt (Keram) / fire (bricks, pottery) || ~ (Gips, Kalkstein) / calcine || ~ (Branntwein etc.) (Nahr) / distil || ~ (CDs) (DV) / burn vt || ~ n, Calcinieren n / calcination, calcining || ~, Brand m (Keram) / firing, baking

Brenner m (Feuerungstechnik) / burner || ~, Schweißbrenner m (Schw) / welding torch (US), welding gun, welding head, blowtorch (coll.) || ~ (zum Flammlöten) / torch || ~ (zur Programmierung von ROM-Speicherchips) (DV) / programmer || ~, CD-Brenner m (DV) / CD burner, CD recorder

Brenn•farbe f (Keram) / fired colour || ~**fläche** f (Opt) / caustic [surface] || ~**fugen** n, autogenes Brennfugen (Schw) / flame gouging, oxygen gouging, oxygen-fuel flame gouging, oxyfuel flame gouging || ~**gas** n (Schw) / fuel gas, fuel, gas || ~**härten**, flammhärten (Hütt) / flame-harden v || ~**härten** n (Hütt) / flame-hardening || ~**kammer** f (einer Gasturbine) / combustion chamber, combustor, gas turbine combustor || ~**kammer** (Luft) / combustion chamber, combustor (in jet engine) || ~**kraftlokomotive** f, Motorlokomotive f (Bahn) / gasoline- (US) o. petrol- (GB) o. diesel-engined locomotive || ~**kraftmaschine** f, Verbrennungskraftmaschine f (Wärmekraftmaschinen mit innerer Verbrennung: Gasturbinen, Strahltriebwerke, Verbrennungsmotoren, Heißgasmotoren) / internal combustion engine (including gasoline engines, diesel engines, gas-turbine engines, pure jet engines, rocket engines and motors) || ~**ofen** m / kiln (for burning, baking, or drying, especially for calcining lime, baking bricks or firing pottery)

Brennpunkt m (Ellipse, Hyperbel, Parabel) (Math) / focus || ~, Fokus m (Opt) / focus (pl: focuses, foci), focal point || ~ (Temperatur, ab der eine dauerhafte Verbrennung auch nach Entfernen der Zündquelle möglich ist; liegt wenige Grad über dem Flammpunkt) (Chem) / fire point

Brenn•raum m, Verbrennungsraum m (Mot) / combustion chamber || ~**schneiden** n, autogenes Brennschneiden (Schw) / flame cutting, oxy-cutting, oxyfuel cutting, OFC, oxygen cutting || ~**schneidmaschine** f (Wzm) / oxygen-cutting machine || ~**spannung** f (bei Gasentladung) (Elek) / maintaining voltage || ~**spiegel** m / burning mirror o. reflector || ~**stab** m (im Kernreaktor), Brennstoffstab m (Nukl) / fuel rod, reactor fuel rod, reactor fuel pin || ~**stabbündel** n (Nukl) / fuel bundle

Brennstoff m (allg, Ener) / fuel n || ~**-Aufbereitung** f (Ener) / fuel processing, reprocessing of fuel || ~**ausnutzungsgrad** m (z.B. eines Kraftwerks) (Ener) / fuel [utilization] efficiency || ~**auto** n (Kfz) / fuel cell car, fuel cell powered car || ~**elektrode** m (in Brennstoffzellen) (Chem, Elek) / fuel electrode ‖ ≘**element** n, Brennstoffzelle f (Chem, Elek) / fuel cell, FC ‖ ≘**element** (Nukl) / fuel element ‖ ≘**hülle** f, Umhüllung f (der Stäbe) (Nukl) / sheath, cladding, fuel cladding ‖ ≘**kreislauf** m (Nukl) / fuel cycle ‖ ≘**-Luft-Gemisch** n / air/fuel mixture ‖ ≘**messer** m (Verbrauchsmesser) / fuel meter ‖ ≘**messer** (Vorratsmesser) / fuel gauge ‖ ≘**stab** m, Brennstab m (im Kernreaktor) (Nukl) / fuel rod, reactor fuel rod, reactor fuel pin ‖ ≘**tablette** f, Pellet n (Nukl) / fuel pellet ‖ ≘**verbrauch** m / fuel consumption ‖ ≘**zelle** f (Chem, Elek) / fuel cell, FC

Brennstoffzellen•anlage f (Elek) / FC installation, fuel cell installation, fuel cell system ‖ ≘**antrieb** m (Kfz) / fuel cell power system, fuel cell propulsion system ‖ ≘**-batterie** f (Chem, Elek) / fuel cell battery ‖ ≘**-bus** m (Kfz) / fuel cell bus ‖ ≘**-Elektrofahrzeug** n (Kfz) / FCEV, fuel cell electric vehicle ‖ ≘**fahrzeug** n (Kfz) / fuel cell vehicle ‖ ≘**kraftwerk** n (Elek) / fuel cell power plant ‖ ≘**stack** f, Brennstoffzellenstapel f (Elek) / cell stack, fuel cell stack ‖ ≘**stapel** f (Elek) / cell stack, fuel cell stack

Brenn•stoffzyklus m (Nukl) / fuel cycle ‖ ≘**strahl** m (Opt) / focal ray ‖ ≘**strahl des Kegelschnittes** (Geom) / focal distance o. radius ‖ ≘**weite** f (Opt) / focal length, focal distance ‖ ≘**wert** m (Quotient aus der bei vollständiger Verbrennung eines Brennstoffs frei werdenden Wärmemenge und seiner Masse bzw. Stoffmenge in kJ/kg, einschließlich der Kondensationswärme der Gesamtwassermenge, die danach in flüssigem Zustand vorliegt) / calorific value, gross value, gross calorific value, higher calorific value, HCF

Brenz•catechin n (Chem) / catechol ($C_6H_6O_2$), pyrocatechol, catechin, pyrocatechuic acid ‖ ≘**traubensäure** f (Chem) / pyruvic acid

Brett n (Schnittholz mit einer Dicke von mindestens 8 mm und weniger als 40 mm und einer Breite von mindestens 80 mm) / board (normally less than 2 inches in thickness and between 2 to 12 inches in width)

Brettertür f (Zimm) / ledged and braced door

Brettfallhammer m (Schm) / board [drop] hammer

Brewstersches Gesetz (Opt) / Brewster's law

Brewsterwinkel m (Opt) / Brewster angle, polarizing angle

Bridge f, Brücke f (Tele) / bridge (between networks)

Bridgearm-Leuchte f (Licht) / bridge arm luminaire

Bridgerouter m (DV, Tele) / bridge router

Bridgman•-Effekt m (Phys) / Bridgman effect ‖ ≘**-Verfahren** n (Kristallzüchtung) (Krist) / Bridgman method, Bridgman crystal growth

Briefumschlag m / envelope

Briggsscher Logarithmus, Logarithmus Basis 10 (Math) / common logarithm, Briggs' logarithm, decimal logarithm

Brille f (Opt) / glasses pl, spectacles pl, specs pl (coll.) ‖ ≘, Schutzbrille f (z.B. für Schweiß- o. Sägearbeiten) / goggles, safety goggles pl, protective goggles, safety glasses ‖ ≘, Toilettensitz m, Klosettsitz m (Sanitär) / toilet seat, lavatory seat, seat ‖ ≘, Stopfbuchsenbrille m / gland, stuffing box gland

Brillouin•-Streuung f (Phys) / Brillouin scattering ‖ ≘**-Zone** f (Phys) / Brillouin zone

Brinell•härte f / Brinell hardness ‖ ≘**-Härte** f, Härtewert f nach Brinell / BHN, Brinell hardness number, Brinell number, HB ‖ ≘**-Härteprüfung** f / Brinell test o. ball-thrust test of hardness ‖ ≘**-Härtewert** m, Härtewert f nach Brinell / BHN, Brinell hardness number, Brinell number, HB

bringen (an einen anderen Ort) / take (to another place) ‖ **auf Drehzahl ~** / bring to speed ‖ **zum Stillstand ~** (z.B. Verkehr, Motor) / bring to a standstill ‖ **zur Explosion ~** / cause to explode, explode vt

Britanniametall n (Zinn-Antimon-Kupfer-Legierung) (Hütt) / Britannia o. britannia metal

Britischgummi n, British Gum (Chem) / British gum

British Gum (Chem) / British gum

Broadcasting n (Tele) / broadcasting n

Bröckelspan m, Reißspan m (Wzm) / discontinuous chip (chip segments are unconnected)

Brom n (Chem) / bromine, Br ‖ ≘**aceton** n (Chem) / bromacetone, BA₁

Bromat•(I) n, Hypobromit n (Chem) / hypobromite, bromate(I) ‖ ≘**(VII)** n, Perbromat n (Chem) / perbromate, bromate(VII)

Bromatometrie f (Verfahren der Maßanalyse mit Bromat als Oxidationsmittel) (Chem) / bromatometry

Bromchlormethan (Chem) / bromochloromethane

Bromelain n (Chem) / bromelain, bromelin

Bromelin n (Chem) / bromelain, bromelin

Bromessig•ester m (Chem, Mil) / ethylbromoacetate ‖ ≘**säureethylester** m (Chem, Mil) / ethylbromoacetate

Bromid n (Salz der Bromwasserstoffsäure) (Chem) / bromide (salt of hydrobromic acid)

Bromierung f (Chem) / bromination

bromige Säure ($HBrO_2$) (Chem) / bromous acid

Bromite n pl (Salze der Bromigen Säure) (Chem) / bromites pl

Bromometrie f (Verfahren der Maßanalyse mit Brom als Oxidationsmittel) (Chem) / bromometry

Brom•oxide n pl (Chem) / bromine oxides ‖ ≘**phenolblau** n (pH-Indikator) (Chem) / bromophenol blue ‖ ≘**propanon** n (Chem) / bromacetone, BA₁ ‖ ≘**säure(V)** ($HBrO_3$) f (Chem) / bromic acid ‖ ≘**silber** n, Silberbromid (Chem, Foto) / silver bromide ‖ ≘**silbergelatine** f (Foto) / bromide silver emulsion ‖ ≘**styrol** n (ein Geruchsstoff) (Chem) / bromostyrene ‖ ≘**succinimid** n, N-Bromsuccinimid n (Chem) / N-Bromosuccinimide, NBS ‖ ≘**thymolblau** n (pH-Indikator) (Chem) / bromothymol blue, bromthymol blue ‖ ≘**verbindung** f (Chem) / bromine compound ‖ ≘**wasser** n (Chem) / bromine water ‖ ≘**wasserstoff** m (Chem) / hydrogen bromide, bromide of hydrogen ‖ ≘**wasserstoffsäure** f (Chem) / hydrobromic acid ‖ ≘**zahl** f (Chem) / Br. No., bromine number, bromine value

Bronze f (Hütt) / bronze n ‖ ≘**pigmente** n pl (Chem) / bronze pigment

Brot•backautomat m (HG) / bread machine, breadmaker ‖ ≘**einheit** f (in der Ernährungswissenschaft) (Nahr) / bread unit ‖

˰**getreide** n (Landw, Nahr) / bread cereals, breadgrain, bread-stuff

Brouter m, Bridgerouter m (DV, Tele) / bridge router

Brownout n, Unterspannung f in einem Verteilernetz (deutlich, über einen längeren Zeitraum hinweg) (Elek) / voltage depression, brownout n

Brownsche Bewegung (Phys) / Brownian movement o. motion ‖ ˰ **Molekularbewegung** (Phys) / Brownian movement o. motion

Browser m (DV) / browser, Web browser

BRT, Bruttoregistertonnen pl (Schiff) / gross registered tons pl, G.R.T.

Bruch m, Brechen n / breaking, rupture n ‖ ˰ (eines Bauteils etc. unter Belastung z.B. im Dauerschwingversuch) (Mater) / failure, fracture ‖ ˰ (Math) / fraction ‖ ˰**beanspruchung** f, Bruchspannung f (Mater) / breaking stress, stress at break o. at failure ‖ ˰**bild** n (Mater) / break pattern ‖ ˰**dehnung** f (bleibende Dehnung einer Zugprobe nach dem Bruch, definiert als Verlängerung der Probe x 100 dividiert durch Ausgangslänge) (Mater) / elongation (expressed as a percent), percent elongation (at failure) ‖ ˰**einschnürung** f (Mater) / percent area reduction at fracture, percent reduction of area at fracture (contraction in cross-sectional area at the fracture expressed as a percentage of the original area) ‖ ˰**empfindlich** / fragile, frail ‖ ˰**festigkeit** f (Mater) / breaking strength ‖ ˰**grenze** f (allg) / breaking point ‖ ˰**last** f (Mech) / breaking load, load at rupture ‖ ˰**last** f (Luft) / ultimate load ‖ ˰**linie** f (Mech) / break line ‖ ˰**lochwicklung** f (Elek) / fractional slot winding ‖ ˰**rechnung** f (Math) / fractions pl, fractional arithmetic ‖ ˰**spannung** f, Bruchbeanspruchung f (Mater) / breaking stress, stress at break o. at failure ‖ ˰**verhalten** n (Mater) / fracture behaviour ‖ ˰**zahl** f (Math) / fraction

Brucin n (Chem) / brucin[e]

Brücke f (Bau, Med, Schiff) / bridge ‖ ˰, kleiner Teppich / rug (carpet that is smaller than the room in which it is located, often having an oblong shape with a finished edge) ‖ ˰ (Chem) / bridge ‖ ˰ (Elek) / bridge n ‖ ˰, Brückenschaltung f, Messbrücke f (Elek, Mess) / bridge circuit ‖ ˰, Jumper m (DV, Eltro) / jumper n ‖ ˰, Bridge f (Tele) / bridge (between networks) ‖ **mit einer ˰ überspannen**, überbrücken (z.B. einen Fluss) / bridge vt (e.g. a river), span with a bridge

Brücken•abgleich m (einer Messbrücke) (Elek, Mess) / balancing the bridge, bridge balancing ‖ ˰**atom** n (Chem) / bridge atom ‖ ˰**bahn** f, Fahrbahn f (einer Brücke) (Bau) / deck, bridge deck, road deck, roadway ‖ ˰**bau** m (Bau) / bridge building o. construction ‖ ˰**bildung** f (im Schüttgut) / bridging ‖ ˰**bindung** f (Chem) / bridge bond ‖ ˰**feld** n, Brückenjoch n (Bau) / span (of a bridge), opening, bay ‖ ˰**gleichrichter** m (Elek) / bridge rectifier ‖ ˰**joch** n (Bau) / span (of a bridge), opening, bay ‖ ˰**kopf** m (der Fluggastbrücke) (Luft) / bridgehead ‖ ˰**kran** m (Förd) / overhead travelling crane, overhead bridge crane, EOT crane (electric overhead traveling crane), overhead crane, suspended crane, bridge crane ‖ ˰**lager** n (Bau) / bridge bearing ‖ ˰**öffnung** f, Brückenjoch n (Bau) / span (of a

bridge), opening, bay ‖ ˰**öffnung**, Spannweite f (eines Brückenfelds) (Bau) / span, arch span ‖ ˰**schaltung** f (Elek) / bridge circuit ‖ ˰**spannung** f (Elek) / bridge voltage ‖ ˰**träger** m (Bau) / bridge girder o. truss ‖ ˰**verstärker** m (Eltro) / bridge amplifier ‖ ˰**waage** f (Mess) / weighbridge, truck scale ‖ ˰**widerlager** n (Bau) / bridge abutment

brühen, machen (Nahr) / make (coffee)

Brummabstand m (in dB) (Elek) / signal-to-hum ratio o. to-noise ratio, speech-to-noise ratio, S/N ratio

Brummen n, Netzbrummen n (Elek, Tele) / mains hum, mains noise, power hum, power line hum

Brummspannung f (Elek) / ripple voltage

Brünieren n, Brünierung f (OT) / black finishing, chemical black process

Brunnen m (Wasserb) / well n

Bruns-Eikonal n (Math, Opt) / Bruns' eikona

Brüstung f (Bau) / parapet

Brüten n (Nukl) / breeding

Brüter m (Nukl) / breeder reactor, breeder, nuclear breeder

Brut•faktor m (Nukl) / nuclear conversion ratio >1 ‖ ˰**gewinn** m (Nukl) / breeding gain ‖ ˰**kasten** m, Inkubator m (MT) / incubator ‖ ˰**mantel** m (Brutreaktor) (Nukl) / blanket ‖ ˰**reaktor** m (Nukl) / breeder reactor, breeder, nuclear breeder ‖ ˰**stoff**, Spaltstoff m (Nukl) / fertile material

Brutto•fallhöhe f (Höhenunterschied zwischen Ober- und Unterwasserpegel) (Ener, Wasserb) / gross head ‖ ˰**formel** f (Chem) / empirical formula ‖ ˰**registertonnen** pl (Schiff) / gross registered tons pl, G.R.T.

Brutzone f (Nukl) / blanket

BS n, Betriebssystem n (DV) / operating system, OS ‖ ˰ f, Basisstation f (Tele) / base station (in mobile communications), BS

BSB, biochemischer Sauerstoffbedarf (Umw) / biochemical oxygen demand, biological oxygen demand, BOD

B-Scan-Verfahren n (Ultraschalldiagnostik) (MT) / B-mode, B-mode ultrasonography

β-**Schwefel** m (Chem) / monoclinic o. β-sulphur

B-Signal n, Fernsehbildsignal n (TV) / picture signal, video signal

β-**Strahler** m / beta emitter

β-**Strahlung** f / beta particle radiation

β-**Teilchen** n / beta particle

BTS f, Basisstationssender/-empfänger m (Tele) / base transceiver station (part of the base station subsystem), BTS

BTX m, Bildschirmtext m (interaktiver bildschirmgestützter Datenkommunikationsdienst, der älteste Online-Dienst der Deutschen Telekom, Vorläufer von T-Online - zum 5. 3. 2002 endgültig eingestellt - nicht zu verwechseln mit Videotext/Teletext) (Tele) / videotex

Bubble-Jet-Verfahren n (DV) / bubble-jet printing

Buch•druck (ältestes Hochdruckverfahren) (Druck) / letterpress, letterpress printing ‖ ˰**druckfarbe** f, Druckfarbe f, Druckerfarbe f (Druck) / printing ink

Bücher•regal n / bookcase (set of shelves) ‖ ˰**stütze** f / bookend

Buch•führung f / accountancy ‖ ˰**haltung** f / accountancy

Buchholz-Relais n (Elek) / Buchholz relay

Buchse f, Lagerbuchse f / bearing bush, bearing bushing, bearing sleeve || ~ (Auskleidung z.B. in Bohrung, Zylinder) (Masch) / liner || ~ (weiblicher Teil einer Steckverbindung, der fest in ein Gerätegehäuse eingebaut ist), Steckerbuchse f (Audio, Eltro, TV) / socket (in electrical appliance), jack, connector, plug-in, female connector || ~, Port m (Ein-/Ausgabekanal des Computers oder einer anderen Hardware-Einheit, zum Anschluss z.B. von Drucker, Maus), Anschlussbuchse f (DV) / port

Büchse f, Dose f (allg, Nahr) / can n (US)(for food, beverages, etc), tin (GB)

Buchsen•kette f / bush chain, bush roller chain || ~**klemme** f (Elek) / pillar terminal

Buchstabe m (Druck) / letter n || ~, Alphabetzeichen (Druck, DV) / alphabetic character

Buch•stütze f / bookend || ~**umschlag** m, Schutzumschlag (abnehmbar) (Druck) / book jacket, jacket, dust cover, dust jacket, wraparound (GB), wrapper (GB)

Buchungsschalter m, Flugscheinschalter m, Ticketschalter m (Luft) / ticket counter

Buckel m (beim Buckelschweißen) (Schw) / projection || ~**schweißen** n (Schw) / projection welding, resistance projection welding, RPW

Buffer m, Pufferspeicher m (DV) / buffer, buffer storage, buffer store || ~, Puffer m (Gatter mit Verstärkerwirkung) (Eltro) / buffer || ~ **Memory**, Pufferspeicher m (DV) / buffer, buffer storage, buffer store

Buffeting n, Schütteln n, Rütteln n (Luft) / buffeting

Bug m (eines Flugzeugs) (Luft) / nose n || ~ (Schiff) / bow, nose n

Bügel m, Kleiderbügel m / coat-hanger || ~ (z.B. der Laubsäge) (Wz) / frame (e.g. of coping saw) || ~ (der Bügelmessschraube) (Mess) / frame || ~**eisen** n (HG, Tex) / iron || ~**gestell** n (eckige C-Gestellform bei modernen Pressen) (Wzm) / C-frame, gap frame || ~**messschraube** f (DIN)(zur Bestimmung von Außenmaßen) (Mess) / micrometer, external micrometer, mike (coll.), micrometer caliper, outside micrometer, external micrometer screw gauge || ~**mikrometer** n, Bügelmessschraube f (DIN)(zur Bestimmung von Außenmaßen) (Mess) / micrometer, external micrometer, mike (coll.), micrometer caliper, outside micrometer, external micrometer screw gauge || ~**säge** f (Wz) / hacksaw || ~**schraube** f / U-bolt, stirrup bolt, stirrup bolt

Bug•fahrwerk n (Luft) / nose wheel landing gear, nose landing gear || ~**radfahrwerk** n (Luft) / nose wheel landing gear, nose landing gear || ~**strahlanlage** f, Bugstrahlruder n (Schiff) / bow thruster || ~**strahlruder** n (Schiff) / bow thruster || ~**wulst** m n, Wulstbug m (Schiff) / bulb (of a bow), bow bulb

Bulkcarrier m, Massengutfrachter m (Schiff) / bulk carrier, bulker, bulk freighter

Bulker m, Massengutfrachter m (Schiff) / bulk carrier, bulker, bulk freighter

Bullauge n (Raumf, Schiff) / porthole, side scuttle

Bulldozer m, Planierraupe f (Bau, Bergb) / bulldozer (on caterpillar tracks), blade (GB), dozer [tractor], tractor (GB - in the construction industry), dozer, crawler dozer, crawler tractor (GB)

Bullvalen n (Chem) / bullvalene

Buna® m n / Buna rubber, GRS (USA Gvt)

Bund m (von Rock o. Hose) (Tex) / waistband || ~ (zur Aufnahme von Axialkräften an Wellen) (Masch) / collar (on a rod or shaft), thrust collar

Bündel n (Math) / sheaf || ~, Strahlenbündel n (Phys) / pencil (of rays) || ~**funk** m (Tele) / trunked mobile radio (where a group of radio users share a pool of radio channels with other users) || ~**funknetz** n (Tele) / trunking network || ~**leiter** m (Fernleitung) (Elek) / bundle conductor

bündeln / bundle vt [up], tie into a bundle/bundles || ~, fokussieren (z.B. Elektronen-, Laserstrahl), konzentrieren (Phys) / focus vt (light, rays) || ~ (z.B. Hardware mit Software), gemeinsam verkaufen / bundle

Bundes•beauftragte für den Datenschutz (DV) / Federal Commissioner for Data Protection || ~**immissionsschutzgesetz** n (Umw) / Federal Immission Control Act || ~**straße** f (Straß) / federal highway

bündig, direkt abschließend mit / flush [with](vertically) || ~ **einlassen**, auf gleiche Höhe bringen, bündig machen / level, adjust to the same level, make even, make level, level out vt, make flush, flush || ~ **machen**, auf gleiche Höhe bringen, bündig einlassen / level, adjust to the same level, make even, make level, level out vt, make flush, flush

Bundschraube f (DIN 173) / collar screw

Bunsen•brenner m (Chem) / Bunsen burner || ~**element** n (Chem, Elek) / Bunsen cell || ~**photometer** n, Fettfleckphotometer n / grease spot o. Bunsen photometer, translucent disk photometer || ~**-Roscoe-Gesetz** n, photochemisches Lichtmengengesetz (Licht) / Bunsen-Roscoe law || ~**scher Absorptionskoeffizient** (Chem) / Bunsen coefficient

bunte Farbe / chromatic colour

Bunt•ätzdruck m (Tex) / colour discharge printing || ~**ätze** f (Tex) / colour discharge printing || ~**druck** m, Farbdruck m, farbiger Druck (Druck, DV) / colour printing

Bunte•-Bürette f (Chem) / Bunte gas burette || ~**-Salze** n pl (Chem) / Bunte salts

Buntgrad m, Farbsättigung (dient in der Farbmetrik neben Farbton und Helligkeit zur eindeutigen Kennzeichnung einer Farbvalenz) (Druck, Foto, Opt, TV) / colour saturation, saturation

Buntheit f, Farbsättigung (dient in der Farbmetrik neben Farbton und Helligkeit zur eindeutigen Kennzeichnung einer Farbvalenz) (Druck, Foto, Opt, TV) / colour saturation, saturation

Bunt•metall n (Hütt) / nonferrous heavy metal || ~**stift** m / crayon (pencil)

Bürette f (Chem) / burette, buret

bürgerlich•es Jahr / calendar year, civil year || ~**er Kalender** / civil calendar

Bürgersteig m, Gehweg m, Gehsteig m (Straß) / pavement (GB), footway (GB), sidewalk (US)

Burgers•-Umlauf m (Krist) / Burgers' circuit || ~**-Vektor** m (Krist) / Burgers' vector

Burn up m, Abbrand m (Nukl) / burn-up

Burn-in m (Testbetrieb zur Herbeiführung von Frühausfällen) (Eltro) / burn-in (test operation of components)

Burnout *n*, Durchbrennen *n* (der Brennstoffhüllen) (Nukl) / burnout

Büro *n* / office || ~ **im eigenen Haus o. in der eigenen Wohnung** / home office || ~**automation** *f* / office automation || ~**automatisierung** *f* / office automation || ~**gebäude** *n* / office building, office block || ~**hochhaus** *n* (Bau) / high-rise office building, multistorey office building || ~**klammer** *f* (Büro) / paper clip || ~**raum** *m* / office || ~**technik** *f* (Büro) / office systems technology, office technology || ~**tischleuchte** *f* (Licht) / desk lamp || ~**trennwand** *f* (mit Boden u. Decke verbunden) (Büro) / partition || ~**turm** *m* (Bau) / office tower

Burst *m*, Impulspaket *n* (Folge einer begrenzten Anzahl von Impulsen) (Eltro) / burst || ~, Farbsynchronsignal *n* (TV) / burst, colour burst, reference burst, colour sync[hronization] burst

Bürste *f* (allg) / brush || ~, Kohlebürste *f* (besteht meistens aus Graphit) (Elek) / brush, carbon brush (typically constructed of carbon with an amorphous structure or graphite), graphite brush

Bürstenhalter *m* (Elek) / brush holder

Bus *m* (Kfz) / bus *n*, motorbus || ~ (DV) / bus *n* || ~**ankoppler** *m* (DV, Eltro) / bus coupler || ~**bahnhof** *m*, Omnibusbahnhof *m* (Kfz) / bus station, depot (US), bus terminal || ~**breite** *f* (DV) / bus width, width (of databus)

Büschel *m n* (Math) / pencil || ~**entladung** *f* (Elek) / brush discharge

Bus•Haltestelle *f* / bus stop || ~**leitung** *f* (DV, Eltro) / bus line || ~**netz** *n*, Busnetzwerk *n* (DV, Tele) / bus network || ~**platine** *f* (DV) / bus board || ~**schnittstelle** *m* (DV) / bus interface

Bussole *f* (Geoph) / compass

Bus•system *n* (DV) / bus system || ~**topologie** *f* (DV, Tele) / bus topology || ~**treiber** *m* (DV, Eltro) / bus driver || ~**zugriffskonflikt** *m* (DV, Tele) / bus contention || ~**zuteiler** *m*, Arbiter *m* (DV) / arbiter

Butadien *n* (Chem) / butadiene, divinyl [B] || ~**kautschuk** *m*, Polybutadien *n* (Plast) / BR, butadiene rubber

Butan *n* (Chem) / butane || ~**-1,4-dicarbonsäure** *f* (Chem) / adipic acid, hexanedioic acid || ~**diol** *n*, Butylenglykol *n* (Chem) / butylene ether glycol ($C_4H_{10}O_2$) || ~**disäure** *f* (Chem) / succinic acid

Butanol *n* (Chem) / butanol, butyl alcohol

Butanolid *m*, Butyrolacton *n* (Chem) / butyrolactone

Butanon *n*, Methylethylketon *n* / methyl ethyl ketone, MEK

Butansäure *f* (Chem) / butyric acid, butanoic acid

Buten *n* (Chem) / butene, normal butylene

Butenal *n*, Crotonaldehyd *m* (Chem) / crotonaldehyde

But-2-ensäure *f*, Crotonsäure *f* (Chem) / crotonic acid

Butter•refraktometer *n* (Mess, Opt) / butter refractometer || ~**säure** *f* (Chem) / butyric acid, butanoic acid || ~**säuregärung** *f* (Chem) / butyric fermentation

Butylalkohol *m*, Butanol *n* (Chem) / butanol, butyl alcohol

Butylen *n*, Buten *n* (Chem) / butene, normal butylene || ~**glykol** *n*, Butandiol *n* (Chem) / butylene ether glycol ($C_4H_{10}O_2$)

Butylkautschuk *m* (Plast) / isobutylene-isoprene rubber, IIR, butyl rubber

Butyraldehyd *m* (Chem) / butyraldehyde

Butyrat *n* (Chem) / butyrate

Butyrolacton *n*, Butanolid *m* (Chem) / butyrolactone

B-Verstärker *m* (Eltro, Tele) / class B amplifier

B-Waffen *f pl* (Mil) / biological weapons *pl*

β-**Wellen** *f pl*, Betawellen *f pl* (im EEG, 14-30 Hz) (Med, MT) / beta waves

B-W-Zyklus *m*, Bethe-Weizsäcker-Zyklus *m* (Astr, Nukl) / Bethe cycle, carbon-nitrogen cycle, carbon cycle

Bypass *m* (MT) / bypass || ~, Umgehungsleitung *f* (Techn) / by-pass || ~**-Diode** *f* (Elek) / bypass diode || ~**kondensator** *m* (Elek) / decoupling capacitor, bypass capacitor || ~**-Triebwerk** *n* (Luft) / turbofan, bypass engine, ducted fan turbine engine || ~**ventil** *n* / bypass valve

Byte *n* (DV) / byte

BZ, Brennstoffzelle *f* (Chem, Elek) / fuel cell, FC

β-**Zerfall** *m*, Betazerfall *m* (Nukl) / beta decay, beta disintegration

C

C, Kohlenstoff *m* (Chem) / carbon, C
C, Cystein *n* (Biochem) / cysteine
C *n*, Coulomb *n* (1 C = 1 As) (Elek) / C, coulomb
C *n* (Programmiersprache) (DV) / C *n*, standard C
C, Baby-Zelle *f* (IEC R14) (Elek) / C battery, C size battery
°C, Grad *m* Celsius, Celsiusgrad (Phys) / Celsius degree, degree centigrade, degree Celsius
C 14 (radioaktives Kohlenstoffatom der Massenzahl 14) (Chem) / ^{14}C, radiocarbon, carbon 14, C 14
C++ *n* (DV) / C++
Ca, Calcium *n* (Chem) / calcium, Ca
CA, Celluloseacetat *n* (Chem, Plast) / cellulose acetate, CA ‖ **~**, Computeranimation *f* (DV) / computer animation, CA
CAB, Celluloseacetobutyrat *n* (Chem) / cellulose acetate butyrate, cellulose acetobutyrate, CAB
Cabrio *n* (Kfz) / convertible *n*, cabrio, cabriolet
Cabriolet *n* (Kfz) / convertible *n*, cabrio, cabriolet
Cache *m*, Cache-Speicher *m* (DV) / cache *n* (high-speed buffer), cache memory ‖ **~-Speicher** *m* (DV) / cache *n* (high-speed buffer), cache memory
CAD *n*, Computer Aided Design *n* (DV) / computer-aided design, CAD
Cadaverin *n* (Chem) / cadaverine, pentamethylenediamine
Cadmieren *n* (OT) / cadmium plating
Cadmierung *f* (OT) / cadmium plating
Cadmium *n*, Kadmium *n* (Chem) / cadmium, Cd II **~chlorid** *n* (Chem, OT) / cadmium chloride II **~cyanid** *n* (Chem, OT) / cadmium cyanide II **~element** *n* (Chem, Elek) / Weston standard cell, Weston standard cadmium cell II **~gelb** *n* / cadmium yellow II **~oxid** *n* (Chem) / cadmium oxide II **~rot** *n* / cadmium o. selenium red II **~selenid** *n* (Chem) / cadmium selenide II **~sulfat** *n* (Chem) / cadmium sulphate II **~sulfid** *n* / cadmium sulphide, orange cadmium (US) II **~-Tellurid** *n* (Chem) / cadmium telluride II **~verbindungen** *f pl* (Chem) / cadmium compounds
CAE *n*, Rechnerunterstützung *f* von Ingenieuraufgaben (DV) / CAE, computer-aided engineering
Caesium (Chem) s. Cäsium
Cafetière *f*, Druckstempelkanne *f* / cafetière (GB), press pot, plunger (Australia), French press (for making coffee)
cal (1 cal = 4,1868 J) (veraltet), Kalorie *f*, cal$_{IT}$ (internationale Tafelkalorie) / cal, calorie, International Table calorie, IT calorie
Calciferol *n*, Vitamin *n* D (Biochem) / calciferol, vitamin D
Calcinieren *n* / calcination, calcining
Calciol, Vitamin *n* D$_3$, Cholecalciferol *n* (Biochem) / cholecalciferol, vitamin D$_3$
Calcitonin *n* (Biochem) / calcitonin
Calcitriol *n* (Biochem) / calcitriol
Calcium *n* (Chem) / calcium, Ca II **~antagonist** *m* (Pharm) / calcium antagonist II **~benzoat** *n*

(Nahr) / calcium benzoate (calcium salt of benzoic acid) II **~bicarbonat** *n* (veraltet), Calciumhydrogencarbonat *n* (Chem) / calcium hydrogen carbonate, calcium bicarbonate II **~bisulfit** (Chem, Pap) / calcium bisulfite II **~blocker** *m* (Pharm) / calcium antagonist II **~carbid** *n* (CaC$_2$) (Chem) / calcium carbide (CaC$_2$), carbide II **~carbonat** *n* (Chem) / calcium carbonate, carbonate of calcium II **~chlorid** *n* (Chem) / calcium chloride, chloride of lime II **~chloridhypochlorit** *n*, Chlorkalk *m* (Chem) / bleaching powder, chloride of lime, chlorinated lime, calcium oxychloride II **~citrat** *n* (Chem) / calcium citrate II **~cyanamid** *n* (Chem) / calcium cyanamide II **~cyanid** *n* (Chem, Landw) / calcium cyanide, black cyanide II **~fluorid** *n* (Chem) / calcium fluoride II **~hydrid** *n* (Chem) / calcium hydride, hydrolith II **~hydrogencarbonat** *n* (Chem) / calcium hydrogen carbonate, calcium bicarbonate II **~hydrogensulfit** *n* (Chem, Pap) / calcium bisulfite II **~hydroxid** *n*, Löschkalk *m* (Bau) / calcium hydrate, hydrated lime, calcium hydroxide, slaked lime, lime hydrate II **~kanalblocker** *m* (Pharm) / calcium antagonist II **~nitrat** *n* (Chem, Landw) / calcium nitrate, nitrate of lime, lime saltpetre, nitrocalcite II **~nitrid** *n* (Ca$_3$N$_2$) (Chem) / calcium nitride II **~oxalat** *n* (Chem) / calcium oxalate II **~oxid** *n* (Chem) / calcium oxide, calcia, calx, oxide of calcium II **~phosphat** *n* (Chem) / calcium phosphate, phosphate of calcium II **~polysulfid** *n* (CaSn) (Chem) / calcium polysulphide II **~silicat** *n* (Chem) / calcium silicate II **~silicid** *n* (Chem, Hütt) / calcium silicide II **~sulfat** *n* (Chem) / calcium sulfate, calcium sulphate II **~-Sulfat-Hydrat** *n* (CaSO$_4$ · 2H$_2$O), Gips *m* (Min) / gypsum II **~sulfid** *n* (Chem) / calcium sulfide, hepar calcies, sulfurated lime
Californium *n* (Chem) / californium, Cf
cal$_{IT}$ (internationale Tafelkalorie), cal (1 cal = 4,1868 J) (veraltet), Kalorie *f* / cal, calorie, International Table calorie, IT calorie
Calmodulin *n* (Biochem) / calmodulin
calorisieren, alitieren (OT) / calorize *vt*, calorize
Calvin-Zyklus (Biochem) / Calvin cycle, photosynthetic carbon reduction cycle, PCR cycle
CAM, Zelladhäsionsmolekül *n* (Biochem) / cellular adhesion molecule, CAM II **~**, Assoziativspeicher *m* (DV) / associative memory, CAM, content-addressable memory, content-addressed memory, content-addressed storage, associative storage II **~** *n* (DV, Fert) / computer-aided manufacturing, CAM
Camcorder *m* (Video) / camcorder
CAMD, Moleküardesign *n* (Chem) / molecular modeling, computer aided molecular design, CAMD
Camion *m* (Schweiz), Lastkraftwagen *m* (Kfz) / lorry (GB), truck (US)
Camlock-Befestigung *f* (Masch) / cam-lock mounting
cAMP, zyklisches Adenosinmonophosphat (Biochem) / cyclic adenosine monophosphate, cAMP, cyclic AMP
Camphan *n* (früher), Bornan *n* (Chem) / bornane
Campher *m*, Kampfer *m* (Chem, Pharm) / camphor
Camping•anhänger *m*, Wohnwagen *m* (Kfz) / caravan (GB), trailer, travel trailer (US) II

⁓**bus** *m*, Reisemobil *n* (Wohnmobil ohne eigenen Aufbau, bei dem die Wohneinrichtung in den Laderaum eines Kastenwagens oder Kleinbusses eingebaut wurde) (Kfz) / motorcaravan (GB), campervan, class B recreational vehicle

Candela *f* (Licht) / candela, Cd

Candelkohle *f*, Kännelkohle *f* / cannel coal

Cannabinol *n* (Pharm) / cannabinol

Cannelkohle *f*, Kännelkohle *f* / cannel coal

Canning *n*, Umhüllung *f* (der Stäbe), Brennstoffhülle *f* (Nukl) / sheath, cladding, fuel cladding

Cantharidin *n* (Chem) / cantharidin, cantharides camphor

CAP, Celluloseacetopropionat *m* (Chem) / cellulose acetate propionate ‖ ⁓ (DV) / CAP, computer-aided planning

Caprinsäure *f* (Chem) / capric acid

Caprolaktam *n* (Chem) / caprolactam

Capronsäure *f* (Chem) / caproic acid

Caprylsäure *f* (Chem) / caprylic acid, octanoic acid

Capsid *n* (Biochem) / capsid (protein shell of a virus enclosing its genetic material)

Caps-Lock-Taste *f*, Feststelltaste *f* (zur Arretierung der Umstelltaste auf der Tastatur), Shift Lock-Taste *f* (DV) / shift lock key, Caps lock key

Capsomer *n* (Biochem) / capsomere

Capstan *m* (bei Bandlaufwerken), Antriebswelle *f* (Audio, DV, Video) / capstan

Caput mortuum (feinpulvriges, rotes Eisenoxidpigment) / colcothar, jewelers' rouge

Carat *n*, Karat *n* (Edelsteinmasse: = 1/5 g, als Angabe für Goldlegierungen: 24 Karat = reines Gold) / carat, karat

Caravan *m*, Wohnwagen *m* (Kfz) / caravan (GB), trailer, travel trailer (US)

Carbaborane *n pl* (IUPAC) (Chem) / carboranes *pl*, carbaboranes (IUPAC)

Carbamat *n* (Salz und Ester der Carbamidsäure) (Chem) / carbamate

Carbamid *n*, Harnstoff *m* (Chem) / urea, carbamide ‖ ⁓**säure** *f*, Carbaminsäure *f* (Chem) / carbamic acid

Carbaminsäure *f* (Chem) / carbamic acid

Carbamoylharnstoff *m*, Biuret *n* (Chem) / biuret

Carbanionen *n pl* (Chem) / carbanion

Carbene *n pl* (Chem) / carbenes *pl*

Carbeniationen *n pl* (Chem) / carbanion

Carbenium-Ion *n* (Chem) / carbenium ion, carbonium ion

Carbid *n* (Chem) / carbide ‖ ⁓, Calciumcarbid *n* (CaC_2) (Chem) / calcium carbide (CaC_2), carbide ‖ ⁓**bildner** *m* (Mater) / carbide former

Carbin *n* (Chem) / carbyne

Carbinol *n* (veraltet), Methanol *n*, Methylalkohol *m*, Karbinol *n* (Chem) / carbinol, methanol, methyl alcohol

Carbo•chemie *f* (Chem) / coal chemistry ‖ ⁓**kation** *n* (Chem) / carbocation

Carbol•öl *n* (ChT) / carbolic oil, middle oil ‖ ⁓**säure** *f*, Phenol *n* (C_6H_6O) (Chem) / phenol (C_6H_5OH), carbolic acid, hydroxybenzene, phenylic acid

Carbonat *n* (Chem) / carbonate *n* (salt or ester of carbonic acid) ‖ ⁓**härte** *f*, Karbonathärte *f* (des Wassers) / temporary hardness, carbonate hardness, KH

Carbonfaser *f*, Kohlenstoff-Faser *f* (Mater) / carbon fiber, C fiber ‖ ⁓**-Kunststoff** *m* (Mater) / carbon fiber reinforced plastic, CFRP

Carbo•nitrid *n* (Mater) / carbonitride ‖ ⁓**nitrieren** *n*, Karbonitrierhärtung *f* (Hütt) / carbonitriding, nitrocarburization, nitrocarburizing

Carbonium-Ion *n* (Chem) / carbenium o. carbonium ion

Carbonsäure *f* (Chem) / carboxylic acid ‖ ⁓**amid** *n* (Chem) / carboxylic acid amide

Carbonyl *n* (Chem) / carbonyl ‖ ⁓**dichlorid** *n*, Phosgen *n* (Chem) / carbon oxychloride, phosgene ($COCl_2$), carbonyl chloride, chloroformyl chloride ‖ ⁓**eisen** *n* (Chem) / carbonyl iron

Carbonylierung *f* (Chem) / carbonylation

Carbonyl•komplex *m* (Chem) / carbonyl compound ‖ ⁓**nickel** *n* (Chem) / carbonyl nickel ‖ ⁓**sulfid** *n* (Chem) / carbonyl sulphide, carbon oxysulphide ‖ ⁓**verbindung** *f* (Chem) / carbonyl compound ‖ ⁓**verbindung**, Carbonylkomplex *m* (Chem) / carbonyl compound

Carbophan *n* (Chem) / cyclophane

Carborane *n pl* (Chem) / carboranes *pl*, carbaboranes (IUPAC)

Carborundum® *n* (Schleif- und Poliermittel) / Carborundum (Trademark)

Carboxy•methylcellulose *f* (Chem) / carboxymethyl cellulose, cellulose gum ‖ ⁓**peptidase** *f* (Biochem) / carboxypeptidase

Carcinotron *n*, Rückwärtswellenröhre *f* (Eltro) / backward-wave oscillator, carcinotron, BWO, backward-wave tube

cardanisch•e Aufhängung, kardanische Aufhängung / Cardan mount, gimbal mount ‖ ⁓**e Formeln** (zur Lösung der kubischen Gleichung) (Math) / Cardan's solution (of the cubic)

Cardano-Formeln *f pl* (zur Lösung der kubischen Gleichung) (Math) / Cardan's solution (of the cubic)

Cargo *n*, Luftfracht *f* (Luft) / cargo, air cargo

Carmin *n* / carmine ‖ ⁓**säure** *f* (Chem) / carminic acid

Carnotscher Energieverlust, Stoßverlust *m* (Phys) / impact loss ‖ ⁓ **Kreisprozess**, Carnot-Prozess *m*, Carnot-Kreisprozess *m* (Phys) / Carnot cycle ‖ ⁓ **Wirkungsgrad** (Phys) / Carnot efficiency ‖ **umgekehrter** ⁓ **Kreisprozess** (Phys) / vapour compression cycle

Carnot-Zahl *f* (Phys) / Carnot number

Carotin *n* (Biochem) / carotene, carotin

Carotinoide *n pl* (Biochem) / carotenoids *pl*

Carrier *m*, Trägersubstanz *f* (Biol, Chem, Färb, Nukl, Pharm, Tex) / carrier, carrier substance ‖ ⁓, Fluggesellschaft *f* (Luft) / airline, air carrier, carrier, airline company ‖ ⁓, Netzbetreiber *m*, Betreiber *m* (eines öffentlich zugänglichen Telekommunikationsnetzes) (Tele) / common carrier (organization or company offering telecommunications services or communications facilities to the general public on a non-discriminatory basis), carrier ‖ ⁓, Trägersignal *n* (Tele) / carrier, carrier signal, carrier wave ‖ ⁓ *f* (magnetisches Trägerteilchen in Tonern), Träger *m* (Druck, DV) / carrier

CARS, kohärente ⁓ Anti-Stokes-Raman-Streuung / CARS, coherent anti-Stokes Raman-scattering

Cartridge *f*, Magnetbandkassette *f* (DV) / tape cartridge, cartridge, magnetic tape cassette, magnetic tape cartridge, cassette ‖ ⁓ (für

Toner) (DV) / cartridge, toner cartridge (for laser printers) ‖ ≈**-Streamer** *m*, Streamer *m* (ein Magnetbandspeicher) (DV) / cartridge streamer, streamer

Carvacrol *n* (Chem, Pharm) / carvacrol

Carvon *n* (Chem) / carvone, carvol

CAS, Spaltenadressauswahl *f* (DV) / CAS, column address select

Casale-Verfahren *n* (zur Herstellung von Ammoniak) (ChT) / Casale process

CASE, computergestützte Softwareentwicklung (DV) / CASE, computer-aided software engineering

Casein *n* (Chem) / casein ‖ ≈**kunststoffe** *m pl* (Plast) / casein plastics *pl*

CASE-Tool *n* (Programm zur Unterstützung derSoftwareentwicklung) (DV) / CASE tool (= computer-aided software engineering)

Cashewnussschalenöl *n* (Mater, Plast) / cashew nutshell oil

Casing *n*, Rohrauskleidung *f* (zur Abstützung von nicht standfestem Baugrund beim Bohren)(Bau, Öl) / casing

Cäsium *n*, Caesium (Chem) / caesium (GB), cesium (US), Cs ‖ ≈**atomuhr** *f* / caesium clock ‖ ≈**chlorid** *n* (Chem) / caesium chloride ‖ ≈**hydroxid** *n* (CsOH) (Chem) / caesium hydroxide ‖ ≈**monoxid** *n* (Chem) / caesium monoxide ‖ ≈**peroxid** *n* (Cs_2O_2) (Chem) / caesium peroxide ‖ ≈**uhr** *f* / caesium clock ‖ ≈**zelle** *f* (Elek) / caesium cell

Cassegrain•**-Antenne** *f* / Cassegrain antenna ‖ ≈**-Reflektor** *m* (Opt) / Cassegrain telescope ‖ ≈**-Teleskop** *n* (Opt) / Cassegrain telescope

Cassinische Kurven *f pl* (Math) / Cassinian ovals, ovals of Cassini, Cassini's curves *pl*

Cassiusscher Goldpurpur / gold tin purple, gold tin precipitate, purple of Cassius

Castner-Verfahren *n* (ChT) / Castner's proces

Castor-Behälter (Nukl) / dry cask container, storage cask (for radioactive waste), dry cask storage system

Castor-Rad *n*, Lenkrolle *f* / caster (swivel design allowing the wheel to align itself to the direction in which it is moving), castor

CAT *n*, computergestützte axiale Tomographie (MT) / CAT, computed tomography, computerized axial tomography, computer-assisted tomography, CAT scanning, computerized tomography, computer tomography, CT

Catecholamin *n* (Biochem) / catecholamine

Catenan *n*, Catenaverbindung *f* (Chem) / catena compound

Catenaverbindung *f* (Chem) / catena compound

Catering *n* (allg, Luft) / catering

CATT-Triode *f*, gesteuerter Lawinenlaufzeittransistor (Eltro) / controlled avalanche transit time triode

Cauchy•**-Filter** *m* (Math) / Cauchy filter ‖ ≈**-Folge** *f* (Math) / Cauchy sequence, fundamental sequence ‖ ≈**-Riemannsche Differentialgleichungen** *f pl* (Math) / Cauchy-Riemann equations *pl*

Cauchysch•**e Integralformel** (Math) / Cauchy's integral formula ‖ ≈**er Integralsatz** (Math) / Cauchy's theorem ‖ ≈**es Konvergenzkriterium** (Math) / Cauchy's convergence test, integral convergence test ‖ ≈**es Polarisationsellipsoid** (Krist, Opt) / index ellipsoid, ellipsoid of wave normals, indicatrix, optical indicatrix, polarizability ellipsoid, reciprocal ellipsoid

Cauchy•**-Schwarzsche Ungleichung** (Math) / Cauchy-Schwarz inequality ‖ ≈**-Verteilung** *f* (Stat) / Cauchy's distribution ‖ ≈**-Zahl** *f* (Mech) / Cauchy number

Cavalieri, Prinzip des ≈ / Cavalieri's theorem

Cavendish-Drehwaage *f* (Phys) / Cavendish's torsion balance

CAV-Version *f* (der Bildplatte) (Video) / CAV version

Cayley•**-Algebra** *f* (Math) / Cayley's algebra ‖ ≈**-Zahlen** *f pl* (Math) / Cayley numbers

CaZ, Cetanzahl *f* (Mot) / cetane number

CB (Chlorbrommethan) (Chem) / bromochloromethane ‖ ≈**,** CB-Funk *m* (Funk) / CB, CB radio, citizen band radio, citizens band radio, CB radio communications, citizen band radio service

C-Betrieb *m* (Eltro) / class C operation

CB•**-Funk** *m* (Funk) / CB, CB radio, citizen band radio, citizens band radio, CB radio communications, citizen band radio service ‖ ≈**-Funkanlage** *f* (Funk) / CB, CB radio, CB unit, CB set

CBN *n*, Borazon *n*, kubisch-kristallines Bornitrid (Mater) / borazon, cubic boron nitride, CBN

CC (Compactcassette) (Audio) / compact cassette

CCBS, automatischer Rückruf bei Besetzt (ISDN-Leistungsmerkmal) (Tele) / CCBS, completion of calls to busy subscriber

CCC, Chlorcholinchlorid *n* (Chem, Landw) / chlorcholine chloride

CCCL (Complementary Constant Current Logic) (Eltro) / CCCL, C^3L

CCD *n*, CCD-Element *n*, ladungsgekoppeltes Bauelement (Eltro) / CCD, charge-coupled device, CCD chip ‖ ≈**-Chip** *m*, CCD-Element *n*, ladungsgekoppeltes Bauelement (Eltro) / CCD, charge-coupled device, CCD chip ‖ ≈**-Element** *n*, ladungsgekoppeltes Bauelement (Eltro) / CCD, charge-coupled device, CCD chip ‖ ≈**-Kamera** *f* (Foto) / digicam, digital camera ‖ ≈**-Scanner** *m* (Eltro) / CCD scanner ‖ ≈**-Schaltung** *f*, CCD-Element *n*, ladungsgekoppeltes Bauelement (Eltro) / CCD, charge-coupled device, CCD chip

CCITT (internationaler Ausschuss von Fernmeldeverwaltungen und -gesellschaften zur Erarbeitung von Normungsvorschlägen) (Norm, Tele) / CCITT, Comité Consultatif International Télégraphique et Téléphonique (now: ITU-T)

C/C-Typ *m* (der Bikomponentenfaser), Kern/Mantel-Typ *m* (Spinn) / core-sheath bicomponent fibre

cd, Candela *f* (Licht) / candela, Cd ‖ ≈**,** Cadmium *n*, Kadmium (Chem) / cadmium, Cd

CD *f*, CD-ROM *f* (DV) / CD-ROM (= compact disk read only memory), CD, compact disk ‖ ≈**,** Audio-CD *f* (Audio) / audio CD, CD, compact disk, audio compact disk ‖ ≈**,** Circulardichroismus *m* (Chem, Opt) / circular dichroism

C-14-Datierung *f*, Radiocarbonmethode *f* (zur Altersbestimmung geologischer u. (prä)historischer Objekte) / carbon 14 dating, radiocarbon dating

CD-Brenner *m* (DV) / CD burner, CD recorder

CDC, Kapazitäts-Digital-Umsetzer *m* (Mess) / capacitance digital converter, CDC

CD-I *f*, interaktive CD (DV) / CD-I, compact disk interactive

C-Diode f, Kapazitätsdiode f (Eltro) / varactor, variable capacitance diode, voltage-variable capacitor, varactor diode, varicap

CDI-Technik (zur Herstellung integrierter Schaltkreise mit pn-Isolation), Kollektor-Diffusionsisolation f (Eltro) / collector diffusion isolation f, CDI

CD-Player m (Audio) / CD player, compact disc player

CD-R f (nur einmal beschreibbare CD-ROM) (DV) / CD-R, CD-R disk, recordable CD-ROM

CD•-Rekorder m, CD-Brenner m (DV) / CD burner, CD recorder || ~**-Rohling** m (Audio, DV) / blank CD

CD-ROM f, CD f (DV) / CD-ROM (= compact disk read only memory), CD, compact disk || ~**-Laufwerk** n (DV) / CD-ROM drive, CD drive, CD-ROM disk drive

CD-RW f, wieder beschreibbare CD-ROM (DV) / CD-RW (= rewritable)

CdS, Cadmiumsulfid n / cadmium sulphide, orange cadmium (US)

CD-Spektroskopie f / circular dichroism spectroscopy, CD spectroscopy

CD-Spektrum n (Spektroskopie) / CD spectrum

CD•-Spieler m (Audio) / CD player, compact disc player || ~**-Writer** m, CD-Brenner m (DV) / CD burner, CD recorder

Ce, Cer n (Chem) / cerium, Ce

CED (Video) / CED, capacitance electronic disk

CE-Konformitätszeichen n (Elek) / CE label

Cellobiose f (Chem) / cellobiose, cellose

Cellophan® n, Zellglas n (Plast) / cellophane

Cellulase f (Biochem) / cellulase

Celluloid n (Plast) / celluloid

Cellulose f (Chem) / cellulose || ~**acetat** n (Chem, Plast) / cellulose acetate, CA || ~**acetobutyrat** n (Chem) / cellulose acetate butyrate, cellulose acetobutyrate, CAB || ~**acetopropionat** m (Chem) / cellulose acetate propionate || ~**ester** m (Chem) / cellulose ester || ~**ether** m (Chem) / cellulose ether || ~**nitrat** n (Chem) / cellulose nitrate, nitrocellulose || ~**regeneratfaser** f (Chem, Tex) / regenerated cellulosic fiber || ~**triacetat** n (Chem, Tex) / cellulose triacetate

Celsius•grad, Grad m Celsius, °C (Phys) / Celsius degree, degree centigrade, degree Celsius || ~**skala** f (Phys) / Celsius [temperature] scale, centigrade [temperature] scale (thermometer) || ~**-Temperatur** f / Celsius temperature, centigrade temperature

CeMM, Cer-Mischmetall n (Chem) / misch metal

Centronics-Schnittstelle f (DV) / Centronics interface

Cephrol n, Citronellol n (Chem) / citronellol

Cer n (Chem) / cerium, Ce || ~**dioxid** n, Cer(IV)-oxid n (Chem) / cerium(IV) oxide, ceria (US)

Cerealien f pl, Getreide n, Zerealien f pl (Landw, Nahr) / grain, cereals pl, corn n

Cereisen m, Auermetall n (Hütt) / Auer metal, ferrocerium

Ceresin n, gereinigtes Erdwachs (ChT) / ceresin, ceresine

Cerimetrie f (Chem) / cerate oxidimetry

Ceriterden f pl, leichte Seltene Erden (Chem) / cerite earths pl

Cerium n, Cer n (Chem) / cerium, Ce

Cermet n, Keramik-Metall-Verbundwerkstoff m (Mater) / cermet (composite material in which a ceramic is contained in a metallic matrix) || ~**-Brennstoff** m (Nukl) / cermet fuel

Cer•-Mischmetall n (Chem) / misch metal || ~**(III)-nitrat** n (Chem) / cerium nitrate || ~**(IV)-oxid**, Cerdioxid n (Chem) / cerium(IV) oxide, ceria (US) || ~**(IV)-sulfat** (Chem) / ceric sulphate, cerium(IV) sulphate

Cetan n (Chem) / cetane, hexadecane

Cetanol n (Chem) / cetyl alcohol, cetylic alcohol, ethal

Cetanzahl f (Mot) / cetane number

Cetylalkohol m (Chem) / cetyl alcohol, cetylic alcohol, ethal

CE-Zeichen n (Elek) / CE label

Cf, Californium n (Chem) / californium, Cf

C-Faser f, Kohlenstoff-Faser f (Mater) / carbon fiber, C fiber

CFK, Carbonfaser-Kunststoff m (Mater) / carbon fiber reinforced plastic, CFRP

CFR-Motor m (Einzylindermotor zum Messen der Oltanzahl von Ottokraftstoffen u. der Cetanzahl von Dieselkraftstoffen)(Mot) / CFR engine, Cooperative Fuel Research engine

CG, Choriongonadotropin n (Biochem) / human chorion gonadotropin

C-Gestellpresse mit höhenverstellbarem Tisch (Wzm) / adjustable bed frame press

C-Glas n (Glas) / C-glass

CGS-System n, Zentimeter-Gramm-Sekunde-System (Phys) / CGS system, centimeter-gram-second system

Chalkogen n (Chem) / chalcogen

Chalkogenid n (Chem) / chalcogenide || ~**glas** n / chalcogenide glass

Chandler-Periode f (Geoph) / Chandler period

Channel m (Strompfad zw. Source und Drain beim Feldeffekttransistor) (Eltro) / channel

Chaos n (Phys) / chaos || ~**forschung** f (Phys) / chaos research || ~**kontrolle** f / control of chaos, chaos control || ~**theorie** f / chaos theory

Chaperon m (Biochem) / chaperon

Chaperonin n (Biochem) / chaperon

Chapman-Enskog-Modell n (Phys) / Chapman-Enskog model

Charakter m, Beschaffenheit f, Wesen f / nature, character, quality

Charakteristik f, Kennlinie f (Eltro, Math) / characteristic curve, characteristic || ~, Gleitkommaexponent m (DV) / characteristic (in floating point notation), exponent

Charakteristikum n, charakteristisches Merkmal n / characteristic n, characteristic feature

charakteristisch•e Eigenschaft f / characteristic n, characteristic feature || ~**e Funktion einer Menge** (Math) / characteristic function of a set || ~**e Gleichung** (Math) / characteristic equation || ~**es Merkmal** (Math) / characteristic n, characteristic feature || ~**es Polynom** (Math) / characteristic polynomial || ~**e Röntgenstrahlung** (Phys) / characteristic radiation, characteristic X-radiation, characteristic X-rays || ~**e Temperatur** (Phys) / characteristic temperature

Charge f, Mischung f (für einen Produktionsprozess), Ansatz m (ChT) / batch, stock, charge || ~ (best. Menge an Ausgangs-, Halbfertig- oder Fertigprodukten, die während eines definierten Herstellungszyklus produziert wurde), Los n (Fert) / lot, batch || ~, Beschickungsmenge f / batch n, charge

Chargen•betrieb m, diskontinuierlicher Betrieb (ChT, Nahr, Nukl) / batch processing || ~**mischer** m / batch mixer || ~**orientierte**

Fahrweise (ChT, Fert) / batch control ‖ ⁓**waage** f / batch scale ‖ ⁓**weise** adv / batchwise, in batches ‖ ⁓**weiser Betrieb**, Aussetzbetrieb m (z.B. eines Ofens) / batch operation, intermittent operation

Charge-Transfer-Komplex m (Chem) / charge-transfer complex

Chargiertür f (des Ofens), Beschickungstür f (Gieß, Hütt) / charging door

Charles-Gay-Lussac-Gesetz, erstes Gay-Lussac-Gesetz (das Volumen idealer Gase ist bei gleichbleibendem Druck und gleichbleibender Stoffmenge direkt proportional zur Temperatur) / Gay-Lussac's first law, Charles' law

Charlessche Gesetz, erstes Gay-Lussac-Gesetz (das Volumen idealer Gase ist bei gleichbleibendem Druck und gleichbleibender Stoffmenge direkt proportional zur Temperatur) (Phys) / Gay-Lussac's first law, Charles' law

Charm n (Nukl) / charm

Charmonium n (Nukl) / charmonium

Charm-Quark n (Nukl) / charmed quark, c quark

Charpy•-Schlagversuch m, Kerbschlagbiegeversuch m (nach Charpy) (Mater) / Charpy test, Charpy impact test, Charpy-V-notch test, notched-bar test ‖ ⁓**Schlagzähigkeit** f (Mater) / Charpy impact strength

Charterer m (Luft, Schiff) / charterer

Chassis n, Fahrwerk n (Kfz) / chassis, running gear ‖ ⁓, Grundplatte f (Eltro, Radio, TV) / chassis

Chat m (DV, Tele) / chat n

Chatelier-Braun-Prinzip n, Prinzip n des kleinsten Zwanges (Phys) / Le Chatelier's principle, Le Chatelier-Braun principle

Chat-Room m (DV, Tele) / chat room

Checkbox f, Kontrollkästchen n (die Kombination mehrerer Optionen und das Ausschalten aller Optionen ist möglich) (DV) / check box (in a GUI dialog box)

checken, nachprüfen, überprüfen / check (e.g. oil level; files; a copy against the original; a pipe for cracks; whether a part moves freely)

Check-in n (Luft) / check-in ‖ ⁓**-Bereich** m, Abfertigungsbreich m (Luft) / check-in area ‖ ⁓**-Schalter** m, Abfertigungsschalter m (am Flughafen) (Luft) / check-in counter, check-in desk

Chelat n (Chem) / chelate, chelate compound ‖ ⁓**bildner** m (Chem) / chelating agent, chelator ‖ ⁓**komplex** m (Chem) / chelate, chelate compound

Chelatometrie f (Chem) / chelatometry

Chelator m, Chelatbildner m (Chem) / chelating agent, chelator

Chelatverbindung f (Chem) / chelate, chelate compound

Chemical-Vapour-Deposition-Verfahren, CVD-Verfahren n (Fert) / chemical vapour deposition, CVD, CVD process

Chemie f / chemistry ‖ ⁓**-Draht** m (Techn, Tex) / synthetic monofilament ‖ ⁓**faser** f (aus natürlichen o. vollsynthetischen Rohstoffen) (Tex) / chemical fiber, man-made fiber ‖ ⁓**faser** (aus vollsynthetischen Rohstoffen) (Tex) / synthetic fiber ‖ ⁓**faserstoff** m, Chemiefaser f (aus natürlichen o. vollsynthetischen Rohstoffen) (Tex) / chemical fiber, man-made fiber ‖ ⁓**industrie** f / chemical industry ‖ ⁓**ingenieur** m / chemical engineer ‖ ⁓**ingenieurwesen** n, chemische Verfahrenstechnik / chemical engineering ‖ ⁓**-Monofilament** n (Techn, Tex) / synthetic monofilament ‖ ⁓**seide** f (Tex) / artificial silk, rayon ‖ ⁓**spinnfaser** f (Tex) / man-made spinning fiber ‖ ⁓**technik** f, chemische Verfahrenstechnik / chemical engineering ‖ ⁓**werk** n / chemical plant

Chemikalie f (Chem) / chemical n

chemikalien•beständig, chemisch widerstandsfähig / chemical-resistant ‖ ⁓•**beständigkeit** f, Beständigkeit f gegen Chemikalieneinwirkung / chemical resistance, resistance to chemical attack ‖ ⁓**fest**, chemisch widerstandsfähig / chemical-resistant ‖ ⁓**resistenz** f, Beständigkeit f gegen Chemikalieneinwirkung / chemical resistance, resistance to chemical attack ‖ ⁓**tanker** m (Schiff) / chemical tanker

Chemiker m / chemist

Chemilumineszenz f (Chem) / chemiluminescence

chemisch / chemical adj ‖ ⁓**es Abtragen** (Fert) / chemical machining, CHM, chemical milling ‖ ⁓**e Adsorption** / chemisorption, chemical adsorption ‖ ⁓**es Agens**, chemischer Wirkstoff / chemical agent ‖ ⁓**e Analyse** (Chem) / chemical analysis ‖ ⁓**er Antrieb** (Chem, Masch) / chemical drive ‖ ⁓**er Apparatebau** (Chem, ChT) / manufacture of chemical equipment ‖ ⁓**es Beschichten**, Reduktionsverfahren n, Metallabscheidung f ohne äußere Stromquelle (OT) / electroless plating ‖ ⁓ **beständig**, chemisch widerstandsfähig / chemical-resistant ‖ ⁓**e Beständigkeit**, Beständigkeit f gegen Chemikalieneinwirkung / chemical resistance, resistance to chemical attack ‖ ⁓**e Bindung** (z.B. Atom- o. Ionenbindung) (Chem) / bond n, chemical bond, bonding ‖ ⁓**e Bindungsenergie** (Chem) / chemical bond energy ‖ ⁓**e Dosimeter** (Mess, Radiol) / chemical dosemeter ‖ ⁓**es Element** / chemical element ‖ ⁓**e Energie** / chemical energy ‖ ⁓**es Entgraten** (Fert) / chemical deburring ‖ ⁓**e Fällung** (bei Abwasserhandlung) (Sanitär, Umw) / chemical precipitation ‖ ⁓**e Formel** / chemical formula ‖ ⁓**es Formelzeichen** / chemical symbol ‖ ⁓**e Fotografie** / chemical photography ‖ ⁓**e Gasphasenabscheidung**, CVD-Verfahren n (Fert) / chemical vapour deposition, CVD, CVD process ‖ ⁓**es Gleichgewicht**, Reaktionsgleichgewicht n / chemical equilibrium ‖ ⁓**e Gleichung** (Chem) / chemical equation ‖ ⁓**er Grundstoff** m, chemisches Element / chemical element ‖ ⁓**e Industrie** / chemical industry ‖ ⁓**e Kinetik**, Reaktionskinetik f (Chem) / chemical kinetics ‖ ⁓**e Korrosion** / chemical corrosion ‖ ⁓**e Nomenklatur** / chemical nomenclature ‖ ⁓**es Potential** / chemical potential ‖ ⁓**es Präparat** (o. Erzeugnis) / chemical product ‖ ⁓**es Pumpen** (Laser) / chemical pumping ‖ ⁓**es Raketentriebwerk** / chemical rocket ‖ ⁓**e Reaktion** (Chem) / chemical reaction ‖ ⁓**er Reaktor** (ChT) / chemical reactor ‖ ⁓**e Reinheit** / chemical purity ‖ ⁓ **reinigen** (Tex) / dry-clean ‖ ⁓**-c Reinigung** (Unternehmen) (Tex) / dry cleaners ‖ ⁓**er Sauerstoffbedarf** / chemical oxygen demand, COD ‖ ⁓**er Sensor** / chemical sensor ‖ ⁓**es Symbol** / chemical symbol ‖ ⁓**e Tauchabscheidung**, Reduktionsverfahren n, Metallabscheidung f ohne äußere Stromquelle

(OT) / electroless plating ‖ ~e **Technik**, chemische Verfahrenstechnik / chemical engineering ‖ ~e **Technologie**, chemische Verfahrenstechnik / chemical engineering ‖ ~e **Thermodynamik**, Thermochemie f / thermochemistry ‖ ~e **Überträgersubstanz**, Neurotransmitter m (Biochem) / neurotransmitter ‖ ~e **Verbindung**, Verbindung f (z.B. Chromverbindungen) / compound (e.g. chromium compounds), chemical compound ‖ ~e **Verfahrenstechnik** / chemical engineering ‖ ~e **Verschiebung**, chemical shift ‖ ~e **Waage**, Analysenwaage f (Mess) / analytical balance ‖ ~e **Waffen** / chemical weapons ‖ ~es **Werk** / chemical plant ‖ ~ **widerstandsfähig** / chemical-resistant ‖ ~e **Widerstandsfähigkeit**, Beständigkeit f gegen Chemikalieneinwirkung / chemical resistance, resistance to chemical attack ‖ ~er **Wirkstoff**, chemisches Agens / chemical agent ‖ ~es **Zeichen** / chemical symbol ‖ ~e **Zeichensprache** / chemical notation

Chemisorption f, chemische Adsorption / chemisorption, chemical adsorption

Chemo•autotrophie f (Chem) / chemosynthesis ‖ ~**lithoautotrophie** f (Chem) / chemosynthesis ‖ ~**lumineszenz** f (Chem) / chemiluminescence ‖ ~**metrie** f (Chem) / chemometrics sg (application of mathematical or statistical methods to chemical data) ‖ ~**metrik** (Chem) / chemometrics sg (application of mathematical or statistical methods to chemical data) ‖ ~**sensor** m, chemischer Sensor / chemical sensor ‖ ~**sorption** f, chemische Adsorption / chemisorption, chemical adsorption ‖ ~**synthese** f (Chem) / chemosynthesis

chiffrieren, verschlüsseln kryptographisch, zum Datenschutz) (allg) / encrypt, encipher vt, encode ‖ ~ n, Verschlüsselung f (kryptographisch, zum Datenschutz) (allg, DV) / encryption, enciphering, encipherment

Chiffrierung f, Verschlüsselung f (kryptographisch, zum Datenschutz) (allg, DV) / encryption, enciphering, encipherment

Chinaldin n (Chem) / quinaldine, chinaldine

Chinasäure f (Chem) / quinic acid

Chinhydron n (Chem) / quinhydrone ‖ ~**elektrode** f (o. -halbzelle) (Chem) / quinhydrone electrode (o. half-cell)

Chinin n (Chem, Pharm) / quinine

chinoid (Chem) / quinoid

Chinolin n (Chem) / chinoline, quinoline, leucoline, leukol

Chinon n (Chem) / quinone

Chip m (DV, Eltro) / chip ‖ ~**bauelemente** n pl (Eltro) / chip components ‖ ~**-Carrier** m, Chip-Träger m (Eltro) / chip carrier, substrate ‖ ~**integriert**, integriert (im Chip) (DV, Elck) / on-chip ‖ ~**karte** f (DV) / chip card, IC card ‖ ~**karte**, SIM-Karte f (Tele) / SIM, subscriber identity module, SIM card ‖ ~**kondensator** m (Eltro) / chip capacitor ‖ ~**-Träger** m (Eltro) / chip carrier, substrate ‖ ~**transistor** m (Eltro) / chip transistor ‖ ~**-Widerstand** m (Eltro) / chip resistor

χ^2**-Anpassungstest** m (Stat) / chi-square goodness-of-fit test

Chi-Quadrat-Test m (Stat) / Chi-squared test

χ^2**-Unabhängigkeitstest** m (Stat) / chi-square independence test, chi-square test for independence

Chi-Quadrat-Verteilung f, χ^2-Verteilung f (Stat) / chi-square distribution, chi-squared distribution, χ^2-distribution

χ^2**-Verteilungstest** m (Stat) / chi-square goodness-of-fit test

chiral (Chem) / chiral ‖ ~**es Molekül** (Chem) / chiral molecule

Chiralität f (Chem, Nukl) / chirality

Chiralitäts•invarianz f (Chem) / chiral invariance ‖ ~**transformation** f (Chem) / chiral transformation

chiroptische Methoden (Chem, Nukl) / chiroptical methods

Chitosamin n (Chem) / glucosamine

Chladnische Klangfiguren f pl, Chladni-Figuren f pl (Akust) / Chladni's figures pl

Chlor n (Chem) / chlorine, Cl ‖ ~ **einführen** (in eine chemische Verbindung) (Chem) / chlorinate ‖ ~**acetophenon** n (Reizgas) (Chem) / chloroacetophenone, CN, chloroacetophenone

Chloral n (Chem) / chloral, trichloroacetaldehyde, trichloroacetic aldehyde, trichloroethanal ‖ ~**hydrat** n (Chem, Pharm) / chloral hydrate, crystalline chloral, hydrated chloral

Chlor•-Alkali-Elektrolyse f (ChT) / chlor-alkali electrolysis, chloralkali process ‖ ~**amin** n (Chem) / chloramine

Chlorat n (Chlorat(V) M^I ClO$_3$) (Chem) / chlorate ‖ ~**(VII)**, Perchlorat n (Chem) / chlorate(VII), perchlorate

Chlor•acetophenon n (Reizgas) (Chem) / chloracetophenone, CN, chloroacetophenone ‖ ~**benzol** n (Chem) / chlorobenzene ‖ ~**brommethan** n (Chem) / bromochloromethane ‖ ~**cadmium** n (Chem, OT) / cadmium chloride ‖ ~**calcium** n (Chem) / calcium chloride, chloride of lime ‖ ~**cholinchlorid** n (Chem, Landw) / chlorcholine chloride ‖ ~**cyan** n (Chem) / cyanogen chloride ‖ ~**dioxid** n (Chem) / chlorine dioxide

chloren (Chem) / chlorinate ‖ ~ n, Chlorieren n (Chem) / chlorination, substitution o. addition of chlorine

Chlor•essigsäure f (Chem) / chloracetic acid, monochloroacetic acid, chloroacetic acid ‖ ~**ethan** n (Chem) / chloroethane, ethyl chloride, monochloroethane ‖ ~**ethen** n, Vinylchlorid n (CH$_2$=CH-Cl) (Chem) / chloroethene, vinyl chloride, VC (vinyl chloride), chloroethylene ‖ ~**ethylen** n, Vinylchlorid n (CH$_2$=CH-Cl) (Chem) / chloroethene, vinyl chloride, VC (vinyl chloride), chloroethylene ‖ ~**fluorid** n (Chem) / chlorine fluoride ‖ ~**fluorkohlenstoffe** m pl (CFK) (IUPAC) (Chem, Umw) / chlorofluorocarbons, CFCs ‖ ~**fluorkohlenwasserstoffe** m pl (CFKW) (Chem, Umw) / chlorofluorocarbons, CFCs ‖ ~**hydrat** n, Hydrochlorid n (Chem) / hydrochloride

Chlorid n (Chem) / chloride

chlorieren (Chem) / chlorinate ‖ ~ n (Chem) / chlorination, substitution o. addition of chlorine

chlorierende Röstung (Hütt) / chloridizing roasting

chloriert•es Biphenyl, Polychlorbiphenyl n (Chem) / polychlorinated biphenyl, PCB ‖ ~**er Kohlenwasserstoff** (Chem) / chlorohydrocarbon, chlorinated hydrocarbon

Chlorierung f, Chlorieren n (Chem) / chlorination, substitution o. addition of chlorine

chlorige Säure (HClO₂) (Chem) / chlorous acid

Chlor•kalk m (Chem) / bleaching powder, chloride of lime, chlorinated lime, calcium oxychloride ‖ ˜**kautschuk** m (Mater) / chlorinated rubber ‖ ˜**knallgas** n / chlorine-hydrogen gas (mixture of chlorine and hydrogen by equal volumes), chlorine detonating gas ‖ ˜**knallgasreaktion** f / chlorine hydrogen reaction, chlorine detonating gas reaction ‖ ˜**kohlenstoff** m (Chem) / chlorocarbon (compound of chlorine and carbon only) ‖ ˜**kohlenwasserstoff** m (Chem) / chlorohydrocarbon, chlorinated hydrocarbon ‖ ˜**methan** n, Monochlormethan n (CH₃Cl) (Chem) / methyl chloride, chloromethane ‖ ˜**methan** (Chem) s.a. Dichlormethan, Trichlormethan, Tetrachlormethan ‖ ˜**methylbenzol** n, Benzylchlorid n (Chem) / benzyl chloride ‖ ˜**monoxid** n (Chem) / chlorine monoxide

Chloro•form n (Chem, Pharm) / chloroform, trichloromethane ‖ ˜**gensäure** f (Chem) / chlorogenic acid ‖ ˜**phyllin** n (Pharm) / chlorophyllin ‖ ˜**pren**, 2-Chlor-1,3-butadien n / chloroprene, 2-chlorobutadiene ‖ ˜**pren-Kautschuk** m, Neopren® n (Plast) / chloroprene rubber, polychloroprene, CR, Neopren® ‖ ˜**schwefelsäure** f (HSO₃Cl) (Chem) / chlorosulphuric acid

Chlor•oxid n (Chem) s. Chlordioxid, Dichlorhexoxid, Dichloroxid, Dichlorheptoxid ‖ ˜**(IV)-oxid** n, Chlordioxid n (Chem) / chlorine dioxide ‖ ˜**phenol** n (Chem) / chlorophenol ‖ ˜**sauerstoffsäuren** f pl (Chem) s. chlorige Säure, Chlorsäure, hypochlorige Säure, Perchlorsäure ‖ ˜**säure** f (HClO₃) (Chem) / chloric(V) acid ‖ ˜**(III)-säure** f, chlorige Säure (HClO₂) (Chem) / chlorous acid ‖ ˜**(VII)-säure**, Perchlorsäure f (HClO₄) (Chem) / perchloric acid, chloric(VII) acid ‖ ˜**schwefel** m (Chem) / sulphur monochloride ‖ ˜**stickstoff** m (Chem) / nitrogen trichloride ‖ ˜**sulfonierung** f / sulphochlorination ‖ ˜**sulfonsäure** f (HSO₃Cl) (Chem) / chlorosulphuric acid ‖ ˜**trifluorid** n (Chem) / chlorine trifluoride ‖ ˜**verbindung** f (Chem) / compound of chlorine ‖ ˜**wasser** n (Chem) / chlorine water ‖ ˜**wasserstoff** m (Chem) / hydrogen chloride ‖ ˜**wasserstoffsäure** f (Chem) / hydrochloric acid, muriatic acid

Choke m, Induktor m (Bauelement mit festgelegter Induktivität) (Eltro) / choke, inductor

Cholecalciferol n, Vitamin n D₃ (Biochem) / cholecalciferol, vitamin D₃

Cholestan n (Biochem) / cholestane

Cholesterin n (Biochem, Med) / cholesterol, cholesterin

cholesterinische Phase (Chem, Phys) / cholesteric phase

cholesterische Phase (Chem, Phys) / cholesteric phase

Cholesterol n, Cholesterin n (Biochem, Med) / cholesterol, cholesterin

Cholin n (Biochem) / choline ‖ ˜**esterase** f (Biochem) / cholinesterase

Chondroitinsulfat n (Biochem) / chondroitin sulfate

Chopper m, Cruiser m (Kfz) / chopper (motorcycle), cruiser ‖ ˜, Zerhacker m (Elek,

Eltro, Nukl, Phys) / chopper ‖ ˜**verstärker** m (Eltro) / chopper amplifier, converter amplifier, chopper-stabilized amplifier

Choriongonadotropin n (Biochem) / human chorion gonadotropin

Christoffel-Symbole n pl (Math, Phys) / Christoffel symbols pl

Chrom n (Chem) / chromium, Cr ‖ ˜ (verchromte Teile z.B. an einem Fahrzeug) (OT) / chrome n, chrome plating

Chroma-Key-Verfahren f (TV) / chroma-key technique

Chromalaun m (Chem) / chrome-alum, potassium chromium sulfate

Chromat n, Chromsäuresalz n (Chem) / chromate n

Chromatieren n (zur Herstellung von Chromatschichten) (OT) / chromate coating, chromate treatment, chromating

Chromatierüberzug m, Chromatschicht f (OT) / chromate coating, chromate conversion coating

chromatisch•er Abbildungsfehler (Opt) / chromatic aberration, colour aberration, chromatism ‖ ˜**e Aberration**, chromatischer Abbildungsfehler (Opt) / chromatic aberration, colour aberration, chromatism

Chromato•gramm n (Chem) / chromatogram ‖ ˜**graphie** f (Chem) / chromatography, chromatographic analysis ‖ ˜**graphisch** (Chem, Phys) / chromatographic

Chromatschicht f, Chromatierüberzug m (OT) / chromate coating, chromate conversion coating

Chrom•dioxid n (CrO₂) (Chem) / chromium dioxide ‖ ˜**eisen[erz]** n, Chromit m (Min) / chromite, chrome iron ore ‖ ˜**eisenstein** m, Chromit m (Min) / chromite, chrome iron ore ‖ ˜**gelb** n (Mischkristalle aus Bleisulfat und Bleichromat als Farbpigment in unterschiedlicher Zusammensetzung durch unterschiedliche Verfahren der Herstellung) (Anstr) / chrome yellow, King's yellow (trade name), Cologne yellow (trade name), Leipzig yellow (trade name) ‖ ˜**grün** n, Englischgrün n (Anstr, Färb) / chrome green ‖ ˜**(III)-hydroxid** n (Cr(OH)₃) (Chem) / chromic hydroxide

chromieren, verchromen (OT) / chromium-plate, chrome vt ‖ ˜ n, Diffusionsverchromung f, Inchromieren n (OT) / chromizing

Chrominanzsignal n (TV) / chrominance signal, chrom. sig.

Chromit m (Min) / chromite, chrome iron ore

Chrom•kaliumsulfat m, Chromalaun m (Chem) / chrome-alum, potassium chromium sulfate ‖ ˜**nickelstahl** m (Hütt) / nickel chromium steel

Chromogen n (Chem) / chromogen

chromophore Gruppe (Chem) / chromophore n

Chromophor m (Chem) / chromophore n

Chromo•proteid n (Biochem) / chromoprotein ‖ ˜**protein** n (Biochem) / chromoprotein

Chrom•orange n / chrome orange ‖ ˜**oxid** n, Chrom(III)-oxid n (Chem) / chromic oxide, chromium(III) oxide ‖ ˜**(III)-oxid** n (Chem) / chromic oxide, chromium(III) oxide ‖ ˜**(IV)-oxid**, Chromdioxid n (CrO₂) (Chem) / chromium dioxide ‖ ˜**(VI)-oxid** (Chem) / chromium(VI) oxide, chromium trioxide, chromic anhydride ‖ ˜**oxidgrün** n (Chrom(III)-oxid als Farbpigment) / chrome oxide green, green cinnabar n ‖ ˜**rot** n / chrome red ‖ ˜**säure** f (H₂CrO₄), Monochromsäure f

(Chem) / chromic (VI) acid ‖ **²-säuresalz** *n*, Chromat *n* (Chem) / chromate *n* ‖ **²-schwefelsäure** *f* (Chem) / chromo-sulfuric acid ‖ **²-stahl** *m* / chrome steel, chromium steel ‖ **²-(III)-sulfat** *n* (Chem) / chromic sulfate ‖ **²-trioxid** *n*, Chrom(VI)-oxid *n* (Chem) / chromium(VI) oxide, chromium trioxide, chromic anhydride ‖ **²-verbindungen** *f pl* (Chem) / chromium compounds ‖ **²-zinnober** *n*, Chromrot *n* / chrome red

Chrono•biologie *f* / chronobiology ‖ **²-graph** *m* (Mess) / chronograph ‖ **²-logie** *f* / chronology ‖ **²-meter** *n m* (Uhr) / chronometer ‖ **²-metrie** *f* (Mess, Uhr) / chronometry

Chymosin *n*, Lab *n* (Enzym im Labmagen von z.B. Kälbern, das die Milch zum Gerinnen bingt), Labferment *n* (Biochem) / chymosin, rennin

Ci *n* (= 3,7 · 10^10 Becquerel), Curie *n* (Phys) / Ci, curie

Cicutin *n*, Coniin *n* (Schierlingalkaloid) (Chem) / coniine, propylpiperidine, conin

CID, Ladungsinjektions-Bauelement *n* (Eltro) / CID, charge injection device

CI-Gerät *n*, Cochlear-Implant-Hörgerät *n* (Akust) / cochlear implant

cih-Motor *m* (mit obenliegender Nockenwelle) / CIH engine (= cam-in-head)

CIM, computerintegrierte Fertigung / CIM, computer-integrated manufacturing

Cinch•buchse *f* (Audio, DV, Video) / RCA jack ‖ **²-stecker** *m* (Audio, DV, Video) / RCA plug, phono plug, RCA connector

Cinnamaldehyd *m* (Chem) / cinnamic aldehyde, cinnamal[dehyde] (US)

Cinnamat *n* (Chem) / cinnamate

Cinnamylalkohol *m*, Zimtalkohol *m* (Chem) / cinnamyl alcohol, cinnamic alcohol

C-Invarianz *f* (Nukl) / C invariance

Circular Pitch *m*, Teilkreisteilung *f* (Abstand zwischen zwei aufeinander folgenden Rechts- o. Linksflanken der Zähne) / circular pitch, pitch

Circulardichroismus *m* (Chem, Opt) / circular dichroism

circumlunar (Raumf) / circumlunar (rotating about the moon)

CIS, Kupfer-Indium-Diselenid (Chem) / copper indium diselenide, CIS

cis-Butendisäure *f*, Maleinsäure *f* (Chem) / maleic acid

CISC•-Architektur *f* (DV) / CISC architecture ‖ **²-Prozessor** *m* (mit komplexem Befehlsvorrat) (DV) / CISC chip (= complex instruction set computer), CISC processor

cis-Methylenbutendisäure *f*, Itaconsäure *f* (Chem) / itaconic acid

cis-trans-Isomerie *f* (Chem) / cis-trans isomerism

Citrat (Chem) / citrate ‖ **²-zyklus** *m* (Biochem) / citric acid cycle, tricarboxylic acid cycle, TCA cycle, Krebs cycle

Citronellal *n* (Chem) / citronellal

Citronellol *n* (Chem) / citronellol

Citronellöl *n* / citronella oil, citronel oil, citronella, Java citronella oil

Citronen•öl *n* / oil of lemons ‖ **²-säurezyklus** *m* (Biochem) / citric acid cycle, tricarboxylic acid cycle, TCA cycle, Krebs cycle

Citrullin *n* (Biochem) / citrulline

Citrusöle *n pl* / citrus-fruit oil, citrus peel oil

Citybike *n*, Tourenrad *n*, Stadtrad *n* (Fahrrad) / utility bicycle, city bicycle, ute bicycle

Cl, Chlor *n* (Chem) / chlorine, Cl

Claisenkondensation *f* (Chem) / Claisen condensation

Clapp-Oszillator *m* (Eltro) / Clapp oscillator

Clarke *m* (Chem, Geol) / clarke (unit of the average abundance of an element in the earth's crust), crustal abundance ‖ **²-Wert** (Chem, Geol) / clarke (unit of the average abundance of an element in the earth's crust), crustal abundance ‖ **²-Zahl** *f* (Chem, Geol) / clarke (unit of the average abundance of an element in the earth's crust), crustal abundance

Clark-Zelle *f* (Chem, Elek, MT) / Clark cell

Clathrat *n*, Käfigeinschlussverbindung *f* (Chem) / clathrate, cage compound, inclusion compound

Claude-Verfahren *n* (zur Luftverflüssigung o. Ammoniakgewinnung) (ChT) / Claude process

Clausius•-Clapeyronsche Gleichung (Thermodynamik) (Phys) / Clausius-Clapeyron equation (thermodynamics) ‖ **²-Mosottische Gleichung** (Dielektrikum) (Elek) / Clausius-Mosotti equation (dielectric) ‖ **²-Rankine-Prozess** *m* (Dampfmaschine) (Masch) / Rankine cycle

Clausiussch•es Prinzip (Phys) / Clausius statement (thermodynamics), Clausius' theorem ‖ **²-es Theorem** (Phys) / Clausius statement (thermodynamics), Clausius' theorem ‖ **²-e Ungleichung** (Phys) / Clausius inequality

Claus•-Ofen *m* (ChT) / Claus kiln ‖ **²-verfahren** *n* (zur Schwefelrückgewinnung) (ChT) / Claus method, Claus process (for recovering elemental sulphur)

Clean Room *m*, Reinraum *m* (Eltro, Fert) / clean room

Clebsch-Gordan-Koeffizienten *m pl* (Nukl) / Clebsch-Gordan coefficients *pl*

Clemmensen-Reduktion *f* (Chem) / Clemmensen reduction

Client *m* (DV) / client (in a network or OLE) ‖ **²-/Server-Modell** *n* (DV) / client/server model

Clifford-Algebra *f* (Math) / Clifford algebra

Clip *m* (DV, Film, TV) / clip

Clipboard *n*, Zwischenablage *f* (DV) / clipboard (in a windowing environment)

Clipper *m*, Amplitudenbegrenzer *m* (Eltro) / amplitude limiter, amplitude-limiting circuit, clipper, peak clipper, peak limiter, clipper circuit, limiter, limiter circuit, clipping circuit

Closed Shop *m* (DV) / closed shop

Close-up *f*, Nahaufnahme *f* (Foto) / closeup ‖ **²**, Nahaufnahme *f* (Film, TV) / close shot, closeup

Clusius-Dickel-Trennrohr *n* (Nukl) / Clusius column

Cluster *m* (Astr, Chem, Krist, Math, Nukl, Phys) / cluster ‖ **²** (DV) / cluster (on a floppy or hard disk) ‖ **²-analyse** *f* (Stat) / cluster analysis ‖ **²-entwicklung** *f* (Phys) / cluster expansion, high temperature expansion ‖ **²-modell** *n* [für leichte Atomteilchen] (Nukl) / cluster model ‖ **²-verbindung** *f* (Chem) / cluster

CLV *n* (DV) / CLV, constant linear velocity (playback technique in CD-ROM and optical disk drives)

cm, Zentimeter *n m* / centimeter (US), centimetre (GB) ‖ **²**, Curium *n* (Chem) / curium, Cm ‖ **²** (1 Cm=1 A·s·m), Coulombmeter *n* (Einheit) / coulomb-meter

CMC, Carboxymethylcellulose *f* (Chem) / carboxymethyl cellulose, cellulose gum ‖ **²**,

Keramik-Matrix-Verbunde *m pl* (Mater) / ceramic matrix composites, CMC

C-14-Methode *f*, Radiocarbonmethode *f* (zur Altersbestimmung geologischer u. (prä)historischer Objekte) / carbon-14 dating, radiocarbon dating

CMOS *n* (Halbleiterbauelement) (DV, Eltro) / CMOS ‖ $\stackrel{\circ}{=}$ *f*, CMOS-Technik *f* (Eltro) / CMOS (derived from: complementary metal oxide semiconductor), CMOS technology ‖ $\stackrel{\circ}{=}$**-Feldeffekttransistor** *m* (Eltro) / CMOS FET, CMOS field effect transistor, complementary metal-oxide semiconductor field-effect transistor ‖ $\stackrel{\circ}{=}$**-RAM** *n* (DV) / CMOS RAM ‖ $\stackrel{\circ}{=}$**-Schaltung** *f* (Eltro) / CMOS circuit, CMOS logic circuit, complementary MOS circuit ‖ $\stackrel{\circ}{=}$**-Technik** *f* (Eltro) / CMOS (derived from: complementary metal oxide semiconductor), CMOS technology

CN (Chem) / cellulose nitrate, nitrocellulose ‖ $\stackrel{\circ}{=}$ (Chloracetophenon - ein Reizgas) (Chem) / chloracetophenone, CN, chloroacetophenone

CNC, CNC-Steuerung *f* (NC) / computer numerical control, CNC, computerized numerical control ‖ $\stackrel{\circ}{=}$**-Koordinatenmessmaschine** *f* (Mess) / CNC CMM, direct computer-control CMM ‖ $\stackrel{\circ}{=}$**-Maschine** *f* (NC) / CNC-machine ‖ $\stackrel{\circ}{=}$**-Programm** *n*, Teileprogramm *n*, CNC-Steuerprogramm *n* (NC) / part program ‖ $\stackrel{\circ}{=}$**-Revolverpresse** (Wzm) / CNC turret press ‖ $\stackrel{\circ}{=}$**-Satz** *m*, Programmsatz *m* (in CNC-Programmen) (NC) / program block ‖ $\stackrel{\circ}{=}$**-Steuerprogramm** *n*, Teileprogramm *n*, CNC-Programm *n* (NC) / part program ‖ $\stackrel{\circ}{=}$**-Steuerung** *f* (NC) / computer numerical control, CNC, computerized numerical control ‖ $\stackrel{\circ}{=}$**-Steuerung**, Steuereinheit *f* einer CNC-Maschine (Hard- und Software) (NC) / MCU, machine control unit (consisting of hardware and software) ‖ $\stackrel{\circ}{=}$**-Technik** *f* / CNC technology ‖ $\stackrel{\circ}{=}$**-Werkzeugmaschine** *f* / CNC machine tool

CNO-Zyklus *m*, Bethe-Weizsäcker-Zyklus *m* (Astr, Nukl) / Bethe cycle, carbon-nitrogen cycle, carbon cycle

Co, Cobalt *n* (Chem) / cobalt, Co ‖ $\stackrel{\circ}{=}$, Baumwolle *f* (Tex) / cotton, Co

CoA, Coenzym A *n* (Biochem) / coenzyme A, CoA

Coanda-Effekt *m* (Umlenkung tangentialer Strömung) (Phys) / Coanda effect

Coated Particles *pl*, kohlenstoffbeschichtete Teilchen (Nukl) / coated particles *pl*

Cobalamin *n* (Biochem) / cyanocobalamin[e]

Cobalt *n* (Chem) / cobalt, Co ‖ $\stackrel{\circ}{=}$**ammin** *n* (Chem) / cobaltammine ‖ $\stackrel{\circ}{=}$**blau** *n* / cobalt blue ‖ $\stackrel{\circ}{=}$**(II)-carbonat** *n* (Chem) / cobalt(II) carbonate ‖ $\stackrel{\circ}{=}$**grün** *n* / cobalt green, Rinman's green ‖ $\stackrel{\circ}{=}$**(II)-hydroxid** *n* (Chem) / cobalt hydroxide

Cobaltiak *n* (Chem) / cobaltammine

Cobalt•legierung *m* (Hütt) / cobalt alloy ‖ $\stackrel{\circ}{=}$**(II)-oxid** *n* (Chem) / cobalt(II) oxide ‖ $\stackrel{\circ}{=}$**(II, III)-oxid** (Chem) / tricobalt tetroxide ‖ $\stackrel{\circ}{=}$**(III)-oxid** (Chem) / cobalt(III) oxide, cobalt sesquioxide ‖ $\stackrel{\circ}{=}$**pigment** *n* / cobalt pigment ‖ $\stackrel{\circ}{=}$**verbindung** *f* (Chem) / cobalt compound

Cocain *n*, Kokain *n* (Pharm) / cocaine

Cochlear-Implant-Hörgerät *n* (Akust) / cochlear implant

Cockcroft-Walton-Generator *m* (Nukl) / Cockcroft-Walton generator, Cockcroft-Walton accelerator

Cockpit *n* (Luft) / cockpit ‖ $\stackrel{\circ}{=}$, Flugdeck *n* (Luft) / flight deck (in large commercial aircraft) ‖ $\stackrel{\circ}{=}$ (von Renn- und Sportwagen) (Kfz) / cockpit ‖ $\stackrel{\circ}{=}$**-Voice-Recorder** *m*, Stimmenrecorder *m* (Luft) / cockpit voice recorder, CVR

Code *m* (DV, Tele) / code *n* ‖ $\stackrel{\circ}{=}$**element** *n* (DV) / code element

Codein *n* (Pharm) / codeine, methylmorphine

Code•kombination *f*, Codewort *n* (DV) / code word ‖ $\stackrel{\circ}{=}$**multiplex** *n* (Tele) / CDM, code division multiplexing

Coder *m*, Codierer *m* (DV, Tele) / coding device, coder, encoder

CO-Detektor *m* / carbon monoxide detector, CO detector

Code•umsetzer *m* (DV, Tele) / code converter ‖ $\stackrel{\circ}{=}$**umsetzung** *f* (DV, Tele) / code conversion ‖ $\stackrel{\circ}{=}$**umwandler** *m*, Codeumsetzer *m* (DV, Tele) / code converter ‖ $\stackrel{\circ}{=}$**umwandlung** *f*, Codeumsetzung *f* (DV, Tele) / code conversion ‖ $\stackrel{\circ}{=}$**wandler** *m*, Codeumsetzer *m* (DV, Tele) / code converter ‖ $\stackrel{\circ}{=}$**wandlung** *f*, Codeumsetzung *f* (DV, Tele) / code conversion ‖ $\stackrel{\circ}{=}$**wort** *n* (DV) / code word ‖ $\stackrel{\circ}{=}$**zeichen** *n* (DV) / code character

Codiereinrichtung *f*, Codierer *m*, Coder *m* (DV, Tele) / coding device, coder, encoder

codieren (DV) / encode, code *vt* ‖ $\stackrel{\circ}{=}$ *n* (DV, Tele) / coding, encoding

Codierer *m*, Coder *m* (DV, Tele) / coding device, coder, encoder

Codierung *f* (DV, Tele) / coding, encoding

Coehnsch•es Aufladungsgesetz (Phys) / Coehn's law ‖ $\stackrel{\circ}{=}$**e Regel** (Phys) / Coehn's law

Coelinblau *n* / cerulean blue

Coenzym *n* (Biochem) / coenzyme ‖ $\stackrel{\circ}{=}$ **A** (Biochem) / coenzyme A, CoA

Coextrusion *f* (Plast) / coextrusion

Coferment *n* (veraltet), Coenzym *n* (Biochem) / coencyme

Cokatalysator *m* (Chem) / co-catalyst

Coking-Verfahren *n* (Öl) / coking

Colchicin *n* (Chem) / colchicine

Cold Rubber *m*, Tieftemperaturkautschuk *m* (Plast) / cold rubber

Cölestinblau *n*, Cobaltblau *n* / cobalt blue

Colititer *m* (Sanitär, Umw) / coliform index

Collagen *n* (Biochem) / collagen, collogen

Collider *m* (Nukl) / collider

Color *f*, Farbladung *f* (Nukl) / colour ‖ $\stackrel{\circ}{=}$**filter** *n* (Film, Foto) / colour filter

COLP, Übermittlung *f* der Rufnummer des B-Teilnehmers zum A-Teilnehmer (ISDN-Leistungsmerkmal) (Tele) / COLP, connected line identification presentation

COLR, Unterdrückung *f* der Rufnummernübermittlung zum A-Teilnehmer (ISDN-Leistungsmerkmal) (Tele) / COLR, connected line identification restriction

COM (Belichtung von Mikrofilmen mit dem Computer), Computerausgabe *f* auf Mikrofilm (DV) / computer output on microfilm, COM ‖ $\stackrel{\circ}{=}$**-Ausgabeeinheit** *f* (DV) / Computer Output to Microform device, COM device ‖ $\stackrel{\circ}{=}$**-Automat** *m* (DV) / Computer Output to Microform device, COM device

Combo-Box *f*, Kombinationsfeld *n* (DV) / combination list box, combo box

Compact Disk, Audio-CD *f* (Audio) / audio CD, CD, compact disk, audio compact disk ‖ $\stackrel{\circ}{=}$ **Disk**, CD-ROM *f*, CD *f* (DV) / CD-ROM (= compact disk read only memory), CD, compact disk

Compactcassette f (Audio) / compact cassette
Compander m, Dynamikkompander m, Dynamikregler m, Presser-Dehner m (Audio, Tele) / compander
Compiler m, Compilerprogramm n (Übersetzungsprogramm für problemorientierte Sprachen) (DV) / compiler, compiling routine ‖ ∼**programm** n (Übersetzungsprogramm für problemorientierte Sprachen) (DV) / compiler, compiling routine
Composite m, Verbundwerkstoff m (Mater) / composite, composite material ‖ ∼**-Treibstoff** m (Raumf) / composite propellant (for rockets), composite fuel ‖ ∼**-Video-Signal** n, FBAS-Signal n (Farb-, Bild-, Austast- und Synchronisiersignal - beim Farbfernsehen) (TV) / composite video signal
Compound n, Mischung f (Plast) / compound ‖ ∼**elastische Streuung** (Nukl) / compound-elastic scattering ‖ ∼**erregung** f (Elek) / compound excitation ‖ ∼**kern** m (Nukl) / compound nucleus ‖ ∼**maschine** f (Masch) / compound engine (Elek) / compound motor ‖ ∼**motor** m (Elek) / compound motor ‖ ∼**zustand** m (Nukl) / compound state
Comprex-Lader m (Mot) / COMPREX Pressure Wave Supercharger
Compton-Effekt m (Nukl) / Compton effect ‖ ∼**-Spektrometer** m / Compton meter ‖ ∼**-Streuung** f (Nukl) / Compton scattering ‖ ∼**-Verschiebung** f (Nukl) / Compton shift ‖ ∼**-Wellenlänge** f (Nukl) / Compton wavelength
Computer m (DV) / computer, machine (coll.) ‖ **auf** ∼ **umstellen**, computerisieren (DV) / computerize
Computer Aided Design n, CAD n (DV) / computer-aided design, CAD
Computer animation f (DV) / computer animation, CA ‖ ∼**ausgabe f auf Mikrofilm**, COM (Belichtung von Mikrofilmen mit dem Computer) (DV) / computer output on microfilm, COM ‖ ∼**blitzgerät** n, Blitzautomatik f (Foto) / auto flash, automatic flash unit ‖ ∼**geometrie** f (DV) / geometric data processing ‖ ∼**gesteuert** / computer controlled
computergestützt / computer-aided, computer-assisted, computer-based, computer-supported, machine-aided ‖ ∼ s. auch computerunterstützt, rechnergestützt, rechnerunterstützt ‖ ∼**e axiale Tomographie**, Computertomographie f (MT) / CAT (computer-assisted tomography), computed tomography, computerized axial tomography, computer-assisted tomography, CAT scanning, computerized tomography, computer tomography, CT (computer tomography) ‖ ∼**e Softwareentwicklung**, CASE (DV) / CASE, computer-aided software engineering
Computergrafik f / computer graphics, graphical data processing ‖ ∼**integrierte Fertigung**, CIM / CIM, computer-integrated manufacturing
computerisieren (DV) / computerize
Computerisierung f / computerization
Computerleistung f, Ballungsgebiet (mit zwei od. / computer power, computing power ‖ ∼**-NC-Steuerung** f, CNC-Steuerung f (NC) / computer numerical control, CNC, computerized numerical control ‖ ∼**netz** n, Rechnernetz n, Computernetzwerk n (DV, Tele) / computer

network ‖ ∼**orientiert** / computer-aided, computer-assisted, computer-based, computer-supported, machine-aided ‖ ∼**programm** n / computer program ‖ ∼**simulation** f (DV) / computer simulation ‖ ∼**sonographie** f (MT) / computer sonography ‖ ∼**technik** f / computer technology, computer engineering ‖ ∼**-to-Film[-Verfahren]** (Druck) / Computer to Film [technology], CTF ‖ ∼**-tomogramm** n (Med) / CAT scan, CT scan ‖ ∼**tomographie** f, computergestützte axiale Tomographie (MT) / CAT, computed tomography, computerized axial tomography, computer-assisted tomography, CAT scanning, computerized tomography, computer tomography, CT
Computer-to-Plate[-Verfahren] n, CTP[-Verfahren] n (Druck) / computer to plate [technology], CTP ‖ ∼**-Press[-Verfahren]** n (Druck) / Computer to Press [technology] ‖ ∼**-press-Maschine** f (Druckmaschine mit integriertem Druckplattenbelichter), Direct-Imaging-Maschine f (Druck) / direct imaging press
computerunterstützt / computer-aided, computer-assisted, computer-based, computer-supported, machine-aided ‖ ∼ s. auch computergestützt, rechnergestützt, rechnerunterstützt ‖ ∼**es Entwerfen**, CAD n, Computer Aided Design n (DV) / computer-aided design, CAD ‖ ∼**e Entwicklung**, CAE n, Rechnerunterstützung f von Ingenieuraufgaben (DV) / CAE, computer-aided engineering ‖ ∼**e Fertigung**, CAM n (DV, Fert) / computer-aided manufacturing, CAM ‖ ∼**e Planung**, CAP (DV) / CAP, computer-aided planning ‖ ∼**e Übersetzung** f / CAT, computer-aided translation
Computervirus n (DV) / virus, computer virus
Concrètes pl (wachsartiges Extrakt aus Blütenölen, Zwischenprodukt bei Gewinnung von Blütenölen) / concretes pl
Confinement n, permanenter Quarkeinschluss (Nukl) / confinement
Conicin n, Coniin n (Schierlingalkaloid) (Chem) / coniine, propylpiperidine, conin
Coniferen f pl, Nadelhölzer (Holz) / conifers
Coniin n (Schierlingalkaloid) (Chem) / coniine, propylpiperidine, conin
Container m (Trans) / container ‖ ∼**anhänger** m, Dolly m (Förd) / container dolly, dolly ‖ ∼**schiff** n / container ship, container vessel ‖ ∼**terminal** m (Trans) / container terminal ‖ ∼**tragwagen** m (Bahn) / container car, container wagon
Containment n, Sicherheitsbehälter m (eines Kernreaktors zur Vermeidung des Austritts radioaktiver Stoffe in die Außenwelt) (Nukl) / containment, containment structure, reactor containment, containment building
Controller m, Steuergerät n (DV, NC) / controller n, control unit ‖ ∼ (z.B. Diskcontroller) (DV, Eltro) / controller
Controlling n (Wirtsch) / controlling n (in management)
Conurbation f, Ballungsgebiet n (mit zwei od. mehr Stadtkernen, z.B. Ruhrgebiet) / conurbation
Convenience Food, Convenience-Produkte n pl (Nahr) / convenience food, processed food, catering food ‖ ∼**-Produkte** n pl, Convenience

Food (Nahr) / convenience food, processed food, catering food

Converter m (zum Gleichrichten, Gleichstromumrichten, Wechselrichten und Wechselstromumrichten) (Elek) / converter

Convertiplane m, Wandelflugzeug n (kombiniertes Hubschrauber-Tragflügelflugzeug) (Luft) / convertaplane, convertiplane, convertoplane

Conveyor Picking (gezieltes Greifen eines beliebig auf einem laufenden Transportband positionierten Objekts durch Roboter), "Griff m aufs laufende Band" / conveyor picking

Coolidge-Röhre f (Eltro, Radiol) / Coolidge tube

Cooper-Paar n (Phys) / Cooper pair

Cope-Umlagerung f (Chem) / Cope rearrangement

Copolymer n (Chem) / copolymer

Copolymerisat n (Chem) / copolymer

Coprocessing f (ChT) / coal/oil co-processing

Coprozessor m (DV) / coprocessor

Cordlage f (der Reifenkarkasse), Gewebelage f (Kfz) / ply (of tire)

Core n, Reaktorkern m, Spaltzone f (Nukl) / core (of a nuclear reactor), reactor core

Corex-Verfahren n (Hütt) / Corex process

Coriolis•-Effekt m (Phys) / Coriolis effect ‖ ⁀-**Kraft** f (Phys) / Coriolis force

Cornu•-Prisma n (Opt) / Cornu prism ‖ ⁀-**Spirale** f, Klothoide f (Math) / clothoid, Cornu's spiral

Corporate Network n (DV, Tele) / CN, corporate network, company network

Cortexon n (Biochem) / cortexon

Corticoid n (Biochem) / corticosteroid

Corticosteroid n (Biochem) / corticosteroid

Corticosteron n (Biochem) / corticosterone

Corticotropin n, ACTH, adrenocorticotropes Hormon (Biochem) / ACTH, adrenocorticotropic hormone, adrenotropic hormone, corticotropin

Cortin n (Biochem) / cortin

Cortisol n (Biochem) / cortisol

Cortison n (Biochem) / cortisone

cos, Cosinus m (Math) / cosine, cos

cosec, Cosecans (Math) / cosecant, cosec

Cosecans, cosec (Math) / cosecant, cosec

cosh, Cosinus hyperbolicus, Hyperbelcosinus m (Math) / hyperbolic cosine, cosh

Cosinus m (Math) / cosine, cos ‖ ⁀ **hyperbolicus**, cosh, Hyperbelcosinus m (Math) / hyperbolic cosine, cosh ‖ ⁀-**satz** m, Kosinussatz m (Math) / law of cosines, cosine formula, cosine rule

COSMOS-Technik f, CMOS-Technik f (Eltro) / CMOS (derived from: complementary metal oxide semiconductor), CMOS technology

Cosubstrat n (Biochem) / cosubstrate

cot, Kotangens m (Math) / cotangent, cot, ctn

Cotangens m, Kotangens m (Math) / cotangent, cot, ctn ‖ ⁀ **hyperbolicus**, Hyperbelkotangens m (Math) / coth, hyperbolic cotangent

coth, Hyperbelkotangens m (Math) / coth, hyperbolic cotangent

Cotton•-Effekt m (Opt) / Cotton effect ‖ ⁀-**Mouton-Effekt** m, magnetische Doppelbrechung (Opt) / Cotton-Mouton effect, Cotton-Mouton birefringence ‖ ⁀-**Mouton-Konstante** f (Opt) / Cotton-Mouton constant

Cottrell-Möller-Verfahren n, elektrostatische Gasreinigung (Umw) / Cottrell process, electrostatic precipitation

Cottrell-Verfahren, elektrostatische Gasreinigung (Umw) / Cottrell process, electrostatic precipitation

Coudé-Refraktor m (Astr, Opt) / Coudé refractor

Couette•-Apparat m (Phys) / Couette apparatus, Taylor-Couette apparatus ‖ ⁀-**Strömung** f (Phys) / Couette flow (in fluid dynamics)

Coulomb n (1 C = 1 As) (Elek) / C, coulomb ‖ ⁀-**Anregung** f (Nukl) / Coulomb excitation ‖ ⁀-**Barriere** f (Nukl) / Coulomb barrier ‖ ⁀-**Drehwaage** f (zur Messung von elektrostatischen oder magnetostatischen Kräften) (Mess, Phys) / torsion balance (used for measuring small forces due to magnetism or electric charges) ‖ ⁀-**Effekt** m (Nukl) / Coulomb effect ‖ ⁀-**Energie** f (Nukl) / Coulomb energy ‖ ⁀-**Integral** n (Nukl) / Coulomb integral ‖ ⁀-**Kraft** f (Elek, Nukl) / Coulomb force

Coulombmeter n, Voltameter (Elek) / voltameter, coulombmeter, coulometer ‖ ⁀ (Einheit), Cm (1 Cm=1 A·s·m) / coulomb-meter

Coulomb-Potential n (Elek) / Coulomb potential

Coulombsch•es Gesetz (Grundgesetz der Elektrostatik) (Elek) / Coulomb's law, law of electrostatic attraction ‖ ⁀-**es Reibungsgesetz** (Phys) / Coulomb friction law

Coulomb•-Streuung f (Phys) / Coulomb scattering ‖ ⁀-**Wall** m (Nukl) / Coulomb barrier ‖ ⁀-**Wechselwirkung** f (Phys) / Coulomb interaction

Coulometer n, Voltameter (Elek) / voltameter, coulombmeter, coulometer

Coulometrie f (Chem, Elek) / coulometry

Count-down m (Raumf) / countdown

Coupé n (Kfz) / coupe, coupé ‖ ⁀-**Cabriolet** n (z.B. VW Eos, Mercedes SLK)(Kfz) / coupe cabriolet, car with a retractable hardtop, coupé convertible, hardtop convertible, retractable hardtop

CP-Invarianz f (Phys) / CP invariance

CPM, Netzplantechnik f nach CPM (Critical Path Method), Kritische-Pfad-Methode f (IE) / CPM, critical path method ‖ ⁀-**Methode** f, Netzplantechnik f nach CPM (Critical Path Method), Kritische-Pfad-Methode f (IE) / CPM, critical path method

CP-Symmetrie f (Phys) / CP invariance

CPT-Theorem n (Phys) / CPT theorem (C = charge conjugation, P = parity operation, T = time reversal)

CPU f (bestehend aus Rechen- und Steuerwerk), Prozessor m (z.B. Pentium IV), Hauptprozessor m (DV) / central processing unit (consisting of an arithmetic logic unit and a control unit), CPU, central processor, processor ‖ ⁀-**Lüfter** m (DV) / CPU fan

CP-Verletzung f (Phys) / CP violation

Cr, Chrom n (Chem) / chromium, Cr

CR, Chloropren-Kautschuk m, Neopren® n (Plast) / chloroprene rubber, polychloroprene, CR, Neoprene®

Crackbenzin n (Öl) / cracked gasoline (US) o. petrol (GB)

Cracken n (Öl) / cracking

Cracker m (Öl) / cracker

Crackingprozess m (Öl) / cracking

Cramersche Regel (Math) / Cramer's rule

Crash m, Programmabsturz m (DV) / crash (abnormal program termination), abend ‖ ⁀, Systemabsturz m (DV) / crash (rendering system inoperable), system crash, hang-up, system failure ‖ ⁀, Festplattencrash m,

Aufsitzen *n* des Schreib-/Lesekopfes (DV) / crash, head crash ‖ ≃**sensor** *m* (Kfz) / crash sensor ‖ ≃**test** *m* (Kfz) / crash test

CRC (Prüfsummenverfahren zur Erkennung von Datenübertragungsfehlern), zyklische Redundanzüberprüfung (DV) / cyclic redundancy check, CRC

Cremonascher Kräfteplan, Cremonaplan *m* / Cremona's polygon of forces

Crepe *m*, Crepe-Kautschuk *m* (ChT, Plast) / crepe rubber ‖ ≃**-Kautschuk** *m* (ChT, Plast) / crepe rubber

Crestfaktor, Scheitelfaktor *m* (Elek) / amplitude factor, crest factor, peak factor

Crew *f*, Flugpersonal *n* (Luft) / crew, aircrew

CRI, Farbwiedergabe-Index *m* (Licht) / colour rendering index, CRI

crimpen (Eltro, Fert, Tele) / crimp *vt* ‖ ≃ *n* (Eltro, Fert, Tele) / crimping

Crimp•-Hülse *f* (Eltro) / crimp barrel ‖ ≃**verbindung** *f* (Eltro, Fert, Tele) / crimp *n* ‖ ≃**zange** *f* (Wz) / crimping pliers

Crocin *n* (gelber Safranfarbstoff), Gardenin *n* (Chem) / crocine (saffron yellow)

Cromargan® *n* (Hütt) / Cromargan®

Croningverfahren *n*, Maskenformen *n* (Gieß) / C process, shell moulding, Croning process

Crookesglas *n* (ein Filterglas) (Opt) / Crookes glass

Crookessch•e Lichtmühle (Phys) / Crookes' radiometer ‖ ≃**e Röhre** (Eltro) / Crookes tube

Crossbarverteiler *m* (Tele) / crossbar distributor

Cross-Colour-Störung *n*, Übersprechen *n* des Leuchtdichtesignals in den Farbkanal (TV) / cross colour (luminance signals at frequencies near the subcarrier are accepted by the decoder and interpreted as chroma signals)

Crossing-Symmetrie *f* (Nukl) / crossing symmetry

Cross-Luminance-Störung *n*, Übersprechen *n* des Farbsignals in den Leuchtdichtekanal (TV) / cross luminance

Cross-Maschine *f* (Kfz) / motocross motorcycle

Croton•aldehyd *m* (Chem) / crotonaldehyde ‖ ≃**säure** *f* (Chem) / crotonic acid

CRS-Anlage *f*, Turmsonnenkraftwerk *n* (Ener) / central receiver system, CRS

CRT *f*, Kathodenstrahlröhre *f* (Eltro) / cathode ray tube, CRT, crt ‖ ≃**-Bildschirm** *m* (DV) / CRT monitor, cathode ray tube monitor ‖ ≃**-Monitor** *m* (DV) / CRT monitor, cathode ray tube monitor

Crude *n* (im Handel), Erdöl *n* (rohes), Rohöl *n* (Öl) / crude oil, crude *n*, petroleum, crude petroleum

Cruiser *m*, Chopper *m* (Kfz) / chopper (motorcycle), cruiser

Cryptand *m* (Chem) / cryptand

Cs, Cäsium *n*, Caesium (Chem) / caesium (GB), cesium (US), Cs

CSB, chemischer Sauerstoffbedarf / chemical oxygen demand, COD

CSD, Korngrößenverteilung *f* (eines Kristallisats) (ChT) / crystal size distribution

CSF, Caseinkunststoffe *m pl* (Plast) / casein plastics *pl*

CSMA/CD *n*, CSMA/CD-Verfahren *n* (DV, Tele) / carrier sense multiple access with collision detection, CSMA/CD

C-Stück *n*, Hosenrohr *n* (Rohr) / wye, Y-pipe

C-Symmetrie *f* (Nukl) / C invariance

ct, Karat *n* (Edelsteinmasse: = 1/5 g, als Angabe für Goldlegierungen: 24 Karat = reines Gold) / carat, karat

CT, Computertomographie *f* (MT) / CAT, computed tomography, computerized axial tomography, computer-assisted tomography, CAT scanning, computerized tomography, computer tomography, CT

ctg, Kotangens *m* (Math) / cotangent, cot, ctn

CT-Komplex *n* (Chem) / charge-transfer complex

CTP[-Verfahren] *n*, Computer-to-Plate [-Verfahren] *n* (Druck) / computer to plate [technology], CTP

CTR, Gleichstrom-Übertragungsverhältnis *n* (Kennwert eines Optokopplers) (Eltro) / current transfer ratio, CTR

Cu, Kupfer *n* (Chem) / copper *n*, Cu

Cuban *n* (Chem) / cubane

CUG *f*, geschlossene Benutzergruppe (Tele) / closed user group, CUG

Culmannsches Verfahren (Mech) / Culmann's method

Culmann-Verfahren *n*, Vierkräfteverfahren *n* (zeichnerisches Verfahren zur Lösung von Problemen der Statik) / Culmann's method

Cumarin *n* (Chem) / coumarin, cumarin

Cumaron *n* (Chem) / cumarone, coumarone, benzofuran ‖ ≃**harz** *n*, Cumaron-Indenharz *n* (Plast) / coumarone resin, coumarone-indene resin ‖ ≃**-Indenharz** *n* (Plast) / coumarone resin, coumarone-indene resin

Cuminöl *n* / cumin oil

Cumol *n*, Isopropylbenzol (Chem) / cumene, isopropylbenzene ‖ ≃**hydroperoxid** *n* (Chem) / cumene hydroperoxide

Cumulen *n* (Chem) / cumulene

Curare *n* (Pharm) / curare, curari

Curarin *n* (Pharm) / curarine

Curcuma•gelb *n*, Curcumin *n* (Naturfarbstoff) (Chem, Nahr) / curcumin ‖ ≃**papier** *n* (Chem) / curcuma paper

Curcumin *n* (Naturfarbstoff) (Chem, Nahr) / curcumin

Curie *n*, Ci *n* (= $3,7 \cdot 10^{10}$ Becquerel) (Phys) / Ci, curie ‖ ≃**-Konstante** *f* (Phys) / Curie constant ‖ ≃**punkt** *m* (Phys) / Curie point, Curie temperature, magnetic transition temperature ‖ ≃**sches Gesetz** (Phys) / Curie's law ‖ ≃**temperatur** *f* (Phys) / Curie point, Curie temperature, magnetic transition temperature ‖ ≃**-Weißsches Gesetz** *m* (Phys) / Curie-Weiss law

Curing *n* (ChT, Plast) / curing

Curium *n* (Chem) / curium, Cm

Cursor *m* (DV) / cursor ‖ ≃**bewegung** *f* (DV) / cursor movement ‖ ≃**-Steuertaste** *f*, Navigationstaste *f* (DV) / cursor key, cursor control key, navigation key ‖ ≃**taste** *f*, Cursor-Steuertaste *f*, Navigationstaste *f* (DV) / cursor key, cursor control key, navigation key

Curtisturbine *f* / Curtis turbine

Curtius-Reaktion *f*, Curtius-Abbau *m*, Curtius-Umlagerung *f* (Chem) / Curtius rearrangement, Curtius reaction, Curtius degradation

Cushman-Futter *n* (Wz) / scroll chuck

Customer Service *m*, Kundendienst *m*, Kundenbetreuung *f* / customer service

Cut-off-Wellenlänge *f*, Grenzwellenlänge *f* (Eltro, Tele) / cutoff wavelength (in fiber optic systems)

cutten, schneiden (Film, Tonband)(Audio, Film, TV) / cut, edit

cuttern, schneiden (Film, Tonband)(Audio, Film, TV) / cut, edit

CV, Viskose *f* (ChT, Tex) / viscose

CVD n, CVD-Verfahren n (Fert) / chemical vapour deposition, CVD, CVD process ‖ ⁓-**Verfahren** n (Fert) / chemical vapour deposition, CVD, CVD process

C-Verstärker m (Eltro) / class C amplifier

CVT-Getriebe n, stufenloses Getriebe (Kfz, Masch) / continuously variable transmission, CVT

c_w, Luftwiderstandsbeiwert (Kfz, Luft) / coefficient of drag, drag coefficient

C-Waffen f pl (Mil) / chemical weapons

CW•-**Betrieb** m, Dauerstrichbetrieb m (Eltro) / continuous wave mode, CW mode ‖ ⁓-**Laser** m, Dauerstrichlaser m / continuous wave laser, CW laser ‖ ⁓-**Radar** m n, Dauerstrichradar m n / continuous wave radar, CW radar

Cw-Wert m, Luftwiderstandsbeiwert (Kfz, Luft) / coefficient of drag, drag coefficient

cyan, blaugrün (Foto) / blue-green, cyan ‖ ⁓ n, Dicyan n (C_2N_2) (Chem) / cyanogen, dicyanogen ‖ ⁓... (Chem) / cyanic ‖ ⁓**acrylat** n (Chem) / cyanoacrylate ‖ ⁓**acrylat-Klebstoff** m / cyanoacrylate adhesive ‖ ⁓**amid** n (Chem) / cyanamide, urea anhydride

Cyanat n (Chem) / cyanate

Cyan•**chlorid** n (Chem) / cyanogen chloride ‖ ⁓**gas** n, Dicyan n (C_2N_2) (Chem) / cyanogen, dicyanogen ‖ ⁓**guanidin** n (Chem) / dicyanodiamide, cyanoguanidin ‖ ⁓**hydrin** n (Chem) / cyanalcohol, cyanhydrin, cyanohydrin

Cyanid n (Salz der Blausäure) (Chem) / cyanide, prussiate (obsolete)

Cyanidin n (Chem) / cyanidin

Cyanid•**laugung** f (zur Gewinnung von Gold und Silber) (Hütt) / cyanide process, cyanidation ‖ ⁓**verfahren** n, Cyanidlaugung f (zur Gewinnung von Gold und Silber) (Hütt) / cyanide process, cyanidation

Cyaninfarbstoff m (Foto, Tex) / cyanine dye

Cyanocobalamin n, Cobalamin n (Biochem) / cyanocobalamin[e]

Cyanogen n, Dicyan n (C_2N_2) (Chem) / cyanogen, dicyanogen

Cyano•**hydrin** n (Chem) / cyanalcohol, cyanhydrin, cyanohydrin ‖ ⁓**typie** f, Lichtpause f (weiße Linien auf blauem Grund), Blaupause f (nach dem Eisensalz-Verfahren/Cyanotypie) (Druck) / blueprint n, cyanotype

Cyansäure f (Chem) / cyanic acid

Cyanurchlorid n (Chem) / cyanuric chloride

Cyanursäure f (Chem) / cyanuric acid, pyrolithic acid, tricyanic acid ‖ ⁓**triamid** n, Melamin n (Chem) / melamin[e]

Cyanverbindungen f pl (Chem) / cyan compounds

Cyanwasserstoff m, Blausäure f (HCN) (Chem) / hydrogen cyanide, hydrocyanic acid, formonitrile, prussic acid (obsolete) ‖ ⁓**säure** f, Blausäure f (HCN) (Chem) / hydrogen cyanide, hydrocyanic acid, formonitrile, prussic acid (obsolete)

Cyberspace m (DV) / cyberspace

Cyclamat n (ein Süßstoff - E 952) (Nahr) / cyclamate

Cyclan n, Cycloalkan n (Chem) / cyclane, cycloparaffin, cycloalkane

cyclisch (Chem) / cyclic, ring... ‖ ~e Alkane, Cycloalkan n (Chem) / cyclane, cycloparaffin, cycloalkane ‖ ~e Verbindung (Chem) / cyclic compound, ring compound

cyclisierter Kautschuk m (Chem) / cyclized rubber

Cyclisierung f, Zyklisierung f, Ringbildung f (Chem) / cyclization, ring formation

Cyclit m (Chem) / cyclitol

Cyclitol n (Chem) / cyclitol

Cyclo•**addition** f (Chem) / cycloaddition ‖ ⁓**alkan** n (Chem) / cyclane, cycloparaffin, cycloalkane ‖ ⁓**alken** n (Chem) / cycloalkene, cycloolefin ‖ ⁓-**AMP** n, zyklisches Adenosinmonophosphat (Biochem) / cyclic adenosine monophosphate, cAMP, cyclic AMP ‖ ⁓**amylose** n, Cyclodextrin n (Chem) / cycloamylose, cyclodextrin, Schardinger dextrin ‖ ⁓**dextrin** n (Chem) / cycloamylose, cyclodextrin, Schardinger dextrin ‖ ⁓**dien** n (Chem) / cyclodiene ‖ ⁓**glucan** n, Cyclodextrin n (Chem) / cycloamylose, cyclodextrin, Schardinger dextrin ‖ ⁓**hexan** m (Chem) / cyclohexane, hexahydrobenzene, hexamethylene, hexanaphthene ‖ ⁓**hexanol** n ($C_6H_{11}OH$) (Chem) / cyclohexanol, hexalin, hexahydrophenol, cyclohexyl alcohol ‖ ⁓**hexanon** n (Chem) / cyclohexanone ‖ ⁓**hexit** m, Inosit m (Chem) / inositol ‖ ⁓**kautschuk** m (Chem) / cyclized rubber ‖ ⁓**maltose** f, Cyclodextrin n (Chem) / cycloamylose, cyclodextrin, Schardinger dextrin ‖ ⁓**octatetraen** n (Chem) / cyclo-octatetraene ‖ ⁓**olefin** n (Chem) / cycloalkene, cycloolefin ‖ ⁓**paraffin** n, Cycloalkan n (Chem) / cyclane, cycloparaffin, cycloalkane ‖ ⁓**pentadien** n (Chem) / cyclopentadiene ‖ ⁓**phan** n (Chem) / cyclophane ‖ ⁓**polymerisation** f (Chem) / cyclopolymerization

Cyd, Cytidin n (Biochem) / cytidine

Cymen n, Cymol n (Chem) / cymene

Cymol n (Chem) / cymene

Cys, Cystein n (Biochem) / cysteine

Cystein n (Biochem) / cysteine

Cystin n (Biochem) / cystine

Cyt, Cytidin n (Biochem) / cytidine

Cytidin n (Biochem) / cytidine

Cyto•**chrom** n (Biochem) / cytochrome ‖ ⁓**chromoxidase** f (Biochem) / cytochrome oxidase

Cytologie f, Zytologie f, Zellbiologie f / cytology

Cytosin n (Biochem) / cytosine

CZ, Cetanzahl f (Mot) / cetane number

Czochralski-Ziehverfahren n (Krist) / Czochralski process, Czochralski pulling

D

d, Dezi..., Zehntel... / deci...

D, Deuterium *n*, ²H, schwerer Wasserstoff (Chem) / deuterium, heavy hydrogen, D

3-D..., dreidimensional / three-dimensional, tridimensional, 3-D

D *f*, Mono-Zelle *f* (IEC R20) (Elek) / D battery, D cell

DAC, Digital-Analog-Umsetzer *m* (DV, Eltro) / digital-to-analog converter, digital-analog[ue] converter, D-A converter, dac, DAC

Dach *n* (Bau) / roof ‖ ≈ (eines Impulses) (Elek) / top (of a pulse) ‖ ≈**boden** *m* (Bau) / attic, garret, loft ‖ ≈**deckung** *f*, Dachhaut *f* (Bau) / roof covering, roofing, waterproofing, weatherproofing ‖ ≈**fenster** *n* (Bau) / skylight ‖ ~**förmiger Verdichtungsraum** (Mot) / hemispherical combustion chamber, hemispherical chamber ‖ ≈**führung** *f* (Wzm) / inverted vee slides ‖ ≈**gaubenfenster** *n* (Bau) / lucarne, dormer, dormer window ‖ ≈**gepäckträger** *m* (Kfz) / luggage rack, roof carrier, roof rack ‖ ≈**gerüst** *n* (Bau) / roof framing ‖ ≈**haut** *f*, Dachdeckung *f* (Bau) / roof covering, roofing, waterproofing, weatherproofing ‖ ≈**kantprisma** *n* (Opt) / roof prism ‖ ≈**prisma** *n* (Opt) / roof prism ‖ ≈**rinne** *f* (Bau) / gutter ‖ ≈**sparren** *m* (Bau) / rafter ‖ ≈**stuhl** *m* (Bau) / roof frame ‖ ≈**tragwerk** *m pl* (Bau) / roof frame ‖ ≈**verband** *m* (Bau) / roofing bond ‖ ≈**ziegel** *m* (Bau) / roofing tile, roof tile

dag, Dekagramm *n* (10 Gramm) / decagram[me]

Dahlander-Schaltung *f* (Elek) / tapped winding [circuit]

d'Alembert-Operator *m* (Math, Phys) / d'Alembert operator, d'Alembertian, wave operator

d'Alembertsch•e Kraft, Trägheitskraft *f* (Phys) / force of inertia, inertial force ‖ ~**es Paradoxon** (Phys) / d'Alembert's paradox, hydrodynamic paradox ‖ ~**es Prinzip** (Phys) / d'Alembert's principle

Dallglas *n* (Glas) / dalle glass

Dalton *n* (Atom-Masseneinheit) (veraltet) (Chem, Nukl) / dalton

Daltonide *n pl*, stöchiometrische Verbindungen (Chem) / stoichiometric compounds, daltonides

Daltonsches Gesetz (Phys) / Dalton's law of partial pressures, partial pressure law

Damm *m*, Staudamm *m* (Erdschüttdamm oder Steinschüttdamm) (Wasserb) / dam, embankment dam (rock-fill or earth-fill dam) ‖ ≈ (Bau, Wasserb) / embankment (ridge as of earth or rock thrown up to carry a road, railway, canal, etc., or to contain water)

dämmen (Wärme) / insulate (heat) ‖ ~, dämpfen (Schall) (Akust) / muffle, deaden, absorb, mute

Dämmerungs•effekt *m* (Funk, Nav, Radar) / night-effect, night-error ‖ ≈**erscheinungen** *f pl* (Geoph) / twilight phenomena ‖ ≈**schalter** *m* (schaltet das Licht bei voreingestellten Helligkeitswerten automatisch an und aus)

(Licht) / photoelectric lighting controller, light sensor control

Dämm•material *n* (Schall, Wärme) / insulating material, insulant ‖ ≈**material** (zur Isolierung von Rohren, Tanks) (Rohr) / lagging (material), heat insulator ‖ ≈**platte** *f*, HFD (Bau, Holz) / insulating board, softboard ‖ ≈**stoff** *m* (Schall, Wärme) / insulating material, insulant ‖ ≈**stoff** (zur Isolierung von Rohren, Tanks) (Rohr) / lagging (material), heat insulator

Dämmung *f* (Schall, Wärme) / insulation ‖ ≈, Rohrisolierung *f* (Rohr) / lagging (thermal insulation on the outside of pipes or tanks)

Dampf *m* (Phys) / vapour ‖ ≈, Wasserdampf *m* (Phys) / steam *n*, water vapour ‖ ≈**bildung** *f* / steam generation ‖ ≈**blase** *f* / steam bubble, vapour bubble ‖ ≈**blasenverfahren** *n*, Bubble-Jet-Verfahren *n* (DV) / bubble-jet printing ‖ ≈**bügeleisen** *n* (HG, Tex) / steam iron ‖ ≈**dichte** *f* (Phys) / vapour density

Dampfdruck *m* (Phys) / vapour pressure ‖ ≈ (der z.B. Turbinen antreibt) (Masch) / steam pressure ‖ ≈**diagramm** *n* (Phys) / vapour pressure diagram ‖ ≈**diagramm**, Indikatordiagramm *n* (Masch) / indicator diagram ‖ ≈**erniedrigung** *f* (Phys) / lowering of vapour pressure ‖ ≈**herabsetzung** *f* (Phys) / lowering of vapour pressure ‖ ≈**kurve** *f* (Phys) / vapour-pressure curve

dampfen *vi* / vapour, give off o. emit vapour ‖ ~ (Wasserdampf) / steam, give off o. emit steam ‖ ~ (unter Geruchsentwicklung o. Freisetzung schädlicher Stoffe) / fume, emit fumes

dämpfen (mit Dampfbügeleisen) (Tex) / press, iron (with steam iron) ‖ ~ (Schall) (Akust) / muffle, deaden, absorb, mute ‖ ~ (Saiten einer Gitarre, Geige etc.) / damp ‖ ~ (Eltro, Phys, Tele) / attenuate (e.g. a signal, electric current, oscillations, vibrations), damp ‖ ~, abschwächen (z.B. Stoß, Aufprall) / cushion *vt* (e.g. blow, impact), soften ‖ ~, absorbieren / absorb (shocks, vibration) ‖ ~ (Licht) / dim *vt* (light), turn down ‖ ~ (Kartoffeln, Holz, Gemüse, Fisch) (Landw, Nahr) / steam

Dampf•entfetten *n* / vapour degreasing ‖ ≈**entwicklung** *f* / steam generation

Dampfer *m*, Dampfschiff *n* / steamship, steamer

Dämpfer *m* (Akust) / muffler, silencer ‖ ≈ (Elek, Mech) / damper ‖ ≈, Dämpfungsglied *n* (Elek, Eltro, Tele) / attenuator (network or transducer designed to produce distortionless attenuation of an electrical signal)

Dampf•erzeuger *m* / steam generator ‖ ≈**erzeugung** *f* / steam generation ‖ ≈**geschwindigkeit** *f*, Dampfströmgeschwindigkeit *f* / flow rate of steam ‖ ≈**hammer** *m* / steam hammer ‖ ≈**heizung** *f* / steam heating, steam [heating] system ‖ ≈**kalorimeter** *n* / condensation calorimeter ‖ ≈**kessel** *m* / boiler (for generating steam), steam boiler ‖ ≈**kolbenpumpe** *f* / steam-piston pump ‖ ≈**kraftwerk** *n* (Elek) / steam electric power plant, steam power station, steam power plant ‖ ≈**lagerstätte** *f* (Geol) / steam reservoir, steam resource ‖ ≈**leitung** *f* / steam line ‖ ≈**lok[omotive]** *f* (Bahn) / steam locomotive ‖ ≈**mantel** *m* (um Werkstück beim Abschrecken) (Hütt) / steam cloud ‖ ≈**maschine** *f* / steam engine ‖ ≈**phaseninhibitor** *m* (Chem) / vapour-phase inhibitor ‖ ≈**punkt** *m* (Phys) / steam point ‖

≈reformierung f (Öl) / steam reforming ||
≈schiff n / steamship, steamer || **≈spannung** f,
Dampfdruck m (Phys) / vapour pressure ||
≈sperre f, Baffle n (Vak) / baffle, vapour trap
Dampfstrahl m / steam jet || **≈kältemaschine** f /
steam jet refrigerating machine || **≈pumpe** f
(Vak) / eductor, steam ejector, steam aspirator,
steam jet aspirator, steam jet ejector, ejector ||
≈sauger m, Dampfstrahlpumpe f (Vak) /
eductor, steam ejector, steam aspirator, steam
jet aspirator, steam jet ejector, ejector
Dampf•strömungsgeschwindigkeit f / flow rate of
steam || **≈technik** f / steam engineering, steam
technology || **≈trockner** m / steam drier ||
≈turbine f / steam turbine || **≈überhitzer** m /
steam superheater
Dämpfung f / absorption (of shocks, impacts) ||
≈, Schlucken n (Akust) / absorption || **≈** (in
Messgeräten die Verringerung von
Schwingungen beim Einstellen auf den
Messwert) (Mess) / damping || **≈** (Vorrichtung
in Messgeräten zur Verringerung von
Schwingungen beim Einstellen auf den
Messwert) (Mess) / damper || **≈** (in
Abhängigkeit von der in einem
absorbierenden oder sonstwie dämpfenden
Medium zurückgelegten Wegstrecke),
räumliche Dämpfung (Eltro, Phys, Tele) /
attenuation (decrease in intensity or power of
a signal, sound, lightwave, radiation, etc. as it
passes through a medium) || **≈**,
Dämpfungsmaß n (Logarithmus des
Verhältnisses der Eingangsleistung eines
Übertragungssystems zur Ausgangsleistung)
(Elek, Tele) / attenuation (attenuation (dB) =
$10 \times Log_{10}(P \text{ in}/P \text{ out}) = 20 \times Log_{10}(V \text{ in}/V \text{ out}))$
|| **≈** (einer Schwingung, Welle o. anderen
periodisch veränderlichen physikalischen
Größe in Abhängigkeit von der Zeit), zeitliche
Dämpfung (Phys, Techn) / damping (decrease
in the amplitude of an oscillation or wave
motion with time)
Dämpfungs•faktor m (in Übertragungssystemen
das Verhältnis von Eingangs- zu
Ausgangsgröße, z.B. in Audioanlagen das
Verhältnis von Lautsprecherimpedanz zu
Ausgangsimpedanz des Verstärkers) (Elek,
Tele) / damping factor || **≈fläche** f (Höhen-,
Seitenflosse), Dämpfungsflosse f (Luft) /
stabilizer || **≈flosse** f, Dämpfungsfläche f
(Höhen-, Seitenflosse) (Luft) / stabilizer ||
≈funktion f, Dämpfungsfaktor m (in
Übertragungssystemen das Verhältnis von
Eingangs- zu Ausgangsgröße, z.B. in
Audioanlagen das Verhältnis von
Lautsprecherimpedanz zu Ausgangsimpedanz
des Verstärkers) (Elek, Tele) / damping factor ||
≈glied n (Elek, Eltro, Tele) / attenuator
(network or transducer designed to produce
distortionless attenuation of an electrical
signal) || **einstellbares ≈glied** (Eltro, Tele) /
variable attenuator, adjustable attenuator ||
veränderbares ≈glied (Eltro, Tele) / variable
attenuator, adjustable attenuator || **≈grad** m
(Schwingungen) (Mech) / damping ratio ||
≈koeffizient m (Schwingungen) (Mech) /
damping coefficient || **≈koeffizient** (Elek,
Eltro, Phys, Tele) / attenuation coefficient (real
part of the propagation coefficient),
attenuation constant (deprecated) ||
≈konstante f, Abklingkonstante f
(Koeffizient, der das zeitabhängige Abklingen

der gedämpften freien Schwingung bestimmt -
Kehrwert der Abklingzeit, ausgedrückt in
reziproken Sekunden 1/s) (Phys) / damping
factor (in expressing the rate of decay of
oscillations in a damped oscillatory system:
natural logarithm of the ratio of two successive
amplitude maxima divided by the time interval
between them), damping coefficient, damping
constant, decay factor, decay constant, decay
coefficient || **≈konstante** (der
Proportionalitätsfaktor β in der Gleichung F_D
$= -\beta v$, in der die Dämpfung als eine Kraft F_D
beschrieben wird, die der Geschwindigkeit v
proportional und entgegengerichtet ist -
SI-Einheit N·s/m) (Phys) / damping coefficient,
damping factor || **≈konstante** (bei räumlicher
Dämpfung) (Phys) / attenuation coefficient,
extinction coefficient || **≈konstante**,
Dämpfungsmaß n (Realteil des
Übertragungsmaßes) (Elek, Phys, Tele) /
attenuation constant (real part of the
propagation coefficient), attenuation
coefficient || **≈maß** n (Logarithmus des
Verhältnisses der Eingangsleistung eines
Übertragungssystems zur Ausgangsleistung)
(Elek, Tele) / attenuation (Attenuation (dB) =
$10 \times Log_{10}(P \text{ in}/P \text{ out}) = 20 \times Log_{10}(V \text{ in}/V \text{ out}))$
|| **≈maß** (Realteil des Übertragungsmaßes)
(Elek, Phys, Tele) / attenuation constant (real
part of the propagation coefficient),
attenuation coefficient || **≈verhältnis** n
(Verhältnis zweier im Abstand einer
Schwingungsdauer aufeinander folgender
Amplitudenmaxima einer gedämpften
Schwingung), Amplitudenverhältnis n (Phys) /
damping factor (ratio of the amplitude of any
one of a series of damped oscillations to that of
the following one), decrement, numerical
decrement || **≈verluste** m pl (bei räumlicher
Dämpfung) (Phys, Techn) / attenuation losses ||
≈verluste (bei zeitlicher Dämpfung) (Phys,
Techn) / damping losses || **≈verzerrung** f (Eltro,
Tele) / attenuation distortion || **≈widerstand** m
(Elek) / damping resistance || **≈widerstand**
(Bauteil) (Elek) / damping resistor
Dampfvorkommen n (Geol) / steam reservoir,
steam resource
Daniell-Element n (Chem, Elek) / Daniell cell
Daniellscher Hahn / Daniell tap
Danner-Verfahren n (Glas) / Danner process
Darlegung f, Darstellung f / statement
Darlington•-Paar n (Eltro) / Darlington pair,
Darlington transistor pair, Darlington pair
amplifier || **≈-Schaltung** f (Eltro) / Darlington
circuit, Darlington amplifier || **≈-Schaltung**,
Darlington-Paar n (Eltro) / Darlington pair,
Darlington transistor pair, Darlington pair
amplifier || **≈-Transistor** m (beide
Bipolartransistoren einer
Darlington-Schaltung in einem gemeinsamen
Chip integriert) (Eltro) / Darlington,
Darlington transistor || **≈-Verstärker** m,
Darlington-Schaltung f (Eltro) / Darlington
circuit, Darlington amplifier
Darlistor m, Darlington-Transistor m (beide
Bipolartransistoren einer
Darlington-Schaltung in einem gemeinsamen
Chip integriert) (Eltro) / Darlington,
Darlington transistor
Darrieus-Rotor m (in Windkraftanlagen) (Elek) /
Darrieus rotor

darstellbar (auf einem Display) (DV, Eltro) / displayable

darstellen, zeigen / show, present ‖ ~ (durch ein Zeichen o. Symbol) / represent (e.g. on this map big cities are represented by red dots; to represent units by letters) ‖ ~, beschreiben / describe ‖ ~, abbilden, wiedergeben / represent, depict ‖ ~, anzeigen *vt* (auf Bildschirm, Display) (DV, Eltro) / display (e.g. data, colours) ‖ ~, bilden *vt* (z.B. Grundlage, Problem, Höhepunkt, Gefahr) / constitute ‖ ~, repräsentieren / represent ‖ ~, eintragen (z.B. Messwerte in ein Diagramm) / plot ‖ ~ (einen Stoff, eine Verbindung), herstellen, gewinnen (Chem) / produce, obtain, prepare ‖ ~, isolieren (Chem) / isolate ‖ ~, ausmachen, bedeuten (z.B. these expenses constitute 24 % of the total costs), represent

darstellende Geometrie (Math) / descriptive geometry

Darstellung *f*, Präsentation *f* (von Informationen) / presentation *f* ‖ ~, Beschreibung *f* / description ‖ ~ (Gruppentheorie) (Math) / representation ‖ ~ (grafische), Diagramm *n* / diagram, graphical representation ‖ ~, Darlegung *f*, Feststellung *f*, Erklärung *f* / statement ‖ ~ (z.B. alphanumerische, grafische, analoge) (DV) / representation ‖ ~, Abbildung *f*, Wiedergabe / representation, reproduction ‖ ~ (von Informationen auf einem Bildschirm o. Display) (DV, Eltro) / display (visual representation of the output of an electronic device, as on the screen of a CRT) ‖ ~, Notation *f*, Schreibweise *f* (DV, Math) / notation ‖ ~, Isolierung *f*, Reindarstellung *f* (Chem) / isolation ‖ ~, Zubereitung *f* (Chem) / preparation ‖ ~ **in aufgelösten Einzelteilen**, Explosionszeichnung *f* (Doku) / exploded view, exploded diagram

Darstellungs•schicht *f*, Schicht 6 *f* (im OSI-Schichtenmodell) (DV, Tele) / layer 6, presentation layer ‖ ~**theorie** *f* (Math) / representation theory

darüber liegen, überlagern *vt* / be superimposed on, overlie, be superposed on

D-Ascorbinsäure *f* (Chem) / D-ascorbic acid

DAT (digitales Tonaufzeichnungsverfahren; DAT-Kassetten werden auch zur Datenspeicherung verwendet) (Audio, DV) / DAT, Digital Audio Tape

Data-Mining *n* (DV) / data mining

Datawarehouse *n* (DV) / data warehouse

Datei *f* (DV) / file ‖ ~**aktualisierung** *f* (DV) / file updating ‖ ~**bearbeitung** *f* (DV) / file handling ‖ ~**bezeichnung** *f*, Dateiname *m* (DV) / file name ‖ ~**erstellung** *f* (DV) / file creation ‖ ~**format** *n* (DV) / file format ‖ ~**name** *m* (DV) / file name ‖ ~**-Server** *m*, File-Server *m* (DV) / file server ‖ ~**sicherung** *m* (als Sicherungskopie) (DV) / file backup ‖ ~**transfer** *m* (DV) / file transfer ‖ ~**übertragung** *f* (DV) / file transfer ‖ ~**verarbeitung** *f* (DV) / file processing ‖ ~**verzeichnis** *n* (DV) / directory, file directory ‖ ~**verzeichnis**, Ordner *m* (in den Windows-Betriebssystemen sowie auf Apple-Rechnern werden Verzeichnisse als Ordner bezeichnet) (DV) / folder (Windows, Mac)

Daten *pl* (DV) / data *sg* ‖ ~**abgleich** *m* (DV) / match (of data sequences against each other), matching ‖ ~**analyse** *f* (DV, Stat) / data analysis ‖ ~**anbieter** *m* (DV) / host ‖ ~**archivierung** *f* (DV) / archiving, data archiving ‖ ~**aufbau** *m*, Datenstruktur *f* (DV) / data structure ‖ ~**aufbereitung** *f* (vor der Datenerfassung) (DV) / data preparation ‖ ~**aufkommen** *n* (DV) / volume of data (to be processed), data traffic ‖ ~**aufnahme** (DV) / data collection, data capture ‖ ~**aufzeichnung** *f*, Datenregistrierung *f* (DV) / data recording ‖ ~**ausgabe** (DV) / data output ‖ ~**austausch** *m* / data exchange, DX, data interchange ‖ ~**auswertung** *f* / data evaluation ‖ ~**autobahn** *f* (DV, Tele) / information superhighway, data highway, Information Highway, Infobahn

Datenbank *f* (pl: -banken), Datenbasis *f* (im Unterschied zum Datenbankprogramm) (DV) / database ‖ ~, Datenbankprogramm *n*, Datenbank-Managementsystem *n* (DV) / database management program, database management system, DBMS ‖ ~**administrator** *f* (DV) / database administrator, DBA, database manager ‖ ~**-Managementsystem** *n*, Datenbankprogramm *n* (DV) / database management program, database management system, DBMS ‖ ~**manager** *m*, Datenbankadministrator *f* (DV) / database administrator, DBA, database manager ‖ ~**modell** *n* (DV) / data model ‖ ~**organisation** *f* (DV) / database organization ‖ ~**programm** *n*, Datenbank-Managementsystem *n* (DV) / database management program, database management system, DBMS ‖ ~**server** *m* (DV) / database server, database engine ‖ ~**sprache** *f* (DV) / data base language ‖ ~**system** *n* (Datenbank + Datenbankmanagementsystem) (DV) / database system, DBS ‖ ~**system**, Datenbankprogramm *n*, Datenbank-Managementsystem *n* (DV) / database management program, database management system, DBMS ‖ ~**verwalter** *m*, Datenbankadministrator *f* (DV) / database administrator, DBA, database manager ‖ ~**verwaltung** *f* (DV) / database management, DBM, database administration ‖ ~**verwaltungssystem** *n*, Datenbankprogramm *n*, Datenbank-Managementsystem *n* (DV) / database management program, database management system, DBMS

Daten•basis *f* (im Unterschied zum Datenbankprogramm), Datenbank *f* (pl: -banken) (DV) / database ‖ ~**bereitstellungsebene**, Schicht 6 *f* (im OSI-Schichtenmodell), Darstellungsschicht *f* (DV, Tele) / layer 6, presentation layer ‖ ~**bestand** *m* (DV) / data stock, database ‖ ~**blatt** *n* (DV, Eltro) / data sheet, specification sheet, spec sheet ‖ ~**block** *m* (DV) / block *n* (of data), data block ‖ ~**bogen** *m*, Datenblatt *n* (DV, Eltro) / data sheet, specification sheet, spec sheet ‖ ~**bus** *m* (DV) / data bus ‖ ~**darstellungsschicht**, Schicht 6 *f* (im OSI-Schichtenmodell), Darstellungsschicht *f* (DV, Tele) / layer 6, presentation layer ‖ ~**eingabe** *f* (DV) / input, data input ‖ ~**eingabegerät** *n* (DV) / data input device ‖ ~**einheit** *f* (DV) / data unit ‖ ~**endeinrichtung** *f* (DV, Tele) / data terminal equipment, DTE ‖ ~**endgerät** *n*, Terminal *n* (DV, Tele) / terminal, data terminal ‖ ~**endstation** *f*, Datenendgerät *n*, Terminal *n* (DV, Tele) / terminal, data terminal || **≈erfassung** *f* (DV) / data collection, data capture || **≈feld** *n* (DV) / data field, field || **≈fernübertragung** *f* (DV, Tele) / remote data transmission, long-distance data transmission, remote communications || **≈fernverarbeitung** *f* (DV) / remote data processing || **≈flussdiagramm** *n* (DV) / data flow chart o. diagram || **≈flussplan** *m* (DV) / data flow chart o. diagram || **≈format** *n* (DV) / data format || **≈funk** *m* (DV, Tele) / radio data transmission || **≈gewinnung** (DV) / data collection, data capture || **≈handschuh** *m* (DV) / data glove || **≈helm** *m* (DV) / head-mounted display, HMD || **≈-Highway** *m*, Datenautobahn *f* (DV, Tele) / information superhighway, data highway, Information Highway, Infobahn || **≈kompatibilität** *f* (DV) / data compatibility || **≈kompression** *f* (DV) / data compaction, data compression || **≈kompressionsrate** *f* (DV) / data compression rate || **≈komprimierung** *f* (DV) / data compaction, data compression || **≈management** *n* (DV) / data management || **≈marke** *f* (DV) / data mark || **≈menge** *f*, Datenvolumen *n* (DV) / amount of data, volume of data, data volume || **≈modell** *n* (DV) / data model || **≈netz** *n* (DV, Tele) / data network || **≈netzwerk** *n* (DV, Tele) / data network || **≈organisation** *f* (DV) / data organization || **≈paket** *n* (DV, Tele) / data packet, packet (of data), package (of data for transmission) || **≈paketverkehr** *m* (DV, Tele) / packet switching, P/S || **≈paketvermittlung** *f* (DV, Tele) / packet switching, P/S || **≈projektor** *m* (der die Bildschirmausgabe eines Computers auf z.B. eine Leinwand projiziert), Beamer *m* (DV) / projector, data projector, LCD projector || **≈pufferung** *f* (DV) / data buffering || **≈registrierung** *f*, Datenaufzeichnung *f* (DV) / data recording || **≈retrieval** *n*, Suche und Abruf gespeicherter Informationen, Information Retrieval *n*, Informationswiedergewinnung *f* (DV) / information retrieval, data retrieval || **≈satz** *m* (DV) / record, data record || **≈schnittstelle** *f* (DV) / data interface

Datenschutz *m* (gegen Missbrauch) (DV) / data protection, data privacy, protection of data privacy, protection of privacy in relation to personal data, protection against the misuse of personal data in data processing || **Bundesbeauftragte für den ≈** (DV) / Federal Commissioner for Data Protection || **≈beauftragter** *m* (amtlich) (DV) / data protection commissioner || **≈beauftragter** (Firmen, private Institutionen) (DV) / data protection officer || **Europäischer ≈beauftragter** (DV) / European Data Protection Supervisor

Daten•sicherheit *f* (DV) / data security || **≈sicherung** *f* (Erstellung einer Sicherungskopie), Backup *n* (DV) / backup, backup operation, data backup, backup procedure || **≈sicherung** (gegen unbefugten Zugriff, Missbrauch) (DV) / data security || **≈sicherungsschicht** *f*, Schicht *f* 2 (im OSI-Schichtenmodell), Sicherungsschicht *f* (DV, Tele) / data link layer, layer 2 || **≈sichtgerät** *n*, Monitor *m*, Bildschirm *m* (das ganze Gerät) (DV) / monitor, computer monitor, video display unit, VDU, visual display terminal, VDT || **≈signal** *n* / data signal

|| **≈speicher** *m* (DV) / data memory, data store || **≈speicher** (externer, nicht flüchtiger Massenspeicher, z.B. Diskette, CD, USB-Stick) (DV) / data storage device || **≈speicherung** *f* (DV) / data storage || **≈strom** *m* (DV) / stream (of data), data stream || **≈struktur** *f* (DV) / data structure || **≈technik** *f* / data systems engineering, data systems technology, informationi technology || **≈träger** *m* (DV) / data carrier, data medium, storage medium, recording medium, medium || **≈trägername** *m* (DV) / volume label, label, VOL || **≈transfer** *m* (innerhalb eines Rechners oder eines Netzwerkes) (DV) / transfer (of data), data transfer || **≈transferrate** *f*, Durchsatz *m* (DV) / throughput (of a computer system o. modem), transfer rate || **≈typ** *m* (DV) / data type (in a DBMS, spreadsheet program) || **≈übermittlung** *f* (DV, Tele) / data transfer || **≈übermittlungsabschnitt** *m* (Tele) / communication link, data link

Datenübertragung *f* (allg, Tele) / data transmission || **≈** (Tele) / data communication (transfer of data within a network, including all the functions associated with it, such as encoding, transmission, error control, routing, etc.) || **≈**, Datentransfer *m* (innerhalb eines Rechners oder eines Netzwerkes) (DV) / transfer (of data), data transfer || **≈ mittels Funk** (DV, Tele) / wireless data transmission

Datenübertragungs•geschwindigkeit *f* (Tele) / transmission rate, transmission speed || **≈protokoll** *n*, Kommunikationsprotokoll *n* (Gesamtheit der Regeln, die Übergabebedingungen und Übergabeformate zwischen gleichartigen funktionalen Schichten im Datenkommunikationssystem beschreiben) (DV, Tele) / protocol, communication protocol || **≈rate** *f* (Tele) / data transmission rate || **≈rate**, Durchsatz *m* (DV) / throughput (of a computer system o. modem), transfer rate

Datenverarbeitung *f* (DV) / data processing

Datenverarbeitungs•anlage *f* (DV) / data processing equipment, DP equipment || **≈rate** *f*, Durchsatz *m* (DV) / throughput (of a computer system o. modem), transfer rate || **≈system** *n* (DV) / data processing system, DP system

Daten•verdichtung *f* (DV) / data reduction (transformation of raw data into a more useful form) || **≈verkehr** *m* (DV, Tele) / data traffic || **≈verschlüsselung** *f* (DV) / data encryption || **≈verwaltung** *f* (DV) / data management || **≈volumen** *n*, Datenmenge *f* (DV) / data volume || **≈wort** *n* (DV) / data item, data word || **≈zugriff** *m* (DV) / data access

Datierung *f*, Altersbestimmung *f* / age determination, dating

dative Bindung (Chem) / coordinate bond, dative covalent bond, dative bond, coordinate valence

DAU, Digital-Analog-Umsetzer *m* (DV, Eltro) / digital-to-analog converter, digital-analog[ue] converter, D-A converter, dac, DAC

Dauer *f*, Zeitdauer *f* / duration || **≈ der Rückflanke**, Abfallzeit *f* (Zeit, in der ein Impuls von 90 % auf 10 % seiner Amplitude abfällt) (Elek, Eltro) / decay time, pulse decay time, fall time, pulse fall time || **≈ der**

Vorderflanke, Anstiegszeit f (von Impulsen) (Elek, Eltro) / rise time

Dauer • ..., langfristig / long-term ‖ ≃ **...**, kontinuierlich, ununterbrochen / continuous, non-intermittent ‖ ≃ **...**, dauerhaft / permanent ‖ ≃ **beanspruchung** f (Wechsellast) (Mater) / continuous stress ‖ ≃ **befehl** m (DV) / persistent command ‖ ≃ **betrieb** m (z.B. eines Ofens) / continuous operation ‖ ≃ **betrieb** (Betriebsart S1) (Elek) / continuous running duty (duty type 1) ‖ ≃ **brandofen** m / slow combustion stove ‖ ≃ **bruch** m (Mater) / fatigue fracture, fatigue failure ‖ ≃ **fehler**, Eigenfehler m, anhaftender Fehler, Anfangsfehler m (DV) / inherent error, inherited error

Dauerfestigkeit f (eines Materials allgemein mit beliebigem Mittelwert; vgl. folgende Einträge) (Mater) / fatigue properties pl ‖ ≃, Dauerschwingfestigkeit (Mater) / endurance limit (maximum stress that a material can endure for an infinite number of stress cycles without breaking), fatigue limit ‖ ≃, Dauerschwingfestigkeit f (Mater) / endurance strength, fatigue strength (for a material that does not have an endurance limit, the maximum stress it can endure for a given number of stress cycles without breaking) ‖ ≃ **im Druckschwellbereich/Zugschwellbereich**, Schwellfestigkeit f (Unterspannung ist Null) (Mater) / fatigue limit under stresses that fluctuate between different values of compression/ tension (mean stress is not zero) ‖ ≃ **im Wechselbereich** (Mittelspannung ist Null), Wechselfestigkeit m (Mater) / fatigue limit under completely reversed alternating stresses (applied stresses alternate between equal positive and negative values, mean stress of the cycle is equal to zero)

Dauer • festigkeitsbereich m (beiderseits der Nulllinie beim Dauerschwingversuch) (Mech) / limiting range of stress, endurance range ‖ ≃ **form** f (aus Stahl oder Gusseisen, Stahllegierungen), Kokille f (Gieß) / die (GB), permanent mold (US), die-set (GB), permanent mould (made of steel or cast iron)(GB) ‖ ≃ **form** (beim Druckgießen), Druckgießform f (Gieß) / die, die-set (in die casting) ‖ ≃ **form** (zur Herstellung der Einzelmodelle beim Modellausschmelzverfahren) (Gieß) / master die ‖ ≃ **formguss** m (Gieß) / permanent-mould casting ‖ ≃ **gleichstrom** m (Eltro) / continuous on-state current

dauerhaft, Dauer... / permanent ‖ ~ / lasting, long-lasting, durable

Dauerhaftigkeit f, Haltbarkeit f, Beständigkeit f / durability, stability

Dauer • kurzschluss m / sustained short circuit ‖ ≃ **kurzschlussstrom** m (Elek) / continuous short-circuit current ‖ ≃ **licht** n (Foto) / continuous illumination, continuous light ‖ ≃ **magnet** m (Elek) / permanent magnet, p-m, PM ‖ ≃ **magneterregung** f (Elek) / permanent-magnet excitation ‖ ≃ **magnet-Werkstoff** m / hard magnetic material

dauern / last ‖ ~, brauchen (einen bestimmten Zeitraum) / take (e.g. 20 minutes to finish the job)

dauernd, andauernd / continuing, continuous, persistent, steady ‖ ~, ständig, dauerhaft / permanent (e.g. residence, Security Council member, connection to the Internet) ‖ ~, kontinuierlich, ununterbrochen / continuous, non-intermittent

Dauer • schallpegel m (Akust) / continuous sound level ‖ ≃ **schmierung** f / for-life lubrication ‖ ≃ **schwingfestigkeit** (Mater) / endurance limit (maximum stress that a material can endure for an infinite number of stress cycles without breaking), fatigue limit ‖ ≃ **schwingfestigkeit** f (Mater) / endurance strength, fatigue strength (for a material that does not have an endurance limit, the maximum stress it can endure for a given number of stress cycles without breaking) ‖ ≃ **schwingversuch** m (zur Ermittlung der Dauerfestigkeitswerte für dynamische Belastung) (Mater) / fatigue test ‖ ≃ **standfestigkeit** f (Mater) / fatigue strength for infinite time, time yield

Dauerstrich • betrieb m, CW-Betrieb m (Eltro) / continuous wave mode, CW mode ‖ ≃ **laser** m, CW-Laser m / continuous wave laser, CW laser ‖ ≃ **leistung** f (Laser) / continuous wave power, CW power ‖ ≃ **radar** m n, CW-Radar m n / continuous wave radar, CW radar

Dauer • versuch m, Langzeitversuch m / long-time test, extended time test ‖ ≃ **versuch**, Ermüdungsversuch m (Mater) / fatigue test ‖ ≃ **wanne** f (Glas) / continuous tank furnace ‖ ≃ **wechselfestigkeit** f, Dauerfestigkeit f im Wechselbereich (Mittelspannung ist Null) (Mater) / fatigue limit under completely reversed alternating stresses (applied stresses alternate between equal positive and negative values, mean stress of the cycle is equal to zero)

Daumen m, Zapfen m / cog, lift, tappet ‖ ≃, Nase f (an einem bewegten Teil zur gleichmäßigen Bewegung o. Auslösung eines sich darin einhakenden o. davon ergriffenen anderen Teils), Mitnehmer m / catch, dog ‖ ≃ **regel** f (Elek) / right-hand rule, hand rule

D/A • Umsetzer m, Digital-Analog-Umsetzer m (DV, Eltro) / digital-to-analog converter, digital-analog[ue] converter, D-A converter, dac, DAC ‖ ≃ **Umsetzung** f, Digital-Analog-Wandlung f (DV) / digital-analog[ue] conversion, digital-to-analog conversion, D-A conversion, DAC, dac

Davisson-Germer-Versuch m (Nukl) / Davisson-Germer experiment

D/A • Wandler m, Digital-Analog-Umsetzer m (DV, Eltro) / digital-to-analog converter, digital-analog[ue] converter, D-A converter, dac, DAC ‖ ≃ **Wandlung** f, Digital-Analog-Wandlung f (DV) / digital-analog[ue] conversion, digital-to-analog conversion, D-A conversion, DAC, dac

dazwischen • liegend, Zwischen... / intermediate adj ‖ ~ **schalten**, einschalten, in den Stromkreis schalten, zuschalten (Elek) / cut in, insert, join up in circuit

dB, Dezibel n (Akust, Eltro, Tele) / decibel, dB

Db, Dubnium m (Chem) / dubnium, Db

DB, Datenbank f (pl: -bank), Datenbasis f (im Unterschied zum Datenbankprogramm) (DV) / database

DBA, Datenbankadministrator f (DV) / database administrator, DBA, database manager

DBMS n, Datenbankprogramm n, Datenbank-Managementsystem n (DV) / database management program, database management system, DBMS

d-Box f, Decoder m (für Pay-TV-Empfang), Set-Top-Box f (TV) / decoder, set-top box, converter

DBS, Datenbanksystem n (Datenbank + Datenbankmanagementsystem) (DV) / database system, DBS

DC, Gleichstrom m (Elek) / direct current, D.C., d.c., d-c, DC current ‖ ≈, Dünnschichtchromatographie f (Chem) / thin-layer chromatography

DC-DC-Wandler m, Gleichstromumrichter m (dienen zur Umformung von Gleichstrom mit bestimmter Spannung in Gleichstrom mit anderer Spannung) (Elek, Eltro) / d.c.-to-d.c. converter, d.c. transformer (Elek, Eltro) ‖ ≈ / dc chopper, direct DC converter (IEC), dc-to-dc voltage converter (without inductive or capacitive intermediate energy storage), DC to DC converter

DDT® n (Insektizid) (Chem, Landw) / DDT (dichlorodiphenyl trichloroethane)

DEA, Diethanolamin n (Chem) / diethanolamine, 2,2-dihydroxidiethylamine

Deacon-Verfahren n (zur Chlordarstellung) (Chem) / Deacon process

Deadlock, gegenseitige Blockierung (DV) / deadlock

Dead-Stop•-Titration f (Chem) / dead-stop method, dead-stop titration ‖ ≈-**Verfahren** n (Chem) / dead-stop method, dead-stop titration

deaktivieren, inaktivieren (allg, Chem) / inactivate ‖ ~, abschalten (DV) / deactivate ‖ ~ (z.B. Befehl o. Schaltfläche) (DV) / disable (e.g. a command or button)

De-Broglie•-Atommodell n (Nukl) / De-Broglie model ‖ ≈-**Wellen** f pl, Materiewellen f pl (Phys) / De Broglie waves pl

debuggen, Fehler suchen und beseitigen (in einem Programm) (DV) / debug (a program) ‖ ≈ n, Debugging n, Fehlerbeseitigung f (DV) / debugging (of hardware, software)

Debugger m, Fehlersuchprogramm n (DV) / debugger, debugging routine

Debugging n, Fehlerbeseitigung f (DV) / debugging (of hardware, sowftware)

Debugprogramm n, Debugger m, Fehlersuchprogramm n (DV) / debugger, debugging routine

Debye•-Frequenz f (Krist) / Debye frequency ‖ ≈-**Funktion** f (Math) / Debye function ‖ ≈-**Hückel-Potential** n (Phys) / Debye potential ‖ ≈-**Hückel-Theorie** f (Chem, Phys) / Debye-Hückel theory ‖ ≈-**Länge** f (Chem, Phys) / Debye length, Debye screening length, radius of the ionic atmosphere ‖ ≈-**Modell** n (Phys) / Debye model ‖ ≈-**Radius** m (Chem, Phys) / Debye length, Debye screening length, radius of the ionic atmosphere

Debyesch•es T³-Gesetz f (Phys) / Debye T³ law ‖ ≈**er Wärmefaktor** (Krist) / Debye-Waller factor

Debye•-Scherrer-Verfahren n (Krist, Radiol) / Debye and Scherrer method, powder method ‖ ≈-**Sears-Effekt** m (Phys) / Debye-Sears-effect ‖ ≈-**Temperatur** f (Phys) / characteristic temperature ‖ ≈-**Theorie** f (Krist) / Debye theory ‖ ≈-**Waller-Faktor** m (Krist) / Debye-Waller factor ‖ ≈-**Wellenzahl** f (Krist) / Debye wave number

Decalin® n, Dekahydronaphthalin n, Dekalin n (Chem) / decahydronaphthalene, dec, Decalin®

Decansäure f (Chem) / capric acid

Decarboxylase f (Biochem) / decarboxylase

Decarboxylierung f (Chem) / decarboxylation

Decca•-Kette f (Nav) / Decca chain ‖ ≈-**Navigationssystem** n / decca navigation system

dechiffrieren, entschlüsseln (DV) / decode, decipher, decrypt

Dechiffrierung f, Decodierung f, Entschlüsselung f (verschlüsselter Nachrichten) (DV) / decryption

2D-Echtzeitmodus m (MT) / real-time ultrasonography

Deckanstrich m (Anstr) / top coat, finishing coat (of paint), final coat

Decke f, Abdeckung f, Bedeckung f / cover ‖ ≈ (oberste Schicht des Oberbaus einer Straße), Deckschicht f, Fahrbahndecke f, Straßendecke f, Verschleißdecke f (Straß) / carpet, wearing course, road surface, surface layer, surfacing, road carpet, surface course, top course, roadbed, topping, roadway ‖ ≈, Zimmerdecke f, Geschossdecke f (Bau) / ceiling

Deckel m (abnehmbar o. klappbar) / lid ‖ ≈, Abdeckung f (z.B. von Öffnung) / cover ‖ ≈, Lagerdeckel m / bearing cap, bearing cover, bearing top ‖ ≈, Ofendeckel m (des Lichtbogenofens) (Hütt) / roof (of electric arc furnace)

decken (Nachfrage, Bedarf), erfüllen, entsprechen (Anforderungen), befriedigen / meet vt (e.g. requirements o. demands)

Decken•anbauleuchte f (Licht) / surface-mounted ceiling luminaire ‖ ≈-**balken** m (Zimm) / floor joist (supports the floor deck directly), ceiling joist, joist n ‖ ≈-**einbauleuchte** f (Licht) / recessed ceiling luminaire ‖ ≈-**fertiger** m (Straß) / paver-finisher, paver, spreader finisher, road finishing machine o. finisher, finisher ‖ ≈-**heizung** f / radiant ceiling heating ‖ ≈-**lampe** f, Deckenleuchte f (allgemein: in oder an der Decke montiert oder auch von der Decke abgependelt) (Licht) / ceiling fixture (including flush mounts, semi-flush mounts, pendants and chandeliers), ceiling light, ceiling luminaire, ceiling lamp ‖ ≈-**lampe** f (an der Decke montiert, nicht abgependelt)) (Licht) / close to ceiling light, flush mount ‖ ≈-**leuchte** f (allgemein: in oder an der Decke montiert oder auch von der Decke abgependelt) (Licht) / ceiling fixture (including flush mounts, semi-flush mounts, pendants and chandeliers), ceiling light, ceiling luminaire, ceiling lamp ‖ ≈-**leuchte** f (an der Decke montiert, nicht abgependelt)) (Licht) / close to ceiling light, flush mount

Deck•grün n, Chromgrün n, Englischgrün n (Anstr, Färb) / chrome green ‖ ≈-**lage** f, oberste Lage / top layer ‖ ≈-**lasche** f / cover plate ‖ ≈-**leiste** f, Abdeckleiste f (Bau) / cover strip ‖ ≈-**operation** f (Math, Phys) / congruence operation

Deckschicht f, oberste Schicht, oberste Lage / top layer ‖ ≈, Schutzschicht f / protective coating, protective layer ‖ ≈, Decke f (oberste Schicht des Oberbaus einer Straße), Fahrbahndecke f, Straßendecke f, Verschleißdecke f (Straß) / carpet, wearing course, road surface, surface layer, surfacing, road carpet, surface course, top course, roadbed, topping, roadway

Deckskran *m* (Schiff) / deck crane, vessel crane

Deckung *f* **der Grundlast** (Ener) / baseload supply

Deckungs • beitragsrechnung *f* / direct costing ‖ **~gleich**, kongruent (Math) / congruent ‖ **~gleichheit** *f*, Kongruenz *f* / congruence

Decoder *m* (DV) / decoder ‖ **~** (für Pay-TV-Empfang), Set-Top-Box *f* (TV) / decoder, set-top box, converter

decodieren (DV) / decode *vt* ‖ **~** (eine gescrambelte Nachricht), entschlüsseln (DV, Tele) / unscramble (a message), descramble

Decodierer *n*, Decoder *m* (DV) / decoder

Decodierung *f* (DV, Tele) / decoding

Dectra-Navigations-System *n* / DECTRA, Decca tracking and ranging

DECT-Standard *m* (Digital European Cordless Telephone - Standard zur drahtlosen Kommunikation zwischen Mobilstationen und Basisstationen mit begrenzter Reichweite) (Tele) / DECT, Digital European Cordless Telephone

Dedekindring (Math) / Dedekind domain, Dedekind ring

Dedekindsch • er Ring (Math) / Dedekind domain, Dedekind ring ‖ **~er Schnitt** (Math) / Dedekind cut

deduzieren, ableiten, folgern (Logik) / deduce

DEE, Datenendeinrichtung *f* (DV, Tele) / data terminal equipment, DTE

Defaultwert *m*, Vorgabewert *m* (der verwendet wird, wenn kein anderer eingestellt wird), Standardwert *m* (voreingestellt) (DV) / default value

defekt, fehlerhaft, fehlerbehaftet / defective, faulty ‖ **~** (außer Betrieb), kaputt / out of order ‖ **~** (Betriebszustand) (DV, Tele) / unavailable (operating state)

Defekt *m*, Fehler *m* / fault, defect ‖ **~**, Versagen *n*, Ausfall *m* / failure, breakdown *n* ‖ **~**, Schaden *m* / damage ‖ **~** *m*, Riss *m* / flaw ‖ **~**, Fehlordnung *f*, Gitterdefekt *m*, Kristallbaufehler *m* (Krist) / crystal defect, crystal imperfection, lattice imperfection, lattice defect ‖ **~elektron** *n* (im Halbleiter) (Eltro) / electron hole, hole, electron gap, defect electron ‖ **~elektronenleitung** *f* (Phys) / hole conduction, p-type conduction ‖ **~leitung** *f*, Defektelektronenleitung *f* (Phys) / hole conduction, p-type conduction ‖ **~teil** *n*, Ausschussteil *n*, fehlerhaftes Teil (Fert, QM) / reject *n*

Defibrillator *m* (Gerät, mit dem ein Kreislaufstillstand, der in ungeordneten elektrischen Aktivitäten seinen Ursprung hat, durch Stromstöße durchbrochen wird) (MT) / defibrillator

definit (positiv, negativ) (Math) / definite

Definitheit *f* (Math) / definiteness

Definitions • bereich *m* (einer Abbildung o. Funktion) (Math) / domain ‖ **~menge** *f*, Definitionsbereich *m* (einer Abbildung o. Funktion) (Math) / domain ‖ **~menge**, Grundmenge *f* (einer Gleichung) (Math) / fundamental set

Defizienz *f* / deficiency

Deflagration *f* (eines Explosivstoffs) (Explos) / deflagration

Deflektor *m* (in einem Beschleuniger) (Nukl) / deflector

Deformation *f*, Verformung *f* (elastisch, plastisch) (Mater) / deformation (elastic, plastic) ‖ **~**, Verformung *f*, Formänderung *f* (als bezogene Größe, z.B. Dehnung als Quotient aus Verlängerung u. Ursprungslänge eines Probekörpers) (Mater) / strain (ratio between change in dimension/original dimension, e.g. tensile strain = elongation/original length)

Deformations • arbeit *f*, Formänderungsarbeit (Phys) / deformation work, work of deformation ‖ **~ellipsoid** *n* (Phys) / deformation ellipsoid ‖ **~energie** *f* (Phys) / deformation energy ‖ **~manometer** *n*, Federmanometer *n* (Mess, Phys) / spring manometer, spring pressure gauge ‖ **~tensor** *m* (Phys) / deformation tensor

degummieren, kochen *vt* (Seide zur Entfernung des Sericins) (Tex) / boil off *vt*, degum (silk)

De-Haas-van-Alphen-Effekt *m* (Phys) / de Haas-van Alphen effect

dehnbar, streckbar / tensile, extensible, expandable ‖ **~**, elastisch / elastic ‖ **~**, duktil (unter Krafteinwirkung verformbar, ohne zu brechen o. zu reißen) (Mater) / ductile

Dehnbarkeit *f* (Mater) / ductility (a material's ability to deform under tensile stress)

Dehndorn *m* (Wzm) / expanding mandrel, expanding arbor (US)

dehnen, auseinanderziehen, ausdehnen *vt* / stretch, extend

Dehn • fuge *f*, Dehnungsfuge *f* (Bau, Techn) / movement joint, expansion joint, control gap ‖ **~geschwindigkeit** *f* (beim Zugversuch) (Mater) / strain rate ‖ **~grenze** *f* (bei Werkstoffen ohne ausgeprägte Streckgrenze) (Mater) / proof stress (usually 0.1, 0.2 or 0.5 %) ‖ **0,2%-~grenze** (bei Werkstoffen ohne ausgeprägte Streckgrenze) (Mater) / 0.2% proof stress ‖ **~messstreifen** *m* (Mess) / foil strain gauge, foil gauge, strain gauge ‖ **~presspassung** *f* / expansion fit, expansion press fit ‖ **~schaft** *m* (Schraube) / waisted shank, reduced shank, antifatigue shank, reduced shaft

Dehnung *f*, Längung *f* / elongation ‖ **~** (Verformung unter Zugbeanspruchung) (Mater, Phys) / strain ‖ **~** (Verhältnis Verlängerung/Ursprungslänge) (Mater) / engineering strain, strain

Dehnungs • beanspruchung *f*, Zugbeanspruchung *f*, Beanspruchung *f* auf Zug (Mater) / tensile stress ‖ **~fuge** *f* (Bau, Techn) / movement joint, expansion joint, control gap ‖ **~koeffizient** *m* (Phys) / reciprocal value of modulus of elasticity ‖ **~messer** *m* (mechanischer) (Mess) / extensometer ‖ **~messer** (elektrischer) (Mess) / strain gauge, electrical resistance strain gauge ‖ **~messstreifen** *m*, Dehnmessstreifen *m* (Mess) / foil strain gauge, foil gauge, strain gauge ‖ **~messung** *f* (Mess) / strain measurement ‖ **~modul** *m*, Elastizitätsmodul *m* (Mater) / elastic modulus, modulus of elasticity, Young's modulus ‖ **~verlauf** *m* / progression of elongation ‖ **~verlauf**, -kurve *f* (in einem Diagramm) / elongation curve ‖ **~zahl** *f* (Phys) / reciprocal value of modulus of elasticity

Dehnzahl *f* (Phys) / reciprocal value of modulus of elasticity

Dehydratase *f* (Biochem) / dehydratase, dehydrase

Dehydratation f, Dehydratisierung f, Wasserabspaltung f (aus einer Verbindung) (Chem) / dehydration

Dehydrierung f, Dehydrierung f, Entzug m von Wasserstoff (Chem) / dehydrogenation

dehydratisieren, Wasser entziehen (Chem, ChT) / dehydrate

Dehydratisierung f, Wasserabspaltung f (aus einer Verbindung) (Chem) / dehydration

dehydrieren (Wasserstoff entziehen, abspalten) (Chem) / dehydrogenate, dehydrogenize ‖ ~, austrocknen vt vi (Physiol) / dehydrate

Dehydrierung f, Entzug m von Wasserstoff (Chem) / dehydrogenation ‖ ≃ (Med, Physiol) / dehydration (abnormal loss of water from the body, esp. from illness or physical exertion)

Dehydro•ascorbinsäure f (Chem) / dehydroascorbic acid, DHA ‖ ≃benzol n (Chem) / benzyne ‖ ≃chlorierung f (Chem) / dehydrochlorination ‖ ≃cyclisierung f (ChT) / dehydrocyclization ‖ ≃genase f (Biochem) / dehydrogenase ‖ ≃genierung f, Dehydrierung f, Entzug m von Wasserstoff (Chem) / dehydrogenation

Deich m (Wasserb) / dike n

De-inken n (Entfernen der Druckfarbe aus Altpapier) (Pap) / deinking

deinstallieren (DV) / uninstall, deinstall

Deka... (Präfix mit dem Wert 10¹) / deca...

dekadisch•e Ergänzung f (Math) / complementary number ‖ ~er Logarithmus, Zehnerlogarithmus m, Briggsscher Logarithmus, Logarithmus Basis 10 (Math) / common logarithm, Briggs' logarithm, decimal logarithm ‖ ~es [Zahlen]system, Dezimalsystem n (Math) / decimal system

Dekaeder n / decahedron

Dekagon n, Zehneck (Math) / decagon

Deka•gramm n (10 Gramm) / decagram[me] ‖ ≃hydronaphthalin m, Dekalin n (Chem) / decahydronaphthalene, dec, Decalin®

Dekalin n, Dekahydronaphthalin n (Chem) / decahydronaphthalene, dec, Decalin®

Deka•meter m n (Messgerät zur Ermittlung der Dielektrizitätskonstanten) (Mess) / dielectrometer ‖ ≃metrie f, Dielektrometrie f (Ermittlung der Dielektrizitätskonstanten) / dielectrometry, decametry, measuring of dielectric constant

Dekanter m, Dekantierzentrifuge f (ChT) / decanter centrifuge, decanter, decanting centrifuge

dekantieren (Chem, Nahr) / decant (e.g. wine) ‖ ≃ n (Chem, Nahr) / decantation

Dekantierzentrifuge f, Dekanter m (ChT) / decanter centrifuge, decanter, decanting centrifuge

dekapieren, abbeizen, beizen (Hütt) / pickle vt (to remove oxide or mill scale from the surface of a metal by immersion usually in an acidic or alkaline solution)

Deklaration f (DV) / declaration

Deklination f (Geoph, Verm) / variation, magnetic variation, magnetic declination, declination ‖ ≃, Missweisung f (eines Kompasses) (Nav) / deviation (of a magnetic compass), declination, dec

Dekoder m, Decoder m (DV) / decoder

dekodieren (DV) / decode

Dekohärenz f (in der Quantenphysik) (Phys) / quantum decoherence, decoherence

Dekompression f, Dekomprimieren n (DV) / decompression (of data)

dekomprimieren, entpacken (komprimierte Daten) (DV) / decompress (files, data), expand vt, unpack ‖ ≃ n (DV) / decompression (of data)

Dekontamination f (Nukl, Umw) / decontamination

dekontaminieren (Biol, Chem, Nukl) / decontaminate

Dekontaminierung f (Nukl, Umw) / decontamination

Dekonvolution f (Chem) / deconvolution

Dekor n, Muster n / pattern, decorative design

Dekrement n (DV, Math, Phys) / decrement

dekrementieren (Math, Phys) / decrement v

Dekupiersäge f (elektrische Ausführung der Laubsäge) (Wz) / scroll saw

Dekuplett n (Nukl) / decuplet

Delayed-Coking-Verfahren n (ChT) / delayed coking

Delay-Flipflop n (Eltro) / delay flip-flop, D flip-flop

Deletion f / deletion

delisches Problem (der Würfelverdopplung) (Math) / doubling the cube, Delian Problem

Dellinger-Effekt n, Mögel-Dellinger-Effekt m (Radio) / Dellinger fade-out, sudden ionospheric disturbance, SID

Delphinidin n (ein Blütenfarbstoff - 3,3',4',5,5',7-Hexahydroxy-flavyliumchlorid, $C_{15}H_{11}O_7Cl$) (Chem) / delphinidin

Delphinsäure f (Chem) / isovaleric acid

Delta•flügel m (Luft) / delta wing ‖ ≃funktion f (Math) / delta functional ‖ ≃-Funktional n (Math) / delta functional ‖ ≃modulation f (DV, Tele) / delta modulation, DM ‖ ≃operator m (Math) / Laplace operator, Laplacian ‖ ≃schaltung f, Dreieckschaltung f (Elek) / delta configuration, delta connection, mesh connection ‖ ≃segler m, Hängegleiter m (Sport) / hang glider ‖ ≃wellen f pl (im EEG, 4-7 Hz) (Med, MT) / delta waves

Deltoiddodekaeder n (Krist) / deltoid dodecahedron

Demand-Herzschrittmacher m (MT) / demand pacemaker

Demissin n (Chem) / demissin

Demodulation f (Radio, Tele) / demodulation

Demodulator m, HF-Gleichrichter m (Eltro, Tele) / demodulator

demodulieren (Eltro, Phys, Tele) / demodulate

Demökologie f, Populationsökologie f (Umw) / population ecology

Demonstrationsanlage f, Vorführanlage f / demonstration plant

Demontage f, Abbau m (z.B. einer Maschine), Zerlegung f / disassemble, dismantling, taking apart, dismounting ‖ ≃, Ausbau m / removal

demontierbar, abnehmbar, abtrennbar / removable, demountable, dismountable, detachable

demontieren, abmontieren, abbauen / remove, demount, take down, dismount, take off, detach ‖ ~, zerlegen (in seine Einzelteile), abbauen / dismantle, disassemble, take apart, take down ‖ ≃ n, Abbau m (z.B. einer Maschine), Zerlegung f / disassembly, dismantling, taking apart, dismounting ‖ ≃, Ausbau m / removal

De-Morgan-Gesetze, de-Morgansche Regeln (Math) / de Morgan's laws, de Morgan's rules

de-Morgansche Regeln, De-Morgan-Gesetze (Math) / de Morgan's laws, de Morgan's rules

Demultiplexer m (DV) / demultiplexer

denär (DV) / denary ‖ $\sim$**code** m, Dezimalcode m (DV) / decimal code

denaturieren (Biochem) / denature (proteins etc.) ‖ $\sim$, unspaltbar machen (Nukl) / denature (fissionable material)

Denaturierung f (Biochem, Nukl) / denaturation

Dendrit m, Tannenbaumkristall m (Mater) / dendrite

Dendrochronologie f / dendrochronology

Dendrologie f, Gehölzkunde f / dendrology

Densimeter n, Dichtemesser m (Mess, Phys) / densimeter, densitometer

Densität f, Schwärzung f (auf Negativen) (Foto) / density, transmission density

Densitometer n (Druck, Foto) / densitometer

Dephlegmator m (Destillation) (ChT) / dephlegmator

Depletion•**-Feldeffekttransistor** m, Verarmungs-Isolierschicht-Feldeffekttransist or m (Eltro) / depletion mode transistor, depletion mode FET, depletion-mode field-effect transistor ‖ $\sim$**-FET** m, Verarmungs-Isolierschicht-Feldeffekttransist or m (Eltro) / depletion mode transistor, depletion mode FET, depletion-mode field-effect transistor

Depolarisation f (Phys, Physiol) / depolarization

Depolarisator m (Chem, Elek) / depolarizer

Depolymerisation f (Chem) / depolymerization

Deponie f, geordnete Mülldeponie (Umw) / landfill n, sanitary landfill (US), authorized landfill ‖ $\sim$**gas** n (Ener, Umw) / landfill gas

Deposition f, Resublimation f (unmittelbares Übergehen eines Stoffes vom gasförmigen in den festen Aggregatzustand) (Chem, Phys) / deposition, desublimation ‖ $\sim$ (von Schadstoffen) (Umw) / deposition

Depression f (Astr, Bergb, Meteo, Phys) / depression

Depsid n (Chem) / depside

Derbyrot, Chromrot n / chrome red

Dériaz-Turbine f, halbaxiale Turbine / Dériaz-type turbine

Déri-Motor m, Einphasenrepulsionsmotor m (Elek) / Deri motor, single-phase repulsion motor

Derivat n (Chem) / derivative n

Derivator m, Differenziergerät n, Differentiator m (Math) / differentiator

Derivierte f (erste Ableitung einer Funktion) (Math) / derivative

Derjaguin-Landau-Verwey-Overbeek-Theorie f (Chem) / Derjaguin-Landau-Verwey-Overbeek theory, DLVO theory

Dermatansulfat n (Chem) / dermatan sulfate

Derrick[kran] m (Förd) / derrick n

Desaminierung f (Chem) / desamination

Desarguesscher Satz (Math) / Desargues's theorem

Design n, Formgestaltung f / design, styling

Designer Food (Nahr) / novel food

deskriptiv (z.B. Statistik), beschreibend / descriptive (e.g. statistics)

Desktop m, Desktop-Computer m (DV) / desktop computer ‖ $\sim$, Arbeitsoberfläche f (DV) / desktop (in a GUI) ‖ $\sim$**-Computer** m (DV) / desktop computer ‖ $\sim$**-PC** m, Desktop-Computer m (DV) / desktop computer

Deslandressche Bandenformel (Chem) / Deslandres equation

Desorption f (Chem, Phys) / desorption

Desorptionsenergie f (Chem, Phys) / desorption energy

Desoxidation f (Chem, Hütt) / deoxidation

Desoxidationsmittel n (Chem, Hütt) / deoxidizer, deoxidant

Desoxidieren n, Desoxidation f (Chem, Hütt) / deoxidation

Desoxycholsäure f (Chem) / deoxycholic acid

2-Desoxy-D-ribose f (Biochem) / deoxyribose

Desoxygenierung f (organischer Verbindungen), Sauerstoffentfernung m (Chem) / deoxidation, removal of oxygen, oxygen removal

Desoxyribo•**nuklease** f (Biochem) / deoxyribonuclease ‖ $\sim$**nukleinsäure** f (Biochem) / deoxyribonucleic acid, DNA ‖ $\sim$**nukleosid** n (Biochem, Genetik) / deoxyribonucleoside

Desoxyribose f (Biochem) / deoxyribose

Destillat n (Chem, ChT) / distillate

Destillation f (Chem, ChT) / distillation

Destillations•**bitumen** n (Bau, ChT) / straight-run asphalt (US), straight-run [asphaltic] bitumen ‖ $\sim$**gefäß** n, Destillierblase f (ChT) / boiler, reboiler, still pot, distillation boiler ‖ $\sim$**kolonne** f (ChT) / distillation column

Destillier•**apparat** m (ChT) / distillation apparatus, distiller, still ‖ $\sim$**blase** f, Destillationsgefäß n (ChT) / boiler, reboiler, still pot, distillation boiler

destillieren (ChT) / distil (GB), distill (US) ‖ $\sim n$, Destillation f (Chem, ChT) / distillation

Destillierofen m (Hütt) / distillation furnace

destilliertes Wasser / distilled water

Destillierung f, Destillation f (Chem, ChT) / distillation

Destraktion f (Stofftrennung mit überkritischen Gasen) (ChT) / distraction

Desublimation f, Resublimation f (unmittelbares Übergehen eines Stoffes vom gasförmigen in den festen Aggregatzustand) (Chem, Phys) / deposition, desublimation

Detachment n (Elektron-Abspaltung von negativem Ion) (Phys) / detachment

Details n pl, Angaben f pl / details pl

Detektor m (allg, Mess) / detector ‖ $\sim$, Aufnehmer m (der die Messgröße erfasst u. meist die primäre Messgrößenwandlung - z.B. nichtelektrische, physikalische (z.B. Temperatur, Abstand, Druck) in elektrische Größe - durchführt) (Mess) / sensor, transducer (e.g. pressure transducer), sensing element ‖ $\sim$, Strahlungsdetektor m (Mess, Phys) / radiation detector ‖ $\sim$ (Chromatographie) (Chem) / detector ‖ $\sim$, Demodulator m, HF-Gleichrichter m (Eltro, Tele) / demodulator ‖ $\sim$, Detektorempfänger m (Radio) / demodulator receiver, detector receiver ‖ $\sim$**empfänger** m (Radio) / demodulator receiver, detector receiver ‖ $\sim$**gerät** n, Detektorempfänger m (Radio) / demodulator receiver, detector receiver ‖ $\sim$**matrix** f (TV) / solid-state image sensor, solid-state pickup

Detergens n, synthetisches Waschhilfsmittel (Chem) / [synthetic] detergent

Determinante f (Math) / determinant

determinierter Automat (DV) / determinate automaton

deterministisch / deterministic (e.g. algorithm, optimization)

Detonation f (Chem, Explos) / detonation

Detonations•welle f, Druckwelle f (durch Detonation erzeugt) (Phys) / detonation wave, blast wave || ~welle (Explos) / detonation wave

deuterierte Verbindung (Chem) / deuterated compound

Deuterium n, ²H, schwerer Wasserstoff (Chem) / deuterium, heavy hydrogen, D || ~lampe f (Chem) / deuterium lamp || ~oxid n, schweres Wasser (D_2O) (Chem) / deuterium oxide, heavy water

Deuteron n (Deuteriumkern) (Phys) / deuteron (deuterium nucleus)

deutlich, klar / clear, obvious, plain || ~, eindeutig / clear, distinct || ~, scharf (Druck, Foto, Opt) / sharp (e.g. photo, image) || ~ (feststellbar, z.B. in Untersuchungen) / marked (e.g. increase in sales, improvement in quality)

deutsche Montierung (Fernrohr) (Opt) / German mount, German Equatorial Mount, GEM

Devarda-Legierung f (50 T.Cu, 45 T.Al, 5 T.Zn) / Devarda's metal o. alloy

Device Under Test, Prüfling m (dessen Funktionen in einem Test, Versuch geprüft werden), Messobjekt n (Elek, Eltro, QM) / device under test, DUT, unit under test, UUT

Dewar•-Benzol n (Chem) / Dewar benzene || ~-Gefäß n / Dewar vessel o. flask

Dextran n (Chem) / dextran

Dextrin n (Chem) / dextrin, starch gum

Dextrose f, Glucose f, Traubenzucker m (Chem, Nahr) / glucose, dextrose, grape sugar

dezentral, verteilt / decentralized, distributed || ~e Datenverarbeitung f / decentralized data processing || ~e Stromerzeugung (Elek) / decentralized power production, distributed power generation

Dezi..., d, Zehntel... / deci...

Dezibel n (Akust, Eltro, Tele) / decibel, dB

Dezigramm n / decigram

dezimal, Zehner..., Dezimal... / decimal adj || ~bruch m (Math) / decimal fraction, decimal || ~code m (DV) / decimal code || ~darstellung f (Math) / decimal representation

Dezimale f, Dezimalstelle f, Stelle f (hinter dem Komma einer Dezimalzahl) (Math) / decimal place

Dezimal•komma n (im Deutschen, z.B. 2,6 - sprich zwei Komma sechs), Dezimalpunkt m (im englischen Sprachraum) (Math) / point (eg 2.6 - read two point six), decimal point || ~stelle f, Stelle f (hinter dem Komma einer Dezimalzahl) (Math) / decimal place || ~system n (Math) / decimal system || ~zahl f (Math) / decimal n, decimal number || ~ziffer (DV, Math) / decimal digit

Dezimeterwelle f (10 cm bis 1 m), UHF-Welle f (Phys, Radio) / UHF wave, decimetric wave

Dezitex n, dtex (Tex) / dtex (yarn count, g/10000 m)

D-Flipflop n (Eltro) / D flip-flop || **taktzustandsgesteuertes** ~, Latch n (Eltro) / latch n

D-Fruktose f, Lävulose f (Chem) / D-fructose

DFT, diskrete Fourier-Transformation (Math) / discrete Fourier-transformation, DFT

DFÜ, Datenfernübertragung f (DV, Tele) / remote data transmission, long-distance data transmission, remote communications

D-Glucose f (Chem) / D-glucose

D-Glucuronsäure f (Chem) / glucuronic acid

DGPS n (Differential GPS), Differential-GPS (Nav, Verm) / DGPS, differential GPS

Dia n, Diapositiv n (Foto) / diapositive, transparency, positive transparency, photographic transparency || ~, Diapositiv n (gerahmt) (Foto) / slide || ~bildwerfer m, Diaprojektor m (Foto) / slide projector

Diac n (Eltro) / bidirectional diode thyristor, diac

Diaceton n (Chem) / diacetone alcohol || ~alkohol m (Chem) / diacetone alcohol

Diacetyl n (früher), Biacetyl n (Chem, Nahr) / diacetyl, butane 2,3-dione || ~dioxim n (Chem) / dimethylglyoxime || ~morphin n, Heroin n (Pharm) / heroin, diacetylmorphine, diamorphine

Diafilm m (Foto) / slide film, transparency film

Diagnose f (Med, Techn) / diagnosis || ~programm n (DV) / diagnostic program

diagnostisches Ultraschallgerät (MT) / diagnostic sonography scanner

diagonal, schräg, quer verlaufend / diagonal

Diagonale f (allg, Math) / diagonal n

Diagonal•matrix f (Math) / diagonal matrix || ~rad n (Pumpe) / mixed-flow impeller || ~reifen m (Kfz) / bias ply tire, cross-ply tire

Diagramm n, grafische Darstellung (von Daten, Sachverhalten) / diagram

Diakaustik f (Opt) / diacaustic

Dialog m (allg, DV) / dialog (US), dialogue (GB) || ~betrieb m, Dialogmodus m (DV) / interactive mode, conversational mode || ~modus m (DV) / interactive mode, conversational mode || ~sprache f (DV) / interactive language, conversational language || ~station f (DV) / interactive terminal

Dialysat n (MT) / dialysate

Dialysator m (Chem) / dialyser || ~, künstliche Niere, Dialysegerät n (MT) / dialyzer

Dialyse f (Chem, MT) / dialysis || ~gerät n, Dialysemaschine f (MT) / dialysis machine || ~gerät, künstliche Niere (MT) / dialyzer || ~maschine f, Dialysegerät n (MT) / dialysis machine

Dialysierzelle f (Chem) / dialyser

Diamagazin n (Foto) / slide tray, tray (for slides)

diamagnetische Resonanz (Nukl) / cyclotron resonance

Diamagnetismus m / diamagnetism

Diamant m (Min) / diamond || ~gitter n (Krist) / diamond lattice || ~glanz m (Min) / adamantine lustre || ~metal n (Hütt) / diamond metal || ~werkzeug n (Wzm) / diamond tool

Diamaterial n, Diafilm m (Foto) / slide film, transparency film

Diameter m, Durchmesser m / diameter, diam., dia

diametral, genau entgegengesetzt o. gegenüber / diametric (e.g. opposites, differences), diametrical

Diamid n (Chem) / diamide, hydrazine

Diamin n (Chem) / diamine

Diamino•benzol n (Chem) / phenylenediamine || **1,5-~pentan** (Chem) / cadaverine, pentamethylenediamine

Diamorphin n, Heroin n (Pharm) / heroin, diacetylmorphine, diamorphine

diaphan, durchscheinend, lichtdurchlässig (partiell, so dass die Konturen eines Objekts hinter dem Medium, z.B. Milchglas, nicht oder nur sehr undeutlich zu erkennen sind) (Opt) / translucent (permitting light to pass through, but diffusing it)

Diaphragma n, Membran f / diaphragm n ‖ ≈, halbdurchlässige Membran (Chem) / semipermeable membrane ‖ ≈ (Elektrochemie), poröse Trennwand (Chem) / diaphragm (placed between the positive and negative plates of an accumulator cell) ‖ ≈**verfahren** n (bei der Chloralkalielektrolyse) (ChT) / diaphragm cell process (chloralkali process)

Diapositiv n (Foto) / diapositive, transparency, positive transparency, photographic transparency ‖ ≈ (gerahmt) (Foto) / slide

Diaprojektor m (Foto) / slide projector

Diaskop n, Diaprojektor m (Foto) / slide projector

Dia-Standzeit f (Foto) / projection time

Diastase f (früher), Amylase (Chem) / amylase

Diastereo•isomer n (Chem) / diastereoisomer ‖ ≈**isomerie** f (Chem) / diastereoisomerism ‖ ≈**mer** n (Chem) / diastereoisomer ‖ ≈**merie** m (Chem) / diastereoisomerism ‖ **~selektive Synthese** (Chem) / diastereoselective synthesis

diatherman, wärmestrahlendurchlässig (Phys) / diathermanous, diathermic

Diathermie f, Hochfrequenztherapie f (MT) / diathermy, electric diathermy

Diäthyläther m, Diethylether m (Chem) / diethyl ether, sulphuric ether, ether, ethyl ether, diethyl oxide, ethyl oxide

Diatomeenerde f, Kieselgur (Mater, Min) / kieselguhr (porous and friable sedimentary rock that is composed of the siliceous shells of diatoms), diatomaceous earth, tripolite, fossil meal

Diazendicarbonsäurediamid n, ADC, Azodicarbonamid n (Chem, Plast) / azodicarbonamide

Diazin n (Chem) / diazine

Diazokopie f (blaue Linien auf farblosem Grund) (Druck, Foto) / diazo print, whiteprint, diazotype

1,2-Diazol, Pyrazol n (Chem) / pyrazole

Diazomethan n (Chem) / diazomethane

Diazonium•salze n pl (Chem) / diazonium compounds ‖ ≈**verbindungen** f pl (Chem) / diazonium compounds

Diazotierung f (Chem) / diazo process, diazotization

Diazo•typie f, Diazokopie f (blaue Linien auf farblosem Grund) (Druck, Foto) / diazo print, whiteprint, diazotype ‖ ≈**verbindung** f (Chem) / diazo compound

Dibenzo•dioxin n (Chem) / dibenzodioxin ‖ ≈-γ-**pyran** n, Xanthen n (Chem) / xanthen n ‖ ≈**pyrazin** n (Chem) / phenazine

Dibenzoyl n, Benzil n (Chem) / benzil, bibenzoyl ‖ ≈**peroxid** n (Chem) / benzoyl peroxide

Diboran n (B₂H₆) (Chem) / boroethane

Dibrommethan n (Chem) / dibromomethane

Dicarbonsäure f (Chem) / dicarboxylic acid

Dichlor•diäthylsulfid n, Gelbkreuz[gas] n, Senfgas n (Bis-(2-chlorethyl)sulfid - chemischer Kampfstoff) (Chem) / dichlorodiethyl sulfide (or sulphide), mustard gas ‖ ≈**diethylsulfid**, Gelbkreuz[gas] n, Senfgas n (Bis-(2-chlorethyl)sulfid - chemischer Kampfstoff) (Chem) / dichlorodiethyl sulfide (or sulphide), mustard gas ‖ ≈**difluormethan** n (CCl₂F₂) (Chem) /

dichlorodifluoromethane ‖ ≈**diphenyltrichlorethan** n, DDT® n (Insektizid) (Chem, Landw) / DDT (dichlorodiphenyl trichloroethane) ‖ ≈**essigsäure** f (Chem) / dichloroacetic acid ‖ ≈**ethan** n (Chem) / dichloroethane ‖ ≈**heptoxid** n (Chem) / dichlorine heptoxide ‖ ≈**hexoxid** n (Chem) / chlorine trioxide ‖ ≈**methan** n (Chem) / dichloromethane, methylene chloride ‖ ≈**methylbenzol** n, Benzalchlorid n (C₆H₅-CHCl₂) (Chem) / benzal chloride, benzylidene chloride, dichloromethylbenzene ‖ ≈**oxid** n (Chem) / chlorine monoxide

Dichroismus m (Krist) / dichroism

Dichromat n (Chem) / dichromate, bichromate

Dichroskop n (Opt) / dichroscope

dicht, undurchlässig [gegen o. für] / impermeable, impervious (e.g. to water), impenetrable ‖ ~ (gegen Wassereintritt), wasserdicht / waterproof, watertight ‖ ~ (gegen Gaseintritt) / gastight, gasproof, gas-impervious ‖ ~ (gegen Luftein- o. -austritt), luftdicht / airtight ‖ ~, dicht abschließend (z.B. Dach, Behälter, Wasserhahn) / tight ‖ ~ (Verkehr) / heavy ‖ ~ (Gewebe) / close ‖ **~er Abschluss**, Dichtigkeit f / impermeability, tightness (e.g. to water o. air), imperviousness, impermeableness ‖ ~ **anliegend** / tight-fitting, close-fitting ‖ **~este Kugelpackung**, Kugel, dichteste ~packung (Krist) / closest packing ‖ **~e Menge** (Math) / dense set ‖ **~er Rauch**, Qualm m / black smoke, thick smoke, dense smoke

Dichte f (allg) / density ‖ ≈ (Quotient aus Masse und Volumen), Massendichte f (Phys) / density ‖ ≈ (Phys) / density (e.g. electron density, charge density) ‖ ≈, Schwärzung f (auf Negativen) (Foto) / density, transmission density ‖ ≈, optische Dichte (Opt) / optical density ‖ ≈, Dichtefunktion f, Wahrscheinlichkeitsdichte f (Stat) / density function ‖ **relative** ≈ (Phys) / relative density, specific gravity, Sp.Gr., sp.gr., s.g. ‖ **~funktion** f, Wahrscheinlichkeitsdichte f (Stat) / density function ‖ ≈**funktionaltheorie** f (Phys) / density functional theory ‖ ≈**gradienten-Zentrifugation** f / density-gradient centrifugation ‖ ≈**matrix** f (Mech, Stat) / density matrix ‖ ≈**messer** m, Densimeter n (Mess, Phys) / densimeter, densitometer

dichten, abdichten (Rohr, Leck, Loch, Behälter, Fenster, Fugen) / seal

Dichtezahl f (früher) (Phys) / relative density, specific gravity, Sp.Gr., sp.gr., s.g.

Dichtheit, Dichtigkeit f / impermeability, tightness (e.g. to water o. air), imperviousness, impermeableness

Dichtheitsprüfung f / leak test

Dichtigkeit f / impermeability, tightness (e.g. to water o. air), imperviousness, impermeableness

Dichtigkeitsprüfung f / leak test

Dicht•lippe f (Masch) / sealing lip ‖ ≈**lötung** f (Schw) / airtight joint, airtight seam, liquid-tight seam, liquid-tight joint ‖ ≈**masse**, Dichtstoff m / sealant, sealing compound ‖ ≈**mittel** n, Dichtstoff m / sealant, sealing compound ‖ ≈**naht** f (Schw) / airtight joint, airtight seam, liquid-tight joint, liquid-tight seam ‖ ≈**ring** m / sealing ring ‖ ≈**ring**

Dichtstemmen 138

(Zündkerze) (Kfz) / gasket (of sparking plug) ‖ ²-**stemmen** *n*, Nahtdichtung *f* durch Verstemmen / caulking (e.g. of rivets, edge of a plate), calking ‖ ²-**stoff** *m* / sealant, sealing compound

Dichtung *f* (allgemein statisch o. dynamisch) / seal ‖ ²-, Abdichten *n*, Abdichtung *f* (Bau, Techn) / sealing ‖ ² (statisch: Abdichtung an ruhenden Flächen) / gasket (compressible material used to make a presure-tight joint between stationary parts, such as cylinder head and cylinder), static seal ‖ ² (dynamisch: bei sich gegeneinander bewegenden Dichtflächen) / packing, dynamic seal ‖ **berührungsfreie** ²-, berührungsfreie Dichtung / clearance seal, noncontact seal, controlled clearance noncontact seal, controlled clearance seal

Dichtungs•masse *f*, Dichtstoff *m* / sealant, sealing compound ‖ ²-**material**, Dichtstoff *m* / sealant, sealing compound ‖ ²-**mittel** *n*, Dichtstoff *m* / sealant, sealing compound ‖ ²-**ring** *m*, Dichtring *m* / sealing ring

dick, stark / thick ‖ **~es Tau**, Kabel *n*, Trosse *f* (Schiff) / cable

Dicke *f*, Stärke *f* / thickness ‖ ²-, Stärke *f* / gauge (e.g. of sheet metal or wire)

Dicken•empfindlichkeit *f*, Wanddickenempfindlichkeit *f* (Gieß) / section sensitivity ‖ ²-**lehre** *f* (Mess) / thickness ga[u]ge ‖ ²-**messung** *f* / thickness gauging ‖ ²-**verhältnis** *n* (Flügel) / thickness-chord ratio

Dick•film *m* (Eltro) / thick film ‖ ²-**filmtechnik** *f*, Dickschichttechnik *f* (Eltro) / thick-film technology ‖ **~flüssig**, viskos, zähflüssig / viscous ‖ ²-**flüssigkeit** *f*, Viskosität *f*, Zähflüssigkeit *f* (Mech) / viscosity ‖ ²-**öl** *n* / bodied oil, standoil

Dickschicht•schaltung *f* (Eltro) / thick-film circuit ‖ ²-**technik** *f*, Dickfilmtechnik *f* (Eltro) / thick-film technology

Dickungsmittel *n*, Verdickungsmittel *n* (Anstr, Chem, Nahr, Pharm, Techn) / thickener, thickening agent

dickwandig / thick-walled

Dicyan *n* (C₂N₂) (Chem) / cyanogen, dicyanogen ‖ ²-**diamid** *n* (Chem) / dicyanodiamide, cyanoguanidin

Dicystein *n* (Biochem) / cystine

Dieder (Math) / dihedral, dihedron

Dieisennonacarbonyl *n* (Chem) / diiron nonacarbonyl

Diele *f* (Schnittholz mit einer Dicke von mindestens 30 mm - die große Querschnittseite ist mindestens doppelt so groß wie die kleine) / board (normally less than 2 inches in thickness and between 2 to 12 inches in width) ‖ ²-, Vorraum *m* (meist für Garderobe) (Bau) / hall

Dielektrikum *n*, Nichtleiter *m* (Elek) / nonconductor, dielectric

dielektrisch•e Antenne / dielectric antenna ‖ **~e Erwärmung** / dielectric heating ‖ **~e Festigkeit**, elektrische Durchschlagsfestigkeit (in kV/cm oder kV/mm) (Elek) / dielectric strength, disruptive strength ‖ **~e Polarisation** (Elek, Phys) / dielectric polarization ‖ **~es Schweißen** (Plast) / radio frequency welding, RF welding, dielectric welding, high frequency welding, HF welding ‖ **~er Verlust** (Elek) / dielectric loss

Dielektrizitäts•konstante, Permittivität *f* (Proportionalitätsfaktor (ε) zwischen elektr. Flussdichte D u. elektr. Feldstärke E - Einheit: F/m) (Elek) / permittivity (symbol ε)(ε = D/E) ‖ **relative** ²-**konstante** (ε_r; Verhältnis der Dielektrizitätskonstanten in Materie und im Vakuum) (Elek) / dielectric constant (ε_r = ε/ε₀), relative permittivity, specific inductive capacity, SIC ‖ **absolute** ²-**konstante des Vakuums**, ε₀ (Elek, Phys) / permittivity of a vacuum or free space (ε₀), electric constant ‖ ²-**zahl** *f* (Elek) / dielectric constant (ε_r = ε/ε₀), relative permittivity, specific inductive capacity, SIC

Dielektrometrie *f* (Ermittlung der Dielektrizitätskonstanten) / dielectrometry, decametry, measuring of dielectric constant

Diels-Alder-Reaktion *f*, Diensynthese *f* (Chem) / diene synthesis, Diels-Alder reaction

Dien *n*, Diolefin *n* (Chem) / diolefin, diene

dienen [als] / serve [as]

Dienophil *n*, dienophile Komponente (Chem) / dienophile

Dienst *m*, Dienstleistung *f* / service *n* ‖ **außer** ²-**stellen** / put out of operation, take out of service ‖ **außer** ²- **stellen**, abschalten (Anlage, Reaktor etc.) / shut down, decommission (e.g. plant, reactor) ‖ **außer** ²- **stellen**, ausrangieren (z.B. Schiff, Flugzeug, Satellit), nicht weiter verwenden / decommission, retire *vt* (e.g. ship, airplane, satellite), take out of service

Diensteintegrierendes Digitalnetz, ISDN (Tele) / ISDN, integrated services digital network

Dienst•gipfelhöhe *f* (Luft) / operational ceiling, service ceiling ‖ ²-**güte** *f* (Tele) / QoS, quality of service ‖ ²-**leistung** *f* / service *n* ‖ ²-**merkmal** *n* (DV, Tele) / facility, service feature ‖ ²-**merkmale** *n pl* (ISDN) (zusätzlich durch das Netz zur Verfügung gestellte Dienste, die über den einfachen Verbindungsauf- und -abbau hinausgehen) (Tele) / supplementary services ‖ ²-**programm** *n*, Utility *f* (DV) / utility, utility program ‖ ²-**qualität** *f* (Tele) / QoS, quality of service

Diensynthese *f* (Chem) / diene synthesis, Diels-Alder reaction

Diergol *n* (Raketentreibstoff) (Raumf) / biergol

Diesel *m* (Fahrzeug mit Dieselmotor) (Kfz) / diesel *n* (vehicle) ‖ ²-, Dieselmotor *m* (Mot) / diesel engine, diesel *n* ‖ ²- *n*, Dieselkraftstoff *m* (Mot) / derv (GB), diesel *n*, diesel oil, diesel fuel ‖ ²-..., diesel... / diesel... ‖ ²-**aggregat** *n* (Elek) / diesel generator o. set ‖ **~elektrisch** / diesel-electric ‖ **~elektrischer Antrieb** (Bahn) / diesel-electric drive ‖ ²-**generator** (Elek) / diesel generator o. set

Dieselhorst-Martin•-[Vierer-verseiltes]Kabel *f* / multiple twin[-quad] cable ‖ ²-**Vierer** (Kabel) / multiple twin quad

diesel•hydraulischer Antrieb (Bahn) / diesel-hydraulic drive ‖ ²-**kraftstoff** *m* (Mot) / derv (GB), diesel *n*, diesel oil, diesel fuel ‖ ²-**kraftwerk** *n* (Ener) / diesel generating station, diesel-electric power station ‖ ²-**lok** *f* / diesel locomotive, oil engined locomotive ‖ ²-**lokomotive** *f* / diesel locomotive, oil engined locomotive ‖ **~mechanisch** / diesel-mechanic ‖ ²-**motor** *m* (Mot) / diesel engine, diesel *n*

Dieseln (Mot) / diesel knock

Dieselstromerzeuger *m* (Elek) / diesel generator o. set

Diethanolamin n (Chem) / diethanolamine, 2,2-dihydroxidiethylamine

Diethylen•dioxid n, Dioxan n (Lösungsmittel) (Chem) / dioxane, diethylene dioxide ‖ **~glykol** n (Chem) / diethylene glycol, 2,2'-dihydroxydiethyl ether

Diethylether m (Chem) / diethyl ether, sulphuric ether, ether, ethyl ether, diethyl oxide, ethyl oxide

Di-2-ethylhexylphthalat n, Dioctylphthalat n (Chem, Plast) / dioctylphthalate (a plasticizer)

Differential n, Differentialgetriebe n, Ausgleichsgetriebe n (Kfz) / differential n ‖ **~** (Math) / differential ‖ **~-Drehmeldeempfänger** m (Regel) / synchro differential receiver ‖ **~-Drehmeldegeber** m (Regel) / synchro differential transmitter ‖ **~drehmelder** m (Regel) / differential synchro ‖ **~drossel** f (induktiver Messwertaufnehmer) (Mess) / variable differential inductor ‖ **~-Empfängerdrehmelder** m (Regel) / synchro differential receiver ‖ **~flaschenzug** m / differential chain block, differential tackle, differential pulley-block ‖ **~form** f (Math) / differential form ‖ **~-Geberdrehmelder** m (Regel) / synchro differential transmitter ‖ **~gehäuse** n, Ausgleichsgehäuse n (Kfz) / differential cage, differential case, differential casing ‖ **~geometrie** f (Math) / differential geometry ‖ **~getriebe** n, Ausgleichsgetriebe n (Kfz) / differential n ‖ **~gleichung** f (Math) / differential equation ‖ **~gleichung erster Ordnung** / first-order differential equation ‖ **~gleichung zweiter Ordnung** (Math) / second-order differential equation ‖ **~-GPS**, DGPS n (Differential GPS) (Nav, Verm) / DGPS, differential GPS ‖ **~kolben** m, Stufenkolben m / step piston, double diameter piston ‖ **~kondensator** m (Elek) / differential capacitor ‖ **~messbrücke** f (Elek, Mess) / differential bridge ‖ **~operator** m (Math) / differential operator ‖ **~prinzipien** n pl (Math, Phys) / differential principles ‖ **~querankeraufnehmer** m (Mess) / variable reluctance [displacement] comparator ‖ **~quotient** m, Ableitung f (einer Funktion) (Math) / derivative, differential quotient, differential coefficient (GB) ‖ **~-Raster-Kalorimetrie** f (Chem) / differential scanning calorimetry, DSC ‖ **~rechnung** f (Math) / differential calculus ‖ **~- und Integralrechnung** f, Infinitesimalrechnung f (Math) / calculus, infinitesimal calculus (differential calculus and integral calculus) ‖ **~sperre** f, Ausgleichssperre m (Kfz) / differential lock ‖ **~spulensensor**, Differentialtransformator m (induktiver Messwertaufnehmer), LVDT (= Linear Variable Differential Transducer) (Mess) / linear variable differential transformer, LVDT ‖ **~teilen** n (Wzm) / differential indexing ‖ **~thermoanalyse** f, Differenzthermoanalyse f (Chem) / differential thermal analysis, DTA ‖ **~transformator** m (induktiver Messwertaufnehmer), LVDT (= Linear Variable Differential Transducer) (Mess) / linear variable differential transformer, LVDT ‖ **~-Verhalten** n (Regel) / derivative action, D action, derivative control, rate action, rate control ‖ **~verstärker** m (Eltro) / differential amplifier

Differentiation f, Differenzieren n (Math) / derivation, differentiation

Differentiationsregeln f pl, Ableitungsregeln f pl (Math) / differentiation rules, rules of differentiation

Differentiator m, Differenziergerät n (Math) / differentiator ‖ **~** (Elek, Eltro) / differentiator (circuit that gives an output proportional to the differential, with respect to time, of the input), differentiating circuit, differentiator circuit

differentiell•e Kapazität (Eltro) / small-signal capacitance ‖ **~e Verstärkung** (Elek) / differential gain ‖ **~er Widerstand** (Elek) / differential resistance ‖ **~er Wirkungsquerschnitt** (Nukl) / differential cross-section

Differenz f, Unterschied m / difference ‖ **~** (Math) / difference ‖ **~**, Unterschied f, Gefälle n (z.B. Druck-, Temperaturgefälle) (Phys) / differential (e.g. pressure, temperature differential) ‖ **~druck** m / differential pressure

Differenzen•gleichung f (Math) / difference equation ‖ **~quotient** m (Math) / difference quotient

Differenzfrequenz f (Tele) / difference frequency

Differenziation f (allg, Geol) / differentiation

differenzierbar (Math) / differentiable

Differenzierbarkeit f (Math) / differentiability

differenzieren, unterscheiden / differentiate ‖ **~**, ableiten (Math) / differentiate ‖ **~** n (Math) / derivation, differentiation

differenzierendes Verhalten, Differential-Verhalten n (Regel) / derivative action, D action, derivative control, rate action, rate control

Differenzierer m (Elek, Eltro) / differentiator (circuit that gives an output proportional to the differential, with respect to time, of the input), differentiating circuit, differentiator circuit

Differenzier•gerät n, Differentiator m (Math) / differentiator ‖ **~glied** n (Elek, Eltro) / differentiator (circuit that gives an output proportional to the differential, with respect to time, of the input), differentiating circuit, differentiator circuit ‖ **~kreis** m (Elek, Eltro) / differentiator (circuit that gives an output proportional to the differential, with respect to time, of the input), differentiating circuit ‖ **~schaltung** f (Elek, Eltro) / differentiator (circuit that gives an output proportional to the differential, with respect to time, of the input), differentiating circuit, differentiator circuit ‖ **~verstärker** m (DV, Eltro) / differentiating amplifier

Differenziograph m, Differenziergerät n, Differentiator m (Math) / differentiator

Differenz•menge f (Math) / difference of two sets ‖ **~signal** n (Audio) / difference signal ‖ **~signal**, Farbdifferenzsignal n (TV) / colour difference signal ‖ **~strom** m (Elek) / residual current ‖ **~strommessung** m (Elek) / residual current detection, residual current measurement ‖ **~stromüberwachung**, RCM-Verfahren n, Fehlerstrom-Überwachung f durch Differenzstrommessung (Elek) / residual current monitoring ‖ **~strom-Überwachungsgerät** n, RCM (nach DIN EN 62020) (Elek) / residual current monitor, RCM ‖ **~thermoanalyse** f (Chem) / differential thermal analysis, DTA ‖

≗**thermogramm** n (Chem) / DTA curve, DTA thermogram ‖ ≗**ton** m (Akust) / difference tone ‖ ≗**verstärker** m (Eltro) / differential amplifier

Diffraktion f, Beugung f (Phys) / diffraction
diffundieren (z.B. durch eine Membran in eine Lösung) (Chem, Phys) / diffuse vi (e.g. across a membrane into a solution) ‖ ~ **lassen** (Chem, Phys) / diffuse vt
diffus•e Nebenserie (Atomspektrum) / diffuse series ‖ ~**e Reflexion** (Phys) / diffuse reflection
Diffusion f (Durchdringung von Stoffen infolge der Wärmebewegung von Teilchen) (Chem, Phys) / diffusion, mass diffusion
Diffusions•flamme f / diffusion flame ‖ ≗**gleichung** f (Chem, Phys) / diffusion equation ‖ ≗**glühen** n / diffusion annealing, homogenization ‖ ≗**koeffizient** m (Mater, Phys) / diffusion coefficient, diffusivity ‖ ≗**konstante** f (Mater, Phys) / diffusion coefficient, diffusivity ‖ ≗**kreis** m, Streukreis m, Unschärfekreis m (Foto, Opt) / circle of confusion, circle of least confusion ‖ ≗**nebelkammer** f (Nukl) / diffusion cloud chamber ‖ ≗**potential** n (an der Phasengrenze zweier Elektrolytlösungen), Flüssigkeitspotential n (Chem, Elek) / diffusion potential, liquid junction potential ‖ ≗**potential**, Diffusionsspannung f (Eltro, Phys) / diffusion potential (at semiconductor p-n junction) ‖ ≗**pumpe** f (Vak) / diffusion pump ‖ ≗**spannung** f, Diffusionspotential n (Eltro, Phys) / diffusion potential (at semiconductor p-n junction) ‖ ≗**strom** m (Chem, Phys) / diffusion current ‖ ≗**technik** f (zum Dotieren von Halbleitermaterial) (Eltro, Phys) / diffusion process ‖ ≗**thermoeffekt** m (Phys) / Dufour effect ‖ ≗**transistor** m (mit diffundierter Basis) (Eltro) / diffused-base transistor ‖ ≗**verchromung** f, Inchromieren n (OT) / chromizing ‖ ≗**verfahren** n, Diffusionstechnik f (zum Dotieren von Halbleitermaterial) (Eltro, Phys) / diffusion process ‖ ≗**verfahren**, Gasdiffusionsverfahren n (zur Erzeugung von angereichertem Uran) (Nukl) / gaseous diffusion process ‖ ≗**verfahren**, Eindringverfahren n (zerstörungsfreie Werkstoffprüfung) (Mater) / penetrant testing, penetration method of testing ‖ ≗**verschleiß** m / diffusion wear
Diffusor m (Film, Foto) / diffuser f ≗ (Strömungstechnik) (Masch) / diffuser
Diffusorscheibe f, Streuscheibe f (Film, Foto, Licht, Opt) / diffuser, diffusing screen
Digallussäure f (Chem) / digallic acid
Digestor m, Abzug m, Kapelle f (Chem) / fume cupboard, laboratory fume cupboard
Digicam f (Foto) / digicam, digital camera
digital / digital (e.g. data) ‖ ~, quantisiert (Eltro, Tele) / digital, quantized ‖ ~**e Anzeige**, Digitalanzeige f (DV, Instr) / digital display, DD, digital readout, numerical display ‖ ~ **anzeigendes Messgerät** / digital measuring device ‖ ~ **arbeitender Automat** / digital automaton v ‖ ~**e Bildverarbeitung** f (DV, Foto, Video) / digital image processing ‖ ~**e Daten** pl (DV) / digital data ‖ ~**e Datenverarbeitung** / digital data processing ‖ ~**e Druckplattenbelichtung**, Computer-to-Plate[-Verfahren] n, CTP[-Verfahren] n (Druck) / computer to plate [technology], CTP ‖ ~**e Fotografie** / digital

photography ‖ ~**er Hörfunk** / digital audio broadcasting ‖ ~**e Kamera** (Foto) / digicam, digital camera ‖ ~**e Nachrichtenübertragung** / digital telecommunication f ‖ ~**e Regelung** (Regel) / digital control (closed loop) ‖ ~**es Satellitensystem** (TV) / digital satellite system ‖ ~**er Schaltkreis** (Eltro) / digital circuit ‖ ~**e Schaltung**, Digitalschaltung f (Eltro) / digital circuit ‖ ~**e Signal** (Eltro, Tele) / digital signal ‖ ~**er Signalprozessor**, DSP-Chip m (Audio, DV, Video) / digital signal processor, DSP ‖ ~**e Signatur** (DV, Tele) / digital signature ‖ ~**e Steuerung** (Regel) / digital control (open loop) ‖ ~**e Strömungselemente**, Fluidics n pl / fluidic devices pl ‖ ~**e Teilnehmeranschluss**, DSL (digitale Übertragungstechnik, mit der ein breitbandiger Anschluss über die vorhandene Kupferkabel-Infrastruktur des öffentlichen Telefonnetzes zur Verfügung gestellt wird) (Tele) / Digital Subscriber Line (technique used to transmit digital data over the local loop), DSL ‖ ~**e Unterschrift** (DV, Tele) / digital signature ‖ ~**e Videodisc** (Audio, DV, Video) / digital video disc
Digital Subscriber Line, DSL (digitale Übertragungstechnik, mit der ein breitbandiger Anschluss über die vorhandene Kupferkabel-Infrastruktur des öffentlichen Telefonnetzes zur Verfügung gestellt wird) (Tele) / Digital Subscriber Line (technique used to transmit digital data over the local loop), DSL
Digital•... / digital (e.g. data) ‖ ≗**-Analog-Umsetzer** m (DV, Eltro) / digital-to-analog converter, digital-analog[ue] converter, D-A converter, dac, DAC ‖ ≗**-Analog-Umsetzung** f (DV) / digital-analog[ue] conversion, digital-to-analog conversion, D-A conversion, DAC, dac ‖ ≗**-Analog-Wandler** m (DV, Eltro) / digital-to-analog converter, digital-analog[ue] converter, D-A converter, dac, DAC ‖ ≗**-Analog-Wandlung** f (DV) / digital-analog[ue] conversion, digital-to-analog conversion, D-A conversion, DAC, dac ‖ ≗**anzeige** f (DV, Instr) / digital display, DD, digital readout, numerical display ‖ ≗**ausgabe** f (DV) / digital output ‖ ≗**baustein** m, Logik-Baustein m (DV, Eltro) / logic unit, logic module ‖ ≗**computer** m, Digitalrechner m (DV) / digital computer ‖ ≗**darstellung** f / digital representation ‖ ≗**daten** pl (DV) / digital data ‖ ≗**eingabe** f (DV) / digital input ‖ ≗**elektronik** f / digital electronics ‖ ≗**-Fotografie** f / digital photography ‖ ≗**gerät** n (DV, Tele) / digital device
digitalisieren, in digitale Signale umwandeln (DV, Eltro) / digitize, digitalize
Digitalisierer m (DV) / digitizer
Digitalisiertablett n, Grafiktablett n (DV) / graphics tablet, graphics pad, digitizer tablet, digitizing tablet, digitizer
Digitalisierung f (DV) / digitization, digitalization
Digital•kamera f (Foto) / digicam, digital camera ‖ ≗**multimeter** n (Mess) / digital multimeter ‖ ≗**rechner** m (DV) / digital computer ‖ ≗**rekorder** m / digital recorder ‖ ≗**schaltung** f, digitale Schaltung (Eltro) / digital circuit ‖ ≗**signal** n / digital signal ‖ ≗**speicher-Oszilloskop** n / digital storage oscilloscope ‖ ≗**steuerung** f, digitale Steuerung (Regel) / digital control (open loop)

‖ **~technik** f (DV, Eltro, Tele) / digital technology, digital engineering ‖ **~technik** (einzelnes Verfahren), Digitalverfahren n / digital technique ‖ **~uhr** f (Armbanduhr) / digital watch ‖ **~verfahren** n, Digitaltechnik f (einzelnes Verfahren) / digital technique ‖ **~video** n / digital video ‖ **~voltmeter**, DVM n (Mess) / digital voltmeter, DVM

Digitizer m (DV) / digitizer

Digitonin n (Chem) / digitonin

Diglykol n, Diethylenglykol n (Chem) / diethylene glycol, 2,2'-dihydroxydiethyl ether

Digol n, Diethylenglykol n (Chem) / diethylene glycol, 2,2'-dihydroxydiethyl ether

Dihydrogensulfid n, Schwefelwasserstoff m (Chem) / hydrogen sulphide, sulphuretted hydrogen

Dihydroxy•aceton n (Chem) / dihydroxyacetone ‖ **~benzoesäure** f (Chem) / dihydroxybenzoic acid

Diiodpentoxid n (I_2O_5) (Chem) / iodine pentoxide, iodic acid anhydride

Dikaliumhydrogenphosphat n (Chem) / potassium hydrogenphosphate

Diketen n (Chem) / diketene

Diketon n (Chem) / diketone

Dikieselsäure f (Chem) / disilicic acid

Diktiergerät n / dictating machine

Dilatanz f (Volumenänderung von Sand o. Ä. bei Schubbeanspruchung) (Phys) / dilatancy ‖ **~** (schnellere Verfestigung von Suspensionen bei mechanischer Einwirkung) / dilatancy

Dilatation f, Volumenausdehnung f (Phys) / dilatation (increase in volume per unit volume of a homogeneous substance, caused by deformation or heat), dilation ‖ **~**, relative Volumenausdehnung, kubische Dehnung (Verhältnis Volumenänderung/ursprüngliches Volumen) (Phys) / bulk strain, volume strain

Dilatometrie f (Phys) / dilatometry

DIL-Gehäuse n, Dual-in-Line-Gehäuse n (Eltro) / dual-in-line package (IC)

Dimension f (z.B. Dimension zwei für eine Fläche) (Math) / dimension n ‖ **~**, Abmessung f / dimension ‖ **~en** f pl, Ausmaße n pl / dimensions pl

dimensionieren (z.B. eine Anlage für einen bestimmten Zweck) / size

Dimensionierung f [für] (der Größe nach), Bemessung f / sizing ‖ **~**, Maßeintragung f, Bemaßung f (Doku) / dimensioning

Dimensions•analyse f (Phys) / dimensional analysis ‖ **~gleichung** f / dimensional equation ‖ **~los** (Math, Phys) / dimensionless adj, non-dimensional ‖ **~lose Größe** (Phys) / dimensionless quantity ‖ **~produkt** n (Phys) / dimensional product ‖ **~system** n (besteht aus allen den Basisgrößen eines Größen- und Einheitensystems zugeordneten Basisdimensionen) (Phys) / dimensional system

dimer, zweigliedrig (Chem) / dimeric ‖ **~** n (Chem) / dimer

Dimercaprol n (Chem, Pharm) / dimercaprol, British anti-Lewisite

Dimerisation f (Chem) / dimerization

Dimerisierung f (Chem) / dimerization

Dimethyl•anilin n, Xylidin n (Chem) / xylidine ‖ **~benzol** n, Xylol n (Chem) / dimethylbenzene, xylene, xylol ‖ **~ether** m (Chem) / dimethyl ether ‖ **~formamid** n (Chem) / dimethylformamide, DMF ‖ **~glyoxim** n (Chem) / dimethylglyoxime ‖ **~keton** n (Chem) / acetone (CH_3COCH_3), 2-propanone, dimethyl ketone ‖ **~nitrosamin** n (Chem) / dimethyl nitrosamine, DMN, DMNA ‖ **~phenol** n, Xylenol n (Chem) / xylenol ‖ **~quecksilber** n (Chem) / dimethyl mercury ‖ **~sulfat** n (Chem) / dimethylsulphate ‖ **~sulfoxid** n (Chem) / dimethylsulfoxide

dimetrische Projektion (Doku) / dimetric projection

Dimmaktor m / dimmer actuator

dimmbar (Licht) / dimmable

dimmen, dämpfen (Licht) / dim vt (light), turn down ‖ **~** n (Licht) / dimming

Dimmer m, stufenloser Helligkeitsregler (Elek, Licht) / dimmer, dimmer switch

Dinatriumtetraborat n, Borax m (Chem) / borax, sodium borate, sodium pyroborate, sodium tetraborate

DIN-Farbsystem n / DIN colour system

Ding•ebene f (Opt) / object plane ‖ **~hauptebene** f, dingseitige Hauptebene (Opt) / frontal principal plane ‖ **~punkt** m (Opt) / object point

dingseitig (Opt) / object-side ‖ **~er Brennpunkt** (Opt) / first focal point ‖ **~e Hauptebene** (Opt) / frontal principal plane

Dingweite f (Opt) / object distance

Dinitrogenkomplexe m pl (Chem) / dinitrogen complex

Dinitro•kresol n (Chem, Landw) / dinitrocresol, DNC ‖ **4,6-~orthokresol** / dinitroorthocresol, 2-methyl-4,6-dinitrophenol, DN[OC]

DIN••Norm (Norm) / DIN standard ‖ **~-Stecker** m (Eltro) / DIN connector

Dioctylphthalat n (Chem, Plast) / dioctylphthalate (a plasticizer)

Diode f (Eltro) / diode

Dioden•demodulator m (Eltro) / diode demodulator ‖ **~gatter** n (Eltro) / diode gate ‖ **~gleichrichter** m (Eltro) / diode rectifier ‖ **~-Kennlinie** f (Eltro) / diode characteristic ‖ **~laser** m (Eltro) / diode laser, laser diode ‖ **~lichterkette** f (Licht) / LED light set ‖ **~logik** f, DL (Eltro) / diode logic, DL ‖ **~matrix** f (Eltro) / diode matrix ‖ **~-Transistor-Logik** f, DTL (Eltro) / diode-transistor logic, DTL

Diol n (Chem) / diol

Diolefin n, Dien n (Chem) / diolefin, diene

diophantische Gleichung (Math) / diophantine equation

Dioptrie f (Opt) / diopter (US), dioptre (GB)

dioptrisch (Opt) / dioptric ‖ **~es Fernrohr** (Opt) / dioptric telescope

Dioxan n (Lösungsmittel) (Chem) / dioxane, diethylene dioxide

Dioxid n (Chem) / bioxide, dioxide

Dioxin n (Chem) / dioxin ‖ **~** (Chem) / 2,3,7,8 TCDD, 2,3,7,8-tetrachlorodibenzo-p-dioxin

Dioxygenase f (Biochem) / dioxygenase, oxygen transferase

Dipenten n (Chem) / dipentene

Dipeptid n (Biochem) / dipeptide

Dipeptidase f (Biochem) / dipeptidase

Diphenyl n (Chem) / diphenyl, biphenyl ‖ **~benzol** n (Chem) / terphenyl ‖ **~ethandion** n, Benzil n (Chem) / benzil, bibenzoyl ‖ **~ether** m (Chem) / diphenyl ether, diphenyl oxide, phenyl ether ‖ **~glykolsäure** f (Chem) / benzilic acid ‖ **~keton** n (Chem) / benzophenone, diphenylketone ‖ **~methan** n (Chem) / diphenylmethane ‖ **~[methan]farbstoffe** m pl

/ diphenylmethane dyes *pl* ‖ ≈**oxid** *n* (Chem) /
diphenyl ether, diphenyl oxide, phenyl ether
Diphosphan *n* (Chem) / diphosphane
Diphosphat(V) *n* (Chem) / diphosphate(V)
Diphosphor(V)-säure *f* (Chem) / pyrophosphoric
acid
Diplexer *m* (Radio, TV) / diplexer
Dipol *m* (Chem, Eltro, Phys) / dipole ‖ ≈,
Dipolantenne *f* / dipole antenna, dipole,
doublet antenna, dipole antenna, doublet ‖
≈**antenne** *f* / dipole antenna, dipole, doublet
antenna, dipole aerial, doublet
dipolare Bindung (Chem) / coordinate bond,
dative covalent bond, dative bond, coordinate
valence
Dipol•feld *n* (aus Dipolantennen) (Radio) /
dipole curtain ‖ ≈**kräfte** *f pl* (Chem, Phys) /
dipole forces ‖ ≈**linie** *f* (Radio, Tele) / collinear
array, linear array ‖ ≈**molekül** *n* (Nukl) / dipole
molecule ‖ ≈**moment** *n* (Phys) / dipole
moment, moment of a dipole ‖ ≈**reihe** *f* / array
(of parallel dipoles) ‖ ≈**strahlung** *f* (Elek) /
dipole radiation ‖ ≈**wand** *f* (aus
Dipolantennen) (Radio) / dipole curtain ‖
≈**zeile** *f* (Radio) / linear array, array of parallel
dipoles
DIP-Schalter *m* (Eltro) / DIP switch
Dirac•Bild *n*, Wechselwirkungsbild *n* (Phys) /
interaction representation ‖ ≈**-Gleichung** *f*
(Nukl) / Dirac equation ‖ ≈**-Matrizen** *f pl*
(Nukl) / Dirac matrix, gamma matrix
Diracsche Deltafunktion (Math) / delta
functional ‖ ≈ **Löchertheorie** (Nukl) / Dirac
hole theory ‖ ≈ **Wellengleichung** (Nukl) / Dirac
equation
Dirac•-Spinor *m* (Nukl) / Dirac spinor ‖
≈**-Theorie** *f* (Phys) / Dirac theory
Direct-Imaging-Maschine *f*,
Computer-to-press-Maschine *f*
(Druckmaschine mit integriertem
Druckplattenbelichter) (Druck) / direct
imaging press
direkt abschließend mit, bündig / flush
[with](vertically) ‖ ~**e Adresse**, absolute
Adresse (tatsächliche, physikalische Adresse)
(DV) / absolute address, machine address, real
address, actual address, specific address ‖ ~**e
Adressierung**, absolute Adressierung *f* (DV) /
absolute addressing ‖ ~**er Antrieb** / direct
drive ‖ ~**e Beleuchtung** (Licht) / direct lighting
‖ ~ **kongruent** (Geom) / directly congruent ‖
~**es Messverfahren** / direct measurement ‖ ~**e
numerische Steuerung**, DNC-Betrieb *m*
(mehrere NC-Maschinen sind durch eine
Datenleitung an einen Fertigungsrechner
angeschlossen, von dem sie mit
Steuerinformationen versorgt werden), DNC,
DNC-Steuerung *f* (NC) / direct numerical
control, DNC ‖ ~**es Produkt** (Math) / direct
product ‖ ~ **proportional** (Math) / directly
proportional ‖ ~**er Speicherzugriff** (DV) /
direct memory access, DMA ‖ ~**es Teilen**
(Teilkopfspindel wird mit der Teilscheibe und
dem Werkstück um den gewünschten
Teilschritt gedreht), unmittelbares Teilen
(Wzm) / direct indexing ‖ ~**e Wegmessung**
(NC) / direct position measurement ‖ ~**er
Zugriff** (DV) / random access, direct access
Direkt•antrieb *m* / direct drive ‖ ≈**blendung** *f*
(Licht) / direct glare ‖ ~**bonden** *n* (Fert) / direct
bonding ‖ ≈**einspritzer** *m* (Mot) / direct
injection engine ‖ ≈**einspritzmotor** *m* (Mot) /

direct injection engine ‖ ≈**einspritzung** *f* (Mot)
/ direct injection, open combustion-chamber
injection ‖ ≈**einspritzverfahren** *n* (Mot) /
direct injection, open combustion-chamber
injection ‖ ≈**farbstoff** *m* / direct dyestuff,
substantive dyestoff ‖ ≈**härten** *n* (Härtung
direkt aus der Aufkohlungswärme) (Hütt) /
direct quenching (from the carburizing
temperature)
Direktions•größe *f*, Federkonstante *f* (Mech) /
spring constant, force constant ‖ ≈**konstante** *f*,
Federkonstante *f* (Mech) / spring constant,
force constant ‖ ≈**kraft** *f*, Federkraft *f*
(rücktreibende Kraft einer Feder, die der
Kraft, die eine Längung der Feder bewirkt,
entgegengesetzt ist) (Phys) / restoring force ‖
≈**moment** *n* (Phys) / restoring moment,
restoring torque
Direktkontaktwärmetauscher *m* / direct-contact
heat exchanger
Direktoperand *m* (DV) / immediate operand
Direktor *m* (ein Wellenrichter für Antennen) /
director element ‖ ≈**kreis** *m*, Leitkreis *m*
(Math) / director circle, orthoptic circle
Direktreduktion *f* (Hütt) / direct reduction
process, solid-state reduction
Direktrix *f*, Leitlinie *f* (Parabel) / directrix (pl:
directrixes, directrices)
Direkt•ruf *m* (Tele) / direct call ‖
≈**-Speicherzugriff** *m*, direkter Speicherzugriff
(DV) / direct memory access, DMA ‖
≈**umrichter** *m* (Elek) / direct a.c. converter ‖
≈**umwandler** *m* (der unmittelbar eine
Energieform in eine andere umwandelt, z.B.
Brennstoffzelle, Solarzelle) (Ener) / direct
energy-conversion device, direct energy
converter ‖ ≈**zugriffsspeicher** *m* (DV) /
random-access memory, direct access
memory, random-access storage, direct access
storage
Dirichletsches Problem *n* (Math) / Dirichlet's
problem
Disaccharid *n* (Biochem) / disaccharide
Dischwefel•dichlorid *n* (Chem) / sulphur
monochloride ‖ ≈**säure** *f* (Chem) / pyrosulfuric
acid $(H_2S_2O_7)$ ‖ ≈**(V)-säure** *f*, Dithionsäure *f*
$(H_2S_2O_6)$ (Chem) / dithionic acid,
hyposulphuric acid ‖ ≈**(III)-säure**, dithionige
Säure *f* $(H_2S_2O_4)$ (Chem) / dithionous acid,
hyposulfurous acid
dischweflige Säure (Chem) / disulphurous acid
Disilan (Si_2H_6) (Chem) / disilane
disjunkte Mengen (Math) / disjoint sets
Disjunktion *f*, inklusives Oder (DV, Eltro, Logik) /
disjunction, or, inclusive or, OR operation,
OR function, inclusive disjunction
disjunktive Normalform *f* / disjunctive normal
form
Diskcrash *m*, Festplattencrash *m* (DV) / crash,
head crash
Diskette *f* (DV) / floppy disk, disk, diskette
Diskettenlaufwerk *n* (DV) / disk drive, floppy
disk drive, floppy drive, FDD, diskette drive
diskontinuierlich (allg, Math, Regel) /
discontinuous ‖ ~, intermittierend / at
intervals, discontinuous, intermittent ‖ ~,
diskontinuierlich betrieben / batch-operated
(e.g. centrifuge) ‖ ~ **arbeitend**,
diskontinuierlich betrieben / batch-operated
(e.g. centrifuge) ‖ ~**er Betrieb** (ChT, Nahr,
Nukl) / batch processing ‖ ~ **betrieben** /
batch-operated (e.g. centrifuge) ‖ ~**er**

Phasenübergang (Phys) / discontinuous transition, discontinuous phase transition, first-order transition || **~er Rührkessel** (ChT) / continuously stirred tank reactor || **~es Verfahren** (Mess) / discontinuous measurement method

diskret, unstetig (Math) / discrete || **~** (DV, Eltro, Techn) / discrete || **~es Bauelement** (Eltro) / discrete device || **~e Fourier-Transformation** (Math) / discrete Fourier transformation, DFT || **~er Raum** (Math) / discrete space || **~e Schaltung** (Eltro) / discrete circuit || **~es Spektrum** (Phys) / discrete spectrum || **~e Verteilung** (Math) / discrete distribution || **~e Zufallsvariable** (Stat) / discrete random variable

Diskretisierung f, Quantisierung f (DV, Eltro, Tele) / quantization

Diskriminante f (Math) / discriminant

Diskriminator m (bei Frequenz- o. Phasenmodulation) (Eltro, Tele) / discriminator

Diskriminierung f, Unterscheidung f / differentiation, discrimination, distinction

Dislokation f (Krist) / dislocation

Dismutation f (Chem) / dismutation

Dispenser m, Dispenserfahrzeug n (Luft) / dispenser, fuel dispenser || **~fahrzeug** n, Dispenser m (Luft) / dispenser, fuel dispenser

Dispergator m, Dispergiermittel n (Chem, ChT) / dispersant, dispersing agent

Dispergens n, Dispersionsmittel n (Chem, Phys) / continuous phase (in a disperse system), dispersion medium, external phase || **~**, dispergierte Phase (Chem, Phys) / disperse phase, discontinuous phase, internal phase, dispersed phase

dispergieren (Chem, Phys) / disperse vt (particles) || **~**, entflocken (Chem, ChT) / deflocculate || **~** n, Dispersion f (Chem, Phys) / dispersion (activity)

Dispergiermittel n, Dispergator m (Chem, ChT) / dispersant, dispersing agent

dispergierte Phase (Chem, Phys) / disperse phase, discontinuous phase, internal phase, dispersed phase

dispers•e Phase, dispergierte Phase (Chem, Phys) / disperse phase, discontinuous phase, internal phase, dispersed phase || **~es System**, Dispersion f (Chem, Phys) / disperse system, dispersion

Dispersion f, disperses System (Chem, Phys) / disperse system, dispersion || **~**, Dispergieren n (Chem, Phys) / dispersion (activity) || **~** (Abhängigkeit einer physikalischen Größe o. Erscheinung von der Wellenlänge) (Phys) / dispersion || **~**, Varianz f, mittlere quadratische Abweichung (Stat) / variance, dispersion, spread

Dispersions•farbe f, Kunstharzdispersionsanstrich (Wandanstrich, der aus einer Dispersion aus Kunstharz und Wasser besteht) (Anstr) / latex paint || **~farbstoff** m (Färb) / disperse dye || **~grad** m, Dispersität f (Chem, Phys) / degree of dispersion, dispersity || **~kolloide** n pl (Chem, Phys) / dispersion colloids || **~kräfte** f pl, London-Kräfte f pl (Chem) / London forces pl || **~kurve** f (Phys) / dispersion curve || **~mittel** n (Chem, Phys) / continuous phase (in a disperse system), dispersion medium, external phase || **~prisma** n (Opt) / dispersing prism || **~relation** f (Phys) /

dispersion relation || **~spektrum** n (Opt) / prismatic spectrum, dispersion spectrum || **~verfestigt**, teilchenverstärkt (Mater) / dispersion-strengthened (metals or alloys), particle reinforced || **~verfestigung** f, Teilchenverfestigung f (Mater) / dispersion hardening, dispersion strengthening || **~wechselwirkung** f (Chem, Phys) / dispersion interaction

Dispersität f, Dispersionsgrad m (Chem, Phys) / degree of dispersion, dispersity

Displacement n, Distanzadresse f (DV) / displacement address

Display n, Bildschirm m (DV, Radar) / display, screen || **~**, Monitor m, Bildschirm m (das ganze Gerät) (DV) / monitor, computer monitor, video display unit, VDU, visual display terminal, VDT || **~** (z.B. eines Druckers, Telefons, CD-Spielers), Anzeigefeld n (Audio, DV, Eltro) / display || **~ mit aktiver Matrix** (DV) / active-matrix color display, active matrix display, TFT display || **~adapter** m, Grafikkarte f, Videoadapter m (DV) / display adapter, video adapter, video card, display card, video display adapter, video adapter board, graphics adapter [board], video controller, video display board, video board || **~holographie** f (Phys) / display holography (produces displays for scientific, educational, medical, artistic and commercial purposes)

Disproportionierung f (Chem) / disproportionation

Dissipation f (Umwandlung in Wärme), Energiedissipation f (Phys) / dissipation (of energy)

Dissipations•energie f (Phys) / dissipation energy || **~sphäre** f, Exosphäre f (Geoph) / exosphere

dissipativ (Kräfte, Strukturen, Systeme) (Phys) / dissipative (forces, structures, systems)

Dissolution f (Chem, Phys) / dissoluiton

Dissoziation f (Chem, Phys) / dissociation

Distanz f, Abstand m (allg, Math, Verm) / distance || **~adresse** f (DV) / displacement address || **~buchse** f / distance bush, distance sleeve, spacer bush || **~messung** f, Entfernungsmessung f (allg, Verm) / distance measurement, distance determination || **~ring** m / spacer ring || **~rohr** n / distance tube, spacer tube || **~stück** n, Abstandshalter m (Bau, Masch) / spacer, distance piece, spacer block

Distickstoff•dioxid n (Chem) / dinitrogen dioxide || **~komplexe** m pl (Chem) / dinitrogen complex || **~-Monoxid** n, Distickstoffoxid n (N_2O) (Chem, Pharm) / dinitrogen oxide, nitrogen monoxide, nitrous oxide(N_2O), laughing gas || **~oxid** n (N_2O) (Chem, Pharm) / dinitrogen oxide, nitrogen monoxide, nitrous oxide(N_2O), laughing gas || **~(III)-oxid** n, Distickstofftrioxid n (N_2O_3), Stickstofftrioxid n (Chem) / dinitrogen trioxide, nitrogen trioxide, nitrogen sesquioxide || **~(V)-oxid**, Distickstoffpentoxid n (N_2O_5) (Chem) / dinitrogen pentoxide, nitrogen(V) oxide, nitrogen pentoxide, nitrogen acid anhydride || **~pentoxid** n (N_2O_5), Distickstoff(V)-oxid n (Chem) / dinitrogen pentoxide, nitrogen(V) oxide, nitrogen pentoxide, nitrogen acid anhydride || **~tetraoxid** n (N_2O_4) (Chem) / dinitrogen tetroxide (N_2O_4), nitrogen tetroxide || **~tetroxid** n (N_2O_4) (Chem) / dinitrogen tetroxide (N_2O_4), nitrogen tetroxide ‖ ≃**trioxid** n (N₂O₃), Distickstoff(III)-oxid n, Stickstofftrioxid n (Chem) / dinitrogen trioxide, nitrogen trioxide, nitrogen sesquioxide

Distorsion f, Verzeichnung f (Opt) / distortion

Distribution f, verallgemeinerte Funktion (Math, Phys) / distribution

distributiv (Math) / distributive ‖ ∼**er Verband** (Math) / distributive lattice

Distributivgesetz n (Math) / distributive law

Disulfat(IV) n (Chem) / disulphite

Disulfid n (Chem) / disulphide (GB), disulfide (US), bisulfide, bisulphide

Disulfit n (Chem) / disulphite

Disziplin f, Fachgebiet n, Zweig m (der Wissenschaft) / branch, domain, discipline

Diterpen n (Chem) / diterpene

Dithiocarbonat n, Xanthogenat n (Chem) / xanthate n

Dithionat n (Chem) / dithionate

dithionige Säure f (H₂S₂O₄) (Chem) / dithionous acid, hyposulfurous acid

Dithionsäure f (H₂S₂O₆) (Chem) / dithionic acid, hyposulphuric acid

Dithizon n (Chem) / dithizone

divariant, mit zwei Freiheitsgraden (Chem, Phys) / divariant, bivariant, two-degree-of-freedom...

divergent (Math) / divergent ‖ ∼**e Folge** (Math) / divergent sequence ‖ ∼**e Reihe** (Math) / divergent series

Divergenz f (allg, Math) / divergence

divergierend, divergent (Math) / divergent

Divertor m, Ablenkvorrichtung f (für Verunreinigungen) (Nukl) / divertor

Dividend m (Math) / dividend

dividieren [durch], teilen (Math) / divide [by](eg ten divided by two equals five) ‖ ≃ n, Division f (Math) / division n

Dividierer m, Frequenzdividierer m / frequency divider

dividiert, geteilt [durch] (Math) / divided [by]

Division f, Dividieren n (Math) / division n

Divisor m, Teiler m (Math) / divisor

Diwolframcarbid n (Mater) / ditungsten carbide

DK, Dielektrizitätskonstante, Permittivität f (Proportionalitätsfaktor (ε) zwischen elektr. Flussdichte D u. elektr. Feldstärke E - Einheit: F/m) (Elek) / permittivity (symbol ε)(ε = D/E)

D-Kanal m, Steuerkanal m (Tele) / D channel (intended to carry signalling for circuit switching in the ISDN)

D-Kippschaltung f (Eltro) / delay flip-flop, D flip-flop

DK-Metrie f, Dielektrometrie f (Ermittlung der Dielektrizitätskonstanten) / dielectrometry, decametry, measuring of dielectric constant

DL, Diodenlogik f (Eltro) / diode logic, DL

DLM, Drehstrom-Linearmotor m (Elek) / three-phase linear motor

DLP•-Projektor m (DV, Video) / DLP projector ‖ ≃**-Verfahren** n (bei Datenprojektoren) (DV) / DLP, Digital Light Processing

DLVO-Theorie f, Derjaguin-Landau-Verwey-Overbeek-Theorie f (Chem) / Derjaguin-Landau-Verwey-Overbeek theory, DLVO theory

DM, Deltamodulation f (DV, Tele) / delta modulation, DM ‖ ≃, Adamsit n (10-Chlor-5,10-dihydrophenarsazin) (Chem, Mil) / adamsite, DM, phenarsazine chloride, diphenylaminechlorarsine

DMA, direkter Speicherzugriff (DV) / direct memory access, DMA

DMD-Chip m (bei DLP-Datenprojektoren) (DV) / DMD, digital micro-mirror device

D-Mesonen n pl (Nukl) / D Meson

DMF, Dimethylformamid n (Chem) / dimethylformamide, DMF

DM-Kabel n, Dieselhorst-Martin-[Viererverseiltes]Kabel / multiple twin[-quad] cable

DMS n, Dokumentenmanagementsystem n (DV) / document management system ‖ ≃ m, Dehnmessstreifen m (Mess) / foil strain gauge, foil gauge, strain gauge

DMSO n, Dimethylsulfoxid n (Chem) / dimethylsulfoxide

DM-Vierer m, Dieselhorst-Martin-Vierer (Kabel) / multiple twin quad

DNA f, Desoxyribonukleinsäure f (Biochem) / deoxyribonucleic acid, DNA

DNase f, Desoxyribonuklease f (Biochem) / deoxyribonuclease

DNC, DNC-Betrieb m (mehrere NC-Maschinen sind durch eine Datenleitung an einen Fertigungsrechner angeschlossen, von dem sie mit Steuerinformationen versorgt werden), DNC-Steuerung f, direkte numerische Steuerung (NC) / direct numerical control, DNC

DNL (Akust, Eltro) / dynamic noise limiter, DNL

DNS, Desoxyribonukleinsäure f (Biochem) / deoxyribonucleic acid, DNA

Docht m (in einer Kerze o. Lampe) (allg) / wick ‖ ≃**öler** m / wick oiler ‖ ≃**schmierung** f / wick lubrication

Dock n (zum Trockensetzen bei Außenbordarbeiten - Trockendock o. Schwimmdock) (Schiff) / drydock (graving dock or floating drydock), dock n (for repairing purposes)

Docking n (Aneinanderkoppeln zweier Raumfahrzeuge), Kopplung f von Raumfahrzeugen (Raumf) / docking, linkup, docking manoeuvre ‖ ≃ **Station** f (DV) / docking station

Dockschleuse f, Hafenschleuse f / harbour lock

Docosansäure f (Chem) / behenic acid

Document Type Definition, DTD f (mit Definitionen aller Datenelementcodes einer Gruppe von HTML- oder SGML-Dokumenten) (DV) / DTD, Document Type Definition

Dodekaeder n (Math) / dodecahedron

Dodekagon n, Zwölfeck f (Math) / dodecagon

dohc-Motor m (Mot) / double overhead camshaft engine, dual overhead camshaft engine, DOHC engine

Do-it-yourself n, Heimwerken n / home renovation, DIY, do-it-yourself n, home improvement (done by the homeowner)

Dokumentation f / documentation

Dokumenten•managementsystem n (DV) / document management system ‖ ≃**vernichter** m, Aktenvernichter m, Reißwolf m (Büro) / document shredder, shredder (for shredding documents, waste paper), paper shredder

dokumentieren / document

Dokumentvorlage f (in Textverarbeitungs- o. Tabellenkalkulationsprogrammen) (DV) / template

Dolby-System® n (Rauschunterdrückung bei Magnetbändern) (Akust, Eltro) / Dolby system

Dolly *m*, Containeranhänger *m* (Förd) / container dolly, dolly

Doma *n*, domatisches Dieder (Krist) / dome

Domain *f* (DV, Tele) / domain (on the Internet) ‖ ⁓**-Name** *m*, Domänenname *m* (DV, Tele) / domain name (on the Internet)

Domäne *f*, Adressierungsbereich *m* (eines Nachrichtennetzes) (DV, Tele) / address domain, address space ‖ ⁓, magnetische Domäne, Weißscher Bezirk (Phys) / domain, Weiss domain ‖ ⁓, Bereich *m*, Arbeits- o. Wissens- o. Tätigkeitsgebiet *n*, Sachgebiet *n* / area, field, domain, sphere ‖ ⁓ (DV, Tele) / domain (on the Internet)

Domänen•name *m*, Domain-Name *m* (DV, Tele) / domain name (on the Internet) ‖ ⁓**speicher** *m*, Magnetblasenspeicher *m* (DV) / bubble memory, magnetic bubble device, magnetic bubble memory, bubble storage, MBD (magnetic bubble device) ‖ ⁓**transportspeicher** *m*, Magnetblasenspeicher *m* (DV) / bubble memory, magnetic bubble device, magnetic bubble memory, bubble storage, MBD (magnetic bubble device)

domatisches Dieder (Krist) / dome

Dominanz *f* (allg, Genetik, Ökol) / dominance

Donator *m*, Donor *m* (Chem) / donor, donor atom, actor ‖ ⁓, Elektronenspender (Eltro, Phys) / donor, donor type impurity, donor impurity, electron donor ‖ ⁓**niveau** *n* (Halbleiter) (Phys) / donor level

Dongle *m* (Hardwareeinrichtung zum Softwarekopierschutz) (DV) / dongle

Donnan•gleichgewicht (Chem, Phys) / Donnan equilibrium ‖ ⁓**potential** *n* (Chem, Phys) / Donnan potential

Donor *m*, Donator *m*, Elektronenspender (Eltro, Phys) / donor, donor type impurity, donor impurity, electron donor ‖ ⁓, Donator *m* (Chem) / donor, donor atom, actor

DOP, Dioctylphthalat *n* (Chem, Plast) / dioctylphthalate (a plasticizer)

Dopa *n*, 3-(3,4-Dihydroxyphenyl)-alanin *n* (Chem, Pharm) / 3,4-dihydroxyphenylalanine, dopa

Dopamin *n* (Biochem) / dopamine

Dopen *n* (Eltro, Phys) / doping

Doppel•..., Zwillings... / twin... ‖ ⁓**achse** *f* (Kfz) / tandem axle ‖ ⁓**ader** *f*, Adernpaar *n* (Kabel) / pair of wires ‖ ⁓**backenbremse** *f*, Zangenbremse *f* / double jaw brake ‖ ⁓**basis-Diode** *f* (Eltro) / double-base diode, UJT (unijunction transistor), unijunction transistor ‖ ⁓**basistransistor** *m* (Eltro) / double base transistor ‖ ⁓**bindung** *f* (Chem) / double bond ‖ ⁓**bindungsisomerie** *f* (Chem) / double-bond isomerism ‖ ⁓**blindversuch** *m* (Pharm) / double-blind test ‖ ⁓**brechend** (Opt) / birefringent, double refracting ‖ ⁓**brechung** *f* (Krist) / double refraction, birefringence ‖ ⁓**bruch** *m* (Math) / complex fraction, compound fraction ‖ ⁓**decker** *m* (Luft) / biplane ‖ ⁓**deckerbus** *m* (Kfz) / double-decker bus ‖ ⁓**deltaflügel** *m* (Luft) / double delta wing ‖ ⁓**diode** *f*, Duodiode *f* (Eltro) / double diode, binode, twin diode, duo-diode ‖ ⁓**erdschluss** *m*, zweiphasiger Erdschluss (Elek) / double earth fault, ground (US) o. earth (GB) leakage on two phases ‖ ⁓**fadenwicklung** *f* (Elek) / bifilar winding ‖ ⁓**faltversuch** *m* (Mater) / double-folding test ‖ ⁓**federring** *m* / double coil spring lock washer ‖ ⁓**fernrohr** *n* (Opt) /

binocular telescope ‖ ⁓**gängiges Gewinde** / double-start thread, two-start thread, double thread ‖ ⁓**gate-MOSFET** *m* (Eltro) / double-gate MOSFET ‖ ⁓**gelenkbus** *m* (Kfz) / double articulated bus ‖ ⁓**greifer** *m* (Masch) / double gripper ‖ ⁓**haken** *m*, Doppelhebehaken *m* / clove hook ‖ ⁓**härten** *n* (Abschrecken von Aufkohlungs- auf Raumtemperatur, Wiedererwärmen auf Randhärtetemperatur und Abschrecken) (Hütt) / double quench method ‖ ⁓**haus** *n* (Bau) / duplex (pair of semi-detached houses), duplex dwelling (pair of semi-detached houses), pair of semi-detached houses (GB), two-family dwelling (pair of semi-detached houses) ‖ ⁓**haushälfte** *f* (Bau) / semi, semi-detached house, semidetached *n* ‖ ⁓**hebehaken** *m*, Doppelhaken *m* / clove hook ‖ ⁓**integral** *n* (Math) / double integral ‖ ⁓**käfigankermotor** *m* (Elek) / double squirrel-cage motor, Boucherot motor ‖ ⁓**käfigläufermotor** *m* (Elek) / double squirrel-cage motor, Boucherot motor ‖ ⁓**kassettendeck** (Audio) / dual cassette deck, twin cassette deck ‖ ⁓**kegel** *m* (Math) / double cone ‖ ⁓**kehlnaht** *f*, beidseitige Kehlnaht (Schw) / double fillet weld ‖ ⁓**kehlnaht am T-Stoß** (Schw) / double fillet tee joint ‖ ⁓**keilriemen** *m* / twin V-belt ‖ ⁓**klebeband** *n* / double-sided tape, double-coated tape, two-sided tape ‖ ⁓**kontaktverfahren** *n* (zur Herstellung von Schwefelsäure) (ChT) / double-contact catalysis ‖ ⁓**-Kupplungsgetriebe** *n* / twin-clutch transmission ‖ ⁓**leitung** *f* (Elek) / twin conductor o. cable ‖ ⁓**maulschlüssel** *m* (Wz) / double open-end wrench (US), double open-ended spanner (GB) ‖ ⁓**meißelhalter** *m* (Wzm) / double tool holder ‖ ⁓**motor** *m* (Elek) / double motor ‖ ⁓**oxid** *n* (Chem) / double oxide ‖ ⁓**pendel** *n* (Phys) / double pendulum ‖ ⁓**polig**, mit zwei Polen (Elek) / double-pole..., bipolar, two-pole ‖ ⁓**projektion** *f* (Film, Foto) / double projection ‖ ⁓**punkt** *m* (Math) / double point ‖ ⁓**resonanzexperiment** *n* (NMR-Spektroskopie) / double resonance experiment ‖ ⁓**resonanzmethoden** *f pl* (Hochfrequenzspektroskopie) / double-resonance method ‖ ⁓**ringschlüssel** *m* (Wz) / double-ended ring spanner, double-ended box wrench ‖ ⁓**offener ⁓ringschlüssel** (Wz) / flare nut spanner, flare-nut wrench, tube wrench, line wrench, double-ended flat flare nut ring wrench, split ring spanner ‖ ⁓**röhre** *f* (Tunnel) (Bau) / twin tube ‖ ⁓**rohrwärmetauscher** *m* / double-pipe exchanger ‖ ⁓**salz** *n* (Chem) / double salt ‖ ⁓**schicht** *f* / double layer ‖ ⁓**schichtkondensator** *m* (Elek) / electric double-layer capacitor, electrochemical double layer capacitor, EDLC, supercapacitor, ultracapacitor ‖ ⁓**schleifmaschine** *f* (Wzm) / disk grinder ‖ ⁓**schlusserregung** *f* (Elek) / compound excitation ‖ ⁓**schlussgenerator** *m* (Elek) / compound generator ‖ ⁓**schlussmotor** *m* (Elek) / compound motor ‖ ⁓**schrägverzahnung** *f* / double helical gearing ‖ ⁓**seitiges Klebeband** / double-sided tape, double-coated tape, two-sided tape ‖ ⁓**sitzventil** *n* / double-beat valve, double seat[ed] valve ‖ ⁓**steckdose** *f* (Elek) / double socket, two-plug wall outlet ‖ ²**steckdose mit Verlängerungskabel** (Elek) / two gang extension lead, 2 gang extension lead, two-way extension lead, twin socket extension lead ‖ ²**stockbus** m (Kfz) / double-decker bus ‖ ²**stock-Containerwagen** m (Bahn) / double-stack car, stack car, well car

doppelt gelagert / two-bearing... ‖ **~ gerade Kerne**, Gerade-gerade-Kerne m pl (Kerne mit gerader Protonen- u. gerader Neutronenzahl) (Nukl) / even-even nucleus ‖ **~ gewendelt** (Glühdraht), Doppelwendel... (Glühdraht) / coiled-coil... ‖ **~er Schrägstrich** (DV) / double slash ‖ **~ wirkend** (z.B. Zylinder, Ventil, Motor) / double-acting (e.g. cylinder, valve, engine), double-action... ‖ **~ wirkende Presse** (Wzm) / double-action press

Doppeltaster m (für Innen- u. Außenmessungen) (Mess) / external and internal callipers, German compass o. calipers pl

doppeltkohlensaur • es Ammonium (Chem) / ammonium bicarbonate, ammonium hydrogen carbonate ‖ **~es Calcium** (veraltet), Calciumhydrogencarbonat m (Chem) / calcium hydrogen carbonate, calcium bicarbonate

Doppel • verglasung f (Bau, Glas) / double glazing ‖ ²**verhältnis** n (Math) / cross ratio ‖ ²**-V-Naht** f, X-Naht f (Schw) / double V-groove weld ‖ **~wandig** / double-walled ‖ **~wandig** (Zylinder) / jacketed (cylinder) ‖ ²**wendel...** (Glühdraht) / coiled-coil... ‖ **~wirkend** (z.B. Presse, Verdichter) / double-action, double-acting

Doppler • -Effekt m (Phys) / Doppler effect ‖ ²**-Frequenzverschiebung** f (Astr, Phys) / Doppler shift ‖ ²**-Navigationsverfahren** n / Doppler navigation system ‖ ²**-Peiler** m (Nav) / Doppler direction-finder ‖ ²**radar** n / Doppler radar

Dopplersches Prinzip, Doppler-Effekt m (Phys) / Doppler effect

Doppler • -Sonographie f, Doppler-Verfahren n (in der Ultraschalldiagnostik) (MT) / Doppler sonography ‖ ²**-Verbreiterung** f (Spektroskopie) (Phys) / Doppler broadening ‖ ²**-Verfahren** n (in der Ultraschalldiagnostik) (MT) / Doppler sonography ‖ ²**-Verschiebung** f (Astr, Phys) / Doppler shift

Doré • -Metall n, Güldischsilber n (Hütt) / dore silver ‖ ²**-Ofen** m (Hütt) / Doré furnace

Dormin n, Abscisinsäure f (Biochem) / abscisic acid

Dorn m (jeder Art, z.B.: Aufweit-, Richt-, Spann-, Ziehdorn) / arbor, mandrel ‖ ², Stopfen m (beim Schrägwalzverfahren nach Mannesmann) (Fert) / mandrel ‖ ², Stopfen m (fest o. lose - beim Rohrziehen) (Fert) / mandrel, plug (fixed or floating - in tube drawing) ‖ ², Durchschläger m, Durchtreiber m (Wz) / drift, drift punch

Dorno-Strahlung f, UV-B (280 bis 100nm) (Phys) / ultraviolet B, UVB

Dornwalze f (beim Ringwalzen), Walzdorn m (Walz) / idler roll

dörren (zur Konservierung), trocknen (Nahr) / dehydrate, desiccate ‖ ² n (zur Konservierung), Trocknung f (Nahr) / dehydration, desiccation

DOS n, Betriebssystem n DOS (DV) / disk operating system, DOS

Dose f, Büchse f (allg, Nahr) / can n (US)(for food, beverages, etc), tin (GB) ‖ ² (z.B.

Schalterdose, Abzweigdose) (Elek) / electrical box

Dosen • barometer n / aneroid, aneroid barometer ‖ ²**libelle** f (Instr) / bull's eye level, circular level

Dosierpumpe f / metering pump, dosing pump, proportioning pump

Dosierungspumpe f / metering pump, dosing pump, proportioning pump

Dosierventil n / metering valve

Dosimeter, Dosismessgerät n (Radiol) / dosimeter, dosemeter, dose rate meter

Dosimetrie f (Radiol) / dosimetry

Dosis f, Energiedosis f (Quotient aus der auf das Volumenelement eines Materials übertragenen Energie an ionisierender Strahlung und der in ihm enthaltenen Masse in Gray (1Gy = 1J/kg)) (Phys, Radiol) / absorbed dose, dosage, dose ‖ ²**leistung** f, Dosisrate f (Phys, Radiol) / dose rate ‖ ²**leistungsmesser** m, Dosismessgerät n (Radiol) / dosimeter, dosemeter, dose rate meter ‖ ²**messgerät** n (Radiol) / dosimeter, dosemeter, dose rate meter ‖ ²**rate** f, Dosisleistung f (Phys, Radiol) / dose rate

Dot m (DV) / dot

Dotieren n (Eltro, Phys) / doping

Dotierung f (Eltro, Phys) / doping

Dotierungs • profil n (Halbleitertechnik) / doping concentration profile ‖ ²**supergitter** n pl (Krist) / doping superstructures ‖ ²**überstrukturen** f pl (Krist) / doping superstructures

Down n, Downquark n (Nukl) / down quark

Downlight n (Licht) / downlight

Download m, Herunterladen n (DV, Tele) / download n, downloading

downloaden, herunterladen (DV, Tele) / download (files, fonts)

Downquark n (Nukl) / down quark

Downs-Verfahren n (zur Natriumgewinnung) (Chem) / Downs process

Dozer m, hydraulischer Ziehrichter (Kfz) / Dozer, portable frame straightener

dpi (zur Angabe des Auflösungsvermögens von Druckern, Scannern), Punkte m pl je Zoll (Druck, DV) / dots per inch pl, dpi

d-Pol m, Drain m (eines Feldeffekttransistors), Drain-Elektrode f (Eltro) / drain (in a field-effect transistor)

dpt, Dioptrie f (Opt) / diopter (US), dioptre (GB)

Drachen m, Drachenviereck n (Math) / kite, deltoid ‖ ², Hängegleiter m (Sport) / hang glider ‖ ²**ballon** m / kite balloon ‖ ²**viereck** n (Math) / kite, deltoid

Drag and Drop, Ziehen und Ablegen (DV) / drag-and-drop

Draht m, Metalldraht m / wire n ‖ ² (Plast, Tex) / rod (monofilament with a diameter larger than 0.1 mm) ‖ ²**bürste** f (Wz) / wire brush ‖ ²**-Dehnmessstreifen** m (Mess) / wire strain gauge ‖ ²**dicke** f, Drahtstärke (mit der Drahtlehre ermittelt) / wire gauge ‖ ²**-DMS** m, Draht-Dehnmessstreifen m (Mess) / wire strain gauge ‖ ²**elektrode** f (Schw) / wire electrode, weld wire, electrode wire ‖ ²**erodieren** n, funkenerosives Schneiden (mit ablaufender Drahtelektrode) (Fert) / EDM by wire, electric discharge wire cutting, EDWC, wire electric discharge machining, wire EDM, wire eroding, EDM wire eroding ‖ ²**funkenkammer** f (Phys) / wire chamber ‖

⁓**gaze** f / wire gauze ‖ **~gebunden** (Tele) / wire-bound, wired ‖ ⁓**geflecht** n / wire mesh ‖ ⁓**gewebe** n / wire cloth ‖ ⁓**gewebe** n, Drahtgaze f / wire gauze ‖ ⁓**gitter** n / wire grating ‖ ⁓**glas** n / armoured glass, wired glass, wire glass ‖ ⁓**klammer** f, Heftklammer (Büro, Druck) / staple n ‖ ⁓**kugellager** n / wire race ball bearing ‖ ⁓**lehre** f / standard wire gauge, S.W.G., wire gauge, W.G. ‖ ⁓**litze** f (Elek) / wire strand

drahtlos (Tele) / wireless ‖ **~es LAN** (Tele) / WLAN, CLAN (cordless local area network), wireless local area network, wireless LAN, cordless local area network, Wi-Fi ‖ **~e Festbildübertragung**, Bildfunk m (Tele) / radiophotography (transmission of photographs by radio waves) ‖ **~es lokales Netzwerk** (Tele) / WLAN, CLAN (cordless local area network), wireless local area network, wireless LAN, cordless local area network, Wi-Fi ‖ **~e Nachrichtentechnik**, Funktechnik f / radio engineering ‖ **~e Nachrichtenübertragung** (Tele) / wireless communication ‖ **~e Übertragung**, Funkübertragung f (Tele) / wireless transmission

Draht•modell n (in der Computergrafik) (DV) / wire-frame model, wire model ‖ ⁓**schneider** m, Drahtschneidezange f (Wz) / wire cutter ‖ ⁓**schneidezange**, Drahtschneider m (Wz) / wire cutter ‖ ⁓**seil** n / wire rope ‖ ⁓**seilbahn**, Seilschwebebahn f / aerial cableway, ropeway, aerial ropeway, aerial funicular (ISO), aerial railway, aerial tramway, cable tramway, tramway ‖ ⁓**stärke** (mit der Drahtlehre ermittelt), Drahtdicke f / wire gauge ‖ ⁓**widerstand** m (Elek) / wire wound resistor ‖ ⁓**ziehen** n (Fert) / wire drawing ‖ ⁓**zieherei** f, Drahtziehen n (Fert) / wire drawing ‖ ⁓**zug** m, Drahtziehen n (Fert) / wire drawing

Drain m (eines Feldeffekttransistors), Drain-Elektrode f (Eltro) / drain (in a field-effect transistor) ‖ ⁓**-Elektrode** f, Drain m (eines Feldeffekttransistors) (Eltro) / drain (in a field-effect transistor) ‖ ⁓**-Schaltung** f (Eltro) / common drain

Drall m, Drehimpuls m (Mech) / angular momentum, moment of momentum ‖ ⁓**festigkeit** f (Mech) / torsional strength ‖ ⁓**fräsen** n (Fert) / helical milling ‖ ⁓**rohrtrockner** m / spiral tube drier

DRAM n (DV) / DRAM, dynamic RAM, dynamic random-access memory

Drängraben m, Entwässerungsgraben m / ditch (for drainage), drain, trench

Draufsicht f, Grundriss m (Bau, Doku) / top view, plan, horizontal projection

Dreh•achse f, Rotationsachse f (Mech) / axis of rotation, rotation axis, rotational axis ‖ ⁓**achse**, Gyre f (Krist) / rotation axis of symmetry ‖ ⁓**anode** f (Eltro) / rotating anode ‖ ⁓**anodenröhre** f (Radiol) / rotating anode tube ‖ ⁓**anodenröntgenröhre** f (Radiol) / rotating anode tube ‖ ⁓**arbeit** f (Fert) / lathe work, turning operation ‖ ⁓**arbeiten** f pl (Film) / filming, shooting ‖ ⁓**automat** m, Automatendrehmaschine f (Wzm) / autolathe, automatic lathe ‖ ⁓**bank** f (Dreh) s. Drehmaschine

drehbar / revolving, rotating, rotatable ‖ **~**, schwenkbar (um die Horizontalachse, z.B. Mast, Kran) / slewing, sluing, slewable ‖ **~** (um

ein Scharnier) / hinged ‖ **~** (um ein Drehgelenk, o. einen Zapfen) / pivoted ‖ **~ lagern** / pivot

Dreh•beanspruchung f, Verdrehbeanspruchung f, Torsionsbeanspruchung f (Mech) / torsional stress ‖ ⁓**beschleunigung** f, Winkelbeschleunigung f (Phys) / angular acceleration ‖ ⁓**bewegung** f, Rotationsbewegung f, drehende Bewegung / rotating motion, rotation, rotary motion, rotational movement, rotational motion, rotatory motion ‖ ⁓**bewegung**, Schwenkbewegung f (um die Horizontalachse, z.B. Mast, Kran)(Förd) / slewing (e.g. of crane), sluing (US), rotating motion ‖ ⁓**brücke** f (Bau) / swing bridge, swivel bridge ‖ ⁓**dorn** m (leicht kegelig) (Dreh) / mandrel (slighly tapered), mandril, arbor ‖ ⁓**eiseninstrument** n (Elek, Mess) / moving iron instrument, iron vane instrument ‖ ⁓**eisenmesswerk** n (Elek, Mess) / moving iron movement o. mechanism

drehen vt vr / turn ‖ **~** (um Achse o. Mittelpunkt) / revolve [around], rotate ‖ **~** (um ein Drehgelenk, o. einen Zapfen, z.B. Schreibtischstuhl), herumdrehen / swivel, swivel around ‖ **~** (sehr schnell um eine Achse, z.B. Rad) / spin ‖ **~** (sich)(langsam um die Horizontalachse)(z.B. Mast, Kranausleger), schwenken vt vi, herumschwenken / slew vt vi, slue vt vi ‖ **~** vt (Text, Grafik) / rotate (graphics or type in a DTP program) ‖ **~** (auf der Drehmaschine)(Metall) / turn (on a lathe) ‖ ⁓ n (Fert) / turning [on the lathe] (of metal) ‖ ⁓, Dreharbeiten f pl (Film) / filming, shooting

drehend•e Bewegung, Drehbewegung f, Rotationsbewegung f / rotating motion, rotation, rotary motion, rotational movement, rotational motion, rotatory motion ‖ **~er Generator** (Elek) / rotating generator

Dreh•energie f (Phys) / energy of rotation ‖ ⁓**feder** f (DIN 2088) (Masch) / torsion spring ‖ ⁓**federstab** m / torsion bar ‖ ⁓**feld** n (Elek, Phys) / rotating field, rotary field ‖ ⁓**felddrehzahl** f (Elek) / rotating field speed ‖ ⁓**feldrichtungsanzeiger** m (Elek) / phase sequence indicator ‖ ⁓**festigkeit** f (Mech) / torsional strength ‖ ⁓**flammofen** m (Hütt) / rotary o. revolving reverberatory furnace ‖ ⁓**flügelfenster** n (Bau) / side-hung casement window ‖ ⁓**flügelflugzeug** n (Luft) / rotorcraft, rotary-wing aircraft, rotor plane ‖ ⁓**flügelpumpe** f / vane pump, blade type pump ‖ ⁓**flügeltür** f, Drehtür f (Bau) / side-hung door ‖ ⁓**flügler** m, Drehflügelflugzeug n (Luft) / rotorcraft, rotary-wing aircraft, rotor plane ‖ ⁓**frequenz** f, Drehzahl f (z.B. einer Welle), Umdrehungsgeschwindigkeit f / number of revolutions (per unit time), rotational frequency, rotational speed, speed of rotation ‖ ⁓**funkfeuer** n (Allrichtungsfunkfeuer mit umlaufendem Richtstrahl) (Nav) / omnidirectional radio beacon ‖ ⁓**futter** n, Drehmaschinenfutter n (Dreh) / lathe chuck ‖ ⁓**geber** m, Drehmelder m (mit drei um 120° versetzten Statorwicklungen), Synchro m (Elek, Regel) / synchro, selsyn ‖ ⁓**geber**, Winkelcodierer m (Mess) / rotary encoder, shaft encoder ‖ ⁓**gelenk** n / R, revolute joint (one degree of freedom kinematic pair), pin joint, hinge joint ‖ ⁓**geschwindigkeit** f,

Rotationsgeschwindigkeit f / rotation speed, speed of rotation, rotating speed ‖ ~**geschwindigkeit**, Drehzahl f (z.B. einer Welle), Umdrehungsgeschwindigkeit f / number of revolutions (per unit time), rotational frequency, rotational speed, speed of rotation ‖ ~**geschwindigkeit** (Dreh) / turning speed ‖ ~**gestell** n (Bahn) / bogie (GB), wheel truck (US), truck (US) ‖ ~**gestellwagen** m (Bahn) / bogie car, bogie wagon ‖ ~**gruppe** f (Math) / rotation group ‖ ~**herz** n (Dreh) / dog (workholding device), lathe dog, carrier, lathe carrier ‖ ~**impuls** m (Mech) / angular momentum, moment of momentum ‖ ~**impulserhaltungssatz** m (Phys) / angular-momentum conservation law ‖ ~**impulsoperator** m (Phys) / angular momentum operator ‖ ~**impulsquantenzahl** f, Nebenquantenzahl f (Phys) / azimuthal quantum number, orbital quantum number, angular momentum quantum number, orbital angular momentum quantum number, secondary quantum number ‖ ~**keilkupplung** f / rolling key clutch ‖ ~**knopf** m (Eltro, Masch) / rotary knob ‖ ~**kolben** m (Mot) / rotary piston ‖ ~**kolbengebläse** n, Rotationsgebläse n / rotary blower ‖ ~**kolbenpumpe** f / lobe pump ‖ ~**kolbenverdichter** m / rotary compressor, rotary piston compressor ‖ ~**kompensator** m (Opt) / rotating compensator ‖ ~**kondensator** m (v.a. zur manuellen Abstimmung von Schwingkreisen, z.B. zur Senderwahl bei Rundfunkempfängern) (Elek, Eltro) / variable capacitor ‖ ~**körper** m / body of revolution, rotational solid, solid of rotation ‖ ~**kran** m, Schwenkkran m (Säulen- o. Wandschwenkkran) (Förd) / jib crane, slewing jib crane (pillar or wall mounted) ‖ ~**kranz** m (z.B. eines Kran) (Förd) / slewing ring ‖ ~**kreuz**, Drehsperre f (z.B. an U-Bahneingängen) / turnstile, baffle gate ‖ ~**kreuz** n, Handkreuz n, Kreuzgriff m (DIN 6335) (Wzm) / star handle, star-wheel handle ‖ ~**kristallmethode** f (Phys) / rotating crystal method, Bragg's method ‖ ~**länge** f (mögliche), Spitzenweite f (Dreh) / center distance, maximum distance between centers, distance between centers ‖ ~**leistung** f (Masch) / rotation power

Drehmaschine f (DIN) (Wzm) / lathe
Drehmaschinen•bett n (Wzm) / bed (of a lathe), lathe bed ‖ ~**futter** n (Dreh) / lathe chuck ‖ ~**schlitten** m (Dreh) / carriage of a lathe ‖ ~**spitze** f (Wzm) / center (US)(mounted in tailstock of engine lathe) ‖ ~**support** m (Dreh) / carriage of a lathe

Dreh•masse f (Mech) / rotating mass ‖ ~**meißel** m (Dreh) / turning tool, lathe tool ‖ ~**meißelhalter** m, Werkzeugspanner m (an Drehmaschinen) (Dreh) / tool post (in engine lathes) ‖ ~**meldeempfänger** m (Elek, Regel) / synchro receiver, receiver synchro, synchro motor, selsyn motor, selsyn receiver ‖ ~**meldegeber** m, Geberdrehmelder m (Elek, Regel) / transmitter, synchro transmitter, selsyn transmitter, synchro generator, transmitter synchro, selsyn generator ‖ ~**melder** m (mit zwei um 90° versetzten Statorwicklungen), Resolver m (Elek, NC) / resolver ‖ ~**melder** (mit drei um 120° versetzten Statorwicklungen), Synchro m (Elek, Regel) / synchro, selsyn ‖ ~**modul** m,

Torsionsmodul m (Mech) / torsional modulus, modulus of torsion
Drehmoment n (Mech) / torque, moment of force, rotation moment, torsional moment ‖ ~**begrenzer** m (Wz) / torque limiter ‖ ~**geschaltete Kupplung** (Masch) / torque-sensitive clutch ‖ ~**kennlinie** f (Masch) / torque curve, torque characteristic ‖ ~**messer** m (Masch) / torsion meter, torquemeter, torsiometer ‖ ~**motor** m (Elek) / torque motor ‖ ~**schlüssel** m (Wz) / torque spanner, torque wrench ‖ ~**wandler** m / torque converter

Dreh•ofen m, Drehrohrofen m / rotary kiln ‖ ~**potentiometer** n (Elek) / rotary potentiometer ‖ ~**punkt** m (Mech)/ center of rotation ‖ ~**punkt** (des Hebels) / fulcrum ‖ ~**punkt**, Drehgelenk n / pivot n, pivotal point ‖ ~**rahmenpeiler** m / rotating loop direction finder ‖ ~**richtung** f, Drehsinn m (Masch, Math, Phys) / direction of rotation ‖ ~**richtungsmelder** m (Eltro) / direction of rotation indicator ‖ ~**richtungsumkehr** f / reversal of rotation ‖ ~**richtungsumschalter** m (bei Bohrmaschinen, Bohrschraubern) (Wz) / rotational direction switch ‖ ~**rohrofen** / rotary kiln ‖ ~**rohrtrockner** m (ChT) / rotary drum drier ‖ ~**schalter** m (Elek) / rotary switch ‖ ~**schemellenkung** f (Kfz) / single-pivot steering ‖ ~**schieber** m (Mot) / rotary [slide] valve ‖ ~**schieberpumpe** f / rotary vane pump ‖ ~**schieberverdichter** m / multi-vane compressor, rotary multi-vane compressor ‖ ~**schwingung** (Mech) / torsional vibration ‖ ~**sinn** m (Masch, Math, Phys) / direction of rotation ‖ ~**späne** m pl (Wzm) / turnings pl, chips pl ‖ ~**spannung** f (Mech) / torsional stress ‖ ~**sperre** f (z.B. an U-Bahneingängen) / turnstile, baffle gate ‖ ~**spiegel** m (Foto, Opt) / rotating mirror ‖ ~**spiegelmethode** f (zur Messung der Lichtgeschwindigkeit nach J.B. Foucault) (Phys) / Foucault Method ‖ ~**spiegelung** f (Krist, Math) / rotatory reflection ‖ ~**spindel** f (Wzm) / spindle (mounted in headstock of engine lathe - rotates the work), head spindle ‖ ~**spitze** f, Drehmaschinenspitze f (Wzm) / center (US)(mounted in tailstock of engine lathe) ‖ ~**spule** f (Elek) / moving coil ‖ ~**spulgalvanometer** n (Elek) / moving-coil galvanometer ‖ ~**spulinstrument** n (Elek, Mess) / moving-coil instrument, permanent-magnet moving-coil instrument ‖ ~**spulmesswerk** n (Mess) / permanent-magnet moving coil movement ‖ ~**spulquotientenmesser** m (Mess) / cross-coil gauge ‖ ~**stab**, Drehstabfeder f / torsion bar, bar spring, torsion-bar spring ‖ ~**stabfeder** f / torsion bar, bar spring, torsion-bar spring ‖ ~**stabfederung** f (Kfz) / torsion bar suspension, torsion spring suspension ‖ ~**stahl** m (ugs. u. Schweiz), Drehmeißel (Dreh) / turning tool, lathe tool ‖ ~**starre Kupplung** (nicht schaltbar - für Wellenverbindung) / rigid coupling ‖ ~**streckung** f (Geom) / rotation stretching

Drehstrom m, (ugs.) Starkstrom, Kraftstrom (Elek) / three-phase current, three-phase A.C., three-phase alternating current, three-phase electric power ‖ ~**...** (Elek) / three-phase ‖ ~**-Asynchronmotor** m (Elek) / three-phase asynchronous motor, three-phase induction motor ‖ ~**generator** m, Drehstrommaschine f

(Elek) / three-phase alternator, three-phase generator || ~**generator**, Lichtmaschine f (ugs.) (Kfz) / alternator, AC generator || ~-**Kommutatormaschine** f (Elek) / three-phase commutator machine || ~**kommutatormotor** m (Elek) / three-phase commutator motor || ~**kreis** m (Elek) / three-phase circuit || ~**kurzschlussläufermotor** m (Elek) / three-phase squirrel-cage motor, three-phase cage motor || ~**lichtmaschine** f, Lichtmaschine f (ugs.), Drehstromgenerator m (Kfz) / alternator, AC generator || ~-**Linearmotor** m (Elek) / three-phase linear motor || ~**maschine** f, Drehstromgenerator m (Elek) / three-phase alternator, three-phase generator || ~**motor** m (Elek) / three-phase motor || ~-**Nebenschlusskollektormotor** m (Elek) / three-phase shunt motor || ~-**Reihenschlussmotor** m (Elek) / three-phase series-wound motor || ~**spartransformator** m (Elek) / three-phase autotransformer || ~**stromwendermotor** m (Elek) / three-phase commutator motor || ~-**Synchron-Generator** m (Elek) / three-phase synchronous generator || ~**synchronmotor** m (Elek) / three-phase synchronous motor || ~-**Trafo** m (Elek) / three-phase transformer || ~-**Transformator** n (Elek) / three-phase transformer || ~**zähler** m (Elek) / three-phase meter

Dreh•stuhl m (einer Drehbrücke) (Bau) / pivot (of swing bridge) || ~**tisch** m, Rundtisch m (Werkzeugträger) (Wzm) / rotary table, rotating worktable || ~**tisch** (Öl) / rotary table || ~**transformator** (Elek) / rotary transformer || ~**tür** f, Drehflügeltür f (Bau) / side-hung door || ~**tür** (Bau) / revolving door (with three or four leaves on a central pivot)

Drehung f, Umdrehung f (eines Körpers um eine Achse oder einen Punkt), Rotation f (allg, Astr, Math, Mech) / rotation || ~, Drehbewegung f, Schwenkbewegung f (um die Horizontalachse, z.B. Mast, Kran) (Förd) / slewing (e.g. of crane), sluing (US), rotating motion || ~ **entgegen dem Uhrzeigersinn**, Linksdrehung f / anticlockwise rotation, counterclockwise rotation, cckw rotation, ccw rotation || ~ **im Uhrzeigersinn**, Rechtsdrehung f / clockwise rotation, ckw rotation, cw rotation, right-hand rotation

Dreh•verbindung (Lagerart) (Masch) / slewing rings || ~**verfahren** n pl (Fert) / turning operations || ~**vermögen** n (Fähigkeit, das polarisierte Licht abzulenken) (Phys) / rotatory power || ~**waage** f (Elek) / torsion balance || ~**wähler** m (Elek, Eltro) / rotary dial, rotary switch (e.g. on dishwasher for selection of a programs) || ~**wähler** (Tele) / uniselector, single-motion selector || ~**wähler-Vermittlung** f (System), elektromagnetische Vermittlungstechnik (Tele) / electromechanical switching [system], Strowger system || ~**werk** n (eines Krans) (Förd) / slewing gear (of a crane) || ~**werkantrieb** m (Förd) / slew drive, slewing drive || ~**werkzeug** n, Drehmeißel (Dreh) / turning tool, lathe tool || ~**widerstand** m (Elek, Eltro) / adjustable resistor (circular type) || ~**winkel** m (Math, Mech) / angle of rotation || ~**winkel** (als Gegenstand einer Messung) (Mess) / angular displacement || ~**winkelmessung** f (Mess) / angular displacement measurement

Drehzahl f (einer drehenden Maschine) (Masch) / speed || ~ ~ (z.B. einer Welle), Umdrehungsgeschwindigkeit f / number of revolutions (per unit time), rotational frequency, rotational speed, speed of rotation || ~ (einer Festplatte) (DV) / disk speed, disk rotation speed || ~**abstufung** f / speed graduation || ~**änderung** f / change in speed || ~**begrenzung** f / overspeed control || ~**bereich** m / range of speed, rpm range, speed range (of rotation) || ~**bild** n (graphisches Hilfsmittel beim Getriebeentwurf) (Masch) / speed flow diagram || ~**einstellung** f (Masch) / torque adjustment || ~**erhöhung** f (Mot, Turbine) / acceleration || ~**erhöhungs-Getriebe** n, Übersetzungsgetriebe ins Schnelle n, Getriebe n mit Übersetzung ins Schnelle / step-up gear, multiplier, speed increaser || ~**geber** m (Eltro, Masch) / speed sensor || ~**messer** m (Kfz, Masch) / tachometer || ~**messung** f (Mess) / rotational speed measurement || ~**regelung** f (Elek, Masch) / speed control || ~**regler** m (Masch) / governor, speed governor || ~**schalter** m (Wz, Wzm) / speed selector switch || ~**sensor** m (Mess) / rpm sensor || ~**steller** m (Elek) / speed controller || ~**steuerung** f (Elek, Masch) / speed control || ~**stufung** f / speed graduation || ~**variabel** (z.B. Turbine) / variable-speed... || ~**veränderlich** (z.B. Turbine) / variable-speed... || ~**wächter** m (Eltro, Mess) / speed monitor, rpm monitor

Dreh•zapfen m / pivot || ~**zapfen**, Drehstuhl m (einer Drehbrücke) (Bau) / pivot (of swing bridge) || ~**zeiger** m (Elek) / rotary phasor || ~**zyklus** m (vorprgrammierte Funktion für häufig vorkommende Dreharbeit) (Dreh) / canned cycle for lathe, canned turning cycle

Drei•achsensteuerung f, Autopilot m (Luft) / automatic n, automatic pilot, autopilot, gyro-pilot || ~**adress-System** n (DV) / three-address system || ~**adriges Kabel** (Elek, Kabel) / three-core cable, three-conductor cable, triple-core cable || ~-**Alpha-Prozess** m (Astr, Nukl) / triple-alpha process, Salpeter process || ~**backenfutter** n (Wz, Wzm) / three-jaw chuck || ~**beinfahrwerk** n (Luft) / tricycle [landing] gear || ~**bereichsverfahren** n (Farbmessung) / tristimulus method, three-range method || ~**bockkran** m, Derrick[kran] m (Förd) / derrick n, three-dimensional, derrick

dreidimensional, 3-D... / three-dimensional, tridimensional, 3-D || ~**e Fotografie**, Stereofotografie f, Raumbildverfahren n (Foto) / stereophotography, stereoscopic photography

Dreieck n (allg, Math) / triangle || ~, Autobahndreieck (Straß) / interchange (of expressways where one terminates)

dreieckig / triangular

Dreiecksaufnahme f, Triangulation f (Verm) / triangulation

Dreieckschaltung f (Elek) / delta configuration, delta connection, mesh connection

Dreiecks•ungleichung f (Math) / triangle inequality || ~**verband** n / triangular crossbracing || ~**vermessung** f, Triangulation f (Verm) / triangulation || ~**zahlen** f pl (Math) / triangular number

Dreielektrodenröhre f, Triode f (Eltro) / triode, three-electrode valve, triode valve

Dreierkonferenz f (Tele) / add-on, three-party conference call, add-on conference || ~ ~ (als

Leistungsmerkmal) (Tele) / three party service, three-way calling

Dreiexzess-Code m, Stibitz-Code m (DV) / excess-three code

dreifach / triple, treble, threefold ‖ ~, ternär (Chem, Phys) / ternary

Dreifach•bindung f (Chem) / triple bond ‖ ~kabel n (Elek, Kabel) / three-core cable, three-conductor cable, triple-core cable ‖ ~rollenkette f, Triplexkette f / triple roller chain, triplex chain ‖ ~steckdose f (Elek) / triple socket ‖ ~steckdose mit Verlängerungskabel f (Elek) / three-gang extension lead, three way extension lead ‖ ~verglasung f (Bau, Glas) / triple glazing

Drei•.F-Bombe f, Dreiphasenbombe f (Mil) / fission-fusion-fission bomb, three-F-bomb ‖ ~fingerregel f (Elek) / Fleming's rule, three-finger rule

Dreikant m, körperliche Ecke (Math) / trihedron, trihedral n ‖ ~kopf m (Schraube) / three-square head ‖ ~schraube f / triangle head bolt

Dreileiter•kabel n (Elek, Kabel) / three-core cable, three-conductor cable, triple-core cable ‖ ~netz n / three-wire network

Dreiphasen•... (Elek) / three-phase ‖ ~-Asynchronmotor m (Elek) / three-phase asynchronous motor, three-phase induction motor ‖ ~bombe f, Drei-F-Bombe f (Mil) / fission-fusion-fission bomb, three-F-bomb ‖ ~netz n (Elek) / three-phase mains pl ‖ ~punkt m, Tripelpunkt m (Chem, Phys) / triple point ‖ ~strom m, (ugs.) Starkstrom, Kraftstrom, Drehstrom m (Elek) / three-phase current, three-phase A.C., three-phase alternating current, three-phase electric power ‖ ~system n (Elek) / three-phase system ‖ ~transformator m (Elek) / three-phase transformer ‖ ~wechselstrom m, (ugs.) Starkstrom, Kraftstrom, Drehstrom m (Elek) / three-phase current, three-phase A.C., three-phase alternating current, three-phase electric power

drei•phasig (Elek) / three-phase ‖ ~pol m (Elek) / triple pole ‖ ~polig (Elek) / three-pole, triple-pole ‖ ~polige Steckdose (Elek) / three-pin socket

Dreipunkt•fahrwerk n (Luft) / tricycle [landing] gear ‖ ~greifer m / three-point gripper ‖ ~gurt m (Kfz) / three-point seat belt ‖ ~oszillator m, Dreipunktschaltung f (Eltro) / three-point circuit ‖ ~regelung f (Regel) / three-position control ‖ ~regler m (Regel) / three-position controller ‖ ~schaltung f (Eltro) / three-point circuit ‖ ~sicherheitsgurt m (Kfz) / three-point seat belt

Drei•radfahrwerk n (Luft) / tricycle [landing] gear ‖ ~satz m (Math) / rule of three ‖ ~satzrechnung f (Math) / calculation according to the rule of three ‖ ~schenkeltransformator m (Elek) / three-column transformer ‖ ~seitige Pyramide, Tetraeder n / tetrahedron, triangular pyramid ‖ ~strahlig (Luft) / tri-jet ‖ ~stufenmotor m (Elek) / three-speed motor ‖ ~-Überschuss-Code m, Stibitz-Code m (DV) / excess-three code ‖ ~walzengerüst f, Triowalzwerk n (Walz) / three-high mill, three-high rolling mill, three-high stand ‖ ~walzenwerk n, Triowalzwerk n, Dreiwalzengerüst f (Walz) / three-high mill,

three-high rolling mill, three-high stand ‖ ~wegekatalysator m / three-way catalytic converter ‖ ~-Wege-Ventil n / three-way valve ‖ ~wegschalter m (der drei verschiedene Einstellungen ermöglicht, z.B. ON, OFF, REMOTE) (Elek, Eltro) / three-point switch, three position switch ‖ ~wegventil n / three-way valve ‖ ~wellengetriebe n / triple gearing ‖ ~wertig (Chem) / tervalent, trivalent ‖ ~wertiger Alkohol (Chem) / trihydric alcohol ‖ ~wertiges Lager / cantilever bearing, cantilever support ‖ ~wicklungstransformator m (Elek) / three-winding transformer ‖ ~zentrenbindung f (Chem) / three-electron bond ‖ ~zug-Kessel m / threepass boiler

Drift f (von Ladungsträgern) (Eltro) / drift (of charge carriers in a semiconductor) ‖ ~, Messgerätedrift f (langsame zeitliche Änderung des Wertes eines messtechnischen Merkmals eines Messgeräts - DIN ISO 10012 Teil 1) (Mess) / drift (of measuring instrument) ‖ ~, Driftbewegung f (Phys) / drift ‖ ~ausfall m (Techn) / degradation failure ‖ ~bewegung f, Drift f (Phys) / drift ‖ ~bewegung von Teilchen (Phys) / drift motion of particles ‖ ~feld n (Phys) / drift field ‖ ~geschwindigkeit f (Elek, Phys) / drift velocity ‖ ~kammer f (Nukl) / drift chamber ‖ ~röhre f (Nukl) / drift tube ‖ ~strom m (Eltro) / drift current ‖ ~transistor m (Eltro) / graded-base transistor, drift transistor

Drillschwingung f, Drehschwingung f (Mech) / torsional vibration

Drillung f, Torsion f (Mech) / torsion

Dringlichkeit f, Vorrang m, Priorität f / priority, precedence [over]

dritt•e kosmische Geschwindigkeit / third cosmic velocity ‖ ~e Potenz, Kubikzahl f, Kubus m (Math) / cube, third power ‖ ~e Schiene, Stromschiene f (Bahn) / third rail, conductor rail, live rail, contact rail ‖ ~e Wurzel, Kubikwurzel f (Math) / cube root

Dritte-Schiene-Stromabnehmer m (Bahn) / third-rail-shoegear

Droge f, Rauschgift n (Pharm) / drug, narcotic

Drop-on-Demand-Verfahren n (DV) / drop-on demand inkjet printing, drop-on-demand printing

Drop-out n, Aussetzer m (kurzzeitiger Einbruch des Signalpegels auf Magnetband) (Audio, DV, Video) / drop-out

Drossel f, Drosselspule f (Elek) / inductor, choke, choke coil, choking coil, reactor ‖ ~klappe f, Drosselventil n / butterfly valve, throttle valve ‖ ~klappe (Kfz, Mot) / throttle plate

Drossel•spule f (Elek) / inductor, choke, choke coil, choking coil, reactor ‖ ~steuerung f (durch Drosselventil) / throttle valve control

Drosselung f, Drosseln n / throttling

Drosselventil n, Drosselklappe f / butterfly valve, throttle valve

Druck m (Press-, Gas- usw. -druck; Pl. (selten): Drücke) (Masch, Phys) / pressure ‖ ~, Schub m (Mech) / axial thrust, thrust ‖ ~ (Beanspruchungsart, im Unterschied zu Zug, Biegung, Knickung etc.) / compression ‖ ~, Drucken n (Druck, DV) / printing ‖ ~ (Tastenbezeichnung) (DV) / Print Screen (key) ‖ ~ an der Oberfläche, Oberflächendruck m / surface pressure ‖ ~ auf ~ beanspruchen (Mater, Mech) / stress in compression, subject to compressive stress, load in compression, subject to compression loading ‖ **unter ~ setzen**, unter Überdruck setzen / pressurise (GB), pressurize (US) ‖ **unter ~ [stehend]** / pressurised (GB), under pressure, pressurized (US)

Druck • abfall m, Druckverlust m / pressure drop, pressure loss ‖ **~abfall**, Druckminderung f / pressure reduction ‖ **~abhängig** [arbeitend, wirkend] / pressure controlled ‖ **~anstieg** m / pressure increase, pressure rise, rise of pressure ‖ **~anzug** m, Anti-g-Anzug m (Luft, Raumf) / anti-g suit, PGA (pressure garment assembly), g-suit, pressure garment assembly ‖ **~aufbau** m / pressure build-up ‖ **~aufnehmer** m (Mess) / pressure sensor, pressure pickup, pressure transducer ‖ **~ausbreitung** f (Phys) / pressure propagation ‖ **~ausgabe** f, Ausdruck m, Hardcopy f (DV) / hard copy, printout, output (of a printer), printer output ‖ **~ausgleich** m / pressure compensation, equalization of pressure ‖ **~ausgleichkolben** m, Ausgleichkolben m (bei Turbinen), Entlastungskolben m / balance piston, dummy piston

Drückbank f (Wzm) s. Drückmaschine

Druck • beanspruchung f, Beanspruchung f auf Druck (Mater) / compression stress, compressive stress ‖ **~beanspruchung** (als Vorgang) (Mech) / compression loading, compressive loading ‖ **einer ~beanspruchung aussetzen** (Mater, Mech) / stress in compression, subject to compressive stress, load in compression, subject to compression loading ‖ **~begrenzungsventil** n / pressure-limiting valve ‖ **~behälter** m, Druckgefäß n / pressure vessel ‖ **~behälter**, Autoklav m (Chem, Färb, Nahr, Pap) / autoclave ‖ **~belastung** f (Mech) / compressive load ‖ **~belastung**, Druckbeanspruchung f (als Vorgang) (Mech) / compression loading, compressive loading ‖ **~bogen** m (Druck) / sheet (large piece of printing paper) ‖ **~bruch** m (Mater) / pressure fracture ‖ **~datei** f (DV) / print file, printer file ‖ **~dicht** / pressure tight, pressure sealed ‖ **~differenz** f / pressure differential ‖ **~diffusion** f (Chem, Phys) / pressure diffusion ‖ **~einheit** f (Phys) / pressure unit, unit of pressure ‖ **~element** n (DV) / printing element (of printer)

drucken (Druck, DV) / print vt (e.g. book, text) ‖ **~, einen Ausdruck machen [von]**, ausdrucken (DV) / print out, print ‖ **~ n**, Druck m (Druck, DV) / printing

drücken vt, zusammendrücken / press, compress ‖ **~, (einen) Druck ausüben** / press, exert pressure ‖ **~, pressen, zusammenpressen, quetschen** / press forcibly, squeeze vt, squash ‖ **~, pressen** (z.B. Metallschmelzen in Druckgießform) / inject (e.g. liquid metal into the die) ‖ **~** (Fert) / spin ‖ **~** ((auf) eine Taste), betätigen / press [down], activate (a key, pushbutton) ‖ **~, betätigen** (eine Maustaste) / click (a mouse button) ‖ **~** (Umformen eines ebenen Blechteils am rotierenden Formkörper), Metalldrücken n (Fert) / metal spinning, spinning

drückendes Mittel, Drücker m (bei der Flotation gegen das Aufschwimmen von Erzen), Sinkmittel n, passivierendes Mittel (Aufb) / depressant

Druckentlastung f, Druckminderung f / pressure reduction

Drucker m (DV) / printer

Drücker m, Türgriff m / door handle ‖ **~** (bei der Flotation gegen das Aufschwimmen von Erzen), drückendes Mittel, Sinkmittel n, passivierendes Mittel (Aufb) / depressant

Drucker • ausgabe f, Ausdruck m, Hardcopy f (DV) / hard copy, printout, output (of a printer), printer output ‖ **~farbe** f, Druckfarbe f (Druck) / printing ink

Druckerhöhung f / pressure increase, pressure rise, rise of pressure

Druckerspooler m (DV) / spooler (utility program), print spooler

Druck • farbe f, Druckerfarbe f (Druck) / printing ink ‖ **~feder** f / compression spring ‖ **~fest** (z.B. Behälter) / pressure-resistant ‖ **~festigkeit** f / pressure resistance, resistance to pressure ‖ **~festigkeit** (gegen Zusammendrücken) (Mater, Mech) / compressive strength, compression strength ‖ **~festigkeit** (beim Druckversuch) / compressive strength, ultimate compressive strength (maximum stress that a material can withstand before failure in compression) ‖ **~festigkeit** (bis zum Bersten) / compressive strength, crushing strength, crushing resistance, resistance to crushing, crush strength ‖ **~filtration** f (ChT) / pressure filtration ‖ **~flasche** f (Chem) / pressure cylinder ‖ **~flüssigkeit** f / hydraulic fluid ‖ **~flüssigkeitsspeicher** m, hydraulischer Akkumulator (Ener) / hydraulic accumulator, weight load (US) ‖ **~flüssigkeitsstrahlen** n, Wasserstrahlen n, Trennstrahlen n unter Verwendung von Wasser (mit oder ohne zugemischte Strahlmittel) (Fert) / water jet machining ‖ **~fühler** m (Mess) / pressure sensor

Drückfutter n, Formklotz m (Formkörper zum Drücken von Hohlkörpern) (Fert) / former, mandrel

Druck • geber m (Mess, Regel) / pressure transducer ‖ **~gefälle** n, Druckunterschied m / pressure differential, P.D. ‖ **~gefäß** n, Druckbehälter m / pressure vessel ‖ **~geschwindigkeit** f (Druck, DV) / printing rate, print speed, printing speed ‖ **~gießen** n (von Metallen) (Gieß) / diecasting (US), pressure die casting (GB), high-pressure die casting, pressure casting ‖ **~gießform** f (Gieß) / die casting, die-set (in die casting) ‖ **~gießmaschine** f / diecasting machine ‖ **~gießverfahren** n, Druckgießen n (von Metallen) (Gieß) / diecasting (US), pressure die casting (GB), high-pressure die casting, pressure casting ‖ **Bernoullische ~ [höhen]gleichung** (Phys) / Bernoulli's equation, Bernoulli's law, Bernoulli's theorem ‖ **~glied** n (Mech) / compression member, member under compression ‖ **~gradient** m (Meteo) / pressure gradient ‖ **~grün** n, Chromgrün n, Englischgrün n (Anstr, Färb) / chrome green

Druckguss m, Druckgießverfahren n, Druckgießen n (von Metallen) (Gieß) / diecasting (US), pressure die casting (GB), high-pressure die casting, pressure casting ‖ **~maschine** f / diecasting machine ‖ **~stück** n / diecasting, diecast part ‖ **~teil** f / diecasting, diecast part ‖ **~werkstoff** m (Hütt) / die cast material

Druck•heizung f, Heißwasserheizung[sanlage] f (Bau) / steam heating system, steam system ‖ ˜**herabsetzung** f, Druckminderung f / pressure reduction ‖ ˜**höhe** f (Maß für die potentielle Energie von Wasser) (Phys) / head ‖ ˜**kabine** f (Luft) / pressurized cabin, pressure cabin ‖ ˜**kammer** f / pressure chamber ‖ ˜**kammer** (einer Druckgießmaschine) (Gieß) / pressure chamber, shot chamber

Druckknopf m, Drucktaste f (Elek, Masch) / button (pressed to activate an electric circuit, operate a machine or open a small door etc), pushbutton ‖ ˜ (Tex) / patent fastener, press stud (GB), snap fastener (US) ‖ ˜**auslösung** f (allg, Foto) / push-button release (US) ‖ ˜**tafel** f / push-button control panel

Druck•koeffizient m, Spannungskoeffizient m (bei Gasen und Flüssigkeiten) (Phys) / temperature-pressure coefficient ‖ ˜**kolben** m (beim Druckgießen) (Gieß) / piston (in die-casting), plunger ‖ ˜**kopf** m (bei einem Drucker) (DV) / print head ‖ ˜**kraft** f (Mech) / compression force, compressive force ‖ ˜**kraft** f, Druck m (Press-, Gas- usw. -druck; Pl. (selten): Drücke) (Masch, Phys) / pressure ‖ ˜**kraft** (die einen Stab einer Knickbeanspruchung aussetzt) (Mech) / buckling load ‖ ˜**lack** m (Druck) / printer's varnish ‖ ˜**lager** n, Axialdrucklager n (Masch) / axial bearing, thrust bearing, axial-thrust bearing ‖ ˜**leistung** f, Druckgeschwindigkeit f (Druck, DV) / printing rate, print speed, printing speed ‖ ˜**leitung** f (Wasserkraft), Druckrohrleitung (Elek, Wasserb) / penstock ‖ ˜**linie** f, Wirkungslinie, Angriffslinie f (Mech) / application line, line of action ‖ ~**los** / pressureless ‖ ˜**loses Sintern** (Fert) / pressureless sintering

Druckluft f (Masch) / compressed air ‖ ˜..., durch Druckluft betätigt, druckluftbetätigt / compressed air [operated], air operated, pneumatic, pneumatically operated or actuated ‖ ˜**aufbereitung** f / compressed air filtration ‖ ˜**behälter** m / compressed-air tank ‖ ˜**behälter** m, Druckluftflasche f / air bottle, compressed air cylinder ‖ ˜**betätigt** / compressed air [operated], air operated, pneumatic, pneumatically operated or actuated ‖ ˜**erzeuger** m, Luftverdichter m, Luftkompressor m / air compressor ‖ ˜**erzeugung** f / compression of air, compressed air generation ‖ ˜**flasche** f / air bottle, compressed-air cylinder ‖ ˜**förderung** f, Airlift-Verfahren n (Öl) / airlift ‖ ˜**hammer** m, Presslufthammer m (Wz) / pneumatic hammer, pneumatic drill, air hammer, jackhammer (US, Canada) ‖ ˜**heber** m, Mammutpumpe f / airlift ‖ ˜**motor** m / compressed-air motor, air motor, air engine ‖ ˜**pegel** m, -schreibpegel m / pneumatic level recorder ‖ ˜**schlauch** m / compressed-air hose ‖ ˜**schraube** f, Druckpropeller m (Luft) / pusher airscrew, pusher propeller ‖ ˜**-Speicherkraftwerk** n (Ener) / CAES plant, compressed-air energy storage plant, compressed-air storage power station ‖ ˜**speicherung** f (Ener) / compressed air energy storage, CAES, compressed-air storage ‖ ˜**strahlen** n (mit Strahlmittel in einen Druckluftstrom) (Fert) / abrasive jet machining, AJM ‖ ˜**ventil** n / pneumatic valve ‖ ˜**werkzeug** n / pneumatic tool ‖ ˜**werkzeug** /

compressed-air o. pneumatic tool ‖ ˜**zylinder** m / pneumatic cylinder

Druckmaschine f (Druck) / printing machine, printing press

Drückmaschine f (Wzm) / spinning lathe

Druck•messdose f / pressure cell ‖ ˜**messer** m, Manometer n (Mess, Phys) / pressure gauge (Hinweis: die engl. Benennung "manometer" kann zwar auch Druckmessgeräte bezeichnen, wird aber üblicherweise nur für Flüssigkeitsmanometer, insbesondere U-Rohr-Manometer verwendet - die Gleichung "Manometer" = "manometer" ist deshalb irreführend) ‖ ˜**messer** (Mess, Phys) s. a. U-Rohr-Manometer ‖ ˜**messfühler** m (Mess) / pressure sensor, pressure pickup, pressure transducer ‖ ˜**messgerät** n, Manometer n (Mess, Phys) / pressure gauge (Hinweis: die engl. Benennung "manometer" kann zwar auch Druckmessgeräte bezeichnen, wird aber üblicherweise nur für Flüssigkeitsmanometer, insbesondere U-Rohr-Manometer verwendet - die Gleichung "Manometer" = "manometer" ist deshalb irreführend) ‖ ˜**gerät** n (Mess, Phys) s. a. U-Rohr-Manometer ‖ ˜**messung** f (Mess) / pressure measurement ‖ ˜**minderer** m / pressure reducer ‖ ˜**minderung** f / pressure reduction ‖ ˜**mittelpunkt** m, Angriffspunkt m (Mech) / center of pressure, C.P. ‖ ˜**öl** n, Hydrauliköl n / hydraulic oil ‖ ˜**ölgetriebe** n / hydraulic transmission (using mineral oil) ‖ ˜**ölschmierung** f / forced feed oil lubrication, pressure feed oil lubrication ‖ ˜**ölung** f, Druckölschmierung f / forced feed oil lubrication, pressure feed oil lubrication ‖ ˜**plattenanemometer** n (Mess, Meteo) / pressure-plate anemometer ‖ ˜**propeller** m (Luft) / pusher airscrew, pusher propeller ‖ ˜**propellerflugzeug** n, Flugzeug n mit Druckschraube, Druckschrauber m (Luft) / pusher aircraft ‖ ˜**prüfung** f (Mater) / compression test ‖ ˜**prüfung**, Abdrücken n / hydraulic pressure test ‖ ˜**pumpe** f / pressure pump, force pump ‖ ˜**reduzierventil** n / pressure-reducing valve ‖ ˜**regelventil** n / pressure-regulating valve ‖ ˜**regler** m / pressure balance o. governor (GB) o. regulator o. scale (US), pressure controller ‖ ˜**rohr** n, Druckleitung f (Wasserkraft), Druckrohrleitung (Elek, Wasserb) / penstock ‖ ˜**röhrenreaktor** m, -rohrreaktor m (Nukl) / pressure tube reactor ‖ ˜**rohrleitung**, Druckleitung f (Wasserkraft) (Elek, Wasserb) / penstock ‖ ˜**rolle** f (beim induktiven Widerstandsschweißen) (Schw) / squeeze roll

Drückrolle f, Walzrolle f, Drückwalze f (punktförmiges Werkzeug zum Drücken/Umformen eines Blechzuschnitts zu einem Hohlkörper) (Wz) / roller, roller tool, spinning tool

Druck•schalter m (Elek, Regel) / pressure switch (operates at a predetermined liquid or gas pressure) ‖ ˜**scheibe** f (zur Aufnahme von Schub) / thrust washer ‖ ˜**schmierung** f (Masch) / forced-feed lubrication, forced lubrication, pressure feed lubrication, pressure lubrication ‖ ˜**schraube** f, Druckpropeller m (Luft) / pusher airscrew, pusher propeller ‖ ˜**schrauber** m, Flugzeug n mit Druckpropeller (Luft) / pusher aircraft ‖ ˜**schrift** f, Schriftart f (Druck) / type, typeface (e.g. Times) ‖ ˜**seite** f (der Pumpe) / delivery side (of a pump), discharge side ‖ ˜**sensor** *m* (Mess) / pressure sensor, pressure pickup, pressure transducer ‖ ˜**server** *m* (DV) / print server ‖ ˜**spannung** *f* (Mech) / compressive stress ‖ ˜-**Spannzange** *f* / push-out collet chuck ‖ ˜**speicher** *m* (Masch) / accumulator, pressure accumulator ‖ ˜**spitze** *f* / pressure peak

Drückstab *f* (punktförmiges Werkzeug zum Drücken/Umformen eines Blechzuschnitts zu einem Hohlkörper) (Wz) / spinning tool

Druck• stab *m* / compression test bar ‖ ˜**stempelkanne** *f*, Cafetière *f* / cafetière (GB), press pot, plunger (Australia), French press (for making coffee) ‖ ˜**stoß** *m*, Wasserschlag *m* (in Rohrleitungen) (Rohr) / water hammer, hammer blow (in pipes) ‖ ˜**strahlen** *n* (Fert) / liquid honing (abrasives suspended in water are forced at high velocity with compressed air through special nozzles against the surfaces to be treated), vapour blasting, wet blasting ‖ ˜**strahlläppen** *n* (Fert) / liquid honing (abrasives suspended in water are forced at high velocity with compressed air through special nozzles against the surfaces to be treated), vapour blasting, wet blasting ‖ ˜**stutzen** *m* (der Pumpe) / discharge branch, delivery branch ‖ ˜**taste** *f*, Druckknopf *m* (Elek, Masch) / button (pressed to activate an electric circuit, operate a machine or open a small door etc), pushbutton ‖ ˜-**Temperatur-Phasendiagramm** *n*, p-T-Diagramm *n* (Phys) / p-T-diagram, pressure-temperature diagram ‖ ˜**type** *f*, Letter *f*, Bleiletter *f* (Druck) / cast character, type, foundry type character, character, letter *n*, printing letter, printing type ‖ ˜**übersetzer** *m* / booster, pressure intensifier ‖ ˜**umformen** *n* (DIN 8583) (Fert) / compression forming, forming under compressive conditions, compressive deformation [processes] ‖ ˜**umformverfahren** *n* (Fert) / compression forming process, compression process ‖ ˜**umlaufschmierung** *f* (Masch) / forced-feed lubrication, forced lubrication, pressure feed lubrication, pressure lubrication ‖ ˜**unterschied** *m* / pressure difference, P.D. ‖ ˜**unterschied**, Druckgefälle *n* / pressure differential, P.D. ‖ ˜**ventil** *n* / pressure valve ‖ ˜**ventil**, Druckbegrenzungsventil *n* / pressure-limiting valve ‖ ˜**ventil** (Pumpe) / discharge valve, outlet valve, head valve (pump) ‖ ˜**verfahren** *n* (Druck) / printing technology, print process ‖ ˜**verhältnis** *n* (Phys) / pressure ratio ‖ ˜**verhältnis** (z.B. bei Verdichtern) (Masch) / compression ratio, pressure ratio ‖ ˜**verlust** *m*, Druckabfall *m* / pressure drop, pressure loss ‖ ˜**versuch** *m* (Mater) / compression test ‖ ˜**verteilung** *f* (Phys) / pressure distribution ‖ ˜-**Volumen-Diagramm** *n*, p-V-Diagramm *n*, Arbeitsdiagramm *n* (Mot, Phys) / pressure-volume diagram, P-V diagram ‖ ˜**wächter** *m* (Regel) / manostat

Drück• walze *f* (punktförmiges Werkzeug zum Drücken/Umformen eines Blechzuschnitts zu einem Hohlkörper), Drückrolle *f*, Walzrolle *f* (Wz) / roller, roller tool, spinning tool ‖ ˜**walzen** (Fert) / flow-forming

Druck• wandler *m* (Masch) / pressure transducer ‖ ˜**wasser-Reaktor** *m* (Nukl) / pressurized water reactor, PWR ‖ ˜**wasserstoff** *m* /

pressurized hydrogen ‖ ˜**welle** *m* (Phys) / pressure wave, compression wave, compressional wave ‖ ˜**welle** *f* (durch Detonation erzeugt), Detonationswelle *f* (Phys) / detonation wave, blast wave ‖ ˜**welle** (Phys) s. a. Stoßwelle ‖ ˜**wellenlader** *m* (Mot) / pressure wave supercharger ‖ ˜**widerstand** *m* (Luft, Phys) / pressure drag ‖ ˜**windkessel** *m* / compressed-air chamber ‖ ˜**zunahme** *f* / pressure increase, pressure rise, rise of pressure

Drude-Gleichung *f* (Phys) / Drude equation

DS *m*, Drehstrom *m* (Elek) / three-phase current, three-phase A.C., three-phase alternating current, three-phase electric power

D-Schicht *f* (der Ionospäre) (Geoph) / D-layer

DSL (digitale Übertragungstechnik, mit der ein breitbandiger Anschluss über die vorhandene Kupferkabel-Infrastruktur des öffentlichen Telefonnetzes zur Verfügung gestellt wird) (Tele) / Digital Subscriber Line (technique used to transmit digital data over the local loop), DSL ‖ ˜-**Anschluss** *m* (Tele) / DSL connection ‖ ˜-**Splitter**, Breitbandanschlusseinheit (Tele) / splitter, DSL splitter ‖ ˜-**Technik**, DSL (digitale Übertragungstechnik, mit der ein breitbandiger Anschluss über die vorhandene Kupferkabel-Infrastruktur des öffentlichen Telefonnetzes zur Verfügung gestellt wird) (Tele) / Digital Subscriber Line (technique used to transmit digital data over the local loop), DSL ‖ ˜-**Weiche**, DSL-Splitter, Breitbandanschlusseinheit (Tele) / splitter, DSL splitter

DSP *m*, DSP-Chip *m*, digitaler Signalprozessor (Audio, DV, Video) / digital signal processor, DSP

DSS, digitales Satellitensystem (TV) / digital satellite system

DTA, Differenzthermoanalyse *f* (Chem) / differential thermal analysis, DTA

DTA-Wert *m* (duldbare tägliche Aufnahmemenge), ADI-Wert *m* (Chem, Landw) / acceptable daily intake, ADI

DTD *f* (mit Definitionen aller Datenelementcodes einer Gruppe von HTML- oder SGML-Dokumenten), Document Type Definition (DV) / DTD, Document Type Definition

DTE, Datenendeinrichtung *f* (DV, Tele) / data terminal equipment, DTE

dtex, Dezitex *n* (Tex) / dtex (yarn count, g/10000 m)

D-Thyminose *f* (Biochem) / deoxyribose

DTL, Dioden-Transistor-Logik *f* (Eltro) / diode-transistor logic, DTL ‖ ˜-**Gatter** *n* (Eltro) / DTL gate

D-T-Reaktion *f* (Nukl) / deuterium-tritium reaction

dual• er Beta-Zerfall (Nukl) / dual beta decay ‖ ˜**er Logarithmus** (Math) / binary logarithm ‖ ˜**es Zahlensystem**, binäres Zahlensystem (DV, Math) / binary number system, binary system, dyadic system ‖ ˜**er Zerfall** (Nukl) / dual decay

Dualcode *m*, Binärcode *m* (DV) / binary code

Dual-in-Line-Gehäuse *n*, DIL-Gehäuse *n* (Eltro) / dual-in-line package (IC)

Dualismus *m* (Phys) / dualism

Dualität *f* (Math) / duality

Dual-Slope-Umsetzer *m* (Eltro, Mess) / dual-slope converter

Dual•system n (DV, Math) / binary number system, binary numeral system ‖ ~**zahl** f, Binärzahl f (Math) / binary n, binary number ‖ ~**zähler** m (DV, Eltro) / binary counter ‖ ~**ziffer** f, Binärziffer f (Math) / binary digit

Duane-Huntsches Gesetz (Phys) / Duane and Hunt's law

Dübel m, Schraubendübel (zur Befestigung einer Schraube in einer Mauer, einer Raumdecke, einem Fußboden) (Bau) / screw anchor (US)(which expands when a screw is driven into it), wall plug (GB), anchor n ‖ ~, Verbundanker m (Befestigungselement, das Dübel und Schraube in sich vereinigt und ohne Spreizung mit einem aushärtenden Harz im Bohrloch verklebt wird) (Bau) / bonded anchor ‖ ~ (bei Betonplatten), Fugendübel m (Bau) / dowel, dowel bar ‖ ~ m, Holzdübel m (Tischl, Zimm) / dowel n, dowel pin, wood dowel pin

Dublett n (Nukl) / duplet ‖ ~**methode** f (Nukl) / doublet method

Dubnium m (Chem) / dubnium, Db

Dufour-Effekt m, Diffusionsthermoeffekt m (Phys) / Dufour effect

Dukatengold n / mint gold (986/1000)

duktil, plastisch formbar (allgemein, durch Zug o. Druck) (Mater) / ductile, plastic ‖ ~**es Gusseisen**, Gusseisen n mit Kugelgraphit (Hütt) / ductile cast iron, ductile iron, spheroidal graphite iron, SG iron, nodular cast iron

Duktilität f, Verformbarkeit f (Mater) / ductility (capacity of a material to deform permanently in response to stress)

Dulong-Petitsche Regel (Phys) / Dulong and Petit's law, law of Dulong and Petit

Dumonts Blau, Cobaltblau n / cobalt blue

Dump m (Ausdruck o. Anzeige eines Arbeitsspeicherbereichs), Speicherauszug m (DV) / dump, memory dump

Dumper m, Vorderkipper m, Motor-Japaner m (Bau) / dumper ‖ ~, Muldenkipper m (Bau, Kfz) / dump truck, off-road dump truck, haul truck (US), dumper

Dung (als Dünger verwendeter Mist) (Landw) / manure

Düngemittel n, Dünger m (Landw) / fertilizer

Dünger m, Düngemittel n (Landw) / fertilizer

Düngung f (Landw) / fertilization

dunkel / dark ‖ **Dunkle Energie** (Phys) / dark energy ‖ **Dunkle Materie** (Phys) / dark matter ‖ **dunkler machen**, dämpfen (Licht) / dim vt (light), turn down

Dunkel•entladung f, Townsend-Entladung f (Elek) / Townsend discharge, dark discharge ‖ ~**feldbeleuchtung** f (Mikros) / dark field o. dark ground o. black field illumination ‖ ~**feldmikroskopie** f / dark-field microscopy ‖ ~**kammer** f / darkroom ‖ ~**steuerung** f (Eltro, TV) / blanking, blackout ‖ ~**strom** m (Photozelle) (Eltro) / dark current ‖ ~**stufe** f (DIN Farbsystem) / blackness value ‖ ~**tasten**, austasten (Bild, Signal) (Eltro, TV) / blank vt, blank out ‖ ~**tasten** n (Eltro, TV) / blanking, blackout ‖ ~**tastung** f (der Bildröhre, des Bildrücklaufs) (Eltro, TV) / blanking, blackout ‖ ~**widerstand** m (eines Fotowiderstands) (Eltro) / dark resistance

dünn (allg) / thin ‖ ~, schwach (z.B. Kaffee, Tee, Salzlösung) / weak ‖ ~**e Schicht** / film, thin sheet (e.g. of ice) ‖ ~**es Seil**, Schnur f, Leine f / line, cord

Dünn•bramme f (Gieß) / thin slab ‖ ~**brammenanlage** f, Dünnbrammengießmaschine f (Gieß) / thin slab caster ‖ ~**brammengießen** n (Gieß) / thin slab casting ‖ ~**brammengießmaschine** f, Dünnbrammenanlage f (Gieß) / thin slab caster ‖ ~**druckpapier** (weißes oder farbiges Papier mit einem Flächengewicht von 25, 30 oder 40 g/m²), Florpostpapier n (Pap) / lightweight printing paper, thin paper, thin printing paper

Dünnfilm•-FET m (Eltro) / insulated-gate thin-film field-effect transistor ‖ ~**kondensator** m (Elek) / thin-film capacitor ‖ ~**speicher** m (DV) / thin film memory ‖ ~**technologie** f (Eltro) / thin-film technology, TFT ‖ ~**transistor** m (Eltro) / thin-film transistor, TFT

dünnflüssig / low-viscosity, thin, runny ‖ ~**e Farbe** (Druck) / low-viscosity ink ‖ ~**es Öl** / thin-bodied oil

Dünn•glas n / thin sheet glass ‖ ~**ringlager** / thin section bearing ‖ ~**säure** f (Chem) / dilute acid ‖ ~**schaft** m (der Schraube) / reduced shank

Dünnschicht•chromatographie f (Chem) / thin-layer chromatography ‖ ~**diode** f (Eltro) / thin film diode, TFD ‖ ~**-Feldeffekttransistor** m (Eltro) / insulated-gate thin film field-effect transistor ‖ ~**kondensator** m (Eltro) / thin-film capacitor ‖ ~**reaktor** m (ChT) / thin-film reactor ‖ ~**solarzelle** f (Elek) / thin-film solar cell ‖ ~**speicher** m (DV) / thin film memory ‖ ~**technik** f (Eltro) / thin-film technology, TFT ‖ ~**transistor** m, Dünnfilmtransistor m (Eltro) / thin-film transistor, TFT ‖ ~**verdampfer** m (Chem) / thin-film evaporator ‖ ~**widerstand** m (Eltro) / thin-film resistor

Dünn•schnitttechnik m (Mikros) / thin-section microscopy ‖ ~**wandig** / thin-wall[ed]

Dunstabzugshaube f (Küche) (HG) / range hood (US), extractor hood (GB), kitchen hood, stove hood, exhaust hood, cooker hood, extraction hood, ventilation hood ‖ ~ (Chem) / fume hood (of fume cupboard)

Duo•-Anordnung f (Walz) / two-high configuration ‖ ~**dezimalsystem** n, Dodekadik f (Math) / duodecimal [number] system ‖ ~**diode** f, Doppeldiode f (Eltro) / double diode, binode, twin diode, duo-diode ‖ ~**servobremse** f (Kfz) / duo-servo brake

duplex adj (Tele) / duplex adj ‖ ~ n, Vollduplex-Betrieb m (gleichzeitige Übertragung in beide Richtungen) (Tele) / full duplex, duplex operation, duplex n, duplexing, duplex mode ‖ ~**betrieb** m, Vollduplex-Betrieb m (gleichzeitige Übertragung in beide Richtungen) (Tele) / full duplex, duplex operation, duplex n, duplexing, duplex mode ‖ ~**kanal** m (Tele) / duplex channel ‖ ~**kette** f / double roller chain, duplex roller chain ‖ ~**sonographie** f (MT) / duplex sonography ‖ ~**stähle** m pl (Hütt) / duplex alloys, ferrite-austenite alloys, duplex steels, duplex stainlesses ‖ ~**stahlguss** m (Hütt) / duplex steel casting ‖ ~**-Übertragungsverfahren** n, Vollduplex-Betrieb m (gleichzeitige Übertragung in beide Richtungen) (Tele) / full duplex, duplex operation, duplex n, duplexing, duplex mode ‖ ~**verfahren** n (Kombination zweier Ofenarten) (Hütt) / duplex process

Duplikat n, Zweitexemplar n, Kopie f / duplicate n, dupe n (US)

Duplizieren *n*, Duplexverfahren *n* (Kombination zweier Ofenarten) (Hütt) / duplex process

Duralumin[ium] (Hütt) / duralumin[ium]

durch, geteilt [durch] (Math) / divided [by]

Durch•biegungslinie *f*, elastische Linie (Mech) / elastic curve

durchbrennen *vi*, durchschmelzen (Elek) / blow *vi* [out] (fuse) ‖ **~ lassen** (die Sicherung), auslösen (Elek) / blow *vt* (the fuse), fuse (the fuse) ‖ $\simeq$ *n* (der Brennstoffhüllen), Burnout *n* (Nukl) / burnout

Durchbruch *m*, Bruch *m*, Brechen *n* / break, fracture *n* ‖ $\simeq$ (Elek) / breakdown ‖ $\simeq$ (Eltro) / breakdown (in a semiconductor device) ‖ $\simeq$ (z.B. bei einer technischen Entwicklung) / breakthrough ‖ $\simeq$ *m*, Durchbrechung *f* / opening ‖ $\simeq$**diode** *f* (Elek, Eltro) / BOD, break-over diode ‖ $\simeq$**effekt** *m* (Eltro) / breakdown effect ‖ $\simeq$**spannung** *f*, Zündspannung *f* (Elek) / breakthrough voltage o. potential ‖ $\simeq$**spannung** (in einem Halbleiterbauelement) (Eltro) / breakdown voltage

durch•dringbar, durchlässig [für](z.B. Wasser), permeabel / permeable [to], pervious ‖ **~dringen** *vi vt* / penetrate, permeate ‖ **~dringlich**, durchlässig [für](z.B. Wasser), permeabel / permeable [to], pervious ‖ $\simeq$**dringung** *f* / penetration ‖ $\simeq$**dringung** (Math) / intersection (set of points common to two geometric configurations) ‖ $\simeq$**dringungsverbundwerkstoff** *m*, Durchdringungsverbund *m* (Mater) / infiltration composite

Durchdruck *m*, Siebdruck *m* (Druck, Tex) / screen printing, screen process printing

durchfließen (allg, Elek) / flow through ‖ $\simeq$ *n* (durch), Durchfluss *m* / flow, flowing (through)

durchfluchten, abfluchten, abvisieren (Bau, Verm) / align *vt*, arrange in a straight line, line up, sight out

Durchfluss *m*, Durchfließen *n* (durch) / flow, flowing (through) ‖ $\simeq$, Volumendurchfluss *m* (Stoffmenge, die je Zeiteinheit einen bestimmten Durchflussquerschnitt durchfließt) (Phys) / volume flow rate, volume rate of flow, volumetric flow rate ‖ $\simeq$**geschwindigkeit** *f* / flow velocity, flow rate ‖ $\simeq$**menge** *f* (Stoffmenge, die je Zeiteinheit einen best. Querschnitt durchfließt), Durchsatz *m* / rate of flow, flow rate ‖ $\simeq$**mengenmesser** *m* / flowmeter ‖ $\simeq$**mengenregler** *m* / flow control valve ‖ $\simeq$**messer** *m* / flowmeter ‖ $\simeq$**messung** *f* / flow measurement ‖ $\simeq$**profil** *n*, Durchflussquerschnitt *m* / cross section (of a water way) ‖ $\simeq$**querschnitt** *m*, Durchflussprofil *n* / cross section (of a water way) ‖ $\simeq$**regelung** *f* / flow control ‖ $\simeq$**richtung** *f* / direction of flow ‖ $\simeq$**sensor** *m* / flow sensor ‖ $\simeq$**wandler** *m* (Elek, Eltro) / forward converter

Durchflutung *f*, elektrische Durchflutung (Elek) / magnetomotive force, m.m.f. ‖ $\simeq$, Amperewindungszahl *f* (Produkt aus Stromstärke und Windungszahl einer Spule) (Elek) / flux linkage, linkage

Durchflutungsgesetz *n*, Ampèresches Verkettungsgesetz (Elek) / Ampère law

durchführbar, ausführbar, realisierbar / feasible, practicable, viable, workable

Durchführbarkeit *f* / feasibility, viability

Durchführbarkeitsstudie *f*, Machbarkeitsstudie *f* / feasibility study

durchführen, ausführen (Plan, Projekt) / implement, carry out, execute ‖ **~** (Berechnungen, Messungen), ausführen / perform (calculations, measurements) ‖ **~**, ausführen / perform, carry out (a job, task, work), accomplish ‖ **~** (Prüfungen, Untersuchungen, Versuche) / conduct *vt* (tests, studies, research), carry out

Durchführung *f* (einer Aufgabe, von Instandhaltungsarbeiten) / performance (of a task, maintenance work) ‖ $\simeq$ (von Messungen, Berechnungen) / performance (of measurements, clculations) ‖ $\simeq$, Ausführung *f* (eines Plans, Projekts) / implementation, execution, carrying out, performance ‖ $\simeq$ (z.B. von Prüfungen, Untersuchungen, Versuchen) / conduct *n* (e.g. of a test, an examination, research) ‖ $\simeq$ (Isolator) (Elek) / bushing, feedthrough

Durchführungsisolator *m* (Elek) / bushing insulator, wall[-entrance] insulator, inlet insulator o. bell, leading-in insulator

Durchgang *m*, Siebdurchgang *m*, Unterkorn *n* (Aufb) / screen underflow, subsieve fraction, smalls *pl*, undersize, fells *pl* ‖ $\simeq$, lichte Höhe (Einbauhöhe zwischen den Platten einer Presse)(Wzm) / dyalight, daylight opening ‖ $\simeq$ (beim Draht-, Stab- u. Rohrziehen), Zug *m* (Fert) / pass ‖ $\simeq$ (eines Werkstücks durch einen Walzenspalt), Walz-Stich *m* (Walz) / pass, rolling pass

Durchgangs•bohrung *f* / through hole ‖ $\simeq$**loch** *n* / through hole, clearance hole ‖ $\simeq$**prüfer** *m* (Elek) / continuity tester ‖ $\simeq$**ventil** *n* / straight-way valve, full-way valve ‖ $\simeq$**verkehr** *m* (Verk) / through traffic, transit traffic ‖ $\simeq$**vermittlungsstelle** *f*, Transitvermittlungsstelle *f* (Tele) / tandem exchange (intermediate switching centre between local exchanges or other tandem exchanges in a telephone network), transit exchange, tandem office, tandem switching centre, toll exchange

durchgehärtet / fully hardened, through-hardened

durchgehende Linie, Volllinie *f* (Doku) / solid line, full line

durchgelassener Frequenzbereich, Durchlassbereich *m* (eines Bandpasses) / band-pass (of a band-pass filter), passband, pass-range

durchgezogene Linie (Doku) / solid line, full line

Durchgriff *m* (Eltro) / inverse amplification factor, reciprocal of the voltage amplification factor in %, penetration coefficient o. factor

Durch•hang *m* (von Seilen o. Leitungen) / sag ‖ **~hängen**, Durchhang haben / sag *vi*

Durchhärtung *f* (Stahl) (Hütt) / full hardening, through-hardening

Durchlass•band *n*, Durchlassbereich *m* (eines Bandpasses), durchgelassener Frequenzbereich (Eltro) / band-pass (of a band-pass filter), passband, pass-range ‖ $\simeq$**bereich** *m* (eines Bandpasses), Durchlassband *n*, durchgelassener Frequenzbereich (Eltro) / band-pass (of a band-pass filter), passband, pass-range ‖ $\simeq$**gitter** *n* (Opt) / transmission grating ‖ $\simeq$**grad** *m*, Transmissionsgrad *m* (Verhältnis des Strahlungsflusses der durchgelassenen

Strahlung zum Strahlungsfluss der auftreffenden Strahlung) (Phys) / transmittance, transmission, transmission factor, transmission ratio

durchlässig [für](z.B. Wasser), permeabel / permeable [to], pervious || ~, undicht, leck / leaking, leaky || ~ (für Wärmestrahlung), wärmestrahlendurchlässig (Phys) / diathermanous, diathermic

Durchlässigkeit f (für Gas, Flüssigkeit), Permeabilität f (Bau, Geol, Phys) / permeability (to gases, fluids) || ~ (für elektromagnetische Strahlung) (Phys) / transmissivity || ~, Transmissionsgrad m (Verhältnis des Strahlungsflusses der durchgelassenen Strahlung zum Strahlungsfluss der auftreffenden Strahlung) (Phys) / transmittance, transmission, transmission factor, transmission ratio

Durchlass•richtung f (bei PN-Übergang) (Eltro, Phys) / forward direction || **in ~-richtung gepolt**, in Durchlassrichtung vorgespannt, in Vorwärtsrichtung betrieben (Eltro, Phys) / forward biased || **~spannung** f (Eltro) / forward voltage, forward bias || **~strom** m, Strom m in Durchlassrichtung (bei PN-Übergang) (Eltro) / forward current

Durchlauf m (DV, Masch) / run, pass || **~betrieb** m / continuous operation (opp. to batch operation)

durchlaufen vt vi / pass through || ~ vi (Flüssigkeit) / flow through || ~, durchsickern / percolate vi || ~ vt (Testreihe) / undergo (a series of tests) || ~ (Strecke) / travel

Durchlauf•erhitzer m (Sanitär) / tankless water heater, instantaneous water heater, continuous flow water heater, inline water heater, flash water heater, on-demand water heater, instant-on water heater || **~mischer** m / continuous mixer || **~ofen** m / continuous furnace, flow-through furnace || **~schmierung** f / once-through lubrication || **~träger** m (Brücke) (Bau) / continuous girder || **~zeit** f, Laufzeit f (eines Programms), Ablaufzeit f (eines Programm usw.) (DV) / runtime || **~zeit** (durch einen Fertigungsvorgang), Bearbeitungszeit f / processing time || **~zeit**, Bearbeitungszeit f (für einen spanabhebenden Fertigungsvorgang) (Fert) / machining time || **~zeit** (durch eine Fabrik) (IE) / door-to-door time

Durchleuchtung f, Röntgenstrahlprüfung f (Techn) / X-ray inspection

Durchlichtmikroskop n (Opt) / transmitted light microscope

durchlüften, belüften, entlüften / ventilate, aerate, air

durchmachen, erfahren vt (z.B. Änderung, Erweiterung, Verbesserung) / undergo (e.g. changes, an expansion, an improvement)

durchmengen, durchmischen, innig mischen / mix thoroughly

Durchmesser m / diameter, diam., dia || **~änderung** f (beim Drahtziehen) (Fert) / draft (difference between original and final stock diameters)

durchmischen, innig mischen / mix thoroughly

durchnummerieren / number consecutively

durchreiben, ausreiben, nachreiben (Fert) / ream v [out]

Durchsatz m, Durchflussmenge f (Stoffmenge, die je Zeiteinheit einen best. Querschnitt

durchfließt) / rate of flow, flow rate || ~, Massenstrom m (Masse eines Mediums, die sich je Zeiteinheit durch einen Querschnitt bewegt) (Phys) / mass flow rate || ~, Durchsatzmenge f, Durchsatzleistung f / throughput (e.g. of a furnace, factory, pipe, conveyor) || ~ (DV) / throughput (of a computer system o. modem), transfer rate || **~leistung** f, Durchsatzmenge f / throughput (e.g. of a furnace, factory, pipe, conveyor) || **~menge** f, Durchsatzleistung f / throughput (e.g. of a furnace, factory, pipe, conveyor)

Durchschallungsverfahren n (Mater) / transmission technique

durchschaltevermittelndes öffentliches Datennetz (Tele) / Circuit Switched Public Data Network, CSPDN

durchscheinend, lichtdurchlässig (partiell, so dass die Konturen eines Objekts hinter dem Medium, z.B. Milchglas, nicht oder nur sehr undeutlich zu erkennen sind) (Opt) / translucent (permitting light to pass through, but diffusing it)

Durchschlag m, Durchschläger m, Durchtreiber m (Wz) / drift, drift punch || ~ (Elek) / breakdown, electrical breakdown, puncture || ~ (Küchengerät), Sieb n (aus Metall o. Kunststoff, mit sehr grober Lochung, oft mit Griffen u. Standfuß bzw. planem Boden) / colander, cullender || ~, Durchschrift f (Büro, DV) / carbon copy, copy

Durchschlagen n, Durchschlag m (Elek) / breakdown, electrical breakdown, puncture

Durchschläger m, Durchtreiber m (Wz) / drift, drift punch

Durchschlag•feldstärke f (Elek) / breakdown field strength || **~festigkeit** f, elektrische Durchschlagsfestigkeit (in kV/cm oder kV/mm) (Elek) / dielectric strength, disruptive strength || **~kanal** m (Elek) / electrically conductive path (in the breakdown of an insulating material) || **~papier** n (Pap) / copy paper, flimsy n

Durchschlagsfestigkeit f, elektrische Durchschlagsfestigkeit (in kV/cm oder kV/mm) (Elek) / dielectric strength, disruptive strength

Durchschlagspannung f (Elek) / breakdown voltage, puncture voltage, disruptive voltage

durchschmelzen, durchbrennen vi (Elek) / blow vi [out] (fuse)

Durchschnitt m / average n || ~ (Math) / average n, arithmetic mean || ~ (Mengenlehre), Schnittmenge f (Math) / intersection (set of elements common to two or more sets), meet n, product

durchschnittlich, Durchschnitts... / average || ~ adv, im Durchschnitt / on average || **~er Fehler** (Math) / average error

Durchschnitts•..., durchschnittlich / average || **~geschwindigkeit** f / average speed, average velocity || **~menge** f, Durchschnitt m (Mengenlehre), Schnittmenge f (Math) / intersection (set of elements common to two or more sets), meet n, product || **~wert** m, Mittelwert m / average value

Durchschrift f, Durchschlag m (Büro, DV) / carbon copy, copy

durchsehen, prüfen, nachsehen / check, inspect

durchseihen (Flüssigkeit) / strain (a liquid containing solid matter)

durchsetzen (Maßnahmen, Vorhaben) / carry through ‖ ~ (Ziele) / achieve (objectives) ‖ ~ vr (sich) (z.B. Produkte, Verfahren) / become (generally) accepted

durchsichtig, transparent, lichtdurchlässig (vollständig, so dass ein Objekt hinter dem Medium, z.B. Fensterglas, deutlich zu erkennen ist) (Opt) / transparent

Durchsichtigkeit f, Transparenz f, Lichtdurchlässigkeit (vollständig, so dass ein Objekt hinter dem Medium, z.B. Fensterglas, deutlich zu erkennen ist) (Opt) / transparency, transparence, transparentness

Durchsichtsfarbe f / translucent colour

durchsickern, durchlaufen / percolate vi ‖ ~ / seep through, trickle through

durchsieben / screen, sieve, sift

durchspülen (z.B. Leitungen), reinigen / purge

Durchsteck•schraube f (mit Mutter) / bolt, through-bolt ‖ ²-**stromwandler** m (Elek, Mess) / bar-type current transformer

Durchstoßversuch m (Plast) / impact penetration test

Durchstrahlungsprüfung f, Prüfung f mit Röntgen- oder Gammastrahlen (zur zerstörungsfreien Werkstoffprüfung) (Mater) / radiographic test[ing]

durch•streichen (Text), ausstreichen / cancel, delete, cross out ‖ ~**strömen** / flow through ‖ ²-**strömturbine** f (eine Kleinturbine) / direct flow turbine, cross-flow turbine

durchsuchen [nach], suchen in [nach], absuchen [nach] / scan vt (e.g. disk for data), search vt ‖ ~, überprüfen / scan vt (e.g. files, disks for viruses), screen

Durchsuchung f, Suche f [nach] (allg) / search [for]

durchtränken, tränken (z.B. mit Aceton, Kunstharz) / impregnate, saturate

Durchtreiber m, Durchschläger m (Wz) / drift, drift punch

Durchwahl f (zu Nebenstellen) (Tele) / direct dialling inward, DDI, direct inward dialling, DID

Durchziehen n, Gleitziehen n (Drahtziehen, Stabziehen, Rohrziehen) (Fert) / cold drawing, drawing (of wire, bar, tube) ‖ ²-, Kragenziehen n (Bördeln von ausgeschnittenen Öffnungen in Blechen) (Fert) / plunging

Durchzugskühlung f (Masch) / open-circuit cooling

Duromere n pl (Plast) / thermosets, TS, thermosetting plastics pl, thermosetting polymers, TS plastics, TS polymers

Durometer n (Härtemessgerät) (Mess) / durometer

Duroplaste m pl (Plast) / thermosets, TS, thermosetting plastics pl, thermosetting polymers, TS plastics, TS polymers

duroplastisch (Plast) / thermosetting

Dürre f (Bot, Landw, Umw) / drought ‖ ²-**resistenz** f (Bot, Landw, Umw) / drought resistance ‖ ²-**schäden** m pl (Bot, Landw, Umw) / drought damages pl

Dusche, Brause f (Sanitär) / shower

Dusch•kabine f (Sanitär) / shower cubicle, shower enclosure ‖ ²-**kopf** m (Bau) / shower head

Düse f (Techn) / nozzle

Düsen•abstand m (z.B. beim Strahlspanen oder Plasmaschneiden), Abstand m zwischen Düse und Werkstück (Fert) / standoff distance ‖

²-**antrieb** m / jet propulsion ‖ ²-**blasverfahren** n (Herstellungsverfahren für Textilglasfasern) (Tex) / air-jet spinning method ‖ ²-**bohrer** m (Öl) / jet bit ‖ ²-**flugzeug** n, Strahlflugzeug n, Jet m (Luft) / jet, jet plane, jet airplane ‖ ²-**triebwerk** n, Strahltriebwerk n (Luft) / jet engine, jet ‖ ²-**verkehrsflugzeug** n (Luft) / jet airliner ‖ ²-**ziehverfahren** n (Glas, Tex) / drawing of glass fibers

DUT, Prüfling m (dessen Funktionen in einem Test, Versuch geprüft werden), Device Under Test, Messobjekt n (Elek, Eltro, QM) / device under test, DUT, unit under test, UUT

DV f, Datenverarbeitung f (DV) / data processing

DVA, Datenverarbeitungsanlage f (DV) / data processing equipment, DP equipment

DVD f (Abkürzung für Digital Versatile Disc oder auch Digital Video Disc: CD-ähnlicher Datenträger mit wesentlich höher Speicherkapazität) (Audio, DV, Video) / DVD n (Digital Versatile Disk or Digital Video Disk) ‖ ²- **Recordable** (einmal beschreibbare DVD), DVD-R f (DV) / DVD-R, DVD Recordable ‖ ²-**Brenner** m (DV) / DVD burner, DVD writer ‖ ²-**Lade** f (TV, Video) / disc tray (DVD player) ‖ ²-**Laufwerk** n, DVD-ROM-Laufwerk n (Audio, DV, Video) / DVD drive ‖ ²-**Player** m (TV, Video) / DVD player ‖ ²-**R** f, DVD Recordable (einmal beschreibbare DVD) (DV) / DVD-R, DVD Recordable ‖ ²-**RAM** n (DV) / DVD-RAM n (rewritable DVD format that is absolutely incompatible with DVD-ROM drives and DVD-Video players) ‖ ²-**Rekorder** m (DV) / DVD burner, DVD writer ‖ ²-**Rekorder** (TV, Video) / DVD recorder ‖ ²-**Rohling** m (Audio, DV, Video) / DVD blank disc ‖ ²-**ROM** / DVD-ROM ‖ ²-**ROM-Laufwerk** n, DVD-Laufwerk n (Audio, DV, Video) / DVD drive ‖ ²-+**RW** f (Audio, DV, Video) / DVD+RW (rewritable DVD format designed from the start to be fully compatible with existing DVD-ROM drives and DVD-Video players) ‖ ²-**Spieler** m (TV, Video) / DVD player

D-Verhalten n, Differential-Verhalten n (Regel) / derivative action, D action, derivative control, rate action, rate control

DVM n, Digitalvoltmeter (Mess) / digital voltmeter, DVM

DVST f, Speicherbildschirm m, Speicherröhre f (DV, Eltro) / storage tube, direct view storage tube

δ-**Wellen** f pl, Deltawellen f pl (im EEG, 4-7 Hz) (Med, MT) / delta waves

DWR m, Druckwasser-Reaktor m (Nukl) / pressurized water reactor, PWR

Dy, Dysprosium n (Chem) / dysprosium, Dy

dyadisches System, Dualsystem n (Math) / binary number system, binary numeral system

Dynamik f (allg, Phys) / dynamics sg ‖ ²- (Akust) / dynamic range ‖ ²-**bereich** m (Akust) / dynamic range ‖ ²-**dehnung** f, Dynamikexpansion f (Akust, Eltro) / expansion, volume expansion ‖ ²-**expansion** f (Akust, Eltro) / expansion, volume expansion ‖ ²-**kompander** m, Dynamikregler m, Presser-Dehner m (Audio, Tele) / compander ‖ ²-**kompression** f, Dynamikpressung f (Akust) / volume compression ‖ ²-**kompressor** m, Kompressor m (Akust, Eltro) / compressor, volume compressor (of a compander) ‖ ²-**presser** m, Dynamikkompressor m (Akust, Eltro) /

compressor, volume compressor (of a compander) ‖ ~**pressung** f, Dynamik-kompression f (Akust) / volume compression ‖ ~**regler** m, Dynamikkompander m, Presser-Dehner m (Audio, Tele) / compander

dynamisch / dynamic, dynamical ‖ ~**e Allozierung**, dynamische Zuweisung (DV) / dynamic allocation ‖ ~**e Aufladung** (Mot) / inertia ramcharging (pressure charging without the use of a separate compressor) ‖ ~**er Auftrieb** (hydrodynamisch in einer Flüssigkeit, aerodynamisch in einem Gas) (Phys) / dynamic lift ‖ ~**es Auswuchten** (Techn) / dynamic balancing, two-plane balancing ‖ ~**e Beanspruchung** (Techn) / dynamic stress ‖ ~**er Druck** (in einem strömenden Medium die Differenz aus dem in einem Staupunkt wirkenden Gesamtdruck und dem statischen Druck der ungestörten Strömung, d.h. der Druckanstieg, der durch Verzögerung der Stoffteilchen auf die Geschwindigkeit null im Staupunkt des umströmten Körpers auftritt) (Phys) / dynamic pressure ‖ ~**e Erwärmung** (Luft, Phys) / dynamic heating ‖ ~**es Gleichgewicht** / dynamical equilibrium ‖ ~**es Grundgesetz** (Phys) / Newton's second law of motion, law of resultant force ‖ ~**e Konvergenz** (bei Farbbildröhren) (TV) / dynamic convergence correction ‖ ~**er Lautsprecher** (Akust, Audio) / dynamic loudspeaker, moving-coil loudspeaker, dynamic speaker ‖ ~**e Meteorologie** / dynamic meteorology ‖ ~**es Programmieren** (DV) / dynamic programming ‖ ~**es RAM**, DRAM n (DV) / DRAM, dynamic RAM, dynamic random-access memory ‖ ~**er Speicher** (DV) / dynamic storage, dynamic memory ‖ ~**e Stabilität** (Luft, Schiff) / dynamical stability ‖ ~**es System** / dynamic system ‖ ~**e Variable** (DV, Phys) / dynamic variable ‖ ~**e Viskosität** (Einheit: Pascalsekunde) (Phys) / coefficient of viscosity, dynamic viscosity ‖ ~**er Widerstand** (Elek) / dynamic resistance ‖ ~**e Zähigkeit**, dynamische Viskosität (Einheit: Pascalsekunde) (Phys) / coefficient of viscosity, dynamic viscosity ‖ ~**e Zuweisung**, dynamische Allozierung (DV) / dynamic allocation

Dynamit n (Explos) / dynamite

Dynamo m, Fahrraddynamo m (Fahrrad) / dynamo, bicycle dynamo, generator ‖ ~**blech**, Elektroblech n (Elek, Hütt) / electrical steel (manufactured in the form of cold-rolled strips), lamination steel, silicon electrical steel, silicon steel, transformer steel ‖ ~**elektrisch** / dynamo-electric ‖ ~**meter** n (Mess) / dynamometer ‖ ~**theorie** f (Phys) / dynamo theorem

Dynistor m (Eltro) / dynistor ‖ ~**diode** f (Eltro) / dynistor

Dynode, Prallelektrode f (Sekundäremissions-kathode) (Eltro) / dynode

Dysprosium n (Chem) / dysprosium, Dy

dystroph (Gewässer) (Umw) / dystrophic

E

E/A•-Einheiten f pl (DV) / I/O devices ‖ ~**-Steuereinheit** f, Ein-/Ausgabe-Controller m (DV) / input/output controller, IOC, I/O controller

eben, flach, platt / flat ‖ ~ (Geom) / plane ‖ ~**e Fläche** (Math) / plane surface ‖ ~**e Geometrie**, Planimetrie f (Math) / plane geometry ‖ ~**machen**, planieren, einebnen (Bau) / level, make level ‖ ~**er Winkel** (Math) / plane angle ‖ ~**er Winkel** (Geom) / plane angle

Ebene f, [ebene] Fläche (Masch, Math) / plane ‖ ~, Schicht f (DV, Tele) / layer (e.g. in a program) ‖ ~, Niveau n / level n ‖ **in eine** ~ **bringen**, auf gleiche Höhe bringen / level, adjust to the same level, make even, make level, level out vt, make flush, flush

Ebenenauswahl f (NC) / selection of the working plane

ebenmäßige Korrosion / uniform corrosion

EB-Generator m, Elektronenstrahl-Generator (beim Elektronenstrahlschweißen) (Schw) / beam generator, electron-beam gun

E-Block m, 9V-Block (IEC 6 F 22) (Elek) / nine-volt battery, PP3 battery

ebnen, planieren, einebnen (Bau) / level, make level

Ebonit n, Hartgummi m (Plast) / hard rubber, ebonite, vulcanite

EB-Schweißen n, Elektronenstrahlschweißen n (Schw) / electron-beam welding, EBW

EC f, Ethylcellulose f (Chem) / ethyl cellulose

Echolot n (Mess, Nav, Schiff) / depth sounder, echo sounder, sounder, echo sounding apparatus, sonic depth finder, echo sounding instrument, Fathometer

echt•e Adresse, absolute Adresse (tatsächliche, physikalische Adresse) (DV) / absolute address, machine address, real address, actual address, specific address ‖ ~**er Bruch** (Math) / proper fraction ‖ ~**er Schleuderguss** (Gieß) / true centrifugal casting

Echtzeit f (DV) / real time ‖ ~**...**, Realzeit... (DV) / real-time..., RT ‖ ~**ausgabe** f (DV) / real-time output ‖ ~**betrieb** m, Realzeitbetrieb m (DV) / real time operation ‖ ~**-Betriebssystem** n (DV) / real-time operating system, RTOS ‖ ~**-Bilddarstellung** (MT) / real-time imaging ‖ ~**eingabe** f (DV) / real-time input ‖ ~**verarbeitung** f (DV) / real-time processing

Ecke f / corner ‖ **um die** ~ **fahren** (Kfz) / corner

Eckenwinkel m / tool included angle

eckige Klammer (Druck, Math) / bracket, square bracket

Eck•maß (Sechskant) / width across corners ‖ ~**naht** f (Schw) / outside single fillet corner weld ‖ ~**pfosten** m (im Holzrahmen- und -tafelbau) (Bau) / post (vertical end member in a timber frame), column ‖ ~**stoß** m (im rechten Winkel) (Schw) / corner joint ‖ ~**ventil** n / angle valve ‖ ~**versteifung** f, Knotenblech n / gusset [plate]

ECL, emittergekoppelte Logik (Eltro) / ECL, emitter coupled logic ‖ $\sim$**-Schaltung** f (Eltro) / ECL circuit

ECM n (Fert) / ECM, electrochemical machining

E-Commerce m, Electronic Commerce m (DV, Tele, Wirtsch) / e-commerce, electronic commerce

ED, Einschaltdauer f (Elek) / duty cycle (for a given time interval, the ratio of the on-load duration to the total time)

EDC, elektronische Dieselregelung (Mot) / Electronic Diesel Control, EDC

edel, Edel... / noble

Edel•..., edel / noble ‖ $\sim$**gas** n (Chem) / noble gas, inert gas, rare gas ‖ $\sim$**gaskonfiguration** f (Chem, Nukl) / inert-gas configuration, inert gas electron configuration ‖ $\sim$**metall** n / noble metal, precious metal ‖ $\sim$**metallkatalysator** m (Kfz) / noble metal catalyst ‖ $\sim$**metallmotordrehwähler** m, EMD m (Tele) / noble-metal uniselector [motor switch]

Edelstahl m (Hütt) / premium steel, high-grade steel, special steel ‖ $\sim$, rostfreier Stahl (Hütt) / stainless steel

Edison-Effekt m, thermische Emission (von Elektronen) (Eltro, Phys) / thermionic emission

editieren, bearbeiten (DV) / edit (document, file, image etc) ‖ $\sim$ n, Bearbeitung f (von Texten, von Daten für Daten etc.) (DV) / editing

Editor m (DV) / editor

EDLC, Doppelschichtkondensator m (Elek) / electric double-layer capacitor, electrochemical double layer capacitor, EDLC, supercapacitor, ultracapacitor

EDM, Funkenerosion f (Fert) / electric discharge machining, electro-discharge machining, EDM, electro-erosion, spark machining, spark erosion, electric spark machining, electrical erosion

EDS•-Anlage f (Gepäckkontrollanlage, die Sprengstoffe aufspüren kann) (Luft) / explosives detection system ‖ $\sim$**-System** n, EDS-Anlage f (Gepäckkontrollanlage, die Sprengstoffe aufspüren kann) (Luft) / explosives detection system

Edukt n (Ggs.: Produkt), Ausgangsmaterial n (Chem) / starting material

edul (entgegen dem Uhrlauf), linksdrehend / anticlockwise, counterclockwise ‖ $\sim$ (= entgegen dem Uhrzeiger laufend), Linksdrehung f, Drehung entgegen dem Uhrzeigersinn f / anticlockwise rotation, counterclockwise rotation, cckw rotation, ccw rotation

EDV, elektronische Datenverarbeitung / electronic data processing, EDP

EEPROM, elektrisch löschbares programmierbares ROM (DV) / EEPROM, E^{2}PROM, electrically erasable programmable read-only memory, electrically erasable programmable ROM

E-Feld n, elektrisches Feld (Elek) / electric field, E-field

Effekt m (allg, Phys) / effect n

effektiv / effective ‖ $\sim$, wirklich, tatsächlich / actual, effective, real ‖ $\sim$**e Lichtleistung**, Lichtausbeute f (Menge an Licht, die eine Lampe pro Watt angenommener elektrischer Leistung abgibt - in Lumen/Watt) (Licht) / luminous efficacy, luminous efficiency, overall luminous efficiency

Effektivität f / effectiveness

Effektiv•leistung f (Elek) / root-mean-square power, r.m.s. power ‖ $\sim$**maß**, Istmaß n / actual dimension, actual size ‖ $\sim$**wert** m, quadratischer Mittelwert (einer zeitvariablen Größe) (Phys, Techn) / effective value, root-mean-square value, rms value, virtual value ‖ $\sim$**wertmessung** f (Elek, Phys) / RMS metering

effizient / efficient (person, organization, method)

Effizienz f / efficiency (of person, organization, method)

E-Form n (Onlineformular) (DV) / e-form

e-Funktion f, Exponentialfunktion f (Math) / exponential function

E-Glas n (ein weitgehend alkalifreies Aluminium-Bor-Silicat-Glas) (Glas, Tex) / E-glass

EGR•-Anlage f, Elektrofilter n (zur Elektroentstaubung) (Umw) / electrostatic precipitator, ESP, electrostatic air cleaner, electrostatic dust precipitator, electrostatic filter ‖ $\sim$**-Verfahren** n, Cottrell-Verfahren, elektrostatische Gasreinigung (Umw) / Cottrell process, electrostatic precipitation

E-Herd m, Elektroherd m (HG) / electric cooker, electric cooking range, electric stove

eichen (Maßverkörperungen und Messgeräte amtlich prüfen und bestätigen/stempeln) (Mess) / calibrate ‖ $\sim$ n (amtliche Prüfung und Bestätigung/Stempelung von Maßverkörperungen u. Messgeräten) (Mess) / calibration

Eich•frequenz f, Normalfrequenz f (Elek, Eltro) / standard frequency ‖ $\sim$**genauigkeit** f / accuracy of calibration ‖ $\sim$**instrument** n (Elek) / calibration instrument, calibrating instrument ‖ $\sim$**standard** m, Normallehre f (Mess) / standard gauge

Eichung f, Eichen n (amtliche Prüfung und Bestätigung/Stempelung von Maßverkörperungen u. Messgeräten) (Mess) / calibration

Eicosansäure f (Chem) / arachic acid, eicosanoic acid

eigen / own ‖ $\sim$, betriebseigen (IE) / in-house..., in-company ‖ $\sim$ (z.B. Eingang), getrennt, selbständig / separate ‖ $\sim$, innewohnend, inhärent / inherent

Eigen•..., innewohnend, inhärent / inherent ‖ $\sim$**...**, betriebseigen (IE) / in-house..., in-company ‖ $\sim$**art** f, Kennzeichen n, charakteristisches Merkmal, Unterscheidungsmerkmal n / characteristic n, characteristic feature ‖ $\sim$**belüftet** (Elek, Mot) / self-ventilated, self-cooled ‖ $\sim$**belüftung** f (Elek, Mot) / self-ventilation ‖ $\sim$**dämpfung** f, Werkstoffdämpfung f, innere Dämpfung (Mater, Mech) / internal damping ‖ $\sim$**erregt** / self-excited ‖ $\sim$**erwärmung** f / self-heating ‖ $\sim$**fehler** m, anhaftender Fehler, Anfangsfehler m (DV) / inherent error, inherited error ‖ $\sim$**fertigung** f / in-house production ‖ $\sim$**frequenz** (Phys) / natural frequency ‖ $\sim$**gewicht** n (Bau) / dead weight ‖ $\sim$**gewicht** (Kfz) / service weight, unladen weight

Eigenheit f, charakteristisches Merkmal n / characteristic n, characteristic feature ‖ $\sim$, Beschaffenheit f, Wesen f / nature, character, quality

Eigen•induktivität f, Selbstinduktivität f (Elek) / inductance L, self-inductance ‖ $\sim$**kapazität** f

(Elek, Eltro) / self-capacitance ‖ ~**kühlung** f
(Elek, Mot) / self-cooling, self-ventilation ‖
~**last** f (Bau) / dead load ‖ ~**leitend**,
Eigenleitungs... (Eltro) / intrinsic ‖
~**leitfähigkeit** f (in Halbleitern) (Eltro) /
intrinsic conductivity ‖ ~**leitung** f (Eltro, Phys) /
intrinsic conduction ‖ ~**leitungs...** (Eltro) /
intrinsic

Eigenschaft f, Merkmal n / feature ‖ ~,
charakteristisches Merkmal / characteristic n,
characteristic feature ‖ ~ (die die
Beschaffenheit von etwas (mit) ausmacht, z.B.
physikalische Eigenschaften von Wasser,
alkalische Eigenschaft einer Lösung,
Dateieigenschaften) (allg, Chem, DV, Phys,
Techn) / property ‖ ~, Qualität f / quality ‖ ~,
Funktion f / capacity (e.g. in her capacity as
head of department) ‖ ~**en** (Window) (DV) /
properties

Eigen•schwingung (Phys) / natural vibration ‖
~**schwingung** f, Grundschwingung f (Phys) /
normal mode (of vibration) ‖ ~**sicher**, von
sich aus (o. grundsätzlich) sicher (Masch) /
intrinsically safe ‖ ~**sicherheit** f / intrinsic
safety ‖ ~**spannungen** f pl, innere Spannungen
(Mech) / internal stresses, residual stresses ‖
~**stabilität** (Mech) / inherent stability

eigenständig, separat / separate adj

Eigenstrahlung f, charakteristische
Röntgenstrahlung (Phys) / characteristic
radiation, characteristic X-radiation,
characteristic X-rays

eigentlicher Bruch (Math) / proper fraction

Eigentumswohnung f (Wohnungseigentum
besteht aus Sondereigentum an einer
Wohnung und einem Anteil am
Gemeinschaftseigentum) (Bau) /
owner-occupied flat (GB) or apartment (US),
condominium (US), condo, condominium
apartment (US), commonhold flat
(GB)(commonhold is a system of property
ownership in England and Wales introduced in
2004 - commonholders own their flats and
have a share in the common areas of the
building)

Eigenzeit f (Elek) / inherent delay ‖ ~, Anlaufzeit
f (Regel) / build-up time, rise time

eignen vr (sich) [zu, für] / be suitable [for], be
suited [for]

Eignung f / suitability ‖ ~ (z.B. für ein
Hochschulstudium o. eine berufliche
Laufbahn) / aptitude ‖ ~ f, Qualifikation f,
Befähigung f / qualification

Eignungsprüfung f / qualification test ‖ ~
(beruflich, z.B. vor Hochschulzulassung o.
Einstellung) / aptitude test

Eikonal n (Opt) / eikonal

Eilgang, Schnellgang m (Wzm) / rapid traverse,
fast traverse, quick traverse

Eimerketten•bagger m (Bau, Bergb) / bucket
ladder excavator, bucket chain excavator,
multi-bucket excavator ‖ ~**nassbagger** m,
Eimerkettenschwimmbagger m (Förd) / bucket
dredger (with many circulating buckets
attached to a wheel or chain), bucket ladder
dredger ‖ ~**-Schaltung** f, BBD (= bucket
brigade device) (Eltro) / BBD, bucket-brigade
device ‖ ~**schwimmbagger** m (Förd) / bucket
dredger (with many circulating buckets
attached to a wheel or chain), bucket ladder
dredger

Eimerseilbagger m, Schürfkübelbagger m (Bau,
Bergb) / dragline, dragline excavator

ein, eingeschaltet (Elek) / on, switched-on

Einaderleitung f, Aderleitung f (einadrige
Starkstromleitung für feste Verlegung) (Kabel)
/ single-conductor cable, single-core cable

einadrig (Elek) / single-conductor, single-wire ‖
~**es Kabel**, Aderleitung f (einadrige
Starkstromleitung für feste Verlegung) (Kabel)
/ single-conductor cable, single-core cable

Einankerumformer m (Elek) / rotary converter,
rotary, synchronous converter ‖ **asynchroner**
~ (Elek) / binary converter

einarbeiten vt, integrieren, einbauen /
incorporate ‖ ~ [in] (IE) / familiarize [with](a
new job), break in [US], acquaint [with], train
‖ ~ vr (sich) [in] (IE) / familiarize oneself
[with], acquaint oneself [with]

Einarmmischbatterie f (Sanitär) / mixer tap
(GB), mixer, mixing faucet (US)

einätzen (z.B. gedruckte Schaltungen,
Bildstellen in die Metalloberfläche) (Druck,
Eltro) / etch [into] ‖ ~ n (z.B. gedruckte
Schaltungen, Bildstellen in die
Metalloberfläche) (Druck, Eltro) / engraving,
etching

einäugige Spiegelreflexkamera, SLR-Kamera f
(Foto) / single-lens reflex [camera], SLR
[camera]

Ein-/Ausgabe•-Controller m (DV) / input/output
controller, IOC, I/O controller ‖ ~**-Gerät** n
(DV) / input/output device ‖ ~**-Steuereinheit** f
(DV) / input/output controller, IOC, I/O
controller ‖ ~**werk** n, Ein-/Ausgabe-
Controller m (DV) / input/output controller,
IOC, I/O controller

Ein-Aus-Regelung f, Zweipunktregelung f
(Regel) / on-off control (two positions: fully
open and fully closed), on-off system

Ein-/Ausschalter m, Netzschalter m (Elek) /
power switch, mains switch ‖ ~ (bei
Bohrmaschinen, Bohrschraubern),
Auslöseschalter m (Wz) / trigger

Einbadentwickler m, Fixierentwickler m (Foto) /
monobath, monobath developer

Einbau m, Einfügung f, Integration f /
incorporation, inclusion, integration ‖ ~,
Montage f / installation, mounting ‖ ~,
Unterbringung f (z.B. von Komponenten in
einem Gehäuse) / accommodation, housing ‖
~ (zusätzlicher Komponenten etc.) / addition
‖ ~, Verlegung f (von Leitungen, Rohren) /
installation ‖ **nachträglicher** ~ / retrofitting
(e.g. of catalysts to older cars, of older cars
with catalysts)

Einbau•... / built-in, fitted (e.g. wardrobe,
kitchen, appliances)(GB) ‖ ~**...** (Ggs:
Aufbau...) (Elek, Kfz) / flush mounted,
flush-mounting

einbauen / build vt in ‖ ~, montieren / mount, fit
vt [on, to, in, into], install, build vt in, put in [o.
on o. up] ‖ ~, integrieren / incorporate,
integrate ‖ ~, unterbringen (z.B.
Komponenten in einem Gehäuse) /
accommodate vt, house vt ‖ **nachträglich** ~ /
retrofit (e.g. catalysts to older cars, older cars
with catalysts)

Einbau•fehler m, Montagefehler m (Techn) /
installation error ‖ ~**fertig** / ready to be
installed, ready for installation ‖ ~**freundlich** /
easy to install, easy to fit ‖ ~**freundlichkeit** f /
ease of installation ‖ ~**gerät** n (HG) / built-in

appliance, fitted appliance, integrated appliance ‖ **~gerecht** / suitable for installation ‖ **~lage** f / mounting position, fitting position ‖ **~leuchten** f pl (Licht) / recessed lighting ‖ **~maß** n / mounting dimension, fitting dimension ‖ **~motor** m (Wzm) / built-in motor ‖ **~schacht** m, Laufwerkschacht m (DV) / bay, drive bay ‖ **~stecker** m (männlicher Teil einer Steckverbindung, der fest in ein Gerätegehäuse eingebaut ist) (Audio, Elek, Eltro, TV) / male jack, plug (in an electrical appliance)

Einbeinstativ n (Foto) / monopod, unipod
Einbenutzersystem n (DV) / single-user system
einbetonieren / embed in concrete
einbetten (allg, Techn) / embed
Einbettung f (Techn) / embedment, embedding
einbeulen, eindellen (z.B. Blech) / dent vt
einbeziehen (z.B. in Entscheidungen, Programmentwicklung), einbinden / involve
Einbeziehung f (z.B. in Entscheidungen, Programmentwicklung), Einbindung f / involvement
einbinden, integrieren / integrate ‖ ~, verbinden vt (z.B. ein Dorf mit dem Verkehrsnetz), anbinden [an] (Bau) / link (e.g. a village to the transport network), connect [to, with] ‖ ~, einbeziehen (z.B. in Entscheidungen, Programmentwicklung) / involve ‖ ~ (Dateien in eine Bibliothek) (DV) / include
Einbindung f, Einbeziehung f (z.B. in Entscheidungen, Programmentwicklung) / involvement
einblasen / blow in ‖ ~ (mit Druck) / inject
Einblattverfahren n (Sofortbildfilm) (Foto) / single-sheet process
einblenden vt (Film, Radio, TV) / insert ‖ ~ (allmählich) (Film, Radio, TV) / fade in ‖ ~ (nachträglich - Musik, Geräusche) (Film, Radio, TV) / dub in, dub over ‖ ~ (ein Bild über ein anderes) (Film, TV) / superimpose (e.g. credits over the opening scene) ‖ ~ (i. Ggs. zu ausblenden - z.B. Symbolleiste im Arbeitsplatz o. Statusleiste in einem Programm), anzeigen vt (DV) / show ‖ ~ vr (z.B. in eine laufende Berichterstattung) (Radio, TV) / go over [to]
Einblick m [in] / insight [into]
einbrechen, zusammenbrechen, einstürzen (z.B. Gebäude, Mauer, Brücke, Dach, Gerüst) (Bau) / collapse vi, cave in
einbrennen (Lack) (Anstr) / bake, stove ‖ ~ (im PROM) (DV) / burn vt [into] ‖ ~ n, Burn-in m (Testbetrieb zur Herbeiführung von Frühausfällen) (Eltro) / burn-in (test operation of components) ‖ ~ (Lack) (Anstr) / baking, stoving
Einbrenn•lack m (Anstr) / stoving enamel, baking enamel ‖ **~lackieren** (Anstr) / stove-enamel
einbringen, zuführen / feed vt (e.g. material into a machine), charge, load
Einbruchmeldeanlage f / burglar alarm, intrusion alarm, perimeter detection system
Ein-Chip-Computer m / single chip computer
eindampfen, abdampfen (z.B. Lösung) / evaporate
Eindampfgerät n / evaporating apparatus, evaporator, vaporizer
Eindecker m (Luft) / monoplane
eindellen (z.B. Blech), einbeulen / dent vt
eindeutig, bestimmt / definite ‖ ~, deutlich / clear, distinct ‖ ~ (nur einmal vorkommend) /

unique ‖ ~, unzweideutig / unambiguous, unequivocal ‖ ~ (DV, Math) / unique ‖ ~ **definiert** (DV, Math) / uniquely defined
eindicken, konzentrieren (ChT) / concentrate
eindimensional / one-dimensional, unidimensional ‖ **~e Gitterbaufehler**, linienförmige Fehler (Krist) / line defects
Eindraht... (Elek) / single-conductor, single-wire
eindrähtig (Elek) / single-conductor, single-wire
eindrehen, einschrauben / screw in
Eindring•flüssigkeit (beim Farbeindring- o. Fluoreszensverfahren) (Mater) / penetrant ‖ **~körper** m (bei Härteprüfungen), Prüfkörper m (Mater) / indenter, penetrator ‖ **~prüfung** f, Eindringverfahren n (zerstörungsfreie Werkstoffprüfung), Diffusionsverfahren (Mater) / penetrant testing, penetration method of testing ‖ **~tiefe** f / penetration depth ‖ **~tiefe** (Funkwellenausbreitung), äquivalente Leitschichtdicke (Radio) / penetration depth, skin depth ‖ **~verfahren** n (zerstörungsfreie Werkstoffprüfung), Diffusionsverfahren (Mater) / penetrant testing, penetration method of testing
Eindruck m / impression ‖ ~ (z.B. des Prüfkörpers bei der Härteprüfung) (Mater) / impression, indentation (e.g. of indenter)
eindrücken (z.B. Reifenspur) / impress ‖ ~, einpressen (z.B. Gas, Flüssigkeit, Metallschmelzen in Gießformen) / inject ‖ ~, aufbrechen / break, open by force ‖ ~, eindellen (z.B. Blech), einbeulen / dent vt
Eindruckoberfläche f (beim Brinell-Test) (Mater) / surface area of indentation
einebnen, planieren (Bau) / level, make level ‖ ~ n, Planieren n / levelling, leveling
Einebnung, Einebnen n, Planieren n / levelling, leveling
einengen, einschränken (DV) / focus (a search in a database)
Einerkomplement n (DV, Math) / one's complement
einfach, nicht komplex / simple ‖ ~, leicht, nicht schwierig / easy ‖ ~ (Ggs. mehrfach) / single ‖ **~e Bindung** (Chem) / single bond ‖ ~ **kubisch** (Kristallgitter) (Krist) / simple cubic ‖ **~er Ton** m, Sinuston m (Akust) / pure tone ‖ ~ **wirkend** (Masch) / single-acting, single-action
Einfach•bindung f (Chem) / single bond ‖ **~härten** n (nach dem Aufkohlen Abkühlung auf Raumtemperatur u. anschließend nochmalige Erwärmung zum Härten) (Hütt) / cooling from the carburizing temperature, reheating and quenching ‖ **~leiterkabel** n, Aderleitung f (einadrige Starkstromleitung für feste Verlegung) (Kabel) / single-conductor cable, single-core cable ‖ **~steckdose** f (Elek) / single plug socket, single socket ‖ **~teilen** n, indirektes Teilen (die Teilkopfspindel wird durch die Schnecke über das Schneckenrad angetrieben) (Wzm) / indirect indexing, simple indexing, plain indexing ‖ **~verglasung** f (Bau, Glas) / single glazing
einfahren vi, ankommen (Bahn) / arrive, come in ‖ ~ vt (Ernte) (Landw) / bring in ‖ ~ (z.B. Fahrgestell) (Luft) / retract, raise (e.g. undercarriage) ‖ ~ (z.B. Steuerstab) (Nukl) / insert (e.g. control rod) ‖ ~ (Fahrzeug, Motor, Maschine) / break in, run in (vehicle)
einfallen vi, zusammenbrechen, einstürzen (z.B. Gebäude, Mauer, Brücke, Dach, Gerüst) (Bau) / collapse vi

einfallend (Licht, Strahlung), eintretend, auftreffend / incident (light, rays), impinging

Einfallswinkel *m* (von Licht, Strahlung) (Phys) / angle of incidence, incidence angle, incident angle

Einfallwinkel *m* (von Licht, Strahlung) (Phys) / angle of incidence, incidence angle, incident angle

Einfamilienhaus *n* (Bau) / single-family house, detached family house

einfarbig / single-colour... || ~, monochrom / monochrome

Einfassung *f*, Rand *m*, Umrandung *f* / border, edge *n*

einfetten, abschmieren *vt* (mit Schmierfett, z.B. Achsen), fetten / grease *vt* || ~ *n*, Schmierung *f* / greasing

Einfg, Einfügetaste *f* (mit Aufschrift "Einfg") (DV) / Insert key, Ins key

einflankengesteuert (Eltro) / edge-triggered

einfluchten, abfluchten, abvisieren (Bau, Verm) / align *vt*, arrange in a straight line, line up, sight out

einflügelige Tür (Bau) / single door

Einflugschneise *f* (Luft) / approach course, approach lane, lane of approach

Einfluss *m* / influence || ~, Auswirkung *f* / impact, effect

einfrieren *vi* / freeze [up](pipes) || ~ (DV) / freeze (software) || ~ *vt* (Nahr) / freeze, deep-freeze *vt*

Einfriertemperatur *f*, Glasübergangstemperatur *f* (Plast) / glass transition temperature, transformation temperature, transformation point

Einfügemodus *m* (DV) / insert mode (in word processing programs)

einfügen, einführen / insert *vt* || ~ (DV) / paste (material in a document)

Einfügetaste *f* (mit Aufschrift "Einfg") (DV) / Insert key, Ins key

Einfügung *f*, Einbau *m*, Integration *f* / incorporation, inclusion, integration

Einfügungsdämpfungsmaß *n* (logarithmisches Verhältnis der Spannung vor und nach der Einfügung des Dämpfungsgliedes) (Elek, Tele) / insertion loss (in decibels)

einführen / insert (e.g. key in lock, well casing in well, plug into socket) || ~ / introduce (e.g. new methods, products into the market, students to organic chemistry) || ~ (in Ofen etc.), eintragen / feed || ~, in die Tat umsetzen (Programme, Strategien) / implement *vt* ~, importieren (Wirtsch) / import *vt* || **Chlor ~** (in eine chemische Verbindung) (Chem) / chlorinate || ~ *n* (z.B. eines Steckers in die Steckdose) / insertion (e.g. of a plug into the socket)

Einführung *f*, Einführen *n* (z.B. eines Steckers in die Steckdose) / insertion (e.g. of a plug into the socket) || ~, Eintritt *m* (von Kabeln o. Leitungen) (Elek) / entry (of cables), lead-in || ~ / introduction (e.g. of new technologies, products into the market) || ~ [in] (z.B. in organische Chemie) / introduction (e.g. to organic chemistry) || ~ (z.B. von Programmen, Strategien) / implementation, installation || ~ **der EDV**, Computerisierung *f* / computerization

Einführungsleitung *f*, Hauseinführungsleitung *f* (Elek) / drop wire, service drop wire

Einfüllstutzen *m* (Öl, Kraftstoff) (Kfz) / filler neck

Eingabe *f*, Input *m* (allg, DV) / input *n* || ~, Dateneingabe *f* (DV) / input, data input || ~ **per Tastatur**, manuelle Eingabe, Tastatureingabe *f* (DV) / manual input, keyboard entry, keyboard input, manual entry, manual keyboard entry || ~**aufforderung** *n*, Prompt *m* (DV) / prompt *n* (e.g. in DOS), system prompt, prompt character || ~**baustein** *m* (Eltro) / input unit || ~**folge** *f* (DV) / input sequence || ~**gerät** *n* (DV) / input device || ~**kanal** *m* (DV) / input channel || ~**leitung** *f* (DV, Eltro) / input line || ~**taste** *f*, Enter-Taste *f* (DV) / Enter (key), Return (key)

Eingang *m*, Zugang *m* (Bau) / entrance || ~ (DV, Elek, Eltro) / input (of a circuit or device) || ~, Eingangsvariable *f* (DV, Logik) / input variable || ~, Zubringerleitung *f* (im Koppelnetz einer Vermittlungsanlage), Eingangsleitung *f* (Tele) / incoming line (in a switching matrix in a switching centre) || ~ (von Waren, Post) / delivery

eingängig (Gewinde) / single-thread, single-start

Eingangs•anschluss *m*, Eingangsklemme *f* (Elek) / input terminal || ~**energie** *f*, zugeführte o. aufgenommene Energie o. Leistung / power input, input power, input || ~**größe** *f* (Mess, Regel) / input quantity || ~**halle** *f* (Bau) / entrance hall (large), hall, hallway, lobby || ~**impedanz** *f* (Elek, Eltro) / input impedance || ~**kapazität** *f* (Eltro) / input capacitance || ~**klemme** *f*, Eingangsanschluss *m* (Elek) / input terminal || ~**kreis** *m*, Eingangsschaltung *f* (Elek) / input circuit || ~**leistung** *f*, zugeführte o. aufgenommene Energie o. Leistung / power input, input power, input || ~**leitung** *f*, Zubringerleitung *f* (im Koppelnetz einer Vermittlungsanlage), Eingang *m* (Tele) / incoming line (in a switching matrix in a switching centre) || ~**prüfung** *f*, Wareneingangsprüfung *f* (QM) / receiving inspection and testing || ~**schaltung** *f*, Eingangskreis *m* (Elek) / input circuit || ~**signal** *n* (Elek, Eltro) / input signal || ~**spannung** *f* (Elek, Eltro) / input voltage || ~**strom** *m* (Elek) / input current || ~**stufe** *f* (Eltro) / input stage || ~**variable** *f* (DV, Logik) / input variable || ~**verstärker** *m* / input amplifier || ~**wert** *m* / input value || ~**wicklung** *f*, Primärwicklung *f* (eines Transformators) (Elek) / primary, primary winding

eingebaut, Einbau... / built-in || ~, integriert / integrated, incorporated || ~ (auf Platine), integriert (DV, Eltro) / on-board || ~, intern (DV) / internal (e.g. drive)

eingeben (DV) / input *vt*, enter (data, a command etc) || ~ (Daten per Tastatur) (Büro, DV) / key in, type in, keyboard *vt*

eingebettet (z.B. Befehl, Hyperlink, System) (DV) / embedded

eingehen (Tiere, Pflanzen) (Landw) / die *vi* || ~ [in] (in die Berechnung) (Math) / enter [into] || **eine Verbindung ~** (Chem) / combine

eingehend, gründlich / thorough, in-depth || ~ (Post, Bestellungen, Nachrichten,) / incoming

eingeprägte Spannung (Elek) / impressed voltage

eingeschaltet (Elek) / on, switched-on || **~er Zustand** (Elek) / on-state

eingeschnürt (Lichtbogen) / constricted (arc) || **~er Speiser** (Gieß) / feeder head with Washburn core

eingeschossiges Gebäude (alle nutzbaren Räume im Erdgeschoss) (Bau) / one-stor[e]y building

eingeschweißt (Packung, Produkt) / shrink-wrapped

eingetragenes Maß, Maßangaben *f pl* / dimensional specifications

eingewöhnen [sich], anpassen *vr vt* [sich], akklimatisieren *vr vt* [sich] / acclimate *v* (to), acclimatise (GB), acclimatize (US)

Eingewöhnung *f*, Akklimatisierung *f* / acclimation, acclimatization

eingezeichnetes Maß, Maßangaben *f pl* / dimensional specifications

eingraben / dig in ‖ ~, in der Erde verlegen o. einbauen (z.B. Kabel) / bury

eingreifen (z.B. in eine Diskussion, einen Vorgang, Prozess) / intervene [in] ‖ ~ (korrigierend, z.B. bei der Prozesslenkung) / take corrective action ‖ ~ (störend), stören / interfere [with] ‖ ~ (Zahnräder etc.)[in] / mesh [with], engage [with] ‖ ~ *n* (z.B. des Bedienpersonals in einen Vorgang), Eingriff *m* / intervention ‖ ~ (Zahnrad, Getriebe), Eingriff *m* / engagement, meshing

eingrenzen, beschränken (auf einen best. Bereich, Ort), lokalisieren / localize, limit [to] ‖ ~, lokalisieren, ausfindig machen (z.B. Fehler), auffinden, orten / locate (e.g. a fault, data)

Eingriff *m*, Ineinandergreifen *n* (von Zahnrädern) / meshing, intermeshing, mating ‖ ~ *m*, Maßnahmen *f pl*, Maßnahme *f* / action (as required by a particular situation) ‖ ~, Eingreifen *n* (z.B. des Bedienpersonals in einen Vorgang) / intervention ‖ ~ (zur Korrektur), Korrekturmaßnahmen *f pl* (QM) / corrective action ‖ ~ (störend) / interference ‖ ~ **von Hand**, manueller Eingriff (unter Umgehung der automatischen Steuerung), Override *m* (NC, Regel) / override *n*, manual override ‖ **gegen** ~ **gesichert** / tamper-proof ‖ **im** ~ **sein**, ineinandergreifen (Zahnräder) / engage *vi* (gear wheels), mesh *vi*, mate *vi*, gear *vi* ‖ **im** ~ **stehen**, ineinandergreifen (Zahnräder) / engage *vi* (gear wheels), mesh *vi*, mate *vi*, gear *vi* ‖ **in** ~ **bringen**, ineinandergreifen lassen (Zahnräder) / engage (gear wheels), mesh *vt*

Eingriffs·bogen *f*, Kontaktbogen *f* (Kreisbogen der Berührungsfläche zw. Walze u. Walzgut) (Walz) / contact arc ‖ ~**glied** (in einem Kurvengetriebe) (Masch, Mech) / cam follower (in a cam-follower mechanism) ‖ ~**grenze** *f* (auf Qualitätsregelkarten) (QM) / control limit, action limit ‖ **untere** ~**grenze** (QM) / LAL (lower action limit), lower action limit, lower control limit, LCL (lower control limit) ‖ **obere** ~**grenze**, obere Eingriffsgrenze (QM) / UAL (upper action limit), upper action limit, UCL (upper control limit), upper action limit ‖ ~**größen** *f pl* (bei der spanenden Bearbeitung) (Fert) / cutting depths *pl* ‖ ~**linie** *f* (Zahnrad) (Masch) / line of action ‖ ~**punkt** *m* (Zahnräder) (Masch) / contact point ‖ ~**winkel** *m* (Zahnräder), Flankenwinkel *m* (Masch) / angle of pressure (gear wheel), pressure angle ‖ ~**winkel** (Walz) / angle of contact (of work with rolls)

Eingusssystem *n* (in einer Gießform) (Gieß) / gating system (typically consisting of downsprue and runner)

einhalten (Grenzwerte, Toleranzen) / meet, maintain (limits, tolerances) ‖ ~ (Vorschriften etc.), beachten / adhere [to](e.g. to rules), follow, observe ‖ ~ (Termin) / meet (deadline) ‖ ~ (Normen etc.), entsprechen / conform [to], comply [with]

Einhaltung *f* (von Grenzwerten, Toleranzen) / maintenance, observance ‖ ~ (von Vorschriften etc.), Beachtung *f* / observance [of], adherence [to](e.g. to rules) ‖ ~ (von Normen etc.) / compliance [with], conformance [to]

Einhänder-Rohrzange *f* (Wz) / pipe wrench, Stillson wrench

Einhand·mischer *m* (Sanitär) / mixer tap (GB), mixer, mixing faucet (US) ‖ ~**rohrzange** *f*(Wz) / pipe wrench, Stillson wrench

Einhängen *n* (des Buchblocks in die Buchdecke) (Druck) / casing in

Einhängeträger *m* (Auslegerbrücke) (Bau) / suspended beam, suspended span

Ein·härten *n*, Einhärtung *f* / hardness penetration ‖ ~**härtetiefe** *f* / effective hardening depth ‖ ~**härtung** *f*, Einhärten *n* / hardness penetration ‖ ~**härtungstiefe** *f* / effective hardening depth

Einhebelmischer *m* (Sanitär) / mixer tap (GB), mixer, mixing faucet (US)

Einheit *f* (Mess, Phys) / unit ‖ ~ / unit, entity ‖ ~ (Bohr-, Fräs- usw.) (Wzm) / unit (e.g. boring o. milling unit)

Einheiten·Gleichung *f* / unit equation ‖ ~**system** *n* / system of units

einheitlich, homogen / homogeneous ‖ ~, gleichbleibend, beständig / consistent (e.g. performance; research of consistent quality) ‖ ~, gleich (in allen Fällen u. Vorkommen) / uniform (e.g. particles of uniform shape and size) ‖ ~, standardisiert / standard, standardized ‖ ~ **machen**, vereinheitlichen (z.B. die Eisenbahnsysteme europaweit) / harmonize (e.g. the railway systems of Europe)

Einheits·bohrung *f* / basic hole ‖ ~**kreis** *m* / circle with radius 1 ‖ ~**kugel** *f* (Math) / unit sphere ‖ ~**-Nordpol** *m* (Magn) / unit north pole ‖ ~**signal** *n* (Mess) / standard signal, signal standard ‖ ~**vektor** *m*, normierter Vektor (Math) / unit vector, normalized vector ‖ ~**welle** *f* / basic shaft ‖ ~**wurzel** *f* (Math) / root of unity

einholen, erreichen (allg, Verk) / catch up *vi* [with], overtake ‖ ~ (z.B. Gutachten, Erlaubnis) / obtain

Einholm-Stromabnehmer *m* (Bahn) / single-arm pantograph

einhüllen, umhüllen / envelop *vt*, cover, jacket *vt*, sheathe ‖ ~, umwickeln (mit Binde, Papier etc.), umhüllen / wrap up [in]

einhüllende Kurve, Hüllkurve *f* (einer Kurvenschar) (Math) / envelope *n*

Einhüllende *f*, Hüllkurve *f* (einer Kurvenschar) (Math) / envelope *n*

einkapseln / encapsulate

Einkapselung *f* (DV) / encapsulation (in object-oriented programming)

Einkaufswagen *m* / trolley (in supermarkets), shopping trolley (GB, Australia, NZ), shopping cart (US)

Einklang, in ~ **bringen**, vereinheitlichen / harmonize ‖ **in** ~ **bringen** [mit], anpassen [an] / bring into line [with]

einknicken, ausknicken (schlanker Stab, z.B. Kolbenstange, Lochstempel) / buckle (under axial load), yield to buckling o. to axial compression

Einkommen n / income

Einkomponentenkleber m / single-component adhesive

Einkristall m / monocrystal, single crystal ‖ ♔..., einkristallin / monocrystalline, single-crystal...

einkristallin / monocrystalline, single-crystal...

einkuppeln, die Kupplung kommen lassen (Kfz) / let the clutch in, engage the clutch

einladen, verladen / load (e.g. freight onto ships)

Einlagerung f, Lagerung f / storage

Einlagerungsmischkristall m (Krist) / interstitial solid solution

Einlass m (für Wasser, Luft etc.) (Masch, Wasserb) / intake ‖ ♔, Einlassöffnung f / inlet, intake ‖ ♔**krümmer** m, Sammelsaugrohr n, Ansaugkrümmer m (Mot) / intake manifold, inlet manifold, induction manifold ‖ ♔**öffnung** f / inlet, intake ‖ ♔**seite** f, Ansaugseite f (Mot) / induction side, inlet side ‖ ♔**ventil** n (allgemein) / admission valve ‖ ♔**ventil** (Mot) / inlet valve, intake valve, induction valve

Einlauf m, Lufteinlauf f (Triebwerk) (Luft) / air intake, air inlet ‖ ♔**bauwerk** n (der Talsperre) (Wasserb) / intake structure (of the barrage) ‖ ♔**geschwindigkeit** f (des Walzgutes aus dem Walzspalt) (Walz) / entering velocity (of work) ‖ ♔**zeit** f (einer Maschine) / run[ning]-in period, break-in period ‖ ♔**zeit** (zum Erreichen der Betriebstemperatur) / warm-up time

Einlege•gerät n, Handhabungsgerät n (Fert) / parts handler ‖ ♔**keil** m (Masch) / sunk key

einlegen, einführen, einfügen / insert vt ‖ ~ (Film) (Film, Foto) / load ‖ ~, zuführen / feed vt (e.g. material into a machine), charge, load ‖ ~ (Gemenge in das Schmelzaggregat) (Glas) / charge, load ‖ ~ (Lot), anlegen vt (Schw) / preload, preplace ‖ ~ (Nähr) / pickle vt ‖ ♔ (des Gemenges beim Glasschmelzen) (Glas) / charging ‖ ♔ n, Einhängen n (des Buchblocks in die Buchdecke) (Druck) / casing in

Einlegeteil n (in Press- o. Spritzgießwerkzeuge eingelegtes Metallteil o.Ä., das mit Formmasse umpresst bzw. umspritzt wird) (Fert) / insert

einleiten, beginnen vt / start vt, begin ‖ ~, anstoßen, initiieren / initiate (e.g. discussions, developments), trigger, set off ‖ ~, auslösen / induce (e.g. a reaction, process), initiate ‖ ~ (z.B. Chlor in das Becken) / introduce (e.g. chlorine into the pool) ‖ ~ (z.B. Abwässer ins Meer) / discharge (e.g. sewage into the sea) ‖ ~, ergreifen (Maßnahmen) / take (measures)

Einleiter•... (Elek) / single-conductor, single-wire ‖ ♔**kabel** n, Aderleitung f (einadrige Starkstromleitung für feste Verlegung) (Kabel) / single-conductor cable, single-core cable

Einleitung f / introduction ‖ ♔ (einer Reaktion), Initiation f (Chem) / initiation ‖ ♔ (z.B. von Chlor in das Becken, von Schadstoffen ins Meer) / introduction (e.g. of chlorine into the pool, of pollutants into the sea) ‖ ♔ (von Abwässern ins Meer) / discharge (of sewage into the sea) ‖ ♔ (eines Arbeitsspiels) / start (of a working cycle)

Einlenken n (in die Umlaufbahn), Eintritt m (in die Umlaufbahn) (Raumf) / entry (into orbit)

einlesen (DV, Eltro) / read in, input

einloggen (sich), anmelden vr (sich) (DV, Tele) / log in, log on (to a computer system or network) ‖ ♔ n, Anmeldung f (DV, Tele) / login, logon

einmal beschreibbar (DV) / write-once

einmessen, kalibrieren (Messgeräte) (Mess) / calibrate ‖ ♔ n, Kalibrieren n (Feststellung des Zusammenhangs zwischen wahren Werten der Messgröße und angezeigten Messwerten - oft inkl. Justieren) (Mess) / calibration

einmischen, mischen, mergen [in] (z.B. neue Datensätze in einen vorhandenen Bestand, zusammenfügen (Daten, Dateien) (DV) / merge vt [into]

einmitten, zentrieren / center vt (US), centre (GB)

Einmodenfaser f (Tele) / monomode fiber, single-mode fiber

Einnahmen pl / takings pl, proceeds pl

einnehmen (Platz) / occupy (space)

Einnischung f (Umw) / annidation, occupation of a niche

einnivellieren (Verm) / level

einordnen (in Klassen o. Gruppen), einteilen, klassifizieren / classify, group

einpassen, montieren / mount, fit vt [on, to, in, into], install, build vt, put in [o. on o. up]

Einphasen•... (Elek) / single-phase, one-phase..., monophase ‖ ♔**motor** m (Elek) / single-phase motor ‖ ♔**netz** n (Elek) / single-phase mains, single-phase network, monophase network ‖ ♔**repulsionsmotor** m, Déri-Motor m (Elek) / Deri motor, single-phase repulsion motor ‖ ♔**transformator** m (Elek) / single-phase transformer ‖ ♔**wechselstrom** m (Elek) / single-phase alternating current, monophase alternating current ‖ ♔**wechselstrommotor** m (Elek) / single-phase motor, monophase motor ‖ ♔**wechselstromzähler** m (Elek) / single-phase ac meter

einphasig (Elek) / single-phase, one-phase..., monophase ‖ ~ (Legierung) (Mater) / single-phase (alloy)

einplanen / allow for (e.g. 10 minutes for a task) ‖ ~ (finanziell) / budget (e.g. expenses of 1,000,000 Euros)

Einplatinenrechner m, Einplatinen-Computer m (DV) / single board computer, SBC

einpolig, unipolar (Elek) / single-pole, unipolar, s.p., S.P. ‖ ~ (Steckverbinder) (Elek) / single-pin (connector) ‖ ~**er Ausschalter** (in der Ausschaltung zum Ein- und Ausschalten elektrischer Verbraucher z. B. als Lichtschalter verwendet) (Elek) / single-pole single throw switch, SPST ‖ ~**er Einschalter** (in der Ausschaltung zum Ein- und Ausschalten elektrischer Verbraucher z. B. als Lichtschalter verwendet) (Elek) / single-pole single throw switch, SPST ‖ ~**er Umschalter** (Elek) / single-pole double-throw switch, SPDT ‖ ~**er Wechselschalter** (Elek) / single-pole double-throw switch, SPDT

einpressen, verstemmen (Fert) / press-fit (e.g. a shaft into a gear bore) ‖ ~ (z.B. Gas, Flüssigkeit, Metallschmelzen in Gießformen) / inject

einprogrammieren (Information in ROM) (DV) / place (information in the storage array of a ROM)

Einpuls-Mittelpunktschaltung f, Einwegschaltung f (Elek) / single-wave circuit

Einquadrantenbetrieb *m* (Elek, Eltro) / single-quadrant operation

einräumen, erteilen (z.B. Rechte, Lizenzen) (allg, DV) / grant (e.g. rights, licences)

einregulieren (Techn) / adjust

einreihig (z.B. Lager) / single-row... ‖ **~es Rillenkugellager** *n* (DIN 625) / Conrad bearing, deep groove ball bearing, deep groove bearing, single-row radial [contact] ball bearing (with no filling slot) ‖ **~es Schrägkugellager** / single-row angular-contact bearing

einreißen *vi*, anreißen *vi* / begin to break, begin tearing ‖ **~** *vt*, abbrechen *vt* (Gebäude etc.) (Bau) / demolish, pull down, tear down ‖ **~** *n*, Abbruch *m* (eines Gebäudes etc.), Abriss *m* (Bau) / demolition, pulling down, clearance (removal of buildings), tearing down

einrichten, schaffen, anlegen *vt* / create, set up, establish ‖ **~** (DV) / set up (program) ‖ **~**, ausstatten (z. B. Labor, Werkstatt, Praxis) / equip, fit out, furnish ‖ **~**, anlegen *vt* (Datei, Verzeichnis, Adresse) (DV) / create (a file, directory, address) ‖ **~**, orientieren, ausrichten [auf] / orient, orientate [towards] ‖ **~** (Seite in einem Textverarbeitungs-programm) (DV) / set up ‖ **~** (Datenträger, Bibliothek), vorbereiten (DV) / initialize ‖ **~** (Maschinen) (Wzm) / set up ‖ **~** *vr* (sich)[auf], einstellen (sich)[auf] / prepare for, make preparations for ‖ **nach der Flucht ~**, abfluchten, abvisieren (Bau, Verm) / align *vt*, arrange in a straight line, line up, sight out

Einrichtezeit *f*, Rüstzeit *f* (Masch) / set-up time

Einrichtmikroskop *n* (Wzm) / microscope (used to adjust the workpiece in a CNC machine tool)

Einrichtung *f*, Vorrichtung *f*, Gerät *n* / device ‖ **~**, Anlage *f* (z.B. Militär-, Sport-, Verlade-, Hafen-, Produktions-, Kraft-, Förderanlage) / facility ‖ **~**, Anlage *f* (z.B. Beleuchtungsanlage) / installation (e.g. lighting installation) ‖ **~** *f*, Ausstattung *f*, Ausrüstung *f* / equipment ‖ **~**, Vorrichtung *m* / mechanism ‖ **~** (z.B. einer Fräsmaschine) / setting up (e.g. of a milling machine) ‖ **~en** *f pl* (z.B. im Flughafen) / facilities *pl*

Einröhrentunnel *m* (Bau) / single-tube tunnel

einrollen, zusammenrollen, aufrollen, aufwickeln / roll up ‖ **~** *n* (von Blechrändern) (Fert) / curling

einrücken (Zeile, Absatz), einziehen (Druck) / indent ‖ **~**, ineinandergreifen lassen (Zahnräder) / engage (gear wheels), mesh *vt*

Einrückrelais *n* (Kfz) / solenoid, starter solenoid

Einrückung *f*, Absatzeinzug (Druck) / indent, paragraph indent, indention

einsacken, absacken *vt* / bag *vt*, sack *vt*, pack into sacks o. bags

Einsalzeffekt *m* (Chem) / salting-in effect

einsammeln / collect, gather together

Einsatz *m*, Verwendung *f* / application, use ‖ **~**, Betrieb *m* (einer Maschine etc.) / operation, service ‖ **~**, Kampfeinsatz *m* (Mil) / combat mission ‖ **~**, Bit *n* (Wz) / bit (removable boring or drilling tool for use in a brace, drill) ‖ **~**, Charge *f*, Beschickungsmenge *f* / batch *n*, charge ‖ **zum ~ kommen** / be used

Einsatz • bedingungen *f pl* / conditions of use, operating condition ‖ **~bereich** *m*, Anwendungsbereich *m* (z.B. eines Telekommunikationssystems) / field of

application, application area ‖ **~bereit**, betriebsbereit / operational, ready for operation ‖ **~bereit**, gebrauchsfähig / ready for use ‖ **~bereit sein**, betriebsbereit sein, in Bereitschaft sein / be on standby ‖ **~bericht** *m* (Luft, Mil) / debriefing ‖ **~erprobung** *f*, Praxisversuch *m*, Feldversuch *m* (allg) / field test, field trial ‖ **~fähig**, gebrauchsfähig / ready for use ‖ **~gebiet** *n*, Anwendungsbereich *m* (z.B. eines Telekommunikationssystems) / field of application, application area ‖ **~gebiet** (einer Maschine in funktionaler Hinsicht) (Masch) / range of application, functional range ‖ **~härten**, aufkohlen (Hütt) / carburize, case-harden by carburizing (steel) ‖ **~härten** *n* (Hütt) / carburization, carburizing, surface hardening by carburizing, case hardening by carburizing ‖ **~härtetiefe** *f*, Härtetiefe *f* beim Einsatzhärten (Hütt) / case depth, case thickness, case hardening thickness, thickness of hardened layer, depth of hardening o. hardness ‖ **~härtung** *f*, Einsatzhärten *n* (Hütt) / carburization, carburizing, surface hardening by carburizing, case hardening by carburizing ‖ **~härtungstiefe** *f*, Härtetiefe *f* beim Einsatzhärten (Hütt) / case depth, case thickness, case hardening thickness, thickness of hardened layer, depth of hardening o. hardness ‖ **~material** *n*, Rohmaterial *n* (ChT, Fert) / feedstock ‖ **~menge** *f*, Charge *f*, Beschickungsmenge *f* / batch *n*, charge ‖ **~mittel** *n*, Aufkohlungsmittel *n* (Hütt) / carburizing agent, carburizing medium ‖ **~ort** *m* / site ‖ **am ~ort** / on-site ‖ **~kommerzielle ~reife** / commercial viability ‖ **~stahl** *m* (Hütt) / case hardening steel, case-hardened steel, C.H.S. ‖ **~stück** *n* / insert ‖ **~stück**, Distanzstück *n* / spacer ‖ **~temperatur** (Mater) / service temperature, operating temperature ‖ **~tiefe** *f*, Härtetiefe *f* beim Einsatzhärten (Hütt) / case depth, case thickness, case hardening thickness, thickness of hardened layer, depth of hardening o. hardness ‖ **~tür** *f*, Beschickungstür *f*, Chargiertür *f* (des Ofens) (Gieß, Hütt) / charging door

einsaugen, aufsaugen, ansaugen *vt* / aspirate, vacuum off, suck, suck up, suck in, suck away, suck off, suck out ‖ **~** *n*, Ansaugen *n*, Aufsaugen *n* / suction, sucking, aspiration

einscannen (DV) / scan (images, text with an optical scanner)

Einschalt • dauer *f*, Laufzeit *f*, Betriebszeit *f* (Masch) / running time, operating time, duty time ‖ **~dauer** (Elek) / duty cycle (for a given time interval, the ratio of the on-load duration to the total time) ‖ **~druck** *m*, Zuschaltdruck (Kompressor, Pumpe) / cut-in pressure

einschalten *vt*, anschalten *vt* (Licht, Radio, Maschine etc.) (Elek) / switch on *vt*, turn on ‖ **~**, zuschalten (Eltro) / activate (a circuit) ‖ **~** (z.B. Alarmanlage), aktivieren (Elek) / activate (e.g. alarm system) ‖ **~** *vr* (sich)(z.B. Motor, Pumpe) / cut in, start

Einschalter *m* (Masch) / start switch, starter ‖ **~**, Stromschließer *m* (Elek) / circuit closer

Einschalt • hebel *m* (Elek) / switch lever ‖ **~leistung** *f* (Elek) / making capacity ‖ **~strom** *m* (der unmittelbar nach dem Einschalten eines elektrischen Verbrauchers fließt und ein Vielfaches des Nennstromes betragen kann) (Elek) / inrush current, input surge current ‖ **~stromstoß** *m* (Elek) / inrush current transient

‖ ≙**vermögen** n (Elek) / making capacity ‖
≙**verzögerung** f, Einschaltverzögerungszeit f
(bei Transistoren) (Eltro) / turn-on delay time ‖
≙**verzögerung** (Funktion bei SPS) (NC, Regel)
/ turn-on delay, delay on ‖ ≙**verzögerung**
(Zeitgeberbaustein bei SPS) (NC, Regel) /
on-delay timer ‖ ≙**verzögerungszeit** f (bei
Transistoren) (Eltro) / turn-on delay time ‖
≙**zustand**, eingeschalteter Zustand (Elek) /
on-state
einschätzen, bewerten, ermitteln / assess
(damage) ‖ ~, beurteilen / assess (problem,
situation, needs, quality, performance)
Einschätzung f, Beurteilung f, Bewertung f /
assessment
Einscheiben•bremse f / single-disk brake ‖
≙**kupplung** f (Kfz) / single-disk clutch,
single-plate clutch ‖ ≙**sicherheitsglas** n /
tempered glass, toughened glass, prestressed
glass
einschieben, einführen, einfügen / insert vt
einschiffen vr (sich) (Schiff) / embark vi, go
aboard, go on board
einschlagen (z. Nagel, Pfahl) / drive (e.g. drive in
a pile, drive a nail into the wood)
einschlägig / relevant
einschleifen (Elek) / loop in ‖ ~ (Wzm) / grind in
einschließen (z.B. Luft ohne Möglichkeit zu
entweichen) / trap
einschließliches ODER (DV, Eltro, Logik) /
disjunction, or, inclusive or, OR operation,
OR function, inclusive disjunction
Einschluss m, Okklusion f (Adsorption o.
Absorption von Gas durch feste Körper)
(Chem, Phys) / occlusion (of gases)
einschmelzen (Hütt) / melt vt ‖ ~, verhütten
(Erze) (Hütt) / smelt
einschmieren, abschmieren vt (mit Schmierfett,
z.B. Achsen), fetten / grease vt
Einschneiden n (teilweises Trennen des
Werkstoffs, um ihn anschließend durch Biegen
umformen zu können) (Fert) / lancing
einschnittig (Verbindung) / single-shear (joint)
einschnüren vr (beim Zugversuch) (Mater) / neck
vi
Einschnürung f, Verengung f / constriction ‖ ≙
(bei zu hoher Zugbelastung),
Querschnittsverminderung f (Mater) / necking,
reduction of cross-sectional area
einschränken [auf], beschränken [auf],
begrenzen / restrict vt, limit [to] ‖ ~ (z.B
Ausgaben), reduzieren / reduce (expenses) ‖
~ (z.B. Zugang zu Netz, Zugriff auf Daten) /
restrict (e.g. access to network, data) ‖ ~ (z.B.
Ausgaben, Handel), beschränken / restrain
(e.g. expenditure, trade) ‖ ~, einengen (DV) /
focus (a search in a database)
einschrauben, eindrehen / screw in ‖ ~,
festschrauben / screw down
Einschraub•ende n (Bolzen) / inserted end ‖
≙**ende** (Stiftschraube) / stud end, metal end
Einschub•karte, Steckkarte f (DV, Eltro) /
plug-in board, plug-in card ‖ ≙**rahmen** m
(zum Einbau von Platinen u. peripheren
Geräten) (DV) / rack ‖ ≙**schrank** m (Eltro) /
rack
Einschwing•spannung f, Stoßspannung f (Elek) /
transient voltage, surge voltage ‖ ≙**vorgang** m
(Phys, Techn) / transient ‖ ≙**zeit** f (Mess) /
response time (time required for the output of
a measuring instrument to reach a designated
percentage of the total change)

Einseilgreifer m / single-rope grab
einseitig eingespannter Träger, Kragträger m
(einseitig gelagerter, waagerechter Träger, an
dem eine Last hängt) (Mech) / cantilever ‖ ~**er
Grenzwert** (Math) / one-sided limit ‖ ~**er
Hebel** (Last und ausgeübte Kraft greifen, von
der Drehachse aus gesehen, auf derselben
Seite an, die Last liegt zwischen Drehpunkt
und ausgeübter Kraft) (Phys) / second-class
lever, lever of second class ‖ ~**er Hebel** (Last
und ausgeübte Kraft greifen, von der
Drehachse aus gesehen, auf derselben Seite
an, die ausgeübte Kraft liegt zwischen
Drehpunkt und Last - die Last ist kleiner als
die ausgeübte Kraft, legt aber den längeren
Weg zurück) (Phys) / third-class lever ‖ ~**e
Kehlnaht** (Schw) / single fillet weld ‖ ~
wirkend (Wälzlager) / single-direction thrust,
single-thrust
Einsenken n, Ansenken n (zylindrisch, meist zum
Versenken von Schrauben- o. Nietköpfen)
(Fert) / counterboring ‖ ≙, Ansenken n
(kegelförmig, meist zum Versenken von
Schrauben- o. Nietköpfen) (Fert) /
countersinking
Einsenkstempel m (Formwerkzeug zum
Einsenken) (Fert) / hob
einsetzen vi, beginnen vi / begin vi, start vi ‖ ~
(z.B. Motor, Pumpe) / start ‖ ~ vt, einfügen /
insert, put in, set in ‖ ~, unterbringen (z.B.
Komponenten in einem Gehäuse), einbauen /
accommodate vt, house vt ‖ ~ (in Buchse,
Steckplatz) (DV, Eltro) / plug in (e.g. hardware
in expansion slots) ‖ ~ (als Ersatz)[für] /
substitute vt [for] ‖ ~ (eine Glasscheibe) / put
in (a glass pane) ‖ ~, einsatzhärten, aufkohlen
(Hütt) / carburize, case-harden by carburizing
(steel) ‖ ~, anwenden / employ, use ‖ ~ (z.B.
spezielle Arbeitsgruppe) / set up (e.g. task
force) ‖ ~, deploy vt (e.g. staff, troops,
resources) ‖ ~ (z.B. Arbeitnehmer an einem
anderen Standort o. für andere Aufgaben),
versetzen / redeploy (e.g. to another factory or
onto other tasks) ‖ ≙ n, Beginn m, Anfang m /
start n, beginning ‖ ≙, Aufkohlen n (beim
Einsatzhärten) (Hütt) / carbonization,
carburization, carburizing, cementation
Einsetzungsverfahren n (man löst eine der
Gleichungen nach einer Variablen auf und
setzt diese Variable dann in die anderen
Gleichungen ein, wodurch eine Variable
eliminiert wird) (Math) / substitution method
(for solving a system of linear equations)
Einsickern, Infiltration f (allg) / infiltration
einspaltig (Textlayout) (Doku, Druck) /
one-column, in one column
Einspannbacke f, Spannbacke f (Zugversuch),
Klemmbacke f / clamping jaw (tensile test
machine), gripping jaw, jaw, grip
einspannen, aufspannen (Werkstücke) (Wzm) /
clamp, mount ‖ ~, aufspannen (Werkstück in
Futter) (Wzm) / chuck vt
Einspann•lage f (des Werkstücks in der
Drehmaschine) (Wzm) / clamping position ‖
≙**platte** f, Grundplatte f (auf der die
Schneidplatte befestigt wird) (Wzm) / die
bolster, bolster (of a die), bolster plate ‖
≙**vorrichtung** f (allg, Techn) / clamping device ‖
≙**vorrichtung**, Werkstückspannvorrichtung f
(Wzm) / workholding device, fixture, work
fixture ‖ ≙**zapfen** m (Wzm) / spigot (of a die)

einsparen, sparen (z.B. Platz, Zeit, Geld, Kraftstoff) / save (e.g. space, time, money, fuel) ‖ ~ / save on (e.g. material costs, 20 Euros on a new TV set) ‖ ~, Einsparungen (finanzielle) vornehmen bei / economize on (e.g. transportation costs, fuel, material) ‖ ~ (Kosten, Arbeitplätze) / cut down on, reduce

Einsparung f (von Material, Brennstoff, Entwicklungskosten) / saving (e.g. of material, fuel, in development costs) ‖ ~ (finanziell) / economy (e.g. achieve economies by outsourcing technical support) ‖ ~ **von Arbeitskräften** / staff cutback[s], staff cut, reduction in staff or personnel ‖ ~**en** (finanzielle) **vornehmen bei**, einsparen / economize on (e.g. transportation costs, fuel, material)

einspeichern, einlesen (DV, Eltro) / read in, input

einspeisen [in] / feed [into] ‖ ~ (Strom einer Eigenerzeugungsanlage in das Netz) (Elek) / export, feed (electrical power into the grid) ‖ ~ (Tele) / pulse (signals on a transmission medium)

Einspeisepunkt m (Elek) / feed point

Einspeisungspunkt m (Elek) / feed point

einspiegeln [in] (Foto) / reflect by mirror [onto]

einspielen, mischen, mergen [in] (z.B. neue Datensätze in einen vorhandenen Bestand), zusammenfügen (Daten, Dateien) (DV) / merge vt [into]

Einspritz•anlage f (Kfz) / fuel injection system ‖ ~**düse** f (Mot) / injector, fuel injector

einspritzen (allg, Med, Mot) / inject

Einspritz•kondensator m (Masch) / injection condenser, jet condenser ‖ ~**pumpe** f (Mot) / injection pump ‖ ~**system** n (Mot) / injection system

Einspritzung f (Bau, Masch) / injection

Einspur•getriebe n (des Starters), Einspursystem n (Mot) / starter pinion drive ‖ ~**system** n, Einspurgetriebe n (des Starters) (Mot) / starter pinion drive

Einständerhobelmaschine f (Wzm) / open-side planer, single-column planer

Einstechschleifen n (Fert) / infeed grinding, plunge-cut grinding, plunge grinding

einstecken / insert ‖ ~ (Stecker) / plug vt

Einsteckmontage f (von bedrahteten Bauelementen auf Leiterplatten) (Eltro, Fert) / PIH assembly, pin-in-hole technology, PIH technology

einsteigen (Luft) / board vi, go aboard, go on board, enplane vi, embark vi

Einsteigöffnung f, Mannloch n (Einstieg in einen Behälter oder einen Raum) / manhole

Einsteinium n (Chem) / einsteinium, Es

einstellbar, verstellbar / adjustable (e.g. angle, height, seat belt) ‖ ~, regelbar, veränderbar / variable ‖ ~, auswählbar (für bestimmte Zwecke o. Arbeitsgänge) / selectable (document field, etc.) ‖ ~**es Dämpfungsglied** (Eltro, Tele) / variable attenuator, adjustable attenuator ‖ ~**es Lager**, Loslager n (Ggs. Festlager) / floating bearing (as opp. to fixed bearing)

Einstellbereich m / setting range, range of adjustment

einstellen vr (sich)[auf], einrichten vr (sich)[auf] / prepare for, make preparations for ‖ ~ (sich)[auf], anpassen vr (sich)[an] / adapt [to] ‖ ~ (sich)(Folgen) / become apparent ‖ ~ vt, hineinstellen / put in (e.g. put the car into the garage) ‖ ~ [auf] / adjust vt (e.g. machine, brakes, speed, settings, eyepiece of a telescope; parameters, volume, temperature to a desired value) ‖ ~ [auf], anpassen [an] / adjust (e.g. production output to demand) ‖ ~ (z.B. Produktion auf bestimmte Anforderungen, Kundenkreise), ausrichten (z.B. Produktion auf Nachfrage) / gear [to] (e.g. output to specific demands or customers), adapt ‖ ~ [auf], scharfstellen (Foto, Opt) / adjust the focus of (e.g. a telescope, camera), focus [on] ‖ ~ (z.B. auf Automatik, Aufnahme) / switch (e.g. a camera into automatic mode, a VCR into record mode) ‖ ~, abstimmen (Eltro, Radio, Tele) / tune (a radio, circuit, resonator etc) ‖ ~ (Sender) (Radio, TV) / tune in to (a station) ‖ ~ (Arbeitskräfte) / employ, engage, take on, hire vt ‖ ~ (z.B. Produktion), aufgeben / discontinue, stop, cease vt (production) ‖ ~, auslaufen lassen (Produkt, Modellreihe), schrittweise aus dem Programm o. vom Markt nehmen / phase out vt ‖ ~ (zeitweilig), aussetzen vt / suspend (e.g. bus service, nulear tests, publication of a magazine) ‖ ~ **auf einen gewünschten Wert** ~, abgleichen, trimmen, eintrimmen (Eltro) / adjust (the circuits of an electronic system for predetermined response), align vt

Einstellen n, Abstimmen n, Abstimmung f (Radio) / tuning, tuning-in

Einsteller m, Einstellvorrichtung f / adjuster

Einstell•genauigkeit f / accuracy of adjustment ‖ ~**ring** m (der Fokussiereinrichtung), Scharfeinstellring m (Foto) / focus[s]ing ring, setting ring ‖ ~**schraube** f / adjusting screw, setscrew, adjustment screw

Einstellung f (Veränderung einer bisherigen Einstellung bzw. der neu eingestellte Wert) (allg, Techn) / adjustment ‖ ~ (Wert, der bereits eingestellt ist, o. möglicher Einstellungswert) / setting (e.g. check the thermostat setting and adjust it if necessary; maximum/minimum setting for frame size) ‖ ~**en** f pl (DV) / preferences (user-defined default settings) ‖ ~, Justieren n, Abgleichen n (eines Messgeräts, Bauelements mit einem Normal) (Mess) / calibration (of a measuring insturment against a standard) ‖ ~, Setup n (DV) / setting, set-up ‖ ~, Positionierung f (z.B. des Schlittens einer Werkzeugmaschine, des Schreib/Lesekopfes auf Speicherbereich) / positioning ‖ ~ (von Arbeitskräften) / employment, hiring ‖ ~ (z.B. eines Dienstes, der Produktion) / discontinuation, stopping (of production, a service) ‖ ~ (Film) / shot ‖ ~ (z.B. zur Arbeit) / attitude (e.g. towards work) ‖ ~ **auf Null** (Instr) / zeroing, zeroizing, adjustment to zero, zero setting, zero adjustment, zero point adjustment

Einstellvorrichtung f / adjuster

Einstellwinkel m (am Schneidkeil) (Wzm) / cutting edge angle, approach angle

Einstich m (beim Einstechschleifen) (Fert) / plunge cut

Einstiegschacht m, Kontrollschacht m (Zugang zu einem Leitungssystem oder einer Technikeinrichtung) / manhole

Einstiegs•luke f (Raumf, Schiff) / hatch, access hatch ‖ ~**öffnung** m, Mannloch n (Einstieg in einen Behälter oder einen Raum) / manhole

Einstrahlung *m* (der Sonne),
Sonneneinstrahlung *f*, Insolation *f* (Phys) /
insolation (the amount of solar radiation
reaching a given area), solar irradiance
einstufen, klassifizieren / classify, class ‖ ~ (in
einem Bewertungsschema), bewerten / rate *vt*
(e.g. computers according to performance) ‖
~, einteilen (z.B. nach Größe, Dicke) / grade
(according to e.g. size, thickness)
Einstufen..., einstufig / single-stage...
einstufig / single-stage... ‖ **~es Getriebe** /
single-speed gear ‖ **~e Gleichdruckturbine**,
Laval-Turbine *f* / Laval turbine,
single-pressure-stage impulse turbine
Einsturz *m* (z.B. eines Gebäudes, Dachs,
Gerüsts, einer Mauer, Brücke) / collapse *n*
einstürzen (z.B. Gebäude, Mauer, Brücke,
Dach, Gerüst), zusammenbrechen, einfallen
(Bau) / collapse *vi*, cave in
"Eins"-Zustand *m* (DV) / one-state
Eintakt • durchflusswandler *m* (Elek, Eltro) /
single-ended forward converter ‖
⁰sperrwandler *m* (Elek, Eltro) / flyback
converter ‖ **⁰-Verstärker** *m* (Regel) /
single-ended amplifier
Eintauchen *n*, Untertauchen *n* / immersion,
submersion
einteilen (z.B. nach Größe, Dicke), einstufen /
grade (according to e.g. size, thickness) ‖ ~
(z.B. in 100 gleiche Teile), aufteilen / divide (eg
into 100 equal parts) ‖ ~, unterteilen,
untergliedern, gliedern [in] / divide [into],
subdivide [into] ‖ ~, klassifizieren, einordnen
(in Klassen o. Gruppen) / classify, group
einteilig, aus einem Stück / one-piece...
eintippen, eingeben (Daten per Tastatur) (Büro,
DV) / key in, type in, keyboard *vt*
Eintor *n*, Zweipol *m* (Elek, Eltro) / single-pole
network, two-terminal network, one-port
network
Eintrag *m* (in Liste, Tabelle, Formular) / entry
eintragen (z.B. Nennmaß, Maßzahlen in eine
Zeichnung (Doku) / specify ‖ ~, einzeichnen
(in Plan, Karte, Diagramm) / plot (e.g. course
of an aircraft on a map, chart) ‖ ~ (z.B. in eine
Liste) / enter (e.g. in a list) ‖ ~ (z.B.
Messwerte in ein Diagramm) / plot ‖ ~,
abwerfen (Gewinn etc.) / yield *vt* ‖ ~ (eine
Schutzmarke) / register *vt* (a trade mark) ‖ ~,
einführen (in Ofen etc.) / feed
Eintragstür *f*, Beschickungstür *f*, Chargiertür *f*
(des Ofens) (Gieß, Hütt) / charging door
Eintragung *f*, Eintrag *m* / entering in a list, entry
‖ ~, Position *f*, Posten (z.B. in einer Liste) /
item (in register, list etc.)
eintreten, auftreten / occur ‖ ~ (z.B. in die
Umlaufbahn) / enter (e.g. the orbit) ‖ ~ *n*,
Eintritt *m* / entry, entering
eintretend, einfallend (Licht, Strahlung),
auftreffend / incident (light, rays), impinging
eintrimmen, abgleichen, trimmen (Eltro) / adjust
(the circuits of an electronic system for
predetermined response), align *vt*
Eintritt *m*, Eintreten *n* / entry, entering ‖ ~
(Öffnung) (Masch) / inlet, intake ‖ ~ (durch
Leck) / inleakage ‖ ~ (in die Umlaufbahn),
Einlenken *n* (in die Umlaufbahn) (Raumf) /
entry (into orbit) ‖ ~ (von Kabeln o.
Leitungen), Einführung *f* (Elek) / entry (of
cables), lead-in
Eintritts • fläche *f* (Opt) / incident face ‖
⁰geschwindigkeit *f* (z.B. des Walzgutes in den

Walzspalt) (Walz) / entering velocity (of work)
‖ **⁰kante** *f* (Luft) / leading edge (of a wing) ‖
⁰karte *f* / ticket ‖ **⁰luke** *f* (Opt) / entrance
window ‖ **⁰pupille** *f* (Opt) / entrance pupil ‖
⁰temperatur *f* / inlet temperature ‖ **⁰winkel**
m (Opt) / entrance angle
Eintrocknen *n* / drying
einwandfrei, fehlerlos, fehlerfrei / sound ‖ ~
(z.B. Funktionieren, Betrieb einer Anlage) /
faultless (e.g. operation) ‖ ~ (z.B. Zustand,
Ergebnisse) / perfect (e.g. condition, results) ‖
~ (funktionieren) / properly, reliably
Einweg • ... (z.B. Flasche, Verpackung) (Umw) /
one-way..., disposable (e.g. bottle, packaging)
‖ **⁰kamera** *f* (Foto) / disposable camera ‖
⁰lichtschranke *f* (Eltro) / through beam
photoelectric sensor ‖ **⁰schaltung** *f*,
Einpuls-Mittelpunktschaltung *f* (Elek) /
single-wave circuit ‖ **⁰verpackung** *f* (Umw) /
expendable packaging, non-returnable
packaging, single-use packaging, one-time-use
packaging, disposable packaging
einweichen / steep (to soften, cleanse), soak
einwellig (Masch) / single-shaft
einwertiges Lager, Loslager *n* (Ggs. Festlager) /
floating bearing (as opp. to fixed bearing)
einwirken *vi* [auf], beeinflussen / influence, have
an influence on ‖ ~ (z.B. Salbe) / work ‖ ~
lassen (Chem) / allow to react
Einwirkung *f* [auf], Einfluss *m*, Einflussnahme *f* /
influence [on] ‖ ~ [auf], Wirkung *f* (Chem) /
action [upon] (e.g. of heat, a drug)
Einwurf *m*, Einwurföffnung *f* (für Geld, Briefe
usw.) / slot ‖ **⁰öffnung** *f* (für Geld, Briefe usw.)
/ slot
einzeichnen (in Plan, Karte, Diagramm),
eintragen / plot (e.g. course of an aircraft on a
map, chart)
Einzel • aggregat *n*, Einheit / unit (a single
machine etc) ‖ **⁰anfertigung** *f* / one-off
production, individual production, single-part
production ‖ **⁰anlage** *f* / standalone system ‖
⁰antrieb *m* / individual drive ‖ **⁰antrieb** (z.B.
von Rädern) / independent drive ‖ **⁰bild** *n*
(Film, Foto) / frame (one of the successive
pictures on a strip of film), single frame ‖
⁰bild, Frame *n*, einzelnes Bildschirmbild (DV)
/ frame (image on a screen or monitor) ‖
⁰blatteinzug *m* (eines Druckers),
Einzelblattzuführung *f* (DV) / cut-sheet feeder
(in a printer), sheet feeder, cut-sheet feeding
mechanism ‖ **⁰computer** *m* (ohne Anbindung
an ein Netzwerk) (DV) / standalone computer,
single-user computer ‖ **⁰fertigung** *f* / one-off
production, individual production, single-part
production ‖ **⁰gebührennachweis** *m* (Tele) /
detailed billing information, detailed billing
statement ‖ **⁰gesprächsnachweis** *m* (Tele) /
detailed billing information, detailed billing
statement ‖ **⁰handwerk**, Handwerkssparte *f* /
craft discipline ‖ **⁰haus** *n* (isoliert stehend),
freistehendes Haus / detached house ‖
⁰platz... (DV) / standalone (device, computer,
software) ‖ **⁰platzrechner** *m*, Einzelcomputer
m (ohne Anbindung an ein Netzwerk) (DV) /
standalone computer, single user computer ‖
⁰platzsystem *n*, Einbenutzersystem *n* (DV) /
single-user system ‖ **⁰schrittbetrieb** *m* /
single-step operation, ss operation ‖
⁰stromkreis *m* (in einer Hauselektroanlage
mit dem Elektro-Installationsverteiler
verbunden), Endstromkreis *m* (Elek) /

subcircuit, branch circuit, final subcircuit ‖ ~**teil** *n*, Bauteil *n*, Bauelement *n* (Elek, Eltro) / component, component part

einziehen, zurückziehen / retract ‖ ~, einfahren *vt* (z.B. Fahrgestell) (Luft) / retract, raise (e.g. undercarriage) ‖ ~, einrücken (Zeile, Absatz) (Druck) / indent

Einziehkeil *m* (Wzm) / draw-in key

Einzug *m*, Absatzeinzug (Druck) / indent, paragraph indent, indention ‖ **negativer** ~, hängender Einzug (der ersten Zeile eines Absatzes), Ausrückung *f* (Druck, DV) / hanging indent, hanging indention, reverse indention

Einzugs•bereich *m*, Kanteneinzug *m* (oberster Teil einer Schnittfläche beim Scherschneiden) (Fert) / rollover *n* ‖ ~**bereich** *m* (eines Telekommunikationsnetzes) (Tele) / coverage area ‖ ~**wicklung** *f* (Elek, Kfz) / pull-in winding (of solenoid assembly)

Einzweckmaschine *f* (Wzm) / single-purpose machine

Eis *n* / ice ‖ ~**berg** *m* / iceberg ‖ ~**brecher** *m* (Schiff) / ice breaker

Eisen *n* (Chem) / iron, Fe ‖ ~ **schaffende Industrie**, Eisen- und Stahlindustrie *f* / iron and steel industry ‖ α-~, Ferrit *m* (Gefüge des technisch reinen Eisens aus abgerundeten Körnern) (Hütt) / ferrite, alpha, alpha phase ‖ γ-~, Austenit *m* (Hütt) / austenite, gamma [phase]

Eisenbahn *f* (Bahn) / railroad (US), railway (GB) ‖ ~**brücke** *f* (Bahn, Bau) / railway bridge, railroad bridge ‖ ~**kupplung** *f* (Bahn) / coupling, coupler ‖ ~**netz** *n*, Schienennetz *n* (Bahn) / railroad network o. system (US), railway network o. system (GB) ‖ ~**signal** *n* / railway signal ‖ ~**strecke** *f* / railroad line (US), railway section (GB) ‖ ~**tunnel** *m* (Bau) / railway tunnel, railroad tunnel ‖ ~**unterführung** *f* (Bahn, Straß) / subway (GB), underpass ‖ ~**wagen** *m* (Bahn) / railroad car (US), railway carriage (GB), railcar (US)

Eisen•begleiter *m pl* (die als unerwünschte Bestandteile des Roheisens beim Frischen beseitigt werden müssen) (Hütt) / impurities *pl*, tramp elements ‖ ~**cyanblau** *n* (Eisen(III)-hexacyanoferrat(II)), Pariser Blau *n* (Anstr, Chem) / Prussian blue (ferric ferrocyanide), iron blue, Turnbull's blue ‖ ~**hüttenwerk** *n* / iron and steel plant o. works ‖ ~**- und Stahlindustrie** *f* / iron and steel industry ‖ ~**karbid** *n* (Fe₃C), Zementit *m* (Hütt) / cementite ‖ ~**kern** *m* (Elek) / iron core ‖ ~**Kohlenstoff-Diagramm** *n* (Hütt) / iron-carbon diagram, iron-carbon equilibrium diagram, iron-carbon phase diagram ‖ ~**Kohlenstoff-Zustandsdiagramm** *n* (Hütt) / iron-carbon diagram, iron-carbon equilibrium diagram, iron-carbon phase diagram ‖ ~**legierung** *f* (Mater) / ferrous alloy, iron alloy ‖ ~**metalle** *n pl* (Mater) / ferrous metals *pl* ‖ ~**schaffende Industrie**, Eisen- und Stahlindustrie *f* / iron and steel industry ‖ ~**schrott** *m* / scrap iron ‖ ~**verlust**, Ummagnetisierungsverlust *m* (Elek) / iron loss, core loss

Eisessig *m*, reine Essigsäure *f* / crystallizable o. glacial o. pure acetic acid

Eiweißuhr *f*, Aminosäuredatierung *f* / amino acid dating

Ejektor *m*, Dampfstrahlpumpe *f* (Vak) / eductor, steam ejector, steam aspirator, steam jet aspirator, steam jet ejector, ejector

EKD *n* (Eisen-Kohlenstoff-Diagramm) (Hütt) / iron-carbon diagram, iron-carbon equilibrium diagram, iron-carbon phase diagram

E-Kreuz *n*, Eruptionskreuz *n* (Öl) / christmas tree, subsea tree, surface tree

Ektobiologie *f* / exobiology, astrobiology, space biology

ELAB, elektrische Abstellvorrichtung (Kfz) / electric shutoff, electric shutoff solenoid

elastisch, dehnbar / elastic *adj* ‖ ~, federnd / resilient ‖ ~ (Motor) / flexible ‖ ~**er Aufprall**, Rückprall *m* (allg, Phys) / bounce *n*, rebound ‖ ~**er Bereich** (bei der Knickung) (Mech) / elastic buckling range, elastic range ‖ ~**er Greifer** / elastic gripper ‖ ~**e Knickung** (Mech) / elastic buckling ‖ ~**e Kupplung** / flexible coupling ‖ ~**e Linie** (Mech) / elastic curve ‖ ~**er Stoß** (Phys) / elastic collision ‖ ~**e Streuung** (Nukl) / elastic scattering ‖ ~**e Verformung** / elastic deformation

Elastizität *f* (Phys) / elasticity ‖ ~, Federn *n*, Nachgiebigkeit *f* / resilience

Elastizitäts•grenze σ_E *f* (im Spannungs-Dehnungs-Diagramm) (Mater) / elastic limit ‖ ~**koeffizient** *m* (Phys) / reciprocal value of modulus of elasticity ‖ ~**modul** *m* (Mater) / elastic modulus, modulus of elasticity, Young's modulus

Elastomer *n* (Plast) / elastomer

Eldrogerät *n* (Förd, Masch) / electrohydraulic brake-lifting device

Electronic Commerce *m*, E-Commerce *m* (DV, Tele, Wirtsch) / e-commerce, electronic commerce

Elektretmikrofon *n* (Akust) / electret microphone

Elektriker *m* (Elek) / electrician, electrical fitter

elektrisch, electrical, electric ‖ ~**e Abstellvorrichtung** (Kfz) / electric shutoff, electric shutoff solenoid ‖ ~ **angetrieben**, Elektro..., elektrisch betrieben / electrically operated, electrically driven, electrically powered ‖ ~**e Anlage[n]** / electrical installation[s], electrics *pl* ‖ ~**e Anlage** (Kfz) / electrical system ‖ ~**er Antrieb**, Elektroantrieb *m* / electric drive [system] ‖ ~**e Arbeit** / electrical work ‖ ~ **betrieben**, Elektro..., elektrisch angetrieben / electrically operated, electrically driven, electrically powered ‖ ~**es Betriebsmittel** (Elek) / electrical equipment ‖ ~**e Bohrmaschine**, elektrische Handbohrmaschine (Wz) / electric drill (standard portable type), power drill, drill ‖ ~**e Durchflutung** (Elek) / magnetomotive force, m.m.f. ‖ ~**e Durchflutung** (eines geschlossenen Pfades), Umströmung *f* (Elek) / current linkage (with a closed path) ‖ ~**e Durchschlagfestigkeit** (in kV/cm oder kV/mm) (Elek) / dielectric strength, disruptive strength ‖ ~**e Elementarladung** (Phys) / elementary charge, electronic charge ‖ ~**e Energie** (Elek, Phys) / electric energy ‖ ~**e Energietechnik** (Elek) / power engineering, electric power engineering ‖ ~**e Energieversorgung** (Elek) / power supply ‖ ~**es Feld** (Elek) / electric field, E-field ‖ ~**e Feldkonstante**, ε_o (Elek, Phys) / permittivity of a vacuum or free space (ε_o), electric constant ‖

~e **Feldstärke** (Elek) / electric field strength, electric field intensity || ~e **Fensterheber** pl (Kfz) / power windows, power window system || ~er **Fluss** (Elek) / electric flux, displacement flux || ~e **Flussdichte** (Elek) / electric flux density, dielectric strain, displacement, electric displacement || ~e **Gehrungssäge** f, Gehrungs (Wz) / power miter saw, drop saw, chop saw || ~es **Gerät** / electrical appliance || ~es **Gleichfeld**, elektrostatisches Feld (Elek) / static electric field, electrostatic field || ~e **Handbohrmaschine** (Wz) / electric drill (standard portable type), power drill, drill || ~e **Heckenschere** / hedge trimmer || ~er **Impuls** (Elek, Eltro) / pulse || ~e **Kapazität** (Elek) / capacitance (ratio of charge to voltage in e.g. a capacitor, unit Farad) || ~e **Klemmenspannung** (Elek) / terminal voltage || ~e **Kopplung**, kapazitive Kopplung (Elek) / capacitive coupling || ~er **Kurzschluss** (Elek) / short circuit n, short n, SC || ~e **Ladung** (Elek) / electric charge, electrical charge, charge || ~e **Leistung** / electric power, electrical power || ~ **leitend**, stromleitend (Elek) / electrically conductive || ~er **Leiter**, Stromleiter m (Elek) / conductor, electric conductor || ~e **Leitfähigkeit** (Kehrwert des spezifischen Widerstands - in Siemens je Meter - S/m) (Elek) / electrical conductivity, conductivity, specific conductance || ~e **Leitungen** (Hausinstallation) (Elek) / wiring || ~er **Leitwert** (Einheit Siemens - G = 1/U in A/V = 1/Ω = S) (Elek) / conductance, electric conductance || ~ **löschbares programmierbares ROM**, EEPROM (DV) / EEPROM, E²PROM, electrically erasable programmable read-only memory, electrically erasable programmable ROM || ~er **Ofen**, Elektroofen m (Industrieofen) / electric furnace || ~es **Potential**, elektrische Spannung (Elek) / voltage || ~er **Rasierapparat** / electric razor, electric shaver || ~e **Schaltung** (Zusammenschluss von elektrischen o. elektromechanischen Komponenten (z.B. Schalter, Lampe, Motor) zu einer funktionierenden Anordnung) (Elek) / electrical circuit || ~er **Schlag**, Stromschlag m (Elek, Med) / electric shock || ~e **Schutztrennung** f (Elek) / electrical separation, (electrically) protective separation || ~es **Schweißen**, Lichtbogenschmelzschweißen n (Schw) / arc welding, AW || ~e **Schwingungen** f pl / electric oscillations pl || ~e **Spannung** (Elek) / voltage || ~e **Spannungsquelle** (Elek) / voltage source || ~e **Speicherheizung**, Nachtspeicherheizung f (Elek) / night storage heating || ~er **Strom** (Elek) / electric current || ~er **Strombelag** (Elek) / specific electric loading, linear (electric) current density || ~e **Stromdichte** (Elek) / current density, CD || ~er **Stromkreis** (Elek) / electric circuit || ~e **Stromstärke** (Elek) / current, electric current (SI base unit: ampere) || ~e **Urspannung**, Quellenspannung f (Elek) / electromotive force, e.m.f. || ~er **Verbraucher** (Gerät) (Elek) / electric load, load (in an electrical circuit) || ~e **Verbrauchsmittel** (Elek) / electrical consumer, current using equipment || ~e **Verschiebung**, elektrische Flussdichte (Elek) / electric flux density, dielectric strain, displacement, electric displacement || ~e **Verschiebungsdichte**, elektrische Flussdichte (Elek) / electric flux density, dielectric strain, displacement, electric displacement || ~es **Wechselfeld** (Elek) / alternating electric field || ~er **Widerstand** (als Größe) (Elek) / resistance, electrical resistance || ~er **Widerstand** (als Bauteil) (Elek) / resistor, resistance || ~ **zusammenschalten** (Elek) / connect electrically

elektrisieren, elektrisch aufladen / charge with electricity

Elektrizität f / electricity || ~, Strom m (Elek) / power, electricity

Elektrizitäts•..., elektrisch / electrical, electric || ~**erzeugung** f (Elek) / electrical power generation, power generation, electricity production, generation of energy o. power || ~**lehre** f / science of electricity, electrical science || ~**leitend**, elektrisch leitend, stromleitend (Elek) / electrically conductive || ~**leiter** m, Stromleiter m (Elek) / conductor, electric conductor || ~**menge** f (Elek) / electric charge, quantity of electricity || ~**versorgung** f (Elek) / power supply, energy supply, electricity supply, electrical supply, electric power supply || ~**versorgungsnetz** n (Elek) / mains pl, electric mains pl, grid, supply mains, power grid, electric grid, network, electric power grid, power line (US), electricity supply grid, power supply system, electricity supply network || ~**versorgungsunternehmen** n (Elek) / utility, electric utility [company], utility company, power company, power utility || ~**werk** n, Stromversorgungsunternehmen n (Elek) / utility, electric utility [company], utility company, power company, power utility || ~**werk**, Kraftwerk n (Elek) / power plant (US), electric power station (GB), power station (GB) || ~**wirtschaft** f / electrical power industry, electricity [supply] industry || ~**zähler** m, Stromzähler m (Elek) / electricity meter, meter

Elektro•..., elektrisch / electrical, electric || ~**...**, elektrisch betrieben, elektrisch angetrieben / electrically operated, electrically driven, electrically powered || ~**akustischer Wandler** (Akust, Eltro) / electroacoustic transducer, sound transducer || ~**antrieb** m / electric drive [system] || ~**backofen** m (HG) / electric oven || ~**blech** n (Elek, Hütt) / electrical steel (manufactured in the form of cold-rolled strips), lamination steel, silicon electrical steel, silicon steel, transformer steel || ~**bohrmaschine** f, elektrische Handbohrmaschine (Wz) / electric drill (standard portable type), power drill, drill || ~**chemie** f / electrochemistry

elektrochemisch / electrochemical || ~**es Abtragen** (Fert) / ECM, electrochemical machining || ~**es Äquivalent** (Chem, Elek) / electrochemical equivalent || ~**e Bearbeitung** (Fert) / ECM, electrochemical machining || ~**es Entgraten**, Elysierentgraten n, elektrolytisches Entgraten (Fert) / electrochemical deburring, ECD || ~**e Metallbearbeitung** (Fert) / ECM, electrochemical machining || ~**es Schleifen** (Fert) / electrochemical grinding, ECG || ~**e Spannungsreihe** / electrochemical series, electromotive series, electrode potential series, electrochemical potential series || ~**e Zelle**, Zelle f, galvanisches Element (Primär-

o. Sekundärelement) (Elek) / cell, galvanic cell, electric cell, voltaic cell

Elektrode f (Elek, Eltro) / electrode

Elektroden•anordnung f / electrode configuration ‖ **≈charakteristik** f, Elektrodenkennlinie f (Elek) / electrode characteristic ‖ **≈kennlinie** f, Elektrodencharakteristik f (Elek) / electrode characteristic ‖ **≈spitze** f (Schw) / electrode tip, tip of the electrode ‖ **≈umhüllung** f (Schw) / covering, flux, flux covering (of an electrode), electrode covering, electrode coating

Elektro•dynamik f / electrodynamics *sing* ‖ **~dynamischer Lautsprecher** (Akust, Audio) / dynamic loudspeaker, moving-coil loudspeaker, dynamic speaker ‖ **≈energietechnik** f, elektrische Energietechnik (Elek) / power engineering, electric power engineering ‖ **≈energieversorgung** f, Stromversorgung f (Elek) / power supply, energy supply, electricity supply, electrical supply, electric power supply ‖ **≈erosion** f, Funkenerosion f, EDM (Fert) / electric discharge machining, electro-discharge machining, EDM, electro-erosion, spark machining, spark erosion, electric spark machining, electrical erosion ‖ **≈erosionsmaschine** f (Wzm) / electrical discharge forming machine ‖ **~erosive Bearbeitung**, Funkenerosion f, EDM (Fert) / electric discharge machining, electro-discharge machining, EDM, electro-erosion, spark machining, spark erosion, electric spark machining, electrical erosion ‖ **≈fachkraft** f (Elek) / electrician ‖ **≈filter** n (zur Elektroentstaubung), elektrostatischer Staubabscheider (Umw) / electrostatic precipitator, ESP, electrostatic air cleaner, electrostatic dust precipitator, electrostatic filter f, elektrostatische Gasreinigung (Umw) / Cottrell process, electrostatic precipitation ‖ **≈formung** f, Galvanoformung f (OT) / electrodeposition (shaping metallic components by electroplating), electroforming (shaping components by electrodeposition of metal on a pattern) ‖ **≈gerät** n / electrical appliance ‖ **≈gerät für den Hausgebrauch**, Elektro-Hausgerät n (HG) / electrical household appliance ‖ **≈gewinde** n / Edison screw-thread, electrical thread ‖ **≈hängebahn** f (mit einzeln elektr. angetriebenen, flurfrei angeordneten Katzen) (Förd) / telpherage, telpher line ‖ **≈-Hausgerät** n (HG) / electrical household appliance ‖ **≈hebemagnet** m, Magnet m zum Lastheben (Förd) / crane magnet, lifting magnet, hoisting magnet ‖ **≈hebezeug** n / electric hoist ‖ **≈herd** m (HG) / electric cooker, electric cooking range, electric stove ‖ **≈hobel** (Wz) / electric plane, power planer, power plane ‖ **~hydraulische Bremse** / electrohydraulic brake ‖ **≈hyperthermie** (MT) / hyperthermia (produced by a high-frequency current) ‖ **≈industrie** f / electrical industry, electrical engineering industry ‖ **≈installateur** m (Elek) / electrician, electrical fitter ‖ **≈installation** f / electrical installation ‖ **≈installation** (Bau, Elek) / wiring, electrical wiring ‖ **≈-Installationsrohr** n (Elek) / conduit (for electrical installations or wiring), electrical-installation conduit, cable conduit ‖

≈kabel n / electrical cable ‖ **≈kettenzug** m (Förd) / electric chain hoist ‖ **≈kleingeräte** n pl (Elek) / small electrical appliances ‖ **≈kocher** (Elek, HG) / hot plate ‖ **≈labor** n / electrical laboratory ‖ **≈lumineszenz** f (Elek) / electroluminescence

Elektrolyse f (Chem, Elek) / electrolysis

Elektrolyseur m (Chem, Elek) / electrolyzer

Elektrolysezelle f (Chem, Elek) / electrolytic cell

Elektrolyt m (Chem, Elek, OT) / electrolyte ‖ **≈gleichrichter** m (Elek) / electrolytic rectifier

elektrolytisch•e Abscheidung, Galvanisieren n, galvanische Metallabscheidung / electrodeposition, electrolytic deposition ‖ **~es Bad**, galvanisches Bad (Fert) / electroplating bath, plating bath ‖ **~e Dissoziation** / electrolytic dissociation ‖ **~es Entgraten**, elektrochemisches Entgraten, Elysierentgraten n (Fert) / electrochemical deburring, ECD ‖ **~er Leiter** (Chem) / electrolytic conductor ‖ **~es Polieren** (OT) / electropolishing, electrobrightening, electrolytic polishing, electrolytic brightening ‖ **~ verzinken**, galvanisch verzinken (OT) / zinc plate *vt*

Elektrolytkondensator (Elek) / electrolytic capacitor

Elektromagnet m (Elek, Magn) / electromagnet ‖ **≈futter** n, Elektromagnet-Spanner m / electromagnetic chuck

elektromagnetisch / electromagnetic *adj*, EM ‖ **~er Brumm**, elektromagnetische Störungen f pl (Eltro) / electromagnetic interference, EMI ‖ **~es Durchmischen**, induktives Rühren (Hütt) / inductive stirring ‖ **~es Feld** (Phys) / electromagnetic field ‖ **~e Kupplung** / electromagnetic clutch ‖ **~es Spektrum** n / electromagnetic spectrum ‖ **~e Störbeeinflussung**, elektromagnetische Störungen f pl (Eltro) / electromagnetic interference, EMI ‖ **~e Störungen** f pl (Eltro) / electromagnetic interference, EMI ‖ **~e Strahlung** / electromagnetic radiation ‖ **~e Vermittlungstechnik** (Tele) / electromechanical switching [system], Strowger system ‖ **~e Verträglichkeit** (Elek) / electromagnetic compatibility, EMC ‖ **~e Welle** (Phys) / electromagnetic wave, E.M. wave

Elektro•magnetismus m (Phys) / electromagnetism ‖ **≈magnet-Spanner** m, E Elektromagnetfutter n / electromagnetic chuck ‖ **≈magnet-Spannvorrichtung** f, Elektromagnetfutter n / electromagnetic chuck ‖ **≈mechanisch** / electromechanical ‖ **≈messer** n (HG) / electric knife ‖ **≈monteur** m (Elek) / electrician, electrical fitter ‖ **≈motor** m / electric motor, electromotor

elektromotorisch•e Gegenspannung (EMG) (Elek) / counterelectromotive force, counter EMF, CEMF, back electromotive force, back EMF, b.e.m.f. ‖ **~e Kraft** (historisch bedingte Bezeichnung), elektrische Urspannung, Quellenspannung f (Elek) / electromotive force, e.m.f.

Elektromyostimulation f (MT) / electromyostimulation

Elektron n (Nukl) / electron, negative electron, negatron, negaton

elektro•negativ (Chem) / electronegative ‖ **≈negativität** f (Chem) / electronegativity ‖ **≈negativitätsdifferenz** f (Chem) / difference in

electronegativity || ~**negativitätswerte** m pl
(Chem) / electronegativity values
Elektronen•bahn f, Umlaufbahn f (des
Elektrons im Bohrschen Atommodell) (Phys) /
orbit (of the electron) || ~**blitzgerät** n (Foto) /
electronic flash [unit] || ~**defektstelle** f,
Defektelektron n (im Halbleiter) (Eltro) /
electron hole, hole, electron gap, defect
electron || ~**fluss** m / electron flow, electron
stream || ~**formel** f (Chem) / electron formula ||
~**gas** n / electron gas || ~**hülle**, Atomhülle f
(Nukl) / electron shells pl || ~**kanone** f (Eltro,
TV) / electron gun, gun || ~**ladung** f (Phys) /
electron charge || ~**leitung** f, n-Leitung f,
Überschussleitung f (Eltro) / electron
conduction, n-type conduction || ~**loch** n,
Defektelektron n (im Halbleiter) (Eltro) /
electron hole, hole, electron gap, defect
electron || ~**lücke** f, Defektelektron n (im
Halbleiter) (Eltro) / electron hole, hole,
electron gap, defect electron || ~**mikroskop** n /
electron microscope || ~**oktett** n / electron
octet || ~**paarbindung** f (Chem) / atomic bond,
covalent bond, electron pair bond || ~**röhre** f
(Eltro) / electron tube, vacuum tube, tube,
valve || ~**schale** f (K, L usw.) (Nukl) / electron
shell, shell, orbit || ~**schleuder** f, Betatron n
(Nukl) / betatron, rheotron || ~**spender**,
Donator m (Eltro, Phys) / donor, donor type
impurity, donor impurity, electron donor
Elektronenstrahl m (Eltro) / electron beam ||
~**bohren** n (Fert) / electron-beam drilling ||
~**erzeuger** m, Elektronenkanone f (Eltro, TV) /
electron gun, gun || ~**-Generator** (beim
Elektronenstrahlschweißen), EB-Generator
m (Schw) / beam generator, electron-beam gun
|| ~**härten** n (Hütt) / EB hardening,
electron-beam hardening || ~**mikroanalyse** f,
Elektronenstrahlmikroanalytik (Phys) /
electron probe microanalysis, EPMA ||
~**mikrosonde** f (Phys) / electron probe
microanalyzer, EPMA || ~**oszillograph** m
(Eltro, Mess) / oscillograph || ~**oszilloskop** n,
Kathodenstrahloszilloskop n (Eltro, Mess) /
oscilloscope, cathode ray oscilloscope, CRO ||
~**röhre** f, Kathodenstrahlröhre f (Eltro) /
cathode ray tube, CRT, crt || ~**schweißen** n,
EB-Schweißen n (Schw) / electron-beam
welding, EBW || ~**system** n,
Elektronenkanone f (Eltro, TV) / electron gun,
gun
Elektronen•strom m, Elektronenfluss m /
electron flow, electron stream || ~**übergang** m
(Chem, Phys) / transfer of electrons (between
atoms, from one atom to another) || ~**volt** n,
eV / electron volt, eV || ~**wanderung** f,
Elektronenfluss m / electron flow, electron
stream
Elektronik f / electronics sg || ~ (Vorrichtung,
Anlage, System) / electronic system
elektronisch / electronic adj || ~e **Antenne** /
active antenna o. aerial || ~e **Ausstattung**,
elektronische Geräte / electronic equipment ||
~es **Bauteil** / electronic component || ~er
Bildzerleger (TV) / picture analyzer || ~es
Blitzgerät, Elektronenblitzgerät n (Foto) /
electronic flash [unit] || ~e
Datenverarbeitung, EDV / electronic data
processing, EDP || ~e **Dieselregelung** (Mot) /
Electronic Diesel Control, EDC || ~e
Fotografie / electronic photography || ~e
Geldkarte, Chipkarte f (DV) / chip card || ~e

Geräte, elektronische Ausstattung / electronic
equipment || ~ **geregelter Vergaser** (Mot) /
electronically controlled carburettor || ~
gesteuert o. geregelt / electronically controlled
|| ~es **Messgerät** (für die Längenmessung)
(Mess) / electronic gauge || ~e **Post**, E-Mail f
(DV, Tele) / e-mail, electronic mail, mail || ~e
Regelung / electronic control || ~er **Schalter** /
electronic switch || ~es **Steuergerät** /
electronic control unit, ECU || ~es
Steuergerät (ABS) (Kfz) / ABS control
module, ECU, electronic control unit, EBCM
(electronic brake control module) || ~e
Steuerung / electronic control || ~e **Steuerung**,
elektronisches Steuergerät / electronic control
unit, ECU || ~e **Unterschrift** (DV, Tele) / digital
signature || ~es **Vorschaltgerät** (Licht) /
electronic ballast, EB || ~e **Waage** (die mit
Dehnungsmessstreifen arbeitet) (Mess) / strain
gauge scale || ~e **Zündanlage** (mit
Motorsteuergerät) (Mot) / electronic ignition
system (using an engine control unit),
programmed electronic ignition system,
computer controlled ignition system || ~e
Zündung, elektronische Zündanlage (mit
Motorsteuergerät) (Mot) / electronic ignition
system (using an engine control unit),
programmed electronic ignition system,
computer controlled ignition system
Elektron-Loch-Paar n / electron-hole pair
Elektroofen m (Heizung) / electric radiator,
electric radiator heater || ~ (Industrieofen) /
electric furnace
elektrooptisch / electrooptic, electrooptical ||
~er **Lichtablenker** (Licht, Opt) / electro-optic
deflector
Elektro•phorese f (Chem, Phys) / electrophoresis
|| ~**physikalisch** / electrophysical ||
~**pneumatik** f / electropneumatics ||
~**pneumatisch** / electropneumatic ||
~**polieren** n (OT) / electropolishing,
electrobrightening, electrolytic polishing,
electrolytic brightening || ~**rasierer** m /
electric razor, electric shaver ||
~**schlacke-Schweißen** n (Schw) / electroslag
welding, ESW || ~**schock** m, elektrischer
Schlag, Stromschlag m (Elek, Med) / electric
shock || ~**schrauber** m (Wz) / electric
screwdriver, power driver, power screwdriver ||
~**schweißen** n, Lichtbogenschmelzschweißen
n (Schw) / arc welding, AW || ~**seilzug** m,
Elektrozug m / electric hoist || ~**-Seitenstapler**
m (Förd) / electric sideloader || ~**speicherofen**
m (wird meistens in der Nacht mit
Niedertarifstrom aufgeheizt und gibt am Tage
über die Speicherelemente Wärme ab),
Nachtspeicherofen m (Elek) / storage heater ||
~**stahlverfahren** n (Hütt) / electric furnace
process || ~**statik** f / electrostatics sg
elektrostatisch (Elek) / electrostatic || ~er
Abscheider (ChT, Umw) / electrostatic
precipitator || ~e **Aufladung** (Elek) /
electrostatic charge, building-up of charge,
static n || ~e **Bindung**, Ionenbindung f (Chem)
/ ionic bond, electrostatic bond, electrovalent
bond, electrovalence, electrovalency, polar
bond || ~e **Entladung** (Elek) / electrostatic
discharge || ~es **Feld**, elektrisches Gleichfeld
(Elek) / static electric field, electrostatic field ||
~e **Gasreinigung**, Cottrell-Verfahren (Umw) /
Cottrell process, electrostatic precipitation ||
~er **Staubabscheider**, Elektrofilter n (zur

Elektroentstaubung) (Umw) / electrostatic precipitator, ESP, electrostatic air cleaner, electrostatic dust precipitator, electrostatic filter

Elektro•technik f / electrical engineering ‖ **~technische Industrie** / electrical industry, electrical engineering industry ‖ **~unfall** m, elektrischer Schlag, Stromschlag m (Elek, Med) / electric shock ‖ **~valente Bindung**, Ionenbindung f (Chem) / ionic bond, electrostatic bond, electrovalent bond, electrovalence, electrovalency, polar bond ‖ **~ventil** n / solenoid valve, electrovalve ‖ **~werkzeug** n / power tool, electric tool ‖ **~zug** m, Elektroseilzug m / electric hoist

Element n (allg) / element ‖ ~, Bestandteil m (allg) / component, element ‖ ~ (Chem) / element ‖ ~, Zelle f (Elek) / cell, electric cell ‖ ~ (einer Menge) (Math) / member, element (of a set)

elementare Funktion (Math) / elementary function

Elementar•gitter n, Bravais-Gitter n (Krist) / Bravais lattice ‖ **~ladung** f, elektrische Elementarladung (Phys) / elementary charge, electronic charge ‖ **~quantum** n, elektrische Elementarladung (Phys) / elementary charge, electronic charge ‖ **~teilchen** n / elementary particle ‖ **~zelle** f, Gitterzelle f (Krist) / unit cell

Element•becken n, Abklingbecken n (DIN), Lagerbecken n (im Reaktorgebäude) (Nukl) / cooling pool, fuel cooling installation (ANSI, IEC), fuel cooling pond, water storage pool (for spent fuel), storage pool ‖ **~familie** f, Gruppe f (im Periodensystem der Elemente) (Chem) / group, periodic group ‖ **~symbol** n (Chem) / chemical symbol (of a chemical element)

Elevationswinkel m (Ant, Radar) / elevation angle

Elevator m, Senkrechtförderer m (Förd) / elevator ‖ **~becher** m / elevator bucket

Elevon n (an den Haupttragflächen angebrachte Kombination von Höhen- und Querrudern v.a. bei Luftfahrzeugen mit Deltaflügeln wie Kampfjets, Concorde, aber auch das amerikanische Space Shuttle) (Luft) / elevon

Elfeck n, Hendekagon n (Math) / hendecagon

eliminieren (allg, Math) / eliminate

Eliminierung f, Beseitigung f / elimination ‖ ~, Eliminierungsreaktion f (Chem) / elimination

Eliminierungsreaktion f (Chem) / elimination

Elin-Hafergut-Schweißen n, Unter-Schienen-Schweißen n (Schw) / fire-cracker welding, arc welding with stationary covered electrode

Elko m, Elektrolytkondensator (Elek) / electrolytic capacitor

Ellipse f (Math) / ellipse

elliptisch (Math) / elliptic, elliptical

Ellira-Verfahren n, Unterpulverschweißen n, Ellira-Schweißen n (Elektro-Linde-Rapid) (Schw) / SAW, submerged arc welding, sub-arc welding

Elongation f, Auslenkung f (Phys) / deflection (e.g. of a pendulum)

Eloxalverfahren n, Anodisieren n (von Aluminium) (OT) / aluminum anodizing, anodizing (of aluminum)

eloxieren, anodisieren (Aluminium), anodisch oxidieren (OT) / anodize (aluminium) ‖ ~ n, Eloxalverfahren n, Anodisieren n (von

Aluminium) (OT) / aluminum anodizing, anodizing (of aluminum)

Elutriation f, Aufschlämmen n (Aufb, ChT) / elutriation (process of separating the lighter particles of a powder from the heavier ones by means of an upward directed stream of fluid)

Elysieren n (Fert) / ECM, electrochemical machining

Elysierentgraten n, elektrochemisches Entgraten, elektrolytisches Entgraten (Fert) / electrochemical deburring, ECD

EM, elektromagnetisch / electromagnetic adj, EM

Email n / enamel, vitreous enamel, porcelain enamel (US)

E-Mail f (DV, Tele) / e-mail, electronic mail, mail ‖ **~-Adresse** f, Mailadresse f (DV, Tele) / electronic mail address, e-mail address, mail address

Emailfarbe f (Keram) / enamel colo[u]r

Emaille f / enamel, vitreous enamel, porcelain enamel (US)

EMD m, Edelmetallmotordrehwähler m (Tele) / noble-metal uniselector [motor switch]

EMI, elektromagnetische Störungen f pl (Eltro) / electromagnetic interference, EMI

Emission f, Abgabe f (z.B. von Wärme) (Phys) / emission ‖ ~, Ausstoß m (von Gas, Schadstoffen) / emission, discharge ‖ ~ (Umw) / emission ‖ ~, Aussendung f (von Funkwellen u. -signalen) (Radio, Tele) / emission

emissions•arm (Umw) / low-emission ‖ **~frei** (Umw) / emission-free, zero-emission, pollution-free ‖ **~grad** m / emissivity ‖ **~grenzwert** m (Umw) / emission limit ‖ **~rechtehandel** m (Umw) / emissions trading ‖ **~spektralanalyse** f (Chem, Phys) / emission spectral analysis ‖ **~vermögen** n / emissivity

Emissivität f / emissivity

Emitter m (Eltro) / emitter, emitter electrode (in a bipolar transistor) ‖ **~-Basis...** (Eltro) / emitter-base (current, tension) ‖ **~gekoppelte Logik**, ECL (Eltro) / ECL, emitter coupled logic ‖ **~schaltung** f (Transistor) (Eltro) / common emitter circuit, grounded emitter circuit ‖ **~strom** m (Eltro) / emitter current ‖ **~zone** f (Halbleiter) (Eltro) / emitter, emitter region (semiconductor)

emittieren (z.B. Schadstoffe in die Atmosphäre), ausstoßen (Umw) / emit (e.g. pollutants into the atmosphere), release

EMK f (= elektromotorische Kraft - historisch bedingte Bezeichnung), elektrische Urspannung, Quellenspannung f (Elek) / electromotive force, e.m.f.

E-Modul m, Elastizitätsmodul m (Mater) / elastic modulus, modulus of elasticity, Young's modulus

E-Motor m, Elektromotor m / electric motor, electromotor

Empfang m (Radio, Tele, TV) / reception

empfangen (allg, Radio, Tele, TV) / receive (e.g. mail, e-mail, signals, stations)

Empfänger m (von Post o. einer E-Mail) / recipient ‖ ~, Adressat m (DV, Tele) / addressee ‖ ~, Tuner m (Empfangsteil in Fernsehgeräten oder Radios bzw. ein unabhängiges Gerät von HiFi-Anlagen, das die Funktion eines Radios ohne Lautsprecheransteuerung realisiert) (Radio) / tuner ‖ ~ (z.B. Rundfunk- o. Fernsehempfänger) (Radio, TV) / receiver ‖ ~,

Rundfunkempfänger *m*, Radiogerät *n* (Radio) / radio receiver, radio set, radio ‖ ≈**drehmelder** *m* (Elek, Regel) / synchro receiver, receiver synchro, synchro motor, selsyn motor, selsyn receiver ‖ ~**seitiges Ende**, Empfangsseite *f* (Tele) / receiving end (of a transmission line)

Empfangs•antenne *f* / receiving aerial, receiver aerial, receiver antenna, receiving antenna ‖ ≈**frequenz** *f* (Tele) / reception frequency ‖ ≈**gerät** *n*, Empfänger *m* (z.B. Rundfunk- o. Fernsehempfänger) (Radio, TV) / receiver ‖ ≈**gleichrichtung** *f*, Demodulation *f* (Radio, Tele) / demodulation ‖ ≈**ort** *m* (z.B. von Signalen im Ggs. zum Sender) (Tele) / receiving end ‖ ≈**seite** *f*, empfängerseitiges Ende (Tele) / receiving end (of a transmission line) ‖ ≈**signal** *n* (Tele) / received signal ‖ ≈**teil** *m* (z.B. eines Radiorekorders) / radio setion

Empfehlung *f* (allg, Norm) / recommendation

empfindlich (Messgerät, Thermometer, Film, Nachweisverfahren, Sprengstoff) (Instr, Mess) / sensitive (e.g. measuring instrument, thermometer, film, detection methods, explosive) ‖ ~ [für, gegen] (allg, Med, Techn) / sensitive [to](e.g. allergenic pollens, temperature changes, current variations) ‖ ~ [gegen], anfällig [für](z.B. Störungen) / susceptible [to](e.g. interferences) ‖ ~, leicht zu beschädigen / sensitive, delicate (e.g. porcelain), easily damaged ‖ ~ **machen**, sensibilisieren (Foto) / sensitize

Empfindlichkeit *f* (allg, Foto, Instr, Med) / sensitivity ‖ ≈ (eines Messgeräts - Verhältnis der Anzeigenänderung zu der sie verursachenden Änderung der Messgröße, z.B. 100:1) (Mess) / sensitivity ‖ ≈, Anfälligkeit *f* [für] / susceptibility [to]

empirisch / empiric, empirical ‖ ~**e Formel** (Chem) / empirical formula

emporheben, heben *vt*, hochheben / raise, lift *vt*

Emulgator *m* (Chem) / emulsifier, emulsifying agent

emulgieren (Chem) / emulsify

Emulgiermittel *n* (Chem) / emulsifier, emulsifying agent

Emulsion *f* (Chem) / emulsion

EMV, elektromagnetische Verträglichkeit (Elek) / electromagnetic compatibility, EMC

EN, Elektronegativität *f* (Chem) / electronegativity

enantio•morph (Chem, Krist) / enantiomorphic, enantiomorphous ‖ ≈**morphie** *f* (Chem, Krist) / enantiomorphism ‖ ~**selektive Synthese** (Chem) / enantioselective synthesis

encodieren (DV) / encode, code *vt*

end•abmessungsnahes Gießen (Gieß) / near net shape casting ‖ ≈**abnahme** *f* / final acceptance [test] ‖ ≈**abnahme**, EoL-Prüfung *f*, End-of-Line-Test *m* (nach der Produktion) (Fert) / end-of-line test, EOLT ‖ ≈**abnahme** *f* (Bau) / final acceptance, final inspection (of building works) ‖ ≈**abnehmer** *m*, Endverbraucher *m*, Letztverbraucher *m* / end-user, ultimate consumer, end consumer, final customer ‖ ≈**anschlag** *m*, Begrenzungsanschlag *m* (Masch) / stop, end stop, limit stop, mechanical stop ‖ ≈**anwender** *m* (DV) / end user ‖ ≈**bahnhof** *m* (Bahn) / terminal, terminal station, terminus ‖ ≈**bearbeitung** *f*, Fertigbearbeiten *n* (Fert) / finishing ‖ ≈**benutzer** *m* (DV) / end user

Ende *n* / end ‖ ≈, Abbruch *m*, Beendigung *f* / abortion, stopping, breaking-off, discontinuance

End•effektor *m* / end effector (of a robot) ‖ ≈**einrichtung** *f*, Endgerät *n* (Tele) / terminal (e.g. telephone, teleprinter, fax machine, answering machine), terminal equipment, TE ‖ ≈**einrichtung**, Datenendgerät *n*, Terminal *n* (DV, Tele) / terminal, data terminal ‖ ≈**erzeugnis** *n*, Fertigerzeugnis *n* / finished product

Ende-Taste *f* (DV) / End key

End•feuchte *f* / final moisture content ‖ ≈**fläche** *f* / end face ‖ ≈**gerät** *n* (Tele) / terminal (e.g. telephone, teleprinter, fax machine, answering machine), terminal equipment, TE ‖ ≈**gerät**, Datenendgerät *n*, Terminal *n* (DV, Tele) / terminal, data terminal ‖ ≈**kontrolle** *f* / final inspection, final check ‖ ≈**lage** *f* / final position, stop position ‖ ≈**lagenschalter** *m* (Elek) / limit switch, LS (limit switch), end switch ‖ ≈**lager** *n* (für radioaktive Abfälle) (Nukl) / permanent disposal site, permanent storage site (for nuclear waste) ‖ ≈**lager** (für radioaktive Abfälle in tiefen geologische Formationen) (Nukl) / deep geological repository ‖ ≈**lagerstätte** *f*, Endlager *n* (für radioaktive Abfälle) (Nukl) / permanent disposal site, permanent storage site (for nuclear waste) ‖ ≈**lagerung** *f* (Nukl, Umw) / burial, permanent storage (of toxic or nuclear waste)

endlich (Math, Techn) / finite

endlos / endless ‖ ~**er Gurt** (Förd) / continuous belt

Endlos•blatteinzug *m* (DV) / continuous form feed ‖ ≈**faser** *f* (Mater) / continuous fiber ‖ ≈**formular** *n* (DV) / continuous form ‖ ≈**schleife** *f* (DV) / infinite loop (in programming), endless loop (in programming) ‖ ≈**-Ziehen** *n* (von Draht) (Fert) / continuous drawing (of wire)

Endmontage *f*, Fertigmontage *f* (Fert) / final assembly

End-of-Line-Test *m* (nach der Produktion), Endabnahme (Fert) / end-of-line test, EOLT

endoplasmatisches Retikulum / endoplasmic reticulum

Endorphin *n* (Biochem) / endorphin

endotherm, Wärme verzehrend (o. aufnehmend) / endothermal, endothermic

End•produkt *n* / end product, final product ‖ ≈**produkt**, Fertigerzeugnis *n* / finished product ‖ ≈**produkthemmung** *f* (Biochem) / feedback inhibition ‖ ≈**prüfung** *f* (QM) / final inspection and test (ISO 9001) ‖ ≈**punkt** *m* eines Zweiges, Knoten *m* (Elek) / node, vertex (US) ‖ ≈**rohr** *n*, Auspuffendrohr *n* (Kfz) / tail pipe (of the exhaust system) ‖ ≈**schalter** (Elek) / limit switch, LS (limit switch), end switch ‖ ≈**station** *f* (Bahn) / terminal, terminal station, terminus ‖ ≈**stromkreis** *m*, Einzelstromkreis *m* (in einer Hauselektroanlage mit dem Elektro-Installationsverteiler verbunden) (Elek) / subcircuit, branch circuit, final subcircuit ‖ ≈**stufe** *f* (allg) / final stage ‖ ≈**stufe**, Leistungsverstärker *m* (Audio, Elek, Eltro) / power amplifier, PA ‖ ≈**stufe** (eines Näherungsschalters) (Eltro) / output amplifier ‖ ≈**temperatur** *f* / final temperature

Enduro *f* (Kfz) / enduro motorcycle ‖ ≈**-Helm** *m* (Kfz) / motocross helmet, off-road helmet

End•verbraucher *m*, Letztverbraucher *m* /
end-user, ultimate consumer, final consumer,
final customer ‖ **≈vermittlungsstelle** *f*
(Vermittlungsstelle des Ortsnetzes, die die
Verbindung zum Fernnetz herstellt) (Tele) /
local exchange ‖ **≈verstärker** *m* (Akust, Elek,
Eltro) / output amplifier ‖ **≈wert** *m* / final value
energetisch•e Abfallverwertung (Umw) / use of
waste as energy source ‖ **~er Wirkungsgrad** /
energy efficiency
Energie *f* (Phys) / energy ‖ **≈ aus Erdwärme** /
geothermal energy, geothermal power ‖ **≈ der
Bewegung**, kinetische Energie (Phys) / kinetic
energy ‖ **≈ der Lage**, potentielle Energie
(Phys) / potential energy ‖ **innere ≈** (Phys) /
internal energy
energie•arm / low-energy ‖ **≈art** *f* / form of
energy ‖ **≈aufwand** *m* / energy used ‖
≈aufwand / energy expenditure, power
expenditure ‖ **≈ausbeute** *f* (z.B. einer Turbine)
(Elek) / energy capture, energy efficiency ‖
≈band *n* (Eltro, Phys) / band, energy band ‖
≈bändermodell *n* (Eltro, Phys) / band theory
(of solids), energy-band theory (of solids) ‖
≈bedarf *m* / energy demand, energy needs,
energy requirements ‖ **≈bedarf**, Strombedarf
m (Elek) / electrical demand, demand for
electricity, power demand, power requirement
‖ **≈bilanz** *f* / energy balance ‖ **≈dichte** *f* (Phys) /
energy density ‖ **≈dissipation** *f*, Dissipation *f*
(Umwandlung in Wärme) (Phys) / dissipation
(of energy) ‖ **≈dosis** *f* (Quotient aus der auf
das Volumenelement eines Materials
übertragenen Energie a ionisierender
Strahlung und der in ihm enthaltenen Masse
in Gray (1Gy= 1J/kg)) (Phys, Radiol) /
absorbed dose, dosage, dose ‖ **≈dosisleistung**
f (Nukl) / absorbed dose rate ‖ **≈dosisrate** *f*
(Nukl) / absorbed dose rate ‖ **~effizient** /
energy efficient ‖ **≈effizienzklasse** *f* (HG,
Licht) / energy efficiency class ‖ **≈einheit** *f* /
energy unit ‖ **≈einsparung** *f* / energy
conservation, energy saving ‖ **≈einspeisung** *f* /
energy supply ‖ **≈erhaltung** *f* (Phys) /
conservation of energy ‖ **≈erhaltungssatz** *m* /
law of conservation of energy ‖ **≈ersparnis** *f* /
energy conservation, energy saving ‖
≈erzeugung *f* (Elek) / energy generation,
power generation, energy production ‖ **≈fluss**
m (Phys) / energy flux ‖ **≈freisetzung** *f* (Phys) /
energy release, release of energy ‖ **≈gefälle** *n* /
energy drop ‖ **≈gewinnung** (Elek) / energy
generation, power generation, energy
production ‖ **≈haushalt** *m*, Energiebilanz *f* /
energy balance ‖ **≈inhalt** *m* / energy content ‖
≈kabel *n* / power cable ‖ **≈lücke** *f* (zwischen
zwei Bändern), Bandabstand *m* (Eltro, Phys) /
energy gap, band gap, forbidden band ‖
≈minimum *n* (Chem, Phys) / energy minimum
‖ **≈niveau** *n* (Phys) / energy level ‖
≈nutzungsgrad *m* / energy efficiency ‖
≈pflanzen *f pl* (Landw, Umw) / energy crops ‖
≈prinzip *n*, Energieerhaltungssatz *m* / law of
conservation of energy ‖ **≈quelle** *f* / energy
source, source of energy, power source ‖
~reich (Nukl) / high-energy ‖
≈rückgewinnung *f* (Elek, Umw) / energy
recovery ‖ **≈rücklieferung** *f* (Elek, Umw) /
energy recovery ‖ **≈rückspeisung** (Elek, Umw)
/ energy recovery ‖ **≈satz** *m* (Phys) / energy
equation ‖ **≈satz**, Energieerhaltungssatz *m* /
law of conservation of energy ‖ **≈sparen** *n* /

energy conservation, energy saving ‖
~sparend, stromsparend / energy-saving,
power-saving, energy-efficient,
power-conserving ‖ **≈sparlampe** *f* (Elek, Licht)
/ energy saving lightbulb ‖ **≈speicher** *m* /
energy storage ‖ **≈speicherung** *f* / energy
storage ‖ **≈stufe** *f*, Energieniveau *n* (Phys) /
energy level ‖ **≈technik** *f*, elektrische
Energietechnik (Elek) / power engineering,
electric power engineering ‖ **≈träger** *m*
(Chem) / energy carrier ‖ **~transport** *m*,
Energieübertragung *f* / energy transmission,
power transmission ‖ **≈übertragung** *f* / energy
transmission, power transmission ‖
≈umwandlung *f* / energy conversion,
conversion of energy, transformation of
energy, energy transformation ‖
≈unternehmen *n*, Stromversorgungsunternehmen *n* (Elek) / utility, electric utility
[company], utility company, power company,
power utility ‖ **≈verbrauch** *m* / energy
consumption ‖ **≈verbraucher** *m* / energy user
‖ **≈verbraucher** / consumer of energy ‖
≈verlust *m* (Masch) / energy loss, loss of
energy ‖ **≈versorger** *m*, Stromversorgungsunternehmen *n* (Elek) / utility, electric utility
[company], utility company, power company,
power utility ‖ **≈versorgung** *f*, Stromversorgung *f* (Elek) / power supply, energy
supply, electricity supply, electrical supply,
electric power supply ‖ **≈versorgungsnetz** *n*,
Stromversorgungsnetz *n* (Elek) / mains *pl*,
electric mains *pl*, grid, supply mains, power
grid, electric grid, network, electric power
grid, power line (US), electricity supply grid,
power supply system, electricity supply
network ‖ **≈versorgungsunternehmen** *n*,
Stromversorgungsunternehmen *n* (Elek) /
utility, electric utility [company], utility
company, power company, power utility ‖
≈wandler *m* (Elek) / energy converter ‖
≈wandlung *f* / energy conversion, conversion
of energy, transformation of energy, energy
transformation ‖ **≈wirtschaft** *f* (Elek) / power
industry ‖ **≈zustand** *m* / energy state
eng, beengt (Raum) / confined ‖ **~** (Kleidung)
(Tex) / close-fitting, tight ‖ **~**, schmal / narrow ‖
~ anliegen (Masch) / fit tightly ‖ **~ anliegend** /
tight-fitting, close-fitting ‖ **~e Maßtoleranzen**
(Fert) / close tolerances
Enghalsglaswaren *f pl* (Glas) / narrow-neck ware
Engländer *m*, Rollgabelschlüssel *m* (Wz) /
adjustable spanner (GB), Crescent® wrench
(US), shifting spanner (GB), shifting (shifting
spanner)(GB), adjustable-angle head wrench
(US), adjustable wrench (US), adjustable end
wrench (US), monkey wrench
Englischgrün *n*, Chromgrün *n* (Anstr, Färb) /
chrome green
Engobe *f* (Keram) / engobe, slip
Engpass *m* (IE, Verk) / bottleneck
Enhancement•-Feldeffekttransistor *m* (Eltro) /
enhancement-mode transistor,
enhancement-mode MOSFET,
enhancement-type MOSFET ‖ **≈transistor** *m*
(Eltro) / enhancement-mode transistor,
enhancement-mode MOSFET,
enhancement-type MOSFET
Enkephalin *n* (Biochem) / enkephalin
enkodieren (DV) / encode, code *vt*
entartet (z.B. Dreieck, Kreis, Kegelschnitt,
Materie, Gas, Energieniveaus) (Math, Phys) /

degenerate (e.g. triangle, circle, conic section, matter, gas, energy levels)

Entartung f (Math, Phys) / degeneracy

entbasten, kochen vt (Seide zur Entfernung des Sericins) (Tex) / boil off vt, degum (silk)

entdecken, nachweisen / detect

Entdeckung, Nachweis m, Feststellung f / detection ‖ ≗ f (z.B. eines U-Bootes), Ortung f / detection

Entdröhnungsmasse f, Antidröhnmasse f / antidrumming compound, anti-drum compound, antinoise compound

enteisen / defrost (surfaces, e.g. windshield of a car), de-ice, free of ice, deice

Enteisung f (Luft) / de-icing

Enteisungs•anlage f (Luft) / de-icer [system] ‖ ≗**flüssigkeit** f (Luft) / anti-icing fluid ‖ ≗**gerät** n (Luft) / de-icing equipment

Enter-Taste f (DV) / Enter (key), Return (key)

Entf, Entf-Taste f (auf der PC-Tastatur) (DV) / Delete key, Del, Del key (on PC keyboard - deletes character on the right-hand side of cursor)

entfallen (nicht in Betracht kommen) / not to apply ‖ ≗ **auf**, ausmachen, verantwortlich sein für / account [for](e.g. machinery accounts for 30% of the country's export revenues)

entfaltet werden, sich entfalten (Airbag) (Kfz) / deploy vi (airbag), be deployed, open

Entfaltung f (Kfz) / deployment (of airbag)

entfernen, beseitigen / remove vt ‖ ~, ablösen / detach, remove, take down, take off ‖ ~, abmontieren, abbauen / remove, demount, take down, dismount, take off, detach ‖ ~, ausbauen (z.B. ein Schloss) / remove (e.g. a lock) ‖ ~, löschen, streichen (DV) / cancel (e.g. articles, messages in a newsgroup) ‖ ~, löschen (Viren o. unnötige o. veraltete Daten systematisch u. evtl. automatisch) (DV) / purge (viruses, data etc.) ‖ ≗ n von Speiser, Steiger, **Eingüssen**, Putzen n (Gieß) / trimming

entfernt, abgesetzt, Fern... (DV, Tele) / remote

Entfernung f, Distanz f, Abstand m / distance ‖ ≗, Ausbau m / removal ‖ ≗, Beseitigung f / removal ‖ ≗, Beseitigung f, Eliminierung f / elimination ‖ ≗, Abnahme f / removal ‖ ≗, Abbau m (z.B. der Gleise) / removal

Entfernungs•einstellung f, Scharfeinstellung f, Fokussieren n (Foto) / focus[s]ing ‖ ≗**messgerät** n (Luft) / distance measuring equipment, DME ‖ ≗**messung** f (allg, Verm) / distance measurement, distance determination

entfetten, von Fett oder Schmiere befreien / degrease, remove the grease from

Entfettungsmittel n / degreasant, degreasing agent

entfeuchten / extract moisture, reduce the moisture content ‖ ~, austrocknen / desiccate vt vi, exsiccate, dry up, dry out ‖ ~ (z.B. Luft) / dehumidify

Entfeuchter m (HVAC) / dehumidifier

Entfeuchtung f / moisture extraction ‖ ≗ (der Luft) / dehumidification

entflammbar, entzündlich / flammable, inflammable, ignitable ‖ **nicht** ~ / non-flammable, non-inflammable

Entflammbarkeit f / flammability, inflammability, ignitability

entflammen vt (Luft-Kraftstoff-Gemisch), zünden vt (Mot) / ignite vt ‖ ≗ n (des

Luft-Kraftstoff-Gemischs), Zündung f, Gemischentflammung f (Kfz) / ignition

entflocken, dispergieren (Chem, ChT) / deflocculate

Entfrosterdüse f (Kfz) / defroster nozzle

Entf-Taste f (auf der PC-Tastatur) (DV) / Delete key, Del, Del key (on PC keyboard - deletes character on the right-hand side of cursor)

entgasen / degas, degasify, outgas ‖ ≗ n / degassing ‖ ≗ **im Vakuum**, Vakuumbehandlung f (von flüssigem Stahl zur Verminderung des Gasgehalts), Vakuumentgasung f (Hütt) / vacuum degassing, vacuum refining

Entgasung f / degassing

entgegengesetzt, umgekehrt (Richtung) / opposite (direction) ‖ ~**e Ladung** / opposite charge

Entgegen•nahme f, Abnahme f (z.B. einer Lieferung) / acceptance ‖ ~**nehmen**, abnehmen vt, annehmen / accept, take over, receive ‖ ~**nehmen**, annehmen (einen Anruf) (Tele) / answer (a call), take ‖ ~**wirken** / counteract

entgiften, entseuchen, dekontaminieren (Biol, Chem, Nukl) / decontaminate

Entglasung f (Glas) / devitrification

entgraten (Werkstücke, die spanend bearbeitet wurden), abgraten (Fert) / deburr, burr vt ‖ ~, abgraten (Gesenkschmiedestück, Gussstück, Spritzgussteil)) (Gieß, Plast, Schm) / remove the flash, trim off the flash (of a forging, casting, injection-moulded part) ‖ ≗ n (von Werkstücken, die spanend bearbeitet wurden), Abgraten n (Fert) / deburring (US), burring, burr removal ‖ ≗, Abgraten n (von Gesenkschmiedestücken, Gussstücken) (Gieß, Schm) / trimming ‖ ≗, Gratentfernen n (Plast) / deflashing

Enthalpie, Gibbssche Wärmefunktion f (Phys) / enthalpy

enthalten / contain ‖ ~ (als Teil eines Ganzen od. einer Menge) / include ‖ ~, umfassen, bestehen aus / comprise ‖ ~ / contain, include ‖ ~ (z.B. Kohle), führen (Bergb) / contain (e.g. coal) ‖ ~, teilbar sein [durch] (Math) / contain

enthärten (Wasser) (Chem) / soften (water)

Enthärtung f (des Wassers) / softening

Entkohlen n, Entkohlung f / decarbonization

Entkohlung f, Entkohlen n / decarbonization

entkuppeln, ausrücken (Kupplung) / disengage

entladen adj, leer (Batterie) (Elek) / discharged (battery), flat, dead ‖ ~ vt (allg) / unload ‖ ~, abladen, ausladen / unload, discharge vt (cargo o. vehicle) ‖ ~, löschen, ausladen (Schiff) / unload (ship, cargo), discharge ‖ ~ (Elek) / discharge ‖ ~ vr (sich) (Elek) / discharge vi ‖ ~ (sich) (Akku) / run down ‖ ≗ n (Elek) / discharge

Entladestrom m (Elek) / discharge current

Entladung f (Elek) / discharge ‖ ≗ (z.B. eines LKW, Schiffes) (Trans) / unloading

Entladungs•energie f (Elek) / discharge energy ‖ ≗**lampe** f, Gasentladungslampe f (Licht) / discharge lamp, gas discharge lamp, electric discharge lamp

entlasten / relieve the load or strain on ‖ ~ (Probe bei der Werkstoffprüfung) (Mater) / unload (the specimen) ‖ ~ (z.B. von Routineaufgaben) / relieve (e.g. of routine tasks) ‖ ~ (z.B. Autobahn, Stadtzentrum) (Verk) / ease congestion (e.g. in the city centre, on the motorway) ‖ **vom Druck ~**, den Druck wegnehmen / remove the pressure ‖ **vom Druck ~**, den Druck reduzieren / decrease o. reduce the pressure

Entlastung f (einer Probe bei der Werkstoffprüfung) (Mater) / unloading (the specimen)

Entlastungs•bauwerk n, Hochwasser-entlastungsanlage f (Wasserb) / spillway ‖ **≈kolben** m, Druckausgleichkolben m (Turbine) / balance piston, dummy piston ‖ **≈ventil** n, Überdruckventil n / pressure relief valve, relief valve

entleeren, ausleeren / empty vt ‖ **~**, leerlaufen lassen (von einer Flüssigkeit) / drain vt (e.g. container, crankcase) ‖ **~**, löschen (DV) / clear, flush (e.g. a printer's RAM), empty vt

Entleerungsventil n (Kfz, Sanitär) / waste valve (e.g. for emptying holding tanks of RVs)

Entleerventil n (Kfz, Sanitär) / waste valve (e.g. for emptying holding tanks of RVs)

Entlohnung f, Vergütung f, Arbeitsentgelt n, Bezahlung f / remuneration

entlüften, belüften / ventilate, aerate, air ‖ **~** / bleed vt (e.g. a pipeline, brakes, radiators of excess air)

Entlüftung f, Belüftung f / ventilation, aeration

Entlüftungs•leitung f (Pneumatik) (Regel) / exhaust line ‖ **≈öffnung** f / vent n ‖ **≈ventil** n (Masch) / vent valve ‖ **≈ventil** (bei Überdruck) / air relief valve ‖ **≈ventil** (in Leitungen, Bremshydraulik, an Heizkörpern) / bleed valve

entmagnetisieren, unmagnetisch machen (Phys) / demagnetize

Entmagnetisierer m (DV, Elek) / degausser

Entmagnetisierung f / demagnetization ‖ **≈** (z.B. Neutralisieren von Magnetisierungseinflüssen bei Werkzeugen, Bildröhren, Schiffen; Löschen von magnetischen Speichermedien) (Phys) / degaussing

Entmischen n / demixing, segregation (of mixtures), mixture separation

Entmischung f / demixing, segregation (of mixtures), mixture separation

Entnahme•dampfturbine f / extraction steam turbine ‖ **≈-Kondensationsturbine** f / extraction-condensing turbine ‖ **≈turbine** f / bleeder type turbine, bleeding turbine, extraction turbine

entnehmen (z.B. Informationen aus einer Tabelle) / obtain (information from a table) ‖ **~** (z.B. Strom, Flüssigkeit aus) / draw (e.g. current, liquid from) ‖ **~**, herausnehmen / take out [of], take [from] ‖ **~** [von, aus] (Lager) / pick [from] (stock)

entpacken (komprimierte Daten), dekomprimieren (DV) / decompress (files, data), expand vt, unpack

Entropie f (Math, Phys) / entropy ‖ **≈maximum** n (Chem, Phys) / entropy maximum

entsalzen (Meerwasser) / desalinate, desalt ‖ **≈** n, Meerwasserentsalzung f / desalinization, desalination (of sea water)

Entsalzung f, Meerwasserentsalzung f / desalinization, desalination (of sea water)

Entsalzungsanlage f (Meerwasser) / desalination plant (sea water)

entscheiden / decide

entscheidend / crucial, decisive ‖ **~** (z.B. Faktor, Argument), ausschlaggebend / deciding, decisive

Entscheidungs•höhe f (Luft) / decision height ‖ **≈prozess** m / decision-making process, decision process

entschlüsseln (DV) / decipher, decrypt ‖ **~**, decodieren (eine gescrambelte Nachricht) (DV, Tele) / unscramble (a message), descramble

Entschlüsselung f (verschlüsselter Nachrichten) (DV) / decryption

entschwefeln (ChT) / desulfurize (US), desulphurise (GB)

Entschwefelung f (ChT) / desulphurization, desulfurization

Entschwefelungsanlage f / desulfurization plant

entseuchen, dekontaminieren, entgiften (Biol, Chem, Nukl) / decontaminate

entsorgen (Abfälle), beseitigen (Umw) / dispose of

Entsorgung f, Abfallentsorgung f (Umw) / waste disposal, disposal (of waste), refuse disposal

entspannen vt (Dampf) / expand vt ‖ **~** (durch Kühlen), abkühlen (im Kühlofen) (Glas) / anneal ‖ **≈** n, Kühlen zur Entspannung n (Glas) / annealing

Entspannung f, Spannungsabbau m (Techn) / stress relief, stress relieving

Entspannungs•glühen n, Spannungsarmglühen n (Hütt) / stress relief annealing, stress relieving ‖ **≈verdampfung** f / flash vaporization

entspiegeln, vergüten (Opt) / bloom vt, coat with an antireflection material

Entspiegelungs•beschichtung f, Antireflexionsbeschichtung f (Opt) / antireflection coating, antireflective coating, blooming coat ‖ **≈schicht** f, Antireflexionsbeschichtung f (Opt) / antireflective coating, antireflective coating, blooming coat

entsprechen / correspond [to, with] ‖ **~** (z.B. Anforderungen, Kundenerwartungen) / meet (e.g requirements, customers' expectations) ‖ **~**, einhalten (Normen etc.) / conform [to], comply [with]

entsprechend, / corresponding ‖ **~**, gemäß, in Übereinstimmung mit / in accordance with ‖ **~** einschlägig / relevant (e.g. standards) ‖ **~**, geeignet, passend / appropriate

Entsprechung f, Gegenstück n / equivalent n, counterpart

entstehen, sich entwickeln o. bilden / form (e.g. layers of rust formed on the surface of iron bars) ‖ **~**, entwickeln vr (sich)(allmählich, schrittweise) / evolve (e.g. humans and gorillas evolved from common ancestors) ‖ **~**, sich entwickeln / develop ‖ **~**, seinen Ursprung haben / originate ‖ **~**, entwickeln vr (sich), erzeugt werden (z.B. in einem chemischen Prozess) / be produced (e.g. pollutants that are produced during combustion of carbon-containing fuels) ‖ **~**, ergeben (sich) / arise ‖ **~**, verursacht werden [durch] / result [from], be caused [by] ‖ **~**, auftreten (Fehler, Probleme) / arise, develop

Entstehung f, Bildung f (z.B. von Rost, Kalkstein) / formation ‖ **≈**, Bildung, Erzeugung f / production (e.g. production of pollutants during combustion of carbon-containing fuels) ‖ **≈**, Entwicklung f (allmählich, schrittweise) / evolution

Entstickung f (ChT, Umw) / nitrogen oxide reduction or removal, reduction of NO_x emissions, NO_x control

Entstickungsanlage f / nitrogen oxide reduction system

entstören (z.B. Telefonleitung, Radio) (Elek, Eltro) / eliminate interference in II ~ (störende Geräte wie z.B. Elektrogeräte) (Elek, Eltro) / fit a suppressor to v (an offending apparatus)

Entstör•filter m n (Eltro, Tele) / interference filter, interference suppression filter II ~gerät n, Entstörvorrichtung f, Entstörer m, Störschutzeinrichtung f (Eltro) / [noise o. interference] suppressor

entstört, abgeschirmt (Elek, Eltro) / screened, shielded

Entstörung f (EMI) (Elek) / interference suppression

Entstörvorrichtung f (Eltro) / [noise o. interference] suppressor

Entwaldung f (Umw) / deforestation

entwanzen, [elektronische] Wanzen und Abhörgeräte entfernen (Eltro) / debug (a room or building)

entwässern (z.B. Papierbahnen auf der Siebpartie) (allg) / dewater II ~, dränieren (Geogr, Landw) / drain vt

Entwässerungs•graben m / ditch (for drainage), drain, trench II ~kanal m / ditch (for drainage), drain, trench II ~rinne f / ditch (for drainage), drain, trench

ENTWEDER-ODER n, exklusives ODER (DV, Eltro, Logik) / anticoincidence, exclusive OR function, Exclusive-OR operation, XOR function, EITHER-OR, EX.OR, non-equivalence, antivalence

entweichen, austreten vi / escape vi (gas, liquid) II ~, austreten vi (durch Leck) / leak [from]

entwerfen / draft vt (e.g. a contract, plan, agreement, strategy) II ~ (Maschine, Bauwerke, Muster), entwickeln / design vt

entwickelbar (Bild) (Foto) / developable

entwickeln vt (allg, Foto) / develop vt (new products, plans, skills, curricula, negatives, photographs) II ~ / produce (e.g. gas, heat) II ~, ausarbeiten, erarbeiten (z.B. Plan, Theorie) / work out vt II ~, fördern / develop vt (e.g. trade, traffic) II ~ vr (sich) / develop (e.g. adult stem cells developed into heart and blood cells; the small startup developed into a large international company) II ~ (sich), entstehen, erzeugt werden (z.B. in einem chemischen Prozess) / be produced (e.g. pollutants that are produced during combustion of carbon-containing fuels) II ~ (sich)(allmählich, schrittweise), entstehen / evolve (e.g. humans and gorillas evolved from common ancestors)

Entwickler m (Foto) / developer, photographic developer II ~flüssigkeit f (Foto) / developer, photographic developer

Entwicklung f, Entstehung f, Bildung, Erzeugung f / production (e.g. production of pollutants during combustion of carbon-containing fuels) II ~ (allmählich, schrittweise), Entstehung f / evolution II ~, Entwickeln n (allg, Foto) / development (of new products, plans, skills, curricula, negatives, photographs, of stem cells into normal white blood cells) II ~ (Weiter-, Fortentwicklung z.B. von Methoden und Produkten) / evolution II **computer-unterstützte** ~, CAE n, Rechnerunterstützung

f von Ingenieuraufgaben (DV) / CAE, computer-aided engineering

Entwicklungs•abteilung f (IE) / R & D department II ~einheit f (in Laserdruckern und Fotokopiergeräten) (Druck, DV) / developing unit II ~labor n / research laboratory II ~stadium n / development stage, stage of development II ~stand m / stage (of development) II ~stufe f / stage (of development)

Entwurf m, Entwurfszeichnung f, Skizze f / draft n, sketch II ~, Planung f (von Anlagen, Maschinen etc.) / design

Entwurfs•geschwindigkeit f, Bemessungsgeschwindigkeit f (Straß) / design speed II ~kennwerte m pl, Auslegungsdaten pl, Konstruktionsdaten n pl / design data II ~merkmal n / design feature II ~zeichnung f, Entwurf m, Skizze f / draft n, sketch

Entzerrer m, Equalizer m (Audio, Eltro) / equalizer (electric network designed to compensate for an undesired amplitude-frequency or phase-frequency response)

Entzerrung f (Form der Signalaufbereitung zur Kompensation von Signalverzerrungen und Verzögerungen auf einem Kommunikationskanal) (Eltro, Tele) / equalization

Entzug m / extraction, removal II ~ (z.B. einer Lizenz) / withdrawal II ~ von Wasserstoff, Dehydrierung f (Chem) / dehydrogenation

entzündbar, entzündlich / flammable, inflammable, ignitable II nicht ~ / non-flammable, non-inflammable

Entzündbarkeit f, Entflammbarkeit f / flammability, inflammability, ignitability

entzünden, anstecken, anzünden / ignite vt (e.g. petrol fumes), set fire to, set on fire

entzündlich / flammable, inflammable, ignitable II hoch~ / extremely flammable II leicht ~ / highly flammable

Entzündung f, Zündung f (Einleitung des Brennvorgangs) / ignition

Entzündungs•punkt m, Zündtemperatur f (Temperatur, auf die man das Material aufheizen kann, bis es sich von selbst, d.h. ohne äußere Flamme entzündet) (Phys) / autoignition point, ignition point, ignition temperature, autoignition temperature, kindling point II ~temperatur f, Zündtemperatur f (Temperatur, auf die man das Material aufheizen kann, bis es sich von selbst, d.h. ohne äußere Flamme entzündet) (Phys) / autoignition point, ignition point, ignition temperature, autoignition temperature, kindling point

Enveloppe f, Hüllkurve f (einer Kurvenschar) (Math) / envelope n

EN-Werte m pl, Elektronegativitätswerte m pl (Chem) / electronegativity values

Enzym n (Biochem) / enzyme, ferment n

EoL-Prüfung f, Endabnahme, End-of-Line-Test m (nach der Produktion) (Fert) / end-of-line test, EOLT

EPDM, Ethylen-Propylen-Terpolymer n, EPDM-Kautschuk m (ChT, Plast) / ethylene-propylene-diene rubber, EPDM (Ethylene-Propylene-Diene-polyMethylenes)

Epimer n (Chem) / diastereoisomer

Epinephrin, Adrenalin n (Biochem, Pharm) / adrenaline, epinephrine

EPM, Ethylen-Propylen-Kautschuk *m* (Plast) / EPM, ethylene-propylene rubber

Epoxid•harz *n* (Plast) / epoxy resin, epoxide resin ‖ **≈harz-Kleber** *m* / epoxy adhesive

Epoxyharz *n*, Epoxidharz *n* (Plast) / epoxy resin, epoxide resin

EPROM *n* (DV) / EPROM, erasable programmable read only memory

E²PROM, EEPROM, elektrisch löschbares programmierbares ROM (DV) / EEPROM, E²PROM, electrically erasable programmable read-only memory, electrically erasable programmable ROM

EP•-Schmiermittel *n* / extreme pressure lubricant, EP lubricant ‖ **≈-Schmierstoff** *m* / extreme pressure lubricant, EP lubricant

Equalizer *m* (Audio, Eltro) / equalizer (electric network designed to compensate for an undesired amplitude-frequency or phase-frequency response)

Er, Erbium *n* (Chem) / erbium, Er

erarbeiten (z.B. Plan, Theorie), ausarbeiten / work out *vt*

Erbium *n* (Chem) / erbium, Er

erblasener Stahl (im Sauerstoffaufblasverfahren erzeugt) (Hütt) / basic oxygen steel

erblinden, anlaufen *vi* (Metall) / become tarnished, tarnish *vi*

Erd•alkalimetalle *n pl* (Chem) / alkaline earth metals ‖ **≈anziehung** *f*, Erdschwerkraft *f* (Geoph) / gravity, force of gravity ‖ **≈anziehungskraft** *f*, Erdschwerkraft *f* (Geoph) / gravity, force of gravity ‖ **≈atmosphäre** *f* (Geoph) / Earth's atmosphere ‖ **≈baugeräte** *n pl* (Bau) / earth movers, earth-moving plant, earth-moving machinery, excavation plant ‖ **≈baumaschinen** *f pl* (Bau) / earth movers, earth-moving plant, earth-moving machinery, excavation plant ‖ **≈baumechanik** *f* / soil mechanics ‖ **≈bauplanum** *n* (Oberfläche des Untergrundes, auf der der Oberbau ruht) (Straß) / subgrade, formation (GB) ‖ **≈beschleunigung** *f* (g = 9,81 m/s²), Fallbeschleunigung *f*, Schwerebeschleunigung *f* (Phys) / acceleration of free fall, gravitational acceleration, acceleration of gravity, gravity acceleration, g ‖ **≈boden** *m*, Erdreich *n* / soil *n* ‖ **≈druck** *m* (Bau) / earth pressure, soil pressure

Erde *f* (allg) / earth ‖ **≈**, Erdreich *n*, Erdboden *m* / soil *n* ‖ **≈** (Elek) / ground (US), earth (GB) ‖ **an ≈ legen**, erden (Elek) / earth *vt* (GB), ground *vt* (US), connect to earth o. ground

erden (Elek) / earth *vt* (GB), ground *vt* (US), connect to earth o. ground ‖ **≈** *n*, Erdung *f* (Elek) / grounding (US), earthing (GB), connection to ground (US) o. earth (GB), earth connection

Erder *m* (der in ein leitfähiges Medium, z.B. Beton, eingebettet ist und in elektrischem Kontakt mit Erde steht), Erdungselektrode *f* (Elek, Tele) / earth electrode, ground electrode (US)

Erd•erwärmung *f*, globale Erwärmung (Umw) / global warming ‖ **≈ferne** *f*, Apogäum *n* (erdfernster Punkt einer Umlaufbahn) (Astr, Raumf) / apogee

erdfrei, nicht geerdet (Mittelleiter, Nullleiter) (Elek) / earth-free, floating

Erdgas *n* / natural gas ‖ **≈** (komprimiert als Kraftstoff) (Kfz) / CNG (as fuel for motor vehicles), Compressed Natural Gas ‖

≈-angetrieben (Kfz) / CNG-powered ‖ **≈antrieb** *m* (Kfz) / CNG engine ‖ **mit ≈antrieb** (Kfz) / CNG-powered ‖ **≈auto** *n* (Kfz) / natural gas vehicle, NGV, CNG vehicle ‖ **~befeuert** / gas-fired ‖ **≈fahrzeug** *n*, Erdgasauto *n* (Kfz) / natural gas vehicle, NGV, CNG vehicle ‖ **≈förderung** *f* / natural gas production ‖ **≈kraftwerk** *n* (Elek) / natural gas fuelled power plant, natural-gas power plant ‖ **≈lagerstätte** *f* (Bergb) / gas field, natural gas deposit, natural gas reservoir, natural gas reserve, gas producing formation ‖ **≈motor** *m* / natural gas engine ‖ **≈vorkommen** *n* (Bergb) / gas field, natural gas deposit, natural gas reservoir, natural gas reserve, gas producing formation

Erd•geschoss *n* (Bau) / ground floor (GB, Commonwealth countries), first floor (USA, Canada) ‖ **≈hobel** *m*, Grader *m* (Straß) / grader, blade, road grader, motor grader ‖ **≈kabel** *n*, erdverlegtes Kabel / buried cable, underground cable ‖ **≈leiter** *m*, Schutzleiter *m* (leitet eventuell auftretende Körperströme zur Erde ab - grün-gelber Mantel, Kurzzeichen "PE") (Elek) / protective earth conductor, PE conductor, earth conductor, protective conductor ‖ **≈leitung** *f*, unterirdische Leitung (Elek, Tele) / underground line ‖ **≈magnetfeld** *n* (Geoph) / earth's magnetic field, terrestrial magnetic field

erdmagnetisch•er Äquator (Geoph, Nav) / aclinic line, magnetic equator ‖ **~es Feld** (Geoph) / earth's magnetic field, terrestrial magnetic field

Erdmagnetismus *m*, Geomagnetismus *m* (Geoph) / terrestrial magnetism, geomagnetism (the earth's magnetic field and associated phenomena)

Erdöl *n* (rohes), Rohöl *n* (Öl) / crude oil, crude *n*, petroleum, crude petroleum ‖ **~chemische Industrie** / petrochemical industry, petrochemistry ‖ **≈destillat** *n* / petroleum destillate ‖ **≈lager** *n* (Geol) / oil deposit, oil reservoir ‖ **≈lagerstätte** *f* (Geol) / oil deposit, oil reservoir ‖ **≈-Raffinerie** *f* / oil refinery, petroleum refinery ‖ **≈vorkommen** *n* (Geol) / oil deposit, oil reservoir

Erd•potential *n*, Erdspannung *f* (Elek) / earth potential ‖ **≈punkt** *m*, Sternpunkt *m* (Elek) / neutral, star point, neutral point ‖ **≈reich** *n*, Erdboden *m* / soil *n* ‖ **≈ruhedruck** *m* (Bau) / earth pressure at rest ‖ **≈schiene** *f*, Erdungsschiene *f* (Elek) / earthing bar (GB), earth bar (GB), grounding bar (US) ‖ **≈schleife** *f* (Elek) / earth loop (GB), ground loop (US)

Erdschluss *m* (Elek) / earth fault (GB), ground fault (US), accidental earth ‖ **≈schutz** *m* (elektronischer Motorschutz) (Elek) / earth fault protection ‖ **~sicher** (Elek) / earth-fault-proof

Erd•schwerkraft *f* (Geoph) / gravity, force of gravity ‖ **≈spannung** *f*, Erdpotential *n* (Elek) / earth potential ‖ **≈station** *f* (in der Satellitenkommunikation), Teleport *m* (Tele) / teleport (earth station for communications satellites) ‖ **≈strom** *m* (Elek) / earth current, telluric current ‖ **≈übergangswiderstand** *m*, Ausbreitungswiderstand *m* (Elek) / earth resistance (of an earth electrode), resistance of the earth plate

Erdung f (Elek) / grounding (US), earthing (GB), connection to ground (US) o. earth (GB), earth connection

Erdungs•anlage f (Blitzschutz) (Elek) / grounding system, earthing system ‖ ~**elektrode** f, Erder m (der in ein leitfähiges Medium, z.B. Beton, eingebettet ist und in elektrischem Kontakt mit Erde steht) (Elek, Tele) / earth electrode, ground electrode (US) ‖ ~**klemme** f, Schutzleiteranschluss m (Elek) / earth terminal, ground terminal, protective ground terminal ‖ ~**leiter** m (Leiter, der einen Strompfad zw. einem Punkt in einer Anlage o. einem Betriebsmittel u. einem Erder herstellt) (Elek) / earthing conductor, grounding conductor (US), earth conductor, ground conductor ‖ ~**schiene** f (Elek) / earthing bar (GB), earth bar (GB), grounding bar (US) ‖ ~**stift** m (Elek) / earthing pin, ground pin, grounding pin ‖ ~**widerstand** m (Elek) / earth resistance

erdverlegtes Kabel / buried cable, underground cable

Erdwärme f (Geol) / geothermal heat ‖ ~..., geothermisch / geothermal, geothermic ‖ ~**energie** f / geothermal energy, geothermal power ‖ ~**kraftwerk** f (Elek) / geothermal power plant ‖ ~**vorkommen** n / geothermal reservoir

Erdwiderstand m (Bau) / passive earth pressure, passive resistance ‖ ~ (el. Widerstand der Erde) (Elek) / earth resistance ‖ **spezifischer** ~ (Resistivität einer typischen Erdprobe) (Elek) / electric resistivity of soil (resistivity of a typical sample of soil)

Ereignis n (allg, DV) / event ‖ ~**gesteuert** (DV) / event-driven ‖ ~**horizont** m (Phys, Raumf) / event horizon

erfahren vt (z.B. Änderung, Erweiterung, Verbesserung), durchmachen / undergo (e.g. changes, an expansion, an improvement) ‖ ~ adj [in] / experienced [at, in]

Erfahrung f / experience ‖ **auf** ~**en gegründet**, empirisch / empiric, empirical

erfassen / catch vt (e.g. particles are caught by the Earth's magnetic field) ‖ ~, aufzeichnen / record ‖ ~, messen / measure ‖ ~ (Daten) (DV, Mess) / acquire, capture (data) ‖ ~, eingeben (Daten per Tastatur) (Büro, DV) / key in, type in, keyboard vt ‖ ~, erkennen, registrieren / detect (e.g. motion, errors, computer viruses, new devices on a PC system) ‖ ~ (z.B. Signale, Messwerte) (Eltro, Instr, Mess) / pick up ‖ ~ (durch Scannen, z.B. Barcodes) (Eltro) / scan

Erfassung f (z.B. von Drehzahlen, Feldern), Erkennung f / detection ‖ ~ (DV) / acquisition (of data)

erfinden / invent

Erfindung f / invention

Erfolg m / success

erfolgen, durchgeführt werden / be effected, be carried out ‖ ~, stattfinden / occur, take place

erfolgreich / successful

erforderlich, notwendig, nötig / necessary, requisite

erfordern, voraussetzen / require

Erfordernis n / requirement, need

erforschen, untersuchen (wissenschaftlich), forschen über / research vt, investigate, study ‖ ~, untersuchen, abtasten (mit Sonde etc.), sondieren / probe vt ‖ ~, untersuchen / explore

Erforschung, Untersuchung f / exploration

erfüllen (Zweck) / accomplish (a purpose) ‖ ~ (Anforderungen, Bedingungen, Kriterien, Bestimmungen) / meet (requirements, conditions, criteria, specifications), satisfy ‖ ~ / perform (a function, duty, task, contract), fulfill

ergänzen / supplement (e.g. one's diet with vitamin pills, a newspaper article with online material, electricity generated in a power plant with wind turbines) ‖ ~ (sich gegenseitig) / complement (each other) ‖ ~, hinzufügen / add vt ‖ ~ (Lager, Vorrat) / replenish ‖ ~, vervollständigen / complete

ergänzend, Zusatz..., zusätzlich, Hilfs... / ancillary adj, auxiliary

Ergänzung f, Anhang m (in einem Buch o. Aufsatz), Nachtrag m (Druck) / appendix, addendum, supplement

Ergänzungs•..., zusätzlich, ergänzend / supplementary ‖ ~**winkel** m (zu 180°), Supplementwinkel m (Math) / supplementary angle

ergeben, machen (z.B. 10 durch 5 macht 2, 3 mal 4 macht 12) (Math) / be (e.g. 10 divided by 5 is 2, 3 times 4 is 12) ‖ ~ (z.B. die Untersuchung ergab (den Beweis), dass...) / show, prove (e.g. the examination proved that ...) ‖ ~ (einen Betrag), ausmachen, sich belaufen [auf], betragen (Math) / amount vi [to] ‖ ~, abwerfen (Gewinn etc.) / yield vt ‖ ~, liefern, zum Ergebnis haben / yield, produce ‖ ~ (sich), entstehen / arise ‖ ~ (sich)[aus] / result [from], follow [from]

Ergebnis n, Folge f, Auswirkung f / consequence ‖ ~, Resultat n / result ‖ ~ / outcome (e.g. of a meeting, a review, a strategy) ‖ ~, Treffer m (Datensatz, der mit einer Anfrage in einer Datenbank übereinstimmt) (DV) / hit (in information retrieval), match

Ergocalciferol n, Vitamin n D_2 (Biochem) / ergocalciferol, vitamin D_2

ergonomisch (Design, Ausführung) / ergonomic ‖ ~ **gestaltet** / ergonomically designed

ergreifen, fassen / seize, grasp ‖ ~ (Gelegenheit) / take, seize ‖ ~ (Maßnahmen) / take (measures) ‖ ~ (einen Beruf) / take up (a profession)

erhabener Winkel (Math) / reflex angle

erhalten (Werte, Zahlen durch Berechnung) / obtain, get ‖ ~ (z.B. Aufträge, Bestellungen) / receive, obtain ‖ ~ (z.B. Marktposition), aufrechterhalten / maintain ‖ ~ (z.B. Produkt, Resultate, Ausbildung) / get ‖ ~, instand halten / maintain, service vt ‖ ~ (Gebäude, Natur, Ressourcen, Arbeitsplätze), bewahren, conserve, preserve ‖ ~ (durch gezielte Maßnahmen), erzielen (besseres Einkommen, höhere Bildauflösung, Messgenauigkeit, Ergebnisse, Einsparungen, Erträge) / obtain ‖ ~ (z.B. Zugang zu einem Netzwerk) / gain (e.g. access to a network)

erhaltend, Schutz..., schützend (Umw) / preservative adj

erhältlich / available, obtainable

Erhaltungszustand m, Zustand m / state of repair

erhärten, abbinden vi ((Bindemittel in) Zement, Mörtel, Gips, Dichtungsmassen) / set ((binder in) cement, mortar, plaster, sealant), harden vi ‖ ~, untermauern / back vt [up] (e.g. a theory with facts)

Erhebung f **in eine Potenz** (Math) / exponentiation ‖ ≙ **von Straßenbenutzungsgebühren** (Kfz) / road pricing

erhellen vt, beleuchten, ausleuchten / illuminate vt, light ‖ ~, anstrahlen (mit Punktstrahler etc.) / spotlight v, illuminate (with spotlight)

erhitzen / heat vt ‖ ~ vr (sich) / heat up vi ‖ ≙ n, Erhitzung f / heating

Erhitzung f / heating

erhöhen (z.B. Temperatur) / raise ‖ ~, steigern / increase ‖ ~ (Spannung), hochtransformieren (Elek) / step up (voltage) ‖ ~ (Leistung, Drehzahl) / increase (capacity, output, speed, number of revolutions) ‖ ~, verbessern / improve, enhance

erhöht, gesteigert / increased ‖ ~ (Temperatur) / elevated (temperature)

Erhöhung f, Zunahme f, Steigerung f / increase n ‖ ≙, Verbesserung f / improvement, enhancement

erholen, sich ~ / recover, recuperate

Erholungszeit f / recovery time

erkalten / cool vi [down]

erkennen, verstehen / understand ‖ ~, wahrnehmen / see, discern, make out ‖ ~, registrieren / detect (e.g. motion, errors, computer viruses, new devices on a PC system) ‖ ~, bemerken, sich klar werden [über] / realize, become aware ‖ ~, ermitteln, bestimmen / identify (e.g. faulty parts) ‖ ≙ n, Erkennung f (z.B. von Zeichen) / recognition ‖ ≙ **von Sprechpausen** (Tele) / silence detection (in answering machines)

erkennender Automat, Akzeptor m (DV) / acceptor, recognizer

Erkenntnis f / realization ‖ ≙, Wissen n / knowledge ‖ ≙, Einsicht f / insight ‖ ≙ **se** f pl (als Ergebnis z.B. von Forschung) / findings pl ‖ ≙ **stand** m / state of knowledge

Erkennung f (z.B. von Zeichen), Erkennen n / recognition ‖ ≙, Erfassung f (z.B. von Drehzahlen, Feldern) / detection

Erkennungsvermögen n, Kognition f (KI) / cognition

erklären, erläutern / explain ‖ ~, verantwortlich sein für, die Erklärung sein für / account v [for] (e.g. the setup accounted for the divergent measuring results)

Erklärung f, Darstellung f, Darlegung f, Feststellung f / statement

Erkundungsbohrung f, Prospektionsbohrung f (Öl) / exploratory drilling, exploration drilling, prospective drilling, test drilling

erlauben (z.B. höhere Betriebstemperaturen, höhere Messgenauigkeit) / permit (e.g. higher operating temperatures, accuracy), allow

Erlaubnis f, Genehmigung, Einwilligung f / permission (e.g. to use copyrighted material by copyright owners) ‖ ≙ (amtliche und schriftliche Bescheinigung, z.B. Arbeitserlaubnis) / permit (e.g. work permit)

erlaubtes Band (Eltro, Phys) / allowed band

erläutern, erklären / explain

erledigen / deal with vt (a task, problem) ‖ ~, bearbeiten (z.B. Bestellung) / process ‖ ~, ausführen (z.B. Auftrag) / carry out

Erlenmeyerkolben m (Chem) / Erlenmeyer flask, conical flask, E-flask

erleuchtet / illuminated

erloschen (Lampe) / off ‖ ~ (Feuer, Vulkan), aus / out

erlöschen, verlöschen, ausgehen / go out ‖ ~, ablaufen (z.B. Patent, Vertrag), ungültig werden (Pat) / expire ‖ ≙ n, Ablaufen n (von Patenten) / expiration (of patents)

ermitteln, bewerten, einschätzen / assess (damage) ‖ ~, nachweisen, entdecken / detect ‖ ~, feststellen, bestimmen (z.B. Wert eines Signal, Gewicht, Größe, Position) / determine, ascertain ‖ ~, erkennen, bestimmen / identify (e.g. faulty parts)

Ermittlung f, Nachweis m, Bestimmung f / identification (e.g. of noxious substances), determination

ermöglichen, erlauben / permit, allow ‖ ~, aufnehmen, ausgelegt sein für, zurechtkommen mit / accommodate vt (e.g. high loads or currents, variations in input) ‖ ~ (z.B. Temperatursteuerung, Zugang) / provide (e.g. temperature control, access) ‖ ~ / enable vt (e.g. the expansion of the research project, a scientist to continue her research)

Ermüdung f (von Material) (Mater) / fatigue

Ermüdungs•bruch m (Mater) / fatigue fracture, fatigue failure ‖ ≙ **riss** m / fatigue crack ‖ ≙ **widerstand** m (Mater) / fatigue resistance

Ernährung f, Nahrung f / nutrition, food, nourishment

erneuerbar•e Energie / renewable energy, alternative energy ‖ ~**e Energiequelle** / renewable energy source

erneuern / renew ‖ ~, wieder instand setzen (Techn) / overhaul, recondition, refurbish

erneute Magnetisierung, Ummagnetisierung f / remagnetization

erniedrigen [um], reduzieren, vermindern / decrease, reduce [by]

Erniedrigung f, Verringerung f, Reduzierung f / reduction, decrease

Erodieren n, Funkenerosion f, EDM (Fert) / electric discharge machining, electro-discharge machining, EDM, electro-erosion, spark machining, spark erosion, electric spark machining, electrical erosion

Erodiermaschine f, Funkenerosionsmaschine f (Wzm) / EDM machine (EDM = electric discharge machining)

eröffnen (z.B. neue Anwendungsmöglichkeiten), erschließen / open up

Eröffnungsbildschirm m (beim Start eines Programms) (DV) / start-up screen

Erosion f (Geol, Mater) / erosion ‖ **Korrosion durch** ≙ / corrosion-erosion, erosion

Erosionskorrosion f / corrosion-erosion, erosion

erproben, testen / test, try ‖ ~, versuchen, ausprobieren / try out

erprobt (und bewährt) / proven ‖ ~ [worden](und bewährt) **sein** / have been proven, proved ‖ **praktisch ~ werden** / undergo field trials

Erprobung f / trial, test, testing

erratisch / erratic

errechnen, berechnen, ausrechnen (Math) / compute vt, calculate (by mathematical processes, e.g. sums, values, velocities), figure [out], work out

Errechnung f / calculation, computation

erregen (allg, Physiol) / excite ‖ ~ (z.B. elektrische Maschinen) (Elek) / excite ‖ ~ (Relais) (Elek) / energize

Erreger m (Schwingungen) (Phys) / exciter ‖ ~ (Elek) / exciter ‖ ~**wicklung** f (Elek) / exciting winding

Erregungsfunktion f (Mech, Regel) / excitation function

erreichbar, zugänglich / accessible ‖ ~ (z.B. Ziele, höhere Messgenauigkeit) / attainable (objectives, higher measuring accuracy)

erreichen (Ziel, Zielort, bestimmten Stand) / reach (one's goal, destination, level) ‖ ~, erzielen / achieve (e.g. success, an increase in production), accomplish ‖ ~ / attain (e.g. objectives, higher measuring accuracy, a specified size, speed, or amount), reach ‖ ~, einholen (allg, Verk) / catch up vi [with], overtake ‖ ~ (gerade noch) / catch vt (e.g. a train, plane)

errichten, bauen (Gebäude im Hochbau) (Bau) / build vt, raise, erect, construct ‖ ~ (z.B. Zweigwerk), gründen / establish (e.g. branch factory) ‖ ~ (z. B. Gerüst, Anlage), aufstellen / erect ‖ ~, aufstellen (an einem bestimmten Standort, z.B. Windturbinen vor der Küste) / site vt (e.g. wind turbines offshore), locate

Ersatz m, Auswechselung f, Ersetzen n / replacement, substitution ‖ ~ (Person, Sache, die eine andere ersetzt) / substitute ‖ ~..., Ausweich-, alternativ (Techn) / alternate adj, alternative ‖ ~... m, Reserve... (z.B. -kanister, -reifen) / spare (e.g. can, wheel) ‖ ~..., Reserve... (z.B. -rechner, -generator, der bereits funktionsfähig bereitsteht für den Fall, dass der Erstrechner/-generator ausfällt), Bereitschafts... / standby... (e.g. computer, generator) ‖ ~..., Austausch... / replacement... ‖ ~**batterie** f, Reservebatterie f / standby battery ‖ ~**gerät** n / standby unit ‖ ~**induktivität** f (Elek) / equivalent inductance ‖ ~**kapazität** f (Elek) / equivalent capacitance ‖ ~**kraft** f, Resultierende (im Kräfteparallelogram) (Mech) / resultant ‖ ~**kreis** m, Ersatzschaltkreis m (der gleiches o. ähnliches Verhalten zeigt wie ein anderer (komplizierterer) Schaltkreis) (Elek, Eltro, Tele) / equivalent circuit, equivalent network ‖ ~**leitwert** m (Elek) / equivalent conductance ‖ ~**reifen** m (Kfz) / spare tire (US), spare tyre (GB), spare ‖ ~**schaltbild** n (vereinfachte o. idealisierte Darstellung einer komplexen elektrischen Schaltung durch ein einfacheres, das typische Verhalten repräsentierendes Netzwerk) / equivalent circuit, equivalent circuit diagram ‖ ~**schaltkreis** m (der gleiches o. ähnliches Verhalten zeigt wie ein anderer (komplizierterer) Schaltkreis) (Elek, Eltro, Tele) / equivalent circuit, equivalent network ‖ ~**schaltplan** m, Ersatzschaltbild n (vereinfachte o. idealisierte Darstellung einer komplexen elektrischen Schaltung durch ein einfachere, das typische Verhalten repräsentierendes Netzwerk) / equivalent circuit, equivalent circuit diagram ‖ ~**schaltung** f, Ersatzschaltkreis m (der gleiches o. ähnliches Verhalten zeigt wie ein anderer (komplizierterer) Schaltkreis) (Elek, Eltro, Tele) / equivalent circuit, equivalent network ‖ ~**schaltung**, Ersatzschaltbild n (vereinfachte o. idealisierte Darstellung einer komplexen elektrischen Schaltung durch ein einfacheres, das typische Verhalten repräsentierendes Netzwerk) / equivalent circuit, equivalent circuit diagram ‖

~**spannungsquelle** f (Elek) / equivalent voltage source ‖ ~**stromerzeuger** m (Elek) / stand-by power gernerator ‖ ~**stromquelle** f (Elek) / equivalent current source ‖ ~**stromstärke** f (Elek) / equivalent current ‖ ~**stromversorgung[sanlage]** f (Elek) / stand-by power supply [system] ‖ ~**teil** n / spare part, spare, replacement part ‖ ~**teilhaltung** f, Lagerhaltung f von Ersatzteilen / stocking of spare parts ‖ ~**teilkatalog** m / parts list, spare parts list ‖ ~**teillager** n / spare parts store ‖ ~**teilliste** f / parts list, spare parts list ‖ ~**teilverzeichnis** n / parts list, spare parts list ‖ ~**wegschaltung** f, Umweglenkung f (Tele) / alternate path routing, alternate routing ‖ ~**widerstand** m (Elek) / equivalent resistance

erscheinen (allg) / appear ‖ ~ (z.B. Kontextmenü auf dem Bildschirm) (DV) / pop up ‖ ~ n / appearance

Erscheinung, Naturerscheinung f / phenomenon ‖ ~ f, Aussehen n, Erscheinungsbild n / appearance

Erscheinungsbild n, Aussehen n / appearance

erschließen (z.B. Ressourcen, Lagerstätten, Bauland) (Bau, Bergb) / develop vt (a building site, natural resources) ‖ ~, eröffnen (z.B. neue Anwendungsmöglichkeiten) / open up

erschöpft, verbraucht (Batterie) (Elek) / dead, run-down

erschütterungs•empfindlich / shock-sensitive, sensitive to shock ‖ ~**empfindlich** / vibration-sensitive, sensitive to vibration ‖ ~**sicher** / vibration-proof, vibration-resistant

erschwert (Bedingungen) / adverse, severe, heavy (conditions)

ersetzbar, auswechselbar, austauschbar / replaceable, substitutable

ersetzen [durch], auswechseln [gegen] / replace [by, with] ‖ ~ [durch], verwenden anstelle [von] / substitute [for, with] (e.g. substitute new software for old software, substitute physical phone lines with a local TCP/IP network or the Internet) ‖ ~, ablösen, an die Stelle treten von / supersede (e.g. the new model will supersede the old one) ‖ ~ (DV) / replace (in word processing programs) ‖ ~, verdrängen, ablösen vt / supplant vt (e.g. competitors offer free software suites in an attempt to supplant the market leader) ‖ ~ n, Auswechselung f / replacement, substitution

erst•er Anstrich, Grundanstrich m (Tätigkeit), Grundierung f (Anstr) / priming ‖ ~**es Gay-Lussac-Gesetz** (das Volumen idealer Gase ist bei gleichbleibendem Druck und gleichbleibender Stoffmenge direkt proportional zur Temperatur) (Phys) / Gay-Lussac's first law, Charles' law ‖ ~**e Harmonische**, Grundschwingung f (Phys) / fundamental (of a complex waveform), first harmonic ‖ ~**er Hauptsatz der Wärmelehre** / first law of thermodynamics ‖ ~**e Hilfe** / first aid ‖ ~**es Kirchhoffsches Gesetz** (Elek) / Kirchhoff's current law, KCL, Kirchhoff's first rule, Kirchhoff's point rule, Kirchhoff's junction rule (or nodal rule) ‖ ~**es Obergeschoss**, erster Stock (über dem Erdgeschoss) (Bau) / first floor (GB), second floor (US) ‖ ~**er Stock** (über dem Erdgeschoss), erstes Obergeschoss (Bau) / first floor (GB), second floor (US)

erstarren, fest werden / solidify *vi* ‖ ~ (beim Abkühlen aus dem schmelzflüssigen Zustand) (Gieß) / solidify, freeze ‖ ~, abbinden *vi* ((Bindemittel in) Zement, Mörtel, Gips, Dichtungsmassen) / set ((binder in) cement, mortar, plaster, sealant), harden *vi*

Erstarrung *f*, Verfestigung *f*, Festwerden *n* (Phys) / solidification ‖ ~ (beim Abkühlen aus dem schmelzflüssigen Zustand) (Gieß) / freezing, solidification

Erstarrungs•beschleuniger *m* (Betonzusatzmittel) (Bau) / accelerating admixture (for concrete), accelerator ‖ ~**punkt** *m* (eines Metalls beim Abkühlen aus dem schmelzflüssigen Zustand) (Hütt) / freezing point, solidification point ‖ ~**schrumpfung** *f*, Erstarrungsschwindung *f* (Gieß) / solidification shrinkage ‖ ~**zeit** *f* (Gieß) / solidification time

Erste-Hilfe-Kasten *m* (Med) / first aid kit

erstellen, bauen / build, erect ‖ ~, zusammenstellen, anlegen *vt* (Statistiken, Listen) / compile, draw up ‖ ~ (Datei) / create (a file) ‖ ~, ausarbeiten, erarbeiten (z.B. Plan, Theorie) / work out *vt* ‖ ~, anfertigen / prepare (e.g. documentation, drawing)

Erstinbetriebnahme *f* / commissioning, initial start-up

erstmalige Inbetriebsetzung, Inbetriebnahme *f* / start-up, first start-up

erstrecken, sich ~ [auf, über, von - bis] / extend [over, from - to]

Erstzug *m*, Tiefziehen *n* im Erstzug (Zugdruckumformen eines Blechzuschnitts zu einem Hohlkörper) (Fert) / first draw, first-operation drawing ‖ ~ (konkreter Vorgang) (Fert) / first draw (wire drawing)

erteilen (z.B. Rechte, Lizenzen), einräumen (allg, DV) / grant (e.g. rights, licences) ‖ ~ (Patent) (Pat) / grant ‖ ~ (Auftrag an eine Spezialfirma) / place (an order) [with] (a specialized company), award [to]

ertönen / sound *vi*

Ertrag *m*, Einkommen *n* / proceeds, return [on]

Eruptionskreuz *n* (Öl) / christmas tree, subsea tree, surface tree

erwärmen *vt* / heat [up], warm *vt* [up] ‖ ~ *vr* (sich)(stark), erhitzen *vr* (sich) / heat up *vi*

Erwärmung *f* / temperature rise, rise in temperature, temperature inrease, increase in temperature ‖ ~, Erhitzung *f* / heating

Erwärmungsprüfung *f* (Elek, Mot) / temperature-rise test

Erweichungstemperatur *f* (Glas) / softening point ‖ ~ (Phys) / softening temperature ‖ ~, Glasübergangstemperatur *f*, Einfriertemperatur *f* (Plast) / glass transition temperature, transformation temperature, transformation point

erweisen, sich als unmöglich ~ / turn out to be impracticable ‖ **sich als geeignet o. tauglich** ~ [für] / prove (to be) qualified/suitable

erweitern, aufweiten, weiter machen / widen, enlarge *vt* ‖ ~, ausdehnen / enlarge, expand ‖ ~ (z.B. System mit neuen Komponenten), aufrüsten (DV) / upgrade, expand *vt* ‖ ~, ausbauen (z.B. Netzwerk, Kraftwerk, Stromversorgung, Fertigungskapazität) / expand *vt*, extend ‖ ~ / broaden (e.g. one's knowledge) ‖ ~ (DV) / expand *vt* (memory, a directory) ‖ ~ (einen Bruch) (Math) / reduce (a fraction) to the lowest common denominator

erweitert•er Sonderkanalbereich (Kabelfernsehen) (TV) / hyperband ‖ ~**e Zugriffsmethode** (DV) / queued access method

Erweiterung *f*, Vergrößerung *f* / enlargement, increase in size ‖ ~ (z.B. eines Systems) (DV, Techn) / expansion, extension ‖ ~, Zusatzeinrichtung *f* / add-on *n* (e.g. a hi-fi system that can be augmented with add-ons like extra speakers) ‖ ~, Ausbau *m* (Bau) / enlargement, extension ‖ ~ **des Arbeitsspeichers** (DV) / memory expansion ‖ ~ **des Messbereichs** (Mess) / extension of the measuring range

Erweiterungs•..., Zusatz... (Techn) / add-on *adj* ‖ ~**fähig** (System mit neuen Komponenten) (DV) / expandable ‖ ~**karte** *f*, Adapterkarte *f* (z.B. Grafikkarte) (DV) / adapter (e.g. video or hard disk controller, sound board), card, expansion board, expansion card, slot card ‖ ~**steckplatz** *m* (DV) / slot, expansion slot

Erwerb *m*, Kauf *f* / acquisition (e.g. of real estate, a company)

erwerben / acquire (experience, knowledge, a skill, reputation) ‖ ~, kaufen / buy, purchase

Erythrodan *n*, Alizarin *n* (Färb) / alizarin (obtained from the root of the common madder plant), alizarine

Erz *n* / ore ‖ ~**aufbereitung** *f*, Aufbereitung *f* (fester mineralischer Rohstoffe, z.B. Zerkleinern, Rösten, Magnetscheidung, Flotation), Anreicherung *f* (Aufb) / beneficiation, mineral processing, mineral dressing, ore dressing

erzeugen, schaffen, einrichten, anlegen *vt* / create, set up, establish ‖ ~, herstellen, produzieren / produce, manufacture, make *vt*, fabricate ‖ ~ (z.B. Wärme, Energie, Spannung, Strom, Kräfte) / produce, generate (e.g. heat, energy, voltage, current, forces) ‖ ~ (Math) / generate ‖ ~ (landwirtschaftlicher Betrieb) (Landw) / yield, produce

erzeugend / generating

Erzeuger *m*, Hersteller *m* / producer, manufacturer, maker ‖ ~ (z.B. Gaserzeuger) / generator

Erzeugnis *n*, Produkt *n* / product ‖ ~, Fabrikat *n* (Herkunftsangabe bzgl. Hersteller o. Land, z.B. "Mein Auto ist ein deutsches Fabrikat") / make (e.g.: my car is a German make), product ‖ ~ (Landw) / produce

erzeugt werden, anfallen (Abfälle, Kosten) / be generated ‖ ~ **werden** (z.B. in einem chemischen Prozess), entwickeln *vr* (sich), entstehen / be produced (e.g. pollutants that are produced during combustion of carbon-containing fuels)

Erzeugung *f*, Herstellung *f*, Produktion *f* / production, manufacture, fabrication ‖ ~ (von z.B. Strom, Dampf) / generation (of power, electricity, steam), production

erzielen, erreichen / achieve (e.g. success, an increase in production), accomplish ‖ ~ (besseres Einkommen, höhere Bildauflösung, Messgenauigkeit, Ergebnisse, Einsparungen, Erträge), erhalten (durch gezielte Maßnahmen) / obtain

Erz•lager *n* (Bergb, Geol) / ore deposit ‖ ~**vorkommen** *n* (Bergb, Geol) / ore deposit

erzwungen, Zwangs... (z.B. Auslösung, Belüftung) / forced (e.g. release, ventilation)

Es, Einsteinium *n* (Chem) / einsteinium, Es
Esakidiode *f* (Eltro) / tunnel diode, Esaki diode
ESB (erweiterter Sonderkanalbereich - Kabelfernsehen) (TV) / hyperband
Escape-Taste *f* (DV) / escape key
Esc-Taste *f*, Escape-Taste *f* (DV) / escape key
ESG, Einscheibensicherheitsglas *n* / tempered glass, toughened glass, prestressed glass
Espressomaschine *f* (HG) / espresso machine
ES-Schweißen *n*, Elektroschlacke-Schweißen *n* (Schw) / electroslag welding, ESW
Essigester *m*, Ethylacetat *n* / ethyl acetate, acetic ether
Essigsäure *f* (Chem) / acetic acid, ethanoic acid ‖ $\sim$**amid** *n*, Acetamid *n* (Chem) / acetamide, ethanamide ‖ $\sim$**anhydrid** *n*, Acetanhydrid *n* (Chem) / acetic anhydride ‖ $\sim$**chlorid** *n* (Chem) / acetyl chloride, ethanoyl chloride ‖ $\sim$**ethylester** *m*, Ethylacetat *n* / ethyl acetate, acetic ether ‖ $\sim$**nitril** *n*, Acetonitril *n* (Chem) / acetonitrile, methyl cyanide
Esterkondensation *f* (Chem) / Claisen condensation
Estrich *m* (Bau) / floor screed, screed ‖ $\sim$ (Schweiz), Dachboden *m* (Bau) / attic, garret, loft
ET, Glasübergangstemperatur *f*, Einfriertemperatur *f* (Plast) / glass transition temperature, transformation temperature, transformation point
Etage *f* (nicht fachsprachlich), Geschoss *n* (Bau) / storey (GB, Commonwealth), story (US), floor (floor numbering: the floor at the ground level is the ground floor and the floor above is the first floor in the British Isles and most of the Commonwealth, while in North America they are the first and second floors, respectively)
Etalon *m*, Standard *m*, Normal *n* (Maßverkörperung, Messeinrichtung o. Referenzmaterial zur Festlegung o. Reproduktion einer Einheit o. eines o. mehrerer Größenwerte, um diese an andere Messgeräte durch Vergleich weiterzugeben) (Mess) / measurement standard, standard ‖ $\sim$ (Mess, Opt) / etalon (two highly reflective and strictly parallel plates used in interferometry)
Ethan *n* (Chem) / dimethyl, ethane
Ethanal *n*, Acetaldehyd *m* (Chem) / acetaldehyde, ethanal
Ethanoat *n*, Acetat *n* (Salz oder Ester der Essigsäure) (Chem) / acetate, ethanoate
Ethanol *n* (C_2H_5OH) (Chem) / alcohol, grain alcohol, ethyl alcohol, ethanol, fermentation alcohol
Ethansäure *f*, Essigsäure *f* (Chem) / acetic acid, ethanoic acid
Ethen *n*, Ethylen *n* / ethylene, ethene, olefiant gas
Ether *m* (Chem) / ether ‖ $\sim$, Diethylether *m* (Chem) / diethyl ether, sulphuric ether, ether, ethyl ether, diethyl oxide, ethyl oxide
etherisches Öl / essential oil
Ethernet *n* (LAN-Standard) (DV, Tele) / Ethernet
Ethin *n*, Acetylen (C_2H_2) (Chem) / ethyne, acetylene, ethine
Ethoxylinharz *n*, Epoxidharz *n* (Plast) / epoxy resin, epoxide resin
Ethyl•acetat *n* / ethyl acetate, acetic ether ‖ $\sim$**alkohol** *n*, Ethanol *n* (C_2H_5OH) (Chem) / alcohol, grain alcohol, ethyl alcohol, ethanol, fermentation alcohol ‖ $\sim$**benzoat** *n* (Chem) /

ethyl benzoate ‖ $\sim$**benzol** *n* (Chem) / ethyl benzene ‖ $\sim$**cellulose** *f* (Chem) / ethyl cellulose ‖ $\sim$**chlorid** *n*, Chlorethan *n* (Chem) / chloroethane, ethyl chloride, monochloroethane
Ethylen *n* / ethylene, ethene, olefiant gas ‖ $\sim$**glykol** *n* (Chem) / ethylene glycol, glycol ‖ $\sim$**imin** *n* (Chem) / aziridine ‖ $\sim$**oxid** / ethylene oxide ‖ $\sim$**-Propylen-Kautschuk** *m*, EPM (Plast) / EPM, ethylene-propylene rubber ‖ $\sim$**-Propylen-Terpolymer** *n*, EPDM-Kautschuk *m* (ChT, Plast) / ethylene-propylene-diene rubber, EPDM (Ethylene-Propylene-Diene-polyMethylenes) ‖ $\sim$**-Vinylacetat-Copolymer** *n* (Chem) / ethylene vinyl acetate copolymer, E/VA copolymer
Ethyl•ether *m*, Diethylether *m* (Chem) / diethyl ether, sulphuric ether, ether, ethyl ether, diethyl oxide, ethyl oxide ‖ $\sim$**formiat** *n* (Chem) / ethyl formate ‖ $\sim$**hexanol** *n* (Chem) / isooctanol ‖ $\sim$**zellulose** *f*, Ethylcellulose *f* (Chem) / ethyl cellulose
Etikett *n*, kleines [Hinweis]schildchen / label *n*, tag ‖ $\sim$, Aufkleber *m* / label, adhesive label, paster, stick-on label, pressure sensitive adhesive label, sticker ‖ $\sim$, Kennsatz *m* (DV) / label
Etui *n* / case
Eu, Europium *n* (Chem) / europium, Eu
Euklid, Satz des $\sim$ (Math) / Euclid's theorem
Euler•gleichung *f* (Mech) / Euler's formula ‖ $\sim$**hyperbel** *f* (bei der Knickung) (Mech) / Euler's hyperbola
Eulersch•e Formel (Math) / Euler's formula ‖ $\sim$**e Knickformel** (Mech) / Euler's formula ‖ $\sim$**e Knickungsgleichung** (Mech) / Euler's formula ‖ $\sim$**er Polyedersatz** (Math) / Euler's theorem for polyhedra ‖ $\sim$**e Zahl** (Basis der natürlichen Logarithmen) (Math) / Euler's number (base of the natural logarithm)
Europäischer Datenschutzbeauftragter *m* (DV) / European Data Protection Supervisor
Europium *n* (Chem) / europium, Eu
Eurostecker *m* (Elek) / euro plug
Eutektikum *n*, eutektische Mischung (Hütt) / eutectic *n*, eutectic [alloy] system, eutectic composition, eutectic mixture
eutektisch•es Gemisch (Hütt) / eutectic *n*, eutectic [alloy] system, eutectic composition, eutectic mixture ‖ $\sim$**e Mischung** (Hütt) / eutectic *n*, eutectic [alloy] system, eutectic composition, eutectic mixture ‖ $\sim$**es System** (Hütt) / eutectic system
Eutektoid *n* (Hütt) / eutectoid [mixture o. system]
eV, Elektronenvolt *n* / electron volt, eV ‖ $\sim$, Lichtwert *m* (Foto) / exposure value, EV
evaluieren, bewerten, auswerten / evaluate (e.g. results, observations)
Evaluierung *f*, Auswertung *f* / evaluation (e.g. of results, observations)
Evaporator *m*, Verdampfapparat *m* / evaporating apparatus, evaporator, vaporizer
Evaporimeter *n*, Atmidometer *n*, Verdunstungsmesser *m* / atmometer, evaporation meter, evaporimeter (GB), evaporometer (US)
EVG, elektronisches Vorschaltgerät (Licht) / electronic ballast, EB
Evolute *f* (Math) / evolute
Evolvente *f* (Math) / involute
Evolventen•rad *n* / involute gear ‖ $\sim$**verzahnung** *f* / involute gear teeth, involute toothing

EVst f, Endvermittlungsstelle f (Vermittlungsstelle des Ortsnetzes, die die Verbindung zum Fernnetz herstellt) (Tele) / local exchange

EVU, Elektrizitätsversorgungsunternehmen n (Elek) / utility, electric utility [company], utility company, power company, power utility

EW, Elektrizitätsversorgungsunternehmen n (Elek) / utility, electric utility [company], utility company, power company, power utility

E-Werk n, Kraftwerk n (Elek) / power plant (US), electric power station (GB), power station (GB) || ~, Elektrizitätsversorgungsunternehmen n (Elek) / utility, electric utility [company], utility company, power company, power utility

Exa..., 10^{18} / exa...

exakt, genau (z.B. Zahlen, Analyse, Nachbildung, Kenntnisse, Definition) / exact (e.g. figures, analysis, replica, knowledge, definition)

Exaktheit f, Genauigkeit f / exactness, exactitude

Exergie f (Phys) / exergy

exgeschützt, explosionsgeschützt / explosion-proof

Existenz f / existence

existieren, bestehen / exist, be in existence

existierend, bestehend, bereits vorhanden / existing

exklusives ODER (DV, Eltro, Logik) / anticoincidence, exclusive OR function, Exclusive-OR operation, XOR function, EITHER-OR, EX.OR, non-equivalence, antivalence

Exklusive-ODER-Schaltung f (DV, Eltro) / anticoincidence circuit, exclusive-OR element, exclusive-OR gate, exclusive-OR circuit, except gate, nonequivalence gate, EXOR gate, anticoincidence element

Exklusiv-ODER-Glied n (DV, Eltro) / anticoincidence circuit, exclusive-OR element, exclusive-OR gate, exclusive-OR circuit, except gate, nonequivalence gate, EXOR gate, anticoincidence element

Exobiologie f / exobiology, astrobiology, space biology

EXOR, exklusives ODER (DV, Eltro, Logik) / anticoincidence, exclusive OR function, Exclusive-OR operation, XOR function, EITHER-OR, EX.OR, non-equivalence, antivalence

Exo•skelett n (Hilfsvorrichtung zur Roboterprogrammierung) / exoskeleton || ~sphäre f (Geoph) / exosphere

exotherm, unter Freisetzung von Wärme ablaufend / exothermal, exothermic, exothermous

Expander m (Audio, Eltro) / expander

expandieren vt, vergrößern, ausdehnen / expand vt || ~, sich ausdehnen, sich erweitern, sich vergrößern, wachsen / expand vi

Expansion f, Ausdehnung f, Vergrößerung f (des Volumens) (Phys, Techn) / expansion

Expansions•arbeit f / work of expansion, work done on expansion || ~raum m (Förd, Mot, Techn) / expansion chamber

Experiment n / experiment

Experimentierroboter m / experimental robot

Experte m, Fachmann m / expert, specialist

Expertensystem n (DV, KI) / expert system

explizit / explicit

explodieren lassen / cause to explode, explode vt

Explosion f / explosion || **zur ~ bringen** / cause to explode, explode vt

Explosions•darstellung f, Explosionszeichnung f (Doku) / exploded view, exploded diagram || ~fähige Atmosphäre / explosive atmosphere || ~gefahr f / explosion hazard || ~gefährdet / subject to explosion hazard || ~gefährdeter Bereich (in dem eine explosionsfähige Gasatmosphäre vorliegt oder erwartet werden kann) (Elek) / hazardous area (in which an explosive atmosphere is present or may be expected to be present) || ~gefährlich / explosive || ~geschützt / explosion-proof || ~geschützte Leuchte (Licht) / explosion-proof luminaire || ~klappe f / explosion door || ~schutz m / explosion protection || ~sicher / explosion-proof || ~umformung f (Fert) / explosion forming, explosive forming || ~welle f, Druckwelle f (durch Detonation erzeugt), Detonationswelle f (Phys) / detonation wave, blast wave || ~zeichnung f (Doku) / exploded view, exploded diagram

explosiv, explosionsgefährlich / explosive || ~stoff m, Sprengstoff m / explosive, explosive agent o. substance || ~umformung f (Fert) / explosion forming, explosive forming

Exponent m (bei Wurzeln u. Potenzen) / exponent, index || ~, Gleitkommaexponent m (DV) / characteristic (in floating point notation), exponent

Exponential•form f (einer komplexen Zahl) (Math) / exponential form || ~funktion f (Math) / exponential function || ~gleichung f (Math) / exponential equation || ~schreibweise f (Math) / floating-point notation, floating-point representation, exponential notation, variable point representation

exponentiell / exponential

exportieren (DV) / export vt (data to another application)

Exposition, Belichtung f, Belichten n (Foto) / exposure

Ex-Schutz m, Explosionsschutz m / explosion protection

Exsikkator m (ChT) / desiccator

Extender m, Streckmittel n (meist relativ billiger Zusatzstoff zu Kunststoffmassen, der deren Volumen erhöht, die Eigenschaften aber nicht wesentlich verändert) (Plast) / filler, extender

extensive Größe (Chem, Phys) / extensive quantity, extensive property

extern (DV) / external (modem, hard disk, interrupt etc.) || ~ (z.B. Berater) (Wirtsch) / outside (e.g. consultant) || ~er Speicher m (im Unterschied zum RAM dem Prozessor eines Computers nicht direkt zugänglich) (DV) / secondary storage, auxiliary storage, external storage

extra (-hart, -dick, -schwer), besonders / extra (hard, thick, long)

Extra n, wahlweises Zubehör, Sonderausstattung f (Kfz, Wzm) / option, optional equipment

extrahieren (allg, ChT) / extract

Extraktion f (ChT) / extraction

extraordinärer Strahl (Opt) / extraordinary ray

extra•polieren (Math) / extrapolate || ~terrestrisch / extraterrestrial adj

Extremum m (Math) / extremum, extreme, extreme value

Extremwert m (Math) / extremum, extreme, extreme value

Extrudat n (Plast) / extrudate, extruded product

Extruder *m* (Plast) / extruder, extrusion press
extrudieren (Plast) / extrude || ≗ *n* (Fert, Plast) /
extrusion, extrusion mo[u]lding
Extrusion *f* (Fert, Plast) / extrusion, extrusion
mo[u]lding
Extrusionsbeschichten *n* (Plast) / extrusion
coating
Exzenter *m* (Masch) / eccentric || ≗**antrieb**
(Masch) / eccentric drive mechanism *m* ||
≗**presse** *f* / eccentric press || ≗**scheibe** *f*
(Masch) / eccentric || ≗**schleifer** *m* (Wz) /
random orbital sander || ≗**welle** *f* / eccentric
shaft
exzentrisch, außermittig / off-center, eccentric
adj, excentric (GB) || ~**er Stoß** (Phys) /
offcentre impact
Exzentrizität, Außermittigkeit *f* / eccentricity
Exzess-3-Code *m*, Stibitz-Code *m* (DV) /
excess-three code
EyePhone, Eyephone-Helm *m* (zur
stereoskopische Darstellung virtueller
Räume) (DV) / eyephone (stereo-optic, head
mounted display system for projecting an
image directly on the user's eye)
EZ, elektronische Zündanlage (mit
Motorsteuergerät) (Mot) / electronic ignition
system (using an engine control unit),
programmed electronic ignition system,
computer controlled ignition system

F

F, Farad *n* (Elek) / F, farad (SI unit of
capacitance)
F, Fluor *n* (Chem) / fluorine, F
FA, Flugasche *f* / fly ash, pulverized fuel ash,
PFA, quick ash, flue ash
Fabrik *f* / factory, works *sg*, plant
Fabrikanlage *f*, Fertigungsanlage *f* / production
facility, production plant || ≗, Fabrik *f* / factory,
works *sg*, plant
Fabrikat *n* (Herkunftsangabe bzgl. Hersteller o.
Land, z.B. "Mein Auto ist ein deutsches
Fabrikat"), Erzeugnis *n* / make (e.g.: my car is a
German make), product
Fabrikation *f*, Herstellung *f*, Produktion *f* /
production, manufacture, fabrication
Fabrik•automation *f* / factory automation, FA ||
≗**automatisierung** *f* / factory automation, FA ||
~**fertig** / factory-assembled, factory-built
Fabry-Pérot Interferometer *n* (Opt) / Fabry-Pérot
interferometer
Fach *n*, Fachgebiet *n*, Zweig *m* (der
Wissenschaft) / branch, domain, discipline ||
≗, Spezialgebiet *n* / specialist subject, subject ||
≗ (an Schule, Universität) / subject || ≗,
Schrankfach / compartment, shelf || ≗, Abteil
n (Schaltgerät) (Elek) / compartment
Fach•..., gelernt (Arbeiter), ausgebildet / skilled
|| ≗**arbeiter** *m* (im Industriebereich, nach
einer zwei- bis dreieinhalbjährige Ausbildung)
/ skilled worker, trained worker || ≗**arbeiter**
(im Handwerksbereich), Geselle *m* /
journeyman (who has completed an
apprenticeship) || ≗**arbeiter** *m pl*, Fachkräfte *f*
pl / skilled labour, skilled workers ||
≗**ausbildung** *f* / professional training ||
≗**ausdruck** *m*, technischer Ausdruck o.
Begriff / technical term, engineering term ||
≗**begriff** *m*, technischer Ausdruck o. Begriff /
technical term, engineering term || ≗**bereich**
m, Fachgebiet *n*, Zweig *m* (der Wissenschaft),
Disziplin *f*, Fach *n* / branch, domain, discipline
|| ≗**brett** *n*, Regalbrett *n* / shelf
Fächerscheibe *f* (außen- o. innengezahnt) (DIN
6798) / serrated lock washer (external o.
internal teeth)
Fach•gebiet *n*, Wissensgebiet *n* / field || ≗**gebiet**,
Zweig *m* (der Wissenschaft), Disziplin *f* /
branch, domain, discipline || ≗**gebiet** *n*,
Spezialgebiet *n* / specialist subject, subject ||
≗**gebiet** (auf das man spezialisiert ist),
Spezialgebiet *n* / speciality || ~**gerecht** / proper
|| ≗**kenntnisse** *f pl*, Fachwissen *n* / expertise,
expert knowledge, specialist knowledge ||
≗**kraft** *f* / expert || ≗**kraft** (Person, die eine
gewerbliche, kaufmännische oder sonstige
Berufsausbildung erfolgreich absolviert hat) /
qualified employee, trained employee ||
≗**kräfte** *f pl*, Facharbeiter *m pl* / skilled labour,
skilled workers || ~**kundig** / competent, expert
|| ~**kundig**, fachmännisch / expert,
professional
fachlich geeignet / technically qualified || ~**es**
Können / expertise

Fach•literatur f (für technische Fachgebiete) / technical literature || ²**mann**, Experte m / expert, specialist || ~**männisch**, fachkundig / expert, professional || ²**messe** f / trade fair, trade show || ²**personal** n / qualified staff || ²**presse** f / trade press, trade journals pl, trade magazines pl || ²**schule** f (in Deutschland eine Einrichtung der berufliche Weiterbildung, die eine berufliche Erstausbildung und mind. einjährige Berufserfahrung voraussetzt - ein- bis zweijährige Bildungsgänge, die z.B. zum "staatlich geprüften Techniker" führen, vergleichbar dem Higher National Diploma in GB) / post-secondary vocational school || ²**schule** (in Österreich eine berufsbildender mittlere Schule für technische Berufe (drei- oder vierjährig), die den Ersteinstieg in das Berufsleben ermöglicht - Aufnahmevoraussetzung ist der positive Abschluss der 8. Schulstufe) / vocational school, career college, trade school || ²**sprache** f / language for special purposes, LSP, technical language, special language || ²**studium** n / study (of a particular subject, e.g. physics), course of study || ~**übergreifend**, interdisziplinär / interdisciplinary || ²**verband** m, Wirtschaftsfachverband m / trade association

Fachwerk n (Konstruktion aus Stäben, die an beiden Enden in Knotenpunkten verbunden sind, wodurch sich Dreiecke ergeben, in denen nur Zug- u. Druckkräfte wirken, die statisch bestimmt sind) (Bau, Mech) / truss || ²**,** Fachwerkbau m (Bauweise) (Bau) / timber framing || ² ~ (Balkengerippe eines Fachwerkbaus) (Bau) / timber frame || ²**bau** m (Bauweise) (Bau) / timber framing || ²**brücke** f (Bau) / truss bridge, trussed bridge, trussed girder bridge || ²**haus** n (Bau) / timberframe building (with the timbers of the frame being visible both inside and outside of the building), half-timber[ed] house

Fach•wissen n, Fachkenntnisse f pl / expertise, expert knowledge, specialist knowledge || ²**wörterbuch** n (der Technik) / technical dictionary, engineering dictionary || ²**zeitschrift** f / trade magazine, trade journal, technical journal

Faden m (allg, Tex) / thread n || ²**konstruktion** f (einer Ellipse, Parabel, Hyperbel) (Math) / string construction (of an ellipse, parabola, hyperbola) || ²**kreuz** n (Mil, Opt) / crosshair || ²**netz** n, Strichplatte f (Opt) / reticle (in optical instruments a clear circular glass insert with cross hairs or a scale inscribed on it), graticule, reticule

Fading n, Bremsfading n, Nachlassen n der Bremswirkung infolge Erwärmung (Kfz) / brake fade, fading, fade

fähig (z.B. Handwerker, Techniker) / able, capable, efficient

Fähigkeit f / ability || ²**,** Vermögen n / capability (e.g. networking capability, processing capabilities), capacity (e.g. remote sensing capacity of Raman spectroscopy) || ²**,** Tauglichkeit f / capability, aptitude || ²**,** Können n, Geschick n / skill, skills pl

Fahrausweis m, Fahrkarte f / ticket

Fahrbahn f (Straß) / carriageway (GB), roadway (US), pavement (US) || ² ~ (einer Brücke), Brückenbahn f (Bau) / deck, bridge deck, road deck, roadway || ²**belag** m (befestigte Oberfläche einer Straße) (Straß) / pavement,

road surface, topping || ²**decke** f, Decke f (oberste Schicht des Oberbaus einer Straße), Straßendecke f (Straß) / carpet, wearing course, road surface, surface layer, surfacing, road carpet, surface course, top course, roadbed, topping, roadway || ²**platte** (Brücke) (Bau) / deck plate, deck slab || ²**schwelle** f, Bremsschwelle f (die Autofahrer zur Geschwindigkeitsverringerung zwingen soll), liegender Polizist (Straß) / hump, speed hump (a means of speed control), road hump || ²**tafel** f, Fahrbahnplatte (Brücke) (Bau) / deck plate, deck slab

fahrbar, ortsveränderlich, mobil / mobile || ~, befahrbar (Fahrrad) / rid[e]able for bicycles

Fahr•draht m, Oberleitung f (Bahn, Elek) / overhead contact line, overhead line, contact wire, O.L. (overhead line), overhead wire, catenary || ²**dynamikregelung** f (Kfz) / automatic stablity control, VDC (vehicle dynamic control), stability control, vehicle dynamic control

Fähre f (Schiff) / ferry, ferry boat

Fahreigenschaften f pl (Kfz) / roadability

fahren vt (z.B. Flurförderer, Gasturbine) / operate || ² ~ n **der Laufkatze** (Förd) / trolleying

Fahrenheitskala f / Fahrenheit scale, F-scale

Fahrer m (Kfz) / driver || ²**airbag** m (Kfz) / driver airbag || ~**loses Transportsystem**, FTS / driverless transport system || ²**platz** m / cab (of forklift truck) || ²**sitz** m (Kfz) / driver seat, driver's seat

Fahrgasse f (Kfz) / aisle (in a parking lot)

Fahrgast•raum m (Kfz) / passenger compartment || ²**zelle** f, Fahrgastraum m (Kfz) / passenger compartment

Fahr•geschwindigkeitsregler m, Tempomat m (Kfz) / cruise control || ²**gestell** n, Fahrwerk n (Kfz) / chassis, running gear || ²**gestell** (Luft) / landing gear, undercarriage || ²**karte** f / ticket || ²**kartenautomat** m (Verk) / ticket machine (automated, issuing train etc tickets), ticket issuing device o. machine || ²**komfort** m (Kfz) / riding comfort || ²**korb** m (Aufzug) (Bau, Förd) / car, elevator car, lift car, cage, cab || ²**lader** m, Schaufellader m (Bau) / front-end loader, loader, front loader, bucket loader, scoop loader, tractor shovel, loader shovel, shovel || ²**leitung** f, Oberleitung f (Bahn, Elek) / overhead contact line, overhead line, contact wire, O.L. (overhead line), overhead wire, catenary || ²**mischer** m, Betonmischfahrzeug n (Bau, Kfz) / concrete transport truck, concrete truck, in-transit mixer || ²**motor** m (Bahn, Elek) / traction motor || ²**motor** (Laufkran) (Förd) / travel motor || ²**pedal** n (DIN), Gaspedal n (Kfz) / accelerator, accelerator pedal, gas pedal (US), throttle pedal

Fahrrad n / bicycle, cycle n, bike (coll) || ² ~ **mit Hilfsmotor**, Leichtmofa n (amtlich in Deutschland) (Fahrrad) / motorized bicycle, power-assisted bicycle || ²**dynamo** m (Fahrrad) / dynamo, bicycle dynamo, generator || ²**helm** m / bicycle helmet || ²**lenker** m (Fahrrad) / bicycle handlebar[s] || ²**pumpe** f / bicycle pump || ²**schloss** n / bicycle lock || ²**taschen** f pl, Gepäckträgertaschen f pl (Fahrrad) / panniers pl || ²**träger** m (Kfz) / bike carrier

Fahrschaufellader m (Bau) / front-end loader, loader, front loader, bucket loader, scoop loader, tractor shovel, loader shovel, shovel

Fährschiff n, Fähre f (Schiff) / ferry, ferry boat

Fahr•spur f (z.B. auf Autobahn) (Straß) / lane, traffic lane ‖ ≈**strahl** m, Ortsvektor m, Leitstrahl m (Math) / position vector, radius vector (pl. radii vectores, radius vectors) ‖ ≈**streifen** m (z.B. auf Autobahn) (Straß) / lane, traffic lane ‖ ≈**stuhl** m (Förd) / elevator (US), lift (GB)

Fahrtmesser m, Geschwindigkeitsmesser m (Luft) / airspeed indicator, ASI

Fahrtreppe f, Rolltreppe f (Förd) / escalator, moving stairway, moving staircase

Fahrtrichtungsanzeiger m, Blinkleuchte f (Kfz) / indicator, directional indicator, directional signal, direction indicator, turn signal light (US), flasher (flashing direction indicator), turn signal, directional, blinker

Fahrweg m (der Magnetschwebebahn) (Bahn) / guideway

Fahrwerk n (Kfz) / chassis, running gear ‖ ≈, Drehgestell n (Bahn) / bogie (GB), wheel truck (US), truck (US) ‖ ≈ (Luft) / landing gear, undercarriage

Fahrwiderstand m **der Fahrzeuge** / normal resistance of a vehicle

Fahrzeug n / vehicle ‖ ≈ **mit Hybridantrieb** (Kfz) / hybrid car, hybrid electric vehicle, HEV ‖ ≈**aufbau** m, Karosserie f (Kfz) / bodywork, body, car body, vehicle body ‖ ≈**fabrikat** n, Automarke f / make (of car) ‖ ≈**hersteller** m / car manufacturer, automaker, car maker, automotive manufacturer, automobile manufacturer, motor vehicle manufacturer ‖ ≈**industrie** f / automobile industry, automotive industry, car industry, motor industry ‖ ≈**kran** m, Mobilkran m (Förd) / mobile crane ‖ ≈**technik** f, Kraftfahrzeugtechnik f / automotive engineering

Faktor m (allg, Math, Phys) / factor n

Faktur[a] f, Rechnung f / invoice (commercial document issued by a seller to a buyer)

Fakturierung f, Abrechnung f (z.B. einer Arbeit) / billing, invoicing

Fakultät, a ≈ (a!) (Math) / a factorial (a!)

Fall m, Fallen n, Sturz m / fall n ‖ ≈**bär** m, Rammbär (Bau) / beetle head, ram, monkey, tup ‖ ≈**beschleunigung** f, Erdbeschleunigung f (g = 9,81 m/s²) (Phys) / acceleration of free fall, gravitational acceleration, acceleration of gravity, gravity acceleration, g

Falle f, Schlossfalle f (wird über den Türdrücker o. den Schlüssel betätigt) / latch (on a door)

fallen (allg) / fall, drop ‖ ≈ (Wasser auf einen niedrigeren Pegelstand) / go down, subside, fall ‖ ≈ (Thermometer, Barometer) / fall, go down ‖ ≈ (z.B. Spannung, Preise, Werte), absinken, zurückgehen / drop vi, fall ‖ ≈, auftreffen [auf], aufprallen / impinge (e.g. electrons on/against the work surface in electron beam welding, rays of light on the image plane) ‖ ≈ **lassen** / drop ‖ ≈ **lassen** (z.B. Vorhaben, Projekt) / abandon, drop ‖ ≈ n, Rückgang m, Verringerung f, Abnahme f, Reduzierung f / decrease n [in], reduction, drop [in] (in prices, quality, amount, temperature), diminishing, diminution ‖ ≈, Fall m, Sturz m / fall n

fällen, schlagen, abholzen (Bäume) / fell vt (trees), cut down ‖ ≈ (das Lot) / drop (a perpendicular) ‖ ≈, abscheiden, ausfällen, präzipitieren (Chem) / precipitate vt

Fall•hammer m (Schm) / drop hammer ‖ ≈**höhe** f, nutzbares Gefälle (Wasserkraft) (Ener) /

head, effective head, pressure head, hydrostatic pressure (water power) ‖ ≈**höhe**, Höhe f (einer Flüssigkeit über einem bestimmten Niveau, z.B. Wasser über einer Kraftwerksturbine) (Phys) / head ‖ ≈**rohr** n (Bau) / downspout (US), downpipe (GB), conductor (US), rainwater pipe, leader (US), drainspout, downcomer (GB) ‖ ≈**schirm** m / parachute, chute (coll)

Fällung f, Ausfällung f, Präzipitation f (Chem) / precipitation

falsch, unecht / false ‖ ≈, fehlerhaft, unrichtig / incorrect, wrong ‖ ≈, vorgetäuscht, gefälscht / counterfeit adj, fake, sham, spurious ‖ ≈, Schein... / dummy, feigned, sham, mock ‖ ≈ (nicht den Notwendigkeiten o. Gegebenheiten entsprechend) / improper (e.g. functioning, treatment, setting of a variable) ‖ ≈ (Kommando) (DV) / bad (command)

Falsch•..., falsch, unecht / false ‖ ≈**anzeige** f, Anzeigefehler m / indication error, error in indication

Faltdipol m (Ant) / folded dipole

Falten•balg m (allg, Bahn, Foto, Kfz, Luft, Wzm) / bellows pl ‖ ≈**bildung** f (an der Zarge o. am Flansch beim Tiefziehen) (Fert) / wrinkling (in the flange or wall) ‖ ≈**halter** m, Niederhalter m (beim Zugdruckumformen) (Wzm) / blank holder, pressure ring

Falttür f, Harmonikatür f (Bau) / folding door, accordion door, concertina door

Faltung f (Math) / convolution

Faltungsverzerrung f, Aliaseffekt m (Entstehen einer Aliasfrequenz durch zu niedrige Abtastfrequenz) (Eltro) / aliasing, foldover distortion

falzen / fold ‖ ≈, knicken vt vi / crease (paper) ‖ ≈ n (Fügeverfahren zur formschlüssigen Verbindung von Blechen durch Umbiegen, Zusammenhaken und Zusammenpressen der Blechränder) (Fert) / seaming v

Fan m, Fan-Laufrad n, Bläser m (in einem Bläsertriebwerk) (Luft) / fan (in a fanjet)

Fang•einrichtung f, Blitzableiter, Auffangstange f (der Blitzschutzanlage) (Elek) / lightning conductor (UK), lightning rod (US) ‖ ≈**gitter** n, Bremsgitter n (Eltro) / sup, suppressor, suppressor grid ‖ ≈**schiene** f (Bahn) / side rail, check rail ‖ ≈**trichter** m (Luft) / drogue ‖ ≈**vorrichtung** f (bei Fensterglasproduktion) (Glas) / bait

Fan-Laufrad n, Bläser m (in einem Bläsertriebwerk) (Luft) / fan (in a fanjet)

Fan-out m (DV, Eltro) / fan-out

Fan-Triebwerk n, Mantelstromtriebwerk n mit großem Nebenstromverhältnis (Luft) / fan jet, turbofan

Farad n, F (Elek) / F, farad (SI unit of capacitance)

Faraday-Käfig m (Elek) / Faraday cage, Faraday shield, Faraday screen

Faradaysch•e Gesetze n pl / Faraday's laws pl (of electrolysis) ‖ ≈**er Käfig** (Elek) / Faraday cage, Faraday shield, Faraday screen

Farb•abweichung f, chromatischer Abbildungsfehler m (Opt) / chromatic aberration, colour aberration, chromatism ‖ ≈**anstrich** m / coat of paint, paintwork ‖ ≈**artsignal** n (TV) / chrominance signal, chrom. sig. ‖ ≈**band** n (in Anschlagdruckern, Schreibmaschinen) (Büro, DV) / ribbon, inked ribbon, ink ribbon (for impact printers, typewriters) ‖ ≈**bild** n (allg, Druck, TV) / colour image, colour picture || **~bildner** *m* (Foto) / colour former, colour forming agent || **~bildschirm** *m* (DV) / colour screen, colour monitor || **~burst** *m*, Farbsynchronsignal *n* (TV) / burst, colour burst, reference burst, colour sync[hronization] burst || **~differenzsignal** *n* (TV) / colour difference signal || **~druck** *m*, farbiger Druck, Buntdruck *m* (Druck, DV) / colour printing || **~drucker** *m* (DV) / colour printer || **~duplexsonographie** *f*, Angiodynographie *f* (MT) / colour duplex imaging

Farbe *f* / colour *n*, color (US) || **~** (Anstr) / paint || **~**, Color *f*, Farbladung *f* (Nukl) / colour

farb•echt / colour-fast || **~echtheit** *f* / colour fastness || **~eindringverfahren** *n*, Penetrierverfahren *n*, Farbeindringprüfung *f* (Mater) / dye penetrant method, dye penetrant test[ing]

färben / color (US), colour *vt* || **~** (Tex) / dye

Farben•abbeizmittel *n* (Anstr) / paint remover, paint stripper, remover, stripper || **~beize** *f*, Farbenabbeizmittel *n* (Anstr) / paint remover, paint stripper, remover, stripper

Farb•entferner *m*, Farbenabbeizmittel *n* (Anstr) / paint remover, paint stripper, remover, stripper || **~entwickler** *m* (Foto) / colour coupling developer, colour developer || **~fehler** *m*, chromatischer Abbildungsfehler (Opt) / chromatic aberration, colour aberration, chromatism || **~fernsehempfänger** *m* / colour TV set || **~fernseher** *m* / colour TV set || **~fernsehgerät** *n* / colour TV set || **~fernsehkamera** *f* / colour television camera || **~filter** *n* (TV) / colour filter || **~holographie** *f* / colour holography

farbiger Druck (Druck, DV) / colour printing **Farb•intensität** *f*, Farbtiefe *f* (Foto, Opt) / colour intensity, depth of colour, intensity of colour || **~kennzeichnung** *f* (z.B. von Widerständen) / colour coding || **~ladung** *f*, Color *f* (Nukl) / colour || **~längsfehler** *m* (Opt) / axial chromatic aberration, longitudinal chromatic aberration

farblos / colourless || **~**, unbunt (Farblehre), achromatisch (Opt) / achromatic

Farb•maßstabsfehler *m* (Opt) / chromatic difference of magnification, color magnification error || **~messer** *m*, Farbmessgerät *n* (Opt) / colorimeter || **~messgerät** *n* (Opt) / colorimeter || **~messung** *f* (Opt) / colorimetry || **~mischung** *f*, Farbsynthese *f* (additive, subtraktive) (Opt) / colour mixing (additive, subtractive) || **~mittel** *n* (farbgebender löslicher (= Farbstoff) o. unlöslicher (= Pigment) Stoff) / colorant (insoluble pigment or soluble dye) || **~modell** *n* (Druck, DV) / colour model || **~monitor** *m*, Farbbildschirm *m* (DV) / colour screen, colour monitor || **~negativfilm** *m* (Foto) / colour negative film || **~ortsfehler** *m* (Opt) / axial chromatic aberration, longitudinal chromatic aberration || **~partikel** *f* (Druck, DV) / ink particle || **~querfehler** *m* (Opt) / transverse chromatic aberration || **~richtig** (Foto) / colour-correct || **~roller** *m* / paint roller || **~sättigung** (dient in der Farbmetrik neben Farbton und Helligkeit zur eindeutigen Kennzeichnung einer Farbvalenz) (Druck, Foto, Opt, TV) / colour saturation, saturation || **~signal** (TV) / chrominance signal, chrom. sig. || **~sonographie** *f* (MT) / colour sonography || **~spektrum** *n* (Druck, Foto) / colour spectrum ||

~stoff *m* (Anstr, Färb) / dye (soluble colorant), dyestuff || **~stoff**, Lebensmittelfarbstoff *m* (Nahr) / food colouring, colouring, colorant || **~stoff**, Toner *m* (in Druckern, Kopiergeräten) (Büro, DV) / toner || **~synchronsignal** *n* (TV) / burst, colour burst, reference burst, colour sync[hronization] burst || **~synthese** *f* (additive, subtraktive), Farbmischung *f* (Opt) / colour mixing (additive, subtractive) || **~temperatur** *f* (Phys) / colour temperature || **~tiefe** *f*, Farbintensität *f* (Foto, Opt) / colour intensity, depth of colour, intensity of colour || **~ton** *m*, Farbtonung *f* (Anstr, Färb) / shade, tint, tone || **~ton** (dient in der Farbmetrik neben Sättigung und Helligkeit zur eindeutigen Kennzeichnung einer Farbvalenz) / hue || **~tönung** *f*, Farbton *m* (Anstr, Färb) / shade, tint, tone || **~umkehr** *f* (Foto, Opt) / colour reversal || **~umkehrfilm** *m* (Foto) / colour reversal film, reversal colour film || **~vergrößerungsfehler** *m* (Opt) / chromatic difference of magnification, color magnification error || **~verkehrt** (Bild) (Foto) / inverted-color, reversed-colour (image) || **~wiedergabe** *f* / colour rendering || **~wiedergabeeigenschaft** *f* (einer Lampe) (Licht) / colour rendering property || **~wiedergabe-Index** *m* (Licht) / colour rendering index, CRI

Fase *f*, abgeschrägte Kante, abgefaste Kante / chamfer *n*

fasen, abfasen, abschrägen (Kanten) (Zimm) / chamfer *vt*

Faser *f* / fibre (GB), fiber (US) || **~brei** *m*, Papierstoffbrei *m* (Pap) / papermaking stock (wet pulp of any type at any stage in the manufacturing process), stock, pulp, pulp stock || **~haltig** / fibrous

faserig, faserhaltig / fibrous

Faser•mantel *m* (Lichtwellenleiter) / fiber cladding || **~optik** *f*, Glasfaseroptik *f* / fiber optics || **~optisch** (Opt) / fiber-optic || **~optisches Beleuchtungssystem** (Licht) / fiber-optic lighting system || **~stoff** *m* (allg, Tex) / fibrous material || **~stoff** *m*, Faserstoffbrei *m*, Papierstoffbrei *m* (Pap) / papermaking stock (wet pulp of any type at any stage in the manufacturing process), stock, pulp, pulp stock || **~stoffbrei** *m*, Papierstoffbrei *m* (Pap) / papermaking stock (wet pulp of any type at any stage in the manufacturing process), stock, pulp, pulp stock || **~strang** *m*, Roving *m* (Plast) / roving || **~verbundwerkstoffe** *m pl* (Mater) / composite fiber materials, fiber composite materials, fiber composites, fiber reinforced materials, fiber reinforced composites || **~verlauf** *m* (in einem metallischen Werkstück) (Fert, Mater) / grain flow, grain pattern, metal grain flow, grain orientation, grain structure || **~verstärkt** (Mater) / fiber reinforced || **~verstärkte Kunststoffe** (Mater) / fiber-reinforced plastics, fiber-reinforced polymers, FRP || **~verstärkte Polymere** (Mater) / fiber reinforced plastics, fiber-reinforced polymers, FRP || **~verstärkung** *f* (Mater) / fiber reinforcement || **~werkstoffe** *m pl* (Mater) / fiber materials *pl*, fibrous materials || **~zusammenballungen** *f* (Pap) / knots *pl*

fasrig, faserhaltig / fibrous

Fassade *f*, Straßenfront *f* (Bau) / façade, face, facade, front (of a building)

Fassadenverkleidung f, Verschalung f (als Witterungsschutz) (Bau) / cladding, siding (US), facing, external cladding

fassen, ergreifen / seize, grasp ‖ ~, greifen (Roboter) / grip ‖ ~, aufnehmen / hold, take ‖ ~, Platz haben für / accommodate vt (e.g. this elevator accommodates 12 people)

Fassung f, Glühlampenfassung f (Elek, Licht) / socket (for lightbulb), lampholder, lamp socket

Fassungsvermögen n (eines Behälters, Geschirrspülers etc.) / capacity (of a container, dishwasher etc.)

Faul•becken n (Sanitär, Umw) / digester, septic tank ‖ ~**behälter** m (Sanitär, Umw) / digester, septic tank ‖ ~**gas** n, Biogas n (Ener, Umw) / biogas

fäulnis•beständig / rot-resistant, rot-proof ‖ ~**fest** / rot-resistant, rot-proof

Faustregel f / rule-of-thumb

Favoriten (Internet Explorer)(vom Benutzer anlegbares Verzeichnis von Hyperlinks zu von ihm häufig besuchten Web-Seiten) (DV) / Favorites (Internet Explorer), Bookmarks (Communicator), Hotlist (Mosaic)

Fax n (Tele) / fax, facsimile ‖ ~, Faxgerät n (Tele) / fax machine, facsimile equipment o. apparatus

faxen (Tele) / fax v ‖ ~ n, Faxübertragung f (Tele) / fax transmission, facsimile transmission

Fax•gerät n (Tele) / fax machine, facsimile equipment o. apparatus ‖ ~**karte** f (DV, Tele) / fax board, fax card ‖ ~**modem** n (Tele) / fax modem ‖ ~**sendung** f, Faxübertragung f (Tele) / fax transmission, facsimile transmission ‖ ~**übertragung** f (Tele) / fax transmission, facsimile transmission ‖ ~**Weiche** f (Tele) / fax switch

FBAS-Signal n (Farb-, Bild-, Austast- und Synchronisiersignal - beim Farbfernsehen) (TV) / composite video signal

FBW (Steuerung), Fly-by-wire n (elektrohydraulische Flugsteuerung) (Luft) / fly-by-wire system

FCC-Verfahren, katalytisches Cracken im Wirbelschichtverfahren (Öl) / fluid catalytic cracking, FCC, cat cracking

FDDI (Protokoll für hohe Übertragungsgeschwindigkeiten) (DV, Tele) / FDDI, Fiber Distributed Data Interface

FDM, Frequenzmultiplex-Verfahren n (Tele) / FDM, frequency division multipexing

FDMA m, FDMA-Verfahren n (Vielfachzugriffsverfahren mit Nutzung der Übertragungskapazität im Frequenzmultiplex) (Tele) / frequency division multiple access, FDMA ‖ ~**-Verfahren** n (Vielfachzugriffsverfahren mit Nutzung der Übertragungskapazität im Frequenzmultiplex) (Tele) / frequency division multiple access, FDMA

FDR f, Fahrdynamikregelung f (Kfz) / automatic stablity control, VDC (vehicle dynamic control), stability control, vehicle dynamic control ‖ ~, FDR-System n (Kfz) / stability control system, vehicle stability control system, VSC system, vehicle dynamic control system, VDC system

Fe, Eisen n (Chem) / iron, Fe

Feature n, Funktion f, Leistungsmerkmal n (DV, Techn, Tele) / feature

Fe-Basislegierungen f pl / iron-based alloys

Fe-C-Zustandsdiagramm n (Hütt) / iron-carbon diagram, iron-carbon equilibrium diagram, iron-carbon phase diagram

Feder f (Techn) / spring ‖ ~ (des Füllfederhalters) (Büro) / nib (of fountain pen) ‖ ~..., gefedert, unter Federspannung (o. -druck) / spring-loaded ‖ ~**arbeit** f, Federungsarbeit f / cushioning action of spring ‖ ~**barometer** n / aneroid, aneroid barometer ‖ ~**bein** n (Kfz) / suspension strut ‖ ~**bein** (Fahrwerk) (Luft) / shock strut ‖ ~**belastet**, gefedert, unter Federspannung (o. -druck) / spring-loaded ‖ ~**blatt** n / spring leaf, spring blade, spring plate ‖ ~**blech** n / spring steel sheet ‖ ~**charakteristik** f, Federkennlinie f / spring characteristic ‖ ~**diagramm** n / load deformation curve of springs ‖ ~**draht** m / spring wire ‖ ~**druck** m / spring pressure, spring load ‖ ~**gabel** f (Fahrrad) / suspension fork ‖ ~**gespannt** / spring-loaded ‖ ~**hammer** m (Schm) / spring hammer ‖ ~**kennlinie** f, Federcharakteristik f / spring characteristic ‖ ~**klappdübel** m / toggle bolt [anchor], spring wing toggle bolt ‖ ~**konstante** f (Mech) / spring constant, force constant ‖ ~**kraft** f, Rückfederung f, Spannkraft f / resilience, resiliency ‖ ~**kraft** (rücktreibende Kraft einer Feder, die der Kraft, die eine Längung der Feder bewirkt, entgegengesetzt ist) (Phys) / restoring force ‖ ~**manometer** n, Deformationsmanometer n (Mess, Phys) / spring manometer, spring pressure gauge ‖ ~**nachgiebigkeit** f (Kehrwert der Federrate) / compliance of a spring

federnd, elastisch / resilient ‖ ~**e Aufhängung** / spring mounting, spring suspension

Feder•paket n / spring assembly ‖ ~**puffer** m (Bahn) / spring buffer ‖ ~**rate** f (Masch) / rate of a spring, spring rate ‖ ~**richtgröße** f, Federkonstante f (Mech) / spring constant, force constant ‖ ~**ring** m / helical spring washer, split lock washer ‖ ~**scheibe** f (eine Unterlegscheibe) / spring washer ‖ **gewölbte** ~**scheibe** / curved spring washer ‖ **tellerförmige** ~**scheibe** / conical spring washer ‖ ~**stahl** m (Hütt) / spring steel ‖ ~**steckklemme** f (Elek) / spring clamp terminal ‖ ~**steifigkeit** f (Masch) / rate of a spring, spring rate ‖ ~**thermometer** n (Mess) / pressure-spring thermometer

Federung f (Kfz) / suspension (springs, shock absorbers) ‖ ~, Rückfederung f, Federkraft f, Spannkraft f / resilience, resiliency ‖ ~, federnde Aufhängung / spring mounting, spring suspension

Federungs•arbeit f / spring work o. action ‖ ~**arbeit**, Federarbeit f / cushioning action of spring ‖ ~**weg** m (bei Einfederung unter Last) / suspension travel, spring travel, spring excursion

Feder•waage f / spring balance (GB) o. scale (US) ‖ ~**weg** m, Federungsweg m (bei Einfederung unter Last) / suspension travel, spring travel, spring excursion ‖ ~**wirkung** f / spring action ‖ ~**zahnscheibe** f (außengezahnt, innengezahnt, versenkt nach DIN 6797 - Schraubensicherung) / lock washer (external tooth, internal tooth, countersunk)

Feedback n, Rückkopplung f (allg, Elek, Eltro, Regel) / feedback n ‖ ~, Rückmeldung f / feedback (of information) ‖ ~**-Inhibition** f, Endprodukthemmung f (Biochem) / feedback inhibition

Feeder m, Antennenspeiseleitung f / feeder (connecting a transmitter to an antenna), antenna feeder

Fehl•anflug *m* (Luft) / missed approach ‖
‐**anzeige** *f*, Anzeigefehler *m* / indication error,
error in indication ‖ ‐**bedienung** *f* /
maloperation, incorrect operation, operator
error ‖ ‐**eingabe** *f* (DV) / input error ‖
‐**einstellung** *f* (allg, Regel) / maladjustment
fehlen, nicht vorhanden sein / be missing, be
lacking ‖ ~ (z.B. ihm fehlt das Geld, die
Fähigkeit zu) / lack (e.g. he lacks the money,
the ability to) ‖ ‐ *n*, Nichtvorhandensein *n* /
absence ‖ ‐ [von], Mangel *m* [an] / lack [of],
absence [of] ‖ ‐ (von Dingen, die nicht zur
Verfügung stehen) / unavailability
Fehler *m*, Fehlleistung *f* / error (e.g. in judgment,
in reasoning, typographical error,
programming error, calculation error) ‖ ‐
(Irrtum, versehentlich falsche Handlung,
Berechnung, Entscheidung) / mistake ‖ ‐
(fehlerhafte Ausführung, unzulässige
Abweichung vom Sollzustand) / defect (in
materials, design or workmanship -
surface/manufacturing/welding defect) ‖ ‐ (in
Oberfläche, Material, Werkstück) / flaw
(defect in continuity or cohesion, as a crack,
fissure, or break: surface flaw, flaws in a
casting) ‖ ‐ (in der Software oder Hardware)
(DV) / bug ‖ ‐, Messabweichung *f* (Messwert
minus wahrer Wert der Messgröße),
Messfehler *m* / error (of measurement)
‖ ‐, Nichtübereinstimmung *f* (z.B. mit
einschlägigen Normen oder firmeninternen
Policies) (QM) / non-conformity,
non-conformance, non-compliance ‖ ‐,
Funktionsstörung *f*, Fehlfunktion *f* /
malfunction *n* ‖ ‐, Störung *f* (Elek, Masch) /
fault ‖ ‐ **in der Konzeption**,
Konstruktionsfehler *m* (im Konzept) (Fert) /
design error ‖ ‐ **suchen und beseitigen** (in
einem Programm), debuggen, austesten (DV) /
debug (a program)
fehler•anfällig / susceptible to faults ‖ ‐**anteil** *m*
(im Prüflos) (QM) / defect rate (in a sample) ‖
‐**anzeige** *f* / error indication, error display ‖
‐**anzeige**, Störungsmeldung *f* / fault indication
‖ ‐**ausgleich** *m* / error compensation ‖
~**bedingte Beendigung**, Abbruch *m*, vorzeitige
Beendigung (DV, Tele) / abnormal termination,
forced termination, abortion (of program
execution, data transmission etc.) ‖ ~**behaftet**,
fehlerhaft / defective, faulty ‖ ‐**behandlung** *f*,
Fehlerbehebung *f* / troubleshooting, error
correction, error elimination ‖ ‐**behebung** *f* /
troubleshooting, error correction, error
elimination ‖ ‐**behebung**, Debugging *n* (DV) /
debugging (of hardware, sowftware) ‖
‐**berichtigung** *f*, Fehlerkorrektur *f*,
Fehlerbehebung *f* / troubleshooting, error
correction, error elimination ‖ ‐**beseitigung** *f*,
Fehlerkorrektur *f*, Fehlerbehebung *f* /
troubleshooting, error correction, error
elimination ‖ ‐**beseitigung**, Störungs-
behebung *f* (Techn) / troubleshooting,
correction of a fault/faults ‖ ‐**beseitigung**,
Debugging *n* (DV) / debugging (of hardware,
sowftware) ‖ ‐**diagnose** *f* / troubleshooting,
diagnosis (of errors, faults) ‖ ‐**eingrenzung** *f*,
Fehlerortung *f* / fault location, fault
localization ‖ ‐**erkennung** *f* (allg, DV) / error
detection ‖ ‐**erkennung** (Elek, Eltro) / fault
detection ‖ ‐**erkennung u. -korrektur** *f* / fault
detection and correction ‖
‐**fortpflanzungsgesetz** *n* (Math) / law of error
propagation ‖ ~**frei**, richtig / correct, free

from errors ‖ ~**frei**, störungsfrei / faultless,
fault-free ‖ ~**frei**, frei von Mängeln / free from
defects ‖ ~**frei**, fehlerlos, einwandfrei / sound
‖ ‐**grenze** *f* (Mess) / error limit, margin of
error, limit of error
fehlerhaft, fehlerbehaftet / defective, faulty ‖ ~,
falsch, unrichtig / incorrect, wrong ‖ ~,
unvollkommen / imperfect ‖ ~ (nicht
normgemäß) (QM) / non-conforming ‖ ~
(Link) (DV) / bad (link) ‖ ~**es Teil**,
Ausschussteil *n* (Fert, QM) / reject *n*
Fehler•häufigkeit *f*, Fehlerrate *f* / error rate ‖
‐**häufigkeit**, Fehlerrate *f* (bzgl.
Störungen,Ausfällen) / fault rate ‖ ‐**kontrolle**
f, Fehlerprüfung *f* (DV) / error checking ‖
‐**korrektur** *f*, Fehlerbehebung *f* /
troubleshooting, error correction, error
elimination ‖ ~**los**, fehlerfrei, störungsfrei /
faultless, fault-free ‖ ~**los**, einwandfrei / sound
‖ ‐**meldung** *f*, Fehleranzeige *f* / error
indication, error display ‖ ‐**meldung** (mit
Text) (DV, Eltro) / error message ‖ ‐**meldung**,
Fehleranzeige *f*, Störungsmeldung *f* / fault
indication ‖ ‐**meldung**, Störungsmeldung *f*
(mit Text) / fault message ‖ ‐**meldung** (Signal)
/ error signal, fault signal ‖ ‐**meldung** (als
Bericht von Betriebspersonal, Anwendern)
(Tele) / fault report (FR) ‖ ‐**ortsbestimmung**
f, Fehlereingrenzung *f* / fault location, fault
localization ‖ ‐**ortsbestimmung durch
Messung des Schleifenwiderstandes** (Elek) /
loop test ‖ ‐**ortung** *f*, Fehlereingrenzung *f* /
fault location, fault localization ‖ ‐**protokoll** *n*
/ error log, fault log ‖ ‐**prüfcode** *m* (DV) /
error checking code ‖ ‐**prüfung** *f* (DV) / error
checking ‖ ‐**quote** *f*, Fehlerhäufigkeit *f* / error
rate ‖ ‐**quote**, Fehlerrate *f* (bzgl.
Störungen,Ausfällen) / fault rate ‖ ‐**rate** *f*,
Fehlerhäufigkeit *f* / error rate ‖ ‐**rate** (bzgl.
Störungen,Ausfällen), Fehlerhäufigkeit *f* /
fault rate ‖ ‐**schutz** *m* (Schutz gegen
elektrischen Schlag unter den Bedingungen
eines Einzelfehlers) (Elek) / fault protection ‖
‐**spannung** *f* (Elek) / fault voltage ‖ ‐**strom** *m*
(Elek) / fault current (resulting from an
insulation fault) ‖ ‐**strom**, Differenzstrom *m*
(Elek) / residual current ‖ ‐**strom**,
Abschaltstrom *m* (Elek) / trip current (of an
RCD or circuit breaker), tripping current,
trigger current ‖ ‐**stromschutzschalter** *m*,
RCD (Elek) / residual current device, RCD
(residual current device), residual current
circuit breaker, RCCB (residual current circuit
breaker), ALCI (Appliance Leakage Current
Interrupter), GFCI [device](Ground Fault
Circuit Interrupter), Ground Fault Circuit
Interrupter, Appliance Leakage Current
Interrupter, ELCB (earth leakage circuit
breaker), earth leakage circuit breaker
(incorrect) ‖ ‐**strom-Schutzschalter** *m* **mit
Überstromauslöser** (Elek) / GFCI breaker
(US), RCBO (residual current breaker with
overload (or overcurrent) protection),
residual current breaker with overload (or
overcurrent) protection ‖
‐**strom-Überwachung** *f* **durch
Differenzstrommessung**, RCM-Verfahren *n*
(Elek) / residual current monitoring ‖ ‐**suche**
f, Störungssuche *f* / fault finding, fault location
‖ ‐**suche und -beseitigung** *f*, Störungssuche
und -beseitigung *f* / troubleshooting ‖
‐**suchprogramm** *n*, Diagnoseprogramm *n*
(DV) / diagnostic program ‖ ‐**suchprogramm**,

Debugger *m* (DV) / debugger, debugging routine ‖ **~toleranz** *f* (DV, Elek, Eltro) / fault tolerance

Fehl•funktion *f*, Funktionsstörung *f* / malfunction *n* ‖ **~geschlagen** / abortive (e.g. project) ‖ **~gewicht** *n*, Untergewicht *n* / underweight ‖ **~guss** *m*, schlecht ausgelaufener Guss (Gieß) / misrun *n* (casting that has solidified before completely filling the mould cavity) ‖ **~leistung** *f*, Fehler *f* / error (e.g. in judgment, in reasoning; typographical error, programming error, calculation error) ‖ **~ordnung** *f*, Kristallbaufehler *m* (Krist) / crystal defect, crystal imperfection, lattice imperfection, lattice defect ‖ **~zündung** *f*, Aussetzer *m* (Mot) / misfire *n* ‖ **~zündung** (Magnetron) / mode jump o. skip (magnetron) ‖ **~zündung(en) haben**, knallen (Kfz, Mot) / backfire *vi* ‖ **~zündungen haben**, aussetzen *vi*, knallen (Mot) / misfire *vi*

Feile *f* (Wz) / file

Feilspäne *m pl* / filings *pl*

fein (Ggs. grob) / fine ‖ **~** (Körnung von Schleifscheiben) (Fert) / fine (grain size) ‖ **~ einstellen**, justieren (Instr) / adjust (instruments, settings very accurately), fine-adjust ‖ **~...**, empfindlich (Messgerät, Thermometer, Film, Nachweisverfahren, Sprengstoff) (Instr, Mess) / sensitive (e.g. measuring instrument, thermometer, film, detection methods, explosive)

fein•abstimmen / fine-tune, sharp-tune ‖ **~abstimmung** *f*, Feineinstellung *f* / fine-tuning ‖ **~bearbeitung** *f*, Fertigbearbeiten *n* (Fert) / finishing ‖ **~blech** *n* (Dicke <3mm) / sheet, sheet metal (gauges ca. 11 and higher), light gauge sheet metal *pl* ‖ **~bohrmaschine** *f* (Wzm) / fineboring machine ‖ **~chemikalien** *f pl* (Chem) / fine chemicals *pl* ‖ **~drehmaschine** *f* (Wzm) / precision lathe, finishing lathe ‖ **~einstellung** *f*, Feinabstimmung *f* / fine-tuning ‖ **~einstellung** (Techn) / fine adjustment ‖ **~gerätetechnik** *f* / precision engineering ‖ **~gewinde** *n* / fine-pitch thread ‖ **~gießen** *n*, Modellausschmelzverfahren *n* (Gieß) / investment casting, lost-wax process, lost-wax casting, precision casting ‖ **~guss** *m*, Modellausschmelzverfahren *n* (Gieß) / investment casting, lost-wax process, lost-wax casting, precision casting ‖ **~gut** *n* (beim Sieben), Siebdurchgang *m*, Unterkorn *n* (Aufb) / screen underflow, subsieve fraction, smalls *pl*, undersize, fells *pl* ‖ **~honen** (Fert) / superfinish *v* ‖ **~honen**, Superfinish-Verfahren *n* (Fert) / superfinishing ‖ **~korn** *n*, feines Korn / fine grain ‖ **~kornbaustahl** *m* (Bau, Hütt) / fine-grain structural steel ‖ **~körnig** (Bau, Foto) / fine-grained ‖ **~kornstahl** *m* (Hütt) / fine-grained steel ‖ **~kornstahl** (Bau, Hütt) / fine-grain structural steel ‖ **~mahlanlage** *f* (Masch) / pulverizer ‖ **~mahlung** *f*, Pulverisieren *n* / pulverization, comminution ‖ **~messgerät** *n* / precision instrument ‖ **~messinstrument** *n* / precision instrument ‖ **~mühle** *f* (Bergb, Pap) / grinding mill ‖ **~passung** *f*, Passsitz *m* / snug fit ‖ **~schneiden** *n* (zur Erzeugung von Schnittteilen, deren Schnittfläche über der gesamten Blechdicke vollkommen glatt ist) (Fert) / fine blanking ‖ **~stahl** *m*, Edelstahl *m* / refined steel ‖ **~stanzen** *n*, Feinschneiden *n* (zur Erzeugung von Schnittteilen, deren Schnittfläche über der gesamten Blechdicke vollkommen glatt

ist) (Fert) / fine blanking ‖ **~staub** (Umw) / fine particles (in the air), particulate matter, PM, particulates *pl*

Feinst•bearbeitung *f* (Fert) / fine finishing, precision finishing ‖ **~blech** *n* (Stahlblech, Dicke <0,5mm) (Walz) / sheet, sheet metal (gauges ca. 25 and higher), light gauge sheet metal

Fein•waage *f*, Präzisionswaage *f* (Mess) / precision balance ‖ **~werktechnik** *f* / precision engineering ‖ **~ziehschleifen** (Fert) / superfinish *v* ‖ **~ziehschleifen** *n*, Superfinish-Verfahren *n* (Fert) / superfinishing

Feld *n* (allg, Elek, Magn, Phys) / field ‖ **~**, Acker *m* (Landw) / field ‖ **~**, Datenfeld *n* (DV) / data field, field ‖ **~**, Array *n* (Folge gleichartiger Daten o. Variablen, die unter einem gemeinsamen Namen angesprochen wird), Variablenfeld *n* (DV) / array (in programming) ‖ **~**, Abteil *n* (Schaltgerät) (Elek) / compartment ‖ **~** (aus Solarzellen) (Elek) / array ‖ **~**, Kästchen *n* (in einem Formular / square (on a form) ‖ **~arme Elektroinstallation** (Elek) / emf reducing wiring, emf free wiring ‖ **~bau** *m*, Ackerbau *m* (i.e.S. Anbau von Kulturpflanzen) (Landw) / production of crops, raising crops ‖ **~bus** *m* (DV, Tele) / field bus ‖ **~effekt** *m* (Eltro) / field effect ‖ **~effekttransistor**, FET *m* (Eltro) / FET, field effect transistor ‖ **~effekttransistor** *m* mit isolierter Steuerelektrode, IGFET *m* (Eltro) / IGFET, insulated-gate field-effect transistor ‖ **~frei** (Eltro, Phys) / field-free ‖ **~konstante**, ε_o (Elek, Phys) / permittivity of a vacuum or free space (ε_o), electric constant ‖ **~kraft** *f* (Phys) / field force ‖ **~krümmung** *f*, Bildfeldwölbung *f* (Opt) / curvature of field, field curvature ‖ **~linie** *f* (z.B. in einem Magnetfeld) (Math, Phys) / field line ‖ **~linie**, Kraftlinie *f* (Phys) / line of force ‖ **~linse** *f*, Kollektivlinse *f*, Bildfeldlinse *f* / field lens ‖ **~platte** *f*, magnetfeldabhängiger Widerstand (Elek) / magnetoresistor, magnetic-field-dependent resistor ‖ **~plattenpotentiometer** *n* (Elek, Eltro) / magnetoresistor potentiometer ‖ **~rechner** (DV) / array processor ‖ **~regelung** *f* (Elek) / field control ‖ **~spat** *m* (Min) / feldspar ‖ **~stärke** *f* (Elek, Phys) / field strength, field intensity ‖ **elektrische ~stärke** (Elek) / electric field strength, electric field intensity ‖ **~versuch** *m*, Praxisversuch *m* (allg) / field test, field trial ‖ **~wellenwiderstand** *m* (Verhältnis zwischen elektrischem und magnetischem Feldanteil einer sich transversal ausbreitenden elektromagnetischen Welle) (Elek, Phys) / wave impedance ‖ **~wicklung** *f* (Elek) / field winding

Felge *f* (Bahn, Fahrrad, Kfz) / rim, wheel rim

Felgen•bett *n*, Tiefbett *m* (Kfz) / drop center ‖ **~bremse** *f* (Fahrrad) / rim brake ‖ **~durchmesser** *m* (Kfz) / rim diameter

FELV, Funktionskleinspannung *f* ohne sichere Trennung (Elek) / FELV, functional extra-low voltage

Femto..., 10^{-15} (von Schwedisch femton = 15) / femto... (unit)

Fenster *n* (Bau, DV, Geol, Kfz, Nukl) / window *n* ‖ **~ mit Flügel(n) zum Drehen o. Kippen** (z.B. Drehflügel-, Kipp-, Klapp-, Schwingflügelfenster - im Unterschied zu Schiebefenstern) (Bau) / casement, casement window (with one or more hinged sashes - as opp. to sash window) ‖ ~**angel** f (Bau) / hinge ‖ ~**bank** f (Bau) / window board, window stool (US) ‖ ~**beschläge** m pl (Bau) / window ironmongery ‖ ~**brett** n, Fensterbank f (Bau) / window board, window stool (US) ‖ ~**flügel** m (Bau) / sash, window sash (moving segment of the window) ‖ ~**flügel** (am Blendrahmen angeschlagen, z.B. bei Drehflügel- o. Kippfenster) (Bau) / casement (a hinged sash) ‖ ~**glas** n, Ziehglas n (Bau, Glas) / sheet glass (of lesser quality and less flat than plate glass) ‖ ~**heber** m (Kfz) / window winder, window lift ‖ **elektrische** ~**heber** (Kfz) / power windows, power window system ‖ ~**rahmen** m, Blendrahmen (fest mit dem Mauerwerk verbunden) (Bau) / window frame ‖ ~**rahmen** n, Flügelrahmen m (Bau) / sash (framework for glazing - fits into window frame and can be hinged, sliding, or fixed), window sash, sash framing, sash frame ‖ ~**rahmen** m, Flügelrahmen m (mit Bändern am Blendrahmen angeschlagen) (Bau) / casement (a hinged sash) ‖ ~**scheibe** f (Glas) / window pane ‖ ~**sims** m, Fensterbank f (Bau) / window board, window stool (US) ‖ ~**sprosse** f (Bau) / glazing bar, muntin, sash bar, window bar

Ferment n (veraltet), Enzym n (Biochem) / enzyme, ferment n

Fermentation f (Biochem) / fermentation

Fermenter m (Biochem, ChT) / bioreactor, fermenter

Fermentierung f (Biochem) / fermentation

Fermium m (OZ = 100) (Chem) / fermium, Fm

Fern•..., entfernt, abgesetzt (DV, Tele) / remote ‖ ~**abfrage** f (eines Anrufbeantworters) (Tele) / remote access ‖ ~**anschluss** m (DV) / remote access ‖ ~**anweisen** n (in der Fernwirktechnik) / teleinstruction ‖ ~**anzeige** f, Fernanzeigen n (in der Fernwirktechnik) / teleindication, remote indication ‖ ~**anzeigen** n (in der Fernwirktechnik) / teleindication, remote indication ‖ ~**bedienen**, fernsteuern / remote-control, operate by remote control, teleoperate (e.g. a space vehicle) ‖ ~**bedient** / remote-controlled ‖ ~**bedienung** f / remote control ‖ ~**bedienung** (Gerät, z.B. bei Fernseher o. Modellflugzeug) (Audio, Regel, TV) / remote control (device), remote ‖ ~**betätigen**, fernsteuern / remote-control, operate by remote control, teleoperate (e.g. a space vehicle) ‖ ~**betätigt** / remote-controlled ‖ ~**betätigung** f (Regel) / remote operation ‖ ~**betätigung**, Fernsteuerung f / remote control ‖ ~**einstellen** f (in der Fernwirktechnik) / teleadjustment ‖ ~**fahrer** m (Kfz) / long-distance lorry driver (GB) ‖ ~**gelenkt** / remote controlled ‖ ~**gesteuert** / remote controlled ‖ ~**heizung** f, Fernwärme f (als Anlage o. System) / district heating ‖ ~**hörer** m (Teil des Handapparats), Hörmuschel f (Tele) / receiver, telephone receiver (part of the handset), telephone earpiece ‖ ~**kopieren** n (veraltete Bezeichnung), Faxübertragung f (Tele) / fax transmission, facsimile transmission ‖ ~**kopierer** m (veraltete Bezeichnung), Faxgerät n (Tele) / fax machine, facsimile equipment o. apparatus ‖ ~**kraftwerk** n / central power station ‖ ~**leitung** f, Freileitung f (zur Energieübertragung) (Elek) / overhead power line, overhead line, O.L. (overhead line), overhead transmission line, overhead conductor, open wire line ‖ ~**leitung**, Pipeline, Rohrfernleitung f / pipeline n ‖ ~**lenken**,

fernsteuern / remote-control, operate by remote control, teleoperate (e.g. a space vehicle) ‖ ~**lenkung** f, Fernsteuerung f / remote control

Fernlicht n (Kfz) / high beam (US), main beam (GB) ‖ ~**kontrollleuchte** f (Kfz) / beam indicator, high beam indicator (US), main beam indicator (GB)

Fernmelde•anlage f / telecommunications system ‖ ~**behörde** f (Tele) / telecommunications authority ‖ ~**freileitung** f (Tele) / overhead communication line, aerial line, aerial wire ‖ ~**kabel** n, Nachrichtenkabel n (Tele) / telecommunication cable, communication cable ‖ ~**leitung** f (Tele) / communication line ‖ ~**leitung**, Fernsprechleitung f, Telefonleitung f (Tele) / telephone line, line ‖ ~**netz** n / telecommunications network o. system ‖ ~**satellit** m, Nachrichtensatellit m (Tele) / telecommunications satellite, communications satellite ‖ ~**steckdose** f (Tele) / telephone jack, telephone socket ‖ ~**technik** f (Tele) / telecommunication engineering (emphasizing electrical engineering aspects), electrical communication engineering ‖ ~**techniker** m, Telekommunikationstechniker m / telecommunications engineer, communication engineer ‖ ~**techniker** (im Kundendienst) / telephone serviceman ‖ ~**turm** m (Tele, TV) / telecommunications tower, telecommunications tower ‖ ~**verkehr** m / telephone communication, telephone traffic, telephone service ‖ ~**verwaltung** f (Tele) / telecommunications authority

Fern•messen / telemetering ‖ ~**messung** f, Telemetrie f, Messwert-Fernübertragung f / telemetering, remote metering, telemetry ‖ ~**netz** n, WAN n (DV, Opt) / telescope ‖ ~**rohr** n (Opt) / telescope ‖ ~**schalten** n (in der Fernwirktechnik) / teleswitching ‖ ~**schalter** m, fernbedienter Schalter / remote [control] switch ‖ ~**scheinwerfer** m (Kfz) / high-beam lamp ‖ ~**schreibapparat** m / teleprinter, teletypewriter, telex machine, TP, TPR ‖ ~**schreiber** m / teleprinter, teletypewriter, telex machine, TP, TPR

Fernseh•apparat m, Fernsehgerät n (TV) / television set, TV set, TV (coll), television receiver ‖ ~**aufnahmeröhre** m (TV) / camera tube, pick-up tube ‖ ~**ausstrahlung** f, Fernsehsendung (TV) / telecast n, television broadcast ‖ ~**bildröhre** f (TV) / picture tube, cathode ray tube, CRT, television picture tube ‖ ~**bildsignal** n (TV) / picture signal, video signal ‖ ~**empfänger** m, Fernsehgerät n (TV) / television set, TV set, TV (coll), television receiver

Fernsehen n, Fernsehrundfunk m (amtlich) (TV) / television, TV

Fernseher m (coll), Fernsehgerät n (TV) / television set, TV set, TV (coll), television receiver

Fernseh•gerät n (TV) / television set, TV set, TV (coll), television receiver ‖ ~**großbildschirm** m (TV) / large screen, large TV screen ‖ ~**modus** m (Audio, TV) / TV mode ‖ ~**programm** n, Fernsehsendung f (TV) / telecast n, television broadcast ‖ ~**sendung** f (TV) / telecast n, television broadcast ‖ ~**signal** n / TV signal ‖ ~**telefon** n, Bildtelefon n, Videotelefon n (Tele) / videophone, video telephone, vision phone, visual telephone ‖ ⁓**text** (amtliche Bezeichnung - DIN 45060), Teletext *m* (internationale Bezeichnung), Videotext *m* (deutsche Bezeichnung - fernsehbasierter Informationsdienst zur unidirektionalen Übertragung von Textnachrichten über die Austastlücke im Fernsehsignal) (Tele, TV) / teletext ‖ ⁓**übertragung** *f*, Fernsehsendung *f* (TV) / telecast *n*, television broadcast ‖ ⁓**überwachungsanlage** *f* (Video) / CCTV, closed-circuit television (for supervision)

Fernsprechapparat *m*, Telefon *n* (Tele) / phone, telephone, telephone set

Fernsprechen *n* (Tele) / telephony

Fernsprecher *m*, Telefon *n* (Tele) / telephone *m*, telephone set

Fernsprech•geräte *npl* (Tele) / telephone equipment (TE) ‖ ⁓**kabel** *n* (Tele) / telephone cable ‖ ⁓**kabine** *f*, Telefonzelle *f* (Tele) / telephone booth, telephone box, phone box, phone booth, booth, kiosk (GB) ‖ ⁓**leitung** *f*, Telefonleitung *f* (Tele) / telephone line, line ‖ ⁓**netz** *n*, Telefonnetz *n* (Tele) / telephone network ‖ ⁓**technik** *f* / telephone engineering, telephony ‖ ⁓**teilnehmer** *m*, Anschlussinhaber *m* (Tele) / customer (of a telephone company), subscriber, telephone subscriber, party ‖ ⁓**verbindung** *f*, Telefonverbindung *f* (Tele) / telephone connection ‖ ⁓**verkehr** *m* / telephone communication, telephone traffic, telephone service ‖ ⁓**wesen** *n* (Tele) / telephony ‖ ⁓**zelle** *f*, Telefonzelle *f* (Tele) / telephone booth, telephone box, phone box, phone booth, booth, kiosk (GB)

fern•steuern / remote-control, operate by remote control, teleoperate (e.g. a space vehicle) ‖ ⁓**steuern** *n* (Eingeben, Übertragen u. Ausgeben von Steuerinformationen in der Fernwirktechnik) / telecommand, telecontrol (transmission and output of data to the process), remote control ‖ ⁓**steuerung** *f*, Fernbetätigung *f* / remote control ‖ ⁓**steuerung**, Fernsteuern *n* (Eingeben, Übertragen u. Ausgeben von Steuerinformationen in der Fernwirktechnik) / telecommand, telecontrol (transmission and output of data to the process), remote control ‖ ⁓**steuerung**, Funkfernsteuerung *f* (Radio) / radio control ‖ ⁓**überwachen** *n* / telemonitoring, remote monitoring ‖ ⁓**überwachung** *f* / telemonitoring, remote monitoring ‖ ⁓**verarbeiten** (DV, Tele) / teleprocess ‖ ⁓**verarbeitung** *f* (DV, Tele) / teleprocessing, remote processing ‖ ⁓**verkehr** *m* (Kfz) / long-distance traffic ‖ ⁓**wärme** *f* / district heat ‖ ⁓**wärme** (als Anlage o. System), Fernheizung *f* / district heating ‖ ⁓**wärmenetz** *n* / district heating network ‖ ⁓**wirken** *n* (Fernüberwachen + Fernsteuern) (DV, Eltro, Regel) / telecontrol ‖ ⁓**wirkgeräte** *n pl* (Regel) / telecontrol equipment ‖ ⁓**wirksystem** *n* / telecontrol system ‖ ⁓**wirktechnik** *f* (Fernüberwachen + Fernsteuern) (DV, Eltro, Regel) / telecontrol [technology] ‖ ⁓**wirkung** *f* (Phys) / distant effect, action at a distance ‖ ⁓**wirkzentrale** *f* (Regel) / control center, telecontrol center ‖ ⁓**zählen** *n* (in der Fernwirktechnik) (Regel) / telecounting ‖ ⁓**zähler** *m* (in der Fernwirktechnik) / telecounter ‖ ⁓**zugang** *m* (DV) / remote access ‖ ⁓**zugriff** *m* (DV) / remote access

Ferrit *m* (Gefüge des technisch reinen Eisens aus abgerundeten Körnern) (Hütt) / ferrite, alpha, alpha phase ‖ ⁓**antenne** *f* (Eltro) / ferrite rod antenna, loopstick antenna

ferritische Stähle / ferritic stainlesses, ferritic steels, ferritic stainless steels

Ferritisieren *n* (Gieß) / ferritizing annealing

Ferrit•perle *f* (Elek) / ferrite bead ‖ ⁓**stabantenne** *f* (Eltro) / ferrite rod antenna, loopstick antenna

ferromagnetisch (z.B. Speicher, Werkstoff) / ferromagnetic (e.g. storage, material) ‖ ⁓**e Domäne**, magnetische Domäne, Weißscher Bezirk (Phys) / domain, Weiss domain

fertig, bereit / ready ‖ ⁓, fertig gestellt / finished ‖ ⁓, abgeschlossen, beendet / complete ‖ ⁓ (Bildschirmmeldung nach Beendigung einer Verarbeitung) (DV) / done ‖ ⁓ **bohren**, nachbohren / finish-bore, finish boring

Fertig•..., vorfabriziert / prefabricated ‖ ⁓**bearbeiten** *n* (Fert) / finishing ‖ ⁓**bearbeitung** *f*, Fertigbearbeiten *n* (Fert) / finishing ‖ ⁓**bearbeitung** (spanend) (Fert) / finish-machining ‖ ⁓**bohren** *n* (Fert) / finish boring ‖ ⁓**drehen** *n*, Schlichtdrehen *n* (Dreh) / finishing, finish turning, finishing operation(s)

fertigen, herstellen, produzieren / produce, manufacture, make *vt*, fabricate

Fertig•erzeugnis *n* / finished product ‖ ⁓**gerichte** *n pl* (Nahr) / ready-to-eat meals, ready-to-eat convenience food ‖ ⁓**machen** *n*, Fertigbearbeiten *n* (Fert) / finishing ‖ ⁓**montage** *f*, Endmontage *f* (Fert) / final assembly ‖ ⁓**produkt** *n*, Fertigerzeugnis *n* / finished product ‖ ⁓**schleifen** *n* (Fert) / finish-grinding ‖ ⁓**stellen**, beenden, abschließen (z.B. Untersuchung, Messungen), zum Abschluss bringen / complete, finish ‖ ⁓**stellung** *f* / completion ‖ ⁓**straße** *f* (Walz) / finishing train

Fertigung *f*, Herstellung *f*, Produktion *f* / production, manufacture, fabrication

Fertigungs•abfall *m*, Abfall *m* (Differenz aus Gewicht des Rohstoffs und daraus hergestellten Produkts - z.B. Pressgrate, Angüsse) (Fert) / scrap ‖ ⁓**ablauf** *m* / production process, manufacturing process ‖ ⁓**anlage** *f* (Fert) / production facility, production plant ‖ ⁓**auftrag** *m* / production order, manufacturing order ‖ ⁓**ausschuss** *m* (Fehlprodukt, bei dem die Qualitätsforderung auch nachträglich durch Nacharbeit nicht erfüllt werden kann) (Fert, QM) / reject(s), scrap ‖ ⁓**begleitende Prüfung**, Zwischenprüfung *f* (ISO 9001)(Prüfung während der Fertigung) (QM) / in-process inspection and testing (ISO 9001) ‖ ⁓**betrieb** *m*, Fertigungsanlage *f* / production facility, production plant ‖ ⁓**endprüfung** *m* (QM) / final inspection ‖ ⁓**fehler** *m* / manufacturing defect ‖ ⁓**insel** *f* (Fert) / manufacturing cell, work cell ‖ ⁓**kosten** *pl* / production cost[s], manufacturing cost[s] ‖ ⁓**linie** *f* (Fert) / production line ‖ ⁓**los** *n*, Produktmenge *f* (einer Baugruppe, die gemeinsam gefertigt wird) / batch, lot (in manufacturing), production run, production lot ‖ ⁓**menge** *f*, Produktionsausstoß *m* / output, production, amount produced ‖ ⁓**organisation** *f* (Fertigungsplanung und Fertigungssteuerung) (IE) / production planning and control (in manufacturing) ‖ ⁓**planung** *f* (IE) / production planning (in manufacturing) ‖ ⁓**programm**

(die von einer Firma hergestellten Produkte) / products (produced by a manufacturing firm), product range, range of products, line of products ‖ ~**prüfung** f, Zwischenprüfung f (ISO 9001)(Prüfung während der Fertigung) (QM) ‖ in-process inspection and testing (ISO 9001) ‖ ~**reife** f (einer Neuentwicklung) / production stage ‖ ~**reifes Modell** / production model ‖ ~**serie** f / production run, production batch, production lot ‖ ~**station** f (in einer Presse) (Fert) / station ‖ ~**stätte** f, Fertigungsanlage f / production facility, production plant ‖ ~**steuerung** f (IE) / production control (in manufacturing) ‖ ~**straße** f (Fert) / production line ‖ ~**technik** f / manufacturing engineering, manufacturing, production engineering ‖ ~**toleranz** f / manufacturing tolerance ‖ ~**überwachung** f (Masch) / production monitoring ‖ ~**überwachung** (Chem) / process inspection ‖ ~**verfahren** n, Produktionsverfahren n / manufacturing process ‖ ~**vorbereitung** f / production engineering ‖ ~**werk** n, Fertigungsanlage f / production facility, production plant ‖ ~**zeichnung** f / manufacturing drawing ‖ ~**zelle** f (Fert) / manufacturing cell, work cell

Fertigwalzen n (Fert) / finish rolling

Fesselballon m (Luft) / captive balloon

fest, nicht nachgiebig, nicht weich / firm ‖ ~, im festen Aggregatzustand (Phys) / solid ‖ ~, stark, stabil / strong (e.g. walls, cloth), solid ‖ ~ (z.B. Schuhe, Gehäuse), robust / sturdy (e.g. shoes, casing) ‖ ~, zäh, widerstandsfähig / tough ‖ ~, festsitzend, nicht locker / tight (e.g. knot) ‖ ~ (Mutter), festgezogen / tight, screwed-down ‖ ~, zuverlässig / secure ‖ ~, unveränderlich / firm (decision, date, price, offer) ‖ ~, festgelegt / fixed ‖ ~, für Dauer / permanent (e.g. employment, connection) ‖ ~ (gespeichert, zugeordnet, vebunden), dauerhaft / permanently (stored, assigned, connected) ‖ ~, beständig, widerstandsfähig [gegen] / resistant [to], ...-proof ‖ ~, ortsfest, stationär, ortsgebunden / stationary, fixed ‖ ~ (Ggs. beweglich; z.B. Backe des Schraubstocks, Flasche im Flaschenzug) / fixed (jaw of vice, block of a tackle) ‖ ~ (Ggs. auswechselbar) / fixed, unremovable ‖ ~**er Aggregatzustand**, fester Zustand (Phys) / solid state (of aggregation o. of matter) ‖ ~**e Backe** (von Schraubstock, Rollgabelschlüssel etc.) (Wz) / fixed jaw ‖ ~**e Brücke** (Bau) / non-movable bridge, fixed bridge ‖ ~ **haften** [an] / adhere tightly [to] ‖ ~**er Körper**, Festkörper m (allg, Phys) / solid n ‖ ~**e Kosten** pl / fixed costs ‖ ~**e Kupplung**, drehstarre Kupplung (nicht schaltbar - für Wellenverbindung) / rigid coupling ‖ ~**e Leitschaufel** (einer Turbine) / stationary guide vane ‖ ~**e Lösung**, Mischkristall(e), Lösung f im festen Zustand (Krist) / mixed crystal, solid solution (alloy in which one element is dissolved in another to form a single-phase structure) ‖ ~**er Messschenkel** (des Messschiebers) (Mess) / fixed jaw ‖ ~**e Rolle** (im Rollen- o. Flaschenzug) (Masch) / fixed pulley ‖ ~**er Stoff**, Feststoff m (Chem, Phys) / solid, solid matter ‖ ~**er Stopfen** (beim Stopfenzug) (Fert) / fixed mandrel, fixed plug ‖ ~ **verdrahtet** (Eltro) / hard-wired ‖ ~**e Verlegung** / permanent installation ‖ ~ **werden**, erstarren / solidify vi ‖ ~**er Zustand**,

fester Aggregatzustand (Phys) / solid state (of aggregation o. of matter) ‖ **im** ~**en Aggregatzustand**, fest (Phys) / solid adj

Festbett n (ChT) / fixed bed, packed bed, static bed ‖ ~-**Adsorptionsapparat** m (ChT) / fixed-bed adsorption reactor

Fest·brennstoff m / solid fuel ‖ ~**drehen** (Schraube) / tighten ‖ ~**elektrolyt** m, Feststoffelektrolyt m (Chem, Elek) / solid electrolyte ‖ ~**geschaltete Leitung**, Standleitung f (Tele) / dedicated line, dedicated circuit, leased line, leased circuit, private line, fixed circuit, point-to-point circuit ‖ ~**gezogen**, fest (Mutter) / tight, screwed-down

Festigkeit f, Widerstandsfähigkeit f / toughness ‖ ~ (gegen Zug- u. Druckbelastung) (Mater, Mech) / strength- (of materials, structures, workpiece etc) ‖ ~ [gegen], Beständigkeit f / resistance (to chemicals, heat, radiation etc.) ‖ ~ **einer** (Klebe- o. Löt- etc.)**verbindung** / joint strength (in adhesive bonding, soldering etc.) ‖ ~ **gegen Zugbeanspruchung**, Zugfestigkeit f (beim Zugversuch) (Mater) / tensile strength (maximum tensile force divided by the original cross-sectional area), ultimate tensile strength, UTS, TS

Festigkeits·eigenschaften f pl unter Zugspannung (Mater) / tensile properties pl ‖ ~**grenze** f / breaking point ‖ ~**kennwerte** m pl (Mater) / measures of strength, strength measures ‖ ~**koeffizient** m (Mater) / strength coefficient ‖ ~**lehre** f (Mater, Mech) / mechanics of materials, [science of the] strength of materials ‖ ~**steigerung** f / increase in strength ‖ ~**werte** m pl / mechanical strength properties

festkeilen, verkeilen, festklemmen (mit einem Keil) / secure with [a] wedge[s], wedge [tight] ‖ ~, mit Keilen befestigen o. sichern (bei Keilwellenverbindung) (Techn) / key v (e.g. a pulley to a shaft), fasten with a key, secure (with a key)

festkleben vi, haften [an] / adhere vi [to], stick [to]

festklemmen vt / wedge fast ‖ ~ (mit einem Keil), verkeilen, festkeilen / secure with [a] wedge[s], wedge [tight] ‖ ~ (mit Klammer, Klemme) / clamp [fast, tight, in place] ‖ ~ vi (unbeabsichtigt) / be jammed

Festklemmzange f, Gripzange f / locking pliers, Vise-Grip pliers, mole wrench

Festkomma·darstellung f (DV, Math) / fixed-point notation, fixed-point representation ‖ ~**notation** f (DV, Math) / fixed-point notation, fixed-point representation

Festkörper m (allg, Phys) / solid n ‖ ~... (Eltro, Phys) / solid-state... ‖ ~**batterie** f, Feststoffbatterie f (Elek) / solid-state battery ‖ ~**bauelement** n (Eltro) / solid-state component, solid-state device ‖ ~**bildsensor** m (TV) / solid-state image sensor, solid-state pickup ‖ ~**elektronik** f / solid-state electronics ‖ ~**physik** f / solid-state physics ‖ ~**reibung** f (Trocken- o. Grenzreibung) / solid friction, solid-to-solid friction ‖ ~**schaltung** f (Eltro) / solid circuit, solid-state circuit ‖ ~**schmierung** f / solid lubrication (use of solid material to reduce friction and wear)

Fest·kosten pl / fixed costs ‖ ~**lager** n (Ggs. Loslager) / fixed bearing (bearing which positions shaft against axial movement in both directions, as opp. to floating bearing)

festlegen, bestimmen (z.B. Termin, Preis) / determine ‖ ~ (endgültig, verbindlich) / fix ‖ ~ (Grenzwerte) / set (limits) ‖ ~ (Richtlinien, Regelungen, Arbeitszeiten, Gehälter) / lay down ‖ ~, festschreiben (z.B. Anforderungen, Grenzwerte in Richtlinien) / specify ‖ ~ (Pflichten, Verantwortlichkeiten, Ziele) / define (duties, responsibilities, targets)

festmachen, anbringen [an], befestigen / attach *vt* [to], fix [to], fasten [to] ‖ ~, sichern, anschließen (mit Schloss) / secure with a lock, fasten with a lock, lock

Fest•müll *m* (Umw) / solid waste ‖ ≈**netz** *n* (Tele) / fixed-line network (as opp. to mobile communications system), landline network, wire-line network, wireline system, fixed network, public switched telephone network, PSTN ‖ ≈**oxid-Brennstoffzelle** *f*, oxidkeramische Brennstoffzelle (Chem, Elek) / solid oxide fuel cell, SOFC

Festplatte *f* (DV) / hard disk, fixed disk, disk ‖ ≈, Festplattenlaufwerk *n* (DV) / hard disk drive, disk drive, hard drive, HDD

Festplatten•crash *m*, Aufsitzen *n* des Schreib-/Lesekopfes (DV) / crash, head crash ‖ ≈**laufwerk** *n* (DV) / hard disk drive, disk drive, hard drive, HDD ‖ ≈**rekorder** *m* (TV, Video) / hard disk recorder

Festpolymer•-Brennstoffzelle *f* (Chem, Elek) / PEMFC, proton-electrolyte membrane fuel cell, solid polymer fuel cell, SPFC, PEM fuel cell, proton-exchange membrane fuel cell, polymer electrolyte membrane fuel cell ‖ ≈**-Elektrolyt-Brennstoffzelle** *f* (Chem, Elek) / PEMFC, proton-electrolyte membrane fuel cell, solid polymer fuel cell, SPFC, PEM fuel cell, proton-exchange membrane fuel cell, polymer electrolyte membrane fuel cell ‖ ≈**membran-Brennstoffzelle** *f* (Chem, Elek) / PEMFC, proton-electrolyte membrane fuel cell, solid polymer fuel cell, SPFC, PEM fuel cell, proton-exchange membrane fuel cell, polymer electrolyte membrane fuel cell

Fest•punktdarstellung *f* (DV, Math) / fixed-point notation, fixed-point representation ‖ ≈**schmierstoff** *m* / solid lubricant

festschrauben / fasten, secure in place (with screws or bolts)

festschreiben (z.B. Anforderungen, Grenzwerte in Richtlinien), festlegen / specify

festsetzen, festlegen, bestimmen (z.B. Termin, Preis) / determine ‖ ~, festlegen (Richtlinien, Regelungen, Arbeitszeiten, Gehälter) / lay down ‖ ~, festlegen (endgültig, verbindlich) / fix

Fest•sitz *m* (Passung) / interference fit ‖ ~**sitzen**, klemmen *vi*, steckengeblieben sein / be stuck

festspannen, einspannen, aufspannen (Werkstücke) (Wzm) / clamp, mount ‖ ~, aufspannen (Werkstück in Futter) (Wzm) / chuck *vt*

Festspeicher *m*, Nur-Lese-Speicher *m*, ROM *n* (DV) / ROM, read-only memory

Feststation *f*, Basisstation *f* (Tele) / base (of a cordless telephone), base station ‖ ≈, Basisstation *f*, Funkfeststation *f* (Tele) / base station (in mobile communications), BS

feststehend, ortsfest, stationär / stationary, fixed

feststellbar, ermittelbar / ascertainable ‖ ~ (z.B. Veränderungen, Bewegungen, Ablagerungen

auf einer Oberfläche), beobachtbar / observable ‖ ~ (Veränderungen, Fehler durch Kontrollen, Messgeräte etc.), nachweisbar / detectable ‖ ~, arretierbar / which may be locked, lock-type...

Feststellbremse *f*, Handbremse *f* (Kfz) / parking brake

feststellen, arretieren / lock [in place, in position] ‖ ~ (die Bremse) / lock (the brake) ‖ ~ (z.B. Veränderungen, Ablagerungen auf einer Oberfläche), bemerken, beobachten / notice, observe ‖ ~ (Veränderungen, Fehler durch Kontrollen, Messgeräte etc.) / detect ‖ ~, bestimmen (z.B. Wert eines Signal, Gewicht, Größe, Position), ermitteln / determine, ascertain ‖ ~ (Sachverhalt, Ursachen) / establish ‖ ~, sagen / state, say ‖ ~ (nachdrücklich) / stress

Feststell•schraube *f* (des Messschiebers) (Mess) / clamp screw ‖ ≈**taste** *f* (zur Arretierung der Umstelltaste auf der Tastatur) (DV) / shift lock key, Caps lock key

Feststellung *f*, Nachweis *m*, Entdeckung / detection ‖ ≈, Darstellung *f*, Darlegung *f*, Erklärung *f* / statement ‖ ≈, Arretiervorrichtung *f*, Feststellvorrichtung *f* / locking device, catch, stop, lock

Feststell•vorrichtung *f*, Arretiervorrichtung *f* / locking device, catch, stop, lock ‖ ≈**zange** *f*, Gripzange *f* / locking pliers, Vise-Grip® pliers, mole wrench

Feststoff *m* (Chem, Phys) / solid, solid matter ‖ ≈**anteil** *m* / solids content ‖ ≈**batterie** *f* (Elek) / solid-state battery ‖ ≈**elektrolyt** *m* (Chem, Elek) / solid electrolyte ‖ ≈**element** *n*, Feststoffbatterie *f* (Elek) / solid-state battery ‖ ≈**gehalt** *m*, Feststoffanteil *m* / solids content ‖ ≈**schmiermittel** *n* / solid lubricant ‖ ≈**schmierung** *f* / solid lubrication (use of solid material to reduce friction and wear)

Festverbindung *f*, Standleitung *f* (Tele) / dedicated line, dedicated circuit, leased line, leased circuit, private line, fixed circuit, point-to-point circuit

festverdrahtete Steuerung *f* / wired control

Festwerden *n*, Erstarrung *f*, Verfestigung *f* (Phys) / solidification

Festwert *m* / fixed value ‖ ≈**speicher** *m*, Nur-Lese-Speicher *m*, ROM *n* (DV) / ROM, read-only memory

Festwiderstand *m* (Elek, Eltro) / fixed resistor, fixed-value resistor

festziehen, anziehen *vt* (Schrauben) / tighten, fasten (screws), screw down

FET *m*, Feldeffekttransistor (Eltro) / FET, field effect transistor

fett (Gemisch) (Mot) / rich (mix) ‖ ~ (Schrift) (Druck) / bold

Fett *n* (Chem, Nahr) / fat ‖ ≈, Schmierfett *m* (Masch) / grease ‖ ≈**druck** *m* (Doku, Druck) / heavy print, bold print, bold letters

fetten, abschmieren *vt* (mit Schmierfett, z.B. Achsen), grease *vt* ‖ ≈ *n*, Schmierung *f*, Einfetten *n* / greasing

Fett•entfernungsmittel *n* / degreasant, degreasing agent ‖ ≈**fleckphotometer** *n*, Bunsenphotometer *n* / grease spot o. Bunsen photometer, translucent disk photometer ‖ ≈**kohle** *f* (Steinkohle mit 19-28 % flüchtige Bestandteile, Wassergehalt 1-2 %), bituminöse Kohle, Gaskohle *f* (Steinkohle mit 28-35 % flüchtige Bestandteile, Wassergehalt 1-3 %) (Ener, Geol) / bituminous coal (intermediate between subbituminous coal and anthracite in degree of coalification - contains between 15 and 35 percent volatile matter and usually has a moisture content of less than 3 percent), hard coal (GB), soft coal (US) ‖ ≃**säure** f (Chem) / fatty acid ‖ ≃**schmierung** f / grease lubrication

Feuchte f, **Feuchtigkeit** f / moisture ‖ ≃ (in Luft)(Meteo) / humidity

Feuchtigkeit f / moisture ‖ ≃ (in Luft)(Meteo) / humidity ‖ ≃ **aufnehmend** (aus Gasen, spez. aus der Luft die Luftfeuchtigkeit), hygroskopisch (Chem) / hygroscopic

feuchtigkeits•fest / moisture-proof ‖ ≃**fühler** m / moisture sensor‖ ≃**gehalt** m / moisture content ‖ ≃**gehalt** m **der Luft** (im Freien) / humidity (of the air), air humidity, air moisture, atmospheric moisture, atmospheric humidity ‖ ≃**sensor** m / moisture sensor

Feuchtraum•leitung f (Elek) / dampproof installation cable ‖ ≃**leuchte** f (Licht) / luminaire (for damp interiors)

Feuer n, Flamme f / fire, flame ‖ ≃**bekämpfung** f / fire fighting ‖ ~**beständig**, feuerfest (allg) / fire resistant, fireproof, fire resisting

feuerfest, feuerbeständig (allg) / fire resistant, fireproof, fire resisting ‖ ~ (Keram) / refractory ‖ ~**e Auskleidung**, feuerfeste Ausmauerung (eines Ofens) (Hütt) / lining, refractory liner, refractory lining

feuer•gefährdet / exposed to a fire hazard ‖ ~**hemmend**, FH (Feuerwiderstandsdauer im Normbrandversuch 30 Min. (Feuerwiderstandsklasse F30) bzw. 60 Min. (F60)) (Bau) / fire retardant ‖ ≃**löscher** m / fire extinguisher, extinguisher ‖ ≃**löschgerät** n / fire extinguisher, extinguisher ‖ ≃**mauer** f, Brandwand f (durch alle Stockwerke gehend) (Bau) / fire wall, strong wall ‖ ≃**meldeanlage** f / fire-detection [warning] system, fire alarm system ‖ ≃**melder** m, Brandmelder / fire detector ‖ ≃**meldung** f, Brandmeldung f / fire alarm ‖ ≃**rost** m (in der Feuerungstechnik) / grate ‖ ≃**schutztür** f / fire door ‖ ≃**stätte** f, Heizkessel m (der Zentralheizung) / boiler (of central heating system)(GB), furnace (US, Canada) ‖ ≃**tür** f (Bau) / fire door

Feuerung f / firing (of boiler, furnace)

Feuerungsanlage f / fuel burning plant, fuel firing plant

feuer•verzinken, verzinken (im Schmelzbad), tauchverzinken (OT) / galvanize, hot-dip galvanize ‖ ≃**verzinken** n (im Schmelzbad) / hot-dip galvanizing, galvanizing, galvanization, zinc coating by hot-dipping ‖ ≃**verzinkung** f (im Schmelzbad) / hot-dip galvanizing, galvanizing, galvanization, zinc coating by hot-dipping ‖ ≃**wache** f (ein Feuerwehrgebäude) / fire station (GB), firehouse (US)

Feuerwehr f / fire department (US), fire brigade (GB), fire service (GB) ‖ ≃**mann** m / firefighter, fireman

Feuer•werkstechnik f, Pyrotechnik f / pyrotechnics pl, pyrotechny ‖ ≃**widerstandsdauer** f (eines Bauteils), Brandrate f / fire rating, fire grading, fire-resistance grading, fire-resistance rating

FH (Feuerwiderstandsdauer im Normbrandversuch 30 Min. (Feuerwiderstandsklasse F30) bzw. 60 Min. (F60)), feuerhemmend (Bau) / fire retardant

Fiber•dichtung f / fiber gasket ‖ ≃**endoskop** n, Fibroskop n (MT) / fiberscope ‖ ≃**glas** n / fiber glass ‖ ≃**optik** f, Glasfaseroptik f / fiber optics

Fibonacci•-Folge f (Math) / Fibonacci sequence ‖ ≃**-Zahlen** f (Math) / Fibonacci numbers

Fibroskop n, Fiberendoskop n (MT) / fiberscope

Fieberthermometer n / clinical thermometer

FIFO, FIFO-Prinzip n, First-in-first-out (Organisationsprinzip einer Warteschlange) (DV) / FIFO, first in, first out

File-Server m, Datei-Server m (DV) / file server

Film m (Film, Foto)/ film ‖ ≃ (dünne Schicht, z.B. Ölfilm) / film ‖ ≃**abtaster** m, Filmscanner m (TV) / film pick-up, film scanner ‖ ≃**aufnahme** f, Filmen n (Film) / filming, shooting ‖ ≃**druck** m, Siebdruck m (Druck, Tex) / screen printing, screen process printing ‖ ≃**ebene** f (Foto) / film plane ‖ ≃**empfindlichkeit** f, Lichtempfindlichkeit f des Films (Foto) / film speed (measured by an ASA, DIN, or ISO index), speed

Filmen n (Film) / filming, shooting

Film•entwicklung f (Film, Foto) / film development, film processing, processing (of film) ‖ ≃**entwicklungslabor** n (Foto) / film processing laboratory, photo lab, photo laboratory ‖ ≃**kamera** f (Film) / movie camera, cine camera, motion picture camera, film camera ‖ ≃**kassette** f (Film, Foto) / cartridge, film cartridge ‖ ≃**magazin** n (Foto) / film magazine ‖ ≃**patrone** f (Film, Foto) / cartridge ‖ ≃**rolle** f (Film) / reel (of film) ‖ ≃**rückspulung** f (Foto) / film rewind, rewind (of film) ‖ ≃**scanner** m, Filmabtaster m (TV) / film pick-up, film scanner ‖ ≃**schicht** f (Film, Foto) / film layer ‖ ≃**spule** f (Foto) / film spool, spool ‖ ≃**transport** m (Foto) / film advance, film transport ‖ ≃**transportart** f (Foto) / film advance mode ‖ ≃**transporteinrichtung** f (Foto) / film advance mechanism ‖ ≃**transportkurbel** m (Foto) / film transport, film wind

FI/LS•-Kombination f, Fehlerstrom-Schutzschalter m mit Überstromauslöser (Elek) / GFCI breaker (US), RCBO (residual current breaker with overload (or overcurrent) protection), residual current breaker with overload (or overcurrent) protection ‖ ≃**-Schalter** m, Fehlerstrom-Schutzschalter m mit Überstromauslöser (Elek) / GFCI breaker (US), RCBO (residual current breaker with overload (or overcurrent) protection), residual current breaker with overload (or overcurrent) protection

Filter n (ChT, DV, Eltro, Foto, Math, Opt) / filter ‖ ≃**gewebe** n / filter cloth, filter fabric ‖ ≃**kaffeemaschine** f (HG) / drip coffee maker

filtern (allg, DV, Eltro) / filter ‖ ≃ n (allg, ChT) / filtering, filtration ‖ ≃ (DV, Eltro) / filtering

Filter•patrone f / filter cartridge ‖ ≃**schlauch** m (des Schlauchfilters) (ChT) / bag, filter bag ‖ ≃**trommel** f / filter drum

Filtration f, Filtern n, Filtrieren n / filtration, filtering

filtrieren m, filtern (allg, ChT) / filter vt ‖ ≃ n, Filtern n / filtration, filtering

Filtrierung f, Filtern n, Filtrieren n / filtration, filtering

Filzseite f, Oberseite f (die dem Sieb abgewandte Seite des Papiers), Schönseite f (Pap) / felt side, top

Finden n, Entdeckung f (z.B. eines U-Bootes), Ortung f / detection

Finger•flugsteig (Luft) / finger f / **≈greifer** m / finger gripper

Finish n, Oberflächenqualität f (z.B. eines Gussstücks oder bearbeiteten Werkstücks) (Fert) / surface finish, finish n

Finite-Elemente-Rechnung f (Math) / finite element analysis

Finne f (z.B. am Surfbrett) (Sport) / skeg

Firewall f (DV) / firewall (between a LAN and the Internet)

FireWire-Gerät n (DV) / FireWire device

Firma f, Unternehmen n (Wirtsch) / business, company, firm, enterprise

Firmen•- / corporate (e.g. objectives, policy) || **~eigen** (z.B. Galvanik) / in-house (e.g. galvanics) || **~eigen** adj, proprietär, geschützt (urheber-, patent-, lizenzrechtlich) (allg, DV, Tele) / proprietary (e.g. format, system architecture) || **~eigenes Netz** (DV, Tele) / CN, corporate network, company network || **~intern**, innerbetrieblich / intra-company (e.g. transfer, relationships, communications, network), in-house (e.g. transfer, relationships, communications, network) || **~netz** n (DV, Tele) / CN, corporate network, company network || **≈schild** n (des Herstellers) / name plate

Firnis m (Anstr) / varnish

First-in-first-out (Organisationsprinzip einer Warteschlange), FIFO, FIFO-Prinzip n (DV) / FIFO, first in, first out

Fischabfälle m pl / offal

FI-Schalter m, Fehlerstromschutzschalter m (Elek) / residual current device, RCD, residual current circuit breaker, RCCB, Ground Fault Circuit Interrupter, GFCI [device], Appliance Leakage Current Interrupter, ALCI, earth leakage circuit breaker (incorrect), ELCB

Fisch•netz n / fishing net, fishnet || **≈treppe** f (Wasserb) / fish ladder

FI-Schutzschalter m, Fehlerstromschutzschalter m (Elek) / residual current device, RCD, residual current circuit breaker, RCCB, Ground Fault Circuit Interrupter, GFCI [device], Appliance Leakage Current Interrupter, ALCI, earth leakage circuit breaker (incorrect), ELCB

Fitting m, Rohr-Formstück n (Rohr) / pipe fitting (for connecting lengths of pipes), fitting

Fixed-Dose-Verfahren n (zur Prüfung auf akute orale Toxizität) (Pharm) / fixed dose procedure, FDP

Fixiereinheit f (in Laserdruckern) (Druck, DV) / fixing unit, fuser unit, fusing unit, fuser station, fusing station

fixieren (Techn, Foto, Chem) / fix || **~** (Toner auf Papier) (Druck, DV) / fuse (toner to the page)

Fixier•entwickler m, Einbadentwickler m (Foto) / monobath, monobath developer || **≈station** f, Fixiereinheit f (in Laserdruckern) (Druck, DV) / fixing unit, fuser unit, fusing unit, fuser station, fusing station

FK (faserverstärkte Kunststoffe) (Mater) / fiber reinforced plastics, fiber-reinforced polymers, FRP

FKW, Fluorkohlenwasserstoffe m pl (Chem) / fluorocarbons pl

flach, eben, platt / flat || **~** (Gebäude) / low || **~**, seicht / shallow || **~ machen** / level, flatten

Flach•bagger m pl (Bau) / earth-moving plant designed to remove and move thin layers of soil and to level the ground || **≈bettplotter** m (DV) / flatbed plotter || **≈bett-Scanner** m (DV)

/ flatbed scanner || **≈bildfernseher** m (TV) / flat panel TV || **≈bildschirm** m (DV) / flat-panel display, flat screen || **≈bohrer** m (Wz) / spade bit || **≈bramme** f (Walz) / flat slab || **≈draht** m / flat wire

Fläche f (Länge x Breite) (Math, Phys) / area n, **≈**, Oberfläche f / surface

Flächen•bedarf m (einer Maschine, Anlage) / floor space required || **~deckend** (Netzwerk) (Tele) / full-coverage (network) || **≈diode** f (Eltro) / junction diode || **≈druck** m, Flächenpressung f (Masch) / surface pressure || **≈einheit** f (Mess) / unit of area || **≈enteisung** f (der Flughafenverkehrsflächen) (Luft) / surface de-icing || **~fehler**, zweidimensionale Gitterbaufehler (Krist) / surface defects || **≈heizung** f (Fußboden-, Decken- o. Wandheizung - Wärme wird zum allergrößten Teil als Strahlungswärme abgegeben) (Bau) / radiant heating [system], radiant panel heating [system] || **≈inhalt** m (Math) / area || **≈korrosion** f / uniform corrosion || **≈kraft** f, Oberflächenkraft f (Mech) / surface force || **≈ladungsdichte** f (Elek) / surface density of charge || **≈moment** n (nullten, ersten, zweiten Grades) (Mech) / moment of [an] area || **≈moment ersten Grades** n (Mech) / first moment of area || **≈moment n 2. Grades** (Mech) s. axiales Flächenmoment (2. Grades), polares Flächenmoment (2. Grades) || **≈moment nullten Grades** n (Mech) / zeroth moment of area || **≈pressung** f, Flächendruck m (Masch) / surface pressure || **≈pressung** (Beanspruchung in den Berührungsflächen zweier gegeneinander gepresster Bauteile) / contact stress || **≈pressung** (bei Schrauben- u. Nietverbindungen) / bearing stress (compressive normal stress that occurs on the surface of contact between two interacting members - bolts, pins and rivets create bearing stresses along the surface of contact) || **≈schleifen** n, Planschleifen n (Fert) / surface grinding || **≈schleifmaschine** f (Fert) / surface grinder, surface grinding machine || **≈schwerpunkt** m (Phys) / centroid (of a plane figure such as a triangle or polygon) || **≈schwerpunkt** (eines Blechs) / center of mass || **≈transistor** m (Eltro) / junction transistor || **≈winkel** (Neigungswinkel zweier Ebenen zueinander) (Math) / dihedral angle || **≈wirkungsgrad** m (Antenne) / aperture efficiency

Flach•feile f (Wz) / flat file || **≈führungen** f pl (Wzm) / flat ways pl || **≈gewinde** n (mit Rechteckprofil) / square thread, flat thread || **≈glasziehen** n (Glas) / drawing of flat plate, drawing of glass sheet || **≈keil** (Maschinenkeil) (Masch) / flat key || **≈kollektor** m (Solarzellentechnik) (Elek) / flat-plate collector || **≈probe** f (Mater) / flat test piece || **≈riemen** m / flat belt || **≈riemengetriebe** n / flat belt drive || **≈riemenscheibe** f / flat-belt pulley || **≈rundkopf** m (Schraube) / mushroom head || **≈rundschraube** / mushroom head bolt || **≈rundzange** f, Spitzzange f (Wz) / needlenose pliers m, pointed pliers pl || **≈schieber** m (Rohr) / flat slide valve, plain slide valve || **≈schleifen** n, Planschleifen n (Fert) / surface grinding || **≈schleifmaschine** f (Fert) / surface grinder, surface grinding machine || **≈schliff** m, Planschleifen n (Fert) / surface grinding || **≈senken** n, Ansenken n (zur Herstellung ebener Auflageflächen für Schraubenköpfe, Muttern, Unterlegscheiben usw.), Anplanen n (Fert) / spotfacing ‖ ⁀**senker** m (Wz) / counterbore ‖ ⁀**steckanschluss** m (Elek) / blade connector ‖ ⁀**wagen** m, Plattformwagen m (Bahn) / flatcar (US), flat wagon, platform car ‖ ⁀**walzen** n (Walz) / flat rolling ‖ ⁀**zange** f (Wz) / flat-nose pliers pl, flat pliers pl

Ansenken n (zur Herstellung ebener Auflageflächen für Schraubenköpfe, Muttern, Unterlegscheiben usw.), Anplanen n (Fert) / spotfacing

flackern (Bild, Bildschirm), flimmern / flicker vi

Flag n (DV) / flag ‖ ⁀**register** n (DV) / flag register

Flamme f / flame

Flammen•härten n (Hütt) / flame-hardening ‖ ⁀**kegel** m (Schw) / inner cone (of the oxyacetylene flame) ‖ ⁀**kern** m (Schw) / inner cone (of the oxyacetylene flame) ‖ ⁀**mantel** m, Streuflamme f (Schw) / outer envelope (of the oxyacetylene flame) ‖ ⁀**melder** m / flame detector ‖ ⁀**verfahren** n, Siemens-Martin-Verfahren n (Hütt) / open-hearth process, Siemens-Martin process

flamm•gehärtet (Hütt) / flame-hardened ‖ ⁀**glühkerze** f (Mot) / flame plug ‖ ~**härten** (Hütt) / flame-harden v ‖ ⁀**härten** n (Hütt) / flame-hardening ‖ ⁀**hartlöten** n, Löten n mit Brenner (Lötlampe o. Sonderbauart des Autogenschweißbrenners) (Schw) / torch brazing ‖ ⁀**kegel** m (Schw) / inner cone (of the oxyacetylene flame) ‖ ⁀**löten** n, Flammhartlöten n, Löten n mit Brenner (Lötlampe o. Sonderbauart des Autogenschweißbrenners) (Schw) / torch brazing ‖ ⁀**löten**, Flammweichlöten n, Löten n mit Brenner (Lötlampe o. Sonderbauart des Autogenschweißbrenners) (Schw) / torch soldering ‖ ⁀**punkt** m (die niedrigste Temperatur einer brennbaren Flüssigkeit, bei der sich unter festgelegten Bedingungen Dämpfe in solcher Menge entwickeln, dass über dem Flüssigkeitsspiegel ein durch Fremdentzündung entzündbares Dampf/Luft-Gemisch entsteht) / flash point, FP ‖ ⁀**rohr** n (Abgasanlage) (Kfz) / header, front pipe, down pipe, header pipe ‖ ~**sicher** / flameproof ‖ ⁀**spritzen** n (OT) / flame spraying ‖ ⁀**weichlöten** n, Löten n mit Brenner (Lötlampe o. Sonderbauart des Autogenschweißbrenners) (Schw) / torch soldering ‖ ~**widrig** (nicht brennend) / non-flammable, non-inflammable

Flanke f, Seite f (z.B. eines Fahrzeugs) / side ‖ ⁀, Gewindeflanke f (Gewinde) / flank, thread flank ‖ ⁀, Impulsflanke f (Eltro) / edge, pulse edge

Flanken•durchmesser m (Gewinde) / pitch diameter, pd, effective diameter ‖ ⁀**spiel** n (Zahnrad) / backlash ‖ ⁀**spiel** (Gewinde) / flank clearance (thread) ‖ ⁀**steilheit** f (des Impulses) (Eltro) / edge steepness ‖ ⁀**winkel** m (Gewinde) / thread angle ‖ ⁀**winkel**, Eingriffswinkel m (Zahnräder) (Masch) / angle of pressure (gear wheel), pressure angle

Flansch m / flange ‖ ⁀ f (eines Ziehteils) (Fert) / flange (of a drawn part) ‖ **mit ⁀ versehen**, angeflanscht / flange-mounted, flanged-on, flanged, fastened by flange ‖ ⁀**anbau...**, angeflanscht / flange-mounted, flanged-on, flanged, fastened by flange ‖ ⁀**anbau** / flange mounting ‖ ⁀**buchse** f / flanged bush, flange

bushing ‖ ⁀**dichtung** f / flange gasket ‖ ⁀**kupplung** f / flange coupling, face plate coupling ‖ ⁀**lager** n / flanged bearing ‖ ⁀**motor** f (Elek) / flange motor, flanged motor, flange-mounted motor ‖ ⁀**verbindung** f (Rohr) / flanged joint, flange joint, flanged union ‖ ⁀**welle** f / flanged shaft

Flasche f / bottle ‖ ⁀, Stahlflasche f (für Gas) / cylinder, gas cylinder n, steel cylinder ‖ ⁀ (Rollenkombination im Flaschenzug), Kloben m / block n ‖ ⁀, Formkasten m (Gieß) / flask, moulding box

Flaschen•hals m / neck (of a bottle) ‖ ⁀**zug** m (Masch) / block and tackle, block and falls, tackle, purchase, line-and-blocks, lifting block(s), set of pulleys, pulley block ‖ ⁀**zugblock** m (Öl) / travelling block

Flash•verdampfung f / flash vaporization ‖ ⁀**verfahren** n (in geothermischen Kraftwerken) (Ener) / flash steam method, flash steam technology

Flattersatz m (Doku, Druck) / unjustified print, unjustified text

Fleisch•abfälle m pl / offal ‖ ⁀**fresser** m (Umw) / carnivore

Fletcher-Indikatrix f (Krist, Opt) / index ellipsoid, ellipsoid of wave normals, indicatrix, optical indicatrix, polarizability ellipsoid, reciprocal ellipsoid

flexibel, biegsam / flexible ‖ ~, vielseitig [verwendbar] / versatile ‖ **flexibles Fertigungssystem**, FFS / flexible manufacturing system, FMS

Flexibilität f, Biegsamkeit f / flexibility ‖ ⁀, Anpassungsfähigkeit f / flexibility

Flexo•druck m (Druck) / flexographic printing, flexo printing, flexography, aniline process (formerly), aniline printing (formerly) ‖ ⁀**graphie** f, Flexodruck m (Druck) / flexographic printing, flexo printing, flexography, aniline process (formerly), aniline printing (formerly)

Fliegen n, Flug m (Luft) / flight

fliegender Stopfen, loser Ziehstopfen (beim Rohrziehen) (Fert) / floating plug

Fliehkraft f, Zentrifugalkraft f (Phys) / centrifugal force ‖ ⁀..., zentrifugal / centrifugal adj ‖ ⁀**abscheider** m, Zyklonentstauber m (ChT, Umw) / cyclone, cyclone dust collector, cyclone collector, cyclone separator ‖ ⁀**bremse** f (Masch) / centrifugal brake ‖ ⁀**kupplung** f / centrifugal clutch ‖ ⁀**regler** m / centrifugal governor, Watt governor, fly-ball governor, governor, mechanical governor, pendulum governor ‖ ⁀**versteller** m (Mot) / centrifugal advance mechanism ‖ ⁀**verstellung** f (Mot) / centrifugal advance

Fließband n, Montagefließband n (Fert) / assembly line, production line, conveyor line ‖ ⁀**fertigung** f / assembly line production

Fließbett n, Wirbelschicht f (ChT) / fluidized bed, fluid bed ‖ ⁀**reaktor** m (ChT) / fluidized reactor ‖ ⁀**trockner** m, Wirbelschichttrockner m (ChT) / fluid bed drier, fluidized bed drier ‖ ⁀**verfahren** n, katalytisches Cracken im Wirbelschichtverfahren (Öl) / fluid catalytic cracking, FCC, cat cracking

Fließ•bild n, Fließschema n (IE) / flow chart, flow diagram, flow sheet ‖ ⁀**druckpresse** f, Extruder m (Plast) / extruder, extrusion press ‖ ⁀**eigenschaften** f pl, Fließverhalten n (von

Schüttgut, Pulver) (ChT, PM) / flow characteristics *pl*, flow properties *pl*
fließen (allg) / flow, run ‖ ~ (Elek) / flow
fließendes Gewässer, Fließgewässer *n* / stream, watercourse
Fließ•fertigung *f* (unter Verwendung von Fließbändern o. anderen Fördermitteln) (Fert) / flow line manufacture, flow line production ‖ ~**fertigung**, Fließbandfertigung *f* / assembly line production ‖ ~**festigkeit** *f* (Mater) / yield strength ‖ ~**förderer** *m*, Stetigförderer *m* (für Schüttgut o. für Stückgut) (Förd) / conveyor, continuous handling equipment (for bulk materials or contained loads), continuous materials handling system, continuous mechanical handling equipment ‖ ~**gepresstes Teil** *n*, Fließpressteil *n* (Fert) / extruded part ‖ ~**geschwindigkeit** *f* (Phys, Techn) / flow rate ‖ ~**gewässer** *n* / stream, watercourse ‖ ~**grenze** *f* (Oberbegriff für Spannungen, die eine erste größere plastische Verfomung ergeben) (Mater) / yield point ‖ ~**grenze**, Streckgrenze *f* (bei Zugbeanspruchung) (Mater) / yield point (in tensile test), yield strength, yield stress ‖ ~**grenze** (bei Druckbeanspruchung), Quetschgrenze *f* (Mater) / compressive yield point, yield stress, compressive yield stress, compressive yield strength ‖ ~**grenze** (von Böden), unterer Plastizitätszustand *m* (Bau) / liquid limit, LL ‖ ~**grenze** / pour-point (of a lubricant) ‖ ~**gut**, Massengut *n* (in loser, flüssiger o. granulöser Form) (Trans) / bulk cargo ‖ ~**hecklimousine** *f* (Kfz) / hatchback [car], liftback [car] ‖ ~**kommaoperation** *f*, Gleitkommaoperation *f* (DV, Math) / floating-point operation ‖ ~**kunde**, Rheologie (Phys) / rheology ‖ ~**kurve** *f* (Mater) / flow curve ‖ ~**mittel** *n* (besonders stark wirkender Betonverflüssiger), Superverflüssiger *m* (Bau) / superplasticizer, high-range water reducer ‖ ~**pressen** *n* (Durchdrücken zur Erzeugung einzelner Werkstücke) (Fert) / extrusion (as a discrete process for short products) ‖ ~**pressteil** *n* (Fert) / extruded part ‖ ~**punkt** *m*, Schmelzpunkt *m* (Phys) / melting point, fusion point, mp, melting temperature ‖ ~**richtung** *f* (ChT, Rohr) / flow direction ‖ ~**scheide** *f* (Walz) / no-slip point, neutral point ‖ ~**schema** *n* (IE) / flow chart, flow diagram, flow sheet ‖ ~**span** *m* (Fert) / continuous chip ‖ ~**spannung** *f* (beim Zugversuch die Zugkraft bezogen auf die momentane Querschnittsfläche, bei der der Werkstoff fließt) (Mater) / flow stress ‖ ~**verhalten** *n* (von Schüttgut, Pulver), Fließeigenschaften *f pl* (ChT, PM) / flow characteristics *pl*, flow properties *pl* ‖ ~**winkel** *m*, Rutschwinkel *m* (bei dessen Überschreiten ein Schüttgut auf einer Unterlage zu gleiten beginnt) (Förd) / angle of slide
Flight Check-in *n* (an vorgegebenem Schalter) (Luft) / flight check-in
flimmern, flackern (Bild, Bildschirm) / flicker *vi*
Flintglas *n* (Abbe-Zahl < 50, mit hohem Farbzerstreuungsvermögen) (Opt) / flint, flint glass
Flip-Flop *m n* (DV, Eltro) / flip-flop, bistable multivibrator, bistable circuit
Flipflop-Schaltung *f* (DV, Eltro) / flip-flop, bistable multivibrator, bistable circuit
Floatglas *n* (auf Metallschmelze schwimmend erstarrt) (Glas) / float glass

Float-Verfahren *n* (zur Flachglasformung) (Glas) / float process
Flocke *f* / flake ‖ ~, Schuppe *f*, Plättchen *n* / flake *n*, scale
Flocken *n*, Ausflockung *f* (Chem, ChT) / flocculation
Flockung *f*, Ausflockung *f* (Chem, ChT) / flocculation
Flockungsmittel *n* (Chem) / flocculating agent, flocculant, flocculation agent
FLOP, Gleitkommaoperation *f* (DV, Math) / floating-point operation
Floppy-Disk *f*, Diskette *f* (DV) / floppy disk, disk, diskette ‖ ~-**Laufwerk** *n* (DV) / disk drive, floppy disk drive, floppy drive, FDD, diskette drive
Florpostpapier *n*, Dünndruckpapier (weißes oder farbiges Papier mit einem Flächengewicht von 25, 30 oder 40 g/m^2) (Pap) / lightweight printing paper, thin paper, thin printing paper
Flosse *f*, Stabilisierungsflosse *f* (Schiff) / fin (of boat or surfboard)
Flotation *f* (Trennung von feinkörnigem Mischhaufwerk in einem Wasserbad mittels Luftblasen) (Aufb, ChT) / flotation
Flotations•schlamm *m*, Schlamm *m* (aus benetzbaren Teilchen - im Flotationsapparat) (Aufb, ChT) / flotation tailings *pl*, tails, tailings *pl* ‖ ~**zusatz** *m*, Beleber *m* (bei der Flotation), Aktivator *m*, Anreger *m* (Aufb, ChT) / activator
Flotieren *n*, Flotation *f* (Trennung von feinkörnigem Mischhaufwerk in einem Wasserbad mittels Luftblasen) (Aufb, ChT) / flotation
Flotierung *f*, Flotation *f* (Trennung von feinkörnigem Mischhaufwerk in einem Wasserbad mittels Luftblasen) (Aufb, ChT) / flotation
Flowchart *n*, Programmablaufplan *m* (DV) / flow chart (in programming), program flowchart
Flucht, Reihe *f* / row ‖ ~ *f*, Fluchtlinie *f* (von Bauteilen, Häusern) (Bau, Techn) / alignment ‖ ~ **halten**, fluchten *vi*, fluchtend sein (Bau) / align *vi*, be aligned, be in alignment ‖ **nach der** ~ **ein-, ausrichten**, abfluchten, abvisieren (Bau, Verm) / align *vt*, arrange in a straight line, line up, sight out
fluchten *vt*, in eine [gerade] Linie bringen (neben-, hinter- o. untereinander), in gerader Linie anordnen, ausrichten / align *vt* (e.g. several rivets, figures in two columns, soldiers in two rows) ‖ ~, abfluchten, abvisieren (Bau, Verm) / align *vt*, arrange in a straight line, line up, sight out ‖ ~ *vi*, fluchtend sein, Flucht halten (Bau) / align *vi*, be aligned, be in alignment ‖ ~ *n*, Anordnung in gerader Linie *f* (neben-, hinter- o. untereinander) / alignment, arrangement in a straight line
fluchtend sein, fluchten *vi*, Flucht halten (Bau) / align *vi*, be aligned, be in alignment ‖ **schlecht oder nicht** ~ / misaligned
Fluchtgeschwindigkeit *f* (aus dem Schwerefeld), zweite kosmische Geschwindigkeit (Raumf) / escape speed, escape velocity
flüchtig (Chem, DV) / volatile ‖ ~, vorübergehend, kurzzeitig, temporär / transient *adj* ‖ ~**er Speicher** (DV) / volatile memory ‖ ~**er Vorgang**, Ausgleichsvorgang *m* (Eltro, Tele) / transient *n*, transient phenomenon
Flucht•linientafel *f*, Nomogramm *n* (Math) / alignment chart, nomograph, nomogram ‖

⁓tunnel *m* (Straß) / evacuation tunnel, safety tunnel

Fluchtung *f*, Anordnung *f* in gerader Linie (neben-, hinter- o. untereinander) / alignment, arrangement in a straight line

Fluchtungsfehler *m*, Versatz *m* (zweier Achsen, Wellen) / misalignment (of axes, shafts)

Fluchtweg *m* (Bau) / escape [route]

Flug *m* (Luft) / flight ‖ **während des ⁓es**, im Flug / in-flight ‖ **⁓alarmdienst** *m* (Luft) / alerting service ‖ **⁓asche** *f* / fly ash, pulverized fuel ash, PFA, quick ash, flue ash ‖ **⁓bahn** *f* (Luft) / flight path ‖ **⁓bahn** (z.B. eines Geschosses), Trajektorie *f* (Mech) / trajectory ‖ **⁓bahn**, Umlaufbahn *f* (Astr, Phys) / orbit ‖ **⁓begleiter** *m* (Luft) / steward ‖ **⁓begleiterin** *f* (Luft) / stewardess ‖ **⁓benzin** *n*, Avgas *n* (Flugkraftstoff für Ottomotoren) (Luft) / avgas, aviation gasoline (US), aviation petrol ‖ **⁓beratung** *f* (Luft) / briefing ‖ **⁓beratungsdienst** *m* (Luft) / aeronautical information service, AIS ‖ **⁓bewegungen** *f pl* (Starts und Landungen) (Luft) / air movements *pl*, movements *pl* ‖ **⁓daten** *pl* (Luft) / flight data ‖ **⁓datenschreiber** *m* (Luft) / flight data recorder, FDR ‖ **⁓deck** *n*, Cockpit *n* (Luft) / flight deck (in large commercial aircraft)

Flügel, Tragflügel *m*, Tragfläche *f* (Luft) / wing, plane ‖ **⁓** (einer Turbine) / blade ‖ **⁓** (Rührwerk) / beater (of an agitator), blade, arm ‖ **⁓** (eines Gebäudes) (Bau) / wing ‖ **⁓**, Fensterflügel *m* (Bau) / sash, window sash (moving segment of the window) ‖ **⁓eintrittskante**, Flügelvorderkante *f* (Luft) / leading edge (of a wing) ‖ **⁓hinterkante** *f*, Tragflächenhinterkante *f* (Luft) / trailing edge (of wing) ‖ **⁓mutter** *f* / wing nut, butterfly nut, thumbnut, fly nut ‖ **⁓rad** *n* (in Verdichtern, Pumpen) / impeller ‖ **⁓radanemometer** *n* (Mess, Meteo) / vane anemometer, windmill anemometer ‖ **⁓radzähler** *m* (für die Durchflussmessung) (Mess) / rotary meter, rotary-vane meter ‖ **⁓rahmen** *m*, Fensterrahmen *n* (Bau) / sash (framework for glazing - fits into window frame and can be hinged, sliding, or fixed), window sash, sash framing, sash frame ‖ **⁓rahmen** (mit Bändern am Blendrahmen angeschlagen), Fensterrahmen *m* (Bau) / casement (a hinged sash) ‖ **⁓schraube** *f* / wings screw (GB), thumb screw (US) ‖ **⁓spannweite** *f* (Luft) / span, wing span ‖ **⁓vorderkante** *f*, Flügeleintrittskante *f* (Luft) / leading edge (of a wing) ‖ **⁓wurzel** *f* (Luft) / wing root ‖ **⁓zellenlader** *m* (ein mechanischer Lader für Verbrennungsmotoren) (Mot) / sliding-vane supercharger ‖ **⁓zellenpumpe** *f* / vane pump, blade-type pump ‖ **⁓zellenverdichter** *m* / rotary vane compressor

Flug•feldbetankungsfahrzeug *n* (Luft) / aircraft fuelling vehicle, aircraft refueller ‖ **⁓fläche** *f* (konstanten Luftdrucks) (Luft) / flight level, FL ‖ **⁓funkdienst** *m* (Luft, Tele) / aeronautical radio service ‖ **beweglicher ⁓funkdienst** (Luft, Tele) / aeronautical mobile service ‖ **⁓gast** *m*, Passagier *m* (Luft) / passenger ‖ **⁓gastabfertigungsgebäude** *n*, Terminal *m n* (Luft) / passenger terminal, terminal building ‖ **⁓gastbrücke** *f* (Luft) / passenger boarding bridge, jet bridge, air bridge, PBB, loading bridge, boarding bridge, passenger bridge ‖ **⁓gastkabine** *f* (Luft) / passenger cabin ‖ **⁓gastraum** *m* (Luft) / passenger cabin ‖

⁓gasttreppe *f* (Luft) / boarding stairs, passenger loading steps, passenger stairs ‖ **⁓geschwindigkeit** *f* (Luft) / airspeed, AS, flying speed ‖ **⁓gesellschaft** *f* (Luft) / airline, air carrier, carrier, airline company

Flughafen *m* (Luft) / airport ‖ **⁓befeuerung** *f* (Luft) / airport lighting ‖ **⁓betreiber** *m* (Luft) / airport operator ‖ **⁓gebühr** *f* (Luft) / airport charges ‖ **⁓-Rundsichtradar** *n* (Luft) / airport surveillance radar, ASR ‖ **⁓vorfeld** *n* (Luft) / apron, terminal apron, ramp, parking ramp

Flug•höhe *f*, Höhe über Grund (d.h. über einem Bezugspunkt auf dem Boden, z.B. über dem Flugplatz) (Luft) / height ‖ **⁓höhe** (über Normalnull) (Luft) / altitude ‖ **⁓höhe**, Reiseflughöhe *f* (Luft) / cruising altitude ‖ **⁓informationsdienst** *m* (Luft) / flight information service ‖ **⁓kraftstoff** *m* / aviation fuel ‖ **⁓lärm** *m* (Luft, Umw) / aircraft noise ‖ **⁓linie** *f*, Fluggesellschaft *f* (Luft) / airline, air carrier, carrier, airline company ‖ **⁓lotse** *m* (Luft) / air traffic controller, controller, air traffic control operator, ATCO (air traffic control officer), flight controller, controller ‖ **⁓-Mach-Zahl** *f* (Luft) / flight Mach number ‖ **⁓mechanik** *f* / flight mechanics ‖ **⁓navigation** *f* / air navigation, avigation ‖ **⁓personal** *n* (Luft) / crew, aircrew ‖ **⁓platzbezugspunkt** *m* (Luft) / aerodrome reference point ‖ **⁓preis** *m* (Luft) / air fare ‖ **⁓regler** *m*, Autopilot *m* (Luft) / automatic n, automatic pilot, autopilot, gyro-pilot ‖ **⁓schein** *m*, Flugticket *n* (Luft) / flight ticket ‖ **⁓scheinschalter** *m*, Ticketschalter *m* (Luft) / ticket counter ‖ **⁓schreiber** *m*, Blackbox *f* (Luft) / flight recorder, black box (coll) ‖ **⁓sicherung** *f* (Luft) / air traffic control, ATC ‖ **⁓sicherungslotse** *m* (Luft) / air traffic controller, controller, air traffic control operator, ATCO (air traffic control officer), flight controller, controller ‖ **⁓simulator** *m* (Luft) / flight simulator ‖ **⁓stabilität** *f* (Luft) / flight stability ‖ **⁓steig** *m*, Gate *n* (Luft) / gate ‖ **⁓technik** *f* / aviation, aeronautics *sg* ‖ **⁓ticket** *n*, Flugschein *m* (Luft) / flight ticket ‖ **⁓triebwerk** *n* (Luft) / aircraft engine ‖ **⁓überwachungsgerät** *n* (Luft) / flight instrument ‖ **⁓verbindung** *f* (Luft) / air connection ‖ **⁓verkehr** *m*, Luftverkehr *m* (Luft) / air traffic ‖ **⁓verkehrskontrolle** *f* (Luft) / air traffic control, ATC ‖ **⁓verkehrslotse** *m* (Luft) / air traffic controller, controller, air traffic control operator, ATCO (air traffic control officer), flight controller, controller ‖ **⁓weg** *m* (Luft) / flight path ‖ **⁓werk** *n* (Luft) / airframe ‖ **⁓wesen** *n* / aviation, aeronautics *sg* ‖ **⁓zeitmethode** *f* (Nukl) / time-of-flight method ‖ **⁓zeitspektrometer** *n* (Nukl) / time-of-flight spectrometer

Flugzeug *n* (Luft) / plane, aeroplane (GB), airplane (US), aircraft (pl.: aircraft) ‖ **⁓ mit Druckpropeller**, Druckpropellerflugzeug *n*, Druckschrauber *m* (Luft) / pusher aircraft ‖ **⁓abfertigung** *f*, Bodenabfertigung *f* (Luft) / ground handling ‖ **⁓bauer** *m* / aircraft builder ‖ **⁓enteisung** *f* (Luft) / aircraft deicing ‖ **⁓enteisungsmittel** *n* (Luft) / aircraft deicing fluid ‖ **⁓führer** *m*, Pilot *m* (Luft) / pilot *n* ‖ **⁓halle** *f* (Luft) / hangar, aircraft hangar, airplane hangar ‖ **⁓heber** *m* (Luft) / aircraft jack ‖ **⁓schlepper** *m* (Luft) / aircraft tractor, aircraft tug ‖ **⁓standplatz** *m*, Parkposition *f* (Luft) / aircraft stand, parking position ‖ **⁓triebwerk** *n* (Luft) / aircraft engine ‖

≈**unglück** n, Absturz m (Luft) / crash, plane crash ‖ ≈**wartungshalle** f (Luft) / hangar, aircraft hangar, airplane hangar

Fluid n (flüssiges oder gasförmiges Medium) / fluid n ‖ ≈**elemente** n pl, Fluidics n pl / fluidic devices pl

Fluidics n pl / fluidic devices pl

Fluidik f (Art Steuertechnik) (Regel) / fluidics sg, fluerics sg

fluidisch / fluidic

fluidisieren, aufwirbeln (Feststoffteilchen im Wirbelschichtverfahren) (ChT) / fluidize

Fluidisierung (ChT) / fluidization

Fluidität f (Kehrwert der dynamischen Viskosität) / fluidity (reciprocal of the coefficient of viscosity)

Fluidtechnik f / fluid technology, fluid engineering

Fluktuation f, Schwankung f (z.B. Umsatz-, Preis-, Spannungsschwankungen), Änderung f, ständiger (und unregelmäßiger) Wechsel / fluctuation

fluktuieren, schwanken, ständig (und unregelmäßig) wechseln, sich ändern / fluctuate

Fluor n (Chem) / fluorine, F ‖ ≈**carbone** n pl, Fluorkohlenwasserstoffe m pl (Chem) / fluorocarbons pl ‖ ≈**chlorkohlenstoffe** m pl (FCK) (Chem, Umw) / chlorofluorocarbons, CFCs ‖ ≈**chlorkohlenwasserstoffe** m pl (FCKW) (Chem, Umw) / chlorofluorocarbons, CFCs

Fluoreszenz • **mikroskopie** f / fluorescence microscopy, fluorescent microscopy ‖ ≈**schirm** m, Leuchtschirm m (der Elektronenstrahlröhre) (Eltro, TV) / faceplate (glass front of a cathode ray tube upon which the image is displayed), face ‖ ≈**spektralanalyse** f (Chem, Phys) / fluorescence spectral analysis ‖ ≈**spektroskopie** f (Mess) / fluorescence spectroscopy ‖ ≈**verfahren** n (zur zerstörungsfreien Werkstoffprüfung) (Mater) / fluorescent-penetrant test[ing]

Fluor • **kalzium** n (Chem) / calcium fluoride ‖ ≈**kohlenstoffe** m pl, Fluorkohlenwasserstoffe m pl (Chem) / fluorocarbons pl ‖ ≈**kohlenwasserstoffe** m pl (Chem) / fluorocarbons pl

Flur m, Hausflur m (Bau) / hallway ‖ ≈**förderer** m (Förd) / industrial truck ‖ ≈**förderfahrzeug** n (Förd) / industrial truck ‖ ≈**fördermittel** n (Förd) / industrial truck ‖ ≈**förderung** f (Förd) / materials transportation by means of industrial trucks ‖ ≈**förderwesen** n (Förd) / materials transportation by means of industrial trucks ‖ ≈**förderzeug** n (Förd) / industrial truck ‖ ≈**schaltung** f, Wechselschaltung f (er Verbraucher wird wahlweise von zwei Stellen aus ein- o. ausgeschaltet) (Elek, Licht) / three-way switch installation (US), two way circuit (GB)

Flusen f pl, Fusseln m pl (Tex) / lint (minute shreds of yarn or thread) ‖ ≈**sieb** n (in Waschmaschinen, Trocknern) (HG) / lint filter, lint trap, lint screen

Fluss m, Fließen n (von Flüssigkeiten, Schüttgut) / flow ‖ ≈, Verkehrsfluss m (Verk) / flow (of traffic), traffic flow ‖ ≈ (elektrischer, magnetischer) (Phys) / flux ‖ ≈, magnetischer Induktionsfluss (Phys) / magnetic flux ‖ ≈, Flussmittel n (Glas, Hütt, Schw) / flux, fluxing agent ‖ ≈**bett** n / bed, river bed ‖ ≈**diagramm** n, Ablaufdiagramm n / flow chart, flow

diagram, flow sheet ‖ ≈**diagramm**, Programmablaufplan m (DV) / flow chart (in programming), program flowchart ‖ ≈**dichte** f (Phys) / flux density

flüssig / liquid adj ‖ ≈**er Kristall** (Chem, Eltro) / liquid crystal, LC ‖ ≈**e Luft** / liquid air ‖ ≈ **machen**, verflüssigen / liquefy vt ‖ ≈ **machen**, schmelzen, zum Schmelzen o. Fließen bringen / melt vt (e.g. metal, wax) ‖ ≈**e Reibung**, Flüssigkeitsreibung f / fluid friction, viscous friction ‖ ≈ **werden**, schmelzen / melt vi, fuse ‖ ≈**er Zustand** (Ggs: fester Zustand) / fluid state

Flüssig • **brennstoff** m (Ener) / liquid fuel ‖ ≈**chromatographie** f (Chem) / liquid chromatography

Flüssigkeit f (Phys) / liquid n ‖ ≈, flüssiger Zustand (Ggs: fester Zustand) / fluid state ‖ ≈, Hydraulikflüssigkeit f / fluid

Flüssigkeits • **antrieb** m, Hydraulikantrieb m, hydraulischer Antrieb / hydraulic drive ‖ ≈**bad** n (ChT, Foto) / liquid bath ‖ ≈**behälter** m **mit Trockeneinsatz** (Kfz) / receiver drier (air conditioning system), receiver/dryer (air conditioning system) ‖ ≈**chromatographie** f (Chem) / liquid chromatography ‖ ≈**druck** m (Phys) / fluid pressure ‖ ≈**druck**, hydrostatischer Druck / hydrostatic pressure ‖ ≈**-Glasthermometer** n (Mess) / liquid-in-glass thermometer ‖ ≈**höhe** f (in einem Gefäß) (Phys) / depth of fluid ‖ ≈**kupplung** f (Masch) / fluid coupling, Föttinger coupling, Föttinger transmitter, hydrodynamic coupling ‖ ≈**mechanik** f (Phys) / hydromechanics sg ‖ ≈**potential** n, Diffusionspotential n (an der Phasengrenze zweier Elektrolytlösungen) (Chem, Elek) / diffusion potential, liquid junction potential ‖ ≈**reibung** f / fluid friction, viscous friction ‖ ≈**ringpumpe** f / liquid ring pump ‖ ≈**stand** m, Flüssigkeitsspiegel m / liquid level ‖ ≈**strahl** m / liquid jet, jet of liquid ‖ ≈**thermometer** n / liquid thermometer

Flüssig • **kristall** m (Chem, Eltro) / liquid crystal, LC ‖ ≈**kristallanzeige** f, Flüssigkristalldisplay n (DV, Eltro) / LCD, LCD display, liquid crystal display ‖ ≈**metall** n (Hütt) / liquid metal

Fluss • **impedanz** f, akustische Impedanz (Akust) / acoustic impedance ‖ ≈**kontrolle** f (zur Anpassung der Übertragungsgeschwindigkeit des schnelleren Sendegeräts an das langsamere Empfangsgerät) (DV, Tele) / flow control ‖ ≈**kraftwerk** n, Laufwasserkraftwerk n (Elek) / run-of-river power station, run-of-river hydroelectric plant, run-of-river [power] plant ‖ ≈**mittel** n (Glas, Hütt, Schw) / flux, fluxing agent ‖ ≈**mittelrückstände** m pl (Fert) / flux residue ‖ ≈**plan** m, Ablaufdiagramm n / flow chart, flow diagram, flow sheet ‖ ≈**regelung** f (DV, Tele) / flow control ‖ ≈**richtung** f, Durchlassrichtung f (bei PN-Übergang) (Eltro, Phys) / forward direction ‖ ≈**spannung** f, Durchlassspannung f (Eltro) / forward voltage, forward bias ‖ ≈**steuerung** f (DV, Tele) / flow control ‖ ≈**strom** m, Durchlassstrom m, Strom m in Durchlassrichtung (bei PN-Übergang) (Eltro) / forward current

Flut • **kraftwerk** n, Gezeitenkraftwerk n (Elek) / tidal power station, tidal plant, tidal power plant ‖ ≈**licht-Strahler** m (Licht) / floodlight

Fly-by-wire n (elektrohydraulische Flugsteuerung), FBW (Steuerung) (Luft) / fly-by-wire [system]

Fm, Fermium *n* (OZ = 100) (Chem) / fermium, Fm

FM, Frequenzmodulation *f* (Radio, Tele) / FM, frequency modulation ‖ $\approx$, Fließmittel *n* (besonders stark wirkender Betonverflüssiger), Superverflüssiger *m* (Bau) / superplasticizer, high-range water reducer

Fokaldistanz *f*, Brennweite *f* (Opt) / focal length, focal distance

Fokus *m*, Brennpunkt (Opt) / focus (pl: focuses, foci), focal point

fokussieren, einstellen [auf], scharfstellen (Foto, Opt) / adjust the focus of (e.g. a telescope, camera), focus [on] ‖ ~ (z.B. Elektronen-, Laserstrahl), bündeln, konzentrieren (Phys) / focus *vt* (light, rays) ‖ $\approx$ *n*, Scharfeinstellung *f* (Foto) / focus[s]ing

Fokussierung *f*, Scharfeinstellung *f*, Fokussieren *n* (Foto) / focus[s]ing

Folge, Ergebnis *n* / result ‖ $\approx$, Auswirkung *f*, Konsequenz *f* / consequence ‖ $\approx$ *f*, Reihenfolge *f* / sequence ‖ $\approx$, Aufeinanderfolge *f* / succession ‖ $\approx$, Zahlenfolge (Math) / sequence ‖ $\approx$, Anzahl *f* aufeinanderfolgender Dinge, Reihe *f* / series ‖ $\approx$ (von Zeichen), String *m*, Zeichenkette *f* (DV) / string, character string ‖ $\approx$ (einer Fernsehserie) (TV) / episode ‖ **[arithmetische, geometrische usw]**, Progression *f* (Math) / progression ‖ **zur** $\approx$ **haben** / result [in], bring about, cause

folgen (einem Fahrzeug, Weg, Vorschlag, Muster, Verlauf) / follow

folgend, nachfolgend (z.B. Stufe), nachgeschaltet / subsequent ‖ ~, nachgeschaltet (Verfahrensstufe, Verarbeitungseinheit etc.), danach angeordnet / downstream (in a process or system)

Folgeregelung *f* (Regel) / sequential control, sequence control

folgern, ableiten, deduzieren (Logik) / deduce

Folge•schaltung *f* (Elek, Regel) / sequential circuit ‖ $\approx$**schneidwerkzeug** *n* (zur Durchführung von Schneidoperationen an mehreren Fertigungsstationen bei Weitertransport im Halbzeug) (Wzm) / follow-on tool, progressive die, progressive tool ‖ $\approx$**schnitt** *m*, Folgeschneidwerkzeug *n* (zur Durchführung von Schneidoperationen an mehreren Fertigungsstationen bei Weitertransport im Halbzeug) (Wzm) / follow-on tool, progressive die, progressive tool ‖ $\approx$**steuerung** *f*, sequentielle Steuerung *f* (Regel) / sequential control, sequence control

Folie *f*, Kunststofffolie *f* (Plast) / film (thickness < 0.25 mm), plastic film ‖ $\approx$, Kunststofffolie *f* (Plast) / plastic sheet, sheet (thickness > 0.25 mm, pliable, cut to size) ‖ $\approx$, Kunststofffolie *f* (Plast) / plastic sheeting, sheeting (thickness > 0.25 mm, continuous) ‖ $\approx$ (für Projektor), Transparentfolie *f* / transparency ‖ $\approx$, Metallfolie *f* / metal foil, foil

Folien•-Dehnmessstreifen *f* (Mess) / metal foil strain gauge, foil strain gauge, foil gauge ‖ $\approx$**kondensator** *m*, Kunststoff-Folien-Kondensator *m* (Elek, Eltro) / plastic-film capacitor ‖ $\approx$**tastatur** *f* (DV) / membrane keyboard

Folko *m*, Kunststoff-Folien-Kondensator *m* (Elek, Eltro) / plastic-film capacitor

Follow-Me *n*, Leitfahrzeug *n* (Luft) / follow me [car]

Fön *m*, Haartrockner *m* / hair drier, hair dryer

Font *m*, Schriftart *f* (DV) / font

Förder•anlage *f* (allgemein, Stetig- o. Unstetigförderer für Schütt- und Stückgüter) (Förd) / material handling equipment, material handling system ‖ $\approx$**anlage** (Stetigförderer) (Förd) / conveyor system ‖ $\approx$**band** *n* (eines Bandförderers), Fördergurt *m* (Förd) / conveyor belt, belt ‖ $\approx$**band**, Gurtbandförderer *m* (Förd) / belt conveyor, band conveyor, conveyor ‖ $\approx$**brücke** *f* (Förd) / conveyor bridge ‖ $\approx$**druck** *m* (Pumpe) / discharge pressure, delivery pressure ‖ $\approx$**einrichtung** *f*, Förderanlage *f* (allgemein, Stetig- o. Unstetigförderer für Schütt- und Stückgüter) (Förd) / material handling equipment, material handling system ‖ $\approx$**einrichtung**, Förderanlage *f* (Stetigförderer) (Förd) / conveyor system

Förderer *m*, Förderanlage *f* (allgemein, Stetig- o. Unstetigförderer für Schütt- und Stückgüter) (Förd) / material handling equipment, material handling system ‖ $\approx$, Stetigförderer *m* (Förd) / conveyor

Förder•erz *n*, Roherz (Bergb) / crude ore, raw ore ‖ $\approx$**gurt** *m*, Förderband *n* (eines Bandförderers) (Förd) / conveyor belt, belt ‖ $\approx$**gut** *n* (zu förderndes/gefördertes Gut) / material (to be) conveyed ‖ $\approx$**höhe** *f* (einer Pumpe) / discharge head, pump head ‖ $\approx$**kette** *f* (des Kettenförderers) (Förd) / conveyor chain ‖ $\approx$**leistung** (einer Förderanlage: Fördermenge je Zeiteinheit) (Förd) / capacity of a material handling system ‖ $\approx$**leistung** *f* (einer Pumpe) / pump capacity, discharge rate (of a pump), output of a pump, pump output, delivery rate ‖ $\approx$**leistung**, Ausbeute *f*, Fördermenge *f* (Bergb, Öl) / production, output, yield ‖ $\approx$**menge** *f*, Ausbeute *f* (Bergb, Öl) / production, output, yield ‖ $\approx$**menge**, Förderleistung *f* (einer Pumpe) / pump capacity, discharge rate (of a pump), output of a pump, pump output, delivery rate ‖ $\approx$**mittel** *n*, Förderanlage *f* (allgemein, Stetig- o. Unstetigförderer für Schütt- und Stückgüter) (Förd) / material handling equipment, material handling system

fördern, abbauen (z.B. Erze, Kohle) (Bergb) / mine *vt* (e.g. ores, coal), work, get ‖ ~ (Öl, Gas) (Öl) / produce ‖ ~, liefern (eine bestimmte Wassermenge) / deliver (pump) ‖ ~, transportieren, befördern / transport, convey, carry, move ‖ ~, unterstützen / support (e.g. new developments, research, exchange programs) ‖ ~ / promote (e.g. sales, a project, wider use of alternative sources of energy) ‖ ~, voranbringen / further (a project, a new technology, a company's interests), advance ‖ ~, entwickeln *vt* / develop *vt* (e.g. trade, traffic) ‖ ~ (finanziell), unterstützen / fund ‖ ~, steigern / increase (e.g. production, consumption) ‖ **innerbetrieblich** ~ / convey goods o. products (mostly within the factory)

Förder•plattform *f* (Öl) / production platform ‖ $\approx$**system** *n*, Förderanlage *f* (allgemein, Stetig- o. Unstetigförderer für Schütt- und Stückgüter) (Förd) / material handling equipment, material handling system ‖ $\approx$**system**, Förderanlage *f* (Stetigförderer) (Förd) / conveyor system ‖ $\approx$**technik** *f* / materials handling ‖ $\approx$**technik** (als technische Disziplin) / materials handling engineering, materials-handling technology ‖ $\approx$**technik**, fördertechnische Einrichtung[en] / materials handling equipment ‖ **~technisches System**, Förderanlage f (Stetigförderer) (Förd) / conveyor system

Forderung f [nach] / demand [for] ‖ ≃, Erfordernis f / requirement ‖ ≃ f, Anspruch m / claim ‖ ≃**en** f pl, Anforderungen f pl, Ansprüche m pl / requirements (e.g. of relevant specifications), demands n (e.g. of a customer)

Förderung f, Abbau m (von Bodenschätzen) (Bergb) / mining n, winning n ‖ ≃ (von Öl, Gas) (Bergb, Öl) / production ‖ ≃, Ausbeute f, Fördermenge f (Bergb, Öl) / production, output, yield ‖ ≃, Unterstützung f / support ‖ ≃ / promotion (e.g. of sales, tourism, research) ‖ ≃, Weiterentwicklung f / advancement ‖ ≃ (Förd) / conveying, materials handling

Forkardt-Futter n (Wzm) / Forkardt chuck

Form f (allg, Krist) / form ‖ ≃ (geometrisch) / shape ‖ ≃ **(o. Ausführung) A usw.** / design A etc. ‖ ≃ f (zur Herstellung von Gußstücken) (Gieß) / casting mould or mold, mould (GB), mold (US) ‖ ≃ (zur Herstellung von Gussstücken - aus Metall) (Gieß) / die (mould made from metal)(GB), die-set (two or more complimentary die parts making up a complete metal mould assembly) ‖ ≃, Kokille f, Dauerform f (aus Stahl oder Gusseisen, Stahllegierungen) (Gieß) / die (GB), permanent mold (US), die-set (GB), permanent mould (made of steel or cast iron)(GB) ‖ ≃, Spritzgießwerkzeug n (Plast) / mould (in injection moulding) ‖ ≃ (beim Glasblasen) (Glas) / blow mould, mould ‖ ≃, homogenes Polygon (Math) / quantic ‖ ≃**abweichung** f, Gestaltabweichung f 1. Ordnung / error of form

Formaldehyd m, Methanal n (CH₂O) (Chem) / methanal, formaldehyde

Formamid n (Chem) / formamide

Formänderung f, Verformung f (elastisch, plastisch) (Mater) / deformation (elastic, plastic) ‖ ≃ (als bezogene Größe, z.B. Dehnung als Quotient aus Verlängerung u. Ursprungslänge eines Probekörpers), Verformung f (Mater) / strain (ratio between change in dimension/original dimension, e.g. tensile strain = elongation/original length) ‖ **logarithmische** ≃, Umformgrad m (Fert, Mater) / strain, true strain

Formänderungs•arbeit f, Deformationsarbeit f (Phys) / deformation work, work of deformation ‖ ≃**energie** f (Phys) / deformation energy ‖ ≃**festigkeit** f (Mater) / flow stress

Format n (allg, DV) / format n

formatieren (einen Datenträger o. Textdokument) (DV) / format vt (e.g. a disk, document)

Formatierung f (DV) / formatting (of data or of disk)

Form•ätzen n (Fert) / chemical blanking, PCM, photofabrication, photochemical machining, photo etching, photochemical milling ‖ ≃**ätzteil** n (Fert) / part made by chemical blanking ‖ ≃**backen** f pl (eines Greifers) / form jaw

formbar, verformbar (Keram, Mater) / mouldable, workable

Formdrehen n, Profildrehen n (Werkzeugprofil bildet sich auf dem Werkzeug ab) (Fert) / forming, form turning ‖ ≃ (Werkstückform wird durch Steuerung der Vorschub- bzw. Zustellbewegung erzeugt) (Fert) / contour turning (tool following a contour that is other than straight)

Formel f (Chem, Math) / formula ‖ ≃ **von Brahmagupta** (die die Fläche eines beliebigen Sehnenvierecks berechnet) (Math) / Brahmagupta's formula ‖ ≃ **von Moivre** (Math) / de Moivre's theorem ‖ ≃**zeichen** n (Chem, Techn) / symbol

formen, gestalten, bilden / shape ‖ ≃ n, Formgebung f (allg) / shaping

Form•faktor m (beim Strangpressen) (Fert) / shape factor (in extrusion) ‖ ≃**faktor** (zur Beschreibung der Partikelform) (PM) / shape factor ‖ ≃**faktor** (PM) / aspect ratio (ratio of maximum dimension to minimum dimension for a given particle) ‖ ≃**fertigstanzen**, nachschlagen (ein Werkstück im Gesenk zur Erzielung der erforderlichen Genauigkeit), nachprägen (Fert) / bottom, size, restrike vt for sizing, coin ‖ **~gebendes Fertigungsverfahren der Kunststoffbearbeitung** / polymer-shaping processes

Formgebung f (allg) / shaping ‖ **durch spanende ≃ herstellen**, durch spanende Formgebung herstellen (Fert) / machine vt

Form•gebungsverfahren n (Fert) / shaping process ‖ ≃**gedächtnislegierung** f, Memory-Legierung f / memory alloy, shape-memory alloy, memory metal ‖ ≃**gestaltung** f, Formgebung f (allg) / shaping ‖ ≃**gestaltung**, Design n / design, styling ‖ ≃**gussmassen** f pl, Abformmassen f pl (Gieß, Keram) / casting material, casting medium ‖ ≃**hälfte** f, Maskenhälfte f (beim Maskenformverfahren) (Gieß) / half-shell ‖ ≃**hälfte** (beim Druckgießen) (Gieß) / die half ‖ ≃**kasten** m (Gieß) / flask, moulding box ‖ ≃**klotz** m, Formstempel m (zum Streckziehen) (Wzm) / die (for stretch forming) ‖ ≃**klotz** (Formkörper zum Drücken von Hohlkörpern), Drückfutter n (Fert) / former, mandrel ‖ ≃**lehre** f (Mess) / form gauge ‖ **~los** / formless ‖ **~los**, amorph / amorphous ‖ ≃**maske** f, Maskenform f (im Maskenformverfahren) (Gieß) / biscuit, shell, shell mould (in shell moulding) ‖ ≃**maskenverfahren** n, Croningverfahren n (Gieß) / C process, shell moulding, Croning process ‖ ≃**masse** f **für das Pressen**, Pressmasse f (Plast) / charge (in compression moulding), moulding material, moulding compound o. composition, compression moulding composition o. compound ‖ ≃**pressen** n **mit Grat** (Schm) / closed-die pressure forging ‖ **~schlüssig** (i.Ggs. zu kraft-, reib-, stoffschlüssig) / positive ‖ **~schlüssige [ausrückbare] Kupplung** / positive clutch ‖ ≃**schräge** f, Aushebeschräge f (Gieß, Plast, Schm) / draft (of a die or mould), taper ‖ ≃**stahl** m (Walz) / sectional steel ‖ ≃**stahl**, Betonformstahl m (Bau) / deformed reinforcing bar ‖ ≃**stanzen** n, Hohlprägen n (Fert) / embossing (with the punch containing the positive contour and the die containing the negative), raising ‖ ≃**stempel** m (zum Streckziehen) (Wzm) / die (for stretch forming)

Formstück n, Formteil n (Plast) / moulding ‖ ≃, Rohr-Formstück n, Fitting m (Rohr) / pipe fitting (for connecting lengths of pipes), fitting

Formteil n, Formstück n (Plast) / moulding ‖ ≃, Lotformteil n (Schw) / preformed part (made of solder or braze metal) ‖ ≃**ätzen** n (Fert) /

chemical blanking, PCM, photofabrication, photochemical machining, photo etching, photochemical milling

Formtoleranz f / form tolerance

Formularvorschub m (DV) / form feed

Formulierung f, Rezeptur f (z.B. von Farben) (Anstr, Chem) / composition, formulation, recipe

Formung f, Formgebung f (allg) / shaping

Form•walzen n pl (bei der Gussglasherstellung) (Glas) / forming rolls || ²~werkzeug n, Formstempel m (zum Streckziehen) (Wzm) / die (for stretch forming)

Formylgruppe f (Chem) / aldehyde group, formyl group, methanoyl group

Formzahl f (zur Beschreibung von Kerben, die die Dauerhaltbarkeit von Bauteilen vermindern), Kerbfaktor m (Mech) / stress concentration factor

forschen über, erforschen / research vt, investigate, study

Forschung f / research n [into, on] || ² u. **Entwicklung**, FuE / research and development, RD, R & D

Forschungs•arbeiten f pl / research activities, research work || ²auftrag m / research contract o. commission o. assignment || ²bericht m / research report || ²einrichtung / research establishment, research organisation || ²labor n / research laboratory || ²programm n / research programme, research scheme || ²projekt n / research project || ²reaktor m (Nukl) / research reactor || ²satellit m / research satellite, scientific satellite || ²stadium n / research phase || ²vorhaben n / research project || ²zentrum n / research center

forstwirtschaftlich / forest-industry ..., forestry ...

Fort•dauer f, Stetigkeit f, Kontinuität f / continuity || ~dauern, andauern / continue || ~dauern, halten v / endure vi, last

fortgeschritten / advanced (e.g. corrosion) || ~er gasgekühlter Reaktor (Nukl) / advanced gas-cooled reactor (second generation of British gas-cooled reactors, using graphite as the neutron moderator and carbon dioxide as coolant), AGR

fortgesetzt, anhaltend (z.B. Wirtschaftswachstum) / sustained (e.g. economic growth)

fortlaufend, kontinuierlich, ununterbrochen / continuous, non-intermittent || ~ prüfen, überwachen (über einen längeren Zeitraum, ohne Eingriff) / monitor vt (e.g. temperature, air quality, toxic substances in the environment, condition of a machine)

Fortleitung f, Leitung (von Wärme, Elektrizität, Gas etc.) (Phys) / conduction

Fortluft f, Abluft f / exhaust air, outgoing air

fort•pflanzen vr, ausbreiten vr (z.B. Schallwellen, Lichtwellen) (Phys) / propagate vi || ²pflanzung f, Ausbreitung f (z.B. von Funk- o. Schallwellen) (Phys) / propagation || ²pflanzungsgeschwindigkeit f, Ausbreitungsgeschwindigkeit f (z.B. einer Welle) (Phys) / velocity of propagation, propagation velocity

FORTRAN n / FORTRAN (formula translating [language])

Fortsatz m, Verlängerung / extension, elongation, prolongation

fortschreiten, vorwärtskommen / proceed, progress || ~, sich weiterentwickeln / advance vi

fortschreitend, sich weiterentwickelnd / advancing (e.g. science)

Fortschritt m / advance n, progress

fortschrittlich, hoch entwickelt / advanced || ~er gasgekühlter Reaktor (Nukl) / advanced gas-cooled reactor (second generation of British gas-cooled reactors, using graphite as the neutron moderator and carbon dioxide as coolant), AGR

Fortsetzung f / continuation

fossil / fossil adj || ² befeuertes Kraftwerk (Elek) / fossil-fired plant, fossil-fuel power plant || ²e **Brennstoffe** / fossil fuels || ~e **Energieträger** / fossil fuels

Foto n, Fotografie f (Foto) / photograph n, photo, photographic picture || ² m (ugs.), Fotokamera f, Fotoapparat m (Foto) / camera, photographic camera, photo camera || ²apparat m, Fotokamera f (Foto) / camera, photographic camera, photo camera || ²aufnahme f, Fotografie f (Foto) / photograph n, photo, photographic picture || ²-CD f (DV, Foto) / photo CD || ²detektor m (Eltro) / photodetector, photosensor || ²diode f (Eltro) / photodiode || ²drucker m (DV, Foto) / photo printer || ~elektrisch, photoelektrisch / photoelectric || ~elektronisch (Eltro) / photoelectronic || ²element n, Photoelement n (Eltro) / photovoltaic cell || ²empfänger m (Eltro) / photodetector, photosensor || ²empfindlichkeit f (Eltro) / photosensitivity || ²grafie f / photography || ²grafie f, Foto n (Foto) / photograph n, photo, photographic picture || ~grafieren v (Foto) / photograph v, take a picture/pictures || ²grafieren n (Foto) / photographing

fotografisch•er Apparat, Fotokamera f, Fotoapparat m (Foto) / camera, photographic camera, photo camera || ~e **Platte**, Fotoplatte f (Foto) / photographic plate, photoplate || ~es **Verfahren** / photographic process

Foto•kamera f (Foto) / camera, photographic camera, photo camera || ~kopieren / photocopy v || ²kopierer m, Fotokopiergerät n (Büro) / copier, photocopier, copy machine, photocopying machine || ²kopiergerät n (Büro) / copier, photocopier, copy machine, photocopying machine || ²labor n (Foto) / film processing laboratory, photo lab, photo laboratory || ²leiter m, Fotowiderstand m (Eltro) / photoconductive cell, photoresistor, photoresistive cell || ²leitertrommel f (in Laserdruckern) (Druck, DV) / photoconductor drum || ²meter n (Mess, Phys) / photometer || ²platte f, fotografische Platte (Foto) / photographic plate, photoplate || ²schicht f (Foto) / photographic layer || ~sensitiv, lichtempfindlich / light-sensitive, photosensitive, sensitive to light || ²sensor m (Eltro) / photodetector, photosensor || ²thyristor m (Eltro) / photothyristor || ²transistor m (Eltro) / phototransistor || ²widerstand m (Eltro) / photoconductive cell, photoresistor, photoresistive cell || ²widerstandszelle f (Eltro) / photoconductive cell, photoresistor, photoresistive cell || ²zelle f (Eltro) / photocell, PEC, photoelectric cell

Föttinger-Kupplung f, Flüssigkeitskupplung f (Masch) / fluid coupling, Föttinger coupling, Föttinger transmitter, hydrodynamic couping

Fourcault-Verfahren n, Senkrechtziehverfahren n (Glas) / Fourcault process, Fourcault drawing process

Fourier-Transformation f (Math) / Fourier transformation

FP, Schmelzpunkt m, Fließpunkt m (Phys) / melting point, fusion point, mp, melting temperature

Fr, Francium n (Chem) / francium, fre

Fracht f, Luftfracht f (Luft) / / cargo, air cargo ‖ ≈, Frachtgut n (Bahn, Luft, Schiff) / cargo, freight ‖ ≈, Nutzlast (gegen Entgelt zu befördernde Ladung o. Passagiere bzw. deren Gewicht), zahlende Nutzlast (Bahn, Kfz, Luft, Raumf, Schiff) / payload, P.L.

Frachter m, Frachtflugzeug n (Luft) / cargo aircraft, freighter, cargo plane, freight plane ‖ ≈, Frachtschiff n (Schiff) / cargo ship, freighter ‖ ≈, Frachtschiff n (im Linienverkehr) (Schiff) / cargo liner

Fracht•flugzeug n (Luft) / cargo aircraft, freighter, cargo plane, freight plane ‖ ≈**führer** m (Trans) / carrier, actual carrier (that is physically transporting the goods on a means of transport), carrier ‖ ≈**gut** n, Fracht f (Bahn, Luft, Schiff) / cargo, freight ‖ ≈**raum** m, Laderaum m (Schiff) / hold, ship's hold ‖ ≈**raum** (Luft) / hold, cargo hold, cargo compartment, freight compartment ‖ ≈**schiff** n (Schiff) / cargo ship, freighter ‖ ≈**schiff** (im Linienverkehr) (Schiff) / cargo liner

Fraktal n (DV, Math) / fractal

Fraktion f (ChT, PM) / fraction

fraktionieren (ChT) / fractionate

Fraktionier•kolonne f (ChT) / rectifying column, fractionating column, fractionating tower, fractionater ‖ ≈**säule** f, Fraktionierkolonne f, Rektifikationskolonne f, Fraktionierturm m, Rektifikationssäule f (ChT) / rectifying column, fractionating column, fractionating tower, fractionater

fraktionierte Destillation (ChT) / fractional distillation, differential distillation, fractionation

Fraktionierturm m (ChT) / rectifying column, fractionating column, fractionating tower, fractionater

Fraktionierung f, fraktionierte Destillation (ChT) / fractional distillation, differential distillation, fractionation

Frame n (Datenpaket aus Nutzdaten plus Overhead), Rahmen m (DV, Tele) / frame (for transmission over a network or communication system) ‖ ≈, einzelnes Bildschirmbild (DV) / frame (image on a screen or monitor) ‖ ≈ m, Rahmen m (DV, Tele) / frame (in a web page)

Francis-Turbine f (Elek) / Francis turbine, Francis water turbine

Francium n, /Fr (Chem) / francium, Fr

Franzgold n / Dutch metal (alloy of copper and zinc in the form of thin sheets, used as an imitation of gold leaf), Dutch foil, Dutch gold, Dutch leaf, imitation gold leaf

Fräsdorn m (Senkr.-Fräsmasch) (Wzm) / cutter arbor (vertical miller)

fräsen (Wzm) / mill v ‖ ≈ n (Fert) / milling

Fräser m, Fräswerkzeug n (Wzm) / milling cutter ‖ ≈, Wälzfräser m, Abwälzfräser m (Wzm) / hob, hobbing cutter ‖ ≈**-Bahnkorrektur** f, Fräserradiuskorrektur f (NC) / cutter offset (for profile milling), tooling offset (for profile milling) ‖ ≈**dorn** m (Senkr.-Fräsmasch) (Wzm) / cutter arbor (vertical miller) ‖ ≈**mittelpunktsbahn** f (NC) / cutter centre-line ‖ ≈**radiuskorrektur** f, Fräser-Bahnkorrektur f

(NC) / cutter offset (for profile milling), tooling offset (for profile milling)

Fräs•kopf m, Messerkopf m / cutter head, milling head ‖ ≈**maschine** f (Wzm) / milling machine, miller ‖ ≈**spindel** f (Wzm) / milling spindle ‖ ≈**spindelhülse** f, Pinole f (der Fräsmaschine) (Wzm) / quill, spindle sleeve ‖ ≈**werkzeug** n, Fräser m (Wzm) / milling cutter ‖ ≈**zyklus** m / milling cycle

Freeware f (DV) / freeware

frei / free ‖ ≈, leer, unbesetzt / vacant, unoccupied ‖ ≈ **[liegend]**, offen, ungeschützt / exposed ‖ ≈, unbesetzt (Tele) / idle adj ‖ ≈**es Elektron**, Leitungselektron / free electron ‖ ≈**er Fall** (Phys) / free fall ‖ ≈ **fließend** / free flowing ‖ ≈**e Knicklänge** (Mech) / unsupported length of column ‖ ≈ **machen**, abdecken, aufdecken / uncover ‖ ≈ **programmierbar** / freely programmable ‖ ≈ **schwingend** (Phys) / freely oscillating ‖ ≈**e Schwingung** / free oscillation ‖ ≈ **stehend** / free-standing ‖ ≈**e Stelle** / vacancy ‖ ≈**er Vektor** (Phys) / free vector ‖ ≈ **werden**, freigesetzt werden (z.B. Energie) / be released

Frei•ballon m (Luft) / free balloon ‖ ≈**fallbeschickung** f (Förd) / gravity feed ‖ ≈**fallhammer** m (Schm) / gravity drop hammer, gravitational drop hammer ‖ ≈**fläche** f (des Werkzeugs) (Wzm) / flank (of the cutting tool) ‖ ≈**flächenfase** f (am Schneidkeil) (Dreh) / first flank, land (of the flank) ‖ ≈**flächenverschleiß** m (am Schneidkeil) (Wzm) / flank wear ‖ ≈**fliegend**, überhängend (Masch) / overhang adj ‖ ≈**formen** n (DIN 8583), Freiformschmieden n (Fert) / open-die forging, hammer forging, flat die forging ‖ ≈**formschmieden** n, Freiformen n (DIN 8583) (Fert) / open-die forging, hammer forging, flat die forging

Freigabe f (durch die Flugsicherung) (Luft) / clearance, ATC clearance ‖ ≈**eingang** m (DV, Eltro) / enable input

freigeben (Luft) / clear (e.g. an aircraft for landing) ‖ ≈, auslösen / release ‖ ≈ (DV) / enable (e.g. exit) ‖ ≈ (Verfügung über einen Speicherblock, ein Gerät oder eine andere Systemressource an das Betriebssystem zurückgeben) (DV) / release ‖ ≈, veröffentlichen (DV) / release (e.g. software)

frei•händig gezogene Linie (Doku) / free-hand line ‖ ≈**handlinie** f (Doku) / free-hand line

Freiheitsgrad m (Chem, Phys) / degree of freedom

Freikolbenmotor m / free-piston engine

Freilauf m (Fahrrad) / freewheel n ‖ ≈ (Kfz) / overrunning clutch (of the starter) ‖ ≈**diode** f (Eltro) / flyback diode, freewheeling diode, suppressor diode, catch diode, snubber diode ‖ ≈**kupplung** f, Überholkupplung f (Kfz, Masch) / overrunning clutch

freilegen, abdecken, aufdecken / uncover

Freileitung f (zur Energieübertragung) (Elek) / overhead power line, overhead line, O.L. (overhead line), overhead transmission line, overhead conductor, open wire line ‖ ≈, Fernmeldefreileitung f (Tele) / overhead communication line, aerial line, aerial wire

Freileitungs•kabel n (Elek, Tele) / aerial cable, overhead cable ‖ ≈**mast** m (Elek) / transmission line pole, overhead line pole ‖ ≈**mast** (Gittermast für Hoch- und Höchstspannungsleitungen) (Elek) / pylon, electricity pylon, transmission tower ‖ ²**netz** n (Elek) / overhead system (of power supply)

freiliegend, blank, nackt (Elek) / bare, naked (e.g. conductor, wire)

Freiluft•aufstellung f / open-air installation, outdoor installation ‖ ²**ausführung** f (Elek) / outdoor type

frei•machen n (z.B. Arbeitsfläche, Öffnung) / clear ‖ ²**maßtoleranz** f, Allgemeintoleranzen f pl / general tolerances ‖ ²**schalten** n (allpoliges Trennen einer elektrischen Anlage von spannungsführenden Teilen - erste der 5 Sicherheitsregeln für Arbeiten in elektrischen Anlagen) (Elek) / disconnection (of a system) ‖ ²**schneidwerkzeug** n (Wzm) / unguided punch

freisetzen, abgeben (Elektronen) (Nukl) / free, release, liberate ‖ ~ (Energie) / release (energy)

Freisetzung f, Abgabe f (z.B. von Schadstoffen, Energie, Quecksilber) / release

freistehendes Haus, Einzelhaus n (isoliert stehend) / detached house

Frei•stich m (DIN 509) (Wzm) / undercut, relief groove ‖ ²**strahlturbine** f (Elek) / Pelton turbine ‖ ²**ton** m, Rufton m, Freizeichen n (Tele) / ringing tone (indicating that the called terminal is being rung), called terminal free signal (in a telephone system)

freitragend•e Länge, Spannweite f, Stützweite f (Bau) / span n ‖ ~**er Träger**, Kragträger m (einseitig gelagerter, waagerechter Träger, an dem eine Last hängt) (Mech) / cantilever

Frei•träger m, Kragträger m (einseitig gelagerter, waagerechter Träger, an dem eine Last hängt) (Mech) / cantilever ‖ ²**werdezeit** (Thyristor) (Eltro) / turnoff time, recovery time (IEC) ‖ ²**winkel** m (am Schneidkeil) (Wzm) / relief angle, clearance angle, front clearance angle ‖ ²**zeichen** n, Rufton m (Tele) / ringing tone (indicating that the called terminal is being rung), called terminal free signal (in a telephone system) ‖ ²**zeichen**, Wähiton m (Aufforderung zur Ziffernwahl) (Tele) / dial tone (generated by the exchange or a PABX to indicate that it is ready to receive the dial pulses from the calling terminal), DT ‖ ²**zeit** f / spare time, leisure time ‖ ²**zeitausgleich** m (IE) / time off in lieu

Fremd•belüftung f (Elek) / separate ventilation, forced ventilation, forced draught o. draft (US) ‖ ~**erregt** (Elek) / separately excited, externally excited ‖ ²**erregung** f (Elek) / separate excitation ‖ ²**fertigung** f (IE) / outside production, external production ‖ ²**firma** f / outside company ‖ ²**firma** (die nicht in der eigenen Firma hergestellte Teile etc. liefert) / outside supplier ‖ ²**körper** m / foreign object, foreign body ‖ ²**körper**, Verunreinigung f, Fremdstoff m (Chem) / impurity ‖ ²**körperschutz** m (Elek) / protection against the ingress of solid foreign objects ‖ ²**kühlung** f / separate cooling, separate ventilation ‖ ²**spannung** f (Elek) / external voltage ‖ ²**stoff** m / foreign matter, foreign substance ‖ ²**stoff**, Verunreinigung f (Chem) / impurity ‖ ²**strom** m, Streustrom m, Irrstrom m (aus Strom führenden Leitern in das Erdreich austretender Strom) (Elek) / stray current, leakage current ‖ ²**strom**, parasitärer Strom (Elek) / parasitic current ‖ ²**strom** (kathodischer Korrosionsschutz) / impressed direct current ‖ ²**stromanode** f (kathodischer Korrosionsschutz) (OT) / inert anode ‖

~**vergeben**, an Fremdfirmen vergeben / contract [out](a job, work, project)[to], farm out ‖ ²**zündung** f, Funkenzündung / spark ignition

French-Press f, Cafetière f, Druckstempelkanne f / cafetière (GB), press pot, plunger (Australia), French press (for making coffee)

Frequency-Hopping-Verfahren n, Frequenzsprung-Verfahren n (Verbesserung der Übertragungssicherheit durch fortlaufende Frequenzsprünge) (Tele) / frequency hopping

Frequenz f (Elek, Phys) / frequency ‖ ²**abstand** m (Eltro) / frequency spacing ‖ ²**band** n (Radio, Tele) / band, frequency band, frequency range ‖ ²**bereich** m (Eltro, Phys, Tele) / frequency range, range of frequencies ‖ ²**bereich**, Kanal m, Frequenzband n (Eltro, Tele) / channel (frequency or band of frequencies) ‖ ²**dividierer** m / frequency divider ‖ ²**gang** m (Audio, Eltro) / response, frequency response ‖ ~**geregelt** / frequency-controlled ‖ ²**kennlinienbild** n, Bode-Diagramm n (Regel, Tele) / Bode's diagram o. plot ‖ ²**lage** f / frequency position ‖ ²**modulation** f (Radio, Tele) / FM, frequency modulation ‖ ²**multiplex** n, Frequenzmultiplex-Verfahren n (Tele) / FDM, frequency division multipexing ‖ ²**multiplex-Verfahren** n (Tele) / FDM, frequency division multipexing ‖ ²**regelung** f (Elek) / frequency control ‖ ²**schwankung** f / frequency fluctuation, frequency fluctuation ‖ ~**selektiver Schalter** (Eltro, Opt) / frequency-selective switch ‖ ²**spektrum** n / frequency spectrum ‖ ²**sprung-Verfahren** n (Verbesserung der Übertragungssicherheit durch fortlaufende Frequenzsprünge) (Tele) / frequency hopping ‖ ²**steuerung** f (Elek) / frequency control ‖ ²**teiler** m (Eltro, Tele) / frequency divider ‖ ²**teilerschaltung** f, Frequenzweiche (Eltro) / frequency dividing network ‖ ²**umformer** m (elektr. Maschine) (Elek) / frequency converter ‖ ²**umrichter** m (Elek, Radio, Tele) / frequency converter ‖ ²**umsetzer** m (Elek, Radio, Tele) / frequency converter ‖ ²**umtastung** f, FSK (Tele) / frequency shift keying, FSK ‖ ²**vervielfacher** m (Eltro) / frequency multiplier ‖ ²**wahlverfahren** n, Mehrfrequenzwahl-verfahren n (Tele) / DTMF, dual-tone multifrequency signalling, DTMF dialing, touch tone dialing ‖ ²**wandler** m (Elek) / frequency converter ‖ ²**weiche** (Eltro) / frequency dividing network ‖ ²**weiche** f (in Lautsprechern) (Audio) / crossover (in speaker systems) ‖ ²**zähler** m (Elek, Eltro) / frequency counter ‖ ²-**Zeitmultiplexverfahren** n, Codemultiplex n (Tele) / CDM, code division multiplexing ‖ ²**zuteilung** f (Eltro) / frequency allocation, frequency distribution, frequency allotment, frequency assignment

Fresnel-Linse f (Opt) / Fresnel lens

Fresnelsche Stufenlinse f (Opt) / Fresnel lens

Fresnel-Zone f (Radio, Tele) / Fresnel zone

Friktions•..., Reibungs... / frictional ‖ ²**wärme** f / frictional heat, friction heat

Frisch•arbeit f, Frischen n (Umwandlung von Roheisen in Stahl) (Hütt) / refining (pig iron into steel), purification (of pig iron to steel) ‖ ²**dampf** m / live steam

frischen (Roheisen in Stahl umwandeln) (Hütt) / oxidize vt, refine ‖ ² ~ n (Umwandlung von Roheisen in Stahl) (Hütt) / refining (pig iron into steel), purification (of pig iron to steel) ‖ ~ (im Sauerstoffaufblasverfahren), Blasen *n*, Frischvorgang *m* (Hütt) / blowing (in the basic oxygen process)

Frisch•haltefolie *f* (Verp) / plastic wrap, cling film (GB), cling wrap (Australia) ‖ ~**luft** *f* / fresh air ‖ ~**prozess** *m*, Frischen *n* (Umwandlung von Roheisen in Stahl) (Hütt) / refining (pig iron into steel), purification (of pig iron to steel) ‖ ~**verfahren** *n* (zur Umwandlung von Roheisen in Stahl) (Hütt) / refining process ‖ ~**vorgang** *m*, Blasen *n*, Frischen *n* (im Sauerstoffaufblasverfahren) (Hütt) / blowing (in the basic oxygen process) ‖ ~**wasser** *n*, Zusatzwasser *n* (zum Ausgleich von Verlusten) / make-up water

Frist *f* (Zeitspanne) / period ‖ ~ (Zeitpunkt) / deadline ‖ ~**gerecht** / within the period stipulated (in the contract etc.)

Friteuse *f* (HG) / deep fryer

Fritte *f* (Glas, Keram) / frit *n*

Fritteuse *f* (HG) / deep fryer

Front *f*, Vorderseite *f* / front ‖ ~, Fassade *f*, Straßenfront *f* (Bau) / façade, face, facade, front (of a building) ‖ ~**abdeckung** *f*, Frontblende *f* (z.B. eines Computergehäuses) / front panel ‖ ~**airbag** *m* (Kfz) / front airbag ‖ ~**antrieb** *m*, Vorderradantrieb *m* (Kfz) / front-wheel drive, FWD ‖ ~**drehmaschine** *f* / front-operated lathe, Frontor lathe ‖ ~**lader** *m* (Waschmaschine) (HG) / front loader, front loading washing machine ‖ ~**platte** *f* (z.B. eines Computergehäuses) / front panel ‖ ~**schaufellader** *m* (Bau) / front-end loader, loader, front loader, bucket loader, scoop loader, tractor shovel, loader shovel, shovel

Frosch *m*, Grundplatte *f* (auf der die Schneidplatte befestigt wird) (Wzm) / die bolster, bolster (of a die), bolster plate

früh, frühzeitig / early ‖ ~**dose** *f*, Unterdruckversteller *m* (Kfz, Mot) / vacuum advance unit, vacuum advance mechanism, advance capsule (coll)

FS (Flugsicherung) (Luft) / air traffic control, ATC

F-Schicht *f*, Appleton-Schicht *f* (Geoph) / F-layer, Appleton layer

F-Signal *n* (TV) / chrominance signal, chrom. sig.

FSK, Frequenzumtastung *f* (Tele) / frequency shift keying, FSK

F-Stecker *m* (Eltro) / F connector

FTS, fahrerloses Transportsystem / driverless transport system

Fuchsschwanz *m* (Wz) / crosscut saw

FuE, Forschung u. Entwicklung *f* / research and development, RD, R & D

Fuge *f* (Bau, Techn) / joint (e.g. between tiles or concrete slabs)

Fügeflächen *f pl*, Stoßflächen *f pl* (beim Fügen (Schweißen, Kleben, Schraubverbindungen etc.)) (Fert) / faying surfaces (in joining and assembly processes), abutting surfaces

fügen, zusammenfügen (Masch) / join, assemble ‖ ~ *n* (Hauptgruppe der Fertigungsverfahren nach DIN 8580) (Fert) / assembly, joining ‖ ~ **durch Kleben**, Kleben *n* (Fert) / adhesive bonding, bonding

Fugen•anker *m*, Anker *m* (zur Fugenbewehrung von Betondecken) (Straß) / tie bar ‖ ~**dübel** *m*, Dübel (bei Betonplatten) (Bau) / dowel, dowel bar ‖ ~**form** *f* (beim Kleben etc.), Gestalt *f* der Fuge (Fert) / joint design ‖ ~**hobeln** *n*, autogenes Brennfugen (Schw) / flame gouging,

oxygen gouging, oxygen-fuel flame gouging, oxyfuel flame gouging ‖ ~**kelle** *f* (Bau, Wz) / jointer (pointing tool), brick jointer ‖ ~**löten** *n* / braze welding

Füge•teile *m pl* (in einer Klebeverbindung), zusammengeklebte Teile (Fert) / adherends, parts being joined ‖ ~**verfahren** *n* (Fert) / joining process, joining method, assembly technology

Fühler *m*, Aufnehmer *m* (der die Messgröße erfasst u. meist die primäre Messgrößenwandlung - z.B. nichtelektrische, physikalische (z.B. Temperatur, Abstand, Druck) in elektrische Größe - durchführt) (Mess) / sensor, transducer (e.g. pressure transducer), sensing element ‖ ~ (zum Abtasten v. Konturen) (Wzm) / tracer, profile tracer ‖ ~**lehre** *f* (Mess) / feeler gauge, thickness gage

führen (Kraftfahrzeug) (Kfz) / drive ‖ ~ (Flugzeug) (Luft) / pilot *vt*, fly (an aircraft) ‖ ~ (Schiff) (Schiff) / captain, sail ‖ ~ (z.B. Kran) / operate ‖ ~ (bewegliches Teil in einer Führung) / guide ‖ ~ (Leitungen, Rohre), verlegen / take ‖ ~ (z.B. Rohre durch eine Wand) / pass (e.g. pipes through a wall) ‖ ~ (Rohr) / take, carry (e.g. the pipeline carries/takes gas from Siberia to Russia's border for transport into Europe) ‖ ~ (Strom) / carry (current) ‖ ~ (z.B. Temperatur, Prozesse), steuern / control ‖ ~, enthalten (z.B. Kohle) (Bergb) / contain (e.g. coal) ‖ ~ (bestimmte Waren in einem Geschäft), im Angebot haben, verkaufen (Wirtsch) / stock, carry ‖ ~ (z.B. den Benutzer durch die Installation) / take (e.g. the user through the installation process) ‖ ~, leiten (z.B. Betrieb) / manage, run ‖ ~, leiten (ein Team, eine Abteilung) / head, lead (a team, department) ‖ ~ (Gespräche) / have (talks) ‖ ~ (Verhandlungen) / conduct (negotiations) ‖ ~ (eine Tabelle, Liste) / keep (a table, list) ‖ ~ (z.B. die Straße führt von A nach B) / lead (e.g. the road leads from A to B) ‖ ~ (z.B. die Bahnstrecke führt an der Donau entlang) / run (e.g. the railway line runs along the Danube) ‖ ~ [zu], bewirken, zur Folge haben / lead [to], result [in]

führend / leading ‖ ~**er Anbieter** / leading supplier

Führer•haus *n* / driving cab (e.g. of earth-moving machine) ‖ ~**haus** *m*, Kranführerkabine *f* (Förd) / cab, operator's cab ‖ ~**raum** *m*, Cockpit *n* (Luft) / cockpit ‖ ~**raum**, Cockpit *n*, Flugdeck *n* (Luft) / flight deck (in large commercial aircraft) ‖ ~**stand** *m* (Bahn) / driver's (GB) cab, engineer's (US) cab

Führung *f*, Vorsprung *m* [vor] / lead [over] ‖ ~, Leitvorrichtung / guide, guiding device ‖ ~, Führungslager *n*, Linearführung *f* (Masch) / guide bearing, slipper bearing ‖ ~, Führungsbahn *f* / guideway ‖ ~, Anschlag *m* / guide, fence ‖ ~**en** *f pl*, Geradführungen *f pl* (Wzm) / ways *pl*, slide ways, guideways ‖ ~**en**, Führungsbahnen *f pl* (des Bettes) (Wzm) / ways *pl*, bedways ‖ ~ (einer Firma) / management

Führungs•anschlag *m* (Holz, Wz) / ripsaw guide (of electric saw) ‖ ~**bahn** *f*, Führung *f* / guideway ‖ ~**bahnen** *f pl* (des Bettes) (Wzm) / ways *pl*, bedways ‖ ~**bahnen** (des Bettes der Drehmaschine) (Dreh) / lathe bedways *pl* ‖ ~**blech** *n*, Umlenkblech *n* / baffle, baffle plate, deflector plate ‖ ~**buchse** f (Masch) / guide bush, guide bushing ‖ ~**buchse** (des Säulenführungsgestells) (Wzm) / bushing ‖ ~**größe** f (in einem Regelkreis die gewünschte Größe, an die die Regelgröße angeglichen werden soll) (Regel) / command variable, reference variable, reference input, command signal ‖ ~**kräfte** f pl, Führungsriege f (IE) / executives pl ‖ ~**lager** n, Führung f, Linearführung f (Masch) / guide bearing, slipper bearing ‖ ~**lager** (zur axialen Fixierung der Kurbelwelle) (Mot) / crankshaft thrust bearing ‖ ~**platte** f, Pressplatte f (beim Feinschneiden) (Fert) / pressure pad ‖ ~**riege** f, Führungskräfte f pl (IE) / executives pl ‖ ~**rolle** f (nicht zur Kraftübertragung, z.B. bei Magnetbändern) / guide roll ‖ ~**rolle**, Bandführungsrolle (des Bandförderers) / guide pulley, guide roller, guarding pulley, guiding roller ‖ ~**schiene** f (bei Linearführung) (Masch) / guideway ‖ ~**schiene** (Bahn) / safety rail, safeguard ‖ ~**verhalten** n (Übergangsverhalten eines Schaltkreises, einer Steuerung o. Regelung auf eine plötzliche Änderung der Führungsgröße) (Regel) / transient response

Fuhrunternehmer m (Trans) / haulage company
Fülldraht m (Schw) / flux-cored wire
füllen / fill vt (e.g. a container with sand, sand into a container) ‖ ~ / stock (e.g. shelves)
Füller m, Füllfederhalter m (Büro) / fountain pen, pen ‖ ~ (in einem Kabel) (Elek) / filler
Füll•federhalter m, Füller m (Büro) / fountain pen, pen ‖ ~**gas** n (in Glühlampen), Schutzgas n (Licht) / inert gas ‖ ~**höhe** f / level, filling level ‖ ~**masse** f, Füller m (in einem Kabel) (Elek) / filler ‖ ~**säure** f, Batteriesäure f, Akkumulatorensäure f (Elek) / electrolyte, battery acid ‖ ~**stab**, Geländerstab m (Bau) / baluster, banister, bannister ‖ ~**stand** m / level, filling level
Füllstands•anzeiger m / level indicator ‖ ~**fühler** m (Mess) / level sensor ‖ ~**messgerät** n / level ga[u]ge ‖ ~**messung** f (im Behälter) / level measurement, filling level measurement ‖ ~**sensor** m (Mess) / level sensor ‖ ~**wächter** m / level monitor
Füll•stoff m (Anstr, Chem, Pap, Plast) / filler ‖ ~**stutzen** m, Einfüllstutzen m (Öl, Kraftstoff) (Kfz) / filler neck ‖ ~**stutzen für Öl**, Öleinfüllstutzen m (Kfz, Masch) / oil filler neck
Füllung f, Charge f, Beschickungsmenge f / batch n, charge
Füllungs•grad m (des Motors), Liefergrad m / volumetric efficiency ‖ ~**tür** f, Rahmentür f (Zimm) / panelled door, panel door
Fully n (Fahrrad) / full-suspension [mountain] bike
Fundament n, Unterbau m (Bau) / foundation(s)
Fundamental•folge f (Math) / Cauchy sequence, fundamental sequence ‖ ~**messung** f / absolute measurement, zero-based measuring ‖ ~**satz der Algebra** (Math) / fundamental theorem of algebra
Fundamenterder m (Elek) / foundation earth electrode
Fünf•eck, Pentagon n (Math) / pentagon ‖ ~**kantmutter** f / pentagon nut ‖ ~**wertig** (Chem) / pentavalent, quinquevalent
Fungizid n (Landw, Umw) / fungicide
Funk•..., funkgesteuert / radio-controlled (e.g. clock) ‖ ~ m (Tele) / radio n (wireless communication) ‖ ~**antenne** f / radio antenna

‖ ~**ausrüstung** f, Funkgerät n (Radio) / radio equipment, radio, radio set ‖ ~**bereich**, Funkversorgungsbereich m (Tele) / coverage area (of a cellular system), service area ‖ ~**-Bridge** f, Wireless Bridge f (Tele) / wireless bridge ‖ ~**datenübertragung** f (DV, Tele) / wireless data transmission
Funke m / spark
Funkempfänger m (Radio, Tele) / radio receiver, wireless receiver
Funken m / spark ‖ ~**erodiermaschine** f (Wzm) / EDM machine (EDM = electric discharge machining) ‖ ~**erosion** f, EDM (Fert) / electric discharge machining, electro-discharge machining, EDM, electro-erosion, spark machining, spark erosion, electric spark machining, electrical erosion ‖ ~**erosionsmaschine** f (Wzm) / EDM machine (EDM = electric discharge machining)
funkenerosiv•es Abtragen (Fert) / electric discharge machining, EDM, electro-erosion, spark machining, spark erosion, electric spark machining, electrical erosion ‖ ~**es Schneiden** (mit ablaufender Drahtelektrode), Drahterodieren n (Fert) / EDM by wire, electric discharge wire cutting, EDWC, wire eroding, EDM wire eroding ‖ ~**es Senken**, Senkerodieren n (Fert) / EDM (by a tool that is a mirror image of the required profile), electric discharge machining
Funken•fänger m (Elek) / spark arrester, spark catcher ‖ ~**löschung** f (Elek) / spark quenching ‖ ~**spalt** m (beim funkenerosiven Abtragen), Arbeitsspalt m (Fert) / gap (between tool and workpiece) ‖ ~**strecke** f (Elek) / spark gap ‖ ~**strecke** (Elek, Kfz) / spark plug air gap, spark-discharge gap, spark gap
Funk•-Entstörkondensator m (Elek) / radio interference suppression capacitor ‖ ~**entstört**, abgeschirmt (Elek, Eltro) / screened, shielded
Funken•wirkstrecke f, Arbeitsspalt m, Funkenspalt m (beim funkenerosiven Abtragen) (Fert) / gap (between tool and workpiece) ‖ ~**zündung**, Fremdzündung f / spark ignition
Funk•fernsteuerung f (Radio) / radio control ‖ ~**feststation** f, Basisstation f (Tele) / base station (in mobile communications), BS ‖ ~**frequenz** f / radio frequency (in wireless communication), RF ‖ ~**gerät** n, Funkausrüstung f (Radio) / radio equipment, radio, radio set ‖ ~**gesteuert** / radio-controlled (e.g. clock) ‖ ~**höhenmesser** m (Luft) / radio altimeter ‖ ~**kanal** m (Tele) / radio channel ‖ ~**kompass** m, ADF n (engl. automatic direction finder), Radiokompass m (Nav) / ADF, automatic direction finder ‖ ~**kopfhörer** m (Audio) / wireless phones pl, cordless headphones ‖ ~**-LAN** n (Tele) / WLAN, CLAN (cordless local area network), wireless local area network, wireless LAN, cordless local area network, Wi-Fi ‖ ~**leitstrahl** m (Nav) / radio beam, guide beam, localizer ‖ ~**maus** f (DV) / wireless mouse, cordless mouse ‖ ~**melder** m / radio detector
Funkruf m, Funkrufdienst m (Tele) / paging, paging service, radio paging, radio-paging service ‖ ~**dienst** m (Tele) / paging, paging service, radio paging, radio-paging service ‖ ~**empfänger** m, Pager m (Tele) / beeper (coll),

pager, paging device || ~**nummer** f (Tele) / pager number || ~**teilnehmer** m (Tele) / paging system subscriber

Funk•-Schaltaktor m (zur Netzabkopplung) (Elek) / remote control demand switch (works by shutting off the electricity at the fuse when prompted by the remote) || ~**schließsystem** n (Kfz) / keyless entry system || ~**sender** m (Tele) / radio transmitter || ~**steuern** / remote-control vt (via radio signals) || ~**steuerung** f (Elek, Eltro) / remote control (via radio signals) || ~**störung** f (Radio) / radio interference, radio disturbance || ~**strecke** f / radio link || ~**taster** m (Radio) / radio push-button || ~**technik** f / radio engineering || ~**technik** (i.Ggs. zu technischen Lösungen per Verdrahtung) / wireless technology || ~**techniker** m / radio engineer || ~**telefon** n, Mobiltelefon n, Handy n (Tele) / mobile phone, mobile n, cellphone (GB), cellular phone, mobile telephone n || **zellulares** ~**telefonsystem** (Tele) / cellular mobile radio, mobile cellular radio system, cellular radio system

Funktion f (allg, Chem, DV, Phys) / function || ~, Funktionsweise f, Arbeitsweise f / mode of operation || ~, Funktionieren n / functioning, working || ~, Aufgabe f / function, task || ~, Eigenschaft f / capacity (e.g. in her capacity as head of department) || ~, Leistungsmerkmal n, Feature n (DV, Techn, Tele) / feature || ~ (Math) / function n

funktionell • er Entwurf (DV) / logic design, logical design || ~**e Gruppe** (Chem) / functional group || ~**e Operation**, boolesche Funktion (DV, Eltro, Logik) / logic function, logical operation, Boolean function

funktionieren, arbeiten (Techn) / operate vi, work, function vi, run || ~, wirken, wirksam sein (Techn) / function || ~ n, Funktion f / functioning, working

funktionierend, nicht ~, defekt (außer Betrieb), kaputt / out of order

Funktions•..., Arbeits..., Betriebs... / operational, op || ~**ablauf** m / functional sequence || ~**bausteinsprache**, Funktionsplan m (zur Programmierung von SPS) (DV, Regel) / function block diagram, FBD || ~**diagramm** n (Doku) / action chart, function chart (describing the functions and behaviour of a control system, using steps and transitions), functional diagram, operational diagram || ~**fähig** / functional, operational, working || ~**fähig**, brauchbar / serviceable || ~**geber** m (DV) / function generator || ~**generator** m (DV) / function generator || ~**gleichung** f (Math) / equation (of a function) || ~**kleinspannung** f **mit sicherer Trennung**, PELV (Elek) / PELV, protective extra-low voltage || ~**kleinspannung ohne sichere Trennung**, FELV (Elek) / FELV, functional extra-low voltage || ~**kontrolle** f / operational check, function check || ~**plan** m (Doku) / action chart, function chart (describing the functions and behaviour of a control system, using steps and transitions), functional diagram, operational diagram || ~**plan** (zur Programmierung von SPS) (DV, Regel) / function block diagram, FBD || ~**potentiometer** n (Mess) / function potentiometer || ~**prinzip** n / operating principle || ~**prüfung** f / functional test, function test || ~**prüfung**, Leistungsprüfung f /

performance test || ~**schalter** m (DV, Schaltkreise) / function switch || ~**schaltplan** m (Doku) / function diagram (showing details of the theoretical or ideal operation of a function etc. by means of theoretical or ideal circuits without necessarily taking into account the means used for implementation) || ~**schicht** f (Teilmenge von Kommunikationsfunktionen in einem Referenzmodell) (Tele) / functional layer || ~**sicherheit** f / functional reliability || ~**störung** f, Fehlfunktion f / malfunction n || ~**störung**, technische Störung, technischer Fehler / fault, trouble n || ~**taste** f (allg, DV) / control key || ~**taste** (F1, F2, F3 etc. auf der Tastatur) (DV) / function key || ~**tüchtig** (z.B. Prototyp) / functional, operational, working || ~**tüchtig**, funktionsfähig, brauchbar / serviceable || ~**unfähig** / out of order, inoperative || ~**wählschalter** m (Elek) / function selector || ~**weise** f, Arbeitsweise f / mode of operation || ~**weise**, Funktionsprinzip n / operating principle || ~**wert** m / value of the function

Funk•übertragung f (Radio) / radio transmission || ~**übertragung**, drahtlose Übertragung (Tele) / wireless transmission || ~**uhr** f (Uhr) / radio clock, radio-controlled clock || ~**verbindung** f (Tele) / radio link || ~**vermittlung**, Mobilfunkvermittlungsstelle f, MSC f (Tele) / MSC, mobile switching centre || ~**vermittlungsstelle** f, Mobilfunk-vermittlungsstelle f, MSC f (Tele) / MSC, mobile switching centre || ~**versorgungsbereich** m (Tele) / coverage area (of a cellular system), service area || ~**wellen** f pl, Radiowellen f pl / radio waves || ~**zelle** f (Tele) / radio cell || ~**zelle** (im Mobilfunk) (Tele) / cell (in a cellular radio system)

2-Furaldehyd, Furfural n (Chem) / furfural, furfuraldehyde, 2-furaldehyde, furol, fural

Furfural n (Chem) / furfural, furfuraldehyde, 2-furaldehyde, furol, fural

Furfurol n, Furfural n (Chem) / furfural, furfuraldehyde, 2-furaldehyde, furol, fural

Furnier•platte f, Furniersperrholz n (Bau, Tischl) / plywood (made of veneers bonded together with adhesive) || ~**sperrholz** n (Bau, Tischl) / plywood (made of veneers bonded together with adhesive)

Fused Deposition Modeling n (Rapid Prototyping-Verfahren, bei dem die Bauteilgeometrie durch das Extrudieren eines drahtförmigen Ausgangswerkstoffes mit Hilfe einer verfahrbaren Heizdüse erzeugt wird) (Fert) / fused deposition modeling, FDM

Fusion f, Zusammenschluss m (Wirtsch) / merger

Fuß m (des Mikroskops) (Mikros) / base, foot || ~ (Mess) / foot (unit of length)

Fußboden m (Bau) / floor || ~**heizung** f / underfloor heating [system] || ~**-Speicherheizung** f / underfloor storage heating

Fusseln m pl, Flusen f pl (Tex) / lint (minute shreds of yarn or thread)

Fußgänger•brücke f (Straß) / footbridge, pedestrian bridge || ~**steg** m, Fußgängerbrücke f (Straß) / footbridge, pedestrian bridge || ~**übergang** m (Verk) / crosswalk (US), pedestrian crossing, pedestrian crosswalk (US) || ~**überweg** m (Verk) / crosswalk (US), pedestrian crossing, pedestrian crosswalk (US)

Fuß•kreis *m* (Zahnrad) / root circle, dedendum circle ‖ ⁓**kreisdurchmesser** *m* / root diameter ‖ ⁓**lager** *n*, Spurlager *n* (Masch) / footstep bearing, step bearing ‖ ⁓**matte** *f* (Kfz) / floor mat ‖ ⁓**motor** *m* (Elek) / conventional motor ‖ ⁓**raste** *f* (Motorrad), Fußstütze *f* (Kfz) / foot rest ‖ ⁓**schalter** *m* / foot-operated switch, foot switch ‖ ⁓**schalter** (am Boden) (Elek) / floor switch ‖ ⁓**schalthebel** *m* (Motorrad) (Kfz) / gear shift lever ‖ ⁓**stütze** *f*, Fußraste *f* (Motorrad) (Kfz) / foot rest ‖ ⁓**zeile** *f* (DV) / footer (in a word processing or DTP program)

Futter *n*, Spannfutter *n* (Wzm) / chuck ‖ ⁓, Bohrfutter *n* (Spannfutter) (Wzm) / drill chuck ‖ ⁓, Innenauskleidung *f* / lining ‖ ⁓, feuerfeste Auskleidung, feuerfeste Ausmauerung (eines Ofens) (Hütt) / lining, refractory liner, refractory lining ‖ ⁓, Türrahmen *m*, Türzarge *f*, Türumrahmung *f* (Bau) / frame, door frame ‖ ⁓ (Teil der Zarge, der Falz und Zierbekleidung miteinander verbindet), Türfutter *f*, Futterbrett *n* (Bau) / door lining ‖ ⁓**arbeit** *f* / chuck work ‖ ⁓**brett** *n*, Futter *n* (Teil der Zarge, der Falz und Zierbekleidung miteinander verbindet), Türfutter *f* (Bau) / door lining ‖ ⁓**drehmaschine** *f* (Wzm) / chucking lathe ‖ ~**loses Innenrundschleifen** (Fert) / internal centerless grinding ‖ ⁓**mauer**, feuerfeste Ausmauerung (eines Ofens) (Hütt) / lining, refractory liner, refractory lining

füttern, auskleiden (Innenseite) / line *vt*

Futter•rohr *n*, Casing *n*, Rohrauskleidung *f* (zur Abstützung von nicht standfestem Baugrund beim Bohren) (Bau, Öl) / casing ‖ ⁓**rohre** *n pl*, Casing *n* (Öl) / casing ‖ ⁓**schlüssel** *m*, Spannschlüssel *m* (Wz) / chuck key

Fuzzy•logik *f* (KI) / fuzzy logic ‖ ⁓**system** *n* (KI) / fuzzy system

FVW, Faserverbundwerkstoffe *m pl* (Mater) / composite fiber materials, fiber composite materials, fiber composites, fiber reinforced materials, fiber reinforced composites

G

g *f*, Erdbeschleunigung *f* (g = 9,81 m/s²) (Phys) / acceleration of free fall, gravitational acceleration, acceleration of gravity, gravity acceleration, g

γ, Übertragungsexponent *m* (Röhre), Gamma *n* (Eltro) / gamma, γ

G, Giga..., 10⁹ / giga

Ga, Gallium *n* (Chem) / gallium, Ga

Gabel *f* (des Gabelstaplers) (Masch) / fork ‖ ⁓ (Fahrrad) / fork ‖ ⁓**brücke** *f* (Fahrrad) / crown, fork crown ‖ ⁓**gelenk** *n* (Masch) / knuckle joint ‖ ⁓**hubwagen** *m* (Förd) / pallet truck, pallet stacker ‖ ⁓**kopf** *m* (Masch) / clevis, yoke ‖ ⁓**montierung** *f* (eine äquatoriale Fernrohrmontierung) (Opt) / equatorial fork mount

gabeln *vr* (sich)(Straße), teilen *vr* (sich) / branch *vi*

Gabel•schaft *m* (Fahrrad) / steer tube, steering tube, steerer, steerer tube ‖ ⁓**schaftrohr** *n* (Fahrrad) / steer tube, steering tube, steerer, steerer tube ‖ ⁓**scheide** *f* (Fahrrad) / blade, fork blade ‖ ⁓**schlüssel** *m* (Wz) / open-end wrench (US), open-ended spanner (GB), open-jawed spanner ‖ ⁓**stapler** *m* (Förd) / fork lift, lift truck, fork lift truck, fork truck, stacker truck, fork lifter ‖ ⁓**träger** *m* (des Gabelstaplers) / carriage ‖ ⁓**übertrager** *m*, Übertrager *m* (in einer Gabelschaltung), Übertragungswicklung *f* (Tele) / hybrid coil, hybrid transformer ‖ ⁓**umschalter** *m* (Tele) / cradle switch, switch hook, hook switch

Gabelung, Verzweigung *f* (gabelförmig) / bifurcation, forking

Gabelzinke *f* (Gabelstapler) / fork arm

Gadolinium *n* (Chem) / gadolinium, Gd

GAL (Generic Array Logic) (DV, Eltro) / GAL (Generic Array Logic)

Galaktosidase *f* (Biochem) / galactosidase

Gallium *n* (Chem) / gallium, Ga

Gallsche Kette *f* / plate link chain, Gall's chain

galvanisch (Elek) / galvanic ‖ ~ (Leitung) (Elek) / metallic (conductor) ‖ ~ (OT) / electroplated ‖ ~ **abscheiden** (Überzugsmetall auf Grundwerkstoff) (OT) / electroplate (the plating metal onto the base metal), plate, deposit *vt* ‖ ~**e Abscheidung** / electrodeposition, electrolytic deposition ‖ ~ **auftragen** (Überzugsmetall auf Grundwerkstoff) (OT) / electroplate (the plating metal onto the base metal), plate, deposit *vt* ‖ ~**es Bad**, elektrolytisches Bad (Fert) / electroplating bath, plating bath ‖ ~ **beschichten**, mit galvanischem Überzug versehen (OT) / electroplate, plate ‖ ~**es Beschichten** (OT) / electroplating, electrochemical plating, plating ‖ ~**es Element** (Primär- o. Sekundärelement), elektrochemische Zelle (Elek) / cell, galvanic cell, electric cell, voltaic cell ‖ ~**e Entkopplung** (Elek) / galvanic isolation ‖ ~**e Form**, Galvanoform *f* (OT) / electroformed mould *n* ‖ ~ **getrennt** (Elek) / electrically isolated, galvanically isolated ‖ ~ **hergestellte Schicht**

(durch Galvanisieren o. Galvanoformung) / electrodeposited coating ‖ ~ **isoliert** (Elek) / electrically isolated, galvanically isolated ‖ ~e **Kopplung** (Elek, Eltro) / direct coupling, resistance coupling, dc coupling, conductive coupling ‖ ~e **Metallabscheidung** / electrodeposition, electrolytic deposition ‖ ~e **Schutzanode**, Opferanode f (Korrosionsschutz) (OT) / galvanic anode, sacrificial anode, reactive anode ‖ ~e **Trennung** (Elek) / galvanic isolation ‖ ~er **Überzug** (durch Galvanisieren hergestellt), Überzug m (aus Metall, galvanisch aufgebracht) (OT) / deposit, electroplated coating, plating, electroplating ‖ ~ **vernickeln** (OT) / nickel-plate v ‖ ~es **Vernickeln** (OT) / nickel-plating ‖ ~ **verzinken**, elektrolytisch verzinken (OT) / zinc plate vt ‖ ~es **Verzinken** (OT) / electroplating (with zinc), zinc plating, electrogalvanization ‖ ~e **Zelle**, galvanisches Element (Primär- o. Sekundärelement), elektrochemische Zelle (Elek) / cell, galvanic cell, electric cell, voltaic cell

galvanisieren, mit galvanischem Überzug versehen (OT) / electroplate, plate ‖ ~, galvanisch verzinken, elektrolytisch verzinken (OT) / zinc plate vt ‖ ~ n, galvanische Metallabscheidung, elektrolytische Abscheidung / electrodeposition, electrolytic deposition ‖ ~ (galvanisches Beschichten) (OT) / electroplating, electrochemical plating, plating ‖ ~ **im Gestellverfahren** (Fert) / rack plating

Galvano•form f, galvanische Form (OT) / electroformed mould n ‖ ~**formung** f, Galvanoplastik f (OT) / electrodeposition (shaping metallic components by electroplating), electroforming (shaping components by electrodeposition of metal on a pattern) ‖ ~**geformtes Teil** / electroformed part ‖ ~**plast** m, galvanogeformtes Teil / electroformed part ‖ ~**plastik** f, Galvanoformung f (OT) / electrodeposition (shaping metallic components by electroplating), electroforming (shaping components by electrodeposition of metal on a pattern) ‖ ~**plastik**, galvanogeformtes Teil / electroformed part ‖ ~**plastische Form**, galvanische Form, Galvanoform f (OT) / electroformed mould n ‖ ~**stegie** f (OT) / electroplating, electrochemical plating, plating ‖ ~**technik** f (Fert) / electroplating, plating (technology), electrodeposition

Game-Port m (DV) / game port

Gamet-Lager n (Masch) / Gamet bearing

Gamma n, Γ, γ / gamma ‖ ~, Übertragungsexponent m (Röhre) (Eltro) / gamma, γ ‖ ~, Kontraststärke f (Film, TV) / gamma ‖ ~**strahlen** f pl / gamma rays pl, γ-rays pl ‖ **Röntgen- o. ~strahlenprüfung**, Durchstrahlungsprüfung f, Prüfung f mit Röntgen- oder Gammastrahlen (zur zerstörungsfreien Werkstoffprüfung) (Mater) / radiographic test[ing] ‖ ~**strahlung** f / gamma radiation

Gang m / corridor (in a railway coach or passenger ship) ‖ ~, Verbindungsgang m / passage, passageway ‖ ~, Hausflur m (Bau) / hallway ‖ ~ (z.B. zwischen Sitzreihen, Regalen, Maschinen) / aisle (between rows of seats, shelves or machines) ‖ ~, Gewindegang m (Schraube) / thread (of a screw) ‖ ~, Schneckengang m (Plast) / channel (of the

screw of an extruder or injection moulding machine) ‖ ~, Gewindegang m (Schneckenförderer) (Masch) / flight ‖ ~ (in Getriebe o. Schaltung) (Fahrrad, Kfz, Masch) / gear ‖ ~, Betrieb m, Laufen n (Masch) / working, functioning, operation ‖ ~, Arbeitsvorgang m, Operation f (IE) / operation ‖ ~, Arbeitsspiel n, Arbeitszyklus m (Masch) / working cycle, cycle ‖ **in ~ setzen**, anfahren vt (Anlage etc.), anlaufen lassen / start up, start

gangbar, durchführbar, ausführbar / feasible, practicable, viable, workable

Gang•hebel m, Schalthebel m (Kfz) / gear lever, gear stick, gearshift, selection lever, shift stick, gear shifter ‖ ~**höhe** f, Steigung f (eines ein- o. mehrgängigen Gewindes) / lead

gängig, handelsüblich / off-the-shelf ‖ ~ (z.B. Format), üblich, gebräuchlich / common

Gang•linie f (grafische Darstellung der Last im zeitlichen Verlauf) (Elek) / load curve ‖ ~**schalthebel** m (Kfz) / gear lever, gear stick, gearshift, selection lever, shift stick, gear shifter ‖ ~**schaltung** f (Fahrrad) / bicycle gearing, gearing (on a bicycle) ‖ ~**schaltung**, Schalthebel m (Kfz) / gear lever, gear stick, gearshift, selection lever, shift stick, gear shifter ‖ ~**tiefe** f (einer Schnecke) (Plast) / channel depth (of the screw of an extruder or injection moulding machine)

Gangway f (Luft, Schiff) / gangway

Gang•werk n, Uhrwerk n (einer Großuhr) (Uhr) / clockwork, clock movement ‖ ~**zahl** f (Gewinde, Fräser) / number of starts (screw thread, mill cutter) ‖ ~**zahl** (Kfz) / number of gears

ganz, ganzzahlig (Math) / integer, integral ‖ ~e **rationale Funktion** (Math) / entire rational function ‖ ~e **Reichweite**, Aktionsradius m (hin und zurück) (Luft) / operating range, total range, range (out and home again) ‖ ~e **Zahl** (Math) / integer, integral number, whole number

Ganz•jahresreifen m (Kfz) / all-season tire ‖ ~**metall...** / all-metal... ‖ ~**metallbau** m, Ganzmetallbauweise f / all-metal construction ‖ ~**rationale Zahl** (Math) / integer, integral number, whole number ‖ ~**zahl** f (Math) / integer, integral number, whole number ‖ ~**zahlig** (Math) / integer, integral ‖ ~**zahliges Vielfaches** (Math) / integral multiple

Gap-Energie f, Bandabstand m (Eltro, Phys) / energy gap, band gap, forbidden band

Garage f (Kfz) / garage n (private)

Garantie f, Gewährleistung f / warranty, guarantee ‖ ~ **auf Material und Verarbeitung** / warranty against defective material and workmanship ‖ **eine ~ von zwei Jahren geben o. gewähren** [auf](z.B. eine Uhr) / give a two-year warranty [on](e.g. a watch), guarantee (e.g. a watch) for two years ‖ **eine ~ von zwei Jahren haben** / carry a two-year warranty, be guaranteed for two years

garantieren, gewährleisten / guarantee vt, warrant vt ‖ ~, sicherstellen / ensure (e.g. electronic fuel injection ensures easy cold starting; the company's experience ensures high customer satisfaction)

Garantiezeit f / guarantee period, warranty period

Gardenin n, Crocin n (gelber Safranfarbstoff) (Chem) / crocine (saffron yellow)

Garnspule f (Tex) / bobbin

Garraum m (eines Mikrowellengeräts) (HG) / cooking cavity, cooking chamber, cooking compartment

Gärtnerkonstruktion f (einer Ellipse), Fadenkonstruktion f (Math) / string construction (of an ellipse)

Gärung f (anaerober Abbau organ. Verbindungen, wobei Gärungsenzyme v. Mikroorganismen gebildet werden) (Biochem) / fermentation (e.g. alcoholic fermatation)

Gas n / gas || ≃, Gaspedal n (Kfz) / accelerator, gas pedal || ≃ **bindende Vakuumpumpe**, Getterpumpe f (Vak) / entrapment pump || ≃**ableiter** m (Gasentladungsröhre als Überspannungsableiter), GDT m (gas discharge tube) (Elek) / gas discharge tube, GDT, gas tube arrester, GTA, gas discharge tube surge arrestor, gas discharge surge protector, GDT arrestor || ≃**aufkohlen** n (Stahl) (Hütt) / gas carburizing || ≃**Außendruckkabel** n / external gas pressure cable || ~**befeuert** (z.B. Dampferzeuger) / gas-fired || ≃**behälter** m, Gastank / gas tank || ≃**behälter** m, Gasometer m (Niederdruckgasbehälter zum Abfangen von Erzeugungsspitzen in Gasnetzen eingesetzt, wenn Gasangebot und Gasverbrauch zeitlich variieren; besonders verbreitet in Stahlwerken, um Gichtgas zu speichern, sowie in Kokereien zur Speicherung des Kokereigases) / gas holder, gasometer || ≃**blase** f, Gashohlraum m (Gussfehler) (Gieß) / blowhole, gas cavity, gas pocket, gas hole || ≃**brenner** m / gas burner || ~-**Brennschneiden** n, autogenes Brennschneiden (Schw) / flame cutting, oxy-cutting, oxyfuel cutting, OFC, oxygen cutting || ≃-**Chromatographie** f (Chem) / gas chromatography || ≃**detektor** m / gas detector || ~**dicht** / gastight, gasproof, gas-impervious || ≃**diffusionselektrode** f (Chem, Elek) / gas diffusion electrode || ≃**diffusionsverfahren** n (zur Erzeugung von angereichertem Uran) (Nukl) / gaseous diffusion process || ≃**drehgriff** m (Kfz) / twist-grip throttle || ≃**druckkabel** n (Elek) / gas pressure cable, gas cable || ≃**einschluss** m, Gashohlraum m (Gussfehler) (Gieß) / blowhole, gas cavity, gas pocket, gas hole || ≃**entladung** f (Elek) / gas discharge, discharge in gas || ≃**entladungsbildschirm** m, Plasmabildschirm (DV, TV) / plasma display, plasma screen, gas discharge display, gas-plasma display || ≃**entladungs-Display** n, Plasmabildschirm (DV, TV) / plasma display, plasma screen, gas discharge display, gas-plasma display || ≃**entladungslampe** f (Licht) / discharge lamp, gas discharge lamp, electric discharge lamp || ≃**entladungslaser** m / gaseous laser, gas laser || ≃**entwickler** m / gas generator || ≃**erzeuger** m / gas generator || ≃**feder** f / pneumatic spring || ≃**feld** n, Erdgaslagerstätte f (Bergb) / gas field, natural gas deposit, natural gas reservoir, natural gas reserve, gas producing formation || ≃**filter** n (ChT) / gas filter || ≃**flasche** f, Stahlflasche f (für Gas) / cylinder, gas cylinder n, steel cylinder || ~**förmig** / gaseous || ~**gefüllt** / gas-filled || ≃**gekühlter Reaktor** (Nukl) / gas-cooled reactor, GCR || ≃**generator** m / gas generator || ≃**griff** m, Gasdrehgriff m (Kfz) / twist-grip throttle || ≃**hahn** m / gas tap || ≃-**Hauptleitung** f, Hauptversorgungsleitung f, Gasleitung f, Hauptgasleitung f / gas main ||

≃**heizung** f / gas heating || ≃**herd** m (HG) / gas stove, gas cooker || ≃**hohlraum** m (Gussfehler) (Gieß) / blowhole, gas cavity, gas pocket, gas hole || ≃**hülle** f, Atmosphäre f (Geoph) / atmosphere || ≃**innendruckkabel** n / internal gas pressure cable, gas-filled internal pressure cable || ≃**kabel** n / gas cable || ≃**kocher** m (HG) / gas stove (portable) || ≃**kohle** f (Steinkohle mit 28-35 % flüchtige Bestandteile, Wassergehalt 1-3 %) (Ener, Geol) / bituminous coal (intermediate between subbituminous coal and anthracite in degree of coalification - contains between 15 and 35 percent volatile matter and usually has a moisture content of less than 3 percent), hard coal (GB), soft coal (US) || ≃**konstante** f (allgemeine o. spezielle) (Phys) / gas constant (universal or specific) || ≃**kraftwerk** n (Elek) / gas-fired power plant || ≃**lager** f, Erdgaslagerstätte f (Bergb) / gas field, natural gas deposit, natural gas reservoir, natural gas reserve, gas producing formation || ≃**lager** n, aerostatisches Lager (Masch) / gas bearing n, gas-lubricated journal bearing || ≃**lagerstätte**, Erdgaslagerstätte f (Bergb) / gas field, natural gas deposit, natural gas reservoir, natural gas reserve, gas producing formation || ≃**laser** m / gaseous laser, gas laser || ≃**leitung** f, Hauptversorgungsleitung f, Hauptgasleitung f / gas main || ≃**leitungsnetz** n / gas mains pl || ≃**maschine** f / gas engine || ≃**maske** f / gas mask, respirator (GB) || ≃**messer** m, Gaszähler m / gas meter, meter || ≃**motor** m / gas engine || ≃**netz** n, Gasleitungsnetz n / gas mains pl || ≃**nitrieren** n (Hütt) / ammonia nitriding, gas nitriding

Gasometer m (Niederdruckgasbehälter zum Abfangen von Erzeugungsspitzen in Gasnetzen eingesetzt, wenn Gasangebot und Gasverbrauch zeitlich variieren; besonders verbreitet in Stahlwerken, um Gichtgas zu speichern, sowie in Kokereien zur Speicherung des Kokereigases) / gas holder, gasometer

Gas•pedal n, Fahrpedal n (DIN) (Kfz) / accelerator, accelerator pedal, gas pedal (US), throttle pedal || ≃**chemische phasenabscheidung**, CVD-Verfahren n (Fert) / chemical vapour deposition, CVD, CVD process || ≃-**Plasma-Bildschirm** m, Plasmabildschirm (DV, TV) / plasma display, plasma screen, gas discharge display, gas-plasma display || ≃**pressschweißen** n (Schw) / pressure gas welding, PGW, gas pressure welding || ≃-**Pulver-Schweißen** n / gas powder welding || ≃**reinigungssystem** n / gas cleanup system || ≃**schmelzschweißen** n, Autogenschweißen n (Schw) / autogenous welding, oxyfuel gas welding, gas welding, OFW (oxyfuel welding), oxyfuel welding || ≃**schmelzschweißen mit Azetylen-Sauerstoff-Flamme** (Schw) / gas welding, oxyacetylene welding, OAW, oxyacetylene gas welding || ≃**[schutz]gerät** f, Atemschutzgerät n / breathing apparatus, respiratory protective device || ≃**schweißen** n, Autogenschweißen n (Schw) / autogenous welding, oxyfuel gas welding, gas welding, OFW (oxyfuel welding), oxyfuel welding || ≃**strom** m, Gasströmung f / gas flow || ≃**spürgerät** n / gas detector || ≃**strömung** f, Gasstrom m / gas flow || ≃**tank**, Gasbehälter m / gas tank

Gäste•toilette f (Bau, Sanitär) / half-bathroom (room with only a toilet and a sink), powder room ‖ ≈-WC n (Bau, Sanitär) / half-bathroom (room with only a toilet and a sink), powder room

Gas•turbine f / gas turbine ‖ ≈**turbinenkraft-werk** n (Elek) / gas turbine power station ‖ ≈**uhr** f, Gaszähler m / gas meter, meter ‖ ≈**-und-Dampf-Kombikraftwerk** n (Elek) / combined cycle gas turbine plant, CCGT plant, combined cycle power plant, CCPP ‖ ~**undurchlässig** / gastight, gasproof, gas-impervious ‖ ~**verdüsung** f (zur Pulverherstellung) (PM) / gas atomization ‖ ≈**wäsche** f, Nassentstaubung f (ChT) / gas scrubbing, wet particle collection ‖ ≈**wäscher** m (ChT) / scrubber, gas scrubber, wet scrubber, washer, gas washer, wet collector ‖ ≈**wechsel** m, Ladungswechsel m (Mot) / gas exchange ‖ ≈**zähler** m / gas meter, meter ‖ ≈**zementieren** n, Gasaufkohlen n (Stahl) (Hütt) / gas carburizing ‖ ≈**zustandsgleichung** f (Phys) / ideal gas law, ideal gas equation

Gate n, Steuerelektrode f, Zündelektrode f (des Thyristors) (Eltro) / gate, gate electrode ‖ ≈, Steuerelektrode f (bei Feldeffekttransistor) (Eltro) / gate (in an FET), gate electrode ‖ ≈, Flugsteig m (Luft) / gate ‖ ≈**anschluss** m, Steuerelektrode f (bei Feldeffekttransistor), Gateelektrode f (Eltro) / gate (in an FET), gate electrode ‖ ≈**array** n, Gatearray-Chip m (DV, Eltro) / logic array, gate array ‖ ≈**elektrode** f, Steuerelektrode f, Zündelektrode f (des Thyristors) (Eltro) / gate, gate electrode ‖ ≈**elektrode**, Steuerelektrode f (bei Feldeffekttransistor) (Eltro) / gate (in an FET), gate electrode ‖ ≈**strom** m, Steuerstrom m (am Gate von Transistor, Thyristor) (Eltro) / gate current ‖ ≈**way** n (DV, Tele) / gateway (device that connects networks using different communications protocols) ‖ ≈**-Widerstand** m (Eltro) / gate resistance

Gatter n (Verknüpfungsschaltung mit zwei o. mehr Eingängen und einem Ausgang), Logikgatter n (DV, Eltro) / gate, logic gate, logical element, logic element, logic unit ‖ ≈**array** n, ASIC (Chip, der für ein eng begrenztes Aufgabengebiet wie z.B. Waschmaschinensteuerung konzipiert ist, wobei Standardschaltkreise aufgabenspezifisch verbunden werden), anwendungsspezifischer Schaltkreis (Eltro) / application specific IC, semicustom IC, application-specific integrated circuit, ASIC

Gaubenfenster n, Dachgaubenfenster n (Bau) / lucarne, dormer, dormer window

Gauß•sche Verteilung, Normalverteilung f (Stat) / normal distribution, Gaussian distribution, normal statistical distribution ‖ ≈**sche Zahlenebene**, komplexe Zahlenebene (Math) / complex plane ‖ ≈**sche Zahlenebene** (grafische Darstellung) / Argand diagram

Gaußverteilung f, Normalverteilung f (Stat) / normal distribution, Gaussian distribution, normal statistical distribution

Gay-Lussac-Gesetz n, erstes Gay-Lussac-Gesetz (das Volumen idealer Gase ist bei gleichbleibendem Druck und gleichbleibender Stoffmenge direkt proportional zur Temperatur) (Phys) / Gay-Lussac's first law, Charles' law ‖ ≈, zweites Gay-Lussac-Gesetz (der Druck idealer Gase ist bei gleichbleibendem Volumen und

gleichbleibender Stoffmenge direkt proportional zur Temperatur) (Phys) / Gay-Lussac's second law ‖ ≈ (die Volumina mehrerer miteinander reagierender Gase stehen in einem einfachen ganzzahligen Verhältnis zueinander) (Chem) / combining-volumes principle, Gay-Lussac's law of volumes

Gay-Lussac-Humboldt-Gesetz (die Volumina mehrerer miteinander reagierender Gase stehen in einem einfachen ganzzahligen Verhältnis zueinander) (Chem) / combining-volumes principle, Gay-Lussac's law of volumes

g-Beschleunigungsprüfer, Rundlauf m (Luft, Raumf) / whirling arm

Gbm, Gebrauchsmuster n / utility model, petty patent

GByte n, Gigabyte n (DV) / gigabyte, GB

GCA n (Schlechtwetteranflugverfahren), bodengesteuerter Anflug (Luft) / GCA, talk-down, ground controlled approach ‖ ≈**-Anflug** m (Schlechtwetteranflugverfahren), bodengesteuerter Anflug (Luft) / GCA, talk-down, ground controlled approach ‖ ≈**-Landung** f (Schlechtwetteranflug-verfahren), bodengesteuerter Anflug (Luft) / GCA, talk-down, ground controlled approach

Gd, Gadolinium n (Chem) / gadolinium, Gd

GDT m (gas discharge tube), Gasableiter m (Gasentladungsröhre als Überspannungsableiter) (Elek) / gas discharge tube, GDT, gas tube arrester, GTA, gas discharge tube surge arrestor, gas discharge tube surge protector, GDT arrestor

Ge n, Germanium n (Chem) / germanium, Ge

Gebäude n (Bau) / building n, structure ‖ ≈**leittechnik** f (Leitrechner überwacht und steuert die Automatisierungsebene) (Elek, Regel) / building management system, BMS ‖ ≈**systemtechnik** f (Leitrechner nicht erforderlich) (Elek, Regel) / building automation system (controller elements are not central in location but are distributed throughout the system with each component sub-system controlled by one or more controllers), BAS ‖ ≈**technik** f / building services engineering (design, installation, operation and monitoring of the mechanical, electrical and HVAC systems of modern buildings), MEP (mechanical, electrical and plumbing) engineering (US), building engineering (US) ‖ ≈**technik**, technische Gebäudeausrüstung / ventilation, water, electrical and mechanical facilities, facilities equipment ‖ ≈**verteiler** (Kabel, Tele) / BD, building distributor ‖ ≈**zufahrt** m, Zufahrt f (Bau) / private access, driveway (US), drive (GB)

Geber m, Aufnehmer m (der die Messgröße erfasst u. meist die primäre Messgrößenwandlung - z.B. nichtelektrische, physikalische (z.B. Temperatur, Abstand, Druck) in elektrische Größe - durchführt) (Mess) / sensor, transducer (e.g. pressure transducer), sensing element ‖ ≈**drehmelder** m (Elek, Regel) / transmitter, synchro transmitter, selsyn transmitter, synchro generator, transmitter synchro, selsyn generator

Gebiet n, Region f, Gegend f / area, region ‖ ≈, Fachgebiet n / field

Gebinde n, Verpackung f (Verp) / package

Gebläse n (Verdichter mit Druckverhältnis Enddruck zu Ansaugedruck bis ca. 3,0 zur Erzeugung eines Gasstroms o. Absaugung u. Verdichtung von Gasen) / blower, duct fan, ducted fan, fan || ~, Kühlgebläse f (bei luftgekühltem Motor) (Mot) / fan, cooling fan || ~, Ventilator m / fan (e.g. in tumble dryer) || ~kühlung f (Kfz, Masch) / fan cooling || ~rad, Laufrad n / impeller, fan wheel || ~rad n, Fan-Laufrad n, Bläser m (in einem Bläsertriebwerk) (Luft) / fan (in a fanjet)

gebogen, bogenförmig, gekrümmt, krumm / curved

gebrannt•er Gips, Baugips m (Bau) / plaster of Paris (US: of paris), calcined gypsum || ~er Kalk, Branntkalk m (Bau) / burnt lime, lime, caustic lime, quicklime, unhydrated lime || ~e o. kalzinierte Magnesia, Magnesiumoxid n (MgO) (Chem) / magnesia, magnesium oxide

Gebrauch m, Benutzung f / use n, employment || ~, Anwendung f / application || ~, Handhabung f (z.B. eines Geräts), Bedienung f / handling

gebrauchen, einsetzen, anwenden / employ, use

gebräuchlich / common, commonly used, in common use

Gebrauchs•anleitung f / instructions for use, directions for use || ~anweisung f / instructions for use, directions for use || ~fähigkeit f, Gebrauchstauglichkeit f (QM) / fitness for use || ~fertig / ready for use, ready-made || ~güter n pl (langlebige Konsumgüter, z. B. Waschmaschinen, Kühlschränke) / consumer durable goods, [consumer] durables pl || ~muster n / utility model, petty patent || ~musterschutz m / protection of utility models || ~tauglichkeit f, Gebrauchsfähigkeit f (QM) / fitness for use || ~temperatur f (von Werkstoffen) (Mater) / service temperature, operating temperature

gebraucht / used (e.g. car)

gebrochen•e Kante, Fase f, abgeschrägte Kante, abgefaste Kante / chamfer n || ~e rationale Funktion (Math) / fractional rational function

Gebühr f, Rundfunkgebühr f (Radio, TV) / licence fee

Gebühren•abrechnung f (Tele) / billing || ~anzeige f, Übermitteln n von Tarifinformation (Tele) / advice of charge, AoC || ~anzeiger m (Tele) / charge indicator, charge meter || ~erfassung f (Tele) / call accounting || ~erfassungseinrichtung f (Tele) / call-accounting system || ~frei, kostenlos adj / f.o.c., free of charges || ~information f, Übermitteln n von Tarifinformation (Tele) / advice of charge, AoC || ~zähler m (Tele) / charge indicator, charge meter

gebunden [an], unterworfen, abhängig [von] / subject adj [to]

gedacht [für] (z.B. Gerät) / intended [for], designed [for]

gedämpfte Schwingung (Phys, Techn) / damped oscillation

gedeckter Güterwagen (Bahn) / boxcar (US), van (GB), goods van (GB)

gedruckte Schaltung (Eltro) / printed circuit, pc, PC

gedrückt (Taste) / depressed || ~ halten / hold down (e.g. a key, mouse button), keep depressed || ~e Länge (Projektion des Walzbogens auf die gedachte Mittellinie des Walzguts) (Walz) / contact length

geeignet [für] / suitable [for], appropriate [for o. to] || ~, angemessen, ausreichend / adequate || ~, richtig / right

Gefahr f / danger, hazard || ~, Gefahrenmoment n (Umstand o. Gegenstand, der eine Gefahr darstellt) / hazard (e.g. floods and earthquakes are natural hazards; global warming constitutes a man-made hazard) || ~, Risiko n / risk

gefährden / jeopardize (e.g. somebody's life, position, chances) || ~, aufs Spiel setzen / put at risk (e.g. the president was accused of putting at risk the safety of the gas supplies)

Gefährdung f / endangering, jeopardizing || ~, Gefahr f / danger || ~, Riskieren n / putting at risk

Gefahren•bereich m / danger area || ~meldeanlage f / alarm system || ~verhütung f / hazard prevention

Gefahrguttransport m (Trans) / transport of dangerous goods, hazardous material transport, dangerous goods transport

gefährlich / dangerous || ~, gefährdend, mit Gefahr[en] verbunden / hazardous || ~e Abfälle / hazardous waste || ~e [o. zu hohe] Berührungsspannung (Elek) / shock-hazard voltage || ~er Körperstrom (Elek) / shock current || ~e Stoffe m pl (Umw) / hazardous substances

gefahrlos (z.B. Betrieb) / safe (e.g. operation)

Gefahrstoff m / hazardous material, hazardous substance, dangerous substance

gefälscht, vorgetäuscht / counterfeit adj, fake, sham, spurious

gefaste Schneide (Wzm) / chamfered cutting edge

gefedert, unter Federspannung (o. -druck) / spring-loaded

gefertigt, nach Kundenwunsch o. individuell ~, kundenspezifisch / custom-designed, custom-made, custom

Gefrierbeutel m (Verp) / freezer bag

gefrieren vi (allg, Nahr, Phys) / freeze (water, meat)

Gefrier•fach n (HG) / freezer, deep-freeze compartment, freezing compartment || ~gut n (Nahr) / frozen food[s] || ~punkt m (Phys) / freezing point || ~schrank m / freezer (upright), deep-freeze n, deep freezer || ~trockner m / freeze-drier || ~trocknung f / freeze drying, lyophilization, cryodesiccation || ~truhe f (HG) / freezer (chest-type), chest freezer, deep-freeze (chest-type), chest-type freezer, deep-freeze n (chest-type)

Gefüge n, Struktur f / structure n || ~, Mikrostruktur f (Mater) / microstructure || ~ (Verhältnis von Schleifkörnern, Bindung und Porenraum im Schleifkörper), Struktur f (Wzm) / structure, wheel structure (measured on a numerical scale)

Gegen•... (z.B. Gegenwirkung, Gegenstrom), entgegengesetzt / counter... (e.g. countereffect, counterflow) || ~... (als Gegenstück passend, z.B. Zahnflanke, Flansch) / mating || ~ausleger m (Förd) / counterjib || ~betrieb m, Vollduplex-Betrieb m (gleichzeitige Übertragung in beide Richtungen) (Tele) / full duplex, duplex operation, duplex n, duplexing, duplex mode

Gegendruck m (Techn) / back pressure, counterpressure || ~dampfturbine f / back pressure [steam] turbine || ~turbine / back pressure [steam] turbine

gegeneinander auswechselbar, gegenseitig
ersetzbar / interchangeable ‖ **~ versetzen**,
staffeln, versetzt anordnen / stagger, arrange
in alternations
Gegen•elektrode f (Elek) / counterelectrode ‖
~elektromotorische Kraft (Elek) /
counterelectromotive force, counter EMF,
CEMF, back electromotive force, back EMF,
b.e.m.f. ‖ **~-EMK** f (Elek) /
counterelectromotive force, counter EMF,
CEMF, back electromotive force, back EMF,
b.e.m.f. ‖ **~fläche** f / opposite surface ‖
~fläche (Gegenstück zu einer anderen, z.B.
bei Passungen) / mating surface ‖ **~flansch** m /
mating flange, companion flange ‖ **~gewicht** n
(Brücke, Kran, Gabelstapler) / counterweight
‖ **~gewicht**, Ausgleichsgewicht n / balance
weight, counterbalance n, balancing weight,
counterweight, counterbalance weight,
counterbalancing weight, counterpoise ‖ **~gift**
n (Pharm) / antidote, counterpoison ‖
~haltedruck m / counterpressure ‖ **~halter** m
(beim Drücken von Hohlkörpern) (Wzm) /
clamp, tailstock ‖ **~halter**, Nietstempel m
(zum Nietschlagen) / dolly, holding-up
hammer, holder-up ‖ **~halter** (bei
Fräsmaschine) (Wzm) / steady (in milling
machine) ‖ **~halter** (bei Stanzmaschine)
(Fert) / pressure pad ‖ **~hypothese** f (Stat) /
alternative hypothesis ‖ **~induktivität** f (Elek)
/ mutual inductance ‖ **~kathete** f (in einem
rechtwinkligen Dreieck die einem
Hypotenusenwinkel, z.B. α,
gegenüberliegende Kathede) (Math) / side
opposite to α ‖ **~kopplung** f (Eltro, Radio) /
negative feedback, degeneration,
degenerative feedback, reverse feedback,
stabilized feedback, inverse feedback ‖
~kopplung (Regel) / degeneration, negative
feedback, degenerative feedback, reverse
feedback, stabilized feedback, inverse
feedback ‖ **~kraft** f / counterforce,
counteracting force ‖ **~lauffräsen** n (Fert) /
conventional milling, up milling
gegenläufig / opposed, working in opposite
direction ‖ **~** / contradirectional ‖ **~**
(drehend) / counter-rotating, rotating in
opposite directions ‖ **~er Propeller** (Luft) /
counter-rotating propeller
Gegen•lichtblende f, Sonnenblende f (Film, Foto,
Opt) / lens hood, sunshade, lens shade ‖
~mittel n, Antidot n (Pharm) / antidote,
counterpoison ‖ **~mutter** f, Kontermutter f /
jam nut, lock nut, check nut ‖
~parallelschaltung (Eltro) / antiparallel
connection ‖ **~phasig**, in Gegenphase (Eltro,
Tele) / in phase opposition ‖ **~rad** n (Zahnrad)
/ mating gear ‖ **~schlaghammer** m (Schm) /
counterblow hammer
gegenseitig / mutual ‖ **~e Beeinflussung**,
Wechselwirkung f (zwischen A und B) /
interaction (of A with B) ‖ **~e Blockierung**,
Deadlock (DV) / deadlock ‖ **~ ersetzbar**,
gegeneinander auswechselbar /
interchangeable ‖ **~e Induktion** (Elek) /
mutual induction ‖ **~e Induktivität** (Elek) /
mutual inductance
gegen•sinnig (parallel) / in the opposite
direction ‖ **~spannung** f (Elek) /
counterelectromotive force, counter EMF,
CEMF, back electromotive force, back EMF,
b.e.m.f.

Gegenstand m, Objekt n (allg, DV, Opt) / object n
‖ **~** (z.B. eines Artikels, Films, Buchs,
Vertrags), Inhalt m, Stoff / subject matter ‖ **~**
(einer Diskussion, Studie, der Forschung) /
subject
Gegenstands•ebene f (Opt) / object plane ‖
~hauptebene f, dingseitige Hauptebene (Opt)
/ frontal principal plane ‖ **~punkt** m (Opt) /
object point ‖ **~träger** m (Mikros) / microscope
slide, specimen slide, slide ‖ **~weite** f (Opt) /
object distance
Gegenstrahlung, atmosphärische ~ /
counterradiation
Gegenstrom•bremse f (Elek) / countercurrent
brake ‖ **~bremse** (Elek) s.a. Nutzbremse ‖
~bremsung f (Elek) / countercurrent braking,
plugging (an electric motor) ‖ **~bremsung**
(Elek) s.a. Nutzbremsung ‖ **~kühler** m /
countercurrent cooler ‖ **~zentrifugation** f,
Aufschlämmen n, Elutriation f (Aufb, ChT) /
elutriation (process of separating the lighter
particles of a powder from the heavier ones by
means of an upward directed stream of fluid)
Gegenstück n / counterpart, mating part
Gegentakt•-B-Endstufe f (Eltro) / class B
push-pull amplifier ‖ **~durchflusswandler** m
(Elek, Eltro) / push pull converter
Gegen•uhrzeigersinn m / counterclockwise
direction ‖ **~verkehr** m / oncoming traffic,
opposing traffic
gegenwärtig, jetzig, aktuell (z.B. Ereignisse,
Projektstand) / current ‖ **~** (örtlich u. zeitlich)
/ present
Gegenwind m (Kfz, Luft) / headwind
gegossen (Gieß) / cast ‖ **~** (Räder aus
Leichtmetall) (Kfz) / diecast (aluminum
wheel)
Gehalt m (z.B. an Fetten, Schadstoffen, Gas) /
content (e.g. of fats, pollutants, gas) ‖ **~** n
(Bezahlung) / salary ‖ **~ an Radioaktivität** /
level of radioactivity ‖ **~ in Prozenten** /
percentage
gehärtet (z.B. Stahl) (Techn) / hardened ‖ **~**
(Glas) / toughened ‖ **~e Randschicht** (von
Stahl) (Hütt) / case (outer skin of hardened
steel), casing ‖ **~e Randzone** (von Stahl)
(Hütt) / case (outer skin of hardened steel),
casing
Gehäuse n (Masch) / housing, casing, case ‖ **~** /
case (e.g. of watch, PC) ‖ **~** (für Wasch- o.
Spülmaschine, Herd, Kühlschrank,
Fernsehgerät, Lautsprecher usw.) / cabinet ‖
~, Umhüllung f (zum Schutz eines
Betriebsmittels o. Geräts gegen bestimmte
äußere Einflüsse und direktes Berühren)
(Elek) / enclosure ‖ **~** (Eltro) / package,
packaging (for ICs etc) ‖ **~** n, Kameragehäuse
n (Foto) / camera body ‖ **~scheibe** (Lager)
(Masch) / housing locating washer
gehen, laufen (Uhr) / go (clock), run ‖ **~**,
arbeiten, funktionieren (Techn) / operate vi,
work, function vi, run
Gehölzkunde f, Dendrologie f / dendrology
Gehör•..., akustisch adj, Schall... / acoustic,
acoustical adj ‖ **~messung** f, Audiometrie f
(Akust, Med) / audiometry ‖ **~schutz** m / ear
protection ‖ **~schutz**, Kapselhörschützer m pl
/ ear defenders, ear muffs pl ‖ **~schutzstöpsel**
m / earplug
Gehre f / miter joint (US), mitre joint (GB)
Gehrlade f, Gehrungsschneidlade f / mitre box
Gehrung f / miter (US), mitre (GB)

Gehrungs•säge f (Wz) / mitre saw ‖ ~,
elektrische ~säge (Wz) / power miter saw,
drop saw, chop saw ‖ ~**schneidlade** f / mitre
box ‖ ~**stoß** m / miter joint (US), mitre joint
(GB) ‖ ~**verbindung** f / miter joint (US), mitre
joint (GB)

Geh•steig m (Straß) / pavement (GB), footway
(GB), sidewalk (US) ‖ ~**weg** m (Straß) /
pavement (GB), footway (GB), sidewalk (US)

Geiger•-Müller-Zähler m (Nukl, Radiol) / Geiger
counter, Geiger-Müller counter, G-M counter
‖ ~**zähler** m (Nukl, Radiol) / Geiger counter,
Geiger-Müller counter, G-M counter

γ-**Eisen** n, Austenit m (Hütt) / austenite, gamma
[phase]

gekapselt (Elek) / enclosed

gekerbt / notched

gekoppelt, verbunden (Masch) / connected

gekreuzter Riementrieb / crossed belt drive

gekröpft / cranked, offset

geladen (positiv o. negativ) (Phys) / charged ‖ ~
(Elek) / charged ‖ ~ (Foto, Waffe) / loaded

Gelände•fahrrad n, Mountainbike n (Fahrrad) /
mountain bike, MTB ‖ ~**fahrzeug** n,
Geländewagen m (Kfz) / off-road vehicle (car)
‖ ~**motorrad** n (Kfz) / off-road motorcycle,
off-road bike

Geländer n, Treppengeländer n (Bau) / railing,
banister, balusters, banisters pl, balustrade (of
staircase), bannister ‖ ~ (zur
Absturzsicherung oder Personenführung) /
guard rail ‖ ~**sprosse** f, Füllstab, Geländerstab
m (Bau) / baluster, banister, bannister ‖ ~**stab**
m, Füllstab (Bau) / baluster, banister, bannister

Gelände•verkabelung f (in der strukturierten
Verkabelung) (Kabel, Tele) / campus wiring ‖
~**wagen** m (Kfz) / off-road vehicle (car)

gelangen (z.B. Schmutz ist in den Motor gelangt)
/ get (e.g. dirt got into the engine)

Gelatine f (Chem, Nahr, Pharm) / gelatin[e] ‖
~**kapsel** f / gelatin[e] capsule

gelbes Licht (Verk) / amber light

Gelb n (Techn) / joint ‖ ~**arm** m (Anlassfarbe - bis 230 °C) (Hütt) / dark
straw ‖ ~**kreuz[gas]** n, Senfgas n
(Bis-(2-chlorethyl)sulfid - chemischer
Kampfstoff) (Chem) / dichlorodiethyl sulfide
(or sulphide), mustard gas

Gelchromatographie f (Chem) / gel
chromatography, exclusion chromatography,
gel permeation chromatography, gel-filtration
chromatography, liquid exclusion
chromatography, LEC

Geld•ausgabeautomat m, Bankautomat m (DV)
/ automatic-teller machine, automated teller
machine, ATM, automated teller, cash
dispenser, cash machine, money machine ‖
~**automat** m, Bankautomat m (DV) /
automatic-teller machine, automated teller
machine, ATM, automated teller, cash
dispenser, cash machine, money machine

gelegen, angebracht, positioniert / located [in, at,
on] ‖ ~ **sein**, liegen, sich befinden / be, be
located, be situated

Gelegenheit f (günstiger, passender Umstand,
Zeitpunkt) / opportunity ‖ ~, Anlass m /
occasion ‖ ~, günstiges Angebot (Wirtsch) /
bargain

Gelenk n (Techn) / joint ‖ ~**arm** m / articulated
arm, articulated bracket ‖ ~**bolzen** m / hinge
pin, hinge bolt, pintle ‖ ~**bus** m (Kfz) /
articulated bus ‖ ~**getriebe** n (Mech) / linkage
(having only turning and sliding pairs) ‖
~**kette** / sprocket chain, pitch chain, pintle

chain, flat-top chain ‖ ~**koordinaten** f pl
(Masch) / joint coordinates ‖ ~**kopf** m
(bestehend aus einem Stangenkopf und einem
wartungsfreien Gelenklager) (Masch) / rod end
(comprising a housing with an integral shank
and a maintenance-free spherical plain
bearing) ‖ ~**lager** n / spherical plain bearing ‖
~**roboter** m / articulated arm robot, articulate
robot, jointed arm robot ‖
~**spindelbohrmaschine** f / articulated spindle
drilling machine ‖ ~**verbindung** f, Gelenk n /
joint, articulation ‖ ~**welle** f (allg, Masch) /
jointed shaft, universally jointed shaft ‖
~**welle**, Kardanwelle f (Welle mit Kreuz- bzw.
Kardangelenken) (Masch) / cardan shaft ‖
~**welle** (bei Fahrzeugen mit Frontmotor u.
Hinterradantrieb zwischen Wechselgetriebe u.
hinterem Achsgetriebe), Kardanwelle (Kfz) /
propeller shaft, drive shaft

gelernt (Arbeiter), ausgebildet / skilled

Gelfiltration f, Gelchromatographie f (Chem) /
gel chromatography, exclusion
chromatography, gel permeation
chromatography, gel-filtration
chromatography, liquid exclusion
chromatography, LEC

gelocht, perforiert / perforated (with holes)

gelöschter Kalk, Calciumhydroxid n (Bau) /
calcium hydrate, hydrated lime, calcium
hydroxide, slaked lime, lime hydrate

Gelpermeations-Chromatographie f (Chem) / gel
chromatography, exclusion chromatography,
gel permeation chromatography, gel-filtration
chromatography, liquid exclusion
chromatography, LEC

gelten [für] / apply [to] ‖ ~ [für], zutreffen [für] /
hold good for (e.g. The general laws of nature
are to be expressed by equations which hold
good for all systems of co-ordinates) ‖ ~,
zutreffend sein / be true (e.g. This is
particularly true if the database has undergone
a number of updates; The same considerations
are true if we take ...) ‖ ~ [als] / be regarded
[as] (e.g. she is regarded as an able engineer)

Geltungsbereich m / scope, coverage, area of
application ‖ ~ (in der Programmierung) (DV)
/ scope (of application) ‖ ~,
Anwendungsbereich m (einer Norm) / scope
(of a standard)

gemäß, entsprechend, in Übereinstimmung mit /
in accordance with

gemeiner Logarithmus, Logarithmus Basis 10
(Math) / common logarithm, Briggs' logarithm,
decimal logarithm

Gemeinkosten pl (Wirtsch) / overheads pl,
overhead costs pl ‖ ~**zeit** f, Leerlaufzeit f,
unproduktive Zeit (IE) / idle time,
nonproductive time

gemeinsam (mehreren gehörend, zugeordnet),
gemeinschaftlich / common (property,
interests, water supply system) ‖ ~ (von
mehreren unternommen o. betrieben) / joint
(e.g. efforts, research facility, development of
mobile handsets) ‖ ~ (z.B. Drucker, Speicher,
Verzeichnis), gemeinsam genutzt / shared (e.g.
printer, memory, directory) ‖ ~ **benutzen** /
share vt ‖ ~ **genutzt**, gemeinsam (z.B.
Drucker, Speicher, Verzeichnis) / shared (e.g.
printer, memory, directory) ‖ ~ **nutzen** / share
vt ‖ ~**er Speicher** (DV) / shared memory ‖ ~
verkaufen, bündeln (z.B. Hardware mit
Software) / bundle

Gemeinschafts•antenne f, Gemeinschafts-antennenanlage f (Radio, TV) / master antenna TV system, MATV system || ²**antennenanlage** f (Radio, TV) / master antenna TV system, MATV system || ²**antennenanlage** (satellitengestützt) (Radio, TV) / satellite master antenna television system, SMATV system

Gemenge n (Chem) / heterogeneous mixture, mechanical mixture || ² n (Glas) / batch, charge

gemietete Leitung, Standleitung f (Tele) / dedicated line, dedicated circuit, leased line, leased circuit, private line, fixed circuit, point-to-point circuit

Gemisch n, Mischung f / mixture, mix n || ² (homogen, untrennbar) / blend || ²**bildung** f (Mot) / mixture formation || ²**entflammung** f, Entflammen n (des Luft-Kraftstoff-Gemischs) (Kfz) / ignition || ²**schmierung** f / oil-in-gasoline lubrication

gemischt•er Bruch (Math) / mixed number (e.g. 2 3/4) || ²**e Zahl** (Math) / mixed number (e.g. 2 3/4)

Gemischtbasisschreibweise f (Math) / mixed-base notation, mixed-radix notation

genau (z.B. Zahlen, Analyse, Nachbildung, Kenntnisse, Definition), exakt / exact (e.g. figures, analysis, replica, knowledge, definition) || ~ (z.B. Angaben, Anweisungen, Messungen, Diagramm, Beschreibung), präzis / precise (e.g. details, instructions, measurements, diagram, description) || ~ (fehlerfrei) / accurate (clock, map, scales, statistics, measurements, results, calculations, translation) || ~, empfindlich (Messgerät, Thermometer, Film, Nachweisverfahren, Sprengstoff) (Instr, Mess) / sensitive (e.g. measuring instrument, thermometer, film, detection methods, explosive) || ~ / close (e.g. investigation, control of temperature and humidity) || ~, streng / strict (e.g. conformance to applicable standards) || ~, gründlich, gewissenhaft / accurate (worker, observer, observations), meticulous || ~ **einstellen** (Opt) / collimate (a telescope) || ~ **einstellen**, justieren (Instr) / adjust (instruments, settings very accurately), fine-adjust || ~ **entgegengesetzt o. gegenüber**, diametral / diametric (e.g. opposites, differences), diametrical

Genauigkeit f s. a. genau || ² (allg) / accuracy (e.g. typing accuracy, accuracy of a weapon system, of pressure gauges) || ², Exaktheit f / exactness, exactitude || ² (Grad der Übereinstimmung der Ergebnisse von Messungen, Beobachtungen, Berechnungen oder Schätzungen mit den wahren Werten - verschieden von u. vgl. Präzision) (Mess) / accuracy (extent to which the results of a calculation or the readings of an instrument approach the true values of the calculated or measured quantities - different from/cf. precision) || ², Empfindlichkeit f (z.B. einer Waage) / sensitivity || ² (z.B. 8-Bit Genauigkeit), Bitgenauigkeit f (DV) / bit precision (e.g. 8 bit precision)

Genauschmieden n (Schm) / precision forging

genehmigen (z.B. Bauantrag, Urlaubsantrag, Geldauszahlung durch Behörde, Vorgesetzte, zuständige Gremien etc.) / approve

Genehmigung f, Erlaubnis f, Einwilligung f / permission (e.g. to use copyrighted material by

copyright owners) || ², offizielle Erlaubnis / authorization (e.g. Congressional authorization for use of military force) || ² (z.B. von Bauantrag, Urlaubsantrag, Geldauszahlung durch Behörde, Vorgesetzte, zuständige Gremien etc.) / approval || ² (amtliche und schriftliche Bescheinigung, z.B. Arbeitsgenehmigung) / permit (e.g. work permit) || ², Berechtigung f / authorization (e.g. for use of computing resources; to access selected data)

Generalunternehmer m (Wirtsch) / general contractor

Generation f (allg, DV, Eltro, Phys) / generation

Generator m, Stromgenerator m (Elek) / generator, electric generator, power generator || ², Lichtmaschine f (ugs.), Drehstromgenerator m (Kfz) / alternator, AC generator || ²**regel** f, Rechte-Hand-Regel f (zur Bestimmung der Richtung des induzierten Stromes in einem im magnetischen Feld bewegten Leiter) (Elek) / right hand rule

generieren (DV) / generate

genetischer Fingerabdruck / genetic fingerprint

Genfer Schema (zur Arbeitsbewertung) / Geneva scheme

Genin n (Chem) / aglycone, genin

Gentechnik f / genetic engineering

genügen, ausreichen[d sein] / be enough, be sufficient || ~ (den Anforderungen, Kriterien) / fulfil, satisfy, meet (the requirements, criteria) || ~ (Normen) / comply with (standards) || ~ (einer Gleichung) (Math) / fit (an equation)

genügend, ausreichend / sufficient

geodätischer Druck (Phys) / geodetic pressure

Geo•dreieck n (Zeichengerät) (Math, Zeich) / set square, triangle (US) || ²**elektrik** f (Geoph) / geoelectricity

Geografie f / geography

geografische Fläche / geographic area

Geokunststoffe m pl (Bau) / geosynthetics

Geologie f / geology

Geomagnetismus m, Erdmagnetismus m (Geoph) / terrestrial magnetism, geomagnetism (the earth's magnetic field and associated phenomena)

Geometrie f / geometry

geometrisch / geometric, geometrical || ~**e Addition**, Vektoraddition f (Math, Mech) / vector addition || ~**e Datenverarbeitung** (DV) / geometric data processing || ~**e Dichte**, Rohdichte f (eines porösen Festkörpers) / bulk density || ~**e Fahrachse** (durch die Radstellung der Hinterräder gebildet) (Kfz) / thrust line || ~**e Folge o. Progression** / geometric progression || ~ **ideale Oberfläche** / nominal surface || ~**es Mittel**, geometrischer Mittelwert (Math) / geometric average, geometric mean || ~**e Oberfläche**, geometrisch ideale Oberfläche / nominal surface || ~**e Optik**, Strahlenoptik f (Ggs.: Wellenoptik) / geometrical optics sg || ~**er Ort** (Math) / locus (pl. loci), geometric locus || ~**e Ortslinie** (Math) / locus (in plane geometry) || ~**e Reihe** (Math) / geometric series

geordnet•e Deponie (Umw) / landfill n, sanitary landfill (US), authorized landfill || ~**e Mülldeponie** (Umw) / landfill n, sanitary landfill (US), authorized landfill

geostationär (Raumf, Tele) / geostationary, geosynchronous || ~**e Umlaufbahn**,

Synchronbahn *f* (in 35 786 km Höhe) (Raumf) / GEO (geostationary earth orbit), GSO (geostationary satellite orbit), geostationary earth orbit, geostationary orbit, geosynchronous orbit, geostationary satellite orbit, synchronous orbit

Geo•strom *m* (Elek) / geothermally generated electrical power ‖ **~synchrone Umlaufbahn**, Synchronbahn *f* (in 35 786 km Höhe), geostationäre Umlaufbahn (Raumf) / GEO (geostationary earth orbit), GSO (geostationary satellite orbit), geostationary earth orbit, geostationary orbit, geosynchronous orbit, geostationary satellite orbit, synchronous orbit ‖ ≗**synthetics** *n pl* (Bau) / geosynthetics ‖ **~thermal**, Erdwärme..., geothermisch / geothermal, geothermic

Geothermie *f* (ingenieurtechnische Beschäftigung mit der Erdwärme) / geothermal technology ‖ ≗ (wissenschaftliche Untersuchung der thermischen Situation des Erdkörpers) / geothermal science ‖ ≗, Energie *f* aus Erdwärme / geothermal energy, geothermal power

Geothermik *f*, Geothermie *f* (wissenschaftliche Untersuchung der thermischen Situation des Erdkörpers) / geothermal science

geothermisch, Erdwärme..., geothermal / geothermal, geothermic ‖ **~e Energie**, Energie *f* aus Erdwärme / geothermal energy, geothermal power ‖ **~es Feld** / geothermal field ‖ **~es Kraftwerk**, Erdwärmekraftwerk *f* (Elek) / geothermal power plant

Gepäck *n* / baggage (US), luggage (GB) ‖ ≗**abfertigung** *f* (Luft) / baggage handling ‖ ≗**ausgabe** *f*, Gepäckausgabebereich *m* (Luft) / baggage claim area, baggage claim facility, BCF (baggage claim facility) ‖ ≗**ausgabeband** *n* (Luft) / baggage claim conveyor ‖ ≗**ausgabebereich** *m* (Luft) / baggage claim area, baggage claim facility, BCF (baggage claim facility) ‖ ≗**band** *n* (Luft) / baggage conveyor ‖ ≗**container** *m* (Luft) / baggage container ‖ ≗**förderanlage** *f* (Luft) / baggage handling system ‖ ≗**kontrollanlage** *f* (Luft) / baggage screening system ‖ ≗**kontrolle** *f* (Luft) / baggage screening ‖ ≗**netz** *n* / rack, luggage rack ‖ ≗**raum** *m*, Stauraum *m* (Bahn) / luggage compartment, luggage space, baggage compartment ‖ ≗**sortieranlage** *f* (Luft) / baggage sorting system ‖ ≗**tasche** *f* (Kfz) / saddlebag, pannier (for motorcycles) ‖ ≗**taschen** *f pl*, Fahrradtaschen *f pl*, Gepäckträgertaschen *f pl* (Fahrrad) / panniers *pl* ‖ ≗**träger** *m*, Dachgepäckträger *m* (Kfz) / luggage rack, roof carrier, roof rack ‖ ≗**träger** (Fahrrad, Kfz) / luggage carrier, rack, luggage rack ‖ ≗**trägertaschen** *f pl*, Fahrradtaschen *f pl* (Fahrrad) / panniers *pl* ‖ ≗**waage** *f* (Luft) / baggage scale ‖ ≗**wagen** *m* (Bahn) / luggage van (GB), baggage car (US) ‖ ≗**wagen**, Kofferkuli *m* (Bahn, Luft) / baggage cart, luggage cart, trolley

gepanzert (z.B. Kabel, Fahrzeug) / armored (US), armoured (GB) ‖ **~es Fahrzeug** (Kfz) / armoured car

gepolstert (z.B. Armaturenbrett) / padded

gepolt, in Durchlassrichtung ~, in Durchlassrichtung vorgespannt, in Vorwärtsrichtung betrieben (Eltro, Phys) / forward biased ‖ **in Sperrichtung ~** (Eltro, Phys) / reverse biased

gequollen / swollen [up]

gerade, geradlinig / straight *adj*, straight-lined ‖ **~ Funktion** *f* (Math) / even function ‖ **~r Kegel** (Math) / right cone ‖ **~r kreisförmiger Kegel** (Math) / right circular cone ‖ **~r Kreiskegel** (Math) / right circular cone ‖ **~r Kreiskegelstumpf** (Math) / truncated right circular cone ‖ **~r Kreiszylinder** (Math) / right circular cylinder ‖ **~s Prisma** (Math) / right prism ‖ **~ Pyramide** (Math) / right pyramid ‖ **~ Zahl** (Math) / even number ‖ **~r Zylinder** (Math) / right cylinder

Gerade *f* (Math) / straight line ‖ ≗**-gerade-Kerne** *m pl* (Kerne mit gerader Protonen- u. gerader Neutronenzahl) (Nukl) / even-even nucleus ‖ ≗**laufwächter** *m* (für Gurte eines Bandförderers) (Förd) / belt alignment monitor, off-track detector

Geraden•gleichung *f* (Math) / equation of a straight line, straight-line equation ‖ **allgemeine ≗gleichung** (Math) / general equation (of a straight line), general form (of a straight-line equation: ax + by + c = 0) ‖ ≗**interpolation** *f* (NC) / linear interpolation

Geradführungen *f pl* (Wzm) / ways *pl*, slide ways, guideways

Geradheit *f* (Gestaltparameter) / straightness (degree to which a part feature is a straight line)

geradlinig, gerade / straight *adj*, straight-lined ‖ **~** (Bewegung) / rectilineal, straight-line, rectilinear

Gerad•stirnrad *n*, Stirnrad *n* (mit Geradverzahnung) / spur gear ‖ ≗**stirnrädergetriebe** *n* / spur gears, spur gearing ‖ ≗**zahn** *m* (Masch) / straight tooth

Gerät *n* (eher kleiner, typischerweise elektronisch o. elektrisch) / device ‖ ≗ (eher komplex, mit spezieller Funktion) / apparatus (e.g. breathing apparatus) ‖ ≗ (z.B. Radio-, Fernsehgerät) (Radio, TV) / set ‖ ≗, Haushaltsgerät *n* / household appliance (e.g. refrigerator, washing machine, or toaster), domestic appliance, appliance, electric appliance ‖ ≗, Messgerät *n* / instrument ‖ ≗ (DV) / device (eg. printer, mouse, modem, disk drive) ‖ ≗ (Landw) / tool, implement ‖ ≗**e** *npl*, Apparatur *f* (Kombination mehrerer Apparate) / apparatus (e.g. fire-fighting apparatus) ‖ ≗**e**, technische Ausstattung (Masch) / equipment

Geräte•hersteller *m* / equipment manufacturer ‖ ≗**kabel** *n* (Elek) / appliance cord ‖ ≗**prüfung** *f* (DV) / hardware check ‖ ≗**schuppen** *m* (Landw) / machinery shed, utility shed ‖ ≗**steckdose** *f* (Elek) / connector (plug receptacle of appliance), socket ‖ ≗**stecker** *m* (Elek) / connector, appliance plug ‖ ≗**steuerung** *f* (DV) / device control ‖ ≗**treiber** *m* (DV) / driver, device driver

Geräusch *n* / sound ‖ ≗ (unangenehm o. unerwünscht) / noise ‖ ≗**abstand** *m*, Nutzsignal-Störsignal-Verhältnis *n* (Eltro) / signal-to-noise ratio, noise ratio, signal-noise ratio, S/N ratio, SNR ‖ **~arm** (z.B. Maschine, Drucker) / low-noise... *attr*, quiet ‖ ≗**dämpfer** *m* / sound damper, sound absorber ‖ ≗**emission** *f* (Umw) / noise emission ‖ **~los** (Akust, allg) / noise-free, noiseless, silent ‖ ≗**messung** *f* / noise measurement ‖ ≗**pegel** *m*, Lärmpegel *m* (allg, Umw) / noise level, level of surrounding noise ‖ ≗**spannungsabstand** *m*, Nutzsignal-Störsignal-Verhältnis *n* (Eltro) /

signal-to-noise ratio, noise ratio, signal-noise ratio, S/N ratio, SNR
gerben (Leder) / tan
gereinigtes Erdwachs, Ceresin *n* (ChT) / ceresin, ceresine
gerichtet•e Erstarrung (Gieß) / directional solidification ‖ **einseitig ~** (Eltro) / unidirectional
gering, niedrig (Temperatur, Druck, Produktion, Verbrauch, Preis, Wert) / low ‖ **~,** klein (Menge, Betrag, Problem) / small ‖ **~,** wenig (Interesse, Hoffnung, Aufwand) / little ‖ **~** (Bedeutung, Möglichkeit) / slight ‖ **~,** geringfügig (Schaden, Änderungen) / minor ‖ **~,** unzulänglich (Qualität, Leistung, Kenntnisse) / poor ‖ **~** (Niederschläge) / light (rainfall) ‖ **~er werden,** nachlassen *vi*, sich verringern / decrease *vi*, drop, diminish, subside
geringfügig, vernachlässigbar / negligible
Geringst..., minimal, kleinst / minimum *adj*, minimal
Germanium *n* (Chem) / germanium, Ge
geruch•los (Odourless, inodorous ‖ **~verschluss** *m*, Siphon *m* (Sanitär) / trap, air trap
Gerüst *n*, Baugerüst *n* (Bau) / scaffolding
gesamt / entire, total, whole
Gesamt•... / overall *adj* ‖ **~...** / total ‖ **~...** (i. Ggs. zu Einzel..., Detail...) / general ‖ **~abmessungen** *f pl*, Außenmaße *n pl* / overall dimensions ‖ **~anordnung** / general layout ‖ **~ansicht** *f* / general view ‖ **~ausfuhr** *f* / total exports *pl* ‖ **~belastung** *f* / total load ‖ **~betrag** *m*, Gesamtmenge *f* (Math) / total *n*, total amount ‖ **~breite** *f* / overall width ‖ **~druck** *m* (Druck im Staupunkt eines angeströmten Körpers = statischer Druck der ungestörten Strömung + Druckanstieg bei Aufstau der Strömung im Staupunkt bis zum Stillstand) (Phys) / total pressure, stagnation pressure ‖ **~feuchtigkeitsgehalt** *m* (Phys) / total moisture ‖ **~fläche** *f* / total area ‖ **~gewicht** *n* / total weight ‖ **~gewicht** (Luft) / gross weight ‖ **zulässiges ~gewicht** (Kfz) / gross vehicle weight, GVW, gross weight (of a road vehicle or trailer), laden weight ‖ **~höhe** *f* / overall height ‖ **~kosten** *plt* / total costs ‖ **~kraft** *f* (Phys) / total force ‖ **~ladung** *f* (Elek) / total charge ‖ **~länge** *f* / overall length ‖ **~last** / total load ‖ **~leistung** (z. B. eines Kraftwerks) / overall capacity ‖ **~maße** *n*, Gesamtabmessungen *f pl*, Außenmaße *n pl* / overall dimensions ‖ **zulässige ~masse** (Kfz) / gross vehicle weight, GVW, gross weight (of a road vehicle or trailer), laden weight ‖ **~menge** *f* (Math) / total *n*, total amount ‖ **~plan** *m*, Übersichtszeichnung *f* / general plan, general arrangement drawing ‖ **~schneidewerkzeug** *n* (Gesamtwerkzeug zur Durchführung verschiedener Schneidoperationen an einer Fertigungsstation) (Fert) / compound die (that performs more than one cutting operations at a single station) ‖ **~schnitt** *m*, Gesamtschneidewerkzeug *n* (Gesamtwerkzeug zur Durchführung verschiedener Schneidoperationen an einer Fertigungsstation) (Fert) / compound die (that performs more than one cutting operations at a single station) ‖ **~spannung** *f* (Elek) / total voltage ‖ **magnetische ~spannung**, elektrische Durchflutung (Eltro) / magnetomotive force, m.m.f. ‖ **~strom** *m*

(Elek) / total current ‖ **~summe** *f*, Gesamtmenge *f* (Math) / total *n*, total amount ‖ **~übersicht** *f*, Gesamtzeichnung *f*, Übersichtszeichnung *f* / general plan, general arrangement drawing ‖ **~werkzeug** *n* (zur Durchführung verschiedener Umform- o. Schneidoperationen an einer einzigen Arbeitsstelle) (Wzm) / compound die ‖ **~widerstand** *m* (Elek) / total resistance ‖ **~winkel** *m* **von Sturz und Spreizung** (Kfz) / included angle ‖ **~wirkungsgrad** *m* / overall efficiency, total efficiency ‖ **~zahl** *f* / total number ‖ **~zeichnung** *f*, Übersichtszeichnung *f* / general plan, general arrangement drawing
gesättigt (Bau, Chem) / saturated ‖ **~e Kohlenwasserstoffe** (Chem) / saturated hydrocarbons
Geschäft *n*, Unternehmen *n* (Wirtsch) / business, company, firm, enterprise ‖ **~**, Geschäftsabschluss *m* / business transaction, deal *n* ‖ **~**, Laden *m* / shop, store (US)
Geschäfts•~ / corporate (e.g. objectives, policy) ‖ **~abschluss** *m*, Geschäft *n* / business transaction, deal *n* ‖ **~flugzeug** *n* (Luft) / business aircraft ‖ **~grafik** *f*, Präsentationsgrafik *f* (DV) / presentation graphics, business graphics ‖ **~jahr** *n* (Wirtsch) / fiscal year ‖ **~kunde** *m* (Elek) / commercial customer (not involved in manufacturing, e.g. retail stores, restaurants and educational institutions) ‖ **~räume** *m pl* / business premises *pl* ‖ **~reiseflugzeug** *n* (Luft) / business aircraft
geschaltet, in Reihe ~, hintereinandergeschaltet, seriell verschaltet (Elek) / connected in series, series-connected, serial, series *adj* (e.g. circuit, capacitor)
Geschick *n*, Fähigkeit *f*, Können *n* / skill, skills *pl*
geschirmt (Elek) / shielded, screened ‖ **~e Doppelader**, STP-Kabel *n* (mit Paarabschirmung, aber ohne Gesamtabschirmung) (Tele) / shielded twisted pair, STP ‖ **~es Kabel** / shielded cable, screened cable ‖ **~es TP-Kabel mit einer zusätzlichen Gesamtabschirmung**, S/STP-Kabel *n* / S/STP cable, screen-shielded twisted pair cable
Geschirr•korb *m* (des Geschirrspülers) (HG) / dish rack (of a dishwasher), dishwasher basket ‖ **~spüler** *m* (HG) / dishwasher, dishwashing machine ‖ **~spülmaschine** *f* (HG) / dishwasher, dishwashing machine
geschliffen / ground ‖ **~** (mit Sandpapier) (Holz) / sanded ‖ **~** (blank, glatt) / polished ‖ **~** (Glas, Edelstein) / cut
geschlossen (allg) / closed ‖ **~** (Hahn), zu / off, shut, closed ‖ **~** (Elek, Mot) / fully enclosed ‖ **~e Benutzergruppe**, CUG *f* (Tele) / closed user group, CUG ‖ **~er Kopfhörer** (Audio) / circumaural headphones, sealed phones ‖ **~er Kreislauf** / closed cycle ‖ **~es Kühlsystem** *m* (Kfz) / closed-cooling system ‖ **~er Regelkreis** (Regel) / closed loop, closed control loop ‖ **~es Regelsystem** (Regel) / closed-loop control system, closed-loop system, feedback control system ‖ **~e Wirkungskette**, geschlossener Regelkreis (Regel) / closed loop, closed control loop ‖ **in sich ~**, unabhängig, selbstständig, in sich abgeschlossen / self-contained
Geschmacksstoff *m*, Aromastoff *m* / flavo[u]r, flavo[u]ring, flavo[u]ring agent
geschmeidig, nachgiebig / pliable, pliant
geschmiedet (Hütt) / forged

geschmolzen, schmelzflüssig / molten

Geschoss n (Bau) / storey (GB, Commonwealth), story (US), floor (floor numbering: the floor at the ground level is the ground floor and the floor above is the first floor in the British Isles and most of the Commonwealth, while in North America they are the first and second floors, respectively) ‖ ~, Kugel / bullet ‖ ~**decke** f, Decke f, Zimmerdecke f (Bau) / ceiling ‖ ~**wohnungsbau** m, Wohnblock m (Bau) / apartment building (US), block of flats (GB), apartment house (US)

geschützt, gesichert (allg, Elek) / protected ‖ ~ (gegen Witterungseinflüsse) / sheltered ‖ ~ (urheber-, patent-, lizenzrechtlich), proprietär (allg, DV, Tele) / proprietary (e.g. format, system architecture) ‖ ~**es Leerzeichen** (DV) / non-breaking space, hard space (in word processors) ‖ ~ **vor Nässe** ~ / moisture-proof

geschweifte Klammern (Druck, Math) / braces, curly brackets

geschweißt / welded

Geschwindigkeit f / speed n ‖ ~ (als Maß für die Schnelligkeit einer Bewegung dienende vektorielle physikal. Größe) (Phys) / velocity ‖ ~ (mit der in Vorgang abläuft, z.B.: mit einer Geschwindigkeit von ...; Übertragungs-geschwindigkeit, Reaktionsgeschwindigkeit) / rate (e.g. at a rate of ..., transmission rate, rate of reaction) ‖ ~, Tempo n / pace ‖ ~, Schnelligkeit f / quickness, swiftness, speed ‖ ~ **am Umfang**, Umfangsgeschwindigkeit f (z.B. einer Walze) / circumferential speed, peripheral speed, circumferential velocity, peripheral velocity, surface velocity ‖ ~ **über Grund** (Luft) / ground speed ‖ **dritte kosmische** ~ / third cosmic velocity

Geschwindigkeits•änderung f / change in speed ‖ ~**anzeiger** m, Geschwindigkeitsmessgerät m (amtlich), Tachometer m (Kfz) / speedometer, clock (coll.), speedo (coll.) ‖ ~**begrenzung** f (Verk) / speed limit ‖ ~**beschränkung** f (Verk) / speed limit ‖ ~**dreieck** n (Luft) / velocity triangle ‖ ~**druck** m, kinetischer Druck (Phys) / kinetic pressure ‖ ~**einheit** f / unit of velocity ‖ ~**höhe** f (Hydr, Wasserb) / velocity head, kinetic head ‖ ~**messer** m (Luft) / airspeed indicator, ASI ‖ ~**messer**, Geschwindigkeitsmessgerät m (amtlich), Tachometer m (Kfz) / speedometer, clock (coll.), speedo (coll.) ‖ ~**messer** m, Log n (Schiff) / log, ship log ‖ ~**messgerät** m (amtlich), Tachometer m (Kfz) / speedometer, clock (coll.), speedo (coll.) ‖ ~**messung** f / velocity measurement ‖ ~**plan** m / diagram of velocities ‖ ~**regelanlage** f, Tempomat m (Kfz) / cruise control ‖ ~**regelung** f / speed control ‖ ~**schaubild** n / diagram of velocities ‖ ~**zahl** f (Phys) / flow coefficient (proportionality constant relating the actual velocity of fluid flow in a pipe to the theoretical velocity) ‖ ~**-Zeit-Diagramm** n / speed-time curve

Geselle m, Facharbeiter m (im Handwerksbereich) / journeyman (who has completed an apprenticeship)

Gesenk n, Biegegesenk n (Wzm) / bending die, die ‖ ~, Schmiedegesenk n (Schm) / die, closed die, forging die, impression die ‖ ~**biegen im U-Gesenk** n, Biegen n im U-Gesenk, U-Biegen n (Fert) / U-bending ‖ ~**biegen im V-Gesenk** n, Biegen n im V-Gesenk, V-Biegen n (Fert) / V-bending ‖ ~**biegepresse** f (Fert) / brake, press brake ‖ ~**bördeln**, Stanzbördeln n (Fert)

/ cupping, flanging ‖ ~**formen** n (Fert) / closed die forging, impression die forging ‖ ~**formen ohne Grat** (Schm) / flashless forging ‖ ~**presse** f (Schm) / stamping machine, stamping press ‖ ~**schmieden** n (Fert) / closed die forging, impression die forging ‖ ~**schmieden** (mit der Gesenkschmiedepresse) (Schm) / closed-die pressure forging ‖ ~**schmieden** (mit dem Gesenkschmiedehammer) (Schm) / closed-die drop forging, impression-die drop forging, drop forging, hot stamping ‖ ~**schmieden ohne Grat** (Schm) / flashless forging ‖ ~**schräge** f, Aushebeschräge f, Formschräge f (Gieß, Plast, Schm) / draft (of a die or mould), taper ‖ ~**teilung** f, Teilfuge f (des Gesenks) (Schm) / parting line, flash line

Gesetz n (Math, Phys) / law ‖ ~ **der abgewandten Hebelarme** (im Zustandsschaubild) (Hütt) / inverse lever rule ‖ ~ **der großen Zahl** (Stat) / Bernoulli theorem, law of large numbers ‖ ~ **der Partialdrücke** (Phys) / Dalton's law of partial pressures, partial pressure law ‖ ~ **der reziproken Konodenabschnitte**, Gesetz n der abgewandten Hebelarme (im Zustandsschaubild) (Hütt) / inverse lever rule ‖ ~ **von Amontons**, zweites Gay-Lussac-Gesetz (der Druck idealer Gase ist bei gleichbleibendem Volumen und gleichbleibender Stoffmenge direkt proportional zur Temperatur) (Phys) / Gay-Lussac's second law ‖ ~ **von Avogadro**, Avogadrosche Regel (Chem, Phys) / Avogadro's law ‖ ~ **von Boyle und Mariotte** (Phys) / Boyle's law (the product of the volume of a gas times its pressure is constant at a fixed temperature) ‖ ~ **von Charles**, erstes Gay-Lussac-Gesetz (das Volumen idealer Gase ist bei gleichbleibendem Druck und gleichbleibender Stoffmenge direkt proportional zur Temperatur) (Phys) / Gay-Lussac's first law, Charles' law ‖ ~ **von Gay-Lussac**, erstes Gay-Lussac-Gesetz (das Volumen idealer Gase ist bei gleichbleibendem Druck und gleichbleibender Stoffmenge direkt proportional zur Temperatur) (Phys) / Gay-Lussac's first law, Charles' law ‖ ~ **von Stefan und Boltzmann** (Phys) / Stefan-Boltzmann law, Stefan's law

Gesetzmäßigkeit f, Regel f / law

gesintert (Keram, PM) / sintered

gespaltene Finne des Hammers, Klaue f, Nagelklaue f (Wz) / claw (of claw hammer)

gespeichert lassen, halten vt (DV) / hold ‖ ~ **sein**, stehen (DV) / reside (e.g. on hard disk, a workstation, server, in memory)

Gesperre n / locking mechanism, locking gear ‖ ~, Zahngesperre n (Masch) / ratchet and pawl, ratchet, ratchet and pawl mechanism, ratchet mechanism, ratchet gearing

Gespräch n / talk ‖ ~, Unterhaltung / conversation ‖ ~ (Tele) / call

Gesprächs•datenerfassung f (Tele) / Call Detail Recording, Call Information Logging, CDR, CIL ‖ ~**verbindung** f, Telefongespräch n (Tele) / telephone call, phone call, call n ‖ ~**zeit** f (Tele) / talk time (for a battery operated cellular phone, the amount of time available for use before the battery needs replacing or recharging)

gespritzt (Anstr) / spray-painted ‖ ~ (Plast) / injection-moulded

gestaffelt (nach Schwierigkeitsgrad, Größe etc.), abgestuft / graduated

Gestalt f **der Fuge**, Fugenform f (beim Kleben etc.) (Fert) / joint design
Gestaltabweichung f (einer Oberfläche) / deviation from the nominal surface, surface deviation || ≈ **1. Ordnung**, Formabweichung f / error of form || ≈ **2. Ordnung**, Welligkeit f (einer Oberfläche) / waviness || ≈ f **3./4. Ordnung** (Rillen, Riefen), Oberflächenrauheit f (Fert) / roughness, surface roughness
gestalten / design vt (e.g. a graphical interface, layout of a book, casing of a computer, workplace) || ≈, bilden, formen / shape || ≈ (z.B. Garten), anlegen vt / lay out || ≈ n, Formgebung f (allg) / shaping
Gestaltfestigkeit f (Dauerfestigkeit eines Bauteils) / fatigue strength of structure (of a component), strength depending on shape o. design
gestaltlos, amorph / amorphous
Gestaltung f / design (e.g. of a graphical interface, layout of a book, casing of a computer, workplace) || ≈, Formgebung f (allg) / shaping
Gestängezug m (Öl) / stand (of drill pipe)
gestatten / allow, permit || ≈, ermöglichen / allow for (e.g. future growth, even airflow, better broadband access, an increase of 10 %))
gesteigert, erhöht / increased
Gestein n, Gesteinsmaterial n (Bau, Mater) / granular material
Gesteins•material n, Gestein n (Bau, Mater) / granular material || ≈**schicht** f (Geol) / layer of rock
Gestell n (einer Werkzeugmaschine) (Wzm) / base || ≈, Ständer (des Schmiedehammers) (Schm) / frame (of the forge hammer) || ≈**boden** m, Bodenstein m (eines Hochofens) (Hütt) / bottom block, hearth block || ≈**gut** n, Gestellteile n pl (im Gestellautomaten galvanisierte Werkstücke) (Fert) / rack-plated workparts || ≈**teile** n pl (im Gestellautomaten galvanisierte Werkstücke) (Fert) / rack-plated workparts || ≈**unterteil** n (des Säulenführungsgestells) (Wzm) / die holder, lower shoe || ≈**ware** f, Gestellteile n pl (im Gestellautomaten galvanisierte Werkstücke) (Fert) / rack-plated workparts
gesteuert•er Gleichrichter, Thyristor m (Eltro) / thyristor, SCR, silicon controlled rectifier || ≈**er Lawinenlaufzeittransistor**, CATT-Triode f (Eltro) / controlled avalanche transit time triode
gestockt, übereinander angeordnet (z.B. Antenne) / stacked
gestört (z.B. Empfang, Kanal) / disturbed || ≈, defekt / faulty, out-of-order, defective || ≈**e Verbindung** (Tele) / faulty connection
gestreckt•e Länge (Masch, Mech) / effective length || ≈**er Winkel** (Math) / straight angle, angle of 180 degrees
gestrichelt•e Linie, Strichlinie f (Doku) / dashed line || ≈**e Linie** (Fahbahnmarkierung) (Verk) / intermittent line
gestuft / stepped
gestützt werden [von], aufliegen [auf] / be supported [by]
gesundheits•gefährdend / hazardous to health || ≈**gefährdende Substanzen** / substances hazardous to health || ≈**schädlich** (gefährliche Stoffe) / harmful
geteilt, unterteilt / divided || ≈[durch] (Math) / divided [by] || ≈ (in der Längsrichtung, z. B.

Lager, Kurbelwelle, Formen, Armaturen usw) (Masch) / split || ≈**es Modell**, zweiteiliges Modell (Gieß) / split pattern
Getränke•automat m / drink dispenser, drink vending machine || ≈**dose** f (Nahr) / can (containing beverages) || ≈**kasten** m (Verp) / crate (for transporting or storing bottles)
getränkt / impregnated
Getreide n, Zerealien fpl (Landw, Nahr) / grain, cereals pl, corn n || ≈, Brotgetreide n (Landw, Nahr) / bread cereals, breadgrain, bread-stuff || ≈**korn** n (Bot, Landw) / corn, grain (of a cereal plant) || ≈**lagerhaus** n, Getreidespeicher m (größerer Gebäudekomplex) (Landw) / grain elevator, elevator, grain warehouse || ≈**silo** m (Landw) / grain silo || ≈**silo**, Getreidespeicher m (größerer Gebäudekomplex), Getreidelagerhaus n (Landw) / grain elevator, elevator, grain warehouse || ≈**speicher** m (größerer Gebäudekomplex), Getreidelagerhaus n (Landw) / grain elevator, elevator, grain warehouse
getrennt, eigen (z.B. Eingang), separat, selbständig / separate
getrennte Bauweise (Fahrzeugaufbau wird auf einen Rahmen montiert) (Kfz) / body-over-frame construction
Getriebe n (allg, Masch) transmission || ≈ (Kfz) / gearbox (GB), transmission (US) || ≈ (von Frontantriebsfahrzeugen) (Kfz) / transaxle (in front-wheel-drive vehicles) || ≈ **mit Übersetzung ins Langsame** / reducer, reduction gearing, reduction gear, step-down gear, speed reducer, speed reduction gear, reduction gear || ≈ **mit Übersetzung ins Schnelle**, Übersetzungsgetriebe ins Schnelle n, Drehzahlerhöhungs-Getriebe n / step-up gear, multiplier, speed increaser || ≈**entwurf** m (Masch) / gearing design || ≈**kasten** m (Wzm) / gearbox || ≈**kopf** m / gearhead || ≈**motor** m (Elek, Masch) / geared motor, gear motor || ≈**öl** n / gear lubrication oil, gear oil, transmission oil || ≈**rad** n, Zahnrad n / gearwheel, gear || ≈**welle** f / gear shaft || ≈**zug** m / gear train
Getter n, Getterstoff m (Eltro, Vak) / getter n || ≈**pumpe** f, Gas bindende Vakuumpumpe (Vak) / entrapment pump || ≈**stoff** m (Eltro, Vak) / getter n
Gew.% n, Gewichtsprozent / percentage by weight
gewachsener Boden / natural soil, undisturbed soil, grown soil
Gewächshaus n (Landw) / greenhouse, glasshouse (GB)
Gewähr, Gewährleistung f, Garantie f / warranty, guarantee || ≈ **leisten** [für], gewährleisten, garantieren / guarantee vt, warrant vt
gewähren / grant || ≈ (Vorteile, Rabatt) / give
gewährleisten, sicherstellen / ensure (e.g. reliability, high repeatability, customer satisfaction) || ≈, garantieren / guarantee vt, warrant vt
Gewährleistung f, Garantie f / warranty, guarantee
gewalzt (Walz) / rolled
Gewebe•band n, Gewebe-Klebeband n / duct tape, duck tape || ≈**hormone** n pl (Biochem) / tissue hormones || ≈**Klebeband** n / duct tape, duck tape || ≈**lage** f, Cordlage f (der Reifenkarkasse) (Kfz) / ply (of tire)
Gewebshormone n pl (Biochem) / tissue hormones

Gewehrkolben m (Mil) / stock, buttstock, shoulder stock

Gewerbe n (Erwerbszweig, Erwerbstätigkeit) / trade ‖ $\sim$ (Industriezweig: grafisches, produzierendes, Transportgewerbe) / industry (printing, manufacturing, transport industry) ‖ $\sim$, Handwerk n / craft, trade ‖ $\sim$, Beruf m / occupation, profession ‖ $\sim$**abfälle** m pl (Umw) / commercial waste ‖ $\sim$**gebiet** n / business park, industrial park, industrial estate

gewerblich • e Abfälle (Umw) / commercial waste ‖ $\sim$**e Abwässer** n pl, Industrieabwasser n, Industrieabwässer n pl (Umw) / industrial waste water, industrial sewage ‖ $\sim$**er Kunde** / commercial customer

Gewicht n (Begriff in technischem Zusammenhang durch "Masse" ersetzt) (Phys) / weight n, wgt., wt. ‖ $\sim$, Wägestück n (Mess) / weight (calibrated - for use on a balance)

gewichten (Stat) / weight

gewichtet (Stat) / weighted

Gewichts • ausgleich m, Gegengewicht n, Ausgleichsgewicht n / balance weight, counterbalance n, balancing weight, counterweight, counterbalance weight, counterbalancing weight, counterpoise ‖ $\sim$**kraft** f (DIN 1305) (Phys) / gravitational force ‖ $\sim$**prozent**, Gew.% n / percentage by weight

Gewichtung f (Stat) / weighting

Gewinde / screw thread, thread ‖ $\sim$..., mit Gewinde, gewindet / threaded ‖ $\sim$ **schneiden** / cut threads ‖ $\sim$ **schneiden** (außen) (Masch) / thread v ‖ $\sim$ **schneiden** (in Bohrungen) / tap ‖ $\sim$**bohrer** m (Wz) / tap ‖ $\sim$**bohrung** f / tapped hole, threaded hole ‖ $\sim$**bolzen** m (DIN 976) / stud bolt ‖ $\sim$**flanke** f / flank, thread flank ‖ $\sim$**form** f / thread shape, thread form ‖ $\sim$**gang** m (Schraube) / thread (of a screw) ‖ $\sim$**gang** m (Schneckenförderer) (Masch) / flight ‖ $\sim$**grund** m (Schraubengewinde) / thread root, root of thread ‖ $\sim$**loch** n / tapped hole, threaded hole ‖ $\sim$**los** / unthreaded ‖ $\sim$**muffe** (Rohr) / pipe coupling

gewinden, Bohrungen $\sim$ / tap ‖ $\sim$ n, Gewindeschneiden n / thread cutting, threading n

Gewinde • profil n (Masch) / thread profile ‖ $\sim$**reibmoment** n / thread friction torque ‖ $\sim$**rohr** n / threaded pipe ‖ $\sim$**schleifen** n / thread grinding ‖ $\sim$**schneiden** n / thread cutting, threading n ‖ $\sim$**schneiden** (außen) / external thread cutting ‖ $\sim$**schneiden** (Innengewinde) / internal thread cutting, tapping ‖ $\sim$**schneidschraube** f, Schneidschraube f (DIN) / tapping screw, self-tapping screw, self-cutting screw, thread-cutting screw ‖ $\sim$**spindel** (zur Umsetzung von Drehbewegungen in Längsbewegungen) / lead screw (designed to translate radial motion into linear motion), power screw, translation screw ‖ $\sim$**stange** f / threaded rod ‖ $\sim$**steigung** f / lead, thread lead ‖ $\sim$**stift** m / grub screw (GB), set screw (US)

gewindet, Gewinde..., mit Gewinde / threaded

Gewinde • teilung f (Abstand zweier Gänge im Längsschnitt) / pitch (distance between two screw threads), thread pitch ‖ $\sim$**tiefe** f (Masch) / depth of thread

Gewinn m, Nutzen m / gain n ‖ $\sim$ (eines Unternehmens) / profit ‖ $\sim$, Antennengewinn m (Radio, Tele) / gain, antenna gain, power gain, antenna power gain, aerial gain (GB)

gewinnen [aus] / obtain (e.g. juice, minerals)[from] ‖ $\sim$, herstellen, darstellen (einen Stoff, eine Verbindung) (Chem) / produce, obtain, prepare ‖ $\sim$ (z.B. Zink aus Zinkoxid) (Aufb) / recover (e.g. zinc from zinc oxide), extract, obtain ‖ $\sim$ / derive (e.g. a signal from a sensor) ‖ $\sim$, produzieren (z.B. Benzin aus Erdöl) / produce ‖ $\sim$ (aus Altmaterial) / recover (e.g. acid from old batteries), reclaim ‖ $\sim$ (Erze, Kohle etc.) (Bergb) / mine, extract, win ‖ $\sim$, erlangen (Bedeutung, Einblicke, Einfluss, Erkenntnisse) / gain

Gewinnung, Abbau m (von Bodenschätzen) (Bergb) / mining n, winning ‖ $\sim$ f, Produktion f (z.B. Öl-, Energieproduktion) / production (e.g. oil, power production) ‖ $\sim$ / extraction (e.g. of aluminium from bauxite), recovery ‖ $\sim$, Darstellung f, Zubereitung f (Chem) / preparation

gewiss, bestimmt, nicht genau angegeben / certain

Gewissheitsfaktor m, Konfidenzfaktor m / certainty factor

gewöhnlich, üblich / customary

Gewölbebrücke f, Bogenbrücke f / arched bridge, arch bridge, arched-span bridge

gewölbt • e Federscheibe / curved spring washer ‖ **nach außen** $\sim$, konvex / convex

gezackt, sägezahnförmig / serrated

gezahnt, mit Zähnen / toothed ‖ $\sim$, gezackt, sägezahnförmig / serrated

Gezeiten • energie f (Ener) / tidal power o. energy ‖ $\sim$**kraftwerk** n (Elek) / tidal power station, tidal plant, tidal power plant

gezielt, zielgerichtet / purposeful (e.g. growth, research, actions, networking) ‖ $\sim$, speziell / specific ‖ $\sim$, absichtlich / deliberate ‖ $\sim$**e Auswahl** (von Stichproben) (Stat) / purposive sample

gezogen (z.B. Draht, Rohr, Dose) (Fert) / drawn

g-Faktor m, Landé-Faktor m (Phys) / Landé g-factor

GFC, Gelchromatographie f (Chem) / gel chromatography, exclusion chromatography, gel permeation chromatography, gel-filtration chromatography, liquid exclusion chromatography, LEC

GFK, glasfaserverstärkte Kunststoffe (Mater) / fiber-glass reinforced plastics, glass-fiber reinforced plastics, GFRP

GGG, Gusseisen n mit Kugelgraphit (Hütt) / ductile cast iron, ductile iron, spheroidal graphite iron, SG iron, nodular cast iron

g-g-Kerne, Gerade-gerade-Kerne m pl (Kerne mit gerader Protonen- u. gerader Neutronenzahl) (Nukl) / even-even nucleus

GGL (Hütt) / gray cast iron, gray iron

GHz, Gigahertz n / GHz, gigahertz

Gibbssche Wärmefunktion f, Enthalpie (Phys) / enthalpy

Gicht f (höchster Teil des Hochofens) (Hütt) / top (of the blast furnace) ‖ $\sim$**gas** n, Hochofengas n (Hütt) / blast furnace gas ‖ $\sim$**glocke** f, Gichtverschluss m (Hütt) / bell ‖ $\sim$**trichter** m (des Hochofens) (Hütt) / charge hopper, receiving hopper ‖ $\sim$**verschluss** m, Gichtglocke f (Hütt) / bell

Giebel m (Bau) / gable end, gable ‖ $\sim$**feld** n (Bau) / gable end, gable

Gier • achse f, Hochachse f (Luft) / vertical axis, yaw axis ‖ $\sim$**bewegung** f, Gieren n (Kfz, Luft, Schiff) / yaw, yawing n

gieren vi (drehen um die Gierachse) (Luft, Schiff) / yaw vi ‖ ⁓ n, Gierbewegung f (Kfz, Luft, Schiff) / yaw, yawing n

Gierratensensor m (Fahrdynamikregelung) (Kfz) / yaw rate sensor

gießen vt / pour (e.g. water into a glass) ‖ ⁓ (Garten, Pflanzen) / water vt ‖ ⁓, durch Gießen herstellen (Gieß, Glas) / cast, found ‖ ⁓ (in Formen), vergießen (Werkstoffe) (Gieß, Glas, Plast) / cast vt ‖ ⁓ (Plast) / mold (US), mould (GB) ‖ ⁓ n (allg) / pouring ‖ ⁓ (Gieß, Glas) / casting, founding ‖ ⁓ (von Kunststoff) (Plast) / molding (US), moulding (GB) ‖ ⁓ **mit Dauerformen** (Gieß) / permanent-mould casting ‖ ⁓ **mit Dauerformen unter Verwendung verlorener Formteile o. Kerne** (Gieß) / semipermanent mould casting ‖ ⁓ **mit vergasbarem Modell** (Gieß) / evaporative-foam process, lost-foam process, expanded polysterene casting process, full mould casting, Full mould Process, lost pattern process ‖ ⁓ **mit verlorenen Formen** (Gieß) / expendable mold casting, non-permanent mould casting ‖ ⁓ **von Formstücken** (Gieß) / shape casting

Gießerei f / foundry ‖ ⁓**modell** n / foundry pattern

Gieß•form f, Form f (zur Herstellung von Gussstücken) (Gieß) / casting mould or mold, mould (GB), mold (US) ‖ ⁓**form**, Form f (zur Herstellung von Gussstücken - aus Metall) (Gieß) / die (mould made from metal) (GB), die-set (two or more complimentary die parts making up a complete metal mould assembly) ‖ ⁓**harz** n (Plast) / casting resin ‖ ⁓**kolben** m, Druckkolben m (beim Druckgießen) (Gieß) / piston (in die-casting), plunger ‖ ⁓**maschine** f (Druck, Gieß) / casting machine ‖ ⁓**rinne** f (Gieß) / feeder tube ‖ ⁓**schmelzschweißen** n (Schw) / aluminothermic welding, thermite welding, TW ‖ ⁓**schweißen** n / cast welding, weld-casting ‖ ⁓**temperatur** f (Gieß) / pouring temperature ‖ ⁓**verfahren** n (Gieß) / casting method, casting process ‖ ⁓**walzen** n, endabmessungsnahes Gießen (Gieß) / near net shape casting ‖ ⁓**werkzeug** n, Form f (zur Herstellung von Gussstücken) (Gieß) / casting mould or mold, mould (GB), mold (US) ‖ ⁓**werkzeug**, Form f (zur Herstellung von Gussstücken - aus Metall) (Gieß) / die (mould made from metal) (GB), die-set (two or more complimentary die parts making up a complete metal mould assembly)

Gift n / poison ‖ ⁓, Toxin n (von einem Lebewesen synthetisiertes Gift) (Chem, Physiol) / toxin ‖ ⁓ **enthaltend**, giftig [wirkend], toxisch / toxic, poisonous ‖ ⁓**frei**, nicht toxisch / nontoxic, atoxic

giftig [wirkend], toxisch / toxic, poisonous

Gift•müll m, Sondermüll m (der eine potentielle Gefahr für die Gesundheit und/oder die Umwelt darstellt) (Umw) / hazardous waste, toxic waste ‖ ⁓**stoff** m (Chem, Physiol) / toxic substance, toxicant ‖ ⁓**stoff**, Toxin n (von einem Lebewesen synthetisiertes Gift) (Chem, Physiol) / toxin

Giga•..., 10⁹ / giga ‖ ⁓**byte** n (DV) / gigabyte, GB ‖ ⁓**hertz** n / GHz, gigahertz

Gips m, Calcium-Sulfat-Hydrat n (CaSO₄ · 2H₂O) (Min) / gypsum ‖ ⁓, Baugips m (Bau) / plaster of Paris (US: of paris), calcined gypsum ‖ ⁓, Gipsverband m (Med) / cast ‖ ⁓**halbhydrat** n, Baugips m (Bau) / plaster of

Paris (US: of paris), calcined gypsum ‖ ⁓**verband** m (Med) / cast

Gispe f (Glas) / seed

Gitter n, Beugungsgitter n, optisches Gitter / diffraction grating (for producing optical spectra), grating, optical grating ‖ ⁓, Gitterelektrode f, Steuergitter n (Eltro) / grid, control grid, grid electrode ‖ ⁓, Kristallgitter n (Krist) / crystal lattice, lattice ‖ ⁓ (Landkarte) / grid (map) ‖ ⁓**abstand** m, Gitterkonstante f / lattice constant ‖ ⁓**baufehler** m, Kristallbaufehler m (Krist) / crystal defect, crystal imperfection, lattice imperfection, lattice defect ‖ ⁓**defekt** m, Kristallbaufehler m (Krist) / crystal defect, crystal imperfection, lattice imperfection, lattice defect ‖ ⁓**elektrode** f, Steuergitter n (Eltro) / grid, control grid, grid electrode ‖ ⁓**energie** f / lattice binding energy ‖ ⁓**fehler** m, Kristallbaufehler m (Krist) / crystal defect, crystal imperfection, lattice imperfection, lattice defect ‖ ⁓**kondensator** m / grid capacitor ‖ ⁓**konstante** f, Gitterabstand m / lattice constant ‖ ⁓**lücke** f, unbesetzter Gitterplatz (Krist) / vacancy ‖ ⁓**mast** m (Elek) / lattice tower ‖ ⁓**mast**, Stahlgittermast m (als Freileitungsmast) (Elek) / lattice steel pylon (supporting e.g. cableways) ‖ ⁓**rost** m, grating, grate ‖ ⁓**schwingungen** f pl (Krist) / lattice vibrations ‖ ⁓**störstelle** f, Kristallbaufehler m (Krist) / crystal defect, crystal imperfection, lattice imperfection, lattice defect ‖ ⁓**störung** m, Kristallbaufehler m (Krist) / crystal defect, crystal imperfection, lattice imperfection, lattice defect ‖ ⁓**strom** m (Eltro) / grid current ‖ ⁓**umwandlung** f / transformation of the molecular o. crystal lattice ‖ ⁓**zelle** f, Elementarzelle f (Krist) / unit cell

GKZ-Glühen (Hütt) / speroidizing

glänzend, blank / bright (e.g. metal)

glanzlos, matt, stumpf / dull (e.g. colour)

Glanzpappe f, Presspan m (Elek, Mater) / pressboard

Glas n / glass ‖ ⁓**bildner** m (Glas) / glass former ‖ ⁓**bruchmelder** / glass break detector ‖ ⁓**dach** n (Bau) / glass roof

Glaser-Kammer f, Blasenkammer f (Nukl) / bubble chamber

Glasfaser f (Glas, Tele) / glass fiber ‖ ⁓, optische Faser, Lichtleitfaser f (Opt) / optical fiber, optical fibre ‖ ⁓, Lichtwellenleiter m (Tele) / optical waveguide, OWG ‖ ⁓**kabel** n, Lichtwellenleiterkabel n (Tele) / optical cable, fiber-optic cable, fiber cable, optical fiber cable, fiber glass cable ‖ ⁓**leitung** f, Lichtwellenleiter m (Tele) / optical waveguide, OWG ‖ ⁓**leitung**, Glasfaserkabel n, Lichtwellenleiterkabel n (Tele) / optical cable, fiber-optic cable, fiber cable, optical fiber cable, fiber glass cable ‖ ⁓**matten-Thermoplast** (Plast) / GMT (glass fiber mat reinforced thermoplastics) ‖ ⁓**optik** f / fiber optics ‖ ⁓**technik** f / fiber optics

glasfaserverstärkt (Mater) / fiber-glass reinforced, glass-fiber reinforced ‖ ⁓**e Kunststoffe** (Mater) / fiber-glass reinforced plastics, glass-fiber reinforced plastics, GFRP

Glas•fiberoptik f, Glasfaseroptik f / fiber optics ‖ ⁓**flasche** f / glass bottle ‖ ⁓**glocke** f (Chem) / bell jar

glasiges Metall / amorphous metal, metallic glass

Glas•keramik-Kochfeld n (HG) / glass-ceramic cooktop ‖ ⁓**kolben** m (TV) / glass envelope (of

the TV tube) ‖ ~**maßstab** *m* / glass scale ‖
~**mattenverstärkte Thermoplaste** (Plast) /
GMT (glass fiber mat reinforced
thermoplastics) ‖ ~**metall** *n* / amorphous
metal, metallic glass ‖ ~**papier** *n*
(Schleifpapier mit Glasstaub als Schleifmittel)
/ glass paper ‖ ~**perle** *f* / glass bead ‖ ~**phase** *f*
(Phys) / glassy phase ‖ ~**posten** *m* (Glas) /
gather *n*, gob (of molten glass), glass gob ‖
~**recycling** *n*, Altglasrecycling *n* (Umw) / glass
recyling ‖ ~**scheibe** *f* / sheet of glass ‖
~**scheibe**, Fensterscheibe *f* (Glas) / window
pane ‖ ~**schnitt** *m*, Gravur *f* (Glas) / engraving
‖ ~**seide** *f* (Mater) / glass silk ‖ ~**strahlen** *n*
(OT) / bead blasting ‖ ~**temperatur** *f*,
Glasübergangstemperatur *f* (Plast) / glass
transition temperature, transformation
temperature, transformation point ‖
~**überdachung** *f* / glass roof ‖
~**übergangstemperatur** *f* (Plast) / glass
transition temperature, transformation
temperature, transformation point ‖
~**umwandlungstemperatur** *f*,
Glasübergangstemperatur *f* (Plast) / glass
transition temperature, transformation
temperature, transformation point
glatt (Ggs.: rau) / smooth ‖ ~, rutschig / slippery
‖ ~, ohne Falten / uncreased, smooth ‖ ~ (z.B.
Bruch)(Mater) / clean (e.g. fracture)
Glättahle *f*, Reibahle *f* (Wzm) / reamer
glätten (durch Schleifen), verschleifen (Fert) /
linish ‖ ~, abschleifen (mit Schleifpapier) /
sand, sandpaper *vt* ‖ ~ *n* (allg, Elek) /
smoothing
Glatt•schneiden *n*, Feinschneiden *n* (zur
Erzeugung von Schnittteilen, deren
Schnittfläche über der gesamten Blechdicke
vollkommen glatt ist) (Fert) / fine blanking ‖
~**schnittzone** *f* (beim Scherschneiden die
glatte Scherfläche zwischen Kanteneinzug u.
Bruchzone), Glattschnittbereich *m* (Fert) /
burnish *n*
Glättung *f* (allg, Elek) / smoothing
Glättungs•drossel *f* (Elek) / smoothing choke ‖
~**faktor** *m* (Elek) / smoothing factor ‖ ~**tiefe** *f*
(Masch) / peak-to-mean-line height (surface
parameter)
gleich / same ‖ ~ (Abstände, Anteile, Gewicht,
Bedeutung) / equal (intervals, distances,
shares, weight, importance) ‖ ~ (z.B.
Potenzen, Vorzeichen) / like (e.g. powers,
signs) ‖ ~ [mit], äquivalent [zu] (Chem, Math,
Phys) / equivalent *adj* [to] ‖ ~ (in allen Fällen
u. Vorkommen), einheitlich / uniform (e.g.
particles of uniform shape and size) ‖ ~ (in
Gleichungen) (Math) / equal [to] ‖ ~ **sein**
[mit], sein (Math) / equal *vi* (eg four times three
equals twelve, one foot equals 30.5 cm)
Gleich•anteil *m* (Elek) / direct component ‖
~**artig**, homogen / homogeneous ‖
~**bedeutend** [wie, mit] / equivalent [to]
gleichbleibend, konstant / constant (e.g. velocity,
pressure) ‖ ~, beständig, einheitlich /
consistent (e.g. performance; research of
consistent quality) ‖ ~, gleichmäßig,
gleichförmig / uniform (e.g. density)
Gleichdruck•prozess *m* (des Dieselmotors)
(Mot) / constant-pressure cycle, diesel cycle ‖
~**turbine** (Elek) / impulse turbine
Gleichfeld *n* (Elek, Phys) / static field
gleichförmig, homogen / homogeneous ‖ ~,
gleichmäßig, gleichbleibend / uniform (e.g.
density) ‖ ~ (Bewegung, Rotation,

Beschleunigung) (Mech) / uniform (motion,
rotation, acceleration) ‖ ~, monoton /
monotonous ‖ ~ **beschleunigt** (Bewegung,
Rotation) (Mech) / uniformly accelerated
(motion, rotation) ‖ ~ **verzögert** (Bewegung,
Rotation) (Mech) / uniformly decelerated
(motion, rotation)
Gleichgewicht *n*, Balance *f* / equilibrium, balance
n
Gleichgewichts•bedingung *f* / condition of
equilibrium ‖ ~**diagramm** *n* (Zustandsdiagramm, das streng genommen nur für
extrem geringe Abkühlungsgeschwindigkeiten
gilt, so dass sich bei jeder Temperatur das
thermodynamische Gleichgewicht zwischen
den Phasen einstellen kann) (Mater, Hütt) /
equilibrium diagram ‖ ~**kurve** *f* (im Siede- u.
Gleichgewichtsdiagramm) (Chem) /
equilibrium line, vapour-liquid-equilibrium
curve, VLE curve ‖ ~**lage** *f*, Ruhelage (Mech) /
position of rest, neutral o. steady position,
position of equilibrium ‖ ~**lage**,
Gleichgewichtszustand *m* / state of
equilibrium ‖ ~**schaubild** *n*,
Zustandsdiagramm *n* (grafische Darstellung
des empirisch ermittelten oder durch eine
Zustandsgleichung beschriebenen
Zusammenhangs der Zustandsgrößen eines
thermodynamischen Systems) (Mater, Hütt) /
phase diagram, equilibrium diagram, phase
equilibrium diagram ‖ ~**zustand** *m* / state of
equilibrium ‖ ~**zustandsdiagramm** *n*
(Zustandsdiagramm, das streng genommen
nur für extrem geringe
Abkühlungsgeschwindigkeiten gilt, so dass
sich bei jeder Temperatur das
thermodynamische Gleichgewicht zwischen
den Phasen einstellen kann) (Mater, Hütt) /
equilibrium diagram
Gleichheit *f* (allg, Math) / equality
gleichlaufend, synchron / synchronous, sync
Gleichlauf•fräsen *n* (Fert) / climb milling, down
milling ‖ ~**gelenk** *n* (Kfz) / constant-velocity
joint, CV joint, homokinetic joint
gleichläufiges Fräsen (Fert) / climb milling, down
milling
gleichmachen, auf gleiche Höhe bringen, bündig
machen, bündig einlassen / level, adjust to the
same level, make even, make level, level out *vt*,
make flush, flush
gleichmächtig (Mengen), äquivalent (Math) /
equivalent (sets), equipotent, equinumerous
Gleichmaßdehnung *f* (Mater, Mech) / uniform
straining, uniform elongation
gleichmäßig (z. B. Schichtdicke, Dehnung,
Dichte, Verteilung) / uniform (e.g. plate
thickness, elongation, density, distribution) ‖
~ (z.B. Abnutzung, Verteilung) / even (e.g.
wear, distribution) ‖ ~, regelmäßig (z.B.
Abstände) / regular ‖ ~, stetig / steady ‖ ~,
konstant / constant ‖ ~, homogen /
homogeneous ‖ ~, ruhig / smooth, not jerky,
without jerks or jolts ‖ ~, ausgeglichen,
schwankungsfrei / even, regular ‖ ~**e**
Beleuchtung (Licht) / uniform lighting ‖ ~
beschleunigt (Bewegung, Rotation) (Mech) /
uniformly accelerated (motion, rotation) ‖ ~**e**
Korrosion / uniform corrosion ‖ ~**e**
Oberflächenkorrosion / uniform corrosion ‖ ~
verzögert (Bewegung, Rotation) (Mech) /
uniformly decelerated (motion, rotation)

gleichnamig • e Brüche (Math) / similar fractions ‖ **~e Ladungen** (Elek, Phys) / like charges ‖ **~e Pole** *m pl* (Magn) / like poles *pl*

Gleichraum • prozess *m*, Ottoverfahren *n* (Mot) / Otto cycle, spark-ignition combustion cycle ‖ **~verbrennung** *f* (Phys) / constant volume combustion

gleichrichten (Elek) / rectify

Gleichrichter *m* (Elek) / rectifier ‖ **gesteuerter ~**, Thyristor *m* (Eltro) / thyristor, SCR, silicon controlled rectifier ‖ **~block** *m* (Elek) / rectifier stack ‖ **~diode** *f* (Eltro) / rectifier diode ‖ **~effekt** *m* (Eltro) / Schottky effect ‖ **~gerät** *n* (Elek) / rectifier unit ‖ **~geräte** *n pl* (Elek) / rectifier equipment ‖ **~satz** (Elek) / rectifier stack ‖ **~säule** *f* (Elek) / rectifier stack ‖ **~schaltung** *f* (Elek) / rectifier circuit, rectifying circuit ‖ **~schütz** *m* (Elek) / rectifier contactor ‖ **~transformator** *m* (Elek) / rectifier transformer ‖ **~wirkung** *f* (Elek) / unilateral conductivity, valve effect

Gleich • richtung *f* (Elek, Eltro) / rectification ‖ **~[richt]wert** *m* / mean value of a periodic quantity ‖ **~schenkliges Dreieck** / isosceles triangle ‖ **~schenkliges Trapezgewinde** / equilateral trapeze thread ‖ **~schlagseil** *n* / equal-lay rope ‖ **~seitiges Dreieck** (Math) / equilateral triangle ‖ **~seitige Hyperbel** (Math) / rectangular hyperbola ‖ **~setzungsverfahren** *n* (zwei Gleichungen werden so umgestellt, dass ihre linken Seiten identisch sind und eine Variable enthalten, die dann auf den rechten Seiten nicht vorhanden ist; anschließend werden die beiden rechten Seiten gleichgesetzt, damit die neu entstehende Gleichung von einer Variablen weniger abhängt) (Math) / algebraic method, algebraic equation method (for solving a system of linear equations)

gleichsinnig (parallel) / in the same direction ‖ **~kongruent** (Geom) / directly congruent

Gleichspannung *f* (Elek) / d.c. voltage, direct-current voltage, direct voltage

Gleichspannungs • ... (Elek) / direct-voltage..., DC ‖ **~wandler** *m* (Elek, Eltro) / dc chopper, DC to DC converter, dc-to-dc voltage converter (without inductive or capacitive intermediate energy storage), direct DC converter (IEC)

Gleichstrom *m* (Elek) / direct current, D.C., d.c., d-c, DC current ‖ **~** (Dampf, Wasser usw.) / co-current, parallel flow ‖ **~dynamo** *m*, Gleichstromgenerator *m* (Elek) / direct current generator, d.c. generator, dynamo ‖ **~erregung** *f* (Elek) / d.c. excitation ‖ **~generator** *m* (Elek) / direct current generator, d.c. generator, dynamo ‖ **~hauptschlussmotor** *m* (Elek) / d.c. series-wound motor ‖ **~kopplung** *f*, galvanische Kopplung (Elek, Eltro) / direct coupling, resistance coupling, dc coupling, conductive coupling ‖ **~leistung** *f* (Elek) / dc power ‖ **~maschine** *f* (Elek) / direct current machine, D.C. machine ‖ **~maschine**, Gleichstromgenerator *m* (Elek) / direct current generator, d.c. generator, dynamo ‖ **~motor** *m* (Elek) / d.c. motor ‖ **~netz** *n* (Elek) / DC mains, DC network ‖ **~quelle** *f* (Elek) / dc power source ‖ **~reihenschlussmotor** *m* (Elek) / d.c. series-wound motor ‖ **~steller** *m* (Elek, Eltro) / dc chopper, DC to DC converter, dc-to-dc voltage converter (without inductive or capacitive intermediate energy storage), direct

DC converter (IEC) ‖ **~-Übertragungsverhältnis** *n* (Kennwert eines Optokopplers) (Eltro) / current transfer ratio, CTR ‖ **~umrichter** *m* (dienen zur Umformung von Gleichstrom mit bestimmter Spannung in Gleichstrom mit anderer Spannung) (Elek, Eltro) / d.c.-to-d.c. converter, d.c. transformer ‖ **~umrichter mit Zwischenkreis** (Elek, Eltro) / indirect DC converter (IEC), switch-mode DC to DC converter ‖ **~umrichter** *m* **ohne Zwischenkreis** (Elek, Eltro) / dc chopper, DC to DC converter, dc-to-dc voltage converter (without inductive or capacitive intermediate energy storage), direct DC converter (IEC) ‖ **~widerstand** *m*, ohmscher Widerstand (Elek) / ohmic resistance, d.c. resistance

Gleichung *f* (Chem, Math) / equation ‖ **~** *f* **ersten Grades**, lineare Gleichung / linear equation ‖ **~** **3. Grades**, kubische Gleichung (Math) / cubic equation ‖ **~** **xten Grades** (o. xter Ordnung) / equation of the xth degree ‖ **~** **zweiten Grades**, quadratische Gleichung (Math) / equation of the second degree, quadratic *n*, quadratic equation

Gleichungssystem *n* / system of equations

Gleichverteilungssatz *m*, Gleichverteilungssatz *n* der Energie (Chem) / theorem of the equipartition of energy, principle of the equipartition of energy

gleichwertig [mit], äquivalent [zu] (Chem, Math, Phys) / equivalent *adj* [to]

gleichzeitig / simultaneous ‖ **~**, im gleichen Zeitintervall ablaufend (aber nicht notwendigerweise im selben Augenblick aktiv) / concurrent (Note: in general, simultaneous and concurrent have the same meaning, so there is usually no difference between simultaneous and concurrent users; however, there may be a slight difference: e.g. 2 concurrent users of a computer system are logged on to the system at the same time, but they are not very likely to make simultaneous requests, i.e. at the same time; the more concurrent users there are, however, the more likely a simultaneous request occurs; similarly, simultaneous polydrug use may refer to the co-ingestion of different drugs at the same time, and concurrent polydrug use may refer to the use of different drugs on separate occasions within a specified period of time)

Gleis *n* (Bahn) / track, rail track ‖ **~** (einzelne Schiene eines Gleises) (Bahn) / rail ‖ **~**, Bahnsteig *m* (Bahn) / platform, railway platform, track (US) ‖ **~bett** *n*, Bettung *f* (bildet zusammen mit dem Gleis und der Planumschutzschicht den Oberbau), Schotterbett *n* (Bahn) / track ballast, ballast, roadbed, trackbed, gravel ballast ‖ **~gebunden** (Bahn) / railborne, railbound ‖ **~kette** *f*, Raupenkette *f* (Bau, Mil) / continuous track (for e.g. tanks, tractors), caterpillar ®, caterpillar ® track, caterpillar ® tread, crawler, endless track, track ‖ **~kettenschlepper** *m* / caterpillar ® tractor, tracklaying tractor, crawler tractor ‖ **~kreuzung** *f* (ermöglicht Schienenfahrzeugen das niveaugleiche Überqueren eines anderen, quer verlaufenden Gleises ohne Fahrtunterbrechung) (Bahn) / diamond crossing, level junction (US), flat junction (GB), diamond junction ‖ **~räumer** *m*, Bahnräumer *m*, Schienenräumer *m* (Bahn) /

pilot (US), cowcatcher ‖ ～**stromkreis** *m* (Bahn) / track circuit, bond wire (US)
Gleitbuchse, zylindrische ～ / cylindrical plain bush
Gleitebene *f* (Krist) / glide plane, slip plane
gleiten (über den Boden, durch Wasser, die Luft) / glide ‖ ～, rutschen / slide ‖ ～ **lassen,** bewegen (zeilenweise) (Eltro) / scan *vt* (e.g. beam of electrons over specimen) ‖ ～ *n* (der Schleifkörner auf dem Werkstoff ohne Materialabtrag), Reiben *n* (Fert) / rubbing ‖ ～, Gleitvorgang *m* (an benachbarten Gitterebenen), Translation *f* (Krist) / slip *n* (within crystals - leading to plastic deformation), glide
gleitend • e Arbeitszeit, Gleitzeit *f* (IE) / flexible working hours *pl*, flexitime, flextime ‖ ～**e Reibung** (Mech) / kinetic friction, sliding friction
Gleit • feder *f* (lässt ein Verschieben von Maschinenteilen auf der Welle zu) (Masch) / sliding key ‖ ～**festigkeit** *f*, Griffigkeit *f*, Rutschfestigkeit *f* (Kfz, Straß) / nonskid properties, skid resisting properties *pl*, skid resistance, skidding resistance, pavement grip ‖ ～**fläche** *f* / sliding surface ‖ ～**gelenk** *n* (der Wasserpumpenzange) (Wz) / slip joint
Gleitkomma • darstellung *f* (Math) / floating-point notation, floating-point representation, exponential notation, variable point representation ‖ ～**exponent** *m* (DV) / characteristic (in floating point notation), exponent ‖ ～**konstante** *f* (DV, Math) / floating-point constant ‖ ～**notation** *f* (Math) / floating-point notation, floating-point representation, exponential notation, variable point representation ‖ ～**operation** *f* (DV, Math) / floating-point operation ‖ ～**prozessor,** arithmetischer Coprozessor (DV) / floating-point processor, math coprocessor, floating-point unit, numeric coprocessor, FPU ‖ ～**zahl** *f* (DV) / floating-point number
Gleit • kontakt *m*, Schleifkontakt *m* (Elek) / sliding contact ‖ ～**lager** *n* (Masch) / plain bearing, fluid-film bearing, journal bearing, sliding bearing, sliding-contact bearing, slide bearing ‖ ～**lager** (ungeteilt) (Masch) / bushing, sleeve bearing ‖ ～**lagerbuchse** *f* (Masch) / plain bearing bush ‖ ～**lagerscheibe** *f*, Anlaufscheibe *f* / thrust washer ‖ ～**lagerwerkstoffe** *m pl* / plain bearing materials ‖ ～**leistung** *f*, Gleitverhältnis *n* (Verhältnis zurückgelegte Strecke zu aufgegebener Höhe im Gleitflug) (Luft) / glide ratio, glide performance ‖ ～**mittel** *n* (Plast, PM) / lubricant ‖ ～**modul** *m* (Mech) / elasticity of shear, rigidity modulus, shear modulus, shear modulus of elasticity, modulus of rigidity ‖ ～**passung** *f* / sliding fit
Gleitpunkt • darstellung *f* (Math) / floating-point notation, floating-point representation, exponential notation, variable point representation ‖ ～**schreibweise** *f* (Math) / floating-point notation, floating-point representation, exponential notation, variable point representation ‖ ～**zahl** *f* (DV) / floating-point number
Gleit • reibkraft *f* (Mech) / kinetic friction force ‖ ～**reibung** *f* (Mech) / kinetic friction, sliding friction ‖ ～**reibzahl** *f* (Mech) / coefficient of kinetic friction, coefficient of sliding friction, sliding coefficient of friction ‖ ～**richtung** *f* (Krist) / slip direction ‖ ～**schiene,** Laufschiene *f* / slide rail, rail, slide ‖ ～**schuh** *m* (beim

Elektroschlacke- und Elektrogasschweißen) (Schw) / moulding shoe
Gleitung *f*, Gleitvorgang *m* (an benachbarten Gitterebenen) (Krist) / slip *n* (within crystals - leading to plastic deformation), glide
Gleit • verhältnis *n* (Verhältnis zurückgelegte Strecke zu aufgegebener Höhe im Gleitflug) (Luft) / glide ratio ‖ ～**verschleiß** *m* (der beim Gleiten zweier Kontaktflächen auftritt - es können alle Verschleißmechanismen auftreten) / sliding wear ‖ ～**vorgang** *m* (an benachbarten Gitterebenen) (Krist) / slip *n* (within crystals - leading to plastic deformation), glide ‖ ～**weg** *m* (Luft) / glide path, glide slope, approach slope ‖ ～**wegsender** *m* (Luft, Nav) / glide path transmitter, glide slope transmitter ‖ ～**zahl** *f*, Gleitverhältnis *n* (Verhältnis zurückgelegte Strecke zu aufgegebener Höhe im Gleitflug) (Luft) / glide ratio ‖ ～**zapfenlager** *n* / journal bearing ‖ ～**zeit** *f*, gleitende Arbeitszeit (IE) / flexible working hours *pl*, flexitime, flextime
Gleitziehen *n* (Drahtziehen, Stabziehen, Rohrziehen), Kaltziehen *n* (Fert) / cold drawing, drawing (of wire, bar, tube) ‖ ～ **über festen Stopfen o. Dorn** (Fert) / fixed mandrel tube drawing, fixed plug tube drawing ‖ ～ **von Hohlkörpern,** Rohrziehen *n* (Fert) / tube drawing ‖ ～ **von Hohlkörpern über losen, fliegenden o. schwimmenden Dorn bzw. Stopfen** (Fert) / floating plug tube drawing ‖ ～ **von Vollkörpern** (Fert) / wire and bar drawing
Glied *n* (einer Kette) / link ‖ ～ **des Regelkreises,** Regelglied *n* (Regel) / control element
Glieder • bandförderer *m* (Förd) / apron conveyor, slat conveyor ‖ ～**kette** *f* / link chain ‖ ～**maßstab,** Zollstock *m* (Mess) / folding rule
gliedern, strukturieren, ordnen / structure ‖ ～ [in], unterteilen, untergliedern, einteilen / divide [into], subdivide [into] ‖ ～ *vr* (sich)[in], gegliedert, unterteilt sein / be divided [into]
Gliederriemen *m* / link belt
Gliederung *f*, Gliedern *n* / structuring ‖ ～, Aufbau *m*, Struktur *f* / structure ‖ ～, Unterteilung *f*, Untergliederung *f* / division, subdivision ‖ ～ (Büro, DV) / outline (of a document)
Glimmer *m* (Min) / mica
Glimm • lampe *f* (Eltro, Licht) / glow lamp ‖ ～**lampe** (im Phasenprüfer) (Elek, Wz) / neon lamp (in mains tester) ‖ ～**nitrieren** *n* (Hütt) / glow discharge nitriding, ion nitriding, plasma nitriding
global, weltweit / global, worldwide ‖ ～**e Erwärmung,** Erderwärmung *f* (Umw) / global warming ‖ ～**es Extremum** (Math) / absolute extremum, global extremum ‖ ～**es Maximum,** absolutes Maximum (Math) / absolute maximum, global maximum ‖ ～**es Minimum,** absolutes Minimum (Math) / absolute minimum, global minimum
Globus *m* (pl. Globen) (Kart) / globe
Glockenkurve *f* / bell-shaped curve
Glu, Glutaminsäure *f* (Biochem) / glutamic acid, glutaminic acid
Glucosamin *n* (Chem) / glucosamine
Glucose *f*, Traubenzucker *m* (Chem, Nahr) / glucose, dextrose, grape sugar
Glucuronsäure *f* (Chem) / glucuronic acid
Glüh • birne *f* (ugs.), Glühlampe *f* (Elek) / bulb, light bulb, incandescent light bulb, incandescent lamp ‖ ～**draht** *m*, Glühwendel *f* (in Glühlampe) (Licht) / filament, electrical

filament (in incandescent light bulbs) ‖
~**elektrischer Effekt** (Eltro, Phys) / thermionic
emission ‖ ~**emission** *f* (Eltro, Phys) /
thermionic emission

Glühen *n* (allg) / glowing ‖ ~ (Erwärmen auf
best. Temperatur, Halten u. nachfolgendes
Abkühlen, z.B. um bessere
Verarbeitungseigenschaften zu erzielen o.
innere Spannungen abzubauen) (Hütt) /
anneal *n*, annealing ‖ ~ **auf kugelige Carbide**
(Hütt) / speroidizing ‖ ~ **auf kugeligen
Zementit** (Hütt) / speroidizing

Glüh•faden *m*, Glühwendel *f* (in Glühlampe)
(Licht) / filament, electrical filament (in
incandescent light bulbs) ‖ ~**kat[h]ode** *f*
(Eltro) / hot cathode, thermionic cathode ‖
~**kathodenröntgenröhre** *f*, Coolidge-Röhre *f*
(Eltro, Radiol) / Coolidge tube ‖ ~**kerze** *f* / glow
plug, heater plug ‖ ~**lampe** *f* (Elek) / bulb, light
bulb, incandescent light bulb, incandescent
lamp ‖ ~**lampenfassung** *f* (Elek, Licht) / socket
(for lightbulb), lampholder, lamp socket ‖
~**ofen** *m* (Hütt) / annealing furnace ‖
~**stiftkerze** *f* / glow plug, heater plug ‖
~**temperatur beim Spannungsarmglühen** *n*
(Hütt) / stress relieving temperature ‖ ~**wendel**
f (in Glühlampe) (Licht) / filament, electrical
filament (in incandescent light bulbs)

Glukose *f*, Traubenzucker *m* (Chem, Nahr) /
glucose, dextrose, grape sugar

Glutaminsäure *f* (Biochem) / glutamic acid,
glutaminic acid

Glutinleim *m* / glue *n* (in the narrow sense -
protein colloids prepared from animal tissues
and used as an adhesive), animal glue

Glycerin *n* (Chem) / glycerin[e],
propane-1,2,3-triol, glycerol ‖ ~**acetat** *n*,
Acetin *n* (Chem) / acetin, acetine, glyceryl
monoacetate, monacetin, monoacetin ‖
~**monoacetat** *n*, Acetin *n* (Chem) / acetin,
acetine, glyceryl monoacetate, monacetin,
monoacetin

Glycin *n* (Chem) / aminoacetic acid, glycine,
glycocoll

Glykokoll *n* (veraltet), Glycin *n* (Chem) /
aminoacetic acid, glycine, glycocoll

Glykol *n*, Ethylenglykol *n* (Chem) / ethylene
glycol, glycol

Glyzerin *n* (Chem) / glycerin[e],
propane-1,2,3-triol, glycerol ‖ ~**acetat** *n*,
Acetin *n* (Chem) / acetin, acetine, glyceryl
monoacetate, monacetin, monoacetin ‖
~**monoacetat** *n*, Acetin *n* (Chem) / acetin,
acetine, glyceryl monoacetate, monacetin,
monoacetin

GMA *m*, Gefahrenmeldeanlage *f* / alarm system

GMT (glasmattenverstärkte Thermoplaste)
(Plast) / GMT (glass fiber mat reinforced
thermoplastics)

Gold *n* (Chem) / gold, Au

goldener Schnitt (Math) / golden ratio, golden
section, golden mean

Gold•purpur *m*, Cassiusscher Goldpurpur / gold
tin purple, gold tin precipitate, purple of
Cassius ‖ ~**schwefel** *m*, Antimonpentasulfid *n*
(Chem) / antimony pentasulfide, antimony
persulfide, antimony red, golden antimony
sulfide

Golfklasse *f* (Kfz) / compact car (vehicle size class
- e.g. Ford Focus), compact *n*, small family car,
c-segment car

Gon *n* (Einheit des ebenen Winkels, der 100ste
Teil des rechten Winkels) (Verm) / gon, grade

Gondel *f* (der Windkraftanlage) (Ener) / nacelle
(of wind turbine)

Gong *m* (Klangkörper für Signalzwecke) / gong

goniometrisch•e Funktionen, trigonometrische
Funktionen (Math) / trigonometric functions
pl, circular functions ‖ ~**e Gleichung** (Math) /
trigonometric equation

Gosse *f*, Rinnstein *m* (Straß) / gutter, street gutter

göttliche Teilung, goldener Schnitt (Math) /
golden ratio, golden section, golden mean

GPC (Gelpermeations-Chromatographie)
(Chem) / gel chromatography, exclusion
chromatography, gel permeation
chromatography, gel-filtration
chromatography, liquid exclusion
chromatography, LEC

GPS *n* (Satellitennavigationssystem für zivile
und militär. Zwecke) (Nav) / Global
Positioning System, GPS ‖ ~**-Empfänger** *m*
(Nav) / GPS receiver ‖ ~**-Satellit** *m* (Nav) /
GPS satellite

Grad *m* / degree (stage in scale or extent, e.g. of
accuracy, approximation, automation), level ‖
~ (z.B. Breitengrad, Grad eines Winkels, der
Temperatur, Freiheitsgrad) (Geogr, Math,
Phys) / degree ‖ ~ **Celsius**, °C, Celsiusgrad
(Phys) / Celsius degree, degree centigrade,
degree Celsius ‖ ~ **Fahrenheit** / degree[s]
Fahrenheit

Grader *m* (Straß) / grader, blade, road grader,
motor grader

Gradient *m* (Gefälle o. Anstieg einer Größe -
z.B. Temperatur o. Druck - auf einer best.
Strecke) (allg, Phys) / gradient (e.g.
temperature or pressure gradient) ‖ ~ (eines
Skalarfeldes) (Math) / gradient

Gradienten•sensor *m* (Mess) / gradient sensor ‖
~**spule** *f* (MT) / gradient coil (in an MRI
scanner)

Gradmesser *m*, Winkelschmiege *f* (Mess) /
protractor, simple protractor

graduell, stufenweise fortschreitend o. erfolgend
/ gradual, in degrees

Graduieren *n*, Kalibrieren *n* (Mess) / graduation

Graf *m*, Graph *m* (DV, Math) / graph

Grafik *f* (Technik) / graphics *sg* ‖ ~**adapter** *m*,
Grafikkarte *f* (DV) / display adapter, video
adapter, video card, display card, video display
adapter, video adapter board, graphics
adapter [board], video controller, video
display board, video board ‖ ~**karte** *f* (DV) /
display adapter, video adapter, video card,
display card, video display adapter, video
adapter board, graphics adapter [board], video
controller, video display board, video board ‖
~**tablett** *n* (DV) / graphics tablet, graphics pad,
digitizer tablet, digitizing tablet, digitizer ‖
~**zeichen** *n* (DV) / graphics character

grafisch•e Benutzeroberfläche (DV) / graphical
user interface, GUI ‖ ~**e Darstellung** (von
Daten, Sachverhalten), Diagramm *n* / diagram
‖ ~**e Datenverarbeitung** / computer graphics,
graphical data processing ‖ ~**es Lösen** (von
Gleichungen) (Math) / graphical solution (of
equations)

Grammmolekül *n*, Mol *n* (früher) (Chem) / gram
molecule (quantity of a substance whose
weight in grams is numerically equal to the
molecular weight of the substance), mole, mol

Granulat *n* / granular material, granulated
material ‖ ~ (Plast) / pellets *pl*, granules *pl* ‖ ~
(für Schüttgutkatalysatoren) (Kfz) / pellets *pl*,
beads *pl*

Granulation f, Körnung f (Korngrößenverteilung) / granularity ‖ ≈, Granulieren n / granulation

granulieren / granulate ‖ ≈ n, Granulation f / granulation

Graph m (DV, Math) / graph

Graphit m (Min) / graphite ‖ ≈ (in Bleistiften) / lead ‖ ≈**ausbildung** f (Hütt) / graphite formation ‖ ≈**gitter** n (Krist) / graphite lattice ‖ ≈**lamellen** f pl (Hütt) / graphite flakes pl ‖ ~**moderierter Reaktor** (Nukl) / graphite reactor, graphite moderated reactor ‖ ≈**reaktor** m (Nukl) / graphite reactor, graphite moderated reactor

Grat m (an Kanten von spanender Bearbeitung wie Bohren, Sägen usw.) (Fert) / burr n, bur (US) ‖ ≈ (an der Trennfuge von Gießformen, Presswerkzeugen o. an Gesenkschmiedeteilen) (Gieß, Plast, Schm) / flash, flashing ‖ ≈ (beim Walm- o. Zeltdach) (Bau) / hip, hipped ridge ‖ ≈, Steg m (auf Schallplatten zw. zwei Rillen) (Audio) / land (in records) ‖ ≈**bahn** f (Schm) / flash land, saddle, land (of a die o. mould) ‖ ≈**bildung** f (Gieß, Plast, Schm) / flash formation ‖ ≈**bildung** (an Kanten von spanender Bearbeitung wie Bohren, Sägen usw.) (Fert) / burr formation ‖ ≈**entfernen** n, Entgraten n (Plast) / deflashing ‖ ≈**fase** f, Gratbahn f (Schm) / flash land, saddle, land (of a die o. mould) ‖ ≈**fuge** f, Gratbahn f (Schm) / flash land, saddle, land (of a die o. mould)

gratis, kostenlos adv / freely, gratis

Grat•linie f, Grat m (beim Walm- o. Zeltdach) (Bau) / hip, hipped ridge ‖ ~**loses Schmieden** (Schm) / flashless forging ‖ ≈**los-Schmieden** n (Schm) / flashless forging ‖ ≈**spalt** m (bei Schmiedegesenken) (Schm) / flash gap ‖ ≈**steg** f, Gratbahn f (Schm) / flash land, saddle, land (of a die o. mould) ‖ ≈**verhältnis** m (bei Gratspalten in Schmiedegesenken) (Schm) / ratio of land width to thickness

graues Gusseisen (Hütt) / gray cast iron, gray iron

Grau•guss m (Hütt) / gray cast iron, gray iron ‖ ≈**skala** f, Graustufen f pl (DV, TV) / gray scale ‖ ≈**stufen** f pl (DV, TV) / gray scale ‖ ≈**wertsehen** n (Opt, Physiol) / gray-scale vision

Gravimeter n (Geoph) / gravimeter

gravimetrisch (Chem, Phys) / gravimetric

Gravitation f, Massenanziehung f (Phys) / gravitation, gravitational attraction, gravity, mass attraction

Gravitations•feld n (Phys) / gravitational field ‖ ≈**gesetz** f (Phys) / law of gravitation, Newton's law of gravitation ‖ ≈**konstante** f (Phys) / gravitational constant (g = 6.673 x 10⁻¹¹ N·m²/kg²) ‖ ≈**kraft** m (Phys) / gravitational force, force of gravity

Gravur f, Glasschnitt m (Glas) / engraving

Gray n, Gy (= 100 rad) / gray, Gy ‖ ≈**-Code** m (zyklisch vertauschter Binärcode) (DV) / Gray code

Greifbacke f, Backe f (einer Zange) (Wz) / jaw

greifbar, griffbereit / to hand, within (easy) reach, handy, conveniently available ‖ ~, verfügbar / available ‖ ~, konkret / tangible

greifen vt, packen / grasp, seize ‖ ~ (Roboter), fassen, nehmen / grip (robot) ‖ ~ vi (nach etwas, hinter sich, unter etwas) / reach (for sth, behind one, under sth)

Greifer m (Greifvorrichtung z.B. an Robotern) / gripper ‖ ≈ (Bagger) (Bau) / grapple ‖ ≈**antrieb** m (an Handhabungsgeräten u.

Robotern) / gripper drive ‖ ≈**kran** m (Förd) / grabbing crane, grab crane

Greif•kraft f (bei Handhabungsgeräten u. Robotern) / grip force, grip power ‖ ≈**winkel** m (Walz) / angle of contact (of work with rolls) ‖ ≈**zange mit Gleitgelenk** (DIN), Wasserpumpenzange f (Wz) / water pump pliers, channel-type pliers, groove joint pliers, universal pliers, multiple slip-joint pliers pl, multigrip pliers pl ‖ ≈**zirkel** m, Außentaster m (Mess) / external callipers pl, outside callipers pl ‖ ≈**zirkel** (für Innen- u. Außenmessungen) (Mess) / external and internal callipers, German compass o. callipers pl

Grenz•..., maximal / maximum adj ‖ ≈**...**, begrenzend, Begrenzungs... / limiting

Grenze f / border, boundary ‖ ≈ / border (between states), frontier ‖ ≈, Rand m / margin ‖ ≈, Beschränkung f / limitation ‖ ≈, Schranke f, äußerstes Maß / limit (e.g. of his knowledge, experience, vision) ‖ ≈ (obere o. untere eines Wertebereichs) (DV, Math) / bound ‖ ≈**n f der Entwicklung** / boundaries pl of development ‖ ≈**n f pl der Wissenschaft** f / boundaries pl of science ‖ **obere** ≈, Supremum n (Math) / least upper bound, lub, supremum, sup ‖ **obere o. untere** ≈, Limit n / limit n ‖ **untere** ≈, Infimum n (Math) / infimum, greatest lower bound, glb, inf

grenzen [an], stoßen (an) / abut vi [on]

Grenzfläche f (Fläche zw. zwei Stoffen oder Phasen) (Phys) / interface n ‖ ≈ (Eltro) / junction (actual boundary between semiconductor materials of opposite type) ‖ ≈ (die nach außen abgrenzt, z.B. einer Zelle) / boundary layer (e.g. of a cell) ‖ ≈ **Öl-Wasser** / oil-water interface ‖ ≈ f **Ziegel-Mörtel** / brick-mortar interface

grenzflächen•aktiv (Chem, Phys) / surface-active ‖ ~**aktiver Stoff**, Tensid n (Chem, Phys) / surface-active agent, surfactant ‖ ≈**aktivität** f (Chem, Phys) / surface activity

Grenz•frequenz f (Elek, Eltro, Tele) / cutoff frequency ‖ ≈**kohlenwasserstoff** m, Alkan n (Summenformel: C_nH_{2n+2}) (Chem) / alkane, paraffin, paraffinic hydrocarbon ‖ ≈**lehre** f (Mess) / limit gauge, go/no-go gauge ‖ **unteres** ≈**maß**, Mindestmaß n (Passung), Kleinstmaß n / minimum size, minimum dimension, minimum limit ‖ ≈**rachenlehre** f (Mess) / gap gauge, snap gauge ‖ ≈**reibung** f (als Zwischenstoff zw. den Reibpartnern tritt Grenzschicht auf) (Phys) / boundary friction ‖ ≈**schalter** m (Elek) / limit switch, LS (limit switch), end switch

Grenzschicht f (sehr dünne, durch tribochem. Reaktionen entstandene Schicht an der Oberfläche der Reibpartner) / boundary layer ‖ ≈**ablösung** f (einer Strömung) (Phys) / boundary-layer separation, flow separation, burble n ‖ ≈**ablösungspunkt** m (Phys) / burble point

Grenz•schmierung f / boundary lubrication, borderline lubrication ‖ ≈**spannung** f (Mech) / limit stress ‖ ≈**strom** m / limiting current ‖ ≈**taster** m (Elek) / limit switch ‖ ≈**wellenlänge** m (bei der Oberflächenprüfung) / cutoff, roughness cutoff, cutoff length ‖ ≈**wellenlänge** f, Cut-off-Wellenlänge f (Eltro, Tele) / cutoff wavelength (in fiber optic systems)

Grenzwert m / limit, limit value ‖ ≈ (einer Funktion, einer Folge), Limes m (Math) / limit (of a function, sequence) ‖ ≈,

Emissionsgrenzwert *m* (Umw) / emission limit || **linksseitiger, rechtsseitiger** ~ (Math) / left-hand or right-hand bound || ~**e** *m* *pl* **der Toleranz**, Toleranzgrenzwerte *m* *pl* (QM) / tolerance limits

Grenz•winkel *m* (der Totalreflexion) (Opt) / critical angle || ~**winkel**, Akzeptanzwinkel *m* (der halbe Öffnungswinkel des Strahlenkegels, bei dem die Lichtstrahlen nach Eintritt in die Glasfaser an der Grenzfläche zwischen Kern und Mantel gerade noch total reflektiert und somit im Glasfaserkern geführt werden) (Eltro, Opt) / acceptance angle || ~**zähnezahl** *f* (Zahnrad) / minimum number ofteeth

grießig / small-grained, fine-grained

Griff *m*, Handgriff *m* / handle *n* || ~ (z.B. Säge) (Wz) / handle (e.g. of saw)

"Griff *m* **aufs laufende Band"**, Conveyor Picking (gezieltes Greifen eines beliebig auf einem laufenden Transportband positionierten Objekts durch Roboter) / conveyor picking || ~ **in die Kiste"**, Bin-Picking *n* (gezieltes Greifen wahllos durcheinander liegender Objekte durch Roboter) / bin picking

griffbereit, greifbar / to hand, within (easy) reach, handy, conveniently available

Griffel (eines Grafiktabletts) (DV) / stylus

griffig, handlich (Wz) / handy || ~ (Reifen) (Kfz) / nonskid, nonskidding || ~ (Fahrbahn) / with good grip (pavement)

Griffigkeit *f*, Rutschfestigkeit *f* (Kfz, Straß) / nonskid properties, skid resisting properties *pl*, skid resistance, skidding resistance, pavement grip || ~ **der Reifen** / tire grip

Griffkreuz *n*, Handkreuz *n*, Kreuzgriff *m* (DIN 6335) (Wzm) / star handle, star-wheel handle

Grill *m*, Kühlergrill *m* (Kfz) / grille, radiator grille

Gripzange *f* / locking pliers, Vise-Grip® pliers, mole wrench

grob (z.B. Oberflächen, Körnung von Schleifscheiben), nicht fein / coarse (e.g. surfaces, grain size) || ~, ungefähr (Umrisse, Einschätzung) / rough || ~ **sieben**, vorsieben (Aufb) / scalp

Grob•bearbeitung *f*, Schruppen *n* (Fert) / roughing, roughing cut(s), rough-machining, roughing down, roughing operation(s) || ~**blech** *n* / sheet metal (gauges ca. 6-3), thick gauge sheet metal || ~**blech**, Stahlblech *n* (dick) / steel plate (thickness usually > 3mm) || ~**einstellung** *f* (Techn) / coarse adjustment, rough adjustment, coarse setting || ~**gewinde** *n* / coarse[-pitch] thread || ~**kornglühen** *n* (Hütt) / full anneal, full annealing (heating into the austenite region, followed by slow cooling to yield large grains and coarse pearlite), full anneal treatment || ~**körnig** / coarse-grained || ~**sieben** *n* (um Teilchen über einer bestimmten Größe zu entfernen) (Aufb) / scalping || ~**struktur** *f* (eines Werkstoffes, die mikroskopisch betrachtet werden kann), Gefüge *n* (Mater) / structure (of materials) || ~**stückig** / lumpy, in lumps || ~**walzwerk** *n*, Blockwalzwerk *n* / blooming mill, cogging mill

groß (Ggs.: klein) / big, large, great || ~, hoch (z.B. Leiter, Mast) / tall || ~ (Frequenzbereich) / wide (frequency range) || ~ (Wert) / high (value) || ~, ausgedehnt, geräumig / ample || ~ (Hitze), stark / intense (heat) || ~, wichtig / major

Groß•..., großtechnisch / large-scale... || ~**aufnahme** *f*, Nahaufnahme *f* (Foto) / closeup

|| ~**aufnahme**, Nahaufnahme *f* (Film, TV) / close shot, closeup || ~**auftrag** *m* / major order || ~**bildfernseher** *m* (TV) / large screen TV, wide-screen TV || ~**bildschirm** *m* (TV) / large screen, large TV screen || ~**buchstabe** *m* (Druck) / uppercase letter, capital letter, cap, uppercase, capital

Größe *f* (allg) / size || ~ (Kleidung) (Tex) / size || ~, Abmessungen *f* *pl* / dimensions *pl*, size || ~, Ausmaß *n* / extent || ~ (quantitativ, numerisch, z.B. eines Winkels, einer physikalischen Größe) / magnitude || ~ *f* (physikalische, z.B. Druck, Masse, Länge, Zeit, Geschwindigkeit) (Phys) / quantity || ~ (z.B. Stell-, Steuergröße) (Regel) / variable

Größen•gleichung *f* / quantity equation || ~**ordnung** / order of magnitude || **in der** ~**ordnung von** / on the order of

größer, wichtig, Haupt..., groß... / major || ~ **als** (>) (Math) / greater than [sign] || ~ **[oder] gleich** (Math) / equal to or greater than

Großformatkamera *f* (Foto) / view camera

Groß-/Klein•schreibung *f* (Druck) / case (of a character) || ~**schreibung beachtend** (z.B. Suche) (DV) / case-sensitive

Groß•kunde *m* / large customer || ~**produktion** *f*, Herstellung *f* großer Stückzahlen / large-scale production || ~**rad** *n* (im Getriebe i. Ggs. zum Kleinrad) (Masch) / gear (of a transmission)

Großraum *m*, Ballungsgebiet *n*, Metropolregion *f* (stark verdichtete Großstadtregion von hoher internationaler Bedeutung - umfasst anders als Agglomeration oder Konurbation auch große ländliche Gebiete, die mit den Oberzentren der Region durch wirtschaftliche Verflechtungen oder Pendlerströme in enger Verbindung stehen) / metropolitan area || ~**büro** *n* / open plan office || ~**flugzeug** *n* (Luft) / wide-body, wide-body aircraft || ~**wagen** *m* (Bahn) / open-plan coach, parlor car (US), saloon car (GB)

Groß•rechner *m*, Mainframe *m* (DV) / mainframe computer, mainframe (large computer) || ~**serienfertigung** *f* (Fert) / large-scale poduction, quantity production, large-batch production, large-lot production || ~**stückig**, grobstückig / lumpy, in lumps

größt, maximal / maximum *adj* || ~**er Drehdurchmesser** (doppelte Spitzenhöhe) (Dreh) / swing (maximum workpart diameter determined as twice the centre height) || ~**e untere Schranke**, Infimum *n* (Math) / infimum, greatest lower bound, glb, inf

Größt..., maximal / maximum *adj*

großtechnisch / large-scale... || ~**e Darstellung** / commercial production, industrial production || ~**e Herstellung** / commercial production, industrial production || ~**er Maßstab** / commercial scale, industrial scale

Größt•maß *n*, Höchstmaß *n* (Passung), oberes Grenzmaß / maximum size, maximum dimension, maximum limit || ~**wert** *m*, Maximalwert *m* / maximum value, peak value

Groß•uhr *f* (z.B. Tisch-, Wand-, Standuhr), Uhr *f* / clock *n* (not designed to be worn or carried about; contr dist: watch) || ~**verbraucher** *m* (Elek) / large electricity consumer, large electricity user || ~**zelle** *f* (in Mobilfunknetzen), Makro-Funkzelle *f* (Tele) / macrocell (in cellular radio systems) || ~**zügig**, reichlich [bemessen] / ample (e.g. space, design)

Grübchen n, Loch n / pit (caused by corrosion) ‖ **~bildung** f (durch Verschleiß), Pitting n / pitting ‖ **~korrosion** f / pitting corrosion

Gruben•bau m (in dem das nutzbare Mineral gewonnen wird), Abbauort n (Bergb) / stope n ‖ **~betrieb** m, Untertagebau m (Bergb) / deep mining, underground mining

Grünband n (beim Pulverwalzen) (PM) / green strip

Grund m, Ursache f / reason ‖ **~**, Erdboden m (allg, Bau, Landw) / ground ‖ **~** [und Boden] / land ‖ **~**, Bauplatz m (Bau) / building plot ‖ **~**, Boden m, unterster Teil, unteres Ende / bottom n ‖ **~** (der Schweißnaht), Wurzel f (der Schweißnaht), Nahtwurzel f (Schw) / root (of weld) ‖ **~** (des Gewindes) / root (of a thread) ‖ **~...**, Original..., original, ursprünglich / original adj ‖ **~...**, grundlegend / basic, fundamental ‖ **~adresse** f (DV) / base address, reference address ‖ **~anforderung** f / basic requirement ‖ **~anstrich** m, Grundierung f (Anstr) / priming coat, prime coat ‖ **~anstrich** (Tätigkeit), Grundierung f (Anstr) / priming ‖ **~ausführung** f / basic version, basic model ‖ **~ausrüstung** f / basic equipment ‖ **~ausstattung** f / basic equipment ‖ **~backe** f (einer Spannbacke) (Wzm) / sliding jaw, master jaw ‖ **~baustein** m (Masch) / basic module ‖ **~bündel** n (Kabel) / primary core unit, primary unit ‖ **~drehzahl** f (Elek, Masch) / base speed

Grunde, zu ~ liegen / be based on (e.g. the decision was based on the experience that ...)

Grund•einheit f / basic unit ‖ **~einstellung** f, Voreinstellung f (bei verschiedenen Einstellungsmöglichkeiten die vom Benutzer o. Hersteller gewählte Option, die bei Start des Programms o. der Funktion zunächst eingestellt ist) (Techn) / default n, default setting

gründen (z.B. Stadt, Organisation, Institution) / found ‖ **~** (ein Unternehmen) / found, establish, set up ‖ **~** [auf] / base [on] (e.g. he based his theories on the fact that ...; she based her calculation on new figures) ‖ **sich ~** [auf] / be founded [on], be based [upon]

Grund•fläche f, Basis f (Geom) / base ‖ **~gehalt** n (zu dem evtl. noch Boni gezahlt werden) / basic salary ‖ **~geräusch** n, thermisches Rauschen (Folge der unregelmäßigen thermischen Elektronenbewegung in allen aktiven u. passiven Bauelementen) (Eltro) / circuit noise, output noise, thermal noise, Johnson noise, resistance noise

Grundierung f, Grundanstrich m (Anstr) / priming coat, prime coat ‖ **~**, Grundanstrich m (Tätigkeit) (Anstr) / priming ‖ **~**, Primer m (Anstr) / primer

Grund•kenntnisse fpl / basic knowledge ‖ **~kreisdurchmesser** m / base diameter

Grundlage f, Basis f / basis, foundation ‖ **~** / base (e.g. of an ointment) ‖ **~n** fpl / basic principles pl (e.g. of telephony), fundamental principles, fundamentals (e.g. of secure networking systems)

Grundlagenforschung f / basic research, fundamental research, pure research

Grundlast f (permanent benötigte Leistung in einem Energieversorgungssystem) (Ener) / base load, baseload demand ‖ **~bedarf** m (Elek) / base-load requirements ‖ **~betrieb** m (Elek) / base-load operation ‖ **~kraftwerk** n (Elek) / base load power plant, base load station, base-load plant ‖ **~regelung** f (Regel) / base load control ‖ **~strom** m (Elek) / base-load power

grundlegend / basic, fundamental ‖ **~** (Änderungen) / fundamental (changes), dramatic, radical

gründlich, eingehend / thorough, in-depth ‖ **~ durchgearbeitet**, hoch entwickelt / sophisticated, cleverly devised, complex, ingenious

Grund•linie f, Basis f (Geom) / base ‖ **~loch** n, Sackloch n (Masch) / blind hole, pocket hole, dead hole ‖ **~lohn** m / basic wage rate ‖ **~masse** f, Matrix f (eines Verbundwerkstoffs) (Mater) / matrix (of a composite), primary phase (of a composite) ‖ **~menge** f (einer Gleichung) (Math) / fundamental set ‖ **~metall** n, Grundwerkstoff m (beim Schweißen und Löten) (Fert) / base metal, parent, parent metal, parent material ‖ **~metall** (einer Legierung), Basismetall n (Hütt) / base metal, host metal ‖ **~öl** n (zur Herstellung von Schmierölen) (Masch, Öl) / base stock ‖ **~öl auf der Basis synthtischer Kohlenwasserstoffe** n (zur Herstellung von Schmierölen) (Masch, Öl) / synthetic base stock ‖ **~öl auf der Basis von Raffinaten** n (zur Herstellung von Schmierölen) (Masch, Öl) / petroleum base stock ‖ **~operation** f, Unit-Operation f (physikalischer Vorgang wie z.B. Zerkleinern, Heizen, Kühlen, Mischen, Trennen) (ChT) / unit operation ‖ **~platine** f, Hauptplatine f, Mainboard n (DV) / mother board, main board ‖ **~platte** f (einer Maschine) (Masch) / base plate, bedplate ‖ **~platte**, Montageplatte f / mounting plate ‖ **~platte** (auf der die Schneidplatte befestigt wird) (Wzm) / die bolster, bolster (of a die), bolster plate ‖ **~platte**, Chassis n (Eltro, Radio, TV) / chassis ‖ **~preis** m (verbrauchsunabhängiger Teil des Strompreises) (Elek) / system access charge ‖ **~rahmen** m / base frame ‖ **~rechenarten** f pl (Math) / fundamental operations o. rules of arithmetic ‖ **~riss** m, Draufsicht f (Bau, Doku) / top view, plan, horizontal projection ‖ **~riss** (eines Gebäudes mit Erdgeschossebene) (Bau) / ground plan, plan ‖ **~riss** m (eines Stockwerks) (Bau) / floor plan

Grundsatz m, Prinzip n / principle

grundsätzlich adj, wichtig / fundamental ‖ **~** adv (z.B.: A ist grundsätzlich wie B aufgebaut) / basically (e.g.: Basically, A and B have the same structure) ‖ **~**, im Prinzip / in principle ‖ **~**, aus Prinzip / on principle

Grund•schaltung f (Elek, Eltro) / basic circuit, elementary circuit, fundamental circuit, elementary network, fundamental network ‖ **~schwingung** f, erste Harmonische (Phys) / fundamental (of a complex waveform), first harmonic ‖ **~stahl** m (Hütt) / basic steel, general purpose steel, ordinary steel

Grundstellung f, Normalstellung f / normal position ‖ **~**, Ausgangsstellung f / home position, initial position, starting position ‖ **~** (des Cursors, Zeigers), Ausgangsstellung (DV, Instr) / home position

Grundtoleranz f / fundamental tolerance

Gründung f, Fundament n, Unterbau m (Bau) / foundation(s)

Grund•verfahren n, Grundoperation f (ChT) / unit operation ‖ **~wasser** n / groundwater ‖ **~werkstoff** m (beim Beschichten) (Fert) /

substrate material || ⁻**werkstoff** (beim
Schweißen und Löten) (Fert) / base metal,
parent, parent metal, parent material || ⁻**zahl**
f, Basis *f* (eines Zahlensystems, z.B. Basis 8 des
Oktalsystems) (Math) / base (of a number
system), radix || ⁻**zahl**, Kardinalzahl *f* (Math) /
cardinal number, cardinal numeral || ⁻**zahl**,
Basis *f* (einer Potenz) (Math) / base, radix
Grünling *m*, Vorpressling *m* (PM) / green
compact
Grün∙öl *n*, Anthracenöl *n* / anthracene oil, green
oil || ⁻**streifen** *m*, Mittelstreifen *m* (Straß) /
median (US), central reservation (GB), mall
(US), median strip (US, Australia)(separating
lanes of opposite traffic on highways), medial
strip
Gruppe *f*, Aggregat *n* (Maschinensatz aus
mehreren zusammenwirkenden Einzelteilen) /
set, aggregate, unit || ⁻ (im Periodensystem
der Elemente) (Chem) / group, periodic group
Gruppen∙antenne *f* / array antenna || ⁻**schalter**
m (Elek) / gang switch, deck switch ||
⁻**steuerung** *f* (DV, NC, Tele) / group control ||
⁻**strahler** *m*, Antennengruppe *f* / antenna
array, array
GS, Gleichstrom *m* (Elek) / direct current, D.C.,
d.c., d-c DC current
GTO *n* (= Gate Turn Off), GTO-Thyristor *m*
(Eltro) / gate-turn-off silicon controlled
rectifier, gate turn-off thyristor, GTO
thyristor, turn-off thyristor, GTO (= Gate
Turn Off)
GTO-Thyristor *m*, Abschaltthyristor *m* (Eltro) /
gate-turn-off silicon controlled rectifier, gate
turn-off thyristor, GTO thyristor, turn-off
thyristor, GTO (= Gate Turn Off)
GuD-Kraftwerk *n*, Gas-und-Dampf-
Kombikraftwerk *n* (Elek) / combined cycle gas
turbine plant, CCGT plant, combined cycle
power plant, CCPP
Guerin-Verfahren *n*, Tiefziehen *n* mit
Gummikissen (Fert) / Guerin process
Guldinsche Regel / properties of Guldinus *pl*
Güldischsilber *n*, Doré-Metall *n* (Hütt) / dore
silver
Gully *m*, Straßenablauf *m* (Straß) / storm drain,
storm sewer (US), stormwater drain
Gültigkeits∙kontrolle *f*, Überprüfung *f* der
Gültigkeit / validation, validity check ||
⁻**prüfung** *f*, Überprüfung *f* der Gültigkeit /
validation, validity check
Gummi *m* (vulkanisierter Kautschuk) / rubber
(vulcanized) || ⁻, Gummiband *n* / rubber
band, rubber || ⁻ (wasserlöslicher Anteil der
Gummiharze), Pflanzengummi *m* (Bot) / gum
n, natural gum || ⁻**band** *n* / rubber band,
rubber || ⁻**bindung** *f* (von Schleifscheiben)
(Fert) / rubber bond || ⁻**dichtung** *f* / rubber
gasket || ⁻**druck** *m* (früher), Flexodruck *m*
(Druck) / flexographic printing, flexo printing,
flexography, aniline process (formerly),
aniline printing (formerly) || ⁻**feder** *f* / rubber
spring || ⁻**hammer** *m* (Wz) / rubber mallet ||
⁻**sauger** *m* / suction cup, sucker || ⁻**sauger**,
Ausgussreiniger *m*, Saugglocke *f* (für
Rohrreinigung) (Sanitär) / plunger, plumber's
friend, plumber's helper || ⁻**schlauchleitung** *f*
(Kabel) / rubber cable, rubber sheathed cable ||
⁻**stiefel** *m* / rubber boot || ⁻**tuch** *n* / rubber
cloth
günstiges Angebot, Gelegenheit *f* (Wirtsch) /
bargain
günstigst, optimal / optimal, optimum *adj*

Gurt *m* (allg) / belt || ⁻, Sicherheitsgurt *m* (Kfz,
Luft) / seat belt, safety belt || ⁻, Förderband *n*
(eines Bandförderers), Fördergurt *m* (Förd) /
conveyor belt, belt || ⁻, [Trag]riemen *m* / strap
|| ⁻**bandförderer** *m* (Förd) / belt conveyor,
band conveyor, conveyor || ⁻**becherwerk** *n*
(Förd) / belt-and-bucket elevator ||
⁻**blockierung** *f* (Kfz) / seatbelt retention
Gürtelreifen *m*, Radialreifen *m* (Kfz) / radial ply
tire o. tyre, radial tire o. tyre
Gurt∙förderer *m*, Gurtbandförderer *m* (Förd) /
belt conveyor, band conveyor, conveyor ||
⁻**sperre** *f*, Rückhalteautomatik *m* (Kfz) /
inertia lock retractor, retractor, seat belt
retractor || ⁻**straffer** *m* (Kfz) / seat belt
tensioner, seat belt tightener
Gurttrum, oberes ⁻, Obertrum *n* (eines
Förderbands) (Förd) / tight side (of a belt) ||
unteres ⁻, Untertrum *n* (eines Förderbands)
(Förd) / slack side (of a belt)
Guss *m*, Gießen *n* (Gieß, Glas) / casting, founding
|| ⁻, Gussstück *n*, Gusserzeugnis *n* (Gieß) /
casting, cast part || ⁻**block** *m*, Rohblock *m*
(fester Rohstahl, sofern er in anderen
Querschnitten vorliegt als für Rohbrammen
angegeben) (Gieß) / cast ingot (cross section
square, rectangular with a width to thickness
ratio of less than 2, intended for subsequent
rolling or forging) ingot
Gusseisen *n* / cast iron, C.I. || ⁻ **mit Kugelgraphit**
(Hütt) / ductile cast iron, ductile iron,
spheroidal graphite iron, SG iron, nodular cast
iron || ⁻ **mit Lamellengraphit** (Hütt) / gray cast
iron, gray iron || ⁻ **mit Vermikulargraphit**
(Hütt) / compacted graphite cast iron, CG iron,
vermicular iron
Guss∙erzeugnis *n*, Gussstück *n* (Gieß) / casting,
cast part || ⁻**form** *m*, Form *f* (zur Herstellung
von Gussstücken) (Gieß) / casting mould or
mold, mould (GB), mold (US) || ⁻**form** *f*,
Form *f* (zur Herstellung von Gussstücken - aus
Metall) (Gieß) / die (mould made from
metal)(GB), die-set (two or more
complimentary die parts making up a
complete metal mould assembly) || ⁻**legierung**
f / casting alloy || ⁻**modell** (Gieß) / casting
pattern, foundry pattern, pattern || ⁻**rohr** *n* /
cast iron pipe || ⁻**stück** *n*, Gusserzeugnis *n*
(Gieß) / casting, cast part || ⁻**teil** *n*,
Gusserzeugnis *n* (Gieß) / casting, cast part ||
⁻**textur** *f* (Hütt) / grain structure in a casting ||
⁻**werkstück** *n*, Gusserzeugnis *n* (Gieß) /
casting, cast part || ⁻**zinnbronze** *f*, Rotguss *m*
(Legierung aus Zinn u. Zink, auch Blei bei
Hauptanteil Kupfer) (Hütt) / gunmetal, red
brass
gut zu fahren, handlich (Fahrzeug), gut zu
lenken / handy, maneuvrable
Gut *n*, Eigentum *n* / property || ⁻, Landgut *m*
(Landw) / estate || ⁻, Frachtgut *n* (Trans) /
freight || ⁻ (einzelnes Stück Ware für den
Transport) / item (of freight) || ⁻ (das einen
Bearbeitungsgang durchläuft/durchlaufen
soll), Material *n* / material (being processed/to
be processed), stock
Güte *f*, Qualität *f* / quality, grade || ⁻, Qualität *f*
der Bearbeitung / workmanship (quality) || ⁻,
Schwingkreisgüte *f* (Elek, Eltro) / quality factor,
Q factor, magnification factor || ⁻ **der**
Regelung (Regel) / control performance || ⁻
einer Schweißung, Qualität *f* der
Schweißverbindung (Schw) / weld quality || **von**

hoher ≈, hochwertig, Qualitäts... / high-quality ..., top-quality, high-grade

Güte•faktor, Schwingkreisgüte *f* (Elek, Eltro) / quality factor, Q factor, magnification factor ‖ ≈**funktion** (Stat) / power function ‖ ≈**klasse** *f*, Handelsklasse *f*, Qualitätsklasse *f* / grade, quality, class

Güter *n pl* / goods *pl*, products *pl* ‖ ≈**bahnhof** *m* (Bahn) / goods station (GB), freight station o. depot (US) ‖ ≈**wagen** *m* (Bahn) / freight car, railway freight car, wagon (GB), railway wagon (GB), goods wagon (GB), truck (GB) ‖ ≈**waggon** *m* (Bahn) / freight car, railway freight car, wagon (GB), railway wagon (GB), goods wagon (GB), truck (GB) ‖ ≈**zug** *m* (Bahn) / goods (GB) train, freight (US) train

Gut•lehre *f* (Mess) / GO gauge ‖ ≈**seite** *f* (einer Grenzlehre allgemein) (Mess) / GO end (of a limit gauge), go limit, GO portion ‖ ≈**seite** (einer Grenzrachenlehre) (Mess) / GO gap (of a gap gauge) ‖ ≈**seite** (eines Grenzlehrdorns), Gutzapfen *m* (Mess) / go plug ‖ ≈**zapfen** *m*, Gutseite *f* (eines Grenzlehrdorns) (Mess) / go plug ‖ ≈**zylinder** *m*, Gutseite *f* (eines Grenzlehrdorns) (Mess) / go plug

GV, Gebäudeverteiler (Kabel, Tele) / BD, building distributor

G-Wagen *m*, gedeckter Güterwagen (Bahn) / boxcar (US), van (GB), goods van (GB)

Gy (= 100 rad), Gray *n* / gray, Gy

Gyre *f*, Drehachse *f* (Krist) / rotation axis of symmetry

gyromagnetischer Faktor, Landé-Faktor *m* (Phys) / Landé g-factor

H

H, Henry *n* (Einheit der Induktivität, 1 H = 1 Voltsekunde/Ampere) (Elek) / H, henry

H, Wasserstoff *m* (Chem) / hydrogen, H

Haar•kristalle *m pl*, Whisker *m pl* (faserförmige Einkristalle) (Krist) / whiskers (hairlike single crystals) ‖ ≈**lineal** *n* (zur Überprüfung von Flächen auf Ebenheit und Geradheit) / straightedge ‖ ≈**nadel** *f* / hairpin ‖ ≈**riss** *m* / capillary crack, hairline, hairline crack (defect), hair crack ‖ ≈**röhrchen** *n*, Kapillarröhrchen *n* / capillary tube, capillary *n* ‖ ≈**trockner** *m*, Fön *m* / hair drier, hair dryer

Haber-Born-Kreisprozess *m* (Phys) / Born-Haber cycle

Hacke *f*, Kreuzhacke *f* / pick (with a point at one end and a chisel edge at the other), double pointed pick, pickax (US), pickaxe (GB)

hacken (z.B. Holz, Zwiebeln) / chop (e.g. wood, onions)

Hacker *m* (Eindringling in fremde Computersysteme) (DV) / hacker

Häckselmaschine *f* (Landw) / chaff cutter, chopper

häckseln (Landw) / chop

Häcksler *m* (Landw) / chaff cutter, chopper

Hafen *m* / harbour (GB), harbor *n* (US), port ‖ ≈**damm** *m*, Kai *m* (Wasserb) / quay, wharf (built parallel to the bank of a waterway, harbour etc.) ‖ ≈**kran** *m* (Förd) / harbour crane ‖ ≈**ofen** *m* (Glas) / pot furnace ‖ ≈**schleuse** *f* / harbour lock

Hafnium *n* (Chem) / hafnium, Hf

haften [an] / adhere *vi* [to] ‖ ~[für](Mängel, Schäden) / be liable [for](defects, damage)

Haft•etikett *n*, Aufkleber *m* / label, adhesive label, paster, stick-on label, pressure sensitive adhesive label, sticker ‖ ≈**fähigkeit** *f* / adherence, adhesive force, adhesiveness, adhesion ‖ ≈**grundbehandlung** *f*, Vorbehandlung der Oberflächen (beim Kleben) (Fert) / preparation of the adherend surface, surface preparation ‖ ≈**grundvorbereitung** *f*, Vorbehandlung der Oberflächen (beim Kleben) (Fert) / preparation of the adherend surface, surface preparation ‖ ≈**kleber** *m* / pressure-sensitive adhesive ‖ ≈**klebstoff** *m* / pressure-sensitive adhesive ‖ ≈**kraft** *f*, Adhäsionskraft *f* / adherence, adhesive force, adhesiveness, adhesion ‖ ≈**reibkraft** *f* (Phys) / static friction force ‖ ≈**reibung** *f* / friction of rest, static friction, sticking friction, stiction ‖ ≈**reibwinkel** *m* (Phys) / angle of friction of rest, angle of repose ‖ ≈**reibzahl** *f* (Mech) / coefficient of friction of rest, coefficient of static friction, static coefficient of friction ‖ ≈**schleifblatt** *n*, Schleifblatt *n* mit Klettverschluss (Wz) / adhesive sanding disc, hook-and-loop abrasive sanding disc ‖ ≈**sitz** *m* / tight fit, wringing fit ‖ ≈**spannung** *f*, Benetzungsspannung *f* (Chem, Phys) / wetting tension

Haftung *f*, Adhäsion *f* (Phys) / adherence, adhesion ‖ ≈ (für Mängel, Schäden) / liability (for defects, damage) ‖ **beschränkte ≈** / limited liability, L.L.

Haftvermögen n, Adhäsionskraft f / adherence, adhesive force, adhesiveness, adhesion

Hahn m (pl. Hähne)(Vorrichtung zum Sperren u. Regeln des Durchflusses in Rohrleitungen, bei dem zum Sperren die Durchbohrung des Absperrkörpers quer zur Flussrichtung gestellt wird), Kugelhahn m (mit kugelförmigem Absperrkörper) (Rohr) / ball valve ‖ ≈ (pl. Hähne)(Vorrichtung zum Sperren u. Regeln des Durchflusses in Rohrleitungen, bei dem zum Sperren die Durchbohrung des Absperrkörpers quer zur Flussrichtung gestellt wird)(mit kegelstumpfförmigem Absperrkörper), Kükenhahn m (mit kegelstumpfförmigem Absperrkörper) (Rohr) / plug valve (with conical plug), plug cock, cock n ‖ ≈ (pl. Hähne)(Vorrichtung zum Sperren u. Regeln des Durchflusses in Rohrleitungen, bei dem zum Sperren die Durchbohrung des Absperrkörpers quer zur Flussrichtung gestellt wird), Kolbenhahn m (mit zylinderförmigem Absperrkörper) (Rohr) / plug valve (with cylindrical plug), plug cock, cock n ‖ ≈, Wasserhahn m (Sanitär) / tap, faucet (US) ‖ ≈, Zapfhahn m / tap ‖ ≈ (einer Schusswaffe), Hammer (Mil) / cock n (of a firearm), hammer

Häkelnadel f (Tex) / crochet hook, crochet needle

Haken m / hook n ‖ ≈ (zum Abhaken in einer Liste) / check, check mark (on a list) ‖ ≈ (an Dachplatte/Dachpfanne), Aufhängenase (des Dachziegels) f (Bau) / nib (of a tile), cog, stub ‖ ≈**flasche** f (Kran) (Förd) / snatch block ‖ ≈**geschirr** n, Lasthaken m (Förd) / lifting hook, load hook ‖ ≈**schlüssel** m (für Nutmuttern)(DIN 1810) / sickle spanner ‖ ≈**schlüssel mit Nase** / hook wrench ‖ ≈**[um]schalter** m, Gabelumschalter m (Tele) / cradle switch, switch hook, hook switch

halb zylindrische Beleuchtungsstärke (Licht) / semi-cylindrical illuminance

Halbautomatik (z.B. zur Einstellung von Belichtungszeit u. Blendenöffnung bei einer Kamera) (Techn) / semiautomatic control [system]

halbautomatisch / semiautomatic ‖ ~**es Getriebe** (Kfz) / semiautomatic transmission

halb•axiales Laufrad (einer Kreiselpumpe) / mixed-flow impeller ‖ ~**axiale Turbine**, Dériaz-Turbine f / Dériaz-type turbine ‖ ≈**axialpumpe** f (eine Kreiselpumpe) / mixed-flow pump ‖ ≈**axialrad** n (einer Kreiselpumpe) / mixed-flow impeller

Halbbild n (in der Stereofotografie) (Foto) / single frame ‖ ≈**verfahren** n, Zeilensprungverfahren n (DV, TV) / interlaced field technique, interlacing (in monitors, TV picture tubes), interlaced scanning, interlace scanning

Halb•byte n, Nibble n (DV) / half-byte (4 bits = 1/2 byte), nibble n, nybble ‖ ≈**differential-sensor** m (Mess) / half-differential sensor

Halbduplex•betrieb m (Übertragung in beiden Richtungen abwechselnd) (Tele) / half duplex operation ‖ ≈**verfahren** n (Übertragung in beiden Richtungen abwechselnd) (Tele) / half duplex mode

halb•durchlässige Membran (Chem) / semipermeable membrane ‖ ≈**erzeugnis** n, Halbfertigprodukt n / half-finished product,

semifinished product ‖ ≈**fabrikat** n, Halbfertigprodukt n / half-finished product, semifinished product ‖ ≈**fertigerzeugnis** n / half-finished product, semifinished product ‖ ≈**fertigprodukt** n / half-finished product, semifinished product ‖ ~**gekreuzt** (Riemen), halbgekreuzt / half-cross (GB), quarter-turn (US) ‖ ≈**gerade** f, Strahl m (Geom) / half line, ray ‖ ≈**geschoss** (Bau) / mezzanine, entresol ‖ ~**geschränkt**, halbgekreuzt (Riemen) / half-cross (GB), quarter-turn (US)

Halbkreis m (Geom) / semicircle, half of a circle, semicircumference ‖ ≈**bogen** m (Geom) / semicircle, half of a circle, semicircumference ‖ ~**förmig** / semicircular

Halbleiter m (Eltro) / semiconductor ‖ ≈**bauelement** n (Eltro) / semiconductor device ‖ ≈**bildsensor** m (TV) / solid-state image sensor, solid-state pickup ‖ ≈**chip** m (Eltro) / semiconductor chip ‖ ≈**dehnmessstreifen** m (Mess) / semiconductor strain gauge ‖ ≈**diode** f (Eltro) / semiconductor diode ‖ ≈**-DMS** m, Halbleiterdehnmessstreifen m (Mess) / semiconductor strain gauge ‖ ≈**material** n / semiconducting material, semiconductor material ‖ ≈**relais** n, SSR (Eltro) / solid-state relay ‖ ≈**schalter** m (Elek) / semiconductor switch ‖ ≈**schaltung** f (Eltro) / solid circuit, solid-state circuit ‖ ≈**scheibe** f (Eltro) / wafer, semiconductor slice, slice, semiconductor wafer ‖ ≈**schütz** n (Elek) / semiconductor contactor ‖ ≈**sensor** m / semiconductor sensor ‖ ≈**speicher** m (DV) / solid-state memory, semiconductor memory ‖ ≈**substrat** n (Eltro) / semiconductor substrate ‖ ≈**technologie** f, Halbleitertechnik f (Eltro) / semiconductor technology ‖ ≈**thyratron** m, Thyristor m (Eltro) / thyristor, SCR, silicon controlled rectifier ‖ ≈**werkstoff** m / semiconducting material, semiconductor material ‖ ≈**zone** f (Eltro) / semiconductor region

halb•logarithmische Schreibweise (Math) / floating-point notation, floating-point representation, exponential notation, variable point representation ‖ ≈**messer** m (von Kreis und Kugel), Radius m (Math) / radius (pl.: radii, radiuses) ‖ ≈**metall** n, Metalloid m (Chem) / metalloid n, semimetal ‖ ≈**nachtbetrieb** m (Licht) / lowered night-time lighting ‖ ≈**parameter** m (Math) / semilatus rectum ‖ ~**polare Bindung** (Chem) / coordinate bond, dative covalent bond, dative bond, coordinate valence ‖ ≈**portalkran** m (Förd) / single-leg gantry crane ‖ ~**regelmäßige Körper** (Math) / Archimedean solid

Halbrund•holzschraube f / round head wood screw ‖ ≈**kerbnagel** m (DIN 1476/ISO 8746) / grooved pin with round head ‖ ≈**kopf** m (Schraube) / cup head, round head, button head ‖ ≈**niet** m / round head rivet

Halb•schalenbauweise f (Luft) / semimonocoque design ‖ ≈**schalenhelm** m (Kfz) / half helmet, shorty ‖ ~**schräger Abzweig** (Abwasser) (Sanitär) / Y-branch ‖ ≈**stoff** m (Pap) / half stuff, half-stock ‖ ≈**taucher** m, schwimmende Bohrinsel (Öl) / floating drilling rig, semi-submersible, semi-submersible oil exploration drilling rig, semisubmersible drilling rig

Halbton•bild n, Halbtonvorlage f (ungerasterte Originalvorlage) (Druck, Foto) / continuous-tone image ‖ ≈**raster** n,

Autotypieraster *n* (Druck, Foto) / halftone screen ‖ ²**vorlage** *f* (ungerasterte Originalvorlage) (Druck, Foto) / continuous-tone image

Halb•ware *f*, Halbfertigprodukt *n* / half-finished product, semifinished product ‖ ²**warmumformen** *n* (im Bereich von 500 bis 750 °C, unter A₁) (Fert) / warm working ‖ ²**wertszeit** *f*, HWZ (Nukl) / half-life, radioactive half-life, half-value period, half-life period ‖ ²**wertzeit** *f*, HWZ (Nukl) / half-life, radioactive half-life, half-value period, half-life period ‖ ²**zeug**, Halbfertigprodukt *n* / half-finished product, semifinished product ‖ ²**zeug** *n* (Pap) / half stuff, half-stock ‖ ²**zeug** (Lieferform von Knetwerkstoffen) (Hütt) / wrought products *pl*

Hälfte *f* / half *n*

Hall•geber, Hall-Sensor *m* (Eltro, Mess) / Hall-effect sensor ‖ ²**-Generator** *m* (Eltro) / Hall generator, Hall-effect generator ‖ ²**-Koeffizient** *m* (Eltro) / Hall coefficient ‖ ²**-Sensor** *m*, Hallgeber (Eltro, Mess) / Hall-effect sensor ‖ ²**-Sonde** *f* (Eltro) / Hall probe ‖ ²**-Spannung** *f* (Elek) / Hall voltage

Hallwachs-Effekt *m*, äußerer Fotoeffekt (Eltro) / external photoelectric effect, photoemissive effect

Halogen•glühlampe *f* (Elek) / halogen lamp ‖ ²**lampe** *f* (Elek) / halogen lamp ‖ ²**metalldampflampe** *f* (Licht) / metal halide lamp ‖ ²**silberverfahren** *n* (Foto) / silver halide process

Hals *m* (kragenförmig), Kragen *m* (Masch) / collar ‖ ²-, Kehle *f* (Masch) / throat, neck ‖ ²-, Flaschenhals *m* / neck (of a bottle) ‖ ²- (der Fernsehröhre) (TV) / neck (of a television tube) ‖ ²- (Leder) / neck, shoulder ‖ ²**aufweitung** *f* (einer Fernsehröhre) (TV) / flare ‖ ²**lager** *n* (einer stehenden Welle) (Masch) / collar bearing, neck bearing (of an upright shaft)

Halt *m*, Träger *m*, Halter *m*, Auflage *f* / rest, support ‖ ²-, Anhalten *n*, Aufenthalt *m* / stop

haltbar machen, konservieren / preserve

Haltbarkeit *f*, Dauerhaftigkeit *f*, Beständigkeit *f* / durability, stability ‖ ²-, Lebensdauer *f* / durability, life ‖ ²- *f*, Lagerfähigkeit *f*, Lagerbeständigkeit *f* / shelf life, storage life ‖ ²-, Haltbarkeitsdauer *f* (Nahr) / storage life

Haltbarkeitsdauer *f*, Haltbarkeit *f* (Nahr) / storage life

Haltbefehl *m* (DV) / stop instruction, break point instruction, halt instruction

Halte•balkenbefeuerung *f* (Luft) / stop bar lights ‖ ²**balkenfeuer** *n pl* (Luft) / stop bar lights ‖ ²**draht** *m* (in einer Glühlampe) (Licht) / support wire ‖ ²**griff** *m*, Handgriff *m* / handle *n*

halten *vt*, festhalten / hold ‖ ²-, tragen, stützen / support, sustain ‖ ²-, aufhalten, zurückhalten, festhalten / detain, keep ‖ ²-, aufrechterhalten / maintain (temperature, speed, pressure, performance) ‖ ²- (funktionsfähig, in gutem Zustand) / keep (in good working condition) ‖ ²- (z.B. niedrig, in engen Grenzen) / keep (e.g. low, within close limits) ‖ ²-, binden *vt* (Wärme, Feuchtigkeit) / retain (heat, moisture) ‖ ²-, gespeichert lassen (DV) / hold ‖ ²- (ein Werkstück auf einer bestimmten Temperatur) (Hütt) / soak ‖ ²- (einen Anruf, eine Verbindung) (Tele) / put on hold ‖ ²-, aufziehen *vt*, züchten (Tiere) (Landw) / raise,

rear (animals) ‖ ²- *vi*, nicht zerreißen / hold *vi* ‖ ²-, fortdauern / endure *vi*, last ‖ ²-, anhalten *vi*, stehen bleiben / stop *vi*, come to a standstill ‖ ²-, haften bleiben / stick, adhere ‖ ²- *vr* (sich) (Nahr) / keep ‖ ²- (sich)[an](Regeln, Anweisungen) / observe (rules, instructions) ‖ **einen Vortrag** ²- / present a paper (at a conference) ‖ ²- *n* (einer Verbindung) (Tele) / call hold, HOLD ‖ ²- (des Werkstoffes auf einer bestimmten Temperatur beim Glühen) (Hütt) / soaking

Haltenase *f* (einer Lagerschale zur Sicherung gegen Verschieben u. Verdrehen) (Masch) / locating lug

Haltepunkt *m* (der Temperatur), Umwandlungspunkt *m* (bei der Wärmebehandlung von Eisenwerkstoffen), Umkehrpunkt *m* (Hütt) / arrest point, transformation temperature, critical point ‖ ²- (der Temperatur), Übergangstemperatur *f*, Umwandlungspunkt *m* (bei Phasenübergängen) (Phys) / transition point, transition temperature

Halter *m*, Halterung *f* / holder ‖ ²-, Handgriff *m* / handle *n* ‖ ²-, Träger *m*, Auflage *f* / rest, support ‖ ²- (eines Fahrzeugs) (Kfz) / keeper

Halterung *m* (der Blasmaschine) (Glas) / neck ring

Halterung *f*, Halter *m* / holder

Halte•seil *n*, Abspannseil *n*, Verankerungsseil *n* / guy, guy cable, guy rope, stay rope, stay line ‖ ²**strom** *m* (bei einem Thyristor) (Elek) / holding current ‖ ²**wicklung** *f* (Elek, Kfz) / hold-in winding (of solenoid assembly) ‖ ²**zeit** *f* (Schw) / hold time

Haltinstruktion *f* (DV) / stop instruction, break point instruction, halt instruction

Hammer *m* (Wz) / hammer *n* ‖ ²-, Hahn *m* (einer Schusswaffe) (Mil) / cock *n* (of a firearm), hammer ‖ ²**bär** *m* (von Freifall- u. Oberdruckhämmern) (Schm) / ram (of gravity and power drop hammers)

Hämmerbarkeit *f*, Schmiedbarkeit *f* / malleability, malleableness

Hammer•brecher *m* (Aufb) / hammer crusher ‖ ²**gerüst** *n*, Ständer (des Schmiedehammers) (Schm) / frame (of the forge hammer) ‖ ²**gestell** *n*, Ständer (des Schmiedehammers) (Schm) / frame (of the forge hammer) ‖ ²**kopf** *m* (Schraube) / hammer head ‖ ²**kopfschraube** *f* / hammer head bolt, T-head bolt ‖ ²**kran** *m* (Förd) / hammer head crane ‖ ²**mühle** *f* (Aufb) / hammer mill ‖ ²**scheibe** *f* (des Pendelschlagwerks) (Mater) / hammer, pendulum ‖ ²**schlag** *m* / blow (of the hammer), hammer blow, stroke of a hammer, hammer stroke ‖ ²**schlag** (beim Schmieden), Schmiedezunder *m* (Schm) / hammer scale, forge scale, forging scale ‖ ²**schlaglackierung** *m* (Anstr) / hammer-finish paint, hammer tone finish ‖ ²**schraube** *f* / hammer head bolt, T-head bolt ‖ ²**ständer** *m*, Ständer (des Schmiedehammers) (Schm) / frame (of the forge hammer)

Hämotoxin *n*, Blutgift *n* / hemotoxin, haemotoxin, hematotoxin

Hand•, manuell, von Hand / manual *adj* ‖ ²**...**, handbedient, handbetätigt / hand-operated, hand actuated ‖ ²**antrieb** *m* (z.B. bei Kettenhebezeugen) / manual operation ‖ **mit** ²**antrieb**, handbedient, handbetätigt / hand-operated, hand actuated ‖ ²**apparat** *m*, Telefonhörer *m* (Tele) / receiver, handset *n*, telephone handset, telephone receiver ‖

²**ballenauflage** f / palm rest (computer keyboard) ‖ ~**bedient**, handbetätigt / hand-operated, hand actuated ‖ ²**bedienung** f / manual operation, manual control ‖ ²**beil** n, Beil n / hatchet ‖ ²**belichtungsmesser** m (Foto) / hand-held light meter ‖ ~**betätigt**, handbedient / hand-operated, hand actuated ‖ ²**betätigung** f / manual operation, manual control ‖ ²**betrieb** m, Handbedienung f / manual operation, manual control ‖ ~**betrieben**, handbetätigt / hand-operated, hand actuated ‖ ²**blechschere** f / tin snips pl, snips pl ‖ ²**bohrmaschine** f (elektrisch), elektrische Handbohrmaschine (Wz) / electric drill (standard portable type), power drill, drill ‖ ²**bremse** f (handbetätigt) (Bahn, Fahrrad, Kfz) / hand brake ‖ ²**bremse**, Feststellbremse f (Kfz) / parking brake ‖ ²**bremshebel** m (Kfz) / brake hand lever, hand brake lever ‖ ²**buch** n (für den Betrieb o. die Wartung eines Gerätes o. einer Anlage) (Doku) / manual (e.g. user, maintenance manual) ‖ ²**buch** (Druck) / handbook (compendium of information in a particular field designed to provide ready reference)

Handels•bezeichnung, Handelsname m / trade name ‖ ²**klasse** f, Güteklasse f, Qualitätsklasse f / grade, quality, class ‖ ²**name** m / trade name

handelsüblich / commercial, commercially available ‖ ~, gängig / off-the-shelf

Hand•feuermelder m / manual call point, manual fire alarm device, fire alarm box, firebox ‖ ²**formen** n (Herstellung einer Sandform ohne Formmaschine) (Gieß) / hand ramming ‖ ²**gerät** n, Mobilteil n (Tele) / handset (of a cordless telephone) ‖ ~**gesteuert** / manually controlled ‖ ²**griff** m / handle n

handhaben, umgehen mit / handle vt

Handhabung f, Behandlung f, Umgang m / handling ‖ ² f (z.B. eines Geräts), Bedienung f / handling

Handhabungs•automat m / automatic handling device, handling robot ‖ ²**gerät** n, Einlegegerät n (Fert) / parts handler ‖ ²**roboter** m / material handling robot

Hand•hebel m / hand lever ‖ ²**hebelschere** / crocodile shears pl, cantilever action shears pl, lever shears pl ‖ ²**hebezeug** n (Förd) / manual hoist

Handheld m, Handheld-Computer m (DV) / hand-held computer, hand-held n

Hand•kreuz n, Kreuzgriff m (DIN 6335) (Wzm) / star handle, star-wheel handle ‖ ²**lampe** f / hand lamp, portable lamp ‖ ²**lampe** (Kontrollleuchte), Ableuchtlampe f / inspection lamp

Händler m, Lieferant m, Anbieter m / vender, vendor

Handleuchte f / hand lamp, portable lamp ‖ ², Ableuchtlampe f, Handlampe f (Kontrollleuchte) / inspection lamp

handlich, praktisch (in der Handhabung) / handy (convenient to handle or use) ‖ ~ (Fahrzeug), gut zu fahren, gut zu lenken / handy, maneuvrable

Handlung f / action

Hand•mixer m (HG) / mixer, hand mixer ‖ ²**pumpe** f / hand pump ‖ ²**rad** n / handwheel ‖ ²**regelung** f, Handsteuerung f / manual operation, manual control ‖ ²**rührgerät** n (HG) / mixer, hand mixer ‖ ²**säge** f (Wz) / hand saw ‖ ²**scanner** m (DV) / hand-held scanner ‖

²**schaltgetriebe** n, Schaltgetriebe n (von Hand geschaltet) (Kfz) / manual gearbox, manual transmission ‖ ²**schaltung** f, Schaltgetriebe n (von Hand geschaltet) (Kfz) / manual gearbox, manual transmission ‖ ²**schleifen** n (Fert) / off-hand grinding, snagging ‖ ²**schleifer, der mit Schleifpapier betrieben wird** (Wz) / sander (hand-held) ‖ ²**schuh** m (Tex) / glove ‖ ²**schuhfach** m (Kfz) / glove box, glove compartment ‖ ²**schweißen** n, manuelles Schweißen / manual welding ‖ ²**staubsauger** m (HG) / upright vacuum cleaner ‖ ²**steuerung** f, Handbetätigung f / manual operation, manual control ‖ ²**vermittlung** f (Tele) / manual switching, manual telephone switching ‖ ²**vermittlung**, Handvermittlungsstelle n (Tele) / manual exchange, manual telephone exchange ‖ ²**vermittlung**, Handvermittlungsschrank m (Tele) / manual switchboard ‖ ²**vermittlungsschrank** m, Handvermittlungszentrale f (Tele) / manual switchboard ‖ ²**vermittlungsstelle** n (Tele) / manual exchange, manual telephone exchange ‖ ²**verstellung** f, Handbedienung f / manual operation, manual control ‖ ²**vorschub** m (Wzm) / hand feed, manual feed

Handwerk n (z.B. Zimmererhandwerk, Bäckerhandwerk) / craft, trade (e.g. trade of a carpenter, baking trade) ‖ ², Kunsthandwerk n / handicraft, handcraft ‖ ², Einzelhandwerk, Handwerkssparte f / craft discipline ‖ ², die Handwerker m pl / craft, trade ‖ ² (als Wirtschaftsbereich) / craft sector, craft industry

Handwerker m / craftsman, craftsperson, tradesman, tradesperson (US, Australia)

handwerkliche Verfahren (in der Produktion) / handcraft methods

Handwerks•disziplin, Einzelhandwerk, Handwerkssparte f / craft discipline ‖ ²**meister** m / master [craftsman] ‖ ²**sparte** f, Einzelhandwerk / craft discipline ‖ ²**zeug** n / tools pl

Handwerkzeug n / hand tool, tool

Handwinde f / hand winch

Handy n, Mobiltelefon n (Tele) / mobile phone, mobile n, cellphone (GB), cellular phone, mobile telephone n ‖ ²**virus** n (Tele) / cell phone virus, mobile phone virus, cellular phone virus

Hangabtriebskraft f (Phys) / parallel component of the force of gravity (down an inclined plane), component of the gravitational force parallel to the surface (of an inclined plane)

Hangar m (Luft) / hangar, aircraft hangar, airplane hangar

Hänge•bahn f (Bahn) / suspended railway ‖ ²**bahn** (Förd) / overhead conveyor ‖ ²**bahn**, Elektrohängebahn f (mit einzeln elektr. angetriebenen, flurfrei angeordneten Katzen) (Förd) / telpherage, telpher line ‖ ²**brücke** f (Bau) / suspension bridge ‖ ²**gleiter** m (Sport) / hang glider ‖ ²**lampe** f (Licht) / pendant luminaire, hanging lamp, pendant lamp, pendant, suspended lamp ‖ ²**leuchte** f (Licht) / pendant luminaire, hanging lamp, pendant lamp, pendant, suspended lamp ‖ ²**mappe** f (Büro) / suspension file

hängen, aufhängen [an] / hang vt [from], suspend [from], hang up ‖ ~ (z.B.: ein Programm/System hängt/ hat sich aufgehängt)

(DV) / hang ‖ **~ bleiben**, haften [an] / adhere *vi* [to], stick [to]

hängend / hanging *adj*, suspended, pendant, pendent ‖ **~er Einzug** (der ersten Zeile eines Absatzes), Ausrückung *f* (Druck, DV) / hanging indent, hanging indention, reverse indention

Hänger *m* (Hängebrücke) (Bau) / suspender, hanger

Hänge•stange *f* (Stahlbau), senkrechte Zugstange (Bau) / suspension rod ‖ **~teile** *n pl*, Gestellteile *n pl* (im Gestellautomaten galvanisierte Werkstücke) (Fert) / rack-plated workparts

hantieren [mit], umgehen mit, handhaben / handle *vt*

Hardcopy *f*, Ausdruck *m* (DV) / hard copy, printout, output (of a printer), printer output

Harddisk *f*, Festplatte *f* (DV) / hard disk, fixed disk, disk

Hardtail *n* (Fahrrad) / hardtail bike

Hardware *f* (alle physischen Bestandteile eines Computersystems) (DV) / hardware ‖ **~fehler** *m* (DV) / machine error, hardware malfunction ‖ **~-Handshake** *m* (DV, Tele) / hardware handshake ‖ **~konfiguration** *f* (DV) / system configuration, hardware configuration, equipment configuration ‖ **~schloss**, Dongle *m* (Hardwareeinrichtung zum Softwarekopierschutz) (DV) / dongle

Harke *f*, Rechen *m* (Landw) / rake *n*

Harmonikatür *f*, Falttür *f* (Bau) / folding door, accordion door, concertina door

harmonisch•e Funktion, Potentialfunktion *f* (zur Lösung der Laplace-Gleichung) (Math) / harmonic function, potential function ‖ **~es Mittel**, harmonischer Mittelwert (Math) / harmonic mean ‖ **~e Reihe** (Math) / harmonic series ‖ **~e Schwingung** (Phys) / harmonic oscillation ‖ **~e Teilung** (Math) / harmonic division

Harmonische *f*, Oberschwingung *f* (Elek, Phys, Tele) / harmonic *n*, harmonic component

harmonisieren (z.B. Steuersysteme, Funkfrequenzspektrum, Genehmigungsverfahren in der EU) / harmonize

Harnstoff *m* (Chem) / urea, carbamide

hart (z.B. Werkstoff), fest, nicht weich / hard ‖ **~** (Kunststoff) / rigid (plastic) ‖ **~**, zäh, fest, widerstandsfähig / tough ‖ **~** (Strahlung) (Phys) / hard, penetrating (radiation) ‖ **~**, kontrastreich (Foto, TV) / contrasty, high-contrast, rich in contrast, hard ‖ **~** (Kontrast) (Foto) / sharp ‖ **~** (Beleuchtung, Farbe, Ton) / harsh ‖ **~** (z.B. Urteil, Maßnahmen, Gesetze) / severe (e.g. judgment, measures, laws, service conditions) ‖ **~** (Betriebsbedingungen) / rough, severe, harsh ‖ **~es Leerzeichen**, geschütztes Leerzeichen (DV) / non-breaking space, hard space (in word processors) ‖ **~es Wasser** / hard water ‖ **~ werden**, abbinden *vi* ((Bindemittel in) Zement, Mörtel, Gips, Dichtungsmassen) / set ((binder in) cement, mortar, plaster, sealant), harden *vi*

hartanodisieren (OT) / hard anodize ‖ **~** *n* (OT) / hard anodizing

Härtbarkeit *f* (allg, Hütt) / hardenability

Hartchrom *n* (OT) / hard chrome, engineered chrome, industrial chromium plating, hard chrome plating

Härte *f* (allg, Mater) / hardness ‖ **~**, Widerstandsfähigkeit *f*, Festigkeit *f* / toughness

‖ **~** (von Versuchen) / severity ‖ **~**, Härtestufe *f* (des angelassenen Stahls), Härtegrad *m* (Hütt) / temper (degree of hardness of steel) ‖ **~** (von Schleifkörpern - Härtegrade von A bis Z), Scheibenhärte *f* (Fert) / grade, wheel grade ‖ **~ des Wassers** / water hardness, hardness of water

Härte•bestimmung *f*, Härteprüfung *f* (Mater) / hardness test ‖ **~grad** *m*, Härtestufe *f* (des angelassenen Stahls) (Hütt) / temper (degree of hardness of steel)

Hart•einsetzen *n*, Aufkohlen *n* (beim Einsatzhärten) (Hütt) / carbonization, carburization, carburizing, cementation ‖ **~eloxieren**, hartanodisieren (OT) / hard anodize

härten (allg, Hütt) / harden *vt* ‖ **~** (durch kontrolliertes Erwärmen und rasches Abkühlen durch Abschrecken), tempern, vorspannen (Glas) / temper (produce internal stresses in glass by sudden cooling from low red heat), toughen ‖ **~**, aushärten [lassen] (Anstr, Plast) / cure *vt* ‖ **~** *n* (allg, Hütt) / hardening ‖ **~**, Abschreckhärten *n* (Hütt) / quench hardening ‖ **~** (durch kontrolliertes Erwärmen und Abschrecken), Vorspannen *n*, Tempern *n* (Glas) / tempering, toughening ‖ **~ aus dem Einsatz**, Direkthärten *n* (Härtung direkt aus der Aufkohlungswärme) (Hütt) / direct quenching (from the carburizing temperature) ‖ **~ der Randzone**, Härtung *f* von Oberflächenschichten (durch z.B. Einsatz-, Flamm-, Induktions- o. Nitrierhärten) (Hütt) / surface hardening (e.g. by carburizing, nitriding, flame or induction hardening), case hardening

Härteofen *m* (Hütt) / hardening furnace

Härteprüfung *f* (Mater) / hardness test ‖ **~ nach Brinell** (Mater) / Brinell hardness test, Brinell test ‖ **~ nach Vickers** (Mater) / Vickers hardness test, Vickers test

Härter *m* (bei Zweikomponentenklebern) / curing agent, hardener

Härte•stufe *f* (des angelassenen Stahls), Härte *f*, Härtegrad *m* (Hütt) / temper (degree of hardness of steel) ‖ **~temperatur** *f* (Hütt) / hardening temperature ‖ **~tiefe** *f* **beim Einsatzhärten** (Hütt) / case depth, case thickness, case hardening thickness, thickness of hardened layer, depth of hardening o. hardness ‖ **~vergleichstabelle** *m* (Mater) / hardness conversion table ‖ **~verlauf** *m* / progression of the hardening process ‖ **~verwerfung** *f*, Härteverzug *m* (Hütt) / quenching distortion ‖ **~verzug** *m*, Härteverwerfung *f* (Hütt) / quenching distortion ‖ **~wert** *m*, Härtezahl *f* (Mater) / hardness number, hardness value ‖ **~wert** *f* **nach Brinell** / BHN, Brinell hardness number, Brinell number, HB ‖ **~zahl** *f*, Härtewert *m* (Mater) / hardness number, hardness value

hart•gewalzt (Walz) / hard rolled, h.r. ‖ **~gewebe** *n* (Schichtpressstoff aus Duroplasten mit Glas- o. Baumwollgeweben) (Plast, Tex) / laminated fabric, fabric-base laminate, resin bonded fabric ‖ **~glas** *n* (mit hoher Erweichungstemperatur) / hard glass (with high softening point) ‖ **~gummi** *m* (Plast) / hard rubber, ebonite, vulcanite

Hartguss *m* (weiß erstarrtes Gusseisen) (Gieß) / white cast iron, white iron ‖ **~**, Vollhartguss *m* (der gesamte Querschnitt eines Gussstücks ist weiß erstarrt) (Gieß) / white cast iron (as opp.

to chilled cast iron), white iron casting ‖ ≗,
Schalenhartguss *m* (nur die Randschicht bleibt
graphitfrei, der Kern besteht aus grauem
Gusseisen) (Gieß) / chilled cast iron
(wear-resisting surfaces of white cast iron on
gray iron castings)

Hart•lot *n* (Fert) / braze metal, brazing metal,
brazing filler metal, brazing solder, soldering
alloy, solder metal, hard solder ‖ **~löten**, löten
(über 450 °C) (Fert) / braze ‖ **~löten** *n*, Löten *n*
(über 450 °C) (Fert) / brazing ‖
~lötverbindung *f* (Fert) / brazed joint (made at
temperatures above 450 °C) ‖ **~matte** *f* /
glass-mat-base laminate o. plastic, resin
bonded glass mat

Hartmetall *n* (Sinterwerkstoff aus metallischem
Hartstoff u. einem Bindemittel) (Mater) / hard
metal, cemented carbide, sintered carbide ‖
~meißel *m* / carbide tool (for turning etc.) ‖
~[schneid]plättchen *n* (Wzm) / carbide tip

Hart•papier *n* (Schichtpressstoffe aus
Kunstharz und Papier) (Elek, Pap, Plast) /
laminated paper, hard paper ‖ **~pappe** *f* (Pap) /
fiberboard ‖ **~-PE** *n*, Polyethylen *n* hoher
Dichte (Plast) / high-density polyethylene,
HDPE ‖ **~petrolatum** *n*, Ceresin *n*,
gereinigtes Erdwachs (ChT) / ceresin, ceresine
‖ **~polyethylen** *n*, Polyethylen *n* hoher Dichte
(Plast) / high-density polyethylene, HDPE ‖
~porzellan *n* (Keram) / hard porcelain ‖
~sektoriert (DV) / hard-sectored (disk)

Härtung *f* (allg, Hütt) / hardening ‖ ≗, Curing *n*
(ChT, Plast) / curing ‖ ≗ (von Farben) (Anstr,
Druck) / curing ‖ ≗ **im Einsatzverfahren**,
Einsatzhärten *n* (Hütt) / carburization,
carburizing, surface hardening by carburizing,
case hardening by carburizing ‖ ≗ **von
Oberflächenschichten** (durch z.B. Einsatz-,
Flamm-, Induktions- o. Nitrirhärten) (Hütt) /
surface hardening (e.g. by carburizing,
nitriding, flame or induction hardening), case
hardening

Härtungszeit *f*, Abbindezeit *f* (von Klebstoffen) /
curing time, setting time

Hart•verchromen *n* (OT) / industrial chromium
plating, hard chrome plating ‖ **~verchromt** /
hard-chromium plated, hard-chrome plated ‖
~verchromung *f* (OT) / industrial chromium
plating, hard chrome plating

Harztränkung *f* (PM) / resin impregnation

Haspel *m f* / winch, cable winch, rope winch,
windlass ‖ **~kette** *f* (Rundstahlkette bei
Handhebezeugen für Heben u. Senken von
Hand) (Förd) / hand chain (of hand-chain
hoist) ‖ **~rad** *n* (am Handhebezeug) (Förd) /
pocket wheel (of hand-chain hoist)

Haube *f*, Motorhaube *f* (Kfz) / bonnet (GB), hood
(US)

häufen, ansammeln *vt*, akkumulieren /
accumulate *vt*, pile up *vt*, heap up, amass

häufiges Vorkommen, Häufigkeit *f* (z.B. von
Elementen in der Erdrinde) / abundance

Häufigkeit *f* (allg, Stat) / frequency ‖ ≗ (z.B. von
Elementen in der Erdrinde) / abundance

Häufigkeitsverteilung *f* (Stat) / frequency
distribution

Haupt•... / main *adj*, chief ‖ ≗..., Normal..., in
ständigem Einsatz / main *adj* (as opp. to:
standby) ‖ ≗..., hauptsächlich / principal *adj* ‖
≗..., wichtig, größer, Groß... / major ‖
~abmessungen *f pl* / leading dimensions *pl*,
main dimensions *pl*, principal dimensions *pl* ‖
~abwasserrohr *n* (Bau) / main drain ‖ **~achse**

f (der Hyperbel) (Math) / transverse axis ‖
~antrieb *m* / main drive ‖ **~bremszylinder** *m*
(Kfz) / master cylinder ‖ **~deck** *n* (Schiff) / main
deck ‖ **~diagonale** *f* / main diagonal ‖ **~ebene** *f*
(Opt) / principal plane ‖ **~fahrwerk** *n* (Luft) /
main landing gear, main gear ‖ **~gasleitung** *f*,
Hauptversorgungsleitung *f*, Gasleitung *f* / gas
main ‖ **~gruppen** *f pl* (Chem) / main groups
(groups 1,2, 13-18 (previously numbered IA,
IIA, IIIA, IVA, VA, VIA, VIIA, and VIIIA,
respectively) in the periodic table of elements)
‖ **~gruppenelemente** *n pl* (Chem) / main-group
elements (of the periodic table) ‖
~gruppennummer *f* (Chem) / group number
(indicates the number of valence electrons for
atoms in the main group elements) ‖ **~kanal**
m, Angussverteiler *m* (beim Spritzgießen)
(Plast) / runner (injection moulding - leading
from the sprue to the cavity) ‖ **~kontakt** *m*
(Elek) / main contact ‖ **~lager** *n*,
Kurbelwellenlager *n* (Kfz) / crankshaft main
bearing, main bearing ‖ **~leitung** *f* (Elek) /
main line ‖ **~leitung für Wasser**,
Hauptwasserleitung *f* / water main ‖
~maschine *f*, Hauptrechner *m* (DV) / central
computer, master machine ‖ **~maße** *n pl* /
leading dimensions *pl*, main dimensions *pl*,
principal dimensions *pl* ‖ **~maßstab** *m* (des
Messschiebers) (Mess) / main scale (on vernier
caliper) ‖ **~menü** *n* (DV) / main menu ‖
~merkmal *n* / main characteristic ‖ **~nenner**
m (Math) / LCD, least common denominator,
lowest common denominator ‖ **~niveau** *n*
(Orbitalmodell) (Chem) / main energy level ‖
~phase *f*, Dispersionsmittel *n* (Chem, Phys) /
continuous phase (in a disperse system),
dispersion medium, external phase ‖ **~platine**
f, Mainboard *n* (DV) / mother board, main
board, logic board, platter, planar board,
system board ‖ **~prozessor** *m*, Prozessor *m*
(z.B. Pentium IV), CPU *f* (bestehend aus
Rechen- und Steuerwerk) (DV) / central
processing unit (consisting of an arithmetic
logic unit and a control unit), CPU, central
processor, processor ‖ **~punkt** (Opt) /
principal point ‖ **~quantenzahl** *f* (Nukl) /
principal quantum number ‖ **~rechner** *m*
(DV) / central computer, master machine ‖
~rechner s. a. Hostrechner, Server ‖ **~register**
n, Akkumulatorregister *n* (DV) / AC,
accumulator (register in a CPU), accumulator
register ‖ **~rotor** *m* (Luft) / main rotor ‖
~sächlich, Haupt... / principal *adj* ‖ **~schalter**
m (Elek) / main switch, master switch ‖
~schalter (Kamera) (Foto) / power switch ‖
~schlusserregung *f* (Elek) / series excitation ‖
~schlussmaschine *f* (Elek) / series wound
machine ‖ **~schlussmotor** *m* (Elek) / series
motor, series wound motor ‖ **~schneide** *f* (Wz)
/ major cutting edge, cutting edge on the feed
side ‖ **~sicherung** *f* (Elek) / main breaker ‖
~sitz *m* (einer Organisation, Firma) /
headquartes (of a company or organisation),
head office ‖ **~speicher**, RAM (Speicher mit
wahlfreiem Zugriff, Direktzugriffsspeicher)
(DV) / RAM, random access memory,
memory, main memory ‖ **~spindel** *f* (Wzm) /
spindle, main spindle, work spindle ‖ **~strang**
m (Elek) / main line ‖ **~strom** *m* (Triebwerk)
(Luft) / main flow, primary flow ‖ **~stromkreis**
m (Elek) / main circuit ‖ **~strömfilter** *n*
(Mot) / full-flow oil filter ‖ **~triebwerk** *n* / main
engine ‖ **~uhr** *f* (einer Uhrenanlage) / master

clock ‖ ≈**valenzbindungen** *f pl*, Primärbindungen *f pl* (Chem) / primary bonds ‖ ≈**verkehrsader** *f*, Hauptverkehrsstraße *f* (Straß) / arterial highway, arterial road, main arterial, traffic arterial o. artery ‖ ≈**verkehrsstraße** *f* (Straß) / arterial highway, arterial road, main arterial, traffic arterial o. artery ‖ ≈**vermittlungsstelle** *f* (im vierstufigen Fernwahlnetz die Ebene zw. Knotenvermittlungsstelle u. Weitvermittlungsstelle), HVSt *f* (Tele) / class 3 office, regional tandem exchange, secondary trunk switching centre ‖ ≈**versorgungskabel** *n* (Elek) / main, distribution main ‖ ≈**versorgungsleitung** *f*, Hauptversorgungskabel *n* (Elek) / main, distribution main ‖ ≈**versorgungsleitung**, Gasleitung *f*, Hauptgasleitung *f* / gas main ‖ ≈**verstärker** *m* (der das impulsformende Filter der Verstärkeranordnung enthält und dem Vorverstärker nachgeschaltet ist), Impulsformerverstärker *m* (Eltro) / main amplifier, shaping amplifier ‖ ≈**verteiler** *m* (Tele) / main distribution frame, main distributing frame, MDF, trunk distribution frame (for trunk calls) ‖ ≈**verteiler**, Standortverteiler *m* (in der strukturierten Verkabelung) (Kabel, Tele) / campus distributor, CD ‖ ≈**verteilung** *f* (Tele) / main distribution frame, main distributing frame, MDF, trunk distribution frame (for trunk calls) ‖ ≈**verwaltung** *f*, Sitz *m* (einer Organisation, Firma) / headquarters *pl* (of a company or organisation), head office ‖ ≈**verzeichnis** *n*, Stammverzeichnis *n* (DV) / root directory ‖ ≈**walze** *f* (beim Ringwalzen) (Walz) / main roll ‖ ≈**wasserleitung** *f*, Hauptleitung *f* für Wasser / water main ‖ ≈**zylinder** *m* (der Bremsanlage) (Kfz) / master cylinder

Haus•anschluss *m* (Elek, Sanitär, Tele) / service connection, network connection ‖ ≈**anschluss**, Hausanschlussleitung *f*, Hausanschlusskabel *n* (Elek) / service cable ‖ ≈**anschlusskabel** *n* (Elek) / service cable ‖ ≈**anschlusskasten** *m* (Elek) / service head (containing the mains fuse or service cutout), sealed unit, cutout ‖ ≈**anschlussleitung** *f* (Ener, Sanitär) / service pipe (linking a building to a water or gas main), supply line ‖ ≈**anschlussleitung**, Hausanschlusskabel *n* (Elek) / service cable ‖ ≈**anschlussraum** *m* (Elek, Sanitär, Tele) / utility room (for service connections), electrical room (for electrical services) ‖ ≈**anschlussrohr** *n*, Hausanschlussleitung *f* (Ener, Sanitär) / service pipe (linking a building to a water or gas main), supply line ‖ ≈**boot** *n* (Schiff) / houseboat ‖ ≈**einführung** *f* (Elek) / house lead-in ‖ ≈**einführungsleitung** *f* (Elek) / drop wire, service drop wire

Häuserblock *m* (Bau) / block *n*, city block, urban block

Haus•flur *m* (Bau) / hallway ‖ ≈**gerät** *n*, Haushaltsgerät *n* / household appliance (e.g. refrigerator, washing machine, or toaster), domestic appliance, appliance, electric appliance

Haushalts•abfall *m*, Hausmüll *m* / domestic waste, household refuse, household rubbish, household garbage, household waste ‖ ≈**abnehmer** *m*, Privatkunde *m* (Elek, Ener) / domestic customer, residential customer ‖ ≈**artikel** *m* / household product ‖ ≈**gerät** *n* /

household appliance (e.g. refrigerator, washing machine, or toaster), domestic appliance, appliance, electric appliance ‖ ≈**kühlschrank** *m* / domestic refrigerator, household refrigerator

haus•intern, innerbetrieblich, firmenintern / intra-company (e.g. transfer, relationships, communications, network), in-house ‖ ~**intern**, innerbetrieblich, werksintern / in-plant, intra-plant ‖ ≈**klingelanlage** *f* (Elek) / doorbell system ‖ ≈**müll** *m*, Haushaltsabfall *m* / domestic waste, household refuse, household rubbish, household garbage, household waste ‖ ≈**sprechanlage** *f* / interphone system (domestic) ‖ ≈**technik** *f* / building services engineering (design, installation, operation and monitoring of the mechanical, electrical and HVAC systems of modern buildings), MEP (mechanical, electrical and plumbing) engineering (US), building engineering (US) ‖ ≈**technik** (in kleineren Gebäuden), haustechnische Anlagen (z.B. Heizungs- u. Sanitäranlagen, Elektroinstallationen, Antennen- u. Lüftungsanlagen) / services, domestic services ‖ ≈**technik**, technische Gebäudeausrüstung / ventilation, water, electrical and mechanical facilities, facilities equipment ‖ ≈**techniker** *m* / building services engineer ‖ ~**technische Anlagen** (z. B. Heizungs- und Sanitäranlagen, Elektroinstallationen, Antennen- und Lüftungsanlagen) (Bau) / services, domestic services

HB, Brinellhärte *f* / Brinell hardness ‖ ≈, Härtewert *f* nach Brinell / BHN, Brinell hardness number, Brinell number, HB

HB-Garn *n*, Hochbauschgarne *n pl* (Tex) / high-bulk yarn, HB yarn

H-Bombe *f* (Mil) / hydrogen bomb, H bomb, thermonuclear bomb, fusion bomb

HCG, Choriongonadotropin *n* (Biochem) / human chorion gonadotropin

HD, Hochdruck *m* (Meteo, Phys, Techn) / high pressure, HP

HD-Dampf *m*, Hochdruckdampf *m*, hochgespannter Dampf / high-pressure steam

HDPE, Polyethylen *n* hoher Dichte (Plast) / high-density polyethylene, HDPE

hdp-Gitter *n*, hexagonales Kristallgitter (Krist) / HCP structure, hexagonal close packed crystal structure

HD-Turbine *f*, Hochdruckturbine *f* (Luft) / high-pressure turbine, HP turbine

HDTV *n*, hochauflösendes Fernsehen (TV) / high definition television, HDTV

HD-Verdichter *m*, Hochdruckverdichter *m* (Luft) / high-pressure compressor, HP compressor

He *n*, Helium (Chem) / helium, He

Head-Crash *m*, Festplattencrash *m*, Aufsitzen *n* des Schreib-/Lesekopfes (DV) / crash, head crash

Header *m*, Kopfteil *m* (DV, Tele) / header (in a data packet), message header

Hebe•bock *m* (Masch) / jack *n*, lifting jack ‖ ≈**bühne** *f*, Hubarbeitsbühne *f* / aerial work platform, AWP, elevated work platform, EWP, lift platform ‖ ≈**bühne** (in der Werkstatt) (Kfz) / car lift, auto lift ‖ ≈**haken** *m*, Lasthaken *m* (Förd) / lifting hook, load hook

Hebel *m* / lever *n* ‖ ≈, Hebelübersetzungsverhältnis *n* (Mech) / leverage, mechanical advantage (achieved by a lever), MA, purchase ‖ ≈**arm** *m* (Phys) / lever arm ‖

~gesetz n (Mech) / lever principle || ~gesetz,
Gesetz n der abgewandten Hebelarme (im
Zustandsschaubild) (Hütt) / inverse lever rule
|| ~kraft f / leverage || ~moment n,
Hebelübersetzungsverhältnis n (Mech) /
leverage, mechanical advantage (achieved by a
lever), MA, purchase || ~schere f,
Handhebelschere / crocodile shears pl,
cantilever action shears pl, lever shears pl ||
~übersetzung f, Hebelübersetzungsverhältnis
n (Mech) / leverage, mechanical advantage
(achieved by a lever), MA, purchase ||
~übersetzungsverhältnis n (Mech) / leverage,
mechanical advantage (achieved by a lever),
MA, purchase || ~verhältnis n,
Hebelübersetzungsverhältnis n (Mech) /
leverage, mechanical advantage (achieved by a
lever), MA, purchase || ~waage f,
Laufgewichtswaage f (mit verschieden langen
Armen) (Mess) / steelyard, steelyard balance ||
~wirkung f, Kraftgewinn m (durch Hebel)
(Mech) / leverage, lever action, purchase

Hebemagnet m, Lasthebemagnet m (Förd) /
crane magnet, lifting magnet, hoisting magnet

heben vt, hochheben, emporheben / raise, lift vt ||
~ (Förd) / lift vt || ~ (mit dem Heber), hebern,
aushebern, absaugen / draw out with a siphon
v, siphon vt || ~ (auf höheres Niveau) / elevate
v || ~ (Pumpe), saugen / lift (by suction) || ~
(Schiffswrack) / raise || ~, kürzen (Math) /
cancel || ~ (z.B. Ertrag, Qualität), verbessern /
increase || ~ vr (sich)(durch Frost) (Straß) /
heave, swell || ~ (sich)(Nebel), klären vr (sich)
/ clear up, lift vi || ~ n (Förd) / lifting

hebern, heben (mit dem Heber), aushebern,
absaugen / draw out with a siphon v, siphon vt

Hebe•technik f / lifting technology ||
~vorrichtung f, Hebezeug n (Förder- u.
Transportmittel zum Heben von Lasten, z.B.
Flaschenzug, Winde, Kran) (Förd) / lifting
device, lifting equipment, hoisting gear,
hoisting equipment, hoist (e.g. block and
tackle, derrick, crane) || ~werk n (Öl) / draw
works || ~zeug n (Förder- u. Transportmittel
zum Heben von Lasten, z.B. Flaschenzug,
Winde, Kran) (Förd) / lifting device, lifting
equipment, hoisting gear, hoisting equipment,
hoist n (e.g. block and tackle, derrick, crane)

Hebeung f (Förd) / lifting

Heck n (Kfz, Luft) / tail || ~ (Schiff) / stern ||
~antrieb m / rear wheel drive || ~bagger m,
Baggerlader m (Bau) / backhoe loader,
backhoe, loader backhoe, JCB (GB), TLB
(tractor loader backhoe)(US) || ~fahrwerk n
(Luft) / tailwheel landing gear ||
~gebläsetriebwerk n, Aft-Fan-Triebwerk n
(Luft) / aft fan, aft-fan drive || ~klappe f,
hintere Ladeklappe o. Bordwand (Kfz) /
endgate, tailgate n, tailboard (of truck or
pickup) || ~leuchten f pl (Kfz) / rear lights ||
~luftschraube f, Druckpropeller m (Luft) /
pusher airscrew, pusher propeller || ~rad n
(Luft) / tail wheel || ~radfahrwerk n (Luft) / tail
wheel landing gear, tail undercarriage (GB) ||
~rotor m (beim Hubschrauber) (Luft) / tail
rotor || ~scheibenheizung f (Kfz) /
rear-window defogger, rear-window defroster,
rear-window deicer || ~scheibenwisch-/
-waschanlage f (Kfz) / rear window
wiper/washer || ~sporn m (Luft) / tail skid

heften [an], anheften (mit Büroklammern) / clip,
paperclip vt || ~ (mit Heftklammern) / staple v
|| ~, anheften (mit Heftstichen),

zusammenheften (Tex) / baste, tack vt || ~
(Schw) / tack vt

Hefter m, Ordner m (Büro) / binder || ~,
Heftgerät n (für Heftklammern) (Büro) /
stapler

Heft•gerät n (für Heftklammern) (Büro) / stapler
|| ~klammer, Drahtklammer f (Büro, Druck) /
staple n || ~naht f / tack weld || ~pflaster n
(Med) / plaster, sticking plaster || ~zwecke f /
tack (US), drawing pin (UK, India, Australia,
New Zealand), thumbtack

Heimat•datei f (Tele) / HLR, home location
register (master database in a cellular radio
system with details of all subscribers to that
service and their most recently known
location) || ~register n (Tele) / HLR, home
location register (master database in a cellular
radio system with details of all subscribers to
that service and their most recently known
location)

Heim•kino n (Audio, TV, Video) / home cinema,
home theater || ~werken n, Do-it-yourself n /
home renovation, DIY, do-it-self n, home
improvement (done by the homeowner)

heiß•es Tiefengestein (Geol) / hot dry rock, hot
dry rock resource[s] || ~ werden, erhitzen vr
(sich) / heat up vi

Heiß•dampf m, überhitzter Dampf /
superheated steam || ~folienprägung f (Druck,
Plast) / hot foil stamping || ~gas n / hot gas ||
~gasmotor m, Stirling-Motor m (Mot) /
Stirling engine || ~härtend (Klebstoff) /
thermosetting (adhesive) || ~-isostatisches
Pressen, HIP (PM) / high-temperature
isostatic pressing, hot isostatic pressing, HIP,
HIP process || ~klebstoff m / hot melt,
hot-melt adhesive || ~laufen, überhitzen [sich]
/ overheat vi, run hot || ~laufen n (z.B. Lager,
Welle) / overheating || ~leiter (Eltro) / NTC
resistor || ~luftpistole f / heat gun ||
~lufttrockner m / hot-air drier || ~prägen n
(von Folien) (Druck, Plast) / hot foil stamping ||
isostatisches ~ pressen (PM) /
high-temperature isostatic pressing, hot
isostatic pressing, HIP, HIP process ||
~schmelzklebstoff m / hot melt, hot-melt
adhesive || ~siegelklebstoff m / heat-sealing
adhesive || ~siegeln (Plast) / heat-seal, hot-seal

Heißwasser n / hot water || ~bereiter m (Sanitär) /
hot water heater, water heater || ~heizung f
(Wasser wird über 100 °C erwärmt) (Bau) / hot
water heating, hydronic heating, water loop
[heating] system || ~heizung[sanlage] f,
Druckheizung f (Bau) / steam heating system,
steam system || ~speicher m, Boiler m
(Sanitär) / tank-type water heater, storage
water heater, boiler

Heißwind•leitung f (des Hochofens) (Hütt) / hot
blast main || ~ringleitung f (Hütt) / bustle pipe,
hot-air distribution pipe

Heiz..., heizend / heating, calefactory, -factive

heizbar / heatable

Heiz•dampf m / heating steam || ~decke f (HG) /
electric blanket || ~draht m, Heizfaden m
(Eltro) / filament (in a vacuum tube), electrical
filament || ~element n (Elek) / heating element
|| ~element (DV) / heating element (in
bubble-jet printer)

heizen / heat || ~ mit (z.B. Öl), verheizen / burn vt
(e.g. oil for heating purposes) || ~ n / heating
(e.g. rooms) || ~, Feuerung f / firing (of boiler,
furnace)

heizend, Heiz... / heating, calefactory, -factive

Heiz•energie f / heating energy ‖ ~**faden** m, Heizdraht m (Eltro) / filament (in a vacuum tube), electrical filament ‖ ~**gerät** n / heating appliance, heater ‖ ~**kessel** m / heating boiler ‖ ~**kessel** (der Zentralheizung) / boiler (of central heating system)(GB), furnace (US, Canada) ‖ ~**körper** m (Bau) / terminal heating unit, terminal unit (heat transfer component in a hydronic heating system such as a radiator) ‖ ~**körper**, Radiator m (Gliederheizkörper, der seine Wärme durch Konvektion und Wärmeabstrahlung abgibt), Rippenheizkörper m (Bau) / radiator, column radiator, hot-water radiator ‖ ~**körper**, Heizelement n (Elek) / heating element ‖ ~**kraftwerk** n (Ener) / CHP plant (utilised for community heating), cogeneration system, combined heating and power station, CHP community heating scheme, district heating plant ‖ ~**leistung** f / heating capacity, heating power ‖ ~**ofen** m / stove n (room-heating appliance) ‖ ~**öl** n / fuel oil (used for domestic heating and furnace firing), heating oil ‖ ~**pilz** m / patio heater, mushroom heater, umbrella heater ‖ ~**schlange** f (Elek) / heating coil ‖ ~**strahler** m / radiant heater ‖ ~**strom** m (Strom in einer Zuleitung der direkt geheizten Kathode) (Eltro) / filament current (current in a filament lead) ‖ ~**technik** f / heating engineering ‖ ~**trafo** m, Heiztransformator m (Eltro) / filament transformer ‖ ~**transformator** m (Eltro) / filament transformer

Heizung f (Bau, Kfz) / heating ‖ ~ / heating (e.g.rooms)

Heizungs•anlage f / heating system ‖ ~**keller** m (Bau) / furnace room ‖ ~**raum** m (Bau) / furnace room ‖ ~**rohr** n / heating pipe

Heiz•werk n / heating plant, heating station ‖ ~**wert** n (eines Brennstoffes in kJ/m³) / heating value, combustion heat (of a fuel), heat of combustion ‖ ~**wert**, spezifischer Heizwert (Quotient aus der bei vollständiger Verbrennung eines Brennstoffs frei werdenden Wärmemenge und seiner Masse bzw. Stoffmenge in kJ/kg ohne die Kondensationswärme der Gesamtwasser-menge, die in dampfförmigem Zustand vorliegt) / calorific value, n.c.v. (net calorific value), net calorific value, net value, lower calorific value, LCF (lower calorific value) ‖ ~**wert** (früher), Brennwert m (Quotient aus der bei vollständiger Verbrennung eines Brennstoffs frei werdenden Wärmemenge und seiner Masse bzw. Stoffmenge in kJ/kg, einschließlich der Kondensationswärme der Gesamtwassermenge, die danach in flüssigem Zustand vorliegt) / calorific value, gross value, gross calorific value, higher calorific value, HCF

Hekto... / hecto...

helfen / help [somebody with sth, sb in doing sth, sb (to) do sth] ‖ ~, unterstützen [bei] / assist [with sth, somebody in doing sth]

Helikopter m (Luft) / helicopter

Heliostat m, Siderostat m (zur Untersuchung des Sonnenlichts) (Astr) / heliostat

Helium (Chem) / helium, He

Helix f (Kurve, die sich mit konstanter Steigung um den Mantel eines Zylinders windet), Schraubenlinie f (eine Raumkurve) (Math, Techn) / helix (pl. helices, helixes)

Helligkeit f (allg) / brightness ‖ ~ (subjektive Wahrnehmung der Strahlungsintensität oder Lichtstärke) / brightness (intensity of visual sensation of more or less light) ‖ ~ (einer Farbe im Unterschied zu Farbwert u. Sättigung) / brightness, lightness ‖ ~, Bildhelligkeit f (Leuchtdichte eines Bildes in cd/m²) (Film, TV) / luminance, brightness

Helligkeits•flimmern n, Bildflimmern n (TV) / luminance flicker ‖ ~**regler** m (TV) / brightness control ‖ ~**sensor** m / brightness sensor ‖ ~**signal**, Luminanzsignal n (TV, Video) / luma (luminance signal), luminance signal, Y signal

Hellraumprojektor m (Schweiz), Overheadprojektor m (Büro) / overhead projector

Hellsteuerimpuls m, Aktivierungsimpuls m (Radar, TV) / indicator gate (US), sensitizing pulse (GB)

Helm m (allg) / helmet

hemmen / inhibit, hinder ‖ ~, aufhalten / check ‖ ~, verlangsamen / slow down, retard

Hemmstoff m, Inhibitor m (Chem) / inhibitor

Hendekagon n, Elfeck n (Math) / hendecagon

Henry n (Einheit der Induktivität, 1 H = 1 Voltsekunde/Ampere) (Elek) / H, henry

Heptagon n, Siebeneck n (Math) / heptagon

herabklappbar / folding down ‖ ~ (an Scharnieren) / hinged

herabmindern, reduzieren, verringern / reduce, decrease, lower

herabsetzen, verringern [um], reduzieren / reduce vt [by]

Herabsetzung f, Verringerung f, Reduzierung f / reduction

heranziehen (z.B. Spezialisten) / call in (e.g. specialists)

heraufsetzen, steigern, erhöhen / increase ‖ ~ n, Steigerung f, Erhöhung f / increase n

herauftransformieren, erhöhen (Spannung) (Elek) / step up (voltage)

herausbringen, verlegen (ein Buch) (Druck) / publish

herausfließen, ausströmen vi / pour out, stream out

herauskürzen (Math) / cancel [out](a common factor in the numerator and denominator of a fraction)

herauslösen, extrahieren (allg, ChT) / extract ‖ ~ n (z.B. von Salzen, Schadstoffen, Nährstoffen) (Aufb, ChT) / leach, leaching

herausnehmbar, ausbaubar / removable

herausnehmen, entnehmen / take out [of], take [from]

herausragen, hervorstehen vi / project, protrude

herausragend, hervorstehend / projecting, protruding ‖ ~ (z.B. Leistung, Eigenschaft) / outstanding

herausstoßen, ausstoßen, heraustreiben / discharge, expel

herausstreichen, herauskürzen (Math) / cancel [out](a common factor in the numerator and denominator of a fraction)

heraustreiben, ausstoßen / discharge, expel ‖ ~ n, Austreiben n / expulsion

herausziehen / draw out, pull out (e.g. nails), extract vt ‖ ~, zurückziehen (allg, Wzm) / withdraw (e.g. the drill bit from the finished hole) ‖ ~, abziehen (z.B. Zündschlüssel), wegziehen / pull off, remove, take out ‖ ~, herauskürzen (Math) / cancel [out](a common factor in the numerator and denominator of a fraction) ‖ **den Stecker** (z.B. eines Computers) ~ (Elek) / unplug (e.g. a computer)

herbeiführen, bewirken / bring about

Herbizid n (Landw, Umw) / herbicide, weed killer

Herd m, Kochherd m (HG) / cooker (GB), kitchen stove, cookstove, stove, cooking stove, kitchen range, range (US) ‖ **≈frischverfahren** n, Siemens-Martin-Verfahren n (Hütt) / open-hearth process, Siemens-Martin process

Hereingewinnung f, Abbau m (von Bodenschätzen) (Bergb) / mining n, winning

herkömmlich, konventionell / conventional

Herkunft f, Ursprung m, Quelle f / origin

herleiten, ableiten (Math) / derive

Herleitung f, Ableitung f (Math) / derivation (e.g. of a formula)

hermetisch abgeschlossen, verschlossen / sealed ‖ ~ **abschließen** / seal off ‖ **~er Abschluss** / sealing, sealing off

Heroin n (Pharm) / heroin, diacetylmorphine, diamorphine

Heronische Formel (Math) / Hero's formula, Heron's formula

herrschende Voraussetzungen o. Bedingungen / prevailing conditions

herrühren [von] / arise [from], result [from], be due to ‖ ~ [von], seinen Ursprung haben [in] / come [from] ‖ ~ [von], [her]stammen [aus] / stem vi [from]

herstellen, produzieren / produce, manufacture, make vt, fabricate ‖ ~ (einen Tunnel), bohren / drive (a tunnel) ‖ ~ (Softwarezustand, Anwendungen etc.) (DV) / create (software state, applications etc.) ‖ ~, aufbauen vt (Verbindung) (Tele) / set up (a connection, call), establish (a connection) ‖ ~, gewinnen, darstellen (einen Stoff, eine Verbindung) (Chem) / produce, obtain, prepare ‖ ~ (Gleichgewicht, Kontakt, Beziehungen) / establish ‖ **durch spanende Formgebung** ~, durch spanende Formgebung herstellen (Fert) / machine vt

Hersteller m / producer, manufacturer, maker ‖ **~eigen** adj, proprietär, geschützt (urheber-, patent-, lizenzrechtlich) (allg, DV, Tele) / proprietary (e.g. format, system architecture) ‖ **≈firma** f / manufacturer ‖ **~neutral**, nicht-proprietär (DV) / non-proprietary, open ‖ **~unabhängig**, herstellerneutral, nicht-proprietär (DV) / non-proprietary, open

Herstellkosten pl / production costs, cost of production

Herstellung f, Produktion f / production, manufacture, fabrication ‖ **≈**, Zubereitung f / preparation, making ‖ **≈**, Darstellung f, Zubereitung f (Chem) / preparation ‖ **≈** f **großer Stückzahlen**, Großproduktion f / large-scale production

Herstellungs•gang m, Produktionsablauf m / production sequence, course of manufacture ‖ **≈kosten** pl / production costs, cost of production ‖ **≈verfahren** n, Produktionsverfahren n / manufacturing process

Hertz f (Einheit der Frequenz: 1 Hz = 1 s^{-1} = 1/Sekunde) (Phys) / hertz, Hz, cycles per second, c/s, cps

Hertzsche Gleichungen (Phys) / Hertz equations ‖ **≈ Pressung** (Phys) / Hertzian contact stress

herum•drehen vt vr (um ein Drehgelenk o. einen Zapfen, z.B. Schreibtischstuhl) / swivel, swivel around ‖ **~wirbeln** vt, schnell drehen / spin, whirl vt

herunter•fahren (Anlage, Produktion) / shut down ‖ **~fahren** (DV) / shut down, shut off (a computer) ‖ **~klappbar** / folding down ‖ **~klappbar** (an Scharnieren) / hinged ‖ **~ladbar** (DV) / downloadable ‖ **~laden**, downloaden (DV, Tele) / download (files, fonts) ‖ **≈laden** n, Download m (DV, Tele) / download n, downloading ‖ **~lassen**, hinablassen / lower, let down ‖ **~lassen**, ausfahren vt (das Fahrgestell) (Luft) / extend, lower (the landing gear), let down ‖ **~nehmen**, abnehmen vt / remove, take off ‖ **~nehmen**, abdecken / take down, take off ‖ **~stellen** / turn down (e.g. heating) ‖ **≈transformieren** n (von Spannungen) (Elek) / stepping down ‖ **~walzen**, vorwalzen, streckwalzen / break down, rough down ‖ **~walzen**, vorwalzen (zu einem Vorblock) (Walz) / bloom vt, cog [down] ‖ **≈walzen** n, Vorwalzen n (Walz) / roughing down, breaking down

hervorbringen, tragen (e.g. Früchte, Zinsen) / bear (e.g. fruit, interests)

hervorheben, betonen / emphasize, stress ‖ ~ (DV) / highlight (e.g. a word by italics) ‖ ~, auszeichnen (durch Kursiv- o. Fettdruck) (Druck) / display (words, captions etc) ‖ ~, markieren (DV) / highlight vt (e.g. a button, text) ‖ ~ (Frequenzen, Höhen, Tiefen), anheben (Eltro) / boost, emphasize ‖ **≈** n (DV) / highlighting

Hervorhebung f, Anhebung f (von Frequenzen, Höhen, Tiefen) (Eltro) / boosting, emphasis

hervorragen, herausstehen vi / project, protrude

hervorragend, hervorstehend / projecting, protruding ‖ ~, ausgezeichnet / excellent, outstanding

hervorstehen, herausragen vi / project, protrude

hervorstehend / projecting, protruding

hervorrufen, verursachen / cause

Herzschrittmacher m (MT) / pacemaker, artificial pacemaker

Hesse-Form f (einer Geradengleichung), Hessesche Normalform (Math) / normal form (of a straight-line equation: x cosα + y sinα = p), perpendicular form

Heteroauxin n, Indolyl-3-essigsäure f (Biochem) / indole-3-acetic acid, auxin, heteroauxin, IAA

heterogen, uneinheitlich / heterogeneous ‖ **~es Gefüge** (Mater) / heterogeneous structure ‖ **~es Gemisch** n (Chem) / heterogeneous mixture, mechanical mixture ‖ **~e Mischung** (Chem) / heterogeneous mixture, mechanical mixture ‖ **~er Raketentreibstoff**, Composite-Treibstoff m (Raumf) / composite propellant (for rockets), composite fuel

heteropolare Bindung, Ionenbindung f (Chem) / ionic bond, electrostatic bond, electrovalent bond, electrovalence, electrovalency, polar bond

Hexa•decan n (Chem) / cetane, hexadecane ‖ **≈decan-1-ol** (Chem) / cetyl alcohol, cetylic alcohol, ethal ‖ **≈decylalkohol** m (Chem) / cetyl alcohol, cetylic alcohol, ethal

hexadezimal (auf Basis 16) (DV, Math) / hexadecimal ‖ **~e Darstellung** (DV) / hexadecimal notation ‖ **≈system** n (DV, Math) / hexadecimal numbering system ‖ **≈zahl** f (Math) / hexadecimal number

Hexaeder n / hexahedron, (pl. -drons, -dra)

Hexagon n, Sechseck n (Math) / hexagon

hexagonal dichteste Kugelpackung, hexagonales Kristallgitter (Krist) / HCP structure, hexagonal close packed crystal structure ‖ **~es**

Kristallgitter (Krist) / HCP structure, hexagonal close packed crystal structure

Hexa•hydrobenzol n, Cyclohexan m (Chem) / cyclohexane, hexahydrobenzene, hexamethylene, hexanaphthene ‖ ⁓**hydrophenol** n, Cyclohexanol n ($C_6H_{11}OH$) (Chem) / cyclohexanol, hexalin, hexahydrophenol, cyclohexyl alcohol ‖ ⁓**hydropyrimidin-2,4,5,6tetron** n, Alloxan n (Chem) / alloxane ‖ ⁓**hydropyrimidin-2,4,6-trion** n, Barbitursäure f (Chem) / barbituric acid

Hexan•disäure f (Chem) / adipic acid, hexanedioic acid ‖ ⁓**säure** f (Chem) / caproic acid

hex-Gitter n, hexagonales Kristallgitter (Krist) / HCP structure, hexagonal close packed crystal structure

hf, Hochfrequenz f (10 kHz bis 300 GHz) (Radio, Tele) / radio frequency (frequency within the range of radio transmission, approx. 3 kHz to 300 GHz), RF, radio spectrum

HF, Hafnium n (Chem) / hafnium, Hf

HF, Hochfrequenz f (Eltro, Tele) / high frequency ‖ ⁓, Hochfrequenz f (10 kHz bis 300 GHz) (Radio, Tele) / radio frequency (frequency within the range of radio transmission, approx. 3 kHz to 300 GHz), RF, radio spectrum ‖ ⁓..., Hochfrequenz..., hochfrequent (allg, Techn) / high-frequency adj, HF ‖ ⁓**-Chirurgie**, Hochfrequenz-Chirurgie f (MT) / electrosurgery

HFD (Bau, Holz) / insulating board, softboard

HF-Drossel f, Hochfrequenzdrossel f (Elek) / HF choke, high-frequency choke

H-Feld n (Elek) / H field

HF-Gleichrichter m, Demodulator m (Eltro, Tele) / demodulator

HFM, mittelharte Faserplatte (Bau, Tischl) / medium board

HF-Verstärker m (Eltro) / HF amplifier

Hg, Quecksilber n (Chem) / mercury, Hg, quicksilver

HGÜ, Hochspannungsgleichstrom-Übertragung f (Elek) / high-voltage dc transmission, HVDC transmission

HGZ m, Hochgeschwindigkeitszug m (Bahn) / high-speed train

hierarchisch / hierarchical

Hifi-Tonbandgerät n (Audio) / tape deck (reel-to-reel)

Hightech, Hochtechnologie f / high technology, hightech, leading-edge technology

H.-I.-Lampe f (Elek, Licht) / Beck arc lamp

Hilfe f (allg) / help ‖ ⁓, Unterstützung f / assistance ‖ ⁓, Hilfsmittel n / aid ‖ ⁓ (Hilfsfunktion von Programmen) (DV) / help ‖ **erste** ⁓ / first aid ‖ **mit** ⁓ **von** / with the aid of, by means of

Hilfs•..., Neben... / auxiliary, ancillary ‖ ⁓..., zusätzlich, ergänzend, untergeordnet, unterstützend / supplementary, accessory adj, subsidiary ‖ ⁓..., Ersatz..., Reserve... (z.B. -rechner, -generator, der bereits funktionsfähig bereitsteht für den Fall, dass der Erstrechner/generator ausfällt), Bereitschafts... / standby... (e.g. computer, generator) ‖ ⁓**aggregate** n pl (Elek) / ancillaries pl, ancillary equipment ‖ ⁓**arbeiter** m / hand, laborer (US), labourer (GB) ‖ ⁓**arbeiter**, ungelernter Arbeiter / unskilled worker ‖ ⁓**arbeiter**, Aushilfsarbeiter m / odd-jobber ‖ ⁓**maschine** f, Hilfsmotor m /

auxiliary engine ‖ ⁓**mittel** n, Hilfsquelle f / resource, facility ‖ ⁓**motor** m, Hilfsmaschine f / auxiliary engine ‖ ⁓**operation** f (DV) / auxiliary operation ‖ ⁓**programm** n, Utility f, Dienstprogramm n (DV) / utility, utility program ‖ ⁓**pumpe** f, Zusatzpumpe f (zur Unterstützung der Hauptpumpe) / booster pump ‖ ⁓**punkt** m (NC) / auxiliary point ‖ ⁓**quelle** f, Hilfsmittel n / resource, facility ‖ ⁓**schalter** m / auxiliary switch ‖ ⁓**schütz** n (Elek) / contactor relay ‖ ⁓**spannung** f (Elek) / auxiliary voltage ‖ ⁓**stoff** m, Additiv n (allg, ChT) / additive n ‖ ⁓**stromkreis** m (Elek) / auxiliary circuit ‖ ⁓**träger** m, Zwischenträger m (Tele, TV) / subcarrier (modulation) ‖ ⁓**transformator** m, Zusatztransformator m (Elek) / auxiliary transformer ‖ ⁓**wicklung** f (Elek) / auxiliary winding

Himmels•fotografie f / astrophotography ‖ ⁓**kunde** f, Astronomie f / astronomy ‖ ⁓**strahlung** f (Geoph) / diffuse celestial radiation o. light

hin- und hergehend, schwingend, oszillierend / oscillating, oscillatory ‖ ~ **und hergehende Bewegung** / reciprocating motion, reciprocation ‖ ~ **und herschalten** (zwischen zwei Funktionen, Zuständen), umschalten / toggle v [between]

hinablassen, herunterlassen / lower, let down

hinauftransformieren, erhöhen (Spannung) (Elek) / step up (voltage)

hinaus•gehen über, übersteigen (einen bestimmten Wert) / exceed (a certain value) ‖ ~**schieben**, aufschieben (zeitlich) / defer, postpone, put off, delay (e.g. departure, payment)

hinlegen, ablegen vt, niederlegen / deposit vt, set down, lay down, put down

hinreichend (allg, Math) / sufficient

hinstellen, abstellen, absetzen / put down

hinter•e Flanke, Rückflanke f (eines Impulses) (Eltro) / trailing edge (of a pulse), falling edge, back edge ‖ ~**e Ladeklappe o. Bordwand**, Heckklappe f (Kfz) / endgate, tailgate n, tailboard (of truck or pickup) ‖ ~**e Seite** / back ‖ ~**es Seitenfenster** (Kfz) / quarter window ‖ ~**er Umwerfer**, Schaltwerk n (Fahrrad) / rear derailleur

Hinter•achse f (Kfz) / rear axle ‖ ⁓**achswellenrad** n (Kfz) / differential side gear, side gear, sun pinion

hintereinander, hintereinandergeschaltet, seriell verschaltet (Elek) / connected in series, series-connected, serial, series adj (e.g. circuit, capacitor) ‖ ~**geschaltet**, seriell verschaltet (Elek) / connected in series, series-connected, serial, series adj (e.g. circuit, capacitor) ‖ ~**schalten** (Elek) / connect in series ‖ ~**schalten** (DV) / daisy chain v (e.g. hard disk, scanner, CD-ROM) ‖ ⁓**schaltung**, Anordnung f in Reihe / serial arrangement ‖ ⁓**schaltung** f, Reihenschaltung f (Elek, Eltro) / series connection

Hinterflanke f, Rückflanke f (eines Impulses) (Eltro) / trailing edge (of a pulse), falling edge, back edge

Hintergrund m (allg, DV) / background ‖ ⁓**beleuchtung** f (DV, TV) / backlighting (in an LCD, TV), background lighting ‖ ⁓**rauschen** f (in einer Leitung oder einem Schaltkreis) (Eltro, Tele) / background noise ‖ ⁓**rauschen** n (auf Monitoren etc.) (DV, Radar) / snow ‖ ⁓**speicher** m (DV) / background memory, background store || ²**verarbeitung** f (DV) / background processing

hinterherhinken, zurückbleiben (z.B. mit der Produktion) / lag behind (e.g. in production)

Hinter•kante f (des Flügels, der Leitwerke) (Luft) / trailing edge || ²**linsenverschluss** m (Foto) / behind-the-lens shutter || ²**radantrieb** m / rear wheel drive || ²**schneidung** f (Fert) / undercut n || ²**schnitt** m, Hinterschneidung f (Fert) / undercut n

Hinüberbringen n, Umstellung f (eines Gleichungsglieds) (Math) / transposition (of a term in an equation)

Hin- und Herbewegung / reciprocating motion, reciprocation || ~ **und hergehend** / reciprocating

Hinweis m (allg, Doku) / note n (e.g. in manuals) || ² (amtlich o. zur allgemeinen Kenntnisnahme z.B. in Rundschreiben, auch als Aushang o. auf Hinweisschild) / notice || ² (z.B. Reparatur-, Pflege-, Benutzungshinweise), Anleitung f / instruction (e.g. repair, care instructions, instructions for use) || ² (z.B. auf weiterführende Literatur), Verweis m / reference (e.g. to further literature) || ²·, Anzeichen n / indication, evidence || ²·, Anmerkung f / comment

hinweisen [auf] / indicate, point to

Hinweis•symbol n, Merker m (DV) / sentinel, sentinel flag || ²**zeichen** n / instruction sign

hinzufügen, ergänzen / add vt

Hinzufügung f, Zugabe f / addition

Hinzumischen n, Beimischung / addition (by mixing), admixture

HIP (heiß-isostatisches Pressen) (PM) / high-temperature isostatic pressing, hot isostatic pressing, HIP, HIP process

HIPen n, HIP (heiß-isostatisches Pressen) (PM) / high-temperature isostatic pressing, hot isostatic pressing, HIP, HIP process

Hippen n, HIP (heiß-isostatisches Pressen) (PM) / high-temperature isostatic pressing, hot isostatic pressing, HIP, HIP process

HIP-Prozess m, HIP (heiß-isostatisches Pressen) (PM) / high-temperature isostatic pressing, hot isostatic pressing, HIP, HIP process

Hippursäure f (Chem) / hippuric acid

Hirthverzahnung f (Masch) / serration

Histamin•antagonist m (Pharm) / antihistamine || ²**rezeptorenblocker** m (Pharm) / antihistamine

Histogramm n (Stat) / bar chart, bar graph, histogram, column graph, column chart

Hit m, Ergebnis n, Treffer m (Datensatz, der mit einer Anfrage in einer Datenbank übereinstimmt) (DV) / hit (in information retrieval), match || ² (Seitenabruf durch einen Webbrowser von einem Webserver) (DV, Tele) / hit

Hitze f / heat n, ht || ~**beständig** / heatproof, heat resistant, heat resisting, H.R. (heat resistant) || ~**beständiger Stahl** (warmfester Stahl, der zusätzlich gegen heiße Gase beständig ist) / high-temperature steel || ²**beständigkeit** f / resistance to heat, heat resistance || ~**empfindlich** / heat-sensitive, thermosensitive || ²**empfindlichkeit** f / heat sensitivity || ²**festigkeit** f / heat resistance, thermal endurance o. stability, high-temperature strength, high-temperature stability, heat stability || ²**mauer** f (Luft, Phys) / thermal barrier, heat barrier || ~**resistent**, hitzebeständig / heatproof, heat resistant, heat

resisting, H.R. (heat resistant) || ²**resistenz** f / heat resistance, thermal endurance o. stability, high-temperature strength, high-temperature stability, heat stability || ²**schild** m, Wärmeschutzschild m (Raumf) / heat shield || ²**stau** m / accumulation of heat, heat build-up, heat accumulation

HJM n, Wasserstrahlschneiden n, Trennstrahlen n unter alleiniger Verwendung von Wasser (Fert) / hydrodynamic machining, WJC, water jet cutting

HKW, Heizkraftwerk n (Ener) / CHP plant (utilised for community heating), cogeneration system, combined heating and power station, CHP community heating scheme, district heating plant

HLKK-Anlage f / HVAC system

HLR, Heimatdatei f, HLR-Register n (Tele) / HLR, home location register (master database in a cellular radio system with details of all subscribers to that service and their most recently known location)

HLR-Register n, Heimatdatei f (Tele) / HLR, home location register (master database in a cellular radio system with details of all subscribers to that service and their most recently known location)

HMD n, Datenhelm m (DV) / head-mounted display, HMD

Ho, Holmium n (Chem) / holmium, Ho

Hobel m (Wz) / plane || ²**eisen** n (Wz) / blade (of plane) || ²**maschine** f (Wzm) / planer, planing machine || ²**meißel** m (Wzm) / planer tool || ²**späne** m pl / shavings pl, wood shavings pl, planing chips pl || ²**stahl** m, Hobelmeißel m (Wzm) / planer tool

hoch s. auch höher, höchst || ~ adj (z.B. Gebäude, Temperatur, Widerstand, Druck, Frequenz, Genauigkeit, Preis, Qualität, Rang) / high || ~ (z.B. Leiter, Mast), groß / tall || ~ (z.B. Gewicht, Datenaufkommen, Verluste, Ströme) / heavy (e.g. weight, data traffic, losses, currents) || ~ (Niveau, Bedürfnisse), anspruchsvoll / exacting (standards, demands) || ~ (Ton), hell(tönend, -klingend) (Akust) / high-pitched (sound) || ~ (z.B. 10 hoch 4) (Math) / power (e.g. 10 [raised] to the power of 4) || ~**beansprucht** / highly stressed, subject to high stresses, heavy-duty || ~ **entwickelt**, fortschrittlich / advanced || ~ **entwickelt**, raffiniert / sophisticated, cleverly devised, complex, ingenious || ~ **legiert** s. hochlegiert

Hoch n, Hochdruckgebiet n (Meteo) / high-pressure area, anticyclone, high n, high pressure region

Hoch•achse f, Gierachse f (Luft) / vertical axis, yaw axis || ~**auflösend** (Bildschirm, Grafik etc.) (DV, Opt) / high-resolution (display, graphics etc.) || ~**auflösendes Fernsehen**, HDTV n (TV) / high definition television, HDTV || ²**bau** m (Ggs.: Tiefbau) (Bau) / building construction || ²**bauschgarn** n pl, HB-Garn n (Tex) / high-bulk yarn, HB yarn || ~**beanspruchbar**, für hohe Beanspruchung / heavy-duty adj || ~**beansprucht** / highly stressed, subject to high stresses, heavy-duty || ~**belastbar**, für hohe Beanspruchung / heavy-duty adj || ~**belastbar**, zäh, fest, widerstandsfähig / tough || ~**belastet** / heavily loaded, highly stressed || ~**brechendes Glas** (Opt) / high refractive glass || ²**dachkombi** m, Kastenwagen m auf PKW-Basis (Kfz) / panel van (e.g. Renault Kangoo) ‖ ~decker *m* (Luft) / high-wing monoplane

Hochdruck *m* (Meteo, Phys, Techn) / high pressure, HP ‖ ~ (mit den Hauptvertreter Buch- und Flexodruck) (Druck) / relief printing (transferring an image from a raised surface), relief process ‖ ~... / high-pressure... ‖ ~anlage *f*, Hochdruckkraftwerk *n* (mit einer Nutzfallhöhe über 50 m) (Ener) / high-head power plant ‖ ~dampf *m*, hochgespannter Dampf / high-pressure steam ‖ ~extraktion *f*, Destraktion *f* (Stofftrennung mit überkritischen Gasen) (ChT) / distraction ‖ ~gebiet *n* (Meteo) / high-pressure area, anticyclone, high *n*, high pressure region ‖ ~kraftwerk *n* (mit einer Nutzfallhöhe über 50 m) (Ener) / high-head power plant ‖ ~reiniger *m* / pressure washer ‖ ~schmiermittel *n* / extreme pressure lubricant, EP lubricant ‖ ~schmierstoff *m* / extreme pressure lubricant, EP lubricant ‖ ~spritzen *n*, Airless-Spritzen *n* (Anstr) / airless spraying ‖ ~turbine *f* (Luft) / high-pressure turbine, HP turbine ‖ ~ventil *n* / high-pressure valve ‖ ~verdichter *m* (Luft) / high-pressure compressor, HP compressor ‖ ~wasser *n* / high-pressure water ‖ ~wasserstoff *m* / compressed hydrogen ‖ ~wasserstrahltechnik *f*, Wasserstrahlen *n*, Trennstrahlen *n* unter Verwendung von Wasser (mit oder ohne zugemischte Strahlmittel) (Fert) / water jet machining

Hoch•energiephysik *f* (Nukl) / high-energy physics, particle physics ‖ ~entzündlich / extremely flammable

hochfahren *vt vi* (System, Anlage, Rechner) / start up ‖ ~ *vt* / run up (e.g. turbine, rectifier) ‖ ~, booten (DV) / boot *vt* [up](a computer), bootstrap *vt* ‖ ~ (z.B. Produktion, Drehzahl), erhöhen / increase (e.g. production, speed) ‖ ~ *n*, Hochlauf *m* (von Maschine, Motor) (Elek, Masch) / start-up, run-up *n* ‖ ~, Booten *n* (DV) / boot *n*, bootstrap *n*, bootstrapping

hochfest, Hochfestigkeits... / high-strength... ‖ ~, hochreißfest / high-tenacity ‖ ~ (Chemiefasern) / high-performance... ‖ ~e Aluminiumlegierung / high-strength aluminum alloy

hochfrequent, Hochfrequenz..., HF... *f* (allg, Techn) / high-frequency, HF

Hochfrequenz *f*, HF (Eltro, Tele) / high frequency ‖ ~ (10 kHz bis 300 GHz) (Radio, Tele) / radio frequency (frequency within the range of radio transmission, approx. 3 kHz to 300 GHz), RF, radio spectrum ‖ ~..., hochfrequent, HF... *f* (allg, Techn) / high-frequency *adj*, HF ‖ ~-Chirurgie *f* (MT) / electrosurgery ‖ ~drossel *f* (Elek) / HF choke, high-frequency choke ‖ ~heizung *f* / high-frequency heating ‖ ~schweißen *n* (Plast) / radio frequency welding, RF welding, dielectric welding, high frequency welding, HF welding ‖ ~strom *m* (Elek) / high-frequency current ‖ ~therapie *f*, Diathermie *f* (MT) / diathermy, electric diathermy

Hochgeschwindigkeits•pyrometer *f* (Mess) / high-speed pyrometer ‖ ~zug *m* (Bahn) / high-speed train

hoch•gespannter Dampf, Hochdruckdampf *m* / high-pressure steam ‖ ~glühen *n*, Grobkornglühen *n* (Hütt) / full anneal, full annealing (heating into the austenite range, followed by slow cooling to yield large grains and coarse pearlite), full anneal treatment ‖

~gradig, intensiv / intensive ‖ ~haus *n* (Bau) / high-rise, high-rise building

hochheben, heben *vt*, emporheben / raise, lift *vt* ‖ ~, heben (Förd) / lift *vt*

hoch•integrierter Schaltkreis, LSI-Kreis *m* (= large scale integrated) (DV, Eltro) / large-scale integrated circuit, LSI circuit ‖ ~laden, uploaden, übertragen (Daten vom eigenen Rechner zu einem anderen entfernten) (DV, Tele) / upload *vt* (e.g. a file to another computer) ‖ ~lastwiderstand *m* (Elek) / power resistor ‖ ~lauf *m* (von Maschine, Motor), Hochfahren *n* (Elek, Masch) / start-up, run-up *n* ‖ ~laufen / run up ‖ ~legiert / high-alloy... ‖ ~legierter Stahl (Hütt) / high-alloy steel ‖ ~leistungs... / high-performance, high-efficiency, high-power ‖ ~leistungs..., hochbeanspruchbar, für hohe Beanspruchung / heavy-duty *adj* ‖ ~löffel *m* (Bagger) (Bau) / face shovel ‖ ~löffelbagger *m* (Bau, Bergb) / face shovel, power shovel (when digging, the bucket moves forward and upward), shovel

Hochofen *m* (Hütt) / blast furnace ‖ ~gas *n*, Gichtgas *n* (Hütt) / blast furnace gas ‖ ~schlacke *f* (Bau, Hütt) / blast furnace slag

hoch•ohmig (Elek) / high-resistance..., high-impedance..., highly resistive, high-ohmic ‖ ~pass *m*, Hochpassfilter *n* (Eltro) / high-pass filter, HP filter, HPF, low-stop filter ‖ ~passfilter *n* (Eltro) / high-pass filter, HP filter, HPF, low-stop filter ‖ ~quarz *m*, β-Quarz *m* (Min) / high-quartz ‖ ~rechnen (Math) / calculate by linear extrapolation ‖ ~regallager *n* / high-bay warehouse, high-rise warehouse ‖ ~regalstapler *m*, Stapler *m* für Hochregale (Förd) / stacker ‖ ~rein (Chem) / highly pure, highly purified ‖ ~reißfest, hochfest / high-tenacity ‖ ~schiebefenster *n* (Bau) / double-hung [sash] window, hanging sash, vertical sliding window ‖ ~schmelzend, mit hohem Schmelzpunkt / high melting [point...], HMP ‖ ~schmelzend (Glas) / hard ‖ ~schmelzendes Metall, Refraktärmetall *n* (Hütt) / refractory metal (tungsten, molybdenum, niobium, tantalum etc.) ‖ ~silo *m n* (Landw) / silo, tower silo

Hochspannung *f* (nach VDE 0101 > 1 kV) (Elek) / high voltage (IEC: > 1000 V for AC and at least 1500 V for DC; US National Electrical Code: any voltage > 600 V; British Standard BS 7671:2008: any voltage difference between conductors > 1000 V AC or 1500 V ripple-free DC, or any voltage difference between a conductor and Earth > 600 V AC or 900 V ripple-free DC), HV ‖ ~ (50 kV bis 150 kV in Elektrizitätsverteilungsnetzen) (Elek) / high voltage (between 33 kV and about 230 kV in overhead power transmission lines)

Hochspannungs•... (Elek) / high-voltage... ‖ ~freileitung *f* (Elek) / high-voltage overhead line ‖ ~gleichstrom-Übertragung *f*, HGÜ (Elek) / high-voltage dc transmission, HVDC transmission ‖ ~kabel *n* (Elek) / high-voltage cable ‖ ~leistungsschalter *m* (Elek) / high-voltage circuit breaker, high-voltage breaker ‖ ~leitung *f*, Starkstromleitung *f* (zur Energieübertragung) (Elek) / power line, transmission line ‖ ~leitung, Freileitung *f* (zur Energieübertragung) (Elek) / overhead power line, overhead line, O.L. overhead transmission line, overhead conductor, open wire line ‖ ~mast *m*, Freileitungsmast *m* (Gittermast für Hoch- und

Höchstspannungsleitungen) (Elek) / pylon, electricity pylon, transmission tower ‖ ~**netz** n (Elek) / high-voltage network, high-voltage grid (GB) ‖ ~**technik** f (Elek) / high-voltage engineering

Hochsprache f, höhere Programmiersprache (DV) / higher level language, high-level language, high-level programming language, high-order language

höchst, maximal / maximum adj ‖ ~..., maximal / maximum adj

Höchst• geschwindigkeit f / maximum speed, top speed ‖ ~**grenze** f, Obergrenze f / upper limit ‖ ~**leistung** f, Spitzenleistung f (von Maschine, Auto, Sender, Kraftwerk) / peak power ‖ ~**leistung**, Spitzenleistung f (in der Fertigung) / maximum output ‖ ~**leistungsrechner** m, Supercomputer m (DV) / supercomputer ‖ ~**maß** n (Passung), oberes Grenzmaß f / maximum size, maximum dimension, maximum limit ‖ ~**spannung** f (Elek) / peak voltage ‖ ~**spannung** (in der Energieübertragung in der Regel 220 kV oder 380 kV, aber auch höher) (Elek) / extra-high voltage (over 230 kV, up to about 800 kV - in power transmission), EHV ‖ ~**spannung** (Elek) / ultra-high voltage (> 800 kV - in power transmission), ÜHV ‖ ~**spannung** (bei der ein Motor o. Betriebsmittel noch normal arbeiten muss) (Bahn, Elek) / maximum voltage ‖ ~**spannungsnetz** n (Elek) / extra high voltage grid ‖ ~**strom** m, Spitzenstrom m (Elek) / peak current ‖ ~**temperatur** f / maximum temperature ‖ ~**wert** m, Maximalwert m / maximum value, peak value ‖ ~**wertanzeiger** m, Spitzenanzeiger m / peak indicator ‖ ~**wertig** (DV, Math) / highest-order, leftmost ‖ ~**wertiges Bit** (DV) / most significant bit, highest-order bit, MSB ‖ ~**zulässige Geschwindigkeit** / maximum speed, top speed

Hochtechnologie f / high technology, hightech, leading-edge technology

Hochtemperatur•... / high temperature... ‖ ~**kollektor** (Solarenergie) (Elek) / high-temperature collector

Hoch•töner m (Audio) / tweeter ‖ ~**tonlautsprecher** m (Audio) / tweeter ‖ ~**tourig** (Masch) / high-speed... ‖ ~**transformieren**, erhöhen (Spannung) (Elek) / step up (voltage) ‖ ~**transformieren** n (von Spannungen) (Elek) / stepping up ‖ ~**verschleißfest** / highly wear resistant ‖ ~**viskos** / high-viscosity, highly viscous

Hochwasser• entlastung f, Hochwasserentlastungsanlage f (Wasserb) / spillway ‖ ~**entlastungsanlage** f (Wasserb) / spillway ‖ ~**überfall** m (Wehr einer Stauanlage, über das das Wasser zur Hochwasserentlastung abgeleitet wird) (Wasserb) / spillway

hochwertig, Qualitäts... / high-quality ..., top-quality, high-grade ‖ ~, anspruchsvoll (z.B. Produkte, Software) (allg, Techn) / sophisticated

hoch•ziehen, heben (Förd) / lift vt ‖ ~**ziehen** vt (allg, Luft) / pull up vt ‖ ~**zugfest** (Mater) / high-tensile...

Hof m (durch Beugung der Lichtstrahlen an Wassertröpfchen oder Eiskristallen entstehender weiß bis blassblau leuchtender Kranz um Sonne oder Mond), Aureole f (Astr, Meteo, Opt) / aureola, aureole

Hofer-Dorn m, hydraulischer Dehndorn (Wzm) / hydraulic[ally] expanding mandrel

höher stellen (Heizung) / turn up (heating)

Höhe f (allg) / height, ht ‖ ~ (über einer Bezugsebene, meist Meeresspiegel) / altitude ‖ ~ (z.B. des Dreiecks) (Math) / altitude (e.g. of a triangle, pyramid) ‖ ~ (einer Flüssigkeit über einem bestimmten Niveau, z.B. Wasser über einer Kraftwerksturbine) (Phys) / head ‖ ~ (z.B. von Temperatur, Spannung, Preisen) / level ‖ ~ (von Geldbetrag, Gewinn, Verlust, Druck) / amount ‖ ~ (eines Tons) (Akust) / pitch (of a sound) ‖ ~**n** f pl (Audioanlagen) (Audio) / treble ‖ ~ **über alles** / overall height ‖ ~ **über Grund** (d.h. über einem Bezugspunkt auf dem Boden, z.B. über dem Flugplatz) (Luft) / height ‖ ~ f **über NN**, Ortshöhe f über Meer (lotrechter Abstand eines Punktes, der sich auf der Erdoberfläche befindet o. mit ihr verbunden ist, vom mittleren Meeresspiegel) (Luft) / elevation ‖ ~ **über NN**, Flughöhe f (über Normalnull) (Luft) / altitude ‖ ~ **über Normal-Null o. über NN**, absolute Höhe (Verm) / absolute altitude, height [above sea level]

Höhen• aufnahme f, Höhenmessung f (Ermittlung des Höhenunterschieds zwischen zwei Punkten) (Verm) / differential levelling, differential level, levelling ‖ ~**einstellung** f / elevation adjustment, height adjustment ‖ ~**flosse** (Luft) / horizontal stabilizer, stabilizer, tail plane (GB) ‖ ~**freie Kreuzung** (Bahn, Straß) / interchange, grade-separated junction ‖ ~**gleicher Bahnübergang**, schienengleicher Bahnübergang (Bahn und Straße auf gleichem Niveau) (Bahn, Straß) / grade crossing (US), level crossing (GB), railway grade crossing ‖ ~**lage** f, Niveau n / level, altitude, elevation ‖ ~**leitwerk** n (Luft) / horizontal tail ‖ ~**messer** m (Luft) / altimeter ‖ ~**messung** f (Ermittlung des Höhenunterschieds zwischen zwei Punkten) (Verm) / differential levelling, differential level, levelling ‖ **barometrische** ~**messung** / barometric hypsometry ‖ **barometrische** ~**messung** (zur Bestimmung der Höhendifferenz) (Verm) / barometric levelling ‖ ~**regler** m (Audio) / treble control (device) ‖ ~**ruder** n (Luft) / elevator ‖ ~**schnittpunkt** m (Dreieck), Orthozentrum n (Math) / orthocenter ‖ ~**verstellbar** / height-adjustable

höher•e Ableitung (einer Funktion) (Math) / higher derivative ‖ ~ **bringen**, heben vt (auf höheres Niveau) / elevate v ‖ ~ **drehen** / turn up (e.g. heating) ‖ ~ **heben**, heben vt (auf höheres Niveau) / elevate v ‖ ~**e Programmiersprache**, Hochsprache f (DV) / higher level language, high-level language, high-level programming language, high-order language

Hohl• -Fließpressen n (Fert) / tube extrusion, Hooker extrusion ‖ ~**kehle** f (z.B. im Schmiedegesenk) (Gieß, Schm) / fillet ‖ ~**keil** m (Masch) / saddle key ‖ ~**leiter** m (Elek, Eltro) / waveguide, wave duct, hollow metallic waveguide ‖ ~**prägen** (Fert) / emboss (with the punch containing the positive contour and the die containing the negative) ‖ ~**prägen** n (Fert) / embossing (with the punch containing the positive contour and the die containing the negative), raising ‖ ~**profil** n, Hohlquerschnitt m (Hütt, Plast) / hollow profile ‖ ~**-Quer-Fließpressen** n (Fert) / lateral extrusion to produce hollow cross sections as short single products ‖ ~**querschnitt** m, Hohlprofil n

(Hütt, Plast) / hollow profile ‖ ≈-**Quer-Strangpressen** n (Fert) / lateral extrusion to produce long hollow cross sections ‖ ≈**rad**, Zahnrad mit Innenverzahnung n / internal gear, internal gear wheel ‖ ≈**raum** m / cavity ‖ ≈**raum** m, Gashohlraum m (Gussfehler) (Gieß) / blowhole, gas cavity, gas pocket, gas hole ‖ ≈**rohrleiter** m (Elek, Eltro) / waveguide, wave duct, hollow metallic waveguide ‖ ≈-**Rückwärts-Fließpressen** n (Fert) / backward extrusion of tube (as a discrete process to produce single products) ‖ ≈-**Rückwärts-Strangpressen** n (Fert) / backward extrusion of tube (as a continuous process to produce long sections) ‖ ≈**schraube** f / banjo bolt ‖ ≈**spiegel** m, Konkavspiegel m / concave mirror ‖ ≈**stempel** m (beim Durchdrücken) (Fert) / hollow ram ‖ ≈**strangpressen** n (Fert) / extrusion to produce long hollow or semihollow cross sections, hollow extrusion, tube extrusion ‖ ≈**träger** m, Kastenträger m (Stahlbau) / box girder

Höhlung f, Hohlraum m / cavity

Hohl•-**Vorwärts-Fließpressen** n (Fert) / forward extrusion of tube (as a discrete process to produce single products) ‖ ≈-**Vorwärts-Strangpressen** n (Fert) / forward extrusion of tube (as a continuous process to produce long sections) ‖ ≈**walze** f, Hohlzylinder m / hollow cylinder ‖ ≈**welle** f / hollow shaft, quill [shaft] ‖ ≈**wellenantrieb** m (Elek, Masch) / quill drive ‖ ≈**wellenleiter** m (Elek, Eltro) / waveguide, wave duct, hollow metallic waveguide ‖ ≈**zylinder** m, Hohlwalze f / hollow cylinder

Holdmodus m (einer Sample-and-Holdschaltung), Holdmode m (Eltro, Regel) / holding mode

holen, abrufen (aus einem Speicher) (DV) / call in v, fetch (data) from a storage

Hollandrad n (Fahrrad) s. Tourenrad

Holm m (Tragfläche) (Luft) / spar

Holmium n (Chem) / holmium, Ho

Holografie f (Phys) / holography

Hologramm n (Phys) / hologram ‖ ≈-**Aufnahme** f / hologram recording, holographic recording ‖ ≈**platte** f / holographic plate ‖ ≈**wiedergabe** f / hologram reconstruction

Holographie f (Phys) / holography

Holz n / wood ‖ ≈ s.a. Bauholz, Nutzholz ‖ ≈ **verarbeitend**, Holzverarbeitung... / woodworking adj ‖ ≈ **verarbeitende Industrie** / lumber industry, timber industry, wood industry, woodworking industry

Holz•**bearbeitung** f / wood working ‖ ≈**beize** f (Holz) / stain, wood stain ‖ ≈**boden** m, Holzfußboden m (Bau) / wood flooring ‖ ≈**brett** n / wooden board ‖ ≈**dübel** m (Tischl, Zimm) / dowel n, dowel pin, wood dowel pin

hölzern, Holz... / wooden, of wood

Holz•**fußboden** m (Bau) / wood flooring ‖ ≈**hammer** m (Wz) / wooden mallet ‖ ≈**industrie** f / lumber industry, timber industry, wood industry, woodworking industry ‖ ≈**mast** m (Elek, Tele) / wooden pole ‖ ≈**schliff** m (mechanisch durch Schleifen aufgeschlossenes Holz), Holzstoff m (Pap) / groundwood pulp, mechanical pulp, mechanical wood pulp, mechanical groundwood pulp ‖ ≈**schnitzel** m pl / wood chips pl ‖ ≈**schraube** f (Metallschraube zum Schrauben in Holz) / wood screw ‖ ≈**spanplatte** (Bau, Tischl) / chipboard, particle

board ‖ ≈**spanplatte** f (deren Späne nur aus Holz bestehen) (Bau, Tischl) / wood chipboard ‖ ≈**spanwerkstoff** m (Bau, Tischl) / chipboard, particle board ‖ ≈**stoff** m, Holzschliff m (mechanisch durch Schleifen aufgeschlossenes Holz) (Pap) / groundwood pulp, mechanical pulp, mechanical wood pulp, mechanical groundwood pulp ‖ ~**verarbeitend**, Holzverarbeitungs... / woodworking adj ‖ ~**verarbeitende Industrie** / lumber industry, timber industry, wood industry, woodworking industry ‖ ≈**verarbeitung** f / woodworking ‖ ≈**verarbeitungs...** / woodworking adj ‖ ≈**vergasung** f / wood gasification ‖ ≈**werkstoffe** m pl (Sperrholz, Spanplatten, Faserplatten) (Bau) / wood-based panel products ‖ ≈**zellstoff**, Zellstoff m aus Holz/Hackschnitzeln (Pap) / chemical wood pulp ‖ ≈**zucker** m, Xylose f (Chem) / xylose, wood sugar

Homepage f (DV, Tele) / home page, welcome page

homogen / homogeneous ‖ ~**e Funktion** (Math) / homogeneous function ‖ ~**es Polygon**, Form f (Math) / quantic ‖ ~**es Polynom** (Math) / form, homogeneous polynomial, quantic

homogenisieren (Chem, Nahr) / homogenize

Homogenität f / homogeneity

homokinetisches Gelenk, Gleichlaufgelenk n (Kfz) / constant-velocity joint, CV joint, homokinetic joint

homologe Reihe (Chem) / homologous series

Homologation f, Zulassung f (von z.B. Kraft- o. Eisenbahnfahrzeugen o. Mobilfunkeinrichtungen in einem aufwendigen Verfahren nach den jeweiligen nationalen Zulassungsgesetzen mit dem Ziel der Typgenehmigung) (Bahn, Kfz) / homologation

homöopolare Bindung (Chem) / atomic bond, covalent bond, electron pair bond

Homopolymer n (Chem) / homopolymer

Homopolymerisat n (Chem) / homopolymer

Homothetie f, Ähnlichkeitstransformation f (Math) / similarity transformation, homothetic transformation

Hon•**ahle** f (Wzm) / hone n, honing head, honing tool ‖ ≈**effekt** m (gekreuzte Bearbeitungsriefen) (Fert) / crosshatched surface pattern

Honen n, Langhubhonen n (Fert) / honing

Hon•**kopf** m (Wzm) / hone n, honing head, honing tool ‖ ≈**leiste** f (Wzm) / honing stick, stick, honing stone ‖ ≈**maschine** f (Fert) / honing machine ‖ ≈**stein** m (Wzm) / honing stick, stick, honing stone ‖ ≈**steinanpressdruck** m, Andruckkraft f (der Honleisten) (Fert) / hone pressure ‖ ≈**werkzeug** n (Wzm) / hone n, honing head, honing tool

Hooke-Gelenk n, Kardangelenk n / Cardan joint, Hooke's joint, universal coupling, universal joint, U joint

Hookesches Gesetz / Hooke's law

Hör..., akustisch adj, Schall... / acoustic, acoustical adj

hörbar / audible

Hörbarkeits..., akustisch adj, Schall... / acoustic, acoustical adj

Hörer m, Radiohörer m (Radio) / listener, broadcast listener, BCL ‖ ≈, Fernhörer m (Teil des Handapparats), Hörmuschel f (Tele) / receiver, telephone receiver (part of the handset), telephone earpiece ‖ ≈,

Telefonhörer *m*, Handapparat *m* (Tele) / receiver, handset *n*, telephone handset, telephone receiver ‖ ≈, Mobilteil *n* (Tele) / handset (of a cordless telephone) ‖ ≈**schnur** *f* (Tele) / handset flex (GB)

Hör•frequenz *f* (etwa 30 bis 20000 Hz) (Akust, Audio) / audiofrequency (range of normally audible sound), a-f, a.f., AF ‖ ≈**funk** *m*, Rundfunk *m* (Radio) / radio, radio broadcasting, sound broadcasting ‖ ≈**gerät** *n* (Akust) / hearing aid ‖ ≈**hilfe** *f*, Hörgerät *n* (Akust) / hearing aid

Horizont (Relativitätstheorie) (Phys) / horizon

horizontal, waagerecht (Ggs. senkrecht) / horizontal ‖ ~ **ausrichten** / level *vt* ‖ ~**e Austastlücke** (TV) / horizontal blanking interval

Horizontal•achse *f* / horizontal axis ‖ ≈**achsen-Windkraftanlage** *f* (Elek) / horizontal-axis wind turbine, HAWT ‖ ≈**achsenwindturbine** *f* (Elek) / horizontal-axis wind turbine, HAWT ‖ ≈**achser** *m* (Elek) / horizontal-axis wind turbine, HAWT ‖ ≈**arm-Messgerät** *n* (ein Koordinatenmessgerät) (Mess) / horizontal-arm CMM ‖ ≈**bohrmaschine** *f* (Wzm) / boring lathe, horizontal boring machine

Horizontale *f*, Waagerechte *f* / horizontal *n*, horizontal line ‖ ≈, Horizontalebene *f*, waagerechte Ebene / horizontal plane

Horizontal•ebene *f*, waagerechte Ebene / horizontal plane ‖ ≈**fräsmaschine** *f* (Wzm) / horizontal milling machine ‖ ≈**frequenz** *f*, Zeilenfrequenz *f* (DV, TV) / horizontal frequency, line frequency, line rate ‖ ≈**-Gelenkarm-Roboter** *m*, Scara-Roboter *m*, Horizontal-Schwenkarm-Roboter *m* / SCARA robot (Selective Compliance Assembly Robot Arm) ‖ ≈**-Schwenkarm-Roboter** *m*, Scara-Roboter *m* / SCARA robot (Selective Compliance Assembly Robot Arm) ‖ ≈**synchronisation** *f* (in Kathodenstrahlröhren zur Steuerung des Elektronenstrahls von links nach rechts) (TV) / horizontal synchronization

Horizontierschraube *f*, /Nivellierschraube *f* (Instr, Verm) / adjusting screw, jackscrew, levelling screw

Hörmuschel *f*, Fernhörer *m* (Teil des Handapparats) (Tele) / receiver, telephone receiver (part of the handset), telephone earpiece

Horner-Schema *n* / Horner's method

Hornstrahler *m* (Radio, TV) / feedhorn

Hörschwellenmessgerät *n*, Audiometer *n* (Akust, Med) / audiometer, sonometer

Hosen•rohr *n* (Rohr) / wye, Y-pipe ‖ ≈**stück** *n*, Hosenrohr *n* (Rohr) / wye, Y-pipe ‖ ≈**umschlag** *m* (Tex) / cuff (US), turn-up (GB)

Host *m*, Hostrechner *m* (DV, Tele) / host computer, host (in the Internet and networks generally) ‖ ≈**rechner** *m*, Host *m* (DV, Tele) / host computer, host (in the Internet and networks generally)

Hot Key *m*, Tastaturbefehl *m* (z.B. Strg-C zum Kopieren als Alternative zur Verwendung der Menüleiste per Maus) (DV) / hot key, accelerator, accelerator key (for rapid keyboard selection of commands), shortcut, shortcut key, keyboard shortcut ‖ ≈ **Spot** (öffentlicher drahtloser Internetzugangspunkt, meist kostenpflichtig) (DV, Tele) / Hot spot, Wi-Fi hotspot, Wi-Fi

Hot-Carrier-Diode *f*, Schottky-Diode *f* (Eltro) / Schottky diode, hot carrier diode, Schottky barrier diode

Hotkey *m*, Tastaturbefehl *m* (z.B. Strg-C zum Kopieren als Alternative zur Verwendung der Menüleiste per Maus) (DV) / hot key, accelerator, accelerator key (for rapid keyboard selection of commands), shortcut, shortcut key, keyboard shortcut

Hotlist (Mosaic), Favoriten (Internet Explorer)(vom Benutzer anlegbares Verzeichnis von Hyperlinks zu von ihm häufig besuchten Web-Seiten) (DV) / Favorites (Internet Explorer), Bookmarks (Communicator), Hotlist (Mosaic)

Hot-Plug-Fähigkeit *f* (DV) / hot plugging capability (ability to add or remove hardware without powering down the system)

Hovercraft *n*, Luftkissenfahrzeug (Schiff) / air cushion vehicle, ACV, hovercraft (GB), ground-effect machine, GEM, ground effect vehicle

h-Parameter, Hybridparameter *m* / h-parameter

HSS-Stahl *m* (Hütt) / high-speed steel, high-speed tool steel, HSS

H-Theorem *n* / Boltzmann H theorem

HTML (DV) / HTML, Hyper Text Markup Language

Hub *m* (DV, Tele) / hub, network hub, repeater hub

Hub *m*, Heben *n* / lifting ‖ ≈ (z. B. eines Kolbens, der Honahle) / stroke ‖ ≈**arbeitsbühne** *f* / aerial work platform, AWP, elevated work platform, EWP, lift platform ‖ ≈**bewegung** *f* (z.B. beim Honen) (Fert) / reciprocating motion, reciprocation ‖ ≈**-Bohrungs-Verhältnis** *n* (Mot) / stroke-bore ratio ‖ ≈**brücke** *f* (Bau) / lift bridge, lifting bridge, vertical lift bridge ‖ ≈**bühne** *f*, Hubarbeitsbühne *f* / aerial work platform, AWP, elevated work platform, EWP, lift platform ‖ ≈**gerüst** *n*, Hubmast *m* (Gabelstapler) / mast (fork lift truck) ‖ ≈**getriebe** *n* (Förd) s. Schneckenhubgetriebe ‖ ≈**kolbenmotor** *m* (Mot) / reciprocating engine, reciprocating piston engine ‖ ≈**kolbenpumpe** *f* / piston pump, reciprocating pump ‖ ≈**kolbenverdichter** *m* (Masch) / piston compressor, piston-type compressor, reciprocating-piston compressor, reciprocating compressor ‖ ≈**ladeklappe** *f* (Kfz) / elevator tailboard ‖ ≈**magnet** *m*, Magnet *m* zum Lastheben (Förd) / crane magnet, lifting magnet, hoisting magnet ‖ ≈**mast** *m* (Gabelstapler) / mast (fork lift truck) ‖ ≈**motor** *m* / hoisting motor ‖ ≈**raum** *m* (Masch) / displacement, piston displacement, swept volume (of a cylinder) ‖ ≈**raumleistung** *f*, Literleistung *f* / performance per liter ‖ ≈**schraube** *f*, Rotor *m* (des Hubschraubers etc.) (Luft) / rotor, helicopter rotor ‖ ≈**schrauber** *m* (Luft) / helicopter ‖ ≈**schrauberlandeplatz** *m* / helicopter landing field, helicopter landing site ‖ ≈**seil** *n* (Kran) (Förd) / hoist rope ‖ ≈**stapler** *m* (Förd) / stacker truck ‖ ≈**steiger** *m*, Hubarbeitsbühne *f* / aerial work platform, AWP, elevated work platform, EWP, lift platform ‖ ≈**tor** *n*, Schwingtor *n* (Bau) / up-and-over door (mostly used for garages), overhead door, swing-up door ‖ ≈**turm** *m* (einer Hubbrücke) (Bau) / tower (of vertical lift bridge) ‖ ≈**verhältnis** *n*, Hub-Bohrungs-Verhältnis *n* (Mot) /

stroke-bore ratio ‖ ≙**volumen** n (Masch) /
displacement, piston displacement, swept
volume (of a cylinder) ‖ ≙**wagen** m (Förd) /
pallet jack, pallet truck, pump truck ‖
≙**werksbremse** f (Förd) / hoist brake ‖ ≙**winde**
f (Förd) / winch ‖ ≙**zylinder** m (zum Heben u.
Senken des Auslegers) (Förd) / luffing
cylinder, luffing ram
Huffman-Verfahren n, Huffman-Codierung f
(ein Datenkompressionsverfahren) (DV) /
entropy coding, Huffman coding, Variable
Length Coding, VLC
Huggenberg-Tensometer n (Mess) / Huggenberg
extensometer
Hülle f, Umhüllung f / cover, sheath, jacket,
covering ‖ ≙, Atomhülle f (Nukl) / atomic shell
Hüllkurve f (einer Kurvenschar) (Math) /
envelope n
Hülse f der **Frässpindel**, Pinole f (der
Fräsmaschine) (Wzm) / quill, spindle sleeve
Hülsenfreilauf (Kupplungsart) / drawn cup roller
clutch
Hundsche Regel f / Hund rule
Hupe f, Signalhorn n (Kfz) / horn, hooter
hupen (Kfz) / sound the horn, honk, hoot
Hut • ablage f (Kfz) / rear parcel shelf ‖ ≙**mutter** f
(niedrige Form - DIN 917) / cap nut ‖ ≙**mutter**
(hohe Form - DIN 1587) / dome nut, domed
cap nut ‖ ≙**schiene** f, Tragschiene f (mit
U-förmigem Profil) (Elek) / DIN rail, top-hat
rail ‖ ≙**schraube** f (DIN 25197) / cap bolt,
acorn hexagon head bolt
Hütte f / cottage, hut ‖ ≙, Hüttenwerk n (Hütt) /
metallurgical works, metallurgical plant ‖ ≙,
Eisenhüttenwerk n / iron and steel plant o.
works ‖ ≙, Schmelzhütte f (zur Verhüttung
von Erzen)(Hütt) / smelting plant, smelting
works, smeltery
Hütten • industrie f (Metall) / metallurgical
industry ‖ ≙**industrie** (Eisen) / steel and iron
industry ‖ ≙**schlacke** f (Bau, Hütt) / steel-mill
slag, steel slag ‖ ≙**werk** n (Hütt) / metallurgical
works, metallurgical plant
Huygenssches Prinzip (Phys) / Huygens'
principle
HV, Vickershärte f (Mater) / diamond pyramid
hardness, Vickers hardness, DPH
HVSt f, Hauptvermittlungsstelle f (im
vierstufigen Fernwahlnetz die Ebene zw.
Knotenvermittlungsstelle u. Weitvermittlungsstelle) (Tele) / class 3 office, regional tandem
exchange, secondary trunk switching centre
HWZ (Nukl) / half-life, radioactive half-life,
half-value period, half-life period
Hyaluronidase f (Biochem, Pharm) /
hyaluronidase, hyaluronate lyase, spreading
factor
hybrid adj / hybrid adj
Hybrid • anlage f, Hybridkraftwerk n (Elek) /
hybrid plant, hybrid power station ‖ ≙**antrieb**
m (Elektro- plus Verbrennungsmotor) (Kfz) /
hybrid drive ‖ ≙**auto** n (Kfz) / hybrid car,
hybrid electric vehicle, HEV ‖
≙**elektrofahrzeug** n (Kfz) / hybrid car, hybrid
electric vehicle, HEV ‖ ≙**fahrzeug** n (Kfz) /
hybrid car, hybrid electric vehicle, HEV ‖
≙**kraftwerk** n (Elek) / hybrid plant, hybrid
power station ‖ ≙**motor** m / hybrid engine ‖
≙**parameter** m, h-Parameter / h-parameter ‖
≙**-Schaltkreis** m, Hybridschaltung f / hybrid
circuit ‖ ≙**schaltung** f, Hybrid-Schaltkreis m /
hybrid circuit ‖ ≙**werkstoff** m (Mater) / hybrid
composite

Hydrant m / fire hydrant, hydrant, fire plug (US)
Hydratation f (Anlagerung von Wasser-
molekülen an Ionen) (Chem) / hydration
Hydration f (Wasseranlagerung an feinsten
Tonteilchen) (Chem) / hydration
Hydratisierung f (Wasseranlagerung an
organischen Verbindungen in Gegenwart von
Katalysatoren) (Chem) / hydration
Hydraulik f (Teilgebiet der Strömungslehre)
(Phys) / hydraulics sg ‖ ≙ (technische
Disziplin) / hydraulic engineering ‖ ≙,
Hydraulikanlage f (Masch) / hydraulic system ‖
≙, Hydraulikantrieb m, hydraulischer Antrieb
/ hydraulic drive ‖ ≙... / hydraulic ‖ ≙**anlage** f
(Masch) / hydraulic system ‖ ≙**antrieb** m,
hydraulischer Antrieb / hydraulic drive ‖
≙**bagger** m (Bau) / hydraulic excavator,
hydraulic shovel ‖ ≙**behälter** m / hydraulic
reservoir ‖ ≙**flüssigkeit** f / hydraulic fluid ‖
≙**getriebe** n / hydraulic transmission ‖
≙**leitung** f / hydraulic line ‖ ≙**motor** m /
hydraulic motor ‖ ≙**öl** n / hydraulic oil ‖
≙**pumpe** f / hydraulic pump ‖ ≙**schlauch** m /
hydraulic hose ‖ ≙**zylinder** m (Arbeitselement
in der Hydraulik) (Masch) / hydraulic cylinder
hydraulisch / hydraulic ‖ ≙**er Akkumulator**,
Druckflüssigkeitsspeicher m (Ener) / hydraulic
accumulator, weight load (US) ‖ ~**er Antrieb**,
Hydraulikantrieb m / hydraulic drive ‖ ~**e
Bremse** (Kfz) / hydraulic brake ‖ ~**er
Dehndorn** (Wzm) / hydraulic[ally] expanding
mandrel ‖ ~**es Getriebe** (Kfz, Masch) /
hydraulic transmission ‖ ~**er Hebebock** /
hydraulic jack ‖ ~**e Presse** (Wzm) / hydraulic
press, hydrostatic press ‖ ~**e Spannpresse**
(Bau) / hydraulic jack (used to stress tendon in
prestressed concrete) ‖ ~**er Stößel** (Mot) /
hydraulic valve tappet ‖ ~**er Tassenstößel**,
Hydrostößel m (Mot) / hydraulic valve lifter,
hydraulic lifter ‖ ~**er Widder**, Stoßheber m,
Staudruck-Wasserheber m / hydram, hydraulic
ram ‖ ~**er Wirkungsgrad** (von Pumpen u.
Wasserturbinen) (Masch) / hydraulic efficiency
‖ ~**er Ziehrichter**, Dozer m (Kfz) / Dozer,
portable frame straightener
Hydrazin n (Chem) / diamide, hydrazine
Hydro • chlorid n, Chlorhydrat n (Chem) /
hydrochloride ‖ ≙**cortison** n (Biochem) /
cortisol ‖ ≙**cracken** n (Öl) / hydrocracking ‖
≙**cutting** n, Wasserstrahlschneiden n,
Trennstrahlen n unter alleiniger Verwendung
von Wasser (Fert) / hydrodynamic machining,
WJC, water jet cutting ‖ ≙**dynamik** f
(Dynamik flüssiger Körper) (Phys) /
hydrodynamics sg
hydrodynamisch • e Druck[höhen]gleichung
(Phys) / Bernoulli's equation, Bernoulli's law,
Bernoulli's theorem ‖ ~**e Kupplung**,
Flüssigkeitskupplung f (Masch) / fluid
coupling, Föttinger coupling, Föttinger
transmitter, hydrodynamic couping ‖ ~**es
Paradoxon** (Phys) / d'Alembert's paradox,
hydrodynamic paradox ‖ ~**e Schmierung** /
complete lubrication, hydrodynamic
lubrication, thick-film lubrication, viscous
lubrication
Hydroforming-Prozess m (Tiefziehen mit
gesteuertem Druck gegen Gummimembran)
(Fert) / hydroforming, hydroform process
Hydrogensalz n / acid salt
Hydro • -Jet-Machining n,
Wasserstrahlschneiden n, Trennstrahlen n
unter alleiniger Verwendung von Wasser (Fert)

/ hydrodynamic machining, WJC, water jet cutting ‖ ~**klassieren** n, Stromklassierung f (im Wasser) (Aufb, ChT) / hydraulic classification, wet classification ‖ ~**kolloid** n, Verdickungsmittel n (Anstr, Chem, Nahr, Pharm, Techn) / thickener, thickening agent ‖ ~**kracken** n (Öl) / hydrocracking ‖ ~**lager** n (Masch) / hydromount ‖ ~**lyse** f (Chem) / hydrolysis ‖ ~**lytisch** / hydrolytic ‖ ~**mechanik** f (Phys) / hydromechanics sg ‖ ~**meter** n (zur Prüfung der Batteriesäure) (Kfz) / hydrometer ‖ ~**metrischer Flügel** m, Flügelradanemometer n (Mess, Meteo) / vane anemometer, windmill anemometer ‖ ~**motor** m / hydraulic motor ‖ ~**phil**, wasseranziehend (Chem) / hydrophile, hydrophilic ‖ ~**phob** (Chem) / hydrophobic ‖ ~**phon** n, Unterwasserschallaufnehmer m (Akust) / hydrophone, subaqueous microphone ‖ ~**pneumatisch** / hydropneumatic ‖ ~**presse** f, hydraulische Presse (Wzm) / hydraulic press, hydrostatic press ‖ ~**pumpe** f, Hydraulikpumpe f / hydraulic pump ‖ ~**schneiden** n, Wasserstrahlschneiden n, Trennstrahlen n unter alleiniger Verwendung von Wasser (Fert) / hydrodynamic machining, WJC, water jet cutting ‖ ~**sphäre** f (Wasserhülle der Erde) / hydrosphere ‖ ~**statik** f / hydrostatics sg

hydrostatisch•er Antrieb / static displacement drive ‖ ~**er Druck**, Flüssigkeitsdruck m / hydrostatic pressure ‖ ~**es Getriebe** / hydrostatic transmission ‖ ~**e Schmierung** / hydrostatic lubrication ‖ ~**es Strangpressen** n (Fert) / hydrostatic extrusion (as a continuous process to produce long sections)

Hydro•stößel m, hydraulischer Tassenstößel (Mot) / hydraulic valve lifter, hydraulic lifter ‖ ~**thermales Vorkommen** (Ener) / hydrothermal resource ‖ ~**verfahren** n, Wasserstrahlschneiden n, Trennstrahlen n unter alleiniger Verwendung von Wasser (Fert) / hydrodynamic machining, water jet cutting, WJC

Hydroxy•anilin n (veraltet), Aminophenol n (Chem) / aminophenol ‖ ~**bernsteinsäure** f, Apfelsäure f (Chem) / malic acid, hydroxysuccinic acid ‖ **3-**~**butanal**, Aldol n, Acetaldol n (Chem) / aldol, acetaldol ‖ ~**butansäure** f, Apfelsäure f (Chem) / malic acid, hydroxysuccinic acid ‖ **3-**~**butyraldehyd**, Aldol n, Acetaldol n (Chem) / aldol, acetaldol ‖ ~**tyramin** n, Dopamin n (Biochem) / dopamine

Hydrozylinder m, Hydraulikzylinder m (Arbeitselement in der Hydraulik) (Masch) / hydraulic cylinder

Hygrometer n, Feuchtigkeitsmesser m (Mess) / hygrometer

hygroskopisch, Feuchtigkeit aufnehmend (aus Gasen, spez. aus der Luft die Luftfeuchtigkeit) (Chem) / hygroscopic ‖ ~**es Verhalten**, Hygroskopizität f (Mater) / hygroscopicity

Hygroskopizität f (Mater) / hygroscopicity

Hyperbel f (Math) / hyperbola ‖ ~**cosinus** m, Cosinus hyperbolicus, cosh (Math) / hyperbolic cosine, cosh ‖ ~**funktion** f, hyperbolische Funktion (Math) / hyperbolic function ‖ ~**kotangens** m (Math) / coth, hyperbolic cotangent ‖ ~**[navigations]-Netzkarte** f (Nav) / hyperbola lattice chart

hyperbolische Funktion, Hyperbelfunktion f (Math) / hyperbolic function

Hyperfläche f **zweiter Ordnung**, Quadrik f (Math) / quadric n

Hyperlink m (DV) / hyperlink

Hyperschall... (Ultraschall über Mach 5), Überschall... / hypersonic

Hypertensin n, Angiotensin n (Biochem) / angiotensin, hypertensin

Hyperthermie f (MT) / hyperthermia (application of concentrated therapeutic heat to treat cancer)

Hypnon n, Acetophenon n (Chem) / acetophenone, hypnone, acetylbenzene, phenyl methyl ketone

Hypobromit n (Chem) / hypobromite, bromate(I)

Hypoid•getriebe n / hypoid bevel gearing, hypoid gears, skew bevel gearing, hypoid bevel gears, hypoid gear pair ‖ ~**kegelrad** (Kegelrad mit bogenförmigen Zähnen) / hypoid bevel gear ‖ ~**rad** n, Hypoidkegelrad (Kegelrad mit bogenförmigen Zähnen) / hypoid bevel gear ‖ ~**radpaar** / hypoid bevel gearing, hypoid bevel gears, skew bevel gearing, hypoid bevel gears, hypoid gear pair

Hypo•tenuse f (Math) / hypotenuse ‖ ~**these** f / hypothesis ‖ ~**these der größten Gestaltänderungsenergie** (eine Spannungshypothese) (Mater, Mech) / deformation energy hypothesis ‖ **4-spitzige** ~**zykloide**, Astroide, Sternkurve f (Math) / astroid, tetracuspid

hypsochrom (Chem) / hypsochromic ‖ ~**e Gruppe** (Chem) / hypsochrome

Hysterese f (Elek, Phys) / hysteresis ‖ ~**kurve** f (Elek, Magn) / magnetization curve, B/H curve ‖ ~**verlust** m (Elek, Magn) / hysteresis loss

Hysteresis f (Elek, Phys) / hysteresis ‖ ~**schleife** f (Elek, Magn) / magnetization curve, B/H curve

Hz n, Hertz f (Einheit der Frequenz: 1 Hz = 1 s^{-1} = 1/Sekunde) (Phys) / hertz, Hz, cycles per second, c/s, cps

I

I, Iod *n* (Chem) / iodine, iodin, I

IAM (Impulsamplitudenmodulation) (Tele) / pulse amplitude modulation, PAM

IC, integrierte Schaltung (Eltro) / integrated circuit, IC ‖ ≈**-Karte** *f*, Chipkarte *f* (DV) / chip card, IC card

Icon *n* (DV) / icon (in a GUI)

ID, Kennung *f* (zur Identifizierung) / ID, identification

ideal•e Flüssigkeit (Phys) / ideal liquid ‖ ~**es Gas** (Phys) / ideal gas, perfect gas ‖ ~**e Gasgleichung** (Phys) / ideal gas law, ideal gas equation ‖ ~**e Gaskonstante**, universelle Gaskonstante (Phys) / gas constant, molar gas constant, ideal gas constant, universal gas constant ‖ ~**e Oberfläche**, geometrisch ideale Oberfläche / nominal surface ‖ ~**er Schwingkreis** (verlustfrei: der an den Klemmen beobachtbare Widerstand wird als unendlich groß betrachtet), LC-Schwingkreis *m* (Elek) / LC circuit (idealized model of resonant circuit which assumes there is no dissipation of energy due to resistance)

Ideal•diagramm *n*, Gleichgewichtszustands-diagramm *n* (Zustandsdiagramm, das streng genommen nur für extrem geringe Abkühlungsgeschwindigkeiten gilt, so dass sich bei jeder Temperatur das thermodynamische Gleichgewicht zwischen den Phasen einstellen kann) (Mater, Hütt) / equilibrium diagram ‖ ≈**kristall** *m* / ideal crystal

ideelle Spannung, Vergleichsspannung *f* (fiktive einachsige Spannung, die dieselbe Materialbeanspruchung darstellt wie ein realer, mehrachsiger Spannungszustand) (Mech) / equivalent stress, Von Mises Stress

Identifier *m*, Bezeichner *m* (DV) / identifier

Identifikation *f*, Identifizierung *f* / identification

Identifikator *m*, Bezeichner *m* (DV) / identifier

Identifizierer *m* (Tele) / identifier

Identifizierung *f*, Identifikation *f* / identification ‖ ≈ **der rufenden Leitung**, Rufnummernidentifizierung *f* (Tele) / calling line identification presentation, caller ID, CLI (calling line identification), calling line identification, calling line ID, CLID (calling line identification), CLIP (calling line identification presentation), calling number display ‖ ≈ **der Rufnummer**, Rufnummernidentifizierung *f* (Tele) / calling line identification presentation, caller ID, CLI (calling line identification), calling line identification, calling line ID, CLID (calling line identification), CLIP (calling line identification presentation), calling number display

Identifizierungs•code *m* / identification code ‖ ≈**kennzeichen** *n* (DV) / tag

identisch (allg, Math) / identical [with] ‖ ~**e Gleichung**, allgemein gültige Gleichung (Math) / identical equation

Identität *f* / identity

Identitäts•abstand *m* (Krist) / identity period ‖ ≈**periode** *f* (Krist) / identity period

IEC-Schnittstelle *f* (DV) / IEC interface

IES, Indolyl-3-essigsäure *f* (Biochem) / indole-3-acetic acid, auxin, heteroauxin, IAA

IFF, Impulsfolgefrequenz *f*, Impulsfrequenz *f* (Eltro) / pulse repetition frequency, pulse recurrence frequency, prf, pulse repetition rate, PRR, pulse recurrence rate, pulse rate

IGBT, Bipolartransistor *m* mit isolierter Gate-Elektrode (Eltro) / IGBT, insulated-gate bipolar transistor

IGFET *m*, Feldeffekttransistor *m* mit isolierter Steuerelektrode (Eltro) / IGFET, insulated-gate field-effect transistor

IG-Verfahren *m* (ChT) / Bergius process (hydrogenation of coal)

IIR, Butylkautschuk *m* (Plast) / isobutylene-isoprene rubber, IIR, butyl rubber

Ikonoskop *n* (einfache Bildspeicherröhre) (TV) / iconoscope

Ikosaeder *n*, Zwanzigflächner *m* (Krist, Math) / icosahedron

Illustrierte *f* (Druck) / magazine

imaginär•e Einheit (Elek, Math, Phys) / imaginary unit ‖ ~**e Zahl** (Math) / imaginary number

Imaginärteil *m* (einer Zahl) (Math) / imaginary part

Immersions•material *n* (Eltro, Opt) / index matching material ‖ ≈**öl** *n* (Opt) / immersion oil

Immission *f* (Umw) / immission (effect of gases, smoke, noise, smells etc on the environment) ‖ ≈**en** *f pl*, Luftverunreinigungen *f pl* (Umw) / air pollutants

Immissionsschutz *m* (Umw) / immission control

Immunglobuline *n pl* (Biochem) / antibodies, immunoglobulins

Impact-Drucker *m*, Anschlagdrucker *m* (DV) / impact printer

Impedanz *f*, Scheinwiderstand *m* (Elek) / impedance ‖ ≈, akustische Impedanz (Akust) / acoustic impedance ‖ ≈**anpassung** *f* (Elek) / impedance matching ‖ ≈**wandler** *m* (Elek, Eltro) / impedance transformer, impedance converter

Impf•legierung *f* (Gieß) / inoculating alloy ‖ ≈**mittel** *n*, Impfzusatz *m* (Gieß) / inoculant, inoculating agent ‖ ≈**schlamm** *m* (Abwasserbehandlung) (Umw) / seeding sludge, seed sludge

Impfung *f* (bei der Abwasserbehandlung) (Umw) / seeding

Impfzusatz *m*, Impfmittel *n* (Gieß) / inoculant, inoculating agent

Implikation *f*, Subjunktion *f* (Logik) / implication

implizite Funktion (Math) / implicit function

importieren, einführen (Wirtsch) / import *vt* ‖ ~ (DV) / import *vt*

imprägnieren / impregnate (materials such as wood, textiles, paper with suitable substances such as waxes, synthetic resins, silicone or various preservatives to make them waterproof/water-resistant or increase the durability and resistance from being destroyed by insects or fungus) ‖ ~ (Holz mit Holzschutzmittel) (Holz) / preserve (wood by impregnation with preservatives), impregnate (wood with impregnation agents) ‖ ~, Wasser abweisend o. abstoßend machen (Tex) / waterproof (textiles, tents etc. by impregnating or spraying them with suitable materials such as waxes, synthetic resins or silicone), make waterproof ‖ ⁓ *n* / impregnation (of materials such as wood, textiles, paper with suitable substances such as waxes, synthetic resins, silicone or various preservatives to make them waterproof/water-resistant or increase the durability and resistance from being destroyed by insects or fungus) ‖ ⁓ (von Holz mit Holzschutzmittel) / preservation (of wood by impregnation with preservatives), impregnation (of wood with preservatives) ‖ ⁓ *n*, Imprägnierung *f*, Wasserdichtmachen *n* (Tex) / waterproofing (of textiles, tents etc. by impregnating or spraying them with suitable materials such as waxes, synthetic resins or silicone) ‖ ⁓ (Einpressen von Kohlendioxid in Wein zur Herstellung von Perlwein) (Nahr) / carbonation

Imprägnierung *f* / impregnation (of materials such as wood, textiles, paper with suitable substances such as waxes, synthetic resins, silicone or various preservatives to make them waterproof/water-resistant or increase the durability and resistance from being destroyed by insects or fungus) ‖ ⁓, Wasserdichtmachen *n* (Tex) / waterproofing (of textiles, tents etc. by impregnating or spraying them with suitable materials such as waxes, synthetic resins or silicone) ‖ ⁓, Imprägnieren (von Holz mit Holzschutzmittel) / preservation (of wood by impregnation with preservatives), impregnation (of wood with preservatives) ‖ ⁓, Imprägnieren in Wein zur Herstellung von Kohlendioxid in Wein zur Herstellung von Perlwein) (Nahr) / carbonation

Impuls *m*, Antrieb *m*, Drang *m* (allg) / impulse ‖ ⁓, Anreiz *m*, Ansporn *m* / stimulus, incentive ‖ ⁓, Anstoß *m* / impetus ‖ ⁓ (Produkt aus der Masse eines Körpers und seiner Geschwindigkeit) (Mech) / momentum, linear momentum ‖ ⁓ (Zeitintegral der Kraft) (Mech) / impulse (integral of a force with respect to time) ‖ ⁓, elektrischer Impuls (Elek, Eltro) / pulse ‖ ⁓**abfallzeit** *f*, Abfallzeit *f* (Zeit, in der ein Impuls von 90 % auf 10 % seiner Amplitude abfällt) (Elek, Eltro) / decay time, pulse decay time, fall time, pulse fall time ‖ ⁓**amplitudenmodulation** *f* / pulse amplitude modulation, PAM ‖ ⁓**änderung** *f*, Kraftstoß *m* (Zeitintegral der Kraft) (Mech) / impulse ‖ ⁓**anstiegszeit** *f*, Anstiegszeit *f* (von Impulsen) (Elek, Eltro) / rise time ‖ ⁓**antwort** *f* (Eltro) / impulse response ‖ ⁓**breite** *f*, Pulsdauer *f* (Eltro, Tele) / pulse duration, PD (pulse duration), pulse width, PW (pulse width), pulse length ‖ ⁓**dauer** *f* (Eltro, Tele) / pulse duration, PD (pulse duration), pulse width, PW (pulse width), pulse length ‖ ⁓**diagramm** *n* (Eltro) / pulse diagram ‖ ⁓**drahtsensor** *m* (Elek, Mess) / pulse wire sensor ‖ ⁓**-Echo-Technik,** Impuls-Echo-Verfahren *n* (Mater) / pulse echo method, pulse echo technique, reflection technique ‖ ⁓**erhaltungssatz** *m* (Mech) / law of conservation of momentum, principle of linear momentum ‖ ⁓**erzeuger** *m*, Impulsgenerator *m* (Elek, Eltro) / pulse generator, PG ‖ ⁓**flanke** *f* (Eltro) / edge, pulse edge ‖ ⁓**folge** *f*, Impulsserie *f* (zeitlich begrenzte Impulsfolge) (Eltro) / pulse train, pulse group ‖ ⁓**folge** (Gruppe von Impulsen mit einem erkennbaren Rhythmus als Signal) (Eltro) / burst ‖ ⁓**folgefrequenz** *f*, Impulsfrequenz *f*

(Eltro) / pulse repetition frequency, pulse recurrence frequency, prf, pulse repetition rate, PRR, pulse recurrence rate, pulse rate ‖ ⁓**form** *f* (Eltro) / pulse shape, pulse form ‖ ⁓**former** *m* (Eltro) / pulse shaper, pulse-shaping circuit, pulse former ‖ ⁓**formerverstärker** *m*, Hauptverstärker *m* (der das impulsformende Filter der Verstärkeranordnung enthält und dem Vorverstärker nachgeschaltet ist) (Eltro) / main amplifier, shaping amplifier ‖ ⁓**frequenz** *f*, Impulsfolgefrequenz *f* (Eltro) / pulse repetition frequency, pulse recurrence frequency, prf, pulse repetition rate, PRR, pulse recurrence rate, pulse rate ‖ ⁓**frequenzmodulation** *f* (Tele) / pulse frequency modulation, pfm ‖ ⁓**geber** *m*, Impulsgenerator *m* (Elek, Eltro) / pulse generator, PG ‖ ⁓**geber** (Transistorzündanlage) (Kfz, Mot) / magnetic pulse generator, PM generator ‖ ⁓**geberrad** *m* (Transistorzündanlage) (Kfz, Mot) / timing disc (in electronic ignition systems), trigger wheel, reluctor, timing core, pulse ring, armature ‖ ⁓**generator** *m* (Elek, Eltro) / pulse generator, PG ‖ ⁓**härtung** *f* (Hütt) / impulse hardening, pulse hardening ‖ ⁓**hinterflanke** *f*, Rückflanke *f* (eines Impulses) (Eltro) / trailing edge (of a pulse), falling edge, back edge ‖ ⁓**länge** *f*, Pulsdauer *f* (Eltro, Tele) / pulse duration, PD (pulse duration), pulse width, PW (pulse width), pulse length ‖ ⁓**laser** *m* (Phys) / pulsed laser, pulse laser ‖ ⁓**modulation** *f* (Tele) / pulse modulation, PM ‖ ⁓**moment** *n*, Drehimpuls *m* (Mech) / angular momentum, moment of momentum ‖ ⁓**paket** *n* (Folge einer begrenzten Anzahl von Impulsen), Burst *m* (Eltro) / burst ‖ ⁓**phasenmodulation** *f*, Pulsphasen-Modulation *f* (Tele) / pulse position modulation, pulse phase modulation, PPM ‖ ⁓**satz** *m*, Impulserhaltungssatz *m* (Mech) / law of conservation of momentum, principle of linear momentum ‖ **zweiter** ⁓**-Satz**, Momenten-Satz *m* (Phys) / momentum theorem ‖ ⁓**scheibe** *f* (zur rotatorischen Wegmessung) (NC) / encoder disk (of optical encoder), optical encoder ‖ ⁓**serie** *f* (zeitlich begrenzte Impulsfolge) (Eltro) / pulse train, pulse group ‖ ⁓**spannung** *f*, Stoßspannung *f* (Elek) / impulse voltage, surge voltage ‖ ⁓**tastverhältnis** *n* (Kehrwert des Tastgrades) (Eltro, Tele) / duty factor (of a pulse train), pulse-duty factor ‖ ⁓**teiler** *m*, Impulsuntersetzer *m* (Eltro) / pulse divider ‖ ⁓**transformator**, Impulsübertrager *m* (Eltro) / pulse transformer, PT ‖ ⁓**übertrager** *m*, Impulstransformator (Eltro) / pulse transformer, PT ‖ ⁓**untersetzer** *m*, Impulsteiler *m* (Eltro) / pulse divider ‖ ⁓**verstärker** *m* (Eltro, Tele) / pulse amplifier ‖ ⁓**vorderflanke** *f*, Vorderflanke *f* (eines Impulses) (Eltro) / leading edge (of a pulse), rising edge, front edge ‖ ⁓**wahlverfahren** *f* (Tele) / dial pulse signalling, pulse dialling, dial pulsing ‖ ⁓**zähler** *m* (Eltro) / pulse counter ‖ ⁓**zeit** *f* (Schw) / pulse time

in, Zoll *m* (angloamerikanisch - 1 in = 25,40 mm), Inch *m* / inch *n* (unit of measure), in

In, Indium *n* (Chem) / indium, In

I-Naht *f* (Schw) / square groove weld, square butt weld

inaktive Prüfung (Nukl) / cold testing

inaktivieren, deaktivieren (allg, Chem) / inactivate

Inaugenscheinnahme *f*, Sichtprüfung *f* (Mater, QM) / inspection, visual inspection, visual examination

Inbetriebnahme *f* (einer Anlage mit Funktionsprüfung) / commissioning (e.g. of machine, heating equipment, spacecraft, power station) ‖ ≃, Inbetriebsetzung *f* / putting into operation, putting into service ‖ ≃, erstmalige Inbetriebsetzung / start-up, first start-up

Inbetriebsetzung *f* / putting into operation, putting into service ‖ ≃, Inbetriebnahme *f* (einer Anlage mit Funktionsprüfung) / commissioning (e.g. of machine, heating equipment, spacecraft, power station)

Inbus•schlüssel *m*, Innensechskantschlüssel *m* / hex key, Allen key, hexagon key ‖ ≃schlüssel (abgewinkelt) / Allen wrench, hexagon wrench ‖ ≃schraube *f*, Innensechskantschraube *f* / hexagon socket screw, socket head screw, Allen screw

Inch *m*, in, Zoll *m* (angloamerikanisch - 1 in = 25,40 mm) / inch *n* (unit of measure), in

Inchromieren *n*, Diffusionsverchromung *f* (OT) / chromizing

indefinit, unbestimmt (allg, Math) / indefinite

Inden-Cumaronharz *n*, Cumaron-Indenharz *n* (Plast) / coumarone resin, coumarone-indene resin

Indenter *m*, Eindringkörper *m* (bei Härteprüfungen) (Mater) / indenter, penetrator

Index *m* (Druck) / index (to a book or document) ‖ ≃ (tiefgesetzte Zahl o. Buchstabe) (Druck, Math) / index, subscript, subindex, inferior *n* ‖ ≃ellipsoid *n* (Krist, Opt) / index ellipsoid, ellipsoid of wave normals, indicatrix, optical indicatrix, polarizability ellipsoid, reciprocal ellipsoid ‖ ≃loch *n* (einer Diskette) (DV) / index hole (in a floppy disk) ‖ ≃print *m* (für APS-Film) (Foto) / index print ‖ ≃schaltung *f* (Fahrrad) / indexed shifter

Indikator *m* (Chem) / chemical indicator, indicator ‖ ≃ (Mot) / indicator (for measuring and recording variations of pressure in the cylinder of an engine) ‖ ≃diagramm *n* (Masch) / indicator diagram

indirekt•e Anschallung (eines Prüfgegenstands bei der Ultraschallprüfung) (Mater) / indirect scan ‖ ≃e Beleuchtung (Licht) / indirect lighting ‖ ≃ geheizte Kathode (Eltro) / indirectly heated cathode ‖ ≃es Teilen (die Teilkopfspindel wird durch die Schnecke über das Schneckenrad angetrieben), Einfachteilen *n* (Wzm) / indirect indexing, simple indexing, plain indexing

Indium *n* (Chem) / indium, In ‖ ≃antimonid *n* (Chem, Eltro) / indium antimonide ‖ ≃arsenid *n* (Chem, Eltro) / indium arsenide

individuell•e Gaskonstante (Phys) / specific gas constant ‖ nach Kundenwunsch o. ≃ gefertigt, kundenspezifisch / custom-designed, custom-made, custom

indiziert•e Arbeit (Masch) / indicated work ‖ ≃e Leistung (Mot) / ihp, IHP, indicated power, indicated horsepower

Indol *n* (Chem) / 2,3-benzopyrrole, indole

Indolyl-3-essigsäure *f* (Biochem) / indole-3-acetic acid, auxin, heteroauxin, IAA

Induktanz *f* (Elek) / inductive reactance

Induktion *f*, induktives Schließen (KI) / induction ‖ ≃ (Biochem, Elek, Math, Phys) / induction ‖ ≃, magnetische Flussdichte, magnetische Induktion (Phys) / magnetic flux density (unit: tesla), electromagnetic induction, magnetic displacement, magnetic induction

Induktions•… (Elek) / inductive, induction… ‖ ≃bremse *f*, Wirbelstrombremse *f* (Elek) / eddy current brake ‖ ≃erwärmung *f*, Wirbelstromerwärmung *f* (Elek) / eddy-current heating, induction heating, inductive heating, r.f. heating ‖ ≃fluss *m*, magnetischer Induktionsfluss (Phys) / magnetic flux ‖ ~frei (Elek) / noninductive, anti-induction ‖ ≃generator *m*, Asynchrongenerator *m* (Elek) / asynchronous generator, induction generator ‖ ≃gesetz *n* (Elek) / law of induction ‖ ≃härten *n*, induktives Oberflächenhärten (Hütt) / induction hardening ‖ ≃hartlöten *n* / induction brazing ‖ ≃härtung *f*, induktives Oberflächenhärten (Hütt) / induction hardening ‖ ≃herd *m* (HG) / induction stove ‖ ≃kochfeld *n* (HG) / induction cooker ‖ ≃koeffizient *m*, Induktivität *f* (Einheit Henry, 1 H = 1 Vs/A) (Elek) / inductance ‖ ≃konstante *f*, Permeabilität *f* des Vakuums, magnetische Feldkonstante (Phys) / permeability of free space, magnetic constant ‖ ≃kupplung *f* (Elek) / induction coupling ‖ ≃lampe *f* (Licht) / induction lamp ‖ ≃löten *n*, Induktionsweichlöten *n* / induction soldering ‖ ≃löten, Induktionshartlöten *n* / induction brazing ‖ ≃maschine *f* (Elek) / asynchronous machine, induction machine ‖ ≃motor *m* (Elek) / asynchronous motor, induction motor ‖ ≃ofen *m* (Elek, Hütt) / induction furnace ‖ ≃periode *f* (Chem, Foto) / induction period ‖ ≃rinnenofen *m* (Hütt) / channel furnace, channel induction furnace, induction channel furnace, core type induction furnace ‖ ≃schleife *f* (Elek) / induction loop ‖ ≃schmelzen *n* (Hütt) / induction melting ‖ ≃schweißen *n* / induction welding ‖ ≃spule *f* (Elek) / induction coil ‖ ≃tiegelofen *m* (Hütt) / coreless furnace, induction crucible furnace, coreless induction furnace ‖ ≃weichlöten *n* / induction soldering

induktiv (Elek) / inductive, induction… ‖ ~es Bauelement, Induktor *m* (Bauelement mit festgelegter Induktivität) (Elek) / inductor ‖ ~er Blindstrom (Elek) / inductive reactive current ‖ ~er Blindwiderstand, Induktanz *f* (Elek) / inductive reactance ‖ ~er Blindwiderstand (als Bauelement), Induktor *m* (Bauelement mit festgelegter Induktivität) (Elek) / inductor ‖ ~e Erwärmung, Wirbelstromerwärmung *f* (Elek) / eddy-current heating, induction heating, inductive heating, r.f. heating ‖ ~e Erwärmung vor der Warmformgebung (Schm) / induction forging, induction heating for forging of billets and bar ‖ ~es Härten, induktives Oberflächenhärten (Hütt) / induction hardening ‖ ~es Hochfrequenz-Schweißen (Schw) / HF induction welding, high-frequency induction welding, HFIW ‖ ~e Kopplung (Eltro) / inductive coupling, inductance coupling, transformer coupling ‖ ~es Löten, Induktionsweichlöten *n* / induction soldering ‖ ~es Löten, Induktionshartlöten *n* / induction brazing ‖ ~er Näherungsschalter / inductive proximity switch ‖ ~es Oberflächenhärten (Hütt) / induction hardening ‖ ~es Rühren, elektromagnetisches Durchmischen (Hütt) / inductive stirring ǁ **~es Schließen**, Induktion *f* (KI) / induction ǁ **~es Schmelzen** *n* (Hütt) / induction melting ǁ **~e Schmiedeerwärmung** (Schm) / induction forging, induction heating for forging of billets and bar ǁ **~e Statistik**, mathematische Statistik / mathematical statistics ǁ **~er Widerstand**, Induktanz *f* (Elek) / inductive reactance ǁ **~es Widerstandspressschweißen** (Schw) / HF induction welding, high-frequency induction welding, HFIW ǁ **~es Zündsystem** (Kfz) / inductive ignition system

Induktivität *f* (Einheit Henry, 1 H = 1 Vs/A) (Elek) / inductance ǁ **~** (als Bauelement), Induktor *m* (Bauelement mit festgelegter Induktivität) (Elek) / inductor ǁ **~ L**, Selbstinduktivität *f* (Elek) / inductance L, self-inductance ǁ **~**, Drosselspule *f* (Elek) / inductor, choke, choke coil, choking coil, reactor

induktivitätsarm (Elek) / low-inductance

Induktor *m* (in einer Induktionswärmeanlage), Induktionsspule *f* (Elek) / induction coil, inductor, inductor coil, load coil ǁ **~** (eines Linearmotors) (Elek) / stator (in linear motors) ǁ **~** (Bauelement mit festgelegter Induktivität) (Elek) / inductor

Industrial Engineering *n*, Wirtschaftsingenieur-wesen *n* / industrial engineering

Industrie *f* / industriell / industrial ǁ **~...**, industriell / industrial ǁ **~abfall** *m*, Industrieabfälle *mpl* (Umw) / industrial waste, industrial refuse ǁ **~abwasser** *n*, Industrieabwässer *n pl* (Umw) / industrial waste water, industrial sewage ǁ **~erzeugnis** *n* / industrial product ǁ **~forschung** *f* / industrial research ǁ **~gebiet** *n* / industrial park, industrial area, industrial zone, industrial estate, trading estate (GB) ǁ **~gebiet** (groß, nicht kommunal) / industrial district, industrial region ǁ **~keramik** *f*, technische Keramik / advanced ceramics, structural ceramics, fine ceramics, technical ceramics, engineering ceramics ǁ **~kraftwerk** *n* (Elek) / industrial power plant ǁ **~kunde** *m* (Elek) / industrial customer (involved in manufacturing) ǁ **~länder** *n pl* / industrialized countries

industriell, Industrie... / industrial ǁ **~e Abwässer** (Umw) / industrial waste water, industrial sewage ǁ **~e gefertigte Güter** / manufactured goods ǁ **~e Produktion** / commercial production, industrial production ǁ **~es Schmutzwasser**, Industrieabwasser *n* (Umw) / industrial waste water, industrial sewage ǁ **~e Verschmutzung** (Umw) / industrial pollution

Industrie•müll *m*, Industrieabfälle *mpl* (Umw) / industrial waste, industrial refuse ǁ **~norm** *f* / industry standard ǁ **~ofen** *m* / industrial oven (used mainly for drying, curing, or baking components, parts or final products) ǁ **~ofen** (zur Erzeugung von Prozesswärme o. Schmelzofen), Ofen / furnace, industrial furnace ǁ **~roboter** *m* / industrial robot ǁ **~ruß** *m* (zur Herstellung von Gummi, Druckfarben etc.) (ChT) / carbon black ǁ **~stadt** / industrial city ǁ **~standard** / industry standard ǁ **~unternehmen** *n* / industrial enterprise ǁ **~zweig** *m* / branch of industry

induzieren (Elek, Phys) / induce

induziert•er Abwind (von einer aerodynamischen Auftriebsfläche nach unten

gelenkte Strömung) (Luft) / downwash ǁ **~e Emission**, stimulierte Emission (Phys) / stimulated emission ǁ **~es Feld** (Magn) / induced field

ineinander übergehen [lassen], verschmelzen *vt vi* (z.B. Farben) / blend *vt vi* (e.g. colours) ǁ **~flechten** / interlace *vt* (threads, strips etc.) ǁ **~greifen** (Zahnräder) / engage *vi* (gear wheels), mesh *vi*, mate *vi*, gear *vi* ǁ **~greifen lassen** (Zahnräder) / engage (gear wheels), mesh *vt* ǁ **~greifen** *n* (von Zahnrädern), Zahneingriff, Eingriff *n* / meshing, intermeshing, mating ǁ **~greifend** (Zahnräder) / engaging, interlocking *adj*, intermeshing ǁ **~schachteln**, ineinanderstecken / nest *vt* [into each other] ǁ **~schiebbar** / telescopic *adj* (e.g. aerial), telescoping *adj* ǁ **~stecken**, ineinanderschachteln / nest *vt* [into each other]

inelastischer Stoß (Phys) / inelastic collision

Inempfangnahme *f*, Abnahme *f* (z.B. einer Lieferung) / acceptance

Inertgas *n* / inert gas

Infiltration *f* (allg) / infiltration

Infimum *n* (Math) / infimum, greatest lower bound, glb, inf

Infinitesimalrechnung *f*, Differential- und Integralrechnung *f* (Math) / calculus, infinitesimal calculus (differential calculus and integral calculus)

Infix•notation *f* (DV) / infix notation ǁ **~-Schreibweise** *f* (DV) / infix notation

infizieren (Viren einen Computer), befallen *vt* (DV) / infect (a computer, etc.)

infiziert (DV) / infected *adj*

Inflexions•kurve *f*, Asymptotenlinie *f* (Math) / asymptotic curve, asymptotic line ǁ **~punkt** *m*, Wendepunkt *m* (einer Kurve) (Math) / flex, point of inflection, inflection point, flex point

Influenzkonstante *f*, ε_0 (Elek, Phys) / permittivity of a vacuum or free space (ε_0), electric constant

Infobahn *f*, Datenautobahn *f* (DV, Tele) / information superhighway, data highway, Information Highway, Infobahn

Informatik *f* (DV) / informatics *sg*, computer science

Informatiker *m* (DV) / computer scientist

Information *f* (allg) / information ǁ **~ Management System** *n* (DV) / information management system, IMS ǁ **~ Retrieval**, Suche und Abruf gespeicherter Informationen (DV) / information retrieval, data retrieval ǁ **~ Superhighway**, Datenautobahn *f* (DV, Tele) / information superhighway, data highway, Information Highway, Infobahn

informationelle Selbstbestimmung (DV) / information privacy (an individual's right to control his or her personal information held by others)

Informations•abruf *m*, Suche und Abruf gespeicherter Informationen (DV) / information retrieval, data retrieval ǁ **~ausgabe** *f* (DV) / information output ǁ **~austausch** *m* / exchange of information, information exchange ǁ **~einheit** *f* (DV) / information unit ǁ **~fluss** *m* / information flow ǁ **~gehalt** *m* / information content ǁ **~quelle** *f* (allg) / source of information ǁ **~speicherung** *f* / information storage ǁ **~technik** *f* (DV) / information technology, IT ǁ **~verarbeitung** *f* (DV) / information processing ǁ **~wiedergewinnung** *f*, Suche und Abruf gespeicherter Informationen (DV) / information retrieval, data retrieval

infrarot, IR, Infrarot... / infrared *adj*, IR ‖ ⁓**-Absorptionsspektroskopie** *f* (Mess) / infrared absorption spectroscopy ‖ ⁓**bereich** *m* / infrared range ‖ ⁓**emittierende Diode**, IRED (Eltro) / IRED, infrared-emitting diode ‖ ⁓**empfindlich** / infrared-sensitive ‖ ⁓**grill** *m* (HG) / infrared grill ‖ ⁓**heizung** *f* / infrared heating ‖ ⁓**port** *m* (DV) / infrared port ‖ ⁓**rückstrahlmessgerät** *n* (Mess) / infrared backscatter gauge ‖ ⁓**strahler** *m* / infrared radiator ‖ ⁓**strahler** (Licht) / infrared lamp (incandescent lamp working at a low filament temperature and consequently emitting relatively high amounts of infrared radiation) ‖ ⁓**strahlung** *f* (Phys) / infrared radiation

Ingangsetzen *n*, Anlauf *m* (einer Maschine), Anlaufen *n* / starting, start-up

Ingenieur • bau *m*, Bauwesen *n* / civil engineering ‖ ⁓**hammer** *m*, [amerikanischer] Schlosserhammer mit Kugelfinne (Wz) / ball-pane hammer, ball-pein hammer, ball-peen hammer ‖ ⁓**keramik** *f*, technische Keramik / advanced ceramics, structural ceramics, fine ceramics, technical ceramics, engineering ceramics ‖ ⁓**wissenschaft** *f* / engineering, engineering science

Ingredienz, Bestandteil *m* (allg, Nahr, Pharm) / ingredient

Inhalt *m* (allg) / contents *pl* ‖ ⁓, Stoff, Gegenstand (z.B. eines Artikels, Buches) / subject matter ‖ ⁓, Flächeninhalt *m* / area ‖ ⁓, Fassungsvermögen *n* / capacity, content ‖ ⁓, Volumen *n* (Math, Phys) / volume

inhalts • adressierter o. -adressierbarer Speicher, Assoziativspeicher *m* (DV) / associative memory, CAM, content-addressable memory, content-addressed memory, content-addressed storage, associative storage ‖ ⁓**angabe** *f*, Zusammenfassung *f*, Abriss *m* / synopsis (pl.: -opses), summary, outline ‖ ⁓**verzeichnis** *n* (Doku, Druck) / table of contents

inhärent, innewohnend / inherent

Inhibition *f* (DIN) (DV, Logik) / AND-NOT operation, exclusion, NOT-IF-THEN operation

Inhibitor *m* (Chem) / inhibitor ‖ ⁓, negativer Katalysator (Chem) / anticatalyst, negative catalyst

Inhomogenität *f* / inhomogeneity

initialisieren (DV, Techn) / initialize

Initialisierung *f* (DV, Techn) / initialization

Initiation *f*, Einleitung *f* (einer Reaktion) (Chem) / initiation

Initiationsfaktoren *m pl* (bei der Proteinbiosynthese) (Biochem) / initiation factors

Initiator *m* (Chem, DV, Eltro, Techn) / initiator

initiieren, einleiten, anstoßen / initiate (e.g. discussions, developments), trigger, set off

Injektionsnadel *f* (Med) / cannula, canula

injektive Abbildung (Math) / injective mapping

injizieren, einspritzen (allg, Med) / inject

Inklusionsverbindung *f* (Chem) / clathrate, cage compound, inclusion compound

inklusives Oder, Disjunktion *f* (DV, Eltro, Logik) / disjunction, or, inclusive or, OR operation, OR function, inclusive disjunction

inkohärente Einheit (mit einem von 1 verschiedenen Zahlenfaktor in der Gleichung,

z.B. Kalorie = 4,1868 kg m^2/s^2) / non-coherent unit

inkompatibel / incompatible

inkompressibel, nicht komprimierbar (Phys) / incompressible

Inkreis *m* (eines Dreiecks), innerer Tangentialkreis *m* (Math) / incircle, inscribed circle (of a triangle)

Inkrement *n* (DV, Math, Phys) / increment

inkremental • e Bemaßung (NC, Zeich) / chain dimensioning, incremental dimensioning ‖ ⁓**es Wegmesssystem** *n* (NC) / incremental measuring system

Inkremental • bemaßung *f* (NC, Zeich) / chain dimensioning, incremental dimensioning ‖‖ ⁓**maßprogrammierung** *f*, Programmierung *n* mit Inkrementalmaßen (NC) / incremental programming ‖ ⁓**maßsensor** *m* (NC) / incremental position sensor ‖ ⁓**messverfahren** *n* (NC) / incremental measuring system

Inkrementgröße *f* (DV, Math) / increment size

inkrementieren (DV, Math) / increment *v*

Inkromieren, Diffusionsverchromung *f* (OT) / chromizing

Inkubationszeit *f* (Hütt, Med) / incubation period

Inkubator *m*, Brutkasten *m* (MT) / incubator

Inlandsverkehr *m*, Binnenverkehr *m* (Tele, Verk) / domestic traffic

inline *adv* (z.B. Lackieren auf Lackierwerken innerhalb der Druckmaschinen) (Masch) / in-line

In-line-Pumpe *f*, Rohreinbaupumpe / in-line pump

Innen • ... / inside *adj*, inner *adj*, interior *adj*, internal ‖ ⁓**[aus]drehen**, ausdrehen (Fert) / turn inside diameter ‖ ⁓**auskleidung** *f* / lining ‖ ⁓**beleuchtung** *f* (allg) / interior lighting, interior lights *pl* ‖ ⁓**beleuchtung** (Kfz) / interior light[s], courtesy light[s] (door operated) ‖ ⁓**drehen** (Fert) / internal turning, boring ‖ ⁓**drehmeißel** *m* (Wzm) / boring tool

Innendruck *m* (Phys) / internal pressure ‖ ⁓**probe** *f* (mit Wasser, Luft oder Gas bei Rohren, Kesseln und Behältern) / burst test, internal pressure test ‖ ⁓**versuch** *m* (mit Wasser, Luft oder Gas bei Rohren, Kesseln und Behältern) / burst test, internal pressure test

Innen • durchmesser *m* / internal diameter, ID, inside diameter, inner diameter ‖ ⁓**durchmesser** (eines Zylinders), Bohrungsdurchmesser *m* / bore, bore diameter, ID, inner diameter ‖ ⁓**fläche** *f* / inner surface, internal surface, interior surface ‖ ⁓**futter** *n*, Innenauskleidung *f* / lining ‖ ⁓**gewinde** *n* / female thread, internal thread, internal screw thread ‖ ⁓**gewinde schneiden** / tap ‖ ⁓**gewinden** *n*, Gewindeschneiden *n* (Innengewinde) / internal thread cutting, tapping ‖ ⁓**gezahnt** / internal-tooth *attr* ‖ ⁓**gezahnte Zahnscheibe** / internal tooth lock washer ‖ ⁓**greifer** *m* (Handhabungssysteme) / internal gripper ‖ ⁓**lager** *n* (Masch) / inner bearing, inside bearing ‖ ⁓**lager**, Tretlager *n* (Fahrrad) / bottom bracket ‖ ⁓**leistung** *f*, indizierte Leistung (Mot) / ihp, IHP, indicated power, indicated horsepower ‖ ⁓**leiter** *m* (des Koaxialkabels), Mittelleiter *m* (Eltro, Kabel) / center conductor, inner conductor, internal conductor ‖ ⁓**leuchte** *f* (Kfz) / interior light[s], courtesy light[s] (door operated) ‖ ⁓**liegend** /

inside adj, inner adj, interior adj, internal ‖
~messschraube f (Mess) / internal
micrometer, inside micrometer ‖ ~messung f
(Mess) / inside measurement, internal
measurement ‖ ~messung, TTL-Messung f
(Belichtungsmessung durch das Objektiv:
gemessen wird nur das Licht, das auch auf den
Film kommt) (Foto) / through-the-lens
exposure metering, through-the-lens
metering, TTL exposure metering, TTL
metering ‖ ~mikrometer n (Mess) / internal
micrometer, inside micrometer ‖ ~rad n,
Zahnrad mit Innenverzahnung n / internal
gear, internal gear wheel ‖ ~raum m / interior
‖ ~raum, Fahrgastraum m (Kfz) / passenger
compartment ‖ ~raumaufstellung f / indoor
installation ‖ ~räumen n (Fert) / broaching of
inside surfaces, internal broaching ‖ ~räumer
m, Räumnadel f (zum Innenräumen) (Wzm) /
internal broach ‖ ~räummaschine f (Wzm) /
internal-broaching machine ‖
~räumwerkzeug n, Räumnadel (zum
Innenräumen) f (Wzm) / internal broach ‖
~ring m (Wälzlager) / inner race (ball
bearing), inner ring ‖ ~riss m (Fehler beim
Strangpressen) (Fert) / arrowhead fracture,
centerburst (internal crack developing as a
result of tensile stress along the center line of
the workpart during extrusion), center
cracking, chevron cracking ‖ ~-Rundschleifen
n (Fert) / internal cylindrical grinding ‖
~rundschleifmaschine f (Wzm) / internal
cylindrical grinding machine, internal grinder
‖ ~sechskant m (Schraube) / hexagon socket
(of screw), hex socket ‖ ~sechskantschlüssel
m, Inbusschlüssel m / hex key, Allen key,
hexagon key ‖ ~sechskantschlüssel,
Inbusschlüssel m (abgewinkelt) / Allen
wrench, hexagon wrench ‖
~sechskantschraube f, Inbusschraube f /
hexagon socket screw, socket head screw,
Allen screw ‖ ~spannungen f pl,
Eigenspannungen f pl (Mech) / internal
stresses, residual stresses ‖ ~taster m (Mess) /
inside cal[l]ipers pl, internal cal[l]ipers pl ‖ ~-
und Außentaster m (Mess) / external and
internal callipers, German compass o. calipers
pl ‖ ~temperatur f (z.B. eines Kühlschranks) /
inside temperature ‖ ~trommel f,
Wäschetrommel f (einer Waschmaschine)
(HG) / tub, wash tub, inner tub (of washing
machine), drum ‖ ~tür f (Bau) / internal door ‖
~verkleidung f, Innenauskleidung f / lining ‖
~verzahnt / internal-tooth attr ‖ ~verzahntes
Rad, Zahnrad mit Innenverzahnung n /
internal gear, internal gear wheel ‖
~verzahnung f (Masch) / internal gear,
internal toothing ‖ ~wand f (Bau) / internal
wall, interior wall ‖ ~widerstand m, innerer
Widerstand (Elek) / internal resistance ‖
~zahnrad n, Zahnrad mit Innenverzahnung n
/ internal gear, internal gear wheel ‖
~zahnradpumpe f / internal gear pump
inner ... / inside adj, inner adj, interior adj,
internal ‖ ~er Aufbau, Struktur f / structure n ‖
~e Belastungskennlinie (bei Generatoren)
(Elek) / internal characteristic ‖ ~e Dämpfung,
Werkstoffdämpfung f (Mater, Mech) / internal
damping ‖ ~er Durchmesser / internal
diameter, ID, inside diameter, inner diameter
‖ ~e Energie (Phys) / internal energy ‖ ~e
Kräfte (Mech) / internal force ‖ ~er
lichtelektrischer Effekt (Phys) / internal

photoelectric effect, photoconductive effect ‖
~er Peltier-Effekt (Phys) / Bridgman effect ‖
~e Phase, dispergierte Phase (Chem, Phys) /
disperse phase, discontinuous phase, internal
phase, dispersed phase ‖ ~er Photoeffekt
(Phys) / internal photoelectric effect,
photoconductive effect ‖ ~e Reibung (Mech) /
internal friction ‖ ~e Reibung (zwischen
Schüttgutpartikeln) (Mech) / interparticle
friction ‖ ~e Reibung (in Gasen und
Flüssigkeiten), Viskosität f, Zähflüssigkeit f
(Mech) / viscosity ‖ ~e Spannungen,
Eigenspannungen f pl (Mech) / internal
stresses, residual stresses ‖ ~e Störfestigkeit
(Radio, TV) / internal immunity ‖ ~er
Tangentialkreis m, Inkreis m (eines Dreiecks)
(Math) / incircle, inscribed circle (of a triangle)
‖ ~e Teilung (Geom) / internal division of a
line segment ‖ ~er Totpunkt, unterer
Totpunkt (Mot) / bottom dead center (nearest
the crankshaft), BDC, outer dead centre
(GB)(nearest the crankshaft), lower dead
center, LDC ‖ ~er Widerstand,
Innenwiderstand m (Elek) / internal resistance
‖ ~er Wirkungsgrad (Masch) / internal
efficiency

innerbetrieblich, firmenintern / intra-company
(e.g. transfer, relationships, communications,
network), in-house ‖ ~, werksintern / in-plant,
intra-plant ‖ ~er Materialtransport f (Förd) /
internal transportation, in-plant
transportation ‖ ~er Transport (Förd) /
internal transportation, in-plant
transportation
Innere n / interior n, inside
innewohnend, inhärent / inherent
innig (Mischung, Verbindung) / intimate
Inosit m (Chem) / inositol
Input m (allg, DV) / input n
Inrechnungstellung f, Fakturierung f,
Abrechnung f (z.B. einer Arbeit) / billing,
invoicing
Insasse m (Kfz) / occupant, passenger
Inselbetrieb m (Elek) / isolated operation
Insolation f, Sonneneinstrahlung f (Phys) /
insolation (the amount of solar radiation
reaching a given area), solar irradiance
Inspektion f, Sichtprüfung f / inspection ‖ ~,
Kundendienst m (Kfz) / service
instabil / unstable ‖ ~ / unstable, instable
Installation f, Aufstellung f, Montage f /
installation, set-up ‖ ~, Installationsarbeiten f
pl, Sanitärinstallation f (Sanitär) / plumbing,
fitting n ‖ ~en f pl (installiertes
Rohrleitungssystem für Wasserver- u.
-entsorgung u. Heizung mit zugehörigen
Armaturen u. Tanks) (Sanitär) / plumbing ‖ ~,
Elektroinstallation (Bau, Elek) / wiring,
electrical wiring ‖ ~ (DV) / installation, set-up
Installations•**arbeiten** f pl, Sanitärinstallation f
(Bau) / plumbing, fitting n ‖ ~kanal m (Elek) /
duct, cable duct ‖ ~-Kleinverteiler m (DIN
VDE 0603), Verteilerkasten m (Elek) /
consumer unit (GB)(breakers or fuses
arranged in a single horizontal row, unlike a
distribution board which has multiple rows of
fuses or breakers), fusebox (GB) ‖
~programm n (DV) / installation program,
set-up program ‖ ~rohr n (Elek) / cable
conduit, conduit for electrical wiring ‖
~schalter (Elek) / installation switch
installieren, montieren, aufstellen / install,
mount ‖ ~ (DV) / install

installierte Leistung (Elek) / installed capacity, installed power, installed power capacity

instand halten / maintain, service *vt* ‖ ~ **setzen**, reparieren / repair *vt* ‖ ~ **setzen**, überholen / overhaul *v* (e.g. a car, engine), recondition

Instandhaltbarkeit *f*, Wartungsfreundlichkeit *f* / ease of maintenance, maintainability, ease of servicing

Instandhaltung *f*, Wartung *f* / maintenance, servicing, service

Instandhaltungs•arbeiten *f pl* / maintenance work ‖ ~**freundlichkeit** *f*, Wartungsfreundlichkeit *f* / ease of maintenance, maintainability, ease of servicing ‖ ~**kosten** *pl*, Wartungskosten *pl* / maintenance cost[s]

Instandsetzung *f*, Reparatur *f* / repair ‖ ~, Überholung *f* / overhaul *n*, overhauling, reconditioning ‖ ~ **vor Ort beim Kunden**, Kundendienst *m* / field service, field servicing

Instandsetzungs•arbeiten *f pl*, Reparaturarbeiten *f pl*, Ausbesserungsarbeiten *f pl* / repair jobs, repair work ‖ ~**werkstatt** *f*, Reparaturwerkstatt *f* / repair shop

Instruktion *f*, Anweisung *f*, Anordnung *f* / instruction

instrumentelle Nachweisgrenze (Mess) / instrumental detection limit

Instrumenten•anlage *n*, Armaturenbrett *n* (Kfz) / dashboard, instrument panel, dash, fascia (GB) ‖ ~**block** *m* (Kfz) / instrument cluster ‖ ~**brett** *n*, Armaturenbrett *n* (Kfz) / dashboard, instrument panel, dash, fascia (GB) ‖ ~**tafel** *f*, Armaturenbrett *n* (Kfz) / dashboard, instrument panel, dash, fascia (GB)

Instrumentierung *f* (Instr) / instrumentation

Integerzahl *f* (Math) / integer, integral number, whole number

integrabel, integrierbar (Math) / integrable

integrales Verhalten, Integral-Verhalten *n* (Regel) / integral mode, integral action, integral control action

Integral *n* (Math) / integral *n* ‖ ~**film** *m* (Foto) / integral film ‖ ~**helm** *m* (Kfz) / full-face helmet ‖ ~**rechnung** *f* (Math) / integral calculus ‖ ~**-Regler**, I-Regler *m* (Regel) / integral action controller, integral controller, integral-mode controller ‖ ~**schaum** *m* (Plast) / integral skin foam, structural foam, selfskinning foam ‖ ~**schaumstoff** *m* (Plast) / integral skin foam, structural foam, selfskinning foam ‖ ~**sitz** *m* (Kfz) / integral moulded seat ‖ ~**-Verhalten** *n* (Regel) / integral mode, integral action, integral control action ‖ ~**zeichen** *n* (Math) / integral sign

Integrand *m* (Math) / integrand

Integration *f*, Einbau *m*, Einfügung *f* / incorporation, inclusion, integration ‖ ~ (DV, Eltro, Math) / integration ‖ ~ **durch Substitution** (Math) / integration by substitution

Integrations•dichte *f*, Integrationsgrad *m* (integrierte Schaltungen) (Eltro) / level of integration, scale of integration ‖ ~**grad** *m* (integrierte Schaltungen) (Eltro) / level of integration, scale of integration ‖ ~**schaltung** *f*, Integrierschaltung *f* (Rechenschaltung zur Integration einer elektrischen Eingangsgröße) (DV, Eltro) / integrator, integrating amplifier ‖ ~**verstärker** *m*, Integrierschaltung *f* (Rechenschaltung zur Integration einer elektrischen Eingangsgröße) (DV, Eltro) / integrator, integrating amplifier

Integrator *m*, Integrierschaltung *f* (Rechenschaltung zur Integration einer elektrischen Eingangsgröße) (DV, Eltro) / integrator, integrating amplifier

integrierter Schaltkreis in Kompaktbauform (Eltro) / packaged integrated circuit

integrierbar, integrabel (Math) / integrable

integrieren (allg, Eltro, Math) / integrate ‖ ~, einbauen, einarbeiten *vt* / incorporate

Integrierer, Integrierschaltung *f* (Rechenschaltung zur Integration einer elektrischen Eingangsgröße) (DV, Eltro) / integrator, integrating amplifier

Integrier•glied *n*, Integrierschaltung *f* (Rechenschaltung zur Integration einer elektrischen Eingangsgröße) (DV, Eltro) / integrator, integrating amplifier ‖ ~**schaltung** *f* (Rechenschaltung zur Integration einer elektrischen Eingangsgröße) (DV, Eltro) / integrator, integrating amplifier

integriert / integrated ‖ ~, eingebaut / integrated, incorporated ‖ ~, eingebaut (auf Platine) (DV, Eltro) / on-board ‖ ~ (im Chip) (DV, Elek) / on-chip ‖ ~**er Bipolarschaltkreis** (Eltro) / bipolar integrated circuit, bipolar IC ‖ ~**e optische Schaltung** (Eltro) / optical integrated circuit ‖ ~**er Schaltkreis**, integrierte Schaltung, IC (Eltro) / integrated circuit, IC

Integrierverstärker *m*, Integrierschaltung *f* (Rechenschaltung zur Integration einer elektrischen Eingangsgröße) (DV, Eltro) / integrator, integrating amplifier

Intensität *f* / intensity

Intensitätsfunktion *f* (Math) / intensity function

intensiv / intensive ‖ ~ (Mischen) / intimate ‖ ~**e Größe** (Chem, Phys) / intensive quantity, intensive property

Interaktion *f* (DV) / interaction

interaktiv (DV) / interactive ‖ ~**e CD**, CD-I *f* (DV) / CD-I, compact disk interactive

interdisziplinär, fachübergreifend / interdisciplinary

Interessent *m*, potentieller Kunde (Wirtsch) / potential customer, prospective customer

Interface *n*, Schnittstelle *f* (DV) / interface

Interferenz *f* (Überlagerung von zwei o. mehr Wellen) (Eltro, Phys) / interference ‖ ~**filter** *n* (Opt) / interference filter

Interfero•meter *n* (Mess, Opt) / interferometer, optical interferometer ‖ ~**metrisch** (Mess, Opt) / interferometric

interkristallin / intercrystalline ‖ ~**e Korrosion** (Mess) / intercrystalline corrosion, intergranular corrosion

Interlace•scanning *n*, Zeilensprungverfahren *n* (DV, TV) / interlaced field technique, interlacing (in monitors, TV picture tubes), interlaced scanning, interlace scanning ‖ ~**-Verfahren** *n*, Zeilensprungverfahren *n* (DV, TV) / interlaced field technique, interlacing (in monitors, TV picture tubes), interlaced scanning, interlace scanning

interlaminarer Schubmodul (Mater, Mech) / interlaminar shear modulus

intermediäre Phase (Kristallart, die aus mindestens einer metallischen und einer nichtmetallischen Komponente besteht und deren Gittertyp vom Gittertyp ihrer Komponenten abweicht) (Krist) / intermediate phase

intermetallisch•e Phase (Kristallart, die nur aus metallischen Komponenten besteht und deren

Gittertyp vom Gittertyp ihrer Komponenten abweicht) (Krist) / intermediate phase || ~e
Verbindung (Chem, Hütt) / intermediate constituent, intermetallic compound (two metals combining to form a compound with a definite ratio of one element to the other) || ~e
Verbindung (Chem, Hütt) / metallic compound (consisting of a metal and a nonmetal)
intermittierend, unterbrochen (periodisch) / intermittent
intermodaler Verkehr (Trans) / intermodal freight transport
intern / inside adj, inner adj, interior adj, internal || ~, eingebaut (DV) / internal (e.g. drive) || ~, innerbetrieblich, firmenintern / intra-company (e.g. transfer, relationships, communications, network), in-house || ~, innerbetrieblich, werksintern / in-plant, intra-plant || ~es
Modem (DV) / internal modem || ~e
Reformierung (ChT) / internal reformation || ~er Speicher (DV) / internal memory (internal RAM and ROM chips, cache memory, and special registers as opp. to external storage devices such as CD-ROMs), internal storage
international•es Einheitensystem, SI (Système International) (Mess) / international system of units, SI, metric system || ~e praktische
Temperaturskala (Phys) / International practical temperature scale || ~e Seemeile (1sm = 1,852 km), Seemeile f, nautische Meile (Nav) / international air mile, international nautical mile (= 1852 m = 6076.115 ft), nautical mile, sea mile, nm || ~e Tafelkalorie, cal (1 cal = 4,1868 J) (veraltet), Kalorie f, cal$_{IT}$ (internationale Tafelkalorie) / cal, calorie, International Table calorie, IT calorie
Internet n (DV, Tele) / Internet (with capital "I") || ~ Service Provider m, Anbieter m (der Zugang zum Internet ermöglicht), Internet-Provider m (Tele) / Internet service provider, service provider, ISP || ~anbindung f (Tele) / Internet access || ~anschluss m (DV) / connection to the Internet, Internet connection, linkup to the Internet || ~nutzer m (DV, Tele) / Internet user || ~protokoll n (DV, Tele) / Internet protocol, IP || ~-Provider m, Anbieter m (der Zugang zum Internet ermöglicht) (Tele) / Internet service provider, service provider, ISP || ~zugang m, Internetanbindung f (Tele) / Internet access
Inter•polation f (Math) / interpolation || ~polator m (NC) / interpolator || ~polieren (Math) / interpolate
Interpretation f, Auswertung f / interpretation
Interpreter m (DV) / interpreter, interpreter program
interpretieren (allg, DV) / interpret || ~, auswerten / interpret (signal, source language statement, etc.)
interpretierendes Program, Interpreter m (DV) / interpreter, interpretive program
Interpretierer m, Interpreter m (DV) / interpreter, interpretive program
Interrupt m (DV) / interrupt n || ~-Routine f, Unterbrechungsroutine f (DV) / interrupt routine
interstitieller Mischkristall (Krist) / interstitial solid solution
Intervall n (offen o. abgeschlossen) (Math) / intervall (open or closed) || ~mathematik f (DV, Math) / interval arithmetic, range arithmetic || ~rechnung f (DV, Math) / interval

arithmetic, range arithmetic || ~schmierung f / periodical lubrication
Intranet n (DV, Tele) / intranet
Intrinsic•..., Eigenleitungs... (Eltro) / intrinsic || ~-Leitfähigkeit, Eigenleitfähigkeit f (in Halbleitern) (Eltro) / intrinsic conductivity
Invar n (Nickellegierung) (Hütt, Mater) / Invar
Invariantentheorie f (Math) / theory of invariants
Invar• [metall], n, Invarstahl m / invar steel || ~stahl m, Invar[metall] n / invar steel
invers•e Funktion, Umkehrfunktion f (Math) / inverse function || ~e trigonometrische
Funktion, Arcusfunktion f (Math) / antitrigonometric[al] function, inverse trigonometric[al] function
Inversion f, NICHT-Verknüpfung f (Logik) / NOT function, NOT operation, inverse operation || ~ (am Kreis) (Math) / inversion
Inversionsgesetze n pl, de-Morgansche Regeln (Math) / de Morgan's laws, de Morgan's rules
Invertase f (Biochem) / invertase, saccharase, invertin, sucrase
Inverter m, Wechselrichter m (Elek) / inverter, converter (converting direct current into alternating current), dc-ac converter, inverted rectifier, current inverter || ~ (Schaltung zur Ausführung der NICHT-Funktion), NOT-Gatter n (DV, Eltro) / inverter, NOT gate, negator, NOT circuit, NOT element
invertieren (Chem, DV, Eltro) / invert
invertierender Verstärker (Eltro) / inverting amplifier
Invertierer m (Eltro) / inverting amplifier
Investition f (Wirtsch) / investment
Investitions•güter n pl (Wirtsch) / capital goods pl || ~kosten pl (Wirtsch) / investment costs, capital costs
Involute f, Evolvente f (Math) / involute
inwendig / inside adj, inner adj, interior adj, internal
Iod n (Chem) / iodine, iodin, I || ~(V)-oxid, Diiodpentoxid n (I$_2$O$_5$) (Chem) / iodine pentoxide, iodic acid anhydride || ~säureanhydrid n, Diiodpentoxid n (I$_2$O$_5$) (Chem) / iodine pentoxide, iodic acid anhydride
Ion n (Chem, Phys) / ion
Ionen•austausch m (Chem) / ion exchange, IX || ~bindung f (Chem) / ionic bond, electrostatic bond, electrovalent bond, electrovalence, electrovalency, polar bond || ~dosis f (Quotient aus der von der ionisierenden Strahlung in Luft erzeugten Ionenladung und der bestrahlten Luftmasse in Coulomb pro Kilogramm) (Phys) / ion dose, dose, exposure dose, exposure || ~dosisleistung f (gibt Anzahl der pro Kilogramm Luft und Sekunde gebildeten Ionenpaare an - SI-Einheit: C/kg x Sekunde = Ampere/kg) (Nukl, Radiol) / exposure rate (amount of ionization produced per unit time in air by X-rays or gamma rays - unit is Roentgens/hour), ion dose rate || ~dosisrate f, Ionendosisleistung f (gibt Anzahl der pro Kilogramm Luft und Sekunde gebildeten Ionenpaare an - SI-Einheit: C/kg x Sekunde = Ampere/kg) (Nukl, Radiol) / exposure rate (amount of ionization produced per unit time in air by X-rays or gamma rays - unit is Roentgens/hour), ion dose rate || ~-Einpflanzung f, Ionenimplantation f (Eltro) / ion implantation || ~formel f (Chem) / ionic formula || ~gitter n (Krist) / ionic lattice || ~implantation f (Eltro) / ion implantation ||

~**kristall** *m* (Krist) / ionic crystal ‖ ~**leitend** /
ion-conducting ‖ ~**leiter** *m* (Chem) / conductor
of ions, ionic conductor ‖ ~**leitfähigkeit** *f*
(Chem) / ionic conductivity ‖ ~**plattieren** *n*
(ein PVD-Verfahren) (OT) / ion plating ‖
~**produkt** *n* (Chem) / ionic product ‖ ~**pumpe**
f (Biol, Vak) / ion pump ‖ ~**wertigkeit** *f* (Chem) /
ionic valence

Ionisation (Phys) / ionization
Ionisations•energie *f* (Nukl) / ionization energy,
ionizing energy ‖ ~**melder** *m*,
Ionisationsrauchmelder *m* / ionization smoke
detector ‖ ~**rauchmelder** *m* / ionization
smoke detector
ionisieren (Phys) / ionize
ionisierend (Phys) / ionizing ‖ ~**e Strahlung**
(Nukl) / ionizing radiation, ionization radiation
Ionisierung *f* (Phys) / ionization
Ionisierungs•arbeit *f*, Ionisationsenergie *f*
(Nukl) / ionization energy, ionizing energy ‖
~**energie** *f*, Ionisationsenergie *f* (Nukl) /
ionization energy, ionizing energy
Ionitrieren *n*, Glimmnitrieren *n* (Hütt) / glow
discharge nitriding, ion nitriding, plasma
nitriding
ionogene Bindung, Ionenbindung *f* (Chem) / ionic
bond, electrostatic bond, electrovalent bond,
electrovalence, electrovalency, polar bond
Ionogramm *n* (Meteo, Radio) / ionogram
Ionomer *n* (Plast) / ionomer
Ionosonde *f* (Radar, Radio) / ionosonde
Ionosphärenlotung *f* (Radar, Radio) / ionospheric
sounding
ionosphärische Ausbreitung (von Funkwellen)
(Radio) / ionospheric propagation
IP, Internetprotokoll *n* (DV, Tele) / Internet
protocol, IP ‖ ~**-Adresse** *f* (aus Ziffern
bestehende Internet-Adresse eines Rechners)
(DV, Tele) / IP address, dot address
Ir, Iridium *n* (Chem) / iridium, Ir
IR, infrarot, Infrarot... / infrared *adj*, IR
Irdengut *n* (mit farbigem, porösem Scherben),
Töpferwaren *f pl* (Keram) / earthenware,
pottery
IRED, infrarotemittierene Diode (Eltro) / IRED,
infrared-emitting diode
I-Regler *m*, Integral-Regler (Regel) / integral
action controller, integral controller,
integral-mode controller
Iridium *n* (Chem) / iridium, Ir
Irisblende *f*, Lamellenblende *f* (Foto, Opt) / iris,
iris diaphragm
irrational•e Funktion (Math) / irrational
function ‖ ~**e Zahl** (Math) / irrational,
irrational number, surd *n*
irreflexiv (Relation) (Math) / antireflexive
irreversibel / non-reversible, irreversible
Irrstrom *m* (aus Strom führenden Leitern in das
Erdreich austretender Strom), Streustrom *m*
(Elek) / stray current, leakage current
Irrtum *m* / error, mistake
Irrtumswahrscheinlichkeit *f* (Stat) / level of
significance (for a test, the probability of false
rejection of the null hypothesis), level of
statistical significance, significance level, type I
error rate
IR-Strahlung *f*, Infrarotstrahlung *f* (Phys) /
infrared radiation
IS, integrierte Schaltung, IC (Eltro) / integrated
circuit, IC
ISDN, Diensteintegrierendes Digitalnetz (Tele) /
ISDN, integrated services digital network ‖
~**-Adapter** *m* (DV, Tele) / ISDN adapter, ISDN

card ‖ ~**-Anlage** *f* (Tele) / ISDN PBX system ‖
~**-Basisanschluss** *m* (Tele) / Basic Rate ISDN,
basic rate interface, BRI, basic rate access,
BRA ‖ ~**-fähig**, ISDN-tauglich (Tele) / ISDN
compatible ‖ ~**-Karte** *f* (DV, Tele) / ISDN
adapter, ISDN card ‖
~**-Primärmultiplexanschluss** *m*, PRI (Tele) /
PRA, primary rate access, Primary Rate
ISDN, primary rate interface, PRI ‖
~**-tauglich**, ISDN-fähig (Tele) / ISDN
compatible
isentrope Zustandsänderung (Phys) / adiabatic
change
Isentrope *f* (Meteo, Phys) / adiabat
isobar•e Analogzustände (Nukl) / isobaric
analogue states ‖ ~**e Zustandsänderung**
(Phys) / isobaric change
Isobare *f* (z.B. in Karten o. Zustandsdiagrammen
- pl. Isobaren) (Meteo, Phys) / isobar
Iso•butylen-Isopren-Kautschuk *m* (Plast) /
isobutylene-isoprene rubber, IIR, butyl rubber
‖ ~**chinolin** *n* (Chem) / isoquinoline
isochore Zustandsänderung (Phys) / isochoric
change
Iso•dimorphie *f* (Krist) / isodimorphism ‖
~**elektronisch** (Chem, Nukl) / isoelectronic
Isolation, Absonderung *f*, Isolierung *f* / isolation
‖ ~*f* [gegen], Isolierung *f* (Akust, Bau, Elek) /
insulation [against, from] ‖ ~, Dämmung *f*
(Schall, Wärme) / insulation ‖ ~,
Rohrisolierung *f* (Rohr) / lagging (thermal
insulation on the outside of pipes or tanks) ‖
~, Schalldämmung *f* (Akust, Bau) /
soundproofing, acoustic insulation, sound
insulation
Isolations•abziehzange *f*, Abisolierzange *f* (Elek,
Wz) / wire stripper (hand tool), stripper ‖
~**fehler** *m* (Elek) / defect in insulation, faulty
insulation, defective insulation, insulation
failure, insulation defect, insulation fault ‖
~**festigkeit** *f*, elektrische
Durchschlagsfestigkeit (in kV/cm oder
kV/mm) (Elek) / dielectric strength, disruptive
strength ‖ ~**klasse** *f* (bis 90 °C = Y, bis 105 °C
= A, bis 130 °C = B, bis 180 °C = H, über 180
°C = C) (Elek) / insulation class (Y = up to 365
K) ‖ ~**material** *n*, nicht leitender Werkstoff
(Elek) / insulator, insulating material, insulant,
insulation ‖ ~**material** *n* (zur Isolation gegen
Feuchtigkeit, zur Wärmedämmung, zur
Schalldämmung oder -dämpfung) (Bau) /
insulating material, insulator ‖ ~**messer** *m*
(Elek) / insulation tester ‖ ~**messgerät** *n* (Elek)
/ insulation tester ‖ ~**prüfer** *m* (Elek) /
insulation tester ‖ ~**prüfung** *f* (Elek) /
insulation test ‖ ~**spannung** *f* (Elek) /
insulation voltage ‖ ~**stoff** *m*, nicht leitender
Werkstoff (Elek) / insulator, insulating
material, insulant, insulation ‖ ~**überwachung**
f (Elek) / insulation monitoring ‖
~**überwachungseinrichtung** *f* (Elek) /
insulation monitoring device ‖ ~**vermögen** *n*,
Isolierfähigkeit *f* (Elek) / insulating properties
‖ ~**widerstand** *m* (Elek) / insulation resistance,
insulance
Isolator *m* (isolierendes Bauelement) (Elek) /
insulator (device) ‖ ~, nicht leitender
Werkstoff, Isolierstoff *m* (Elek) / insulator,
insulating material, insulant, insulation ‖
~**abstand** *m* (Elek) / insulator spacing
Isolierband *n* (Elek) / insulating tape, electrical
tape

isolieren (z.B. Leitungen, Gebäude akustisch, thermisch, elektrisch) (Akust, Bau, Elek) / insulate ‖ ~, abtrennen (z.B. eine Rohrleitung innerhalb eines Netzes) / isolate ‖ ~, darstellen (Chem) / isolate

isolierend (Elek) / nonconducting, non-conductive, insulating ‖ ~**e Schutzschicht**, Isolierschicht f (Elek) / insulating layer, insulation layer

Isolier•fähigkeit f (Elek) / insulating properties ‖ ⁀**gerät** n (Atemschutzgerät) / breathing apparatus, respiratory protective device ‖ ⁀**glas** n (Bau, Glas) / insulating glass ‖ ⁀**handschuhe** m pl (für Arbeiten unter Spannung) (Elek) / insulated gloves, insulating gloves ‖ ⁀**körper** m, Isolator m (isolierendes Bauelement) (Elek) / insulator (device) ‖ ⁀**material** n, Isolierstoff m (zur Isolation gegen Feuchtigkeit, zur Wärmedämmung, zur Schalldämmung oder -dämpfung) (Bau) / insulating material, insulator ‖ ⁀**material**, nicht leitender Werkstoff (Elek) / insulator, insulating material, insulant, insulation ‖ ⁀**mittel** n, nicht leitender Werkstoff (Elek) / insulator, insulating material, insulant, insulation ‖ ⁀**öl** n (Elek) / insulating oil, electrical oil ‖ ⁀**platte** f, HFD (Bau, Holz) / insulating board, softboard ‖ ⁀**schicht** f, isolierende Schutzschicht (Elek) / insulating layer, insulation layer ‖ ⁀**schicht-Feldeffekt-Transistor** m, IGFET m, Feldeffekttransistor m mit isolierter Steuerelektrode (Eltro) / IGFET, insulated-gate field-effect transistor ‖ ⁀**stoff** m (zur Isolation gegen Feuchtigkeit, zur Wärmedämmung, zur Schalldämmung oder -dämpfung) (Bau) / insulating material, insulator ‖ ⁀**stoff**, nicht leitender Werkstoff (Elek) / insulator, insulating material, insulation ‖ ⁀**stoffklasse** f (Elek) / class of insulation, insulation class

isoliert (Akust, Bau, Elek) / insulated ‖ ~, wärmeisoliert, mit Wärmeschutz versehen / heat insulated, lagged ‖ ~ **gegen Feuchtigkeit** / moisture-proof

Isoliertransformator m (Elek) / isolation transformer, isolating transformer, one-to-one transformer

Isolierung f, Isolation f [gegen] (Akust, Bau, Elek) / insulation [against, from] ‖ ⁀, Wärmedämmung f (Tätigkeit u. Material) / heat insulation, thermal insulation ‖ ⁀, Schalldämmung f (Akust, Bau) / soundproofing, acoustic insulation, sound insulation ‖ ⁀, Rohrisolierung f (Rohr) / lagging (thermal insulation on the outside of pipes or tanks) ‖ ⁀, Absonderung f, Isolation f / isolation ‖ ⁀, Reindarstellung f (Chem) / isolation

Isolierungsfehler m (Elek) / defect in insulation, faulty insulation, defective insulation, insulation failure, insulation defect, insulation fault

Isolier•verglasung f (Doppel-, Dreifach- o. Mehrfachverglasung) (Bau, Glas) / insulating glazing (double, triple, or multiple glazing) ‖ ⁀**verglasung** (Bau) / double glazing (factory finished sealed unit) ‖ ⁀**vermögen** n, Isolierfähigkeit f (Elek) / insulating properties ‖ ⁀**werkstoff** m, nicht leitender Werkstoff (Elek) / insulator, insulating material, insulant, insulation

Isometrie f, isometrische Darstellung (Doku) / isometric drawing, isometric projection, isometric representation

isometrisch•e Ansicht m (Zeichn) / isometric view ‖ ~**e Darstellung**, isometrische Projektion (Doku) / isometric drawing, isometric projection, isometric representation ‖ ~**e Projektion**, isometrische Darstellung (Doku) / isometric drawing, isometric representation

isomorph (Math) / isomorphic

Iso•octanol n, Ethylhexanol n (Chem) / isooctanol ‖ ⁀**phthalsäure** f (Chem) / isophthalic acid ‖ ⁀**propanolgärung** f (Chem) / isopropanol fermentation ‖ ⁀**propylbenzol**, Cumol n (Chem) / cumene, isopropylbenzene ‖ ⁀**propylmethylbenzol** n, Cymol n (Chem) / cymene

isostatisch•es Heißpressen (PM) / high-temperature isostatic pressing, hot isostatic pressing, HIP, HIP process ‖ ~**es Pressen** (PM) / isostatic pressing

ISO-Steilkegel m (Wzm) / taper 7 : 24

isotherm•es Strangpressen n (Fert) / isothermal extrusion ‖ ~**e Umwandlung** (Phys) / isothermal transformation ‖ ~**es ZTU-Diagramm** (Hütt) / isothermal transformation diagram, IT diagram ‖ ~**e Zustandsänderung** (Phys) / isothermal change

isothermisch•es Glühen, isothermische Umwandlung in der Perlitstufe (Hütt) / isothermal annealing, pearlitizing [treatment] ‖ ~**e Umwandlung** (Phys) / isothermal transformation ‖ ~**e Umwandlung in der Perlitstufe** (Hütt) / isothermal annealing, pearlitizing [treatment] ‖ ~**e Umwandung in der Bainitstufe**, Bainithärtung f, Bainitisieren n (Hütt) / austempering

Isotop n (Chem) / isotope

Isotopenbatterie f (Nukl, Raumf) / nuclear battery, atomic battery, radioisotopic generator, radio isotope battery

isotrop (Phys) / isotropic ‖ ~**er Strahler** (Phys, Radio) / isotropic radiator, omnidirectional radiator

Iso•tropie f (Phys) / isotropy ‖ ⁀**valeriansäure** f (Chem) / isovaleric acid

ISP m, Anbieter m (der Zugang zum Internet ermöglicht), Internet-Provider m (Tele) / Internet service provider, service provider, ISP

Ist•..., tatsächlich / actual ‖ ⁀**abmaß** n, vorhandene Maßabweichung / actual deviation ‖ ⁀**maß** n / actual dimension, actual size ‖ ⁀**wert** m / actual value ‖ ⁀**zustand** m / actual condition

IT f, Informationstechnik f (DV) / information technology, IT

Itaconsäure f (Chem) / itaconic acid

Itakonsäure f, Itaconsäure f (Chem) / itaconic acid

IT•-Netz (Elek) / TT system, IT network ‖ ⁀**-System** n (Elek) / TT system, IT network

I-Verhalten n, Integral-Verhalten n (Regel) / integral mode, integral action, integral control action

I-Wagen m, Kühlwagen (Bahn) / reefer, refrigerated wagon, refrigerator wagon, refrigerator car (US)

IWV, Impulswahlverfahren f (Tele) / dial pulse signalling, pulse dialling, dial pulsing

J

J (Jod), Iod n (Chem) / iodine, iodin, I

J, Joule n (Aussprache Französisch)(abgeleitete SI-Einheit der Arbeit, Energie, Wärme - $1J=1Ws= 1Nm= 1kg\ m^2/s^2= 0,2388\ cal$) (Phys) / J, newton-meter (of energy), joule (pronunciation English o. French)

Jahresabschluss m (Wirtsch) / annual accounts ‖ ≃ (veröffentlicht) (Wirtsch) / annual report

jährliche Nachladung an Kernbrennstoff (Nukl) / annual fuel loading

Jahrringchronologie f / dendrochronology

Jalousette f (Bau) / Venetian blind (with horizontal slats that can be adjusted to admit light), Venetian shutter, blind, window blind, jalousie

Jalousie f (Bau) / Venetian blind (with horizontal slats that can be adjusted to admit light), Venetian shutter, blind, window blind, jalousie ‖ ≃ (zur Steuerung des Luftdurchsatzes) / louver ‖ ≃**motor** (Elek) / louvre motor, blinds motor ‖ ≃**steuerung** f (Elek) / louvre control, blinds control

Jedermannfunk m, CB-Funk m (Funk) / CB, CB radio, citizen band radio, citizens band radio, CB radio communications, citizen band radio service

Jet m, Düsenflugzeug n (Luft) / jet, jet plane, jet airplane ‖ ≃**-Boat** n (Sport) / personal water craft, PWC ‖ ≃**helm** m (Kfz) / open face helmet ‖ ≃**-Ski** n (Sport) / personal water craft, PWC

jetzig, aktuell (z.B. Ereignisse, Projektstand), gegenwärtig / current

JFET m, Sperrschicht-Feldeffekttransistor m (Eltro) / junction field effect transistor, JFET

JK-Flipflop n (DV, Eltro) / JK flip-flop

Job m, Stelle f, Arbeitsplatz m / job ‖ ≃ (DV) / job ‖ ≃**abrechnung** f, Auftragsabrechnung f (DV) / job accounting ‖ ≃**steuerung** f, Auftragssteuerung f (DV) / job control ‖ ≃**warteschlange** f (DV) / job queue

Joch n (allg, Landw) / yoke ‖ ≃ (bei elektrischen Maschinen, Transformatoren, Elektromagneten), Magnetjoch n (Elek) / magnet yoke, yoke ‖ ≃ (einer Strommesszange) (Elek) / jaw ‖ ≃, Brückenjoch n (Bau) / span (of a bridge), opening, bay ‖ ≃, Querhaupt n (bei Werkzeugmaschinen ein festes Verbindungsstück zur Versteifung zwischen den Köpfen zweier Ständer) (Bau) / fixed crosshead ‖ ≃**weite** f, Spannweite f (eines Brückenfelds) (Bau) / span, arch span

Jod n (nicht fachsprachlich), Iod n (Chem) / iodine, iodin, I

Johnson-Rauschen n, thermisches Rauschen (Folge der unregelmäßigen thermischen Elektronenbewegung in allen aktiven u. passiven Bauelementen) (Eltro) / circuit noise, output noise, thermal noise, Johnson noise, resistance noise

Jominy-Versuch m, Stirnabschreckversuch m (zur Feststellung der Härtbarkeit von Stahl) (Hütt, Mater) / end quench test, Jominy end quench test, Jominy test

Joule n (Aussprache Französisch)(abgeleitete SI-Einheit der Arbeit, Energie, Wärme - $1J=1Ws= 1Nm= 1kg\ m^2/s^2= 0,2388\ cal$) (Phys) / J, newton-meter (of energy), joule (pronunciation English o. French)

Joulesche Wärme, Stromwärme f (Elek) / Joule heat (heat which is evolved when current flows through a medium having electrical resistance)

Joystick m (DV) / joystick

Jumper m (DV, Eltro) / jumper n

Junction-Feldeffekttransistor m (Eltro) / junction field effect transistor, JFET

jungfräuliche Kurve, Neukurve f (der Hystereseschleife) (Phys) / initial magnetization curve (of an initially unmagnetized sample that is subjected to an increasing magnetic field), magnetization curve, virgin curve, neutral curve

Justiereinrichtung f, Einstellvorrichtung f / adjuster

justieren (Instr) / adjust (instruments, settings very accurately), fine-adjust ‖ ≃ n, Nachstellung f, Nachregulierung f / readjustment ‖ ≃, Abgleichen n (eines Messgeräts, Bauelements mit einem Normal) (Mess) / calibration (of a measuring instument against a standard)

Justier•marke f (auf Skalen) (Mess) / adjustable mark ‖ ≃**schraube** f / adjusting screw, setscrew, adjustment screw

Justierung f, Nachstellung f, Nachregulierung f / readjustment ‖ ≃, Ausrichtung f (DV, Eltro) / alignment (e.g. of a read/write head over disk tracks)

Justiervorrichtung f, Einstellvorrichtung f / adjuster

Just-in-time-Fertigung f, Just-in-time-Produktion f / just-in-time manufacturing

K

K, Kelvin n (Phys) / kelvin, K
K, Kalium n (Chem) / potassium, K
Ka, Kernansatz m (Schraube) / half dog point
Kabel n, Leitungskabel n (Elek) / cable ‖ $\sim$,
Anschlussleitung f (eines elektrischen
Gerätes), Netzanschlussleitung (Elek, Tele) /
power cord, flex (GB), cord, appliance cord,
power supply cord, electric cord, flexible cord,
mains lead, mains cable ‖ $\sim$, Trosse f, dickes
Tau (Schiff) / cable ‖ $\sim$, Drahtseil n/ cable n
(made of strands of metal wire), wire cable ‖
$\sim$**ader** f (Elek) / insulated conductor of a cable,
cable core, cable conductor ‖ $\sim$**anschluss** m
(Elek) / cable connection ‖ $\sim$**anschluss haben**
(TV) / get cable TV, be subscribed to cable TV
‖ $\sim$**aufbau** m / cable construction, cable design
‖ $\sim$**binder** m (Elek) / cable tie ‖
$\sim$**durchführung** f (Bau, Elek) / cable bushing ‖
$\sim$**einführung** f (Elek) / cable entry ‖
$\sim$**führungsrohr** n, Kabelschutzrohr n / cable
conduit ‖ $\sim$**graben** m / cable trench ‖ $\sim$**kanal**
m (in der Elektroinstallationstechnik) (Elek) /
electrical conduit, cable conduit ‖ $\sim$**kran** m
(Förd) / cable crane ‖ $\sim$**legen** n, Verkabelung f,
Kabelverlegung f (Elek, Tele) / cabling, cable
laying ‖ $\sim$**leitung** f (Elek, Eltro) / cable line
kabellos, Akku... (Elek) / cordless (e.g. drill) ‖
~**er Kopfhörer** (Audio) / wireless phones pl,
cordless headphones
Kabel•mantel m (Elek) / sheath (of a cable),
cable sheath ‖ $\sim$**muffe** f (Kabel) / cable sleeve ‖
$\sim$**netz** n (Kabel) / cable network ‖ $\sim$**netz** (für
Energieversorgung) (Elek) / underground
electrical system (for power supply) ‖
$\sim$**pritsche** f (Elek) / cable tray ‖ $\sim$**rohr** n,
Kabelkanal m (in der Elektroinstallations-
technik) (Elek) / electrical conduit, cable
conduit ‖ $\sim$**rolle** f (Elek) / cable drum, cable
reel ‖ $\sim$**roller** (Elek) / cable drum, cable reel ‖
$\sim$**rost** m, Kabelpritsche f (Elek) / cable tray ‖
$\sim$**schuh** m (Elek) / lug, cable lug ‖
$\sim$**schutzrohr** n, Kabelführungsrohr n / cable
conduit ‖ $\sim$**strecke**, Kabelleitung f (Elek, Eltro)
/ cable line ‖ $\sim$**trasse** f, Kabelpritsche f (Elek) /
cable tray ‖ $\sim$**trommel** f (Elek) / cable drum,
cable reel ‖ $\sim$**verbinder** m / cable connector ‖
$\sim$**verlegung** f, Verkabelung f, Kabellegen n
(Elek) / cabling, cable laying ‖
$\sim$**verstärker** m (Tele) / cable repeater ‖
$\sim$**wanne** f (Büro, Elek) / cable trough ‖ $\sim$**winde**
f / winch, cable winch, rope winch, windlass
Kabine f, Zelle f, kleiner Raum / cubicle ‖ $\sim$,
Fahrkorb m (Aufzug) (Bau, Förd) / car,
elevator car, lift car, cage, cab ‖ $\sim$ (einer
Seilbahn) / cable car (suspended on an endless
cable) ‖ $\sim$ (von Traktoren, Kran u.Ä.) / cabin ‖
$\sim$, Telefonkabine f (Tele) / telephone booth,
telephone box, phone booth, phone box ‖ $\sim$
(Luft, Schiff) / cabin
Kabinendach (transparentes) (Luft) / canopy
Kabinettprojektion f (mit 45° geneigter
Projektionsrichtung u. Achsenverhältnissen
1:1:0,5) (Zeichn) / cabinet projection

Kabrio n, Kabriolett n (Kfz) / convertible n,
cabrio, cabriolet
Kabriolett n (Kfz) / convertible n, cabrio,
cabriolet
Kadaverin n (Chem) / cadaverine,
pentamethylenediamine
Kadmieren n (OT) / cadmium plating
Kadmium n (Chem) s. Cadmium
Kaffee•automat m (HG) / automatic espresso,
cappuccino & coffee machine, super
automatic, super automatic coffee & espresso
machine, super automatic [espresso] machine,
fully automatic coffee center ‖ $\sim$**maschine** f
(HG) / coffee machine, coffee maker ‖
$\sim$**maschine** (HG) s. a. Espressokocher,
Perkolator, Kaffeeautomat ‖ $\sim$**mühle** f (HG) /
coffee grinder, coffee mill ‖ $\sim$**vollautomat** m
(HG) / automatic espresso, cappuccino &
coffee machine, super automatic, super
automatic coffee & espresso machine, super
automatic [espresso] machine, fully automatic
coffee center
Käfig m (allg, Masch) / cage n ‖ $\sim$ / cage (in a
rolling-contact bearing), separator, retainer ‖
$\sim$**anker** m (Elek) / cage rotor, squirrel-cage
rotor ‖ $\sim$**ankermotor** m, Asynchronmotor m
mit Kurzschlussläufer (Elek) / squirrel-cage
motor, cage motor ‖ $\sim$**einschlussverbindung** f,
Clathrat n (Chem) / clathrate, cage compound,
inclusion compound ‖ $\sim$**läufer** m (Elek) / cage
rotor, squirrel-cage rotor ‖ $\sim$**läufer**,
Asynchronmotor m mit Kurzschlussläufer
(Elek) / squirrel-cage motor, cage motor ‖
$\sim$**läufermotor** m (Elek) / squirrel-cage motor,
cage motor ‖ $\sim$**verbindung** f, Clathrat n,
Käfigeinschlussverbindung f (Chem) /
clathrate, cage compound, inclusion
compound ‖ $\sim$**wicklung** f (Elek) / cage
winding, squirrel-cage winding
Kai m (Schiff) / dock n (for loading and unloading
ships), wharf ‖ $\sim$, Hafendamm m (Wasserb) /
quay, wharf (built parallel to the bank of a
waterway, harbour etc.)
Kalander m (Plast) / calender n
kalandern (Pap, Plast, Tex) / calender vt ‖ $\sim n$,
Kalandrieren n (Pap, Plast, Tex) / calendering
kalandrieren (Pap, Plast, Tex) / calender vt ‖ $\sim n$,
Kalandern n (Pap, Plast, Tex) / calendering
Kali n (natürlich vorkommendes Kalisalz)
(Chem) / potash ‖ $\sim$**alaun** n,
Kaliumaluminiumalaun n (KAl(SO_4)$_2$ ·
$12H_2O$) (Chem) / potassium alum, alum,
potassium aluminum sulfate, potassium
sulfate ‖ $\sim$**alaun** m (Min) / potash alum
Kaliberwalze f (Walz) / grooved roll, shaping roll
Kalibration f, Kalibrieren n (Feststellung des
Zusammenhangs zwischen wahren Werten der
Messgröße und angezeigten Messwerten - oft
inkl. Justieren), Einmessen n (Mess) /
calibration
kalibrieren (Messgeräte), einmessen (Mess) /
calibrate ‖ $\sim$, graduieren (Mess) / graduate ‖ $\sim$
(Werkstück durch abschließendes geringes
Umformen auf genaues Maß bringen) (Fert) /
finish to exact size, size ‖ $\sim$, nachschlagen (ein
Werkstück im Gesenk zur Erzielung der
erforderlichen Genauigkeit), nachprägen
(Fert) / bottom, size, restrike vt for sizing, coin
‖ $\sim n$ (Feststellung des Zusammenhangs
zwischen wahren Werten der Messgröße und
angezeigten Messwerten - oft inkl. Justieren),
Einmessen n (Mess) / calibration ‖ $\sim$,
Graduieren n (Mess) / graduation ‖ $\sim$,

Aufmaßbringen n (z.B. Rohrenden) / finishing to size, forming to size || ~, Nachschlagen n (eines Werkstücks im Gesenk zur Erzielung der erforderlichen Genauigkeit) (Fert) / coining || ~, Nachpressen n (mit dem Ziel, bestimmte Toleranzen einzuhalten) (PM) / sizing || ~, Kalibrierung f (Walz) / roll pass design

kalibrierte Walze (Walz) / grooved roll, shaping roll

Kalibrierung f, Kalibrieren n (Feststellung des Zusammenhangs zwischen wahren Werten der Messgröße und angezeigten Messwerten - oft inkl. Justieren), Einmessen n (Mess) / calibration || ~, Kalibrieren n (Walz) / roll pass design

Kalibrier•vorrichtung f (Mess) / calibration equipment || ~**walze** f (Walz) / sizing rolls, calibrating roll

Kali•lauge f (Chem) / caustic potash solution, potash lye || ~**salze** n pl, Abraumsalze n pl (Bergb, Landw) / potassium salts, abraum salts, waste salts

Kalium n (Chem) / potassium, K || ~**aluminiumalaun** n (KAl(SO$_4$)$_2$ · 12H$_2$O) (Chem) / potassium alum, alum, potassium aluminum sulfate, potassium sulfate || ~**aluminiumsulfat** n, Kaliumaluminiumalaun n (KAl(SO$_4$)$_2$ · 12H$_2$O) (Chem) / potassium alum, alum, potassium aluminum sulfate, potassium sulfate || ~**antimon(III)oxidtartrat** n, Brechweinstein m (Chem, Färb, Med) / tartar emetic, antimony potassium tartrate, potassium antimonyl tartrate || ~**chromalaun** m (Chem) / chrome-alum, potassium chromium sulfate || ~**hydroxid** (Chem) / potassium hydroxide, potassium hydrate, caustic potash

Kalk m (Bau, Chem) / lime || ~, Kalkablagerung f (in Rohrleitungen) / furring, limescale, limescale deposits || ~**ablagerung** f (in Rohrleitungen) / furring, limescale, limescale deposits || ~**haltiges Wasser**, hartes Wasser / hard water || ~**hydrat** n, Calciumhydroxid n, Löschkalk m (Bau) / calcium hydrate, hydrated lime, calcium hydroxide, slaked lime, lime hydrate || ~**leber** f (Chem) / calcium sulfide, hepar calcies, sulfurated lime || ~**salpeter** m (Chem, Landw) / calcium nitrate, nitrate of lime, lime saltpetre, nitrocalcite || ~**schwefelleber** f (CaSn), Calciumpolysulfid n (CaSn) (Chem) / calcium polysulphide || ~**stein** m (Bau, Geol) / limestone || ~**stickstoff** m (Chem, Landw) / lime nitrogen

Kalkulation f / calculation || ~ / calculation, computation

Kalkulations•programm n, Tabellen-kalkulationsprogramm n (DV) / spreadsheet program || ~**tabelle** f, Tabellenblatt n (eines Tabellenkalkulationsprogramms), Arbeitsblatt n (DV) / worksheet (in spreadsheet programs), spreadsheet, sheet

Kalorie f, cal (1 cal = 4,1868 J) (veraltet), cal$_{IT}$ (internationale Tafelkalorie) / cal, calorie, International Table calorie, IT calorie

Kalorimetrie f, Wärmemengenmessung f (Chem, Phys) / calorimetry

kalorimetrische Bombe (Phys) / bomb calorimeter

Kalotte f, Kugelkappe f (Math) / spherical cap

kalt•e Prüfung (Nukl) / cold testing || ~ **werden** / cool vi [down]

Kalt•arbeitsstahl m (Hütt) / cold work steel, cold work tool steel || ~**ausgehärtet** f (Hütt) / naturally aged || ~**aushärtung** f, Kaltauslagern f, Aushärten n bei Raumtemperatur (Hütt) / natural ageing, natural aging || ~**auslagern** f, Aushärten n bei Raumtemperatur (Hütt) / natural ageing, natural aging || ~**band** n (Walz) / cold rolled strip || ~**bandwalzanlage** f / cold-strip finishing train || ~**bearbeitung**, Kaltumformen n (Arbeitstemperatur unterhalb der Rekristallisationstemperatur) (Fert) / cold working (metal forming performed at temperatures ranging from ambient temperature to about 0.3 of the absolute melting point of the particular metal), cold forming

Kälte f / cold || ~**beständigkeit** f / cold resistance, low temperature resistance || ~**empfindlich** / sensitive to low temperatures || ~**erzeugung** f / production of refrigeration || ~**erzeugungsanlage** f / refrigerator, refrigerating machine || ~**maschine** f, Kälteerzeugungsanlage f / refrigerator, refrigerating machine || ~**mittel** n (für Kältemaschinen etc.) / refrigerant || ~**technik** f / refrigeration engineering, refrigeration technology || ~**verhalten** n / low-temperature behaviour

Kalt•fließpressen n (Fert) / cold extrusion || ~**formen** n, Kaltumformen n (Arbeitstemperatur unterhalb der Rekristallisationstemperatur) (Fert) / cold working (metal forming performed at temperatures ranging from ambient temperature to about 0.3 of the absolute melting point of the particular metal), cold forming || ~**formgebung** f, Kaltumformen n (Arbeitstemperatur unterhalb der Rekristallisationstemperatur) (Fert) / cold working (metal forming performed at temperatures ranging from ambient temperature to about 0.3 of the absolute melting point of the particular metal), cold forming || ~**formung** f (Arbeitstemperatur unterhalb der Rekristallisationstemperatur) (Fert) / cold working (metal forming performed at temperatures ranging from ambient temperature to about 0.3 of the absolute melting point of the particular metal), cold forming || ~**gewalzt** (Walz) / cold rolled || ~**gezogen** (Hütt) / cold-drawn || ~**härtend** (Klebstoff) / cold-curing, cold-setting || ~**kammer-Druckgießen** n (Gieß) / cold-chamber casting, cold-chamber die casting || ~**kammer-Druckgussmaschine** f (Gieß) / cold-chamber die casting machine, cold-chamber machine || ~**kammermaschine** f (Gieß) / cold-chamber die casting machine, cold-chamber machine || ~**kammerverfahren** n (Gieß) / cold-chamber casting, cold-chamber die casting || ~**kleber** m / cold-setting agent, cold adhesive || ~**leiter** m (Eltro) / PTC resistor, positive temperature coefficient resistor, posistor || ~**nieten** n / cold-riveting || ~**pressen** n (PM) / cold pressing, cold compacting || ~**sägen** n (Fert) / cold sawing || ~**schweiße** f, Kaltschweißstelle f (Gussfehler) (Gieß) / cold shut (defect), cold lap || ~**schweißstelle** f (Gussfehler) (Gieß) / cold shut (defect), cold lap || ~**sole** f (in der Kältetechnik als Kühlflüssigkeit)), Sole f / brine || ~**start** m (DV) / cold start, cold boot, hardware reset || ~**starthilfe** f, Starthilfsanlage *f* (Mot) / cold start device, cold-starting device ‖ ≈**umformen** *n* (Arbeitstemperatur unterhalb der Rekristallisationstemperatur), Kaltumformung *f* (Fert) / cold working (metal forming performed at temperatures ranging from ambient temperature to about 0.3 of the absolute melting point of the particular metal), cold forming ‖ ≈**umformung** *f* (Arbeitstemperatur unterhalb der Rekristallisationstemperatur) (Fert) / cold working (metal forming performed at temperatures ranging from ambient temperature to about 0.3 of the absolute melting point of the particular metal), cold forming ‖ ≈**veredlung** *f*, Veredlung *f* im kalten Zustand (Glas) / cold end processes *f* (grinding, engraving, cutting, etc.) ‖ ≈**verfestigung** *f*, Verfestigung *f* durch Umformen / strain hardening, work-hardening ‖ ≈**verformung** *f*, Kaltumformen *n* (Arbeitstemperatur unterhalb der Rekristallisationstemperatur) (Fert) / cold working (metal forming performed at temperatures ranging from ambient temperature to about 0.3 of the absolute melting point of the particular metal), cold forming ‖ ≈**walzen** *n* (Walz) / cold rolling ‖ ≈**walzwerk** *n* / cold rolling mill ‖ ≈**ziehen** *n*, Gleitziehen *n* (Drahtziehen, Stabziehen, Rohrziehen) (Fert) / cold drawing, drawing (of wire, bar, tube)

Kalzinieren *n*, Calcinieren *n* / calcination, calcining

Kalzinierofen *m* (Hütt) / calcining furnace, calciner

Kalzium *n*, Calcium *n* (Chem) / calcium, Ca ‖ ≈**bicarbonat** (veraltet), Calciumhydrogencarbonat *n* (Chem) / calcium hydrogen carbonate, calcium bicarbonate ‖ ≈**bisulfit** (Chem, Pap) / calcium bisulfite ‖ ≈**chlorid** *n* (Chem) / calcium chloride, chloride of lime ‖ ≈**hydrid** *n* (Chem) / calcium hydride, hydrolith ‖ ≈**hydrogencarbonat** *n*, Calciumhydrogencarbonat *n* (Chem) / calcium hydrogen carbonate, calcium bicarbonate ‖ ≈**hydrogensulfit** *n* (Chem, Pap) / calcium bisulfite ‖ ≈**hydroxid** *n*, Löschkalk *m* (Bau) / calcium hydrate, hydrated lime, calcium hydroxide, slaked lime, lime hydrate ‖ ≈**karbid** *n* (CaC₂) (Chem) / calcium carbide (CaC₂), carbide ‖ ≈**karbonat** *n* (Chem) / calcium carbonate, carbonate of calcium ‖ ≈**nitrat** *n* (Chem, Landw) / calcium nitrate, nitrate of lime, lime saltpetre, nitrocalcite ‖ ≈**oxalat** *n* (Chem) / calcium oxalate ‖ ≈**oxid** *n* (Chem) / calcium oxide, calcia, calx, oxide of calcium ‖ ≈**phosphat** *n* (Chem) / calcium phosphate, phosphate of calcium ‖ ≈**silikat** *n* (Chem) / calcium silicate ‖ ≈**silizid** *n* (Chem, Hütt) / calcium silicide ‖ ≈**sulfat** *n* (Chem) / calcium sulfate, calcium sulphate ‖ ≈**sulfid** *n* (Chem) / calcium sulfide, hepar calcies, sulfurated lime ‖ ≈**zyanamid** *n* (Chem) / calcium cyanamide ‖ ≈**zyanid** *n* (Chem, Landw) / calcium cyanide, black cyanide

Kamazit *n* (Min) / kamacite

Kamera *f*, Fotokamera *f* (Foto) / camera, photographic camera, photo camera ‖ ≈, Filmkamera *f* (Film) / movie camera, cine camera, motion picture camera, film camera ‖ ≈ **im Kleinbildformat**, Kleinbildkamera *f* (Foto) / 35 mm camera, 35 mm compact camera ‖ ≈ **mit Autofokussystem** (Foto) / AF camera, autofocus camera ‖ ≈**gehäuse** *n*

(Foto) / camera body ‖ ≈**objektiv** *n* (Foto) / camera lens ‖ ≈**rekorder** *m* (Video) / camcorder ‖ ≈**rückteil** *n*, Rückwand *f* (einer Kamera) (Foto) / camera back ‖ ≈**steuerung** *f*, Kamerasteuereinheit *f* (Foto) / camera control unit ‖ ≈**verschluss** *m*, Verschluss *m* (zur Regelung der Belichtungszeit) (Foto) / shutter

Kamin *m*, offene Feuerstelle (Bau) / fireplace ‖ ≈ (Bau) s. a. Schornstein ‖ ≈**ruß** *m* (Mater) / soot *n*

kämmend (ineinandergreifend - Zahnräder, Schnecken) / meshing

Kammer *f* (allg, Wasserb, Masch) / chamber ‖ ≈**ofen** (PM) / box furnace ‖ ≈**schweißen** *n* / enclosed resistance welding, chamber welding

Kampf *m* (z.B. gegen Umweltverschmutzung) / fight (e.g. against environmental pollution) ‖ ≈ (Mil) / combat ‖ ≈... (Mil) / combat ‖ ≈**einsatz** *m* (Mil) / combat mission

Kampfer *m*, Campher *m* (Chem, Pharm) / camphor

Kampfflugzeug *n* (Luft, Mil) / combat aircraft, fighter [plane], combat plane

Kanal *m*, Schifffahrtskanal *m* / canal ‖ ≈, Wassergraben *m* (zur Be- oder Entwässerung) / ditch *n* (used for drainage or irrigation) ‖ ≈ (Bestandteil der Kanalisation) (Sanitär, Umw) / sewer ‖ ≈, Schacht *m* / duct (e.g. for cables, ventilation) ‖ ≈, Frequenzbereich *m*, Frequenzband *n* (Eltro, Tele) / channel (frequency or band of frequencies) ‖ ≈ (eines Feldeffekttransistors) (Eltro) / channel ‖ ≈, Programm *n* (z.B. ARD, ORF, NTV) (TV) / channel ‖ ≈ (DV, Tele) / channel ‖ ≈**abstand** *m* (Frequenzdifferenz zw. zwei Kanälen) (Eltro, Tele, TV) / channel spacing, channel separation ‖ ≈**adapter** (Tele) / channel adapter ‖ ≈**inspektion** *f* **mittels TV-Kamera** (Umw) / sewer CCTV inspection

Kanalisation *f* (Sanitär, Umw) / sewerage, sewage system, system of sewers

kanalisieren, leiten (durch einen Kanal) / channel *vt*

Kanal•raster *n* (regelmäßige Einteilung eines Frequenzbandes in Kanäle gleicher Breite) (Eltro, Tele, TV) / channel spacing, channel separation ‖ ≈**schacht** *m*, Kontrollschacht (Straß) / manhole, sewer manhole ‖ ≈**schleuse** *f* (Schiff) / canal lock ‖ ≈**steuerung** *f* (DV) / channel control ‖ ≈**trennung** *f* (Eltro, Tele, TV) / channel spacing, channel separation ‖ ≈**wähler** *m* (in Fernsehempfängern oder DVD-Recordern der Eingangsteil zur Abstimmung auf den gewünschten Kanal), Tuner *m* (TV) / tuner ‖ ≈**zuweisung** *f* (Tele) / channel allocation

Kännelkohle *f* / cannel coal

Kante *f* (allg, Math) / edge ‖ **hintere** ≈, Hinterkante *f* (des Flügels, der Leitwerke) (Luft) / trailing edge

Kanten, Abkanten *n*, Abbiegen *n* (Fert) / bending, edge bending ‖ ≈**einzug** *m* (oberster Teil einer Schnittfläche beim Scherschneiden) (Fert) / rollover *n* ‖ ≈**rundung** *f* (im Schmiedegesenk) (Schm) / corner

Kantenzange *f*, Kneifzange (Wz) / pincers *pl*, carpenter's pincers *pl*, end-cutting pliers

Kanüle, Hohlnadel *f* / hollow needle

Kaolin *n n*, Porzellanerde *f* (Geol) / kaolin, kaoline

Kapazitanz *f* (kapazitiver Blindwiderstand) (Elek) / capacitive reactance

Kapazität *f*, Leistungsvermögen *n* / capacity ‖ ≈, Fassungsvermögen *n* / capacity ‖ ≈ (DV) / data capacity (e.g. of a tape) ‖ ~ (einer Festplatte o. Diskette) (DV) / disk capacity ‖ ~, elektrische Kapazität (Elek) / capacitance (ratio of charge to voltage in e.g. a capacitor, unit Farad) ‖ ~ (Bauteil), Kondensator *m* (Elek) / capacitor ‖ ~en *f pl* (Fertigungsanlagen, Arbeitskräfte etc. einer Firma) (Wirtsch) / resources ‖ ~ *f* **einer Anlage**, Nennleistung *f* / rated capacity

Kapazitäts•änderung *f* (Elek) / change in capacitance ‖ ~-**Digital-Umsetzer** *m*, CDC (Mess) / capacitance digital converter, CDC ‖ ~**diode** *f* (Eltro) / varactor, variable capacitance diode, voltage-variable capacitor, varactor diode, varicap ‖ ~**varaktordiode** *f* (Eltro) / varactor, variable capacitance diode, voltage-variable capacitor, varactor diode, varicap ‖ ~**variationsdiode** *f* (Eltro) / varactor, variable capacitance diode, voltage-variable capacitor, varactor diode, varicap

kapazitiv (Elek) / capacitive ‖ ~**e Belastung** (Elek) / capacitive load, leading load ‖ ~**er Blindstrom** (Elek) / capacitive reactive current ‖ ~**er Blindwiderstand** (Elek) / capacitive reactance ‖ ~**e Erwärmung**, dielektrische Erwärmung / dielectric heating ‖ ~**e Kopplung** (Elek) / capacitive coupling ‖ ~**e Reaktanz** (Elek) / negative reactance, capacitive o. capacity reactance, capacitance ‖ ~**er Widerstand** (Elek) / capacitive reactance

Kapelle *f*, Abzug *m* (Chem) / fume cupboard, laboratory fume cupboard

kapillaraktiv (Chem, Phys) / capillary active

Kapillare *f*, Kapillarröhrchen *n* / capillary tube, capillary *n*

Kapillarität *f*, Kapillarwirkung *f* / capillarity, capillary action, capillary attraction

Kapillar•kraft *f* (Phys) / capillary force ‖ ~**rohr** *n* / capillary tube, capillary *n* ‖ ~**röhrchen** *n* / capillary tube, capillary *n* ‖ ~**viskosimeter** *n* (Phys) / capillary viscometer ‖ ~**wirkung** *f*, capillarity, capillary action, capillary attraction

Kaplanturbine *f* (Elek) / Kaplan turbine, Kaplan water turbine

Kapp•-Gehrungssäge *f* (Wz) / adjustable angle docking saw ‖ ~**säge** *f* (Wz) / adjustable angle docking saw

Kapsel *f* (allg, Bot, Pharm) / capsule ‖ ~**hörschützer** *m pl* / ear defenders, ear muffs *pl*

kapseln, einkapseln / encapsulate

Kapselung *f*, Einkapselung *f* (DV) / encapsulation (in object-oriented programming)

kaputt, defekt (außer Betrieb) / out of order ‖ ~**machen** (ugs.) / break, smash, bust

Karabinerhaken *m* / carabiner, karabiner, D ring, krab, crab

Karat *n* (Edelsteinmasse: = 1/5 g, als Angabe für Goldlegierungen: 24 Karat = reines Gold) / carat, karat

Karbamat *n* (Chem) / carbamate

Karbamid *n*, Harnstoff *m* (Chem) / urea, carbamide

Karbid *n*, Carbid *n* / carbide ‖ ~, Calciumcarbid *n* (CaC_2) (Chem) / calcium carbide (CaC_2), carbide

Karbokation *n* (Chem) / carbocation

Karbolsäure *f*, Phenol *n* (C_6H_6O) (Chem) / phenol (C_6H_5OH), carbolic acid, hydroxybenzene, phenylic acid

Karbonat *n* (Chem) / carbonate *n* (salt or ester of carbonic acid) ‖ ~**härte** *f* (des Wassers) / temporary hardness, carbonate hardness, KH

‖ ~**schmelze** *f* / molten carbonate ‖ ~**schmelze-Brennstoffzelle** *f*, Schmelzkarbonat-Brennstoffzelle *f*, MCFC (Chem, Elek) / molten carbonate fuel cell, MCFC

Karbonitrieren *n*, Karbonitrierhärtung *f* (Hütt) / carbonitriding, nitrocarburization, nitrocarburizing

Karbonitrierhärtung *f* (Hütt) / carbonitriding, nitrocarburization, nitrocarburizing

Karborund *n* / Carborundum (Trademark)

Karburieren *n*, Aufkohlen *n* (beim Einsatzhärten) (Hütt) / carbonization, carburization, carburizing, cementation

Karburierung *f*, Aufkohlen *n* (beim Einsatzhärten) (Hütt) / carbonization, carburization, carburizing, cementation

Kardan•aufhängung *f* / Cardan mount, gimbal mount ‖ ~**gelenk** *n* / Cardan joint, Hooke's joint, universal coupling, universal joint, U joint ‖ ~**gelenk mit Innen- und Außenvierkant** (für Schraubwerkzeuge) (DIN 898) (Wz) / U-joint, universal joint

kardanische Aufhängung / Cardan mount, gimbal mount

Kardanwelle *f* (Welle mit Kreuz- bzw. Kardangelenken), Gelenkwelle *f* (Masch) / cardan shaft ‖ ~, Gelenkwelle *f* (bei Fahrzeugen mit Frontmotor u. Hinterradantrieb zwischen Wechselgetriebe u. hinterem Achsgetriebe) (Kfz) / propeller shaft, drive shaft

Kardinalzahl *f*, Mächtigkeit *f* (Anzahl der Elemente einer endlichen Menge) (Math) / cardinal number, power, potency ‖ ~, Grundzahl *f* (Math) / cardinal number, cardinal numeral

Kargo *m*, Luftfracht *f* (Luft) / /cargo, air cargo

Karmin *n* / carmine ‖ ~**säure** *f* (Chem) / carminic acid

Karnaugh•-Diagramm *n* (DV, Eltro) / Karnaugh map, Veitch diagram, KV-map, K-map ‖ ~**-Tafel** *f* (DV, Eltro) / Karnaugh map, Veitch diagram, KV-map, K-map ‖ ~**-Veitch-[Symmetrie-]Diagramm** *n* (DV, Eltro) / Karnaugh map, Veitch diagram, KV-map, K-map

Karosserie *f*, Fahrzeugaufbau *m* (Kfz) / bodywork, body, car body, vehicle body ‖ ~**bau** *m* (Kfz) / car body manufacture, body construction ‖ ~**bauweise** *f* (Limousine, Kombi, Kabrio etc.) (Kfz) / body shape ‖ ~**farbe** *f* (Kfz) / body colour ‖ ~**rohbau** *m*, Rohkarosserie (Kfz) / body-in-white

Karotin *n* (Biochem) / carotene, carotin

Karotinoide *n pl* (Biochem) / carotenoids *pl*

Karte *f* (allg) / card *n* ‖ ~, Landkarte *f* (Geogr) / map ‖ ~, Seekarte *f* (Nav, Schiff) / nautical chart ‖ ~, Eintrittskarte *f* / ticket ‖ ~, Fahrkarte *f* / ticket ‖ ~, Adapterkarte *f* (z.B. Grafikkarte), Steckkarte *f* (DV) / adapter (e.g. video or hard disk controller, sound board), card, expansion board, expansion card, slot card

Karten•leser *m* (Magnetkarten-, Chipkartenleser, früher auch Lochkartenleser) (DV) / card reader ‖ ~**telefon** *n* (für Chipkarte o. Kreditkarte) (Tele) / pay phone (US), public telephone, public payphone (US), pay station

kartesisch•es Blatt (Math) / folium of Descartes ‖ ~**e Koordinaten** *f pl* (Math) / Cartesian coordinates *pl* ‖ ~**es Koordinatensystem** (des

Raums) (Math) / cartesian coordinate system (for locating a point in space) ‖ ~es
Koordinatensystem (der Ebene), Achsenkreuz *n*, Koordinatenkreuz *n* (Math) / Cartesian coordinate system (for locating a point on a plane), rectangular Cartesian coordinate system, system of rectangular coordinates, system of coordinates ‖ ~er **Roboter**, Portalroboter *m* (3 Linearachsen, Koordinatenbauweise) / Cartesian coordinate robot, gantry robot

Kartographie *f* / cartography

Karton *m*, Pappschachtel *f*, Schachtel *f* / box, carton, cardboard box ‖ ~ (150-600 g/m²) (Pap) / board, cardboard, paperboard

Kartusche *f* / cartridge (containing e.g. sealant)

Kartuschen•pistole *f*, Spritzpistole *f* (zur Einbringung von Dichtungsmassen in Fugen) (Bau, Wz) / caulking gun ‖ ~presse *f*, Spritzpistole *f* (zur Einbringung von Dichtungsmassen in Fugen) (Bau, Wz) / caulking gun

Karusselldrehmaschine *f* (DIN) (Wzm) / vertical boring mill (mainly used for turning, facing or boring large workpieces that are shaped symmetrically), vertical boring machine, VBM

Karzinotron *n* (Eltro) / backward-wave oscillator, carcinotron, BWO, backward-wave tube

kaschieren (Pap, Plast, Tex) / laminate *vt*

Kasein *n* (Chem) / casein

Kaskade *f*, Kaskadenschaltung *f* (Elek) / cascade connection, tandem connection

Kaskaden•regelung *f* (Regel) / cascade control (closed loop) ‖ ~schaltung *f* (Elek) / cascade connection, tandem connection ‖ ~steuerung *f* (Regel) / cascade control ‖ ~umformer *m* (Elek) / motor converter

Kasse *f* (am Ausgang des Supermarkts) / check-out (in supermarket)

Kassette *f*, Zahnkranzkassette *f* (Fahrrad) / cassette, cogset ‖ ~, Filmkassette *f* (Film, Foto) / cartridge, film cartridge ‖ ~ (Audio, Video) / cassette, cartridge ‖ ~, Magnetbandkassette *f* (DV) / tape cartridge, cartridge, magnetic tape cassette, magnetic tape cartridge, cassette

Kassetten•band (Audio, DV, Video) / cassette tape ‖ ~deck *n* (Kassettenrekorder als Teil einer Hifi-Anlage, ohne eigenen Verstärker), Tapedeck *n* (Audio) / cassette deck, tape deck ‖ ~rekorder *m* (Audio) / cassette recorder ‖ ~schacht *m* (Video) / cassette compartment (of VCR)

Kästchen *n* (in einem Formular) / square (on a form)

Kasten *m*, Kiste *f* / box ‖ ~, Getränkekasten *m* (Verp) / crate (for transporting or storing bottles) ‖ ~, Formkasten *m* (Gieß) / flask, moulding box ‖ ~form *f*, Formkasten *m* (Gieß) / flask, moulding box ‖ ~loses Formen (Gieß) / flaskless moulding ‖ ~schlösser *n* / rim lock ‖ ~träger *m*, Hohlträger *m* (Stahlbau) / box girder ‖ ~wagen *m* **als Kleintransporter** (Kfz) / panel truck ‖ ~wagen **auf PKW-Basis**, Hochdachkombi *m* (Kfz) / panel van (e.g. Renault Kangoo)

Kastoröl *n*, Rizinusöl *n* / castor oil

Kat *m*, Abgaskatalysator *m* (Kfz) / catalytic converter, converter

Katalysator *m* (Chem) / catalyst, cat, catalyzer ‖ ~, Abgaskatalysator *m* (Kfz) / catalytic converter, converter

Katalyse *f* (Chem) / catalysis

katalytisch (Chem) / catalytic ‖ ~e **Abgasreinigung** (Kfz, Umw) / catalytic emissions control ‖ ~es **Cracken im Wirbelschichtverfahren** (Öl) / fluid catalytic cracking, FCC, cat cracking ‖ ~es **Kracken** (Öl) / catalytic cracking ‖ ~e **Nachverbrennung** (von Abgasen) (Umw) / catalytic incineration

Kataphorese *f* (Chem, Phys) / cataphoresis

Kathete *f* (Math) / leg (of a right-angled triangle), cathetus

Kathetensatz *m* (Math) / Euclid's theorem

Kathode *f* (Elek, Eltro) / cathode

Kathodenfolger *m* (Eltro) / cathode follower, CF

Kathodenstrahl *m* (Eltro) / cathode ray ‖ ~oszillograph *m* (Eltro, Mess) / oscillograph ‖ ~oszilloskop *n* (Eltro, Mess) / oscilloscope, cathode ray oscilloscope, CRO ‖ ~röhre *f* (Eltro) / cathode ray tube, CRT, crt

Kathodenzerstäubung *f*, Sputtern *n* (ein PVD-Verfahren) (Eltro) / sputtering, cathode sputtering

kathodisch•er Korrosionsschutz / cathodic protection ‖ ~er **Korrosionsschutz mit Fremdstromanoden** / impressed current cathodic protection ‖ ~er **Korrosionsschutz mit Opferanoden** / sacrificial protection ‖ ~e **Metallabscheidung** / electrodeposition, electrolytic deposition ‖ ~er **Schutz**, kathodischer Korrosionsschutz / cathodic protection

Kation *n* / cation

kationische Farbstoffe / basic dyes, cationic dyes

Katze *f*, Laufkatze *f* (des Krans) (Förd) / trolley, crab, crane trolley, crane crab

Katzenauge *n*, Rückstrahler *m* (z.B. am Fahrrad) / reflector

Kauf *f*, Erwerb *m* / acquisition (e.g. of real estate, a company)

Käufer *m*, Abnehmer *m* / purchaser, buyer

Kaufhaus *n* / department store

kaufmännisch•e Datenverarbeitung (DV) / business data processing, commercial data processing ‖ ~es **Runden** (ist die Ziffer an der ersten wegfallenden Dezimalstelle 5 o. größer, wird stets aufgerundet) (Math) / rounding (using the common method as opp. to the round-to-even method), traditional rounding ‖ ~e **Software** (DV) / business software, business application

Kaustik *f* (Opt) / caustic [surface]

kaustisch, ätzend (Chem) / caustic *adj* ‖ ~e **Alkalien**, Atzalkali *n* *pl* (Chem) / caustic alkali ‖ ~e **Fläche** (Opt) / caustic [surface] ‖ ~e **Soda**, Natriumhydroxid *n* (NaOH) (Chem) / sodium hydroxide (NaOH), caustic soda, soda

kauterisieren, abätzen (lebendes Gewebe) (Med) / cauterize, remove by cauterization

Kautschuk *m* (ChT, Mater) / rubber (unvulcanized) ‖ ~ = s.a. Naturkautschuk, Synthesekautschuk ‖ ~regenerat *n*, Regeneratgummi *m* (Plast, Umw) / reclaimed rubber, reclaim

Kavalierperspektive *f* **mit um 50 % verkürzten Schrägachsen** (Achsenverhältnisse 1:1:0,5) (Zeichn) / cabinet drawing

Kavernenkraftwerk *n* (Elek) / underground hydro-electric power plant, underground power station

Kavität *f*, Hohlraum *m* / cavity

Kavitation *f* (Geol, Masch) / cavitation

KB-Kamera *f*, Kleinbildkamera *f* (Foto) / 35 mm camera, 35 mm compact camera

K-Diagramm n, Karnaugh-Veitch[-Symmetrie]-Diagramm n (DV, Eltro) / Karnaugh map, Veitch diagram, KV-map, K-map

Kegel (Math, Techn) / cone ‖ ~**brecher** m (Aufb) / cone crusher ‖ ~**bremse** f (Masch) / cone brake ‖ ~**drehen** f (Fert) / taper turning ‖ ~**feder** f / conical spring ‖ ~**förmig**, konisch, kegelig / conical, conic, cone shaped ‖ ~**förmige Senkbohrung**, Senkung f (kegelförmig mit Kegelsenker) (Fert) / countersink, countersunk hole ‖ ~**hülse** f / taper sleeve

kegelig, kegelförmig, konisch / conical, conic, cone shaped ‖ ~, sich verjüngend / tapered, taper ‖ ~**er Sitz** (Zündkerze) (Kfz) / taper seat, conical seat ‖ ~ **zuspitzen**, verjüngen, konisch zulaufen lassen / taper vt

Kegel•kerbstift m (DIN 1471) / grooved taper pin, full length taper grooved dowel pin ‖ ~**kuppe** f (allg) / chamfered end ‖ ~**kuppe** (Schraube, DIN 78) / blunt start (screw) ‖ ~**kupplung** f (Masch) / cone clutch ‖ ~**neigung**, Kegeligkeit f / taper, amount of taper ‖ ~**passung** f / cone fit ‖ ~**pendel** n (Phys) / conical pendulum ‖ ~**projektion** f (Kart) / conical projection, conic projection

Kegelrad n (Masch) / bevel gear ‖ ~**getriebe** n / bevel gear, bevel gears ‖ ~**vorgelege** n, Kegelradgetriebe n / bevel gear, bevel gears

Kegel•reibahle f (Wzm) / taper reamer ‖ ~**reibungsbremse** f (Masch) / cone brake ‖ ~**rolle** f (Lager) / tapered roller ‖ ~**rollenlager** n / tapered roller bearing ‖ ~**schnitt** m / conic n ‖ ~**schraubgetriebe** / hypoid bevel gearing, hypoid gears, skew bevel gearing, hypoid bevel gears, hypoid gear pair ‖ ~**schraubradpaar** n / hypoid bevel gearing, hypoid gears, skew bevel gearing, hypoid bevel gears, hypoid gear pair ‖ ~**senker** m (Wz) / countersink n ‖ ~**sitz** m (Zündkerze) (Kfz) / taper seat, conical seat ‖ ~**stift** m / taper pin ‖ ~**stumpf** m (Geom) / conic frustum, frustum of a cone, truncated cone ‖ ~**walze** f (zur Reduzierung der Ringhöhe beim Ringwalzen) (Walz) / edging roll

Kehle f, Hals m (Masch) / throat, neck ‖ ~, Hohlkehle f (z.B. im Schmiedegesenk) (Gieß, Schm) / fillet ‖ ~ (zwischen zwei Dachflächen) (Bau) / valley

Kehlnaht f (Schw) / fillet weld

Kehrwert m / reciprocal [value] ‖ ~ **der Reluktanz** (Elek) / permeance, magnetic conductance

Keil m (Masch, Phys) / wedge ‖ ~ (in Keilverbindung) (Masch) / key ‖ ~ (im Keilwellen-Profil) (Masch) / spline, external parallel-sided spline (single tooth) ‖ ~ **mit Anzug**, Treibkeil m (DIN 6886) (Masch) / taper key

keilen, verkeilen (bei Keilwellenverbindung, mit Keilen befestigen o. sichern (Techn) / key v (e.g. a pulley to a shaft), fasten with a key, secure (with a key)

keilförmig / wedge-shaped, cuneiform/j ‖ ~ **geschärfte Schneide** (Wz) / bezel/j ‖ ~**er Verdichtungsraum** (Mot) / wedge-type combustion chamber, wedge chamber

Keil•nabe f (Masch) / spline hub ‖ ~**nut** f (Wellen- o. Nabennut zum Einsetzen von Keilen in Keilverbindungen) (Masch) / keyseat n (longitudinal slot cut in a shaft or hub to receive a key), keyway ‖ ~**nut** (im Keilwellen-Profil) (Masch) / spline, female

spline, internal parallel-sided spline (single groove)

Keilriemen m (Kfz, Masch) / vee belt, V-belt ‖ ~**antrieb** m / V-belt drive, vee-belt drive ‖ ~**getriebe** n / V-belt transmission ‖ ~**scheibe** f (Kfz, Masch) / V-belt pulley ‖ ~**trieb** m / V-belt drive, vee-belt drive

Keil•schloss n, Stangenschloss n mit Keilen / gib and cotter ‖ ~**verbindung** f (eine vorgespannte Formschluss-Verbindung von Nabe u. Welle) (Masch) / key fitting ‖ ~**welle** f (Masch) / spline shaft (with straight sides), straight sided spline shaft, parallel key spline shaft ‖ ~**wellenverbindung** f (Masch) / spline fitting (parallel-sided splines) ‖ ~**winkel** β m (Wzm) / wedge angle ‖ ~**winkel** m **der Schneide** / wedge angle of the tool

Keim•bildner m (Krist) / nucleating agent ‖ ~**zelle** f (bei der Kristallisation) (Krist) / nucleation site

Kelle f, Maurerkelle f (Bau, Wz) / trowel, bricklayer's trowel

Keller m (Bau) / basement, cellar (for storing purposes, hobby cellar etc) ‖ ~, Kellespeicher m (DV) / stack ‖ ~**geschoss** n (Bau) / basement, cellar (for storing purposes, hobby cellar etc) ‖ ~**speicher** m (DV) / stack

Kelvin n, K (Phys) / kelvin, K ‖ ~-**Skala** f, absolute Temperaturskala (in K) / absolute temperature scale, Kelvin scale of temperature, thermodynamic scale of temperature (expressed in kelvins o. K), thermodynamic temperature scale ‖ ~**temperatur** f, absolute Temperatur (gemessen in K) (Phys) / thermodynamic temperature, absolute temperature

Kenn•daten pl / ratings pl, characteristics ‖ ~**größe** f, Parameter m (Phys, Techn) / parameter ‖ ~**linie** f, Charakteristik f (Eltro, Math) / characteristic curve, characteristic ‖ ~**linienfeld** n, Kennlinienschar f / family of characteristics ‖ ~**linienschar** f, Kennlinienfeld n / family of characteristics

kenntlich machen, markieren (z.B. Fahrrinne) / mark vt

Kenntnis f / knowledge ‖ ~**se** f pl / knowledge

Kennung f (zur Identifizierung), ID / ID, identification

Kenn•wert m, Kenngröße f, Parameter m (Phys, Techn) / parameter ‖ ~**wort** n (allg, DV) / password ‖ ~**wortschutz** m, Passwortschutz m (DV) / password protection ‖ ~**zahl** f, Kennziffer f (des Logarithmus) / characteristic (of a logarithm)

Kennzeichen n, charakteristisches Merkmal / characteristic n, characteristic feature ‖ ~, Markierung f / mark, sign ‖ ~, Nummernschild n (Kfz) / number plate (GB), license plate (US), registration plate (GB) ‖ **amtliches** ~, polizeiliches Kennzeichen (Kfz) / license number (US), registration number (GB) ‖ ~**beleuchtung** f (Kfz) / license light (US), number plate light f (GB) ‖ ~**schild** n, Nummernschild n (Kfz) / number plate (GB), license plate (US), registration plate (GB)

kennzeichnen, markieren (z.B. Fahrrinne) / mark vt ‖ ~, charakterisieren / characterize ‖ ~, identifizieren, eindeutig kenntlich machen / identify ‖ ~, Merker setzen (DV) / flag

Kennzeichnung, Markierung f / marking ‖ ~ f (eindeutig zur Identifizierung) / identification

Kennziffer f (des Logarithmus) / characteristic (of a logarithm)

kentern (Schiff) / capsize *vi*, overturn *vi*
keplersches Fernrohr, astronomisches Fernrohr / astronomical telescope, celestial telescope
Keramik *f* (Technik der Herstellung) / ceramics *sg* ‖ ≈, keramische(r) Werkstoff(e) (Mater) / ceramics *pl*, ceramic material[s] ‖ ≈ (Erzeugnisse) / ceramics *pl* ‖ ≈..., keramisch / ceramic ‖ ≈**formen** *n* (Herstellung einer Sandform ohne Formmaschine) (Gieß) / ceramic mould casting ‖ ≈**kondensator** *m* (Elek) / ceramic capacitor ‖ ≈**-Matrix-Verbunde** *m pl*, CMC (Mater) / ceramic matrix composites, CMC ‖ ≈**-Metall-Verbund-werkstoff** *m*, Cermet *n* (Mater) / cermet (composite material in which a ceramic is contained in a metallic matrix) ‖ ≈**-Monolith-Katalysator** *m* (Mot) / ceramic monolith catalyst
keramisch / ceramic ‖ ~**er Werkstoff** / ceramic material
Keratin *n* (Chem) / keratin[e]
Kerbe *f* / notch
Kerb•faktor *m*, Formzahl *f* (zur Beschreibung von Kerben, die die Dauerhaltbarkeit von Bauteilen vermindern) (Mech) / stress concentration factor ‖ ≈**nagel** *m* (DIN 1476/ISO 8746: Halbrundkerbnagel; DIN 1477/ISO 8747: Senkkerbnagel) / grooved pin (ISO 8746: with round head; ISO 8747: with countersunk head) ‖ ≈**schlagarbeit** *f* / notched bar impact work ‖ ≈**schlagarbeit-Temperatur-Kurve** *f* / impact-strength-versus temperature curve ‖ ≈**schlagbiegeversuch** *m* (nach Charpy) (Mater) / Charpy test, Charpy impact test, Charpy-V-notch test, notched-bar test ‖ ≈**stift** *m* / grooved pin ‖ ≈**verzahnung** *f* (formschlüssige Wellen-Naben-Verbindung) (Masch) / serration, groove grooving, channel toothing ‖ ≈**wirkung** *f* / notch effect stress concentration( ) ‖ ≈**wirkungszahl** *f* (Mech) / fatigue notch factor, fatigue strength reduction factor ‖ ≈**zahnprofil** *n* / serration profile, serrated profile ‖ ≈**zahnwelle** *f* / serrated shaft
Kermet-Brennstoff *m* (Nukl) / cermet fuel
Kern *m* (von Apfel, Orange etc.) (Bot) / pip ‖ ≈, Stein *m* (von Steinobst) (Bot) / stone ‖ ≈ (einer Nuss) (Bot) / kernel ‖ ≈ (Eisenteil eines magnetischen Kreises) (Elek) / core ‖ ≈ (eines Lichtwellenleiters) (Eltro, Opt) / core ‖ ≈ (des Spiralbohrers) (Wz) / web (of twist drill) ‖ ≈ (eines Kometen) (Astr) / core (of a comet) ‖ ≈ *m*, Atomkern *m* (Nukl) / nucleus (pl. nuclei), atomic nucleus ‖ ≈, Reaktorkern *m*, Spaltzone *f* (Nukl) / core (of a nuclear reactor), reactor core ‖ ≈ (beim Gießen u. Spritzgießen) (Gieß, Plast) / core ‖ ≈ *m*, Kernel *m*, Systemkern *m* (DV) / kernel *n* ‖ ≈ (der Integralgleichung) (Math) / kernel (of integral equation) ‖ ≈ (einer Sache, eines Problems) / core ‖ ≈, Kernstück *n* / core
Kern•..., Nuklear..., nuklear (Phys) / nuclear ‖ ≈**abstand** *m*, Atomabstand *m* (Nukl) / interatomic distance ‖ ≈**ansatz** *m* (Schraube) / half dog point ‖ ≈**art** *f* / nuclear species ‖ ≈**batterie** *f*, Isotopenbatterie *f* (Nukl, Raumf) / nuclear battery, atomic battery, radioisotopic generator, radio isotope battery ‖ ≈**brennstoffkreislauf** *m* (Nukl) / fuel cycle ‖ ≈**draht** *m* (einer Stabelektrode) (Schw) / core wire ‖ ≈**durchmesser** *m* (Gewinde) / minor diameter
Kernel *m*, Systemkern *m* (DV) / kernel *n*

Kernenergie *f* (Nukl) / nuclear energy, atomic energy, nuclear power ‖ ≈**anlage** *f* (Nukl) / nuclear facility, nuclear site, nuclear power facility ‖ ≈**antrieb** (Mil, Raumf) / nuclear propulsion ‖ ≈**technik** *f* (Nukl) / nuclear engineering, nuclear technology ‖ **mit** ≈**-Triebwerk**, mit Nuklearantrieb (Nukl, Schiff) / nuclear-powered
kern•fernes Elektron, Außenelektron *n*, Valenzelektron *n* (Phys) / outer electron, peripheral electron, outer-shell electron ‖ ≈**flamme** *f* (Schw) / inner cone (of the oxyacetylene flame) ‖ ≈**fusion** *f* (Nukl) / nuclear fusion, fusion ‖ ≈**geschäft** *n* / core business ‖ ≈**herstellung** *f* (Gieß) / core making ‖ ≈**kraft** *f* (Nukl) / nuclear power, atomic power ‖ ≈**kraftwerk** *n* (Ener, Nukl) / nuclear power station, nuclear power plant, atomic power plant, atomic-power station ‖ ≈**ladungszahl** *f* (Phys) / atomic number, proton number, nuclear charge number ‖ ≈**lochdurchmesser** (Innengewinde) / minor thread diameter ‖ ≈**/Mantel-Typ** *m*, C/C-Typ *m* (der Bikomponentenfaser) (Spinn) / core-sheath bicomponent fibre ‖ ≈**masse** *f* (Nukl) / nuclear mass ‖ ≈**physik** *f* (Physik der Atomkerne) / nuclear physics *sg* ‖ ≈**prozess** *m*, Kernreaktion *f* (Nukl) / nuclear reaction ‖ ≈**reaktion** *f* (Nukl) / nuclear reaction ‖ ≈**reaktor** *m* (Nukl) / nuclear reactor, atomic reactor, atomic pile, reactor, pile, chain-reacting pile, chain reactor ‖ ≈**sand** *m* (Gieß) / core sand ‖ ≈**spaltung** *f* (Nukl) / nuclear fission, fission, atomic fission
Kernspin•resonanztomographie *f*, Kernspintomographie *f* (Verfahren, Technologie) (MT) / magnetic resonance imaging, MRI, magnetic resonance tomography ‖ ≈**tomograph** *m*, Kernspinresonanztomograph *m* (MT) / MRI scanner ‖ ≈**tomographie** *f* (Verfahren, Technologie) (MT) / magnetic resonance imaging, MRI, magnetic resonance tomography ‖ ≈**tomographie**, kernspintomographische Untersuchung, MRT-Untersuchung *f* (MT) / MRI scan ‖ ~**tomographische Untersuchung**, MRT-Untersuchung *f* (MT) / MRI scan
Kern•stück *n*, Kern *m* / core ‖ ≈**technik** *f* (Nukl) / nuclear engineering, nuclear technology ‖ ~**technische Anlage** (Nukl) / nuclear facility, nuclear site, nuclear power facility ‖ ≈**verschmelzung** *f* (Nukl) / nuclear fusion, fusion ‖ ≈**waffen** *f pl* (Mil) / atomic weapons *pl*, nuclear weapons *pl* ‖ ≈**werkstoff** *m*, Matrix *f* (eines Verbundwerkstoffs) (Mater) / matrix (of a composite), primary phase (of a composite)
Kerosin *f* (Kraftstoff für Turbostrahltriebwerke - gewöhnliches Petroleum mit Additiven) (Luft) / kerosene
Kerze *f*, Zündkerze *f* (Mot) / sparking plug (GB), spark plug, S.P., plug
Kerzen•kohle *f*, Kännelkohle *f* / cannel coal ‖ ≈**lichterkette** *f* (Licht) / candle light set
Kessel *m*, Dampfkessel *m* / boiler (for generating steam), steam boiler ‖ ≈, Heizkessel *m* (der Zentralheizung) / boiler (of central heating system) (GB), furnace (US, Canada) ‖ ≈, Wasserkessel *m* / kettle, teakettle ‖ ≈**anlage** *f* / boiler plant, boiler system ‖ ≈**bau** *m* / boiler engineering ‖ ≈**blech** *n* / boiler plate ‖ ≈**feuerraum** *m* / boiler furnace ‖ ≈**speisewasser** *n* / boiler feed water ‖ ≈**stein**

m / boiler scale, scale, incrustation, fur *n* ‖ ⁓**wagen** *m* (Bahn) / tank car (US), tank wagon (GB), tanker wagon (GB)

Ketimin *n* (RR'C=NH) (Chem) / ketimine

Kette *f* (allg, Chem, DV) / chain *n* ‖ ⁓, Raupenkette *f* (Bau, Mil) / continuous track (for e.g. tanks, tractors), caterpillar ®, caterpillar ® track, caterpillar ® tread, crawler, endless track, track ‖ ⁓, Zeichenkette *f* (DV) / string

Ketten•antrieb *m* / chain drive, chain-and-sprocket drive, chain transmission ‖ ⁓**bagger** *m*, Raupenbagger *m* (Bau) / trackhoe, tracked excavator ‖ ⁓**becherwerk** *n* (Förd) / chain-and-bucket elevator ‖ ⁓**blatt** *f* (Fahrrad) / chainring, ring ‖ ⁓**blattgarnitur** *f* (Fahrrad) / crankset, chainset ‖ ⁓**bolzen** *m* / link pin, chain stud ‖ ⁓**bolzen** (Raupe) / track pin (crawler) ‖ ⁓**dozer** *m*, Planierraupe *f* (Bau, Bergb) / bulldozer (on caterpillar tracks), blade (GB), dozer [tractor], tractor (GB - in the construction industry), dozer, crawler dozer, crawler tractor (GB) ‖ ⁓**drucker** *m* (DV) / chain printer ‖ ⁓**fallhammer** *m* (Schm) / chain drop hammer ‖ ⁓**förderer** *m* (Plattenbänder, Becherwerke usw.) (Förd) / chain conveyor ‖ ⁓**führungsrad** *n* (Fahrrad) / guide pulley ‖ ⁓**führungsrolle** *f*, Kettenführungsrad *n* (Fahrrad) / guide pulley ‖ ⁓**getriebe** *n* / chain transmission ‖ ⁓**glied** (Elek, Tele) / section (of a network) ‖ ⁓**glied** (z.B. von Ringkette, Raupenkette) / chain link ‖ ⁓**hebezeug** *n* (Förd) / chain hoist ‖ ⁓**kupplung** *f* / chain coupling ‖ ⁓**lader** *m*, Raupenlader *m* (Bau) / track loader, tractor shovel (tracked), crawler loader ‖ ⁓**lasche** *f* / link plate ‖ ⁓**leiträdchen** *n*, Kettenführungsrad *n* (Fahrrad) / guide pulley ‖ ⁓**leitstück** *n* (Fahrrad) / chain guide ‖ ⁓**molekül** *n* / chain molecule ‖ ⁓**nuss** *f*, Kettenrolle *f* (Masch) / chain sprocket, sprocket wheel ‖ ⁓**rad** *n* (Masch, Uhr) / chain wheel ‖ ⁓**rad** (im Kettentrieb) / sprocket, sprocket wheel ‖ ⁓**rädchen** *n*, Schaltungsrädchen *n* (Fahrrad) / jockey pulley, jockey wheel ‖ ⁓**radgarnitur** *f* (Fahrrad) / crankset, chainset ‖ ⁓**reaktion** *f* (Chem) / chain reaction ‖ ⁓**reaktionsträger** *m* (Chem) / chain carrier ‖ ⁓**regel** *f* / chain rule ‖ ⁓**rolle** *f*, Kettennuss *f* (Masch) / chain sprocket, sprocket wheel ‖ ⁓**säge** *f* / chain saw ‖ ⁓**schaltung** *f* (Fahrrad) / derailleur gears ‖ ⁓**schutz** *m* / chain guard ‖ ⁓**spanner** *m* / chain tensioner ‖ ⁓**spannrad** *n* (Fahrrad) / tension pulley ‖ ⁓**spannrad** (Kettenführungs- und Umlenkeinheiten für Hülsen- und Rollenketten, bestehend aus Kettenradscheiben und Rillenkugellagern) (Masch) / roller chain idler sprocket unit ‖ ⁓**spannrädchen** *n*, Kettenspannrad *n* (Fahrrad) / tension pulley ‖ ⁓**spannrolle** *f*, Kettenspannrad *n* (Fahrrad) / tension pulley ‖ ⁓**spannung** *f* / chain tension ‖ ⁓**steg** *m* / stud (of the chain link) ‖ ⁓**strang** *m* / chain strand ‖ ⁓**strebe** *f* (Fahrrad) / chain stay ‖ ⁓**trieb** *m* / chain drive, chain-and-sprocket drive, chain transmission ‖ ⁓**trommel** *f* / chain barrel, chain drum ‖ ⁓**zug** *m* (Förd) / chain hoist ‖ ⁓**zug** (Zug in der Kette) / pull in the chain, chain pull

k-Faktor *m* (zur Beschreibung der Empfindlichkeit von DMS) (Mess) / gauge factor, strain factor

KFK, Carbonfaser-Kunststoff *m* (Mater) / carbon fiber reinforced plastic, CFRP

Kfz *n*, Kraftfahrzeug *n* (Kfz) / motor vehicle, power-driven vehicle

kfz-Gitter *n*, kubisch-flächenzentriertes Kristallgitter (Krist) / face-centered cubic crystal structure, FCC crystal structure

Kfz•-Mechaniker *m* / auto mechanic, automotive mechanic, auto[motive] technician, car mechanic (GB), motor mechanic (Australia) ‖ ⁓**-Mechatroniker** *m* (heutige Berufsbezeichnung in Deutschland) s. Kfz-Mechaniker ‖ ⁓**-Navigationssystem** *n*, Kraftfahrzeug-Navigationssystem *n* (Kfz, Nav) / automotive navigation system, car navigation system ‖ ⁓**-Werkstatt** *f* / automotive repair shop, motorcar repair shop, garage, car repair shop

kg *n*, Kilogramm / kilogram[me], kg (=2,2046 pounds)

KH, Karbonathärte *f* (des Wassers) / temporary hardness, carbonate hardness, KH

KI, künstliche Intelligenz (KI) / AI, artificial intelligence

Kielschwein *n* (Schiff) / kelson, keelson

Kies•bett *n*, Bettung *f* (bildet zusammen mit dem Gleis und der Planumschutzschicht den Oberbau), Schotterbett *n* (Bahn) / track ballast, ballast, roadbed, trackbed, gravel ballast ‖ ⁓**bettung** *f*, Bettung *f* (bildet zusammen mit dem Gleis und der Planumschutzschicht den Oberbau), Schotterbett *n* (Bahn) / track ballast, ballast, roadbed, trackbed, gravel ballast

Kiesel•glas *n*, Quarzglas *n*, SiO_2-Glas *n* (ein Einkomponentenglas) / quartz glass, fused quartz, silica glass (transparent), fused silica (single-component glass ($SiO2$) with very low thermal expansion, great thermal stability and very high ultraviolet transmission), vitreous silica ‖ ⁓**gur** (Mater, Min) / kieselguhr (porous and friable sedimentary rock that is composed of the siliceous shells of diatoms), diatomaceous earth, tripolite, fossil meal

Kilogramm, kg *n* / kilogram[me], kg (=2,2046 pounds) ‖ ⁓**-Molarität** *f*, Molalität *f* (Quotient aus gelöster Stoffmenge und Masse des Lösungsmittels in mol/kg) (Chem) / molality

Kilometer•welle *f*, Langwelle (über 1000 m) (Elek) / long wave ‖ ⁓**zähler** *m* (Fahrrad, Kfz) / mileometer, odometer, milometer

Kilowatt•stunde *f*, kWh (= 3,6 MJ) (Elek) / kilowatt hour, kWhr ‖ ⁓**stundenzähler** *m* (Elek) / energy meter, kilowatt-hour meter

Kindersitz *m* (Fahrrad) / child carrier ‖ ⁓ (Kfz) / child seat

Kinematik *f* (Mech) / kinematics *sing*

kinematisch / kinematic *adj* ‖ ~e Begrenzungslinie (Bahn) / kinematic gauge ‖ ~e Kette / kinematic chain ‖ ~e Vertauschung (Mech) / kinematic inversion ‖ ~e Viskosität / kinematic viscosity

Kinetik *f* (Phys) / kinetics *n* (used with sg. verb)

kinetisch / kinetic ‖ ~er Druck, Geschwindigkeitsdruck *m* (Phys) / kinetic pressure ‖ ~e Energie (Phys) / kinetic energy

Kinke *f*, Knick *m* (z.B. in Draht, Kabel, Schlauch) / kink

Kipp•brücke *f*, Kipperaufbau *m* (Kfz) / dump body, dump box ‖ ⁓**diode** *f* (Eltro) / four-layer diode ‖ ⁓**dübel** *m* / tumble toggle bolt

kippen *vt* / tilt ‖ ~ *vi vi*, umkippen / tip over, turn over, overturn ‖ ~ *vt*, abkippen *vt* (z.B. Müll,

Schutt, Sand auf eine Depomie, Halde etc.), abladen / dump *vt*, tip (GB) ‖ ~ *vi*, kentern (Schiff) / capsize *vi*, overturn *vi* ‖ ~ *n* (Mech) / overturning, tipping over

Kipper *m*, Kipperfahrzeug *n* (Bau, Kfz) / dump truck, tip lorry (GB), tipper (GB) ‖ ~**aufbau** *m*, Kippbrücke *f* (Kfz) / dump body, dump box ‖ ~**fahrzeug** *n* (Bau, Kfz) / dump truck, tip lorry (GB), tipper (GB)

Kipp•fahrzeug *n* (Bau, Kfz) / dump truck, tip lorry (GB), tipper (GB) ‖ ~**fenster** *n* (Bau) / bottom-hung casement window ‖ ~**flügelflugzeug** *n* (Luft) / tilt-wing aircraft ‖ ~**generator** *m*, Ablenkgenerator *m* (zur Erzeugung der Ablenkspannungen für Elektronenstrahlröhren) (Eltro) / sweep circuit, time-base generator, sweep generator ‖ ~**hebel** *m* (zweiarmiger Hebel zur Ventilsteuerung) (Mot) / rocker arm, valve rocker ‖ ~**hebelachse** *f* (Kfz) / rocker shaft ‖ ~**hebelschalter** *m* (Elek) / toggle switch, tumbler switch, lever switch, flip switch, toggle ‖ ~**hebelwelle** *f* (Kfz) / rocker shaft ‖ ~**moment** *n* (bei der Berechnung der Standsicherheit) (Mech) / overturning moment, tilting moment ‖ ~**moment** (elek. Motor) (Elek) / pull-out torque, breakdown torque ‖ ~**rotorflugzeug** *n* (Luft) / tilt-rotor aircraft ‖ ~**sattelzug** *m* (Bau, Kfz) / semi end dump, semi trailer end dump truck ‖ ~**schalter** *m*, Kipphebelschalter *m* (Elek) / toggle switch, tumbler switch, lever switch, flip switch, toggle ‖ ~**schalter**, Wippschalter *m* (Elek) / rocker switch ‖ ~**schalter**, Schalthebel *m* (eines Leitungsschutzschalters) (Elek) / actuator lever (of a circuit breaker) ‖ ~**schalter** (mit hebelartiger, breiter Bedienfläche, typischerweise als Ein-/Ausschalter verwendet) (Elek) / paddle switch ‖ ~**schaltung** *f* (bistabile, monostabile o. astabile) (Eltro) / multivibrator (bistable, monostabile or astable), MV, multivibrator circuit ‖ ~**schaltung**, Kippstufe *f* (bei der sich das Ausgangssignal aufgrund des Eingangssignals sprunghaft zw. zwei Werten ändert) (Eltro) / trigger, trigger circuit ‖ ~**schwinger**, astabile Kippschaltung (Eltro) / astable multivibrator, free running multivibrator ‖ ~**spannung** *f* (bei einem Thyristor) (Eltro) / breakover voltage, breakover point ‖ ~**ständer** *m* (Fahrrad, Kfz) / kickstand ‖ ~**stufe** *f*, Kippschaltung *f* (bistabile, monostabile o. astabile) (Eltro) / multivibrator (bistable, monostabile or astable), MV, multivibrator circuit ‖ ~**stufe** (bei der sich das Ausgangssignal aufgrund des Eingangssignals sprunghaft zw. zwei Werten ändert) (Eltro) / trigger, trigger circuit

Kirchhoff•sche Gesetze *n pl* (Elek) / Kirchhoff's circuit laws *pl* ‖ ~**sche Regeln** *f pl* (Elek) / Kirchhoff's circuit laws *pl* ‖ **zweite** ~**sche Regel** (Elek) / Kirchhoff's voltage law, KVL, Kirchhoff's second law, Kirchhoff's loop (or mesh) rule ‖ **erstes** ~**sches Gesetz** (Elek) / Kirchhoff's current law, KCL, Kirchhoff's first rule, Kirchhoff's point rule, Kirchhoff's junction rule (or nodal rule)

Kiste *f* / box ‖ ~, Truhe *f* / chest ‖ ~ (groß, z.B. für Maschinen(teile)) (Verp) / crate

K-Jetronic-Einspritzung *f* (kontinuierliche mechanische Einspritzung) / CIS, continuous injection system

KKW *n* (Kernkraftwerk) (Ener, Nukl) / nuclear power station, nuclear power plant, atomic power plant, atomic-power station

Klammer *f*, Drahtklammer *f*, Heftklammer (Büro, Druck) / staple *n* ‖ ~, Büroklammer *f* (Büro) / paper clip ‖ ~, Klemmvorrichtung *f* (um Teile zusammenzuklemmen) / clamp ‖ ~ (Druck, Math) / bracket ‖ ~ **auf/zu** (Druck, Math) / open/close brackets ‖ **eckige** ~ (Druck, Math) / bracket, square bracket ‖ **geschweifte** ~**n** (Druck, Math) / braces, curly brackets ‖ **runde** ~ (Druck, Math) / round bracket, parenthesis (pl: -theses) ‖ **spitze** ~ (Druck) / pointed bracket, angle bracket, broken bracket ‖ ~**affe** *m*, @ (in E-Mail-Adressen: gesprochen wie engl. "at") (DV, Tele) / @ ‖ ~**entferner** *m* (Büro) / staple remover ‖ ~**rechnung** *f* (Math) / calculations which involve brackets

Klang•einsteller *m*, Klangregler *m* (Audio) / tone control, tone control button ‖ ~**farbeneinsteller** *f*, Klangregler *m* (Audio) / tone control, tone control button ‖ ~**farbenregler** *m*, Klangregler *m* (Audio) / tone control, tone control button ‖ ~**regler** *m* (Audio) / tone control, tone control button

klappbar, herunterklappbar / folding down ‖ ~ (an Scharnieren) / hinged

Klapp•brücke *f* (ein- o. zweiflüglig) (Bau) / bascule bridge (single-leaf or double-leaf) ‖ ~**dübel** *m*, Federklappdübel *m* / toggle bolt [anchor], spring wing toggle bolt

Klappe *f* (zur Steuerung des Auftriebs) (Luft) / flap ‖ ~ (z.B. des Handschuhfachs) / door ‖ ~ (plattenförmiges Absperrorgan, das um eine in der Klappenebene liegende Achse drehbar ist), Absperrklappe *f* (ChT, Rohr) / butterfly valve ‖ ~, Heckklappe *f*, hintere Ladeklappe o. Bordwand (Kfz) / endgate, tailgate *n*, tailboard (of truck or pickup) ‖ ~ (Lkw-Aufbau), Seitenwand *f* (Kfz) / side-gate (of lorry) ‖ ~ (eines Umschlags), Lasche *f* / flap (of an envelope) ‖ ~, Umschlagklappe *f* (eines Schutzumschlags) (Druck) / jacket flap ‖ ~, Synchronklappe *f* (Film) / clap-board, clapperboard, clappers *pl*, clapstick

Klappenventil *n* / flap valve

Klapp•fenster *n* (Flügel am oberen Rahmenholz angeschlagen) (Bau) / top-hung casement window ‖ ~**flügelfenster** *n* (Flügel am oberen Rahmenholz angeschlagen) (Bau) / top-hung casement window ‖ ~**helm** *m* (Kfz) / modular helmet, flip-up helmet ‖ ~**schwert** *n* (Schiff) / centerboard

klar, deutlich / clear, obvious, plain ‖ **sich** ~ **werden** [über], bemerken, erkennen / realize, become aware

Kläranlage *f* (Sanitär, Umw) / sewage disposal plant, wastewater treatment plant, sewage plant, sewage treatment plant, sewage works *pl*, sewerage treatment plant, sewerage plant

klären *vt*, aufbereiten Abwasser) (Sanitär, Umw) / treat (sewage) ‖ ~ *vr* (sich), heben *vr* (sich)(Nebel) / clear up, lift *vi*

Klärschlamm *m*, Schlamm *m* (bei der Abwasserbehandlung) (Sanitär, Umw) / sewage sludge, sludge

Klar•schriftleser *m*, Zeichenleser *m* (DV) / character reader ‖ ~**text** *m*, unverschlüsselter Text (DV) / plain text, uncoded text

Klärung *f*, Abwasserreinigung *f* (Umw) / sewage treatment, sewage purification, wastewater treatment

Klärwerk n, Abwasserkläranlage f, Wasseraufbereitungsanlage f (Sanitär, Umw) / sewage disposal plant, wastewater treatment plant, sewage plant, sewage treatment plant, sewage works pl, sewerage treatment plant, sewerage plant

Klasse f (allg, Bahn, DV, Stat) / class n ‖ ≃ **AB-Stufe**, AB-Verstärker m (Eltro) / class AB amplifier ‖ ≃ **A-Stufe**, A-Verstärker m (Eltro) / class A amplifier ‖ ≃ **B-Stufe**, B-Verstärker m (Eltro, Tele) / class B amplifier ‖ ≃ **C-Stufe**, C-Verstärker m (Eltro) / class C amplifier

Klassenhäufigkeit f (Stat) / class frequency

klassieren, zerlegen (ein Haufwerk in mehrere Haufwerke mit Teilchen etwa gleicher Korngröße) (Aufb) / sort according to size, size ‖ ~ **durch Sieben**, sieben (Aufb, ChT) / screen ‖ ≃ n (Aufb) / sizing

Klassiersieb n (Aufb) / classifying screen, grading screen

Klassierung f (Aufb) / sizing

klassifizieren, einteilen, einordnen (in Klassen o. Gruppen) / classify, group

Klaue f, gespaltene Finne des Hammers, Nagelklaue f (Wz) / claw (of claw hammer)

Klauen • hammer m (mit gespaltener Finne), Zimmermannshammer m (Wz) / claw hammer ‖ ≃ **kupplung** f (nicht schaltbar) / jaw coupling, claw coupling ‖ ≃ **kupplung** (schaltbar) / jaw clutch, claw clutch

Klebe • ... / adhesive adj, sticky, tacky ‖ ≃ **band** n / adhesive tape, pressure sensitive tape, PSA tape, self stick tape, sticky tape, tape ‖ ≃ **folie** f / adhesive film ‖ ≃ **mittel** n / adhesive n

kleben vt, befestigen (mit Leim, Klebstoff) [an] / stick, glue [to] ‖ ~ (Fert) / bond adhesively ‖ ~ [bleiben] [an], haften [an] / adhere vi [to], stick [to] ‖ ≃ n, Fügen n durch Kleben (Fert) / adhesive bonding, bonding

klebend / adhesive adj, sticky, tacky

Kleber m / adhesive n

Klebe • stift m (Büro) / glue stick ‖ ≃ **streifen** m, Klebeband n / adhesive tape, pressure sensitive tape, PSA tape, self stick tape, sticky tape, tape ‖ ≃ **verbindung** f (Fert) / adhesive bonded joint, adhesive joint ‖ ≃ **zettel** m, Aufkleber m / label, adhesive label, paster, stick-on label, pressure sensitive adhesive label, sticker

klebrig / adhesive adj, sticky, tacky

Klebrigkeit f / adhesiveness, stickiness, tackiness, tack

Klebstoff m / adhesive n ‖ ≃ **film** m (fest) / adhesive film ‖ ≃ **folie** f / adhesive film

Kleb • streifen m / adhesive tape ‖ ≃ **verbindung** f (Fert) / adhesive bonded joint, adhesive joint

Kleeblatt n, Autobahnkleeblatt n (Straß) / cloverleaf, cloverleaf interchange ‖ ≃ **kreuzung** f, Autobahnkleeblatt n (Straß) / cloverleaf, cloverleaf interchange

klein / small ‖ ~ [**er**] / minor (e.g. mistakes) ‖ ~**er** [als] (<) (Math) / less than ‖ ~, im kleinen Maßstab / small-scale ‖ ~**es Kettenrad** (Techn) / sprocket [wheel] ‖ ~**e und mittelständische Unternehmen** / small and medium-sized enterprises, SME ‖ ~**e und mittlere Unternehmen**, Mittelstand m (Wirtsch) / small and medium-sized enterprises, SMEs, small and medium-sized businesses, SMBs ‖ ~**er werden**, n sich verringern / decrease vi, diminish

Klein • ..., im kleinen Maßstab / small-scale ‖ ≃- **und Mittelbetriebe** m pl, kleine und

mittelständische Unternehmen / small and medium-sized enterprises, SME ‖ ≃ **bildfilm** m (Foto) / 35 mm film ‖ ≃ **bildformat** n (36 x 24 mm) (Foto) / 35 mm format ‖ ≃ **bildkamera** f (Foto) / 35 mm camera, 35 mm compact camera ‖ ≃ **bildnegativ** n (Foto) / 35 mm negative ‖ ≃ **bild-Spiegelreflex-Kamera** f **mit automatischer Scharfeinstellung** (Foto) / AF 35 mm single-lens reflex, AF 35 mm SLR, autofocus 35 mm single-lens reflex ‖ ≃-**Blockheizkraftwerk** n, Mini-BHKW n (Elek) / small-scale cogeneration unit ‖ ≃ **buchstabe** m (Druck) / lowercase, lower case letter ‖ ≃ **bus** m (von einem Nutzfahrzeug abgeleiteter Kleintransporter mit Fenstern und bis zu neun Sitzplätzen, einschließlich Fahrersitz) (Kfz) / van, fullsize van (US), passenger van (large), minibus (van conversion type, e.g. Mercedes Sprinter, Ford Transit) ‖ ≃ **bus** (ca. 12-20 Sitzplätze, Platz für Kinderwagen, Gepäck, Rollstuhl, teilweise Niederflurigkeit) (Kfz) / minibus

kleiner als (<) (allg, Math) / less than ‖ ~ [oder] **gleich** (Math) / equal to or less than

Klein • hebezeug n (Förd) / small hoist ‖ ≃ **kraftrad** n (motorradähnliche Bauform), Mokick m (Hubraum 50 cm³, Höchstgeschwindigkeit 50 km/h, ältere Modelle mit Kickstarter) (Kfz) / moped ‖ ≃ **kraftrad** (Rollerbauform) (Kfz) s. Motorroller ‖ ≃ **kraftwerk** n (Elek) / small-scale power plant ‖ ≃ **lasttransporter** m **mit offener Ladefläche**, Pickup m (Kfz) / pick-up, pick-up truck ‖ ≃ **rad** (eines Zahnrädergetriebes), Ritzel n / pinion ‖ ≃ **schalter** m (Elek) / microswitch, miniature switch ‖ ≃ **serienfertigung** f (Fert) / small batch production, small-lot production, small-lot fabrication ‖ ≃ **signalverstärker** m / low-level amplifier ‖ ≃ **spannung** f (unterschieden in SELV (Safety Extra Low Voltage), PELV (Protective Extra Low Voltage), FELV (Functional Extra Low Voltage)) (Elek) / extra-low voltage, ELV

kleinst, minimal / minimum adj, minimal ‖ ~**er gemeinsamer Nenner**, Hauptnenner m (Math) / LCD, least common denominator, lowest common denominator ‖ ~**e obere Schranke**, Supremum n (Math) / least upper bound, lub, supremum, sup

Kleinsteuerung f (Regel) / small PLC

Kleinst • maß n (Passung) / minimum size, minimum dimension ‖ ≃ **übermaß** (Passung) (Masch) / minimum interference (fit) ‖ ≃ **wagen** m (Kfz) / microcar (e.g. SmartFortwo) ‖ ≃ **wert** m, niedrigster Wert / minimum value n

Klein • transformator m (Elek) / small transformer ‖ ≃ **transporter** m (Kfz) / van, light commercial vehicle, LCV ‖ ≃ **uhr** m (Armbanduhr, Taschenuhr) / watch n (small, portable timepiece, as a wrist watch or pocket watch) ‖ ≃ **wagen** m (Kfz) / subcompact, subcompact car (term used mainly in the US), supermini (term used in Europe)

Kleister m (pastöser Papierklebstoff meist aus Methylzellulose oder Stärke) / paste

Klemm • anschluss m, Anschlussklemme f (Elek) / terminal (clamping device for establishing electrical connection, connecting terminal, connection terminal ‖ ≃ **backe** f, Spannbacke f, Zwinge f / clamp n ‖ ≃ **backe**, Spannbacke f (Zugversuch) / clamping jaw (tensile test machine), gripping jaw, jaw, grip ‖ ²**brett** n (Büro) / clipboard ‖ ²**brett** f (Elek, Eltro) / terminal board ‖ ²**deckel** m / snap-on lid

Klemme f, Klemmvorrichtung f (um Teile zusammenzuklemmen) / clamp ‖ ²**,** Anschlussklemme f (Elek) / terminal (clamping device for establishing electrical connection), connecting terminal, connection terminal ‖ ²**** s. auch Krokodilklemme

klemmen, sich verklemmt haben, steckengeblieben sein / be stuck, jam vi, have got jammed

Klemmen • belegungsplan m (Doku, Elek, Eltro) / connection diagram, terminal connection diagram, terminal diagram ‖ ²**brett** n (Elek, Eltro) / terminal board ‖ ²**kasten** m (Elek) / terminal box ‖ ²**leiste** (Elek, Tele) / terminal strip, terminal block ‖ ²** plan** m, Anschlussplan m (Doku, Elek, Eltro) / connection diagram, terminal connection diagram, terminal diagram ‖ ²**spannung** f (Elek) / terminal voltage

Klemm • hebel m / clamping lever ‖ ²**hebel** (am Messschieber) / retainer (used to block movable jaw) ‖ ²**kraft** f / clamping force ‖ ²**kupplung** f (Masch) / clamping coupling, compression coupling ‖ ²**leiste** f, Klemmenleiste f (Elek, Tele) / terminal strip, terminal block, connecting block ‖ ²**leuchte** (Licht) / clamp-on lamp ‖ ²**-Mutter** f / clamping nut ‖ ²**ring** m / clamping ring, locking ring ‖ ²**Schwert** n, Steck-Schwert n (Schiff) / daggerboard ‖ ²**verbindung** f / clamp joint, clamped joint ‖ ²**vorrichtung** f (um Teile zusammenzuklemmen) / clamp

Klempnerei f, Klempnern n / plumbing

Klempnern n / plumbing

Klettenverschluss m / hook and loop fastener, Velcro® fastener

Klettverschluss m / hook and loop fastener, Velcro® fastener

klicken auf, anklicken (Befehl, Schaltfläche mit der Maus) (DV) / click (a command, button)

Klickpedal n (Fahrrad) / clipless pedal, step-in pedal, clip-in pedal

Klima n (Pl. Klimate) (Meteo) / climate ‖ ²**anlage** f / air conditioning system, air conditioning, air conditioner, AC, a.c., A/C, A.C. ‖ ²**gerät** / air conditioner ‖ ²**prüfkammer** f / climate chamber, climatic test chamber, environmental test chamber ‖ ²**prüfung** f / climatic test ‖ ²**technik** f / HVAC (heating, ventilating, and air conditioning)

klimatisieren / air-condition vt

klimatisiert / air-conditioned

Klimatisierung f (HVAC) / air conditioning

Klima • veränderung f (Umw) / climate change ‖ ²**vorhersage** f (Meteo, Umw) / climate forecast ‖ ²**wandel** m (Umw) / climate change

Klinge f (Messer, Schraubenzieher) / blade

Klingel f (Telefon) / ringer (in a telephone), bell

klingeln (Mot) / knock, pink vi

Klingel • ton m (heute oftAudiodatei) (Tele) / ringtone (sound made by a telephone to indicate an incoming call or text message) ‖ ²**trafo** m, Klingeltransformator m (Elek) / bell transformer ‖ ²**transformator** m (Elek) / bell transformer

Klinke f, Türgriff m / door handle ‖ ²**,** Sperrklinke f (in einem Sperrgetriebe) / pawl, detent ‖ ²** **(Telefon) (Tele) / jack

Klinken • buchse f (Gegenstück zu Klinkenstecker) (Audio, Elek) / jack socket

(GB), phone jack (US), jack (US) ‖ ²**gesperre** n, Zahngesperre n (Masch) / ratchet and pawl, ratchet, ratchet and pawl mechanism, ratchet mechanism, /ratchet gearing ‖ ²**kupplung**, Klinkenbuchse f (Gegenstück zu Klinkenstecker) (Audio, Elek) / jack socket (GB), phone jack (US), jack (US) ‖ ²**rad** n, Sperrrad n (in einem Klinkenschaltwerk) (Masch) / ratchet, ratchet wheel ‖ ²**schaltwerk** n, Zahngesperre n (Masch) / ratchet and pawl, ratchet, ratchet and pawl mechanism, ratchet mechanism, /ratchet gearing ‖ ²**stecker** m (Audio, Eltro) / TRS connector, audio jack, stereo plug, mini-jack, mini-stereo, jack plug (GB), phone plug (US) ‖ ²**verbindung** f (Audio, Elek) / TRS connectors (plug + socket)

Klinometer n (Gerät zur Bestimmung der Höhe eines Objektes, z.B. Baumhöhen, Sonnenstand über Horizont), Neigungsmesser m (Mess) / clinometer, inclinometer

Kloake f, Abwasserkanal m / sewer n

Kloben m, Flasche f (Rollenkombination im Flaschenzug) / block n

Klopfbremse f (Kfz, Mot) / antiknock additive o. agent

Klopfen n (des Motors) / knocking (of the motor)

Klopf • festigkeit f (Kraftstoff) (Mot) / antiknock quality, knock resistance ‖ ²**sensor** m (Mess, Mot) / knock sensor

Klosett • becken n (Sanitär) / toilet bowl, lavatory bowl, WC bowl ‖ ²**deckel** (Sanitär) / seat cover ‖ ²**schüssel** f (Sanitär) / toilet bowl, lavatory bowl, WC bowl ‖ ²**sitz** m (Sanitär) / toilet seat, lavatory seat, seat

Klothoide f, Cornu-Spirale f (Math) / clothoid, Cornu's spiral

Klotz m, Block m, großer Brocken (allg) / block n ‖ ²**bremse** f, Backenbremse f (Masch) / block brake, shoe brake

klumpen vr (sich), zusammenbacken (unerwünscht), zusammenkleben vi / cake

Klumpenbildung f (z.B. Schlacke) / lumping (e.g. slag)

KMU n pl, kleine und mittelständische Unternehmen / small and medium-sized enterprises, SME

knabbern, nibbeln (Fert) / nibble vt ‖ ²** ** n, Knabberschneiden n (Fert) / nibbling

Knabberschneiden n (Fert) / nibbling

knallen, Fehlzündung(en) haben (Kfz, Mot) / backfire vi

knapp, mangelnd, nicht ausreichend vorhanden / scarce ‖ ²**,** eng (Kleidungsstück) / tight ‖ ²** ** (z.B. Zusammenfassung, Darstellung), konzis / concise

Knappheit f, Mangel m [an] / shortage [of]

Knarre f, Ratsche f (Wz) / ratchet

Knebel • kerbstift m (DIN 1475) / [third-length] center-grooved dowel pin ‖ ²**mutter** f (DIN 6305) / tommy nut (DIN 6305) ‖ ²**mutter** (DIN 80701) / butterfly nut (DIN 80701) ‖ ²**schraube** f / tommy screw, T-screw

Kneifzange (Wz) / pincers pl, carpenter's pincers pl, end-cutting pliers

Knetbacke f (Werkzeug in Rundknetmaschinen) (Schm) / die

kneten / knead

Knet • haken f (HG) / dough hook ‖ ²**legierung** f / wrought alloy

Knick m (z.B. in Draht, Kabel, Schlauch) / kink ‖ ²**,** Kniff m, Quetschfalte f (Pap) / crease ‖ ²**armroboter** m / articulated arm robot,

articulate robot, jointed arm robot ‖
~**beanspruchung** f (Mech) / buckling stress
knicken vi, ausknicken (schlanker Stab, z.B.
Kolbenstange, Lochstempel) / buckle (under
axial load), yield to buckling o. to axial
compression ‖ ~ vt vi (z.B. Draht, Tau) / kink vt
‖ ~ (z.B. Zweig, Streichholz) / snap ‖ ~, falzen
/ crease (paper) ‖ ~ n, Knickung f (Mech) /
buckling (under axial load)
Knick•festigkeit f (Mech) / buckling strength ‖
~**kraft** (Druckkraft, bei der das Ausknicken
beginnt) (Mech) / critical buckling load, critical
compressive buckling load ‖ ~**länge** f /
buckling length ‖ ~**lenker** m (Kfz) / vehicle
with articulated steering ‖ ~**spannung** f
(Mech) / buckling stress ‖ ~**stab** m / long
column
Knickung f, Knicken n (Mech) / buckling (under
axial load) ‖ ~, Knickbeanspruchung f (Mech)
/ buckling stress
Knick•versuch m (Mater) / buckling test ‖ ~**zahl**
f / buckling factor o. coefficient
Knie n, Kniestück n (Rohr) / knee, elbow
Kniehebel m (kraftverstärkender
Schließmechanismus in Pressen etc.) / toggle
mechanism, toggle joint, toggle n ‖ ~,
Winkelhebel m / bell-crank lever, elbow lever ‖
~**gelenk** n / toggle joint ‖ ~**greifer** m / toggle
gripper (of an automated system) ‖
~**verschluss** m / toggle catch
Kniestück n (Rohr) / knee, elbow
Kniff m, Knick m, Quetschfalte f (Pap) / crease
Knochen•kohle f / animal charcoal (obtained
from charred bones) ‖ ~**porzellan** n (Keram) /
bone china (name derived from its high
proportion of bone ash, lending the porcelain
heightened luster, translucency, and
durability), bone porcelain
Knoophärte f (Mater) / Knoop hardness
Knopf m (allg, Klingel-, Schalt-, Druck- usw) /
button ‖ ~ (an Kleidung) (Tex) / button ‖ ~
(zum Drehen, z.B. an der Tür) / knob ‖
~**druck** m / push of a button
Knötchen n, Noppe f, Verdickung m (im
Gewebe) (Tex) / burl n, slub
Knoten m (allg) / knot ‖ ~, Noppe f, Verdickung
m (im Gewebe), Knötchen n (Tex) / burl n, slub
‖ ~ m pl, Faserzusammen- ballungen f (Pap) /
knots pl ‖ ~ m (in Baumstrukturen) (DV,
Math) / node ‖ ~, Knotenpunkt m (in einem
Netzwerk) (Tele) / node (in a network),
network node, switch (in a
telecommunications network) ‖ ~, Endpunkt
m eines Zweiges (Elek) / node, vertex (US) ‖
~, Straßenknotenpunkt m (Straß) / junction,
road junction ‖ ~ (bei stehenden Wellen)
(Phys) / node ‖ ~ (= 1852 m/h), Seemeile f je
Stunde (Luft, Meteo, Schiff) / knot, kn ‖ ~**blech**
n, Eckversteifung f / gusset [plate] ‖ ~**punkt** m
(in einem Netzwerk) (Tele) / node (in a
network), network node, switch (in a
telecommunications network) ‖ ~**punkt**,
Straßenknotenpunkt m (Straß) / junction, road
junction ‖ ~**punkt** (einer Matrix) / node ‖
~**punktsatz** m (Elek) / Kirchhoff's current law,
KCL, Kirchhoff's first rule, Kirchhoff's point
rule, Kirchhoff's junction rule (or nodal rule) ‖
~**regel** f (Elek) / Kirchhoff's current law, KCL,
Kirchhoff's first rule, Kirchhoff's point rule,
Kirchhoff's junction rule (or nodal rule) ‖
~**vermittlungsstelle** f (die erste
Fernnetzebene - im dreistufigen Fernwahlnetz
die Ebene zw. Ortsvermittlungsstellen und

Weitvermittlungsstellen, im vierstufigen
Fernwahlnetz die Ebene zw.
Ortsvermittlungsstelle u.
Hauptvermittlungsstelle) (Tele) / class 4 office,
GSC (Group Switching Centre)(GB), local
tandem exchange, local tandem, toll centre
(telephone exchange connecting a group of
local exchanges to the trunk network), toll
office, trunk exchange, primary trunk
switching centre, primary center (US),
primary trunk exchange (US), Group
Switching Centre (GB)
Knüppel m, Steuerknüppel m (Luft) / control
stick, joystick ‖ ~ (Halbzeug von
quadratischem oder rechteckigem
Querschnitt, mit Seitenlängen von 50 bis 125
mm, abgerundeten Kanten, Mindestlänge ca.
1.000 mm - Vormaterial für Stabstahl,
Walzdraht und Sonderprofile oder für
Schmiedestücke) (Walz) / billet (semi-finished
steel product of cross section 50 to 125 or 150
millimetres square - raw materials for rolling
(into bars and rods), machining, wire drawing,
forging, and other metalworking processes) ‖
~**anlage** f (Gieß) / billet caster
KNV, katalytische Nachverbrennung (von
Abgasen) (Umw) / catalytic incineration
Koagulation f, Ausflockung f (Chem, ChT) /
flocculation
koaxial (Kabel) / coaxial
Koaxialität f, Konzentrizität f
(Gestaltparameter) / concentricity (extent to
which any two part features have a common
axis)
Koaxial•kabel n (Eltro) / coaxial cable, coax ‖
~**leitung** f, Koaxialkabel n (Eltro) / coaxial
cable, coax
Koaxkabel n, Koaxialkabel n (Eltro) / coaxial
cable, coax
Kobalt n, Cobalt n (Chem) / cobalt, Co ‖ ~**blau** n,
Cobaltblau n / cobalt blue
kochen vi, sieden vi (allg, Phys) / boil vi ‖ ~(Nahr)
/ cook vi ‖ ~ (langsam, bei niedriger
Temperatur) (Nahr) / simmer vi ‖ ~ vt (allg,
Phys) / boil vt ‖ ~ (Speisen), zubereiten (Nahr)
/ cook vt ‖ ~ (Pap) / digest, cook ‖ ~ (Seide zur
Entfernung des Sericins) (Tex) / boil off vt,
degum (silk)
Koch•feld n (HG) / hob (GB), cooktop (on
kitchen stove), range ‖ ~**geschirr** n (HG) /
cookware ‖ ~**herd** m (HG) / cooker (GB),
kitchen stove, cookstove, stove, cooking stove,
kitchen range, range (US) ‖ ~**nische** f (Bau) /
kitchenette ‖ ~**platte** f (des Herds) (HG) /
hotplate, plate ‖ ~**punkt** m, Siedepunkt m
(Chem, Phys) / boiling point, b.p. ‖ ~**salz** n,
Natriumchlorid n (NaCl) (Chem, Nahr) /
common salt, salt n, sodium chloride
Kode m (DV, Tele) / code n
Kodein n, Codein n (Pharm) / codeine,
methylmorphine
kodieren (DV) / encode, code vt ‖ ~ n (DV, Tele) /
coding, encoding
Kodierung f (DV, Tele) / coding, encoding
Koeffizient m (Math, Phys) / coefficient ‖ ~ **der
inneren Reibung**, dynamische Viskosität
(Einheit: Pascalsekunde) (Phys) / coefficient of
viscosity, dynamic viscosity
Koeffizientenmatrix f (Math) / matrix of
coefficients
koerzitiv (Elek) / coercive

Koerzitiv•... (Elek) / coercive ‖ ~**feldstärke** f (Magn) / coercive force, coercivity ‖ ~**kraft** f (Magn) / coercive force, coercivity

Koextrusion f (Plast) / coextrusion

Koffer•kuli m (Bahn, Luft) / baggage cart, luggage cart, trolley ‖ ~**radio** n / portable radio ‖ ~**raum** m (Kfz) / boot (GB), trunk (US)

Kognition f, Erkennungsvermögen n (KI) / cognition

Kognitionswissenschaft f / cognitive science

kognitive Wissenschaft / cognitive science

kohärent•e Anti-Stokes-Raman-Streuung, CARS / CARS, coherent anti-Stokes Raman-scattering ‖ ~**e Einheit** / coherent unit

Kohärenz f (von Wellen) (Phys) / coherence

Kohäsion f (Phys, Techn) / cohesion

Kohäsions•bruch m (Mater) / cohesive failure ‖ ~**kraft** f / cohesive force

Kohle f / coal ‖ ~**bürste** f (besteht meistens aus Graphit) (Elek) / brush, carbon brush (typically constructed of carbon with an amorphous structure or graphite), graphite brush ‖ ~**chemie** f (Chem) / coal chemistry ‖ ~**fadenlampe** f (Licht) / carbon filament lamp ‖ ~**faser** f, Kohlenstoff-Faser f (Mater) / carbon fiber, C fiber ‖ ~**filter** n / charcoal filter ‖ ~**gas** n / coal gas ‖ ~**gefeuert** (z.B. Kessel, Kraftwerk) / coal fired (e.g. boiler, power station) ‖ ~**hydrate** n pl, Kohlenstoffhydrate n pl (Chem) / carbohydrates, saccharides ‖ ~**kraftwerk** n (Elek) / coal fired power station ‖ ~**lichtbogen-Druckluftschneiden** n (Fert) / air carbon arc cutting ‖ ~**-Lichtbogenschweißen** n (Fert) / carbon arc welding

Kohlen•dioxid n (CO₂), Kohlenstoffdioxid n (Chem) / carbon dioxide, carbonic acid gas, carbonic anhydride ‖ ~**dioxidausstoß** m / carbon dioxide emission ‖ ~**dioxidemission** f / carbon dioxide emission ‖ ~**fadenlampe** f (Licht) / carbon filament lamp ‖ ~**halter** m (Elek) / carbon holder ‖ ~**hydrate** n pl, Kohlenstoffhydrate n pl (Chem) / carbohydrates, saccharides ‖ ~**monoxid** n (Chem) / carbon monoxide ‖ ~**monoxid-Detektor** m / carbon monoxide detector, CO detector ‖ ~**oxid** n (Chem) / carbon monoxide ‖ ~**oxidchlorid** n, Phosgen n (Chem) / carbon oxychloride, phosgene (COCl₂), carbonyl chloride, chloroformyl chloride ‖ ~**oxidsulfid** n (Chem) / carbonyl sulphide, carbon oxysulphide ‖ ~**saurer Kalk**, Calciumcarbonat n (Chem) / calcium carbonate, carbonate of calcium

Kohlensäure f (H₂CO₃) (Chem) / carbonic acid ‖ ~ (chemisch falsche Bezeichnung), Kohlendioxid n (CO₂), Kohlenstoffdioxid n (Chem) / carbon dioxide, carbonic acid gas, carbonic anhydride ‖ ~**anhydrid** n, Kohlendioxid n (CO₂) (Chem) / carbon dioxide, carbonic acid gas, carbonic anhydride ‖ ~**diamid** n, Harnstoff m (Chem) / urea, carbamide ‖ ~**dichlorid** n, Phosgen n (Chem) / carbon oxychloride, phosgene (COCl₂), carbonyl chloride, chloroformyl chloride ‖ ~**monoamid** n, Carbaminsäure f (Chem) / carbamic acid

Kohlenstaubfeuerung f (Ener) / pulverized coal firing ‖ ~ (Anlage) (Ener) / pulverized coal furnace, pulverized coal[-fired] boiler

Kohlenstoff m (Chem) / carbon, C ‖ ~**ausstoß** m (Umw) / carbon emissions pl ‖ ~**beschichtete**

Teilchen, Coated Particles pl (Nukl) / coated particles pl ‖ ~**dioxid** n, Kohlendioxid n (CO₂) (Chem) / carbon dioxide, carbonic acid gas, carbonic anhydride ‖ ~**disulfid** n (Chem) / carbon disulfide, carbon bisulfide ‖ ~**emissionen** f pl, Kohlenstoffausstoß m (Umw) / carbon emissions pl ‖ ~**-Faser** f (Mater) / carbon fiber, C fiber ‖ ~**faserverstärkter Kunststoff**, Carbonfaser-Kunststoff m (Mater) / carbon fiber reinforced plastic, CFRP ‖ ~**hydrate** n pl (Chem) / carbohydrates, saccharides ‖ ~**methode** f, Radiocarbonmethode f (zur Altersbestimmung geologischer u. (prä)historischer Objekte) / carbon-14 dating, radiocarbon dating ‖ ~**monoxid** n (Chem) / carbon monoxide ‖ ~**oxidsulfid** n (Chem) / carbonyl sulphide, carbon oxysulphide ‖ ~**reich** / high-carbon ‖ ~**stahl** m (unlegierter Werkzeugstahl) / carbon steel, plain carbon steel, unalloyed carbon steel (used for cutting tools such as high-quality knives) ‖ ~**-Stickstoff-Sauerstoff-Zyklus** m, Bethe-Weizsäcker-Zyklus m (Astr, Nukl) / Bethe cycle, carbon-nitrogen cycle, carbon cycle ‖ ~**tetrachlorid** n (CCl₄) (Chem) / carbon tetrachloride, tetrachloromethane, carbon tet, benzinoform ‖ ~**umhüllte Teilchen** n pl, Coated Particles pl, kohlenstoffbeschichtete Teilchen (Nukl) / coated particles pl

Kohlenwasserstoff m (Chem) / hydrocarbon ‖ ~**haltig** / hydrocarbon... ‖ ~**verbindung** f (Chem) / hydrocarbon

Kohle•schichtwiderstand m (Elek) / carbon-film resistor ‖ ~**stab** m (positiver Pol der Kohle-Zink-Zelle) (Elek) / carbon rod ‖ ~**strom** m (Elek) / coal-generated electricity ‖ ~**vorkommen** n pl (Bergb) / coal reserves ‖ ~**-Zink-Zelle** f (eine Primärzelle) (Chem, Elek) / zinc-carbon dry cell or battery, carbon-zinc battery, Leclanché cell

Kohlungs•gas n (Hütt) / carburizing gas ‖ ~**mittel** n, Aufkohlungsmittel n (Hütt) / carburizing agent, carburizing medium ‖ ~**salz** n (beim Einsatzhärten) (Hütt) / carburizing salt

Koinzidenzentfernungsmesser m, Mischbildentfernungsmesser m (Foto) / coincidence rangefinder, direct-vision range finder, direct-vision coincidence range finder, double-image superimposing rangefinder, double-image rangefinder, coincident rangefinder

Kokain n (Pharm) / cocaine

Kokille f, Dauerform f (aus Stahl oder Gusseisen, Stahllegierungen) (Gieß) / die (GB), permanent mold (US), die-set (GB), permanent mould (made of steel or cast iron) (GB) ‖ ~, Blockform f (beim Blockguss) (Gieß) / ingot mo[u]ld ‖ ~, Abschreckplatte f (zur raschen Abkühlung großer Materialanhäufungen in Gießformen), Kühleinsatz m (in der Kokille zur Steuerung der Erstarrung) (Gieß) / chill n, chill plate

Kokillen•gießen n (Gießen unter Wirkung der Schwerkraft in metallische Dauerformen, die Kokillen) (Gieß) / permanent mold casting (US) (basic method in which the flow of metal into the mold cavity is caused by gravity), gravity die casting (GB) ‖ ~**guss** m (Gießen unter Wirkung der Schwerkraft in metallische Dauerformen, die Kokillen) (Gieß) / permanent mold casting (US) (basic method in which the flow of metal into the mold cavity is caused by gravity, gravity die casting (GB)

Koks *m* / coke

Kolben *m*, Gewehrkolben *m* (Mil) / stock, buttstock, shoulder stock ‖ $\sim$ (Mot) / piston ‖ $\sim$, Drehkolben *m*, Läufer *m* (des Kreiskolbenmotors) (Mot) / rotor (in Wankel engine) ‖ $\sim$ (bei Pumpe o. Kompressor) (Masch) / piston ‖ $\sim$ (z.B. bei Spritzgießmaschine, Hydraulikpresse) (Masch) / ram (of an injection moulding machine) ‖ $\sim$, Röhrenkolben *m* (einer Elektronenröhre) (Eltro) / envelope (of an electron tube) ‖ $\sim$ (Druckguss) (Gieß) / plunger (diecasting) ‖ $\sim$, Glaskolben *m* (Chem) / flask ‖ $\sim$ (Glühlampe) (Elek, Licht) / bulb, envelope (of an incandescent lamp) ‖ $\sim$**beschleunigung** *f* (Masch) / piston acceleration ‖ $\sim$**bolzen** *m* (Mot) / piston pin (US), gudgeon pin (GB) ‖ $\sim$**dichtung** *f* (Masch) / piston seal ‖ $\sim$**gebläse** *n* / piston blower ‖ $\sim$**geschwindigkeit** *m* (Masch) / piston speed ‖ $\sim$**hahn** *m* (mit zylinderförmigem Absperrkörper) (Rohr) / plug valve (with cylindrical plug), plug cock, cock *n* ‖ $\sim$**hemd** *n* (Mot) / piston skirt ‖ $\sim$**hub** *m* / piston stroke ‖ $\sim$**kompressor** *m* / piston compressor ‖ $\sim$**kräfte** *f pl* (Masch) / piston forces ‖ $\sim$**löten** *n* / hand soldering, copper-bit soldering ‖ $\sim$**mantel** *m* (Mot) / piston skirt ‖ $\sim$**maschine** *f* / piston engine, reciprocating engine ‖ $\sim$**pumpe** *f* / piston pump, reciprocating pump ‖ $\sim$**ring** *m* (Mot) / piston ring ‖ $\sim$**schieber** *m* (Masch) / piston valve ‖ $\sim$**speicher** *m* (Hydr) / piston accumulator ‖ $\sim$**stange** *f* / piston rod ‖ $\sim$**stift** *m* (Mot) / piston pin (US), gudgeon pin (GB) ‖ $\sim$**ventil** *n* / plunger valve, plunger valve ‖ $\sim$**verdichter** *m* / piston compressor

Kolchizin *n* (Chem) / colchicine

Kolk, Kolkverschleiß *m* / crater wear ‖ $\sim$**verschleiß** *m*, Kolk / crater wear

Kollagen *n* (Biochem) / collagen, collogen

kollektive Blattverstellung (Helikopter)(zur Steuerung der Vertikalbewegung) (Luft) / collective pitch control (helicopter)

Kollektivlinse *f*, Feldlinse *f* / field lens

Kollektor *m*, Kommutator *m* (auf der Welle einer Kommutatormaschine) (Elek) / commutator ‖ $\sim$ (Eltro) / collector (in a bipolar junction transistor) ‖ $\sim$, Sammler *m* (bei der Flotation) (Aufb, ChT) / collector ‖ $\sim$ (in einer Elektronenröhre) (Eltro) / collector, collector electrode, electron collector ‖ $\sim$-**Diffusionsisolation** *f*, CDI-Technik (zur Herstellung integrierter Schaltkreise mit pn-Isolation) (Eltro) / collector diffusion isolation, CDI ‖ $\sim$-**Emitter-Spannung** *f* (Eltro) / collector-emitter voltage ‖ $\sim$**feld** *n* (Solaranlage) (Elek) / collector array ‖ $\sim$**grundschaltung** *f* (Transistor) (Eltro) / common collector circuit, grounded collector circuit ‖ $\sim$**schaltung** *f* (Transistor) (Eltro) / common collector circuit, grounded collector circuit ‖ $\sim$**strom** *m* (Eltro) / collector current ‖ $\sim$**zone** *f* (Halbleiter) (Eltro) / collector region (semiconductor)

Kollergang *m* (Aufb, ChT) / edge mill, edge runner [mill], pan crusher

kollern (Aufb, ChT) / mull, pan-grind

Kollider *m* (Nukl) / collider

kollidieren [mit] / collide *vi* [with] ‖ $\sim$ (Termine), zeitlich zusammenfallen, sich überschneiden / clash

Kollision *f*, Zusammenstoß *m* / collision ‖ $\sim$, Autounfall *m* (Kfz) / crash, car accident ‖ $\sim$ (zweier Geräte im Netzwerk beim gleichzeitigen Kanalzugriff) (DV, Tele) / collision (in a network) ‖ $\sim$ (von Terminen) / clash

Kollisionserkennung *f* (DV, Tele) / collision detection

Kolloidmühle *f* (ChT) / colloid mill

Kolonne *f*, Fraktionierkolonne *f* (ChT) / rectifying column, fractionating column, fractionating tower, fractionater

Kolonnenboden *m* (ChT) / plate (GB), tray (US)

Kolorimetrie *f*, Farbmessung *f* (Opt) / colorimetry

Kolumne *f*, Spalte *f* (Druck) / column

Kolumnentitel *m*, Kopfzeile *f* (Druck) / headline (line at the top of a page, containing the title, pagination etc.)

Koma *f*, Asymmetriefehler *m* (Opt) / coma (pl: comae)

Kombi *m* (Kfz) / estate car (GB), station wagon (US), shooting brake (GB) ‖ $\sim$**...**, Mehrzweck..., Vielzweck... / multipurpose, multiple-purpose, polyfunctional ‖ $\sim$**anlage** *f*, Kombikraftwerk *n* (Elek) / combined-cycle power plant ‖ $\sim$**kraftwerk** *n*, Gas-und-Dampf-Kombikraftwerk *n* (Elek) / combined cycle gas turbine plant, CCGT plant, combined cycle power plant, CCPP

Kombinations•feld *n*, Combo-Box *f* (DV) / combination list box, combo box ‖ $\sim$**zange** *f* (Wz) / combination pliers *pl*, lineman's pliers, Kleins *pl*

Kombinatorik *f* (Math) / combinatorics *sg*, combinatorial analysis

kombinatorische Schaltung (DV) / combinatorial circuit, combinational logic system

Kombi•prozess *m* (Elek) / combined cycle ‖ $\sim$**zange** *f* (Wz) / combination pliers *pl*, lineman's pliers, Kleins *pl*

Komfort•fernsprecher *m* (Tele) / feature telephone ‖ $\sim$**system** *n* (Kfz) / comfort system ‖ $\sim$**telefon** *n* (Tele) / feature telephone

Komitee *n* / board, committee

Kommando•brücke *f* (Schiff) / bridge ‖ $\sim$**einheit** *f* (eines Raumfahrzeugs) (Raumf) / command module

Kommastelle *f* (Math) / decimal place

kommerziell, wirtschaftlich / commercial ‖ $\sim$ (z.B. Anwendung) / commercial *adj* (e.g. application) ‖ $\sim$**e Datenverarbeitung** (DV) / business data processing, commercial data processing ‖ $\sim$**e Einsatzreife** / commercial viability

Kommission *f*, Ausschuss *m* / board, committee

kommissionieren (im Lager) / commission

kommunale Abfälle / municipal waste

Kommunikation *f* (DV, Tele) / communication, communications *sg*

Kommunikations•dienst *m* (Tele) / communication service ‖ $\sim$**dienstleister** *m*, Netzbetreiber *m* (Tele) / network provider, network operator, operating company, operator (of a network) ‖ $\sim$**kanal** *m* (Tele) / communication channel ‖ $\sim$**netz** *n*, Kommunikationsnetzwerk *n* (Tele) / communications network ‖ $\sim$**programm** *f* (DV, Tele) / communications program ‖ $\sim$**protokoll** *n* (Gesamtheit der Regeln, die Übergabebedingungen und Übergabeformate zwischen gleichartigen funktionalen Schichten im Datenkommunikationssystem beschreiben) (DV, Tele) / protocol, communication protocol ‖ ≈**satellit** *m*, Nachrichtensatellit *m* (Tele) / telecommunications satellite, communications satellite ‖ ≈**software** *f* (DV) / communications software ‖ ≈**software**, Kommunikations- programm *f* (DV, Tele) / communications program ‖ ≈**steuerungsschicht**, Schicht *f* 5 (im OSI-Schichtenmodell) (DV, Tele) / layer 5, session layer ‖ ≈**technik** *f*, Telekommunikationstechnik *f* (Tele) / telecommunications engineering, telecommunications engineering, communication technology, communication engineering, telecommunications, communications

kommunizierende Röhren (Phys) / communicating vessels

kommutativ•e Gruppe (Math) / Abelian group, commutative group ‖ ~**e Verknüpfung** (Math) / commutative operation, Abelian operation

Kommutativgesetz *n* (Math) / commutative law

Kommutator *m* (Math, Phys) / commutator ‖ ≈ (auf der Welle einer Kommutatormaschine) (Elek) / commutator ‖ ≈**anker** *m* / commutator armature ‖ ≈**motor** *m* (Elek) / commutator motor

Kommutierung *f* (Elek) / commutation

kompakt (Math) / compact ‖ ~, auf geringem Raum unterzubringen/untergebracht, mit geringem Platzbedarf / compact ‖ ~, fest / solid, firm ‖ ~**er Raum** (Math) / compact space

Kompakt•..., auf geringem Raum unterzubringen/untergebracht, mit geringem Platzbedarf / compact ‖ ≈**bagger** *m* (Bau) / compact excavator ‖ ≈**brennstoffzelle** *m* (Chem, Elek) / compact fuel cell

Kompaktheit *f* (Math) / compactness

Kompakt•kamera *f* (Foto) / compact camera ‖ ≈**kassette** *f* (Audio) / compact cassette ‖ ≈**klasse** *f* (Kfz) / compact car (vehicle size class - e.g. Ford Focus), compact *n*, small family car, c-segment car ‖ ≈**lader** *m* (Bau) / skid loader, skid steer loader ‖ ≈**leuchtstofflampe** *f* (Licht) / compact fluorescent lamp, CFL, compact fluorescent light

Kompander *m*, Dynamikkompander *m* (Audio, Tele) / compander

Komparator *m* (DV, Eltro, Mess) / comparator ‖ ≈**prinzip** (Mess) / Abbe principle

kompatibel [zu] (allg, DV, Eltro) / compatible [with] ‖ **nicht ~**, inkompatibel / incompatible

Kompatibilität *f* (allg, DV) / compatibility

Kompensation *f*, Ausgleich *m* / compensation

Kompensations•glied *n* (Regel) / feedforward controller, load compensator ‖ ≈**schreiber** *m* / potentiometric recorder ‖ ≈**wicklung** *f* (Elek) / compensating winding

Kompensator *m* (Opt) / compensator

kompensieren, ausgleichen / compensate, offset, make up [for]

kompetent, qualifiziert / qualified, competent ‖ ~, zuständig / competent

Kompetenz *f* / competence

kompilieren (DV) / compile (source code into machine language)

Kompilierer *m* (Übersetzungsprogramm für problemorientierte Sprachen) (DV) / compiler, compiling routine

Kompiliergenerator *m* (DV) / compiler generator

Komplement *n* (DV, Math) / complement

komplementär•e Operation (DV, Math) / complementary operation ‖ ≈**farbe** *f* (Foto, Opt) / complementary colour

Komplementwinkel (der einen gegebenen anderen Winkel zu 90° ergänzt) (Math) / complementary angle

Komplettschnitt *m*, Gesamtschneidewerkzeug *n* (Gesamtwerkzeug zur Durchführung verschiedener Schneidoperationen an einer Fertigungsstation) (Fert) / compound die (that performs more than one cutting operations at a single station)

komplex, aufwendig / complex ‖ ~ *adj* (allg, Math) / complex ‖ ~**e Ebene**, komplexe Zahlenebene (Math) / complex plane ‖ ~**e Zahl** (Math) / complex number ‖ ~**e Zahlenebene** (Math) / complex plane

Komplexometrie *f* (Chem) / complexometry

Komplexsalz *n* / complex salt

kompliziert / complex, complicated

Komponente *f* / component (constituent part of a system) ‖ ≈ (z.B. der Fluggeschwindigkeit, eines Vektors) / component (e.g. of the flight path velocity, of a vector) ‖ ≈, Bestandteil *m* / constituent ‖ ≈ (DV) / component (in programming) ‖ ≈ (einer Stoffverbindung) (Chem) / component, constituent

Komposit•treibstoff *m* (Raumf) / composite propellant (for rockets), composite fuel ‖ ≈**werkstoff** *m*, Verbundwerkstoff *m* (Mater) / composite, composite material

Kompost *m* (Landw, Umw) / compost *n*

Kompostierung *f* (Landw, Umw) / composting (controlled decomposition of organic matter)

kompressibel, zusammendrückbar / compressible

Kompression *f*, Verdichtung *f* (Mot) / compression ‖ ≈, Verdichtungsverhältnis *n* (z.B. 1:9) (Mot) / compression ratio, C.R. ‖ ≈, Komprimierung *f* (DV) / compression

Kompressions•hub *m*, Verdichtungstakt *m* (Mot) / compression stroke ‖ ≈**rate** *f*, Komprimierungsfaktor *m* (DV) / compression ratio ‖ ≈**raum** *m*, Verdichtungsraum *m* (Mot) / clearance volume ‖ ≈**ring** *m*, Verdichtungsring *m* (Mot) / compression ring ‖ ≈**verfahren** *n* (DV) / compression technique ‖ ≈**-Wärmepumpe** *f* / compression heat pump

Kompressor *m* (HG, Kfz) / compressor (in refrigerator, in air conditioning system) ‖ ≈, Verdichter *m* (i.e.S. - Verhältnis von Enddruck zu Ansaugdruck von über 3) (Masch) / compressor ‖ ≈, Dynamikkompressor *m* (Akust, Eltro) / compressor, volume compressor (of a compander) ‖ ≈ (Mot) / compressor

komprimieren, zusammendrücken / compress *vt* ‖ ~, packen *vt* (DV) / pack (data), compress ‖ ~, verdichten (Gase, Dampf) (Phys) / compress

komprimiert, verdichtet / compressed ‖ ~ (Gas) / compressed ‖ ~ (z.B. Datei) (DV) / compressed (e.g. file)

Komprimierung *f*, Zusammendrücken *n* / compression ‖ ≈ (DV) / compression

Komprimierungsfaktor *m*, Kompressionsrate *f* (DV) / compression ratio

Kompromiss *m* / compromise

Kondensanz *f* (kapazitiver Blindwiderstand) (Elek) / capacitive reactance

Kondensat *n*, Kondenswasser / condensation water, condensed water ‖ ≈, Kondensationsprodukt *n* (Chem) /

condensation product, condensate ‖ **~ableiter** *m* (Rohr) / steam trap

Kondensation (Chem, Phys) / condensation

Kondensations•dampfkraftwerk *n* (Elek) / condensing power plant ‖ **~polymer** *n* (Chem, Plast) / condensation polymer ‖ **~polymerisation** *f*, Polykondensation *f* (Chem, Plast) / condensation polymerization, polycondensation, step polymerization (with production of by-product) ‖ **~produkt** *n* (Chem) / condensation product, condensate ‖ **~trockner** *m* (Wäschetrockner) (HG) / condenser dryer, condenser tumble dryer, condensing dryer

Kondensator *m* (Elek) / capacitor, condenser (formerly) ‖ **~** (Masch) / condenser (heat exchanger which condenses a substance from its gaseous to its liquid state, used e.g. in refrigerators, air conditioning, distillation processes, steam power plants), cond. ‖ **~motor** *m* (Elek) / capacitor motor ‖ **~motor** (mit Anlaufkondensator) (Elek) / capacitor start motor, capacitor start/induction run motor ‖ **~motor** (mit Betriebskondensator) (Elek) / permanent split capacitor motor, PSC motor, capacitor start and run motor ‖ **~platte** *f* (Elek) / plate (of a capacitor)

kondensieren *vt* (Chem, Phys) / condense *vt* ‖ **~** *vi* / condense *vi* ‖ **~** *n*, Kondensation *f* (Chem, Phys) / condensation

kondensierter Ring (Chem) / condensed nucleus

Kondensierung *f*, Kondensation (Chem, Phys) / condensation

Kondensor *m* (Opt) / condenser

Kondenswasser / condensation water, condensed water

konditionieren (Techn) / condition ‖ **~** *n* / conditioning

Konditionierung *f* / conditioning

Konduktanz *f* (Elek) / conductance, electrical conductance

konfektionieren (Tex) / manufacture ready-to-wear (clothes) ‖ **~**, zuschneiden (z.B. Bleche, Glasband auf richtiges Format, Größe) / cut to size

Konfidenzfaktor *m*, Gewissheitsfaktor *m* / certainty factor

konfigurieren (allg, DV) / configure

Konfigurierung *f* (allg, DV) / configuration

kongruent, deckungsgleich (Math) / congruent

Kongruenz *f*, Deckungsgleichheit *f* / congruence ‖ **~satz** *m* (Math) / congruence theorem

Koniferen *f pl*, Nadelhölzer (Holz) / conifers

Königs•gelb *n*, Chromgelb *m* (Mischkristalle aus Bleisulfat und Bleichromat als Farbpigment in unterschiedlicher Zusammensetzung durch unterschiedlicher Verfahren der Herstellung) (Anstr) / chrome yellow, King's yellow (trade name), Cologne yellow (trade name), Leipzig yellow (trade name) ‖ **~welle** *f* (Masch) / vertical shaft ‖ **~zapfen** *m* **des Aufliegers** (Kfz) / king pin, fifth-wheel kingpin, semitrailer king-pin

konisch, kegelförmig, kegelig / conical, conic, cone shaped ‖ **~**, sich verschmälernd, verjüngt / tapered, tapering ‖ **~ machen**, verjüngen, konisch zulaufen lassen / taper *vt* ‖ **~er Stift** / taper pin ‖ **~ zulaufen** / taper *vi* ‖ **~ zulaufen lassen**, verjüngen / taper *vt*

konjugiert komplexe Zahl (Math) / complex conjugate, conjugate *pl*

Konjunktion *f*, UND-Verknüpfung *f* (DV, Eltro, Logik) / AND function, AND operation, conjunction ‖ **negierte ~**, NAND-Funktion *f* (DV, Eltro, Logik) / NAND operation, NON-conjunction, NOT-BOTH operation

konjunktive Normalform *f* / conjunctive normal form

Konjunktur *f* (Wirtsch) / economic situation o. activity ‖ **~abschwung** *m* (Wirtsch) / economic downturn, decline of economic activity, downward economic trend, shrinking economic activity ‖ **~aufschwung** *m* (Wirtsch) / economic upturn, upward economic trend, increasing economic activity ‖ **~entwicklung** *f* / economic trend(s) ‖ **~förderung** *f* / stimulation of economic activity ‖ **~schwankungen** *f pl* / fluctuations in economic activity ‖ **~zyklus** *m* / economic cycle

konkav / concave ‖ **~e Funktion** (Math) / concave function ‖ **~e Linse** (Opt) / concave lens ‖ **~e Punktmenge** (Math) / non-convex set

konkav•-konvex (Opt) / concavo-convex ‖ **~spiegel** *m*, Vergrößerungsspiegel *m* / concave mirror

Konkurrenz *f* (Wirtsch) / competition ‖ **~**, Konkurrenten *m pl* (Wirtsch) / competitors ‖ **~** (DV, Tele) / contention (in LANs) ‖ **~druck** *m* / competitive pressure, pressure of competition ‖ **~fähig** / competitive

Können *n*, Fähigkeit *f* / skill, skills *pl*

konsekutiv, benachbart (Math) / consecutive

konsequent *adj* / consistent ‖ **~** *adv* / consistently ‖ **~**, entschieden / resolutely, rigorously

Konsequenz *f*, Folge, Auswirkung *f* / consequence

Konserven *f pl* (Nahr) / preserved food[s] ‖ **~** (in Dosen) (Nahr) / canned goods *pl*, tinned goods *pl* (GB) ‖ **~** (Nahr) / preserves (fruit, vegetables, etc prepared by cooking with sugar)

Konserven•büchse *f* (Nahr) / tin can, can, tin (GB)(containing food) ‖ **~dose** *f* (Nahr) / tin can, can, tin (GB)(containing food)

konservieren, haltbar machen / preserve ‖ **~** (Lack, Hohlräume) (Kfz) / seal

Konservierungsmittel *n* (Foto, Holz, Nahr) / preservative ‖ **~** (für Hohlraumversiegelung) (Kfz) / sealant

konsistent / consistent

Konsistenz *f* (Mater) / consistency (e.g. of pulp, grease), consistence

Konsole *f* (Maschinengestell) (Wzm) / knee ‖ **~**, Bedienungskonsole *f* (Techn) / console, operator panel, control panel, control desk ‖ **~** (Kfz) / console

Konsol•fräsmaschine *f* / knee-and-column milling machine ‖ **~träger** *m*, Kragträger *m* (einseitig gelagerter, waagerechter Träger, an dem eine Last hängt) (Mech) / cantilever

konstant, gleich bleibend / constant ‖ **~e Funktion** (Math) / constant function

Konstantan *n* (Chem) / constantan (alloy containing approx. 55 % Cu and approx. 45 % Ni)

Konstante *f* (DV, Math, Phys) / constant *n*

Konstanter *m* (coll), Konstanthalter (Eltro) / stabilizer

Konstant•halter (Eltro) / stabilizer ‖ **~pumpe** *f* / fixed displacement pump ‖ **~stromladung** *f* (von Akkus) (Elek) / constant-current charging ‖ **~stromquelle** *f* (Eltro) / constant-current source

Konstitutions•formel *f* (Chem) / structural formula, constitutional formula, graphic formula || ≃**wasser** n, Kristallwasser n / constitutional water

konstruieren (Techn) / design vt (e.g. a machine) || ~ (Geom) / construct (e.g. a triangle)

Konstrukteur m / design engineer, designer

Konstruktion f / construction || ≃, Entwurf (Techn) / design n (e.g. of a machine) || ≃, Konstruktionsabteilung f / design department || ≃ (das Konstruierte, Gebaute) / construction, structure (thing constructed) || ≃ (mit Lineal u. Zirkel) (Math) / geometrical construction

Konstruktions•..., konstruktiv, baulich / structural || ≃**abteilung** f / design department || ≃**daten** n pl, Auslegungsdaten pl, Entwurfskennwerte m pl / design data || ≃**fehler** m (im Konzept) (Fert) / design error || ≃**fehler** (bei der konkreten Ausführung) / construction error o. fault, error of construction || ≃**keramik** f, technische Keramik / advanced ceramics, structural ceramics, fine ceramics, technical ceramics, engineering ceramics || ≃**merkmal** n / design feature || ≃**teil** m n / structural part || ≃**zeichnung** f (Techn, Zeichn) / constructional drawing, structural drawing, construction drawing

konstruktiv, baulich / structural || ~ (den Konstruktionsentwurf betreffend) / design

Konsument m, Verbraucher m (Wirtsch) / consumer || ≃, Endverbraucher m, Letztverbraucher m / end-user, ultimate consumer, end consumer, final customer

Konsumgüter n pl / consumer goods pl

Kontakt m (allg, Elek) / contact || ≃ **für Blitzautomatik**, Blitzlichtkontakt m, Blitzlichtanschluss m (Foto) / flash contact || ≃**bogen** f (Kreisbogen der Berührungsfläche zw. Walze u. Walzgut) (Walz) / contact arc || ≃**elektrizität** f (Elek) / contact electricity || ≃**-EMK** f, Kontaktspannung f (Elek) / contact potential, contact e.m.f. || ≃**feder** f (Elek) / contact spring || ≃**fläche** f (allg) / area of contact, contacting surface, contact area, contact surface, surface of contact || ≃**gebendes Bauelement** (Elek) / contact maker || ≃**geber** m (Elek) / contact maker || ≃**gift** n (Chem) / contact poison || ≃**goniometer** n, Anlegegoniometer n (Krist) / contact goniometer

kontaktieren, bonden (Halbleitertechnologie) (Eltro) / bond || ~ (Elek) / contact v || ≃ n, Bonden n (Halbleitertechnologie) (Eltro) / bonding

Kontakt•kleben n (Fert) / contact bonding || ≃**korrosion** f / contact corrosion, dissimilar metal corrosion, galvanic corrosion || ~**los**, nicht berührend / non-contacting || ~**los** (Schalter) (Elek) / contactless || ≃**messung** f (Mess) / contact measurement || ≃**plan** m / contact plan || ≃**plan** (Programmiersprache zur Programmierung von SPS) (DV, Regel) / ladder logic || ≃**plan** (konkretes Programm) (DV, Regel) / ladder diagram, LD, ladder program, ladder logic program || ≃**platte** f (ebene Unterlage bei Bandschleifmaschinen), Kontaktscheibe f (Wzm) / platen || ≃**punkt** m, Berührstelle f (der Pulverkörner) (PM) / contact area, contacting point || ≃**raster** m (Druck, Foto) / contact halftone screen, contact screen || ≃**scheibe** f, Kontaktplatte f (ebene Unterlage bei Bandschleifmaschinen) (Wzm) / platen || ≃**spannung** f, Berührungsspannung f

(an der Grenzfläche zweier sich berührender, chemisch verschiedener Substanzen) (Elek) / contact voltage || ≃**spannung**, Kontakt-EMK f (Elek) / contact potential, contact e.m.f. || ≃**stift** m (Elek, Eltro) / contact pin || ≃**stift**, Steckerstift m (Elek) / pin (on a plug), plug pin, connector pin, prong (of male connector) || ≃**werkstoff** m (Elek) / contact material || ≃**widerstand** m, Übergangswiderstand m (Elek) / contact resistance || ≃**zunge** f (Reedrelais) (Elek) / reed

Kontamination f, Verseuchung f (Nukl) / contamination

kontaminieren, verunreinigen / contaminate || ~, verseuchen, verstrahlen (Nukl) / contaminate (with radioactivity)

Konter•mutter f / jam nut, lock nut, check nut || ≃**schneiden** n / reciprocating blanking method

Kontingent n, Anteil m, Quote f (z.B. bei Quotenregelungen) / quota

kontinuierlich, ununterbrochen / continuous, non-intermittent || ~, kontinuierlich arbeitend / continuous (mixer, furnace etc.) || ~, stetig / steady || ~ **arbeitend** / continuous (mixer, furnace etc.) || ~**er Laser**, CW-Laser m, Dauerstrichlaser m / continuous wave laser, CW laser || ~**e Messung** (Mess) / continuous sensing, quasi-continuous sensing || ~**e Phase**, Dispersionsmittel n (Chem, Phys) / continuous phase (in a disperse system), dispersion medium, external phase || ~**er Phasenübergang**, Phasenübergang II. Art m (Phys) / continuous phase transition, continuous transition, second-order transition || ~**es ZTU-Diagramm** (Hütt) / continuous cooling transformation diagram, CT diagram

Kontinuität f, Fortdauer f, Stetigkeit f / continuity

Kontinuitätsgleichung f / continuity equation

Konto n, Account m (DV, Tele) / account (in a network), user account

kontrahieren vi, zusammenziehen vr / contract

Kontrakt m, Vertrag m / contract n

Kontraktion f, Zusammenziehung f / contraction

Kontrast (Foto, Opt, TV) / contrast n || ≃**messung** f (Foto) / contrast measurement || ≃**regler** m (TV) / contrast control || ~**reich**, hart (Foto, TV) / contrasty, high-contrast, rich in contrast, hard

Kontravalenz f, exklusives ODER (DV, Eltro, Logik) / anticoincidence, exclusive OR function, Exclusive-OR operation, XOR function, EITHER-OR, EX.OR, non-equivalence, antivalence

Kontrollanlage f, Überwachungsanlage (z.B. um den fehlerfreien Betrieb einer Maschine sicherzustellen o. um den Verkehrsfluss zu überwachen), Überwachungssystem n / monitoring equipment, monitoring system

Kontrolle f [über], Beherrschung f / control [of] || ≃, Überprüfung f (hinsichtlich Leistung, Zustand, Sicherheit etc.) / check || ≃, Sichtprüfung f / inspection, visual inspection || ≃ f, Überwachung f (über einen längeren Zeitraum, ohne Eingriff) / monitoring (e.g. of temperature, air quality, toxic substances in the environment, condition of a machine) || ≃, Aufsicht f / supervision || ≃, Kontrollpunkt m, Kontrollstelle f / checkpoint

Kontroll•element n, Kontrollstruktur f (DV) / control structure (in programming) || ≃**fenster** m / inspection window || ≃**gerät** n, Überwachungsgerät n, Registriergerät n (zur

Überwachung u. evtl. Aufzeichnung technischer Vorgänge) (Techn) / monitor *n*, monitoring device

kontrollieren, nachprüfen, überprüfen / check (e.g. oil level; files; a copy against the original; a pipe for cracks; that/whether a part moves freely) ‖ ~ / check (tickets) ‖ ~, überprüfen (visuell - z.B. Maschine, Anlage) / inspect ‖ ~, überwachen (über einen längeren Zeitraum, ohne Eingriff) / monitor *vt* (e.g. temperature, air quality, toxic substances in the environment, condition of a machine) ‖ ~, überprüfen, verifizieren / verify ‖ ~, beherrschen / control, be in control of ‖ ~, beaufsichtigen / supervise ‖ ~, abfertigen / clear (for dispatch, departure)

Kontroll•kanzel *f* (im Tower) (Luft) / visual control room ‖ ~**kästchen** *n* (die Kombination mehrerer Optionen und das Ausschalten aller Optionen ist möglich) (DV) / check box (in a GUI dialog box) ‖ ~**lampe** *f*, Anzeigelampe *f* (Instr) / pilot lamp, indicator lamp, pilot light, indicator light, telltale lamp ‖ ~**lehre** *f* (Mess) / reference gauge ‖ ~**leuchte** *f* (Instr) / pilot lamp, indicator lamp, pilot light, indicator light, telltale lamp ‖ ~**messung** *f* / check measurement ‖ ~**punkt** *m*, Kontrollstelle / checkpoint ‖ ~**raum** *m*, Kontrollkanzel *f* (im Tower) (Luft) / visual control room ‖ ~**schacht** *m* (Zugang zu einem Leitungssystem oder einer Technikeinrichtung) / manhole ‖ ~**schacht**, Kanalschacht *m* (Straß) / manhole, sewer manhole ‖ ~**stelle**, Kontrollpunkt *m* / checkpoint ‖ ~**struktur** *f*, Kontrollelement *n* (DV) / control structure (in programming) ‖ ~**turm** *m*, Tower *m* (Luft) / control tower, air traffic control tower, tower ‖ ~**zeichen** *n*, Prüfzeichen *n* (DV) / check character ‖ ~**ziffer** *f*, Prüfziffer *f* (DV) / check digit

Kontur *f*, Umriss *m*, Umrisslinie *f* / contour *n*, outline *n*

Konus *m*, Kegel (Math, Techn) / cone ‖ ~**kupplung** *f* (Masch) / cone clutch

Konvektion *f*, Wärmekonvektion *f* (Wärmeübertragung durch strömende Flüssigkeiten oder Gase) (Phys) / convection, heat convection, thermal convection

Konvektions•instabilität *f* (Phys) / convective instability ‖ ~**kühlung** *f* (Masch) / convection cooling ‖ ~**strömung** *m* (Phys) / convection current

konventionell, herkömmlich / conventional

konvergent•e Folge (Math) / convergent sequence ‖ ~**e Reihe** (Math) / convergent series

Konvergenz *f* (Math) / convergence, convergency

Konversion *f*, Brüten *n* (Nukl) / breeding

Konverter *m* (Techn) / converter ‖ ~ (DV) / converter *n*, Konvertierungsprogramm *n* (zur Konvertierung von Text- o. Grafikdateien in andere Dateiformate) (DV) / file conversion utility ‖ ~ (Hütt) / converter ‖ ~, Bessemer-birne *f* (Hütt) / Bessemer converter ‖ ~ (Foto, Opt) / converter, converter lens ‖ ~, Telekonverter *m* (Foto) / converter, tele-converter ‖ ~ (Brüter; bei dem weniger Spaltmaterial entsteht als verbraucht wird) (Nukl) / converter, nuclear converter ‖ ~ **mit Sauerstofflanze** (beim Sauerstoff-Aufblas-verfahren), Sauerstoff-Aufblas-Konverter *m* (Hütt) / basic oxygen furnace, BOF

konvertieren (DV) / convert (data into another format)

Konvertierung *f* (DV) / conversion (from one format or code into another) ‖ ~ (DV) / data conversion

Konvertierungsprogramm *n* (zur Konvertierung von Text- o. Grafikdateien in andere Dateiformate) (DV) / file conversion utility

konvex / convex ‖ ~**e Funktion** (Math) / convex function ‖ ~**er Kegel**, abgestumpfter Kegel, stumpfer Kegel (Math) / blunted cone, unpointed cone ‖ ~**e Linse** (Opt) / convex lens ‖ ~**e Menge** (Math) / convex set ‖ ~**e Punktmenge** (Math) / convex set

konvex-konkav (Opt) / convexo-concave

Konzentrat *n* (allg, Chem) / concentrate

Konzentration *f* (allg) / concentration ‖ ~, Konzentrierung *f* (Chem) / concentration (e.g. of ozone in the air), concn., density

Konzentrator *m* (Solaranlage) (Elek) / concentrating system, concentrator

konzentrieren *vt*, verstärken *vt* (eine Säure) / concentrate (an acid) ‖ ~ (z.B. Produktionsstätten im Süden Englands) / concentrate *vt* (e.g. production sites in the S of England) ‖ ~ (Aufmerksamkeit, Anstrengungen)[auf] / concentrate (attention, efforts)[on] ‖ ~, bündeln, fokussieren (z.B. Elektronen-, Laserstrahl) (Phys) / focus *vt* (light, rays) ‖ ~, aufbereiten (feste mineralische Rohstoffe, z.B. durch Zerkleinern, Rösten, Magnetscheidung, Flotation) (Aufb) / beneficiate, dress (ore), concentrate ‖ ~, eindicken (ChT) / concentrate ‖ ~ *vr* (sich)[auf] / concentrate *vi* [on] ‖ ~ (sich)[auf], in den Mittelpunkt stellen / focus *vi* [on] (e.g. the report focused on environmental aspects)

konzentrisch / concentric

Konzentrizität *f* (Gestaltparameter), Koaxialität *f* / concentricity (extent to which any two part features have a common axis)

Konzept *n* / concept ‖ ~, Entwurf *m* / draft

konzipieren, auslegen, konstruieren / design ‖ ~, planen / plan ‖ ~, entwerfen (z.B. Pläne, Strategien) / draft (e.g. plans, strategies)

konzis, knapp (z.B. Zusammenfassung, Darstellung) / concise

Koordinate *f* (Math) / coordinate *n*

Koordinaten•achse *f* / axis of coordinates ‖ ~**anfangspunkt** *m* (an dem sich die Achsen eines Koordinatensystems schneiden) (Math) / origin (of coordinates) ‖ ~**bohrmaschine** *f* (Wzm) / jig borer, jig boring machine ‖ ~**kreuz** *n* / coordinate axes *pl* ‖ ~**kreuz**, Achsenkreuz *n* (Math) / Cartesian coordinate system (for locating a point on a plane), rectangular Cartesian coordinate system, system of rectangular coordinates, system of coordinates ‖ ~**messtechnik** *f* (Mess) / coordinate measuring technology ‖ ~**system** *n* (Math) / coordinate system, coordinate axis system ‖ **kartesisches** ~**system** (des Raums) (Math) / cartesian coordinate system (for locating a point in space) ‖ **kartesisches** ~**system** (der Ebene), Achsenkreuz *n*, Koordinatenkreuz *n* (Math) / Cartesian coordinate system (for locating a point on a plane), rectangular Cartesian coordinate system, system of rectangular coordinates, system of coordinates ‖ ~**transformation** *f* / transformation of coordinates

Koordinations•bindung *f* (Chem) / coordinate bond, dative covalent bond, dative bond, coordinate valence || ~**zahl** f / CN, coordination number

koordinative Bindung (Chem) / coordinate bond, dative covalent bond, dative bond, coordinate valence

koordinieren, abstimmen / coordinate v [with]

koordinierte Weltzeit (auf der Internationalen Atomzeit beruhende Zeitskala, die die Grundlage für allgemeine und wissenschaftliche Zeitangaben bildet), UTC (Universal Time Coordinated) / UTC, Universal Time Coordinated, Coordinated Universal Time, CUT

KOP, Kontaktplan m (Programmiersprache zur Programmierung von SPS) (DV, Regel) / ladder logic || ~, Kontaktplan m (konkretes Programm) (DV, Regel) / ladder diagram, LD, ladder program, ladder logic program

Kopf m / head (e.g. of hammer, nail) || ~ (Lese-, Schreib-, Magnet-) (DV, Eltro) / head || ~, Header m, Kopfteil m (DV, Tele) / header (in a data packet), message header || ~ (DV, Tele) / header (in electronic mail) || ~**anker** m, Maueranker m, Schlauder f (Bau) / tie bolt, wall anchor || ~**anstauchen** n (Verkürzung der Längsausdehnung bei gleichzeitiger Querschnittszunahme nur am Ende des Werkstücks, z.B. zur Herstellung von Nagel- u. Schraubenköpfen) (Schm) / heading, upsetting || ~**drehmaschine** f (Wzm) / face lathe, facing lathe || ~**form** f (von Schrauben) / head shape, head form, head type

Kopfhörer m (Audio) / headphones pl, earphones pl || ~**anschlussbuchse** f (Audio) / headphone jack || ~**buchse** f (Audio) / headphone jack || ~**muschel** f (Audio) / earcup (of a headphone)

Kopf•kreis m (Zahnrad) (Techn) / addendum circle, tip circle, outside circle || ~**schraube** f (Masch) / cap screw || ~**schutz** m / head protection || ~**stütze** f (Kfz) / headrest, head restraint || ~**teil** m, Header m (DV, Tele) / header (in a data packet), message header || ~**zeile** f (DV) / header (in a document), running head || ~**zeile**, Kolumnentitel m (Druck) / headline (line at the top of a page, containing the title, pagination etc.)

Kopie f, Duplikat n, Zweitexemplar n / duplicate n, dupe n (US)

Kopierdrehmaschine f (Wzm) / contouring lathe, copying lathe, duplicating lathe

kopieren, überspielen (auf einen anderen Datenträger) (Audio, DV, Video) / copy, transfer (e.g. to tape, CD) || ~ (allg, DV) / copy vt

Kopierer m, Fotokopiergerät n (Büro) / copier, photocopier, copy machine, photocopying machine

Kopier•fräsmaschine f (Wzm) / tracer mill, profiling machine, copy milling machine || ~**licht** n, Vergrößerungslicht (Foto) / printer light, printing light || ~**schutz** m (DV) / copy protection, software protection

Kopolymer n / copolymer

Koppel•einrichtung f (Tele) / switching unit || ~**element** n (Tele) / switching element || ~**kondensator** m (Elek) / coupling capacitor

koppeln vt (elektrisch o. mechanisch) (Elek, Phys, Techn) / couple (mechanically and electrically)

Koppel•netz-Steuerung f (Tele) / switching network control || ~**reihe** f (alle Koppelpunkte, über die ein Eingang mit einem von mehreren Ausgängen verbunden werden kann) (Tele) / switching row || ~**stufe** f (Gesamtheit aller Koppelvielfache einer Koppelanordnung, die strukturell an gleicher Stelle liegen) (Tele) / switching stage

Koppler m (Elek, Eltro, Opt, Techn) / coupler

Kopplung f (mechanisch o. elektrisch) (Elek, Phys) / coupling || ~ **von Raumfahrzeugen**, Docking n (Aneinanderkoppeln zweier Raumfahrzeuge) (Raumf) / docking, linkup, docking manoeuvre

Kopplungs•faktor m (Eltro, Tele) / coupling factor || ~**faktor**, Gleichstrom-Übertragungsverhältnis n (Kennwert eines Optokopplers) (Eltro) / current transfer ratio, CTR || ~**kondensator** m (Elek) / coupling capacitor || ~**manöver** n, Docking n (Aneinanderkoppeln zweier Raumfahrzeuge) (Raumf) / docking, linkup, docking manoeuvre

Korbbogen m (Geom, Verm) / compound curve

Korn n, Hauptgetreideart f (einer Region, z.B. Roggen in Mittel- u. O-Europa) (Bot, Landw) / corn (chief crop of a region) || ~, Brotgetreide n (Landw, Nahr) / bread cereals, breadgrain, bread-stuff || ~, Getreidekorn n (Bot, Landw) / corn, grain (of a cereal plant) || ~ (z.B. Sand) / grain || ~ (Krist) / grain || ~, Körnung f, Körnigkeit f (allg, Foto, Schleifscheibe) / grain || ~, Körnung f (Pap) / tooth || ~, Richtkorn n (Gewehr) / front sight || ~**bruch** m (bei Schleifkörpern), Kornzersplitterung f (Wzm) / grain fracture

körnen, granulieren / granulate || ~, ankörnen (Lochmitten u. Risslinien leicht) / prick-punch || ~, ankörnen (kräftig, zur Erleichterung des Anbohrens) / center-punch, mark with a center-punch

Körner m, Zentrierkörner m (Wz) / center punch n || ~**spitze** f (Dreh) / lathe center

Korn•gleitverschleiß m / wear caused by sliding of grains, grain sliding wear || ~**grenze** f (Krist) / grain boundary

Korngrenzen•korrosion f, interkristalline Korrosion / intercrystalline corrosion, intergranular corrosion || ~**verfestigung** f (Mater) / grain boundary strengthening || ~**zementit** m (Hütt) / grain-boundary cementite

Korngröße f (Krist, Mater, Techn) / grain size || ~ f (von Schüttgut) / particle size, grain size || ~ (bei Schleifmitteln) (Fert) / grit size, grain size

Korngrößen•analyse f (Aufb, Bau, ChT) / particle size analysis, grain size analysis, grading analysis || ~**untersuchung** f (Aufb, Bau, ChT) / particle size analysis, grain size analysis, grading analysis || ~**verteilung** f (in Schütt- und Mahlgütern) (Aufb, ChT) / particle size distribution, grain size distribution || ~**verteilung** (eines Kristallisats) (ChT) / crystal size distribution || ~**verteilung**, Kornzusammensetzung f (in Sieblinien zeichnerisch dargestellt) (Aufb, Bau, ChT) / gradation, grading || ~**verteilungskurve** f (Aufb, Bau, ChT) / grading curve, grain-size accumulation curve

körnig / granular || ~ **machen**, granulieren / granulate

Körnigkeit f, Körnung f (allg) / grain

kornorientiert (Hütt, Krist) / grain oriented || **nicht ~** (Hütt, Krist) / non oriented

Körnung f (Korngrößenverteilung), Granulation f / granularity || ~, Körnigkeit f (allg) / grain || ~, Korn n (Pap) / tooth || ~, Korn n (Foto, Schleifscheibe) / grain || ~ (zum Schleifen, Läppen etc.) (Fert) / grain size, grit size || ~,

Kornzusammensetzung f (in Sieblinien zeichnerisch dargestellt) (Aufb, Bau, ChT) / gradation, grading
Korn•wachstum n / grain growth ‖ **≃zerfall** m (Mater) / grain disintegration ‖
≃zersplitterung f, Kornbruch m (bei Schleifkörpern) (Wzm) / grain fracture ‖
≃zusammensetzung f (in Sieblinien zeichnerisch dargestellt) (Aufb, Bau, ChT) / gradation, grading
Körper m (allg, Luft, Schiff) / body ‖ ≃ (Geom) / solid ‖ ≃ (Elek) / exposed conductive part ‖ **fester ≃**, Festkörper m (allg, Phys) / solid n
Körperfarbe f, Oberflächenfarbe f (Phys) / object colour, surface colour
körperlich, physisch (allg) / physical ‖ ~, räumlich (Geom) / solid ‖ **~e Ecke**, Dreikant m (Math) / trihedron, trihedral n
Körper•schall m (Akust) / solid-borne sound, structure-borne noise ‖ **≃schalladmittanz** f (Akust) / receptance ‖ **≃schallmelder** m / structure-borne sound detector ‖ **≃schluss** m (Elek) / body contact, fault to frame ‖ **gefährlicher ≃strom** (Elek) / shock current
Korrektur f, Verbesserung f (allg) / correction ‖ **≃daten** pl (NC) / cutter offset and compensation data ‖ **≃maßnahmen** f pl, Eingriff m (zur Korrektur) (QM) / corrective action
Korrelation f, Wechselbeziehung f (allg, Math) / correlation
Korrespondenzprinzip, Bohrsches ≃ (Nukl) / Bohr correspondence principle
Korridor m, Hausflur m (Bau) / hallway
korrigieren, verbessern, berichtigen / correct vt ‖ ~ (Programm) / patch (a program) ‖ **nach oben ~** (z.B. Haushaltsüberschuss, Wirtschaftsdaten, Erwartungen) / revise upwards (e.g. budget surplus, economy data, expectations) ‖ **nach unten ~** (z.B. Wirtschaftsprognosen, Absatzzahlen, Verkaufsprognosen, Erwartungen) / revise downwards (e.g. economic forecasts, sales figures), downgrade (e.g. sales forecasts, expectations)
korrodieren vt, angreifen vt, anfressen / corrode, eat away ‖ ~ vi / corrode
korrodierend / corrosive adj, corroding ‖ ~ **wirken** / have a corrosive effect
Korrosion f (Chem, Geol, Techn) / corrosion ‖ ≃ **durch Erosion** / corrosion-erosion, erosion
korrosions•anfällig / susceptible to corrosion ‖ **≃anfälligkeit** f / susceptibility to corrosion ‖ **≃art** f / type of corrosion, corrosion type ‖ **~beständig** / corrosion-resistant, non-corrosive, corrosion-resisting, noncorroding, resistant to corrosion ‖ **≃beständigkeit** f / corrosion resistance, resistance to corrosion ‖ **≃element** n / corroding element ‖ **≃erscheinung** f / corrosion mark, corrosion sign ‖ **~fest** / corrosion-resistant, non-corrosive, corrosion-resisting, noncorroding, resistant to corrosion ‖ **~frei** / corrosion-resistant, non-corrosive, corrosion-resisting, noncorroding, resistant to corrosion ‖ **≃größen** f pl / corrosion characteristics ‖ **~hemmend** / anti-corrosive, anti-corrosion, corrosion-inhibiting ‖ **≃neigung** f / susceptibility to corrosion ‖ **≃produkt** n / corrosion product ‖ **≃schutz** m / corrosion control, corrosion protection, corrosion prevention ‖ **~sicher** / corrosion-resistant,

non-corrosive, corrosion-resisting, noncorroding, resistant to corrosion ‖ **≃system** n / corrosion system
korrosiv, korrodierend / corrosive adj, corroding
Kortison n (Biochem) / cortisone
Korund m (Min) / corundum
Koschenillerot n / carmine
Kosekans m, cosec, Cosecans (Math) / cosecant, cosec
Kosinus m, Cosinus m (Math) / cosine, cos ‖ **≃funktion** f (Math) / cosine function ‖ **≃satz** m (Math) / law of cosines, cosine formula, cosine rule
Kosmetikspiegel m (in der Beifahrersonnenblende) (Kfz) / vanity mirror
kosmisch•e Geschwindigkeit (Raumf) / cosmic velocity ‖ **dritte ~e Geschwindigkeit** / third cosmic velocity
Kosmo•biologie f / exobiology, astrobiology, space biology ‖ **≃chemie** f / astrochemistry
Kosmonaut m (in der UdSSR/Russland verwendete Bezeichnung), Astronaut m (Raumf) / astronaut, spaceman, cosmonaut (Russian or Soviet astronaut)
Kosmonautik, Raumfahrtforschung f (Raumf) / astronautics sg, cosmonautics sg
kosten / cost ‖ ~ (im Einzelhandel) / retail vi [at, for]
Kosten pl / cost sg, costs pl ‖ ≃, Aufwand m / cost[s], outlay, expense ‖ **auf ≃ von ...** / at the expense of ... (e.g. seek profit at the expense of safety) ‖ **≃anschlag** n, Kostenvoranschlag m (Wirtsch) / quotation, quote, bid, estimate n (statement of approximate charge for work) ‖ **≃aufwand** m / cost[s], outlay, expense ‖ **~bewusst** / cost conscious ‖ **~effektiv** / cost-effective (economical in terms of tangible benefits produced by money spent) ‖ **~effizient** / cost-effective (economical in terms of tangible benefits produced by money spent) ‖ **~günstig** / low-cost ‖ **~günstig**, kosteneffizient / cost-effective (economical in terms of tangible benefits produced by money spent) ‖ **≃günstigkeit** f, Wirtschaftlichkeit / economy ‖ **~intensiv** / cost-intensive, costly ‖ **≃-Leistungsverhältnis** n / cost/performance ratio
kostenlos adj / free ‖ ~ / f.o.c., free of charges ‖ ~ adv / freely, gratis
Kosten•-Nutzen-Analyse f / benefit-cost analysis, cost-benefit-analysis ‖ **≃stelle** f (in der Kostenrechnung) (Wirtsch) / cost center ‖ **≃überwachung** f / cost control ‖ **≃voranschlag** m (Wirtsch) / quotation, quote, bid, estimate n (statement of approximate charge for work)
kostspielig / cost-intensive, costly
Kotangens m (Math) / cotangent, cot, ctn ‖ **≃funktion** f (Math) / cotangent function
Kotflügel m (Kfz) / wing (GB), fender (US), mud guard (GB)
kovalente Bindung (Chem) / atomic bond, covalent bond, electron pair bond
Kovalentgitter n, Atomgitter n (Krist) / atomic lattice, atom lattice
Kovalenzbindung f (Chem) / atomic bond, covalent bond, electron pair bond
Kp (Kochpunkt), Siedepunkt m (Chem, Phys) / boiling point, b.p.
Kr, Krypton n (Chem) / krypton, Kr
Krackbenzin n (Öl) / cracked gasoline (US) o. petrol (GB)
Kracken n (Öl) / cracking
Krackung f (Öl) / cracking

Krackverfahren n (Öl) / cracking
Kraft, Stärke f / strength, power ‖ $\sim$ f (Masse x Beschleunigung) (Phys) / force ‖ $\sim$ (die Spannungen u. Formänderungen im Werkstoffgefüge eines belasteten Bauteils hervorruft) (Mech) / force, load ‖ $\sim$ **in Längsrichtung**, Axialkraft f (Mech) / axial force, longitudinal force ‖ $\sim$**angriffspunkt** m (Mech) / point of application of force ‖ $\sim$**anlage** f (zur Energieerzeugung) (Ener) / power plant ‖ $\sim$**aufnehmer** m (Mess) / force transducer ‖ $\sim$**aufwand** m / force required ‖ $\sim$**bedarf** m, Leistungsbedarf m / power requirement, power demand, power required, necessary power ‖ $\sim$**drehkopf** m (bei Rotary-Bohranlagen zum Antrieb des Bohrgestänges), Top Drive m (Öl) / top drive ‖ $\sim$**eck** n (Mech) / polygon of forces
Kräftegleichgewicht n (Mech) / equilibrium of forces
Krafteinheit f (Newton) (Phys) / unit of force
Kräfte•paar n / couple of forces ‖ $\sim$**parallelogramm** n (Mech) / parallelogram of forces ‖ $\sim$**polygon** n (Mech) / polygon of forces ‖ $\sim$**reduktion** f (um die Resultierende zweier o. mehr Kräfte mit Hilfe des Parallelogrammsatzes zu fineden) (Math, Phys) / composition of forces ‖ $\sim$**system** n / system of forces ‖ $\sim$**zug** m (Mech) / polygon of forces
Kraftfahrzeug n (Kfz) / motor vehicle, power-driven vehicle ‖ $\sim$, Auto n (Kfz) / car, automobile, motorcar ‖ $\sim$**batterie** f (Kfz) / battery, storage battery ‖ $\sim$**bau** m / automobile manufacture, car manufacture ‖ $\sim$**industrie** f / automobile industry, automotive industry, car industry, motor industry ‖ $\sim$**mechaniker** m / auto mechanic, automotive mechanic, auto[motive] technician, car mechanic (GB), motor mechanic (Australia) ‖ $\sim$**-Navigationssystem** n (Kfz, Nav) / automotive navigation system, car navigation system ‖ $\sim$**technik** f / automotive engineering ‖ $\sim$**werkstatt** f / automotive repair shop, motorcar repair shop, garage, car repair shop
Kraft•fluss m (Techn) / power flow ‖ $\sim$**gewinn** m (durch Hebel), Hebelwirkung f (Mech) / leverage, lever action, purchase ‖ $\sim$**haus**, Maschinenhaus n (des Kraftwerks) (Elek) / power house
kräftig, intensiv / intensive
Kraft•kreis m, Starkstromkreis m (Elek) / power circuit ‖ $\sim$**linie** f, Feldlinie f (Phys) / line of force ‖ $\sim$**linienverlauf** m (Mech) / course of the lines of force ‖ $\sim$**linienzahl** f, elektrische Flussdichte (Elek) / electric flux density, dielectric strain, displacement, electric displacement ‖ $\sim$**maschine** f (Wärme-, Wasserkraftmaschine, Elektromotor) (Ener) / prime mover, engine ‖ $\sim$**messdose** f (Mess) / load cell ‖ $\sim$**messung** f (Mess) / force measurement ‖ $\sim$**mikroskop** n, Rasterkraftmikroskop n / atomic force microscope, AFM, scanning force microscope ‖ $\sim$**moment** n (Mech) / moment of force ‖ $\sim$**omnibus** m (Kfz) / bus n, motorbus ‖ $\sim$**schluss** m / frictional connection ‖ $\sim$**schlüssig** (Mech) / non-positive, frictional ‖ $\sim$**schlüssige Verbindung** f / frictional connection ‖ $\sim$**spannfutter** n (Wzm) / power chuck ‖ $\sim$**spannzange** f (Wzm) / power collet chuck
Kraftstoff m, Motorkraftstoff m / fuel, motor fuel ‖ $\sim$**anlage** f (Kfz) / fuel system ‖ $\sim$**anzeige**

f, Kraftstoffvorratsanzeiger m (DIN) (Kfz) / fuel gauge, fuel level gauge, gas gage (US), gasoline gage, petrol gauge ‖ $\sim$**anzeiger** m, Kraftstoffvorratsanzeiger m (DIN) (Kfz) / fuel gauge, fuel level gauge, gas gage (US), gasoline gage, petrol gauge ‖ $\sim$**behälter** m (Kfz) / fuel tank, tank ‖ $\sim$**behälter**, Kraftstofftank m (Kfz) / fuel tank, petrol (GB) o. gasoline (US) tank ‖ $\sim$**-Filter** n / fuel filter ‖ $\sim$**förderpumpe** f (Kfz) / fuel pump, gasoline pump ‖ $\sim$**leitung** f (Kfz) / fuel line ‖ $\sim$**-Luft-Gemisch** n (Mot) / air-fuel mixture ‖ $\sim$**pumpe** f (Kfz) / fuel pump, gasoline pump ‖ $\sim$**reserveanzeige** f / low fuel warning light ‖ $\sim$**tank** m (Kfz) / fuel tank, petrol (GB) o. gasoline (US) tank ‖ $\sim$**verbrauch** m (Mot) / fuel consumption ‖ $\sim$**verbrauch** (unter dem Aspekt der Wirtschaftlichkeit) (Mot) / fuel economy ‖ $\sim$**verbrauch verringern** / improve fuel economy, increase fuel economy ‖ $\sim$**vorratsanzeiger** m (DIN) (Kfz) / fuel gauge, fuel level gauge, gas gage (US), gasoline gage, petrol gauge
Kraft•stoß m (Zeitintegral der Kraft), Impulsänderung f (Mech) / impulse ‖ $\sim$**strom** m, Starkstrom m, Strom m hoher Stromstärke (Elek) / power current, heavy current ‖ $\sim$**strom** (Elek) s.a. Drehstrom ‖ $\sim$**stromleitung** f, Starkstromleitung f (zur Energieübertragung) (Elek) / power line, transmission line ‖ $\sim$**übertragung** f (allg) / power transmission ‖ $\sim$**übertragung** (Anlage) / power train ‖ $\sim$**verbrauch** m, Leistungsbedarf m, Kraftbedarf m / power requirement, power demand, power required, necessary power ‖ $\sim$**wagen** m, Auto n (Kfz) / car, automobile, motorcar ‖ $\sim$**-Wärme-Kopplung** f (Elek) / CHP, cogeneration, cogen, combined heat and power [generation], total energy ‖ $\sim$**-Wärme-Kopplungsanlage** f (Elek) / CHP plant, combined heat and power plant, cogeneration power plant ‖ $\sim$**-Weg-Diagramm** n (Phys) / load-displacement curve ‖ $\sim$**werk** n (Elek) / power plant (US), electric power station (GB), power station (GB) ‖ $\sim$**werk, das nur der Stromerzeugung dient** (Elek) / power-only plant ‖ $\sim$**werksblock** m (Elek) / power station unit
Kragarm m, Kragträger m (Auslegerbrücke) (Bau) / cantilever arm
Kragen m, Hals m (kragenförmig) (Masch) / collar ‖ $\sim$**ziehen** n (Bördeln von ausgeschnittenen Öffnungen in Blechen) (Fert) / plunging
Kragträger m (Stützträger, der mit einem o. mit beiden Enden über die Lagerstelle hinausragt) (Mech) / cantilever ‖ $\sim$ (einseitig gelagerter, waagerechter Träger, an dem eine Last hängt) (Mech) / cantilever ‖ $\sim$ (Auslegerbrücke) (Bau) / cantilever arm
Kran m (Förd) / crane ‖ $\sim$ **mit Ausleger**, Auslegerkran m (Förd) / jib crane (any crane with a jib) ‖ $\sim$**führerkabine** f (Förd) / cab, operator's cab ‖ $\sim$**katze** f, Laufkatze f (des Krans) (Förd) / trolley, crab, crane trolley, crane crab ‖ $\sim$**pfanne** f (Gieß) / crane ladle
Krapprot, Alizarin n (Färb) / alizarin (obtained from the root of the common madder plant), alizarine
Krater m (Geol, Schw) / crater
Kratzer m, Schramme f / scratch ‖ $\sim$**förderer** m (Förd) / flight conveyor

Krebs-Zyklus *m* (Biochem) / citric acid cycle, tricarboxylic acid cycle, TCA cycle, Krebs cycle

Kreide *f* / chalk

Kreis *m* (allg, Math) / circle *n* ‖ ⁓ **des Apollonius** (Math) / circle of Apollonius, Apollonius' circle ‖ ⁓**abschnitt** *m*, Kreissegment *n* (Math) / segment (of a circle) ‖ ⁓**ausschnitt** *m*, Kreissektor *m* (Math) / sector *n* (of a circle) ‖ ⁓**bahn** *f*, Umlaufbahn *f* (des Elektrons im Bohrschen Atommodell) (Phys) / orbit (of the electron) ‖ ⁓**bahngeschwindigkeit** *f*, Orbitalgeschwindigkeit *f* / circular velocity ‖ ⁓**bewegung** *f* (Phys) / circular motion ‖ ⁓**blattschreiber** *m* / round chart recorder, circular chart recorder ‖ ⁓**bogen** *m* (Math) / arc of a circle, circular arc ‖ ⁓**bogenverzahnung** *f* / circular-arc teeth ‖ ⁓**diagramm** *n* / circle diagram ‖ ⁓**diagramm** (grafische Darstellung, in der Kreisausschnitte die prozentualen Anteile an einem Ganzen repräsentieren), Tortendiagramm *n* (Stat) / circle graph, pie chart, pie diagram, pie graph

Kreisel *m* / gyroscope, gyro ‖ ⁓ (Straß) / roundabout (GB), gyratory circus, rotary (US) ‖ ⁓**bewegung** *f* / gyration, gyroscopic motion ‖ ⁓**brecher** *m*, Kegelbrecher *m* (Aufb) / cone crusher ‖ ⁓**pumpe** *f* / centrifugal pump ‖ ⁓**steuergerät** *n*, Autopilot *m* (Luft) / automatic *n*, automatic pilot, autopilot, gyro-pilot ‖ ⁓**verdichter** (Masch) / turbocompressor, centrifugal compressor

kreisen, umlaufen *vi*, zirkulieren / circulate *vi* ‖ ⁓ (Planet, Satellit, Elektronen um Atomkern) / orbit *vi* (planet, satellite, electrons around nucleus)

Kreis • evolvente *f* (Geom) / involute of a circle ‖ ⁓**förderer** *m* (Förd) / circular conveyor, endless conveyor ‖ ⁓**förmig**, -rund / circular ‖ ⁓**frequenz** (Elek, Phys) / angular frequency, angular velocity, radian frequency, pulsatance ‖ ⁓**funktionen** *f pl*, trigonometrische Funktionen (Math) / trigonometric functions *pl*, circular functions ‖ ⁓**gleichung** *f* (Math) / equation of a circle ‖ ⁓**güte** *f*, Schwingkreisgüte *f* (Elek, Eltro) / quality factor, Q factor, magnification factor ‖ ⁓**interpolation** *f* (NC) / circular interpolation ‖ ⁓**interpolationsparameter** *m* (NC) / circular interpolation parameter ‖ ⁓**kegel** *m* (Math) / circular cone ‖ ⁓**kolben** *m* (Mot) / rotary piston ‖ ⁓**kolbenmotor** *m* (Mot) / rotary engine, pistonless rotary engine, rotary piston engine (using rotors or rotary pistons instead of conventional reciprocating pistons)

Kreislauf *m* (Anlage, System) / circuit ‖ ⁓ (Vorgang, Prozess) / cycle ‖ **in den** ⁓ **zurückführen** / recycle, recirculate

Kreis • linie *f*, Kreisrand *m* / periphery of a circle ‖ ⁓**peripherie** *f*, Kreislinie *f*, Kreisrand *m* / periphery of a circle

Kreisprozess *m* / cyclic process ‖ ⁓ **der idealen Wärmepumpe** (Phys) / vapour compression cycle ‖ **Carnotscher** ⁓, Carnot-Prozess *m*, Carnot-Kreisprozess *m* (Phys) / Carnot cycle ‖ **umgekehrter Carnotscher** ⁓ (Phys) / vapour compression cycle

Kreis • rand *m*, Kreislinie *f* / periphery of a circle ‖ ⁓**ring** *m* / circular ring ‖ ⁓**säge** *f* (Wz) / circular saw, buzz saw (US) ‖ ⁓**segment** *n* (Math) / segment (of a circle) ‖ ⁓**sektor** *m*, Kreisausschnitt *m* (Math) / sector *n* (of a circle) ‖ ⁓**umfang** *m*, Kreislinie *f*, Kreisrand *m* / periphery of a circle ‖ ⁓**verkehr** *m* (Kfz, Straß) /

rotary traffic, roundabout traffic ‖ ⁓**verkehr** (Straß) / roundabout (GB), gyratory circus, rotary (US) ‖ ⁓**verkehrsplatz** *m* (Straß) / roundabout (GB), gyratory circus, rotary (US) ‖ ⁓**wulst** *m* *f*, Torus *m*, Ringfläche *f* (Math) / torus ‖ ⁓**zahl** *f* (Math) / pi, π ‖ ⁓**zylinder** *m* (Geom) / circular cylinder

Kremser Weiß *n* / white lead, ceruse

Kreuz *n* (allg) / cross ‖ ⁓ (Fitting nach DIN 2950) (Rohr) / double junction, cross ‖ ⁓, Autobahnkreuz *n* (Straß) / interchange, expressway or motorway interchange

Kreuz • ..., kreuzförmig / cross-shaped, cruciform ‖ ⁓**fahrtschiff** *f* (Schiff) / cruise liner, cruise ship ‖ ⁓**förmig** / cross-shaped, cruciform ‖ ⁓**gelenk** *n*, Kardangelenk *n* / Cardan joint, Hooke's joint, universal coupling, universal joint, U joint ‖ ⁓**griff** *m* (DIN 6335), Handkreuz *n* (Wzm) / star handle, star-wheel handle ‖ ⁓**hacke** *f* / pick (with a point at one end and a chisel edge at the other), double pointed pick, pickax (US), pickaxe (GB) ‖ ⁓**kopf** *m* (Koppelglied an großen Kolbenmaschinen zwischen der Kolbenstange und dem Pleuel) (Masch) / crosshead, crosshead bearing ‖ ⁓**lochmutter** *f* / capstan nut, round nut with set pin holes inside ‖ ⁓**lochschraube** *f* / capstan screw ‖ ⁓**pickel** *m*, Kreuzhacke *f* / pick (with a point at one end and a chisel edge at the other), double pointed pick, pickax (US), pickaxe (GB) ‖ ⁓**produkt** *n*, Vektorprodukt *n* (Math) / cross product (of a vector), vector product ‖ ⁓**rollenlager** *n* / crossed roller bearing ‖ ⁓**schalter** *m* (Elek) / four-way switch (US)(installed between a pair of three-way switches to make it possible to control a light fixture from three or more locations), intermediate switch (GB) ‖ ⁓**schaltung** *f* (bei der ein Verbraucher von drei o. mehr Stellen aus ein- o. ausgeschaltet wird, bestehend aus einem o. mehr Kreuzschaltern u. zwei Wechselschaltern) (Elek) / four-way switch installation (US), three way circuit (GB) ‖ ⁓**scheibenkupplung** *f*, Oldhamkupplung *f* / Oldham coupling, Oldham coupler ‖ ⁓**schienenverteiler** *m* (Tele) / crossbar distributor ‖ ⁓**schlagseil** *n* / crosslay cable ‖ ⁓**schlitten** *m*, Oberschlitten *m* (trägt die Spanneinrichtung für Werkzeuge) (Wzm) / compound (movable platform mounted on top of the cross slide - the toolpost is mounted on the compound), topslide, compound slide, compound rest, compound slide rest, slide rest ‖ ⁓**schlitzkopf** *m* (Schraube) / cross recessed head ‖ ⁓**schlitzschraube** / cross-headed screw, crosshead screw, cross recessed head screw ‖ ⁓**schlitzschraube** *f* (bei der sich die Flanken des Kreuzschlitzes nach unten hin verjüngen), Phillips-Schraube *f* / Phillips screw, recessed head screw, Phillips-[recessed-]head screw ‖ ⁓**schlitzschraubendreher** *m* Philips-Recess-/ Phillips screwdriver ‖ ⁓**schlitzschraubendreher Pozidriv / Supadriv** (Weiterentwicklung des Philips-Kreuzschlitz) (Wz) / Pozidriv screwdriver ‖ ⁓**schlüssel** *m* (für Radmuttern) (Kfz, Wz) / four-way lug wrench (US), four-way wheel brace (GB), four-way wheel wrench (GB), spider ‖ ⁓**spulinstrument** *n* (Mess) / cross-coil gauge ‖ ⁓**spulmesswerk** *n* (Mess) / cross-coil gauge ‖ ⁓**stoß** *m* (Schw) / double-tee joint ‖ ⁓**stück** *n*, Kreuz *n* (Fitting nach DIN 2950) (Rohr) / double junction, cross ‖ ⁓**support** *m*,

Oberschlitten *m* (trägt die Spanneinrichtung für Werkzeuge), Kreuzschlitten *m* (Wzm) / compound (movable platform mounted on top of the cross slide - the toolpost is mounted on the compound), topslide, compound slide, compound rest, compound slide rest, slide rest ‖ $\stackrel{\sim}{-}$**tisch** *m* (Wzm) / compound table ‖ $\stackrel{\sim}{-}$**tisch** (Mikros) / mechanical stage

Kreuzungsstoß *m* (Schw) / double-tee joint

Kriechdehnung *f* (Mater) / creep strain, creep

kriechen (Werkstoff), allmählich sich verformen (unter gleich bleibender Belastung) (Mater) / creep ‖ $\stackrel{\sim}{-}$ *n* (bleibende Verformung bei gleichbleibender Belastung) (Mater) / creep (permanent deformation experienced under sustained loads)

Kriech•festigkeit *f* (Mater) / creep strength, creep resistance, resistance to creep ‖ $\stackrel{\sim}{-}$**strom** *m* (Elek) / leakage current (on the surface of an insulator) ‖ $\stackrel{\sim}{-}$**strombarriere** *f* (Zündkerze) (Kfz) / leakage-current barrier, leak-current barrier, flashover protection ‖ $\stackrel{\sim}{-}$**strombeständig** (Elek) / non-tracking ‖ $\stackrel{\sim}{-}$**strombeständigkeit** *f* (Elek) / resistance to tracking, tracking resistance ‖ $\stackrel{\sim}{-}$**stromfest** (Elek) / non-tracking ‖ $\stackrel{\sim}{-}$**stromfestigkeit** *f* (Elek) / resistance to tracking, tracking resistance

Kristall•baufehler *m* (Krist) / crystal defect, crystal imperfection, lattice imperfection, lattice defect ‖ $\stackrel{\sim}{-}$**defekt** *m*, Kristallbaufehler *m* (Krist) / crystal defect, crystal imperfection, lattice imperfection, lattice defect ‖ $\stackrel{\sim}{-}$**erholung** *f* / crystal regeneration ‖ $\stackrel{\sim}{-}$**fehler** *m*, Kristallbaufehler *m* (Krist) / crystal defect, crystal imperfection, lattice imperfection, lattice defect ‖ $\stackrel{\sim}{-}$**förmiger Zustand** / crystalline state ‖ $\stackrel{\sim}{-}$**gitter** *n* (Krist) / crystal lattice, lattice

kristallin / crystalline ‖ $\stackrel{\sim}{-}$**e Flüssigkeit** (Chem, Eltro) / liquid crystal, LC

kristallinisch / crystalline

Kristallisation *f* / crystallization

Kristallisationskeim *m* / crystal nucleus, nucleus

kristallisieren *vt vi* / crystallize

Kristallisierung *f* / crystallization

Kristall•keim *m* / crystal nucleus, nucleus ‖ $\stackrel{\sim}{-}$**mikrofon** *n*, piezoelektrisches Mikrofon (Audio) / crystal microphone, piezoelectric microphone ‖ $\stackrel{\sim}{-}$**oszillator** *m*, Quarzoszillator *m* (Eltro) / crystal oscillator, quartz oscillator, quartz-crystal oscillator, piezoelectric oscillator ‖ $\stackrel{\sim}{-}$**phase** *f* (Phys) / crystalline phase ‖ $\stackrel{\sim}{-}$**pulvermethode** *f* (Krist, Radiol) / Debye and Scherrer method, powder method ‖ $\stackrel{\sim}{-}$**wasser** *n*, Konstitutionswasser *n* / constitutional water

Kriterium *n* / criterion (pl: criteria, -ions)

kritisch (allg, Nukl) / critical ‖ $\stackrel{\sim}{-}$**e Abkühlungsgeschwindigkeit** / critical cooling rate ‖ **~er Druck** (Phys) / critical pressure ‖ **~er Verformungsgrad** (Phys) / critical deformation

Kritische-Pfad-Methode *f*, Netzplantechnik *f* nach CPM (Critical Path Method) (IE) / CPM, critical path method

Kroll-Verfahren *n* (bei der Titangewinnung) (Hütt) / Kroll process

Krone *f* (Uhr) / crown (of a watch)

Kronenmutter *f* (DIN 935) / castellated nut, castle nut, hex[agon] castle nut, slotted (ISO 7035), hex castle slotted nut (with opposed slots cut into the top, cylindrical portion, of the nut) ‖ $\stackrel{\sim}{-}$ (flach - DIN 937) / hex slotted nut, slotted hex nut

Kronleuchter *m* (Licht) / chandelier

kröpfen (Masch) / crank, offset

Krozin *n*, Crocin *n* (gelber Safranfarbstoff), Gardenin *n* (Chem) / crocine (saffron yellow)

Krümmung *f* (allg, Math) / curvature

Krümmungs•halbmesser *m* (Math) / radius of curvature ‖ $\stackrel{\sim}{-}$**kreis**, Schmiegkreis *m*, Oskulationskreis *m* (Math) / circle of curvature, osculating circle ‖ $\stackrel{\sim}{-}$**radius** *m* (Math) / radius of curvature

Kryo•genik *f* / cryogenics *sg* ‖ $\stackrel{\sim}{-}$**physik** *f*, Tieftemperaturphysik *f* / cryophysics *sg*, cryogenics *sg* ‖ $\stackrel{\sim}{-}$**technik** *f*, Tieftemperaturtechnik *f* / cryogenics *sg*

Krypton *n* (Chem) / krypton, Kr

krz-Gitter *n*, kubisch-raumzentriertes Kristallgitter (Krist) / BCC crystal structure, body-centered cubic crystal structure

KST *f*, Kernspintomographie *f* (Verfahren, Technologie) (MT) / magnetic resonance imaging, MRI, magnetic resonance tomography

kt, Karat *n* (Edelsteinmasse: = 1/5 g, als Angabe für Goldlegierungen: 24 Karat = reines Gold) / carat, karat

Kubik•..., Raum... / cubic (e.g. cubic contents of a vessel) ‖ $\stackrel{\sim}{-}$**maß** *n* / cubic measure, unit of volume ‖ $\stackrel{\sim}{-}$**meter** *m* (= 35,31 cu.ft.) / cubic meter, m^3 ‖ $\stackrel{\sim}{-}$**wurzel** *f*, dritte Wurzel (Math) / cube root ‖ $\stackrel{\sim}{-}$**zahl** *f*, Kubus *m* (Math) / cube, third power

kubisch / cubic (having the form of a cube), cubical ‖ **~er Ausdehnungskoeffizient** (Phys) / coefficient of thermal expansion, coefficient of expansion, expansion coefficient ‖ **~es Bornitrid** (Mater) / borazon, cubic boron nitride, CBN ‖ **~e Dehnung** (Verhältnis Volumenänderung/ursprüngliches Volumen), relative Volumenausdehnung (Phys) / bulk strain, volume strain ‖ **~ dichteste Kugelpackung** (Krist) / face-centered cubic crystal structure, FCC crystal structure ‖ **~e Dilatation** (Verhältnis Volumenänderung/ ursprüngliches Volumen) (Phys) / bulk strain, volume strain ‖ **~er Faktor** (eines Polynoms) (Math) / cubic factor ‖ **~e Funktion** (Math) / cubic function ‖ **~e Gleichung**, Gleichung dritten Grades / cubic equation ‖ **~e Parabel** (Math) / cubic parabola ‖ **~er thermischer Ausdehnungskoeffizient** (Phys) / coefficient of cubical expansion, coefficient of volumetric expansion, volume expansion coefficient

kubisch•flächenzentriertes Kristallgitter (Krist) / face-centered cubic crystal structure, FCC crystal structure ‖ **~-kristallines Bornitrid** (Mater) / borazon, cubic boron nitride, CBN ‖ **~-raumzentriertes Kristallgitter** (Krist) / BCC crystal structure, body-centered cubic crystal structure

Kubus *m*, Würfel (allg, Math) / cube *n* ‖ $\stackrel{\sim}{-}$, Kubikzahl *f* (Math) / cube, third power

Küche *f* (Bau) / kitchen

Kuchenfiltration *f* (ChT) / depth filtration

Küchen•gerät *n* (HG) / kitchen appliance ‖ $\stackrel{\sim}{-}$**herd** *m*, Kochherd *m* (HG) / cooker (GB), kitchen stove, cookstove, stove, cooking stove, kitchen range, range (US) ‖ $\stackrel{\sim}{-}$**maschine** *f* (HG) / food processor (electric appliance), processor ‖ $\stackrel{\sim}{-}$**mixer** *m*, Handmixer *m* (HG) / mixer, hand mixer

Kufe *f*, Schneekufe *f* / ski *n* ‖ ≈, Landekufe *f* / skid, landing skid, runner ‖ ≈ (des Kufentastschnittgeräts) (Mess) / skid
Kufentastsystem *n* (ein Tastschnittgerät zur Oberflächenprüfung) (Mess) / averaging device, skidded gage
Kugel *f* (z.B. in Kugellager, Kugelmühle) (allg) / ball *n* ‖ ≈ (Nahr) / scoop (of ice cream) ‖ ≈, Geschoss *n* / bullet ‖ ≈ *f* (geometrischer Ort für alle Punkte im Raum, die von einem gegebenen Punkt (Kugelmittelpunkt) einen festen Abstand haben), Kugeloberfläche *f* (Geom) / sphere, spherical surface ‖ ≈ (von der Kugeloberfläche eingeschlossener Körper) (Geom) / sphere (body bounded by a spherical surface) ‖ ≈**abschnitt** *m* (Geom) / spherical segment ‖ ≈**ausschnitt** *m*, Kugelsektor *m* / spherical sector ‖ ≈**fläche** *f* (geometrischer Ort für alle Punkte im Raum, die von einem gegebenen Punkt (Kugelmittelpunkt) einen festen Abstand haben), Kugeloberfläche *f* (Geom) / sphere, spherical surface ‖ ~**förmig** / spherical ‖ ≈**gelenk** *n* / ball-and-socket joint, ball joint, spherical joint ‖ ≈**gelenklager** *n* / ball-and-socket bearing ‖ ≈**graphit** *m* / graphite nodules, graphite spheroids, nodular graphite, spheroidal graphite ‖ ≈**graphitguss** *m* (Hütt) / ductile cast iron, ductile iron, spheroidal graphite iron, SG iron, nodular cast iron ‖ ≈**graphitgusseisen** *n* (Hütt) / ductile cast iron, ductile iron, spheroidal graphite iron, SG iron, nodular cast iron ‖ ≈**griff** *m* (Wzm) / ball handle ‖ ≈**hahn** *m* (mit kugelförmigem Absperrkörper) (Rohr) / ball valve ‖ ≈**hammer** *m*, Ingenieurhammer *m*, [amerikanischer] Schlosserhammer mit Kugelfinne (Wz) / ball-pane hammer, ball-pein hammer, ball-peen hammer ‖ ≈**haube** *f* (Math) / spherical cap
kugelig, kugelförmig / spherical
Kugel•kalotte *f* (Math) / spherical cap ‖ ≈**kappe** *f* (Math) / spherical cap ‖ ≈**koordinatensystem** *n* (Math) / spherical coordinate system ‖ ≈**lager** *n* / ball bearing, b.b. ‖ ≈**ring** *m* / ball race ‖ ≈**modell** *n* (Krist) / hard-ball model ‖ ≈**mühle** *f* (Aufb, ChT) / ball mill, ball type of mill o. crusher, cylinder mill ‖ ≈**oberfläche** *f* (geometrischer Ort für alle Punkte im Raum, die von einem gegebenen Punkt (Kugelmittelpunkt) einen festen Abstand haben) (Geom) / sphere, spherical surface ‖ dichteste ≈**packung** (Krist) / closest packing ‖ hexagonal dichteste ≈**packung**, hexagonales Kristallgitter (Krist) / HCP structure, hexagonal close packed crystal structure ‖ kubisch dichteste ≈**packung**, kubisch-flächenzentriertes Kristallgitter (Krist) / face-centered cubic crystal structure, FCC crystal structure ‖ ≈**pfannenlager** *n* / hemispherical bearing ‖ ≈**photometer** *n* (Mess, Phys) / integrating sphere photometer, Ulbricht sphere ‖ ≈**rille** *f* (Kugellager) / ball [race] groove, ball track, track of a ball bearing ‖ ≈**ring** *m*, Kugellagerring *m* / ball race ‖ ≈**rollenlager** *n* / ball roller bearing ‖ ≈**schale** *f* (Math) / spherical cap ‖ ≈**scheibe** *f* (eine Unterlegscheibe) / spherical washer ‖ ≈**schicht** *f* (Geom) / spherical layer (part of a sphere, concluded between two parallel planes crossing the spherical surface), spherical segment of two bases ‖ ≈**schreiber** *m*, Kuli *m* (Büro) / ballpoint, ballpoint pen, Biro pen

(GB) ‖ ≈**segment** *n* (Geom) / spherical segment ‖ ≈**sektor** *m*, Kugelausschnitt *m* / spherical sector ‖ ≈**spur** *f*, Kugelrille *f* (Kugellager) / ball [race] groove, ball track, track of a ball bearing ‖ ~**strahlen** / peen (with steel balls or shot), shot-peen, shot-blast ‖ ≈**strahlen** *n* (Gieß) / shot peening, shot blasting ‖ ≈**strahler** *m*, isotroper Strahler (Phys, Radio) / isotropic radiator, omnidirectional radiator ‖ ≈**umlauflenkung** *f* (Kfz) / recirculating ball steering, recirculating ball and nut steering ‖ ≈**ventil** *n* (Rückflussverhinderer) / clack valve (ball valve) ‖ ≈**ventil** / ball valve ‖ ≈**zone** *f* (Mantelfläche der Kugelschicht) (Geom) / spherical zone (curved surface of a spherical layer), zone of a sphere
Kühl•aggregat *n* / reefer, refrigeration unit ‖ ≈**anlage** *f*, Kühlsystem *n* (Mot, Techn) / cooling system ‖ ≈**auflieger** *m* (LKW-Sattelauflieger mit Kühlaggregat) (Kfz) / refrigerated semitrailer ‖ ≈**becken** *n*, Abklingbecken *n* (DIN), Lagerbecken *n* (im Reaktorgebäude) (Nukl) / cooling pool, fuel cooling installation (ANSI, IEC), fuel cooling pond, water storage pool (for spent fuel), storage pool ‖ ≈**beutel** *m* / cold pack ‖ ≈**container** *m* (Trans) / refrigerated container, reefer ‖ ≈**einsatz** *m* (in der Kokille zur Steuerung der Erstarrung), Abschreckplatte *f* (zur raschen Abkühlung großer Materialanhäufungen in Gießformen) (Gieß) / chill *n*, chill plate
kühlen / cool *vt* ‖ ~ (durch Kältemaschinen) / refrigerate ‖ **spannungsfrei ~**, abkühlen (im Kühlofen), entspannen (durch Kühlen) (Glas) / anneal ‖ ≈ *n*, (Mater, Phys, Techn) / cooling *n* ‖ ≈ *n*, Kühlung *f* (durch Kältemaschinen) / refrigeration ‖ ≈ **zur Entspannung** (Glas) / annealing
Kühler *m*, Kühlapparat *m* (Techn) / cooler ‖ ≈ (Kfz) / radiator ‖ ≈ (Chem) / condenser ‖ ≈**block** *m* (Kfz) / radiator core, radiator block ‖ ≈**grill** *m* (Kfz) / grille, radiator grille ‖ ≈**haube** *f* (Kfz) / radiator bonnet ‖ ≈**verschlussdeckel** *m* (Kfz) / radiator filler cap
Kühl•fähigkeit *f* (von Kühlschmierstoffen) / heat carrying capacity ‖ ≈**fahrzeug** *m* (Kfz) / refrigerator truck, reefer ‖ ≈**fläche** *f* / cooling surface ‖ ≈**flüssigkeit** *f* (Techn) / coolant, cooling liquid ‖ ≈**flüssigkeit** (Mot) / coolant, engine coolant ‖ ≈**flüssigkeit**, Schneidöl *n* (Fert) / cutting oil ‖ ≈**gebläse** *f* (bei luftgekühltem Motor) (Mot) / fan, cooling fan ‖ ≈**-Gefrier-Gerät** *n* (HG) / fridge-freezer (GB), refrigerator-freezer ‖ ≈**-Gefrierkombination** *f* (HG) / fridge-freezer (GB), refrigerator-freezer ‖ ≈**halle** *f* / cold room, cold store ‖ ≈**haus** *n* / cold room, cold store ‖ ≈**kokille** *f*, Kühleinsatz *m* (in der Kokille zur Steuerung der Erstarrung) (Gieß) / chill *n*, chill plate ‖ ≈**körper** *m* (Eltro) / heat sink (e.g. on a microprocessor) ‖ ≈**lamelle** *f* / fin (formed intergal with e.g. a pump body to increase the cooling area) ‖ ≈**leistung** *f* / cooling capacity ‖ ≈**mantel** *m* (Techn) / cooling jacket ‖ ≈**mittel** *n* (Masch) / coolant ‖ ≈**öl** *n*, Schneidöl *n* (Fert) / cutting oil ‖ ≈**prozess** *m*, Kühlen zur Entspannung *n* (Glas) / annealing ‖ ≈**rippe** *f* (längs verlaufend) (Masch) / cooling fin, cooling rib ‖ ≈**schlange** *f* (Techn) / cooling coil ‖ ≈**schmieremulsion** *f* / emulsified coolant ‖ ≈**schmierlösung** *f* / water soluble coolant ‖ ≈**schmierstoff** *m* (zur Schmierung u. Kühlung

beim Trennen u. Umformen v. Werkstoffen) (Fert) / cutting fluid ‖ ≈**schmierstoff** (zum Schleifen) (Fert) / grinding fluid ‖ ≈**schrank** m (HG) / refrigerator, fridge (coll.) ‖ ≈**system** n (Mot, Techn) / cooling system ‖ ≈**transporter** m, Kühlwagen m (Kfz) / refrigerator truck, reefer ‖ ≈**truhe** f, Gefriertruhe f (HG) / freezer (chest-type), chest freezer, deep freezer (chest-type), chest-type freezer, deep-freeze n (chest-type) ‖ ≈**turm** m (Masch) / cooling tower

Kühlung f (Mater, Phys, Techn) / cooling n ‖ ≈ (durch Kältemaschinen) / refrigeration ‖ ≈, Kühlen zur Entspannung n (Glas) / annealing

Kühl•vorgang m, Kühlung f (durch Kältemaschinen) / refrigeration ‖ ≈**wagen** (Bahn) / reefer, refrigerated wagon, refrigerator wagon, refrigerator car (US) ‖ ≈**wagen** m (Kfz) / refrigerator truck, reefer ‖ ≈**wasser** n / cooling water

Kükenhahn m (mit kegelstumpfförmigem Absperrkörper) (Rohr) / plug valve (with conical plug), plug cock, cock n

Kuli m, Kugelschreiber m (Büro) / ballpoint, ballpoint pen, Biro pen (GB)

Kulissen•hebel m, Kurbelschwinge f (Wzm) / rocker arm, pivoted link ‖ ≈**rad** n (Masch) / bull gear ‖ ≈**stein** m (Masch) / sliding block

Kumarin n (Chem) / coumarin, cumarin

Kumaron n (Chem) / cumarone, coumarone, benzofuran

Kümpeln n (Wölben eines ebenen Zuschnitts zu einem flachen Hohlkörper mittel Drückens o. Treibens) (Fert) / dishing

Kumulen n (Chem) / cumulene

Kunde m / customer, client ‖ ≈ (als betriebswirtschaftliche Größe), Account m (Wirtsch) / account

Kunden•anforderungen f pl / customer requirements ‖ ≈**betreuung** f, Kundendienst m, Customer Service m / customer service

Kundendienst m, Kundenbetreuung f, Customer Service m / customer service ‖ ≈ (als Dienstleistung nach dem Kauf), Service m, Wartung f / after-sales service, after-sales servicing ‖ ≈, Inspektion f (Kfz) / service ‖ ≈, Instandsetzung f vor Ort beim Kunden / field service, field servicing ‖ ≈, Kundendienstabteilung f / service department ‖ ≈**abteilung** f / service department ‖ ≈**arbeiten** f pl, Instandhaltungsarbeiten f pl / maintenance work ‖ ≈**netz** n, Servicenetz n / service network ‖ ≈**personal** n / service staff ‖ ≈**werkstatt** f (Kfz) / service station (for repairs)

Kunden•gießerei f / jobbing foundry ‖ ∼**orientiert** / customer-oriented, customer-focused ‖ ≈**orientierung** f / customer orientation ‖ ≈**schaltkreis** m, ASIC (Chip, der für ein eng begrenztes Aufgabengebiet wie z.B. Waschmaschinensteuerung konzipiert ist, wobei Standardschaltkreise aufgabenspezifisch verbunden werden), anwendungsspezifischer Schaltkreis (Eltro) / application specific IC, semicustom IC, application-specific integrated circuit, ASIC ‖ ∼**spezifisch** / custom-designed, custom-made, custom ‖ ∼**spezifisch**, anwenderspezifisch / custom (e.g. software), user-specific ‖ ∼**spezifisch anfertigen**, nach Kundenwunsch herstellen / customize ‖ ∼**spezifische Software** (DV) / custom software ‖ ≈**wunsch** m /

customer's need ‖ **nach** ≈**wunsch o. individuell gefertigt**, kundenspezifisch / custom-designed, custom-made, custom ‖ ≈**zufriedenheit** f / customer satisfaction

kündigen (einen Vertrag) / terminate (a contract)

Kunst•..., künstlerisch / artistic ‖ ≈**...**, künstlich (im Ggs. zu natürlich, z.B. Blumen, Aromen), nachgemacht / artificial (opposed to natural, e.g. flowers, flavouring) ‖ ≈**...**, synthetisch / synthetic adj, synthetical ‖ ≈**dünger** m (Landw) / artificial fertilizer ‖ ≈**faser** f, Chemiefaser f (aus natürlichen o. vollsynthetischen Rohstoffen) (Tex) / chemical fiber, man-made fiber ‖ ≈**faser**, Chemiefaser f (aus vollsynthetischen Rohstoffen) (Tex) / synthetic fiber

Kunstharz n (Plast) / synthetic resin ‖ ≈**bindung** f (von Schleifscheiben) (Fert) / resinoid bond ‖ ≈**dispersionsanstrich** (Wandanstrich, der aus einer Dispersion aus Kunstharz und Wasser besteht), Dispersionsfarbe f (Anstr) / latex paint ‖ ≈**hartpapier** (Schichtpressstoffe aus Kunstharz und Papier) (Elek, Pap, Plast) / laminated paper, hard paper ‖ ≈**pressholz** n / synthetic resin-compressed wood

Kunst•horn n, Caseinkunststoffe m pl (Plast) / casein plastics pl ‖ ≈**kautschuk** m, Synthesekautschuk m (ChT) / synthetic rubber

künstlich, synthetisch / synthetic adj, synthetical ‖ ∼ (im Ggs. zu natürlich, z.B. Blumen, Aromen), nachgemacht / artificial (opposed to natural, e.g. flowers, flavouring) ‖ ∼ (z.B. Zähne, Haare) / false (e.g. teeth, hair) ‖ ∼ (von Menschenhand gemacht) / man-made ‖ ∼**e Alterung** (Hütt) / artificial ag[e]ing ‖ ∼**e Intelligenz** (KI) / AI, artificial intelligence ‖ ∼**e Niere**, Dialysegerät n (MT) / dialyzer

Kunst•seide f, Chemieseide f (Tex) / artificial silk, rayon ‖ ≈**siebdruck** m, Serigraphie f (Druck) / serigraphy, silk screen printing (as an art)

Kunststoff m (einzelner, spezieller) / plastic n ‖ ≈ (allgemein als Werkstoff), Kunststoffe (Mater) / plastics pl ‖ ≈**...** (Mater) / plastic, made of plastic ‖ ≈**band** n / plastic tape ‖ ≈**dispersionsanstrich** m (Wandanstrich, der aus einer Dispersion aus Kunstharz und Wasser besteht), Dispersionsfarbe f (Anstr) / latex paint ‖ ≈**film** m, Kunststofffolie f (Plast) / film (thickness < 0.25 mm), plastic film

Kunststofffolie f (Plast) / film (thickness < 0.25 mm), plastic film ‖ ≈ (Plast) / plastic sheet, sheet (thickness > 0.25 mm, pliable, cut to size) ‖ ≈ (Plast) / plastic sheeting, sheeting (thickness > 0.25 mm, continuous)

Kunststoff•-Folien-Kondensator m (Elek, Eltro) / plastic-film capacitor ‖ ≈**granulat** n (Plast) / granular polymer, plastics granules pl ‖ ≈**industrie** f / plastics industry ‖ ≈**kabel** n, Kunststoffmantelkabel n (Elek) / plastic-sheathed cable ‖ ≈**mantel** (eines Kabels) (Elek) / plastic sheath ‖ ≈**mantelkabel** n (Elek) / plastic-sheathed cable ‖ ≈**rohr** n (Elek) / plastic conduit ‖ ≈**rohre** n pl (Plast) / plastic piping ‖ ≈**schlauchleitung** f (Kabel) / flexible PVC cable, PVC flexible cable ‖ ≈**spreizdübel** m (Bau) / anchor n, plastic anchor (which expands when a screw is driven into it)

Kupfer n (Chem) / copper n, Cu ‖ ≈**...**, kupferhaltig / cupreous, cupriferous, containing copper ‖ ≈**draht** m / copper wire ‖ ∼**haltig** / cupreous, cupriferous, containing

copper || ≈**hammer** m (Wz) / copper hammer ||
≈**-Indium-Diselenid** (Chem) / copper indium
diselenide, CIS || ≈**legierung** f / copper base
alloy || ≈**leitung** f (Tele) / copper line || ≈**nickel**
n, Arsennickel n (NiAs) (Min) / arsenical
nickel, niccolite, nickeline, copper nickel ||
≈**-Zink-Legierung** f / copper-zinc alloy ||
≈**-Zinn-Legierung** f, Zinnbronze f / tin bronze
Kuppe (im Höhenverlauf der Fahrbahn im
Höhenplan) (Straß) / summit
Kuppelstück n, Verbindungsstück n / connection,
connector, coupling piece
Kupplung (nichtschaltbare Wellenkupplung) /
coupling || ≈, (schaltbare Wellenkupplung) /
clutch || ≈ f (Kfz) / clutch || ≈, Kupplungspedal
n (Kfz) / clutch, clutch pedal || ≈,
Eisenbahnkupplung f (Bahn) / coupling,
coupler || ≈ (zur Herstellung schiefwinkliger
Anschlüsse bei Gerüsten) (Bau) / swivel
coupler, double coupler || ≈ f, Kupplungsdose
f (Elek) / socket (female connector at the end
of a power cord) || **ausrückbare** ≈ (Techn) /
clutch n
Kupplungs•ausrücklager n (Kfz) / clutch release
bearing, release bearing, throwout bearing ||
≈**dose** f (Elek) / socket (female connector at
the end of a power cord) || ≈**flansch** m /
coupling flange || ≈**getriebe** n / clutch
transmission || ≈**hebel** m (Motorrad) (Kfz) /
clutch lever || ≈**kugel** f (der
Anhängerkupplung) (Kfz) / tow ball || ≈**pedal**
n (Kfz) / clutch, clutch pedal
Kurare n, Curare n (Pharm) / curare, curari
Kurbel f (Masch) / crank || ≈**antrieb** (Masch) /
crankshaft drive mechanism m || ≈**garnitur** f
(Fahrrad) / crankset, chainset || ≈**gehäuse** n
(Mot) / crankcase || ≈**getriebe** n / crank
mechanism || ≈**induktor** m (handbetätigter
elektrischer Generator) (Elek) / hand cranked
magneto, hand-operated generator, magneto
|| ≈**presse** f (Wzm) / crank press, crankshaft
press || ≈**schwinge** f (Masch, Mech) /
crank-and-rocker mechanism || ≈**schwinge**
(Wzm) / rocker arm, pivoted link || ≈**stift** m
(zum Einrasten in einem bestimmten Loch der
Lochscheibe) (Wzm) / indexing pin || ≈**trieb** m
/ crank mechanism || ≈**welle** f (Mot) /
crankshaft || ≈**wellenlager** n (Kfz) / crankshaft
main bearing, main bearing || ≈**wellenzapfen**
m, Wellenzapfen f (für die Lagerung der
Kurbelwelle im Kurbelgehäuse) (Mot) / main
bearing journal, main journal || ≈**zapfen** m
(Mot) / connecting rod journal, crank pin
Kurkumin n, Curcumin n (Naturfarbstoff)
(Chem, Nahr) / curcumin
Kurve f (Math) / curve || ≈, Biegung f (Straß) /
bend, curve || ≈ (in einem Schaubild) / curve,
graph || ≈, Kennlinie f / characteristic || ≈
(eines Kurvengetriebes) / cam || **in o. um die** ≈
fahren (Kfz) / corner
Kurven•beschleunigung f (Kfz) / lateral
acceleration || ≈**diskussion** f (Math) / analysis
of functions/a function (with respect to its
zeros, extrema etc.) || ≈**fräsmaschine** f (Wzm) /
cam forming [and profiling] machine ||
≈**getriebe** n (Masch) / cam-follower
mechanism, cam mechanism, cam gear ||
≈**kegel** m (Masch, Mech) / cam n (in conical
form) || ≈**lineal** n (Zeichn) / curve, French
curve || ≈**rolle** f (Lagerart) / stud type track
roller || ≈**schar** f (Math) / family of curves,
group of curves, set of curves || ≈**scheibe** f
(Masch) / disk cam, plate cam, cam n (in the

form of a disk) || ≈**schreiber** m, Plotter m (DV)
/ plotter, data plotter, graphic plotter ||
≈**steuerung** f (über Nocken) (Masch) / cam
control || ≈**tafel** f, Nomogramm n (Math) /
alignment chart, nomograph, nomogram ||
≈**träger** m (Scheibe oder Zylinder in einem
Kurvengetriebe) (Masch, Mech) / cam n (in a
cam-follower mechanism) || ≈**trieb** m,
Kurvengetriebe n (Masch) / cam-follower
mechanism, cam mechanism, cam gear ||
≈**trommel** f (mechanische Steuerung) / cam
drum, cylindrical cam, barrel cam || ≈**zylinder**
m (Masch, Mech) / cam n (in the form of a
cylinder)
kurz / short
Kurzbalken m (Anflugbefeuerung), Barrette f
(Luft) / barrette
kürzen (z.B. Kleid, Schnur) / shorten || ~
(Artikel, Buch) / abridge || ~ (z.B. Produktion,
Gehalt), veringern / cut, reduce || ~ (Bruch)
(Math) / reduce (fraction)
kürzer machen, verkürzen / reduce, shorten
Kurzer m (ugs.), elektrischer Kurzschluss (Elek) /
short circuit m, short n, SC
kurz•fristig / short-term... || ~**geschlossen** (Elek)
/ short-circuited || ≈**hauber** m (Kfz) /
semi-forward control truck (US) or lorry (GB)
|| ≈**hobelmaschine** f, Stoßmaschine f (Wzm) /
shaper, shaping machine || ~**hubhonen** (Fert) /
superfinish v || ≈**hubhonen** n,
Superfinish-Verfahren n (Fert) / superfinishing
|| ~**schließen** (Elek) / short-circuit vt, short vt ||
≈**schließen** n (Elek) / shorting n,
short-circuiting
Kurzschluss m, elektrischer Kurzschluss (Elek) /
short circuit n, short m, SC || ≈**anker** m (Elek) /
cage rotor, squirrel-cage rotor || ≈**bremse** f /
short circuit brake || ≈**einrichtung** f (Elek) /
short-circuit device || ~**fest** (Elek) / short
circuit-proof || ≈**läufer** m (Elek) / cage rotor,
squirrel-cage rotor || ≈**läufer**,
Asynchronmotor m mit Kurzschlussläufer
(Elek) / squirrel-cage motor, cage motor ||
≈**läufermotor** m, Asynchronmotor m mit
Kurzschlussläufer (Elek) / squirrel-cage motor,
cage motor || ≈**ring** m (Elek) / rotor end ring ||
≈**ringsensor** m (Mess) / short-circuiting ring
sensor || ≈**-Sanftanlaufschaltung** f (Elek) /
stator-resistance starting circuit || ≈**schutz** m
(Elek) / short-circuit protection || ~**sicher**
(Elek) / short circuit proof || ≈**spannung** f
(Elek) / short circuit voltage || ≈**strom** m (Elek)
/ short circuit current
Kurz•strecke f (Verk) / short haul, short range ||
≈**wahl** f (Tele) / abbreviated dialling, autodial
with short code dialling, speed dialing, short
code dialing, speed calling || ≈**wahlspeicher** m
(Tele) / speed dialing memory || ≈**welle** f (Eltro,
Radio) / short wave, S.W., S-W, s-w ||
≈**wellendiathermie** (MT) / short-wave
diathermy || ≈**wellentherapie** (MT) /
short-wave diathermy || ≈**zeichen** n (Chem,
Techn) / symbol || ≈**zeit...** / short-term... ||
≈**zeitbetrieb** m (Betriebsart S2) (Elek) /
short-time duty (duty type S2) || ≈**zeitfähigkeit**
f, Maschinenfähigkeit f (QM) / machine
capability || ~**zeitig** / short-term... || ~**zeitig**,
vorübergehend, temporär / transient adj ||
≈**zeitspeicher** m (DV) / temporary memory
KUSA-Schaltung f, Kurzschluss-Sanftanlauf-
schaltung f (Elek) / stator-resistance starting
circuit

küstennahe Ölbohrung (Öl) / offshore oil well, offshore well

Kutsche f / carriage (drawn by horses)

Küvette f (Chem) / cuvette

KV-Diagramm n, Karnaugh-Veitch[-Symmetrie]-Diagramm n (DV, Eltro) / Karnaugh map, Veitch diagram, KV-map, K-map

KVS-Diagramm n,, Karnaugh-Veitch-[Symmetrie-]Diagramm n (DV, Eltro) / Karnaugh map, Veitch diagram, KV-map, K-map

KVSt, Knotenvermittlungsstelle f (die erste Fernnetzebene - im dreistufigen Fernwahlnetz die Ebene zw. Ortsvermittlungsstellen und Weitvermittlungsstellen, im vierstufigen Fernwahlnetz die Ebene zw. Ortsvermittlungsstelle u. Hauptvermittlungsstelle) (Tele) / class 4 office, GSC (Group Switching Centre)(GB), local tandem exchange, local tandem, toll centre (telephone exchange connecting a group of local exchanges to the trunk network), toll office, trunk exchange, primary trunk switching centre, primary center (US), primary trunk exchange (US), Group Switching Centre (GB)

k-Wert m (früher), U-Wert m, Wärmedurchgangskoeffizient m (Bau) / thermal transmittance (in W/m²K), U-value, U-factor

kWh (= 3,6 MJ), Kilowattstunde f (Elek) / kilowatt hour, kWhr

KWK, Kraft-Wärme-Kopplung f (Elek) / CHP, cogeneration, cogen, combined heat and power [generation], total energy ‖ ⁓-**Anlage** f, Kraft-Wärme-Kopplungsanlage f (Elek) / CHP plant, combined heat and power plant, cogeneration power plant ‖ ⁓-**Strom** m (Elek) / cogenerated electricity

KW-Stoff m (Chem) / hydrocarbon

Kybernetik f / cybernetics sg

L

La, Lanthan n (Chem) / lanthanum, La

Lab n (Enzym im Labmagen von z.B. Kälbern, das die Milch zum Gerinnen bingt), Labferment n (Biochem) / chymosin, rennin

Label n (Bezeichnungselement wie Symbol o. Zeichenfolge zur Identifizierung von Dateien, Speichermedien, Programmelementen, auch beschriftete Aufkleber u.ä.) (DV) / label ‖ ⁓, Sprungmarke f (mit einem Namen versehene Stelle in einem Quellcode) (DV) / label

Labferment n, Lab n (Enzym im Labmagen von z.B. Kälbern, das die Milch zum Gerinnen bingt) (Biochem) / chymosin, rennin

labil, instabil / unstable, instable ‖ ~, unbeständig (Chem) / labile

Labor n / laboratory, lab

Laboratorium n / laboratory, lab

Labor•aussstattung f / laboratory equipment ‖ ⁓**einrichtung** f / laboratory equipment ‖ ⁓**geräte** n pl / laboratory apparatus ‖ ⁓**geräte aus Glas** / laboratory glassware ‖ ⁓**glas** n (Glas) / laboratory glass ‖ ⁓**tisch** m / laboratory bench ‖ ⁓**versuch** / laboratory test

Labyrinthdichtung f / labyrinth packing, labyrinth seal

Lachgas n, Distickstoffoxid n (N₂O) (Chem, Pharm) / dinitrogen oxide, nitrogen monoxide, nitrous oxide(N₂O), laughing gas

Lack m (auf Basis von Nitrocellulose, Celluloseester o. Celluloseäther) / lacquer (in US lacquers include those drying by oxidation, in British usage only those drying by evaporation of solvents) ‖ ⁓, Nagellack m / nail polish, varnish (GB), nail varnish (GB) ‖ ⁓ (Kfz) / paint ‖ ⁓ (klar, auf Harzbasis) (allg) / varnish n ‖ ⁓, Drucklack m (Druck) / printer's varnish

Lackiererei f / paint shop

Lackier•pistole f (Anstr) / spray gun ‖ ⁓**roboter** m / painting robot

Lackpapier n (Mater) / varnished paper

Lactid n (Chem) / lactide

ladbar, herunterladbar (DV) / downloadable

Lade•druck m (Mot) / boost pressure, boost ‖ ⁓**druckregelventil** n (eines Abgasturboladers) (Mot) / exhaust wastegate, waste gate valve, wastegate ‖ ⁓**drucksteuerventil** n (eines Abgasturboladers) (Mot) / exhaust wastegate, waste gate valve, wastegate ‖ ~**fähig**, ablaufbereit (Programm) (DV) / executable, loadable ‖ ⁓**faktor** m (bei Akkus) (Elek) / charging factor ‖ ⁓**gerät** n, Akku-Ladegerät n, Batterieladegerät n (Elek) / charger n, battery charger, charging set ‖ ⁓**gerät**, Lader m mit mechanischem Antrieb (für Verbrennungsmotoren) (Mot) / supercharger, blower, mechanical supercharger ‖ ⁓**gerät**, Abgasturbolader m (Mot) / turbocharger, exhaust turbocharger, turbo ‖ ⁓**luft** f (Mot) / charge air ‖ ⁓**luftkühler** m (zwischen Lader u. Zylinder) (Mot) / charge air cooler, intercooler

laden, beladen (z.B. Schiff, Flugzeug, Auto)[mit] / load [with] ‖ ~, verladen / load (e.g. freight onto ships) ‖ ~ (z.B. Fracht aus einem Schiff) / unload ‖ ~, zum Transport aufnehmen / load, take on as a load ‖ ~ (Gewehr, Geschütz) / load ‖ ~ (Kamera), einen Film einlegen in (Film, Foto) / load ‖ ~ (Daten, Programm) (DV) / load ‖ ~ (z.B. Akku), aufladen (Elek, Phys) / charge ‖ ~, nachladen (Akku, Batterie), wieder aufladen (Elek) / recharge ‖ ~ *n*, Um-, Auf-, Beladen *n* / loading ‖ ~ (von Programmen, Daten) (DV) / loading ‖ ~, Aufladen *n* (z.B. Akku) (Elek) / charging

Laden *m*, Geschäft *n* / shop, store (US) ‖ ~, Outlet *n* (Wirtsch) / outlet (store or dealer)

Ladepunkt *m* (DV) / load point

Lader *m* **mit mechanischem Antrieb** (für Verbrennungsmotoren) (Mot) / supercharger, blower, mechanical supercharger ‖ ~ **ohne mechanische Antrieb** (für Verbrennungs-motoren), Abgasturbolader *m* (Mot) / turbocharger, exhaust turbocharger, turbo

Lade•rampe *f* (Trans) / dock *n*, loading dock (for loading and unloading trucks, railway freight cars), loading platform, loading bay ‖ ~**raum** *m*, Frachtraum *m* (Schiff) / hold, ship's hold ‖ ~**raupe** *f*, Raupenlader *m* (Bau) / track loader, tractor shovel (tracked), crawler loader ‖ ~**schaufel** *f*, Schaufel (eines Schaufelladers) (Bau) / bucket ‖ ~**spannung** *f* (Elek) / charging voltage ‖ ~**strom** *m* (Elek) / charging current ‖ ~**widerstand** *m* (Elek) / charging resistance ‖ ~**zyklus** *m* (Elek) / charing cycle

Ladung *f*, Fracht *f*, Frachtgut *n* (Bahn, Luft, Schiff) / cargo, freight ‖ ~ (eines Lkw) / freight, load (of a lorry, truck) ‖ ~ (Treibmittel in Patronen o. Kartuschen) / charge ‖ ~, elektrische Ladung (Elek) / electric charge, electrical charge, charge ‖ ~, Charge *f*, Beschickungsmenge *f* / batch *n*, charge

ladungs•gekoppeltes Bauelement, CCD-Element *n* (Eltro) / CCD, charge-coupled device, CCD chip ‖ ~**gekoppelter Speicher**, CCD-Element *n*, ladungsgekoppeltes Bauelement (Eltro) / CCD, charge-coupled device, CCD chip ‖ ~**injektions-Bauelement** *n*, CID (Eltro) / CID, charge injection device ‖ ~**kopplungsbauelement** *n*, CCD-Element *n* (Eltro) / CCD, charge-coupled device, CCD chip ‖ ~**speicherbaustein** *m*, CCD-Element *n* (Eltro) / CCD, charge-coupled device, CCD chip

Ladungsträger *m* (Elek, Eltro) / charge carrier, carrier (of positive or negative charge) ‖ ~**beweglichkeit** *f* (Elek, Eltro) / charge carrier mobility

Ladungs•transferbauelement *n*, CCD-Element *n* (Eltro) / CCD, charge-coupled device, CCD chip ‖ ~**transport** *m* (Halbleiter) (Eltro) / charge transfer ‖ ~**trennung** *f* (Elek) / charge separation ‖ ~**übertragung** *f* (Halbleiter) (Eltro) / charge transfer ‖ ~**verschiebe-Bauelement** *n* (Halbleiter) (Eltro) / charge transfer device, CTD ‖ ~**verschiebeelement** *n*, CCD-Element *n* (Eltro) / CCD, charge-coupled device, CCD chip ‖ ~**verschiebung** *f* (Eltro) / charge transfer ‖ ~**verschiebungs-schaltung** *f* (Eltro) / charge transfer device, CTD ‖ ~**wechsel** *m*, Gaswechsel *m* (Mot) / gas exchange ‖ ~**zahl** *f* (Chem, Phys) / charge number

Lady *f*, Lady-Zelle *f* (IEC R1) (Elek) / N battery

Lage *f*, Position *f*, Stellung *f* / position *n* ‖ ~ (z.B. eines Bauwerks), Standort *m* / location (e.g. of

a building) ‖ ~, Schicht *f* / layer ‖ ~ (im Sperrholz), Schicht *f* (Holz) / ply, veneer (any of the layers forming plywood) ‖ ~, Gewebelage *f*, Cordlage *f* (der Reifenkarkasse) (Kfz) / ply (of tire) ‖ ~, Schicht *f* (von Mauersteinen) (Bau) / course (of bricks), layer ‖ ~, Zustand *m*, Stand *m* / state *n*, condition ‖ ~, Situation *f* / situation ‖ ~**änderung** *f* / displacement ‖ ~**bestimmungsgerät** *n* (Luft) / air position indicator, API ‖ ~**energie** *f*, potentielle Energie (Phys) / potential energy ‖ ~**plan** *m* (Bau) / site plan, site location plan

Lager *n*, Lagerraum *m* / stockroom ‖ ~, Lagerhaus *n*, Lagerhalle *f* / warehouse *n* ‖ ~, Magazin (von Bibliothek, Theater, Museum) / magazine, stockroom ‖ ~, Warenbestand (eines Ladens, einer Firma) / stock ‖ ~, Vorkommen *n*, Lagerstätte *f* (Bergb, Geol) / deposit ‖ ~ (z.B. Kugellager) (Techn) / bearing ‖ ~, Auflager *n* (Fläche, auf der die Lasten von horizontal gelagerten Bauteilen (Balken, Träger, Platten, Decken) aufliegen) (Bau) / support, bearing ‖ ~ **für Schiebebewegungen**, Führungslager *n*, Führung *f*, Linearführung *f* (Masch) / guide bearing, slipper bearing ‖ ~ **auf** ~ **nehmen o. legen**, lagern *vt*, einlagern / store *vt*, warehouse *vt*

Lager•ausguss *m* / bearing lining ‖ ~**ausguss** (mit Weißmetall) / babbitting, antifriction metal lining (of a bearing) ‖ ~**becken** *n* (im Reaktorgebäude), Abklingbecken *n* (DIN) (Nukl) / cooling pool, fuel cooling installation (ANSI, IEC), fuel cooling pond, water storage pool (for spent fuel), storage pool ‖ ~**bestand** *m* / stock *n*, warehouse stock ‖ ~**bestand** (in den einzelnen Werkstätten im Fertigungsprozess), Zwischenlager *n* / in-process inventory (set of unfinished items for products in a production process), work in process, WIP ‖ ~**beständigkeit** *f*, Lagerfähigkeit *f*, Haltbarkeit *f* / shelf life, storage life ‖ ~**bestandsführung** *f*, Lagerhaltung *f* / inventory control, stock control (GB) ‖ ~**bock** *m* / bearing block, bearing pedestal ‖ ~**buchse** *f* / bearing bush, bearing bushing, bearing sleeve ‖ ~**büchse** *f*, Lagerbuchse *f* / bearing bush, bearing bushing, bearing sleeve ‖ ~**deckel** *m* / bearing cap, bearing cover, bearing top ‖ ~**dichtung** *f* (Masch) / bearing seal

Lageregelkreis *m* (NC, Regel) / closed loop positioning system

lager•fähig / storable, fit for storage ‖ ~**fähigkeit** *f*, Lagerbeständigkeit *f*, Haltbarkeit *f* / shelf life, storage life ‖ ~**fläche** *f*, Auflagefläche *f*, tragende Fläche / area of bearing, bearing surface, area of support, bearing face, bearing area, supporting surface, support area ‖ ~**fläche** (Bau) / bed (of a brick, stone, tile) ‖ ~**fläche** / storage area, floor space for storing ‖ ~**gehäuse** *n* / bearing housing ‖ ~**halle** *f*, Lagerhaus *n*, Warenlager *n* / warehouse *n* ‖ ~**hals** *m* (Welle) s. Lagerzapfen ‖ ~**haltung** *f*, Lagerung *f* / stockkeeping, stocking, storekeeping, storage ‖ ~**haltung**, Lagerbestandsführung *f* / inventory control, stock control (GB) ‖ ~**haus** *n*, Warenlager *n*, Lagerhalle *f* / warehouse *n* ‖ ~**käfig** *m* / cage (in a rolling-contact bearing), separator, retainer ‖ ~**körper** *m* (Masch) / bearing body ‖

≙**luft** f / bearing clearance, bearing play, bearing slackness ‖ ≙**metall** n (allgemein) (Hütt) / bearing metal, bearing alloy ‖ ~ **metall** (Legierung aus Blei, Zinn, Antimon und Kupfer für Gleitlager, die zur Legierungsgruppe der Weißmetalle gehört) (Hütt) / Babbit metal

lagern vt, einlagern / store vt, warehouse vt ‖ ~, lufttrocknen (Holz) / season, mature ‖ ~ (z.B. auf Stützen) / support ‖ ~ vi (z.B. auf Stützen) / be supported ‖ ~ (Bodenschätze)(z.B.: In der Gegend um den Großen See lagert Eisenerz (Bergb) / be (e.g. there is iron ore in the Lake Superior region) ‖ **drehbar** ~ / pivot ‖ ≙ n, Lagerung f / storage ‖ ≙, Lagerhaltung f, Lagerung f / stockkeeping, stocking, storekeeping, storage ‖ ≙, Auslagern n (als letzte Stufe des Ausscheidungshärteverfahrens) (Hütt) / ag[e]ing, precipitation treatment ‖ ≙ **an Luft** / weathering, exposure to air ‖ ≙ **bei Raumtemperatur**, Kaltauslagern f, Aushärten n bei Raumtemperatur (Hütt) / natural ageing, natural aging

Lager•raum m / storage room ‖ ≙**raum**, Warenlager n / stockroom ‖ ≙**reibung** f (Masch, Phys) / bearing friction ‖ ≙**reibung** (bei Spitzenlagerung) (Elek, Masch) / pivot friction ‖ ≙**ring** m (Wälzlager) / bearing ring, ring, bearing race ‖ ≙**schale** f / bearing shell ‖ ≙**schild** m (Elek) / end shield ‖ ≙**sitz** m (auf der Welle) / seat ‖ ≙**spiel** n / bearing clearance, bearing play, bearing slackness ‖ ≙**spiel**, Längsspiel n (Uhr) / shake ‖ ≙**stätte** f, Vorkommen n (Bergb, Geol) / deposit n ‖ ≙**steuerung** f, Lagerhaltung f, Lagerbestandsführung f / inventory control, stock control (GB) ‖ ≙**stuhl** m / bearing block, bearing pedestal ‖ ≙**technik** f / warehouse engineering ‖ ≙**temperatur** f (Masch) / bearing temperature ‖ ≙**temperatur** (im Lagerhaus) / storing temperature, storage temperature

Lagerung f, Lagern n / storage ‖ ≙, Lagerhaltung f / stockkeeping, stocking, storekeeping, storage

Lager•verwaltung f, Lagerhaltung f, Lagerbestandsführung f / inventory control, stock control (GB) ‖ ≙**vorrat**, Lagerbestand m / stock n, warehouse stock ‖ ≙**werkstoff** m / antifriction material, bearing material ‖ ≙**zapfen** m (zur Lagerung dienender Wellen- o. Achszapfen) (Masch) / journal

Lage•schalter m (Elek, Regel) / position switch ‖ ≙**sicherung** f / securing in place ‖ ≙**toleranz** f (Masch) / positional tolerance

Lagrange-Punkte m pl, Librationspunkte m pl (Phys) / Lagrangian libration points, libration points, Lagrangian points

Lake f, Salzlösung f zum Einlegen (von Lebensmitteln), Salzlake f (Nahr) / brine, pickle n (with salt)

Lambda•-Regelkreis m (Mot) / closed loop A/F control ‖ ≙-**Regelung** f (Mot) / closed loop A/F control ‖ ≙-**Sonde** f (Kfz) / lambda probe, oxygen sensor, lambda sensor

Lamellen•blende f, Irisblende f (Foto, Opt) / iris, iris diaphragm ‖ ≙**bremse** f / multiple disk brake ‖ ≙**fenster** n (Bau) / louvre window, louvred window ‖ ≙**graphit** m (Hütt) / graphite flakes pl ‖ ≙**Gusseisen** n mit ≙**graphit** (Hütt) / gray cast iron, gray iron ‖ ≙**kupplung** f / multiple disk clutch, multi-disk clutch, multi-plate clutch ‖ ≙**schlitzverschluss** m

(Foto) / multi-blade focal plane shutter ‖ ≙**spanndorn** m (Wz) / multi-blade mandrel ‖ ≙**spannzange** f (Wzm) / multi-blade collet chuck ‖ ≙**verschluss** m (Foto) / blade-type shutter, leaf shutter, diaphragm shutter

Laminat n (Plast) / laminate n

Lampe f (technische Ausführung einer künstlichen Lichtquelle, z.B. Glühlampe, Energiesparlampe, Kompaktleuchtstofflampe - wird in die Leuchte eingesetzt), Leuchtmittel n (Licht) / lamp ‖ ≙, Leuchte f (allgemein u. in Verdrahtungsplänen) (Licht) / light, lamp

Lampen•fassung f, Glühlampenfassung f (Elek, Licht) / socket (for lightbulb), lampholder, lamp socket ‖ ≙**lichtstrom-Wartungsfaktor** m (Licht) / lamp lumen maintenance factor, LLMF ‖ ≙**schaltung** f (Elek, Licht) / lamp circuit ‖ ≙**schirm** m (Licht) / shade, lamp shade

LAN n, lokales Netz, lokales Netzwerk (DV, Tele) / LAN, local area network

Landbau m, Landwirtschaft f (Landw) / agriculture, farming n, husbandry ‖ ≙, Ackerbau m (i.e.S. Anbau von Kulturpflanzen) (Landw) / production of crops, raising crops

Landebahn (Luft) / landing runway

Landé-Faktor m (Phys) / Landé g-factor

Lande•klappe f (Luft) / trailing edge flap, air brake, trailing flap, landing flap, flap ‖ ≙**kufe** f / skid, landing skid, runner ‖ ≙**kurs** m, Anflugkurs m (Luft) / approach course, approach track

landen vi (Luft-, Wasserfahrzeug, Passagiere) (Luft, Raumf, Schiff) / land vi ‖ ~ (Passagiere) (Schiff) / land, go ashore ‖ ~, aufsetzen vi (auf der Landebahn) (Luft) / touch down vi ‖ ~ vt (z.B. Flugzeug) (Luft, Raumf) / land vt ~, ausschiffen, an Land bringen (Schiff) / land vt (passengers or goods from a ship), disembark vt, unload ‖ ~ (z.B. Fallschirmjäger), auf dem Boden absetzen (Luft) / drop (e.g. paratroopers) ‖ ≙ n, Landung f (Luft) / landing

Lande•scheinwerfer m (Luft) / landing light ‖ ≙**schneise** f (Luft) / approach course, approach lane, lane of approach

Landesstraße f (in den meisten dt. Bundesländern), Straße , die in die Zuständigkeit des jeweiligen Gliedstaates/Bundeslandes eines Bundesstaates fällt, Staatsstraße f (in Bayern, Sachsen, Schweiz) (Straß) / state road

Landesystem n (Luft) / landing system

land•gestützt (z.B. Flugkörper) / land-based ‖ ≙**karte** f (Geogr) / map ‖ ≙**schaftsschutzgebiet** n (Umw) / preserve n

Landung f, Landen n (Luft) / landing ‖ ≙, Ankunft f (Luft) / arrival

Landwirtschaft f (Landw) / agriculture, farming n, husbandry

landwirtschaftliche(s) Produkt(e) (Landw) / produce, agricultural products

Landwirtschaftschemie f / agricultural chemistry

lang (a. zeitlich, allg.) / long ‖ ≙**drehen** n (Wzm) / plain turning

Länge f / length ‖ ≙ **der Begrenzungslinie**, Umfang m (Math) / perimeter ‖ ≙ **über alles** / length over all, LOA, overall length

Längen•änderung f / change of length ‖ ≙**ausdehnung** f, Wärmeausdehnung f (langgestreckter Körper in Richtung der Länge) (Phys) / linear expansion, linear

thermal expansion, thermal elongation ‖
thermischer ≙ausdehnungskoeffizient (Phys) /
coefficient of linear expansion, linear
expansion coefficient, linear coefficient of
thermal expansion, linear thermal expansion
coefficient, linear expansivity ‖ **~bezogen** / per
unit length ‖ **≙messung** / dimensional
measurement, length measurement, linear
measurement, measurement of length ‖
≙messung *f*, Entfernungsmessung *f* (allg,
Verm) / distance measurement, distance
determination
Lang•fräsmaschine *f* (Wzm) / planer-type mill,
planer-type milling machine, plano-miller ‖
~fristig / long-term ‖ **≙hobelmaschine** *f*
(Wzm) / planer, planing machine ‖ **≙hubhonen**
n, Honen *n* (Fert) / honing ‖ **≙produkte** *n pl*
(Hütt) / long products
Längs•..., der Länge nach, in Längsrichtung /
lengthways, lengthwise ‖ **≙...**, longitudinal /
longitudinal ‖ **≙achse** *f* (Masch, Math) /
longitudinal axis ‖ **≙achse**, Rollachse *f* (Luft) /
longitudinal axis, roll axis
langsam laufend (z.B. Motoren) / slow-speed... ‖
~er werden / decelerate *vi*, reduce the speed,
slow down
Langsame, ins ≙ übersetzen, untersetzen
(Getriebe) / gear down
Längs•belastung *f*, Axialbelastung *f* / axial load ‖
≙bewegung *f* (allg, Wzm) / longitudinal motion,
longitudinal movement ‖ **≙dehnung** *f*
(Verhältnis der durch Zugspannung
hervorgerufenen Längenzunahme zur
ursprünglichen Länge) (Mater, Mech) / linear
strain, longitudinal strain ‖ **≙dehnung**,
Wärmeausdehnung *f* (langgestreckter Körper
in Richtung der Länge), Längenausdehnung *f*
(Phys) / linear expansion, thermal elongation ‖ **≙druck** *m* /
axial thrust, end thrust, axial pressure
Langsieb *n* (der Langsiebpapiermaschine) (Pap)
/ Fourdrinier wire, wire
Längs•kraft *f*, Kraft *f* in Längsrichtung (Mech) /
axial force, longitudinal force ‖ **≙kraft**, Schub
m (Mech) / axial thrust, thrust ‖ **≙lager** *n*,
Axiallager *n* (Masch) / axial bearing, thrust
bearing, axial-thrust bearing ‖ **≙naht** *f* (Schw,
Tex) / longitudinal seam ‖ **≙schlitten** *m*,
Bettschlitten *m* (Unterteil des
Werkzeugschlittens der Drehmaschine, auf
den Führungsbahnen des Bettes geführt, dient
der Längsbewegung der Drehwerkzeuge)
(Wzm) / saddle (component of the carriage) ‖
≙schneiden *n* (Holz) / ripping, ripping cut,
parallel-to-the grain cut, cut with the grain ‖
≙schnitt *m* (Zeichn) / longitudinal section ‖
≙schnitt (Holz) / ripping, ripping cut,
parallel-to-the grain cut, cut with the grain ‖
≙schott *n* (Schiff) / longitudinal bulkhead ‖
≙spant *m*, Längsträger *m* (Luft) / longeron ‖
≙spiel *n* (einer Welle), Axialspiel / axial
clearance, end play, axial end play ‖ **≙spiel**,
Lagerspiel *n* (Uhr) / shake ‖ **≙stringer** *m*,
Längsträger *m* (Luft) / longeron ‖ **≙träger** *m*
(Techn) / longitudinal beam ‖ **≙träger** (des
Rahmens) (Kfz) / side rail ‖ **≙träger** (Luft) /
longeron
Langstrecken•flug *m* (Luft) / long-distance flight
‖ **≙flugzeug** *n* (Luft) / long-range aircraft
Längs•verstellung *f* (Masch) / longitudinal
adjustment ‖ **≙vorschub** *m* (beim
Rundschleifen) (Fert) / traverse feed ‖

≙widerstand *m* (z.B. eines Leiters) / series
resistance
Langtisch-Flachschleifmaschine *f* **mit**
horizontaler Hauptspindel (Wzm) / horizontal
surface grinder with reciprocating worktable ‖
≙ mit vertikaler Hauptspindel (Wzm) /
vertical surface grinder with reciprocating
worktable
Längung *f*, Dehnung *f* / elongation
Langwelle (über 1000 m) (Elek) / long wave
Langzeit•..., langfristig / long-term ‖ **≙fähigkeit**
f, Prozessfähigkeit *f* (QM) / process capability ‖
≙relais *n* (Elek) / slow-operating relay ‖
≙versuch *m*, Dauerversuch *m* / long-time test,
extended time test
Lanthan *n* (Chem) / lanthanum, La
Lanze *f* (Verlängerung z.B. bei Sandstrahlern o.
Hochdruckreinigern) (Wz) / extension pole
Laplace-Operator *m* (Math) / Laplace operator,
Laplacian
läppen (Fert) / lap ‖ **≙** *n* (Fert) / lapping
Läpp•gemisch *n* (Fert) / lapping compound ‖
≙gemisch (beim Schwingläppen),
Läppsuspension *f* (Fert) / slurry (in USM) ‖
≙körner *n pl*, Läppmittel *n* (Fert) / abrasives
pl, abrasive grains (for lapping), abrasive
particles ‖ **≙maschine** *f* (Wzm) / lapping
machine ‖ **≙mittel** *n*, Läppkörner *n pl* (Fert) /
abrasives *pl*, abrasive grains (for lapping),
abrasive particles ‖ **≙scheibe** *f* (Fert) / lap, lap
plate ‖ **≙suspension** *f* (beim Schwingläppen)
(Fert) / slurry (in USM) ‖ **≙verfahren** *n* (Fert) /
lapping
Laptop *m*, Laptop-Computer *m* (DV) / laptop,
laptop computer
Lärm *m* (Akust, Umw) / noise ‖ **~arm**,
geräuscharm (z.B. Maschine, Drucker) /
low-noise... *attr*, quiet ‖ **≙bekämpfung** *f*
(Akust, Umw) / noise mitigation, noise control,
noise abatement ‖ **≙belästigung** *f* (Umw) /
noise pollution ‖ **≙belastungsprognose** *f*
(Umw) / NEF, noise exposure forecast ‖
≙immission *f* (Umw) / noise pollution ‖
≙minderung *f* (Akust, Umw) / noise reduction
‖ **≙pegel** *m*, Geräuschpegel *m* (allg, Umw) /
noise level, level of surrounding noise ‖
≙schutz *m*, Lärmbekämpfung *f* (Akust, Umw) /
noise mitigation, noise control, noise
abatement ‖ **≙schützer** *m pl*,
Kapselhörschützer *m pl* / ear defenders, ear
muffs *pl* ‖ **≙schutzwand** *f* (Straß, Umw) / noise
barrier, noise-barrier wall, sound barrier,
sound-barrier wall, noise wall, sound wall
Lasche *f*, Schienenlasche *f* (Bahn) / fishplate,
splice piece, fish piece, shin ‖ **≙**, Klappe *f*
(eines Umschlags) / flap (of an envelope)
Laschenkette *f* / sprocket chain, pitch chain,
pintle chain, flat-top chain
L-Ascorbinsäure *f*, Vitamin *n* C ($C_6H_8O_6$)
(Chem) / L-ascorbate (L-enantiomer of
ascorbic acid), vitamin C
Laser *m* / laser (stands for "light amplification by
stimulated emission of radiation") ‖
≙-Abtasteinheit *f* (Audio, DV) / laser scanner
(in CD players or drives), scanner ‖
≙bearbeitung *f*, Abtragen *n* mit Laserstrahlen
(Fert) / laser beam machining, LBM ‖ **≙diode** *f*
(Eltro) / diode laser, laser diode ‖ **≙drucker** *m*
(DV) / laser printer ‖ **~geführt** (Mil) / laser
guided ‖ **≙härten** *n*, Laserstrahlhärten (Hütt) /
laser beam hardening, LB hardening ‖
~induzierte Stoßwellenlithotripsie (MT) /

laser lithotripsy || ~**scanner** m (Mess) / laser scanner || ~**-Schmelzschneiden** n (Fert) / laser beam cutting, laser cutting || ~**-Schneiden** n (Fert) / laser beam cutting, laser cutting || ~**schneidgerät** n, -schneider m (Wzm) / laser cutter || ~**schweißen** n / laser welding || ~**strahl** m (Phys) / laser beam || ~**strahlabtragen** n (Fert) / laser beam machining, LBM || ~**strahlhärten** n (Hütt) / laser beam hardening, LB hardening || ~**strahlschmelzschneiden** n (Fert) / laser beam cutting, laser cutting || ~**strahlschneiden** n (Fert) / laser beam cutting, laser cutting || ~**strahlschweißen** n (Schw) / laser beam welding, LBW || ~**strahlung** f (Phys) / laser radiation || ~**trennen** n (Fert) / laser beam cutting, laser cutting || ~**wasserwaage** f (Instr) / laser line level

Last f (allg, Elek, Techn) / load || ~, Belastung f, Bürde f / burden || ~**abhängig** / load-controlled, load-governed, load-dependent || ~**abhängiger Bremsdruckminderer** (Kfz) / height sensing proportional valve || ~**abhängiger Bremskraftregler** m (Kfz) / height sensing proportional valve || ~**abstoß** m (Elek) / load shedding || ~**abwurf** m (Elek) / load shedding || ~**änderung** f (Elek, Masch) / load change, load variation || ~**aufnahmeeinrichtung** f (Förd) / holding mechanism || ~**aufnahmemittel** n (Förd) / holding mechanism || ~**betrieb** m (Masch) / operation under load || ~**bügel** m, Lastöse f / clevis || ~**drehzahl** f / on-load speed || ~**druckbremse** f / friction disk brake

Lasten•fallschirm m (Luft) / cargo parachute || ~**heft** n, Anforderungsspezifikation f / requirements specification, specifications pl, specs pl (coll)

Last•faktor m, Belastungsfaktor (Elek) / load factor || ~**frei**, Leerlauf... (Elek) / no-load ... || ~**geführter Wechselrichter** (Elek) / load commutated inverter || ~**haken** m (Förd) / lifting hook, load hook || ~**hebemagnet** m (Förd) / crane magnet, lifting magnet, hoisting magnet || ~**kraftwagen** m (Kfz) / lorry (GB), truck (US) || ~**kreis** m, Belastungskreis m, Verbraucherstromkreis m (Elek) / load circuit || ~**los**, Leerlauf..., lastfrei (Elek) / no-load ... || ~**magnet** m, Hubmagnet m, Lasthebemagnet m, Elektrohebemagnet m, Magnet m zum Lastheben (Förd) / crane magnet, lifting magnet, hoisting magnet || ~**öse** f, Lastbügel m / clevis || ~**schalter** m (Elek) / switch (mechanical) || ~**schwerpunkt** m (Mech) / load center || ~**spannung** f (Elek) / load voltage || ~**spiel** n (Mater) / load cycle, stress cycle || ~**spitze** f, Belastungsspitze f (Techn) / peak load || ~**spitze**, Spitzenlast f (Elek) / peak load || ~**strom** m (Elek, Eltro) / load current || ~**stromstärke** f (Elek) / load current || ~**trennschalter** m (Elek) / switch-disconnector || ~**trum** n (eines Riemens im Riemengetriebe) / driving side, tight side (of a belt) || ~**verteilung** f (Bau, Elek, Mech) / load distribution || ~**wagen** m, Lastkraftwagen m (Kfz) / lorry (GB), truck (US) || ~**wechsel** m (Mech, Techn) / alternation of load, change of load, load alternation || ~**wechsel**, Laständerung f (Elek, Masch) / load change, load variation || ~**wechsel** (abruptes Gaswegnehmen, wodurch die Räder den Motor antreiben) (Kfz) / power-off n, throttle

lift-off || ~**widerstand** m (Größe) (Elek) / load resistance || ~**widerstand** (Bauteil) (Elek) / load resistor

Latch n (Eltro) / latch n

Latch-Flipflop n (Eltro) / delay flip-flop, D flip-flop

latentes Bild (Druck, Foto) / latent image

Lateralvergrößerung f (Foto, Opt) / lateral magnification, magnification

Laterne f, Straßenlaterne f (Licht) / street lamp, street light, street lighting luminaire

Latthammer m (Wz) / framing hammer

Laub•säge f (Wz) / coping saw || ~**wald** m / deciduous forest, deciduous wood

Lauf m, Betrieb m, Laufen n (Masch) / working, functioning, operation || ~ (in der Gießform) (Gieß) / runner || ~ (einer Schusswaffe) / barrel || ~, Durchlauf m (DV) / run, pass || ~**bahn** f, Lauffläche f (Wälzlager) / race, raceway (of rolling-contact bearing) || ~**bildkamera** f, Filmkamera f (Film) / movie camera, cine camera, motion picture camera, film camera || ~**buchse** f, Zylinderlaufbuchse f (Mot) / liner (in which the piston travels), cylinder liner, cylinder sleeve || ~**eigenschaften** f pl (Masch) / running characteristic pl, running properties pl, operation characteristics pl

laufen, in Betrieb sein / run, go, be in operation || ~, eingeschaltet sein / be on || ~, arbeiten, funktionieren (Techn) / operate vi, work, function vi, run || ~ (unter einem spez. Betriebssystem, in einem Netzwerk) (DV) / run (e.g. in a particular operating system, on a network) || ~ (Uhr), gehen / go (clock), run || ~, fließen / run, flow || ~ (Arbeiten, Verhandlungen etc.) / be in progress || ~ **lassen** (DV) / run (a program, application, computer system) || ~ n, Betrieb m (Masch) / working, functioning, operation

laufend, ständig / continuous || ~, regelmäßig / regular || ~, routinemäßig / routine || ~ (Verhandlungen, Projekte), augenblicklich / current, ongoing

Läufer m, Schieber m, Schlitten m (verschiebbare Maschinenteil) (Masch) / slide || ~, Rotor m (Elek) / rotor, armature (in a DC motor or generator) || ~, Laufrad n (einer Turbine) / rotor (carrying the blading in a turbine), turbine rotor, turbine wheel || ~, Laufrad n (einer Wasserturbine) / runner || ~ (des Kreiskolbenmotors), Drehkolben m (Mot) / rotor (in Wankel engine) || ~, Turbinenrad n (eines Turboladers) (Mot) / hot wheel, turbine wheel || ~, kleiner Teppich / rug (carpet that is smaller than the room in which it is located, often having an oblong shape with a finished edge) || ~ (längerer, schmaler Teppich, besonders in Fluren u. auf Treppen) / runner || ~, Nase f (Anstr) (herablaufender Farb-, Lacktropfen) / run || ~ (Mauerstein, dessen Längsseite nach außen liegt) (Bau) / stretcher

Läufer•anlasser (Elek) / rotor starter || ~**blech** n (Elek) / rotor lamination || ~**blech**, Läuferblechpaket n (Elek) / rotor core || ~**blechpaket** n (Elek) / rotor core || ~**stab** m (Elek) / rotor bar || ~**welle** f, Rotorwelle f (Elek) / rotor shaft

lauffähig, betriebsbereit / operational || ~, ablaufbereit (Programm) (DV) / executable, loadable

Lauffläche f (Masch) / running [sur]face, bearing [sur]face ∥ ≈ (des Zylinders) / sliding surface (of a cylinder) ∥ ≈ (eines Reifens) (Kfz) / tread (of a tire), crown ∥ ≈ (Wälzlager) / race, raceway (of rolling-contact bearing)

Lauf•geräusch n (allg, Masch) / running noise ∥ ≈**gewicht** n (Waage) (Mess) / slider, slider weight, sliding weight ∥ ≈**gewichtswaage** f (mit verschieden langen Armen), Hebelwaage f (Mess) / steelyard, steelyard balance ∥ ≈**katze** f (des Krans) (Förd) / trolley, crab, crane trolley, crane crab ∥ ≈**katzenkran** m (Förd) / overhead travelling crane ∥ ≈**kraftwerk** n, Laufwasserkraftwerk n (Elek) / run-of-river power station, run-of-river hydroelectric plant, run-of-river [power] plant ∥ ≈**rad** n (allg, Fahrrad) / wheel ∥ ≈**rad** (einer Strömungsmaschine) / impeller (of a fan, centrifugal pump, turbine, etc.) ∥ ≈**rad**, Gebläserad / impeller, fan wheel ∥ ≈**rad** (einer Turbine) / rotor (carrying the blading in a turbine), turbine rotor, turbine wheel ∥ ≈**rad** (einer Wasserturbine) / runner ∥ ≈**radschaufel** f (einer Wasserturbine) / runner blade ∥ ≈**richtung** f (Masch) / direction of travel, running direction ∥ ≈**richtung**, Drehrichtung f / direction of rotation, running direction ∥ ≈**richtung** (des Papiers) (Pap) / grain direction, machine direction, long direction ∥ ≈**rille** m (im Kugellager) / groove, track (of the ball bearing), raceway ∥ ≈**ring**, Lauffläche f (Wälzlager) / race, raceway (of rolling-contact bearing) ∥ ≈**rolle** f, kleines Rad / roller ∥ ≈**rolle**, Rolle f (Stuhl-, Möbel-, Schwenk-, Gleitrolle etc.) / caster (under a piece of furniture, a machine, etc.), castor ∥ ≈**rolle** (Lagerart) / track roller ∥ ≈**rollenführung** f (Linearlagerart) / track roller guidance system ∥ ≈**ruhe** f / smooth running, smooth operation, quiet running ∥ ≈**scheibe** (Lager) / bearing washer ∥ ≈**schiene** f / running rail, runner ∥ ≈**schiene**, Gleitschiene / slide rail, rail, slide ∥ ≈**sitz** m (Masch) / running fit ∥ ≈**streifen** m, Lauffläche f (eines Reifens) (Kfz) / tread (of a tire), crown ∥ ≈**streifen** (Kfz) / cap (of the tire) ∥ ≈**toleranzen** f pl / tolerances pl of runout ∥ ≈**wasserkraftwerk** n (Elek) / run-of-river power station, run-of-river hydroelectric plant, run-of-river [power] plant

Laufwerk n (DV) / drive (e.g. floppy disk drive) ∥ ≈ (mit scheibenförmigen Datenträgern: meist Festplatte, aber auch Disketten- und optisches Laufwerk) (DV) / disk drive (for floppy disks or optical discs or usually hard disks) ∥ ≈, Bandlaufwerk n (DV) / tape drive ∥ ≈**schacht** m, Einbauschacht m (DV) / bay, drive bay, drive slot

Laufwerksschacht m (DV) / bay, drive bay, drive slot

Laufzeit f (einer Maschine), Lebensdauer f / operational life ∥ ≈, Einschaltdauer f, Betriebszeit f (Masch) / running time, operating time, duty time ∥ ≈ (Zeitverzögerung des Signals) (Eltro) / delay time ∥ ≈ (eines Signals in einem Übertragungsmedium) (Tele) / propagating time, propagation time ∥ ≈ (eines Teilchens) (Nukl) / time of flight ∥ ≈ (von Ladungsträgern zur Durchquerung einer bestimmten Strecke) (Eltro) / transit time ∥ ≈, Bearbeitungszeit f (für einen spanabhebenden Fertigungsvorgang)

(Fert) / machining time ∥ ≈ (eines Programms), Ablaufzeit f (eines Programm usw.) (DV) / runtime ∥ ≈**bibliothek** f (DV) / run-time library ∥ ≈**entzerrer** m / delay equalizer ∥ ≈**methode** f, Flugzeitmethode f (Nukl) / time-of-flight method ∥ ≈**verzögerungsleitung** f (Eltro) / delay line

Lauge f, Alkalilauge f (Chem) / lye ∥ ≈, alkalische Lösung (Chem) / alkaline solution ∥ ≈ (gesättigte oder konzentrierte Salzlösung) (Bergb, Chem) / brine ∥ ≈ (wässrige Lösung o. Lösungsgemisch, das alle möglichen Nutz- oder Ballastbestandteile enthalten kann) (Techn) / liquor, solution ∥ ≈ (Chem) / leach n, leachate (solution formed by leaching)

Laugen•behälter m (einer Waschmaschine) (HG) / outer tub (of washing machine), tub ∥ ~**beständig**, alkalibeständig (Chem) / alkali-resistant, alkali-fast, alkali-proof ∥ ~**fest**, alkalibeständig (Chem) / alkali-resistant, alkali-fast, alkali-proof ∥ ≈**grad** m, Alkalität f (Chem) / alkalinity, basicity ∥ ≈**pumpe** f (Waschmaschine) (HG) / lye pump

Laugflüssigkeit f, Alkalilauge f (Chem) / lye

Laugung f (Aufb, ChT) / leach, leaching

lauter stellen (Audio, TV) / turn up (e.g. radio, TV)

Läutermittel n (Glas) / fining agent

läutern (Glas) / refine

Läuterung f (Entfernung von Gasblasen aus der Schmelze) (Glas) / fining

Lautsprecher m (einzelner, z.B. in einer Lautsprecherbox) (Audio) / driver, loudspeaker, LS, speaker ∥ ≈, Lautsprecherbox f (pl.: -boxen) (Audio) / loudspeaker, speaker, speaker system ∥ ≈**anschluss** m, Lautsprecherbuchse f / loudspeaker terminal, loudspeaker socket ∥ ≈**box** f (pl.: -boxen) (Audio) / loudspeaker, speaker, speaker system ∥ ≈**buchse** f, Lautsprecheranschluss m / loudspeaker terminal, loudspeaker socket ∥ ≈-**Frequenzweiche** f (Audio) / crossover (in speaker systems)

Lautstärke f (in Phon gemessen), Lautstärkepegel m (Akust) / loudness level (as measured in phon) ∥ ≈**einstellung** f (Akust, Audio) / volume control ∥ ≈**empfindung** f (Akust) / sound-level perception ∥ ≈**pegel** m, Lautstärke f (in Phon gemessen) (Akust) / loudness level (as measured in phon) ∥ ≈**regelung** f (Akust, Audio) / volume control ∥ ≈**regler** m (Audio) / volume control (device)

Laval•düse f / Laval nozzle ∥ ≈-**Turbine** f, einstufige Gleichdruckturbine / Laval turbine, single-pressure-stage impulse turbine

Lävulose f, D-Fruktose f (Chem) / D-fructose

Lawinen•-Diode f (Eltro) / avalanche diode ∥ ≈**durchbruch** m (eines Halbleiter-Übergangs) (Eltro) / avalanche breakdown ∥ ≈**effekt** m, Avalancheeffekt m (Eltro) / avalanche effect ∥ ≈**fotodiode** f (Eltro) / avalanche photodiode

Lawrencium n (OZ = 103) (Chem) / lawrencium, Lr

Laxanzien n pl, Abführmittel n pl (Pharm) / laxatives pl

Laxativa n pl, Abführmittel n pl (Pharm) / laxatives pl

Layout n (Eltro) / layout (of a chip)

LBM, Abtragen n mit Laserstrahlen (Fert) / laser beam machining, LBM

LB-Verfahren *n*, Abtragen *n* mit Laserstrahlen, Laserbearbeitung *f* (Fert) / laser beam machining, LBM

LCA (programmierbares logisches Bauelement) (DV) / LCA, logic cell array || ≃, Ökobilanz *f* (Umw) / life cycle assessment, LCA

LCD, Flüssigkristalldisplay *n* (DV, Eltro) / LCD, LCD display, liquid crystal display || ≃**-Anzeige** *f*, Flüssigkristalldisplay *n* (DV, Eltro) / LCD, LCD display, liquid crystal display || ≃**-Bildschirm** *m*, Flüssigkristalldisplay *n* (DV, Eltro) / LCD, LCD display, liquid crystal display || ≃**-Display** *n*, Flüssigkristalldisplay *n* (DV, Eltro) / LCD, LCD display, liquid crystal display || ≃**-Fernseher** *m* (TV) / liquid-crystal display television, LCD TV || ≃**-Projektor** *m* (DV) / LCD projector

LC-Schwingkreis *m*, idealer Schwingkreis (verlustfrei: der an den Klemmen beobachtbare Widerstand wird als unendlich groß betrachtet) (Elek) / LC circuit (idealized model of resonant circuit which assumes there is no dissipation of energy due to resistance)

LDPE, PE-LD, Polyethylen niedriger Dichte *n* (Chem, Plast) / low-density polyethylene, LDPE, low density PE

LD-PE, Weichpolyethylen *n* (Plast) / low-density polyethylene, LD-PE

LDR (light-dependent resistor), Fotowiderstand *m* (Eltro) / photoconductive cell, photoresistor, photoresistive cell

Lebensdauer *f*, Betriebslebensdauer *f* / useful life, operating life, lifetime, service life, life, operational life, operational lifetime, serviceable life || ≃ (eines Werkzeugs), Standzeit *f* / tool life || ≃, Lagerfähigkeit *f* / shelf life || ≃ (von Daten) (DV) / lifetime (of data) || ≃**schmierung** *f* / for-life lubrication, lifetime lubrication

Lebens•erwartung *f* (von Anlagen, Bauteilen) / life expectancy || ≃**gefahr!** (Sicherheitshinweis) / danger !

Lebensmittel *n* (Nahr) / food, foodstuff || ≃**farbstoff** *m* (Nahr) / food colouring, colouring, colorant || ≃**industrie** *f* / food industry, food processing industry || ≃**sensorik** *f*, sensorische Prüfung (Nahr) / sensory analysis, sensory evaluation, organoleptic test || ≃**technik** *f* / food engineering

Lebens•raum *m*, Biotop *n* (Ökol) / biotope || ≃**zyklus** (eines Organismus, Produkts) (allg, Biol) / life cycle

Lebesguedichte *f*, Dichtefunktion *f*, Wahrscheinlichkeitsdichte *f* (Stat) / density function

Le-Chatelier-Braun-Prinzip *n*, Prinzip *n* des kleinsten Zwanges (Phys) / Le Chatelier's principle, Le Chatelier-Braun principle

leck, undicht, durchlässig / leaking, leaky || ≃ **sein** (Behälter), ausfließen, undicht sein / leak *vi* || ≃**e Stelle**, undichte Stelle / leak *n* || ≃ *n*, undichte Stelle / leak *n*

Leckage *f*, Verlust *m* durch Auslecken (o. Auslaufen) / leakage

lecken, auslaufen, ausfließen (Flüssigkeit) / leak *vi* (e.g. water from a pipe) || ≃, ausfließen, leck sein (Behälter), undicht sein / leak *vi*

leck•frei / leak-proof, leak-tight || ≃**stelle** *f*, undichte Stelle / leak *n* || ≃**verlust** *m* / leakage loss

Leclanché-Element *n*, Kohle-Zink-Zelle *f* (eine Primärzelle) (Chem, Elek) / zinc-carbon dry cell or battery, carbon-zinc battery, Leclanché cell

LED *f*, Leuchtdiode *f* (Eltro) / LED, light emitting diode || ≃**-Beleuchtung** *f* (Licht) / LED lighting

Ledeburit *m* (Hütt) / ledeburite

Leder *n* / leather || ≃**riemen** *m* / leather belt

LED-Lampe *f* (Licht) / LED lamp

Leeläufer *m* (Windenergieanlage) (Elek) / downwind turbine

leer (allg) / empty || ≃, frei, unbesetzt / vacant, unoccupied || ≃ (Batterie), entladen *adj* (Elek) / discharged (battery), flat, dead || ≃, unbespielt (z.B. Magnetband) / blank (e.g. video tape) || ≃, unbeschrieben / blank *adj* (e.g. disk, paper) || ≃, schwarz (DV) / blank (monitor) || ≃ **e Menge** (Math) / null set, empty set || ≃ **pumpen**, abpumpen (Behälter) / pump dry

leeren, entleeren, ausleeren / empty *vt* || ≃, entleeren, leerlaufen lassen (von einer Flüssigkeit) / drain *vt* (e.g. container, crankcase) || ≃, entleeren, löschen (DV) / clear, flush (e.g. a printer's RAM), empty *vt*

Leergewicht *n* (Kfz) / curb weight (US), kerb weight (GB) || ≃, Leermasse *f* (Luft) / weight empty

Leerlauf *m* (Elek, Masch) / no-load operation || ≃ (Elek) / open-circuit operation || ≃, Leerlaufphase *f* (eines Systems) (DV) / idle state || ≃ (Mot) / idling || ≃ (Stellung der Gangschaltung) (Kfz) / neutral [position] || ≃ (Gewinde), toter Gang / end play || **im** ≃ (o. leer) **laufen lassen** / let idle, let run at no-load || **im** ≃ **fahren** (Kfz) / coast

Leerlauf•... (Elek) / open circuit... || ≃**...**, lastfrei (Elek) / no-load ... || ≃**anzeige** *f* (Motorrad) (Kfz) / neutral indicator light || ≃**drehzahl** *f*, Nullleistungsdrehzahl *f* (Mot) / idle speed, idling speed, idle-running speed, no-load speed

leerlaufen (Behälter) / run dry *vi* || ≃, im Leerlauf laufen / idle, run idle, run without load || ≃, warten *vi* (DV) / idle || ≃, sich in der Luftströmung drehen (Luft) / windmill *vi* (propeller of an aircraft) || ≃ **lassen** (von einer Flüssigkeit), entleeren / drain *vt* (e.g. container, crankcase)

leerlaufend / idling, idle running

Leerlauf•-Enddrehzahlregler *m* (Mot) / minimum and maximum speed governor || ≃**-Gleichspannung** *f* (Elek) / no-load direct voltage || ≃**phase** *f* (eines Systems), Leerlauf *m* (DV) / idle state || ≃**spannung** *f* (Elek) / open-circuit voltage || ≃**strom** *m* (Elek) / no-load current || ≃**zeit** *f*, unproduktive Zeit (IE) / idle time, nonproductive time || ≃**zustand** *m* (Elek) / open circuit

Leer•masse *f* (Luft) / weight empty || ≃**stelle** *f*, Gitterlücke *f*, unbesetzter Gitterplatz (Krist) / vacancy || ≃**taste** *f* (auf Computer-, Schreibmaschinentastatur) (Büro, DV) / space bar, space key || ≃**trum** *n* (eines Riemens im Riemengetriebe) / slack side (of a belt), following side || ≃**zeichen** *n* (DV) / space, blank || ≃**zeit** *f*, Leerlaufzeit *f*, unproduktive Zeit (IE) / idle time, nonproductive time || ≃**zeit** (DV) / idle time

legen, stellen, setzen / place *vt*, put || ≃ (z.B. Spannung an eine Wicklung) (Elek) / apply (e.g. a voltage to a winding) || ≃, verlegen (im Erdboden) / bury, sink (e.g. pipe, conduit) || ≃,

auslegen (Minen) (Mil) / lay ‖ ~ (Kabel,
Teppich, Fliesen, Rohre), verlegen / lay
Legende f, Abbildungslegende f (Doku) / legend
legierbar / alloyable
legieren / alloy v
legiert (Hütt) / alloyed ‖ ~**er Stahl** / alloy steel ‖
~**er Übergang** (Eltro) / alloyed junction, alloy
junction (in a semiconductor) ‖ ~**er**
Zonenübergang (Eltro) / alloyed junction, alloy
junction (in a semiconductor)
Legierung f (Hütt) / alloy n
Legierungs•bestandteil m (Hütt) / alloy
component, alloy constituent ‖ ~**komponente**
f (Hütt) / alloy component, alloy constituent
Lehm m (Bau, Geol) / loam
Lehre f, Ausbildung f / apprenticeship ‖ ~,
Lehren n (an Hochschulen) / teaching ‖ ~
(z.B. vom Schall), Wissenschaft f / science ‖ ~
(Maß- o. Formverkörperung, mit der
untersucht werden kann, ob die Abmessungen
o. Formen eines Werkstücks innerhalb
vorgegebener Grenzen liegen) (Mess) / gauge,
fixed gauge (physical replica of the part
dimension to be inspected or measured) ‖ ~,
Schablone f / template ‖ ~, Bohrschablone f
(Wzm) / drill jig, drill template
lehren / teach ‖ ~ (Mess) / gauge (with a fixed
gauge) ‖ ~ n (zur Feststellung, ob der
Prüfgegenstand Gut o. Ausschuss ist), Messen
n mit Lehre(n) (Mess) / gaging (US), gauging
(GB)
Lehrenbohr•maschine f (Wzm) / jig borer, jig
boring machine ‖ ~**werk** n (Wzm) / jig borer,
jig boring machine
Lehrgang m / course, training course
Lehrling m (offizielle Bezeichnung in
Österreich, früher auch in Deutschland) /
apprentice, app.
Lehrsatz m (Math, Phys) / theorem, law ‖ ~ **des**
Pythagoras (Math) / Pythagorean theorem
Lehrung f, Lehren n (zur Feststellung, ob der
Prüfgegenstand Gut o. Ausschuss ist), Messen
n mit Lehre(n) (Mess) / gaging (US), gauging
(GB)
Lehrwerkstatt f / training workshop
leicht, von geringem Gewicht / light, lightweight
‖ ~, einfach, nicht schwierig / easy ‖ ~,
geringfügig (z.B. Anstieg, Druck, Schaden) /
slight (e.g. increase, pressure, damage) ‖ ~
adv, mühelos / easily ‖ ~, geringfügig, schwach
/ slightly ‖ ~**e Bedienbarkeit**,
Benutzerfreundlichkeit f / ease of operation o.
use, user friendliness ‖ ~ **entzündlich** / highly
flammable ‖ ~**e Handhabung**, leichte
Bedienbarkeit, Benutzerfreundlichkeit f / ease
of operation o. use, user friendliness ‖ ~
schmelzbar / fusible ‖ ~**e Seltene Erden**,
Ceriterden f pl (Chem) / cerite earths pl
Leichtbau•förderer m (Förd) / lightweight
conveyor ‖ ~**weise** f / lightweight construction
Leichter m, Schubleichter m, Barge f (Schiff) /
barge (pushed by boat)
Leicht•flugzeug n (Luft) / light aircraft ‖ ~**gängig**
(z.B. Lenkung) / light, easy ‖ ~**gängig** (z.B.
Schaltung) / smooth ‖ ~**kraftrad** n (Hubraum
von mehr als 50 cm^3, aber höchstens 125 cm^3,
die Nennleistung darf 11 kW nicht
überschreiten) (Kfz) / light motorcycle
Leichtmetall n (Dichte unter 5 g/cm^3) / light
metal ‖ ~, Leichtmetalllegierung f (Dichte
unter 5 g/cm^3) / light alloy ‖ ~**felge** f (ugs.),
Rad n aus Leichtmetalllegierung (Kfz) / alloy

wheel, mag wheel, magnesium wheel ‖
~**legierung** f (Dichte unter 5 g/cm^3),
Leichtmetall n / light alloy ‖ ~**rad** n, Rad n aus
Leichtmetalllegierung (Kfz) / alloy wheel, mag
wheel, magnesium wheel
Leicht•mofa n (amtlich in Deutschland),
Fahrrad n mit Hilfsmotor (Fahrrad) /
motorized bicycle, power-assisted bicycle ‖
~**wasserreaktor** m (Nukl) / light-water reactor,
LWR
Leihwagen m, Mietwagen m (für Selbstfahrer)
(Kfz) / rental car
Leim m (Klebstoff auf der Basis organischer
Stoffe: Glutinleime, Kaseinleime, pflanzliches
Leime) / glue ‖ ~ (zur Leimung von Papier u.
Karton) (Pap) / size n
leimen / glue ‖ ~ (Pap) / size
Leine f, Schnur f, dünnes Seil / line, cord
Leinöl n / linseed oil
Leipziger Gelb n, Chromgelb n (Mischkristalle
aus Bleisulfat und Bleichromat als
Farbpigment in unterschiedlicher
Zusammensetzung durch unterschiedliche
Verfahren der Herstellung) (Anstr) / chrome
yellow, King's yellow (trade name), Cologne
yellow (trade name), Leipzig yellow (trade
name)
leise, geräuscharm (z.B. Maschine, Drucker) /
low-noise... attr, quiet ‖ ~**r stellen** (Audio, TV)
/ turn down (e.g. radio, TV)
leisten / render (e.g. assistance, a service) ‖ ~
(Zahlungen, einen Beitrag) / make (payments,
a contribution) ‖ ~ (Arbeit, Überstunden) / do
(work, overtime)
Leisten m, Einsenkstempel m (Formwerkzeug
zum Einsenken) (Fert) / hob
Leistung (allg, Masch) / performance ‖ ~ f
(hervorragende) (allg) / achievement (e.g. the
Channel Tunnel was a great engineering
achievement) ‖ ~ (Arbeit in der Zeiteinheit)
(Phys) / power ‖ ~ (abgegebene o.
aufgenommene nutzbare Energie, z.B.
Anfahrleistung, Bremsleistung) (Techn) /
power (e.g. starting, braking power) ‖ ~,
Leistungsfähigkeit f (z.B. eines Computers),
Leistungsvermögen n / power (e.g. processing
power of a computer) ‖ ~ (für die z.B. ein
Motor ausgelegt ist) / rating ‖ ~,
Produktionsleistung f / output, production
capacity ‖ ~, Förderleistung f (einer Pumpe) /
pump capacity, discharge rate (of a pump),
output of a pump, pump output, delivery rate ‖
~, Leistungsvermögen n / capacity ‖ ~,
Dienstleistung f / service ‖ ~,
Zahlungsleistung f / payment ‖ ~ s.a.
Sozialleistung ‖ ~ **in Watt** (Elek) / wattage ‖
aufgenommene ~, Leistungsaufnahme f (Elek)
/ power input, input power ‖ **soziale** ~**en** (der
öffentlichen Hand) / social benefits, welfare
benefits, social welfare payments and services
Leistungs•abgabe f, abgegebene Leistung,
Ausgangsleistung f (Elek, Masch) / power
output, output, output power ‖ ~**anpassung** f
(Elek) / power matching ‖ ~**aufnahme** f (Elek) /
power input, input power ‖ ~**aufnahme**,
Leistungsverbrauch m (Elek) / power
consumption ‖ ~**bedarf** m, Kraftbedarf m /
power requirement, power demand, power
required, necessary power ‖ ~**bedarf**,
Leistungsverbrauch m (Elek) / power
consumption ‖ ~**bedarf**, Strombedarf m (Elek)
/ electrical demand, demand for electricity,

power demand, power requirement ‖ ≈**beiwert** (einer Windenergieanlage: Verhältnis von entnommener Leistung zur im Wind enthaltenen Leistung), aerodynamischer Wirkungsgrad (Ener) / power coefficient ‖ ≈**beschreibung** f (Techn) / specification, performance specification ‖ ≈**charakteristik** f, Leistungskurve f / performance curve, power curve ‖ ≈**dreieck** n (Elek) / power triangle ‖ ≈**einbuße** f / loss in performance ‖ ≈**einbußen bewirken** / reduce the performance ‖ ≈**eintrag** m, Leistungsbedarf m, Kraftbedarf m / power requirement, power demand, power required, necessary power ‖ ≈**elektronik** f / power electronics sg ‖ ~**fähig**, effizient / efficient (person, organization, method, machine, factory, hardware etc) ‖ ~**fähig**, leistungsstark / powerful (e.g. engines, lasers, computers) ‖ ~**fähig**, produktiv / efficient, productive ‖ ≈**fähigkeit** f / efficiency (of person, organization, method) ‖ ≈**fähigkeit**, Leistungsvermögen n / efficiency (e.g. of a machine, factory), capability ‖ ≈**fähigkeit** (z.B. eines Computers), Leistung f, Leistungsvermögen n / power (e.g. processing power of a computer) ‖ ≈**fähigkeit** (einer Vermittlungsstelle) (Tele) / call-handling capacity ‖ ≈**fähigkeit einer Strecke** f (Bahn) / track capacity ‖ ≈**faktor** (cos φ - Verhältnis von Wirkleistung zur Scheinleistung) (Elek) / power factor, PF, pf, cos φ ‖ ≈**faktormesser** m (Elek) / power factor meter, power factor indicator ‖ ~**gerecht** (Gehalt) / performance-based (compensation) ‖ ≈**gewicht** n (Quotient aus dem Gewicht/der Masse und der Leistung eines Fahrzeugs, eines Motors, eines Akkus oder ähnlicher Geräte und Maschinen) (Kfz, Luft) / weight-to-power ratio ‖ ≈**gewicht** (Elek) / weight coefficient (weight of an electrical machine to its rated output) ‖ ≈**gleichrichter** m (Elek) / power rectifier ‖ ≈**grad** m / level of performance ‖ ≈**hebel** m (Luft) / thrust lever (GB), throttle lever (US) ‖ ≈**kennlinie** f (Masch) / power characteristic ‖ ≈**- und Drehmomentkennlinie** f (Masch) / power-torque characteristic ‖ ≈**kurve** f, Leistungscharakteristik f / performance curve, power curve ‖ ≈**-LED** n (Licht) / power LED ‖ ≈**merkmal** n, Funktion f, Feature n (DV, Techn, Tele) / feature ‖ ≈**merkmale** n pl (ISDN) (zusätzlich durch das Netz zur Verfügung gestellte Dienste, die über den einfachen Verbindungsauf- und -abbau hinausgehen) (Tele) / supplementary services ‖ ≈**messer** m, Wattmeter n (Elek) / wattmeter ‖ ≈**messung** f (Elek) / power measurement o. metering ‖ ≈**pegel** m (Elek, Masch, Tele) / power level ‖ ≈**prüfung** f, Funktionsprüfung f / performance test ‖ ≈**schalter** m (für hohe Ströme ausgelegt) (Elek) / circuit breaker, power circuit breaker ‖ ≈**schild** n (Masch) / rating plate ‖ ≈**schild** (bei z.B. Transformatoren, Motoren), Typenschild n / nameplate ‖ ≈**schütz** m (Elek) / power contactor ‖ ~**stark**, leistungsfähig / powerful (e.g. engines, lasers, coputers) ‖ ~**stark**, hochbeanspruchbar, für hohe Beanspruchung / heavy-duty adj ‖ ≈**stufe** f (Eltro) / power stage ‖ ≈**transformator** m (Elek) / power transformer ‖ ≈**transistor** m (Eltro) / power transistor ‖ ≈**umfang** m (der zwischen dem

Auftraggeber und dem Auftragnehmer festgelegte quantitative und qualitative Umfang der zu erbringenden Leistung) / scope of supply ‖ ≈**verbrauch** m (Elek) / power consumption ‖ ≈**verbraucher**, elektrischer Verbraucher (Gerät) (Elek) / electric load, load (in an electrical circuit) ‖ ≈**verlust** m (Elek) / power loss ‖ ≈**vermögen** n, Leistungsfähigkeit f (z.B. eines Computers), Leistung f / power (e.g. processing power of a computer) ‖ ≈**vermögen**, Leistungsfähigkeit f / efficiency (e.g. of a machine, factory), capability ‖ ≈**vermögen**, Leistungsfähigkeit m, Kapazität f / capacity ‖ ≈**verstärker** m (Audio, Elek, Eltro) / power amplifier, PA ‖ ≈**verstärker** m, Zusatzverstärker m (Akust, Elek, Eltro) / booster amplifier, power booster ‖ ≈**verstärkungsfaktor** m (Elek) / power amplification factor ‖ ≈**verzeichnis** n (Bau) / bill of quantities ‖ ≈**wandler** m (Elek) / power converter ‖ ≈**zusatz** m / power booster

Leit•blech n, Umlenkblech n / baffle, baffle plate, deflector plate ‖ ≈**dipol** m, Direktor m (ein Wellenrichter für Antennen) / director element ‖ ≈**einrichtungen** f pl (einer Anlage) / control equipment

leiten (z.B. Betrieb), führen / manage, run ‖ ~ (ein Team, eine Abteilung), führen / head, lead (a team, department) ‖ ~ (Verhandlungen) / conduct (negotiations) ‖ ~ (eine Sitzung, Diskussion als Vorsitzender) / chair (a meeting, discussion) ‖ ~, verantwortlich sein für (z.B. eine Projekt) / be in charge of ‖ ~, führen (einen Prozess) / control (a process) ‖ ~ (Verkehr), lenken / route ‖ ~ (Flüssigkeit, Gas, Wärme, Licht Elektrizität) (Phys) / conduct vt (liquid, gas, heat, light, electricity) ‖ ~ (durch Rohre) / pipe (e.g. They piped the oil from the oil well to the railroad) ‖ ~ (durch einen Kanal) / channel vt ‖ ~ (Tele) / route (e.g. a call over the interoffice facilities to the central office) ‖ ~, senden vt (DV) / route (e.g. data to a printer)

leitend, leitfähig, stromleitend (Elek) / conductive, conducting adj ‖ ~ (Phys) s.a. wärmeleitend ‖ ~**er Angestellter** / executive n, executive officer (in a company) ‖ ~**e Verbindung** (Elek) / conductive connection ‖ ~**er Zustand** (eines Thyristors) (Elek) / conducting state, on state ‖ **[galvanisch] ~e Verbindung**, Stromübergang m (Elek) / ohmic contact, conductive connection

Leiter f, Sprossenleiter f / ladder

Leiter m (z.B. Wärmeleiter, Stromleiter) (Phys) / conductor, cond. ‖ ≈, elektrischer Leiter, Stromleiter m (Elek) / conductor, electric conductor ‖ ≈ (einer Abteilung) / head (of a department) ‖ ≈**abstand** m (Elek, Eltro) / conductor spacing ‖ ≈**anordnung** f (Elek) / conductor configuration ‖ ≈**bild** n (Leiterplatte), Leitungsmuster n (Eltro) / pattern, conductive pattern (on printed circuit board) ‖ ≈**platte** f (Eltro) / printed circuit board, PCB, pcb, PC board, circuit board, printed board, board ‖ ≈**querschnitt** m (Elek) / conductor cross section, cross-sectional area (of a conductor) ‖ ≈**rahmen** m (Kfz) / ladder frame ‖ ≈**seil** n (Elek) / stranded conductor ‖ ≈**spannung** f, Spannung f zwischen zwei Außenleitern (bei Drehstrom) (Elek) / voltage between lines, voltage between phases, voltage of the system, line voltage ‖ ≈**sprosse** f / rung

(of a ladder) ‖ **~strom** m (Elek) / conductor current ‖ **~tafel** f, Nomogramm n (Math) / alignment chart, nomogram, nomograph, nomogram
leitfähig, stromleitend (Elek) / conductive, conducting adj
Leitfähigkeit f (Wärme- o. elektrische Leitfähigkeit), Leitvermögen n (Phys) / conductivity ‖ **~**, Wärmeleitfähigkeit f (SI-Einheit: W/(m · K)) (Mater, Phys) / thermal conductivity, heat conductivity ‖ **~**, elektrische Leitfähigkeit (Kehrwert des spezifischen Widerstands - in Siemens je Meter - S/m) (Elek) / electrical conductivity, conductivity, specific conductance
Leit•fahrzeug n, Follow-Me n (Luft) / follow me [car] ‖ **~gerade** f, Leitlinie f (Parabel), Direktrix f / directrix (pl: directrixes, directrices)
Leithners Blau n, Cobaltblau n / cobalt blue
Leit•kreis m, Direktorkreis m (Math) / director circle, orthoptic circle ‖ **~kurve** f, Leitlinie f (Parabel), Direktrix f / directrix (pl: directrixes, directrices) ‖ **~linie** f (Parabel), Direktrix f / directrix (pl: directrixes, directrices) ‖ **~plastik** f (Elek, Plast) / conductive plastic ‖ **~plastik-Weggeber** m (Mess) / conductive plastic linear position sensor ‖ **~rad** n / guide wheel ‖ **~rechner** m (übergeordneter Rechner) (DV, Regel) / master computer ‖ **~rechner**, Prozessrechner m (DV) / process control computer, process computer, process controller ‖ **~rechner** s.a. Hostrechner, Server ‖ **~rolle** f, Führungsrolle f (nicht zur Kraftübertragung, z.B. bei Magnetbändern) / guide roll ‖ **~rolle**, Bandführungsrolle (des Bandförderers) / guide pulley, guide roller, guiding pulley, guiding roller ‖ **~schaufel** f (einer Turbine) / guide vane, vane ‖ **~schiene** f, Schutzschiene f (Bahn) / guard rail, rail guard ‖ **~seite** f, Homepage f (DV, Tele) / home page, welcome page ‖ **~spindel** f (Dreh) / lead screw (in a lathe) ‖ **~- und Zugspindeldrehmaschine** f / sliding, surfacing and screw cutting lathe, s.s. and s.c. lathe (GB) ‖ **~stand** m (einer Anlage), Steuerwarte f / control room ‖ **~station** f (Elek) / net control station, NCS ‖ **~strahl** m, Ortsvektor m (Math) / position vector, radius vector (pl. radii vectores, radius vectors) ‖ **~strahl**, Funkleitstrahl m (Nav) / radio beam, guide beam, localizer ‖ **~system** n (zur Überwachung u. Steuerung von technischen Anlagen u. Prozessen, z.B. in der Produktion, Stromerzeugung u. -verteilung o. Verkehrstechnik) (Regel) / distributed control system, DCS ‖ **~technik** f (als ingenieurwissenschaftliche Disziplin) / control engineering (as applied to monitoring and controlling industrial, infrastructure or facility processes (discrete, batch as well as continuous processes)) ‖ **~technik** (Regel) / process control (dealing with larger more complex systems controlled by a Distributed Control System) ‖ **~technik**, Leitsystem n (zur Überwachung u. Steuerung von technischen Anlagen u. Prozessen, z.B. in der Produktion, Stromerzeugung u. -verteilung o. Verkehrstechnik) (Regel) / distributed control system, DCS
Leitung f (eines Unternehmens), Management n / management ‖ **~**, Aufsicht f, Beaufsichtigung f / supervision (e.g. of a task, project, activity, workers), supervising ‖ **~** (von Wärme,

Elektrizität, Gas etc.), Fortleitung f (Phys) / conduction ‖ **~** f, Rohrleitung f (für Flüssigkeiten, Gase) / pipe ‖ **~**, Pipeline f, Rohrleitung f / pipeline ‖ **~** (im öffentlichen Straßenraum), Versorgungsleitung f (für Gas, Wasser, Elektrizität) / main ‖ **~** (für Elektrizität im Haus) (Elek) / wire ‖ **~**, Stromleitung f (zur Energieübertragung im Stromnetz) (Elek) / line, power line, electrical line ‖ **~** f, Kabel (Elek) / cable ‖ **~**, Fernsprechleitung f, Telefonleitung f (Tele) / telephone line, line ‖ **elektrische ~en** (Hausinstallation) (Elek) / wiring
Leitungs•abschluss m (Elek) / line termination ‖ **~abschnitt** m (Kabel) / circuit section (of cable), line section ‖ **~band** n (im Energiebändermodell) (Eltro, Phys) / conduction band ‖ **~bruch** (Elek, Masch) / line break ‖ **~bündel** n (Tele) / bunch of trunks, group of trunks, group of lines, trunk group ‖ **~führung** f (Elek) / wire routing, arrangement of the wiring, wiring ‖ **~gebundene Nachrichtenübertragung** / wire-bound communications ‖ **~kabel** n, Kabel n (Elek) / cable ‖ **~kreuzung** f (Symbol in der Pneumatik) (Regel) / lines crossing ‖ **~mast** m (groß, aus Stahl), Stahlmast m (Elek, Tele) / pylon ‖ **~muster** n, Leiterbild n (Leiterplatte) (Eltro) / pattern, conductive pattern (on printed circuit board) ‖ **~netz** n, Stromversorgungsnetz n (Elek) / mains pl, electric mains pl, grid, supply mains, power grid, electric grid, network, electric power grid, power line (US), electricity supply grid, power supply system, electricity supply network ‖ **~netz** (DV, Tele) / network ‖ **verdrilltes ~paar**, Twisted-Pair-Kabel n (aus paarweise verdrillten Leitungen), TP-Kabel n (Tele) / twisted pair, twisted pair cable ‖ **~rohr** n / pipe (a hollow cylinder of metal, plastic, etc. commonly used for pipelines and connections for conveying water, gas, oil, or other fluid substances from point to point) ‖ **~rohr**, Elektro-Installationsrohr n (Elek) / conduit (for electrical installations or wiring), electrical-installation conduit, cable conduit ‖ **~roller** m (DIN) / cable drum, cable reel ‖ **~schalter** m, Leitungsschutzschalter m (zum thermischen Schutz installierter Leitungen in Folge zu hohen Stroms) (Elek) / miniature circuit breaker, MCB, miniature breaker, circuit breaker ‖ **~schicht** f, Schicht f 2 (im OSI-Schichtenmodell), Sicherungsschicht f (DV) / data link layer, layer 2 ‖ **~schnittstelle** f (Tele) / line interface ‖ **~schnur** f (Tele) / cord, flex (GB), power cord, mains lead, mains cable ‖ **~schnur**, Anschlussleitung f (eines elektrischen Gerätes), Netzanschlussleitung (Elek, Tele) / power cord, flex (GB), cord, appliance cord, power supply cord, electric cord, flexible cord, mains lead, mains cable ‖ **~schutz** m (Elek) / conductor protection ‖ **~schutzautomat** m, Leitungsschutzschalter m (zum thermischen Schutz installierter Leitungen in Folge zu hohen Stroms) (Elek) / miniature circuit breaker, MCB, miniature breaker, circuit breaker ‖ **~schutzschalter** m (zum thermischen Schutz installierter Leitungen in Folge zu hohen Stroms) (Elek) / miniature circuit breaker, MCB, miniature breaker, circuit breaker ‖ **~schutzsicherung** f (Elek) /

conductor protection fuse ‖ ≈**spannung** f, Netzspannung (Elek) / mains voltage, line voltage ‖ ≈**treiber** m (der in elektronischen Schaltungen lange Leitungen treibt), Leitungsverstärker m (Eltro) / line driver ‖ ≈**verbindung** f (Symbol in der Pneumatik) (Regel) / lines connected ‖ ≈**verlust** m (Elek, Tele) / transmission loss ‖ ~**vermitteltes öffentliches Datennetz** (Tele) / Circuit Switched Public Data Network, CSPDN ‖ ≈**verstärker** m (Tele, TV) / line amplifier ‖ ≈**verstärker**, Leitungstreiber m (der in elektronischen Schaltungen lange Leitungen treibt) (Eltro) / line driver ‖ ≈**wasser** n (allg) / tap water ‖ ≈**wellenwiderstand** m (in längshomogenen Leitungen das Verhältnis sich in eine gemeinsame Richtung ausbreitender Strom- und Spannungswellen zueinander) (Elek) / characteristic impedance, surge impedance ‖ ≈**widerstand** m (Elek) / line resistance ‖ ≈**zeichen** n (Tele) / line signal ‖ ≈**zug** m, Leitungsabschnitt m (Kabel) / circuit section (of cable), line section

Leit•vermögen n, Leitfähigkeit f (Wärme- o. elektrische Leitfähigkeit) (Phys) / conductivity ‖ ≈**vorrichtung** f, Leitblech n / baffle n, baffle plate ‖ ≈**vorrichtung**, Führung f / guide, guiding device ‖ ≈**weg** m (Tele) / route, routing ‖ ~**wegbestimmung** f, Ersatzwegschaltung f, Umweglenkung f (Tele) / alternate path routing, alternate routing ‖ ≈**wegcode** m (DV, Tele) / routing code ‖ ≈**werk** n, Steuerwerk n (DV) / CU, control unit (component of the CPU) ‖ ≈**werk** (Luft) / tail unit, tail assembly, empennage ‖ ≈**werksträger** m (Luft) / tail boom m (Elek) ≈**wert** m (des Blitzes) (Foto) / GN, guide number

Lenk•blech n, Leitblech n / baffle n, baffle plate ‖ ≈**drehachse** f, Schwenkachse f (Kfz) / steering swivel axis, swivel axis

lenken, führen (Kraftfahrzeug), steuern (Kfz) / drive vt, steer ‖ ~, führen (Flugzeug) (Luft) / pilot vt, fly (an aircraft) ‖ ~, steuern (Schiff) / steer ‖ ~, leiten (Verkehr) / route ‖ ~, leiten (Tele) / route (e.g. a call over the interoffice facilities to the central office)

Lenker m / handlebar[s] (of motorcycle or bicycle) ‖ ≈, Fahrradlenker m (Fahrrad) / bicycle handlebar[s] ‖ ≈, Fahrer m (Kfz) / driver ‖ ≈, Lenkrad n (Kfz) / steering wheel ‖ ≈**bügel** m, Fahrradlenker m (Fahrrad) / bicycle handlebar[s]

Lenk•platte f, Leitblech n, Leitvorrichtung f / baffle n, baffle plate ‖ ≈**punkt** m (Kfz) / steering pivot ‖ ≈**rad** n (Kfz) / steering wheel, wheel ‖ ≈**rolle** f, Castor-Rad n / caster (swivel design allowing the wheel to align itself to the direction in which it is moving), castor ‖ ≈**rolle**, Führungsrolle f (nicht zur Kraftübertragung, z.B. bei Magnetbändern) / guide roll ‖ ≈**rolle**, Bandführungsrolle (des Bandförderers) / guide pulley, guide roller, guiding pulley, guiding roller ‖ ≈**säule** f (Kfz) / steering column ‖ ≈**spurstange** f (Kfz) / steering tie rod (US), tie rod (US), track rod (GB) ‖ ≈**stange** f, Fahrradlenker m (Fahrrad) / bicycle handlebar[s]

Lenkung f, Steuerung f / control ‖ ≈ (Kfz) / steering, steering gear

Lenk•wand f, Leitblech n / baffle n, baffle plate ‖ ≈**winkelsensor** m (Fahrdynamikregelung)

(Kfz) / steering angle sensor ‖ ≈**zapfen** m, Achsschenkelbolzen m (Kfz) / kingpin, pivot pin, swivel pin

Lenz•sches Gesetz n (Elek) / Lenz's law ‖ ≈**sche Regel** f (Elek) / Lenz's law

Lepidin n (Chem) / lepidin

Lernender m (Berufslernender)(Schweiz) / apprentice, app.

lern•fähig (DV) / adaptive, learning ‖ ≈**mechanismus** m (KI) / learning mechanism

lesbar (gut, leicht), leserlich / legible ‖ ~ (DV) / readable

Lese•gerät n, Leser m (DV) / reader ‖ ≈**geschwindigkeit** f, Auslesegeschwindigkeit f (aus dem Speicher) (DV) / reading rate ‖ ≈**leistung** f, Auslesegeschwindigkeit f (aus dem Speicher) (DV) / reading rate

lesen (allg, DV) / read vt

Leser m (DV) / reader

leserlich, lesbar (gut, leicht) / legible

Lese•-Schreibkopf m (DV) / read-write head ‖ ≈**-Schreibverstärker** m (DV) / read-write amplifier ‖ ≈**speicher** m, Nur-Lese-Speicher m, ROM n (DV) / ROM, read-only memory ‖ ≈**stift** m (DV) / pen type reader, pen, wand-type reader, wand n ‖ ≈**zeichen** n (Communicator), Favoriten (Internet Explorer)(vom Benutzer anlegbares Verzeichnis von Hyperlinks zu von ihm häufig besuchten Web-Seiten) (DV) / Favorites (Internet Explorer), Bookmarks (Communicator), Hotlist (Mosaic)

Letter f, Bleiletter f (Druck) / cast character, type, foundry type character, character, letter n, printing letter, printing type

letzt / last ‖ ~, neuest (Modell etc.) / latest (model etc)

Letztverbraucher m, Endverbraucher m / end-user, ultimate consumer, end consumer, final customer

Leucht•anzeige f, Kontrolllampe f, Anzeigelampe f (Instr) / pilot lamp, indicator lamp, pilot light, indicator light, telltale lamp ‖ ≈**dichte** f (Quotient aus Lichtstärke und leuchtender Fläche in cd/m²) (Licht, Phys) / luminance ‖ ≈**dichtesignal** n, Luminanzsignal n, Helligkeitssignal (TV, Video) / luma (luminance signal), luminance signal, Y signal ‖ ≈**dichteverhältnis** n (Licht) / luminance ratio ‖ ≈**dichteverteilung** f (Licht) / luminance distribution ‖ ≈**diode** f, LED f (Eltro) / LED, light emitting diode

Leuchte f (allgemein u. in Verdrahtungsplänen) (Licht) / light, lamp ‖ ≈ (Gerät, das der Beleuchtung dient und dazu eine Aufnahmevorrichtung für ein Leuchtmittel besitzt oder ein fest installiertes Leuchtmittel enthält) (Licht) / luminaire, fixture, lighting fixture, light fixture, light fitting

Leuchten•betriebswirkungsgrad m (Licht) / luminaire efficiency (US), light output ratio (of a luminaire) ‖ ≈**-Wartungsfaktor** m (Licht) / luminaire maintenance factor, LMF

Leucht•feuer n, Bake f (Luft, Schiff) / beacon n (emitting light signals) ‖ ≈**kraft** f (Licht) / luminosity ‖ ≈**melder** m (Elek) / indicator light ‖ ≈**mittel** n (technische Ausführung einer künstlichen Lichtquelle, z.B. Glühlampe, Energiesparlampe, Kompaktleuchtstofflampe - wird in die Leuchte eingesetzt) (Licht) / lamp ‖ ≈**röhre** f (Licht) / cold cathode fluorescent lamp, CCFL ‖ ≈**schirm** m (der

Elektronenstrahlröhre), Bildschirm *m* (Eltro, TV) / faceplate (glass front of a cathode ray tube upon which the image is displayed), face ‖ ~**spur** *f* (des Elektronenstrahls) (Eltro) / trace (of the electron beam) ‖ ~**stoff** *m*, Luminophor *m* (Licht, Phys) / luminophore ‖ ~**stoff** (für Kathodenstrahlröhren - beruhend auf Phosphoreszenz) (Licht, Phys) / phosphor ‖ ~**stofflampe** *f* (Elek, Licht) / fluorescent lamp, fluorescent tube ‖ ~**stoffpunkt** *m* (DV, TV) / phosphor dot ‖ ~**stoffröhre** *f* (Elek, Licht) / fluorescent lamp, fluorescent tube ‖ ~**taste** *f* / illuminated push button ‖ ~**taster** *m* / illuminated push-button ‖ ~**tisch** *m* (Druck, Opt) / light table ‖ ~**turm** *m* (Schiff) / lighthouse

LF *m* (30 kHz-300 kHz), Niederfrequenz *f* (Eltro) / low frequency (in the radio-frequency spectrum), LF

Li, Lithium *n* (Chem) / lithium, Li

Libbey-Owens-Verfahren *n*, Waagerechtziehverfahren *n* (Glas) / Colburn process, Libbey-Owens process

Librationspunkte *m pl*, Lagrange-Punkte *m pl* (Phys) / Lagrangian libration points, libration points, Lagrangian points

licht•e Höhe (Einbauhöhe zwischen den Platten einer Presse) (Wzm) / daylight, daylight opening ‖ ~**e Weite** (bei rundem Querschnitt, z.B. eines Rohrs), Innendurchmesser *m* / inside diameter, internal diameter ‖ ~**e Weite**, Spannweite *f*, Stützweite *f* (Bau) / span *n*

Licht *n* (allg, Phys) / light *n* ‖ ~**ablenker** *m* (akustooptisch, elektrooptisch) (Licht, Opt) / light beam deflector (acousto-optic, electro-optic) ‖ ~**ausbeute** *f* (Menge an Licht, die eine Lampe pro Watt aufgenommener elektrischer Leistung abgibt - in Lumen/Watt), effektive Lichtleistung (Licht) / luminous efficacy, luminous efficiency, overall luminous efficiency ‖ ~**beständigkeit** *f*, Lichtechtheit *f* / light-fastness, fastness to light ‖ ~**bild** *n*, Fotografie *f*, Foto *n* (Foto) / photograph *n*, photo, photographic picture

Lichtbogen *m* (Elek, Schw) / arc, electric arc ‖ ~**bolzenschweißen** *n* (Schw) / stud welding, SW ‖ ~**bolzenschweißen mit Hubzündung**, Bolzenschweißen *n* mit Hubzündung (Schw) / arc stud welding, stud arc welding ‖ ~**-Druckluft-Fugen** *n* (Fert) / air carbon arc cutting (for gouging) ‖ ~**handschweißen** *n* (Schw) / manual arc welding ‖ ~**länge** *f* (Schw) / arc gap (between electrode and workpiece) ‖ ~**ofen** *m* (Elek, Hütt) / arc furnace, electric arc furnace ‖ ~**pressschweißen** *n* (Schw) / arc pressure welding ‖ ~**schmelzschweißen** *n* (Schw) / arc welding, AW ‖ ~**schneiden** *n* (Fert) / arc cutting ‖ ~**schweißen** *n*, Lichtbogenschmelzschweißen *n* (Schw) / arc welding, AW ‖ ~**stabilität** *f* (Schw) / arc stability ‖ ~**strom** *m* (Elek) / arc current ‖ ~**trennen** *n* (Fert) / arc cutting

Licht•brechung *f* (Opt) / optical refraction, refraction of light ‖ ~**detektor** *m* (Eltro) / photodetector, photosensor ‖ ~**dicht**, lichtundurchlässig (Opt) / opaque *adj*, non-transparent, light-proof ‖ ~**durchgang** *m*, Lichttransmission *f* (Opt) / light transmission ‖ ~**durchlassgrad** (Opt) / transmittance (for light), light transmittance, luminous transmittance, light transmission

lichtdurchlässig (vollständig, so dass ein Objekt hinter dem Medium, z.B. Fensterglas, deutlich zu erkennen ist), transparent, durchsichtig (Opt) / transparent ‖ ~ (partiell, so dass man die Konturen eines Objekts hinter dem Medium, z.B. Milchglas, nicht oder nur sehr undeutlich zu erkennen sind), durchscheinend (Opt) / translucent (permitting light to pass through, but diffusing it)

Lichtdurchlässigkeit (vollständig, so dass ein Objekt hinter dem Medium, z.B. Fensterglas, deutlich zu erkennen ist), Transparenz *f*, Durchsichtigkeit *f* (Opt) / transparency, transparence, transparentness ‖ ~ *f* (partielle, so dass die Konturen eines Objekts hinter dem Medium, z.B. Milchglas, nicht oder nur undeutlich zu erkennen sind), Transluzenz *f* (Opt) / translucence, translucency ‖ ~, Lichtdurchlassgrad (Opt) / transmittance (for light), light transmittance, luminous transmittance, light transmission

licht•echt / light-fast, fast to light ‖ ~**echtheit** *f* / light-fastness, fastness to light ‖ ~**einwirkung** *f* / action of light

lichtelektrisch, photoelektrisch / photoelectric ‖ ~, photoleitend / photoconductive ‖ ~**er Effekt**, Photoeffekt *m* (Eltro, Phys) / photoelectric effect ‖ ~**er Strom**, photoelektrischer Strom (Eltro) / photoelectric current, photocurrent ‖ ~**e Zelle** (Eltro) / photocell, PEC, photoelectric cell ‖ **innerer** ~**er Effekt** (Phys) / internal photoelectric effect, photoconductive effect

Licht•emitterdiode *f*, LED *f*, Leuchtdiode *f* (Eltro) / LED, light emitting diode ‖ ~**emittierende Diode**, LED *f*, Leuchtdiode *f* (Eltro) / LED, light emitting diode ‖ ~**empfindlich** / light-sensitive, photosensitive, sensitive to light ‖ ~**empfindlich machen**, sensibilisieren (Foto) / sensitize ‖ ~**empfindlichkeit** *f* **des Films** (Foto) / film speed (measured by an ASA, DIN, or ISO index), speed ‖ ~**energie** *f* (Phys) / light energy

Lichterkette *f* (Licht) / light set (on a string)

Licht•farbe *f* (farbliches Aussehen des Lichts einer Lampe) (Licht) / light colour ‖ ~**filter** *m* *n*, optisches Filter / light filter, optical filter ‖ ~**generator** *m* (Licht) / light generator ‖ ~**geschwindigkeit** *f* (Phys) / speed of light, velocity of light ‖ ~**griffel** *m*, Lichtstift *m*, Lightpen *m* (Eltro) / light pen ‖ ~**hupe** *f* (Kfz) / passing light ‖ ~**immission** *f* (Licht) / light pollution ‖ ~**impuls** *m* / light pulse, pulse of light ‖ ~**intensität** *f* / light intensity ‖ ~**jahr** *n* (= 0,94605 · 10¹² km) (Astr) / light year, l.y. ‖ ~**kegel** *m* / cone of light, light cone ‖ ~**koppler** *m*, Optokoppler *m* (Eltro) / optocoupler, optoisolator, optical coupler, photoisolator, photocoupler, optically coupled isolator, optoelectronic isolator ‖ ~**leiter** *m*, Lichtwellenleiter *m* (Tele) / optical waveguide, OWG ‖ ~**leiterkabel** *n*, Lichtwellenleiterkabel *n* (Tele) / optical cable, fiber-optic cable, fiber cable, optical fiber cable, fiber glass cable ‖ ~**leitfaser** *m* / optical fibre ‖ ~**maschine** *f* (ugs.), Drehstromgenerator *m* (Kfz) / alternator, AC generator ‖ ~**maschine** (Fahrrad), Fahrraddynamo *m* (Fahrrad) / dynamo, bicycle dynamo, generator ‖ ~**menge** *f* (Produkt aus Lichtstrom und Zeit - SI-Einheit Lumensekunde lm · s) (Licht, Phys) / quantity of light ‖ ~**messgerät** *n* (Mess) /

photometer ‖ ⁓**messung** f (Methode der Belichtungsmessung) (Foto) / incident light reading ‖ ⁓**pause** f (weiße Linien auf blauem Grund), Blaupause f (nach dem Eisensalz-Verfahren/Cyanotypie) (Druck) / blueprint n, cyanotype ‖ ⁓**pause** (auf Diazomaterial), Diazokopie f (blaue Linien auf farblosem Grund) (Druck, Foto) / diazo print, whiteprint, diazotype ‖ ⁓**punkt** (Licht) / light source ‖ ⁓**punktabstand** m (Licht) / luminaire spacing ‖ ⁓**punkthöhe** f (Licht) / mounting height ‖ ⁓**quant** n, Photon n (Nukl) / photon, light quantum ‖ ⁓**quelle** f / light source, source of light, luminous source ‖ ⁓**schalter** m (Elek) / light switch ‖ ⁓**schalter** (Kfz) / headlight switch ‖ ⁓**schranke** f (Eltro) / photoelectric sensor, photoeye, light barrier ‖ ⁓**sensor** m (Eltro, Licht) / light sensor ‖ ⁓**sensor**, Bildsensor m (Eltro, Opt) / image sensor, imaging sensor ‖ ⁓**signalanlage** f, Verkehrsampel f (Verk) / traffic light(s), traffic signal(s), stoplight, traffic control signal ‖ ⁓**stärke** f (SI-Basiseinheit Candela) (Licht) / luminous intensity (SI base unit: candela (cd)), light intensity ‖ ⁓**stärke** (das max. erreichbare Öffnungsverhältnis eines Objektivs) (Foto, Opt) / lens speed, speed (of a lens) ‖ ⁓**stärkeverteilung** f (Licht) / intensity distribution ‖ ⁓**stift** m, Lichtgriffel m (Eltro) / light pen ‖ ⁓**strahl** m (Licht, Opt) / beam of light, light beam ‖ ⁓**strahl** (Licht, Opt) / light ray (an idealized narrow beam of light used to model the propagation of light through an optical system), ray of light ‖ ⁓**strahlablenker** m (akustooptisch, elektrooptisch) (Licht, Opt) / light beam deflector (acousto-optic, electro-optic) ‖ ⁓**strahlschweißen** n, Laserschweißen n / laser welding ‖ ⁓**strom** m (in Lumen (lm)) (Licht, Phys) / luminous flux, light flux ‖ ⁓**technik** f (Licht) / illuminating engineering, lighting engineering, illumination engineering ‖ ⁓**technische Einrichtungen** (amtlich), Beleuchtungsanlage f (Kfz) / lighting system ‖ ⁓**transmission** f, Lichtdurchgang m (Opt) / light transmission ‖ ⁓**transmissionsgrad** m, Lichtdurchlassgrad (Opt) / transmittance (for light), light transmittance, luminous transmittance, light transmission ‖ ⁓**undurchlässig** (Opt) / opaque adj, non-transparent, light-proof ‖ ⁓**undurchlässigkeit** f (Opt) / opacity, opaqueness, non-transparency ‖ ⁓**verteilung** f / light distribution ‖ ⁓**weg** m, Strahlengang m (Foto, Opt) / beam path, ray path, path of rays, light path, optical path ‖ ⁓**wellenleiter** m (Tele) / optical waveguide, OWG ‖ ⁓**wellenleiterkabel** n, Glasfaserkabel n (Tele) / optical cable, fiber-optic cable, fiber cable, optical fiber cable, fiber glass cable ‖ ⁓**wellenleitung** f (Tele) / optical fibre line ‖ ⁓**wert** m (Foto) / exposure value, EV ‖ ⁓**wirkung** f / action of light ‖ ⁓**zeichenanlage** f, Verkehrsampel f (Verk) / traffic light(s), traffic signal(s), stoplight, traffic control signal

Lieferant m (Wirtsch) / vendor, supplier ‖ ⁓, Zusteller m / delivery man

lieferbar / available (from supplier)

Liefer•bedingungen f pl (Wirtsch) / terms of delivery pl ‖ ⁓**frist** f / term of delivery, time of delivery ‖ ⁓**grad** m, Füllungsgrad m (des Motors) / volumetric efficiency ‖ ⁓**menge** f / quantity supplied ‖ ⁓**menge** (zugestellte Menge) / delivery, quantity delivered ‖ ⁓**menge**, Förderleistung f (einer Pumpe) / pump capacity, discharge rate (of a pump), output of a pump, pump output, delivery rate

liefern (Produkte), anbieten / supply ‖ ⁓, zustellen / deliver vt (goods) ‖ ⁓ / provide (e.g. gas, electricity, voltage, signals), supply ‖ ⁓, abgeben (z.B. Energie, Leistung, Wärme, Drehmoment) / deliver ‖ ⁓ (eine bestimmte Wassermenge), fördern / deliver (pump) ‖ ⁓, zur Verfügung stellen (z.B. Unterlagen, Informationen, Montagezubehör) / furnish ‖ ⁓, zum Ergebnis haben, ergeben / yield, produce

Liefer•programm n, Sortiment n / range of products, line of products ‖ ⁓**termin** m / delivery date, date of delivery ‖ ⁓**umfang** m / scope of supply n

Lieferung f, Versorgung f / supply (e.g. of gas, water, electricity) ‖ ⁓, Zustellung f / delivery ‖ ⁓, Warensendung f / shipment, consignment

Liefer•vertrag m / supply contract ‖ ⁓**wagen** m, Transporter m (Kfz) / van, delivery van ‖ ⁓**wagen mit offener Ladefläche**, Pickup m (Kfz) / pick-up, pick-up truck ‖ ⁓**zeit** f / delivery time

liegen [auf] / lie [on] ‖ ⁓, sich befinden, gelegen sein / be, be located, be situated ‖ ⁓ (z.B. der Druck/die Temperatur liegt über/unter ...) / be (e.g. the pressure/temperature is above/below ...) ‖ ⁓ **bleiben** (Kfz) / break down

liegend / horizontal ‖ ⁓**er Polizist**, Bremsschwelle f (die Autofahrer zur Geschwindigkeitsverringerung zwingen soll) (Straß) / hump, speed hump (a means of speed control), road hump

Life Sciences pl, Biowissenschaften f pl / life sciences

Lift m (Förd) / elevator (US), lift (GB)

Lightpen m, Lichtstift m (Eltro) / light pen

Li-Ionen-Akku m, Lithium-Ionen-Akku[mulator] m (Elek) / lithium-ion battery, Li-ion battery

Limes m, Grenzwert m (einer Funktion, einer Folge) (Math) / limit (of a function, sequence)

Limit n / limit n

Limonenöl n / oil of lemons

Limousine f (Kfz) / saloon (GB), sedan (US), saloon car

Lineal n (Zeichn) / ruler, rule ‖ ⁓ (z.B. in einem Textverarbeitungsprogramm) (DV) / ruler ‖ ⁓ (ohne Markierungen, zur geometrischen Konstruktion zusammen mit Zirkel gebraucht) (Math, Zeichn) / straightedge (used in compass-and-straightedge constructions)

linear (z.B. Bauelement, Kennlinie, Kodierung, Verzerrung) / linear (e.g. component, characteristic, coding, distortion), lin ‖ ⁓**er Abbildungsmaßstab** m (Verhältnis zwischen Größe des Objekts u. der Abbildung) (Foto, Opt) / lateral magnification, magnification ‖ ⁓**e Ausdehnung**, Wärmeausdehnung f (langgestreckter Körper in Richtung der Länge), Längenausdehnung f (Phys) / linear expansion, linear thermal expansion, thermal elongation ‖ ⁓**er Ausdehnungskoeffizient** (Phys) / coefficient of linear expansion, linear expansion coefficient, linear coefficient of thermal expansion, linear thermal expansion coefficient, linear expansivity ‖ ⁓**e Funktion**, affine Funktion (Math) / affine function ‖ ⁓**e Gleichung**, Gleichung f ersten Grades / linear equation ‖ ~es Gleichungssystem (Math) / system of linear equations ‖ ~es Gleitlager / linear plain bearing, sliding bearing, linear sliding bearing ‖ ~es Kraftgesetz (Mech) / linear force law ‖ ~es Polyethylen niedriger Dichte, PE-LLD (Chem, Plast) / linear low density polyethylene, LLDPE ‖ ~er Schaltkreis (Eltro) / linear circuit ‖ ~e Spannungsverteilung (Mech) / linear stress distribution ‖ ~er Wandler (DV, Eltro) / linear transducer ‖ ~er Wärmeausdehnungskoeffizient (Phys) / coefficient of linear expansion, linear expansion coefficient, linear coefficient of thermal expansion, linear thermal expansion coefficient, linear expansivity ‖ ~er Widerstand (Elek) / linear resistor, ohmic resistor

Linear•..., linear (z.B. Bauelement, Kennlinie, Kodierung, Verzerrung) / linear (e.g. component, characteristic, coding, distortion), lin ‖ ~antrieb m (Masch) / linear drive ‖ ~bewegung f (Masch) / linear motion ‖ ~faktor m (eines Polynoms) (Math) / linear factor ‖ ~führung f, Linearlager n (Masch) / linear bearing ‖ ~führung, Führungslager n, Führung f (Masch) / guide bearing, slipper bearing ‖ ~gleitlager n / linear plain bearing, sliding bearing, linear sliding bearing ‖ ~interpolation f (Math) / linear interpolation ‖ ~lager n (Masch) / linear bearing ‖ ~motor m (Elek) / linear motor ‖ ~-PE n, Polyethylen n hoher Dichte (Plast) / high-density polyethylene, HDPE ‖ ~-Wälzlager n / linear rolling bearing

Linie f, Strich m / line n, stroke ‖ ~ (allg, Math) / line ‖ **unterbrochene** ~ / broken line, discontinuous line

Linien•bus m (innerstädtisch) / city bus, urban bus ‖ ~diagramm n / line chart, line graph ‖ ~element n (Math) / differential of arc, element of length ‖ ~flugzeug n, Verkehrsflugzeug n (Luft) / airliner, air carrier, liner, commercial aircraft ‖ ~förmige Fehler, eindimensionale Gitterbaufehler (Krist) / line defects ‖ ~förmige Zugbeeinflussung (Bahn) / ATP (Automatic Train Protection), Automatic Train Protection, continuous automatic train control system ‖ ~netz n, Eisenbahnnetz n (Bahn) / railroad network o. system (US), railway network o. system (GB) ‖ ~schreiber m (Mess) / line recorder ‖ ~schwerpunkt m (Math) / centroid of a line ‖ ~spektrum n (Phys) / atomic spectrum, line spectrum ‖ ~-Zugbeeinflussung f (Bahn) / ATP (Automatic Train Protection), Automatic Train Protection, continuous automatic train control system

linker Fahrstreifen (In Ländern mit Linksverkehr) (Verk) / slow lane (of a multi-lane carriageway)

Link m (DV) / link ‖ **mit einem** ~ **versehen**, verlinken (DV) / link (e.g. documents)

Linkehandregel f (Elek) / lefthand rule

Linker m (DV) / linkage editor, linker

Linkkopplung, Gliedkopplung f (Eltro) / link coupling

links•drehend / anticlockwise, counterclockwise ‖ ~drehung f, Drehung entgegen dem Uhrzeigersinn f / anticlockwise rotation, counterclockwise rotation, cckw rotation, ccw rotation ‖ ~gängig (Gewinde, Schraube, Wicklung) / left-hand[ed] ‖ ~gewinde n,

linksgängiges Gewinde / left-handed thread ‖ ~lauf m, Linksdrehung f, Drehung entgegen dem Uhrzeigersinn f / anticlockwise rotation, counterclockwise rotation, cckw rotation, ccw rotation ‖ ~schweißung f, Nachlinksschweißen n / forehand welding, leftward welding, left-hand welding, forward welding ‖ ~seitiger Grenzwert (Math) / limit-on-the-left, left-hand limit

Linse f (Foto, Opt) / lens

Linsen•fernrohr n (Opt) / refracting telescope, refractor ‖ ~gleichung f, Abbildungsgleichung f (Opt) / thin lens formula ‖ ~kuppe f (Schraube, DIN 78) / rounded end, round point (US), oval point (GB) ‖ ~niet m / oval countersunk-head rivet (DIN 662) ‖ ~raster n, Linsenrasterfolie f (bei Computermonitoren u. Fernsehbildschirmen) (DV, TV) / lenticular screen ‖ ~rasterfolie f (bei Computermonitoren u. Fernsehbildschirmen) (DV, TV) / lenticular screen ‖ ~rasterleinwand f (Film, Foto) / lenticular screen, lenticulated screen ‖ ~schleiferformel f (Opt) / lensmaker's equation ‖ ~schraube f (DIN 85) / oval head screw ‖ ~schraube f mit Innensechskant (ISO 7380) / hexagon socket button head screw ‖ ~schraube mit Kreuzschlitz (DIN 7985) / cross recessed pan head machine screw, Phillips pan head machine screw ‖ ~senkkopf-Blechschraube f mit Kreuzschlitz (DIN 7983) / cross recessed oval head tapping screw ‖ ~senkschraube f (DIN 88, 91) / raised countersunk head screw ‖ ~senkschraube mit Kreuzschlitz (DIN 966) / Phillips oval countersunk screw

Lippe f (Masch) / lip

Lippen•dichtung f / lip seal ‖ ~stein m (im Float-Verfahren) (Glas) / spout lip

Liquid Honing n (Fert) / liquid honing (abrasives suspended in water are forced at high velocity with compressed air through special nozzles against the surfaces to be treated), vapour blasting, wet blasting

Liquidität f (Wirtsch) / liquidity

Liquidus•linie f (in Zustandsschaubildern) (Chem, Hütt) / liquidus, liquidus line ‖ ~temperatur f (Chem, Hütt) / liquidus temperature

Lissajous-Figur f (Eltro, Phys) / Lissajous curve, Lissajous figure

Listenfeld n (DV) / list box

Liter m / liter, litre (GB), lit.

Literleistung f, Hubraumleistung f / performance per liter

Lithargyrum f, Blei(II)-oxid f (PbO) (Chem) / lead monoxide, litharge, plumbous oxide, lead oxide, yellow lead oxide

Lithium n (Chem) / lithium, Li ‖ ~akku m, Lithium-Ionen-Akku[mulator] m (Elek) / lithium-ion battery, Li-ion battery ‖ ~-Batterie (nicht wieder aufladbar) (Elek) / lithium battery ‖ ~-Ionen-Akku[mulator] m (Elek) / lithium-ion battery, Li-ion battery ‖ ~karbonat n / lithium carbonate ‖ ~seifen-Schmierfett n / lithium soap grease ‖ ~zelle f (Elek) / lithium cell

Litze f (aus verdrillten Stahldrähten bestehender Strang eines Stahlseils) / strand ‖ ~ (aus dünnen Einzeldrähten bestehender und daher leicht zu biegender elektrischer Leiter) (Elek) / stranded wire ‖ ~ (für HF-Leitungen -

Einzeldrähte voneinander durch eine Lackschicht isoliert) (Elek) / litz wire (kind of stranded wire - it consists of many thin wires, individually coated with an insulating film and twisted or woven together) ‖ ≈ (zweidimensionales Geflecht) (Tex) / braid *n*

Lizenz *f* / license (US), licence (GB) ‖ ≈**abkommen** *n* (DV, Wirtsch) / license agreement ‖ ≈**server** *m* (DV) / licence server ‖ ≈**vertrag** *m* (DV, Wirtsch) / license agreement

LKF *n*, Luftkissenfahrzeug (Schiff) / air cushion vehicle, ACV, hovercraft (GB), ground-effect machine, GEM, ground effect vehicle

LKW *m*, Lastkraftwagen *m* (Kfz) / lorry (GB), truck (US) ‖ ≈ s. auch Lastkraftwagen

LLDPE, PE-LLD, lineares Polyethylen niedriger Dichte (Chem, Plast) / linear low density polyethylene, LLDPE

LLWF, Lampenlichtstrom-Wartungsfaktor *m* (Licht) / lamp lumen maintenance factor, LLMF

lm (photometr. Einheit des Lichtstroms), Lumen *n* / lumen

LM (Raumf) / lunar module, LM, lunar excursion module (early name)

ln, natürlicher Logarithmus, Logarithmus *m* zur Basis e (der eulerschen Zahl) (Math) / natural logarithm, hyperbolic logarithm, Napierian logarithm, ln

Loch *n* / hole ‖ ≈, Öffnung *f* / opening ‖ ≈, Grübchen *n* / pit (caused by corrosion) ‖ ≈, Defektelektron *n* (im Halbleiter) (Eltro) / electron hole, hole, electron gap, defect electron ‖ ≈**beitel** *m*, Stemmeisen *n* (Tischl) / woodworking chisel (bevel-edged), wood chisel ‖ ≈**blech** *n* / perforated plate

Lochen *n* (Schneiden längs einer in sich geschlossenen Trennlinie, wobei der unter dem Schneidstempel befindliche abgetrennte Werkstoffanteil Abfall ist) (Fert) / punching ‖ ≈ **zur Herstellung einer rechteckigen Innenform an einem Werkstück** (Fert) / slotting (punching operation that cuts out an elongated or rectangular hole)

Locher *m* (Büro) / hole punch, paper puncher, perforator

Löcher•leitung *f*, Defektelektronenleitung *f* (Phys) / hole conduction, p-type conduction ‖ ≈**-theorie** (Nukl) / Dirac hole theory

Loch•fraß *m* (tiefe Abtragung mit steilen Ränder, die z.T. unterhöhlt sind) / pitting ‖ ≈**fraßkorrosion** *f* / pitting ‖ ≈**karte** *f* (DV) / punched card, card, p.c. ‖ ≈**korrosion** *f* / pitting ‖ ≈**kreis** *m* (für Schrauben, auf Flansch, Radfelge) (Kfz, Masch) / pitch circle ‖ ≈**kreis** (der Lochscheibe eines Teilkopfes) (Wzm) / circle of holes, hole circle, indexing circle ‖ ≈**lehre** *f*, Bohrungslehre *f* (Mess) / bore gauge ‖ ≈**leibung** *f*, Flächenpressung *f* (bei Schrauben- u. Nietverbindungen) / bearing stress (compressive normal stress that occurs on the surface of contact between two interacting members - bolts, pins and rivets create bearing stresses along the surface of contact) ‖ ≈**leibungsdruck** *m*, Flächenpressung *f* (bei Schrauben- u. Nietverbindungen) / bearing stress (compressive normal stress that occurs on the surface of contact between two interacting members - bolts, pins and rivets create bearing stresses along the surface of contact) ‖ ≈**maske** *f* (DV, TV) / shadow mask ‖ ≈**presse** *f*

(Wzm) / perforating press ‖ ≈**säge** *f* (Wz) / hole saw ‖ ≈**säge**, Stichsäge *f* (Wz) / compass saw (with a narrow, tapering blade for cutting curves of small radii) ‖ ≈**säge** (kleine Stichsäge für kleine Öffnungen), Schlüssellochsäge *f* / keyhole saw, padsaw ‖ ≈**scheibe** *f* (in einem Universal-Teilkopf - mit mehreren konzentrischen Lochkreisen) (Wzm) / dividing plate, indexing plate, index plate (with several concentric rings of holes accurately dividing the circumference into various equal subdivisions), division plate ‖ ≈**streifen** *m* (DV) / paper tape, punched tape, punch tape, punched paper tape ‖ ≈**streifenleser** *m* (DV) / punched tape reader, paper tape reader ‖ ≈**taster** *m*, Innentaster *m* (Mess) / inside cal[l]ipers *pl*, internal cal[l]ipers *pl*

Lochung *f*, Perforation *f* / perforation

Lochzirkel *m*, Innentaster *m* (Mess) / inside cal[l]ipers *pl*, internal cal[l]ipers *pl*

locker (z.B. Schraubenverbindung, Schüttgut) / loose ‖ ≈, spannungslos (Seil etc.), schlaff / slack ‖ ≈ **werden**, sich lockern / come loose

lockern *vt*, locker machen / loosen, make loose ‖ ≈, lösen (Schraube) / loosen (screw) ‖ ≈ (z. B. Seil) / slacken *vt* ‖ ≈ (Vorschriften) / relax, ease ‖ ≈ *vr* (sich), lösen *vr* (sich)(Schrauben) / work loose

Lock-in-Verstärker *m* (Eltro) / lock-in amplifier

Lockstoffe *m pl* (bei der Insektenbekämpfung) (Chem) / attractant

Löffel *m*, Baggerlöffel *m* (Bau) / bucket, shovel (US) ‖ ≈**bagger** *m* (Bau) / excavator (with a bucket attached to an articulated arm), digger ‖ **auf Zug arbeitender** ≈**bagger**, Tieflöffelbagger *m* (Bau) / backhoe, backhoe excavator, backacter, back actor, pullshovel, backdigger, dragshovel ‖ ≈**tiefbagger** *m*, ziehend arbeitender Löffelbagger (Bau) / backhoe, backhoe excavator, backacter, back actor, pullshovel, backdigger, dragshovel

Loft *n*, Loftwohnung *f* (Bau) / loft, loft apartment

Loftwohnung *f* (Bau) / loft, loft apartment

Log *n*, Geschwindigkeitsmesser *m* (Schiff) / log, ship log

logarithmisch (z.B. Verstärker, Skale) / logarithmic (e.g. amplifier, scale), log ‖ ≈**es Dämpfungsdekrement** (Phys) / logarithmic decrement (common measure of damping), log. dec. ‖ ≈**es Dekrement** (Phys) / logarithmic decrement (common measure of damping), log. dec. ‖ ≈**e Formänderung**, Umformgrad *m* (Fert, Mater) / strain, true strain ‖ ≈**e Gleichung** (Math) / logarithmic equation ‖ ≈**e Spirale** (Math) / equiangular spiral, logarithmic spiral

Logarithmus *m* (Math) / logarithm, log ‖ ≈ **Basis 10** (Math) / common logarithm, Briggs' logarithm, decimal logarithm ‖ ≈ *m* **naturalis**, n Logarithmus *m* zur Basis e (der eulerschen Zahl) (Math) / natural logarithm, hyperbolic logarithm, Napierian logarithm, ln ‖ ≈ **zur Basis 2** (Math) / logarithm to the base 2, binary logarithm, dyadic logarithm ‖ ≈ **zur Basis e** (der eulerschen Zahl) (Math) / natural logarithm, hyperbolic logarithm, Napierian logarithm, ln

Logarithmus•argument *n* (Math) / logarithm argument ‖ ≈**funktion** *f* (Math) / logarithmic function

Logbuch führen, im Logbuch eintragen (Schiff) / log, enter (in a log)

Logik f / logic n ‖ ≈-**array** n, ASIC (Chip, der für ein orig begrenztes Aufgabengebiet wie z.B. Waschmaschinensteuerung konzipiert ist, wobei Standardschaltkreise aufgabenspezifisch verbunden werden), anwendungsspezifischer Schaltkreis (Eltro) / application specific IC, semicustom IC, application-specific integrated circuit, ASIC ‖ ≈-**Baustein** m (DV, Regel) / logic unit, logic module ‖ ≈-**funktion** f, boolesche Funktion (DV, Eltro, Logik) / logic function, logical operation, Boolean function ‖ ≈-**gatter** n, Gatter n (Verknüpfungsschaltung mit zwei o. mehr Eingängen und einem Ausgang) (DV, Eltro) / gate, logic gate, logical element, logic element, logic unit ‖ ≈-**plan** m (DV) / logogram ‖ ≈-**schaltung** f (DV, Eltro) / logic circuit ‖ ≈-**teil** m (einer Steuereinheit) (DV, Eltro) / logic unit

Login n, Anmeldung f, Einloggen n (DV, Tele) / login, logon

logisch / logic adj, logical adj ‖ ~er **Aufbau** (DV) / logic design, logical design ‖ ~er **Befehl** (DV) / logic[al] instruction ‖ ~es **Element**, Gatter n (Verknüpfungsschaltung mit zwei o. mehr Eingängen und einem Ausgang), Logikgatter n (DV, Eltro) / gate, logic gate, logical element, logic element, logic unit ‖ ~er **Entwurf** (DV) / logic design, logical design ‖ ~es **Gatter** (Verknüpfungsschaltung mit zwei o. mehr Eingängen und einem Ausgang) (DV, Eltro) / gate, logic gate, logical element, logic element, logic unit ‖ ~er **Kanal** (DV) / logical channel ‖ ~e **Konzeption** (DV) / logic design, logical design ‖ ~e **Operation**, boolesche Funktion (DV, Eltro, Logik) / logic function, logical operation, Boolean function ‖ ~e **Operation**, logische Verknüpfung (DV) / logic operation ‖ ~e **Schaltung** (DV, Eltro) / logic circuit ‖ ~e **Schaltung**, Gatter n (Verknüpfungsschaltung mit zwei o. mehr Eingängen und einem Ausgang), Logikgatter n (DV, Eltro) / gate, logic gate, logical element, logic element, logic unit ‖ ~e **Struktur** (DV) / logic design, logical design ‖ ~es **Symbol** / logic symbol ‖ ~e **Verknüpfung**, boolesche Funktion (DV, Eltro, Logik) / logic function, logical operation, Boolean function ‖ ~es **Verschieben** (DV) / logic shift, logical shift, circular shift ‖ ~es **Zeichen** / logic symbol

Logistik f (Mil, Wirtsch) / logistics

Logogramm n (DV) / logogram

Logon n, Anmeldung f, Einloggen n (DV, Tele) / login, logon

Lohn•kosten, Arbeitskosten pl / labour costs pl ‖ ≈-**kosten** pl (direkte, d.h. Bruttolöhne und -gehälter abzgl. der Lohnnebenkosten) / wage costs ‖ ≈-**stückkosten** pl / unit labour costs

Lok f, Lokomotive f (Bahn) / locomotive, engine

lokal, örtlich / local adj ‖ ~ (DV) / local (e.g. drive) ‖ ~, relativ (Extremum, Maximum,Minimum) (Math) / local (extremum, minimum, maximum), relative ‖ ~es **Netz**, LAN n, lokales Netzwerk (DV, Tele) / LAN, local area network ‖ ~es **Netzwerk**, LAN n, lokales Netz (DV, Tele) / LAN, local area network

Lokal•..., örtlich / local adj ‖ ≈-**betrieb** m, selbstständiger Betrieb (DV) / local mode ‖ ≈-**element** n / electrolysis junction

lokalisieren, ausfindig machen (z.B. Fehler), auffinden, orten / locate (e.g. a fault, data) ‖ ~, beschränken (auf einen best. Bereich, Ort), eingrenzen / localize, limit [to] ‖ ~ (übersetzen u. anpassen an die kulturellen Besonderheiten des Zielmarktes) / localize (software, documentation etc.)

Lokalisierung f (z.B. von Fehlern), Auffinden n / localization

Lokalnetz n, Teilnehmernetz n, Zugangsnetz n (Tele) / local network (access network connecting the subscriber equipment to the local exchange)

Lokomotive f (Bahn) / locomotive, engine

London-Kräfte f pl, Dispersionskräfte f pl (Chem) / London forces pl

longitudinal, Längs... / longitudinal

Lorentz-Kraft f (Phys) / Lorentz force

Los n, Fertigungslos n, Produktmenge f (einer Baugruppe, die gemeinsam gefertigt wird) / batch, lot (in manufacturing), production run, production lot

lösbar, abnehmbar, abtrennbar / removable, demountable, dismountable, detachable ‖ ~e **Verbindung** (Fert) / non-permanent joint, temporary joint

löschbar, nicht ~, unlöschbar (DV) / non-erasable

löschen (Feuer) / extinguish, quench, put out ‖ ~ (Daten) (DV) / delete, erase ‖ ~ (Viren o. unnötige o. veraltete Daten systematisch u. evtl. automatisch), entfernen (DV) / purge (viruses, data etc.) ‖ ~ (Magnetband, Festplatte, PROM) (Audio, DV) / erase (data, files, recorded material, tape etc) ‖ ~ (DV) / clear (data, characters from screen o. memory) ‖ ~, entleeren (DV) / clear, flush (e.g. a printer's RAM), empty vt ‖ ~, streichen, entfernen (DV) / cancel (e.g. articles, messages in a newsgroup) ‖ ~ (ein Konto) (DV, Wirtsch) / cancel (an account) ‖ ~, entladen vt, ausladen (Schiff) / unload (ship, cargo), discharge

Löscher m, Feuerlöscher / fire extinguisher, extinguisher

Lösch•fahrzeug n / fire engine, fire truck (US) ‖ ≈-**flugzeug** n (Luft) / firefighting aircraft ‖ ≈-**kalk** m, Calciumhydroxid n (Bau) / calcium hydrate, hydrated lime, calcium hydroxide, slaked lime, lime hydrate ‖ ≈-**kopf** m (Magnetbandgerät) (Magn) / erase head, erasing head

Loschmidt-Konstante f (in der älteren Fachliteratur), Avogadro-Konstante f ($6.022045 \cdot 10^{23}$ mol^{-1}) (Chem, Phys) / Avogadro constant, Avogadro's number, N

Loschmidtsche Zahl (in der älteren Fachliteratur), Avogadro-Konstante f ($6.022045 \cdot 10^{23}$ mol^{-1}) (Chem, Phys) / Avogadro constant, Avogadro's number, N

Lösch•pulver n / extinguishing powder ‖ ≈-**taste** f, Entf-Taste f (auf der PC-Tastatur) (DV) / Delete key, Del, Del key (on PC keyboard - deletes character on the right-hand side of cursor) ‖ ≈-**taste** (z.B. an Digitalkamera) / erase button

losdrehen, lösen (Schraube), lockern vt / loosen (screw)

lose, locker (z.B. Schraubenverbindung, Schüttgut) / loose ‖ ~, spannungslos (Seil etc.), schlaff / slack

lose machen, lockern (z. B. Seil) / slacken vt ‖ ~ **Rolle** (Masch) / movable pulley, moving pulley

‖ ~ **Rolle** (im Rollen- o. Flaschenzug) / movable block, travelling block, running block, moving pulley ‖ ~**s Trumm**, Leertrum *n* (eines Riemens im Riemengetriebe) / slack side (of a belt), following side ‖ ~**r Ziehstopfen** (beim Rohrziehen) (Fert) / floating plug

Lösemittel *n* (allg, Chem) / solvent

lösen, losmachen, abtrennen, entfernen / remove, detach ‖ ~, abmontieren, abbauen / remove, demount, take down, dismount, take off, detach ‖ ~, lockern, losmachen / loosen, make loose ‖ ~, losbinden, abbinden *vt* / unfasten, untie ‖ ~ (Keil) / loosen (e.g. a wedge) ‖ ~ (Bremse) / release (the brake) ‖ ~ (Schraube), lockern *vt* / loosen (screw) ‖ ~ (Schrauben ganz) / unscrew *vt* ‖ ~ auflösen *vt* (allg, Chem) / dissolve *vt* (e.g. salt in water) ‖ ~ (Aufgabe, Gleichung) (Math) / solve (problem, equation) ‖ ~ (Problem) / solve, resolve ‖ ~ (Konflikt) / resolve ‖ ~ (Vertrag) / cancel (a contract) ‖ ~ *vr* (sich), ablösen *vr* (sich) / come off *vi* (e.g. the wallpaper came off the wall) ‖ ~ (sich)(Schrauben) / work loose ‖ ~ (sich), auflösen *vr* (sich) (Chem) / dissolve *vi* (e.g. in acetone) ‖ ~ $\stackrel{\sim}{=}$ *n* **von Verbindungen**, Zerlegen *n* (Fert) / disassembly

Losetransport *m* (von Schüttgut) / bulk conveying

Losgröße, wirtschaftliche $\stackrel{\sim}{=}$ (IE) / economic lot size, economic batch size, economic ordering quantity, EOQ

Loslager *n* (Ggs. Festlager) / floating bearing (as opp. to fixed bearing)

loslassen / release (e.g. mouse button, trigger of electric drill)

löslich, auflösbar (Chem) / soluble, dissoluble

Löslichkeit *f* / solubility

Löslichkeits•koeffizient *m*, Absorptions-koeffizient *m* (im Henryschen Absorptionsgesetz) (Phys) / solubility coefficient ‖ $\stackrel{\sim}{=}$**kurve** *f*, Binodalkurve *f* (Phys) / binodal curve ‖ $\stackrel{\sim}{=}$**kurve für den festen Zustand im Zustandsschaubild**, Sättigungslinie *f* (Chem, Hütt) / solid solubility curve, solvus line

loslösen, trennen / disconnect *vt*, dissociate *vt*

losmachen, abmontieren, abbauen / remove, demount, take down, dismount, take off, detach

Losrolle *f*, lose Rolle (Masch) / movable pulley, moving pulley

losschrauben, abschrauben / unscrew (e.g. a lid), screw off

Lost *n* (Lo = Lommer, St = Steinkopf), Gelbkreuz[gas] *n*, Senfgas *n* (Bis-(2-chlorethyl)sulfid - chemischer Kampfstoff) (Chem) / dichlorodiethyl sulfide (or sulphide), mustard gas

Lostrum *n*, Leertrum *n* (eines Riemens im Riemengetriebe) / slack side (of a belt), following side

Lösung *f* (allg, Chem, Math) / solution, sol, soltn, soln ‖ $\stackrel{\sim}{=}$ (eines Vertrags) / cancellation ‖ $\stackrel{\sim}{=}$ **im festen Zustand**, Mischkristall(e) (Krist) / mixed crystal, solid solution (alloy in which one element is dissolved in another to form a single-phase structure)

Lösungs•ansatz *m*, Lösungsweg *m*, Ansatz *m* / approach *m* (e. g. to a problem) ‖ $\stackrel{\sim}{=}$**behandlung** *f* **bei der Ausscheidungshärtung**, Lösungsglühen *n* (Hütt) / solution treatment ‖ ~**geglüht** *f* (Hütt)

/ solution heat treated ‖ $\stackrel{\sim}{=}$**glühen** *n* (bei der Ausscheidungshärtung) (Hütt) / solution treatment ‖ $\stackrel{\sim}{=}$**menge** *f* (Math) / set of solutions ‖ $\stackrel{\sim}{=}$**mittel** *n* (allg, Chem) / solvent ‖ $\stackrel{\sim}{=}$**wärme** *f* / heat of solution ‖ $\stackrel{\sim}{=}$**weg** *m*, Ansatz *m* / approach *n* (e. g. to a solution)

loswickeln, abwickeln, abhaspeln / spool off or out *vt*, uncoil, wind off, unreel, unwind

Lot *n* (Weich-, Hartlot), Lötmittel *n* (Schw) / solder (soft, brazing solder) ‖ $\stackrel{\sim}{=}$, Weichlot *n* (unter 450 °C schmelzend) (Fert) / soft solder, solder *n* ‖ $\stackrel{\sim}{=}$, Hartlot *n* (Fert) / braze metal, brazing metal, brazing filler metal, brazing solder, soldering alloy, solder metal, hard solder ‖ $\stackrel{\sim}{=}$, Lotrechte *f* (Math) / perpendicular *n* ‖ $\stackrel{\sim}{=}$, Senklot *n*, Bleilot *n* (Bau, Wz) / plumb bob, plummet ‖ $\stackrel{\sim}{=}$, Senkblei *n* (Schiff) / sounding line, lead line ‖ $\stackrel{\sim}{=}$**bad** *n*, Lötschmelze *f* (Schw) / molten metal bath

löten (unter 450 °C), weichlöten (Fert) / solder, soft-solder ‖ ~ (über 450 °C), hartlöten (Fert) / braze ‖ $\stackrel{\sim}{=}$ *n*, Weichlöten *n*, Lötung *f* (unter 450 °C) (Fert) / soldering, soft soldering ‖ $\stackrel{\sim}{=}$ (über 450 °C), Hartlöten *n* (Fert) / brazing ‖ $\stackrel{\sim}{=}$ **mit Brenner** (Lötlampe o. Sonderbauart des Autogenschweißbrenners), Flammhartlöten *n* (Schw) / torch brazing ‖ $\stackrel{\sim}{=}$ **mit Brenner** (Lötlampe o. Sonderbauart des Autogenschweißbrenners), Flammweichlöten *n* (Schw) / torch soldering

Lötflächen *f pl*, Lötspaltflächen *f pl* (die durch Löten miteinander verbunden werden) / faying areas, faying surfaces

Lotformteil *n* (Schw) / preformed part (made of solder or braze metal)

Löt•fuge *f* (Fert) / gap (> 0.5 mm between the joint members), joint ‖ $\stackrel{\sim}{=}$**kolben** *m* / soldering iron ‖ $\stackrel{\sim}{=}$**lampe** *f* / blowtorch, blowlamp (GB) ‖ $\stackrel{\sim}{=}$**metall** *n*, Weichlot *n* (unter 450 °C schmelzend) (Fert) / soft solder, solder *n* ‖ $\stackrel{\sim}{=}$**mittel** *n*, Lot *n* (Weich-, Hartlot) (Schw) / solder (soft, brazing solder) ‖ $\stackrel{\sim}{=}$**öse** / soldering eye, soldering lug ‖ $\stackrel{\sim}{=}$**pistole** *f* / soldering gun

lotrecht / perpendicular, vertical, normal ‖ ~ (Bau) / plumb

Lotrechte *f*, Lot *n* (Math) / perpendicular *n*

Lötschmelze *f*, Lotbad *n* (Schw) / molten metal bath

Lotse *m* (Luft) / air traffic controller, controller, air traffic control officer, ATCO (air traffic control officer), flight controller, controller

Löt•spalt *m* (Fert) / gap (< 0.5 mm between the joint members), joint (in soldering) ‖ $\stackrel{\sim}{=}$**spaltbreite** *f* (Schw) / clearance, joint clearance ‖ $\stackrel{\sim}{=}$**spaltflächen** *f pl* (die durch Löten miteinander verbunden werden) / faying areas, faying surfaces ‖ $\stackrel{\sim}{=}$**spitze** *f* (Schw) / tip (of soldering iron or gun) ‖ $\stackrel{\sim}{=}$**stelle** *f*, Lötpunkt *m* / soldering point ‖ $\stackrel{\sim}{=}$**stelle**, Lötspalt *m* (Fert) / gap (< 0.5 mm between the joint members), joint (in soldering) ‖ $\stackrel{\sim}{=}$**stelle**, Lötfuge *f* (Fert) / gap (> 0.5 mm between the joint members), joint ‖ $\stackrel{\sim}{=}$**stelle** (bei Thermoelementen) / junction of thermocouple ‖ $\stackrel{\sim}{=}$**temperatur** *f* / brazing temperature (> 450 °C), soldering temperature (< 450 °C)

Lötung *f* (unter 450 °C), Weichlöten *n* (Fert) / soldering, soft soldering ‖ $\stackrel{\sim}{=}$, Hartlöten *n*, Löten *n* (über 450 °C) (Fert) / brazing ‖ $\stackrel{\sim}{=}$, Hartlötverbindung *f* (Fert) / brazed joint (made at temperatures above 450 °C) ‖ $\stackrel{\sim}{=}$,

Weichlötverbindung f (Fert) / soldered joint (made at temperatures below 450 °C)

Löt•verbindung f, Weichlötverbindung f (Fert) / soldered joint (made at temperatures below 450 °C) ‖ ⁓**verbindung**, Hartlötverbindung f (Fert) / brazed joint (made at temperatures above 450 °C) ‖ ⁓**verfahren** n (Fert) / brazing method or process (> 450 °C), soldering method (< 450 °C) ‖ ⁓**zinn** n (mit o. ohne Blei), Zinnlot n / tin solder, solder tin, soldering tin ‖ ⁓**zinn** (mit Blei) (Schw) / tin-lead solder

Lotzusatz m, Hartlot n (Fert) / braze metal, brazing metal, brazing filler metal, brazing solder, soldering alloy, solder metal, hard solder

Low-aktiv (Schaltung) (Eltro) / low active

L-Profil m, Winkelprofil n, Winkeleisen n, L-Stahl m (Walzw) (Hütt) / angle iron, angle, angle steel, angle section

Lr, Lawrencium n (OZ = 103) (Chem) / lawrencium, Lr

LSA (Lichtsignalanlage), Verkehrsampel f (Verk) / traffic light(s), traffic signal(s), stoplight, traffic control signal

LSB, niedrigstwertiges Bit (DV) / least significant bit, LSB

LSI-Kreis m (= large scale integrated), hochintegrierter Schaltkreis (DV, Eltro) / large-scale integrated circuit, LSI circuit

LS-Schalter m, Leitungsschutzschalter m (zum thermischen Schutz installierter Leitungen in Folge zu hohen Stroms) (Elek) / miniature circuit breaker, MCB, miniature breaker, circuit breaker

L-Stahl m (Walzw), Winkelprofil n, Winkeleisen n (Hütt) / angle iron, angle, angle steel, angle section

Lu, Lutetium n (OZ = 71) (Chem) / lutetium, Lu

Lücke f / gap

Lüders-Pauli-Theorem n, CPT-Theorem n (Phys) / CPT theorem (C = charge conjugation, P = parity operation, T = time reversal)

Luft f / air n ‖ ⁓, Zwischenraum m, Abstand m (z.B. zwischen zwei Bauteilen) (Masch) / clearance ‖ ⁓ f, Spiel n, Spielraum m (Masch) / backlash n, play n, free play ‖ ⁓... / aerial adj (e.g. reconnaissance, bombardment, photography) ‖ **unter** ⁓**abschluss** / in the absence of air ‖ **unter** ⁓**abschluss**, luftdicht verschlossen / hermetically sealed ‖ ⁓**abstand** m (innerhalb eines Objektivs) (Opt) / airspace ‖ ⁓**ansaugung** f / air intake ‖ ⁓**auslass** / air escape, air outlet ‖ ⁓**austritt** m / air escape, air outlet ‖ ⁓**bedarf** m / air requirement, required amount of air ‖ ⁓**bedarf**, Luftverbrauch m / air consumption ‖ ⁓**befeuchter** m (HVAC) / humidifier

Luftbild n, virtuelles Bild (Opt) / virtual image ‖ ⁓**fotografie** f (Foto, Verm) / aerial photography ‖ ⁓**messtechnik** f, Aerophotogrammetrie (Luft, Verm) / aerial photogrammetry ‖ ⁓**messung** f, Aerophotogrammetrie (Luft, Verm) / aerial photogrammetry

Luft•blase f / air bubble ‖ ⁓**dicht**, dicht (gegen Luftein- o. -austritt) / airtight ‖ ⁓**dichte** f (Phys) / air density ‖ ⁓**druck** m (allg) / air pressure ‖ ⁓**druck**, Atmosphärendruck m (Meteo) / barometric pressure, air pressure, atmospheric pressure, pressure of the air ‖ ⁓**durchlässig** / air-permeable, not airtight ‖ ⁓**durchlässigkeit** f / air permeability ‖ ⁓**düse** f

/ air jet, air nozzle ‖ ⁓**einlauf** f (Triebwerk) (Luft) / air intake, air inlet ‖ ⁓**einpressen** n_2

Airlift-Verfahren n, Druckluftförderung f (Öl) / airlift n ‖ ⁓**elektrizität** f, atmosphärische Elektrizität (Elek, Meteo) / atmospheric electricity ‖ ⁓**elektrode** m (in Brennstoffzellen) (Chem, Elek) / air electrode

lüften, belüften, entlüften / ventilate, aerate, air

Lüfter m / fan, ventilating fan ‖ ⁓, Ventilator m (bei Motoren mit Flüssigkeitskühlung) (Mot) / cooling fan, fan ‖ ⁓**antrieb** m, Lüftermotor m / fan motor

Lufterhitzer m / air heater

Luftermotor m, Lüfterantrieb m / fan motor

Luftfahrt f / aviation, aeronautics sg ‖ ⁓**elektronik** f, Avionik f (Luft) / avionics sg (science and technology of electronic devices in aviation, the devices themselves), aircraft electronics ‖ ⁓**industrie** f / aviation industry, aircraft industry ‖ ⁓**- und Raumfahrtindustrie** f (Luft, Raumf) / aerospace industry, aerospace ‖ ⁓**technik** f / aeronautical engineering, aviation engineering ‖ ⁓**- und Raumfahrttechnik** f / aerospace engineering

Luftfahrwesen n / aviation, aeronautics sg

Luftfahrzeug n (Luft) / aircraft, craft ‖ ⁓ **leichter als Luft** (Ballon, Luftschiff) (Luft) / lighter-than-air craft, aerostat ‖ ⁓ **schwerer als Luft**, aerodynamisches Luftfahrzeug (Luft) / heavier-than-air aircraft, aerodyne

Luft•feuchte f (im Freien) / humidity (of the air), air humidity, air moisture, atmospheric moisture, atmospheric humidity ‖ ⁓**feuchtigkeit** f (im Freien) / humidity (of the air), air humidity, air moisture, atmospheric moisture, atmospheric humidity ‖ ⁓**feuchtigkeit in der Umgebung** / ambient humidity ‖ ⁓**filter** m (ChT) / air filter ‖ ⁓**fracht** f (Luft) / cargo, air cargo ‖ ⁓**gekühlt** / air-cooled ‖ ⁓**geschwindigkeit** f / air speed, velocity of air ‖ ⁓**hammer** m / pneumatic hammer ‖ ⁓**härter** m (Stahl) / air hardening steel ‖ ⁓**heber** m, Mammutpumpe f / airlift ‖ ⁓**hülle** f (der Erde), Atmosphäre f (Geoph) / atmosphere ‖ ⁓**kabel** n, Freileitungskabel n (Elek, Tele) / aerial cable, overhead cable ‖ ⁓**kanal** m / air duct ‖ ⁓**kissenfahrzeug** (Schiff) / ACV (air cushion vehicle), ground-effect machine, ground effect vehicle, air cushion vehicle, GEM (ground-effect machine), hovercraft (GB) ‖ ⁓**kompressor** m, Luftverdichter m, Drucklufterzeuger m / air compressor ‖ ⁓**kreislauf** m (z.B. in einem Kondensationswäschetrockner) / recirculation of air in a closed system ‖ ⁓**kühlung** f / air cooling ‖ ~**leerer Raum**, Vakuum n (Phys) / vacuum n ‖ ⁓**leitung** f (z.B. für Druckluft) / air line ‖ ⁓**leitung** (des Schalls) / air conduction (of noise) ‖ ⁓**linie** f, Fluggesellschaft f, Luftverkehrsgesellschaft (Luft) / airline, air carrier, carrier, airline company ‖ ⁓**loch** n, Entlüftungsöffnung f / vent n ‖ ⁓**menge** f / air volume ‖ ⁓**-Öl-Federbein** n (Luft) / oleo strut, oleo shock strut, oleo-pneumatic strut ‖ ⁓**perspektive** f (Foto) / bird's eye view, aerial perspective ‖ ⁓**polster** n / air cushion ‖ ⁓**pumpe** f, Fahrradpumpe f / bicycle pump ‖ ⁓**sammler** m, Sammelsaugrohr n, Ansaugkrümmer m (Mot) / intake manifold, inlet manifold, induction manifold ‖ ⁓**sauerstoff** m / atmospheric oxygen, oxygen in air ‖ ⁓**sauerstoff-Batterie** f (Chem, Elek) /

air cell ‖ ≈**sauerstoff-Element** n (Chem, Elek) / air cell ‖ ≈**schadstoffe** m pl (Umw) / air pollutants, atmospheric pollutants pl ‖ ≈**schall** m (Akust) / airborne sound o. noise ‖ ≈**schiff** n (Luft) / airship, dirigible [airship] ‖ **unstarres** ≈**schiff**, Pralluftschiff n (Luft) / nonrigid airship ‖ ≈**schifffahrt** f / aviation, aeronautics sg ‖ ≈**schlauch** m (zur Leitung von z.B. Luft) / air hose ‖ ≈**schlauch** (im Reifen) (Kfz) / inner tube ‖ ≈**schleuse** f / air lock ‖ ≈**schranke** f / air barrier (pneumatic sensor consisting of sender nozzle and receiver nozzle) ‖ ≈**schraube** f, Propeller m (Luft) / airscrew, propeller ‖ ≈**seilbahn** f, Seilschwebebahn f / aerial cableway, ropeway, aerial ropeway, aerial funicular (ISO), aerial railway, aerial tramway, cable tramway, tramway ‖ ≈**sichtung** f, Windsichten n (Klassierung eines Haufwerks mit Hilfe eines Luftstroms) (Aufb, ChT) / air classification, air separation, pneumatic classification ‖ ≈**spalt** m (Elek, Magn, Mot) / air gap ‖ ≈**speicherkraftwerk** n (Ener) / CAES plant, compressed-air energy storage plant, compressed-air storage power station ‖ ≈**standort-Anzeiger** m (Luft) / air position indicator, API ‖ ≈**stoß** m / air blast ‖ ≈**strahl** m / air jet ‖ ≈**strom** m / airflow, airstream, air current ‖ ≈**strom-Kugelmühle** f / air-swept ball mill ‖ ≈**stromsichtung** f, Windsichten n (Klassierung eines Haufwerks mit Hilfe eines Luftstroms) (Aufb, ChT) / air classification, air separation, pneumatic classification ‖ ≈**strömung** f / airflow, airstream, air current ‖ ~**technisch** / ventilation ... ‖ ~**technische Anlage** f / ventilation system ‖ ~**trocken** / air-dry ‖ ~**trocknen**, lagern vt (Holz) / season, mature ‖ ≈**umlauf** m, Luftumwälzung f, Luftzirkulation f / air circulation ‖ ≈**umwälzung** f, Luftzirkulation f / air circulation

Lüftung f, Belüftung f, Entlüftung f / ventilation, aeration

Lüftungs • ... / ventilation ..., ventilating ‖ ≈**schlitze** m pl (z.B. bei Kühlschrank) / ventilation grille

Luft • verbrauch m / air consumption, air consumed ‖ ≈**verdichter** m, Luftkompressor m, Drucklufterzeuger m / air compressor ‖ ≈**verdüsung** f (zur Pulverherstellung) (PM) / air atomization ‖ ≈**verhältnis** n (Mot) / air ratio ‖ ≈**verkehr** m (ziviler, gewerblicher im Unterschied zum privaten u. militärischen) (Luft) / air transport ‖ ≈**verkehr**, Flugverkehr m (Luft) / air traffic ‖ ≈**verkehrsgesellschaft** f (Luft) / airline, air carrier, carrier, airline company ‖ ≈**verschmutzung** f, Luftverunreinigung f (Umw) / air pollution ‖ ≈**verunreinigung** f, Luftverschmutzung f (Umw) / air pollution ‖ ≈**verunreinigungen** f pl, Immissionen f pl (Umw) / air pollutants ‖ ≈**vorwärmer** m, Luvo m / air preheater ‖ ≈**widerstand** m, aerodynamischer Widerstand (Kfz, Luft) / drag, aerodynamic drag ‖ ≈**widerstandsbeiwert** m (Kfz, Luft) / coefficient of drag, drag coefficient ‖ ≈**widerstandszahl** f (Kfz, Luft) / coefficient of drag, drag coefficient ‖ ≈**zahl** f, Luftverhältnis n (Mot) / air ratio ‖ ≈**zirkulation** f / air circulation ‖ ≈**zufuhr** f, Belüftung f, Entlüftung f / ventilation, aeration ‖ ≈**zug** m (Bau) / draft (US), draught (GB)

Lumen n, lm (photometr. Einheit des Lichtstroms) / lumen

Luminaire n, Leuchte f (Gerät, das der Beleuchtung dient und dazu eine Aufnahmevorrichtung für ein Leuchtmittel besitzt oder ein fest installiertes Leuchtmittel enthält) (Licht) / luminaire, fixture, lighting fixture, light fixture, light fitting

Luminanz f, Luminanzsignal n, Helligkeitssignal (TV, Video) / luma (luminance signal), luminance signal, Y signal ‖ ≈**signal** n, Helligkeitssignal (TV, Video) / luma (luminance signal), luminance signal, Y signal

lumineszent / luminescent

Lumineszenz • diode f, LED f, Leuchtdiode f (Eltro) / LED, light emitting diode ‖ ≈**schirm** m, Bildschirm m, Leuchtschirm m (der Elektronenstrahlröhre) (Eltro, TV) / faceplate (glass front of a cathode ray tube upon which the image is displayed), face

Luminogen n, Aktivator m (dotierendes Element bei Leuchtstoffen) (Chem) / activator

Luminophor m, Leuchtstoff m (Licht, Phys) / luminophore

Lummer-Brodhun-Würfel n (Mess, Phys) / Lummer-Brodhun cube

Lünette f, Setzstock m (Wzm) / steady rest

Lunker (Gussfehler), Schwindungshohlraum m (Gieß) / shrinkage cavity, shrink hole

Lupe f (Opt) / magnifying glass, magnifier, hand glass, hand lens

Lupenbrille f (Opt) / binocular magnifier

Luppe f, Rohrluppe f (hohlzylindrisches Zwischenprodukt bei der Herstellung nahtloser Rohre) (Fert) / tube blank, pierced billet ‖ ≈ (schlackenhaltiger, teigiger Eisen- bzw. Weichstahlklumpen), Puddelluppe f (Hütt) / puddled ball

Lüster m (Kronleuchter mit geschliffenen Gehängen aus Kristall) (Licht) / luster

Lutetium n (OZ = 71) (Chem) / lutetium, Lu

Luvläufer m (Windenergieanlage) (Elek) / upwind turbine

Luvo m, Luftvorwärmer m / air preheater

Lux n, lx (Einheit der Beleuchtungsstärke, lm/m^2) / lux, lx

Luxmeter n (zur Messung der Beleuchtungsstärke) (Licht, Mess) / luxmeter, illuminometer

Luxusklasse f (Kfz) / luxury cars, ultra-luxury segment (e.g. Maybach, Rolls-Royce, Bentley)

Luxuswagen m, Wagen m der Luxusklasse (Kfz) / luxury car, ultra-luxury car (e.g. Maybach, Rolls-Royce, Bentley)

LVDT (= Linear Variable Differential Transducer), Differentialtransformator m (induktiver Messwertaufnehmer) (Mess) / linear variable differential transformer, LVDT

LW, Lichtwert m (Foto) / exposure value, EV ‖ ≈, Langwelle (über 1000 m) (Elek) / long wave

LWF, Leuchten-Wartungsfaktor m (Licht) / luminaire maintenance factor, LMF

LWKW, Laufwasserkraftwerk n (Elek) / run-of-river power station, run-of-river hydroelectric plant, run-of-river [power] plant

LWL m, Lichtwellenleiter m (Tele) / optical waveguide, OWG

LWL-Kabel n, Lichtwellenleiterkabel n (Tele) / optical cable, fiber-optic cable, fiber cable, optical fiber cable, fiber glass cable

LWR, Leichtwasserreaktor m (Nukl) / light-water reactor, LWR

lx (Einheit der Beleuchtungsstärke, lm/m²), Lux
  n / lux, lx
Lyophilisation *f*, Gefriertrocknung *f* / freeze
  drying, lyophilization, cryodesiccation
LZA (Lichtzeichenanlage), Verkehrsampel *f*
  (Verk) / traffic light(s), traffic signal(s),
  stoplight, traffic control signal
LZB, Linien-Zugbeeinflussung *f* (Bahn) / ATP
  (Automatic Train Protection), Automatic
  Train Protection, continuous automatic train
  control system

M

m², Quadratmeter *m* (= 10,76 sq.ft.) / square
  meter, m²
M (10⁶), Mega... / M, mega...
M, Mach-Zahl *f* (Luft, Phys) / M, Mach number,
  relative Mach number, mach, N$_{Ma}$, Mach
Ma, Mach-Zahl *f* (Luft, Phys) / M, Mach number,
  relative Mach number, mach, N$_{Ma}$, Mach
Mach *n*, Mach-Zahl *f* (Luft, Phys) / M, Mach
  number, relative Mach number, mach, N$_{Ma}$,
  Mach
machbar, durchführbar / feasible, practicable,
  viable, workable
Machbarkeit *f*, Durchführbarkeit *f* / feasibility,
  viability
Machbarkeitsstudie *f*, Durchführbarkeitsstudie *f*
  / feasibility study
machen, brühen (Nahr) / make (coffee) ‖ ~ (z.B.
  10 durch 5 macht 2, 3 mal 4 macht 12), ergeben
  (Math) / be (e.g. 10 divided by 5 is 2, 3 times 4 is
  12)
Mächtigkeit *f* (Anzahl der Elemente einer
  endlichen Menge), Kardinalzahl *m* (Math) /
  cardinal number, power, potency
Mach-Zahl *f* (Luft, Phys) / M, Mach number,
  relative Mach number, mach, N$_{Ma}$, Mach
Mach-Zehnder-Interferometer *n* (Mess, Opt) /
  Mach-Zehnder interferometer
Madenschraube *f* (umgangssprachlich),
  Gewindestift *m* / grub screw (GB), set screw
  (US)
Magazin *n*, Illustrierte *f* (Druck) / magazine ‖ ~
  (Radio, TV) / magazine show ‖ ~ (Druck, Foto,
  Mil, Techn) / magazine (e.g. of a machine tool,
  weapon, camera, printer) ‖ ~, Diamagazin *n*
  (Foto) / slide tray, tray (for slides) ‖ ~ (von
  Bibliothek, Theater, Museum) / magazine,
  stockroom ‖ ~ *n* (im Theater),
  Requisitenraum *m* / scene dock
Magenta *n* (Druck, Foto) / magenta (primary
  colour)
Magentarot *n* (Druck, Foto) / magenta (primary
  colour)
Mager•beton *m*, zementarmer Beton (Bau) /
  lean concrete, lean mixed concrete ‖ ~**ton** *n*
  (Bau, Keram) / lean clay
Maglev-Zug *m*, Magnetschwebebahn *f* (Bahn) /
  maglev train, magnetic levitation train
Magnesia *f*, Magnesiumoxid *n* (MgO) (Chem) /
  magnesia, magnesium oxide
Magnesium *n* (Chem) / magnesium, Mg ‖
  ~**legierung** *f* / magnesium alloy ‖ ~**oxid** *n*
  (MgO), gebrannte o. kalzinierte Magnesia
  (Chem) / magnesia, magnesium oxide ‖
  ~**silikat** *n* (Chem) / magnesium silicate
Magnet *m* (Phys) / magnet ‖ ~ **zum Lastheben**,
  Hubmagnet *m* (Förd) / crane magnet, lifting
  magnet, hoisting magnet ‖ ~**abscheider** *m* /
  magnetic separator, magnetic grader ‖ ~**bahn**
  f, Magnetschwebebahn *f* (Bahn) / maglev train
  rail system ‖ ~**bahn**, Maglev-Zug *m* (Bahn) /
  maglev train, magnetic levitation train
Magnetband *n* (Audio, DV, Video) / magnetic
  tape, tape ‖ ~**aufzeichnungsgerät** *n* (Audio,

TV) / magnetic tape recorder ‖ ~gerät *n*
(Audio) / magnetic tape recorder, tape deck ‖
~kassette *f* (DV) / tape cartridge, cartridge,
magnetic tape cassette, magnetic tape
cartridge, cassette ‖ ~laufwerk *n*,
Bandlaufwerk *n* (DV) / tape drive ‖ ~speicher
m (DV) / magnetic tape storage, magnetic tape
memory ‖ ~spule *f*, Bandspule *f* (Audio, DV,
Video) / reel, tape reel

Magnet•blasenspeicher *m* (DV) / bubble
memory, magnetic bubble device, magnetic
bubble memory, bubble storage, MBD
(magnetic bubble device) ‖ ~diode *f* (Eltro) /
magnetic diode ‖ ~domänenspeicher *m* (DV) /
bubble memory, magnetic bubble device,
magnetic bubble memory, bubble storage,
MBD (magnetic bubble device) ‖ ~eisenbahn
f (Bahn) / maglev train rail system ‖
~eisenbahn, Maglev-Zug *m* (Bahn) / maglev
train, magnetic levitation train ‖ ~feld *n* (Phys)
/ magnetic field ‖ ~feldabhängiger
Widerstand, Feldplatte *f* (Elek) /
magnetoresistor, magnetic-field-dependent
resistor ‖ ~feldhyperthermie *f* (MT) /
magnetic fluid hyperthermia, magnetic
hyperthermia ‖ ~feldsensor *m* (Mess) /
magnetic-field sensor ‖ ~fluss *m*,
magnetischer Induktionsfluss (Phys) /
magnetic flux ‖ ~futter *n*, Magnetspannfutter
n / magnetic chuck

magnetisch, Magnet... / magnetic, magnetical ‖
~e Abstoßung (Magn) / magnetic repulsion ‖
~er Äquator, erdmagnetischer Äquator
(Geoph, Nav) / aclinic line, magnetic equator ‖
~e Domäne, Weißscher Bezirk (Phys) /
domain, Weiss domain ‖ ~e Doppelbrechung,
Cotton-Mouton-Effekt *m* (Opt) /
Cotton-Mouton effect, Cotton-Mouton
birefringence ‖ ~e Erregung, magnetische
Feldstärke (gemessen in Ampere/Meter,
früher in Oerstedt) / magnetic field strength,
magnetic intensity ‖ ~es Feld (Phys) / magnetic
field ‖ ~e Feldkonstante, Permeabilität *f* des
Vakuums (Phys) / permeability of free space,
magnetic constant ‖ ~e Feldstärke (gemessen
in Ampere/Meter, früher in Oerstedt) /
magnetic field strength, magnetic intensity ‖
~er Fluss, magnetischer Induktionsfluss
(Phys) / magnetic flux ‖ ~e Flussdichte (Phys) /
magnetic flux density (unit: tesla),
electromagnetic induction, magnetic
displacement, magnetic induction ‖ ~e
Gesamtspannung, elektrische Durchflutung
(Elek) / magnetomotive force, m.m.f. ‖ ~es
Gleichfeld (zeitlich konstantes Magnetfeld)
(Elek, Magn) / static magnetic field, constant
magnetic field ‖ ~e Induktion (Phys) /
magnetic flux density (unit: tesla),
electromagnetic induction, magnetic
displacement, magnetic induction ‖ ~er
Induktionsfluss (Phys) / magnetic flux ‖ ~es
Joch, Magnetjoch *n* (Elek) / magnet yoke, yoke
‖ ~e Kopplung (Elek) / magnetic coupling ‖
~e Kraftlinie (Phys) / magnetic line of force ‖
~er Kreis (Elek) / magnetic circuit ‖ ~e
Leitfähigkeit, magnetische Permeabilität
(Magn) / permeability, magnetic permeability ‖
~er Leitwert (Elek) / permeance, magnetic
conductance ‖ ~e Levitation,
Magnetschwebetechnik *f* (Bahn) / maglev
technology, magnetic levitation technology ‖
~ machen / magnetize ‖ ~e Permeabilität

(Magn) / permeability, magnetic permeability ‖
~er Pol (Elek, Phys) / magnetic pole ‖ ~e
Polarisation (Magn) / magnetic polarization ‖
~es Schweben / magnetic levitation, maglev ‖
~e Spannung, elektrische Durchflutung
(Elek) / magnetomotive force, m.m.f. ‖ ~er
Speicher (DV) / magnetic memory, magnetic
storage, magnetic store ‖ ~e Streuung,
Streuung der Kraftlinien (Elek, Phys) /
magnetic leakage ‖ ~es Wechselfeld (Elek) /
alternating magnetic field ‖ ~er Werkstoff
(Elek, Mater) / magnetic material, magnetic *n* ‖
~er Widerstand, Reluktanz *f* (Elek) /
reluctance, magnetic reluctance, magnetic
resistance

magnetisierbar / magnetizable

magnetisieren / magnetize

Magnetisierung *f* / magnetization

Magnetisierungs•kennlinie *f* (Elek, Magn) /
magnetization curve, B/H curve ‖ ~kurve *f*
(Elek, Magn) / magnetization curve, B/H curve
‖ ~schleife *f*, Magnetisierungskennlinie *f*
(Elek, Magn) / magnetization curve, B/H curve

Magnetismus *m* / magnetism

Magnet•joch *n* (Elek) / magnet yoke, yoke ‖
~karte *f* (DV) / mag card, magnetic card ‖
~kartenspeicher *m* (DV) / magnetic card
memory, magnetic card storage ‖ ~kern *m*
(Magn) / magnet core, magnetic core ‖ ~kraft *f*
/ magnetic force ‖ ~kreis *m* (Elek) / magnetic
circuit ‖ ~läufer *m* (Elek) / magnet rotor ‖
~linie *f* (Phys) / magnetic line of force

Magneto•meter *n* (Instr, Mess) / magnetometer ‖
~motorische Kraft (veraltet), elektrische
Durchflutung (Elek) / magnetomotive force,
m.m.f. ‖ ~optisch / magnetooptic,
magnetooptical ‖ ~optischer Speicher (DV) /
magnetooptical memory, magnetooptic
storage ‖ ~resistiv (Mess) / magnetoresistive ‖
~resistiver NiFe-Dünnschichtsensor (Mess) /
magneto-resistive NiFe thin-film resistor

Magnet•platte *f* (DV) / magnetic disk ‖
~plattenspeicher *m* (DV) / disk storage,
magnetic disk storage ‖ ~plattenstapel *m*
(DV) / disk pack, pack (of disks) ‖ ~pol *m*,
magnetischer Pol (Elek, Phys) / magnetic pole ‖
~pulverprüfung *f* (Mater) / magnetic particle
inspection, magnetic particle testing, magnetic
powder test ‖ ~pulververfahren *n* (Mater) /
magnetic particle inspection, magnetic
particle testing, magnetic powder test ‖
~quantenzahl *f* (Nukl) / magnetic quantum
number ‖ ~resonanztomographie *f*,
Kernspintomographie *f* (Verfahren,
Technologie) (MT) / magnetic resonance
imaging, MRI, magnetic resonance
tomography ‖ ~schalter *m*, Einrückrelais *n*
(Kfz) / solenoid, starter solenoid ‖ ~scheider
m / magnetic separator, magnetic grader ‖
~schienenbahn *f*, Magnetschwebebahn *f*
(Bahn) / maglev train rail system ‖
~schienenbahn, Magnetschwebebahn *f*,
Maglev-Zug *m* (Bahn) / maglev train, magnetic
levitation train ‖ ~schwebebahn *f* (Bahn) /
maglev train rail system ‖ ~schwebebahn,
Maglev-Zug *m* (Bahn) / maglev train, magnetic
levitation train ‖ ~schwebetechnik *f* (Bahn) /
maglev technology, magnetic levitation
technology ‖ ~spanner *m*, Magnetspannfutter
n / magnetic chuck ‖ ~spannfutter *n* /
magnetic chuck ‖ ~speicher *m* (DV) /
magnetic memory, magnetic storage, magnetic

store ‖ ≙**stab** m / magnetic rod ‖ ≙**streifenkarte** f (DV) / magnetic stripe card ‖ ≙**tonband** n (Audio) / audiotape, sound recording tape, tape (for recording sound), sound tape ‖ ≙**ventil** n / solenoid valve ‖ ≙**verstärker** m (Akust, Elek) / magnetic amplifier, magamp ‖ ≙**werkstoff** m (Elek, Mater) / magnetic material, magnetic n

MAG-Schweißen n, Metall-Aktivgas-Schweißen n (Schw) / MAG welding, metal active gas welding

mahlen, zermahlen / grind ‖ ≙ n, Zerkleinerung f (Aufb, ChT) / grinding

Mahlgut n, gemahlenes Gut / ground stock, ground material ‖ ≙, zu mahlendes Gut / material to be ground, grinding stock ‖ ≙, Eintrag m (Pap) / furnish, pulp furnish

Mailadresse f, E-Mail-Adresse f (DV, Tele) / electronic mail address, e-mail address, mail address

Mailbox f (DV, Tele) / electronic mailbox, mail box

Mailing List f, Verteiler f (für E-Mail) (DV, Tele) / mailing list

Mainboard n, Hauptplatine f (DV) / mother board, main board, logic board, platter, planar board, system board

Mainframe m, Großrechner m (DV) / mainframe computer, mainframe (large computer)

MAK (maximale Arbeitsplatz-Konzentration), Arbeitsplatzgrenzwert m (ersetzt seit 1. Januar 2005 die Maximale Arbeitsplatzkonzentration (MAK) und die Technische Richtkonzentration (TRK) - die bisherigen MAK-Werte und TRK-Werte können für die Beurteilung der Gefährdung am Arbeitsplatz weiterhin herangezogen werden, bis der AGW in die Technischen Regeln eingearbeitet ist) (Umw) / workplace exposure limit, WEL

Makeln n (Leistungsmerkmal) (Tele) / broker's call

Makro n (DV) / macro ‖ ≙-**Funkzelle** f, Großzelle f (in Mobilfunknetzen) (Tele) / macrocell (in cellular radio systems) ‖ ≙**molekül** n / macromolecule ‖ ≙**objektiv** n (Foto) / macro lens

mal (Math) / times prep (eg ten times three is thirty), multiplied by

Maleinsäure f (Chem) / maleic acid

malen / paint

Malerpinsel m / paintbrush, painter's brush

Malonylharnstoff m, Barbitursäure f (Chem) / barbituric acid

Malteserkreuz n, Sternrad n (in einem Malteserkreuzgetriebe) / driven wheel (in a Geneva drive), follower ‖ ≙**getriebe** n / Geneva drive, Geneva mechanism, Maltese cross [mechanism]

Mälzerei f (Fabrik) (Brau) / malt house o. factory ‖ ≙ (Tätigkeit) (Brau) / malting

Mammutpumpe f / airlift

Management n, Unternehmensführung f / management

Mandelsäurenitril-β-**Gentiobiosid** n, Amygdalin n (Chem, Pharm) / amygdalin

Mangan n (Chem) / manganese, Mn ‖ ≙**hartstahl** m / austenitic manganese steel

Manganin n (Chem) / manganin

Manganstahl m (Hütt) / manganese steel

Mangel m [an], Fehlen n [von] / lack [of], absence [of] ‖ ≙ [an], Knappheit f / shortage [of] ‖ ≙, Unzulänglichkeit f / deficiency, shortcomings ‖

≙ (eines Produkts, der dessen Gebrauchsfähigkeit beeinträchtigt) (QM) / defect

Mangelelektron n, Defektelektron n (im Halbleiter) (Eltro) / electron hole, hole, electron gap, defect electron

mangelhaft, fehlerhaft, fehlerbehaftet / defective, faulty

mangelnde Trennschärfe (o. Selektivität), unscharfe Abstimmung (Audio, Radio) / flat tuning

Manipulator m (Masch, Nukl) / manipulator

Mannloch n (Einstieg in einen Behälter oder einen Raum) / manhole

Manometer n (Mess, Phys) / pressure gauge (Hinweis: die engl. Benennung "manometer" kann zwar auch Druckmessgeräte bezeichnen, wird aber üblicherweise nur für Flüssigkeitsmanometer, inbesondere U-Rohr-Manometer verwendet - die Gleichung "Manometer" = "manometer" ist deshalb irreführend) ‖ ≙ (Mess, Phys) s. a. U-Rohr-Manometer

Manostat m (zum Konstanthalten von Druck) / manostat

Manövrierbarkeit, Wendigkeit f / manoeuvrability, maneuverability, steerability

manövrierfähig / manoeuvrable, maneuvrable

Mantel m (allg, Techn) / jacket (GB) ‖ ≙, Kabelmantel m (Elek) / sheath (of a cable), cable sheath ‖ ≙, Mantelfläche f (von Kegel, Zylinder) (Math) / lateral area ‖ ≙**fläche** f (eines Polyeders) (Math) / lateral area ‖ ≙**kabel** n / sheathed cable ‖ ≙**leitung** f (Elek) / light plastic-sheathed cable ‖ ≙**linie** f / convex surface line ‖ ≙**schneider** m (Elek, Wz) / cable sheath stripper, cable stripper ‖ ≙**strom** m, Nebenstrom m (Triebwerk) (Luft) / bypass flow, secondary flow ‖ ≙**stromtriebwerk** n (Luft) / turbofan, bypass engine, ducted fan turbine engine ‖ ≙**stromtriebwerk mit großem Nebenstromverhältnis** (Luft) / fan jet, turbofan

Mantisse f (eines Logarithmus) (Math) / mantissa ‖ ≙ (in der Gleitpunktdarstellung) (Math) / fixed-point part

manuell, Hand..., von Hand / manual adj ‖ ≙ ~ [zu bedienen], handbedient, handbetätigt / hand-operated, hand actuated ‖ ~**e Eingabe,** Eingabe f per Tastatur, Tastatureingabe f (DV) / manual input, keyboard entry, keyboard input, manual entry, manual keyboard entry ‖ ~**er Eingriff** (unter Umgehung der automatischen Steuerung), Override m (NC, Regel) / override n, manual override ‖ ~**e Programmierung** (NC) / manual part programming ‖ ~**es Prüfen** (QM) / manual inspection ‖ ~**es Schweißen** / manual welding

MAO, Monoaminoxidase f (Biochem) / monoamine oxidase

Mapp n (Gemisch aus Propin und Allen als Brenn- und Schneidgas) (Fert) / MAPP, methylacetylene-propadiene

Maraging-Stahl, Martensit-aushärtender Stahl m (Hütt) / maraging steel

maritime Windfarm, Offshore-Windfarm f (Elek) / offshore wind farm

Marke f (unter der ein Markenartikel vertrieben wird) (Wirtsch) / brand n ‖ ≙ (im Sinne des Markengesetzes - häufig gekennzeichnet mit einem ® (Marke ist amtlich registriert) oder ™ (trademark — sagt nichts über den Status einer Registrierung, lediglich über den Einsatz der Marke im Geschäftsverkehr aus)), Warenzeichen *n* (Wirtsch) / trademark (registered)

markieren, anzeichnen / mark with a sign, mark [out], sign *vt* ‖ ~ (Nukl) / tag, label ‖ ~, auswählen (DV) / select, highlight *vt* (e.g. a part of a document or an item from a list box - to choose a highlighted option and to start an action, press Enter)

Markierung *f* / mark, marker ‖ $\stackrel{\sim}{\sim}$, Kennzeichnung *f* / marking ‖ $\stackrel{\sim}{\sim}$, Merker *m*, Hinweissymbol *n* (DV) / sentinel, sentinel flag ‖ $\stackrel{\sim}{\sim}$ **[en] anbringen**, markieren (z.B. Fahrrinne) / mark *vt*

Markierungsfeld *n*, Kontrollkästchen *n* (die Kombination mehrerer Optionen und das Ausschalten aller Optionen ist möglich) (DV) / check box (in a GUI dialog box)

Markt *m* (z.B. für Unterhaltungselektronik) (Wirtsch) / market ‖ **auf dem** $\stackrel{\sim}{\sim}$, lieferbar / available (from supplier) ‖ **auf den** $\stackrel{\sim}{\sim}$ **bringen**, herausbringen / launch (on the market), market *vt*, come out [with]

Markt•anteil *m* (Wirtsch) / market share ‖ ~**beherrschende Stellung** / dominant market position ‖ $\stackrel{\sim}{\sim}$**einführung** *f* (Wirtsch) / market introduction, launch (of a new product) ‖ ~**fähig** / marketable, saleable ‖ $\stackrel{\sim}{\sim}$**forschung** *f* / market research ‖ $\stackrel{\sim}{\sim}$**führer** *m* / market leader ‖ ~**gängig**, marktfähig / marketable, saleable ‖ ~**orientiert** / marekt-oriented ‖ $\stackrel{\sim}{\sim}$**reife** *f* / market readiness, commercial viability ‖ $\stackrel{\sim}{\sim}$**wirtschaft** *f* / market economy

Marmor *m* (Bau, Geol) / marble

Martensit *m* (Hütt) / martensite ‖ $\stackrel{\sim}{\sim}$**aushärtender Stahl** *m*, Maraging-Stahl (Hütt) / maraging steel ‖ $\stackrel{\sim}{\sim}$**bildung** *f* (Hütt) / martensite formation

martensitische Umwandlung (Hütt) / martensite transformation

Martensit•punkt M$_f$ *m* (Endpunkt der Martensitbildung im ZTU-Diagramm) (Hütt) / martensite finish temperature M$_f$ ‖ $\stackrel{\sim}{\sim}$**punkt M$_s$** *m* (Startpunkt der Martensitbildung im ZTU-Diagramm) (Hütt) / martensite point M$_s$ ‖ $\stackrel{\sim}{\sim}$**stufe** *f* (Hütt) / martensite region, martensite range

Martenssches Spiegelgerät *n* (Mess) / Martens mirror-type extensometer

Masche *f* (Elek, Tele) / loop, mesh (in a network)

Maschen•gleichung *f* (Elek) / mesh equation ‖ $\stackrel{\sim}{\sim}$**netz** *n* (zur Energieversorgung) (Elek) / network system (of power distribution) ‖ $\stackrel{\sim}{\sim}$**netz** (Tele) / mesh network (fully interconnected) ‖ $\stackrel{\sim}{\sim}$**regel** *f* (Elek) / Kirchhoff's voltage law, KVL, Kirchhoff's second law, Kirchhoff's loop (or mesh) rule ‖ $\stackrel{\sim}{\sim}$**satz** *m* (Elek) / Kirchhoff's voltage law, KVL, Kirchhoff's second law, Kirchhoff's loop (or mesh) rule ‖ $\stackrel{\sim}{\sim}$**strom** *m* (Elek) / mesh current ‖ $\stackrel{\sim}{\sim}$**stromverfahren** *n* (zur Berechnung von Strömen u. Spannungen in Netzwerken) (Elek) / mesh analysis, loop analysis, mesh current method, loop current method

Maschine *f* / machine ‖ $\stackrel{\sim}{\sim}$**n** *f pl* (Sammelbegriff), Maschinenausstattung *f* / machinery, machine outfit, equipment ‖ $\stackrel{\sim}{\sim}$ *f* (ugs.), Computer *m* (DV) / computer, machine (coll.) ‖ $\stackrel{\sim}{\sim}$ s.a. Flugzeug, Lokomotive, Motor, Motorrad, Schreibmaschine

maschinell•e Ausrüstung, Maschinen *f pl* (Sammelbegriff), Maschinenausstattung *f* / machinery, machine outfit, equipment ‖ ~**e Intelligenz**, künstliche Intelligenz (KI) / AI, artificial intelligence ‖ ~**e Programmierung** (DV, NC) / computer programming ‖ ~**e Spracherkennung** (DV) / automatic speech recognition, ASR

Maschinen•adresse *f*, absolute Adresse (tatsächliche, physikalische Adresse) (DV) / absolute address, machine address, real address, actual address, specific address ‖ $\stackrel{\sim}{\sim}$**ausfallzeit** *f* (allg) / machine down time ‖ $\stackrel{\sim}{\sim}$**ausstattung** *f*, Maschinen *f pl* (Sammelbegriff) / machinery, machine outfit, equipment ‖ $\stackrel{\sim}{\sim}$**bau** *m* / machine building ‖ $\stackrel{\sim}{\sim}$**bau** (als Ingenieurswissenschaft) / mechanical engineering ‖ $\stackrel{\sim}{\sim}$**bau** (als Industriezweig) / mechanical engineering industry, machine-building industry ‖ $\stackrel{\sim}{\sim}$**bauindustrie** *f* / mechanical engineering industry, machine-building industry ‖ $\stackrel{\sim}{\sim}$**bediener** *m*, Maschinenführer *m* / operator, machine operator ‖ $\stackrel{\sim}{\sim}$**befehl** *m*, Befehl *m* (in maschinenorientierten Sprachen) (DV) / instruction, machine instruction (smallest element of a machine code program) ‖ $\stackrel{\sim}{\sim}$**befehlszyklus** *m* (DV) / instruction cycle ‖ $\stackrel{\sim}{\sim}$**bett** *n* (Masch) / machine bed ‖ $\stackrel{\sim}{\sim}$**bronze** *f*, Rotguss *m* (Legierung aus Zinn u. Zink, auch Blei bei Hauptanteil Kupfer) (Hütt) / gunmetal, red brass ‖ $\stackrel{\sim}{\sim}$**code** *m* (DV) / absolute code, machine code, specific code, computer code ‖ $\stackrel{\sim}{\sim}$**element** *n* / machine element, machine part ‖ $\stackrel{\sim}{\sim}$**fähigkeit** *f* (QM) / machine capability ‖ $\stackrel{\sim}{\sim}$**fehler** *m*, Hardwarefehler *m* (DV) / machine error, hardware malfunction ‖ $\stackrel{\sim}{\sim}$**führer** *m* / operator, machine operator ‖ $\stackrel{\sim}{\sim}$**gestell** *n* (Masch) / machine frame ‖ $\stackrel{\sim}{\sim}$**hammer** *m* / power hammer ‖ $\stackrel{\sim}{\sim}$**haus** *n* (des Kraftwerks) (Elek) / power house ‖ $\stackrel{\sim}{\sim}$**instruktion** *f*, Maschinenbefehl *m*, Befehl *m* in maschinenlesbarem Code (DV) / machine instruction, computer instruction ‖ $\stackrel{\sim}{\sim}$**kode** *m* (DV) / computer instruction code, machine code, instruction code ‖ $\stackrel{\sim}{\sim}$**nullpunkt** *m* (NC) / machine datum, machine reference point ‖ $\stackrel{\sim}{\sim}$**öl** *n* / machine oil, machinery oil ‖ $\stackrel{\sim}{\sim}$**park** *m*, Maschinen *f pl* (Sammelbegriff), Maschinenausstattung *f* / machinery, machine outfit, equipment ‖ $\stackrel{\sim}{\sim}$**programm** *n*, in Maschinensprache umgesetztes o. ladefähiges Programm, Objektprogramm *n* (DV) / object program ‖ $\stackrel{\sim}{\sim}$**rahmen** *m* (Masch) / machine frame ‖ $\stackrel{\sim}{\sim}$**raum** *m* (Schiff) / engine room ‖ $\stackrel{\sim}{\sim}$**richtung** *f*, Laufrichtung *f* (des Papiers) (Pap) / grain direction, machine direction, long direction ‖ $\stackrel{\sim}{\sim}$**schraube** *f* / machine screw, machine bolt ‖ $\stackrel{\sim}{\sim}$**schraubstock** *m* (Wzm) / machine vice ‖ $\stackrel{\sim}{\sim}$**schweißung** *f*, automatisches Schweißen / automatic welding ‖ $\stackrel{\sim}{\sim}$**sprache** *f* (DV) / machine language ‖ $\stackrel{\sim}{\sim}$**ständer** *m* / machine column ‖ $\stackrel{\sim}{\sim}$**stein** *m* (bei der Gussglasherstellung) (Glas) / machine slab ‖ $\stackrel{\sim}{\sim}$**stundensatz** *m* (IE) / costs per machine hour ‖ $\stackrel{\sim}{\sim}$**teil** *n* / machine part ‖ $\stackrel{\sim}{\sim}$**zeit** *f*, Bearbeitungszeit *f* (für einen spanabhebenen Fertigungsvorgang) (Fert) / machining time ‖ $\stackrel{\sim}{\sim}$**zeit**, Rechenzeit *f* (DV) / computing time ‖ $\stackrel{\sim}{\sim}$**zyklus** *m* (DV) / machine cycle

Maske f (allg) / mask ‖ ≈ (Foto) / mask n ‖ ≈ (DV) / mask n ‖ ≈ f (zum Aufbringen der Schaltungen auf das Substrat) (Eltro) / mask

Masken•form f (im Maskenformverfahren), Formmaske f (Gieß) / biscuit, shell, shell mould (in shell moulding) ‖ ≈**formverfahren** n, Croningverfahren n, Maskenformen n (Gieß) / C process, shell moulding, Croning process ‖ ≈**hälfte** f (beim Maskenformverfahren), Formhälfte f (Gieß) / half-shell ‖ ~**programmierter Festwertspeicher**, MROM n (DV) / mask-programmed ROM, MROM ‖ ~**programmiertes ROM**, MROM n, maskenprogrammierter Festwertspeicher (DV) / mask-programmed ROM, MROM ‖ ≈**-ROM** n, MROM n, maskenprogrammierter Festwertspeicher (DV) / mask-programmed ROM, MROM

maskieren, abdecken (Stellen, die von der nachfolgenden Bearbeitung ausgenommen werden sollen) (Anstr, Fert) / mask vt

Maskierung (DV) / masking

Maß n (z.B. Längenmaß), Maßeinheit f (Phys) / measure n (e.g. measure of length), meas. ‖ ≈ (Gegenstand zum Messen: Meter-, Litermaß) / measure ‖ ≈, Abmessung f / measurement (measured dimension), dimension n (linear or angular size of a component) ‖ ≈, Ausmaß n / extent, degree ‖ ≈ **über alles**, Gesamtabmessungen f pl, Außenmaße n pl / overall dimensions ‖ ≈**e und Gewichte** n pl / weights and measures pl ‖ **auf genaues** ≈ **bringen**, kalibrieren (Werkstück durch abschließendes geringes Umformen auf genaues Maß bringen) (Fert) / finish to exact size, size

Maß•abweichung f (Differenz zwischen einem Istmaß und Nennmaß) (Zeichn) / deviation, variation in size ‖ ≈**angaben** f pl, eingezeichnetes Maß / dimensional specifications ‖ ≈**band** n (Mess) / tape measure, measuring tape ‖ ≈**beständig**, maßhaltig / dimensionally stable ‖ ≈**beständigkeit** f, Maßhaltigkeit f / dimensional stability ‖ ≈**bezeichnung** f, eingezeichnetes Maß / dimensional specifications

Masse f (metallische Teile eines Geräts o. Fahrzeugs) (Elek) / ground (US), earth (GB) ‖ ≈ (Phys) / mass (SI base unit: kg) ‖ ≈**elektrode** f (Zündkerze) (Elek, Kfz) / ground electrode, side electrode ‖ ≈**exzess** m (Nukl) / mass decrement (measured mass of an isotope less its mass number), mass defect, mass excess (US)

Maß•einheit f / unit of measurement, measuring unit ‖ ≈**[ein]teilung** f / scale, graduation ‖ ≈**eintragung** f, Bemaßung f (Doku) / dimensioning

Masse•kabel n (mit Papierisolierung, die mit einer Kabelimprägniermasse getränkt ist) (Elek) / compound-impregnated cable ‖ ≈**kabel** (zur Verbindung an Masse) (Elek) / ground (US) cable, earth (GB) cable, ground (US) wire, earth (GB) wire ‖ ≈**kontakt** m (Elek) / ground terminal

Masseleisen (Hütt) / pig iron

Massen•... / mass ‖ ≈**anziehung** f, Gravitation f (Phys) / gravitation, gravitational attraction, gravity, mass attraction ‖ ≈**ausgleich** m (Luft) / mass balancing ‖ ≈**ausgleich**, Ausgleichsgewicht n (Luft) / mass balance,

mass-balance weight ‖ ≈**bilanz** f (ChT) / mass balance ‖ ≈**dichte** f, Dichte f (Quotient aus Masse und Volumen) (Phys) / density ‖ ≈**erhaltungsgesetz** n / mass conservation principle ‖ ≈**erhaltungssatz** m / mass conservation principle ‖ ≈**erzeugung** f, Massenfertigung f / mass production, high-quantity production, mass manufacture, quantity production ‖ ≈**fabrikation** f, Massenfertigung f / mass production, high-quantity production, mass manufacture, quantity production ‖ ≈**fertigung** f / mass production, high-quantity production, mass manufacture, quantity production ‖ ≈**gut** n (in loser, flüssiger o. granulöser Form), Fließgut (Trans) / bulk cargo ‖ ≈**gutfrachter** m (Schiff) / bulk carrier, bulker, bulk freighter ‖ ≈**gut-Terminal** m (Trans) / bulk terminal ‖ ≈**herstellung** f, Massenfertigung f / mass production, high-quantity production, mass manufacture, quantity production ‖ ≈**kraft** f (Phys) / inertial force, inertia force ‖ ≈**markt** m (Wirtsch) / mass market ‖ ≈**mittelpunkt** m (Phys) / center of mass, barycenter, centroid ‖ ≈**mittelpunktsystem** n (Phys) / center-of-mass system, CMS ‖ ≈**moment** n **2. Grades**, Massenträgheitsmoment n (SI-Einheit kg m²) (Phys) / moment of inertia, mass moment of inertia, angular mass, MOI ‖ ≈**produktion** f, Massenfertigung f / mass production, high-quantity production, mass manufacture, quantity production ‖ ≈**punkt** m (Phys) / mass point, material point ‖ ≈**speicher** m (DV) / mass storage device, bulk storage device ‖ ≈**stahl** m (Hütt) / basic steel, general purpose steel, ordinary steel ‖ ≈**strom** m (Masse eines Mediums, die sich je Zeiteinheit durch einen Querschnitt bewegt) (Phys) / mass flow rate ‖ ≈**trägheit** f (Eigenschaft eines massebehafteten Körpers, in seinem Bewegungszustand zu verharren, solange keine äußere Kraft auf ihn einwirkt) (Phys) / inertia ‖ ≈**trägheitsmoment** n (SI-Einheit kg m²) (Phys) / moment of inertia, mass moment of inertia, angular mass, MOI ‖ ≈**zahl** f, Nukleonenzahl f (= Neutronen + Protonen) (Nukl) / atomic mass number, mass number, nuclear number, nucleon number

maßgebend, entscheidend / decisive ‖ ~ (Darstellung, Text, Meinung), maßgeblich / definitive ‖ ~ (Person, Rolle), maßgeblich, führend / major, prominent, leading

maßgeblich, maßgebend (Person, Rolle), führend / major, prominent, leading ‖ ~, maßgebend (Darstellung, Text, Meinung) / definitive ‖ ~ **bestimmt werden** [von, durch], abhängen [von] (z.B. Verformung von aufgebrachter Last) / vary [with]

Maß•gedeck n (bei Angaben zum Fassungsvermögen von Geschirrspülern) (HG) / place setting ‖ ~**genau**, maßhaltig / dimensionally accurate, coming up to requested dimensions, having exact size ‖ ≈**genauigkeit** f / dimensional accuracy ‖ ~**geschneidert**, angepasst (an spezielle Aufgaben) / customized, custom-made, custom-built, custom-designed, tailor-made ‖ ~**haltig**, maßgenau / dimensionally accurate, coming up to requested dimensions, having exact size ‖ ~**haltig**, maßbeständig / dimensionally stable ‖ ≈**haltigkeit** f /

dimensional accuracy || ~**haltigkeit**,
Maßbeständigkeit *f* / dimensional stability
massiv / solid || ~ **paralleles Rechnersystem**,
MPP (DV) / massively parallel [computer]
system
Maß•lehre *f* (die ein bestimmtes Maß verkörpert
- Endmaß, Fühlerlehre, Blechlehre) (Mess) /
dimensional gauge (representing a specified
size - gauge blocks, feeler gauge, wire gauge) ||
~**linie** *f* (Doku) / dimension line
Maßnahme *f*, Maßnahmen *f pl* / action (as
required by a particular situation) || ~ /
measure || ~, Schritt *m* / step, move
Maß•pfeil *m* (Doku) / arrow head || ~**skizze** *f* /
dimensioned sketch
Maßstab *m* (an dem etwas gemessen wird) /
benchmark *n*, yardstick || ~, Richtlinie *f*, Norm
f / standard || ~ (Zeichn) / scale || ~
(Längenmaßverkörperung) (Mess) / rule || ~,
Zollstock *m*, Gliedermaßstab (Mess) / folding
rule || ~ **1 : 1**, natürliche Größe (Zeichn) / full
scale, full size, natural size o. scale || **im** ~ **1 :
200 000** / at a scale 1 : 200 000 || ~**gerecht** /
[true] to scale
maßstäblich, maßstabgerecht / [true] to scale || ~
zeichnen / draw to scale
Maß•toleranz *f* (zulässige Abweichung vom
geforderten Maß: Spanne zwischen dem
Höchstmaß und dem Mindestmaß einer
Abmessung) / tolerance (difference between
the maximum and minimum size limits on a
part), dimensional tolerance || ~**zahl** *f*,
Zahlenwert *m* (einer physikalischen Größe)
(Phys) / numerical value || ~**zahl** (Doku) /
dimension specification
Mast *m* (pl.: Maste, Masten) (Schiff) / mast || ~,
Leitungsmast *m* (Elek, Tele) / pole, mast || ~,
Leitungsmast (groß, aus Stahl), Stahlmast *m*
(Elek, Tele) / pylon
Mastenkran *m*, Derrick[kran] *m* (Förd) / derrick
n
Master *m* (DV) / master (as opp. to slave) ||
~**-CD** *f* (Audio, DV) / CD master, master CD,
master || ~**hologramm** *n* (Opt) / master
hologram || ~**-Slave-Anordnung** *f* (DV, Eltro) /
master-slave arrangement || ~**-slave-Flipflop**
m (Kombination zweier als Zwischen- und
Hauptspeicher arbeitender Flipflops) (Eltro) /
master-slave flipflop || ~**-Slavesystem** (DV,
Eltro) / master-slave arrangement
Mast•feld *n*, Abstand *m* der
Hochspannungsmaste (Elek) / span || ~**leuchte**
f (Licht) / column luminaire
Material *n* (Rohstoffe, Halbzeuge,
Betriebsstoffe, Teile etc. für die Fertigung) /
material || ~, Werkstoff *m* / material *n*,
engineering material || ~ (Rohmaterial,
Ausgangsmaterial, Halbzeug, z.B. Bandstahl,
Bleche, Barren, im Hinblick auf die weitere
Ver- u. Bearbeitung) / stock || ~ **zuführen**,
speisen, versorgen / feed (e.g. a machine with
material) || ~**abtrag** *m*, Werkstückabtrag *m*
(Fert) / material removal || ~**aufwand** *f* /
materials expenditure, materials used ||
~**bedarf** *m* / material required, material
requirement[s] || ~**eigenschaften** *f pl* / material
characteristics, material properties ||
~**ermüdung** *f* (Mater) / material fatigue ||
~**fehler** *m* / defect in material, faulty material
|| ~**fluss** *m* (Förd, IE) / material flow, flow of
materials || ~**flusstechnik** *f* / material flow
technology

Materialien *n pl* (für z.B. Schulungen),
Unterlagen *f pl* / material[s]
Material•knappheit *f* / shortage of material ||
~**konstante** *f* (Mater) / material constant ||
~**kosten** *pl* / cost of material[s], material cost ||
~**prüfung** *f* (Mater) / materials testing,
material testing, testing of materials ||
~**wirtschaft** *f* / materials management ||
~**zufuhr** *f*, Beschickung *f* (mit Material, z.B.
eines Hochofens) / charging
Materie (Phys) / matter
materieller Punkt (Phys) / mass point, material
point
Materiewellen *f pl* (Phys) / De Broglie waves *pl*
Mathematik *f* / mathematics *sg*
mathematisch / mathematical || ~**er
Coprozessor**, arithmetischer Coprozessor
(DV) / floating-point processor, math
coprocessor, floating-point unit, numeric
coprocessor, FPU || ~**e Statistik** /
mathematical statistics
Matrix *f* (pl: Matrizen, Matrices) (DV, Math, TV)
/ matrix (pl: matrices, matrixes) || ~ (eines
Verbundwerkstoffs) (Mater) / matrix (of a
composite), primary phase (of a composite) ||
~**code** *m* (DV) / matrix code (two-dimensional
barcode) || ~**drucker** *m* (DV) / dot matrix
printer, matrix printer
Matrize *f* (beim Strangpressen), Pressmatrize *f*
(Wzm) / die (in direct extrusion) || ~, Ziehring
m (beim Tiefziehen) (Wzm) / die, draw die || ~
(beim Fließpressen), Pressbüchse *f* (Wzm) / die
|| ~ *f* (Teil des Werkzeugs, in das der Stempel
eindringt) (PM) / die
Matrizen•halter *m* (Wzm) / die holder, lower
shoe || ~**schaltung** *f* (TV) / matrix circuit
Matsch *m*, Schlamm *m* / mud, sludge
matt, glanzlos, stumpf / dull (e.g. colour)
Mauer•anker *m*, Schlauder *f* (Bau) / tie bolt, wall
anchor || ~**dübel** *m* (Bau) s. Schraubendübel ||
~**nagel** *m* (Bau) / masonry nail || ~**werk** *n*
(Bau) / masonry, brickwork || ~**ziegel** *m*
(gebrannter Stein) (Bau) / brick *n*, clay brick
Maul•ringschlüssel *m*, Ring-Maulschlüssel *m*
(DIN 3113) (Wz) / combination square (US),
combination wrench (US) || ~**schlüssel** *m*
(Wz) / open-end wrench (US), open-ended
spanner (GB), open-jawed spanner || ~**weite** *f*
(Felge) (Kfz) / rim width
Maurer•kelle *f* (Bau, Wz) / trowel, bricklayer's
trowel || ~**waage** *f*, Wasserwaage *f* (Bau, Instr) /
spirit level, bubble level, level, carpenter's
level
Maus *f* (DV) / mouse || ~**-Buchse** *f*, Mausport *m*
(DV) / mouse port || ~**pad** *n* (DV) / mouse pad
|| ~**port** *m* (DV) / mouse port || ~**taste** *f* (DV) /
mouse button, control button (on mouse) ||
~**zeiger** *m* (DV) / mouse pointer
maximal / maximum *adj* || ~**e Arbeitsplatz-
Konzentration**, Arbeitsplatzgrenzwert *m*
(ersetzt seit 1. Januar 2005 die Maximale
Arbeitsplatzkonzentration (MAK) und die
Technische Richtkonzentration (TRK) - die
bisherigen MAK-Werte und TRK-Werte
können für die Beurteilung der Gefährdung
am Arbeitsplatz weiterhin herangezogen
werden, bis der AGW in die Technischen
Regeln umgesetzt ist) (Umw) / workplace
exposure limit, WEL || ~**e Geschwindigkeit** *f* /
maximum speed, top speed || ~**er Steigwinkel**
(Luft) / maximum gradient || ~ **zulässige**

Konzentration (Chem) / maximum admissible concentration, MAC

Maximal • ..., maximal / maximum *adj* ‖ ~**spannung** *f*, Höchstspannung *f* (Elek) / peak voltage ‖ ~**wert** *m* / maximum value, peak value

maximieren (DV) / maximize (a window)

Maximum *n*, Maximalwert *m* / maximum value, peak value ‖ ~ (Math) / maximum

Maxterm *m* (DV) / maxterm

MBD-Speicher *m* (= magnetic bubble device), Magnetblasenspeicher *m* (DV) / bubble memory, magnetic bubble device, magnetic bubble memory, bubble storage, MBD (magnetic bubble device)

MCFC, Schmelzkarbonat-Brennstoffzelle *f* (Chem, Elek) / molten carbonate fuel cell, MCFC

MCT *m*, MCT-Thyristor *m* (Eltro) / MCT, MOS controlled thyristor

Md, Mendelevium *n* (OZ 101) (Chem) / mendelevium, Md

Mechanik *f* (Phys) / mechanics *sg* ‖ ~ (einer Anlage, z.B. im Unterschied zur Elektrik) / mechanics *pl*, mechanical system ‖ ~ **der gasförmigen Stoffe** (Phys) / pneumatics *sg*, pneumodynamics

mechanisch / mechanical ‖ ~**e Arbeit** / mechanical work ‖ ~**e Beanspruchung** (als Vorgang), Belastung *f* (eines Bauteils durch äußere Kräfte) / loading ‖ ~**e Eigenschaften** *f pl* / mechanical properties *pl* ‖ ~**e Fernsteuerung** / telemechanics, mechanical remote control ‖ ~**e Festigkeit** / mechanical strength ‖ ~**e Impedanz** (Akust, Mech) / mechanical impedance ‖ ~**er Kornabrieb** (an Schleifkörpern) (Fert) / attritious wear ‖ ~**e Kraftübertragung** (Bremse) / mechanical transmission (GB) o. linkage (US)(brake) ‖ ~**e Kraftverstärkung** (durch Hebel) (Mech) / leverage, lever action, purchase ‖ ~**er Lader**, Lader *m* mit mechanischem Antrieb (für Verbrennungsmotoren), Auflagegebläse *n* (Mot) / supercharger, blower, mechanical supercharger ‖ ~**e Presse** (Wzm) / mechanical press ‖ ~**er Spannung** / mechanical stress ‖ ~**er Stoß** / mechanical shock ‖ ~**e Werkstatt** / mechanical workshop ‖ ~**er Wirkungsgrad** / mechanical efficiency

Mechanisierung *f* / mechanization

Mechatronik *f* (Integration der Fachgebiete Mechanik, Elektronik und Informatik) / mechatronics *sg*

Mediane *f*, Seitenhalbierende *f* (Math) / median

Medikament *n*, Arzneimittel *n* (Pharm) / drug, medicine

Medium *n* (allg, Phys, Techn) / medium (pl.: media, mediums)

Medizintechnik *f* / medical engineering, biomedical engineering, bioengineering

Meehanite-Gusseisen *n* (Hütt) / Meehanite cast iron

Meeres • höhe *f* (Verm) / sea level, S.L. ‖ ~**spiegel** *m* (Verm) / sea level, S.L.

Meer • salz *n* / sea salt ‖ ~**wasserentsalzung** *f* / desalinization, desalination (of sea water)

Meeting *n*, Sitzung *f*, Besprechung *f* / meeting *n*

Mega • ..., M (10⁶) / M, mega... ‖ ~**bit pro Sekunde** (DV) / Mbps, megabits per second **pixel** *n* (DV, Foto) / megapixel

Mehl *n* / flour *n* (finely ground grain) ‖ ~, Staub *m*, Pulver *n* / flour, powder

Mehr • ..., vielfach..., mehrfach / multi..., multiple ‖ ~**aderkabel** *n* (Elek) / multicore cable ‖ ~**adressbefehl** *m* (DV) / multiaddress instruction ‖ ~**adriges Kabel** (Elek) / multicore cable ‖ ~**amplitudenmodulation** *f* (Tele) / multilevel modulation ‖ ~**armroboter** *m* / multiple-arm robot ‖ ~**benutzersystem** *n* (DV) / multiuser system ‖ ~**bereichsantenne** *f* (Radio) / multiband antenna ‖ ~**bereichsinstrument** *n*, Multimeter *n* (Elek, Mess) / multimeter, multitester, volt/ohm meter, volt-ohm-milliammeter, VOM, circuit analyzer, multiple-purpose tester, multirange meter ‖ ~**bereichsöl** *n* / multi-grade oil, multi-viscosity oil

mehrdeutig, unbestimmt / ambiguous

Mehrdeutigkeit *f*, Unbestimmtheit, Ambiguität *f* / ambiguity

mehrfach / multiple ‖ ~ **wirkende Presse** (Wzm) / multiple-action press

Mehrfach • ... / multiple ‖ ~**...**, mehrmalig, wiederholt / reiterate[d], repeated ‖ ~**ausnutzung** *f*, Multiplexverfahren *n*, Multiplexing *n* (Aufteilung eines Übertragungskanals in mehrere Kanäle) (Tele) / multiplexing, multiplex transmission ‖ ~**betrieb** *m*, Multiplexbetrieb *m* (DV, Tele) / multiplexed mode, multiplexing mode, multiplex mode, multiplex operation ‖ ~**betrieb**, Multiplexverfahren *n* (Aufteilung eines Übertragungskanals in mehrere Kanäle) (Tele) / multiplexing, multiplex transmission ‖ ~**gewinde** *n* / multi-start thread, multiple thread ‖ ~**nummer** *f* (Dienstmerkmal) (Tele) / multiple subscriber number, MSN ‖ ~**nutzung** *f*, Vielfachzugriff *m* (DV, Tele) / multiple access ‖ ~**speiser** *m*, Mehrfachzuleitung *f* (Elek) / multiple feeder ‖ ~**steckdose** *f* (in der Wand) (Elek) / multiple wall outlet ‖ ~**steckdose**, Steckdosenleiste *f* (Elek) / power strip, plug board, power board, power bar, distribution board, gangplug, plugbar, multibox, relocatable power tap ‖ ~**stecker** *m*, Steckdosenleiste *f* (Elek) / power strip, plug board, power board, power bar, distribution board, gangplug, plugbar, multibox, relocatable power tap ‖ ~**strahlinterferenz** *f* (Opt) / multiple-beam interference ‖ ~**verglasung** *f* (Bau, Glas) / multiple glazing ‖ ~**zugang** *m*, Vielfachzugriff *m* (DV, Tele) / multiple access ‖ ~**zugriff** *m*, Vielfachzugriff *m* (DV, Tele) / multiple access ‖ ~**zugriffsverfahren** *n* **mit Prüfung des Übertragungsmediums u. Kollisionserkennung**, CSMA/CD *n*, CSMA/CD-Verfahren *n* (DV, Tele) / carrier sense multiple access with collision detection, CSMA/CD ‖ ~**zuleitung** *f*, Mehrfachspeiser *m* (Elek) / multiple feeder

Mehr • familienhaus *n* (Bau) / multiple dwelling, multiple dwelling building, multiple-family dwelling, residential building containing multiple living units ‖ ~**farbig**, polychrom / multicoloured, polychromatic ‖ ~**feldmessung** *f* (Messvariante bei der Belichtungsmessung) (Foto) / evaluative metering (Canon), matrix metering (Nikon), multi-pattern metering ‖ ~**frequenzwahlverfahren** *n* (Tele) / DTMF, dual-tone multifrequency signalling, DTMF dialing, touch tone dialing ‖ ~**funktions...**, Multifunktions... / multifunctional, multifunction..., polyfunctional ‖ ~**gängiges**

Gewinde / multi-start thread, multiple thread ‖
~gewicht, Übergewicht n / excess weight,
overweight ‖ ~größenregelung f (Regel) /
multivariable control ‖
~impuls-Punktschweißen f / pulsation
welding ‖ ~impulsschweißen n / pulsation
welding ‖ ~kanal... (Eltro, Tele) /
multichannel... ‖ ~kanalig, Mehrkanal...
(Eltro, Tele) / multichannel... ‖ ~kant m (Math)
/ polygon ‖ ~kosten pl, Aufpreis m,
Zusatzkosten fpl / extra charge, additional
charge, extra cost, surcharge ‖ ~lagen...,
mehrlagig / multilayer[ed] ‖ ~lagig /
multilayer[ed] ‖ ~leiterkabel n (Elek) /
multicore cable ‖ ~linsig (Opt) / multi-lens ‖
~lochdüse f / multihole nozzle ‖ ~malig,
wiederholt, Mehrfach... / reiterate[d],
repeated ‖ ~phasen... (Elek) / polyphase,
multiphase ‖ ~phasenschaltung f (Elek) /
polyphase circuit ‖ ~phasenstrom m (Elek) /
polyphase current ‖ ~phasig (Elek) /
polyphase, multiphase ‖ ~platzsystem n (DV)
/ multiuser system ‖ ~polig, vielpolig (Elek) /
multipolar ‖ ~polig (Steckverbinder) (Elek) /
multipin (connector) ‖ ~punktregelung f
(Regel) / multipoint control ‖ ~schalengreifer
m, Polypgreifer m (Bau, Förd) / grapple (with
several tongs/levers), orange peel bucket ‖
~scheibenkupplung f / multiple disk clutch,
multi-disk clutch, multi-plate clutch ‖
~schichten... / multilayer ‖ ~schichtig /
multilayer ‖ ~spaltig (Textlayout) (Doku,
Druck) / multi-column, in several columns ‖
~stellig (Math) / multi-digit ‖
~strahlinterferometer n (Mess, Opt) /
multiple-beam interferometer ‖ ~stufen... /
multistage ‖ ~stufenmodulation f (Tele) /
multilevel modulation ‖ ~stufig / multistage ‖
~walzengerüst n (Walz) / cluster mill, cluster
rolling mill ‖ ~weg... (z.B. Flasche,
Verpackung) (Umw) / reusable (e.g. bottle,
packaging) ‖ ~wegflasche f (Umw) / reusable
bottle, refillable bottle ‖ ~wegig, Mehrkanal...
(Eltro, Tele) / multichannel... ‖
~wegverpackung f (Umw) / returnable
packaging, reusable packaging ‖ ~zweck...,
Vielzweck... / multipurpose, multiple-purpose,
polyfunctional ‖ ~zweckleiter f /
multi-function ladder, multi-purpose ladder,
combination ladder

meiden, umgehen / bypass vt (e.g. an obstruction,
congested area, city), avoid

Meißel m (Wz) / chisel ‖ ~ (Wzm) / tool ‖ ~,
Drehmeißel (Dreh) / turning tool, lathe tool ‖
~, Bohrmeißel m (Bergb, Öl) / drill bit, bit ‖
~halter m (Wzm) / tool holder ‖ ~halter der
Revolverbank, Revolver m, Revolverkopf m /
turret head

Meister m, Handwerksmeister m / master
[craftsman] ‖ ~, Werkmeister m / foreman ‖
~, Einsenkstempel m (Formwerkzeug zum
Einsenken) (Fert) / hob

meistern (Situation, Problem, Schwierigkeiten,
Werkzeug) / master (a situation, problem,
difficulties, tool)

Meisterstempel, Einsenkstempel m
(Formwerkzeug zum Einsenken) (Fert) / hob

MEK (Methylethylketon) / methyl ethyl ketone,
MEK

Melamin n (Chem) / melamin[e] ‖
~-Formaldehyd-Harz n, MF (Chem, Plast) /

melamine formaldehyde resin, MF-resin ‖
~harz n (Chem, Plast) / melamine resin

Meldelampe f, Anzeigelampe f (Instr) / pilot
lamp, indicator lamp, pilot light, indicator
light, telltale lamp

melden vt (z.B. Unfall, Schaden) / report ‖ ~,
anzeigen (Mess) / indicate ‖ ~, signalisieren
(Regel, Techn, Tele) / signal, signalize ‖ ~ vr
(sich)(am Telefon) (Tele) / answer vt (the
phone)

Melder m (z.B. Brand-, Rauchmelder) / detector
(e.g. fire, smoke detector) ‖ ~, Signalgeber m
(optischer und/oder akustischer, der über
Betriebszustände von Anlage(teile)n
informiert) / annunciator

Meldezentrale f (Alarmanlage) / central station
(alarm monitoring center)

Meldung f (DV) / message (of a program)

Membran f, Schwingungsmembran f (zur
Erzeugung, Verstärkung, Aufnahme,
Dämpfung oder Messung einer Schwingung,
z.B in Mikrofonen, Lautsprechern,
Telefonhörern, Druckmessern, Pumpen,
Musikinstrumenten etc.) (Akust, Audio) /
diaphragm ‖ ~, Trennmembran f (durchlässig,
teildurchlässig, undurchlässig - zur Trennung
von Stoffgemischen) (Biol, Techn) / membrane
‖ ~gleichgewicht n, Donnangleichgewicht
(Chem, Phys) / Donnan equilibrium ‖
~kompressor m, Membranverdichter m /
diaphragm[-type] compressor ‖ ~pumpe f /
diaphragm pump ‖ ~schalter
(druckgesteuerter Schalter für
Druckwassersysteme) / diaphragm pressure
switch, diaphragm switch ‖ ~schalter m (zur
Füllstandsmessung) (Mess) / diaphragm level
detector, diaphragm level indicator,
diaphragm level monitor ‖ ~stellmotor m
(Regel) / diaphragm motor ‖ ~tastatur f (DV) /
membrane keyboard ‖ ~verdichter m /
diaphragm[-type] compressor ‖ ~verfahren n
(Chloralkalielektrolyse) / membrane method
(chloralkali process)

Memory•-Effekt m (Elek) / memory effect ‖
~-Legierung f / memory alloy, shape-memory
alloy, memory metal ‖ ~-Metall n,
Memory-Legierung f / memory alloy,
shape-memory alloy, memory metal

Mendelevium n (OZ 101) (Chem) /
mendelevium, Md

mengbar, nicht ~ / immiscible, non-miscible,
unmiscible, unmixable

Menge f / amount, quantity ‖ ~, große Zahl /
large number, lot, multitude ‖ ~
(Mengenlehre) (DV, Math) / set (in set theory)
‖ ~ (von Komponenten für eine Reaktion),
Ansatz m (Chem) / batch

Mengen•lehre f (Math) / set theory, theory of sets
‖ ~mäßig bestimmen, quantitativ bestimmen /
quantify ‖ ~regelventil n / flow control valve ‖
~theoretische Topologie (Math) / set topology

Meniskus m (konkave oder konvexe Oberfläche
einer Flüssigkeit in einem vertikalen Rohr
oder Gefäß) (Phys) / meniscus (concave
meniscus [of water], convex meniscus [of
mercury]) (pl.: menisci o. meniscusses)

Mennige f (Chem) / red lead, minium

menschliches Versagen / human error

Mensch-Maschine-Schnittstelle f,
Benutzeroberfläche f (DV) / interface, user
interface

Mensur f, Messzylinder m (Chem) / measuring cylinder, graduated cylinder

Menü n (DV) / menu ‖ ~**eintrag** f (DV) / menu item ‖ ~**geführt** (DV) / menu-driven ‖ ~**gesteuert** (DV) / menu-driven ‖ ~**leiste** f (DV) / menu bar ‖ ~**option** f (DV) / menu item ‖ ~**punkt** (DV) / menu item ‖ ~**taste** f (Foto) / menu button ‖ ~**-Taste** f (Windows-Tastatur) (DV) / Menu key

mergen [in] (z.B. neue Datensätze in einen vorhandenen Bestand), zusammenfügen (Daten, Dateien) (DV) / merge vt [into]

Merker m, Hinweissymbol n (DV) / sentinel, sentinel flag ‖ ~ **setzen**, kennzeichnen (DV) / flag

Merkmal / feature, characteristic

Merkzeichen n (DV) / sentinel, sentinel flag

Mesoinosit m, Myoinosit m (Chem) / bios

Meso·pause f (Grenzschicht zw. Meso- und Thermosphäre - 80-85 km Höhe) (Geoph) / mesopause (atmosphere) ‖ ~**sphäre** f (35-80 km Höhe) (Geoph) / mesosphere

Mess·abweichung f (Messwert minus wahrer Wert der Messgröße), Messfehler m (Mess) / error (of measurement) ‖ ~**apparat** m, Messgerät n (Mess) / measuring instrument, measuring device ‖ ~**aufbau** m (Mess) / test set-up, measuring set-up ‖ ~**band** n (Mess) / tape measure, measuring tape

messbar / measurable

Mess·bedingungen f pl / measurement conditions pl ‖ ~**bereich** m (Mess) / measuring range, working range (of a measuring instrument) ‖ ~**bereichserweiterung** f (Mess) / extension of the measuring range ‖ ~**bereichsschalter** m (Mess) / range selector ‖ ~**bereichsumschalter** m (Mess) / range selector ‖ ~**bereichswähler** m (Mess) / range selector ‖ ~**bildkamera** f (Foto, Verm) / mapping camera, photogrammetric camera ‖ ~**bolzen** m, Messspindel f (der Messschraube) (Mess) / spindle ‖ ~**bolzen** (der Messuhr), Taststift m (Mess) / contact pointer, plunger ‖ ~**brücke** f, Brückenschaltung f (Elek, Mess) / bridge circuit ‖ ~**buchse** f (Elek) / test socket ‖ ~**daten** pl / measurement data ‖ ~**einrichtung** f (Regel) / measuring transmitter (senses the value of the controlled variable and converts it into a usable signal), sensor

messen vt / measure ‖ ~ (mit automatisot aufzeichnendem Messgerät, z.B. Wasseruhr, Gas- o. Stromzähler) / meter ‖ ~ vi, Abmessungen haben / measure vi, have a specified measurement ‖ ~ n / measurement, measuring ‖ ~ (mit automatisot anzeigendem/aufzeichnendem Messgerät, z.B. Wasseruhr, Gas- o. Stromzähler), Messung f / metering ‖ ~ **mit Lehre(n)**, Lehren n (zur Feststellung, ob der Prüfgegenstand Gut o. Ausschuss ist) (Mess) / gaging (US), gauging (GB) ‖ ~, **Steuern und Regeln**, Mess-, Steuerungs- und Regeltechnik f, MSR-Technik f / instrumentation and control, process measuring and control technology

messend, Mess... / measuring

Messenger-RNA f (Biochem) / messenger RNA

Messergebnis n / measurement result, measuring result, result of measurement ‖ ~ (das auf dem Messgerät angezeigt u. abgelesen wird) (Mess) / reading

Messerkopf m, Fräskopf m / cutter head, milling head

Messfehler m, Messabweichung f (Messwert minus wahrer Wert der Messgröße) (Mess) / error (of measurement) ‖ **zufälliger** ~ (Mess, Stat) / random error

Mess·frequenz f (Elek, Mess) / measuring frequency ‖ ~**fühler** m, Aufnehmer m (der die Messgröße erfasst u. meist die primäre Messgrößenwandlung - z.B. nichtelektrische, physikalische (z.B. Temperatur, Abstand, Druck) in elektrische Größe - durchführt) (Mess) / sensor, transducer (e.g. pressure transducer), sensing element ‖ ~**genauigkeit** f / accuracy of measurement, measuring accuracy ‖ ~**gerät** n (Mess) / measuring instrument, measuring device ‖ ~**gerät**, Prüfgerät n (Mess) / test device, test instrument, tester ‖ ~**gerätedrift** f (langsame zeitliche Änderung des Wertes eines messtechnischen Merkmals eines Messgeräts - DIN ISO 10012 Teil 1) (Mess) / drift (of measuring instrument) ‖ ~**glied** n (Instr, Regel) / measuring element, measuring unit ‖ ~**größe** m (Mess) / measurand, measured quantity, quantity being measured, quantity to be measured ‖ ~**größenaufnehmer** m, Aufnehmer m (der die Messgröße erfasst u. meist die primäre Messgrößenwandlung - z.B. nichtelektrische, physikalische (z.B. Temperatur, Abstand, Druck) in elektrische Größe - durchführt) (Mess) / sensor, transducer (e.g. pressure transducer), sensing element ‖ ~**hülse** f (der Messschraube) (Mess) / micrometer sleeve, thimble

Messing n / brass ‖ ~**bürste** f (Wz) / wire brush ‖ ~**lot** n (Schw) / copper-zinc alloy (filler metal for brazing)

Mess·instrument n, Messgerät n (Mess) / measuring instrument, measuring device ‖ ~**kette** f (Mess, Regel) / measuring chain ‖ ~**kolben** m (Chem) / volumetric flask, measuring flask ‖ ~**kunde** f, Messtechnik f, Metrologie f / metrology, measuring technology, measurement engineering ‖ ~**länge** f (einer Probe) (Mater) / gauge length (of a test specimen) ‖ ~**leitung** f (Mess) / measuring line ‖ ~**marke** f (Markierung zur Messung der Messlänge) (Mater) / gauge mark ‖ ~**methode** f, Messtechnik f / measuring method o. technique ‖ ~**normal** n (Maßverkörperung, Messeinrichtung o. Referenzmaterial zur Festlegung o. Reproduktion einer Einheit o. eines o. mehrerer Größenwerte, um diese an andere Messgeräte durch Vergleich weiterzugeben) (Mess) / measurement standard, standard ‖ ~**objekt** n, Prüfling m (dessen Funktionen in einem Test, Versuch geprüft werden), Device Under Test (Elek, Eltro, QM) / device under test, DUT, unit under test, UUT ‖ ~**rate** f (Mess) / measuring rate ‖ ~**relais** n (Elek) / measuring relay ‖ ~**schaltung** f (Elek) / meter circuit ‖ ~**schenkel** m (des Winkelmessers) (Mess) / blade ‖ ~**schenkel**, Messschnabel m (des Messschiebers) (Mess) / jaw, measuring jaw ‖ ~**schenkel** m pl **für Außenmessung** (Messschieber) (Mess) / outside jaws ‖ ~**schenkel für Innenmessung** (Messschieber) (Mess) / inside jaws ‖ ~**schieber** m (Mess) / vernier calliper, vernier ‖ ~**schnabel** m (des

Messschiebers) (Mess) / jaw, measuring jaw ‖ ˜schraube f (DIN) (Mess) / micrometer, micrometer screw gauge ‖ ˜schraube, Bügelmessschraube f (DIN)(zur Bestimmung von Außenmaßen) (Mess) / micrometer, external micrometer, mike (coll.), micrometer caliper, outside micrometer, external micrometer screw gauge ‖ ˜sensor m, Aufnehmer m (der die Messgröße erfasst u. meist die primäre Messgrößenwandlung - z.B. nichtelektrische, physikalische (z.B. Temperatur, Abstand, Druck) in elektrische Größe - durchführt) (Mess) / sensor, transducer (e.g. pressure transducer), sensing element ‖ ˜signal n / measuring signal ‖ ˜sonde f / sensing probe ‖ ˜spannung f (Elek) / measuring voltage ‖ ˜spindel f (der Messschraube), Messbolzen m (Mess) / spindle ‖ ˜spitze f (Mess) / probe tip ‖ ˜stellenabtaster m (Regel) / scanner ‖ ˜strom m (Elek) / measuring current ‖ ˜system n, Messwerk n / measuring system, measuring equipment ‖ ˜technik f, Metrologie f / metrology, measuring technology, measurement engineering ‖ ˜technik, Messmethode f / measuring method o. technique ‖ ˜-, Steuerungs- und Regeltechnik f, MSR-Technik f / instrumentation and control, process instrumentation and control, process measuring and control technology ‖ ˜technik / metrological ‖ ˜technisch überwachen / monitor by means of measuring instruments ‖ ˜trommel f, Skalentrommel f (der Messschraube) (Mess) / thimble ‖ ˜uhr f (Mess) / dial gauge, dial indicator ‖ ˜umformer m (formt das der Messgröße entsprechende Primärsignal eines Aufnehmers in ein Einheitssignal um, das über große Strecken übertragen werden kann) (Mess) / signal converter, transmitter, measuring transmitter ‖ ˜umsetzer m (zur Umformung von Messsignalen, meist Analog-digital-Umsetzer o. Digital-analog-Umsetzer) (Mess) / converter

Messung f / measurement, measuring ‖ ˜, Messen n (mit automatisch anzeigendem/aufzeichnendem Messgerät, z.B. Wasseruhr, Gas- o. Stromzähler) / metering ‖ eine ˜ machen/vornehmen / take a measurement

Mess•unsicherheit f / measurement uncertainty, uncertainty of measurement, measuring uncertainty ‖ ˜verstärker m (Eltro) / measuring amplifier ‖ ˜vorrichtung f, Messgerät n (Mess) / measuring instrument, measuring device ‖ ˜wandler m, Messumformer m (formt das der Messgröße entsprechende Primärsignal eines Aufnehmers in ein Einheitssignal um, das über große Strecken übertragen werden kann) (Mess) / signal converter, transmitter, measuring transmitter ‖ ˜wandler (Stromwandler, Spannungswandler) (Elek, Mess) / instrument transformer ‖ ˜werk n (Mess) / movement (of a meter), internal mechanism ‖ ˜werk, Messsystem n / measuring system, measuring equipment

Messwert m (gemessener spezieller Wert einer Messgröße, bestehend aus Zahlenwert u. Einheit) (Mess) / measured value ‖ ˜ (auf der Anzeige eines Messinstruments), angezeigter Wert (Mess) / reading, indication (shown by an instrument), value indicated ‖ ˜e m pl, Messdaten pl / measurement data ‖ ˜aufnehmer m (z.B. Druckaufnehmer), Aufnehmer m (der die Messgröße erfasst u. meist die primäre Messgrößenwandlung - z.B. nichtelektrische, physikalische (z.B. Temperatur, Abstand, Druck) in elektrische Größe - durchführt) (Mess) / sensor, transducer (e.g. pressure transducer), sensing element ‖ ˜-Fernübertragung f, Telemetrie f / telemetering, remote metering, telemetry ‖ ˜geber m, Aufnehmer m (der die Messgröße erfasst u. meist die primäre Messgrößenwandlung - z.B. nichtelektrische, physikalische (z.B. Temperatur, Abstand, Druck) in elektrische Größe - durchführt) (Mess) / sensor, transducer (e.g. pressure transducer), sensing element ‖ ˜umformer m, Messumformer m (formt das der Messgröße entsprechende Primärsignal eines Aufnehmers in ein Einheitssignal um, das über große Strecken übertragen werden kann) (Mess) / signal converter, transmitter, measuring transmitter ‖ ˜umsetzer m, Messumsetzer m (zur Umformung von Messsignalen, meist Analog-digital-Umsetzer o. Digital-analog-Umsetzer) (Mess) / converter

Mess•wesen n / metrology, measuring technology, measurement engineering ‖ ˜widerstand m (Mess) / multiplier [resistor] ‖ ˜zeiger m, Messuhr f (Mess) / dial gauge, dial indicator ‖ ˜zelle f (Mess) / measuring cell ‖ ˜zelle f (Foto) / metering cell ‖ ˜zylinder m (Chem) / measuring cylinder, graduated cylinder

Metall n / metal n ‖ ˜ mit Formerinnerungsvermögen, Memory-Legierung f / memory alloy, shape-memory alloy, memory metal ‖ ˜ verarbeitend / metal working adj ‖ ˜ verarbeitende Industrie / metal-working industry

Metall•abfälle m pl, Schrott m / scrap n, scrap metal ‖ kathodische ˜abscheidung / electrodeposition, electrolytic deposition ‖ ˜abscheidung f ohne äußere Stromquelle (OT) / electroless plating ‖ ˜-Aktivgas-Schweißen n, MAG-Schweißen n (Schw) / MAG welding, metal active gas welding ‖ ˜barometer n / aneroid, aneroid barometer ‖ ˜bau m / metal construction ‖ ˜bearbeitung f / metal working ‖ elektrochemische ˜bearbeitung (Fert) / ECM, electrochemical machining ‖ ˜bedampfung f (ein PVD-Verfahren) (Fert) / thermal vapour deposition, vacuum coating by thermal evaporation, vacuum evaporation, vacuum evaporation PVD ‖ ˜beschlagen, metallverkleidet / metal-clad ‖ ˜bindung f (Chem) / metallic bond ‖ ˜bindung f (von Schleifscheiben) (Fert) / metallic bond ‖ ˜dampflampe f (Licht) / metal vapo[u]r lamp ‖ ˜detektor m / metal detector, metal locator ‖ ˜draht m / wire n ‖ ˜drahtlampe (Licht) / metal filament lamp ‖ ˜drücken n (Umformen eines ebenen Blechteils am rotierenden Formkörper) (Fert) / metal spinning, spinning ‖ ˜faden m (Elek, Licht) / metal filament ‖ ˜filmwiderstand m (Elek) / metal-film resistor ‖ ˜folie f / metal foil, foil ‖ ˜gehäuse n (Eltro) / metal package ‖ ˜gerüst n, Metallrahmen m / metal frame ‖ ˜gitter n

(Krist) / metallic lattice ‖ ≃**glas** n / amorphous metal, metallic glass ‖ ≃**glasschicht-Widerstand** m (Elek) / metal glaze film resistor ‖ ≃**-Halbleiter-Kontakt** m (Eltro) / Schottky barrier contact ‖ ≃**hüttenschlacke** f (Bau, Hütt) / steel-mill slag, steel slag ‖ ≃**hydrid** n (Chem) / metal hydride ‖ ≃**-Inertgas-Schweißen** n, MIG-Schweißen n (Schw) / gas-shielded metal inert gas welding, MIG welding ‖ ≃**ion** n (Chem) / metal ion

metallisch • e Bindung, Metallbindung f (Chem) / metallic bond ‖ ~**es Glas** / amorphous metal, metallic glass ‖ ~**er Leiter** (Elek) / metallic conductor ‖ ~**es Pulver**, Metallpulver n (PM) / metallic powder, metal powder, powdered metal ‖ ~**e Überzüge herstellen auf**, mit galvanischem Überzug versehen (OT) / electroplate, plate

metallisieren, mit Metall beschichten / metallize

Metallisierter Polypropylen-Folienkondensator, MKP-Kondensator m (Elek) / metallized polypropylene film capacitor

Metallisierung f, Metallüberzug m / metal coat, metallic coating

Metall • kappe f, Metallring m / ferrule (ring, cap around end of post, a tool handle etc.) ‖ ≃**keramik** f, Pulvermetallurgie f / powder metallurgy, PM ‖ ≃**kunde** f (theoretische), Metallographie / metallography ‖ ≃**-Lichtbogenschweißen** n (Schw) / flux-shielded manual metal arc welding, SMAW, shielded metal arc welding, flux-shielded metal arc welding, stick welding ‖ ≃**-Lichtbogenschweißen mit Fülldrahtelektrode** (Schw) / FCAW, flux-cored arc welding ‖ ≃**-Lichtbogenschweißen mit Fülldrahtelektrode mit Schutzgas** (Schw) / gas-shielded flux-cored arc welding ‖ ≃**-Lichtbogenschweißen mit Fülldrahtelektrode ohne Schutzgas** (Schw) / self-shielded flux-cored arc welding ‖ ≃**-Matrix-Composites** n pl, Verbundwerkstoffe mit metallischer Matrix m pl / metal-matrix composites, MMC ‖ ≃**matrix-Verbunde** m pl, Verbundwerkstoffe mit metallischer Matrix m pl, Metall-Matrix-Composites n pl / metal-matrix composites, MMC ‖ ≃**matrix-Verbundwerkstoffe** m pl, Verbundwerkstoffe mit metallischer Matrix m pl, Metall-Matrix-Composites n pl / metal-matrix composites, MMC

Metallo • graphie, Metallkunde f (theoretische) / metallography ‖ ~**graphische Untersuchung** (Mater) / metallurgical test

Metalloid m, Halbmetall n (Chem) / metalloid n, semimetal

Metall • oxid n / metal oxide ‖ ≃**oxidschicht** f / metal oxide film ‖ ≃**oxid-Schichtwiderstand** m (Elek) / metal oxide film resistor ‖ ≃**papierkondensator** m, MP-Kondensator m (Elek) / metallized-paper capacitor ‖ ≃**pulver** n, metallisches Pulver (PM) / metallic powder, metal powder, powdered metal ‖ ≃**rahmen** m, Metallgerüst n / metal frame ‖ ≃**ring** m, Metallkappe f / ferrule (ring, cap around end of post, a tool handle etc.) ‖ ≃**-ring**, Metallhülse f (die z.B. den Radiergummi an einem Bleistiftende umschließt), Ferrule f / ferrule ‖ ≃**salz** n (Chem) / metal salt ‖ ≃**schaum** m (PM) / metal foam, metallic foam ‖ ≃**schlauch** m / metal hose ‖ ≃**schmelze** m

(Gieß) / molten metal ‖ ≃**schmelze** f, Schmelzbad n (z.B. Aluminiumbad), Schmelze f (Hütt) / bath, molten bath (of e.g. aluminum), melting bath ‖ ≃**-Schutzgasschweißen** n (Schw) / gas metal arc welding, GMAW ‖ ≃**spritzer** m (beim Schweißen, Gießen) (Hütt) / spatter (of molten metal) ‖ ≃**sucher** m / metal detector, metal locator ‖ ≃**suchgerät** n / metal detector, metal locator ‖ ≃**überzug** m / metal coat, metallic coating

Metallurgie / metallurgy

metall • verarbeitend / metal-processing ‖ ~**verarbeitende Industrie** / metal-working industry ‖ ~**verkleidet**, metallbeschlagen / metal-clad

Meta • -Sprache f (DV, Math) / metalanguage ‖ ~**stabil** (Gleichgewicht, Zustand) / metastable (equilibrium, state) ‖ ~**zentrisch** (z.B. Höhe) / metacentric (e.g. height) ‖ ≃**zentrum** n / metacenter

Meteorologie f / meteorology

meteorologische Optik / atmospheric optics sg, meteorological optics sg

Meter m n (1 m = 39,370″) / meter n (US), metre (GB) ‖ ≃**stab** m, Gliedermaßstab (Mess) / folding rule ‖ ≃**wellen** f pl, Ultrakurzwellen f pl, UKW (Wellenlänge 1 bis 10m, Frequenzbereich 30 bis 300 MHz) (Radio, Tele) / very high frequency waves, VHF waves

Methan n (Chem) / methane

Methanal n (CH₂O), Formaldehyd m (Chem) / methanal, formaldehyde

Methangas n / methane gas

Methanol n, Methylalkohol m (Chem) / methanol, methyl alcohol ‖ ~**betrieben** (Chem, Elek) / methanol-fuelled

Methansäure f, Ameisensäure f (Chem, Pharm) / formic acid, methanoic acid

Methode f / method

methodisch, planmäßig adj, systematisch / methodical, systematic, systematical

Methoxyanilin n, Anisidin n (Chem) / anisidine

2-Methyl-4,6-Dinitrophenol n / dinitroorthocresol, 2-methyl-4,6-dinitrophenol, DN[OC]

Methyl • alkohol m, Methanol n (Chem) / methanol, methyl alcohol ‖ ≃**anilin** m, Toluidin n (Chem) / toluidine ‖ ≃**benzoat** n (Chem) / methyl benzoate ‖ **3-**≃**buttersäure** (Chem) / isovaleric acid ‖ ≃**chlorid** n, Monochlormethan n (CH₃Cl) (Chem) / methyl chloride, chloromethane ‖ ≃**cyanid** n (veraltet), Acetonitril n (Chem) / acetonitrile, methyl cyanide

Methylen • bernsteinsäure f, Itaconsäure f (Chem) / itaconic acid ‖ ≃**bromid** n (Chem) / dibromomethane ‖ ≃**chlorid** n (Chem) / dichloromethane, methylene chloride

Methyl • ether m (Chem) / dimethyl ether ‖ ≃**ethylketon** n, Butanon n / methyl ethyl ketone, MEK ‖ ≃**morphin** n, Codein n (Pharm) / codeine, methylmorphine ‖ ≃**phenylketon** n, Acetophenon n (Chem) / acetophenone, hypnone, acetylbenzene, phenyl methyl ketone ‖ ≃**sulfinylmethan** n, Dimethylsulfoxid n (Chem) / dimethylsulfoxide

Met-L-Chek-Verfahren n, Farbeindring-verfahren n (Mater) / dye penetrant method, dye penetrant test[ing]

metrisch / metric ‖ ~**es Gewinde** / metric [screw] thread ‖ ~**er Kegel** (Wzm) / metric taper ‖ ~**es System** / metric system ‖ **auf** ~**es System**

umstellen, das metrische System benutzen / convert over to the metric system, go metric, metricate, metrificate (GB)

Metrologie f, Messtechnik f / metrology, measuring technology, measurement engineering

Metropolregion f (stark verdichtete Großstadtregion von hoher internationaler Bedeutung - umfasst anders als Agglomeration oder Konurbation auch große ländliche Gebiete, die mit den Oberzentren der Region durch wirtschaftliche Verflechtungen oder Pendlerströme in enger Verbindung stehen), Ballungsgebiet n / metropolitan area

Mezzanin n, Halbgeschoss (Bau) / mezzanine, entresol

MF, Melamin-Formaldehyd-Harz n (Chem, Plast) / melamine formaldehyde resin, MF-resin

MFI, Schmelzindex m (Plast) / melt flow index, MFI, melt index

M/F-Typ m (der Bikomponentenfaser) (Tex) / matrix-fibril bicomponent fibre

MFW, Mehrfrequenzwahlverfahren n (Tele) / DTMF, dual-tone multifrequency signalling, DTMF dialing, touch tone dialing

Mg, Magnesium n (Chem) / magnesium, Mg

Micellkolloid n (Chem) / association colloid

Michelson-Interferometer n (Mess, Opt) / Michelson interferometer

Micro f, Microzelle f, AAA-Zelle f (IEC R03) (Elek) / AAA battery, micro ‖ ⁓**cassette** f (Audio, Tele) / microcassette ‖ ⁓**zelle** f, AAA-Zelle f (IEC R03) (Elek) / AAA battery, micro

MIDI-Port m (DV) / MIDI port

Miet•leitung f, festgeschaltete Leitung (Tele) / dedicated line, dedicated circuit, leased line, leased circuit, private line, fixed circuit, point-to-point circuit ‖ ⁓**wagen** m (für Selbstfahrer), Leihwagen m (Kfz) / rental car

MIG/MAG-Schweißen n (Schw) / MIG/MAG welding, metal inert/active gas welding

Mignon f, Mignonzelle f, AA-Zelle f (IEC R6) (Elek) / AA battery ‖ ⁓**zelle** f, AA-Zelle f (IEC R6) (Elek) / AA battery

Migration f, Umstellung f (DV) / migration (e.g. to a new system)

migrieren, umstellen auf (DV) / migrate (to a new system)

MIG-Schweißen n, Metall-Inertgas-Schweißen n (Schw) / gas-shielded metal inert gas welding, MIG welding

Mikanit n (Kunstglimmer), Pressglimmer m (Elek) / micanite, built-up mica, remica

Mikro, Microzelle f, AAA-Zelle f (IEC R03) (Elek) / AAA battery, micro ‖ ⁓**...** (bei Maßbezeichnungen = ein Millionstel = 10⁻⁶) / micro ‖ ⁓**befehlsregister** n (DV) / microinstruction register ‖ ⁓**chip** m (DV, Eltro) / microchip ‖ ⁓**computer** m (DV) / microcomputer, micro n ‖ ⁓**controller** m (DV) / microcontroller ‖ ⁓**elektronik** f / microelectronics sing

Mikrofon n (Audio) / microphone, mike (coll.)

Mikro•kassette f (Audio, Tele) / microcassette ‖ ⁓**kontakte** m pl (Tribologie) / micro-contacts ‖ ⁓**kontroller** m (DV, Eltro) / microcontroller ‖ ~**legiert** / microalloyed ‖ ⁓**lichtervorhang** m (Licht) / light curtain ‖ ⁓**lunker** m pl, Mikroporosität f (Gieß) / microporosity, shrinkage porosity

Mikrometer n (10⁻⁶ m), μm / micrometre, micrometer (US), micron, μm ‖ ⁓, Messschraube f (DIN) (Mess) / micrometer, micrometer screw gauge ‖ ⁓, Bügelmessschraube f (DIN) (zur Bestimmung von Außenmaßen) (Mess) / micrometer, external micrometer, mike (coll.), micrometer caliper, outside micrometer, external micrometer screw gauge ‖ ⁓**schraube** f, Messschraube f (DIN) (Mess) / micrometer, micrometer screw gauge

Mikro•nährstoff m, Spurenelement n (Chem, Nahr) / trace element, micronutrient ‖ ⁓**porosität** f, Mikrolunker m pl (Gieß) / microporosity, shrinkage porosity ‖ ⁓**programmspeicher** m (DV) / microprogram memory ‖ ⁓**prozessor** m (DV, Eltro) / microprocessor, microprocessor unit, MPU ‖ ⁓**schalter** m (Elek) / microswitch, miniature switch ‖ ⁓**schaltung** f (Eltro) / microcircuit ‖ ⁓**schweißen** n, Bonden n (Halbleitertechnologie) (Eltro) / bonding

Mikroskop n / microscope, mike (coll.), scope (coll.)

Mikrostruktur f, Gefüge n (Mater) / microstructure

Mikrotom n (Biol, Mikros) / microtome

Mikro•verbindungen herstellen, bonden (Halbleitertechnologie) (Eltro) / bond ‖ ⁓**welle** f (ugs.), Mikrowellenherd m (HG) / microwave n, microwave oven ‖ ⁓**welle** (Dtschld: 1 mm-30 cm) / microwave (GB: = 10 cm, US: = 100 cm) ‖ ⁓**wellen** f pl (Radio) / microwaves (between 1mm and 30 cm, from 300 GHz to 1 GHz in frequency) ‖ ⁓**wellenherd** m (HG) / microwave n, microwave oven ‖ ⁓**wellentherapie** f (MT) / microwave therapy ‖ ⁓**zelle** f (in Mobilfunknetzen) (Tele) / microcell (in cellular radio systems)

milbentötendes Mittel, Akarizid n (Chem, Landw) / acaricide, miticidal chemical, miticide

Milch•produkte n pl (Nahr) / dairy products pl ‖ ⁓**säure** f (Biochem) / lactic acid, 2-hydroxypropanoic acid, 2-hydroxypropionic acid

Militär... / military

militärisch / military

Milliarde f (10⁹) / billion (US, GB), thousand million (GB)

Millimeter m, mm / millimeter (US), mm, millimetre (GB)

Million f (10⁶) / million

Miloriblau n, Eisencyanblau n (Eisen(III)-hexacyanoferrat(II)), Pariser Blau n (Anstr, Chem) / Prussian blue (ferric ferrocyanide), iron blue, Turnbull's blue

Milorigrün n, Chromgrün n (Anstr, Färb) / chrome green

min⁻¹, U/min, Umdrehungen f pl je min / revolutions per minute pl, rpm, r.p.m., revs/min. pl

Mindergewicht n, Untergewicht n / underweight

mindern, reduzieren, vermindern / decrease, reduce, diminish vt [by]

Minderung f, Verringerung f, Reduzierung f / reduction, decrease

Mindest•..., minimal, kleinst / minimum adj, minimal ‖ ⁓**abstand** m, Mindestentfernung f / minimum distance ‖ ⁓**dauer** f (z.B. eines Signals) (Eltro) / minimum time, minimum duration ‖ ⁓**entfernung** f, Mindestabstand m /

minimum distance ‖ **⁓geschwindigkeit** f / minimum speed ‖ **⁓maß** n (Passung), Kleinstmaß n / minimum size, minimum dimension, minimum limit ‖ **⁓spiel** n, Kleinstübermaß (Passung) (Masch) / minimum interference (fit)

Mine f (des Kugelschreibers) (Büro) / cartridge (of ballpoint pen)

Mineral n (Min) / mineral n ‖ **⁓öl** n / mineral oil ‖ **⁓stoff** m (Nahr) / mineral ‖ **⁓wachs** n, Ceresin n, gereinigtes Erdwachs (ChT) / ceresin, ceresine

Miniaturisierung f / miniaturization

Miniaturschalter m (Elek) / microswitch, miniature switch

Mini•bagger m (Bau) / mini-excavator, mini digger ‖ **⁓BHKW** n, Klein-Blockheizkraftwerk n (Elek) / small-scale cogeneration unit ‖ **⁓bus** m, Kleinbus m (ca. 12-20 Sitzplätze, Platz für Kinderwagen, Gepäck, Rollstuhl, teilweise Niederflurigkeit) (Kfz) / minibus ‖ **⁓-Hifi-System** (Audio) / mini stereo system, minisystem ‖ **⁓kraftwerk** n (Elek) / mini power plant

minimal, kleinst / minimum adj, minimal

Minimal•...., minimal, kleinst / minimum adj, minimal ‖ **⁓pendel** n (Phys, Uhr) / compensation pendulum ‖ **⁓suchzeit-programmierung** f (DV) / minimum access coding, minimum-access programming ‖ **⁓wert** m, niedrigster Wert / minimum value n

minimieren (DV) / minimize (a window)

Minimum n (Pl: Minima), niedrigster Wert / minimum value n ‖ **⁓** (Math) / minimum n ‖ **⁓ einer Funktion** / minimum point of a function ‖ **auf ein ⁓ zurückführen** / minimize

Minimumpeiler m, Drehrahmenpeiler m / rotating loop direction finder

Ministahlwerk n (Hütt) / minimill (which makes only a few steel products)

Minkowski•-Raum m (Math, Phys) / Minkowski space-time, Minkowski universe or world ‖ **⁓-Welt** f (Math, Phys) / Minkowski space-time, Minkowski universe or world

Minterm m (DV) / min term

Minuend m (Math) / minuend

minus (Math) / minus prep (eg ten minus three is seven) ‖ **⁓glas** n (bei Brillen zur Korrektur der Kurzsichtigkeit) (Opt) / concave lens ‖ **⁓klemme** f, Minuspol m (Batterie) (Elek) / negative terminal (of battery), negative pole ‖ **⁓leiter** m (Elek) / negative conductor ‖ **⁓platte** f (Batterie) (Elek) / negative plate, negative electrode ‖ **⁓pol** m (Batterie) (Elek) / negative terminal (of battery), negative pole

Minute f / minute ‖ **⁓**, Bogenminute f (Math) / minute of arc, minute, arcmin, arcminute

Minutenzeiger m (Uhr) / minute hand

MIPS (1 Million Instruktionen pro Sekunde) (DV) / million instructions per second (MIPS), MIPS

mischbar, mengbar / miscible, mixable ‖ **nicht ⁓** / immiscible, non-miscible, unmiscible, unmixable

Mischbarkeit f / miscibility

Misch•batterie f (Sanitär) / mixer tap (GB), mixer, mixing faucet (US) ‖ **⁓bildentfernungsmesser** m (Foto) / coincidence rangefinder, direct-vision range finder, direct-vision coincidence range finder, double-image superimposing rangefinder, double-image rangefinder, coincident rangefinder ‖ **⁓element** n / mixed element

mischen vt vr (sich), vermischen (sich) / mix vt vi ‖ **⁓** vt vr (sich), vermischen (sich)(homogen, untrennbar) / blend vt vi ‖ **⁓** vt, mergen [in] (z.B. neue Datensätze in einen vorhandenen Bestand), zusammenfügen (Daten, Dateien) (DV) / merge vt [into] ‖ **⁓** n, Mischvorgang m / mixing ‖ **⁓** (homogen, untrennbar) / blending n ‖ **⁓**, Zusammenführen n (Daten, Dateien) (DV) / merge n, merging

Mischer m (allg, Hütt) / mixer

Misch•farbe f (Foto, Glas, Opt) / mixed colour ‖ **⁓flügel** m / mixing blade, agitator blade ‖ **⁓keramik** f (Schneidstoff) (Mater, Wzm) / mixed ceramics ‖ **⁓kristall(e)**, Lösung f im festen Zustand (Krist) / mixed crystal, solid solution (alloy in which one element is dissolved in another to form a single-phase structure) ‖ **⁓kristallverfestigung** f (Krist) / solid solution hardening ‖ **⁓lichtlampe** f (Sonderform der Quecksilberdampf-Hochdrucklampe) (Licht) / self-ballasted mercury lamp ‖ **⁓luft-Wasserheber** m, Mammutpumpe f / airlift ‖ **⁓metall** n, Cer-Mischmetall n (Chem) / misch metal ‖ **⁓reibung** f (Reibung mit zeitweise unterbrochenem Schmierfilm, so dass Flüssigkeitsreibung und Grenzreibung abwechseln) / mixed friction ‖ **⁓stufe** f (als Frequenzumsetzer arbeitend) (Eltro) / converter (in a superheterodyne receiver), frequency changer, frequency converter, heterodyne conversion transducer

Mischung f, Mischen n, Mischvorgang m / mixing ‖ **⁓**, Mischen n (homogen, untrennbar) / blending n ‖ **⁓** (nach Formel), Ansatz m (von Mischungen) (Chem) / formulation, preparation (according to a formula) ‖ **⁓**, Gemisch n / mixture, mix n ‖ **⁓**, Gemisch n (homogen, untrennbar) / blend ‖ **⁓** (für einen Produktionsprozess), Ansatz m (ChT) / batch, stock, charge ‖ **⁓**, Compound n (Plast) / compound

Mischungs•schmierung f / oil-in-gasoline lubrication ‖ **⁓temperatur** f (nach Mischen von Stoffen unterschiedlicher Ausgangstemperatur nach Wärmeaustausch) (Phys) / temperature of a mixture ‖ **⁓verhältnis** n / mixing ratio

Misch•vorgang m, Mischen n / mixing ‖ **⁓wald** m (Holz) / mixed forest

Missweisung f (eines Kompasses) (Nav) / deviation (of a magnetic compass), declination, dec

Mitarbeit f, Zusammenarbeit f (mit anderen) / collaboration, cooperation ‖ **⁓**, Teilnahme f / participation (e.g. in a new project, the development of new standards, the preparation of the congress) ‖ **⁓**, Hilfe f / assistance

mitarbeiten [an, bei] / participate, take part [in](e.g. a new project, the development of new standards, the preparation of the congress)

Mitarbeiter m (Firmenangehöriger) / employee, staff member ‖ **⁓**, Kollege m / colleague ‖ **⁓** m pl, Personal n / personnel, staff, work force, employees pl

Mitbestimmung f (IE) / co-determination (a labor union or worker representatives are given seats on a company's board of directors)

mitgeliefert werden / be shipped with (e.g. the software will be shipped with every new PC)

mitgeschleppter Fehler, Eigenfehler *m* (DV) / inherent error, inherited error

mithören, überwachen (Tele) / monitor (e.g. foreign radio broadcasts or a telephone conversations) ‖ ~, abhören (ein Gespräch) (Tele) / eavesdrop on, listen in to (a call, conversation) ‖ ~ *n*, Überwachung *f* / monitoring (e.g. foreign radio broadcasts or a telephone conversations)

Mitizid *n*, Akarizid *n*, milbentötendes Mittel (Chem, Landw) / acaricide, miticidal chemical, miticide

Mitkopplung *f*, positive Rückkopplung (Eltro, Regel) / positive feedback, regenerative feedback, reaction (GB), retroaction (GB), regeneration

mitlaufende (Zentrier)**spitze** (im Reitstock) (Wzm) / live center

Mitnahmebereich *m* (TV) / lock-in range, pull-in range, collecting range o. zone

mitnehmen, mitreißen / drag along, carry along o. away

Mitnehmer *m*, Nase *f* (an einem bewegten Teil zur gleichmäßigen Bewegung o. Auslösung eines sich darin einhakenden o. davon ergriffenen anderen Teils) / catch, dog ‖ ~, Mitnehmerstift *m* (Wzm) / drive pin (imparting the rotary motion of the machine's spindle to the lathe dog), driver plate pin ‖ ~, Drehherz *n* (Dreh) / dog (workholding device), lathe dog, carrier, lathe carrier ‖ ~**scheibe** *f* (Wzm) / dog plate ‖ ~**spannscheibe** *f* (Wzm) / dog plate ‖ ~**stange** *f* (Öl) / kelly, grief stem ‖ ~**stift** *m* (Wzm) / drive pin (imparting the rotary motion of the machine's spindle to the lathe dog), driver plate pin

mitreißen, mitnehmen / drag along, carry along o. away

Mitte *f* / middle (e.g. middle of the road; the middle and end of a list; a paper folded down the middle) ‖ ~, Mittelpunkt *m*, Zentrum *n* (allg, Math) / centre (GB), center *n* (US)

mittel (Körnung von Schleifscheiben) (Fert) / medium (grain size)

Mittel *n* (arithmetisch, geometrisch, harmonisch, quadratisch), Mittelwert *m* (Stat) / mean (arithmetic, geometric, harmonic, quadratic), mean value ‖ ~, Durchschnitt *m* / average ‖ ~ (z.B. zur Kraftübertragung, Kommunikationsmittel) / means *sg* (e.g. of power transmission, of communication) ‖ ~, Weg *m*, Methode *f* / way, method ‖ ~, Medium *n* (allg, Phys, Techn) / medium (pl.: media, mediums) ‖ ~, Wirkstoff *m*, Agens *n* (pl. Agenzien) (Chem, Pharm) / agent ‖ ~, Medikament *n* (Pharm) / medicine, drug ‖ ~ *n pl*, Geldmittel *n pl* / means *pl*, resources *pl* ‖ ~**...**, mittlerer, -e, -es / middle ‖ **arithmetisches** ~ (Math) / average *n*, arithmetic mean

Mittel•bereichs..., -strecken... / medium range... ‖ ~**blech** *n* (Dicke 3 bis 4,75 mm) (Walz) / sheet, sheet metal (gauges ca. 11-7), medium gauge sheet metal ‖ ~**druckkraftwerk** *n* (mit einer Nutzfallhöhe zwischen 20 m und 50 m) (Elek, Wasserb) / medium-head power plant, medium head scheme, medium head power scheme ‖ ~**elektrode** *f* (Zündkerze) (Kfz) / center electrode, central electrode ‖ ~**format-SLR** (Foto) / medium format SLR ‖ ~**harte Faserplatte**, HFM (Bau, Tischl) /

medium board ‖ ~**klasse** *f* (Kfz) / luxury cars, entry-level luxury segment (e.g. BMW 3 Series, Lexus IS, Audi A4) ‖ ~**klassewagen** *f* (Kfz) / entry-level luxury car (e.g. BMW 3 Series, Lexus IS, Audi A4), compact executive car, luxury car ‖ ~**klassewagen** *m* (z.B. VW Passat) (Kfz) / mid-size car, intermediate car, large family car (term used in Europe) ‖ ~**konsole** *f* (Luft) / center pedestal, control pedestal ‖ ~**konsole** (Kfz) / center console, console ‖ ~**lage** *f*, Zwischenlage *f* (einer Schweißnaht) (Schw) / intermediate run ‖ ~**lastbetrieb** *m* (Elek) / medium-load operation ‖ ~**leiter** *m*, Innenleiter *m* (des Koaxialkabels) (Eltro, Kabel) / center conductor, inner conductor, internal conductor ‖ ~**leiter**, Sternpunktleiter *m* (im Drehstrom-Vierleitersystem) (Elek) / neutral conductor, neutral wire, middle conductor, neutral, middle wire ‖ ~**linie** *f* / center line ‖ ~**linienlunker** *m* (Gieß) / center-line cavity ‖ ~**linienlunkerung** *f* (Gieß) / center-line shrinkage

mitteln, den Mittelwert bilden / average

Mittel•öffnung einer Brücke) *f* (Bau) / central span, central opening (of a bridge) ‖ ~**punkt** *m*, Mitte *f*, Zentrum *n* (allg, Math) / centre (GB), center *n* (US) ‖ ~**punkt** (eines Kreises, einer Kugel) (Math) / center (US), centre (GB) ‖ ~**punkt** (von Strecken) (Math) / midpoint ‖ ~**punktswinkel** *m*, Zentriwinkel *m* (Math) / central angle, angle at center ‖ ~**senkrechte** *f* / mid-perpendicular ‖ ~**Serienfertigung** *f* (Fert) / medium-batch production, medium-lot production ‖ ~**spannung** *f* (σ_m, bei periodischer Beanspruchung, im Spannungs-Zeit-Diagramm) (Mater, Mech) / mean stress, midrange component (of stress), midrange stress ‖ ~**spannung** (3 kV bis 35 kV in Elektrizitätsverteilungsnetzen) (Elek) / medium voltage (between 1 kV and about 33 kV) ‖ ~**spannungsbereich** *m* (3 kV - 35 kV) (Elek) / medium-voltage range ‖ ~**spannungsnetz** *n* (Elek) / medium-voltage grid ‖ ~**spur** *f*, mittlere Fahrspur (Straß) / center lane ‖ ~**stand** *m*, kleine und mittlere Unternehmen (Wirtsch) / small and medium-sized enterprises, SMEs, small and medium-sized businesses, SMBs ‖ ~**ständisches Unternehmen** (Wirtsch) / SME (abbr. of small and medium-sized enterprises; used also in sg. with indef. article: an SME; pl. SMEs), SMB (abbr. of small and medium-sized businesses; used also in sg. with indef. article: an SMB; pl. SMBs) ‖ ~**stellung** *f*, Zwischenstellung *f* / intermediate position ‖ ~**strecke** *f* (Verk) / medium haul, medium range ‖ ~**streifen** *m* (Straß) / median (US), central reservation (GB), mall (US), median strip (US, Australia)(separating lanes of opposite traffic on highways), medial strip ‖ ~**töner** *m* (Audio) / mid-range speaker ‖ ~**tonlautsprecher** *m* (Audio) / mid-range speaker ‖ ~**wagen** *m* (im Triebwagenzug) (Bahn) / trailer unit, trailing unit ‖ ~**welle** *f* (i.e.S. zwischen 526,5 kHz und 1606,5 kHz) (Radio) / AM broadcast band (530 kHz to 1710 kHz), medium wave band ‖ ~**wellenbereich** *m*, Mittelwelle *f* (i.e.S. zwischen 526,5 kHz und 1606,5 kHz) (Radio) / AM broadcast band (530 kHz to 1710 kHz), medium wave band ‖ ~**wellensender** *m* (Radio) / AM radio station ‖

≙**wert** m (arithmetisch, geometrisch, harmonisch, quadratisch) (Stat) / mean (arithmetic, geometric, harmonic, quadratic), mean value ‖ ≙**wert**, Durchschnittswert m / average value ‖ **arithmetischer** ≙**wert** (Math) / average m, arithmetic mean ‖ ≙**wertkarte** f (eine Qualitätsregelkarte), x-Karte f (QM) / x chart (call it "x bar chart")

Mitten•abstand m, Achsabstand m (z.B. bei Zahnrädern, Wellen) / center distance (of axes) ‖ ~**betonte Integralmessung** (Foto) / centerweighted averaged metering, centerweighted averaging metering ‖ ≙**differential** n (Kfz) / interaxle differential ‖ ≙**rauwert** m, arithmetischer Mittenrauwert (arithmetischer Mittelwert aller Abweichungen vom mittleren Profil), R$_a$ / AA (arithmetical average), CLA (centerline average (height)), arithmetical mean deviation (of the roughness profile), arithmetical average, centerline average (height), average roughness

mittig / in center, centric ‖ ~, zentriert, zentrisch / centered, centred (GB) ‖ ~ **einstellen**, zentrieren / center vt (US), centre (GB)

mittler•er, -e, -es / middle ‖ ~**er**, Durchschnitts... / average ‖ ~**er, -e, -es** (zw. zwei Endpunkten o. Extremen) / medium (e.g. medium heat, height) ‖ ~**er Ausfallabstand**, MTBF-Wert (durchschnittliche Zeit, die vergeht, bevor ein Gerät ausfällt - Quotient aus der Summe der Betriebsdauer aller betrachteten Einheiten zur Gesamtzahl der Ausfälle im Betrachtungszeitraum) (QM) / mean time between failures, MTBF ‖ ~**e Fahrspur**, Mittelspur f (Straß) / center lane ‖ ~**e Formänderungsfestigkeit** (Fert, Mater) / average flow stress, mean flow stress ‖ ~**e Geschwindigkeit**, Durchschnittsgeschwindigkeit f / average speed, average velocity ‖ ~**e Kolbengeschwindigkeit** / mean piston speed, M.P.S. ‖ ~**e Proportionale** (Math) / mean proportional ‖ ~**e quadratische Abweichung** (von Einzelwerten), Standardabweichung f (Mess, Stat) / standard deviation, root mean square deviation ‖ ~**e quadratische Abweichung**, Varianz f (Stat) / variance, dispersion, spread ‖ ~**er quadratischer Fehler**, Standardabweichung f, mittlere quadratische Abweichung (von Einzelwerten) (Mess, Stat) / standard deviation, root mean square deviation ‖ ~**er Reparaturabstand**, mittlere Zeit zwischen Reparaturen, MTTR (durchschnittliche Zeit, die vergeht, bevor eine Reparatur anfällt) / mean time to repair ‖ ~**e Zeit der ausfallfreien Arbeit**, MTBF-Wert (durchschnittliche Zeit, die vergeht, bevor ein Gerät ausfällt - Quotient aus der Summe der Betriebsdauer aller betrachteten Einheiten zur Gesamtzahl der Ausfälle im Betrachtungszeitraum) (QM) / mean time between failures, MTBF ‖ ~**e Zeit zwischen Reparaturen**, mittlerer Reparaturabstand, MTTR (durchschnittliche Zeit, die vergeht, bevor eine Reparatur anfällt) / mean time to repair

mitwirken [an, bei] / participate, take part [in] (e.g. a new project, the development of new standards, the preparation of the congress) ‖ ~ [an, bei] / be involved [in]

Mitwirkung f, Zusammenarbeit f (mit anderen), Mitarbeit f / collaboration, cooperation ‖ ≙,

Teilnahme f, Mitarbeit f / participation (e.g. in a new project, the development of new standards, the preparation of the congress) ‖ ≙, Hilfe f / assistance

Mixer m, Standmixer m (HG) / blender, liquidiser (GB) ‖ ≙, Handmixer m, Handrührgerät n (HG) / mixer, hand mixer

Mixstab m, Pürierstab (HG) / immersion blender, stick blender, wand blender, electric hand blender

MK, Mischkristall(e), Lösung f im festen Zustand (Krist) / mixed crystal, solid solution (alloy in which one element is dissolved in another to form a single-phase structure)

MKP-Kondensator m, Metallisierter Polypropylen-Folienkondensator (Elek) / metallized polypropylene film capacitor

MKT-Kondensator m (Elek) / metallized polyethyleneterephthalate film dielectric capacitor

μ**m**, Mikrometer n (10^{-6} m) / micrometre, micrometer (US), micron, μm

MMC, Verbundwerkstoffe mit metallischer Matrix m pl, Metall-Matrix-Composites n pl / metal-matrix composites, MMC

M-Mode m, M-Mode-Verfahren n (Sonografie) (MT) / M-mode, M-mode ultrasonography

M-Mode-Verfahren n (Sonografie) (MT) / M-mode, M-mode ultrasonography

MMU, Speicherverwaltungseinheit f / memory management unit, MMU

Mn, Mangan n (Chem) / manganese, Mn

Mnemonik f, Mnemotechnik f / mnemonics sg

Mnemo•technik f / mnemonics sg ‖ ~**[tech]nisch** / mnemonic ‖ ~**[tech]nischer Code** (DV) / mnemonic code

Mo, Molybdän n (Chem) / molybdenum, Mo

MO, Molekülorbital n (Chem, Phys) / molecular orbital

Möbelspedition f (Trans) / moving company

mobil / mobile ‖ ~**es Funknetz** (Tele) / mobile network ‖ ~**er Teilnehmer** (Tele) / mobile subscriber, radio subscriber, mobile user

Mobilbagger m (Bau) / wheel excavator, wheeled excavator

Mobilfunk m, Mobilkommunikation (Tele) / mobile communications, mobile telecommunications ‖ ≙, Mobilfunksystem n, Mobilkommunikationssystem n (Tele) / mobile communications system ‖ **zellularer** ≙ (Tele) / cellular mobile radio, mobile cellular radio system, cellular radio system ‖ ≙**netz** n (Tele) / mobile network ‖ ≙**system** n, Mobilkommunikationssystem n (Tele) / mobile communications system ‖ **zellulares** ≙**system** (Tele) / cellular mobile radio, mobile cellular radio system, cellular radio system ‖ ≙**teilnehmer** m (Tele) / mobile subscriber, radio subscriber, mobile user ‖ ≙**vermittlungsstelle** f, MSC f (Tele) / MSC, mobile switching centre

Mobil•heim n / mobile home, static caravan ‖ ≙**kommunikation** (Tele) / mobile communications, mobile telecommunications ‖ ≙**kommunikationssystem** n, Mobilfunksystem n (Tele) / mobile communications system ‖ ≙**kran** m, Fahrzeugkran m (Förd) / mobile crane ‖ ≙**teil** n (Tele) / handset (of a cordless telephone) ‖ ≙**teilnehmer** m (Tele) / mobile subscriber, radio subscriber, mobile user ‖ ≙**telefon** n, Handy n (Tele) / mobile phone, mobile n, cellphone (GB), cellular phone, mobile telephone *n*

modal / modal

Modalanalyse *f* (IE, Math) / modal analysis

Modell *n* (allg, Math, Techn) / model || ~, Bauform *f*, Bauart *f* / type, design, model || ~, Attrappe *f*, Nachbildung *f* (für Lehr-, Prüf-, Studienzwecke) / mockup || ~, Gussmodell (Gieß) / casting pattern, foundry pattern, pattern || ~, Positivform *f*, Badmodell *n* (für die Galvanoformung) (OT) / pattern || **2010er** ~, Baujahr 2010 *n* (Kfz) / 2010 model || ~**ausschmelzverfahren** *n*, Feingießen *n* (Gieß) / investment casting, lost-wax process, lost-wax casting, precision casting || ~**bau** *m*, Modellherstellung *f* (Gieß) / pattern making || ~**herstellung** *f* (Gieß) / pattern making

modellieren, gestalten, formen, bilden / mould *vt* (GB), mold (US)

Modelltraube *f* (beim Modellausschmelzverfahren) (Gieß) / pattern tree

Modem *n* (Modulator und Demodulator) (Tele) / modem (modulator-demodulator)

Moden•kopplung *f*, Phasenkopplung *f* (Laser) / mode locking || ~**mischer** *m*, Modenscrambler *m* (Tele) / mode scrambler || ~**scrambler** *m* (Tele) / mode scrambler

Moderator *m* (Medium zur Abbremsung von Neutronen bei der Kernspaltung, Bremssubstanz *f* (Nukl) / moderator

modern *vi*, vermodern / moulder (GB), molder (US), rot

modern *adj* / modern || ~, fortschrittlich, hoch entwickelt / advanced || ~, auf dem neuesten Stand der Technik / state-of-the-art, leading-edge || ~, zeitgemäß / contemporary || ~, modisch / fashionable

modernisieren, auf den neu[est]en technischen Stand bringen / modernize || ~, umbauen (Maschine, Anlage), nachrüsten, aufrüsten / upgrade || ~ (durch bauliche Maßnahmen) / refurbish

Modernisierung *f* / modernization || ~, Nachrüstung *f*, Aufrüstung *f* / upgrade, upgrading || ~ (durch bauliche Maßnahmen) / refurbishment

modernst, neuest / latest

Modifikation *f* / modification

modifizieren / modify, change (slightly)

modisch, modern *adj* / fashionable

Modul *m* (Pl: Module) (allg, Masch, Raumf) / module || ~ (Pl: Module), Baugruppe *f* / module || ~ (Pl: Module) (DV) / module (of a program) || ~ *m* (z.B. Gleitmodul) (Phys) / modulus || ~ (einer komplexen Zahl) (pl: Moduln) (Math) / modulus (of a complex number) || ~ (eines Logarithmus) (Math) / modulus (of a logarithm) || ~ (Pl: Moduln) / module (of a gear-wheel)

Modul..., modular, baukastenartig [erweiterbar] / modular

modular, baukastenartig [erweiterbar] / modular

Modulation *f* (Eltro, Tele) / modulation (of a carrier wave)

Modulationsfrequenz *f* (Eltro) / modulation frequency

Modulator *m* (Eltro, Tele) / modulator, mod || ~ (Stellglied im Automatikgetriebe) (Kfz) / modulator

Modulbauweise *f* (Eltro) / modular design

modulieren (Eltro, Phys, Tele) / modulate *vt*

Modulierung *f*, Modulation *f* (Eltro, Tele) / modulation, mod

Modulsystem *n* (Eltro) / modular system

Mofa *n* (Motorhubraum nicht über 50 cm^3, Höchstgeschwindigkeit in Deutschland 25 km/, in Österreich 45 km/h, in der Schweiz 30 km/h - mit Pedalen versehen, die aber zum Starten des Motors, als Rücktrittbremse und beim Fahren als Fußstützen und nur in Notfällen zum Treten dienen) (Kfz) / moped

Mögel-Dellinger-Effekt *m* (Radio) / Dellinger fade-out, sudden ionospheric disturbance, SID

möglich / possible || ~, durchführbar, ausführbar, realisierbar / feasible, practicable, viable, workable || ~, potentiell / potential *adj*

möglicherweise / possibly || ~, potentiell / potentially

Möglichkeit *f* / possibility || ~, Alternative *f*, Option *f* (allg) / option || ~**en** *f pl*, Gelegenheiten *f pl*, Spielraum *m* / scope || ~ *f*, mögliches Verfahren / method || ~, Eventualität *f* / eventuality, contingency || ~, Fähigkeit *f* / capability || ~, Mittel *n* / means *sg*

Moiré *n* (störendes, regelmäßiges Muster) (Druck, DV, Foto, Tex, TV) / moiré *n*

Moivre, Formel von ~ (Math) / de Moivre's theorem

Mokick *n* (Hubraum 50 cm^3, Höchstgeschwindigkeit 50 km/h, ältere Modelle mit Kickstarter), Kleinkraftrad *n* (motorradähnliches Bauform) (Kfz) / moped

mol (Einheitenzeichen), Mol (SI-Basiseinheit der Stoffmenge einer Substanz, die aus ebenso vielen Teilchen besteht, wie Atome in 12/1000 kg des Nuklids ^{12}C enthalten sind) (Chem) / mole, mol || ~ (Einheitenzeichen), Mol *n* (früher), Grammolekül *n* (Chem) / gram molecule (quantity of a substance whose weight in grams is numerically equal to the molecular weight of the substance), mole, mol || ~ *n* (SI-Basiseinheit der Stoffmenge einer Substanz, die aus ebenso vielen Teilchen besteht, wie Atome in 12/1000 kg des Nuklids ^{12}C enthalten sind) (Chem) / mole, mol || ~ (früher), Grammolekül *n* (Chem) / gram molecule (quantity of a substance whose weight in grams is numerically equal to the molecular weight of the substance), mole, mol

Molalität *f* (Quotient aus gelöster Stoffmenge und Masse des Lösungsmittels in mol/kg) (Chem) / molality

molar•e Gaskonstante, universelle Gaskonstante (Phys) / gas constant, molar gas constant, ideal gas constant, universal gas constant || ~**er Heizwert**, spezifischer Heizwert (Quotient aus der bei vollständiger Verbrennung eines Brennstoffs frei werdenden Wärmemenge und seiner Masse bzw. Stoffmenge in kJ/kg ohne die Kondensationswärme der Gesamtwassermenge, die in dampfförmigem Zustand vorliegt) / calorific value, n.c.v. (net calorific value), net calorific value, net value, lower calorific value, LCF (lower calorific value) || ~**e Masse**, stoffmengenbezogene Masse (in kg/kmol) (Chem, Phys) / molar mass || ~**es Normvolumen**, V$_{mn}$ (= 22,414 m^3/kmol) / molar volume of an ideal gas at s.t.p. || ~**es Volumen** (Chem) / molar volume, molecular volume, mole volume || ~**e Wärmekapazität**

(Chem, Phys) / molar heat, molecular heat, molar heat capacity

Molch m (Rohr) / pig, pipeline inspection gauge

Molekül n (Chem) / molecule

Molekularbewegung, Brownsche ≃ (Phys) / Brownian movement o. motion

Molekular•design n (Chem) / molecular modeling, computer aided molecular design, CAMD ‖ ≃**gewicht** n (früher), relative Molekülmasse (Chem) / molecular weight, formula weight ‖ ≃**kräfte** f pl, zwischenmolekulare Kräfte (Chem, Phys) / intermolecular forces pl ‖ ≃**physik** f / molecular physics ‖ ≃**sieb** n (Chem) / molecular sieve ‖ ≃**sieb-Chromatographie** f, Gelchromatographie f (Chem) / gel chromatography, exclusion chromatography, gel permeation chromatography, gel-filtration chromatography, liquid exclusion chromatography, LEC

Molekül•gitter n / molecular lattice ‖ ≃**orbital** n (Chem, Phys) / molecular orbital ‖ ≃**spektrum** n (Phys) / molecular spectrum ‖ ≃**strahlresonanzmethode** f (Phys) / atomic beam magnetic resonance method

Mollier-Diagramm n (Masch, Phys) / Mollier diagram

Mol•masse f, stoffmengenbezogene Masse (in kg/kmol) (Chem, Phys) / molar mass ‖ ≃**volumen** n (Chem) / molar volume, molecular volume, mole volume ‖ ≃**wärme** f (Chem, Phys) / molar heat, molecular heat, molar heat capacity

Molybdän n (Chem) / molybdenum, Mo ‖ ≃**disulfid** n / molybdenum disulfide

Moment m, Augenblick m / moment, instant

Moment m (Phys, Stat, Techn) / moment

momentane Querschnittsfläche, Momentanquerschnitt m (bei Ermittlung der wahren Spannung bei Festigkeitsprüfungen) (Mater) / instantaneous cross-sectional area

Momentan•beschleunigung f / instantaneous acceleration ‖ ≃**geschwindigkeit** f / instantaneous velocity ‖ ≃**querschnitt** m (bei Ermittlung der wahren Spannung bei Festigkeitsprüfungen), momentane Querschnittsfläche (Mater) / instantaneous cross-sectional area ‖ ≃**wert** m / instantaneous value

Momenten•fläche f / moment area ‖ ≃**gleichgewichtsbedingung** f (Phys) / moment equilibrium condition ‖ ≃**-Satz** m (Phys) / momentum theorem

monadischer Operator (DV, Math) / monadic operator, unary operator

Mondlande•einheit f (Raumf) / lunar module, LM, lunar excursion module (early name) ‖ ≃**fähre** f (Raumf) / lunar module, LM, lunar excursion module (early name)

Monitor m, Bildschirm m (das ganze Gerät) (DV) / monitor, computer monitor, video display unit, VDU, visual display terminal, VDT ‖ ≃, Bildschirmterminal n (DV) / display terminal ‖ ≃, Überwachungsgerät n (allg, Med, Techn) / monitor

Mono, Mono-Zelle f (IEC R20) (Elek) / D battery, D cell ‖ ≃**aminoxidase** f (Biochem) / monoamine oxidase ‖ ≃**chloressigsäure** f (Chem) / chloracetic acid, monochloroacetic acid, chloroacetic acid ‖ ≃**chlorethan** n (Chem) / chloroethane, ethyl chloride, monochloroethane ‖ ≃**chlormethan** n

(CH₃Cl) (Chem) / methyl chloride, chloromethane ‖ ~**chrom**, einfarbig / monochrome ‖ ~**chromatisch** (Licht, Opt) / monochromatic ‖ ≃**chromator** m (Phys) / monochromator ‖ ≃**chrombildschirm** m, Schwarzweiß-Bildschirm m (DV) / monochrome monitor, monochrome display [unit] ‖ ≃**chrom-Monitor** m, Schwarzweiß-Bildschirm m (DV) / monochrome monitor, monochrome display [unit] ‖ ≃**chromsäure** f (H₂CrO₄) (Chem) / chromic (VI) acid ‖ ≃**coque-Bauweise** f, Schalenbauweise f (Luft) / monocoque construction ‖ ≃**flop** m n, One-shot m (Eltro) / monostable multivibrator, one-shot circuit, monostable n, single-shot multivibrator, monostable circuit, one-shot, univibrator ‖ ≃**kristall...**, einkristallin / monocrystalline, single-crystal... ‖ ~**kristallin**, einkristallin / monocrystalline, single-crystal...

monolithisch (Bau, Eltro) / monolithic ‖ ~**e integrierte Schaltung** (aus Bauteilen, die in das Einkristall-Substrat diffundiert sind) / monolithic integrated circuit, monolithic IC ‖ ~**e Schaltung** (Eltro) / solid circuit, solid-state circuit

Monomer n / monomer n

Mono•modefaser f (Tele) / monomode fiber, single-mode fiber ‖ ≃**moden-Lichtwellenleiter** m (Tele) / monomode fiber, single-mode fiber

Monophosphan n, Phosphorwasserstoff m (Chem) / phosphine (PH₃), phosphane IUPAC), phosphorus trihydride

monostabil•e Kippschaltung, One-shot m (Eltro) / monostable multivibrator, one-shot circuit, monostable n, single-shot multivibrator, monostable circuit, one-shot, univibrator ‖ ~**e Kippstufe** (Eltro) / monostable multivibrator, one-shot circuit, monostable n, single-shot multivibrator, monostable circuit, one-shot, univibrator ‖ ~**er Multivibrator**, One-shot m (Eltro) / monostable multivibrator, one-shot circuit, monostable n, single-shot multivibrator, monostable circuit, one-shot, univibrator

monoton fallende Funktion (Math) / monotonically increasing function, non-decreasing function ‖ ~**e Folge** (Math) / monotonic sequence ‖ ~**e Funktion** (Math) / monotone function, monotonic function ‖ ~**wachsende Funktion** (Math) / monotonically decreasing function, non-increasing function

Monotonie f (Math) / monotonicity

monovalent n (Betriebsform von Gasfahrzeugen, die ausschließlich mit Flüssiggas/Erdgas fahren) (Kfz) / monofuel adj

Mono•vibrator m, One-shot m (Eltro) / monostable multivibrator, one-shot circuit, monostable n, single-shot multivibrator, monostable circuit, one-shot, univibrator ‖ ≃**-Zelle** f (IEC R20) (Elek) / D battery, D cell

Montage f, Zusammenbauen n / assembly, assemblage, assembling ‖ ≃, Aufstellung f (einer Anlage, einer Stahlhalle, eines Gerüsts etc.) / erection ‖ ≃, Installation f, Einbau m / installation ‖ ≃, Befestigung f, Anbringung f / mounting, fitting ‖ ≃ (Film, Foto) / montage ‖ ≃**anlage** f / assembly plant ‖ ≃**anleitung** f / mounting instructions pl, installation instructions ‖ ≃**anweisung** f / mounting instructions pl, installation instructions ‖

$\sim$**band** *n*, Montagefließband *n*, Montagelinie *f* (Fert) / assembly line, production line, conveyor line || $\sim$**fehler** / error in assembling or assembly || $\sim$**fehler** *m*, Einbaufehler *m* (Techn) / installation error || $\sim$**fertig** (vgl. Montage) / ready for assembly/erection/installation/mounting || $\sim$**flansch** *m* / mounting flange || $\sim$**fließband** *n*, Montagelinie *f* (Fert) / assembly line, production line, conveyor line || $\sim$**freundlich** / easy to install, easy to fit || $\sim$**freundlichkeit** *f* / ease of installation || $\sim$**greifer** *m* (eines Roboters) / assembly gripper || $\sim$**leiter** *m* / erection manager, chief erector || $\sim$**linie** *f*, Montagefließband *n* (Fert) / assembly line, production line, conveyor line || $\sim$**maß** *n*, Zusammenbaumaß *n* / assembly dimension || $\sim$**plan** *m* (für den Zusammenbau von Einzelteilen) / assembly plan || $\sim$**plan** (für die Errichtung einer Anlage, Stahlhalle etc.) / erection plan || $\sim$**plan**, Installationsplan *m* / installation plan || $\sim$**platte** *f*, Grundplatte *f* / mounting plate || $\sim$**roboter** *m* / assembly robot || $\sim$**straße** *f*, Montagefließband *n*, Montagelinie *f* (Fert) / assembly line, production line, conveyor line || $\sim$**werk** *n* / assembly plant

montieren, zusammenbauen / assemble *vt* (e.g. a machine from the components, the components into the end product) || $\sim$, aufstellen (Anlage, Stahlhalle, Gerüst etc.) / erect || $\sim$, einbauen, installieren / install (e.g. the transmission on the back of the engine, the bearing in the crankcase) || $\sim$, befestigen / fit [to] (e.g. the antenna to the receiver, the tires to the rims), mount || $\sim$ *n*, Montage *f*, Zusammenbauen *n* / assembly, assemblage, assembling

montiert, angebaut, befestigt [an] / mounted [on], attached [to]

Moosgrün *n*, Chromgrün *n*, Englischgrün *n* (Anstr, Färb) / chrome green

Moped *n* (bis 45 cm³, Höchstgeschwindigkeit 50 km/, über die Pedale angetreten) (Kfz) / moped, motorbicycle

Morse•kegel *m* (Wzm) / Morse taper || $\sim$**konus** *m* (Wzm) / Morse taper

MOS-Feldeffekttransitor *m* (Eltro) / MOS-FET (= metal oxide semiconductor field effect transistor), MOS field-effect transistor

MOS-FET *m* (Eltro) / MOS-FET (= metal oxide semiconductor field effect transistor), MOS field-effect transistor

MO-Speicher, magnetooptischer Speicher (DV) / magnetooptical memory, magnetooptic storage

MOS•-Speicher *m* (DV) / metal-oxide-semiconductor memory, MOS memory || $\sim$**-Transistor** *m* (Eltro) / MOS-FET (= metal oxide semiconductor field effect transistor), MOS field-effect transistor || $\sim$**-Transistor vom Enhancementtyp** (Eltro) / enhancement-mode transistor, enhancement-mode MOSFET, enhancement-type MOSFET

Motherboard *n*, Hauptplatine *f*, Mainboard *n* (DV) / mother board, main board, logic board, platter, planar board, system board

Motiv *n*, Bildobjekt *n* (Foto) / scene, subject

Motocross•-Helm *m* (Kfz) / motocross helmet, off-road helmet || $\sim$**-Maschine** *f* (Kfz) / motocross machine

Motor *m* (Elek, Masch) / motor || $\sim$, Verbrennungsmotor *m* (als Kolbenmaschine ausgeführte Wärmekraftmaschine) (Mot) / engine, internal combustion engine (with one or more cylinders), I.C. engine || $\sim$ **mit hängendem oder obengesteuerten Ventilen**, ohv-Motor *m*, obengesteuerter Motor (Mot) / OHV engine, valve-in-head engine, overhead-valve engine || $\sim$ **mit obenliegender Nockenwelle**, ohc-Motor *m* (Mot) / OHC engine, overhead cam engine, overhead camshaft engine || $\sim$ **mit regelbarer Drehzahl**, Regelmotor *m* (Elek) / variable-speed motor, adjustable-speed motor

Motor•anlasser *m* (Elek) / motor starter || $\sim$**antrieb** *m* (Elek) / motor drive || $\sim$**ausfall** *m*, Motorschaden *m* / engine failure, motor breakdown || $\sim$**block** *m* (Mot) / engine block, block *n*, cylinder block || $\sim$**boot** *n* (Schiff) / motorboat || $\sim$**boot** (offen, klein, für 4 bis 8 Personen, für Rennen, Angeln, Wasserski etc.) (Schiff) / runabout (a boat) || $\sim$**bremse** *f* (Nutzung der Schleppleistung des Motors bei Gaswegnehmen im eingekuppelten Zustand) (Kfz) / engine brake

Motorenöl / engine oil, motor oil

Motor•fahrzeug *n* / motor vehicle || $\sim$**greifer** *m* (Förd) / motor[-driven] grab || $\sim$**haube** *f* (Kfz) / bonnet (GB), hood (US)

motorisieren (mit einem Motor ausrüsten, z.B ein Boot) / motorize (e.g. a boat) || $\sim$ (Landwirtschaft) / mechanize

motorisiert (z.B. Verkehr, Stadionbesucher) / motorized || $\sim$**es Brennstoff-Regelventil** / motorized fuel valve || $\sim$**e Landwirtschaft** / mechanized farming

Motorisierungsgrad *m* (Kfz) / car ownership rate, car/population ratio

Motor•jacht *f* (Schiff) / motor yacht || $\sim$**-Japaner** *m*, Vorderkipper *m*, Dumper *m* (Bau) / dumper || $\sim$**kennlinie** *f* / motor characteristics, motor characteristic [curve] || $\sim$**kettensäge** *f* / chain saw || $\sim$**kraftstoff** *m* / fuel, motor fuel || $\sim$**kühlung** *f* / engine cooling || $\sim$**leistung** *f* / motor output, motor power || $\sim$**lokomotive** *f*, Brennkraftlokomotive *f* (Bahn) / gasoline-(US) o. petrol- (GB) o. diesel-engined locomotive || $\sim$**[nenn]leistung** *f* / motor rating || $\sim$**oktanzahl** *f*, MOZ *f* (Mot) / MON, motor octane number || $\sim$**öl** *n* / engine oil, motor oil || $\sim$**probleme** *n pl* / engine trouble || $\sim$**rad** *n* (Motorhubraum über 50 cm³, keine Geschwindigkeits- u. Leistungsbeschränkung) (Kfz) / bike, motorcycle, motorbike, motorbicycle || $\sim$**radhelm** *m* (Kfz) / motorcycle helmet, crash helmet || $\sim$**rasenmäher** *m* (elektrisch o. benzinbetrieben) / power mower || $\sim$**raum** *m* (Kfz) / engine compartment, engine bay || $\sim$**roller** *m* (Kfz) / motor scooter, scooter || $\sim$**schaden** *m*, Motorstörung *f*, Motorprobleme *n pl* / engine trouble || $\sim$**schaden**, Motorausfall *m* / engine failure, motor breakdown || $\sim$**schlitten** *m*, Schneemobil *n* / snowmobile || $\sim$**schmierung** *f* / engine lubrication || $\sim$**schutz** *m* (Elek) / motor protection || $\sim$**schütz** *n* (Elek) / motor contactor || $\sim$**schutzrelais** *n* (Elek) / motor protection relay, motor overload relay || $\sim$**schutzschalter** *m* (Elek) / motor-protective circuit-breaker, protective motor switch || $\sim$**segler** *m* (Luft) / power glider, powered glider || $\sim$**starter** *m*, Anlasser *m* (zum

Anlassen elektrischer Maschinen) (Elek) / starter, motor starter ‖ ²**starter** (Elek) / motor starter ‖ ²**steuerung** f (Steuerung des Zeitpunkts u. der Dauer des Ansaugens der Frischgase u. des Ausstoßes der Abgase) (Mot) / valve timing, engine timing ‖ ²**störung** f / engine trouble ‖ ²**ventil** n / motorized valve, motor operated valve

Mountainbike n (Fahrrad) / mountain bike, MTB

MOZ f, Motoroktanzahl f (Mot) / MON, motor octane number

MP-Kondensator m, Metallpapierkondensator m (Elek) / metallized-paper capacitor

Mp-Leiter m, Sternpunktleiter m (im Drehstrom-Vierleitersystem) (Elek) / neutral conductor, neutral wire, middle conductor, neutral, middle wire

MPP, massiv paralleles Rechnersystem (DV) / massively parallel [computer] system

MP-Steuerung f (Regel) / multipoint control

mRNA, Messenger-RNA f (Biochem) / messenger RNA

MROM n, maskenprogrammierter Festwertspeicher (DV) / mask-programmed ROM, MROM

MRT f, Kernspintomographie f (Verfahren, Technologie) (MT) / magnetic resonance imaging, MRI, magnetic resonance tomography ‖ ², MRT-Untersuchung f (MT) / MRI scan

MRT-Untersuchung f, kernspintomographische Untersuchung (MT) / MRI scan

Ms, Messing n / brass

MSB n, höchstwertiges Bit (DV) / most significant bit, highest-order bit, MSB

MSC f, Mobilfunkvermittlungsstelle f (Tele) / MSC, mobile switching centre

MSG-Verfahren n, Metall-Schutzgasschweißen n (Schw) / gas metal arc welding, GMAW

MSR, Mess-, Steuerungs- und Regeltechnik f, MSR-Technik f / instrumentation and control, process instrumentation and control, process measuring and control technology ‖ ²**-Technik** f, Mess-, Steuerungs- und Regeltechnik f / instrumentation and control, process instrumentation and control, process measuring and control technology

MTB, Mountainbike n (Fahrrad) / mountain bike, MTB

MTBF, MTBF-Wert (durchschnittliche Zeit, die vergeht, bevor ein Gerät ausfällt - Quotient aus der Summe der Betriebsdauer aller betrachteten Einheiten zur Gesamtzahl der Ausfälle in Betrachtungszeitraum) (QM) / mean time between failures, MTBF

MTBF-Wert (durchschnittliche Zeit, die vergeht, bevor ein Gerät ausfällt - Quotient aus der Summe der Betriebsdauer aller betrachteten Einheiten zur Gesamtzahl der Ausfälle im Betrachtungszeitraum) (QM) / mean time between failures, MTBF

MTM-Methode f (IE) / methods-time-measurement system, M-T-M-technique

MTTR (durchschnittliche Zeit, die vergeht, bevor eine Reparatur anfällt), mittlere Zeit zwischen Reparaturen / mean time to repair

Muffe f, Kabelmuffe f (Kabel) / cable sleeve ‖ ², Rohrmuffe f / socket (GB), bell (US)

Muffel•farbe f, Emailfarbe f (Keram) / enamel colo[u]r ‖ ²**ofen** m (Chem, Glas, Keram) / muffle furnace, muffle kiln

Muffenkupplung f / sleeve coupling

Mühle f (für Getreide) / mill ‖ ² (zum Mahlen, i. Ggs. zu Brechern) (Aufb, ChT) / grinding mill, mill, grinder

mul (mit dem Uhrlauf) (DIN) / clockwise ‖ ~ (= mit Uhrzeiger laufend), Rechtsdrehung f, Drehung im Uhrzeigersinn f / clockwise rotation, ckw rotation, cw rotation, right-hand rotation

Mulden•bandförderer n (Förd) / troughed belt conveyor ‖ ²**förmig** / trough-shaped ‖ ²**fraß** m (mit örtlicher unterschiedlicher Abtragung) / pitting ‖ ²**kipper** m, Dumper m (Bau, Kfz) / dump truck, off-road dump truck, haul truck (US), dumper ‖ ²**kipper** (Knicklenkerausführung) (Bau, Kfz) / articulated dump truck ‖ ²**kipperaufbau** m (mit schrägen Seitenwänden) (Kfz) / quarry body ‖ ²**kippwagen** m (Bau, Kfz) / dump truck, off-road dump truck, haul truck (US), dumper ‖ ²**korrosion** f / pitting ‖ ²**rolle** f, muldenförmige Tragrolle (Förd) / trough-shaped idler

Müll m, Abfall m (Umw) / rubbish (mostly dry material such as glass, paper, cloth), garbage (mostly decomposable food waste), refuse (municipal solid waste, including garbage and rubbish) ‖ ²**abfuhrwagen** m (Kfz) / waste collection vehicle, WCV, refuse collection vehicle, RCV, trash truck (US), dustbin lorry (GB), garbage truck (US), dustcart (GB) ‖ ²**beseitigung** f, Abfallentsorgung f (Umw) / waste disposal, disposal (of waste), refuse disposal ‖ ²**deponie** f, geordnete Mülldeponie (Umw) / landfill n, sanitary landfill (US), authorized landfill ‖ ²**deponie**, ungeordnete Mülldeponie, Müllkippe f (Umw) / dump, dumping ground, open dump, uncontrolled dump, uncontrolled disposal site, dumpsite ‖ ²**entsorgung** f (Umw) / waste disposal, disposal (of waste), refuse disposal ‖ ²**fahrzeug** n (Kfz) / waste collection vehicle, WCV, refuse collection vehicle, RCV, trash truck (US), dustbin lorry (GB), garbage truck (US), dustcart (GB) ‖ ²**kippe** f, ungeordnete Mülldeponie (Umw) / dump, dumping ground, open dump, uncontrolled dump, uncontrolled disposal site, dumpsite ‖ ²**sortierung** (Umw) / sorting (of waste) ‖ ²**trennung**, Müllsortierung (Umw) / sorting (of waste) ‖ ²**trennung** f (in den Haushalten) (Umw) / source separation (of garbage), curbside separation ‖ ²**verbrennung** f (Umw) / waste incineration, waste combustion ‖ ²**verbrennungsanlage** f / incinerator plant, incineration plant, waste incineration facility, waste incinerator, incinerator (plant for large-scale refuse combustion), refuse incinerator, waste incineration plant ‖ ²**verbrennungsofen** m / incinerator, destructor (GB), refuse destructor (GB), refuse incinerator ‖ ²**wagen** m (Kfz) / waste collection vehicle, WCV, refuse collection vehicle, RCV, trash truck (US), dustbin lorry (GB), garbage truck (US), dustcart (GB)

Multi..., vielfach..., mehrfach / multi..., multiple ‖ ²**emitter** m (Eltro) / multi-emitter transistor ‖ ²**emitter-Transistor** m (Eltro) / multi-emitter transistor ‖ ²**filament** n (Plast) / multifilament n ‖ ~**funktional**, Multifunktions... / multifunctional, multifunction..., polyfunctional ‖ ²**funktions...** /

multifunctional, multifunction...,
polyfunctional ‖ ⁓**funktionsgerät** n (DV) /
all-in-one device ‖ ⁓**funktionsleiter** f /
multi-function ladder, multi-purpose ladder,
combination ladder ‖ ⁓**kristallin**,
polykristallin (Krist) / polycrystalline,
multicrystalline
Multimedia... (DV) / multimedia (application,
system)
multimedial (DV) / multimedia (application,
system)
Multi•meter n, Vielfachmessgerät n (Elek, Mess)
/ multimeter, multitester, volt/ohm meter,
volt-ohm-milliammeter, VOM, circuit
analyzer, multiple-purpose tester, multirange
meter ‖ ⁓**momentaufnahmen** f pl / activity
sampling
Multiplett n (Nukl) / multiplet
Multiplexbetrieb m (DV, Tele) / multiplexed
mode, multiplexing mode, multiplex mode,
multiplex operation
multiplexen (Tele) / multiplex vt (signals,
messages) ‖ ⁓ n, Multiplexverfahren n,
Multiplexing n (Aufteilung eines
Übertragungskanals in mehrere Kanäle) (Tele)
/ multiplexing, multiplex transmission
Multiplexer m (DV, Tele) / multiplexer, MUX
Multiplexing n (Aufteilung eines
Übertragungskanals in mehrere Kanäle),
Multiplexverfahren n (Tele) / multiplexing,
multiplex transmission
Multiplexverfahren n, Multiplexing n
(Aufteilung eines Übertragungskanals in
mehrere Kanäle) (Tele) / multiplexing,
multiplex transmission ‖ im ⁓ übertragen,
multiplexen (Tele) / multiplex vt (signals,
messages)
Multiplikand m (Math) / multiplicand
Multiplikation f (Math) / multiplication
Multiplikator m (Math) / multiplier ‖ ⁓,
Multiplizierer m (Schaltung zur
Multiplikation zweier digitaler Größen) (DV,
Eltro) / multiplier ‖ ⁓ (der hydraulischen
Presse) / pressure intensifier
Multiplizier•einheit f, Multiplizierer m
(Schaltung zur Multiplikation zweier digitaler
Größen) (DV, Eltro) / multiplier ‖
⁓**einrichtung** f, Multiplizierer m (Schaltung
zur Multiplikation zweier digitaler Größen)
(DV, Eltro) / multiplier
multiplizieren [mit] (Math) / multiply [by]
Multiplizierer m (Schaltung zur Multiplikation
zweier digitaler Größen) (DV, Eltro) /
multiplier
Multi•positionsbügel m (Fahrrad) / touring
handlebar[s], trekking handlebar[s] ‖
⁓**processing** n (Parallelarbeit mehrerer
Prozessoren mit gemeinsamem
Hauptspeicher) (DV) / multiprocessing ‖
⁓**prozessorbetrieb** m (DV) / multiprocessing ‖
⁓**spindelbohrmaschine** f (für gleichzeitige
Durchführung verschiedener Arbeiten, Ggs.:
multi-unit machine) (Wzm) / multiple drill o.
drilling machine, multi-spindle drilling
machine ‖ ⁓**tasking** n (DV) / multitasking,
multitask mode o. operation ‖ ⁓**user-System**
(DV) / multiuser system ‖ ⁓**vibrator** m,
Kippschaltung f (bistabile, monostabile o.
astabile) (Eltro) / multivibrator (bistable,
monostable or astable), MV, multivibrator
circuit ‖ ⁓**vibrator**, astabile Kippschaltung

(Eltro) / astable multivibrator, free running
multivibrator
Mundblasverfahren n (Glas) / manual
glassblowing
Mündungshalter m (der Blasmaschine) (Glas) /
neck ring
Münz•automat m / slot machine ‖
⁓**fernsprecher** m (Tele) / pay phone (US),
public telephone, public payphone (US), pay
station ‖ ⁓**zähler** m (zur Abrechnung von
elektrischer Energie, Wasser, Gas etc.) /
prepayment meter, prepaid meter, slot meter
Muschel f, Sprechmuschel f (Tele) / mouth piece
(of a telephone handset)
Musikbelastbarkeit f (von Lautsprechern)
(Audio) / dynamic headroom, headroom
Muster n, Prototyp m / prototype ‖ ⁓, Probe f /
specimen, sample ‖ ⁓ (regelmäßige
Erscheinung, z.B. Verhaltensmuster) / pattern
(e.g. behavioral pattern) ‖ ⁓, Dekor n /
pattern, decorative design ‖ ⁓**entnahmestelle**
f (QM) / sampling station ‖ ⁓**erkennung** f (DV)
/ pattern recognition
Mutter f, Schraubenmutter f / nut ‖ ⁓**boden** m,
Oberboden m (Bau) / topsoil ‖ ⁓**firma** f
(Wirtsch) / parent company ‖ ⁓**gesellschaft** f
(Wirtsch) / parent company ‖ ⁓**gewinde** n /
female thread, internal thread, internal screw
thread
Mutternsicherung f / nut locking device o. lock
Mutter•phase f, Matrix f (eines
Verbundwerkstoffs) (Mater) / matrix (of a
composite), primary phase (of a composite) ‖
⁓**schraube** f / bolt with nut ‖ ⁓**uhr** f, Hauptuhr
f (einer Uhrenanlage) / master clock
MUX, Multiplexer m (DV, Tele) / multiplexer,
MUX
Myoinosit m (Chem) / bios
MZK, maximal zulässige Konzentration (Chem) /
maximum admissible concentration, MAC

N

n (Vorsatzzeichen), Nano... (10^{-9}) (Phys) / n, nano

n, Neutron n (Nukl) / neutron, n

N, Newton n (Einheit der Kraft im SI-System: 1N = 1m kgs^{-2} = 1J/m) (Phys) / newton, N

N, Stickstoff m (Chem) / nitrogen, N

Na n, Natrium (Chem) / sodium, Na

Nabe f / hub (of a propeller etc.) ‖ $\simeq$, Radnabe f / hub, wheel hub

Naben•dynamo m (Fahrrad) / hub dynamo ‖ $\simeq$**schaltung** f (Fahrrad) / hub gear

Nacharbeit f (um versäumte Arbeit nachzuholen) / extrawork ‖ $\simeq$, Nacharbeiten n (eines fehlerhaften Teils) / rework (of defective product) ‖ $\simeq$, Nachbearbeitung f (als letzter Arbeitsschritt) / finishing

nacharbeiten (versäumte Arbeit) / make up for ‖ $\sim$ (fehlerhaftes Teil), nachbessern, überarbeiten / rework v ‖ $\sim$, in einem letzten Arbeitsschritt fertigstellen / finish ‖ $\simeq$ n (eines fehlerhaften Teils) / rework (of defective product)

Nachbar•..., benachbart, angrenzend [an] / adjacent, neighbo[u]ring, adjoining, contiguous, conterminal, conterminous [to] ‖ $\simeq$**schaft**, Umgebung f (allg, Math) / neighbo[u]rhood

nachbearbeiten (fehlerhaftes Teil) / rework ‖ $\sim$ (inhaltlich) (allg, DV) / postedit

Nachbearbeitung f (als letzter Arbeitsschritt) / finishing ‖ $\simeq$, Nacharbeiten n (eines fehlerhaften Teils) / rework of defective product) ‖ $\simeq$ (z.B. von Daten) (DV) / postprocessing ‖ $\simeq$ (inhaltlich), Postediting n (allg, DV) / postediting ‖ $\simeq$ f (Audio, Film, TV) / postproduction (in motion pictures, recording etc)

Nachbehandeln n, Nachbehandlungen f pl (z.B. Kalibrieren, Pressen, spanende Bearbeitung, Tränken) (PM) / secondary operations

Nachbehandlung f, Weiterverarbeitung f / post-treatment, subsequent treatment, further processing, subsequent processing ‖ $\simeq$ (von Beton), Betonnachbehandlung f (Bau) / concrete curing, cure n, maturing, curing ‖ $\simeq$**en** f pl (z.B. Kalibrieren, Pressen, spanende Bearbeitung, Tränken) (PM) / secondary operations

Nachbeschleunigung f (Phys) / post-acceleration

nachbessern, nacharbeiten (fehlerhaftes Teil), überarbeiten / rework v ‖ $\sim$, ausbessern / mend ‖ $\sim$, retuschieren (Foto) / retouch

Nachbild n (Eltro, Opt, Physiol) / afterimage

nachbilden (z.B. einen Prozess, die Funktion eines Systems) / model, simulate

Nachbildung f (für Lehr-, Prüf-, Studienzwecke), Modell n, Attrappe f / mockup

nachbohren (aufbohren (Bohrloch) / bore vt, counterbore vt, rebore vt, enlarge (a drilled hole) ‖ $\sim$, fertig bohren / finish-bore, finish boring

Nachdruck m (beim Spritzgießen) (Plast) / dwell pressure, holding pressure, hold pressure ‖

$\simeq$**zeit** f (beim Spritzgießen) (Plast) / hold time, holding pressure time

nacheilende Verschiebung, Nacheilung f (des Feldes) (Elek) / lag (of the field)

Nacheilung f, Verzögerung f, zeitliche Nacheilung (allg) / lag, time lag, lagging ‖ $\simeq$ (des Feldes), nacheilende Verschiebung (Elek) / lag (of the field)

Nacheilwinkel m (Elek, Phys) / angle of lag, lag angle

nachfolgend (z.B. Stufe), nachgeschaltet / subsequent ‖ $\sim$, nachgeschaltet (Verfahrensstufe, Verarbeitungseinheit etc.), danach angeordnet / downstream (in a process or system)

Nachform•drehmaschine f (Wzm) / contouring lathe, copying lathe, duplicating lathe ‖ $\simeq$**fräsmaschine** f (Wzm) / tracer mill, profiling machine, copy milling machine

Nachfrage f [nach] (i. Ggs. zum Angebot) / demand [for](e.g. for electricity)

nachführen, zuführen / feed vt (e.g. material into a machine), charge, load ‖ $\sim$, schwenken (Kamera, von links nach rechts) (Film, TV, Video) / pan vt vi ‖ $\sim$ (z.B. Teleskop, Antenne) / guide (e.g. a telescope to keep it on target) ‖ $\sim$ (z. B. Himmelsobjekte) / track

nachfüllen, wieder auffüllen / refill v, replenish (a glass, container etc.) ‖ $\sim$ (teilweise geleerten Behälter), auffüllen / fill up [with] (e.g. water, petrol), top up [with] ‖ $\sim$ (Batterieflüssigkeit, Batterie) / top up (the battery) ‖ $\sim$, nachgießen, auffüllen (z.B. Wasser, Benzin) / add vt, put in more (water, petrol) ‖ $\sim$, zuführen / feed vt (e.g. material into a machine), charge, load ‖ $\sim$, nachladen (Maschine, Gerät) / reload

nachgebend, nachgiebig (z.B. Boden) / yielding

nachgehen (z.B. Ursachen), untersuchen / investigate

nachgelagert, nachgeschaltet (Verfahrensstufe, Verarbeitungseinheit etc.), danach angeordnet / downstream (in a process or system)

nachgemacht, vorgetäuscht, gefälscht / counterfeit adj, fake, sham, spurious

nachgeschaltet, nachfolgend (z.B. Stufe) / subsequent ‖ $\sim$ (Verfahrensstufe, Verarbeitungseinheit etc.), danach angeordnet / downstream (in a process or system)

nachgiebig, geschmeidig, weich / pliant, pliable ‖ $\sim$, elastisch, dehnbar / elastic adj ‖ $\sim$ (z.B. Boden), nachgebend / yielding

Nachgiebigkeit f, Federnachgiebigkeit f (Kehrwert der Federrate) / compliance of a spring

nachgießen, nachfüllen, auffüllen (z.B. Wasser, Benzin) / add vt, put in more (water, petrol) ‖ $\sim$, auffüllen, nachfüllen (teilweise geleerten Behälter) / fill up [with] (e.g. water, petrol), top up [with]

Nachglimmen n, Nachglühen n (Glühlampe, Zündholz) / afterglow

Nachglühen n (Glühlampe, Zündholz), Nachglimmen n / afterglow

Nachhalten n (Schw) / dwell

Nachhaltezeit f (Schw) / dwell time

nachhaltig (z.B. Geruch) / lasting, enduring ‖ $\sim$ (z.B. Entwicklung, Wachstum, Nutzung) / sustainable

Nachhärten n (Plast) / post-curing

nach•justieren, nachstellen, erneut, wiederholt einstellen / readjust || **~kontrollieren** (erneut) / recheck

Nachkühler m (Kfz, Masch) / aftercooler

nachladen (Maschine, Gerät), nachfüllen / reload || **~** (Akku, Batterie), wieder aufladen (Elek) / recharge || **~** n (Akku, Batterie) (Elek) / recharging

Nachladeverfahren n (MT) / afterloading

nachlassen vi, sich verringern / decrease vi, drop, diminish, subside || **~** (z.B. Geschwindigkeit, geringer werden / decrease, drop (e.g. speed, level, voltage) || **~** vt, lockern vt, lose machen / loosen vt, slacken || **~** n, Verringerung f, Verminderung f / decrease || **~ der Bremswirkung infolge Erwärmung**, Bremsfading n (Kfz) / brake fade, fading, fade

Nachlauf m, Nachpendeln n (Regel) / hunting || **~** (des Bedienteils) (Elek) / overtravel (of the actuator) || **~** (in der Strömungsmechanik) (Phys) / wake || **~** (bei der Destillation) (ChT) / tails pl, tailing pl || **~** (der Vorderräder) (Kfz) / castor (GB), caster (of the front wheels)(US) || **~** (der Betrag) (Kfz) / axle pin rake || **~ Null** (Kfz) / zero caster || **negativer ~** (Kfz) / negative caster (US), negative castor angle (GB)

Nachlauf•abweichung f (Mess) / tracking error || **~filter** n (Eltro, Verm) / tracking filter || **~-Oszillator** m (in der Durchflussmessung) (Mess) / wake oscillator || **~überwachung** f (Masch) / overrun monitoring device || **~winkel** m (Kfz) / caster angle (US), castor angle (GB) || **~zeitüberwachung** f (Masch) / stopping performance monitor

nachlegen, zuführen / feed vt (e.g. material into a machine), charge, load

Nach•leuchtdauer f (Eltro, TV) / persistence, time of persistence || **~leuchten** n (Eltro, TV) / afterglow, persistence || **~leuchtschicht** f (Eltro, TV) / high-persistence phosphor

Nachlinksschweißen n / forehand welding, leftward welding, left-hand welding, forward welding

Nachpendeln n, Nachlauf m (Regel) / hunting

nachprägen, nachschlagen (ein Werkstück im Gesenk zur Erzielung der erforderlichen Genauigkeit) (Fert) / bottom, size, restrike vt for sizing, coin

Nachpressen n (mit dem Ziel, bestimmte Toleranzen einzuhalten), Kalibrieren n (PM) / sizing

nachprüfen, überprüfen / check (e.g. oil level; files; a copy against the original; a pipe for cracks; that/whether a part moves freely)

Nachrechtsschweißen n / backhand welding, right-hand welding, rightward welding, backward welding

nach•regeln, nachstellen, erneut, wiederholt einstellen / readjust || **~regulieren**, nachstellen, erneut, wiederholt einstellen / readjust || **~regulierung** f, Nachstellung f / readjustment

nachreiben, ausreiben (Fert) / ream v [out]

nachrichten, nachstellen, erneut, wiederholt einstellen / readjust

Nachrichten•kabel n, Fernmeldekabel n (Tele) / telecommunication cable, communication cable || **~kanal** (Tele) / communication channel || **~kanal** m, Übertragungskanal m (Tele) / channel, transmission channel, data transmission channel || **~kopf** m, Header m

(DV, Tele) / header (in a data packet), message header || **~kopfsegment** n, Header m (DV, Tele) / header (in a data packet), message header || **~satellit** m (Tele) / telecommunications satellite, communications satellite || **~technik** f (i.w.S.), Telekommunikationstechnik f (Tele) / telecommunication engineering, telecommunications engineering, communication technology, communication engineering, telecommunications, communications || **~technik** (i.e.S.) (Tele) / telecommunication engineering (emphasizing electrical engineering aspects), electrical communication engineering || **~techniker**, Telekommunikationstechniker m / telecommunication engineer, communication engineer || **~vermittlung** f, Speichervermittlung f (Dateneinheiten werden abschnittsweise mit Zwischenspeicherung in den Netzknoten vom Ursprung zum Ziel transportiert) (DV, Tele) / store-and-forward switching, store-and-forward technology || **~vorsatz** m, Header m, Kopfteil m (DV, Tele) / header (in a data packet), message header

nachrüsten / retrofit v (e.g. airplanes with new engines, a factory with new product lines, solar heating to an old house) || **~** n, Nachrüstung f / retrofitting (e.g. old buildings with energy efficiency measures, power plants with climate-friendly technologies), retrofit n (e.g. of a conventional pf-fired power station with cleaner components; of CO2 capture and storage to existing UK pf plant), backfitting

Nachrüstung f / retrofitting (e.g. old buildings with energy efficiency measures, power plants with climate-friendly technologies), retrofit n (e.g. of a conventional pf-fired power station with cleaner components; of CO2 capture and storage to existing UK pf plant), backfitting || **~**, Aufrüstung f / upgrade, upgrading

nachschalten (hinter ein anderes Gerät) / install after, install downstream of

nachschlagen (ein Werkstück im Gesenk zur Erzielung der erforderlichen Genauigkeit), nachprägen (Fert) / bottom, size, restrike vt for sizing, coin

nachschmieren / relubricate

Nachschmierung f / relubrication || **~** (mit Fett) / regreasing

Nachschneiden n (Abtrennen schmaler Ränder von vorgearbeiteten Trennflächen zur Erzielung einer höheren Genauigkeit an Außen- u. Innenformen) (Fert) / shaving

nachsehen, prüfen / check, inspect

nachspannen (Seil etc.) / increase the tension (of a chain etc.), retension

nachspeisen / feed (e.g. additional material into a furnace)

Nachspur f (Kfz) / toe-out, negative toe

nachstellbar / adjustable

nachstellen, erneut, wiederholt einstellen / readjust || **~**, zurückstellen [um] (Uhr) / put back || **~** n (der Bündigstellung bei Aufzügen) (Förd) / re-levelling

Nachstellschraube f / adjusting screw, setscrew, adjustment screw

Nachstellung f, Nachregulierung f / readjustment || **~**, Nachstellen n (der Bündigstellung bei Aufzügen) (Förd) / re-levelling

Nachstell•vorrichtung f, Einstellvorrichtung f / adjuster || ~**zeit** f **bei PI-Verhalten** (Regel) / integral action time, reset time

nachtanken, auftanken vt (Flugzeug) (Luft) / refuel v

Nachteffekt m (Funk, Nav, Radar) / night-effect, night-error

Nachteil m / disadvantage, drawback || ~ / detriment

nachteilig [für], ungünstig / disadvantageous [to] || ~ [für], schädlich / detrimental [to], harmful [to]

Nachtrag m, Anhang m (zu einem Dokument, Vertrag, Betriebsanleitung etc.) (allg, Doku) / annex n (to e.g. a manual), appendix || ~, Anhang m (in einem Buch o. Aufsatz) (Druck) / appendix, addendum, supplement

nachträglich, später / later || ~, zusätzlich / additional || ~**er Einbau** / retrofitting (e.g. of catalysts to older cars, of older cars with catalysts) || ~ **einbauen** / retrofit (e.g. catalysts to older cars, older cars with catalysts)

nachtriggerbar (Eltro) / retriggerable

Nacht•sichtgerät n (Opt) / night vision device || ~**speichergerät** n, Nachtspeicherofen m (wird meistens in der Nacht mit Niedertarifstrom aufgeheizt und gibt am Tage über die Speicherelemente Wärme ab) (Elek) / storage heater || ~**speicherheizung** f (Elek) / night storage heating || ~**speicherheizung**, Nachtspeicherofen m (wird meistens in der Nacht mit Niedertarifstrom aufgeheizt und gibt am Tage über die Speicherelemente Wärme ab) (Elek) / storage heater || ~**speicherofen** m (wird meistens in der Nacht mit Niedertarifstrom aufgeheizt und gibt am Tage über die Speicherelemente Wärme ab) (Elek) / storage heater || ~**strom** m, Niedertarifstrom m (Elek) / off-peak power, off-peak electricity

Nachverbrennung (thermische o. katalytische von Abgasen) (Umw) / incineration, combustion

Nachverstärker m (Eltro) / postamplifier

nachwachsende Energie / renewable energy || ~ **Rohstoffe** (Umw) / renewable resources

Nachweis m, Beweis m (Tatsache, Argument etc., durch die/das die Wahrheit o. Richtigkeit einer Behauptung schlüssig nachgewiesen ist) / proof || ~, Entdeckung, Feststellung f / detection || ~, Bestimmung f, Ermittlung f / identification (e.g. of noxious substances), determination || ~, Bescheinigung / certificate

nachweisbar, beweisbar / provable || ~, feststellbar (Veränderungen, Fehler durch Kontrollen, Messgeräte etc.) / detectable

Nachweisbarkeit f / detectability (von Veränderungen, Fehlern durch Kontrollen, Messgeräte etc.)

nachweisen, entdecken / detect || ~, beweisen, den Nachweis erbringen [für] / prove vt, establish the truth of || ~, durch Prüfungen, Tests zeigen / demonstrate (e.g. compliance with relevant standards, the strength of a material), establish

Nachweisgrenze f (Chem, Mess) / detection limit, limit of detection, threshold value

nachziehbar, nachstellbar / adjustable

nachziehen (Schrauben), wieder o. besser befestigen / retighten

Nackenstütze f, Kopfstütze f (Kfz) / headrest, head restraint

nackt, blank, freiliegend (Elek) / bare, naked (e.g. conductor, wire)

Nadel f (allg, Tex) / needle n || ~, Stecknadel f / pin n || ~, Häkelnadel f (Tex) / crochet hook, crochet needle || ~, Haarnadel f / hairpin || ~, Injektionsnadel f (Med) / cannula, canula || ~, Zeiger m (eines Instruments) (Instr) / indicator (on the dial of an instrument), pointer || ~ f, Abtastnadel f (des Plattenspielers) (Audio) / needle, stylus, pick-up stylus || ~, Radiernadel f / etching needle, needle || ~, Räumwerkzeug n, Räumnadel f (Wzm) / broach n, broaching tool || ~ (DV) / pin (in a dot-matrix printer) || ~ (Wälzkörper des Nadellagers) / needle roller || ~ (von Nadelbäumen) (Bot) / needle || ~**ausleger** m (Förd) / luffing jib (of crane, without trolley) || ~**auslegerkran** m (Förd) / luffing crane, luffing jib crane || ~**büchse** f (Lagerart) / drawn cup needle roller bearing with closed ends || ~**drucker** m (DV) / dot matrix printer, matrix printer || ~**düse** f (Kfz, Mot) / needle nozzle || ~**filz** m (Tex) / needled felt, needle felt || ~**förmig** (Partikelform, Pulver) (PM) / acicular (particle shape, powder) || ~**hölzer** (Holz) / conifers || ~**hülse** f (Lagerart) / drawn cup needle roller bearing with open ends || ~**kranz** m (Lagerart) / needle roller and cage assembly || ~**lager** n / needle bearing, needle roller bearing || ~**öhrobjektiv** n (TV, Video) / pinhole lens || ~**ventil** n / needle valve || ~**wald** m / coniferous forest

Nagel m / nail n || ~**eisen** (langer Eisenstab mit einem umgebogenen, als Klaue ausgebildeten Ende, wegen der großen Hebelwirkung zum Ziehen langer Nägel geeignet), Nagelzieher m (Wz) / nail puller, wrecking bar || ~**klaue** f, gespaltene Finne des Hammers, Klaue f (Wz) / claw (of the claw hammer) || ~**lack** m / nail polish, varnish (GB), nail varnish (GB)

nageln / nail v

Nagelzieher m, Nageleisen (langer Eisenstab mit einem umgebogenen, als Klaue ausgebildeten Ende, wegen der großen Hebelwirkung zum Ziehen langer Nägel geeignet) (Wz) / nail puller, wrecking bar

nahes Infrarot (Phys) / near infrared (wavelengths 0.78 to about 2.5 micrometres)

Nahaufnahme f (Film, TV) / close shot, closeup || ~ (Foto) / closeup

Nahbereich m / close range, near range || ~ (Opt) / near focussing distance

Nähe f / proximity, closeness

Naheinstellung f, Nahaufnahme f (Film, TV) / close shot, closeup

nähen vt vi (Tex) / sew vt

nähern (sich), approximieren (Math) / approximate v

Näherung f, Approximation f (Math) / approximation

Näherungs•..., näherungsweise / approximate adj, rough || ~**schalter** m (Eltro, Mess) / proximity switch, proximity sensor || ~**weise** / approximate adj, rough || ~**wert** m (Math, Phys) / approximate value, approximation

Nähmaschine f (Tex) / sewing machine

Nahrung f / nutrition, food, nourishment

Nahrungs•kette f (Umw) / food chain || ~**mittel** n (Lebensmittel, das vorwiegend der Ernährung und nicht vorwiegend dem Genuss dient) / food, foodstuff || ~**mittelindustrie** f / food industry, food processing industry

Nahstrahl *m* (Radio) / low-angle ray
Naht *f*, Schweißnaht *f* (Schw) / seam, weld, weld
   seam ‖ ≈breite (Schw) / weld width ‖
   ≈dichtung *f* durch Verstemmen,
   Dichtstemmen *n* / caulking (e.g. of rivets, edge
   of a plate), calking ‖ ≈länge (Schw) / weld
   length
nahtlos / seamless (e.g. pipes, stockings)
Naht•neigung *f* (Schw) / weld slope ‖
   ≈schweißen *n* (Fert) / seam welding ‖ ≈stellen
   f pl (zwischen Körnchen, die sich beim Sintern
   durch Verbreiterung der Berührungsstellen
   zwischen ihnen ergeben) (PM) / necks *pl* ‖
   ≈überhöhung *f* (Schw) / reinforcement (of
   weld) ‖ ≈versatz *m* (Schw) / misaligned weld ‖
   ≈vorbereitung *f* (Schw) / joint preparation ‖
   ≈wurzel, Wurzel *f* (der Schweißnaht) (Schw) /
   root (of weld)
Nahverkehrszug *m*, Zug *m* im Schienenpersonennahverkehr zwischen einer Stadt und
   den umliegenden Orten, Pendlerzug *m* (Bahn)
   / commuter train, suburban train
NAND, NAND-Funktion *f* (DV, Eltro, Logik) /
   NAND operation, NON-conjunction,
   NOT-BOTH operation ‖ ≈-Element *n* (Eltro) /
   NAND element ‖ ≈-Funktion *f*, NAND (DV,
   Eltro, Logik) / NAND operation,
   NON-conjunction, NOT-BOTH operation ‖
   ≈-Gatter *n*, NAND-Schaltung *f* (DV, Eltro) /
   NAND circuit, NAND element, NAND gate,
   NOT-AND element ‖ ≈-Glied *n*,
   NAND-Schaltung *f* (DV, Eltro) / NAND
   circuit, NAND element, NAND gate,
   NOT-AND element ‖ ≈-Verknüpfung,
   NAND-Funktion *f* (DV, Eltro, Logik) / NAND
   operation, NON-conjunction, NOT-BOTH
   operation
Nano... (10^{-9}) (Phys) / n, nano
Napf *m*, Schale *f*, Schüssel *f* / bowl ‖ ≈ (durch
   Tiefziehen hergestellt) (Fert) / cup *n* ‖
   ≈-Vorwärts-Fließpressen *n* (Fert) / forward
   can extrusion (as a discrete process to produce
   single products) ‖ ≈wand *f* (eines Ziehteils),
   Zarge *f* (Fert) / wall (of a drawn part)
Naphtha *f*, Benzin *n* (für technische Zwecke)
   (ChT) / naphtha
Naphthylamine *n pl* (Chem) / naphthylamines *pl*
Nase *f* (herablaufender Farb-, Lacktropfen),
   Läufer *m* (Anstr) / run ‖ ≈, Vorsprung *m*,
   Ansatz *m* / lug *n*, nose ‖ ≈ (an einem bewegten
   Teil zur gleichmäßigen Bewegung o.
   Auslösung eines darin einhakenden o.
   davon ergriffenen anderen Teils), Mitnehmer
   m / catch, dog
Nasen•keil *m* / gib-headed key ‖ ≈klappe *f* (Luft)
   / droop flap, leading-edge flap ‖ ≈scheibe *m*
   (Fahrradachse) (Fahrrad) / crank lock washer,
   crank key washer
nass•er Dampf / wet steam ‖ ~ machen / wet *vt*
Nass•abscheider *m*, Gaswäscher *m* (ChT) /
   scrubber, gas scrubber, wet scrubber, washer,
   gaswasher, wet collector ‖ ≈bagger (Bau) /
   dredge *n*, dredger ‖ ≈dampf *m* / wet steam ‖
   ≈druckluftstrahlen *n* (Fert) / liquid honing
   (abrasives suspended in water are forced at
   high velocity with compressed air through
   special nozzles against the surfaces to be
   treated), vapour blasting, wet blasting
Nässe, vor ≈ geschützt / moisture-proofproof
Nass•entstauber *m*, Gaswäscher *m* (ChT) /
   scrubber, gas scrubber, wet scrubber, washer,
   gaswasher, wet collector ‖ ≈entstaubung *f*,

Gaswäsche *f* (ChT) / gas scrubbing, wet particle
   collection ‖ ≈festigkeit *f* (Mech, Pap) / wet
   strength, wet tensile strength ‖ ≈filter *n* / wet
   filter ‖ ≈luftfilter *m n* (ChT) / oil-wetted air
   cleaner ‖ ≈schleifen *n* (Fert) / wet grinding ‖
   ≈schliff *m*, Nassschleifen *n* (Fert) / wet
   grinding ‖ ≈verfahren *n* / wet process, wet
   method
Natel *n* (Schweiz), Mobiltelefon *n*, Handy *n*
   (Tele) / mobile phone, mobile *n*, cellphone
   (GB), cellular phone, mobile telephone *n*
Natrium (Chem) / sodium, Na ‖ ≈azid *n* (Chem) /
   sodium azide ‖ ≈carbonat *n* (Chem) / sodium
   carbonate, soda ‖ ≈chlorid *n* (NaCl),
   Kochsalz *n* (Chem, Nahr) / common salt, salt *n*,
   sodium chloride ‖ ≈dampf-Hochdrucklampe
   (Licht) / high-pressure sodium vapour lamp ‖
   ≈dampflampe *f* (Licht) / sodium vapour lamp ‖
   ≈dampf-Niederdrucklampe (Licht) /
   low-pressure sodium vapour lamp ‖
   ≈hydroxid *n* (NaOH) (Chem) / sodium
   hydroxide (NaOH), caustic soda, soda ‖
   ≈karbonat *n*, Natriumcarbonat *n* (Chem) /
   sodium carbonate, soda ‖ ≈seife *f* (Chem) /
   sodium soap, soda soap ‖ ≈tetraborat *n*,
   Borax *m* (Chem) / borax, sodium borate,
   sodium pyroborate, sodium tetraborate
Natron•lauge *f* (Chem) / caustic soda, soda lye,
   lye, aqueous caustic soda, sodium hydrate,
   sodium hydroxide solution, caustic soda lye ‖
   ≈seife *f* (Chem) / sodium soap, soda soap
Natur *f*, Beschaffenheit *f*, Wesen *f* / nature,
   character, quality ‖ ≈gas *n*, Erdgas *n* / natural
   gas ‖ ≈gesetz *n* / law of nature ‖ ≈harz *n* /
   natural resin ‖ ≈kautschuk *m* (ChT) / natural
   rubber, caoutchouc, crude rubber, gum, India
   rubber, NR, gum elastic
natürlich•es Altern, Kaltauslagern *f*, Aushärten
   n bei Raumtemperatur (Hütt) / natural ageing,
   natural aging ‖ ~e Größe, Maßstab 1 : 1,
   natürlicher Maßstab (Zeichn) / full scale, full
   size, natural size o. scale ‖ ~e Logarithmus,
   Logarithmus *m* zur Basis e (der eulerschen
   Zahl) (Math) / natural logarithm, hyperbolic
   logarithm, Napierian logarithm, ln ‖ ~er
   Maßstab, Maßstab 1 : 1, natürliche Größe
   (Zeichn) / full scale, full size, natural size o.
   scale ‖ ~e Zahl (Math) / natural number,
   nonnegative integer
Natur•wissenschaft *f* / natural science ‖
   ≈wissenschaftler *m* / scientist, natural
   scientist ‖ ~wissenschaftlich / scientific
nautisch•e Karte, Seekarte *f* (Nav, Schiff) /
   nautical chart ‖ ~e Meile, Seemeile *f*,
   Internationale Seemeile (1sm = 1,852 km)
   (Nav) / international nautical mile (= 1852 m
   = 6076.115 ft), nautical mile, sea mile, nm
Navi *n* (ugs.), Kraftfahrzeug-Navigationssystem
   n (Kfz, Nav) / automotive navigation system,
   car navigation system
Navigations•leiste *f* (DV) / navigation bar ‖
   ≈system, Kraftfahrzeug-Navigationssystem *n*
   (Kfz, Nav) / automotive navigation system, car
   navigation system ‖ ≈taste *f*, Cursor-
   Steuertaste *f* (DV) / cursor key, cursor control
   key, navigation key
Nb, Niobium *n* (Chem) / niobium, Nb
NBR (Plast) / nitrile rubber, nitrile-butadiene
   rubber, acrylonitrile rubber, acrylonitrile-
   butadiene rubber, NR, NBR, Buna-N
N-Bromsuccinimid *n* (Chem) /
   N-Bromosuccinimide, NBS

NBS, N-Bromsuccinimid *n* (Chem) / N-Bromsuccinimide, NBS

NC, numerische Steuerung / numerical control, NC ‖ ≃-**Postprozessor** *m* (NC) / NC postprocessor ‖ ≃-**Steuerung** *f*, numerisches Steuerungssystem / numerical control system, NC system

Nd, Neodym *n* (OZ=60) (Chem) / neodymium, Nd

ND, niedriger Druck / low pressure, L.P., LP ‖ ≃-**Gießverfahren** *n*, Niederdruck-Gießverfahren *n* (Gieß) / low-pressure casting, low-pressure die casting

n-dimensional (Math) / n-dimensional

N-Dotierung *f* (Eltro, Phys) / n-doping

ND•-Turbine *f*, Niederdruckturbine *f* (Luft) / low-pressure turbine ‖ ≃-**Verdichter** *m*, Niederdruckverdichter *m* (Luft) / low-pressure compressor

Ne, Neon *n* (Chem) / neon, Ne

Neapel•gelb *n*, Bleiantimonat *n* (Keram) / lead antimonite, Naples yellow ‖ ≃**grün** *n*, Chromgrün *n*, Englischgrün *n* (Anstr, Färb) / chrome green

Nebel *m* (mit größeren Tröpfchen) (Chem, ChT) / fog ‖ ≃ (sehr fein, z.B. Ölnebel) (Chem, ChT) / mist ‖ ≃**leuchte** *f*, Nebelscheinwerfer *m* (Kfz) / front fog light, fog light (at the front), adverse weather lamp (US), fog lamp ‖ ≃**leuchte**, Nebelschlussleuchte *f* (Kfz) / rear fog light, adverse weather warning lamp (US), rear fog lamp, fog warning lamp ‖ ≃**rückleuchte** *f*, Nebelschlussleuchte *f* (Kfz) / rear fog light, adverse weather warning lamp (US), rear fog lamp, fog warning lamp ‖ ≃**scheinwerfer** *m* (Kfz) / front fog light, fog light (at the front), adverse weather lamp (US), fog lamp ‖ ≃**schlussleuchte** *f* (Kfz) / rear fog light, adverse weather warning lamp (US), rear fog lamp, fog warning lamp

Neben•..., zweitrangig, untergeordnet / secondary *adj* ‖ ≃**...**, Hilfs... / auxiliary, ancillary ‖ ≃**...**, zusätzlich / additional ‖ ≃**diagonale** *f* (Math) / secondary diagonal ‖ ≃**effekt** *m* (allg, Pharm) / side effect

nebeneinander [liegend] / adjacent, side by side ‖ ~ [geschaltet], parallel geschaltet (Elek) / connected in parallel, in parallel, placed in parallel

Nebeneinanderschalten *n*, Parallelschaltung *f*, Parallelschalten *n* (Elek) / parallel connection, shunting, paralleling

Neben•ergebnis *n*, Nebenprodukt *n* (der Forschung in nicht zugehörigen Fachgebieten), Spinoff *m* / spin-off ‖ ≃**erzeugnis** *n* / by-product ‖ ≃**gleis** *n*, Seitengleis *n* (Bahn) / sidetrack *n* ‖ ≃**gleis** (zum Rangieren oder Ausweichen) (Bahn) / siding ‖ ≃**gruppen** *f pl* (Chem) / groups 3 to 12 on the periodic table (containing the transitional metals) ‖ ≃**gruppenelemente** *n pl* (Chem) / transition elements (groups 3 to 12 on the periodic table), transition metals ‖ ≃**keule** *f* (Antenne) (Radar, Radio) / side lobe, minor lobe, secondary lobe ‖ ≃**keulendämpfung** *f* (Antenne) / side lobe suppression, SLS ‖ ≃**keulenunterdrückung** *f* (Antenne) / side lobe suppression, SLS ‖ ≃**licht** *n* (zur Aufhellung) (Foto) / fill light ‖ ≃**öffnung** *f*, Seitenöffnung *f* (Brücke) (Bau) / side span, end span ‖ ≃**phase** *f*, dispergierte Phase (Chem, Phys) / disperse phase, discontinuous phase,

internal phase, dispersed phase ‖ ≃**produkt** *n* / by-product ‖ ≃**produkt** (der Forschung in nicht zugehörigen Fachgebieten), Spinoff *m* / spin-off ‖ ≃**quantenzahl** *f* (Phys) / azimuthal quantum number, orbital quantum number, angular momentum quantum number, orbital angular momentum quantum number, secondary quantum number ‖ ≃**reaktion** *f* (Chem) / side reaction, secondary reaction (simultaneous)

nebensächlich, zweitrangig, untergeordnet / secondary *adj* ‖ ~, vernachlässigbar / negligible

Nebenschluss *m* (Elek) / shunt *n* ‖ ≃**...** (Elek) / shunt ‖ ≃**charakteristik** *f* (Elek) / shunt characteristics *pl* ‖ ≃**-Einrichtung** *f* (Elek) / shunting device, shunter ‖ ≃**erregung** *f* (Elek) / shunt excitation ‖ ≃**-Feldwicklung** (Elek) / shunt field winding ‖ ≃**leitung** *f* (Elek) / shunt line ‖ ≃**motor** *m* (Elek) / shunt motor ‖ ≃**strom** (Elek) / shunt current ‖ ≃**stromkreis** *m*, Parallelkreis *m* (Elek) / parallel circuit, shunt circuit ‖ ≃**verhalten** *n* (Elek) / shunt characteristics *pl* ‖ ≃**widerstand** *m* (Bauteil), Nebenwiderstand *m*, Parallelwiderstand *m*, Shunt *m* (Elek) / shunt, shunt resistor

Neben•schneide *f* (Wz) / minor cutting edge ‖ ≃**stellenanlage** *f* (Tele) / PABX (private automatic branch exchange), private automatic branch exchange, private branch exchange, PBX (private branch exchange) ‖ ≃**straße** *f*, Verkehrsstraße *f* (im überörtlichen Verkehr)(Ggs: Hauptverkehrsstraße) (Straß) / by-road, minor road, secondary road ‖ ≃**strecke** *f* (im überörtlichen Verkehr)(Ggs: Hauptverkehrsstraße) (Straß) / by-road, minor road, secondary road ‖ ≃**strom** *m* (Triebwerk), Mantelstrom *m* (Luft) / bypass flow, secondary flow ‖ ≃**stromölfilter** *n* (Mot) / bypass oil filter ‖ ≃**stromzähler** *m* (Durchflussmessung) (Mess) / shunt meter ‖ ≃**uhr** *f* (einer Uhrenanlage) / slave clock ‖ ≃**valenzbindungen** *f pl*, Sekundärbindungen *f pl* (zwischenmolekulare Bindungen) (Chem) / secondary bonds ‖ ≃**widerstand** *m*, Nebenschlusswiderstand *m* (Bauteil), Parallelwiderstand *m*, Shunt *m* (Elek) / shunt, shunt resistor ‖ ≃**winkel** *m* (Math) / adjacent angle ‖ ≃**wirkung** *f* (allg, Pharm) / side effect ‖ ≃**zeit** *f*, Leerlaufzeit *f*, unproduktive Zeit (IE) / idle time, nonproductive time ‖ ≃**zipfel** *m*, Nebenkeule *f* (Antenne) (Radar, Radio) / side lobe, minor lobe, secondary lobe

n-Eck *n* (Math) / n-gon (polygon with n sides)

Negation *f* (DV, Logik) / negation ‖ ≃, NICHT-Verknüpfung *f* (Logik) / NOT function, NOT operation, inverse operation

NEGATION-Gatter *n*, Inverter (Schaltung zur Ausführung der NICHT-Funktion) (DV, Eltro) / inverter, NOT gate, negator, NOT circuit, NOT element

Negationsschaltung *f*, Inverter (Schaltung zur Ausführung der NICHT-Funktion), NOT-Gatter *n* (DV, Eltro) / inverter, NOT gate, negator, NOT circuit, NOT element

negativ / negative *adj* ‖ ~e **Beschleunigung**, Verzögerung *f* (Phys) / deceleration ‖ ~e **Einwirkung**, Störbeeinflussung *f* / interference (e.g. by a power line through coupling) ‖ ~er **Einzug**, hängender Einzug (der ersten Zeile eines Absatzes) (Druck, DV) / hanging indent, hanging indention, reverse indention ‖ ~e

Elektrode (der Batterie) (Elek) / negative plate, negative electrode ‖ ~e
Elementarladung, Elektronenladung f (Phys) / electron charge ‖ ~er Katalysator (Chem) / anticatalyst, negative catalyst ‖ ~e Klemme, Minuspol m (Batterie) (Elek) / negative terminal (of battery), negative pole ‖ ~e
Ladung (Elek) / negative charge ‖ ~er
Lenkrollhalbmesser (Kfz) / negative offset, negative steering offset ‖ ~er Nachlauf m (Kfz) / negative caster (US), negative castor angle (GB) ‖ ~er Pol, Minuspol m (Batterie) (Elek) negative terminal (of battery), negative pole ‖ ~e Quittung (DV, Tele) / negative acknowledgement, NAK ‖ ~e Rückführung (Regel) / degeneration, negative feedback, degenerative feedback, reverse feedback, stabilized feedback, inverse feedback ‖ ~e
Rückkopplung (Eltro, Radio) / negative feedback, degeneration, degenerative feedback, reverse feedback, stabilized feedback, inverse feedback ‖ ~e
Rückmeldung (DV, Tele) / negative acknowledgement, NAK ‖ ~e Zahl (Math) / negative number

Negativ n (Foto) / negative n, photographic negative, negative image ‖ ~bild n, Negativ n (Foto) / negative n, photographic negative, negative image ‖ ~film m (Foto) / negative film

Negator m, Inverter (Schaltung zur Ausführung der NICHT-Funktion) (DV, Eltro) / inverter, NOT gate, negator, NOT circuit, NOT element

negiert • e Konjunktion, NAND, NAND-Funktion f (DV, Eltro, Logik) / NAND operation, NON-conjunction, NOT-BOTH operation ‖ ~e ODER-Verknüpfung, NICHT-ODER-Funktion f (DV, Eltro, Logik) / NOR-function, NOR operation ‖ ~e
UND-Verknüpfung, NAND, NAND-Funktion f (DV, Eltro, Logik) / NAND operation, NON-conjunction, NOT-BOTH operation

neigen vr (sich) (z.B. Gelände, Ebene) / slope ‖ ~vi vi (sich) (nach einer Seite, z.B. Gebäude) / lean (to one side) ‖ ~ vi [zu], tendieren [zu] / have a tendency [to], tend vi [to] ‖ ~ [zu], anfällig sein [für] / be prone to (e.g. errors, failure)

neigend [zu], anfällig [für] / susceptible [to], prone [to], liable [to]

Neigezug, Neigetechnikzug m, Neitech-Zug m m (Bahn) / tilting train

Neigung f / inclination ‖ ~, Gefälle n / incline, gradient, slope ‖ ~, Schräge f / pitch n (e.g. of a roof), slope ‖ ~ (Gestaltparameter) / angularity (extent to which a part feature is at a specified angle relative to a reference surface) ‖ ~, Tendenz, Trend m / trend, tendency ‖ ~ [zu], Anfälligkeit f [für] (allg, Med) / proneness, susceptibility [to], tendency ‖ ~ der Auftriebskurve (Luft) / slope of the lift curve ‖ ~ zur Wasseraufnahme, Hygroskopizität f (Mater) / hygroscopicity

Neigungs • messer, Klinometer m (Mess) / clinometer, inclinometer ‖ ~messer, Neigungswasserwaage f (Mess) / gradient indicator ‖ ~wasserwaage f, Neigungsmesser m (Mess) / gradient indicator ‖ ~winkel (allg) / angle of inclination, inclination angle ‖ ~winkel (der Matrize beim Fließpressen o. Drahtziehen) (Fert) / die angle, die half-angle ‖ ~winkel (Drehmeißel) (Dreh) / tool cutting

edge inclination ‖ ~winkel m (der Schraubenlinie) (Math) / helix angle
Neigzylinder m (Gabelstapler) / tilt cylinder (fork lift truck)
NE-Metalle n pl, Nichteisen-Metalle n pl / nonferrous metals

Nenn • ..., Nominal..., nominell / nominal ‖ ~..., dem Nennwert entsprechend / rated ‖ ~aufnahme f, Nennleistung (aufgenommene Leistung bei z.B. Staubsauger, Bohrmaschinen, Lautsprechers) (Elek) / rated input, rated power input ‖ ~drehmoment n / rated torque ‖ ~drehzahl f / rated speed, nominal speed ‖ ~druck m (Rohr) / nominal pressure, pressure rating (of piping) ‖ ~durchmesser m / nominal diameter

nennen, angeben / specify, give (e.g. prices, details), state ‖ ~, bezeichnen [als] / call (e.g the unit of temperature is called the kelvin), term

Nenner m (Math) / denominator ‖ kleinster gemeinsamer ~, Hauptnenner m (Math) / LCD, least common denominator, lowest common denominator

Nenn • fassungsvermögen n, Nenninhalt m / rated capacity (e.g. of a container, furnace), nominal capacity, rated volume ‖ ~frequenz f (Elek) / rated frequency, nominal frequency ‖ ~inhalt m, Nennfassungsvermögen n / rated capacity (e.g. of a container, furnace), nominal capacity, rated volume ‖ ~kapazität f (Elek, Masch) / nominal capacity ‖ ~lastimpedanz f (Audio, Eltro) / rated load impedance ‖ ~leistung f, Kapazität f einer Anlage / rated capacity ‖ ~leistung (abgegebene Leistung z.B. einer Batterie, Stromerzeugungsanlage, eines Verstärkers) (Elek) / rated output, rated power output, nominal power, rated power rating ‖ ~leistung (aufgenommene Leistung bei z.B. Staubsauger, Bohrmaschinen, Lautsprechers) (Elek) / rated input, rated power input ‖ ~leistungsaufnahme f, Nennleistung (aufgenommene Leistung bei z.B. Staubsauger, Bohrmaschinen, Lautsprechers) (Elek) / rated input, rated power input ‖ ~maß n (das in der Zeichnung genannte Maß) (Doku) / nominal dimension, basic size, specified size, specified dimension, nominal size ‖ ~-Quell-EMK f (Audio, Video) / rated source e.m.f. ‖ ~querschnitt m / nominal cross-section[al area] ‖ ~spannung f (Rechenwert aus Prüfkraft und Querschnitt vor dem Versuch) (Mater) / engineering stress (force divided by the original area) ‖ ~spannung (Elek) / nominal voltage, rated voltage, voltage rating ‖ ~strom m (Elek) / rated current, nominal current ‖ ~tragfähigkeit f (Förd) / rated capacity ‖ ~weite f / nominal width, nominal size ‖ ~weite, Nenndurchmesser m / nominal diameter ‖ ~weite (Kenngröße für den Durchmesser von zueinander passenden Teilen, z.B. Rohrleitungen mit Armaturen - Angabe durch die Bezeichnung DN (engl. Diameter Nominal) gefolgt von einer ungefähr dem Innendurchmesser in Millimeter entsprechenden, dimensionslosen Zahl) (Masch) / DN (= Diamètre Nominal/Nominal Diameter - in Europe, identical with German term), NPS (Nominal

Pipe Size - in the US, based on inches) ‖ ˯**wert**
m / rated value, nominal value, rating
Neodym *n* (OZ=60) (Chem) / neodymium, Nd
Neon *n* (Chem) / neon, Ne
Neonicotin *n*, Anabasin *n* (Insektizid) (Chem) /
anabasine
Neopren® *n*, Chloropren-Kautschuk *m* (Plast) /
chloroprene rubber, polychloroprene, CR,
Neoprene®
Neperscher Logarithmus, natürlicher
Logarithmus, Logarithmus *m* zur Basis e (der
eulerschen Zahl) (Math) / natural logarithm,
hyperbolic logarithm, Napierian logarithm, ln
Nephelometer *n* (zur Messung der
Streustrahlung unter einem bestimmten
Winkel zur optischen Achse) (Chem, Opt) /
nephelometer
Neptunium *n* (Chem) / neptunium, Np
Nest *n* (Gruppe von Fehlern) (Glas) / cluster
netto, rein / net *adj* ‖ ˯**ausgangsleistung** *f* (Elek) /
net power output ‖ ˯**leistung** *f* (Elek) / net
output ‖ ˯**tragfähigkeit** *f* (von Robotern -
Masse des Roboterarbeitsorgans + Masse des
Handhabungsobjekts) / robot payload (the
weight a robot arm can lift including the
weight of the end of arm tooling) ‖
˯**wirkungsgrad** *m* / net efficiency
Netz *n* / net *n* ‖ ˯, Gepäcknetz *n* / rack, luggage
rack ‖ ˯, Fischnetz *n* / fishing net, fishnet ‖ ˯,
Schienennetz *n*, Eisenbahnnetz *n* (Bahn) /
railroad network o. system (US), railway
network o. system (GB) ‖ ˯, Netzwerk *n* (allg)
/ network ‖ ˯, Leitungsnetz *n* (DV, Tele) /
network ‖ ˯, Rechnernetz *n*,
Computernetzwerk *n* (DV, Tele) / computer
network ‖ ˯, Kommunikationsnetzwerk *n*
(Tele) / communications network ‖ ˯,
öffentliches Versorgungsnetz (für Gas,
Wasser, Strom) / mains *pl* (gas/water/electric
mains) ‖ ˯, Stromversorgungsnetz *n* (Elek) /
mains *pl*, electric mains *pl*, grid, supply mains,
power grid, electric grid, network, electric
power grid, power line (US), electricity supply
grid, power supply system, electricity supply
network ‖ ˯, Netzwerk *n* (umfangreiche
Schaltung) (Elek) / network ‖ ˯ **mit
Datenpaketvermittlung** (Tele) /
packet-switched network
Netz•..., netzbetrieben, für Netzbetrieb, für
Netzanschluss (Elek) / line powered,
mains-operated, line-operated ‖ **~abhängig**,
netzbetrieben, für Netzbetrieb (Elek) / line
powered, mains-operated, line-operated ‖
˯**abkoppler** *m* (Elek) / demand switch (a
demand switch shuts off the electricity for a
fuse box automatically - it detects when power
is needed and regenerates the circuit as
required) ‖ ˯**abschluss** *m*,
Netzabschlusspunkt *m* (Tele) / network
terminating interface, NTI (network
terminating interface), NT (network
termination), network termination ‖
˯**abschluss**, Netzabschlussgerät *n* (Tele) /
network terminating unit, NT, network
termination, NTU ‖ ˯**abschlusseinheit** *f*,
Netzabschlussgerät *n* (Tele) / network
terminating unit, NT, network termination,
NTU ‖ ˯**abschlussgerät** *n* (Tele) / network
terminating unit, NT, network termination,
NTU ‖ ˯**abschlusspunkt** *m* (Tele) / network
terminating interface, NTI, network
termination, NT ‖ ˯**administrator** *m* (Tele) /

administrator, network administrator,
network manager, network operator ‖
˯**anbieter** *m*, Netzbetreiber *m* (Tele) / network
provider, network operator, operating
company, operator (of a network) ‖
˯**anbieter**, Betreiber *m* eines
Mobilfunknetzes (Tele) / cellular provider
Netzanschluss *m* (Elek) / connection to the
electric grid, power connection, mains
connection, grid connection ‖ ˯, Netzstromversorgung *f* (Elek) / power supply, mains
power supply, mains supply ‖ ˯
(Anschlusspunkt für die Versorgungsspannung) (Elek) / power port ‖ ˯ (Anschluss,
der mit dem Netz verbunden wird) (Elek) / line
terminal ‖ ˯, Stromzuführungskabel *n* (Elek) /
power supply cord ‖ ˯ (durch den Signale in
ein Netz eintreten oder es verlassen können)
(Tele) / port ‖ ˯**gerät** *n*, Netzteil *n* (Elek) /
power supply unit, power pack, pp (power
pack), power unit, power supply ‖ ˯**kabel** *n*,
Anschlussleitung *f* (eines elektrischen
Gerätes) (Elek, Tele) / power cord, flex (GB),
cord, appliance cord, power supply cord,
electric cord, flexible cord, mains lead, mains
cable ‖ ˯**leitung** *f*, Anschlussleitung *f* (eines
elektrischen Gerätes) (Elek, Tele) / power cord,
flex (GB), cord, appliance cord, power supply
cord, electric cord, flexible cord, mains lead,
mains cable ‖ ˯**teil** *n*, Netzanschlussgerät *n*,
Netzteil *n* (Elek) / power supply unit, power
pack, pp (power pack), power unit, power
supply
Netz•architektur *f* (DV, Elek, Tele) / network
architecture ‖ ˯**aufbau** *m*, Netzkonfiguration
f (Elek, Tele) / network configuration, network
structure, network layout ‖ ˯**ausfall** *m*,
Stromausfall *m* (Elek) / power failure, mains
failure, electrical power outage, power outage,
electricity outage, outage, loss of power
netzbar / wettable
Netz•betreiber *m* (Tele) / network provider,
network operator, operating company,
operator (of a network) ‖ ˯**betreiber**,
Betreiber *m* eines Mobilfunknetzes (Tele) /
cellular provider ‖ ˯**betreiber**, Betreiber *m*
(eines öffentlich zugänglichen
Telekommunikationsnetzes) (Tele) / common
carrier (organization or company offering
telecommunications services or
communications facilities to the general public
on a non-discriminatory basis), carrier ‖
˯**betrieb** *m* (DV, Tele) / network operation ‖
˯**betrieb** (Elek) / mains operation ‖
~betrieben, für Netzbetrieb, für
Netzanschluss (Elek) / line powered,
mains-operated, line-operated ‖
˯**betriebssystem** *n* (DV) / network operating
system, NOS ‖ ˯**brumm** *m* (Elek, Tele) / mains
hum, mains noise, power hum, power line hum
‖ ˯**brummen** *n* (Elek, Tele) / mains hum, mains
noise, power hum, power line hum ‖ ˯**dose** *f*,
Netzsteckdose *f* (Elek) / mains socket,
electrical socket, electric socket, electrical
outlet, plug-in *n*, receptacle, power socket,
power point, power outlet ‖ ˯**ebene** *f* (DV,
Tele) / network level ‖ ˯**einbindung**,
Einzelplatz... (DV) / standalone (device,
computer, software)
netzen (Chem, Phys) / wet
Netz•entstörfilter *m n* (Eltro) / mains
suppression filter ‖ ˯**feld-Abschaltautomat** *m*,

Netzabkoppler m (Elek) / demand switch (a demand switch shuts off the electricity at the fuse box automatically - it detects when power is needed and regenerates the circuit as required) || ~**filter** n (Elek) / line filter, mains filter || ~**form** f, Netzkonfiguration f (Elek, Tele) / network configuration, network structure, network layout || ~**frequenz** f (Elek) / mains frequency, power frequency, supply frequency, power-line frequency, line frequency || ~**führung** f, Netzwerk-management n (Tele) / network management || ~**geführt** (Wechselrichter) (Elek) / line-commutated (inverter) || ~**gerät** n, Netzanschlussgerät n, Netzteil n (Elek) / power supply unit, power pack, pp (power pack), power unit, power supply || ~**gleichrichter** m, Leistungsgleichrichter m (Elek) / power rectifier || ~**kabel** n (Elek) / mains cable, power cord || ~**kabel**, Netzanschlussleitung (Elek, Tele) / power cord, flex (GB), cord, appliance cord, power supply cord, electric cord, flexible cord, mains lead, mains cable || ~**karte** f (DV, Tele) / network interface card, network adapter, NIC (network interface card), network card, network adapter card || ~**knoten** m, Knotenpunkt m (in einem Netzwerk) (Tele) / node (in a network), network node, switch (in a telecommunications network) || ~**konfiguration** f, Netzstruktur f (Elek, Tele) / network configuration, network structure, network layout || ~**kontrolllampe** f / power-on light || ~**laufwerk** n (DV) / network drive || ~**leitstelle** f, Fernwirkzentrale f (Regel) / control center, telecontrol center || ~**linie** f (Bau, Doku) / grid line || ~**management** n, Netzwerkmanagement n (DV, Tele) / network management || ~**mittel** n (Chem, Phys) / wetting agent || ~**plantechnik** f **nach CPM** (Critical Path Method), Kritische-Pfad-Methode f (IE) / CPM, critical path method || ~**schalter** m, Ein-/Ausschalter m (Elek) / power switch, mains switch || ~**spannung** (Elek) / mains voltage, line voltage || ~**steckdose** f (Elek) / mains socket, electrical socket, electric socket, electrical outlet, plug-in n, receptacle, power socket, power point, power outlet || ~**stecker** m (Elek) / mains plug, power plug || **den** ~**stecker** (z.B. eines Computers) **ziehen** (Elek) / unplug (e.g. a computer) from the mains || ~**störung** f (vom Netz hervorgerufen) (Elek) / mains interference || ~**strom** m (Elek) / supply current, mains current, line current, grid-supplied power || ~**stromrichter** m (Elek) / mains converter || ~**stromversorgung** f (Elek) / power supply, mains power supply, mains supply || ~**struktur** f, Netzkonfiguration f (Elek, Tele) / network configuration, network structure, network layout || ~**teil** n, Netzanschlussgerät n (Elek) / power supply unit, power pack, pp (power pack), power unit, power supply || ~**transformator** m, Netztrafo m (Elek) / mains transformer || ~**übergabepunkt** m, Mobilfunkvermittlungsstelle f, MSC f (Tele) / MSC, mobile switching centre || ~**überspannung** f (Elek) / mains surge || ~**unabhängig** (Anlage) (Elek) / grid-independent || ~**versorgungsspannung** f (Elek) / mains supply voltage

Netzwerk n, Netz n (allg) / network n || ~, Leitungsnetz n (DV, Tele) / network || ~, Rechnernetz n, Computernetzwerk n (DV, Tele) / computer network || ~, Kommunikationsnetzwerk n (Tele) / communications network || ~ (umfangreiche Schaltung) (Elek) / network || ~**adapter** m (DV, Tele) / network interface card, network adapter, NIC (network interface card), network card, network adapter card || ~**architektur** f (DV, Elek, Tele) / network architecture || ~**betriebssystem** n (DV) / network operating system, NOS || ~**ebene** f, Schicht 3 (im OSI-Schichtenmodell), Netzwerkschicht f (DV, Tele) / layer 3, network layer (in OSI reference model) || ~**fähig** (DV) / with networking capability || ~**fähigkeit** f (DV) / networking capability || ~**karte** f (DV, Tele) / network interface card, network adapter, NIC (network interface card), network card, network adapter card || ~**knoten** m, Knotenpunkt m (in einem Netzwerk) (Tele) / node (in a network), network node, switch (in a telecommunications network) || ~**management** n, Netzführung f (Tele) / network management || ~**management**, Netzwerkverwaltung f (DV, Tele) / network management || ~**modell** n, Ersatzschaltbild n (vereinfachte o. idealisierte Darstellung einer komplexen elektrischen Schaltung durch ein einfacheres, das typische Verhalten repräsentierendes Netzwerk) / equivalent circuit, equivalent circuit diagram || ~**port** m (DV, Tele) / network port (providing access to a network) || ~**schicht** f, Schicht 3 (im OSI-Schichtenmodell) (DV, Tele) / layer 3, network layer (in OSI reference model) || ~**schnittstelle** f (DV, Tele) / network port (providing access to a network) || ~**verwaltung** f, Netzwerkmanagement n (DV, Tele) / network management

Netzzugriff m (DV, Tele) / network access

neu / neu || ~ (in jüngster Zeit entstanden, geschehen, durchgeführt) / recent (e.g. developments, advances in science, updates) || ~, unbenutzt / virgin (e.g. tape) || ~ **bespielen**, überspielen (z.B. Tonband) (Audio, Video) / rerecord || ~ **booten** (meist nach Systemabsturz), neu starten / restart, reboot, reset (a computer) || ~ **gestalten** / redesign (e.g. user interface) || ~ **installieren** (DV) / reinstall || ~ **starten**, neu booten (meist nach Systemabsturz) / restart, reboot, reset (a computer)

neuest / latest, most recent (e.g. publications, changes, blog entries) || ~, aktuell (z.B. Fahrzeugmodell, Ausgabe einer Zeitschrift) / latest || ~ (z.B. Technik), dem aktuellen Stand der Technik entsprechend / state-of-the-art (e.g. technology) || **auf dem** ~**en Stand** / up-to-date || **auf den** ~**en Stand bringen**, aktualisieren, überarbeiten / update (e.g. science text book), bring up to date

Neu•gelb n, Chromgelb n (Mischkristalle aus Bleisulfat und Bleichromat als Farbpigment in unterschiedlicher Zusammensetzung durch unterschiedliche Verfahren der Herstellung) (Anstr) / chrome yellow, King's yellow (trade name), Cologne yellow (trade name), Leipzig yellow (trade name) || ~**gestaltung** f / redesign n || ~**grad** m (früher), Gon n (Einheit des ebenen Winkels, der 100ste Teil des rechten

Winkels) (Verm) / gon, grade || $\stackrel{\sim}{\_}$**kurve** f (der Hystereseschleife), jungfräuliche Kurve (Phys) / initial magnetization curve (of an initially unmagnetized sample that is subjected to an increasing magnetic field), magnetization curve, virgin curve, neutral curve || $\stackrel{\sim}{\_}$**minute** f (des Bogengrads - 1 $_c$ = 10^{-2} gon = $0{,}5\pi \cdot 10^{-4}$ rad) (Math, Mess) / centesimal minute

Neuneck n (Math) / nonagon, enneagon

neuronales Netz (KI) / neural network

Neurotransmitter m (Biochem) / neurotransmitter

Neu•silber n (Kupfer-Nickel-Zink-Legierung) (Mater) / German silver, nickel silver (copper-nickel-zinc alloy), nickel brass || $\stackrel{\sim}{\_}$**start** m (DV) / restart

neutral / neutral adj, neut., neutr. || ~, säurefrei (Chem) / acid-free, free from acid adj || ~**e Achse**, neutrale Faser, Spannungs-Nulllinie f (Mech) / neutral axis (line of zero stress in a beam bent downward), neutral line || ~**es Bleiacetat**, Blei(II)-acetat n (Chem) / lead acetate, sugar of lead, lead (II) ethanoate || ~**e Faser**, Spannungs-Nulllinie f (Mech) / neutral axis (line of zero stress in a beam bent downward), neutral line || ~**e Faserschicht** (im Biegewerkstück) (Mech) / neutral plane || ~**e Flamme** (beim Acetylen-Sauerstoff-Schweißen) (Schw) / neutral flame || ~**es Relais**, unpolarisiertes Relais (Elek) / neutral relay, neutral armature relay, nonpolarized relay || ~**es Salz** (Chem) / neutral salt, normal salt || ~**e Zone**, neutrale Faser, Spannungs-Nulllinie f (Mech) / neutral axis (line of zero stress in a beam bent downward), neutral line

Neutral... / neutral adj, neut., neutr.

Neutralisation f (allg, Chem, Eltro) / neutralization

Neutralisierung f (allg, Chem, Eltro) / neutralization

Neutral•leiter (der in der Elektroinstallation den Strom vom Verbraucher ins Netz zurückführt, im Normalfall nicht unter Spannung - blauer Kunststoffmantel, Kurzzeichen "N") (Elek) / neutral wire, neutral conductor || $\stackrel{\sim}{\_}$**leiter** m, Sternpunktleiter m (im Drehstrom-Vierleitersystem) (Elek) / neutral conductor, neutral wire, middle conductor, neutral, middle wire || $\stackrel{\sim}{\_}$**salz** n (Chem) / neutral salt, normal salt

Neutron n (Nukl) / neutron, n

Neutronen•beugung f (Nukl) / neutron diffraction || $\stackrel{\sim}{\_}$**diffraktometer** n (Nukl) / neutron diffractometer || $\stackrel{\sim}{\_}$**fluss** m, Neutronenflussdichte f (Nukl) / neutron flux, neutron flux density || $\stackrel{\sim}{\_}$**flussdichte** f (Nukl) / neutron flux, neutron flux density || $\stackrel{\sim}{\_}$**Gamma-Log** n (Nukl) / neutron gamma well logging || $\stackrel{\sim}{\_}$**spektrometrie** f (Nukl) / neutron spectrometry || $\stackrel{\sim}{\_}$**spektroskopie** f (Nukl) / neutron spectroscopy || $\stackrel{\sim}{\_}$**überschuss** m (Nukl) / difference number, neutron excess, isotopic number || $\stackrel{\sim}{\_}$**zahl** f (Nukl) / neutron number || $\stackrel{\sim}{\_}$**zahl** (Nukl) / neutron number II $\stackrel{\sim}{\_}$**zähler** n (Nukl) / neutron counter

Newsgroup f, Newsgruppe f (DV) / forum, newsgroup (in a BBS)

Newton n (Einheit der Kraft im SI-System: 1N = 1m kgs^{-2} = 1J/m) (Phys) / newton, N || $\stackrel{\sim}{\_}$**meter** n (abgeleitete SI-Einheit für das Drehmoment), Nm (Phys) / newton-meter (of torque)

newtonsch•e Abbildungsgleichung (Opt) / Newton's lens formula || ~**es Abkühlungsgesetz** (Phys) / Newton's law of cooling || ~**e Axiome** (der klassischen Mechanik) (Phys) / Newton's laws of motion || ~**e Flüssigkeit** (Phys) / Newtonian fluid || ~**e Gesetze** n, newtonsche Axiome (der klassischen Mechanik) (Phys) / Newton's laws of motion || ~**es Gravitationsgesetz** (Phys) / law of gravitation, Newton's law of gravitation || ~**es Näherungsverfahren** (zur Nullstellenberechnung) (Math) / Newton's method of approximation, Newton-Raphson method || ~**e Ringe** (Opt) / Newton's rings pl || ~**es Verfahren**, newtonsches Näherungsverfahren (zur Nullstellenberechnung) (Math) / Newton's method of approximation), Newton-Raphson method

NF f (Niederfrequenz), Hörfrequenz f (etwa 30 bis 20000 Hz) (Akust, Audio) / audiofrequency (range of normally audible sound), a-f, a.f., AF || $\stackrel{\sim}{\_}$**-Messung** f, Audiometrie f (Akust, Med) / audiometry

N-Gebiet f (Eltro, Phys) / n-region

n-Halbleiter m, Überschusshalbleiter m (Eltro) / n-type semiconductor

Ni, Nickel n (Chem) / nickel n, Ni

Niacin n, Nikotinsäure f ($C_6H_5NO_62$) (Biochem) / niacin, pellagra-preventive vitamin, nicotinic acid, vitamin B_3, vitamin PP

Niacinamid n, Nikotinsäureamid n (Pharm) / nicotinamide, niacinamide, pellagra preventive factor, P.P. factor

nibbeln, knabbern (Fert) / nibble vt || $\stackrel{\sim}{\_}$ n, Knabberschneiden n (Fert) / nibbling

Nibble n, Halbbyte n (DV) / half-byte (4 bits = 1/2 byte), nibble n, nybble

nicht algebraische Gleichung (Math) / non-algebraic equation || ~ **alternd**, alterungsbeständig / non-ageing || ~ **ausgewuchtet** (Rad) / unbalanced, out-of-balance (e.g. tire) || ~ **betriebsbereit**, funktionsunfähig / out of order, inoperative || ~ **betriebsfähig**, funktionsunfähig / out of order, inoperative || ~ **brennbar** / incombustible, non-combustible || ~ **entflammbar** / non-flammable, non-inflammable || ~ **entzündbar** / non-flammable, non-inflammable || ~ **geerdet** (Elek) / ungrounded (US), unearthed (GB) || ~ **geerdet** (Mittelleiter, Nullleiter), erdfrei (Elek) / earth-free, floating || ~ **kompatibel**, inkompatibel / incompatible || ~ **komprimierbar** (Phys) / incompressible || ~ **kornorientiert** (Hütt, Krist) / non oriented || ~ **korrodierend** / corrosion-resistant, non-corrosive, corrosion-resisting, noncorroding, resistant to corrosion || ~ **leitend** (Elek) / nonconducting, non-conductive, insulating || ~ **leitender Werkstoff**, Isolierstoff m (Elek) / insulator, insulating material, insulant, insulation || ~ **löschbar** (DV) / non-erasable || ~ **mengbar** / immiscible, non-miscible, unmiscible, unmixable || ~ **mischbar** / immiscible, non-miscible, unmiscible, unmixable || ~ **rostend**, rostbeständig / rust-resistant, resistant to rust, rustproof || ~ **rostender Stahl** / stainless steel || ~ **schaltbare Kupplung** / coupling || ~ **spanabhebend** (Fert) / chipless, non-cutting || ~ **Strom führend** (Elek) / cold, de-energized, currentless, dead || ~ **toxisch** /

nontoxic, atoxic ‖ ~ **umkehrbar** / non-reversible, irreversible ‖ ~ **verfügbar**, funktionsunfähig / out of order, inoperative ‖ ~ **vordringlich** / low-priority... ‖ ~ **zulässig**, unzulässig (DV, Math) / illegal, invalid

nicht • beständig, vorübergehend, kurzzeitig, temporär / transient *adj* ‖ ≗**eisen-Metalle** *n pl* / nonferrous metals

NICHT • -Element *n* (Eltro) / NOT element ‖ ≗**-Funktion** *f*, Negation *f*, NICHT-Verknüpfung *f* (Logik) / NOT function, NOT operation, inverse operation

Nichtfunktionieren *n*, Funktionsstörung *f* / malfunction *n*

NICHT-Glied *n*, Inverter (Schaltung zur Ausführung der NICHT-Funktion) (DV, Eltro) / inverter, NOT gate, negator, NOT circuit, NOT element

Nicht • invertierer *m* (Eltro) / non-inverting amplifier ‖ ~**konvexe Menge** (Math) / non-convex set ‖ ~**kristallin**, amorph, nichtkristallisch (Krist, Phys) / amorphous, noncrystal, noncrystalline ‖ ≗**leiter** *m* (Elek) / nonconductor ‖ ≗**leiter**, Dielektrikum *n* (Elek) / nonconductor, dielectric ‖ ~**linear** / nonlinear (e.g. distortion, element, integral equation, network, optics) ‖ ~**magnetisch** / non-magnetic, antimagnetic ‖ ~**mechanischer Drucker** (DV) / non-impact printer ‖ ≗**metall** / nonmetal ‖ ~**metallisch** / nonmetallic

NICHT-ODER • -Funktion *f* (DV, Eltro, Logik) / NOR-function, NOR operation ‖ ≗**-Glied** *n* (DV, Eltro) / NOR circuit, NOR element, NOR gate

Nicht • oxidkeramik *f* / non-oxide ceramics ‖ ~**parametrischer Test** (Stat) / non-parametric test ‖ ~**porös** / non-porous ‖ ~**proprietär**, herstellerneutral (DV) / non-proprietary, open ‖ ~**schaltbare Kupplung** / coupling

NICHT-Schaltung *f*, Inverter (Schaltung zur Ausführung der NICHT-Funktion) (DV, Eltro) / inverter, NOT gate, negator, NOT circuit, NOT element

nicht • spanend (Fert) / chipless, non-cutting ‖ ~**stöchiometrische Verbindungen** (Chem) / non-stoichiometric compound ‖ ≗**übereinstimmung** *f* (z.B. mit einschlägigen Normen oder firmeninternen Policies) (QM) / non-conformity, non-conformance, non-compliance

NICHT-UND • -Glied *n*, NAND-Schaltung *f* (DV, Eltro) / NAND circuit, NAND element, NAND gate, NOT-AND element ‖ ≗**-Schaltung**, NAND-Schaltung *f* (DV, Eltro) / NAND circuit, NAND element, NAND gate, NOT-AND element

Nichtverfügbarkeitszeit *f* (einer Maschine, Anlage), Stillstandszeit *f* / downtime

NICHT-Verknüpfung *f*, Negation *f* (Logik) / NOT function, NOT operation, inverse operation

Nicht • vorhandensein *n*, Fehlen *n* / absence ‖ ≗**vorhandensein**, Nichtverfügbarkeit *f* / unavailability

Nick • achse *f*, Querachse *f* (Luft) / lateral axis, pitch axis ‖ ≗**beschleunigung** *f* (Kfz) / pitch acceleration ‖ ≗**bewegung** *f*, Nicken *n* (Bahn, Kfz, Luft) / pitch, pitching

Nickel *n* (Chem) / nickel *n*, Ni ‖ ≗**antimonid** *n* (Chem, Eltro) / nickel antimonide ‖ ≗**-Cadmium-Batterie** *f* (Elek) / nickel-cadmium battery, nicad, NiCd battery,

nickel-cadmium accumulator ‖ ≗**chromstahl** *m* (Hütt) / nickel chromium steel

Nickelin *m*, Arsennickel *n* (NiAs) (Min) / arsenical nickel, niccolite, nickeline, copper nickel

Nickel • -Kadmium-Akkumulator *m* (Elek) / nickel-cadmium battery, nicad, NiCd battery, nickel-cadmium accumulator ‖ ≗**legierung** *f* (Hütt) / nickel alloy ‖ ≗**oxid** *n* (Chem) / nickel oxide ‖ ~**plattiert** / nickel-clad ‖ ≗**plattierung** *f* (Walz) / nickel plating ‖ ≗**stahl** *m* (Hütt) / nickel steel

nicken *vi*, ruckartig um die Querachse schwingen (Kfz, Luft, Raumf) / pitch *vi* (turn about a lateral axis) ‖ ≗ *n*, Nickbewegung *f* (Bahn, Kfz, Luft) / pitch, pitching

Nickwinkel *m* (Luft, Raumf) / pitch angle

Nicotin *n* (Chem) / nicotine ‖ ≗**säure** *f* ($C_6H_5NO_62$) (Biochem) / niacin, pellagra-preventive vitamin, nicotinic acid, vitamin B_3, vitamin PP ‖ ≗**säureamid** *n* (Pharm) / nicotinamide, niacinamide, pellagra preventive factor, P.P. factor

niederbrennen, verbrennen *vt* / burn *vt* [down], reduce to ashes

Niederdruck *m*, niedriger Druck / low pressure, L.P., LP ‖ ≗**-Abgasturbolader** *m* (Mot) / low-pressure turbocharger ‖ ≗**anlage** *f*, Niederdruckkraftwerk *n* (Nutzfallhöhe bis ca. 20 m) (Ener) / low-head hydro installation, low-head [power] plant ‖ ≗**dampfheizung** *f* / low-pressure steam heating ‖ ≗**-Gießverfahren** *n* (Gieß) / low-pressure casting, low-pressure die casting ‖ ≗**-Kokillengießen** *n* (Gieß) / low-pressure casting, low-pressure die casting ‖ ≗**kraftwerk** *n* (Nutzfallhöhe bis ca. 20 m) (Ener) / low-head hydro installation, low-head [power] plant ‖ ≗**-PE** *n*, Polyethylen *n* hoher Dichte (Plast) / high-density polyethylene, HDPE ‖ ≗**-Polyethylen** *n*, Polyethylen *n* hoher Dichte (Plast) / high-density polyethylene, HDPE ‖ ≗**turbine** *f* (Luft) / low-pressure turbine ‖ ≗**verdichter** *m* (Luft) / low-pressure compressor

Niederfrequenz *f*, LF *m* (30 kHz-300 kHz) (Eltro) / low frequency (in the radio-frequency spectrum), LF ‖ ≗, Hörfrequenz *f* (etwa 30 bis 20000 Hz) (Akust, Audio) / audiofrequency (range of normally audible sound), a-f, a.f., AF

Niedergang, Auf- und ≗ / reciprocating motion o. movement, reciprocation

niedergehen, sinken *vi* (Luft) / descend ‖ ~, aufsetzen *vi* (auf der Landebahn) (Luft) / touch down *vi*

Niederhalter *m* (z.B. beim freien o. Gesenkbiegen) (Wzm) / pressure pad ‖ ≗ (beim Zugdruckumformen) (Wzm) / blank holder, pressure ring ‖ ≗**druck** *m* (beim Tiefziehen) (Fert) / holding pressure ‖ ≗**kraft** *f* (beim Tiefziehen) (Fert) / blankholder force, holding force ‖ ~**loses Tiefziehen** (Fert) / drawing without a blankholder

nieder • legen, ablegen *vt*, hinlegen / deposit *vt*, set down, lay down, put down ‖ ≗**ohm...** (Elek) / low resistance..., LR ‖ ≗**ohmig** (Elek) / low resistance..., LR ‖ ~**reißen**, abbrechen *vt* (Gebäude etc.) (Bau) / demolish, pull down, tear down ‖ ≗**reißen** *n*, Abbruch *m* (eines Gebäudes etc.), Abriss *m* (Bau) / demolition, pulling down, clearance (removal of buildings), tearing down

Niederschlag *m* (Meteo) / precipitation ‖ ≈, Bodensatz *m* (in einer Flüssigkeit aufgrund von Sedimentation) (allg, Chem) / sediment *n*, deposit *n* ‖ ≈ (durch chemische Reaktion oder infolge Temperaturerniedrigung oder Druckerhöhung abgeschiedener und am Boden abgesetzter Feststoff), Präzipitat *n* (Chem) / precipitate *n*

niederschlagen *vr* (sich)(z.B. Dampf), kondensieren *vi* / condense *vi* ‖ ~ *vt*, abscheiden, ausfällen, präzipitieren (Chem) / precipitate *vt*

Niederspannung *f* (lt. VDE < 1000 V, in Haushaltungen sind nur Spannungen bis 250V zulässig) (Elek) / low voltage (IEC: any voltage in the range 50-1000 V AC or 120-1500 V DC; United States 2005 National Electrical Code (NEC): any voltage < 600 V; British Standard BS 7671:2008: 50-1000 V AC or 120-1500 V ripple-free DC between conductors; 50-600 V AC or 120-900 V ripple-free DC between conductors and Earth), LV

Niederspannungs•netz *n* (Elek) / low-voltage network, low-voltage grid, low-voltage mains *pl* ‖ ≈-**Schaltgerät** *n* (Elek) / low-voltage switch gear ‖ ≈**sicherung** *f* (Elek) / low-voltage fuse

Nieder•tarif-Speicherheizung *f*, Nachtspeicherheizung *f* (Elek) / night storage heating ‖ ≈**tarifstrom** *m* (Elek) / off-peak power, off-peak electricity ‖ ≈**temperatur...**, Tieftemperatur... / low temperature... ‖ ~**tourig** (Elek, Masch) / low-speed... ‖ ~**tourig** (Mot) / low-revving ‖ ≈**volt-Halogenglühlampe** *f* (Licht) / low voltage halogen light bulb ‖ ~**wertigstes Bit**, niedrigstwertiges Bit (DV) / least significant bit, LSB

niedrig (allg) / low *adj* ‖ ~, mit wenigen Stockwerken (Bau) / low rise (building, construction) ‖ ~ (Raum), mit niedriger Decke (Bau) / low-ceilinged ‖ ~**e Auflösung** (Druck, DV) / low resolution ‖ ~**er Druck** / low pressure, L.P., LP ‖ ~ **legierter Stahl** (mit nicht mehr als 5% an besonderen Legierungselementen) (Hütt) / low alloy steel ‖ ~**er stellen** (Heizung) / turn down (heating)

niedrigschmelzend / low-melting

niedrigst•er Wert / minimum value *n* ‖ ~**wertiges Bit** (DV) / least significant bit, LSB

niedrig•tourig (Elek, Masch) / low-speed... ‖ ~**viskos** / low-viscosity ‖ ~**wertiges Bit** (DV) / low order bit

Nielsbohrium *n* (früher), Bohrium *n* (Chem) / bohrium

nieren•förmig / kidney-shaped, reniform ‖ ≈**schützer** *m* (Kfz) / kidney belt

Niet *m n* / rivet *n*

Niete *f*, Niet *m n* / rivet *n*

nieten / rivet *v* ‖ ≈ *n* / riveting, rivet fastening

Niet•hammer *m* / rivet hammer, riveting hammer ‖ ≈**kopfschlagen** *n*, Nieten *n* / riveting, rivet fastening ‖ ≈**loch** *n* / rivet hole ‖ ≈**stempel** *m* (zum Nietschlagen), Gegenhalter *m* / dolly, holding-up hammer, holder-up

Nietung *f*, Nietverbindung *f* / riveted joint, rivet joint ‖ ≈, Nieten *n* / riveting, rivet fastening

Nietverbindung *f* / riveted joint, rivet joint ‖ ≈, Nieten *n* / riveting, rivet fastening

Nikotin *n* (Chem) / nicotine

Nikotinsäure *f* ($C_5H_6SNO_6^2$) (Biochem) / niacin, pellagra-preventive vitamin, nicotinic acid, vitamin B_3, vitamin PP ‖ ≈**amid** *n* (Pharm) /

nicotinamide, niacinamide, pellagra preventive factor, P.P. factor

Niob *n*, Niobium *n* (Chem) / niobium, Nb

Niobeöl *n* (Chem) / methyl benzoate

Niobium *n* (Chem) / niobium, Nb

NIR, nahes Infrarot (Phys) / near infrared (wavelengths 0.78 to about 2.5 micrometres)

NiSt, Nickelstahl *m* (Hütt) / nickel steel

Nitranilin *n* (Chem) / nitroaniline

Nitrid *n* (Chem) / nitride *n* ‖ ≈**bildner** *m* (Chem) / nitride former

Nitridieren *n* (Hütt) / nitriding

Nitridkeramik *f* / nitride ceramics

nitrieren (Chem) / nitrate *vt*, convert into a nitrate ‖ ~, nitrierhärten, aufsticken (Hütt) / nitride *vt*, nitrogen case harden ‖ ≈ *n* (Einführung der NOZ-Gruppe), Nitrierung *f* (Chem) / nitration ‖ ≈, Nitrierhärten *n* (Hütt) / nitriding, nitriding process, nitrogen case hardening, nitride hardening

nitrier•härten, nitrieren, aufsticken (Hütt) / nitride *vt*, nitrogen case harden ‖ ≈**härten** *n* (Hütt) / nitriding, nitriding process, nitrogen case hardening, nitride hardening ‖ ≈**härtetiefe** *f* (Hütt) / case depth (obtained by nitriding), depth of nitriding, case thickness, effective case depth ‖ ≈**härtung** *f*, Nitrierhärten *n* (Hütt) / nitriding, nitriding process, nitrogen case hardening, nitride hardening ‖ ≈**stahl** *m* (Hütt) / nitrided steel, nitriding steel

nitrierter Stahl (Hütt) / nitrided steel, nitriding steel

Nitrier•temperatur *f* (Hütt) / nitriding temperature ‖ ≈**tiefe** *f*, Nitrierhärtetiefe *f* (Hütt) / case depth (obtained by nitriding), depth of nitriding, case thickness, effective case depth

Nitrierung *f*, Nitrieren *n* (Einführung der NOZ-Gruppe) (Chem) / nitration ‖ ≈, Nitrierhärten *n* (Hütt) / nitriding, nitriding process, nitrogen case hardening, nitride hardening

Nitrierzeit *f* (Hütt) / nitriding time

Nitrilkautschuk *m* (Plast) / nitrile rubber, nitrile-butadiene rubber, acrylonitrile rubber, acrylonitrile-butadiene rubber, NR, NBR, Buna-N

Nitro•anilin *n* (Chem) / nitroaniline ‖ ≈**benzol** *n* (Chem) / nitrobenzene, nitrobenzol ‖ ≈**calcit** *m* (Chem, Landw) / calcium nitrate, nitrate of lime, lime saltpetre, nitrocalcite ‖ ≈**carburieren** *n*, Karbonitrierhärtung *f* (Hütt) / carbonitriding, nitrocarburization, nitrocarburizing ‖ ≈**cellulose** *f* (Chem) / cellulose nitrate, nitrocellulose

Nitrogendioxid *n* (Chem) / nitrogen dioxide (NO_2), nitrogen(IV) oxide, nitrogen peroxide, nitrogen tetroxide

Nitro•kalzit *m* (Chem, Landw) / calcium nitrate, nitrate of lime, lime saltpetre, nitrocalcite ‖ ≈**meter** *n*, Azotometer *n* (Chem) / azotometer, nitrometer ‖ ≈**zellulose** *f* (Chem) / cellulose nitrate, nitrocellulose

Niveau *n*, Stand *m* / level ‖ ≈, Höhenlage *f* / level, altitude, elevation ‖ ≈**fläche** *f*, Äquipotentialfläche *f* (Phys) / equipotential surface ‖ ~**freie Kreuzung** (Bahn, Straß) / interchange, grade-separated junction ‖ ≈**linie** *f*, Äquipotentialkurve *f* (Phys) / equipotential line ‖ ≈**messer** *m* / level ga[u]ge ‖ ≈**sonde** *f* (Mess) / level probe ‖ ≈**übergang** *m*

(Schweiz), schienengleicher Bahnübergang (Bahn und Straße auf gleichem Niveau) (Bahn, Straß) / grade crossing (US), level crossing (GB), railway grade crossing

Nivellement *n*, Höhenmessung *f* (Ermittlung des Höhenunterschieds zwischen zwei Punkten) (Verm) / differential levelling, differential level, levelling

nivellieren, planieren, einebnen (Bau) / level, make level || ~ (Verm) / level || ~ *n*, Höhenmessung *f* (Ermittlung des Höhenunterschieds zwischen zwei Punkten), Nivellement *n* (Verm) / differential levelling, differential level, levelling || ~, Einebnen *n*, Planieren *n* / levelling, leveling

Nivellier•fuß *m*, Stellfuß *m* (zur Niveauregulierung von z.B. Waschmaschinen) / levelling foot || ~**schraube** *f* (Instr, Verm) / adjusting screw, jackscrew, levelling screw

Nivellierung *f*, Höhenmessung *f* (Ermittlung des Höhenunterschieds zwischen zwei Punkten), Nivellement *n* (Verm) / differential levelling, differential level, levelling

NK, Naturkautschuk *m* (ChT) / natural rubber, caoutchouc, crude rubber, gum, India rubber, NR, gum elastic

Nkw-Dieselmotor *m* (Kfz, Mot) / heavy-duty diesel engine

N-Leiter *m* (Elek) / N-conductor

n-Leitung *f*, Überschussleitung *f*, Elektronenleitung *f* (Eltro) / electron conduction, n-type conduction

Nm, Newtonmeter *n* (abgeleitete SI-Einheit für das Drehmoment) (Phys) / newton-meter (of torque)

No, Nobelium *n* (OZ 102) (Chem) / nobelium, No

Nobelium *n* (OZ 102) (Chem) / nobelium, No

nochmals ablaufen lassen, wiederholen (Audio, DV) / rerun

Nocken *m* (der Nockenwelle) / cam (on camshaft) || ~, Kurvenscheibe *f* (Masch) / disk cam, plate cam, cam *n* (in the form of a disk) || ~, Nockenvorsprung *m* (Masch) / cam nose, cam hump, cam lobe, lobe (of the cam) || ~**anlauf** *m*, Nockenvorsprung *m* (Masch) / cam nose, cam hump, cam lobe, lobe (of the cam) || ~**folge** *f* (Mot) / injection order || ~**grundkreis** *m* (Mot) / basic circle of the cam || ~**schalter** *m* (Elek) / cam switch, cam-operated switch || ~**schaltwerk** (Elek) / cam group || ~**scheibe** *f*, Kurvenscheibe *f* (Masch) / disk cam, plate cam, cam *n* (in the form of a disk) || ~**vorsprung** *m* (Masch) / cam nose, cam hump, cam lobe, lobe (of the cam) || ~**welle** *f* (Kfz, Masch) / camshaft

Nominal..., Nenn... / nominal

nominell, Nenn..., Nominal... / nominal

Nomo•gramm *n* (Math) / alignment chart, nomograph, nomogram || ~**graphie** *f* (Math) / nomography

Nonandisäure *f* (Chem) / azelaic acid

Non-Impact-Drucker *m* (DV) / non-impact printer

Nonius *m* (Pl. Nonien - Hilfsmaßstab zum Ablesen von Bruchteilen der Einheiten des Hauptmaßstabs) (Mess) / vernier scale, vernier

Noppe *f*, Verdickung *m* (im Gewebe), Knötchen *n* (Tex) / burl *n*, slub

NOR, NOR-Verknüpfung *f*, NICHT-ODER-Funktion *f* (DV, Eltro, Logik) / NOR-function, NOR operation

Noradrenalin *n* (Biochem, Pharm) / norepinephrine, noradrenaline

Nordpol *m* (eines Magneten) / north pole, north seeking pole

Norepinephrin *n* (Biochem, Pharm) / norepinephrine, noradrenaline

NOR•-Funktion *f*, NOR-Verknüpfung *f*, NICHT-ODER-Funktion *f* (DV, Eltro, Logik) / NOR-function, NOR operation || ~**-Gatter** *n*, NICHT-ODER-Glied *n* (DV, Eltro) / NOR circuit, NOR element, NOR gate || ~**-Glied** *n*, NICHT-ODER-Glied *n* (DV, Eltro) / NOR circuit, NOR element, NOR gate

Norm *f*, Regel *f* / rule *n*, norm || ~ (von nationalen u. internationalen Normungsgremien festgeschriebener Standard) (Norm) / standard || ~ (einer Matrix, eines Vektors) (Math) / norm (of a matrix, vector)

normal / normal *adj* || ~ (üblicherweise anzutreffend, handelsüblich, z.B. Ausstattung, Bauausführung, Format, Maß, Gewicht) / standard *adj* || ~, gewöhnlich / ordinary || ~**e Abweichung**, Standardabweichung *f*, mittlere quadratische Abweichung (von Einzelwerten) (Mess, Stat) / standard deviation, root mean square deviation || ~**es Salz** (Chem) / neutral salt, normal salt

Normal *n* (Maßverkörperung, Messeinrichtung o. Referenzmaterial zur Festlegung o. Reproduktion einer Einheit o. eines o. mehrerer Größenwerte, um diese an eine andere Messgeräte durch Vergleich weiterzugeben), Standard *m* (Mess) / measurement standard, standard || ~, Normalkraftstoff unverbleit *m* (ROZ ab 91,0) (Kfz) / regular unleaded [gasoline] (US), regular unleaded [petrol] (AUS, Ireland), regular unleaded petrol (GB) || ~..., Haupt..., in ständigem Einsatz / main *adj* (as opp. to: standby) || ~**ausbreitung** *f* (Radio) / standard propagation || ~**ausführung** *f*, Standardausführung *f* / standard design || ~**bedingungen** *f pl*, Normzustand *m* (Normtemperatur und Normdruck eines festen, flüssigen oder gasförmigen Stoffes) (Phys) / normal temperature and pressure, standard conditions *pl*, standard temperature and pressure, STP, NTP, standard conditions for temperature and pressure || ~**belastung** *f* (allg, Masch, Mech) / normal load || ~**benzin** *n*, Normalkraftstoff unverbleit *m* (ROZ ab 91,0) (Kfz) / regular unleaded [gasoline] (US), regular unleaded [petrol] (AUS, Ireland), regular unleaded petrol (GB) || ~**beschleunigung** *f* (Phys) / normal acceleration || ~**druckspannung** *f* (Mech) / normal compressive stress

Normale *f* (Math) / normal

Normal•elektrode *f*, Bezugselektrode *f* (Chem, Elek) / reference electrode || ~**element** *n* (Elek) / standard cell || ~**form** *f* (einer Gleichung) (Math) / normal form || ~**form** (einer Geradengleichung), y-Form *f* (Math) / slope-intercept form (of the straight-line equation: y = mx + b) || ~**-Freiwinkel** *m* (Spiralbohrer) (Wzm) / normal clearance (of the major cutting edge) || ~**frequenz** *f*, Eichfrequenz *f* (Elek, Elro) / standard frequency || ~**glühen** *n* (Hütt) / normalizing (heating to a complete austenitic structure, followed by an air cool resulting in fine pearlite)

Normalisieren *n*, Normalglühen *n* (Hütt) / normalizing (heating to a complete austenitic structure, followed by an air cool resulting in fine pearlite)

normalisierend•es Umformen (Hütt) / normalizing forming ‖ **~es Walzen** (Walz) / normalizing rolling

Normalisierung f (DV, Math) / normalization n

Normalität f (Chem) / normality

Normal•kraft f (senkrecht auf die Berührungsfläche wirkend) (Mech) / normal force ‖ **~kraftstoff unverbleit** m (ROZ ab 91,0) (Kfz) / regular unleaded [gasoline] (US), regular unleaded [petrol] (AUS, Ireland), regular unleaded petrol (GB) ‖ **~last** f (Elek, Masch) / normal load ‖ **~lehre** f (Mess) / standard gauge ‖ **~leistung** f (Masch) / standard capacity, standard performance ‖ **~objektiv** n, Standardobjektiv n (Foto) / allround lens, normal lens, standard lens ‖ **~papier** n (Pap) / plain paper ‖ **~parabel** f (Math) / normal parabola ‖ **~projektion** (Doku) / orthographic projection, orthographic representation ‖ **~spannung** f (Elek) / standard voltage, normal voltage ‖ **~spannung** (Mech) / normal stress, direct stress ‖ **~spanwinkel** (Spiralbohrer) (Wz) / normal rake ‖ **~stellung** f / normal position ‖ **~teil** n, Normbauteil n / standard part, standard component ‖ **~uhr** f, Hauptuhr f (einer Uhrenanlage) / master clock ‖ **~verteilung** f (Stat) / normal distribution, Gaussian distribution, normal statistical distribution ‖ **~Wasserstoffelektrode** f (Chem, Elek) / standard hydrogen electrode, SHE ‖ **~widerstand** m (Bauteil), Widerstandsnormal n (Elek, Mess) / measurement standard resistor, standard resistor

Norm•bauteil n / standard part, standard component ‖ **~dichte** f (Phys) / standard density ‖ **~druck** m (Phys) / standard pressure

normen (durch z.B. ISO, DIN) (Norm) / standardize

Norm•fallbeschleunigung f (Phys) / standard acceleration of gravity ‖ **~gemäß** (Norm) / compliant with [applicable] standards, conforming to [applicable] standards, standard ‖ **~gerecht** (Norm) / compliant with [applicable] standards, conforming to [applicable] standards, standard ‖ **nicht ~gerecht** / non-standard ‖ **~gewichtskraft** f (Phys) / standard force of gravity ‖ **~hubhöhe** f (Förd) / standard lift height

normieren, normen (durch z.B. ISO, DIN) (Norm) / standardize

normiert (Phys) / normalized (e.g. correlation, form, function) ‖ **~er Vektor**, Einheitsvektor m (Math) / unit vector, normalized vector

Normierung, Normung f (durch z.B. ISO, DIN) (Norm) / standardization

norm•konform (Norm) / compliant with [applicable] standards, conforming to [applicable] standards, standard ‖ **~konformität** f (Norm) / conformance ‖ **~leistung** f (Masch) / standard capacity, standard performance ‖ **~motor** m (Elek) / standard-dimensioned motor, standard motor ‖ **~teil** n (Norm) / standardized component ‖ **~temperatur** f (Phys) / standard temperature

Normung f (durch z.B. ISO, DIN) (Norm) / standardization

Normungsorganisation (Norm) / standardizing body

Norm•volumen n (Phys) / normal volume, standard volume ‖ **~zahl** (Masch, Norm) / preferred number ‖ **~zustand** m (Materialprüfung) (Mater) / standard ambient conditions ‖ **~zustand** (Normtemperatur und Normdruck eines festen, flüssigen oder gasförmigen Stoffes) (Phys) / normal temperature and pressure, standard conditions pl, standard temperature and pressure, STP, NTP, standard conditions for temperature and pressure

NOR-Schaltung f, NICHT-ODER-Glied n (DV, Eltro) / NOR circuit, NOR element, NOR gate

Nortongetriebe n (Dreh) / Norton mechanism

NOR-Verknüpfung f, NICHT-ODER-Funktion f (DV, Eltro, Logik) / NOR-function, NOR operation

Not•..., Notfall... / emergency... ‖ **~...**, Ersatz..., Reserve... (z.B. -rechner, -generator, der bereits funktionsfähig bereitsteht für den Fall, dass der Erstrechner/-generator ausfällt), Bereitschafts... / standby... (e.g. computer, generator) ‖ **~abschaltung** f (einer Anlage) / emergency cutout, emergency shutdown

Notation f, Schreibweise f (DV, Math) / notation

Not-Aus n, Notabschaltung f (einer Anlage) / emergency cutout, emergency shutdown

Not•ausgang m / emergency exit, fire exit ‖ **~ausgang** f (Luft, Raumf) / emergency exit, escape hatch ‖ **~auslösung** (Elek) / emergency tripping device ‖ **~ausschalter** m (Elek) / emergency switch, emergency stop ‖ **~ausschaltung** f (Elek) / emergency tripping device ‖ **~ausstieg** m (Luft, Raumf) / emergency exit, escape hatch ‖ **~batterie** f / emergency battery ‖ **~beleuchtung** f / emergency lighting ‖ **~betrieb** m / emergency operation ‖ **~bremse** f / emergency brake

Notebook n (DV) / notebook, notebook computer

Notfall m / emergency n ‖ **~...**, Not... / emergency...

NOT-Gatter n, Inverter (Schaltung zur Ausführung der NICHT-Funktion) (DV, Eltro) / inverter, NOT gate, negator, NOT circuit, NOT element

Notiz•block m (Büro) / notepad, jotter ‖ **~buch** n (Büro) / notebook

Not•knopf m / emergency button ‖ **~kühlsystem** n (Nukl) / emergency cooling system ‖ **~lage** f / emergency n ‖ **~lampe** f, Notbeleuchtung f / emergency lighting ‖ **~landen** (Luft) / make an emergency landing ‖ **~laufrad** n, Reifen m mit Notlaufeigenschaften (Kfz) / run-flat tire (maintaining vehicle stability in the event of a sudden deflation and permitting limited vehicle operation after the deflation) ‖ **~laufreifen** m, Reifen m mit Notlaufeigenschaften (Kfz) / run-flat tire (maintaining vehicle stability in the event of a sudden deflation and permitting limited vehicle operation after the deflation) ‖ **~leuchte** f, Notbeleuchtung f / emergency lighting ‖ **~rufnische** f (in Tunneln) (Straß) / safety niche, emergency bay ‖ **~schalter** m, Notausschalter m (Elek) / emergency switch, emergency stop ‖ **~stab** m, Schnellabschaltstab m (Nukl) / scram rod, safety rod, shutdown rod ‖ **~stand** m / emergency n ‖ **~stopp** m / emergency stop

Notstrom m (Elek) / emergency power ‖ **~aggregat** n (Elek) / emergency power generator, emergency power system (generator-based) ‖ ~**versorgung** f (Elek) / emergency power supply

notwendig, erforderlich, nötig / necessary, requisite ‖ ~, unbedingt erforderlich, unerlässlich, unabdingbar / vital

Notwendigkeit f [für etwas, etwas zu tun] / necessity [for something, of doing/to do something]

Novel Food (Lebensmittel, die vor dem Inkrafttreten der Novel-Food-Verordnung innerhalb der EU nicht in nennenswertem Umfang zum Verzehr in den Handel gebracht wurden - Lebensmittel aus anderen Kulturkreisen, exotische Früchte, Designer Food) (Nahr) / novel food

NO$_x$, Stickstoffoxid n (Chem) / nitrogen oxide, NO$_x$

Np, Neptunium n (Chem) / neptunium, Np

NPN-Transistor m (Eltro) / npn transistor

NR, Naturkautschuk m (ChT) / natural rubber, caoutchouc, crude rubber, gum, India rubber, NR, gum elastic

NR-Schweißen n, Nachrechtsschweißen n / backhand welding, right-hand welding, rightward welding, backward welding

n-Schicht f (Eltro) / n-type layer

n-seitig n (Math) / n-sided (prism, pyramid)

NT, Netzabschlussgerät n (Tele) / network terminating unit, NT, network termination, NTU

NTC-Widerstand m (Eltro) / NTC resistor

Nucleon n (Nukl) / nucleon

Nucleotidsequenz f (Biochem) / base sequence

nuklear, Nuklear... (Phys) / nuclear ‖ ~**er Antrieb** (Mil, Raumf) / nuclear propulsion

Nuklear•..., nuklear (Phys) / nuclear ‖ ~**antrieb** (Mil, Raumf) / nuclear propulsion ‖ ~**batterie** f, Isotopenbatterie f (Nukl, Raumf) / nuclear battery, atomic battery, radioisotopic generator, radio isotope battery ‖ ~**technik** f (Nukl) / nuclear engineering, nuclear technology ‖ ~**waffen** f pl (Mil) / atomic weapons pl, nuclear weapons pl

Nukleon n (Nukl) / nucleon

Nukleonenzahl f (= Neutronen + Protonen), Massenzahl f (Nukl) / atomic mass number, mass number, nuclear number, nucleon number

Nukleotidsequenz f (Biochem) / base sequence

Nuklid n (Nukl) / nuclide

Null f (Math) / zero n, cipher, naught, nought ‖ ~**abgleich** m (Brücke) (Elek, Mess) / null adjustment method, null method, null balance, null balancing ‖ ~**anzeigegerät** m, Nullinstrument n (mit dem Nullpunkt in der Skalenmitte zum Nachweis der Stromlosigkeit in einem Stromzweig) (Elek, Mess) / null indicator, bridge detector, null detector, null-point detector ‖ ~**anzeiger** m, Nullinstrument n (mit dem Nullpunkt in der Skalenmitte zum Nachweis der Stromlosigkeit in einem Stromzweig) (Elek, Mess) / null indicator, bridge detector, null detector, null-point detector ‖ ~**dimensionale Gitterbaufehler** (Krist) / point defects ‖ ~**einstellung** f, Einstellung f auf Null (Instr) / zeroing, zeroizing, adjustment to zero, zero setting, zero adjustment, zero point adjustment ‖ ~**emission** f (Umw) / zero emission

Nullen n, Einstellung f auf Null (Instr) / zeroing, zeroizing, adjustment to zero, zero setting, zero adjustment, zero point adjustment

Null•**energiereaktor** m (Nukl) / zero-power reactor, zero-energy reactor ‖ ~**glas** n, afokales Brillenglas (Opt) / afocal lens, plano lens ‖ ~**hypothese** f (QM, Stat) / null hypothesis ‖ ~**indikator** m, Nullinstrument n (mit dem Nullpunkt in der Skalenmitte zum Nachweis der Stromlosigkeit in einem Stromzweig) (Elek, Mess) / null indicator, bridge detector, null detector, null-point detector ‖ ~**instrument** n (mit dem Nullpunkt in der Skalenmitte zum Nachweis der Stromlosigkeit in einem Stromzweig) (Elek, Mess) / null indicator, bridge detector, null detector, null-point detector ‖ ~**justierung** f, Einstellung f auf Null (Instr) / zeroing, zeroizing, adjustment to zero, zero setting, zero adjustment, zero point adjustment ‖ ~**kippspannung** (bei einem Thyristor Kippspannung ohne Gatestrom) (Eltro) / breakover voltage, breakover point ‖ ~**klemme** f (Elek) / neutral terminal, zero terminal ‖ ~**ladungspotential** f (Elek) / zero potential ‖ ~**leistungsdrehzahl** f, Leerlaufdrehzahl f (Mot) / idle speed, idling speed, idle-running speed, no-load speed ‖ ~**leistungsreaktor** m (Nukl) / zero-power reactor, zero-energy reactor ‖ ~**leiter** m, Neutralleiter (der in der Elektroinstallation den Strom vom Verbraucher ins Netz zurückführt, im Normalfall nicht unter Spannung - blauer Kunststoffmantel, Kurzzeichen "N") (Elek) / neutral wire, neutral conductor ‖ ~**leiterklemme** f (Elek) / neutral terminal, zero terminal ‖ ~**linie** f, Agone f (Geoph) / agonic line ‖ ~**linie**, neutrale Faser, Spannungs-Nulllinie f (Mech) / neutral axis (line of zero stress in a beam bent downward), neutral line ‖ ~**linie** (zur grafischen Darstellung des Nennmaßes, auf das sich Abmaße und Toleranzen beziehen) (Zeichn) / zero line ‖ ~**menge** f, leere Menge (Math) / null set, empty set ‖ ~**phasenwinkel** m (Phys) / zero-phase angle ‖ ~**potential** n (Elek) / zero potential

Nullpunkt m (einer Koordinatenachse) (Math) / zero point ‖ ~, Koordinatenanfangspunkt m (an dem sich die Achsen eines Koordinatensystems schneiden) (Math) / origin (of coordinates) ‖ ~ (einer Skala) (Mess) / zero point ‖ ~, Sternpunkt m (Elek) / neutral, star point, neutral point ‖ ~ (bei der Ultraschallprüfung) (Mater) / transmission point ‖ **absoluter** ~ (der thermodynamischen Temperaturskala = -273,15 °C, 0 K), absoluter Nullpunkt (der thermodynamischen Temperaturskala = -273,15 °C, 0 K) (Phys) / absolute zero ‖ ~**einstellung** f, Einstellung f auf Null (Instr) / zeroing, zeroizing, adjustment to zero, zero setting, zero adjustment, zero point adjustment ‖ ~**energie** f (Phys) / zero-point energy ‖ ~**justierung** f, Einstellung f auf Null (Instr) / zeroing, zeroizing, adjustment to zero, zero setting, zero adjustment, zero point adjustment ‖ ~**-Störspannung** f (Mess) / in-phase voltage ‖ ~**verschiebung** f (Instr, NC) / zero offset

Null•**serie** f, Vorserie f (Fert) / pilot lot, pilot production, pilot run, preproduction run, preproduction series ‖ ~**setzen** n, Einstellung f auf Null (Instr) / zeroing, zeroizing, adjustment to zero, zero setting, zero adjustment, zero point adjustment ‖ ≈**spannung** f (Elek) / zero voltage, no-voltage, null voltage ‖ ≈**spannungsschalter** m (Elek) / zero-voltage switch ‖ ≈ (Mech) / zero member ‖ ≈**stelle** f (z.B. eines Polynoms) (Math) / zero (e.g. of a polynomial) ‖ ≈**stellen** n, Einstellung f auf Null (Instr) / zeroing, zeroizing, adjustment to zero, zero setting, zero adjustment, zero point adjustment ‖ ≈**stellenantenne** f (Radio) / directional-null antenna ‖ ≈**stellung** f, Grundstellung f, Ausgangsstellung f / home position, initial position, starting position ‖ ≈**stellung,** Einstellung f auf Null (Instr) / zeroing, zeroizing, adjustment to zero, zero setting, zero adjustment, zero point adjustment

Nullung f (Elek) / multiple protective earthing ‖ ≈, Einstellung f auf Null (Instr) / zeroing, zeroizing, adjustment to zero, zero setting, zero adjustment, zero point adjustment

Null•verschiebung f, Bezugspunktverschiebung f (NC) / zero offset, zero shift ‖ ≈**winkel** m (Math) / zero angle ‖ ≈**zählrate** f (Mess) / zero count rate ‖ ≈**zustand** m (DV, Mess) / zero condition

Num Lock key (DV) / Num-Taste f

Numeral n, Zahlzeichen n, Ziffer f (in Nichtstellenwertsystemen o. bei Betonung der Herkunft, z.B. arabische, römische Ziffern) (Math) / numeral n (single symbol)

numerisch•e Anzeige, Digitalanzeige f (DV, Instr) / digital display, DD, digital readout, numerical display ‖ ~**er Block** (auf der Tastatur) (DV) / numeric keypad ‖ ~**er Coprozessor,** arithmetischer Coprozessor (DV) / floating-point processor, math coprocessor, floating-point unit, numeric coprocessor, FPU ‖ ~**e Exzent:izität** (Math) / numerical eccentricity ‖ ~**er Pager** (bei dem z.B. die zurückzurufende Telefonnummer übertragen werden kann) (Tele) / numeric pager, numeric display pager ‖ ~**e Steuerung** / numerical control, NC ‖ ~**e Steuerung,** numerisches Steuerungssystem / numerical control system, NC system ‖ ~**es Steuerungssystem** / numerical control system, NC system ‖ ~**er Wert,** Zahlenwert m (Math) / numerical value

Numerus m, Antilogarithmus m (Math) / antilogarithm, antilog

Nummer f, Teilnehmeranschlussnummer f, Telefonnummer f (Tele) / telephone number, phone number, number, subscriber number ‖ ≈, Größe f (Kleidung) (Tex) / size

Nummern•block m, numerischer Block (auf der Tastatur) (DV) / numeric keypad ‖ ≈**schalter** m, Wählscheibe f (Tele) / dial, rotary dial ‖ ≈**schalterarbeitskontakt** m (Tele) / dial shunt springs ‖ ≈**schalterimpuls** m, Wählimpuls m (beim Impulswahlverfahren) (Tele) / dial pulse (in dial pulse signalling) ‖ ≈**schalterimpulskontakt** m (Tele) / dial pulse springs ‖ ≈**scheibe** f, Wählscheibe f (Tele) / dial, rotary dial ‖ ≈**scheibenimpuls** f, Wählimpuls m (beim Impulswahlverfahren) (Tele) / dial pulse (in dial pulse signalling) ‖ ≈**schild** n (Kfz) / number plate (GB), license plate (US), registration plate (GB) ‖ ≈**schildbeleuchtung** f (Kfz) / license light (US), number plate light f (GB)

Nur-Lese-Speicher m, ROM n (DV) / ROM, read-only memory

Nuss f, Kettennuss f (Masch) / chain sprocket, sprocket wheel ‖ ≈ (für Steckschlüssel), Steckschlüsseleinsatz m (Wz) / socket (for wrenches)

Nut f (allg) / groove ‖ ≈ (zur Aufnahme eines Zapfens o. einer Feder) (Holz) / mortise, groove ‖ ≈, Spannut f (Wz) / flut (on drill bit) ‖ ≈, Keilnut f (Wellen- o. Nabennut zum Einsetzen von Keilen in Keilverbindungen) (Masch) / keyseat n (longitudinal slot cut in a shaft or hub to receive a key), keyway ‖ ≈, Keilnut f (im Keilwellen-Profil) (Masch) / spline, female spline, internal parallel-sided spline (single groove) ‖ ≈ (Elek) / slot (in the face of rotor or stator of an electric rotating machine)

Nuten•keil m (Masch) / sunk key ‖ ≈**keil** (zur Begrenzung radialer Bewegungen der Wicklung) (Elek) / slot wedge ‖ ≈**stein** m (Masch) / sliding block

Nut•mutter f / slotted round nut for hook-spanner, groove nut ‖ ≈**partie** f (Felge) (Kfz) / gutter

Nutzarbeit f / effective work, useful work

nutzbar, verwertbar, verwendbar [als, zu] / usable, useable, useful, practicable ‖ ~**es Gefälle** (Wasserkraft), Fallhöhe f (Ener) / head, effective head, pressure head, hydrostatic pressure (water power) ‖ ~ **machen,** nutzen, zur Nutzung heranziehen / utilize (e.g. use waste power, energy resources, a stream to cool a power plant, solar radiation as a source of heat) ‖ ~ **machen** (z.B. Wasserkraft, Sonnenenergie) / harness v (e.g. water power, energy of the sun) ‖ ~**e Wärme** / available heat, useful heat, usable heat ‖ ~**e Zeit,** Betriebszeit f (während der eine Anlage etc. funktionsfähig und betriebsbereit ist), verfügbare Betriebszeit / uptime, available time, operable time

Nutzbarmachung, Verwertung f / utilization

Nutz•bremse f (beim Bremsen wird der Elektromotor des Antriebs als Generator verwendet, die Bewegungsenergie wird dabei als elektrischer Strom zurückgewonnen) (Bahn, Elek) / regenerative brake ‖ ≈**bremsung** f (beim Bremsen wird der Elektromotor des Antriebs als Generator verwendet, die Bewegungsenergie wird dabei als elektrischer Strom zurückgewonnen) (Elek) / regenerative braking ‖ ≈**daten** pl (in OSI) (Tele) / user data (in OSI) ‖ ≈**ebene** f (Ebene, die das künstliche Licht beleuchten soll) (Licht) / working plane

nutzen, verwenden, benutzen, einsetzen / use vt, employ ‖ ~, nutzbar machen, zur Nutzung heranziehen / utilize (e.g. use waste power, energy resources, a stream to cool a power plant, solar radiation as a source of heat) ‖ ~, ausnutzen, vollen Gebrauch machen [von] / make full use of, take full advantage of ‖ ~ (Bodenschätze, neue Technologien) / exploit (natural resources, new technologies) ‖ ~, Nutzen ziehen [aus] / capitalize [on] (e.g. synergies, global growth, the global crisis) ‖ ≈ m, Vorteil m / benefit, advantage ‖ ≈, Gewinn m / gain n ‖ ≈ **ziehen** [aus], nutzen / capitalize [on] (e.g. synergies, global growth, the global crisis)

Nutzen-Kosten-Analyse f / benefit-cost analysis, cost-benefit-analysis

nutzer•freundlich / easy-to-use, user-friendly ‖ **≈profil** n (DV, Tele) / user profile

Nutz•gefälle n, Fallhöhe f, nutzbares Gefälle (Wasserkraft) (Ener) / head, effective head, pressure head, hydrostatic pressure (water power) ‖ **≈holz** n (Holz) / timber n ‖ **≈holz** (geschnitten), Schnittholz n / lumber n (US), timber (cut into boards, planks, battens, etc.)(GB, Australia) ‖ **≈hub** m (Mot) / effective stroke ‖ **≈länge** f / useful length

Nutzlast f (gegen Entgelt zu befördernde Ladung o. Passagiere bzw. deren Gewicht), zahlende Nutzlast (Bahn, Kfz, Luft, Raumf, Schiff) / payload, P.L. ‖ **≈** (als Angabe der maximalen Beförderungs- o. Tragkapazität) (Förd, Verk) / rated load ‖ **≈**, Verkehrslast (i. Ggs. zur ständigen Last) (Bau) / live load, superload, imposed load ‖ **≈** (Unterschied zwischen dem zulässigen Gesamtgewicht und dem Leergewicht) (Kfz) / loading capacity ‖ **≈** (Tele) / payload ‖ **≈raum** m (Raumf) / cargo bay, payload bay

Nutz•lebensdauer f, Betriebslebensdauer f / useful life, operating life, lifetime, service life, life, operational life, operational lifetime, serviceable life ‖ **≈leistung** f (Masch) / useful output power, useful power

nützlich, brauchbar / useful

Nützlichkeit f, Brauchbarkeit f / usefulness

nutzlos, unbrauchbar / useless

Nutz•signal-Störsignal-Verhältnis n (Eltro) / signal-to-noise ratio, noise ratio, signal-noise ratio, S/N ratio, SNR ‖ **≈störabstand** m, Nutzsignal-Störsignal-Verhältnis n (Eltro) / signal-to-noise ratio, noise ratio, signal-noise ratio, S/N ratio, SNR

Nutzung f, Gebrauch m, Benutzung f / use n, employment ‖ **≈**, Einsatz m, Betrieb m (einer Maschine etc.) / operation, service ‖ **≈** (z.B. von Böden, Kernenergie, Wäldern, Erdgasvorkommen) / exploitation (e.g. of soils, nuclear power, forests, natural-gas deposits) ‖ **≈**, Nutzbarmachung f / utilization

Nutzungs•dauer f, Betriebslebensdauer f / useful life, operating life, lifetime, service life, life, operational life, operational lifetime, serviceable life ‖ **≈faktor**, Ausnutzungsgrad m (Masch) / utilization coefficient, utilization factor ‖ **≈grad** m / degree of utilization ‖ **≈grad**, Ausnutzungsgrad m (Masch) / utilization coefficient, utilization factor

Nutz•wärme f, nutzbare Wärme / available heat, useful heat, usable heat ‖ **≈wasser** n / service water ‖ **≈zeit** f, Betriebslebensdauer f / useful life, operating life, lifetime, service life, life, operational life, operational lifetime, serviceable life

NV- (Elek) s. Niedervolt...

NW, Nennweite f / nominal width, nominal size ‖ **≈**, Nenndurchmesser m / nominal diameter ‖ **≈**, Nennweite f (Kenngröße für den Durchmesser von zueinander passenden Teilen, z.B. Rohrleitungen mit Armaturen - Angabe durch die Bezeichnung DN (engl. Diameter Nominal) gefolgt von einer ungefähr dem Innendurchmesser in Millimeter entsprechenden, dimensionslosen Zahl) (Masch) / DN (= Diamètre Nominal/Nominal Diameter - in Europe, identical with German term), NPS (Nominal Pipe Size - in the US, based on inches)

Nylon n (Plast, Tex) / nylon (used as a fiber)

Nyquist-Rauschen n, thermisches Rauschen (Folge der unregelmäßigen thermischen Elektronenbewegung in allen aktiven u. passiven Bauelementen) (Eltro) / circuit noise, output noise, thermal noise, Johnson noise, resistance noise

NZ f, Normzahl (Masch, Norm) / preferred number

O

Ω, Ohm *n* (Elek) / ohm

O, Sauerstoff *m* (Chem) / oxygen, O

O₂-Aufblas-Konverter *m*, Sauerstoff-Aufblas-Konverter *m* (Hütt) / basic oxygen furnace, BOF

Oben•dreher *m*, obendrehender Turmdrehkran (Bau, Förd) / high pivot crane, top slewing crane ‖ **~gesteuerter Motor**, Motor *m* mit hängenden oder obengesteuerten Ventilen (Mot) / OHV engine, valve-in-head engine, overhead-valve engine ‖ **~-ohne-Container** *m* / open-top container

ober•er / top, upper *adj* ‖ **~es Abmaß** (algebraische Differenz zwischen dem Höchstmaß und dem Nennmaß) / upper deviation (algebraic difference between the maximum limit of size and the corresponding basic size) ‖ **~e Eingriffsgrenze** (QM) / upper action limit, UAL, upper control limit, UCL ‖ **~e Grenze**, Höchstgrenze *f*, Obergrenze *f* / upper limit ‖ **~e Grenze**, Supremum *n* (Math) / least upper bound, lub, supremum, sup ‖ **~e Grenzfrequenz** (Eltro) / upper cut-off frequency, high-end cut-off frequency ‖ **~es Grenzmaß**, Höchstmaß *n* (Passung), Größtmaß *n* / maximum size, maximum dimension, maximum limit ‖ **~er Grenzwert** / upper limit ‖ **~es Gurttrum** (eines Förderbands) (Förd) / tight side (of a belt) ‖ **~er Heizwert** (früher), Brennwert *m* (Quotient aus der bei vollständiger Verbrennung eines Brennstoffs frei werdenden Wärmemenge und seiner Masse bzw. Stoffmenge in kJ/kg, einschließlich der Kondensationswärme der Gesamtwassermenge, die danach in flüssigem Zustand vorliegt) / calorific value, gross value, gross calorific value, higher calorific value, HCF ‖ **~e Mittelklasse** (Kfz) / luxury cars, mid-luxury segment (e.g. Mercedes-Benz E-Class, BMW 5 Series, Lexus GS430 or the Jaguar S-Type), executive cars ‖ **~es Rahmenrohr**, Oberrohr *n* (Fahrrad) / crossbar, top tube ‖ **~e Seite** / top ‖ **~er Sonderkanalbereich** (Kabelfernsehen) (TV) / superband ‖ **~er Totpunkt** (Mot) / top dead center, TDC ‖ **~e Tragschicht** (Straß) / base, base course, base layer ‖ **~e Troposphärengrenze** (8-14 km Höhe), Tropopause *f* (Geoph) / tropopause

Ober•..., oberer / top, upper *adj* ‖ **~...**, Haupt..., hauptsächlich / principal *adj* ‖ **~arm** *m* (einer Punktschweißmaschine) (Wzm) / upper horn ‖ **~bau** *m* (Masch) / superstructure ‖ **~boden** *m*, Mutterboden *m* (Bau) / topsoil ‖ **~deck** *n* (Luft, Schiff) / upper deck ‖ **~druckhammer** *m* (Schm) / power drop hammer

Oberfläche *f* (allg, Math) / surface *n* ‖ **~** (Größe, Umfang) (allg, Math) / area, surface area ‖ **~**, Oberflächenzustand *m* (im Allgemeinen) / surface condition, surface quality ‖ **~**, Oberflächenfinish *n*, Oberflächenqualität *f* (z.B. eines Gussstücks oder bearbeiteten

Werkstücks) (Fert) / surface finish, finish *n* ‖ **~**, Oberflächengestalt *n*, Oberflächentextur *f* (Rauheit, Welligkeit, Oberflächencharakter, Oberflächenunvollkommenheiten und Formabweichungen innerhalb eines Teilbereiches der Oberfläche) (Fert) / surface texture (defined by roughness, waviness, lay, and flaws) ‖ **~**, Benutzeroberfläche *f* (DV) / interface, user interface

oberflächen•aktiv (Chem, Phys) / surface-active ‖ **~aktiver Stoff**, Tensid *n* (Chem, Phys) / surface-active agent, surfactant ‖ **~aktivität** *f* (Chem, Phys) / surface activity ‖ **~ausführung** *f*, Oberflächenfinish *n*, Oberflächenqualität *f* (z.B. eines Gussstücks oder bearbeiteten Werkstücks) (Fert) / surface finish, finish *n*

Oberflächenbehandlung *f* (allg, Fert) / surface treatment ‖ **~** (als End- o. Fertigbearbeitung mit hohen Oberflächengüten) (Fert) / surface finishing ‖ **~**, Vorbehandlung der Oberflächen (beim Kleben), Haftgrundvorbereitung *f* (Fert) / preparation of the adherend surface, surface preparation

Oberflächenbeschaffenheit *f*, Oberflächenzustand *m* (im Allgemeinen) / surface condition, surface quality ‖ **~**, Oberflächenfinish *n*, Oberflächenqualität *f* (z.B. eines Gussstücks oder bearbeiteten Werkstücks) (Fert) / surface finish, finish *n* ‖ **~**, Oberflächengestalt *n*, Oberflächentextur *f* (Rauheit, Welligkeit, Oberflächencharakter, Oberflächenunvollkommenheiten und Formabweichungen innerhalb eines Teilbereiches der Oberfläche) (Fert) / surface texture (defined by roughness, waviness, lay, and flaws)

Oberflächen•druck *m*, Druck *m* an der Oberfläche / surface pressure ‖ **~farbe** *f*, Körperfarbe *f* (Phys) / object colour, surface colour ‖ **~fehler** *m* / surface defect, flaw, surface flaw ‖ **~feldeffekttransistor**, IGFET *m*, Feldeffekttransistor *m* mit isolierter Steuerelektrode (Eltro) / IGFET, insulated-gate field-effect transistor ‖ **~filtration** *f* (ChT) / surface filtration ‖ **~finish** *n*, Oberflächenqualität *f* (z.B. eines Gussstücks oder bearbeiteten Werkstücks) (Fert) / surface finish, finish *n* ‖ **~gekühlt** (Motor) (Elek) / surface cooled, frame surface cooled ‖ **~gestalt** *n*, Oberflächentextur *f* (Rauheit, Welligkeit, Oberflächencharakter, Oberflächenunvollkommenheiten und Formabweichungen innerhalb eines Teilbereiches der Oberfläche) (Fert) / surface texture (defined by roughness, waviness, lay, and flaws) ‖ **~getrocknete Form** (Gieß) / skin-dried mould ‖ **~glanz** (Masch, Pap) / glaze ‖ **~güte** *f*, Oberflächenzustand *m* (im Allgemeinen) / surface condition, surface quality ‖ **~güte**, Oberflächenfinish *n*, Oberflächenqualität *f* (z.B. eines Gussstücks oder bearbeiteten Werkstücks) (Fert) / surface finish, finish *n* ‖ **~härte** *f* / surface hardness ‖ **~härtung** *f*, Härtung *f* von Oberflächenschichten (durch z.B. Einsatz-, Flamm-, Induktions- o. Nitrierhärten) (Hütt) / surface hardening (e.g. by carburizing, nitriding, flame or induction hardening), case hardening ‖ **~inhalt** *m* (Math) / surface area ‖ **gleichmäßige ~korrosion** / uniform corrosion ‖ **~kraft** *f* (Mech) / surface force ‖ **~ladungsdichte** *f* (Elek) / surface charge density || **˜messgerät** n **nach dem Tastschnittverfahren**, Tastschnittgerät n (Mess) / stylus instrument, tracer-point analyzer, stylus-type instrument || **˜montierbares o. -montiertes Bauteil**, SMD-Bauelement n, SMD n (Eltro) / SMD, surface mount component, SMD component, surface mount device, SMT device (SMT = Surface Mount Technology) || **˜normal** n, Oberflächen-Vergleichsmuster n (DIN 4769) (Mess) / standard test surface, standard surface finish block, standard replica (of typical machined surface) || **˜pore** f (Mater) / surface pore || **˜qualität** f (z.B. eines Gussstücks oder bearbeiteten Werkstücks), Oberflächenfinish n (Fert) / surface finish, finish n || **˜rauheit** f, Gestaltabweichung f 3./4. Ordnung (Rillen, Riefen) (Fert) / roughness, surface roughness || **˜schaden** m / surface defect, flaw, surface flaw || **˜schicht** f / surface layer || **˜schutz** m (allg, OT) / surface protection || **˜schutzschicht** f, Schutzschicht f / protective coating, protective layer || **˜spannung** f (Phys) / surface tension, ST || **˜struktur** f, Oberflächengestalt n, Oberflächentextur f (Rauheit, Welligkeit, Oberflächencharakter, Oberflächenunvollkommenheiten und Formabweichungen innerhalb eines Teilbereiches der Oberfläche) (Fert) / surface texture (defined by roughness, waviness, lay, and flaws) || **˜technik** f / surface finishing || **˜textur** f (Rauheit, Welligkeit, Oberflächencharakter, Oberflächenunvollkommenheiten und Formabweichungen innerhalb eines Teilbereiches der Oberfläche), Oberflächengestalt n (Fert) / surface texture (defined by roughness, waviness, lay, and flaws) || **˜verarbeitung** f, Oberflächenfinish n, Oberflächenqualität f (z.B. eines Gussstücks oder bearbeiteten Werkstücks) (Fert) / surface finish, finish n || **˜-Vergleichsmuster** n (DIN 4769), Oberflächennormal n (Mess) / standard test surface, standard surface finish block, standard replica (of typical machined surface) || **˜vergütung**, Antireflexionsbeschichtung f (Opt) / antireflection coating, antireflective coating, blooming coat || **˜wasser** n (Wasserb) / surface water || **˜welle** f (Geol, Ozean, Phys, Radio, Tele) / surface wave || **˜wellen-Bauelement** n, akustoelektrisches Oberflächenwellenbauelement (Eltro) / SAW device, surface-acoustic-wave device || **˜wellenelement** n, akustoelektrisches Oberflächenwellenbauelement (Eltro) / SAW device, surface-acoustic-wave device || **˜zerrüttung** f (Verschleiß) / surface ruin || **˜zustand** m (im Allgemeinen) / surface condition, surface quality

Ober•fräse f, Oberfräsmaschine f (Tischl, Zimm) / recessing and shaping machine, routing machine, router, top spindle moulder || **˜fräsmaschine** f (Tischl, Zimm) / recessing and shaping machine, routing machine, router, top spindle moulder || **˜gesenk** n (Wzm) / upper die, top die || **˜glocke** f (beim Doppelglockenverschluss des Hochofens) (Hütt) / small bell || **˜grenze** f, Höchstgrenze f / upper limit || **~irdisch** / aboveground, surface... || **˜klasse** m (Kfz) / luxury cars, high-end luxury segment (e.g. BMW 7 Series, Mercedes-Benz S-Class, and the Audi A8) || **˜korb** m (des Geschirrspülers) (HG) / top

rack (of a dishwasher) || **˜leitung** f (Bahn, Elek) / overhead contact line, overhead line, contact wire, O.L. (overhead line), overhead wire, catenary || **˜leitungsdraht** m (Bahn, Elek) / overhead contact line, overhead line, contact wire, O.L. (overhead line), overhead wire, catenary || **˜licht** n (Fenster in der Decke eines Raumes bei flachen oder leicht geneigten Dächern) (Bau) / skylight (in flat or slightly pitched roofs), abat-jour || **˜licht**, Deckenleuchte f (allgemein: in oder an der Decke montiert oder auch von der Decke abgependelt) (Licht) / ceiling fixture (including flush mounts, semi-flush mounts, pendants and chandeliers), ceiling light, ceiling luminaire, ceiling lamp || **˜rohr** n (Fahrrad) / crossbar, top tube || **˜sattel** m (beim Freiformschmieden) (Schm) / upper die || **˜schlitten** m (trägt die Spanneinrichtung für Werkzeuge), Kreuzschlitten m (Wzm) / compound (movable platform mounted on top of the cross slide - the toolpost is mounted on the compound), topslide, compound slide, compound rest, compound slide rest, slide rest || **˜schwingung** f (Elek, Phys, Tele) / harmonic n, harmonic component || **˜schwingungsbelastung** f (Elek) / harmonic load || **˜schwingungsgehalt** m (Eltro, Phys) / distortion factor, harmonic factor, relative harmonic content

Oberseite f (i. Ggs. zur Unterseite) / top, top side, upper side || **˜** (sichtbare o. nach außen liegende Seite o. Oberfläche z.B. von Dachplatten) / upper face || **˜** (die dem Sieb abgewandte Seite des Papiers), Schönseite f, Filzseite f (Pap) / felt side, top

Oberspannung f (Trafo) (Elek) / high-side voltage, high voltage || **˜** (σ_o, bei periodischer Beanspruchung, im Spannungs-Zeit-Diagramm) (Mater, Mech) / maximum stress

oberst(e, er, es) / topmost, uppermost || **~e Lage**, Deckschicht f, oberste Schicht / top layer || **~e Schicht**, Deckschicht f, oberste Lage / top layer

Ober•stempel m (der Pulverpresse) (PM) / upper punch || **˜teil** n / top, upper part || **˜trum** n (eines Förderbands) (Förd) / tight side (of a belt) || **˜wasser** n (bei einem Wasserkraftwerk) (Wasserb) / forebay (reservoir feeding the penstocks of a hydro-power plant) || **˜welle** f, Oberschwingung f (Elek, Phys, Tele) / harmonic n, harmonic component || **˜welle** (Masch) / top shaft || **˜wellenspektrum** n (Phys, Tele) / harmonic series || **˜werkzeug** n, Obersattel m (beim Freiformschmieden) (Schm) / upper die

Objekt n (allg, DV, Opt) / object n || **˜** (Mikros) / specimen || **˜code** m (DV) / object code || **˜ebene** f (Opt) / object plane || **˜erkennung** f (z.B. durch Roboter) (DV, KI) / object recognition || **˜farbe** f (Foto) / object colour, subject colour || **˜hauptebene** f, dingseitige Hauptebene (Opt) / frontal principal plane || **˜helligkeit** f (Foto) / object brightness

objektiv, sachlich / objective

Objektiv n (Foto, Opt) / lens, objective, object lens, objective lens, object glass || **˜**, Kameraobjektiv n (Foto) / camera lens || **˜** (Fernglas, Fernrohr) (Opt) / field lens, objective lens, front lens (of telescopes, binoculars) || **˜ mit veränderlicher Brennweite**, Zoomobjektiv (Foto) / zoom,

zoom lens ‖ ~**entriegelung[taste]** f (Foto) / lens release button ‖ ~**revolver** m, Objektivwechselrevolver m (Mikros) / rotating nosepiece (that carries several objectives in a turret) ‖ ~**schutzdeckel** m (Foto) / lens cap pl ‖ ~**wechselrevolver** m (Mikros) / rotating nosepiece (that carries several objectives in a turret) ‖ ~**zubehör** n (Foto) / lens accessories pl

Objekt•programm n, in Maschinensprache umgesetztes o. ladefähiges Programm (DV) / object program ‖ ~**punkt** m (Opt) / object point ‖ ~**tisch** m (Mikros) / microscope stage, specimen stage, object stage, stage ‖ ~**träger** m (Mikros) / microscope slide, specimen slide, slide ‖ ~**welle** f (in der Holographie) (Opt) / object wave

OCR, optische Zeichenerkennung (DV) / optical character recognition, OCR

Octansäure f (Chem) / caprylic acid, octanoic acid

ODER (DV) / OR ‖ ~**-Baustein** m, OR-Gatter n (DV, Eltro) / inclusive OR gate, OR gate, OR circuit, OR element, one gate, one element ‖ ~**-Element** (Eltro) / OR element ‖ ~**-Funktion** f, Disjunktion f, inklusives Oder (DV, Eltro, Logik) / disjunction, or, inclusive or, OR operation, OR function, inclusive disjunction ‖ ~**-Gatter** n (DV, Eltro) / inclusive OR gate, OR gate, OR circuit, OR element, one gate, one element ‖ ~**-Glied** n, OR-Gatter n (DV, Eltro) / inclusive OR gate, OR gate, OR circuit, OR element, one gate, one element ‖ ~**-Verknüpfung** f, Disjunktion f, inklusives Oder (DV, Eltro, Logik) / disjunction, or, inclusive or, OR operation, OR function, inclusive disjunction ‖ negierte ~**-Verknüpfung**, NOR-Verknüpfung f, NICHT-ODER-Funktion f (DV, Eltro, Logik) / NOR-function, NOR operation

ODS-Legierung f (Hütt) / ODS alloy

OEG, obere Eingriffsgrenze (QM) / UAL (upper action limit), upper control limit, UCL (upper control limit), upper action limit

Ofen m, Heizofen m / stove n (room-heating appliance) ‖ ~, Backofen m (HG) / oven, baking oven ‖ ~, Industrieofen m / industrial oven (used mainly for drying, curing, or baking components, parts or final products) ‖ ~, Industrieofen m (zur Erzeugung von Prozesswärme o. Schmelzofen) / furnace, industrial furnace ‖ ~, Schmelzofen m (Hütt) / melting furnace, melter ‖ ~, Schmelzofen m (zur Erzverhüttung) (Hütt) / smelting furnace, smelter ‖ ~, Brennofen m / kiln (for burning, baking, or drying, especially for calcining lime, baking bricks or firing pottery) ‖ ~, Müllverbrennungsofen m / incinerator, destructor (GB), refuse destructor (GB), refuse incinerator ‖ **elektrischer** ~, Elektroofen m (Industrieofen) / electric furnace ‖ ~**ausfütterung** f, feuerfeste Ausmauerung (eines Ofens) (Hütt) / lining, refractory liner, refractory lining ‖ ~**ausmauerung** f, feuerfeste Ausmauerung (eines Ofens) (Hütt) / lining, refractory liner, refractory lining ‖ ~**deckel** m (des Lichtbogenofens) (Hütt) / roof (of electric arc furnace) ‖ ~**futter** n, feuerfeste Ausmauerung (eines Ofens) (Hütt) / lining, refractory liner, refractory lining ‖ ~**hartlöten** n (Fert) / furnace brazing ‖ ~**lack** m (Anstr) / stoving

enamel, baking enamel ‖ ~**leistung** f (Elek, Hütt) / furnace power ‖ ~**löten** n, Ofenweichlöten n (Fert) / furnace soldering ‖ ~**löten**, Ofenhartlöten n (Fert) / furnace brazing ‖ ~**trocknender Lack** (Anstr) / stoving enamel, baking enamel ‖ ~**weichlöten** n (Fert) / furnace soldering ‖ ~**zustellung** f, feuerfeste Ausmauerung (eines Ofens) (Hütt) / lining, refractory liner, refractory lining

offen / open adj ‖ ~, frei[liegend], ungeschützt / exposed ‖ ~ (Feuer) / open ‖ ~ (Flamme, Licht) / naked ‖ ~ (Architektur, System), herstellerneutral, nicht-proprietär (DV) / non-proprietary, open ‖ ~**e Bauform** (von elektrischen Betriebsmitteln) (Elek) / open-type assembly ‖ ~**er Container**, Open-top Container m / open-top container ‖ ~**e Deponie**, ungeordnete Mülldeponie, Müllkippe f (Umw) / dump, dumping ground, open dump, uncontrolled dump, uncontrolled disposal site, dumpsite ‖ ~**er Doppelringschlüssel** (Wz) / flare nut spanner, flare-nut wrench, tube wrench, line wrench, double-ended flat flare nut ring wrench, split ring spanner ‖ ~**er Endkraterlunker** (Gieß, Schw) / end crater pipe ‖ ~**e Feuerstelle**, Kamin m (Bau) / fireplace ‖ ~**er Güterwagen** (Bahn) / open-top car, open freight car, truck (GB), open wagon (GB) ‖ ~**er Güterwagen** (niederbordig) (Bahn) / gondola, gondola car, low-sided open wagon ‖ ~**es Intervall** (Math) / open interval ‖ ~**er Kopfhörer** (Audio) / open-air headphones, supra-aural phones ‖ ~**er Kreislauf** / open circuit, open cycle ‖ ~**er Kühlkreis** / open circuit (of a cooling system) ‖ ~**e Mülldeponie**, ungeordnete Mülldeponie, Müllkippe f (Umw) / dump, dumping ground, open dump, uncontrolled dump, uncontrolled disposal site, dumpsite ‖ ~**er Regelkreis**, offener Wirkungskreis (Regel) / open loop ‖ ~**e Sicherung** (Elek) / open fuse ‖ ~**er Wirkungsablauf**, offener Regelkreis (Regel) / open loop ‖ ~**er Wirkungskreis**, offener Regelkreis (Regel) / open loop

Offen-Schneiden n, Schneidverfahren n mit offener Schnittlinie, Scheren n (Fert) / shearing

öffentlich / public ‖ ~**e Datei** (DV) / public file ‖ ~**es Fernsprechwählnetz** (Tele) / public switched telephone network, PSTN ‖ ~**e Infrastruktureinrichtung** / utility, public utility (as a telephone or electric-light system, a streetcar or railroad line) ‖ ~**es Netz**, öffentliches Stromversorgungsnetz (Elek) / public grid, utility grid, public mains network ‖ ~**er Personennahverkehr** / public transport (within a local area or region), local public transport ‖ ~**er Personenverkehr** (Verk) / public transport, public transportation, public transit, mass transit ‖ ~**es Stromversorgungsnetz** (Elek) / public grid, utility grid, public mains network ‖ ~**es Telefon** (Tele) / pay phone (US), public telephone, public payphone (US), pay station ‖ ~**e Verkehrsmittel** n pl / public transport ‖ ~**es Versorgungsnetz**, öffentliches Stromversorgungsnetz (Elek) / public grid, utility grid, public mains network ‖ ~**es Versorgungsnetz** (für Gas, Wasser, Strom) / mains pl (gas/water/electric mains) ‖ ~**es Versorgungsunternehmen** / utility, public utility (enterprise that provides services such as common carrier transportation, telephone and telegraph, power, heat, and light, water, sanitation, and similar services), utility company ‖ **~es Wählnetz** (Tele) / public switched telephone network, PSTN

offline (DV) / off-line ‖ **~** *adv* (z.B. Lackieren auf speziellen Lackiermaschinen außerhalb der Druckmaschinen) (Masch) / off-line

Offline•... (DV) / off-line ‖ **⁻-Eingabe** *f* (NC) / offline input

öffnen / open *vt* ‖ **~**, aufschließen, aufsperren / unlock ‖ **~**, aufmachen / undo (a button, zipper, knot, package, gate) ‖ **~** (DV) / open (e.g. a file, window) ‖ **~**, unterbrechen (Stromkreis) / break (a circuit) ‖ **~** (die Sperre in einem Schutzschalter) / release (the latch in a circuit breaker) ‖ **sich** [leicht] **~ lassen** / open *vi* [easily] ‖ **⁻ *n* eines Stromkreises**, Unterbrechung *f* (Elek) / breaking of a circuit, opening of a circuit

Öffner *m* (im Arbeitszustand geöffnet, im Ruhezustand geschlossen), Ruhekontakt *m* (Elek) / normally closed contact, NC contact, NCC, break contact

Öffnung *f* / opening, aperture ‖ **⁻** (einer Flasche, Höhle, Schraubstock) / mouth ‖ **⁻** (zur Entlüftung), Entlüftungsöffnung *f* / vent *n*

Öffnungs•blende *f*, Blende *f* (Vorrichtung zur Einstellung der einfallenden Lichtmenge), Aperturblende *f* (Foto, Opt) / aperture (opening that limits the quantity of light that can enter an optical instrument), diaphragm, aperture diaphragm, stop, aperture stop, f-stop ‖ **⁻kontakt** *m*, Öffner *m* (im Arbeitszustand geöffnet, im Ruhezustand geschlossen), Ruhekontakt *m* (Elek) / normally closed contact, NC contact, NCC, break contact ‖ **⁻winkel** *m* (eines Strahlenkegels) (Opt) / apex angle ‖ **⁻zahl** *f*, Blendenzahl *f* (Quotient aus Brennweite und Durchmesser der Eintrittsblende - Kehrwert des Öffnungsverhältnisses) (Foto, Opt) / f-number, speed, f-stop, stop number, f-stop number, focal ratio

Offset *m*, Distanzadresse *f* (DV) / displacement address ‖ **⁻abgleich** *m* (Elek, Eltro) / offset alignment

Offshore•bohrloch *n*, küstennahe Ölbohrung *f* (Öl) / offshore oil well, offshore well ‖ **⁻bohrplattform** *f* (Öl) / oil drilling rig (offshore), offshore drilling rig, offshore oil-drilling rig, oil rig ‖ **⁻-Bohrung** *f*, küstennahe Ölbohrung *f* (Öl) / offshore oil well, offshore well ‖ **⁻plattform** *f* (Öl) / oil drilling rig (offshore), offshore drilling rig, offshore oil-drilling rig, offshore platform, oil rig ‖ **⁻-Windfarm** *f* (Elek) / offshore wind farm

O-Gestell *n* (von Pressen) (Fert) / straight-sided frame

ohc-Motor *m*, Motor *m* mit obenliegender Nockenwelle (Mot) / OHC engine, overhead cam engine, overhead camshaft engine

Ohm *n*, Ω (Elek) / ohm ‖ **~...** (Elek) / ohmic

ohmisch (Elek) / ohmic

Ohmmeter *n*, Widerstandsmessgerät *n* (Elek) / ohmmeter

ohmsch•... (Elek) / ohmic ‖ **~e Belastung** (Elek) / resistive load ‖ **~es Gesetz** (Elek) / Ohm's law ‖ **~er Verlust** (Elek) / ohmic loss, ohmic dissipation, resistance loss ‖ **~er Widerstand**, Gleichstromwiderstand *m* (Elek) / ohmic resistance, d.c. resistance

Ohren•schützer *m pl*, Kapselhörschützer *m pl* / ear defenders, ear muffs ‖ **⁻stöpsel** *m* / earplug

Ohr•hörer *m pl* (die direkt in den Gehörgang eingeführt werden) (Audio) / in-ear monitors *pl*, in-ear phones, canalphones *pl*, IEMs *pl* (in-ear monitors) ‖ **⁻hörer** (die in die Ohrmuscheln eingesetzt werden) (Audio) / earbud phones, earbuds, earphones ‖ **⁻schützer** *m pl* (Gehörschutz, Kälteschutz) / ear muffs ‖ **⁻simulator** *m* (Akust, Mess) / artificial ear, ear simulator ‖ **⁻stöpsel** *m* / earplug

ohv-Motor *m*, Motor *m* mit hängenden oder obengesteuerten Ventilen (Mot) / OHV engine, valve-in-head engine, overhead-valve engine

Okklusion *f* (Adsorption o. Absorption von Gas durch feste Körper) (Chem, Phys) / occlusion (of gases)

Öko•-, umweltfreundlich (mit geringem Stromverbrauch, z.B. Hausgerät, PC) (Elek, Umw) / green (e.g. appliance, PC) ‖ **⁻bilanz** *f* (Umw) / life cycle assessment, LCA

ökologisch•es Gleichgewicht (Ökol) / ecological equilibrium, ecological balance ‖ **~er Landbau** / organic farming

ökonomisch, wirtschaftlich, Wirtschafts... / economic

Öko•problem *n*, Umweltproblem *n* / environmental problem ‖ **⁻sphäre** *f* / biosphere, ecosphere ‖ **⁻strom** *m* (Elek) / green power

Oktaeder *n*, Achtflächner *m* (Krist, Math) / octahedron

Oktagon *n*, Achteck *n* (Math) / octagon, octangle

Oktalzahl *m* (DV, Math) / octal number

Oktant *m* (Math, Nav) / octant

Oktanzahl *f* (= 1/2(ROZ + MOZ)) (Chem, Mot) / octane number, octane rating, ON

Oktavbandfilter *n* (Tele) / octave-band filter

Oktett *n*, Achterschale *f* (Phys) / octet shell, shell of 8 electrons ‖ **⁻-Regel** *f* (Chem) / octet rule

Oktogon *n*, Achteck *n* (Math) / octagon, octangle

Okular *n* (Opt) / eyepiece, ocular, ocular lens ‖ **⁻fadenmikrometer** (Mess, Opt) / filar micrometer eyepiece

Öl *n* / oil *n* ‖ **⁻**, Heizöl *n* / fuel oil (used for domestic heating and furnace firing), heating oil ‖ **⁻ für automatisches Getriebe** (Kfz) / ATF, automatic transmission fluid

Öl•..., ölgefeuert, ölgeheizt / oil-fired, oil-burning ‖ **⁻ablasssschraube** *f* (Kfz) / oil drain plug, screw plug ‖ **⁻abstoßend**, ölabweisend / oil-repellent, oil-repelling ‖ **⁻abstreifring** *m* (Mot) / oil control ring, oil ring ‖ **⁻abweisend**, ölabstoßend / oil-repellent, oil-repelling

Ölbad *n* (Chem) / oil-bath ‖ **⁻luftfilter** *n* (Kfz) / oil bath air cleaner ‖ **⁻schmierung** *f*, Öltauchschmierung *f* / oil bath lubrication, oil flood lubrication

Öl•behälter *m*, Öltank *m* / oil tank, oil reservoir ‖ **⁻beständig**, ölfest / oil resistant ‖ **⁻bohrung** *f*, Schmierloch *n*, Ölloch *n* (zur Schmierung) / oil hole ‖ **⁻destillat** *n* (ChT) / oil distillate

Oldhamkupplung *f* / Oldham coupling, Oldham coupler

öldicht / oiltight (joint, fabric), O.T., o.t., oilproof

Öldruck *m* (Kfz) / oil pressure ‖ **⁻kabel** *n* (Elek) / oil pressure cable ‖ **⁻kontrollleuchte** *f* (Instr, Kfz) / oil-pressure warning light, oil pressure

indicator lamp, low-oil warning lamp ||
~warnleuchte f (Instr, Kfz) / oil-pressure
warning light, oil pressure indicator lamp,
low-oil warning lamp

Oldtimer m (Kfz) / vintage car, classic car

Öldunst m / oil mist

Olefin n, Alken n (früher: Alkylen) (Chem) /
alkene, olefin

Öleinfüllstutzen m (Kfz, Masch) / oil filler neck

ölen / oil vt

Öler m / oiler

öl•fest, ölbeständig / oil resistant || ~**film** m (auf
Flüssigkeiten) / oil film (e.g. on water) || ~**film**
auf Wasser, Ölteppich m (Umw) / oil slick, slick
|| ~**filter** n m / oil filter || ~**fleck** m, Ölfilm m
auf Wasser, Ölteppich m (Umw) / oil slick, slick
|| ~**gefeuert**, ölgeheizt / oil-fired, oil-burning ||
~**gefeuerter Kessel**, Ölkessel m (Masch) /
oil-fired boiler || ~**geheizt**, ölgefeuert /
oil-fired, oil-burning || ~**gekühlt** / oil-cooled ||
~**getränkt** / oil-impregnated || ~**härtender
Stahl**, Ölhärter m / oil hardening steel

ölig / oily

Oligomer n (Chem) / oligomer

Olivinsand m (Strahlmittel) (Fert) / olivine sand

Öl•kännchen n, Spritzkanne f / oil squirt can,
squirt oiler || ~**kanne** f / oil can || ~**kessel** m,
ölgefeuerter Kessel (Masch) / oil-fired boiler ||
~**kessel** (Heizung) / oil furnace || ~**kraftwerk**
n (Elek) / oil-fired power station || ~**kreislauf**
m / oil circulation || ~**kreislauf** (System) / oil
circuit || ~**kühler** m (Mot) / oil cooler || **mit**
~**kühlung**, ölgekühlt / oil-cooled || ~**lache** f,
Ölfilm m auf Wasser, Ölteppich m (Umw) / oil
slick, slick || ~**loch** n (zur Schmierung),
Schmierloch n / oil hole || ~**Luft-Federbein** m
(Luft) / oleo strut, oleo shock strut,
oleo-pneumatic strut || ~**messstab** m (Mot) /
dipstick, oil-level gauge || ~**nebel** m / oil mist ||
~**nebelschmierung** f / oil mist lubrication, oil
fog lubrication || ~**nut** f / oil groove ||
~**pegelstab** m, Ölmessstab m (Mot) / dipstick,
oil-level gauge || ~**pegelstand** m / oil level ||
~**pest** f (Umw) / oil pollution || ~**raffinerie** f,
Erdöl-Raffinerie f / oil refinery, petroleum
refinery || ~**ring** m, Schmierring m / oiling
ring, lubrication ring || ~**schalter** m (Elek) / oil
switch, oil circuit breaker || ~**schmierung** f / oil
lubrication || ~**spritzring** m (Masch) / oil
thrower, oil splash ring || ~**stab** m, Ölmessstab
m (Mot) / dipstick, oil-level gauge || ~**stand** m,
Ölpegelstand m / oil level || ~**stutzen** m,
Öleinfüllstutzen m (Kfz, Masch) / oil filler neck
|| ~**sumpf** m, Ölwanne f (Mot) / sump, oil
sump, crankcase sump, oil pan || ~**tank** m / oil
tank, oil reservoir || ~**tanker** m, Öltankschiff n
(Schiff) / oil tanker, oil carrier, oiler, petroleum
tanker || ~**tauchschmierung** f / oil bath
lubrication, oil flood lubrication || ~**teppich** m,
Ölfilm m auf Wasser (Umw) / oil slick, slick ||
~**terminal** n / oil terminal || ~**transformator**
m (Elek) / oil-immersed type transformer, oil
transformer || ~**tropfapparat** m / drip-feed
lubricator || ~**umlaufschmierung** f /
circulating lubrication, recirculating
lubrication, circulating oil lubrication ||
~**umlaufschmierung** (als Schmiersystem im
Unterschied zu z.B. Ölbadschmierung) /
recirculating system (of lubrication),
circulating system || ~**Verladestation** f / oil
terminal || ~**verschmutzung** f (Umw) / oil
pollution || ~**wanne** f (Mot) / sump, oil sump,

crankcase sump, oil pan || ~**wannendichtung** f
/ sump gasket || ~**wechsel** m / oil change ||
~**-Zentralheizung** f / oil-fired central heating

Omega-Verfahren n (Mech) / omega method o.
procedure

Omnibus m (Kfz) / bus n, motorbus || ~**bahnhof**
m, Busbahnhof m (Kfz) / bus station, depot
(US), bus terminal

omnidirektionale Antenne, Rundstrahler m,
Rundstrahlantenne f (Radio) / omnidirectional
antenna, omni antenna

ON, Ortsnetz n (Tele) / local network (including
the access network, which connects the
subscriber equipment to the local exchange,
and the junction network, which interconnects
a group of local exchanges and connects these
to the trunk centre), local exchange network,
local telephone network

One-shot m (Eltro) / monostable multivibrator,
one-shot circuit, monostable n, single-shot
multivibrator, monostable circuit, one-shot,
univibrator

ONKz, Ortsnetzkennzahl f (Tele) / area code,
dialling code, national exchange code

online (DV, Tele) / on-line

Online•... (DV, Tele) / on-line || ~**datenbank** f
(DV) / on-line data base || ~**dienst** m (Tele) /
on-line service || ~**Dienstleister** m,
Netzbetreiber m (Tele) / network provider,
network operator, operating company,
operator (of a network) || ~**Eingabe** f (NC) /
online input || ~**Spiel** n (DV, Tele) / online
game || ~**steckbar** (Regel) / on-line pluggable
|| ~**Steuerung** f, DNC-Betrieb m (mehrere
NC-Maschinen sind durch eine Datenleitung
an einen Fertigungsrechner angeschlossen,
von dem sie mit Steuerinformationen versorgt
werden), direkte numerische Steuerung (NC) /
direct numerical control, DNC ||
~**Verarbeitung** (DV) / on-line processing

Op, Operationsteil m (des Befehls) (DV) /
operation part of an instruction)

opak, lichtundurchlässig (Opt) / opaque adj,
non-transparent, light-proof

Opallampe f (Licht) / opal lamp

OpAmp, Operationsverstärker m (Eltro) / op
amp, operational amplifier

Opazität f, Lichtundurchlässigkeit f (Opt) / ~
(Kehrwert des Durchlassgrades) (Foto, Pap,
Phys) / opacity

Opcode m, Operationscode (DIN) (DV) / op
code, operation code

Open Collector m (integrierte Digitalschaltung
mit offenem Kollektor) (Eltro) / open collector

Open-top Container m / open-top container

Operand (DV, Math) / operand

Operation f (DV, Math) / operation || ~,
Arbeitsvorgang m, Gang m (IE) / operation

Operations•code (DIN), Opcode m (DV) / op
code, operation code || ~**folge** f (DV) /
operational sequence, sequence of operations
|| ~**research** n / operations research,
operational research, OR || ~**schlüssel** m,
Opcode m, Operationscode (DIN) (DV) / op
code, operation code || ~**steuerung** f (DV,
Regel) / operation control || ~**teil** m (des
Befehls) (DV) / operation part (of an
instruction) || ~**verstärker** m (Eltro) / op amp,
operational amplifier || ~**zyklus** m,
Maschinenzyklus m (DV) / machine cycle

Operator *m* (einer Anlage, Maschine) (DV, Techn) / operator

operieren, tätig sein / operate

Opferanode *f* (Korrosionsschutz) (OT) / galvanic anode, sacrificial anode, reactive anode

ÖPNV *m* (öffentlicher Personennahverkehr) / public transport (within a local area or region), local public transport

Optik *f* (Wissenschaft) / optics *sg* (science) ‖ ~ (eines Apparats), optisches System / optics, optical system

optimal, optimal, optimum *adj* ‖ **~e Losgröße** (IE) / economic lot size, economic batch size, economic ordering quantity, EOQ

optimieren (allg) / optimize (US), optimalize, optimise (GB)

Optimierung *f* (DV, Regel) / optimization, optimalization, optimization

Option *f,* Möglichkeit *f,* Alternative *f* (allg) / option ‖ ~, Auswahlmöglichkeit *f* (DV) / option (in a menu or dialog box)

optional, wahlweise / optional

Optionsfeld *n,* Kontrollkästchen *n* (die Kombination mehrerer Optionen und das Ausschalten aller Optionen ist möglich) (DV) / check box (in a GUI dialog box) ‖ ~ (rund), Radiobutton *m* (nur eine der Optionen kann gewählt werden) (DV) / option button, radio button (in a GUI)

optisch, visuell / visual ‖ ~ (Opt) / optical ‖ **~e Abbildung,** optisches Bild / optical image ‖ **~e Abtastung,** Scannen *n* (DV, Eltro) / optical scanning ‖ **~e Anzeige** / visual display ‖ **~e Anzeige,** Sichtanzeige *f,* -anzeigegerät *n* (DV, Eltro, Radar) / display, display device o. unit ‖ **~es Bild,** optische Abbildung / optical image ‖ **~ dicht,** lichtundurchlässig (Opt) / opaque *adj,* non-transparent, light-proof ‖ **~e Dichte** (Opt) / optical density ‖ **~er Durchlassbereich** (eines optischen Bauteils) (Opt) / optical passband ‖ **~e Faser** *f* / optical fibre ‖ **~e Fehler** (Glas) / optical faults ‖ **~es Filter,** Lichtfilter *m n* / light filter, optical filter ‖ **~es Gitter,** Beugungsgitter *n* / diffraction grating (for producing optical spectra), grating, optical grating ‖ **~es Kabel,** Glasfaserkabel *n* (Tele) / optical cable, fiber-optic cable, fiber cable, optical fiber cable, fiber glass cable ‖ **~e Linse** (Opt) / optical lens ‖ **~e Maus** (DV) / optical mouse ‖ **~e Nachrichtentechnik** / optical communications, optical communications engineering ‖ **~er Rauchmelder** / optical smoke detector ‖ **~er Sensor** / optical sensor ‖ **~es Signal** (Bahn) / visual signal ‖ **~er Speicher** (DV) / optical memory, optical storage ‖ **~es System,** Optik *f* (eines Apparats) / optics, optical system ‖ **~e Übertragungstechnik** (Eltro, Opt) / optical transmission technology ‖ **~e Verstärkerstelle** (in Lichtwellenleitersystemen) / optical repeater ‖ **~er Wellenleiter,** Lichtwellenleiter *m* (Tele) / optical waveguide, OWG ‖ **~e Zeichenerkennung,** OCR (DV) / optical character recognition, OCR

optoelektronisch / optoelectronic ‖ **~er Empfänger** (Eltro, Opt) / optical receiver, optoelectronic receiver ‖ **~er Koppler,** Optokoppler *m* (Eltro) / optocoupler, optoisolator, optical coupler, photoisolator, photocoupler, optically coupled isolator, optoelectronic isolator ‖ **~er Sender** (Eltro, Opt) / optical transmitter, optoelectronic

transmitter ‖ **~er Wandler** (Eltro, Opt) / optoelectric transducer

Optokoppler *m* (Eltro) / optocoupler, optoisolator, optical coupler, photoisolator, photocoupler, optically coupled isolator, optoelectronic isolator

OR, Operationsresearch *n* / operations research, operational research, OR

Orbit *m,* Umlaufbahn *f* (Astr, Luft, Raumf) / orbit *n*

Orbital *n* (Chem, Phys) / orbital *n,* atomic orbital ‖ **~geschwindigkeit** *f,* Kreisbahngeschwindigkeit *f* / circular velocity ‖ **~modell** *n* (Phys) / atomic orbital model ‖ **~station** *f,* Weltraumstation *f* (Raumf) / space station

Orbiter *m* (Raumflugkörper auf einer Planetenoder Mondumlaufbahn) (Raumf) / orbiter ‖ ~ (flugzeugähnliches Rückkehrgerät - einer der drei Hauptteile des Spaceshuttles) (Raumf) / orbiter, space shuttle orbiter

Order *f,* Auftrag *m* (z.B. über 2 Tanker), Bestellung *f* (Wirtsch) / order (e.g. for 2 tankers)

Ordinalzahl *f,* Ordnungszahl *f* (Math) / ordinal [number]

Ordinate *f,* y-Koordinate *f* (Math, NC) / ordinate, y-coordinate

Ordinatenachse *f,* Y-Achse *f* (Math) / axis of ordinates, Y-axis

ordnen, anordnen (z.B. nach Sachgebieten, Größe, alphabetisch) / arrange (e.g. by subject matter, according to size, alphabetically), order *vt*

Ordner *m,* Aktenordner *m* / lever arch file ‖ ~, Hefter *m* (Büro) / binder ‖ ~ (in den Windows-Betriebssystemen sowie auf Apple-Rechnern werden Verzeichnisse als Ordner bezeichnet), Dateiverzeichnis (DV) / folder (Windows, Mac)

Ordnung, nicht in ~, defekt (außer Betrieb), kaputt / out of order

Ordnungs•begriff *f,* Schlüssel *m* (in einer Datenbank) (DV) / key ‖ **~gemäß** (z.B. Installation) / proper ‖ **~zahl** *f,* Ordinalzahl *f* (Math) / ordinal [number] ‖ **~zahl** *f* (Phys) / atomic number, proton number, nuclear charge number

Organigramm *n* (grafische Darstellung einer Organisationsstruktur) / organization chart

Organisation *f* / organization

Organisations•plan *m,* Organigramm *n* (grafische Darstellung einer Organisationsstruktur) / organization chart ‖ **~schema** *n,* Organigramm *n* (grafische Darstellung einer Organisationsstruktur) / organization chart ‖ **~struktur** *f,* Aufbauorganisation *f* (eines Betriebs) / organizational structure

organisch (Biol, Chem) / organic ‖ **~e Abfälle** (Umw) / biowaste, biodegradable waste ‖ **~er Landbau** / organic farming

organisieren / organize *vt* (e.g. work, meeting, company)

Organizer *m* (Büro) / organizer

Organo•gramm *n,* Organigramm *n* (grafische Darstellung einer Organisationsstruktur) / organization chart ‖ **~leptische Prüfung,** sensorische Prüfung (Nahr) / sensory analysis, sensory evaluation, organoleptic test

OR-Gatter *n* (DV, Eltro) / inclusive OR gate, OR gate, OR circuit, OR element, one gate, one element

orientieren (jdn. über etw.), unterrichten / inform (somebody about something), give (somebody) information (about) ‖ ~ [an], einstellen (z.B. Produktion auf bestimmte Anforderungen, Kundenkreise), ausrichten (z.B. Produktion auf Nachfrage) / gear [to] (e.g. output to specific demands or customers), adapt ‖ ~ *vr* (sich über etw.), sich unterrichten / inform (oneself about something), obtain information (about) ‖ ~ (sich) [an], ausgerichtet sein [auf] / be geared [to](e.g. production is geared to demand; the training programme is geared to the needs of the trainees)

Orientierung *f*, Ausrichtung *f* (Chem, Krist, Verm) / orientation ‖ ~ (am Kunden, an Märkten, Bedürfnissen) / orientation (towards customers, markets, the needs of target groups) ‖ ~, Anleitung *f* / guidance (e.g. provide guidance in situations of uncertainty, in identifying customer needs, in making informed decisions about ...) ‖ ~, Unterrichtung *f* / information

original, Original..., ursprünglich / original *adj*

Original *n*, Vorlage *f* (die abgescannt wird) (Büro, DV) / original ‖ ~..., original, ursprünglich / original *adj* ‖ ~bereich *m*, Definitionsbereich *m* (einer Abbildung o. Funktion) (Math) / domain ‖ ~-Ersatzteil *n* / genuine spare part ‖ ~übertragung *f* (Radio, TV) / live broadcast

O-Ring *m* / O-ring

Ort *n*, Grubenbau *m* (in dem das nutzbare Mineral gewonnen wird), Abbauort *n* (Bergb) / stope *n*

Ort *m*, Stelle *f* / place ‖ ~, Einsatzort *m* (einer Maschine, Anlage etc.) / location ‖ ~, geometrischer Ort (Math) / locus (pl. loci), geometric locus ‖ **vor** ~ (am Einsatzort) / on-site ‖ **vor** ~ (z.B. beim Kunden) / in the field ‖ ~beton *m* (auf der Baustelle als Frischbeton in die Schalung eingebracht) (Bau) / cast-in-place concrete (US), cast-in-situ concrete, in-situ concrete, site-mixed concrete, job-mixed concrete, poured-in-place concrete

orten, lokalisieren, ausfindig machen (z.B. Fehler), auffinden / locate (e.g. a fault, data) ‖ ~ *n*, Entdeckung *f* (z.B. eines U-Bootes), Ortung *f* / locate

Orthoborsäure *f*, Borsäure *f* (Chem) / boracic acid, orthoboric acid, boric acid

Orthodrome *f* (kürzeste Verbindung zweier Punkt auf der Kugeloberfläche) (Math) / arc of a great circle, orthodrome

Orthogon *n*, Rechteck *n* (Math) / rectangle

orthogonal, senkrecht zueinander, rechtwinklig zueinander (Math) / orthogonal, orthographic ‖ ~ (Math) / orthogonal, orthographic ‖ ~e Darstellung (Zeichn) / orthogonal representation

Ortho•photo *n* (Foto, Verm) / orthophotograph ‖ ~zentrum *n*, Höhenschnittpunkt *m* (Dreieck) (Math) / orthocenter

örtlich / local *adj* ‖ ~, relativ (Extremum, Maximum,Minimum) (Math) / local (extremum, minimum, maximum), relative ‖ ~ begrenzte Härtung (Hütt) / local hardening

Orts•..., örtlich / local *adj* ‖ ~amt *n*, Teilnehmervermittlungsstelle *f* (Tele) / local exchange, LE, local central office, local switching centre, class 5 office ‖

~anschlussleitung *f*, Teilnehmeranschlussleitung *f* (Tele) / access line, subscriber line, local loop, local line (connecting subscriber terminal to local exchange), access loop, subscriber loop, local exchange loop, exchange line ‖ ~beweglich, ortsveränderlich, mobil / mobile ‖ ~fest, stationär, ortsgebunden / stationary, fixed ‖ ~fester Kran, stationärer Kran (Förd) / static crane ‖ ~frequenz *f* (Opt) / spatial frequency ‖ ~gebunden, ortsfest, stationär / stationary, fixed ‖ ~höhe *f* über Meer (lotrechter Abstand eines Punktes, der sich auf der Erdoberfläche befindet o. mit ihr verbunden ist, vom mittleren Meeresspiegel) (Luft) / elevation ‖ ~kennnummer *f*, Ortsnetzkennzahl *f* (Tele) / area code, dialling code, national exchange code ‖ ~kurve *f*, geometrischer Ort (Math) / locus (pl. loci), geometric locus ‖ ~netz *n* (Tele) / junction network (which interconnects a group of local exchanges and connects these to the trunk centre) ‖ ~netz (Tele) / local network (including the access network, which connects the subscriber equipment to the local exchange, and the junction network, which interconnects a group of local exchanges and connects these to the trunk centre), local exchange network, local telephone network ‖ ~netzkennzahl *f* (Tele) / area code, dialling code, national exchange code ‖ ~vektor *m*, Leitstrahl *m* (Math) / position vector, radius vector (pl. radii vectores, radius vectors) ‖ ~veränderlich, mobil / mobile ‖ ~vermittlung *f*, Teilnehmervermittlungsstelle *f* (Tele) / local exchange, LE, local central office, local switching centre, class 5 office ‖ ~vermittlungsstelle *f*, Teilnehmervermittlungsstelle *f* (Tele) / local exchange, LE, local central office, local switching centre, class 5 office

Ortung *f*, Entdeckung *f* (z.B. eines U-Bootes) / detection

Os *n*, Osmium *n* (Chem) / osmium, Os

OSB (oberer Sonderkanalbereich - Kabelfernsehen) (TV) / superband

Öse *f* / eyelet (e.g. in shoes or cloth for lace)

OSI-Referenzmodell *n*, OSI-Schichtenmodell *n* (DV, Tele) / open systems interconnection reference model, OSI reference model

Oskulationskreis *m*, Krümmungskreis, Schmiegkreis *m* (Math) / circle of curvature, osculating circle

Osmium *n* (Chem) / osmium, Os

Osmose *f* (Chem, Phys) / osmosis

Ostwald-Verfahren *n*, Ammoniakverbrennung *f* (zur Herstellung von Salpetersäure) (ChT) / Ostwald process (chemical process for producing nitric acid)

Oszillation *f*, Schwingung *f* (Elek, Masch, Phys) / oscillation

Oszillator *m* (Elek, Eltro) / oscillator ‖ ~frequenz *f* / OF, oscillator frequency

oszillieren, schwingen (Phys) / oscillate *vi*

oszillierend, schwingend / oscillating, oscillatory

Oszillograph *m* (Eltro, Mess) / oscillograph

Oszilloskop *n*, Kathodenstrahloszilloskop *n* (Eltro, Mess) / oscilloscope, cathode ray oscilloscope, CRO

OT, oberer Totpunkt (Mot) / top dead center, TDC

Otto•kraftstoff *m* (Kfz, Mot) / petrol, gasoline (US), gas (US) ‖ ~kreisprozess *m*,

Ottoverfahren n (Mot) / Otto cycle,
spark-ignition combustion cycle ‖ ≈**motor** m
(DIN) / petrol engine (GB), gasoline engine
(US), Otto engine, spark ignition engine, SI
engine ‖ ≈**verfahren** n (Mot) / Otto cycle,
spark-ignition combustion cycle
Outdoor..., Außen..., im Freien / outdoor
Outlet n, Laden m (Wirtsch) / outlet
Output m, Ausgabe f (DV) / output ‖ ≈, Ausstoß
m (Aufb, Bergb, Masch) / output, yield
outsourcen, auslagern (z.B. Produktionsbereiche), nach außen vergeben (an eine
andere Firma) (IE) / outsource
Overflow m, Überlauf m (DV) / overflow
Overhead m, Gemeinkosten pl (Wirtsch) /
overheads pl, overhead costs pl ‖ ≈ m
(Informationen, die zusätzlich zu den
Nutzdaten übertragen werden) (Tele) /
overhead (in data transmission) ‖ ≈**folie** f
(Büro) / transparency (for use on an overhead
projector) ‖ ≈**projektor** m (Büro) / overhead
projector
Overheads pl, Gemeinkosten pl (Wirtsch) /
overheads pl, overhead costs pl
Override m, manueller Eingriff (unter
Umgehung der automatischen Steuerung)
(NC, Regel) / override n, manual override
OVSt, Teilnehmervermittlungsstelle f (Tele) /
local exchange, LE, local central office, local
switching centre, class 5 office
Oxid n (Chem) / oxide
Oxidans n, Oxidationsmittel n (Chem) / oxidant
n, oxidizing agent, oxidizer
Oxidant m, Oxidationsmittel n (Chem) / oxidant
n, oxidizing agent, oxidizer
Oxidation f (Chem) / oxidation ‖ ≈, Frischen n
(Umwandlung von Roheisen in Stahl) (Hütt) /
refining (pig iron into steel), purification (of
pig iron to steel)
Oxidations•inhibitor m, Antioxidationsmittel n
(Chem) / antioxidant, oxidation inhibitor ‖
≈**mittel** n (Chem) / oxidant n, oxidizing agent,
oxidizer ‖ ≈**stufe** f, Oxidationszahl f (z.B. +2)
(Chem) / oxidation number (e.g. +2) ‖
≈**verschleiß** m (in Lagern) / oxidative wear ‖
≈**vorgang** m (Chem) / oxidation ‖ ≈**wert** m,
Oxidationszahl f (z.B. +2) (Chem) / oxidation
number (e.g. +2) ‖ ≈**zahl** f (z.B. +2) (Chem) /
oxidation number (e.g. +2)
Oxidhaut f (Hütt) / oxide film, oxide skin
oxidieren vt vi (Chem) / oxidize vt, oxidate ‖ ≈,
frischen (Roheisen in Stahl umwandeln)
(Hütt) / oxidize vt, refine ‖ ≈ n (Chem) /
oxidation ‖ ≈, Frischen n (Umwandlung von
Roheisen in Stahl) (Hütt) / refining (pig iron
into steel), purification (of pig iron to steel)
oxidierend / oxidizing adj
Oxidierung f (Chem) / oxidation
Oxidierungsmittel n, Oxidationsmittel n (Chem)
/ oxidant n, oxidizing agent, oxidizer
Oxid•keramik f / oxide ceramics pl ‖
~**keramische Brennstoffzelle** (Chem, Elek) /
solid oxide fuel cell, SOFC ‖ ≈**-Salze** n pl
(Chem) / oxide salts ‖ ≈**schicht** f / oxide layer ‖
≈, Oxidhaut f (Hütt) / oxide film, oxide skin ‖
≈ (aufgebrachte Beschichtung) / oxide coating
2-Oxopropionsäure f, Brenztraubensäure f
(Chem) / pyruvic acid
Oxyacetylierung f (Chem) / acetoxylation
Oxyd n (Chem) / oxide
Oxydiethanol, 2,2'-≈, Diethylenglykol n (Chem) /
diethylene glycol, 2,2'-dihydroxydiethyl ether

OZ, Oktanzahl f (= 1/2(ROZ + MOZ)) (Chem,
Mot) / octane number, octane rating, ON
Ozon m n (Chem) / ozone
Ozonosphäre f (Geoph) / ozone layer,
ozonosphere
Ozonschicht f (Geoph) / ozone layer,
ozonosphere

P

P, Phosphor *m* (Chem) / phosphorus, P
P, Poise *f* (Viskositätseinheit) (Phys) / poise
Pa, Protactinium *n* (Chem) / protactinium, Pa
PA, Polyamid *n* (Plast) / polyamide, PA
PA, Pressluftatmer *m* (Atemschutzgerät mit Druckluftflaschen) / self contained breathing apparatus, SCBA, compressed air breathing apparatus, CABA, breathing apparatus, BA (breathing apparatus)
Paarungsflächen *f pl* / mating surfaces
Paar•vernichtung *f*, Annihilation *f*, Paarzerstrahlung *f* (Nukl) / annihilation, pair annihilation ‖ **~verseiltes Kabel** / twin cable, paired cable ‖ **≏zerstrahlung** *f*, Annihilation *f* (Nukl) / annihilation, pair annihilation
Pacemaker *m*, Herzschrittmacher *m* (MT) / pacemaker, artificial pacemaker
packen *vt*, komprimieren (DV) / pack (data), compress ‖ **~**, verpacken (Verp) / pack, package *vt* ‖ **auf Paletten ~** (Trans) / palletize ‖ **≏** *n*, Verpacken *n* / packaging, packing ‖ **≏**, Komprimierung *f* (DV) / compression
Packtaschen *f pl*, Fahrradtaschen *f pl* (Fahrrad) / panniers *pl*
Packung *f* (abgepackte Menge) / package ‖ **≏** (z.B. Zigaretten), Schachtel *f* / pack, packet ‖ **≏**, Packen *n* (DV, Nukl) / packing ‖ **≏** (Dichtung) (Masch) / packing
Packungsdichte *f* (Aufzeichnungsdichte eines Datenträgers), Speicherdichte (DV) / packing density
PAC-Sprengstoff *m* / ammonia dynamite, ammonium-nitrate-carbon explosive
PAFC *f*, phosphorsaure Brennstoffzelle (Chem, Elek) / phosphoric acid fuel cell, PAFC ‖ **≏-Blockheizkraftwerk** *n* (Chem, Elek) / PAFC-powered CHP plant
Pager *m*, Funkrufempfänger *m* (Tele) / beeper (coll), pager, paging device
Paket *n* / parcel ‖ **≏**, Datenpaket *n* (DV, Tele) / data packet, packet (of data), package (of data for transmission) ‖ **≏band** *n* / box sealing tape, parcel tape (GB) ‖ **≏ebene**, Schicht 3 (im OSI-Schichtenmodell), Netzwerkschicht *f* (DV, Tele) / layer 3, network layer (in OSI reference model) ‖ **~orientiert** (Tele) / packet-mode ‖ **~vermitteltes öffentliches Datennetz** (DV, Tele) / Packet Switched Public Data Network, PSPDN ‖ **≏vermittlung** *f* (DV, Tele) / packet switching, P/S
PAL *n* (ein programmierbarer Logikbaustein) (DV) / PAL (programmable array logic) ‖ **≏** (ein Fernsehstandard) (TV) / PAL (= phase alternation line)
Palette *f*, Transportpalette *f* (Trans) / pallet, skid ‖ **≏**, Fertigungsprogramm (die von einer Firma hergestellten Produkte) / products (produced by a manufacturing firm), product range, range of products, line of products ‖ **≏** (in Malprogrammen) (DV) / palette ‖ **auf ≏n packen** (Trans) / palletize
palettieren (Trans) / palletize
Palettierroboter *m* / palletizing robot

palettisieren (Trans) / palletize
Palladium *n* (Chem) / palladium, Pd
Palmitylalkohol *m* (Chem) / cetyl alcohol, cetylic alcohol, ethal
PAM *f* (Puls-Amplitudenmodulation) (Tele) / pulse amplitude modulation, PAM
Panne *f* / breakdown, trouble ‖ **≏**, Reifenpanne *f* (Kfz) / puncture
Pannenbucht *f* (Tunnel) (Straß) / breakdown bay
Pantograf *m*, Scherenstromabnehmer *m* (Bahn) / pantograph (diamond-shaped, double-arm design)
Panzer *m*, Panzerung *f* / armor *n* (US), armour *n* (GB) ‖ **≏** (Mil) / tank ‖ **≏...** (z.B. Panzerkabel, -fahrzeug) / armored (US), armoured (GB) ‖ **≏fahrzeug** *n* (Kfz) / armoured car ‖ **≏glas** *n* (wenigstens 4 Scheiben, mind. 25 mm dick) / armour plate glass ‖ **≏kabel** *n* / armo[u]red cable
Panzerung *f*, Panzer *m* / armor *n* (US), armour *n* (GB) ‖ **≏**, Auftragsschweißen *n* (unter Verwendung von Zusatzwerkstoffen, die das Werkstück an den gepanzerten Stellen gegen Verschleiß und Korrosion beständiger machen) (Schw) / overlay, overlaying, overlay welding, overlay surfacing
Panzerwagen *m* (Kfz) / armoured car
Papier *n* / paper ‖ **≏**, Vortrag *m* / paper, presentation ‖ **≏bahn** *f* (Pap) / paper web, web ‖ **≏einzug** *m* (des Druckers) (DV) / paper feed ‖ **≏fabrik** *f* / paper-mill, paper plant ‖ **≏- und Zellstoffindustrie** / pulp and paper industry ‖ **≏korb** *m* (Büro) / wastepaper basket, wastebasket ‖ **≏korb** (DV) / recycle bin (in Windows), trash (Mac GUI) ‖ **≏loses Büro** (DV) / paperless office ‖ **≏maschine** *f* / paper machine, paper making machine ‖ **≏masse** *f*, Papierstoffbrei *m* (Pap) / papermaking stock (wet pulp of any type at any stage in the manufacturing process,), stock, pulp, pulp stock ‖ **≏rolle** *f*, Rolle *f* (Papier) / reel, paper reel ‖ **≏stau** *m* / paper jam, jam ‖ **≏stau haben o. bekommen** / jam (printer etc.) ‖ **≏stoff** *m*, Papierstoffbrei *m* (Pap) / papermaking stock (wet pulp of any type at any stage in the manufacturing process,), stock, pulp, pulp stock ‖ **≏stoffbrei** *m* (Pap) / papermaking stock (wet pulp of any type at any stage in the manufacturing process,), stock, pulp, pulp stock ‖ **≏strich** *m*, Streichen *n* (maschinelles Beschichten von Papier mit Pigmentstrich) (Pap) / coating ‖ **≏verarbeitung** *f* / paper converting ‖ **≏veredelung** *f* (Pap) / finishing, paper finishing ‖ **≏vernichter** *m*, Aktenvernichter *m*, Reißwolf *m* (Büro) / document shredder, shredder (for shredding documents, waste paper), paper shredder ‖ **≏wolf** *m*, Aktenvernichter *m*, Reißwolf *m* (Büro) / document shredder, shredder (for shredding documents, waste paper), paper shredder
Pappe *f* (für best. Zwecke > 225 g/m², meist aber > 600 g/m²) (Pap) / cardboard, board, paperboard
Pappschachtel *f*, Karton *m*, Schachtel *f* / box, carton, cardboard box
Parabel *f* (Math) / parabola ‖ **≏konstruktion** *f* (Math) / construction of a parabola
Parabol•antenne *f* (Funk, Radar, Radio) / parabolic antenna ‖ **≏antenne** (für den Fernsehempfang), Satellitenschüssel *f* (TV) / dish antenna, dish *n*, satellite dish, satellite

antenna || ~**spiegel** *m*, Reflektor *m* (einer
Parabolantenne) / dish
Paradigma *n* (allg, DV) / paradigm
Paraffin *n*, Alkan *n* (Summenformel: C_nH_{2n+2})
(Chem) / alkane, paraffin, paraffinic
hydrocarbon
Paragraph *m* (Druck) / paragraph, par.
Parallaxen•fehler *m* (Foto, Mess, Opt) / parallax
error || ~**frei** (Astr, Foto, Mess, Opt) /
parallax-free
parallaxfrei (Astr, Foto, Mess, Opt) / parallax-free
parallel [zu] / parallel *adj* [with, to], par., para. ||
~, parallel geschaltet, nebeneinander
[geschaltet] (Elek) / connected in parallel, in
parallel, placed in parallel || ~**er Addierer**
(DV) / parallel adder || ~**e Datenübertragung**
(DV) / parallel transmission (of data) || ~
geschaltet, nebeneinander [geschaltet] (Elek) /
connected in parallel, in parallel, placed in
parallel || ~ **gespeist** (Antenne) / shunt fed
(antenna) || ~ **schalten**, in Nebenschluss legen
o. schalten (Elek) / connect in parallel || ~**e**
Schnittstelle (DV) / parallel interface || ~**e**
Übertragung, parallele Datenübertragung
(DV) / parallel transmission (of data) || ~**er**
Vektorrechner (DV) / PVP machine, PVP
system || ~**e Verarbeitung** (DV) / parallel
processing, concurrent processing || ~**er**
Zugriff, Simultanzugriff *m* (DV) / parallel
access, simultaneous access
Parallel•addierer *m* (DV) / parallel adder ||
~**betrieb** *m* / parallel operation || ~**computer**
m (DV) / parallel computer, parallel processor,
simultaneous computer
Parallele *f* / parallel [line]
Parallel•epiped[on] *n* (Math) / parallelepiped ||
~**flach** *n*, Parallelepiped[on] *n* (Math) /
parallelepiped || ~**greifer** *m* (Masch) / parallel
gripper
Parallelisierung *f* (DV) / parallelization
Parallel•kapazität *f* (Elek) / shunt capacitance ||
~**kompensation** *f* (Elek) / parallel
compensation || ~**kreis** *m* (Elek) / parallel
circuit, shunt circuit
Parallelogramm *n* (Math) / parallelogram ||
~**satz** *m* (Vektoren) (Math) / parallelogram
rule (for addition of vectors)
Parallel•projektion *f* (Doku, Math) / parallel
projection || ~**rechner** *m*, Parallelcomputer *m*
(DV) / parallel computer, parallel processor,
simultaneous computer || ~**rechner mit**
gemeinsamem Speicher (DV) / SMP machine,
SMP system || ~**resonanzkreis** *m* (Elek) /
parallel resonant circuit || ~**schalten** *n* (Elek) /
parallel connection, shunting, paralleling ||
~**schaltung** *f*, Parallelkreis *m* (Elek) / parallel
circuit, shunt circuit || ~**schaltung**,
Parallelschalten *n* (Elek) / parallel connection,
shunting, paralleling || ~**schnittstelle** *f* (DV) /
parallel interface || ~**schnittstelle**
(Hardwareschnittstelle) (DV) / parallel port ||
~**schwingkreis** *m* (Elek) / parallel resonant
circuit || ~**-Seriell-Konverter** *m* (DV) /
parallel-serial converter, dynamiciser ||
~**-Serien-Umsetzer** *m* (DV) / parallel-serial
converter, dynamiciser || ~**stoß** *m* (zw. zwei
Bauteilen) / parallel joint || ~**übertragung** *f*
(DV, Tele) / parallel transfer || ~**übertragung**
(von Daten), parallele Datenübertragung
(DV) / parallel transmission (of data) ||
~**verarbeitung** *f* (DV) / parallel processing,
concurrent processing || ~**verschiebung** *f* (alle

Punkte eines physikalischen Körpers werden
auf parallelen Geraden in derselben Richtung
um gleich lange Strecken verschoben),
Translation *f* (Math, Mech) / translation,
parallel displacement || ~**widerstand** *m*
(Bauteil), Shunt *m* (Elek) / shunt, shunt
resistor || ~**zugriff** *m*, Simultanzugriff *m* (DV) /
parallel access, simultaneous access
Parameter *m*, Kenngröße *f* (Phys, Techn) /
parameter || ~**darstellung** *f* / parametric
representation
Parametrieren *n* / setting of parameters,
parameterization, parametrization
Parametrierung *f* / setting of parameters,
parameterization, parametrization
parasitär, parasitisch / parasitic, parasitical ||
~**er Strom**, Fremdstrom *m* (Elek) / parasitic
current
parasitisch, parasitär / parasitic, parasitical
Pariser Blau *n* (Anstr, Chem) / Prussian blue
(ferric ferrocyanide), iron blue, Turnbull's
blue || ~ **Gelb**, Chromgelb *n* (Mischkristalle
aus Bleisulfat und Bleichromat als
Farbpigment in unterschiedlicher
Zusammensetzung durch unterschiedliche
Verfahren der Herstellung) (Anstr) / chrome
yellow, King's yellow (trade name), Cologne
yellow (trade name), Leipzig yellow (trade
name) || ~ **Gold** / Dutch metal (alloy of copper
and zinc in the form of thin sheets, used as an
imitation of gold leaf), Dutch foil, Dutch gold,
Dutch leaf, imitation gold leaf
Parität *f* (DV, Math, Phys) / parity
Paritäts•bit *n*, Paritybit *n* (DV) / parity bit ||
~**kontrolle** *f* (DV) / parity check, odd-even
check || ~**prüfung** *f* (DV) / parity check,
odd-even check
Parity•kontrolle *f* (DV) / parity check, odd-even
check || ~**prüfung** *f* (DV) / parity check,
odd-even check
parken (Kfz) / park *vt vi*
Parkerisieren, Zinkentsilberungsprozess *m*,
Parkes-Verfahren *n* (zur Silbergewinnung)
(Hütt) / Parkes process
Parkesieren, Zinkentsilberungsprozess *m*,
Parkes-Verfahren *n* (zur Silbergewinnung)
(Hütt) / Parkes process
Parkes-Verfahren *n* (zur Silbergewinnung),
Zinkentsilberungsprozess *m* (Hütt) / Parkes
process
Parkett *n*, Parkettboden *m* (Bau) / parquet,
parquet flooring, parquetry || ~**boden** *m* (Bau)
/ parquet, parquet flooring, parquetry
Park•fläche *f*, Parkplatz *m* (Kfz) / parking area ||
~**leuchte** *f* (Baueinheit) (Kfz) / parking light ||
~**leuchte**, Standlicht *n* (Kfz) / side light (often
incorporated in headlamps), parking light
(US)
Parkplatz *m*, Parkfläche *f* (Kfz) / parking area || ~
(für einzelnes Fahrzeug) (Kfz) / parking space
(in a parking garage or in a parking lot or on a
city street), place to park || ~ (größere Fläche
für viele Fahrzeuge, z.B. bei Supermarkt) (Kfz)
/ car park (GB)(outdoor, uncovered
single-level facility), parking lot (US) || ~,
Rastplatz *m* (Straß) / lay-by (GB)(roadside
parking or rest area for drivers), rest area
Park•position *f* (Luft) / aircraft stand, parking
position || ~**streifen** *m* (Kfz) / parking lane,
parking strip
Parsonturbine *f* / Parsons turbine

Parterre *n*, Erdgeschoss *n* (Bau) / ground floor (GB, Commonwealth countries), first floor (USA, Canada)

Partial•bruchzerlegung *f* / expansion into partial fractions || ≃**druck** *m* (Phys) / partial pressure || ≃**druckgesetz** *n* (Phys) / Dalton's law of partial pressures, partial pressure law || ≃**summe** *f* (einer Reihe) (Math) / partial sum

Partie *f*, Los *n*, Charge *f* (best. Menge an Ausgangs-, Halbfertig- oder Fertigprodukten, die während eines definierten Herstellungszyklus produziert wurde) (Fert) / lot, batch

partiell, teilweise / partial *adj* || **~e Integration** / integration by parts

Partikel *f*, Teilchen *n* (allg, Phys) / particle

Partlow-Schreiber *m* (zur Temperaturmessung u. -regelung von Kühlaggregaten) / Partlow recorder

parzellieren, aufteilen (Land) / partition *vt*, break up, parcel [out] (estate)

Pascal *n* (Einheit des Druckes, 1 Pa = 1 Nm⁻²) (Phys) / pascal

PASCAL *n* (Programmiersprache) (DV) / PASCAL

Pascalsches Dreieck / Pascal's triangle

PA-Sprengstoff *m*, Ammon-Salpeter-Sprengstoff *m* [sprengölfreier] (Explos) / ammonite (an explosive)

Passagier *m*, Fluggast *m* (Luft) / passenger || ≃**brücke** *f* (Luft) / passenger boarding bridge, PBB, jet bridge, air bridge, loading bridge, boarding bridge, passenger bridge || ≃**flugzeug** *n* (Luft) / passenger aircraft || ≃**kabine** *f* (Luft, Schiff) / passenger cabin || ≃**treppe** *f* (Luft) / boarding stairs, passenger loading steps, passenger stairs

Passeinsatz *m*, Sicherungsring *m* (Elek) / fuse adapter

passen *vi* [auf, in, zu] / fit *vi* || **~** [zu], zusammenpassen *vi* [mit] (z.B. Farben) / match *vi*

passend [für], angemessen / appropriate [for o. to] || **~**, geeignet / fitting, suitable || **~**, zueinander passend / matching || **~ machen** [für], zuschneiden [auf] (spezielle Anforderungen), abstimmen, anpassen / tailor *vt* [to]

Pass•feder *f* (Wellen-Naben-Verbindung) (Masch) / feather [key], parallel key || ≃**fläche** *f* / mating surface, fitting surface || ≃**flächenkorrosion** *f*, Reibkorrosion *f* / fretting corrosion

passiv / passive || **~es Bauelement** (Eltro) / passive device, passive component, passive element || **~es Bauteil** (Eltro) / passive device, passive component, passive element || **~er Erddruck** (Bau) / passive earth pressure, passive resistance || **~es Filter** (Elek, Eltro) / passive filter || **~es Netz[werk]** (Tele) / passive network || **~e Schaltung** (Elek, Tele) / passive circuit || **~er Zweipol** (Tele) / passive one-part network

Passivieren *n*, Chromatieren *n* (zur Herstellung von Chromatschichten) (OT) / chromate coating, chromate treatment, chromating

passivierendes Mittel, Drücker *m* (bei der Flotation gegen das Aufschwimmen von Erzen) (Aufb) / depressant

passiviert (Metall) / passivated (metal)

Passivierung *f* / passivation

Passivkraft *f* (beim Drehen) (Wzm) / radial feed force (acting back along the tool shank)

Pass•kerbstift *m* (DIN 1472) / grooved pin (half length taper-grooved) || ≃**lager** *n*, Führungslager *n* (zur axialen Fixierung der Kurbelwelle) (Mot) / crankshaft thrust bearing || ≃**schaft** (einer Schraube; mit Passsitz) / increased shank || ≃**scheibe** *f* (zum Anpassen oder Ausfüllen von Spalten zwischen runden Teilen) (Masch) / shim washer, shim || ≃**schraube** *m*, Sicherungsring *m* (Elek) / fuse adapter || ≃**schraube** *f* (Schraubendurchmesser und Lochdurchmesser sind nahezu gleich - werden eingesetzt, wenn ein Hin- und Hergleiten der Schraube unerwünscht ist) / fit bolt || ≃**sitz** *m* / snug fit || ≃**stift** *m*, Registerstift *m* / register pin || ≃**stück** *n*, Passteil *n* (zu einem anderen passend) / mating part || ≃**stück**, Adapter *m*, Verbindungsstück *n* (z.B. zwischen zwei unterschiedlich genormten Anschlüssen) / adapter, adaptor || ≃**teil** *n* (zu einem anderen passend) / mating part || ≃**teil**, Adapter *m*, Verbindungsstück *n* (z.B. zwischen zwei unterschiedlich genormten Anschlüssen) / adapter, adaptor || ≃**toleranz** *f* / fit tolerance, tolerance of the fit

Passung *f*, Sitz *m* (Masch) / fit *n*

Passungsrost *m* (Masch) / fretting corrosion

Passwort *n* (allg, DV) / password || ≃**schutz** *m* (DV) / password protection

Paste *f* (allg, Nahr, Pharm) / paste

pastös / pasty, highly viscous

Patch *m*, behelfsmäßige Korrektur (DV) / patch || ≃**feld** *n* (Tele) / patch panel || ≃**kabel** *n* (Kabel) / patch cable

Patent *n* / patent || ≃ **angemeldet** / patent pending || ≃**anspruch** *m* (Pat) / claim *n*, patent claim

patentieren / patent || **~** *n* / patenting

Patentschrift *f* / patent specification

Patina *f* / patina

Patrone *f*, auswechselbarer Einsatz (allg) / cartridge || ≃ (für Füller) (Büro) / cartridge (for pen) || ≃ (für Drucker) (Büro, DV) / cartridge || ≃, Filmpatrone *f* (Film, Foto) / cartridge || ≃ (Mil) / cartridge (used in small arms) || ≃ (Artillerie) (Mil) / shell || ≃, Bindungszeichnung *f* (Weben) / point paper design, weave pattern

Pauliprinzip *n* / Pauli's [exclusion] principle

Paulisches Ausschließungsprinzip *n* / Pauli's [exclusion] principle

Pauli-Verbot *n* / Pauli's [exclusion] principle

Pause *f*, Unterbrechung *f* / break || ≃ (z.B. zwischen Signalen) / interval (e.g. between signals) || ≃, Ruhezeit *f* (IE) / rest period || ≃, Pause-Taste *f* (DV) / Break key || ≃ *f*, Zeichnungskopie *f* (auf transparentem Papier durchgezeichnet) / tracing || ≃-**Taste** *f* (Audio, Video) / pause key, pause button || ≃-**Taste** (DV) / Break key

Pb, Blei *n* (Chem) / lead *n*, Pb

π-Bindung (Chem) / pi bond

PBT, Polyalkylenterephthalat *n* (Plast) / polyalkylene terephthalate

PBTP, Polybutylenterephthalat *n* (Plast) / polybutene terephthalate, PBTP

PC, Polycarbonat *n* (Plast) / polycarbonate, PC || ≃, Personal Computer (DV) / personal computer, PC

PCB *n*, Polychlorbiphenyl *n* (Chem) / polychlorinated biphenyl, PCB

PCD *f*, Foto-CD *f* (DV, Foto) / photo CD
PCI-Karte *f* (DV) / PCI card
PC-Invarianz *f* (Phys) / CP invariance
PCM, Pulscode-Modulation *f* (Tele) / pulse code modulation, PCM, pcm
PCT-Theorem *n*, CPT-Theorem *n* (Phys) / CPT theorem (C = charge conjugation, P = parity operation, T = time reversal)
Pd, Palladium *n* (Chem) / palladium, Pd
PDA *m* (DV) / PDA, personal digital assistant
PDM, Pulsdauermodulation *f* (Tele) / PDM, pulse length modulation, pulse duration modulation, pulse-width modulation
P-Dotierung (Eltro, Phys) / p-doping
PD-Regelung *f*, Proportional-Differential-Regelung (Regel) / proportional plus derivative control [mode], PD control [mode]
PD-Regler *m*, Proportional-Differentialregler *m* (Regel) / proportional-derivative controller, PD controller
PE, Plasmaätzen *n* (Eltro) / plasma etching
PE, Polyethylen *n* (Plast) / polyethylene, PE, polythene (GB) ‖ ≈ **weich**, PE-LD, Polyethylen niedriger Dichte *n* (Chem, Plast) / low-density polyethylene, LDPE, low density PE
PE *m*, Schutzleiter *m* (leitet eventuell auftretende Körperströme zur Erde ab - grün-gelber Mantel, Kurzzeichen "PE") (Elek) / protective earth conductor, PE conductor, earth conductor, protective conductor
Pedal *n* (z.B. bei Auto, Fahrrad, Klavier, Tretboot) (allg, Fahrrad, Kfz, Masch) / pedal ‖ ≈ (das kontinuierlich betätigt wird, um eine Maschine, z.B. Webstuhl o. Nähmaschine, anzutreiben) (Masch) / treadle
Pedipulator *m* (eines Schreitroboters) / pedipulator
Peer-to-Peer-Netzwerk *n* (mit gleichrangigen Arbeitsstationen), P2P-Netzwerk *n* (DV, Tele) / peer-to-peer network
Pegel *m* (Elek, Eltro, Phys) / level ‖ ≈, Wasserstand / water level, level of water ‖ ≈, Wasserstandsmesser *m* / water gauge ‖ ≈, absoluter Pegel (logarithmisches Verhältnis der Signalleistung an einem Messpunkt zur Bezugsleistung 1 mW) (Eltro, Tele) / power level, absolute power level (ratio between measured power and the reference power of 1 mW) ‖ ≈**diagramm** *n* (Darstellung der relativen Pegel aller Messpunkte einer Übertragungsstrecke) (Eltro, Tele) / level diagram, power level diagram ‖ ≈**höhe** *f*, Wasserstand / water level, level of water ‖ ≈**messer** *m* / level ga[u]ge ‖ ≈**stab** *m*, Ölmessstab *m* (Mot) / dipstick, oil-level gauge ‖ ≈**stand** *m*, Wasserstand / water level, level of water
PE-HD (DIN), Polyethylen *n* hoher Dichte (Plast) / high-density polyethylene, HDPE
Peil•deck *n* (Schiff) / compass platform, compass bridge ‖ ≈**richtung** *f*, Peilwinkel *m*, Peilung *f* (Nav) / bearing
Peilung *f*, Peilwinkel *m* (Nav) / bearing
Peilwinkel *m*, Peilung *f* (Nav) / bearing
Peirce-Funktion *f*, NICHT-ODER-Funktion *f* (DV, Eltro, Logik) / NOR-function, NOR operation
Pektinzucker *m*, Arabinose *f* (Chem) / arabinose, pectin sugar, pectinose

PE-LD, Polyethylen niedriger Dichte *n* (Chem, Plast) / low-density polyethylene, LDPE, low density PE
PE-Leiter *m*, Schutzleiter *m* (leitet eventuell auftretende Körperströme zur Erde ab - grün-gelber Mantel, Kurzzeichen "PE") (Elek) / protective earth conductor, PE conductor, earth conductor, protective conductor
P-Elektron *n* (in der P-Schale) (Nukl) / p electron
Pellagra•-präventiver Faktor *m*, Nikotinsäure *f* ($C_6H_5NO_2$) (Biochem) / niacin, pellagra-preventive vitamin, nicotinic acid, vitamin B_5, vitamin PP ‖ ≈**präventivfaktor** *m*, Nikotinsäureamid *n* (Pharm) / nicotinamide, niacinamide, pellagra preventive factor, P.P. factor
PE-LLD, lineares Polyethylen niedriger Dichte (Chem, Plast) / linear low density polyethylene, LLDPE
Pellet *n*, Brennstofftablette *f* (Nukl) / fuel pellet
Pelletieren *n* (Aufb, ChT, Nukl, Plast) / pelletization, pelletizing
Pelletisieren *n* (Aufb, ChT, Nukl, Plast) / pelletization, pelletizing
Pelletisierung *f* (Aufb, ChT, Nukl, Plast) / pelletization, pelletizing
Peltier•effekt *m* (Elek) / Peltier effect ‖ **innerer** ≈**-Effekt** (Phys) / Bridgman effect ‖ ≈**element** *n* (Eltro) / Peltier element, thermoelectric module ‖ ≈**koeffizient** *m* (Elek) / Peltier coefficient ‖ ≈**-Kühlung** *f* (Phys) / Peltier cooling, thermoelectric cooling ‖ ≈**-Wärme** *f* (Elek, Phys) / Peltier heat ‖ ≈**zelle** *f* (Elek) / Peltier cell
Pelton-Turbine *f* (Elek) / Pelton turbine
PELV, Funktionskleinspannung *f* mit sicherer Trennung (Elek) / PELV, protective extra-low voltage
PEM-Brennstoffzelle *f*, Festpolymer-Elektrolyt-Brennstoffzelle *f* (Chem, Elek) / PEMFC, proton-electrolyte membrane fuel cell, solid polymer fuel cell, SPFC, PEM fuel cell, proton-exchange membrane fuel cell, polymer electrolyte membrane fuel cell
PEMFC *f*, Festpolymer-Elektrolyt-Brennstoffzelle *f* (Chem, Elek) / PEMFC, proton-electrolyte membrane fuel cell, solid polymer fuel cell, SPFC, PEM fuel cell, proton-exchange membrane fuel cell, polymer electrolyte membrane fuel cell
Pendant *n*, Gegenstück *n* / equivalent *n*, counterpart
Pendel *n* (allg, Uhr) / pendulum ‖ ≈**achse** *f*, Schwingachse *f* (Kfz) / swing axle ‖ ≈**becherwerk** *n* (Förd) / chain-and-bucket conveyor ‖ ≈**bewegung** *f*, Hin- und Herbewegung *f* / reciprocating motion o. movement, reciprocation ‖ ≈**funktion** *f* (eines Schweißroboters) (Schw) / weave function ‖ ≈**hammer** *m* (des Pendelschlagwerks) (Mater) / hammer, pendulum ‖ ≈**kugellager** *n* / self-aligning [double-row] ball bearing ‖ ≈**lager** *n* / self-aligning bearing ‖ ≈**leuchte** *f* (Licht) / pendant luminaire, hanging lamp, pendant lamp, pendant, suspended lamp ‖ ≈**mühle** *f* / ring roller mill
pendeln / swing (to and fro), oscillate (in pendulum fashion), librate ‖ ~ (Zug, Bus, Fähre), verkehren (regelmäßig) (Verk) / shuttle, ply ‖ ~ (Person zw. Arbeitsplatz u. Wohnort) (Verk) / commute

Pendel•rollenlager n / spherical roller bearing ‖ ≃**schleifen** n (Fert) / grinding (by reciprocating the work longitudinally under the wheel at a very small infeed) ‖ ≃**tür** f (Bau) / swing door ‖ ≃**verkehr** m (Verk) / shuttle traffic ‖ ≃**zug** m (Bahn) / shuttle (train)

Pendlerzug m (Zug im Schienenpersonennahverkehr zwischen einer Stadt und den umliegenden Orten), Vorortzug m (Bahn) / commuter train, suburban train

Penetration f (allg) / penetration ‖ ≃ (Gussfehler) (Gieß) / penetration

Penetrierverfahren n, Farbeindringprüfung f (Mater) / dye penetrant method, dye penetrant test[ing]

PEN-Leiter m (Schutzleiter PE u. Neutralleiter N als ein Leiter geführt) (Elek) / PEN-conductor

Pensum n, Aufgabe f, Auftrag m / task, job, assignment

Pentagon n, Fünfeck (Math) / pentagon

Pentamethylendiamin n (Chem) / cadaverine, pentamethylenediamine

Pentandiamin, 1,5-≃ (Chem) / cadaverine, pentamethylenediamine

Penten n (Chem) / amylene, pentene

Pentylen n (Chem) / amylene, pentene

Per•bromat n (Chem) / perbromate, bromate(VII) ‖ ≃**bunan**® (Plast) / nitrile rubber, nitrile-butadiene rubber, acrylonitrile rubber, acrylonitrile-butadiene rubber, NR, NBR, Buna-N ‖ ≃**chlorat** n, Chlorat(VII) n (Chem) / chlorate(VII), perchlorate ‖ ≃**chlorsäure** f (HClO₄) (Chem) / perchloric acid, chloric(VII) acid

Perforation f / perforation

perforiert, gelocht / perforated (with holes)

Perforierung f / perforation

Periode f, Periodendauer f (1/f - Zeitdauer z.B. einer Schwingung oder eines Umlaufs) (Elek, Phys) / period (e.g. of oscillation) ‖ ≃ (im Periodensystem) (Chem) / period

Perioden•dauer f (1/f - Zeitdauer z.B. einer Schwingung oder eines Umlaufs) (Elek, Phys) / period (e.g. of oscillation) ‖ ≃**system** n **der Elemente**, PSE (Chem) / periodic system, periodic table of elements ‖ ≃**zähler** m / cycle counter

periodisch adj, regelmäßig wiederkehrend / periodic, periodical ‖ ~, zyklisch / cyclic, cyclical ‖ ~ adv, in regelmäßigen Abständen / periodically, at regular intervals ‖ ~**er Bruch** (Math) / repeating decimal, recurring decimal, repeater, circulating decimal ‖ ~**er Dezimalbruch** (Math) / repeating decimal, recurring decimal, repeater, circulating decimal ‖ ~**e Funktion** / periodical function ‖ ~**e Größe** (Phys) / periodic quantity ‖ **nicht ~** / aperiodic

peripher (DV) / peripheral ‖ ~**e Einheit** (DV) / peripheral device, peripheral n, peripheral unit ‖ ~**es Gerät** (DV) / peripheral device, peripheral n, peripheral unit ‖ ~**e Geräte** n pl, Peripherie f / peripheral equipment

Peripherie f, periphere Geräte n pl / peripheral equipment ‖ ≃, Kreisrand m / periphery of a circle ‖ ≃, Randgebiet n / periphery, edge, outskirts (of a city) ‖ ≃**gerät** n (DV) / peripheral device, peripheral n, peripheral unit ‖ ≃**winkel** m, Umfangswinkel m (Math) / inscribed angle, angle at the circumference

Perkolator m (HG) / coffee percolator (gravity type - recycles the boiling water through the grounds under gravity until the drink reaches the required strength), percolator ‖ ≃ (Gerät zur Gewinnung von Auszügen) (ChT, Pharm) / percolator

Perkussionsschweißen n (Schw) / percussion welding, PEW

Perle f (Muschel-, Schmuck-) / pearl ‖ ≃ (aus z.B. Glas, Holz, Stein, Ruß), Kügelchen n / bead ‖ ≃, Bläschen n / bubble, bead (bubble formed in or on a beverage)

Perlit m (Hütt) / pearlite ‖ ≃**bildung** f (Hütt) / pearlite formation

perlitisch (Hütt) / pearlitic

Perlitisieren n, isothermische Umwandlung in der Perlitstufe (Hütt) / isothermal annealing, pearlitizing [treatment]

Perl•mühle f / bead mill ‖ ≃**ruß** m / beaded carbon black ‖ ≃**wand** f (Foto) / beaded screen

permanent•er Allradantrieb (Kfz) / permanent four-wheel drive, full-time four wheel drive ‖ ~**er Quarkeinschluss**, Confinement n (Nukl) / confinement

Permanent•magnet m (Elek) / permanent magnet, p-m, PM ‖ ≃**magnet-Spanner** m / permanent magnetic chuck ‖ ≃**weiß** n (Anstr) / baryta white, blanc-fixe, fixed white

permeabel, durchlässig [für](z.B. Wasser) / permeable [to], pervious

Permeabilität f, Durchlässigkeit f (für Gas, Flüssigkeit) (Bau, Geol, Phys) / permeability (to gases, fluids) ‖ ≃, magnetische Permeabilität (Magn) / permeability, magnetic permeability ‖ ≃ **des Vakuums** (Phys) / permeability of free space, magnetic constant ‖ **relative** ≃, Permeabilitätszahl f (μᵣ) (Magn) / relative permeability

Permeabilitätszahl f (μᵣ) (Magn) / relative permeability

Permeanz f (Elek) / permeance, magnetic conductance

Permittivität f (Proportionalitätsfaktor (ε) zwischen elektr. Flussdichte D u. elektr. Feldstärke E - Einheit: F/m), Dielektrizitätskonstante (Elek) / permittivity (symbol ε)(ε = D/E)

Permittivitätszahl f (Elek) / dielectric constant (εᵣ = ε/ε₀), relative permittivity, specific inductive capacity, SIC

Peroxid n (Chem) / peroxide (e.g. Na₂O₂, BaO₂))

Persenning f (Kfz) / tarpaulin

Persisch Rot, Chromrot m / chrome red

Persistenz f (Chem, Phys) / persistence

Personal n / personnel, staff, work force, employees pl

Personal Computer, PC (DV) / personal computer, PC

Personal•abbau m / staff cutback[s], staff cut, reduction in staff or personnel ‖ ≃**ausbildung** f / training of personnel, staff training ‖ ≃**bedarf** m / manpower requirement, human resource requirement, personnel requirement ‖ ≃**berater** m / HR consultant ‖ ≃**bestand** m / personnel, staff, work force, employees pl ‖ ≃**computer** m, Personal Computer, PC (DV) / personal computer, PC ‖ ≃**fortbildung** f / training of personnel, staff training ‖ ≃**kosten** pl, Arbeitskosten pl / labour costs pl ‖ ≃**schulung** f / training of personnel, staff training

Personen•aufzug m (Förd) / passenger elevator (US), passenger lift (GB) ‖ ~**kraftwagen** m (Kfz) / passenger car ‖ **öffentlicher** ~**nahverkehr** / public transport (within a local area or region), local public transport ‖ ~**rufanlage** f (Tele) / paging system ‖ ~**schaden** m / personal injury ‖ ~**strahlenschutz** (Phys) / health physics ‖ ~**waage** f (Mess) / bathroom scale ‖ ~**wagen** m (Bahn) / passenger car ‖ ~**wagen** (Bahn) s. auch Reisezugwagen, sonstige Personenwagen ‖ ~**wagen** (Kfz) / passenger car ‖ ~**zug** m (Bahn) / passenger train

persönlich•e Geheimzahl o. **Kennzahl**, PIN f / personal identification number, PIN ‖ ~**e Identifikationsnummer**, PIN f / personal identification number, PIN

Perspektive f / perspective, point of view ‖ ~**n** f pl (für die Zukunft) / prospects pl

perspektivische Zeichnung (Doku) / perspective drawing

Perspektivzeichnung f (Doku) / perspective drawing

PES, Polyester m (Plast) / polyester, PES

Pestizid n (Landw, Umw) / pesticide

PET, Polyethylenterephthalat n (Plast) / polyethylene terephthalate, PET

Peta..., 10^{15} / peta...

Petrischale f (Chem) / Petri dish, culture dish

Petrochemikalien f pl (ChT) / petrochemicals pl, petroleum chemicals

petrochemische Industrie / petrochemical industry, petrochemistry

Petrolchemikalien f pl (ChT) / petrochemicals pl, petroleum chemicals

petrolchemische Industrie / petrochemical industry, petrochemistry

Petroleum n (Stoffgemisch aus $C_{10}H_{22}$ bis $C_{16}H_{34}$, Siedebereich etwa 160 bis 280 °C) (Chem, ChT) / kerosene (US)(colorless flammable hydrocarbon liquid obtained from the fractional distillation of petroleum at 150 to 275 °C - carbon chains from the C_{12} to C_{15} range), paraffin, paraffin oil (GB), kerosine ‖ ~**lampe** f (Licht) / kerosene lamp

PE-Wandler m (zur Umwandlung eines pneumatischen in ein elektrisches Signal) (Regel) / pneumatic-electric converter

PF, Phenolharz n (Chem, Plast) / phenolic resin, phenolic m, phenolic polymer, phenoplast

Pfad m, Weg m / path ‖ ~ (z.B. von Signalen, Strom) (Eltro) / path ‖ ~ (DV) / path (in file system)

Pfaffe m, Einsenkstempel m (Formwerkzeug zum Einsenken) (Fert) / hob

Pfahlramme f (Bau) / pile driver

Pfandflasche f (Umw) / refillable bottle (in a deposit system), returnable-for-deposit bottle

Pfannen•ausguss m / nozzle (of a ladle) ‖ ~**metallurgie** f, Sekundärmetallurgie f (Hütt) / ladle metallurgy, secondary steelmaking, secondary refining

Pfeil•rad n, pfeilverzahntes Stirnrad / double helical gear [wheel], herringbone gear [wheel] ‖ ~**rädergetriebe** n / herringbone gears ‖ ~**richtung** f / direction of arrow ‖ ~**taste** f (DV) / cursor movement key, arrow key ‖ ~**verzahnung** f / double helical gearing, herringbone gearing

Pferdestärke f (nicht gesetzliche Einheit der Leistung) (Kfz, Masch) / horsepower (metric horsepower = 0,73549875 kW), hp

pflanzen, anbauen, anpflanzen (z.B. Getreide) (Landw) / cultivate, grow vt

Pflanzen•fresser m (Umw) / herbivore ‖ ~**gummi** m, Gummi m (wasserlöslicher Anteil der Gummiharze) (Bot) / gum n, natural gum

Pflege f, Instandhaltung f, Wartung f / maintenance, servicing, service ‖ ~ (DV) / maintenance (of software, files, database)

pflegen, instand halten / maintain, service vt

Pflicht f, Aufgabe f, Auftrag m / task, job, assignment

Pflichtenheft n / specification, functional spec[ification], functional specifications document, specs pl (US), FSD

PFM, Pulsfrequenzmodulation (Tele) / pulse frequency modulation, pfm

Pfosten m, Ständer f (im Holzrahmen- u. Holztafelbau)(Bau) / stud, standard

P-Gebiet f (Eltro, Phys) / p-region

Phantomroboter m / phantom robot

Pharma•industrie f / pharmaceutical industry ‖ ~**zeutik** f (Pharm) / pharmacy (science), pharmaceutics sg ‖ ~**zeutika** pl / pharmaceuticals pl ‖ ~**zeutisch** / pharmaceutical ‖ ~**zeutische Industrie** / pharmaceutical industry

Pharmazie f (Pharm) / pharmacy (science), pharmaceutics sg

Phase f (allg, Astr, DV, Elek, Krist, Phys) / phase n ‖ ~, Stufe f, Stadium n / stage ‖ ~, Außenleiter, stromführender Leiter (der in der Elektroinstallation den Strom aus dem Netz zum Schalter oder zur Steckdose führt - brauner, gelegentlich auch schwarzer o. blauer Kunststoffmantel, Kurzzeichen "L") (Elek) / live wire, live conductor, phase conductor ‖ **in** ~ **übereinstimmen**, in gleicher Phase sein / be in phase

Phasen•abgleich m, Phaseneinstellung f (Elek, Eltro) / phasing ‖ ~**änderung** f, Phasenübergang m (Chem, Phys) / phase transformation, phase transition ‖ ~**anker** m (Elek) / slipring rotor, wound rotor ‖ ~**anschnittsteuerung** f (Elek, Eltro) / phase-angle control, phase control ‖ ~**ausfall** m (Elek) / phase failure ‖ ~**ausfallschutz** m (Elek) / phase failure protection ‖ ~**diagramm** n, Zustandsdiagramm n (grafische Darstellung des empirisch ermittelten oder durch eine Zustandsgleichung beschriebenen Zusammenhangs der Zustandsgrößen eines thermodynamischen Systems) (Mater, Hütt) / phase diagram, equilibrium diagram, phase equilibrium diagram ‖ ~**einstellung** f, Phasenabgleich m (Elek, Eltro) / phasing ‖ ~**folge**, Drehrichtung f des Feldes (Elek) / phase-sequence ‖ ~**frequenzgang** m (Elek, Eltro) / phase response, phase-frequency characteristics pl ‖ ~**gang** m, Phasenfrequenzgang m (Elek, Eltro) / phase response, phase-frequency characteristics pl ‖ ~**interferometer** n (Astr, Opt) / stellar interferometer ‖ ~**komparator** m (Elek) / phase comparator ‖ ~**kopplung** f (Laser) / mode locking ‖ ~**lage** f (Elek) / phase position ‖ ~**laufzeit** f (Tele) / phase retardation, phase delay ‖ ~**leiter** m, Außenleiter, stromführender Leiter (der in der Elektroinstallation den Strom aus dem Netz zum Schalter oder zur Steckdose führt - brauner, gelegentlich auch schwarzer o. blauer Kunststoffmantel, Kurzzeichen "L") (Elek) /

live wire, live conductor, phase conductor ‖ ~leiter, Außenleiter *m* (im Dreiphasensystem) (Elek) / outer conductor, phase conductor, phase, outer wire, outside wire ‖ ~modulation *f* (Tele) / phase modulation, PM ‖ ~nacheilung *f* / phase retardation, phase delay, phase lag ‖ ~prüfer *m*, Spannungsprüfer *m* (Elek, Wz) / mains tester, mains test screwdriver, voltage tester screwdriver ‖ ~regel *f* / phase doctrine ‖ ~schieber *m*, Blindleistungsmaschine *f* (elektrische Maschine zur Abgabe o. Aufnahme von Blindleistung) (Elek) / phase modifier, phase advancer ‖ ~schiebermaschine *f*, Blindleistungsmaschine *f* (elektrische Maschine zur Abgabe o. Aufnahme von Blindleistung) (Elek) / phase modifier, phase advancer ‖ ~spannung, Strangspannung *f* (Elek) / phase voltage, Y voltage, voltage to neutral (voltage between any line and neutral of a three-phase system), star voltage ‖ ~steuerung *f*, Phasenanschnittsteuerung *f* (Elek, Eltro) / phase-angle control, phase control ‖ ~strang *m*, Außenleiter *m* (im Dreiphasensystem) (Elek) / outer conductor, phase conductor, phase, outer wire, outside wire ‖ ~übergang *m* (Chem, Phys) / phase transformation, phase transition ‖ ~übergang I. Art *m* (Phys) / discontinuous transition, discontinuous phase transition, first-order transition ‖ ~übergang II. Art *m*, kontinuierlicher Phasenübergang (Phys) / continuous phase transition, continuous transition, second-order transition ‖ ~umformer *m* (Elek) / phase converter ‖ ~umkehr *f* (Chem, Eltro, Tele) / phase reversal, phase inversion ‖ ~umwandlung *f*, Phasenübergang *m* (Chem, Phys) / phase transformation, phase transition ‖ ~verschiebung *f* (Elek, Phys) / phase shift, phase displacement ‖ ~verschiebungswinkel *m* (Differenz der Phasenwinkel zweier Wechselgrößen) (Elek) / phase angle ‖ ~verzögerung *f* / phase retardation, phase delay, phase lag ‖ ~winkel *m* (im Zeigerdiagramm der Winkel des Zeigers mit der Nulllinie) (Elek) / angle between the phasor and the horizontal axis (in a phasor diagram) ‖ ~winkel (Elek) s.a. Phasenverschiebungswinkel ‖ ~zahl-Umrichter *m* / phase converter

Phenazin *n* (Chem) / phenazine
Phenol *n* (C_6H_6O) (Chem) / phenol (C_6H_5OH), carbolic acid, hydroxybenzene, phenylic acid ‖ ~harz *n* (Chem, Plast) / phenolic resin, phenolic *n*, phenolic polymer, phenoplast ‖ ~phthalein *n* (Chem) / phenolphthalein
Phenoplast *m*, Phenolharz *n* (Chem, Plast) / phenolic resin, phenolic *n*, phenolic polymer, phenoplast
Phenoxybenzen *n* (Chem) / diphenyl ether, diphenyl oxide, phenyl ether
Phenylamin *n*, Anilin *n* (Chem) / aminobenzene, aniline oil, aniline ($C_6H_5NH_2$), phenylamine
Phenylendiamin *n* (Chem) / phenylenediamine
Phenyl•ether *m* (Chem) / diphenyl ether, diphenyl oxide, phenyl ether ‖ ~methanol *n* (Chem) / benzyl alcohol ‖ 2-~propan, Cumol *n*, Isopropylbenzol (Chem) / cumene, isopropylbenzene
Phillips•-Schraube *f*, Kreuzschlitzschraube *f* (bei der sich die Flanken des Kreuzschlitzes

nach unten hin verjüngen) / Phillips screw, recessed head screw, Phillips-[recessed-]head screw ‖ ~-Schraubendreher *m* / Phillips screwdriver
pH-Indikator *m* (Chem) / pH indicator
Phonon, Schallquant *n* (Phys) / phonon
Phoronomie *f*, Kinematik *f* (Mech) / kinematics *sg*
Phosgen *n* (Chem) / carbon oxychloride, phosgene ($COCl_2$), carbonyl chloride, chloroformyl chloride
Phosphan *n*, Phosphorwasserstoff *m* (Chem) / phosphine (PH_3), phosphane IUPAC), phosphorus trihydride
Phosphat *n* (Chem) / phosphate
phosphatieren, bondern (OT) / bonderize ‖ ~ *n* (chemischer Prozess ohne Anwendung von elektrischem Strom zur Herstellung von Phosphatschichten) (OT) / phosphate coating, phosphating, phosphatizing ‖ ~, Bondern *n* (OT) / bonderizing
Phosphatierung *f* (chemischer Prozess ohne Anwendung von elektrischem Strom zur Herstellung von Phosphatschichten) (OT) / phosphate coating, phosphating, phosphatizing
Phosphatschutz *m*, Phosphatieren *n* (chemischer Prozess ohne Anwendung von elektrischem Strom zur Herstellung von Phosphatschichten) (OT) / phosphate coating, phosphating, phosphatizing
Phosphin *n*, Phosphorwasserstoff *m* (Chem) / phosphine (PH_3), phosphane IUPAC), phosphorus trihydride
Phosphor *m* (Chem) / phosphorus, P
Phosphoreszenz *f* / phosphorescence
Phosphor•lot *n* (Hartlot aus Phosphor und Kupfer) (Schw) / copper-phosphorous alloy (brazing filler metal) ‖ ~saure Brennstoffzelle (Chem, Elek) / phosphoric acid fuel cell, PAFC ‖ ~säure *f* (Chem) / phosphoric acid ‖ ~säurezelle *f*, phosphorsaure Brennstoffzelle (Chem, Elek) / phosphoric acid fuel cell, PAFC ‖ ~wasserstoff *m* (Chem) / phosphine (PH_3), phosphane IUPAC), phosphorus trihydride
Photo•... s. auch Foto... ‖ ~-CD *f*, Foto-CD *f* (DV, Foto) / photo CD ‖ ~chemisches Lichtmengengesetz, Bunsen-Roscoe-Gesetz *n* (Licht) / Bunsen-Roscoe law ‖ ~diode *f* (Eltro) / photodiode ‖ ~effekt *m* (Eltro, Phys) / photoelectric effect ‖ innerer ~effekt (Phys) / internal photoelectric effect, photoconductive effect
photoelektrisch / photoelectric ‖ ~er Effekt, Photoeffekt *m* (Eltro, Phys) / photoelectric effect ‖ ~er Strom, lichtelektrischer Strom (Eltro) / photoelectric current, photocurrent
Photo•-Elektronenstrom *m*, lichtelektrischer Strom (Eltro) / photoelectric current, photocurrent ‖ ~element *n* (Eltro) / photovoltaic cell ‖ ~graphie *f*, Fotografie *f* photography ‖ ~ionisation *f* (Phys) / photoionization ‖ ~leitend / photoconductive ‖ ~leitertrommel *f* (in Laserdruckern) (Druck, DV) / photoconductor drum ‖ ~leitfähig, photoleitend / photoconductive ‖ ~leitungseffekt *m* (Phys) / internal photoelectric effect, photoconductive effect ‖ ~meter *n* (Mess, Phys) / photometer ‖ ~meterbank *f* (Mess, Phys) / photometer bench ‖ ~meterwürfel *m* (Mess, Phys) / Lummer-Brodhun cube
Photon *n* (Nukl) / photon, light quantum

Photonenstrahlverfahren n, Abtragen n mit Laserstrahlen (Fert) / laser beam machining, LBM

Photostrom m, lichtelektrischer Strom (Eltro) / photoelectric current, photocurrent

Photovoltaik f (Elek) / photovoltaics sg, PV ‖ ⁓**anlage** f (Elek) / solar array, photovoltaic array, PV array, photovoltaic installation, photovoltaic system, PV system ‖ ⁓**-Modul** n, Solarmodul n (zusammengeschaltete Solarzellen) (Ener) / solar panel, solar module, photovoltaic module, PV module, PV panel, photovoltaic panel ‖ ⁓**zelle** f (Elek) / solar cell, photovoltaic cell, PV cell

photovoltaisch•e Anlage f (Elek) / solar array, photovoltaic array, PV array, photovoltaic installation, photovoltaic system, PV system ‖ ⁓**er Effekt** (Phys) / photovoltaic effect ‖ ⁓**e Zelle** (Elek) / solar cell, photovoltaic cell, PV cell

Photozelle f, lichtelektrische Zelle (Eltro) / photocell, PEC, photoelectric cell

pH-Wert m (Chem) / pH-value

Physik f / physics sg, physical science

physikalisch, naturwissenschaftlich / physical ‖ ⁓, naturgesetzlich (Phys) / physical ‖ ⁓ / physical (e.g. drive, memory, network) ‖ ⁓**e Atmosphäre** (Phys) / standard atmosphere ‖ ⁓**e Ebene**, Bit-Übertragungsschicht f, Schicht 1 (im OSI-Schichtenmodell), physikalische Schicht (DV, Tele) / layer 1, physical layer ‖ ⁓**e Eigenschaften** / physical properties ‖ ⁓**e Größe** / physical quantity ‖ ⁓**es Maßsystem**, CGS-System m, Zentimeter-Gramm-Sekunde-System (Phys) / CGS system, centimeter-gram-second system ‖ ⁓**e Schicht**, Bit-Übertragungsschicht f, Schicht 1 (im OSI-Schichtenmodell) (DV, Tele) / layer 1, physical layer ‖ ⁓**er Zustand** / physical state

Physiker m / physicist

Physiklabor n / physics laboratory

physisch, körperlich (allg) / physical

PI n, Polyimid n (Plast) / polyimide

PIB, Polyisobutylen n (Plast) / polyisobutylene, PIB

Pickerfunktion f (bei Robotern) / picker function

Pickup m (Kfz) / pick-up, pick-up truck

PID•-Regelung f (Regel) / PID control [mode], proportional plus integral plus derivative control [mode] ‖ ⁓**-Regler** m, Proportional-Integral-Differential-Regler m (Regel) / PID controller, proportional plus integral plus derivative controller, three-mode controller

Piepser m (ugs), Pager m, Funkrufempfänger m (Tele) / beeper (coll), pager, paging device

Piezo•..., piezoelektrisch (Elek, Krist) / piezoelectric ‖ ⁓**-Druckverfahren** n (DV) / drop-on demand inkjet printing, drop-on-demand printing ‖ ⁓**effekt** m (Elek, Krist) / piezoelectric effect

piezoelektrisch (Elek, Krist) / piezoelectric ‖ ⁓**er Effekt** (Elek, Krist) / piezoelectric effect ‖ ⁓**es Mikrofon** (Audio) / crystal microphone, piezoelectric microphone ‖ ⁓**es Verfahren** (DV) / drop-on demand inkjet printing, drop-on-demand printing

piezo•resistiv (Phys) / piezoresistive ‖ ⁓**verfahren** n (DV) / drop-on demand inkjet printing, drop-on-demand printing

Pigment n / pigment n (insoluble colorant) ‖ ⁓**strich** m, Streichen n (maschinelles

Beschichten von Papier mit Pigmentstrich), Papierstrich m (Pap) / coating

Piko... (Vorsatzsilbe für 10^{-12}) / pico...

Piktogramm n / pictograph, pictogram

Pilot m, Flugzeugführer m (Luft) / pilot n ‖ ⁓**anlage** f / pilot plant

Piloten•kabine f, Cockpit n (Luft) / cockpit ‖ ⁓**kabine**, Flugdeck n (Luft) / flight deck (in large commercial aircraft) ‖ ⁓**kanzel** f, Cockpit n (Luft) / cockpit ‖ ⁓**kanzel**, Flugdeck n (Luft) / flight deck (in large commercial aircraft)

Pilot•-Lichtbogen m (Schw) / pilot arc ‖ ⁓**projekt** n / pilot project

Pin m (eines IC), Anschlussstift m (Elek, Eltro) / pin

PIN f, persönliche Geheimzahl o. Kennzahl / personal identification number, PIN

PIN-Diode f (Eltro) / p-i-n diode

Pinkompatibilität (Eltro) / pin compatibility

Pinole f, Bohrspindelpinole f (Wzm) / sleeve, spindle sleeve ‖ ⁓ (der Fräsmaschine) (Wzm) / quill, spindle sleeve ‖ ⁓, Reitstockpinole f (an Spitzendrehmaschinen) (Dreh) / quill, tailstock quill, tailstock sleeve

Pinsel m / brush, paintbrush

Pinzette f / tweezers pl ‖ ⁓ (MT) / forceps pl

PIO (DV) / PIO (parallel input/output)

Pipeline f, Rohrfernleitung f / pipeline n ‖ ⁓ (DV) / pipeline (in microprocessor architecture)

Pipette f (Chem) / pipette n, pipettor, pipet, chemical dropper

Piraterie f, Softwarepiraterie f (DV) / piracy, software piracy

PI-Regler m, Proportional-Integral-Regler m (Regel) / PI controller, proportional-plus integral controller, proportional-integral controller

Piste f, Start- und Landebahn (Luft) / runway

Pit (Vertiefung auf einer CD-ROM) (DV) / pit (on optical disk - opp. to land)

Pitch-Regelung f (Veränderung des Blatteinstellwinkels in Anhängigkeit von der Windgeschwindigkeit) (Ener) / pitch control

Pitot-Rohr n, Staurohr n (Luft, Schiff) / pitot-static tube, pitot tube

Pitting n, Grübchenbildung f (durch Verschleiß) / pitting

Pittsburgh-Verfahren n (zur Flachglasherstellung) (Glas) / Pittsburgh process

Pixel n, Bildelement n (DV, Foto, TV) / picture element, pixel n ‖ ⁓**matrix** f, Bildelementmatrix f (DV, TV) / pixel array, pixel matrix

PK-Getriebe n (Masch) / PK gearbox

PK-Schweißen n (Schw) / percussion welding, PEW

Pkw, Personenkraftwagen m (Kfz) / passenger car ‖ ⁓**-Dieselmotor** m (Kfz, Mot) / light-duty diesel engine

PLA n, programmierbares logisches Feld (DV) / programmable logic array, PLA

plan machen, flach machen / level, flatten, plane

Plan m (allg) / plan n ‖ ⁓ / scheme (plan, programme, or policy officially adopted and followed, as by a government or business: e.g. pension, funding, modernization scheme, the Government's scheme to bring broadband access to the countryside) ‖ ⁓, Zeitplan m, Ablaufplan m / schedule (e.g. of a project) ‖ ⁓ (bei wiederholt o. regelmäßig anstehenden Arbeiten wie Wartung) / schedule (e.g.

maintenance, inspection, software release, training schedule) ‖ ≈, Projekt *n* / project, plan ‖ ≈ (zeichnerische Darstellung) (allg, Bau) / plan ‖ ≈ (grafische Darstellung, z.B. Blockschaltplan, Stromlaufplan) / diagram ‖ ≈, Zeichnung *f* / drawing, drg. ‖ ≈, Stadtplan *m* / city map, street map

Planar•-Chromatographie *f*, Dünnschichtchromatographie *f* (Chem) / thin-layer chromatography ‖ ≈**verfahren** *n* (Eltro, Fert) / planar process

Planck-Konstante / Planck's constant, Planck's [elementary] quantum of action

Plancksch•e Konstante / Planck's constant, Planck's [elementary] quantum of action ‖ ≈**es Wirkungsquantum** / Planck's constant, Planck's [elementary] quantum of action

plan•drehen (Dreh) / face, face-turn ‖ ≈**drehen** *n* (Fert) / facing, face turning, surfacing ‖ ≈**drehmaschine** *f* (Wzm) / face lathe, facing lathe

planen (allg) / plan ‖ ≈ (zeitlich) / schedule (e.g. final completion and full operation of the airport is scheduled for 2017; we have scheduled a work session for Wednesday) ‖ ≈, projektieren / project *vt*, design, plan ‖ ≈, entwerfen (Anlagen, Maschinen etc.) / design

Planet *m* (Astr) / planet ‖ ≈, Planetenrad *n* (im Planetengetriebe) (Masch) / planetary gear, planetary wheel, planet gear

planetarische Grenzschicht / atmospheric boundary layer, ABL, planetary boundary layer, friction layer

Planeten•getriebe *n* / epicyclic gear train, epicyclic gear, epicyclic gearing, epicyclic train, planetary gear train, planetary gear set, sun [and planet] gear ‖ ≈**rad** *n* (im Planetengetriebe) (Masch) / planetary gear, planetary wheel, planet wheel, planet gear ‖ ≈**radträger** *m* (Masch) / planet carrier ‖ ≈**spindel** *f* (Masch) / planetary spindle

Plan•fräsen *n*, Stirn-Planfräsen *n* (Fert) / conventional face milling (cutter is greater than the workpart width) ‖ ≈**fräsen**, Umfangs-Planfräsen *n* (Fert) / slab milling ‖ ≈**fräsmaschine** *f* (Wzm) / planer-type mill, planer-type milling machine, plano-miller

planfreie Kreuzung (Bahn, Straß) / interchange, grade-separated junction

planieren, einebnen (Bau) / level, make level ‖ ≈ *n*, Einebnen *n* / levelling, leveling

Planierer *n*, Grader *m* (Straß) / grader, blade, road grader, motor grader

Planier•raupe *f* (Bau, Bergb) / bulldozer (on caterpillar tracks), blade (GB), dozer [tractor], tractor (GB - in the construction industry), dozer, crawler dozer, crawler tractor (GB) ‖ ≈**schild** *n* (der Planierraupe) (Bau) / blade, bulldozer blade, dozer blade

Planierungsarbeiten *f pl*, Einebnen *n*, Planieren *n* / levelling, leveling

Planimetrie *f*, ebene Geometrie (Math) / plane geometry

plan•konkav (Opt) / plano-concave ‖ ≈**konvex** (Opt) / plano-convex

Planktonmikroskop *n* (Mikros) / inverted plankton microscope, plankton microscope (type of inverted microscope)

Plankurvenfutter *n* (bei Drehmaschinen) (Wzm) / cam-type chuck

planmäßig *adj*, geplant / planned ‖ ≈ (zeitlich), laut Plan / scheduled (e.g. departure,

completion, commencement of construction) ‖ ≈, systematisch, methodisch / methodical, systematic, systematical ‖ ≈ *adv*, nach Plan / as planned, according to pan ‖ ≈, termingerecht / on schedule, on time

Plan•scheibe *f* (Dreh) / faceplate, flanged chuck (GB) ‖ ≈**scheibe** *f* (der Karusselldreh-maschine) (Wzm) / horizontal worktable ‖ ≈**schleifen** (Fert) / surface-grind ‖ ≈**schleifen** *n* (Fert) / surface grinding ‖ ≈**schleifmaschine** *f*, Flachschleifmaschine *f* (Fert) / surface grinder, surface grinding machine ‖ ≈**schliff** *m*, Planschleifen *n* (Fert) / surface grinding ‖ ≈**schlitten** (quer zur Bettachse geführt) (Wzm) / cross slide, rest ‖ ≈**senken** *n*, Ansenken *n* (zur Herstellung ebener Auflageflächen für Schraubenköpfe, Muttern, Unterlegscheiben usw.), Anplanen *n* (Fert) / spotfacing ‖ ≈**sichter** *m* / plansifter, gyratory screen, gyratory sifter ‖ ≈**spiegel** *m* (Opt) / plane mirror ‖ ≈**spiralfutter** *n* (bei Drehmaschinen) (Wzm) / scroll chuck

Planum *n* (Oberfläche des Untergrundes, auf der der Oberbau ruht), Bodenplanum *n*, Erdbauplanum *n* (Straß) / subgrade, formation (GB)

Planung *f* (allg) / planning ‖ ≈ (zeitlich), Terminierung *f* / scheduling (e.g. workflows, of board meetings, of TV ads around blockbuster movies; project scheduling, construction scheduling) ‖ ≈ (von Anlagen, Maschinen etc.), Entwurf *m* / design

Planungsingenieur *m* **für Bauwesen**, beratender Ingenieur für Bauwesen, der auf Kostenplanung (Kostenermittlung, Kostenkontrolle und Kostensteuerung) während der Planung und Ausführung spezialisiert ist (Bau) / QS, quantity surveyor (cost and financial specialist of the construction industry whose main duties are: estimating the cost of and assisting with determining the feasibility of projects - preparing documentation for competitive tendering - tendering and negotiating for contracts - managing and exercising financial control over contracts to ensure cash-flow and the profitability of projects - controlling and managing sub-contractors, suppliers and the like - concluding contracts upon completion of projects)

Planzeit *f* (IE) / planned time

Plasma *n* (Biol, Phys) / plasma ‖ ≈**anzeige** *f*, Plasmabildschirm *m* (DV, TV) / plasma display, plasma screen, gas discharge display, gas-plasma display ‖ ≈**ätzen** *n* (Eltro) / plasma etching ‖ ≈**bildschirm** (DV, TV) / plasma display, plasma screen, gas discharge display, gas-plasma display ‖ ≈**chemie** *f* / plasma chemistry ‖ ≈**display** *n*, Plasmabildschirm *m* (DV, TV) / plasma display, plasma screen, gas discharge display, gas-plasma display ‖ ≈**fernseher** *m* (TV) / plasma TV ‖ ≈**frequenz** *f* (Eltro, Phys) / plasma frequency ‖ ≈**lichtbogenschneiden** *n* (Schw) / plasma arc cutting, PAC, plasma cutting ‖ ≈**-Lichtbogenschweißen** *n* (Schw) / plasma arc welding, PAW ‖ ≈**nitrieren** *n* (Hütt) / glow discharge nitriding, ion nitriding, plasma nitriding ‖ ≈**physik** *f* / plasma physics *sg* ‖ ≈**-Schmelzschneiden** *n* (Schw) / plasma arc cutting, PAC, plasma cutting ‖ ≈**schneiden** *n* (Schw) / plasma arc cutting, PAC, plasma cutting ‖ ~**schneiden mit Druckluft als Schneidgas** (Fert) / air plasma cutting ‖ ~**schneiden mit Wasserinjektion** (Fert) / water-injection plasma cutting ‖ ~**schweißen** *n*, Wolfram-Plasma-Schweißen *n* (Schw) / plasma arc welding, PAW ‖ ~**schweißen mit nicht übertragenem Lichtbogen** (Schw) / non-transferred mode (of plasma arc welding) ‖ ~**schwingungen** *f pl* (Phys) / plasma oscillations *pl* ‖ ~**spritzen** *n* (OT) / plasma spraying ‖ ~**strahl** *m* / plasma jet ‖ ~**strom** *m* / plasma stream ‖ ~**triebwerk** *n* (Raumf) / plasma engine ‖ ~**-TV[-Gerät]** *n*, Plasmafernseher *m* (TV) / plasma TV ‖ ~**-Verbindungsschweißen** *n* (Schw) / plasma arc welding, PAW ‖ ~**welle** *f* (Phys) / plasma wave ‖ ~**zustand** *m* (Phys) / plasma state

Plast *m* (in der früheren DDR), Kunststoff *m* (einzelner, spezieller) / plastic *n* ‖ ~**e** *m pl*, Kunststoff *m* (allgemein als Werkstoff), Kunststoffe (Mater) / plastics *pl*

Plastifikation (Holz, Plast) / plasticizing

Plastifikator *m*, Weichmacher *m* (in Kunststoffen, Lacken, Klebstoffen, Kautschuk etc.) (Anstr, Plast) / plasticizer

plastifizieren (Holz, Plast) / plasticize

Plastifizierung *f* (Holz, Plast) / plasticizing

Plastik *n* (umgangssprl.), Kunststoff *m* (einzelner, spezieller) / plastic *n* ‖ ~, Kunststoff *m* (allgemein als Werkstoff), Kunststoffe (Mater) / plastics *pl* ‖ ~**...**, Kunststoff... (Mater) / plastic, made of plastic ‖ ~**film** *m*, Kunststofffolie *f* (Plast) / film (thickness < 0.25 mm), plastic film ‖ ~**folie** *f*, Kunststofffolie *f* (Plast) / plastic sheeting, sheeting (thickness > 0.25 mm, continuous) ‖ ~**folie**, Kunststofffolie *f* (Plast) / plastic sheet, sheet (thickness > 0.25 mm, pliable, cut to size) ‖ ~**folie**, Kunststofffolie *f* (Plast) / film (thickness < 0.25 mm), plastic film

plastisch • e Formänderung (Mater) / plastic deformation ‖ ~ **formbar** (allgemein, durch Zug o. Druck), duktil (Mater) / ductile, plastic ‖ ~**e Verformung** (Mater) / plastic deformation

plastizieren, plastifizieren (Holz, Plast) / plasticize

Plastomer *n* (Plast) / thermoplastic *n*, thermoplastic polymer, TP polymer, TP

Platin *n* (Chem) / platinum, Pt

Platine *f*, Leiterplatte *f* (Eltro) / printed circuit board, PCB, pcb, PC board, circuit board, printed board, board ‖ ~, Blechzuschnitt *m* (bei der Blechumformung) *f* (Fert) / blank, sheet metal blank

Platinenermittlung *f* (für ein Ziehteil) (Fert) / blank size determination

Platonischer Körper (Math) / Platonic solid

Plättchen *n*, Schuppe *f* / flake *n*, scale

Platte *f* (Blech mit einer Stärke über 60 Millimeter) (Hütt) / plate (sheet metal thicker than 60 mm or 1/4 in) ‖ ~ (dünn), Tafel *f* / sheet (thin plate or slab of plastic, metal, plywood, thickness > 0.25 mm, not pliable) ‖ ~ (Datenträger mit scheibenförmigem Speichermedium: Festplatte, Diskette, CD-ROM) (DV) / disc, disk ‖ ~ (ugs), Festplatte *f* (DV) / hard disk, fixed disk, disk ‖ ~, Kondensatorplatte *f* (Elek) / plate (of a capacitor) ‖ ~, Schallplatte *f* (Audio) / record, analogue disc record, disk, disc, gramophone record (GB), phonograph record (US)

Platten • bandförderer *m* (Förd) / apron conveyor, slat conveyor ‖ ~**-Bohr- und Fräswerk** *n* (Wzm) / floor type boring and milling machine ‖ ~**federmanometer** *n* / diaphragm pressure ga[u]ge ‖ ~**speicher** *m*, Magnetplattenspeicher *m* (DV) / disk storage, magnetic disk storage ‖ ~**spieler** *m*, Schallplattenspieler *m* (Audio) / record player, phonograph (US), phonograph turntable, turntable, gramophone (GB), stereo ‖ ~**stapel** *m*, Magnetplattenstapel *m* (DV) / disk pack, pack (of disks) ‖ ~**ventil** *n* / plate valve, disk valve ‖ ~**wärmeaustauscher** *m* / plate [heat] exchanger

Plattform *f* (Hardware-, Software-) (DV) / platform ‖ ~ (Öl) / platform (of offshore well) ‖ ~**übergreifend** (DV) / cross-platform, platform-independent, multiplatform ‖ ~**unabhängig** (DV) / cross-platform, platform-independent, multiplatform ‖ ~**waage** *f* (Mess) / weighing platform ‖ ~**wagen** *m*, Flachwagen *m* (Bahn) / flatcar (US), flat wagon, platform car

Platz *m*, Stelle *f* / place ‖ ~, freier Raum (der z.B. zur Aufstellung einer Maschine o. zur freien Bewegung benötigt wird) / space, room ‖ ~ (zum Sitzen), Sitzplatz *m* / seat ‖ ~ (am Band) (IE) / station (of an assembly line) ‖ ~, Lagerplatz *m* / yard ‖ ~, Bauplatz *m* / building site ‖ ~ (von Straßen o. Häusern umgebene Fläche in Stadt o. Dorf) (Bau) / square ‖ ~ **haben für**, fassen / accommodate *vt* (e.g. this elevator accommodates 12 people) ‖ ~ **sparend** / space-saving ‖ ~ **sparend** / space-efficient (e.g. data storage)

Platz • bedarf *m* / space requirement, space required ‖ ~**bedarf** (Speicher), Arbeitsspeicherbedarf *m* (DV) / main memory requirements, memory requirements (MR) ‖ ~**beleuchtung** *f* (auf die speziellen Sehaufgabe im Raum abgestimmte Zusatzbeleuchtung zur Allgemeinbeleuchtung) (Licht) / task lighting

platzen, bersten, zerplatzen / burst *vi*

platzieren / place

Platzierung *f* / placement

Platz • mangel *m* / lack of space, restricted space, limitations of space ‖ ~**sicher** / burstproof ‖ ~**sparend** / space-saving ‖ ~**sparend** / space-efficient (e.g. data storage) ‖ ~**veränderung** *f*, Versetzung *f* / repositioning, relocation

Plausibilitätskontrolle *f* (DV) / plausibility check

Player *m* (Audio, Video) / player (for CD, DVD, MP3)

plazieren s. platzieren

Plazierung *f* s. Platzierung

PLC, Powerline Communication, Powerline-Anschluss *m* (Netzzugang via Stromnetz) (Tele) / PLC, power line communication, power line carrier

PLD *n* (Eltro) / PLD, programmable logic device

p-Leitung *f*, Defektelektronenleitung *f* (Phys) / hole conduction, p-type conduction

Pleuel *n*, Pleuelstange *f* (Mot) / connecting rod, con rod ‖ ~**lager** *n* (Mot) / connecting rod bearing ‖ ~**stange** *f* (Mot) / connecting rod, con rod ‖ ~**zapfen** *m*, Kurbelzapfen *m* (Mot) / connecting rod journal, crank pin

Plexiglas® *n*, Acrylglas *n* (Plast) / acrylic glass (polymethylmethacrylate), Lucite® (of DuPont), Plexiglas®, Perspex®

PLM (Pulslängenmodulation), Pulsdauermodulation *f* (Tele) / PDM, pulse length modulation, pulse duration modulation, pulse-width modulation

Plombe *f* (Sicherungssiegel für Räume und Behälter) / seal

Plotter *m* (DV) / plotter, data plotter, graphic plotter

plötzlich, unvermittelt, abrupt / abrupt, sudden, unexpected

Plungerkolben *m*, Tauchkolben *m* (Masch) / plunger

plus (Math) / plus *prep* (eg ten plus three is thirteen)

Plus•glas *n* (bei Brillen zur Korrektur der Weitsichtigkeit) (Opt) / convex lens (in eyeglasses) || ~**klemme** *f*, Pluspol *m* (einer Batterie) (Elek) / positive terminal, positive pole || ~**platte** *f* (Batterie) (Elek) / positive plate || ~**pol** *m* (einer Batterie) (Elek) / positive terminal, positive pole

Plutonium *n* (Chem) / plutonium, Pu

Ply-Rating *n*, PR-Zahl *f* (Reifen) / ply rating [number] (tyre), PR

Pm, Promethium *n* (OZ = 61) (Chem) / promethium, Pm

PM, Pulsmodulation *f* (Tele) / pulse modulation, PM || ~, Phasenmodulation *f* (Tele) / phase modulation, PM

PMMA, Polymethylmethacrylat *n* (Plast) / polymethylmethacrylate, PMMA

PMxAs *m*, ISDN-Primärmultiplexanschluss *m*, PRI (Tele) / PRA, primary rate access, Primary Rate ISDN, primary rate interface, PRI

PN, Nenndruck *m* (Röhr) / nominal pressure, pressure rating (of piping)

Pneumatik *f* (Techn) / pneumatics *sg* || ~... / pneumatic || ~**motor** *m* / pneumatic motor

pneumatisch / pneumatic || ~**er Förderer** / pneumatic conveyor

Pneumistor *m* (Regel) / pneumatic amplifier

PNP-Transistor *m* (Eltro) / PNP transistor

pn-Übergang *m* (Eltro) / p-n-junction

Po, Polonium *n* (Chem) / polonium, Po

Pochwerk *n* (Aufb) / stamp mill, stamping mill

Podest *n* (Masch) / platform || ~ (DIN), Treppenabsatz *m*, Treppenpodest *m* (Bau) / landing, platform (in a flight of stairs) || ~**leiter** *f* / podium steps *pl*

Poise *f* (Viskositätseinheit), P (Phys) / poise

Poisson•sche Konstante (Phys) / Poisson ratio, Poisson's ratio || ~**-Zahl** *f* (Phys) / Poisson ratio, Poisson's ratio

Pökellake *f*, Salzlösung *f* zum Einlegen (von Lebensmitteln) (Nahr) / brine, pickle *n* (with salt)

Pol *m* (Astr, Elek, Geogr, Magn, Phys) / pole || ~, Anschlusspol *m* (Elek) / terminal (positive or negative, e.g. on battery) || ~ (Tex) / pile || ~ (einer Funktion) (Math) / pole (of a function)

polar•e Bindung (Chem) / ionic bond, electrostatic bond, electrovalent bond, electrovalence, electrovalency, polar bond || ~**e Eiskappe** (Geoph) / polar ice cap || ~**es Flächenmoment** (für Torsionsberechnungen) (Mech) / moment of inertia about the z axis, polar second moment of area, polar area moment of inertia, polar moment of inertia || ~**es Trägheitsmoment** (für Torsionsberechnungen) (Mech) / moment of inertia about the z axis, polar second moment of area, polar area moment of inertia, polar moment of

inertia || ~**es Widerstandsmoment** (Mech) / polar section modulus

Polarisation *f* (Chem, Elek, Phys) / polarization

Polarisations•filter *n* (Foto, Opt) / polarizing filter || ~**folie** *f* (Opt) / plastic sheet [light] polarizer, Polaroid sheet || ~**gerät** *n*, Spannungsprüfer *m* (Opt) / polariscope, strain viewer || ~**winkel** *m* (Opt) / Brewster angle, polarizing angle

polarisieren (Chem, Phys) / polarize

Polarität *f*, Polung *f* (Elek) / polarity

Polaritätswechsel *m*, Polumkehr *f* (Elek) / polarity reversal, change in polarity

Polar•koordinaten *f pl* (Math) / polar coordinates *pl* || ~**koordinatenbemaßung** *f* (NC) / polar coordinate dimensioning || ~**koordinatensystem** *n* (Math) / polar coordinate system || ~**licht** *n* (Geoph) / polar light, aurora

Polaroid•kamera *f* (Foto) / Land camera, Polaroid Land Camera, Polaroid camera || ~**verfahren** *n* (Foto) / polaroid process

Polar•roboter *m* / polar robot || ~**winkel** *m* (Masch) / polar angle

Pol•brücke *f* (Elek, Kfz) / plate strap (automotive battery) || ~**effekt** *m* (Geoph) / latitude effect

Polen *n* (bei der Zinn- und Kupfergewinnung) (Hütt) / boiling

Poliermittel *n* (OT) / polishing agent

polizeiliches Kennzeichen (Kfz) / license number (US), registration number (GB)

Pol•kappe *f*, polare Eiskappe (Geoph) / polar ice cap || ~**klemme** *f* (am Werkstück) (Elek, Schw) / clamp

Pollen *n*, zyklisches Abfragen (ob eine Station senden will) (DV, Tele) / polling (in a network)

Poller *m* (Schiff, Verk) / bollard || ~ (auf dem Schiff) (Schiff) / bitt || ~**leuchte** *f* (Licht) / bollard luminaire

Polling *n*, zyklisches Abfragen (ob eine Station senden will) (DV, Tele) / polling (in a network)

Polonium *n* (Chem) / polonium, Po

Pol•paarzahl *f* (Elek) / number of pairs of poles || ~**schuh** *m* (Elek) / pole shoe, pole piece

Polster *n*, Polsterung *f* (allg, Techn) / padding || ~ (von Möbeln, Sitzen in Kfz, Flugzeugen) / upholstery || ~ (z.B. an den Schultern) (Tex) / pad

polstern (Kleidung) (Tex) / pad

Polsterung *f*, Polster *n* (allg, Techn) / padding

Polumkehr *f*, Polaritätswechsel *m* (Elek) / polarity reversal, change in polarity

pol•umschaltbar (Elek) / pole-changing || ~**umschaltbar Motor** (Elek) / change-pole motor, pole changing motor || ~**umschaltung** *f* (Elek) / pole changing

Polung *f*, Polarität *f* (Elek) / polarity

Poly•acetal *n* (Plast) / acetal, POM (polyoxymethylene), polyoxymethylene, polyacetal, acetal resin || ~**acrylate** *n pl* (Chem) / polyacrylate || ~**acrylharze** *n pl* (Chem, Plast) / acrylate resins, acrylic resins, acrylics || ~**acrylnitrilfaser** *f* / acrylic fiber || ~**acrylsäureester** *n pl* (Chem) / polyacrylate || ~**addition** *f* (ohne Abspaltung von Nebenprodukten ablaufende Polyreaktion) (Chem, Plast) / polyaddition (IUPAC), step polymerization (without production of by-product) || ~**alkylenterephthalat** *n* (Plast) / polyalkylene terephthalate || ~**amid** *n* (Plast) / polyamide, PA || ~**butadien** *n* (Plast) / BR, butadiene rubber || ~**butylenterephthalat** *n*

(Plast) / polybutene terephthalate, PBTB ‖
≃**carbonat** n (Plast) / polycarbonate, PC ‖
≃**chlorbiphenyl** n (Chem) / polychlorinated
biphenyl, PCB ‖ ≃**chloropren** n, Neopren® n
(Plast) / chloroprene rubber, polychloroprene,
CR, Neoprene® ‖ ~**chrom**, mehrfarbig /
multicoloured, polychromatic ‖ ≃**eder** n
(Math) / polyhedron ‖ ≃**ester** m (Plast) /
polyester, PES ‖ ≃**esterharz** n / polyester resin
Polyethylen n (Plast) / polyethylene, PE,
polythene (GB) ‖ ≃ **hoher Dichte** (Plast) /
high-density polyethylene, HDPE ‖ ≃
niedriger Dichte, PE-LD (Chem, Plast) /
low-density polyethylene, LDPE, low density
PE ‖ ≃**gewebe** (Plast, Tex) / polytarp ‖
≃**terephthalat** n (Plast) / polyethylene
terephthalate, PET
Poly•gon n (Math) / polygon ‖ ≃**imid** n (Plast) /
polyimide ‖ ≃**isobutylen** n (Plast) /
polyisobutylene, PIB ‖ ≃**kondensat** n,
Polykondensationsprodukt n (Chem, Plast) /
condensation polymer ‖ ≃**kondensation** f
(Chem, Plast) / condensation polymerization,
polycondensation, step polymerization (with
production of by-product) ‖
≃**kondensationsprodukt** n (Chem, Plast) /
condensation polymer ‖ ~**kristallin**,
multikristallin (Krist) / polycrystalline,
multicrystalline
Polymer n (Chem) / polymer ‖ ≃**beton** m /
concrete polymer ‖ ≃**-Blend** n (Plast) / polymer
blend (two or more polymers are blended
together to create a new material with
different physical properties), polymer alloy,
polymer mixture ‖ ≃**elektrode** f
(Brennstoffzelle) (Chem, Elek) / polymer
electrode ‖ ≃**-Elektrolyt-Membran** f
(Brennstoffzelle) (Chem, Elek) / polymer
electrolyte membrane ‖ ≃**elektrolytmembran-
Brennstoffzelle** f (Chem, Elek) / PEMFC,
proton-electrolyte membrane fuel cell, solid
polymer fuel cell, SPFC, PEM fuel cell,
proton-exchange membrane fuel cell, polymer
electrolyte membrane fuel cell
Poly•merisat n, Polymerisationsprodukt n
(Chem, Plast) / addition polymer, polymer
(formed by addition polymerization) ‖
≃**merisation** f (ohne Abspaltung von
Nebenprodukten stufenlos verlaufende
Polyreaktion) (Chem, Plast) / addition
polymerization, chain polymerization ‖
≃**merisationsgrad** m (Chem) / degree of
polymerization ‖ ≃**merisationsprodukt** n,
Polymerisat n (i.e.S) (Chem, Plast) / addition
polymer, polymer (formed by addition
polymerization)
Polymermembran-Brennstoffzelle f (Chem, Elek)
/ PEMFC, proton-electrolyte membrane fuel
cell, solid polymer fuel cell, SPFC, PEM fuel
cell, proton-exchange membrane fuel cell,
polymer electrolyte membrane fuel cell
Poly•methacrylat n (Chem) / polymethacrylate ‖
≃**methylmethacrylat** n (Plast) /
polymethylmethacrylate, PMMA ‖ ≃**morphie**
f (Vorkommen einer chemischen Verbindung
in verschiedenen Kristallformen oder
-strukturen) (Chem, Krist) / polymorphism,
pleomorphism ‖ ≃**morphie** (bei der
objektorientierten Programmierung) (DV) /
polymorphism
Polynom n / polynomial n ‖ ≃**division** f (Math) /
polynomial long division

Poly•organosiloxan m, Silicon n (Plast) / silicone,
polysiloxane ‖ ≃**oxymethylen** n (Plast) / acetal,
POM (polyoxymethylene), polyoxymethylene,
polyacetal, acetal resin
Polypgreifer m (Bau, Förd) / grapple (with several
tongs/levers), orange peel bucket
Poly•propylen n (Plast) / polypropylene,
polypropene, PP ‖ ≃**reaktion** f (Umsetzung
eines Monomeren oder eines Gemisches von
Monomeren zu Polymeren - Polymerisation,
Polyaddition, Polykondensation) (Chem, Plast)
/ polymerization ‖ ≃**styrol** n (Plast) /
polystyrene, PS ‖ ≃**tetrafluorethylen** n (z.B.
Teflon, Dyneon) (Plast) /
polytetrafluoroethylene, PTFE ‖ ~**trop**
(Prozess, Zustandsänderung) (Phys) /
polytropic ‖ ≃**urethan** n (Plast) / polyurethane,
PUR ‖ ≃**vinylchlorid** n, PVC (Plast) / polyvinyl
chloride, PVC
Polzahl f (Elek) / number of poles
POM (Plast) / acetal, POM (polyoxymethylene),
polyoxymethylene, polyacetal, acetal resin
Populations•inversion f (Phys) / population
inversion ‖ ≃**ökologie** f (Umw) / population
ecology
p-Orbital n (Phys) / p-orbital
Pore f (allg) / pore ‖ ≃, Spankammer f (bei
Schleifscheiben), Porenraum m (Fert) / air gap,
pore
poren•frei / non-porous ‖ ≃**raum** m (Mater, PM)
/ pore space ‖ ≃**raum**, Pore f, Spankammer f
(bei Schleifscheiben) (Fert) / air gap, pore
Porigkeit f, Porosität f / porosity
porös / porous ‖ ~**e Faserplatte**, HFD (Bau,
Holz) / insulating board, softboard ‖ ~**e
Holzfaserplatte**, HFD (Bau, Holz) / insulating
board, softboard
Porosität f / porosity
Porro-Prisma n (Opt) / Porro prism
Port m (Ein-/Ausgabekanal des Computers oder
einer anderen Hardware-Einheit, zum
Anschluss z.B. von Drucker, Maus),
Anschlussbuchse f (DV) / port
portabel, tragbar / portable (e.g. computer) ‖ ~
(Software, die auf mehreren
(Betriebs)systemen lauffähig ist) (DV) /
portable (software)
Portabilität f (DV) / portability
Portal n (Bau) / portal ‖ ≃ (DV, Tele) / portal ‖ ≃
(des Portalkrans) (Förd) / gantry ‖
≃**fräsmaschine** f / portal milling machine ‖
≃**kran** m (Förd) / gantry crane ‖ ≃**roboter** m (3
Linearachsen, Koordinatenbauweise) /
Cartesian coordinate robot, gantry robot ‖
≃**-Website** f (DV, Tele) / portal
portierbar, portabel (Software, die auf mehreren
(Betriebs)systemen lauffähig ist) (DV) /
portable (software)
Portierung f (DV) / port (reprogramming an
application so it runs on another type of
computer)
Portlandzement m (Bau) / Portland cement
Porzellan n (allgemein) (Keram) / porcelain ‖ ≃
(nichttechnisch) (Keram) / china ‖ ≃,
Knochenporzellan n (Keram) / bone china
(name derived from its high proportion of
bone ash, lending the porcelain heightened
luster, translucency, and durability), bone
porcelain ‖ ≃**erde** f, Kaolin m n (Geol) / kaolin,
kaoline
Position f, Stellung f, Lage f / position n ‖ ≃,
Schiffsort m (Nav) / position ‖ ≃, Stelle f

(Arbeitsstelle) / post, position ‖ ≃, Posten (z.B. in einer Liste) / item (in register, list etc.) ‖ ≃, Standpunkt *m* / position (e.g. on a controversial topic)

positionieren (z.b. Schlitten einer Werkzeugmaschine, Schreib/Lesekopf auf Speicherbereich) / position ‖ ≃ *n*, Positionierung *f* (z.B. des Schlittens einer Werkzeugmaschine, des Schreib/Lesekopfes auf Speicherbereich) / positioning

Positioniergenauigkeit *f* (Genauigkeit, mit der ein Roboter eine Position im Raum, die nicht vorher geteacht wurde, anfahren kann) / accuracy of a robot - maximum possible error that can occur between the desired target point and the actual position taken by the system)

positioniert, gelegen, angebracht / located [in, at, on]

Positionierung *f* (z.B. des Schlittens einer Werkzeugmaschine, des Schreib/Lesekopfes auf Speicherbereich) / positioning ‖ ≃, Positionssteuerung *f* (Wzm) / position control

Positions•anzeige *f* (Masch) / position display ‖ ≃**geber** *m* / position transmitter ‖ ≃**licht** *n* (Luft) / navigation light, position light (US) ‖ ≃**sensor** *m* (Mess) / position sensor, position transducer, displacement sensor, displacement transducer ‖ ≃**system** *n* (der Wert einer Ziffer ist abhängig von der Position innerhalb der Zahl), Stellenwertsystem *n* (Math) / place value system, positional system, denominational number system

positiv (allg) / positive ‖ ~**e Klemme**, Pluspol *m* (einer Batterie) (Elek) / positive terminal, positive pole ‖ ~**e Ladung** (Nukl) / positive charge ‖ ~**es Myon**, Anti-Myon *n* (Nukl) / antimuon, positive muon ‖ ~**er Pol** (einer Batterie) (Elek) / positive terminal, positive pole ‖ ~**e Rückkopplung** (Eltro, Regel) / positive feedback, regenerative feedback, reaction (GB), retroaction (GB), regeneration ‖ ~**e Rückmeldung** *f*, Bestätigung[smeldung] *f* (Tele) / acknowledg[e]ment, acknowledge message ‖ ~**e Rückmeldung** *m*, ACK-Signal (zur Bestätigung des korrekten Empfangs) (Eltro, Tele) / positive acknowledgment, ACK, acknowledg[e]ment character (indicating that the data sent has been received correctly) ‖ ~**e Zahl** (Math) / positive number

Positiv•entwicklung *f* (Foto) / positive development, print development ‖ ≃**form** *f*, Badmodell *n* (für die Galvanoformung) (OT) / pattern

Pos-1-Taste *f* (DV) / Home key

Postediting *n*, Nachbearbeitung (inhaltlich) (allg, DV) / postediting

Posten *m* (z.B. in einer Liste), Position *f* / item (in register, list etc.) ‖ ≃, Position *f*, Stelle *f* (Arbeitsstelle) / post, position

Potential *n* (Phys) / potential *n* ‖ ≃**abfall** *m*, Abfall *m* (der Spannung) (Elek) / drop (of voltage), fall of potential, potential drop, voltage drop ‖ ≃**ausgleich** *m* (Elek) / potential equalization, equipotential bonding ‖ ≃**ausgleichsleiter** *m* (Elek) / equipotential bonding conductor, potential equalization conductor ‖ ≃**ausgleichsschiene** *f* (Elek) / equipotential busbar, equipotential bonding busbar ‖ ≃**differenz** *f*, Spannungsdifferenz *f* (Elek) / potential difference, difference of potential, p.d. (potential difference), PD

(potential difference), voltage difference ‖ ≃**fläche** *f*, Äquipotentialfläche *f* (Phys) / equipotential surface ‖ ~**frei** (Elek) / floating ‖ ≃**funktion** *f* (zur Lösung der Laplace-Gleichung) (Math) / harmonic function, potential function ‖ ≃**gefälle** *n* **je Längeneinheit** (Elek) / potential gradient, voltage gradient ‖ ≃**gradient** *m*, Potentialgefälle *n* je Längeneinheit (Elek) / potential gradient, voltage gradient ‖ ≃**unterschied** *m*, Spannungsdifferenz *f* (Elek) / potential difference, difference of potential, p.d. (potential difference), PD (potential difference), voltage difference

potentiell, möglich / potential *adj* ‖ ~**e Energie**, Energie *f* der Lage (Phys) / potential energy ‖ ~**er Kunde** (Wirtsch) / potential customer, prospective customer

Potentio•meter *n* (Elek) / potentiometer (variable resistor employed as a voltage divider), pot (coll) ‖ ≃**metrie** *f* (Chem) / potentiometric titration, electrometric titration ‖ ~**metrische Titration** (Chem) / potentiometric titration, electrometric titration

Potenz *f* (z.B. 10 hoch 4) (Math) / power (e.g. 10 to the power of 4) ‖ **dritte** ≃, Kubikzahl *f*, Kubus *m* (Math) / cube, third power ‖ **in die dritte** ≃ **erheben** (Math) / cube, raise to the third power ‖ **zweite** ≃, Quadrat *n* (zweite Potenz) (Math) / second power, square, square number

Potenzfunktion *f* (Math) / power function

Potenzial s. Potential

potenziell s. potentiell

potenzieren (z.B. mit 5) (Math) / raise to the power (e.g. of 5), exponentiate

Potenzierung *f*, Erhebung *f* in eine Potenz (Math) / exponentiation

Potenziometer *n*, Potentiometer *n* (Elek) / potentiometer (variable resistor employed as a voltage divider), pot (coll)

Potenzwert *m* (Math) / second power

Poti *m*, Potentiometer *n* (Elek) / potentiometer (variable resistor employed as a voltage divider), pot (coll)

Pourpoint *m* (DIN ISO 3016 - niedrigste Temperatur, bei der das Öl gerade noch fließt) / pour point

Powerline Communication, Powerline-Anschluss *m* (Netzzugang via Stromnetz) (Tele) / PLC, power line communication, power line carrier

Powerline-Anschluss *m* (Netzzugang via Stromnetz), Powerline Communication (Tele) / PLC, power line communication, power line carrier

Pozidriv•-Schraube *f* / Pozidriv screw ‖ ≃**-Schraubendreher** *m* (Wz) / Pozidriv screwdriver

PP, Polypropylen *n* (Plast) / polypropylene, polypropene, PP

PP-Faktor *m*, Nikotinsäureamid *n* (Pharm) / nicotinamide, niacinamide, pellagra preventive factor, P.P. factor ‖ ≃, Nikotinsäure *f* ($C_6H_5NO_2$) (Biochem) / niacin, pellagra-preventive vitamin, nicotinic acid, vitamin B_3, vitamin PP

PPM, Pulsphasen-Modulation *f* (Tele) / pulse position modulation, pulse phase modulation, PPM

P2P-Netzwerk *n*, Peer-to-Peer-Netzwerk *n* (mit gleichrangigen Arbeitsstationen) (DV, Tele) / peer-to-peer network

Pr, Praseodym *n* (Chem) / praseodymium, Pr

Prädiktion *f*, Voraussage / prediction

Prägen *n* (ein Genauschmiedeverfahren), Vollprägen *n* (Fert) / coining ‖ ~, Hohlprägen *n* (Fert) / embossing (with the punch containing the positive contour and the die containing the negative), raising

Prägepolieren *n* / burnishing

praktikabel, durchführbar / feasible, practicable, viable, workable

Praktikum *n* (zur Einführung in und Vertrautmachung mit der Arbeitswelt) / workplace experience, work placement ‖ ~ (zur Erlernung berufspraktischer Fähigkeiten als Ergänzung der theoretischen Ausbildung) / practical training

praktisch, zweckmäßig, nützlich / practical ‖ ~ (Ggs. theoretisch) / practical ‖ ~, praxisbezogen, praxisorientiert (z.B. Seminar, bei dem die Teilnehmer aktiv im konkreten Umgang mit dem Lerngegenstand arbeiten) / hands-on ‖ ~ (in der Handhabung), handlich / handy (convenient to handle or use) ‖ ~ *adv*, so gut wie (z.B. unsichtbar) / practically (e.g. invisible) ‖ ~e **Ausbildung** / hands-on training ‖ ~es **Beispiel** / practical example ‖ ~e **Erfahrung** / hands-on experience, practical experience ‖ ~ **erprobt** / field-tested, field-proven ‖ ~ **erprobt werden** / undergo field trials

Prall•blech *n*, Umlenkblech *n* / baffle, baffle plate, deflector plate ‖ ~**brecher** *m* (Aufb, ChT) / impact crusher ‖ ~**elektrode** *f* (Sekundäremissionskathode), Dynode (Eltro) / dynode

prallen [gegen], schlagen *vi* / impact *vi* [against] ‖ ~ [an, gegen], anprallen *m* / crash [against, into] ‖ ~ [gegen], kollidieren [mit] / collide *vi* [with]

Prall•fläche *f*, Baffle *n*, Dampfsperre *f* (Vak) / baffle, vapour trap ‖ ~**luftschiff** *n* (Luft) / nonrigid airship ‖ ~**mühle** *f* / impact mill, prall mill ‖ ~**platte** *f* / baffle, deflector ‖ ~**plattenentstauber** *m* / baffle dust collector

präparieren (Mikros) / mount (a slide, specimen)

Präsentation *f* (von Informationen), Darstellung *f* / presentation ‖ ~, Vorstellung *f*, Einführung *f* / rollout (first public showing of an airplane or other new product)

Präsentations•grafik *f*, Geschäftsgrafik *f* (DV) / presentation graphics, business graphics ‖ ~**programm** *n* (DV) / presentation graphics program, presentation software

Praseodym *n* (Chem) / praseodymium, Pr

Pratze *f*, Stützarm *m* (eines Autokrans, ausfahrbar) (Förd) / outrigger (of a mobile crane), outrigger stabilising jack

Praxis *f* / practice ‖ **in der** ~ / in practice ‖ ~**bezogen**, praxisorientiert (z.B. Seminar, bei dem die Teilnehmer aktiv im konkreten Umgang mit dem Lerngegenstand arbeiten) / hands-on ‖ ~**erprobt** / field-tested, field-proven ‖ ~**nah**, praxisorientiert (Ausbildung etc.) / practice-oriented, practical ‖ ~**orientiert** (z.B. Seminar, bei dem die Teilnehmer aktiv im konkreten Umgang mit dem Lerngegenstand arbeiten), praxisbezogen / hands-on ‖ ~**orientiert** (Ausbildung etc.) /

practice-oriented, practical ‖ ~**versuch** *m*, Feldversuch *m* (allg) / field test, field trial

Präzipitat *n*, Niederschlag *m* (durch chemische Reaktion oder infolge Temperaturerniedrigung oder Druckerhöhung abgeschiedener und am Boden abgesetzter Feststoff) (Chem) / precipitate *n*

Präzipitation *f*, Ausfällung *f* (Chem) / precipitation

präzipitieren, abscheiden, ausfällen (Chem) / precipitate *vt*

präzis, genau (z.B. Angaben, Anweisungen, Messungen, Diagramm, Beschreibung) / precise (e.g. details, instructions, measurements, diagram, description)

Präzision *f* (Kriterium der Qualität eines Messverfahrens o. -gerätes - ein sehr präzises Verfahren liefert bei oftmaligem Wiederholen der Messung unter gleichen Umständen mit demselben Messgerät jeweils nahezu gleiche Ergebnisse), Wiederholgenauigkeit *f* (eines Messverfahrens o. -gerätes) (Mess) / precision (degree to which a series of measurements show the same or similar results) ‖ **Präzisions•...**, Fein... / high-accuracy..., precision... ‖ ~**geschmiedetes Werkstück** *n* (Schm) / precision forging ‖ ~**instrument** *n*, Feinmessinstrument *n* / precision instrument ‖ ~**schmieden** *n* (Schm) / precision forging ‖ ~**waage** *f* (Mess) / precision balance ‖ ~**widerstand** *m* (Elek) / precision resistor

Preemphasis *f*, Anhebung *f* (hoher Frequenzen vor dem Modulator bei der Frequenzmodulation durch einen Hochpass zur Rauschunterdrückung) (Eltro) / accentuation, preemphasis, predistortion, preequalization

P-Regelung *f*, Proportional-Verhalten *n* (Regel) / proportional mode, proportional control mode

P-Regler *m*, Proportional-Regler *m* (Regel) / proportional controller, P controller

Preis *m* [für] / price *n* [of] ‖ ~ (für Beförderung in Bus, Bahn, Flugzeug, Schiff - Fahrpreis, Flugpreis) / fare ‖ ~ (in Wettbewerb, Lotterie) / prize ‖ ~, Auszeichnung *f* / award ‖ ~**angebot** *n* (Wirtsch) / quotation ‖ ~**anstieg** *m* / price increase ‖ ~**günstig** / budget-priced, inexpensive ‖ ~**schild** *n* / price tag ‖ ~**senkung** *f* / price reduction ‖ ~**steigerung** *f* / price increase

Prell•bock *m* (Bahn) / buffer (at terminus), stop block, bumper, buffer stop, bumping post ‖ ~**freier Schalter** (Elek) / bounce-free switch

Prepreg *n* / prepreg *n* (prefabricated form for FRP shaping operations which consists of fibers impregnated with partially cured thermosetting resins)

Press•artikel *m* (durch Pressen hergestellt) (Glas) / pressed product ‖ ~**-Blasen** *n* (Glas) / press-and-blow method ‖ ~**-Blas-Verfahren** *n* (Glas) / press-and-blow method ‖ ~**block** *m* (beim Strangpressen) (Fert) / billet (for extrusion), work billet ‖ ~**büchse** *f*, Matrize *f* (beim Fließpressen) (Wzm) / die ‖ ~**druck** *m* (PM) / compaction pressure

Presse *f* (Druck) / press (newspapers etc.) ‖ ~, Pressmaschine *f* (Wzm) / press *n* ‖ ~ (Plast) / moulding press, compression moulding press

pressen / press ‖ ~, zusammenpressen, verdichten / compact ‖ ~ (z.B. Schallplatten, CDs) / press ‖ ~, verdichten (Pulvermischung in einer Pressform zum Grünling) (PM) / compact, press, compress ‖ ~ (z.B. Metallschmelzen in Druckgießform), drücken / inject (e.g. liquid metal into the die) ‖ ⁓ *n* / pressing ‖ ⁓ (ein Formgebungsverfahren bei der Glasherstellung) (Glas) / pressing *n* ‖ ⁓ (Plast) / compression moulding ‖ ⁓, Verdichten *n* (der Pulvermischung in einer Pressform zum Grünling) (PM) / compaction, compression, pressing ‖ ⁓, Pressung *f* / pressing (of CD-ROMs)

Pressen•roboter *m* (Handhabungsroboter, der Bleche in eine Presse einlegt) (Masch) / bend press robot ‖ ⁓**tisch** *m* (Wzm) / bed, press bed

Presser *m*, Dynamikkompressor *m* (Akust, Eltro) / compressor, volume compressor (of a compander) ‖ ⁓**-Dehner** *m*, Dynamikkompander *m* (Audio, Tele) / compander

Press•filterkanne *f*, Cafetière *f*, Druckstempelkanne *f* / cafetière (GB), press pot, plunger (Australia), French press (for making coffee) ‖ ⁓**glimmer** *m*, Mikanit *n* (Kunstglimmer) (Elek) / micanite, built-up mica, remica ‖ ⁓**körper** *m*, Pressling *m* (PM) / compact ‖ ⁓**körper** *m*, Grünling *m*, Vorpressling *m* (PM) / green compact ‖ ⁓**kraft** *f* (beim Strang- u. Fließpressen) (Fert) / ram force ‖ ⁓**kraftbedarf** *f* (beim Strang- u. Fließpressen) (Fert) / ram force required

Pressling *m* (Plast) / moulding ‖ ⁓, Pressblock *m* (beim Strangpressen) (Fert) / billet (for extrusion), work billet ‖ ⁓ (für optische Teile) (Opt) / blank (for optical elements) ‖ ⁓, Presskörper *m* (PM) / compact ‖ **ungesinterter** ⁓, Grünling *m*, Vorpressling *m* (PM) / green compact

Press•luft *f* (früher), Druckluft *f* (Masch) / compressed air ‖ ⁓**luftatmer** *m* (Atemschutzgerät mit Druckluftflaschen) / self contained breathing apparatus, SCBA, compressed air breathing apparatus, CABA, breathing apparatus, BA (breathing apparatus) ‖ ⁓**lufthammer** *m* (Wz) / pneumatic hammer, pneumatic drill, air hammer, jackhammer (US, Canada) ‖ ⁓**luft-Spanneisen** *n* (Wzm) / pneumatic clamp ‖ ⁓**luft-Spannstock** *m* (Wzm) / pneumatic machine vice ‖ ⁓**luft-Zylinder** *n* (zum Werkzeugspannen) (Wzm) / pneumatic clamping cylinder, compressed-air cylinder ‖ ⁓**maschine** *f*, Presse *f* (Wzm) / press *n* ‖ ⁓**masse** *f*, Formmasse *f* für das Pressen (Plast) / charge (in compression moulding), moulding material, moulding compound o. composition, compression moulding composition o. compound ‖ ⁓**matrize** *f* (Wzm) / die (in direct extrusion) ‖ ⁓**passung** *f*, Übermaßpassung *f* (Passungsart) / interference fit, press fit ‖ ⁓**platte** *f* (beim Feinschneiden) (Fert) / pressure pad ‖ ⁓**scheibe** *f* (beim Strangpressen) (Fert) / dummy block (in extrusion), follower plate ‖ ⁓**schweißen** *n* (unter Anwendung von Kraft mit oder ohne Schweißzusatz - Kaltpress-, Diffusions-, Explosions-, Feuer-, Reib-, Walz-, Ultraschall-, Widerstands-, Gaspress-, Lichtbogenbolzenschweißen) (Schw) / a group of welding processes that comprises solid-state welding (cold, diffusion, explosion, forge, friction, roll, ultrasonic welding), resistance welding, pressure gas welding and stud

welding processes - there is no equivalent comprehensive term in the US, in the UK most of these processes are covered by the term "pressure welding" ‖ ⁓**span** *m*, Glanzpappe *f* (Elek, Mater) / pressboard ‖ ⁓**span** (Bau, Tischl) s.a. Holzspanwerkstoff ‖ ⁓**stumpfschweißen** *n* (Schw) / upset welding, UW ‖ ⁓**teil** *n*, Fließpressteil *n* (Fert) / extruded part ‖ ⁓**teil** (Plast) / moulded part (in compression moulding)

Pressung *f*, Flächenpressung *f* (bei Schrauben- u. Nietverbindungen) / bearing stress (compressive normal stress that occurs on the surface of contact between two interacting members - bolts, pins and rivets create bearing stresses along the surface of contact) ‖ ⁓, Pressen *n* / pressing (of CD-ROMs)

Press•verbindung *f* (kraftschlüssige Verbindung, bei der zw. Außen- u. Innenteil Übermaß besteht) / press-fit assembly ‖ ⁓**-Verbindungsschweißen** *n*, Pressschweißen *n* (unter Anwendung von Kraft mit oder ohne Schweißzusatz - Kaltpress-, Diffusions-, Explosions-, Feuer-, Reib-, Walz-, Ultraschall-, Widerstands-, Gaspress-, Lichtbogenbolzenschweißen) (Schw) / a group of welding processes that comprises solid-state welding (cold, diffusion, explosion, forge, friction, roll, ultrasonic welding), resistance welding, pressure gas welding and stud welding processes - there is no equivalent comprehensive term in the US, in the UK most of these processes are covered by the term "pressure welding" ‖ ⁓**zylinder**, Rezipient *m* (zur Aufnahme des Pressblocks beim Durchdrücken), Blockaufnehmer *m* (Wzm) / container (for extrusion), cylindrical chamber

Preußisch Blau *n*, Eisencyanblau *n* (Eisen(III)-hexacyanoferrat(II)) (Anstr, Chem) / Prussian blue (ferric ferrocyanide), iron blue, Turnbull's blue

Preventer *m*, Blow-out-preventer *m*, Bohrlochabsperrvorrichtung *f* (Öl) / blow-out preventer, preventer, BOP

PRI, ISDN-Primärmultiplexanschluss *m* (Tele) / PRA, primary rate access, Primary Rate ISDN, primary rate interface, PRI

primär, Primär... / primary *adj*

Primär•..., primär / primary *adj* ‖ ⁓**bindungen** *f pl* (Chem) / primary bonds ‖ ⁓**element** *n* (Elek) / primary cell, primary battery ‖ ⁓**energie** *f* / primary energy ‖ ⁓**multiplexanschluss** *m*, ISDN-Primärmultiplexanschluss *m* (Tele) / PRA, primary rate access, Primary Rate ISDN, primary rate interface, PRI ‖ ⁓**speicher** *m*, Speicher *m* (flüchtiger, auf den die CPU direkt zugreifen kann) (DV) / memory, primary storage (fast but temporary storage, directly accessible to the CPU: RAM, processor registers, processor cache), primary store ‖ ⁓**speicher**, RAM (Speicher mit wahlfreiem Zugriff, Direktzugriffsspeicher), Hauptspeicher (DV) / RAM, random access memory, memory, main memory ‖ ⁓**sprache** *f*, Quellsprache *f* (DV) / source language ‖ ⁓**strom** *m*, Hauptstrom *m* (Triebwerk) (Luft) / main flow, primary flow ‖ ⁓**wicklung** *f* (eines Transformators) (Elek) / primary, primary winding ‖ ⁓**zelle** *f* (Elek) / primary cell, primary battery

Primer *m*, Grundierung (Anstr) / primer

Primitivgitter *n*, Bravais-Gitter *n* (Krist) / Bravais lattice

Primzahl *f* / prime, prime number

Prinzip *n* / principle ‖ ~ **des Cavalieri** / Cavalieri's theorem ‖ ~ **des kleinsten Zwanges**, Chatelier-Braun-Prinzip *n* (Phys) / Le Chatelier's principle, Le Chatelier-Braun principle ‖ ~ **von d'Alembert** (Mech) / d'Alembert's principle ‖ ~ **von Wirkung und Gegenwirkung** (Phys) / action-reaction law

Prinzip•schaltung *f* (Elek, Eltro) / basic circuit ‖ ~**skizze** *f* / schematic diagram

Priorität *f* (allg, DV, Pat) / priority ‖ ~ **einräumen** / give priority [to], prioritize ‖ ~ **haben** [vor] / have priority [over]

Prioritäts•..., vorrangig (allg, DV) / priority ‖ ~**verarbeitung** *f*, Verarbeitung *f* nach Prioritäten (DV) / priority processing

Prisma *n* (Math, Opt) / prism

prismatisch / prismatic ‖ ~**e Führungsbahn** (Wzm) / inverted vee guide, prismatic guideway, vees *pl*, Vee-way

Prismen•feldstecher *m* (Opt) / prismatic binoculars *pl*, prism binoculars *pl* ‖ ~**führung** *f* (Wzm) / inverted vee guide, prismatic guideway, vees *pl*, Vee-way ‖ ~**glas** *n* (Opt) / prismatic binoculars *pl*, prism binoculars *pl* ‖ ~**winkel** *m*, brechender Winkel (Opt) / refracting angle

Privat•flugzeug *n* (Luft) / private aircraft ‖ ~**kunde** *m*, Haushaltsabnehmer *m* (Elek, Ener) / domestic customer, residential customer ‖ ~**sphäre** *f* (allg, DV) / privacy

Probe *f*, Prüfung *f* / trial, test ‖ ~ (kleine Menge eines Materials, einer Substanz, um dessen/deren Beschaffenheit festzustellen) / sample ‖ ~, Probenahme *f* (allg, Chem) / sampling ‖ ~, Muster *n* / specimen, sample ‖ ~ (evtl. spez. benannt, z.B. Zugprobe beim Zugversuch, Druckprobe beim Druckversuch, Scherprobe beim Scherversuch, Probekörper *m* (Mater) / test specimen, specimen, test piece ‖ ~, Untersuchung *f* (auf Zusammensetzung, Gewicht usw.), Analyse *f* (zur Bestimmung der qualitativen o. quantitativen Zusammensetzung z.B. eines Arzneimittels oder des Edelmetallgehalts einer Erzprobe) (Chem, Hütt, Pharm) / assay *n* ‖ ~**betrieb** *m* / test run, trial run, trial operation ‖ ~**bohrung** *f* (Geol, Öl) / exploratory well, test well ‖ ~**bohrung**, Prospektionsbohrung *f*, Erkundungsbohrung *f* (Öl) / exploratory drilling, exploration drilling, prospective drilling, test drilling ‖ ~**entnahme** *f*, Probenahme *f* (allg, Chem) / sampling ‖ ~**fahrt** *f* (durch Käufer vor dem Kauf) (Kfz) / test drive ‖ ~**fahrt**, Versuchsfahrt *f* (durch Hersteller eines Fahrzeugs) (Bahn, Kfz) / trial run ‖ ~**körper** *m*, Probe *f* (evtl. spez. benannt, z.B. Zugprobe beim Zugversuch, Druckprobe beim Druckversuch, Scherprobe beim Scherversuch) (Mater) / test specimen, specimen, test piece ‖ ~**lauf** *m* / test run, trial run, trial operation ‖ ~**nahme** *f* (allg, Chem) / sampling ‖ ~**nehmer** *m* / sampler

Probenschalter, Abfrageschalter *m* / sampler

Probe•stab *m* (Mater) / test bar ‖ ~**stück** *n*, Probe *f* (evtl. spez. benannt, z.B. Zugprobe beim Zugversuch, Druckprobe beim Druckversuch, Scherprobe beim Scherversuch), Probekörper *m* (Mater) / test specimen, specimen, test piece

probieren, versuchen, ausprobieren / try out

Probierglas *n*, Reagenzglas *n* (Chem) / test tube

Problem *n* / problem ‖ ~**behandlung** *m*, Störungssuche und -beseitigung *f* / troubleshooting

problemlos / unproblematic, problem-free ‖ ~, einfach / easy ‖ ~, reibungslos / smooth ‖ ~ *adv* / without any difficulty

Problemstellung *f* / problem definition

Produkt, Erzeugnis *n* / product ‖ ~**e** *n pl*, landwirtschaftliche(s) Produkt(e) (Landw) / produce, agricultural products ‖ ~ *n*, Fabrikat *n* (Herkunftsangabe bzgl. Hersteller o. Land, z.B. "Mein Auto ist ein deutsches Fabrikat"), Erzeugnis *n* / make (e.g.: my car is a German make), product ‖ ~ [aus... mit...] (Math) / product [of... with...] ‖ ~**eigenschaften** *f pl* / product characteristics

Produktentanker *m* (Tanker für Raffinerieprodukte) (Schiff) / product tanker

Produkt•entwicklung *f* / product design ‖ ~**gas** *n* (Öl) / product gas ‖ ~**haftung** *f* / product liability

Produktion *f*, Herstellung *f* / production, manufacture, fabrication ‖ ~, Fertigungsmenge *f*, Produktionsausstoß *m* / output, production, amount produced

Produktions•ablauf *m* / production sequence, course of manufacture ‖ ~**anlage** *f*, Produktionsstätte *f* / production facility, production plant, fabrication facility ‖ ~**aufnahme** *f* / production startup ‖ ~**ausfall** *m* / loss of production ‖ ~**ausstoß** *m*, Fertigungsmenge *f* / output, production, amount produced ‖ ~**beginn** *m* / production startup ‖ ~**betrieb** *m*, Produktionsstätte *f* / production facility, production plant, fabrication facility ‖ ~**drehmaschine** *f* (Wzm) / production lathe ‖ ~**einrichtung** *f*, Produktionsstätte *f* / production facility, production plant, fabrication facility ‖ ~**faktor** *m* (Wirtsch) / production factor ‖ ~**fehler** *m* / manufacturing defect ‖ ~**gerecht** / suitable for production ‖ ~**kapazität** *f* / production capacity ‖ ~**kosten** *pl* / production costs, cost of production ‖ ~**leistung** *f* / output, production capacity ‖ ~**leiter** *m*, Fertigungsleiter *m* / production manager ‖ ~**los** *n*, Fertigungslos *n*, Produktmenge *f* (einer Baugruppe, die gemeinsam gefertigt wird) / batch, lot (in manufacturing), production run, production lot ‖ ~**menge** *f* / output ‖ ~**mittel** *n pl* (Wirtsch) / means *pl* of production ‖ ~**planung** *f* / production planning ‖ ~**planung und -steuerung (PPS)** (IE) / production planning and control (PPC) ‖ ~**programm** *n*, Fertigungsprogramm (die von einer Firma hergestellten Produkte) / products (produced by a manufacturing firm), product range, range of products, line of products ‖ ~**serie** *f* / production run, production batch, production lot ‖ ~**soll** *n*, Sollleistung *f* (IE) / target (in production) ‖ ~**stätte** *f* / production facility, production plant, fabrication facility ‖ ~**stillstand** *m* / shutdown, production stop ‖ ~**stockung** *f* / shutdown, production stop ‖ ~**störung** *f* / disruption of production ‖ ~**straße** *f* / production line ‖ ~**technik** *f*, Fertigungstechnik *f* / manufacturing engineering, manufacturing, production engineering ‖ ~**verfahren** *n* / manufacturing process ‖ ~**verlagerung** *f* (ins Ausland/in

Niedriglohnländer) / relocation of production (e.g. abroad/to low-wage countries) ‖ ~**zeit** f / production time
produktiv, leistungsfähig / efficient, productive
Produktivität f / productivity
Produkt • menge f (einer Baugruppe, die gemeinsam gefertigt wird), Fertigungslos n / batch, lot (in manufacturing), production run, production lot ‖ ~**palette** f, Fertigungsprogramm (die von einer Firma hergestellten Produkte) / products (produced by a manufacturing firm), product range, range of products, line of products ‖ ~**regel** f (Math) / product rule ‖ ~**zeichen** n (Math) / product sign
Produzent m, Hersteller m / manufacturer, producer, maker ‖ ~ (Film) / producer
produzieren, herstellen / produce, manufacture, make vt, fabricate
professionell, fachmännisch, fachkundig / expert, professional
Profil n (allg) / profile ‖ ~, Reifenprofil n (Kfz) / tread, tread design, tread pattern ‖ ~ (Walz) / section ‖ ~ s.a. Tragflügelprofil ‖ ~**drehen** n (Werkzeugprofil bildet sich auf dem Werkzeug ab) (Fert) / forming, form turning
profilieren (und schärfen), abrichten (Schleifscheiben) (Wzm) / true (grinding wheels) ‖ ~ n, Abdrehen n (erstmaliges Herstellen der Wirkfläche von Schleifkörpern) (Wzm) / profiling, shaping ‖ ~ (und Schärfen), Abrichten n (von Schleifscheiben), Abziehen n (Wzm) / trueing (of grinding wheels)
Profil • schienenführung f (ein Linearlager) / monorail guidance system ‖ ~**schleifen** n (Fert) / profile grinding, form grinding ‖ ~**senken** n, Einsenken n (zylindrisch, meist zum Versenken von Schrauben- o. Nietköpfen) (Fert) / counterboring ‖ ~**senken** n, Einsenken n (kegelförmig, meist zum Versenken von Schrauben- o. Nietköpfen) (Fert) / countersinking ‖ ~**stahl** m / section steel, sectional steel, steel sections pl ‖ ~**strang** m (beim Strangpressen) / extrudate, extruded product, extruded section ‖ ~**verschiebung** f / profile modification o. offset ‖ ~**walzen** n (Walz) / shape rolling, profile rolling ‖ ~**walzwerk** n / section rolling mill, pass rolling mill
profitieren [von] / benefit [from], profit [from]
Prognose f / forecast
prognostizieren, vorhersagen / predict
Program Counter m (DV) / instruction counter, program counter
Programm n (z.B. Förder-, Forschungsprogramm) (allg) / programme (e.g. sponsorship, research programme), program (US) ‖ ~, Tagesordnung f / agenda ‖ ~ (DV) / program n ‖ ~, Anwendungsprogramm n (z.B. Textverarbeitungs- o. Datenbankprogramm) (DV) / application software, application, application program, software program ‖ ~ (z.B. ARD, ORF, NTV) (TV) / channel ‖ ~ (die ausgestrahlten Sendungen) (Radio, TV) / programmes pl ‖ ~, Lieferprogramm n, Sortiment n / range of products, line of products ‖ ~**ablaufanlage** f (DV) / object computer, object machine ‖ ~**ablaufdiagramm** n (DV) / flow chart (in programming), program flowchart ‖ ~**ablaufplan** m (DV) / flow chart (in programming), program flowchart ‖ ~**ablaufrechner** m (DV) / object computer, object machine ‖ ~**absturz** m (DV) / crash (abnormal program termination), abend ‖ ~**anfang** m (DV, NC) / program start, start of program ‖ ~**architektur** f (DV) / program structure, program architecture ‖ ~**aufbau** (DV) / program structure, program architecture ‖ ~**ausführung** f (DV) / program execution ‖ ~**automatik** (zur Belichtungssteuerung) (Foto) / program AE, programmed automatic exposure ‖ ~**baustein** m (DV) / program unit, program module, programming module ‖ ~**datei** f (DV) / program file ‖ ~**ende** n (DV, NC) / end of program, program end ‖ ~**entwurf** m (DV) / program design ‖ ~**erstellung** f (DV) / program creation ‖ ~**erzeugung** f (DV) / program creation
Programmieraufwand m (DV) / programming effort
programmierbar (DV) / programmable ‖ ~**er Festwertspeicher**, PROM (= programmable read-only memory) (DV) / programmable read only memory, PROM ‖ ~**er Lesespeicher**, PROM (= programmable read-only memory), programmierbarer Festwertspeicher (DV) / programmable read only memory, PROM ‖ ~**er Logikbaustein** (Eltro) / PLD, programmable logic device ‖ ~**e Logikschaltung** (Eltro) / PLD, programmable logic device ‖ ~**es logisches Bauelement** (Eltro) / PLD, programmable logic device ‖ ~**es logisches Feld** (DV) / programmable logic array, PLA ‖ ~**er Nur-Lesespeicher**, PROM (= programmable read-only memory) (DV) / programmable read only memory, PROM ‖ ~**es ROM**, PROM (= programmable read-only memory), programmierbarer Festwertspeicher (DV) / programmable read only memory, PROM
programmieren (DV) / program v ‖ ~ n, Programmierung f (DV) / programming
Programmierer m (DV) / programmer, programer (US)
Programmier • gerät n (DV) / programmer, programming device ‖ ~**schnittstelle** f (DV) / programming interface ‖ ~**sprache** f (DV) / programming language
programmiert (durch ein Programm eingestellt, z.B. Wert) (DV) / set (e.g. value)
Programmierung f, Programmieren n (DV) / programming ‖ ~ (z.B. eines Schieberegisters) (DV) / program setting ‖ ~ **mit Inkrementalmaßen** (NC) / incremental programming ‖ **manuelle** ~ (NC) / manual part programming
Programm • kommentar m (DV, NC) / program comment ‖ ~**kompatibilität** f (DV) / program compatibility ‖ ~**modul** n, Programmbaustein m (DV) / program unit, program module, programming module ‖ ~**nullpunkt** m (NC) / program zero point ‖ ~**option** f, Auswahlmöglichkeit f (DV) / option (in a menu or dialog box) ‖ ~**paket** n, Softwarepaket n (DV) / software package, package, application package ‖ ~**satz** m (in CNC-Programmen) (NC) / program block ‖ ~**schalter** m (DV) / program switch, switch ‖ ~**schleife** f (DV) / loop, program loop ‖ ~**speicher** m / program storage ‖ ~**steuerung** f (DV, Regel) / program control ‖ ~**steuerung** (Teil der Zentraleinheit)

(DV) / program controller, program control unit ‖ **~struktur** f (DV) / program structure, program architecture ‖ **~verbindung** f (DV) / linkage, program linkage, program linking ‖ **~verknüpfung** f (DV) / linkage, program linkage, program linking ‖ **~verzweigung** f (DV) / branch n, jump n, transfer (deprecated) ‖ **~wahlschalter** m (an Waschmaschine, Geschirrspülern) (HG) / cycle switch, program selector [dial] ‖ **~wählscheibe** (Foto) / program [mode] selector ‖ **~wahltaste** f (TV) / channel selector button, channel selection button ‖ **~weiche**, Programmschalter m (DV) / program switch, switch ‖ **~zähler** m (DV) / instruction counter, program counter

Progression f (Math) / progression

Projekt n / project ‖ **~abwicklung** f / processing of a project ‖ **~führung** f (IE) / project management

projektieren, planen / project vt, design, plan

Projektierung f (z.B. einer Anlage), Planung f / design, project design

Projektion f / projection

Projektions•apparat m, Projektor m (Film, Foto) / optical apparatus, projector ‖ **~bildschirm** m / projection screen ‖ **~fläche** f (Film, Foto) / projection area ‖ **~fläche** (Math) / projected area ‖ **~wand** m, Bildwand f (Film, Foto) / projection screen

Projekt•leiter m / project manager ‖ **~leitung** f / project management ‖ **~management** n / project management

Projektor m (Film, Foto) / optical projector, projector

Projektstudie f, Machbarkeitsstudie f / feasibility study

projizieren / project

PROM (= programmable read-only memory), programmierbarer Festwertspeicher (DV) / programmable read only memory, PROM

Promenadendeck n (Schiff) / promenade deck

Promethium n (OZ = 61) (Chem) / promethium, Pm

Promille n / per mil, per thousand

Prompt m, Eingabeaufforderung n (DV) / prompt n (e.g. in DOS), system prompt, prompt character

Propadien n, Allen (Chem) / allene, propadiene

Propan n (Chem) / propane ‖ **~gas** n (Chem) / propane ‖ **~gasflasche** f / propane gas cylinder

Propanon n (Chem) / acetone (CH_3COCH_3), 2-propanone, dimethyl ketone

Propantriol, 1,2,3-~ (Chem) / glycerin[e], propane-1,2,3-triol, glycerol

Propeller m, Schiffsschraube f (Schiff) / propeller, marine screw propeller, screw ‖ **~**, Luftschraube f (Luft) / airscrew, propeller ‖ **~** (an Windturbinen) (Elek) / propeller ‖ **~rührer** m (ChT) / propeller agitator, propeller mixer ‖ **~welle** f (Schiff) / driveshaft, propeller shaft

Propenal n (Chem) / acraldehyde, acrolein, acrylaldehyde, acrylic aldehyde

Propensäure f, Acrylsäure f (Chem) / acrylic acid

Propinsäure f (Chem) / propiolic acid, propine o. propargylic acid

Propiolsäure f (Chem) / propiolic acid, propine o. propargylic acid

Proportion f, Verhältnis n / proportion n

proportional (allg, Math) / proportional ‖ **~es Verhalten** (Regel) / proportional mode, proportional control mode

Proportional•beiwert m, Übertragungsfaktor (eines P-Reglers) (Regel) / proportional gain ‖ **~bereich** m (Regel) / proportional range ‖ **~-Differential-Regelung** (Regel) / proportional plus derivative control [mode], PD control [mode] ‖ **~-Differentialregler** m (Regel) / proportional-derivative controller, PD controller

Proportionale f / proportional n

Proportional•funktion f (Math) / proportional function ‖ **~-Integral-Differential-Regler** m, PID-Regler m (Regel) / PID controller, proportional plus integral plus derivative controller, three-mode controller ‖ **~-Integral-Regler** m, PI-Regler m (Regel) / PI controller, proportional-plus integral controller, proportional-integral controller

Proportionalitätsgrenze σ_p f (im Spannungs-Dehnungs-Diagramm) (Mater) / limit of proportionality, PEL, proportional elastic limit, proportional limit

Proportional•regelung f (Regel) / proportional control [mode] ‖ **~-Regler** m, P-Regler m (Regel) / proportional controller, P controller ‖ **~-Verhalten** n (Regel) / proportional mode, proportional control mode

Proposition f, Aussage f (DV, Logik) / proposition, statement

proprietär, geschützt (urheber-, patent-, lizenzrechtlich) (allg, DV, Tele) / proprietary (e.g. format, system architecture)

Prospektieren n (Bergb, Geol) / prospecting

Prospektion f (Bergb, Geol) / prospecting

Prospektionsbohrung f, Erkundungsbohrung f (Öl) / exploratory drilling, exploration drilling, prospective drilling, test drilling

Protactinium n (Chem) / protactinium, Pa

Protausend n, Promille n / per mil, per thousand

Protokoll n, Bericht m / report ‖ **~**, Aufzeichnung f, Niederschrift f / record n ‖ **~**, Sitzungsprotokoll n / minutes pl (of a meeting) ‖ **~** (Inbetriebnahme-, Abnahme- o. Übergabeprotokoll) (QM) / certificate ‖ **~**, Abnahmebericht m, Abnahmeprüfprotokoll n (QM) / acceptance certificate ‖ **~** (Aufzeichnung der Operationen auf einem Rechner) (DV) / log, protocol ‖ **~**, Kommunikationsprotokoll n (Gesamtheit der Regeln, die Übergabebedingungen und Übergabeformate zwischen gleichartigen funktionalen Schichten im Datenkommunikationssystem beschreiben) (DV, Tele) / protocol, communication protocol

protokollieren (Sitzung) / keep minutes of (a meeting) ‖ **~** (DV) / log vt (e.g. measurement data)

Protokollierung f (DV) / logging

Proton n (Phys) / proton

Protonen•austausch-Membran-Brennstoffzelle f (Chem, Elek) / PEMFC, proton-electrolyte membrane fuel cell, solid polymer fuel cell, SPFC, PEM fuel cell, proton-exchange membrane fuel cell, polymer electrolyte membrane fuel cell ‖ **~leitfähigkeit** f / proton conductivity ‖ **~zahl** f (Phys) / atomic number, proton number, nuclear charge number

Prototyp m, Muster n / prototype ‖ **technischer ~** / engineering prototype

Provider m, Anbieter m (der Zugang zum Internet ermöglicht), Internet-Provider m (Tele) / Internet service provider, service provider, ISP

provisorisch / provisional
Prozedurebene f, Schicht f 2 (im OSI-Schichtenmodell), Sicherungsschicht f (DV, Tele) / data link layer, layer 2
Prozent n, Vomhundert n / per cent, percent, pct., p.c. ‖ ≈**rechnung** f (Math) / percentage calculation
prozentualer Anteil, Anteil m (prozentual) / percentage
Prozess m (allg, DV) / process ‖ ≈**abgas** n, Abgas n (aus Raffinerien, Reaktoren, Verbrennungsanlagen etc.) (ChT, Nukl, Umw) / waste gas, off-gas ‖ ≈**abhängige Ablaufsteuerung** (Regel) / event-driven sequential control ‖ ≈**ablauf** m / process, process sequence, process flow ‖ ≈**automatisierung** f / process automation ‖ ≈**dampf** m / process steam ‖ ≈**fähigkeit** f (QM) / process capability ‖ ≈**fähigkeitsindex** m, Prozessfähigkeitskennwert m (QM) / process capability index ‖ ≈**führung** f (in der Verfahrens- und Automatisierungstechnik) / process control ‖ ≈**gas** n (ChT) / process gas ‖ ≈**größe** f (Regel) / process variable ‖ ≈**industrie** f / process manufacturing ‖ ≈**leitsystem** n / process control system (used to monitor and control batch and continuous processes e.g. in chemical engineering or water treatment) ‖ ≈**leittechnik** f (zum Steuern, Regeln und Sichern verfahrenstechnischer Anlagen) / process control (as applied to batch and continuous processes e.g. in chemical engineering or water treatment) ‖ ≈**leittechnik** (als ingenieurstechnische Disziplin) / process control engineering ‖ ≈**leittechnik** n, Prozessleitsystem n / process control system (used to monitor and control batch and continuous processes e.g. in chemical engineering or water treatment) ‖ ≈**lenkung** f (QM) / process control, control of processes
Prozessor m (DV) / processor
Prozess•rechner m (DV) / process control computer, process computer, process controller ‖ ≈**roboter** m (Masch) / process robot ‖ ≈**steuerung** f (Regel) / process control ‖ ≈**verwaltung** f, Taskverwaltung f (DV) / task management ‖ ≈**wärme** f / process heat ‖ ≈**wasser** n / process water
Prüf•ader (zur Fehlerüberwachung in Kabeln o. Leitungen) (Elek, Tele) / pilot wire ‖ ≈**anordnung** f, Versuchsanordnung f / test setup, test arrangement ‖ ≈**beanspruchung** f (Masch, Mech) / proof stress (in tests) ‖ ≈**bericht** m / testing proceeds pl, test record, test report ‖ ≈**bit** n (DV) / check bit
prüfen (jemanden o. seine Kenntnisse in einer Prüfung) / examine (someone o. their knowledge in an exam) ‖ ~, untersuchen / examine ‖ ~, sich befassen mit (einem Problem, einer Angelegenheit) / look into (a problem, matter) ‖ ~ (z.B. eine Möglichkeit, einen Plan), erwägen / consider ‖ ~, nachprüfen, überprüfen / check (e.g. oil level; files; a copy against the original; a pipe for cracks; that/whether a part moves freely) ‖ ~, kontrollieren, überprüfen (visuell - z.B. Maschine, Anlage) / inspect ‖ ~ (Produkt o. Produktmerkmal, um festzustellen, ob es den Anforderungen bzgl. z.B. der Abmessungen o. des Oberflächenprofils entspricht) (QM) / inspect (a part or product characteristic),

examine ‖ ~ (funktionale Aspekte eines Produktes, Bauteils o. Materials wie Zuverlässigkeit, Funktionsfähigkeit unter Bedingungen, die denen des späteren Einsatzes gleichen o. ähnlich sind), testen (QM) / test ‖ ~ (z.B. mit Ultraschallsonde) / probe vt ‖ ~, untersuchen (Erz o. Legierung auf Gehalt eines bestimmten, v.a. Edelmetalls) (Chem, Hütt) / assay vt ‖ ≈ n, Prüfung (eines Produkts o. Produktmerkmals, um festzustellen, ob es den Anforderungen bzgl. z.B. der Abmessungen o. des Oberflächenprofils entspricht) (QM) / inspection (of a part or product characteristic), examination ‖ ≈, Prüfung f (der funktionalen Aspekte eines Produktes, Bauteils o. Materials wie Zuverlässigkeit, Funktionsfähigkeit unter Bedingungen, die denen des späteren Einsatzes gleichen o. ähnlich sind), Testen n (QM) / testing ‖ ≈ **der Kornzusammensetzung** (Bau, ChT) / grading, particle size analysis
Prüfer f, Prüfperson f (QM) / inspector
Prüf•ergebnis n / test result ‖ ≈**feld** n (QM) / test floor ‖ ≈**gegenstand** m, Prüfling m (der darauf hin geprüft wird, ob er den Anforderungen bzgl. z.B. der Abmessungen o. des Oberflächenprofils entspricht) (QM) / object being o. to be inspected ‖ ≈**gerät** n (Mess) / test device, test instrument, tester ‖ ≈**größe** f (Stat) / test statistic ‖ ≈**kopf** m **mit variablem Winkel** (Mater) / variable angle probe ‖ ≈**körper** m, Eindringkörper m (bei Härteprüfungen) (Mater) / indenter, penetrator ‖ ≈**kraft** f (bei der Härteprüfung) (Mater) / applied force, load, applied load, imposed load, indentation load ‖ ≈**kraft** (die eigentliche im Ggs. zur Prüfvorkraft bei der Härteprüfung nach Rockwell) (Mater) / major load ‖ ≈**kugel** f (bei Härteprüfungen) (Mater) / indenter ball ‖ ≈**lampe** f (Elek) / test light, test lamp ‖ ≈**lehre** f (Mess) / master gauge ‖ ≈**lehre**, Kontrolllehre f, Vergleichslehre f (Mess) / reference gauge
Prüfling m (der darauf hin geprüft wird, ob er den Anforderungen bzgl. z.B. der Abmessungen o. des Oberflächenprofils entspricht), Prüfgegenstand m (QM) / object being o. to be inspected ‖ ≈ (dessen Funktionen in einem Test, Versuch geprüft werden), Device Under Test (Elek, Eltro, QM) / device under test, DUT, unit under test, UUT ‖ ≈, Probe f (evtl. spez. benannt, z.B. Zugprobe beim Zugversuch, Druckprobe beim Druckversuch, Scherprobe beim Scherversuch), Probekörper m (Mater) / test specimen, specimen, test piece
Prüf•liste f / check list ‖ ≈**person** f, Prüfer f (QM) / inspector ‖ ≈**plan** m (QM) / inspection plan, inspection schedule ‖ ≈**protokoll** n / testing proceeds pl, test record, test report ‖ ≈**punkt** m (DV, Elek, Tele) / test point ‖ ≈**sieb** n, Analysesieb n (Bau, QM) / sieve (for sieve analysis), test sieve ‖ ≈**spannung** f (Elek) / test voltage ‖ ≈**spannung** (Masch, Mech) / proof stress (in tests) ‖ ≈**spur** f (DV) / parity test track ‖ ≈**stand** m (Masch) / test stand, test rig, test bench ‖ ≈**strom** m (Elek) / test current ‖ ≈**stück** n, Probe f (evtl. spez. benannt, z.B. Zugprobe beim Zugversuch, Druckprobe beim Druckversuch, Scherprobe beim Scherversuch), Probekörper m (Mater) / test specimen, specimen, test piece

Prüfung *f* (an Schule, Universität) / exam, examination ‖ ≈, Kontrolle *f*, Überprüfung *f* (hinsichtlich Leistung, Zustand, Sicherheit etc.) / check ‖ ≈, Untersuchung *f* / examination ‖ ≈ (z.B. einer Möglichkeit, eines Plan), Erwägung *f* / consideration ‖ ≈, Sichtprüfung *f*, Inspektion *f* / inspection ‖ ≈ (eines Produkts o. Produktmerkmals, um festzustellen, ob es den Anforderungen bzgl. z.B. der Abmessungen o. des Oberflächenprofils entspricht), Prüfen *n* (QM) / inspection (of a part or product characteristic), examination ‖ ≈ *f* (der funktionalen Aspekte eines Produktes, Bauteils o. Materials wie Zuverlässigkeit, Funktionsfähigkeit unter Bedingungen, die denen des späteren Einsatzes gleichen o. ähnlich sind), Testen *n* (QM) / testing ‖ ≈, Test *m* (pl: Tests) / test *n* ‖ ≈, Untersuchung *f* (auf Zusammensetzung, Gewicht usw.), Analyse *f* (zur Bestimmung der qualitativen o. quantitativen Zusammensetzung z.B. eines Arzneimittels oder des Edelmetallgehalts einer Erzprobe) (Chem, Hütt, Pharm) / assay *n* ‖ ≈ **auf Durchbruchhemmung** (bei Sicherheitsgläsern) (Mater) / forced entry test ‖ ≈ **mit Röntgen- oder Gammastrahlen** (zur zerstörungsfreien Werkstoffprüfung), Durchstrahlungsprüfung *f* (Mater) / radiographic test[ing] ‖ ≈ **während der Fertigung**, Zwischenprüfung *f* (ISO 9001) (QM) / in-process inspection and testing (ISO 9001) ‖ **100%-** ≈ (QM) / hundred percent inspection, 100% inspection

Prüf•verfahren *n*, Testverfahren *n* / test method, testing process, test process ‖ ≈**verteilung** *f* (Stat) / test distribution ‖ ≈**vorkraft** *f* (bei der Härteprüfung nach Rockwell) (Mater) / minor load (to seat the indenter in the material), light load ‖ ≈**vorschrift** *f* / test specification ‖ ≈**zeichen** *n*, Kontrollzeichen *n* (DV) / check character ‖ ≈**zelle** *f* (QM) / inspection cell ‖ ≈**ziffer** *f* (DV) / check digit ‖ ≈**zylinder** *m* (des Lehrdorns) (Mess) / plug

PR-Zahl *f* (Reifen), Ply-Rating *n* / ply rating [number] (tyre), PR

PS *n*, Polystyrol *n* (Plast) / polystyrene, PS ‖ ≈, Pferdestärke *f* (nicht gesetzliche Einheit der Leistung) (Kfz, Masch) / horsepower (metric horsepower = 0,73549875 kW), hp

p-Schicht *f* (Eltro) / p-type layer

PSE, Periodensystem *n* der Elemente (Chem) / periodic system, periodic table of elements

Pt, Platin *n* (Chem) / platinum, Pt

PTC-Widerstand *m* (= positive temperature coefficient) (Eltro) / PTC resistor, positive temperature coefficient resistor, posistor

p-T-Diagramm *n*, Druck-Temperatur-Phasendiagramm *n* (Phys) / p-T-diagram, pressure-temperature diagram

PTFE, Polytetrafluorethylen *n* (z.B. Teflon, Dyneon) (Plast) / polytetrafluoroethylene, PTFE

ptolemäischer Satz / Ptolemy's theorem

Pu, Plutonium *n* (Chem) / plutonium, Pu

Public-Key-Verfahren *n*, Public-Key-Verschlüsselung *f* (DV) / asymmetric encryption, public key cryptography, public key encryption

Puddel•luppe *f*, Luppe *f* (schlackenhaltiger, teigiger Eisen- bzw. Weichstahlklumpen) (Hütt) / puddled ball ‖ ≈**stahl** *m* (Hütt) / puddled steel

Pudermetalle *n pl*, Bronzepigmente *n pl* / bronze pigment

Puffer *m*, Polster *n* / pad ‖ ≈, Dämpfungskissen *n* / cushion ‖ ≈ (Bahn) / buffer ‖ ≈, Pufferspeicher *m* (DV) / buffer, buffer storage, buffer store ‖ ≈ (Gatter mit Verstärkerwirkung) (Eltro) / buffer ‖ ≈, Pufferlösung *f* (Chem) / buffer, buffer solution ‖ ≈**batterie** *f* (Elek) / buffer battery ‖ ≈**behälter** *m*, Ausgleichsbehälter *m* (für Flüssigkeiten o. Gase, um regelmäßigen Fluss zu gewährleisten u. Druckschwankungen auszugleichen) / surge tank ‖ ≈**behälter**, Ausgleichsbehälter *m* (für Schüttgut, um regelmäßige Zuführung zu gewährleisten) (Aufb, ChT, Hütt) / surge hopper, surge bunker, surge bin ‖ ≈**lösung** *f* (Chem) / buffer, buffer solution

puffern, zwischenspeichern (DV) / buffer

Puffer•register *n* (DV) / buffer register ‖ ≈**schaltung** *f* (Elek) / buffer circuit ‖ ≈**speicher** *m* (DV) / buffer, buffer storage, buffer store

Pull-Down-Menü *n* (DV) / pull-down menu

Pull-down-Widerstand *m* (Eltro) / pull-down resistor

Pull-up-Widerstand *m* (Eltro) / pull-up resistor

Puls (periodische Folge von Impulsen) (Eltro, Techn) / pulse train, pulse group ‖ ≈**-Amplitudenmodulation** *f* (Tele) / pulse amplitude modulation, PAM ‖ ≈**breite** *f*, Pulsdauer *f* (Eltro, Tele) / pulse duration, PD (pulse duration), pulse width, PW (pulse width), pulse length ‖ ≈**breitenmodulation** *f*, Pulsdauermodulation *f* (Tele) / PDM, pulse length modulation, pulse duration modulation, pulse-width modulation ‖ ≈**code-Modulation** *f* (Tele) / pulse code modulation, PCM, pcm ‖ ≈**dauer** *f* (Eltro, Tele) / pulse duration, PD (pulse duration), pulse width, PW (pulse width), pulse length ‖ ≈**dauermodulation** *f* (Tele) / PDM, pulse length modulation, pulse duration modulation, pulse-width modulation

pulsen (Eltro, Phys) / pulse *vi*

Puls•frequenz *f* (Eltro) / pulse repetition frequency, pulse recurrence frequency, prf, pulse repetition rate, PRR, pulse recurrence rate, pulse rate ‖ ≈**frequenzmodulation** (Tele) / pulse frequency modulation, pfm ‖ ≈**generator** *m* (Eltro) / pulse generator

pulsieren / pulsate, pulse

Puls•lagenmodulation *f* (Tele) / pulse position modulation, pulse phase modulation, PPM ‖ ≈**länge** *f*, Pulsdauer *f* (Eltro, Tele) / pulse duration, PD (pulse duration), pulse width, PW (pulse width), pulse length ‖ ≈**längenmodulation** *f*, Pulsdauermodulation *f* (Tele) / PDM, pulse length modulation, pulse duration modulation, pulse-width modulation ‖ ≈**laser** *m* (Phys) / pulsed laser, pulse laser ‖ ≈**modulation** *f* (Tele) / pulse modulation, PM ‖ ≈**phasen-Modulation** *f* (Tele) / pulse position modulation, pulse phase modulation, PPM ‖ ≈**-Transformator** *m* (Eltro) / pulse transformer ‖ ≈**wahl** *f* (Tele) / dial pulse signalling, pulse dialling, dial pulsing ‖ ≈**weitenmodulation** *f* (Eltro) / PWM, pulse-width modulation

Pult *n*, Schaltpult *n* (Elek) / desk switchboard, switch desk

Pulver n / powder ‖ ≈, Staub m, Mehl n / flour, powder ‖ ≈ **als Ausgangsstoff für die Sinterherstellung** (PM) / starting powder

pulver•artig / powdery ‖ ≈**aufkohlen** n, Aufkohlen n in festem Einsatzmittel (Hütt) / pack carburizing ‖ ≈**beschichtung** f (OT) / powder coating ‖ ≈**extrusion** f (PM) / powder extrusion, PM extrusion ‖ ~**förmig** / powdery ‖ ~**förmig**, pulverisiert / pulverized

pulverisieren / pulverize, powder, reduce to powder ‖ ≈ n, Feinmahlung f / pulverization, comminution

Pulverisiermühle f (ChT) / pulverizer, pulverizing mill

Pulverisierung f / pulverization

Pulver•lackierung f (OT) / powder coating ‖ ≈**metallurgie** f / powder metallurgy, PM ‖ ~**metallurgisches Spritzgießen** (PM) / metal injection moulding, powder injection moulding, PIM, MIM ‖ ≈**methode** f (Krist, Radiol) / Debye and Scherrer method, powder method ‖ ≈**mischung** n **als Ausgangsstoff für die Sinterherstellung** (PM) / starting powder ‖ ≈**schmieden** n (PM) / powder forging ‖ ≈**walzen** n (PM) / powder rolling ‖ ≈**zementieren** n, Pulveraufkohlen n, Aufkohlen n in festem Einsatzmittel (Hütt) / pack carburizing

pulvrig / powdery

Pumpe f / pump n

pumpen vt vi / pump v

Pumpen•auslassventil n, Druckventil n (Pumpe) / discharge valve, outlet valve, head valve (pump) ‖ ≈**bagger** m, Saugbagger m (Bau, Wasserb) / suction dredger ‖ ≈**gehäuse** n (allg) / pump case, pump housing ‖ ≈**leistung** f, Förderleistung f (einer Pumpe) / pump capacity, discharge rate (of a pump), output of a pump, pump output, delivery rate ‖ ≈**raum** m / pump room ‖ ≈**steuerung** f (Masch) / pump control system ‖ ≈**turbine** f / pump-turbine

Pump•frequenz f (Eltro) / pump frequency ‖ ≈**speicherkraftwerk** (Elek) / pumped-storage hydropower station, pumped-storage plant, pumped-storage power plant, pumped-storage power station ‖ ≈**speicherwerk** n, Pumpspeicherkraftwerk (Elek) / pumped-storage hydropower station, pumped-storage plant, pumped-storage power plant, pumped-storage power station ‖ ≈**station** f (Öl) / pump station (in a pipeline) ‖ ≈**turbine** f / pump-turbine

Punkt m (allg, Math, Phys) / point n ‖ ≈, Dezimalpunkt m (Math) / point, decimal point ‖ ≈ (Zeichnungselement) (Doku) / dot ‖ ≈ (in Dateinamen, Internetadressen) (DV) / dot ‖ ≈ (Orthographie) (Doku, Druck) / full stop (a punctuation mark), period (US) ‖ ≈, Position f, Posten (z.B. in einer Liste) / item (in register, list etc.) ‖ ≈ **e m pl je Zoll**, dpi (zur Angabe des Auflösungsvermögens von Druckern, Scannern) (Druck, DV) / dots per inch pl, dpi ‖ ≈**defekte** m pl (Krist) / point defects

punktierte Linie / dotted line

Punkt•kontaktdiode f (Eltro) / point-contact diode ‖ ≈**last** f (Mech) / point load, concentrated load ‖ ≈**leuchte** f (Licht) / spot light ‖ ≈**masse** f (Phys) / mass point, material point ‖ ≈**matrix** f (DV) / dot matrix ‖ ≈**matrix-Anzeige** f (DV) / dot-matrix display ‖ ≈**menge** f / point set ‖ ≈**richtungsform** f (einer Geradengleichung) (Math) / point-slope form

(of a straight-line equation: y - y₁ = m(x - x₁)) ‖ ≈**schreiber** m / point recorder ‖ ~**schweißen** (Schw) / spot weld ‖ ≈**schweißen** n, Widerstandspunktschweißen n (Schw) / resistance spot welding, RSW (resistance spot welding), spot welding ‖ ≈**schweißmaschine** f (Wzm) / spot welding machine, spot welder ‖ ≈**schweißzange** f (Wzm) / portable spot welding gun ‖ ≈**steigungsform** f (einer Geradengleichung) (Math) / point-slope form (of a straight-line equation: y - y₁ = m(x - x₁)) ‖ ≈**steuerung** f (NC) / point-to-point system (of motion control), point-to-point control, point-to-point positioning control, positioning system, PTP ‖ ≈**symmetrie** f (Math) / point symmetry ‖ ≈**-zu-Mehrpunkt-Verbindung** f (Tele) / point-to-multipoint connection ‖ ≈**-zu-Punkt-Verbindung** f (DV, Tele) / point-to-point connection

PUR, Polyurethan n (Plast) / polyurethane, PUR

Pürierstab (HG) / immersion blender, stick blender, wand blender, electric hand blender

Purpur n, Magentarot n, Purpurrot n (Druck, Foto) / magenta (primary colour) ‖ ≈**rot** n, Magentarot n (Druck, Foto) / magenta (primary colour)

Putz m (Bau) / plaster n ‖ **auf** ≈, Aufputz... (Elek) / surface-mounted (wiring), surface-mounting (wiring) ‖ **unter** ≈ [verlegt], Unterputz... (Rohre, Leitungen) (Bau, Elek, Sanitär) / concealed (piping, wiring in wall or ceiling) ‖ **unter** ≈ [verlegt], Unterputz... (Schalter, Steckdose etc.) (Bau, Elek) / flush, flush-mounted (on a wall, in a ceiling), flush mounting, recessed

putzen (allg) / clean n ‖ ≈ n, Entfernen n von Speiser, Steiger, Eingüssen (Gieß) / trimming

Putz•grund m (Bau) / background, base, backing ‖ ≈**kelle** f (Bau, Wz) / square trowel ‖ ≈**mittel** n, Reinigungsmittel n (im weitesten Sinn) / cleaning agent, detergent

PV, Photovoltaik f (Elek) / photovoltaics sg, PV

PVA, Photovoltaikanlage f (Elek) / solar array, photovoltaic array, PV array, photovoltaic installation, photovoltaic system, PV system

PV-Anlage f, Photovoltaikanlage f (Elek) / solar array, photovoltaic array, PV array, photovoltaic installation, photovoltaic system, PV system

PVC, Polyvinylchlorid n (Plast) / polyvinyl chloride, PVC

PVD n, PVD-Verfahren n pl (OT) / physical vapour deposition processes, PVD, PVD processes

p-V-Diagramm n, Arbeitsdiagramm n (Mot, Phys) / pressure-volume diagram, P-V diagram

PVD-Verfahren n pl (OT) / physical vapour deposition processes, PVD, PVD processes

P-Verhalten n, Proportional-Verhalten n (Regel) / proportional mode, proportional control mode

PV-Modul n, Solarmodul n (zusammen-geschaltete Solarzellen) (Ener) / solar panel, solar module, photovoltaic module, PV module, PV panel, photovoltaic panel

PVP, paralleler Vektorrechner (DV) / PVP machine, PVP system

PV-Zelle f, Photovoltaikzelle f (Elek) / solar cell, photovoltaic cell, PV cell

PWM, Pulsweitenmodulation f (Eltro) / PWM, pulse-width modulation

Pyknometer *n* (Dichtemesser) (Chem, Mess) / pycnometer

Pylon *m*, Außenlastträger *m* (Luft) / pylon ‖ ≃ (auf dem die Stahlkabel einer Hänge- oder Schrägseilbrücke gelagert sind) (Bau) / pylon, tower

Pyramide *f* (Math) / pyramid

Pyramide•..., pyramidenförmig / pyramidal ‖ ~**förmig**, Pyramiden... / pyramidal ‖ ≃**härte** *f*, Vickershärte *f* (Mater) / diamond pyramid hardness, Vickers hardness, DPH ‖ ≃**stumpf** *m* / truncated pyramid

Pyrane *n pl* (Chem) / pyrans *pl* (6-membered heterocyclic compound containing a ring of 5 carbon atoms and 1 oxygen atom)

Pyrazol *n* (Chem) / pyrazole

Pyren *n* (Chem) / pyrene

Pyrit *m* (Min) / pyrite, iron pyrite

Pyrokieselsäure *f* (Chem) / disilicic acid

Pyrolyse-Öl *n* / pyrolysis oil

Pyro•meter *n* (Mess) / pyrometer ‖ ≃**metrie** *f*, Temperaturmessung *f* [mittels Pyrometer] / pyrometry

Pyrophosphat *n* (Chem) / diphosphate(V)

Pyrophosphorsäure *f* (Chem) / pyrophosphoric acid

Pyroschwefelsäure *f* (Chem) / pyrosulfuric acid ($H_2S_2O_7$)

Pyrosulfit *n* (Chem) / disulphite

Pyrotechnik *f*, Feuerwerkstechnik *f* / pyrotechnics *pl*, pyrotechny

Pyruvinsäure *f*, Brenztraubensäure *f* (Chem) / pyruvic acid

Pythagoras, Satz des ≃ (Math) / Pythagorean theorem

Pythagoreischer Lehrsatz (Math) / Pythagorean theorem

Q

QAM, Quadraturamplitudenmodulation *f* (Tele) / quadrature amplitude modulation, QAM, quadrature sideband amplitude modulation, QSAM

Q-Faktor *m*, Schwingkreisgüte *f* (Elek, Eltro) / quality factor, Q factor, magnification factor

QM•-Plan *m*, Qualitätsmanagementplan *m* / quality plan ‖ ≃**-System** *n*, Qualitäts-managementsystem *n* / quality management system, QM system, quality system

Q-Oszillator *m*, Quarzoszillation *m* (Eltro) / crystal oscillator, quartz oscillator, quartz-crystal oscillator, piezoelectric oscillator

QRK *f*, Qualitätsregelkarte *f* (in der statistischen Prozesslenkung) (QM) / control chart (in SPC)

QS, Qualitätssicherung *f* / quality assurance, QA ‖ ≃**-System** *n*, Qualitätssicherungssystem *n* / quality system

Quad *n* (Sportfahrzeug) (Kfz) / quad (GB, Australia, New Zealand), quad-bike, ATV (All-Terrain Vehicle)(US)

Quader *m* (von sechs paarweise kongruenten Rechtecken begrenztes Prisma) (Math) / cuboid, rectangular parallelepiped, right parallelepiped ‖ ≃**verfahren** *n* (in der Photogrammetrie) (Foto, Mess) / parallelepiped classification

Quadrant *m* (allg, Astr) / quadrant ‖ ≃, Viertel *n* eines Kreisbogens (Math) / quadrant, quarter (of a circle)

Quadrat *n* (Math) / square *n* ‖ ≃ (zweite Potenz) (Math) / second power, square, square number ‖ ≃**...** (allg, Math) / square *adj*, quadratic ‖ **im** ≃, ins Quadrat erhoben (Math) / squared, raised to the second power

quadratisch (allg, Math) / square *adj*, quadratic ‖ ~**e Ergänzung** (Math) / completing the square (algebraic technique used to solve quadratic equations) ‖ ~**er Faktor** (Math) / quadratic factor (of a polynomial) ‖ ~**e Funktion** (Math) / quadratic function ‖ ~**e Gleichung**, Gleichung *f* zweiten Grades (Math) / equation of the second degree, quadratic *n*, quadratic equation ‖ ~**es Mittel**, quadratischer Mittelwert (Stat) / root mean square, quadratic mean, root-mean-square value, rms, rms value ‖ ~**er Mittelwert** (einer zeitvariablen Größe), Effektivwert *m* (Phys, Techn) / effective value, root-mean-square value, rms value, virtual value ‖ ~**e Säule** (Quader mit zwei quadratischen Seitenflächen) (Math) / square cuboid, square box, square prism (cuboid in which at least two faces are squares)

Quadrat•keil *m* (Masch) / square key ‖ ≃**knüppel** *m* (Walz) / square billet ‖ ≃**meter** *m* (= 10,76 sq.ft.), m^2 / square meter, m^2

Quadratur *f* (Math) / quadrature ‖ ≃**amplitudenmodulation** *f* (Tele) / quadrature amplitude modulation, QAM, quadrature sideband amplitude modulation, QSAM ‖ ≃**modulation** *f*, Quadraturamplituden-modulation *f* (Tele) / quadrature amplitude modulation, QAM, quadrature sideband amplitude modulation, QSAM

Quadrat•wurzel f (Math) / square root ‖ **≈zahl** f (zweite Potenz), Quadrat n (zweite Potenz) (Math) / second power, square, square number

Quadrik f, Hyperfläche f zweiter Ordnung (Math) / quadric n

Quadrupollinse f (Opt) / quadrupole lens

Qualifikation f, Befähigung f / qualification

qualifiziert, tauglich, befähigt / qualified [for] ‖ ~, gelernt (Arbeiter), ausgebildet / skilled

Qualifizierung f, Qualifikation f, Befähigung f / qualification

Qualität f / quality ‖ **≈**, Güteklasse f, Handelsklasse f, Qualitätsklasse f / grade, quality, class ‖ **≈en** f pl, Fähigkeiten / skills pl ‖ **≈** f **der Bearbeitung** / workmanship (quality) ‖ **≈ der Schweißverbindung**, Güte f einer Schweißung (Schw) / weld quality

Qualitäts•..., hochwertig / high-quality ..., top-quality, high-grade ‖ **≈anforderung** f / quality requirement, requirement for quality ‖ **≈audit** n (QM) / audit, quality audit ‖ **≈auditor** n (QM) / auditor, quality auditor ‖ **≈beurteilung** f (QM) / quality assessment ‖ **≈bewertung** f (QM) / quality assessment ‖ **≈bewusst** / quality-conscious ‖ **≈bewusstsein** n / quality-awareness, quality-consciousness ‖ **≈einbuße** f / quality degradation ‖ **≈forderung** f / quality requirement, requirement for quality ‖ **≈klasse** f, Güteklasse f, Handelsklasse f / grade, quality, class ‖ **≈kontrolle** f, Qualitätskontrollprüfung (einzelne Prüfung) (QM) / quality control test, quality test, quality inspection, inspection, quality check, QC ‖ **≈kontrolle**, Qualitätslenkung f (Überwachung und Steuerung des Produktionsprozesses, um eine gleichbleibend hohe Produktqualität sicherzustellen) (QM) / QC, quality control ‖ **≈lenkung** f (Überwachung und Steuerung des Produktionsprozesses, um eine gleichbleibend hohe Produktqualität sicherzustellen) (QM) / QC, quality control ‖ **≈managementplan** m / quality plan ‖ **≈managementsystem** n / quality management system, QM system, quality system ‖ **≈merkmal** n (Merkmal, das zur Beurteilung einer Qualität herangezogen wird) (QM) / quality characteristic ‖ **≈plan** m, Qualitätsmanagementplan m / quality plan ‖ **≈produkt** n / quality product ‖ **≈prüfung** f, Qualitätskontrollprüfung (einzelne Prüfung) (QM) / quality control test, quality test, quality inspection, inspection, quality check, QC ‖ **≈prüfung nach dem Stichprobenverfahren** (QM) / sampling inspection ‖ **≈regelkarte** f (in der statistischen Prozesslenkung) (QM) / control chart (in SPC) ‖ **≈regelkarte für messbare o. kontinuierliche o. quantitative Merkmale** (QM) / control chart for variables ‖ **≈regelkarte für zählbare o. diskrete o. qualitative Merkmale** (QM) / control chart for attributes ‖ **≈sicherung** f / quality assurance, QA ‖ **≈sicherungsplan** m, Qualitätsmanagementplan m / quality plan ‖ **≈sicherungssystem** n / quality system ‖ **≈stahl** m (Hütt) / high-grade steel, quality steel ‖ **≈steuerung** f, Qualitätslenkung f (Überwachung und Steuerung des Produktionsprozesses, um eine gleichbleibend hohe Produktqualität sicherzustellen) (QM) / QC, quality control ‖ **≈technik** f / quality

engineering ‖ **≈überwachung** f / quality surveillance

Qualm m / black smoke, thick smoke, dense smoke

Quant n (pl: Quanten) (Phys) / quantum (pl. quanta)

Quanten•elektrodynamik f (Phys) / quantum electrodynamics ‖ **≈mechanik** f (Phys) / quantum mechanics sg ‖ **≈physik** f / quantum physics sg ‖ **≈sprung** m (Phys) / quantum leap, quantum jump ‖ **≈übergang** m (Phys) / quantum transition ‖ **≈zahl** f (Phys) / quantum number

quantifizieren, quantitativ bestimmen / quantify

quantisieren vt (Eltro, Tele) / quantize

quantisiert, digital (Eltro, Tele) / digital, quantized

Quantisierung f, Diskretisierung f (DV, Eltro, Tele) / quantization

Quantisierungsintervall n (Tele) / quantization interval, quantizing interval

Quantität f / quantity

quantitativ bestimmen, mengenmäßig bestimmen / quantify

Quantum n, Anteil m / quantum, portion

Quarantäne (von vireninfizierten Dateien) (DV) / quarantine

Quark n (Nukl) / quark

Quarterdeck n (Schiff) / quarterdeck

Quarto-Walzenwerk (Walz) / four-roll[er] mill, four-high rolling mill

Quarz m (Min) / quartz ‖ **≈** (Eltro) / quartz, crystal ‖ **≈glas** n, SiO_2-Glas n (ein Einkomponentenglas) / quartz glass, fused quartz, silica glass (transparent), fused silica (single-component glass ($SiO2$) with very low thermal expansion, great thermal stability and very high ultraviolet transmission), vitreous silica ‖ **≈glasfaser** f (Eltro, Opt) / all-silica fibre ‖ **≈kristall** (Eltro) / quartz crystal, QC ‖ **≈mikrowaage** f (massesensitiver Messwertwandler) (Chem, Mess) / quartz crystal microbalance, QCM ‖ **≈oszillator** m (Eltro) / crystal oscillator, quartz oscillator, quartz-crystal oscillator, piezoelectric oscillator ‖ **≈uhr** f / quartz clock, quartz-crystal clock

quasi-kontinuierliche Messung (Mess) / continuous sensing, quasi-continuous sensing

Quecksilber n (Chem) / mercury, Hg, quicksilver

Quecksilberdampf m (Elek, Umw) / mercury vapo[u]r ‖ **≈entladungsröhre** f / mercury-vapour tube ‖ **≈Hochdrucklampe** f (Licht) / high-pressure mercury vapour lamp ‖ **≈lampe** f (Licht) / mercury vapour lamp, mercury discharge lamp, mercury lamp

Quecksilber•dimethyl n (Chem) / dimethyl mercury ‖ **≈element** n (Chem, Elek) / mercury cell ‖ **≈hochdrucklampe** f (Licht) / high-pressure mercury vapour lamp ‖ **≈lampe** f (Licht) / mercury vapour lamp, mercury discharge lamp, mercury lamp ‖ **≈oxidzelle** f (Chem, Elek) / mercury cell ‖ **≈oxid-Zink-Primärbatterie** f (Chem, Elek) / mercury battery, mercuric oxide-zinc battery ‖ **≈säule** f (Phys) / mercury column ‖ **≈thermometer** n / mercury thermometer ‖ **≈verfahren** n (Chloralkalielektrolyse) / mercury cell method (chloralkali process) ‖ **≈zelle** f (Chem, Elek) / mercury cell

Quell•adresse f (Tele) / source address ‖ **≈code** m, Sourcecode m (DV) / source code ‖ **≈daten**

pl (DV) / source data ‖ ⁀**datenträger** *pl* (DV) / source disk
Quelle *f* (allg, DV, Elek, Eltro) / source ‖ ⁀, Herkunft *f*, Ursprung *m* / origin ‖ ⁀, Source *f* (Eltro) / source (in a field-effect transistor)
quellen, aufquellen, anschwellen / swell *vi* ‖ ⁀**aktivität** *f* (Nukl) / source activity ‖ ⁀**spannung** *f*, elektrische Urspannung (Elek) / electromotive force, e.m.f.
Quell•mittel *n*, Verdickungsmittel *n* (Anstr, Chem, Nahr, Pharm, Techn) / thickener, thickening agent ‖ ⁀**sprache** *f* (DV) / source language
Quellungsmittel *n*, Verdickungsmittel *n* (Anstr, Chem, Nahr, Pharm, Techn) / thickener, thickening agent
Quellverkehr *m* (Kfz) / originating traffic
quer verlaufend, schräg, diagonal / diagonal
Quer•..., schief [liegend], schräg verlaufend / transverse ‖ ⁀**-Abstechen** *n*, Abstechdrehen *n* (Dreh) / cutoff, parting ‖ ⁀**achse** *f* (Masch) / transverse axis ‖ ⁀**achse**, Nickachse *f* (Luft) / lateral axis, pitch axis ‖ ⁀**ankeraufnehmer** *m* (Mess) / variable reluctance transducer ‖ ⁀**anteil** *m* (Elek) / quadrature component ‖ ⁀**balken** *m* (zwischen zwei Ständern einer Werkzeugmaschine senkrecht verschiebbar) (Wzm) / moving crosshead ‖ ⁀**balken** *m*, Querträger *m* (Wzm) / crossrail ‖ ⁀**balkensupport** *m* / crossrail carriage (vertical turret lathe), crossrail head (planer) ‖ ⁀**beschleunigungssensor** *m* (Fahrdynamikregelung) (Kfz) / G sensor, lateral accelerometer ‖ ⁀**bewegung** *f* / transverse movement, crosswise motion, transverse motion, transversal motion, transverse travel, crosswise movement, crosswise travel ‖ ⁀**dehnung** *f* / lateral strain, transverse strain ‖ ⁀**dehnungszahl** *f* (Phys) / Poisson ratio, Poisson's ratio ‖ ⁀**fließpressen** *n* (Fert) / lateral extrusion, sideways extrusion ‖ ⁀**förderer** *m* (Förd) / cross conveyor, transverse conveyor ‖ ⁀**fuge** *f* (Bau, Fert) / transverse joint ‖ ⁀**gabelstapler** *m* (Förd) / sideloader, side loading truck ‖ ⁀**gerichtet**, schief [liegend], schräg verlaufend / transverse ‖ ⁀**gleitlager** *n* (Masch) / journal bearing, plain journal bearing (supports a rotating shaft, the load acting perpendicularly to the axis of shaft rotation), radial sliding bearing ‖ ⁀**haupt** *n* (bei Werkzeugmaschinen ein festes Verbindungsstück zur Versteifung zwischen den Köpfen zweier Ständer) (Wzm) / fixed crosshead ‖ ⁀**keil** *m* (Masch) / cotter *n* ‖ ⁀**kontraktionskoeffizient** *m*, Querdehnungszahl *f*, Querkontraktionszahl *f* (Phys) / Poisson ratio, Poisson's ratio ‖ ⁀**kraft** *f* (Mech) / transverse force, lateral force ‖ ⁀**kraft**, Scherkraft *f* (Mech) / shear force, shearing force ‖ ⁀**krümmung** *f* (bei Blech) (Hütt) / transverse bow, cross bow ‖ ⁀**lager**, Radiallager *n* (Last senkrecht zur Achse) (Masch) / radial bearing ‖ ⁀**lager** *n*, Radial-Gleitlager *m* (Masch) / journal bearing, plain journal bearing (supports a rotating shaft, the load acting perpendicularly to the axis of shaft rotation), radial sliding bearing ‖ ⁀**laufend**, schief [liegend], schräg verlaufend / transverse ‖ ⁀**lenker** *m* (Kfz) / suspension arm, control arm ‖ ⁀**liegend**, schief [liegend], schräg verlaufend / transverse ‖ ⁀**lochsenker** *m* (Wz) / cross hole countersink [cutter] ‖

⁀**parität** *f* (DV) / vertical parity ‖ ⁀**position** *f* (Schw) / horizontal welding position ‖ ⁀**ruder** *n* (Luft) / aileron ‖ ⁀**-Rundschleifen** *n* (Fert) / infeed grinding, plunge-cut grinding, plunge grinding ‖ ⁀**schleifen** *n* (Fert) / infeed grinding, plunge-cut grinding, plunge grinding ‖ ⁀**schlitten** *m*, Planschlitten (quer zur Bettachse geführt) (Wzm) / cross slide, rest ‖ ⁀**schneiden** *n*, Schnitt *m* quer zur Faserrichtung (Fert, Holz, Pap) / crosscutting
Querschnitt *m* (allg, Math, Verm, Zeichn) / cross section ‖ ⁀, Querschnittsfläche *f* / cross-sectional area
Querschnitts•abnahme *f* (beim Drahtziehen) (Fert) / area reduction, reduction in area ‖ ⁀**ansicht** *f* / cross-sectional view, cross-section view ‖ ⁀**darstellung** *f* / cross-sectional view, cross-section view ‖ ⁀**fläche** *f* / cross-sectional area ‖ ⁀**verminderung** *f*, Einschnürung *f* (bei zu hoher Zugbelastung) (Mater) / necking, reduction of cross-sectional area
Quer•schott *n* (Schiff) / transverse bulkhead, cross bulkhead ‖ ⁀**schwelle** *f*, Bahnschwelle (Bahn) / sleeper (GB), crosstie (US), tie (US), railroad tie ‖ ⁀**schwingung** *f* (Bahn, Luft) / lateral oscillation ‖ ⁀**stabilisator** *m* (zur Verringerung der Rollneigung und Beeinflussung des Kurvenverhaltens) (Kfz) / stabilizer, antiroll bar (GB), anti-sway bar (US), stabilizer bar, sway bar (US) ‖ ⁀**stapler** *m* (Förd) / sideloader, side loading truck ‖ ⁀**steg** *m* (eines Förderers) (Förd) / flight ‖ ⁀**strahlsteueranlage** *f*, Bugstrahlruder *n* (Schiff) / bow thruster ‖ ⁀**-Strangpressen** *n* (Fert) / lateral extrusion (of rods and tubes), sideways extrusion ‖ ⁀**strom** *m*, Querströmung *f* (ChT, Phys) / cross-flow, transverse flow ‖ ⁀**strom** (Elek) / quadrature-axis component (of current) ‖ ⁀**stromfilter** *f* (ChT) / cross-flow filter ‖ ⁀**stromfiltration** *f* (ChT) / cross-flow filtration ‖ ⁀**stromkühler** *m* (Kfz) / cross-flow radiator ‖ ⁀**strömung** *f*, Querstrom *m* (ChT, Phys) / cross-flow, transverse flow ‖ ⁀**summe** *f* (Summe der Ziffern einer natürlichen Zahl) (Math) / horizontal checksum, sum of digits ‖ ⁀**träger** *m*, Querbalken *m* (Wzm) / crossrail ‖ ⁀**träger** (des Rahmens) (Kfz) / crossmember (of the frame) ‖ ⁀**verschiebung** *f*, Querbewegung *f* / transverse movement, crosswise motion, transverse motion, transversal motion, transverse travel, crosswise movement, crosswise travel ‖ ⁀**welle** *f*, Transversalwelle *f* (Phys) / transverse wave
Query *f*, Abfrage *f* (in einer Datenbank) (DV) / query
Querzahl *f*, Querdehnungszahl *f* (Phys) / Poisson ratio, Poisson's ratio
quetschen, zusammenpressen, drücken / press forcibly, squeeze *vt*, squash
Quetsch•falte *f*, Kniff *m*, Knick *m* (Pap) / crease ‖ ⁀**filmlager** *n* / squeeze oil film bearing ‖ ⁀**grenze** *f*, Fließgrenze *f* (bei Druckbeanspruchung) (Mater) / compressive yield point, yield point, yield stress, compressive yield stress, compressive yield strength ‖ ⁀**hahn** *m*, Schlauchklemme *f* / pinchcock, hose clamp ‖ ⁀**tube** *f* (Verp) / tube (collapsible, e.g.for tooth paste) ‖ ⁀**ventil** *n* (Masch) / pinch valve ‖ ⁀**zone** *m* (Mot) / quench area

Quirl, Rührbesen *m* (bei Hand- o. Standrührgerät) (HG) / beater (of hand or stand mixer)

quittieren, bestätigen (z.B. den Empfang) (allg, Eltro, Regel, Tele) / acknowledge

Quittierschalter *m* (Elek) / acknowledge switch

Quittung *f*, Bestätigung[smeldung] *f*, positive Rückmeldung *f* (Tele) / acknowledg[e]ment, acknowledge message ‖ **negative** $\simeq$ (DV, Tele) / negative acknowledgement, NAK

Quittungszeichen, ACK-Signal (zur Bestätigung des korrekten Empfangs) (Eltro, Tele) / positive acknowledgment, ACK, acknowledg[e]ment character (indicating that the data sent has been received correctly)

Quote *f* (Beziehungsgröße: z.B. Arbeitslosen-, Investitionsquote) (Stat) / rate ‖ $\simeq$ (z.B. bei Quotenregelungen), Anteil *m*, Kontingent *n* / quota ‖ $\simeq$ (Radio, TV) / ratings *pl*

Quotient *m* (Math) / quotient

Quotientenregel *f* (Math) / quotient rule

R

R$_a$, Farbwiedergabe-Index *m* (Licht) / colour rendering index, CRI ‖ $\simeq$, arithmetischer Mittenrauwert (arithmetischer Mittelwert aller Abweichungen vom mittleren Profil) / AA (arithmetical average), CLA (centerline average (height)), arithmetical mean deviation (of the roughness profile), arithmetical average, centerline average (height), average roughness

Ra, Radium *n* (Chem) / radium, Ra

RA, Abbrennstumpfschweißen *n* / flash butt welding, flash welding (normally used for butt joints), FW

Racematmethode *f*, Aminosäuredatierung *f* / amino acid dating

Rachenlehre *f* (Mess) / gap gauge, snap gauge

Rack *n* (zur Aufnahme von Geräten, Baugruppen, Modulen) (Eltro, Masch) / rack ‖ $\simeq$, Rohrlager *n* (Öl) / pipe rack

Racletteofen *m* (HG) / table-top grill for raclette

rad, Radiant *m* (ergänzende SI-Einheit des ebenen Winkels, 1 rad = 180°/π = 57,29578° = 63,66197^g (Gon)) (Math) / radian, rad

Rad *n* (Kfz, Masch) / wheel ‖ $\simeq$, Fahrrad *n* / bicycle, cycle *n*, bike (coll) ‖ $\simeq$, Laufrolle *f*, Rolle *f* (Stuhl-, Möbel-, Schwenk-, Gleitrolle etc.) / caster (under a piece of furniture, a machine, etc.), castor ‖ $\simeq$ **aus Leichtmetalllegierung** (Kfz) / alloy wheel, mag wheel, magnesium wheel

Radar *m n* / radar (RAdio Detecting And Ranging) ‖ $\simeq$**antenne** *f* / radar antenna, radar aerial ‖ $\simeq$**bildschirm** *m* (Radar) / radarscreen, radarscope ‖ $\simeq$**bug** *m* (Luft, Radar) / radome ‖ $\simeq$**nase** *f*, Radarbug *m* (Luft, Radar) / radome ‖ $\simeq$**relaisstation** *f* / radar relay station ‖ $\simeq$**schirm** *m*, Radarbildschirm *m* (Radar) / radarscreen, radarscope

Rad • aufhängung *f* (Kfz) / suspension ‖ $\simeq$**bagger** *m* (Bau) / wheel excavator, wheeled excavator ‖ $\simeq$**drehzahlsensor** *m* (Kfz) / wheel speed sensor ‖ $\simeq$**einstellung** *f* (die Räder werden im Verhältnis zum Fahrzeug korrekt positioniert) (Kfz) / adjustment of wheel alignment, wheel alignment

Räder • getriebe *n* / gearing, gear transmission ‖ $\simeq$**kasten** *m* (Wzm) / gearbox ‖ $\simeq$**platte** *f* (Dreh) / apron (contains the longitudinal hand feed mechanism, the power feed mechanism and the half-nut mechanism) ‖ $\simeq$**werk** *n* / gear train, gearing, train of gears ‖ $\simeq$**werk**, Uhrwerk *n* (einer Großuhr) (Uhr) / clockwork, clock movement ‖ $\simeq$**winde** *f* (Förd) / gear winch

Radfelge *f* (Kfz) / wheel rim

radiales Laufrad, Radialrad *n* (einer Kreiselpumpe) / radial-flow impeller

Radial • -Axial-Gleitlager *n* / flanged bearing, journal thrust bearing ‖ $\simeq$**beschleunigung** *f* (Phys) / radial acceleration ‖ $\simeq$**bohrmaschine** *f* (Wzm) / radial drilling machine, radial arm drilling machine, radial drill ‖ $\simeq$**dichtring** *m* (Masch) / radial shaft seal ‖ $\simeq$**gebläse** *n* / centrifugal fan ‖ $\simeq$**-Gleitlager** *n* (Masch) /

journal bearing, plain journal bearing
(supports a rotating shaft, the load acting
perpendicularly to the axis of shaft rotation),
radial sliding bearing ‖ ~**kolben** m / radial
piston ‖ ~**kolbenpumpe** f / radial piston pump
‖ ~**kraft** f (Phys) / radial force ‖ ~**lager** n (Last
senkrecht zur Achse) (Masch) / radial bearing ‖
~**lager**, Radial-Gleitlager n (Masch) / journal
bearing, plain journal bearing (supports a
rotating shaft, the load acting perpendicularly
to the axis of shaft rotation), radial sliding
bearing ‖ ~**last** f / radial load ‖ ~**lüfter** m /
centrifugal fan ‖ ~**netz** n, Strahlennetz n (zur
Energieversorgung) (Elek) / radial system (of
power distribution) ‖ ~**pumpe** f / centrifugal
pump ‖ ~**rad** n (einer Kreiselpumpe) /
radial-flow impeller ‖ ~**reifen** m, Gürtelreifen
m (Kfz) / radial ply tire o. tyre, radial tire o. tyre
‖ ~**schlag** m, Rundlaufabweichung f (Kfz) /
radial run-out ‖ ~**schrägkugellager** n /
angular-contact ball bearing ‖ ~**spiel** n / radial
play, radial clearance ‖ ~**turbine** f / radial flow
turbine ‖ ~**ventilator** m / centrifugal fan ‖
~**verdichter** m / centrifugal compressor, radial
flow compressor ‖ ~**verlagerung** f / parallel
misalignment ‖ ~**versatz** m / parallel
misalignment ‖ ~**verteilung** f (Elek) / radial
system ‖ ~**-Wellendichtring** (Masch) / radial
shaft seal

Radiant m (ergänzende SI-Einheit des ebenen
Winkels, 1 rad = 180°/π = 57,29578° =
63,66197⁸ (Gon)) (Math) / radian, rad

Radiation f, Abstrahlung f (Phys) / radiation ‖ ~,
adaptive Radiation (Ökol) / adaptive radiation

Radiator m (Gliederheizkörper, der seine
Wärme durch Konvektion und Wärmeabstrahlung abgibt), Rippenheizkörper m
(Bau) / radiator, column radiator, hot-water
radiator

Radier•gummi m (Büro) / eraser, rubber ‖
~**nadel** f / etching needle, needle

Radikand m (Math) / radicand

Radio n, Rundfunkempfänger m, Radiogerät n
(Radio) / radio receiver, radio set, radio

radioaktiv / radioactive, r.a. ‖ ~**e Abfälle** m pl
(Nukl, Umw) / radioactive waste, nuclear waste
‖ ~**e Verseuchung** / radioactive contamination
‖ ~**er Zerfall** / radioactive decay, radioactive
disintegration

Radio•aktivität f (Nukl) / radioactivity ‖
~**apparat** m, Rundfunkempfänger m (Radio) /
radio receiver, radio set, radio ‖ ~**button** m
(nur eine der Optionen kann gewählt werden),
Optionsfeld n (rund) (DV) / option button,
radio button (in a GUI) ‖ ~**carbonmethode** f
(zur Altersbestimmung geologischer u.
(prä)historischer Objekte) / carbon-14 dating,
radiocarbon dating ‖ ~**gerät** n,
Rundfunkempfänger m (Radio) / radio
receiver, radio set, radio ‖ ~**hörer** m (Radio) /
listener, broadcast listener, BCL ‖
~**karbonmethode** f (zur Altersbestimmung
geologischer u. (prä)historischer Objekte) /
carbon-14 dating, radiocarbon dating ‖
~**kohlenstoff** ¹⁴**C** m, C 14 (radioaktives
Kohlenstoffatom der Massenzahl 14) (Chem) /
¹⁴ C, radiocarbon, carbon 14, C 14 ‖
~**kohlenstoffdatierung** f,
Radiocarbonmethode f (zur
Altersbestimmung geologischer u.
(prä)historischer Objekte) / carbon-14 dating,
radiocarbon dating ‖ ~**kompass** m, ADF n

(engl. automatic direction finder),
Funkkompass m (Nav) / ADF, automatic
direction finder ‖ ~**meter** n (Phys) / Crookes
radiometer, radiometer ‖ ~**metrie** f (Geol,
Phys) / radiometry ‖ ~**nuklidbatterie** f (Nukl,
Raumf) / nuclear battery, atomic battery,
radioisotopic generator, radio isotope battery
‖ ~**rekorder** m (Audio) / radio cassette
recorder ‖ ~**sonde** f (Geoph, Mess, Meteo) /
radiosonde ‖ ~**uhr** f / clock radio ‖ ~**wellen** f
pl, Funkwellen f pl / radio waves

Radium n (Chem) / radium, Ra ‖ ~**emanation** f,
Radonisotop n ²²²Rn (Chem) / radon-222,
radium emanation, RaEm

Radius m (Math) / radius (pl.: radii, radiuses) ‖
~**korrektur** f, Fräserradiuskorrektur f (NC) /
cutter offset (for profile milling), tooling offset
(for profile milling) ‖ ~**vektor**, Ortsvektor m
(Math) / position vector, radius vector (pl. radii
vectores, radius vectors)

Radix f, Wurzel f (Bot, Zool) / root (of a plant,
hair, tooth etc)

Radizieren, Wurzelziehen n (Math) / evolution,
extracting the root of the number

Rad•kappe f (Kfz) / wheel cap, wheel cover, hub
cover, hub cap ‖ ~**kranz** m / wheel rim ‖
~**kreuz** n, Kreuzschlüssel m (für Radmuttern)
(Kfz, Wz) / four-way lug wrench (US), four-way
wheel brace (GB), four-way wheel wrench
(GB), spider ‖ ~**lader** m (Bau) / wheel loader,
tractor shovel (wheeled), wheeled loader ‖
~**lager** n (Kfz) / wheel bearing ‖ ~**linie** f,
Zykloide / cycloid ‖ ~**nabe** f / hub, wheel hub

Radom n, Radarbug m, Radarnase f (Luft, Radar)
/ radome

Radon n (Chem) / radon, Rn

Radonisotop n ²¹⁹**Rn**, Actinium-Emanation f
(Chem) / Ac Em, actinon, actinium emanation,
radon-219 ‖ ~ ²²⁰**Rn**, Thoriumemanation f,
Thoron n (Chem) / radon-220, thoron ‖ ~
²²²**Rn**, Radiumemanation f (Chem) / radon-222,
radium emanation, RaEm

Rad•paar n (Zahnrad) (Masch) / gear pair ‖
~**schrapper** m, Schürfwagen m (Bau) /
scraper, wheel tractor-scraper ‖ ~**schüssel** f
(Kfz) / disc, wheel disc ‖ ~**sensor** m,
Raddrehzahlsensor m (Kfz) / wheel speed
sensor ‖ ~**speiche** / spoke ‖ ~**stellungen** f pl
(wie Sturz, Spreizung, Lenkrollhalbmesser,
Nachlauf und Spur) (Kfz) / wheel alignment
[angles] ‖ ~**zierkappe** f (Kfz) / axle cap ‖
~**zylinder** (Kfz) / wheel cylinder

Raffination f, Raffinieren n, Raffinierung f (Hütt,
Nahr, Öl) / refining

Raffinerie f (Nahr, Öl) / refinery ‖ ~**erzeugnis** n
(Öl) / refinery product

raffinieren (Hütt, Nahr, Öl) / refine ‖ ~ n,
Raffination f, Raffinierung f (Hütt, Nahr, Öl) /
refining

raffiniert, hoch entwickelt / sophisticated,
cleverly devised, complex, ingenious

Raffinierung f, Raffination f, Raffinieren n (Hütt,
Nahr, Öl) / refining

Rahmen m (allg) / frame (e.g. picture/door/
window frame) ‖ ~ (in den etwas eingebettet
ist) / framework (e.g. a Local Development
Framework is a set of documents which guide
planning and development; an education and
training framework; a framework agreement)
‖ ~, Gegenstand m, Bereich m (eines Themas,
den eine Vorlesung, ein Buch etc. darstellen
soll) / scope (e.g. the scope of this book is to

guide students to successful experiments; it is beyond/not within the scope of this article to discuss this aspect) ‖ ≈, Gestell n (Masch) / frame, framework ‖ ≈ (Auto, Motorrad, Fahrrad) / frame n ‖ ≈, Frame n (Datenpaket aus Nutzdaten plus Overhead) (DV, Tele) / frame (for transmission over a network or communication system) ‖ ≈, Frame m (DV, Tele) (in a web page) ‖ ≈ (DV) / frame (in DTP and word processing) ‖ ≈**abkommen** n / framework agreement ‖ ≈**bedingungen** f pl / general conditions ‖ ≈**feld** n (Windows) (DV) / frame box ‖ ≈**gestell** n (von Pressen), O-Gestell n (von Pressen) (Fert) / straight-sided frame ‖ **oberes** ≈**rohr**, Oberrohr n (Fahrrad) / crossbar, top tube ‖ ≈**spant** n (Schiff) / web frame ‖ ≈**tür** f (Zimm) / panelled door, panel door ‖ ≈**vereinbarung** f / framework agreement

Rakel f (Plast) / doctor blade ‖ ≈**tiefdruck** m, Tiefdruck m (industrieller) (Druck) / gravure, gravure printing, rotogravure, rotogravure printing, intaglio printing

Rakete f / rocket

Raketentreibstoff m (Raumf) / propellant (for rockets), rocket fuel, rocket propellant

RAM (Speicher mit wahlfreiem Zugriff, Direktzugriffsspeicher), Hauptspeicher (DV) / RAM, random access memory, memory, main memory ‖ **dynamisches** ≈, DRAM n (DV) / DRAM, dynamic RAM, dynamic random-access memory

Ramm•bär m (Bau) / beetle head, ram, monkey, tup ‖ ≈**block** m (Bau) / beetle head, ram, monkey, tup

Ramme f, Pfahlramme f (Bau) / pile driver

Rammklotz m, Rammbär (Bau) / beetle head, ram, monkey, tup

Rampe f (schiefe Ebene zur Überwindung von Höhenunterschieden) / ramp ‖ ≈, Laderampe f (Trans) / dock n, loading dock (for loading and unloading trucks, railway freight cars), loading platform, loading bay

Rampenfunktion f (Math, Regel) / ramp function

Rand m / edge ‖ ≈, Umrandung f / border, edge n ‖ ≈ (eines Abgrunds) / brink (of a precipice) ‖ ≈ (einer Seite, eines Blattes) (Büro, Druck) / margin ‖ ≈ (von Gefäß, Bohrloch etc.) / brim, rim ‖ ≈ / rim n (e.g. of glass, lens) ‖ ≈ (klein und hochgestellt an einem wesentlich größeren Werkstück), Bördel m / flange, rim

Rändel•mutter f / knurled nut, thumb nut ‖ ≈**schraube** f / knurled thumb screw

Rand•entkohlung f / decarbonization of the skin ‖ ≈**fasern** f pl (eines Biegestabs) (Mech) / surface-layer zone ‖ ≈**gebiet** n, Peripherie f / periphery, edge, outskirts (of a city) ‖ ≈**härte** f (von Stahl) (Hütt) / case hardness ‖ ≈**härten** n, Randschichthärten n (durch thermische Verfahren) (Hütt) / selective hardening, selective surface hardening (by thermal treatments) ‖ ≈**härtetiefe** f (Hütt) / depth of hardening

Randomspeicher m, Direktzugriffsspeicher m (DV) / random-access memory, direct access memory, random-access storage, direct access storage

Randschicht, gehärtete ≈ (von Stahl) (Hütt) / case (outer skin of hardened steel), casing ‖ ≈**härte** f (von Stahl) (Hütt) / case hardness ‖ ≈**härten** n (durch thermische Verfahren)

(Hütt) / selective hardening, selective surface hardening (by thermal treatments)

Rand•stein m, Bordstein m (Straß) / curb (US), kerb (GB) ‖ **gehärtete** ≈**zone** (von Stahl) (Hütt) / case (outer skin of hardened steel), casing ‖ **Härten der** ≈**zone**, Härtung f von Oberflächenschichten (durch z.B. Einsatz-, Flamm-, Induktions- o. Nitrierhärten) (Hütt) / surface hardening (e.g. by carburizing, nitriding, flame or induction hardening), case hardening

Rangierdienst m, Rangieren n (Bahn) / shunting, shunting service

rangieren, verschieben (auf ein anderes Gleis) (Bahn) / shunt (rolling stock from one track to another), switch ‖ ≈ n, Rangierdienst m (Bahn) / shunting, shunting service

Rangier•feld n (Tele) / patch panel ‖ ≈**lokomotive** f (Bahn) / shunting engine, shunter, switching engine, switcher, shunting locomotive

ranzig (Öl, Fett) (Nahr) / rancid

Ranzigkeit f (Nahr) / rancidity, rancidness

Rapid Prototyping n (Fert) / rapid prototyping ‖ ≈ **Prototyping-Verfahren** (Fert) / rapid prototyping technique

RAS, Zeilenadressauswahl f (DV) / RAS, row address select

Rasierapparat m (Elek) / razor, electric razor, electrical shaver

raspeln, reiben (Nahr) / grate vt

Raster n (Druck, DV, TV) / raster ‖ ≈**abtastung** f (TV) / raster scanning ‖ ≈**anzeige** f (DV) / raster display ‖ ≈**bild** n (DV, TV) / raster image ‖ ≈**drucker** m (DV) / dot matrix printer, matrix printer ‖ ≈**elektronenmikroskop** n (Mikros) / scanning electron microscope, surface electron microscope, SEM ‖ ≈**-Image-Prozessor** m, RIP m (Druck, DV) / RIP, raster image processor ‖ ≈**kraftmikroskop** n / atomic force microscope, AFM, scanning force microscope ‖ ≈**leuchte** f (Licht) / louver luminaire

rastern (Bilder) (Druck, Foto) / screen

Raster•sensormikroskop n (Mikros) / scanning probe microscope ‖ ≈**tunnelmikroskop** n (Mikros) / scanning tunneling microscope, tunnelling microscope, STM

Rast•gesperre n, Zahngesperre n (Masch) / ratchet and pawl, ratchet, ratchet and pawl mechanism, ratchet mechanism, /ratchet gearing ‖ ≈**loch** n (der Teilscheibe) (Wzm) / indexing hole ‖ ≈**platz** m (Straß) / lay-by (GB)(roadside parking or rest area for drivers), rest area ‖ ≈**stätte** f (Kfz, Straß) / service area ‖ ≈**stift** m (der Teilscheibe) (Wzm) / indexing pin

rational•e Funktion (Math) / rational function ‖ ~**e Rechenoperationen** (Math) / rational arithmetic operations ‖ ~**e Zahlen** f pl / rational numbers pl

rationalisieren (IE) / rationalize (e.g. production, processes, a company)

Rationalisierung f (IE) / rationalization

Ratsche f, Knarre f (Wz) / ratchet

Ratschenringschlüssel m (Wz) / ratchet ring spanner, ratchet box wrench

Ratter•marken f pl, Schlagwellen f pl in Feinblech / shatter marks pl ‖ ≈**wellen** f pl, Schlagwellen f pl in Feinblech / shatter marks pl

rau (Oberfläche) / rough (surface) ‖ ~ (Betrieb, Betriebsbedingungen) / rough, harsh

Raub•kopie f (Audio, DV) / pirate copy, illegal copy ‖ ⁓**pressung** f, Raubkopie f (Audio, DV) / pirate copy, illegal copy

Rauch / smoke ‖ ⁓ m (geruchsbelästigend, schädlich) / fumes pl ‖ **dichter** ⁓, Qualm m / black smoke, thick smoke, dense smoke

rauchen, dampfen vi (unter Geruchsentwicklung o. Freisetzung schädlicher Stoffe) / fume, emit fumes

Rauchgas n / flue gas (gaseous combustion products from a furnace) ‖ ⁓**entschwefelung** f (ChT, Umw) / flue gas desulfurization ‖ ⁓**entstickung** (ChT, Umw) / nitrogen oxide reduction or removal, reduction of NO$_x$ emissions, NO$_x$ control ‖ ⁓**filter** m (Umw) / flue gas filter ‖ ⁓**reinigung** f / flue gas cleaning

Rauchmelder m / smoke detector

rauen / roughen [up]

Rauheit f, Rauigkeit f (der Oberfläche) / roughness ‖ ⁓, Oberflächenrauheit f, Gestaltabweichung f 3./4. Ordnung (Rillen, Riefen) (Fert) / roughness, surface roughness

Rauigkeit f (der Oberfläche), Rauheit f / roughness

Rauigkeitsberge m pl (einer technischen Oberfläche), Spitzen f pl der Oberflächenrauheiten / asperities m pl, surface asperities pl

Raum m (allg, Phys) / space ‖ ⁓, Zimmer n (Bau) / room ‖ ⁓ (z.B. im Raum London), Gebiet / area (e.g. in the London area) ‖ ⁓ (z.B. Vektorraum) (Math) / space (e.g. vector space) ‖ ⁓, Spielraum m / scope, room ‖ ⁓ (z.B. Verbrennungsraum), Kammer f (Masch) / chamber ‖ ⁓ **sparend** / space-saving ‖ ⁓ **sparend**, auf geringem Raum unterzubringen/untergebracht, mit geringem Platzbedarf / compact

Raum•..., räumlich / spatial ‖ ⁓..., dreidimensional, 3-D... / three-dimensional, tridimensional, 3-D ‖ ⁓..., Kubik... / cubic (e.g. cubic contents of a vessel) ‖ ⁓..., Umgebungs... / ambient ‖ ⁓..., Weltraum... / space ‖ ⁓**anzug** m (Raumf) / space suit ‖ ⁓**ausdehnungskoeffizient** m, räumlicher Wärmeausdehnungskoeffizient (Phys) / coefficient of cubical expansion, coefficient of volumetric expansion, volume expansion coefficient ‖ ⁓**beanspruchung** f, Platzbedarf m / space requirement, space required ‖ ⁓**bedarf** m / space requirement, space required ‖ ⁓**beheizung** f / room heating ‖ ⁓**bildverfahren** n, dreidimensionale Fotografie (Foto) / stereophotography, stereoscopic photography

räumen, leeren (z.B. Gebäude, Lager) / clear ‖ ⁓, verlassen (z.B. Gebäude, Posten) / vacate ‖ ⁓ (Fert) / broach ‖ ⁓ (Minen) (Mil) / sweep (mines) ‖ ⁓ n (Fert) / broaching

Raum•fähre f (Raumf) / space shuttle, reusable launch system, reusable launch vehicle, RLV, shuttle ‖ ⁓**fahrer** m, Astronaut m, Kosmonaut m (in der UdSSR/Russland verwendete Bezeichnung) (Raumf) / astronaut, spaceman, cosmonaut (Russian or Soviet astronaut)

Raumfahrt f / space travel, space flight ‖ ⁓, Raumfahrtforschung f (Raumf) / astronautics sg, cosmonautics sg ‖ ⁓**forschung** f (Raumf) / astronautics sg, cosmonautics sg ‖ **Luft- und** ⁓**industrie** (Luft, Raumf) / aerospace industry, aerospace ‖ ⁓**technik** f / space technology, space engineering ‖ **Luft- und** ⁓**technik** / aerospace engineering

Raum•fahrzeug n (Raumf) / spacecraft, space vehicle ‖ ⁓**flug** m / space travel, space flight ‖ ⁓**flugkörper** m (Raumf) / spacecraft, space vehicle ‖ ⁓**fuge** f (Bau, Techn) / movement joint, expansion joint, control gap ‖ ⁓**gewicht** n, Rohdichte f (eines porösen Festkörpers) / bulk density ‖ ⁓**gleiter** m, Raumfähre f (Raumf) / space shuttle, reusable launch system, reusable launch vehicle, RLV, shuttle ‖ ⁓**heizung** f / space heating ‖ ⁓**index** m (Licht) / room index ‖ ⁓**inhalt** m, Volumen n (Math, Phys) / volume ‖ ⁓**klima** n / indoor climate pl, indoor environment, indoor atmosphere ‖ ⁓**labor[atorium]** n (Raumf) / spacelab

Raumladungs•dichte f (Elek) / space charge density, volume density of charge ‖ ⁓**zone** f, Sperrschicht f (Gebiet eines Übergangs zwischen Halbleiter u. Metall o. zwischen P- und N-Zone in einem Halbleiter) (Eltro, Phys) / barrier layer, depletion layer, blocking layer, space-charge layer, space-charge region, depletion region, junction region, depletion zone

räumlich, Raum... / spatial ‖ ⁓, dreidimensional, 3-D... / three-dimensional, tridimensional, 3-D ‖ ⁓, körperlich (Geom) / solid ‖ ⁓**e Anordnung** / spatial arrangement, physical arrangement ‖ ⁓**e Dämpfung**, Dämpfung f (in Abhängigkeit von der in einem absorbierenden oder sonstwie dämpfenden Medium zurückgelegten Wegstrecke) (Eltro, Phys, Tele) / attenuation (decrease in intensity or power of a signal, sound, lightwave, radiation, etc. as it passes through a medium) ‖ ⁓**e Tiefe** (Opt) / spatial depth, three-dimensional depth ‖ ⁓**e Verteilung** / spatial distribution ‖ ⁓**er Wärmeausdehnungskoeffizient** (Phys) / coefficient of cubical expansion, coefficient of volumetric expansion, volume expansion coefficient ‖ ⁓**er Winkel** (Math) / solid angle

Raummangel m, Platzmangel m / lack of space, restricted space, limitations of space

Räummaschine f (Wzm) / broaching machine

Raummaß n / cubic measure, unit of volume

Räumnadel f (zum Innenräumen) (Wzm) / internal broach

Raumschifffahrt f / space travel, space flight

Räumschlitten m (Wzm) / broach slide

Raum•sonde f (Raumf) / probe, space probe ‖ ⁓**sparend** / space-saving ‖ ⁓**station** f, Weltraumstation f (Raumf) / space station ‖ ⁓**temperatur** f / room temperature, RT, ambient temperature ‖ ⁓**transporter** m, Raumfähre f (Raumf) / space shuttle, reusable launch system, reusable launch vehicle, RLV, shuttle

Räumverfahren n (Fert) / broaching

Raum•-Wartungsfaktor m (Licht) / room service maintenance factor, RSMF ‖ ⁓**welle** f (Funk, Radio) / space wave

Räumwerkzeug n (Wzm) / broach ‖ ⁓, Räumnadel f (zum Innenräumen)(Wzm) / internal broach ‖ ⁓ (zum Außenräumen)(Wzm) / surface broach

Raum•winkel m (Math) / solid angle ‖ ⁓**wirkungsgrad** m (Verhältnis Nutzlichtstrom zu Lichtstrom) (Licht) / utilance, room utilization factor (formerly)

Raupe f, Schweißraupe f (Schw) / weld bead, welding bead, bead

Raupen•bagger m, Kettenbagger m (Bau) / trackhoe, tracked excavator ‖ ⁓**kette** f (Bau, Mil) / continuous track (for e.g. tanks, tractors), caterpillar ®, caterpillar ® track, caterpillar ® tread, crawler, endless track, track ‖ ⁓**kran** m (Bau, Förd) / crawler crane ‖ ⁓**lader** m (Bau) / track loader, tractor shovel (tracked), crawler loader ‖ ⁓**schlepper** m / caterpillar ® tractor, tracklaying tractor, crawler tractor

Rausch•abstand m, Nutzsignal-Störsignal-Verhältnis n (Eltro) / signal-to-noise ratio, noise ratio, signal-noise ratio, S/N ratio, SNR ‖ ⁓**abstandsmaß** n, Nutzsignal-Störsignal-Verhältnis n (Eltro) / signal-to-noise ratio, noise ratio, signal-noise ratio, S/N ratio, SNR ‖ ⁓**diode** f, -begrenzungsdiode f (Elek) / noise diode

Rauschen n (allg, Eltro, Tele) / noise

Rausch•filter n (Eltro) / noise filter (for suppressing digital noise) ‖ ⁓**generator** m (Elek, Eltro) / noise generator ‖ ⁓**gift** n (Pharm) / drug, narcotic ‖ ⁓**leistung** f (Eltro) / noise power ‖ ⁓**maß** n (DIN), Rauschzahl f (logarithmierter Rauschfaktor, in dB) (Eltro) / noise figure (noise factor expressed in decibels), NF ‖ ⁓**spannung** f, Störspannung f (Eltro) / noise voltage, noise potential ‖ ⁓**unterdrückung** f (Elek, Eltro) / noise suppression, noise attenuation ‖ ⁓**zahl** f (logarithmierter Rauschfaktor, in dB), Rauschmaß n (DIN) (Eltro) / noise figure (noise factor expressed in decibels), NF

Raute f, Rhombus m (pl: Rhomben) / diamond ‖ ⁓ (Parallelogramm mit vier gleichen Seiten), Rhombus m (pl: Rhomben) (Math) / rhombus (pl: rhombuses, rhombi), diamond, lozenge

rautenförmig, rhombisch (Math) / rhomboid adj, rhombic, lozenged

Rautiefe f / surface roughness

Rb, Rubidium n (Chem) / rubidium, Rb

RCA-Stecker m, Cinchstecker m (Audio, DV, Video) / RCA plug, phono plug, RCA connector

RCD, Fehlerstromschutzschalter m (Elek) / residual current device, RCD, residual current circuit breaker, RCCB, Ground Fault Circuit Interrupter, GFCI [device], Appliance Leakage Current Interrupter, ALCI, earth leakage circuit breaker (incorrect), ELCB

RC-Glied n (Eltro) / RC element (R = resistor, C = capacitor)

RCM (nach DIN EN 62020), Differenzstrom-Überwachungsgerät n (Elek) / residual current monitor, RCM ‖ ⁓**-Verfahren** n, Fehlerstrom-Überwachung f durch Differenzstrommessung (Elek) / residual current monitoring

RC-Oszillator m (Eltro) / RC oscillator

RDB, relationale Datenbank (DV) / relational data base, RDB

Re, Rhenium n (Chem) / rhenium, Re

Reagenzglas n (Chem) / test tube

reagieren [auf, mit] (allg, Chem) / react [to, with] ‖ ⁓, ansprechen [auf] (Elek, Masch) / respond (e.g. to change of pressure), react

Reaktanz f, Blindwiderstand m (Elek) / reactance ‖ ⁓ (ungenau), Drosselspule f (Elek) / inductor, choke, choke coil, choking coil, reactor ‖ ⁓**kreis** m (Elek) / reactance circuit

Reaktion f (allg, Chem) / reaction ‖ ⁓, Rückwirkung f (Phys) / reaction ‖ ⁓, Ansprechen n / response, reaction

Reaktions•apparat m (ChT) / chemical reactor ‖ ⁓**gleichgewicht** n, chemisches Gleichgewicht / chemical equilibrium ‖ ⁓**gleichung** f (Chem) / chemical equation ‖ ⁓**grad** m (von Strömungsmaschinen) / degree of reaction ‖ ⁓**harz** n (Plast) / reaction resin ‖ ⁓**kinetik** f, chemische Kinetik (Chem) / chemical kinetics ‖ ⁓**klebstoff** m / reactive adhesive, reaction adhesive ‖ ⁓**prinzip** n, Wechselwirkungs-gesetz (Phys) / Newton's law of reaction ‖ ⁓**schaumguss** m (Plast) / RIM technology, reaction injection moulding, RIM, reactive injection mo[u]lding system ‖ ⁓**spritzgießen** n (Plast) / RIM technology, reaction injection moulding, RIM, reactive injection mo[u]lding system ‖ ⁓**spritzguss** m (Plast) / RIM technology, reaction injection moulding, RIM, reactive injection mo[u]lding system ‖ ⁓**turbine** f (Ener) / reaction turbine ‖ ⁓**wärme** f / heat of reaction

reaktivieren / revive vt

Reaktor m, Kernreaktor m (Nukl) / nuclear reactor, atomic reactor, atomic pile, reactor, pile, chain-reacting pile, chain reactor ‖ ⁓ (ChT) / reactor ‖ ⁓**behälter** m, Reaktordruckbehälter m (Nukl) / reactor vessel ‖ ⁓**core** n, Reaktorkern m, Spaltzone f (Nukl) / core (of a nuclear reactor), reactor core ‖ ⁓**druckbehälter** m (Nukl) / reactor vessel ‖ ⁓**gebäude** n (Nukl) / reactor building ‖ ⁓**kern** m, Spaltzone f (Nukl) / core (of a nuclear reactor), reactor core

real (allg) / real ‖ ⁓**er Schwingkreis** (bei dem i. Ggs. zum idealen Schwingkreis auch der Widerstand berücksichtigt ist), RLC-Kreis m (Eltro) / RLC circuit (resonant circuit incorporating resistance) ‖ ⁓**er Stoß** (Masch, Phys) / real collision

realisierbar, durchführbar, ausführbar / feasible, practicable, viable, workable

Realisierbarkeit f / feasability, viability

realisieren / implement (e.g. a program, project, an idea, the functionality in Java, the key features of the new software tool, the controls required by the quality system)

Realisierung f, Verwirklichung f / implementation

Real•kristall m / real crystal ‖ ⁓**speicher** m (DV) / real memory, real storage ‖ ⁓**teil** m (Math) / real component

Realtime Imaging, Echtzeit-Bilddarstellung (MT) / real-time imaging

Real-Time-Verfahren n, Echtzeit-Bilddarstellung (MT) / real-time imaging

Realzeit•..., Echtzeit... (DV) / real-time..., RT ‖ ⁓ f (DV) / real time ‖ ⁓**betrieb** m, Echtzeitbetrieb m (DV) / real time operation

rebooten, neu booten (meist nach Systemabsturz) / restart, reboot, reset (a computer)

Receiver m, Empfänger m (z.B. Rundfunk- o. Fernsehempfänger) (Radio, TV) / receiver ‖ ⁓ (Steuergerät in HiFi-Anlagen mit Empfangsteil und Verstärker) (Audio) / receiver

Rechen m (Landw) / rake n ‖ ⁓ (Grobrechen z.B. vor Wasserkraftwerk) (Wasserb) / screen, rack

Rechen•brett n (Math) / abacus (pl. abaci, abacuses) ‖ ⁓**fehler** m / calculation error,

error in calculation, miscalculation ‖
²**leistung** f (DV) / computing power,
processing capacity ‖ ²**operation** f (DV, Math) /
arithmetic operation ‖ ²**system** n,
Datenverarbeitungssystem n (DV) / data
processing system, DP system ‖ ²**tafel** f,
Nomogramm n (Math) / alignment chart,
nomograph, nomogram ‖ ²**werk** n, ALU,
arithmetisch-logische Einheit (DV) /
arithmetic-logic unit, ALU, arithmetic and
logic unit, arithmetic unit ‖ ²**zeit** f,
Maschinenzeit f (DV) / computing time

rechnen vi / make a computation/calculation/
computations/calculations, reckon ‖ ~ [mit],
erwarten / expect, reckon [with, on] ‖ ~ [mit],
vorbereitet sein [auf] / be prepared [for] ‖ ~ vt
(eine Aufgabe) / work out ‖ ~ [zu] / count
[among](e.g. someone among the greatest
scientist) ‖ ² n / calculation, computation

Rechner m, Computer m (DV) / computer,
machine (coll.) ‖ ², Taschenrechner m (Math)
/ pocket calculator, calculator, hand-held
calculator ‖ **auf** ² **umstellen**, computerisieren
(DV) / computerize ‖ ²**-Anweisungskode** m
(DV) / computer instruction code, machine
code, instruction code ‖ ²**architektur** f (DV) /
computer architecture ‖ ²**code** m (DV) /
absolute code, machine code, specific code,
computer code ‖ ²**familie** f (DV) / computer
family ‖ ~**gesteuert** / computer controlled

rechnergestützt / computer-aided,
computer-assisted, computer-based,
computer-supported, machine-aided ‖ ~ s.
auch computergestützt, computerunterstützt,
rechnerunterstützt ‖ ~**e Fertigung**, CAM n (DV,
Fert) / computer-aided manufacturing, CAM ‖
~**e Ingenieurarbeit**, CAE n, Rechnerunterstützung f von Ingenieuraufgaben (DV) /
CAE, computer-aided engineering ‖ ~**e
Planung**, CAP (DV) / CAP, computer-aided
planning

rechnerisch, theoretisch / rated, design ‖ ~, auf
rechnerischem Wege / calculated

Rechner•leistung f / computer power ‖ ²**netz** n,
Computernetzwerk n (DV, Tele) / computer
network ‖ ²**programm** n, Computer-
programm n / computer program ‖
²**simulation** f (DV) / computer simulation ‖
²**technik** f, Computertechnik f / computer
technology, computer engineering

rechnerunterstützt / computer-aided,
computer-assisted, computer-based,
computer-supported, machine-aided ‖ ~ s.
auch computergestützt, computerunterstützt,
rechnergestützt ‖ ~**es Entwerfen**, CAD n,
Computer Aided Design n (DV) /
computer-aided design, CAD ‖ ~**e Fertigung**,
CAM n (DV, Fert) / computer-aided
manufacturing, CAM ‖ ~**e Konstruktion**,
CAD n, Computer Aided Design n (DV) /
computer-aided design, CAD

Rechner•unterstützung f **von
Ingenieuraufgaben**, CAE n (DV) / CAE,
computer-aided engineering ‖ ²**verbund** m,
Computernetzwerk n (DV, Tele) / computer
network ‖ ²**verbundnetz** n, Computernetzwerk n (DV, Tele) / computer network

Rechnung f, Berechnung f / calculation ‖ ² /
invoice (commercial document issued by a
seller to a buyer) ‖ ² / bill (presented in the
expectation of immediate payment in full by
restaurants, hotels, credit card companies,

electric or gas utilities, and other service
providers such as telephone company) ‖ ²
tragen (einer Sache, einem Umstand),
berücksichtigen / allow [for]

Rechnungs•stellung f, Fakturierung f,
Abrechnung f (z.B. einer Arbeit) / billing,
invoicing ‖ ²**wesen** n / accountancy

recht•er Fahrstreifen (in Ländern mit
Rechtsverkehr) (Verk) / slow lane (of a
multi-lane carriageway) ‖ ~**er Winkel** (Math) /
right angle, r.a., R.A. ‖ **im** ~**en Winkel
stehend**, rechtwinklig / rectangular (crossing,
lying, or meeting at a right angle)

Rechteck n (Math) / rectangle

rechteckig / rectangular (area, object)

Rechteck•-Knüppel m (Walz) / rectangular billet
‖ ²**signal** n (Elek) / square wave signal ‖
²**spannung** f (Elek) / square wave voltage ‖
²**spule** f (Elek) / rectangular coil

Rechte-Hand-Regel f (zur Bestimmung der
Richtung des induzierten Stromes in einem im
magnetischen Feld bewegten Leiter) (Elek) /
right hand rule ‖ ² (Masch) / right-hand rule
(for machine tool axis designation)

Rechtkant m (Geom) / right parallelepiped

Rechts•drehung f, Drehung im Uhrzeigersinn f /
clockwise rotation, ckw rotation, cw rotation,
right-hand rotation ‖ ~**gängig** (Gewinde) /
right-hand[ed] (thread) ‖ ²**gewinde** n /
right-hand[ed] thread ‖ ²**klick** m (DV) / right
click ‖ ²**lauf** m, Rechtsdrehung f, Drehung im
Uhrzeigersinn f / clockwise rotation, ckw
rotation, cw rotation, right-hand rotation ‖
²**schweißen** n, Nachrechtsschweißen n /
backhand welding, right-hand welding,
rightward welding, backward welding ‖
~**seitiger Grenzwert** (Math) / limit on the
right, right-hand limit ‖ ~**steigende
Verzahnung** / right-hand teeth

rechtwinklig / rectangular (crossing, lying, or
meeting at a right angle) ‖ ~ [zu], senkrecht
[zu] (Math) / perpendicular [to] ‖ ~**es Dreieck**
(Math) / right triangle, right-angled triangle ‖
~**es Koordinatensystem**, Koordinatenkreuz n
(Math) / Cartesian coordinate system (for
locating a point on a plane), rectangular
Cartesian coordinate system, system of
rectangular coordinates, system of coordinates
‖ ~ **zueinander**, orthogonal, senkrecht
zueinander (Math) / orthogonal, orthographic

Rechtwinkligkeit f (Gestaltparameter) /
perpendicularity (extent to which all points on
a part feature are 90° from a reference plane
or line or axis), squareness

Reck•alterung f / strain ag[e]ing o. age
hardening ‖ ²**drücken** n (Fert) / flow-forming
‖ ²**walze** f (Wzm) / forging roll ‖ ²**walzen** n
(Fert) / roll forging ‖ ²**ziehen** n, Streckziehen n
(Blech), Streckformen n (Fert) / stretch
forming ‖ ²**zone** f (im Schmiedegesenk)
(Schm) / web

Record m, Datensatz m (DV) / record, data
record

Recycling n, Abfallverwertung f (Umw) /
recycling n, waste recycling, materials salvage

Redoxreaktion f (Chem) / redox reaction

Reduktion f, Verringerung f, Reduzierung f /
reduction, decrease ‖ ² / reduction ‖ ²
(Chem) / reduction ‖ ² f (Hütt) / reduction (e.g.
of ores)

Reduktions•formel f (Math) / reduction formula
‖ ²**getriebe** n, Getriebe n mit Übersetzung ins

Langsame / reducer, reduction gearing, reduction gear, step-down gear, speed reducer, speed reduction gear, reduction gear ‖ **~mittel** n (Chem) / reducing agent, reducer, reductive n ‖ **~muffe** f, Reduziermuffe f (bei Rohren) (Rohr) / reducing sleeve ‖ **~stück** n, Übergangsrohrstück n (Rohr) / reducer, increaser, taper, taper pipe ‖ **~verfahren** n, Metallabscheidung f ohne äußere Stromquelle (OT) / electroless plating

reduktiver Pentosephosphatzyklus (Biochem) / Calvin cycle, photosynthetic carbon reduction cycle, PCR cycle

Reduktor m, Reduktionsmittel n (Chem) / reducing agent, reducer, reductive n

redundanter Roboter / redundant robot

Redundanz f / redundancy

reduzieren, verringern [um] / reduce vt [by] ‖ **~** (Chem) / reduce (e.g. ores, oxides)

reduzierend • e Atmosphäre (Schw) / reducing atmosphere ‖ **~e Schutzgasatmosphäre** (Schw) / reducing atmosphere

Reduzier • getriebe n, Getriebe n mit Übersetzung ins Langsame / reducer, reduction gearing, reduction gear, step-down gear, speed reducer, speed reduction gear, reduction gear ‖ **~muffe** f (bei Rohren) (Rohr) / reducing sleeve ‖ **~stück** n, Übergangsrohrstück n (Rohr) / reducer, increaser, taper, taper pipe

reduzierte Masse / normalized mass (weight-to-air density ratio)

Reduzierung f, Verringerung f / reduction, decrease ‖ **~ der Schadstoffemission** (Umw) / emissions control, control of gaseous pollutant emissions ‖ **~ der Schadstoffemission** (Kfz) / emissions control, emission control, exhaust emission control

Reduzierventil n (Rohr) / reducing valve

Reed • kontakt m (Elek) / reed switch ‖ **~-Relais** n (Elek) / reed relay

reell • e Achse, Hauptachse f (der Hyperbel) (Math) / transverse axis ‖ **~es Bild** (Opt) / real image ‖ **~e Funktion** (Math) / real-valued function ‖ **~e Zahl** (Math) / real number

Referat n, Vortrag m / paper, presentation

Referenz f / reference ‖ **~diode** f, Zener-Diode f, Z-Diode f (DIN) (Eltro) / Zener, Zener diode ‖ **~elektrode** f (Chem, Elek) / reference electrode ‖ **~element** n (Elek, Eltro, Regel) / reference element ‖ **~punkt** m (NC) / reference position ‖ **~punkt** (Tele) / reference point ‖ **~punktverschiebung** f, Bezugspunktverschiebung f (NC) / zero offset, zero shift ‖ **~spannung** f (Elek) / reference voltage ‖ **~welle** f (in der Holographie) (Opt) / reference wave

Refiner m (ChT, Pap) / refiner

reflektieren, zurückstrahlen (z.B. Licht) / reflect

reflektierend, Reflexions..., zurückstrahlend / reflecting, reflective

reflektiert (Phys) / reflected

Reflektor m (dessen Blechflügel die Mikrowellen reflektieren) (HG) / reflector (in a microwave oven) ‖ **~** (einer Parabolantenne), Parabolspiegel m / dish ‖ **~** (allg, Licht) / reflector ‖ **~**, Spiegelteleskop n (Opt) / reflecting telescope, reflector

Reflexion f (Elek, Phys) / reflection, reflexion (GB)

Reflexions • ..., reflektierend, zurückstrahlend / reflecting, reflective ‖ **~gesetz** n (Phys) /

reflexion law, law of reflexion ‖ **~grad** m (Verhältnis von reflektiertem zu einfallendem Strahlungsfluss) (Licht, Phys) / reflectance, reflection factor ‖ **~lichtschranke** f (Eltro) / retroreflective photoelectric sensor, retro ‖ **~lichttaster** m (der vom Sender ausgesandte IR- o. Laserstrahl wird von einem Gegenstand auf den Empfänger reflektiert) (Eltro) / proximity photoelectric sensor, diffuse [photoelectric] sensor ‖ **~photometrie** f (Mess, Opt) / reflectance photometry, reflection photometry ‖ **~verlust** m (Phys) / reflection loss ‖ **~vermögen** n (Phys) / reflectivity, reflecting power ‖ **~winkel** m (Phys) / angle of reflection

Reflex • lichtschranke f (Eltro) / retroreflective photoelectric sensor, retro ‖ **~lichtschranke**, Reflexionslichttaster m (der vom Sender ausgesandte IR- o. Laserstrahl wird von einem Gegenstand auf den Empfänger reflektiert) (Eltro) / proximity photoelectric sensor, diffuse [photoelectric] sensor ‖ **~minderungsschicht** f, Antireflexionsbeschichtung f (Opt) / antireflection coating, antireflective coating, blooming coat

Reformat n (Öl) / reformate

Reformer m (in Brennstoffzellen) (Chem, Elek) / reformer

Refraktärmetall n, hochschmelzendes Metall (Hütt) / refractory metal (tungsten, molybdenum, niobium, tantalum etc.)

Refraktion f, Brechung f (von Wellen und Strahlen) (Phys) / refraction

Refraktometer n, Brechzahlmesser m (Opt) / refractometer

Refraktor m, Linsenfernrohr n (Opt) / refracting telescope, refractor

Refresh m, Wiederauffrischen n (des Speicherinhalts) (DV) / refresh

REG, Reiheneinbaugerät n (Elek) / DRA device

Regal • bediengerät n, Regalförderzeug n / storage and retrieval unit for high-bay warehouse ‖ **~brett** n / shelf ‖ **~förderzeug** n, Regalbediengerät n / storage and retrieval unit for high-bay warehouse

Regel f / rule ‖ **~**, Norm f / rule n, norm n ‖ **~**, Gesetzmäßigkeit f / law ‖ **~ von Sarrus** / Sarrus' rule, rule of Sarrus

Regel • abweichung f, Regeldifferenz (Differenz zwischen Istwert und Sollwert) (Regel) / deviation, error (difference between the measured value of the controlled variable and the desired value) ‖ **~antrieb** m, regelbarer Antrieb / variable speed drive

regelbar, verstellbar (z.B. Drehzahl, Pumpe) / variable (e.g. speed, pump) ‖ **~er Antrieb** / variable speed drive ‖ **~es Getriebe** / variable speed gear

Regel • bereich m (Regel) / control range, range of control ‖ **~detri** f, Dreisatz m (Math) / rule of three ‖ **~differenz** (Differenz zwischen Istwert und Sollwert) (Regel) / deviation, error (difference between the measured value of the controlled variable and the desired value) ‖ **~einrichtung** f, Regler m (mit Rückkoppelung, im Ggs. zu Steuerung) (Regel) / controller (closed loop) ‖ **~gerät** n / controller, automatic controller [with closed loop] ‖ **~getriebe** n, regelbares Getriebe / variable speed gear ‖ **~glied** n, Glied n des Regelkreises (Regel) / control element ‖ **~größe** f, Normalgröße f / standard size ‖

˜größe (Größe, die geregelt werden soll, z.B. Druck, Flüssigkeitsstand) (Regel) / controlled variable ‖ **˜güte** f (Regel) / control performance ‖ **˜kreis** m (mit geschlossenem Wirkungsablauf), geschlossener Regelkreis (Regel) / closed loop, closed control loop ‖ **˜kreis**, geschlossenes Regelsystem (Regel) / closed-loop control system, closed-loop system, feedback control system

regellos, erratisch / erratic ‖ **˜ orientiert** (Kristalle) (Krist, Hütt) / randomly oriented

regelmäßig (z.B. Abstände), gleichmäßig / regular ‖ **˜es Vieleck** (Math) / regular polygon ‖ **˜ wiederkehrend**, periodisch adj / periodic, periodical

Regel•methode f (Regel) / control mode (proportional, integral or derivative mode) ‖ **˜motor** m, Motor m mit regelbarer Drehzahl (Elek) / variable-speed motor, adjustable-speed motor

regeln, regulieren / regulate ‖ **˜**, bestimmen / govern ‖ **˜** (bei geschlossenem Wirkungskreis einwirken) (Regel) / control (in closed-loop control system) ‖ **˜** n, Regelung f / control (e.g. of temperature, flow rate) ‖ **˜**, Regelung f (bei Betonung des geschlossenen Wirkungskreises - Ggs: Steuern) (Regel) / feedback control, closed loop control

Regel•organ n (in Rohrleitungen), Armatur f (Vorrichtung zum Sperren u. Regeln des Durchflusses in Rohrleitungen; Sammelbezeichnung für Ventil, Schieber, Klappe, Hahn) (ChT, Rohr) / valve (any device for halting or controlling the flow of a liquid or gas through a passage, pipe, etc.) ‖ **˜pumpe** f / variable capacity pump ‖ **˜scheibe** f (beim Spitzenlosschleifen) (Wzm) / regulating wheel ‖ **˜schleife** (Regel) / loop ‖ **˜schwingungen** f pl, Nachlauf m, Nachpendeln n (Regel) / hunting ‖ **˜stab** m (Nukl) / control rod ‖ **˜strecke** f (Bereich des Geräts bzw. der Anlage, in dem eine bestimmte physikalische Größe (Regelgröße) beeinflusst werden soll) (Regel) / controlled system (closed loop), process (in a closed-loop control system) ‖ **˜transformator** m (Elek) / variable ratio transformer

Regelung f, Regulierung f / regulation ‖ **˜**, Regeln n / control (e.g. of temperature, flow rate) ‖ **˜** (bei Betonung des geschlossenen Wirkungskreises - Ggs: Steuern), Regeln n (Regel) / feedback control, closed loop control ‖ **˜** (Gerät, System) / control system ‖ **˜** (Gerät, System - bei Betonung des geschlossenen Wirkungskreises) (Regel) / closed-loop control system, feedback control system ‖ **˜**, Regelmethode f (Regel) / control mode (proportional, integral or derivative mode) ‖ **˜**, Regelverhalten n (Regel) / control action ‖ **˜ mit differenziert wirkendem Anteil** (Regel) / derivative mode (control action proportional to the rate at which the error is changing) ‖ **˜ mit Störgrößenaufschaltung**, Aufschaltung f der Störgröße, Störgrößenaufschaltung (Regel) / feedforward control ‖ **automatische ˜** (Regel) / automatic control (closed loop, with feedback)

Regelungs•technik f (Regel) / control engineering, automatic control engineering ‖ **˜- und Steuerungstechnik** f (Regel) / control engineering, automatic control engineering

Regel•ventil n (Masch, Regel) / control valve ‖ **˜verhalten** n (Regel) / control action ‖ **˜widerstand**, veränderbarer Widerstand (Elek) / rheostat, variable resistor, adjustable resistor

Regen m (Meteo, TV) / rain ‖ **˜abfallrohr** n, Fallrohr n (Bau) / downspout (US), downpipe (GB), conductor (US), rainwater pipe, leader (US), drainspout, downcomer (GB) ‖ **˜bogenhologramm** n / Benton hologram, rainbow hologram, white-light transmission hologram

Regenerat n (Umw) / regenerate, regenerate material ‖ **˜**, Regeneratgummi m, Kautschukregenerat n (Plast, Umw) / reclaimed rubber, reclaim

Regeneration f, Regenerierung f (DV, Eltro) / regeneration (e.g. of pulses or signals)

Regenerationsverstärker m, Repeater m, Zwischenregenerator m (Tele) / repeater n (in transmission lines), regenerative repeater, regenerator

regenerativ•e Brennstoffzelle (Chem, Elek) / regenerative fuel cell ‖ **˜e Energie** / renewable energy, alternative energy

Regenerativ•feuerung f (Glas, Hütt) / regenerative heating ‖ **˜-Lufterhitzer** m (Hütt, Masch) / regenerative air heater (in regenerative furnace) ‖ **˜-Luftvorwärmer** m (Hütt, Masch) / regenerative air heater (in regenerative furnace) ‖ **˜luvo** m (Hütt, Masch) / regenerative air heater (in regenerative furnace)

Regenerator m, Repeater m, Regenerations-verstärker m (Tele) / repeater n (in transmission lines), regenerative repeater, regenerator

regenerieren (Eltro) / regenerate (e.g. pulses, signals, memory cells), refresh

Regenerierung f (Eltro) / regeneration (e.g. of pulses or signals)

regen•geschützt (Elek) / rainproof ‖ **˜leiste** f (Kfz) / drip moulding ‖ **˜rinne** f, Dachrinne f (Bau) / gutter ‖ **˜schirm** m / umbrella ‖ **˜wald** m (tropischer, der gemäßigten Breiten) (Holz, Umw) / rain forest (tropical, temperate)

Region f, Gebiet n, Gegend f / area, region

regionales Stromversorgungsunternehmen (Elek) / regional electricity company, REC

Regionalversorger m (Elek) / regional electricity company, REC

Register n, Verzeichnis n / register n ‖ **˜**, Index m (Druck) / index (to a book or document) ‖ **˜** (Hochgeschwindigkeitsspeicher) (DV) / register ‖ **˜** (in grafischen Benutzeroberflächen) (DV) / tab panel, tabs pl ‖ **˜** (Tele) / register ‖ **˜karte** (DV) / tab ‖ **˜stift** m / register pin

Registrier•apparat m, Schreiber m / recorder ‖ **˜ballon** m, Ballonsonde f (Mess, Meteo) / balloon sonde, sounding balloon

registrieren, aufzeichnen (Instr) / record vt ‖ **˜**, anzeigen vt (z.B. Änderungen, 20 °C) (Instr) / register vt ‖ **˜**, erkennen / detect (e.g. motion, errors, computer viruses, new devices on a PC system) ‖ **˜**, eintragen (in eine Liste etc.) / register vt

registrierendes Thermometer, Thermograph m (Meteo) / recording thermometer, thermograph, temperature recorder

Registrier•gerät n, Schreiber m / recorder ‖ **˜gerät** n (zur Überwachung u. evtl.

Aufzeichnung technischer Vorgänge), Überwachungsgerät *n*, Kontrollgerät *n* (Techn) / monitor *n*, monitoring device ‖ **~kasse** *f* (in Läden) / cash register, sales register, register, till

Registrierung *f* (von Software o. für bestimmte Dienste) (DV, Tele) / registration ‖ **~**, Aufzeichnung *f* (eines Messinstruments) / recording (made by recording instrument) ‖ **~**, Eintragung *f* (in eine Liste etc.) / registration

Regler *m* (allg, Regel) / controller, regulator ‖ **~** (mit Rückkopplung, im Ggs. zu Steuerung), Regeleinrichtung *f* (Regel) / controller (closed loop) ‖ **~** (z.B. für Lautstärke o. Balance) (Audio, Eltro) / control (e.g. on radio, TV set, amplifier) ‖ **~** (in der Automatikgetriebe-steuerung) (Kfz) / governor ‖ **~**, Drehzahl-regler *m* (Masch) / governor, speed governor

Regressions•analyse *f* (Regel, Stat) / regression analysis ‖ **~gerade** *f* (Stat) / line of regression, regression line ‖ **~linie** *f*, Regressionsgerade *f* (Stat) / line of regression, regression line

regula falsi *f*, Sekantenverfahren *n* / trial and error

regulär (Pyramide, Polygon) (Math) / regular

Regulatordiode *f*, Zener-Diode *f*, Z-Diode *f* (DIN) (Eltro) / Zener, Zener diode

regulierbar, regelbar, verstellbar (z.B. Drehzahl, Pumpe) / variable (e.g. speed, pump) ‖ **~**, einstellbar / adjustable

regulieren / regulate, control (speed, temperature) ‖ **~**, einstellen / adjust ‖ **~** / adjust (a loss, claim)(insurance)

Reib•ahle *f* (Wzm) / reamer ‖ **~arbeit** *f* / work of friction ‖ **~beiwert** *m* (Phys) / friction coefficient, coefficient of friction ‖ **~belag** *m* (z.B. der Kupplung) / friction lining

reiben / rub ‖ **~**, raspeln (Nahr) / grate *vt* ‖ **~**, scheuern *vi* (und sich dadurch abnutzen) / chafe (e.g. the cable chafed against the edge) ‖ **~**, ausreiben, nachreiben (Fert) / ream *v* [out] ‖ **~**, anreiben (z.B. Farben, Wirkstoffe) / grind ‖ **~** *n* / rubbing ‖ **~**, Scheuern *n* (z.B. eines Seils auf Metall, mit entsprechender Abnutzung) / chafing ‖ **~**, Zerreiben *n* / attrition ‖ **~** (ein Verfahren der spanenden Metallbearbeitung) (Fert) / reaming ‖ **~**, Gleiten *n* (der Schleifkörner auf dem Werkstoff ohne Materialabtrag) (Fert) / rubbing

Reib•getriebe *n* / friction gear, friction gearing ‖ **~korrosion** *f*, Passflächenkorrosion *f* / fretting corrosion ‖ **~kraft** *f* (Phys) / frictional force, friction force ‖ **~kupplung** *f* (Masch) / friction clutch ‖ **~leistung** *f* (Masch, Phys) / friction power ‖ **~moment** *n* (Phys) / friction moment ‖ **~oxidation** *f*, Reibkorrosion *f* / fretting corrosion ‖ **~rad** *n* (Masch) / frictional wheel, friction wheel ‖ **~radgetriebe** *n* / friction gear, friction gearing ‖ **~scheibe** *f* / friction disk ‖ **~schlüssig** / frictional ‖ **~schweißen** *n* (Schw) / friction welding, FRW ‖ **~spindelpresse** *f*, Schwungradspindelpresse *f* / friction screw press

Reibung *f* (Masch, Phys) / friction ‖ **~ der Bewegung** (Mech) / kinetic friction, sliding friction ‖ **~ der Ruhe**, Haftreibung *f* / friction of rest, static friction, sticking friction, stiction

reibungs•arm / low-friction ‖ **~bahn** *f* (Bahn) / adhesion railway ‖ **~beiwert** *m*, Reibzahl *f*, Reibungskennzahl *f*, Reibungszahl *f* (Phys) / coefficient of friction, friction coefficient ‖

~bremse *f* (Masch) / friction brake ‖ **~elektrizität** *f* / frictional electricity, triboelectricity ‖ **~kegel** *m* (Phys) / friction cone ‖ **~kennzahl** *f* (Phys) / coefficient of friction, friction coefficient ‖ **~koeffizient** *m* (Phys) / friction coefficient, coefficient of friction ‖ **~kraft** *f* (Phys) / frictional force, friction force ‖ **~kupplung** *f* (Masch) / friction clutch

reibungslos (Mech) / frictionless ‖ **~**, problemlos / smooth

Reibungs•moment *n* in der Mutterauflage (einer Schraubenverbindung) / frictional moment in the bearing surface of the nut ‖ **~mühle** *f* / attrition mill ‖ **~verlust** *m* (Masch, Phys) / friction[al] loss ‖ **~wärme** *f* / frictional heat, friction heat ‖ **~widerstand** *m* (Mech) / frictional resistance ‖ **~winkel** *m* / angle of friction ‖ **~zahl** *f* (Phys) / coefficient of friction, friction coefficient

Reib•verfahren *n* (Fert) / reaming process ‖ **~verlust** *m* (Masch, Phys) / friction[al] loss ‖ **~verschleiß** *m*, Abrasionsverschleiß *m* (Gleitverschleiß durch mechanische Einwirkung harter (Werkstoff)bestandteile) / abrasion, attrition, abrasive wear, frictional wear ‖ **~wert** *m* (Phys) / friction coefficient, coefficient of friction ‖ **~winkel** *m* / angle of friction ‖ **~zahl** *f* (Phys) / coefficient of friction, friction coefficient ‖ **~zahl**, Gleitreibzahl *f* (Mech) / coefficient of kinetic friction, coefficient of sliding friction, sliding coefficient of friction

reich [an] / rich [in], high [in]...

reichen [von - bis (zu)], sich erstrecken / extend [from - to] ‖ **~**, langen [nach] / reach [for] ‖ **~**, langen (für alle, für 4 Personen) / be enough (for all, for 4 people) ‖ **~** (z.B. die Ersatzteile reichen für 6 Monate, bis Jahresende) / last (e.g. the spare parts supply will last for 6 months/until the end of the year)

reichlich (bemessen), großzügig / ample (e.g. space, design) ‖ **~ bemessen** / amply dimensioned or sized

Reichweite *f* (allg, Funk, Luft, Radar) / range ‖ **~** (z.B. eines Krans), Arbeitsbereich *m* / range, reach, working range, working radius ‖ **~** (z.B. einer Antenne) (Radio, Tele) / transmission range ‖ **~**, erfasstes Gebiet (Radio, TV) / coverage ‖ **~**, Sendereichweite *f* (Tele) / radio range (of a radio system or station)

Reife *f*, Reifung *f* / maturity, ripeness

reifen, ablagern *vi*, durch Ältern besser werden / age *vi*, mature *vi* ‖ **~ lassen**, altern lassen / age *vt*, mature *vt*

Reifen *m* (Kfz) / tyre (GB), tire (US) ‖ **~ mit Notlaufeigenschaften** (Kfz) / run-flat tire (maintaining vehicle stability in the event of a sudden deflation and permitting limited vehicle operation after the deflation) ‖ **~druck** *m* (Kfz) / tire pressure, air pressure ‖ **~druckmesser** *m* (Kfz) / pressure gauge ‖ **~füllgerät** (Kfz) / air pump, tire gauge/pump, tire inflator ‖ **~panne** *f* (Kfz) / puncture ‖ **~profil** *m* (Kfz) / tread, tread design, tread pattern

Reihe *f* / row, line ‖ **~**, Anzahl *f* aufeinanderfolgender Dinge / series ‖ **~** (Math) / series ‖ **~**, Schicht *f* (von Mauersteinen) (Bau) / course (of bricks), layer ‖ **~ in ~ geschaltet**, hintereinandergeschaltet, seriell verschaltet (Elek) / connected in series,

series-connected, serial, series *adj* (e.g. circuit, capacitor) ‖ **in** ≈ **schalten** (Elek) / connect in series ‖ **in** ≈ **schalten**, hintereinanderschalten (DV) / daisy chain *v* (e.g. hard disk, scanner, CD-ROM)

Reihen•bohrmaschine *f* (Ggs: Mehrspindelbohrmaschine) / gang-spindle machine ‖ ≈**einbaugerät** *n* (Elek) / DRA device ‖ ≈**einspritzpumpe** *f* (Mot) / in-line fuel injection pump ‖ ≈**fertigung** *f* (Fert) / batch production, series production, serial production ‖ ≈**folge** *f* (steigende, fallende, umgekehrte, alphabetische, chronologische), Anordnung / order *n* (ascending, descending, reverse, alphabetical, chronological) ‖ ≈**folge**, Abfolge *f*, Aufeinanderfolge *f* / sequence ‖ ≈**haus** *n* (Bau) / rowhouse (US), townhouse (US), terraced house (GB), terraced home (US) ‖ ≈**kompensation** *f* (Elek) / series compensation ‖ ≈**kondensator** *m* (Elek) / series capacitor ‖ ≈**resonanz** *f* (Elek) / series resonance ‖ ≈**resonanzkreis** *m* (Eltro) / series-resonant circuit, acceptor, acceptor circuit ‖ ≈**schaltung** (Elek, Eltro) / series connection ‖ ≈**schaltung** (Elek, Eltro) / series circuit

Reihenschluss *m* (Elek) / series circuit ‖ ≈**erregung** *f* (Elek) / series excitation ‖ ≈**-Feldwicklung** (Elek) / series field winding ‖ ≈**-Hilfswicklung** (Elek) / auxiliary series winding ‖ ≈**kommutatormotor** *m* (Elek) / series commutator motor ‖ ≈**maschine** *f* (Elek) / series wound machine ‖ ≈**motor** *m* (Elek) / series motor, series wound motor ‖ ≈**verhalten** *n* (Elek, Mot) / series characteristic ‖ ≈**wicklung** *f* (Elek) / series winding

Reihenschwingkreis *m* (Eltro) / series-resonant circuit, acceptor, acceptor circuit

rein•e Forschung, Grundlagenforschung *f* / basic research, fundamental research, pure research ‖ ≈**es Kraftwerk**, Kraftwerk, das nur der Stromerzeugung dient (Elek) / power-only plant ‖ ≈**e Schwellbeanspruchung** (Unterspannung = 0) (Mech) / repeated stress ‖ ≈**er Ton**, Sinuston *m* (Akust) / pure tone ‖ ≈**e Wechselbeanspruchung** (Ober- u. Unterspannung von gleichem Betrag, aber entgegengesetztem Vorzeichen, d.h. Mittelspannung = 0) (Mech) / completely reversed stress, fully reversed stress, reversed stress, alternating stress

Rein•darstellung *f*, Isolierung *f* (Chem) / isolation ‖ ≈**dichte** *f* / particle density ‖ ≈**element** *n* / pure element, anisotopic element

Reinheit *f* / purity ‖ ≈, Sauberkeit *f* (von z.B. Luft, Wasser) / cleanness

Reinheitsgrad *m* **in %** / percentage purity

reinigen / clean *vt* ‖ ~, frei machen [von] / free [from] ‖ ~, säubern / purify ‖ ~, durchspülen (z.B. Leitungen) / purge ‖ **chemisch ~**, chemisch reinigen (Tex) / dry-clean

Reiniger *m*, Reinigungsmittel *n* / purifier, cleaner

Reinigung *f* / cleaning ‖ ≈, Klärung *f* / purification, clarification

Reinigungs•benzin *n* (Chem) / benzine (used as a cleaning agent to remove substances such as fats, oils, resins, paint) ‖ ≈**mittel** *n* (im weitesten Sinn) / cleaning agent, detergent ‖ ≈**mittel** (oberflächenaktives, außer Seife) / detergent (in the narrow sense, used to differentiate between soap and other surfactants used for cleaning) ‖ ≈**mittel**, Spülmittel *n* / washing-up liquid ‖ ≈**mittel**, Scheuermittel *n* / scouring cleaner, abrasive cleaner ‖ ≈**nadel** *m* (zur Reinigung von Düsen für Acetylengas-Sauerstoffbrennern) (Wz) / pilot jet tool ‖ ≈**öffnung** *f* (z.B. an Schornsteinen) / cleanout opening ‖ ≈**öffnung** (in Abwasserrohren) (Sanitär) / rodding eye, cleanout [openig]

reinjizieren (Geol) / reinject (e.g. water into rock)

Reinlichkeit *f*, Sauberkeit *f* / cleanliness

Reinraum *m* (Eltro, Fert) / clean room

reinst (Chem) / high-purity, highest grade

Reinzeichnung *f* (Doku) / final drawing

Reise•bus *m* (Kfz) / motor coach, coach (GB) ‖ ≈**flughöhe** *f* (Luft) / cruising altitude ‖ ≈**mobil** *n* (Wohnmobil ohne eigenen Aufbau, bei dem die Wohneinrichtung in den Laderaum eines Kastenwagens oder Kleinbusses eingebaut wurde) (Kfz) / motorcaravan (GB), campervan, class B recreational vehicle ‖ ≈**rad** *n* (Fahrrad) / touring bicycle ‖ ≈**zug** *m* (Bahn) / passenger train ‖ ≈**zugwagen** *m* (Bahn) / passenger car (passenger-carrying type - as opposed to head end equipment)

Reiß•brett *n*, Zeichenbrett *n* (Doku) / drawing board ‖ ≈**feder** *f* (Zeichn) / ruling pen ‖ ~**fest** / tear-resistant ‖ ≈**festigkeit** *f* (Mater) / tearing strength, tearing resistance, tear strength, tear resistance ‖ ≈**festigkeit** (von z.B. Faden, Seil) / breaking strength ‖ ≈**festigkeit**, Weiterreißfestigkeit *f* (z.B. von Papier) (Mater) / resistance to tear propagation, tear growth resistance, tear propagation resistance ‖ ≈**länge** *f* (eines Seils) / tearing length (of a rope) ‖ ≈**nagel** *m* / tack (US), drawing pin (UK, India, Australia, New Zealand), thumbtack ‖ ≈**span** *m* (Wzm) / discontinuous chip (chip segments are unconnected) ‖ ≈**wolf** *m*, Aktenvernichter *m* (Büro) / document shredder, shredder (for shredding documents, waste paper), paper shredder ‖ ≈**zwecke** *f* / tack (US), drawing pin (UK, India, Australia, New Zealand), thumbtack

Reiter *m* (in einer Kartei) (Büro) / tab *n* ‖ ≈, Aufsetzgewicht *n* (Waage) / rider

Reitstock *m* (Werkstückspanner) (Wzm) / tailstock, poppet, poppethead ‖ ≈**pinole** *f* (an Spitzendrehmaschinen) (Dreh) / quill, tailstock quill, tailstock sleeve

reizend (gefährlicher Stoff) / irritant (dangerous substance)

Reizstromtherapie *f* (MT) / electrostimulation, electro-stimulation therapy

reklamieren, beanspruchen (als Recht) / claim *vt*

Rekombination *f* (Chem, Nukl) / recombination

Rekombinationsrate *f* (bei Halbleitern - Zahl der Rekombinationen je Zeit- und Raumeinheit, bezogen auf das Produkt der pn-Dichten) (Phys) / recombination rate (semiconductor)

Rekorder *m*, Schreibgerät *n* (DV, Eltro, Mess) / recorder ‖ ≈, Aufnahmegerät *n*, Aufzeichnungsgerät *n* (Akust, TV, Video) / recorder

Rekristallisation *f*, Umkristallisierung *f* (eines verformten Gefüges) (Krist) / recrystallization

Rekristallisations•glühen *n* (Hütt) / recrystallization annealing ‖ ≈**schwelle** *f* (Krist) / recrystallization point, recrystallization temperature ‖ ≈**temperatur** *f*

(Krist) / recrystallization point, recrystallization temperature

Rektifikations•kolonne f (ChT) / rectifying column, fractionating column, fractionating tower, fractionater || $\triangleq$ **säule** f (ChT) / rectifying column, fractionating column, fractionating tower, fractionater || $\triangleq$ **säule mit Austauschböden**, Bodenkolonne f (ChT) / tray column (US), plate column (GB)

Rektifizierkolonne f (ChT) / rectifying column, fractionating column, fractionating tower, fractionater

Rekuperationsbremse f, Nutzbremse f (beim Bremsen wird der Elektromotor des Antriebs als Generator verwendet, die Bewegungsenergie wirdn dabei als elektrischer Strom zurückgewonnen) (Bahn, Elek) / regenerative brake

Rekuperativfeuerung f (bei Industrieöfen) (Glas, Hütt) / recuperative heating

Relais n (Elek) / relay || $\triangleq$ **mit verzögertem Anzug** (Elek) / on-delay relay, delay-on-make relay, operate-delay relay || $\triangleq$ **spule** f (Elek) / relay coil || $\triangleq$ **station** f, Relaisstelle f (Tele) / relay station, repeater station || $\triangleq$ **station** (einer Richtfunkverbindung) (Radio, Tele) / microwave link, microwave relay, microwave repeater || $\triangleq$ **stelle** f, Relaisstation f (Tele) / relay station, repeater station || $\triangleq$ **steuerung** f (Elek) / relay control

relational•e Algebra (Math) / relational algebra || **~e Datenbank** (DV) / relational data base, RDB

relativ adv, verhältnismäßig / comparatively, relatively || **~** adj (z.B. Dichte, Abweichung) / relative (e.g. density, deviation) || **~** (Extremum, Maximum,Minimum) (Math) / local (extremum, minimum, maximum, relative) || **~e Adresse** (DV) / floating address, relative address || **~e Atommasse** (Nukl) / relative atomic mass, atomic weight || **~e Bewegung** (Phys) / relative motion, apparent motion || **~e Brechzahl** (Opt) / relative refractive index || **~e Dichte** (Phys) / relative density, specific gravity, Sp.Gr., sp.gr., s.g. || **~e Dielektrizitätskonstante** (ε_r; Verhältnis der Dielektrizitätskonstanten in Materie und im Vakuum) (Elek) / dielectric constant ($\varepsilon_r = \varepsilon/\varepsilon_0$), relative permittivity, specific inductive capacity, SIC || **~er Fehler** (Math) / relative error || **~e Festigkeit des Stoßes**, Stoßfestigkeit f (Schw) / joint efficiency || **~e Formelmasse** (Chem) / formula weight || **~e Häufigkeit** (Stat) / relative frequency || **~e Luftfeuchtigkeit** (of air), RH || **~e Molekularmasse** (Chem) / relative molecular mass, molecular weigth || **~e Molekülmasse** (Chem) / molecular weight, formula weight || **~er Pegel** (der Signalleistung) (Eltro, Tele) / relative level, relative power level || **~e Permeabilität**, Permeabilitätszahl f (μ_r) (Magn) / relative permeability || **~e Permittivität** f (Elek) / dielectric constant ($\varepsilon_r = \varepsilon/\varepsilon_0$), relative permittivity, specific inductive capacity, SIC || **~e Profiltiefe**, Dickenverhältnis n (Flügel) (Luft) / thickness-chord ratio || **~e Volumenausdehnung**, kubische Dehnung (Verhältnis Volumenänderung/ursprüngliches Volumen) (Phys) / bulk strain, volume strain

Relativ•bewegung f / relative motion || $\triangleq$ **geschwindigkeit** f / relative velocity ||

$\triangleq$ **gravimeter** n (Geoph, Verm) / relative gravimeter

Relativitätstheorie f (allgemeine, spezielle) (Phys) / theory of relativity (general, special)

Relativprogrammierung f, Programmierung f mit Inkrementalmaßen (NC) / incremental programming

Relaxation f (allg, Mater, Phys) / relaxation

Reliefprägen n, Hohlprägen n (Fert) / embossing (with the punch containing the positive contour and the die containing the negative), raising

Reling f (Schiff) / railing, guard rail

Reluktanz f, magnetischer Widerstand (Elek) / reluctance, magnetic reluctance, magnetic resistance || $\triangleq$ **motor** m (Elek) / reluctance motor

Reluktivität f (Magn) / reluctivity (reciprocal of magnetic permeability), magnetic reluctivity, specific reluctance

REM, Rasterelektronenmikroskop n (Mikros) / scanning electron microscope, surface electron microscope, SEM

Remanenz f (nach Sättigungs-Magnetisierung) (Magn) / remanence, retentivity || $\triangleq$ **flussdichte** f (Magn) / residual flux density || $\triangleq$ **induktion** f, Restinduktion f (Magn) / residual induction || $\triangleq$ **punkt** m (Magn) / remanence point

Remission f, diffuse Reflexion (Phys) / diffuse reflection

Remote-Betrieb m (DV) / remote operation

Rennbügel m (Fahrrad) / drop handlebars pl, drop bars pl

Rennin n, Lab n (Enzym im Labmagen von z.B. Kälbern, das die Milch zum Gerinnen bingt), Labferment n (Biochem) / chymosin, rennin

Renn•lenker m, Rennlenkerbügel m (Fahrrad) / drop handlebars pl, drop bars pl || $\triangleq$ **lenkerbügel** m (Fahrrad) / drop handlebars pl, drop bars pl || $\triangleq$ **rad** n (Fahrrad) / racing bicycle

renovieren (Bau) / refurbish (typically simply painting walls a different colour and rearranging furniture etc) || **~** (Bau) / renovate (typically totally changing a house/appartment, e.g painting, putting in a new kitchen, bathroom etc and maybe even knocking down a wall to make a room bigger)

Renovierung f (Bau) / refurbishing, refurbishment (typically simply painting walls a different colour and rearranging furniture etc) || $\triangleq$ (Bau) / renovation (typically totally changing a house/apartment, e.g painting, putting in a new kitchen, bathroom etc and maybe even knocking down a wall to make a room bigger)

Reparatur f / repair || $\triangleq$ **anleitung** f, Reparaturhandbuch n / repair manual || $\triangleq$ **arbeiten** f pl / repair jobs, repair work || **~freundlich** / easy to repair || $\triangleq$ **freundlichkeit** f / ease of repair || $\triangleq$ **handbuch** n, Reparaturanleitung f / repair manual || $\triangleq$ **werkstatt** f / repair shop || $\triangleq$ **werkstatt**, Kundendienstwerkstatt f (Kfz) / service station (for repairs)

reparieren / repair vt

Repeater m, Regenerationsverstärker m (Tele) / repeater n (in transmission lines), regenerative repeater, regenerator

repräsentieren, darstellen / represent

reproduzierbar, wiederholbar / reproducible

Reproduzierbarkeit f, Wiederholbarkeit f / reproducibility, repeatability

reproduzieren / reproduce

Requisitenraum m, Magazin n (im Theater) / scene dock

Research-Oktanzahl f, ROZ (Mot) / research octane number, RON

Reserve f, Vorrat m / reserve(s) ‖ ⁓, Bereitschaft f (DV) / stand-by ‖ ⁓... (z.B. -kanister, -reifen), Ersatz... / spare (e.g. can, wheel) ‖ ⁓... (z.B. -plan, -generator für den Fall, dass der primäre Plan/Generator ausfällt) / standby... ‖ ⁓... (z.B. -rechner, -generator, der bereits funktionsfähig bereitsteht für den Fall, dass der Erstrechner/-generator ausfällt), Ersatz..., Bereitschafts... / standby... (e.g. computer, generator) ‖ ⁓**batterie** f, Ersatzbatterie f / standby battery ‖ ⁓**fallschirm** m (Luft) / reserve parachute ‖ ⁓**rad** n (Kfz) / spare tire (US), spare tyre (GB), spare ‖ ⁓**rechner** m (DV) / standby computer, backup computer ‖ ⁓**reifen** m (Kfz) / spare tire (US), spare tyre (GB), spare ‖ ⁓**teil** n / spare part

reservierte Leitung (für nur einen bestimmten Zweck, z.B. als Faxleitung) (Tele) / dedicated line

Reservoir, Wasserspeicher f / reservoir

Reset•-Knopf m (DV) / reset button ‖ ⁓**-Schalter** m (DV) / reset button ‖ ⁓**taste** f (DV) / reset key

resident (im Arbeitsspeicher) (DV) / resident (program, software)

Residuum n, Rückstand m (bei Verdampfung, Verbrennung, Destillation etc.) (Chem) / residue, residuum

Resistanz f, Wirkwiderstand m (Elek) / effective resistance, active resistance

Resistivität f (Elek) / resistivity, specific resistance (formerly), s.r. (specific resistance (formerly))

Resolver m, Drehmelder m (mit zwei um 90° versetzten Statorwicklungen) (Elek, NC) / resolver

Resonanz f (Chem, Phys, Techn) / resonance ‖ ⁓**frequenz** f (Chem, Phys, Tele) / resonant frequency, resonance frequency ‖ ⁓**kreis** m (Eltro) / resonant circuit, tank circuit ‖ ⁓**relais** n, abgestimmtes Relais / tuned relay ‖ ⁓**schärfe** f, Schwingkreisgüte f (Elek, Eltro) / quality factor, Q factor, magnification factor ‖ ⁓**schwingung** f (Mech) / sympathetic vibration ‖ ⁓**transformator** m (Elek) / tuned transformer ‖ ⁓**verstärker** m (Eltro, Tele) / tuned amplifier

Resonator m (Phys, Techn) / resonator

Ressourcen f pl (z.B. Rohstoffe, Energiequellen, Geld) / resources pl ‖ ⁓ f pl (DV) / resources pl

Rest m, Überrest m, Überbleibsel n, Rückstand m (bei Verdampfung, Verbrennung, Destillation etc.) (Chem) / residue, residuum ‖ ⁓ (Math) / remainder ‖ ⁓..., verbleibend (als Rest, Rückstand, Folge), restlich / residual

Restart m, Neustart m (DV) / restart

Rest•austenit m (Hütt) / retained austenite ‖ ⁓**feuchte** f, Restfeuchtigkeit f / residual moisture [content] ‖ ⁓**flussdichte** f (Magn) / residual flux density ‖ ⁓**induktion** f, Remanenzinduktion f (Magn) / residual induction

restlich, verbleibend (als Rest, Rückstand, Folge), Rest... / residual

Rest•müll m (Umw) / residual waste ‖ ⁓**spannungen** f pl, innere Spannungen (Mech) / internal stresses, residual stresses ‖ ⁓**strom** m (Elek) / residual current ‖ ⁓**wärme** f / residual heat ‖ ⁓**welligkeit** f (Elek) / residual ripple

Resublimation f (unmittelbares Übergehen eines Stoffes vom gasförmigen in den festen Aggregatzustand) (Chem, Phys) / deposition, desublimation

Resublimieren n, Resublimation f (unmittelbares Übergehen eines Stoffes vom gasförmigen in den festen Aggregatzustand) (Chem, Phys) / deposition, desublimation

Resultante f, Resultierende (im Kräfteparallelogramm) (Mech) / resultant ‖ ⁓ (eines Systems von Gleichungen) (Math) / resultant, eliminant

Resultat n, Ergebnis n / result ‖ ⁓, Ergebnis n / outcome (e.g. of a meeting, a review, a strategy)

resultierende Kraft, Resultierende (im Kräfteparallelogramm) (Mech) / resultant

Resultierende (im Kräfteparallelogramm) (Mech) / resultant

Resümee n, Zusammenfassung f, Abriss m / synopsis (pl.: -opses), summary, outline

Retardation f, Verzögerung f (eines Ablaufs, einer Wirkung) (Phys) / retardation

retardierte Potentiale (Phys) / retarded potentials

Retardierung f (Phys) / retardation

retikuliert (Plast) / reticulated

Retinol n, Vitamin n A₁ (Biochem) / retinol, vitamin A₁

Retorte f (Chem) / retort

Retrieval n, Suche und Abruf gespeicherter Informationen (DV) / information retrieval, data retrieval

Rettungs•boot n (Schiff) / life-boat ‖ ⁓**fallschirm** m (Luft) / emergency parachute ‖ ⁓**floß** n / life raft ‖ ⁓**raum** m, Schutzraum (z.B. in Tunneln) (Luft) / safety area, shelter ‖ ⁓**röhre** f, Fluchttunnel m (Straß) / evacuation tunnel, safety tunnel ‖ ⁓**tunnel** m, Fluchttunnel m (Straß) / evacuation tunnel, safety tunnel ‖ ⁓**wagen** m (MT) / ambulance ‖ ⁓**zeichenleuchte** f (Licht) / escape sign luminaire

Return-Taste f, Enter-Taste f (DV) / Enter (key), Return (key)

retuschieren (Foto) / retouch

Reverse Engineering n (Analyse eines Produkts, um ein Konkurrenzprodukt mit geringem Aufwand nachbilden zu können) / reverse engineering

revidieren, überarbeiten (z.B. Buch, Dokumentation) / revise

Revisionsschacht m, Kontrollschacht m (Zugang zu einem Leitungssystem oder einer Technikeinrichtung) / manhole ‖ ⁓, Kanalschacht m (Straß) / manhole, sewer manhole

Revolver m, Meißelhalter m der Revolverbank / turret head ‖ ⁓**bohrmaschine** f / turret drilling machine ‖ ⁓**drehmaschine** (Dreh) / turret lathe ‖ ⁓**drehmaschine** (mit Sternrevolver) (Wzm) / capstan lathe, ram-type [turret] lathe ‖ ⁓**kopf** m, Meißelhalter m der Revolverbank / turret head ‖ ⁓**kopf** (der Revolverschneidpresse) (Wzm) / turret ‖ ⁓**schlitten** m / ram (US), turret rail head

Rezeptierung f, Rezeptur f (z.B. von Farben) (Anstr, Chem) / composition, formulation, recipe

Rezeptur f (z.B. von Farben), Formulierung f, Rezeptierung f (Anstr, Chem) / composition, formulation, recipe

Rezipient m (Behälter bei den CVD-Verfahren) / reaction chamber ‖ ~ (Behälter bei den PVD-Verfahren, der evakuiert werden kann) / vacuum chamber ‖ ~ (zur Aufnahme des Pressblocks beim Durchdrücken), Blockaufnehmer m (Wzm) / container (for extrusion), cylindrical chamber

reziproker Wert, Kehrwert m / reciprocal [value]

Reziprokwert m, Kehrwert m / reciprocal [value] ‖ ~ **der Ablenkempfindlichkeit**, Ablenkkoeffizient m (in Kathodenstrahlröhren - Kehrwert der Ablenkempfindlichkeit) (Eltro) / deflection factor, deflection coefficient

RFID•-System n (DV, Eltro) / RFID system ‖ ~-**Transponder** m (DV, Eltro) / RFID tag

RGB, RGB-Modell n (zur Farbdarstellung) (DV, TV) / RGB model (= red, green, blue) ‖ ~-**Modell** n (zur Farbdarstellung) (DV, TV) / RGB model (= red, green, blue)

Rh, Rhodium n (Chem) / rhodium, Rh

Rhenium n (Chem) / rhenium, Re

Rheologie f (Phys) / rheology

Rheopexie f, Dilatanz f (schnellere Verfestigung von Suspensionen bei mechanischer Einwirkung) / dilatancy

Rheostat m, veränderbarer Widerstand (Elek) / rheostat, variable resistor, adjustable resistor

Rheotron n (Nukl) / betatron, rheotron

Rhodium n (Chem) / rhodium, Rh

rhombisch, rautenförmig (Math) / rhomboid adj, rhombic, lozenged ‖ ~**er Schwefel** m, α-Schwefel (Chem) / rhombic sulphur

Rhomboid n, Drachenviereck n (Math) / kite, deltoid ‖ ~ (Parallelogramm ohne rechten Winkel, in dem nur die jeweils gegenüberliegenden Seiten gleich lang sind) (Math) / rhomboid n (oblique-angled parallelogram with only opposite sides equal)

Rhombus m (pl: Rhomben), Raute f (Parallelogramm mit vier gleichen Seiten) (Math) / rhombus (pl: rhombuses, rhombi), diamond, lozenge

Ribose f (eine Pentose) (Biochem) / ribose

Ribosom n (Biochem) / ribosome

Ribulose f (Biochem) / ribulose

Richardson-Effekt m, thermische Emission (von Elektronen) (Eltro, Phys) / thermionic emission

Richt•antenne f (Radio) / directional antenna, directional aerial, direction antenna, beam antenna ‖ ~**charakteristik** f (von Antennen) / antenna pattern, directional diagram ‖ ~**diagramm** n (von Antennen) / antenna pattern, directional diagram

Richten n, Anordnung in gerader Linie f (neben-, hinter- o. untereinander), Fluchten n / alignment, arrangement in a straight line

Richtfunk m (Tele) / microwave radio relay ‖ ~**betriebsstelle** f (Radio, Tele) / microwave link, microwave relay, microwave repeater ‖ ~**kette** f (Radio, Tele) / microwave-relay system, microwave radio relay system ‖ ~**strecke** f (Tele) / radio link (in a radio relay system), line-of-sight microwave link, microwave link, line-of-sight radio link ‖ ~**strecke**, Richtfunkkette f (Radio, Tele) / microwave-relay system, microwave radio

relay system ‖ ~**system** n (Tele) / radio relay system, microwave [radio relay] system ‖ ~**verbindung** f (Tele) / radio link (in a radio relay system), line-of-sight microwave link, microwave link, line-of-sight radio link

Richtgröße f (der Feder), Federkonstante f (Mech) / spring constant, force constant

richtig adj, geeignet / right ‖ ~, fehlerfrei / correct, free from errors ‖ ~, zutreffend / correct, accurate adj ‖ ~, echt / real ‖ ~ adv (passen, funktionieren, lagern) / properly ‖ ~ **einstellen** / tune (e.g. motor, mechanism, carburettor) ‖ ~ **sein**, stimmen vi / be correct ‖ ~ **stellen**, verbessern, berichtigen, korrigieren / correct vt

Richt•kraft f, Federkraft f (rücktreibende Kraft einer Feder, die der Kraft, die eine Längung der Feder bewirkt, entgegengesetzt ist) (Phys) / restoring force ‖ ~**linie** f (allg) / guideline ‖ ~**maschine** f (Wzm) / straightening machine ‖ ~**moment** n (Phys) / restoring moment, restoring torque ‖ ~**preis** m (Wirtsch) / recommended retail price, manufacturers' recommended price, MRP ‖ ~**presse** f (Wzm) / straightening press ‖ ~**schnur** f, Richtlinie f, Maßstab m / standard ‖ ~**spannung** f (Elek) / rectified voltage ‖ ~**strahler** m, Richtantenne f (Radio) / directional antenna, directional aerial, direction antenna, beam antenna

Richtung f / direction ‖ ~, Sinn m (Drehsinn, im Uhrzeigersinn) / direction (of rotation; clockwise, anti-clockwise), sense ‖ ~ (eines gepeilten Objekts), Peilwinkel m, Peilung f (Nav) / bearing ‖ **in einer** ~ **[fließend o. laufend o. wirkend]**, unidirektional / unidirectional

Richtungs•koeffizient m / slope ‖ ~**toleranzen** f pl / tolerances pl of orientation ‖ ~**umkehr** f / reversal, reversing, reversion ‖ ~**winkel** m pl (Math) / direction angles pl

Richt•waage f, Wasserwaage f (Bau, Instr) / spirit level, bubble level, level, carpenter's level ‖ ~**wert** m / guideline ‖ ~**wert**, Anhaltswert m / approximate value ‖ ~**wert** (empfohlen) / standard value, recommended value

Riegel m, Türriegel m, Bolzen m / bolt (lock), bar ‖ ~ (des Türschlosses) / dead bolt (of a door lock)

Riemen m, Treibriemen m (zur Kraftübertragung in einem Riementrieb) / drive belt, belt (for transmitting motion and power) ‖ ~ (zum Festmachen) / strap ‖ ~**antrieb** m (Masch) / belt drive ‖ ~**fallhammer** m / strap-lift drop hammer ‖ ~**getriebe** n / belt drive ‖ ~**scheibe** f (Masch) / pulley, sheave ‖ ~**scheibenantrieb** m (Masch) / belt drive ‖ ~**schutz** m / belt guard ‖ ~**spanner** m / belt tensioner, belt tightener ‖ ~**spannung** f / belt tension ‖ ~**trieb** m (Masch) / belt drive ‖ ~**trum** n, Trum n (eines Förderbandes oder Treibriemens) / side (of a belt) ‖ ~**werkstoff** n / belting, belt material

riesel•fähig (Schüttgut) / free-flowing ‖ ~**fähigkeit** f (von Schüttgut), Schüttbarkeit f / flowability (e.g. of sand)

Riffel•blech n / checker plate (diamond pattern) ‖ ~**wand** f (Film, Foto) / lenticular screen, lenticulated screen

Rille f / groove (e.g. in a record, in tyre tread)

Rillen•kugellager n / deep groove ball bearing ‖ ~**scheibe** f / grooved pulley, sheave

RIM-Verfahren n, Reaktionsschaumguss m (Plast) / RIM technology, reaction injection moulding, RIM, reactive injection mo[u]lding system

Ring m (allg, Techn, Chem, Math, Tele) / ring ‖ ~..., cyclisch (Chem) / cyclic, ring... ‖ ~**bildung** f, Zyklisierung f (Chem) / cyclization, ring formation ‖ ~**buch** n (Büro) / ring binder ‖ ~**düse** f (Masch) / ring nozzle ‖ ~**düse** (Plast) / tubular die (of extruder) ‖ ~**feder** f / annular spring ‖ ~**fläche** f, Kreiswulst m f, Torus m (Math) / torus

ringförmig / annular, ring-shaped ‖ ~, torusförmig / toroidal, doughnut-shaped ‖ ~, cyclisch (Chem) / cyclic, ring... ‖ ~**e Umgehungsstraße** (Straß) / belt highway (US), ring road (GB), orbital road, beltway (US)

Ring • kern m (Magn) / toroidal core, toroid core ‖ ~**kolbenzähler** m / cylindrical piston [water] meter ‖ ~**lager** n, Radiallager n (Last senkrecht zur Achse) (Masch) / radial bearing ‖ ~**leitung** f (Rohr) / ring main, loop line ‖ ~**leitung** (Elek) / loop, loop line ‖ ~**leitung für Heißwind** (Hütt) / bustle pipe, hot-air distribution pipe ‖ ~**-Maulschlüssel** m (DIN 3113) (Wz) / combination spanner (US), combination wrench (US) ‖ ~**mutter** f (DIN 582) / lifting-eye nut, ring nut ‖ ~**mutternschlüssel** m (Wz) / box spanner (GB), box wrench (US) ‖ ~**netz** n (zur Energieversorgung) (Elek) / loop system (of power distribution) ‖ ~**netz** (DV, Tele) / ring network, loop network ‖ ~**raum** m (zwischen Bohrloch und Bohrgestänge) (Bergb, Öl) / annulus (void between the drill string and the formation) ‖ ~**schieben** n (DV) / logic shift, logical shift, circular shift ‖ ~**schluss** m, Ringbildung f (Chem) / cyclization, ring formation ‖ ~**schlüssel** (Wz) / ring spanner (GB), box-end wrench (US), box wrench (US) ‖ ~**schmierlager** n / oil ring bearing, ring-lubricating bearing, ring-oiled bearing ‖ ~**schmierung** f / ring lubrication ‖ ~**schneide** f (Schraubenende, DIN 78), /RS / cup point ‖ ~**schraube** f / eyebolt, lifting eye bolt ‖ ~**sensor** m (Eltro) / ring sensor ‖ ~**skala** f (Mess) / dial scale ‖ ~**spalt** m / annular gap, annular clearance ‖ ~**spurlager** n / collar step bearing ‖ ~**strang** m (Elek) / loop line ‖ ~**straße** f, ringförmige Umgehungsstraße (Straß) / belt highway (US), ring road (GB), orbital road, beltway (US) (US) ‖ ~**topologie** f (Netzwerktopologie) (DV, Tele) / ring topology ‖ ~**verbindung** f (Chem) / cyclic compound, ring compound ‖ ~**walzen** n (Walz) / ring rolling ‖ ~**zacke** f (an der Pressplatte beim Feinschneiden) (Fert) / V-shaped projection (on pressure pad in fine blanking)

Rinmann-Grün n / cobalt green, Rinman's green

Rinne f, Dachrinne f (Bau) / gutter

Rinnenkollektor m (in Solarfarmen) (Ener) / trough collector

Rinnstein m, Bordstein m, Randstein m (Straß) / curb (US), kerb (GB) ‖ ~, Gosse f (Straß) / gutter, street gutter

RIP m, Raster-Image-Prozessor m (Druck, DV) / RIP, raster image processor

Rippe f, Versteifungsrippe f, Verstärkungsrippe f (Techn) / rib ‖ ~, Kühlrippe f / fin ‖ ~ (Tragfläche) (Luft) / wing rib, rib

Rippenheizkörper m, Radiator m (Gliederheizkörper, der seine Wärme durch Konvektion und Wärmeabstrahlung abgibt)

(Bau) / radiator, column radiator, hot-water radiator

rippen • prägen, walzsicken (Vertiefungen o. Erhebungen im Mantel von Hohlkörpern mit umlaufenden Rollen eindrücken) (Fert) / bead vt ‖ ~**rohr** n / finned tube, ribbed tube ‖ ~**rohr mit Kreisrippen** / gilled tube

Ripper m, Straßenaufreißer m (Straß) / ripper

Risiko n, Gefahr f / risk

Riskieren n, Gefährdung f / putting at risk

Riss m, Sprung m / crack n ‖ ~ (in Stoff, Papier etc.) / tear, rip ‖ ~ (z.B. im Anstrich, in einer Schweißung) / crack ‖ ~, Vorderansicht f (Bau, Doku) / front view, front elevation ‖ ~**bildung** f (allg, Mater) / cracking, crack formation ‖ ~**bildung** (Fehler beim Tiefziehen) (Fert) / tearing (open crack in the vertical wall of a drawn part)

Ritzel n, Zahnritzel n (Getrieberad) / pinion ‖ ~ (Fahrrad) / sprocket, cog ‖ ~**paket** n, Zahnkranzkassette f (Fahrrad) / cassette, cogset ‖ ~**paket** n, Zahnkranzpaket n (aufgeschraubt) (Fahrrad) / freewheel

Ritzhärte f (Mater) / scratch hardness

Rizinusöl n / castor oil

RJ-11-Stecker m, RJ-11-Westernstecker m (DV, Tele) / RJ-11 jack or plug, RJ11 connector

RJ45-Stecker m (DV, Tele) / RJ-45 connector

R-Karte f, Spannweitenkarte f (eine Qualitätsregelkarte) (QM) / R chart

RLC-Kreis m, realer Schwingkreis (bei dem i. Ggs. zum idealen Schwingkreis auch der Widerstand berücksichtigt ist) (Eltro) / RLC circuit (resonant circuit incorporating resistance)

RMS-Messgerät n (Elek, Mess) / RMS meter (RMS stands for Root Mean Squared), RMS multimeter

Rn, Radon n (Chem) / radon, Rn

Robervalwaage f (Mess) / Roberval's balance

Roboter m / robot ‖ ~ **in Modulbauweise** / modular robot

Roboter • achse f / robot axis ‖ ~**antrieb** m / robot drive assembly ‖ ~**arbeitsorgan** n, Endeffektor m / end effector (of a robot) ‖ ~**arbeitsraum** m / robot workspace (volume of space which the end-effector of the manipulator can reach), work volume, work envelope ‖ ~**bahnsteuerung** f / continuous-path control (of robots), CP control ‖ ~**bauform** f / robot anatomy ‖ ~**dynamik** f / robot dynamics ‖ ~**einsatz** m, Robotik f / robotics sg, robot technology ‖ ~**freiheitsgrad** m / degree of freedom (of a robot) ‖ ~**gelenk** n / joint (in a robot) ‖ ~**generation** f / robot generation ‖ ~**glied** n / link (parts of a robot connected by joints) ‖ ~**greifer** m / gripper (of a robot), robot gripper ‖ ~**handgelenk** n / wrist (of a robot) ‖ ~**hauptachsen** f pl (die den Arbeitsraum eines Roboters beschreiben) / major axes (used to determine the position of the wrist of a robot) ‖ ~**koordinatensystem** n / robot['s] coordinate system ‖ ~**modul** n (bei Baukastenroboter) / robot module ‖ ~**nebenachsen** f pl / minor axes (determining the orientation of the wrist of the robot) ‖ ~**peripherie** f / robot peripherals ‖ ~**positioniergenauigkeit** f (Genauigkeit, mit der ein Roboter eine Position im Raum, die nicht vorher geteacht wurde, anfahren kann) / accuracy (of a robot - maximum possible error that can occur between the desired target point and the actual position taken by the system) ‖ ⁓**programmiersprache** f / robot programming language ‖ ⁓**programmierung** f / robot programming ‖ ⁓**referenzposition** f / reference position (of a robot) ‖ ⁓**sensorik** f / robot sensors ‖ ⁓**sicherheitssystem** n / robot safety system ‖ ⁓**simulation** f / robot simulation ‖ ⁓**steuerung** f / robot control ‖ ⁓**system** n / robot system ‖ ⁓**technik** f, Robotik f / robotics sg, robot technology ‖ ⁓**tragfähigkeit** f / load capacity, load carrying capacity ‖ ⁓**trajektorie** f / robot trajectory ‖ ⁓**verfahrgeschwindigkeit** f / robot velocity ‖ ⁓**werkzeug** n / tool (of a robot), end-of-arm tooling, EOAT ‖ ⁓**wiederholgenauigkeit** f (Fähigkeit von Industrierobotern, bekannte Punkte mit hoher Genauigkeit anzufahren) / robot repeatability, repeatability (of a robot) ‖ ⁓**zelle** f / robot cell (complete system that includes the robot, controller, and other peripherals such as a part positioner and safety environment), robot workcell

Robotik f / robotics sg, robot technology

robust, widerstandsfähig / sturdy, robust ‖ ⁓ (z.B. Kameragehäuse), unempfindlich / rugged ‖ ⁓ **bauen**, für den Einsatz unter schwierigen äußeren Umständen bauen, unempfindlich machen gegen raue Behandlung / ruggedize (electronic equipment, cameras, and other delicate instruments)

Robustheit f / robustness, sturdiness ‖ ⁓ (z.B. eines Kameragehäuses), Unempfindlichkeit f / ruggedness (capability to endure wear)

Rockwellhärte f (mit Stahlkugel: = HRB, HRF, mit Diamantkegel: = HRA, HRC) (Mater) / HR (HRB, HRF = ball, HRC, HRA = cone), Rockwell hardness [number]

Rodung f / clearing, grubbing

rohes Erdöl n, Rohöl n (Öl) / crude oil, crude n, petroleum, crude petroleum

Roh •..., unverarbeitet / raw, crude ‖ ⁓**bau** m (Bauwerk, dessen Mauerwerk, Decken und Dach fertiggestellt sind, in dem aber noch kein Ausbau stattgefunden hat) (Bau) / structure (of a building, its walls, floors, and roof, but not finishings or joinery), fabric ‖ ⁓**bau**, Rohkarosserie (Kfz) / body-in-white ‖ ⁓**block** m (fester Rohstahl, sofern er in anderen Querschnitten vorliegt als für Rohbrammen angegeben), Gussblock m (Gieß) / cast ingot (cross section square, rectangular with a width to thickness ratio of less than 2, intended for subsequent rolling or forging), ingot ‖ ⁓**bramme** f (Gussstück mit etwa rechteckigem Querschnitt, die Breite ist mindestens doppelt so groß wie die Dicke) (Gieß) / slab ingot ‖ ⁓**daten** pl, unaufbereitete Daten (DV) / raw data pl ‖ ⁓**dichte** f (eines porösen Festkörpers) / bulk density ‖ ⁓**eisen** n (Hütt) / pig iron ‖ ⁓**eisenabstich** m (des Hochofens) (Hütt) / iron notch (for tapping) ‖ ⁓**erz** (Bergb) / crude ore, raw ore ‖ ⁓**karosserie** (Kfz) / body-in-white

Rohling m / blank (e.g. for key) ‖ ⁓, Grünling m, Vorpressling m (PM) / green compact ‖ ⁓ (unbearbeitetes vorgeschmiedetes Werkstück beim Gesenkschmieden) (Schm) / blank ‖ ⁓ (Keram) / green piece (ceramic piece after shaping but prior to firing) ‖ ⁓, CD-Rohling m

(Audio, DV) / blank CD ‖ ⁓ (für Schallplatten) (Audio) / biscuit (for records), preform

Roh • **material** n, Rohstoff m (allg) / raw material ‖ ⁓**material**, Einsatzmaterial n (ChT, Fert) / feedstock ‖ ⁓**öl** n, Erdöl n (rohes) (Öl) / crude oil, crude n, petroleum, crude petroleum ‖ ⁓**öltanker** m (Schiff) / crude tanker ‖ ⁓**phosphat** n / rock phosphate

Rohr n, Röhre f / tube n (long, hollow cylinder of metal, plastic, glass, etc. for holding or transporting esp. liquids or gases - such as used in heat exchangers and boilers) ‖ ⁓, Leitungsrohr n / pipe (a hollow cylinder of metal, plastic, etc. commonly used for pipelines and connections for conveying water, gas, oil, or other fluid substances from point to point) ‖ ⁓... / tubular ‖ ⁓**artig** / tubular ‖ ⁓**auskleidung** f (zur Abstützung von nicht standfestem Baugrund beim Bohren), Casing n (Bau, Öl) / casing ‖ ⁓**bogen** m (Rohrformstück, typisch 45°, 90°, 180°) / elbow, bend ‖ ⁓**bruch** m (Rohr) / pipe burst ‖ ⁓**brunnen** m / tube well, drilled o. bore well ‖ ⁓**bündel** n (im Rohrbündelwärmeübertrager) / bundle of tubes ‖ ⁓**bündelwärmetauscher** m / shell and tube heat exchanger ‖ ⁓**bündel-Wärmeübertrager** m / shell and tube heat exchanger

Röhre f / tube (rigid cylindrical container for e.g. tablets) ‖ ⁓, Rohr n / tube n (long, hollow cylinder of metal, plastic, glass, etc. for holding or transporting esp. liquids or gases - such as used in heat exchangers and boilers) ‖ ⁓, Leitungsrohr n / pipe (a hollow cylinder of metal, plastic, etc. commonly used for pipelines and connections for conveying water, gas, oil, or other fluid substances from point to point) ‖ ⁓, Elektronenröhre f (Eltro) / electron tube, vacuum tube, tube, valve

Rohreinbaupumpe, In-line-Pumpe f / in-line pump

Röhren •... / tubular ‖ ⁓**blitzgerät** n, Elektronenblitzgerät n (Foto) / electronic flash [unit] ‖ ⁓**förmig** / tubular ‖ ⁓**kolben** m (einer Elektronenröhre) (Eltro) / envelope (of an electron tube) ‖ ⁓**libelle** f (Instr) / tube level, tubular level ‖ ⁓**zelle** f (Brennstoffzelle) (Chem, Elek) / tubular cell

Rohr • **federmanometer** n, Bourdonfedermanometer n (Mess, Phys) / Bourdon gauge, pressure gauge ‖ ⁓**fernleitung** f, Pipeline / pipeline n ‖ ⁓**förmig** / tubular ‖ ⁓**Formstück** n, Fitting m (Rohr) / pipe fitting (for connecting lengths of pipes), fitting ‖ ⁓**gewinde** n / pipe thread ‖ ⁓**isolierung** f (Rohr) / lagging (thermal insulation on the outside of pipes or tanks) ‖ ⁓**krümmer** m, Rohrbogen m (Rohrformstück, typisch 45°, 90°, 180°) / elbow, bend ‖ ⁓**kühler** m / tubular cooler ‖ ⁓**lager** n, Rack m (Öl) / pipe rack ‖ ⁓**leitung** (für Flüssigkeiten, Gase) / pipe ‖ ⁓**leitung** f, Pipeline, Rohrfernleitung f / pipeline n ‖ ⁓**leitung**, Verrohrung f (als Ganzes) / piping, pipework ‖ ⁓**leitungsarmatur** f (Vorrichtung zum Sperren u. Regeln des Durchflusses in Rohrleitungen; Sammelbezeichnung für Ventil, Schieber, Klappe, Hahn) (ChT, Rohr) / valve (any device for halting or controlling the flow of a liquid or gas through a passage, pipe, etc.) ‖ ⁓**leitungssystem** n, Rohrnetz n / piping, piping system ‖ ⁓**luppe** f (hohlzylindrisches

Zwischenprodukt bei der Herstellung nahtloser Rohre) (Fert) / tube blank, pierced billet ‖ ≈**material** n, Rohre n pl / piping, tubing ‖ ≈**motor** m (Elek) / tubular motor ‖ ≈**muffe** f / socket (GB), bell (US) ‖ ≈**mühle** f (für Feinmahlen) / tube mill ‖ ≈**netz** n, Rohrleitungssystem n / piping, piping system ‖ ≈**reibung** f (Techn) / pipe friction, friction in pipes ‖ ≈**reibungszahl** f / pipe friction coefficient ‖ ≈**reinigungsspirale** f (Sanitär) / plumber's snake, toilet jack, auger ‖ ≈**schelle** / clamp (for clamping pipe) ‖ ≈**schlange** f (Rohr) / tube coil, pipe coil ‖ ≈**schlüssel** m, Rohrsteckschlüssel m (in der Form eines Rohrstückes, an dessen Enden z.B. Innensechskant-Konturen, die auf die gewünschten Schraubenköpfe oder Muttern passen, ausgeformt sind) (Wz) / tubular box spanner, tubular box wrench ‖ ≈**schlüssel** s.a. Rohrzange ‖ ≈**steckschlüssel** m (in der Form eines Rohrstückes, an dessen Enden z.B. Innensechskant-Konturen, die auf die gewünschten Schraubenköpfe oder Muttern passen, ausgeformt sind) (Wz) / tubular box spanner, tubular box wrench ‖ ≈**stopfen** m, Verschlussstopfen m, Rohrverschluss m / pipe plug ‖ ≈**strang** m (Öl, Rohr) / string ‖ ≈**stück** n / pipe section, pipe length, tube section, tube length ‖ ≈**stutzen** m, Anschlussstutzen m, Ansatzrohrstück n / connecting piece, connection piece ‖ ≈**verbindung** f / pipe joint, pipe connection ‖ ≈**verbindung** s.a. Schraubverbindung ‖ ≈**verlegung** f, Verlegen n von Rohrleitungen / piping, pipe fitting, pipelaying ‖ ≈**verschluss** m, Verschlussstopfen m, Rohrstopfen m / pipe plug ‖ ≈**verschraubung** f / union, pipe union ‖ ≈**verteiler** m / manifold, pipe manifold ‖ ≈**zange** f, Standardrohrzange f (i. Ggs. zur Einhandrohrzange) (Wz) / plumber wrench ‖ ≈**zange**, Einhandrohrzange f (Wz) / pipe wrench, Stillson wrench ‖ ≈**ziehen** n, Gleitziehen n von Hohlkörpern (Fert) / tube drawing ‖ ≈**ziehen** (Glas) / drawing of pipes o. glass tubes ‖ ≈**ziehen über festen Stopfen o. Dorn** (Fert) / fixed mandrel tube drawing, fixed plug tube drawing ‖ ≈**ziehen** m **von Hohlkörpern über losen, fliegenden o. schwimmenden Dorn bzw. Stopfen** (Fert) / floating plug tube drawing ‖ ≈**ziehverfahren** n (Glas) / tube-drawing process

Roh•stahlblock m, Stahlblock m / steel ingot ‖ ≈**stoff** m (allg) / raw material ‖ ≈**stoff** f, Ausgangsmaterial n (Chem) / starting material ‖ ≈**stoff** m, Rohmaterial n, Einsatzmaterial n (ChT, Fert) / feedstock ‖ ≈**stoffrückgewinnung** f (Umw) / resource recovery ‖ ≈**teil** n, unbearbeitetes Werkstück (Fert) / raw workpiece ‖ ≈**teil**, Grünling m, Vorpressling m (PM) / green compact ‖ ≈**wasser** n / untreated water, raw water

Roll•achse f, Längsachse f (Luft) / longitudinal axis, roll axis ‖ ≈**achse** (Achsbauart) / roll axle ‖ ≈**bahn**, Taxiway m, Rollweg m (Luft) / taxiway, taxyway ‖ ≈**bahn**, Lauffläche f (Wälzlager) / race, raceway (of rolling-contact bearing) ‖ ≈**bahnmarkierung** f (Luft) / taxiway marking ‖ ≈**balken** m, Bildlaufleiste f (DV) / scroll bar ‖ ≈**bedingung** f / rolling condition ‖ ≈**bewegung** f (Phys) / rolling motion ‖ ≈**bewegung** (Luft, Schiff) / roll, rolling

Rolle f, Trommel f / reel n (for hose, rope, cable, wire etc) ‖ ≈ (Garn, Zwirn) / reel (of thread) ‖ ≈ (Papier), Papierrolle f / reel, paper reel ‖ ≈ [Film], Filmrolle f (Film) / reel (of film) ‖ ≈ (z.B. der Rollenbahn) / roller ‖ ≈ f (zur Führung eines Seils oder einer Kette, zur Änderung der Richtung einer Zugkraft z.B. im Flaschenzug) (Masch, Phys) / pulley ‖ ≈, Laufrolle f, kleines Rad / roller ‖ ≈ (Stuhl-, Möbel-, Schwenk-, Gleitrolle etc.), Laufrolle f / caster (under a piece of furniture, a machine, etc.), castor ‖ ≈, Rollkörper m (des Wälzlagers) (Masch) / roller (of the roller bearing) ‖ ≈ (auf der Gardinen verschoben werden) / runner ‖ ≈ (volle Drehung) (Luft) / roll ‖ ≈ (die jd. o. etw. z.B. bei einer Entscheidung o. im internationalen Handel spielt) / part, role

rollen vt vi / roll vt vi ‖ ~ vi (z.B. zur Startbahn) (Luft) / taxi vi vt ‖ ~ (sich um die Längsachse drehen) (Luft, Schiff) / roll vi ‖ ≈ n, Einrollen n (von Blechrändern) (Fert) / curling ‖ ≈**bahn** f (schwerkraftbetrieben) (Förd) / gravity roller conveyor ‖ ≈**bahn** (motorisch angetrieben) (Förd) / live roller conveyor ‖ ≈**bandmaß** n (Bau, Mess) / tape measure (with crank on the side of the case), measuring tape, tape

rollende Reibung, Rollreibung f (Mech) / rolling friction

Rollen•druckmaschine f (Druck) / web-fed press, web-fed printing press ‖ ≈**dynamo** m, Walzendynamo m (Fahrrad) / bottom bracket dynamo ‖ ≈**freilauf** m (Masch) / trapped roller freewheel, roller type freewheel ‖ ≈**gruppe** f, Flasche f (Rollenkombination im Flaschenzug), Kloben m / block n ‖ ≈**hebel** m / roller lever ‖ ≈**kette** f / roller chain ‖ ≈**lager** n (Wälzlagerbauform mit Rollen als Wälzkörper) / roller bearing ‖ ≈**lager**, Turmrollenlager n (Öl) / crown block ‖ ≈**maschine** f (Druck) / web-fed press, web-fed printing press ‖ ≈**nahtschweißen** n **mit kontinuierlicher Elektrodendrehbewegung** (Schw) / continuous motion [seam] welding ‖ ≈**nahtschweißen mit schrittweiser Elektrodendrehbewegung** (Schw) / intermittent motion [seam] welding ‖ ≈**nahtschweißmaschine** f (Wzm) / seam welding machine ‖ ≈**punktnaht** f (Schw) / individual spot welds (in resistance seam welding) ‖ ≈**schritt-Nahtschweißen** n (Schw) / intermittent motion [seam] welding ‖ ≈**umlaufschuh** m (Linearlager) / linear roller bearing ‖ ≈**zug** m, Block m / set of (fixed and movable) pulleys, tackle system, tackle assembly

Roller m, Motorroller m (Kfz) / motor scooter, scooter

Roll•feld n (Luft) / taxiing area ‖ ≈**film** m (Foto) / roll film ‖ ≈**gabelschlüssel** m, Engländer m (Wz) / adjustable spanner (GB), Crescent® wrench (US), shifting spanner (GB), shifter (shifting spanner)(GB), adjustable-angle head wrench (US), adjustable wrench (US), adjustable end wrench (US), monkey wrench ‖ ≈**körper** m (des Wälzlagers), Rolle f (Masch) / roller (of the roller bearing) ‖ ≈**kurve** f, Zykloide / cycloid ‖ ≈**material** n (Bahn) / rolling stock

Rollo m, Vorhang m (eines Schlitzverschlusses), Verschlussvorhang m (Foto) / curtain, shutter curtain

Roll•reibung f (Mech) / rolling friction ‖ ~reibung mit Schlupf (= kleiner Anteil Gleiten), Wälzreibung f / combined sliding and rolling friction ‖ ~schneider m (zum Schneiden von z.B. Leder, Papier) (Wz) / spline roller ‖ ~sicken, walzsicken (Vertiefungen o. Erhebungen im Mantel von Hohlkörpern mit umlaufenden Rollen eindrücken) (Fert) / bead vt ‖ ~stuhl m (MT) / wheelchair ‖ ~tor n / rolling door, rollup door ‖ ~treppe f (Förd) / escalator, moving stairway, moving staircase ‖ ~weg m, Taxiway m, Rollbahn f (Luft) / taxiway, taxyway ‖ ~widerstand m (Kfz, Luft) / rolling resistance ‖ ~widerstand, Rollreibung f (Mech) / rolling friction

ROM n, Nur-Lese-Speicher m (DV) / ROM, read-only memory

Rondendurchmesser m (Fert) / circular blank diameter

Röntgen•apparat m (MT) / X-ray machine ‖ ~beugung f / X-ray diffraction ‖ ~bild n (Mater, Med) / X-ray photograph ‖ ~fluoreszenz-Analyse f / X-ray fluorescent analysis ‖ ~fluoreszenzstrahlung f, charakteristische Röntgenstrahlung (Phys) / characteristic radiation, characteristic X-radiation, characteristic X-rays ‖ ~gerät n (MT) / X-ray machine ‖ ~prüfung f (Techn) / X-ray inspection ‖ ~- o. Gammastrahlen-prüfung f, Prüfung f mit Röntgen- oder Gammastrahlen (zur zerstörungsfreien Werkstoffprüfung) (Mater) / radiographic test[ing] ‖ ~röhre f (MT) / X-ray tube ‖ ~strahlen m pl / X-rays pl ‖ ~strahlprüfung f (Techn) / X-ray inspection ‖ ~-Strahlung f / X-ray radiation, X-radiation

Roots•gebläse n (ein mechanischer Lader für Verbrennungsmotoren) (Mot) / Roots blower, rotating-lobe supercharger, Roots supercharger ‖ ~-Lader m (ein mechanischer Lader für Verbrennungsmotoren), Rootsgebläse n (Mot) / Roots blower, rotating-lobe supercharger, Roots supercharger ‖ ~pumpe f (Vak) / Roots pump

Rosettendehnungsmessstreifen m (Mess) / rosette strain gauge

Rost m (Hütt) / rust (corrosion of iron or steel) ‖ ~, Gitterrost m / grating, grate ‖ ~ (in der Feuerungstechnik), Feuerrost / grate ‖ ~beständig, rostfrei / rust-resistant, resistant to rust, rustproof ‖ ~beständig (Stahl), rostfrei / stainless

rostend, nicht ~, rostbeständig, rostfrei / rust-resistant, resistant to rust, rustproof ‖ nicht ~er Stahl / stainless steel

rost•fest, rostbeständig, rostfrei / rust-resistant, resistant to rust, rustproof ‖ ~feuerung f / grate firing

rostfrei, rostbeständig / rust-resistant, resistant to rust, rustproof ‖ ~, rostbeständig (Stahl) / stainless ‖ ~er Stahl / stainless steel

Röstofen m (Hütt) / roasting furnace

Rost•schutzanstrich m / antirust coating ‖ ~sicher, rostbeständig, rostfrei / rust-resistant, resistant to rust, rustproof

rote Ampel, Rotlicht n (Verk) / stoplight (on traffic light), red light

Rot n, rote Ampel (Verk) / stoplight (on traffic light), red light

Rotarybohren n, Rotary-Verfahren (Bergb, Öl) / rotary drilling

Rotation f (allg, Astr, Mech) / rotation ‖ ~ (Math) / curl, rotation (of a vector field), rot v ‖ in ~ versetzen, drehen / rotate vt

Rotations•achse f, Drehachse f (Mech) / axis of rotation, rotation axis, rotational axis ‖ ~arbeit f (Phys) / rotary work ‖ ~bewegung f / rotating motion, rotation, rotary motion, rotational movement, rotational motion, rotatory motion ‖ ~dichroismus m, Circulardichroismus m (Chem, Opt) / circular dichroism ‖ ~energie f / rotational energy ‖ ~gebläse n / rotary blower ‖ ~geschwindigkeit f, Drehgeschwindigkeit f / rotation speed, speed of rotation, rotating speed ‖ ~kolben m (Mot) / rotary piston ‖ ~kolbenmotor (Mot) / rotary engine, pistonless rotary engine, rotary piston engine (using rotors or rotary pistons instead of conventional reciprocating pistons) ‖ ~kolbenverdichter m / rotary compressor, rotary piston compressor ‖ ~kompressor m / vane compressor, rotary vane compressor ‖ ~körper m / body of revolution, rotational solid, solid of revolution ‖ ~leistung f (Masch) / rotation power ‖ ~pumpe f / rotary pump ‖ ~tiefdruck m (industrieller), Rakeltiefdruck m (Druck) / gravure, gravure printing, rotogravure, rotogravure printing, intaglio printing ‖ ~verdichter m / rotary compressor

Rotguss m (Legierung aus Zinn u. Zink, auch Blei bei Hauptanteil Kupfer) (Hütt) / gunmetal, red brass

rotieren vi / rotate vi, revolve

rotierend•e Bewegung, Rotationsbewegung f / rotating motion, rotation, rotary motion, rotational movement, rotational motion, rotatory motion ‖ ~er Zeiger, Drehzeiger m (Elek) / rotary phasor

Rot•licht n, rote Ampel (Verk) / stoplight (on traffic light), red light ‖ ~nickel n, Arsennickel n (NiAs) (Min) / arsenical nickel, niccolite, nickeline, copper nickel ‖ ~nickelkies m, Arsennickel n (NiAs) (Min) / arsenical nickel, niccolite, nickeline, copper nickel

Rotor m / rotor (of a centrifuge, gear pump, wind turbine) ‖ ~ (des Hubschraubers etc.) (Luft) / rotor, helicopter rotor ‖ ~, Läufer m (Elek) / rotor, armature (in a DC motor or generator) ‖ ~, Rotation f (Math) / curl, rotation (of a vector field), rot v ‖ ~anlasser m, Läuferanlasser (Elek) / rotor starter ‖ ~blatt n (Ener) / rotor blade (of wind turbine), blade ‖ ~blatt (Hubschrauber) (Luft) / rotor blade ‖ ~bremse f (Ener) / rotor brake ‖ ~drehzahl f / rotor speed ‖ ~flugzeug n (Luft) / rotorcraft, rotary-wing aircraft, rotor plane ‖ ~kopf m (gesamte Rotorbaugruppe ohne Blätter) (Luft) / rotor head ‖ ~nabe f (Ener, Luft) / rotor hub (of wind turbine, helicopter) ‖ ~verdichter m, Rotationskompressor m / vane compressor, rotary vane compressor ‖ ~welle f (Luft) / rotor shaft ‖ ~welle, Läuferwelle f (Elek) / rotor shaft

Rotschlamm m (Hütt) / red mud

Rough-Terrain-Kran m (geländegängiger Langsamläufer mit Teleskopausleger) (Förd) / rough terrain crane

Route f, Weg m, Strecke f / route n, course, way

Router m (Tele) / router (interface between two networks)

Roving n, Faserstrang m (Plast) / roving

ROZ, Research-Oktanzahl f (Mot) / research octane number, RON

RS-Flipflop n (Eltro) / SR flip-flop, RS-flipflop
(= reset/set), set-reset flipflop
RSG, Ringschneide f (Schraubenende, DIN 78) /
cup point
RSG, Reaktionsschaumguss m (Plast) / RIM
technology, reaction injection moulding, RIM,
reactive injection mo[u]lding system
RS-Kippschaltung f (Eltro) / SR flip-flop,
RS-flipflop (= reset/set), set-reset flipflop
RT, Ruftaste f (Sprechanlge) (Tele) / call button
RTM, Rastertunnelmikroskop n (Mikros) /
scanning tunneling microscope, tunnelling
microscope, STM
Ru, Ruthenium n (Chem) / ruthenium, Ru
Rubidium n (Chem) / rubidium, Rb
Rubinlaser m (Phys) / ruby laser
Ruck m (allg, Phys) / jerk, jolt
Rückansicht f (Doku) / rear view || ≈ (Bau, Doku)
/ rear view, back elevation
ruckartig adj / jerky || ~ adv / by jerks and jolts,
jerkily
Rück•bewegung f, Rückwärtsbewegung f / return
movement || ≈**blickspiegel** m, Rückspiegel m
(Kfz) / driving mirror, rear view mirror, inside
rear-view mirror
Rückenlehne f (Kfz) / seat back, back rest
Rück•erwärmung f (des Külbels zum Ausgleich
von Temperaturunterschieden) (Glas) /
reheating || ≈**expansion** f (bei Verdichtern)
(Masch) / expansion || ≈**fahrscheinwerfer** m
(Kfz) / backup light (US), reversing light (GB),
reverse light, reversing lamp, reverse lamp ||
≈**fallzeit** f, Abfallzeit f (eines Relais) (Eltro) /
release time (of relay), drop-out time ||
~**federn,** zurückspringen / snap back, fly back,
spring back v || ≈**federn** n, Rückfederung f
(beim Biegeumformen) (Fert) / springback ||
≈**federung** f / resilience, resiliency ||
≈**federung** (beim Biegeumformen),
Rückfedern n (Fert) / springback || ≈**flanke** f
(eines Impulses) (Eltro) / trailing edge (of a
pulse), falling edge, back edge || ≈**fluss** m /
return flow, backflow || ≈**fluss** (Chem, ChT) /
reflux || ≈**flussdämpfung** (Tele) / reflection
loss, return loss || ≈**flussverhinderer** m / check
valve, nonreturn valve, back-pressure valve
ruckfrei, ruhig, gleichmäßig / smooth, not jerky,
without jerks or jolts
Rück•führmoment n, Rückstellmoment n (Luft,
Schiff) / restoring moment || ≈**ührung** f,
Rückkopplung f, Feedback n (allg, Elek, Eltro,
Regel) / feedback n || negative ≈**führung**
(Regel) / degeneration, negative feedback,
degenerative feedback, reverse feedback,
stabilized feedback, inverse feedback || ≈**gang**
m, Verringerung f, Abnahme f / decrease n [in],
reduction, drop [in] (in prices, quality,
amount, temperature), diminishing,
diminution || ~**gängig machen** (DV) / undo ||
~**gewinnen,** zurückgewinnen (z.B. Energie) /
recover v t, recapture, regain v t || ≈**gewinnen** n
(z.B. von Energie) / recovery || ≈**gewinnung** f
(z.B. von Energie) / recovery ||
≈**gewinnungsbremsung** f, Nutzbremsung f
(beim Bremsen wird der Elektromotor des
Antriebs als Generator verwendet, die
Bewegungsenergie wird dabei als elektrischer
Strom zurückgewonnen) (Elek) / regenerative
braking || ≈**halteautomatik** m, Gurtsperre f
(Kfz) / inertia lock retractor, retractor, seat
belt retractor || ≈**haltesystem** n (Kfz) /

restraint system || ≈**holfeder** f (Kfz, Masch) /
return spring || ≈**hub** m (Masch) / return stroke
Rückkopplung f, Feedback n (allg, Elek, Eltro,
Regel) / feedback n || ≈, akustische
Rückkopplung (Akust, Eltro) / acoustic
feedback, feedback, acoustic regeneration ||
negative ≈ (Eltro, Radio) / negative feedback,
degeneration, degenerative feedback, reverse
feedback, stabilized feedback, inverse
feedback
Rückkopplungs•hemmung f, Endprodukt-
hemmung f (Biochem) / feedback inhibition ||
≈**kreis** m (Elek) / regenerative circuit ||
≈**schaltung** f (Elek, Eltro) / feedback circuit ||
≈**schleife** f / feedback loop
Rücklauf m, Rückfluss m / return flow, backflow
|| ≈, Rückwärtsbewegung f zum
Ausgangspunkt / return travel, return || ≈ (des
Elektronenstrahls) (Horizontal- o.
Vertikalrücklauf) (DV, Radar, TV) / flyback,
retrace || ≈ (Audio, Magn, Video) / rewind, fast
rewind || ≈**austastung** f (Eltro, TV) / blanking,
blackout || ≈**leitung** f / return line ||
≈**sicherung** f, Rücklaufsperre f (Masch) /
holdback, return stop || ≈**sperre** f (Masch) /
holdback, return stop || ≈**temperatur** f
(Heizung) / return temperature (heating)
Rück•licht n, Schlussleuchte f (Kfz) / rear light
(GB), tail light (US), tail lamp (US) ||
≈**lieferungszähler** m (über den die gesamte
Stromproduktion einer Eigenerzeugungsanlage in das öffentliche Netz eingespeist
wird) (Elek) / export meter
Rückmeldung f, Feedback n / feedback (of
information) || negative ≈ (DV, Tele) / negative
acknowledgement, NAK || positive ≈,
ACK-Signal (zur Bestätigung des korrekten
Empfangs) (Eltro, Tele) / positive
acknowledgment, ACK, acknowledge[e]ment
character (indicating that the data sent has
been received correctly)
Rück•prall m (allg, Phys) / bounce n, rebound ||
≈**projektionsfernseher** m (TV) /
rear-projection TV
Rückschlag•klappe f (ein Rückflussverhinderer)
/ clack valve (simple valve with a hinge on one
side which allows fluid to flow in only one
direction), clack, clapper valve, flap valve ||
≈**ventil** n / check valve, nonreturn valve,
back-pressure valve
rück•setzen (auf Ausgangswert, in
Ausgangszustand) / reset (e.g. a relay, counter)
|| ≈**setzknopf** m, Rückstellknopf m (z.B. an
Stopuhr, Tageskilometerzähler) / reset button
|| ≈**sitz** m (Kfz) / backseat, rear seat || ≈**spiegel**
m (Kfz) / driving mirror, rear view mirror,
inside rear-view mirror
Rücksprung•härte f (Mater) / rebound hardness
|| ≈**härteprüfer** m (Mater) / scleroscope, Shore
scleroscope || ≈**härteprüfung** f (Mater) /
scleroscope hardness test || ≈**höhe** m (bei der
Rücksprunghärteprüfung nach Shore) (Mater)
/ rebound height || ≈**palette** f (Trans) / wing
pallet
Rückspul•knopf m (Foto) / rewind knob || ≈**taste**
f (Audio, Video) / rewind button
Rückstand m, Verzug m / delay n || ≈ (Aufträge,
Arbeiten usw.) / backlog || ≈ (bei
Verdampfung, Verbrennung, Destillation etc.)
(Chem) / residue, residuum || ≈, Bodensatz m
(in einer Flüssigkeit aufgrund von
Sedimentation) (allg, Chem) / sediment n,

deposit n ‖ ~, Abfall m (bei Mineralienaufbereitung), Rückstände fpl (Bergb, ChT) / tailings pl, tails pl

Rückstau m (z.B. von Abwasser, Fahrzeugen) / backup (e.g. of sewage, cars) ‖ ~, Rückstand m (Aufträge, Arbeiten usw.) / backlog

Rück•stellelastizität f (Gummi) / resilience ‖ ~stellen, rücksetzen (auf Ausgangswert, in Ausgangszustand) / reset (e.g. a relay, counter) ‖ ~**stellfeder** f (mit Rückstellfunktion) / return spring ‖ ~**stellknopf** m (z.B. an Stopuhr, Tageskilometerzähler) / reset button ‖ ~**stellkraft** f, Federkraft f (rücktreibende Kraft einer Feder, die der Kraft, die eine Längung der Feder bewirkt, entgegengesetzt ist) (Phys) / restoring force ‖ ~**stellmoment** n (rückstellendes Drehmoment) (Phys) / restoring moment, restoring torque ‖ ~**stellmoment** (Luft, Schiff) / restoring moment ‖ ~**stellung** f (in die Ausgangslage) / reset ‖ ~**stellungen** f (in der Bilanz) (Wirtsch) / provisions pl ‖ ~**stoß** m (Mech) / repulsion ‖ ~**stoß** m (bei einer Waffe) (Mil) / recoil ‖ ~**stoß** m (bei Rakete, Strahltriebwerk) (Luft, Raumf) / reaction ‖ ~**stoß** (infolge Frühzündung) (Mot) / back kick‖ ~**stroßantrieb** m, Strahlantrieb m (Luft, Raumf) / jet propulsion, reaction propulsion ‖ ~**strahler** m (z.B. am Fahrrad), Katzenauge n / reflector ‖ ~**streuung** f (Phys) / backscatter, backscattering ‖ ~**strom** m, Rückfluss m / return flow, backflow ‖ ~**taste** f (mit der das links vom Cursor stehende Zeichen gelöscht wird), Backspace-Taste (DV) / backspace n, backspace key ‖ ~**trittbremse** f (Fahrrad) / coaster brake, back pedal brake, foot brake ‖ ~**verfolgbarkeit** f (von Produkten, Handelsware, Anforderungen) / traceability ‖ ~**verfolgen** (Produkte, Handelsware, Anforderungen) / trace

Rückwand f (Bau) / rear wall, back wall ‖ ~ (eines Gehäuses) / back panel ‖ ~ (einer Kamera), Kamerarückteil n (Foto) / camera back

rückwärts fahren, zurücksetzen (Kfz) / back [up] (e.g. a car), reverse ‖ ~ **fahren** / reverse, back (a car), back up vi vt (e.g. car) ‖ ~**gebogen** / backward-bent, bent backwards, backward curved ‖ ~ **gekrümmt** / backward-bent, bent backwards, backward curved ‖ ~ **leitend** (Eltro) / reverse conducting ‖ ~ **sperrend** (Eltro) / reverse blocking

Rückwärts•... / backward ‖ ~**bewegung** f / return movement ‖ ~**diode** f (Eltro) / AU diode, unitunnel diode, backward diode ‖ ~**gang** m / reverse gear, reverse ‖ ~**richtung** f (bei PN-Übergang), Sperrrichtung m (Eltro) / reverse direction ‖ ~**schweißen** n / backhand welding, right-hand welding, rightward welding, backward welding ‖ ~**spannung** f, Spannung f in Sperrrichtung (an pn-Übergang) (Eltro) / reverse voltage, reverse bias ‖ ~**strom** m (Eltro) / reverse current ‖ ~**wellenröhre** f, Carcinotron n (Eltro) / backward-wave oscillator, carcinotron, BWO, backward-wave tube ‖ ~**zählen zum Start** n, Count-down m (Raumf) / countdown ‖ ~**zähler** m (Eltro) / down counter

rück•weisen (QM) / reject (opposite: accept) ‖ ~**weisung** f (QM) / rejection ‖ ~**wirkung** f, Reaktion f (Phys) / reaction ‖ ~**ziehungsverfahren** n (Suchstrategie) (KI) /

backtracking ‖ ~**zugfeder**, Rückstellfeder f (mit Rückstellfunktion) / return spring

Ruder n, Schiffsruder n (Schiff) / rudder ‖ ~, Steuerfläche f (am Leitwerk und Tragflügel - Querruder, Seitenruder, Höhenruder) (Luft) / control surface ‖ ~**blatt** n (Schiff) / rudder blade ‖ ~**haus** n (Schiff) / wheelhouse

Ruf•annahmetaste f (Tele) / call key (cellphone) ‖ ~**bereich** m (Funkrufdienst), Rufzone f (Tele) / call zone, paging zone

rufender Teilnehmer (Tele) / caller, calling party, calling subscriber

Ruf•nummer f (Tele) / telephone number, phone number, number, subscriber number ‖ ~**nummernanzeige** f (Tele) / calling line identification presentation, caller ID, CLI (calling line identification), calling line identification, calling line ID, CLID (calling line identification presentation), CLIP (calling line identification presentation), calling number display ‖ ~**nummernidentifizierung** f (Tele) / calling line identification presentation, caller ID, CLI (calling line identification), calling line identification, calling line ID, CLID (calling line identification), CLIP (calling line identification presentation), calling number display ‖ ~**nummernunterdrückung** f (Tele) / calling line identification restriction, CLIR, call number suppression ‖ ~**nummerübermittlung** f (Tele) / calling line identification presentation, caller ID, CLI (calling line identification), calling line identification, calling line ID, CLID (calling line identification presentation), CLIP (calling line identification presentation), calling number display ‖ ~**taste** f (Tele) / call key (cellphone) ‖ ~**taste** (Sprechanlge) (Tele) / call button ‖ ~**taste** (Aufzug) / call button ‖ ~**ton** m (Tele) / ringer tone (tones produced by a phone to alert the owner of an incoming call), ringtone ‖ ~**ton**, Freizeichen n (Tele) / ringing tone (indicating that the called terminal is being rung), called terminal free signal (in a telephone system) ‖ ~**umleitung** f, Anrufweiterschaltung f (Tele) / call forwarding, call diversion ‖ ~**umleitung im Besetztfall** (Tele) / call forwarding on busy, CFB ‖ ~**weiterleitung**, Anrufweiterschaltung f (Tele) / call forwarding, call diversion ‖ ~**zone** f (Funkrufdienst) (Tele) / call zone, paging zone

Ruhe•kontakt m, Öffner m (im Arbeitszustand geöffnet, im Ruhezustand geschlossen) (Elek) / normally closed contact, NC contact, NCC, break contact ‖ ~**lage** (Mech) / position of rest

ruhend, statisch / static, statical ‖ ~ (Ggs.: sich bewegend) / stationary ‖ ~ (nicht tätig o. betätigt) / non-operative, at rest ‖ ~**e Belastung** (Mech) / static loading ‖ ~**e Flüssigkeit** f (Phys) / fluid at rest ‖ ~**er Körper** (Phys) / static body ‖ ~**e Luft** / still air

Ruhe•reibung f, Haftreibung f / friction of rest, static friction, sticking friction, stiction ‖ ~**stellung** f, Normalstellung f / normal position ‖ ~**stellung**, Grundstellung f, Ausgangsstellung f / home position, initial position, starting position ‖ ~**stellung**, Aus-Stellung f / off-position, idle position, inoperative position ‖ ~**stellung**, Neutralstellung / neutral position ‖ ~**stellung**, Ruhelage / rest position ‖ ~**zeit** f (IE) / rest period ‖ ~**zustand** m (Techn) / idle state

ruhig, geräuscharm / low-noise, quiet ‖ ~,
geräuschlos / noiseless, silent ‖ ~, gleichmäßig
/ smooth, not jerky, without jerks or jolts
Rührbesen m (bei Hand- o. Standrührgerät)
(HG) / beater (of hand or stand mixer)
rühren, umrühren / stir ‖ ~, umrühren (kräftig,
v.a. maschinell) / agitate ‖ ~ (sich), sich
bewegen / stir, move vi
Rührer m (ChT) / agitator, stirrer, mixer
Rührwerk n (ChT) / agitator, stirrer, mixer
Rumpf m (Luft) / fuselage ‖ ~ (Schiff) / hull ‖
~**holm** m, Längsträger m (Luft) / longeron
rund / round ‖ ~, kreisförmig / circular ‖ ~**e
Klammer** (Druck, Math) / round bracket,
parenthesis (pl: -theses) ‖ ~ **machen**,
abrunden (z.B. Kante) / round vt [off or out]
Rund•biegemaschine f (Wzm) / roll bending
machine, circular bending machine ‖ ~**biegen**,
runden (Blech) (Fert) / bend ‖ ~**brecher** m /
gyratory breaker, gyratory crusher, rotary
crusher ‖ ~**dichtung** m / O-ring ‖ ~**draht** m /
round wire ‖ ~**eisen** n / round bars pl
runden, abrunden / round [off] ‖ ~ (Blech),
rundbiegen (Fert) / bend ‖ ~ (z.B. auf 1, 2
Stelle[n] nach dem Komma) (Math) / round
[off](e.g. to one decimal place, to two decimal
places) ‖ ~, aufrunden (Math) / round up ‖ ~
(nach unten), abrunden (Math) / round down ‖
~ (z.B. 5,46 o. 5,54 jeweils auf 5,5) (Math) /
half-adjust ‖ ~ n (Math) / rounding,
rounding-off
rund•erhaben, konvex / convex ‖ ~**erneuern**
(Reifen, Lauffläche) (Kfz) / retread,
recondition ‖ ~**erneuern** (Reifen) **durch
Belegen mit vorgefertigten
Rohlaufstreifen/vulkanisierten Laufstreifen**
(Kfz) / recap (worn tires) ‖ ~**feile** f (Wz) /
round file ‖ ~**führungen** f pl (Masch, Wzm) /
cylindrical ways pl, cylindrical slides,
cylindrical sideways, cylindrical guides
Rundfunk m (Radio, TV) / broadcasting ‖ ~,
Hörfunk m (Radio) / radio, radio broadcasting,
sound broadcasting ‖ ~ (als Einrichtung),
Rundfunkdienst m (Radio, TV) / broadcasting
service ‖ ~... / broadcasting ‖ ~**dienst** m,
Rundfunk m (als Einrichtung) (Radio, TV) /
broadcasting service ‖ ~**empfänger** m,
Radiogerät n (Radio) / radio receiver, radio
set, radio ‖ ~**gebühr** f (Radio, TV) / licence fee
‖ ~**gerät** n, Radiogerät n (Radio) / radio
receiver, radio set, radio ‖ ~**hörer** m,
Radiohörer m (Radio) / listener, broadcast
listener, BCL ‖ ~**satellit** m / broadcasting
satellite ‖ ~**technik** f / radio engineering ‖
~**techniker** m / radio engineer ‖ ~**teilnehmer**
m, Radiohörer m (Radio) / listener, broadcast
listener, BCL
Rund•gang m, Werksbesichtigung f / plant tour,
tour of the factory/plant ‖ ~**gewinde** n / round
thread, rounded thread, knuckle thread ‖
~**hämmern** m (Schm) / rotary swaging, swaging
‖ ~**hobeln** n (Fert, Zimm) / circular planing ‖
~**kappenfallschirm** m (Luft) / dome parachute
‖ ~**keil** m / round key ‖ ~**kneten** n (Schm) /
rotary swaging, swaging ‖ ~**kopf** m (Schraube)
(Masch) / round head ‖ ~**kopfschraube** f /
round head screw, round head bolt ‖ ~**lauf** m
(ohne Schlagen) (Masch) / true running,
concentricity, concentric running ‖ ~**lauf**,
g-Beschleunigungsprüfer (Luft, Raumf) /
whirling arm ‖ ~**laufabweichung** f,
Radialschlag m (Kfz) / radial run-out ‖

~**magnet** m (Förd) / circular magnet ‖
~**passung** f / cylindrical fit ‖ ~**riemen** m /
round belt ‖ ~**schleifen** n (Fert) / cylindrical
grinding ‖ ~**schleifmaschine** f (Wzm) /
cylindrical grinder, cylindrical grinding
machine ‖ ~**schliff** m, Rundschleifen n (Fert) /
cylindrical grinding ‖ ~**senden** (Tele) /
broadcast vt (distribute a signal or message to
all receivers or stations) ‖ ~**spule** f (Elek) /
round coil ‖ ~**stab** m (Hütt, Plast) / round bar,
round rod ‖ ~**stabprobe** f (Mater) / cylindrical
specimen ‖ ~**stahlkette** f / round steel chain ‖
~**steueranlage** f (mittels verschlüsselter
Schaltbefehle über das Stromversorgungsnetz) (Elek, Regel) / ripple control system ‖
~**steuerempfänger** m **für Fernsteuerung**
(Zähler) (Elek) / ripple control receiver ‖
~**strahlantenne** f, Rundstrahler m,
omnidirektionale Antenne (Radio) /
omnidirectional antenna, omni antenna ‖
~**strahlendes Funkfeuer**, Drehfunkfeuer n
(Allrichtungsfunkfeuer mit umlaufendem
Richtstrahl) (Nav) / omnidirectional radio
beacon ‖ ~**strahler** m, Rundstrahlantenne f,
omnidirektionale Antenne (Radio) /
omnidirectional antenna, omni antenna ‖
~**tisch** m (Werkzeugträger), Drehtisch m
(Wzm) / rotary table, rotating worktable ‖
~**tisch-Flachschleifmaschine** f **mit
horizontaler Hauptspindel** (Wzm) / horizontal
surface grinder with rotary worktable ‖
~**tischlager** n / rotary table bearing
Rundungshalbmesser von Hohlkehlen f (im
Schmiedegesenk) (Schm) / fillet radius
Rundzange f (Wz) / round nose pliers pl
Ruß m, Kaminruß m (Mater) / soot n ‖ ~,
Industrieruß m (zur Herstellung von Gummi,
Druckfarben etc.) (ChT) / carbon black ‖
~**filter** n (Mot) / diesel particulate filter, DPF
Russischgrün n, Chromgrün n, Englischgrün n
(Anstr, Färb) / chrome green
Rüsten n (Wzm) / set-up, setting
Rüstzeit f, Einrichtezeit f (Masch) / set-up time
Ruthenium n (Chem) / ruthenium, Ru
Rutil m (Min) / rutile
Rutsche f / chute n, slide, shoot
rutschfest / anti-slip
Rutsch•festigkeit f, Griffigkeit f (Kfz, Straß) /
nonskid properties, skid resisting properties
pl, skid resistance, skidding resistance,
pavement grip ‖ ~**kupplung** f
(drehmomentschaltende kraftschlüssige
Sicherheitskupplung) (Masch) / slip clutch,
torque limiter (friction plate type) ‖ ~**nabe** f /
sliding hub ‖ ~**sensor** m (Robotersensorik) /
slip sensor ‖ ~**winkel** m (bei dessen
Überschreiten ein Schüttgut auf einer
Unterlage zu gleiten beginnt), Fließwinkel m
(Förd) / angle of slide
Rüttel•dichte f (einer Schüttung) / tapped
density ‖ ~**fest** / vibration-proof,
vibration-resistant
rütteln, schütteln / shake ‖ ~ n, Schütteln n,
Buffeting n (Luft) / buffeting
Rüttelsieb n / vibrating screen, shaking screen,
shaker screen ‖ ~, Schüttelsieb n (Öl) / shale
shaker (used to remove drill cuttings from the
drilling fluid)
Rüttler m (zur Verdichtung von Frischbeton,
Erdboden) (Bau) / vibrator ‖ ~
(Schwingungsprüfstand) (Mater) / shaker

RWDR, Radial-Wellendichtring (Masch) / radial shaft seal
RWF, Raum-Wartungsfaktor *m* (Licht) / room service maintenance factor, RSMF
RWÜ, Rohrbündel-Wärmeübertrager *m* / shell and tube heat exchanger

S

S, Schwefel *m* (Chem) / sulphur *n* (GB), S, sulfur (US)
S *n*, Siemens (Einheit des elektrischen Leitwerts) (Phys) / S, siemens (unit of electrical conductance)
Σ, Summenzeichen *n* / Σ, summation sign
Sabotageschleife (Alarmanlage) (Elek) / tamper loop
Saccharase *f* (früher), Invertase *f* (Biochem) / invertase, saccharase, invertin, sucrase
Saccharide *n pl*, Kohlenstoffhydrate *n pl* (Chem) / carbohydrates, saccharides
Sachgebiet *n* / area, field, domain, sphere
sach•gemäß / proper ‖ **~gerecht** / proper
sachlich / factual (e.g. error, difference, changes) ‖ **~**, objektiv / objective
Sachregister *n*, Index *m* (Druck) / index (to a book or document)
Sack *m* / sack (of strong, coarsely woven material) ‖ **⁓** (aus Kuststoff o. Papier) / bag
sacken, absinken (Boden, Haus, Straße), setzen *vr* (sich) (Bau) / subside, sink
Sack•filter *m* (ChT) / bag filter ‖ **⁓karre** *f* (Förd) / hand truck (with two wheels and ledge at the bottom), sack truck (GB) ‖ **⁓loch** (Masch) / blind hole, bottom hole, pocket hole ‖ **⁓rutsche** *f* (Förd) / sack chute ‖ **⁓zunähmaschine** *f* / bag stitching machine
SAE•-Klassen *f pl* (Öl) / SAE viscosity grades ‖ **⁓-Viskositätsklassen** *f pl* (Öl) / SAE viscosity grades
Safrangelb *n*, Crocin *n* (gelber Safranfarbstoff) (Chem) / crocine (saffron yellow)
Säge *f* (Wz) / saw ‖ **⁓blatt** *n* (Wz) / saw blade, cutting blade ‖ **~förmig**, -artig / serrated *adj* ‖ **⁓gewinde** *n* / buttress thread, buttress screw thread ‖ **⁓maschine** *f* (Wzm) / sawing machine ‖ **⁓mehl** *n* / sawdust
sägen / saw ‖ **⁓** *n* / sawing
Sägewerk *n* / lumber-mill, saw mill, timber mill
Sägezahn *m* (Wz) / sawtooth ‖ **⁓generator** *m* (Eltro) / sawtooth generator, sawtooth oscillator ‖ **⁓generator**, Ablenkgenerator *m* (zur Erzeugung der Ablenkspannungen für Elektronenstrahlröhren) (Eltro) / sweep circuit, time-base generator, sweep generator ‖ **⁓gewinde** *n*, Sägegewinde *n* (Wz) / buttress thread, buttress screw thread
Säkulargleichung *f*, charakteristische Gleichung (Math) / characteristic equation
Salmiak *n* (Chem, Pharm) / ammonium chloride, sal ammoniac
Salpeter•-Prozess *m* (Astr, Nukl) / triple-alpha process, Salpeter process ‖ **⁓säure** *f* (Chem) / nitric acid (HNO_3), aqua fortis, hydrogen nitrate, azotic acid ‖ **⁓säureanhydrid** (N_2O_5) (Chem) / dinitrogen pentoxide, nitrogen(V) oxide, nitrogen pentoxide, nitrogen acid anhydride ‖ **~saures Ammonium**, Ammoniumnitrat *n* (Chem) / ammonium nitrate

Salpetrigsäureanhydrid n (N₂O₃) (Chem) /
dinitrogen trioxide, nitrogen trioxide, nitrogen
sesquioxide

Salz n (allg, Chem) / salt n ‖ ~, Kochsalz n,
Natriumchlorid n (NaCl) (Chem, Nahr) /
common salt, salt n, sodium chloride ‖ ~ **der
Goldsäure**, Aurat n (Chem) / aurate

Salz•bad (allg, Foto) / salt bath ‖ ~**bad** n,
Salzschmelze f (Chem, Hütt) / molten salt bath,
molten salt ‖ ~**bad** (von 200 bis 500 °C als
Abschreckmittel), Warmbad-Abschreckbad n
(Hütt) / brine quench ‖ ~**badaufkohlung** n
(Hütt) / liquid carburizing, salt carburizing ‖
~**badlöten** n / salt bath method (in dip brazing
or soldering) ‖ ~**bildung** f / salt formation o.
liberation ‖ ~**gehalt** m (von Wasser) / salinity ‖
~**glasur** f (Keram) / vapour glaze ‖ ~**lake** f,
Salzlösung f zum Einlegen (von
Lebensmitteln) (Nahr) / brine, pickle n (with
salt) ‖ ~**lauge** f, Salzsole f / brine (strongly
saline solution) ‖ ~**lauge**, Salzlösung f zum
Einlegen (von Lebensmitteln), Salzlake f
(Nahr) / brine, pickle n (with salt) ‖ ~**lauge** (als
o. im Abwasser) (Umw) / saline industrial
wastewater[s] ‖ ~**lösung** f (allgemein) (Chem)
/ saline solution ‖ ~**lösung zum Einlegen** (von
Lebensmitteln), Salzlake f (Nahr) / brine,
pickle n (with salt) ‖ ~**säure** f (Chem) /
hydrochloric acid, muriatic acid ‖ ~**säuregas**
n, Chlorwasserstoff m (Chem) / hydrogen
chloride ‖ ~**schmelze** f, Salzbad n (Chem, Hütt)
/ molten salt bath, molten salt ‖
~**schmelzenreaktor** m (Nukl) / molten-salt
reactor ‖ ~**sole** f, Salzlauge f / brine (strongly
saline solution) ‖ ~**wasser** n / salt water

Samarium n (Chem) / samarium, Sm

Sammel•getriebe n / gear assembly o. set ‖
~**linse** f (Opt) / converging lens, positive lens

sammeln / collect vt, gather f ‖ ~ vr (sich) / collect
vi, gather vi

Sammel•rohr n (Rohr) / header ‖ ~**saugrohr** n,
Ansaugkrümmer m (Mot) / intake manifold,
inlet manifold, induction manifold ‖ ~**schiene**
f, Stromschiene f (Elek) / busbar, bus
conductor, bus ‖ ~**spiegel** m, Hohlspiegel m,
Vergrößerungsspiegel m, Konkavspiegel m /
concave mirror

Sammler m, Ansaugkrümmer m (Mot) / intake
manifold, inlet manifold, induction manifold ‖
~ (bei der Flotation), Kollektor m (Aufb, ChT)
/ collector ‖ ~, Akkumulator m (Elek) /
accumulator, rechargeable battery, storage
cell, storage battery, secondary battery

sampeln, abtasten (analoge Signale periodisch),
abfragen (Eltro) / sample

Samplemodus m (einer Sample-and-Holdschaltung) (Eltro, Regel) / sampling mode

Sampler m, Abtaster m (Funktions- und
Baueinheit für zeitlich gerasterte Abfrage
eines Eingangssignals) (DV, Regel) / sampler,
sampling element, sampling controller ‖ ~
(Audio) / sampler (encoding and storing
samples of sound)

Sampling n (Stat) / sampling ‖ ~, Abtasten n (von
Analogsignalen in bestimmten Zeitabständen)
(Eltro) / sampling (of analogous signals) ‖
~-**Frequenz** f, Abtastfrequenz f (Eltro) /
sampling rate (frequency with which samples
are taken), sampling frequency ‖ ~**theorem** n,
Abtasttheorem n (Eltro, Tele) / sampling
theorem, Shannon's sampling theorem

Sand m (0,02-2 mm Durchm.) (Bau, Geol) / sand
‖ ~..., sandig, sandhaltig / sandy, arenaceous ‖
~**einschluss** m (Gieß) / sand inclusion

sandeln, abschleifen (mit Schleifpapier) (Holz) /
sand, sandpaper vt, smooth (o. polish with
sandpaper)

Sand•gießen n (Gieß) / sand casting ‖ ~**guss** m
(Gieß) / sand casting ‖ ~**haltig**, sandig / sandy,
arenaceous

sandig, sandhaltig / sandy, arenaceous

Sand•kasten m, Formkasten m (Gieß) / flask,
moulding box ‖ ~**papier** n / abrasive paper,
emery paper, sandpaper ‖ ~**spritzpistole** f /
blowgun ‖ ~**stein** m / sandstone, arenaceous
rocks pl ‖ ~**strahlen** / sandblast vt

sanft / gentle (e.g. movements, wind, slope) ‖ ~ /
soft (sound, light) ‖ ~**anlauf** m (Elek) / soft
start

sanieren / renovate (substantially, e.g. telephone
service, sewerage system) ‖ ~ (Bau) / refurbish
(on a larger scale), renovate ‖ ~ (alte
Gebäude, Anlagen, Verkehrswege etc.) /
rehabilitate ‖ ~ (ältere Stadtviertel) /
redevelop (and rehabilitate) ‖ ~ (Wirtsch) /
rehabilitate (a company, a company's
finances)

Sanierung f (Bau) / refurbishing (on a larger
scale), refurbishment, renovation ‖ ~
(Restaurierung alter Gebäude, Anlagen,
Straßen etc.) (Bau) / rehabilitation ‖ ~ (als
städtebauliche Maßnahme), Abriss m und
Neuaufbau (Bau) / redevelopment ‖ ~
(Wirtsch) / rehabilitation (of a company, a
company's finances)

Sanitärinstallation f, Installationsarbeiten f pl
(Bau) / plumbing, fitting n

SAP, Aluminium-Sinterwerkstoff m (Mater) /
sintered aluminium alloy, sintered aluminium
powder, sintered aluminium powder alloy

Sarrus, Regel von ~ / Sarrus' rule, rule of Sarrus

Satellit m (Raumf) / satellite

Satelliten•antenne f, Parabolantenne f (für den
Fernsehempfang), Satellitenschüssel f (TV) /
dish antenna, dish n, satellite dish, satellite
antenna ‖ ~**direktempfang** m (TV) / direct
broadcast satellite (television service),
direct-to-home ‖ ~**empfang** m / satellite
reception ‖ ~**empfänger** m (Radio, TV) /
satellite receiver ‖ ~**navigationssystem** n
(Nav) / satellite positioning system ‖ ~**receiver**
m (Radio, TV) / satellite receiver ‖ ~**rechner** m
(DV) / satellite computer, satellite (in a
multi-user system) ‖ ~**schüssel** f,
Parabolantenne f (für den Radio- u.
Fernsehempfang) (Radio, TV) / dish antenna,
dish n, satellite dish, satellite antenna ‖
~**übertragung** f (Tele) / satellite broadcasting ‖
~**verbindung** f, Verbindung f mit oder über
Satelliten (Tele) / satellite link

SAT-Receiver m (Radio, TV) / satellite receiver

satt anliegend / faying, fitting snugly ‖ ~**dampf** m
(Wasserdampf) / saturated steam

Sattel m (allg, Fahrrad) / saddle ‖ ~ (der
Scheibenbremse), Bremssattel m, Bremszange
f (Kfz) / calliper (of the disk brake), brake
calliper ‖ ~**kupplung** f (Kfz) / fifth-wheel
(between tractor and semitrailer), fifth-wheel
coupling ‖ ~**punkt** m / saddle point ‖ ~**rohr** n,
Sitzrohr n (Fahrrad) / seat tube ‖ ~**schlepper**
m, Sattelzugmaschine f (Kfz) / semitrailer
truck, tractor, truck tractor (for hauling a
semitrailer), tractive unit ‖ ~**strebe** f,

Sitzstrebe f (Fahrrad) / seatstay ‖ ~**stütze** f (Fahrrad) / seatpost ‖ ~**tasche** f (zur Befestigung an Sattelstütze o. -streben) (Fahrrad) / saddlebag, seat bag ‖ ~**zugfahrzeug** n (Kfz) / semitrailer truck, tractor, truck tractor (for hauling a semitrailer), tractive unit ‖ ~**zugmaschine** f (Kfz) / semitrailer truck, tractor, truck tractor (for hauling a semitrailer), tractive unit

sättigen (allg, Chem, Phys) / saturate

Sättigung f (Chem, Elek, Phys) / saturation ‖ ~, Farbsättigung (dient in der Farbmetrik neben Farbton und Helligkeit zur eindeutigen Kennzeichnung einer Farbvalenz) (Druck, Foto, Opt, TV) / colour saturation, saturation

Sättigungs•grad m (Bau, Chem, Mater) / degree of saturation ‖ ~**linie** f, Löslichkeitskurve f für den festen Zustand im Zustandsschaubild (Chem, Hütt) / solid solubility curve, solvus line ‖ ~**polarisation** f (Magn) / saturation polarization

Satz m, Lehrsatz m (Math, Phys) / theorem, law ‖ ~, Satzherstellung f (Texterfassung, -formatierung u. -umbruch) (Druck) / composition, typesetting ‖ ~, Schriftsatz m (Erzeugnis) (Druck) / type matter ‖ ~, Tarif, festgesetzter Betrag / rate ‖ ~ (zusammengehöriger Dinge) / set (e.g. of tires, tools) ‖ ~ (Einbausatz, Reparatursatz u.A.) / kit (installation kit, repair kit etc.) ‖ ~, Aggregat n (Maschinensatz aus mehreren zusammenwirkenden Einzelteilen) / set, aggregate, unit ‖ ~, Datensatz m (DV) / record, data record ‖ ~ **des Apollonius** / Apollonius' theorem ‖ ~ **des Brahmagupta** (der eine Seitenhalbierung in bestimmten Sehnenvierecken beschreibt) (Math) / Brahmagupta's theorem ‖ ~ **des Euklid** (Math) / Euclid's theorem ‖ ~ **des Ptolemäus** / Ptolemy's theorem ‖ ~ **des Pythagoras** (Math) / Pythagorean theorem ‖ ~ **von Abel-Ruffini** (Math) / Abel's impossibility theorem, Abel-Ruffini theorem

Satz•anfang m (in CNC-Programmen) (DV, NC) / block start ‖ ~**gruppe** f **von Viëta** (Math) / Viëte's formulas ‖ ~**herstellung** f (Texterfassung, -formatierung u. -umbruch), Setzen n (Druck) / composition, typesetting ‖ ~**nummer** f (in CNC-Programmen) (DV, NC) / sequence number ‖ ~**unterdrückung** f (DIN 66257E, Okt. 1981), Ausblendsatz m (NC) / block delete, optional block skip

sauber (allg) / clean ‖ ~, ordentlich / neat, nice ‖ ~, sorgfältig / careful

Sauberkeit f (von z.B. Luft, Wasser) / cleanness ‖ ~, Reinlichkeit f / cleanliness

säubern / clean

sauer (z.B. Milch, Bier) (allg) / sour ‖ ~ (Chem) / acid adj, acidic ‖ ~ **werden** (Nahr) / go off, turn sour, go sour ‖ **saure Brennstoffzelle** (Chem, Elek) / acid fuel cell ‖ **saurer Regen** (Umw) / acid rain ‖ **saures Salz** (veraltet), Hydrogensalz n / acid salt

Sauerstoff m (Chem) / oxygen, O ‖ **mit** ~ **anreichern** / oxygenate (e.g. the blood), oxygenize ‖ ~**anreicherung** f (Chem) / oxygenation ‖ ~**-Aufblas-Konverter** m (Hütt) / basic oxygen furnace, BOF ‖ ~**aufblasverfahren** n (Hütt) / basic oxygen process ‖ ~**blasverfahren** n (Hütt) / basic oxygen process ‖ ~**elektrode** f, Luftelektrode m (in Brennstoffzellen) (Chem, Elek) / air

electrode ‖ ~**entfernung** m, Desoxygenierung f (organischer Verbindungen) (Chem) / deoxidation, removal of oxygen, oxygen removal ‖ ~**entzug** m, Desoxygenierung f (organischer Verbindungen) (Chem) / deoxidation, removal of oxygen, oxygen removal ‖ ~**lanze** f (Hütt) / oxygen lance ‖ ~**maske** f / oxygen mask ‖ ~**transferase** f (Biochem) / dioxygenase, oxygen transferase

Saug•bagger m (Bau, Wasserb) / suction dredger ‖ ~**drossel** f (Elek) / absorption inductor, interphase transformer, interphase reactor

saugen / suck ‖ ~, ansaugen (z.B. die Pumpe saugt Wasser [an]) / draw ‖ ~, Staub saugen / hoover (GB) vi, vacuum ‖ ~, absaugen (z.B. Teppich) / hoover (GB) vt, vacuum ‖ ~, heben vt (Pumpe) / lift (by suction)

saug•fähig, absorbierend / absorbent adj, absorptive, absorbing adj ‖ ~**glocke** f (für Rohrreinigung), Gummisauger m (Sanitär) / plunger, plumber's friend, plumber's helper ‖ ~**heber** m, Vakuumheber m (Gerät zum Heben von Lasten mit glatten Flächen) (Förd) / vacuum lifter, vacuum lifting device ‖ ~**heber** (gebogene Röhre, mit der Flüssigkeit unter Ausnutzung des hydrostatischen Drucks aus einem Behälter über den Behälterrand in einen tiefer gelegenen Behälter umgefüllt oder ins Freie entleert werden kann) / siphon n, syphon ‖ ~**heber**, Pipette f (Chem) / pipette n, pipettor, pipet, chemical dropper ‖ ~**höhe** f (Pumpe) (Masch) / suction head ‖ ~**hub** m, Ansaugtakt m (Mot) / intake stroke, induction stroke, inlet stroke ‖ ~**kreis** m (Eltro) / series-resonant circuit, acceptor, acceptor circuit ‖ ~**leitung** f (Masch) / suction line ‖ ~**luft** f (Masch) / suction air ‖ ~**luftpumpe** f / suction pump, vacuum pump ‖ ~**napf** m / suction cup, sucker ‖ ~**pumpe** f / suction pump ‖ ~**rohr** n, Sammelsaugrohr n (Mot) / intake manifold, inlet manifold, induction manifold ‖ ~**seite** f (einer Pumpe) / suction side, inlet side, intake side (of a pump) ‖ ~**stutzen** m (einer Pumpe) / suction branch, suction nozzle ‖ ~**ventil** n / suction valve (pump, compressor) ‖ ~**weg** m (Mot) / intake passage ‖ ~**wirkung** f / suction

Säule f (Bau) / column ‖ ~ (Wzm) / column ‖ ~ (Luft-, Rauch-, Wassersäule) (Phys) / column (of water, air, smoke etc.) ‖ ~ (Kfz) / pillar

Säulen•bohrmaschine f (Wzm) / pillar drill[ing machine] ‖ ~**diagramm** n (meist mit vertikalen Balken) (Stat) / bar chart, bar graph, histogram, column graph, column chart ‖ ~**drehkran** m (Förd) / jib crane (floor-mounted pillar type), column jib crane ‖ ~**schwenkkran** m (Förd) / jib crane (floor-mounted pillar type), column jib crane ‖ ~**ständer** m (Wzm) / pillar

Säure f (Chem) / acid ‖ ~**...** (Chem) / acid adj, acidic ‖ ~**ätzen** n (Glas) / acid etching ‖ ~**bad** n (Färb) / acid bath ‖ ~**beständig** (Chem) / acid-fast, acid-resistant, acid-resisting, acidproof ‖ ~**beständigkeit** f / acid resistance ‖ ~**bestimmung** f, Acidimetrie f (Chem) / acidimetry ‖ ~**bildung** f (Chem) / acidification, acid formation ‖ ~**fest**, säurebeständig (Chem) / acid-fast, acid-resistant, acid-resisting, acidproof ‖ ~**festigkeit** f / acid resistance ‖ ~**flotte** f (Färb) / acid bath ‖ ~**frei** (Chem) / acid-free, free from acid adj ‖ ~**gehalt** (Chem) / acidity, degree of acidity ‖ ~**grad** m (Chem) /

acidity, degree of acidity || ~**polieren** n (Glas) /
acid polishing || ~**politur** f (Glas) / acid
polishing || ~**stärke** f (Chem) / acid strength ||
~**verhalten** n (Chem) / acidity, degree of
acidity || ~**wasserstoff** m (Chem) / acidic
hydrogen || ~**wirkung** f (Chem) / acidity,
degree of acidity

Säurungsmittel m (Chem) / acidifier

Savonius-Rotor m (in Windkraftanlagen) (Elek) /
Savonius rotor, Savonius wind turbine

SAW-Bauelement n, akustoelektrisches
Oberflächenwellenbauelement (Eltro) / SAW
device, surface-acoustic-wave device

Sb, Antimon n (Chem) / antimony, Sb

SB n, Styrol-Butadien n / styrene-butadiene, SB

S-Bahn f (Verk) / suburban rail service[s] (also
providing transportation in the city), suburban
metro railway (serving metropolitan traffic as
well as direct regional traffic)

SBC, Einplatinenrechner m, Einplatinen-
Computer m (DV) / single board computer,
SBC

σ-**Bindung** f (Chem) / sigma bon

SBR, Styrol-Butadien-Kautschuk m (Plast) /
styrene-butadiene rubber, SBR || ~, schneller
Brüter (Nukl) / fast breeder reactor, fast
breeder, FBR

Sc, Scandium n (Chem) / scandium, Sc

SCADA-System n, Leitsystem n (zur
Überwachung u. Steuerung von technischen
Anlagen u. Prozessen, z.B. in der Produktion,
Stromerzeugung u. -verteilung o.
Verkehrstechnik) (Regel) / distributed control
system, DCS

Scandium n (Chem) / scandium, Sc

scannen, abtasten (z.B. Bilder zur Übertragung
per Fax, Erdoberfläche zur Vermessung) (DV,
Eltro) / scan || ~ (DV) / scan (images, text with
an optical scanner) || ~ n, Abtasten n
(punktweises, der Reihe nach, z.B. von
Strukturmustern, Strichcodes,
Bildschirmfläche, Informationsträgern, Erde
(zur Erderkundung) (Eltro, TV) / scan,
scanning || ~ (DV, Eltro) / optical scanning

Scanner m (zum Abtasten/Einscannen von
Bildern, Text, Strichcodes) (DV) / scanner,
optical scanner

Scara-Roboter m, Horizontal-Gelenkarm-
Roboter m / SCARA robot (Selective
Compliance Assembly Robot Arm)

Schabeisen n / scraper

schaben / scrape || ~ (Fert) / shave vt || ~ n /
scraping || ~ (Fert) / shaving

Schaber m / scraper

Schablone f / template, templet || ~ (Schrift-,
Zeichenschablone) (Büro, Zeichn) / stencil
(template used to draw or paint identical
letters, symbols, shapes, or patterns - formed
by removing sections from template material
in the form of text or an image)

Schablonendruck m, Siebdruck m (Druck, Tex) /
screen printing, screen process printing

Schabotte f (Schm) / anvil || ~**hammer** m (Schm) /
drop hammer

Schacht m (Bergb) / shaft, pit || ~,
Kohlenbergwerk n / coal mine || ~ (senkrecht,
für Licht, Luft, Aufzug etc.) / well, shaft (for
e.g. light, air, elevator) || ~, Kontrollschacht m
(Zugang zu einem Leitungssystem oder einer
Technikeinrichtung) / manhole || ~,
Kontrollschacht, Kanalschacht m (Straß) /
manhole, sewer manhole || ~, Kanal m / duct

(e.g. for cables, ventilation) || ~,
Laufwerkschacht m, Einbauschacht m (DV) /
bay, drive bay, drive slot

Schachtel f, Karton m, Pappschachtel f / box,
carton, cardboard box || ~, Packung f (z.B.
Zigaretten) / pack, packet

schachteln, ineinanderstecken, ineinanderschachteln / nest vt [into each other]

Schacht • ofen m / shaft furnace, shaft kiln,
vertical kiln || ~**trockner** m (ChT) / column
drier, tower drier

schaden, beeinträchtigen / impair vt, affect
adversely, have an adverse effect on || ~ m /
damage n || ~, Defekt m / defect || **einen ~
haben** / be faulty, be defective || ~**ersatz** m /
damages pl, compensation || ~**ersatzanspruch**
m / claim for damages

Schadensersatz m / damages pl, compensation

schadhaft, fehlerhaft / defective, faulty

schädigen, angreifen vt (Materialien) / attack

Schädigung f / damage || ~ (Verschlechterung
der Eigenschaften) (Mater) / deterioration || ~
durch Einwirkung chemischer Substanzen
(Mater) / chemical deterioration

schädlich [für] / detrimental [to], harmful [to],
damaging [to], deleterious [to]

Schädlings • bekämpfung f (Landw) / pest control
|| ~**bekämpfungsmittel** n (Landw, Umw) /
pesticide

Schadstoff m (allgemein) (Umw) / harmful
substance || ~ (verunreinigend),
Verunreinigung f (Stoff) (Umw) / pollutant,
contaminant || ~ (gesundheitsgefährdend,
gesundheitsschädigend) / noxious substance ||
~**arm** (Umw) / low-emission, low-polluting,
low-pollutant || ~**ausstoß** m (Umw) / emission
of pollutants, pollutant emission || ~**belastung**
f, Verschmutzung, Belastung f (z.B. der
Umwelt, Atmosphäre durch Schadstoffe)
(Umw) / pollution (e.g. of the environment,
atmosphere by pollutants) || ~**belastung**
(Umw) / pollution load, pollution burden ||
~**emission** f (Umw) / emission of pollutants,
pollutant emission || ~**frei**, unbelastet (Umw) /
unpolluted

schaffen vi, arbeiten (z.B. bei einem
Fahrzeughersteller) / work vi (e.g. with a car
manufacturer) || ~ vt (Bedingungen,
Möglichkeiten, Grundlagen, Probleme ,
Arbeitsplätze) / create || ~ (Platz) / make
(room)

Schaft m / shank (e.g. of a screw, nail,
screwdriver, key, drill bit, turning tool, miling
cutter) || ~, Ventilschaft m / valve stem, valve
shaft || ~**schraube** (Gewindestift) / headless
screw || ~**vorbau** m (mit Spreizkonus oder
Schrägkonus, der in den Gabelschaft gesteckt
wird) (Fahrrad) / quill stem

Schäkel m (U-förmiger, mit einem Schraub- o.
Steckbolzen verschließbarer Bügel zum
Verbinden von Ketten o. Takelageteilen)
(Förd, Schiff) / shackle

Schälbeanspruchung f (Mater) / peeling stress

Schale f (allg, Chem) / tray (flat, shallow container
with a raised rim for holding food or small
items or loose material) || ~, Napf m, Schüssel
f / bowl || ~, Schüssel f (flach) / dish n || ~,
Waagschale f (Mess) / weighing pan, pan, scale,
scalepan || ~ (zum Entwickeln) (Foto) / dish,
tray || ~ (Gussfehler) (Gieß) / peel || ~,
Elektronenschale f (K, L usw.) (Nukl) /
electron shell, shell, orbit

Schalen•bauweise f, Monocoque-Bauweise f (Luft) / monocoque construction ‖ **∼hartguss** m (Gieß) / chilled iron ‖ **∼hartguss** (nur die Randschicht bleibt graphitfrei, der Kern besteht aus grauem Gusseisen) (Gieß) / chilled cast iron (wear-resisting surfaces of white cast iron on gray iron castings) ‖ **∼kupplung** f / two-piece clamping coupling ‖ **∼sitz** m (Kfz) / bucket seat
Schälfestigkeit f, Schälwiderstand m (Mater) / peel strength
Schall m (Akust) / sound n ‖ **∼...**, akustisch adj / acoustic, acoustical adj ‖ **∼absorption** f (Akust) / sound absorption ‖ **∼absorptionsgrad** m (Akust) / acoustic absorption coefficient, sound absorption coefficient, acoustic absorptivity ‖ **∼dämmend** (Akust) / sound absorbing, sound-proofing ‖ **∼dämmung** f (Akust, Bau) / soundproofing, acoustic insulation, sound insulation ‖ **∼dämpfer** m / sound damper, sound absorber ‖ **∼dämpfer**, Auspufftopf m (Kfz) / muffler (US), exhaust muffler, silencer (GB) ‖ **∼dämpfer** (Waffe) (Akust, Mil) / suppressor, sound suppressor, sound moderator, silencer ‖ **∼dämpfung** f (Behinderung der Schallausbreitung durch Absorption von Luftschall) (Akust) / damping, sound damping, sound deadening ‖ **∼druck** m (SI-Einheit Pascal) (Akust) / sound pressure, acoustic pressure, excess sound pressure, instantaneous sound pressure ‖ **∼druckpegel** m (Akust) / sound pressure level, SPL ‖ **∼emission** f (Umw) / acoustic emission ‖ **∼energie** f (Akust) / sound energy, acoustic energy ‖ **∼fluss** m (Akust) / volume velocity ‖ **∼gedämmt** (Akust) / soundproof ‖ **∼geschützt** (Akust) / soundproof ‖ **∼geschwindigkeit** f (Akust) / sound velocity, velocity of sound, sonic speed, speed of sound, acoustic velocity ‖ **∼intensität** f (Verhältnis der auf eine Fläche treffenden Schallleistung zur Größe dieser Fläche) (Akust) / sound intensity, intensity of sound, sound power density ‖ **∼isolation** f, Schalldämmung f (Akust, Bau) / soundproofing, acoustic insulation, sound insulation ‖ **∼isoliert** (Akust) / soundproof ‖ **∼isolierung** f, Schalldämmung f (Akust, Bau) / soundproofing, acoustic insulation, sound insulation ‖ **∼kennimpedanz** (Akust) / acoustic impedance, sound impedance ‖ **∼lehre** f, Akustik f (Phys) / acoustics sg ‖ **∼leistung** f (Schallenergie pro Zeiteinheit) (Akust) / acoustic power, sound power ‖ **∼leistungsdichte** f, Schallintensität f (Verhältnis der auf eine Fläche treffenden Schallleistung zur Größe dieser Fläche) (Akust) / sound intensity, intensity of sound, sound power density ‖ **∼pegel** m (Akust) / sound level ‖ **∼pegel** (Akust, Umw) / noise level (in dB) ‖ **∼platte** f (Audio) / record, analogue disc record, disk, disc, gramophone record (GB), phonograph record (US) ‖ **∼plattenspieler** m (Audio) / record player, phonograph (US), phonograph turntable, turntable, gramophone (GB), stereo ‖ **∼quant** n, Phonon (Phys) / phonon ‖ **∼schnelle** f (Akust) / particle velocity, sound particle velocity ‖ **∼schutz** m, Schalldämmung f (Akust, Bau) / soundproofing, acoustic insulation, sound insulation ‖ **∼schutz**, Lärmbekämpfung f (Akust, Umw) / noise mitigation, noise

control, noise abatement ‖ **∼schwächungskoeffizient** m (Akust, Mater) / attenuation coefficient (used to express attenuation per unit of distance travelled, and dependant on material properties, wavelength and wavemode, usually expressed in dB/m) ‖ **∼stärke** f, Schallintensität f (Verhältnis der auf eine Fläche treffenden Schallleistung zur Größe dieser Fläche) (Akust) / sound intensity, intensity of sound, sound power density ‖ **∼wand** f (Akust, Audio) / baffle (partition used with a loudspeaker to reduce interaction between sound waves produced simultaneously by the two surfaces of the diaphragm) ‖ **∼wandler** m (Akust, Eltro) / electroacoustic transducer, sound transducer ‖ **∼wandler** (für Ultraschall) (Akust, Eltro) / ultrasonic transducer ‖ **∼wechseldruck** m, Schalldruck m (SI-Einheit Pascal) (Akust) / sound pressure, acoustic pressure, excess sound pressure, instantaneous sound pressure ‖ **∼welle** f (Akust) / sound wave, sound wave, sonic wave ‖ **∼wellenwiderstand** m (Akust) / acoustic impedance ‖ **∼widerstand** m (Akust) / acoustic impedance
Schalt•aktor m, Funk-Schaltaktor m (zur Netzabkopplung) (Elek) / remote control demand switch (works by shutting off the electricity at the fuse when prompted by the remote) ‖ **∼algebra** f (spezielle Ausprägung der Booleschen Algebra, die auf Schaltanordnungen zugeschnitten ist) (DV, Eltro, Math) / logic algebra, circuit algebra, switching algebra ‖ **∼anlage** f (Elek) / switchgear
schaltbar (Eltro, Tele) / switchable ‖ **∼e Kupplung** (Techn) / clutch n
Schalt•bild n, Schaltplan m (zeichnerische Darstellung einer elektrischen Schaltung durch genormte Symbole) (Elek, Eltro) / circuit diagram, schematic diagram, schematic circuit diagram, circuit schematic, wiring diagram, schematic ‖ **∼element** n (Teil einer Schaltung) (Elek, Eltro) / circuit element, circuit component ‖ **∼element**, Gatter n (Verknüpfungsschaltung mit zwei o. mehr Eingängen und einem Ausgang), Logikgatter n (DV, Eltro) / gate, logic gate, logical element, logic element, logic unit
schalten vi (Masch) / switch vi (e.g. into reverse) ‖ **∼** (Kfz) / change gears, shift, shift gears ‖ **∼** (in den zweiten/Rückwärtsgang) (Kfz) / change (into second gear/into reverse) ‖ **∼** vt (Elek, Masch) / switch (e.g. a machine into reverse) ‖ **∼** (Getriebe, Kupplung) (Masch) / operate ‖ **∼** (Bauteile und Leiter verbinden) (Elek, Eltro) / wire (e.g. wire two computers together with a crossover ethernet cable), connect (in series, in parallel) ‖ **∼**, umschalten (Revolverkopf) (Wzm) / index (turret head) ‖ **hintereinander∼** (Elek) / connect in series ‖ **in Reihe ∼** (Elek) / connect in series ‖ **in Reihe ∼**, hintereinanderschalten (DV) / daisy chain v (e.g. hard disk, scanner, CD-ROM) ‖ **∼** n, Schaltvorgang m (Elek) / switching, switching operation
Schalter m (Elek) / switch n ‖ **∼**, Drucktaste f, Druckknopf m (Elek, Masch) / button (pressed to activate an electric circuit, operate a machine or open a small door etc), pushbutton ‖ **∼**, Programmschalter m (DV) / program

switch, switch || ~ (z.B. in Bank, Post) / counter || ~dose f (Elek) / pattress, pattress box **Schalt•feld** n (Elek, Masch) / switch panel, control panel || ~fläche f (DV) / button (in GUIs), command button (in a GUI), pushbutton (in a GUI), control button || ~frequenz f (Elek) / switching frequency || ~funktion f, boolesche Funktion (DV, Eltro, Logik) / logic function, logical operation, Boolean function || ~gerät n (Elek) / switching device, switchgear || ~getriebe n (Kfz, Masch) / variable speed gearbox, variable speed transmission, stepped transmission, multiple-ratio transmission, multi ratio transmission (speeds selected from several different pre-set ranges) || ~getriebe (von Hand geschaltet), Handschaltung f (Kfz) / manual gearbox, manual transmission || ~glied n (mit dem der Stromfluss ein- u. ausgeschaltet wird, z.B. Schließer, Öffner) (Elek) / contact || ~glied (mit dem eine Schaltfunktion verwirklicht wird, z.B. binäres Verknüpfungsglied) (Elek) / switching element || ~glied, Gatter n (Verknüpfungsschaltung mit zwei o. mehr Eingängen und einem Ausgang) (DV, Eltro) / gate, logic gate, logical element, logic element, logic unit || ~gruppe f (bei Drehstromtransformatoren) (Elek) / vector group || ~hebel m (Masch) / control lever || ~hebel (Elek) / switch lever || ~hebel m (eines Leitungsschutzschalters) (Elek) / actuator lever (of a circuit breaker) || ~hebel (Kfz) / gear lever, gear stick, gearshift, selection lever, shift stick, gear shifter || ~hebel (Fahrrad) / gear lever || ~hysterese f (Elek) / switching hysteresis || ~kasten m (Elek) / switch box || ~knopf m, Druckknopf m (Elek, Masch) / button (pressed to activate an electric circuit, operate a machine or open a small door etc), pushbutton || ~kontakt m (Elek) / switching contact || ~kreis m, Schaltung f (Elek, Eltro) / circuit || ~kreise pl, Schaltungen f pl (Elek) / circuitry (circuits collectively) || ~kreisfamilie m (Eltro) / circuit family || ~kupplung f (Techn) / clutch n || ~leistung f, Ausschaltvermögen n (eines Schaltgeräts, einer Schutzeinrichtung), Ausschaltleistung f (Elek) / breaking capacity (of a circuit breaker), rupturing capacity, interrupting capacity || ~netz n (DV) / combinational circuit || ~netzgerät n (Elek) / switched-mode power supply, switching-mode power supply, SMPS, switcher || ~netzteil n (Elek) / switched-mode power supply, switching-mode power supply, SMPS, switcher || ~pedal n, Fußschalthebel m (Motorrad) (Kfz) / gear shift lever || ~plan m (zeichnerische Darstellung einer elektrischen Schaltung durch genormte Symbole) (Elek, Eltro) / circuit diagram, schematic diagram, schematic circuit diagram, circuit schematic, wiring diagram, schematic || ~pult n (Elek) / desk switchboard, switch desk || ~punkt m (Automatikgetriebe) (Kfz) / shift point || ~qualität f (Automatikgetriebe) (Kfz) / shift quality || ~richtung f (Thyristor), Vorwärtsrichtung f (Eltro) / forward direction || ~schema n, Schaltplan m (zeichnerische Darstellung einer elektrischen Schaltung durch genormte Symbole) (Elek, Eltro) / circuit diagram, schematic diagram, schematic circuit diagram, circuit schematic, wiring diagram,

schematic || ~schloss n (Elek) / latch, switch latch || ~schrank m (Elek) / switch cabinet, switchgear cabinet || ~schrank (z.B. bei Werkzeugmaschinen) / control cabinet || ~schütz m (Elek) / contactor || ~signal n (Elek, Eltro) / switching signal, switch signal || ~skizze f (Elek) / wiring sketch || ~spannung f (Elek) / switching voltage || ~stellung f (Elek) / switch position, switching position || ~strom m (Elek) / switching current || ~stromstoß m (Elek) / switching surge || ~symbol n (Eltro) / circuit symbol || ~tafel f (Elek) / control board, switchboard, panel, control panel || ~, Stecktafel f (DV) / plugboard, patch board, patch panel || ~transistor m (Eltro) / switching transistor || ~überspannung f (Elek) / switching surge || ~uhr f (Uhr mit Schalteinrichtung zum selbsttätigen Schalten elektrischer Stromkreise) (Elek) / time switch, timer

Schaltung f, Schaltvorgang m, Schalten n (Elek) / switching, switching operation || ~ (Kfz) / gear change, gearshift[ing] || ~, Schaltgetriebe n (von Hand geschaltet), Handschaltung f (Kfz) / manual gearbox, manual transmission || ~ (z.B. von Getriebe, Kupplung) (Masch) / operation || ~ (des Revolverkopfes) (Wzm) / indexing (of the turret head) || ~, Schaltkreis m (Elek, Eltro) / circuit || ~en f pl, Schaltkreise m pl (Elek) / circuitry (circuits collectively) || ~ f (z.B. in Reihe, parallel) (Elek) / connection (e.g. series, parallel connection) || ~, Verdrahtung f (Elek) / wiring

Schaltungs•algebra f, Schaltalgebra f (spezielle Ausprägung der Booleschen Algebra, die auf Schaltanordnungen zugeschnitten ist) (DV, Eltro, Math) / logic algebra, circuit algebra, switching algebra || ~rädchen n, Kettenrädchen n (Fahrrad) / jockey pulley, jockey wheel || ~röllchen n, Kettenrädchen n (Fahrrad) / jockey pulley, jockey wheel || ~schema n, Schaltplan m (zeichnerische Darstellung einer elektrischen Schaltung durch genormte Symbole) (Elek, Eltro) / circuit diagram, schematic diagram, schematic circuit diagram, circuit schematic, wiring diagram, schematic || ~unterlagen f pl / circuit documentation

Schalt•variable f (DIN) (DV, Eltro, Math) / binary variable, digital variable, Boolean variable, logical variable, switching variable || ~vermögen n, Ausschaltvermögen n (eines Schaltgeräts, einer Schutzeinrichtung), Ausschaltleistung f (Elek) / breaking capacity (of a circuit breaker), rupturing capacity, interrupting capacity || ~verzögerung f / switching delay || ~vorgang m (Elek) / switching, switching operation || ~warte f (einer Anlage) / control room || ~werk n (mechanisch) / switch mechanism || ~werk, hinterer Umwerfer (Fahrrad) / rear derailleur || ~werk, sequentielle Schaltung (Elek, Regel) / sequential circuit || ~wippe f (Elek) / rocker, actuator (of rocker switch) || ~zeichen n (Elek) / graphical symbol (as used in circuit diagrams), circuit symbol || ~zeit f, Anlaufzeit f (Regel) / build-up time, rise time || ~zentrale f (einer Anlage) / control room || ~zug m (Fahrrad) / gear cable

Schalung f, Betonschalung f (Bau) / formwork, casing, shuttering

Schäl•versuch m (bei der zerstörenden Werkstoffprüfung) (Mater) / peel test ‖ ∼**widerstand** m, Schälfestigkeit f (Mater) / peel strength

Schar f (des Graders) (Straß) / blade (of grader), mould blade (of grader)

Schardinger Dextrin, Cyclodextrin n (Chem) / cycloamylose, cyclodextrin, Schardinger dextrin

scharf (z.B. Schneide, Kante) / sharp ‖ ∼ (Ton), durchdringend / piercing, shrill ‖ ∼ (z.B. Gewürz) (Nahr) / hot ‖ ∼ (für Geruchs- u. Geschmackssinn) / pungent, acrid ‖ ∼ (Prüfung, Untersuchung), streng / strict, tough ‖ ∼ (Konkurrenz) / tough, keen, fierce ‖ ∼ (Maßnahmen, Vorschriften), streng / tough, severe ‖ ∼ (Gehör, Augen, Verstand) / sharp, keen ‖ ∼, deutlich (Druck, Foto, Opt) / sharp (e.g. photo, image) ‖ ∼ (eingestellt) / in focus ‖ ∼ (Linse, Fernglas) / sharp (lens, binoculars) ‖ ∼ (Munition) / live (ammunition) ‖ ∼ (Bombe) (Mil) / armed (bomb)

Schärfe f / sharpness

Scharf•einstellring m (der Fokussiereinrichtung) (Foto) / focus[s]ing ring, setting ring ‖ ∼**einstellung** f, Fokussieren n (Foto) / focus[s]ing ‖ **automatische** ∼**einstellung**, Autofokus m, **automatische Fokussierung** (Foto) / AF, autofocus n

schärfen (Werkzeug, Schneide) / sharpen ‖ ∼ (Spitze), zuspitzen / point ‖ ∼, abrichten (Schleifscheiben) (Wzm) / dress (grinding wheels) ‖ ∼ n / sharpening ‖ ∼, Abrichten n (von Schleifscheiben) (Wzm) / dressing, wheel dressing

Schärfentiefe f (Foto) / depth of field, depth of focus, DoF

Scharf•schleifen n (von Werkzeugen) (Wzm) / tool grinding ‖ ∼**stellen**, einstellen [auf] (Foto, Opt) / adjust the focus of (e.g. a telescope, camera), focus [on] ‖ ∼**stellung** f, Scharfeinstellung f, Fokussieren n (Foto) / focus[s]ing

Scharnier n (Bau) / hinge (of door etc.) ‖ ∼**bolzen** m / hinge pin

schätzen [auf], veranschlagen / estimate [at] ‖ ∼, bewerten / evaluate (e.g. worth, property, a house at 167,000 dollars, the damage at 5,500 Euros), appraise ‖ **den Leistungsgrad ∼** (IE) / rate

Schätzung f / estimate n

Schaubild n, Diagramm n, grafische Darstellung (von Daten, Sachverhalten) / diagram

Schaufel f (Wz) / shovel ‖ ∼ (kleine, tiefe) / scoop (small deep shovel for sugar, flour, grain etc) ‖ ∼ (von Pumpe, turbine) / blade (of a turbine, pump), vane ‖ ∼ (eines Schaufelladers), Ladeschaufel f (Bau) / bucket ‖ ∼**lader** m (Bau) / front-end loader, loader, front loader, bucket loader, scoop loader, tractor shovel, loader shovel, shovel

Schaufelrad n (des Schaufelradbaggers) (Bau) / bucket wheel ‖ ∼ (in Gaszähler, Kreiselpumpe) / impeller ‖ ∼ (einer Turbinen) / blade wheel ‖ ∼**bagger** m (Bau, Bergb) / bucket wheel excavator

Schauglas n (zum Kontrollieren) (Masch) / sight glass, inspection glass

Schaum m (allg, Plast) / foam ‖ ∼ (Brau) / head ‖ ∼ (Feuerlöscher) / foam ‖ ∼, Seifenschaum m / lather ‖ ∼, Seifenwasser n (von Waschmittel) / suds pl ‖ ∼**gummi** m (ohne Treibmittel

vulkanisierter Schaum aus Latex o. Synthesekautschuk) (Plast) / foam rubber, cellular rubber, rubber foam ‖ ∼**kern** m (in einer Sandwich-Platte) (Mater) / foam core (in a sandwich structure) ‖ ∼**mittel** n / foaming agent ‖ ∼**stoff** m (Plast) / foam, foamed plastic, cellular material, foamed material

Scheibe f / disk, disc ‖ ∼ (abgeschnitten von einem größeren Stück, z.B. Siliziumscheibe) / slice ‖ ∼, Schleifscheibe f (Wzm) / grinding wheel, abrasive wheel ‖ ∼, Unterlegscheibe f / washer, flat washer ‖ ∼ (Riemenscheibe, Seilscheibe) / pulley, sheave ‖ ∼, Glasscheibe f / sheet of glass ‖ ∼, Fensterscheibe f (Glas) / window pane ‖ ∼, Autofenster n (Kfz) / window ‖ ∼ (Kfz) s.a. Windschutzscheibe ‖ ∼ **mit Skaleneinteilung** (Mess) / dial

Scheiben•bremse f (Fahrrad, Kfz) / disk brake ‖ ∼**feder** f (ein Keil, DIN 6888) / Woodruff key ‖ ∼**fräser** m (Wzm) / side-and-face milling cutter, side milling cutter (US) ‖ ∼**härte** f, Härte f (von Schleifkörpern - Härtegrade von A bis Z) (Fert) / grade, wheel grade ‖ ∼**kupplung** (fest) / flange coupling, face plate coupling ‖ ∼**kupplung** (ausrückbar) / disk clutch, plate clutch ‖ ∼**mühle** f / disk mill ‖ ∼**nocken** m, Kurvenscheibe f (Masch) / disk cam, plate cam, cam n (in the form of a disk) ‖ ∼**schalter** m (Elek) / wafer switch ‖ ∼**schmieren** (durch Zusetzen der Spankammern) (Fert) / wheel loading ‖ ∼**ventil** n / disk valve ‖ ∼**waschdüse** f (Kfz) / washer nozzle ‖ ∼**wischer** m (Kfz) / windshield wiper (US), windscreen wiper (GB)

Scheider m (Akku, ChT) / separator

Scheidevorrichtung f, Abscheider m (Chem) / separator, trap

scheinbares Bild, virtuelles Bild (Opt) / virtual image ‖ ∼**e Dichte**, Rohdichte (eines porösen Festkörpers) / bulk density

scheinen / seem, appear ‖ ∼, leuchten / shine

Schein•kraft f (Phys) / fictitious force ‖ ∼**leistung** f (Einheit Voltampere, Einheitenzeichen VA) (Elek) / apparent power ‖ ∼**leitwert** m, Admittanz f (Kehrwert der Impedanz) (Elek) / admittance ‖ ∼**span** m (Fert) / built-up edge chip

Scheinwerfer m (Leuchte, in der das Licht von einem Reflektor gebündelt wird und nach vorne, je nach Stellung, Form und Kombination der Linsen, gestreut oder gebündelt austritt) (Licht) / lamp (that uses parabolic or ellipsoidal reflectors to concentrate the light and increase light source efficiency), reflector-type lamp ‖ ∼ (Bahn, Kfz, Luft) / headlamp, headlight ‖ ∼, Flutlicht-Strahler m (Licht) / floodlight ‖ ∼, Spot m (Film, TV) / spotlight, spot ‖ ∼, Suchscheinwerfer m (Kfz, Licht) / searchlight, SLT ‖ ∼**lampe** f (Licht) / lamp (that uses parabolic or ellipsoidal reflectors to concentrate the light and increase light source efficiency), reflector-type lamp

Schein•widerstand m, Impedanz f (Elek) / impedance ‖ ∼**widerstandsanpassung** f (Elek) / impedance matching

Scheitel•faktor m, Crestfaktor m (Elek) / amplitude factor, crest factor, peak factor ‖ ∼**punkt** m (Math) / vertex ‖ ∼**rohr** m, Oberrohr n (Fahrrad) / crossbar, top tube ‖ ∼**wert** m (einer Wechselgröße) (Elek) / peak value (of an alternating quantity)

scheitern, misslingen / fail, founder

Schelle f (Rohr-, Schlauchschelle etc.) / clamp

Schema, Muster n / model, pattern ‖ $\approx$ n, schematische Darstellung / schematic, diagram, schematic representation

schematische Darstellung / schematic, diagram, schematic representation

Schemazeichnung f, schematische Darstellung / schematic, diagram, schematic representation

Schenkel m (eines Winkels) (Math) / side (of an angle) ‖ $\approx$ (U-Rohr) / leg ()of a U-shaped pipe ‖ $\approx$ (eines Zirkels) (Math) / leg (of compasses) ‖ $\approx$**pol** m (Elek) / salient pole

Scher•beanspruchung f (Mech) / shearing stress, shear stress ‖ $\approx$**beanspruchung** (als Vorgang) (Mater) / shear loading ‖ $\approx$**bolzen** m, Abscherstift m, Abscherbolzen m / shear pin, shear bolt ‖ $\approx$**bruch** m (Mater) / shear fracture, shear failure

Schere f / scissors pl, a pair of scissors ‖ $\approx$ (Wzm) / shears pl

Scherebene f (Fert, Mater) / shear plane

scheren, abscheren / shear off, shear vt ‖ $\approx$ n, Schneidverfahren n mit offener Schnittlinie (Fert) / shearing

Scherenstromabnehmer m (Bahn) / pantograph (diamond-shaped, double-arm design)

Scher•festigkeit f (Mater) / shear strength ‖ $\approx$**fläche** f, Scherebene f (Fert, Mater) / shear plane ‖ $\approx$**kraft** f (Mech) / shear force, shearing force ‖ $\approx$**modul** m (Mech) / elasticity of shear, rigidity modulus, shear modulus, shear modulus of elasticity, modulus of rigidity ‖ $\approx$**schneiden** n (Fert) / shearing ‖ $\approx$**span** m (in der Scherzone umgeformte Spanteile werden gleich darauf schuppenförmig abgetrennt oder eingerissen) (Fert) / discontinuous chip (chip segments are loosely connected) ‖ $\approx$**spannung** f (Mech) / shear stress, shearing stress ‖ $\approx$**stift** m / shear pin, shear bolt

Scherung f, Abscheren n (Fert, Mater) / shear, shearing

Scherungsdeformation f (Mech) / shear strain

Scher•verformung f (Mech) / shear strain ‖ $\approx$**versuch** m (Mater) / shear test ‖ $\approx$**viskosität** f, dynamische Viskosität (Einheit: Pascalsekunde) (Phys) / coefficient of viscosity, dynamic viscosity ‖ $\approx$**winkel** m (Fert) / shear plane angle ‖ $\approx$**zone** f, Scherebene f (Fert, Mater) / shear plane ‖ $\approx$**zugversuch** m (Mater) / tension-shear test

Scheuer f, Scheune f (Landw) / barn ‖ $\approx$**mittel** n / scouring cleaner, abrasive cleaner

scheuern vt, blankputzen / scour vt ‖ $\sim$, schrubben / scrub ‖ $\sim$ vi (und sich dadurch abnutzen) / chafe (e.g. the cable chafed against the edge) ‖ $\approx$ n (z.B. eines Seils auf Metall, mit entsprechender Abnutzung), Reiben n / chafing

scheuernd, abschleifend, abrasiv / abrasive adj

Scheune f, Scheuer f (Landw) / barn

Schicht f, Lage f / layer ‖ $\approx$, Beschichtung f, Überzug m / coat ‖, coating n ‖ $\approx$ (sehr dünn), Film m, Haut f / film ‖ $\approx$ f (in einer Abfolge von Schichten) (allg, Geol) / stratum (pl.: strata) ‖ $\approx$, Lage (im Sperrholz) (Holz) / ply, veneer (any of the layers forming plywood) ‖ $\approx$ (von Schichtkarton) / ply (of paper o. board) ‖ $\approx$ (von Mauersteinen) (Bau) / course (of bricks), layer ‖ $\approx$ (der Reifenkarkasse), Gewebelage f (Kfz) / ply ‖ $\approx$, Arbeitsschicht f (IE) / shift, work shift ‖ $\approx$ (Schichtarbeiter)

(IE) / relay, shift (of workers), workmen pl ‖ $\approx$ (DV, Tele) / layer (e.g. in a program) ‖ $\approx$, Funktionsschicht f (Teilmenge von Kommunikationsfunktionen in einem Referenzmodell) (Tele) / functional layer ‖ $\approx$ **1** (im OSI-Schichtenmodell), Bit-Übertragungsschicht f, physikalische Schicht (DV, Tele) / layer 1, physical layer ‖ $\approx$ **2** (im OSI-Schichtenmodell), Sicherungsschicht f (DV, Tele) / data link layer, layer 2 ‖ $\approx$ **3** (im OSI-Schichtenmodell), Netzwerkschicht f (DV, Tele) / layer 3, network layer (in OSI reference model) ‖ $\approx$ **4** (im OSI-Schichtenmodell), Transportschicht f (DV, Tele) / layer 4, transport layer ‖ $\approx$ **5** (im OSI-Schichtenmodell), Kommunikationssteuerungsschicht (DV, Tele) / layer 5, session layer ‖ $\approx$ **6** (im OSI-Schichtenmodell), Darstellungsschicht f (DV, Tele) / layer 6, presentation layer ‖ $\approx$ **7** (im OSI-Schichtenmodell), Anwendungsschicht f (DV, Tele) / application layer, layer 7 ‖ **eine** $\approx$ **aufbringen** [auf], beschichten / coat vt

Schichtdicke f (galvanischer Überzüge), Überzugsdicke f (OT) / plating thickness

schichten, schichtweise legen o. fügen / layer vt ‖ $\sim$, aufstapeln, aufschichten / stack vt, pile up

Schicht• stoff m, Schichtwerkstoff m (aus zwei o. mehr Schichten bestehend)(Mater) / laminate ‖ $\approx$**verbund** m (Mater) / laminar structure ‖ $\approx$**verbund** m, Schichtverbundwerkstoff m (Mater) / laminar composite (two or more layers bonded together to form an integral piece), laminate n ‖ $\approx$**verbundwerkstoff** m (Mater) / laminar composite (two or more layers bonded together to form an integral piece), laminate n ‖ $\sim$**weise legen o. fügen**, schichten / layer vt ‖ $\approx$**werkstoff** m (aus zwei o. mehr Schichten bestehend)(Mater) / laminate ‖ $\approx$**werkstoff** m, Beschichtungsstoff m / coating material, coating substance ‖ $\approx$**werkstoff** m (bei den PVD-Verfahren), Target n / evaporant, source ‖ $\approx$**widerstand** m (Elek) / film resistor

Schiebe• dach n (Kfz) / sunroof, sliding roof ‖ $\approx$**fenster** n (horizontal) (Bau) / sliding window, sliding sash, slider ‖ $\approx$**fenster** (vertikal) (Bahn, Bau) / sash window, sash ‖ $\approx$**fluganzeiger** m (Luft) / sideslip display o. indicator ‖ $\approx$**flügel** m (eines Schiebefensters) (Bau) / sash (sliding - of a sashwindow) ‖ $\approx$**flügelrahmen** m, Schiebeflügel m (eines Schiebefensters) (Bau) / sash (sliding - of a sashwindow) ‖ $\approx$**leiter** f (ausziehbar) / extension ladder

schieben vt / push ‖ $\sim$ (Bitwerte in einem Register oder einer Speicheradresse um eine Position nach links oder rechts), verschieben (DV) / shift

Schiebepotentiometer n (Elek) / sliding potentiometer

Schieber m, Türriegel m, Bolzen m / bolt (lock), bar ‖ $\approx$, Schlitten m (verschiebbares Maschinenteil) (Masch) / slide ‖ $\approx$ (Absperrorgan für Rohrleitungen, bei dem eine Platte oder ein Keil geradlinig und parallel zum Rohr fest eingebauten Sitz bewegt wird und so den Durchfluss reguliert), Absperrschieber m (ChT, Rohr) / gate valve ‖ $\approx$ (des Messschiebers) (Mess) / slider, slide ‖ $\approx$ (des Rechenschiebers) / slide (of slide rule)

Schiebe• rad n (im Schieberadgetriebe) / sliding gear ‖ $\approx$**rädergetriebe** n (Kfz) / sliding-mesh gear box, sliding gear transmission ‖ **≈register** *n* (DV) / shift register

Schieberventil *n* / sliding valve

Schiebe•schalter *m* (Elek, Eltro) / slide switch ‖ **≈sitz** *m* (Masch) / close sliding fit ‖ **≈tor** *n* / slide gate, sliding gate ‖ **≈tür** *f* (Bau) / sliding door (horizontal) ‖ **≈widerstand** *m* (Elek, Eltro) / slide resistor

Schieblehre *f*, Messschieber *m* (Mess) / vernier calliper, vernier

Schiebung *f*, Translation *f* (alle Punkte einer geometrischen Figur werden so verschoben, dass sie dabei gerade, gleich lange, parallele und gleich orientierte Bahnen beschreiben) (Math) / translation ‖ **≈**, Scherspannung *f* (Mech) / shear stress, shearing stress ‖ **≈**, Scherungsdeformation *f* (Mech) / shear strain

schief, schräg [verlaufend] / oblique, skew ‖ **~**, geneigt / inclined, sloping *adj*, declivous, declivitous ‖ **~** (nicht im rechten Winkel stehen[d], hängen[d] etc.) / askew, crooked ‖ **~**, gekippt, schräg gestellt / tilted ‖ **~** [liegend], schräg verlaufend / transverse ‖ **~** (Dreieck, Prisma usw) (Math) / oblique (triangle, prism etc) ‖ **~** (Kreiskegel) (Math) / scalene (cone) ‖ **~e Ebene** (Phys) / inclined plane ‖ **~er Winkel** (Math) / oblique angle

Schief•lauf *m* (Riemen, Förderband) / off-track running ‖ **~symmetrisch**, antisymmetrisch (Math, Phys) / antisymmetric ‖ **~wink[e]lige Parallelprojektion**, axonometrische Projektion (Doku) / axonometric projection, axonometric representation

Schiene *f* (Bahn) / rail ‖ **≈** (des Messschiebers) (Mess) / beam (of vernier calliper)

Schienen•bett *n*, Bettung *f* (bildet zusammen mit dem Gleis und der Planumschutzschicht den Oberbau) (Bahn) / track ballast, ballast, roadbed, trackbed, gravel ballast ‖ **~gebunden** (Bahn) / railborne, railbound ‖ **~gleicher Bahnübergang** (Bahn und Straße auf gleichem Niveau) (Bahn, Straß) / grade crossing (US), level crossing (GB), railway grade crossing ‖ **~netz** *n*, Eisenbahnnetz *n* (Bahn) / railroad network o. system (US), railway network o. system (GB) ‖ **≈räumer** *m* (Bahn) / pilot (US), cowcatcher ‖ **≈system** *n* (Licht) / track lighting [system] ‖ **≈verkehr** *m* (Bahn) / rail transport

Schiff *n* (groß, seegehend) / ship, boat ‖ **≈fahrt** *f* / shipping, navigation, ship transport ‖ **≈fahrtskanal** *m* / canal

Schiffs•bau *m* / shipbuilding ‖ **≈dieselmotor** *f* / marine diesel engine ‖ **≈kran** *m* (Schiff) / deck crane, vessel crane ‖ **≈ort** *m*, Position *f* (Nav) / position ‖ **≈propeller** *m*, Schiffsschraube *f* (Schiff) / propeller, marine screw propeller, screw ‖ **~ruder** *n*, Steuer[ruder] *n* (Schiff) / rudder ‖ **≈schraube** *f* (Schiff) / propeller, marine screw propeller, screw ‖ **≈werft** *f* (Schiff) / dockyard, shipyard

Schift *m*, Verschiebung *f*, Stellenversetzen *n* (DV) / shift

schiften, verschieben, schieben (Bitwerte in einem Register oder einer Speicheradresse um eine Position nach links oder rechts) (DV) / shift

Schikane *f* (Masch) / baffle [plate]

Schild *m*, Schutz *m* / shield ‖ **≈** (Nukl) / shield, shielding (around a reactor) ‖ **≈** (Planierraupe) (Bau) / blade (of a dozer)

Schild *n* / sign (e.g. traffic sign, shop sign) ‖ **≈**, Aushängeschild *n* / sign[board] ‖ **≈**, Wegweiser *m* / signpost *n* ‖ **≈**, Etikett *n* / label ‖ **≈**, Preisschild *n* / price tag

Schilderbrücke *f* (Straß) / gantry, guide sign gantry

Schildlager *n* (Elek) / plug-in type bearing

Schirm *m*, Regenschirm *m* / umbrella ‖ **≈**, Sonnenschirm *m* / parasol ‖ **≈**, Lampenschirm *m* (Licht) / shade, lamp shade ‖ **≈**, Schutzschirm *m* (gegen Strahlung) (Nukl) / shield ‖ **≈** (Elek) / shield (around an electric device, e.g. a shielded cable, or circuit to reduce the effects of electric and magnetic fields) ‖ **≈**, Bildschirm *m* (die sichtbare Fläche, auf der das Bild angezeigt wird) (DV, Eltro, Radar, TV) / screen ‖ **≈bild** *n* (DV) / screen image

schirmen, abschirmen / screen, sreen

Schirm•faktor *m* (Eltro) / screen factor ‖ **≈raster** *n* (DV) / screen pattern

Schirmung *f* (Elek) / shield (around an electric device, e.g. a shielded cable, or circuit to reduce the effects of electric and magnetic fields) ‖ **≈**, Abschirmung *f* (gegen störende Signale, Strahlungen, Felder) (Elek, Nukl, Phys) / screening, shielding

Schlachtabfälle *m pl* / offal

Schlacke *f* (Ofen-, Herd-, Kohlen-, Schweiß-, vulkanische usw. Schlacke) / slag *n* ‖ **≈** (Hütt) / cinder, dross, slag ‖ **≈** (auf dem Schmelzbad) (Schw) / slag

Schlacken•bad *n* (Schw) / molten slag ‖ **≈einschluss** *m* (Schw) / slag inclusion ‖ **≈pfanne** *f* (Hütt) / slag ladle

schlaff / limp ‖ **~**, spannungslos (Seil etc.) / slack

Schlaf•modus *m* (beim Powermanagement) (DV) / sleep mode ‖ **≈raum** *m* (Bau) / bedroom ‖ **≈wagen** *m* (Bahn) / sleeping car, sleeper

Schlag *m* (z.B. des Schmiedehammers) / blow, stroke ‖ **≈**, Aufprall *m* / impact ‖ **≈** (von Rädern, Reifen etc.), Unrundlauf *m* / eccentricity, runout, wobble ‖ **≈** (Seil) / lay ‖ **≈backe** *f*, Knetbacke *f* (Werkzeug in Rundknetmaschinen) (Schm) / die ‖ **≈beanspruchung** *f* (Mech) / impact stress, impact load ‖ **≈belastung** *f* (Mech) / impact stress, impact load ‖ **≈bohrmaschine** *f* (mit eingebautem Rastenschlagwerk, Schlagenergie wird durch Andrückkraft beeinflusst) (Wz) / impact drill, hammer drill, percussion drill

schlagen *vt* / hit, strike, beat ‖ **~** (mit einem schnellen, leichten Schlag; z.B. Gussteile aus der Form) / rap, tap ‖ **~** (zu Schnee o. Schaum) / whisk, whip ‖ **~**, fällen, abholzen (Bäume) / fell *vt* (trees), cut down ‖ **~** *vt* (eine Brücke) / construct (a bridge) ‖ **~** (einen Kreis) / describe o. draw (a circle) ‖ **~** *vi*, klopfen / knock ‖ **~**, prallen [gegen] / impact *vi* [against] ‖ **~** (z.B. Räder), unrund laufen / run out of true, run untrue ‖ **~** (Uhr) / strike ‖ **~** (Funken) / strike (sparks)

schlag•fest / shock-proof, shock-resistant ‖ **~fest**, schlagzäh / impact resistant ‖ **≈festigkeit** *f* / impact strength, impact resistance, resistance to shock o. impact ‖ **≈metall** *n* / Dutch metal (alloy of copper and zinc in the form of thin sheets, used as an imitation of gold leaf), Dutch foil, Dutch gold, Dutch leaf, imitation gold leaf ‖ **≈mühle** *f* / beater mill, hammer mill ‖ **≈schraube** *f* / drive screw, hammer-drive screw ‖ ~**schweißen** n (Schw) / percussion welding, PEW ‖ ~**wellen** fpl **in Feinblech**, Rattermarken f pl, Ratterwellen f pl / shatter marks pl ‖ ~**wetterschutz** m (Bergb, Elek) / firedamp protection ‖ ~**zäh**, schlagfest / impact resistant ‖ ~**zahl** f (bei Schlagbohrmaschinen) (Wz) / impact rate ‖ ~**zerreiß-Versuch** m (Mater) / tension impact test, tensile impact test ‖ ~**zugversuch** m (Mater) / tension impact test, tensile impact test

Schlamm m (allg) / mud (wet, soft earth or earthy matter, as at the bottom of a body of water or along the banks of a river) ‖ ~ (aus benetzbaren Teilchen - im Flotationsapparat), Flotationsschlamm m (Aufb, ChT) / flotation tailings pl, tails, tailings pl ‖ ~, abgesetzte Feststoffe (beim Sedimentieren) (Aufb, ChT) / pulp ‖ ~, Matsch m / mud, sludge ‖ ~ (Ablagerungen in Flüssen o. Kesseln) / sludge ‖ ~ (bei der Abwasserbehandlung), Klärschlamm m (Sanitär, Umw) / sewage sludge, sludge ‖ ~ (rel. dünnflüssig) / slurry ‖ ~**belebungsverfahren** n (Sanitär, Umw) / activated sludge process

schlämmen, aufschlämmen (Aufb, ChT) / elutriate

Schlange f, Schlangenrohr n / coil (tube)

Schlangen•bohrer m (ein Bohreinsatz) (Wz) / auger, auger bit ‖ ~**rohr** n, Schlange f / coil (tube)

schlank / slim, slender ‖ ~ (Fertigung, Organisation) / lean (production, organisation)

Schlankheit f, Schlankheitsgrad m (Knicken) (Mech) / slenderness ratio

Schlankheitsgrad m (Knicken) (Mech) / slenderness ratio

Schlauch m / tube (non-rigid, of plastic, rubber) ‖ ~ (Fahrrad, Kfz) / tube (in tire), inner tube ‖ ~ (flexibel, z.B. Wasser- o. Bremsschlauch) / hose ‖ ~, Filterschlauch m (des Schlauchfilters) (ChT) / bag, filter bag ‖ ~**beleuchtung** f (Licht) / rope lights pl ‖ ~**bride** f (Schweiz), Schlauchschelle f / hose clamp, hose clip ‖ ~**filter** m (ChT) / bag filter ‖ ~**klemme** f, Quetschhahn m / pinchcock, hose clamp ‖ ~**kupplung** f / hose coupling ‖ ~**leitung** f / hose line ‖ ~**schelle** f / hose clamp, hose clip

Schlauder f, Maueranker m (Bau) / tie bolt, wall anchor

Schlaufe (allg) / loop

schlecht / bad ‖ ~ (Qualität) / poor, inferior ‖ ~ (z.B. Leistung, Zustand, Verarbeitung) / poor ‖ ~, abgestanden (z.B. Luft) / stale, stagnant ‖ ~ **ausgelaufener Guss** (Gieß) / misrun n (casting that has solidified before completely filling the mould cavity) ‖ ~ **ausgerichtet** / misaligned ‖ ~ **ausgerüstet** / ill-equipped ‖ ~ (oder nicht) **fluchtend** / misaligned ‖ ~ **leiten** / be a poor conductor ‖ ~**er Leiter** (Elek) / poor conductor ‖ ~**e Verbindung** (Elek, Tele) / poor connection

Schlechtquittung f (DV, Tele) / negative acknowledgement, NAK

Schleif•..., abschleifend, abrasiv / abrasive adj ‖ ~**bahn** f, Schleifkornbahn f (Fert) / sweep arc (of grits) ‖ ~**band** n (Wzm) / abrasive belt ‖ ~**blatt** n (rund) (Wz) / sanding disc, abrasive disc ‖ ~**blatt mit Klettverschluss**, Haftschleifblatt n (Wz) / adhesive sanding disc,

hook-and-loop abrasive sanding disc ‖ ~**breite** f (Fert) / width of cut

Schleife f (allg, Elek, Straß) / loop ‖ ~, Programmschleife (DV) / loop, program loop

schleifen, schleppen / drag, haul ‖ ~ (Metall, Glas) (Fert) / grind ‖ ~, schärfen (Werkzeug, Schneide) / sharpen ‖ ~ n (Metall, Glas) (Fert) / grinding ‖ ~, Schärfen n / sharpening ‖ ~**impedanz** f (Elek) / loop impedance ‖ ~**strom** m (Elek) / loop current ‖ ~**verstärkung** f (Eltro) / loop gain ‖ ~**widerstand** m (Kabel) / loop resistance

Schleifer m, Schleifkontakt m (des Potentiometers) (Elek) / wiper, arm, slider

Schleif•kontakt m (Elek) / sliding contact ‖ ~**kontakt** (des Potentiometers) (Elek) / wiper, arm, slider ‖ ~**korn** n (Wzm) / abrasive grain, abrasive particle n, abrasive grit ‖ ~**kornbahn** f (Fert) / sweep arc (of grits) ‖ ~**körper** m, Schleifwerkzeug n (Wzm) / abrasive tool ‖ ~**körper**, Schleifscheibe f (Wzm) / grinding wheel, abrasive wheel ‖ ~**leinen** n / abrasive cloth ‖ ~**maschine** f (Wzm) / grinder, grinding machine ‖ ~**maschine, die f mit Schleifpapier verwendet wird** (Wz) / sander, sanding machine ‖ ~**material** n (Fert) / abrasive n, abrasive material ‖ ~**mittel** n (Fert) / abrasive n, abrasive material ‖ ~**mittelsuspension** m, Läppgemisch n (beim Schwingläppen) (Fert) / slurry (in USM) ‖ ~**öl** n (Fert) / grinding oil ‖ ~**papier** / abrasive paper, emery paper, sandpaper ‖ ~**paste** f / abrasive paste ‖ ~**ring** m (Elek) / slip ring, collector ring ‖ ~**ringanker** m (Elek) / slipring rotor, wound rotor ‖ ~**ringläufer** m (Elek) / slipring rotor, wound rotor ‖ ~**ringläufer** (Motor)(Elek) / slipring induction motor, slipring motor ‖ ~**ringläufermotor** m (Elek) / slipring induction motor, slipring motor ‖ ~**roboter** m / grinding robot ‖ ~**scheibe** f (Wzm) / grinding wheel, abrasive wheel ‖ ~**scheibe mit keramischer Bindung** (Fert) / vitrified bonded grinding wheel ‖ ~**scheibenaufnahme** f / grinding wheel adaptor ‖ ~**spindel** f (Wzm) / grinding wheel spindle ‖ ~**stein** m (umlaufend) / grindstone, grinding stone ‖ ~**stoff** m, Schleifmittel n (Fert) / abrasive n, abrasive material ‖ ~**teller** m (Wz) / sanding pad ‖ ~**topf** m, Topfschleifscheibe f (Wzm) / cup wheel ‖ ~**tuch** n / abrasive cloth ‖ ~**verfahren** n (Fert) / grinding process ‖ ~**verhältnis** n (Verhältnis zwischen zerspantem Werkstückvolumen und dem dadurch verschlissenen Scheibenvolumen) (Fert) / grinding ratio ‖ ~**werkzeug** n (Wzm) / abrasive tool ‖ ~**werkzeug**, Schleifscheibe f (Wzm) / grinding wheel, abrasive wheel ‖ ~**zerspanen** n, Spanen n mit geometrisch unbestimmten Schneiden (DIN 8589) (Fert) / abrasive machining, abrasive process[es], abrasive machining process[es]

schleimig, schleimartig / slimy

Schleiß•blech n / wearing plate ‖ ~**platte** f / wearing plate ‖ ~**teil** n / wearing part

schleppen (etw. Schweres mit Mühe tragen) / lug vt ‖ ~, schleifen / drag, haul ‖ ~ (Fahrzeug, Schiff) / tow

Schlepper m (Schiff) / tug, tugboat

Schlepp•hebel m, Schwinghebel m (einarmiger Hebel zur Ventilsteuerung) (Mot) / pivoting follower, finger rocker ‖ ~**kabel** n, Schleppleitung f / trailing cable ‖

$\sim$**kettenförderer** *m* (Förd) / drag chain conveyor ‖ $\sim$**leitung** *f*, Schleppkabel *n* / trailing cable

Schleuder *f*, Zentrifuge *f* / centrifuge *n*, centrifugal *n* ‖ $\sim$**band** *n*, Schleuderbandförderer *m* (Förd) / thrower belt conveyor ‖ $\sim$**formguss** *m* (Gieß) / semicentrifugal casting ‖ $\sim$**gang** *m* (Waschmaschine) (HG) / spinning, spinning cycle ‖ $\sim$**gießen** *n* (Gieß) / centrifugal casting ‖ $\sim$**guss** *m*, Schleudergießen *n* (Gieß) / centrifugal casting ‖ $\sim$**guss** (Erzeugnis), Schleudergussteil *n* (Gieß) / centrifugal casting, centrifugally cast part ‖ $\sim$**gussteil** *n* (Gieß) / centrifugal casting, centrifugally cast part

schleudern *vt*, zentrifugieren / centrifuge *v*, centrifugalize ‖ $\sim$ *n* (Arbeitsgang der Waschmaschine) / spin, spinning, spin cycle ‖ $\sim$, Zentrifugieren *n* / centrifugation, centrifuging ‖ $\sim$ (ein Formgebungsverfahren bei der Glasherstellung) (Glas) / centrifugal casting, spinning *n*, centrifuging process

Schleuder • schmierung *f* / centrifugal lubrication ‖ $\sim$**verfahren** *n* (zur Herstellung von Isolierglasfasern) (Glas) / centrifugal spraying

Schleuse *f* (zum Stauen und regulierter Freigabe eines Wasserlaufs) (Wasserb) / sluice *n* ‖ $\sim$ (zum Heben u. Senken von Schiffen auf unterschiedliche Wasserspiegelhöhen einer Wasserstraße) (Wasserb) / lock ‖ $\sim$ (Kammer mit zwei Türen zur Überwindung von Druckunterschieden zwischen zwei Räumen o. Bereichen) / lock

Schleusenspannung *f* (Diode) (Eltro) / threshold voltage

Schlichtdrehen *n*, Fertigdrehen *n* (Dreh) / finishing, finish turning, finishing operation(s)

schlichten, beilegen / settle, adjust (differences, conflicts) ‖ $\sim$ (Werkstück, Oberfläche) (Fert) / finish, finish-machine, carry out [a] finishing operation[s] (on a workpart) ‖ $\sim$ (Garn) (Tex) / size ‖ $\sim$ *n* (Fertigbearbeitung eines Werkstücks, durch die die verlangte Maß-u. Formgenauigkeit sowie die erforderliche Oberflächengüte erreicht werden; Vorschub u. Zustellung klein, Schnittgeschwindigkeit hoch; Ggs. Schruppen) (Fert) / finishing, finishing cut(s), finishing operation(s) ‖ $\sim$, Fertigdrehen *n*, Schlichtdrehen *n* (Dreh) / finishing, finish turning, finishing operation(s) ‖ $\sim$ (Vorbehandlung von Garnen mit Schlichte) (Tex) / sizing

schlichtschleifen (Fert) / smooth-polish

Schlieren *f pl* (Glasfehler) (Glas) / cords *pl* ‖ $\sim$ (Geol, Opt) / schlieren *pl* ‖ $\sim$**verfahren** *n* (Opt) / schlieren method

schließen (z.B. Tür, Fenster), zumachen / close *vt*, shut ‖ $\sim$ (Stromkreis) (Elek) / close (circuit) ‖ $\sim$ (Kontakt) (Elek) / make (a contact) ‖ $\sim$ (Programm, Datei, Fenster) (DV) / close (an application, file, window) ‖ $\sim$, stilllegen / shut down (e.g. factory), close down ‖ $\sim$ (Vertrag, Brief) / conclude (a contract, letter) ‖ $\sim$ (eine Lücke) / close (a gap in the fence, a gap in the security net) ‖ $\sim$ (etw. aus etw) / infer, conclude (sth from sth) ‖ $\sim$ *vi*, den Betrieb einstellen (Werk etc.) / close down, shut down ‖ $\sim$ *vr* (sich) / close *vi*, shut *vi* ‖ $\sim$ *n* (Elek) / make (closing of contacts)

schließende Statistik, mathematische Statistik / mathematical statistics

Schließer *m*, Arbeitskontakt *m* (im Ruhezustand geöffnet, bei Betätigung geschlossen) (Elek) / make contact *n*, normally open contact, NO contact

Schließkontakt *m*, Arbeitskontakt *m* (im Ruhezustand geöffnet, bei Betätigung geschlossen) (Elek) / make contact *n*, normally open contact, NO contact

Schließung *f*, Stilllegung *f* / shutdown *n* (of a factory), closing down

Schließ • winkel *m* **der Zündung** (Kfz) / dwell angle ‖ $\sim$**zylinder** *m* (des Zylinderschlosses) / cylinder, lock cylinder

Schliff *m*, Schleifen *n* (Fert) / grinding ‖ $\sim$ (der Oberfläche) / finish, ground surface ‖ $\sim$, Schlifffläche *f* (für Schliffbilder) (Hütt) / ground section (for a specimen), polished section, polished face ‖ $\sim$**fläche** *f* (für Schliffbilder) (Hütt) / ground section (of a specimen), polished section, polished face

Schlitten *m*, Werkzeugschlitten *m* (dient zum Spannen und Bewegen der Werkzeuge), Support *m* (Wzm) / carriage (supports the cross-slide, compound and tool post and moves along the ways under manual or power feed) ‖ $\sim$ (verschiebbares Maschinenteil), Schieber *m* (Masch) / slide

Schlitz *m* (lang, schmal) / slit ‖ $\sim$, Rille *f* / groove ‖ $\sim$, Kerbe *f* / notch ‖ $\sim$, Einwurföffnung *f* (für Geld, Briefe usw.) / slot ‖ $\sim$ (im Schraubenkopf) (Masch) / slot ‖ $\sim$ (bei Zweitaktmotor) (Mot) / port ‖ **mit** $\sim$ (Schraube), Schlitz... / slotted (screw) ‖ $\sim$**kopf** *m* (Schraube) / slotted head (of screw), slot head ‖ $\sim$**kopfschraube** *f* / slotted head screw ‖ $\sim$**mutter** *f* (DIN 546) / round slotted nut, slotted round nut ‖ $\sim$**schraube** *f* / slotted screw ‖ $\sim$**verschluss** *m* (Foto) / curtain shutter, focal plane shutter

Schloss *n*, Verschlussvorrichtung *f* / lock *n* ‖ **angeschlagenes** $\sim$, Kastenschloss *n* / box lock, case[d] o. outside o. rim lock

Schlosserei *f*, Schlosserwerkstatt *f* (IE) / mechanical workshop

Schloss • falle *f* (wird über den Türdrücker o. den Schlüssel betätigt) / latch (on a door) ‖ $\sim$**kasten** *m* (enthält die Schaltelemente für die Vorschubbewegungen und für die Hauptkupplung) (Dreh) / apron (contains the longitudinal hand feed mechanism, the power feed mechanism and the half-nut mechanism) ‖ $\sim$**mutter** *f* (Dreh) / clasp nut, leadscrew nut (in a lathe) ‖ $\sim$**platte** *f* (Dreh) / apron (contains the longitudinal hand feed mechanism, the power feed mechanism and the half-nut mechanism) ‖ $\sim$**schraube** *f* (DIN 603) / carriage bolt, coach bolt, mushroom head bolt (square necked)

Schlot *m*, Schornstein *m* (Bahn, Schiff) / funnel, stack, smokestack

schlucken, dämpfen (Schall) (Akust) / muffle, deaden, absorb, mute ‖ $\sim$ *n*, Dämpfung *f* (Akust) / absorption

Schlupf *m* (eines Asynchronmotors) (Elek) / slip ‖ $\sim$ (bei z.B. Riementrieb, Fördergurten) / slip, slippage ‖ $\sim$ (zw. Rad u. Fahrbahn/Gleis) (Bahn, Kfz) / wheel slip ‖ $\sim$**energie** *f* (Elek) / slip energy ‖ $\sim$**kupplung** *f*, Induktionskupplung *f* (Elek) / induction coupling

Schlüssel *m* (eines Schlosses) / key (for lock, ignition switch etc.) ‖ $\sim$, Schraubenschlüssel *m* (Wz) / wrench (US), spanner (GB) ‖ $\sim$ (bei der Datenver- und

-entschlüsselung) (DV) / encryption key, key ‖ ⁓ (in einer Datenbank), Ordnungsbegriff f (DV) / key ‖ **~fertig** (Projekt, Anlage) (Bau) / turnkey (project, plant) ‖ **⁓loch** n / keyhole ‖ **⁓lochsäge** f, Lochsäge f (kleine Stichsäge für kleine Öffnungen) / keyhole saw, padsaw ‖ **⁓schalter** m (Elek) / key-operated switch, detachable-key switch ‖ **⁓technologie** f / key technology ‖ **⁓weite** f (Schraube) / width across flats, across-flats dimension

schluss•geglüht (Hütt) / final annealed ‖ **⁓leuchte** f (Kfz) / rear light (GB), tail light (US), tail lamp (US) ‖ **⁓reaktion** f, Abbruchreaktion f (beendet die Kettenreaktion) (Chem) / termination reaction, chain-termination reaction ‖ **⁓trommel** f, Umlenktrommel f (eines Förderbands mit Spannfunktion), Spanntrommel f (Förd) / take-up pulley, take-up roller

schmales Frequenzband n (< 300 Hz), (Tele) / narrow band

Schmalband n, schmales Frequenzband n (< 300 Hz) (Tele) / narrow band ‖ **⁓-ISDN** n / narrow-band ISDN, N-ISDN ‖ **⁓verstärker** m (Eltro) / narrow band amplifier

Schmalgangstapler m (Förd) / narrow aisle truck

Schmelz•bad n (z.B. Aluminiumbad) (Hütt) / bath, molten bath (of e.g. aluminum), melting bath ‖ **⁓bad**, Schweißbad n (Schw) / molten pool, weld pool, molten weld pool ‖ **⁓draht** m (Elek) / fuse wire ‖ **⁓drahtsicherung** f (Elek) / wire fuse

Schmelze f (geschmolzene Masse) (Chem, Hütt) / molten material, molten mass, melted mass, melt ‖ ⁓, Metallschmelze f (Gieß) / molten metal ‖ ⁓ (flüssiges Roheisen), Bad n (Hütt) / molten [pig] iron ‖ ⁓, Schmelzbad n (z.B. Aluminiumbad), Metallschmelze f (Hütt) / bath, molten bath (of e.g. aluminum), melting bath

Schmelzeinsatz m (der Schmelzsicherung) (Elek) / fuse holder, fuse carrier

schmelzen vt vi (allg, Hütt) / melt vt vi ‖ ~ vi (Reaktorkern) (Nukl) / melt down ‖ ~ vt, verhütten (Erze) (Hütt) / smelt ‖ ~ n (allg, Hütt) / melting

Schmelz•farbe f, Emailfarbe f (Keram) / enamel colo[u]r ‖ **⁓feuerung** f / wet bottom furnace, slag tap furnace ‖ **~flüssig**, geschmolzen / molten ‖ **⁓hütte** f (zur Verhüttung von Erz) (Hütt) / smelting plant, smelting works, smeltery ‖ **⁓index** m, MFI (Plast) / melt flow index, MFI, melt index ‖ **⁓kammerfeuerung** f / wet bottom furnace, slag tap furnace ‖ **⁓karbonat-Brennstoffzelle** f (Chem, Elek) / molten carbonate fuel cell, MCFC ‖ **⁓klebstoff** m / hot melt, hot-melt adhesive ‖ **⁓kühlung** f, Ablationskühlung f (Raumf) / ablation cooling, ablative cooling ‖ **⁓leiter** m / fuse element ‖ **⁓leiter** (einer Schmelzsicherung) (Elek) / fuse link, fuse element ‖ **⁓ofen** m (Hütt) / melting furnace, melter ‖ **⁓ofen** (zur Verhüttung von Erz) (Hütt) / smelting furnace, smelter ‖ **⁓punkt** m, Fließpunkt m (Phys) / melting point, fusion point, mp, melting temperature ‖ **⁓reduktionsverfahren** n (Hütt) / smelting reduction process ‖ **⁓schweißen** n (im Ggs. zu Pressschweißen - Schweißen durch einen örtlich begrenzten Schmelzfluss ohne Anwendung von Kraft, mit oder ohne

Schweißzusatz, d.h. i.W. Gieß-schmelzschweißen, Gasschmelzschweißen, Widerstandsschmelzschweißen, Lichtbogen-schweißen, Strahlschweißen (Laserstrahl-, Elektronenstrahl-)), Schmelzverbindungs-schweißen n (Schw) / fusion welding (this term is not as rigidly and consistently defined as the German term, the American Welding Society does not recognize fusion welding as a grouping at all; however, very often, particularly in British but as well in American usage, fusion welding - as opposed to solid state welding - is used as a group that contains the same welding processes as the German "Schmelzschweißen" and in addition resistance welding, whereas German "Widerstandspressschweißen" belongs to "Pressverbindungsschweißen") ‖ **⁓sicherung** f (Elek) / fuse, safety fuse ‖ **⁓tauchen** n, Tauchen n in Metallschmelze / hot dipping ‖ **⁓temperatur** f m (Phys) / melting point, fusion point, mp, melting temperature ‖ **⁓tiegel** m (Chem, Gieß) / crucible ‖ **⁓verbindungs-schweißen** n, Schmelzschweißen n (im Ggs. zu Pressschweißen - Schweißen durch einen örtlich begrenzten Schmelzfluss ohne Anwendung von Kraft, mit oder ohne Schweißzusatz, d.h. i.W. Gießschmelz-schweißen, Gasschmelzschweißen, Widerstandsschmelzschweißen, Lichtbogenschweißen, Strahlschweißen (Laserstrahl-, Elektronenstrahl-)) (Schw) / fusion welding (this term is not as rigidly and consistently defined as the German term, the American Welding Society does not recognize fusion welding as a grouping at all; however, very often, particularly in British but as well in American usage, fusion welding - as opposed to solid state welding - is used as a group that contains the same welding processes as the German "Schmelzschweißen" and in addition resistance welding, whereas German "Widerstandspressschweißen" belongs to "Pressverbindungsschweißen") ‖ **⁓wärme** f (Phys) / heat of fusion, latent heat of fusion ‖ **⁓zement** m, Tonerdezement m (Bau) / aluminous cement, high-alumina cement, ciment fondu

Schmetterlings-Klappe f (eine Rückschlagklappe) / butterfly valve (consisting of two semicircular clappers or wings hinged to a common diametral spindle), double clack valve

Schmidt•kamera f (Astr, Opt) / Schmidt camera, Schmidt telescope, Schmidt reflector ‖ **⁓optik** f (Opt, TV) / Schmidt optics, Schmidt system ‖ **⁓-Spiegel** m, Schmidtkamera f (Astr, Opt) / Schmidt camera, Schmidt telescope, Schmidt reflector ‖ **⁓-Spiegelteleskop** n, Schmidtkamera f (Astr, Opt) / Schmidt camera, Schmidt telescope, Schmidt reflector ‖ **⁓-Teleskop** n, Schmidtkamera f (Astr, Opt) / Schmidt camera, Schmidt telescope, Schmidt reflector ‖ **⁓-Zahl** (Phys) / Schmidt number

Schmiede•eisen (Hütt) / wrought iron (contains about 3 % slag and very little carbon), W.I. ‖ **⁓gesenk** n (Schm) / die, closed die, forging die, impression die ‖ **⁓hammer** m (Wzm) / forging hammer

schmieden / forge v ‖ ⁓ n (Freiformen und Gesenkformen) (Fert) / forging (open-die forging, closed-die forging) ‖ ⁓,

Freiformschmieden *n*, Freiformen *n* (DIN 8583) (Fert) / open-die forging, hammer forging, flat die forging ‖ ⁓ **im Gesenk** (Fert) / closed die forging, impression die forging
Schmiede•presse *f* (Wzm) / forging press ‖ ⁓**sinter**, Schmiedezunder *m* (Schm) / hammer scale, forge scale, forging scale ‖ ⁓**stück** *n* / forging, forged piece ‖ ⁓**teil** *n* / forging, forged piece ‖ ⁓**walze** *f* (Wzm) / forging roll ‖ ⁓**walzen** *n* (Fert) / roll forging ‖ ⁓**zunder** *m* (Schm) / hammer scale, forge scale, forging scale
Schmiege *f*, Winkelschmiege *f* (Mess, Wz) / sliding T bevel, bevel gauge, sliding bevel, adjustable try square, bevel square, angle bevel
Schmieg•kreis *m* (Math) / circle of curvature, osculating circle ‖ ⁓**tangente** *f*, Asymptote *f* (Math) / asymptote
Schmierbohrung *f*, Ölloch *n* (zur Schmierung) / oil hole
Schmiere *f*, Schmierfett *n* (Masch) / grease
schmieren *vt* (mit Schmiermittel allgemein) (Masch) / lubricate ‖ ⁓, abschmieren *vt* (mit Schmierfett, z.B. Achsen), fetten / grease *vt* ‖ ⁓ (mit Öl), ölen / oil *vt* ‖ ⁓ *vi* (unsauber schreiben, wischen etc., z.B. Kuli, Wischblätter) / smear ‖ ⁓ *n*, Schmierung *f* / lubrication ‖ ⁓, Schmierung *f*, Einfetten *n* / greasing
Schmier•fett *n* (Masch) / grease ‖ ⁓**film** *m* / lubricating film ‖ ⁓**kanne** *f*, Ölkanne *f* / oil can ‖ ⁓**keil** *m* (Masch) / oil wedge, lubricating wedge ‖ ⁓**loch** *n* / lubricating hole ‖ ⁓**loch**, Ölloch *n* (zur Schmierung) / oil hole ‖ ⁓**mittel** *n* / lubricant ‖ ⁓**nippel** *m* / lubricating nipple, lubricator nipple, grease nipple ‖ ⁓**nut** *f* / lubrication groove ‖ ⁓**nut**, Ölnut *f* / oil groove ‖ ⁓**öl** *n* / lubricating oil, lube [oil] ‖ ⁓**plan** *m* / lubrication chart ‖ ⁓**ring** *m*, Ölring *m* / oiling ring, lubrication ring ‖ ⁓**spalt** *m* / lubrication gap ‖ ⁓**stelle** *f* / lubricating point ‖ ⁓**stoff** *m* / lubricant ‖ ⁓**stoffdurchsatz** *m* (Masch) / lubricant consumption ‖ ⁓**system** *n* / lubrication system
Schmierung *f*, Schmieren *n* / lubrication ‖ ⁓, Einfetten *n* / greasing
Schmirgel *m* ..., abschleifend, abrasiv / abrasive *adj* ‖ ⁓**leinen** *n* / abrasive cloth ‖ ⁓**leinwand** *f* / abrasive cloth
schmirgeln / emery *v*, rub down with emery ‖ ⁓, abschleifen (mit Schleifpapier) (Holz) / sand, sandpaper *vt*, smooth (o. polish with sandpaper)
Schmirgel•papier *n* / abrasive paper, emery paper, sandpaper ‖ ⁓**pulver** *n* / abrasive powder ‖ ⁓**tuch** *n* / abrasive cloth
Schmitt-Trigger *m*, Schwellwertschalter *m* (Eltro) / Schmitt trigger
Schmutz *m* / dirt ‖ ⁓**fänger** *m* (allg) / dirt trap ‖ ⁓**fänger** (Gummilappen an Kotflügeln) (Kfz) / mud flap (GB), fender flap (US)
schmutzig, verschmutzt / dirty *adj*, soiled, filthy
Schmutz•stoff *m*, Verunreinigung *f* (Stoff) (Umw) / pollutant, contaminant ‖ ⁓**wasser** *n*, Abwasser *n* (Umw) / wastewater, waste (liquid) ‖ **industrielle** ⁓**wasser** (Umw) / industrial waste water, industrial sewage
Schnabel *m* (z.B. einer Kanne, eines Krugs), Tülle *f* / spout *n* (e.g. of a pitcher), beak, snout *n* ‖ ⁓**zange** *f* / long-nose pliers
Schnapp•befestigung *f* / snap-on mount ‖ ⁓**befestigung** (Tätigkeit) / snap-on mounting ‖

⁓**schalter** *m*, Sprungschalter *m* (Elek) / quick break-and-make switch, quick make-and-break switch o. cut-out, quick break cutout o. switch, snap switch ‖ ⁓**stift** *m*, Sperrstift *m* / locking pin ‖ ⁓**verbindung** *f* (gebildet durch elastische Verformung von mind. einem der Fügeteile) / snap-fit assembly
Schnauze *f*, Tülle *f*, Schnabel *m* (z.B. einer Kanne, eines Krugs) / spout *n* (e.g. of a pitcher), beak, snout *n*
Schnecke *f* (des Schneckenförderers) / screw, worm ‖ ⁓ (Plast) / screw (of an extruder) ‖ ⁓ (im Schneckengetriebe) / worm
Schnecken•antrieb *m*, Schneckentrieb *m* (Masch) / worm drive ‖ ⁓**austragvorrichtung** *f* / screw type discharger ‖ ⁓**förderer** *m* (Förd) / screw conveyor, worm conveyor, spiral conveyor ‖ ⁓**gang** *m*, Gewindegang *m* (Schneckenförderer) (Masch) / flight ‖ ⁓**gang** (Plast) / channel (of the screw of an extruder or injection moulding machine) ‖ ⁓**getriebe** *n* / worm gear ‖ ⁓**gewinde** *n* / helix ‖ ⁓**hubgetriebe** *n* / screw jack, jackscrew ‖ ⁓**linie** *f*, Helix *f* (Kurve, die sich mit konstanter Steigung um den Mantel eines Zylinders windet), Schraubenlinie *f* (eine Raumkurve) (Math, Techn) / helix (pl. helices, helixes) ‖ ⁓**linie**, Spirale *f* (ebene Kurve, die um einen Punkt verläuft und sich je nach Laufrichtung von diesem entfernt oder annähert, wie zum Beispiel die Rille einer Schallplatte) (Math) / spiral ‖ ⁓**presse** *f* (Plast) / screw extruder ‖ ⁓**pumpe** *f* / spiral pump ‖ ⁓**rad** *n* (des Schneckengetriebes) / worm wheel ‖ ⁓**radgetriebe** *n* / worm gear ‖ ⁓**steg** *m* (Plast) / flight (of the screw of an extruder or injection moulding machine), thread ‖ ⁓**trieb** *m*, Schneckenantrieb *m* (Masch) / worm drive ‖ ⁓**zahnstange** *f* (Masch) / worm rack
Schnee•fräse *f*, Schneeschleuder *f* / snow blower, snow thrower ‖ ⁓**kufe** *f* / ski *n* ‖ ⁓**mobil** *n* / snowmobile ‖ ⁓**schleuder** *f*, Schneefräse *f* / snow blower, snow thrower
Schneid•arbeit *f*, Ausschneiden *n* (Schneiden längs einer in sich geschlossenen Trennlinie, wobei der nach dem Schnitt verbliebene Blechstreifen Abfall ist und das Fertigteil durch den Schneidplattendurchbruch abgeführt wird) (Fert) / blanking ‖ ⁓**brenner** *m* (Schw) / blowtorch (coll.), cutting torch, metal-cutting torch ‖ ⁓**brenner** *m*, autogener Schneidbrenner (mit Acetylen als Brenngas) (Schw) / oxyacetylene torch, oxyacetylene blowpipe ‖ ⁓**diamant** *m* (Wzm) / cutting diamond
Schneide *f*, Schneidkante *f* (Wz) / cutting edge, edge (of a tool)
schneiden (allg, Fert) / cut *vt* ‖ ⁓ (Film, Tonband), cutten (Audio, Film, TV) / cut, edit ‖ ⁓ (Fehler beim Fahren) (Kfz) / cut in on (another car) ‖ ⁓ *vr* (sich), überschneiden *vr* (sich)(Linien, Drähte etc.) / intersect ‖ ⁓ **mit dem Plasmaschmelzschneidverfahren** (Fert) / plasma cut ‖ ⁓ **mit Laserstrahl** (Fert) / laser cut ‖ ⁓ *n* (allg, Fert) / cutting ‖ ⁓ (Audio, Film, TV) / editing, cutting ‖ ⁓, Scherschneiden *n* (Fert) / shearing ‖ ⁓, Ausschneiden *n* (Schneiden längs einer in sich geschlossenen Trennlinie, wobei der nach dem Schnitt verbliebene Blechstreifen Abfall ist und das Fertigteil durch den Schneidplattendurchbruch abgeführt wird) (Fert) / blanking ‖

⁓ **mit Laser** (Fert) / laser beam cutting, laser
cutting
Schneidenansatz m, Aufbauschneide f (Wzm) /
built-up edge
Schneid•flüssigkeit, Kühlschmierstoff m (zur
Schmierung u. Kühlung beim Trennen u.
Umformen v. Werkstoffen) (Fert) / cutting
fluid || ⁓**gas** n (Fert) / cutting gas ||
⁓**geschwindigkeit** f (Schw) / cutting rate, rate
of cutting, cutting speed || ⁓**kante** f (Wz) /
cutting edge, edge (of a tool) || ⁓**keil** m /
wedge || ⁓**keramik** f / ceramic insert ||
⁓**maschine** f (Fert, Tex) / cutting machine ||
⁓**maschine** (trennen Rohware in dünne
Lamellen/Bretter auf) (Holz) / slicing machine
|| ⁓**messer** n (z.B. bei Küchenmaschine) /
blade || ⁓**mühle** f / cutting mill || ⁓**öl** n (Fert) /
cutting oil || ⁓**platte** f (Wzm) / tool bit ||
⁓**platte** (beim Scherschneiden) (Wzm) / die ||
⁓**plattenhalter** m (Wzm) / die holder, lower
shoe || ⁓**presse** f (Wzm) / power shears sg,
squaring shears sg || ⁓**schraube** f (DIN),
Gewindeschneidschraube f / tapping screw,
self-tapping screw, self-cutting screw,
thread-cutting screw || ⁓**spalt** m (beim
Scherschneiden) (Fert) / clearance (between
punch and die) || ⁓**stempel** m (in der
Blechbearbeitung) (Fert) / punch (in sheet
metal working) || ⁓**stempel** m (beim
Scherschneiden) (Fert) / punch, shearing
punch || ⁓**stoff** m (Wzm) / cutting material ||
⁓**verfahren** n mit offener Schnittlinie,
Scheren n (Fert) / shearing || ⁓**werkzeug** n (für
spangebende Formung und Schneiden -
Schneid-, Dreh-, Fräswerkzeug etc.) (Wzm) /
cutting tool, cutter
schnell / fast, quick, rapid || ⁓ / high-speed || ⁓,
verzögerungsfrei, unverzögert / instantaneous,
undelayed || ⁓**er Brüter** (Nukl) / fast breeder
reactor, fast breeder, FBR || ⁓**e
Datenübertragung** / high-speed data
transmission || ⁓ **drehen**, wirbeln vt,
herumwirbeln / spin, whirl vt || ⁓**er Thyristor**
(Eltro) / fast thyristor
Schnell•abrollbahn f (Luft) / high-speed exit
taxiway, rapid exit taxiway || ⁓**abschaltstab** m
(Nukl) / scram rod, safety rod, shutdown rod ||
⁓**alterungsversuch** m / accelerated ageing test
|| ⁓**er Beitsstahl** m (Hütt) / high-speed steel,
high-speed tool steel, HSS || ⁓**drehstahl** m
(Hütt) / high-speed steel, high-speed tool steel,
HSS
Schnelle f, Schwinggeschwindigkeit f (Mech) /
particle velocity || **ins ⁓ übersetzen** (Getriebe)
/ gear up
Schnell•gang m, Eilgang (Fert) / rapid traverse,
fast traverse, quick traverse || ⁓**hobler** m /
high-speed shaper o. shaping machine ||
⁓**hobler** m, Stoßmaschine f (Wzm) / shaper,
shaping machine || ⁓**hobler** m,
Waagerechtstoßmaschine f (Wzm) / shaping
machine, shaper (US)
Schnelligkeit f / rapidity, quickness || ⁓,
Geschwindigkeit f / speed, velocity
Schnell•kocher m (HG) / steamer || ⁓**kochtopf** m
(HG) / steamer || ⁓**kupplung** f (Rohr) / quick
coupling, quick-action coupling || ⁓**ladung** f
(Akku) (Elek) / boost charge, quick charge,
rapid charge || ⁓**laufend** (Masch) /
high-speed... || ⁓**läufermaschine** f / high-speed
engine || ⁓**mischer** m / high-speed mixer ||
⁓**radiale** f (Wzm) / high-speed radialdrilling

machine || ⁓**schlussventil** n (Hydr) /
quick-action shutoff valve || ⁓**spannfutter** n
(Bohrmaschine, Bohrschrauber) / keyless
chuck || ⁓**taste** f, Tastaturbefehl m (z.B. Strg-C
zum Kopieren als Alternative zur Verwendung
der Menüleiste per Maus) (DV) / hot key,
accelerator, accelerator key (for rapid
keyboard selection of commands), shortcut,
shortcut key, keyboard shortcut || ⁓**vorlauf**
(des Bandes) (Audio, Video) / fast forward ||
⁓**vorlauftaste** f, Vorspultaste f (Audio, Video) /
fast forward key || ⁓**wechselbohrfutter** n /
quick change drill chuck ||
⁓**wechselmeißelhalter** m (Wzm) / quick
change toolholder || ⁓**zugriffstaste** f,
Tastaturbefehl m (z.B. Strg-C zum Kopieren
als Alternative zur Verwendung der
Menüleiste per Maus) (DV) / hot key,
accelerator, accelerator key (for rapid
keyboard selection of commands), shortcut,
shortcut key, keyboard shortcut
Schnitt m (allg, Wzm) / cut || ⁓, Schneiden n (allg,
Fert) / cutting || ⁓ (Tex) / cut, style || ⁓
(Darstellung eines Gegenstandes in einer
Schnittebene) (Doku) / section || ⁓,
Blechzuschnitt m (bei der Blechumformung)
(Fert) / blank, sheet metal blank || ⁓,
Durchschnitt m, Mittelwert m / average || ⁓
(des Buchblocks) (Druck) / edge || ⁓,
Schneiden n (Audio, Film, TV) / editing, cutting
|| ⁓ (Ergebnis), Cut m (Audio, Film, TV) / cut ||
⁓ **quer zur Faserrichtung**, Querschneiden n
(Fert, Holz, Pap) / crosscutting
Schnitt•bewegung f (Wzm) / cutting motion o.
movement || ⁓**bildentfernungsmesser** m
(Foto) / split-image range finder ||
⁓**bildindikator** m, Schnittbildentfernungs-
messer m (Foto) / split-image range finder ||
⁓**fasern** f pl (Mater) / discontinuous fibers,
chopped fibers || ⁓**fläche** f / cut surface ||
⁓**fläche** (Doku) / sectional surface, plane of
section || ⁓**fuge** f (Fert) / kerf || ⁓**fugenbreite** f
(Fert) / kerf width || ⁓**geschwindigkeit** f (bei
spanender Formgebung) (Wzm) / cutting
speed || ⁓**geschwindigkeit**, Umfangs-
geschwindigkeit f, Arbeitsgeschwindigkeit f
(der Schleifscheibe) (Fert) / peripheral speed
(of the grinding wheel), surface speed, wheel
speed || ⁓**holz** n, Nutzholz n (geschnitten) /
lumber n (US), timber (cut into boards,
planks, battens, etc.)(GB, Australia) || ⁓**kraft**
(Wzm) / cutting force || ⁓**kreis** m (eines
Kugelsegments) (Geom) / base (of a spherical
segment) || ⁓**leistung** f, Zerspanungsleistung f
(Fert) / cutting capacity || ⁓**linie** f (Fert) /
cutting path || ⁓**menge** f, Durchschnitt m
(Mengenlehre) (Math) / intersection (set of
elements common to two or more sets), meet
n, product || ⁓**punkt** (Math) / point of
intersection, intersection, intersection point
Schnittstelle f / interface (e.g. between two
systems, organizations, sciences) || ⁓,
Interface n (DV) / interface || ⁓, Port m
(Ein-/Ausgabekanal des Computers oder
einer anderen Hardware-Einheit, zum
Anschluss z.B. von Drucker, Maus),
Anschlussbuchse f (DV) / port || **die ⁓ bilden**
(DV) / interface vi
Schnittstellen•adapter m (DV) / interface
adapter || ⁓**einrichtung** f (allg, Tele) / interface
unit || ⁓**karte** f (DV) / interface card ||
⁓**-Steuerung** f (DV, Tele) / interface control

Schnitt•teil n, Blechzuschnitt m (bei der Blechumformung) (Fert) / blank, sheet metal blank ‖ ⁓**tiefe** f (Wzm) / depth of cut ‖ ⁓**werkzeug** n (für spangebende Formung und Schneiden - Schneid-, Dreh-, Fräswerkzeug etc.) (Wzm) / cutting tool, cutter ‖ ⁓**zeichnung** f (Doku) / sectional drawing, section drawing

Schnur f, dünnes Seil / line, cord ‖ ⁓, Leitungsschnur f (Tele) / cord, flex (GB), power cord, mains lead, mains cable ‖ ⁓, Anschlussleitung f (eines elektrischen Gerätes), Netzanschlussleitung f (Elek, Tele) / power cord, flex (GB), cord, appliance cord, power supply cord, electric cord, flexible cord, mains lead, mains cable

schnurlos (Tele) / cordless ‖ ⁓**es Telefon** (Tele) / cordless phone, cordless telephone, mobile phone ‖ ⁓**es Telefonieren** (Tele) / cordless telephony, CT

Schockwelle f, Stoßwelle f (Phys) / shock, shock wave (strong pressure wave)

schonen / save (e.g. the battery, brakes) ‖ ⁓ / use sparingly (in order to prevent wear and prolong the life of a tool, machine etc.) ‖ ⁓, schonend umgehen mit (Mot) / treat with care, go easy on (coll)

schonend (Behandlung) / gentle, careful ‖ ⁓**er Umgang** [mit], Sparen [von] / conservation (e.g. of electricity, energy) ‖ ⁓ **umgehen mit**, schonen (Mot) / treat with care, go easy on (coll) ‖ ⁓ **umgehend mit**, sparen / conserve (e.g. electricity, energy)

Schongang m (Waschmaschine) (HG) / delicate cycle (of washing machine), gentle [wash] cycle

Schönseite f, Oberseite f (die dem Sieb abgewandte Seite des Papiers), Filzseite f (Pap) / felt side, top

schöpfen vt (Flüssigkeit), (mit Schöpfer, Löffel) [auf]nehmen / scoop vt [up]

Schornstein m (Bau) / chimney ‖ ⁓, Schlot m (Bahn, Schiff) / funnel, stack, smokestack ‖ ⁓ (bei Fabrik, Kraftwerk) / stack

Schott n (Schiff) / bulkhead

Schotter m, Bettung f (bildet zusammen mit dem Gleis und der Planumschutzschicht den Oberbau), Schotterbett n (Bahn) / track ballast, ballast, roadbed, trackbed, gravel ballast ‖ ⁓**bett** n, Bettung f (bildet zusammen mit dem Gleis und der Planumschutzschicht den Oberbau) (Bahn) / track ballast, ballast, roadbed, trackbed, gravel ballast

Schottky•-Barriere f (Eltro) / Schottky barrier ‖ ⁓**-Defekt** m (Krist) / Schottky defect, ion-pair vacancy ‖ ⁓**-Diode** f (Eltro) / Schottky diode, hot carrier diode, Schottky barrier diode ‖ ⁓**effekt** m (Eltro) / Schottky effect ‖ ⁓**fehlordnung** f, Schottky-Defekt m (Krist) / Schottky defect, ion-pair vacancy ‖ ⁓**-Kontakt** m (Eltro) / Schottky barrier contact ‖ ⁓**sche Fehlordnung** (Krist) / Schottky defect, ion-pair vacancy ‖ ⁓**-Sperrschicht** f (Eltro) / Schottky barrier ‖ ⁓**-Transistor** m (Eltro) / Schottky transistor ‖ ⁓**-TTL** f (Eltro) / Schottky transistor-transistor logic, Schottky TTL

Schraffe f, Schraffurlinie f (Doku) / hatch

schraffiert / shaded

Schraffierung f (Doku, Kart) / hatching, hachure ‖

Schraffur f (Doku, Kart) / hatching, hachure ‖ ⁓**linie** f (Doku) / hatch

schräg, geneigt / inclined, sloping adj, declivous, declivitous ‖ ⁓ [verlaufend], schief / oblique,

skew ‖ ⁓, diagonal, quer verlaufend / diagonal ‖ ⁓**e Fläche** f, Schräge f / inclined surface, slope ‖ ⁓ **hindurchlaufend**, schief [liegend], schräg verlaufend / transverse ‖ ⁓ **verlaufend**, schief [liegend] / transverse

Schräge f, schräge Fläche f / inclined surface, slope ‖ ⁓, abgeschrägte Kante, Abschrägung f / bevel[ed edge] ‖ ⁓ (in einem Raum) (Bau) / sloping ceiling ‖ ⁓, Neigung f, Neigungsgrad m / pitch n (e.g. of a roof), slope

Schräg•fläche f, abgeschrägte Kante / bevel n, bevelled edge ‖ ⁓**förderer** m (Förd) / inclined conveyor ‖ ⁓**förderer** (groß) (Bergb, Förd) / slope conveyor ‖ ⁓**hecklimousine** f (Kfz) / hatchback [car], liftback [car] ‖ ⁓**kabelbrücke** f (Bau) / cable-stayed bridge ‖ ⁓**kante** f, abgeschrägte Kante / bevel n, bevelled edge ‖ ⁓**kugellager** n (einreihig, zweireihig) / angular-contact [ball] bearing (single row, double row) ‖ ⁓**lager** n, Schrägkugellager n (einreihig, zweireihig) / angular-contact [ball] bearing (single row, double row) ‖ ⁓**rad** n (im Getriebe) (DIN) (Masch) / helical gear ‖ ⁓**radgetriebe** n, Zahnrad m mit Kurvenverzahnung / spiral gear ‖ ⁓**scheibenpumpe** f / port-plate pump ‖ ⁓**seilbrücke** f (Bau) / cable-stayed bridge ‖ ⁓**sitzventil** n / slanted seat valve, Y-valve ‖ ⁓**stirnrad** n (Masch) / helical gear ‖ ⁓**stirnradgetriebe** n / helical gears ‖ ⁓**stoß** m (zwischen zwei Bauteilen) / angular joint, inclined tee joint ‖ ⁓**strich** m (Doku, Druck, DV) / slash, forward slash ‖ ⁓**verzahnung** f (Kegelrad) (Masch) / helical teeth, helical gearing ‖ ⁓**verzahnungsgetriebe** n (DIN), Zahnrad n mit Kurvenverzahnung / spiral gear

Schranke f, Sperre f, Absperrung m, Barriere f (allg) / barrier ‖ **größte untere** ⁓, Infimum n (Math) / infimum, greatest lower bound, glb, inf ‖ **kleinste obere** ⁓, Supremum n (Math) / least upper bound, lub, supremum, sup

Schrankfach, Fach n / compartment, shelf

Schränkung f (Säge) / set (of saw teeth)

Schrapper, Schürfwagen m, Scraper m (Bau) / scraper, wheel tractor-scraper

Schraube f (eher groß, mit zylindrischem Schaft, mit Mutter) / bolt n ‖ ⁓ (eher klein, mit konischem Schaft, ohne Mutter) / screw ‖ ⁓, Schiffsschraube f (Schiff) / propeller, marine screw propeller, screw ‖ ⁓, Luftschraube f, Propeller m (Luft) / airscrew, propeller ‖ ⁓, Helix f (Kurve, die sich mit konstanter Steigung um den Mantel eines Zylinders windet), Schraubenlinie f (eine Raumkurve) (Math, Techn) / helix (pl. helices, helixes) ‖ ⁓ **mit Bund** / shoulder screw ‖ ⁓ **mit Zylinderkopf** / cheese head screw (US), fillister head screw (GB) ‖ ⁓**n u. Muttern** f pl (allg) / threaded fasteners pl

Schrauben•anzugsmoment n (Drehmoment, mit dem eine Schraube angezogen werden muss) / tightening moment, tightening torque ‖ ⁓**artig** / helical ‖ ⁓**bolzen** m / bolt ‖ ⁓**bolzen** (ohne Kopf) / double end stud ‖ ⁓**dreher** m (DIN) / screwdriver ‖ ⁓**drehereinsatz** m, Schrauberbit n (Wz) / screwdriver bit ‖ ⁓**dübel** (zur Befestigung einer Schraube in einer Mauer, einer Raumdecke, einem Fußboden) (Bau) / screw anchor (US)(which expands when a screw is driven into it), wall plug (GB), anchor n ‖ ⁓**feder** f (zylindrisch) / helical spring (not: spiral spring), coil spring ‖

~**förmig** / helical ‖ ~**getriebe** n (zur Umformung einer Drehbewegung in eine dazu senkrechte Schiebung) / screw mechanism ‖ ~**gewinde** / screw thread, thread ‖ ~**gewinde** n, Außengewinde n / external [screw] thread, male thread ‖ ~**kopf** m / screw head, bolt head ‖ ~**kopf mit Innensechskant** / internal wrenching head (GB), socket head (US) ‖ ~**kupplung** f (Bahn) / screw coupling ‖ ~**linie** f (eine Raumkurve), Helix f (Kurve, die sich mit konstanter Steigung um den Mantel eines Zylinders windet) (Math, Techn) / helix (pl. helices, helixes) ‖ ~**mutter** f / nut ‖ ~**presse** f (Wzm) / screw press ‖ ~**pumpe** f / screw pump, screw type positive displacement pump, propeller pump, screw type pump ‖ ~**radgetriebe** n, Zahnrad n mit Kurvenverzahnung / spiral gear ‖ ~**radpumpe** f, Halbaxialpumpe f (eine Kreiselpumpe) / mixed-flow pump ‖ ~**schlüssel** m (Wz) / wrench (US), spanner (GB) ‖ ~**sicherung** / screw locking device ‖ ~**spindelpumpe** f / screw pump, screw type positive displacement pump, propeller pump, screw type pump ‖ ~**verbindung** f (Masch) / threaded joint, threaded assembly ‖ ~**verbindung,** Verschraubung f (mit Durchsteckschrauben) / bolted joint, bolted connection ‖ ~**verdichter** m / screw compressor, rotary screw compressor, screw-type compressor ‖ ~**versetzung** f (Krist) / screw dislocation ‖ ~**welle** f, Propellerwelle f (Schiff) / driveshaft, propeller shaft ‖ ~**zieher** m, Schraubendreher m (DIN) / screwdriver

Schrauberbit n (Wz) / screwdriver bit

Schraub•fassung f, Schraubsockel m (Elek) / screw base ‖ ~**fräsen** n (mit Profilfräsern zur Herstellung von Spindeln oder Schnecken) (Fert) / helical milling ‖ ~**getriebe** n (DIN), Zahnrad n mit Kurvenverzahnung / spiral gear ‖ ~**klemme** f (Elek) / screw terminal ‖ ~**lehre,** Messschraube f (DIN) (Mess) / micrometer, micrometer screw gauge ‖ ~**räder** pl (Schrägstirnräder, die auf sich kreuzenden Wellen sitzen) / crossed helical gears, helical gears, spiral gears, helical pair ‖ ~**radpaar** n, Schrauberäder n pl (Schrägstirnräder, die auf sich kreuzenden Wellen sitzen) / crossed helical gears, helical gears, spiral gears, helical pair ‖ ~**sicherung** f (DIN) / screw locking device ‖ ~**sockel** (der Glühlampe) (Elek, Licht) / screw base, screw cap ‖ ~**spindel** f / screw jack ‖ ~**stock** m (Wz, Wzm) / vice, vise (US) ‖ ~**trieb** m (Mot) / Bendix drive pinion, inertia drive pinion ‖ ~**verbindung** f (Masch) / threaded joint, threaded assembly ‖ ~**verbindung** f, Verschraubung f (mit Durchsteckschrauben) / bolted joint, bolted connection ‖ ~**verbindung** f, Rohrverschraubung f / union, pipe union ‖ ~**verschluss** m (Nahr, Verp) / screw cap ‖ ~**zwinge** f (Wz) / C-clamp, G clamp, G cramp

Schreckschale f, Kühleinsatz m (in der Kokille zur Steuerung der Erstarrung) (Gieß) / chill n, chill plate

Schreibblock m, Notizblock m (Büro) / notepad, jotter

schreiben (allg, DV) / write

Schreiber m, Schreibgerät n, Rekorder m (DV, Eltro, Mess) / recorder ‖ ~, Registriergerät n / recorder

Schreib•freigabe f, WE (DV) / WE, write enable ‖ ~**gerät** n, Rekorder m (DV, Eltro, Mess) / recorder ‖ ~**geschützt** (DV) / read-only (e.g. storage, data) ‖ ~**kopf** m (bei Magnetbandgeräten) (Audio, DV) / recording head, record head, write head ‖ ~**-Lesekopf** m (DV) / read-write head ‖ ~**-Lesespeicher** m (DV) / read-write memory, RWM ‖ ~**-Lese-Speicher** m **mit wahlfreiem Zugriff** (DV) / read-write RAM, read-write random access memory ‖ ~**marke** f, Cursor m (DV) / cursor ‖ ~**projektor** m, Overheadprojektor m (Büro) / overhead projector ‖ ~**schutz** m (DV) / write protection ‖ ~**stift** m (Büro) / pen ‖ ~**tisch** m / desk ‖ ~**tischleuchte** f (Licht) / desk lamp ‖ ~**unterlage** f / pad ‖ ~**verfahren** n, Aufzeichnungsverfahren n (Audio, Video) / recording technique ‖ ~**weise** f, Notation f (DV, Math) / notation ‖ ~**zyklus** m (DV) / write cycle

Schreiner m, Bauschreiner m (Bau) / joiner (GB), finish carpenter (US)

Schreinerei f, Schreinerwerkstatt f / joiner's workshop

Schreit•bagger m (Bau) / walking excavator ‖ ~**roboter** m / walking robot

Schrift f, Schriftart f, Druckschrift f (Druck) / type, typeface (e.g. Times) ‖ ~, Font m, Schriftart f (DV) / font ‖ ~**art** f, Druckschrift f (Druck) / type, typeface (e.g. Times) ‖ ~**art,** Font m (DV) / font ‖ ~**grad** m, Schriftgröße f (Druck, DV) / font size, type size ‖ ~**größe** f (Druck, DV) / font size, type size ‖ ~**satz** m, Setzen n, Satzherstellung f (Texterfassung, -formatierung u. -umbruch) (Druck) / composition, typesetting ‖ ~**satz** (Erzeugnis) (Druck) / type matter ‖ ~**setzen** n, Satzherstellung f (Texterfassung, -formatierung u. -umbruch) (Druck) / composition, typesetting ‖ ~**stück** (allg) / document ‖ ~**type** f, Bleiletter f (Druck) / cast character, type, foundry type character, character, letter n, printing letter, printing type ‖ ~**zeichen** m, Bleiletter f (Druck) / cast character, type, foundry type character, character, letter n, printing letter, printing type

Schritt m (allg, DV) / step ‖ ~, Maßnahme f / step, move ‖ ~ (als Maß) / pace ‖ ~, Ablaufschritt m (bei einer Ablaufsteuerung) (Regel) / step ‖ ~**betrieb** m, Tippbetrieb m (Masch) / jogging, inching ‖ ~**folge** f (in einer Ablaufsteuerung) (Regel) / sequence of steps ‖ ~**getriebe** n (Masch, Mech) / intermittent-motion mechanism ‖ ~**motor** m (Elek) / stepper motor, stepping motor, step motor, stepping motor ‖ ~**relais** n (Elek) / stepping relay ‖ ~**schalter** m (Elek) / step-by-step switch ‖ ~**schaltwerk** n (Regel) / sequencer (performs pre-defined sequence of operations at pre-defined times, e.g. in a washing machine) ‖ ~**steuerung** f, A sequentielle Steuerung f (Regel) / sequential control, sequence control ‖ ~**weise** / step-by-step, stepwise

schroten (Getreide) (Landw, Nahr) / grind coarsely

Schrotrauschen n (dynamisches Rauschen, das von der Stärke des durchflossenen Stromes abhängt) (Eltro) / flicker noise, shot noise, Schottky noise

Schrott *m* / scrap *n*, scrap metal || ²≃, Eisenschrott *m* / scrap iron || ²≃**platz** *m* / scrap yard
schrubben / scrub
schrumpfen / shrink, contract *vi* || ²≃ *n*, Volumenminderung *f* (Phys) / shrinkage, contraction of volume
Schrumpf•futter *n* (Wzm) / collet spanner || ²≃**grenze** *f* (Mater) / shrinkage limit || ²≃**ring** *m* / shrink ring || ²≃**ring** (um Ziehring) (Wzm) / casing || ²≃**riss** *m* / shrinkage crack, contraction crack || ²≃**sitz** *m* (Passungsart) / shrink fit
Schrumpfung *f*, Volumenminderung *f* (Phys) / shrinkage, contraction of volume
Schrumpfungs•grenze *f* (Mater) / shrinkage limit || ²≃**riss** *m* / shrinkage crack, contraction crack
Schrumpfverbindung *f* (Masch) / shrink fit
Schrupp•arbeit *f*, Schruppen *n* (Fert) / roughing, roughing cut(s), rough-machining, roughing down, roughing operation(s) || ²≃**drehen** *n*, Vordrehen *n* (Dreh) / roughing, roughing cut(s), rough-turning, roughing operation(s)
Schruppen *n* (Fert) / roughing, roughing cut(s), rough-machining, roughing down, roughing operation(s) || ²≃ Vordrehen *n*, Schruppdrehen *n* (Dreh) / roughing, roughing cut(s), rough-turning, roughing operation(s)
Schruppschleifen *n* (Wzm) / rough grinding
Schub *m*, Stoß *m* / push, shove *n* || ²≃, Schubkraft *f* (Luft, Raumf) / thrust || ²≃ (Mech) / axial thrust, thrust || ²≃, Scheren *n* (Mech) / shear, shearing || ²≃, Scherkraft *f* (Mech) / shear force, shearing force || ²≃, Schubbeanspruchung *f* (Mech) / shearing stress, shear stress || ²≃, Scherungsdeformation *f* (Mech) / shear strain || ~**beansprucht** (Mech) / subjected to shearing stress || ²≃**beanspruchung** (Mech) / shearing stress, shear strain || ²≃**beanspruchung**, Scherbeanspruchung *n* (als Vorgang) (Mater) / shear loading || ²≃**boot** *n* (Schiff) / push boat, pusher, towboat (US) || ²≃**düse** *f* (Luft) / exhaust nozzle, propelling nozzle, propulsion nozzle || ²≃**formänderung** *f*, Scherungsdeformation *f* (Mech) / shear strain || ²≃**gelenk** *n* (Mech) / sliding pair || ²≃**karre** *f* / wheelbarrow || ²≃**kraft** *f*, Schub *m* (Luft, Raumf) / thrust || ²≃**kraft**, Scherkraft *f* (Mech) / shear force, shearing force || ²≃**kurbelgetriebe** *n* (Mech) / slider-crank mechanism || ²≃**lehre** *f*, Messschieber *m* (Mess) / vernier calliper, vernier || ²≃**leichter** *m*, Barge *f* (Schiff) / barge (pushed by push boat) || ²≃**modul** *m* (Mech) / elasticity of shear, rigidity modulus, shear modulus, shear modulus of elasticity, modulus of rigidity || ²≃**raupe** *f*, Planierraupe *f* (Bau, Bergb) / bulldozer (on caterpillar tracks), blade (GB), dozer [tractor], tractor (GB - in the construction industry), dozer, crawler dozer, crawler tractor (GB) || ²≃**spannung** (Mech) / shear stress, shearing stress, tangential stress || ²≃**spannungshypothese** *f* (Mater, Mech) / maximum shear stress hypothesis || ²≃**stange** *f* (z.B. in Dampfmaschine) (Masch) / connecting rod, con-rod || ²≃**umkehr** *f* (Luft) / reverse thrust || ²≃**verformung** *f*, Scherungsdeformation *f* (Mech) / shear strain
Schuko•material *n*, Schutzkontaktsteck-vorrichtung *f* (bestehend aus Schutzkontakt-stecker und Schutzkontaktsteckdose) (Elek) / Schuko connectors, Schuko connection system, type F connectors || ²≃**steckdose** *f* (Elek) / Schuko outlet, Schuko socket, type F socket || ²≃-**Stecker** *m* (Elek) / Schuko plug

(with two grounding clips on the side of the plug), CEE 7/4 plug, type F plug, type F electric plug, plug F
Schüler *m* / student (e.g. at a vocational school)
Schülpe *f* (Gussfehler) (Gieß) / scab (bigger than buckle)
Schulter *f* (allg, Masch) / shoulder || ²≃**gurt** *m* (Kfz) / shoulder belt || ²≃**kugellager** *n* (Masch) / separable ball bearing || ²≃**lager** *n* (Masch) / separable bearing
Schulung *f* / training
Schulungs•kurs *m* / course, training course || ²≃**roboter** *m* / training robot
Schuppe *f*, Plättchen *n* / flake *n*, scale
schuppig, schuppenförmig / flaky, scaly, scaled
Schürf•bohrung *f*, Prospektionsbohrung *f* (Öl) / exploratory drilling, exploration drilling, prospective drilling, test drilling || ²≃**kübel** *m* (des Schürfzuges) (Bau) / hopper, scraper bowl || ²≃**kübel**, Schürfwagen *m*, Scraper *m* (Bau) / scraper, wheel tractor-scraper || ²≃**kübelbagger** *m* (Bau, Bergb) / dragline, dragline excavator || ²≃**kübelfahrzeug** *n* (Bau) / scraper, wheel tractor-scraper || ²≃**kübelraupe** *f* (Bau) / scraper || ²≃**kübelwagen** *m* (Bau) / scraper, wheel tractor-scraper || ²≃**raupe** *f* (Bau) / scrape dozer || ²≃**wagen** *m*, Scraper *m* (Bau) / scraper, wheel tractor-scraper || ²≃**zug** *m*, Schürfwagen *m*, Scraper *m* (Bau) / scraper, wheel tractor-scraper
Schurre *f* / chute *n*, slide, shoot
Schüssel *f*, Schale *f*, Napf *m* / bowl || ²≃ (flach), Schale / dish *n* || ²≃, Parabolantenne *f* (für den Fernsehempfang), Satellitenschüssel *f* (TV) / dish antenna, dish *n*, satellite dish, satellite antenna
Schusszylinder *m* (der Druckgussmaschine) (Gieß) / shot cylinder
Schuster-Brücke *f*, akustische Brücke (Akust, Eltro) / acoustic bridge
Schüttbarkeit *f*, Rieselfähigkeit *f* (von Schüttgut) / flowability (e.g. of sand)
Schüttdichte *f* (von Pulver, Schüttgut) (Bau, ChT, Mater) / bulk density
Schüttel•apparat *m* / shaker || ~**fest** / vibration-proof, vibration-resistant || ²≃**förderer** *m* (Förd) / shaker conveyor, reciprocating conveyor
schütteln / shake || ²≃ *n*, Buffeting *n*, Rütteln *n* (Luft) / buffeting
Schüttel•rinne *f* (Förd) / shaker conveyor, reciprocating conveyor || ²≃**rutsche** (Förd) / shaker conveyor, reciprocating conveyor || ²≃**sieb** *n* / vibrating screen, shaking screen, shaker screen || ²≃**sieb**, Rüttelsieb *n* (Öl) / shale shaker (used to remove drill cuttings from the drilling fluid)
schütten (z.B. Flüssigkeit, Mehl, Pulver) / pour *vt* || ~, abkippen *vt* (z.B. Müll, Schutt, Sand auf eine Depomie, Halde etc.), abladen / dump *vt*, tip (GB)
Schütt•gewicht *n* (eines Schüttguts) / bulk weight || ²≃**gut** *n* (i. Ggs. zu Stückgut) / bulk material || ²≃**gutförderung** *f* (Förd) / bulk handling || ²≃**gutfrachter** *n*, Massengutfrachter *m* (Schiff) / bulk carrier, bulker, bulk freighter || ²≃**material** *n* (Bau) / fill || ²≃**waage** *f* / bulk scale, bulk weigher || ²≃**winkel** *m* (eines Schüttguts) / angle of repose
Schutz *m* [vor, gegen] / protection [from, against] || ²≃, Schutzmaßnahme *f* / safeguard || ²≃ (Bekämpfung von, Vorgehen gegen z.B. Lärm,

Korrosion, Hochwasser) / control (e.g. noise, corrosion, flood control) ‖ ≈, Erhaltung f (von Natur, Umwelt, Gewässer, Meeren etc.) (Umw) / conservation (of nature, environmental, water, marine conservation) ‖ ≈, Schutzvorrichtung f / guard (providing a physical barrier between an operator and the hazardous points on a machine, e.g. a blade guard on a table saw), safeguard ‖ ≈, Schutzvorrichtung f (Gerät) / protection device

Schütz n, Schaltschütz m (Elek) / contactor

Schutz≈ ..., schützend / protective ‖ ≈ ..., schützend, erhaltend (Umw) / preservative adj ‖ ≈abdeckung f / cover, protective cover ‖ galvanische ≈anode, Opferanode f (Korrosionsschutz) (OT) / galvanic anode, sacrificial anode, reactive anode ‖ ≈anstrich m (Anstr) / protective coating ‖ ≈anzug m / protective suit ‖ ≈art f (z.B. die Leuchte entspricht Schutzart IP 66) (Elek) / IP rating (= International Protection Rating, but usually interpreted as Ingress Protection Rating; e.g. the fixture carries an IP66 rating/is rated [as] IP66) ‖ ≈ausrüstung f / protective equipment ‖ ≈bekleidung f / protective clothing ‖ ≈beschaltung f (Elek, Eltro) / protective circuit ‖ ≈beschichtung f, Schutzschicht f / protective coating, protective layer ‖ ≈bezug m, Schutzüberzug m / protective cover, protective covering ‖ ≈blech n (Fahrrad) / fender (US), mudguard (GB) ‖ ≈brille f (z.B. für Schweiß- o. Sägearbeiten) / goggles, safety goggles pl, protective goggles, safety glasses ‖ ≈dach n (Schlepper, Gabelstapler) / overhead guard ‖ ≈damm m, Deich m (Wasserb) / dike n ‖ ≈diode f, Freilaufdiode f (Eltro) / flyback diode, freewheeling diode, suppressor diode, catch diode, snubber diode ‖ ≈draht m, Fangdraht m (Elek) / guard wire, protection wire ‖ ≈drossel f (Elek) / choke coil ‖ ≈einrichtung f / safety device ‖ ≈einrichtung, Schutzvorrichtung f / guard (providing a physical barrier between an operator and the hazardous points on a machine, e.g. a blade guard on a table saw), safeguard ‖ ≈einrichtungen f pl (Elek, Masch) / protective devices, protective gear, protective equipment

schützen [vor, gegen] / protect [from, against] ‖ ≈, Schutz gewähren [vor, gegen] / provide protection [from, against] ‖ ≈ [vor], abschirmen [gegen] / shield vt (e.g. electric arc from surrounding air) ‖ ≈ [vor], abdecken [gegen] / cover, screen (from dust, light, etc)

schützend, Schutz..., erhaltend (Umw) / preservative adj ‖ ≈, Schutz... / protective

Schutz•erde f (Elek) / protective earth, protective ground (US) ‖ ≈erdung f (Elek) / protective earth connection, PE connection, protective earthing, protective grounding (US), protective ground connection (US) ‖ ≈gas n (Techn) / protective gas, shielding gas ‖ ≈gas (Schw) / shielding gas ‖ ≈gas, Füllgas n (in Glühlampen) (Licht) / inert gas ‖ ≈gasatmosphäre f (Chem, Schw, Techn) / inert atmosphere, inert gas atmosphere ‖ ≈gashülle f (Schw) / gas shield ‖ ≈gaskontakt m, Reedkontakt m (Elek) / reed switch ‖ ≈gaskontaktrelais n (Elek) / reed relay ‖ ≈gaslichtbogenschweißen n / inert-gas-shielded arc welding, shielded arc

welding, inert-gas welding ‖ ≈gasschweißen n / inert-gas-shielded arc welding, shielded arc welding, inert-gas welding ‖ ≈grad f (für Berührungs- und Fremdkörperschutz) (Elek) / degree of protection, level of protection ‖ ≈haube f (Techn) / protective cover, protective hood ‖ ≈haube (der Schleifscheibe) (Wzm) / wheel guard ‖ ≈helm m / safety helmet, hard hat ‖ ≈helm, Motorradhelm m (Kfz) / motorcycle helmet, crash helmet ‖ ≈hülle f, Kabelmantel m (Elek) / sheath (of a cable), cable sheath ‖ ≈hülle, Schutzbezug m, Schutzüberzug m / protective cover, protective covering ‖ ~isoliert (mit zusätzlicher Isolierung um die betriebsmäßig notwendige Basisisolierung) (Elek) / double insulated ‖ ≈isolierung f (zusätzliche Isolierung um die betriebsmäßig notwendige Basisisolierung) (Elek) / double insulation ‖ ≈klasse f (Elek) / protection class ‖ ≈kleidung f / protective clothing ‖ ≈kleinspannung f (frühere Benennung), SELV, Sicherheits-Kleinspannung f (Elek) / safety extra low voltage, SELV ‖ ~kontakt m (Elek) / protective-earth contact (GB), grounding contact (US) ‖ ≈kontaktsteckdose f (Elek) / Schuko outlet, Schuko socket, type F socket ‖ ≈kontaktstecker m (Elek) / Schuko plug (with two grounding clips on the side of the plug), CEE 7/4 plug, type F plug, type F electric plug, plug F ‖ ≈kontaktsteckvorrichtung f (bestehend aus Schutzkontaktstecker und Schutzkontaktsteckdose) (Elek) / Schuko connectors, Schuko connection system, type F connectors ‖ ≈leiter m (leitet eventuell auftretende Körperströme zur Erde ab - grün-gelber Mantel, Kurzzeichen "PE") (Elek) / protective earth conductor, PE conductor, earth conductor, protective conductor ‖ ≈leiteranschluss m, Erdungsklemme f (Elek) / earth terminal, ground terminal, protective ground terminal ‖ ≈mantel m, Schutzhülle f, Schutzüberzug m / protective cover, protective covering ‖ ≈marke f, Marke f (im Sinne des Markengesetzes - häufig gekennzeichnet mit einem ® (Marke ist amtlich registriert) oder ™ (trademark — sagt nichts über den Status einer Registrierung, lediglich über den Einsatz der Marke im Geschäftsverkehr aus)), Warenzeichen n (Wirtsch) / trademark (registered) ‖ ≈maßnahme f / protective measure ‖ ≈raum m (z.B. in Tunneln), Rettungsraum m (Luft) / safety area, shelter ‖ ≈relais n (Elek) / protection relay, protective relay ‖ ≈rohr n (z.B. für Thermoelement) / protection tube ‖ ≈rohr (Kabel) / cable conduit ‖ ≈rohr m (Thermometer) / well (of a thermometer) ‖ ≈schalter (Überstromschutzeinrichtung) (Elek) / circuit breaker ‖ ≈schaltung f (Elek) / protection circuit, protective circuit ‖ ≈schiene f (Bahn) / guard rail, rail guard ‖ ≈schirm m / protective screen ‖ ≈schirm (gegen Strahlung) (Nukl) / shield

Schützspule f (Elek) / contactor coil

Schutztrennung, elektrische ≈ (Elek) / electrical separation, (electrically) protective separation

Schutz•überzug m, Schutzhülle f, Schutzmantel m / protective cover, protective covering ‖ ≈überzug, Schutzschicht f / protective coating, protective layer ‖ ≈umschlag (abnehmbar) (Druck) / book jacket, jacket, dust cover, dust jacket, wraparound (GB), wrapper (GB) ‖ ~**verdeck** n (Techn) / protective cover, protective hood ‖ ~**vorrichtung** f / guard (providing a physical barrier between an operator and the hazardous points on a machine, e.g. a blade guard on a table saw), safeguard ‖ ~**vorrichtung** (Gerät) / protection device

Schwabbelpaste f (Fert) / buffing compound

schwach (Leistung, Führung) / poor ‖ ~ (nicht widerstandsfähig, nicht belastbar) / weak ‖ ~ (Licht) (Licht) / dim ‖ ~ (z.B. Kaffee, Tee, Salzlösung), dünn / weak ‖ ~ (z.B. Motor, Magnet, Linse) / weak ‖ ~, verdünnt (Chem) / dilute adj (e.g. solution), weak ‖ ~ (z.B. Druck, Dämpfung, Strömung), geringfügig / slight ‖ ~ (Wind) / light ‖ ~ **legierter Stahl** (mit nicht mehr als 5% an besonderen Legierungselementen) (Hütt) / low alloy steel

schwachaktiver Abfall (Nukl) / low-level waste, LLW

schwächen / weaken ‖ ~, dämpfen (Eltro, Phys, Tele) / attenuate (e.g. a signal, electric current, oscillations, vibrations), damp

schwächer machen, schwächen / weaken ‖ ~ **werden**, nachlassen vi, sich verringern / decrease vi, diminish

Schwach•gas n, Hochofengas n (Hütt) / blast furnace gas ‖ ~**lastphase** f, Schwachlastzeit f (Elek) / off-peak period, slack period, period of low demand ‖ ~**lastzeit** f (Elek) / off-peak period, slack period, period of low demand ‖ ~**strom** m (Elek) / weak current, light current, low voltage

Schwächung f, Abschwächung f (allg, Opt) / weakening

Schwalbenschwanz•führungen f pl (Art der Geradführung) (Wzm) / dovetail ways pl, dovetail slides, dovetail slide ways, dovetail guide (type of linear guide) ‖ ~**nut** f (Masch) / dovetail groove

Schwall•badlöten n / wave soldering, flow soldering ‖ ~**blech** n (z.B. im Kraftstofftank, in der Ölwanne) / baffle ‖ ~-**Löten** n / wave soldering, flow soldering

schwammig / spongy

Schwanenhals m (der Warmkammermaschine) (Gieß) / gooseneck

schwanken, sich hin u. her bewegen / sway ‖ ~ (auf und ab) (Schiff) / pitch ‖ ~ (hin und her), schaukeln (Schiff) / roll ‖ ~, beben / shake, rock ‖ ~, sich schwankend fortbewegen, taumeln / stagger, totter ‖ ~, ständig (und unregelmäßig) wechseln, sich ändern / fluctuate ‖ ~ (innerhalb weiter Grenzen, um den gleichen Wert), variieren / vary (within wide limits, about the same value)

Schwankung f (z.B. Umsatz-, Preis-, Spannungsschwankungen), ständiger (und unregelmäßiger) Wechsel / fluctuation ‖ ~ (statistische Streuung) (Nukl) / straggling ‖ ~ (z.B. innerhalb weiter Grenzen, um den gleichen Wert) / variation (within wide limits, about the same value)

schwankungsfrei, gleichmäßig, ausgeglichen / even, regular

schwarz, leer (DV) / blank (monitor) ‖ ~**es Brett**, Wandtafel f (zum Beschreiben, für Mitteilungen) / board

Schwarz•blech n (Hütt) / black plate ‖ ~**färbung** f, Schwärzung f / blackening

Schwarzsche Ungleichung (Math) / Cauchy-Schwarz inequality

Schwärzung f, Schwarzfärbung f / blackening ‖ ~ (auf Negativen) (Foto) / density, transmission density

Schwärzungsmesser m, Densitometer n (Druck, Foto) / densitometer

schwarzweiß (Druck, Film, Foto, TV) / black-and-white, b. & w. ‖ ~-**Bildschirm** m (DV) / monochrome monitor, monochrome display [unit] ‖ ~**film** m (Foto) / black-and-white film

Schwebe•bahn f (an einem Seil), Seilschwebebahn f / aerial cableway, ropeway, aerial ropeway, aerial funicular (ISO), aerial railway, aerial tramway, cable tramway, tramway ‖ ~**körper** m (in Durchflussmesser) (Mess) / float (in a rotameter) ‖ ~**körper-Durchflussmesser** m (Mess) / rotameter

schweben (in einer Flüssigkeit, der Luft nicht zu Boden sinken) / float ‖ ~ (in der Luft an derselben Stelle bleibend, z.B. Hubschrauber im Schwebeflug) / hover

schwebend (z.B. Last am Kran), hängend / suspended

Schwebstoff•e m pl (in Flüssigkeiten o. Gasen) / particulate n, particulate matter ‖ ~**e** (in Wasser) / suspended solids, SS

Schwebung f (An- und Abschwellen der Amplitude einer Schwingung, die durch Interferenz von zwei Schwingungen mit ähnlichen Frequenzen entsteht) (Phys, Tele) / beat n, beats pl, beating

Schwede m, Standardrohrzange f (i. Ggs. zur Einhandrohrzange) (Wz) / plumber wrench

Schwedenzange f, Standardrohrzange f (i. Ggs. zur Einhandrohrzange) (Wz) / plumber wrench

Schwefel m (Chem) / sulphur n (GB), S, sulfur (US) ‖ β-~ (Chem) / monoclinic o. β-sulphur ‖ ~**ammonium** n, Ammoniumsulfid n (Chem) / ammonium sulphide ‖ ~**dioxid** n (Chem) / sulfur dioxide, sulphur dioxide, sulfurous anhydride ‖ ~**hexafluorid** n, SF₆ (Chem) / sulphur hexafluoride ‖ ~**kies** (Min) / pyrite, iron pyrite ‖ ~**kohlenstoff** m (Chem) / carbon disulfide, carbon bisulfide ‖ ~**säure** f (Chem) / sulphuric acid, sulfuric acid ‖ ~**säuredimethylester** m (Chem) / dimethylsulphate ‖ ~**saures Ammonium** (Chem) / ammonium sulphate ‖ ~**wasserstoff** m (Chem) / hydrogen sulphide, sulphuretted hydrogen

Schwefligsäureanhydrid, Schwefeldioxid n (Chem) / sulfur dioxide, sulphur dioxide, sulfurous anhydride

schweifen (Fert) / stretch ‖ ~ (Umformverfahren) (Masch) / stretching (coll)

Schweiß•... / welded ‖ ~**arbeit** f, Schweißen n (und Löten) / welding n (particularly in American usage "welding" may comprise "brazing" and even "soldering", e.g. in the terminology of the American Welding Society; in German, however, "Löten" is never grouped with the "Schweißverfahren") ‖ ~**bad** n (Schw) / molten pool, weld pool, molten weld pool

schweißbar, schweißgeeignet / weldable

Schweiß•brenner m (Schw) / welding torch (US), welding gun, welding head, blowtorch (coll.) ‖ ~**elektrode** f, Schweißstab m (Schw) / filler rod, welding rod, stick electrode, welding stick

schweißen / weld ‖ $\sim$ n (und Löten) / welding n (particularly in American usage "welding" may comprise "brazing" and even "soldering", e.g. in the terminology of the American Welding Society; in German, however, "Löten" is never grouped with the "Schweißverfahren") ‖ $\sim$ **im Halbvakuum** (Schw) / EBW-MV, medium-vacuum welding ‖ $\sim$ **im Hochvakuum** (Schw) / high-vacuum welding, EBW-HV ‖ $\sim$ **mit Acetylen** / acetylene welding ‖ $\sim$ **nach links** / forehand welding, leftward welding, left-hand welding, forward welding ‖ $\sim$ **nach rechts** / backhand welding, righthand welding ‖ $\sim$ **unter vollem Atmosphärendruck** (Schw) / EBW-NV, nonvacuum welding

Schweißerhelm m / welding helmet

Schweiß • fehler m / welding defect ‖ $\sim$**fuge** f (Schw) / weld groove ‖ **~geeignet** / weldable ‖ $\sim$**gerät** n, Schweißmaschine f / welding machine ‖ $\sim$**geschwindigkeit** f (Schw) / welding travel speed, travel velocity ‖ $\sim$**gruppe** f, Schweißverbund m (Schw) / weldment, welded assemblage ‖ $\sim$**gutspritzer** m (Schw) / spatter, weld spatter ‖ $\sim$**helm** m / welding helmet ‖ $\sim$**kolben** m / welding torch ‖ $\sim$**konstruktion** f, Schweißverbund m (Schw) / weldment, welded assemblage ‖ $\sim$**leitung** f (Kabel) / welding cable ‖ $\sim$**leitung** (zum Werkstück) (Schw) / work cable ‖ $\sim$**leitung** (zur Elektrode) (Schw) / electrode cable ‖ $\sim$**linse** f, Schweißpunkt m (Schw) / spot weld, weld nugget ‖ $\sim$**löten** n / braze welding ‖ $\sim$**maschine** f, Schweißgerät n / welding machine ‖ $\sim$**mutter** f, Anschweißmutter f / weld nut ‖ $\sim$**naht** f (Schw) / seam, weld, weld seam ‖ $\sim$**nahtart** f (Schw) / type of weld, weld type ‖ $\sim$**perle** f / weld bead, welding bead ‖ $\sim$**pistole** f, Schweißbrenner m (Schw) / welding torch (US), welding gun, welding head, blowtorch (coll.) ‖ $\sim$**position** f / welding position, weld position ‖ $\sim$**punkt** m, Schweißlinse f (Schw) / spot weld, weld nugget ‖ $\sim$**punktzange** f (Wzm) / portable spot welding gun ‖ $\sim$**raupe** f (Schw) / weld bead, welding bead, bead ‖ $\sim$**roboter** m / welding robot ‖ $\sim$**spritzer** m (Schw) / spatter, weld spatter ‖ $\sim$**stab** m (Schw) / filler rod, welding rod, stick electrode, welding stick ‖ $\sim$**stelle** f / weld, welding point ‖ $\sim$**stoß** m (Schw) / weld joint ‖ $\sim$**stromquelle** f (Schw) / power source in welding ‖ $\sim$**technik** f / welding technology ‖ $\sim$**teil** n / welded part, welded component

Schweißung f, Schweißen n (und Löten) / welding n (particularly in American usage "welding" may comprise "brazing" and even "soldering", e.g. in the terminology of the American Welding Society; in German, however, "Löten" is never grouped with the "Schweißverfahren")

Schweiß • unterlage f (Schw) / backup plate, backing bar ‖ $\sim$**verbindung** f (Schw) / weld, welded joint ‖ $\sim$**verbindung**, Schweißverbund m (Schw) / weldment, welded assemblage ‖ $\sim$**verbund** m (Schw) / weldment, welded assemblage ‖ $\sim$**verfahren** n (Schw) / welding process ‖ $\sim$**zusatz** m, Schweißzusatzwerkstoff m (Schw) / filler material, filler metal, filler

Schwelgas n / low temperature carbonization gas

Schwellbeanspruchung f, Beanspruchung f im Schwellbereich (Ober- u. Unterspannung haben unterschiedlichen Betrag, aber gleiches Vorzeichen) (Mech) / pulsating stress, fluctuating stress ‖ **reine** $\sim$ (Unterspannung = 0) (Mech) / repeated stress

Schwelle f (allg, Physiol) / threshold ‖ $\sim$, Türschwelle f (Bau) / threshold (of a door), saddle, door sill, sill ‖ $\sim$ (im Holzrahmen- und -tafelbau) (Bau) / sill member, sole plate, bottom plate, foundation sill ‖ $\sim$, Bremsschwelle f (die Autofahrer zur Geschwindigkeitsverringerung zwingen soll), liegender Polizist (Straß) / hump, speed hump (a means of speed control), road hump ‖ $\sim$, Bahnschwelle, Querschwelle f (Bahn) / sleeper (GB), crosstie (US), tie (US), railroad tie

schwellen, aufquellen, anschwellen / swell vi

schwellende Belastung / pulsating load

Schwellenwert (allg, Techn) / threshold value, threshold ‖ $\sim$**schaltung** f (Elek) / threshold circuit

Schweller m, Türschweller (Kfz) / door sill, body sill

Schwell • festigkeit f / fatigue limit (applied stresses alternate from zero to maximum positive or negative values) ‖ $\sim$**festigkeit** (Unterspannung ist Null), Dauerfestigkeit f im Druckschwellbereich/Zugschwellbereich (Mater) / fatigue limit under stresses that fluctuate between different values of compression/tension (mean stress is not zero) ‖ $\sim$**wert** m (allg, Techn) / threshold value, threshold ‖ $\sim$**wertschalter** m, Schmitt-Trigger m (Eltro) / Schmitt trigger

Schwenk • achse f, Lenkdrehachse f (Kfz) / steering swivel axis, swivel axis ‖ $\sim$**armroboter** m / cylindrical robot

schwenkbar (um die Horizontalachse, z.B. Mast, Kranausleger) / slewing ‖ $\sim$ (um ein Drehgelenk o. einen Zapfen, z.B. CRT-Monitor am Fuß) / swivel, swivelling ‖ $\sim$ (um ein Scharnier) / hinged

Schwenk • bewegung f, Drehbewegung f (um die Horizontalachse, z.B. Mast, Kranausleger) / slewing (e.g. of crane), sluing (US), rotating motion ‖ $\sim$**bewegung**, Schwingen n (hin und her, z.B. Pendels) / swing n ‖ $\sim$**biegemaschine** (DIN) (Wzm) / swivel bending machine, bending press, folding machine, folding press, edging machine, edging press ‖ $\sim$**bohrmaschine** f (Wzm) / radial drilling machine, radial arm drilling machine, radial drill

schwenken vt vi, drehen vt vr (sich)(langsam um die Horizontalachse, z.B. Mast, Kranausleger), herumschwenken / slew vt vi, slue vt vi ‖ $\sim$ (um ein Drehgelenk o. einen Zapfen, z.B. CRT-Monitor am Fuß) / swivel ‖ $\sim$ (Kamera, von links nach rechts) (Film, TV, Video) / pan vt vi ‖ $\sim$ (Kamera, auf und ab), neigen (Film, TV, Video) / tilt

Schwenk • kran m (Säulen- o. Wandschwenk-kran) (Förd) / jib crane, slewing jib crane (pillar or wall mounted) ‖ $\sim$**rahmen** m / swing frame, hinged frame ‖ $\sim$**rotorflugzeug** n (Luft) / tilt-rotor aircraft

Schwenkung f, Drehbewegung f, Schwenk-bewegung f (um die Horizontalachse, z.B. Mast, Kranausleger) (Förd) / slewing (e.g. of crane), sluing (US), rotating motion

schwer (von Gewicht) (allg, Nukl) / heavy ‖ $\sim$ (Fehler, Schaden, Unfall, Verlust) / serious (error, damage, accident, loss) ‖ $\sim$, schwierig / difficult ‖ $\sim$, anstrengend / hard ‖ $\sim$**er Fehler** (der zum Programm- o. Systemabsturz führen

kann) (DV) / fatal error ‖ **~es Wasser**
(Deuteriumoxid) (Phys) / heavy water,
deuterium oxide ‖ **~er Wasserstoff**,
Deuterium n, ^{2}H (Chem) / deuterium, heavy
hydrogen, D ‖ **~ zugänglich** / hard-to-get-to,
hard-to-get-at, difficult of access
Schwer•achse f / axis through the center of
gravity, gravity axis ‖ **~anlauf** m (bei
Motoren) / heavy starting ‖ **~beton** m,
Strahlenschutzbeton m (Nukl) / loaded
concrete
Schwere f, Erdschwerkraft f (Geoph) / gravity,
force of gravity ‖ **~beschleunigung** f,
Erdbeschleunigung f (g = 9,81 m/s²) (Phys) /
acceleration of free fall, gravitational
acceleration, acceleration of gravity, gravity
acceleration, g ‖ **~feld** n, Gravitationsfeld n
(Astr, Phys) / gravitational field ‖ **~linie** f,
Seitenhalbierende f (Math) / median
schwer•fließend (Schüttgut) / sluggish ‖
~flüssig, viskos, zähflüssig / viscous
Schwerkraft f, Erdschwerkraft f (Geoph) / gravity,
force of gravity ‖ **~abscheidung** f (Aufb, ChT) /
gravity separation ‖ **~filtration** (ChT) / gravity
filtration ‖ **~förderer** m (Förd) / gravity
conveyor ‖ **~•Kokillengießen** n (Gießen unter
Wirkung der Schwerkraft in metallische
Dauerformen, die Kokillen) (Gieß) /
permanent mold casting (US)(basic method in
which the flow of metal into the mold cavity is
caused by gravity), gravity die casting (GB) ‖
~trennung f (Aufb, ChT) / gravity separation ‖
~wagen m, Muldenkipper m, Dumper m (Bau,
Kfz) / dump truck, off-road dump truck, haul
truck (US), dumper
Schwer•laster m (Kfz) / heavy lorry (GB), heavy
truck (US) ‖ **~lastkraftwagen** m (Kfz) / heavy
lorry (GB), heavy truck (US) ‖ **~maschinen** f
pl (Bau, Wzm) / heavy machinery ‖ **~metall** n
(Chem, Mater) / heavy metal ‖ **~öl** n (aus Erdöl
o. Teer, Fraktion zw. 230 u. 270 °C) / heavy oil
Schwerpunkt m (in übertragener Bedeutung)
(allg) / emphasis n, main focus ‖ **~** (eines
Körpers) (Phys) / center of gravity, c.g., CG ‖ **~**
(eines geometrischen Gebildes, z.B. Dreieck,
Rechteck, Kegel, Pyramide) (Math) / centroid,
geometric center, barycenter ‖ **~**
(Schnittpunkt der Seitenhalbierenden eines
Kreises) (Math) / median point, centroid
Schwerpunktssystem n (Phys) / center-of-mass
system, CMS
Schwerstange f (Öl) / drill collar
Schwert n, Steck-Schwert n, Klemm-Schwert n
(Schiff) / daggerboard ‖ **~**, Klappschwert n
(Schiff) / centerboard
Schwerwasser n, schweres Wasser
(Deuteriumoxid) (Phys) / heavy water,
deuterium oxide ‖ **~-Druckreaktor** m (Nukl) /
pressurized heavy water reactor, PHWR ‖
~reaktor m (Nukl) / heavy water reactor,
HWR
schwerwiegend (Fehler) / serious ‖ **~er Fehler**
(der zum Programmabbruch führt) (DV) / fatal
error
schwierig, schwer / difficult ‖ **~**, ungünstig,
nachteilig [für] / disadvantageous [to]
Schwierigkeit f / difficulty, trouble, problem ‖
~en beheben / eliminate difficulties ‖ **~en**
bereiten / present difficulties ‖ **~en haben**,
etwas zu tun / have difficulty (in) doing
something ‖ **auf ~en stoßen** / meet with

difficulties, come up against difficulties, be
confronted with difficulties
Schwimm•aufbereitung f, Flotation f (Trennung
von feinkörnigem Mischhaufwerk in einem
Wasserbad mittels Luftblasen) (Aufb, ChT) /
flotation ‖ **~badreaktor** m (Nukl) / pool-type
reactor, swimming pool reactor ‖ **~bagger** m
(Bau) / dredge n, dredger ‖ **~dachtank** m (Öl) /
floating-roof tank, tank with floating top ‖
~dock n (Schiff) / floating drydock
schwimmen / swim ‖ **~**, treiben vi (z.B. auf dem
Wasser) / float vi
schwimmend [gelagert] / floating ‖ **~e Bohrinsel**
(Öl) / floating drilling rig, semi-submersible,
semi-submersible oil exploration drilling rig,
semisubmersible drilling rig ‖ **~er Estrich**
(Bau) / floating screed, floating floor ‖ **~er**
Kolben (Kfz) / floating piston ‖ **~er Stopfen**,
loser Ziehstopfen (beim Rohrziehen) (Fert) /
floating plug
Schwimmer m / float (e.g. in a water cistern) ‖ **~**
(allg, Luft) / float (e.g. of seaplane, in a water
cistern or carburettor) ‖ **Ampèresche ~regel**
(Elek) / Ampere's rule, Amperian float law ‖
~schalter m (Elek) / float switch ‖ **~ventil** n /
float valve
Schwimm•körper m (Luft) / float ‖ **~kran** m
(Förd, Schiff) / floating crane, crane vessel,
crane ship ‖ **~weste** f / life jacket, life vest
Schwinden n, Schrumpfen n,
Volumenminderung f (Phys) / shrinkage,
contraction of volume ‖ **~**, Schwindung f
(Gieß, Mater, Plast) / shrinkage
Schwindriss m / shrinkage crack, contraction
crack
Schwindung f, Schrumpfen n,
Volumenminderung f (Phys) / shrinkage,
contraction of volume ‖ **~** (Gieß, Mater, Plast) /
shrinkage
Schwindungs•hohlraum m, Lunker
(Gussfehler) (Gieß) / shrinkage cavity, shrink
hole ‖ **~riss** m / shrinkage crack, contraction
crack
Schwing•..., schwingend, oszillierend /
oscillating, oscillatory ‖ **~achse** f, Pendelachse
f (Kfz) / swing axle ‖ **~beanspruchung** f **durch**
Vibration (ISO/R 194-1961) (Mech) / vibrating
stress ‖ **~beschleunigung** f (Phys) / particle
acceleration
schwingen vt vi (hin und her) / swing ‖ **~** vi,
oszillieren (Phys) / oscillate vi ‖ **~**, vibrieren
(Eltro, Phys) / vibrate vi ‖ **~** n (hin und her, z.B.
eines Pendels) / swing n
schwingend, oszillierend / oscillating, oscillatory
‖ **~e Kurbelschleife** / inverted slider crank
[with coupler as frame]
Schwinger m (Phys) / oscillator, oscillating body
Schwing•flügelfenster n (Flügel in der Mitte der
senkrechten Rahmenhölzer durch ein
Drehlager angeschlagen) (Bau) / horizontal
pivot window ‖ **~förderer** m (Förd) /
oscillating conveyor, vibrating conveyor,
vibratory conveyor, vibrator conveyor ‖
~frequenz f / oscillation frequency ‖
~geschwindigkeit f (Mech) / particle velocity ‖
~hebel m (Masch) / rocker, rocker arm ‖
~hebel (einarmiger Hebel zur
Ventilsteuerung) (Mot) / pivoting follower,
finger rocker ‖ **~kreis** m (Eltro) / resonant
circuit, tank circuit ‖ **~kreis** (einstellbar)
(Eltro) / tuned circuit ‖ **~kreisgüte** f (Elek,
Eltro) / quality factor, Q factor, magnification

factor ‖ ~**quarz** m (Eltro) / [vibrating] crystal, piezoelectric resonator ‖ ~**saugrohrsystem** n (Mot) / variable-length intake system ‖ ~**schleifen** (Fert) / superfinish v ‖ ~**schleifen** n, Superfinish-Verfahren n (Fert) / superfinishing ‖ ~**schleifer** m (Wz) / orbital sander ‖ ~**sieb** n / vibrating screen, shaking screen, shaker screen ‖ ~**tor** n, Hubtor n (Bau) / up-and-over door (mostly used for garages), overhead door, swing-up door

Schwingung f, Schwingen n (hin und her, z.B. eines Pendels) / swing n ‖ ~, Vibration f (mittel- bis höherfrequente und niederamplitudige Schwingung, die unmittelbar fühl- und/oder hörbar ist, z.B. bei vorbeifahrendem LKW) (allg, Phys) / vibration ‖ ~, Oszillation f (Elek, Masch, Phys) / oscillation ‖ **harmonische** ~ (Phys) / harmonic oscillation ‖ **in** ~**en versetzen** / cause to vibrate or oscillate

Schwingungs•beanspruchung f (Mech) / vibratory stress, vibrational stress ‖ ~**dämpfend** / vibration damping ‖ ~**dämpfer** m (Masch) / vibration damper ‖ ~**dämpfer** (der den Drehschwingungen der Kurbelwelle entgegenwirkt) (Kfz, Mot) / harmonic balancer, torsional vibration damper, vibration damper ‖ ~**dämpfung** f (Masch) / vibration damping ‖ ~**fest** / vibration-proof, vibration-resistant ‖ ~**gyrometer** n (Mess) / oscillation gyrometer ‖ ~**isolierung** f (Phys) / vibration isolation ‖ ~**membran** f (zur Erzeugung, Verstärkung, Aufnahme, Dämpfung oder Messung einer Schwingung, z.B in Mikrofonen, Lautsprechern, Telefonhörern, Druckmessern, Pumpen, Musikinstrumenten etc.) (Akust, Audio) / diaphragm ‖ ~**minderung** f (Phys) / vibration reduction ‖ ~**risskorrosion** f (Mater) / corrosion fatigue ‖ ~**system** n (Phys) / oscillatory system ‖ ~**tilgung** n (Phys) / vibration absorption ‖ ~**weite** f, Amplitude f (Phys) / amplitude ‖ ~**widerstand** m (Mech) / oscillation impedance ‖ ~**zahl** f / [vibration o. oscillation] frequency

schwitzen (allg) / sweat vi ‖ ~ / bleed vi (wall) ‖ ~ (Fenster), anlaufen / fog up, steam up

Schwitzwasser n, Kondenswasser / condensation water, condensed water

Schwund m, Schrumpfen n, Volumenminderung f (Phys) / shrinkage, contraction of volume ‖ ~, Leckage f, Verlust m durch Auslecken (o. Auslaufen) / leakage ‖ ~**regelung** f, automatische Verstärkungsregelung (eines Verstärkers bei schwankender Empfangsfeldstärke) (Eltro, Radio) / automatic gain control, AGC

Schwung m, Schwungkraft f / momentum, impetus ‖ ~**kraft** f, Zentrifugalkraft f, Fliehkraft f (Phys) / centrifugal force ‖ ~**kraft**, Schwung m / momentum, impetus ‖ ~**masse** f / flywheel mass, gyrating mass ‖ ~**moment** n (in kgm²) (Umrechnung: 1 lb-ft² = 0,1685 kpm², 1 kgm² = 3418 lb in² = 5,933 lb-ft²) / flywheel moment

Schwungrad n / flywheel ‖ ~**reibschweißen** n (Schw) / inertia friction welding, inertia welding ‖ ~**spindelpresse** f, Reibspindelpresse f / friction screw press

SCR, Thyristor m (Eltro) / thyristor, SCR, silicon controlled rectifier

scrambeln (Datensignale nach einem relativ einfachen Algorithmus umkehrbar umzustellen, um die Nutzdatenfolge an die Übertragungseigenschaften eines Übertragungskanals zwecks Datenübertragung anzupassen) (Tele) / scramble

Scrambler (Tele) / scrambler

SCR-Anlage f (zur Rauchgasentstickung) (Umw) / SCR facility

Scraper m, Schürfwagen m (Bau) / scraper, wheel tractor-scraper

scrollen, verschieben (den Bildschirminhalt) (DV) / scroll vt (the screen) ‖ ~ (Bewegen des Bildschirminhalts), vertikaler/horizontaler Bilddurchlauf (DV) / scrolling

Scrollrad n (DV, Tele) / scroll wheel

SCR-Verfahren, selektive katalytische Reduktion (zur Rauchgasentstickung) (Umw) / selective catalytic reduction technology, SCR technology

Sdp, Siedepunkt m (Chem, Phys) / boiling point, b.p.

Se, Selen n (Chem) / selenium, Se

Sechs•eck n, Hexagon n (Math) / hexagon ‖ ~**eckig**, hexagonal / hexagonal ‖ ~**flach** n / hexahedron, (pl. -drons, -dra) ‖ ~**flächner** m / hexahedron, (pl. -drons, -dra)

Sechskant m (Techn) / hexagon ‖ ~**-Einsatz** m (Wz) / hex socket (for fast fitting and removal of hex bolts) ‖ ~**-Holzschraube** / hexagon head wood screw ‖ ~**kopf** m / hexagon head (of screw), hex head ‖ ~**mutter** f / hexagon nut, hexagonal nut, hex nut ‖ ~**schraube** f (ohne Schaft, mit Gewinde bis Kopf) / hexagon screw, hexagon head screw ‖ ~**schraube** (mit Schaft, mit Teilgewinde) / hexagon bolt, hex head bolt ‖ ~**-Stiftsschlüssel** m, Inbusschlüssel m, Innensechskantschlüssel m / hex key, Allen key, hexagon key

Second-Level-Domäne f (DV, Tele) / second level domain

sedezimal, hexadezimal (auf Basis 16) (DV, Math) / hexadecimal ‖ ~**system** n, Hexadezimalsystem n (DV, Math) / hexadecimal numbering system ‖ ~**zahl** f (Math) / hexadecimal number

Sediment n (abgelagertes Lockergestein), Ablagerung f (Geol) / sediment ‖ ~, Bodensatz m (in einer Flüssigkeit aufgrund von Sedimentation) (allg, Chem) / sediment n, deposit n ‖ ~**ablagerung** f, Sedimentation f (Absetzen von Lockermassen wie Schutt, Geröll, Kies, Sand, Schlamm, Staub, Lava, Asche, organ. Stoffe) (Geol) / sedimentation, deposition

Sedimentation f, Ablagerung f (Absinken und Sichabsetzen von Schwebeteilchen in einer Flüssigkeit oder in einem Gas unter dem Einfluss der Schwerkraft oder durch Zentrifugieren) (Chem) / sedimentation ‖ ~, Ablagerung f (Absetzen von Lockermassen wie Schutt, Geröll, Kies, Sand, Schlamm, Staub, Lava, Asche, organ. Stoffe) (Geol) / sedimentation, deposition

Sedimentierung f, Ablagerung f (Absetzen von Lockermassen wie Schutt, Geröll, Kies, Sand, Schlamm, Staub, Lava, Asche, organ. Stoffe) (Geol) / sedimentation, deposition

See... / mar., maritime

Seeger•ring m, Sicherungsring m (für Bohrungen, für Wellen) (Masch) / retaining

ring (external, internal), circlip, snap ring ‖
⁓zange f, Seegerringzange (Wz) / circlip pliers
pl
See•hafen m / harbour (GB), harbor n (US),
port ‖ ⁓kabel n (Elek, Tele) / submarine cable,
subsea cable ‖ ⁓karte f (Nav, Schiff) / nautical
chart
Seele f, Innenleiter m (des Koaxialkabels) (Eltro,
Kabel) / center conductor, inner conductor,
internal conductor
See•meile f, Internationale Seemeile (1sm=
1,852 km), nautische Meile (Nav) /
international air mile, international nautical
mile (= 1852 m = 6076.115 ft), nautical mile,
sea mile, nm ‖ ⁓meile je Stunde, Knoten m (=
1852 m/h) (Luft, Meteo, Schiff) / knot, kn ‖
⁓salz n, Meersalz n / sea salt ‖ ⁓tonne f (Nav) /
buoy n ‖ ⁓transport m (Schiff) / maritime
transport, ship transport, sea transport
Segelflugzeug n (Luft) / sailplane
Segment n, Abschnitt m (eines Kreises oder
einer Kugel) (Math) / segment n ‖ ⁓, Abschnitt
m (eines Programms) (DV) / segment ‖
⁓bogenbrücke f (Bau) / segmental arch bridge
segmentieren, aufteilen (in Segmente) / segment
vt
Segmentlager n / pad bearing, segmental bearing
Seh•..., optisch, visuell / visual ‖ ⁓aufgabe f
(Licht) / visual task ‖ ⁓komfort m (Licht) /
visual comfort ‖ ⁓leistung f (Licht, Physiol) /
visual performance
Sehne f (Bogensehne, Kreissehne) (Math) / chord
Sehnen•satz m (Math) / chord theorem (if two
chords, CD and EB, intersect at A, then CA x
DA = EA x BA) ‖ ⁓tangentenwinkel m
(Math) / tangent chord angle (angle formed by
a tangent to a circle and a chord) ‖ ⁓viereck n
(Math) / inscribed quadrilateral
seicht, flach / shallow
Seide f (Tex) / silk
Seidengrün n, Chromgrün n, Englischgrün n
(Anstr, Färb) / chrome green
Seifen•schaum m / lather ‖ ⁓wasser n (von
Waschmittel), Schaum m / suds pl
Seigerung f (mikroskopische o. makroskopische
Entmischung einer anfänglich gleichmäßig
zusammengesetzten Metallschmelze bei der
Erstarrung) (Hütt) / segregation (of alloying
elements)
Seigerungszone f / segregation zone
seihen, durchseihen (Flüssigkeit) / strain (a
liquid containing solid matter)
Seiher m, Sieb n (aus Metall o. Kunststoff, mit
sehr grober Lochung, oft mit Griffen u.
Standfuß bzw. planem Boden), Durchschlag m
(Küchengerät) / colander, cullender
Seil n / rope ‖ ⁓aufzug m, Treibscheibenaufzug
m (Bau, Förd) / traction lift, traction elevator ‖
⁓bagger m (Bau) / cable excavator ‖ ⁓bahn f,
Seilschwebebahn f / aerial cableway, ropeway,
aerial ropeway, aerial funicular (ISO), aerial
railway, aerial tramway, cable tramway,
tramway ‖ ⁓bahn, Standseilbahn f / funicular,
funicular railway ‖ ⁓getriebe n / rope [drive]
mechanism
Seiligerprozess m (Mot) / dual combustion cycle,
limited pressure cycle, mixed cycle, Seiliger
cycle, Sabathe cycle
Seil•konstruktion f, Seilmachart f (von
Drahtseilen) / wire rope construction ‖
⁓machart f (von Drahtseilen),
Seilkonstruktion f / wire rope construction ‖

⁓reibung f / rope friction o. adherence ‖
⁓schäkel m n / rope shackle ‖ ⁓scheibe f /
rope sheave ‖ ⁓schloss n / hook and eye
coupling for ropes ‖ ⁓schwebebahn f / aerial
cableway, ropeway, aerial ropeway, aerial
funicular (ISO), aerial railway, aerial tramway,
cable tramway, tramway ‖ ⁓- und
Stangensystem n (Licht) / wire-and-rod system
‖ ⁓trieb m (Masch) / rope drive ‖ ⁓trommel f /
rope drum ‖ ⁓verbindung f / joining of ropes ‖
⁓winde f / winch, cable winch, rope winch,
windlass ‖ ⁓zug m (Hebezeug) (Förd) / rope
hoist ‖ ⁓zug (zum Ziehen z.B. von Gewichten
an Fitnessgeräten) / cable ‖ ⁓zug (zur
Betätigung von etwas, z.B. der
Feststellbremse) / cable control ‖ ⁓zug,
Betätigungsseil n / control cable ‖ ⁓zug s. a.
Bowdenzug
sein, gleich sein [mit] (Math) / equal vi (eg four
times three equals twelve, one foot equals 30.5
cm)
Seite f (allg) / side ‖ ⁓ (eines Körpers, z.B.
Würfels) / face (e.g. a cube has 6 faces) ‖ ⁓
(des Dreiecks) / side (of a triangle) ‖ ⁓ (einer
Gleichung) (Math) / member, side ‖ ⁓ (Druck,
DV) / page ‖ hintere ⁓ / back ‖ obere ⁓ / top ‖
untere ⁓ / bottom ‖ vordere ⁓ / front
Seiten•..., seitlich / lateral, side... ‖ ⁓airbag m
(Kfz) / side airbag ‖ ⁓ansicht f (Doku) / side
view ‖ ⁓ansicht (zur Layoutkontrolle z.B. in
Textverarbeitungsprogrammen) (DV) /
preview m, print preview ‖ ⁓band n (Eltro, Tele,
TV) / sideband ‖ ⁓beschreibungssprache f
(DV) / page description language, PDL ‖
⁓drucker m (DV) / page printer ‖ ⁓fenster n
(Kfz) / side-window ‖ ⁓flosse f (Luft) / fin,
vertical stabilizer, vertical fin, tail fin ‖ ⁓gleis
n, Nebengleis n (Bahn) / sidetrack n ‖
⁓halbierende f (Math) / median ‖ ⁓klüse f,
Ankerklüse f (Schiff) / hawse pipe, hawse,
hawse hole (for an anchor cable), mooring
pipe ‖ ⁓koffer m (Motorrad) (Kfz) / saddlebag
(made of metal, hard plastic), pannier ‖
⁓kraft f / side force ‖ ⁓lehne f, Armlehne f
(Kfz) / arm rest ‖ ⁓leitwerk n (Luft) / rudder
unit ‖ ⁓leser m (DV) / page reader ‖ ⁓öffnung
f (Brücke) (Bau) / side span, end span ‖
⁓-Planschleifen n (Fert) / surface grinding
using the flat face of the grinding wheel ‖
⁓riss m, Aufriss m (Zeichn) / side elevation ‖
⁓ruder n (Luft) / rudder ‖ ⁓ruderfußhebel m
(Luft) / rudder pedal ‖ ⁓schleifen n (Fert) /
face grinding ‖ ⁓schneider m (Wz) / side
cutters, diagonal pliers, side cutting pliers, pair
of dikes ‖ ⁓schneider (Teil der Kombizange) /
side cutter ‖ ⁓schräge f, Ausheböschräge f
(Gieß, Plast, Schm) / draft (of a die or mould),
taper ‖ ⁓spiegel m, Außenspiegel m (Kfz) /
exterior mirror, side mirror, side-view mirror,
wing mirror, outside mirror, outside rear view
mirror ‖ ⁓ständer m (Fahrrad, Kfz) / side stand
‖ ⁓stapler m, Quergabelstapler m (Förd) /
sideloader, side loading truck ‖ ⁓straße f / side
road ‖ ⁓support m (des Senkrecht-Bohr-und
Drehwerks), Ständersupport m / side head (of
vertical boring and turning lathe) ‖ ⁓wand f
(allg) / sidewall ‖ ⁓wand (dünn) (Techn) /
side-panel ‖ ⁓wand (des Reifens) (Kfz) /
sidewall (of tire) ‖ ⁓wand (eines Gefäßes) /
wall ‖ ⁓welle f, Achswelle f (zwischen
Achsgetriebe und Antriebsrädern),
Antriebswelle f (Kfz) / drive shaft, axle shaft

seitlich, Seiten... / lateral, side... || **~e Verschiebung**, Versatz *m* / offset, mismatch *n* || **~e Vorschubgeschwindigkeit** (beim Spitzenlosschleifen) (Fert) / throughfeed rate
Sekans *m*, Sekante *f* / secant *n*
Sekante *f*, Sekans *m* / secant *n*
Sekanten•satz *m* (Math) / secant theorem || **⁓tangentensatz** *m* (Math) / secant-tangent theorem || **⁓verfahren** *n*, regula falsi *f* / trial and error
Sektional•garagentor *n* (Bau, Kfz) / sectional door, sectional garage door || **⁓tor** *n*, Sektionalgaragentor *n* (Bau, Kfz) / sectional door, sectional garage door
Sektor *m*, Kreisausschnitt *m* (Math) / sector *n* (of a circle) || **⁓** (DV) / sector (on a floppy or hard disk)
sekundär, zweitrangig, untergeordnet / secondary *adj* || **~** (z.B. Alkohol) (Chem) / secondary || **~es Kaliumphosphat** (Chem) / potassium hydrogenphosphate || **~e optische Achse** (Krist) / biradial
Sekundär•bindungen *f pl* (zwischenmolekulare Bindungen) (Chem) / secondary bonds || **⁓element** *n* (Elek) / secondary cell || **⁓element**, Akkumulator *m* (Elek) / accumulator, rechargeable battery, storage cell, storage battery, secondary battery || **⁓härte** *f* (Hütt) / secondary hardness || **⁓kreis** *m* (Elek) / secondary circuit, secondary || **⁓kristall** *m* (Krist) / secondary crystal || **⁓metallurgie** *f*, Pfannenmetallurgie *f* (Hütt) / ladle metallurgy, secondary steelmaking, secondary refining || **⁓programm** *n*, in Maschinensprache umgesetztes o. ladefähiges Programm, Objektprogramm *n* (DV) / object program || **⁓reaktion** (Chem) / side reaction, secondary reaction (simultaneous) || **⁓reaktor** *m*, angereicherter Reaktor (Nukl) / enriched reactor, enriched-uranium[-fueled] reactor || **⁓seite** *f* (Elek) / secondary side || **⁓speicher**, externer Speicher *m* (im Unterschied zum RAM dem Prozessor eines Computers nicht direkt zugänglich) (DV) / secondary storage, auxiliary storage, external storage || **⁓strom** *m*, Nebenstrom *m* (Triebwerk) (Luft) / bypass flow, secondary flow || **⁓wicklung** *f* (eines Transformators) (Elek) / secondary, secondary winding || **⁓zelle** *f* (Elek) / secondary cell
Sekunde *f* / second *n*, s, sec. || **⁓**, Bogensekunde *f* (Math) / second of arc, arcsecond
Sekundenzeiger *m* (Uhr) / second hand
Selbst•..., automatisch / automatic *adj*, self-acting || **~abgleichend** (Elek) / self-balancing
selbständig, eigen (z.B. Eingang), getrennt / separate
selbst•anlaufend (Elek) / self-starting || **~anpassend** (allg, DV, Regel) / self-adapting, auto-adapting, auto-adaptive || **~ansaugend** (Pumpe) / self-priming || **~aufbauender Turmdrehkran** (Bau) / self-assembling tower crane, self-erecting crane || **⁓aushärtung** *f* / self-hardening || **⁓auslöser** *m* (Foto) / self-timer || **~einstellendes Lager** / self-aligning bearing || **~entpackende Datei** (DV) / self-extracting file || **⁓entzündung** *f* / self-ignition, spontaneous ignition, spontaneous combustion || **⁓entzündungstemperatur** *f* (Temperatur, auf die man das Material aufheizen kann, bis es sich von selbst, d.h. ohne äußere Flamme entzündet) (Phys) /

autoignition point, ignition point, ignition temperature, autoignition temperature, kindling point || **⁓erhitzung** *f* / self heating || **~erregt**, eigenerregt / self-excited || **~extrahierende Datei** (DV) / self-extracting file || **~fahrend**, mit Eigenantrieb / self-propelled || **~geführter Wechselrichter** (Elek) / self-commutated inverter || **~haltendes Relais** (Elek) / latching relay, keep relay || **⁓halterelais** (Elek) / latching relay, keep relay || **~hemmend** / self-locking || **⁓induktion** *f* / self-induction || **⁓induktionskoeffizient** *m* (Elek) / inductance L, self-inductance || **⁓induktivität** *f* (Elek) / inductance L, self-inductance || **⁓klebeetikett** *n*, selbstklebendes Etikett (Büro) / self-adhesive label || **~klebend** / self-adhesive || **~klebendes Etikett** (Büro) / self-adhesive label || **~korrigierend** / self-correcting || **⁓kosten** *pl* / cost-price || **⁓löschung** *f* (Elek) / self-extinction || **~reinigend** (allg) / self-cleaning || **⁓schalter** *m*, Leitungsschutzschalter *m* (zum thermischen Schutz installierter Leitungen in Folge zu hohen Stroms) (Elek) / miniature circuit breaker, MCB, miniature breaker, circuit breaker || **~schmierend** / self-lubricating || **~schneidende Schraube**, Gewindeschneidschraube *f* / tapping screw, self-tapping screw, self-cutting screw, thread-cutting screw || **~sichernde Mutter** / self-locking nut || **⁓sperrdifferential** *n* (Kfz) / limited slip differential || **~sperrend** / self-locking || **~sperrendes Ausgleichsgetriebe** (Kfz) / limited slip differential || **~sperrender FET** (Eltro) / enhancement-mode transistor, enhancement-mode MOSFET, enhancement-type MOSFET
selbstständig, autonom / autonomous || **~**, unabhängig, in sich abgeschlossen / self-contained || **~**, Einzelplatz... (DV) / standalone (device, computer, software) || **~er Betrieb**, Lokalbetrieb *m* (DV) / local mode
Selbststeuergerät *n*, Autopilot *m* (Luft) / automatic *n*, automatic pilot, autopilot, gyro-pilot
selbsttätig, Selbst..., automatisch / automatic *adj*, self-acting
selbsttragend (Kfz, Techn) / self-supporting || **~e Bauweise** (Kfz) / chassisless construction, integral body construction, monocoque construction, unitary construction, unitized construction, unibody design || **~e Karosserie** (Kfz) / integral construction body, unibody
Selbst•wählvermittlungsstelle *f* (Tele) / automatic exchange, automatic telephone exchange || **⁓zündung** *f* / self-ignition, spontaneous ignition, spontaneous combustion
Selective Laser Sintering *n* (Rapid Prototyping-Verfahren, bei dem ein CO_2-Laser den pulverförmigen Ausgangswerkstoff erhitzt und dadurch einen Zusammenhalt der Körner untereinander erzeugt) (Fert) / selective laser sintering, SLS
selektiv / selective || **~e katalytische Reduktion** (zur Rauchgasentstickung), SCR-Verfahren (Umw) / selective catalytic reduction technology, SCR technology || **~e nichtkatalytische Reduktion** (zur Rauchgasentstickung), SNCR-Verfahren

(Umw) / selective non-catalytic reduction, SNCR technology

Selektivität f, Trennschärfe f (eines Empfängers) (Eltro, Radio) / selectivity, sharpness

Selektivmessung f, Spotbelichtungsmessung f (Foto) / spot metering

Selen n (Chem) / selenium, Se

Selenit m, Calcium-Sulfat-Hydrat n ($CaSO_4 \cdot 2H_2O$), Gips m (Min) / gypsum

Selsyn n, Drehmelder m (mit drei um 120° versetzten Statorwicklungen), Synchro m (Elek, Regel) / synchro, selsyn

SELV, Sicherheits-Kleinspannung f (Elek) / safety extra low voltage, SELV

semantisch vollständig (Logik) / semantically complete

Semi • carbazid n (Chem) / semicarbazide ‖ ≃**monocoque-Bauweise** f (Luft) / semimonocoque design ‖ ~**permeable Membran**, halbdurchlässige Membran (Chem) / semipermeable membrane ‖ ~**polare Bindung** (Chem) / coordinate bond, dative covalent bond, dative bond, coordinate valence

Sende • antenne f (Radio, Tele) / transmitting aerial, transmitting antenna, transmission dish ‖ ≃**- und Empfangsantenne** f (Tele) / transceiver dish, transceiving antenna ‖ ≃**aufruf** m, zyklisches Abfragen (ob eine Station senden will) (DV, Tele) / polling (in a network) ‖ ~**bereit** (DV, Tele) / clear to send, ready to transmit ‖ ≃**empfänger** m, Transceiver m (kombiniertes Sende- und Empfangsgerät) (DV, Tele) / transceiver (transmitter-receiver) ‖ ≃**-/Empfangsstation** f (im BSS), Basisstationssender/-empfänger m (Tele) / base transceiver station (part of the base station subsystem), BTS ‖ ≃**frequenz** f (Radio) / transmission frequency ‖ ≃**leistung** f (Radio, Tele) / transmitting power

senden vt (allg, Tele) / send ‖ ~, übertragen (z.B. Signale, Daten) (DV, Eltro, Tele) / transmit ‖ ~, leiten (DV) / route (e.g. data to a printer) ‖ ~, ausstrahlen (Sendung), übertragen (Radio, TV) / broadcast vt, air (a program) ‖ ~, übertragen (im Fernsehen) (TV) / broadcast on o. by television, televise, telecast v ‖ ~ vi (Radio, TV) / be on the air ‖ **nicht ~**, Sendepause machen (Radio, TV) / be off the air

Sendepause machen (Radio, TV) / be off the air

Sender m (Radio, Tele, TV) / transmitter, sender (US) ‖ ≃, Programm n (z.B. ARD, ORF, NTV) (TV) / channel ‖ ≃, Programm n (ugs.) (Radio) / station

Sendereichweite f (Tele) / radio range (of a radio system or station)

Sender • einstellung f (Drehknopf etc. am Radio) / tuning control ‖ ≃**/Empfänger** m, Transceiver m (kombiniertes Sende- und Empfangsgerät) (DV, Tele) / transceiver (transmitter-receiver)

Sende • stärke f, Sendeleistung f (Radio, Tele) / transmitting power ‖ ≃**station** f (in einem Fernwirksystem) (DV, Eltro, Regel) / master station, telecontrol master station ‖ ≃**station** (Radio, Tele, TV) / transmitter, sender (US)

Sendung f, Lieferung f, Warensendung f / shipment, consignment ‖ ≃, Übertragung f (Radio, TV) / transmission, broadcast n ‖ ≃ (im Fernsehen), Fernsehsendung f (TV) / telecast n, television broadcast ‖ ≃, Übertragung f (Vorgang), Ausstrahlung f (Radio, TV) / transmission, broadcasting

Sendungsvermittlung f (Variante der Nachrichtenvermittlung, bei der die zu übertragende Nachricht ungeteilt und unter jeweiliger Zwischenspeicherung von Teilstrecke zu Teilstrecke bis hin zur Zielstation durchgereicht wird), Speichervermittlung f (DV, Tele) / message switching

Senfgas n (Bis-(2-chlorethyl)sulfid - chemischer Kampfstoff), Gelbkreuz[gas] n (Chem) / dichlorodiethyl sulfide (or sulphide), mustard gas

sengen, ansengen, versengen / scorch, singe

Senkblei n (Bau, Wz) / plumb bob, plummet

Senke f (DV) / drain, information sink ‖ ≃, Drain m (eines Feldeffekttransistors), Drain-Elektrode f (Eltro) / drain (in a field-effect transistor)

Senkelektrode f (für EDM) (Wzm) / formed electrode tool, form tool

senken vt / lower ‖ ~, reduzieren, verringern, herabsetzen / reduce, decrease, lower ‖ ~, hinablassen, herunterlassen / lower, let down ‖ ~, ansenken (kegelförmig, meist zum Versenken von Schraubenköpfen) / countersink vt ‖ ~ (zylindrisch mit Flachsenker), ansenken (meist zum Versenken von Schraubenköpfen) / counterbore vt ‖ ~ (den Grundwasserspiegel) / lower, depress (the ground water level) ‖ ~, ansenken, flachsenken, plansenken / spotface ‖ ~ vr (sich)(z.B. Schranke) / go down ‖ ~ (sich), sinken / sink ‖ ~ (sich), absinken (Boden, Haus, Straße), setzen vr (sich) (Bau) / subside, sink ‖ ~ (sich), durchhängen (z.B. Decke) (Bau) / sag vi ‖ ~ (sich)(Grundwasserspiegel) / fall ‖ ~ (sich)(Gelände, Straße) (Geogr) / dip vi ‖ ≃ n, Einsenken n (kegelförmig, meist zum Versenken von Schrauben- o. Nietköpfen) (Fert) / countersinking ‖ ≃, Einsenken n (zylindrisch, meist zum Versenken von Schrauben- o. Nietköpfen) (Fert) / counterboring ‖ ≃ (zur Herstellung ebener Auflageflächen für Schraubenköpfe, Muttern, Unterlegscheiben usw.), Anplanen n (Fert) / spotfacing ‖ ≃ (mit Kegelsenker zum Entgraten von Bohrungen) (Fert) / countersinking / drain (in a field-effect transistor)

Senker m, Flachsenker n (Wz) / counterbore ‖ ≃, Kegelsenker m (Wz) / countersink

Senk • erodieren n (Fert) / EDM (by a tool that is a mirror image of the required profile), electric discharge machining ‖ ≃**erodiermaschine** f (Wzm) / EDM machine (with tool that is a mirror image of the required profile) ‖ ≃**holzschraube** f / countersunk head wood screw ‖ ≃**kerbnagel** m (DIN 1477/8747) / grooved pin with countersunk head ‖ ≃**kopf** m (Schraube) / countersunk head ‖ ≃**kopfschraube** f / countersunk screw o. bolt ‖ ≃**lot** n, Bleilot n (Bau, Wz) / plumb bob, plummet ‖ ≃**niet** m / countersunk [head] rivet

senkrecht [zu], rechtwinklig [zu] (Math) / perpendicular [to] ‖ ~, vertikal / vertical ‖ ~, **zueinander**, orthogonal, rechtwinklig zueinander (Math) / orthogonal, orthographic ‖ ~**e Zugstange** (Stahlbau) (Bau) / suspension rod

Senkrecht•bohrmaschine f (Wzm) / vertical drilling machine || ⁓-**Bohr[-und Dreh]werk** n, Karusselldrehmaschine f (DIN) (Wzm) / vertical boring mill (mainly used for turning, facing or boring large workpieces that are shaped symmetrically), vertical boring machine, VBM || ⁓-**Drehmaschine** f (Wzm) / vertical lathe, vertical turning machine

Senkrechte f, Lotrechte f (Math) / perpendicular n || ⁓, Vertikale f / perpendicular n

Senkrecht•förderer m, Elevator m (Förd) / elevator || ⁓**fräsmaschine** f / vertical milling machine || ⁓**hobelmaschine** f / vertical planing machine || ⁓**räummaschine** f (Fert) / vertical broaching machine || ⁓**starter** m, Senkrechtstartflugzeug n (Luft) / vertical take-off and landing aircraft, VTOL aircraft || ⁓**startflugzeug** n (Luft) / vertical take-off and landing aircraft, VTOL aircraft || ⁓**stoßmaschine** f (Wzm) / vertical shaper || ⁓**ziehverfahren** n, Fourcault-Verfahren n (Glas) / Fourcault process, Fourcault drawing process

Senk•schraube f / flat head screw o. bolt, countersunk [head] screw o. bolt || ⁓**spindel** f, Aräometer n (Dichtemesser für Flüssigkeiten) (Mess) / hydrometer

Senkung f, Reduzierung f / reduction || ⁓ (kegelförmig mit Kegelsenker), kegelförmige Senkbohrung (Fert) / countersink, countersunk hole || ⁓ (zylindrisch mit Flachsenker), zylindrische Senkbohrung (Fert) / counterbore, counterbored hole

Senkwaage f, Aräometer n (Dichtemesser für Flüssigkeiten) (Mess) / hydrometer

sensibilisieren (Foto) / sensitize

Sensor m, Aufnehmer m (der die Messgröße erfasst u. meist die primäre Messgrößenwandlung - z.B. nichtelektrische, physikalische (z.B. Temperatur, Abstand, Druck) in elektrische Größe - durchführt) (Mess) / sensor, transducer (e.g. pressure transducer), sensing element || ⁓-**Bildschirm** m, Touchscreen m, berührungsempfindlicher Monitor (DV) / touch screen, touch-sensitive display

Sensorik f, Sensorsystem n / sensor system || ⁓, Sensortechnik f / sensor technology || ⁓, sensorische Prüfung (Nahr) / sensory analysis, sensory evaluation, organoleptic test

sensorische Prüfung (Nahr) / sensory analysis, sensory evaluation, organoleptic test

Sensor•schalter m (Elek) / sensor switch || ⁓**system** n / sensor system || ⁓**taster** m (Elek) / sensor push-button || ⁓**technik** f / sensor technology

separat, eigenständig / separate adj

Separator m (Elek) / separator (between plates of opposite charge in a storage battery)

Sepiatonung f, Sulfidtonung f (Foto) / sulphide toning

Septillion f (10^{42}) / septillion (GB), tredecillion (US)

Sequencer m (Akust, Eltro) / sequencer

sequentiell (DV) / sequential || ⁓**e Schaltung** (Elek, Regel) / sequential circuit || ⁓**e Steuerung** f, Ablaufsteuerung f (Regel) / sequential control, sequence control || ⁓**er Zugriff** (DV) / sequential access

Sequenz f (allg, Chem, Film) / sequence

Sequenzer m (Akust, Eltro) / sequencer

serialisieren (DV) / serialize

Serie f, Anzahl f aufeinanderfolgender Dinge, Reihe f / series || ⁓ (Radio, TV) / serial, series || **in** ⁓, hintereinandergeschaltet, seriell verschaltet (Elek) / connected in series, series-connected, serial, series adj (e.g. circuit, capacitor) || **in** ⁓ **schalten** (Elek) / connect in series

seriell (DV) / serial (e.g. access, port, transmission) || ⁓**e Anordnung**, Anordnung f in Reihe / serial arrangement || ⁓**e Schnittstelle** (DV) / serial interface || ⁓**e Schnittstelle** (Hardwareschnittstelle) (DV) / serial port || ⁓**er Speicher**, Serienspeicher m (DV) / serial storage, serial store || ⁓**e Verarbeitung** (DV) / serial processing || ⁓ **verschaltet**, hintereinandergeschaltet (Elek) / connected in series, series-connected, serial, series adj (e.g. circuit, capacitor) || ⁓**er Zugriff** (DV) / serial access

Serien•betrieb m (DV) / serial operation || ⁓**fertigung** f (Fert) / batch production, series production, serial production || ⁓**kondensator** m (Elek, Eltro) / series capacitor || ⁓**maschine** f (Masch) / production machine

serienmäßig (Produkt, Produktion) / series (product, production) || ⁓, Standard... (Version, Modell, Ausstattung) / standard || ⁓ (eingebaut) / as standard (e.g. these new safety features come as/are provided as standard) || ⁓ **herstellen** / produce in series

Serien•modell n / production model || ⁓**motor** m (Elek) / series-wound motor || ⁓**motor** m (in Serie hergestellt) / series [production] engine || ⁓**nummer** f / serial number || ⁓-**Parallel-Umsetzer** m (DV) / serial-to-parallel converter, deserializer n (US), serial-parallel converter, staticizer n || ⁓-**Parallel-Wandler** m (DV) / serial-to-parallel converter, deserializer n (US), serial-parallel converter, staticizer n || ⁓**produktion** f (Fert) / batch production, series production, serial production || ⁓**reife** f / commercial viability || ⁓**resonanzkreis** m (Eltro) / series-resonant circuit, acceptor, acceptor circuit || ⁓**schalter** m (DIN) (Elek) / series switch || ⁓**schaltung** f, Reihenschaltung f (Elek, Eltro) / series circuit || ⁓**schaltung**, Reihenschaltung f (Elek, Eltro) / series connection || ⁓**schluss** m (Elek) / series circuit || ⁓**schwingkreis** m (Eltro) / series-resonant circuit, acceptor, acceptor circuit || ⁓**speicher** m, serieller Speicher (DV) / serial storage, serial store || ⁓**teil** n / serial product || ⁓**verarbeitung** f, serielle Verarbeitung (DV) / serial processing

Serieschaltung f (Schweiz), Reihenschaltung f (Elek, Eltro) / series circuit

Serigraphie f, Kunstsiebdruck m (Druck) / serigraphy, silk screen printing (as an art)

Server m (DV) / server

Service m (Techn) / service [and support] || ⁓, Kundendienst m (als Dienstleistung nach dem Kauf), Wartung f / after-sales service, after-sales servicing || ⁓, Dienstleistung f / service n || ⁓**freundlich** / easy to service || ⁓**freundlichkeit** f, Wartungsfreundlichkeit f / ease of maintenance, maintainability, ease of servicing || ⁓**modul** n, Betriebs- und Versorgungseinheit f (eines Raumfahrzeugs) (Raumf) / service module || ⁓**netz** n, Kundendienstnetz n / service network || ⁓**roboter** m / service robot || ⁓-**Techniker** m / service engineer, customer service engineer

Servo•mechanismus m (Regel) / servomechanism ‖ ≈**motor** m (Regel) / servomotor ‖ ≈-**System** n (Regel) / servo system ‖ ≈**ventil** n / servo valve

Set n, Satz m (zusammengehöriger Dinge) / set (e.g. of tires, tools)

Set-Reset-Flipflop n (Eltro) / SR flip-flop, RS-flipflop (= reset/set), set-reset flipflop

Set-Top-Box f, Decoder m (für Pay-TV-Empfang) (TV) / decoder, set-top box, converter

Setup n, Einstellung f (DV) / setting, set-up ‖ ≈-**Einstellungen** f pl (DV) / set-up options

setzen vr (sich) (Boden, Haus) (Bau) / settle ‖ ~ vt, stellen, legen / place vt, put, set ‖ ~ (z.B. Ziel, Termin, Preis, Prioritäten) / set ‖ ~ (Tabulatoren) (Büro, DV) / set (tabs) ‖ ~ (Eltro) / set (switch, flipflop, counter etc.) ‖ **sich** ~ (z.B. Lösung) / settle ‖ **sich** ~, sich abscheiden (Chem) / precipitate, be deposited ‖ ≈ ~ n, Setzung f / consolidation (of soil), consolidation settlement ‖ ≈, Setzung f (Bau) / settlement (of a wall, structure etc) ‖ ≈, Satzherstellung f (Texterfassung, -formatierung u. -umbruch) (Druck) / composition, typesetting

Setz•kopf m, Nietkopf m / rivet head ‖ ≈**stock** m, Lünette f (Wzm) / steady rest ‖ ≈**stufe** f (der Treppe), Stoßfläche f (senkrechter Teil von Treppenstufen) (Bau) / riser

Setzung f, Setzen n / consolidation (of soil), consolidation settlement ‖ ≈, Setzen n (Bau) / settlement (of a wall, structure etc)

Sevesogift n, Dioxin n (Chem) / TCDD, 2,3,7,8-tetrachlorodibenzo-p-dioxin

SF₆, Schwefelhexafluorid n (Chem) / sulphur hexafluoride

Sferics pl (Radio, Tele, TV) / atmospheric interference, atmospherics pl, strays pl (US), spherics pl

SFET m, Sperrschicht-Feldeffekttransistor m (Eltro) / junction field effect transistor, JFET

S-Glas n (Alkali-Kalk-Glas mit erhöhtem Borzusatz für Textilglasfasern) (Glas, Tex) / S-glass

SGPT (Serum-Glutamat-Pyruvat-Transaminase), Alaninaminotransferase f (Biochem) / alanine transaminase, ALT, serum glutamic pyruvic transaminase, SGPT, alanine aminotransferase

Sheffer-Funktion f, NAND, NAND-Funktion f (DV, Eltro, Logik) / NAND operation, NON-conjunction, NOT-BOTH operation

Shift Lock-Taste f, Feststelltaste f (zur Arretierung der Umstelltaste auf der Tastatur) (DV) / shift lock key, Caps lock key

Shift-Taste f, Umschalttaste f (auf PC-Tastatur o. Schreibmaschine zur Umschaltung zwischen Groß- und Kleinschreibung und für eine Reihe anderer Tastaturbefehle) (Büro, DV) / shift key, case shift key

Shore•-Härte f (Mater) / Shore hardness ‖ ≈-**Skleroskop** n, Rücksprunghärteprüfer m (Mater) / scleroscope, Shore scleroscope

Shortcut m, Tastaturbefehl m (z.B. Strg-C zum Kopieren als Alternative zur Verwendung der Menüleiste per Maus) (DV) / hot key, accelerator, accelerator key (for rapid keyboard selection of commands), shortcut, shortcut key, keyboard shortcut

Shrinkwrap-Vertrag m (DV) / shrinkwrap agreement

Shunt m, Nebenschlusswiderstand m (Bauteil), Parallelwiderstand m (Elek) / shunt, shunt resistor

Si, Silizium n (Chem) / silicon, Si

SI (Système International), internationales Einheitensystem (Mess) / international system of units, SI, metric system

Sialon n (Mater) / sialon (oxynitride ceramic consisting of silicon, aluminum, oxygen, and nitrogen)

SiC, Siliziumkarbid m / silicon carbide, SiC

sicher (gefahrlos, ungefährlich, nicht in o. außer Gefahr) / safe (place, port, bridge, vehicle, vaccine, code, water supply, investment, speed; safe from attack) ‖ ~ (geschützt, ungefährdet) / secure (investment, water supply, telephone line, foundations, jobs; secure against attack) ‖ ~, zuverlässig / reliable ‖ ~, gewiss / certain, sure

Sicherheit f [vor, gegen] (Gefahrlosigkeit, Ungefährlichkeit, Tatsache, nicht in o. außer Gefahr zu sein) / safety [from] ‖ ≈ (Geschütztsein, Ungefährdetsein) [gegen, vor] / security [from, against] ‖ ≈, Zuverlässigkeit f / dependability, reliability ‖ ≈, Gewissheit f / certainty

Sicherheits•anforderungen f pl / safety rquirements, security requirements ‖ ≈**ausrüstung** f / safety equipment ‖ ≈**behälter** m (eines Kernreaktors zur Vermeidung des Austritts radioaktiver Stoffe in die Außenwelt), Containment n (Nukl) / containment, containment structure, reactor containment, containment building ‖ ≈**beleuchtung** f (Licht) / safety lighting ‖ ≈**bestimmungen** f pl / safety regulations pl, safety instructions ‖ ≈**einrichtung** f / safety device ‖ ≈**faktor** m / safety factor, safety margin ‖ ≈**gurt** m (Kfz, Luft) / seat belt, safety belt ‖ ≈**hinweise** f pl / safety instructions pl ‖ ≈**hülle** f, Containment n, Sicherheitsbehälter m (eines Kernreaktors zur Vermeidung des Austritts radioaktiver Stoffe in die Außenwelt) (Nukl) / containment, containment structure, reactor containment, containment building ‖ ≈-**Kleinspannung** f, SELV (Elek) / safety extra low voltage, SELV ‖ ≈**kontrolle** f / security check ‖ ≈**kopie** f (DV) / backup, backup copy ‖ ≈**kupplung** f (Masch) / safety coupling, safety clutch, torque limiter, overload clutch ‖ ≈**leuchte** f (Licht) / emergency light ‖ ≈**maßnahme** f / safety measure ‖ ≈**maßnahme**, Vorsichtsmaßnahme f / safety precaution, precautionary measure ‖ ≈**mutter** f, selbstsichernde Mutter / self-locking nut ‖ ≈**nadel** f / safety pin ‖ ≈**protokoll** n (zur Aufzeichnung sicherheitsrelevanter Ereignisse) (DV) / security log ‖ ≈**risiko** n / security risk ‖ ≈**schalter** m (Elek) / safety switch ‖ ≈**schuh** m / safety shoe ‖ ≈**schuh**, Sicherheitsstiefel m / hard-toed boot, safety boot ‖ ≈**stab** m, Schnellabschaltstab m (Nukl) / scram rod, safety rod, shutdown rod ‖ ≈**stiefel** m, Sicherheitsschuh m / hard-toed boot, safety boot ‖ ≈**stromversorgung** f (Notstromversorgung zum Weiterbetrieb von Anlagenteilen zur Sicherheit von Personen) (Elek) / emergency power supply, safety power supply ‖ ≈**technik** f / security technology ‖ ≈**technik** (praxisorientiertes Teilgebiet der Sicherheitswissenschaft) / safety engineering ‖ ≈**technologie** f, Sicherheitstechnik f (praxisorientiertes Teilgebiet der Sicherheitswissenschaft) / safety engineering ‖ ~**ventil** n / safety valve ‖ ~**vorkehrungen** f pl / safety precautions ‖ ~**vorrichtung** f / safety device ‖ ~**vorschriften** f pl / safety regulations pl, safety instructions ‖ ~**wahrscheinlichkeit** f (Stat) / type II error rate ‖ ~**zone** f / safety zone

sichern [vor, gegen] / safeguard [against] ‖ ~, schützen / protect ‖ ~ (z.B. die Tür, einen Deich mit Sandsäcken gegen die Flut, die Ladung) / secure (e.g. the door, a dike with sandbags against the flood, the load) ‖ ~, festmachen, anschließen (mit Schloss) / secure with a lock, fasten with a lock, lock ‖ ~ (eine Waffe) / activate the safety catch ‖ ~ (eine Schraube) / secure (the screw in place with a nut) ‖ ~, speichern (z.B. ein Textverarbeitungsdokument nach der Bearbeitung oder den Zwischenstand eines Spiels - in MS Word z.B. mit der Menüoption "Datei-Speichern (unter)"), abspeichern (DV) / save (e.g. the current word processor document or the current state of a game - e.g. MS Word menu option "File - Save (as)") ‖ ~ (eine Sicherungskopie erstellen) (DV) / back up vt (files, data e.g. to another disk) ‖ ~ (z.B. ein Darlehen, Arbeitsplätze) / secure (e.g. a loan by property, jobs) ‖ ~ (sich etwas, z.B. einen Vorstandsposten, einen Auftrag, jemandes Kooperation, Sitzplätze) / secure (e.g. a management position, an order, somebody's cooperation, seats) ‖ ~ (mit Sicherungsautomat o. Sicherung) (Elek) / protect by a circuit breaker or fuse ‖ ~, sicherstellen / ensure (e.g. the oil supply, the success of a project, the privacy of phone conversations, the safe handling of a machine) ‖ ~ n, Speichern n (z.B. eines Textverarbeitungsdokuments nach der Bearbeitung oder des Zwischenstands eines Spiels - in MS Word z.B. mit der Menüoption "Datei-Speichern (unter)") (DV) / saving (e.g. of the current word processor document or the current state of a game - e.g. MS Word menu option "File - Save (as)") ‖ ~, Datensicherung f (Erstellung einer Sicherungskopie), Backup n (DV) / backup, backup operation, data backup, backup procedure

sicherstellen, gewährleisten / ensure (e.g. reliability, high repeatability, customer satisfaction) ‖ ~, garantieren / ensure (e.g. electronic fuel injection ensures easy cold starting; the company's experience ensures high customer satisfaction)

Sicherung f (Vorrichtung) (allg) / safety device ‖ ~ (Maßnahme) / safeguard ‖ ~ (zur mechanischen Arretierung von z.B. Muttern) / locking [device], retention [device] ‖ ~, Schmelzsicherung f (Elek) / fuse, safety fuse ‖ ~ (Elek) s.a. Sicherungsautomat ‖ ~, Datensicherung f (Erstellung einer Sicherungskopie) (DV) / backup, backup operation, data backup, backup procedure ‖ ~ (von Daten), Speicherung f (DV) / saving ‖ ~ (bei Datenübertragung) (Tele) / error control, error detection and correction ‖ ~ **von Arbeitsplätzen**, Arbeitsplatzsicherung f / safeguarding of jobs

Sicherungs•automat m, Leitungsschutzschalter m (zum erhöhten Schutz installierter Leitungen in Folge zu hohen Stroms) (Elek) / miniature circuit breaker, MCB, miniature

breaker, circuit breaker ‖ ~**blech** n (Masch) / locking plate ‖ ~**blech** (mit Lappen, rund; Schraubensicherung) / tab washer ‖ ~**bolzen** m / safety bolt ‖ ~**einsatz** m (der Schmelzsicherung) (Elek) / fuse holder, fuse carrier ‖ ~**kasten** m, Verteilerkasten m (Elek) / distribution board, breaker panel (US), circuit breaker panel (US), panelboard (US), load center (US) ‖ ~**kasten**, Verteilerkasten m, Installations-Kleinverteiler m (DIN VDE 0603) (Elek) / consumer unit (GB)(breakers or fuses arranged in a single horizontal row, unlike a distribution board which has multiple rows of fuses or breakers), fusebox (GB) ‖ ~**kopie** f (DV) / backup, backup copy ‖ ~**mutter** f, Kontermutter f / jam nut, lock nut, check nut ‖ ~**ring** (für Bohrungen, für Wellen) (Masch) / retaining ring (external, internal), circlip, snap ring ‖ ~**ring** (Elek) / fuse adapter ‖ ~**ringzange** f, Seegerringzange (Wz) / circlip pliers pl ‖ ~**schicht** f, Schicht f 2 (im OSI-Schichtenmodell) (DV, Tele) / data link layer, layer 2 ‖ ~**stift** m / securing pin ‖ ~**trennschalter** m (Elek) / fuse disconnector

Sicht f, Ausblick m / view ‖ ~, Sichtweite f / range of vision, visibility ‖ **aus meiner/ amerikanischer** ~ / from my/an American point of view

Sicht•..., optisch, visuell / visual ‖ ~**anflug** m (Luft) / visual approach, visual contact approach ‖ ~**anzeige** f, -anzeigegerät n (DV, Eltro, Radar) / display, display device o. unit

sichtbar / visible

Sichtbarkeit f / visibility

sichten, durchsehen / look through, examine, inspect ‖ ~, erblicken / sight ‖ ~ (klassieren mit Hilfe eines Luftstroms) (Aufb, ChT) / air classify ‖ ~ n, Windsichten n (Klassierung eines Haufwerks mit Hilfe eines Luftstroms) (Aufb, ChT) / air classification, air separation, pneumatic classification

Sichter m, Windsichter m (Aufb, ChT) / air classifier, air separator, air elutriator

Sicht•fenster n / observation window ‖ ~**fenster**, Kontrollfenster m / inspection window ‖ ~**gerät** n (DV) / display, display unit, video display unit, visual display unit, VDU ‖ ~**kontrolle** f (Mater, QM) / inspection, visual inspection, visual examination ‖ ~**prüfung** f (Mater, QM) / inspection, visual inspection, visual examination

Sichtung f, Windsichten n (Klassierung eines Haufwerks mit Hilfe eines Luftstroms) (Aufb, ChT) / air classification, air separation, pneumatic classification

Sichtweite f / range of vision, visibility

Sicke f (an Blech zur Versteifung o. Verzierung) (Masch) / bead

sicken, walzsicken (Vertiefungen o. Erhebungen im Mantel von Hohlkörpern mit umlaufenden Rollen eindrücken) (Fert) / bead vt ‖ ~**maschine** f (Wzm) / beading machine, beader

sickern / seep (liquid) ‖ ~ n / seepage

Siderostat m (zur Untersuchung des Sonnenlichts), Heliostat m (Astr) / heliostat

Sieb n (allg) / sieve ‖ ~ (aus (Draht)geflecht) / screen, sieve ‖ ~ (zur Abtrennung von Feststoffen aus Flüssigkeiten) / strainer ‖ ~ (grob, z.B. für Sand, Erde, bei Gartenarbeiten) / riddle n ‖ ~, Langsieb n (der Langsiebpapiermaschine) (Pap) / Fourdrinier wire, wire ‖ ~ (aus Metall o.

Kunststoff, mit sehr grober Lochung, oft mit Griffen u. Standfuß bzw. planem Boden), Durchschlag *m* (Küchengerät) / colander, cullender ‖ ⁓, Filter *n* (Eltro) / filter ‖ ⁓analyse *f* (Aufb, Bau, ChT) / screen analysis, sieve analysis ‖ ⁓apparat *m* (Aufb) / screen ‖ ⁓blech *n* / perforated plate ‖ ⁓druck *m* (Druck, Tex) / screen printing, screen process printing ‖ ⁓druck (künstlerisch), Serigraphie *f*, Kunstsiebdruck *m* (Druck) / serigraphy, silk screen printing (as an art) ‖ ⁓druck (künstlerisches Produkt) (Druck) / serigraph ‖ ⁓druckverfahren *n* (eine Maskiertechnik) (Fert) / screen resist method ‖ ⁓durchfall *m*, Unterkorn *n* (Aufb) / screen underflow, subsieve fraction, smalls *pl*, undersize, fells *pl* ‖ ⁓durchgang *m*, Unterkorn *n* (Aufb) / screen underflow, subsieve fraction, smalls *pl*, undersize, fells *pl*

sieben / screen, sieve, sift ‖ ⁓, klassieren durch Sieben (Aufb, ChT) / screen ‖ ⁓ (z.B. Netzspannung) (Elek) / filter ‖ ⁓ *n* / screening, sifting, sieving ‖ ⁓, Siebklassieren *n* (Aufb) / screening ‖ ⁓, Siebung *f* (Eltro) / filtering
Siebeneck *n*, Heptagon *n* (Math) / heptagon
Sieb•faktor *m* (Elek, Eltro) / filter factor ‖ ⁓feines *n*, Siebdurchgang *m*, Unterkorn *n* (Aufb) / screen underflow, subsieve fraction, smalls *pl*, undersize, fells *pl* ‖ ⁓fläche *f* / sieve area, screen area, screen surface ‖ ⁓geflecht *n* / screen mesh ‖ ⁓gewebe *n* / screen mesh ‖ ⁓kette *f* (Eltro) / filter chain ‖ ⁓klassieren *n* (Aufb) / screening ‖ ⁓kondensator *m* (Elek) / filter capacitor ‖ ⁓kurve *f*, Sieblinie *f* (Aufb, Bau, ChT) / grading curve, grain-size accumulation curve ‖ ⁓linie *f*, Siebkurve *f* (Aufb, Bau, ChT) / grading curve, grain-size accumulation curve ‖ ⁓lochung *m* / screen perforation, sieve perforation ‖ ⁓mantel *m* (einer Zentrifuge) (ChT) / basket (centrifuge) ‖ ⁓maschine *f* (Aufb, ChT) / screening machine, sieving machine ‖ ⁓öffnung *f* / screen opening ‖ ⁓rückstand *m*, Überlauf *m* (beim Sieben) (Aufb) / tailings *pl*, residues *pl* (in screening), oversize product ‖ ⁓trommel *m* (Aufb, ChT) / drum screen, trommel ‖ ⁓überlauf *m*, Überlauf *m* (beim Sieben) (Aufb) / tailings *pl*, residues *pl* (in screening), oversize product
Siebung *f* / screening, sifting, sieving ‖ ⁓, Siebklassieren *n* (Aufb) / screening ‖ ⁓, Sieben *n* (Eltro) / filtering
Siedediagramm *n* (Chem) / boiling point diagram, liquid-vapour equilibrium plot, VLE plot
sieden *vi*, kochen (allg, Phys) / boil ‖ ⁓
Siede•punkt *m* (Chem, Phys) / boiling point, b.p. ‖ ⁓temperatur *f*, Siedepunkt *m* (Chem, Phys) / boiling point, b.p. ‖ ⁓wasserreaktor *m* (Nukl) / boiling water reactor, BWR
SI-Einheiten *f pl* / SI units *pl*
Siemens (Einheit des elektrischen Leitwerts) (Phys) / S, siemens (unit of electrical conductance) ‖ ⁓-Martin-Verfahren *n* (Hütt) / open-hearth process, Siemens-Martin process
Sievert *n*, Sv (1 Sv = 100 rem) / sievert, Sv
Signal (allg, Eltro, Tele) / signal *n* ‖ ⁓ausfall, Aussetzer *m* (kurzzeitiger Einbruch des Signalpegels auf Magnetband) (Audio, DV, Video) / drop-out ‖ ⁓ausgang *m* (Tele) / signaloutput ‖ ⁓brücke *f* (Bahn) / gantry, signal gantry ‖ ⁓dämpfung *f* (Tele) / signal

attenuation ‖ ⁓eingang *m* (Tele) / signal input ‖ ⁓empfänger *m* (Tele) / signal receiver ‖ ⁓fluss *m* (Eltro, Regel) / signal flow ‖ ⁓flussbild *n* (Eltro, Regel) / signal flow diagram ‖ ⁓flussplan *m* (Eltro, Regel) / signal flow diagram ‖ ⁓form *f* (Eltro, Tele) / signal shape ‖ ⁓gabe *f*, Zeichengabe *f* (wesentlicher Teil der Signalisierung, der Informationen zur Steuerung der Vermittlungstechnik übermittelt) (Tele) / signalling, signaling (US) ‖ ⁓geber *m* (zur Erzeugung von Signalen), Signalgenerator *m* (allg, Tele) / signal generator ‖ ⁓geber (optischer und/oder akustischer, der über Betriebszustände von Anlage(teile)n informiert) / annunciator ‖ ⁓geber (zur Signalübermittlung) (Eltro) / signal transmitter ‖ ⁓geber (Mikrofon eines Telefons) (Tele) / transmitter (in telephone handset) ‖ ⁓gebung, Zeichengabe *f* (wesentlicher Teil der Signalisierung, der Informationen zur Steuerung der Vermittlungstechnik übermittelt) (Tele) / signalling, signaling (US) ‖ ⁓generator *m*, Signalgeber *m* (zur Erzeugung von Signalen) (allg, Tele) / signal generator ‖ ⁓gerät *n* (Tele) / signalling device ‖ ⁓horn *n*, Hupe *f* (Kfz) / horn, hooter
signalisieren / signal, signalize, signalise (GB)
Signalisierung *f* (Übertragung aller Informationen, die der Steuerung der Nutzsignalübermittlung dienen) (Tele) / signalling
Signal•kopplung *f* (Eltro) / signal coupling ‖ ⁓lampe *f* (Instr) / pilot lamp, indicator lamp, pilot light, indicator light, telltale lamp ‖ ⁓leistung *f* (Eltro) / signal power ‖ ⁓leitung *f* (Tele) / signal line ‖ ⁓pegel *m* / signal level ‖ ⁓pegel, absoluter Pegel (logarithmisches Verhältnis der Signalleistung an einem Messpunkt zur Bezugsleistung 1 mW) (Eltro, Tele) / power level, absolute power level (ratio between measured power and the reference power of 1 mW) ‖ ⁓plan *m* (Eltro) / signal diagram ‖ ⁓-Rausch-Verhältnis *n*, Nutzsignal-Störsignal-Verhältnis *n* (Eltro) / signal-to-noise ratio, noise ratio, signal-noise ratio, S/N ratio, SNR ‖ ⁓regeneration *f* (Eltro, Tele) / signal regeneration (restoring a signal to its original characteristics) ‖ ⁓speicher *m* (DV, Eltro) / latch ‖ ⁓stärke *f* (Eltro) / signal strength ‖ ⁓-Stör-Verhältnis *n*, Nutzsignal-Störsignal-Verhältnis *n* (Eltro) / signal-to-noise ratio, noise ratio, signal-noise ratio, S/N ratio, SNR ‖ ⁓übertragung *f* (Tele) / signal transmission ‖ ⁓umformer *m*, Messumformer *m* (formt das der Messgröße entsprechende Primärsignal eines Aufnehmers in ein Einheitssignal um, das über große Strecken übertragen werden kann) (Mess) / signal converter, transmitter, measuring transmitter ‖ ⁓umsetzer *m* (Eltro) / signal converter ‖ ⁓umsetzung *f* (Eltro) / signal conversion ‖ ⁓umwandler *m* (Eltro) / signal converter ‖ ⁓umwandlung *f* (Eltro) / signal conversion ‖ ⁓verarbeitung *f* (Eltro) / signal processing ‖ ⁓verstärker *m* (Eltro) / signal amplifier ‖ ⁓verteiler *m* (Kabelfernsehen, Sprechanlagen) (Tele, TV) / splitter ‖ ⁓verzerrung *f* (Tele) / signal distortion ‖ ⁓verzögerung *f* (Tele) / signal delay, propagation delay ‖ ⁓verzögerungsleitung *f* (Eltro) / signal delay line ‖ ⁓wandlung *f* (Eltro) / signal conversion

Signifikanz•niveau n (Stat) / level of significance (for a test, the probability of false rejection of the null hypothesis), level of statistical significance, significance level, type I error rate ‖ ~**test** m (Stat) / test of significance

Silben•trennung f (Druck, DV) / hyphenation ‖ ~**trennungsprogramm** n (DV) / hyphenation program

Silber n (Chem) / silver n, Ag ‖ ~**bromid**, Bromsilber n (Chem, Foto) / silver bromide ‖ ~**halogenidverfahren** n (Foto) / silver halide process ‖ ~**-Kadmium-Akkumulator** m (Elek) / silver-cadmium accumulator ‖ ~**oxid** n (Chem) / silver oxide ‖ ~**oxidzelle** f (Chem, Elek) / silver-oxide cell ‖ ~**-Zink-Akkumulator** m (Elek) / silver-zinc accumulator, André-Venner accumulator

Silicat n (Chem) / silicate ‖ ~**glas** n (bei dem Siliciumdioxid die Hauptkomponente darstellt - bis auf wenige Ausnahmen handelt es sich bei allen Glasprodukten um Silicatgläser) / silica glass

Silicium n, Silizium n (Chem) / silicon, Si ‖ ~**carbid** m (Chem, Mater) / silicon carbide (SiC) ‖ ~**chip** m (Eltro) / silicon chip ‖ ~**nitrid** n (Mater) / silicon nitride ‖ ~**stahl** m (Hütt) / silicon steel

Silicon n, Silikon n (Plast) / silicone, polysiloxane

Silikat n (Chem) / silicate ‖ ~**bindung** f (von Schleifscheiben) (Fert) / silicate bond ‖ ~**keramischer Werkstoff** (Keram) / silicate ceramic material

Silikon n, Silicon n (Plast) / silicone, polysiloxane ‖ ~**harz** n / silicone resin ‖ ~**kautschuk** m / silicone rubber ‖ ~**öl** n / silicone fluid, silicone oil

Silizium n (Chem) / silicon, Si ‖ ~**chip** m (Eltro) / silicon chip ‖ ~**karbid** n / silicon carbide, SiC ‖ ~**scheibe** f (Eltro, Phys) / silicon wafer ‖ ~**stahl** m (Hütt) / silicon steel

Silo m n, Hochsilo m n (Landw) / silo, tower silo

SIM-Karte f (Tele) / SIM, subscriber identity module, SIM card

Simmerring®, Radial-Wellendichtring (Masch) / radial shaft seal

simsen (ugs.), eine SMS senden (Tele) / text (e.g. she texted me that the negotiations went well)

Simulation f (allg, DV) / simulation

Simulationssoftware f (DV) / simulation software

simulieren / simulate

simultan, Simultan..., gleichzeitig / simultaneous

Simultanzugriff m (DV) / parallel access, simultaneous access

sinken (z.B. Preise, Kosten), niedriger werden / decrease ‖ ~ (z.B. Druck, Spannung, Temperatur) / fall (eg pressure, voltage, temperature), drop ‖ ~ (Luft) / descend ‖ ~, untergehen (Schiff) / sink, go under, founder ‖ ~ n, Rückgang m, Verringerung f / decrease n [in], reduction, drop [in] (in prices, quality, amount, temperature), diminishing, diminution

Sink•geschwindigkeit f (Luft) / descent rate, sink rate ‖ ~**mittel** n, Drücker m (bei der Flotation gegen das Aufschwimmen von Erzen), drückendes Mittel, passivierendes Mittel (Aufb) / depressant ‖ ~**rate** f, Sinkgeschwindigkeit f (Luft) / descent rate, sink rate

Sinn m, Zweck m / point ‖ ~, Bedeutung f / meaning ‖ ~ (Drehsinn, im Uhrzeigersinn),

Richtung f / direction (of rotation; clockwise, anti-clockwise), sense

Sinnbild, Symbol n / symbol

sinnvoll / meaningful ‖ ~, zweckmäßig / practical ‖ ~, vernünftig / reasonable

Sinter•... (Keram, PM) / sintered ‖ ~**anlage** f (Hütt) / sintering plant, sinter plant ‖ ~**dauer** f (PM) / sintering time ‖ ~**hartmetall** n (aus den Carbiden des W, Ti und Ta) (Mater) / hard metal, cemented carbide, sintered carbide ‖ ~**hartstoff** m (Mater) / hard metal, cemented carbide, sintered carbide ‖ ~**karbid** n (Mater) / hard metal, cemented carbide, sintered carbide ‖ ~**kupfer** n (Hütt) / sintered copper ‖ ~**lager** n / sintered bearing ‖ ~**metall** n (Hütt) / sintered metal ‖ ~**metallurgie** f, Pulvermetallurgie f / powder metallurgy, PM

sintern vt (Hütt, Keram, PM) / sinter vt ‖ ~ n (Hütt, Keram, PM) / sintering

Sinter•stahl m (Hütt) / sintered steel ‖ ~**temperatur** f (Keram, PM) / sintering temperature ‖ ~**tonerde** f, Aluminiumoxid-keramik f / alumina ceramics

Sinterung f, Sintern n (Hütt, Keram, PM) / sintering

Sinterwerkstoff m / PM material

Sinus m (Math) / sine ‖ ~..., sinusförmig / sine-shaped, sinusoidal ‖ ~**bedingung** f (Opt) / Abbe's sine condition, sine condition ‖ ~**form** f / sinusoidal shape ‖ ~**förmig** / sine-shaped, sinusoidal ‖ ~**funktion** f (Math) / sine function ‖ ~**generator** m (Eltro) / sine wave generator ‖ ~**kurve** (Math) / sinusoid, sine curve ‖ ~**lineal** n (Mess) / sine bar (for angle measurements) ‖ ~**linie** f (Math) / sinusoid, sine curve ‖ ~**satz** m (Math) / law of sines ‖ ~**schwingung** f (Phys, Tele) / sine wave ‖ ~**signal** f (Eltro) / sine-wave signal ‖ ~**spannung** f (Elek) / sinusoidal voltage ‖ ~**ton** m, reiner Ton (Akust) / pure tone, sinusoidal tone ‖ ~**ton** (Akust) / pure tone ‖ ~**wechselstrom** m (Elek) / alternating sine-wave current ‖ ~**welle** f (Elek) / sine wave

SiO₂-Glas n (ein Einkomponentenglas), Quarzglas n / quartz glass, fused quartz, silica glass (transparent), fused silica (single-component glass (SiO2) with very low thermal expansion, great thermal stability and very high ultraviolet transmission), vitreous silica

Siphon m, Geruchsverschluss m (Sanitär) / trap, air trap

Sirene f (Akust) / siren

S-ISDN, Schmalband-ISDN n / narrow-band ISDN, N-ISDN

Site f, Web-Site f (DV, Tele) / Web site, site

Sitz m (allg, Kfz) / seat ‖ ~, Sitzfläche f (z.B. eines Lagers) / seat, seating ‖ ~, Passung f (Masch) / fit n ‖ ~ (einer Organisation, Firma) / headquarters pl (of a company or organisation), head office ‖ ~**bank** (Motorrad, zweisitzig) (Kfz) / dual seat

sitzen / sit vi, be seated, be fitted ‖ ~ (richtig eingebaut, angebracht sein) / fit snugly

Sitz•fläche f (z.B. eines Lagers) / seat, seating ‖ ~**gurt** m (Luft) / seat belt ‖ ~**rohr** n, Sattelrohr n (Fahrrad) / seat tube ‖ ~**strebe** f, Sattelstrebe f (Fahrrad) / seatstay

Sitzung f, Besprechung f, Meeting n / meeting n ‖ ~, Arbeitssitzung f (DV) / session, operating session

Sitzungs•bericht m, Sitzungsprotokoll n / minutes pl (of a meeting) ‖ ~**protokoll** n /

minutes *pl* (of a meeting) || ≃**schicht** *f*, Schicht *f* 5 (im OSI-Schichtenmodell), Kommunikationssteuerungsschicht (DV, Tele) / layer 5, session layer

Sitz•ventil *n* / seat valve || ≃**verstellung** *f* (Abstand u. Neigung) (Kfz) / seat adjuster

Skala *f* (Mess) / scale

Skalar *m*, Tensor *m* nullter Stufe (Math) / scalar || ≃**multiplikation** *f* (Math) / scalar multiplication

Skale *f* (Mess) / scale

Skalen•bereich *m* (Instr) / scale range || ≃**einteilung** *f* (Mess) / scale graduation, scale division || ≃**hülse** *f* (der Messschraube) (Mess) / micrometer sleeve, sleeve || ≃**teilung** *f* (Mess) / scale graduation, scale division || ≃**trommel** *f* (der Messschraube) (Mess) / thimble

Skalierfaktor *m* (DV) / scale factor

Skalierung *f* (DV) / scaling

Skelett•dichte *f*, Reindichte *f* / particle density || ≃**pistole**, Spritzpistole *f* (zur Einbringung von Dichtungsmassen in Fugen) (Bau, Wz) / caulking gun

Ski•maske *f* (Tex) / ski mask, balaclava || ≃**träger** *m* (Kfz) / ski rack

Skizze *f* (Doku) / sketch

skizzieren, zeichnen, aufzeichnen / draw, sketch

Sklerosgraph *m*, Rücksprunghärteprüfer *m* (Mater) / sclerescope, Shore scleroscope

Skleroskop *n*, Rücksprunghärteprüfer *m* (Mater) / sclerescope, Shore scleroscope

Skrubber *m*, Gaswäscher *m*, Nassabscheider *m* (ChT) / scrubber, gas scrubber, wet scrubber, washer, gaswasher

SKW, Muldenkipper *m*, Dumper *m* (Bau, Kfz) / dump truck, off-road dump truck, haul truck (US), dumper

Slave *m* (in einer Master-Slave-Konfiguration) (DV) / slave || ≃**-Einheit** *f* (DV) / slave unit

SLB, Start- und Landebahn (Luft) / runway

Slot *m*, Erweiterungssteckplatz *m* (DV) / slot, expansion slot

SLR-Kamera *f*, einäugige Spiegelreflexkamera (Foto) / single-lens reflex [camera], SLR [camera]

Sm, Samarium *n* (Chem) / samarium, Sm

Smart Card *f*, SIM-Karte *f* (Tele) / SIM, subscriber identity module, SIM card

SMATV, Gemeinschaftsantennenanlage *f* (satellitengestützt) (Radio, TV) / satellite master antenna television system, SMATV system

SMC *n* (UP-Formmasse o. -Harzmatte) (Plast) / sheet moulding compound, SMC

SMD *n*, SMD-Bauelement *n*, oberflächen-montierbares o. -montiertes Bauteil (Eltro) / SMD, surface mount component, SMD component, surface mount device, SMT device (SMT = Surface Mount Technology)

Smog *m* (Meteo, Umw) / smog (smoke + fog)

SMP, Parallelrechner *m* mit gemeinsamem Speicher (DV) / SMP machine, SMP system

SMS *f* (kurze Textnachricht) (Tele) / text, text message, SMS, SMS message || **eine ≃ senden**, simsen (Tele) / text (e.g. she texted me that the negotiations went well)

SM-Verfahren *n*, Siemens-Martin-Verfahren *n* (Hütt) / open-hearth process, Siemens-Martin process

Sn, Zinn *n* (Chem) / tin *n*, Sn

S/N, Nutzsignal-Störsignal-Verhältnis *n* (Eltro) / signal-to-noise ratio, noise ratio, signal-noise ratio, S/N ratio, SNR

SNCR-Verfahren, selektive nichtkatalytische Reduktion (zur Rauchgasentstickung) (Umw) / selective non-catalytic reduction, SNCR technology

Snelliussches Brechungsgesetz *n* (Phys) / Snell's law

Snowmobil *n*, Schneemobil *n* / snowmobile

SNT, Schaltnetzteil *n* (Elek) / switched-mode power supply, switching-mode power supply, SMPS, switcher

Sockel *m* (einer Mauer) (Bau) / socle || ≃ (einer Säule, Statue) (Arch) / plinth, base || ≃ (eines Möbelstücks) (Tischl) / plinth || ≃ (der Glühlampe) (Elek) / cap (of light bulb), sleeve, base, lamp base || ≃ (DV) / socket (for chips on a motherboard) || ≃ (Eltro) / base (of electron tube) || ≃**leuchte** *f* (Licht) / pedestal luminaire || ≃**stift** *m* (Elek, Eltro) / contact pin

Soda *n*, Natriumcarbonat *n* (Chem) / sodium carbonate, soda || **kaustische ≃**, Natriumhydroxid *n* (NaOH) (Chem) / sodium hydroxide (NaOH), caustic soda, soda

SOFC, Festoxid-Brennstoffzelle *f* (Chem, Elek) / solid oxide fuel cell, SOFC || ≃**-Stapel** *m* (Chem, Elek) / SOFC stack

Sofort•..., unmittelbar (o. ohne Zeitverlust) erfolgend / instant *adj* || ≃**bild** *n* (Foto) / instant picture || ≃**bildfotografie** *f* / instant photography || ≃**bildkamera** *f* (Foto) / instant camera || ≃**bildkamera**, Polaroidkamera *f* (Foto) / Land camera, Polaroid Land Camera, Polaroid camera || ≃**diafilm** *m* (Foto) / instant slide film

sofortig, Sofort..., unmittelbar (o. ohne Zeitverlust) erfolgend / instant *adj*

Software *f* (DV) / software || ≃**-Entwickler** *m* (DV) / software developer || ≃**-Entwicklung** *f* (DV) / software development || ≃**-Handshake** *m* (DV, Tele) / software handshake, software handshaking || ≃**paket** *n*, Programmpaket *n* (DV) / software package, package, application package || ≃**piraterie** *f* (DV) / piracy, software piracy || ≃**-Tool** *n* (DV) / software tool, tool || ≃**-Werkzeug** *n* (DV) / software tool, tool

Sog *m* (Phys) / suction

Sohl•bank *f* (Bau) / sill, window sill, window ledge || ≃**bankabdeckung** *f* (Bau) / sill, window sill, window ledge

Solar•..., Sonnen... / solar || ≃**batterie** *f* (Elek) / solar panel, photovoltaic panel || ~**betrieben** / solar-powered || ≃**dach** *n* (Bau, Elek) / solar roof || ≃**energie** *f*, Sonnenenergie *f* / solar energy, solar power || ≃**feld** *n*, Solarpark *m* (Elek) / solar array, photovoltaic array, solar cell array, PV array, solar power array, solar park || ≃**generator** *m* (Elek) / solar generator || ~**getrieben**, mit Sonnenenergie betrieben (Elek) / solar-powered || ≃**kollektor** *m*, Sonnenkollektor *m* (Elek) / collector, solar collector || ≃**modul** *n* (zusammengeschaltete Solarzellen) (Ener) / solar panel, solar module, photovoltaic module, PV module, PV panel, photovoltaic panel || ≃**panel** *n* (Raumf) / solar array || ≃**park** *m* (Elek) / solar array, photovoltaic array, solar cell array, PV array, solar power array, solar park || ≃**reflektor** *m* (Ener) / solar reflector || ≃**strahlung** *f*, Sonnenstrahlung *f* / solar radiation || ≃**strom** *m* (Elek) / solar electricity, solar power, solar-generated electricity || **~stromanlage** f (Elek) / solar power system || **~stromanlage**, Photovoltaikanlage f (Elek) / solar array, photovoltaic array, PV array, photovoltaic installation, photovoltaic system, PV system || **~strommodul** n (zusammengeschaltete Solarzellen) (Ener) / solar panel, solar module, photovoltaic module, PV module, PV panel, photovoltaic panel || **~thermisch** (Elek) / solar thermal || **~turmkraftwerk** n (Ener) / central receiver system, CRS || **~wärme** f, Sonnenwärme f / solar heat || **~zelle** f, Photovoltaikzelle f (Elek) / solar cell, photovoltaic cell, PV cell || **~zellenausleger** m, Sonnensegel n (große Flächen von Solarzellen zur Energieversorgung von Raumfahrzeugen und Satelliten) (Raumf) / paddle (support for solar cells), solar paddle || **~zellenmodul** n (zusammengeschaltete Solarzellen) (Ener) / solar panel, solar module, photovoltaic module, PV module, PV panel, photovoltaic panel || **~zellenpanel** n (Raumf) / solar array

Sole f (Kochsalz-Lösung in Salinen oder am Meer zur Salzgewinnung) / brine || **~**, Salzsole f, Salzlauge f / brine (strongly saline solution) || **~**, Kaltsole f (in der Kältetechnik als Kühlflüssigkeit) / brine || **~**, Salzlösung f (allgemein) (Chem) / saline solution

Solenoid n (zylindrische Spule mit i. Vgl. zum Durchmesser großer Länge, die bei Stromfluss als Elektromagnet wirkt) (Elek) / solenoid

Sol-Gel-Verfahren n (Glas, Keram) / sol-gel process

Solidifikation f, Resublimation f (unmittelbares Übergehen eines Stoffes vom gasförmigen in den festen Aggregatzustand) (Chem, Phys) / deposition, desublimation

Solid-State-Batterie f, Feststoffbatterie f (Elek) / solid-state battery

Soliduslinie f (in Zustandsschaubildern) (Chem, Phys) / solidus, solidus line, solidus curve

Soll n, Sollleistung f, Produktionssoll n (IE) / target (in production) || **~bruchstelle** f / predetermined breaking point, rated break point || **~leistung** f, Produktionssoll n (IE) / target (in production) || **~maß** n, Nennmaß n (das in der Zeichnung genannte Maß) (Doku) / nominal dimension, basic size, specified size, specified dimension, nominal size

Sollwert m (der Regelgröße) (Regel) / set-point, desired value (of controlled variable), set value, index value, control point || **~einsteller** m, -geber m (Regel) / set-point adjuster

Solvay-Verfahren n (zur Sodagewinnung) (Chem) / ammonia-soda process, Solvay process

Sommerfeld-Zahl f (bei der Gleitlager-berechnung) (Masch) / Sommerfeld number, bearing characteristic number

Sommerzeit f / daylight saving time, DST, summer time (GB)

Sonde f (Techn) / probe

Sonder•..., separat, eigenständig / separate adj || **~...**, Zusatz... / extra (equipment) || **~abfall** m, Sondermüll m (der eine potentielle Gefahr für die Gesundheit und/oder die Umwelt darstellt) (Umw) / hazardous waste, toxic waste || **~ausführung** f / special version, special design o. type || **~ausstattung** f, wahlweises Zubehör (Kfz, Wzm) / option, optional equipment || **erweiterter ~kanalbereich** (TV) / hyperband || **oberer ~kanalbereich** (TV) / superband || **unterer ~kanalbereich** (TV) /

midband || **~müll** m (der eine potentielle Gefahr für die Gesundheit und/oder die Umwelt darstellt) (Umw) / hazardous waste, toxic waste || **~stahl** m / specialty steel (with specialized or proprietary compositions or properties) || **auf ~wunsch**, Zusatz... (Ausstattung) / optional || **~zeichen** n (DV) / special character

sondieren, untersuchen, abtasten (mit Sonde etc.) / probe vt

Sonnen•..., Solar... / solar || **~bestrahlung** f, Sonneneinstrahlung f, Insolation f (Phys) / insolation (the amount of solar radiation reaching a given area), solar irradiance || **~blende** f, Gegenlichtblende f (Film, Foto, Opt) / lens hood, sunshade, lens shade || **~blende** (Kfz) / sun visor, vizor, visor || **~einstrahlung** f, Sonnenstrahlung f / solar radiation || **~einstrahlung**, Insolation f (Phys) / insolation (the amount of solar radiation reaching a given area), solar irradiance || **~energie** f / solar energy, solar power || **mit ~energie betrieben**, solargetrieben (Elek) / solar-powered || **~kollektor** m, Solarkollektor m (Elek) / collector, solar collector || **~licht** n / sunlight || **~paddel** n, Sonnensegel n (große Flächen von Solarzellen zur Energieversorgung von Raumfahrzeugen und Satelliten), Solarzellenausleger m (Raumf) / paddle (support for solar cells), solar paddle || **~rad** n (im Planetengetriebe) (Masch) / sun wheel, sun gear || **~reflektor** m (Ener) / solar reflector || **~segel** n (große Flächen von Solarzellen zur Energieversorgung von Raumfahrzeugen und Satelliten), Solarzellenausleger m (Raumf) / paddle (support for solar cells), solar paddle || **~spektrum** n / solar spectrum || **~strahlung** f / solar radiation || **~wärme** f / solar heat

Sono•grafie f / acoustic imaging, ultrasonic imaging, sonographic imaging, sonography || **~graph** m, Ultraschallbildaufnahmegerät n (MT) / sonograph, ultrasound machine, sonography scanner, ultrasound scanner, sonographic scanner, ultrasound scanner machine

sonstige Personenwagen (z.B. Gepäckwagen, Bahnpostwagen) (Bahn) / head end equipment (e.g. baggage cars, railway post office cars)

s-Orbital n (Chem, Phys) / s-orbital

sorgfältig / careful

Sorption f (Phys) / sorption

Sorte f / kind, sort, type || **~** f, Güteklasse f, Qualitätsklasse f / grade, quality, class

sortieren (allg, DV) / sort vt (e.g. data, list) || **~** (nach Qualität) / grade || **~** n (allg, DV) / sorting, sort

Sortier•feld n (DV) / sort field || **~prüfung** f (QM) / parts sortation (separating parts into two or more quality levels) || **~reihenfolge** f, Sortierung f (DV) / sort order || **~schlüssel** m (DV) / sort key

Sortierung f, Sortieren n (allg, DV) / sorting, sort || **~**, Sortierreihenfolge f (DV) / sort order || **~** (nach Qualität) / grading

Sortiment n, Lieferprogramm n / range of products, line of products

Sound•-Clip m (DV) / audio clip, sound clip || **~karte** f (DV) / sound card, audio board, audio card, sound board

Source f (Eltro) / source (in a field-effect transistor) ‖ ⁓**code** m, Quellcode m (DV) / source code

Souterrain n (Bau) / basement (only partially below the ground floor)

soziale Leistungen (der öffentlichen Hand) / social benefits, welfare benefits, social welfare payments and services

Sozial•leistungen f pl (der öffentlichen Hand) / social benefits, welfare benefits, social welfare payments and services ‖ **betriebliche** ⁓**leistungen** (IE) / employee benefits, fringe benefits pl, benefits in kind ‖ ⁓**versicherungsbeiträge** m pl / social security contributions

Sozius•platz m (Motorrad) (Kfz) / pillion ‖ ⁓**sitz** m (Motorrad) (Kfz) / pillion

Spaceshuttle n (bemannter amerikanischer Raumtransporter) (Raumf) / space shuttle, shuttle

Spacestation f, Weltraumstation f (Raumf) / space station

Spachtel m, Spachtelmesser n (Bau) / putty knife, spackle knife, scraper (GB), spatula (US), wallboard knife ‖ ⁓**messer** n (Bau) / putty knife, spackle knife, scraper (GB), spatula (US), wallboard knife

Spalt m, Öffnung f / gap, opening‖ ⁓, Riss m / crack ‖ ⁓, Abstand m (z.B. zwischen Elektroden o. zwischen Lese/Schreibkopf u. Magnetband) / gap, space

spaltbar (Nukl) / fissionable

Spalt•breite f, Lötspaltbreite f (Schw) / clearance, joint clearance ‖ ⁓**bruch** m (Mater) / cleavage fracture

Spalte f, Riss m / crack ‖ ⁓ (DV) / column (e.g. in a table or spreadsheet)

spalten, aufspalten / split vt ‖ ⁓ (Nukl) / fission ‖ ⁓ n, Spaltung f (allg) / splitting

Spalten•adressauswahl f, CAS (DV) / CAS, column address select ‖ ⁓**adresse** f (in Speichermatrix) (DV) / column address ‖ ⁓**adressregister** (DV) / column address register

Spalt•korrosion f / crevice corrosion ‖ ⁓**polmotor** m (Elek) / shaded-pole motor ‖ ⁓**produkt** n (Nukl) / fission product ‖ ⁓**raum** m, Reaktorkern m (Nukl) / core (of a nuclear reactor), reactor core ‖ ⁓**sieb** n / slotted screen

Spaltung f, Spalten n (allg) / splitting ‖ ⁓ (Biol, Phys) / fission

Spaltzone f, Reaktorkern m (Nukl) / core (of a nuclear reactor), reactor core

Span m (bei der spanenden Formgebung) (Fert) / chip

spanabhebend, spanend (Wzm) / metal-cutting adj ‖ ⁓ **bearbeitbar**, zerspanbar (Fert) / machinable ‖ ⁓ **bearbeiten** (Fert) / machine vt ‖ ⁓**e Bearbeitung**, Spanen n (DIN 8589 - mit geometrisch bestimmten und unbestimmten Schneiden), spanende Bearbeitung (Fert) / machining, machining process[es], material removal (conventional machining) ‖ ⁓**es o. spangebendes o. spanendes Werkzeug**, Schneidwerkzeug n (für spangebende Formung und Schneiden - Schneid-, Dreh-, Fräswerkzeug etc.) (Wzm) / cutting tool, cutter ‖ **nicht** ⁓, nichtspanend (Fert) / chipless, non-cutting

Span•abhebung f (Fert) / chip removal ‖ ⁓**abnahme** f (Fert) / chip removal ‖

⁓**abnahme**, Spanen n (DIN 8589 - mit geometrisch bestimmten und unbestimmten Schneiden), spanende Bearbeitung (Fert) / machining, machining process[es], machining operation[s], material removal (conventional machining) ‖ ⁓**art** f / type of chip

Spanbarkeit f, Zerspanbarkeit f (Fert) / machinability

Span•bildung f (Wzm) / chip formation ‖ ⁓**brecher** m (Wzm) / chip breaker ‖ ⁓**dicke** f (Fert) / chip thickness

spanen, spanabhebend bearbeiten (Fert) / machine vt ‖ ⁓ n, Zerspanung f, Spanabnahme f (Fert) / chip removal ‖ ⁓ (DIN 8589 - mit geometrisch bestimmten und unbestimmten Schneiden), spanende Bearbeitung (Fert) / machining, machining process[es], machining operation[s], material removal (conventional machining) ‖ ⁓ **mit geometrisch bestimmten Schneiden** (Fert) / machining with geometrically defined cutting edges ‖ ⁓ **mit geometrisch unbestimmten Schneiden** (DIN 8589), Schleifzerspanen n (Fert) / abrasive machining, abrasive process[es], abrasive machining process[es]

spanend (Wzm) / metal-cutting adj ‖ ⁓ **bearbeiten**, spanabhebend bearbeiten (Fert) / machine vt ‖ ⁓**e Bearbeitung**, Spanen n (DIN 8589 - mit geometrisch bestimmten und unbestimmten Schneiden) (Fert) / machining, machining process[es], machining operation[s], material removal (conventional machining) ‖ ⁓**es Fertigungsverfahren** (Fert) / machining operation, material removal process ‖ ⁓**e Formgebung**, Spanen n (DIN 8589 - mit geometrisch bestimmten und unbestimmten Schneiden), spanende Bearbeitung (Fert) / machining, machining process[es], machining operation[s], material removal (conventional machining) ‖ **durch** ⁓**e Formgebung herstellen**, durch spanende Formgebung herstellen (Fert) / machine vt

Spänewanne f (Wzm) / swarf tray

Span•fläche f (Wzm) / rake face (of cutting tool), top face ‖ ⁓**flächenfase** f (Wzm) / rake face (of cutting tool), top face ‖ ⁓**form** f (Fert) / geometrical form of chips ‖ ⁓**kammer** f (bei Schleifscheiben), Porenraum m (Fert) / air gap, pore ‖ ⁓**leistung** f (Wzm) / cutting capacity

spanlos, umformend (Fert) / chipless, non-cutting ‖ ⁓ **formen**, umformen (Fert) / form, work (metal) without cutting ‖ ⁓**e Formgebung** (o. [Ver]formung), Umformen n (Fert) / forming, non-cutting shaping

Spann•backe f, Backe f (des Spannfutters) (Dreh) / jaw ‖ ⁓**backe** (Zugversuch) / clamping jaw (tensile test machine), gripping jaw, jaw, grip ‖ ⁓**backe** (beim Stumpfschweißen) (Schw) / clamp ‖ ⁓**bereich** m / chucking capacity ‖ ⁓**beton** m (Bau) / prestressed concrete, PC ‖ ⁓**buchse** f (Masch) / clamping bush ‖ ⁓**dorn** (Wzm) / expanding mandrel, expanding arbor (US) ‖ ⁓**draht** m, Abspanndraht m / bracing wire, guy wire, stay wire

Spanne f, Bereich m (z.B. Messbereich) / range (e.g. measuring range)

Spanneisen n, Zwinge f, Klemmbacke f / clamp n

spannen / tighten (e.g. a rope, chain) ‖ ⁓ (Feder) / tension ‖ ⁓, einspannen, aufspannen (Werkstücke) (Wzm) / clamp, mount ‖ ⁓, aufspannen (Werkstück in Futter) (Wzm) / chuck vt ‖ ⁓ (Kameraverschluss,

Gewehrhahn) / cock (shutter of camera, hammer of firearm) ‖ $\sim$ n **des Werkstücks zwischen Spitzen** (Wzm) / holding the work between centers
Spanner m (Werkzeug- o. Werkstückspanner) (Wzm) / clamp, clamping device
Spann•feld n, Abstand m der Hochspannungsmaste (Elek) / span ‖ $\sim$**futter** n (Wzm) / chuck n ‖ $\sim$**hülse** f (Lager) / adapter sleeve (bearing), withdrawal sleeve ‖ $\sim$**hülsenlager** n / adapter [sleeve] bearing ‖ $\sim$**kabel** n, Verankerungsseil n / guy, guy cable, guy rope, stay rope, stay line ‖ $\sim$**klaue** f (Spannelement der Planscheibe) (Wzm) / faceplate jaw ‖ $\sim$**kloben** m / faceplate jaw ‖ $\sim$**kraft** f, Rückfederung f, Federkraft f / resilience, resiliency ‖ $\sim$**kraft** (einer Spannvorrichtung) / chucking power, clamping force ‖ $\sim$**lager** n / radial insert ball bearing ‖ $\sim$**mittel** n pl (Vorrichtung zum festen Fixieren eines Werkstückes während des Bearbeitungsprozesses), Spannzeuge n pl (Spannfutter etc. zum Einspannen von Werkstücken) (Wzm) / holding devices, workholding devices ‖ $\sim$**patrone** f, Spannzange f (Wzm) / collet (workholding device) ‖ **hydraulische** $\sim$**presse** (Bau) / hydraulic jack (used to stress tendon in prestressed concrete) ‖ $\sim$**schloss** n / turnbuckle, screw shackle ‖ $\sim$**schlossmutter** f / turnbuckle, screw shackle ‖ $\sim$**schlüssel** m, Futterschlüssel m (Wz) / chuck key ‖ $\sim$**schraube** f (zur Befestigung) (Masch) / clamping screw ‖ $\sim$**seil** n, Abspannseil n, Verankerungsseil n / guy, guy cable, guy rope, stay rope, stay line ‖ $\sim$**stange** f, Zugstange f (Wzm) / drawbar ‖ $\sim$**stock** m (Wzm) / machine vice ‖ $\sim$**trommel** f, Umlenktrommel f (eines Förderbands mit Spannfunktion) (Förd) / take-up pulley, take-up roller
Spannung f (von z.B. Riemen, Seil) (Mech) / tension ‖ $\sim$ (einer Feder) (Mech) / tension (of a spring) ‖ $\sim$ (Mech) s.a. Oberflächenspannung ‖ $\sim$ (auf Querschnittsfläche bezogene Kraft als Maß für den Betrag der Beanspruchung in N/mm^2) (Mech) / stress ‖ $\sim$ (von Dämpfen etc.), Druck m (Chem, Phys) / pressure (of vapour) ‖ $\sim$ (in Volt), elektrische Spannung (Elek) / voltage ‖ $\sim$ f **führend**, unter Spannung (stehend) (Elek) / live, alive ‖ $\sim$ f **gegen Neutralleiter**, Strangspannung f (Elek) / phase voltage, Y voltage, voltage to neutral (voltage between any line and neutral of a three-phase system), star voltage ‖ $\sim$ **in Durchlassrichtung** (Eltro) / forward voltage, forward bias ‖ $\sim$ **in Sperrrichtung** (an pn-Übergang) (Eltro) / reverse voltage, reverse bias ‖ $\sim$ **zwischen zwei Außenleitern** (bei Drehstrom), Leiterspannung f (Elek) / voltage between lines, voltage between phases, voltage of the system, line voltage ‖ **magnetische** $\sim$, elektrische Durchflutung (Elek) / magnetomotive force, m.m.f. ‖ **unter** $\sim$ **setzen** (Elek) / apply voltage [to], make live ‖ **unter** $\sim$ **stehen** / be live, carry voltage
Spannungs•abbau m, Entspannung f (Techn) / stress relief, stress relieving ‖ $\sim$**abfall** m, Abnahme f der Spannung (Elek) / drop (of voltage), fall of potential, potential drop, voltage drop ‖ $\sim$**abhängiger Widerstand**, Varistor m (Elek) / varistor, VDR (voltage

dependent resistor), voltage dependent resistor ‖ $\sim$**absenkung** f, Unterspannung f in einem Verteilernetz (deutlich, über einen längeren Zeitraum hinweg) (Elek) / voltage depression, brownout n ‖ $\sim$**amplitude** (Mech) / stress amplitude ‖ $\sim$**anpassung** f (Elek) / voltage matching ‖ $\sim$**armglühen** n (Hütt) / stress relief annealing, stress relieving ‖ $\sim$**arten** f pl (Mech) / types of stress ‖ $\sim$**ausschlag** m ($\Delta_\mathrm{A} = (\sigma_\mathrm{o} - \sigma_\mathrm{u})/2$, bei periodischer Beanspruchung, im Spannungs-Zeit-Diagramm) (Mater, Mech) / amplitude component (of stress) ‖ $\sim$**begrenzung** f (Elek, Eltro) / voltage limitation ‖ $\sim$**bereich** m (Elek) / voltage range ‖ $\sim$**bildung** f (Mech) / stress formation ‖ $\sim$**-Dehnungs-Diagramm** n (Mater) / engineering stress-strain plot, stress-strain diagram ‖ $\sim$**-Dehnungs-Kurve** f (Mater) / engineering stress-strain curve, stress-strain curve ‖ $\sim$**-Dehnungs-Schaubild** n (Mater) / engineering stress-strain plot, stress-strain diagram ‖ $\sim$**differenz** f (Elek) / potential difference, difference of potential, p.d. (potential difference), PD (potential difference), voltage difference ‖ $\sim$**einbruch** m (Elek) / voltage dip ‖ $\sim$**erhöhend**, Aufwärts... (Elek) / step-up adj, booster ‖ $\sim$**erzeuger** m (Elek) / voltage generator ‖ $\sim$**erzeugung** f (Elek) / voltage generation ‖ $\sim$**festigkeit** f (Elek) / electric strength ‖ $\sim$**frei** (Mech) / stressfree, without stress[es] ‖ $\sim$**frei kühlen**, abkühlen (im Kühlofen), entspannen (durch Kühlen) (Glas) / anneal ‖ $\sim$**führend**, unter Spannung (stehend) (Elek) / live, alive ‖ $\sim$**führender Leiter** (Elek) / live wire ‖ $\sim$**gefälle** n, Potentialgefälle n je Längeneinheit (Elek) / potential gradient, voltage gradient ‖ $\sim$**-Gegenkopplung** f (Elek, Eltro) / voltage feedback ‖ $\sim$**gradient** m, Potentialgefälle n je Längeneinheit (Elek) / potential gradient, voltage gradient ‖ $\sim$**herabsetzung** f (Elek) / voltage reduction ‖ $\sim$**höhe** f, Spannungspegel m (Elek) / voltage level ‖ $\sim$**hypothese** f (Mater, Mech) / failure stress hypothesis ‖ $\sim$**impuls** m (Elek) / voltage pulse ‖ $\sim$**koeffizient** m (bei Gasen und Flüssigkeiten) (Phys) / temperature-pressure coefficient ‖ $\sim$**komparator** m (Eltro) / voltage comparator ‖ $\sim$**konstanthalter** m (Eltro) / voltage regulator, regulator, voltage stabilizer ‖ $\sim$**los**, spannungsfrei (Mech) / stressfree, without stress[es] ‖ $\sim$**los** (Seil etc.), schlaff / slack ‖ $\sim$**los** (Elek) / cold, de-energized, currentless, dead ‖ $\sim$**messer** m, Voltmeter n (Elek) / voltmeter ‖ $\sim$**messung** f (Elek) / voltage measurement, measuring voltage ‖ $\sim$**niveau** n, Spannungspegel m (Elek) / voltage level ‖ $\sim$**-Nulllinie** f, neutrale Faser (Mech) / neutral axis (line of zero stress in a beam bent downward), neutral line ‖ $\sim$**pegel** m (Elek) / voltage level ‖ $\sim$**prüfer** m (Elek) / voltage tester ‖ $\sim$**prüfer**, Phasenprüfer m (Elek, Wz) / mains tester, mains test screwdriver, voltage tester screwdriver ‖ $\sim$**prüfer**, Polarisationsgerät n (Opt) / polariscope, strain viewer ‖ $\sim$**quelle** f (Elek) / voltage source ‖ $\sim$**regelung** f (Elek) / voltage control ‖ $\sim$**regler** m (Eltro) / voltage regulator, regulator, voltage stabilizer ‖ **elektrochemische** $\sim$**reihe** (Elek) / electrochemical series, electromotive series, electrode potential series, electrochemical potential series ‖ ~**reihe** f **der chemischen Elemente** / electrochemical series, electromotive series, electrode potential series, electrochemical potential series ‖ ~**riss** m (Mater) / stress crack ‖ ~**risskorrosion** f / stress corrosion cracking ‖ ~**rückkopplung** f (Elek, Eltro) / voltage feedback ‖ ~**schwankungen** f pl (Elek) / voltage fluctuations ‖ ~**schwingbreite** f (Δ = σ_o - σ_u, bei periodischer Beanspruchung, im Spannungs-Zeit-Diagramm) (Mater, Mech) / range of stress ‖ ~**spitze** f (Mech) / peak stress, stress peak ‖ ~**spitze** (die z.B. durch Kerben entstehen) (Mech) / stress concentration ‖ ~**spitze** (Elek) / voltage peak, peak voltage, spike, glitch (coll) ‖ ~**stabilisator** m (Eltro) / voltage regulator, regulator, voltage stabilizer ‖ ~**stabilisierung** f (Elek) / voltage regulation, voltage stabilization ‖ ~**steuerung** f (Elek) / voltage control ‖ ~**stoß** m (Elek) / surge ‖ ~**teiler** m (Elek) / voltage divider, potential divider ‖ ~**übertragungsfaktor** m (Akust) / response to voltage ‖ ~**unterschied** m (Elek) / potential difference, difference of potential, p.d. (potential difference), PD (potential difference), voltage difference ‖ ~**verhältnis** n (κ = σ_u/σ_o, bei periodischer Beanspruchung, im Spannungs-Zeit-Diagramm) (Mater, Mech) / stress ratio ‖ ~**verlauf** m (Elek) / voltage curve ‖ ~**versorgung** f (Elek) / power supply ‖ ~**verstärker** m, Boostermaschine f, Zusatzmaschine f für Spannungserhöhung (Elek) / booster ‖ ~**verstärkungsfaktor** m (Elek) / voltage amplification factor ‖ ~**wähler** m (Elek) / voltage selector ‖ ~**wandler** m (Elek, Mess) / voltage transformer, potential transformer ‖ ~**-Zeit-Diagramm** n (Mater) / stress-time diagram, stress-time plot

Spannunterlage f / set-up block

Spann • **vorrichtung** f, Werkstückspann-vorrichtung f (Wzm) / workholding device, fixture, work fixture ‖ ~**vorrichtung** (für Seile, Kabel) / tensioning device ‖ ~**vorrichtung** (bei Bandförderern etc.) (Förd) / take-up device ‖ ~**weite** f, Flügelspannweite f (Luft) / span, wing span ‖ ~**weite**, Stützweite f (Bau) / span n ‖ ~**weite** (eines Brückenfelds) (Bau) / span, arch span ‖ ~**weite**, Abstand m der Hochspannungsmaste (Elek) / span ‖ ~**weite** (des Spannfutters, Schraubstocks etc.) (Wz) / capacity (of a chuck, vice etc.) ‖ ~**weite** (einer Stichprobe) (QM, Stat) / range (difference between the maximum and minimum values within a sample), sample range ‖ ~**weitenkarte** f (eine Qualitätsregelkarte), R-Karte f (QM) / R chart ‖ ~**zange** f (Wzm) / collet (workholding device) ‖ **auf Druck wirkende** ~**zange** / push-out collet chuck ‖ ~**zeuge** n pl (Spannfutter etc. zum Einspannen von Werkstücken), Spannmittel n pl (Vorrichtung zum festen Fixieren eines Werkstückes während des Bearbeitungs-prozesses) (Wzm) / holding devices, workholding devices

Span • **platte** f (Bau, Tischl) / chipboard, particle board ‖ ~**plattenschraube** f / chipboard screw

Spant m (Luft) / frame

Spantiefe f (Wzm) / depth of cut, cutting depth

Spanung f, Spanen n (DIN 8589 - mit geometrisch bestimmten und unbestimmten Schneiden), spanende Bearbeitung (Fert) / machining, machining process[es], machining operation[s], material removal (conventional machining)

Spanungs • **breite** f / width of cut ‖ ~**rate** f (Wzm) / material removal rate (in conventional machining processes, e.g. turning), rate of material removal, MMR

Spanwinkel γ m (Winkel zwischen der Spanfläche und einer zur Bearbeitungsfläche senkrecht gedachten Linie) (Wzm) / rake angle (on the cutting edge), top rake angle

Sparbeton m, zementarmer Beton (Bau) / lean concrete, lean mixed concrete

sparen (z.B. Platz, Zeit, Geld, Kraftstoff) / save (e.g. space, time, money, fuel) ‖ ~, sparsam umgehen mit / economize on, be economical with ‖ ~, schonend umgehend mit / conserve (e.g. electricity, energy) ‖ ~ n (von z.B. Platz, Zeit, Geld, Kraftstoff) / saving ‖ ~ [von], schonender Umgang [mit] / conservation (e.g. of electricity, energy)

Sparren m, Dachsparren (Bau) / rafter

sparsam (Person) / thrifty ‖ ~ (z.B. Motor), wirtschaftlich / economical ‖ ~ adv (z.B. verwenden), mäßig / sparingly ‖ ~ **im Verbrauch** / economical ‖ ~ **umgehen mit**, sparen / economize on, be economical with

Sparsamkeit f, Wirtschaftlichkeit f / economy

Spar • **trafo** m (Elek) / autotransformer ‖ ~**transformator** m (Elek) / autotransformer

Spat m, Parallelepiped[on] n (Math) / parallelepiped

Spaten m (Wz) / spade

SPC m, statistische Prozesslenkung (QM) / statistical process control, SPC

Speckle-Interferometrie f (Astr, Mess, Opt) / speckle interferometry

Speckstein m, Steatit m (Min) / soapstone, steatite, soaprock

spedieren, versenden (Trans) / ship

Spedition f, Versendung f (von Gütern) / shipment, shipping, forwarding ‖ ~, Beförderung f (von Gütern, Fracht speziell mit LKW) (Trans) / haulage, hauling (of freight) ‖ ~, Speditionsunternehmen n (Trans) / forwarding agent, freight forwarder, forwarder, forwarding company ‖ ~, Fuhrunternehmer m (Trans) / haulage company ‖ ~, Möbelspedition f (Trans) / moving company

Speditionsbetrieb m, Speditionsunternehmen n (Trans) / forwarding agent, freight forwarder, forwarder, forwarding company ‖ ~, Fuhrunternehmer m (Trans) / haulage company

Speiche f, Radspeiche / spoke

Speicher m, Lager[gebäude] n / storehouse, warehouse ‖ ~, Dachboden m (Bau) / attic, garret, loft ‖ ~, Wasserspeicher f / reservoir ‖ ~, Druckspeicher m (Masch) / accumulator, pressure accumulator ‖ ~ (flüchtiger, auf den die CPU direkt zugreifen kann) (DV) / memory, primary storage (fast but temporary storage, directly accessible to the CPU: RAM, processor registers, processor cache), primary store ‖ ~, RAM (Speicher mit wahlfreiem Zugriff, Direktzugriffsspeicher), Hauptspeicher (DV) / RAM, random access memory, memory, main memory ‖ ~ (nichtflüchtig, z.B. Festplatte) (DV) / storage (non-volatile, e.g. disk drive), secondary storage, storage device ‖ ~, Speicherplatz m (auf einer Diskette oder Festplatte) (DV) / disk space || ~**abzug** m, Speicherauszug m, Dump m (Ausdruck o. Anzeige eines Arbeitsspeicherbereichs) (DV) / dump, memory dump || ~**adressregister** n (DV) / MAR, memory address register || ~**ansteuerungswerk** n / memory management unit, MMU || ~**auszug** m, Dump m (Ausdruck o. Anzeige eines Arbeitsspeicherbereichs) (DV) / dump, memory dump || ~**baustein** m (DV) / memory module, memory device || ~**bedarf** m (DV) / storage requirement, storage space required || ~**bedarf**, Arbeitsspeicherbedarf m (DV) / main memory requirements, memory requirements (MR) || ~**bildschirm** m, Speicherröhre f (DV, Eltro) / storage tube, direct view storage tube || ~**chip** n (DV) / memory chip || ~**datenregister** n (DV) / memory data register || ~**dichte**, Packungsdichte f (Aufzeichnungsdichte eines Datenträgers) (DV) / packing density, areal density, recording density || ~**element** n, Speicherzelle f (elektronische Schaltung, die ein Datenbit speichert) (DV) / cell, storage cell, memory cell, storage element, memory element || ~**erhitzer** m, Warmwasserspeicher m, Boiler m (Sanitär) / tank-type water heater, storage water heater, boiler || ~**erweiterung** f (DV) / memory expansion || ~**fähigkeit** f (z.B. einer Batterie) (Elek) / storage capacity || ~-**Flip-Flop** n (DV, Eltro) / flip-flop, bistable multivibrator, bistable circuit || ~**gerät** n, Speicher m (nichtflüchtig, z.B. Festplatte) (DV) / storage (non-volatile, e.g. disk drive), secondary storage, storage device || ~**größe** f, Speicherkapazität f (von peripheren Speichern wie Magnetbändern, Festplatten o. CDs) (DV) / storage capacity, capacity (of a storage device) || ~**heizgerät** f, Elektrospeicherofen m (wird meistens in der Nacht mit Niedertarifstrom aufgeheizt und gibt am Tage über die Speicherelemente Wärme ab) (Elek) / storage heater || ~**heizung** f, Elektrospeicherofen m (wird meistens in der Nacht mit Niedertarifstrom aufgeheizt und gibt am Tage über die Speicherelemente Wärme ab) (Elek) / storage heater || ~**heizung**, Nachtspeicherheizung f (Elek) / night storage heating || ~**inhalt** m / memory contents || ~**kapazität**, Speicherfähigkeit f (z.B. einer Batterie) (Elek) / storage capacity || ~**kapazität** f (von peripheren Speichern wie Magnetbändern, Festplatten o. CDs) (DV) / storage capacity, capacity (of a storage device) || ~**kapazität** (eines flüchtigen Speichers) (DV) / memory capacity || ~**karte** f (DV) / memory card || ~**koeffizient** m (Schwingungen) (Mech) / storage coefficient || ~**kondensator** m (Elek) / storage capacitor || ~**kraftwerk** n (Elek) / hydro-storage plant, storage power station, pondage power station || ~**kreis** m (DV) / memory circuit || ~**matrix** f (DV) / memory matrix || ~**medium** n (allg, DV) / storage medium

speichern (allg, DV, Elek) / store (e.g. data, energy, heat) || ~ (DV) / save (e.g. ein Textverarbeitungsdokument nach der Bearbeitung oder den Zwischenstand eines Spiels - in MS Word z.B. mit der Menüoption "Datei-Speichern (unter)"), abspeichern (DV) / save (e.g. the current word processor document or the current state of a game - e.g.

MS Word menu option "File - Save (as)") || ~, aufzeichnen (Informationen, Daten, Signale) (DV, Eltro) / record (data, information) || ~ n, Speicherung f (DV) / storage, storing || ~ (z.B. eines Textverarbeitungs- dokument nach der Bearbeitung oder des Zwischenstands eines Spiels - in MS Word z.B. mit der Menüoption "Datei-Speichern (unter)") (DV) / saving (e.g. of the current word processor document or the current state of a game - e.g. MS Word menu option "File - Save (as)")

Speicher•ofen m, Warmhalteofen m (Gieß) / holding furnace || ~**organisation** f (DV) / memory organization, storage organization || ~**ort** m, Speicherzelle f (mit einer Adresse anwählbar, kann aus einem oder mehreren Speicherelementen bestehen - entspricht im Allgemeinen einem Byte) (DV) / memory location, storage location, location, store location || ~**platz** m (verfügbarer Platz zum Speichern, Speicherkapazität) (DV, Eltro) / storage space || ~**platz** (auf einer Diskette oder Festplatte) (DV) / disk space || ~**platz**, Speicherort m, Speicherzelle f (mit einer Adresse anwählbar, kann aus einem oder mehreren Speicherelementen bestehen - entspricht im Allgemeinen einem Byte) (DV) / memory location, storage location, location, store location || ~**platz**, Arbeitsspeicherplatz m (DV) / main memory location || ~**platzbedarf** m, Arbeitsspeicherbedarf m (DV) / main memory requirements, memory requirements (MR) || ~**platzzuteilung** (DV) / storage allocation || ~**platzzuweisung** f (DV) / storage allocation || ~**position** f, Speicherort m, Speicherzelle f (mit einer Adresse anwählbar, kann aus einem oder mehreren Speicherelementen bestehen - entspricht im Allgemeinen einem Byte) (DV) / memory location, storage location, location, store location || ~**programmierbare Steuerung** (Regel) / programmable logic controller, PLC, programmable controller, PC, stored program control, SPC || ~**programmierte Steuerung** (Regel) / programmable logic controller, PLC, programmable controller, PC, stored program control, SPC || ~**pumpe** f, Pumpturbine f / pump-turbine || ~**residentes Programm** (DV) / resident program, memory-resident program, TSR program, terminate-and-stay-resident program || ~**röhre** f, Speicherbildschirm m (DV, Eltro) / storage tube, direct view storage tube || ~**schaltdiode** f (Eltro) / step-recovery diode, SRD, snap-off diode, memory varactor, charge-storage diode || ~**stelle** f (DV) / storage position || ~**stelle**, Speicherort m, Speicherzelle f (mit einer Adresse anwählbar, kann aus einem oder mehreren Speicherelementen bestehen - entspricht im Allgemeinen einem Byte) (DV) / memory location, storage location, location, store location || ~**technologie** f (Elek) / storage technology

Speicherung f (z.B. von Wasserstoff, Energie) / storage || ~, Speichern n (DV) / storage, storing || ~, Sicherung f (von Daten) (DV) / saving || ~, Aufzeichnung f (von Informationen, Daten, Signalen) / recording (of signals, information, data)

Speicher•vermittlung f (Dateneinheiten werden abschnittsweise mit Zwischenspeicherung in den Netzknoten vom Ursprung zum Ziel transportiert) (DV, Tele) / store-and-forward switching, store-and-forward technology || ≈vermittlung f, Sendungsvermittlung f (Variante der Nachrichtenvermittlung, bei der die zu übertragende Nachricht ungeteilt und unter jeweiliger Zwischenspeicherung von Teilstrecke zu Teilstrecke bis hin zur Zielstation durchgereicht wird) (DV, Tele) / message switching || ≈vermögen m s. Speicherkapazität || ≈verwaltung f (DV) / memory management || ≈verwaltungseinheit f, MMU / memory management unit, MMU || ≈werk n, Speicherkraftwerk n (Elek) / hydro-storage plant, storage power station, pondage power station || ≈zelle f (elektronische Schaltung, die ein Datenbit speichert) (DV) / cell, storage cell, memory cell, storage element, memory element || ≈zelle f (mit einer Adresse anwählbar, kann aus einem oder mehreren Speicherelementen bestehen - entspricht im Allgemeinen einem Byte), Speicherort m (DV) / memory location, storage location, location, store location || ≈zugriff m (DV) / memory access

Speise•apparat m (Masch) / feeder, feeding apparatus || ≈fett n (Nahr) / nutrient fat, edible fat || ≈leitung f, Zuführleitung f (allg) / feeder, feed line, supply line || ≈leitung, Antennenspeiseleitung f / feeder (connecting a transmitter to an antenna), antenna feeder

speisen, Material zuführen, versorgen / feed (e.g. a machine with material) || ~, mit Strom versorgen (Elek) / power (e.g. a portable computer), supply power [to]

Speisepumpe f / feed pump

Speiser m (Gieß) / feeder, riser || ≈tropfen m (durch Tropfspeisen gebildeter Glasposten) (Glas) / glass gob, gob (of molten glass)

Speise•spannung f, Versorgungsspannung f (Elek) / supply voltage || ≈stromkreis m (Elek) / supply circuit || ≈wagen m (Bahn) / diner (US), restaurant car (GB), dining car (US) || ≈walze f (ChT) / feed roll, feed roller || ≈wasser n / feed water

Speisung f (Masch) / feed, feeding || ≈ (Elek) / power supply

Spektralanalyse f (Chem, Phys) / spectral analysis, spectral analysis, spectrum analysis, spectroscopic analysis

spektro•chemische Analyse f (Chem, Phys) / spectral analysis, spectral analysis, spectrum analysis, spectroscopic analysis || ≈heliograph m (Astr, Opt) / spectroheliograph || ≈meter n (Chem, Phys) / spectrometer || ≈skopie f (Chem, Phys) / spectroscopy

Spektrum n (pl: Spektra, Spektren) (Math, Phys) / spectrum (pl: spectra, spectrums)

Sperrbolzen m, Sperrstift m / locking pin

Sperre f, Absperrung m (allg) / barrier

Sperreffekt m (Eltro) / Schottky effect

sperren (z.B. Straße, Flughafen, Grenze) / close || ~, blockieren, versperren / block (e.g. road, exit) || ~, blockieren (Techn) / lock || ~, arretieren / lock, stop || ~, abdrehen (eine Leitung, Gas, Wasser) / cut off, turn off, shut off || ~ (Eltro) / disable (e.g. gate o. channel) || ~ (Leitungen) (Tele) / block vt || ~ (eine Datei) (DV) / lock (a file) || ~ (Daten) (DV) / deny access to || ~ (Wörter, Text), gesperrt setzen (Druck) / space out (words, letters) || ~ (ein Konto) / block (an account)

sperrender Zustand, Sperrzustand m (eines Thyristors) (Eltro) / blocking state, off state

Sperr•filter n, Bandsperre f (Eltro) / band-stop filter, band-rejection filter || ≈flüssigkeit f / sealing liquid || ≈gas n / sealing gas || ≈getriebe n, Zahngesperre n (Masch) / ratchet and pawl, ratchet, ratchet and pawl mechanism, ratchet mechanism, /ratchet gearing

Sperrholz n (Furnier-, Stab-, Stäbchensperrholz) (Bau, Tischl) / composite board (plywood, block and strip boards) || ≈, Furniersperrholz n (Bau, Tischl) / plywood (made of veneers bonded together with adhesive) || ≈ mit Streifenmittellage (aus Holzleisten, die nicht aneinander geleimt sind) (Bau) / strip board

sperrig / bulky

Sperr•klinke (in einem Sperrgetriebe) / pawl, detent (in ratcher gearing) || ≈klinkenrad n, Sperrrad n (in einem Klinkenschaltwerk o. Zahngesperre) (Masch) / ratchet, ratchet wheel || ≈kreis m (Parallelschwingkreis) (Eltro) / rejector, rejector circuit || ≈kreis, Wellenfalle f (Eltro) / wave trap || ≈rad n, Zahnrad n (in einem Zahngesperre o. Klinkenschaltwerk) (Masch) / ratchet, ratchet wheel || ≈raste f / lock pin || ≈relais n (o. sebsthaltendes Relais) (Elek) / locking relay || ≈richtung m, Rückwärtsrichtung f (bei PN-Übergang) (Eltro) / reverse direction || in ≈richtung gepolt (Eltro, Phys) / reverse biased || ≈schalter m (Elek) / holding key

Sperrschicht f, Isolierschicht f, isolierende Schutzschicht (Elek) / insulating layer, insulation layer || ≈ (Gebiet eines Übergangs zwischen Halbleiter u. Metall o. zwischen P- und N-Zone in einem Halbleiter) (Eltro, Phys) / barrier layer, depletion layer, blocking layer, space-charge layer, space-charge region, depletion region, junction region, depletion zone || ≈effekt m (Eltro) / Schottky effect || ≈-Feldeffekttransistor m (Eltro) / junction field effect transistor, JFET || ≈fotozelle f, Photoelement n (Eltro) / photovoltaic cell || ≈kapazität f (Eltro) / junction capacitance || ≈-Photoeffekt m, photovoltaischer Effekt (Phys) / photovoltaic effect || ≈varaktordiode f, Kapazitätsdiode f (Eltro) / varactor, variable capacitance diode, voltage-variable capacitor, varactor diode, varicap

Sperr•spannung f, Spannung f in Sperrrichtung (an pn-Übergang) (Eltro) / reverse voltage, reverse bias || ≈stift m / locking pin || ≈strom m, Strom m in Sperrrichtung (an einem pn-Übergang oder Metall-Halbleiter-Übergang) (Eltro) / reverse current || ≈tür n (mit glattem Türblatt) (Zimm) / flush door

Sperrung f, Verstopfung f, Blockierung f / block n, obstruction || ≈, Gesperre n / locking gear

Sperr•ventil n (Rohr) / stop valve || ≈verzögerungszeit f (Halbleiter) / reverse recovery time || ≈-Vorspannung f, Spannung f in Sperrrichtung (an pn-Übergang) (Eltro) / reverse voltage, reverse bias || ≈wandler m (mit galvanischer Trennung) (Elek, Eltro) / flyback converter || ≈zustand m (eines Thyristors) (Eltro) / blocking state, off state

Spezial•..., Sonder... / special || ≈..., für besondere Zwecke / special purpose... || ≈..., Einzweck... (Masch) / single-purpose... || ≈..., spezialisiert, Fach... / special (e.g. knowledge, courses) || ≈..., mit besonderen, klar definierten und geprüften Eigenschaften / specialty (e.g. chemicals, glass, steels) ‖ ~..., aufgabenspezifisch, angepasst (an spezielle Aufgaben) / customized, custom-made, custom-built, custom-designed, tailor-made ‖ ~ausführung f / special version, special design o. type ‖ ~gebiet n / special field ‖ ~gebiet, Fachgebiet n / specialist subject ‖ ~gebiet, Fachgebiet n (auf das man spezialisiert ist) / speciality ‖ ~glas n (Glas) / specialty glass

Spezialist m, Fachmann, Experte m / expert, specialist

Spezial•maschine f / special-purpose machine ‖ ~objektiv n (Foto) / specialty lens ‖ ~stahl m / specialty steel (with specialized or proprietary compositions or properties)

speziell, bestimmt, genau angegeben / particular, specific ‖ ~, besondere / special ‖ ~e Gaskonstante (Phys) / specific gas constant ‖ ~e Relativitätstheorie (Phys) / special theory of relativity ‖ ~ zugeschnitten, aufgabenspezifisch, angepasst (an spezielle Aufgaben) / customized, custom-made, custom-built, custom-designed, tailor-made

Spezifikation f / specification (e.g. of a system or standard) ‖ ~, Lastenheft n, Anforderungsspezifikation f / requirements specification, specifications pl, specs pl (coll)

spezifisch / specific ‖ ~e Arbeit (Phys) / specific energy ‖ ~e Ausstrahlung (von der Strahlungsquelle je Strahlungsfläche abgestrahlte Leistung in W/m²) (Phys) / emittance (formerly), radiant flux density, radiant exitance, radiant emittance (formerly) ‖ ~e Drehzahl / specific speed ‖ ~er elektrischer Widerstand, Resistivität f (Elek) / resistivity, specific resistance (formerly), s.r. (specific resistance (formerly)) ‖ ~e Energie (Phys) / specific energy ‖ ~e Enthalpie (Phys) / specific enthalpy ‖ ~e Entropie (Phys) / specific entropy ‖ ~er Erdwiderstand (Resistivität einer typischen Erdprobe) (Elek) / electric resistivity of soil (resistivity of a typical sample of soil) ‖ ~e Gaskonstante (Phys) / specific gas constant ‖ ~es Gewicht, Wichte f, Raumgewicht n / volume weight ‖ ~es Gewicht (Verhältnis der Gewichtskraft eines Körpers zu seinem Volumen) (Phys) / specific weight, unit weight ‖ ~er Heizwert (Quotient aus der bei vollständiger Verbrennung eines Brennstoffs frei werdenden Wärmemenge und seiner Masse bzw. die Stoffmenge in kJ/kg ohne die Kondensationswärme der Gesamtwassermenge, die in dampfförmigem Zustand vorliegt) / calorific value, n.c.v. (net calorific value), net calorific value, net value, lower calorific value, LCF (lower calorific value) ‖ ~e innere Energie (Phys) / specific internal energy ‖ ~er Kraftstoffverbrauch / gas mileage (US), petrol consumption per 100 km o. miles (GB) (10 miles/gal: USA = 23,5 l/100 km, Engl = 28,2 l/100 km) ‖ ~e Lichtausstrahlung (Quotient aus Lichtstrom und Strahlerfläche) (Licht, Phys) / emittance (formerly), luminous emittance (formerly), luminous exitance (formerly) ‖ ~er magnetischer Widerstand, Reluktivität (Magn) / reluctivity (reciprocal of magnetic permeability), magnetic reluctivity, specific reluctance ‖ ~e Schallimpedanz (Akust) / acoustic impedance, sound impedance ‖ ~e Schnittkraft (Wzm) / specific cutting force ‖ ~e Spanungsrate n

(Fert) / material removal rate, MMR ‖ ~es Volumen (Phys) / specific volume, sp. vol. ‖ ~e Wärme (Phys) / specific heat, sp.ht., specific heat capacity ‖ ~e Wärmekapazität (Phys) / specific heat, sp.ht., specific heat capacity ‖ ~er Widerstand, Resistivität f (Elek) / resistivity, specific resistance (formerly), s.r. (specific resistance (formerly))

spezifizieren, im Einzelnen nennen o. bezeichnen / specify

SPFC, Festpolymer-Elektrolyt-Brennstoffzelle f (Chem, Elek) / PEMFC, proton-electrolyte membrane fuel cell, solid polymer fuel cell, SPFC, PEM fuel cell, proton-exchange membrane fuel cell, polymer electrolyte membrane fuel cell

Sphäre f, Bereich m, Arbeits- o. Wissens- o. Tätigkeitsgebiet n, Sachgebiet n / area, field, domain, sphere

Sphäro•guss m, Gusseisen n mit Kugelgraphit (Hütt) / ductile cast iron, ductile iron, spheroidal graphite iron, SG iron, nodular cast iron ‖ ~litisches Gusseisen, Gusseisen n mit Kugelgraphit (Hütt) / ductile cast iron, ductile iron, spheroidal graphite iron, SG iron, nodular cast iron

Spherics pl (Radio, Tele, TV) / atmospheric interference, atmospherics pl, strays pl (US), spherics pl

Spiegel m (Opt) / mirror ‖ ~ (z.B. Alkohol-, Hormonspiegel) / level ‖ ~bild n (Opt) / mirror image, mirrored image ‖ ~bildlich isomer, chiral (Chem) / chiral ‖ ~gleichheit f, Symmetrie f (allg, Math) / symmetry ‖ ~linsenobjektiv n (Foto) / mirror lens

spiegeln vi, reflektieren / reflect (the light) ‖ ~ vr / be reflected ‖ ~ vt / mirror, reflect ‖ ~ (Daten) (DV) / mirror

Spiegel•reflexkamera f (Foto) / reflex camera ‖ ~teleskop n (Opt) / reflecting telescope, reflector

Spiegelung f (Erzeugung eines Spiegelbildes) (DV, Opt) / mirroring ‖ ~ am Kreis, Inversion f (am Kreis) (Math) / inversion

Spiel n (eines Wellenlagers) / clearance ‖ ~, Luft f, Spielraum m (Masch) / backlash n, play n, free play ‖ ~, Arbeitsspiel n, Arbeitszyklus m (Masch) / working cycle, cycle ‖ ~automat m (für Glücksspiel) / gambling machine, slot machine (for gambling)

Spielekonsole f (DV) / game console

Spieler m, Player m (Audio, Video) / player (for CD, DVD, MP3)

Spielpassung f (Masch) / clearance fit

Spielraum m, Spiel n, Luft f (Masch) / backlash n, play n, free play

Spikereifen m (Kfz) / spiked tire, studded tire

Spindel f (Masch) / spindle n ‖ ~, Ventilspindel f (Mot) / valve stem, valve spindle, valve rod ‖ ~ (Spinn) / spindle ‖ ~, Messspindel f (der Messschraube), Messbolzen m (Mess) / spindle ‖ ~, Aräometer n (Dichtemesser für Flüssigkeiten) (Mess) / hydrometer ‖ ~hubgetriebe n / worm gear screw jack ‖ ~kasten m (Dreh) / headstock, poppet, poppethead ‖ ~kopf m (Wzm) / spindle nose ‖ ~lager n / spindle bearing ‖ ~öl n / spindle oil ‖ ~presse f (Wzm) / screw press ‖ ~pumpe f / screw pump ‖ ~schlitten m / spindle slide rest ‖ ~stock m (Dreh) / headstock, poppet, poppethead

spinnen (Tex) / spin ‖ ~ n (Tex) / spinning

Spinoff *m*, Nebenprodukt *n* (der Forschung in nicht zugehörigen Fachgebieten) / spin-off

Spinquantenzahl *f* (Phys) / spin quantum number

Spion *m* (ugs.), Fühlerlehre *f* (Mess) / feeler gauge, thickness gage ‖ ≈, Türspion *m* / peephole (in a door)

Spiralbohrer *m* / twist drill

Spirale *f* (ebene Kurve, die um einen Punkt verläuft und sich je nach Laufrichtung von diesem entfernt oder annähert, wie zum Beispiel die Rille einer Schallplatte) (Math) / spiral ‖ ≈, Rohrreinigungsspirale *f* (Sanitär) / plumber's snake, toilet jack, auger

Spiral•feder *f* (Masch) / spiral spring ‖ ≈**form** *f* (Gieß) / spiral mould ‖ ~**förmig** / spiral *adj* ‖ ≈**fräsen** *n* (Fert) / helical milling ‖ ≈**kegelrad** *n* / spiral bevel gear ‖ ≈**lader** *m* (ein mechanischer Lader für Verbrennungsmotoren) (Mot) / G-Lader supercharger, orbiting-spiral supercharger ‖ ≈**spannstift** (DIN 7343) / spiral pin ‖ ≈**verzahnung** *f* (Kegelrad) / spiral teeth

Spiritus *m* (Chem) / spirit ‖ ≈, Ethanol *n* (C₂H₅OH) (Chem) / alcohol, grain alcohol, ethyl alcohol, ethanol, fermentation alcohol

spitz (z.B. Bleistift) / sharp ‖ ~, spitz zulaufend / pointed ‖ ~**e Klammer** (Druck) / pointed bracket, angle bracket, broken bracket ‖ ~**er Winkel** (Math) / acute angle ‖ ~ **zulaufen lassen**, verjüngen, konisch zulaufen lassen / taper *vt*

Spitze *f* (spitz zulaufend, von z.B. Nadel, Bleistift, Reißfeder, Spitzzange) / point ‖ ≈ (z.B. von Giebel, Turm) / top *n* ‖ ≈ (des Dreiecks, Kegels, der Pyramide) (Math) / apex, vertex (of triangle, cone, pyramid), top ‖ ≈ (von etwas Länglichem, z.B. Pfahl, Stock, Lesestift, Fingern) / tip ‖ ≈ (des Füllfederhalters, des Brecheisens usw) / nib ‖ ≈, Drehmaschinenspitze *f* (Wzm) / center (US)(mounted in tailstock of engine lathe) ‖ ≈ (einer Rakete, eines Geschosses) / nose cone ‖ ≈ (vorderster Teil, z.B. eines Zuges) / head (e.g. of a train), front ‖ ≈**n** *f pl* **der Oberflächenrauheiten**, Rauigkeitsberge *m pl* (einer technischen Oberfläche) / asperities *pl*, surface asperities

Spitzen•abstand *m*, Spitzenweite *f*, Drehlänge *f* (mögliche) (Dreh) / center distance, maximum distance between centers, distance between centers ‖ ≈**anzeiger** *m*, Höchstwertanzeiger *m* / peak indicator ‖ ≈**ausleger** *m* (Kran) (Förd) / fly jib ‖ ≈**bedarf** *m* / peak demand ‖ ≈**belastung** *f*, Belastungsspitze *f* (Techn) / peak load ‖ ≈**diode** *f* (Eltro) / point-contact diode ‖ ≈**dorn** *m*, Drehdorn *m* (leicht kegelig) (Dreh) / mandrel (slighly tapered), mandril, arbor ‖ ≈**drehmaschine** *f*, Universaldrehmaschine *f* (Dreh) / center lathe, engine lathe (US), universal lathe ‖ ≈**erzeugnis** *n* / top-quality product ‖ ≈**geschwindigkeit** *f* / maximum speed, top speed ‖ ≈**höhe** *f* (Wzm) / center height ‖ ≈**kraftwerk** *n*, Spitzenlastkraftwerk *n* (Elek) / peaking plant, peak load power station, peak-load plant ‖ ≈**last** *f*, Belastungsspitze *f* (Techn) / peak load ‖ ≈**last**, Lastspitze *f* (Elek) / peak load ‖ ≈**lastkraftwerk** *n* (Elek) / peaking plant, peak load power station, peak-load plant ‖ ≈**lastzeit** *f* (Elek) / maximum-load period, peak period, peak-load period ‖ ≈**leistung** *f*, hervorragende Leistung / top performance,

top-class performance, outstanding performance, outstanding achievement ‖ ≈**leistung** (in der Fertigung), Höchstleistung *f* / maximum output ‖ ≈**leistung** (von Maschine, Auto, Sender, Kraftwerk) / peak power

spitzenlos•es Durchlaufschleifen (Fert) / centerless through feed grinding ‖ ~**es Rundschleifen**, Spitzenlosschleifen *n* (Fert) / centerless grinding ‖ ~**e Schleifmaschine** / centerless grinding machine

Spitzen•los-Durchlaufschleifen *n* (Fert) / centerless through feed grinding ‖ ≈**losschleifen** *n*, spitzenloses Rundschleifen (Fert) / centerless grinding ‖ ≈**produkt** *n* / top-quality product ‖ ≈**qualität** *f* / top quality ‖ ≈**radius** *m* (einer Tastspitze) (Mess) / point radius ‖ ≈**sperrspannung** *f* (Eltro) / peak reverse voltage ‖ ≈**strom** *m*, Höchststrom *m* (Elek) / peak current ‖ ≈**technik** *f* / high technology, hightech, leading-edge technology ‖ ≈**technologie** *f* / high technology, hightech, leading-edge technology ‖ ≈**weite** *f*, Drehlänge *f* (mögliche) (Dreh) / center distance, maximum distance between centers, distance between centers ‖ ≈**wert** *m*, Maximalwert *m* / maximum value, peak value ‖ ≈**winkel** *m* (Wz) / point angle ‖ ≈**zeit** *f*, Spitzenlastzeit *f* (Elek) / maximum-load period, peak period, peak-load period

Spitze-Spitze-Wert *m* (Eltro, TV) / peak-to-peak value, pp.-value

Spitz•gewinde *n* / Vee thread, V thread, angular thread, triangular thread ‖ ≈**senker** *m* (Wz) / countersink *n* ‖ ~**winkliges Dreieck** / acute triangle ‖ ≈**zange** *f*, Flachrundzange *f* (Wz) / needlenose pliers *pl*, pointed pliers *pl*

Spleiß *m*, Spleißstelle *f* / splice (rope, cable)

spleißen (Kabel, Seil, Glasfaser), anspleißen / splice *vt*

Spleißstelle *f* / splice (rope, cable)

Spleißung *f*, Spleißstelle *f* / splice (rope, cable)

Splint *m* (im Maschinen- und Fahrzeugbau ein Sicherungselement zur Lagesicherung verbundener Bauteile in einer Richtung, die nicht die Hauptbelastungsrichtung im Betrieb ist) / cotter pin (US), cotter key (US), split pin

Splitter *m* (von Holz, Metall, Glas) / splinter ‖ ≈, DSL-Splitter, Breitbandanschlusseinheit (Tele) / splitter, DSL splitter

Spoiler *m* (Luft) / spoiler ‖ ≈ (Kfz) / spoiler

s-Pol *f*, Source *f* (Eltro) / source (in a field-effect transistor)

Spontanzündung *f* / self-ignition, spontaneous ignition, spontaneous combustion

Spooler *m*, Druckerspooler *m* (DV) / spooler (utility program), print spooler

Spornrad *n* (Luft) / tail wheel ‖ ≈**fahrgestell** *n* (Luft) / tail wheel landing gear, tail undercarriage (GB)

Sport•reifen *m* (Kfz) / sports tire, performance tire *m* ‖ ≈**wagen** *m* (Kfz) / sports car, sporting car, sportster

Spot *m*, Strahler *m* (Licht) / spotlight ‖ ≈**belichtungsmessung** *f* (Foto) / spot metering ‖ ≈**messung** *f*, Spotbelichtungsmessung *f* (Foto) / spot metering

Sprachdaten *pl* (DV) / voice data

Sprache *f* (DV, Tele) / voice

Sprach•erkennung *f* (DV) / speech recognition, voice recognition ‖ **automatische** ≈**erkennung** (DV) / automatic speech recognition, ASR ‖

≈**frequenzband** n (Tele) / voice band, voice frequency band ‖ ≈**generierung** f (DV) / speech generation ‖ **~gesteuert**, -betätigt / voice-operated ‖ ≈**information** f (DV, Tele) / voice information ‖ ≈**qualität** (Tele) / speech quality, voice quality ‖ ≈**signal** n (Tele) / voice signal ‖ ≈**synthese** f (DV) / voice synthesis, speech synthesis ‖ ≈**übertragung** f (Tele) / speech transmission, voice transmission ‖ ≈**verarbeitung** f (DV) / language processing

Sprech•anlage f (Tele) / intercom, intercom system ‖ ≈**muschel** f (Tele) / mouth piece (of a telephone handset) ‖ ≈**stelle** f (z.B. einer Sprechanlage) (Tele) / station (e.g. in an intercom system) ‖ ≈**taste** f (Tele) / push-to-talk button, talk button

spreizbarer Drehdorn (Wzm) / expanding mandrel, expanding arbor (US)

Spreiz•dorn m (Wzm) / expanding mandrel, expanding arbor (US) ‖ ≈**dübel** m (Bau) / expansion anchor ‖ ≈**schraube** f / adjusting screw

Spreizung f (der Vorderräder) (Kfz) / king pin inclination (GB), steering axle inclination (US), SAI (US), SAI angle

Spreng•niet m / explosive rivet ‖ ≈**ring** (Sicherungsring mit konstantem Querschnitt) (Masch) / retaining ring (constant section), snap ring, circlip

Sprengstoff m / explosive ‖ ≈**detektionssystem** n, EDS-Anlage f (Gepäckkontrollanlage, die Sprengstoffe aufspüren kann) (Luft) / explosives detection system ‖ ≈**entdeckungssystem** n, EDS-Anlage f (Gepäckkontrollanlage, die Sprengstoffe aufspüren kann) (Luft) / explosives detection system

springen (im Programmablauf), verzweigen (DV) / jump, branch vi ‖ ~ / jump vi

Sprit m (coll), Ottokraftstoff m (Kfz, Mot) / petrol, gasoline (US), gas (US)

Spritze f (MT) / syringe

spritzen, spritzlackieren / spray-paint

Spritzer m, Schweißgutspritzer m (Schw) / spatter, weld spatter

Spritz•flasche f (Chem) / wash bottle ‖ ≈**form** f (Plast) / injection mo[u]ld ‖ ≈**gießen** n (Plast) / injection moulding ‖ ≈**gießmaschine** f (Plast) / injection moulding machine ‖ ≈**gießteil** n (Plast) / injection moulding, injection-moulded part ‖ ≈**gießverfahren** n (Plast) / injection moulding ‖ ≈**gießwerkzeug** n (Plast) / mould (in injection moulding) ‖ ≈**guss** m (Plast) / injection moulding ‖ ≈**gussteil** n (Plast) / injection moulding, injection-moulded part ‖ ≈**kanne** f, Ölkännchen n / oil squirt can, squirt oiler ‖ ≈**lackieren** / spray-paint ‖ ≈**lackieren** n / spray-painting ‖ ≈**pistole** f (zur Einbringung von Dichtungsmassen in Fugen) (Bau, Wz) / caulking gun ‖ ≈**pressen** n (Plast) / transfer moulding ‖ ≈**pressverfahren** n (Plast) / transfer moulding ‖ ≈**ring** m, Ölspritzring m (Masch) / oil thrower, oil splash ring ‖ ≈**scheibe** f (Ölschmierung) / oil splasher ‖ ≈**schmierung** f / splash lubrication ‖ ≈**versteller** m / injection timing device ‖ ≈**wasser** n (allg, Elek) / splashing water, splashed water ‖ ≈**wasser** (Kfz) / road spray ‖ **~wassergeschützt** (Elek, Mot) / splash-proof

SpRK, Spannungsrisskorrosion f / stress corrosion cracking

Sprödbruch m / brittle fracture

---

spröde (Mater) / brittle

Sprödigkeit f (Mater) / brittleness

Sprosse f, Leitersprosse f / rung (of a ladder) ‖ ≈, Fenstersprosse f (Bau) / glazing bar, muntin, sash bar, window bar

Sprudelbett n (ChT) / spouted bed

Sprüh•arm m (des Geschirrspülers) (HG) / spray arm ‖ ≈**düse** f / spray nozzle, atomizing nozzle ‖ ≈**kompaktieren** n (Hütt) / spray forming, spray casting, spray deposition ‖ ≈**nebel** m / spray mist ‖ ≈**trockner** m (ChT) / spray drier ‖ ≈**trocknung** f (ChT) / spray drying ‖ ≈**turm** m (ChT) / spray tower ‖ ≈**wasser** n (Elek) / spraying water ‖ **~wassergeschützt** (Elek) / spray-water-proof

Sprung m, Riss m / crack ‖ ≈ (DV) / branch n, jump n, transfer (deprecated) ‖ ≈**antwort** f / step function response (GB) ‖ ≈**befehl** m, Verzweigungsbefehl m (DV) / jump instruction, branch instruction ‖ ≈**fallschirm** m (Luft) / skydiving parachute ‖ ≈**feder** f (Masch) / spring, elastic spring ‖ ≈**funktion** f (Math) / jump function ‖ ≈**funktion** f (Eltro) / jump function, step function

sprunghaft / abrupt (having many sudden changes) ‖ ~, erratisch / erratic

Sprung•marke f (mit einem Namen versehene Stelle in einem Quellcode), Label n (DV) / label ‖ ≈**schalter** m (Elek) / quick break-and-make switch, quick make-and-break switch o. cut-out, quick break cutout o. switch, snap switch ‖ ≈**schaltung** f, Sprungschalter m (Elek) / quick break-and-make switch, quick make-and-break switch o. cut-out, quick break cutout o. switch, snap switch ‖ ≈**stelle** f, Unstetigkeitsstelle f (einer Funktion) (Math) / point of discontinuity

SPS (speicherprogrammierbare Steuerung) (Regel) / programmable logic controller, PLC, programmable controller, PC, stored program control, SPC

Spülbecken n, Spüle f / sink n, kitchen sink

Spule f, Magnetbandspule f, Bandspule f (Audio, DV, Video) / reel, tape reel ‖ ≈, Garnspule f (Tex) / bobbin ‖ ≈ (Elek) / coil ‖ ≈, Drosselspule f (Elek) / inductor, choke, choke coil, choking coil, reactor

Spüle f, Spülbecken n / sink n, kitchen sink

spulen, aufwickeln (auf einer Rolle, Spule, Trommel), aufspulen / reel vt, spool vt, wind vt [up] (on a spool or reel)

spülen, abspülen (z.B. Teller), abwaschen / rinse vt, wash ‖ ~, ausspülen / flush vt (e.g. toilet, pipe) ‖ ~, reinigen, durchspülen (z.B. Leitungen) / purge ‖ ~ (Mot) / scavenge ‖ ≈ n, Abspülen n, Abwaschen n / dishwashing ‖ ≈ (Arbeitsgang der Waschmaschine) / rinse cycle

Spülenzündung f (Mot) / coil ignition

Spül•flüssigkeit f (Öl) / drilling fluid ‖ ≈**kasten** m (der Toilette) (Sanitär) / cistern ‖ ≈**klosett** n, Toilette f (Sanitär) / toilet, lavatory, water closet, WC ‖ ≈**kopf** m (Öl) / swivel ‖ ≈**maschine** f, Geschirrspülmaschine f (HG) / dishwasher, dishwashing machine ‖ ≈**raum** m (des Geschirrspülers) (HG) / interior (of a dishwasher) ‖ ≈**schlamm-Pumpe** f, Spülungspumpe f (Öl) / slush pump, mud pump ‖ ≈**tank** m (Öl) / mud tank, mud pit (open-top container)

Spülung f / rinsing, flushing purging, scavenging (vgl. spülen)

Spülungspumpe f, Spülschlamm-Pumpe f (Öl) / slush pump, mud pump

Spülverfahren n (Mot) / scavenging

Spur f, Spurweite f (Bahn) / track gauge || ≃, Fahrspur f (z.B. auf Autobahn) (Straß) / lane, traffic lane || ≃, Spurweite f (Abstand der Reifenmitten beider Räder einer Achse) (Kfz) / track, tread (US) || ≃ (Kfz) / toe (distance comparison between the leading edge and the trailing edge of the front tires) || ≃ (z.B. von Schwermetallen), klein[st]e Menge / trace || ≃ (Audio, DV, Video) / track (on tape, disk) || ≃**en** fpl **pro Zoll**, tpi (DV) / tpi, tracks per inch (measure of data-storage density)

spürbar / noticeable, perceptible

Spurdifferenzwinkel m (Winkel, um den das kurveninnere Rad stärker eingeschlagen ist als das äußere) (Kfz) / toe-out on turns, turning radius, turning angle

Spurenelement n (Chem, Nahr) / trace element, micronutrient

Spur•lager n (Masch) / footstep bearing, step bearing || ≃**rolle** f, Führungsrolle f (nicht zur Kraftübertragung, z.B. bei Magnetbändern) / guide roll || ≃**stange** f, Lenkspurstange f (Kfz) / steering tie rod (US), tie rod (US), track rod (GB) || ≃**versatzwinkel** m (Winkel der Hinterachse relativ zur Mittellinie des Fahrzeugs) (Kfz) / thrust angle || ≃**weite** f (Bahn) / track gauge || ≃**weite** f (Abstand der Reifenmitten beider Räder einer Achse) (Kfz) / track, tread (US) || ≃**zapfen** m / lower gudgeon of an upright shaft

Sputtern n (ein PVD-Verfahren), Kathodenzerstäubung f (Eltro) / sputtering, cathode sputtering

sr, Steradiant m (Einheit des räumlichen Winkels) (Math) / steradian, sr || ≃, Strontium n (Chem) / strontium, Sr

SRAM, statisches RAM (DV) / SRAM, static RAM, static random access memory

SR-Kippschaltung f (Eltro) / SR flip-flop, RS-flipflop (= reset/set), set-reset flipflop

SSR, Halbleiterrelais n (Eltro) / solid-state relay

S/STP-Kabel n, geschirmtes TP-Kabel mit einer zusätzlichen Gesamtabschirmung / S/STP cable, screen-shielded twisted pair cable

S/S-Typ m (der Bikomponentenfaser) (Tex) / side-by-side bicomponent fibre

SSV, Sicherheitsstromversorgung f (Notstromversorgung zum Weiterbetrieb von Anlagenteilen zur Sicherheit von Personen) (Elek) / emergency power supply, safety power supply

S.-S.-Wert m, Spitze-Spitze-Wert m (Eltro, TV) / peak-to-peak value, pp.-value

ST, strukturierter Text (zur Programmierung von SPS) (DV, Regel) / structured text, ST

Staatsstraße f (in Bayern, Sachsen, Schweiz), Straße, die in die Zuständigkeit des jeweiligen Gliedstaates/Bundeslandes einen Bundesstaates fällt, Landesstraße f (in den meisten dt. Bundesländern) (Straß) / state road

Stab•antenne f / rod antenna || ≃**ausdehnungsthermometer** n (Mess) / rod expansion thermometer || ≃**diagramm** n, Histogramm n (Stat) / bar chart, bar graph, histogram, column graph, column chart || ≃**elektrode** f, Schweißstab m (Schw) / filler rod, welding rod, stick electrode, welding stick || ≃**erder** m (Elek) / earth rod, earthing rod,

grounding rod (US), ground rod (US) || ≃**feder** f / bar spring

stabil (allg, Chem) / stable || **nicht ~**, instabil / unstable || **nicht ~**, astabil (Eltro) / astable

Stabilisation f, Stabilisierung f / stabilization

Stabilisator m (allg, Chem) / stabilizer || ≃, Querstabilisator m (zur Verringerung der Rollneigung und Beeinflussung des Kurvenverhaltens) (Kfz) / stabilizer, antiroll bar (GB), anti-sway bar (US), stabilizer bar, sway bar (US)

stabilisieren vt / stabilize, make stable || **~** vr (sich) / stabilize vi, become stable

Stabilisierung f, Stabilisation f / stabilization

Stabilisierungs•flosse f (Schiff) / fin (of boat or surfboard) || ≃**wicklung** f, Ausgleichswicklung f (Elek) / stabilizing winding

Stabilität f / stability || ≃, Standsicherheit f (z.B. eines Krans gegen Umkippen) (Bau, Masch, Mech) / stability

Stab•lampe f (Elek, Licht) / torch (GB), flashlight (US), electric torch (GB), flash || ≃**magnet** m / bar magnet || ≃**mixer** m, Pürierstab (HG) / immersion blender, stick blender, wand blender, electric hand blender || ≃**mühle** f (zum Zerkleinern) (ChT) / rod mill (size reduction) || ≃**stahl** m (Hütt) / bars pl, bar steel, steel bars, steel rods, barstock || ≃**thermometer** n / rod thermometer || ≃**ziehen** n (Fert) / bar drawing

Stachelwalzenantrieb m (DV) / sprocket feed

Stack m (Gruppe von Brennstoffzellen), Stapel m (Chem, Elek) / stack || ≃, Kellerspeicher m (DV) / stack

Stackpointer m, Stapelzeiger m (DV) / Sp, stack pointer

Stadium n / stage

Stadtfahrt f (Kfz) / urban driving

städtische Berufsfeuerwehr / fire department

Stadt•plan m / city map, street map || ≃**rad** n, Tourenrad n (Fahrrad) / utility bicycle, city bicycle, ute bicycle || ≃**verkehr** m (Kfz) / city traffic, town traffic, urban traffic

staffeln, versetzt anordnen / stagger, arrange in alternations || **~**, abstufen (z.B. Preise) / grade

Stahl m / steel n || ≃ (spanendes Werkzeug) (Wzm) / tool || ≃ **für Feinblech** (Hütt) / sheet steel || ≃ **für Randschichthärten** (Hütt) / surface-hardening steel

Stahl•bandförderer m (Förd) / steel band conveyor, steel belt conveyor || ≃**bandkupplung** f / steel band coupling || ≃**bau** m (Bauwerk; pl.: -bauten) / steel structure, structural steelwork || ≃**bau** (Technik) / structural steel engineering || ≃**beton** m (Bau) / reinforced concrete, RC || **~bewehrt**, armiert (Beton) (Bau) / reinforced

Stahlblech n (allgemein) (Hütt) / sheet steel || ≃ (dick), Grobblech n / steel plate (thickness usually > 3mm) || ≃ (dünn), Feinblech n / steel sheet (thickness usually < 3mm), sheet steel || ≃ (dünn, als Coil geliefert) / steel strip

Stahl•block m, Rohstahlblock m / steel ingot || ≃**bürste** f (Wz) / wire brush || ≃**erzeugung** f / steel making, steel production || ≃**flasche** f (für Gas) / cylinder, gas cylinder n, steel cylinder || ≃**formguss** m (Erzeugnis), Stahlgussstück n (Gieß) / steel casting || ≃**gewinnung** f, Stahlerzeugung / steel making, steel production || ≃**gießen** n / steel casting || ≃**gitter** n / lattice steel || ≃**gittermast** m (als Freileitungsmast) (Elek) / lattice steel pylon (supporting e.g. cableways) || ~guss, Stahlgießen n / steel casting || ~guss m (Erzeugnis), Stahlgussstück n (Gieß) / steel casting || ~guss (als Gattung) / cast steel || ~gussstück n (Erzeugnis) (Gieß) / steel casting || ~halter m, Meißelhalter m (Wzm) / tool holder || ~hütte f / steel works, steel mill || ~konstruktion f (Gebäude) / steel construction, steel structure, structural steel work || ~mast m, Leitungsmast (groß, aus Stahl) (Elek, Tele) / pylon || ~produktion f / steel making, steel production || ~profil n / steel section, steel shape || ~rohr n / steel tube || ~seil n / steel cable, steel rope || ~strang m (Gieß) / continuous slab (of steel) || ~-Strangpressen n (Fert) / extrusion of steel || ~träger m (Bau) / steel girder || ~verbundbrücke f (Bau) / composite girder bridge || ~werk n / steel works, steel mill

Stamm•bruch m (Math) / unit fraction || ~datei f (DV) / master file || ~daten pl (DV) / master data

stammen [von] (allg) / be derived [from], derive vi [from]

Stamm•funktion f / antiderivative || ~kunde m / regular customer || ~satz m (DV) / master record || ~verzeichnis n, Hauptverzeichnis n (DV) / root directory

Stampf•masse f (Gieß) / ramming mass o. material o. mix || ~werk n, Pochwerk n (Aufb) / stamp mill, stamping mill

Stand m (Verkaufs-, Ausstellungsstand) / booth, stand, stall || ~, Zustand m, Lage f / state n, condition || ~, Niveau n / level || ~ (des Wassers), Wasserstand / water level, level of water || ~ (des Zeigers, Thermometers usw.), angezeigter Wert (Mess) / reading, indication (shown by an instrument), value indicated || ~, Stadium n / stage || ~ der Technik (allg, Techn) / state of the art || ~ der Technik (Pat) / prior art, state of the art || auf dem neuesten ~ / up-to-date || auf den neuesten ~ bringen, aktualisieren, überarbeiten / update (e.g. science text book), bring up to date || nach dem ~e [vom] Dezember 2009 / as at December 2009

Standard m, Richtlinie f, Maßstab m, Richtschnur f / standard || ~ (technische Regel, die von einer größeren Anzahl von Herstellern akzeptiert u. in den eigenen Produkten berücksichtigt wird) / standard || ~, Normal n (Maßverkörperung, Messeinrichtung o. Referenzmaterial zur Festlegung o. Reproduktion einer Einheit o. eines o. mehrerer Größenwerte, um diese an andere Messgeräte durch Vergleich weiterzugeben) (Mess) / measurement standard, standard

Standard•..., normal, üblich (z.B. Ausstattung), ohne Extras / standard || ~..., voreingestellt (standardmäßig, wenn keine andere Einstellung gewählt wird) (DV, Techn) / default adj (settings) || ~... (Version, Modell, Ausstattung), serienmäßig / standard || ~abweichung f, mittlere quadratische Abweichung (von Einzelwerten) (Mess, Stat) / standard deviation, root mean square deviation || ~ausführung f, Normalausführung f / standard design || ~ausführung f, Standardmodell n / standard, standard model, standard version || ~drucker m (DV) / default printer || ~einstellung f,

Voreinstellung f (bei verschiedenen Einstellungsmöglichkeiten die vom Benutzer o. Hersteller gewählte Option, die bei Start des Programms o. der Funktion zunächst eingestellt ist) (Techn) / default n, default setting

Standardisierung f, Vereinheitlichung f / standardization

Standard•modell n, Standardausführung f / standard, standard model, standard version || ~objektiv n (Foto) / normal lens || ~objektiv, Normalobjektiv n (Foto) / allround lens, normal lens, standard lens || ~rohrzange f (i. Ggs. zur Einhandrohrzange) (Wz) / plumber wrench || ~-Wasserstoffelektrode f (Chem, Elek) / standard hydrogen electrode, SHE || ~wert m (voreingestellt), Vorgabewert m (der verwendet wird, wenn kein anderer eingestellt wird) (DV) / default value

Standbild n, unbewegtes Bild (Foto, Video) / still image

Stand-by-Betrieb m, Stand-by-Modus m (Audio, Tele, TV) / standby, standby mode

Ständer m / stand, support || ~, Säulenständer m (Wzm) / pillar || ~, Pfosten m, Stiel m (im Holzrahmen- u. Holztafelbau) (Bau) / stud, standard || ~ (des Schmiedehammers) (Schm) / frame (of the forge hammer) || ~ (Elek) / stator, sta. || ~blech n (Elek) / stator lamination || ~blech (Elek) / stator core || ~blechpaket n (Elek) / stator core || ~bohrmaschine f (Wzm) / pillar drill[ing machine] || ~support m, Seitensupport m (des Senkrecht-Bohr-und Drehwerks) / side head (of vertical boring and turning lathe) || ~wicklung f (Elek) / stator winding

Stand•festigkeit f, Standsicherheit f (z.B. eines Krans gegen Umkippen) (Bau, Masch, Mech) / stability || ~festigkeit (des Formsandes, der Form) (Gieß) / strength, cohesivity || ~fläche f (auf einem Tisch, z.B. eines Desktop-PCs), Stellfläche f / footprint (of a piece of equipment) || ~foto n (fotografische Aufnahme bei einer Filmproduktion zur Dokumentation einzelner Einstellungen) (Film, Foto) / still || ~guss m (der flüssige Rohstahl wird in Gießformen (Kokillen) abgegossen; Ggs. Strangguss) (Gieß) / ingot casting || ~halten, aushalten / withstand (e.g. heat, noise, pressure), resist vt, sustain || ~halten, tragen, aushalten (z.B. Gewicht) / bear vt, carry || ~heizung f (Kfz) / stationary heating [system], parking heater

ständig (ununterbrochen) / continuous (e.g. reception of signals), constant || ~ (immer wieder auftretend) / continual (e.g. interruptions; power losses during the storm), constant || ~, dauerhaft, dauernd / permanent (e.g. residence, Security Council member, connection to the Internet) || ~, stetig / steady (e.g. decrease in value) || ~e Last f (Bau) / dead load (weight of a structure and any permanent loads fixed on it)

Stand•leitung f, festgeschaltete Leitung (Tele) / dedicated line, dedicated circuit, leased line, leased circuit, private line, fixed circuit, point-to-point circuit || ~licht n, Parkleuchte f (Kfz) / side light (often incorporated in headlamps), parking light (US) || ~mixer m (HG) / blender, liquidiser (GB) || ~moment n (das dem Kippmoment entgegenwirkt) (Mech)

/ resisting moment (counteracting overturning moment)
Standort *m* (z.B. eines Beobachters, Mobilfunkteilnehmers, Satelliten) / location (of an observer, subscriber, satellite) ‖ ~ (z.B. einer Anlage) / location (e.g. of a plant), site *n* ‖ ~ (Nav) / position ‖ ~**bestimmung** *f*, Standortfestlegung *f* (z.B. für eine Anlage) / siting, site selection ‖ ~**festlegung** *f* (z.B. für eine Anlage) / siting, site selection ‖ ~**verlagerung** *f* / relocation (of a plant, of production facilities) ‖ ~**verteiler** *m* (in der strukturierten Verkabelung) (Kabel, Tele) / campus distributor, CD ‖ ~**verzeichnis** *n*, Heimatdatei *f*, HLR-Register *n* (Tele) / HLR, home location register (master database in a cellular radio system with details of all subscribers to that service and their most recently known location) ‖ ~**wahl** *f*, Standortfestlegung *f* (z.B. für eine Anlage) / siting, site selection
Stand•**seilbahn** *f* / funicular, funicular railway ‖ ~**sicherheit** *f* (z.B. eines Krans gegen Umkippen) (Bau, Masch, Mech) / stability ‖ ~**zeit** *f* (Masch) / life, useful life, service life ‖ ~**zeit**, Lebensdauer *f* (eines Werkzeugs) / tool life ‖ ~**zeit** (eines Schneidwerkzeugs) (Wzm) / edge life ‖ ~**zeit** (während der eine Maschine etc. stillsteht), Nichtverfügbarkeitszeit *f* (einer Maschine, Anlage), Stillstandszeit *f* / downtime
Stange *f*, rod, bar ‖ ~ (lang, rund) / pole
Stangen•**arbeit** *f* / bar work ‖ ~**fallhammer** *m* (Schm) / board [drop] hammer ‖ ~**reibhammer** *m* (Schm) / board [drop] hammer ‖ ~**schloss** *n* **mit Keilen**, Keilschloss *n* / gib and cotter ‖ ~**zirkel** *m* (Zeichn) / beam compass (for drawing large circles or arcs), beam trammel, trammel
Stanz•**bördeln** *n*, Gesenkbördeln (Fert) / cupping, flanging ‖ ~**teil** *n* (Fert) / stamping, stamped part
Stapel *m*, geschichteter Haufen / stack ‖ ~, Stack *m* (Gruppe von Brennstoffzellen) (Chem, Elek) / stack ‖ ~, Batch *m* (DV) / batch ‖ ~, Kellerspeicher *m* (DV) / stack ‖ ~**betrieb** *m*, Batch-Betrieb *m* (DV) / batch processing ‖ ~**datei** *f*, Batch-Datei *f* (DV) / batch file
stapeln, aufstapeln, aufschichten / stack *vt*, pile up
Stapel•**speicher** *m*, Kellerspeicher *m* (DV) / stack ‖ ~**stauchwiderstand** *m*, Stauchwiderstand *m* (Maß für die Stapelfestigkeit von Verpackungen) / compression strength, compressive strength ‖ ~**verarbeitung** *f*, Batch-Betrieb *m* (DV) / batch processing ‖ ~**zeiger** *m*, Stackpointer *m* (DV) / Sp, stack pointer
Stapler *m*, Gabelstapler *m* (Förd) / fork lift, lift truck, fork lift truck, fork truck, stacker truck, fork lifter ‖ ~ **für Hochregale**, Hochregalstapler *m* (Förd) / stacker
stark (z.B. Mauer, Garn, Feder, Kräfte, Wind, Strömung, Base, Säure) / strong ‖ ~ (z.B. Hitze, Kälte, Druck, Licht) / intense ‖ ~ (z.B. Frost, Regen, Schneefall, Verkehr, Verschmutzung, Nachfrage) / heavy ‖ ~ (z.B. Anstieg, Rückgang) / sharp (decrease, incerease) ‖ ~ (z.B. Argumente, Wirtschaft, Konkurrenz) / strong ‖ ~ (z.B. Kaffee, Zigaretten) / strong ‖ ~ (z.B. Motor, Pumpe), kraftvoll / powerful, strong ‖ ~, dick / thick ‖ ~

(Abnutzung) / serious (wear) ‖ ~ (z.B. Vergrößerung, Linse, Laser) (Opt) / high-power... ‖ ~ **abgenutzt** / badly worn ‖ ~ **beanspruchen**, belasten (z.B. Stromnetz) / strain ‖ ~ **beanspruchen**, auslasten / make full use of, use to capacity ‖ ~**e Erschütterungen o. Schwingungen** / severe vibrations ‖ ~**e Überlastung** / severe overload ‖ ~ **verzerrt** / badly distorted
Stärke *f* (Mech) / strength ‖ ~, Dicke *f* / thickness ‖ ~, Dicke *f* / gauge (e.g. of sheet metal or wire) ‖ ~, Intensität *f* / intensity ‖ ~ (Chem, Nahr) / starch *n*, amylum ‖ ~..., stärkehaltig (Chem, Nahr) / starchy, farinaceous, amylaceous ‖ ~**granulose** *f*, Amylopektin *n* (Chem) / amylopectin ‖ ~**gummi** *m*, Dextrin *n* (Chem) / dextrin, starch gum ‖ ~**haltig**, Stärke... (Chem, Nahr) / starchy, farinaceous, amylaceous
stärken / strengthen
Stärkezellulose *f* (Chem) / amylose
Starkstrom *m*, Strom *m* hoher Stromstärke (Elek) / power current, heavy current ‖ ~ (Elek) s.a. Drehstrom ‖ ~**anlage** *f* (Elek) / power installation ‖ ~**freileitung** *f* (Elek) / overhead power line ‖ ~**kabel** *n* (Elek) / power cable, electric power cable ‖ ~**kreis** *m* (Elek) / power circuit ‖ ~**leitung** *f* (Kabel) / power cable ‖ ~**leitung** (zur Energieübertragung) (Elek) / power line, transmission line ‖ ~**technik** *f*, elektrische Energietechnik (Elek) / power engineering, electric power engineering
starr (z.B. Achse, Verbindung, Konzept) (allg) / rigid ‖ ~, unflexibel / inflexible ‖ ~**es Endoskop** (MT) / rigid borescope ‖ ~**er Hängegleiter**, Starrflügler *m* (Luft, Sport) / rigid wing (type of hang glider)
Starr•**achse** *f* (Kfz) / rigid axle ‖ ~**flügler** *m*, Starrflügelflugzeug *n* (Luft) / fixed-wing aircraft ‖ ~**flügler**, starrer Hängegleiter (Luft, Sport) / rigid wing (type of hang glider) ‖ ~**fräsmaschine** *f* (Wzm) / rigid milling machine
Starrheit *f* (Mech) / rigidity, rigidness
Starrluftschiff *n* (Luft) / rigid airship
Start *m*, Abschuss (einer Rakete) (Raumf) / launch, blast-off (of a rocket or spacecraft), launching ‖ ~, Abheben *n*, Abflug *m* (Luft) / start, take-off ‖ ~, Anlaufen *n* (z.B. der Produktion) / start ‖ ~ / start-up *n* (e.g. of a computer, motor, business) ‖ ~, Anlauf *m* (einer Maschine), Anlaufen *n* / starting, start-up ‖ ~, Anfahren *n* (eines Reaktors, einer Anlage, Maschine), Anfahrvorgang *m* / start-up ‖ ~**bahn** *f* (Luft) / take-off runway ‖ ~**und Landebahn** (Luft) / runway ‖ ~**bit** *n* (DV) / start element
starten *vi* / start *vi* ‖ ~, abheben *vi* (Flugzeug), abfliegen (Luft) / take off *vi* ‖ ~, abheben *vi* (Rakete) (Raumf) / blast off *vi*, lift off ‖ ~ *vt*, beginnen *vt* / start *vt*, begin ‖ ~, einleiten, anstoßen, initiieren / initiate (e.g. discussions, developments), trigger, set off ‖ ~, anlassen (Elek, Kfz, Mot) / start ‖ ~, booten (DV) / boot *vt* [up] (a computer), bootstrap *vt* ‖ ~ (z.B. Programm, Virus) (DV) / start, launch ‖ ~ (Rakete, Satelliten) (Raumf) / launch (a rocket, satellite) ‖ ~ *n*, Anlassen *n* (allg, Mot) / starting ‖ ~, Booten *n* (DV) / boot *n*, bootstrap *n*, bootstrapping ‖ ~ **o. Anlassen mit Hilfe eines Starthilfekabels**, Starthilfe *f* (Kfz) / jump-start, boost, jump

Starter m, Anlasser m (zum Starten von Verbrennungsmotoren) (Elek, Kfz) / starter motor, starter, starting motor ‖ ~**batterie**, Kraftfahrzeugbatterie f (Kfz) / battery, storage battery

Start•erlaubnis f (Luft) / clearance (for takeoff) ‖ ~**freigabe** f (Luft) / clearance (for takeoff) ‖ ~**hilfe** f, Starten n o. Anlassen mit Hilfe eines Starthilfekabels (Kfz) / jump-start, boost, jump ‖ ~**hilfekabel** n (Kfz) / jumper cable, jump leads pl (GB), battery jumper cable, jumper, booster cable ‖ ~**hilfsanlage** f (Mot) / cold start device, cold-starting device ‖ ~**reaktion** f (einer Kettenreaktion) (Chem) / initiation reaction ‖ ~**stufe** f (Raumf) / booster stage (designed to deliver a large percentage of the launcher's total thrust at the start of flight) ‖ ~**triebwerk** n, Booster m, Zusatztriebwerk n (für die Startphase) (Raumf) / booster ‖ ~**zählung** f, Count-down m (Raumf) / countdown

Statik (Mech) / statics sg ‖ ~ f, Baustatik f (Bau) / structural design ‖ ~, statische Berechnung (Techn) / structural analysis ‖ ~ **tropfbar flüssiger Körper**, Hydrostatik f / hydrostatics

Station f, Bahnhof m / station ‖ ~, Haltestelle f (Bus etc.) / stop ‖ ~, Arbeitsstation f (in der Fließfertigung) (Fert) / workstation (e.g. in a flexible manufacturing system) ‖ ~, Fertigungsstation f (in einer Presse) (Fert) / station ‖ ~ (Tele) / station

stationär, ortsfest, ortsgebunden / stationary, fixed ‖ ~**er Kran**, ortsfester Kran (Förd) / static crane

statisch, ruhend / static, statical ‖ ~ (Elek) / static ‖ ~**e Aufladung** (Elek) / static charge ‖ ~**er Auftrieb** (in ruhender Flüssigkeit (hydrostatisch) o. ruhendem Gas (aerodynamisch) - gleich dem Gewicht der vom Körper verdrängten Flüssigkeits- o. Gasmenge) (Phys) / buoyancy ‖ ~**e Belastung** (Mech) / static loading ‖ ~**e Berechnung**, Statik f (Techn) / structural analysis ‖ ~**er Blindleistungskompensator** (Elek) / static var compensator, SVC ‖ ~**er Druck** (Luft, Phys) / static pressure ‖ ~**e Elektrizität** (Elek) / static electricity ‖ ~**es Feld** (Phys) / static field ‖ ~**es Gleichgewicht** / statical equilibrium ‖ ~**es Magnetfeld** (zeitlich konstantes Magnetfeld) (Elek, Magn) / static magnetic field, constant magnetic field ‖ ~**es RAM** (DV) / SRAM, static RAM, static random access memory ‖ ~**e Reibung**, Haftreibung f / friction of rest, static friction, sticking friction, stiction ‖ ~**er Wechselrichter** (Elek) / static inverter

Statistik f (Wissenschaft) / statistics sg ‖ ~ (statistische Aufstellung, Tabellen, Diagramme) / statistics pl

statistisch•e Prozesslenkung, SPC (QM) / statistical process control, SPC ‖ ~**e Qualitätslenkung**, SPC (QM) / statistical process control, SPC ‖ ~**e Qualitätsprüfung**, Qualitätsprüfung f nach dem Stichprobenverfahren (QM) / sampling inspection ‖ ~**e Streuung** (Nukl) / straggling ‖ ~**e Toleranzrechnung** (QM) / statistical tolerancing

Stativ n / stand ‖ ~ (dreibeinig) / tripod ‖ ~ (Mikros) / arm (of a microscope)

Stator m, Ständer (Elek) / stator, sta. ‖ ~**wicklung** f (Elek) / stator winding

stattfinden / take place ‖ ~, auftreten / occur

Status m, Zustand m (allg, DV, Eltro) / status ‖ ~**leiste** f (DV) / status bar ‖ ~**register** n (DV) / status register

Stau m (z.B. Papierstau in einem Drucker) / jam (in a machine, e.g. paper jam) ‖ ~, Verkehrsstau m, Stockung f (Verk) / traffic jam, jam, traffic congestion ‖ ~ (mit zumindest teilweise völligem Verkehrsstillstand) (Verk) / gridlock (US) ‖ ~ (Rückstau, Schlange z.B. an Mautstelle, Grenzübergang), Verkehrsstau m (Kfz) / backup (of cars)(US), tailback (GB), queue, traffic queue ‖ ~**aufladung** f (Mot) / constant-pressure turbocharging

Staub m / dust ‖ ~, Pulver n, Mehl n / flour, powder ‖ ~..., staubhaltig / dust laden ‖ ~**ablagerung** f / dust deposit ‖ ~**abscheider** m / dust separator, dust collector ‖ ~**dicht** [geschlossen] / dust-tight ‖ ~**explosion** f / dust explosion ‖ ~**filter** f / dust filter ‖ ~**frei** / dustfree, dustless ‖ ~**freier Raum**, Reinraum m (Eltro, Fert) / clean room ‖ ~**gehalt** m / dust concentration ‖ ~**geschützt** / dustproof, protected from dust ‖ ~**haltig** / dust laden

staubig, verstaubt / dusty, covered with dust

Staub•sauger m (Haushalt) (HG) / vacuum cleaner, hoover (GB) ‖ ~**saugerroboter** m (HG) / robotic vacuum cleaner ‖ ~**schutzmaske** f / dust mask

stauchen (Längsausdehnung verkürzen bei gleichzeitiger Querschnittszunahme des Werkstücks) (Schm) / upset ‖ ~, anstauchen (Längsausdehnung verkürzen bei gleichzeitiger Querschnittszunahme nur am Ende des Werkstücks, z.B. zur Herstellung von Nagelköpfen) (Schm) / head, upset ‖ ~ n, Zusammendrücken n (Fert, Mech) / compression ‖ ~ (Verkürzung der Längsausdehnung bei gleichzeitiger Querschnittszunahme des Werkstücks) (Schm) / upset forging, upsetting ‖ ~, Kopfanstauchen n (Verkürzung der Längsausdehnung bei gleichzeitiger Querschnittszunahme nur am Ende des Werkstücks, z.B. zur Herstellung von Nagel- u. Schraubenköpfen) (Schm) / heading, upsetting

Stauch•grenze f (Mech) / compressive yield point ‖ ~**stumpfschweißen** n (Schw) / upset welding, UW ‖ ~**vorgang** m (Fert) / upsetting operation ‖ ~**widerstand** m (Maß für die Stapelfestigkeit von Verpackungen), Stapelstauchwiderstand m / compression strength, compressive strength ‖ ~**zone** f (im Schmiedegesenk) (Schm) / rib

Staudamm m (Erdschüttdamm oder Steinschüttdamm) (Wasserb) / dam, embankment dam (rock-fill or earth-fill dam)

Stau•druck m, dynamischer Druck (in einem strömenden Medium die Differenz aus dem in einem Staupunkt wirkenden Gesamtdruck und dem statischen Druck der ungestörten Strömung, d.h. der Druckanstieg, der durch Verzögerung der Stoffteilchen auf die Geschwindigkeit null im Staupunkt des umströmten Körpers auftritt) (Phys) / dynamic pressure ‖ ~**Wasserheber** m, Stoßheber m, hydraulischer Widder / hydram, hydraulic ram ‖ ~**düse** f (pneumatischer Näherungssensor) / back-pressure nozzle

stauen, aufstauen (Wasserb) / dam [up], back up vt (e.g. a stream) ‖ ~, aufstauen (Wasser in/zu einem Stausee) / impound (water in a reservoir) ‖ ~, verstauen (Schiff) / stow [away]

|| **der Verkehr staute sich auf 3 km** (Verk) / there was a 3 km tailback (GB) or backup (US) || **sich ~** (Wasser) (Wasserb) / accumulate *vi*, build up *vi*

Stauffer•buchse *f*, Staufferbüchse *f* / grease cup, Stauffer lubricator || **~fett** *n* / grease (as used in Stauffer lubricator), cup grease

Stau•mauer *f* (aus Beton oder Mauerwerk hergestellt) (Wasserb) / dam, masonry dam || **~punkt** *m* (Punkt an der Oberfläche eines von einem Medium gleichförmig umströmten Körpers, an dem das strömende Fluid theoretisch senkrecht auftrifft, die Geschwindigkeit des Mediums auf null verzögert wird u. der Druck am größten ist) (Luft, Phys) / stagnation point || **~raum** *m*, Gepäckraum *m* (Bahn) / luggage compartment, luggage space, baggage compartment || **~rohr** *n*, Pitot-Rohr *n* (Luft, Schiff) / pitot-static tube, pitot tube || **~see** *m* (Wasserb) / reservoir (body of water held back by a dam)

Stauung *f*, Verkehrsstau *m*, Stockung *f* (Verk) / traffic jam, jam, traffic congestion || **~**, Stau (Rückstau, Schlange z.B. an Mautstelle, Grenzübergang), Verkehrsstau *m* (Kfz) / backup (of cars)(US), tailback (GB), queue, traffic queue

Stealth-Virus, Tarnkappenvirus *m* (DV) / stealth virus

Steamcracken *n*, Steamcracking *n* (Öl) / steam cracking

Steamreforming *n* (Öl) / steam reforming

Steatit *m*, Speckstein *m* (Min) / soapstone, steatite, soaprock

Stech•beitel *m* (Tischl) / woodworking chisel (bevel-edged), wood chisel || **~eisen** *n*, Lochbeitel *m*, Stemmeisen *n* (Tischl) / woodworking chisel (bevel-edged), wood chisel || **~heber** *m*, Pipette *f* (Chem) / pipette *n*, pipettor, pipet, chemical dropper

Steck•..., Einsteck... (Elek, Eltro) / plug-in... || **~anschluss** *m* (Kabel) / plug-in termination

steckbar (Elek, Eltro) / plug-in..., pluggable

Steck•bolzen *m* (DIN 80403) / socket pin || **~brücke** *f*, Jumper *m* (DV, Eltro) / jumper *n* || **~dose** *f* (Elek) / socket, female power connector || **~dose**, Netzsteckdose *f* (Elek) / mains socket, electrical socket, electric socket, electrical outlet, plug-in *n*, receptacle, power socket, power point, power outlet || **~dose**, Wandsteckdose *f* (Elek) / wall outlet, outlet, wall socket || **~dosenleiste** *f* (Elek) / power strip, plug board, power board, power bar, distribution board, gangplug, plugbar, multibox, relocatable power tap || **~dosenprüfer** *m* (Elek) / socket tester

stecken *vt* (in eine Öffnung) / insert (e.g. a key in a lock)

Stecker *m* (Elek, Eltro) / plug, electric plug, plug connector, male connector, connector || **~**, Netzstecker *m* (Elek) / mains plug, power plug || **~belegung** *f* (DV, Eltro) / pin assignment || **~buchse** *f* (weiblicher Teil einer Steckverbindung, der fest in ein Gerätegehäuse eingebaut ist) (Audio, Eltro, TV) / socket (in electrical appliance), jack, connector, plug-in, female connector || **~kompatibilität** *f*, Pinkompatibilität (Eltro) / pin compatibility || **~leiste** *f*, Steckdosenleiste *f* (Elek) / power strip, plug board, power board, power bar, distribution board, gangplug,

plugbar, multibox, relocatable power tap || **~stift** *m*, Kontaktstift *m* (Elek) / pin (on a plug), plug pin, connector pin, prong (of male connector)

Steck•feld *n* (Elek) / plugboard || **~karte** *f* (DV, Eltro) / plug-in board, plug-in card || **~karte**, Adapterkarte *f* (z.B. Grafikkarte) (DV) / adapter (e.g. video or hard disk controller, sound board), card, expansion board, expansion card, slot card || **~klemme** *f* (Elek) / plug-in terminal || **~nadel** *f* / pin *n* || **~platz** *m*, Erweiterungssteckplatz *m* (DV) / slot, expansion slot || **~schlüssel** *m* (Wz) / socket wrench (US), socket spanner || **~schlüssel** (einteilig) (Wz) / box spanner (GB) || **~schlüsseleinsatz** *m*, Nuss *f* (für Steckschlüssel) (Wz) / socket (for wrenches) || **~schlüsselsatz** *m* (Wz) / socket set || **~schuh** *m*, Zubehörschuh *m* (Foto) / accessory shoe || **~Schwert** *n*, Klemm-Schwert *n* (Schiff) / daggerboard || **~tafel** *f*, Schalttafel *f* (Elek) / plugboard, plugboard, patch board, patch panel || **~verbinder** *m*, Steckverbindung *f* (Stecker + Kupplung/Buchse) (Elek) / connector (plug + receptacle), plug and socket connector || **~verbinder mit Bajonettverschluss** (Eltro) / bayonet connector || **~verbindung** *f* (Elek) / plug-and-socket connection, plug-in connection, plug connection || **~verbindung** (Stecker + Kupplung/Buchse) (Elek) / connector (plug + receptacle), plug and socket connector || **~vorrichtung** *f*, Steckverbindung *f* (Stecker + Kupplung/Buchse) (Elek) / connector (plug + receptacle), plug and socket connector

Stefan-Boltzmann•-Gesetz *n* (Phys) / Stefan-Boltzmann law, Stefan's law || **~-Konstante** *f* (Phys) / Stefan-Boltzmann constant

Steg *m* (kleine Brücke, Überführung) / footbridge || **~** (an Profilstahl, Spiralbohrer, Schiene, Hohlziege usw.l) / web || **~**, Kettensteg *m* / stud (of the chain link) || **~** (Verbindungsschiene einer Batterie) (Elek) / cell connector || **~** (auf Schallplatten zw. zwei Rillen), Grat *m* (Audio) / land (in records) || **~**, Schneckensteg *m* (Plast) / flight (of the screw of an extruder or injection moulding machine) || **~** (nicht druckendes Formelement zwischen Näpfchen auf einem Tiefdruckzylinder) (Druck) / bridge || **~breite** *f* (Extruder, Spritzgießmaschine) (Plast) / flight width || **~leitung** *f* (Elek) / flat webbed building wire

Stehbild•kamera *f* (Foto) / still camera || **~werfer** *m*, Diaprojektor *m* (Foto) / slide projector

Stehbolzen *m* (Gewinde-Bauteil ohne Kopf; wird mit einem Gewindeende in ein Bauteil (z.B. Zylinderkopf) eingeschraubt und verbleibt dort; das andere Gewindeende dient dem Befestigen eines anzuflanschenden weiteren Teils (z.B. Auspuffkrümmer)) / stud

stehen / stand *vi* || **~**, stehen geblieben sein / have stopped, be at a standstill || **~** (Computer) (DV) / be inoperable || **~** [auf], anzeigen *vt* (z.B. 35 °C) (Instr) / read || **~**, gespeichert sein (DV) / reside (e.g. on hard disk, a workstation, server, in memory) || **~ bleiben**, anhalten *vi* / stop *vi*, come to a standstill || **~ bleiben**, ausgehen (Mot) / stall *vi*, stop || **~ für**, bedeuten / stand for || **zum ~ bringen**, anhalten *vt*, stoppen *vt* / stop *vt*

stehend, aufrecht / standing, upright, vertical || ~ (i. Ggs. zu bewegt), stillstehend / stationary || **~es Bild**, unbewegtes Bild, Standbild *n* (Foto, Video) / still image

Steh•lager *n* (Masch) / pedestal bearing, plummer block, pillow block || **~lampe** *f*, Stehleuchte *f* (Licht) / floor lamp || **~leiter** *f* / step ladder || **~leuchte** *f* (Licht) / floor lamp || **~spannung** *f* (Isolierung) (Elek) / withstand voltage (insulation) || **~zeit** *f*, Verweilzeit (Chem) / retention time

steif / stiff || **~**, unnachgiebig, starr / inflexible, unyielding || **~ machen**, versteifen / stiffen *vt*

steigen / rise *vi* (barometer, temperature, water), go up || **~**, sich erhöhen (z.B. Preise, Ansprüche) / increase || **~**, an Höhe gewinnen (Luft) / climb *vi*

steigern, erhöhen / increase || **~**, verbessern / improve, enhance

Steigerung *f*, Zunahme *f*, Erhöhung *f* / increase *n* || **~**, Verbesserung *f* / improvement, enhancement

Steigerungstyp *m* (des Feldeffekttransistors) (Eltro) / enhancement-mode transistor, enhancement-mode MOSFET, enhancement-type MOSFET

Steig•leitung *f* (Elek, Sanitär) / rising main, riser, services riser || **~rohr** *n* / riser, riser pipe, rising pipe

Steigung *f*, Anstieg *m* (ansteigende Strecke) (allg) / slope || **~**, Steigungsstrecke *f* (Bahn, Straß) / grade (upward), uphill grade, gradient || **~** (Bahn, Straß) / slope (degree of upward inclination), slope gradient || **~** (einer Kurve, Geraden) (Math) / slope, gradient || **~** (von Turbinenschaufel, Luftschraube) / pitch || **~** (eines ein- o. mehrgängigen Gewindes) / lead || **~**, Steigungshöhe *f* (lotrechtes Maß zwischen den Trittflächen zweier aufeinander folgender Stufen) (Bau) / rise of a step

Steigungs•einstellung *f* (Hubschrauber) (Luft) / pitch setting || **~höhe** *f* (lotrechtes Maß zwischen den Trittflächen zweier aufeinander folgender Stufen) (Bau) / rise of a step || **~strecke** *f*, Steigung *f* (Bahn, Straß) / grade (upward), uphill grade, gradient || **~winkel** (Math) / slope angle || **~winkel** (Zahnrad, Gewinde) / lead angle || **~winkel** (Schraubenlinie, z.B. bei Schnecke des Extruders o. der Spritzgießmaschine) (Plast) / helix angle, flight angle (of the screw of an extruder or injection moulding machine)

Steig•wind *m*, Aufwind *m* (Luft, Meteo) / upcurrent, upwash, upward current || **~zeit** *f*, Anstiegszeit *f* (von Impulsen) (Elek, Eltro) / rise time

Steilkegel *m* / steep taper

steilster Steigwinkel, maximaler Steigwinkel (Luft) / maximum gradient

Stein *m* / stone || **~**, Fels[en] *m* / rock || **~** (von Steinobst), Kern *m* (Bot) / stone || **~e u. Erden** *pl* / nonmetallic minerals *pl* || **~bohrer** *m* (zum Bohren von Dübellöchern in Beton u. Mauerwerk) (Wz) / masonry [drill] bit || **~damm** *m* / rockfill dam, stone dam, stone dike

Steinersch•er Satz (Mech) / Steiner's theorem || **~er Verschiebesatz** (Mech) / Steiner's theorem

Stein•gut *n* (poröser, heller bis weißer, nicht durchscheinender Scherben, meist glasiert) (Keram) / creamware (cream-coloured English earthenware of the second half of the 18th

century and its European imitations) || **~kohle** *f* / hard coal || **~kohlenbergwerk** *n* (Bergb) / coal mine, colliery || **~spalthammer** *m* (Bau, Wz) / spalling hammer || **~wolle** *f* (Bau) / rock wool, mineral wool

Stell•antrieb *m*, Antriebsglied *n* (Teile einer Maschine oder Anlage zur Umwandlung z.B. hydraulischer o. pneumatischer Energie in Bewegungsenergie od. eines Signals in eine entsprechende Bewegung - z.B. Zylinder, Motoren) (Masch, Regel) / actuating drive, actuator, servo, servo drive || **~bereich** *m* / operating range of the final control element

Stelle *f*, Ort *m* / place || **~** (z.B. eine kahle, feuchte Stelle) / spot (e.g. a bald, wet spot) || **~** (in einem Text) / place || **~** (in einem Text), Abschnitt *m* / passage (in a book, article etc.) || **~**, Zeitpunkt *m* / point || **~** (in einer Zahl), Ziffernstelle *f* (Math) / digit position, place || **~** (hinter dem Komma einer Dezimalzahl), Dezimalstelle *f* (Math) / decimal place || **~**, Arbeitsplatz *m* / job *n* || **~** (Arbeitsstelle), Position *f* / post, position || **freie ~** / vacancy

stellen, setzen, legen / place *vt*, put || **~** (auf eine Grundlage, Unterlage) / base *vt* [on] || **~** (jemandem etwas), besorgen / provide (somebody with something) || **~** (z.B. Zähler auf Null), einstellen / set (e.g. counter to zero) || **~** (Uhr) / set (clock, watch) || **~**, einstellen (z.B. auf Automatik, Aufnahme) / switch (e.g. a camera into automatic mode, a VCR into record mode) || **~** (eine Aufgabe, Bedingung, Termin) / set (a task, condition, deadline) || **~** (Forderung, Anforderung) / make (demands) || **höher ~** (Heizung) / turn up (heating) || **lauter ~** (Audio, TV) / turn up (e.g. radio, TV) || **leiser ~** (Audio, TV) / turn down (e.g. radio, TV) || **niedriger ~** (Heizung) / turn down (heating)

Stellen•abbau *m* / staff cutback[s], staff cut, reduction in staff or personnel || **~beschreibung** (IE) / job description || **~streichung** *f* / staff cutback[s], staff cut, reduction in staff or personnel || **~versetzen** (Bitwerte in einem Register oder einer Speicheradresse um eine Position nach links oder rechts) (DV) / shift || **~versetzen** *n*, Verschiebung *f*, Schift *m* (DV) / shift || **~wert** *m*, Wertigkeit *f* (DV) / weight, significance || **~wert** (einer Ziffer aufgrund ihrer Position in einer Zahl) (Math) / place value, value of a digit position || **~wertschreibung** *f* (DV, Math) / positional notation, place-value notation || **~wertsystem** *n*, Positionssystem *n* (der Wert einer Ziffer ist abhängig von der Position innerhalb der Zahl) (Math) / place value system, positional system, denominational number system

Steller *m*, Einstellvorrichtung *f* / adjuster || **~**, Stellglied *n* (in einem Regelkreis), Aktor *m*, Aktuator *m* (Regel) / actuator, final control element

Stell•fläche *f* / floor space (available for placing machinery, goods, furniture etc) || **~fläche** *f*, Standfläche *f* (auf seinem Tisch, z.B. eines Desktop-PCs) / footprint (of a piece of equipment) || **~fuß** *m* (zur Niveauregulierung von z.B. Waschmaschinen), Nivellierfuß *m* / levelling foot || **~geschwindigkeit** *f* / regulating speed || **~glied** *n* (in einem Regelkreis), Aktor *m*, Aktuator *m* (Regel) / actuator, final control element || **~glied**, Armatur *f* (Vorrichtung zum

Sperren u. Regeln des Durchflusses in Rohrleitungen; Sammelbezeichnung für Ventil, Schieber, Klappe, Hahn) (ChT, Rohr) / valve (any device for halting or controlling the flow of a liquid or gas through a passage, pipe, etc.) || ~**größe** f (Regel) / manipulated variable, control variable

Stellit n (ein Schneidmetall) / stellite

Stell•kraft f / actuating force || ~**motor**, Servomotor m (Regel) / servomotor || ~**mutter** f / adjusting nut || ~**organ** n, Stellglied n (in einem Regelkreis), Aktor m, Aktuator m (Regel) / actuator, final control element || ~**ort** m / regulating point || ~**schalter** m (Elek) / positioning switch || ~**schmiege** f, Winkelschmiege f (Mess, Wz) / sliding T bevel, bevel gauge, sliding bevel, adjustable try square, bevel square, angle bevel || ~**schraube** f / adjusting screw, setscrew, adjustment screw || ~**signal** n / control signal, actuating signal || ~**stift** m / adjusting pin, set pin

Stellung f, Position f, Lage f / position n || ~ (eines Schalters, Hebels etc.) / position || ~, Stelle f, Arbeitsplatz m / job n || ~, Position f, Stelle f (Arbeitsstelle) / post, position || ~ **nehmen** [zu] / comment [on]

Stellungs•anzeige f / position indication || ~**anzeige**, Stellungsanzeiger m / position indicator || ~**anzeiger** m / position indicator || ~**geber** m (für Veränderungen), Aufnehmer m für Bewegungen o. Deformationen, Weggeber m (Eltro, Mess) / displacement pickup, displacement transducer || ~**melder** m, Stellungsanzeiger m / position indicator || ~**regler** m (Regel) / positioner

Stell•ventil n (Masch, Regel) / control valve || ~**wand** (im Büro als Raumteiler) (Büro) / partition (enclosing office cubicles) || ~**werk** n (Bahn) / signal box, signal cabin, interlocking tower (US), switch tower, signal tower || ~**widerstand** m, Rheostat m, veränderbarer Widerstand (Elek) / rheostat, variable resistor, adjustable resistor

Stemma n (Pl. Stemmata), Baumdiagramm n / tree diagram

Stemmeisen n, Lochbeitel m (Tischl) / woodworking chisel (bevel-edged), wood chisel

Stempel m (Büro) / rubber stamp || ~, Formstempel m (zum Streckziehen) (Wzm) / die (for stretch forming) || ~ (in der Blechbearbeitung), Schneidstempel m (Fert) / punch (in sheet metal working) || ~ (Teil der Pressform, der in die Matrize eindringt) (PM) / punch || ~, Schneidstempel m (beim Scherschneiden) (Fert) / punch, shearing punch || ~**kanne** f, Cafetière f, Druckstempelkanne f / cafetière (GB), press pot, plunger (Australia), French press (for making coffee) || ~**kissen** n (Büro) / stamp pad, ink pad || ~**kraft** f (beim Streckziehen) (Fert) / die force

Steradiant m (Einheit des räumlichen Winkels) (Math) / steradian, sr

Stereo•anlage f (Audio) / stereo, stereo system, stereo equipment || ~**fotografie** f, dreidimensionale Fotografie (Foto) / stereophotography, stereoscopic photography || ~**lithografie** f (Rapid Prototyping-Verfahren, bei dem die Bauteile durch lokales, schichtweises Aushärten eines flüssigen Photopolymers mit Hilfe eines UV-Lasers

erzeugt werden) (Fert) / stereolithography || ~**metrie** f / stereometry || ~**selektive Synthese** (Chem) / asymmetric synthesis, chiral synthesis, enantioselective synthesis, stereoselective synthesis

Stern•..., sternförmig / star-shaped, stellate || ~**-Dreieck-Anlauf** m (Elek, Mot) / star-delta starting || ~**dreieckschalter** m (Elek) / star-delta switch, wye-delta switch, Y-delta switch || ~**dreieckschaltung** f (Elek) / star-delta connection || ~**förmig** / star-shaped, stellate || ~**fotografie** f / astrophotography || ~**griff** m (DIN 6336) (Masch) / star knob || ~**interferometer** n (Astr, Opt) / stellar interferometer || ~**koppler** m (DV, Tele) / star coupler || ~**kunde** f, Astronomie f / astronomy || ~**kurve** f, Astroide (Math) / astroid, tetracuspid || ~**netz** n, Sternnetzwerk n (DV, Tele) / star network, star-type network || ~**punkt** m (Elek) / neutral, star point, neutral point || ~**punktanschluss** m (Elek) / neutral terminal, zero terminal || ~**punktklemme** f (Elek) / neutral terminal, zero terminal || ~**punktleiter** m (im Drehstrom-Vierleiter-system) (Elek) / neutral conductor, neutral wire, middle conductor, neutral, middle wire || ~**rad** n (Masch) / star [shaped] wheel || ~**rad** (in einem Malteserkreuzgetriebe) / driven wheel (in a Geneva drive), follower || ~**radgetriebe** n (Masch) / star-wheel mechanism || ~**revolver** m (Wzm) / capstan head || ~**schaltung** f (Elek) / star connection, star configuration, Y connection, Y configuration, wye connection || ~**spannung** f, Strangspannung f (Elek) / phase voltage, Y voltage, voltage to neutral (voltage between any line and neutral of a three-phase system), star voltage || ~**-Topologie** f (eine Netztopologie) (DV, Tele) / star topology

Stethoskop n, Hörrohr m (MT) / stethoscope

stetig, gleichmäßig / steady || ~ (nicht aussetzend), kontinuierlich / continuous || ~ (Funktion) (Math) / continuous (function) || ~ **differenzierbare Funktion** (Math) / continuously differentiable function || ~**e Regelung** (Regel) / continuous control || ~**er Regler** (Regel) / continuous controller || ~**e Steuerung** (Regel) / continuous control || ~**e Teilung**, goldener Schnitt (Math) / golden ratio, golden section, golden mean

Stetigförderer m (für Schüttgut o. für Stückgut) (Förd) / conveyor, continuous handling equipment (for bulk materials or contained loads), continuous materials handling system, continuous mechanical handling equipment

Stetigkeit f (einer Funktion) (Math) / continuity (of a function)

Stetigkeitsaxiom n (Math) / Archimedes' axiom, Eudoxus' axiom

Steueranschluss, Steuerelektrode f (bei Feldeffekttransistor), Gateelektrode f (Eltro) / gate (in an FET), gate electrode

steuerbarer Gleichrichter, Thyristor m (Eltro) / thyristor, SCR, silicon controlled rectifier

Steuer•bereich m (Regel) / control range, range of control || ~**block** m (DV) / control block || ~**bus** m (DV) / control bus || ~**diagramm** n (Mot) / valve timing diagram || ~**diagramm** (Regel) / control chart || ~**dose** f (bei Ladedruckregelung mit Bypass-Klappe) (Mot) / wastegate actuator || ~**drehmelder** m (Elek, Regel) / synchro control transmitter || ~**druck**

m (Regel) / control pressure || ²**einheit** *f* (DV, Techn) / control unit || ²**einheit einer CNC-Maschine** (Hard- und Software), CNC-Steuerung *f* (NC) / MCU, machine control unit (consisting of hardware and software) || ²**einrichtung**, Steuerung, Steuergerät *n* (DV, NC) / controller *n*, control unit || ²**elektrode** *f*, Gateelektrode *f*, Zündelektrode *f* (des Thyristors) (Eltro) / gate, gate electrode || ²**elektrode** (bei Feldeffekttransistor), Gateelektrode *f* (Eltro) / gate (in an FET), gate electrode || ²**fläche** *f* (am Leitwerk und Tragflügel - Querruder, Seitenruder, Höhenruder), Ruder *n* (Luft) / control surface || ²**gerät** *n* (DV, NC) / controller *n*, control unit || ²**gestänge** *n* / control linkage || ²**gitter**, Gitterelektrode *f* (Eltro) / grid, control grid, grid electrode || ²**glied** *n* (Regel) / control element || ²**hebel** *m* (allg, Techn) / control lever || ²**impuls** *m* **zum Zünden eines Thyristors**, Zündimpuls *m* (Eltro) / trigger pulse (in thyristors) || ²**kanal** *m*, D-Kanal *m* (Tele) / D channel (intended to carry signalling for circuit switching in the ISDN) || ²**kette** *f* (Ventilsteuerung) (Mot) / timing chain || ²**kette** (Bauglieder der Steuerung, die in Kettenstruktur aufeinander wirken) (Regel) / open loop control system || ²**knüppel** *m* (Luft) / control stick, joystick || ²**knüppel**, Joystick *m* (DV) / joystick || ²**kreis** *m*, Steuerstromkreis *m* (Elek, Regel) / control circuit || ²**leitung** *f* (Pneumatik) (Regel) / control line

steuern, führen (Flugzeug) (Luft) / pilot *vt*, fly (an aircraft) || ~, lenken (Schiff) / steer || ~, führen (Kraftfahrzeug), lenken (Kfz) / drive *vt*, steer || ~ (bei offenem Wirkungskreis einwirken) (Regel) / control (in open loop control system) || ~ (z.B. Abläufe, Sinterbedingungen) / control

Steuer•nocken *m* (Masch) / control cam, controlling cam || ²**pult** *n*, Bedienungspult *n* (Regel) / console (for operator), operator console, control console, control board, control panel, control desk || ²**rad** *n* (Ventilsteuerung) (Mot) / timing gear || ²**rohr** *n* (Fahrrad) / head tube || ²**[ruder]** *n*, Schiffsruder *n*, Ruder *n* (Schiff) / rudder || ²**satz** *m* (Fahrrad) / headset || ²**säule** *f* (Luft) / control column || ²**schalter** *m* (allg, Elek) / control switch || ²**schrank** *m* (Elek, Masch) / control cabinet || ²**signal** *n* (DV, Regel) / control signal || ²**spannung** *f* (Elek, Regel) / control voltage || ²**spannung** (am Gate von Transistor, Thyristor) (Eltro) / gate voltage || ²**stab** *m* (Nukl) / control rod || ²**stand** *m*, Steuerwarte *f*, Leitstand *m* (einer Anlage) / control room || ²**strecke** *f* (Regel) / controlled system, process (in an open-loop control system) || ²**strom** *m* (Eltro, Regel) / control current || ²**strom** (am Gate von Transistor, Thyristor), Gatestrom *m* (Eltro) / gate current || ²**stromkreis** *m* (Elek, Regel) / control circuit || ²**system** *n* **für periphere Geräte** (DV) / peripheral control unit || ²**tafel** *f* (Regel) / control panel || ²**taste** *f* (Regel) / control key || ²**taste**, Cursor-Steuertaste *f*, Navigationstaste *f* (DV) / cursor key, cursor control key, navigation key || ²**teil** *m*, Steuergerät *n* (DV, NC) / controller *n*, control unit || ²**transformator** *m* / control transformer || ²**triebwerk** *n* (Raumf) / manoeuvring engine

Steuerung *f*, Bedienung *f* (einer Maschine etc.) / control, operation || ² (Gerät), Steuergerät *n* (DV, NC) / controller *n*, control unit || ² (als Gesamtanlage) (Regel) / control system (open loop) || ² (NC) / positioning system || ² (Vorrichtung[en]) (Luft) / controls *pl* || ² (bei offenem Wirkungskreis) (Ggs: Regelung) (Regel) / [automatic] control (with open loop), open-loop control || ² (Anlage - ohne Rückwirkung von der Steuer- auf die Stellgröße) (Regel) / open-loop control system

Steuerungs•ablauf *m* (DV, Regel) / control sequence || ²**art** *f*, Steuerung *f* (Regel) / control system (open loop) || ²**art** (Regel) / types of control (open loop) || ²**konsole** *f* (DV) / master terminal || ²**taste** *f*, Strg-Taste *f* (auf der Computertastatur) (DV) / control key, Control (key), Ctrl (key) || ²**technik** *f* (Regel) / control engineering, automatic control engineering || ²**- und Regelungstechnik** *f* (Regel) / control engineering, automatic control engineering

Steuer•ventil *n* (Masch, Regel) / control valve || ²**wagen** *m* (Bahn) / cab car, control car, driving trailer || ²**warte** *f*, Leitstand *m* (einer Anlage) / control room || ²**welle** *f* (Masch) / camshaft || ²**werk** *n*, Leitwerk *n* (DV) / CU, control unit (component of the CPU) || ²**werk** (Luft) / flight controls *pl*, flight control system || ²**zeichen** *n* (DV) / control character || ²**zentrale** *f* (Masch, Raumf) / control center

Steven *m*, Vordersteven *m* (Schiff) / stem
Steward *m*, Flugbegleiter *m* (Luft) / steward
Stewardess *f*, Flugbegleiterin *f* (Luft) / stewardess
Stiban *n*, Antimonwasserstoff *m* (Chem) / stibine
Stibin *n*, Antimonwasserstoff *m* (Chem) / stibine
Stibitz-Code *m* (DV) / excess-three code
Stich *m*, Nadelstich *m* (Tex) / stitch || ², Walz-Stich *m*, Durchgang *m* (eines Werkstücks durch einen Walzenspalt) (Walz) / pass, rolling pass || ² (Fehler) (Schm) / shut || **einen ² bekommen**, sauer werden (Nahr) / go off, turn sour, go sour

Stich•anker *m*, Maueranker *m*, Schlauder *f* (Bau) / tie bolt, wall anchor || ²**beitel** *m*, Lochbeitel *m*, Stemmeisen *n* (Tischl) / woodworking chisel (bevel-edged), wood chisel || ²**leitung** *f*, Abzweigkabel *n* / branch cable, stub cable

Stichprobe *f* (QM, Stat) / sample || ², Stichprobennahme *f* / sampling || ²**n nehmen [aus]** / sample (e.g. a lake for an analysis for a chemical pollutant), collect a sample or samples [from], obtain a sample or samples [from]

Stichproben•kontrolle *f*, Qualitätsprüfung *f* nach dem Stichprobenverfahren (QM) / sampling inspection || ²**nahme** *f* / sampling || ²**prüfung** *f*, Qualitätsprüfung *f* nach dem Stichprobenverfahren (QM) / sampling inspection || ²**verfahren** *n* (QM, Stat) / sampling || ²**verfahren** (QM, Stat) / sampling procedure

Stich•säge *f* (Wz) / jig saw || ²**säge**, Lochsäge *f* (Wz) / compass saw (with a narrow, tapering blade for cutting curves of small radii) || ²**wortverzeichnis** *n*, Index *m* (Druck) / index (to a book or document)

stickig, abgestanden (z.B. Luft) / stale, stagnant
Stick•oxid *n*, Stickstoffoxid *n* (Chem) / nitrogen oxide, NO || ²**oxydul** *n* (früher), Distickstoffoxid *n* (N_2O) (Chem, Pharm) /

dinitrogen oxide, nitrogen monoxide, nitrous oxide(N_2O), laughing gas

Stickstoff m (Chem) / nitrogen, N ‖ ~**dioxid** n (Chem) / nitrogen dioxide (NO_2), nitrogen(IV) oxide, nitrogen peroxide, nitrogen tetroxide ‖ ~**oxid** n (Chem) / nitrogen oxide, NO_x ‖ ~**(I)-oxid**, Distickstoffoxid n (N_2O) (Chem, Pharm) / dinitrogen oxide, nitrogen monoxide, nitrous oxide(N_2O), laughing gas ‖ ~**(IV)-oxid** n (Chem) / nitrogen dioxide (NO_2), nitrogen(IV) oxide, nitrogen peroxide, nitrogen tetroxide ‖ ~**(V)-oxid** n, Distickstoffpentoxid n (N_2O_5), Distickstoff(V)-oxid n (Chem) / dinitrogen pentoxide(V), nitrogen pentoxide, nitrogen acid anhydride ‖ ~**trichlorid** n (Chem) / nitrogen trichloride ‖ ~**trioxid** n, Distickstoff(III)-oxid n, Distickstofftrioxid n (N_2O_3) (Chem) / dinitrogen trioxide, nitrogen trioxide, nitrogen sesquioxide ‖ ~**wasserstoffsäure** f, Azoimid n (Chem) / azoimide, hydrazoic acid, hydronitric acid

Stiel m, Handgriff m / handle n ‖ ~ (Wz) / handle (of hammer) ‖ ~, Pfosten m, Ständer m (im Holzrahmen- u. Holztafelbau) (Bau) / stud, standard

Stift m, Schreibstift m (Büro) / pen ‖ ~, Bleistift m (Büro) / pencil, graphite pencil ‖ ~, Buntstift m (Büro) / crayon (pencil) ‖ ~ (eines Plotters) (DV) / pen ‖ ~ (Techn) / pin ‖ ~, Anschlussstift m (Elek, Eltro) / pin ‖ ~**mühle** f / pin mill ‖ ~**schlüssel** (Wz) / key wrench ‖ ~**schraube** f / stud, stud bolt

stilllegen, schließen / shut down (e.g. factory), close down ‖ ~, ausrangieren (z.B. Schiff, Flugzeug, Satellit), nicht weiter verwenden / decommission, retire vt (e.g. ship, airplane, satellite), take out of service ‖ ~, abschalten (Anlage, Reaktor etc.) / shut down, decommission (e.g. plant, reactor)

Stilllegung f, Schließung f / shutdown n (of a factory), closing down ‖ ~, Außerbetriebsetzung f / decommissioning

stillliegen, außer Betrieb sein, stillstehen / be shut down, be out of operation

stillsetzen (Maschine) / stop ‖ ~ (Anlage, Kraftwerk) / shut down

Stillstand m / standstill ‖ ~, Anhalten n, Stopp m / stoppage, stop ‖ ~ (vorübergehend), Stockung f, Unterbrechung f / interruption ‖ ~, Ausfall m (einer Anlage - vorübergehend) / outage (of machinery or equipment) ‖ ~ **von Maschinen** (wegen Defekt) / machine down-time ‖ **zum** ~ **bringen** (z.B. Verkehr, Motor) / bring to a standstill

Stillstands•wächter m (Eltro, Mess) / standstill monitor ‖ ~**zeit** f, Nichtverfügbarkeitszeit f (einer Maschine, Anlage) / downtime

stillstehen, stillliegen, außer Betrieb sein / be shut down, be out of operation

stillstehend, stehend (i. Ggs. zu bewegt) / stationary ‖ ~, außer Betrieb (Techn) / idle, out of operation

stimmen vi, richtig sein / be correct ‖ ~ vt (Akust) / tune ‖ **höher [tiefer]** ~ (Akust) / tune up [down], raise [lower] the pitch ‖ ~**recorder** m, Cockpit-Voice-Recorder m (Luft) / cockpit voice recorder, CVR

stimulierte Emission (Phys) / stimulated emission

Stippen f, Faserzusammenballungen f (Pap) / knots pl

Stirling-Motor m (Mot) / Stirling engine

Stirn•..., stirnseitig adj / front ‖ ~**abschreckversuch** m (zur Feststellung der Härtbarkeit von Stahl) (Hütt, Mater) / end quench test, Jominy end quench test, Jominy test ‖ ~**drehen** n, Plandrehen n (Fert) / facing, face turning, surfacing ‖ ~**fläche** f (z.B. einer Schleifscheibe - i. Ggs. zur Umfangsfläche) / face (e.g. of a grinding wheel as opp. to its periphery) ‖ ~**fräsen** n (Fert) / face milling ‖ ~**naht** f (Schw) / flange weld ‖ ~**-Planfräsen** n (Fert) / conventional face milling (cutter is greater than the workpart width) ‖ ~**rad** n, Zylinderrad n (Masch) / cylindrical gear ‖ ~**rad** (mit Geradverzahnung), Geradstirnrad n / spur gear ‖ ~**rädergetriebe** / cylindrical gears, cylindrical gearing ‖ ~**rädergetriebe** n **mit Geradverzahnung** / spur gears, spur gearing ‖ ~**radgetriebe** / cylindrical gears, cylindrical gearing ‖ ~**schleifen** (Fert) / face grinding ‖ ~**schraubradpaar** n, Schraubräder n pl (Schrägstirnräder, die auf sich kreuzenden Wellen sitzen) / crossed helical gears, helical gears, spiral gears, helical pair ‖ ~**seitig** adj, Stirn... / front ‖ ~**seitig** adv / at the front ‖ **Hirthsche** ~**verzahnung** / serration

STM, Rastertunnelmikroskop n (Mikros) / scanning tunneling microscope, tunnelling microscope, STM

stochastisch (Stat) / stochastic

stöchiometrisch•er Punkt, Äquivalenzpunkt m (bei der Titration) (Chem) / equivalence point ‖ ~**e Verbindungen**, Daltonide n pl (Chem) / stoichiometric compounds, daltonides

Stock m (nicht fachsprachlich), Geschoss n (Bau) / storey (GB, Commonwealth), story (US), floor (floor numbering: the floor at the ground level is the ground floor and the floor above is the first floor in the British Isles and most of the Commonwealth, while in North America they are the first and second floors, respectively) ‖ ~**punkt** m, Pourpoint m (DIN ISO 3016 - niedrigste Temperatur, bei der das Öl gerade noch fließt) / pour point ‖ ~**punkt** (Öl) / setting point ‖ ~**rodung** f (Landw) / stump extraction

Stockung f, Anhalten n, Stopp m / stoppage, stop ‖ ~, Verkehrsstau m (Verk) / traffic jam, jam, traffic congestion ‖ ~, Unterbrechung f / interruption

Stockwerk n (nicht fachsprachlich), Geschoss n (Bau) / storey (GB, Commonwealth), story (US), floor (floor numbering: the floor at the ground level is the ground floor and the floor above is the first floor in the British Isles and most of the Commonwealth, while in North America they are the first and second floors, respectively)

Stoff m, Substanz f (Chem) / substance n ‖ ~, Material n / material ‖ ~, (gewebt, gewirkt, aus Fasern o. Haaren jeder Art, aus Filz) (Tex) / cloth ‖ ~, Inhalt m, Gegenstand n (z.B. eines Artikels, Buches) / subject matter ‖ ~, Faserstoff m, Papierstoffbrei m (Pap) / papermaking stock (wet pulp of any type at any stage in the manufacturing process), stock, pulp, pulp stock ‖ ~**austausch** m (ChT) / mass transfer ‖ ~**eigenschaften** f pl / material properties pl ‖ ~**menge** f (Einheit Mol) (Chem) / amount of substance ‖ ~**mengenbezogene**

Gaskonstante (Phys) / gas constant, molar gas constant, ideal gas constant, universal gas constant ‖ **~mengenbezogene Masse** (in kg/kmol), molare Masse (Chem, Phys) / molar mass ‖ **~mengenbezogene Wärmekapazität** (Chem, Phys) / molar heat, molecular heat, molar heat capacity ‖ **~mengenbezogenes Volumen** (Chem) / molar volume, molecular volume, mole volume ‖ **~mengenkonzentration** f (Chem) / amount-of-mass concentration, concentration of amount of substance ‖ **~norm** f, Werkstoffnorm f (Norm) / material standard ‖ **~übergang** m (ChT) / mass transfer ‖ **~übergangskoeffizient** f (ChT) / mass-transfer coefficient ‖ **~umsatz** (Verhältnis der Substanzmenge, die reagiert hat, zur Ausgangsmenge) (Chem) / turnover

Stollenreifen m (Kfz) / knobby tire

Stopbit n (DV) / stop bit

Stopfbuchse f / stuffing box, packing gland

Stopfbuchsen•brille m / gland, stuffing box gland ‖ **~packung** f / packing (of the stuffing box)

Stopfen m (beim Schrägwalzverfahren nach Mannesmann), Dorn m (Fert) / mandrel ‖ **~** (fest o. lose - beim Rohrziehen) (Fert) / mandrel, plug (fixed or floating - in tube drawing) ‖ **~gleitziehen** n (Fert) / fixed mandrel tube drawing, fixed plug tube drawing ‖ **~zug** m (Fert) / fixed mandrel tube drawing, fixed plug tube drawing

Stopp m, Anhalten n / stoppage, stop ‖ **~anweisung** f (DV) / stop instruction, break point instruction, halt instruction ‖ **~befehl** m (DV) / stop instruction, break point instruction, halt instruction ‖ **~bit** n (DV) / stop bit

stoppen vt, anhalten vt / stop vt ‖ **~**, arretieren ~, lock, stop v

Stopp•taste f (Audio, Video) / stop button, stop key ‖ **~uhr** f / stop-watch

Stör•abstand m, Nutzsignal-Störsignal-Verhältnis n (Eltro) / signal-to-noise ratio, noise ratio, signal-noise ratio, S/N ratio, SNR ‖ **~anfällig** / prone to trouble, trouble-prone, susceptible to failure or malfunction ‖ **~anfällig** (gegenüber Störungen von außen, z.B. elektromagnetische Strahlen) (Eltro, Radio) / interference-prone ‖ **~anfälligkeit** f / susceptibility to failure, susceptibility to malfunction, susceptibility to trouble ‖ **~anfälligkeit** (gegenüber Störungen von außen, z.B. elektromagnetische Strahlen) (Eltro) / interference liability, liability to interference, interference susceptibility, susceptibility to interference ‖ **~anzeige** n (Ultraschallprüfung), Störecho (Mater) / spurious echo ‖ **~beeinflussung** f / interference (e.g. by a power line through coupling) ‖ **~echo**, Störanzeige n (Ultraschallprüfung) (Mater) / spurious echo ‖ **~einfluss** m (allg, Regel) / disturbance

stören / disturb ‖ **~**, störend beeinflussen o. eingreifen / interfere [with...] ‖ **~** (z.B. Sender, Rundfunkempfang) / interfere with (e.g. radio station, radio/TV reception) ‖ **~** (z.B. Sender, Rundfunkempfang absichtlich) / jam (e.g. an enemy radio station, the reception of foreign radio and television programs) ‖ **~** (einen Vorgang, eine Besprechung, einen Vortrag, die Produktion) / disrupt ‖ **~** (z.B. die

Telefonleitungen) / disrupt (e.g. telephone lines)

störend beeinflussen, stören / interfere [with...] ‖ **~e Einwirkung**, Störbeeinflussung f / interference (e.g. by a power line through coupling)

Stör•fall m (in einer kerntechnischen Anlage: Stufe 2 auf der Internationalen Bewertungsskala für nukleare Ereignisse) (Nukl) / incident ‖ **~festigkeit** f (EMV) (Eltro) / noise immunity ‖ **~größe** f (ungewollter Einfluss auf die Regelstrecke) (Regel) / disturbance variable ‖ **~größenaufschaltung** (Regel) / feedforward control ‖ **~klappe** f, Spoiler m (Luft) / spoiler ‖ **~meldung** f, Störungsmeldung f (mit Text) / fault message ‖ **~quelle** f (EMI) (Eltro, Tele) / source of EMI, interference source, source of interference ‖ **~schutzfilter** m n (zur Verhinderung des Eindringens von Störungen auf der Netzzuleitung in ein elektronisches Gerät) (Elek) / noise filter (for blocking line noise) ‖ **~sender** m, -gerät n (Mil) / jammer, [radio] jamming transmitter ‖ **~spannung** f (Eltro, Tele) / interference voltage ‖ **~spannung**, Rauschspannung f (Eltro) / noise voltage, noise potential ‖ **~stellenübergang** m, Übergangszone f (Halbleiter) (Eltro) / junction (region of contact between semiconductor materials of opposite type, e.g. pn junction) ‖ **~strahlung** f (Eltro) / stray radiation ‖ **~strom** m (Elek) / interference current ‖ **~unempfindlichkeit** f, Unempfindlichkeit f gegen Störungen (Eltro) / interference immunity, immunity

Störung f (allg, Techn) / disturbance ‖ **~** (eines Vorgangs, einer Besprechung, eines Vortrag, der Produktion) / disruption ‖ **~**, Störbeeinflussung f / interference (e.g. by a power line through coupling) ‖ **~**, Verkehrsstörung f / traffic hold-up ‖ **~**, Fehler m (Elek, Masch) / fault ‖ **~**, Funktionsstörung f, Fehlfunktion f / malfunction n ‖ **~** (z.B. der Produktion, der Funktion eines Systems), Ausfall m / stoppage ‖ **~** (mit vorübergehendem Ausfall, z.B. der Telefonleitungen, der Signlübertragung) / disruption (e.g. to telephone lines, in signal transmission) ‖ **~** (in einer kerntechnischen Anlage) (Nukl) / anomaly (level 1 on the International Nuclear Event Scale) ‖ **~** (z.B. eines Senders, des Rundfunkempfangs, anderer Frequenzen) / interference (e.g. of radio station, radio/TV reception) ‖ **~** (z.B. eines Senders, des Rundfunkempfangs - absichtlich) / jamming (e.g. of an enemy radio station, of the reception of foreign radio and television programs) ‖ **~**, Störgeräusch n, Rauschen m (Eltro, Tele) / noise

störungs•anfällig, störanfällig / prone to trouble, trouble-prone, susceptible to failure or malfunction ‖ **~anfällig**, störanfällig (gegenüber Störungen von außen, z.B. elektromagnetische Strahlen) (Eltro, Radio) / interference-prone ‖ **~anfälligkeit** f, Störanfälligkeit f (gegenüber Störungen von außen, z.B. elektromagnetische Strahlen) (Eltro) / interference liability, liability to interference, interference susceptibility, susceptibility to interference ‖ **~anfälligkeit**, Störanfälligkeit f / susceptibility to failure, susceptibility to malfunction, susceptibility to trouble ‖ **~anzeiger** m / fault indicator, malfunction indicator || ~**behebung** f (Techn) / troubleshooting, correction of a fault/faults || ~**beseitigung** f, Störungsbehebung f (Techn) / troubleshooting, correction of a fault/faults || ~**dauer** f / downtime || ~**frei** (Masch) / troublefree || ~**meldung** f (mit Text) / fault message || ~**meldung**, Fehleranzeige f / fault indication || ~**protokoll** n (DV, Regel) / fault log || ~**suche** f, Fehlersuche f / fault finding, fault location || ~**suche und -beseitigung** f / troubleshooting || ~**zeit** f, Nichtverfügbarkeitszeit f (einer Maschine, Anlage), Stillstandszeit f / downtime

Stör•unterdrückung f / interference rejection || ~**verhältnis** n, Nutzsignal-Störsignal-Verhältnis n (Eltro) / signal-to-noise ratio, noise ratio, signal-noise ratio, S/N ratio, SNR

Stoß m (sehr kurze Wechselwirkung zwischen zwei Teilchen o. Körpern - elastisch, unelastisch, plastisch) (Phys) / collision (event in which two or more bodies (colliding bodies) exert relatively strong forces on each other for a relatively short time - elastic, inelastic, plastic) || ~, Schub m / push, shove || ~ (z.B. Schweiß-, Schienenstoß) / joint || ~, Stapel m / pile, stack || **mechanischer** ~ / mechanical shock || ~**anregung** f (Nukl) / collisional excitation || ~**aufladung** f (Mot) / pulse turbocharging || ~**aufnahme** f (Mech) / impact load absorption || ~**beanspruchung** f / impact load || ~**belastung** f / impact load || ~**dämpfer** m (Kfz, Luft) / shock absorber, damper, shock (coll)

Stößel m, Pressenstößel m (Wzm) / ram, slide (of a press) || ~, Ventilstößel m (Mot) / valve lifter, lifter, cam follower, tappet, valve tappet, follower || ~**stange** f (Mot) / valve push rod, push rod

stoßempfindlich / sensitive to shock

stoßen vt / push v || ~ [gegen], anstoßen [an], anschlagen, anprallen / strike, hit || ~ (an), grenzen [an] / abut v [on] || ~ [auf](Probleme, Schwierigkeiten Widerstand) / meet [with], encounter

Stoßen n (DIN 8589, T4 - spanendes Fertigungsverfahren mit geometrisch bestimmter Schneide zur Herstellung von ebenen Flächen, Nuten und Profilen auf Stoßmaschinen, bei dem der Stößel mit dem Werkzeug die Schnittbewegung ausführt, der Werkstücktisch mit dem Werkstück die Vorschub- u. Einstellbewegungen) (Fert) / shaping

Stoß•fänger m (DIN), Stoßstange f (Kfz) / bumper (US), fender (GB) || ~**fest** / shock-proof || ~**festigkeit** f (Mater) / shock resistance || ~**festigkeit**, relative Festigkeit des Stoßes (Schw) / joint efficiency || ~**fläche** f (senkrechter Teil von Treppenstufen) (Bau) / riser || ~**flächen** f pl (beim Fügen (Schweißen, Kleben, Schraubverbindungen etc.)) (Fert) / faying surfaces (in joining and assembly processes), abutting surfaces || ~**frei**, ruhig, gleichmäßig / smooth, without jerks or jolts || ~**galvanometer** n (Elek, Mess) / ballistic galvanometer || ~**generator** m, Stoßspannungsgenerator (Elek) / surge generator || ~**heber** m, hydraulischer Widder, Staudruck-Wasserheber m / hydram, hydraulic ram || ~**last** f (Mater, Phys) / impact load, shock load || ~**maschine** f (Wzm) / shaper, shaping machine || ~**meißelhalter** m (Wzm) / shaper

toolhead || ~**schweißen** n (Schw) / percussion welding, PEW || ~**spannung** f (Elek) / impulse voltage, surge voltage || ~**spannung**, Einschwingspannung f (Elek) / transient voltage, surge voltage || ~**spannungsfestigkeit** f (Elek) / surge strength || ~**spannungsgenerator**, Stoßgenerator m (Elek) / surge generator || ~**stange** f, Stoßfänger m (DIN) (Kfz) / bumper (US), fender (GB) || ~**strom** m (Elek) / surge current || ~**verlust** m, Carnotscher Energieverlust (Phys) / impact loss || ~**welle** f (Phys) / shock, shock wave (strong pressure wave)

STOVL-Flugzeug n (mit der Fähigkeit, auf kurzen Strecken starten, aber senkrecht landen zu können) (Luft) / STOVL aircraft (Short Take Off and Vertical Landing)

STP, STP-Kabel n (mit Paarabschirmung, aber ohne Gesamtabschirmung), geschirmte Doppelader (Tele) / shielded twisted pair, STP

STP-Kabel n (mit Paarabschirmung, aber ohne Gesamtabschirmung), geschirmte Doppelader (Tele) / shielded twisted pair, STP

Strahl m (Phys) / ray n || ~ (gebündelt) / beam (e.g. of light, electrons) || ~ (Flüssigkeit, Luft) (Techn) / jet || ~ (Flüssigkeit, Gas) (Phys) / stream || ~, Halbgerade f (Geom) / half line, ray || ~ (in einem Strahlennetz) (Elek) / radial feeder || ~**ablenkung** f (DV, TV, Video) / beam deflection || ~**antrieb** m, Rückstoßantrieb m (Luft Raumf) / jet propulsion, reaction propulsion || ~**behandlung** f (Oberflächenbehandlung) (Techn) / abrasive blasting [process] || ~**dichte** f (je Raumwinkel und Strahlerfläche abgestrahlte Leistung - Einheit: W/(m² · sr)) (Phys) / radiance, steradiancy, radiancy, radiant intensity per unit area || ~**düse** f, Schubdüse f (Luft) / exhaust nozzle, propelling nozzle, propulsion nozzle

strahlen vi (Sonne, Licht), scheinen / shine || ~ (Strahlen aussenden) / radiate, emit rays || ~ (radioaktiv) (Nukl) / give off radioactivity, emit radioactivity || ~ vt, ausstrahlen vt (in eine bestimmte Richtung, z.B. Signale, Sendungen) (Radio, Tele, TV) / beam || ~, abstrahlen (Fert) / blast (with abrasives) || ~ (mit Sandstrahl) / sandblast vt || ~ n (Phys) / radiation || ~ (Oberflächenbehandlung) (Techn) / abrasive blasting [process] || ~ **mit Sand** / sandblasting || ~ **mit [Stahl]kies** / grit-blasting

Strahlen•achse f (Krist) / biradial || ~**bahn** f, Strahlengang m (Foto, Opt) / beam path, ray path, path of rays, light path, optical path || ~**belastung** f, Strahlenexposition (Radiol) / radiation exposure || ~**beständigkeit** f (Mater, Nukl, Radiol) / radiation resistance, radiation stability, radioresistance || ~**bündel** f (Opt) / pencil (of rays) || ~**emission** f (Phys) / radiation || ~**exposition**, Strahlenbelastung f (Radiol) / radiation exposure || ~**feld** n (Phys) / radiation field || ~**gang** m (Foto, Opt) / beam path, ray path, path of rays, light path, optical path || ~**netz** n (zur Energieversorgung) (Elek) / radial system (of power distribution) || ~**optik** f (Ggs.: Wellenoptik), geometrische Optik f / geometrical optics sg || ~**satz** f (Math) / intercept theorem || ~**schutz** m (für Material) / radiation protection, radiation safety, protection against radiation || ~**schutz**, Personenstrahlenschutz (Phys) / health physics || ~**schutzbeton** m, Schwerbeton m (Nukl) / loaded concrete || ~**sicher** / radiation-proof ||

~**weg** m, Strahlengang m (Foto, Opt) / beam path, ray path, path of rays, light path, optical path

Strahler m(Leuchte für vorwiegend stark gerichtetes Licht) , Spot m (Licht) / spotlight ‖ ~**aktiver** ~ (Antenne), elektronische Antenne / active antenna o. aerial ‖ ~**gruppe** f, Antennengruppe f / antenna array, array

Strahl•**flugzeug** n, Düsenflugzeug n, Jet m (Luft) / jet, jet plane, jet airplane ‖ ~**läppen** n (Fert) / liquid honing (abrasives suspended in water are forced at high velocity with compressed air through special nozzles against the surfaces to be treated), vapour blasting, wet blasting ‖ ~**pumpe** f, Treibmittelvakuumpumpe f (Vak) / eductor-jet pump, jet pump, jet ejector, jet ejector pump ‖ ~**rohr** n (Armatur der Feuerwehr zur Löschmittelabgabe) / nozzle (on firefighting hose) ‖ ~**rücklauf** m (des Elektronenstrahls - Horizontal- o. Vertikalrücklauf) (DV, Radar, TV) / flyback,retrace ‖ ~**schweißen** n (Schw) / laser beam and electron beam welding ‖ ~**stärke** f (Einheit: W/sr) (Phys) / radiant intensity (in a given direction) ‖ ~**triebwerk** n (Luft) / jet engine, jet

Strahlung f (Phys) / radiation

Strahlungs•**...** (Phys) / radiant (e.g. heat, energy) ‖ ~**...** (z.B. -transport, -antrieb, -eigenschaften) / radiative (e.g. transfer, forcing, properties) ‖ ~**detektor** m (Mess, Phys) / radiation detector ‖ ~**durchlässig** (Phys) / pervious to radiation ‖ ~**energie** f (Phys) / radiant energy, radiation energy, radiative energy ‖ ~**feld** n (Phys) / radiation field ‖ ~**festigkeit** f (Mater, Nukl, Radiol) / radiation resistance, radiation stability, radioresistance ‖ ~**fluss** m, Strahlungsleistung f (Phys) / radiant power, radiant flux ‖ ~**größe** f (Phys) / luminous quantity ‖ ~**größe** (Phys) / radiant quantity ‖ ~**kontrolle** f, Strahlungsüberwachung f (Nukl) / radiation monitoring ‖ ~**leistung** f (Phys) / radiant power, radiant flux ‖ ~**melder** m / radiation detector ‖ ~**nachweisgerät** n (Mess, Phys) / radiation detector ‖ ~**quant** n, Photon n (Nukl) / photon, light quantum ‖ ~**resistenz** f (Mater, Nukl, Radiol) / radiation resistance, radiation stability, radioresistance ‖ ~**überwachung** f(Nukl) / radiation monitoring ‖ ~**widerstand** m (Antenne) (Radio) / radiation resistance (antenna)

Strahl•**verdichter** m / jet compressor ‖ ~**wasser** n (allg, Elek) / water jets, jets of water ‖ ~**wassergeschützt** (Elek) / hoseproof, jet-proof

Strang m, Wicklungsstrang m (Elek) / phase winding, winding phase ‖ ~, Stahlstrang m (Gieß) / continuous slab (of steel) ‖ ~, Rohrstrang m (Öl, Rohr) / string ‖ ~**blindleistung** f (Elek) / reactive phase power ‖ ~**gießanlage** (Gieß) / continuous casting machine, continuous casting plant ‖ ~**gießen** n (Gieß) / continuous casting, strand casting ‖ ~**guss** m (Gieß) / continuous casting, strand casting ‖ ~**klemme** f (Elek) / phase terminal ‖ ~**netz** n, Ringnetz n (zur Energieversorgung) (Elek) / loop system (of power distribution) ‖ ~**presse** f, Extruder m (Plast) / extruder, extrusion press ‖ ~**pressen** (Fert) / extrude ‖ ~**pressen** n (Durchdrücken zur Erzeugung von langen Strängen o. Stäben (Halbzeug))

(Fert) / extrusion (as a continuous process for long products), extrusion mo[u]lding ‖ ~**pressprofil** n (Fert) / extruded cross section, extruded profile ‖ ~**pressverfahren** n, Strangpressen n (Durchdrücken zur Erzeugung von langen Strängen o. Stäben (Halbzeug)) (Fert) / extrusion (as a continuous process for long products), extrusion mo[u]lding ‖ ~**scheinleistung** f (Elek) / apparent phase power ‖ ~**spannung** f (Elek) / phase voltage, Y voltage, voltage to neutral (voltage between any line and neutral of a three-phase system), star voltage ‖ ~**strom** m (Elek) / phase current ‖ ~**wirkleistung** f (Elek) / active phase power

strapazierfähig, widerstandsfähig / durable, able to resist wear

Strapazierfähigkeit f, Widerstandsfähigkeit f / durability, resistance to wear

Straße f(innerorts) / street ‖ ~ (außerorts) / road ‖ ~ (Fertigungs- usw.) / production line ‖ ~ (Walz) / train ‖ ~ (die in die Zuständigkeit des jeweiligen Gliedstaates/Bundeslandes eines Bundesstaates fällt), Landesstraße f (in den meisten dt. Bundesländern), Staatsstraße f (in Bayern, Sachsen, Schweiz) (Straß) / state road

Straßen•**ablauf** m, Gully m (Straß) / storm drain, storm sewer (US), stormwater drain ‖ ~**aufreißer** m (Straß) / ripper ‖ ~**bau** m / road building, road construction ‖ ~**bau** (als ingenieurwissenschaftliche Disziplin) / road engineering, highway engineering ‖ ~**belag** m, Fahrbahnbelag m (befestigte Oberfläche einer Straße)(Straß) / pavement, road surface, topping ‖ ~**decke** f (oberste Schicht des Oberbaus einer Straße), Fahrbahndecke f (Straß) / carpet, wearing course, road surface, surface layer, surfacing, road carpet, surface course, top course, roadbed, topping, roadway ‖ ~**fahrzeugwaage** f (Mess) / truck scale ‖ ~**fertiger** m (Straß) / paver-finisher, paver, spreader finisher, road finishing machine o. finisher, finisher ‖ ~**front** f, Fassade f (Bau) / façade, face, facade, front (of a building) ‖ ~**güterverkehr** m (Trans) / road transport (GB)(of goods), road transportation (US)(of goods) ‖ ~**hobel** m, Grader m (Straß) / grader, blade, road grader, motor grader ‖ ~**karte** f / road map ‖ ~**kehrmaschine** f / street sweeper ‖ ~**knotenpunkt** m (Straß) / junction, road junction ‖ ~**lage** f, Fahreigenschaften f pl (Kfz) / roadability ‖ ~**laterne** f (Licht) / street lamp, street light, street lighting luminaire ‖ ~**leuchte** f (Licht) / street lamp, street light, street lighting luminaire ‖ ~**netz** n / system of highways, road system, road network ‖ ~**tunnel** m (Straß) / road tunnel ‖ ~**unterführung** f (Bahn, Straß) / subway (GB), underpass ‖ ~**verkehr** m (Trans) / road transport (GB), road transportation (US) ‖ ~**walze** f (Straß) / road roller

Strato•**pause** f (50-55 km Höhe) (Geoph) / stratopause ‖ ~**sphäre** f (10-50 km Höhe) (Geoph) / stratosphere

Streamer m (ein Magnetbandspeicher), Cartridge-Streamer m (DV) / cartridge streamer, streamer

Strebe f (Bau, Zimm) / strut, brace

streckbar, dehnbar / tensile, extensile, expandable ‖ ~, plastisch verformbar, duktil / ductile

Streckdehnung f (beim Zugversuch die Dehnung unter Wirkung der Streckspannung in Prozent) (Mater, Plast) / yield strain
Strecke f, Entfernung f / distance ‖ ≃, Weg m, Route f / route n, course, way ‖ ≃, Weg m (DV, Tele) / route (of a message, call) ‖ ≃, Eisenbahnlinie f / railway line ‖ ≃, Stück n, Abschnitt m / stretch (of a road or river) ‖ ≃, Streckenstück n (Bahn) / section (of a track) ‖ ≃, Abschnitt m (auf einer Geraden) (Math) / section (of a line), line segment, segment (of a line)
strecken, auseinanderziehen, ausdehnen vt, dehnen / stretch, extend ‖ ≃ n (von Rohblöcken) (Schm) / cogging, incremental forging
Strecken•abschnitt m, Teilstrecke (Bahn, Luft) / leg, stage, route segment ‖ ≃**messung** f, Entfernungsmessung f (allg, Verm) / distance measurement, distance determination ‖ ≃**steuerung** f (nur achsparallele Vorschubbewegungen, Werkzeug ständig im Eingriff) (NC) / continuous-path-control (controlling two axes point-to-point and straight-line, permitting the tool to perform a process while the axes are moving), straight-line control ‖ ≃**teilung** f (Geom) / division of a line segment
Streck•formen n (Blech) (Fert) / stretch forming ‖ ≃**grenze** f (bei Zugbeanspruchung) (Mater) / yield point (in tensile test), yield strength, yield stress ‖ ≃**grenze** (0,2% Dehngrenze bei Werkstoffen ohne ausgeprägte Streckgrenze) (Mater) / 0.2% proof stress ‖ ≃**metall** n / expanded metal, rib mesh, Exmet (GB) ‖ ≃**mittel** n (meist relativ billiger Zusatzstoff zu Kunststoffmassen, der deren Volumen erhöht, die Eigenschaften aber nicht wesentlich verändert), Extender m (Plast) / filler, extender ‖ ≃**schmieden** n (von Rohblöcken) (Schm) / cogging, incremental forging ‖ ≃**spannung** f (beim Zugversuch der erste Spannungswert in MPa, bei dem ein Zuwachs der Dehnung ohne Steigerung der Spannung auftritt) (Mater, Plast) / yield stress ‖ ≃**walzen**, vorwalzen, herunterwalzen / break down, rough down ‖ ≃**ziehen** n (Blech) (Fert) / stretch forming
streichen vt, anstreichen / paint ‖ ~, verstreichen vt (z.B. Farbe, Fett) / apply, spread (e.g. paint, grease) ‖ ~, durchstreichen (Text), ausstreichen / cancel, delete, cross out ‖ ~, löschen, entfernen (DV) / cancel (e.g. articles, messages in a newsgroup) ‖ ~ (Zug, Flug, Auftrag) / cancel (e.g. a train, plane, order) ‖ ~ (Pap) / coat ‖ ≃ n, Anstreichen n / painting ‖ ≃ (maschinelles Beschichten von Papier mit Pigmentstrich), Papierstrich m (Pap) / coating
Streichung f, Streichen n (maschinelles Beschichten von Papier mit Pigmentstrich), Papierstrich m (Pap) / coating
streifen, leicht berühren / touch
Streifen•platte f (Sperrholz) (Bau) / strip board ‖ ≃**vorhang** m (Bau) / strip door
streng (Kontrolle, Prüfung, Regel, Maßnahme) / stringent ‖ ~ (Anforderungen) / rigorous, stringent ‖ ~, genau / strict (e.g. conformance to applicable standards) ‖ ~, scharf (Maßnahmen, Vorschriften) / tough, severe ‖ ~, schwergängig (Masch) / hard ‖ ~ **monoton fallende Funktion** (Math) / strictly decreasing function ‖ ~ **monoton wachsende Funktion** (Math) / strictly increasing function

Stretch-Limousine (Kfz) / stretch limousine
Streu•faktor (Elek) / leakage coefficient, leakage factor ‖ ≃**flamme** f, Flammenmantel m (Schw) / outer envelope (of the oxyacetylene flame) ‖ ≃**fluss** m (Elek, Magn) / leakage flux ‖ ≃**induktivität** f (Elek) / leakage inductance ‖ ≃**kapazität** f (Eltro) / stray capacitance ‖ ≃**koeffizient** m (Elek) / leakage coefficient, leakage factor ‖ ≃**kreis** m, Unschärfekreis m (Foto, Opt) / circle of confusion, circle of least confusion ‖ ≃**linse** f (Licht, Opt) / diffusing lens ‖ ≃**scheibe** f, Diffusorscheibe f (Film, Foto, Licht, Opt) / diffuser, diffusing screen ‖ ≃**scheibe** (Kfz, Licht) / diffusing lens, lens (e.g. of headlight) ‖ ≃**strom** m, Irrstrom m (aus Strom führenden Leitern in das Erdreich austretender Strom) (Elek) / stray current, leakage current
Streuung f (Phys) / scattering ‖ ≃, Varianz f, mittlere quadratische Abweichung (Stat) / variance, dispersion, spread ‖ ≃, Variabilität f (Stat) / variability ‖ ≃ **der Kraftlinien**, magnetische Streuung (Elek, Phys) / magnetic leakage ‖ **statistische** ≃ (Nukl) / straggling
Strg (Taste), Strg-Taste f (auf der Computertastatur), Steuerungstaste f (DV) / control key, Control (key), Ctrl (key)
Strg-Taste f (auf der Computertastatur), Steuerungstaste f (DV) / control key, Control (key), Ctrl (key)
Stribeck-Kurve f / Stribeck curve
Strich m, Linie f / line n, stroke ‖ ≃ (Strichcode), Balken m / bar n (in bar code) ‖ ≃, Streichung f, Streichen n (maschinelles Beschichten von Papier mit Pigmentstrich), Papierstrich m (Pap) / coating ‖ ≃**code** m (DV) / bar code ‖ ≃**codeleser** m (DV) / bar code reader, bar code scanner ‖ ≃**linie** f (Doku) / dashed line ‖ ≃**platte** f, Fadennetz n (Opt) / reticle (in optical instruments a clear circular glass insert with cross hairs or a scale inscribed on it), graticule, reticule ‖ ~**punktierte Linie** (Doku) / dot-dash line ‖ ≃**punktlinie** f (Doku) / dot-dash line ‖ ≃**zeichnung** f (Doku) / line drawing
String m, Zeichenkette f (DV) / string, character string
Stringer (Längsversteifung) (Luft, Schiff) / stringer
Strippen n, Strippingreaktion f (Nukl) / stripping reaction ‖ ≃, Austreiben n (ChT) / stripping (volatile components)
Stripper m (ChT) / column stripper, stripper, stripping column
Stripping n, Strippingreaktion f (Nukl) / stripping reaction ‖ ≃**reaktion** f (Nukl) / stripping reaction
Strobochromatographie f (Strobofotografie unter Verwendung unterschiedlicher farbiger Filter für die einzelnen Belichtungen, um die ineinander belichteten Einzelbilder besser unterscheiden zu können) / flash photography, stroboscopic photography, strobe photography
Stroboskop-Blitzgerät n (Foto) / stroboscopic flash
Strom m (Geogr) / river (that flows into the sea) ‖ ≃ (Elek) / current ‖ ≃, Elektrizität f (Elek) / power, electricity ‖ ≃ **aus Biomasse** (Elek) / biomass electricity, biomass power ‖ ≃ **aus kalorischer Erzeugung** (d.h. durch Umwandlung von Wärme) (Elek) /

thermoelectric power (electrical power generated from a heat source, such as burning coal, indirectly through devices like steam turbines) ‖ ≈ **aus Kernenergie** (Elek) / nuclear-generated electricity, nuclear electricity ‖ ≈ **aus Wasserkraft** (Elek) / hydropower, hydroelectric power, hydroelectricity ‖ ≈ **führend** (Elek) / current-carrying, live, alive, hot ‖ ≈ **führender Leiter** (der in der Elektroinstallation den Strom aus dem Netz zum Schalter oder zur Steckdose führt - brauner, gelegentlich auch schwarzer o. blauer Kunststoffmantel, Kurzzeichen "L"), Außenleiter (Elek) / live wire, live conductor, phase conductor ‖ ≈ **gleich bleibender Richtung** (Elek) / unidirectional current ‖ ≈ **hoher Stromstärke**, Starkstrom m (Elek) / power current, heavy current ‖ ≈ **in Durchlassrichtung** (bei PN-Übergang), Durchlassstrom m (Eltro) / forward current ‖ ≈ **in Sperrrichtung** (an einem pn-Übergang oder Metall-Halbleiter-Übergang), Sperrstrom m (Eltro) / reverse current ‖ **elektrischer** ≈ (Elek) / electric current ‖ **nicht** ≈ **führend** (Elek) / cold, de-energized, currentless, dead ‖ **unter** ≈ [stehend], Strom führend (Elek) / current-carrying, live, alive, hot ‖ **unter** ≈ **setzen**, mit Strom versorgen (Elek) / energize

Strom • abgabe f (Elek) / current output ‖ ≈ **abnehmer** m (Elek) / collector ‖ ≈ **abnehmer** (z.B. Scheren-, Einholm-) (Bahn) / pantograph (e.g. diamond-shaped or single-arm design) ‖ ≈ **abnehmer** (Bahn) s.a. Dritte-Schiene-Stromabnehmer ‖ ≈ **abnehmer**, Stromkunde m (Elek) / electric power consumer, electricity consumer ‖ ≈ **anpassung** f (Elek) / current matching ‖ ≈ **anschluss** m, Anschluss m an das Stromnetz (Elek) / electric connection, power connection, service connection for electricity, electricity connection ‖ ≈ **anschluss**, Netzstromversorgung f (Elek) / power supply, mains power supply, mains supply ‖ ≈ **anschluss**, Stromanschlussstelle f / power outlet ‖ ≈ **anschlussstelle** f / power outlet ‖ ≈ **aufnahme** (Elek) / input current ‖ ≈ **aufnahme** f, Stromverbrauch m / current consumption ‖ ≈ **ausfall** m (Elek) / power failure, mains failure, electrical power outage, power outage, electricity outage, outage, loss of power ‖ ≈ **auslass** m / power outlet ‖ ≈ **bahn** f, Strompfad m (Elek) / current path ‖ ≈ **bedarf** m (Elek) / electrical demand, demand for electricity, power demand, power requirement ‖ ≈ **begrenzer** m (Elek) / current limiter ‖ ≈ **belag** m (elektrische Größe) (Elek) / specific electric loading, linear (electric) current density ‖ ≈ **belastbarkeit** f (z.B. eines Kabels) (Elek) / ampacity, current-carrying capacity, current rating ‖ ≈ **bezug** m / power supply ‖ ≈ **dichte** f (Elek) / current density, CD ‖ ≈ **durchflossen**, Strom führend (Elek) / current-carrying, live, alive, hot

strömen (Flüssigkeit, Gas) / flow

Strom • erzeuger m, Stromgenerator m (Elek) / generator, electric generator, power generator ‖ ≈ **erzeugung** f (Elek) / electrical power generation, power generation, electricity production, generation of energy o. power ‖ ≈ **fadengleichung** f (Phys) / Bernoulli's equation, Bernoulli's law, Bernoulli's theorem ‖ ≈ **fluss** m (Elek) / current flow ‖ ~ **führend** s.

Strom führend ‖ ≈ **generator** m (Elek) / generator, electric generator, power generator ‖ ≈ **impuls** m (Elek) / current pulse ‖ ≈ **klassieren** n (im Wasser) (Aufb, ChT) / hydraulic classification, wet classification ‖ ≈ **klassierung** f (im Wasser) (Aufb, ChT) / hydraulic classification, wet classification ‖ ≈ **kreis** m (Elek) / circuit, electrical circuit, electric circuit (active and passive elements or parts and their interconnecting conducting paths) ‖ ≈ **kunde** m (Elek) / electric power consumer, electricity consumer ‖ ≈ **laufplan** m (nach Stromwegen aufgelöste Darstellung einer Schaltung) (Doku, Elek) / circuit diagram ‖ ~ **leitend**, leitfähig (Elek) / conductive, conducting, electrically conductive ‖ ≈ **leiter** m, elektrischer Leiter (Elek) / conductor, electric conductor ‖ ≈ **leitung** f (zur Energieübertragung im Stromnetz), Leitung (Elek) / line, power line, electrical line, transmission line ‖ ≈ **lieferung** f, Stromversorgung f (Elek) / power supply, energy supply, electricity supply, electrical supply, electric power supply

stromlos (Elek) / cold, de-energized, currentless, dead

Strom • messer m (Elek) / ammeter, amperemeter, electric current meter ‖ ≈ **messgerät** n (Elek) / ammeter, amperemeter, electric current meter ‖ ≈ **messung** f (Elek) / current measurement, measuring electric current ‖ ≈ **messzange** f (Elek, Mess) / clamp meter, clamp-on ammeter, tong tester ‖ ≈ **netz** n, Stromversorgungsnetz n (Elek) / mains pl, electric mains pl, grid, supply mains, power grid, electric grid, network, electric power grid, power line (US), electricity supply grid, power supply system, electricity supply network ‖ ≈ **pfad** m, Strombahn f, Stromweg m (Elek) / current path ‖ ≈ **preis** m (Elek) / electricity price ‖ ≈ **quelle** f (Elek) / current source ‖ ≈ **quelle** (Elek) / power source, source of power, source of electricity, power supply ‖ ≈ **rauschen** n, thermisches Rauschen (Folge der unregelmäßigen thermischen Elektronenbewegung in allen aktiven u. passiven Bauelementen) (Eltro) / circuit noise, output noise, thermal noise, Johnson noise, resistance noise ‖ ≈ **regler** m (Elek) / current regulator ‖ ≈ **relais** n (Elek) / current relay ‖ ≈ **richter** m (Elek) / converter, power converter, static converter ‖ ≈ **richterschaltung** f (Elek) / converter circuit ‖ ≈ **richtung** f (Elek) / current direction, direction of current ‖ ≈ **rückkopplung** f (Eltro) / current feedback ‖ ≈ **schiene** f, Sammelschiene f (Elek) / busbar, bus conductor, bus ‖ ≈ **schiene** (Bahn) / third rail, conductor rail, live rail, contact rail ‖ ≈ **schienensystem** n (Elek) / busbar system ‖ ≈ **schienensystem** (Bahn) / third-rail system ‖ ≈ **schlag** m, elektrischer Schlag (Elek, Med) / electric shock ‖ ≈ **schließer** m, Einschalter m (Elek) / circuit closer ‖ ≈ **schwankung** f (Elek) / current fluctuation, fluctuation of current ‖ ~ **sparend**, energiesparend / energy-saving, power-saving, energy-efficient, power-conserving ‖ ≈ **spitze** f (Elek) / peak load ‖ ≈ **stärke elektrische** (Elek) / current, electric current (SI base unit: ampere) ‖ ≈ **stärke** f (in Ampere), Amperezahl f (Elek) / amperage ‖ ≈ **stoßrelais** n (das mit jedem

Stromstoß durch die Erregerspule seinen Schaltzustand ändert) (Elek) / latching relay ‖ ≈**stoßschalter** m (der mit jedem Stromstoß durch die Erregerspule seinen Schaltzustand ändert) (Elek) / latching relay ‖ ≈**stoß-Schlagschweißen** n (Schw) / percussion welding, PEW ‖ ≈**tarif** m (Elek) / electricity tariff ‖ ≈**übergang** m (Elek) / ohmic contact, conductive connection ‖ ≈**übertragung** f, Übertragung f elektrischer Energie (Elek) / power transmission, transmission of electrical energy ‖ ≈**übertragungsfaktor** m (Akust) / response to current ‖ ≈**unfall** m, elektrischer Schlag, Stromschlag m (Elek, Med) / electric shock

Strömungs•ablösung f, Grenzschichtablösung f (einer Strömung) (Phys) / boundary-layer separation, flow separation, burble n ‖ ≈**geschwindigkeit** f (von Fluiden) (Phys, Techn) / flow velocity, velocity of flow ‖ ≈**kupplung** f, Flüssigkeitskupplung f (Masch) / fluid coupling, Föttinger coupling, Föttinger transmitter, hydrodynamic coupling ‖ ≈**maschine** f / turbomachine ‖ ≈**maschinen** f pl / turbomachinery ‖ ≈**mechanik** f (Phys) / fluid mechanics, mechanics of fluids ‖ ~**mechanische Elemente**, Fluidics n pl / fluidic devices pl ‖ ≈**messung** f (Mess) / flow measurement ‖ ≈**querschnitt** m / cross section (of flow) ‖ ≈**richtung** f (von Fluiden) (Phys) / direction of flow, flow direction ‖ ≈**sichten** n, Stromklassierung f (im Wasser) (Aufb, ChT) / hydraulic classification, wet classification ‖ ≈**widerstand** m (Phys, Techn) / flow resistance

Strom•unterbrecher m (Elek) / circuit breaker, cut-out, cut-out switch ‖ ≈**unternehmen** n, Stromversorgungsunternehmen n (Elek) / utility, electric utility [company], utility company, power company, power utility ‖ ≈**ventil** n (früher Mengenventil) (Hydr) / flow control valve ‖ ≈**ventil** (Elek, Eltro) / current valve ‖ ≈**verbrauch** m (Elek) / power consumption, electrical consumption, electricity consumption ‖ ≈**verbraucher** m, elektrischer Verbraucher (Gerät) (Elek) / electric load, load (in an electrical circuit) ‖ ≈**verbraucher**, Stromkunde m (Elek) / electric power consumer, electricity consumer ‖ ≈**verdrängungsläufer** m (Elek) / skin-effect rotor ‖ ≈**versorger** m, Stromversorgungsunternehmen n (Elek) / utility, electric utility [company], utility company, power company, power utility ‖ ≈**versorgung** f (Elek) / power supply, energy supply, electricity supply, electrical supply, electric power supply ‖ **vollständiger Ausfall der** ≈**versorgung**, Blackout m, Stromausfall m (Elek) / blackout, power blackout ‖ ≈**versorgungsanlage** f (Elek) / power supply system ‖ ≈**versorgungsgerät** n, Netzanschlussgerät n (Elek) / power supply unit, power pack, pp (power pack), power unit, power supply ‖ ≈**versorgungsleitung** f (Elek) / supply mains pl ‖ ≈**versorgungsnetz** n (Elek) / mains pl, electric mains pl, grid, supply mains, power grid, electric grid, network, electric power grid, power line (US), electricity supply grid, power supply system, electricity supply network ‖ ≈**versorgungsunternehmen** n (Elek) / utility, electric utility [company], utility company, power company, power utility ‖ ≈**verstärker** m (Elek) / current amplifier ‖ ≈**verstärkungsfaktor** m (Eltro) / current

amplification factor ‖ ≈**verteilungsnetz** n (Elek) / mains pl, electric mains pl, grid, supply mains, power grid, electric grid, network, electric power grid, power line (US), electricity supply grid, power supply system, electricity supply network ‖ ≈**waage** f (Elek) / ampere balance, current balance, electric balance, current weigher ‖ ≈**wandler** m (Elek, Mess) / current transformer, series transformer ‖ ≈**wärme** f, Joulesche Wärme (Elek) / Joule heat (heat which is evolved when current flows through a medium having electrical resistance) ‖ ≈**weg** m, Strombahn f (Elek) / current path ‖ ≈**wender** m, Kommutator m (auf der Welle einer Kommutatormaschine) (Elek) / commutator ‖ ≈**wirtschaft** f / electrical power industry, electricity [supply] industry ‖ ≈**zähler** m (Elek) / electricity meter, meter ‖ ≈**zange** f (Elek, Mess) / clamp meter, clamp-on ammeter, tong tester ‖ ≈**zuführung** (Elek) / power supply ‖ ≈**zuführung** f, Stromzuführungskabel n (Elek) / power supply cord ‖ ≈**zuführungskabel** n (Elek) / power supply cord ‖ ≈**zuführungsleitung** f (Elek) / power supply cord ‖ ≈**zuleitung** f, Stromzuführungskabel n (Elek) / power supply cord

Strontium n (Chem) / strontium, Sr
Struktogramm n (DV) / structogram, structured chart
Struktur f / structure ‖ ≈, Textur f (allg, Hütt) / texture n ‖ ≈ (Geol, Pap) / texture ‖ ≈, Gefüge n (Verhältnis von Schleifkörnern, Bindung und Porenraum im Schleifkörper) (Wzm) / structure, wheel structure (measured on a numerical scale) ‖ ≈, Zusammensetzung f (z.B. eines Moleküls) (Chem) / composition ‖ ≈**analyse** f / structural analysis, structure analysis ‖ ≈**formel** f (Chem) / structural formula, constitutional formula, graphic formula
strukturieren, gliedern, ordnen / structure
strukturiert•e Programmierung (DV) / structured programming ‖ ~**er Text** (zur Programmierung von SPS) (DV, Regel) / structured text, ST ‖ ~**e Verkabelung** (Kabel, Tele) / SCS, structured cabling system
Struktur•keramik f, technische Keramik / advanced ceramics, structural ceramics, fine ceramics, technical ceramics, engineering ceramics ‖ ≈**klebung** f (Fert) / structural assembly
strukturlos, amorph / amorphous
Struktur•schaum m (Plast) / integral skin foam, structural foam, selfskinning foam ‖ ≈**schaumstoff** m (Plast) / integral skin foam, structural foam, selfskinning foam
Stubbenrodung f (Landw) / stump extraction
Stückgut n (Schiff, Trans) / general cargo ‖ ≈ (nicht in Containern gestaut) (Schiff, Trans) / break bulk ‖ ≈**[fracht]schiff** (Schiff, Trans) / general-cargo ship, breakbulk ship
stückig, grobstückig / lumpy, in lumps ‖ ~**machen**, agglomerieren (tablettieren, brikettieren, kompaktieren, pelletieren, sintern, granulieren u.a.m.) (Aufb, Bergb, Hütt) / agglomerate ‖ ≈**machen** n, Agglomerieren n (Tablettieren, Brikettieren, Kompaktieren, Pelletieren, Sintern, Granulieren u.a.m.) (Aufb, Bergb, Hütt) / agglomeration
Stück•kosten plt / unit cost ‖ ≈**leistung** f, Stückzahl f (von z.B. 500 Teilen/Std.) /

production capacity (in pieces per hour), production rate ‖ ~liste f (Masch) / parts list, list of parts, bill of materials ‖ ~zahl f / number of pieces, number of parts ‖ ~zahl (von z.B. 500 Teilen/Std.), Stückleistung f / production capacity (in pieces per hour), production rate
Studienabschluss, den ~ (z.B. in Chemie) **machen** / qualify (e.g. in chemistry)
Stufe f (einer Leiter, Treppe) / step ‖ ~ (einer Rakete, Turbine, eines Verdichters) / stage ‖ ~, Schritt m / step ‖ ~, Stadium n, Phase f / stage n ‖ ~, Niveau n / level ‖ ~ f, Absatz m / relief, shoulder, step
Stufen•backe f (im Spannfutter) (Masch) / stepped jaw ‖ ~getriebe n (Kfz, Masch) / variable speed gearbox, variable speed transmission, stepped transmission, multiple-ratio transmission, multi ratio transmission (speeds selected from several different pre-set ranges) ‖ ~höhe f, Steigungshöhe f (lotrechtes Maß zwischen den Trittflächen zweier aufeinander folgender Stufen) (Bau) / rise of a step ‖ ~kolben m, Differentialkolben m / step piston, double diameter piston
stufenlos, stufenlos einstellbar, stufenlos regelbar (z.B. Drehzahlregelung) / infinitely variable, continuously adjustable, continuously variable, steplessly adjustable ‖ ~er Antrieb / adjustable speed drive, variable-speed drive ‖ ~ einstellbar, stufenlos regelbar (z.B. Drehzahlregelung) / infinitely variable, continuously adjustable, continuously variable, steplessly adjustable ‖ ~es Getriebe, CVT-Getriebe n (Kfz, Masch) / continuously variable transmission, CVT ‖ ~er Helligkeitsregler, Dimmer m (Elek, Licht) / dimmer, dimmer switch ‖ ~ regelbar (z.B. Drehzahlregelung) / infinitely variable, continuously adjustable, continuously variable, steplessly adjustable ‖ ~ verstellbar / continuously variable, continuously adjustable ‖ ~e Verstellbarkeit / continuous variability
Stufen•pratzen f pl / stepped claws pl ‖ ~schalter m (Elek) / multiple contact switch, step switch ‖ ~schalter (zur Umschaltung von einer Anzapfung auf eine andere unter Last) (Elek) / tap changer ‖ ~scheibengetriebe n / cone gear ‖ ~spannzange f (Masch) / step collet ‖ ~sprung m / progressive ratio ‖ ~versetzung f (Krist) / edge dislocation ‖ ~weise fortschreitend o. erfolgend / gradual, in degrees ‖ ~weise Trennung, fraktionierte Destillation (ChT) / fractional distillation, differential distillation, fractionation ‖ ~werkzeug n (zur Durchführung verschiedener Arbeitsoperationen an mehreren Fertigungsstationen bei Weitertransport als Einzelteil) (Fert) / combination die ‖ ~winkel m / corresponding angle ‖ ~zahl f / number of steps
Stuhl m / chair
Stulp m (nach der Montage noch sichtbare Schmalseite des Einsteckschlosses) / front plate (of the mortise lock), faceplate (lock)
stumpf, abgestumpft / blunt adj, dull, obtuse ‖ ~ (Schneide, Messer) / blunt, dull ‖ ~, glanzlos, matt / dull (e.g. colour) ‖ ~ aneinander stoßen [lassen] / abut vt vi ‖ ~er Kegel (Math) / truncated cone ‖ ~er Winkel (Math) / obtuse angle

Stumpf m, Kegelstumpf m (Geom) / conic frustum, frustum of a cone, truncated cone
Stumpf•naht f (Schw) / groove weld, butt weld ‖ ~schweißen n (Schw) / butt-welding ‖ ~schweißung f (Schw) / butt-welding ‖ ~stoß m (Schw) / butt joint n ‖ ~wink[e]lig / obtuse-angled
Sturm•haube f (Tex) / ski mask, balaclava ‖ ~maske f (Tex) / ski mask, balaclava
Sturz m, Fallen n, Fall m / fall n ‖ ~ (Bau) / lintel ‖ ~helm m, Motorradhelm m (Kfz) / motorcycle helmet, crash helmet
Stützarm m (eines Autokrans, ausfahrbar) (Förd) / outrigger (of a mobile crane), outrigger stabilising jack
stutzen, beschneiden (Bäume, Hecken etc.) / trim vt (e.g. hedges, trees)
Stutzen m, Rohrstutzen m, Anschlussstutzen m, Ansatzrohrstück n / connecting piece, connection piece
stützen / support ‖ ~ (Behauptung, Argumentation etc.)[auf] / base [on], found [on]
Stütz•fuß m (Anhänger) (Kfz) / landing gear ‖ ~konstruktion f / supporting structure, support structure ‖ ~punkt m, Basis f (Mil) / base ‖ ~rolle f (Lagerart) / yoke type track roller ‖ ~rolle, Stützwalze f (Walz) / backing roll, backup roll, backup roller ‖ ~träger m / simply supported beam ‖ ~vorrichtung f (z.B. bei Sattelaufliegern) (Kfz) / landing gear ‖ ~walze f, Stützrolle f (Walz) / backing roll, backup roll, backup roller ‖ ~weite f, Spannweite f (Bau) / span n
Styrol•Butadien n / styrene-butadiene, SB ‖ ~-Butadien-Kautschuk m (Plast) / styrene-butadiene rubber, SBR
Subjunktion f, Implikation f (Logik) / implication
Sublimation f (direkte Überführung eines Feststoffes in den gasförmigen Zustand) (Phys) / sublimation
Sublimations•punkt m (Phys) / sublimation point ‖ ~temperatur f (Phys) / sublimation point ‖ ~trocknung f, Gefriertrocknung f / freeze drying, lyophilization, cryodesiccation
Sublimierung f, Sublimation f (direkte Überführung eines Feststoffes in den gasförmigen Zustand) (Phys) / sublimation
submarin, unterseeisch, Untersee..., Unterwasser... / submarine adj, undersea, underwater, subsea
Subroutine f, Unterprogramm n (DV) / subprogram, subroutine
substantiver Farbstoff / direct dyestuff, substantive dyestoff
Substanz f, Stoff m (Chem) / substance ‖ ~ (Phys) / matter ‖ ~polymerisation f (Plast) / block polymerization, bulk polymerization
Substitution f (Math) / substitution ‖ ~ [für, gegen], Substitutionsreaktion f (Chem) / substitution [for], substitution reaction
Substitutions•methode f, Integration durch Substitution (Math) / integration by substitution ‖ ~mischkristall m, Austauschmischkristall m (Krist) / substitutional solid solution ‖ ~-MK m, Substitutionsmischkristall m, Austauschmischkristall m (Krist) / substitutional solid solution ‖ ~reaktion f, Substitution f [für, gegen] (Chem) / substitution [for], substitution reaction

Substrat n (Anstr) / base (of a paint) ‖ ≈ (das zu beschichtende Werkstück) (Fert) / substrate ‖ ≈, Trägermaterial n (auf das ein anderer Werkstoff mit bestimmten Eigenschaften aufgebracht wird) (Eltro, Fert) / substrate, base material ‖ ≈, Untergrund m (auf den ein Beschichtungsstoff aufgebracht wird) (Fert) / substrate ‖ ≈, Träger m (z.B. für die Platinschicht in einem Widerstandsthermometer, für Leiterbahnen) / substrate ‖ ≈, Matrix f (eines Verbundwerkstoffs) (Mater) / matrix (of a composite), primary phase (of a composite) ‖ ≈, Chip-Träger m (Eltro) / chip carrier, substrate ‖ ≈ (Chem) / substrate

Subsystem n, Teilsystem n / subsystem

Subtrahend m (Math) / subtrahend

subtrahieren (Math) / subtract

Subtraktion f (Math) / subtraction

subtraktiv•e Farbmischung f (Opt) / subtractive colour mixing, subtractive process ‖ ~e **Farbsynthese** f (Opt) / subtractive colour mixing, subtractive process

Subwoofer m (Audio) / subwoofer

Succinimid n (Chem) / succinimide

Suchbegriff m (DV) / search item, search string

Suche f [nach] (allg) / search [for] ‖ ≈, Suchoperation f (DV) / search ‖ ≈ **und Abruf gespeicherter Informationen**, Datenretrieval n, Information Retrieval n (DV) / information retrieval, data retrieval

suchen [nach] (allg, DV) / search [for](e.g. for information on the World Wide Web) ‖ ~ [nach] / look for (e.g. better ways to use resources, new methods to manage an IT project) ‖ ~ (Tele) / hunt for vi (a free selector) ‖ ~ **in** [nach], durchsuchen [nach], absuchen [nach] / scan vt (e.g. disk for data), search vt ‖ ≈ n, Suche f [nach] (allg) / search [for] ‖ ≈, Suchoperation f (DV) / search ‖ ≈ **und Ersetzen** (DV) / search and replace

Sucher m, Suchfernrohr n (Opt) / finderscope ‖ ≈ (Film, Foto) / viewfinder, finder ‖ ≈**bild** n (Foto) / viewfinder image ‖ ≈**fernrohr** n, Suchfernrohr n (Opt) / finderscope ‖ ≈**kamera** f (Foto) / rangefinder camera ‖ ≈**okular** n (Foto) / finder eyepiece, viewfinder eyepiece

Such•fernrohr n (Opt) / finderscope ‖ ≈**maschine** f (DV, Tele) / search engine ‖ ≈**operation** f (DV) / search

Sucrase f (früher), Invertase f (Biochem) / invertase, saccharase, invertin, sucrase

Südpol m (eines Magneten) / south pole, south-seeking pole (of a magnet), S-pole

sukzessiv / successive

Sulfamidsäure f, Amidoschwefelsäure f (Chem) / sulphamic acid

Sulfaminsäure f, Amidoschwefelsäure f (Chem) / sulphamic acid

Sulfidtonung f, Sepiatonung f (Foto) / sulphide toning

Sulfochlorierung f / sulphochlorination

Summand m (der addiert wird), Addend m (Math) / addend

Summe f (Math) / sum n ‖ ≈, Gesamtmenge f (Math) / total n, total amount

Summen•formel f (Chem) / empirical formula ‖ ≈**stromwandler** n (Elek) / differential current transformer ‖ ≈**zeichen** n, Σ / Σ, summation sign

Summer m (Elek, Tele) / buzzer

summieren, addieren, zusammenrechnen (Math) / total vt, add vt [up], sum up, sum vt, tot [up]

Summierverstärker m (DV, Eltro) / summing amplifier

Super n, Superbenzin bleifrei n (ROZ ab 95,0) (Kfz, Mot) / premium (GB - unleaded petrol, 95 octane), super (GB - unleaded petrol, 98 octane), premium unleaded gasoline (US), super unleaded, premium unleaded (AUS), unleaded premium (GB), premium unleaded petrol

Super m, Überlagerungsempfänger m (Radio) / superheterodyne receiver, superhet, double detection receiver

Super•benzin bleifrei n (ROZ ab 95,0) (Kfz, Mot) / premium (GB - unleaded petrol, 95 octane), super (GB - unleaded petrol, 98 octane), premium unleaded gasoline (US), super unleaded, premium unleaded (AUS), unleaded premium (GB), premium unleaded petrol ‖ ≈**computer** m, Höchstleistungsrechner m (DV) / supercomputer ‖ ≈**elastischen Stoß** (Phys) / superelastic collision ‖ ≈**finish** n, Superfinish-Verfahren n (Fert) / superfinishing ‖ ≈**finish-Verfahren** n (Fert) / superfinishing ‖ ~**flink** (Sicherung) (Elek) / super-quick-acting

Superhet m, Überlagerungsempfänger m (Radio) / superheterodyne receiver, superhet, double detection receiver

Superheterodynempfänger m, Überlagerungsempfänger m (Radio) / superheterodyne receiver, superhet, double detection receiver

Super•kondensator m, Doppelschicht-kondensator m (Elek) / electric double-layer capacitor, electrochemical double layer capacitor, EDLC, supercapacitor, ultracapacitor ‖ ≈**kraftstoff** m, Superbenzin bleifrei n (ROZ ab 95,0) (Kfz, Mot) / premium (GB - unleaded petrol, 95 octane), super (GB - unleaded petrol, 98 octane), premium unleaded gasoline (US), super unleaded, premium unleaded (AUS), unleaded premium petrol ‖ ≈**oxid** n (früher), Peroxid n (Chem) / peroxide (e.g. Na_2O_2, BaO_2)) ‖ ≈**positionsprinzip** n (Phys) / principle of superposition, superposition principle ‖ ~**schwere Elemente** (Chem) / superheavy elements pl ‖ ≈**verflüssiger** m, Fließmittel n (besonders stark wirkender Betonverflüssiger) (Bau) / superplasticizer, high-range water reducer

Supplementwinkel m, Ergänzungswinkel m (zu 180°) (Math) / supplementary angle

Support m, technische Unterstützung / customer support, technical support ‖ ≈, Werkzeugschlitten m (dient zum Spannen und Bewegen der Werkzeuge) (Wzm) / carriage (supports the cross-slide, compound and tool post and moves along the ways under manual or power feed)

Suppressordiode f (Elek, Eltro) / transient voltage suppression diode, TVS diode

supra•leitend (Elek, Eltro) / superconducting, superconductive ‖ ≈**leiter** m (Elek, Eltro) / superconductor ‖ ~**leitfähig** (Elek, Eltro) / superconducting, superconductive ‖ ≈**leitfähigkeit** f (Phys) / superconductivity ‖ ≈**leitung** f (Phys) / superconductivity

Supremum n (Math) / least upper bound, lub, supremum, sup

Surfbrett n (Sport) / board, surfboard
Surjektion (Math) / surjective function, surjection
surjektiv•e Abbildung (Math) / surjection ‖ ~e **Funktion** (Math) / surjective function, surjection
Surround-Lautsprecher m (Audio) / surround speaker
Suspension f (Chem) / suspension
Suszeptanz f, Blindleitwert m (Elek) / susceptance
S/UTP-Kabel n, ungeschirmtes TP-Kabel mit einer Gesamtabschirmung / S/UTP cable, screened-unshielded twisted pair cable
SUV n (geländegängiges freizeitorientiertes Sport- und Nutzfahrzeug mit Allradantrieb, eher für die Straße als für Offroad) (Kfz) / SUV, sports utility vehicle
SV, Standortverteiler m (in der strukturierten Verkabelung) (Kabel, Tele) / campus distributor, CD
Sv (1 Sv = 100 rem), Sievert n / sievert, Sv
Swan•fassung f, Bajonettsockel m (bei Glühlampen) (Elek, Licht) / bayonet base, bayonet cap, BC ‖ ~sockel m, Bajonettsockel m (bei Glühlampen) (Elek, Licht) / bayonet base, bayonet cap, BC
Swimmingpool-Reaktor m (Nukl) / pool-type reactor, swimming pool reactor
Switch m (DV) / switch, network switch
SWR, Siedewasserreaktor m (Nukl) / boiling water reactor, BWR ‖ ~, Schwerwasserreaktor m (Nukl) / heavy water reactor, HWR
Sylvinsäure f, Abietinsäure f (Chem) / abietic acid, sylvic acid
Symbol n, Sinnbild / symbol ‖ ~ (Chem, Techn) / symbol ‖ ~, Icon n (DV) / icon (in a GUI) ‖ ~ (einer Anwendung in der Task-Leiste) (DV) / task button (in Windows)
symbolisch, sinnbildlich / symbolic
Symbolleiste f (DV) / button bar (in a GUI), icon bar (in a GUI)
Symistor m, Triac n (Eltro) / triac (triode A.C. switch), bidirectional triode thyristor
Symmetrie f (allg, Math) / symmetry ‖ ~achse f (Math) / axis of symmetry, symmetry axis ‖ ~achse, Drehachse f, Gyre f (Krist) / rotation axis of symmetry ‖ ~achse (eines Fahrzeugs) (Kfz) / geometric centerline (of a car) ‖ ~los / asymmetric, asymmetrical, nonsymmetrical, unsymmetrical, unsymmetric, dissymmetric, dissymmetrical
Symmetrier•glied n, Balun (Elek) / balun, balance[-to]-unbalance transformer, bazooka ‖ ~übertrager m, Symmetrierglied n, Balun (Elek) / balun, balance[-to]-unbalance transformer, bazooka
symmetrisch / symmetrical, symmetric ‖ ~e **Belastung** (der 3 Phasen) / balanced load ‖ ~e **Funktion** (Math) / symmetric function ‖ ~er **Zustand**, Gleichgewichtszustand m, Gleichgewichtslage f / balanced condition o. state
Sympathikolytikum n (Pharm) / sympatholytic
Sympatholytikum n (Pharm) / sympatholytic
Synchro m, Drehmelder m (mit drei um 120° versetzten Statorwicklungen) (Elek, Regel) / synchro, selsyn
synchron, gleichlaufend / synchronous, sync ‖ ~e **Drehzahl**, Synchrondrehzahl f / synchronous

speed ‖ ~e **Übertragung** (DV, Tele) / synchronous transmission
Synchron•bahn f (in 35 786 km Höhe), geostationäre Umlaufbahn, geosynchrone Umlaufbahn (Raumf) / geostationary earth orbit, GEO, geostationary satellite orbit, GSO, geostationary orbit, geosynchronous orbit, synchronous orbit ‖ ~drehzahl f, synchrone Drehzahl (Elek) / synchronous speed ‖ ~generator m (Elek) / synchronous generator ‖ ~geschwindigkeit f, Synchrondrehzahl f / synchronous speed
Synchronisation f, Anpassung f, Abgleich m (Eltro) / alignment (e.g. bit-rate, channel, frame, frequency, phase alignment) ‖ ~ (Elek, Tele) / synchronization, synchronizing ‖ ~ (eines fremdsprachigen Films) (Film, TV) / dubbing
Synchronisationsfehler m, Zittern n (TV) / jitter
synchronisieren (allg, DV, Tele) / synchronize vt
Synchronisierung f (Elek, Tele) / synchronization, synchronizing
Synchronisierungskabel n (DV) / sync cable
Synchron•klappe f (Film) / clap-board, clapperboard, clappers pl, clapstick ‖ ~motor m (Elek) / synchronous motor
Synchronoskop n (Elek) / synchronoscope
Synchron•riemen m, Zahnriemen m (Techn) / timing belt, toothed belt, cog belt, notch belt, synchronous belt ‖ ~übertragung f (DV, Tele) / synchronous transmission ‖ ~zähler m (Eltro) / synchronous counter
Synchrotron n (Nukl) / synchrotron
syntaktisch•er Fehler (DV) / syntax error, syntactical error ‖ ~ vollständig (Logik) / syntactically complete
Syntax f (DV) / syntax ‖ ~fehler n (DV) / syntax error, syntactical error
Synthese f (allg, Chem) / synthesis ‖ ~faser f, Chemiefaser f (aus vollsynthetischen Rohstoffen) (Tex) / synthetic fiber ‖ ~kautschuk m (ChT) / synthetic rubber
Synthesizer n (Audio, Eltro) / synthesizer
synthetisch adj, synthetical / ‖ ~e **Faser**, Chemiefaser f (aus vollsynthetischen Rohstoffen) (Tex) / synthetic fiber ‖ ~e **Geometrie** / synthetic geometry ‖ ~ herstellen / synthesize ‖ ~er **Kautschuk** (ChT) / synthetic rubber
synthetisieren, synthetisch herstellen / synthesize
Syntholprozess m (Fischer-Tropsch-Synthese) (ChT) / synthol process
System n (allg) / system ‖ ~, Anlage f (DV, Elek) / system ‖ ~abhängiger Fehler, systematischer Fehler (Mess, Stat) / systematic error, bias ‖ ~absturz m (DV) / crash (rendering system inoperable), system crash, hang-up, system failure ‖ ~administrator m (DV) / system administrator, administrator ‖ ~anforderungen f pl (DV) / system requirements ‖ ~anzeige f (Luft) / system display
systematisch, planmäßig adj, methodisch / methodical, systematic, systematical ‖ ~er **Fehler** (Mess, Stat) / systematic error, bias
System•bus m (DV) / system bus ‖ ~datenträger m (Diskette o. Festplatte), Boot-Diskette f (DV) / system disk, boot disk, start-up disk ‖ ~kern m, Kernel m (DV) / kernel n ‖ ~konfiguration f (DV) / system configuration, hardware configuration, equipment configuration ‖ ~platine f, Hauptplatine f,

Mainboard *n* (DV) / mother board, main board, logic board, platter, planar board, system board ‖ ≈**programm** *n* (DV) / system program ‖ ≈**protokoll** *n* (DV) / system log

Systems Engineering, Systemtechnik *f* / systems engineering

System•schwerpunkt *m*, Baryzentrum *m* (Astr, Math, Phys) / barycenter ‖ ≈**software** *f* (DV) / system programs, system software ‖ ≈**steuerung** *f* (DV) / system control ‖ ≈**steuerung** (Windows) (DV) / Control Panel (in Windows) ‖ ≈**technik** *f*, Systems Engineering / systems engineering ‖ ≈**wirkungsgrad** *m* / system efficiency

T

T., Tera... (Billion), 10^{12}... / T (trillion in US, billion in GB), tera...

T (= 1 Wb m^{-2} = 10^4 G = 1 kgs^{-2}A^{-1}), Tesla *n* / T, Tesla

Ta, Tantal *n* (Chem) / tantalum, Ta

TA, Terminaladapter *m* (zur Anpassung der Schnittstelle einer Endeinrichtung an eine andere Schnittstelle) (Tele) / TA, terminal adapter

Tab *m*, Tabulator *m* (Büro, DV) / tab, tabulator (word processor, typewriter)

tabellarisch, Tabellen..., in Tabellenform (Doku, Druck) / tabular, in tabular form, in the fom of a table

Tabelle *f* (Doku, Druck) / table (e.g. of figures) ‖ ≈, Tabellenblatt *n* (eines Tabellenkalkulationsprogramms), Arbeitsblatt *n* (DV) / worksheet (in spreadsheet programs), spreadsheet, sheet ‖ ≈, Diagramm *n* / chart

Tabellen•..., tabellarisch, in Tabellenform (Doku, Druck) / tabular, in tabular form, in the fom of a table ‖ ≈**blatt** *n* (eines Tabellenkalkulations-programms), Arbeitsblatt *n* (DV) / worksheet (in spreadsheet programs), spreadsheet, sheet ‖ ≈**kalkulation** *f* (DV) / spreadsheet analysis ‖ ≈**kalkulation**, Tabellenkalkulationsprogramm *n* (DV) / spreadsheet program ‖ ≈**kalkulationsprogramm** *n* (DV) / spreadsheet program ‖ ≈**speicher** *m* (DV) / table storage

Tablett *n* / tray ‖ ≈ *f*, Grafiktablett *n* (DV) / graphics tablet, graphics pad, digitizer tablet, digitizing tablet, digitizer

Tablette (Pharm) / tablet

Tabstopptaste *f* (DV) / tab key

Tabulator *m* (Büro, DV) / tab, tabulator (word processor, typewriter) ‖ ≈**taste** *f* (DV) / tab key

tabulieren *vi* (Büro, DV) / tabulate, tab

Tacho *m* (ugs.), Geschwindigkeitsmessgerät *m* (amtlich), Tachometer *m* (Kfz) / speedometer, clock (coll.), speedo (coll.) ‖ ≈**generator** *m*, Tachometergenerator *m* (zur Messung von Drehzahl u. Winkelgeschwindigkeit) (Elek, Mess) / tachogenerator ‖ ≈**meter** *m*, Geschwindigkeitsmessgerät *m* (amtlich) (Kfz) / speedometer, clock (coll.), speedo (coll.) ‖ ≈**metergenerator** *m* (zur Messung von Drehzahl u. Winkelgeschwindigkeit) (Elek, Mess) / tachogenerator

Tacker *m*, Heftgerät *n* (für Heftklammern) (Büro) / stapler ‖ ≈ (größer, stärker, um z.B. dünne Laminate auf Putz zu tackern) (Wz) / staple gun

Taenit *m* (Min) / taenite

Tafel *f*, Platte *f* (dünn) / sheet (thin plate or slab of plastic, metal, plywood, thickness > 0.25 mm, not pliable) ‖ ≈, Wandtafel *f* (zum Beschreiben, für Mitteilungen), schwarzes Brett / board ‖ ≈**glas** *n* (von hoher Qualität)(Bau, Glas) / plate glass ‖ ≈**glas** (von geringerer Qualität), Ziehglas *n* (Bau, Glas) / sheet glass (of lesser quality and less flat than plate glass) ‖ **internationale** ≈**kalorie**, cal (1 cal = 4,1868 J) (veraltet), Kalorie *f*, cal$_{IT}$ / cal, calorie, International Table calorie, IT calorie

Tages•kilometerzähler *m* (Kfz) / trip-mileage counter, trip recorder || $\sim$**lichtprojektor** *m*, Overheadprojektor *m* (Büro) / overhead projector || $\sim$**ordnung** *f* / agenda || $\sim$**wanne** *f* (Glas) / day tank

Tailored Blanks (aus verschiedenen Werkstoffgüten und/oder Blechdicken zusammengesetzte Blechplatinen) (Fert) / tailored blanks

Tails-Assay *n* (Restgehalt an U-235 im abgereicherten Uran) (Nukl) / tails assay

Takt *m* (regelmäßige Impulsfolge eines Taktgebers) (DV) / clock pulse || $\sim$, Arbeitstakt *m* (DV) / clock cycle (time between two ticks of a computer's system clock), cycle || $\sim$, (einer Kolbenmaschine) / stroke || $\sim$, Arbeitstakt *m* (wiederholter Abschnitt z. B. bei der Fließbandarbeit) (IE) / cycle || $\sim$**erzeugung** *f* (DV) / clock generation || $\sim$**flanke** *f* (Eltro) / pulse edge, clock pulse edge, timing pulse edge || $\sim$**geber** *m*, Taktgenerator *m* (DV) / clock, clock generator || $\sim$**generator** *m* (DV) / clock, clock generator

taktiler Sensor / contact sensor

Taktimpulsflanke *f* (Eltro) / pulse edge, clock pulse edge, timing pulse edge

Taktionsproblem *n*, apollonisches Problem (Math) / Apollonius' problem

taktisch (Polymer) (Chem, Plast) / tactic

Takt•signal *n* (DV, Eltro) / timing signal || $\sim$**steuerung** *f*, Ablaufsteuerung *f*, sequentielle Steuerung *f* (Regel) / sequential control, sequence control || $\sim$**zeit** *f* (DV) / clock interval, clock pulse period || $\sim$**zeit** (z. B. bei der Fließbandarbeit) (IE) / cycle time || $\sim$**zustandsgesteuertes D-Flipflop**, Latch *n* (Eltro) / latch *n*

Talg *m* (Fett wiederkäuender Tiere) / tallow *n*

Talk *m* (Min) / talc, talcum

Talsperre *f* (Staudamm oder Staumauer) (Wasserb) / dam (embankment dam or masonry dam)

Tanaceton *n*, Thujon *n* (Chem) / thujone

Tandem *n* (Fahrrad) / tandem [bicycle] || $\sim$**...** / tandem || $\sim$**achse** *f* (Kfz) / tandem axle || $\sim$**beschleuniger** *m* (Nukl) / tandem accelerator, tandem generator || $\sim$**maschine** *f* (Masch) / tandem engine || $\sim$**motor** *m* / tandem motor || $\sim$**schaltung** *f*, Darlington-Schaltung *f* (Eltro) / Darlington circuit, Darlington amplifier || $\sim$**transistor** *m*, Darlington-Transistor *m* (beide Bipolartransistoren einer Darlington-Schaltung in einem gemeinsamen Chip integriert) (Eltro) / Darlington, Darlington transistor || $\sim$**zylinder** *m* / tandem cylinder

Tangens *m* (Math) / tangent *n*, tang, tg || $\sim$**funktion** *f* (Math) / tangent function

Tangente *f* / tangent, tangent line

Tangenten•-Näherungsverfahren *n*, newtonsches Näherungsverfahren (zur Nullstellenberechnung) (Math) / Newton's method (of approximation), Newton-Raphson method || $\sim$**verfahren** *n* (zur Nullstellenbestimmung), newtonsches Näherungsverfahren (Math) / Newton's method (of approximation), Newton-Raphson method || $\sim$**viereck** *n* (Math) / circumscribed quadrilateral

Tangential•beschleunigung *f* / tangential acceleration || $\sim$**geschwindigkeit** *f* (Phys) / tangential acceleration || $\sim$**kraft** *f* (Phys) / tangential force || $\sim$**spannung** *f*, Schubspannung *f* (Mech) / shear stress, shearing stress, tangential stress

Tangentkeile *m pl* (Masch) / tangential keys *pl*

Tank *m*, Behälter *m* (für Flüssigkeiten) / tank || $\sim$ (Schiff) / tank || $\sim$, Kraftstoffbehälter *m* (Kfz) / fuel tank, tank truck || $\sim$**anlage** *f*, Tanklager *n* (Öl) / oil depot, tank farm || $\sim$**anzeige** *f*, Kraftstoffvorratsanzeiger *m* (DIN) (Kfz) / fuel gauge, fuel level gauge, gas gage (US), gasoline gage, petrol gauge || $\sim$**deckel** *m* (Kfz) / petrol cap (GB), gas cap (US), fuel filler cap

tanken (Kfz, Luft) / refuel *vi*

Tanker *m* (Schiff) / tanker || $\sim$, Öltanker *m*, Öltankschiff *n* (Schiff) / oil tanker, oil carrier, oiler, petroleum tanker

Tank•fahrzeug *n*, Tankwagen *m* (Kfz) / tanker, road tanker, tank truck || $\sim$**fahrzeug**, T Betankungsfahrzeug *n* (Luft) / bowser (at airport)(GB), fuel truck (US) || $\sim$**klappe** *f* (Kfz) / fuel door, fuel filler door || $\sim$**lager** *n* (Öl) / oil depot, tank farm || $\sim$**säule** *f*, Zapfsäule (Kfz) / fuel dispenser, gas pump (US), gasoline pump (US), petrol pump (GB) || $\sim$**schiff** *n*, Öltanker *m* (Schiff) / oil tanker, oil carrier, oiler, petroleum tanker || $\sim$**stelle** *f* (Kfz) / garage, petrol station (GB), filling station, service station, petrol pump (GB), gasoline station (US), gas station (US) || $\sim$**uhr** *f*, Kraftstoffvorratsanzeiger *m* (DIN) (Kfz) / fuel gauge, fuel level gauge, gas gage (US), gasoline gage, petrol gauge || $\sim$**verschluss** *m* (Kfz) / petrol cap (GB), gas cap (US), fuel filler cap || $\sim$**wagen** *m* (Kfz) / tanker, road tanker, tank truck || $\sim$**wagen** *m*, Betankungsfahrzeug *n* (Luft) / bowser (at airport)(GB), fuel truck (US)

Tannen•baumfehler *m* (bei Strangpressen ein Aufreißen des Strangs in Umfangsrichtung infolge Warmbrüchigkeit bei zu großer Umformgeschwindigkeit) (Fert) / surface cracking || $\sim$**baumkristall** *m*, Dendrit *m* (Mater) / dendrite

Tantal *n* (Chem) / tantalum, Ta || $\sim$**-Elektrolytkondensator** *m* (Eltro) / tantalum capacitor (with solid electrolyte)

Tantal-Elko *m*, Tantal-Elektrolytkondensator *m* (Eltro) / tantalum capacitor (with solid electrolyte)

Tantalkondensator *m*, Tantal-Elektrolytkondensator *m* (Eltro) / tantalum capacitor (with solid electrolyte)

Tapedeck *n*, Kassettendeck *n* (Kassettenrekorder als Teil einer Hifi-Anlage, ohne eigenen Verstärker) (Audio) / cassette deck, tape deck

Tapetenmesser *n* (Wz) / utility knife

Target *n*, Schichtwerkstoff *m* (bei den PVD-Verfahren) / evaporant, source || $\sim$ (Eltro) / anticathode, target (in an X-ray tube)

tarieren (Verpackung, Waage) / tare

Tarnkappenvirus *m*, Stealth-Virus (DV) / stealth virus

Taschen•lampe *f* (Elek, Licht) / torch (GB), flashlight (US), electric torch (GB), flash || $\sim$**rechner** *m* (Math) / pocket calculator, calculator, hand-held calculator

Task *f*, Aufgabe *f* (DV) / task || $\sim$**-Leiste** *f* (DV) / taskbar (in Windows) || $\sim$**-Management** *n*,

Taskverwaltung *f* (DV) / task management ‖ ˜**verwaltung** *f*, Task-Management *n* (DV) / task management

Tassenstößel *m* (Mot) / bucket[type] tappet, sliding follower, inverted bucket tappet

Tastatur *f* (bei Schreibmaschine, Computer) (Büro, DV) / keyboard *n* ‖ ˜ (eines Tastwahltelefons), Tasten *f pl* (Tele) / dial pad (on telephones), touchtone pad, keypad, DTMF pad ‖ ˜ (eines Handys) (Tele) / keypad ‖ ˜**befehl** *m* (z.B. Strg-C zum Kopieren als Alternative zur Verwendung der Menüleiste per Maus) (DV) / hot key, accelerator, accelerator key for rapid keyboard selection of commands), shortcut, shortcut key, keyboard shortcut ‖ ˜**eingabe** *f*, Eingabe *f* per Tastatur (DV) / manual input, keyboard entry, keyboard input, manual keyboard entry ‖ ˜**feld** *n*, Tastatur *f* (eines Tastwahltelefons), Tasten *f pl* (Tele) / dial pad (on telephones), touchtone pad, keypad, DTMF pad ‖ ˜**schnittstelle** *f* (DV) / keyboard port

Tastdimmer *m* (Licht) / push-button dimmer

Taste *f*, Drucktaste *f*, Druckknopf *m* (Elek, Masch) / button (pressed to activate an electric circuit, operate a machine or open a small door etc), pushbutton ‖ ˜ (auf Computertastaturen, Schreibmaschinen, Taschenrechnern, Tastentelefonen, Musikinstrumenten etc.) / key ‖ ˜, Maustaste *f* (DV) / mouse button, control button (on mouse) ‖ ˜**n** *f pl*, Tastatur *f* (eines Tastwahltelefons) (Tele) / dial pad (on telephones), touchtone pad, keypad, DTMF pad ‖ ˜ **"Druck"** (DV) / print key

tasten, eingeben (über Tastatur) (Büro, DV, Tele) / key

Tasten • anordnung *f* (DV) / layout (of keyboard), keyboard layout ‖ ˜**anschlag** *m*, Anschlag *m* (auf der Tastatur, Schreibmaschine) (Büro, Druck, DV) / key stroke, stroke (e.g. 50 strokes to a line/300 strokes a minute) ‖ ˜**block** *m*, Tastatur *f* (eines Tastwahltelefons), Tasten *f pl* (Tele) / dial pad (on telephones), touchtone pad, keypad, DTMF pad ‖ ˜**feld** *n* (z.B. bei Geldautomaten o. Fernbedienungen) / keypad ‖ ˜**feld**, Tastatur *f* (eines Tastwahltelefons) (Tele) / dial pad (on telephones), touchtone pad, keypad, DTMF pad ‖ ˜**feld**, Tastatur *f* (eines Handys) (Tele) / keypad ‖ ˜**kombination** *f* (für schnellen Zugriff auf bestimmte Funktionen), Tastaturbefehl *m* (z.B. Strg-C zum Kopieren als Alternative zur Verwendung der Menüleiste per Maus) (DV) / hot key, accelerator, accelerator key for rapid keyboard selection of commands), shortcut, shortcut key, keyboard shortcut ‖ ˜**wahlblock** *m*, Tastatur *f* (eines Tastwahltelefons) (Tele) / dial pad (on telephones), touchtone pad, keypad, DTMF pad

Taster *m* (Signalglied, das ein Signal nur abgibt, solange es betätigt wird), Tastschalter *m* (Elek, Eltro) / push-button ‖ ˜ (Mess) / caliper, calliper (GB), calipers *pl*, callipers *pl* ‖ ˜, Taststift *m*, Tastspitze *f* (eines Tastschnittgeräts zur Oberflächenprüfung) (Mess) / stylus ‖ ˜ (eines Koordinatenmessgeräts) (Mess) / contact probe, measuring probe, touch-trigger probe (on coordinate measuring machines), TTP

Tast • gerät *n*, Oberflächenmessgerät *n* nach dem Tastschnittverfahren, Tastschnittgerät *n* (Mess) / stylus instrument, tracer-point analyzer, stylus-type instrument ‖ ˜**grad** *m* (Verhältnis von Impulsdauer zu Pulsperiodendauer) (Eltro, Tele) / duty cycle ‖ ˜**knopf** *m* (Signalglied, das ein Signal nur abgibt, solange es betätigt wird) (Elek, Eltro) / push-button ‖ ˜**kopf** *m*, Taster *m* (eines Koordinatenmessgeräts) (Mess) / contact probe, measuring probe, touch-trigger probe (on coordinate measuring machines), TTP ‖ ˜**periodendauer** *f*, Abstand *m* zwischen zwei Erfassungszeitpunkten (Eltro, Radar, Regel) / sampling interval, sampling period ‖ ˜**rolle** *f* (Masch) / follower roller ‖ ˜**schalter** *m*, Taster *m* (Signalglied, das ein Signal nur abgibt, solange es betätigt wird) (Elek, Eltro) / push-button ‖ ˜**schnittgerät** *n*, Oberflächenmessgerät *n* nach dem Tastschnittverfahren (Mess) / stylus instrument, tracer-point analyzer, stylus-type instrument ‖ ˜**sensor** *m* (Elek) / push-button sensor ‖ ˜**spitze** *f* (eines Tastschnittgeräts zur Oberflächenprüfung), Taststift *m* (Mess) / stylus ‖ ˜**stift** *m*, Tastspitze *f* (eines Tastschnittgeräts zur Oberflächenprüfung) (Mess) / stylus ‖ ˜**stift**, Messbolzen *m* (der Messuhr) (Mess) / contact pointer, plunger ‖ ˜**system** *n*, Oberflächenmessgerät *n* nach dem Tastschnittverfahren, Tastschnittgerät *n* (Mess) / stylus instrument, tracer-point analyzer, stylus-type instrument ‖ ˜**verhältnis** *n* (Kehrwert des Tastgrades) (Eltro, Tele) / duty factor (of a pulse train), pulse-duty factor ‖ ˜**wahlblock** *m*, Tastatur *f* (eines Tastwahltelefons) (Tele) / dial pad (on telephones), touchtone pad, keypad, DTMF pad ‖ ˜**zirkel** *m* (Mess) / caliper, calliper (GB), calipers *pl*, callipers *pl*

tätig, aktiv / active ‖ ˜ **sein**, operieren / operate ‖ ˜ **sein** [für], arbeiten [für] / work [for]

Tätigkeit *f* (z.B. Überwachungs-, Normungsusw.) / activity ‖ ˜, Beschäftigung *f* / occupation ‖ ˜, Arbeit *f* / work

Tätigkeits • bereich *m* / field of activity ‖ ˜**gebiet** *n* / field of activity

tatsächlich, Ist... / actual ‖ ˜, wirklich, effektiv / actual, effective, real ‖ ˜**e Adresse**, absolute Adresse (tatsächliche, physikalische Adresse) (DV) / absolute address, machine address, real address, actual address, specific address ‖ ˜**er Wert**, Istwert *m* / actual value

Tauchabscheidung, chemische ˜, Metallabscheidung *f* ohne äußere Stromquelle (OT) / electroless plating

Tauchanker *m* (Elek, Mess) / solenoid plunger ‖ ˜**aufnehmer** *m* (Mess) / solenoid plunger sensor ‖ ˜**sensor** *m* (Mess) / solenoid plunger sensor

tauchen *vi* (U-Boot) / submerge, dive ‖ ˜ *vt*, untertauchen *vt* / submerge ‖ ˜, eintauchen / immerse ‖ ˜ *n*, Eintauchen *n*, Untertauchen *n* / immersion, submersion ‖ ˜ **in Metallschmelze**, Schmelztauchen *n* / hot dipping

Tauch • glocke *f* (Hütt) / bell plunger ‖ ˜**kolben** *m*, Plungerkolben *m* (Masch) / plunger ‖ ˜**kolben** (im Tauchkolbenmotor) (Mot) / trunk piston ‖ ˜**kolbenmotor** *m* / trunk piston engine ‖ ˜**kolbenpumpe** *f* / plunger pump ‖ ˜**löten** *n* (Weichlöten) / dip soldering ‖ ˜**löten** *f* (Hartlöten) / dip brazing ‖ ˜**magnetsensor** *m*

(Mess) / solenoid plunger sensor ‖ ～**pumpe** f / submersible pump ‖ ～**schmierung** f, Öltauchschmierung f / oil bath lubrication, oil flood lubrication ‖ ～**spindel** f, Äraömeter n (Dichtemesser für Flüssigkeiten) (Mess) / hydrometer ‖ ～**spulenlautsprecher** m (Akust, Audio) / dynamic loudspeaker, moving-coil loudspeaker, dynamic speaker ‖ ～**verzinken**, feuerverzinken (im Schmelzbad) (OT) / galvanize, hot-dip galvanize

tauglich [für, zu] / suitable [for], fit [fot] ‖ ～, befähigt, qualifiziert / qualified [for]

Tauglichkeit f, Fähigkeit f / capability, aptitude ‖ ～, Eignung f, Brauchbarkeit f / suitability, fitness

Taumel • scheibe (statt Kurbeltrieb) / swash plate, wobble plate ‖ ～**scheibe** f (Helikopter) (Luft) / swashplate ‖ ～**scheibenmotor** m / swash-plate engine, axial engine, barrel engine ‖ ～**scheibenpumpe** f / swash-plate pump ‖ ～**scheibenverdichter** m / variable displacement compressor, swash plate compressor

Taupunkt m (Phys) / dew point

tauschen (z.B. Ersatzteile) / swap (e.g. addresses, phone numbers; vintage car enthusiasts swap spare parts)

Tausend f / thousand

Tauwasser n, Kondenswasser / condensation water, condensed water

Taxiway m, Rollbahn f (Luft) / taxiway, taxyway

Tb, Terbium n (Chem) / terbium, Tb

TBC m, Time Base Corrector m, Zeitfehlerausgleicher m (TV, Video) / time-base corrector (used to synchronize a video source with the timing reference provided by the sync generator)

Tc, Technetium n (Chem) / technetium, Tc (OZ = 43)

TCC, Thermofor-Verfahren n (katalytisches Krackverfahren) (Öl) / thermofor catalytic cracking, TCC

TCDD, 2,3,7,8-～, Dioxin n (Chem) / 2,3,7,8 TCDD, 2,3,7,8-tetrachlorodibenzo-p-dioxin

TCP-Theorem n, CPT-Theorem n (Phys) / CPT theorem (C = charge conjugation, P = parity operation, T = time reversal)

TDD, Zeitduplexverfahren n (Tele) / TDD, time-division duplex

TDM, Zeitmultiplexverfahren n (Tele) / TDM, time-division multiplexing

Te, Tellur n (Chem) / tellurium, Te

Teach-Box f / teach box (device that registers and memorizes mechanical motions or processes for later recall and execution by an electronic system or programmable robots)

Teach-in-Programmierung f (eines Roboters mit Programmierhandgerät) (NC) / leadthrough programming, walk-through programming, powered leadthrough programming, teach-in programming

Technetium n (Chem) / technetium, Tc (OZ = 43)

Technik f (allg. der Wissensbereich, der naturwissenschaftliche Erkenntnisse praktisch nutzbar macht) / technology (e.g. modern technology, science and technology, present state of technology) ‖ ～, Technologie f (als Wissenszweig, Gesamtheit des technischen Wissens eines Gebiets) / technology (e.g. semiconductor, information technology) ‖ ～ (in der praktischen Anwendung, angewandte Technik, auch als Studienfach) / engineering

(e.g. a career in engineering, an engineering student) ‖ ～ (in der Benennung einzelner ingenieurwissenschaftlicher Disziplinen, z.B Elektro-, Verfahrens-, Chemietechnik) / engineering (e.g. electrical, process, chemical engineering) ‖ ～, Verfahren n / technique (e.g. production, relaxation techniques) ‖ ～ (technische Beschaffenheit, Funktionsweise) / mechanics pl (e.g. study the mechanics of an engine) ‖ ～ (z.B. ein Labor mit modernster Technik), technische Ausrüstung / technical equipment

technisch / technical ‖ ～ (für [die Anwendung in] Technik u. Ingenieurwissenschaften von Bedeutung, z.B. Anwendung, Bedeutung, Metall, Fachzeitschrift) / engineering adj (e.g. application, importance, metal, journal) ‖ ～**e Akustik** / engineering acoustics ‖ ～**e Angaben** / technical data ‖ ～**es Anilin**, Anilinöl n (Chem) / aniline oil ‖ ～**e Arbeitsfähigkeit**, Exergie f (Phys) / exergy ‖ ～**e Atmosphäre** (1at = 1kp/cm² = 98,0665 kPa = 0,980665 bar) (Phys) / technical atmosphere (14,22 lbs/sq.in.) ‖ ～**er Ausdruck o. Begriff** / technical term, engineering term ‖ ～**e Ausrüstung** (Masch) / equipment ‖ ～**e Ausstattung** (Masch) / equipment ‖ ～ **betreuen**, umsetzen, ausführen / engineer vt (e.g. industrial projects) ‖ ～**e Chemie**, chemische Verfahrenstechnik / chemical engineering ‖ ～**e Daten** / specifications ‖ ～**e Fähigkeiten** / engineering skills ‖ ～**er Fehler** / malfunction ‖ ～**er Fehler**, Funktionsstörung f, technische Störung / fault, trouble n ‖ ～**e Gebäudeausrüstung** / ventilation, water, electrical and mechanical facilities, facilities equipment ‖ ～**e Keramik**, Konstruktionskeramik f / advanced ceramics, structural ceramics, fine ceramics, technical ceramics, engineering ceramics ‖ ～**e Mathematik** / engineering mathematics ‖ ～**er Prototyp** / engineering prototype ‖ ～**e Störung**, Funktionsstörung f, technischer Fehler / fault, trouble n ‖ ～**e Stromrichtung** (Elek) / current direction ‖ ～**e Unterstützung**, Support m / customer support, technical support ‖ ～**e Untersuchung** / engineering study ‖ ～**es Zeichnen** (Doku) / technical drawing, drafting, draughting ‖ ～**er Zeichner** / technical draftsman ‖ ～**e Zeichnung** / engineering drawing, technical drawing

Technologie f (als Wissenszweig, Gesamtheit des technischen Wissens eines Gebiets), Technik f / technology (e.g. semiconductor, information technology)

Teflon® n (Handelsname für Polytetrafluor-ethylen) (Plast) / Teflon ‖ ～**band** n (Rohr) / Teflon tape ‖ ～**-Gleitlager** n / Teflon bearing

Teig m / dough ‖ ～**artig**, teigig / doughy, dough-like

teigig, teigartig / doughy, dough-like

Teil m / part n ‖ ～, Anteil m / share ‖ ～, Abschnitt m / section ‖ ～ (dezimaler einer Einheit, ausgedrückt durch Vorsätze wie Milli..., Piko...) / fraction, submultiple, subdivision (of a unit) ‖ ～ (eines Buches etc.), Abschnitt m (Druck) / section, division, part ‖ ～ n, Bauteil n, Bestandteil m / part, component ‖ ～..., teilweise, partiell / partial adj ‖ ～**anlage** f (ChT) / plant unit, plant section ‖ ～**apparat** m, Teileinrichtung f (zur Aufnahme eines Werkstücks, das nach jedem Werkzeugdurchlauf um einen bestimmten

Winkel in die nächste Arbeitsposition weitergedreht werden muss) (Wzm) / dividing apparatus, dividing attachment ‖ **~ausfall** m / partial failure ‖ **~automatisch** / semiautomatic

teilbar sein [durch], enthalten (Math) / contain

Teilbarkeitsregeln f pl (Math) / divisibility rule

Teilbewegung f (einer Teileinrichtung) (Wzm) / indexing movement

Teilchen n, Partikel f (allg, Phys) / particle ‖ **~beschleuniger** m (Nukl) / accelerator, atom smasher, particle accelerator ‖ **~detektor** (Nukl) / particle detector ‖ **~physik** f (Nukl) / particle physics sg ‖ **~verbunde** m pl (Mater) / particle reinforced materials ‖ **~verbundwerkstoffe** m pl (Mater) / particle reinforced materials ‖ **~verfestigung** f, Dispersionsverfestigung f (Mater) / dispersion hardening, dispersion strengthening ‖ **~verstärkt**, dispersionsverfestigt (Mater) / dispersion-strengthened (metals or alloys), particle reinforced

Teil•druck m (Phys) / partial pressure ‖ **~durchlässiger Spiegel** (in Lasern) / partially reflecting mirror, partially reflective mirror, partially transparent mirror

Teilefertigung f / parts manufacture

Teileinrichtung f (zur Aufnahme eines Werkstücks, das nach jedem Werkzeugdurchlauf um einen bestimmten Winkel in die nächste Arbeitsposition weitergedreht werden muss) (Wzm) / dividing apparatus, dividing attachment

Teileliste f (Liste, die alle Teile, Software etc., die eine Baugruppe bilden, und ggf. zugehörige Dokumente angibt) (Doku) / parts list

teilen, trennen / divide vt, separate (into parts, groups, sections) ‖ **~**, dividieren [durch] (Math) / divide [by] (eg ten divided by two equals five) ‖ **~**, spalten, aufspalten / split vt ‖ **~** (Fenster) (DV) / split (window) ‖ **~**, aufteilen [unter] / share [among] ‖ **~** (z.B. sich mit jemandem einen Drucker teilen) / share (e.g. a printer with someone) ‖ **~** vr (sich), gabeln vr (sich)(Straße) / branch vi ‖ **~** n, Teilung f / dividing, division ‖ **~** (Wzm) / indexing (positioning a workpiece at a precise angle or interval of rotation for a machining operation)

Teilentladung f / partial discharge, PD

Teile•nummer f (Masch) / part number ‖ **~programm** n, CNC-Programm n, CNC-Steuerprogramm n (NC) / part program

Teiler m, Divisor m / divisor

Teil•ersatz (ein Karosserieteil wird komplett ersetzt) (Kfz) / full panel replacement ‖ **~fuge** f (des Gesenks) (Schm) / parting line, flash line ‖ **~fuge**, Trennfuge f (des Formkastens) (Gieß) / parting line ‖ **~kette** f, Teilstring m(DV) / substring ‖ **~kopf** m, Teilvorrichtung f (Wzm) / dividing head, indexing head, indexing attachment ‖ **~kreis** m (Zahnrad) / pitch circle ‖ **~kreisdurchmesser** m / P.D., p.d., pitch diameter ‖ **~kreisteilung** f (Abstand zwischen zwei aufeinander folgenden Rechts-o. Linksflanken der Zähne) / circular pitch, pitch ‖ **~kristallisation** f (Plast) / partial crystallization ‖ **~kurbel** f (eines Teilkopfes) (Wzm) / indexing crank ‖ **~last** f (Elek, Mech) / partial load, part-load ‖ **~lastbetrieb** m (Elek, Mech) / part-load operation ‖ **~lieferung** f / partial delivery, partial shipment ‖ **~maschine**

f (Masch) / dividing machine ‖ **~mechanisches Schweißen** / machine welding, mechanized welding

Teilmenge f, Untermenge f (Math) / subset ‖ **Menge A ist ~ von Menge B** (Math) / set A is contained in set B

Teilnahme f [an], Beteiligung f / participation [in] ‖ **~**, Mitarbeit f / participation (e.g. in a new project, the development of new standards, the preparation of the congress) ‖ **~** (z.B. an einer Konferenz) / attendance (e.g. at a conference)

teilnehmen [an] / participate [in], take part [in] ‖ **~ an**, besuchen / attend (classes, seminars)

Teilnehmer m (z.B. an Workshop, Konferenz) / participant ‖ **~**, Slave m (in einer Master-Slave-Konfiguration) (DV) / slave ‖ **~**, Fernsprechteilnehmer m, Anschlussinhaber m (Tele) / customer (of a telephone company), subscriber, telephone subscriber, party ‖ **~** (Gespräch) (Tele) / partner ‖ **~** (Wettbewerb) / competitor ‖ **~anschluss**, Teilnehmer-anschlussleitung f (Tele) / access line, subscriber line, local loop, local line (connecting subscriber terminal to local exchange), access loop, subscriber loop, exchange line ‖ **~anschlusskabel** n, Teilnehmeranschluss-leitung f (physikalisch) (Tele) / drop wire, drop cable ‖ **~anschlussleitung** f (Tele) / access line, subscriber line, local loop, local line (connecting subscriber terminal to local exchange), access loop, subscriber loop, exchange loop, exchange line ‖ **~anschlussleitung** (physikalisch) (Tele) / drop wire, drop cable ‖ **~anschlussnummer** f, Telefonnummer f (Tele) / telephone number, phone number, number, subscriber number ‖ **~kennung** f (Tele) / subscriber identity ‖ **~leitung** f, Teilnehmeranschlussleitung f (Tele) / access line, subscriber line, local loop, local line (connecting subscriber terminal to local exchange), access loop, subscriber loop, exchange loop, exchange line ‖ **~netz** n, Zugangsnetz n (Tele) / local network (access network connecting the subscriber equipment to the local exchange) ‖ **~nummer** f, Telefonnummer f (Tele) / telephone number, phone number, number, subscriber number ‖ **~rufnummer** f, Telefonnummer f (Tele) / telephone number, phone number, number, subscriber number ‖ **~vermittlungsstelle** f (Tele) / local exchange, LE, local central office, local switching centre, class 5 office

Teil•netz n (DV, Tele) / subnet, subnetwork ‖ **~schnecke** f (Masch) / dividing screw ‖ **~schwingung** f (Phys) / partial ‖ **~strecke** f, Leitungsabschnitt m (Kabel) / circuit section (of cable), line section ‖ **~strecke**, Streckenabschnitt m (Bahn, Luft) / leg, stage, route segment ‖ **~streckenvermittlung** f, Speichervermittlung f (Dateneinheiten werden abschnittsweise mit Zwischenspeicherung in den Netzknoten vom Ursprung zum Ziel transportiert) (DV, Tele) / store-and-forward switching, store-and-forward technology ‖ **~string** m (DV) / substring ‖ **~strom** m (Elek) / partial current ‖ **~system** n, Subsystem n / subsystem ‖ **~übertrag** m (DV) / partial carry [over]

Teilung f / division ‖ **~** (auf einer Skala) (Mess) / graduation ‖ **~**, Abstand m (zwischen regelmäßig in einer Reihe o. Abfolge aufeinander folgenden gleichartigen Dingen, z.B. Nieten, Spuren auf einem Speichermedium, Kettengliedern, Bildpunkten eines Monitors), Zwischenraum *m* / distance, pitch (e.g. rivet pitch, track pitch, chain pitch, dot pitch) ‖ ~, Teilkreisteilung *f* (Abstand zwischen zwei aufeinander folgenden Rechts- o. Linksflanken der Zähne) / circular pitch, pitch ‖ ~ (Abstand zwischen zwei Gewindekerben, im Regelfall die Steigung geteilt durch die Gangzahl, so dass bei eingängigen Gewinden die Teilung = Steigung) / pitch

Teilvorrichtung *f*, Teilkopf *m* (Wzm) / dividing head, indexing head, indexing attachment

teilweise, partiell / partial *adj*

Teilzeit • ... (IE) / part-time (e.g. job, clerk, work) ‖ ~**arbeit** *f* / part-time employment, part-time work ‖ ~**beschäftigung** *f* / part-time employment, part-time work

TEL (Bleitetraethyl) (Chem) / tetraethyl lead, TEL, lead tetraethyl

Tele • arbeit *f* / telecommuting, telework ‖ ~**arbeiter** *m* / telecommuter, teleworker ‖ ~**fax** *n*, Fax *n* (Tele) / fax, facsimile ‖ ~**faxgerät** *n*, Faxgerät *n* (Tele) / fax machine, facsimile equipment o. apparatus

Telefon *n*, Fernsprecher *m*, Telefongerät *n* (Tele) / telephone *m*, telephone set ‖ ~ **mit Freisprecheinrichtung**/handsfree telephone ‖ ~**anlage** *f* (Tele) / PABX (private automatic branch exchange), private automatic branch exchange, private branch exchange, PBX (private branch exchange) ‖ ~**anruf** *m* (Tele) / telephone call, phone call, call *n* ‖ ~**anrufbeantworter** *m*, Anrufbeantworter *m* (Tele) / answering machine, telephone answering device, TAD ‖ ~**anschluss** *m* (Tele) / line, telephone connection ‖ ~**anschluss** *f*, Telefon (Tele) / telephone ‖ ~**apparat** *m*, Telefon, Fernsprecher *m* (Tele) / phone, telephone, telephone set

Telefonat *n*, Telefongespräch *n* (Tele) / telephone call, phone call, call *n*

Telefon • dose *f* (Tele) / telephone socket ‖ ~**gerät** *n*, Telefon *n*, Fernsprecher *m* (Tele) / telephone *m*, telephone set ‖ ~**geräte** *plt* (Tele) / telephone equipment (TE) ‖ ~**gespräch** *n* (Tele) / telephone call, phone call, call *n* ‖ ~**hörer** *m*, Handapparat *m* (Tele) / receiver, handset *n*, telephone handset, telephone receiver

Telefonie *f* (Tele) / telephony

Telefon • kabel *n* (Tele) / telephone cable ‖ ~**leitung** *f* (Tele) / telephone line, line ‖ ~**netz** *n* (Tele) / telephone network ‖ ~**nummer** *f* (Tele) / telephone number, phone number, number, subscriber number ‖ ~**steckdose** *f* (Tele) / telephone jack, telephone socket ‖ ~**stecker** *m* (Tele) / telephone connector ‖ ~**verbindung** *f* (Tele) / telephone connection ‖ ~**verbindung** *f*, Telefongespräch *n* (Tele) / telephone call, phone call, call *n* ‖ ~**verkehr** *m* / telephone communication, telephone traffic, telephone service ‖ ~**wesen** *n* (Tele) / telephony ‖ ~**zelle** *f* (Tele) / telephone booth, telephone box, phone box, phone booth, booth, kiosk (GB)

telefotografisch (Foto) / telephotographic

Telehandler *m* (Förd) / telescopic handler, telehandler

Telekommunikation *f* (Tele) / telecommunication, telecommunications *sg* ‖ ~ **im Weltraum** (Raumf, Tele) / space communications

Telekommunikations • anlage *f* (durch Wählanschlussleitung mit einer Vermittlungsstelle verbunden) (Tele) / PABX (private automatic branch exchange), private automatic branch exchange, private branch exchange, PBX (private branch exchange) ‖ ~**dienst** *n* / telecommunication service ‖ ~**netz** *n* / telecommunications network o. system ‖ ~**technik** *f* (Tele) / telecommunication engineering, telecommunications engineering, communication technology, communication engineering, telecommunications, communications ‖ ~**techniker** *m* / telecommunications engineer, communication engineer ‖ ~**unternehmen** *n*, Netzbetreiber *m* (Tele) / network provider, network operator, operating company, operator (of a network)

Tele • konferenz *f* (Tele) / teleconference ‖ ~**konverter** *m* (Foto) / converter, tele-converter ‖ ~**kopieren** *n*, Faxübertragung *f* (Tele) / fax transmission, facsimile transmission ‖ ~**manipulator** *m* (Masch) / teleoperator ‖ ~**metrie** *f*, Messwert-Fernübertragung *f* / telemetering, remote metering, telemetry ‖ ~**objektiv** *n* (Foto) / tele-lens, telephoto lens ‖ ~**operator** *m* (Masch) / teleoperator ‖ ~**pendler** *m*, Telearbeiter *m* / telecommuter, teleworker ‖ ~**port** *m*, Erdstation *f* (in der Satellitenkommunikation) (Tele) / teleport (earth station for communications satellites)

Teleskop *n* (Opt) / telescope ‖ ~**antenne** *f* (Radio) / telescopic antenna, telescopic aerial ‖ ~**armstapler** *m* (Förd) / telescopic handler, telehandler ‖ ~**artig ausfahrbare Fluggastbrücke**, Teleskopbrücke *f* (Luft) / telescopic bridge ‖ ~**ausleger** *m* (Förd) / telescopic boom ‖ ~**bagger** *m* (Bau) / telescopic excavator, telescopic boom excavator ‖ ~**brücke** *f*, teleskopartig ausfahrbare Fluggastbrücke (Luft) / telescopic bridge ‖ ~**gabel** *f* (Motorrad) (Kfz) / telescopic fork ‖ ~**kran** (Bau, Förd) / telescopic crane, telescoping crane ‖ ~**lader** *m* (Förd) / telescopic handler, telehandler ‖ ~**stapler** *m* (Förd) / telescopic handler, telehandler

Teletext *m* (internationale Bezeichnung), Videotext *m* (deutsche Bezeichnung - fernsehbasierter Informationsdienst zur unidirektionalen Übertragung von Textnachrichten über die Austastlücke im Fernsehsignal) (Tele, TV) / teletext

Teller *m* / plate ‖ ~, Ventilteller *m* (bei Umschalt- und Klappventilen) (Masch) / valve disk ‖ ~, Ventilteller *m* (Mot) / valve head ‖ ~**feder** *f* / disk spring, conical disk spring, Belleville spring ‖ ~**federscheibe** *f* / conical spring washer ‖ ~**rad** *n* (Kfz) / crown wheel, ring gear ‖ ~**scheibe** *f* (Unterlegscheibe) / plate washer ‖ ~**schraube** *f* (DIN 15237) / plate screw ‖ ~**ventil** *n* (Masch) / disk valve ‖ ~**ventil** (Mot) / mushroom valve, poppet valve, poppet

Tellur *n* (Chem) / tellurium, Te

Temperatur *f* / temperature ‖ ~**abfall** *m* / temperature drop ‖ ~**abhängig** *m* / temperature-dependent, temperature-sensitive ‖ ~**abhängiger Widerstand** *m* (Eltro) / thermistor, thermally

sensitive resistor, TSR ‖ **≃abhängigkeit** f /
dependence on temperature ‖ **≃abnahme** f /
temperature drop ‖ **≃anstieg** m / temperature
rise, rise in temperature, temperature inrease,
increase in temperature ‖ **≃anzeige** f (Mess) /
temperature gauge ‖ **≃beiwert** m (Phys) /
temperature coefficient, TC ‖ **≃bereich** m /
temperature range, range of temperature ‖
≃beständigkeit f (allg, Phys) / temperature
resistance ‖ **≃beständigkeit** (z.B. von
Formsand, Gussform) / thermal stability ‖
≃differenz f / temperature difference ‖
~empfindlich / temperature-sensitive ‖
≃-Entropie-Diagramm n, T-S-Diagramm n
(Masch, Phys) / temperature-entropy diagram ‖
≃erhöhung f / temperature rise, rise in
temperature, temperature inrease, increase in
temperature ‖ **≃fühler** m (Mess) / temperature
sensor ‖ **≃führung** f (ChT, Masch) /
temperature control ‖ **≃gefälle** n (Meteo, Phys)
/ temperature gradient ‖ **~geführt** /
temperature-controlled ‖ **≃gradient** m
(Meteo, Phys) / temperature gradient ‖
≃koeffizient m (Phys) / temperature
coefficient, TC ‖ **≃kompensation** f (Eltro,
Mess) / temperature compensation ‖ **≃lauf**,
Erwärmungsprüfung f (Elek, Mot) /
temperature-rise test ‖ **≃messfarbe** f (Mess) /
temperature-indicating paint ‖ **≃messung** f /
measurement of temperature ‖ **≃messung**
f[mittels Pyrometer], Pyrometrie f / pyrometry
‖ **≃regelung** f / temperature control ‖ **≃regler**
m / temperature control, temperature control
device ‖ **≃regler**, Thermostat m, n / thermostat
‖ **≃schreiber** m, Thermograph m (Meteo) /
recording thermometer, thermograph,
temperature recorder ‖ **≃sensor** m /
temperature sensor ‖ **≃skala** f / temperature
scale ‖ **≃verlauf** m / temperature profile ‖
≃wächter m / temperature monitor ‖ **≃wähler**
m / temperature selector ‖
≃wechselbeständigkeit f (Mater) / resistance
to thermal shock, thermal-shock resistance ‖
≃zunahme f / temperature rise, rise in
temperature, temperature inrease, increase in
temperature
Temperguss m (Gieß) / malleable cast iron,
malleable iron, M.I.
temperieren / control the temperature
temperiert / temperature-controlled
Temperierung f / temperature control
tempern (kontrolliert erwärmen und langsam
abkühlen zum Abbau innerer Spannungen)
(Glas) / anneal ‖ ~, vorspannen, härten (durch
kontrolliertes Erwärmen und rasches
Abkühlen durch Abschrecken) (Glas) / temper
(produce internal stresses in glass by sudden
cooling from low red heat), toughen ‖ ~
(weißes Gusseisen, um Temperguss zu
erhalten) (Gieß) / malleablise (GB),
malleablize (US) ‖ ~ (Plast) / anneal (US),
temper (GB) ‖ ≃ n (zum Abbau innerer
Spannungen) (Glas) / annealing (process of
heating and then slowly cooling glass) ‖ ≃,
Vorspannen n, Härten n (durch kontrolliertes
Erwärmen und Abschrecken) (Glas) /
tempering, toughening ‖ ≃ (nach dem Formen
erfolgende Wärmebehandlung) (Plast) /
annealing (US), tempering (GB) ‖ ≃ (von
weißem Gusseisen, um Temperguss zu
erhalten) (Gieß) / malleabilization,
malleablising (GB), malleablizing (US)

Temperrohguss m, Hartguss m (weiß erstarrtes
Gusseisen) (Gieß) / white cast iron, white iron
Tempo n, Geschwindigkeit f / pace ‖ ≃**limit** n
(Verk) / speed limit
Tempomat m (Kfz) / cruise control
temporär, vorübergehend / temporary ‖ **~e
Datei** (DV) / temporary file ‖ **~e Härte**,
Karbonathärte f (des Wassers) / temporary
hardness, carbonate hardness, KH
Tenazität f, Zähigkeit f (Widerstandsfähigkeit
gegen Rissausbreitung oder Bruch) (Mater) /
toughness
Tendenz, Trend m / trend, tendency
tendieren [zu], neigen vi [zu] / have a tendency
[to], tend vi [to]
Tenifer-Verfahren n (Salzbadnitrierung) /
Tuffride process
TENS-Gerät n (für Reizstromtherapie v.a. zur
Schmerzbehandlung) (MT) / TENS unit
(Transcutaneous Electrical Nerve Stimulator)
Tensid n (Chem, Phys) / surface-active agent,
surfactant
Tension, Spannung f (von Dämpfen etc.), Druck
m (Chem, Phys) / pressure (of vapour)
Tensometer n, Dehnungsmesser m
(mechanischer) (Mess) / extensometer
Tensor m **nullter Stufe**, Skalar m (Math) / scalar
Teppich m / carpet ‖ ≃**boden** m (Tex) / fitted
carpet[ing] (GB), wall-to-wall carpeting ‖
≃**bodenmesser** n (Wz) / utility knife
Tera... (Billion), 10^{12}..., T. / T (trillion in US,
billion in GB), tera...
Terbium n (Chem) / terbium, Tb
Terephthalsäure f (Chem) / terephthalic acid
Term m / term
Termin m / date ‖ ≃ (bis zu dem etwas
fertiggestellt o. abgegeben werden muss) /
deadline
Terminal n, Datenendgerät n (DV, Tele) /
terminal, data terminal ‖ ≃ m n (Luft) /
passenger terminal, terminal, terminal
building ‖ ≃ (Trans) / terminal (for containers
etc.) ‖ ≃**adapter** m (zur Anpassung der
Schnittstelle einer Endeinrichtung an eine
andere Schnittstelle) (Tele) / TA, terminal
adapter
Terminator m, Abschlusswiderstand m (in einer
Gerätekette oder einem Busnetzwerk) (Elek,
Eltro) / termination (in a transmission line etc),
terminator
termin•gemäß adv / on time, on schedule ‖
~gerecht adv / on time, on schedule
terminieren, den Zeitpunkt wählen o. festlegen,
zeitlich abpassen o. planen o. einrichten /
schedule vi, time vt
Terminierung f, Planung f (zeitlich) / scheduling
(e.g. of workflows, of board meetings, of TV
ads around blockbuster movies; project
scheduling, construction scheduling)
Termin•kalender m / diary (for appointments
and engagements) ‖ ≃**plan** m / time
schedule ‖ ≃**planung** f / scheduling, time
scheduling
ternär, dreifach (Chem, Phys) / ternary
Terneblech n (Hütt) / terneplate
Terpentin n / turpentine
Terphenyl n (Chem) / terphenyl
Terpolymer n (Plast) / terpolymer (consisting of
mers of three different types), ternary polymer
Terrassenstrahler m / patio heater, mushroom
heater, umbrella heater

Tesla n, T (= 1 Wb m^{-2} = 10^4 G = 1 kgs^{-2}A^{-1}) / T, Tesla

Test m (pl: Tests), Prüfung f / test n ‖ $\sim$, Testverfahren n / test method, testing process, test process

testen, prüfen / check (a car, performance, safety), test ‖ $\sim$, prüfen (funktionale Aspekte eines Produktes, Bauteils o. Materials wie Zuverlässigkeit, Funktionsfähigkeit unter Bedingungen, die denen des späteren Einsatzes gleichen o. ähnlich sind) (QM) / test ‖ $\sim$, erproben / test, try ‖ $\sim$ **und Fehler beheben** (an Hardware) (DV) / debug (hardware) ‖ $\sim$ n, Prüfung f (der funktionalen Aspekte eines Produktes, Bauteils o. Materials wie Zuverlässigkeit, Funktionsfähigkeit unter Bedingungen, die denen des späteren Einsatzes gleichen o. ähnlich sind) (QM) / testing

Test•gerät n, Prüfgerät n (Mess) / test device, test instrument, tester ‖ $\sim$**größe** f (Stat) / test statistic ‖ $\sim$**protokoll** n (DV, Tele) / test log ‖ $\sim$**theorie** f (Stat) / test theory, hypothesis testing ‖ $\sim$**verfahren** n / test method, testing process, test process ‖ $\sim$**verteilung** f (Stat) / test distribution

Tetmajersche Gleichung / Tetmajer's equation

Tetra n, Tetrachlorkohlenstoff m (CCl$_4$) (Chem) / carbon tetrachloride, tetrachloromethane, carbon tet, benzinoform

2,3,7,8,-Tetrachlordibenzodioxin n, Dioxin n (Chem) / 2,3,7,8 TCDD, 2,3,7,8-tetrachlorodibenzo-p-dioxin

1,1,2,2,-Tetrachlorethan (Chem) / 1,1,2,2-tetrachloroethane, acetylene tetrachloride

Tetrachlor•kohlenstoff m (CCl$_4$) (Chem) / carbon tetrachloride, tetrachloromethane, carbon tet, benzinoform ‖ $\sim$**methan** n, Tetrachlorkohlenstoff m (CCl$_4$) (Chem) / carbon tetrachloride, tetrachloromethane, carbon tet, benzinoform

Tetrade f / tetrad

Tetraeder n, dreiseitige Pyramide / tetrahedron, triangular pyramid

Tetraethylblei n (Chem) / tetraethyl lead, TEL, lead tetraethyl

tetragonal verzerrte kubisch raumzentrierte Kristallstruktur (des Martensits) (Hütt) / BCT structure, body-centered tetragonal structure

Tetrahydro-1,4-dioxin n, Dioxan n (Lösungsmittel) (Chem) / dioxane, diethylene dioxide

Tetrode f (Eltro) / tetrode

teuer / expensive, costly

Text m / text ‖ $\sim$**feld** n (DV) / text box

Textil•fabrik f / textile factory ‖ $\sim$**fabrik** (für textile Vorprodukte, z.B. Baumwoll-, Flachs-, Seidenspinnerei) / textile mill ‖ $\sim$**filter** m / fabric filter, textile filter ‖ $\sim$**herstellung** f / textiles manufacturing ‖ $\sim$**industrie** f / textile industry ‖ $\sim$**maschinen** f pl / textile machines (pl.) o. machinery

Textnachricht f (Tele) / text message

Textur f, Struktur f (allg, Hütt) / texture n

Text•verarbeitung f (DV) / word processing, text processing, WP ‖ $\sim$**verarbeitungsprogramm** n (DV) / word processor, word processing program

T-Flipflop m (Eltro) / toggle flipflop

TFT, Dünnfilmtransistor m (Eltro) / thin-film transistor, TFT ‖ $\sim$ **LCD**, Display n mit aktiver Matrix (DV) / active-matrix color display, active matrix display, TFT display ‖ $\sim$**-Display** n, Display n mit aktiver Matrix (DV) / active-matrix color display, active matrix display, TFT display

Tg, Glasübergangstemperatur f (Plast) / glass transition temperature, transformation temperature, transformation point

TGA, technische Gebäudeausrüstung / ventilation, water, electrical and mechanical facilities, facilities equipment

Th, Thorium n (OZ = 90) (Chem) / thorium, Th

Thaleskreis m (Math) / Thales circle

Thallium n (Chem) / thallium, Tl

Thenards Blau n, Cobaltblau n / cobalt blue

theoretisch / theoretical ‖ $\sim$ (in Verbindungen wie spiel-, mengen-, informations-, entscheidungs-, modelltheoretisch) / theoretic (e.g. game-/set-/information-/decision-/model-theoretic) ‖ $\sim$, rechnerisch / rated, design ‖ $\sim$**e Ausbildung** / theoretical training ‖ $\sim$**e Dichte** (eines Pulvers) (PM) / true density (density of the material if powder were melted into solid mass) ‖ $\sim$**er Endpunkt**, Äquivalenzpunkt m (bei der Titration) (Chem) / equivalence point ‖ $\sim$**e Meteorologie** / dynamic meteorology

Thermal•härten n, Warmbadhärten n (Hütt) / hot [temperature] quenching ‖ $\sim$**härtung** f, Warmbadhärten n (Hütt) / hot [temperature] quenching

Thermik f (Luft, Meteo) / thermal n

thermionische Emission, thermische Emission (von Elektronen) (Eltro, Phys) / thermionic emission

thermisch, Thermo..., Wärme... / thermal ‖ $\sim$**e Abfallbehandlung** (Umw) / waste incineration, waste combustion ‖ $\sim$**es Abtragen** (Fert) / chipless machining, thermal machining, thermal NTM process[es], thermal cutting ‖ $\sim$**e Analyse** / thermal analysis, thermoanalysis ‖ $\sim$**e Anregung** (Nukl) / thermal excitation ‖ $\sim$**er Aufwind** (Luft, Meteo) / thermal n ‖ $\sim$**e Ausdehnung**, Wärmeausdehnung f (Phys) / thermal expansion, expansion due to heat, heat expansion ‖ $\sim$**er Ausdehnungskoeffizient** m (Phys) / coefficient of thermal expansion, coefficient of expansion, expansion coefficient ‖ $\sim$**er Auslöser** (Elek) / thermal cut-out ‖ $\sim$**e Beanspruchung**, Wärmebeanspruchung f (Phys) / thermal stress ‖ $\sim$**e Behandlung** (Hütt) / heat treatment, thermal treatment ‖ $\sim$**e Belastbarkeit** (eines elektronischen Bauelements) (Eltro) / thermal load capacity ‖ $\sim$**es Cracken** (Öl) / thermal cracking ‖ $\sim$**er Durchbruch** (Eltro) / thermal breakdown ‖ $\sim$**e Emission** (von Elektronen) (Eltro, Phys) / thermionic emission ‖ $\sim$**e Energie** (Phys) / heat energy, thermal energy ‖ $\sim$**es Kraftwerk**, Wärmekraftwerk f (Elek) / thermal power station, thermal power plant ‖ $\sim$**er Längenausdehnungskoeffizient** m (Phys) / coefficient of linear expansion, linear expansion coefficient, linear coefficient of thermal expansion, linear thermal expansion coefficient, linear expansivity ‖ $\sim$**e Nachverbrennung** (von Abgasen) (Umw) / thermal incineration ‖ $\sim$**es Rauschen** (Folge der unregelmäßigen thermischen Elektronenbewegung in allen aktiven u. passiven Bauelementen) (Eltro) / circuit noise, output noise, thermal noise, Johnson noise, resistance noise || ~er Reaktor (Nukl) / thermal reactor || ~es Relais (Elek) / thermal relay || ~e Rückführung (Regel) / thermal feedback || ~es Spritzen (Fert) / thermal spraying || ~e Stabilität o. Beständigkeit / heat resistance, resistance to heat, thermal endurance o. stability, high-temperature strength, high-temperature stability, heat stability || ~es Trennen (Fert) / thermal cutting || ~er Volumenausdehnungs- koeffizient (Phys) / coefficient of thermal expansion, coefficient of expansion, expansion coefficient || ~er Widerstand (Elek) / thermal resistance || ~er Wirkungsgrad (Phys) / thermal efficiency || ~e Zustandsgleichung idealer Gase (Phys) / ideal gas law, ideal gas equation

Thermistor m (Eltro) / thermistor, thermally sensitive resistor, TSR || ≈**motorschutz** m (Elek) / thermistor motor protection device

Thermit•schweißen n, aluminothermisches Schmelzschweißen (Schw) / aluminothermic welding, thermite welding, TW || ≈**verfahren** n, Aluminothermie f (ChT, Hütt) / aluminothermics pl, aluminothermy, thermit process

Thermo•..., thermisch, Wärme... / thermal || ≈**analyse** f / thermal analysis, thermoanalysis || ≈**auslöser** m (Elek) / thermal cut-out || ≈**bimetall** n, Bimetallstreifen m / bimetallic strip || ≈**chemie** f / thermochemistry || ~**chemische Verfahren** (Hütt) / thermochemical treatment || ≈**draht** m (Mess) / thermocouple wire, thermoelement (any of the two wires of which a thermocouple consists) || ≈**drucker** m (DV) / thermal printer || ≈**dynamik** f (Phys) / thermodynamics sg

thermodynamisch (Phys) / thermodynamic || ~**e Temperatur**, absolute Temperatur (gemessen in K) (Phys) / thermodynamic temperature, absolute temperature || ~**e Temperaturskala**, absolute Temperaturskala (in K) / absolute temperature scale, Kelvin scale of temperature, thermodynamic scale of temperature (expressed in kelvins o. K), thermodynamic temperature scale

thermo•elektrisch (Elek, Phys) / thermoelectric || ≈**element** n (Mess) / thermocouple, thermoelectric couple || ≈**formen** n, Warmformen n (Plast) / thermoforming

Thermofor-Verfahren n (katalytisches Krackverfahren) (Öl) / thermofor catalytic cracking, TCC

Thermo•gramm n, Wärmebild n (Med, Mess, Opt) / thermogram || ≈**graph** m, Temperaturschreiber m (Meteo) / recording thermometer, thermograph, temperature recorder || ≈**graph**, Wärmebildgerät n (Mess, Opt) / thermograph (image-forming device) || ≈**graphie** f (Druck, Foto, Med, Mess) / thermography || ≈**kontakt** m (Elek) / thermal contact || ~**mechanische Behandlung** (Hütt) / thermomechanical treatment || ≈**meter** n / thermometer, therm. || ≈**meter** n (zum Messen der Temperatur im Abgasrohr der Heizung), Abgasthermometer n (Mess) / pocket thermometer (for checking duct temperature) || ~**nukleare Bombe** (Mil) / hydrogen bomb, H bomb, thermonuclear bomb, fusion bomb || ≈**paar** n , Thermoelement n (Mess) / thermocouple, thermoelectric couple || ≈**papier** n (DV, Pap) / thermal paper || ≈**pause** f (Obergrenze der

Thermosphäre) (Geoph) / thermopause || ≈**plast** m (Plast) / thermoplastic n, thermoplastic polymer, TP polymer, TP || ~**plastisch** (Plast) / thermoplastic || ~**plastischer Kunststoff** (Plast) / thermoplastic n, thermoplastic polymer, TP polymer, TP || ≈**reaktor** m (Kfz) / thermal reactor, thermactor || ≈**relais** n (Elek) / thermal relay || ≈**schalter** m (Elek) / thermoelectric pile || ≈**schalter**, Thermoauslöser m (Elek) / thermal cut-out || ≈**schockbeanspruchung** f (Mater) / thermal-shock stress || ≈**sphäre** f (zwischen 80 u. 500 km Höhe) (Geoph) / thermosphere || ≈**stat** m / thermostat || ≈**transferdruck** m (DV) / thermal transfer printing || ≈**umformer** m (besteht aus einem Thermopaar und einem Heizdraht, der von dem zu messenden HF-Strom durchflossen wird) (Elek, Mess) / thermal converter, thermoelement || ≈**umformer** m (Mess) / thermocouple meter

Thetawellen f pl (im EEG, 0,5-3,5 Hz) (Med, MT) / theta waves

Thiamin n (Biochem) / thiamine

Thorium n (OZ = 90) (Chem) / thorium, Th || ≈**emanation** f, Radonisotop n ^{220}Rn, Thoron n (Chem) / radon-220, thoron

Thoron n, Radonisotop n ^{220}Rn, Thoriumemanation f (Chem) / radon-220, thoron

Three Dimensional Printing n (Rapid Prototyping-Verfahren, bei dem die Bauteilgeometrie durch lokales Verfestigen eines pulverförmigen Ausgangsmaterials mit Hilfe eines flüssigen Binders erzeugt wird) (Fert) / three-dimensional printing

Thujon n (Chem) / thujone

Thulium n (OZ = 69) (Chem) / thulium, Tm

Thyreocalcitonin n (Biochem) / calcitonin

Thyristor m (Eltro) / thyristor, SCR, silicon controlled rectifier || ≈**tetrode** f (Eltro) / triode tetrode || ≈**-Triode** f (Eltro) / triode thyristor

Ti, Titan n (Chem) / titanium, Ti

Ticketschalter m (Luft) / ticket counter

Tidenhub m, Thb / tidal range, range of tide

tief / deep || ~ (Ton, Farbton) / low || ~ (z.B. Stand, Temperatur), niedrig / low || ~**e Tonlagen**, Bass m, Basstöne m pl (Audio) / bass

Tief n, Tiefdruckgebiet n (Meteo) / low-pressure area, cyclone (non-tropical), low-pressure region, low n, depression || ≈**aufreißer** m, Straßenaufreißer m (Straß) / ripper

Tiefbau m (Zweig des Bauwesens) / civil engineering (comprising public works and foundation work, design of roads, harbours, drainage works etc) || ≈, Untertagebau m, Grubenbetrieb m (Bergb) / deep mining, underground mining

Tiefbett n, Felgenbett n (Kfz) / drop center || ≈**felge** f (Kfz) / drop center rim, D.C. rim, full drop center rim, well base rim

Tiefdruck m (industrieller) Rotationstiefdruck, Rakeltiefdruck m (Druck) / gravure, gravure printing, rotogravure, rotogravure printing, intaglio printing || ≈ (i.w.S. industrieller Rakeltiefdruck ebenso wie vor allem die manuellen und künstlerischen Verfahren des Kupferstichs, des Stahlstichs etc.) (Druck) / intaglio, intaglio printing || ≈**gebiet** n (Meteo) / low-pressure area, cyclone (non-tropical), low-pressure region, low n, depression

Tiefe f / depth ‖ $\simeq$**n** f pl, Bass m, Basstöne m pl (Audio) / bass

Tiefen•anschlag m (bei Bohrmschinen) (Wz, Wzm) / depth stop ‖ $\simeq$**filtration** f (ChT) / depth filtration ‖ **heißes** $\simeq$**gestein** (Geol) / hot dry rock, hot dry rock resource[s] ‖ $\simeq$**hologramm** n, Volumenhologramm n / volume hologram ‖ $\simeq$**holographie** f, Volumenholographie f / volume holography ‖ $\simeq$**messeinrichtung** f (Messschieber) (Mess) / depth probe, depth gauge ‖ $\simeq$**messschraube** f (Mess) / depth micrometer ‖ $\simeq$**messstange** f (Messschieber) (Mess) / depth probe, depth gauge ‖ $\simeq$**mikrometer** n (Mess) / depth micrometer ‖ $\simeq$**regler** m (Audio) / bass control (device) ‖ $\simeq$**schärfe** f, Schärfentiefe f (Foto) / depth of field, depth of focus, DoF

tiefgefrieren (Nahr) / freeze, deep-freeze vt

Tiefgefrierschrank m / freezer (upright), deep-freeze m, deep freezer

Tiefgeschoss n, Untergeschoss n (Bau) / basement

tiefgestellter Index, Index m (tiefgesetzte Zahl o. Buchstabe) (Druck, Math) / index, subscript, subindex, inferior n

tief•gezogen (Fert) / deep-drawn ‖ **~kühlen** (Nahr) / freeze, deep-freeze vt

Tiefkühl•fach m (HG) / freezer, deep-freeze compartment, freezing compartment (of refrigerator), freezer compartment ‖ $\simeq$**kost** f (Nahr) / frozen food[s] ‖ $\simeq$**truhe** f, Gefriertruhe f (HG) / freezer (chest-type), chest freezer, deep freezer (chest-type), chest-type freezer, deep-freeze n (chest-type)

Tief•ladeanhänger m (Kfz) / flatbed truck, low bed trailer, lowboy trailer, low loader ‖ $\simeq$**lader** m (Kfz) / flatbed truck, low bed trailer, lowboy trailer, low loader ‖ $\simeq$**löffel** m (Anbaugerät) (Bau) / backhoe bucket, backhoe, rear actor, back actor, backacter ‖ $\simeq$**löffelbagger** m (Bau) / backhoe, backhoe excavator, backacter, back actor, pullshovel, backdigger, dragshovel ‖ $\simeq$**pass** m (Eltro, Tele) / low-pass filter, LP filter, high-stop filter ‖ $\simeq$**passfilter** m (Eltro, Tele) / low-pass filter, LP filter, high-stop filter ‖ $\simeq$**quarz** m (Min) / alpha quartz, low quartz

Tiefsee f / deep sea ‖ $\simeq$**kabel** n, unterseeisches Kabel, Seekabel n (Elek, Tele) / submarine cable, subsea cable

Tiefstwert m, niedrigster Wert / minimum value n

Tieftemperatur•..., Niedertemperatur... / low temperature... ‖ $\simeq$**kautschuk** m, Cold Rubber m (Plast) / cold rubber ‖ $\simeq$**physik** f / cryophysics sg, cryogenics sg ‖ $\simeq$**technik** f / cryogenics sg

Tief•töne m pl, Bass m, Basstöne m pl (Audio) / bass ‖ $\simeq$**töner** m (Audio) / woofer ‖ $\simeq$**tonlautsprecher** m (Audio) / woofer ‖ $\simeq$**tonregler** m, Bassregler m (Audio) / bass control

tiefziehen (Fert) / deep-draw ‖ $\simeq$ n (ein Blechumformverfahren) (Fert) / deep drawing, cup drawing, drawing ‖ $\simeq$ **im Anschlag** (früher), Tiefziehen n im Erstzug (Zugdruckumformen eines Blechzuschnitts zu einem Hohlkörper) (Fert) / first draw, first-operation drawing ‖ $\simeq$ **im Erstzug** (Zugdruckumformen eines Blechzuschnitts zu einem Hohlkörper) (Fert) / first draw, first-operation drawing ‖ $\simeq$ **mit Gummikissen**, Guerin-Verfahren n (Fert) / Guerin process

Tiefzieh•presse f (Wzm) / deep drawing press ‖ $\simeq$**verhältnis** n (Quotient aus Rondendurchmesser und Stempeldurchmesser) (Fert) / drawing ratio

Tiegel m, Schmelztiegel m (Chem, Gieß) / crucible

Tierkohle f (Knochen-, Blutkohle) (Chem) / animal charcoal

tilgen (Schwingungen) (Phys) / absorb

Tilger m (bei Schwingungen) (Phys) / absorber ‖ $\simeq$**frequenz** f (bei Schwingungen) (Phys) / absorber frequency ‖ $\simeq$**masse** f (bei Schwingungen) (Phys) / absorption mass

Tilgung f (von Schwingungen) (Phys) / absorption

Time Base Corrector m, TBC m, Zeitfehlerausgleicher m (TV, Video) / time-base corrector (used to synchronize a video source with the timing reference provided by the sync generator)

Timer m / timer

Timing n (DV) / timing

Tinte f / ink n

Tinten•patrone f (DV) / ink cartridge (for ink jet printers) ‖ $\simeq$**strahldrucker** m (DV) / ink-jet printer

Tippbetrieb m, Schrittbetrieb m (Masch) / jogging, inching

tippen, eingeben (Daten per Tastatur) (Büro, DV) / key in, type in, keyboard vt

Tisch m (allg, Wzm) / table ‖ $\simeq$, Schreibtisch m / desk ‖ $\simeq$, Werkstücktisch m (Wzm) / work table ‖ $\simeq$, Pressentisch m (Wzm) / bed, press bed ‖ $\simeq$ (Mikros) / stage ‖ $\simeq$**bohrmaschine** f / bench drill[ing machine] ‖ $\simeq$**bohrwerk** n (Wzm) / table-type horizontal boring and milling machine ‖ $\simeq$**gerät** n (Büro, DV) / desk top device ‖ $\simeq$**grill** m (HG) / table-top grill ‖ $\simeq$**hobelmaschine** f / reciprocating table type planer ‖ $\simeq$**lampe** f (Licht) / table lamp

Tischler m, Bautischler m (Bau) / joiner (GB), finish carpenter (US)

Tischlerei f, Tischlerwerkstatt f / joiner's workshop

Tischler•platte f (Bau) / strip board ‖ $\simeq$**werkstatt** f / joiner's workshop

Tisch•leuchte (Licht) / table lamp ‖ $\simeq$**rechner** m **mit Druckerteil** / printing calculator ‖ $\simeq$**sauger** m (HG) / hand-held vacuum cleaner (battery-operated) ‖ $\simeq$**schleifmaschine** f / bench grinder ‖ $\simeq$**schlitten** m / table saddle

Titan n (Chem) / titanium, Ti ‖ $\simeq$**carbid** n (Mater) / titanium carbide (TiC) ‖ $\simeq$**dioxid** n (Chem) / titanium dioxide, titanium oxide, titanic oxide, titania, titanium(IV) oxide ‖ $\simeq$**karbid** n (Mater) / titanium carbide (TiC) ‖ $\simeq$**legierung** f (Hütt) / titanium alloy ‖ $\simeq$**nitrid** n (Chem) / titanium nitride ‖ $\simeq$**(IV)-oxid** n (Chem) / titanium dioxide, titanium oxide, titanic oxide, titania, titanium(IV) oxide

Titelzeile f (am oberen Rand eines Fensters) (DV) / title bar

Titration f (Chem) / titration

titrieren (Chem) / titrate ‖ $\simeq$ n, Titration f (Chem) / titration

Titrierung f, Titration f (Chem) / titration

TK-Anlage f (Tele) / PABX (private automatic branch exchange), private automatic branch exchange, private branch exchange, PBX (private branch exchange)

T-Kippschaltung f (Eltro) / toggle flipflop

Tl, Thallium n (Chem) / thallium, Tl

TL-Triebwerk n, Turbinenluftstrahl-Triebwerk n / turbojet, turbojet engine

Tm, Thulium n (OZ = 69) (Chem) / thulium, Tm

TN-C-S-System n, TN-C-S-Netz (Elek) / TN-C-S system, TN-C-S network

TN-C-System n, TN-C-Netz (Elek) / TN-C system, TN-C network

TN-S-System n, TN-S-Netz (Elek) / TN-S system, TN-S network

TN-System n, TN-Netz (Elek) / TN system, TN network

T-Nut f / tee slot, T-slot

T-Nutenschraube f (DIN 787 - Schraube für T-Nuten zur Befestigung von Spannmitteln auf Werkzeugmaschinen) (Wzm) / T-bolt, tee-bolt

TNV, thermische Nachverbrennung (von Abgasen) (Umw) / thermal incineration

Toaster m (HG) / toaster

Tochter•firma f (Wirtsch) / subsidiary n, subsidiary company ‖ ⁓**gesellschaft** f (Wirtsch) / subsidiary n, subsidiary company ‖ ⁓**maschine** f, abhängige Maschine / slave, slave machine (under control of another machine) ‖ ⁓**uhr** f, Nebenuhr f (einer Uhrenanlage) / slave clock

Toilette f (Sanitär) / toilet, lavatory, water closet, WC ‖ ⁓ (der Raum) (Bau, Sanitär) / toilet, restroom (US), washroom (Canada) ‖ ⁓, Gästetoilette f (Bau, Sanitär) / half-bathroom (room with only a toilet and a sink), powder room

Toiletten•becken n, Klosettschüssel f (Sanitär) / toilet bowl, lavatory bowl, WC bowl ‖ ⁓**schüssel** f (Sanitär) / toilet bowl, lavatory bowl, WC bowl ‖ ⁓**sitz** m (Sanitär) / toilet seat, lavatory seat, seat ‖ ⁓**spülung** f (Sanitär) / flushing mechanism

Token n (DV, Tele) / token

Token-Passing n (Zugriffs-Steuerung in Netzwerken), Token-Passing-Verfahren n (DV) / token passing

Token Ring m (DV) / token ring

Toleranz f (zulässige Abweichung vom geforderten Maß: Spanne zwischen dem Höchstmaß und dem Mindestmaß einer Abmessung) / tolerance (difference between the maximum and minimum size limits on a part), dimensional tolerance ‖ ⁓**angabe** f (Doku) / tolerance specification ‖ ⁓**bereich** m (Bereich zugelassener Werte zwischen Mindestwert und Höchstwert) (QM) / tolerance range ‖ ⁓**feld**, Toleranzbereich m (Bereich zugelassener Werte zwischen Mindestwert und Höchstwert) (QM) / tolerance range ‖ ⁓**grenzwerte** m pl (QM) / tolerance limits ‖ ⁓**rechnung** f (Masch) / tolerancing ‖ ⁓**zone** f (Bereich zugelassener Werte zwischen Mindestwert und Höchstwert) (QM) / tolerance range

Toluidin n (Chem) / toluidine

Ton m (klastisches Lockergestein mit Korngrößen < 0,002 mm) (Geol, Keram) / clay n (unconsolidated clastic deposit, particle size less than 0.002 mm) ‖ ⁓, Sinuston m (Akust) / pure tone ‖ ⁓, Klangfarbe f (Akust) / tone ‖ ⁓ (im Unterschied zu Text o. Bildern) (DV, Film, TV) / sound ‖ ⁓ (Tele) / tone (telephone) ‖ ⁓, Farbton m, Farbtönung f (Anstr, Färb) / shade, tint, tone ‖ ⁓**abnehmernadel** f, Abtastnadel f (des Plattenspielers) (Audio) / needle, stylus, pick-up stylus ‖ ⁓**aufnahmegeräte** n pl (Audio) / sound recording equipment

Tonband n (Audio) / audiotape, sound recording tape, tape (for recording sound), sound tape ‖

⁓**gerät** n (Audio) / tape recorder, reel-to-reel tape recorder

Tondaten pl (DV) / audio data sg

Toner m (Büro, DV) / toner (for laser printers and photocopying machines)

Tonerde f (Bezeichnung in der Technik), Aluminiumoxid n (Al₂O₃) / alumina, aluminium oxide ‖ ⁓**hydrat** n, Aluminiumhydroxid n (Chem) / aluminium hydroxide ‖ ⁓**seife** f, Aluminiumstearat n (Anstr, ChT) / aluminium stearate ‖ ⁓**sulfat** n, Aluminiumsulfat n (Al₂(SO₄)₃ · 18H₂O) (Färb, Pap, Umw) / aluminium sulphate ‖ ⁓**zement** m (Bau) / aluminous cement, high-alumina cement, ciment fondu

Toner•kartusche f (DV) / cartridge, toner cartridge (for laser printers) ‖ ⁓**kassette** f (DV) / cartridge, toner cartridge (for laser printers) ‖ ⁓**patrone** f (DV) / cartridge, toner cartridge (for laser printers)

Tonfrequenz f (Akust) / acoustic frequency ‖ ⁓, Hörfrequenz f (etwa 30 bis 20000 Hz) (Akust, Audio) / audiofrequency (range of normally audible sound), a-f, a.f., AF ‖ ⁓**messung** f, Audiometrie f (Akust, Med) / audiometry

Ton•höhe f (Audio) / pitch ‖ ⁓**höhenregler** m (Audio) / pitch control ‖ ⁓**ingenieur** m (mit akademischem Hochschulabschluss) (Audio) / sound engineer ‖ ⁓**kopf** m, Aufnahmekopf m (Akust, Audio) / record head, recording head ‖ ⁓**meister** (Audio) / sound engineer

Tonne f (Behälter) / barrel, cask ‖ ⁓ (= 1000 kg) / metric ton (2204.62 lbs), ton, tonne ‖ ⁓, Seetonne f (Nav) / buoy n

Tonnenlager n (DIN) / barrel roller bearing

Ton•rufeinrichtung f, Tonrufgenerator f (Tele) / bell (in a telephone), ringer ‖ ⁓**signal** n (Tele) / tone signal ‖ ⁓**techniker** m (Audio) / sound engineer ‖ ⁓**träger** m (Tele, TV) / sound carrier ‖ ⁓**übertragung** f (Tele) / sound transmission ‖ ⁓**wahl** f, Mehrfrequenzwahlverfahren n (Tele) / DTMF, dual-tone multifrequency signalling, DTMF dialing, touch tone dialing ‖ ⁓**wahlverfahren** n, Mehrfrequenzwahl-verfahren n (Tele) / DTMF, dual-tone multifrequency signalling, DTMF dialing, touch tone dialing

Tool n, Software-Werkzeug n (DV) / software tool, tool

Toolbox f (DV) / toolkit (for developing software), developer's toolkit, toolbox

Toolkit n (DV) / toolkit (for developing software), developer's toolkit, toolbox

Top Drive m, Kraftdrehkopf m (bei Rotary-Bohranlagen zum Antrieb des Bohrgestänges) (Öl) / top drive

Topcase n (Motorrad) (Kfz) / top box, top case

Top-down•-Ansatz m / top-down approach ‖ ⁓**-Methode** f (DV) / top-down design ‖ ⁓**-Verfahren** n (DV) / top-down design

Töpferwaren f pl (Keram) / pottery

Topf•räumen n (Fert) / cup broaching, peripheral broaching, tubular broaching, pot broaching ‖ ⁓**scheibe** f, Topfschleifscheibe f (Wzm) / cup wheel ‖ ⁓**schleifscheibe** f (Wzm) / cup wheel ‖ ⁓**zeit** f (von Klebstoff, Farbe) / pot life

Toplader m (Waschmaschine) (HG) / top loader, top loading washing machine

Top-Level-Domain (TLD) f (DV, Tele) / top-level domain

Topologie f (der Netzwerke) (Elek, Tele) / topology (of networks)

Tor *n* / gate ‖ ≈, Steuertor *n* (Halbleiter) / gate
torische Kontaktlinse (Opt) / toric lens (contact lens used to correct astigmatism)
Torsion *f* (Mech) / torsion ‖ ≈, Verdreh-beanspruchung *f* (Mech) / torsional stress
Torsions•beanspruchung *f*, Verdreh-beanspruchung *f* (Mech) / torsional stress ‖ ≈**feder** *f* (Masch) / torsion spring ‖ ≈**festigkeit** *f* (Mech) / torsional strength ‖ ≈**fließgrenze** *f* (Mech) / elastic limit under torsional stress ‖ ≈**grenzspannung** *f* (Mech) / torsional stress limit ‖ ≈**modul** *m* (Mech) / torsional modulus, modulus of torsion ‖ ≈**moment** *n* / torsional moment ‖ ≈**moment**, Drehmoment *n* (Mech) / torque, moment of force, rotation moment, torsional moment ‖ ≈**schwingung** *f*, Drehschwingung *f* (Mech) / torsional vibration ‖ ≈**spannung** *f* (Mech) / torsional stress ‖ ≈**stab** *m*, Drehstabfeder *f* / torsion bar, bar spring, torsion-bar spring ‖ ≈**stabfeder** *f*, Drehstabfeder *f* / torsion bar, bar spring, torsion-bar spring ‖ ≈**stabfederung** *f* (Kfz) / torsion bar suspension, torsion spring suspension ‖ ≈**steif**, verwindungssteif / torsionally stiff, torsion-resistant ‖ ≈**steifigkeit** *f* (Mech) / torsional stiffness, torsional rigidity ‖ ≈**waage** *f* (Elek) / torsion balance ‖ ≈**wechselfestigkeit** *f* (Mech) / fatigue limit under reversed torsional stress
Tortendiagramm *n*, Kreisdiagramm *n* (grafische Darstellung, in der Kreisausschnitte die prozentualen Anteile an einem Ganzen repräsentieren) (Stat) / circle graph, pie chart, pie diagram, pie graph
Torus *m*, Kreiswulst *m f* (Math) / torus ‖ ≈**förmig** / toroidal, doughnut-shaped
totale Variation (Math) / total variation, absolute variation
Total Quality Management *n*, TQM *n* (QM) / total quality management (all staff is involved all the time to ensure that quality is maintained), TQM
toter Gang, Leerlauf *m* (Gewinde) / end play
Toter-Winkel-Spiegel *m*, Weitwinkelspiegel *m* (Kfz) / blind-spot mirror
Tot•punkt *m* (Mot) / dead center, dead point ‖ **innerer** ≈**punkt**, unterer Totpunkt (Mot) / bottom dead center (nearest the crankshaft), BDC, outer dead centre (GB)(nearest the crankshaft), lower dead center, LDC ‖ **äußerer** ≈**punkt**, oberer Totpunkt (Mot) / top dead center, TDC ‖ ≈**raum** *m*, Verdichtungsraum *m* (Mot) / clearance volume ‖ ≈**zeit** *f* / dead time
Touchpad *n* (Cursor-Steuerungsfeld auf einigen Notebooks) (DV) / touchpad, trackpad
Touchscreen *m*, Sensor-Bildschirm *m*, berührungsempfindlicher Monitor (DV) / touch screen, touch-sensitive display
Tour *f*, Rohrstrang *m* (Öl, Rohr) / string
Touren•bügel *m* (gerade, flach) (Fahrrad) / flat bars ‖ ≈**-Maschine** *f* (Kfz) / touring motorcycle ‖ ≈**rad** *n*, Stadtrad *n* (Fahrrad) / utility bicycle, city bicycle, ute bicycle ‖ ≈**zahl** *f*, Drehzahl *f* (z.B. einer Welle), Umdrehungsgeschwindig-keit *f* / number of revolutions (per unit time), rotational frequency, rotational speed, speed of rotation
Tower *m*, Kontrollturm *m* (Luft) / control tower, air traffic control tower, tower ‖ ≈, Tower-Gehäuse *n* (DV) / tower, tower case ‖ ≈**-Gehäuse** *n* (DV) / tower, tower case

Townsend-Entladung *f*, Dunkelentladung *f* (Elek) / Townsend discharge, dark discharge
Toxiferin *n* (Curare-Alkaloid) (Pharm) / toxiferin
Toxin *n* (von einem Lebewesen synthetisiertes Gift) (Chem, Physiol) / toxin
toxisch, giftig [wirkend] / toxic, poisonous‖ ≈**er Stoff**, Giftstoff *m* (Chem, Physiol) / toxic substance, toxicant
tpi, Spuren *fpl* pro Zoll (DV) / tpi, tracks per inch (measure of data-storage density)
TP-Kabel *n*, Twisted-Pair-Kabel *n* (aus paarweise verdrillten Leitungen) (Tele) / twisted pair, twisted pair cable
TQM *n*, Total Quality Management *n* (QM) / total quality management (all staff is involved all the time to ensure that quality is maintained), TQM
Tracer *m* (Chem, Phys, Techn) / tracer
Tracing *n* (in einem Debugger), Ablaufverfolgung (eines Programms) (DV) / trace, tracing
Trackball *m* (DV) / trackball
Tracker *m* (DV) / tracker (for precise motion tracking and accurate positional information for virtual reality systems)
Trackpad *n* (Cursor-Steuerungsfeld auf einigen Notebooks) (DV) / touchpad, trackpad
Trafo *m*, Transformator *m* (Elek) / transformer ‖ ≈**station** *f* (Elek) / transformer station
Tragarm *m* (auf den etw. montiert wird) (Bau, Masch) / bracket
tragbar, portabel / portable (e.g. computer)
träge (z.B. Bewegung, Reaktion, Gärung, Ansprechen, Strömung, Relais) / sluggish (e.g. movement, reaction, fermentation, response, flow, relay) ‖ ≈ (Mech) /inert ‖ ≈ **Masse** (Phys) / inert mass ‖ ≈ **Sicherung** (Elek) / slow-blow fuse, delayed-action fuse, slo-blo fuse
tragen / carry ‖ ≈ (Last,Gewicht) / support *vt*, carry *vt* (e.g. a load, weight) ‖ ≈ (etwas von A nach B tragen) / take (something from A to B) ‖ ≈ (z.B. Kleidung) / wear (e.g. clothes) ‖ ≈ (e.g. Früchte, Zinsen) / bear (e.g. fruit, interests) ‖ ≈ (Kosten, Verluste, Schaden) / pay for ‖ ≈ (Risiko, Folgen) / take (the risk, the consequences) ‖ ≈ *vi* (Schall) (Akust) / carry (sound)
tragendes Bauteil (Techn) / structural member
Träger *m* (Bau, Techn) / beam *n* (horizontal bearing member) ‖ ≈ *m* (Bau, Mech) / girder ‖ ≈, Stütze *f* (Techn) / support ‖ ≈, Halterung *f* / support ‖ ≈, Rahmen *m*, Gestell *n* (Techn) / base (on which parts or components are mounted) ‖ ≈ (an Kleidung) (Tex) / strap ‖ ≈ (z.B. für Selbstklebefolie) / backing ‖ ≈ (z.B. für die Platinschicht in einem Widerstands-thermometer, für Leiterbahnen), Substrat *n* / substrate ‖ ≈, Carrier *f* (magnetisches Trägerteilchen in Tonern) (Druck, DV) / carrier ‖ ≈, Trägersubstanz *f* (inerte chemische Stoffe, die als Unterlage u. Gerüst für Wirkstoffe dienen) (Chem) / carrier ‖ ≈, Ladungsträger *m* (Elek, Eltro) / charge carrier, carrier (of positive or negative charge) ‖ ≈, Trägerschwingung *f* (bei der Modulation) (Tele) / carrier, carrier wave, CW ‖ ≈ (ISDN) (Tele) / bearer *n* ‖ ≈ **flüssigkeit** *n* (ChT) / liquor (in liquid-liquid extraction) ‖ ≈**frequenz** *f* (Tele) / carrier frequency ‖ ≈**kanal** *m* (in TDM) (Tele) / carrier ‖ ≈**material** *n* (auf das ein anderer Werkstoff mit bestimmten Eigenschaften aufgebracht wird), Substrat *n*

(Eltro, Fert) / substrate, base material || ~**puls** *m* (Modulation) (Tele) / pulse carrier (modulation) || ~**schwingung** *f* (bei der Modulation) (Tele) / carrier, carrier wave, CW || ~**signal** (Tele) / carrier, carrier signal, carrier wave || ~**stoff** *m*, Trägersubstanz *f* (inerte chem. Stoffe, die als Unterlage u. Gerüst für Wirkstoffe dienen) (Chem) / carrier || ~**substanz** *f* (Biol, Chem, Färb, Nukl, Pharm, Tex) / carrier, carrier substance || ~**substanz** (inerte chem. Stoffe, die als Unterlage u. Gerüst für Wirkstoffe dienen) (Chem) / carrier || ~**welle** *f*, Trägerschwingung *f* (bei der Modulation) (Tele) / carrier, carrier wave, CW || ~**werkstoff** *m*, Träger *m* (z.B. für die Platinschicht in einem Widerstandsthermometer, für Leiterbahnen), Substrat *n* / substrate

tragfähig / capable of supporting || ~ (Kompromiss, Lösung) / workable

Tragfähigkeit *f* (eines Bauteils, einer Unterlage, des Baugrunds, eines Lagers, eines Schmiermittels) / load-bearing capacity, load-carrying capacity || ~ (theoretisch berechnete aufgrund der Auslegung) / load rating || ~ (Reifen) / load carrying capacity, load rating || ~ (maximal zulässige Belastung eines Hebezeuges) (Förd) / safe working load (of a lifting device such as a crane), SWL || ~ (Maß für die Zuladefähigkeit) (Schiff) / dead weight, tonnage (of ships) || ~ **der Bodenfläche** (z.B. in einer Werkstatt) / safe floor-load

Tragfläche *f* (Lager) (Masch) / bearing surface || ~, Tragflügel *m* (Luft) / wing, plane

Tragflächen • boot *n* (Schiff) / hydrofoil boat, hydrofoil || ~**hinterkante** *f*, Flügelhinterkante *f* (Luft) / trailing edge (of wing) || ~**profil** *n* (Luft) / airfoil (US), aerofoil (GB) || ~**wurzel** *f* (Luft) / wing root

Tragflügel *m*, Tragfläche *f* (Luft) / wing, plane || ~ (Schiff) / foil, hydrofoil || ~**boot** *n* (Schiff) / hydrofoil boat, hydrofoil || ~**profil** *n* (Luft) / airfoil (US), aerofoil (GB) || ~**wurzel** *f* (Luft) / wing root

Trag • führung *f* (Wzm) / supporting guideways *pl* || ~**gerüst** *n*, Tragkonstruktion *f*, Tragwerk *n* / supporting structure, support structure || ~**gerüst** (Bau) / supporting framework || ~**gerüst**, Tragwerk *n* (aus Holz im Holzrahmen- und -tafelbau), Tragskelett *n* (Bau) / timber frame, timber framing, carcass, carcase

Trägheit *f* (z.B. von Bewegung, Reaktion, Gärung, Ansprechen, Strömung, Relais) / sluggishness || ~ (Eigenschaft eines massebehafteten Körpers, in seinem Bewegungszustand zu verharren, solange keine äußere Kraft auf ihn einwirkt) (Phys) / inertia || ~, Trägheitskraft *f* (Phys) / force of inertia, inertial force, vis inertiae

Trägheits • gesetz *n* (Phys) / Newton's law of inertia, law of inertia || ~**halbmesser** *m* / radius of gyration || ~**kraft** *f* (Phys) / force of inertia, inertial force, vis inertiae || ~**moment** *n*, Massenträgheitsmoment *n* (SI-Einheit kg m²) (Phys) / moment of inertia, mass moment of inertia, angular mass, MOI || ~**prinzip** *n*, Trägheitsgesetz *n* (Phys) / Newton's law of inertia, law of inertia || ~**radius** *m* / radius of gyration || ~**widerstand** *m*, Trägheitskraft *f*

(Phys) / force of inertia, inertial force, vis inertiae

Trag • kabel *n* (Hängebrücke) (Bau) / suspension cable || ~**kabelverankerung** *f* (einer Hänge- o. Schrägseilbrücke) (Bau) / anchorage, cable anchorage || ~**konstruktion** *f*, Tragwerk *n* (Bau) / support structure, supporting structure || ~**kraft** *f*, Tragfähigkeit *f* (eines Bauteils, einer Unterlage, des Baugrunds, eines Lagers, eines Schmiermittels) / load-bearing capacity, load-carrying capacity || ~**lager** *n* **von Wellenzapfen**, Zapfenlager *n* / journal bearing || ~**last** *f*, Tragfähigkeit (maximal zulässige Belastung eines Hebezeuges) (Förd) / safe working load (of a lifting device such as a crane), SWL || ~**rahmen** *m* (Techn) / supporting frame, support frame || ~**riemen** *m* (z.B. für Kamera, Kameratasche) / strap || ~**rolle** *f* (des das Fördergut tragenden Obertrums des Bandförderers) (Förd) / carrying idler, idler, idler pulley || ~**rolle** (des Untertrums des Bandförderers) (Förd) / return idler, return idler roller || ~**schicht** *f*, obere Tragschicht (Straß) / base, base course, base layer || ~**schiene** *f* (mit U-förmigem Profil), Hutschiene *f* (Elek) / DIN rail, top-hat rail || ~**schrauber** *m*, Autogiro *n* (Luft) / autogiro, gyroplane, autogyro, gyrocopter || ~**seil**, Tragkabel *n* (Hängebrücke) (Bau) / suspension cable || ~**seil** *n* (bei Aufzügen) (Förd) / hoist rope || ~**skelett** *n*, Tragwerk *n* (aus Holz im Holzrahmen- und -tafelbau) (Bau) / timber frame, timber framing, carcass, carcase || ~**werk** *n*, Tragkonstruktion *f* (Bau) / support structure, supporting structure || ~**werk** (aus Holz im Holzrahmen- und -tafelbau), Traggerüst *n*, Tragskelett *n* (Bau) / timber frame, timber framing, carcass, carcase || ~**werk** (Luft) / wing assembly, wing unit || ~**zahl** *f*, Sommerfeld-Zahl *f* (bei der Gleitlagerberechnung) (Masch) / Sommerfeld number, bearing characteristic number || ~**zapfen** *m* (als Lagerung ausgebildetes Wellenende zur Aufnahme von Radialkräften) (Masch) / pivot

Trainieren *n* (eines künstlichen neuronalen Netzes) (KI) / training

Trajektorie *f*, Flugbahn *f* (z.B. eines Geschosses) (Mech) / trajectory

Traktion *f* (Kfz, Techn) / traction || ~, Zugförderung *f* (Bahn) / traction

Traktionsmaschine *f*, Aufzugsmaschine *f* (Förd) / traction machine

Tränenreizstoff *m* / lachrymator (e.g. lachrymatory gas), lacrimator

tränken (z.B. mit Aceton, Kunstharz) / impregnate, saturate || ~, durchnässen / soak

Transaminase *f* (Biochem) / transaminase, aminotransferase

Transaxle • -Antrieb *m* (Kfz) / transaxle drive || ~**-Bauweise** *f* (Kfz) / transaxle design, transaxle layout || ~**-Getriebe** *n* (Kombination von Getriebe, Differenzial und Achsantrieb in einem Gehäuse - Sonderform des Heckantriebes, bei der der Motor vorne, das Getriebe über der angetriebenen Hinterachse sitzt) (Kfz) / transaxle

Transceiver *m* (kombiniertes Sende- und Empfangsgerät) (DV, Tele) / transceiver (transmitter-receiver)

Transducer *m*, Wandler *m* (z.B. Fotodetektoren o. Schallwandler (Mikrofon, Lautsprecher), piezoelektrische Wandler) (Eltro) / transducer (device that converts input energy or signals into output energy or signals of another form, e.g. loudspeakers, thermocouples, microphones, phonograph pickups) ‖ ≈, Aufnehmer *m* (der die Messgröße erfasst u. meist die primäre Messgrößenwandlung - z.B. nichtelektrische, physikalische (z.B. Temperatur, Abstand, Druck) in elektrische Größe - durchführt) (Mess) / sensor, transducer (e.g. pressure transducer), sensing element

Transduktor *m*, übersetzender Automat (DV) / finite-state transducer, transducer, FST ‖ ≈, Magnetverstärker, Transduktor-Verstärker *m* (Akust, Elek) / magnetic amplifier, magamp ‖ ≈-**Verstärker** *m*, Magnetverstärker (Akust, Elek) / magnetic amplifier, magamp

Transferase *f* (Biochem) / transferase

Transfer•geschwindigkeit *f* (von Daten, die als brauchbar akzeptiert werden) (DV, Tele) / data rate, data transfer rate, data transfer speed, transmission rate (of data accepted as non in error) ‖ ≈**pressen** *n* (Plast) / transfer moulding ‖ ≈**rate** *f*, Übertragungsrate *f* (DV, Tele) / transfer rate, data transfer rate, transmission rate ‖ ≈**rate**, Transfergeschwindigkeit *f* (von Daten, die als brauchbar akzeptiert werden) (DV, Tele) / data rate, data transfer rate, data transfer speed, transmission rate (of data accepted as non in error) ‖ ≈**verfahren** *n* (Plast) / transfer moulding

Transfokar *m*, Zoomobjektiv, Objektiv *n* mit veränderlicher Brennweite (Foto) / zoom, zoom lens

Transformation *f*, Umspannung *f* (Elek) / transformation

Transformator *m* (Elek) / transformer

Transformatoren•blech *n* (Elek) / transformer sheet ‖ ≈**blech**, Elektroblech *n* (Elek, Hütt) / electrical steel (manufactured in the form of cold-rolled strips), lamination steel, silicon electrical steel, silicon steel, transformer steel ‖ ≈**station** *f* (Elek) / transformer station

transformieren (allg, DV, Math) / transform *vt* ‖ ~, umspannen (Elek) / transform *vt*

transiente Schwingung, Ausgleichsschwingung *f* (Elek) / transient oscillation

Transistor *m* (Eltro) / transistor ‖ ≈**schalter** *m* (Eltro) / transistor switch ‖ ≈**schalter** (mit dem ein kleines Steuersignal zu einem viel größeren Ausgangssignal verstärkt wird) (Eltro) / transistor amplifier ‖ ≈**schaltung** *f* (Eltro) / transistor circuit ‖ ≈**spulenzündung** *f*, Transistorzündanlage *f* (mit Induktionsgeber o. Hallgeber) (Mot) / electronic ignition system (with magetic pulse generator or Hall sensor), transistor ignition system ‖ ≈**tetrode** (Eltro) / tetrode transistor, transistor tetrode ‖ ≈**tetrode** *f*, Binistor *m* (bistabiles Kippglied) (Eltro) / binistor ‖ ≈-**Transistor-Logik** *f* (Eltro) / T²L, TTL, transistor transistor logic ‖ ≈**verstärker** *m* (mit dem ein kleines Steuersignal zu einem viel größeren Ausgangssignal verstärkt wird) (Eltro) / transistor amplifier ‖ ≈**verstärkung** *f* (Eltro) / transistor gain ‖ ≈**zündanlage** *f* (mit Induktionsgeber o. Hallgeber) (Mot) / electronic ignition system (with magetic pulse generator or Hall sensor), transistor ignition system ‖ ≈**zündung** *f*, Transistorzündanlage *f* (mit Induktionsgeber o. Hallgeber) (Mot) /

electronic ignition system (with magetic pulse generator or Hall sensor), transistor ignition system

Transition *f* (in der Ablaufsteuerung) (Regel) / transition

Transitvermittlungsstelle *f*, Durchgangsvermittlungsstelle *f* (Tele) / tandem exchange (intermediate switching centre between local exchanges or other tandem exchanges in a telephone network), transit exchange, tandem office, tandem switching centre, toll exchange

transkristallin / transcrystalline

translatieren, verschieben (Math, Mech) / translate (move without rotation or angular displacement)

Translation *f* (bei der Proteinsynthese) / translation ‖ ≈, Gleitvorgang *m* (an benachbarten Gitterebenen) (Krist) / slip *n* (within crystals - leading to plastic deformation), glide ‖ ≈ (alle Punkte einer geometrischen Figur werden so verschoben, dass sie dabei gerade, gleich lange, parallele und gleich orientierte Bahnen beschreiben) (Math) / translation ‖ ≈, Parallelverschiebung *f* (alle Punkte eines physikalischen Körpers werden auf parallelen Geraden in derselben Richtung um gleich lange Strecken verschoben) (Math, Mech) / translation, parallel displacement

Translations•bewegung *f* (Mech) / translational motion ‖ ≈**ebene** *f* (Math) / translation plane ‖ ≈**energie** *f* (Mech) / translational energy ‖ ≈**faktoren** *m pl*, Initiationsfaktoren *m pl* (bei der Proteinbiosynthese) (Biochem) / initiation factors ‖ ≈**gitter** *n* (Krist) / translation lattice

Transluzenz *f*, Lichtdurchlässigkeit *f* (partielle, so dass die Konturen eines Objekts hinter dem Medium, z.B. Milchglas, nicht oder nur sehr undeutlich zu erkennen sind) (Opt) / translucence, translucency

Transmission *f* (Hindurchlassen von v.a. elektromagnetischen Wellen) (Phys) / transmission ‖ ≈, Transmissionsgrad *m* (Verhältnis des Strahlungsflusses der durchgelassenen Strahlung zum Strahlungsfluss der auftreffenden Strahlung) (Phys) / transmittance, transmission, transmission factor, transmission ratio ‖ ≈, Übersetzungsgetriebe *n* / transmission, gear transmission

Transmissions•gitter *n* (Opt) / transmission grating ‖ ≈**grad** *m* (Verhältnis des Strahlungsflusses der durchgelassenen Strahlung zum Strahlungsfluss der auftreffenden Strahlung) (Phys) / transmittance, transmission, transmission factor, transmission ratio

Transmitter *m*, Messumformer *m* (formt das der Messgröße entsprechende Primärsignal eines Aufnehmers in ein Einheitssignal um, das über große Strecken übertragen werden kann) (Mess) / signal converter, transmitter, measuring transmitter ‖ ≈, Neurotransmitter *m* (Biochem) / neurotransmitter

transmittieren (Strahlung) (Phys) / transmit (radiation)

transparent, durchsichtig, lichtdurchlässig (vollständig, so dass ein Objekt hinter dem Medium, z.B. Fensterglas, deutlich zu erkennen ist) (Opt) / transparent ‖ ~ (DV, Tele) / transparent (e.g. process, application, transmission mode, device) ‖ ~ *n* (Bild, das

von hinten beleuchtet wird) (Opt) /
transparency ‖ ≈**folie** f, Folie f (für Projektor) /
transparency

Transparenz f, Durchsichtigkeit f,
Lichtdurchlässigkeit (vollständig, so dass ein
Objekt hinter dem Medium, z.B. Fensterglas,
deutlich zu erkennen ist) (Opt) / transparency,
transparence, transparentness ‖ ≈ (DV, Tele) /
transparency ‖ ≈**belag** m,
Antireflexionsbeschichtung f (Opt) /
antireflection coating, antireflective coating,
blooming coat

Transpiration f (Bot, Umw) / transpiration (of
plants)

transponieren, vertauschen (Math, Tele) /
transpose vt

Transport m, Beförderung f (Trans) / transport n,
transportation ‖ ≈, Beförderung f (von
Gütern, Fracht speziell mit LKW) (Trans) /
haulage, hauling (of freight) ‖ ≈, Beförderung
f (innerbetrieblich) (Förd) / handling ‖ ≈ (z.B.
von Energie) / transmission ‖ ≈, Zuführung f,
Vorschub m (z.B. von Papier bei Druckern) /
feed

transportabel, portabel, tragbar / portable (e.g.
computer)

Transport•band n, Förderband n (eines
Bandförderers) (Förd) / conveyor belt, belt ‖
≈**betonmischer** m (Bau, Kfz) / concrete mixer
truck, truck mixer ‖ ≈**einrichtung** f (für
Filmmaterial) (Foto) / transport mechanism

Transporter m, Lieferwagen m (Kfz) / van,
delivery van ‖ ≈, Kleintransporter m (Kfz) /
van, light commercial vehicle, LCV

Transporteur m, Winkelschmiege f, Gradmesser
m (Mess) / protractor, simple protractor ‖ ≈,
Förderer m (Förd) / conveyor

Transportgewinde n, Bewegungsgewinde n
(Masch) / power-transmission thread,
translation thread

transportieren, befördern / transport, convey,
carry, move ‖ ≈ (Güter, Fracht mit LKW,
Bahn, Flugzeug) / haul ‖ ≈, befördern
(innerbetrieblich) (Verk) / handle ‖ ≈ n,
Transport m, Beförderung f (Trans) / transport
n, transportation

Transport•leistung f, Förderleistung (einer
Förderanlage: Fördermenge je Zeiteinheit)
(Förd) / capacity of a material handling system
‖ ≈**mischer** m, Transportbetonmischer m
(Bau, Kfz) / concrete mixer truck, truck mixer ‖
≈**mittel** n, Beförderungsmittel n / means of
conveyance ‖ ≈**öse** f, Ringschraube f / eyebolt,
lifting eye bolt ‖ ≈**palette** f (Trans) / pallet, skid
‖ ≈**protokoll** n (DV, Tele) / transport protocol ‖
≈**schaden** m / shipping damage ‖ ≈**schicht** f,
Schicht f 4 (im OSI-Schichtenmodell) (DV,
Tele) / layer 4, transport layer ‖ ≈**sicherung** f /
transport locking device ‖ ≈**unternehmen** m,
Speditionsunternehmen n (Trans) / forwarding
agent, freight forwarder, forwarder,
forwarding company

transversal, schief [liegend], schräg verlaufend /
transverse

Transversalwelle f, Querwelle f (Phys) /
transverse wave

transzendent (Funktion, Zahl) (Math) /
transcendental (function, number) ‖
≈**-irrationale Zahl** (Math) / transcendental
irrational number

Trapez n (Math) / trapezoid n (US) (quadrilateral
with two parallel and two unparallel sides),

trapezium (GB) (pl.: -iums, -ia) ‖ ≈**flügel** m
(Luft) / tapered wing ‖ ≈**förmig** / trapezoidal,
trapezoid adj ‖ ≈**gewinde** n,
Acme-Trapezgewinde n / acme screw thread
(used on power screws in such devices as
automobile jacks, presses, and lead screws on
lathes), acme thread

Trapezoid n (Math) / trapezoid (GB)
(quadrilateral with no sides parallel),
trapezium (US)

Traube f, Modelltraube f (beim
Modellausschmelzverfahren) (Gieß) / pattern
tree

Traubenzucker m, Glucose f (Chem, Nahr) /
glucose, dextrose, grape sugar

träufeln vt, tropfen / drip vt, drop vt (a liquid)

Traverse f, Querhaupt n (bei Werkzeug-
maschinen ein festes Verbindungsstück zur
Versteifung zwischen den Köpfen zweier
Ständer) (Wzm) / fixed crosshead

Trawler m (Schleppnetzfischer) (Schiff) / trawler

treffen (durch Schlag, Stoß etc.) / hit ‖ ≈ / strike
(e.g. lightning struck the building, the electron
beam struck the target) ‖ ≈ (Entscheidung,
Vereinbarung, Wahl) / make (a decision,
agreement, arrangement, choice) ‖ ≈
(Maßnahmen, Vorkehrungen) / take
(measures, precautions) ‖ ≈ [auf], stoßen [auf]
/ meet [with] (e.g. difficulties) ‖ ≈ (jemanden)
/ meet vt ‖ ≈ **sich**, zusammenkommen / meet vi

Treffer m (Datensatz, der mit einer Anfrage in
einer Datenbank übereinstimmt) (DV) / hit (in
information retrieval), match

Treibarbeit f, Treiben n (handwerkliches
spanloses Verformen von Blech o.
Vollmaterial auf kaltem Wege) (Hütt) /
repoussé

treiben vt, antreiben / drive vt (belt, shaft,
machine) ‖ ≈, steuern (DV, Elek, Eltro) / drive ‖
≈, hineintreiben, einschlagen / drive (e.g. nail
into wood, pile into the ground) ‖ ≈ (z.B.
Stollen, Tunnel) (Bau, Bergb) / drive (adits,
tunnels), build, construct ‖ ≈ (Blech) / shape
and ornament (by using the technique of
repoussé, ie hammering from the reverse side)
‖ ≈ (Blechhohlteile) / form (using the
technique of repoussé), shape (by repoussé) ‖
≈, züchten (im Treibhaus) (Landw) / force ‖ ≈
vi, [fort]bewegt werden (von einer Strömung,
auf dem Meer) / drift ‖ ≈ (z.B. auf dem
Wasser), schwimmen / float vi ‖ ≈ (Zement)
(Bau) / expand vi ‖ ≈ n (handwerkliches
spanloses Verformen von Blech o.
Vollmaterial auf kaltem Wege), Treibarbeit f
(Hütt) / repoussé

Treiber m (DV) / driver ‖ ≈, Gerätetreiber m
(DV) / driver, device driver ‖ ≈, Treiberstufe f
(Eltro, Radio) / driver, driver stage ‖ ≈**stufe** f,
Treiber m (Eltro, Radio) / driver, driver stage

Treib•gas n, Treibmittel n (zur Herstellung von
Porengummi und Schaumstoffen) (Plast) /
blowing agent, foaming agent ‖ ≈**gas** /
propellant (in aerosol dispensers) ‖ ≈**gas**
(Mot) / power gas ‖ ≈**haus** n, Gewächshaus n
(Landw) / greenhouse, glasshouse (GB) ‖
≈**hauseffekt** m (Umw) / greenhouse effect ‖
≈**hausgas** n (Umw) / greenhouse gas ‖ ≈**herd**
m (Hütt) / cupel, test (GB) ‖ ≈**keil** m (DIN
6886), Keil m mit Anzug (Masch) / taper key ‖
≈**kraft** f, Antriebskraft f / motive force, motor
n, motive power, moving force o. power,
driving force ‖ ≈**mittel** n (zur Herstellung von

Porengummi und Schaumstoffen) (Plast) / blowing agent, foaming agent ‖ ≈**mittel**, Treibgas *n* / propellant (in aerosol dispensers) ‖ ≈**mittelpumpe** *f* (Vak) / eductor-jet pump, jet pump, jet ejector, jet ejector pump ‖ ≈**riemen** *m* (zur Kraftübertragung in einem Riementrieb) / drive belt, belt (for transmitting motion and power) ‖ ≈**scheibe** *f*, Antriebsscheibe *f* (z.B. bei Aufzug, Seilbahn, Dampfmaschine) / drive wheel, drive sheave ‖ ≈**scheibe**, Antriebsscheibe *f* (im Riemengetriebe) / drive pulley, driving pulley, drive sheave ‖ ≈**scheibenaufzug** *m* (Bau, Förd) / traction lift, traction elevator ‖ ≈**sitz** *m* (Masch) / tigth fit

Treibstoff *m* (allg) / fuel ‖ ≈ (zum Betrieb von Verbrennungsmotoren), Motorkraftstoff *m* / fuel, motor fuel ‖ ≈, Raketentreibstoff *m* (Raumf) / propellant (for rockets), rocket fuel, rocket propellant ‖ ≈**tank** *m* (Kfz, Luft) / fuel tank ‖ ≈**verbrauch** *m* (bei Verbrennungs-motoren) (Mot) / fuel consumption

Trend *m*, Tendenz / trend, tendency

Trenn•arbeit *f* (Nukl) / separative work (measure of the effort required in an enrichment facility to separate uranium of a given U-235 content into two fractions, one with a higher percentage and one with a lower percentage of U-235) ‖ ≈**bildverfahren** *n* (Foto) / peel-apart process ‖ ≈**bruch** *m* (Mater) / separation failure, separation fracture ‖ ≈**diode** *f* / isolation diode ‖ ≈**element** *n* (Nukl) / separative element

trennen [von], entfernen / separate [from] ‖ ~ [von], abmachen / detach [from] ‖ ~, unterbrechen (allg, Elek) / interrupt ‖ ~, teilen / divide *vt*, separate (into parts, groups, sections) ‖ ~, fraktionieren (Chem) / cut, fractionate ‖ ~ (leichtere und schwerere Teilchen eines Haufwerks im Aufstromklassierer) (Aufb, ChT) / elutriate ‖ ~, isolieren, abtrennen (z.B. eine Rohrleitung innerhalb eines Netzes) / isolate ‖ ~ (z.B. Bestandteile, Gemisch) / separate ‖ ~, spalten, aufspalten / split *vt* ‖ ~ (Endlosformulare in einzelne Formularblätter) (Büro, Pap) / burst *vt* (the parts of a multipart stationery form), decollate ‖ ~, auslösen (Verbindung), abbauen (DV, Tele) / clear *v* (a connection), clear down ‖ ~ (ein Gerät, eine Anlage von der Spannungsquelle) (Elek) / disconnect *vt* ‖ ~, auftrennen (eine Naht) / undo (a seam) ‖ ~ (z.B. Wellen) / disengage ‖ ~, unterbrechen (z.B. Verbindung) (Tele) / disconnect ‖ ~ (Wort am Zeilenende) (Druck, DV) / break (word with hyphen), hyphenate, hyphen *vt* ‖ ≈ *n*, Trennung *f*, Abtrennung *f* / separation ‖ ≈ (eines Gerätes, einer Anlage von der Spannungsquelle) (Elek) / disconnection (of a system) ‖ ≈ (Hauptgruppe der Fertigungsverfahren nach DIN 8580, bestehend aus den Gruppen Zerteilen, Spanen mit geometrisch bestimmten Schneiden, Spanen mit geometrisch unbestimmten Schneiden, Abtragen, Zerlegen und Reinigen; keine Entsprechung im Englischen - s. die einzelnen Gruppen) (Fert) ‖ ≈ (von Stoffgemischen) (Aufb) / concentration ‖ ≈ (der Siliziumscheibe in einzelne Chips) (Eltro, Fert) / dicing ‖ ≈ **durch Zerteilen**, Zerteilen *n* (DIN 8588 - spanloses

mechanisches Trennen, z.B. Scherschneiden) (Fert) / cutting, cutting operations

Trenner *m*, Trennschalter *m* (Elek) / disconnector

Trenn•faktor *m* (Nukl) / separation factor ‖ ≈**fläche** *f* (z.B. bei Gussform) / parting surface ‖ ≈**fuge** *f* (des Formkastens), Teilfuge *f* (Gieß) / parting line ‖ ≈**leistung** *m* (Nukl) / separation potential ‖ ≈**membran** *f* (durchlässig, teildurchlässig, undurchlässig - zur Trennung von Stoffgemischen) (Biol, Techn) / membrane ‖ ≈**platte** *f* (halbdurchlässig verspiegelte planparallele Glasplatte in einem Michelson-Interferometer) (Opt) / beam splitter ‖ ≈**relais** *n*, Abschaltrelais *n* (Elek) / cutoff relay ‖ ≈**säule** *f* (ChT) / rectifying column, fractionating column, fractionating tower, fractionator ‖ ≈**schalter** *m* (Elek) / disconnector ‖ ≈**schärfe** *f* (eines Empfängers) (Eltro, Radio) / selectivity, sharpness ‖ ≈**scheibe** *f* (zum Trennschleifen) (Fert) / abrasive cutoff wheel, cutoff wheel, abrasive cutting disc ‖ ≈**schleifer** *m*, Trennschleifmaschine *f* (Wzm) / abrasive cutting-off machine ‖ ≈**schleifmaschine** *f* (Wzm) / abrasive cutting-off machine ‖ ≈**sieb** *n*, Klassiersieb *n* (Aufb) / classifying screen, grading screen

Trennstrahlen *n* unter alleiniger Verwendung von Wasser, Wasserstrahlschneiden *n* (Fert) / hydrodynamic machining, WJC, water jet cutting ‖ ≈ unter Verwendung von Wasser (mit oder ohne zugemischte Strahlmittel), Wasserstrahlen *n* (Fert) / water jet machining

Trenn•streifen *m*, Mittelstreifen *m* (Straß) / median (US), central reservation (GB), mall (US), median strip (US, Australia)(separating lanes of opposite traffic on highways), medial strip ‖ ≈**trafo** *m* (Elek) / isolation transformer, isolating transformer, one-to-one transformer ‖ ≈**transformator** *m* (Elek) / isolation transformer, isolating transformer, one-to-one transformer

Trennung *f*, Abtrennung *f* / separation ‖ ≈, Isolierung *f* / isolation ‖ ≈ (eines Gerät, einer Anlage von der Spannungsquelle) (Elek) / disconnection ‖ ≈, Unterbrechung (allg, Elek) / interruption ‖ ≈, Teilung *f* / division, separation (into parts, groups, sections) ‖ ≈ (z.B. von Bestandteilen, Gemisch) / separation ‖ ≈, Verbindungsabbau *m* (Tele) / clearing, cleardown, call cleardown, call clearing, call disestablishment, call release ‖ ≈, Silbentrennung *f* (Druck, DV) / hyphenation ‖ ≈ **durch Absitzen**, Ausfällung *f*, Präzipitation *f* (Chem) / precipitation

Trennungsbruch *m*, Trennbruch *m* (Mater) / separation failure, separation fracture

Trenn•wand *f* (Bau) / dividing wall ‖ ≈**wand**, Bürotrennwand *f* (mit Boden u. Decke verbunden) (Büro) / partition ‖ ≈**wand** (Elek) / partition ‖ ≈**wanddiffusion** *f* (ChT, Nukl) / barrier diffusion

Treppe *f* (Bau) / stairs *pl*, staircase ‖ ≈ **zwischen zwei Stockwerken o. Absätzen** (Bau) / flight (of stairs)(series of steps between one floor or landing of a building and the next)

Treppen•absatz *m*, Treppenpodest *n* (Bau) / landing, platform (in a flight of stairs) ‖ ≈**arm** *m*, Treppe *f* zwischen zwei Stockwerken o. Absätzen (Bau) / flight (of stairs)(series of steps between one floor or landing of a building and the next) ‖ ≈**aufgang** *m* (Bau) /

stairs pl, steps pl (US) ‖ **⁓automat** m, Treppenlichtzeitschalter m (Elek, Licht) / automatic time switch for staircase lighting ‖ **⁓geländer** n (Bau) / railing, banister, balusters, banisters pl, balustrade (of staircase), bannister ‖ **⁓haus** n (Bau) / stairwell, well ‖ **⁓lauf** m, Treppe f zwischen zwei Stockwerken o. Absätzen (Bau) / flight (of stairs)(series of steps between one floor or landing of a building and the next) ‖ **⁓lichtzeitschalter** m (Elek, Licht) / automatic time switch for staircase lighting ‖ **⁓podest** n, Treppenabsatz m (Bau) / landing, platform (in a flight of stairs) ‖ **⁓raum** m, Treppenhaus n (Bau) / stairwell, well ‖ **⁓rost** m (eine Rostfeuerungsart) / reciprocating grate ‖ **⁓stufe** f (Bau) / step

Tret•kurbel f (Fahrrad) / crank ‖ **⁓lager** n (Fahrrad) / bottom bracket ‖ **⁓lagergehäuse** n (Fahrrad) / bottom bracket shell

Tri n (Chem) / TCE, trichloroethylene, trichlorethene

Triac n (Eltro) / triac (triode A.C. switch), bidirectional triode thyristor

Triangulation f (Verm) / triangulation

Triangulationsverfahren n (zur berührungslosen Abstands- u. Längenmessung), Auflichtmessverfahren n (Mess) / laser triangulation, triangulation

Triangulierung, Triangulation f (Verm) / triangulation

Tribo•logie f / tribology ‖ **⁓logische Beanspruchung** (durch Kontakt und Relativbewegung) / tribological stress ‖ **⁓technik** f / tribology ‖ **⁓technisches System** / tribologic system

Tri•carbonsäurezyklus m (Biochem) / citric acid cycle, tricarboxylic acid cycle, TCA cycle, Krebs cycle ‖ **⁓chloracetaldehyd** n (Chem) / chloral, trichloroacetaldehyde, trichloroacetic aldehyde, trichloroethanal ‖ **⁓chloracetaldehydhydrat** n (Chem, Pharm) / chloral hydrate, crystalline chloral, hydrated chloral ‖ **⁓chlorethen** n (Chem) / TCE, trichloroethylene, trichlorethene ‖ **⁓chlorethylen** n (Chem) / TCE, trichloroethylene, trichlorethene ‖ **⁓chlormethan** n, Chloroform n (Chem, Pharm) / chloroform, trichloromethane

Trichter m / funnel ‖ **⁓** (eines Schüttgutbehälters) / hopper ‖ **⁓** m (der Fernsehröhre) (TV) / funnel ‖ **⁓kübel** m, Gichttrichter m (des Hochofens) (Hütt) / charge hopper, receiving hopper

Trieb m, Ritzel n (Masch) / pinion [gear] ‖ **⁓kraft** f, Antriebskraft f / motive force, motor n, motive power, moving force o. power, driving force ‖ **⁓strang** m (Kfz) / drivetrain (all components that transfer power from the engine to the driving wheels of the vehicle), power train ‖ **⁓wagen** f (Bahn) / motor coach, motor car ‖ **⁓wagenzug** m (Bahn) / multiple unit, MU

Triebwerk n (Maschine, die die zum Antrieb eines Fahrzeugs erforderliche Energie liefert) (Masch) / power plant ‖ **⁓** (alle Bauteile, die zum Antrieb dienen, z.B. Verbrennungsmotoren mit Zusatzaggregaten, Kupplung, Getriebe, Differenzial u.a.) (Kfz) / power plant ‖ **⁓**, Triebwerksanlage (eines Flugzeugs) (Luft) / power plant, engine, power unit ‖ **⁓drehzahl** f (Luft) / engine speed

Triebwerks•anlage (eines Flugzeugs), Triebwerk n (Luft) / power plant, engine, power unit ‖ **⁓bremse** f, Motorbremse f (Nutzung der Schleppleistung des Motors bei Gaswegnehmen im eingekuppelten Zustand) (Kfz) / engine brake

Triebzug m (Bahn) / multiple unit, MU

Trigger m, Kippschaltung f, Kippstufe f (bei der sich das Ausgangssignal aufgrund des Eingangssignals sprunghaft zw. zwei Werten ändert) (Eltro) / trigger, trigger circuit ‖ **⁓**, Auslöseimpuls m / trigger ‖ **⁓diode** f (Eltro) / trigger diode ‖ **⁓-Fliflop** m (Eltro) / toggle flipflop ‖ **⁓impuls** m (von einem Trigger erzeugt) (Eltro) / trigger pulse, trigger

triggern, auslösen (Eltro) / trigger ‖ **⁓**, zünden vt (Eltro) / trigger (a thyristor)

Triggerschaltung f (Eltro) / trigger circuit (used to trigger other circuits), trigger

Triggerung f (Eltro) / triggering

Trigonometrie f (Math) / trigonometry, trig (coll)

trigonometrisch•e Funktionen (Math) / trigonometric functions pl, circular functions ‖ **⁓e Gleichung** (Math) / trigonometric equation

Trilliarde f (10^{21}) / sextillion

Trillion f (10^{18}) / quintillion

Trimellithsäure f (Chem) / benzene-1,2,4-tricarboxylic acid

Trimellitsäure f (Chem) / benzene-1,2,4-tricarboxylic acid

trimmen vt, beschneiden (Bild, Papier) / trim ‖ **⁓**, abgleichen, eintrimmen (Eltro) / adjust (the circuits of an electronic system for predetermined response), align vt ‖ **⁓** (Luft) / trim ‖ **⁓** n (Einstellen der Parameter von Bauelementen, Geräten etc. auf einen gewünschten Wert), Abgleichen n, Abgleich m (Elek, Eltro) / trimming, alignment, adjustment (of the circuits of an electronic system for predetermined response) ‖ **⁓**, Beschneidung f (DV) / trimming, clipping, scissoring (in graphics) ‖ **⁓** (Luft, Schiff) / trimming

Trimmer m (regelbarer Kondensator o. Widerstand) (Elek) / trimmer (variable capacitor or resistor) ‖ **⁓**, Trimmerkondensator m (Eltro) / trimmer, trimmer capacitor, trimming capacitor ‖ **⁓kondensator** m (Eltro) / trimmer, trimmer capacitor, trimming capacitor

Trimm•kondensator m (Eltro) / trimmer, trimmer capacitor, trimming capacitor ‖ **⁓potentiometer** n (Elek, Eltro) / trimmer potentiometer, trimming potentiometer ‖ **⁓widerstand** m (Elek) / trimming resistor

Trinitrid n, Azid (Chem) / azide

Trio n, Triowalzwerk n, Dreiwalzengerüst f (Walz) / three-high mill, three-high rolling mill, three-high stand ‖ **⁓-Anordnung** f (Walz) / three-high configuration

Triode f (Eltro) / triode, three-electrode valve, triode valve

Triowalzwerk n, Dreiwalzengerüst f (Walz) / three-high mill, three-high rolling mill, three-high stand

Tripelpunkt m (Chem, Phys) / triple point

Triplexkette f, Dreifachrollenkette f / triple roller chain, triplex chain

Trisauerstoff m, Ozon m n (Chem) / ozone

Tristate (Eltro) / tristate

Tritt m (ortsveränderlicher Aufstiege bis 1 m Höhe, deren oberste Fläche zum Betreten vorgesehen ist), Trittleiter f / platform steps (less than 1 metre in height) ‖ **~brett** *n*, Bodenblech *n* (Motorroller) (Kfz) / floor board ‖ **~fläche** *f* (betretbare waagrechte Oberfläche einer Stufe) (Bau) / tread (of a step in a stair) ‖ **~hocker** *m* / step stool ‖ **~höhe** *f*, Steigungshöhe *f* (lotrechtes Maß zwischen den Trittflächen zweier aufeinander folgender Stufen) (Bau) / rise of a step ‖ **~leiter** *f* / platform steps *pl*

trivalent, dreiwertig (Chem) / tervalent, trivalent

Trizinat *n* (Chem) / lead styphnate

TRMS-Messgerät *n* (Elek, Mess) / TRMS meter (TRMS stands for True Root Mean Squared), TRMS multimeter

trockene Reibung / dry friction

Trocken•automat *m*, Wäschetrockner *m* (HG) / tumble drier, tumbler, clothes drier ‖ **~bagger** *m* (im Unterschied zu Schwimmbagger) (Bau) / excavator (emphasizing use on tracks or wheels), digger ‖ **~dampfverfahren** *n* (in geothermischen Kraftwerken) (Ener) / dry steam method, dry steam technology ‖ **~dock** *n* (Schiff) / graving dock ‖ **~element** *n* (Elek) / dry cell ‖ **~grad** *m* (der Wäsche im Wäschetrockner) / level of dryness ‖ **~gut** *n* (ChT) / material dried/being dried/to be dried ‖ **~haube** *f* / hair dryer hood ‖ **~lauf** *m* (Masch) / dry running ‖ **~masse**, Trockensubstanz *f* (Holz, Nahr, Umw) / dry matter ‖ **~masse** *f* (Luft, Raumf) / dry weight (weight of a system without fuel and consumables) ‖ **~mittel** *n*, Trocknungsmittel *n* (Chem) / desiccant *n*, drying agent ‖ **~rasierer** *m* / electric razor, electric shaver ‖ **~reibung** *f* (Grund und Gegenkörper gleiten ohne Zwischenstoff) / dry friction ‖ **~sand** *m* (Gieß) / dry sand ‖ **~schleifen** (Fert) / dry grinding ‖ **~schmiermittel** *n*, Festschmierstoff *m* / solid lubricant ‖ **~schmierung** *f*, Feststoffschmierung *f* / solid lubrication (use of solid material to reduce friction and wear) ‖ **~stoff** *m* (Anstr, Chem) / drier, siccative *n* ‖ **~substanz** *f*, Trockenmasse (Holz, Nahr, Umw) / dry matter ‖ **~sumpfschmierung** *f* / dry sump lubrication ‖ **~tinte** *f*, Toner *m* (Büro, DV) / toner (for laser printers and photocopying machines) ‖ **~transferelektrofotografie** *f*, Xerographie *f* (Druck, Foto) / xerography ‖ **~trommel** *f* (des Wäschetrockners) (HG) / drum ‖ **~verfahren** *n*, trockenes Verfahren (i.Ggs. zu Nassverfahren) / dry process ‖ **~zeit** *f*, Abbindezeit *f* (von Klebstoffen) / curing time, setting time ‖ **~zeit** (z.B. bei Wäschetrocknern) / drying time

trocknen [lassen] / dry *vt* ‖ **~** (gründlich), entfeuchten, austrocknen / desiccate *vt vi*, exsiccate, dry up, dry out ‖ **~**, austrocknen (durch Lagern), ablagern *vt vi* (Holz) / season *vt vi* ‖ **~**, dörren (zur Konservierung) (Nahr) / dehydrate, desiccate ‖ **~** *vi* / dry *vi*, become dry ‖ **~**, aushärten (Dichtstoffe) / cure ‖ **~** *n* / drying ‖ **~** (gründlich), Austrocknen *n* / desiccation, drying-up, exsiccation ‖ **~**, Ablagerung *f* (von Holz), Austrocknung *f* (durch Lagern) / seasoning ‖ **~**, Trocknung *f*, Dörren *n* (zur Konservierung) (Nahr) / dehydration, desiccation

Trockner *m* / drier, dryer

Trocknung *f* / drying ‖ **~**, Trocknen *n* (gründlich), Austrocknen *n* / desiccation, drying-up, exsiccation ‖ **~** *f*, Ablagerung *f* (von Holz), Austrocknung *f* (durch Lagern) / seasoning ‖

~, Dörren *n* (zur Konservierung) (Nahr) / dehydration, desiccation

Trocknungsmittel *n* (Chem) / desiccant *n*, drying agent

Trog•bandförderer *m* (Förd) / trough conveyor, troughed belt conveyor ‖ **~brücke** *f* (Bau) / trough bridge ‖ **~gurtförderer** *m* (Förd) / trough conveyor, troughed belt conveyor ‖ **~kettenförderer** *m* (Förd) / en masse conveyor

Trojaner *m*, Trojanisches Pferd (als Spiel, Dienst- oder Anwendungsprogramm getarntes zerstörerisches Programm) (DV) / Trojan, Trojan horse

Trojanisches Pferd (als Spiel, Dienst- oder Anwendungsprogramm getarntes zerstörerisches Programm) (DV) / Trojan, Trojan horse

Trommel *f* (rotierender, zylindrischer Behälter z.B. von Betonmischer, Trommeltrockner) / drum ‖ **~**, Wäschetrommel *f* (einer Waschmaschine) (HG) / tub, wash tub, inner tub (of washing machine), drum ‖ **~**, Trockentrommel *f* (des Wäschetrockners) (HG) / drum ‖ **~** (eines Revolvers) (Mil) / cylinder ‖ **~** (eines Maschinengewehrs) / drum magazine ‖ **~** (zum Aufwickeln z.B. eines Kabels, Seils, Schlauchs; auch einer Winde) / reel (for hose, rope, cable etc) ‖ **~** (bei Gurtförderern) (Förd) / pulley ‖ **~**, Bildtrommel *f* (in Laserdruckern und Fotokopierern) (Büro, DV) / drum (in laser printers and photocopiers), imaging drum ‖ **~** (der Trommelbremse) / drum (of drum brake) ‖ **~** (der Bügelmessschraube) (Mess) / thimble

Trommel•bahnanlasser *m* (Elek) / drum starter, drum controller ‖ **~bremse** *f* (Fahrrad, Kfz) / drum brake ‖ **~mischer** *m* (Bau, ChT) / drum mixer ‖ **~mühle** *f* (ChT) / tumbling mill ‖ **~revolver** *m* (Wzm) / drum turret ‖ **~revolverkopf** *m* (Wzm) / drum turret ‖ **~sieb** *n* (Aufb, ChT) / drum screen, trommel ‖ **~siebmaschine** *f* (ChT) / rotary drum screen ‖ **~sortierer** *m* (ChT, Umw) / trommel ‖ **~trockner** *m* (ChT) / rotary drum drier ‖ **~turbine** *f* / drum type turbine ‖ **~weiche** *f* (Förd, Walz) / drum [-type] switch ‖ **~welle** *f* (Masch) / drum shaft ‖ **~winde** *f* / drum winch

Tropenwald *m* / tropical forest

Tröpfchen *n* / droplet

tropfen *vt*, träufeln *vt* / drip *vt*, drop *vt* (a liquid) ‖ **~** *vi* / drip *vi*, drop *vi* ‖ **~** *m*, Speisetropfen *m* (durch Tropfspeisen gebildeter Glasposten) (Glas) / glass gob, gob (of molten glass) ‖ **~speiser** *m* (Glas) / gob feeder

Tropf•öler *m* / drip-feed lubricator ‖ **~ölschmierung** *f* / drip-feed lubrication ‖ **~wasser** *n* (Elek) / dripping water ‖ **~wassergeschützt** (Elek) / drip-proof

Tropintropat *n* (Chem, Pharm) / atropine

Tropo•pause *f*, obere Troposphärengrenze (8-14 km Höhe) (Geoph) / tropopause ‖ **~sphäre** *f* (0-10 km Höhe) (Geoph) / troposphere

Trosse *f*, Kabel *n*, dickes Tau (Schiff) / cable

trüb[e], schwach (Licht) (Licht) / dim ‖ **~** (Flüssigkeit) / cloudy ‖ **~** (Wasser durch aufgewirbelte Sedimente etc.) / turbid

Trum *n* (eines Förderbandes oder Treibriemens) / side (of a belt)

Tschebyschow-Ungleichung *f* (Math) / Chebyshev inequality

T-S-Diagramm n. Temperatur-Entropie-Diagramm n (Masch, Phys) / temperature-entropy diagram

TSR, speicherresidentes Programm (DV) / resident program, memory-resident program, TSR program, terminate-and-stay-resident program ‖ ~**-Programm** n, speicherresidentes Programm (DV) / resident program, memory-resident program, TSR program, terminate-and-stay-resident program

T-Stahl m (Hütt) / tee-sections, tees pl ‖ ~, T-Träger m (Bau, Hütt) / T-bar

T-Stoß m (Schw) / tee joint, T-joint

T-Stück n, Abzweig m 90° (T-förmiges Rohrformstück) (Rohr) / tee, T, straight tee

TTL f, Transistor-Transistor-Logik f (Eltro) / T²L, TTL, transistor transistor logic ‖ ~**-Belichtungsmessung** f, TTL-Messung f (Belichtungsmessung durch das Objektiv: gemessen wird nur das Licht, das auch auf den Film kommt) (Foto) / through-the-lens exposure metering, through-the-lens metering, TTL exposure metering, TTL metering ‖ ~**-Blitzmessung** f (Foto) / TTL flash metering ‖ ~**-Blitzmesszelle** f (Foto) / TTL flash meter[ing] cell, TTL flash sensor ‖ ~**-Messung** f (Belichtungsmessung durch das Objektiv: gemessen wird nur das Licht, das auch auf den Film kommt) (Foto) / through-the-lens exposure metering, through-the-lens metering, TTL exposure metering, TTL metering ‖ ~**-Messzelle** f (Foto) / TTL sensor ‖ ~**-Schaltung** f (Eltro) / TTL circuit

TT-Netz (Elek) / TT system, TT network

T-Träger m, T-Stahl m (Bau, Hütt) / T-bar

TT-System n (Elek) / TT system, TT network

Tube f, Quetschtube f (Verp) / tube (collapsible, e.g.for tooth paste)

Tubocurarin n (Pharm) / tubocurarine

tubular / tubular

Tubus m (des Teleskops etc.) (Opt) / tube (of telescope etc) ‖ ~**räumen** n (Fert) / cup broaching, peripheral broaching, tubular broaching, pot broaching

Tuch n / cloth

Tülle f, Schnabel m (z.B. einer Kanne, eines Krugs) / spout n (e.g. of a pitcher), beak, snout n ‖ ~ (in Durchführung) (Elek, Masch) / grommet, bushing, bush

Tulpennaht f, U-Naht f (Schw) / single-U groove weld

Tuner m, Kanalwähler m (in Fernsehempfängern oder DVD-Recordern der Eingangsteil zur Abstimmung auf den gewünschten Kanal) (TV) / tuner ‖ ~ (in Rundfunkempfängern der Eingangsteil zur Abstimmung auf die gewünschte Frequenz) (Radio) / tuner, tuner section ‖ ~ (Empfangsteil in Fernsehgeräten oder Radios bzw. ein unabhängiges Gerät von HiFi-Anlagen, das die Funktion eines Radios ohne Lautsprecheransteuerung realisiert) (Radio) / tuner ‖ ~ (Radioempfangsteil als Teil einer Hifi-Anlage) (Audio) / tuner

Tunnel m (Bau) / tunnel n ‖ ~**diode** f (Eltro) / tunnel diode, Esaki diode ‖ ~**effekt** m (Eltro, Nukl) / tunnel effect ‖ ~**mikroskop** n, Rastertunnelmikroskop n (Mikros) / scanning tunneling microscope, tunnelling microscope, STM

Tür f (Zimm) / door ‖ ~**beschläge** m pl (Bau) / door hardware (all ironmongery of a door,

including that needed for hanging, locking, closing, or weatherstripping it, as well as any decorative door furniture), door ironmongery ‖ ~**beschläge** (z.B. Türgriff o. Sicherheitstürschild) / door furniture (decorative parts fixed to a door, e.g. door handle, key escutcheon, kick plate)

Turbine f (Masch) / turbine

Turbinen•läufer m, Laufrad n (einer Turbine) / rotor (carrying the blading in a turbine), turbine rotor, turbine wheel ‖ ~**läufer** m, Laufrad n (einer Wasserturbine) / runner ‖ ~**leistung** f / turbine output ‖ ~**laufrad** n, Laufrad n (einer Turbine) / rotor (carrying the blading in a turbine), turbine rotor, turbine wheel ‖ ~**leitung** f, Druckleitung f (Wasserkraft) (Elek, Wasserb) / penstock ‖ ~**luftstrahl-Triebwerk** n / turbojet, turbojet engine ‖ ~**pumpe** f, Pumpturbine f / pump-turbine ‖ ~**rad** n (eines Turboladers) (Mot) / hot wheel, turbine wheel ‖ ~**welle** f / turbine shaft

Türblatt n (Zimm) / door leaf

Turbo•auflladung f (mit Abgas), Abgasturboaufladung f (Kfz) / exhaust gas turbocharging, turbocharging, exhaust turbocharging ‖ ~**-Compound-Motor** m / turbo-compound ‖ ~**fan** m (Luft) / turbofan, bypass engine, ducted fan turbine engine ‖ ~**generator** m (Elek) / turbogenerator, turbine generator, turbine type generator ‖ ~**kompressor** m (Masch) / turbocompressor, centrifugal compressor ‖ ~**kupplung** f, Flüssigkeitskupplung f (Masch) / fluid coupling, Föttinger coupling, Föttinger transmitter, hydrodynamic couping ‖ ~**lader** m, Abgasturbolader m (Mot) / turbocharger, exhaust turbocharger, turbo ‖ ~**loch** n (Mot) / turbo lag ‖ ~**pumpe** f, Kreiselpumpe f / centrifugal pump ‖ ~**satz** m (Elek) / turbo set ‖ ~**strahltriebwerk** n / turbojet, turbojet engine ‖ ~**verdichter** (Masch) / turbocompressor, centrifugal compressor

Turbulenzverstärker m / turbulence intensifier

Tür•drücker m, Türgriff m / door handle ‖ ~**flügel** m (Zimm) / door leaf ‖ ~**futter** n, Türzarge f (Bau) / frame, door frame ‖ ~**futter** f, Futter n (Teil der Zarge, der Falz und Zierbekleidung miteinander verbindet), Futterbrett n (Bau) / door lining ‖ ~**griff** m / door handle ‖ ~**griff** (Kfz) / door handle ‖ ~**holm** m (Kfz) / door pillar

Turing-Maschine f (DV, Math) / Turing machine

Türklinke f, Türgriff m / door handle

Turm m (Bau, ChT) / tower ‖ ~**drehkran** m (Bau, Förd) / tower crane ‖ **selbstaufbauender** ~**drehkran** (Bau) / self-assembling tower crane, self-erecting crane ‖ ~**drehkran** m **mit Katzausleger** (Förd) / saddle-jib crane, hammer-head crane (US), swing-jib crane ‖ ~**kraftwerk** n, Solarturmkraftwerk n (Ener) / central receiver system, CRS ‖ ~**kran** m (Bau, Förd) / tower crane ‖ ~**kran mit festem horizontalen Katzausleger** (Förd) / saddle-jib crane, hammer-head crane (US), swing-jib crane

turmloser Drachen (Luft, Sport) / topless glider ‖ ~ **Hängegleiter** (Luft, Sport) / topless glider

Turm•rolle f, Turmrollenlager n (Öl) / crown block ‖ ~**rollenlager** n (Öl) / crown block ‖ ~**sonnenkraftwerk** n (Ener) / central receiver system, CRS

Turnbulls Blau (Anstr, Chem) / Prussian blue (ferric ferrocyanide), iron blue, Turnbull's blue

Tür•öffner (Bau, Elek) / door opener ‖ ~**rahmen** *m*, Türzarge *f*, Türumrahmung *f* (Bau) / frame, door frame ‖ ~**riegel** *m*, Bolzen *m* / bolt (lock), bar ‖ ~**säule** *f* (Kfz) / door pillar ‖ ~**schloss** *n* / lock, door lock ‖ ~**schwelle** *f* (Bau) / threshold (of a door), saddle, door sill, sill ‖ ~**schweller** (Kfz) / door sill, body sill ‖ ~**spion** *m* / peephole (in a door) ‖ ~**sprechanlage** *f* / door intercom system ‖ ~**umrahmung** *f*, Türrahmen *m*, Türzarge *f* (Bau) / frame, door frame ‖ ~**zarge** *f*, Türrahmen *m*, Türumrahmung *f* (Bau) / frame, door frame

TV•-Betrieb *m*, Fernsehmodus *m* (Audio, TV) / TV mode ‖ ~**-Kanalinspektion** *f*, Kanalinspektion *f* mittels TV-Kamera (Umw) / sewer CCTV inspection ‖ ~**-Mode** *m*, Fernsehmodus *m* (Audio, TV) / TV mode

TVSt, Teilnehmervermittlungsstelle *f* (Tele) / local exchange, LE, local central office, local switching centre, class 5 office

TWB, Temperaturwechselbeständigkeit *f* (Mater) / resistance to thermal shock, thermal-shock resistance

TWI-Marke *f* (an der sich die Verschleißgrenze eines Reifens erkennen lässt) (Kfz) / tread wear indicator, TWI

Twisted-Pair-Kabel *n* (aus paarweise verdrillten Leitungen) (Tele) / twisted pair, twisted pair cable

Twyman-Green-Interferometer *n* (Mess, Opt) / Twyman-Green interferometer

Typ *m*, Bauform *f*, Bauart *f* / type, design, model

Type *f*, Bleiletter *f* (Druck) / cast character, type, foundry type character, character, letter *n*, printing letter, printing type

Typen•bezeichnung *f* (Masch) / type designation ‖ ~**bezeichnung** (Kfz) / model designation ‖ ~**drucker** *m*, Vollzeichendrucker *m* (DV) / character-at-a-time printer, character printer ‖ ~**raddrucker** *m* (serieller Drucker) (DV) / daisywheel printer ‖ ~**scheibendrucker** *m* (serieller Drucker) (DV) / daisywheel printer ‖ ~**schild** *n*, Leistungsschild *n* (bei z.B. Transformatoren, Motoren) / nameplate ‖ ~**zulassung** *f* / type approval

Typgenehmigung *f* / type approval

Typisierung *f*, Vereinheitlichung *f*, Standardisierung *f* / standardization

U

U, Uran *n* (Chem) / uranium, U

U-Bahn *f* (mit dichter Fahrplan-Taktfolge im städtischen Bereich, Streckenführung z.T. auch oberirdisch) (Verk) / metro [system], rapid transit [system] ‖ ~ (i.W. unterirdisch), Untergrundbahn *f* (Verk) / underground *n* (GB), subway (US) (usually used to describe a rapid transit system that operates solely or primarily underground), tube (GB, in London) ‖ ~**-Station** *f*, U-Bahnhof *m* / metro station, subway station ‖ ~**-Zug** *m* (Bahn) / metro train, underground train

Über•alterung *f* (warmausgelagerter Legierungen) (Hütt) / overaging ‖ ~**anstrengen** *vr* (sich), überarbeiten *vr* (sich) / overwork *vr* (oneself)

überarbeiten (z.B. Buch, Dokumentation), revidieren / revise ‖ ~, neu gestalten / redesign (e.g. user interface) ‖ ~, aktualisieren / update (e.g. science text book), bring up to date ‖ ~, nachbessern, nacharbeiten (fehlerhaftes Teil) / rework *v* ‖ ~, retuschieren (Foto) / retouch ‖ ~ *vr* (sich), überanstrengen *vr* (sich) / overwork *vr* (oneself)

Überarbeitung *f* (eines Dokuments) / revision ‖ ~, Neugestaltung *f* / redesign *n* ‖ ~, Aktualisierung *f* / update *n* ‖ ~ s. a. überarbeiten

überbeanspruchen (z. B. Maschine, Material) / overstrain ‖ ~ (Material, Teil bis zur Verformung), überlasten / overstress *vt* ‖ ~, überlasten (durch Gewicht) / overload

Überbeanspruchung *f* (von Maschine, Material) (Mech) / overstraining ‖ ~ (von Material, Teil bis zur Verformung), Überlastung *f* / overstress *n*, overstressing ‖ ~, Überlastung *f* (durch Gewicht) / overload *n*

Überbiegen *n* (zum Ausgleich der unerwünschten Rückfederung beim Biegeumformen) (Fert) / overbending (as compensation for springback)

Überblick *m*, Übersicht *f* / overview, survey ‖ ~, Zusammenfassung *f*, Abriss *m* / synopsis (pl.: -opses), summary, outline

überbrücken, in Brücke schalten (Elek) / bridge *vt* ‖ ~ (z.B. einen Fluss) / bridge *vt* (e.g. a river), span with a bridge

Überbrückung *f* (Elek) / bridging

Überbrückungskabel *n* (Elek) / jumper cable

Überchlorsäure *f*, Perchlorsäure *f* ($HClO_4$) (Chem) / perchloric acid, chloric(VII) acid

überdecken, abdecken, zudecken / cover *vt* ‖ ~ (einander, sich - teilweise), überlappen *vr* / overlap, lap *vt* [over]

Überdeckung *f* (teilweise), Überlappung *f* (Techn) / overlapping, overlap ‖ ~, Überlappungsstoß *m* (Schw, Zimm) / lap joint

Überdeckungs•faktor *m* (Zahnrad) / contact ratio factor ‖ ~**stoß** *m*, Überlappungsstoß *m* (Schw, Zimm) / lap joint

über•dimensioniert, zu groß / oversized, overdimensioned ‖ ~**drehmoment** *n* (Schraube) / stripping torque

Überdruck *m*, zu hoher Druck / excess pressure, overpressure ‖ ≈ (relativ zum Atmosphärendruck) (Mess, Phys) / gauge pressure, pressure above atmospheric, overpressure ‖ ≈**kabine** *f* (Luft) / pressurized cabin, pressure cabin ‖ ≈**messgerät** *n* (Mess) / pressure gauge ‖ ≈**turbine** *f*, Reaktionsturbine *f* (Ener) / reaction turbine ‖ ≈**ventil** *n*, Druckbegrenzungsventil *n* / pressure-limiting valve ‖ ≈**ventil**, Entlastungsventil *n* / pressure relief valve, relief valve ‖ ≈**ventil**, Sicherheitsventil *n* / safety valve

überdurchschnittlich / above-average

übereinander angeordnet (z.B. Antenne), gestackt / stacked ‖ ≈ **greifen**, überlappen *vr*, überdecken (einander, sich - teilweise) / overlap, lap *vt* [over] ‖ ≈**greifen** *n*, Überlappung *f* (Techn) / overlapping, overlap

Übereinkommen *n*, Übereinkunft *f* / agreement

Übereinkunft *f* / agreement

übereinstimmen / agree ‖ ≈ (z.B. mit den Suchkriterien) (DV) / match (e.g. the search criteria) ‖ ≈ *vi* (Ergebnisse, Messwerte, Angaben) / agree [with](e.g. the experimental results do not agree with the hypothesis), be in agreement [with](e.g. the calculated values are in agreement with experimental data) ‖ ≈, genau entsprechen / check *vi* (e.g. the reprint checks exactly with the original) ‖ ≈ [mit](Spezifikationen, Normen) / comply [with], conform [with, to] ‖ **in Phase** ≈, in gleicher Phase sein / be in phase

Übereinstimmung *f* (von Meinungen) / agreement ‖ ≈ *f* (z.B. beim Vergleich von Daten) / match (e.g. in the study sample there was no match with the ontrol group) ‖ ≈ (mit den technischen Spezifikationen, Normen) / conformity [with](technical specifications, standards), conformance [to](requirements), compliance [with]

überelastisch•e Formänderung (Mater) / plastic deformation ‖ ≈**e Verformung** (Mater) / plastic deformation

über•erregt (Elek) / overexcited ‖ ≈**erregung** *f* (Elek) / overexcitation

überfahren (Endposition) (Wzm) / overrun *vt* (end position), overtravel, overshoot ‖ ≈ **n der Zielposition**, Überlauf *m* (NC) / overshoot *n*, overtravel, overrun *n*

Überfall *m* (Wehr einer Stauanlage, über das das Wasser zur Hochwasserentlastung abgeleitet wird) (Wasserb) / spillway ‖ ≈ (über ein Wehr o.ä. überlaufendes Wasser), Überlauf *m* (Wasserb) / overfall, overflow

Überfangen *n* (Glas) / casing (application of a layer of glass over a layer of contrasting color)

überfließen (Gefäß), überlaufen / overflow ‖ ≈ (Flüssigkeit), überlaufen / overflow, run over

Überflurhydrant *m* / pillar hydrant, street hydrant

überfluten, überschwemmen / flood, overflow *vt*, inundate ‖ ≈ / overrun (e.g. banks)

überführen [in](z.B. von einer Form in eine andere), umwandeln [in], umbauen (z. B. einen chemischen Stoff in einen anderen), umsetzen (z.B. TiO_2 zu $TiCl_4$) (allg, Chem) / convert (e.g. TiO_2 to $TiCl_4$, free nitrogen to nitrates), transform *vt*

Überführung *f*, Umsetzung *f* (von Stoffen etc.), Umwandlung *f* (Chem) / conversion ‖ ≈ (Straßen-, Bahnüberführung) (Bau, Verk) /

elevated crossing, overhead crossing, overbridge, overpass, flyover (GB)

Überführungsbauwerk *n* (Bau, Verk) / elevated crossing, overhead crossing, overbridge, overpass, flyover (GB)

Überfülle *f*, Übermaß *n* / excess, superabundance, excessive amount

Übergabe *f* / handover, handing over ‖ ≈**punkt** *m* (Kabelnetz) (TV) / transfer point ‖ ≈**stelle** *f* (Förd) / transfer point ‖ ≈**stelle** *f* (Anschlusspunkt der Kundenanlage an das öffentliche Elektrizitätsversorgungsnetz) (Elek) / supply terminal ‖ ≈**trichter** *m* (für die Übergabe zwischen zwei Förderern) (Förd) / surge hopper

Übergang *m*, Fußgängerübergang *m*, Fußgängerüberweg (Verk) / crosswalk (US), pedestrian crossing, pedestrian crosswalk (US) ‖ ≈ (zwischen zwei Gebäuden über eine Straße etc.) (Bau) / skybridge, skyway, skywalk ‖ ≈ (zwischen verschiedenen Teilen eines Gebäudes) (Bau) / flying bridge, walkway, skybridge ‖ ≈, Übergangszone *f* (Halbleiter), Störstellenübergang *m* (Eltro) / junction (region of contact between semiconductor materials of opposite type, e.g. pn junction) ‖ ≈ (von einem Zustand in den anderen) / transition, transformation ‖ ≈ (z.B. von manueller zu maschineller Fertigung, von einem Energieniveau zu einem anderen), Wechsel *m* / transition *n* ‖ ≈ **in den Glaszustand** (Plast) / glass transition

Übergangs•..., Zwischen... / transitional ‖ ≈**...**, vorübergehend, kurzzeitig, temporär / transient *adj* ‖ ≈**bereich** *m* (Halbleiter) (Eltro) / junction, junction region, transition region ‖ ≈**durchfluss** *m* (Durchflussmessung) (Mess) / transition flow-rate ‖ ≈**elemente** *n pl* (Chem) / transition elements (groups 3 to 12 on the periodic table), transition metals ‖ ≈**fitting** *n* (zur Verbindung von Rohren unterschiedlicher Anschlussart) / adapter fitting ‖ ≈**formstück** *n*, Übergangsrohrstück *n* (Rohr) / reducer, increaser, taper, taper pipe ‖ ≈**gebiet** *n*, Übergangszone *f* (Halbleiter) (Eltro) / junction, junction region, transition region ‖ ≈**metalle** *n pl* (Chem) / transition elements (groups 3 to 12 on the periodic table), transition metals ‖ ≈**muffe** *f*, Übergangsrohrstück *n* (Rohr) / reducer, increaser, taper, taper pipe ‖ ≈**muffe**, Reduziermuffe *f* (bei Rohren) (Rohr) / reducing sleeve ‖ ≈**passung** (Masch) / transition fit ‖ ≈**punkt** *m*, Übergangstemperatur *f* (bei Phasenübergängen) (Phys) / transition point, transition temperature ‖ ≈**rohrstück** *n* (Rohr) / reducer, increaser, taper, taper pipe ‖ ≈**-Schellenring** *m* (zur Verbindung von Rohrenden unterschiedlicher Bauart) / adapter flange ‖ ≈**schütz** *n* (Elek) / transition contactor ‖ ≈**stecker** *m*, Adapter *m*, Zwischenstecker *m* (Elek) / plug adapter, adapter, adapter plug ‖ ≈**strömung** *f* (zwischen einer laminaren und einer turbulenten Strömung) (Phys) / transition flow ‖ ≈**stück** *n*, Verbindungsstück *n*, Kuppelstück *n* / connection, connector, coupling piece ‖ ≈**stück**, Adapter *m*, Verbindungsstück *n* (z.B. zwischen zwei unterschiedlich genormten Anschlüssen) / adapter, adaptor ‖ ≈**stück** *n*, Übergangsrohrstück *n* (Rohr) / reducer, increaser, taper, taper pipe ‖ ≈**temperatur** *f*,

Umwandlungspunkt *m* (bei Phasenübergängen) (Phys) / transition point, transition temperature ‖ ≗**vorgang** *m*, Ausgleichsvorgang *m* (Eltro, Tele) / transient *n*, transient phenomenon ‖ ≗**widerstand** *m*, Kontaktwiderstand *m* (Elek) / contact resistance ‖ ≗**zone** *f* (Halbleiter) (Eltro) / junction (region of contact between semiconductor materials of opposite types, e.g. pn junction) ‖ ≗**zustand** *m* (Chem, Phys, Techn) / transient condition, transition state, transient state ‖ ≗**zustand**, aktivierter Komplex (Chem) / activated complex

übergehen [in/ *vi*, werden [zu] / turn [into] (eg steam, water) ‖ ~ (von einem Zustand in den anderen) / change *vi*, transition *vi* (e.g. from liquid to solid), transit *vi* ‖ ~ (langsam, allmählich), sich langsam verwandeln [in] / graduate *vi* [into] ‖ ~ (Farben stufenweise ineinander) / grade [into] ‖ ~ [zu etwas] / go over [to], turn [to] ‖ ~ *vt* (z.B. Fehler), nicht beachten / ignore ‖ ~, überspringen *vt*, auslassen / skip *vt* ‖ ~, außer Kraft setzen, umgehen (z.B. Automatik) / override (e.g. automatic control)

übergeordnet (in einer Struktur) / higher-level ‖ ~ (z.B. Bedeutung) / overriding ‖ ~, vorrangig, Prioritäts... (allg, DV) / priority ‖ ≗**es Verzeichnis** (DV) / parent directory

Über•gepäck *n* (Luft) / excess baggage ‖ ≗**gewicht** *n*, Mehrgewicht / excess weight, overweight

übergreifen, sich überlappen, sich überschneiden / overlap *vi* ‖ ~ **lassen**, überlappen lassen / overlap *vt*

Überhang *m*, Vorkragung *f*, Auskragung *f* (Bau) / overhang, projection

über•härtet *f* (Hütt) / overaged ‖ ~**heizen** / overheat *vt*

überhitzen *vt* / overheat *vt* ‖ ~ (absichtlich, bes. Dampf) / superheat *vt* ‖ ~ *vr* [sich], heißlaufen / overheat *vi*, run hot

Überhitzer *m* (des Dampferzeugers) / superheater

überhitzter Dampf, Heißdampf *m* / superheated steam

Überhitzung *f* / overheating ‖ ≗ (absichtlich, v.a. von Dampf) / superheating

Überhöhungsfaktor *m* (Nukl) / advantage factor

überholen, instand setzen / overhaul *v* (e.g. a car, engine), recondition ‖ ~, vorbeifahren an (Kfz) / overtake, pass, overhaul ‖ ≗ *n* (Verk) / overtaking, passing

Überhol•kupplung *f* (Kfz, Masch) / overrunning clutch ‖ ≗**spur** *f* (Straß) / overtaking lane, fast lane

überholt, veraltet / obsolete, outdated, outmoded, out-of-date

Überholung *f*, Instandsetzung *f* / overhaul *n*, overhauling, reconditioning

Überhörfrequenz *f*, Ultraschallfrequenz *f* (> 20 kHz) (Akust) / supersonic frequency, ultrasonic frequency, SSF

Überhorizont•ausbreitung *f* (Radio) / transhorizon propagation ‖ ≗**verbindung** *f* (Radio, Tele) / transhorizon radio relay link

Über•kapazität *f* / excess capacity, surplus capacity ‖ ≗**kohlung** *f* (Hütt) / overcarburization

Überkopf•position *f* (Schw) / overhead position ‖ ≗**schweißen** *n* / overhead welding

Überkorn *n* (beim Sieben) (Aufb, Bau, ChT) / overflow (of classifier o. screen o. sieve), oversize, Comp

Überkragung *f*, Vorkragung *f*, Überhang *m* (Bau) / overhang, projection

überkritisch (Flüssigkeit, Gas, Reaktor) (Phys) / supercritical (fluid, gas, reactor)

überlagern *vt*, darüber liegen / be superimposed on, overlie, be superposed on ‖ ~ / be superimposed on (e.g. roughness on waviness of a surface) ‖ ~ (z.B. eine Schwingung mit einer anderen) (Phys) / superimpose (one oscillation upon another) ‖ ~ (z.B. Wellen, Felder - störend) (Phys) / be superimposed on, interfere with ‖ ~ (Sender, Frequenzen, so dass der Empfang unmöglich wird) (Funk) / blanket *vt* [out] ‖ ~ (Frequenzen im Überlagerungsempfänger o. Überlagerungsfrequenzmesser) (Radio) / heterodyne ‖ ~ *vr* (sich)(Wellen, Frequenzen) (Phys) / superpose *vi*

überlagerte Wechselspannung, Brummspannung *f* (Elek) / ripple voltage

Überlagerung *f* (z.B. von Bildern) / superimposition ‖ ≗ (von Sendern), Störbeeinflussung *f* (Radio) / interference ‖ ≗ (von Kräften, Schwingungen, Feldern etc.) (Phys) / superposition ‖ ≗ (von Frequenzen im Überlagerungsempfänger o. Überlagerungsfrequenzmesser) (Radio) / heterodyning

Überlagerungs•empfänger *m* (Radio) / superheterodyne receiver, superhet, double detection receiver ‖ ≗**prinzip** *n*, Superpositionsprinzip *n* (Phys) / principle of superposition, superposition principle ‖ ≗**störung** *f* (Eltro) / interference (to a wanted signal)

Überlandleitung *f*, Freileitung *f* (zur Energieübertragung) (Elek) / overhead power line, overhead line, O.L. (overhead line), overhead transmission line, overhead conductor, open wire line

Überlappbreite *f* (Schw) / lap width

überlappen *vr*, überdecken (einander, sich - teilweise) / overlap, lap *vt* [over] ‖ ~ **lassen** / overlap *vt*

Überlapp•fläche *f* (Schw) / lapped area ‖ ≗**länge** *f* (Schw) / lap length ‖ ≗**naht** *f* (Schw) / overlapping weld spots ‖ ≗**stoß** *m* (Schw) / lap joint

Überlappung *f* (Techn) / overlapping, overlap ‖ ≗, Überlappungsstoß *m* (Schw, Zimm) / lap joint ‖ ≗, Kaltschweißstelle *f* (Gussfehler) (Gieß) / cold shut (defect), cold lap

Überlappungsstoß *m* (Schw, Zimm) / lap joint

Überlast *f*, Überlastung *f* (Elek, Mech) / overload, overloading ‖ ≗**auslöser** *m* (Elek) / overload release

Überlastbarkeit *f* (Elek, Mech) / overload capacity, overload capability

überlasten (Elek, Mech) / overload *vt* (e.g. a rotor, network) ‖ ~, überbeanspruchen (Material, Teil bis zur Verformung) / overstress *vt* ‖ ~ (durch Gewicht), überbeanspruchen / overload

Überlast•kupplung *f* / overload coupling, overload clutch (schaltbar) ‖ ≗**relais** *n* (Elek) / overload relay ‖ ≗**schutz** *m* (Elek, Masch) / overload protection ‖ ≗**sicherung** *f* (Techn) / overload protection ‖ ≗**sicherung** (bei Kränen) (Förd) / rated capacity limiter ‖

~**strom** *m*, unzulässig hoher Strom (Elek) / overcurrent, excess current, overload current

Überlastung *f*, Überbeanspruchung *f* (von Maschine, Material) (Mech) / overstraining II ~, Überbeanspruchung *f* (von Material, Teil bis zur Verformung) / overstress *n*, overstressing II ~ (durch Gewicht), Überbeanspruchung *f* / overload *n* II ~, Überlast *f* (Elek, Mech) / overload, overloading II ~ (eines Kommunikationsweges) (Tele) / congestion

Überlastungs•fähigkeit *f*, Überlastbarkeit *f* (Elek, Mech) / overload capacity, overload capability II ~**kupplung** *f*, Sicherheitskupplung *f* (Masch) / safety coupling, safety clutch, torque limiter, overload clutch II ~**schutz** *m* (Elek, Masch) / overload protection II ~**schutzrelais** *n* (Elek) / overload relay

Überlastventil *n* / overload valve

Überlauf *m* (z.B. in einem Waschbecken) (Sanitär) / overflow *n* II ~, Überlaufbehälter *m* / overflow (outlet or receptacle for excess liquid) II ~, Überfall (über ein Wehr o.ä. überlaufendes Wasser) (Wasserb) / overfall, overflow II ~, Überfall *m* (Wehr einer Stauanlage, über das das Wasser zur Hochwasserentlastung abgleitet wird) (Wasserb) / spillway II ~ (beim Sieben), Siebüberlauf *m* (Aufb) / tailings *pl*, residues *pl* (in screening), oversize product II ~, Überfahren *n* der Zielposition (NC) / overshoot *n*, overtravel, overrun *n* II ~, Overflow *m* (DV) / overflow II ~ (Tele) / overflow, spillover II ~**behälter** *m* / overflow (outlet or receptacle for excess liquid)

überlaufen, überfließen (Gefäß) / overflow II ~, überfließen (Flüssigkeit) / overflow, run over II ~, auslaufen / spill *vi* [over], slop *vi* over II ~, überfahren (Endposition) (Wzm) / overrun *vt* (end position), overtravel, overshoot

Überlauf•rohr *n*, Überströmrohr *n* (Masch, Sanitär) / overflow pipe II ~**stutzen** *m*, Überlaufrohr *n* (Masch, Sanitär) / overflow pipe II ~**ventil** *n*, Sicherheitsventil *n* / safety valve

überlegen, besser [als] / superior [to], better [than] II ~ **sein**, bessere Leistung zeigen, übertreffen / outperform (e.g. Japanese businesses have outperformed Europe's; the new model outperforms the old one)

Überlegung *f* / consideration

Über•leistung *f* (Mot) / overload power II ~**leistungsdrehzahl** *f* (Mot) / overload speed

Überleitung *f* / transfer, transition

Überlernen *n* (KI) / overfitting

Übermaß *n*, Überfülle *f* / excess, superabundance, excessive amount II ~, Übergröße *f* / oversize II ~, Bearbeitungszugabe *f* (Fert) / machining allowance, oversize (for machining) II ~ (negative Differenz zwischen den Maßen der Innenpassfläche u. der Außenpassfläche) (Fert) / negative allowance, interference II **zulässiges** ~ / upper deviation (algebraic difference between the maximum limit of size and the corresponding basic size)

übermäßig / excessive

Übermaßpassung *f* (Passungsart) / interference fit, press fit

übermitteln (DV, Tele) / transmit (message, information, signals) II ~ **von Tarifinformation** (Tele) / advice of charge, AoC

Übermittlung *f* (DV, Tele) / transmission (of messages, information) II ~ **der Rufnummer des B-Teilnehmers zum A-Teilnehmer** (ISDN-Leistungsmerkmal) (Tele) / COLP, connected line identification presentation

Übermittlungs•abschnitt *m* (Tele) / communication link, data link II ~**protokoll** *n*, Übermittlungsvorschrift *f* (DV, Tele) / link protocol

übermoderiert (Nukl) / overmoderated

Übernahme *f* (eines Unternehmens) (Wirtsch) / take-over *n* II ~ (z.B. von Ladungsträgern), Transfer *m* / transfer (e.g. of charge carriers) II ~ *f* **der Gebühren durch den Anrufer o. Absender des Funkrufs** (Tele) / Calling Party Pays, CPP

übernehmen (Verantwortung) / assume, accept II ~ (Aufgabe, Pflichten) / take on II ~ (Aufgabe, Funktion, Unternehmen, Ladung, die vorher jd. anderer hatte) / take over II ~ (Kosten) / agree to pay II ~ (z.B. ISO-Normen in das DIN-Normenwerk) / incorporate

überproportional / overproportional, overproportionate

überprüfen (z.B. Maschine, Anlage) / examine II ~, nachprüfen / check (e.g. oil level; files; a copy against the original; a pipe for cracks; that/whether a part moves freely) II ~ (visuell - z.B. Maschine, Anlage), kontrollieren / inspect II ~, durchsuchen / scan *vt* (e.g. files, disks for viruses), screen II ~ (eine große Anzahl von Proben, Daten, Personen systematisch nach bestimmten Kriterien) / screen (e.g. data, applicants, passengers), examine systematically II ~ (z.B. Zugangsberechtigung zu einem Netz), authentifizieren, verifizieren, die Berechtigung (von Gerät, Codekarte, Benutzer) überprüfen (Tele) / validate, authenticate (e.g. in a network), check II ~, kontrollieren, verifizieren / verify

Überprüfung *f* / examination II ~ (hinsichtlich Leistung, Zustand, Sicherheit etc.), Kontrolle *f* / check II ~ (visuell) / inspection II ~, Durchsuchung *f* / scanning (e.g. of files, disks for viruses) II ~ (einer großen Anzahl von Proben, Daten, Personen systematisch nach bestimmten Kriterien) / screening (e.g. of applicants, data, passengers), systematic examination II ~ **der Berechtigung** (von Benutzer, Gerät), Authentifizierung *f* (DV, Tele) / authentication (e.g. in a network) II ~ **der Gültigkeit**, Validierung *f*, Gültigkeitskontrolle *f*, Gültigkeitsprüfung *f* / validation, validity check

überragen, übertreffen / exceed, surpass, excel II ~, ungleiche Höhe o. Dicke haben, überstehen / not be flush

Überrest *m* / remainder, rest II ~, Rückstand *m* (bei Verdampfung, Verbrennung, Destillation etc.) (Chem) / residue, residuum

Überrollschutzaufbau *m* (Kfz) / roll-over protective structure, ROPS

Überschall•... (Phys) / supersonic (e.g. speed) II ~**...**, Hyperschall... (Ultraschall über Mach 5) / hypersonic II ~**flugzeug** *n* (Luft) / supersonic aircraft, supersonic jet II ~**geschwindigkeit** *f* / supersonic speed II ~**knall** *m* (Luft) / sonic boom, sonic bang, supersonic bang o. boom

Überschaltschütz *n* (Elek) / transition contactor

Überschlag *m*, Überspringen *n* von Funken (Elek) / flashover, sparkover *n*

überschlägig (Berechnung) / rough (calculation)

überschneiden *vr* (sich)(Linien, Drähte etc.), schneiden *vr* (sich) / intersect
überschreiben (DV) / overwrite
überschreiten [um] / exceed [by] (e.g. limit, costs, time, threshold value) ‖ ~ / overrun (budget, time, limit) ‖ ~ *n* **des Zeitlimits**, Zeitablauf *m*, Zeitüberschreitung *f* (DV, Tele) / time-out
Überschrift *f* (Doku, Druck) / caption, heading (of a chapter, article or page)
Überschuss *m* (z.B. an positiver Ladung, Elektronen) / excess ‖ ~..., überschüssig, überzählig / excess *adj*, surplus *adj* ‖ ~**-3-Code** *m*, Stibitz-Code *m* (DV) / excess-three code ‖ ~**energie** *f* / excess energy, surplus energy ‖ ~**halbleiter** *m*, n-Halbleiter *m* (Eltro) / n-type semiconductor
überschüssig, Überschuss..., überzählig / excess *adj*, surplus *adj*
Überschuss•leitung *f*, n-Leitung *f*, Elektronenleitung *f* (Eltro) / electron conduction, n-type conduction ‖ ~**schlamm** *m* (bei der Abwasserbehandlung) (Umw) / surplus activated sludge
überschwemmen, überfluten / flood, overflow *vt*, inundate
überschwere Elemente (Chem) / superheavy elements *pl*
Überschwing•drehzahl *f* (Mot) / overshoot speed ‖ ~**weite** *f* (Mot) / overshoot
übersetzen (von einer Sprache in eine andere) / translate (from one language into another) ‖ ~ (von einem Format in ein anderes oder von einer Programmiersprache in eine andere) / translate ‖ ~, kompilieren (DV) / compile (source code into machine language) ‖ **ins Langsame ~**, untersetzen (Getriebe) / gear down ‖ **ins Schnelle ~** (Getriebe) / gear up
übersetzender Automat, Transduktor *m* (DV) / finite-state transducer, transducer, FST
Übersetzer *m* (z.B. für die Sprachkombination Deutsch-Englisch) / translator ‖ ~, Übersetzungsprogramm *n* (DV) / language processor, translating program (e.g. compiler or interpreter), translator ‖ ~, Compiler *m*, Compilerprogramm *n* (Übersetzungsprogramm für problemorientierte Sprachen) (DV) / compiler, compiling routine ‖ ~**programm** *n*, Übersetzungsprogramm *n* (DV) / language processor, translating program (e.g. compiler or interpreter), translator
übersetztes Programm, in Maschinensprache umgesetztes o. ladefähiges Programm, Objektprogramm *n* (DV) / object program
Übersetzung *f* (allg, DV) / translation ‖ ~, Empfindlichkeit *f* (eines Messgeräts - Verhältnis der Anzeigenänderung zu der sie verursachenden Änderung der Messgröße, z.B. 100:1) (Mess) / sensitivity ‖ ~ (Getriebe) (Masch) / transmission ‖ ~ *f*, Übersetzungsverhältnis *n* (bei Zahnrädern, Wellen) / gear ratio, speed ratio ‖ ~, Übersetzungsverhältnis *n* (des gesamten Getriebes) (Masch) / transmission ratio (of gearing) ‖ ~ **ins Langsame** (Vorgang), Untersetzung (Getriebe) / gearing-down, speed reduction ‖ ~ **ins Langsame** (als Verhältniszahl), Übersetzungsverhältnis *n* ins Langsame (Zahnräder) / speed reducing ratio, reduction ratio (of gearing), step-down ratio ‖ ~ **ins Schnelle** (Vorgang) / gearing-up, speed increase ‖ ~ **ins Schnelle** (als Verhältniszahl),

Übersetzungsverhältnis *n* ins Schnelle / speed increasing ratio, step-up ratio
Übersetzungs•getriebe *n* / transmission, gear transmission ‖ ~**getriebe ins Langsame**, Getriebe *m* mit Übersetzung ins Langsame / reducer, reduction gearing, reduction gear, step-down gear, speed reducer, speed reduction gear, reduction gear ‖ ~**getriebe ins Schnelle** *n*, Getriebe *n* mit Übersetzung ins Schnelle, Drehzahlerhöhungs-Getriebe *n* / step-up gear, multiplier, speed increaser ‖ ~**programm** *n* (DV) / language processor, translating program (e.g. compiler or interpreter), translator ‖ ~**verhältnis** *n* (bei Zahnrädern, Wellen) / gear ratio, speed ratio ‖ ~**verhältnis** (des gesamten Getriebes) (Masch) / transmission ratio (of gearing) ‖ ~**verhältnis** (eines Transformators o. Stromwandlers) (Elek) / transformation ratio, turns ratio (of primary turns to the secondary turns), transformer ratio, winding ratio ‖ ~**verhältnis ins Langsame** (Zahnräder) / speed reducing ratio, reduction ratio (of gearing), step-down ratio ‖ ~**verhältnis ins Schnelle** / speed increasing ratio, step-up ratio
Übersicht *f*, Überblick *m* / overview, survey ‖ ~, Zusammenfassung *f*, Abriss *m* / synopsis (pl.: -opses), summary, outline ‖ ~, Gesamtanordnung / general layout ‖ ~, Übersichtszeichnung *f* / general plan, general arrangement drawing ‖ ~, Tabelle *f* / table ‖ ~, Liste *f* / list
übersichtlich (z.B. Armaturenbrett, Benutzeroberfläche) / uncluttered (e.g. dashboard, user interfaces) ‖ ~ (z.B. Darstellung, Anordnung, Aufbau) / clear (e.g. description, arrangement, layout)
Übersichts•flussdiagramm *n* (DV, Masch) / general flowchart ‖ ~**plan** *m* (Bau) / layout plan ‖ ~**zeichnung** *f*, Gesamtzeichnung *f* / general plan, general arrangement drawing
überspannen, sich erstrecken [über] / span *vt* (e.g. a river, valley), bridge *vt*
Überspannung *f* (Elek) / overvoltage, overpotential
Überspannungs•ableiter *m* (Elek) / overvoltage protective device, surge arrester, overvoltage arrester, arrester, surge protector, surge suppressor, surge diverter ‖ ~**ableiter** (Blitzschutz) (Elek) / lightning arrester ‖ ~**schutz** *m* (Elek) / overvoltage protection ‖ ~**schutz**, Überspannungsableiter *m* (Elek) / overvoltage protective device, surge arrester, overvoltage arrester, arrester, surge protector, surge suppressor, surge diverter ‖ ~**schutz** (gegen Stoßspannungen) (Elek) / surge protection ‖ ~**schutzgerät** *n*, Überspannungsableiter *m* (Elek) / overvoltage protective device, surge arrester, overvoltage arrester, arrester, surge protector, surge suppressor, surge diverter
überspielen (auf einen anderen Datenträger), kopieren (Audio, DV, Video) / copy, transfer (e.g. to tape, CD) ‖ ~ (auf Band) (Audio, Video) / tape ‖ ~ (z.B. Tonband), neu bespielen (Audio, Video) / rerecord ‖ ~, überschreiben (Audio, Video) / erase (by new recording)
Übersprechen *n* (Nebensprechstörungen wegen Übertragung zwischen den beiden Doppeladern eines Vierers) (Tele) / crosstalk ‖ ~ (Audio, Eltro, Radio, TV) / crosstalk ‖ ~ **des**

Farbsignals in den Leuchtdichtekanal,
Cross-Luminance-Störung *n* (TV) / cross
luminance ‖ ≏ **des Leuchtdichtesignals in den
Farbkanal,** Cross-Colour-Störung *n* (TV) /
cross colour (luminance signals at frequencies
near the subcarrier are accepted by the
decoder and interpreted as chroma signals)
überspringen *vt* / jump [over] ‖ ~, übergehen *vt*,
auslassen / skip *vt* ‖ ≏ *n* **von Funken,**
Überschlag *m* (Elek) / flashover, sparkover *n*
Überstand *m* (z.B. Schraube) / projection (e.g. of
a screw), protrusion
überstehen, hervorstehen / project ‖ ~,
ungleiche Höhe o. Dicke haben, überragen /
not be flush
übersteigen (einen bestimmten Wert),
hinausgehen über / exceed (a certain value)
Übersteuerungsfaktor *m* (Eltro) / overdrive
factor
Überstrahlung *f* (Radio) / spillover
Überstrahlungsgebiet *n* (Radio) / spillover area
überstreichen (mit Abtaststrahl, Radarstrahl),
abtasten, bestreichen, absuchen (Eltro, Radar)
/ scan (a region), traverse, sweep
überstreifen, aufschieben, aufstecken / slip on *v*
Überstrom *m*, unzulässig hoher Strom (Elek) /
overcurrent, excess current, overload current ‖
≏**auslöser** *m*, Überstromauslösung *f* (Elek) /
overcurrent trip, overcurrent release ‖
≏**auslösung** *f*, Überstromauslöser *m* (Elek) /
overcurrent trip, overcurrent release ‖ ≏**relais**
n (Elek) / overcurrent relay, overload relay
Überströmrohr *n*, Überlaufrohr *n* (Masch,
Sanitär) / overflow pipe
Überstrom•schalter *m* (Elek) / overload circuit
breaker, circuit breaker, breaker ‖ ≏**schutz** *m*
(Elek) / overcurrent protection, overload
protective system ‖ ≏**schutzeinrichtung** *m*
(Elek) / overcurrent protective device,
overcurrent protector ‖ ≏**schutzgerät** *f* (Elek) /
overcurrent protective device, overcurrent
protector ‖ ≏**schutzschalter** *m* (Elek) /
overcurrent circuit breaker
Überströmventil *n* / overflow valve
überstumpfer Winkel (Math) / reflex angle
Überstundenvergütung *f* (IE) / overtime
compensation
Übertrag *m* (bei der Addition) (DV, Math) / carry
n (digit added to the column at the left when
the sum exceeds one less than the radix value)
übertragbar, portabel (Software, die auf
mehreren (Betriebs)systemen lauffähig ist)
(DV) / portable (software)
übertragen, senden *vt*, ausstrahlen (Sendung)
(Radio, TV) / broadcast *vt*, air (a program) ‖ ~
(im Fernsehen) (TV) / broadcast on o. by
television, televise, telecast *v* ‖ ~ (z.B. Signale,
Daten), senden *vt* (DV, Eltro, Tele) / transmit ‖
~ (Daten) (DV) / transfer *vt*, transmit ‖ ~
(Messwerte, meteorologische Aufnahmen etc.
über größere Entfernungen o. von schwer
zugänglichen Orten, z.B. zwischen Satellit und
Bodenstation) (Mess, Tele) / telemeter *v* ‖ ~
(durch Zwischenverstärker) (Tele) / relay ‖ ~
(Daten vom eigenen Rechner zu einem
anderen entfernten), hochladen, uploaden
(DV, Tele) / upload *vt* (e.g. a file to another
computer) ‖ ~ (z.B. englischen Roman ins
Deutsche) / render (e.g. an English novel into
German), translate ‖ ~ (z.B. von Labor- auf
Produktionsebene) / scale up *v* ‖ ~ (z.B.
Muster auf den Stoff, Toner auf Papier) /

transfer ‖ ~ (Zwischensumme, Ziffer) (Math) /
carry over ‖ ~ (unverändert), kopieren / copy
‖ ~ (Ergebnisse, Methoden, Maßstäbe)[auf],
anwenden / apply [to] ‖ ~ (Aufgabe) / assign
(task)[to] ‖ ~ (z.B. Bewegung, Druck, Kraft,
Wärme, elektrische Energie) (Phys) / transmit
‖ **im Multiplexverfahren** ~, multiplexen (Tele)
/ multiplex (signals, messages)
Übertrager *m* (Eltro, Tele) / repeating coil,
transformer ‖ ≏ (in einer Gabelschaltung),
Gabelübertrager *m*, Übertragungswicklung *f*
(Tele) / hybrid coil, hybrid transformer
Übertragung *f*, Sendung *f* (Radio, TV) /
transmission, broadcast *n* ‖ ≏ (Vorgang),
Sendung *f*, Ausstrahlung *f* (Radio, TV) /
transmission, broadcasting ‖ ≏,
Fernsehsendung *f*, Sendung *f* (im Fernsehen)
(TV) / telecast *n*, television broadcast ‖ ≏ (DV,
Tele) / transmission (of data, signals) ‖ ≏ (von
Messwerten etc.) (Mess, Tele) / remote
metering, telemetry, telemetering ‖ ≏ (Phys) /
transmission (of pressure, sound, power,
motion, electrical energy) ‖ ≏ (z.B. Abziehen
von Steindrucken auf Zink) (Druck) / transfer
‖ ≏ s. auch übertragen ‖ ≏ **elektrischer Energie,**
Stromübertragung *f* (Elek) / power
transmission, transmission of electrical energy
Übertragungs•abschnitt *m*,
Übertragungsstrecke *f* (Tele) / link (between
nodes in a network), transmission link ‖ ≏**art** *f*,
Übertragungsverfahren *n* (Tele) / transmission
mode, mode of transmission ‖ ≏**bandbreite** *f*
(Tele) / transmission bandwidth ‖ ≏**code** *m*
(Tele) / line code, transmission code ‖ ≏**dauer** *f*
(DV, Tele) / transmission time ‖ ≏**element** *n*
(NC) / transfer unit ‖ ≏**exponent** *m* (Röhre),
Gamma *n* (Eltro) / gamma, *γ* ‖ ≏**faktor** *m*,
Gleichstrom-Übertragungsverhältnis *n*
(Kennwert eines Optokopplers) (Eltro) /
current transfer ratio, CTR ‖ ≏**faktor** (eines
P-Reglers), Proportionalbeiwert *m* (Regel) /
proportional gain ‖ ≏**fehler** *m* (Tele) /
transmission error ‖ ≏**funktion** *f* (Quotient
der Laplace-Transformierten der Ausgangs-
funktion durch die Laplace-Transformierte
der Eingangsfunktion) (Eltro, Regel, Tele) /
transfer function ‖ ≏**geschwindigkeit** *f*,
Datenübertragungsgeschwindigkeit *f* (Tele) /
transmission rate, transmission speed ‖
≏**geschwindigkeit in Bit/s** (Tele) / bit rate, bit
speed ‖ ≏**glied** *n* (Tele) / transmission link ‖
≏**kanal** *m*, Nachrichtenkanal *m* (Tele) /
channel, transmission channel, data
transmission channel ‖ ≏**kanal** (Tele) /
transmission channel ‖ ≏**kapazität** *f* (Tele) /
transmission capacity ‖ ≏**kennlinie** *f* (Eltro) /
transfer characteristic (e.g. of a digital circuit)
‖ ≏**konstante** *f*, Ausbreitungskoeffizient *m*
(eine komplexe Größe, deren Realteil der
Dämpfungskoeffizient und deren Imaginärteil
der Phasenkoeffizient ist) (Elek, Eltro, Tele) /
propagation constant (per unit length),
propagation coefficient ‖ ≏**leitung** *f* (Elek,
Tele) / transmission line ‖ ≏**leitung** (in einem
Kabelverteilsystem) (Radio, TV) / feeder ‖
≏**matrix** *f* (Regel, Tele) / transfer matrix ‖
≏**medium** *n* (Tele) / transmission medium ‖
≏**netz** *n* (Elek) / power transmission network,
electricity transmission grid, transmission grid,
transmission network ‖ ≏**netzbetreiber** *m*
(Elek) / transmission system operator, TSO ‖
≏**protokoll** *n*, Kommunikationsprotokoll *n*

(Tele) / communications protocol ‖ ⁓**rate** f, Transferrate f (DV, Tele) / transfer rate, data transfer rate, transmission rate ‖ ⁓**schicht** f, Bit-Übertragungsschicht f, Schicht 1 (im OSI-Schichtenmodell), physikalische Schicht (DV, Tele) / layer 1, physical layer ‖ ⁓**sicherung** f, Sicherung f (bei Datenübertragung) (Tele) / error control, error detection and correction ‖ ⁓**steuerung** f (DV, Eltro) / transmission control ‖ ⁓**strecke** f (Tele) / link (between nodes in a network), transmission link ‖ ⁓**verfahren** n, Übertragungsart f (Tele) / transmission mode, mode of transmission ‖ ⁓**verlust** m, Leitungsverlust m (Elek, Tele) / transmission loss ‖ ⁓**weg** m (Tele) / transmission path ‖ ⁓**wicklung** f, Übertrager m (in einer Gabelschaltung), Gabelübertrager m (Tele) / hybrid coil, hybrid transformer ‖ ⁓**zeit** f, Übertragungsdauer f (DV, Tele) / transmission time

übertreffen / exceed, surpass, excel ‖ ⁓ / outstrip (e.g. consumption has outstripped supply; LCD TV sales outstripped plasma TV; our new model has outstripped the competition) ‖ ⁓, überlegen sein, bessere Leistung zeigen / outperform (e.g. Japanese businesses have outperformed Europe's; the new model outperforms the old one) ‖ **an Zahl** ⁓ / outnumber

übertrieben, übermäßig / excessive

Übertritt m von unverbranntem Gemisch und Verbrennungsprodukten ins Kurbelgehäuse (Mot) / blow-by

überwachen (über einen längeren Zeitraum, ohne Eingriff) / monitor vt (e.g. temperature, air quality, toxic substances in the environment, condition of a machine) ‖ ⁓ (einen Bereich mit einer Überwachungskamera) (Video) / monitor (an area with a surveillance camera) ‖ ⁓, beaufsichtigen / supervise (e.g. a task, project, activity, workers) ‖ ⁓ (z.B. Verkehr), kontrollieren / control vt ‖ ⁓, mithören (Tele) / monitor (e.g. foreign radio broadcasts or a telephone conversations) ‖ ⁓, anzapfen, abhören (Telefon, Telefonleitung) (Tele) / tap (telephone wire or telephone), wiretap

Überwachung f (über einen längeren Zeitraum, ohne Eingriff) / monitoring (e.g. of temperature, air quality, toxic substances in the environment, condition of a machine) ‖ ⁓ (mit z.B. Videokamera) / surveillance ‖ ⁓, Aufsicht f, Beaufsichtigung f / supervision (e.g. of a task, project, activity, workers), supervising ‖ ⁓ (z.B. Verkehr), Kontrolle f / control n ‖ ⁓, Mithören m / monitoring (e.g. foreign radio broadcasts or a telephone conversations)

Überwachungs•ader f, Prüfader (zur Fehlerüberwachung in Kabeln o. Leitungen) (Elek, Tele) / pilot wire ‖ ⁓**anlage** f (z.B. um den fehlerfreien Betrieb einer Maschine sicherzustellen o. um den Verkehrsfluss zu überwachen), monitoring system ‖ ⁓**anlage** f (zur Nutzung von z.B. Polizei o. Werkschutz zur Gefahrenabwehr) / surveillance system ‖ ⁓**einheit** f (QM) / inspection lot ‖ ⁓**einrichtung** f, Überwachungsanlage (z.B. um den fehlerfreien Betrieb einer Maschine sicherzustellen o. um den Verkehrsfluss zu überwachen) / monitoring equipment,

monitoring system ‖ ⁓**gerät**, Monitor m (allg, Med, Techn) / monitor ‖ ⁓**gerät** n, Kontrollgerät n, Registriergerät n (zur Überwachung u. evtl. Aufzeichnung technischer Vorgänge) (Techn) / monitor n, monitoring device ‖ ⁓**kamera** f / surveillance camera, closed-circuit television camera, CCTV camera ‖ ⁓**leiter** m, Prüfader (zur Fehlerüberwachung in Kabeln o. Leitungen) (Elek, Tele) / pilot wire ‖ ⁓**monitor** m (Video) / surveillance monitor (in a CCTV) ‖ ⁓**prüfung** f (QM) / audit test ‖ ⁓**relais** n (Elek) / monitoring relay ‖ ⁓**spannung** f (Elek) / monitoring voltage ‖ ⁓**system** n, Überwachungsanlage (z.B. um den fehlerfeien Betrieb einer Maschine sicherzustellen o. um den Verkehrsfluss zu überwachen) / monitoring equipment, monitoring system

Überweitwinkelkamera f (Foto) / super wide-angle camera

überwinden (z.B. Hindernis, Schwierigkeiten, Anziehungskraft) / overcome (e.g. obstacles, problems, the gravitational field)

Überwurfmutter f / cap nut, sleeve nut ‖ ⁓ (Rohre) / union nut, swivel nut, spigot nut

überzählig, überschüssig, Überschuss... / excess adj, surplus adj

überziehen (mit Schicht, Belag), beschichten / coat vt ‖ ⁓ (mit Metallschicht) / plate ‖ ⁓, zu stark anziehen / overtighten

Überzug m, Beschichtung f / coat n, coating n ‖ ⁓ (aus Metall, galvanisch aufgebracht), galvanischer Überzug (durch Galvanisieren hergestellt) (OT) / deposit, electroplated coating, plating, electroplating ‖ ⁓, Bezug m (für Polster, Kissen etc.) / cover, covering ‖ **metallische Überzüge herstellen auf**, mit galvanischem Überzug versehen (OT) / electroplate, plate

Überzugs•dicke f, Schichtdicke f (galvanischer Überzüge) (OT) / plating thickness ‖ ⁓**metall** n (in der Galvanotechnik) (Fert) / plate metal, plating metal

U-Biegen n, Gesenkbiegen im U-Gesenk n (Fert) / U-bending

üblich / usual ‖ ⁓, normal / normal ‖ ⁓, gewöhnlich / customary ‖ ⁓, herkömmlich, konventionell / conventional ‖ ⁓, gängig (z.B. Format), gebräuchlich / common ‖ ⁓ (z.B. Ausstattung), normal, ohne Extras, Standard... / standard

U-Bogen m, U-Rohrbogen n (Rohr) / U-bend

U-Bolzen m / U-bolt, strap bolt, stirrup bolt

U-Bügel m / U-bolt, strap bolt, stirrup bolt

UD-Verstärkung f, unidirektionale Verstärkung (Mater) / one-dimensional reinforcement (in fiber-reinforced composites)

UEG (QM) / LAL (lower action limit), lower action limit, lower control limit, LCL (lower control limit)

UHF (Bereich 9), Ultrahochfrequenz f (Phys, Radio) / ultrahigh frequency (in the radio-frequency spectrum 300 MHz - 3 GHz), UHF ‖ ⁓**-Welle** f, Dezimeterwelle f (10 cm bis 1 m) (Phys, Radio) / UHF wave, decimetric wave

Uhr f (jeder Art) / timepiece ‖ ⁓, Großuhr f (z.B. Tisch-, Wand-, Standuhr) / clock n (not designed to be worn or carried about; contr dist: watch) ‖ ⁓, Kleinuhr m (Armbanduhr, Taschenuhr) / watch n (small, portable timepiece, as a wrist watch or pocket watch)

Uhrenradio n / clock radio

Uhr•werk n (Uhr) / movement ‖ ⁓**werk** (einer Großuhr) (Uhr) / clockwork, clock movement ‖ ⁓**zeiger** m (Uhr) / hand ‖ **im** ⁓**zeigersinn, mul** (mit dem Uhrlauf) (DIN) / clockwise ‖ **entgegen dem** ⁓**zeigersinn**, linksdrehend / anticlockwise, counterclockwise

UKW (Wellenlänge 1 bis 10 m, Frequenzbereich 30 bis 300 MHz), Ultrakurzwelle f pl, Meterwellen f pl (Radio, Tele) / very high frequency waves, VHF waves ‖ ⁓ (Hörfunkfrequenzbereich), UKW-Frequenzbereich m (Radio) / FM band, FM broadcast band (from 87.5~108.0 MHz) ‖ ⁓**-Bereich** m (Phys) / VHF band, VHF frequency range ‖ ⁓**-Bereich**, UKW (Hörfunkfrequenzbereich), UKW-Frequenzbereich m (Radio) / FM band, FM broadcast band (from 87.5~108.0 MHz) ‖ ⁓**-Empfänger** m (Radio) / FM radio receiver, FM receiver ‖ ⁓**-Frequenzbereich** m (Phys) / VHF band, VHF frequency range ‖ ⁓**-Frequenzbereich**, UKW (Hörfunkfrequenzbereich) (Radio) / FM band, FM broadcast band (from 87.5~108.0 MHz)

ultra•dünn / ultrathin ‖ ⁓**filter** n (ChT, Math) / ultrafilter ‖ ⁓**filtration** f(ChT) / ultrafiltration ‖ ⁓**hochfrequenz** f, UHF (Bereich 9) (Phys, Radio) / ultrahigh frequency (in the radio-frequency spectrum 300 MHz - 3 GHz), UHF

Ultrakurzwelle f, UKW (Hörfunkfrequenz-bereich), UKW-Frequenzbereich m (Radio) / FM band, FM broadcast band (from 87.5~108.0 MHz) ‖ ⁓**n** f pl, UKW (Wellenlänge 1 bis 10 m, Frequenzbereich 30 bis 300 MHz), Meterwellen f pl (Radio, Tele) / very high frequency waves, VHF waves

Ultrakurzwellenempfänger m, UKW-Empfänger m (Radio) / FM radio receiver, FM receiver

Ultraschall m (über 20 kHz) (Phys) / ultrasonic sound, ultrasound ‖ ⁓**...** (Phys) / ultrasonic, supersonic adj, SS ‖ ⁓**abtastlinie** f (Mess) / ultrasonic scan line ‖ ⁓**-Bewegungssensor** m (Mess) / ultrasonic motion sensor ‖ ⁓**bildaufnahmegerät** n (MT) / sonograph, ultrasound machine, sonography scanner, ultrasound scanner, sonographic scanner, ultrasound scanner machine ‖ ⁓**bildgebung** f / acoustic imaging, ultrasonic imaging, sonographic imaging, sonography ‖ ⁓**bündel** n (Mess) / ultrasound beam ‖ ⁓**-Durchflussmessgerät** n (Mess) / ultrasonic flowmeter ‖ ⁓**empfänger** m (Eltro) / ultrasonic receiver ‖ ⁓**frequenz** f (> 20 kHz) (Akust) / supersonic frequency, ultrasonic frequency, SSF ‖ ⁓**gerät** n (MT) / sonograph, ultrasound machine, sonography scanner, ultrasound scanner, sonographic scanner, ultrasound scanner machine ‖ ⁓**holographie** f (Phys) / acoustic holography ‖ ⁓**-Imaging** f / acoustic imaging, ultrasonic imaging, sonographic imaging, sonography ‖ ⁓**impuls** m (Phys) / ultrasonic pulse ‖ ⁓**laufzeitverfahren** n (Mess) / ultrasonic transit-time method ‖ ⁓**messkopf** m (Mess) / ultrasonic transducer ‖ ⁓**mikroskop** n, akustisches Mikroskop / acoustic microscope, ultrasonic microscope ‖ ⁓**prüfung** f (Mater) / ultrasonic inspection, ultrasonic testing ‖ ⁓**schweißen** n / ultrasonic welding, USW ‖ ⁓**schweißen** (Plast) /

ultrasonic sealing ‖ ⁓**sender** m (Eltro) / ultrasonic transmitter ‖ ⁓**sensor** m (Mess) / ultrasonic sensor ‖ ⁓**technik** f / acoustic imaging, ultrasonic imaging, sonographic imaging, sonography ‖ ⁓**therapie** f (als endogene Wärmetherapie) (MT) / ultrasonic diathermy, ultrasonic therapy ‖ ⁓**wandler** m (Akust, Eltro) / ultrasonic transducer ‖ ⁓**-Warmschweißen** n (Fert) / ultrasonic hot welding ‖ ⁓**welle** f (Phys) / ultrasonic wave, ultrasonic sound wave

ultraviolett•es Licht, Ultraviolettlicht n / ultraviolet light, UV light ‖ ⁓**e Strahlung** (Phys) / ultraviolet radiation, UV radiation ‖ ⁓**er Transmissionsgrad** (Phys) / unltraviolet transmittance

Ultraviolett•licht n / ultraviolet light, UV light ‖ ⁓**strahler** m (Phys) / ultraviolet emitter, UV emitter, ultraviolet radiator ‖ ⁓**strahlung** f (Phys) / ultraviolet radiation, UV radiation

umändern, verändern / change vt ‖ ⁓ (Kleidungsstück), abändern (Tex) / alter

Umänderung f, Veränderung f / change n ‖ ⁓, Änderung f (eines Kleidungsstück) (Tex) / alteration

umarbeiten, nachbessern, nacharbeiten (fehlerhaftes Teil), überarbeiten / rework v ‖ ⁓, neu gestalten / redesign (e.g. user interface) ‖ ⁓, abändern, umändern (Kleidungsstück) (Tex) / alter ‖ ⁓, revidieren, überarbeiten (z.B. Buch, Dokumentation) / revise

Umbau m (Bau) / alteration, remodeling, redesigning, rebuilding ‖ ⁓ (z.B. eines Gebäude, um es für einen anderen Zweck zu nutzen) (Bau) / conversion (e.g. of factory building into residential building) ‖ ⁓, Ausbau m (Bau) / conversion (e.g. of an attic into an apartment) ‖ ⁓, Ausbau m, Erweiterung (Bau) / enlargement ‖ ⁓ (auf neuesten Stand), Nachrüstung f (Fert) / retrofitting (e.g. old buildings with energy efficiency measures, power plants with climate-friendly technologies), retrofit n (e.g. of a conventional pf-fired power station with cleaner components, of CO2 capture and storage to existing UK pf plant), backfitting ‖ ⁓ s. auch umbauen

umbauen / alter (e.g. the first floor of a building) ‖ ⁓ (in großem Umfang) (Bau) / rebuild, redesign, remodel ‖ ⁓ (Gebäude etc., um es für einen anderen Zweck zu nutzen) (Bau) / convert (e.g. factory building into residential building) ‖ ⁓, ausbauen (Bau) / convert (e.g. an attic into an apartment) ‖ ⁓ (z. B. einen chemischen Stoff in einen anderen), umwandeln [in], umsetzen (z.B. TiO_2 zu $TiCl_4$) (allg, Chem) / convert (e.g. TiO_2 to $TiCl_4$, free nitrogen to nitrates), transform vt ‖ ⁓ (Maschine, Anlage) / alter, modify ‖ ⁓ (Maschine, Anlage), modernisieren, nachrüsten, aufrüsten / upgrade ‖ ⁓ (Walz) / change rolls ‖ ⁓ (Organisation, System, Struktur), umstrukturieren / restructure, reorganize ‖ ⁓ (z.B. mit anderen Bauwerken, Mauern) (Bau) / surround with buildings, walls ‖ ⁓, ummauern / surround with walls, wall in

umbeschriebener Kreis, Umkreis m (Math) / circumcircle, circumscribed circle

umbiegen / bend over o. back o. down ‖ ⁓ n, Umschlagen n (des Randes eines Bleches z.B. zur Versteifung) (Fert) / hemming

umbilden, umformen, umgestalten / remodel, reshape ‖ ~, umwandeln [in], umbauen (z. B. einen chemischen Stoff in einen anderen), umsetzen (z.B. TiO_2 zu $TiCl_4$) (allg, Chem) / convert (e.g. TiO_2 to $TiCl_4$, free nitrogen to nitrates), transform *vt*

Umbildung *f*, Umformung *f*, Umgestaltung *f* / remodeling, reshaping

umblättern, umschlagen *vt* (Seite) / turn over (a page)

umbördeln, bördeln (Rand eines zylindrischen Blechteils zu einem rechtwinklig zur Wandung liegenden Bund abbiegen) (Fert) / flange

Umcodierer *m*, Codeumsetzer *m* (DV, Tele) / code converter

Umcodierung *f*, Codeumsetzung *f* (DV, Tele) / code conversion

umdrehen (verkehrt herum, auf den Kopf) / turn upside down *vt* ‖ ~ *vi* (in die entgegengesetzte Richtung), wenden *vi* (Kfz) / execute a U-turn, turn (round), U-turn *vi*

Umdrehung *f* (z.B. bei Maschinen, Motoren, Plattenspielern) (Masch) / revolution, rev. ‖ ~ (eines Körpers um eine Achse oder einen Punkt), Rotation *f* (allg, Astr, Mech) / rotation ‖ ~ *en f pl* **je min**, U/min / revolutions per minute *pl*, rpm, r.p.m., revs/min. *pl*

Umdrehungs•achse *f*, Drehachse *f*, Rotationsachse *f* (Mech) / axis of rotation, rotation axis, rotational axis ‖ ~ **bewegung** *f*, Rotationsbewegung *f* / rotating motion, rotation, rotary motion, rotational movement, rotational motion, rotatory motion ‖ ~ **frequenz** *f*, Drehzahl *f* (z.B. einer Welle) / number of revolutions (per unit time), rotational frequency, rotational speed, speed of rotation ‖ ~ **geschwindigkeit** *f*, Drehzahl *f* (z.B. einer Welle) / number of revolutions (per unit time), rotational frequency, rotational speed, speed of rotation ‖ ~ **körper** *m* / body of revolution, rotational solid, solid of rotation ‖ ~ **zahl** *f*, Drehzahl *f* (z.B. einer Welle) / number of revolutions (per unit time), rotational frequency, rotational speed, speed of rotation

Umfang *m*, Länge *f* der Begrenzungslinie (Math) / perimeter ‖ ~ (eines Kreises) (Math) / circumference (length of circle) ‖ ~ (z.B. eines Baums) / circumference, girth *n* ‖ ~ (z.B. einer Schleifscheibe), Umfangsfläche *f* / periphery, outside circumference ‖ ~, Ausmaß *n* (z.B. eines Schadens) / extent ‖ ~ (z.B. der Daten), Menge *f* / amount (e.g. of data) ‖ ~ (z.B. der Stichprobe), Größe *f* / size (of sample) ‖ ~ (einer Fläche) / area ‖ ~ (z.B. der Verkäufe, des Güterverkehrs) / volume (e.g. of sales, of goods traffic) ‖ ~ (z.B. einer Prüfung) / scope ‖ ~ **fräsen** *n*, Walzenfräsen *n* (Fert) / peripheral milling, plain milling

umfangreich (z. B. Prüfungen) / extensive ‖ ~ **es Programm** (an Erzeugnissen) / wide range

Umfangschleifen *n* (Fert) / peripheral grinding, edge grinding

Umfangs•fläche *f* (z.B. einer Schleifscheibe) / periphery, outside circumference ‖ ~ **fräsen** *n*, Walzenfräsen *n* (Fert) / peripheral milling, plain milling ‖ ~ **geschwindigkeit** *f* (z.B. einer Walze), Geschwindigkeit *f* am Umfang / circumferential speed, peripheral speed, circumferential velocity, peripheral velocity, surface velocity ‖ ~ **geschwindigkeit**, Arbeitsgeschwindigkeit *f* (der Schleifscheibe)

(Fert) / peripheral speed (of the grinding wheel), surface speed, wheel speed ‖ ~ **-Planfräsen** *n* (Fert) / slab milling ‖ ~ **-Planschleifen** *n* (Fert) / surface grinding using the periphery of the grinding wheel ‖ ~ **räumen** *n* (Fert) / cup broaching, tubular broaching, pot broaching ‖ ~ **schleifen** *n* (Fert) / peripheral grinding, edge grinding ‖ ~ **winkel** *m*, Peripheriewinkel *m* (Math) / inscribed angle, angle at the circumference

umfassen, bestehen aus / comprise (e.g. the country comprises twenty states; the advisory board comprises 6 members) ‖ ~, beinhalten / encompass (e.g. the contract encompasses the design, manufacture, delivery, installation support and commissioning of a nuclear plant; our range of products encompasses a wide range of power protection products and solar power systems) ‖ ~ (einen Zeitraum) / cover

umfassend / comprehensive (e.g. treatment, knowledge, information, service, modernization) ‖ ~, weitreichend / extensive

Umfeld *n*, Umgebung *f* / surroundings *pl* ‖ ~ (z.B. geschäftliches, wirtschaftliches) / environment (e.g. business, economic environment) ‖ ~ **leuchtdichte** *f* (Opt) / background luminance

umformbar, duktil, plastisch formbar (allgemein, durch Zug o. Druck) (Mater) / ductile, plastic ‖ ~ (durch Verfahren der Umformtechnik), bearbeitbar, verarbeitbar (Fert) / workable (by deformation processes), formable ‖ ~ (durch Druckumformen - z.B. schmiedbar, hämmerbar, walzbar) (Fert) / malleable

Umformbarkeit *f*, Duktilität *f*, Verformbarkeit *f* (Mater) / ductility (capacity of a material to deform permanently in response to stress) ‖ ~ (durch Verfahren der Umformtechnik), Bearbeitbarkeit *f* (Fert) / formability, workability (by deformation processes) ‖ ~ (durch Druckumformen - z.B. Schmiedbarkeit, Hämmerbarkeit) (Fert) / malleability, malleableness

Umformdruck *m* (beim Fließ- o. Strangpressen) (Fert) / extrusion pressure

umformen, umbilden, umgestalten / remodel, reshape ‖ ~, spanlos formen (Fert) / form, work (metal) without cutting ‖ ~ (mit Betonung der Formänderung) (Fert) / deform *vt* ‖ ~ (z.B. Messwerte in eine andere Form) / convert ‖ ~ (Elek) / transform, convert ‖ ~ (eine Gleichung) (Math) / convert (an equation), transform *vt* ‖ ~ *n*, spanlose Formgebung (o. [Ver]formung) (Fert) / forming, non-cutting shaping ‖ ~, Umformtechnik *f* (Metall) (Fert) / metal forming, metalworking (as distinguished from metal cutting), plastic working (of metals) ‖ ~, Umformtechnik *f* (Plast) / plastic shaping, plastic forming ‖ ~, Umformung *f* (mit Betonung der Formänderung) (Fert) / deformation ‖ ~ (Umspannen, Umrichten, Gleichrichten, Wechselrichten), Umformung *f* (Elek) / conversion

umformend, spanlos (Fert) / chipless, non-cutting

Umformer *m*, Wandler *m* (z.B. Fotodetektoren o. Schallwandler (Mikrofon, Lautsprecher), piezoelektrische Wandler) (Eltro) / transducer (device that converts input energy or signals into output energy or signals of another form, e.g. loudspeakers, thermocouples, microphones, phonograph pickups)

Umform•grad m (Fert, Mater) / strain, true strain ‖ ~**maschine** f (Fert) / metal forming machine [tool] ‖ ~**operation** f pl (Fert) / forming operation, deformation process ‖ ~**technik** f, Umformen n (Plast) / plastic shaping, plastic forming ‖ ~**technik** (Metall), Umformen n (Fert) / metal forming, metalworking (as distinguished from metal cutting), plastic working (of metals)

Umformung f, Umbildung f, Umgestaltung f / remodeling, reshaping ‖ ~, Übergang m (von einem Zustand in den anderen) / transition, transformation ‖ ~, Umformen n, spanlose Formgebung (o. [Ver]formung) (Fert) / forming, non-cutting shaping ‖ ~, Umformen n, Umformtechnik f (Metall) (Fert) / metal forming, metalworking (as distinguished from metal cutting), plastic working (of metals) ‖ ~, Umformen n, Umformtechnik f (Plast) / plastic shaping, plastic forming ‖ ~ (mit Betonung der Formänderung) (Fert) / deformation ‖ ~, Umformen n (Umspannen, Umrichten, Gleichrichten, Wechselrichten) (Elek) / conversion ‖ ~ (einer Gleichung) (Math) / conversion, transformation

Umform•verfahren m (Fert) / forming operation, deformation process ‖ ~**werkzeug** n (Umform- o. Zerteilwerkzeug für die Blechbearbeitung, bestehend aus verschiedenen Werkzeugteilen wie Stempel, Matrize, Niederhalter, Führungselemente) (Wzm) / die (for sheet metalworking, consisting of various components such as punch, die, stripper, stop, guide pins)

Umführscheibe f, Umlenkrolle f (um eine Kraft in die entgegengesetzte Richtung umzulenken) / return pulley, return sheave

Umführung, Umgehung f / bypass n

Umgang m [mit] / handling (e.g. of toxic substances)

umgeben, umschließen / enclose, surround vt

umgebend, Umgebungs... / ambient, environmental ‖ ~**e Luft**, Umgebungsluft f / ambient air

Umgebung f / surroundings pl ‖ ~ (einer Stadt) / environs pl ‖ ~, Nachbarschaft (allg, Math) / neighbo[u]rhood ‖ ~ (z.B. korrosive, Arbeits-, Betriebssystemumgebung) (Techn) / environment (e.g. corrosive, working, operating environment)

Umgebungs•..., umgebend / ambient, environmental ‖ ~**bedingungen** f pl (z.B. Temperatur, Feuchtigkeit) / ambient conditions pl ‖ ~**druck** m, Umgebungsluftdruck m / ambient pressure, atmospheric pressure ‖ ~**feuchtigkeit** f / ambient humidity ‖ ~**luft** f / ambient air ‖ ~**luftdruck** m / ambient pressure, atmospheric pressure ‖ ~**temperatur** f / ambient temperature

umgehen / bypass vt (e.g. an obstruction, congested area, city), avoid ‖ ~ (Schwierigkeit, Vorschriften, Gesetze) / circumvent, bypass (problems, regulations, laws) ‖ ~ (z.B. Automatik), übergehen vt, außer Kraft setzen / override (e.g. automatic control) ‖ ~ mit, handhaben / handle vt ‖ ~ **mit** (einer Situation, einem Problem) / deal with, handle (a situation, problem)

Umgehung f, Umführung / bypass n

Umgehungsstraße f (Straß) / bypass

umgekehrt (Vorzeichen) (Math) / opposite (sign) ‖ ~ (Richtung), entgegengesetzt / opposite (direction) ‖ ~ (Reihenfolge) / inverse, reverse adj (order, sequence) ‖ ~**er Carnotscher Kreisprozess** (Phys) / vapour compression cycle ‖ ~**es Mikroskop** (Mikros) / inverted microscope ‖ ~ **proportional** (Math) / inversely proportional, in inverse proportion

umgeschlagene Gütermenge, Umschlagmenge m (Trans) / volume of goods transshipped

umgestalten, neu gestalten / redesign (e.g. user interface) ‖ ~, umorganisieren / reorganize ‖ ~, umordnen / rearrange

Umgestaltung f, Umformung f, Umbildung f / remodeling, reshaping

umgruppieren, umordnen / rearrange

Umgruppierung f, Umordnung f / rearrangement

umhüllen / envelop vt, cover, jacket vt, sheathe ‖ ~, umwickeln (mit Binde, Papier etc.), einhüllen / wrap up [in] ‖ ~ (z.B. Kabel), mit einem Schutzmantel versehen / sheathe vt ‖ ~ (Reaktorbrennstoff) (Nukl) / can ‖ ~ (Schw) / coat

Umhüllung f / cover, sheath, jacket, covering ‖ ~, Verpackung f / wrapping ‖ ~ f (mit dem Buchgrundkörper verbundene Schutzeinheit, v.a. Decke bei Festeinbänden, Umschlag bei Broschuren) (Druck) / protective cover, cover ‖ ~ (von Rohrleitungen als Korrosionsschutz) / coating ‖ ~, Elektrodenumhüllung f (Schw) / covering, flux, flux covering (of an electrode), electrode covering, electrode coating ‖ ~, Bewehrung f (eines Kabels) (Elek) / armor n (US), armour n (GB), armoring (US), armouring (GB), sheath ‖ ~ (der Stäbe), Brennstoffhülle f (Nukl) / sheath, cladding, fuel cladding ‖ ~ (zum Schutz eines Betriebsmittels o. Geräts gegen bestimmte äußere Einflüsse und direktes Berühren), Gehäuse n (Elek) / enclosure

Umhüllungs•masse m, Elektrodenumhüllung f (Schw) / covering, flux, flux covering (of an electrode), electrode covering, electrode coating ‖ ~**stoffe** f pl, Elektrodenumhüllung f (Schw) / covering, flux, flux covering (of an electrode), electrode covering, electrode coating

U/min, Umdrehungen f pl je min / revolutions per minute pl, rpm, r.p.m., revs/min. pl

Umkehr f, Richtungsumkehr f / reversal, reversing, reversion ‖ ~ (der Drehrichtung von Strom) (Elek) / reversal

umkehrbar, reversibel / reversible adj ‖ **nicht** ~, irreversibel / non-reversible, irreversible

Umkehrbarkeit f / reversibility

Umkehrbewegung f, Richtungsumkehr f / reversal, reversing, reversion

umkehren vi, wenden vi / turn round vi ‖ ~, zurückgehen auf demselben Weg / retrace one's steps ‖ ~ vt, umdrehen (verkehrt herum, auf den Kopf) / turn upside down vt ‖ ~ (die Drehrichtung, Bewegungsrichtung) / reverse vt ‖ ~ (Reihenfolge, Vorgang), invert, reverse vt ‖ ~ (z.B. ein Verhältnis) / invert ‖ ~ n, Richtungsumkehr f / reversal, reversing, reversion ‖ ~, Bildumkehr f (DV, Foto, Opt) / reversal of image

Umkehr•film m (Foto) / reversal film ‖ ~**film**, Farbumkehrfilm m (Foto) / colour reversal film, reversal colour film ‖ ~**funktion** f,

inverse Funktion (Math) / inverse function ‖
≈**getriebe** n, Wendegetriebe n / reverse gear ‖
≈**identität** f (Math) / inverse identity ‖ ≈**linse** f
(Opt) / erecting lens ‖ ≈**prisma** n,
Bildumkehrprisma n (Foto, Opt) / erecting
prism, inverting prism, reversing prism ‖
≈**punkt** m, Umwandlungspunkt m (bei der
Wärmebehandlung von Eisenwerkstoffen)
(Hütt) / arrest point, transformation
temperature, critical point ‖ ≈**punkte** m pl
(von Hubbewegungen) (Masch) / dead centres
‖ ≈**rolle** f, Umlenkrolle f (um eine Kraft in die
entgegengesetzte Richtung umzulenken) /
return pulley, return sheave ‖ ≈**scheibe** f,
Umlenkrolle f (um eine Kraft in die
entgegengesetzte Richtung umzulenken) /
return pulley, return sheave ‖ ≈**schub** m (Luft)
/ reverse thrust ‖ ≈**steuerung** f (NC) /
reversible control ‖ ≈**trommel** f,
Umlenktrommel f (eines Förderbands mit
Spannrolle), Spanntrommel f (Förd) /
take-up pulley, take-up roller

Umkehrung f, Richtungsumkehr f / reversal,
reversing, reversion ‖ ≈, Bildumkehr f (DV,
Foto, Opt) / reversal of image ‖ ≈ (von
Schwarzweißtönen o. Farben) (Foto, Opt) /
reversal

umkippen / tip over, turn over, overturn ‖ ~ vi,
kentern (Schiff) / capsize vi, overturn vi

Umkörnen n, Normalglühen n (Hütt) /
normalizing (heating to a complete austenitic
structure, followed by an air cool resulting in
fine pearlite)

Umkreis m, umbeschriebener Kreis (Math) /
circumcircle, circumscribed circle

umkreisen (auf einer Umlaufbahn) (Raumf) /
orbit vt (eg a planet)

Umkristallisierung f (eines verformten
Gefüges), Rekristallisation f (Krist) /
recrystallization

umlackieren, umspritzen (Auto) (Kfz) / paint (a
car) another colour

Umladen n, Umschlag m (von Gütern) (Trans) /
transhipping, transfer, transshipment,
reloading, transshipping

Umladung f, Umschlag m (von Gütern) (Trans) /
transhipping, transfer, transshipment,
reloading, transshipping

Umlauf m, Zirkulation f (Techn) / circulation

Umlaufbahn f, Orbit m (Astr, Luft, Raumf) / orbit
n ‖ ≈ (des Elektrons im Bohrschen
Atommodell), Elektronenbahn f (Phys) / orbit
(of the electron) ‖ **sich auf einer** ≈ **befinden
um**, umkreisen (auf einer Umlaufbahn)
(Raumf) / orbit vt (eg a planet)

umlaufen vi, zirkulieren / circulate vi ‖ ~ vt,
umkreisen (auf einer Umlaufbahn) (Raumf) /
orbit vt (eg a planet)

umlaufende elektrische Maschine (Elek) /
rotating machine, electrical rotating machine

Umlauf•geschwindigkeit f, Drehgeschwindigkeit
f / rotation speed, speed of rotation, rotating
speed ‖ ≈**geschwindigkeit**, Drehzahl f (z.B.
einer Welle), Umdrehungsgeschwindigkeit f /
number of revolutions (per unit time),
rotational frequency, rotational speed, speed
of rotation ‖ ≈**getriebe** n, Umlaufräder-
getriebe n / epicyclic gear train, epicyclic gear,
epicyclic gearing, epicyclic train, planetary
gear train, planetary gear set, sun [and planet]
gear ‖ ≈**kolben** m (Mot) / rotary piston ‖
≈**kolbengebläse** n / rotary blower ‖

≈**kolbenverdichter** m / rotary compressor,
rotary piston compressor ‖ ≈**kühlung** f
(Masch) / closed-circuit cooling ‖ ≈**motor** m
(Mot) / rotary engine (rotating piston engine
used in some World War I aircraft), rotary
piston engine ‖ ≈**pumpe** f / circulating pump,
circulator, circulation pump ‖ ≈**rad** n,
Planetenrad n (im Planetengetriebe) (Masch) /
planetary gear, planetary wheel, planet wheel,
planet gear ‖ ≈**rädergetriebe** n,
Umlaufgetriebe n / epicyclic gear train,
epicyclic gear, epicyclic gearing, epicyclic
train, planetary gear train, planetary gear set,
sun [and planet] gear ‖ ≈**schmierung** f,
Ölumlaufschmierung f / circulating
lubrication, recirculating lubrication,
circulating oil lubrication ‖ ≈**schmierung**,
Ölumlaufschmierung f (als Schmiersystem im
Unterschied zu z.B. Ölbadschmierung) /
recirculating system (of lubrication),
circulating system

umlegen, verlegen (an einen anderen Ort),
umsetzen / move, transfer ‖ ~ (Hebel,
Schalter), betätigen / throw (lever, switch), trip

umleiten, umlenken (durch Umlenkbleche o.Ä.)
/ baffle vt (e.g. fluids) ‖ ~ (z.B. Ausgaben auf
ein anderes Gerät) (DV, Tele) / reroute,
redirect ‖ ≈ n, Umleitung f (DV, Tele) /
rerouting, redirection

Umleitung f, Umleiten n (DV, Tele) / rerouting,
redirection

Umlenkblech n / baffle, baffle plate, deflector
plate

umlenken (in eine andere Richtung, z.B.
Lichtstrahl), ablenken / deflect vt, divert ‖ ~
(durch Umlenkbleche o.Ä.), umleiten / baffle
vt (e.g. fluids) ‖ ~ (in die Gegenrichtung) /
reverse ‖ ~ (in die entgegengesetzte Richtung,
z.B. Fahrzeug) / turn back vt ‖ ~ (Lichtstrahl in
die entgegengesetzte Richtung) / reflect (im
opposite direction) ‖ ~ (z.B. Daten auf ein
anderes Ausgabegerät) / divert

Umlenk•platte, Umlenkblech n / baffle, baffle
plate, deflector plate ‖ ≈**prisma** (Opt) /
deviating prism, redirecting prism ‖ ≈**prisma**
(Umlenkung um 180°) (Opt) / reflecting prism
‖ ≈**rolle** f (um eine Kraft in eine andere
Richtung umzulenken) / deflection pulley,
deflection sheave ‖ ≈**rolle** (um eine Kraft in
die entgegengesetzte Richtung umzulenken),
Umkehrrolle f / return pulley, return sheave ‖
≈**rolle**, Umlenkwalze f (nicht zur
Kraftübertragung, sondern z.B. um bei der
Glasherstellung ein breites, noch weiches
Glasband von der vertikalen in horizontale
Richtung umzulenken) / bending roll ‖ ≈**rolle**,
Führungsrolle f (nicht zur Kraftübertragung,
z.B. bei Magnetbändern) / guide roll ‖
≈**scheibe** f, Umlenkrolle f (um eine Kraft in
eine andere Richtung umzulenken) /
deflection pulley, deflection sheave ‖
≈**scheibe**, Umlenkrolle f (um eine Kraft in die
entgegengesetzte Richtung umzulenken),
Umkehrrolle f / return pulley, return sheave ‖
≈**scheibe**, Führungsrolle f / guide pulley ‖
≈**spiegel** m (SLR-Kamera) (Foto) / reflex
mirror ‖ ≈**spiegel** / deflecting mirror,
deflection mirror, deviation mirror ‖
≈**trommel** f (eines Förderbands) (Förd) /
tail-end roller, tail roller, return idler ‖
≈**trommel** (eines Förderbands mit

Spannfunktion), Spanntrommel *f* (Förd) /
take-up pulley, take-up roller

Umlenkung *f* (in eine andere Richtung) /
deflection

Umlenkwalze *f* (nicht zur Kraftübertragung,
sondern z.B. um bei der Glasherstellung ein
breites, noch weiches Glasband von der
vertikalen in horizontaler Richtung
umzulenken) / bending roll

Umluft *f* / recirculated air, recirculation air,
recirculating air, circulating air ‖ ⁓**ofen** *m*
(HG) / convection oven, fan oven ‖ ⁓**ventil** *n*
(eines Abgasturboladers - ermöglicht bei
geschlossener Drosselklappe ein Umpumpen
der vorverdichteten Luft von der Verdichter-
zur Ansaugseite des Verdichters) (Mot) /
exhaust wastegate, wastegate, waste gate valve

Ummagnetisierung *f*, erneute Magnetisierung /
remagnetization

Ummagnetisierungsverlust *m* (Elek) / iron loss,
core loss

ummanteln, umhüllen / envelop *vt*, cover, jacket
vt, sheathe

Ummantelung *f*, Umhüllung *f* / cover, sheath,
jacket, covering ‖ ⁓, Mantel *m* (Plast) / coating
(of cables or wires), jacket, sheathing

ummauern / surround with walls, wall in

umordnen / rearrange

Umordnung *f* / rearrangement

umorganisieren / reorganize

umpflanzen (Bot, Landw) / transplant

umpolen (Elek) / change the polarity of, reverse
the polarity of ‖ ⁓, wenden (Strom) (Elek) /
commutate *vt*

Umrandung *f*, Rand *m* / border, edge *n*

umrechnen [auf o. in] (Math, Phys) / convert
(values or quantities) [to, into]

Umrechnung *f* (Math, Phys) / conversion (of a
quantity, e.g. of feet to meters)

umrichten, umrüsten (Wzm) / retool, reset

Umrichter *m* (Stromrichter zum Umformen
elektrischer Energie von Wechselstrom einer
Frequenz in Wechselstrom einer anderen
Frequenz und/oder Phasenzahl) (Elek) /
converter, frequency converter, frequency
changer

umringen, umschließen, umgeben / enclose,
surround *vt*

Umriss *m*, Umrisslinie *f* / contour *n*, outline *n* ‖
⁓**linie** *f* / contour *n*, outline *n*

umrüsten (Wzm) / retool, reset ‖ ⁓,
modernisieren / upgrade ‖ ⁓, nachrüsten /
retrofit

Umrüstung *f*, Wechsel *m* (z.B. von Öl zu Gas),
Umstellung *f* / change *n* (e.g. from oil to gas),
change-over *n* (from one method, system or
product to another), conversion ‖ ⁓,
Nachrüstung *f* / retrofitting (e.g. old buildings
with energy efficiency measures, power plants
with climate-friendly technologies), retrofit *n*
(e.g. of a conventional pf-fired power station
with cleaner components, of CO2 capture and
storage to existing UK pf plant), backfitting

Umrüstzeit *f* (Wzm) / retooling time ‖ ⁓ (um
einen Arbeitsplatz von einem Arbeitsvorgang
auf einen anderen umzurüsten) / change-over
time

Umsatz *m* (Wirtsch) / turnover ‖ ⁓, Umsetzung *f*
(von Stoffen etc.) (Chem) /
conversion ‖ ⁓, Stoffumsatz (Verhältnis der
Substanzmenge, die reagiert hat, zur
Ausgangsmenge) (Chem) / turnover

Umschalteinrichtung *f* (Durchflussmessung)
(Mess) / diverter

umschalten [auf, zwischen] / switch [over to,
between] ‖ ⁓ (Gerät) / switch over ‖ ⁓
(Hebel) / move, turn ‖ ⁓ (ins Gegenteil) /
reverse ‖ ⁓ *vi* (z.B. Ampel) / change *vi* ‖ ⁓
(Radio, TV) / change over [to another station],
switch to another station ‖ ⁓, hin- und
herschalten (zwischen zwei Funktionen,
Zuständen) / toggle *v* [between] ‖ ⁓
(Revolverkopf) (Wzm) / index (turret head) ‖
⁓ *n*, Umschaltung *f* (allg, Elek) / change-over,
switching

Umschalter *m* (Elek) / change-over switch ‖ ⁓
(für die Drehrichtung z.B. bei
Bohrmaschinen) (Elek) / reversing switch,
reverser

Umschalt•frequenz *f* (Elek) / switching
frequency ‖ ⁓**hebel** *m* (Elek) / switch lever ‖
⁓**kontakt** *m* (Relais) (Elek) / change-over
contact ‖ ⁓**sperre** *f*, Feststelltaste *f* (zur
Arretierung der Umstelltaste auf der
Tastatur), Shift Lock-Taste *f* (DV) / shift lock
key, Caps lock key ‖ ⁓**taste** *f* (zwischen zwei
Betriebsweisen o. Zuständen) / toggle key ‖
⁓**taste** (auf PC-Tastatur o. Schreibmaschine
zur Umschaltung zwischen Groß- und
Kleinschreibung und für eine Reihe anderer
Tastaturbefehle) (Büro, DV) / shift key, case
shift key ‖ ⁓**taste** (z.B. Strg o. Alt, die eine
andere Taste auf eine andere Bedeutung
umschalten) (DV) / modifier key

Umschaltung *f*, Umschalten *n* (allg, Elek) /
change-over, switching

umschichten / rearrange, restack

Umschlag *m*, Briefumschlag *m* / envelope ‖ ⁓
(von Heft, Broschur, Taschenbuch) (Druck) /
cover ‖ ⁓, Schutzumschlag (abnehmbar)
(Druck) / book jacket, jacket, dust cover, dust
jacket, wraparound (GB), wrapper (GB) ‖ ⁓
(einer Nachricht - enthält die Kennung der
Empfänger, Leitweginformation oder sonstige
Angaben für Übergabe, Senden oder
Zustellung) (Tele) / envelope ‖ ⁓ (z.B. eines
Zustandes, des Wetters), plötzliche
Veränderung / sudden change ‖ ⁓ (von der
laminaren in die turbulente Strömung) (Phys) /
transition ‖ ⁓, Hosenumschlag (Tex) / cuff
(US), turn-up (GB) ‖ ⁓, Armelumschlag (Tex)
/ cuff ‖ ⁓ (von Gütern) (Trans) / transhipping,
transfer, transshipment, reloading,
transshipping ‖ ⁓, Umschlagmenge *m*,
umgeschlagene Gütermenge (Trans) / volume
of goods transshipped

umschlagen *vt* (Seite), umblättern / turn over (a
page) ‖ ⁓ (z.B. Armel, Saum) (Tex) / turn up ‖
⁓ (Nägel) / clench, clinch (nails) ‖ ⁓ (Güter)
(Trans) / transfer, transship ‖ ⁓ *vi* (z.B. Wetter,
Zustand) / change suddenly *vi* ‖ ⁓ (Chem) /
change *vt* colour o. consistence etc. ‖ ⁓ (Wind)
/ change *vt* direction suddenly, veer *vi* [round]
‖ ⁓, kentern (Schiff) / capsize *vi*, overturn *vi* ‖
⁓, sauer werden (Nahr) / go off, turn sour, go
sour ‖ ⁓ *n* (des Randes eines Bleches z.B. zur
Versteifung), Umbiegen *n* (Fert) / hemming ‖
⁓, Umschlag *m* (von Gütern) (Trans) /
transhipping, transfer, transshipment,
reloading, transshipping

Umschlag•klappe *f* (eines Schutzumschlags)
(Druck) / jacket flap ‖ ⁓**menge** *m*,
umgeschlagene Gütermenge (Trans) / volume
of goods transshipped

umschließen, umgeben / enclose, surround *vt*

Umschlingungswinkel *m* (z.B. bei Triebriemen) (Mech) / angle of wrap, wrap angle

umschlungener Winkel, Umschlingungswinkel *m* (z.B. bei Triebriemen) (Mech) / angle of wrap, wrap angle

Umschlüsselung *f*, Codeumsetzung *f* (DV, Tele) / code conversion

umschmelzen, wieder einschmelzen (Gieß) / remelt, refuse

Umschmelz•härten *n* (Hütt) / remelt hardening ‖ ≈**verfahren** *n* (Hütt) / refining process

umsetzen, versetzen (an andere Stelle), verlegen, verlagern / move, shift, transfer ‖ ~, umpflanzen (Bot, Landw) / transplant ‖ ~ (Räder), umstecken (Kfz) / change *vt*, rotate, interchange ‖ ~, umordnen / rearrange ‖ ~, versetzen, einsetzen (z.B. Arbeitnehmer an einem anderen Standort o. für andere Aufgaben) / redeploy (e.g. to another factory or onto other tasks) ‖ ~ / convert (e.g. DC to AC, TiO₂ to TiCl₄), transform ‖ ~ (Waren) (Wirtsch) / turn over ‖ ~ (Entscheidungen, Projekte) / implement (decisions, projects) ‖ ~, technisch betreuen, ausführen / engineer *vt* (e.g. industrial projects) ‖ ≈ *n* (Personal), Versetzung *f* / redeployment

Umsetzer *m* (Eltro, Mess) / converter ‖ ≈ (Relaisstation) (Radio) / rebroadcasting transmitter, translator (rebroadcasts a primary station's signals on a different frequency in a different area that cannot receive the primary signals clearly by conventional means)

Umsetzung *f*, Konvertierung *f* (DV) / conversion (from one format or code into another) ‖ ≈ (von Stoffen etc.), Umwandlung *f* (Chem) / conversion ‖ ≈, Umordnung *f* / rearrangement ‖ ≈, Umsetzen *n* (Personal), Versetzung *f* / redeployment ‖ ≈, Verschiebung *f*, Umstellung *f*, Verlegung *f* / shift *n*, transposition ‖ ≈ (von Entscheidungen, Projekten) / implementation (of decisions, projects) ‖ ≈ s.a. umsetzen

umsonst, kostenlos *adj* / f.o.c., free of charges ‖ ~, kostenlos *adv* / freely, gratis

Umspannanlage *f* (Elek) / substation, electrical substation, electric power substation, transformer substation

umspannen, transformieren (Elek) / transform *vt*

Umspanner *m*, Transformator *m* (Elek) / transformer

Umspannstation *f* (Elek) / substation, electrical substation, electric power substation, transformer substation

Umspannung *f*, Transformation *f* (Elek) / transformation

Umspannwerk (Elek) / substation, electrical substation, electric power substation, transformer substation

umspringen (Wind), umschlagen *vi* (Wind) / change *vt* direction suddenly, veer *vi* [round]

umspritzen (Auto), umlackieren (Kfz) / paint (a car) another colour

umstecken, versetzen (Räder) (Kfz) / change *vt*, rotate, interchange

umstellen, umordnen / rearrange ‖ ~, an anderer Stelle aufstellen / reposition ‖ ~ (Uhr) / put forward/back ‖ ~ (z.B. von Öl auf Gas) / convert *vi*, change *vi* (e.g. from oil to gas) ‖ ~ auf, migrieren (DV) / migrate (to a new system) ‖ auf Computer ~, computerisieren (DV) / computerize ‖ auf metrisches System

~, das metrische System benutzen / convert over to the metric system, go metric, metricate, metrificate (GB) ‖ den Betrieb ~ (auf neue Produkte) / switch over (to new products)

Umstellung *f*, Platzveränderung *f*, Versetzung *f* / repositioning, relocation ‖ ≈, Umordnung *f* / rearrangement ‖ ≈, Wechsel *m* (z.B. von Öl zu Gas) / change *n* (e.g. from oil to gas), change-over *n* (from one method, system or product to another), conversion ‖ ≈ (eines Gleichungsglieds) (Math) / transposition (of a term in an equation) ‖ ≈, Migration *f* (DV) / migration (to a new system) ‖ ≈ auf EDV, Computerisierung *f* / computerization ‖ ≈ auf Maschinen, Mechanisierung *f* / mechanization ‖ ≈ auf metrisches Maßsystem / metrication (GB) ‖ volle ≈ von einem Speichermedium auf ein anderes (z.B. von Lochkarten auf Magnetband) (DV) / media conversion

Umsteuerung *f*, Richtungsumkehr *f* / reversal, reversing, reversion

Umströmung *f*, elektrische Durchflutung (eines geschlossenen Pfades) (Elek) / current linkage (with a closed path)

umstrukturieren, umbauen (Organisation, System, Struktur) / restructure, reorganize

umtauschen, wechseln *vt* (Wirtsch) / exchange (currency)

UMTS (Tele) / 3G (= third generation - following the second-generation system GSM), UMTS, Universal Mobile Telecommunications System ‖ ≈-Betreiber *m* (Tele) / UMTS provider, 3G provider ‖ ≈-Endgerät *n* (Tele) / UMTS terminal *f*, 3G terminal ‖ ≈-Netz *n* (Tele) / UMTS network *f*, 3G network

Umverpackung *f* (Verp) / external packaging

umwälzen *vt* / circulate *vt* (e.g. air, water), recirculate

Umwälz•luft *f*, Umluft *f* / recirculated air, recirculation air, recirculating air, circulating air ‖ ≈pumpe *f* / circulating pump, circulator, circulation pump

umwandeln (z.B. Gleich- in Wechselspannung, Sonnenlicht in elektrische Energie, TiO₂ zu TiCl₄) / convert (e.g. DC to AC, TiO₂ to TiCl₄), transform

Umwandlung *f* / conversion, transformation ‖ ≈, Übergang *m* (von einem Zustand in den anderen) / transition, transformation ‖ ≈, Konvertierung *f* (DV) / conversion (from one format or code into another)

Umwandlungs•punkt *m* (bei Phasenübergängen), Übergangstemperatur *f* (Phys) / transition point, transition temperature ‖ ≈punkt (bei der Wärmebehandlung von Eisenwerkstoffen), Umkehrpunkt *m* (Hütt) / arrest point, transformation temperature, critical point ‖ ≈spannung *f* (Hütt) / transformation stress ‖ ≈temperatur *f*, Umwandlungspunkt *m* (bei Phasenübergängen) (Phys) / transition point, transition temperature ‖ ≈temperatur *m*, Umwandlungspunkt *m* (bei der Wärmebehandlung von Eisenwerkstoffen), Umkehrpunkt *m* (Hütt) / arrest point, transformation temperature, critical point ‖ ≈überzug *m* (Fert) / conversion coating

Umweglenkung *f*, Ersatzschaltung *f* (Tele) / alternate path routing, alternate routing

Umwelt *f* (Umw) / environment ‖ ≈... / environmental, ecological ‖ ≈auflagen *f pl* /

environmental requirements *pl* ‖
⁓**auswirkung** *f* (Umw) / environmental impact,
impact on the environment ‖ ⁓**bedingt** /
environmental, ecological ‖
⁓**beeinträchtigung** *f* (Umw) / environmental
impact, impact on the environment ‖
⁓**belastend** (Umw) / environmentally harmful,
harmful to the environment, polluting ‖
⁓**belastung** *f* (Umw) / impact on the
environment ‖ ⁓**belastung**, Verschmutzung,
Belastung *f* (z.B. der Umwelt, Atmosphäre
durch Schadstoffe) (Umw) / pollution (e.g. of
the environment, atmosphere by pollutants) ‖
⁓**bewusst** (Umw) / environmetally conscious,
environmentally aware, environment
conscious ‖ ⁓**bewusstsein** *n* / environmental
awareness ‖ ⁓**bilanz** *f*, Ökobilanz *f* (Umw) / life
cycle assessment, LCA ‖ ⁓**feindlich** (Umw) /
environmentally harmful, harmful to the
environment, polluting ‖ ⁓**freundlich** (Umw) /
ecofriendly, non-polluting, low-polluting,
environmentally clean, low-pollution,
environmentally safe, environmentally
friendly, not harmful to the environment ‖
⁓**freundlich** (mit geringem Stromverbrauch,
z.B. Hausgerät, PC), Öko... *m* (Elek, Umw) /
green (e.g. appliance, PC) ‖ ⁓**freundlich** (mit
positiven Auswirkungen), umweltgünstig /
ecologically beneficial ‖ ⁓**freundlichkeit** *f*,
Umweltverträglichkeit *f* (Umw) /
environmental compatibility, ecological
compatibility ‖ ⁓**gefährlich** / dangerous for
the environment ‖ ⁓**gerecht** (Umw) /
environmentally safe (e.g. disposal) ‖
⁓**günstig**, umweltfreundlich (mit positiven
Auswirkungen) / ecologically beneficial ‖
⁓**prämie** *f*, Abwrackprämie *f* (Kfz) / CARS
rebate (paid under the Car Allowance Rebate
System, colloquially known as "Cash for
Clunkers"), rebate ‖ ⁓**problem** *n* /
environmental problem ‖ ⁓**schäden** *m pl* /
environmental damage ‖ ⁓**schädlich** (Umw) /
environmentally harmful, harmful to the
environment, polluting ‖ ⁓**schonend**,
umweltfreundlich (Umw) / ecofriendly,
non-polluting, low-polluting, environmentally
clean, low-pollution, environmentally safe,
environmentally friendly, not harmful to the
environment ‖ ⁓**schutz** *m* / protection of the
environment, conservation of the environment
‖ ⁓**schutz**, Umweltschutzmaßnahmen *f pl*
(Umw) / environmental protection, pollution
control, antipollution measures, pollution
abatement, environment control ‖
⁓**schutzauflagen** *f pl* / environmental
regulations ‖ ⁓**schutzbestimmungen** *f pl* /
environmental regulations ‖ ⁓**schützer** *m*
(Umw) / environmentalist ‖
⁓**schutzmaßnahmen** *f pl* (Umw) /
environmental protection, pollution control,
antipollution measures, pollution abatement,
environment control ‖ ⁓**technik** *f* /
environmental engineering, environmental
technology ‖ ⁓**techniker** (Umw) /
environmental technician ‖ ⁓**verschmutzend**
(Umw) / environmentally harmful, harmful to
the environment, polluting ‖ ⁓**verschmutzung**
f, Verschmutzung *m* (von Wasser, Boden etc.)
(Umw) / pollution (of environment, air, soil
etc) ‖ ⁓**verträglich** /
environmentally compatible, environmentally
acceptable ‖ ⁓**verträglichkeit** *f* (Umw) /

environmental compatibility, ecological
compatibility ‖ ⁓**verträglichkeitsprüfung** *f*
(Umw) / environmental impact assessment,
EIA, Environmental Impact Statement (US),
EIS(US), Assessment of Environmental
Effects (New Zealand), AEE (New Zealand)
Umwerfer *m* (Fahrrad) / derailleur
umwickeln (mit Binde, Papier etc.), umhüllen,
einhüllen / wrap up [in] ‖ ⁓ (Schnur), neu
wickeln / rewind ‖ ⁓ (mit Draht, Schnur) /
wind *vt* (wire, string) round
unabhängig [von] / independent [of] ‖ ⁓,
selbstständig, in sich abgeschlossen /
self-contained ‖ ⁓, Einzelplatz... (DV) /
standalone (device, computer, software) ‖ ⁓
(z.B. Stromversorgung), separat / separate
Unabhängigkeit *f* / independence
Unabhängigkeitsprinzip *n*, Superpositionsprinzip *n* (Phys) / principle of superposition,
superposition principle
unähnlich / dissimilar, unlike
U-Naht *f*, Tulpennaht *f* (Schw) / single-U groove
weld
unaufbereitete Daten, Rohdaten *pl* (DV) / raw
data *pl*
unauflöslich (Chem) / insoluble, insol
unausgeglichen, außer Gleichgewicht /
unbalanced, out of balance
unausgewuchtet, unwuchtig (Rad) / unbalanced,
out-of-balance (e.g. tire)
ÜNB, Übertragungsnetzbetreiber *m* (Elek) /
transmission system operator, TSO
Unbalanz / unbalance
unbeabsichtigt, ungewollt / unintentional,
unintended ‖ ⁓, zufällig / accidental
unbearbeitetes Werkstück (Fert) / raw workpiece
unbeaufsichtigt (z. B. Betrieb einer Anlage),
unbesetzt, ohne Bedienungspersonal /
unattended, without attendants, without
operator attention
unbedeutend, vernachlässigbar / negligible
unbedient, unbeaufsichtigt (z. B. Betrieb einer
Anlage) / unattended, without attendants,
without operator attention
unbedingt (DV) / unconditional ‖ ⁓**e Anweisung**
(DV) / unconditional statement ‖ ⁓
konvergent (Math) / unconditionally
convergent ‖ ⁓**er Sprung** (DV) / unconditional
branch, unconditional jump, unconditional
transfer ‖ ⁓**e Verzweigung** (DV) /
unconditional branch, unconditional jump,
unconditional transfer
unbefestigter Seitenstreifen, Bankett *n* (Straß) /
berm (US), shoulder, soft shoulder, margin,
verge
unbefugt, unberechtigt / unauthorized ‖ ⁓**er
Zugriff** (DV) / unauthorized access
unbegrenzt / unlimited
unbekannte Größe, Unbekannte *f* (Math) /
unknown, unknown quantity
Unbekannte *f*, unbekannte Größe (Math) /
unknown, unknown quantity
unbelastet, schadstofffrei (Umw) / unpolluted
unbemannt, unüberwacht (Masch) / unattended
unbenannt, dimensionslos (Math, Phys) /
dimensionless *adj*, non-dimensional
unbenutzt / unused *adj* ‖ ⁓, neu / virgin (e.g.
tape)
unberechenbar, erratisch / erratic
unberechtigt, unbefugt / unauthorized ‖ ⁓**er
Zugriff** (DV) / unauthorized access

unbeschränkt, uneingeschränkt / unrestricted ‖ ~, unbegrenzt / unlimited

unbeschrieben, leer / blank *adj* (e.g. disk, paper)

unbesetzt, unbeaufsichtigt (z. B. Betrieb einer Anlage), ohne Bedienungspersonal / unattended, without attendants, without operator attention ‖ ~, frei, leer / vacant, unoccupied ‖ ~, frei (Tele) / idle *adj* ‖ **~er Gitterplatz**, Gitterlücke *f*, Leerstelle *f* (Krist) / vacancy

unbespielt (z.B. Magnetband), leer / blank (e.g. video tape)

unbeständig, instabil / unstable, instable ‖ ~, unstetig / unsteady, inconstant ‖ ~, vorübergehend (Chem, Phys) / transient ‖ ~, labil (Chem) / labile ‖ ~, veränderlich, wechselhaft (Meteo) / changeable, unsettled

unbestimmt (allg, Math) / indeterminate ‖ ~, indefinit (allg, Math) / indefinite ‖ ~, unsicher, ungewiss / uncertain ‖ ~, ungenau, vage / vague ‖ ~, mehrdeutig / ambiguous ‖ **~er Ausdruck** (Math) / indeterminate term ‖ **~es Integral** (Math) / indefinite integral

Unbestimmtheit *f* / indeterminacy, indefiniteness ‖ ~, Unsicherheit *f* / uncertainty ‖ ~, Mehrdeutigkeit *f*, Ambiguität *f* / ambiguity

unbeweglich, ortsfest, stationär, ortsgebunden / stationary, fixed

unbewegtes Bild, stehendes Bild, Standbild *n* (Foto, Video) / still image

unbiegsam, starr, inflexibel / inflexible, rigid

unbrauchbar, unverwendbar / unusable ‖ ~, nutzlos / useless

unbrennbar, unverbrennbar / incombustible, non-combustible

unbunt (Farblehre), achromatisch (Opt) / achromatic

UND *n* (Logik) / AND ‖ **~-Baustein** (DV, Eltro) / and circuit, AND gate, AND element, logical AND circuit ‖ **~-Element** (Eltro) / AND element

undeutlich, unscharf / blurred, fuzzy

UND•-Funktion *f* (DV, Eltro, Logik) / AND function, AND operation, conjunction ‖ **~-Gatter** *n* (DV, Eltro) / and circuit, AND gate, AND element, logical AND circuit ‖ **~-Glied** *n* (DV, Eltro) / and circuit, AND gate, AND element, logical AND circuit

undicht / untight ‖ ~, wasserdurchlässig / permeable to water, not watertight ‖ ~, luftdurchlässig / air-permeable, not airtight ‖ ~, leck, durchlässig / leaking, leaky ‖ **~ sein**, ausfließen, leck sein (Behälter) / leak *vi* ‖ **~e Stelle**, Leckstelle *f* / leak *n*

Undichtigkeit *f*, Leckstelle *f*, undichte Stelle / leak *n*

UND-Schaltung *f* (DV, Eltro) / and circuit, AND gate, AND element, logical AND circuit

undurchlässig [gegen o. für] / impermeable, impervious (e.g. to water), impenetrable

Undurchlässigkeit *f*, Dichtigkeit *f* / impermeability, tightness (e.g. to water o. air), imperviousness, impermeableness

undurchsichtig, lichtundurchlässig (Opt) / opaque *adj*, non-transparent, light-proof

Undurchsichtigkeit *f*, Lichtundurchlässigkeit *f* (Opt) / opacity, opaqueness, non-transparency

UND•-Verknüpfung *f* (DV, Eltro, Logik) / AND function, AND operation, conjunction ‖ **negierte ~-Verknüpfung**, NAND, NAND-Funktion *f* (DV, Eltro, Logik) / NAND

operation, NON-conjunction, NOT-BOTH operation

uneben / uneven (e.g. surface, floor, road)

Unebenheit / unevenness ‖ **~en ausgleichen**, flach machen / level, flatten, plane

unecht, falsch / false ‖ ~, vorgetäuscht, gefälscht / counterfeit *adj*, fake, sham, spurious ‖ **~es Blattgold** / Dutch metal (alloy of copper and zinc in the form of thin sheets, used as an imitation of gold leaf), Dutch foil, Dutch gold, Dutch leaf, imitation gold leaf ‖ **~er Bruch** (Math) / improper fraction, top heavy fraction (GB)

unedel (Metall) (Chem) / base (metal)

Unedelmetall *n*, unedles Metall / base metal, ignoble metal

uneigentlicher Bruch (Math) / improper fraction, top heavy fraction (GB)

uneingeschränkt, unbeschränkt / unrestricted

uneinheitlich / non-uniform, not uniform ‖ ~, heterogen / heterogeneous

unelastisch•e Knickung (Phys) / inelastic buckling ‖ **~er Stoß** (Phys) / inelastic collision

unempfindlich [gegen] / insensitive [to] ‖ ~, robust (z.B. Kameragehäuse) / rugged ‖ ~ (gegen negative Einwirkungen) / immune (e.g. to interferences, over-heating, effects of global warming) ‖ **~ machen gegen raue Behandlung**, robust bauen, für den Einsatz unter schwierigen äußeren Umständen bauen / ruggedize (electronic equipment, cameras, and other delicate instruments) ‖ **~e Zone** (eines Halbleiter-Strahlungsdetektors) (Mess, Nukl) / inactive region (of a semiconductor radiation detector)

Unempfindlichkeit *f* [gegen] / insensitivity, insensitiveness [to] ‖ ~, Robustheit *f* (z.B. eines Kameragehäuses) / ruggedness (capability to endure wear) ‖ **~ gegen Störungen** (Eltro) / interference immunity, immunity

unendlich (allg, Math) / infinite

Unendliche *n*, Unendlichkeit *f* (Math) / infinity

Unendlichkeit *f*, Unendliche *n* (Math) / infinity

unentgeltlich, kostenlos *adj* / f.o.c., free of charges ‖ ~, kostenlos *adv* / freely, gratis

unerlässlich / indispensable, essential

unerlaubter Zugriff (DV) / unauthorized access

unerwünscht, ungewollt / unwanted, undesirable

Unfall *m* / accident ‖ ~, Autounfall *m* (Kfz) / crash, car accident ‖ **~gefahr** *f* / danger of accident ‖ **~schutz** *m* / accident protection ‖ **~schutz**, Unfallverhütung *f* / accident control (US), accident prevention (GB) ‖ **~sicher** / safe ‖ **~verhütung** *f* / accident control (US), accident prevention (GB)

unfertig / unfinished

ungebraucht (Werkstoff, Material) / virgin (material)

ungedämpfte Schwingung (Phys) / undamped oscillation, continuous oscillation

ungeeignet, untauglich / unsuitable, unsuited, unfit, improper

ungeerdet (Elek) / ungrounded (US), unearthed (GB)

ungefähr, näherungsweise / approximate *adj*, rough ‖ ~ *adv* / roughly, approximately

ungeladen (Elek, Phys) / uncharged

ungelernter Arbeiter, Hilfsarbeiter *m* / unskilled worker

ungenau / imprecise, inexact, inaccurate ‖ ~, unbestimmt, vage / vague

Ungenauigkeit f / inaccuracy, imprecision, inexactitude

ungenügend, unzulänglich / inadequate, insufficient, deficient

ungenutzt / unused adj || ~ (z. B. Rohstoffvorkommen) / unexploited

ungeordnet, zufällig (z.B. Anordnung, Aufbau) / random || ~e **Deponie**, Müllkippe f (Umw) / dump, dumping ground, open dump, uncontrolled dump, uncontrolled disposal site, dumpsite || ~e **Mülldeponie**, Müllkippe f (Umw) / dump, dumping ground, open dump, uncontrolled dump, uncontrolled disposal site, dumpsite

ungerade, ungeradzahlig (Math) / odd, uneven || ~ **Funktion** (Math) / odd function || ~ **Parität** (DV) / odd parity || ~ **Zahl** (Math) / odd number

ungeradzahlig, ungerade (Math) / odd, uneven || ~e **Harmonische o. Oberschwingung** (Phys) / odd harmonic, uneven harmonic || ~e **Parität**, ungerade Parität (DV) / odd parity

ungesättigt (allg, Chem) / unsaturated || ~e **Kohlenwasserstoffe** (Chem) / unsaturated hydrocarbons || ~er **Polyester**, UP (Plast) / unsaturated polyester

ungeschickt, unpraktisch / unpractical, awkward

ungeschirmt•e Doppelader, UTP-Kabel n (Kabel ohne Paarabschirmung u. ohne Gesamtabschirmung) (Kabel) / unshielded twisted pair, UTP || ~es **TP-Kabel mit einer Gesamtabschirmung**, S/UTP-Kabel n / S/UTP cable, screened-unshielded twisted pair cable

ungeschützt, offen, frei[liegend] / exposed

ungesinterter Pressling m, Grünling m, Vorpressling m (PM) / green compact

ungespanntes Trumm, Leertrum n (eines Riemens im Riemengetriebe) / slack side (of a belt), following side

ungewiss, unbestimmt, unsicher / uncertain

Ungewissheit f, Unsicherheit f / uncertainty

ungewollt, unerwünscht / unwanted, undesirable || ~, unbeabsichtigt / unintentional, unintended

Ungezieferbekämpfung f (Landw) / pest control

ungiftig, nicht toxisch / nontoxic, atoxic

ungleich, unähnlich / dissimilar, unlike || ~, verschieden / different || ~, uneinheitlich / non-uniform, not uniform || ~ (Math) / not equal, unequal || ~ (z.B. Ladungen, Pole) (Elek) / unlike || ~e **Höhe o. Dicke haben**, überstehen, überragen / not be flush

ungleichartig, heterogen, uneinheitlich / heterogeneous

ungleichförmig, unregelmäßig / irregular || ~, uneinheitlich / non-uniform, not uniform || ~ **beschleunigt** / non-uniformly accelerated || ~e **Bewegung** / non-uniform motion

Ungleichförmigkeit f **der Drehzahl** (Elek, Masch) / cyclic irregularity

Ungleichgewicht n / unbalance n, imbalance, disequilibrium

ungleichmäßig, ungleichförmig, unregelmäßig / irregular || ~, uneinheitlich / non-uniform, not uniform

ungleichnamig•e Brüche m pl (Math) / unlike fractions, fractions with different denominators pl || ~e **Ladungen** (Elek, Phys) / unlike charges || ~e **Pole** m pl (Elek, Phys) / unlike poles, opposite poles pl

ungleichseitig (Dreieck) (Math) / scalene (triangle)

Ungleichung f (Math) / inequality

ungültig (z.B. Werte, Ergebnisse) / invalid || ~ **werden**, ablaufen (z.B. Patent, Vertrag), erlöschen (Pat) / expire

ungünstig / unfavourable (e.g. developments, effects) || ~, widrig (Umstände, Bedingungen) / adverse (conditions) || ~, nachteilig [für] / disadvantageous [to]

unidirektional / unidirectional || ~e **Verstärkung**, UD-Verstärkung f (Mater) / one-dimensional reinforcement (in fiber-reinforced composites)

Unijunction-Transistor m (Eltro) / double-base diode, UJT (unijunction transistor), unijunction transistor

unipolar, einpolig (Elek) / single-pole, unipolar, s.p., S.P. || ~er **Transistor**, Unipolartransistor m (Eltro) / unipolar transistor

Unipolartransistor m, unipolarer Transistor (Eltro) / unipolar transistor

Uni-Tunneldiode f (Eltro) / AU diode, unitunnel diode, backward diode

Universal•..., Allzweck..., Alles... / universal, general-purpose, all-purpose || ~**...**, Mehrzweck..., Vielzweck... / multipurpose, multiple-purpose, polyfunctional || ~**bagger** m (Bau) / excavator (with various hydraulic powered attachments increasing the machine's utilization on the jobsite) || ~**drehmaschine** f (Dreh) / center lathe, engine lathe (US), universal lathe || ~**entwickler** m (Foto) / universal developer || ~**fräsmaschine** f (Wzm) / universal milling machine || ~**instrument** n (Elek, Mess) / multimeter, multitester, volt/ohm meter, volt-ohm-milliammeter, VOM, circuit analyzer, multiple-purpose tester, multirange meter || ~**messgerät** n (Elek, Mess) / multimeter, multitester, volt/ohm meter, volt-ohm-milliammeter, VOM, circuit analyzer, multiple-purpose tester, multirange meter || ~**motor** m (Elek) / universal motor, AC/DC motor || ~**roboter** m, Vertikal-Knickarm-Roboter m / articulated arm robot, articulate robot, jointed arm robot || ~**-Rundschleifmaschine** f (Wzm) / universal grinder || ~**spannstock** m (Wzm) / universal machine vice || ~**stecker** m (Elek) / universal plug adapter || ~**winkelmesser** m (Mess) / bevel protractor (for angle measurements) || ~**-Winkelprüfkopf** m (Mater) / variable angle probe || ~**zange** f (Wz) / multipurpose pliers, universal pliers || ~**zange**, Wasserpumpenzange f, Greifzange mit Gleitgelenk (DIN) (Wz) / water pump pliers, channel-type pliers, groove joint pliers, universal pliers, multiple slip-joint pliers pl, multigrip pliers pl

universell•e Gasgleichung (Phys) / ideal gas law, ideal gas equation || ~e **Gaskonstante** (Phys) / gas constant, molar gas constant, ideal gas constant, universal gas constant

Univibrator m, One-shot m (Eltro) / monostable multivibrator, one-shot circuit, monostable n, single-shot multivibrator, monostable circuit, one-shot, unibrator

unklar (Gerät), funktionsunfähig / out of order, inoperative

Unkosten, allgemeine ≃, Gemeinkosten *pl* (Wirtsch) / overhead costs *pl*

Unkraut•bekämpfungsmittel *n* (Landw, Umw) / herbicide, weed killer || ≃**vertilgungsmittel** *n* (Landw, Umw) / herbicide, weed killer

unlegiert (Hütt) / unalloyed || **~es Pulver** (aus nur einer reinen Metallkomponente) (PM) / elemental powder || **~er Stahl** / plain carbon steel

unlösbare Verbindung / permanent joint

unlöschbar (DV) / non-erasable

unlöslich (Chem) / insoluble, insol

unmagnetisch / non-magnetic, antimagnetic || **~ machen**, entmagnetisieren (Phys) / demagnetize

unmischbar / immiscible, non-miscible, unmiscible, unmixable

unmittelbar / immediate || ~, direkt / direct || **~er Antrieb** / direct drive || ~ (o. ohne Zeitverlust) **erfolgend**, Sofort... / instant *adj* || **~es Teilen**, direktes Teilen (Teilkopfspindel wird mit der Teilscheibe und dem Werkstück um den gewünschten Teilschritt gedreht) (Wzm) / direct indexing

unnachgiebig, starr / inflexible, unyielding

unnütz, unbrauchbar, nutzlos / useless

Unpaarigkeit *f*, ungerade Parität (DV) / odd parity

unperiodisch / aperiodic

unpolare Bindung (Chem) / atomic bond, covalent bond, electron pair bond

unpolarisiertes Relais (Elek) / neutral relay, neutral armature relay, nonpolarized relay

unpraktisch, ungeschickt / unpractical, awkward || ~, unzweckmäßig / impractical

unproduktive Zeit, Leerlaufzeit *f* (IE) / idle time, nonproductive time

unregelmäßig, unbeständig, unstetig / unsteady, inconstant || ~, erratisch / erratic

Unreinheit *f*, Verunreinigung *f*, Fremdstoff *m* (Chem) / impurity

unrentabel, unwirtschaftlich / not economically viable, uneconomic[al]

unrichtig, falsch, fehlerhaft / incorrect, wrong

unrund / noncircular, out-of-round *adj* || **~ laufen**, schlagen *vi* (z.B. Räder) / run out of true, run untrue

Unrunddrehen *n*, Außermittedrehen *n* (Fert) / eccentric turning

Unrundlauf *m*, Schlag *m* (von Rädern, Reifen etc.) / eccentricity, runout, wobble

unsachgemäß / improper

unscharf, undeutlich / blurred, fuzzy || ~, stumpf (Schneide, Messer) / blunt, dull || ~, verwackelt (Foto) / blurred, fuzzy, out-of-focus || ~ (Alarmanlage) / unset (intruder alarm system) || **~e Abstimmung**, mangelnde Trennschärfe (o. Selektivität) (Audio, Radio) / flat tuning

Unschärfe *f*, Unsicherheit *f* (Phys) / uncertainty || ≃**kreis** *m*, Streukreis *m* (Foto, Opt) / circle of confusion, circle of least confusion

Unschlitt *m*, Talg *m* (Fett wiederkäuender Tiere) / tallow *n*

unsicher, unbestimmt, ungewiss / uncertain

Unsicherheit *f* / uncertainty || ≃, Unschärfe *f* (Phys) / uncertainty

Unsicherheitsbereich *m* (Mess) / uncertainty range

unsichtbar / invisible

unspaltbar machen, denaturieren (Nukl) / denature (fissionable material)

unstarres Luftschiff, Prallluftschiff *n* (Luft) / nonrigid airship

unstetig, diskontinuierlich (allg, Math, Regel) / discontinuous || ~, diskret (Math) / discrete || ~, unbeständig / unsteady, inconstant || **~e Funktion** (Math) / discontinuous function || **~er Regler** (Regel) / discontinuous controller

Unstetigförderer *m* (z.B. Kran, Stapler, Aufzug, fahrerloses Fahrzeug) (Förd) / intermittent material handling system

Unstetigkeits•punkt *m* (einer Funktion) (Math) / point of discontinuity || ≃**stelle** *f* (einer Funktion) (Math) / point of discontinuity

Unsymmetrie *f* / asymmetry, dissymmetry, nonsymmetry

unsymmetrisch / asymmetric, asymmetrical, nonsymmetrical, unsymmetrical, unsymmetric, dissymmetric, dissymmetrical || ~ (Elek) / unbalanced || **~e Last** (Elek) / unbalanced load

untauglich, ungeeignet / unsuitable, unsuited, unfit, improper

Untendreher *m*, untendrehender Turmdrehkran (Förd) / bottom slewing crane, low pivot crane, tower crane with rotating base, tower crane rotating at the base

unter Putz [verlegt], Unterputz... (Rohre, Leitungen) (Bau, Elek, Sanitär) / concealed (piping, wiring in wall or ceiling) || **~ Putz** [verlegt], Unterputz... (Schalter, Steckdose etc.) (Bau, Elek) / flush, flush-mounted (on a wall, in a ceiling), flush mounting, recessed || **~ Strom** [stehend], Strom führend (Elek) / current-carrying, live, alive, hot || **~ Wasser**, Untersee..., / submarine *adj*, undersea, underwater, subsea

unter•es Abmaß (algebraische Differenz zwischen dem Mindestmaß und dem zugehörigen Nennmaß) / lower deviation || **~e Eingriffsgrenze** (QM) / LAL (lower action limit), lower action limit, lower control limit, LCL (lower control limit) || **~es Ende**, Boden *m* / bottom *n* || **~e Grenze**, Infimum *n* (Math) / infimum, greatest lower bound, glb, inf || **~es Grenzmaß**, Mindestmaß *n* (Passung) / minimum size, minimum dimension, minimum limit || **~er Grenzwert** (allg, Math) / lower limit || **~es Gurttrum**, Untertrum *n* (eines Förderbands) (Förd) / slack side (of a belt) || **~er Heizwert** (früher), spezifischer Heizwert (Quotient aus der bei vollständiger Verbrennung eines Brennstoffs frei werdenden Wärmemenge und seiner Masse bzw. Stoffmenge in kJ/kg ohne die Kondensationswärme der Gesamtwasser-menge, die in dampfförmigem Zustand vorliegt) / calorific value, n.c.v. (net calorific value), net calorific value, net value, lower calorific value, LCF (lower calorific value) || **~er Index** (tiefgesetzte Zahl o. Buchstabe) (Druck, Math) / index, subscript, subindex, inferior *n* || **~e Mittelklasse** (Kfz) / compact car (vehicle size class - e.g. Ford Focus), compact *n*, small family car, c-segment car || **~er Plastizitätszustand**, Fließgrenze *f* (von Böden) (Bau) / liquid limit, LL || **~e Seite** / bottom || **~er Sonderkanalbereich** (Kabelfernsehen) (TV) / midband || **~er Totpunkt** (Mot) / bottom dead center (nearest the crankshaft), BDC, outer dead centre (GB)(nearest the crankshaft), lower dead center, LDC || **~e Tragschicht** (Straß) /

subbase (of gravel or crushed stone under base course)

Unter•ansicht f, Ansicht von unten f (Doku) / bottom view || **²arm** m (einer Punktschweißmaschine) (Wzm) / lower horn || **²atmosphärendruck** m, Unterdruck m / subatmospheric pressure || **²ätzung** f (Fert) / undercut (in chemical machining, etching that occurs sideways under the maskant), undercutting

Unterbau m, Fundament n (Bau) / foundation(s)

Unterboden m (unter Bodenbelag), Untergrund m (Bau) / sub-floor, base, support, substrate

unterbrechen (z.B. Fortgang, Betrieb, Stromversorgung) (allg) / interrupt vt || ~, anhalten vt (vorübergehend) / pause vt (e.g. data transmission) || ~ (z.B. Verbindung), trennen (Tele) / disconnect || ~ (Stromkreis) (Elek) / break (a circuit)

Unterbrecher m (Elek) / interrupter || **²**, Ausschalter m, Stromunterbrecher m (Elek) / circuit breaker, cut-out, cut-out switch || **²** (Zündung) (Elek, Kfz) / contact breaker || **²kontakt** m (Elek, Kfz) / breaker point, ignition point, contact breaker point

Unterbrechung f (allg) / interruption || **²** (z.B. für Werbung) (Radio, TV) / break, intermission || **²** / interruption (of service, transmission), break, disruption (e.g. of train or telephone service, of production) || **²** (der Fahrt) (Verk) / break || **²**, Pause / break || **²** (einer Verbindung) (Tele) / disconnection || **²**, Stockung f / interruption || **²**, Interrupt m (DV) / interrupt n || **²** (im Stromkreis) (Elek) / discontinuity (in a circuit) || **²**, Öffnen n eines Stromkreises (Elek) / breaking of a circuit, opening of a circuit || **mit ²en**, unterbrochen (allg) / interrupted

unterbrechungs•freie Stromversorgung (Elek) / uninterruptible power supply, uninterruptible power system, UPS (uninterruptible power supply) || **²routine** f, Interrupt-Routine f (DV) / interrupt routine || **²strom** m, Ausschaltstrom m (Elek) / breaking current, cutoff current || **²taste** f (DV) / break key || **²werk** n (DV) / interrupt control unit

unterbringen / accommodate vt (people), provide with lodging || ~ (z.B. Komponenten in einem Gehäuse), einbauen / accommodate vt, house vt (Eltro) / package (chips in a plastic case) || ~, verstauen / stow [away]

Unterbringung f, Unterkunft f / accommodation, lodging || **²** (z.B. von Komponenten in einem Gehäuse), Einbau / accommodation, housing

unterbrochen (allg) / interrupted || ~ (periodisch), intermittierend / intermittent || ~ (Verbindung) (Tele) / disrupted, disconnected || **~e Linie** / broken line, discontinuous line || **~e Schweißnaht** (Schw) / intermittent weld

unterdimensioniert / of too low capacity o. size o. strength o. height, underdimensioned, undersized

Unter-Dischwefelsäure f, Dithionsäure f ($H_2S_2O_6$) (Chem) / dithionic acid, hyposulphuric acid

Unterdruck m (jeder Druck, der geringer ist als der Umgebungsdruck) (Phys) / vacuum || **²** (wie er z.B. im Zylinder durch den abwärts gehenden Kolben o. in Pumpen o. bei der Vakuumfiltration erzeugt wird) (Masch) / partial vacuum || **²** (unter einem bestimmten

Wert) / low pressure || **²** (wie er z.B. in Belüftungs- o. Entgasungsanlagen erzeugt wird, um eine Bewegung von Luft o. Gas in eine bestimmte Richtung zu erreichen) / negative pressure || **²**, Unteratmosphärendruck m / subatmospheric pressure || **²** (zu geringer Druck) / underpressure || **²** m, zu geringer Druck (z.B. in Reifen) / underinflation || **²dose** f **der Zündzeitpunktverstellung**, (Kfz, Mot) / vacuum advance unit, vacuum advance mechanism, advance capsule (coll)

unterdrücken (allg, DV, Elek) / suppress || **²** n / suppression

Unterdruck•messer m (Mess) / vacuum gauge || **²messgerät** n (Mess) / vacuum gauge

Unterdrückung f / suppression || **² der Rufnummernübermittlung zum A-Teilnehmer** (ISDN-Leistungsmerkmal) (Tele) / COLR, connected line identification restriction || **² der Rufnummernübermittlung zum B-Teilnehmer** (Tele) / calling line identification restriction, CLIR, call number suppression

Unterdruck•verfahren n (DV) / drop-on demand inkjet printing, drop-on-demand printing || **²versteller** m (Kfz, Mot) / vacuum advance unit, vacuum advance mechanism, advance capsule (coll) || **²verstellung** f (Mot) / vacuum advance

untereinander auswechselbar, gegenseitig ersetzbar, gegeneinander auswechselbar / interchangeable

unter•eutektoid (Stahl) (Hütt) / hypoeutectoid || **²flasche** f (Kran) (Förd) / hoist block

Unterflur•... / underfloor || **²...**, unterirdisch / underground || **²feuer** n (Flughafenbefeuerung) (Luft) / inset light

Unter•führung f (Bahn, Straß) / subway (GB), underpass || **²gehen**, sinken (Schiff) / sink, go under, founder

untergeordnet / subordinate adj || ~, zweitrangig / secondary adj || ~ **er Computer** (DV) / slave computer || **²es Verzeichnis**, Unterverzeichnis n (DV) / subdirectory

Unter•geschoss n, Tiefgeschoss n (Bau) / basement || **²gesenk** n (Schm) / lower die, bottom die || **²gewicht** n / underweight

untergliedern, unterteilen [in] / divide [into], subdivide [into] || ~, unterteilen (z.B. statistische Daten anhand best. Kriterien) / break down

Unter•grenze f, unterer Grenzwert (allg, Math) / lower limit || **²größe** f, Untermaß n / undersize

Untergrund m (z.B. des Meeres, einer Deponie), Boden m / bottom || **²**, Baugrund m (Bau) / subsoil (supporting ground underneath a building), foundation, subgrade || **²** (natürlich anstehender, meist mechanisch verfestigter Boden unter der Straßenbefestigung) (Straß) / subgrade (natural ground below a road), formation || **²**, Unterboden m (unter Bodenbelag) (Bau) / sub-floor, base, support, substrate || **²** (für Putz), Putzgrund m (Bau) / background, base, backing || **²** (für Anstrich, Lackierung) (Anstr) / ground, substrate || **²** (auf den ein Beschichtungsstoff aufgebracht wird), Substrat n (Fert) / substrate

Untergrundbahn f, U-Bahn f (mit dichter Fahrplan-Taktfolge im städtischen Bereich, Streckenführung z.T. auch oberirdisch) (Verk) / metro [system], rapid transit [system] || **²**, U-Bahn f (i.W. unterirdisch) (Verk) /

underground *n* (GB), subway (US)(usually used to describe a rapid transit system that operates solely or primarily underground), tube (GB, in London)

unterhalb / below

Unterhalt *m* (Schweiz), Instandhaltung *f*, Wartung *f* / maintenance, servicing, service

unterhalten / maintain (e.g. research facilities, branch offices, contacts, relations with other societies) ‖ ~, instand halten / maintain, service *vt*

Unterhaltung *f*, Instandhaltung *f*, Wartung *f* / maintenance, servicing, service

Unterhaltungs • arbeiten *f pl*, Instandhaltungsarbeiten *f pl* / maintenance work ‖ ²**elektronik** *f* (Audio, TV, Video) / consumer electronics (used in entertainment), entertainment electronics, home entertainment electronics ‖ ²**kosten** *pl*, Wartungskosten *pl* / maintenance cost[s]

unterirdisch • e Lagerstätte (Geol, Öl) / underground reservoir ‖ ~**e Leitung**, Erdleitung *f* (Elek, Tele) / underground line

Unter • korb *m* (des Geschirrspülers) (HG) / bottom rack (of a dishwasher) ‖ ²**korn** *n*, Siebdurchgang *m* (Aufb) / screen underflow, subsieve fraction, smalls *pl*, undersize, fells *pl* ‖ ~**kühlter Austenit** (Hütt) / supercooled austenite ‖ ²**kühlung** *f* / supercooling

Unterkunft *f*, Unterbringung *f* / accommodation, lodging

Unterlage *f*, Basis *f*, Grundlage / base *n* ‖ ² (verstärkendes Material auf der Rückseite, auf dem etwas augebracht wird) / backing ‖ ²-, Schreibunterlage *f* / pad ‖ ²-, Schweißunterlage *f* (Schw) / backup plate, backing bar ‖ ²**n** *f pl*, Dokumente *n pl* / documents *pl*, documentation ‖ ²**n** *f pl*, Materialien *n pl* (für z.B. Schulungen) / material[s] ‖ ²**n** *f pl*, Akten *f pl* / files *pl*, records *pl*

Unterlagscheibe *f*, Unterlegscheibe *f* / washer, flat washer

Unterlastschutz *m* (elektronischer Motorschutz) (Elek) / underload protection

Unterlegscheibe *f* / washer, flat washer

Unterlieferant *m* (Wirtsch) / subsupplier (EN ISO 9000-1)

unterliegen / be subject to (e.g. change, constant examination, EU regulation)

Untermaß *n* / undersize ‖ **zulässiges** ² / lower deviation

untermauern, erhärten / back *vt* [up] (e.g. a theory with facts)

Unter • menge *f*, Teilmenge *f* (Math) / subset ‖ ²**menü** *n* (DV) / submenu

Unternehmen *n* (Wirtsch) / business, company, firm, enterprise

Unternehmens • - / corporate (e.g. objectives, policy) ‖ ²**berater** *m* (Wirtsch) / consultant, management consultant, business consultant ‖ ²**beratung** *f*, Beratungsunternehmen *f* (Wirtsch) / consultancy firm, consultancy ‖ ²**beratung** (Tätigkeit) (Wirtsch) / consulting, consulting service[s] ‖ ²**forschung** *f*, Operationsresearch *n* / operations research, operational research, OR ‖ ²**führung** *f*, Management *n* / management ‖ ~**intern**, innerbetrieblich, firmenintern / intra-company (e.g. transfer, relationships, communications, network), in-house ‖ ~**intern**, innerbetrieblich, werksintern / in-plant,

intra-plant ‖ ²**leitung** *f* / corporate management ‖ ²**management** *n* / corporate management

Unternehmung *f*, Unternehmen *n* (Wirtsch) / business, company, firm, enterprise

Unter • programm *n* (DV) / subprogram, subroutine ‖ ²**programmtechnik** *f* (NC) / subroutine technique ‖ ²**pulver-Bandschweißen** *n* / SAW strip-cladding ‖ ²**pulverschweißen** *n*, Ellira-Schweißen *n* (Elektro-Linde-Rapid) (Schw) / SAW, submerged arc welding, sub-arc welding

Unterputz • ... (Schalter, Steckdose etc.) (Bau, Elek) / flush, flush-mounted (on a wall, in a ceiling), flush mounting, recessed ‖ ²**...** (Rohre, Leitungen) (Bau, Elek, Sanitär) / concealed (piping, wiring in wall or ceiling) ‖ ²**dose** *f* (Elek) / flush box, flush-mounting box ‖ ²**einbau** *m* (Elek) / flush mounting

Unter • rohr *n* (Fahrrad) / down tube ‖ ²**sattel** *m* (beim Freiformschmieden) (Schm) / bottom die, lower die

unterscheidbar / distinguishable

unterscheiden / distinguish ‖ ~, differenzieren / differentiate ‖ ~ (z.B. ein Merkmal, das das Original von der Kopie unterscheidet) / discriminate (e.g. a mark that discriminates the original from the copy) ‖ ~, einteilen (in Gruppen, nach bestimmten Kriterien) / classify (into groups, according to certain criteria) ‖ ~ *vr* (sich)(von, in/durch) / differ (from, in)

Unterscheidung *f* / differentiation, discrimination, distinction

Unterscheidungsmerkmal *n* / characteristic *n*, characteristic feature

Unterschied *m* / difference ‖ ² *f*, Differenz *f*, Gefälle *n* (z.B. Druck-, Temperaturgefälle) (Phys) / differential (e.g. pressure, temperature differential)

unterschiedlich, verschieden / different ‖ ~, wechselnd, schwankend / varying ‖ ~, vielfältig / varied

Unter-Schienen-Schweißen *n* (Schw) / fire-cracker welding, arc welding with stationary covered electrode

Unterschneidung *f*, Hinterschneidung *f* (Fert) / undercut *n*

Unterschnitt *m*, Hinterschneidung *f* (Fert) / undercut *n*

unterschreiten (z.B. Druck, Temperatur), sinken unter / fall below ‖ ~, nicht erreichen (einen best. Wert) / fall short [of] ‖ ~ (z.B. Voranschlag) / stay below (e.g. an estimate)

Unterschweflige Säure (frühere, irrtümliche Bezeichnung), dithionige Säure *f* ($H_2S_2O_4$) (Chem) / dithionous acid, hyposulfurous acid

Untersee... / submarine *adj*, undersea, underwater, subsea

unterseeisch, Untersee... / submarine *adj*, undersea, underwater, subsea ‖ ~**es Kabel**, Seekabel *n* (Elek, Tele) / submarine cable, subsea cable

Unter • seite *f* / underside, bottom side, undersurface, bottom surface ‖ ²**seite**, Boden *m* / bottom ‖ ~**setzen** (Getriebe) / gear down ‖ ²**setzer** *m* **2 : 1** (Eltro) / binary circuit

Untersetzung *f* (Getriebe), Übersetzung *f* ins Langsame (Vorgang) / gearing-down, speed reduction ‖ ², Übersetzungsverhältnis *n* ins Langsame (Zahnräder) / speed reducing ratio, reduction ratio (of gearing), step-down ratio

Untersetzungs•getriebe n, Getriebe n mit Übersetzung ins Langsame / reducer, reduction gearing, reduction gear, step-down gear, speed reducer, speed reduction gear, reduction gear || ≃**-Getriebekopf** / gearhead || ≃**verhältnis** n, Übersetzungsverhältnis n ins Langsame (Zahnräder) / speed reducing ratio, reduction ratio (of gearing), step-down ratio

Untersicht f, Ansicht von unten f (Doku) / bottom view

Unterspannung f (σ_u, bei periodischer Beanspruchung, im Spannungs-Zeit-Diagramm) (Mater, Mech) / minimum stress || ≃ (Elek) / undervoltage || ≃ (Trafo) (Elek) / low-side voltage, low voltage || ≃ **in einem Verteilernetz** (deutlich, über einen längeren Zeitraum hinweg) (Elek) / voltage depression, brownout n

Unterspannungs•auslöser m (Elek) / undervoltage release || ≃**relais** n (Elek) / undervoltage relay

Unter•stempel m (PM) / lower punch || ≃**strang** m (Elek) / subline

Unterstrom m, zu schwacher Strom (Elek) / undercurrent

unterstützen (allg, DV, Techn) / support (e.g. new developments, research, exchange programs, an operating system) || ~ [bei], helfen / assist [with sth, somebody in doing sth] || ~, fördern (finanziell) / fund

unterstützend, zusätzlich / accessory, subsidiary

unterstützend, Hilfs..., zusätzlich, ergänzend, untergeordnet / supplementary, accessory adj, subsidiary

Unterstützung f (z.B. von Kunden, anderen Programmen) / support || ≃, Hilfe f / assistance

untersuchen, prüfen / examine || ~, nachgehen (z.B. Ursachen) / investigate || ~, erforschen / explore || ~ (genau) / examine in detail, scrutinize, explore || ~, analysieren / analyse (GB), analyze (US) || ~ (hinsichtlich Leistung, Zustand, Sicherheit etc.), prüfen, kontrollieren / check || ~, prüfen (funktionale Aspekte eines Produktes, Bauteils o. Materials wie Zuverlässigkeit, Funktionsfähigkeit unter Bedingungen, die denen des späteren Einsatzes gleichen o. ähnlich sind), testen (QM) / test || ~, kontrollieren, überprüfen (visuell - z.B. Maschine, Anlage) / inspect || ~ (wissenschaftlich), forschen über, erforschen / research vt, investigate, study || ~, abtasten (mit Sonde etc.), sondieren, erforschen / probe vt || ~ (Erz o. Legierung auf Gehalt eines bestimmten, v.a. Edelmetalls), prüfen (Chem, Hütt) / assay vt

Untersuchung f, Prüfung f / examination || ≃, Nachforschung f / investigation || ≃, Erforschung f / exploration || ≃ (genau, detailliert) / scrutiny || ≃, Analyse f (allg, Chem) / analysis (pl.: analyses) || ≃, Kontrolle f, Überprüfung f (hinsichtlich Leistung, Zustand, Sicherheit etc.) / check || ≃, Prüfung f (der funktionalen Aspekte eines Produktes, Bauteils o. Materials wie Zuverlässigkeit, Funktionsfähigkeit unter Bedingungen, die denen des späteren Einsatzes gleichen o. ähnlich sind), Testen n (QM) / testing || ≃, Test m (pl: Tests), Prüfung f / test n || ≃, Sichtprüfung f, Inspektion f / inspection || ≃ (wissenschaftlich) / study || ≃ (auf Zusammensetzung, Gewicht usw.), Analyse f (zur Bestimmung der qualitativen o.

quantitativen Zusammensetzung z.B. eines Arzneimittels oder des Edelmetallgehalts einer Erzprobe) (Chem, Hütt, Pharm) / assay n || ≃ (MT) / scan (e.g. in sonography) || ≃ (Bericht, Artikel, Buch) / study

Untersuchungs•bohrung f, Prospektions-bohrung f (Öl) / exploratory drilling, exploration drilling, prospective drilling, test drilling || ≃**labor** n / research laboratory

untersynchrone Stromrichterkaskade (Drehzahlregelung) (Elek) / subsynchronous converter cascade

Untertagebetrieb m (Bergb) / deep mining, underground mining

untertauchen vt / submerge || ≃ n, Eintauchen n / immersion, submersion

unterteilen, untergliedern, einteilen, gliedern [in] / divide [into], subdivide [into] || ~, einteilen, klassifizieren, einordnen (in Klassen o. Gruppen) / classify, group || ~ (z.B. statistische Daten anhand best. Kriterien), untergliedern / break down

Unter•trum n (eines Förderbands) (Förd) / slack side (of a belt) || ≃**verzeichnis** n (DV) / subdirectory || ≃**wäsche** f (Tex) / undergarment

Unterwasser n (bei einem Wasserkraftwerk) (Wasserb) / tailwater || ≃**...**, unterseeisch, Untersee..., submarin / submarine adj, undersea, underwater, subsea || ≃**horchgerät** n (Akust) / hydrophone, subaqueous microphone || ≃**kabel** n (Elek, Tele) / submarine cable, subsea cable || ≃**mikrofon** f (Akust) / hydrophone, subaqueous microphone || ≃**pumpe** f, Tauchpumpe f / submersible pump || ≃**schallaufnehmer** m, Hydrophon n (Akust) / hydrophone, subaqueous microphone || ≃**scheinwerfer** m (Licht) / underwater floodlight

unterwerfen, aussetzen vt (einem Einfluss) / expose [to], subject [to]

Unterwerkzeug n (als Gegenstück zum Stempel in der Blechbearbeitung) (Wzm) / die || ≃, Untersattel m (beim Freiformschmieden) (Schm) / bottom die, lower die

unterworfen, abhängig [von], gebunden [an] / subject adj [to]

unterziehen (z.B. einer Behandlung, Prüfung) / subject to

unüberwacht, unbemannt (Masch) / unattended

ununterbrochen•er periodischer Betrieb mit Aussetzbelastung (Betriebsart S6) (Elek) / continuous-operation periodic duty (duty type S6) || ~**er periodischer Betrieb mit Aussetzbelastung und Drehzahländerung** (Betriebsart S8) (Elek) / continuous-operation periodic duty with related load-speed changes (duty type S8) || ~**er periodischer Betrieb mit Aussetzbelastung und elektrischer Bremsung** (Betriebsart S7) (Elek) / continuous-operation periodic duty with electric braking (duty type S7)

unverbleit (Kraftstoff) / lead-free (fuel), non-leaded, unleaded

unverbrennbar / incombustible, non-combustible

unvereinbar, inkompatibel / incompatible

unverlierbar (Scheibe, Schraube) / captive (washer, screw)

unvermischbar / immiscible, non-miscible, unmiscible, unmixable

unvermittelt, plötzlich, abrupt / abrupt, sudden, unexpected unverschiebbar, ortsfest, stationär / stationary, fixed

unverschlüsselter Text, Klartext m (DV) / plain text, uncoded text

unverstellbar / fixed, non-adjustable

unverträglich, inkompatibel / incompatible

unverwendbar, unbrauchbar / unusable

unverwüstlich, robust, widerstandsfähig / sturdy, robust

unverzerrt (allg, Opt) / undistorted, without distortion

unverzichtbar / indispensable, essential

unverzögert, verzögerungsfrei / instantaneous, undelayed

unvollkommen, fehlerhaft / imperfect

unvollständig / incomplete ‖ ~, teilweise, partiell / partial adj

unwesentlich, zweitrangig, untergeordnet / secondary adj

unwichtig, zweitrangig, untergeordnet / secondary adj

unwirksam machen, ausschalten / deactivate ‖ ~ machen / disable

unwirtschaftlich, unrentabel / not economically viable, uneconomic[al]

Unwucht f / unbalance ‖ ~ (dynamisch o. statisch, z.B. von Reifen) (Masch) / imbalance (dynamic o. static)

unwuchtig (Rad), unausgewuchtet / unbalanced, out-of-balance (e.g. tire)

Unwuchtüberwachung (bei Waschmaschinen) (HG) / imbalance check

unzerstörbar / undestructible

unzugänglich / inaccessible

unzulänglich / inadequate, insufficient, deficient

unzulässig / inadmissible ‖ ~ [hoch] (z.B. Abnutzung, Beanspruchung) / excessive, undue ‖ ~ (Lösung, Strategie) / non-feasible (solution, strategy) ‖ ~, nicht zulässig (DV, Math) / illegal, invalid ‖ ~ hoher Strom, Überlaststrom m (Elek) / overcurrent, excess current, overload current

unzureichend, unzulänglich / inadequate, insufficient, deficient ‖ ~, nicht ausreichend [vorhanden] / insufficient

unzusammenhängend / incoherent

unzweckmäßig, unpraktisch / impractical

unzweideutig, eindeutig / unambigous, unequivocal

UP, ungesättigter Polyester (Plast) / unsaturated polyester

Up-and-down-Methode f (Pharm) / up-and-down method

Update n, Upgrade n (DV) / upgrade (new software version), update

updaten, aktualisieren (DV) / update (e.g. file, database)

UP-Dose f, Unterputzdose f (Elek) / flush box, flush-mounting box

Upgrade n, Update n (DV) / upgrade (new software version), update ‖ ~ (DV) / upgrade (new version of piece of hardware)

Uplink m (Tele) / uplink (link from the earth station up to the satellite or in a data transmission from data station to headend or mainframe) ‖ ~signal n (TV) / uplink signal ‖ ~station f (TV) / uplink station

Upload m (DV, Tele) / upload n

uploaden, hochladen, übertragen (Daten vom eigenen Rechner zu einem anderen entfernten) (DV, Tele) / upload vt (e.g. a file to another computer)

U-Profil n, U-Stahl m (Walz) / channel, channel section, channel iron

UPS, unterbrechungsfreie Stromversorgung (Elek) / uninterruptible power supply, uninterruptible power system, UPS (uninterruptible power supply)

UP-Schweißen n, Unterpulverschweißen n (Schw) / SAW, submerged arc welding, sub-arc welding

Uran n (Chem) / uranium, U ‖ ~anreicherung f (Nukl) / uranium enrichment ‖ ~anreicherungsanlage f (Nukl) / uranium enrichment plant

Urare n, Curare n (Pharm) / curare, curari

Urbild n (Math) / preimage ‖ ~bereich m, Definitionsbereich m (einer Abbildung o. Funktion) (Math) / domain ‖ ~menge f, Definitionsbereich m (einer Abbildung o. Funktion) (Math) / domain

Ureingabe f, Booten n (DV) / boot n, bootstrap n, bootstrapping

Urformen n (Fertigen eines festen Körpers aus formlosem Stoff durch Schaffung des Zusammenhalts, z.B durch Gießen, Extrudieren, Sintern - Hinweis: die englischen Begriffe beinhalten auch Verfahren aus den Hauptgruppen Umformen und Trennen) (Fert) / primary forming [processes], primary shaping [processes] (in which a solid body with a defined shape is manufactured from the liquid, semifluid, particulate or ionised state- Note: the German term does not include bulk/sheet deformation or machining processes) ‖ ~ aus dem körnigen oder pulverförmigen Zustand (z.B. Pressen, Sintern) (Fert) / particulate processing

Urheber m, Absender m (einer Nachricht) (Tele) / originator, sender

Urknall m (Astr) / big bang

URL f (Adresse von Internet-Seiten) (DV, Tele) / Uniform Resource Locator, URL

Urladen n, Booten n (DV) / boot n, bootstrap n, bootstrapping

Urmeter n (in Paris) (Mess) / standard meter

U-Rohr n / U-tube ‖ ~bogen n (Rohr) / U-bend ‖ ~manometer n (Phys) / U-tube manometer

Uronsäure f (Biochem) / uronic acid

Ursache f [für] / cause [of] ‖ ~, Grund m / reason ‖ ~ und Wirkung / cause and effect

Urspannung f, elektrische Urspannung, Quellenspannung f (Elek) / electromotive force, e.m.f.

Ursprung m, Herkunft f, Quelle f / origin ‖ ~, Koordinatenanfangspunkt m (an dem sich die Achsen eines Koordinatensystems schneiden) (Math) / origin (of coordinates)

ursprünglich, Original..., original / original adj ‖ ~, Anfangs..., anfänglich / initial, starting

Ursprungs•daten pl, Rohdaten pl, unaufbereitete Daten (DV) / raw data pl ‖ ~sprache f, Quellsprache f (DV) / source language

USART n (DV, Tele) / universal synchronous/asynchronous receiver/transmitter, USART

USB (unterer Sonderkanalbereich - Kabelfernsehen) (TV) / midband ‖ ~ (DV) / USB, Universal Serial Bus ‖ ~-Anschluss m (DV) / USB port ‖ ~-Gerät n (DV) / USB device ‖ ~-Port m (DV) / USB port ‖ ~-Schnittstelle f (DV) / USB port ‖ ~-Stick m (DV) / USB stick

U'scheibe *f*, Unterlegscheibe *f* / washer, flat washer

U-Schweißen *n*, Unter-Schienen-Schweißen *n* (Schw) / fire-cracker welding, arc welding with stationary covered electrode

US-Schweißen *n*, Unter-Schienen-Schweißen *n* (Schw) / fire-cracker welding, arc welding with stationary covered electrode

U-Stahl *m* (Walz) / channel, channel section, channel iron

USV, unterbrechungsfreie Stromversorgung (Elek) / uninterruptible power supply, uninterruptible power system, UPS (uninterruptible power supply) ‖ ⁓**-Anlage** *f* (Elek) / UPS system

UT, unterer Totpunkt (Mot) / bottom dead center (nearest the crankshaft), BDC, outer dead centre (GB)(nearest the crankshaft), lower dead center, LDC

UTC (Universal Time Coordinated), koordinierte Weltzeit (auf der Internationalen Atomzeit beruhende Zeitskala, die die Grundlage für allgemeine und wissenschaftliche Zeitangaben bildet) / UTC, Universal Time Coordinated, Coordinated Universal Time

Utility *f*, Dienstprogramm *n* (DV) / utility, utility program

UTP, ungeschirmte Doppelader, UTP-Kabel *n* (Kabel ohne Paarabschirmung u. ohne Gesamtabschirmung) (Kabel) / unshielded twisted pair, UTP

U-Umrichter *m* (Umrichter in der elektrischen Antriebstechnik, bei der die Energie über einen Zwischenkreiskondensator gespeichert wird) (Elek) / voltage source inverter, VSI

UV-B (280 bis 100nm), Dorno-Strahlung *f* (Phys) / ultraviolet B, UVB

UV•-Licht *n*, Ultraviolettlicht *n* / ultraviolet light, UV light ‖ ⁓**-löschbar** (PROM) (DV) / UV-erasable (PROM)

UVP, Umweltverträglichkeitsprüfung *f* (Umw) / AEE (Assessment of Environmental Effects)(New Zealand), environmental impact assessment, EIA, Environmental Impact Statement (US), EIS (Environmental Impact Statement)(US), Assessment of Environmental Effects (New Zealand)

UV•-Strahler *m* (Phys) / ultraviolet emitter, UV emitter, ultraviolet radiator ‖ ⁓**-Strahlung** *f* (Phys) / ultraviolet radiation, UV radiation

U-Wert *m*, Wärmedurchgangskoeffizient *m* (Bau) / thermal transmittance (in W/m²K), U-value, U-factor

V

V, Vanadium (Chem) / vanadium, V

V_n, Normvolumen *n* (Phys) / normal volume, standard volume

VAD-Verfahren *m*, Vakuum-Entkohlung mit Lichtbogenheizung (Hütt) / vacuum arc degassing, VAD

vagabundierender Strom, Irrstrom *m* (aus Strom führenden Leitern in das Erdreich austretender Strom) (Elek) / stray current, leakage current

vage, ungenau, unbestimmt / vague

Vakuum *n* (Phys) / vacuum *n* ‖ ⁓**bedampfung** *f* (Fert) / thermal vapour deposition, vacuum coating by thermal evaporation, vacuum evaporation, vacuum evaporation PVD ‖ ⁓**behandlung** *f* (von flüssigem Stahl zur Verminderung des Gasgehalts), Vakuumentgasung *f* (Hütt) / vacuum degassing, vacuum refining ‖ ⁓**beschichtungsverfahren** *n* (Eltro, OT) / vacuum coating process ‖ ⁓**entgasung** *f* (von flüssigem Stahl zur Verminderung des Gasgehalts) (Hütt) / vacuum degassing, vacuum refining ‖ ⁓**-Entkohlung mit Lichtbogenheizung**, VAD-Verfahren *m* (Hütt) / vacuum arc degassing, VAD ‖ ⁓**filter** *m n* (ChT) / vacuum filter ‖ ⁓**filtration** *f* (ChT) / vacuum filtration ‖ ⁓**-Frischen** *n* **in Pfannen**, VOD-Verfahren *n* (Hütt) / vacuum oxygen decarburization, VOD process ‖ ⁓**greifer** *m* (Masch) / vacuum gripper ‖ ⁓**heber** *m* (Gerät zum Heben von Lasten mit glatten Flächen) (Förd) / vacuum lifter, vacuum lifting device ‖ ⁓**induktionsschmelzen** *n* (Hütt) / vacuum induction melting, VIM ‖ ⁓**kondensator** *m* (Elek) / vacuum capacitor ‖ ⁓**-Lichtbogen-Umschmelzen** *n*, VAR-Umschmelzen *n* (Hütt) / vacuum arc remelting, VAR ‖ ⁓**meter** *n* (DIN) (Mess) / vacuum gauge ‖ ⁓**mischer** *m* (ChT) / vacuum mixer ‖ ⁓**ofen** *m* / vacuum furnace ‖ ⁓**pumpe** *f* (Vak) / vacuum pump ‖ ⁓**röhre** *f* (Eltro) / vacuum valve, vacuum tube, VT ‖ ⁓**schalter** *m* (Elek) / vacuum switch ‖ ⁓**schütz** *m* (Elek) / vacuum contactor ‖ ⁓**tiegelofen** *m* (Elek, Hütt) / vacuum crucible furnace

Valenz *f*, Wertigkeit *f* (Chem) / valence, valency ‖ ⁓**band** *n* (Eltro, Phys) / valence band ‖ ⁓**elektron** *n* (Chem, Phys) / valence electron ‖ ⁓**strichformel** *f* (Chem) / structural formula, constitutional formula, graphic formula

Validierung *f*, Überprüfung *f* der Gültigkeit / validation, validity check

Van *m* (Kfz) / van (US), minivan (US), multi-purpose vehicle (GB, India), MPV (GB, India), people mover, people carrier (GB)

Vanadieren *n* (Hütt) / vanadizing

Vanadium (Chem) / vanadium, V

Van-Arkel-de-Boer-Verfahren *n* (zur Herstellung hochreiner Metalle) / epitaxial growth technique, van Arkel-de Boer process

Van-de-Graaff-Generator *m*, Bandgenerator (Elek) / Van de Graaff generator

van-der-Waals•-Bindungen *f pl* (Chem) / van der Waals bonds ‖ **~-Kräfte** *f pl* (Chem) / van der Waals forces *pl*

Varaktor *m*, Kapazitätsdiode *f* (Eltro) / varactor, variable capacitance diode, voltage-variable capacitor, varactor diode, varicap ‖ **≃-diode** *f*, Kapazitätsdiode *f* (Eltro) / varactor, variable capacitance diode, voltage-variable capacitor, varactor diode, varicap

variabel, veränderlich / variable, variant

Variabilität *f*, Streuung *f* (Stat) / variability

Variable *f*, Veränderliche *f* (DV, Math, Phys) / variable

Variablen•feld *n*, Array *n* (Folge gleichartiger Daten o. Variablen, die unter einem gemeinsamen Namen angesprochen wird) (DV) / array (in programming) ‖ **≃gleichung** *f* (Math) / equation with variables

Variante *f* (eines Produkts) / design version, design variant ‖ **≃**, Abänderung *f*, abgeänderte Version / modification

Varianz *f*, mittlere quadratische Abweichung (Stat) / variance, dispersion, spread

Variation *f* (Astr, Math) / variation

Variator *m*, stufenloses Getriebe (Kfz, Masch) / continuously variable transmission, CVT ‖ **≃-Getriebe** *n*, stufenloses Getriebe, CVT-Getriebe *n* (Kfz, Masch) / continuously variable transmission, CVT

Varicap *n*, Kapazitätsdiode *f* (Eltro) / varactor, variable capacitance diode, voltage-variable capacitor, varactor diode, varicap

Varioobjektiv *n*, Zoomobjektiv, Objektiv *n* mit veränderlicher Brennweite (Foto) / zoom, zoom lens

Varistor *m*, spannungsabhängiger Widerstand (Elek) / varistor, VDR (voltage dependent resistor), voltage dependent resistor

Varmeter *n*, Blindleistungsmessgerät *n* (Elek) / varmeter, varimeter, varometer

VAR-Umschmelzen *n*, Vakuum-Lichtbogen-Umschmelzen *n* (Hütt) / vacuum arc remelting, VAR

V-Biegen *n*, Gesenkbiegen im V-Gesenk *n* (Fert) / V-bending

9V-Block (IEC 6 F 22), E-Block *m* (Elek) / nine-volt battery, PP3 battery

VC, Vinylchlorid *n* (CH$_2$=CH-Cl) (Chem) / chloroethene, vinyl chloride, VC (vinyl chloride), chloroethylene

VCR•-Betrieb *m* (Audio, TV, Video) / VCR mode ‖ **≃-Mode** *m* (Audio, TV, Video) / VCR mode

Vd, dynamische Viskosität (Einheit: Pascalsekunde) (Phys) / coefficient of viscosity, dynamic viscosity

VDR *m*, Varistor *m*, spannungsabhängiger Widerstand (Elek) / varistor, VDR (voltage dependent resistor), voltage dependent resistor ‖ **≃-Widerstand** *m*, Varistor *m*, spannungsabhängiger Widerstand (Elek) / varistor, VDR (voltage dependent resistor), voltage dependent resistor

Vegetation *f*, Pflanzenwelt *f* (Bot, Umw) / vegetation

Vektor *m* (DV, Elek, Math, Phys) / vector ‖ **≃addition** *f* (Math, Mech) / vector addition ‖ **≃argument** *n*, Winkel *m* zur Achse (Math) / argument (an angle) ‖ **≃compiler** *m* (DV) / vectorizing compiler ‖ **≃einheit** *f* (DV) / vector unit ‖ **≃größe** *f* / vector quantity

vektorielle Größe / vector quantity

Vektorisierung *f* (DV) / vectorization

Vektor•operation *f* (DV, Math) / vector operation ‖ **≃produkt** *n* (Math) / cross product (of a vector), vector product ‖ **≃prozessor** *m* (DV) / vector processor ‖ **≃summe** *f* (Math) / vector sum

Vello-Verfahren *n* (Glas) / Vello process

Velo•dynamo *m* (Schweiz), Fahrraddynamo *m* (Fahrrad) / dynamo, bicycle dynamo, generator ‖ **≃helm** *m* (Schweiz), Fahrradhelm *m* / bicycle helmet

Venn-Diagramm *n* (Math) / Venn diagram

Ventil *n* (Absperr- und Drosselorgan, dessen Verschlusselement vorwiegend in Durchflussrichtung bewegt wird) (Rohr, Techn) / valve ‖ **≃** (Mot) / valve ‖ **≃e** *n pl* (Mot) / valve train

Ventilation *f* / ventilation

Ventilator *m* (Verdichter mit Verhältnis Enddruck zu Ansaugdruck bis 1,1, d.h. ohne merkliche Verdichtung, zur Erzeugung einer Luftströmung z.B. zur Raumlüftung o. Gerätekühlung) / fan (for e.g. ventilation, cooling) ‖ **≃** (bei Motoren mit Flüssigkeitskühlung), Lüfter *m* (Mot) / cooling fan, fan ‖ **≃kühlung** *f* (Kfz, Masch) / fan cooling ‖ **≃riemen** *m* / fan belt

Ventil•betätigung / valve actuation ‖ **≃betätigung** *f*, Ventilsteuerung *f* / valve control ‖ **≃block** *m* / valve set ‖ **≃feder** *f* (Mot) / valve spring ‖ **≃körper** *m* (Masch) / valve body ‖ **≃schaft** / valve stem, valve shaft ‖ **≃sitz** *m* (im Zylinderkopf) (Mot) / valve seat ‖ **≃spiel** *n* (Mot) / valve clearance, valve lash, tappet clearance ‖ **≃spindel** *f* (Mot) / valve stem, valve spindle, valve rod ‖ **≃steuerung** *f*, Ventilbetätigung *f* / valve control ‖ **≃steuerung**, Motorsteuerung *f* (Steuerung des Zeitpunkts u. der Dauer des Ansaugens der Frischgase u. des Ausstoßes der Abgase) (Mot) / valve timing, engine timing ‖ **≃stößel** *m* (Mot) / valve lifter, lifter, cam follower, tappet, follower ‖ **≃teller** *m* (bei Umschalt- und Klappventilen) (Masch) / valve disk ‖ **≃teller** (Mot) / valve head

Venturiwäscher *m* (zur Nassentstaubung) (ChT) / Venturi scrubber

verallgemeinerte Funktion, Distribution *f* (Math, Phys) / distribution

veralten / become obsolete

veraltet / obsolete, outdated, outmoded, out-of-date

veränderbar, einstellbar / variable ‖ **~es Dämpfungsglied** (Eltro, Tele) / variable attenuator, adjustable attenuator ‖ **~er Widerstand**, Rheostat *m* (Elek) / rheostat, variable resistor, adjustable resistor

Veränderbarkeit *f*, Variabilität *f* / variability

veränderlich / variable ‖ **~**, unbeständig, wechselhaft (Meteo) / changeable, unsettled

Veränderliche *f*, Variable *f* (DV, Math, Phys) / variable

verändern *vt* / change, alter, vary ‖ **~** (um) / change [by] ‖ **~** (sich)(unterschiedliche Werte annehmen) / vary (e.g. energy release may vary in the course of the reaction)

Veränderung *f* / change *n*

verankern (Techn) / anchor

Verankerung *f*, Tragkabelverankerung *f* (einer Hänge- o. Schrägseilbrücke) (Bau) / anchorage, cable anchorage ‖ **≃ für Sicherheitsgurte** (Kfz) / seat belt anchor

Verankerungs•block m (Brücke) (Bau) / anchorage block ‖ ≙**seil** n, Abspannseil n / guy, guy cable, guy rope, stay rope, stay line
veranlassen (etw./dass etw. geschieht) / arrange (e.g. for measures to be taken; with a supplier for regular deliveries; for supplies to be delivered regularly; for a supplier to deliver oxygen cylinders directly to the building site) ‖ ~ (jdn zu etw., dass jd etw. tut) / lead (somebody to do something), cause (sb to do sth)
veranschaulichen / illustrate
Veranschaulichung f / illustration
veranschlagen, schätzen [auf] / estimate [at]
verantwortlich [für] / responsible [for](e.g. to the CEO for the restructuring project) ‖ ~ **machen** (jemanden für etw) / hold (somebody) responsible (for sth) ‖ ~ **machen** / blame (e.g. the drop in profits on rising commodity prices) ‖ ~ **sein für**, erklären, die Erklärung sein für / account v [for] (e.g. the setup accounted for the divergent measuring results) ‖ ~ **sein für**, entfallen auf, ausmachen / account [for](e.g. machinery accounts for 30% of the country's export revenues) ‖ ~ **sein für** (z.B. eine Projekt), leiten / be in charge of
Verantwortung f / responsibility
Verantwortungsbereich m, Aufgabenbereich m / field of responsibility, area of responsibility
verarbeitbar, bearbeitbar, umformbar (durch Verfahren der Umformtechnik) (Fert) / workable (by deformation processes), formable
Verarbeitbarkeit f, Umformbarkeit f (durch Verfahren der Umformtechnik), Bearbeitbarkeit f (Fert) / formability, workability (by deformation processes)
verarbeiten / process (e.g. data, food; cacao into chocolate; iron into steel; sheet steel into finished products) ‖ ~, bearbeiten / work (e.g. metal, wood) ‖ ~, verbrauchen / consume
verarbeitende Industrie / manufacturing industry
Verarbeitung f (z.B. Daten-, Kunststoff-, Tabakverarbeitung) (allg) / processing (e.g. data, plastics, tobacco processing) ‖ ~, Bearbeitung f / working (of wood, metal) ‖ ~ (hinsichtlich ihrer qualitativen Ausführung) / workmanship (good, poor) ‖ ≙ **nach Prioritäten**, Prioritätsverarbeitung f, Vorrangverarbeitung f (DV) / priority processing
Verarbeitungs•anlage f (allg) / processing plant ‖ ≙**fehler** m / defect in workmanship ‖ ≙**leistung** f, Rechenleistung f (DV) / computing power, processing capacity ‖ ≙**maschinen** f pl / processing equipment ‖ ≙**schicht** f, Anwendungsschicht f, Schicht f 7 (im OSI-Schichtenmodell) (DV, Tele) / application layer, layer 7 ‖ ≙**stufe** f / processing stage ‖ ≙**temperatur** f (Glas) / working point
verarmtes Material, abgereichertes Material (Nukl) / depleted material, tails pl
Verarmungs•feldeffekttransistor m (Eltro) / depletion mode transistor, depletion mode FET, depletion-mode field-effect transistor ‖ ≙**-IG-FET** m, Verarmungs-Isolierschicht-Feldeffekttransistor m (Eltro) / depletion mode transistor, depletion mode FET, depletion-mode field-effect transistor ‖ ≙**-Isolierschicht-Feldeffekttransistor** m

(Eltro) / depletion mode transistor, depletion mode FET, depletion-mode field-effect transistor ‖ ≙**typ** m, Verarmungs-Isolierschicht-Feldeffekttransistor m (Eltro) / depletion mode transistor, depletion mode FET, depletion-mode field-effect transistor
veraschen / incinerate, reduce to ashes
Veraschung f / incineration
Verbandkasten m (Kfz) / first-aid kit
Verbau m, Verschalung f (der Baugrube) (Bau) / earthwork support, sheeting
verbessern vt / improve ‖ ~, nachbessern, nacharbeiten (fehlerhaftes Teil), überarbeiten / rework v ‖ ~, modernisieren / upgrade (e.g. power supply system) ‖ ~, berichtigen, korrigieren / correct vt
Verbesserung f / improvement ‖ ≙, Korrektur f (allg) / correction ‖ ≙, Modernisierung f / upgrading
verbesserungsfähig / improvable, capable of improvement
verbinden vt (eine örtliche, mechanische o. elektrische Verbindung herstellen) (allg, Elek, Masch) / connect v (e.g. two cities by a bridge; Eurotunnel connects the UK and France; the points on the graph with a straight line; pipes; a garden hose to the faucet; an appliance to the mains power source) ‖ ~ / link (e.g. computers in a network), connect ‖ ~ (z.B. Bauteile), zusammenfügen / join vt (e.g. two components by bolting) ‖ ~ (Chem) / bond vt (e.g. bond molecules of carbon dioxide together to form glucose), combine (e.g. hydrogen with sulfur) ‖ ~ vt [mit], anschließen [an] (DV, Elek, Eltro) / attach (e.g. a tape drive to a PC), interface vt (e.g. computers with spectrometers, microprocessors with input-output devices) ‖ ~ [mit], eine Verbindung herstellen [mit], durchstellen (Tele) / put through [to], connect [with] ‖ ~ (z.B. ein Dorf mit dem Verkehrsnetz), anbinden [an] (Bau) / link (e.g. a village to the transport network), connect [to, with] ‖ ~ (unter-/miteinander) / interlink (e.g. new lifts have interlinked the main ski areas; interlinked social, economic and environmental causes) ‖ ~ (z.B. Eigenschaften, Anstrengungen), vereinen (allg) / combine vt (e.g. the companies combined their efforts to develop a cobalt-based catalytic process; combine creativity with experience) ‖ ~ vr (sich) (allg, Chem) / combine vi (e.g. atoms combine to form molecules)
Verbinder m (Elek) / connector
Verbindung f, Kombination f (allg) / combination ‖ ≙ (allg, DV, Elek, Tele) / connection, (GB a.:) connexion ‖ ≙ (zweier Bauteil), Zusammenfügung f / joining ‖ ≙ (durch die Bauteile verbunden sind, z.B. Bolzen-, Schweiß-, Lötverbindung) (Masch) / joint (e.g. bolted, welded, soldered/brazed joint) ‖ ≙, Kontakt m / contact ‖ ≙ (z.B. Chromverbindungen), chemische Verbindung / compound (e.g. chromium compounds), chemical compound ‖ ≙ (Vorgang) (Chem) / combination ‖ ≙, Verbindungsstück n, Kuppelstück n / connection, connector, coupling piece ‖ ≙ (zwischen Geräten, Stationen) (Tele) / link (e.g. with a server), connection ‖ ≙, Funkverbindung f (Tele) / radio link ‖ ≙ (zur Datenübertragung),

Verbindungsleitung f (DV, Tele) / data link ‖ ²
(z.B. direkte Verbindung von London nach
Dover) (Verk) / connection (e.g. direct
connection from London to Dover) ‖ ²
(zwischen Matrix u. verstärkender Phase in
Verbundwerkstoffen) (Mater) / bonding
(between matrix and reinforcing phase) ‖ ²
aufnehmen, sich in Verbindung setzen (Tele) /
connect [to](a network, another computer) ‖
² f **mit oder über Satelliten**,
Satellitenverbindung f (Tele) / satellite link ‖
eine ² eingehen (Chem) / combine ‖ **eine ²
herstellen**, anschließen, verbinden (allg, Elek,
Masch) / connect vt

Verbindungs•abbau m (Tele) / clearing,
cleardown, call cleardown, call clearing, call
disestablishment, call release ‖ ²**aufbau** m
(Tele) / call establishment, call setup,
connection setup ‖ ²**datenerfassung** f (Tele) /
Call Detail Recording, Call Information
Logging, CDR, CIL ‖ ²**dose** f, Abzweigdose f
(Elek) / junction box, J box ‖ ²**ebene** f, Schicht
f 2 (im OSI-Schichtenmodell),
Sicherungsschicht f (DV, Tele) / data link layer,
layer 2 ‖ ²**element** n (zum Fügen, z.B.
Schraube) (Masch) / fastener ‖ ²**gang** m /
passage, passageway ‖ ²**glied** n / link,
connecting link ‖ ²**kabel** n (Elek) / connecting
cable, connection cable ‖ ²**kabel** (im
Ortsverkehr) (Tele) / junction cable ‖
²**klemme** f, Anschlussklemme f (Elek) /
terminal (clamping device for establishing
electrical connection), connecting terminal,
connection terminal ‖ ²**leitung** f (zwischen
Vermittlungsstellen der Fernnetzes) (Tele) /
trunk circuit (connecting trunk centres for
establishing trunk calls between telephone
areas), trunk line ‖ ²**leitung**,
Verbindungskabel n (Elek) / connecting cable,
connection cable ‖ ²**leitung**, Verbindung f
(zur Datenübertragung) (DV, Tele) / data link ‖
~**orientierte Steuerung** (i. Ggs. zu einer SPS)
(NC) / hard-wired control [system] ‖
~**programmierte Steuerung** (i. Ggs. zu einer
SPS) (NC) / hard-wired control [system] ‖
²**schicht** f (aus Nitriden u. Karbonitriden) /
white layer (of nitrides) ‖ ²**schnur** f,
Anschlussschnur f (Elek, Eltro) / connecting
lead, connecting cord, flylead ‖ ²**schraube** f /
connecting screw, connecting bolt ‖
²**sicherungsschicht** f, Schicht f 2 (im
OSI-Schichtenmodell), Sicherungsschicht f
(DV, Tele) / data link layer, layer 2 ‖ ²**stange** f
(allg) / connecting rod, con-rod ‖ ²**stelle** f /
joint, junction ‖ ²**stück** n, Kuppelstück n /
connection, connector, coupling piece ‖
²**stück** (z.B. zwischen zwei unterschiedlich
genormten Anschlüssen), Adapter m /
adapter, adaptor ‖ ²**stutzen** m (Rohr) / union
verbleibend / remaining ‖ ~ (als Rest,
Rückstand, Folge), restlich, Rest... / residual
verbleit (Benzin) / leaded
Verblendung f, Verkleidung f (Bau) / facing
verbogen / bent
verboten•es Band, Bandabstand m (Eltro, Phys) /
energy gap, band gap, forbidden band ‖ ~**e
Zone**, Bandabstand m (Eltro, Phys) / energy
gap, band gap, forbidden band
Verbotsschild n (allg, Verk) / prohibitory [traffic]
sign
Verbrauch m / consumption

verbrauchen / consume ‖ ~, aufbrauchen / use
up ‖ ~ / burn (eg fuel for heating purposes)
Verbraucher m, Konsument m (Wirtsch) /
consumer ‖ ~, elektrischer Verbraucher
(Gerät) (Elek) / electric load, load (in an
electrical circuit) ‖ ²**stromkreis** m (Elek) /
load circuit ‖ ²**widerstand** m, Lastwiderstand
m (Größe) (Elek) / load resistance
Verbrauchs•güter n pl (Konsumgüter, die nach
einmaliger Verwendung aufgebraucht sind,
z.B. Kosmetika, Lebensmittel,
Reinigungsmittel) / nondurable goods, soft
goods ‖ ²**material** n / consumables pl (e.g. of a
printer) ‖ ²**elektrische ²mittel** (Elek) /
electrical consumer, current using equipment
‖ ²**preis** m, Arbeitspreis m
(verbrauchsabhängiger Teil des Strompreises)
(Elek) / consumption charge ‖ ²**teile** n pl,
Wegwerfteile n Pl / expendable items pl
verbraucht / used [up], spent ‖ ~, verschlissen,
abgenutzt / worn [out] ‖ ~ (Batterie) (Elek) /
dead, run-down ‖ ~, abgestanden (z.B. Luft) /
stale, stagnant
Verbrennbarkeit f / combustibility
verbrennen vt / burn vt ‖ ~, veraschen /
incinerate, reduce to ashes ‖ ~ (versengen) /
scorch vt ‖ ~ vi / burn vi (e.g. fuel), be
consumed by fire ‖ ² n, Verbrennung f /
combustion ‖ ² (von z.B. Abfällen) (Umw) /
incineration
Verbrennung f / combustion ‖ ² (von z.B.
Abfällen) (Umw) / incineration ‖ ² (Med) /
burn n
Verbrennungs•anlage f / incinerator,
incineration plant ‖ ²**gas** n, Abgas n / waste
gas, combustion gas ‖ ²**kraftmaschine** f
(Wärmekraftmaschinen mit innerer
Verbrennung: Gasturbinen, Strahltriebwerke,
Verbrennungsmotoren, Heißgasmotoren) /
internal combustion engine (including
gasoline engines, diesel engines, gas-turbine
engines, pure jet engines, rocket engines and
motors) ‖ ²**luft** f / combustion air, air for
combustion ‖ ²**motor** m (als Kolbenmaschine
ausgeführte Wärmekraftmaschine) (Mot) /
engine, internal combustion engine (with one
or more cylinders), I.C. engine ‖ ²**ofen** m /
combustion furnace ‖ ²**produkt** n /
combustion product, product of combustion ‖
²**prozess** m / combustion process, process of
combustion ‖ ²**raum** m (Mot) / combustion
chamber ‖ ²**technik** f / combustion
engineering ‖ ²**vorgang** m / combustion
process, process of combustion ‖ ²**wärme** f /
heat of combustion, combustion heat ‖
²**wärme** (früher), Brennwert m (Quotient aus
der bei vollständiger Verbrennung eines
Brennstoffs frei werdenden Wärmemenge und
seiner Masse bzw. Stoffmenge in kJ/kg,
einschließlich der Kondensationswärme der
Gesamtwassermenge, die danach in flüssigem
Zustand vorliegt) / calorific value, gross value,
gross calorific value, higher calorific value,
HCF ‖ ²**werte** m pl (eines Brenngases) (Schw)
/ heating characteristics (of a fuel)
Verbundanker m (Befestigungselement, das
Dübel und Schraube in sich vereinigt und ohne
Spreizung mit einem aushärtenden Harz im
Bohrloch verklebt wird) (Bau) / bonded anchor
verbunden s. verbinden
Verbund•erregung f (Elek) / compound
excitation ‖ ²**guss** m (Gussstück) (Gieß) /

compound casting ‖ **≈kern** m (Nukl) /
compound nucleus ‖ **≈lager** n (Masch) /
composite bearing ‖ **≈motor** m (Elek) /
compound motor ‖ **≈netz** n (Elek) /
interconnected grid, interlinked power system,
network (interlinking the generating stations)
‖ **≈phase** f (eines Verbundwerkstoffes)
(Mater) / embedded phase (of a composite),
reinforcing agent (of a composite), reinforcing
phase ‖ **≈riemen** m / compound belt ‖
≈sicherheitsglas n / laminated glass ‖
≈werkstoff m (Mater) / composite, composite
material ‖ **≈werkstoffe mit metallischer
Matrix** m pl, Metall-Matrix-Composites n pl /
metal-matrix composites, MMC
verchromen (OT) / chromium-plate, chrome vt ‖
≈ n (OT) / chrome plating, chromium plating
verchromt (OT) / chromium-plated
Verchromung f (OT) / chrome plating, chromium
plating
Verdampfapparat m / evaporator
verdampfen vi (bei erhöhter Temperatur) /
evaporate vi, vaporize ‖ ~ [lassen] (bei
erhöhter Temperatur) / evaporate vt (liquid,
solvent)
Verdampfer m (HG, Kfz, Masch) / evaporator
Verdampfung f (Phasenübergang flüssig -
gasförmig o. fest - gasförmig bei erhöhter
Temperatur) (Phys) / evaporation,
vaporization
Verdampfungs•prozess m (Phys) / evaporation,
vaporization ‖ **≈wärme** f (Phys) / heat of
evaporation, heat of vaporization
Verdeck n (eines Kabrios) (Kfz) / soft top,
convertible top
verdecken, zudecken, überdecken / cover vt
verderblich (Nahr) / perishable
verdichten (Gase, Dampf), komprimieren (Phys)
/ compress ‖ ~ (z.B. Boden, Abfall) / compact
‖ ~ (Pulvermischung in einer Pressform zum
Grünling), pressen (PM) / compact, press,
compress ‖ **≈** n, Verdichtung f (z.B. von
Boden, Abfall) (allg, Bau) / compaction ‖ **≈**
(bei Verdichtern) (Masch) / compression ‖ **≈**
(der Pulvermischung in einer Pressform zum
Grünling), Pressen n (PM) / compaction,
compression, pressing
Verdichter m (i.e.S. - Verhältnis von Enddruck zu
Ansaugdruck von über 3), Kompressor m
(Masch) / compressor ‖ **≈**, Ventilator m
(Verhältnis von Enddruck zu Ansaugdruck
bis unter 1,1) / fan ‖ **≈**, Gebläse n
(Verdichtungsverhältnis bis 3) / blower, duct
fan, ducted fan, fan ‖ **≈**, Kompressor m (HG,
Kfz) / compressor (in refrigerator, in air
conditioning system)
verdichtet, komprimiert / compressed
Verdichtung f (von Gasen, Dampf),
Komprimieren n / compression ‖ **≈** (z.B. von
Boden, Abfall), Verdichten n (allg, Bau) /
compaction ‖ **≈**, Kompression f (Mot) /
compression ‖ **≈**, Verdichtungsverhältnis n
(z.B. 1:9), Kompression f (Mot) / compression
ratio, C.R. ‖ **≈**, Verdichten n (der
Pulvermischung in einer Pressform zum
Grünling), Pressen n (PM) / compaction,
compression, pressing
Verdichtungs•hub m, Verdichtungstakt m (Mot)
/ compression stroke ‖ **≈raum** m (Mot) /
clearance volume ‖ **≈ring** m,
Kompressionsring m (Mot) / compression ring
‖ **≈takt** m (Mot) / compression stroke ‖

≈verhältnis n (z.B. 1:9) (Mot) / compression
ratio, C.R. ‖ **≈welle** f (Phys) / compression
wave, shock wave
Verdickung f (im Gewebe), Noppe f, Knötchen n
(Tex) / burl n, slub
Verdickungsmittel n (Anstr, Chem, Nahr, Pharm,
Techn) / thickener, thickening agent
verdrahten (Elek) / wire
verdrahtet (DV, Eltro) / wired
Verdrahtung f (Elek) / wiring, electrical wiring
verdrängen (z.B. Luft) (Phys) / displace vt (e.g.
air) ‖ ~, ablösen v, ersetzen / supplant vt
(competitors offer free software suites in an
attempt to supplant the market leader)
Verdränger m (in Kolbenmaschinen) (Masch) /
working member ‖ **≈pumpe** f / displacement
pump, positive displacement pump
Verdrängung f (Phys) / displacement (of air,
water)
Verdrehbeanspruchung f, Torsionsbeanspruchung f (Mech) / torsional stress
Verdrehen n (Fert) / twisting
Verdreh•feder f (Masch) / torsion spring ‖
≈festigkeit f (Mech) / torsional strength ‖
≈spannung f (Mech) / torsional stress
verdreht, verdrillt (Kabel) / twisted ‖ ~ (falsch
eingestellt) / misadjusted
Verdrehung f, Torsion f (Mech) / torsion ‖ **≈**,
Verdrehbeanspruchung f,
Torsionsbeanspruchung f (Mech) / torsional
stress ‖ **auf ≈ beanspruchen** (Mater, Mech) /
subject to torsional stress, torque vt
Verdrehungs•feder f (Masch) / torsion spring ‖
≈festigkeit f (Mech) / torsional strength ‖
≈spannung f (Mech) / torsional stress
Verdrehwinkel m / angle of twist (across a
coupling), angular deflection
verdrillt (Leitung) (Elek) / twisted, tw ‖ ~**es
Leitungspaar**, Twisted-Pair-Kabel n (aus
paarweise verdrillten Leitungen), TP-Kabel n
(Tele) / twisted pair, twisted pair cable
Verdrillung f, Torsion f (Mech) / torsion
verdünnbar (Gase) (Phys) / rarefiable
verdünnen (Flüssigkeit, Säure) (allg, Chem, Phys)
/ dilute ‖ ~ (Phys) / rarefy (gas)
Verdünner m, Verdünnungsmittel n (Anstr,
Chem) / thinner, thinning agent, diluting agent
verdünnt, schwach (Chem) / dilute adj (e.g.
solution), weak
Verdünnung f (von Flüssigkeit, Säure) (allg,
Chem, Phys) / dilution ‖ **≈** (von Gasen) (Phys) /
rarefaction
Verdünnungsmittel n, Verdünner m (Anstr,
Chem) / thinner, thinning agent, diluting agent
verdunsten vi (bei Temperaturen unterhalb des
Siedepunkts) / evaporate vi, vaporize ‖ ~
[lassen](bei Temperaturen weit unterhalb des
Siedepunkts) / evaporate vt (liquid, solvent)
Verdunster m (HVAC) / evaporator
Verdunstung f (Phasenübergang flüssig -
gasförmig bei Temperaturen weit unterhalb
des Siedepunkts) (Phys) / evaporation,
vaporization
Verdunstungsmesser m / atmometer,
evaporation meter, evaporimeter (GB),
evaporometer (US)
veredeln (Rohstoffe, Halbfabrikate zu
Endprodukten) / process (e.g. raw materials,
semifinished products into finished products)
‖ ~ (Produkt), die Qualität, Eigenschaften
verbessern / upgrade, improve vt ‖ ~
(Oberfläche) / finish ‖ ~ (Pap, Tex) / finish

Veredlung f (von Rohstoffen, Halbfabrikaten zu Endprodukten) / processing ‖ ⁓ (eines Produkts), Verbesserung der Qualität, Eigenschaften f / upgrading, improvement ‖ ⁓ (von Oberflächen) / finishing ‖ ⁓ (Tex) / finishing, textile finishing ‖ ⁓, Papierveredelung f (Pap) / finishing, paper finishing ‖ ⁓ **im kalten Zustand**, Kaltveredlung f (Glas) / cold end processes f (grinding, engraving, cutting, etc.)

vereinbaren, ausmachen / agree [on] ‖ ⁓ (e.g. Termin, Treffen), abmachen / arrange

Vereinbarung f, Abmachung f / agreement ‖ ⁓, Deklaration f (DV) / declaration

vereinen, verbinden vt (z.B. Eigenschaften, Anstrengungen) (allg) / combine vt (e.g. the companies combined their efforts to develop a cobalt-based catalytic process; combine creativity with experience)

vereinfachen / simplify ‖ ⁓ (Brüche, Terme) (Math) / reduce vt

Vereinfachung f / simplification

vereinheitlichen (z.B. die Eisenbahnsysteme europaweit), einheitlich machen / harmonize (e.g. the railway systems of Europe) ‖ ⁓, standardisieren / standardize

Vereinheitlichung f, Standardisierung f / standardization

vereinigen / unite vt, combine ‖ ⁓, mischen, mergen [in] (z.B. neue Datensätze in einen vorhandenen Bestand), zusammenfügen (Daten, Dateien) (DV) / merge vt [into] ‖ ⁓ (Werkstoffe z.B. durch Schweißen) / coalesce vt

Vereinigung f, Vereinigungsmenge f (Math) / union (of sets), join ‖ ⁓ (von Werkstoffen z.B. durch Schweißen) / coalescence

Vereinigungsmenge f (Math) / union (of sets), join

vereinzelt / isolated

Vereisungsgerät n (MT) / freezer

Vereisungsschutzmittel n (Kfz, Luft) / anti-icing agent

verengen vt / narrow, make narrower ‖ ⁓ vr (sich) / narrow vi, become narrow

Verengung f / narrowing ‖ ⁓ (des Querschnitts) / contraction ‖ ⁓, Einschnürung f / constriction

verestern (Chem) / esterify

Veresterung f (Chem) / esterification

verfahrbar, ortsveränderlich, mobil / mobile

verfahren, vorgehen / proceed ‖ ⁓ (Wzm) / traverse

Verfahren n (z.B. Fertigungs-, Schweißverfahren) (Techn) / process (e.g. manufacturing, welding processes) ‖ ⁓ (aus mehreren Operationen bestehend), Vorgehen n, Vorgehensweise f / procedure ‖ ⁓, Technik f / technique (e.g. production, relaxation techniques) ‖ ⁓, Methode f / method ‖ ⁓, Verschiebung f, Bewegung f (Masch) / travel

Verfahrens•ingenieur m / process engineer ‖ ⁓**stufe** f / process stage ‖ ⁓**technik** f / process engineering ‖ ⁓**technik**, chemische Verfahrenstechnik / chemical engineering ‖ ⁓**techniker** m / process engineer ‖ ⁓**technische Industrie** f / process manufacturing ‖ ⁓**weise** f / procedure

verfälschen (Daten etc.) / distort, corrupt (data etc) ‖ ⁓ (z.B. Nahrungsmittel), versetzen (mit minderwertigen Stoffen u. Zusätzen) / adulterate

Verfälschung f (von Daten etc.) / distortion, corruption

verfärben / discolo[u]r vt ‖ ⁓ vr (sich) / discolo[u]r vi, change colour ‖ ⁓ (sich)(z.B. rot, gelb) / turn (e.g. red, yellow)

verfassen, ausarbeiten / draw up

verfeinern, verbessern / refine, improve

verfestigen vt (allg, Techn) / harden ‖ ⁓, verdichten, [fest]stampfen / compact ‖ ⁓, verstärken / strengthen ‖ ⁓ vr (sich) (Flüssigkeit), erstarren / solidify ‖ ⁓ (sich) (durch Umformen) (Fert) / strain-harden, work-harden ‖ ⁓ n, Abbinden n (von Klebstoffen), Aushärten / curing, setting

Verfestigung f, Hartwerden n (allg, Techn) / hardening, hardness increase ‖ ⁓, Erstarrung f, Festwerden n (Phys) / solidification ‖ ⁓, Verdichtung f (z.B. des Bodens, Straßenbelags) / compaction ‖ ⁓ **durch Umformen**, Kaltverfestigung f, Verformungsverfestigung f / strain hardening, work-hardening

Verfestigungs•exponent m (bestimmt den Anstieg der Fließkurve) (Mater) / strain hardening exponent, work-hardening exponent ‖ ⁓**strahlen** n (Masch) / shot-peening ‖ ⁓**walzen** n / work hardening (by rolling)

verflechten / interlace vt (threads, strips etc.)

Verflechtung f / interlacing

verflüchtigen (sich) (Chem, Phys) / volatilize

verflüssigen, flüssig machen / liquefy vt ‖ ⁓ vr / liquefy, become liquid ‖ ⁓ vt vr, kondensieren (Phys) / condense vt vi

Verflüssiger m (ChT) / liquefier ‖ ⁓ (HG, Kfz) / condenser (in refrigerator, air conditioning system)

Verflüssigung f (Chem, Phys) / liquefaction ‖ ⁓, Kondensation f / condensation

verfolgen (z.B. Ziel, Projekt, Karriere) / pursue ‖ ⁓ (Vortrag, Entwicklung, Projektfortschritt etc.) / follow ‖ ⁓ (die Flugbahn eines Flugzeugs, Satelliten etc. per Radar o.ä.) / track (an aircraft, satellite etc.) ‖ ⁓ (z.B. eine Sendung auf dem Postweg) / track (e.g. a parcel, the progress of a parcel)

verformbar, duktil, plastisch formbar (allgemein, durch Zug o. Druck) (Mater) / ductile, plastic ‖ ⁓ (durch Druckumformen) / malleable ‖ ⁓, formbar (Keram, Mater) / mouldable, workable

Verformbarkeit f, Duktilität f (Mater) / ductility (capacity of a material to deform permanently in response to stress) ‖ ⁓ (unter Druckbeanspruchung) / malleability

verformen vt (elastisch, plastisch) / deform vt (elastically, plastically) ‖ ⁓, formen, Form geben / shape, form v ‖ ⁓ vr (sich) / deform

verformt, verzogen / distorted, warped

Verformung f, Formgebung f / shaping, forming ‖ ⁓ (elastisch, plastisch) (Mater) / deformation (elastic, plastic) ‖ ⁓, Formänderung f (als bezogene Größe, z.B. Dehnung als Quotient aus Verlängerung u. Ursprungslänge eines Probekörpers) (Mater) / strain (ratio between change in dimension/original dimension, e.g. tensile strain = elongation/original length)

Verformungs•arbeit f (Phys) / deformation work, work of deformation ‖ ⁓**bruch** m (Mater) / ductile fracture, plastic fracture ‖ ⁓**energie** m (Phys) / deformation energy ‖ ⁓**grad** m (Mech) / amount of deformation ‖ ⁓**verfestigung** f, Kaltverfestigung f, Verfestigung f durch Umformen / strain hardening, work-hardening

|| ≗vermögen n, Duktilität f (Mater) / ductility (capacity of a material to deform permanently in response to stress) || ≗vermögen n (unter Druckbeanspruchung) / malleability || ≗widerstand m (Mech) / deformation resistance

verfügbar, zur Verfügung stehend / available, at one's disposal (e.g. resources) || ~e **Betriebszeit**, Betriebszeit f (während der eine Anlage etc. funktionsfähig und betriebsbereit ist) / uptime, available time, operable time || ~es **Einkommen** / disposable income

Verfügbarkeit f / availability

verfügen [über] / have (they have extensive knowledge and technical expertise in manufacturing plastic products), feature (e.g. the camera features an automatic-recording mode; the machine features an automatic shutoff system)

Verfügung, zur ≗ **haben** / have at one's disposal (e.g. they had enough cash at their disposal) || **zur** ≗ **stehen** / be available [to](e.g. new hardware and software tools were available to provide emulation of other operating systems), have at one's disposal (e.g. the students had many books and videotapes at their disposal) || **zur** ≗ **stellen** / make available [to], put at someone's disposal

verfüllen, wieder ~ (Bau) / backfill vt (an excavation), refill

Vergabe f **eines Auftrags** / placing of an order, award of a contract

Vergällungsmittel n (Chem) / denaturant

Vergärung f (Biochem, Nahr) / fermentation

Vergaser m (Kfz) / carbureter (US), carburator (US), carburettor (GB), carburetter (GB), carburetor (US) || ≗**kraftstoff**, carburetor (US) || ≗**kraftstoff** m (Kfz, Mot) / petrol, gasoline (US), gas (US)

vergeben (einen Auftrag) / place (an order)[with], award (a contract)[to] || ~ (z.B. die Produktion von Wärmetauschern an Fremdfirmen) / contract (e.g. the production of heat exchangers to outside companies) || ~ (an einen Subunternehmer) / subcontract [to](e.g. the production of sports shoes to two Japanese firms) || **nach außen ~** (an eine andere Firma), auslagern (z.B. Produktionsbereiche), outsourcen (IE) / outsource

vergehen, verstreichen vi (Zeit) / elapse vi, pass vi [by](time)

vergießen (Werkstoffe), gießen (in Formen) (Gieß, Glas, Plast) / cast vt || ~, verschütten (Flüssigkeit) / spill vt, slop

vergiften / poison vt

Verglasung f (Bau, Glas) / glazing

Vergleich m / comparison || ≗, **Datenabgleich** m (DV) / match (of data sequences against each other), matching

vergleichbar, entsprechend / corresponding

vergleichen [mit] / compare [to, with]

Vergleicher m, Vergleichsglied n (NC, Regel) / comparator

Vergleichs•..., Bezugs... / reference... || ≗**frequenz** f, Eichfrequenz f (Elek, Eltro) / standard frequency || ≗**glied** n, Vergleicher m (NC, Regel) / comparator || ≗**lehre** f (Mess) / reference gauge || ≗**messung** f, direktes Messverfahren / direct measurement || ≗**moment** n (Mech) / comparison moment || ≗**operation** f (DV) / comparison operation || ≗**punkt** m (DV) / benchmark || ≗**spannung** f (fiktive einachsige Spannung, die dieselbe

Materialbeanspruchung darstellt wie ein realer, mehrachsiger Spannungszustand) (Mech) / equivalent stress, Von Mises Stress || ≗**spannung** f (Elek) / reference voltage || ≗**wert** m / comparative value

vergoldet (OT) / gold-plated

vergrößern (Größe, Umfang, z.B. ein Hauses, eine Firma) / enlarge || ~ (Fläche) / extend || ~, ausdehnen, expandieren / expand vt || ~ (Anzahl) / increase || ~, verstärken / increase || ~ (Opt) / magnify || ~ (Foto) / enlarge || ~ (Fenster) (DV) / enlarge, zoom vt (a window) || **im Maßstab ~**, übertragen (z.B. von Labor- auf Produktionsebene) / scale up v

Vergrößerung f, Erweiterung f / enlargement, increase in size || ≗ (des Volumens), Ausdehnung f, Expansion f (Phys, Techn) / expansion || ≗ (Opt) / magnification || ≗ (Foto) / blow-up, enlargement, enlarged print || ≗, Vergrößern n (Foto) / enlargement, projection printing, enlarging [process] || ≗, Empfindlichkeit f (eines Messgeräts - Verhältnis der Anzeigenänderung zu der sie verursachenden Änderung der Messgröße, z.B. 100:1) (Mess) / sensitivity

Vergrößerungs•glas n, Lupe f (Opt) / magnifying glass, magnifier, hand glass, hand lens || ≗**licht** n, Kopierlicht n (Foto) / printer light, printing light || ≗**spiegel** m, Hohlspiegel m / concave mirror

Verguss•birne f (Förd, Masch) / cast gib and cotter || ≗**masse** f / casting compound

vergüten, entspiegeln (Opt) / bloom vt, coat with an antireflection material || ~ (Stahl härten und anschließend bei hoher Temperatur anlassen) (Hütt) / harden and temper (between 500 °C and 600 °C) || ≗ n, Anlassvergütung f (Hütt) / hardening and tempering (between 500 °C and 600 °C)

vergüteter Stahl, Vergütungsstahl m (Hütt) / quenched and tempered steel, tempering steel

Vergütung f, Arbeitsentgelt n, Bezahlung f / remuneration || ≗ (Härten und anschließendes Anlassen von Stahl bei hoher Temperatur), Anlassvergütung f (Hütt) / hardening and tempering (between 500 °C and 600 °C) || ≗ (Opt) / [antireflection] coating [of lenses], blooming (GB)

Vergütungs•schaubild n / heat treatment diagram || ≗**schicht** f, Antireflexionsbeschichtung f (Opt) / antireflection coating, antireflective coating, blooming coat || ≗**stahl** m (Hütt) / quenched and tempered steel, tempering steel

verhalten vr (sich) / behave || ≗ n (allg, Biol, Techn) / behaviour || ≗, Reaktion f, Ansprechen n / response, reaction || ≗ / action (e.g. of a control system)

Verhältnis n (allg, Math) / ratio (e.g. the two liquids are to be mixed in a ratio of 1:6; a student-teacher ratio of 10:1) || ≗, Proportion f / proportion n || ≗, Beziehung f / relation [with, between], relationship || ≗**se** n pl, Bedingungen f pl / conditions p/ || **in keinem** ≗ **stehen** [zu] / be out of all proportion [to](e.g. the project required an effort that was out of all proportion to the prospective results) || ~**mäßig** / comparatively, relatively

verheizen, heizen mit (z.B. Öl) / burn vt (e.g. oil for heating purposes)

verhindern / prevent (e.g. corrosion; corrosion taking place; corrosion from starting)

Verholwinde f (Schiff) / mooring winch
verhütten (Erze) (Hütt) / smelt || $\sim$ n / smelting
Verhüttung f / smelting
verifizieren / verify || $\sim$, authentifizieren, überprüfen (z.B. Zugangsberechtigung zu einem Netz), die Berechtigung (von Gerät, Codekarte, Benutzer) überprüfen (Tele) / validate, authenticate (e.g. in a network), check
verjüngen, konisch zulaufen lassen / taper vt
verjüngt, konisch, sich verschmälernd / tapered, tapering
Verjüngung f (zu einem Ende hin) (Masch) / taper, tapering
verkabeln (Elek) / wire, cable
Verkabelung f, Kabelverlegung f (Elek, Tele) / cabling, cable laying || $\sim$, Elektroinstallation (Bau, Elek) / wiring, electrical wiring
Verkadmen n (OT) / cadmium plating
verkalken vi (Rohr, Kessel) / fur up
Verkalkung f / limescale buildup, limescale furring
verkapseln / encapsulate, enclose in a capsule
Verkapselung f / encapsulation
Verkauf m, Absatz m (Wirtsch) / sales pl
Verkäufer, Anbieter m, Händler m / vendor, vender
Verkaufsautomat m / vending machine, vendor, vendometer (US)
Verkehr m (allg) / traffic
verkehren [regelmäßig], pendeln (Zug, Bus, Fähre) (Verk) / shuttle, ply
Verkehrs•ampel f (Verk) / traffic light(s), traffic signal(s), stoplight, traffic control signal || $\sim$**aufkommen** n (Verk) / traffic density, traffic volume || $\sim$**aufkommen**, Verkehrsmenge f, Verkehrsintensität f (Tele) / traffic volume || $\sim$**ausscheidungszahl** f (im nationalen Selbstwählferndienst die 0) (Tele) / prefix n || $\sim$**ausscheidungsziffer** f (im nationalen Selbstwählferndienst die 0) (Tele) / prefix n || $\sim$**berechtigung** f, Amtsberechtigung f (für jede Nebenstelle kann vorgegeben werden, mit wem sie wie kommunizieren kann, z.B. keine Auslands- o. Ferngespräche) (Tele) / class of service (for exchange line restriction) || $\sim$**dichte** f, Verkehrsaufkommen n (Verk) / traffic density, traffic volume || $\sim$**flugzeug** n (Luft) / airliner, air carrier, liner, commercial aircraft || $\sim$**fluss** m (Verk) / flow (of traffic), traffic flow || $\sim$**intensität** f, Verkehrsaufkommen n, Verkehrsmenge f (Tele) / traffic volume || $\sim$**kreisel** m (Straß) / roundabout (GB), gyratory circus, rotary (US) || $\sim$**last** (i. Ggs. zur ständigen Last) (Bau) / live load, superload, imposed load || $\sim$**last** f (beweglich) (Bau) / moving load (live load which is moving) || $\sim$**lenkung** f (Verk) / traffic control, traffic guidance || $\sim$**lenkungsschema** n (fest, dynamisch, zeitvariant, zustandsabhängig) (Tele) / routing scheme (fixed, dynamic, time-dependent, state-dependent) || $\sim$**menge** f, Verkehrsaufkommen n, Verkehrsintensität f (Tele) / traffic volume || $\sim$**mittel** n (Verk) / means of transport[ation] || $\sim$**stärke** f, Verkehrsaufkommen n (Verk) / traffic density, traffic volume || $\sim$**stau** m (Rückstau, Schlange z.B. an Mautstelle, Grenzübergang) (Kfz) / backup (of cars) (US), tailback (GB), queue, traffic queue || $\sim$**stau**, Stockung f (Verk) / traffic jam, jam, traffic congestion || $\sim$**störung** f / traffic hold-up || $\sim$**straße** f (im überörtlichen

Verkehr) (Ggs: Hauptverkehrsstraße), Nebenstraße f (Straß) / by-road, minor road, secondary road || $\sim$**tauglich** / road-going || $\sim$**technik** f (Verk) / traffic engineering || $\sim$**überwachung** f (Verk) / traffic monitoring o. surveillance || $\sim$**volumen** n, Verkehrsaufkommen n (Verk) / traffic density, traffic volume
verkeilen, festkeilen, festklemmen (mit einem Keil) / secure with [a] wedge[s], wedge [tight] || $\sim$ (bei Keilwellenverbindung), mit Keilen befestigen o. sichern (Techn) / key v (e.g. a pulley to a shaft), fasten with a key, secure (with a key)
verketten / chain || $\sim$, verknüpfen / concatenate, link together, interlink
Verkettung f / interlinking
Verkettungsfaktor m (bei Drehstrom) (Elek) / concatenation factor
Verkleidung f (allg) / covering || $\sim$ (innen), Auskleidung f / lining || $\sim$, Verblendung f (Bau) / facing || $\sim$, Verschalung f (als Witterungsschutz), Fassadenverkleidung f (Bau) / cladding, siding (US), facing, external cladding || $\sim$ (Täfelung) / panelling || $\sim$ (mit Blech o. Holz) / sheeting || $\sim$ (Kfz) / fairing (at front of motorcycle for deflecting wind and rain) || $\sim$ (des Triebwerks) (Luft) / cowling
verkleinern / reduce (in size), make smaller || $\sim$ (Anzeige eines Dokuments, z.B. von 100% auf 75%) (DV) / zoom out (in a document)
Verkleinerung f / reduction [in size] || $\sim$ (Foto, Zeichn) / reduction
verklemmt / jammed
Verklemmung f, Deadlock, gegenseitige Blockierung (DV) / deadlock
verknüpfen (z.B. Fäden, Schnüre) / tie [together] || $\sim$, verbinden (Math) || $\sim$ (z.B. Schaltvariablen) / connect || $\sim$, verketten / concatenate, link together, interlink || $\sim$ [mit] (DV) / associate (document, file extension with application program) || $\sim$, verlinken (DV) / link (e.g. documents)
Verknüpfung f, Verbindung f / linking || $\sim$, Link m (DV) / link || $\sim$, logische Operation, logische Verknüpfung (DV) / logic operation || $\sim$, Verknüpfungsoperation f (Math) / operation
Verknüpfungs•baustein m, Gatter n (Verknüpfungsschaltung mit zwei o. mehr Eingängen und einem Ausgang), Logikgatter n (DV, Eltro) / gate, logic gate, logical element, logic element, logic unit || $\sim$**gesetz** n, Assoziativgesetz n (Math) / associative law || $\sim$**glied** n, Gatter n (Verknüpfungsschaltung mit zwei o. mehr Eingängen und einem Ausgang), Logikgatter n (DV, Eltro) / gate, logic gate, logical element, logic element, logic unit || $\sim$**operation** f, Verknüpfung f (Math) / operation
Verkohlung f / carbonization (destructive distillation of substances out of contact with air)
Verkrustung f, Anbackung f (z.B. an einer Oberfläche o. in einem Rohr) / caking
verkürzen, kürzer machen / reduce, shorten
verladen / load (e.g. freight onto ships)
Verladerampe f, Laderampe f (Trans) / dock n, loading dock (for loading and unloading trucks, railway freight cars), loading platform, loading bay
verlagern, an andere Stelle legen / displace vt, dislocate || $\sim$, versetzen (an andere Stelle), verlegen, umsetzen / move, shift, transfer || $\sim$,

verstellen, verschieben, verlegen / shift *vt* ‖ ~, verlegen (z.B. Truppen) (allg, Mil) / redeploy ‖ ~ (z.B. Produktionsstätten ins Ausland) / relocate (e.g. production facilities abroad)

verlagert (Wellen), versetzt / misaligned

Verlagerung *f*, Verschiebung *f*, Verdrängung *f* / displacement ‖ ≙ (z.B. des Schwerpunkts) / shifting *n* ‖ ≙, Platzveränderung *f*, Versetzung *f* / repositioning, relocation ‖ ≙, Wellenversatz *m* (Masch) / shaft misalignment, misalignment of shafts ‖ ≙ (z.B. von Produktionsstätten ins Ausland) / relocation (e.g. of production facilities abroad)

verlängern (z.B. ein Rohr, Kabel, eine Bahnstrecke) / extend (e.g. a pipe, cable, a railway line) ‖ ~ (Tex) / lengthen *vt* (e.g. a sleeve) ‖ ~ (zeitlich) / extend (e.g. one's stay abroad, one's holidays, the validity of a passport, the life of batteries), prolong ‖ ~ / renew (contract, lease, passport) ‖ ~ (sich) / be extended

Verlängerung *f* / extension, lengthening, prolongation, renewal (vgl. verlängern) ‖ ≙ *f* (z.B. einer Zugprobe) / elongation

Verlängerungs•kabel *n*, Verlängerungsschnur *f* (Elek, Eltro) / extension cord, flex (GB), power extender, extension lead, extension flex (GB), extension cable, extension line ‖ ≙**kabel mit Doppelsteckdose** (Elek) / two gang extension lead, 2 gang extension lead, two-way extension lead, twin socket extension lead ‖ ≙**kabel mit Dreifachsteckdose** *n* (Elek) / three-gang extension lead, three way extension lead ‖ ≙**kabel mit Vierfachsteckdose** (Elek) / four way extension lead, four gang extension lead, four gang extension socket ‖ ≙**leitung** *f*, Verlängerungsschnur *f* (Elek, Eltro) / extension cord, flex (GB), power extender, extension lead, extension flex (GB), extension cable, extension line ‖ ≙**schnur** *f* (Elek, Eltro) / extension cord, flex (GB), power extender, extension lead, extension flex (GB), extension cable, extension line

verlangsamen / decelerate, slow down ‖ ~, verzögern *vt*, aufhalten / retard

Verlangsamung *f*, Verzögerung *f* (eines Ablaufs, einer Wirkung), Retardation *f* (Phys) / retardation

verlassen / leave *vt* ‖ ~ (DV) / exit (e.g. a file, routine) ‖ ~ (ohne zu sichern) (DV) / abandon (a file, document etc. without saving) ‖ ~, beenden (DV) / exit, quit (a program) ‖ ~ (sich)[auf] / rely [on], depend [on]

Verlauf *m* (einer Grenze, Straße, der Zeit, von Verhandlungen) / course ‖ ≙ (z.B. von Angebot u. Nachfrage, Drehmoment o. Temperatur, wie er in einem Diagramm dargestellt ist) / curve (e.g. demand, supply, torque, temperature curve) ‖ ≙ (einer Kurve) / shape (of a curve) ‖ ≙, Fortgang *n* / progress

verlaufen (z.B. parallel zu etw., entlang der Grenze) / run (e.g. parallel to sth, along the border) ‖ ~ (Untersuchung, Reaktion etc.), ablaufen / proceed ‖ ~ (z.B. die Prüfung verlief erfolgreich) / go (e.g. the exam went well)

verlegen (an einen anderen Ort), umlegen, umsetzen / move, transfer ‖ ~, verstellen, verschieben, verlagern / shift *vt* ‖ ~, verlagern (z.B. Produktionsstätten ins Ausland) / relocate (e.g. production facilities abroad) ‖ ~ (z.B. Truppen), verlagern (allg, Mil) / redeploy

‖ ~, an die falsche Stelle legen / mislay, misplace ‖ ~ (Leitungen, Kabel, Rohre) / install (cables, pipes) ‖ ~, auslegen (Minen), legen (Mil) / lay ‖ ~, legen (Kabel, Teppich, Fliesen, Rohre) / lay ‖ ~ (im Erdboden), legen / bury, sink (e.g. pipe, conduit) ‖ ~ (ein Buch) (Druck) / publish ‖ ≙ *n* **von Rohrleitungen** / piping, pipe fitting, pipelaying

Verlegung *f*, Verlagerung *f* (z.B. von Produktionsstätten ins Ausland) / relocation (e.g. of production facilities abroad) ‖ ≙ (von Leitungen, Rohren) / installation ‖ ≙, Umsetzung *f*, Verschiebung *f*, Umstellung *f* / shift *n*, transposition

verleihen (Eigenschaften) / impart, confer, give

verleimen / glue, join with glue

verletzen (Med) / injure ‖ ~ (Vertrag, Regel) / violate

Verletzung *f* (Med) / injury ‖ ≙ (eines Vertrags, von Regeln) / violation

verliergesichert, unverlierbar (Scheibe, Schraube) / captive (washer, screw)

verlinken (DV) / link (e.g. documents)

verlöschen, erlöschen, ausgehen / go out

Verlust *m* / loss (e.g. of current, energy, heat, information) ‖ ≙ **durch Auslecken** (o. Auslaufen), Leckage *f* / leakage ‖ ~**behaftete Kompression** (DV) / lossy compression ‖ ≙**faktor** *m* (tan δ) (Elek) / dissipation factor ‖ ~**frei** (Elek) / lossless, lossfree, zero-loss... ‖ ~**freie Kompression** (DV) / lossless compression ‖ ≙**leistung** *f* (Elek) / power loss, power dissipation ‖ ~**los** (Elek) / lossless, lossfree, zero-loss... ‖ ~**lose Kompression** (DV) / lossless compression ‖ ~**reiche Komprimierung** (DV) / lossy compression ‖ ≙**widerstand** *m* (Elek) / loss resistance ‖ ≙**winkel** *m* (Elek) / loss angle

vermahlen / grind, mill

Vermahlung *f* / grinding, milling

vermaßen / dimension

Vermaßung *f* / dimensioning

Vermehrung *f*, Zunahme *f*, Steigerung *f*, Erhöhung *f* / increase *n*

vermeiden (etw./etw. zu tun) / avoid (sth., doing sth) ‖ ~, umgehen / bypass *vt* (e.g. an obstruction, congested area, city), avoid

vermengen (sich), mischen (sich), vermischen *vt vr* (sich) / mix *vt vi* ‖ ~ (sich), vermischen *vt vr* (sich)(homogen, untrennbar) / blend *vt vi*

Vermengung *f*, Vermischung *f* / mixing

vermessen, abmessen / measure, gauge *vt*, gage *vt* (US) ‖ ~, aufnehmen (Verm) / survey *vt* (a tract of land etc.) ‖ ≙ *n* / measurement, measuring ‖ ≙ (Verm) / survey

Vermessung *f* / measurement, measuring ‖ ≙, Aufnahme *f* (Verm) / survey *n*

Vermiculargraphit *m* (Gieß) / vermicular graphite

vermindern, reduzieren / decrease, reduce, diminish *vt* [by] ‖ ~, bekämpfen (Umw) / abate *vt* (noise, pollution etc.) ‖ ~ *vr* (sich) / diminish, decrease, lessen

Verminderung *f*, Verringerung *f* / decrease *n* [in], reduction, drop [in] (in prices, quality, amount, temperature)

vermischen *vt vr* (sich), mischen (sich) / mix *vt vi* ‖ ~ (sich)(homogen, untrennbar) / blend *vt vi*

Vermischung *f*, Vermengung *f* / mixing

vermitteln (Wissen, Vorstellung) / convey (e.g. one's knowledge, a clear picture of how well an organization is doing) ‖ ~ (z.B. ein

Praktikum) / find (e.g. an intership for someone), arrange ‖ ~ (ein Gespräch) (Tele) / put through [on o. to], connect ‖ ~ *n* (Tele) / switching

Vermittlung *f* (Tele) / switching

Vermittlungs•einrichtung *f* (Tele) / switching equipment, switching device ‖ ~**netz** *n* (Tele) / switched network, switching network ‖ ~**schicht** *f*, Schicht 3 (im OSI-Schichtenmodell), Netzwerkschicht *f* (DV, Tele) / layer 3, network layer (in OSI reference model) ‖ ~**stelle** *f* (Tele) / central office, CO, exchange, telephone exchange (GB), switching centre, switching office ‖ ~**technik** *f* (Tele) / switching

Vermögen *n*, Fähigkeit *f* / capability (e.g. networking capability, processing capabilities), capacity (e.g. remote sensing capacity of Raman spectroscopy)

vernachlässigbar / negligible

vernachlässigen / neglect ‖ **zu ~**, vernachlässigbar / negligible

vernähen, ein-, zunähen / sew up

vernebeln (Flüssigkeit) / atomize (liquid), nebulize ‖ ~ (MT) / nebulize (a liquid medicine)

Vernebelung *f* (einer Flüssigkeit) / atomization ‖ ~ (MT) / nebulization (of a liquid medicine)

Vernebler *m* (MT) / nebulizer

vernetzen, trocknen *vi*, aushärten (Dichtstoffe) / cure ‖ ~ (DV, Tele) / network *vt*

vernetzt (Chem) / cross-linked ‖ ~ (DV, Tele) / networked ‖ **nicht ~**, Einzelplatz... (DV) / standalone (device, computer, software)

Vernetzung *f* (DV, Tele) / networking, network integration ‖ ~ (Chem) / cross-linking, cross-linkage

Vernetzungstechnik *f* (Tele) / networking technique

vernichten, zerstören / destroy ‖ ~ (Schädlinge) / exterminate, kill

Vernichtung *f*, Zerstörung *f* / destruction

vernickeln, galvanisch vernickeln (OT) / nickel-plate *v* ‖ ~ *n*, galvanisches Vernickeln (OT) / nickel-plating

Vernickelung *f*, galvanisches Vernickeln (OT) / nickel-plating

Vernier *m*, Nonius *m* (Pl. Nonien - Hilfsmaßstab zum Ablesen von Bruchteilen der Einheiten des Hauptmaßstabs) (Mess) / vernier scale, vernier

vernieten / rivet *v* ‖ ~ *n*, Nieten *n* / riveting, rivet fastening

veröffentlichen, verlegen (ein Buch) (Druck) / publish ‖ ~ / publish ‖ ~, freigeben (DV) / release (e.g. software)

verpacken (Verp) / pack, package *vt* ‖ ~ (in Schachteln, Kartons) / box *vt* ‖ ~ (in Kisten) / crate ‖ ~ *n* / packaging, packing

Verpackung *f* / package, pack ‖ ~ / packaging (collective term for packages/packs and associated material, no plural; e.g. packaging plays an important role in marketing a product) ‖ ~, Verpacken *n* / packaging, packing ‖ ~, Verpackungsmaterial *n* / packaging material, packaging

Verpackungsmaschine *f* / packaging machine, packing machine

verpflanzen, umpflanzen (Bot, Landw) / transplant

Verpuffung *f* (schwächste Form einer explosionsartigen Verbrennung mit einer

Flammenausbreitungsgeschwindigkeit unter 1m/s, max. Druck von 1 bar) / deflagration

Verputz *m* (Bau) / plaster *n*

Verrastung *f*, Arretiervorrichtung *f*, Feststellvorrichtung *f* / locking device, catch, stop, lock

verriegeln / bolt *vt* (e.g. a door), latch ‖ ~ (z.B. Tastatur, CD-Laufwerk) (Techn) / lock (e.g. keyboard, CD drive) ‖ ~ (Bauteile o. Funktionen gegeneinander, z.B. einen Trenner gegen den Leistungsschalter, so dass der Trenner nur geöffnet werden kann, wenn der Leistungsschalter schon ausgeschaltet ist) (Elek) / interlock

Verriegelung *f* (mechanisch) / lock, locking [mechanism] ‖ ~ (von Bauteilen o. Funktionen gegeneinander, z.B. eines Trenners gegen den Leistungsschalter, so dass der Trenner nur geöffnet werden kann, wenn der Leistungsschalter schon ausgeschaltet ist) / interlocking ‖ ~ (Vorrichtung) (Elek) / interlock (device)

Verriegelungsvorrichtung *f*, Arretiervorrichtung *f*, Verrastung *f*, Feststellvorrichtung *f* / locking device, catch, stop, lock

verringern [um], reduzieren / reduce *vt* [by] ‖ ~, reduzieren, abbauen / relieve *vt* (pressure, tension, stress), release ‖ ~ *vr* (sich) / decrease *vi* ‖ **die Geschwindigkeit ~**, langsamer werden / decelerate *vi*, reduce the speed, slow down ‖ **Kraftstoffverbrauch ~** / improve fuel economy, increase fuel economy

Verringerung *f*, Reduzierung *f* / reduction (e.g. of tensions, salaries, staff), decrease, drop [in] (in prices, quality, amount, temperature)

Verrohrung *f*, Casing *n*, Rohrauskleidung *f* (zur Abstützung von nicht standfestem Baugrund beim Bohren) (Bau, Öl) / casing ‖ ~ (als Ganzes), Rohrleitungen *f pl* / piping, pipework

verrottungsfest / rot-resistant, rot-proof

verrücken, an andere Stelle legen / displace *vt*, dislocate

verrühren, mischen / mix

versagen *vi*, ausfallen (Techn) / break down *vi*, fail ‖ ~, aussetzen *vi* (z.B. Motor, Zündung) / fail ‖ ~ *n*, Ausfall *m* / failure, breakdown *n*

Versalie *f*, Großbuchstabe *m* (Druck) / uppercase letter, capital letter, cap, uppercase, capital

Versammlung *f*, Besprechung *f*, Meeting *n* / meeting *n*

Versand *m* (z.B. an den Kunden), Auslieferung *f* / shipment (e.g. to the customer), shipping ‖ ~**art** *f* (Wirtsch) / shipping mode ‖ ~**bereit** / ready for shipment ‖ ~**fertig**, ready for shipment ‖ ~**schaden** *m*, Transportschaden *m* / shipping damage

Versatz *m*, seitliche Verschiebung / offset, mismatch *n* ‖ ~ (der Formhälften) (Gieß) / mismatch (of mould halves) ‖ ~ (zweier Achsen, Wellen) / misalignment (of axes, shafts) ‖ ~**winkel** *m* (Mot) / offset angle

versauern (Landw, Umw) / acidify *vi*

verschachteln (DV) / nest (a subroutine)

verschachtelt (Interruptfolge, Schleife) / nested (e.g. interrupt sequence, loop)

Verschalung (als Witterungsschutz), Fassadenverkleidung *f* (Bau) / cladding, siding (US), facing, external cladding ‖ ~, Betonschalung *f* (Bau) / formwork, casing, shuttering ‖ ~ (der Baugrube) (Bau) / earthwork support, sheeting

verschärfen, erhöhen / increase ‖ ~ (Lage, Problem, Gegensätze) / aggravate ‖ ~ (Vorschriften, Gestze) / tighten

Verschiebelok[omotive] f, Rangierlokomotive f (Bahn) / shunting engine, shunter, switching engine, switcher, shunting locomotive

verschieben / move, shift ‖ ~, verdrängen / displace ‖ ~, translatieren (Math, Mech) / translate (move without rotation or angular displacement) ‖ ~, schieben (Bitwerte in einem Register oder einer Speicheradresse um eine Position nach links oder rechts) (DV) / shift ‖ ~ (DV) / move (text, files, images, application window) ‖ ~ (DV) / relocate (e.g. cursor on-screen, a routine) ‖ ~ (den Bildschirminhalt), scrollen (DV) / scroll vt (the screen) ‖ ~, aufschieben (zeitlich) / defer, postpone, put off, delay (e.g. departure, payment) ‖ ~ (auf ein anderes Gleis), rangieren (Bahn) / shunt (rolling stock from one track to another), switch ‖ ~ vr (sich) / move out of place ‖ ~ (sich)(Achse, Welle, nicht mehr fluchten) / move out of alignment ‖ ~ n, Verschiebung ‖ ~ / moving, shifting

Verschiebe•operation f (DV) / shift operation ‖ ~satz m **von Steiner** (Mech) / Steiner's theorem

Verschiebung f, Verschieben n / moving, shifting ‖ ~, Platzveränderung f, Versetzung f / repositioning, relocation ‖ ~, Verdrängung f / displacement ‖ ~, Weg m (Entfernung, um die etwas verschoben wird) / displacement ‖ ~, Translation f (alle Punkte einer geometrischen Figur werden so verschoben, dass sie dabei gerade, gleich lange, parallele und gleich orientierte Bahnen beschreiben) (Math) / translation ‖ ~, Versetzung f (in Kristallgittern) (Krist) / dislocation ‖ ~, Schift m, Stellenversetzen n (DV) / shift ‖ ~, elektrische Flussdichte (Elek) / electric flux density, dielectric strain, displacement, electric displacement

Verschiebungs•dichte f, elektrische Flussdichte (Elek) / electric flux density, dielectric strain, displacement, electric displacement ‖ ~fluss m, elektrischer Fluss (Elek) / electric flux, displacement flux ‖ ~gesetz n / displacement law ‖ ~konstante f, ε_0 (Elek, Phys) / permittivity of a vacuum or free space (ε_0), electric constant ‖ ~polarisation f, dielektrische Polarisation (Elek, Phys) / dielectric polarization ‖ ~satz m / displacement law

verschieden / different

Verschlauchung f (Hydr) / hosing

verschlechtern / make worse ‖ ~ (in Bezug auf Qualität, Wert) / deteriorate, degrade ‖ ~ (sich) / get worse ‖ ~ (sich)(in Bezug auf Qualität, Wert) / deteriorate, degrade

verschleifen, glätten (durch Schleifen) (Fert) / linish

Verschleiß m / wear ‖ ~ (durch Reibung), Abrasionsverschleiß m (Gleitverschleiß durch mechanische Einwirkung harter (Werkstoff)bestandteile) / abrasion, attrition, abrasive wear, frictional wear ‖ ~anfällig (bei Reibung), abriebempfindlich / abrasion-sensitive ‖ ~arm / low-wear ‖ ~art f / type of wear ‖ ~beständig, verschleißfest / wear-resistant, resistant to wear, wear resisting ‖ ~beständigkeit, Verschleißfestigkeit f / wear resistance, resistance to wear ‖ ~beständigkeit f, Abriebfestigkeit f / abrasion

resistance, resistance to abrasion ‖ ~decke f (oberste Schicht des Oberbaus einer Straße), Fahrbahndecke (Straß) / carpet, wearing course, road surface, surface layer, surfacing, road carpet, surface course, top course, roadbed, topping, roadway ‖ ~eigenschaften f pl / wear properties

verschleißen vt, abnutzen / wear out, wear down ‖ ~ vi, sich abnutzen / wear, wear out, wear down

verschleiß•fest / wear-resistant, resistant to wear, wear resisting ‖ ~fest, abriebfest / abrasionproof, abrasion-resistant, resistant to abrasion ‖ ~festigkeit f / wear resistance, resistance to wear ‖ ~frei [arbeitend] / wear-free, non-wearing ‖ ~härte f, Verschleißfestigkeit f / wear resistance, resistance to wear ‖ ~mechanismus m / wear mechanism ‖ ~messgröße f (Masch) / wear measurement variable ‖ ~rate f / rate of wear ‖ ~schicht f (oberste Schicht des Oberbaus einer Straße), Fahrbahndecke f (Straß) / carpet, wearing course, road surface, surface layer, surfacing, road carpet, surface course, top course, roadbed, topping, roadway ‖ ~teil n / wearing part, part subject to wear ‖ ~widerstand m, Verschleißfestigkeit f / wear resistance, resistance to wear

verschließen, zuschließen / lock vt ‖ ~ (mit einem Stopfen) / plug ‖ ~, abdichten (Rohr, Leck, Loch, Behälter, Fenster, Fugen) / seal ‖ ~ (Dosen bei der Dosenherstellung) (Fert) / seam

verschlissen, abgenutzt / worn, worn out

verschlossen, hermetisch abgeschlossen / sealed

Verschluss m, Verschlussvorrichtung f / lock n ‖ ~ (luft-, wasserdicht) / seal ‖ ~, Pfropfen m, Stöpsel m / stopper ‖ ~, Deckel m / top ‖ ~, Verstopfung f / plugging, obstruction ‖ ~ (zur Regelung der Belichtungszeit), Kameraverschluss m (Foto) / shutter

verschlüsseln (kryptographisch, zum Datenschutz) (allg, DV) / encrypt, encipher vt, encode ‖ ~ n, Verschlüsselung f (kryptographisch, zum Datenschutz) (allg, DV) / encryption, enciphering, encipherment

Verschlüsselung f (kryptographisch, zum Datenschutz) (allg, DV) / encryption, enciphering, encipherment ‖ ~ s.a. Kodierung

Verschluss•kegel m, Gichtverschluss m (Hütt) / bell ‖ ~organ n (Ventil) / plug (of a valve) ‖ ~schraube f (Masch) / screw plug ‖ ~stopfen m (Masch) / plug ‖ ~stopfen, Rohrverschluss m, Rohrstopfen m / pipe plug ‖ ~ventil n, Absperrventil n / shut-off valve, stop valve, S.V. ‖ ~vorhang m, Vorhang m (eines Schlitzverschlusses) (Foto) / curtain, shutter curtain ‖ ~vorrichtung f / lock n

verschmelzen vt vi (Hütt) / fuse vt vi ‖ ~ vt (Behälter (z.B. Ampulle), Öffnung) / seal ‖ ~ vt vi (z.B. Firmen), aufgehen [lassen][in] / merge vt vi ‖ ~ (z.B. Farben), ineinander übergehen [lassen] / blend vt vi (e.g. colours)

Verschmelzung f (Hütt) / fusion ‖ ~ (Verschließen eines Behälters (z.B. Ampulle), einer Öffnung durch Erhitzen) / sealing

verschmieren (Löcher, Risse) / fill in ‖ ~ (Fugen) / point ‖ ~ (Schleifscheibe, Feile), zusetzen vr (sich) (Wz, Wzm) / become clogged, become loaded ‖ ~, verwischen (z.B. Farben, Druckbild) (allg, Druck) / smear, smudge, blur vt

verschmutzen / dirty, make dirty, soil ‖ ~ (Umw) / pollute (e.g. air, water) ‖ ~, verunreinigen, kontaminieren / contaminate

verschmutzt, schmutzig / dirty *adj*, soiled, filthy ‖ ~, verstopft, zugesetzt / clogged (e.g. pipe, filter), choked ‖ ~, verunreinigt (Techn) / contaminated ‖ ~ (Umw) / polluted

Verschmutzung *f*, Verschmutzen *n* / soiling ‖ ≏, Schmutz *m* / dirt ‖ ≏, Verstopfung *f*, Zusetzung *f*, Versetzung *f* / choking (e.g. of pipe, sieve), clogging, obstruction ‖ ≏, Verunreinigung *f*, Kontamination *f* (Chem, Umw) / contamination ‖ ≏ (von Wasser, Boden etc.), Umweltverschmutzung *f* (Umw) / pollution (of environment, air, soil etc) / environmental pollution ‖ ≏ **durch die Industrie** (Umw) / industrial pollution ‖ ≏ **durch die Landwirtschaft** (Umw) / agricultural pollution ‖ ≏ **durch private Haushalte** (Umw) / domestic pollution

Verschmutzungsstoff *m*, Verunreinigung *f* (Stoff) (Umw) / pollutant, contaminant

verschneiden (Alkohol zur Verbesserung des Geschmacks) (Nahr) / blend (alcohol) ‖ ~ (Spirituosen zur Herstellung preiswerterer Sorten) (Nahr) / adulterate

Verschnitt *m*, Abfall *m* (Fert) / scrap

verschobener Kern (Gieß) / displaced core

verschrauben (miteinander) / screw together, bolt together

Verschraubung *f*, Schraubverbindung (Masch) / threaded joint, threaded assembly ‖ ≏ (mit Durchsteckschrauben) / bolted joint, bolted connection

verschrotten / scrap ‖ ≏ *n* / scrapping

Verschrottung *f* / scrapping

verschütten (Flüssigkeit) / spill *vt*, slop

verschweißbar, schweißgeeignet / weldable

verschweißen (Fert) / weld [together] ‖ ≏ *n* / welding

verschweißt / welded

verschwommen, unscharf, undeutlich / blurred, fuzzy ‖ ~, unscharf, verwackelt (Foto) / blurred, fuzzy, out-of-focus

versehen *adj* [mit], ausgestattet [mit] / equipped [with] ‖ ~ *vt* [mit], versorgen [mit] / provide [with], supply ‖ ~ [mit](einer neuen,weiteren Komponente o. Merkmal), ausrüsten / fit [with](e.g. a helicopter with searchlights), equip [with]

verseifen *vt vi* / saponify

Verseifung *f* / saponification

Verseilart *f* (Kabel) / stranding

verseiltes Kabel / stranded cable

versenden (an den Kunden), ausliefern (ein fertiges Produkt) / ship (e.g. to the customer)

Versendung *f*, Versand *m* (z.B. an den Kunden), Auslieferung *f* / shipment (e.g. to the customer), shipping

versengen, ansengen / scorch, singe

versenken, verlegen (im Erdboden), legen / bury, sink (e.g. pipe, conduit)

versenkt (z.B. Schraube, Türgriff an Fahrzeug) / recessed

versetzen (an andere Stelle), verlegen, verlagern, umsetzen / move, shift, transfer ‖ ~, umpflanzen (Bot, Landw) / transplant ‖ ~, einsetzen (z.B. Arbeitnehmer an einem anderen Standort o. für andere Aufgaben) / redeploy (e.g. to another factory or onto other tasks) ‖ ~, mischen / mix ‖ ~ (mit minderwertigen Stoffen u. Zusätzen) / adulterate ‖ **in Bewegung ~** / set in motion ‖ **in Schwingungen ~** / cause to vibrate or oscillate

versetzt, verlagert (Wellen) / misaligned ‖ ~ **anordnen**, staffeln / stagger, arrange in alternations

Versetzung *f*, Verstopfung *f*, Verschmutzung *f*, Zusetzung *f* / choking (e.g. of pipe, sieve), clogging, obstruction ‖ ≏, Versatz *m* (zweier Achsen, Wellen) / misalignment (of axes, shafts) ‖ ≏, Verschiebung *f*, Verdrängung *f* / displacement ‖ ≏, Platzveränderung *f* / repositioning, relocation ‖ ≏ (in Kristallgittern) (Krist) / dislocation ‖ ≏ (z.B. von Arbeitnehmer an einem anderen Standort o. für andere Aufgaben) / redeployment (e.g. to another factory or onto other tasks)

verseuchen, kontaminieren, verstrahlen (Nukl) / contaminate (with radioactivity)

verseucht, infiziert (DV) / infected *adj* ‖ ~ (Nukl) / contaminated (with radioactivity)

Verseuchung *f*, Kontamination *f* (Nukl) / contamination

versinken, sinken, untergehen (Schiff) / sink, go under, founder

Version *f*, Modell *n*, Ausführung *f* / version, model, type

Versor *m*, Drehzeiger *m* (Elek) / rotary phasor

versorgen (mit z.B. Material, Wasser, Energie) / supply [with] ‖ ~, speisen, Material zuführen / feed (e.g. a machine with material)

Versorgung *f* (mit z.B. Material, Wasser, Energie) / supply

Versorgungs•bereich *m* / service area (e.g. of a water distribution system) ‖ ≏**bereich** *m*, Anschlussbereich *m* (Tele) / service area (geographic area served by a supplier) ‖ ≏**bereich** *m*, Funkversorgungsbereich *m* (Tele) / coverage area (of a cellular system), service area ‖ ≏**betrieb** *m*, öffentliches Versorgungsunternehmen / utility, public utility (enterprise that provides services such as common carrier transportation, telephone and telegraph, power, heat, and light, water, sanitation, and similar services), utility company ‖ ≏**leitung** *f* (für Gas, Wasser, Elektrizität), Leitung *f* (in öffentlichen Straßenraum) / main, supply main (of gas or water supply service, run in the street) ‖ ≏**netz** *n*, Stromversorgungsnetz *n* (Elek) / mains *pl*, electric mains *pl*, grid, supply mains, power grid, electric grid, network, electric power grid, power line (US) / electricity supply grid, power supply system, electricity supply network ‖ ≏**sicherheit** *f* / reliability of supply ‖ ≏**spannung** *f* (Elek) / supply voltage ‖ ≏**technik** *f* / building services engineering (design, installation, operation and monitoring of the mechanical, electrical and HVAC systems of modern buildings), MEP (mechanical, electrical and plumbing) engineering (US), building engineering (US) ‖ ≏**technik**, technische Gebäudeausrüstung / ventilation, water, electrical and mechanical facilities, facilities equipment

verspannen, abspannen (z.B. Mast mit Halteseilen) (Bau, Techn) / guy *vt*, stay (by cable, rope)

Verspanungsleistung *f*, Zerspanungsleistung *f*, Schnittleistung *f* (Fert) / cutting capacity

versperren, blockieren / block e.g. road, exit)

verspleißen, spleißen (Kabel, Seil, Glasfaser) / splice *vt*

Versprödung f / embrittlement

versprühen, zerstäuben (Flüssigkeiten) / atomize (e.g. liquid), nebulize

Verständigung f (Kommunikation) (allg) / communication ‖ ~, Einigung f / agreement, understanding ‖ ~, Benachrichtigung f / notification

verstärken vt (Signale, Musikinstrumente, Strom, Spannung etc.) (Akust, allg, Elek, Eltro) / amplify ‖ ~ (z.B. Mauern, Dämme) / reinforce (e.g. walls, dams) ‖ ~, versteifen, aussteifen / stiffen ‖ ~ (Truppen etc.) (Mil) / reinforce (military forces) ‖ ~ (z.B. Druck, Anstrengungen, Intensität, Einfluss), vergrößern / increase ‖ ~ (ein Negativ) (Foto) / intensify (a negative) ‖ ~ (eine Säure), konzentrieren / concentrate (an acid) ‖ ~ vr (sich) / increase vi

verstärkende Phase (eines Verbundwerkstoffes) (Mater) / embedded phase (of a composite), reinforcing agent (of a composite), reinforcing phase

Verstärker m (Audio, Elek, Eltro, Tele) / amplifier, amp., AMP ‖ ~, Antennenverstärker m (Radio, TV) / booster (between antenna and TV receiver to amplify weak signals) ‖ ~, Repeater m, Regenerationsverstärker m, Zwischenregenerator m (Tele) / repeater n (in transmission lines), regenerative repeater, regenerator ‖ ~ **im AB-Betrieb**, AB-Verstärker m (Eltro) / class AB amplifier ‖ ~ **im A-Betrieb**, A-Verstärker m (Eltro) / class A amplifier ‖ ~ **im B-Betrieb**, B-Verstärker m (Eltro, Tele) / class B amplifier ‖ ~ **im C-Betrieb**, C-Verstärker m (Eltro) / class C amplifier ‖ ~ **schaltung** f (Eltro) / amplifying circuit ‖ ~ **station** f / booster station ‖ ~ **stufe** f (Eltro) / amplifier stage

Verstärkung f (Elek, Eltro) / amplification

Verstärkungs•faktor (Eltro, Tele) / amplification factor, gain (factor by which power or voltage is increased in an amplifier or other electronic device) ‖ ~ **maß** n (logarithmische Darstellung des Verstärkungsfaktors) (Eltro, Tele) / gain (factor by which power or voltage is increased in an amplifier or other electronic device, expressed as a logarithm) ‖ ~ **phase** f (eines Verbundwerkstoffes) (Mater) / embedded phase (of a composite), reinforcing agent (of a composite), reinforcing phase ‖ ~ **rippe** f, Versteifungsrippe f (Techn) / rib n

verstäuben, zerstäuben (Flüssigkeiten) / atomize (e.g. liquid), nebulize

verstaubt, staubig / dusty, covered with dust

verstauen, unterbringen / stow [away]

verstecken, ausblenden (z.B. ein Fenster o. eine Tabelle), nicht mehr anzeigen (DV) / hide

versteifen, steif machen / stiffen vt ‖ ~, abstreben, aussteifen (allg, Bau) / brace vt, strut vt ‖ ~, verstärken / reinforce, strengthen

Versteifung f / stiffening ‖ ~, Verstrebung f (Bau, Techn) / strutting, bracing ‖ ~ f, Versteifungselement n (wie Blech o. Winkel) (Techn) / stiffener, stiffening ‖ ~, Verstärkung f / strengthening, reinforcement

Versteifungs•element n (wie Blech o. Winkel) (Techn) / stiffener, stiffening ‖ ~ **rippe** f, Verstärkungsrippe f (Techn) / rib n

verstellbar, adjustable (e.g. angle, height, seat belt) ‖ ~ (z.B. Drehzahl, Pumpe), regelbar / variable (e.g. speed, pump) ‖ ~ **e Laufradschaufel** / adjustable runner blade ‖

~ **er Maulschlüssel**, Engländer m, Rollgabelschlüssel m (Wz) / adjustable spanner (GB), Crescent® wrench (US), shifting spanner (GB), shifter (shifting spanner)(GB), adjustable-angle head wrench (US), adjustable wrench (US), adjustable end wrench (US), monkey wrench (US) ‖ ~ **e Rohrzange**, Wasserpumpenzange f (DIN) (Wz) / water pump pliers, channel-type pliers, groove joint pliers, universal pliers, multiple slip-joint pliers pl, multigrip pliers pl ‖ **nicht** ~, unverstellbar / fixed, non-adjustable

verstellen vt, anders einstellen / adjust, readjust ‖ ~, falsch einstellen / misadjust ‖ ~, an eine andere Stelle stellen / move ‖ ~ vr (sich) / become misadjusted

Verstell•motor m / variable-speed motor ‖ ~ **pumpe** f / variable displacement pump ‖ ~ **schlüssel** m, Engländer m, Rollgabelschlüssel m (Wz) / adjustable spanner (GB), Crescent® wrench (US), shifting spanner (GB), shifter (shifting spanner)(GB), adjustable-angle head wrench (US), adjustable wrench (US), adjustable end wrench (US), monkey wrench (US) ‖ ~ **schraube** f / adjusting screw, setscrew, adjustment screw

Verstellung f, Veränderung f der Einstellung / adjustment (e.g. of speed of a machine) ‖ ~, falsche Einstellung / misadjustment, maladjustment

verstemmen, einpressen (Fert) / press-fit (e.g. a shaft into a gear bore) ‖ ~ / caulk (cement, oakum lead wool etc. e.g. into a joint or bell and around a spigot) ‖ ~ / caulk (seal the Kanten der vernieteten Bleche mit Meißel und Hammer, Stemmeisen o. Presslufthammer bearbeiten, um die Vernietung, z. B. bei Dampfkesseln, wasser- und dampfdicht zu machen) / caulk vt (e.g. rivets, edge of a plate) ‖ ~ n, Dichtstemmen n, Nahtdichtung f durch Verstemmen / caulking (e.g. of rivets, edge of a plate), calking

verstiften, mit Stiften befestigen / pin vt, secure with pin[s] ‖ ~, durch Stifte verbinden / join by pin[s]

verstimmt (Eltro) / off-tune, untuned, out of tune

verstopfen vt (z.B. Abfluss, Rohr, Düse, Filter) / clog, block up, choke vt [up](e.g. the sink, a pipe, nozzle, filter), stop up (e.g. pipe, filter), obstruct ‖ ~ (z.B. ein Loch) / stop (e.g. hole) ‖ ~ (z.B. Straßen) / obstruct (the streets), clog, block up ‖ ~, blockieren (Tele) / jam ‖ ~ vi, zusetzen vr (sich)(Rohr etc.) / choke vi [up], clog vi, become clogged

verstopft, zugesetzt / clogged (e.g. pipe, filter), choked ‖ ~ (Straßen) / blocked, jammed

Verstopfung f, Blockierung f, Sperrung f / block n, obstruction ‖ ~, Verschmutzung f, Zusetzung f, Versetzung f / choking (e.g. of pipe, sieve), clogging, obstruction ‖ ~, Verkehrsstau m, Stockung f (Verk) / traffic jam, jam, traffic congestion

verstrahlen, kontaminieren, verseuchen (Nukl) / contaminate (with radioactivity)

verstreben, abstreben, ausstreben (allg, Bau) / brace vt, strut vt

Verstrebungselement n, Strebe f (diagonal) (Bau) / brace n, diagonal brace

verstreichen vt (z.B. Farbe, Fett) / apply, spread (e.g. paint, grease) ‖ ~ (z.B. Risse) / fill [in] ‖ ~ (z.B. Fugen) (Bau) / point (joints), fill [in] ‖ ~ vi (Zeit), vergehen / elapse vi, pass vi

[by](time) ‖ ~, ablaufen (z.B. Frist), zu Ende gehen / expire *vi*
verstrichene Zeit / elapsed time
verstromen (z.B. Kohle, Wind) (Elek) / convert into electricity
Verstromung *f* (z.B von Kohle) (Elek) / conversion (e.g. of coal) into electricity
verstümmeln (Signale) (Eltro, Tele) / garble, corrupt
Versuch *m* (etw. zu tun) / attempt (to do sth, at doing sth) ‖ ~, Experiment *n* / experiment ‖ ~, Erprobung *f* / trial ‖ ~, Test *m* (pl: Tests), Prüfung *f* / test *n*
versuchen / try, attempt ‖ ~, Versuche machen, experimentieren / experiment, try, test ‖ ~, ausprobieren / try out
Versuchs•anlage *f* / experimental plant, experimental facility ‖ ~**anordnung** *f*, Versuchsaufbau *m* / experimental arrangement ‖ ~**anordnung**, Prüfanordnung *f* / test setup, test arrangement ‖ ~**aufbau** *m*, Versuchsanordnung *f* / experimental arrangement ‖ ~**bedingung** *f* / test condition ‖ ~**bohrung** *f*, Prospektionsbohrung *f* (Öl) / exploratory drilling, exploration drilling, prospective drilling, test drilling ‖ ~**ergebnis** *n* / test result ‖ ~**fahrt** *f* (durch Hersteller eines Fahrzeugs) (Bahn, Kfz) / trial run ‖ ~**labor** *n* / research laboratory ‖ ~**lauf** *m* / trial run ‖ ~**protokoll** *n* / test record, test log ‖ ~**reaktor** *m* / experimental reactor ‖ ~**reihe** *f* / series of tests o. of experiments ‖ ~**stadium** *n* / experimental o. trial stage ‖ ~**weise im Labor aufbauen** (während der Entwicklungsphase) (Eltro) / breadboard *vt*
vertauschen / exchange, interchange ‖ ~ (in die umgekehrte Reihenfolge bringen) / reverse (e.g two chapters of a book) ‖ ~, verwechseln / confuse ‖ ~, permutieren (Math) / permut[at]e ‖ ~, transponieren (Math, Tele) / transpose *vt*
Vertauschungsgesetz *n*, Kommutativgesetz *n* (Math) / commutative law
verteilen / distribute ‖ ~, aufteilen (in mehrere Teile, Komponenten) / divide ‖ ~, aufteilen (anteilig), zuteilen / apportion ‖ ~ (nebeneinander, auf einer Fläche), ausbreiten *vt* / spread *vt* [out](e.g. papers on the table) ‖ ~ **in Abständen** / space [out]
Verteiler *m* (allg) / distributor ‖ ~, Zündverteiler *m* (Mot) / ignition distributor, distributor ‖ ~, Angussverteiler *m* (beim Spritzgießen) (Plast) / runner (injection moulding - leading from the sprue to the cavity) ‖ ~ (Rohr) / manifold *m* ‖ ~ (von CPU-Zeit an verschiedene Anwendungen im Multitasking) (DV) / dispatcher ‖ ~, Verteilerkasten *m* (Elek) / distribution board, breaker panel (US), circuit breaker panel (US), panelboard (US), load center (US) ‖ ~, Installations-Kleinverteiler *m* (DIN VDE 0603) (Elek) / consumer unit (GB)(breakers or fuses arranged in a single horizontal row, unlike a distribution board which has multiple rows of fuses or breakers), fusebox (GB) ‖ ~ (z.B. für Gestellreiheneinbau) (Tele) / distributing frame (e.g. for rack rows) ‖ ~ (Löt-, Tannenbaum), Klemmenleiste *f* (Elek) / terminal block, terminal strip ‖ ~, Verteilerleitung *f* (Elek) / distributor, distributing main ‖ ~ (Tele) s. Switch, Hub, Splitter ‖ ~ (für E-Mail), Mailing List *f* (DV, Tele) / mailing list ‖ ~**dose** *f*, Abzweigdose *f*

(Elek) / junction box, J box ‖ ~**einspritzpumpe** *f* (Kfz) / distributor injection pump ‖ ~**kanal** *m*, Angussverteiler *m* (beim Spritzgießen) (Plast) / runner (injection moulding - leading from the sprue to the cavity) ‖ ~**kasten** *m*, Verteiler *m* (Elek) / distribution board, breaker panel (US), circuit breaker panel (US), panelboard (US), load center (US) ‖ ~**kasten**, Installations-Kleinverteiler *m* (DIN VDE 0603) (Elek) / consumer unit (GB)(breakers or fuses arranged in a single horizontal row, unlike a distribution board which has multiple rows of fuses or breakers), fusebox (GB) ‖ ~**leitung** *f* (Elek) / distributor, distributing main ‖ ~**netz** *n* (Elek, Tele) / distribution network ‖ ~**netzbetreiber** *m* (Elek) / distribution system operator, DSO, distribution network operator, DNO ‖ ~**schrank** *m* (Elek, Kabel, Tele) / distribution cabinet
Verteilnetz *n* (Elek, Tele) / distribution network ‖ ~**betreiber** *m* (Elek) / distribution system operator, DSO, distribution network operator, DNO
verteilt, dezentral / decentralized, distributed ‖ ~**e Datenverarbeitung** / decentralized data processing
Verteilung *f* (allg, Stat) / distribution ‖ ~ (nebeneinander, auf einer Fläche) / spreading [out] ‖ ~, Anordnung *f*, Aufstellung *f* / arrangement, disposition ‖ ~, Teilung *f* (in mehrere Teile o. Komponenten) / division ‖ ~, Verteilerkasten *m*, Verteiler *m* (Elek) / distribution board, breaker panel (US), circuit breaker panel (US), panelboard (US), load center (US) ‖ ~, Verteilerkasten *m*, Installations-Kleinverteiler *m* (DIN VDE 0603) (Elek) / consumer unit (GB)(breakers or fuses arranged in a single horizontal row, unlike a distribution board which has multiple rows of fuses or breakers), fusebox (GB)
Verteilungs•leitung *f*, Verteilerleitung *f* (Elek) / distributor, distributing main ‖ ~**netz** *n* (Elek, Tele) / distribution network ‖ ~**netzbetreiber** *m* (Elek) / distribution system operator, DSO, distribution network operator, DNO
Verteilzeitaufnahme *f* / chronological study o. survey
Vertiefung *f*, Aussparung *f*, Ausnehmung *f* / recess *n*
vertikal, senkrecht / vertical ‖ ~**e Ablenkung** (TV) / vertical sweep ‖ ~**e Achse** / vertical axis ‖ ~**er/horizontaler Bilddurchlauf**, Scrollen *n* (Bewegen des Bildschirminhalts) (DV) / scrolling
Vertikal•ablenkung *f* (TV) / vertical sweep ‖ ~**achsenwindturbine** *f* (Elek) / vertical-axis wind turbine, VAWT ‖ ~**achser** *m* (Elek) / vertical-axis wind turbine, VAWT
Vertikale *f* (Math) / vertical, vertical line ‖ ~, Senkrechte *f* / perpendicular *n*
Vertikal•fräsmaschine *f* (Wzm) / vertical milling machine ‖ ~**frequenz** *f*, Bildwiederholfrequenz *f* (DV, Eltro) / refresh rate, e rate, vertical refresh rate, vertical frequency, vertical scanning frequency, scan rate ‖ ~**-Gelenkarm-Roboter** *m* / articulated arm robot, articulate robot, jointed arm robot ‖ ~**-Knickarm-Roboter** *m* / articulated arm robot, articulate robot, jointed arm robot ‖ ~**-Schiebefenster** *n* (Bau) / double-hung [sash] window, hanging sash, vertical sliding window

‖ ≙**startflugzeug** *n*, Senkrechtstartflugzeug *n* (Luft) / vertical take-off and landing aircraft, VTOL aircraft ‖ ≙**trockner** *m* (ChT) / vertical drier

vertilgen, vernichten (Schädlinge) / exterminate, kill

Vertrag *m* / contract *n* ‖ ≙, Abkommen *n*, Vereinbarung / agreement

vertragen (z.B. Temperaturen, Belastungen), aushalten / endure, bear

verträglich, kompatibel / compatible

Verträglichkeit *f* (zweier Stoffe in einem Werkstoffverbund) (Mater) / compatibility

Vertrags•dauer *f* / duration o. life of contract ‖ ~**gemäß** / as stipulated in the contract ‖ ~**mäßig** / as stipulated in the contract ‖ ≙**partei** *m* / contracting party, party to a/the contract ‖ ≙**partner** *m* / contracting party, party to a/the contract

vertretbar (z.B. Kosten), gerechtfertigt / justifiable (e.g. costs)

vertreten (z.B. einen Kollegen) / stand in for (e.g. for a colleague) ‖ ~ (z.B. eine Firma, jemandes Interessen) / represent ‖ ~ (z.B. Ansicht, Theorie) / support (the view, a theory)

verunreinigen, kontaminieren / contaminate

Verunreinigung *f*, Verschmutzung *f*, Kontamination *f* (Chem, Umw) / contamination ‖ ≙ (Stoff), Schadstoff *m* (verunreinigend) (Umw) / pollutant, contaminant ‖ ≙, Fremdstoff *m* (Chem) / impurity

verursachen / cause

verursacht [durch], bedingt [durch](z.B. ein durch Maschinenschaden bedingter Produktionsausfall) / due [to](e.g. loss of production due to power failure)

vervielfachen *vt vr* (sich) / multiply *vt vi*

Vervielfachung *f* / multiplication

vervielfältigen, kopieren (Büro) / duplicate *vt*, copy

verwackelt, unscharf (Foto) / blurred, fuzzy, out-of-focus

Verwaltung *f* (z.B. Auftrags-, Bestands-, Daten-, Lagerverwaltung) (allg, DV) / management ‖ ≙ (Behörde[n]) / administration ‖ ≙, Sitz *m* (einer Organisation, Firma) / headquarters *pl* (of a company or organisation), head office

Verwandlung *f*, Übergang *m* (von einem Zustand in den anderen) / transition, transformation

verwandt (z.B. Themen, Wissenschaften) / related (e.g. topics, sciences) ‖ ~ (Stoffe) (Chem) / allied ‖ ~**e Zahlen** (Math) / amicable numbers *pl*

verwechseln / mix up (e.g. two substance), confuse, mistake (e.g. one substance with another)

Verwechslung *f* / confusion ‖ ≙, Irrtum *m* / mistake

Verweilzeit *f* (Techn) / dwell time, residence time (in a drier), retention time ‖ ≙ (verfügbare Zeit innerhalb eines Programmschritts) (DV) / dwell time, hold

verweisen [auf] / refer [to]

verwendbar [als, zu], nutzbar, verwertbar / usable, useable, useful ‖ ~ [als, für, zu], anwendbar / applicable [to]

Verwendbarkeit *f*, Brauchbarkeit / usability

verwenden, einsetzen, anwenden / employ, use ‖ ~, anwenden (z.B Regeln, Methoden) / apply ‖ ~ [auf](z.B. viel Zeit und Geld auf ein

Projekt) / spend [on](e.g. a lot of time and money on a project)

Verwendung *f*, Gebrauch *m*, Benutzung *f* / use *n*, employment ‖ ≙, Anwendung *f* (z.B von Regeln) / application

Verwendungs•bereich *m*, Anwendungsbereich *m* (einer Norm) / scope (of a standard) ‖ ≙**zweck** *m* / intended use, application

verwerfen, ablehnen (allg) / reject *vt* ‖ ~ *vr* (sich) (Holz) / warp *vi*

Verwerfung *f* (z.B. von Holz o. Blechen) (Holz, Mater) / warpage, warping

verwertbar, nutzbar, verwendbar [als, zu] / usable, useable, useful

verwerten (Patente, Abfall, Reste, Ideen, Erfahrungen) / utilize (patents, waste, remnants, ideas, experiences)

Verwertung *f*, Nutzbarmachung / utilization

verwiegen, auswiegen, abwiegen / weigh *vt*

verwinden, verdrehen / twist ‖ ~, deformieren / twist out of shape, distort *vt* ‖ ~, auf Torsion beanspruchen / subject to torsion[al forces]

Verwindung *f*, Verdrehung *f* / twisting, twist ‖ ≙, Verdrehung *f* (bleibend) / distortion ‖ ≙, Torsion *f* (Mech) / torsion

verwindungssteif, torsionssteif / torsionally stiff, torsion-resistant

verwirklichen, realisieren *vt* / implement (e.g. a program, project, an idea)

Verwirklichung *f*, Realisierung *f* / implementation

verwischen (z.B. Farben, Druckbild), verschmieren (allg, Druck) / smear, smudge, blur *vt*

Verzahnen *n*, Verzahnungsherstellung *f* / gear tooth forming, gear manufacturing

Verzahnung *f*, Zähne *m pl* (eines Zahnrads) / teeth, gear teeth ‖ ≙, Zahnräder *n pl* (Masch) / gears *pl*, gearing ‖ ≙, Verzahnungsherstellung *f* / gear tooth forming, gear manufacturing

Verzahnungs•art *f* (Getriebe) / type of gearing ‖ ≙**gesetz** *n* (Masch) / law of gearing ‖ ≙**herstellung** *f* / gear tooth forming, gear manufacturing ‖ ≙**maschine** *f* (Wzm) / gear cutter

Verzeichnis *n*, Register *n* / register *n* ‖ ≙, Dateiverzeichnis *n* (DV) / directory, file directory ‖ ≙, Ordner *m* (in den Windows-Betriebssystemen sowie auf Apple-Rechnern werden Verzeichnisse als Ordner bezeichnet, Dateiverzeichnis (DV) / folder (Windows, Mac)

Verzeichnung *f* (Opt) / distortion

verzerren (z.B. Bild, Signal) (allg, DV, Eltro) / distort

Verzerrung *f* (Eltro, Mech, Opt, Radio, Tele, TV) / distortion ‖ ≙, Bias *m* (Stat) / bias (systematic as opposed to a random distortion of a statistic)

Verzerrungstensor *m* (Phys) / deformation tensor

verzichten [auf], auskommen [ohne] / dispense with, do without ‖ ~ [auf] (Ansprüche, ein Recht, Besitz) / relinquish (claims, a right, possession)

verziehen *vr* (sich) (Holz, Mater) / become warped, warp ‖ ~ (sich)(die Form verlieren) (Tex) / go out of shape ‖ ~ (sich)(z.B. Karosserie, Rahmen) / be bent out of shape ‖ ≙ *n*, Verzug *m* (Holz, Mater) / warpage, warping, distortion ‖ ≙ (Rahmenschaden) (Kfz) / misalignment

verzinken (jeder Art) (OT) / zinc *v*, coat with zinc ‖ ~, galvanisch verzinken, elektrolytisch verzinken (OT) / zinc plate *vt* ‖ ~ (im Schmelzbad), feuerverzinken, tauchverzinken (OT) / galvanize, hot-dip galvanize ‖ ≈ *n*, Verzinkung *f* / zincing, zincking, coating with zinc ‖ ≈, galvanisches Verzinken (OT) / electroplating (with zinc), zinc plating, electrogalvanization ‖ ≈ (im Schmelzbad), Feuerverzinken *n* / hot-dip galvanizing, galvanizing, galvanization, zinc coating by hot-dipping

Verzinkerei *f* / zinc coating shop, galvanising plant, galvanizer's shop

verzinkt / zinc coated, zinced, zincked, galvanized

Verzinkung *f*, Zinküberzug *m* / zinc coating ‖ ≈, Verzinken *n* / zincing, zincking, coating with zinc ‖ ≈, galvanisches Verzinken (OT) / electroplating (with zinc), zinc plating, electrogalvanization ‖ ≈, Feuerverzinken *n*, Verzinken *n* (im Schmelzbad) / hot-dip galvanizing, galvanizing, galvanization, zinc coating by hot-dipping

verzinnt / tinned, tin-coated, tin-plated

verzogen, verformt / distorted, warped

verzögern *vt* (zeitlich) / delay ‖ ~, aufschieben (zeitlich) / defer, postpone, put off, delay (e.g. departure, payment) ‖ ~, verlangsamen / decelerate *vt*, slow [down] ‖ ~, verlangsamen, aufhalten / retard ‖ ~ *vr* (sich) / be delayed

verzögert • es Relais, Verzögerungsrelais *n* (Elek) / time delay relay, delay relay ‖ **~e Rückführung** (Regel) / delayed feedback

Verzögerung *f*, Zeitverzögerung *f* / delay, time delay ‖ ≈, zeitliche Nacheilung (allg) / lag, time lag, lagging ‖ ≈ (eines Ablaufs, einer Wirkung), Retardation *f* (Phys) / retardation ‖ ≈, negative Beschleunigung (Phys) / deceleration

Verzögerungs • element *n* (Elek) / delay element, time element, time-lag device ‖ ≈**flipflop** *n* (Eltro) / delay flip-flop, D flip-flop ‖ **~frei**, unverzögert / instantaneous, undelayed ‖ ≈**glied** *n* (Elek) / delay element, time element, time-lag device ‖ ≈**leitung** *f* (Eltro) / delay line ‖ **~los**, verzögerungsfrei, unverzögert / instantaneous, undelayed ‖ ≈**relais** *n* (Elek) / time delay relay, delay relay ‖ ≈**spur** *f* (Straß) / deceleration lane ‖ ≈**streifen** *m* (Straß) / deceleration lane ‖ ≈**zeit** *f* (allg, Eltro, Regel) / delay time ‖ ≈**zeitkonstante** *f* / time constant [of time delay]

Verzug *m*, Verziehen *n* (Holz, Mater) / warpage, warping, distortion ‖ ≈, Zeitverzögerung *f* / delay, time delay

Verzugszeit *f* (Regel) / delay time

Verzundern *n* (der Werkstückoberfläche), Verzunderung *f* (Hütt) / formation of scale (on the work surface), work surface oxidation, scaling

Verzunderung *f*, Verzundern *n* (der Werkstückoberfläche) (Hütt) / formation of scale (on the work surface), work surface oxidation, scaling

verzweigen, springen (im Programmablauf) (DV) / jump, branch *vi* ‖ ~ *vr* (sich), teilen *vr* (sich), gabeln *vr* (sich)(Straße) / branch *vi*

verzweigt (allg, Elek) / branched

Verzweigung *f* / ramification, branching ‖ ≈ (gabelförmig), Gabelung / bifurcation, forking ‖ ≈, Abzweigung *f* (einer Rohrleitung) / fork

(of a pipeline), junction ‖ ≈ (Schweiz), Autobahndreieck (Straß) / interchange (of expressways where one terminates) ‖ ≈ (DV) / branch *n*, jump *n*, transfer (deprecated)

Verzweigungs • befehl *m*, Sprungbefehl *m* (DV) / jump instruction, branch instruction ‖ ≈**diagramm** *n*, Baumdiagramm *n* / tree diagram ‖ ≈**punkt** *m* (im Programmablaufplan) (DV) / branch point, branching point ‖ ≈**punkt** (allg, Elek, Math) / branch point

Verzwillingung *f*, Zwillingsbildung *f* (Krist) / twinning

Vesikularfilm (DV, Foto) / vesicular film

VEZ, vollelektronische Zündung (Mot) / distributorless ignition [system], electronic ignition system (without distributor and other mechanical parts)

V-Führungen *f pl* (Wzm) / vee ways, vee slides, vee guides

V-Gesenk *n*, Biegegesenk *n* in V-Form (Fert) / V-die

V-Getriebe *n* (Masch) / V-gearing

VHF, Ultrakurzwellen *f pl*, UKW (Wellenlänge 1 bis 10m, Frequenzbereich 30 bis 300 MHz), Meterwellen *f pl* (Radio, Tele) / very high frequency waves, VHF waves

Vibration *f* (mittel- bis höherfrequente und niederamplitudige Schwingung, die unmittelbar fühl- und/oder hörbar ist, z.B. bei vorbeifahrendem LKW) (allg, Phys) / vibration

Vibrations • dämpfer *m* (Masch) / vibration damper ‖ ≈**dämpfung** *f* / vibration damping ‖ ≈**schleifer** (Wz) / power sander ‖ ≈**sieb** *n* / vibrating screen, shaking screen, shaker screen

Vibrator *m* (Bau, Masch) / vibrator

vibrieren, schwingen *vi* (Eltro, Phys) / vibrate *vi*

Vibrometer *n* (Mess) / vibrometer

Vickers • härte *f* (Mater) / diamond pyramid hardness, Vickers hardness, DPH ‖ ≈**härteprüfung** *f* (Mater) / Vickers hardness test, Vickers test

Video • adapter *m*, Grafikkarte *f* (DV) / display adapter, video adapter, video card, display card, video display adapter, video adapter board, graphics adapter [board], video controller, video display board, video board ‖ ≈**adapterkarte** *f*, Grafikkarte *f* (DV) / display adapter, video adapter, video card, display card, video display adapter, video adapter board, graphics adapter [board], video controller, video display board, video board ‖ ≈**ausgang** *m* (TV, Video) / video output [jack] ‖ ≈**band** *n* / videotape *n* ‖ ≈**board** *m*, Grafikkarte *f* (DV) / display adapter, video adapter, video card, display card, video display adapter, video adapter board, graphics adapter [board], video controller, video display board, video board ‖ ≈**-Cassetten-Recorder** *m*, Videorekorder *m* (Video) / VCR, video cassette recorder, video recorder ‖ ≈**clip** *m* (DV) / videoclip‖ ≈**conferencing** *n*, Abhaltung *f* einer Videokonferenz (Tele) / videoconferencing, video teleconferencing‖ ≈**controller** *m*, Grafikkarte *f* (DV) / display adapter, video adapter, video card, display card, video display adapter, video adapter board, graphics adapter [board], video controller, video display board, video board ‖ ≈**displayadapter** *m*, Grafikkarte *f* (DV) / display adapter, video adapter, video card, display card, video display adapter, video adapter board, graphics adapter [board], video controller, video display board, video board ‖ **⁻eingang** *m* (TV, Video) / video input [jack] ‖ **⁻film** *m* / video film ‖ **⁻kamera** *f* (Video) / camera, video camera ‖ **⁻kamerarekorder** *m* (Video) / camcorder ‖ **⁻karte** *f*, Grafikkarte *f* (DV) / display adapter, video adapter, display card, display card, video display adapter, video adapter board, graphics adapter [board], video controller, video display board, video board ‖ **⁻kassette** *f* / video cassette ‖ **⁻magnetband** *n* / videotape ‖ **⁻platte** *f* (TV) / video disk ‖ **⁻Port** *m* (DV) / video port ‖ **⁻projektor** *m* (TV) / video projector, wide-screen TV projector ‖ **⁻rekorder** *m* (Video) / VCR, video cassette recorder, video recorder ‖ **⁻sensor** *m* / video sensor (software which interprets images by comparing them to pre-set examples or templates) ‖ **⁻signal** *n* (DV, TV) / video signal ‖ **⁻signal**, vollständiges Bildsignal, BAS-Signal *n* (Bild-, Austast- und Synchronisiersignal) (TV) / video signal, composite signal ‖ **⁻signal**, Fernsehbildsignal *n* (TV) / picture signal, video signal ‖ **⁻spiel** *n* (DV) / video game ‖ **⁻technik** *f* / video technology ‖ **⁻telefon** *n*, Bildtelefon *n* (Tele) / videophone, video telephone, vision phone, visual telephone

Videotex (in einigen europäischen Ländern übliche Bezeichnung), Bildschirmtext *m* (interaktiver bildschirmgestützter Datenkommunikationsdienst, der älteste Online-Dienst der Deutschen Telekom, Vorläufer von T-Online - zum 5. 3. 2002 endgültig eingestellt - nicht zu verwechseln mit Videotext/Teletext), BTX *m* (Tele) / videotex

Videotext (deutsche Bezeichnung - fernsehbasierter Informationsdienst zur unidirektionalen Übertragung von Textnachrichten über die Austastlücke im Fernsehsignal), Teletext *m* (internationale Bezeichnung) (Tele, TV) / teletext

Video•Türsprechanlage *f* / video intercom system ‖ **⁻überwachung** *f* / video surveillance ‖ **⁻überwachungsanlage** *f* (Video) / CCTV, closed-circuit television (for supervision)

Viel•..., vielfach..., mehrfach / multi..., multiple ‖ **~adrig** (Elek) / multiwire ‖ **⁻bereichsinstrument** *n*, Multimeter *n* (Elek, Mess) / multimeter, multitester, volt/ohm meter, volt-ohm-milliammeter, VOM, circuit analyzer, multiple-purpose tester, multirange meter

vieldeutig, unbestimmt, mehrdeutig / ambiguous
Vieldeutigkeit *f*, Unbestimmtheit, Mehrdeutigkeit *f*, Ambiguität *f* / ambiguity
Vieleck *n* (Math) / polygon
vielfach *adj* / multiple ‖ **⁻emitter-Transistor** *m* (Eltro) / multi-emitter transistor
Vielfaches *n* (z.B. einer Einheit) (Math) / multiple *n* (e.g. of a unit)
Vielfach•instrument *n*, Multimeter *n* (Elek, Mess) / multimeter, multitester, volt/ohm meter, volt-ohm-milliammeter, VOM, circuit analyzer, multiple-purpose tester, multirange meter ‖ **⁻instrument**, Multimeter *n* (Elek, Mess) / multimeter, multitester, volt/ohm meter, volt-ohm-milliammeter, VOM, circuit analyzer, multiple-purpose tester, multirange meter ‖ **⁻messer** *m*, Multimeter *n* (Elek, Mess) / multimeter, multitester, volt/ohm meter, volt-ohm-milliammeter, VOM, circuit

analyzer, multiple-purpose tester, multirange meter ‖ **⁻messgerät** *n*, Multimeter *n* (Elek, Mess) / multimeter, multitester, volt/ohm meter, volt-ohm-milliammeter, VOM, circuit analyzer, multiple-purpose tester, multirange meter ‖ **⁻zugriff** *m* (DV, Tele) / multiple access ‖ **⁻zugriffsverfahren** *n* (Tele) / multiple access method ‖ **⁻zugriffsverfahren mit Prüfung des Übertragungsmediums u. Kollisionserkennung**, CSMA/CD *n*, CSMA/CD-Verfahren *n* (DV, Tele) / carrier sense multiple access with collision detection, CSMA/CD

Vielfalt *f* / variety
vielfältig, unterschiedlich / varied
Vielfältigkeit *f*, Vielfalt *f* / variety
vielfarbig / multicoloured, polychromatic
Vielflach *n*, Polyeder *n* (Math) / polyhedron
Vielflächner *m*, Polyeder *n* (Math) / polyhedron
Vielkanal..., Mehrkanal... (Eltro, Tele) / multichannel...
Viellinienspektrum *n*, Bandenspektrum *n* (Phys) / band spectrum
vielpolig, mehrpolig, Vielpol... (Elek) / multipolar
vielseitig (Interessen, Programm) / varied ‖ **~** (Ausbildung, Angebot) / broad (education, range of products, activities) ‖ **~**, Allround... / allround ‖ **~** [verwendbar] / versatile
Viel•strahlinterferometer *n* (Mess, Opt) / multiple-beam interferometer ‖ **⁻walzengerüst** (Walz) / cluster mill, cluster rolling mill
Vielzweck..., Mehrzweck... / multipurpose, multiple-purpose, polyfunctional
vier•adrig (Kabel) / four-wire... ‖ **⁻backenfutter** *n* (Wzm) / four-jaw chuck ‖ **⁻eck** *n* (Math) / quadrilateral, quadrangle, tetragon ‖ **⁻elektrodenröhre** *f*, Tetrode *f* (Eltro) / tetrod ‖ **⁻fachsteckdose** *f* mit Verlängerungskabel (Elek) / four way extension lead, four gang extension lead, four gang extension socket
Vierkant *m n* (Masch, Math) / square ‖ **⁻keil** *n* (Wellen-Naben-Verbindung) / square key ‖ **⁻kopf** *m* (der Kopfschraube) / square head, sq.hd. ‖ **⁻mutter** *f* / square nut ‖ **⁻schraube** *f* / square-head bolt
Vier•kräfteverfahren *n* (zeichnerisches Verfahren zur Lösung von Problemen der Statik), Culmann-Verfahren *n* / Culmann's method ‖ **⁻kursfunkfeuer** *n* (mit Sicht- und Höranzeige) (Luft) / VAR (visual-aural range), visual-aural radio range, visual-aural range ‖ **⁻leiternetz** *n* (Elek) / four-wire system ‖ **⁻leitersystem** *n* (Elek) / four-wire system ‖ **~polig** (Steckverbinder) (Elek) / four-pin (connector) ‖ **⁻punktlager** *n* / four-point contact bearing ‖ **⁻quadrantenbetrieb** *m* (Elek) / four-quadrant operation ‖ **⁻radantrieb** *m* (Kfz) / fourwheel drive, 4WD, FWD ‖ **⁻schichtdiode** *f* (Eltro) / four-layer diode ‖ **~strahlig** (Luft) / four-engine[d], four-jet (aircraft) ‖ **⁻taktmotor** *m* / four-stroke engine, four-cycle engine, four-stroke cycle engine ‖ **⁻taktprozess** *m* (Mot) / four-stroke cycle ‖ **⁻taktverfahren** *n* (Mot) / four-stroke cycle
vierte Wurzel (Math) / fourth root
Viertel *n* eines Kreisbogens, Quadrant *m* (Math) / quadrant, quarter (of a circle)
vier•türige Limousine (Kfz) / fourdoor saloon or sedan ‖ **⁻walz[en]werk** *n* (Walz) / four-roll[er] mill, four-high rolling mill ‖ **⁻wegeregler** *m*

(Eltro, Foto) / four-way selector ‖
≈**wegeschalter** m (Eltro, Foto) / four-way selector ‖ ≈**wege-Seitenstapler** m (Förd) / four-way sideloader ‖ ~**wertig** (Chem) / quadrivalent, tetravalent

Viëta, Satzgruppe von ≈ (Math) / Viète's formulas

Vignettierung f (Fehler) (Foto, Opt) / vignetting

Vincentpresse f / Vincent friction screw press

Vinyl•carbons ‖ ≈**chlorid** n (CH_2=CH-Cl) (Chem) / chloroethene, vinyl chloride, VC (vinyl chloride), chloroethylene ‖ ≈**cyanid** n, Acrylnitril n (Chem) / acrylonitrile, vinylcyanide

Viren•scanner m, Antivirenprogramm n (DV) / antivirus software, antivirus program, virus scanner, virus checker, virus detection program ‖ ≈**schutz** m (DV) / virus protection ‖ ≈**schutz**, Antivirenprogramm n (DV) / antivirus software, antivirus program, virus scanner, virus checker, virus detection program

Virtual Reality Modelling Language, VRML (DV, KI) / Virtual Reality Modelling Language, VRML

virtuell (allg, DV, Phys) / virtual ‖ ~**es Bild,** Luftbild n (Opt) / virtual image ‖ ~**e Realität** (DV) / virtual reality, VR ‖ ~**er Speicher** (DV) / virtual memory ‖ ~**e Verbindung** (Tele) / virtual circuit, VC

Virus m n (pl: Viren), Computervirus n (DV) / virus, computer virus

Visbreaking n (Öl) / visbreaking (mild form of thermal cracking)

Visco-Kupplung f (Kfz) / viscous clutch

Visier n (Motorradhelm) (Kfz) / visor, face shield ‖ ≈ (Gewehr) (Mil) / sight

viskos, zähflüssig / viscous

Viskose f (ChT, Tex) / viscose

Viskosimeter n, Viskositätsmesser m (Mess) / viscometer

Viskosität f, Zähflüssigkeit f (Mech) / viscosity

Viskositäts•klasse f / viscosity grade, VG ‖ ≈**messer** m (Mess) / viscometer

Visualisierung f / visualization

visuell, optisch / visual ‖ ~**e Kontrolle** f, Sichtprüfung f / inspection, visual inspection ‖ ~ **wahrnehmbar,** sichtbar / visible

Vitamin n (Biochem) / vitamin ‖ ≈ **A**, Retinol n (Biochem) / retinol, vitamin A, ‖ ≈ **B1,** Thiamin n (Biochem) / thiamine ‖ ≈ **B3,** Nikotinsäure f ($C_6H_5NO_2$) (Biochem) / niacin, pellagra-preventive vitamin, nicotinic acid, vitamin B3, vitamin PP ‖ ≈ **B12,** Cobalamin n (Biochem) / cyanocobalamin[e] ‖ ≈ **C** ($C_6H_8O_6$), L-Ascorbinsäure f (Chem) / L-ascorbate (L-enantiomer of ascorbic acid), vitamin C ‖ ≈ **D,** Calciferol n (Biochem) / calciferol, vitamin D ‖ ≈ **D2,** Ergocalciferol n (Biochem) / ergocalciferol, vitamin D2 ‖ ≈ **D3,** Cholecalciferol n (Biochem) / cholecalciferol, vitamin D3 ‖ ≈ **H** (Biochem) / biotin, vitamin H

VLR, Besucherdatei f (Mobilfunk), Aufenthaltsregister n (lokale Datenbank in einer MSC mit allen Benutzern, die sich gegenwärtig in ihrem Bereich befinden) (Tele) / visited location register, visitors' location register, VLR (visited location register)

V_{mp} (= 22,414 m³/kmol), molares Normvolumen / molar volume of an ideal gas at s.t.p.

V-Naht f (Schw) / single V groove weld, single-V butt weld

VNB, Verteilnetzbetreiber m (Elek) / distribution system operator, DSO, distribution network operator, DNO

VOD-Verfahren n, Vakuum-Frischen n in Pfannen (Hütt) / vacuum oxygen decarburization, VOD process

Vogel•perspektive f, Luftperspektive f (Foto) / bird's eye view, aerial perspective ‖ ≈**schau** f, Luftperspektive f (Foto) / bird's eye view, aerial perspective ‖ ≈**schlag** m (Luft) / bird impact

Voice Mail f (Tele) / voice mail, voice messaging system, voice store and forward, voice mail system, voice mailbox system

Voice-Recorder m, Cockpit-Voice-Recorder m, Stimmenrecorder m (Luft) / cockpit voice recorder, CVR

Vol% n (veraltet), Volumenprozent / percentage by volume, volume percentage

voll ausgelastet / operating at full capacity, running to capacity ‖ ~**e Ausnutzung** (einer Anlage etc.) / capacity utilization, full utilization ‖ ~**e Geschwindigkeit,** Höchstgeschwindigkeit f / maximum speed, top speed

Voll•addierer m (DV) / full adder ‖ ≈**addierglied** n (DV) / full adder ‖ ≈**ausschlag** m (Instr) / full-scale deflection ‖ ≈**automatik** (z.B. zur Einstellung von Belichtungszeit u. Blendenöffnung bei einer Kamera) (Techn) / fully automatic control [system] ‖ ~**automatisch** / fully automatic, fully automated ‖ ~**automatisches Getriebe** (Kfz) / fully automatic transmission ‖ ≈**becherwerk** m (Förd) / continuous-bucket elevator ‖ ≈**belastung** f / full load ‖ ≈**bildfrequenz** f, Bildwiederholfrequenz f (Anzahl der Einzelbilder pro Sekunde, die auf eine Kinoleinwand projiziert oder auf einen Fernsehbildschirm oder Monitor durch dessen Elektronenstrahl geschrieben werden), Bildwiederholrate f (Film, TV) / frame frequency (number of frames = complete pictures per second), frame rate, picture frequency ‖ ~**duplex** (Tele) / full-duplex ‖ ≈**duplex** n, Vollduplex-Betrieb m (gleichzeitige Übertragung in beide Richtungen) (Tele) / full duplex, duplex operation, duplex n, duplexing, duplex mode ‖ ≈**duplex-Betrieb** m (gleichzeitige Übertragung in beide Richtungen) (Tele) / full duplex, duplex operation, duplex n, duplexing, duplex mode ‖ ~**elektronische Zündung** (Mot) / distributorless ignition [system], electronic ignition system (without distributor and other mechanical parts) ‖ ≈**formgießen** n, Gießen n mit vergasbarem Modell (Gieß) / evaporative-foam process, lost-foam process, expanded polysterene casting process, full mould casting, Full-mold Process, lost pattern process ‖ ≈**gummi** m / solid rubber ‖ ≈**hartguss** m (der gesamte Querschnitt eines Gussstücks ist weiß erstarrt) (Gieß) / white cast iron (as opp. to chilled cast iron), white iron casting ‖ ≈**holz** n / solid wood ‖ ≈**last** f / full load ‖ ≈**lastbetrieb** m (Elek, Mech) / full load operation ‖ ≈**linie** f, durchgehende Linie (Doku) / solid line, full line ‖ ≈**mantel-Schneckenzentrifuge** f, Dekantierzentrifuge f (ChT) / decanter centrifuge, decanter, decanting centrifuge ‖ ≈**prägen** n (ein Genauschmiedeverfahren) (Fert) / coining ‖ ≈**-Quer-Strangpressen** n (Fert) / lateral

extrusion to produce solid cross sections ‖
$\approx$-**Rückwärts-Fließpressen** n (Fert) / backward extrusion of rod, indirect extrusion to produce solid cross sections (as a discrete process to produce single products) ‖ $\approx$-**Rückwärts-Strangpressen** n (Fert) / indirect extrusion to produce solid cross sections (as a continuous process to produce long sections) ‖ $\approx$**schaft** m / normal shank ‖ $\approx$**schmierung** f / complete lubrication, hydrodynamic lubrication, thick-film lubrication, viscous lubrication

vollständig • e Entkohlung, Auskohlung f (von Eisenwerkstoffen) (Hütt) / complete decarburization ‖ $\sim$**e Induktion** / complete induction

Vollständigkeit f / completeness, integrity

Voll • visierhelm m, Integralhelm m (Kfz) / full-face helmet ‖ $\approx$-**Vorwärts-Fließpressen** n (Fert) / forward extrusion of rod, direct extrusion to produce solid cross sections (as a discrete process) ‖ $\approx$-**Vorwärts-Strangpressen** n (Fert) / direct extrusion to produce solid cross sections ‖ $\approx$**wandträgerbrücke** f (Bau) / solid web girder bridge ‖ $\approx$**waschtrockner** m (HG) / combination washer/dryer, washer dryer ‖ $\approx$**weg-Gleichrichter** m (Elek) / full-wave rectifier ‖ $\approx$**wegthyristor** m, Triac n (Eltro) / triac (triode A.C. switch), bidirectional triode thyristor ‖ $\approx$**welle** f (Ggs. Hohlwelle) (Masch) / solid shaft ‖ $\approx$**welle**, volle Schwingung (Phys) / full wave ‖ $\approx$**winkel** m (Math) / round angle, perigon, perigon angle ‖ $\approx$**zeichendrucker** m (DV) / character-at-a-time printer, character printer ‖ $\approx$**zeit...** / full-time (e.g. course)

Volt n (Elek) / volt, V

Voltameter (Elek) / voltameter, coulombmeter, coulometer

Voltmeter n, Spannungsmesser m (Elek) / voltmeter

Volumen n (Math, Phys) / volume ‖ $\approx$**änderungsarbeit** f (Phys) / volumetric work ‖ $\approx$**arbeit** f, Volumenänderungsarbeit f (Phys) / volumetric work ‖ $\approx$**ausdehnung** f / increase in volume ‖ $\approx$**ausdehnung** f, Dilatation f (Phys) / dilatation (increase in volume per unit volume of a homogeneous substance, caused by deformation or heat), dilation ‖ $\approx$**ausdehnungskoeffizient** m (Phys) / coefficient of cubical expansion, coefficient of volumetric expansion, volume expansion coefficient ‖ $\approx$**durchfluss** m (Stoffmenge, die je Zeiteinheit einen bestimmten Durchflussquerschnitt durchfließt) (Phys) / volume flow rate, volume rate of flow, volumetric flow rate ‖ $\approx$**hologramm** n, Tiefenhologramm n / volume hologram ‖ $\approx$**holographie** f, Tiefenholographie f / volume holography ‖ $\approx$**kraft** f (Kraft, die im gesamten Volumen eines Körpers an jedem Massepunkt eines Körpers angreift, z.B. Schwerkraft, Trägheitskraft) (Phys) / body force ‖ $\approx$**minderung** f, Schrumpfen n (Phys) / shrinkage, contraction of volume ‖ $\approx$**prozent** n / percentage by volume, volume percentage ‖ $\approx$**strom** m, Volumendurchfluss m (Stoffmenge, die je Zeiteinheit einen bestimmten Durchflussquerschnitt durchfließt) (Phys) / volume flow rate, volume rate of flow, volumetric flow rate ‖ $\approx$**strom** (bei Verdichtern Durchsatz als Volumen pro Zeiteinheit; z.B. m³/h) / volume flow, capacity ‖ $\approx$**vergrößerung** f, Volumenzunahme f /

increase in volume ‖ $\approx$**vergrößerung** f, Dilatation f (Phys) / dilatation (increase in volume per unit volume of a homogeneous substance, caused by deformation or heat), dilation f ‖ $\approx$**zunahme**, Volumenausdehnung f / increase in volume ‖ $\approx$**zunahme** f, Dilatation f (Phys) / dilatation (increase in volume per unit volume of a homogeneous substance, caused by deformation or heat) ‖ $\approx$**zusammenziehung** f, Schrumpfen n, Volumenminderung f (Phys) / shrinkage, contraction of volume

volumetrisch / volumetric ‖ $\sim$**er Wirkungsgrad** / volumetric efficiency

voluminös / bulky

Vor.., vorgeschaltet, vorhergehend (z.B. Stufe) / ahead of, preceding

Voraltern n, Burn-in m (Testbetrieb zur Herbeiführung von Frühausfällen) (Eltro) / burn-in (test operation of components)

voranbringen, fördern / further (a project, a new technology, a company's interests), advance

Voranschlag, Kostenvoranschlag m (Wirtsch) / quotation, quote, bid, estimate n (statement of approximate charge for work)

Voranstrich m, Grundierung f, Grundanstrich m (Anstr) / priming coat, prime coat ‖ $\approx$, Grundanstrich m (Tätigkeit), Grundierung f (Anstr) / priming

Vorarbeiter m / foreman

Voraussage, Prädiktion f / prediction

voraussetzen / presuppose ‖ $\sim$, erfordern / require ‖ $\sim$, abhängig sein von / be conditional on

Voraussetzung f, Vorbedingung f / prerequisite, precondition ‖ $\approx$, Bedingung f / condition ‖ $\approx$, Annahme f / assumption ‖ $\approx$, Qualifikation f / qualification ‖ $\approx$, Anforderung f pl, Erfordernis f / requirement (e.g. requirements of a job)

Vorbandgießen n (Gießdicke 10 - 15 mm) (Gieß) / strip casting (near net shape)

Vorbau m (Fahrrad) / stem

Vorbedingung f, Voraussetzung f / prerequisite, precondition

vorbehandeln / precondition, pretreat, condition

Vorbehandlung f / pretreatment, preparatory treatment, preconditioning ‖ $\approx$ **der Oberflächen** (beim Kleben), Haftgrundvorbereitung f (Fert) / preparation of the adherend surface, surface preparation

vorbeifahren an, überholen (Kfz) / overtake, pass, overhaul

Vorbelastung f (Mech) / bias

vorbereiten / prepare ‖ $\sim$, einrichten (Datenträger, Bibliothek) (DV) / initialize

Vorbereitung f / preparation

vorbestimmt, festgelegt / predetermined

vorbeugend • e Instandhaltung / preventive maintenance, PM ‖ $\sim$**e Wartung** / preventive maintenance, PM

Vorbeugungsmaßnahmen f pl / preventive action, preventive measures pl

Vorblock m, Walzblock m, vorgewalzter Block (Walz) / bloom n (semi-finished steel product that has been rolled or forged from an ingot or strand cast - it usually has a square cross section exceeding 36 square inches - frequently used in the manufacture of building beams and columns) ‖ $\approx$-**Anlage** f (Gieß) / bloom caster

vorblocken, vorwalzen (zu einem Vorblock) (Walz) / bloom vt, cog [down]

Vorbramme f (fester Rohstahl mit rechteckigem Querschnitt - Breite beträgt mindestens das Zweifache der Dicke) (Walz) / slab (semi-finished steel product that is hot-rolled down from an ingot or strand cast - wide and rectangular in shape - used in the manufacture of sheets, strip, plates and other flat-rolled steel products)

vorder•er, vorderseitig/front... || **~es Abgasrohr** (Kfz) / header, front pipe, down pipe, header pipe || **~e Achse**, Vorderachse f (Kfz) / front axle || **~e Seite** / front || **~er Umwerfer** (Fahrrad) / front derailleur

Vorder•..., vorderseitig/front... || **~achse** f (Kfz) / front axle || **~ansicht** f (Bau, Doku) / front view, front elevation || **~flanke** f (eines Impulses) (Eltro) / leading edge (of a pulse), rising edge, front edge || **~ront** f, Fassade f, Straßenfront f (Bau) / façade, face, facade, front (of a building) || **~grund** m (allg, DV) / foreground || **~kante** f (eines Tragflügelprofils) (Luft) / leading edge (of a wing) || **~kante** (abgerundet, überhängend - z.B. einer Stufe o. eines Fensterbretts) (Bau) / nose, nosing || **~kipper** m, Motor-Japaner m, Dumper m (Bau) / dumper || **~rad** n (Fahrrad, Kfz) / front wheel || **~radantrieb** m, Frontantrieb m (Kfz) / front-wheel drive, FWD || **~seite** f, Fassade f, Straßenfront f (Bau) / façade, face, facade, front (of a building) || **~seitig** / front... || **~steven** m, Vorsteven m (Schiff) / stem

Vordrehen n, Schruppdrehen n (Dreh) / roughing, roughing cut(s), rough-turning, roughing operation(s)

vordringlich, sehr dringend / urgent || **~**, Vorrang... / priority... || **nicht ~** / low-priority...

Vordruck m (z.B. vor einer Armatur) / inlet pressure || **~** (Formular) / form, printed form

Voreilen f des Walzgutes (hinter der Fließscheide) (Walz) / forward slip

Voreilwinkel m (Elek) / angle of lead

voreingestellt / preset || **~** (standardmäßig, wenn keine andere Einstellung gewählt wird) (DV, Techn) / default adj (settings)

voreinstellen (z.B. Zähler, Wert) / preset || **~**, vorfokussieren / prefocus

Voreinstellung f (Techn) / presetting || **~** (bei verschiedenen Einstellungsmöglichkeiten die vom Benutzer o. Hersteller gewählte Option, die bei Start des Programms o. der Funktion zunächst eingestellt ist) (Techn) / default n, default setting || **~**, werkseitige Einstellung (DV, Masch) / factory configuration || **~**, Vorgabewert m (der verwendet wird, wenn kein anderer eingestellt wird), Standardwert m (voreingestellt) (DV) / default value

voreutektoid, untereutektoid (Stahl) (Hütt) / hypoeutectoid

vorfabriziert / prefabricated

Vorfahrt f, Vorfahrtsrecht n (Kfz) / priority, right of way

Vorfahrtsrecht n, Vorfahrt f (Kfz) / priority, right of way

Vorfeld n (Luft) / apron, terminal apron, ramp, parking ramp

Vorflügel m (Luft) / slat

Vorführanlage, Demonstrationsanlage f / demonstration plant

Vorgabe f, Voreinstellung f (bei verschiedenen Einstellungsmöglichkeiten die vom Benutzer

o. Hersteller gewählte Option, die bei Start des Programms o. der Funktion zunächst eingestellt ist) (Techn) / default n, default setting || **~** (Werte, Daten, die zu berücksichtigen sind) / specification || **~...**, voreingestellt (standardmäßig, wenn keine andere Einstellung gewählt wird) (DV, Techn) / default adj (settings) || **~wert** m (der verwendet wird, wenn kein anderer eingestellt wird), Standardwert m (voreingestellt) (DV) / default value || **~zeit** f, Zeitvorgabe f / time allowance o. allowed

Vorgang m (Techn) / process, operation || **~**, Ereignis n / event, occurrence || **~**, Ablauf m / course of events

Vorgänger m / predecessor || **~modell** n (Masch) / previous model || **~version** f (DV) / previous release, prior release

vorgeben (Werte, z.B. Toleranzen, die einzuhalten sind) / prescribe, specify

vorgeformter Pressling (PM) / compacted preform

vorgegeben (Werte etc., die zu berücksichtigen sind) / specified || **~**, voreingestellt / preset || **~**, voreingestellt (standardmäßig, wenn keine andere Einstellung gewählt wird) (DV, Techn) / default adj (settings)

vorgehen, verfahren / proceed || **~**, vor sich gehen / happen, go on || **~**, Vorrang haben / have rpiority || **~** (z.B. meine Uhr geht [2 Minute] vor) / be fast (e.g. my watch is [2 minutes] fast]) || **~** (z.B. zwei Minuten pro Tag) (Uhr) / gain vt (e.g. two minutes a day) || **~** n, Vorgehensweise f / procedure || **~**, Maßnahmen f pl, Maßnahme f / action (as required by a particular situation)

Vorgehensweise f, Verfahren n (aus mehreren Operationen bestehend), Vorgehen n / procedure

vorgelagert, davor angeordnet (Verfahrensstufe, Verarbeitungseinheit etc.) (ChT, Techn) / upstream (in a process or system)

Vorgelege n, Zahnradvorgelege n (Wzm) / backgear (for reducing r.p.m. but increasing torque on a metalworking lathe or milling machine) || **~** (Kfz) / counter gear, cluster gear || **~getriebe** n / layshaft gearbox (GB), countershaft transmission (US) || **~welle** f (Wzm) / countershaft, backgear shaft || **~welle** (des Getriebes) (Kfz) / layshaft (GB), countershaft (US)

vorgeschaltet, vorhergehend (z.B. Stufe) / ahead of, preceding || **~**, davor angeordnet (Verfahrensstufe, Verarbeitungseinheit etc.) (ChT, Techn) / upstream (in a process or system)

vorgesehen, bestimmt [für] / intended [for], destined [for] || **~** (und zur Verfügung gestellt für einen bestimmten Zweck) / provided

vorgespannt (Mech) / prestressed || **~** (z.B. Lager, Feder) / preloaded || **~** (z.B. Riemen) / pretensioned || **~** (Elek) / biased || **~er Beton** (Bau) / prestressed concrete, PC || **~es Glas**, Einscheibensicherheitsglas n / tempered glass, toughened glass, prestressed glass

vorgetäuscht, gefälscht / counterfeit adj, fake, sham, spurious

vorgewalzter Block, Walzblock m (Walz) / bloom n (semi-finished steel product that has been rolled or forged from an ingot or strand cast - it usually has a square cross section exceeding

36 square inches - frequently used in the manufacture of building beams and columns)

Vorhaben n, Projekt n / project

Vorhalt m, Differential-Verhalten n (Regel) / derivative action, D action, derivative control, rate action, rate control

Vorhalter m, Gegenhalter m, Nietstempel m (zum Nietschlagen) / dolly, holding-up hammer, holder-up

Vorhaltezeit f (Regel) / rate time

Vorhaltwirkung f, Differential-Verhalten n (Regel) / derivative action, D action, derivative control, rate action, rate control

vorhanden, existierend / existing ‖ ~, verfügbar / available ‖ ~e Maßabweichung, Istabmaß n / actual deviation

Vorhandensein n, Existenz f / existence

Vorhang m (eines Schlitzverschlusses), Verschlussvorhang m (Foto) / curtain, shutter curtain

vorhergehend (z.B. Stufe), vorgeschaltet / ahead of, preceding

vorhersagen, prognostizieren / predict

Vorkalkulation f / advance calculation, preliminary calculation, precalculation

Vorkammer f (Dieselmotor) (Mot) / precombustion chamber, prechamber, antechamber ‖ ~verfahren n (Mot) / pre-chamber method

Vorkehrungen f pl, Sicherheitsvorkehrungen m pl / precautions pl

vorkommen, auftreten / occur ‖ ~ n, Auftreten n (z.B. von Störungen) / occurrence ‖ ~, Lagerstätte f (Bergb, Geol) / deposit n ‖ häufiges ~, Häufigkeit f (z.B. von Elementen in der Erdrinde) / abundance

Vorkragung f, Überhang m, Auskragung f (Bau) / overhang, projection

Vorlage f (die abgescannt wird), Original n (Büro, DV) / original ‖ ~, Dokumentvorlage f (in Textverarbeitungs- o. Tabellenkalkulations-programmen) (DV) / template

Vorlauf m (Ggs. Rücklauf) (Masch, Wzm) / forward motion, advance motion ‖ ~, Schnellvorlauf m (des Bandes) (Audio, Video) / fast forward ‖ ~ (bei der Destillation) (ChT) / first runnings pl, forerun ‖ ~ (Lenkgeometrie) (Kfz) / negative caster (US), negative castor angle (GB) ‖ ~, Vorlaufzeit f (bei einem Projekt) (IE) / lead time

Vorläuferversion f (DV) / previous release, prior release

Vorlauf•leitung f / feed line (as opp. to return line) ‖ ~temperatur f (Heizung) / supply temperature (heating) ‖ ~zeit f (bei einem Projekt) (IE) / lead time

vorlegen (z.B. Dokument, Vorschlag, Lösung) / present (e.g. documents, a suggestion for a better visual design, a solution to the problem) ‖ ~, einreichen / submit

Vormagnetisierung f (Magnetband) / magnetic bias[sing] (magnetic tape)

Vormischer m / premixer

Vormischung f (ChT) / master batch, pre-mix

Vormontage f / pre-assembly

vormontieren / pre-assemble

vornehmen (Arbeit, Änderungen, Umbauten, Tests), ausführen (carry out ‖ ~ (Messungen) / take ‖ ~ (sich etw.), planen / intend

Vorortzug m, Pendlerzug m (Bahn) / commuter train, suburban train

Vorpressling m, Grünling m (PM) / green compact

vorprogrammiert (DV) / preprogrammed

vorragen, ungleiche Höhe o. Dicke haben, überstehen, überragen / not be flush

Vorrang m [vor], Priorität f / priority, precedence [over] ‖ ~ geben / give priority [to], prioritize ‖ ~ haben [vor] / have priority [over], take priority [over]

vorrangig, Prioritäts... (allg, DV) / priority ‖ ~ behandeln / give priority [to], prioritize

Vorrang•schaltung f (Eltro) / priority circuit ‖ ~verarbeitung f, Verarbeitung f nach Prioritäten (DV) / priority processing

Vorrat m, Lagerbestand m / stock n, warehouse stock ‖ ~, Reserve f / reserve(s)

Vorratsbehälter m (für Fluide) / reservoir, tank ‖ ~ (für z.B. Schüttgut, Druckertoner) / supply bin ‖ ~ (beim Maskenformverfahren) (Gieß) / dump box

Vorreiben n (Fert) / rough-reaming

vorreinigen / preclean ‖ ~ (Sanitär, Umw) / pretreat

vorreißen, anreißen vt (zur Übertragung der Maße der Zeichnung auf das Werkstück) (Fert) / mark, mark off, scribe, mark out

Vorrichtung f, Apparat m, Gerät n / device, appliance, apparatus, mechanism

vorrücken, vorschieben, vorwärts bewegen o. bringen / advance vt, bring o. move forward

Vorsatz m (im SI-System für Zehnerpotenzen bei Maß- u. Gewichtseinheiten, z.B. Tera- = 10^{12}, Piko- = 10^{-12}) (Phys) / prefix n, SI-prefix ‖ ~, Adapter m (Foto, Opt) / adapter ‖ ~zeichen n (für Einheiten) / prefix symbol

vorschalten (Elek, Masch) / install ahead of ‖ ~ s.a. vorgeschaltet

Vorschaltgerät n (für den Betrieb von Gasentladungslampen) (Elek, Licht) / ballast (for discharge lamps - e.g. fluorescent lamps)

vorschieben, zustellen (Wzm) / advance vt (tool), feed

Vorschlag m / proposal, suggestion

vorschlagen / suggest, propose

Vorschmieden, Strecken n (von Rohblöcken) (Schm) / cogging, incremental forging

Vorschneider m (Bohrer) (Wz) / spur

vorschreiben, anordnen / prescribe ‖ ~, verlangen / require ‖ ~, genau angeben / specify

Vorschrift f, Bestimmung f (gesetzlich) / regulation ‖ ~, Anordnung f, Weisung f / instruction ‖ ~, Bestimmung f, Auflage f / requirement ‖ ~, Spezifikation f / specification ‖ ~ (Norm) / standard specification

Vorschub m (z.B. von Papier bei Druckern), Zuführung f / feed ‖ ~, Zustellung f (Wzm) / feed, advance n (of tool) ‖ ~, Vorschubbewegung f (Wzm) / feed motion, transverse feed motion ‖ ~bewegung f, Vorschub m (Wzm) / feed motion, transverse feed motion ‖ ~geschwindigkeit f (Wzm) / feed rate, rate of feed ‖ ~getriebe n (Wzm) / feedgear mechanism ‖ ~kraft f (Wzm) / feed force ‖ ~leistung f (Wzm) / feed power ‖ ~regelung f (Wzm) / feed control ‖ ~spindel f (Wzm) / feed screw

vorsehen, bestimmen / provide [for, that](in contract etc.) ‖ ~, einplanen / provide for ‖ ~, einplanen (zusätzlich für z.B. Verluste, Abmaße) / allow for ‖ ~ (zeitlich), terminieren

/ schedule (e.g. the release is scheduled for next month)

Vorserie f (Fert) / pilot lot, pilot production, pilot run, preproduction run, preproduction series

Vorsicht! (Warnhinweis bei Gefahr von Personenschäden) (Doku) / warning

vorsichtig / careful, cautious ‖ ~ (Schätzung) / conservative (estimate)

Vorsichtsmaßnahme f / safety precaution, precautionary measure

vorsieben (Aufb) / scalp

Vorsintern n (PM) / presintering

vorspannen (z.B. Beton, Glas) (Mech) / prestress ‖ ~ (z.B. Lager, Feder) / preload ‖ ~, (z.B. Riemen) / preload ‖ ~, unter Vorspannung setzen (Elek, Eltro) / bias ‖ ~, tempern, härten (durch kontrolliertes Erwärmen und rasches Abkühlen durch Abschrecken) (Glas) / temper (produce internal stresses in glass by sudden cooling from low red heat), toughen ‖ ~ n, Tempern n, Härten n (durch kontrolliertes Erwärmen und Abschrecken) (Glas) / tempering, toughening ‖ ~, Vorspannung f (Elek, Eltro) / biasing ‖ ~, Vorspannung f (z.B. von Beton, Glas) (Mech) / prestressing

Vorspannkraft f, Vorspannung f (z.B. Feder, Lager) (Mech) / preload

Vorspannung f (z.B. in Beton, Glas) (Mech) / prestress ‖ ~ (z.B. von Beton, Glas), Vorspannen n (Mech) / prestressing ‖ ~ (bei Zugfestigkeitsprüfung, bei Riemen) (Mater, Mech) / pretension ‖ ~ (z.B. Feder, Lager), Vorspannkraft f (Mech) / preload ‖ ~, Anfangsbeanspruchung f, Anfangsbelastung f / initial load, initial stress ‖ ~ (Elek, Eltro) / bias voltage, bias ‖ ~, Vorspannen n (Elek, Eltro) / biasing

vorspringender Teil, Vorsprung m / projection, projecting part

Vorsprung m [vor], Führung f / lead [over] ‖ ~, vorspringender Teil / projection, projecting part ‖ ~ (des Nockens), Nockenvorsprung m (Masch) / cam nose, cam hump, cam lobe, lobe (of the cam)

Vorspultaste f, Schnellvorlauftaste f (Audio, Video) / fast forward key

Vorspur f (Kfz) / toe-in, positive toe

vorstehen / protrude [out of, from], project [from o. above o. over] ‖ ~, ungleiche Höhe o. Dicke haben, überstehen, überragen / not be flush

vorstehend, hervorstehend / projecting, protruding

vorstellen (neue Produkte etc.), zeigen vt / present

Vorstellung f (gedanklich) / idea ‖ ~, Präsentation f / presentation (e.g. of a new product)

Vorsteuerventil n / pilot valve

Vorsteven m, Vordersteven m (Schiff) / stem

Vorstraße f (Walz) / roughing train, blooming train, breaking-down train

Vorteil m / benefit, advantage ‖ ~, Vorsprung m / edge

Vortrag m / paper, presentation ‖ ~ [über], Vorlesung f / lecture [on] ‖ einen ~ halten / present a paper (at a conference)

vortreiben, herstellen (einen Tunnel), bohren / drive (a tunnel)

Vortrieb m, Antrieb m / propulsion

vortrocknen / pre-dry

Vortrockner m (vor Haupttockner) (ChT) / predrier

Vortrocknung f (ChT) / predrying

vorverarbeiten / preprocess

Vorverarbeitung f / preprocessing

Vorverdichtung f (der Ansaugluft), Aufladung f (Mot) / forced induction, pressure charging, supercharging

Vorversion f, Vorgängerversion f (DV) / previous release, prior release

Vorverstärker m (Eltro) / pre-amplifier, preamp

Vorverzerrung f, Anhebung f (hoher Frequenzen vor dem Modulator bei der Frequenzmodulation durch einen Hochpass zur Rauschunterdrückung) (Eltro) / accentuation, preemphasis, predistortion, preequalization

Vorwahl f, Vorwählen n, Voreinstellung f / preselection ‖ ~, Ortsnetzkennzahl f (Tele) / area code, dialling code, national exchange code ‖ ~, Verkehrsausscheidungsziffer f (im nationalen Selbstwählferndienst die 0) (Tele) / prefix n ‖ ~ (eines Mobilfunknetzes) (Tele) / mobile network prefix, prefix

vorwählen / preselect, preset ‖ ~ n, Vorwahl f, Voreinstellung f / preselection

Vorwahl•nummer f (im nationalen Selbstwählferndienst die 0) (Tele) / prefix n ‖ ~**nummer**, Ortsnetzkennzahl f (Tele) / area code, dialling code, national exchange code ‖ ~**schalter** (Elek) / preselector

vorwalzen, herunterwalzen / break down, rough down ‖ ~ (zu einem Vorblock) (Walz) / bloom vt, cog [down] ‖ ~ n, Herunterwalzen n (Walz) / roughing down, breaking down

Vorwalzwerk n (Walz) / roughing mill, breaking-down mill ‖ ~, Blockwalzwerk n / blooming mill, cogging mill

vorwärmen / preheat ‖ ~ n / preheating

Vorwärmer m (Klimaanlage) (HVAC) / air preheater

vorwärts bewegen, antreiben / propel (e.g. a ship) ‖ ~ **bewegen o. bringen**, vorschieben, vorziehen, vorrücken / advance vt, bring o. move forward

Vorwärts•fließpressen n (Fert) / direct extrusion, forward extrusion ‖ ~**gang** m (Kfz) / forward gear ‖ ~**gekrümmt** (Schaufel) / forward-curved ‖ ~**kommen**, fortschreiten / proceed, progress ‖ ~**richtung** f, Durchlassrichtung f (bei PN-Übergang) (Eltro, Phys) / forward direction ‖ ~**schweißen** n, Nachlinksschweißen n / forehand welding, leftward welding, left-hand welding, forward welding ‖ ~**spannung** f, Durchlassspannung f (Eltro) / forward voltage, forward bias ‖ ~**strom** m, Strom m in Durchlassrichtung (bei PN-Übergang) (Eltro) / forward current

Vorwiderstand m (Elek) / series resistor

Vorzeichen n (Math) / sign ‖ ~**regeln** f pl (Math) / rules of signs

vorzeitig, zu früh / premature ‖ ~ **aufhören**, abbrechen vi / abort vi ‖ ~ **beenden**, abbrechen vt / break off vt, abort vt ‖ ~ **beenden**, abbrechen vt (DV) / abort vt (a program, command, operation), terminate (abnormally or prematurely) ‖ ~**e Beendigung**, Abbruch m (DV, Tele) / abnormal termination, forced termination, abortion (of program execution, data transmission etc.)

vorzerkleinern (Aufb, ChT) / precrush, crush coarsely, coarse-crush

Vorzerkleinerung f (Aufb, ChT) / precrushing, [coarse] crushing

Vorzug *m* (z.B. dem erfahrenen Bewerber den Vorzug geben) / preference (e.g. give preference to the experienced applicant) ‖ ⁓ (gute Eigenschaft i. Vgl. zu anderen) / merit
Vorzugszahl *f*, Normzahl (Masch, Norm) / preferred number
VR, virtuelle Realität (DV) / virtual reality, VR
V-Rad *n* / X-gear
VR-Gerät *n* (DV) / VR device
VRML, Virtual Reality Modelling Language (DV, KI) / Virtual Reality Modelling Language, VRML ‖ ⁓-**Browser** (DV) / VRML browser ‖ ⁓-**Viewer** (DV) / VRML viewer
VSG, Verbundsicherheitsglas *n* / laminated glass
VSI, U-Umrichter *m* (Umrichter in der elektrischen Antriebstechnik, bei der die Energie über einen Zwischenkreis-kondensator gespeichert wird) (Elek) / voltage source inverter, VSI
VSt *f*, Vermittlungsstelle *f* (Tele) / central office, CO, exchange, telephone exchange (GB), switching centre, switching office
VTOL-Flugzeug *n*, Senkrechtstartflugzeug *n* (Luft) / vertical take-off and landing aircraft, VTOL aircraft
vulkanisieren (Gummi) (ChT) / vulcanize (rubber), cure
Vycor *n*, Vycor-Glas (Glas) / Vycor

W

W, Wolfram *n* (Chem) / tungsten, wolfram, W
WAA *f*, Wiederaufbereitungsanlage *f* (Nukl) / fuel reprocessing plant, FRP, reprocessing facility, reprocessing plant
Waage *f* (Mess) / scale, weighing scale ‖ ⁓, Balkenwaage *f* (Mess) / balance, beam balance, balance scale ‖ ⁓**balken** *m* (Mess) / balance beam
waagerecht (Ggs. senkrecht), horizontal / horizontal ‖ ~ (Ausrichtung z.B. eines Bauteils, mit Wasserwaage zu prüfen) / level ‖ ~**e Ebene**, Horizontalebene *f* / horizontal plane ‖ ~**er Wurf** (Phys) / horizontal throw
Waagerecht•-Bohr- und Fräswerk *n* (Wzm) / horizontal boring and milling machine ‖ ⁓**bohrmaschine** *f* (Wzm) / horizontal drilling machine
Waagerechte *f*, Horizontale *f* / horizontal *n*, horizontal line
Waagerecht•fräsmaschine *f* (Wzm) / horizontal milling machine ‖ ⁓**räummaschine** *f* (Wzm) / horizontal broaching machine ‖ ⁓**stoßmaschine** *f* (Wzm) / horizontal shaper ‖ ⁓**ziehverfahren** *n*, Libbey-Owens-Verfahren *n* (Glas) / Colburn process, Libbey-Owens process
Waagrecht-Drehmaschine *f* (Wzm) / horizontal lathe, horizontal turning machine
Waagschale *f* (Mess) / weighing pan, pan, scale, scalepan
Wabe *f* (in der Wabenbauweise) / honeycomb
Wachs *n* / wax
wachsen, sich ausdehnen / expand *vi*
Wachspapier *n* / waxed paper, wax paper
Wachstum *n* / growth
Wächter *m* (Grenzsignalgeber) / watchdog
Wafer *m* (einkristalline Halbleiterscheibe) (Eltro) / wafer, semiconductor slice, slice, semiconductor wafer
Waffenstand *m* (Luft, Mil) / blister (on the fuselage of a military aircraft for mounting a gun)
Wägemethoden *f pl* (der Dichtemessung) (Mess) / weight methods
Wagen *m* (Masch, Spinn) / carriage ‖ ⁓, Auto *n* (Kfz) / car, automobile, motorcar ‖ ⁓, Eisenbahnwagen *m* (Bahn) / railroad car (US), railway carriage (GB), railcar (US) ‖ ⁓, Handwagen *m* / cart ‖ ⁓ **der Kompaktklasse**, Wagen *m* der unteren Mittelklasse (Kfz) / compact car (e.g. Ford Focus), compact *n*, small family car, c-segment car ‖ ⁓ **der Luxusklasse**, Luxuswagen *m* (Kfz) / luxury car, ultra-luxury car (e.g. Maybach, Rolls-Royce, Bentley) ‖ ⁓ **der oberen Mittelklasse** (Kfz) / luxury car, mid-level luxury car (e.g. Mercedes-Benz E-Class, BMW 5 Series, Lexus GS430 or the Jaguar S-Type), executive car ‖ ⁓ **der Oberklasse** (Kfz) / luxury car, high-end luxury car (e.g. BMW 7 Series, Mercedes-Benz S-Class, and the Audi A8) ‖ ⁓ **der unteren Mittelklasse**, Wagen *m* der Kompaktklasse (Kfz) / compact car (e.g. Ford

Focus), compact *n*, small family car, c-segment car ‖ ~ **für den kombinierten Verkehr** (Bahn) / intermodal car

wägen, wiegen / weigh

Wagen•heber *m* (Kfz) / jack ‖ ~**kupplung** *f*, Eisenbahnkupplung *f* (Bahn) / coupling, coupler ‖ ~**rücklauf** (Schreibmaschine, Drucker) (Büro, DV) / carriage return (of printer, typewriter)

Wägestück *n*, Gewicht *n* (Mess) / weight (calibrated - for use on a balance)

Waggon *m*, Eisenbahnwagen *m* (Bahn) / railroad car (US), railway carriage (GB), railcar (US)

Wagon *m*, Eisenbahnwagen *m* (Bahn) / railroad car (US), railway carriage (GB), railcar (US)

Wahl *f* / choice ‖ ~ / selection ‖ ~, Alternative *f* / alternative ‖ ~, Wählen *n* (Tele) / dialling

wählbar / selectable

wählen, auswählen, aussuchen / choose, select ‖ ~ (z.B. Menüoption), auswählen (DV) / select, choose (e.g. options etc. in a GUI; selecting = highlighting an option is often different from choosing it - to choose a highlighted option, press Enter) ‖ ~ / *vt vi* (Nummer mit Wählscheibe o. Tastatur) (Tele) / dial *vt vi* (with rotary dial or push buttons) ‖ ~ (einer Nummer), Wählvorgang *m* (Tele) / dialling

wahlfreier Zugriff (DV) / random access, direct access

Wähl•impuls *m* (beim Impulswahlverfahren) (Tele) / dial pulse (in dial pulse signalling) ‖ ~**netz** *n* (Tele) / switched network, automatic network, dialup network

Wahlschalter *m* (Elek, Masch, Tele) / selector switch ‖ ~, Programmwahlschalter *m* (an Waschmaschine, Geschirrspülern) (HG) / cycle switch, program selector [dial]

Wählscheibe *f* (Tele) / dial, rotary dial

Wahl•stufe *f* (Tele) / selection stage ‖ ~**taste** *f* (DV, Tele) / select button (for features in menus)

Wähl•ton *m* (Aufforderung zur Ziffernwahl) (Tele) / dial tone (generated by the exchange or a PABX to indicate that it is ready to receive the dial pulses from the calling terminal), DT ‖ ~**vermittlung** *f*, Selbstwählvermittlungsstelle *f* (Tele) / automatic exchange, automatic telephone exchange ‖ ~**vermittlungsstelle** *f* (Tele) / automatic exchange, automatic telephone exchange ‖ ~**vorgang** *m*, Wählen (einer Nummer) (Tele) / dialling

wahlweise, optional / optional ‖ ~**s Zubehör**, Sonderausstattung *f* (Kfz, Wzm) / option, optional equipment

Wahlwiederholung *f* (der zuletzt gewählten Nummer) (Tele) / last-number recall, last number redial, recall

Wählzeichen *n*, Wählton *m* (Aufforderung zur Ziffernwahl) (Tele) / dial tone (generated by the exchange or a PABX to indicate that it is ready to receive the dial pulses from the calling terminal), DT

wahr *adj* (Logik) / true *adj* ‖ ~**e Dichte**, Reindichte *f* / particle density ‖ ~**e Spannung** (Prüfkraft auf den Momentanquerschnitt bezogen) (Mater) / true stress

Wahrheits•tabelle *f* (DV, Logik) / truth table, Boolean operation table ‖ ~**tafel** *f*, Wahrheitstabelle *f* (DV, Logik) / truth table, Boolean operation table ‖ ~**wert** *m* (Logik) / truth value ‖ ~**wertetafel** *f*, Wahrheitstabelle *f*

(DV, Logik) / truth table, Boolean operation table

wahrnehmbar / perceptible

wahrnehmen (mit den Sinnen) / sense, perceive (with the senses) ‖ ~, bemerken, feststellen / detect, sense (physical phenomena, as light, temperature, radioactivity) ‖ ~ (Gelegenheit) / take (the opportunity) ‖ ~ (Interessen) / look after (sb's interests) ‖ ~ (Vorteil) / use ‖ ~ (Aufgabe, Funktion, Pflicht) / perform (a task, function, duty)

Wahrscheinlichkeit *f* / probability

Wahrscheinlichkeits•dichte *f*, Dichtefunktion *f* (Stat) / density function ‖ ~**rechnung** / probability calculus

Wald *m*, Waldgebiet *n* / forest *n* ‖ **kleinerer** ~, Wäldchen *n* / wood[s]

Wäldchen *n* / wood[s]

Waldgebiet *n* / forest *n*

Walkpenetration *f* (Schmierfett) / worked penetration

Walz•auftrag *m* (von Klebstoffen) (Fert) / roll coating ‖ ~**block** *m*, vorgewalzter Block (Walz) / bloom *n* (semi-finished steel product that has been rolled or forged from an ingot or strand cast - it usually has a square cross section exceeding 36 square inches - frequently used in the manufacture of building beams and columns) ‖ ~**dorn** *m*, Dornwalze *f* (beim Ringwalzen) (Walz) / idler roll

Walze *f* (allg) / roller ‖ ~ (Schreibmaschine, Drucker) (Büro, DV) / platen (in printers, typewriters) ‖ ~, Straßenwalze *f* (Straß) / road roller ‖ ~ (zum Farbauftrag: Farb-, Druckwalze) (Anstr, Druck) / roller ‖ ~ (in Walzgerüsten) (Walz) / roll (of the rolling mill)

walzen (Walz) / roll ‖ ~ (Walz) / rolling

Walzen•anpressdruck *m* / roll nip pressure ‖ ~**brecher** *m* (für Grobzerkleinerung) (Aufb) / roll crusher, roller crusher ‖ ~**dynamo** *m*, Rollendynamo *m* (Fahrrad) / bottom bracket dynamo ‖ ~**fräsen** *n* (Fert) / peripheral milling, plain milling ‖ ~**geschwindigkeit** *f* (Walz) / roll speed ‖ ~**mantel** *m* / roll shell, roll sleeve ‖ ~**mühle** *f* (für Zerkleinerung auf kleine Korngrößen) / roller mill (a grinding mill), roll mill ‖ ~**nip** *f* (Kontaktstelle zwischen Walzen) (Walz) / roll gap, roll nip, nip ‖ ~**ringmühle** *f* / ring-roll[er] mill ‖ ~**schalter** *m* (Elek) / drum switch ‖ ~**spalt**, Walzennip *f* (Kontaktstelle zwischen Walzen) (Druck, Walz) / roll gap, roll nip, nip ‖ ~**straße** *f* (Walz) / mill train, roll mill train ‖ ~**trockner** *m* / drum drier, drum dryer (US)

Wälz•fräsen *n* (Fert) / gear hobbing, hobbing ‖ ~**fräser** *m* (Wzm) / hob, hobbing cutter ‖ ~**fräsverfahren** *n* (Fert) / gear hobbing, hobbing ‖ ~**führung** *f* / antifriction guideway, antifriction slideway

Walz•gerüst *n* (Walz) / rolling stand, roll stand, mill stand ‖ ~**gut** *n* (Walz) / rolling stock, stock

Wälz•hobeln *n* (Fert) / generating shaping ‖ ~**kolbenpumpe**, Rootspumpe *f* (Vak) / Roots pump ‖ ~**kolbenvakuumpumpe** *f*, Rootspumpe *f* (Vak) / Roots pump ‖ ~**körper** *m* (eines Wälzlagers) / rolling element

Walzkraft *f* (Walz) / rolling force, roll force

Wälzlager *n* (Masch) / rolling bearing, antifriction bearing, bearing with rolling contact, rolling contact bearing, rolling-element bearing, roller bearing

Walz•material *n*, Walzgut *n* (Walz) / rolling stock, stock ‖ ~**profile** *n* *pl* / rolled steel sections *pl* ‖ ~**profilieren** *n* (Verfahren der Blechumformung) (Fert) / contour roll forming, roll forming

Wälz•punkt *m* / pitch point ‖ ~**reibung** *f*, Rollreibung *f* mit Schlupf (= kleiner Anteil Gleiten) / combined sliding and rolling friction

Walz•rolle *f* (punktförmiges Werkzeug zum Drücken/Umformen eines Blechzuschnitts zu einem Hohlkörper) (Wz) / roller, roller tool, spinning tool ‖ ~**schmieden** *n* (Fert) / roll forging ‖ ~**sicken** (Vertiefungen o. Erhebungen im Mantel von Hohlkörpern mit umlaufenden Rollen eindrücken) (Fert) / bead *vt* ‖ ~**sinter** *m*, Walzzunder *m* (Walz) / mill scale, roll scale, rolling scale ‖ ~**spalt**, Walzennip *f* (Kontaktstelle zwischen Walzen) (Druck, Walz) / roll gap, roll nip, nip ‖ ~**stahl** *m* / rolled steel ‖ ~**-Stich** *m*, Durchgang *m* (eines Werkstücks durch einen Walzenspalt) (Walz) / pass, rolling pass

wälzstoßen (Fert) / generate (gears) by shaping

Walz•straße *f* (Walz) / mill train, roll mill train ‖ ~**textur** *f* / rolling mill texture

Wälzverschleiß *m* / rolling wear

Walz•werk *n* (Fert) / mill, rolling mill ‖ ~**winkel** *m* (Walz) / angle of contact (of work with rolls) ‖ ~**zunder** *m* (Walz) / mill scale, roll scale, rolling scale

WAN *n*, Fernnetz *n* (DV, Tele) / WAN, wide area network

Wand *f* (Bau) / wall ‖ ~, Wandung *f* (von Gefäß, Behälter, Rohr) / wall ‖ ~, Innenwand *f* (Bau) / internal wall, interior wall ‖ ~**befestigung** *f* / wall mounting ‖ ~**dicke** *f* (Bau, Masch) / wall thickness ‖ ~**dicken-Abhängigkeit** *f* / section sensitivity ‖ ~**dickenempfindlichkeit** *f* / section sensitivity ‖ ~**dübel** *m* (Bau) s. Schraubendübel

Wandelflugzeug *n* (kombiniertes Hubschrauber-Tragflügelflugzeug) (Luft) / convertaplane, convertiplane, convertoplane

wandeln, umwandeln / convert (e.g. digital signals into sound)

wandern (z.B. Ionen) / migrate ‖ ~ (z.B. Feld, Signal) / travel

Wanderrost *m* (eine Rostfeuerungsart) / travelling grate, chain grate

Wandler *m*, Messwandler *m* (Stromwandler, Spannungswandler) (Elek, Mess) / instrument transformer ‖ ~, Direktumwandler *m* (der unmittelbar eine Energieform in eine andere umwandelt, z.B. Brennstoffzelle, Solarzelle) (Ener) / direct energy-conversion device, direct energy converter ‖ ~ (z.B. Fotodetektoren o. Schallwandler (Mikrofon, Lautsprecher), piezoelektrische Wandler) (Eltro) / transducer (device that converts input energy or signals into output energy or signals of another form, e.g. loudspeakers, thermocouples, microphones, phonograph pickups) ‖ ~ (Strom-, Spannungswandler) (Elek) / transformer (current, voltage transformer) ‖ ~ (z.B. Frequenz-, A/D-Wandler) (Elek) / converter (e.g. frequency, A/D converter)

Wandleuchte *f* (Licht) / wall luminaire, wall light

Wandlung *f* (allg) / change *n* ‖ ~, Umwandlung *f* / conversion ‖ ~, Übergang *m* (von einem Zustand in den anderen) / transition, transformation

Wand•schwenkkran *m* (Förd) / jib crane (wall-mounted) ‖ ~**stärke** *f* (Bau, Masch) / wall thickness ‖ ~**steckdose** *f* (Elek) / wall outlet, outlet, wall socket ‖ ~**tafel** *f* (zum Beschreiben, für Mitteilungen), schwarzes Brett / board

Wandung *f* (von Gefäß, Behälter, Rohr), Wand *f* / wall

Wankelmotor *m* / rotary engine, Wankel engine, Wankel rotary engine

Wannen•ofen *m* (Glas) / tank, tank furnace ‖ ~**position** *f* (Schw) / flat welding position, downhand position ‖ ~**schweißen** *n* (Schw) / flat welding, downhand welding

Wanze *f*, verstecktes Mikrofon (Akust, Eltro) / bug (coll. - electronic eavesdropping device)

Waren *f pl* (Wirtsch) / goods *pl* ‖ ~**aufzug** *m* (Förd) / goods lift (GB), goods elevator (US) ‖ ~**automat** *m*, Verkaufsautomat *m* / vending machine, vendor, vendometer (US) ‖ ~**bestand** (eines Ladens, einer Firma), Lager / stock ‖ ~**eingangsprüfung** *f* (QM) / receiving inspection and testing ‖ ~**haus** *n* / department store ‖ ~**korb** *m* (beim Online-Einkauf) (DV) / shopping cart ‖ ~**lager** *n*, Lagerhaus *n*, Lagerhalle *f* / warehouse *n* ‖ ~**lager**, Lagerraum *m* / stockroom ‖ ~**lager**, Lagerbestand *m* / stock *n*, warehouse stock ‖ ~**probe** *f*, Muster *n* / specimen, sample ‖ ~**sendung** *f*, Lieferung *f* / shipment, consignment ‖ ~**zeichen** *n*, Marke *f* (im Sinne des Markengesetzes - häufig gekennzeichnet mit einem ® (Marke ist amtlich registriert) oder ™ (trademark — sagt nichts über den Status einer Registrierung, lediglich über den Einsatz der Marke im Geschäftsverkehr aus)) (Wirtsch) / trademark (registered)

warm / warm ‖ ~ **aufziehen**, aufschrumpfen (Masch) / shrink on

Warm•arbeitsstahl *m* (Hütt) / hot-working tool steel, hot-work steel, hot-work tool steel ‖ ~**ausgehärtet** *m* (Hütt) / artificially aged, furnace aged ‖ ~**aushärtung** *f*, Aushärten *n* bei erhöhter Temperatur (Hütt) / artificial ag[e]ing ‖ ~**auslagern** *n*, Aushärten *n* bei erhöhter Temperatur (Hütt) / artificial ag[e]ing ‖ ~**bad** *n*, Salzbad *n* (von 200 bis 500 °C als Abschreckmittel), Warmbad-Abschreckbad *n* (Hütt) / brine quench ‖ ~**badhärten** *n* (Hütt) / hot [temperature] quenching ‖ ~**bearbeitung** *f*, Warmumformen *n* (Arbeitstemperatur oberhalb der Rekristallisationstemperatur) (Fert, Hütt) / hot forming, hot working ‖ ~**behandeln** / heat-treat *v*

Wärme *f* (Phys, Techn) / heat ‖ ~ **verzehrend** (o. aufnehmend), endotherm / endothermal, endothermic

Wärme•..., thermisch, Thermo... / thermal ‖ ~**abfuhr** *f* (Phys, Techn) / heat dissipation, heat removal, thermal dissipation ‖ ~**abfuhr**, Wärmeabgabe *f* / heat emission, heat output, heat transfer (e.g. to the environment) ‖ ~**abführung** *f* (Phys, Techn) / heat dissipation, heat removal, thermal dissipation ‖ ~**abgabe** *f*, Wärmeabfuhr *f* / heat emission, heat output, heat transfer (e.g. to the environment) ‖ ~**ableitung** (Phys, Techn) / heat removal, thermal dissipation ‖ ~**absorbierend** / heat-absorbing ‖ ~**absorption** *f*, Aufnahme *f* von Wärme / heat absorption ‖ ~**abstrahlung** *f* (Phys) / thermal radiation, radiation of heat, heat radiation ‖

⁀aufnahme f, Wärmeabsorption f / heat absorption ‖ ⁀aufwind m (Luft, Meteo) / thermal n ‖ ⁀ausbreitung m, Wärmeübertragung m (durch Wärmeleitung, Wärmekonvektion und Wärmestrahlung) (Phys) / heat transfer (by means of conduction, convection, or radiation), thermal transfer ‖ ⁀ausdehnung f, thermische Ausdehnung (Phys) / thermal expansion, expansion due to heat, heat expansion ‖ ⁀ausdehnung (langgestreckter Körper in Richtung der Länge), Längenausdehnung f (Phys) / linear expansion, linear thermal expansion, thermal elongation ‖ ⁀ausdehnungskoeffizient m (Phys) / coefficient of thermal expansion, coefficient of expansion, expansion coefficient ‖ ⁀ausstrahlung f (Phys) / thermal radiation, radiation of heat, heat radiation ‖ ⁀austauscher m, Wärmetauscher m / heat exchanger ‖ ⁀austauschmedium n, Wärmeübertrager m (Phys) / heat transfer medium, thermal transfer medium ‖ ⁀beanspruchung f, thermische Beanspruchung (Phys) / thermal stress ‖ ⁀bedarf m / heat demand, thermal requirements, heat requirements, required heat ‖ ~beeinflusste Zone, Wärmeeinflusszone f (Schw) / heat affected zone, HAZ ‖ ~behandeln / heat-treat v ‖ ⁀behandlung f (Hütt) / heat treatment, thermal treatment ‖ ~beständig, hitzebeständig / heatproof, heat resistant, heat resisting, H.R. ‖ ⁀beständigkeit f / heat resistance, thermal endurance o. stability, high-temperature strength, high-temperature stability, heat stability ‖ ⁀bilanz f (ChT) / thermal balance ‖ ⁀bild n, Thermogramm n (Med, Mess, Opt) / thermogram ‖ ⁀bildgerät n, Thermograph m (Mess, Opt) / thermograph (image-forming device) ‖ ⁀bindung f, Wärmeabsorption f, Aufnahme f von Wärme / heat absorption ‖ ⁀dämmend / heat insulating ‖ ⁀dämmung f (Tätigkeit u. Material) / heat insulation, thermal insulation ‖ ⁀dämmwert m, U-Wert m, Wärmedurchgangskoeffizient m (Bau) / thermal transmittance (in W/m²K), U-value, U-factor ‖ ⁀dehnung f, Wärmeausdehnung f (Phys) / thermal expansion, expansion due to heat, heat expansion ‖ ⁀dehnungskoeffizient m (Phys) / coefficient of thermal expansion, coefficient of expansion, expansion coefficient ‖ ⁀dehnzahl f (Phys) / coefficient of thermal expansion, coefficient of expansion, expansion coefficient ‖ ⁀durchgang m (Wärmeübertragung von einem Fluid durch eine Wand auf ein anderes Fluid) (Phys) / heat transmission, heat transfer ‖ ⁀durchgangskoeffizient m, U-Wert m (Bau) / thermal transmittance (in W/m²K), U-value, U-factor ‖ ⁀durchgangskoeffizient k m (bei Wärmedurchgang Fluid-Wand-Fluid) (Phys) / heat transfer coefficient ‖ ⁀durchgangswiderstand m (in K·m²/W) (Bau) / R-value, thermal resistance ‖ ⁀durchlässigkeit f, U-Wert m, Wärmedurchgangskoeffizient m (Bau) / thermal transmittance (in W/m²K), U-value, U-factor ‖ ⁀einbringung f (in einen Prozess) / heat input, addition of heat, heating, heat supply ‖ ⁀einflusszone f (Schw) / heat affected zone, HAZ ‖ ⁀einheit f (Phys) / thermal unit, heat unit ‖ ~empfindlich / heat-sensitive, thermosensitive ‖

~empfindliches Papier, Thermopapier n (DV, Pap) / thermal paper ‖ ⁀empfindlichkeit f / heat sensitivity ‖ ⁀energie f (Phys) / heat energy, thermal energy ‖ ⁀entwicklung f / development of heat, heat development, heat generation, generation of heat ‖ ⁀entwicklung, Hitzestau m / accumulation of heat, heat build-up, heat accumulation ‖ ~erzeugend (Phys) / heat generating, calorific ‖ ⁀erzeugung f / heat generation, heat production ‖ ~fest, hitzebeständig / heatproof, heat resistant, heat resisting, H.R. (heat resistant) ‖ ⁀fluss, Wärmestrom m (Vorgang) (Phys) / heat flow, heat transmission ‖ ⁀fluss m, Wärmestrom Φ m (durch eine Fläche hindurchtretende Wärmemenge pro Zeiteinheit; SI-Einheit W = J/s) (Phys) / heat flow (amount of heat transferred in a unit time), heat flow rate ‖ ⁀fluss, Wärmestromdichte m (Wärmestrom pro Flächeneinheit in W/m²) (Phys) / density of heat flow rate, thermal flux, heat flux density, heat flux ‖ ⁀fühler m / heat detector ‖ ⁀haltung f / heat retention ‖ ⁀inhalt m (Phys) / heat content ‖ ⁀isolation f, Wärmedämmung f (Tätigkeit u. Material) / heat insulation, thermal insulation ‖ ~isolierend, wärmedämmend / heat insulating ‖ ~isoliert / heat insulated, lagged ‖ ⁀kapazität f (Einheit: J/K) (Phys) / thermal capacity, heat capacity ‖ molare ⁀kapazität (Chem, Phys) / molar heat, molecular heat, molar heat capacity ‖ spezifische ⁀kapazität (Phys) / specific heat, sp.ht., specific heat capacity ‖ ⁀klasse f, Isolationsklasse f (bis 90 °C = Y, bis 105 °C = A, bis 130 °C = B, bis 180 °C = H, über 180 °C = C) (Elek) / insulation class (Y = up to 365 K) ‖ ⁀konvektion f (Wärmeübertragung durch strömende Flüssigkeiten oder Gase) (Phys) / convection, heat convection, thermal convection ‖ ⁀-Kraft-Kopplung f (Ener) / combined heat and power generation ‖ ⁀kraftmaschine f (mit innerer o. äußerer Verbrennung) / heat engine, combustion engine (internal, external), thermal engine ‖ ⁀kraftwerk f, thermisches Kraftwerk (Elek) / thermal power station, thermal power plant ‖ ⁀lagerstätte f (Elek, Geol) / geothermal resource, heat resource, heat reservoir ‖ ⁀lehre f (Phys) / thermodynamics sg ‖ ⁀leistung f (Masch) / thermal output, heat output ‖ ~leitend (Phys) / heat-conductive, heat conducting ‖ ⁀leitfähigkeit f (SI-Einheit: W/(m · K)) (Mater, Phys) / thermal conductivity, heat conductivity ‖ ⁀leitfähigkeitskoeffizient m (Bau, Mater, Phys) / k-value, coefficient of heat conductivity ‖ ⁀leitung f (Phys) / conduction of heat, heat conduction, thermal conduction ‖ ⁀leitvermögen n / thermal conductivity ‖ ⁀leitwiderstand m (Phys) / thermal resistance ‖ ⁀leitzahl λ (Mater, Phys) / coefficient of thermal conductivity k, thermal conductivity ‖ ⁀mauer f, Hitzemauer f (Luft, Phys) / thermal barrier, heat barrier ‖ ⁀melder m / heat detector ‖ ⁀menge f (Phys) / quantity of heat ‖ ⁀mengenmessung f (Techn) / heat quantity measurement ‖ ⁀mengenmessung, Kalorimetrie f (Chem, Phys) / calorimetry ‖ ⁀messer m / heat meter ‖ ⁀mitführung f, Wärmekonvektion f (Wärmeübertragung durch strömende Flüssigkeiten oder Gase)

(Phys) / convection, heat convection, thermal convection

wärmen vt / heat [up], warm vt [up]

Wärme • nachbehandlung, Tempern n (nach dem Formen erfolgende Wärmebehandlung) (Plast) / annealing (US), tempering (GB) ǁ ~**netz** n (zur Beheizung von Wohnungen und Häusern) / heat grid ǁ ~**platte** f, Warmhalteplatte f (HG) / warming tray ǁ ~**platte** (bei Kaffeemaschinen) (HG) / warming plate ǁ ~**pumpe** f / heat pump ǁ ~**quelle** f / heat source, source of heat ǁ ~**rauschen** n, thermisches Rauschen (Folge der unregelmäßigen thermischen Elektronenbewegung in allen aktiven u. passiven Bauelementen) (Eltro) / circuit noise, output noise, thermal noise, Johnson noise, resistance noise ǁ ~**rückgewinnung** f / heat recovery, waste heat utilization ǁ ~**schrumpfung** f / heat shrinking ǁ ~**schutz** m, Wärmedämmung f (Tätigkeit u. Material) / heat insulation, thermal insulation ǁ **mit** ~**schutz versehen,** wärmeisoliert / heat insulated, lagged ǁ ~**schutzschild** m, Hitzeschild m (Raumf) / heat shield ǁ ~**senke** f (Ener, Masch, Phys) / heat sink ǁ ~**sensor** m / heat sensor ǁ ~**spannung** f / thermal stress ǁ ~**speicher** m, -akkumulator, -sammler m / heat accumulator ǁ ~**stabilität** f / heat resistance, thermal endurance o. stability, high-temperature strength, high-temperature stability, heat stability ǁ ~**stau** m, Hitzestau m / accumulation of heat, heat build-up, heat accumulation ǁ ~**stauung** f, Hitzestau m / accumulation of heat, heat build-up, heat accumulation ǁ ~**strahlendurchlässig** (Phys) / diathermanous, diathermic ǁ ~**strahlenisolierend,** adiatherman, wärmeundurchlässig (Phys) / athermanous, impervious to radiant heat ǁ ~**strahlung** f (Phys) / heat radiation, thermal radiation ǁ ~**strahlung,** Infrarotstrahlung f (Phys) / infrared radiation ǁ ~**strom** m (Vorgang) (Phys) / heat flow, heat transmission ǁ ~**strom** Φ m (durch eine Fläche hindurchtretende Wärmemenge pro Zeiteinheit; SI-Einheit W = J/s) (Phys) / heat flow (amount of heat transferred in a unit time), heat flow rate ǁ ~**stromdichte** m (Wärmestrom pro Flächeneinheit in W/m²) (Phys) / density of heat flow rate, thermal flux, heat flux density, heat flux ǁ ~**strömung** f, Wärmekonvektion f (Wärmeübertragung durch strömende Flüssigkeiten oder Gase) (Phys) / convection, heat convection, thermal convection ǁ ~**tauscher** m / heat exchanger ǁ ~**therapie** f (MT) / thermotherapy ǁ ~**träger** m / heat carrier ǁ ~**träger,** Wärmeaustauschmedium n, Wärmeübertrager m (Phys) / heat transfer medium, thermal transfer medium ǁ ~**transport** m, Wärmeübertragung m (durch Wärmeleitung, Wärmekonvektion und Wärmestrahlung) (Phys) / heat transfer (by means of conduction, convection, or radiation), thermal transfer ǁ ~**übergang** m (zwischen der Oberfläche eines festen Körpers u. einem Fluid) (Phys) / heat transfer, transfer of heat, heat transmission ǁ ~**übergangskoeffizient** f (bei Wärmeübergang Fluid-Festkörper) (Phys) / heat transfer coefficient ǁ ~**übergangszahl** f (bei Wärmeübergang Fluid-Festkörper) (Phys) /

heat transfer coefficient ǁ ~**überträger** m, Wärmetauscher m / heat exchanger ǁ ~**überträger,** Wärmeaustauschmedium n (Phys) / heat transfer medium, thermal transfer medium ǁ ~**übertragung** m (durch Wärmeleitung, Wärmekonvektion und Wärmestrahlung) (Phys) / heat transfer (by means of conduction, convection, or radiation), thermal transfer ǁ ~**übertragungsmittel** n (Phys) / heat transfer medium, thermal transfer medium ǁ ~**übertragungsöl** n / heat transfer oil ǁ ~**undurchlässig,** adiatherman (Phys) / athermanous, impervious to radiant heat ǁ ~**verlust** m / heat loss, loss of heat ǁ ~**wert** m (einer Zündkerze) (Kfz) / heat range (of a spark plug) ǁ ~**widerstand** m (äußerer, innerer) (Elek) / thermal resistance (case-to-ambient, junction-to-case) ǁ ~**wirkungsgrad** m, -ausnutzung f / heat efficiency o. utilization ǁ ~**zähler** m / heat meter ǁ ~**zufuhr** f, Wärmeeinbringung f (in einen Prozess) / heat input, addition of heat, heating, heat supply ǁ ~**zuführung** f, Wärmeeinbringung f (in einen Prozess) / heat input, addition of heat, heating, heat supply

warm • fest / high temperature resistant ǁ ~**fester Stahl** / heat-resisting steel, high-temperature steel ǁ ~**festigkeit** f / heat resistance, thermal endurance o. stability, high-temperature strength, high-temperature stability, heat stability ǁ ~**festigkeit,** Warmhärte f / hot hardness, red hardness ǁ ~**fließpressen** n (Fert) / hot extrusion ǁ ~**formen** n, Thermoformen n (Plast) / thermoforming ǁ ~**formgebung** f, Warmumformen n (Arbeitstemperatur oberhalb der Rekristallisationstemperatur) (Fert, Hütt) / hot forming, hot working ǁ ~**formung** f, Warmformen n, Thermoformen n (Plast) / thermoforming ǁ ~**gewalzt** / hot rolled ǁ ~**halteofen** m (Gieß) / holding furnace ǁ ~**halteplatte** f, Wärmeplatte f (HG) / warming tray (for keeping food hot) ǁ ~**halteplatte,** Wärmeplatte f (bei Kaffeemaschinen) (HG) / warming plate ǁ ~**härte** f, Warmfestigkeit f / hot hardness, red hardness ǁ ~**härtend** (Klebstoff) / thermosetting (adhesive) ǁ ~**kammer-Druckgießen** n (Gieß) / hot-chamber casting, hot-chamber die casting ǁ ~**kammerdruckgussmaschine** f (Gieß) / hot-chamber die casting machine, hot-chamber machine ǁ ~**kammermaschine** f (Gieß) / hot-chamber die casting machine, hot-chamber machine ǁ ~**kammerverfahren** n (Gieß) / hot-chamber casting, hot-chamber die casting ǁ ~**kleber** m / hot-setting adhesive ǁ ~**luftstrom** f (z.B. bei Wäschetrocknern) / hot-air flow ǁ ~**nieten** m / hot riveting ǁ ~**pressen** n (Fert) / hot pressing ǁ ~**start** m (ohne vorheriges Ausschalten) (DV) / warm start, soft boot, warm boot, soft start ǁ ~**strangpressen** n (Fert) / hot extrusion (as a continuous process to produce long products) ǁ ~**umformen** n (Arbeitstemperatur oberhalb der Rekristallisationstemperatur) (Fert, Hütt) / hot forming, hot working ǁ ~**umformung** f (Arbeitstemperatur oberhalb der Rekristallisationstemperatur) (Fert, Hütt) / hot forming, hot working ǁ ~**verformung** f (Arbeitstemperatur oberhalb der Rekristallisationstemperatur) (Fert, Hütt) / hot

forming, hot working || ²**walzen** n (Walz) / hot
rolling || ²**walzwerk** n / hot-rolling mill
Warmwasser n / hot water || ²**bereiter** m
(Sanitär) / hot water heater, water heater ||
²**bereitung** f (Sanitär) / water heating || ²**gerät**
n (Sanitär) / hot water heater, water heater ||
²**heizung** f (arbeitet mit Wassertemperaturen
zwischen 30 °C und 90 °C) (Bau) / hot water
heating, hydronic heating, water loop
[heating] system || ²**speicher** m, Boiler m
(Sanitär) / tank-type water heater, storage
water heater, boiler
Warmziehen n / hot drawing
Warn•anzeige f (Luft) / warning indicator,
warning display || ²**blinkanlage** f (Kfz) /
hazard lights, hazard warning lights, hazard
warning light system, warning-blinker system ||
²**blinker** m, Antikollisionslicht n (Luft) /
anticollision light || ²**display** n (Luft) / warning
indicator, warning display
warnen [vor] / warn [against, of]
Warn•hinweis m (Doku) / "caution" (warning of
risk of damage to equipment) || ²**hinweis** m
(amtlich o. zur allgemeinen Kenntnisnahme
z.B. in Rundschreiben, auch als Aushang o. auf
Hinweisschild) / warning notice || ²**hinweis**
(Doku) / "warning" (warning of risk of injury) ||
²**lampe** f (Warnung bei Störung) / warning
light || ²**lampe**, Kontrolllampe f,
Anzeigelampe f (Instr) / pilot lamp, indicator
lamp, pilot light, indicator light, telltale lamp ||
²**leuchte** f, Kontrolllampe f, Anzeigelampe f
(Instr) / pilot lamp, indicator lamp, pilot light,
indicator light, telltale lamp || ²**licht** n (Instr) /
warning light || ²**schild** n (allg, Verk) / warning
sign, warning board || ²**schutzweste** f /
high-visibility vest
Warnung f (allg) / warning
Warn•weste f / high-visibility vest || ²**zeichen** n /
warning sign
Wartbarkeit f, Wartungsfreundlichkeit f / ease of
maintenance, maintainability, ease of
servicing
Warte, Steuerwarte f, Leitstand m (einer
Anlage) / control room || ²**häuschen** n (Straß) /
bus shelter
warten vt, instand halten / maintain, service vt ||
~ vi, leerlaufen (DV) / idle
Warte•schlange f (allg, DV) / queue n, waiting
queue || ²**schlangentheorie** f (DV, Math) /
queueing theory || ²**schleife** f (DV) / wait loop
|| ²**station** f (DV) / passive station || **in**
²**stellung** / on standby || ²**zeit** f (allg, IE) /
waiting time
Wartung f, Instandhaltung f / maintenance,
servicing, service || ², Service m,
Kundendienst m (als Dienstleistung nach dem
Kauf) / after-sales service, after-sales servicing
Wartungs•abstände m pl / maintenance intervals
|| ²**arbeiten** f pl / maintenance work || ~**arm** /
low-maintenance... || ²**aufwand** m /
maintenance needs, maintenance
requirements, maintenance required ||
²**bedarf** m / maintenance needs, maintenance
requirements, maintenance required ||
²**faktor** m (Licht) / maintenance factor, MF ||
~**frei** / maintenance-free || ²**freie Batterie**
(mit Einfüllstopfen zum Einfüllen der
Batteriesäure und zum Auffüllen des
Säurestandes mit destilliertem Wasser) (Elek,
Kfz) / low-maintenance battery || ~**freundlich** /
easy to maintain, easy to service ||

²**freundlichkeit** f / ease of maintenance,
maintainability, ease of servicing || ~**gerecht**,
wartungsfreundlich / easy to maintain, easy to
service || ²**hinweise** m pl / maintenance
instructions pl || ²**intervalle** n pl / maintenance
intervals || ²**klappe** f / service door || ²**kosten**
pl / maintenance cost[s] || ²**mannschaft** f /
maintenance personnel o. staff || ²**personal** n /
maintenance personnel o. staff || ²**plan** m /
maintenance schedule || ²**vertrag** m /
maintenance agreement o. contract, service
contract || ²**vorschriften** f pl / maintenance
instructions pl
Warzen•schweißen n (Schw) / projection
welding, resistance projection welding, RPW ||
²**schweißung** f (Schw) / projection welding,
resistance projection welding, RPW
Wasch•becken n (Sanitär) / wash-basin, basin ||
²**benzin** n, Reinigungsbenzin n (Chem) /
benzine (used as a cleaning agent to remove
substances such as fats, oils, resins, paint) ||
²**beton** m (Bau) / exposed aggregate concrete
Waschen n (Arbeitsgang der Waschmaschine) /
wash cycle
Wäscher m, Gaswäscher m (ChT) / scrubber, gas
scrubber, wet scrubber, washer, gaswasher,
wet collector
Wäsche•trockner m (HG) / tumble drier,
tumbler, clothes drier || ²**trommel** f (einer
Waschmaschine) (HG) / tub, wash tub, inner
tub (of washing machine), drum
Wasch•gelegenheit f, Waschraum m (Sanitär) /
washroom || ²**maschine** f (HG) / washing
machine, washer || ²**mittel** n / detergent,
washing agent || ²**mittelkammer** f (der
Waschmaschine) (HG) / detergent
compartment || ²**raum** m (Sanitär) / washroom
|| ²**raum** (zum Wäschewaschen) (Bau) /
laundry room || ²**tisch** m, Waschbecken n
(Sanitär) / wash-basin, basin ||
²**-Trocken-Automat** m (HG) / combination
washer/dryer, washer dryer || ²**trockner** m
(HG) / combination washer/dryer, washer
dryer || ²**trommel** f, Wäschetrommel f (einer
Waschmaschine) (HG) / tub, wash tub, inner
tub (of washing machine), drum || ²**turm** m
(zur Nassentstaubung) (ChT) / spray-tower
scrubber || ²**Vollautomat** m (HG) / automatic
washing machine, automatic washer
WASS n, Wasserabrasivstrahlen n (Trennstrahlen
unter Zumischung von Strahlmitteln) (Fert) /
abrasive water jet cutting, AWJC
Wasser n / water || ² **abstoßend** / water-repellent
|| ² **abstoßend**, hydrophob (Chem) /
hydrophobic || ² **abweisend** / water-repellent ||
² **abweisend**, hydrophob (Chem) /
hydrophobic || ² **abweisend o. abstoßend**
machen, imprägnieren (Tex) / waterproof
(textiles, tents etc. by impregnating or spraying
them with suitable materials such as waxes,
synthetic resins or silicone), make waterproof
|| ² **entziehen**, dehydratisieren (Chem, ChT) /
dehydrate || ² **führende Schicht** (Bergb, Geol) /
water bearing stratum
Wasser•abrasivstrahl m (Fert) / abrasive water
jet || ²**abrasivstrahlen** n (Trennstrahlen unter
Zumischung von Strahlmitteln,
Abrasiv-Hochdruck-Wasserstrahlen n (Fert) /
abrasive water jet cutting, AWJC || ²
²**abscheider** m / water trap, water separator ||
²**abspaltung** f (aus einer Verbindung),
Dehydratisierung f (Chem) / dehydration ||

~**abstoßend** s. Wasser abstoßend ‖ ~**abweisend** s. Wasser abweisend ‖ ~**anziehend**, hydrophil (Chem) / hydrophile, hydrophilic ‖ ²~**aufbereitung** f / water treatment, water conditioning ‖ ²~**aufbereitungsanlage** f / water treatment plant ‖ ²~**aufbereitungsanlage**, Abwasserkläranlage f (Sanitär, Umw) / sewage disposal plant, wastewater treatment plant, sewage plant, sewage treatment plant, sewage works pl, sewerage treatment plant, sewerage plant ‖ ²~**aufnahmefähigkeit** f / water absorbency, water absorption capacity ‖ ²~**aufnahmevermögen** / water absorbency, water absorption capacity ‖ ²~**bad** n (Chem) / water bath ‖ ²~**bau** m / hydraulic engineering ‖ ²~**behälter** m / water tank, water reservoir ‖ ²~**behandlung** f / water treatment, water conditioning ‖ ~**beständig**, wasserfest / water-resistant, water-proof ‖ ²~**dampf** m (Phys) / steam m, water vapour ‖ ~**dicht**, dicht (gegen Wassereintritt) / waterproof, watertight ‖ ²~**dichtheit** f / waterproofness, water tightness ‖ ²~**dichtigkeit** f / waterproofness, water tightness ‖ ²~**dichtmachen** n, Imprägnierung f (Tex) / waterproofing (of textiles, tents etc. by impregnating or spraying them with suitable materials such as waxes, synthetic resins or silicone) ‖ ²~**druck** m / water pressure ‖ ~**durchlässig**, undicht / permeable to water, not watertight ‖ ²~**einlauf** m, Wasserzulauf m (in Tank, Waschmaschine etc.) / water inlet, water supply ‖ ²~**eintritt** m, Wasserzufluss m / inflow (of water), water intake ‖ ²~**enthärtung** f / water softening ‖ ²~**entziehung**, Dehydratisierung f, Wasserabspaltung f (aus einer Verbindung) (Chem) / dehydration ‖ ~**fest**, wasserbeständig / water-resistant, water-proof ‖ ²~**flugzeug** n (Luft) / seaplane, hydroplane ‖ ²~**gehalt** m / water content, moisture content ‖ ²~**gekühlt** / water-cooled ‖ ²~**glätte** f, Aquaplaning n (Kfz) / aquaplaning, hydroplaning ‖ ²~**graben** m (zur Be- oder Entwässerung), Kanal m / ditch n (used for drainage or irrigation) ‖ ²~**hahn** m (Sanitär) / tap, faucet (US) ‖ ²~**hammer**, Wasserschlag m (in Rohrleitungen), Druckstoß m (Rohr) / water hammer, hammer blow (in pipes) ‖ ²~**härte** f / water hardness, hardness of water

wässerig / aqueous, watery ‖ ~**e Lösung** (Chem) / aqueous solution

Wasser • kessel m / kettle, teakettle ‖ ²~**klosett** n, Toilette f (Sanitär) / toilet, lavatory, water closet, WC ‖ ²~**kraft** f (die in fließendem oder gespeichertem Wasser enthaltene Energie) (Mech) / water power, hydropower, hydraulic power ‖ ²~**kraft**, Strom aus Wasserkraft (Elek) / hydropower, hydroelectric power, hydroelectricity ‖ ²~**kraftanlage** f, Wasserkraftwerk n (Elek) / hydroelectric power station, hydroelectric facility, hydroelectric plant, hydropower plant, hydroelectric scheme, hydroelectric station, hydropower station ‖ ²~**kraftmaschine** f (die Wasserenergie in mechanische Arbeit umsetzt) (Ener) / hydraulic prime mover, water prime mover ‖ ²~**kraftwerk** n, Wasserkraftanlage f (Elek) / hydroelectric power station, hydroelectric facility, hydroelectric plant, hydropower plant, hydroelectric scheme, hydroelectric station, hydropower station ‖ ²~**kreislauf** m (Meteo,

Umw) / hydrologic cycle, water cycle ‖ ²~**kühlung** f / water cooling ‖ ²~**lack** m (Anstr) / water paint, water based paint ‖ ²~**lauf** m, Fließgewässer n / stream, watercourse ‖ ²~**leitungsnetz** / water mains pl (collectively) ‖ ~**löslich** / water-soluble ‖ ²~**messer** m, Wasserzähler m (Instr) / water meter ‖ ²~**motorrad** n (Sport) / personal water craft, PWC ‖ ²~**netz** n, Wasserleitungsnetz / water mains pl (collectively) ‖ ²~**pegel** m, Wasserstand / water level, level of water ‖ ²~**pumpenzange** f (Wz) / water pump pliers, channel-type pliers, groove joint pliers, universal pliers, multiple slip-joint pliers pl, multigrip pliers pl ‖ ²~**reinigung** f / water purification ‖ ²~**ringpumpe** f / water ring pump ‖ ²~**säule** f (Phys) / water column, WC ‖ ²~**schlag** m (in Rohrleitungen), Druckstoß m (Rohr) / water hammer, hammer blow (in pipes) ‖ ²~**schlauch** / hose n ‖ ²~**schnecke** f (Hydr) / Archimedean screw, Archimedes' screw, water snail, spiral pump ‖ **archimedische** ²~**schraube** (Hydr) / Archimedean screw, Archimedes' screw, water snail, spiral pump ‖ ²~**schutz** m (Elek) / protection against harmful ingress of water ‖ ²~**speicher** f / reservoir ‖ ²~**speicher** m / water storage ‖ ²~**stand** / water level, level of water ‖ ²~**standsmesser** m, Pegel m / water gauge ‖ ²~**standssteuergerät** (einer Waschmaschine) (HG) / water level control ‖ ²~**stein** m, Kesselstein m / boiler scale, scale, incrustation, fur n

Wasserstoff m (Chem) / hydrogen, H ‖ ²~**bombe** f (Mil) / hydrogen bomb, H bomb, thermonuclear bomb, fusion bomb ‖ ²~**-Brennstoffzelle** f (Chem, Elek) / hydrogen fuel cell ‖ ²~**entzug** m, Dehydrierung f, Entzug m von Wasserstoff (Chem) / dehydrogenation ‖ ²~**flasche** f / hydrogen cylinder ‖ ²~**gas** n / hydrogen gas ‖ ²~**gehalt** m / hydrogen content ‖ ~**haltig** / hydrogen-containing, hydrogenous ‖ ²~**speicher** m, Wasserstofftank m / hydrogen [storage] tank ‖ ²~**speicherung** f / hydrogen storage ‖ ²~**sulfid** n, Schwefelwasserstoff m (Chem) / hydrogen sulphide, sulphuretted hydrogen ‖ ²~**tank** m, Wasserstoffspeicher m / hydrogen [storage] tank

Wasser • strahlen n, Trennstrahlen n unter Verwendung von Wasser (mit oder ohne zugemischte Strahlmittel) (Fert) / water jet machining ‖ ²~**strahlen**, Wasserstrahlschneiden n, Trennstrahlen n unter alleiniger Verwendung von Wasser (Fert) / hydrodynamic machining, WJC, water jet cutting ‖ ²~**strahlschneiden** n, Trennstrahlen n unter alleiniger Verwendung von Wasser (Fert) / hydrodynamic machining, WJC, water jet cutting ‖ ²~**turbine** f (Elek) / hydroturbine, hydraulic turbine, water turbine ‖ ²~**uhr** f, Wasserzähler m (Instr) / water meter ‖ ~**undurchlässig** / waterproof, watertight, impermeable to water ‖ ~**unlöslich**, in Wasser nicht löslich / insoluble in water, water-insoluble ‖ ²~**verdüsung** f (zur Pulverherstellung) (PM) / water atomization ‖ ~**verschmutzender Stoff** (Umw) / water pollutant ‖ ²~**verschmutzung**, Belastung f von Wasser o. Gewässern mit Schadstoffen (Umw) / water pollution, water contamination ‖ ²~**versorgung** f / water supply ‖ ~**verunreinigender Stoff** (Umw) / water pollutant || ²⁻**waage** f (Bau, Instr) / spirit level, bubble level, level, carpenter's level || ²⁻**werke** n pl, -versorgungsanlage f / waterworks pl || ²⁻**wirtschaft** f / water management || ²⁻**zähler** m (Instr) / water meter || ²⁻**zufluss** m / inflow (of water), water intake || ²⁻**zulauf** m (in Tank, Waschmaschine etc.) / water inlet, water supply || ²⁻**zulauf**, Wasserzufluss m / inflow (of water), water intake

wässrig s. wässerig

Wastegate n, Ladedruckregelventil n (eines Abgasturboladers) (Mot) / exhaust wastegate, waste gate valve, wastegate

Watt n (= 1 Js⁻¹) (Elek) / watt

Wattestäbchen n / cotton applicator

Watt•komponente f, Wirkkomponente f (Elek) / active component, power component, energy component, in-phase component || ²⁻**leistung** f, Leistung f in Watt (Elek) / wattage || ~**los**, Blind... (Elek) / reactive || ²⁻**meter** n, Leistungsmesser m (Elek) / wattmeter || ²⁻**sekunde** f, Joule n (Aussprache Französisch)(abgeleitete SI-Einheit der Arbeit, Energie, Wärme - 1J=1Ws= 1Nm= 1kg m²/s²= 0,2388 cal) (Phys) / J, newton-meter (of energy), joule (pronunciation English o. French) || ²⁻**stunde** f (= 3.6 x 10³ J) (Elek) / watt-hour (= 3600 joules) || ²⁻**verlust** m, Leistungsverlust m (Elek) / power loss || ²⁻**zahl** f, Leistung f in Watt (Elek) / wattage

Wb, Weber n (Einheit des magnetischen Flusses) (= 1 Vs) (Phys) / weber, Wb

WC (Mater) / tungsten carbide, WC

WC n, Toilette f (Sanitär) / toilet, lavatory, water closet, WC || ²⁻, Gästetoilette f (Bau, Sanitär) / half-bathroom (room with only a toilet and a sink), powder room

WE, Schreibfreigabe f (DV) / WE, write enable

WEA f, Windenergieanlage f (Elek) / wind turbine, wind energy converter, WEC, wind power unit, WPU, wind generator, wind plant, wind power plant, wind power station, wind turbine generator system, WTGS, windmill

Web n, World Wide Web n (DV, Tele) / Web, WWW, World Wide Web || ²⁻**browser** m (DV) / browser, Web browser || ²⁻**cam** f (DV, Tele) / webcam

Weben n / weaving

Weber n (Einheit des magnetischen Flusses) (= 1 Vs) (Phys) / weber, Wb

Weberei f, Weben n / weaving

Web•-Seite f (DV, Tele) / Web page || ²⁻-**Site** f (DV, Tele) / Web site, site

Wechsel m, Auswechselung f, Ersetzen n / replacement, substitution || ²⁻ (z.B. von Öl zu Gas), Umstellung f / change n (e.g. from oil to gas), change-over n (from one method, system or product to another), conversion || ²⁻, Übergang m (z.B. von manueller zu maschineller Fertigung, von einem Energieniveau zu einem anderen) / transition n || ²⁻ (hin und her zwischen zwei Zuständen) / alternation (e.g. between active and inactive mode, successive alternation from one condition to another, from low to high pressure)

Wechsel•..., abwechselnd, alternierend / alternating adj, alternate adj || ²⁻**anteil** f (Elek) / alternating component, ripple content || ²⁻**beanspruchung** f, Beanspruchung f im Wechselbereich (Ober- u. Unterspannung haben verschiedenen Betrag u.

entgegengesetztes Vorzeichen) (Mech) / repeated stress, reversed stress, alternating stress || **reine** ²⁻**beanspruchung** (Ober- u. Unterspannung von gleichem Betrag, aber entgegengesetztem Vorzeichen) (Mech) / completely reversed stress, fully reversed stress, reversed stress, alternating stress || ²⁻**betrieb** m, Halbduplexbetrieb m (Übertragung in beiden Richtungen abwechselnd) (Tele) / half duplex operation || ²⁻**beziehung** f, Korrelation f (allg, Math) / correlation || ²⁻**beziehung**, Zusammenhang m / interrelationship || ²⁻**feld** n (Elek) / alternating field || ²⁻**festigkeit** f im, Dauerfestigkeit f im Wechselbereich (Mittelspannung ist Null) (Mater) / fatigue limit under completely reversed alternating stresses (applied stresses alternate between equal positive and negative values, mean stress of the cycle is equal to zero) || ²⁻**festplatte** f (DV) / removable disk, removable hard disk || ²⁻**getriebe** n (Kfz, Masch) / variable speed gearbox, variable speed transmission, stepped transmission, multiple-ratio transmission, multi ratio transmission (speeds selected from several different pre-set ranges) || ²⁻**größe** f (Elek) / alternating quantity

wechselhaft, unbeständig, veränderlich (Meteo) / changeable, unsettled

Wechsel•kontakt m, Umschaltkontakt m (Relais) (Elek) / change-over contact || ²⁻**last** f (Mater) / alternating load

wechseln vt / change vt (e.g. shoes, the subject, a wheel, the oil, printer cartridge) || ~ [zu], umstellen (z.B. von Öl auf Gas) / convert vi, change vi (e.g. from oil to gas) || ~, ersetzen [durch], auswechseln [gegen] / replace [by, with] || ~, umtauschen (Wirtsch) / exchange (currency) || ~ vi / change vi || ~ [zu] / switch (e.g. from one program to another in a GUI) || ~ (hin und her zwischen) / alternate (e.g. between active and inactive mode)

wechselnd, unterschiedlich, schwankend / varying || ~, abwechselnd, wechselweise, alternierend / alternating / alternating adj, alternate adj || ~**e Belastung** (Mater) / alternating load

Wechsel•objektiv n (Foto, Opt) / interchangeable lens || ²⁻**platte** f, Wechselfestplatte f (DV) / removable disk, removable hard disk || ²⁻**rad** n (Getriebe) (Masch) / change gear n || ²⁻**rädergetriebe** n / change gear train || ²⁻**räderschere** f / change gear quadrant || ²⁻**richten** n (Eltro) / inversion (IEC) || ²⁻**richter** m (Elek) / inverter, converter (converting direct current into alternating current), dc-ac converter, inverted rectifier, current inverter || ²⁻**schalter** m (Elek, Licht) / three-way switch (US)(used to control a circuit from two different locations, e.g. light switches at the top and bottom of the stairs), three-point switch, two-way switch (GB) || ²⁻**schaltung** f (ein Verbraucher wird wahlweise von zwei Stellen aus ein- o. ausgeschaltet) (Elek, Licht) / three-way switch installation (US), two way circuit (GB) || ²⁻**spannung** f (Mech) / alternating stress || ²⁻**spannung** (Elek) / ac voltage, alternating voltage || ²⁻**spannungs...** (Elek) / alternating-voltage... || ²⁻**spannungsanteil** m (Elek) / alternating component, ripple content || ²⁻**spannungstachogenerator** m (Elek, Mess) / permanent-magnet AC tachometer, AC tachometer generator ‖ ⁓**sprechanlage** f (Tele) / intercom, intercom system

Wechselstrom m (Elek) / ac, alternating current, AC, a.c., A.C. ‖ ⁓**erzeuger** m (Elek) / AC generator, alternating-current machine, alternator ‖ ⁓**generator** m (Elek) / AC generator, alternating-current machine, alternator ‖ ⁓**kreis** m (Elek) / ac circuit ‖ ⁓**maschine** f, Wechselstromgenerator m (Elek) / AC generator, alternating-current machine, alternator ‖ ⁓**motor** m (Elek) / AC motor, alternating current motor ‖ ⁓**netz** n (Elek) / AC mains, AC network ‖ ⁓**steller** m (Elek) / AC power controller ‖ ⁓**widerstand** m (absoluter Betrag), Scheinwiderstand m, Impedanz f (Elek) / impedance ‖ ⁓**zähler** m (Elek) / AC meter

Wechsel•ventil n (Masch) / shuttle valve ‖ ⁓**weise**, abwechselnd, alternierend / alternating adj, alternate adj ‖ ⁓**weise** adv, abwechselnd / alternately ‖ ⁓**winkel** m / alternate angle ‖ ⁓**wirkung** f (zwischen A und B) / interaction (of A with B) ‖ ⁓**wirkungsbild** n, Dirac-Bild n (Phys) / interaction representation ‖ ⁓**wirkungsgesetz**, Reaktionsprinzip n (Phys) / Newton's law of reaction

Wechsler m, Umschaltkontakt m (Relais) (Elek) / change-over contact

Wecker m, Klingel f (Tele) / ringer (in a telephone), bell

WEDER-NOCH-Schaltung f, NICHT-ODER-Glied n (DV, Eltro) / NOR circuit, NOR element, NOR gate

Weg m, Pfad m / path ‖ ⁓, Straße f / road ‖ ⁓, Strecke f, Route f / route n, course, way ‖ ⁓, Strecke f (DV, Tele) / route (of a message, call) ‖ ⁓, Pfad f (z.B. von Signalen, Strom) / path ‖ ⁓, Trajektorie f, Flugbahn f (z.B. eines Geschosses) (Mech) / trajectory ‖ ⁓, Entfernung f / distance ‖ ⁓ (Entfernung, um die etwas verschoben wird), Verschiebung f / displacement ‖ ⁓, Verfahren n, Methode f / method, way ‖ ⁓**aufnehmer** m, Positionssensor m (Mess) / position sensor, position transducer, displacement sensor, displacement transducer ‖ ⁓**bedingung** f (NC) / preparatory function

wegblasen, abblasen / blow off vt

Wege•leuchte f (Licht) / path light ‖ ⁓**netz** n, Straßennetz n / system of highways, road system, road network ‖ ⁓**ventil** n (Masch) / directional valve, directional control valve ‖ **5/2-**⁓**ventil** (5 Anschlüsse, 2 Schaltstellungen) / 5/2 valve (5 ports, 2 positions) ‖ **2/2-**⁓**ventil** (2 Anschlüsse, 2 Schaltstellungen) / 2/2 valve (2 ports, 2 positions)

wegfallen / be discontinued ‖ ⁓, ausgelassen werden / be omitted

wegfließen, abfließen / drain vi [away], run away, flow off, flow away, run off vi

Weggeber m, Wegaufnehmer m, Positionssensor m (Mess) / position sensor, position transducer ‖ ⁓, Aufnehmer m für Bewegungen o. Deformationen, Stellungsgeber m (für Veränderungen) (Eltro, Mess) / displacement pickup, displacement transducer

wegkürzen, herauskürzen (Math) / cancel [out] (a common factor in the numerator and denominator of a fraction)

weglaufen, auswandern (Nullpunkt) / drift

Wegmesser, Positionssensor m (Mess) / position sensor, position transducer

Wegmesssystem n (NC) / position-measuring system

Wegmessung f (Mess) / displacement measurement ‖ **direkte** ⁓ (NC) / direct position measurement

wegnehmen, abheben vt, abnehmen vt / lift off vt, take off ‖ ⁓, entfernen, beseitigen / remove vt

Wegquetschen n des Werkstoffes ohne Materialabtrag (beim Schleifen) (Fert) / plowing

wegrationalisieren (Arbeitsplätze durch Automatisierung) / automate out (e.g. unskilled jobs)

wegschleifen, abschleifen (z.B. Rost) / grind off

Weg-Schritt-Diagramm n (Regel) / sequence diagram

wegspülen, abspülen (Schmutz etc.) / rinse off, wash off vt

Wegstreckenzähler m (amtlich), Kilometerzähler m (Fahrrad, Kfz) / mileometer, odometer, milometer

wegstreichen, durchstreichen (Text) / cancel, delete, cross out

Wegweiser m, Schild n / signpost n

Wegwerf... (z.B. Flasche) (Umw) / throwaway

wegwerfen (nicht Benötigtes, Unnützes in den Abfall etc.) / throw away ‖ ⁓, ausrangieren / discard v

wegwischen, abwischen (Schmutz etc.) / wipe away or off

Weg-Zeit-Diagramm n (Regel) / path-time diagram

wegziehen, herausziehen, abziehen (z.B. Zündschlüssel) / pull off, remove, take out

Wehr n (Wasserb) / weir

weich (allg, Strahlen, Werkstoff) / soft ‖ ⁓, nachgiebig / pliant, pliable ‖ ⁓, sanft / soft (sound, light) ‖ ⁓ **machen**, plastifizieren (Holz, Plast) / plasticize

Weichdichtung f / flexible gasket

Weiche f (Bahn) / points pl (GB), switch (US), railroad switch, turnout ‖ ⁓, Programm-schalter m (DV) / program switch, switch

Weicheisen n (Hütt) / soft iron ‖ ⁓**instrument** n (Elek, Mess) / moving iron instrument, iron vane instrument ‖ ⁓**kern** m / soft-iron core

weichen, einweichen / steep (to soften, cleanse), soak

Weich•fleckigkeit f / soft spot formation ‖ ⁓**glühen** vt (Hütt) / soft-anneal ‖ ⁓**glühen** n (Hütt) / soft annealing ‖ ⁓**gummi** m / soft rubber ‖ ⁓**heit** f / softness ‖ ⁓**lot** n (unter 450 °C schmelzend) (Fert) / soft solder, solder n ‖ ⁓**löten**, löten (unter 450 °C) (Fert) / solder, soft-solder ‖ ⁓**löten** n, Lötung f (unter 450 °C) (Fert) / soldering, soft soldering ‖ ⁓**lötverbindung** f (Fert) / soldered joint (made at temperatures below 450 °C) ‖ ⁓**macher** m (in Kunststoffen, Lacken, Klebstoffen, Kautschuk etc.) (Anstr, Plast) / plasticizer ‖ ⁓**macher**, Fließmittel n (besonders stark wirkender Betonverflüssiger), Superverflüssiger m (Bau) / superplasticizer, high-range water reducer ‖ ⁓**machungsmittel**, Weichmacher m (in Kunststoffen, Lacken, Klebstoffen, Kautschuk etc.) (Anstr, Plast) / plasticizer ‖ ⁓**polyethylen** n (Plast) / low-density polyethylene, LD-PE ‖ ⁓**spüler** m (Chem, Tex) / fabric softener, softener, fabric conditioner ‖ ⁓**spülmittel** n (Chem, Tex) /

fabric softener, softener, fabric conditioner ‖ ²**zeichnung** f (Foto) / soft focus

Weingeist m, Ethanol n (C_2H_5OH) (Chem) / alcohol, grain alcohol, ethyl alcohol, ethanol, fermentation alcohol

Weinholdsches Gefäß, Dewar-Gefäß n / Dewar vessel o. flask

weiß•es Eisen, Hartguss m (weiß erstarrtes Gusseisen) (Gieß) / white cast iron, white iron ‖ **~es Gusseisen**, Hartguss m (weiß erstarrtes Gusseisen) (Gieß) / white cast iron, white iron

Weiß•arsenik m pl (Chem) / arsenic, arsenic trioxide (As_2O_3), arsenic oxide, arsenious acid ‖ ²**blech** n (Hütt) / tinplate ‖ ²**eisen** n, Hartguss m (weiß erstarrtes Gusseisen) (Gieß) / white cast iron, white iron ‖ ²**guss** m, Hartguss m (weiß erstarrtes Gusseisen) (Gieß) / white cast iron, white iron ‖ ²**metall** (Hütt) / white metal ‖ ²**metallausguss** m, Lagerausguss m (mit Weißmetall) / babbitting, antifriction metal lining (of a bearing)

Weißscher Bezirk, magnetische Domäne (Phys) / domain, Weiss domain

Weisung f, Anordnung f / instruction

Weitbereichsnetz n, WAN n, Fernnetz n (DV, Tele) / WAN, wide area network

Weite f / width

weiter machen, erweitern, aufweiten / widen, enlarge vt

Weiter•bearbeitung f, Weiterverarbeitung f / post-treatment, subsequent treatment, further processing, subsequent processing ‖ ²**behandlung** f, Weiterverarbeitung f / post-treatment, subsequent treatment, further processing, subsequent processing ‖ ²**bildung** f / continuing education (for personal, non-vocational enrichment or with a vocational function) ‖ **~entwickeln** [zu] / develop [into], develop further ‖ **~entwickelt**, verbessert / advanced, improved ‖ ²**entwicklung** f / further development

weitergeben / pass [on], forward ‖ **~** (allg, DV) / disclose (information, data etc.) ‖ **~**, weiterleiten (als o. über Zwischenstation) / relay

weiterleiten / pass [on], forward ‖ **~** (als o. über Zwischenstation) / relay ‖ ² n, Weiterleitung f (von Post, E-Mail, Anrufen) (allg, DV, Tele) / forwarding

Weiter•leitung f (von Post, E-Mail, Anrufen) (allg, DV, Tele) / forwarding ‖ ²**reißfestigkeit** f (z.B. von Papier) (Mater) / resistance to tear propagation, tear growth resistance, tear propagation resistance ‖ ²**reißwiderstand** m, Weiterreißfestigkeit f (z.B. von Papier) (Mater) / resistance to tear propagation, tear growth resistance, tear propagation resistance ‖ **~schalten**, umschalten (Revolverkopf) (Wzm) / index (turret head) ‖ **~verarbeiten** / subject to further o. subsequent processing ‖ **~verarbeiten** (z.B. Roheisen zu Stahl) (Hütt) / refine (e.g. pig iron into steel) ‖ ²**verarbeitung** f / post-treatment, subsequent treatment, further processing, subsequent processing

weitreichend, umfassend / extensive ‖ **~** (z.B. Auswirkungen) / far-reaching, wide-ranging

Weit•verbundnetz n, WAN n, Fernnetz n (DV, Tele) / WAN, wide area network ‖ ²**verkehrsnetz** n, WAN n, Fernnetz n (DV, Tele) / WAN, wide area network

Weitwinkel•objektiv n (Foto) / wide-angle lens ‖ ²**spiegel** m, Toter-Winkel-Spiegel m (Kfz) / blind-spot mirror

Wellblech n (Bau, Hütt) / corrugated iron, corrugated sheet, corrugated sheet metal

Welle f (Elek, Wasserb, Ozean, Phys) / wave n ‖ ² (umlaufendes Maschinenelement zur Übertragung von Drehmomenten) (Masch) / shaft, rotary shaft

Wellen•absatz m, Wellenschulter (Masch) / shaft shoulder ‖ ²**achse** f (Masch) / shaft axis ‖ ²**band** n (Eltro, Radio, TV) / band, waveband ‖ ²**berechnung** f (Masch) / shaft calculation ‖ ²**bereich** m, Wellenband n (Eltro, Radio, TV) / band, waveband ‖ ²**berg** m (Phys, Schiff) / crest of a wave, wave crest ‖ ²**bund** m (Masch) / shaft collar ‖ ²**dämpfungsmaß** n, Dämpfungsmaß n (Realteil des Übertragungsmaßes) (Elek, Phys, Tele) / attenuation constant (real part of the propagation coefficient), attenuation coefficient ‖ ²**dichtring** m (Masch) / shaft seal ‖ ²**dichtring radial**, Radial-Wellendichtring (Masch) / radial shaft seal ‖ ²**dichtung** f (Masch) / shaft seal ‖ ²**ende** n (Masch) / shaft end ‖ ²**energie** f (Ener) / wave energy ‖ ²**falle** f (Eltro) / wave trap ‖ ²**flansch** m (Masch) / shaft flange ‖ ²**form** f (Elek, Phys) / waveform ‖ ²**front** f (Phys) / wave front ‖ ²**führung** f (kugel- oder gleitgelagerte Längsführung) / shaft guidance system ‖ ²**kraftwerk** n (Elek) / wave power station, wave power plant, wave energy power plant, wave energy power station ‖ ²**kupplung** f (Masch) / shaft coupling ‖ ²**kupplung** (schaltbar) / clutch ‖ ²**lager** n / shaft bearing ‖ ²**länge** f (Phys) / wavelength, W.L. ‖ ²**leistung** f (Masch) / shaft power, shaft output ‖ ²**leistung** (in PS) / shaft horsepower ‖ ²**leiter** m (Elek, Eltro) / waveguide (any physical structure that guides electromagnetic waves - the term includes hollow metallic waveguides, a pair of parallel wires, and a coaxial cable) ‖ ²**löten** n / wave soldering, flow soldering ‖ ²**operator** m, d'Alembert-Operator m (Math, Phys) / d'Alembert operator, d'Alembertian, wave operator ‖ ²**scheibe** f (Masch) / shaft [locating] washer ‖ ²**schulter** (Masch) / shaft shoulder ‖ ²**stirn** f, Wellenfront f (Phys) / wave front ‖ ²**strang** m (Masch) / shafting ‖ ²**tal** n (Phys) / wave trough ‖ ²**vektor** m (Phys) / wave vector ‖ ²**verlagerung** f, Wellenversatz m (Masch) / shaft misalignment, misalignment of shafts ‖ ²**versatz** m (Masch) / shaft misalignment, misalignment of shafts ‖ ²**widerstand** m, Leitungswellenwiderstand m (in längshomogenen Leitungen das Verhältnis sich in eine gemeinsame Richtung ausbreitender Strom- und Spannungswellen zueinander) (Elek) / characteristic impedance, surge impedance ‖ ²**widerstand**, Feldwellenwiderstand m (Verhältnis zwischen elektrischem und magnetischem Feldanteil einer sich transversal ausbreitenden elektromagnetischen Welle) (Elek, Phys) / wave impedance ‖ ²**widerstand** (des Mediums), Schallkennimpedanz (Akust) / acoustic impedance, sound impedance ‖ ²**zahlvektor** m (Phys) / wave vector ‖ ²**zapfen** m (Masch) / journal (of a shaft) ‖ ²**zapfen** f (für die Lagerung der Kurbelwelle im Kurbelgehäuse), Kurbelwellenzapfen m (Mot)

/ main bearing journal, main journal ‖ ²**zug** m (Elek, Phys) / wave train
Welligkeit f (einer Oberfläche), Gestaltabweichung 2. Ordnung / waviness
Wellscheibe f / corrugated washer
Weltall n, Weltraum m (Astr, Raumf) / space, outer space
Weltkoordinatensystem n / world coordinates pl
Weltraum m, Weltall n (Astr, Raumf) / space, outer space ‖ ²**...** / space ‖ ²**fahrt** f (Raumf) / astronautics sg, cosmonautics sg ‖ ²**fahrzeug** n (Raumf) / spacecraft, space vehicle ‖ ²**flug** m / space travel, space flight ‖ ²**station** f (Raumf) / space station ‖ ²**teleskop** n (Astr, Opt) / space telescope
weltweit, global / global, worldwide
Wende•flügelfenster n (Flügel etwa in der Mitte der waagrechten Rahmenhölzer durch ein Drehlager angeschlagen) (Bau) / vertical pivot window ‖ ²**getriebe** n, Umkehrgetriebe n / reverse gear
Wendel f, Glühwendel f (in Glühlampe) (Licht) / filament, electrical filament (in incandescent light bulbs) ‖ ²**...**, Helix f (Kurve, die sich mit konstanter Steigung um den Mantel eines Zylinders windet) (Schraubenlinie f (eine Raumkurve) (Math, Techn) / helix (pl. helices, helixes) ‖ ²**bohrer** m, Spiralbohrer m / twist drill
wenden / turn ‖ ~ (auf die andere Seite) / turn over ‖ ~ (in die entgegengesetzte Richtung) / turn round ‖ ~, umdrehen (verkehrt herum, auf den Kopf) / turn upside down vt ‖ ~ (Strom), umpolen (Elek) / commutate vt ‖ ~ vi, umkehren vi / turn round vi ‖ ~, umdrehen vi (in die entgegengesetzte Richtung) / turn vi ‖ ~ / execute a U-turn, turn (round), U-turn vi ‖ ~ vr (sich)[an] / turn [to](e.g. for advice, help)
Wende•polwicklung f (Elek) / commutating winding, interpole winding ‖ ²**punkt** m (einer Kurve) (Math) / flex, point of inflection, inflection point, flex point ‖ ²**schaltung** f (Elek) / reversing circuit ‖ ²**schneidplatte** f (in Werkzeughalter, z. B. Drehmeißel oder Fräser, eingeschraubt oder geklemmt) (Wzm) / indexable insert, indexable cutter insert, throw-away [carbide] indexable insert ‖ ²**schütz** m (Elek) / reversing contactor
werden zu, übergehen in vi / turn into (eg steam, water)
Werft f, Schiffswerft f (Schiff) / dockyard, shipyard ‖ ²**kran** m (Förd, Schiff) / dock crane, dockyard crane, quayside crane
Werk n / work ‖ ~, Fabrik f / factory, works sg, plant ‖ ~, Uhrwerk n (Uhr) / movement ‖ ²**bank** f / work bench ‖ ²**meister** m / foreman
Werks•abnahme f / factory acceptance ‖ ²**angehöriger** m / employee ‖ ²**besichtigung** f / plant tour, tour of the factory/plant ‖ ²**einstellung** f, werkseitige Einstellung, Voreinstellung f (DV, Masch) / factory configuration
werkseitig eingestellt / factory-set, factory-preset ‖ ~**e Einstellung**, Voreinstellung f (DV, Masch) / factory configuration
Werks•halle f, Werkstatt f / workshop ‖ ~**intern**, innerbetrieblich, firmenintern / intra-company (e.g. transfer, relationships, communications, network), in-house ‖ ~**intern**, innerbetrieblich / in-plant, intra-plant
Werkstatt f / shop, workshop ‖ ²**ausrüstung** f / workshop equipment

Werkstättenfertigung f (Produktionsstätte in Teilbetriebe wie Fräserei und Dreherei aufgeteilt) (IE) / process layout of manufacturing (production machines such as milling machines and lathes arranged in different departments)
Werkstatt-Meister m / master mechanic
Werkstoff m / material n, engineering material ‖ ²**dämpfung** f, innere Dämpfung (Mater, Mech) / internal damping ‖ ²**durchflusswege** m pl, Eingusssystem n (in einer Gießform) (Gieß) / gating system (typically consisting of downsprue and runner) ‖ ²**eigenschaften** f pl / material properties ‖ ²**eigenschaften unter Zugspannung** (Mater) / tensile properties pl ‖ ²**festigkeit** f / strength of materials, material strength ‖ ²**kunde** f / materials science ‖ ²**labor** n / materials laboratory ‖ ²**norm** f (Norm) / material standard ‖ ²**nummer** f / material number ‖ ²**prüfung** f (Mater) / materials testing, material testing, testing of materials ‖ ²**technik** f / materials engineering ‖ ²**verbund** m (im Unterschied zu Verbundwerkstoffen besteht zwischen den Werkstoffkomponenten eine zusammenhängende Grenzfläche, sie sind nicht vermengt, z.B. Schichtverbund) (Mater) / composite material (that does not consist of a reinforcing phase embedded in a matrix phase, e.g. laminar composite) ‖ ²**zustand** m (Hütt) / temper (of alloy as to degree of cold work or thermal treatments)
Werkstück n (Fert) / workpiece, work, workpart ‖ **als Kathode geschaltetes** ² (Fert) / cathode workpart (in electroplating)
Werkstück•abtrag m, Materialabtrag m (Fert) / material removal ‖ ²**auflage** f (bei spitzenlosen Rundschleifmaschinen) (Wzm) / rest blade ‖ ²**auflage** f (beim freien Biegen) (Wzm) / die ‖ ²**auflage** f (beim freien Biegen eines einseitig eingespannten Werkstücks) (Wzm) / wiping die ‖ ²**aufnahme** f, Werkstückspannvorrichtung f (Wzm) / workholding device, fixture, work fixture ‖ ²**geschwindigkeit** f (Fert) / work speed ‖ ²**nullpunkt** m (NC) / component zero point ‖ ²**spanner** m (Wzm) / workholding device, fixture, work fixture ‖ ²**spannvorrichtung** f (Wzm) / workholding device, fixture, work fixture ‖ ²**spindel** f (Wzm) / workpiece spindle ‖ ²**tisch** m (Wzm) / work table ‖ ²**träger** m (Wzm) / work carrier
Werkzeug n (allg, DV, Wzm) / tool ‖ ², Mittel n / implement, appliance ‖ ², Schneidwerkzeug n (für spangebende Formung und Schneiden - Schneid-, Dreh-, Fräswerkzeug etc.) (Wzm) / cutting tool, cutter ‖ ² (Umform- o. Zerteilwerkzeug für die Blechbearbeitung, bestehend aus verschiedenen Werkzeugteilen wie Stempel, Matrize, Niederhalter, Führungselemente) (Wzm) / die (for sheet metalworking, consisting of various components such as punch, die, stripper, stop, guide pins) ‖ ² (Gesenk o. Sattel) (Schm) / die, forging die ‖ ², Unterwerkzeug n (als Gegenstück zum Stempel in der Blechbearbeitung) (Wzm) / die ‖ ², Spritzgießwerkzeug n (Plast) / mould (in injection moulding) ‖ ²**aufruf** m / tool function ‖ ²**bezugspunkt** m (NC) / tooling zero reference point ‖ ²**elektrode** f (Wzm) / tool electrode ‖ ²**futter** n, Spannfutter n

(Wzm) / chuck *n* ‖ ⁓**gürtel** *m* / tool belt ‖ ⁓**halter** *m* (Wzm) / tool holder (in machine tool) ‖ ⁓**halter** (z.B. an der Werkstattwand) (Wz) / tool holder ‖ ⁓**kasten** *m* / tool box ‖ ⁓**kegel** *m* (Wzm) / machine taper ‖ ⁓**koffer** *m* / tool box ‖ ⁓**koordinatensystem** *n* (NC) / tool coordinates *pl* ‖ ⁓**korrektur** *f* (automatisches Verrechnen von Werkzeuglängen, -durchmessern o. -radien mit der Teilegeometrie) (NC) / cutter offset, tool offset, tooling offset, offset ‖ ⁓**korrektur** (hinsichtlich Werkzeugverschleiß) (NC) / cutter compensation (minor variations in cutter size from nominal resulting mainly from wear) ‖ ⁓**korrekturspeicher** *m* (NC) / memory location in an MCU containing cutter offset and compensation data ‖ ⁓**längenkorrektur** *f* (NC) / tool length offset ‖ ⁓**leiste** *f* (DV) / toolbar (in a GUI) ‖ ⁓**macher** *m* / toolmaker, toolman ‖ ⁓**maschine** *f* / machine tool ‖ ⁓**radiuskorrektur** *f*, Fräserradiuskorrektur *f* (NC) / cutter offset (for profile milling), tooling offset (for profile milling) ‖ ⁓**satz** *m* / tool kit, set of tools ‖ ⁓**schleifer** *m* / tool grinder ‖ ⁓**schlitten** *m* (dient zum Spannen und Bewegen der Werkzeuge), Support *m* (Wzm) / carriage (supports the cross-slide, compound and tool post and moves along the ways under manual or power feed) ‖ ⁓**schneide** *f* (Wzm) / tool edge, cutting edge ‖ ⁓**spanner** *m* (Wzm) / tool holder (in machine tool) ‖ ⁓**spanner** (an Drehmaschinen), Drehmeißelhalter *m* (Dreh) / tool post (in engine lathes) ‖ ⁓**spindel** *f* (Hauptspindel zur Aufnahme des Werkzeugs o. Werkzeughalters) / tool spindle ‖ ⁓**stahl** *m* (Hütt) / tool steel ‖ ⁓**träger** *m* / rail head (of a planer) ‖ ⁓**verschleiß** *m* (Wzm) / tool wear ‖ ⁓**wagen** *m* / tool trolley ‖ ⁓**wechsel** *m* (Wzm) / tool change ‖ ⁓**wechsel** (bei Umstellung der Produktion) (Wzm) / retooling ‖ ⁓**wechselpunkt** *m* (NC) / tool change position ‖ ⁓**wechsler** *m* (Wzm) / tool changer ‖ ⁓**winkel** *m* (Wzm) / tool angle
Wert *m* (allg) / value *n* ‖ ⁓**e** *m pl* (als Sammelbegriff, z.B. Mess-, Temperaturwerte) / data (e.g. measurement, temperature data) ‖ ⁓ **Spitze-Spitze** (Eltro, TV) / peak-to-peak value, pp.-value ‖ ⁓**analyse** *f* / value engineering, value analysis, VA
Werte•bereich *m* / range of values ‖ ⁓**bereich** (einer Funktion) (Math) / range of (of a function) ‖ ⁓**menge** *f* (Math) / value set ‖ ⁓**tabelle** *f* (einer Funktion) (Math) / value table ‖ ⁓**tabelle**, Wahrheitstabelle *f* (DV, Logik) / truth table, Boolean operation table
Wertfunktion *f* (Nukl) / value function
Wertigkeit *f*, Valenz *f* (Chem) / valence, valency ‖ ⁓, Stellenwert *m* (DV) / weight, significance
wert•niedriges Bit (DV) / low order bit ‖ ⁓**niedrigstes Bit** (DV) / least significant bit, LSB ‖ ⁓**schöpfung** *f* / value added ‖ ⁓**stoffe** *m* (die sich für das Recycling eignen) (Umw) / recyclable material, recycling material ‖ ⁓**stoff-Sammelbehälter** *m* (Umw) / recycling container, recycling bin
Wertung *f*, Auswertung *f* / evaluation (e.g. of results, observations)
Wesen *f*, Beschaffenheit *f* / nature, character, quality
Wesensmerkmal *n*, charakteristisches Merkmal / characteristic *n*, characteristic feature

wesentlich (das Wesen der Sache betreffend) / essential ‖ ⁓, beträchtlich / substantial, considerable ‖ ⁓, grundlegend / fundamental ‖ ⁓, signifikant / significant ‖ ⁓**e Eigenschaft** / characteristic *n*, characteristic feature
Weston•element *n* (Chem, Elek) / Weston standard cell, Weston standard cadmium cell ‖ ⁓**-Normalelement** *n* (Chem, Elek) / Weston standard cell, Weston standard cadmium cell ‖ ⁓**zelle** *f* (Chem, Elek) / Weston standard cell, Weston standard cadmium cell
Wettbewerb *m* / competition
Wettbewerber *m* / competitor
Wettbewerbs•nachteil *m* / competitive ‖ ⁓**fähig** / competitive ‖ ⁓**fähigkeit** *f* / competitiveness ‖ ⁓**vorteil** *f* / competitive advantage
wetter•beständig / weatherproof ‖ ⁓**fest** / weatherproof ‖ ⁓**radar** *m n* / weather radar
wetzen, schärfen / sharpen, whet
WF, Wartungsfaktor *m* (Licht) / maintenance factor, MF
W$_n$ Fließgrenze *f* (von Böden), unterer Plastizitätszustand *m* (Bau) / liquid limit, LL
Wheatstonebrücke *f* (Elek) / Wheatstone bridge
Whisker *m pl* (faserförmige Einkristalle) (Krist) / whiskers (hairlike single crystals) ‖ ⁓**kristalle** *m pl* (faserförmige Einkristalle) (Krist) / whiskers (hairlike single crystals)
Whitworthgewinde *n* / Whitworth thread, British Standard Whitworth thread, BSW thread, Whitworth screw thread
Wichte *f*, spezifisches Gewicht (Verhältnis der Gewichtskraft eines Körpers zu seinem Volumen) (Phys) / specific weight, unit weight
wichtig / important ‖ ⁓, Haupt..., größer, Groß... / major
Wichtigkeit / importance
Wichtung *f*, Gewichtung *f* (Stat) / weighting
Wickel•feder *f* / coil spring ‖ ⁓**kern** *m*, Bobby *m* (Audio) / core (on which film or magnetic tape is wound) ‖ ⁓**kondensator** *m* (Elek) / wound capacitor, wrapped capacitor ‖ ⁓**kondensator** (mit Papier als Dielektrikum) (Elek) / paper capacitor
wickeln, aufwickeln (auf einer Rolle, Spule, Trommel), aufspulen / reel *vt*, spool *vt*, wind *vt* [up](on a spool or reel) ‖ ⁓ / [auf o. um etw.](z.B. Draht um einen Eisenkern) / wind, coil *vt* (e.g. wire around an iron core)
Wicklung *f* (Elek) / winding
Wicklungs•prüfung *f* (Elek, Mot) / high-voltage test ‖ ⁓**strang** *m* (Elek) / phase winding, winding phase ‖ ⁓**-Verhältnis** *n*, Übersetzungsverhältnis *n* (eines Transformators o. Stromwandlers) (Elek) / transformation ratio, turns ratio (of primary turns to the secondary turns), transformer ratio, winding ratio ‖ ⁓**widerstand** *m* (Elek) / armature resistance, winding resistance
Wide Area Network, WAN *n*, Fernnetz *n* (DV, Tele) / WAN, wide area network
Widerlager *n* (Bau) / abutment
Widerstand *m* (allg, Phys) / resistance ‖ ⁓, elektrischer Widerstand (als Größe) (Elek) / resistance, electrical resistance ‖ ⁓, elektrischer Widerstand (als Bauteil) (Elek) / resistor, resistance ‖ ⁓ **entgegensetzen**, standhalten, aushalten, widerstehen / resist *v* ‖ ⁓ *m* **gegen Abscheren**, Scherfestigkeit *f* (Mater) / shear strength ‖ **induktiver** ⁓, Induktanz *f* (Elek) / inductive reactance ‖ **kapazitiver** ⁓ (Elek) / capacitive reactance ‖

spezifischer [elektrischer] $\overset{\sim}{=}$, Resistivität f (Elek) / resistivity, specific resistance (formerly), s.r. (specific resistance (formerly)) ‖ **spezifischer magnetischer** $\overset{\sim}{=}$, Reluktivität $\overset{\sim}{=}$, (Magn) / reluctivity (reciprocal of magnetic permeability), magnetic reluctivity, specific reluctance

Widerstands•beiwert *m*, Luftwiderstandsbeiwert (Kfz, Luft) / coefficient of drag, drag coefficient ‖ $\overset{\sim}{=}$**bremse** (Bahn, Elek) / dynamic brake, rheostatic brake ‖ $\overset{\sim}{=}$**bremsung** f (Elek) / dynamic braking, rheostatic braking, potentiometer braking, resistance braking ‖ $\overset{\sim}{=}$**brücke** f (Elek) / resistance bridge ‖ $\overset{\sim}{=}$**dehnungsmesser** *m* (Mess) / strain gauge, electrical resistance strain gauge ‖ $\overset{\sim}{=}$**erwärmung** f (Elek) / resistance heating

widerstandsfähig, robust / sturdy, robust ‖ $\sim$, verschleißfest, strapazierfähig, abnutzungsfest / durable, able to resist wear ‖ $\sim$, robust (z.B. Kameragehäuse), unempfindlich / rugged ‖ $\sim$ [gegen], beständig, fest / resistant [to], ...-proof ‖ $\sim$, zäh, fest / tough

Widerstandsfähigkeit [gegen] / resistance [to] ‖ $\overset{\sim}{=}$ f, Verschleißfestigkeit f, Strapazierfähigkeit f / durability, resistance to wear ‖ $\overset{\sim}{=}$, Robustheit f (z.B. eines Kameragehäuses), Unempfindlichkeit f / ruggedness (capability to endure wear) ‖ $\overset{\sim}{=}$, Festigkeit f / toughness

Widerstands•hartlöten *n* / resistance brazing ‖ $\overset{\sim}{=}$**kennlinie** f (Elek) / resistance characteristic ‖ $\overset{\sim}{=}$**löten** *n*, Widerstandsweichlöten *n* / resistance soldering ‖ $\overset{\sim}{=}$**löten**, Widerstandshartlöten *n* / resistance brazing ‖ $\overset{\sim}{=}$**messbrücke** f (Elek) / resistance bridge ‖ $\overset{\sim}{=}$**messgerät** *n*, Ohmmeter *n* (Elek) / ohmmeter ‖ $\overset{\sim}{=}$**messung** f (Elek) / resistance measuring ‖ $\overset{\sim}{=}$**moment** *n* (Mech) / section modulus ‖ $\overset{\sim}{=}$**normal** *n*, Normalwiderstand *m* (Bauteil) (Elek, Mess) / measurement standard resistor, standard resistor ‖ $\overset{\sim}{=}$**pressschweißen** *n* (Schw) / resistance pressure welding, resistance welding, RW (resistance welding) ‖ $\overset{\sim}{=}$**punktschweißen** *n* (Schw) / resistance spot welding, RSW, spot welding ‖ $\overset{\sim}{=}$**rauschen** *n*, thermisches Rauschen (Folge der unregelmäßigen thermischen Elektronenbewegung in allen aktiven u. passiven Bauelementen) (Eltro) / circuit noise, output noise, thermal noise, Johnson noise, resistance noise ‖ $\overset{\sim}{=}$**schmelzschweißen** *n* / resistance fusion welding ‖ $\overset{\sim}{=}$**schweißen** *n*, Widerstandspressschweißen *n* (Schw) / resistance pressure welding, resistance welding, RW (resistance welding) ‖ $\overset{\sim}{=}$**stumpfschweißen** *n* (Schw) / upset welding, UW ‖ $\overset{\sim}{=}$**thermometer** *n* (Mess) / resistance thermometer, resistance temperature detector, RTD, platinum resistance thermometer ‖ $\overset{\sim}{=}$**weichlöten** *n* / resistance soldering ‖ $\overset{\sim}{=}$**zahl** f (Strömung), Widerstandsziffer f / flow resistance coefficient ‖ $\overset{\sim}{=}$**ziffer** f, Widerstandszahl f (Strömung) / flow resistance coefficient

widerstehen, standhalten, aushalten / withstand (e.g. heat, noise, pressure), resist *vt*, sustain ‖ $\sim$, Widerstand entgegensetzen / resist *v*

widrig (Umstände, Bedingungen) / adverse (conditions)

wieder anzünden / reignite *vt* ‖ $\sim$ **aufarbeiten** (allg, Umw) / regenerate (for reuse), reprocess ‖ $\sim$ **aufbereiten** (allg, Umw) / regenerate (for

reuse), reprocess ‖ $\sim$ **auffinden** (Daten) (DV) / retrieve (data, information), extract (information from database) ‖ $\sim$ **auffüllen**, nachfüllen / refill *v*, replenish (a glass, container etc.) ‖ $\sim$ **auffüllen** (z.B. Grube mit Aushub) (Bau) / backfill *vt* (an excavation), refill ‖ $\sim$ **aufladbar** (Akku) (Elek) / rechargeable (battery) ‖ $\sim$ **aufladen**, nachladen (Akku, Batterie) (Elek) / recharge ‖ $\sim$ **aufleben lassen** / revive *vt* ‖ $\sim$ **beschreibbare CD-ROM**, CD-RW f (DV) / CD-RW (= rewritable) ‖ $\sim$ **einschmelzen**, umschmelzen (Gieß) / remelt, refuse ‖ $\sim$ **einstecken** / reinsert ‖ $\sim$ **entflammen** / reignite *vi* ‖ $\sim$ **finden** (Daten) (DV) / retrieve (data, information), extract (information from database) ‖ $\sim$ **füllen** (geleerten Behälter), auffüllen / refill ‖ $\sim$ **instand setzen**, reparieren / repair *vt* ‖ $\sim$ **verfüllen** (Bau) / backfill *vt* (an excavation), refill ‖ $\sim$ **zusammenbauen** / reassemble ‖ $\sim$ **zusammensetzen** / reassemble

Wieder•aufarbeitung f, Abfallverwertung f, Recycling *n* (Umw) / recycling *n*, waste recycling, materials salvage ‖ $\overset{\sim}{=}$**aufarbeitung** (von Brennstäben etc.) (Nukl, Umw) / regeneration (of fuel etc.), reprocessing ‖ $\overset{\sim}{=}$**aufarbeitungsanlage** f (Nukl) / fuel reprocessing plant, FRP, reprocessing facility, reprocessing plant ‖ $\sim$ **aufbereiten** (allg, Umw) / regenerate (for reuse), reprocess ‖ $\overset{\sim}{=}$**aufbereitung** f, Abfallverwertung f, Recycling *n* (Umw) / recycling *n*, waste recycling, materials salvage ‖ $\overset{\sim}{=}$**aufbereitung**, Wiederaufarbeitung f (von Brennstäben etc.) (Nukl, Umw) / regeneration (of fuel etc.), reprocessing ‖ $\overset{\sim}{=}$**aufbereitung** (z.B. von Abluft in Klimaanlagen) / reconditioning ‖ $\overset{\sim}{=}$**aufbereitungsanlage** f (Nukl) / fuel reprocessing plant, FRP, reprocessing facility, reprocessing plant ‖ $\sim$ **auffinden** *n* **von Informationen**, Information Retrieval *n* (DV) / information retrieval, data retrieval ‖ $\overset{\sim}{=}$**auffrischen** *n* (des Speicherinhalts), Refresh *m* (DV) / refresh ‖ $\sim$ **beleben** / revive *vt* ‖ $\overset{\sim}{=}$**belebung** f, Wirtschaftsaufschwung *m* (Wirtsch) / economic upswing, economic revival, economic recovery, upturn ‖ $\sim$ **einsetzen** *vi* / start again, restart ‖ $\sim$ **finden** (Daten) (DV) / retrieve (data, information), extract (information from database)

Wiedergabe f, Abbildung f, Darstellung f / representation, reproduction ‖ $\overset{\sim}{=}$, Abspielen *n* (einer Ton- oder Videoaufnahme) (Audio, Video) / playback, replay *n*, reproduction ‖ $\overset{\sim}{=}$**gerät** *n*, Abspielgerät *n* (Audio, Video) / player (for video discs, cassettes etc) ‖ $\overset{\sim}{=}$**kopf** *m* (Audio, Eltro, Video) / playback head, play head, reproduce head, reproducing head, replay head ‖ $\overset{\sim}{=}$**taste** f (Audio, Video) / play button, playback button, play key

wieder•geben, abbilden, darstellen / represent, depict ‖ $\sim$ **gewinnen**, zurückgewinnen (z.B. Energie) / recover *vt*, recapture, regain *vt* ‖ $\sim$ **gewinnen** (Daten) (DV) / retrieve (data, information), extract (information from database) ‖ $\overset{\sim}{=}$**gewinnung** f / recovery, recapture *n* ‖ $\overset{\sim}{=}$**gewinnung** (DV) / retrieval ‖ $\sim$ **herrichten**, instand setzen, überholen / overhaul *v* (e.g. a car, engine), recondition ‖ $\sim$ **herstellen** / restore (e.g. the equilibrium, the power supply, a computer system, an application window, lost data, a corrupted file, files from a backup medium) ‖ **~herstellen**, wieder instand setzen, erneuern (Techn) / overhaul, recondition, refurbish ‖ **~herstellen** (gelöschte Dateien) (DV) / undelete (deleted files) ‖ **≈herstellung** f, Reparatur f / repair

wiederholbar / repeatable ‖ **~**, reproduzierbar / reproducible

Wiederholbarkeit f, Reproduzierbarkeit f / reproducibility, repeatability

wiederholen vt / repeat ‖ **~**, reproduzieren / reproduce ‖ **~**, nochmals ablaufen lassen (Audio, DV) / rerun ‖ **~** (Sendung) (Radio, TV) / rebroadcast ‖ **~** vr (sich)(Vorgang) / repeat vi ‖ **~** (sich), wiederkehren (Math) / recur

Wiederholgenauigkeit f (Fähigkeit von Industrierobotern, bekannte Punkte mit hoher Genauigkeit anzufahren) / robot repeatability, repeatability (of a robot) ‖ **≈** (eines Messverfahrens o. -gerätes), Präzision f (Kriterium der Qualität eines Messverfahrens o. -gerätes - ein sehr präzises Verfahren liefert bei oftmaligem Wiederholen der Messung unter gleichen Umständen mit demselben Messgerät jeweils nahezu gleiche Ergebnisse) (Mess) / precision (degree to which a series of measurements show the same or similar results)

wiederholt adj / repeated

wieder•instandsetzen (Techn) / overhaul, recondition, refurbish ‖ **≈instandsetzung** f (Techn) / overhaul, refurbishing, refurbishment ‖ **~kehrende Spannung** (nach Stromunterbrechung) (Elek) / recovery voltage ‖ **~verschließbar** (Plastiktüte) / resealable (plastic bag) ‖ **≈verwertung** f (von Abfällen), Recycling n (Umw) / recycling n, waste recycling, materials salvage

Wiege (des Fernrohrs) (Opt) / cradle (of telescope)

wiegen, ausweigen, abwiegen / weigh vt ‖ **~** vi, Gewicht haben / weigh vi ‖ **≈**, Abwiegen n / weighing

Wien-Brücke f / Wien bridge

Wiener Rot, Chromrot n / chrome red

WIG-Schweißen n, Wolfram-Inertgas-Schweißen n (Schw) / gas tungsten arc welding, GTAW (gas tungsten arc welding), tungsten inert-gas welding, TIG-welding (tungsten inert-gas welding), WIG welding

wilde Deponie, Müllkippe f (Umw) / dump, dumping ground, open dump, uncontrolled dump, uncontrolled disposal site, dumpsite

willkürlich, beliebig / arbitrary

Wind•abweiser m (Kfz) / wind deflector ‖ **≈anlage** f, Windenergieanlage f (Elek) / wind turbine, wind energy converter, WEC, wind power unit, WPU, wind generator, wind plant, wind power plant, wind power station, wind turbine generator system, WTGS, windmill

Winde f (Förd) / winch n

Wind•energie f / wind energy, wind power ‖ **≈energieanlage** f, (Elek) / wind turbine, wind energy converter, WEC, wind power unit, WPU, wind generator, wind plant, wind power plant, wind power station, wind turbine generator system, WTGS, windmill ‖ **≈energiekonverter** m, Windenergieanlage f (Elek) / wind turbine, wind energy converter, WEC, wind power unit, WPU, wind generator, wind plant, wind power plant, wind power station, wind turbine generator system, WTGS, windmill ‖ **≈energiepark** m,

Windfarm f (Elek) / wind farm, wind park ‖ **≈fahne** f (einer Windkraftanlage) (Elek) / tail vane, vane, wind vane (of a wind power plant) ‖ **≈farm** f (Elek) / wind farm, wind park ‖ **≈form** f, Blasform f (des Hochofens) (Hütt) / tuyer (US), tuyere, tuyère ‖ **≈geschwindigkeitsmesser** m (Mess) / air speed indicator o. meter, ASI (air speed indicator), wind velocity indicator, anemometer, wind gauge ‖ **≈industrie** f, Windkraftindustrie f / wind industry, wind power industry ‖ **≈kessel** m (Kolbenpumpe) / air chamber ‖ **≈kraft** f, Windenergie f / wind energy, wind power ‖ **≈kraftanlage** f, Windenergieanlage f (Elek) / wind turbine, wind energy converter, WEC, wind power unit, WPU, wind generator, wind plant, wind power plant, wind power station, wind turbine generator system, WTGS, windmill ‖ **≈kraftindustrie** f, Windindustrie f / wind industry, wind power industry ‖ **≈kraftkonverter** m, Windenergieanlage f (Elek) / wind turbine, wind energy converter, WEC, wind power unit, WPU, wind generator, wind plant, wind power plant, wind power station, wind turbine generator system, WTGS, windmill ‖ **≈kraftwerk** n, Windenergieanlage f (Elek) / wind turbine, wind energy converter, WEC, wind power unit, WPU, wind generator, wind plant, wind power plant, wind power station, wind turbine generator system, WTGS, windmill ‖ **≈last** f (auf z.B. Gebäude o. Antenne) (allg, Bau) / wind load ‖ **≈lauf** m (Kfz) / cowl, cowl panel, scuttle, scuttle panel ‖ **≈messer** m, Windgeschwindigkeitsmesser m (Mess) / air speed indicator o. meter, ASI (air speed indicator), wind velocity indicator, anemometer, wind gauge ‖ **≈nachführung** f, (Windkraftanlage) (Elek) / yaw system

Windowstaste f (bewirkt das Öffnen des Startmenüs) (DV) / Windows key (Windows keybord), Start key

Wind•park m (Elek) / wind farm, wind park ‖ **≈pumpe** f / wind-powered pump, wind pump ‖ **≈rad** n (ugs.), Windenergieanlage f (Elek) / wind turbine, wind energy converter, WEC, wind power unit, WPU, wind generator, wind plant, wind power plant, wind power station, wind turbine generator system, WTGS, windmill ‖ **≈richtungsnachführung** f (Windkraftanlage) (Elek) / yaw system ‖ **≈schatten** m (hinter einem Hindernis) / wind shadow ‖ **≈schreiber** m, Anemograph m (Mess, Meteo) / anemograph ‖ **≈schutzscheibe** f (Kfz) / windscreen (GB), windshield (US) ‖ **≈sichten** n (Klassierung eines Haufwerks mit Hilfe eines Luftstroms) (Aufb, ChT) / air classification, air separation, pneumatic classification ‖ **≈sichter** m (Aufb, ChT) / air classifier, air separator, air elutriator ‖ **≈sichtung** f (Aufb, ChT) / air classification

Windung f (einer Spule, Wicklung) (Elek) / turn (of a winding, coil)

Windungs•prüfung f (Elek) / turn-to-turn test, interturn test ‖ **≈schluss** m (Elek) / turn-to-turn fault, turn-to-turn short circuit, interturn fault ‖ **≈verhältnis** n, Übersetzungsverhältnis n (eines Transformators o. Stromwandlers) (Elek) / transformation ratio, turns ratio (of primary turns to the secondary turns), transformer ratio, winding ratio ‖ ~**zahl** *f* (Elek) / number of turns (in a winding)

Wind•verhältnisse *n pl* (Meteo) / wind conditions *pl* ‖ ~**werk** *n* (Förd) / winding gear ‖ ~**widerstand** *m* (Luft, Schiff) / wind resistance

Winglet *n* (Luft) / winglet

Winkel *m* (allg, Math) / angle *n* ‖ ~, Winkelprofil *n*, Winkeleisen *n*, L-Stahl *m* (Walzw) (Hütt) / angle iron, angle, angle steel, angle section ‖ ~, Anlegewinkel *m* von 90° (Wz) / try-square (pair of straightedges fixed at right angles to each another, used for laying off right angles and testing whether work is square) ‖ ~ **I im Bogenmaß**, Radiant *m* (ergänzende SI-Einheit des ebenen Winkels, 1 rad = 180°/π = 57,29578° = 63,66197ᵍ (Gon)) (Math) / radian, rad ‖ ~ **zur Achse**, Vektorargument *n* (Math) / argument (an angle) ‖ **im rechten ~ stehend**, rechtwinklig / rectangular (crossing, lying, or meeting at a right angle)

Winkel•abstand *m* (Astr, Math) / angular distance ‖ ~**antrieb** *m* / angle drive (gear) ‖ ~**anzeige** *f* (am Winkelmesser) (Mess) / angular scale ‖ ~**beschleunigung** *f* (Phys) / angular acceleration ‖ ~**codierer** *m*, Drehgeber *m* (Mess) / rotary encoder, shaft encoder ‖ ~**eisen** *n*, Winkelprofil *m* (Walzw) (Hütt) / angle iron, angle, angle steel, angle section ‖ ~**endmaß** *n* (Mess) / angle gauge block, angle block ‖ ~**flansch** *m* / angle flange ‖ ~**förmig** / angular, angled ‖ ~**frequenz** *f* (Elek, Phys) / angular frequency, angular velocity, radian frequency, pulsatance ‖ ~**funktionen** *f pl*, trigonometrische Funktionen (Math) / trigonometric functions *pl*, circular functions ‖ ~**geber** *m* (Mess) / angular displacement transducer, angular displacement sensor, angle sensor, rotary position sensor, angular sensor ‖ ~**geschwindigkeit** *f* (Phys) / angular velocity, angular speed ‖ ~**getriebe** *n*, Kegelradgetriebe *n* / bevel gear, bevel gears ‖ ~**greifer** *m* / angular gripper ‖ ~**halbierende** *f* (Geom) / bisecting line of an angle, bisector, bisectrix ‖ ~**hebel** *m*, Kniehebel *m* / bell-crank lever, elbow lever ‖ ~**heber** *m*, Saugheber *m* (gebogene Röhre, mit der Flüssigkeit unter Ausnutzung des hydrostatischen Drucks aus einem Behälter über den Behälterrand in einen tiefer gelegenen Behälter umfüllen oder ins Freie entleert werden kann) / siphon *n*, syphon

winkelig, winkelförmig / angular, angled

Winkel•lage *f* / angular position ‖ ~**maß** *n* (Math) / angular measure, angle dimension ‖ ~**maß mit Anschlag**, Anlegewinkel *m* von 90° (Wz) / try-square (pair of straightedges fixed at right angles to each another, used for laying off right angles and testing whether work is square) ‖ ~**messung**, Winkelprüfung *f* (Mess) / angular measurement, angular displacement measurement ‖ ~**minute** *f*, Bogenminute *f* (Math) / minute of arc, minute, arcmin, arcminute ‖ ~**position** *f* / angular position ‖ **Bauernfeindsches ~prisma** (Opt) / Bauernfeind prism ‖ ~**profil** *n*, Winkeleisen *n*, L-Stahl *m* (Walzw) (Hütt) / angle iron, angle, angle steel, angle section ‖ ~**prüfung** *f*, Winkelmessung *f* (Mess) / angular measurement, angular displacement measurement ‖ ~**recht**, rechtwinklig / rectangular (crossing, lying, or meeting at a

right angle) ‖ ~**recht**, senkrecht / perpendicular ‖ ~**schmiege** *f* (Mess, Wz) / sliding T bevel, bevel gauge, sliding bevel, adjustable try square, bevel square, angle bevel ‖ ~**schmiege**, Gradmesser *m* (Mess) / protractor, simple protractor ‖ ~**sensor** *m* (Mess) / angular displacement transducer, angular displacement sensor, angle sensor, rotary position sensor, angular sensor ‖ ~**stahl** *m*, Winkelprofil *n*, L-Stahl *m* (Walzw) (Hütt) / angle iron, angle, angle steel, angle section ‖ ~**stellung** *f* / angular position ‖ ~**stellungsgeber** *m*, -stellungssensor *m* (Mess) / angle sensor ‖ ~**stück** *n* (Rohr) / elbow ‖ ~**summe** *f* / angular sum ‖ ~**trieb** *m*, Winkelantrieb *m* / angle drive (gear) ‖ ~**verlagerung** *f* (von zwei Wellenachsen zueinander) / angular misalignment ‖ ~**versatz** *m* (von zwei Wellenachsen zueinander) / angular misalignment

winklig, winkelförmig / angular, angled

Winsch *f* (Schiff) / winch

Winterreifen *m* (Kfz) / winter tire

Wippenschalter *f*, Wippschalter *m* (Elek) / rocker switch

Wippschalter *m* (Elek) / rocker switch

Wirbel *m* (in Luft, Fluiden) / eddy ‖ ~ (groß, mit starker Sogwirkung) / vortex ‖ ~**bett**, Wirbelschicht *f* (ChT) / fluidized bed, fluid bed ‖ ~**kammer** *f* (Dieselmotor) (Mot) / turbulence chamber, swirl chamber ‖ ~**kammerverfahren** *n* (Mot) / swirl chamber method

wirbeln, [sich] schnell drehen / whirl, swirl ‖ ~ *vi*, strudeln / eddy *vt*

Wirbelschicht *f* (ChT) / fluidized bed, fluid bed ‖ ~**feuerung** *f* (Ener) / fluidized-bed firing, fluidized-bed combustion, FBC ‖ ~**reaktor** *m* (ChT) / fluidized reactor ‖ ~**trockner** *m* (ChT) / fluid bed drier, fluidized bed drier ‖ ~**verbrennung** *f* (Ener) / fluidized-bed firing, fluidized-bed combustion, FBC

Wirbelstrom *m* (Elek) / eddy current, Foucault current ‖ ~**bremse** *f* (Elek) / eddy current brake ‖ ~**dämpfung** *f* (Mess) / eddy-current damping ‖ ~**dämpfung** (Vorrichtung) (Mess) / eddy-current damper ‖ ~**erwärmung** *f* (Elek) / eddy-current heating, induction heating, inductive heating, r.f. heating ‖ ~**kupplung** *f* / eddy-current clutch

Wired•-AND-Verknüpfung *n* (zwei oder mehr Ausgänge werden so miteinander verbunden, dass die Schaltung wie ein UND-Glied wirkt) / wired AND connection ‖ ~**-OR-Verknüpfung** *n* (zwei oder mehrere Ausgänge werden so miteinander verbunden, dass die Schaltung wie ein Oder-Gatter wirkt) (DV) / wired-OR connection

Wireless Bridge *f*, Funk-Bridge *f* (Tele) / wireless bridge

Wirkanteil *m* (Elek) / active component, power component, energy component, in-phase component

wirken / act ‖ ~, funktionieren, wirksam sein (Techn) / function ‖ **korrodierend ~** / have a corrosive effect

Wirk•energie *f* (Phys) / active energy ‖ ~**faktor** *m*, Leistungsfaktor (cos φ - Verhältnis von Wirkleistung zur Scheinleistung) (Elek) / power factor, PF, pf, cos φ ‖ ~**fläche** *f* (eines Schleifkörpers) (Fert) / grinding face ‖ ~**komponente** *f* (Elek) / active component, power component, energy component, in-phase component ‖ ~**länge** f / active length, effective length ‖ ~**leistung** f (Elek) / real power, active power, actual power, real power, effective power, true watts pl ‖ ~**leistung** (Wzm) / power output ‖ ~**leistung** (Leistungsbedarf bei spanender Bearbeitung) (Wzm) / power required in machining (supplied by machine tool drive) ‖ ~**leistungsfaktor** m (cos φ - Verhältnis von Wirkleistung zur Scheinleistung) (Elek) / power factor, PF, pf, cos φ ‖ ~**leistungsmessgerät** n (Elek) / wattmeter, active power meter ‖ ~**leitwert** m (Elek) / conductance, electrical conductance

wirklich, tatsächlich, effektiv / actual, effective, real ‖ ~**er Stoß** (Masch, Phys) / real collision

wirksam / effective ‖ ~ **sein**, wirken, funktionieren (Techn) / function

Wirksamkeit f, Effektivität f / effectiveness

Wirk•schaltplan m (Elek) / detailed wiring diagram ‖ ~**spalt** m (beim elektrochemischen Abtragen) (Fert) / gap (between tool and workpiece) ‖ ~**spannung** f (Elek) / active voltage ‖ ~**stoff** m (Biol, Chem, Pharm) / active substance ‖ ~**stoff**, Additiv n (allg, ChT) / additive n ‖ ~**stoff**, Agens n (pl. Agenzien) (Chem, Pharm) / agent ‖ ~**strom** m (Elek) / active current, wattful current, active component of the current, energy component of the current, power component of the current, in-phase component of the current

Wirkung / effect ‖ ~ f, Einwirkung f [auf] (Chem) / action [upon] (e.g. of heat, a drug) ‖ ~, Auswirkung f / impact ‖ ~ (Energie x Zeit) (Phys) / action

Wirkungs•grad m (Elek, Masch, Phys) / efficiency (ratio of work done or energy developed by machine etc. to energy supplied to it) ‖ ~**linie**, Angriffslinie f (Mech) / application line, line of action

wirkungsvoll adj / effective, efficient

Wirkungsweise f, Funktionsweise f / action, operation f ‖ ~, Wirkungsprinzip f / operating principle

Wirk•verbrauch m (Elek) / active power consumption ‖ ~**verbrauchszähler** m (Elek) / watt-hour meter ‖ ~**widerstand** m (Elek) / effective resistance, active resistance ‖ ~**winkel** m (Wzm) / working angle

Wirtschaft f / economy ‖ ~, Wirtschaftswissenschaft f / economics sg ‖ ~, Geschäftswelt f / business [world]

wirtschaftlich, Wirtschafts... / economic ‖ ~, kostengünstig / economical ‖ ~, kosteneffizient / cost-efficient ‖ ~, kommerziell / commercial ‖ ~**er Aspekt** / economics pl (e.g. of a project) ‖ ~**e Losgröße**, optimale Losgröße (IE) / economic lot size, economic batch size, economic ordering quantity, EOQ

Wirtschaftlichkeit f, wirtschaftliche Effizienz / economic efficiency ‖ ~, Kosteneffizienz f / cost-effectiveness ‖ ~, Kostengünstigkeit f / economy ‖ ~, Kraftstoffverbrauch m (unter dem Aspekt der Wirtschaftlichkeit) (Mot) / fuel economy ‖ ~, wirtschaftlicher Aspekt / economics pl (e.g. of a project) ‖ ~, wirtschaftliche Realisierbarkeit / economic viability

Wirtschaftlichkeitsberechnung / calculation of economic efficiency

Wirtschafts•..., wirtschaftlich / economic ‖ ~**abschwung** m, Abschwung m / economic downturn, economic downswing ‖ ~**aufschwung** m (Wirtsch) / economic upswing, economic revival, economic recovery, upturn ‖ ~**fachverband** m / trade association ‖ ~**flaute** f / economic slump ‖ ~**informatik** / business informatics sg ‖ ~**ingenieurwesen** n, Industrial Engineering n / industrial engineering ‖ ~**krise** f / economic crisis ‖ ~**lage** f / economic situation ‖ ~**wissenschaft** f / economics sg

Wirtgitter n (eines Mischkristalls) (Krist) / solvent

Wischblatt n (Kfz) / wiper blade

Wischer•arm m (Kfz) / wiper arm ‖ ~**blatt** n (Kfz) / wiper blade

Wisch•gummi m (Kfz) / squeegee, wiper blade rubber ‖ ~**relais** n (Elek) / impulse relay

Wismut n (Österreich auch: m), Bismut n (fachsprachlich, IUPAC) (Chem) / bismuth, Bi

Wissen n / knowledge

Wissensbasis f (Teil eines Expertensystems), Wissensdatenbank f (DV, KI) / knowledge base

Wissen•schaft f, (spez.:) Naturwissenschaft f / science ‖ ~**schaftler** m, Naturwissenschaftler m / scientist, natural scientist ‖ ~**schaftlich**, naturwissenschaftlich / scientific

Wissens•datenbank f, Wissensbasis f (Teil eines Expertensystems) (DV, KI) / knowledge base f ‖ ~**erwerb** m (DV, KI) / knowledge acquisition ‖ ~**gebiet** n, Fachgebiet n, Zweig m (der Wissenschaft) / branch, domain, discipline ‖ ~**speicher** m, Wissensdatenbank f, Wissensbasis f (Teil eines Expertensystems) (DV, KI) / knowledge base ‖ ~**stand** m / state of knowledge

WKA f, Wasserkraftwerk n, Wasserkraftanlage f (Elek) / hydroelectric power station, hydroelectric facility, hydroelectric plant, hydropower plant, hydroelectric scheme, hydroelectric station, hydropower station ‖ ~, Windkraftanlage f, Windenergieanlage f (Elek) / wind turbine, wind energy converter, WEC, wind power unit, WPU, wind generator, wind plant, wind power plant, wind power station, wind turbine generator system, WTGS, windmill

WKK (Windkraftkonverter), Windenergie-anlage f (Elek) / wind turbine, wind energy converter, WEC, wind power unit, WPU, wind generator, wind plant, wind power plant, wind power station, wind turbine generator system, WTGS, windmill

WLAN n (Tele) / wireless local area network, wireless LAN, WLAN, cordless local area network, CLAN, Wi-Fi

Wohn•anhänger m, Wohnwagen m (Kfz) / caravan (GB), trailer, travel trailer (US) ‖ ~**block** m, Geschosswohnungsbau m (Bau) / apartment building (US), block of flats (GB), apartment house (US) ‖ ~**block** n, Häuserblock m (Bau) / block n, city block, urban block ‖ ~**bus** m (auf der Basis eines Busses) (Kfz) / bus conversion ‖ ~**fläche**, Wohnraum m (Bau) / living space ‖ ~**gebäude** n (Bau) / residential building, dwelling house ‖ ~**gebiet** n (Bau) / residential area, residential district, housing area ‖ ~**haus** (Bau) / residential building, dwelling house ‖ ~**hochhaus** n (Bau) / high-rise apartment building (US), tower block (GB), block of flats (GB), apartment block ‖ ~**kabine** f (mit zugehörigem Basisfahrzeug) (Kfz) / camper, pick-up camper, truck camper (US), TC (US), slide-in (US), cab-over (US), demountable (GB), dismountable (GB), slide-on (Australia) || ~mobil *n* / recreational vehicle (US), RV (US), motor caravan, motor home, camper || ~mobil (Kfz) s.a. Reisemobil || ~raum (Bau) / living room || ~raum *m*, Wohnfläche (Bau) / living space

Wohnung *f* (Bau) / apartment (US), flat (GB)

Wohnwagen *m* (Kfz) / caravan (GB), trailer, travel trailer (US)

Wolfram *n* (Chem) / tungsten, wolfram, W || ~carbid *n* (Mater) / tungsten carbide, WC || ~halogenlampe (Elek, Licht) / tungsten halogen lamp || ~-Inertgas-Schweißen *n* (Schw) / gas tungsten arc welding, GTAW (gas tungsten arc welding), tungsten inert-gas welding, TIG-welding (tungsten inert-gas welding), WIG welding || ~karbid *n* (Mater) / tungsten carbide, WC || ~-Plasmalichtbogen-schweißen *n* (Schw) / plasma arc welding, PAW || ~-Plasma-Schweißen *n* (Schw) / plasma arc welding, PAW || ~-Schutzgasschweißen *n* (Schw) / gas tungsten arc welding, GTAW (gas tungsten arc welding), tungsten inert-gas welding, TIG-welding (tungsten inert-gas welding), WIG welding || ~-Wasserstoff-Schweißen *n* (Schw) / atomic hydrogen arc welding, atomic-hydrogen welding

Wolke *f* (Meteo) / cloud

Woofer *m*, Tieftöner *m* (Audio) / woofer

Workfaktor-Verfahren *n* (IE) / Work-Factor System

Workflow *m*, Arbeitsablauf *m* (als Ganzes) / work flow

Workstation *f* (DV) / workstation (high-performance PC for e.g. CAD applications)

World Wide Web *n* (DV, Tele) / Web, WWW, World Wide Web

Wort *n* (allg, DV) / word || ~länge *f* (DV) / machine word length, word length, word size

WP-Schweißen, Wolfram-Plasma-Schweißen *n* (Schw) / plasma arc welding, PAW

WR, Wechselrichter *m* (Elek) / inverter, converter (converting direct current into alternating current), dc-ac converter, inverted rectifier, current inverter

Wrasen *m*, Brüden *m* / [water] vapours *pl* || ~abzug *m*, Dunstabzugshaube *f* (Küche) (HG) / range hood (US), extractor hood (GB), kitchen hood, stove hood, exhaust hood, cooker hood, extraction hood, ventilation hood

WS, Wechselstrom *m* (Elek) / ac, alternating current, AC, a.c., A.C.

Wucht *f*, kinetische Energie (Phys) / kinetic energy || ~, Impuls *m* (Produkt aus der Masse eines Körpers und seiner Geschwindigkeit) (Mech) / momentum, linear momentum

wulgern (Glas) / block *vt*

Wulst *m f* (Kfz) / bead (of a tire) || ~bug *m*, Bugwulst *m n* (Schiff) / bulb (of a bow), bow bulb || ~kern *m* (Reifen) (Kfz) / bead core || ~naht *f* (Schw) / reinforced seam, stuffed seam || ~verstärker *m* (Reifen) (Kfz) / bead reinforcement

Wunsch, auf ~ [lieferbar, erhältlich], Zusatz... (Ausstattung) / optional

Wurf *m* (Phys) / throw *n* || ~bahn *f* (Mech) / trajectory

Würfel (allg, Math) / cube *n* || ~... / cubic (having the form of a cube), cubical || ~förmig / cubic (having the form of a cube), cubical || ~presse *f* / cuber, cubing machine

Wurfwinkel *m* (Phys) / angle of throw

Wurm *m* (Biol, DV) / worm

Wurzel *f*, Radix *f* (Bot, Zool) / root (of a plant, hair, tooth etc) || ~ (Math) / root, radix || ~ (der Schweißnaht), Nahtwurzel *f* (Schw) / root (of weld) || ~ (eines Baumdiagramms) (DV, Math) / root (of a tree diagram), base || ~ (im Menübaum) (DV) / root (in a menu tree) || zweite ~, Quadratwurzel *f* (Math) / square root || ~exponent *m* / index of a root || ~funktion *f* (Math) / root function || ~gleichung *f* (Math) / radical equation || ~lage *f* (einer Schweißnaht) (Schw) / root run || ~ziehen *n*, Radizieren (Math) / evolution, extracting the root of the number

WWW, World Wide Web *n* (DV, Tele) / Web, WWW, World Wide Web

X

x-Achse f, Abszissenachse f (Math) / axis of abscissas, x-axis
Xanthat n, Xanthogenat n (Chem) / xanthate n
Xanthen n (Chem) / xanthen n
Xanthogenat n (Chem) / xanthate n
Xe, Xenon n (Chem) / xenon, Xe
Xenon n (Chem) / xenon, Xe ‖
  ⁓-**Hochdrucklampe** f (Licht) / high-pressure
  xenon lamp ‖ ⁓-**vergiftung** f (Nukl) / xenon
  poisoning
Xerographie f (Druck, Foto) / xerography
x-Karte f, Mittelwertkarte f (eine
  Qualitätsregelkarte) (QM) / x chart (call it "x
  bar chart")
X-Kondensator m (Elek) / X capacitor
X-Koordinate f, Abszisse f (Math) / abscissa (pl:
  abscissae, abscissas)
X-Naht f, Doppel-V-Naht f (Schw) / double
  V-groove weld
XNOR-Element (Eltro) / XNOR element
XOR, exklusives ODER (DV, Eltro, Logik) /
  anticoincidence, exclusive OR function,
  Exclusive-OR operation, XOR function,
  EITHER-OR, EX.OR, non-equivalence,
  antivalence ‖ ⁓-**Element** (Eltro) / XOR
  element
XPS, Expertensystem n (DV, KI) / expert system
X-Schaltung f, Brückenschaltung f, Messbrücke f
  (Elek, Mess) / bridge circuit
X-Strahlen f pl, Röntgenstrahlen m pl / X-rays pl
X-Stück n, Blindflansch m / blank flange, blind
  flange
XY-Kondensator m (Elek) / XY capacitor
Xylenol n, Dimethylphenol n (Chem) / xylenol
Xylidin n (Chem) / xylidine
Xylol n, Dimethylbenzol n (Chem) /
  dimethylbenzene, xylene, xylol
Xylose f, Holzzucker m (Chem) / xylose, wood
  sugar
Xylulose f (Chem) / xylose
XY-Tisch m, Kreuztisch m (Wzm) / compound
  table

Y

Y, Yttrium n (Chem) / yttrium, Y
Y-Abzweigung f, Hosenrohr n (Rohr) / wye,
  Y-pipe
Y-Achse f, Ordinatenachse f (Math) / axis of
  ordinates, Y-axis
Yagi-Antenne f / Yagi antenna
Yb, Ytterbium n (Chem) / ytterbium, Yb
y-Form f, Normalform f (einer
  Geradengleichung) (Math) / slope-intercept
  form (of the straight-line equation: $y = mx +$
  b)
Y-Kondensator m (Elek) / Y capacitor
y-Koordinate f, Ordinate f (Math, NC) / ordinate,
  y-coordinate
Yperit n, Gelbkreuz[gas] n, Senfgas n
  (Bis-(2-chlorethyl)sulfid - chemischer
  Kampfstoff) (Chem) / dichlorodiethyl sulfide
  (or sulphide), mustard gas
Y-Rohr n, Hosenrohr n (Rohr) / wye, Y-pipe
Y-Schaltung, Sternschaltung f (Elek) / star
  connection, star configuration, Y connection,
  Y configuration, wye connection
Y-Signal n, Luminanzsignal n, Helligkeitssignal
  (TV, Video) / luma (luminance signal),
  luminance signal, Y signal
Ytterbium n (Chem) / ytterbium, Yb
Yttrium n (Chem) / yttrium, Y

Z

Z-Achse f (Math) / Z-axis
Zacke f, Zacken m / spike, tooth, point ‖ ~ / tooth (of saw, comb) ‖ ~ (in einem Diagramm, Oszillogramm) / spike
Zacken m, Zacke f / spike, tooth, point
zäh (Mater) / tough, tenacious ‖ ~, fest, widerstandsfähig / tough ‖ ~, viskos, zähflüssig / viscous ‖ ~ (Fleisch) / tough, stringy ‖ ~ (Verkehr, Verhandlung) / slow-moving
Zäh•bruch m, Verformungsbruch m (Mater) / ductile fracture, plastic fracture ‖ ~**flüssig**, viskos / viscous ‖ ~**flüssigkeit** f, Viskosität f (Mech) / viscosity
Zähigkeit f (Widerstandsfähigkeit gegen Rissausbreitung oder Bruch), Tenazität f (Mater) / toughness ‖ ~, Viskosität f, Zähflüssigkeit f (Mech) / viscosity
Zahl f (Math) / number n ‖ ~**en** (z.B. Produktionszahlen, Verkaufszahlen) / figures pl ‖ ~ f, Anzahl f / number, quantity ‖ ~, Zahlzeichen n, Ziffer f (in Nichtstellenwertsystemen o. bei Betonung der Herkunft, z.B. arabische, römische Ziffern) (Math) / numeral n (single symbol) ‖ **ganze** ~ (Math) / integer, integral number, whole number
Zähleinrichtung f, Zählwerk n, Zähler m (Techn) / counter
zählen vt vi / count ‖ ~ **auf** vi / count on, rely on ‖ ~ **zu** vt (z.B. den wichtigsten Erfindungen der letzten Jahre) / count among, number among ‖ ~ **zu** vi / be among, count among
Zahlen•basis f (Math) / number base ‖ ~**block** m, numerischer Block (auf der Tastatur) (DV) / numeric keypad
zahlende Nutzlast (gegen Entgelt zu befördernde Ladung o. Passagiere bzw. deren Gewicht) (Bahn, Kfz, Luft, Raumf, Schiff) / payload, P.L.
Zahlen•ebene f (Math) / number plane ‖ ~**folge** f / sequence of numbers ‖ ~**gerade** f (Math) / number line ‖ ~**intervall** n (Math) / number interval ‖ ~**menge** f (Math) / number set ‖ ~**symbol** n, Zahlzeichen n, Ziffer f (in Nichtstellenwertsystemen o. bei Betonung der Herkunft, z.B. arabische, römische Ziffern) (Math) / numeral n (single symbol) ‖ ~**wert** n (einer physikalischen Größe) (Phys) / numerical value ‖ ~**wert**, numerischer Wert (Math) / numerical value ‖ ~**wert-Gleichung** f (Math) / numerical value equation
Zähler m (z.B. Strom-, Gas-, Wasserzähler) (Elek, Instr, Mess) / meter ‖ ~, Zählwerk n, Zähleinrichtung f (Techn) / counter ‖ ~, Stromzähler m (Elek) / electricity meter, meter ‖ ~ (eines Bruchs) (Math) / numerator ‖ ~**konstante** f (Elek) / meter constant ‖ ~**schrank** m (Elek) / meter cabinet ‖ ~**stand** m / counter reading ‖ ~**stand** (Elek, Tele) / meter reading
Zähl•schaltung f (Eltro, Mess) / counting circuit ‖ ~**werk** n, Zähler m, Zähleinrichtung f (Techn) / counter

Zahlzeichen n, Ziffer f (in Nichtstellenwertsystemen o. bei Betonung der Herkunft, z.B. arabische, römische Ziffern) (Math) / numeral n (single symbol)
Zahn m (Feile, Karde, Säge, Zahnrad usw.) / tooth ‖ ~ (des Zahnrads) (Masch) / tooth, cog ‖ ~ (des Kettenrads) / tooth, sprocket ‖ ~**eingriff**, Ineinandergreifen n (von Zahnrädern), Eingriff n / meshing, intermeshing, mating ‖ ~**flanke** f (Masch) / tooth face, tooth flank ‖ ~**flankenspiel** n (Masch) / backlash ‖ ~**form** f (Masch) / tooth form ‖ ~**fräser** m, Zahnradfräser m / gear cutter, gear milling cutter ‖ ~**fuß** m (Masch) / tooth root, root of a gear tooth ‖ ~**gesperre** n (Masch) / ratchet and pawl, ratchet, ratchet and pawl mechanism, ratchet mechanism, /ratchet gearing ‖ ~**kette** f / inverted tooth chain, silent chain ‖ ~**kranz** m (des Sägeblatts) / toothed rim (of the saw blade) ‖ ~**kranz** (Umfang eines Zahnrads) (Masch) / gear rim ‖ ~**kranz** (z.B. der Schwungscheibe) / ring gear ‖ ~**kranz**, Ritzel n (Fahrrad) / sprocket, cog ‖ ~**kranzkassette** f (Fahrrad) / cassette, cogset ‖ ~**kranzpaket** n (Fahrrad) / cassette, cogset ‖ ~**kranzpaket** (aufgeschraubt), Ritzelpaket n (Fahrrad) / freewheel ‖ ~**kupplung** f (nicht schaltbar) / gear coupling ‖ ~**kupplung** (schaltbar) / tooth clutch ‖ ~**lücke** f (zwischen zwei Zähnen) (Masch) / tooth space ‖ ~**lücke** / gullet (between two sawteeth)
Zahnrad n, Getrieberad n / gearwheel, gear ‖ ~ (in einem Zahngesperre) (Masch) / ratchet ‖ ~ **mit Innenverzahnung** / internal gear, internal gear wheel ‖ ~ **mit Kurvenverzahnung** / spiral gear
Zahnräder•getriebe n / gearing, gears pl, gear train, train of gears ‖ ~**werk** n / gearing, gears pl, gear train, train of gears
Zahnrad•fräser m / gear cutter, gear milling cutter ‖ ~**getriebe** n / gearing, gears pl, gear train, train of gears ‖ ~**pumpe** f / gear pump ‖ ~**schleifmaschine** f / gear grinding machine, gear grinder ‖ ~**stufengetriebe** n (Masch) / gear transmission ‖ ~**trieb** m (Masch) / gear drive ‖ ~**vorgelege** n (Wzm) / backgear (for reducing r.p.m. but increasing torque on a metalworking lathe or milling machine)
Zahn•riemen m (Techn) / timing belt, toothed belt, cog belt, notch belt, synchronous belt ‖ ~**riemenantrieb** m / toothbelt drive, synchronous belt drive ‖ ~**riemengetriebe** n / toothbelt drive, synchronous belt drive ‖ ~**riemenrad** n / toothed pulley (in toothbelt drive) ‖ ~**riemenscheibe** f / toothed pulley (in toothbelt drive) ‖ ~**riementrieb** m / toothbelt drive, synchronous belt drive ‖ ~**ritzel** n (Getrieberad) / pinion ‖ ~**scheibe** f, Federzahnscheibe f (außengezahnt, innengezahnt, versenkt nach DIN 6797 - Schraubensicherung) / lock washer (external tooth, internal tooth, countersunk) ‖ ~**scheibe** (im Zahnriementrieb) / toothed pulley (in toothbelt drive) ‖ ~**scheibenmühle** f / toothed disk mill ‖ ~**stange** f / rack (in a rack and pinion arrangement) ‖ ~**stangengetriebe** m / rack-and-pinion gear ‖ ~**stangenlenkung** f (Kfz) / rack-and-pinion steering ‖ ~**teilung** f **im Teilkreis gemessen**, Teilkreisteilung f (Abstand zwischen zwei aufeinander folgenden Rechts- o. Linksflanken der Zähne) / circular pitch, pitch ‖ ~**unterschnitt** m / tooth

undercut || ²**-welle** f (mit Evolventenflanken) / involute spline shaft

Zange f (Wz) / pliers pl || ², Beißzange f (Wz) / pincers pl, pair of pincers || ² (zum Halten und Greifen, z.B. Grill-, Zucker-, Tiegel-, Schmiedezange) / tongs pl sg, a pair of tongs

Zangen•amperemeter n (Elek, Mess) / clamp meter, clamp-on ammeter, tong tester || ²**-bremse** f, Doppelbackenbremse f / double jaw brake || ²**strommesser** (Elek, Mess) / clamp meter, clamp-on ammeter, tong tester

Zapfen m (Achsen- o. Wellenende zum Tragen, Lagern o. Übertragung von Drehmomenten) / journal (of a shaft or axle) || ², Kurbelzapfen m / pin || ², Drehzapfen m / pivot || ² (Masch) / trunnion (pin or pivot forming one of a pair on which something is supported) || ² (am Schraubenende) / full dog point || ², Nase f (an einem bewegten Teil zur gleichmäßigen Bewegung o. Auslösung eines sich darin einhakenden o. davon ergriffenen anderen Teils), Mitnehmer m / catch, dog || ²**düse** f / pintle nozzle || ²**lager** n, Traglager n von Wellenzapfen / journal bearing || ²**reibung** f (Mech) / pivot friction || ²**reibzahl** f / friction coefficient (in a journal bearing)

Zapf•hahn m, Zapfpistole f (Kfz) / nozzle (of a gas (US) or petrol (GB) pump, pump nozzle || ²**pistole** f (Kfz) / nozzle (of a gas (US) or petrol (GB) pump, pump nozzle || ²**säule**, Tanksäule f (Kfz) / fuel dispenser, gas pump (US), gasoline pump (US), petrol pump (GB) || ²**schlauch** m (Kfz) / hose (of the gas or petrol pump)

Zarge, Türzarge f, Türrahmen m (Bau) / frame, door frame || ²-f, Napfwand f (eines Ziehteils (Fert) / wall (of a drawn part)

Zäsium n (Chem) / caesium (GB), cesium (US), Cs || ²**atomuhr** f / caesium clock || ²**uhr** f / caesium clock

Z-Diode f (DIN), Zener-Diode f (Eltro) / Zener, Zener diode

Zehneck, Dekagon n (Math) / decagon

Zehner•..., dezimal, Dezimal... / decimal adj || ²**komplement** n (Math) / ten's complement || ²**logarithmus** m (Math) / common logarithm, Briggs' logarithm, decimal logarithm || ²**potenz** f (Math) / decimal power, power of ten || ²**system** n, Dezimalsystem n (Math) / decimal system

Zehntel..., d, Dezi... / deci...

Zeichen n (allg, Math) / sign || ², Hinweis m, Anzeichen n / indication, evidence || ² (Teil des Zeichensatzes: Buchstaben, Ziffern, Satzzeichen etc.) (Druck, DV) / character (letters, digits, punctuation marks or other symbols) || ², Signal n (allg, Eltro, Tele) / signal || ², Symbol n / symbol || ², Markierung f / mark || ² **für positive Rückmeldung**, ACK-Signal (zur Bestätigung des korrekten Empfangs) (Eltro, Tele) / positive acknowledgment, ACK, acknowledg[e]ment character (indicating that the data sent has been received correctly) || **mit einem ²versehen**, anzeichnen, markieren / mark with a sign, mark [out], sign vt

Zeichen•darstellung f / character representation || ²**dichte** f (DV) / character density || ²**drucker** m, Vollzeichendrucker m (DV) / character-at-a-time printer, character printer || ²**erkennung** f (DV) / character recognition || ²**folge** f, Zeichenkette f (DV) / string,

character string || ²**gabe** f (wesentlicher Teil der Signalisierung, der Informationen zur Steuerung der Vermittlungstechnik übermittelt) (Tele) / signalling, signaling (US) || ²**gebung** f, Zeichengabe f (wesentlicher Teil der Signalisierung, der Informationen zur Steuerung der Vermittlungstechnik übermittelt) (Tele) / signalling, signaling (US) || ²**gerät** n, Plotter m (DV) / plotter, data plotter, graphic plotter || ²**kette** f, String m (DV) / string, character string || ²**leser** m, Klarschriftleser m (DV) / character reader || ²**satz** m (DV) / character set || ²**tablett** n, Grafiktablett n (DV) / graphics tablet, graphics pad, digitizer tablet, digitizing tablet, digitizer || ²**vorrat** m (DV) / character set

zeichnen, skizzieren, aufzeichnen / draw, sketch

Zeichnung f (Doku) / drawing

Zeichnungsmaß n, Maßangaben f pl, eingezeichnetes Maß (Doku) / dimensional specifications

zeigen vt / show vt || ~, vorstellen (neue Produkte etc.) / present || ~, beweisen / prove, show || ~, demonstrieren / demonstrate || ~ (z.B. Eigenschaft, Verhalten) / exhibit v, show || ~ vi (Thermometer) / read vi (thermometer), show, register vi || ~ [auf] / point [at]

Zeiger m (Instr) / pointer (on a dial, scale etc), hand || ², Uhrzeiger m (Uhr) / hand || ², Zunge f (der Waage) / index (of a balance), tongue (of a balance), needle (of a balance) || ² (Variable, in der die Adresse von Daten und nicht die Daten selbst enthalten sind) (DV) / pointer || ² (im Zeigerdiagramm) (Elek) / phasor || ²**ausschlag** m (Instr) / pointer deflection, needle deflection, swing (US) || ²**bild** n, Zeigerdiagramm (Elek) / phasor diagram || ²**diagramm** (Elek) / phasor diagram || ²**thermometer** n / dial thermometer

Zeile f (allg, Druck, DV, TV) / line || ² (in einer Tabelle, Matrix) / row (in a table, matrix)

Zeilen•adressauswahl f, RAS (DV) / RAS, row address select || ²**adresse** f (in Speichermatrix) (DV) / row address || ²**adressregister** (DV) / row address register || ²**frequenz** f, Horizontalfrequenz f (DV, TV) / horizontal frequency, line frequency, line rate || ²**sprungverfahren** n (DV, TV) / interlaced field technique, interlacing (in monitors, TV picture tubes), interlaced scanning, interlace scanning || ²**vorschub** m (DV) / line feed, LF

Zeit f / time || ² **je Einheit** / time per unit

zeitabhängig, zeitgesteuert / time controlled, TC || **~e Ablaufsteuerung** (Regel) / time-driven sequential control

Zeit•ablauf m, Zeitplan m, Ablaufplan m / schedule (e.g. of a project) || ²**ablauf**, Zeitfolge f (Regel) / time sequence || ²**ablauf**, Zeitüberschreitung f, Überschreiten n des Zeitlimits (DV, Tele) / time-out || ²**ablaufdiagramm** n (stellt die Funktion einer Steuerung in Abhängigkeit von der Zeit dar) (Doku, Regel) / time sequence chart || ²**ablenkspannungsgenerator** m, Ablenkgenerator m (zur Erzeugung der Ablenkspannungen für Elektronenstrahlröhren) (Eltro) / sweep circuit, time-base generator, sweep generator || ²**ablenkung** f, Ablenkung f (in Kathodenstrahlröhren) (Eltro) / sweep (one complete traverse of the screen), deflection, time base (in an electron-beam device) ||

˜**abstand** m / interval (intervening period of time), time interval ‖ ˜**aufnahme** f (IE) / time study, time study observations ‖ ˜**aufwand** m [für] / time needed (to perform a task), expenditure of time ‖ ~**aufwendig** / time-consuming ‖ ˜**automatik** f, Belichtungsautomatik f mit Blendenvorwahl (Foto) / aperture priority AE (= automatic exposure) ‖ ˜**basis** f (Eltro, TV) / time base ‖ ˜**berechnung** f, zeitlich richtige Einteilung / timing ‖ ˜**bombe** f (DV, Explos) / time bomb ‖ ˜**dauer** f / duration ‖ ˜**dehner** m, Zeitlupe f (Film, TV) / slow motion ‖ ˜**dehngrenze** f / creep strain limit in tensile test ‖ ˜**duplexverfahren** n (Tele) / TDD, time-division duplex ‖ ˜**ermittlung** f (IE) / quantifying the amount of time required to perform specific tasks ‖ ˜**ermittlungsmethoden** f pl (IE) / predetermined motion time system ‖ ˜**fehlerausgleicher** m, Time Base Corrector m, TBC m (TV, Video) / time-base corrector (used to synchronize a video source with the timing reference provided by the sync generator) ‖ ˜**folge** f (Regel) / time sequence ‖ ~**gesteuert**, zeitabhängig / time controlled, TC ‖ ˜**glied** n (z.B. einer SPS) (DV, Regel) / timer ‖ ˜**grad** (IE) / performance efficiency ‖ ~**intensiv**, zeitaufwendig / time-consuming ‖ ˜**intervall** n, Zeitabstand m / interval (intervening period of time), time interval ‖ ˜**konstante** (Elek, Eltro, Phys, Regel) / time constant ‖ ˜**konstante** f, Abklingzeit f (in der die Größe A auf einen bestimmten Bruchteil ihres Anfangswertes abfällt: bei exponentiellem Abklingen gleich dem Kehrwert der Abklingkonstante) (Phys) / decay time

zeitlich • er Abstand, Zeitabstand m / interval (intervening period of time), time interval ‖ ~**e Dämpfung**, Dämpfung f (einer Schwingung, Welle o. anderen periodisch veränderlichen physikalischen Größe in Abhängigkeit von der Zeit) (Phys, Techn) / damping (decrease in the amplitude of an oscillation or wave motion with time) ‖ ~**e Nacheilung**, Verzögerung f (allg) / lag, time lag, lagging ‖ ~ **richtige Einteilung** / timing ‖ ~ **überbrücken** / bridge v ‖ ~ **versetzt**, zeitversetzt / deferred (e.g. reception, transmission) ‖ ~**e Verzögerung** / delay, time delay ‖ ~ **zusammenfallen**, sich überschneiden, kollidieren (Termine) / clash

Zeit • lupe f (Film, TV) / slow motion ‖ ˜**messer** m, Zeitmessgerät n / timekeeper pl, time-measuring instrument pl, timepiece pl ‖ ˜**messgerät** n, Zeitmesser m / timekeeper pl, time-measuring instrument pl, timepiece pl ‖ ˜**messung** f / measurement of time, timing ‖ ˜**multiplex** n, Zeitmultiplexverfahren n (Tele) / TDM, time-division multiplexing ‖ ˜**multiplexverfahren** n (Tele) / TDM, time-division multiplexing ‖ ~**optimale Programmierung** (DV) / minimum access coding, minimum-access programming ‖ ˜**personal** n (IE) / temporary staff ‖ ˜**plan** m / schedule (e.g. of a project) ‖ **im ~ plan liegen** / be on schedule ‖ ˜**plansteuerung** f (Regel) / time-scheduled open loop control ‖ ˜**raffer** m (Film, Foto, TV) / time lapse ‖ ˜**rafferaufnahme** f (Film, Foto, TV) / time-lapse shot ‖ ˜**rahmen** m (allg, Tele) / time

frame ‖ ~**raubend**, zeitaufwendig / time-consuming ‖ ˜**raum** m, Zeitabstand m / interval (intervening period of time), time interval ‖ ˜**relais** n (Elek) / time relay, timing relay, time lag relay ‖ ˜**schalter** m (Schaltgerät zur zeitabhängigen Steuerung v. elektrischen Stromkreisen) (Elek) / timer, time switch ‖ ˜**schalter**, Treppenlichtzeitschalter m (Elek, Licht) / automatic time switch for staircase lighting ‖ ˜**schaltuhr** f, Schaltuhr f (Uhr mit Schalteinrichtung zum selbsttätigen Schalten elektrischer Stromkreise) (Elek) / time switch, timer ‖ ˜**schaltwerk** n, Zeitschalter m (Schaltgerät zur zeitabhängigen Steuerung v. elektrischen Stromkreisen) (Elek) / timer, time switch ‖ ˜**scheibe** f (im Time-Sharing-Verfahren) (DV) / time slice ‖ ˜**schlitz** m (Tele) / timeslot (in TDM), slot ‖ ˜**schrift** f, Illustrierte f (Druck) / magazine ‖ ˜**schwingfestigkeit** f (Dauerfestigkeit eines Metalls unter Korrosionsangriff) (Mater) / fatigue strength ‖ ˜**sensor** m / time sensor ‖ ˜**spanungsvolumen** n (Wzm) / material removal rate (in conventional machining processes, e.g. turning), rate of material removal, MMR ‖ ˜**spanvolumen** n (Wzm) / material removal rate (in conventional machining processes, e.g. turning), rate of material removal, MMR ‖ ˜**standfestigkeit** f / creep rupture strength ‖ ˜**standverhalten** n (DIN 50 119) (Mater) / creep behaviour ‖ ˜**-Temperatur-Umwandlungs-Schaubild** n, ZTU-Diagramm f (Hütt) / time-temperature transformation diagram, TTT diagramm ‖ ˜**überschreitung** f, Zeitablauf m, Überschreiten n des Zeitlimits (DV, Tele) / time-out ‖ ˜**verhalten** n / time response ‖ ~**versetzt**, zeitlich versetzt / deferred (e.g. reception, transmission) ‖ ˜**verzögerung** f / delay, time delay ‖ ˜**vorgabe** f, Vorgabezeit f / time allowance o. allowed ‖ ~**weilig** (i. Ggs. zu Dauer...) / intermittent (as opposed to continuous) ‖ ˜**zone** f / time zone

Zell • adhäsionsmolekül n (Biochem) / cellular adhesion molecule, CAM ‖ ˜**biologie** f, Zytologie f / cytology

Zelle f (allg, Biol) / cell ‖ ˜, kleiner Raum / cubicle ‖ ˜, Telefonzelle f (Tele) / telephone booth, telephone box, phone box, phone booth, booth, kiosk (GB) ‖ ˜ (Flugzeug ohne Triebwerk) (Luft) / airframe ‖ ˜ (Schaumstoff) (Plast) / cell ‖ ˜, Funkzelle f (im Mobilfunk) (Tele) / cell (in a cellular radio system) ‖ ˜ (DV) / cell (in a spreadsheet) ‖ ˜, Element n (Elek) / cell, electric cell

Zellen • bauweise f / cellular construction, cellular design ‖ ˜**lehre** f, Zytologie f, Zellbiologie f / cytology ‖ ˜**pumpe** f / vane pump ‖ ˜**radpumpe** f / vane pump ‖ ˜**stapel** m, Brennstoffzellenstapel f (Elek) / cell stack, fuel cell stack ‖ ˜**trennwand** (Batterie) (Elek, Kfz) / cell partition (automotive battery)

Zell • fläche (einer Brennstoffzelle) (Chem, Elek) / area of a cell, cell area ‖ ˜**forschung** f, Zytologie f, Zellbiologie f / cytology ‖ ˜**glas** n (Plast) / cellophane ‖ ˜**gummi** m (geschlossenzellig) (Plast) / cellular rubber (with closed cells) ‖ ˜**hormone** n pl (Biochem) / tissue hormones ‖ ˜**horn** n, Celluloid n (Plast) / celluloid ‖ ˜**lehre** f, Zytologie f, Zellbiologie f / cytology

Zellobiose f (Chem) / cellobiose, cellose

Zellophan n, Zellglas n (Plast) / cellophane

Zellstapel m, Brennstoffzellenstapel f (Elek) / cell stack, fuel cell stack

Zellstoff m (aus pflanzlichen Rohstoffen, v.a. Holz, auf chemischem Weg durch Kochen gewonnenes Fasermaterial) (Pap) / pulp, chemical pulp || ~ (aus Holz/Hackschnitzeln), Holzzellstoff (Pap) / chemical wood pulp || ~, Faserstoff m, Papierstoffbrei m (Pap) / papermaking stock (wet pulp of any type at any stage in the manufacturing process), stock, pulp, pulp stock

zellular•es Funktelefonsystem (Tele) / cellular mobile radio, mobile cellular radio system, cellular radio system || ~**er Mobilfunk** (Tele) / cellular mobile radio, mobile cellular radio system, cellular radio system || ~**es Mobilfunknetz** (Tele) / cellular mobile radio network || ~**es Mobilfunksystem** (Tele) / cellular mobile radio, mobile cellular radio system, cellular radio system

Zellulase f (Biochem) / cellulase

Zelluloid n, Celluloid n (Plast) / celluloid

Zellulose f, Cellulose f (Chem) / cellulose || ~**acetat** n (Chem) / cellulose acetate, acetylcellulose || ~**acetobutyrat** n (Chem) / cellulose acetate butyrate || ~**azetat** n (Chem, Plast) / cellulose acetate, CA || ~**azetobutyrat** n n (Chem) / cellulose acetate butyrate, cellulose acetobutyrate, CAB || ~**azetopropionat** n (Chem) / cellulose acetate propionate || ~**ester** m (Chem) / cellulose ester || ~**ether** m (Chem) / cellulose ether || ~**nitrat** n (Chem) / cellulose nitrate, nitrocellulose

Zeltklapp-Wohnwagen m (Kfz) / fold-down tent trailer, folding trailer, pop-up camper, tent camper

Zement m (Bau) / cement || ~**armer Beton** (Bau) / lean concrete, lean mixed concrete

zementieren (früher), einsatzhärten, aufkohlen (Hütt) / carburize, case-harden by carburizing (steel) || ~ n (früher), Aufkohlen n (beim Einsatzhärten) (Hütt) / carbonization, carburization, carburizing, cementation

Zementit m (Hütt) / cementite

Zener-Diode f, Z-Diode f (DIN) (Eltro) / Zener, Zener diode

Zenti... (Vorsatzsilbe für 10^{-2}) / centi

Zentimeter n n, cm / centimeter (US), centimetre (GB) || ~**-Gramm-Sekunde-System**, CGS-System n (Phys) / CGS system, centimeter-gram-second system

zentral / central || ~ **geführter Ausrücker** (der Kupplung) (Kfz) / centrally actuated release bearing unit || ~**es Kräftesystem** / central force system || ~**e Recheneinheit** (DV) / central processing unit, CPU

Zentrale f, Meldezentrale f (Alarmanlage) / central station (alarm monitoring center)

Zentral•einheit f (i.Ggs. zu Peripheriegeräten - CPU, Hauptplatine, Hardwareschnittstellen, Arbeitsspeicher und ggf. auch Festplatten und andere betriebsnotwendige Zusatzeinrichtungen wie Stromversorgung) (DV) / base components (of a computer controlling the operation of the entire system) || ~**einheit**, Prozessor m (z.B. Pentium IV), CPU f (bestehend aus Rechen- und Steuerwerk), Hauptprozessor m (DV) / central processing unit (consisting of an arithmetic logic unit and a control unit), CPU, central processor, processor || ~**einspritzung** f /

one-point injection || ~**schmierung** f (als System) / centralized lubricating system || ~**station** f, Sendestation f (in einem Fernwirksystem) (DV, Eltro, Regel) / master station, telecontrol master station || ~**symmetrie** f, Punktsymmetrie f (Math) / point symmetry || ~**uhr** f, Hauptuhr f (einer Uhrenanlage) / master clock || ~**verschluss** m (Foto) / blade-type shutter, leaf shutter, diaphragm shutter

Zentrier•bohrer m / combination drill, centre drill || ~**bolzen** m / centering pin, centering bolt || ~**dorn** m (Wzm) / arbor

zentrieren (vt US), centre (GB) || ~ n, Zentrierung f / centering (US), centring (GB)

Zentrier•körner m (Wz) / center punch n || ~**spitze** f (Dreh) / lathe center || ~**spitze** (Bohrer) / centering point, centre point || ~**stift** m / centering pin, centering bolt

zentriert, mittig, zentrisch / centered, centred (GB)

Zentrierzapfen m / centering pin, centering bolt

Zentrifugal•..., zentrifugal, Fliehkraft... / centrifugal adj || ~**beschleunigung** f (Phys) / centrifugal acceleration || ~**kraft** f, Fliehkraft f (Phys) / centrifugal force || ~**pumpe** f / centrifugal pump || ~**regler** m, Fliehkraftregler m / centrifugal governor, Watt governor, fly-ball governor, governor, mechanical governor, pendulum governor || ~**regulator** m, Fliehkraftregler m / centrifugal governor, Watt governor, fly-ball governor, governor, mechanical governor, pendulum governor

Zentrifuge f / centrifuge n, centrifugal n

Zentrifugenverfahren n (zur Erzeugung von angereichertem Uran) (Nukl) / centrifuge process

zentrifugieren / centrifuge v, centrifugalize || ~ n / centrifugation, centrifuging

Zentripetal•beschleunigung f (Phys) / centripetal acceleration || ~**kraft** f (Phys) / centripetal force

zentrisch, mittig, zentriert / centered, centred (GB) || ~**e Streckung** / homothetic transformation

Zentriwinkel m, Mittelpunktswinkel m (Math) / central angle, angle at center

Zentrum n, Mitte f, Mittelpunkt m (allg, Math) / centre (GB), center n (US)

Zeppelin m (Starrluftschiff-Typ - häufig synonym zu Starrluftschiff oder allen Arten von Luftschiffen gebraucht) (Luft) / Zeppelin (type of rigid airship; term often used to refer to all rigid airships)

zerbrechen vt [vi], brechen / break

Zerealien fpl, Getreide n (Landw, Nahr) / grain, cereals pl, corn n

Zeresin n, Ceresin n, gereinigtes Erdwachs (ChT) / ceresin, ceresine

Zerfall m / disintegration, decay n || ~ (Nukl) / decay (of nuclei), disintegration, radioactive decay

zerfallen (in seine Bestandteile), zersetzen vr, abbauen vr / decompose vi, disintegrate vi

Zerfalls•konstante (Übergangswahrscheinlichkeit, mit der im Mittel ein Atom pro Zeitintervall zerfällt) (Nukl) / decay constant, disintegration constant || ~**wahrscheinlichkeit** f (Übergangswahrscheinlichkeit, mit der im Mittel ein Atom pro Zeitintervall zerfällt)

(Nukl) / decay constant, disintegration constant

zerfasern, auflockern (Gewebe), trennen (Tex) / disaggregate (the fabric), loosen (the loops), open

zerfransen, ausfransen (Tex) / become frayed, ravel *vi* [out](at the edge or end), fray *vi*

zerfressen, anfressen, korrodieren *vt* / corrode, eat away

zerfressend, korrodierend / corrosive *adj*, corroding

zerhacken (allg, Eltro) / chop

Zerhacker *m*, Chopper *m* (Elek, Eltro, Nukl, Phys) / chopper ‖ ⁓**verstärker** *m* (Eltro) / chopper amplifier, converter amplifier, chopper-stabilized amplifier

zerkleinern / reduce in size ‖ ⁓, hacken (z.B. Holz, Zwiebeln) / chop (e.g. wood, onions) ‖ ⁓ (brechen o. [zer]mahlen) (Aufb, ChT) / comminute ‖ ⁓, brechen, durch den Brecher schicken / crush (ore, stone etc.) ‖ ⁓, zermahlen (Aufb, ChT) / grind ‖ ⁓ *n*, Zerkleinerung *f* (Brechen u. Mahlen) (Aufb, ChT) / comminution (crushing or grinding) ‖ ⁓, Zerkleinerung *f*, Mahlen *n* (Aufb, ChT) / grinding

Zerkleinerung *f* (Brechen u. Mahlen) (Aufb, ChT) / comminution (crushing or grinding) ‖ ⁓, Mahlen *n* (Aufb, ChT) / grinding

Zerkleinerungsmaschine *f*, Brechwerk *n*, Brecher *m* (Aufb, ChT) / crusher

zerknicken, ausknicken (schlanker Stab, z.B. Kolbenstange, Lochstempel) / buckle (under axial load), yield to buckling o. to axial compression

zerlegen (in seine Einzelteile), abbauen, demontieren / dismantle, disassemble, take apart, take down ‖ ⁓ (durch Spalten), spalten, aufspalten / split *vt* ‖ ⁓ (z.B. Kochsalz in Na u. Cl), zersetzen *vt* (Chem) / decompose *vt* (e.g. salt into Na and Cl) ‖ ⁓ (Licht in die Farben des Regenbogens) (Phys) / break (light into the colours of the rainbow) ‖ ⁓ (ein Haufwerk in mehrere Haufwerke mit Teilchen etwa gleicher Korngröße), klassieren (Aufb) / sort according to size, size ‖ ⁓ (Kräfte) (Phys) / resolve (forces) ‖ ⁓ (eine Nachricht in Datenpakete) (DV) / break down, break (e.g. a message into packets) ‖ ⁓ *n*, Lösen *n* von Verbindungen (Fert) / disassembly

Zerlegung *f*, Abbau *m* (z.B. einer Maschine) / disassembly, dismantling, taking apart, dismounting ‖ ⁓, Abbau *m* (z.B. von Stärke) (Biol, Chem) / decomposition, breakdown, degradation ‖ ⁓, Analyse *f* (Chem) / analysis ‖ ⁓, Analyse *f*, Aufschlüsselung *f*, Aufgliederung *f* (allg, Stat) / analysis, breakdown (e.g. of figures, statistical data, of an operation into several distinct processes)

Zerlegungsgesetz *n* (Math) / distributive law

zermahlen, mahlen / grind

zerplatzen, bersten / burst *vi*

Zerreiben *n* / attrition ‖ ⁓, Feinmahlung *f*, Pulverisieren *n* / pulverization, comminution

zerreißen *vt* (z.B. Lumpen) / tear *vt* [up] (rags) ‖ ⁓ *vi* / tear *vi* ‖ ⁓ (Seil, Faden) / break ‖ ⁓ (unter Zugspannung), brechen *vi* (Mater) / fracture

Zerreiß•festigkeit *f* (Mater) / tearing strength, tear resistance ‖ ⁓**festigkeit**, Zugfestigkeit *f* (beim Zugversuch) (Mater) / tensile strength (maximum tensile force divided by the original

cross-sectional area), ultimate tensile strength, UTS, TS ‖ ⁓**probe** *f*, Zerreißversuch *m*, Zugversuch *m* (Mater) / tensile test, tension test ‖ ⁓**prüfung** *f*, Zerreißversuch *m*, Zugversuch *m* (Mater) / tensile test, tension test ‖ ⁓**versuch** *m*, Zugversuch *m* (Mater) / tensile test, tension test

zersetzbar, abbaubar (Chem) / decomposable, decompoundable

zersetzen *vr*, abbauen *vr*, zerfallen (in seine Bestandteile) / decompose *vi*, disintegrate *vi* ‖ ⁓ *vt*, zerlegen (z.B. Kochsalz in Na u. Cl) (Chem) / decompose *vt* (e.g. salt into Na and Cl)

zersetzlich, abbaubar (Chem) / decomposable, decompoundable

Zersetzung *f*, Zerfall *m* / disintegration, decay *n* ‖ ⁓, Abbau *m* (z.B. von Stärke) (Biol, Chem) / decomposition, breakdown, degradation

zersetzungs•fähig, abbaubar (Chem) / decomposable, decompoundable ‖ ⁓**spannung** *f* (OT) / decomposition voltage

zerspan•bar (Fert) / machinable ‖ ⁓**barkeit** *f* (Fert) / machinability

zerspanen, spanabhebend bearbeiten (Fert) / machine *vt*

Zerspan•kraft *f* (bei spanender Bearbeitung) (Fert) / resultant cutting force ‖ ⁓**technik** *f* (Fert) / machining operations *pl*

Zerspanung *f*, Spanabnahme *f* (Fert) / chip removal, cut ‖ ⁓, Spanen *n* (DIN 8589 - mit geometrisch bestimmten und unbestimmten Schneiden), spanende Bearbeitung (Fert) / machining, machining process[es], machining operation[s], material removal (conventional machining)

Zerspanungs•kraft *f*, Zerspankraft *f* (bei spanender Bearbeitung) (Fert) / resultant cutting force ‖ ⁓**leistung** *f*, Schnittleistung *f* (Fert) / cutting capacity ‖ ⁓**werkzeug** *n*, Schneidwerkzeug *n* (für spangebende Formung und Schneiden - Schneid-, Dreh-, Fräswerkzeug etc.) (Wzm) / cutting tool, cutter

Zerspan•wärme *f* / heat generated during machining ‖ ⁓**werkzeug** *n* (Wzm) / cutting tool

zerstäuben (Flüssigkeiten) / atomize (e.g. liquid), nebulize ‖ ⁓ (feste Stoffe) / powder, pulverize ‖ ⁓ (Werkstoffe beim Kathodenzerstäuben) / sputter *vt*

Zerstäuber *m* / atomizer ‖ ⁓, Vernebler *m* (MT) / nebulizer ‖ ⁓**düse** *f* / atomizer nozzle

Zerstäubungs•düse *f* (für Flüssigkeiten) / atomizer nozzle ‖ ⁓**trockner** *m*, Sprühtrockner *m* (ChT) / spray drier ‖ ⁓**trocknung** *f*, Sprühtrocknung *f* (ChT) / spray drying

zerstören, vernichten / destroy

zerstörende Prüfung (Mater) / destructive testing

Zerstörung *f* / destruction

zerstörungs•freie Werkstoffprüfung (Mater) / nondestructive testing, NDT, nondestructive evaluation, NDE ‖ ⁓**prüfung** *f* (Mater) / destructive testing

Zerstrahlung *f*, Annihilation *f*, Paarzerstrahlung *f* (Nukl) / annihilation, pair annihilation

Zerstreuungs•kreis *m*, Streukreis *m*, Unschärfekreis *m* (Foto, Opt) / circle of confusion, circle of least confusion ‖ ⁓**linse** *f* (Opt) / diverging lens, negative lens

zerteilen / split up *vt*, divide ‖ ⁓, spalten, aufspalten / split *vt* ‖ ⁓ (durch Schneiden) / cut up ‖ ⁓, [sich] teilen / divide *vi*, become separated into parts ‖ ⁓ *n* (DIN 8588 - spanloses mechanisches Trennen, z.B. Scherschneiden) (Fert) / cutting, cutting operations

Zerteilwerkzeug, Werkzeug (Umform- o. Zerteilwerkzeug für die Blechbearbeitung, bestehend aus verschiedenen Werkzeugteilen wie Stempel, Matrize, Niederhalter, Führungselemente) (Wzm) / die (for sheet metalworking, consisting of various components such as punch, die, stripper, stop, guide pins)

Zertifikat *n*, Bescheinigung *f* / certificate

zertifiziert / certified

ZF, Zwischenfrequenz *f* (Eltro, Funk) / intermediate frequency, i.f., IF

Zickzack, im ⁓ **setzen**, staffeln, versetzt anordnen / stagger, arrange in alternations

Ziegel *m*, Ziegelstein *m* (Bau) / brick *n*, clay brick ‖ ⁓, Dachziegel *m* (Bau) / roofing tile, roof tile, tile ‖ ⁓**stein** *m*, Mauerziegel *m* (gebrannter Stein), Ziegel *m* (Bau) / brick *n*, clay brick

Zieh•bank *f* (zum Stabziehen) (Wz) / draw bench ‖ ⁓**düse** *f*, Ziehwerkzeug *m pl* (beim Draht-, Stab- u. Rohrziehen) (Wzm) / die, draw die ‖ ⁓**düsenhalter** *m* (der Ziehbank) (Wzm) / die stand ‖ ⁓**eisen** *n*, Ziehwerkzeug *m pl* (beim Draht-, Stab- u. Rohrziehen) (Wzm) / die, draw die

ziehen *vt* (allg) / pull, draw *vt* ‖ ⁓ (Strom) (Elek, Eltro) / draw (current) ‖ ⁓ (z.B. Draht, Stabstahl) (Fert) / draw ‖ ⁓ (eine Linie, Parallele, Tangente) / draw (a line, parallel, tangent) ‖ ⁓ (Leitung, Kabel) / lay ‖ ⁓ (Schweißnaht) / run ‖ ⁓ (Mauer) / build *vt* (a wall) ‖ ⁓ (einen Graben) / dig (a trench) ‖ ⁓ (eine Probe) / draw (a sample) ‖ ⁓ (die Wurzel einer Zahl) (Math) / extract (the root of a number) ‖ ⁓ (DV) / drag (an object in a GUI) ‖ ⁓ *vi* (allg, Ofen) / draw *vi* ‖ ⁓ **an** / pull (e.g. a rope, handle) ‖ ⁓ **lassen** / steep (eg tea in boiling-hot water, meat in marinade) ‖ **an sich** ⁓, anziehen *vt* / attract (e. g . particles, relay armature) ‖ **mit sich** ⁓, mitreißen, mitnehmen / drag along, carry along o. away ‖ ⁓ *n* (z.B. Draht, Stabstahl) / drawing ‖ ⁓ (DV) / dragging (of an object in a GUI) ‖ ⁓ **und Ablegen**, Drag and Drop (DV) / drag-and-drop ‖ ⁓ *n* **von Glasfasern** (Glas, Tex) / drawing of glass fibers

ziehend arbeitender Löffelbagger, Tieflöffelbagger m, Löffeltiefbagger *m* (Bau) / backhoe, backhoe excavator, backacter, back actor, pullshovel, backdigger, dragshovel

Zieh•feder, Reißfeder *f* (Zeichn) / ruling pen ‖ ⁓**glas** *n* (Bau, Glas) / sheet glass (of lesser quality and less flat than plate glass) ‖ ⁓**keil** *m* (Masch) / draw key, sliding key ‖ ⁓**keilgetriebe** *n* / draw key transmission, sliding key transmission ‖ ⁓**kraft** *f* (beim Drahtziehen) (Fert) / draw force ‖ ⁓**matrize** *f*, Ziehring *m* (beim Tiefziehen), Matrize *f* (Wzm) / die, draw die ‖ ⁓**ring** *m* (beim Tiefziehen), Matrize *f* (Wzm) / die, draw die ‖ ⁓**ring**, Ziehwerkzeug *m pl* (beim Draht-, Stab- u. Rohrziehen) (Wzm) / die, draw die ‖ ⁓**scheibe** *f* (der Drahtziehmaschine), Ziehtrommel *f* (Wzm) / accumulator, accumulator block, capstan, capstan drum ‖ ⁓**schleifen** *n* (veraltet), Honen *n*, Langhubhonen *n* (Fert) / honing ‖ ⁓**schleifmaschine** *f*, Honmaschine *f* (Fert) / honing machine ‖ ⁓**schlitten** *m* (der

Ziehbank) (Wzm) / carriage ‖ ⁓**spalt** *m* (Zwischenraum zw. Ziehring u. Ziehstempel) (Fert) / clearance (between the sides of the punch and the die) ‖ ⁓**stein** *m*, Ziehwerkzeug *m pl* (beim Draht-, Stab- u. Rohrziehen) (Wzm) / die, draw die ‖ ⁓**teil** *n* (durch Tiefziehen hergestellt) / drawn component, drawn part ‖ ⁓**trommel** *f*, Ziehscheibe *f* (der Drahtziehmaschine) (Wzm) / accumulator, accumulator block, capstan, capstan drum ‖ ⁓**verhältnis** *n*, Tiefziehverhältnis *n* (Quotient aus Rondendurchmesser und Stempeldurchmesser) (Fert) / drawing ratio ‖ ⁓**wagen** *m*, Ziehschlitten *m* (der Ziehbank) (Wzm) / carriage ‖ ⁓**werkzeug** *m pl* (beim Draht-, Stab- u. Rohrziehen) (Wzm) / die, draw die

Ziel *n* (allg, Mil, Radar) / target *n* ⁓, Zweck *m*, Absicht *f* / aim, objective, goal, purpose ‖ ⁓ (Zielort, -hafen, -flughafen etc.) / destination ‖ ⁓ (DV, Tele) / destination (as opp. to source) ‖ ⁓, Sollleistung *f*, Produktionssoll *n* (IE) / target (in production) ‖ ⁓**adresse** *f* (Tele) / destination address ‖ ⁓**fernrohr** *n* (Mil, Opt) / telescopic sight ‖ ⁓**gerichtet**, gezielt / purposeful (e.g. growth, research, actions, networking) ‖ ⁓**ort** *m*, Bestimmungsort *m* (Trans) / destination ‖ ⁓**programm** *n*, in Maschinensprache umgesetztes o. ladefähiges Programm, Objektprogramm *n* (DV) / object program ‖ ⁓**sprache** *f* (in die übersetzt wird) / target language (in translation and interpreting) ‖ ⁓**suchlenkung** *f*, -suche *f* (Luft) / homing [guidance]

ziemlich, verhältnismäßig / comparatively, relatively

Zier•kappe *f* (Kfz) / axle cap ‖ ⁓**leiste**, Abdeckleiste *f* (Bau) / cover strip

Ziffer *f* (in Stellenwertsystemen, z. B. die 10 Ziffern von 0 bis 9 im Dezimalsystem o. 0 bis 9 und A bis F im Hexadezimalsystem) (DV, Math) / digit ‖ ⁓ (in Nichtstellenwertsystemen o. bei Betonung der Herkunft, z.B. arabische, römische Ziffern), Zahlzeichen *n* (Math) / numeral *n* (single symbol) ‖ ⁓**blatt** *n* (Uhr) / dial, face

Ziffern•anzeige *f*, Digitalanzeige *f* (DV, Instr) / digital display, DD, digital readout, numerical display ‖ ⁓**block** *m*, numerischer Block (auf der Tastatur) (DV) / numeric keypad ‖ ⁓**folge** *f*, Ziffernkombination *f* (Math) / numeral (group of symbols, e.g. "11" which can be interpreted as the binary numeral for three or the decimal numeral for eleven) ‖ ⁓**kombination** *f*, Ziffernfolge *f* (Math) / numeral (group of symbols, e.g. "11" which can be interpreted as the binary numeral for three or the decimal numeral for eleven) ‖ ⁓**rechner** *m*, Digitalrechner *m* (DV) / digital computer ‖ ⁓**stelle** *f*, Stelle *f* (in einer Zahl) (Math) / digit position, place ‖ ⁓**taste** *f* (z.B. auf Tastatur, Telefon) / numeric key

Zimmerdecke *f*, Decke *f*, Geschossdecke *f* (Bau) / ceiling

Zimmerer *m*, Zimmermann *m* / carpenter *n*

Zimmer•gewerbe *f* (Bau) / carpentry ‖ ⁓**handwerk** *n* (Bau) / carpentry ‖ ⁓**mann** *m*, Zimmerer *m* / carpenter *n* ‖ ⁓**mannshammer** *m*, Klauenhammer *m* (mit gespaltener Finne) (Wz) / claw hammer ‖ ⁓**temperatur** *f*, Raumtemperatur *f* / room temperature, RT, ambient temperature

Zimt•aldehyd m (Chem) / cinnamic aldehyde, cinnamal[dehyde] (US) ‖ ª-**alkohol** m (Chem) / cinnamyl alcohol, cinnamic alcohol

Zink n (Chem) / zinc, Zn ‖ ª-**becher** m (negativer Pol der Kohle-Zink-Zelle) (Elek) / zinc can ‖ ª-**Braunstein-Element** n (eine Primärzelle) (Chem, Elek) / zinc-carbon dry cell or battery, carbon-zinc battery, Leclanché cell ‖ ª-**Braunstein-Zelle** f (eine Primärzelle) (Chem, Elek) / zinc-carbon dry cell or battery, carbon-zinc battery, Leclanché cell ‖ ª-**chlorid** n (Chem) / zinc chloride ‖ ª-**entsilberungsprozess** m, Parkes-Verfahren n (zur Silbergewinnung) (Hütt) / Parkes process ‖ ª-**Kohle-Element** n (eine Primärzelle) (Chem, Elek) / zinc-carbon dry cell or battery, carbon-zinc battery, Leclanché cell ‖ ª-**legierung** f / zinc alloy ‖ ª-**Mangandioxid-Element** f (eine Primärzelle) (Chem, Elek) / zinc-carbon dry cell or battery, carbon-zinc battery, Leclanché cell ‖ ª-**oxid** n (Chem) / zinc oxide ‖ ª-**schicht** f, Zinküberzug m / zinc coating ‖ ª-**überzug** m / zinc coating

Zinn n (Chem) / tin n, Sn ‖ ª-**bronze** f, Kupfer-Zinn-Legierung f / tin bronze ‖ ª-**legierung** f / tin alloy ‖ ª-**lot** n, Lötzinn n (mit o. ohne Blei) / tin solder, solder tin, soldering tin

Zinnobergrün n, Chromgrün n, Englischgrün n (Anstr, Färb) / chrome green

Zipfel m (Fehler beim Tiefziehen) (Fert) / ear (irregularity in the upper edge of a deep drawn cup) ‖ ª-**bildung** f (ungleiche Napfhöhe über dem Umfang beim Tiefziehen) (Fert) / earing

Zircon n (inkorrekt), Zirconium n (Chem) / zirconium, Zr

Zirconium, Zr f

Zirconium n (Chem) / zirconium, Zr ‖ ª-**dioxid** n (Chem) / zirconia, zirconium oxide (ZrO_2), zirconic anhydride, zirconium dioxide ‖ ª-**oxid** n (Chem) / zirconia, zirconium oxide ‖ ª-**(IV)-oxid** n, Zirconiumdioxid n (Chem) / zirconia, zirconium oxide (ZrO_2), zirconic anhydride, zirconium dioxide

Zirkon n (inkorrekt), Zirconium n (Chem) / zirconium, Zr

Zirkonium n, (Chem) / zirconium, Zr

Zirkon•oxid n (Chem) / zirconium oxide

Zirkular•beschleunigung f (Phys) / angular acceleration ‖ ª-**dichroismus** m, Circulardichroismus m (Chem, Opt) / circular dichroism

Zirkulation f, Umlauf m (Techn) / circulation

zirkulieren, umlaufen vi / circulate vi

zischen (wie langgezogenes s/sch oder wie unter Druck entweichender Dampf) / hiss vi ‖ ~ (wie z.B. sprudelnde Limonade o. Sekt) / fizz vi ‖ ~ (wie z.B. heißes Fett in der Pfanne, Wasser auf heißer Herdplatte) / sizzle vi

Zitrat n (Chem) / citrate ‖ ª-**zyklus** m (Biochem) / citric acid cycle, tricarboxylic acid cycle, TCA cycle, Krebs cycle

Zitronellal n (Chem) / citronellal

Zitronellöl n / citronella oil, citronel oil, citronella, Java citronella oil

Zitronen•gelb n, Chromgelb n (Mischkristalle aus Bleisulfat und Bleichromat als Farbpigment in unterschiedlicher Zusammensetzung durch unterschiedliche Verfahren der Herstellung) (Anstr) / chrome yellow, King's yellow (trade name), Cologne yellow (trade name), Leipzig yellow (trade name) ‖ ª-**öl** n / oil of lemons ‖ ª-**säurezyklus**

m (Biochem) / citric acid cycle, tricarboxylic acid cycle, TCA cycle, Krebs cycle

Zitrusöle n pl / citrus-fruit oil, citrus peel oil

Zn, Zink n (Chem) / zinc, Zn

Zoelly-Turbine f / Zoelly steam turbine

Zoll m (angloamerikanisch - 1 in = 25,40 mm), in, Inch m / inch n (unit of measure), in ‖ ª-**gewinde** n / inch thread ‖ ª-**stock** m, Gliedermaßstab (Mess) / folding rule

Zone f (Krist) / zone

Zonen•übergang m (Halbleiter), Störstellenübergang m (Eltro) / junction (region of contact between semiconductor materials of opposite type, e.g. pn junction) ‖ ª-**wanderrost** m / compartment-type travelling grate stoker

Zoomobjektiv, Objektiv n mit veränderlicher Brennweite (Foto) / zoom, zoom lens

Z-Profil n (Hütt) / Z section, Z-steel, zed[s], zee[s] (US)

Zr, Zirconium n (Chem) / zirconium, Zr

Z-Stahl m (Hütt) / Z section, Z-steel, zed[s], zee[s] (US)

ZTA-Schaubild n / time-temperature-austenitization diagram, TTA diagram

ZTL-Triebwerk n (Luft) / turbofan, bypass engine, ducted fan turbine engine

ZTU-Diagramm f, Zeit-Temperatur-Umwandlungs-Schaubild n (Hütt) / time-temperature transformation diagramm, TTT diagramm

ZTU-Schaubild n **für isotherme Umwandlung** (Hütt) / isothermal transformation diagram, IT diagram ‖ ª- **für kontinuierliche Abkühlung** (Hütt) / continuous cooling transformation diagram, CT diagram

Zubehör n / accessories pl ‖ ª- (im Unterschied, als Ergänzung zu/Ersatz für Standardausstattung) / option ‖ ª- n (Windows) (DV) / accessories ‖ ª-**schuh** m (Foto) / accessory shoe

zubereiten / prepare ‖ ~, kochen vt (Speisen) (Nahr) / cook vt

Zubereitung f, Herstellung / preparation, making ‖ ª-, Darstellung f (Chem) / preparation

zubringen, zuführen / feed vt (e.g. material into a machine), charge, load

Zubringer m, Zubringerstraße f (Straß) / feeder, feeder road ‖ ª-**leitung** f (im Koppelnetz einer Vermittlungsanlage), Eingang m, Eingangsleitung f (Tele) / incoming line (in a switching matrix in a switching centre) ‖ ª-**pumpe** f, Zusatzpumpe f (zur Unterstützung der Hauptpumpe) / booster pump ‖ ª-**straße** f, Zubringer m (Straß) / feeder, feeder road

züchten, anbauen, anpflanzen (z.B. Getreide) (Landw) / cultivate, grow vt ‖ ~ (Tiere), aufziehen vt (Landw) / raise, rear (animals) ‖ ~ (Kristalle) (Krist) / grow (crystals)

Zuckerrefraktometer n (Mess, Opt) / sugar refractometer

zudecken, verdecken, überdecken / cover vt

zudosieren / add, feed (an exact amount)

Zudosierung f / addition, adding, feed (of an exact amount)

zueinander passend / matching

Zufahrt f, Gebäudezufahrt m (Bau) / private access, driveway (US), drive (GB) ‖ ª-**straße** f (Straß) / access road

Zufall m (Phys, Stat) / chance ‖ ª- (zufälliges Zusammentreffen von Ereignissen) / coincidence

zufällig (allg) / random (e.g. error, sampling, signal, variable) ‖ **~** (z.B. Anordnung, Aufbau), ungeordnet / random ‖ **~,** stochastisch (Stat) / random, stochastic ‖ **~,** unbeabsichtigt / accidental ‖ **~e Abweichung,** zufälliger Fehler, zufällige Messabweichung (Mess, Stat) / random error ‖ **~er Fehler** (Mess, Stat) / random error ‖ **~e Messabweichung,** zufälliger Fehler (Mess, Stat) / random error ‖ **~er Messfehler** (Mess, Stat) / random error

Zufalls•..., zufällig (allg) / random (e.g. error, sampling, signal, variable) ‖ **~fehler** m / random error ‖ **~generator** m / random number generator, RNG ‖ **~größe** f, Zufallsvariable f (Math, QM) / random variable, variate n ‖ **~probe** f (QM, Stat) / random sample ‖ **~stichprobe** f (QM, Stat) / random sample ‖ **~variable** f (Math, QM) / random variable, variate n ‖ **~zahlengenerator** m / random number generator, RNG

Zufluss m (von Produkten, Waren) / supply
zufördern (z.B. Werkstück in Maschine) / feed, supply
zufrieden stellend, ausreichend (z. B. Oberflächengüte) / satisfactory (e.g. surface finish)
Zufuhr f (von Strom, Wasser, Luft, Teile usw.), Versorgung f / supply (e.g. of heat, air), input ‖ **~** (z.B. von Steinen in den Brecher, von Dampf in den Überhitzer, des Werkzeugs in das Werkstück) / feeding
zuführen (Strom, Wasser, Teile usw.), liefern, versorgen mit / supply ‖ **~** (z.B. Steine dem Brecher, Dampf dem Überhitzer, das Werkzeug in das Werkstück) / feed (e.g. stones into the crusher, steam into the superheater, the tool into the work) ‖ **~** n, Beschickung f (mit Material, z.B. eines Hochofens) / charging
Zuführleitung f, Speiseleitung f (allg) / feeder, feed line, supply line
Zuführung f, Zufuhr f (von Strom, Wasser, Luft, Teile usw.), Versorgung f / supply (e.g. of heat, air), input ‖ **~,** Vorschub m (z.B. von Papier bei Druckern) / feed ‖ **~,** Zufuhr f (z.B. von Steinen in den Brecher, von Dampf in den Überhitzer, des Werkzeugs in das Werkstück) / feeding ‖ **~,** Zuführungsleitung f / supply line, feed line ‖ **~** f, Zuleitungskabel n, Stromzuleitung f (Elek) / lead ‖ **~ von Hand** / hand feed ‖ **[oberirdische] ~,** [Zu]leitung f (Elek) / lead, lead[ing]-in, leads pl
Zuführungs•leitung f / supply line, feed line ‖ **~leitung** m, Zuleitungskabel n, Stromzuleitung f (Elek) / lead ‖ **~schlitten** m (Wzm) / feed carriage
Zug m, Spannung f (von z.B. Riemen, Seil) (Mech) / tension n ‖ **~,** Zugbeanspruchung f, Beanspruchung f auf Zug (Mater) / tensile stress ‖ **~,** Durchgang m (beim Draht-, Stab- u. Rohrziehen) (Fert) / pass ‖ **~** (Bahn) / train ‖ **auf ~ beanspruchen** (Mater, Mech) / load in tension, stress in tension, subject to tensile loading
Zugabe f, Hinzufügung f / addition ‖ **~,** Bearbeitungszugabe f (Fert) / machining allowance, oversize (for machining)
Zugang m (allg) / access n ‖ **~,** Zugriff m (DV, Tele) / access (e.g. to the Internet, a database) ‖ **~,** Eingang m (Bau) / entrance
zugänglich / accessible ‖ **~,** verfügbar / available

Zugänglichkeit f / accessibility ‖ **~,** Verfügbarkeit f / availability
Zugangs•berechtigung f (DV) / access authorization ‖ **~kontrolle** f (DV, Tele) / access control (in a computer network), user access control ‖ **~netz** n (Tele) / local network (access network connecting the subscriber equipment to the local exchange) ‖ **~öffnung** f / access door ‖ **~punkt** m (Tele) / access point (to a network) ‖ **~server** m (DV, Tele) / access server ‖ **~straße** f, Zufahrtstraße f (Straß) / access road ‖ **~tür** f / access door
Zug•anker m (Bau) / tension rod, tie rod ‖ **~beansprucht** / subjected to tensile stress ‖ **~beanspruchung** f, Beanspruchung f auf Zug (Mater) / tensile stress ‖ **~beanspruchung** (Vorgang), Belastung f auf Zug (Mater, Mech) / tensile loading ‖ **einer ~beanspruchung aussetzen** (Mater, Mech) / load in tension, stress in tension, subject to tensile loading ‖ **linienförmige ~beeinflussung** (Bahn) / ATP (Automatic Train Protection), Automatic Train Protection, continuous automatic train control system ‖ **~belastung** f, Zugbeanspruchung f (Vorgang), Belastung f auf Zug (Mater, Mech) / tensile loading ‖ **~bolzen** m / tie bolt ‖ **~druckversuch** m / tension-compression test
zugeben, zusetzen (Fert) / add vt, admix
zugefügt, zusätzlich / added (part etc.)
zugeführt•e Arbeit (in einem System) (Phys) / work input ‖ **~e Energie** (Elek, Phys) / energy input ‖ **~e Leistung** (Elek, Phys) / power input
zugehörig (z.B. Software zu bestimmter Hardware) / associated (e.g. software)
Zug- und Stoßeinrichtung f, Eisenbahnkupplung f (Bahn) / coupling, coupler
zugelassen, zulässig / permissible, permitted ‖ **~** (durch Zulassungs- o. Prüfstelle meist aufgrund eines Zulassungsverfahrens) / approved, authorized ‖ **~** (Kfz) / registered ‖ **~** (z.B. Kraft- o. Eisenbahnfahrzeugen o. Mobilfunkeinrichtungen in einem aufwendigen Verfahren nach den jeweiligen nationalen Zulassungsgesetzen mit dem Ziel der Typgenehmigung) / homologated
Zugentlastung f (Elek) / strain relief
zugesetzt, verstopft / clogged (e.g. pipe, filter), choked
Zug•feder f (auf Zug beanspruchte Sprungfeder) (Masch) / tension spring, extension spring ‖ **~festigkeit** f (beim Zugversuch) (Mater) / tensile strength (maximum tensile force divided by the original cross-sectional area), ultimate tensile strength, UTS, TS ‖ **~förderung** f, Traktion f (Bahn) / traction n ‖ **~glied** n (Bau) / tension member ‖ **~glied,** Zugstab m (Bau) / tension bar ‖ **~hauptgleichung** f (Mater, Mech) / tension equation
zügig adv, in einem Zug, ohne Unterbrechung / in a single operation, without interruption
Zugkraft f (von z.B. Zugmaschine, Winde) / pulling capacity ‖ **~** (z.B. beim Zugversuch) (Mech) / tensile force ‖ **~** (beim Drahtziehen) (Fert) / draw force ‖ **~** (am Radumfang) (Bahn, Kfz) / tractive force, tractive effort, TE (tractive effort), tractive power, pull ‖ **~aufnehmendes Element** (Mech) / tensile element
Zug•last f (Mech) / tensile load ‖ **~maschine** f, Sattelzugmaschine f (Kfz) / semitrailer truck,

tractor, truck tractor (for hauling a semitrailer), tractive unit ‖ ⁓**mittel** n (im Zugmittelgetriebe) / flexible intermediate link (belt, rope or chain in flexible drives) ‖ ⁓**mittelgetriebe** n pl / flexible drives, belt, chain and rope drives ‖ ⁓**probe** f (beim Zugversuch) (Mater) / tensile test piece, tensile sample, tensile specimen ‖ ⁓**probenstück** n, Zugprobe f (beim Zugversuch) (Mater) / tensile test piece, tensile sample, tensile specimen ‖ ⁓**prüfung** f, Zerreißversuch m, Zugversuch m (Mater) / tensile test, tension test

zugreifen [auf], Zugriff haben [auf] (DV) / access vt (a network, data etc)

Zugrestaurant n, Speisewagen m (Bahn) / diner (US), restaurant car (GB), dining car (US)

Zugriff m (auf) (DV, Tele) / access n (to a computer system, memory, newsgroup etc) ‖ ⁓ **haben** [auf], zugreifen [auf] (DV) / access vt (a network, data etc) ‖ ⁓ **von entfernten Rechnersystemen** (DV) / remote access

Zugriffs•arm m (DV) / access arm, head arm (in disk drive) ‖ ⁓**berechtigung** f, Zugriffsrecht n (DV) / access authorization ‖ ⁓**berechtigung** (Art u. Umfang), Zugriffsrechte n pl (DV, Tele) / access privileges (in a network) ‖ ⁓**beschränkung** f (DV) / access restriction ‖ ⁓**geschwindigkeit** f (DV) / access speed ‖ ⁓**kontrolle** f (DV, Tele) / access control (in a computer network), user access control ‖ erweiterte ⁓**methode** f / queued access method ‖ ⁓**recht** n, Zugriffsberechtigung f (DV) / access authorization ‖ ⁓**rechte** n pl, Zugriffsberechtigung f (Art u. Umfang) (DV, Tele) / access privileges (in a network) ‖ ⁓**steuerung** f (DV, Tele) / access control (in a computer network), user access control ‖ ⁓**zeit** f (DV) / access time ‖ ⁓**zeit** (bei Suche nach u. Zugriff auf Daten) (DV) / data retrieval time, retrieval time, search time

zugrunde liegen (z.B. der Entscheidung lag die Erfahrung zugrunde, dass ...) / be based on (e.g. the decision was based on the experience that ...)

Zug•sattelzapfen m (Kfz) / king pin, fifth-wheel kingpin, semitrailer king-pin ‖ ⁓**scherfestigkeit** f (Mater) / tensile hear strength ‖ ⁓**spannung** f (z.B. beim Zugversuch) (Mater, Mech) / tensile stress ‖ ⁓**spannung** (beim Drahtziehen) (Fert) / draw stress ‖ ⁓**-Spannzange** f / draw-in collet ‖ ⁓**spindel** f (Dreh) / feed shaft, feed rod ‖ ⁓**spindeldrehmaschine** f (Wzm) / production lathe ‖ ⁓**stab** m, Zugglied n (Bau) / tension bar ‖ ⁓**stange** f, Spannstange f (Wzm) / drawbar ‖ ⁓**versuch** m, Zerreißversuch m (Mater) / tensile test, tension test

Zuhörer m, Radiohörer m (Radio) / listener, broadcast listener, BCL

zukaufen / buy, purchases (from external suppliers)

zukunftsorientiert / future-oriented

zulassen, gestatten / allow, permit ‖ ⁓ (durch Zulassungs- o. Prüfstelle meist aufgrund eines Zulassungsverfahrens), genehmigen/ approve ‖ ⁓ (amtlich - Käufer müssen ihre Fahrzeuge bei den zuständigen Behörden zulassen) (Kfz) / register (buyers must formally register their vehicles with the appropriate authorities), license

zulässig / allowable, permissible, admissible ‖ ⁓ (den Sicherheitsvorschriften entsprechend), sicher / safe ‖ ⁓, gültig (DV) / valid (character, filename, etc.) ‖ ⁓**e Belastung** (o. Beanspruchung) / safe load ‖ ⁓**es Gesamtgewicht** (Kfz) / gross vehicle weight, GVW, gross weight (of a road vehicle or trailer), laden weight ‖ ⁓**e Gesamtmasse** (Kfz) / gross vehicle weight, GVW, gross weight (of a road vehicle or trailer), laden weight ‖ ⁓**e Kontaktbelastung** f (Elek) / contact rating ‖ ⁓**e Stromstärke**, Strombelastbarkeit f (z.B. eines Kabels) (Elek) / ampacity, current-carrying capacity, current rating ‖ ⁓**es Übermaß** / upper deviation (algebraic difference between the maximum limit of size and the corresponding basic size) ‖ ⁓**es Untermaß** / lower deviation

Zulassung f (durch Zulassungs- o. Prüfstelle meist aufgrund eines Zulassungsverfahrens), Genehmigung f / approval ‖ ⁓ (von z.B. Kraft- o. Eisenbahnfahrzeugen o. Mobilfunkeinrichtungen in einem aufwendigen Verfahren nach den jeweiligen nationalen Zulassungsgesetzen mit dem Ziel der Typgenehmigung), Homologation f (Bahn, Kfz) / homologation ‖ ⁓ (amtliche eines einzelnen Fahrzeugs durch die Zulassungsbehörde) (Kfz) / vehicle registration, licensing

zuleiten, zuführen (Strom, Wasser, Teile usw.) / supply

Zuleitung f, Zuführung f / supply, feed ‖ ⁓, Zuführungsleitung f / supply line, feed line ‖ ⁓, Zuleitungskabel n, Stromzuleitung f (Elek) / lead ‖ ⁓, Hausanschlussleitung f (Ener, Sanitär) / service pipe (linking a building to a water or gas main), supply line

Zuleitungs•draht m, Anschlussdraht m (eines Bauteils) (Elek, Eltro) / lead wire, lead (of a component) ‖ ⁓**kabel** n, Stromzuleitung f (Elek) / lead

Zulieferant m, Zulieferbetrieb m (z.B. für Kfz-Industrie) / supplier (e.g. of automobile components)

Zulieferbetrieb m (z.B. für Kfz-Industrie) / supplier (e.g. of automobile components)

Zulieferer m, Zulieferbetrieb m (z.B. für Kfz-Industrie) / supplier (e.g. of automobile components) ‖ ⁓ (als Teil der Lieferkette) s. Lieferant

Zuluft f (die gesamte einem Raum zugeführte Luft) / inlet air, incoming air, ingoing air ‖ ⁓, Frischluft f / fresh air ‖ ⁓ (HVAC) / supply air ‖ ⁓**kanal** m (in Tunneln) (Straß) / fresh-air duct, supply air duct

zumachen, schließen (z.B. Tür, Fenster) / close vt, shut

zumessen, aufteilen (anteilig), zuteilen / apportion

Zumesspumpe f / metering pump, dosing pump, proportioning pump

zumischen, zugeben, zusetzen / add vt, admix

Zunahme f, Steigerung f, Erhöhung f / increase n ‖ ⁓ **der Breite** (eines Werkstücks beim Walzen), Breitung f (Walz) / spreading (increase in work width)

Zünd•anlage f (Mot) / ignition system, ignition ‖ ⁓**einsatzsteuerung** f, Phasenanschnitt-steuerung f (Elek, Eltro) / phase-angle control, phase control ‖ ⁓**elektrode** f (Eltro) / igniter, pilot electrode, keep-alive electrode, starter, trigger electrode || **~elektrode** (des Thyristors) (Eltro) / gate, gate electrode

zünden vt (Motor, Zündkerze) (Mot) / fire || ~, entflammen vt (Luft-Kraftstoff-Gemisch) (Mot) / ignite vt || ~ (Lichtbogen) (Schw) / generate, strike, initiate || ~ (den Blitz) (Foto) / trigger (the flash) || ~ (Sprengladung) / detonate (an explosive) || ~ (Rakete) / fire (a rocket) || ~, triggern (Eltro) / trigger (a thyristor) || ~ (Elek) / ignite || ~ vi, zu brennen beginnen / catch fire || ~ (Gemisch) (Mot) / ignite || ~ (Motor, Zündkerze) (Mot) / fire || ~ (Thyristor) (Eltro) / be triggered || ~ n (des Motors, der Zündkerzen), Zündung f (Kfz) / firing || ~, Zündung f (Einleitung des Brennvorgangs) / ignition || ~ (eines Thyristors) (Eltro) / triggering (of a thyristor)

Zunder m (Hütt) / scale (metal oxide coating), scales pl || ~, Schmiedezunder m (Schm) / hammer scale, forge scale, forging scale || ~, Walzzunder m, /Walzsinter m (Walz) / mill scale, roll scale, rolling scale

Zundern n, Verzundern n (der Werkstückoberfläche), Verzunderung f (Hütt) / formation of scale (on the work surface), work surface oxidation, scaling

zünd•fähig (Gas etc.) / ignitable || **~fähigkeit** f, Entflammbarkeit f / flammability, inflammability, ignitability || **~funke** m (z.B. in Blitzlichtgeräten) (Elek, Eltro) / trigger spark || **~funke** (Elek, Kfz) / ignition spark, spark || **~impuls** m, Steuerimpuls m zum Zünden eines Thyristors (Eltro) / trigger pulse (in thyristors) || **~kabel** n (Kfz) / spark plug cable || **~kerze** f (Mot) / sparking plug (GB), spark plug, S.P., plug || **~kerzenkabel** n (Kfz) / spark plug cable || **~kerzenschlüssel** m (Wz) / spark plug wrench || **~kreis** m (Elek) / ignition circuit || **~punkt**, Zündtemperatur f (Temperatur, auf die man das Material aufheizen kann, bis es sich von selbst, d.h. ohne äußere Flamme entzündet) (Phys) / autoignition point, ignition point, ignition temperature, autoignition temperature, kindling point || **~schalter** m, Zündschloss n (Kfz) / ignition switch || **~schloss** n, Zündschalter m (Kfz) / ignition switch || **~schlüssel** m (Kfz) / ignition key || **~spannung** f, Durchbruchspannung f (bei Funken-, Gasentladung)(Elek) / breakthrough voltage o. potential || **~spannung** (Mot) / ignition voltage || **~spannung** (Thyratron)/ priming potential || **~spannung** (am Gate) (Eltro) / gate trigger voltage || **~spule** f (Kfz) / ignition coil, spark coil (for initiating combustion in an IC engine) || **~stelle** f (ein Schweißfehler) (Schw) / arc strike || **~steuerung** f, Phasenanschnittsteuerung f (Elek, Eltro) / phase-angle control, phase control || **~stift** m / igniter, igniter, pilot o. trigger electrode, keep-alive electrode, starter || **~strom** m (Thyristor) (Eltro) / gate trigger current || **~temperatur** f (Temperatur, auf die man das Material aufheizen kann, bis es sich von selbst, d.h. ohne äußere Flamme entzündet) (Phys) / autoignition point, ignition point, ignition temperature, autoignition temperature, kindling point || **~übertrager** m (Elek, Eltro) / trigger transformer

Zündung f (Einleitung des Brennvorgangs) / ignition || ~, Gemischentflammung f, Entflammen n (des Luft-Kraftstoff-Gemischs) (Kfz) / ignition || ~, Zünden n (des Motors, der Zündkerzen) (Kfz) / firing || ~, Zündanlage f (Mot) / ignition system, ignition || ~, Zünden n (eines Thyristors) (Eltro) / triggering (of a thyristor) || ~ (von Sprengkörpern, Minen) / detonation (of explosives, mines)

Zünd•unterbrecher m (Mot) / contact breaker || **~verstelleinrichtung** f (Kfz) / advance mechanism (ignition timing) || **~versteller** m (Kfz) / advance mechanism (ignition timing) || **~verstellung** f, Zündzeitpunktverstellung f (in Richtung früh o. spät), Anpassung f des Zündzeitpunkts (Kfz) / ignition timing || **~verstellvorrichtung** f (Kfz) / advance mechanism (ignition timing) || **~verteiler** m (Mot) / ignition distributor, distributor || **~verzug** m / ignition delay || **~willigkeit** f / ignition performance || **~zeit** f, Zündzeitpunkt m (des Thyristors) (Eltro) / gate-controlled turn-on time || **~zeitpunkt** m (des Thyristors) (Eltro) / gate-controlled turn-on time || **~zeitpunkt** (Mot) / ignition point, firing point || **~zeitpunktverstellung** f (in Richtung früh o. spät), Anpassung f des Zündzeitpunkts (Kfz) / ignition timing

zunehmen [an] / increase vi [in] || ~, ansteigen (z.B. Spannung, Temperatur) / increase vi, rise

Zunge f (der Waage), Zeiger m / index (of a balance), tongue (of a balance), needle (of a balance)

zuordnen, zuweisen / assign, allocate || ~ (DV) / map (e.g. directory to drive letter)

Zuordnung f, Zuteilung f (z.B. von Ressourcen, Speicherplatz, Frequenzen) / allocation (e.g. of resources, storage space, frequencies) || ~, Abbildung f (eines Elements der Menge A auf ein Element der Menge B) (Math) / mapping, transformation, correspondence, map

Zuordnungs•einheit f, Cluster m (DV) / cluster (on a floppy or hard disk) || **~liste** f, Belegungsliste f (SPS) (Regel) / allocation list, assignment list

zurechtkommen mit, ausgelegt sein für / accommodate vt (e.g. high loads or currents, variations in input)

zurichten (Holz) / dress

zurückbiegen, umbiegen / bend over o. back o. down

zurückbleiben (z.B. mit der Produktion), hinterherhinken / lag behind (e.g. in production)

zurückfahren vi / go back, return || ~ (z.B. Werkzeugschlitten) / move back

zurückführen, -bringen / bring back, take back || ~, zurückleiten / return (e.g. a liquid) || ~ (auf einen Grund) / ascribe (to a cause), attribute || **auf ein Minimum ~** / minimize || **in den Kreislauf ~** / recycle, recirculate

zurückgehen / go back, return || ~, abnehmen, sinken / decrease, diminish || **~ auf demselben Weg**, umkehren vi / retrace one's steps

zurückgewinnen (zur Wiederverwendung) / recover vt || ~ (z.B. Energie) / recover vt, recapture, regain vt

zurückhalten, auffangen / trap vt (e.g. dust particles in a metallic filter) || ~, aufhalten, festhalten o. detain, keep || ~ (z.B. Information) / withhold

zurückklappbar (an Scharnieren) / hinged

zurücklegen (an die alte Stelle) / put back, replace, restore (to former place) || ~ (eine Strecke) / travel, cover (a distance)

zurückleiten, zurückführen / return (e.g. a liquid)

zurücknehmen (Auftrag, Bestellung, Priorität) / cancel (order, priority) ‖ ~ (z.B. Lautstärke), reduzieren, verringern / reduce

zurückprallen, abprallen [von etw.] / bounce *vi* [off sth], rebound *vi* [against, from, off]

zurückrollen (aufwärts), verschieben (den Bildschirminhalt), scrollen (DV) / scroll *vt* (the screen)

zurückschnellen, zurückspringen, rückfedern / snap back, fly back, spring back *v*

zurücksetzen (an die alte Stelle), zurücklegen / put back, replace, restore (to former place) ‖ ~, nach hinten versetzen / move back ‖ ~, rückwärts fahren (Kfz) / back [up](e.g. a car), reverse ‖ ~ (z.B. Zähler) / reset

zurückspeichern, wiederherstellen (DV) / restore (files from backup medium)

zurückspringen, rückfedern / snap back, fly back, spring back *v*

zurückspulen (Audio, Video) / rewind *vt* (tape, film etc)

zurückstellen (an früheren Platz) / put back ‖ ~ (in die Ausgangslage, auf den Ausgangswert) (DV, Instr) / reset ‖ ~ [um] (Uhr) / put back ‖ ~, aufschieben (zeitlich) / defer, postpone, put off, delay (e.g. departure, payment)

zurückstrahlen (z.B. Licht), reflektieren / reflect

zurückweisen / reject, refuse *vt* ‖ ~, rückweisen (QM) / reject (opposite: accept)

Zurückweisung *f*, Rückweisung *f* (QM) / rejection

zurückwerfen, reflektieren (Hitze, Klang usw) / reflect (light, heat, sound etc)., reverberate (sound)

zurückziehen, einziehen / retract ‖ ~, herausziehen (allg, Wzm) / withdraw (e.g. the drill bit from the finished hole)

Zusammenarbeit *f* (mit anderen), Mitarbeit *f* / collaboration, cooperation

zusammenarbeiten / work together, collaborate, cooperate ‖ ~ (DV) / interoperate

zusammenbacken *vi*, zusammenballen *vr* (sich), agglomerieren / agglomerate *vi* ‖ ~ (unerwünscht), zusammenkleben *vi*, klumpen *vr* (sich) / cake

zusammenballen *vr* (sich), zusammenbacken *vi*, agglomerieren / agglomerate *vi*

Zusammenbau *m*, Montage *f* / assembly, assemblage, assembling ‖ ~ (das Ergebnis der Montage) / assembly

zusammenbauen / assemble *vt* (e.g. a machine from the components, the components into the end product) ‖ ~ *n*, Montage *f* / assembly, assemblage, assembling

Zusammenbaumaß *n*, Montagemaß *n* / assembly dimension

zusammenbrechen, einstürzen (z.B. Gebäude, Mauer, Brücke, Dach, Gerüst) (Bau) / collapse *vi*, cave in ‖ ~ (Schleifscheibe) / break down ‖ ~ (Verkehr) / come to a standstill, break down ‖ ~ (z.B. Telefonleitungen, Netz, Kommunikation, Stromversorgung) / fail, break down ‖ ~ (Spannung) / fail *vi* ‖ ~ (Wirtschaft) / collapse *vi*, break down ‖ ~ *n*, Einsturz *m* (z.B. eines Gebäudes, Dachs, Gerüsts, einer Mauer, Brücke) / collapse *n* ‖ ~, Zusammenbruch *m* (des Verkehrs) / breakdown ‖ ~, Zusammenbruch *m* (z.B. der Stromversorgung, Telefonleitungen, Kommunikation, des Netz) / breakdown,

failure ‖ ~, Zusammenbruch *m* (der Wirtschaft) / collapse, breakdown

Zusammenbruch *m*, Einsturz *m* (z.B. eines Gebäudes, Dachs, Gerüsts, einer Mauer, Brücke) / collapse *n* ‖ ~ (des Verkehrs) / breakdown ‖ ~ (z.B. der Stromversorgung, Telefonleitungen, Kommunikation, des Netz), Zusammenbrechen *n* / breakdown, failure ‖ ~ (der Wirtschaft) / collapse, breakdown

zusammendrückbar, kompressibel / compressible ‖ nicht ~, inkompressibel, nicht komprimierbar (Phys) / incompressible

zusammendrücken / compress *vt* ‖ ~, aneinanderdrücken / press together ‖ ~ *n*, Komprimierung *f* / compression

zusammenfallen, einstürzen (z.B. Gebäude, Mauer, Brücke, Dach, Gerüst), einfallen (Bau) / collapse *vi*, cave in ‖ ~ (z.B. Ballon, Schaumstoff) / collapse (e.g. balloon, cellular material) ‖ ~ (geometrische Figuren), sich decken / coincide ‖ ~ (Ereignisse) / coincide

zusammenfassen, vereinigen / combine ‖ ~, kurz darstellen / summarize ‖ ~ (in Gruppen) / group

Zusammenfassung *f*, Abriss *m* / synopsis (pl.: -opses), summary, outline ‖ ~ (z.B. einer wissenschaftlichen Abhandlung) / abstract *n*

zusammenfügen (Daten, Dateien), mischen, mergen [in] (z.B. neue Datensätze in einen vorhandenen Bestand) (DV) / merge *vt* [into] ‖ ~, verbinden *vt* (z.B. Bauteile) / join *vt* (e.g. two components by bolting) ‖ ~, zusammenbauen / assemble, put together

Zusammenfügung *f*, Verbindung *f* (zweier Bauteil) / joining

zusammenführen, mischen, mergen [in] (z.B. neue Datensätze in einen vorhandenen Bestand), zusammenfügen (Daten, Dateien) (DV) / merge *vt* [into] ‖ ~ *n* (Daten, Dateien), Mischen *n* (DV) / merge *n*, merging

zusammengeklebte Teile, Fügeteile *m pl* (in einer Klebeverbindung) (Fert) / adherends, parts being joined

zusammengesetzt • e Beanspruchung (gemeinsames Auftreten zweier oder mehrerer Grundbeanspruchungsarten) / combined stresses ‖ ~e Bewegung / composite motion

Zusammenhang *m* [zwischen], Beziehung *f* [zwischen] / relationship [between] ‖ ~, Wechselbeziehung *f* / interrelationship ‖ ~ (Sach-, Textzusammenhang) / context

zusammenhängend, verbunden / connected ‖ ~, kontinuierlich, ununterbrochen / continuous, non-intermittent ‖ ~, ununterbrochen, geschlossen (z.B. Beschichtung, Tabellenbereich) / continuous (e.g. coating, spreadsheet range) ‖ ~, aneinanderhängend / coherent (e.g. mass of ceramic particles)‖ ~ *m pl* (z.B. Speicherbereiche), aneinandergrenzend / contiguous (e.g. memory areas) ‖ nicht ~, sich nicht berührend / non-contiguous (cells, clusters)

Zusammenhangs • kraft *f*, Kohäsion *f* (Phys, Techn) / cohesion ‖ ~zahlen *f pl* (Math) / connectivity numbers, Betti numbers

zusammen • heften, anheften (mit Heftstichen) (Tex) / baste, tack *vt* ‖ ~kleben *vi*, zusammenbacken (unerwünscht), klumpen *vr* (sich) / cake ‖ ~knüpfen, verketten, verknüpfen / concatenate, link together, interlink

zusammenlegbar (z.B. Container), zusammenklappbar / collapsible (e.g. container), folding

zusammenpassen *vi* [mit] (z.B. Farben) / match *vi* ‖ ~ *vt* (Teile, Flächen), anpassen / match *vt*, fit together *vt*

zusammenpassend, nicht ~, inkompatibel / incompatible

zusammenprallen, zusammenstoßen, kollidieren / collide *vi*

zusammenpressen, zusammendrücken / compress *vt* ‖ ~, aneinanderdrücken / press together ‖ ~, pressen, drücken, quetschen / press forcibly, squeeze *vt*, squash ‖ ~ *m*, Komprimierung *f* / compression

zusammenrechnen, addieren (Math) / total *vt*, add *vt* [up], sum up, sum *vt*, tot [up]

zusammenrollen, aufrollen / roll up

zusammenschalten, koppeln / couple ‖ ~ (durch gegenseitige Verbindung) / interconnect

zusammenschiebbar, ineinanderschiebbar / telescopic *adj* (e.g. aerial), telescoping *adj*

Zusammenschluss *m*, Fusion *f* (Wirtsch) / merger

zusammenschrumpfen, sich zusammenziehen, kleiner werden / contract *vi*

zusammensetzen, zusammenbauen / assemble, put together ‖ ~ *vr* (sich) [aus] / be composed of, be made up of, consist of ‖ ~ *n* **von Vektoren** (Math) / vector addition

Zusammensetzung *f* (z.B. eines Moleküls) (Chem) / composition ‖ ~, Struktur *f* / structure *n*

zusammenspleißen, spleißen (Kabel, Seil, Glasfaser), anspleißen / splice *vt*

zusammenstellen, anlegen *vt* (Statistiken, Listen), erstellen / compile, draw up ‖ ~ (ein Team) / assemble *vt* (a team) ‖ ~ (nach inem System, in Gruppen etc.) / arrange (e.g. in groups) ‖ ~ (Systeme), konfigurieren (DV) / configure

Zusammenstellung *f* (z.B. von Informationen), Aufstellung *f* / compilation ‖ ~, Bildung *f* (z.B. eines Teams) / formation ‖ ~ s.a. Liste, Tabelle

Zusammenstoß *m*, Kollision *f* / collision ‖ ~, Autounfall *m* (Kfz) / crash, car accident

zusammenstoßen, zusammenprallen, kollidieren / collide *vi*

zusammenstürzen, einstürzen (z.B. Gebäude, Mauer, Brücke, Dach, Gerüst) (Bau) / collapse *vi*, cave in

zusammentragen, zusammenstellen / compile, assemble *vt* (statistics, information, data)

zusammenwirken / combine, interact

zusammenzählen, addieren, zusammenrechnen (Math) / total *vt*, add *vt* [up], sum up, sum *vt*, tot [up]

zusammenziehen *vr*, kontrahieren *vi* / contract

Zusammenziehung *f*, Kontraktion *f* / contraction

Zusatz *m*, Zugabe *f*, Hinzufügung *f* / addition ‖ ~, Beimischung *f*, Beimengung *f* / admixture ‖ ~, Zusatzstoff *m*, Beimengung *f* / addition (thing added), added substance, admixture ‖ ~, Additiv *n* (allg, ChT) / additive *n* ‖ ~, Erweiterung *f*, Zusatzeinrichtung *f* / add-on *n* (e.g. a hi-fi system that can be augmented with add-ons like extra speakers) ‖ ~, Anhang *m* (zu einem Dokument, Vertrag, Betriebsanleitung etc.) (allg, Doku) / annex *n* (to e.g. a manual), appendix *n* ‖ ~ s. a. Zusatzgerät, Schweißzusatz, Betonzusatz ‖ ~..., zusätzlich (z.B. Funktion) / additional (e.g. function) ‖ ~..., zusätzlich, Hilfs... / ancillary

adj, auxiliary ‖ ~..., Sonder... / extra (equipment) ‖ ~..., Erweiterungs... (Techn) / add-on *adj* ‖ ~... (Ausstattung) / optional ‖ ~**ausrüstung** *f* / ancillary equipment ‖ ~**einrichtung** *f*, Erweiterung *f* / add-on *n* (e.g. a hi-fi system that can be augmented with add-ons like extra speakers) ‖ ~**funktion** *f* / miscellaneous function ‖ ~**griff** *m* (bei Bohrmaschinen u. -hämmern) / side handle, auxiliary front handle ‖ ~**kosten** *fpl*, Aufpreis *m* / extra charge, additional charge, extra cost, surcharge

zusätzlich (z.B. Funktion), Zusatz... / additional (e.g. function) ‖ ~, zugefügt / added (part etc.) ‖ ~, ergänzend, Ergänzungs... / supplementary ‖ ~, Extra... / extra ‖ ~, unterstützend / accessory, subsidiary ‖ ~**e hochgesetzte Bremsleuchte** (Kfz) / high-mount brake light, high-mounted stop light ‖ ~**e zentrisch angeordnete und hochgesetzte Bremsleuchte** (Kfz) / center high-mounted stop light, CHMSL

Zusatz•maschine *f* **für Spannungserhöhung**, Spannungsverstärker *m*, Boostermaschine *f* (Elek) / booster ‖ ~**metall** *n* (beim Löten) (Fert) / filler, filler metal ‖ ~**mittel** *n*, Betonzusatzmittel *n* (flüssige o. pulverförmige Stoffe, die v.a. bestimmte Frischbetoneigenschaften beeinflussen - wegen der geringen Zugabemengen können sie bei der Stoffraumberechnung unberücksichtigt bleiben: Betonverflüssiger, Luftporenbildner, Dichtungsmittel, Erstarrungsverzögerer u -beschleuniger, Einpresshilfen, Stabilisierer) (Bau) / addition, concrete admixture, admixture, additive ‖ ~**pumpe** *f* (zur Unterstützung der Hauptpumpe) / booster pump ‖ ~**speicher** *m* (DV) / auxiliary memory ‖ ~**stoff** *m*, Beimengung *f* / addition (thing added), added substance, admixture ‖ ~**stoff**, Additiv *n* (allg, ChT) / additive *n* ‖ ~**stoff** *n*, Betonzusatzstoff *n* (mineralischer o. organischer Stoff, der bestimmte Betoneigenschaften verändert, o. Farbmittel - wird in größeren Mengen zugegeben u. muss bei Stoffmengenberechnung berücksichtigt werden) (Bau) / addition, concrete admixture, admixture, additive ‖ ~**tank** *m* (Kfz) / auxiliary tank ‖ ~**teil** *n* (zu einer Maschine) (Techn) / add-on component ‖ ~**transformator** *m*, Hilfstransformator *m* (Elek) / auxiliary transformer ‖ ~**triebwerk** *n* (für die Startphase), Booster *m* (Raumf) / booster ‖ ~**verstärker** *m*, Leistungsverstärker *m* (Akust, Elek, Eltro) / booster amplifier, power booster ‖ ~**wasser** *n* (zum Ausgleich von Verlusten) / make-up water ‖ ~**werkstoff** *m* (Kleber) (Fert) / filler material ‖ ~**werkstoff**, Schweißzusatzwerkstoff *m* (Schw) / filler material, filler metal, filler ‖ ~**wicklung** *f*, Hilfswicklung *f* (Elek) / auxiliary winding

Zuschaltdruck (Kompressor, Pumpe) / cut-in pressure

zuschaltbarer Allradantrieb (Kfz) / part-time all wheel drive, selectable all wheel drive

zuschalten, einschalten *vt* (Eltro) / activate (a circuit) ‖ ~, einschalten, in den Stromkreis schalten (Elek) / cut in, insert, join up in circuit ‖ ~ (Kompressor, Pumpe) / cut in

Zuschärfung *f*, abgeschrägte Kante / bevel *n*, bevelled edge

Zuschlag *m*, Zuschlagstoffe *m pl*, Zuschläge *m pl* (für Mörtel und Beton) (Bau) / aggregate *n* (for mortars and concretes) ‖ ≈, Auftragserteilung *f* (bei Ausschreibung), Zuschlagserteilung *f* / acceptance of tender, award of the contract ‖ ≈, Aufpreis *m*, Zusatzkosten *fpl* / extra charge, extra cost, surcharge

Zuschlags•erteilung *f*, Auftragserteilung *f* (bei Ausschreibung) / acceptance of tender, award of the contract ‖ ≈**gebühr** *f*, Aufpreis *m*, Zusatzkosten *fpl* / extra charge, extra cost, surcharge

Zuschlagstoffe *m pl*, Zuschläge *m pl* (für Mörtel und Beton) (Bau) / aggregate *n* (for mortars and concretes)

zuschließen / lock *vt*

zuschneiden (z.B. Bleche, Glasband auf richtiges Format, Größe) / cut to size ‖ ~ (auf richtige Länge), ablängen / cut to length ‖ ~ [auf](spezielle Anforderungen), abstimmen, anpassen / tailor *vt* [to]

Zuschnitt *m*, Blechzuschnitt *m* (bei der Blechumformung) (Fert) / blank, sheet metal blank ‖ ≈**durchmesser** *m* (beim Tiefziehen) (Fert) / blank diameter ‖ ≈**länge** *f* (von Biegewerkstücken) (Fert) / length of blank

Zuschnittsermittlung *f* (für ein Ziehteil) (Fert) / blank size determination

zuschrauben / screw down, bolt down

zusetzen, zugeben / add *vt*, admix ‖ ~, verstopfen / choke [up], clog *vt* (e.g. pipe, nozzle, filter) ‖ ~ *vr* (sich)(Rohr etc.), verstopfen *vi* / choke *vi* [up], clog *vi*, become clogged ‖ ~ *vr* (sich), verschmieren (Schleifscheibe, Feile) (Wz, Wzm) / become clogged, become loaded ‖ ≈ *n*, Beimischung, Hinzumischen *n* / addition (by mixing), admixture

Zusetzung *f*, Verstopfung *f* / choking (e.g. of pipe, sieve), clogging, obstruction

zusperren, zuschließen / lock *vt*

Zustand *m* (augenblickliche Beschaffenheit) / condition ‖ ≈ (in einer Abfolge, z.B. Anfangs-, End-, Roh-, Ladezustand) / state (e.g. initial, final, raw state; state of charge) ‖ ≈ (in dem sich ein System o. Material physikalisch o. chemisch befindet, z.B. Aggregat-, Gleichgewichtszustand, flüssiger Zustand) / state (e.g. of aggregation, of equilibrium; liquid state; the best state of the metal for the purpose) ‖ ≈, Status *m* (allg, DV, Eltro) / status ‖ ≈, Erhaltungszustand *m* / state of repair ‖ ≈, Werkstoffzustand *m* (Hütt) / temper (of alloy as to degree of cold work or thermal treatments) ‖ **Aggregat~** / state of matter, state of aggregation, aggregation state

zuständig, verantwortlich / responsible ‖ ~, kompetent / competent

Zuständigkeitsbereich *m* (allg) / area of responsibility

zustands•abhängige Wartung / condition-based maintenance ‖ ≈**änderung** *f* (Phys) / change of state ‖ ≈**bezeichnungen** *m pl* (Hütt) / temper designations (for aluminum alloys) ‖ ≈**diagramm** *n* (grafische Darstellung des empirisch ermittelten oder durch eine Zustandsgleichung beschriebenen Zusammenhangs der Zustandsgrößen eines thermodynamischen Systems), Phasendiagramm *n* (Mater, Hütt) / phase diagram, equilibrium diagram, phase equilibrium diagram ‖ ≈**diagramm** s.a. Eisen-Kohlenstoff-

Diagramm, Hertzsprung-Russel-Diagramm, Mollier-Diagramm, p-T-Diagramm, p-V-Diagramm, Siedediagramm, T-S-Diagramm ‖ ≈**diagramm** (UML) (DV) / state diagram (used in computer science and related fields to describe the behavior of systems) ‖ ≈**größe** *f* (Phys) / state quantity ‖ ≈**meldung** *f* / status signal, status message ‖ ≈**register** *n*, Statusregister *n* (DV) / status register ‖ ≈**schaubild** *m*, Zustandsdiagramm *n* (grafische Darstellung des empirisch ermittelten oder durch eine Zustandsgleichung beschriebenen Zusammenhangs der Zustandsgrößen eines thermodynamischen Systems), Phasendiagramm *n* (Mater, Hütt) / phase diagram, equilibrium diagram, phase equilibrium diagram ‖ ≈**überwachung** *f* / condition monitoring

Zustellbewegung *f*, Zustellung *f* (Wzm) / infeed, feed motion, infeed motion, vertical feed motion

zustellen, liefern / deliver *vt* (goods) ‖ ~, vorschieben (Wzm) / advance *vt* (tool), feed ‖ ~ (Hütt) / line (a furnace)

Zustell•spindel *f*, Vorschubspindel *f* (Wzm) / feed screw ‖ ≈**tiefe** *f*, Zustellung *f* (der Schleifscheibe) (Fert) / depth of cut, infeed

Zustellung *f*, Lieferung *f* / delivery ‖ ≈, Vorschub *m* (Wzm) / feed, advance *n* (of tool) ‖ ≈, Zustellbewegung *f* (Wzm) / infeed, feed motion, infeed motion, vertical feed motion ‖ ≈ (der Schleifscheibe) (Fert) / depth of cut, infeed ‖ ≈, feuerfeste Auskleidung, feuerfeste Ausmauerung (eines Ofens) (Hütt) / lining, refractory liner, refractory lining

Zutat *f*, Bestandteil *m*, Ingredienz (allg, Nahr, Pharm) / ingredient

zuteilen (z.B. Aufgaben), zuweisen (allg, DV) / assign ‖ ~, aufteilen (anteilig) / apportion ‖ ~ (z.B. Frequenzen an Telekommunikationsunternehmen) / allocate

Zuteilung *f* (z.B. von Ressourcen, Speicherplatz, Frequenzen), Zuweisung *f* / allocation (e.g. of resources, storage space, frequencies) ‖ ≈, Zuweisung *f* (z.B. von Aufgaben) (allg, DV) / assignment

zutreffend / applicable ‖ ~, richtig / correct, accurate *adj*

Zutritt *m*, Einlass *m* / admission ‖ ≈, Zugang *m* / access

zuverlässig / reliable, dependable

Zuverlässigkeit *f* (DIN) (QM) / reliability (of components, operation, service), dependability ‖ ≈, Betriebssicherheit / operational reliability, reliability of operation o. of service

Zuwachs *m*, Zunahme *f*, Steigerung *f* / increase *n*

zuweisen, zuteilen (z.B. Aufgaben) (allg, DV) / assign

Zuweisung *f*, Zuteilung *f* (z.B. von Ressourcen, Speicherplatz, Frequenzen) / allocation (e.g. of resources, storage space, frequencies) ‖ ≈ (z.B. von Aufgaben), Zuteilung *f* (allg, DV) / assignment ‖ ≈ **von Speicherplatz** (DV) / storage allocation

zuwiderhandeln, verletzen (Vertrag, Regel) / violate

Zwangs•... (z.B. Auslösung, Belüftung), erzwungen / forced (e.g. release, ventilation) ‖ ≈**belüftung** *f* / forced ventilation ‖ ≈**durchlaufkessel** *m* / once-through boiler ‖ ≈**lüftung** *f* / forced ventilation ‖ ≈**schiene** *f*,

Schutzschiene f, Fangschiene f (Bahn) / side rail, check rail ‖ ‑**schmierung** f / forced-feed lubrication, positive lubrication

Zwanzigflächner m, Ikosaeder n (Krist, Math) / icosahedron

Zweck m / purpose ‖ ~**dienlich**, zweckmäßig, zweckentsprechend / expedient

Zwecke f / tack n (small, sharp broad-headed nail)

zweckentsprechend, zweckmäßig, zweckdienlich / expedient

zweckmäßig, zweckentsprechend, zweckdienlich / expedient ‖ ~ [für], zweckentsprechend, passend / suitable ‖ ~, funktionell / functional ‖ ~, nützlich / useful

Zweckmäßigkeit f, Brauchbarkeit f, Nützlichkeit f / usefulness

Zwei•backenbohrfutter n (Wzm) / two jaw chuck ‖ ‑**backenfutter** n (an Drehmaschinen) (Fert) / two-jaw chuck ‖ ~**deutig**, unbestimmt, mehrdeutig / ambiguous ‖ ‑**deutigkeit** f, Unbestimmtheit, Mehrdeutigkeit f, Ambiguität f / ambiguity ‖ ~**dimensional** / two-dimensional, 2-D ‖ ~**dimensionale Gitterbaufehler**, flächenförmige Fehler (Krist) / surface defects

Zweier•komplement n (Math) / two's complement ‖ ‑**logarithmus** m, Logarithmus zur Basis 2 (Math) / logarithm to the base 2, binary logarithm, dyadic logarithm ‖ ‑**potenz** f (Math) / power of two

zweifach / double, dual, twin, twofold ‖ ‑**linienschreiber** m / dual-line recorder ‖ ‑**rollenkette** f / double roller chain, duplex roller chain ‖ ‑**steckdose** f (Elek) / double socket, two-plug wall outlet ‖ ‑**steckdose mit Verlängerungskabel** (Elek) / two gang extension lead, 2 gang extension lead, two-way extension lead, twin socket extension lead

Zwei•fadenlampe f, Bilux-Lampe f (Kfz, Licht) / double filament lamp ‖ ‑**familienhaus** n (Bau) / duplex (US), duplex house (US), duplex dwelling, two-family dwelling, two family house (GB) ‖ ‑**flach** n, Dieder (Math) / dihedral, dihedron ‖ ~**flankengesteuert** (Eltro) / dual edge-triggered ‖ ‑**-Flanken-Umsetzer** m (Eltro, Mess) / dual-slope converter ‖ ~**flügelige Tür** (Bau) / double door (with two leaves) ‖ ‑**flügler** m (Windturbine) (Elek) / two-bladed turbine ‖ ‑**frequenztonwahl** f (Tele) / DTMF, dual-tone multifrequency signalling, DTMF dialing, touch tone dialing

Zweig m (Elek, Tele) / branch (in a network) ‖ ‑ (der Wissenschaft), Fachgebiet n / branch, domain, discipline

zweigängig•es Gewinde / double-thread, two-start thread ‖ ~**e Schnecke** / double-thread screw

zweigeschossig (Erdgeschoss + 1. Obergeschoss) (Bau) / two-storey (GB) o. -story (US)

Zweigleitung f (Rohr) / branch piping, branch-off ‖ ‑ (Elek) / branch line, branch wire

zweigliedriger Term, Binom n (Math) / binomial n

Zweig•rohr n, Abzweigrohr n / branch pipe ‖ ‑**strom** m (Elek) / branch current

Zwei•komponenten... f / two-component ‖ ‑**komponentenkleber** m / two-component adhesive, mixed adhesive, two-part adhesive, two package system ‖ ‑**kreis-TL-Triebwerk** n (Luft) / turbofan, bypass engine, ducted fan

turbine engine ‖ ‑**kreistriebwerk** n (Luft) / turbofan, bypass engine, ducted fan turbine engine ‖ ‑**kreis-Turboluftstrahltriebwerk** n (Luft) / turbofan, bypass engine, ducted fan turbine engine ‖ ‑**lagensieb** n / double-deck screen ‖ ‑**lochmutter** f / round nut with drilled holes in one face (DIN 547) ‖ ‑**phasen...** (Elek) / two-phase, biphase, diphase, diphasic ‖ ~**phasig** (Elek) / two-phase, biphase, diphase, diphasic ‖ ‑**pol** m, Eintor n (Elek, Eltro) / single-pole network, two-terminal network, one-port network

zweipolig, mit zwei Polen (Elek) / double-pole..., bipolar, two-pole ‖ ~**er Ausschalter** (besteht intern aus zwei einpoligen Ausschaltern, die gleichzeitig umgelegt werden) (Elek) / double pole single throw switch, DPST switch ‖ ~**er Einschalter**, zweipoliger Ausschalter (besteht intern aus zwei einpoligen Ausschaltern, die gleichzeitig umgelegt werden) (Elek) / double pole single throw switch, DPST switch ‖ ~**er Schalter** (Elek) / two-pole switch ‖ ~**er Stecker** (Elek) / two-pin plug ‖ ~**er Wechselschalter** (Elek) / double-pole double-throw switch, DPDT switch

Zwei•polstecker m (Elek) / two-pin plug ‖ ‑**pulsschaltung** f (Elek) / full-wave circuit

Zweipunktbetrieb m, Zweipunktregelung f (Regel) / on-off control (two positions: fully open and fully closed), on-off system

Zweipunkteform f (einer Geradengleichung) (Math) / two-point-form of a straight line)

Zweipunkt•regelkreis m (Regel) / two-position control system ‖ ‑**regelung** f (Regel) / two-position control [mode], on-off control (two positions: fully open and fully closed), on-off system ‖ ‑**regelungssystem** n (Regel) / two-position control system ‖ ‑**regler** m (Regel) / two-position controller

Zwei•quadrantenbetrieb m (Elek, Eltro) / two-quadrant operation ‖ ~**reihig** (Lager, Nietung) / double-row

Zweirichtungs•...., bidirektional / bidirectional ‖ ‑**thyristor** m, Triac n (Eltro) / triac (triode A.C. switch), bidirectional triode thyristor ‖ ‑**thyristordiode** f, Diac n (Eltro) / bidirectional diode thyristor, diac ‖ ‑**-Thyristortriode** f (bidirektionaler Wechselstrom-Thyristor), Triac n (Eltro) / triac (triode A.C. switch), bidirectional triode thyristor

Zwei•schalengreifer m (Bau) / clamshell, clamshell bucket ‖ ‑**scheibenkupplung** f / double disk clutch

zweiseitig [gerichtet], bidirektional / bidirectional ‖ ~**er Hebel** (Phys) / first-class lever, lever of first class ‖ ~**es Mikrofon** (Akust, Eltro) / bidirectional microphone, bilateral microphone ‖ ~**es Modell** (Gieß) / match-plate pattern (pattern halves attached to opposite sides of wooden or metal plate) ‖ ~**e Richtcharakteristik**, Achtercharakteristik f (bei Antennen) (Eltro, Radio) / bidirectional characterictic ‖ ~ **wirkend** (Wälzlager) / double-direction

Zwei•ständerhobelmaschine f (Wzm) / double-column planer ‖ ‑**ständerpresse** f (mit O-Gestell) (Wzm) / straight-sided press, straight-sided frame press

zweistellige algebraische Operation (Math) / binary operation ‖ ~ **Relation** (Math) / binary relation zwei • stöckig, zweigeschossig (Erdgeschoss + 1. Obergeschoss) (Bau) / two-storey (GB) o. -story (US) ‖ ≈stoff... / binary ‖ ≈stoffsystem n (Chem, Hütt) / binary system ‖ ~strahlig (Luft) / twin-jet ‖ ≈strahlinterferenz f (Laser, Opt) / two-beam interference ‖ ≈strahl-Interferometer n (Mess, Opt) / split-beam instrument, two-beam interferometers ‖ ≈strom-Strahltriebwerk n (Luft) / turbofan, bypass engine, ducted fan turbine engine

zweit • es Gay-Lussac-Gesetz (der Druck idealer Gase ist bei gleichbleibendem Volumen und gleichbleibender Stoffmenge direkt proportional zur Temperatur) (Phys) / Gay-Lussac's second law ‖ ~er Hauptsatz der Thermodynamik (Phys) / second law of thermodynamics ‖ ~er Impuls-Satz, Momenten-Satz m (Phys) / momentum theorem ‖ ~e Kirchhoffsche Regel (Elek) / Kirchhoff's voltage law, KVL, Kirchhoff's second law, Kirchhoff's loop (or mesh) rule ‖ ~e kosmische Geschwindigkeit, Fluchtgeschwindigkeit f (aus dem Schwerefeld) (Raumf) / escape speed, escape velocity ‖ ~e Potenz, (Math) / second power, square, square number ‖ ~e Wurzel, Quadratwurzel f (Math) / square root

Zweit..., zweitrangig, untergeordnet / secondary adj

Zweitaktverfahren n / twostroke [cycle] (GB)

zweiteilig • es Lager / split bearing ‖ ~es Modell, geteiltes Modell (Gieß) / split pattern

Zweitexemplar n, Duplikat n, Kopie f / duplicate n, dupe n (US)

zweitrangig, untergeordnet / secondary adj

Zwei • wattmeterschaltung f, Aronschaltung f (Elek, Mess) / Aron measuring circuit ‖ ≈wegeventil n (Masch) / two-way valve

Zweiweg • gleichrichter m (Elek) / full-wave rectifier ‖ ≈-Schaltdiode f, Diac n (Eltro) / bidirectional diode thyristor, diac ‖ ≈thyristor m, Triac n (Eltro) / triac (triode A.C. switch), bidirectional triode thyristor ‖ ≈thyristordiode f, Diac n (Eltro) / bidirectional diode thyristor, diac ‖ ≈umschalter m (Elek) / two-way switch

Zweiwellengetriebe n / double-shaft gearin

zweiwertig (Chem) / bivalent, divalent ‖ ~ (Math) / binary ‖ ~es Lager, Festlager n (Ggs. Loslager) / fixed bearing (bearing which positions shaft against axial movement in both directions, as opp. to floating bearing)

Zwillings • ... / twin... ‖ ≈bildung f (Krist) / twinning ‖ ≈ebene f (Krist) / twinning plane ‖ ≈leitung f (Kabel) / twin cable

Zwinge f, Schraubzwinge f (Wz) / C-clamp, G clamp, G cramp

Zwischen • ..., dazwischenliegend / intermediate adj ‖ ≈..., Übergangs... / transitional ‖ ≈ablage f (DV) / clipboard (in a windowing environment) ‖ ≈bild n (Mikros) / intermediate image (produced by the objective lens) ‖ ≈bunker m, Ausgleichsbehälter m (für Schüttgut, um regelmäßige Zuführung zu gewährleisten) (Aufb, ChT, Hütt) / surge hopper, surge bunker, surge bin ‖ ≈frequenz f, ZF (Eltro, Funk) / intermediate frequency, i.f., IF ‖ ≈geschoss n, Halbgeschoss (Bau) / mezzanine, entresol ‖ ≈getriebe n / intermediate gear o. link-motion ‖ ≈gitterplatz m (Krist) / interstice, interstitial

position ‖ ≈kern m (Nukl) / compound nucleus ‖ ≈kreis m (des U-Umrichters) (Elek, Eltro) / DC link ‖ ≈kreis-Gleichstromumrichter m, Gleichstromumrichter mit Zwischenkreis (Elek, Eltro) / indirect DC converter (IEC), switch-mode DC to DC converter ‖ ≈lage f (einer Schweißnaht), Mittellage f (Schw) / intermediate run ‖ ≈lager n / intermediate storage facility, intermediate storage location ‖ ≈lager (für radioaktive Abfälle) (Nukl) / interim storage depository, interim storage site, interim storage unit, intermediate storage facility ‖ ≈lager, Lagerbestand m (in den einzelnen Werkstätten im Fertigungsprozess) / in-process inventory (set of unfinished items for products in a production process), work in process, WIP ‖ ≈lager (einer Welle) (Masch) / intermediate bearing ‖ ≈lager (einer geteilten Gelenkwelle bei Fahrzeugen mit Frontmotor und Hinterradantrieb) (Kfz) / center bearing, center carrier bearing ‖ ≈lagern vt (z.B. radioaktive Abfälle) / place in [an] intermediate storage [facility] ‖ ~lagern vi (z.B. radioaktive Abfälle) / be [kept] in [an] intermediate storage [facility] ‖ ≈lagerung f (z.B. von radioaktiven Abfällen) (allg, Nukl) / intermediate storage, interim storage, temporary storage ‖ ≈linsenverschluss m (Foto) / between-the-lens shutter ‖ ~molekulare Kräfte, Molekularkräfte f pl (Chem, Phys) / intermolecular forces pl ‖ ≈produkt n (Chem, Fert) / intermediate product ‖ ≈prüfung f (ISO 9001)(Prüfung während der Fertigung) (QM) / in-process inspection and testing (ISO 9001) ‖ ≈pumpe f, Zusatzpumpe f (zur Unterstützung der Hauptpumpe) / booster pump

Zwischenraum m (zwischen zwei Dingen) / space ‖ ≈, Abstand m / distance, space ‖ ≈, Lücke f / gap ‖ ≈, Abstand m (z.B. zwischen zwei Bauteilen), freier Raum (Masch) / clearance ‖ ≈, Zwischenraumzeichen n (DV) / SP, space character ‖ ≈, Abstand m (zwischen regelmäßig angeordneten Objekten, z.B. Textzeilen, Atomen im Kristallgitter, Gleisschwellen, Anschlussstiften) / spacing (e.g. line spacing, crystal lattice spacing, sleeper spacing, pin spacing) ‖ ≈, Abstand m (zwischen regelmäßig in einer Reihe o. Abfolge aufeinander folgenden gleichartigen Dingen, z.B. Nieten, Spuren auf einem Speichermedium, Kettengliedern, Bildpunkten eines Monitors), Teilung f / distance, pitch (e.g. rivet pitch, track pitch, chain pitch, dot pitch) ‖ ≈zeichen n (DV) / SP, space character

Zwischen • regenerator m, Repeater m, Regenerationsverstärker m (Tele) / repeater n (in transmission lines), regenerative repeater, regenerator ‖ ≈schicht f, Isolierschicht f (Elek) / insulating layer, insulation layer ‖ ≈speicher m (DV) / intermediate memory, intermediate storage ‖ ≈speicher f, Cache-Speicher m (DV) / cache n (high-speed buffer), cache memory ‖ ≈speicher m, Pufferspeicher m (DV) / buffer, buffer storage, buffer store ‖ ≈speichern (Daten, Befehle) (DV) / store temporarily ‖ ≈speichern, puffern (DV) / buffer ‖ ≈stecker m, Adapter m (Elek) / plug adapter, adapter, adapter plug ‖ ≈stellung f / intermediate position ‖ ≈stock m, Halbgeschoss (Bau) / mezzanine, entresol ‖

≃**stück** n, Adapter m, Verbindungsstück n
(z.B. zwischen zwei unterschiedlich
genormten Anschlüssen) / adapter, adaptor ‖
≃**stück**, Abstandshalter m (Bau, Masch) /
spacer, distance piece, spacer block ‖ ≃**stück**,
Verbindungsstück n, Kuppelstück n /
connection, connector, coupling piece ‖
≃**stufengefüge** n, Bainit m (Hütt) / bainite ‖
≃**stufenvergütung** f, isothermische
Umwandlung in der Bainitstufe, Bainithärtung
f (Hütt) / austempering ‖ ≃**träger** m,
Hilfsträger m (Tele, TV) / subcarrier
(modulation) ‖ ≃**überhitzer** m / reheater ‖
≃**verstärker** m, Repeater m,
Regenerationsverstärker m,
Zwischenregenerator m (Tele) / repeater n (in
transmission lines), regenerative repeater,
regenerator ‖ ≃**wand** f (Bau) / partition n,
internal partition, internal dividing wall
Zwölf•eck n, Dodekagon n (Math) / dodecagon n ‖
≃**flach** n, Dodekaeder n (Math) /
dodecahedron ‖ ≃**flächner** m, Dodekaeder n
(Math) / dodecahedron
ZWR, Zwischenraumzeichen n (DV) / SP, space
character
Zyanverbindungen f pl (Chem) / cyan compounds
zyklisch, periodisch adj / cyclic, cyclical ‖ ≃ adj /
cyclic, cyclical ≃, cyclisch (Chem) / cyclic,
ring... ‖ ≃**es Abfragen** (ob eine Station senden
will) (DV, Tele) / polling (in a network) ‖ ≃**es
Adenosinmonophosphat** (Biochem) / cyclic
adenosine monophosphate, cAMP, cyclic
AMP ‖ ≃**e Blockprüfung** (Prüfsummenverfahren zur Erkennung von Datenübertragungsfehlern) (DV) / cyclic redundancy
check, CRC ‖ ≃**e Redundanzüberprüfung**
(Prüfsummenverfahren zur Erkennung von
Datenübertragungsfehlern) (DV) / cyclic
redundancy check, CRC ‖ ≃**e
Stellenwertverschiebung** (DV) / cyclic shift,
cycle shift ‖ ≃**e Verbindung** (Chem) / cyclic
compound, ring compound ‖ ≃**e Verschiebung**
(DV) / cyclic shift, cycle shift
zyklisierende Polymerisation (Chem) /
cyclopolymerization
Zyklisierung f, Ringbildung f (Chem) /
cyclization, ring formation
Zykloide / cycloid
Zykloidenverzahnung f / cycloidal teeth
zyklometrische Funktion, Arcusfunktion f
(Math) / antitrigonometric[al] function,
inverse trigonometric[al] function
Zyklon m, Zyklonentstauber m (ChT, Umw) /
cyclone, cyclone dust collector, cyclone
collector, cyclone separator
Zyklone f, Tiefdruckgebiet n (Meteo) /
low-pressure area, cyclone (non-tropical),
low-pressure region, low n, depression
Zyklon•entstauber m (ChT, Umw) / cyclone,
cyclone dust collector, cyclone collector,
cyclone separator ‖ ≃**feuerung** f (Ener) /
cyclone firing ‖ ≃**[schmelz]feuerung** f (Ener) /
cyclone furnace ‖ ≃**luftfilter** (Kfz) / cyclone air
filter ‖ ≃**vorabscheider** (Kfz) / cyclone air filter
Zyklotronresonanz f (Nukl) / cyclotron resonance
Zyklus m (allg, DV) / cycle n ‖ ≃, Arbeitszyklus m
(Masch) / working cycle, cycle ‖ ≃,
Bearbeitungszyklus m, Arbeitszyklus m
(festgelegter Ablauf von Einzelschritten) (NC)
/ canned cycle, fixed cycle ‖ ≃**zeit** f (während
der sich der periodische wiederholte

Fertigungsablaufs vollzieht) (Fert) / cycle time,
production cycle time
Zylinder m (Math) / cylinder ‖ ≃ (bei
Kolbenmaschinen) (Masch) / cylinder ‖ ≃ (z.B.
Zylinder der Gasdruckfeder,
Rotationszylinder der Druckmaschine,
Hydraulik-, Pneumatikzylinder) / cylinder ‖ ≃
(Plast) / barrel (of an extruder), extrusion
barrel ‖ ≃, Stahlflasche f (für Gas) / cylinder,
gas cylinder n, steel cylinder ‖ ≃, Trommel f,
Walze f / drum, cylinder ‖ ≃, Schließzylinder m
(des Zylinderschlosses) / cylinder, lock
cylinder ‖ ≃ (Gesamtheit aller übereinander
befindlichen Spuren der einzelnen Platten
einer Festplatte) (DV) / cylinder (in hard disk
drives) ‖ ≃ **mit Rückholfeder** / spring-return
cylinder
Zylinder•..., zylindrisch, zylinderförmig /
cylindrical, cylindric ‖ ≃**anordnung** f (Mot) /
cylinder arrangement ‖ ≃**blechschraube** f /
pan head tapping screw ‖ ≃**block** m (Mot) /
engine block, block n, cylinder block ‖
≃**bohrmaschine** f (Wzm) / cylinder boring mill
‖ ≃**bohrung** f (Mot) / cylinder bore ‖ ≃**buchse** f
(Mot) / liner (in which the piston travels),
cylinder liner, cylinder sleeve ‖ ≃**deckel** m
(Mot) / cylinder head ‖ ≃**endmaß** n (am
Sinuslineal) (Mess) / precision roll (on sine
bar) ‖ ≃**förmig**, zylindrisch / cylindrical,
cylindric ‖ ≃**führungen** f pl (Masch, Wzm) /
cylindrical ways pl, cylindrical slides,
cylindrical slideways, cylindrical guides ‖
≃**glas** n (bei Brillen zur Behebung des
Astigmatismus) (Opt) / toric lens (in
eyeglasses) ‖ ≃**inhalt** m (Mot) / cylinder
capacity o. volume ‖ ≃**kerbstift** m (DIN 1473)
/ straight dowel pin
Zylinderkopf m (Mot) / cylinder head ‖ ≃,
zylindrischer Schraubenkopf / cheese head ‖
≃**deckel** (Mot) / cylinder head cover, valve
cover ‖ ≃**dichtung** f (Mot) / head gasket,
cylinder head gasket ‖ ≃**haube** f (Mot) /
cylinder head cover, valve cover ‖ ≃**schraube**
f, Schraube f mit Zylinderkopf / cheese head
screw (US), fillister head screw (GB)
Zylinder•laufbuchse f (Mot) / liner (in which the
piston travels), cylinder liner, cylinder sleeve ‖
≃**projektion** f (Kart) / cylindrical projection ‖
≃**rad** n, Stirnrad n (Masch) / cylindrical gear ‖
≃**rollenlager** n / cylindrical roller bearing ‖
≃**schraube** f / cheese head screw (US), fillister
head screw (GB) ‖ ≃**schraube mit Schlitz** /
slotted cheese-head screw ‖
≃**schraubradgetriebe** n / spiral gear ‖ ≃**stift** m
(Stift mit zylindrischer Form) / straight pin,
parallel pin
zylindrisch, zylinderförmig / cylindrical, cylindric
‖ ≃**e Gleitbuchse** / cylindrical plain bush ‖ ≃**es
Koordinatensystem** (Math) / cylindrical
coordinate system ‖ ≃**er Roboter** / cylindrical
robot ‖ ≃**er Schraubenkopf** / cheese head ‖ ≃**e
Senkbohrung**, Senkung f (zylindrisch mit
Flachsenker) / counterbore, counterbored
hole ‖ ≃**e Spirale**, Helix f (Kurve, die sich mit
konstanter Steigung um den Mantel eines
Zylinders windet), Schraubenlinie f (eine
Raumkurve) (Math, Techn) / helix (pl. helices,
helixes)
Zyto•chrom n, Cytochrom n (Biochem) /
cytochrome ‖ ≃**logie** f, Zellbiologie f / cytology
Zytosin n (Biochem) / cytosine